que a maioria dos herbívoros tem dietas relativamente restritas.

CONCEITO 13.2 Os organismos desenvolveram uma ampla gama de adaptações que os ajudam a obter alimento e a evitar que se tornem presas.

CONCEITO 13.3 A predação e a herbivoria podem afetar muito as comunidades ecológicas, às vezes transformando um tipo de comunidade em outro.

CONCEITO 13.4 Ciclos populacionais podem ser causados por interações exploratórias.

CONCEITO 14.1 Parasitas normalmente alimentam-se apenas de um ou de alguns indivíduos hospedeiros.

CONCEITO 14.2 Os hospedeiros têm adaptações para se defender dos parasitas, e os parasitas têm adaptações para superar essas defesas.

CONCEITO 14.3 As populações de parasitas e hospedeiros podem evoluir juntas, cada uma em resposta à seleção imposta pela outra.

CONCEITO 14.4 Os parasitas podem reduzir a população de hospedeiros e alterar o resultado da interação de espécies, causando, assim, mudanças nas comunidades.

CONCEITO 14.5 Modelos simples da dinâmica hospedeiro-patógeno sugerem formas para controlar o estabelecimento e a propagação de doenças.

CONCEITO 15.1 Nas interações positivas, nenhuma espécie é prejudicada e os benefícios são maiores do que os custos para pelo menos uma espécie.

CONCEITO 15.2 Cada parceiro em uma interação mutualista atua de modo que atenda a seus próprios interesses ecológicos e evolutivos.

CONCEITO 15.3 As interações positivas afetam a abundância e a distribuição das populações, assim como a composição das comunidades ecológicas.

CONCEITO 16.1 Comunidades são grupos de espécies que interagem e ocorrem juntas no mesmo lugar e ao mesmo tempo.

CONCEITO 16.2 Diversidade e composição de espécies são importantes descritores da estrutura das comunidades.

CONCEITO 16.3 Comunidades podem ser caracterizadas por redes complexas de interações diretas e indiretas que variam em intensidade e direção.

CONCEITO 17.1 Agentes de mudança atuam sobre comunidades ao longo de múltiplas escalas temporais e espaciais.

CONCEITO 17.2 Sucessão é a mudança na composição de espécies ao longo do tempo em resposta a agentes de mudança abióticos e bióticos.

CONCEITO 17.3 Experi... tram que os mecanismos... são diversos e dependentes...

CONCEITO 17.4 Comuni... seguir caminhos sucession... e apresentar estados altern...

CONCEITO 18.1 Padrões de diversidade e distribuição de espécies variam em escalas espaciais global, regional e local.

CONCEITO 18.2 Os padrões globais de diversidade e composição de espécies são influenciados por área e isolamento geográfico, história evolutiva e clima global.

CONCEITO 18.3 Diferenças regionais na diversidade de espécies são influenciadas pela área e pela distância, que por sua vez determinam o balanço entre as taxas de imigração e extinção.

CONCEITO 19.1 A diversidade de espécies difere entre as comunidades por conta de variações no *pool* regional de espécies, nas condições abióticas e nas interações de espécies.

CONCEITO 19.2 Teoriza-se que a partição de recursos diminui a competição e aumenta a diversidade de espécies.

CONCEITO 19.3 Processos como distúrbio, estresse, predação e interações positivas podem mediar a disponibilidade de recursos, promovendo, assim, a coexistência e a diversidade de espécies.

CONCEITO 19.4 Muitos experimentos mostram que a diversidade de espécies é positivamente relacionada a funções da comunidade.

CONCEITO 20.1 A energia nos ecossistemas origina-se com a produção primária pelos autótrofos.

CONCEITO 20.2 A produção primária líquida é limitada por fatores ambientais físicos e bióticos.

CONCEITO 20.3 Os padrões globais de produção primária líquida são reflexo das limitações climáticas e dos tipos de biomas.

CONCEITO 20.4 A produção secundária é gerada por meio do consumo de matéria orgânica pelos heterótrofos.

CONCEITO 21.1 Níveis tróficos descrevem as posições alimentares dos grupos de organismos nos ecossistemas.

CONCEITO 21.2 A quantidade de energia transferida de um nível trófico para o próximo depende da qualidade do alimento, bem como da abundância e da fisiologia do consumidor.

CONCEITO 21.3 Alterações na abundância dos organismos de um nível trófico podem influenciar o fluxo energético em diversos níveis tróficos.

CONCEITO 21.4 Teias alimentares são modelos conceituais de interações tróficas de organismos em um ecossistema.

...tes nutricionais ...em por meio da ...os minerais das ...ixação de gases

CONCEITO 22.2 Transformações químicas e biológicas nos ecossistemas alteram a forma química e a oferta de nutrientes.

CONCEITO 22.3 Os nutrientes circulam através dos componentes dos ecossistemas.

CONCEITO 22.4 Os ecossistemas de água doce e marinhos recebem aporte de nutrientes dos ecossistemas terrestres.

CONCEITO 23.1 A biologia da conservação é uma ciência interdisciplinar que aplica os princípios da ecologia para a conservação da biodiversidade.

CONCEITO 23.2 A biodiversidade está sendo reduzida globalmente.

CONCEITO 23.3 As principais ameaças à biodiversidade incluem perda de hábitat, espécies invasoras, sobre-exploração, poluição, doenças e mudanças climáticas.

CONCEITO 23.4 Biólogos da conservação usam muitas ferramentas e trabalham em múltiplas escalas para manejar as populações em declínio.

CONCEITO 23.5 Priorizar espécies ajuda a maximizar a biodiversidade que pode ser protegida com recursos limitados.

CONCEITO 24.1 A ecologia da paisagem examina padrões espaciais e suas relações com os processos ecológicos.

CONCEITO 24.2 Perda e fragmentação de hábitat diminuem as áreas de hábitat, isolam populações e alteram condições nas bordas dos hábitats.

CONCEITO 24.3 A biodiversidade pode ser mais bem preservada por grandes reservas conectadas através da paisagem e protegidas de áreas de uso humano intenso.

CONCEITO 24.4 O manejo de ecossistemas é um processo colaborativo cuja meta principal é a manutenção da integridade ecológica em longo prazo.

CONCEITO 25.1 Os elementos químicos, em uma escala global, movem-se entre seus reservatórios geológicos, atmosféricos, oceânicos e biológicos.

CONCEITO 25.2 A Terra está aquecendo devido às emissões antropogênicas de gases do efeito estufa.

CONCEITO 25.3 Emissões antropogênicas de enxofre e nitrogênio causam deposição ácida, alteram a química do solo e afetam a saúde dos ecossistemas.

CONCEITO 25.4 A redução do ozônio na estratosfera e seu aumento na troposfera representam riscos para os organismos.

Ecologia

Tradução:

Armando Molina Divan Junior (Caps. 1, 2, 3, 4, 5, 6, 25, Índice)
Biólogo. Pesquisador do Centro de Ecologia do Instituto de Biociências da Universidade Federal do Rio Grande do Sul (UFRGS). Doutor em Fisiologia Vegetal pela Universidade Federal de Viçosa (UFV).

Letícia Piccinini Dadalt (Caps. 17, 18, 19)
Bióloga. Mestre em Ecologia pela UFRGS. Doutoranda em Ecologia pela UFRGS.

Nelsa Cardoso (Caps. 20, 21, 22, 23, 25, Índice, Respostas, Glossário)
Bióloga. Botânica do Departamento de Biodiversidade e Ecologia, Faculdade de Biociência da Pontifícia Universidade Católica do Rio Grande do Sul (PUCRS). Doutora em Paleontologia pela UFRGS, com ênfase em Paleobotânica e Paleoclimatologia pela Eberhard-Karls-Universität Tübingen. Sócia fundadora da Atlas Serviços Ambientais.

Ricardo Lange Hentschel (Caps. 7, 8, 9, 10, 11, 20, 21, 22, 23, 24)
Mestre em Botânica pela UFRGS.

Ricardo Silva Pereira Mello (Caps. 12, 13, 14, 15)
Licenciado em Ciências Biológicas pela UFRGS. Professor adjunto na Universidade Estadual do Rio Grande do Sul (UERGS). Mestre em Ecologia pela UFRGS. Doutor em Ciências com ênfase em Ecologia pela UFRGS. Pós-Doutor em Ecologia Quantitativa pela UFRGS.

Robert Lawson Foster (Caps. 12, 13, 14, 15)
Biólogo. Diretor da Âmbar Ambiental.

Sandra Cristina Müller (Caps. 16, 17, 18, 19)
Bióloga. Professora associada II do Departamento de Ecologia do Instituto de Biociências da UFRGS. Mestre em Botânica pela UFRGS. Doutora em Ecologia pela UFRGS.

```
C135e   Cain, Michael L.
            Ecologia / Michael L. Cain, William D. Bowman, Sally D.
        Hacker ; revisão técnica: Fernando Joner, Paulo Luiz de
        Oliveira. – 3. ed. - Porto Alegre : Artmed, 2018.
            xxvi, 694 p. : il. color. ; 28 cm.

            ISBN 978-85-8271-468-3

            1. Ecologia. I. Bowman, William D. II. Hacker, Sally D.
        III. Título.

                                                        CDU 574
```

Catalogação na publicação: Karin Lorien Menoncin – CRB 10/2147

Michael L. Cain
Bowdoin College

William D. Bowman
University of Colorado

Sally D. Hacker
Oregon State University

Ecologia
3ª Edição

Revisão Técnica:

Fernando Joner (Caps. 15-25, Apêndice, Glossário, Índice)
Biólogo. Professor adjunto do Departamento de Fitotecnia do Centro de Ciências Agrárias da Universidade Federal de Santa Catarina (UFSC). Doutor em Ecologia pela Universidade Federal do Rio Grande do Sul (UFRGS).

Paulo Luiz de Oliveira (Caps. 1-14, Iniciais)
Biólogo. Professor titular aposentado do Departamento de Ecologia do Instituto de Biociências da UFRGS. Mestre em Botânica pela UFRGS. Doutor em Ciências Agrárias pela Universität Hohenheim, Stuttgart, República Federal da Alemanha.

2018

Obra originalmente publicada sob o título *Ecology*, Third Edition
ISBN 9780878939084

Copyright © 2014 by Sinauer Associates, Inc. All rights reserved.

This translation is published by arrangement with Oxford University Press. Artmed Editora Ltda is solely responsible for this translation from the original work and Oxford University Press shall have no liability for any errors, omissions or inaccuracies or ambiguities in such translation or for any losses caused by reliance thereon.

Gerente editorial: *Letícia Bispo de Lima*

Colaboraram nesta edição:

Coordenador editorial: *Alberto Schwanke*

Assistente editorial: *Tiele Patricia Machado*

Preparação de originais: *Luana Janini Peixoto Neumann*

Leitura final: *Débora Benke de Bittencourt*

Arte sobre capa original: *Kaéle Finalizando Ideias*

Editoração: *Clic Editoração Eletrônica Ltda.*

As ciências biológicas estão em constante evolução. À medida que novas pesquisas e a própria experiência ampliam o nosso conhecimento, novas descobertas são realizadas. Os autores desta obra consultaram as fontes consideradas confiáveis, num esforço para oferecer informações completas e, geralmente, de acordo com os padrões aceitos à época da sua publicação.

Reservados todos os direitos de publicação, em língua portuguesa, à
ARTMED EDITORA LTDA., uma empresa do GRUPO A EDUCAÇÃO S.A.
Av. Jerônimo de Ornelas, 670 – Santana
90040-340 Porto Alegre RS
Fone: (51) 3027-7000 Fax: (51) 3027-7070

Unidade São Paulo
Rua Doutor Cesário Mota Jr., 63 – Vila Buarque
01221-020 São Paulo SP
Fone: (11) 3221-9033

SAC 0800 703-3444 – www.grupoa.com.br

É proibida a duplicação ou reprodução deste volume, no todo ou em parte, sob quaisquer formas ou por quaisquer meios (eletrônico, mecânico, gravação, fotocópia, distribuição na Web e outros), sem permissão expressa da Editora.

IMPRESSO NO BRASIL
PRINTED IN BRAZIL

Autores

MICHAEL L. CAIN, atualmente vinculado ao Bowdoin College, decidiu mudar de atividade acadêmica e focar na escrita em tempo integral. Depois de concluir seu Ph.D. em Ecologia e Biologia Evolutiva pela Cornell University, foi membro do corpo docente da New Mexico State University e do Rose-Hulman Institute of Technology. Além da participação neste livro, Dr. Cain é coautor do *Biologia de Campbell* (10ª edição) e do *Biology in Focus* (1ª edição). Entre as variadas disciplinas que ministrou citam-se introdução à biologia, ecologia, ecologia de campo, evolução, botânica, biologia matemática e bioestatística. Seus interesses de pesquisa incluem: ecologia vegetal, dispersão de longa distância, dinâmicas evolutiva e ecológica em zonas híbridas e comportamento de pesquisa em plantas e animais.

WILLIAM D. BOWMAN é membro do corpo docente da University of Colorado em Boulder, vinculado ao Departamento de Ecologia e Biologia Evolutiva, Mountain Research Station, e ao Institute of Arctic and Alpine Research, tendo concluído seu Ph.D. na Duke University. Dr. Bowman lecionou disciplinas sobre introdução à ecologia, ecologia vegetal, interações planta-solo e ecologia de ecossistemas, e há mais de duas décadas é responsável por disciplinas de verão para a graduação e programas de pesquisa. Sua pesquisa enfoca as intersecções entre ecologia fisiológica, dinâmica de comunidades e função do ecossistema, especialmente no contexto de mudanças ambientais.

SALLY D. HACKER é membro do corpo docente da Oregon State University, Corvallis, desde 2004. Como ecóloga interessada em comunidades estuarinas, de dunas, de costas, naturais e controladas, sua pesquisa explora as estruturas, funções e serviços das comunidades em vários contextos de interações de espécies e mudanças globais. O enfoque de seu trabalho recente é o papel protetor dos ecossistemas na mitigação da vulnerabilidade costeira devido à mudança climática. Dra. Hacker é autora e coautora de vários artigos e capítulos de livros explorando interações de espécies, invasões marinhas e serviços ecossistêmicos importantes para o manejo costeiro baseado em ecossistemas. Ela ministra disciplinas sobre introdução à ecologia, ecologia de comunidades e biologia marinha.

WILLIAM BOWMAN   SALLY HACKER   MICHAEL CAIN

Revisores

Revisores da 3ª edição

A. Scott McNaught, Central Michigan University
Abby Grace Drake, Skidmore College
Alysa Remsburg, Unity College
Andy Sih, University of California, Davis
Anita Baines, University of Wisconsin, LaCrosse
Betsy Von Holle, University of Central Florida
Bret D. Elderd, Louisiana State University
Christiane Healey, University of Massachusetts, Amherst
Diana Tomback, University of Colorado, Denver
Diane Angell, St. Olaf College
Dov Sax, Brown University
Gregg Klowden, University of Central Florida
Hopi Hoekstra, Harvard University
Jennifer Fox, Georgetown University
Johanna Foster, Wartburg College
John Jaenike, University of Rochester
Joseph D'Silva, Norfolk State University
Karen Mabry, New Mexico State University
Karin Pfennig, University of North Carolina, Chapel Hill
Mara Evans, University of California, Davis
Mark A. Davis, Macalester College
Melanie Jones, University of British Columbia
Michelle Koo, University of California, Berkeley
Monica Turner, University of Wisconsin, Madison
Natalia Rybczynski, Canadian Museum of Nature
Piet Johnson, University of Colorado, Boulder
Rick Paradis, University of Vermont
Sarah Dalrymple, University of California, Davis
Stephanie Foré, Truman State University
Ted Stankowich, California State University, Long Beach
Tobias Züst, Cornell University
Tom Schoener, University of California, Davis

Revisores da 1ª e da 2ª edição

Alysa Remsburg, Unity College
Andrea Previtalli, Cary Institute of Ecosystem Studies
Andrew Derocher, University of Alberta
Andrew McCall, Denison University
Anita Davelos Baines, University of Texas, Pan American
April Bouton, Villanova University
Aram Calhoun, University of Maine
Art Johnson, Pennsylvania State University
Astrid Kodric-Brown, University of New Mexico
Beatrix Beisner, University of Quebec at Montreal
Betsy Bancroft, Southern Utah University
Bill Tonn, University of Alberta
Bob Jefferies, University of Toronto
Bradford Hawkins, University of California, Irvine
Brenda Young, Daemen College
Bruce Haines, University of Georgia
Bruce Menge, Oregon State University
Carl Bock, University of Colorado
Carol Wessman, University of Colorado
Catherine Searle, Oregon State University
Charles Blem, Virginia Commonwealth University
Cheryl Swift, Whittier College
Christiane Healey, University of Massachusetts, Amherst
Christopher Beck, Emory University
Christopher Harley, University of British Columbia
Christopher Paradise, Davidson College
Christopher Steiner, Wayne State University
Colin A. Chapman, University of Florida
Cory Cleveland, University of Montana
Courtney Murren, College of Charleston
Dale Lockwood, Colorado State University
Daniel Bolnick, University of Texas, Austin
Daniel Markewitz, University of Georgia
Daniel Moon, University of North Florida
David Ackerly, University of California, Berkeley
David Armstrong, University of Colorado
David D. Briske, Texas A&M University
David D. Chalcraft, East Carolina University
David M. Post, Yale University
David Morgan, University of West Georgia
Dennis K. Shiozawa, Brigham Young University
Don Waller, University of Wisconsin
Dov Sax, Brown University
Elise Granek, Portland State University
Elsa Cleland, University of California, San Diego
Eric Berlow, University of California, Merced
Erik P. Scully, Towson University
Erle Ellis, University of Maryland, Baltimore County
Ethan Temeles, Amherst College
Frederick Singer, Radford University
Gary Chang, Gonzaga University
Gary Ling, University of California, Riverside
Gary Mittelbach, Kellogg Biological Station, Michigan State University

Gregory H. Adler, University of Wisconsin, Oshkosh
Heather Reynolds, Indiana University, Bloomington
Jack Grubaugh, University of Memphis
Jack R. Layne, Jr., Slippery Rock University
Jake F. Weltzin, University of Tennessee
James Barron, Montana State University
James Cronin, Louisiana State University
Jan Pechenik, Tufts University
Janet Schwengber, SUNY Delhi
Jason Hamilton, Ithaca College
Jason Neff, University of Colorado
Jason Rohr, University of South Florida
Jeb Barrett, Virginia Polytechnic Institute and State University
Jeff Klahn, University of Iowa
Jeff Leips, University of Maryland, Baltimore County
Jeff Podos, University of Massachusetts, Amherst
Jenifer Hall-Bowman, University of Colorado
Jennifer Fox, Georgetown University
Jennifer Lau, Michigan State University
Jerry Johnson, Brigham Young University
Jessica Gurevitch, Stony Brook University
Joe Poston, Catawba College
John Ebersole, University of Massachusetts, Boston
John Faaborg, University of Missouri
John J. Stachowicz, University of California, Davis
John Jaenike, University of Rochester
Jon Witman, Brown University
Jonathan Evans, University of the South
Jonathan Shurin, University of California, San Diego
Judie Bronstein, University of Arizona
Kama Almasi, University of Wisconsin, Stevens Point
Kamal Gandhi, University of Georgia
Karen Pfennig, University of North Carolina
Kathleen Treseder, University of Pennsylvania
Keith Pecor, The College of New Jersey
Kenneth Brown, Louisiana State University
Kevin Higgins, University of South Carolina
Kevin Pangle, The Ohio State University
Kim Bjorgo-Thorne, West Virginia Wesleyan College
Kim Mouritsen, University of Aarhus
Kringen Henein, Carleton University, Ontario
Liane Cochran-Stafira, Saint Xavier University
Linda Brooke Stabler, University of Central Oklahoma
Lynn Mahaffy, University of Delaware
Mark C. Belk, Brigham Young University
Mark McPeek, Dartmouth College
Martha Groom, University of Washington
Mary Anne Carletta, Georgetown College
Mary Santelmann, Oregon State University
Matthew Parris, University of Memphis
Maynard H. Schaus, Virginia Wesleyan College

Megan Dethier, University of Washington
Michael A. Bell, Stony Brook University
Michael Booth, Principia College
Michael Kinnison, University of Maine
Michael Mazurkiewicz, University of Southern Maine
Michael Toliver, Eureka College
Mike Heithaus, Florida International University
Mike Palmer, Oklahoma State University
Monica Turner, University of Wisconsin
Nat Holland, Rice University
Nathan Sanders, University of Tennessee
Nelson Hairston, Cornell University
Peter Alpert, University of Massachusetts, Amherst
Peter Chabora, Queens College, CUNY
Pieter Johnson, University of Colorado
Randall Hughes, Florida State University
Richard B. Root, Cornell University
Richard Mack, Washington State University
Richard Spellenberg, New Mexico State University
Richard Zimmerman, Old Dominion University
Rick Gillis, University of Wisconsin, LaCrosse
Rob Colwell, University of Connecticut
Robert Baldwin, Clemson University
Romi Burks, Southwestern University
Russell Monson, University of Colorado
Sally Entrekin, University of Central Arkansas
Sam Scheiner
Sandra Mitchell, Western Wyoming College
Scott Ling, University of Tasmania
Scott Meiners, Eastern Illinois University
Scott Newbold, Colorado State University
Scott Ruhren, University of Rhode Island
Seth R. Reice, University of North Carolina
Shahid Naeem, Columbia University
Shannon McCauley, University of Michigan
Shannon Murphy, George Washington University
Shawn Nordell, Saint Louis University
Sheila Lyons-Sobaski, Albion College
Stacey Lettini, Gwynedd-Mercy College
Stephano Allesina, University of Chicago
Stephen Burton, Grand Valley State University
Stephen Howard, Middle Tennessee State University
Steve Blumenshine, California State University, Fresno
Steve Brewer, University of Mississippi
Stuart Allison, Knox College
Stuart Wooley, California State University, Stanislaus
Svata Louda, University of Nebraska
Thomas E. Miller, Florida State University
Thomas J. Givnish, University of Wisconsin
Thomas Schoener, University of California, Davis
Thomas Veblen, University of Colorado
Timothy Kittel, University of Colorado

Timothy Nuttle, Indiana University of Pennsylvania
Todd Crowl, Utah State University
Tom Langen, Clarkson University
Tom Sarro, Mount Saint Mary College
Vedham Karpakakunjaram, University of Maryland
Vicki Jackson, Central Missouri State University
Vladislav Gulis, Coastal Carolina University

Walter Carson, University of Pittsburgh
Willem Roosenburg, Ohio University, Athens
William Crampton, University of Central Florida
William D. Pearson, University of Louisville
William F. Fagan, University of Maryland
William F. Morris, Duke University

Para Debra e Hannah, com gratidão e amor.
MLC

Para Jen, Gordon e Miles e o seu amor inabalável, e para meus alunos pelo mútuo incentivo.
WDB

Para minha família e meus alunos, que me presentearam com tempo, o que fez toda a diferença.
SDH

Prefácio

Esta é uma época fascinante para o estudo da ecologia. Muitas novas descobertas estão sendo feitas, revelando fatores que afetam comunidades locais e conectam ecossistemas uns aos outros ao longo de áreas geográficas amplas. O progresso nessa e em outras áreas da ecologia não poderia ter surgido em um momento melhor: cada vez mais, os ecólogos são solicitados a aplicar seus conhecimentos em medidas que possam resolver problemas ambientais atuais e impedir problemas futuros.

Desenvolvimentos como esses aumentam o entusiasmo pela ecologia, mas também podem fazer dela uma disciplina extremamente desafiadora para se ensinar e aprender. Os alunos precisam dominar um grande número de conceitos abstratos, raciocínio experimental, equações matemáticas e detalhes sobre organismos específicos e seus hábitats. Já os professores enfrentam o desafio de apresentar conceitos fundamentais, novas descobertas e a relevância e o rigor da ecologia moderna – tudo de maneira que faça sentido para alunos que estão cursando sua primeira disciplina de ecologia. Com esses desafios em mente, o objetivo geral do *Ecologia*, 3ª edição, foi aprimorar o livro como uma ferramenta de aprendizado para alunos e de ensino para professores. Ao nos propormos a atingir esse objetivo, dois princípios fundamentais guiaram nossos passos.

Princípios fundamentais do *Ecologia*, 3ª edição

Este livro foi escrito para alunos de graduação. Desejamos apresentar a nossos leitores a beleza e a importância da ecologia, sem sobrecarregá-los ou entediá-los com detalhes desnecessários. Essa não é uma tarefa fácil. Por isso, quando começamos a escrever esta nova edição, focalizamos dois princípios fundamentais: "**Ensinar em primeiro lugar!**" e "**Menos é mais!**".

"Ensinar" realmente vem em primeiro lugar no *Ecologia* – é o que motivou tudo o que fizemos. A estrutura e o conteúdo dos capítulos foram pensados para, antes de tudo, serem boas ferramentas de ensino. Por exemplo, para introduzir o assunto a ser abordado e conquistar o interesse do aluno, cada capítulo inicia com uma história (um Estudo de Caso, como descrito mais detalhadamente a seguir) sobre um problema prático ou fato interessante da história natural. Assim que os estudantes forem atraídos pelo Estudo de Caso, o enredo que se inicia ali é mantido pelo resto do capítulo. Usamos um estilo narrativo de escrita para ligar as seções do capítulo uma a outra, auxiliando os estudantes a terem em mente uma visão panorâmica. Além disso, as seções do capítulo são organizadas por alguns Conceitos-chave (também descritos mais detalhadamente a seguir) que foram cuidadosamente selecionados para resumir o conhecimento atual e fornecer aos alunos uma visão mais clara do assunto. Da mesma forma, ao selecionar as imagens, a didática veio em primeiro lugar: muitos alunos aprendem de forma visual, então nos esforçamos para que cada figura "conte uma história" que possa ser entendida independentemente.

Como outra maneira de atingirmos nosso objetivo primordial de ensinar, seguimos a filosofia de "menos é mais". Fomos guiados pelo princípio de que, se diminuíssemos a abrangência dos assuntos, mas os apresentássemos de forma clara e adequada, os alunos aprenderiam mais. Assim, nossos capítulos são relativamente curtos e estruturam-se através de um pequeno número de Conceitos-chave (geralmente, de 3 a 5). Fizemos essas escolhas para evitar que os alunos se sentissem sobrecarregados com capítulos longos e dispersos, e para permitir que eles compreendessem os conceitos importantes primeiro. Colocamos, também, nosso princípio de "menos é mais" em prática perguntando um ao outro se determinado texto servia para algum dos objetivos abaixo:

- Ele ajuda a explicar um conceito essencial?
- Ele mostra como o processo de pesquisa ecológica funciona?
- Ele motiva os leitores, enfatizando uma aplicação ecológica importante ou um aspecto fascinante da história natural?

Essa abordagem nos fez tomar algumas decisões difíceis, mas também nos permitiu ensinar aos alunos o que é conhecido atualmente na ecologia sem sobrecarregá-los com detalhes excessivos.

Novidades no *Ecologia*, 3ª edição

No empenho de fazer deste livro a melhor ferramenta de ensino possível, atualizamos, substituímos e excluímos partes do texto quando apropriado. A nova edição também inclui:

Ecologia comportamental Este novo capítulo trata de uma subárea crescente e empolgante da ecologia, que sempre desperta muito interesse nos alunos. Oportuno, com texto envolvente e atual, o capítulo evidencia explicações evolutivas e históricas sobre a maneira fascinante de como os animais se comportam, destacando três tópicos

ANÁLISE DE DADOS 7.1

Há uma compensação (*trade-off*) entre as reproduções atual e atrasada do papa-moscas-de-colarinho?

Lars Gustafsson e Tomas Pärt (1990)* estudaram uma população de papa-moscas-de-colarinho (*Ficedula albicollis*) na ilha sueca de Gotland. Eles monitoraram a sobrevivência e a reprodução de cada ave ao longo de toda a sua vida. Os autores observaram que algumas fêmeas se reproduziram pela primeira vez com 1 ano de idade ("reprodutores precoces"), enquanto outras se reproduziram pela primeira vez com 2 anos de idade ("reprodutores tardios"). O número médio de ovos postos por reprodutores precoces e tardios está registrado na tabela.

Idade (anos)	Número médio de ovos	
	Reprodutores precoces	Reprodutores tardios
1	5,8	—
2	6,0	6,3
3	6,1	7,0
4	5,7	6,6

1. Represente graficamente o número médio de ovos (no eixo Y) *versus* idade (no eixo X) para os reprodutores precoces e tardios.
2. Será que os resultados sugerem que é vantajoso para as aves adiar a reprodução até que elas tenham 2 anos de idade? Explique.
3. Será que os resultados indicam que a alocação de recursos para a reprodução em curso pode reduzir o potencial do indivíduo para a próxima reprodução? Explique.
4. Esses resultados foram baseados em observações de campo. Quais são as limitações de tais dados? Proponha um experimento para testar se há um custo de reprodução em fêmeas que reduz seu potencial de reprodução futura.

*Gustafsson, L., e T. Pärt. 1990. Acceleration of senescence in the collared flycatcher *Ficedula albicollis* by reproductive costs. *Nature* 347: 279-281.

Exercícios de Análise de Dados em cada capítulo são novidades nesta 3ª edição.

---

principais: comportamento de forrageio, comportamento reprodutivo e vida em grupos.

Exercícios de Análise de Dados Na ecologia e em todos os ramos da ciência, os alunos devem se sentir à vontade ao lidar com vários tipos de dados diferentes. Por isso, cada capítulo inclui um exercício de Análise de Dados (um exemplo é mostrado acima), no qual os alunos trabalham com dados reais. Esses exercícios melhoram a capacidade do estudante em habilidades essenciais como calcular, montar gráficos, planejar experimentos e interpretar resultados.

Características principais

Além das mudanças que acabamos de descrever, revisamos e reforçamos as principais características pedagógicas do *Ecologia* introduzidas nas edições anteriores:

Excelência pedagógica Alunos cursando sua primeira disciplina de ecologia são expostos a uma grande quantidade de material, tanto no nível de sistema conceitual quanto individual. Para ajudá-los a administrar essa grande quantidade de informação, cada capítulo do *Ecologia* é organizado em torno de um pequeno número de Conceitos-chave que fornecem resumos atualizados sobre princípios ecológicos fundamentais. Todos os Conceitos-Chave estão listados nas primeiras páginas do livro.

Estudos de Caso Cada capítulo inicia com um relato interessante – um Estudo de Caso. Ao apresentar uma história envolvente ou aplicação interessante, o Estudo de Caso prende a atenção do leitor ao mesmo tempo em que introduz o tópico do capítulo. Mais tarde, a história é concluída com a seção de Estudo de Caso Revisitado correspondente no final do capítulo. Cada Estudo de Caso é naturalmente relacionado a vários níveis de hierarquia ecológica, o que já funciona como uma apresentação à seção Conexões na Natureza, descrita a seguir.

Conexões na Natureza Na maioria dos livros de ecologia, as conexões entre os níveis de hierarquia ecológica são discutidas de maneira breve, talvez apenas no capítulo de abertura. Consequentemente, são perdidas muitas oportunidades de destacar aos alunos o fato de que os eventos da natureza *são realmente* interconectados. Para aperfeiçoar a capacidade dos alunos de compreender essa interconexão, cada capítulo do *Ecologia* termina com uma seção que discute como o assunto abordado no capítulo afeta e é afetado por interações em outros níveis da hierarquia ecológica. Quando apropriado, essas interconexões são também enfatizadas no corpo principal do texto.

Pesquisa ecológica Nosso entendimento da ecologia está em constante mudança devido a novas observações e novos resultados de experimentos e modelos ecológicos. Todos os capítulos do livro destacam a natureza ativa e baseada em pesquisa do nosso conhecimento em ecologia. Isso ocorre ao longo da narrativa e é mais evidenciado pelos exercícios de Análise de Dados, discutidos anteriormente, e pelas Questões de legendas das figuras (descritas abaixo).

Questões de legendas das figuras Cada capítulo inclui de 3 a 6 Questões de legendas das figuras que aparecem em fonte verde logo abaixo da legenda. Essas questões estimulam os alunos a se concentrarem na figura e realmente entenderem seu conteúdo. As questões podem simplesmente testar se os alunos compreendem os eixos ou outros aspectos simples, ou podem até pedir aos alunos que desenvolvam ou avaliem hipóteses.

Aplicações Ecológicas Nos últimos anos, os ecólogos têm progressivamente se dedicado a temas aplicados. De maneira similar, muitos alunos cursando a disciplina de introdução à ecologia se interessam pelos seus aspectos aplicados. Assim, as aplicações ecológicas (incluindo biologia da conservação) são bastante trabalhadas neste livro. Discussões sobre esse assunto estão entrelaçadas ao texto de cada capítulo, ajudando a despertar e manter a atenção do aluno.

Ferramentas Ecológicas Vários capítulos incluem uma seção de Ferramentas Ecológicas, um quadro que descreve "ferramentas" ecológicas como pesquisa experimental, sensoriamento remoto, sistema de informações geográficas (SIG), técnica de marcação e recaptura, análise de isótopos estáveis, impressão de DNA e cálculos de curvas espécies-área.

Vínculos com a evolução A evolução é o tema unificador central de toda a biologia, e suas conexões com a ecologia são muito fortes. Ainda assim, os livros-texto de ecologia geralmente apresentam a evolução quase como se ela fosse um assunto à parte. Como uma alternativa à abordagem convencional, o Capítulo 6 do *Ecologia* é dedicado à descrição dos efeitos conjuntos da ecologia e da evolução. Esse capítulo explora a ecologia e a evolução em um nível populacional e como documentado na fantástica história da vida na Terra. Outros tópicos em ecologia evolutiva são explorados no Capítulo 7 (*Histórias de vida*) e no novo Capítulo 8 (*Ecologia comportamental*). Em muitos outros capítulos, também são descritos conceitos ou aplicações que se relacionam com a evolução.

A ecologia é *uma ciência em construção*

Este livro, como o assunto sobre o qual escrevemos, não consiste em um conjunto de ideias imutáveis e informações fixas. Pelo contrário: ele deve se desenvolver e sofrer alterações com o tempo, à medida que respondemos a novas descobertas e novas maneiras de ensinar. Apreciaríamos ouvir a sua opinião – do que gosta ou não gosta sobre o livro, e quaisquer perguntas ou sugestões que possam aperfeiçoá-lo.

Agradecimentos

Gostaríamos de expressar nosso apreço aos profissionais da Sinauer Associates, com quem trabalhamos de perto durante a redação e, especialmente, durante a produção do livro. Andy Sinauer apoiou o plano deste livro desde o primeiro dia e participou de cada fase com entusiasmo. Carol Wigg e Laura Green fizeram um ótimo trabalho conduzindo o livro durante seus muitos estágios de produção. Norma Sims Roche foi mais uma vez excelente no trabalho de revisão, frequentemente nos incentivando a expandir certos tópicos e omitir outros, com vistas a alcançar os objetivos já descritos. As belas ilustrações ficaram a cargo de Elizabeth Morales, cujos questionamentos nos permitiram apurar as mensagens visuais. David McIntyre, nosso editor de fotografia, conseguiu encontrar ótimas imagens, melhorando as informações das figuras. Jen Basil-Whitaker nos acompanhou durante as várias versões de projeto gráfico: adoramos a versão final, assim como o projeto final da capa. Dean Scudder arquitetou toda a estratégia de marketing, e Marie Scavotto produziu o material para divulgação. Mark Belk (Brigham Young University) e Elizabeth Hobson (New Mexico State University) demonstraram muita habilidade na redação dos recursos *online* e do professor descritos a seguir. Esses recursos foram coordenados por Jason Dirks, da Sinauer.

Por último, gostaríamos de agradecer a algumas das muitas pessoas que nos ajudaram a transformar ideias em um livro impresso. Somos gratos aos colegas que generosamente criticaram o plano do livro ou leram um ou mais capítulos originais; eles estão listados nas páginas vi a viii. Entre as centenas de pessoas que contatamos durante a pesquisa deste livro, gostaríamos de agradecer às seguintes por seu papel especial ao fornecer orientações e compartilhar seu tempo e *expertise*: Jocelyn Aycrigg, Jenifer Hall-Bowman, John Jaenike, Michelle Koo, Karen Mabry, Debra VamVikites e Tim Wright.

MICHAEL L. CAIN
mcain@bowdoin.edu

WILLIAM D. BOWMAN
william.bowman@colorado.edu

SALLY D. HACKER
hackers@science.oregonstate.edu

Recursos didáticos

Para o professor

Professores podem fazer *download* do material complementar exclusivo (em português, ilustrado abaixo). Acesse nosso *site*, loja.grupoa.com.br, cadastre-se gratuitamente como professor, encontre a página do livro por meio do campo de busca e clique no link *Material do Professor*.

Para o estudante

Em sites.sinauer.com/ecology3e*, estão disponíveis materiais complementares gratuitos (em inglês), que auxiliarão no estudo dos temas. Ao final de cada capítulo deste livro, na seção Material da Internet, há conteúdos como **Conexão às Mudanças Climáticas** (*climate change connections*), **Exercício Prático: Solucionando Problemas** (*hands-on problem solving*) e **Saiba Mais** (*web extensions*). O *site* também inclui um resumo dos capítulos, testes, *flashcards* e termos-chave, sugestões de leitura, o glossário completo e material sobre **Revisão Estatística** (*web stats review*).

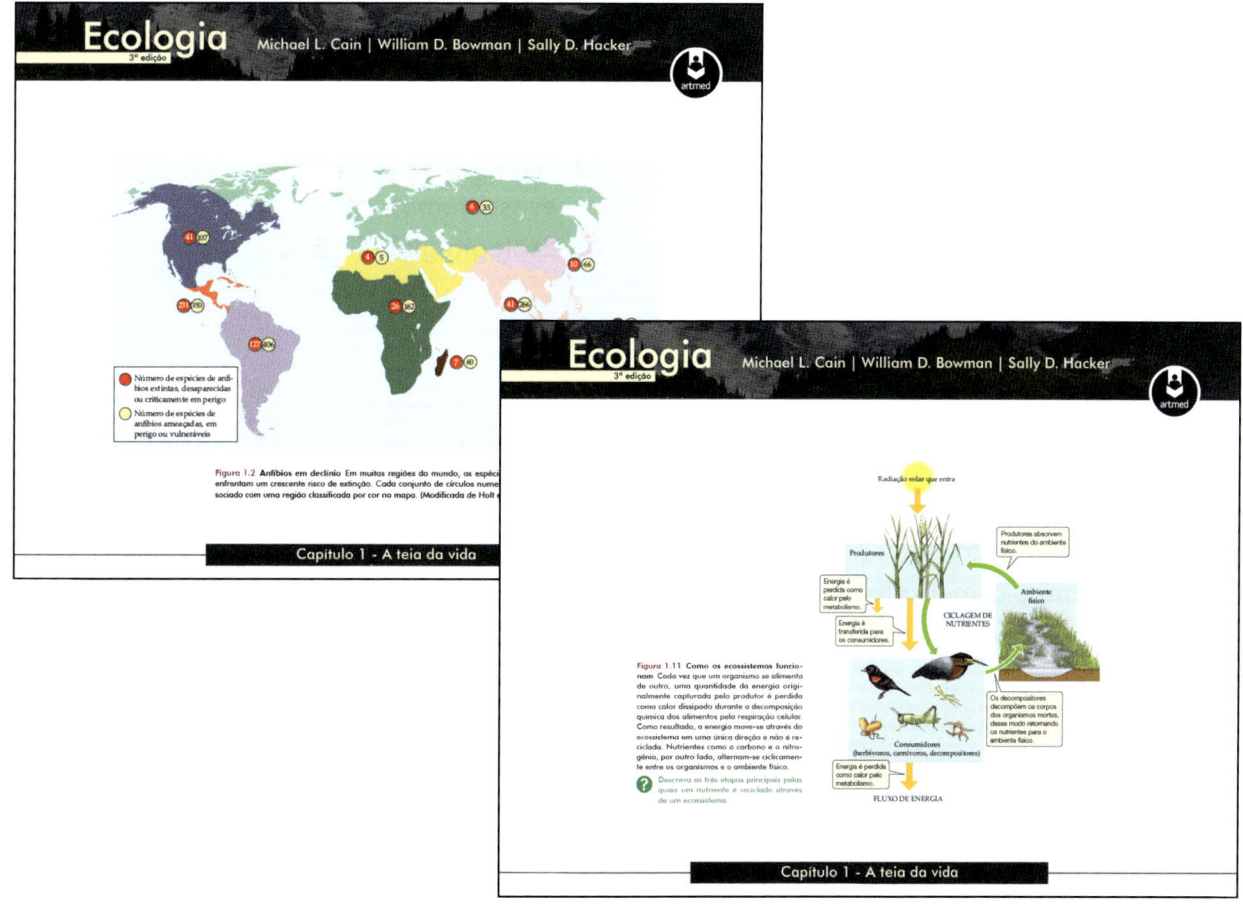

*A manutenção e a disponibilização da página sites.sinauer.com/ecology3e (em inglês) são de responsabilidade da Sinauer Associates, Inc.

Sumário resumido

1 A teia da vida 2

Parte 1 Os organismos e seu ambiente 21

2 O ambiente físico 22
3 A biosfera 50
4 Lidando com a variação ambiental: temperatura e água 84
5 Lidando com a variação ambiental: energia 109

Parte 2 Ecologia evolutiva 135

6 Evolução e ecologia 136
7 Histórias de vida 160
8 Ecologia comportamental 182

Parte 3 Populações 203

9 Distribuição e abundância de populações 204
10 Crescimento e controle populacional 226
11 Dinâmica de populações 249

Parte 4 Interações entre organismos 271

12 Competição 272
13 Predação e herbivoria 292
14 Parasitismo 315
15 Mutualismo e comensalismo 338

Parte 5 Comunidades 357

16 A natureza das comunidades 358
17 Mudanças em comunidades 379
18 Biogeografia 401
19 Diversidade de espécies em comunidades 426

Parte 6 Ecossistemas 449

20 Produtividade 450
21 Fluxo energético e teias alimentares 472
22 Oferta e ciclagem de nutrientes 495

Parte 7 Ecologia aplicada e de larga escala 519

23 Biologia da conservação 520
24 Ecologia da paisagem e manejo de ecossistemas 546
25 Ecologia global 570

Sumário

Capítulo 1 A teia da vida 2

Malformações e declínio em populações de anfíbios: ESTUDO DE CASO 2

Introdução 3

CONCEITO 1.1 Os eventos no mundo natural estão interligados. 3

Conexões na natureza 3

CONCEITO 1.2 A ecologia é o estudo científico das interações entre os organismos e seu ambiente. 8

O que é ecologia? 8

CONCEITO 1.3 Os ecólogos avaliam hipóteses concorrentes sobre os sistemas naturais com observações, experimentos e modelos. 14

Respondendo a questões ecológicas 14

Ferramentas Ecológicas 1.1 Planejando experimentos ecológicos 16

ESTUDO DE CASO REVISITADO Malformações e declínio em populações de anfíbios 17

Análise de Dados 1.1 Predadores introduzidos são uma das causas do declínio das populações de anfíbios? 18

CONEXÕES NA NATUREZA Missão impossível? 19

Parte 1 Os organismos e seu ambiente 21

Capítulo 2 O ambiente físico 22

A variação climática e a abundância do salmão: ESTUDO DE CASO 22

Introdução 23

CONCEITO 2.1 O clima é o componente mais importante do ambiente físico. 23

Clima 23

CONCEITO 2.2 Os ventos e as correntes oceânicas resultam de diferenças na radiação solar ao longo da superfície terrestre. 26

Circulação atmosférica e oceânica 26

CONCEITO 2.3 Os padrões de circulação atmosférica e oceânica de larga escala estabelecem os padrões globais de temperatura e precipitação. 31

Padrões climáticos globais 31

CONCEITO 2.4 Os climas regionais refletem a influência de oceanos e continentes, montanhas e vegetação. 34

Influências climáticas regionais 34

Análise de Dados 2.1 Como as alterações na cobertura vegetal influenciam o clima? 37

CONCEITO 2.5 As variações climáticas sazonais e de longo prazo estão associadas a variações na posição da Terra em relação ao Sol. 38

A variação climática ao longo do tempo 38

CONCEITO 2.6 Salinidade, acidez e concentração de oxigênio são os principais determinantes do ambiente químico. 44

O ambiente químico 44

ESTUDO DE CASO REVISITADO A variação climática e a abundância do salmão 46

CONEXÕES NA NATUREZA Variação climática e ecologia 46

Capítulo 3 A biosfera 50

O Serengeti americano – 12 séculos de alterações nas Grandes Planícies: ESTUDO DE CASO 50

Introdução 51

CONCEITO 3.1 Os biomas terrestres são caracterizados pelas formas de crescimento da vegetação dominante. 51

Biomas terrestres 51

Ferramentas Ecológicas 3.1 Diagramas climáticos 54

Análise de Dados 3.1 Como a mudança climática afeta o bioma de campos? 62

CONCEITO 3.2 As zonas biológicas nos ecossistemas de água doce estão associadas à velocidade, profundidade, temperatura, transparência e composição química da água. 71

Zonas biológicas de água doce 71

CONCEITO 3.3 As zonas biológicas marinhas são determinadas pela profundidade do oceano, disponibilidade de luz e estabilidade do substrato do fundo. 74

Zonas biológicas marinhas 74

ESTUDO DE CASO REVISITADO O Serengeti americano – 12 séculos de alterações nas Grandes Planícies 80

CONEXÕES NA NATUREZA Pesquisa ecológica de longo prazo 81

Capítulo 4 Lidando com a variação ambiental: temperatura e água 84

Rãs congeladas: ESTUDO DE CASO 84

Introdução 85

CONCEITO 4.1 Cada espécie tem uma faixa de tolerâncias ambientais que determina sua distribuição geográfica potencial. 85

Respostas à variação ambiental 85

CONCEITO 4.2 A temperatura de um organismo é determinada pelas trocas de energia com o ambiente externo. 88

Variação na temperatura 88

Análise de Dados 4.1 Como a espessura da pelagem influencia a atividade metabólica em endotérmicos? 97

CONCEITO 4.3 O equilíbrio hídrico de um organismo é determinado pelas trocas de água e solutos com o ambiente externo. 98

Variação na disponibilidade hídrica 98

ESTUDO DE CASO REVISITADO Rãs congeladas 105

CONEXÕES NA NATUREZA Tolerância à dessecação, tamanho do corpo e raridade 106

Capítulo 5 Lidando com a variação ambiental: energia 109

Corvos fabricantes de ferramentas: ESTUDO DE CASO 109

Introdução 110

CONCEITO 5.1 Os organismos obtêm energia a partir da luz solar, de compostos químicos inorgânicos ou por meio do consumo de compostos orgânicos. 110

Fontes de energia 110

CONCEITO 5.2 A energia luminosa e química capturada pelos autótrofos é convertida em energia armazenada nas ligações carbono-carbono. 112

Autotrofia 112

Análise de Dados 5.1 A aclimatização afeta o equilíbrio energético das plantas? 116

CONCEITO 5.3 Limitações ambientais resultaram na evolução de rotas bioquímicas que aumentam a eficiência da fotossíntese. 117

Rotas fotossintéticas 117

CONCEITO 5.4 Os heterótrofos têm adaptações para adquirir e assimilar eficientemente a energia de uma diversidade de fontes orgânicas. 123

Heterotrofia 123

Ferramentas Ecológicas 5.1 Isótopos estáveis 124

ESTUDO DE CASO REVISITADO Corvos fabricantes de ferramentas 129

CONEXÕES NA NATUREZA Uso de ferramentas: adaptação ou comportamento aprendido? 130

Parte 2 Ecologia evolutiva 135

Capítulo 6 Evolução e ecologia 136

Caça de troféus e evolução não intencional: ESTUDO DE CASO 136

Introdução 137

CONCEITO 6.1 A evolução pode ser vista como variação genética ao longo do tempo ou como um processo de descendência com modificação. 137

O que é evolução? 137

CONCEITO 6.2 A seleção natural, a deriva genética e o fluxo gênico podem causar a variação na frequência de alelos em uma população ao longo do tempo. 140

Mecanismos da evolução 140

CONCEITO 6.3 A seleção natural é o único mecanismo evolutivo que causa evolução adaptativa de modo consistente. 144

Evolução adaptativa 144

CONCEITO 6.4 Os padrões evolutivos de longo prazo são moldados por processos de larga escala, tais como especiação, extinções em massa e radiação adaptativa. 148

A história evolutiva da vida 148

CONCEITO 6.5 As interações ecológicas e a evolução exercem profunda influência recíproca. 154

Os efeitos conjuntos da ecologia e da evolução 154

ESTUDO DE CASO REVISITADO Caça de troféus e evolução não intencional 155

CONEXÕES NA NATUREZA O impacto humano na evolução 156

Análise de Dados 6.1 A predação por aves causa evolução em populações de mariposa? 157

Capítulo 7 Histórias de vida 160

A história do Nemo: ESTUDO DE CASO 160

Introdução 161

CONCEITO 7.1 Os padrões de histórias de vida variam entre espécies e dentro da mesma espécie. 161

Diversidade de histórias de vida 161

CONCEITO 7.2 Os padrões reprodutivos podem ser classificados ao longo de vários **contínuos**. 169

Contínuos de histórias de vida 169

CONCEITO 7.3 Existem compensações (trade-offs) entre as características de histórias de vida. 172

Compensações 172

Análise de Dados 7.1 Há uma compensação (trade-off) entre as reproduções atual e atrasada do papa-moscas-de-colarinho? 175

CONCEITO 7.4 Os organismos enfrentam diferentes pressões seletivas nos diferentes estágios do ciclo de vida. 176

Evolução do ciclo de vida 176

ESTUDO DE CASO REVISITADO A história do Nemo 179

CONEXÕES NA NATUREZA Territorialismo, competição e história de vida 180

Capítulo 8 Ecologia comportamental 182

Assassinos de filhotes: ESTUDO DE CASO 182

Introdução 183

CONCEITO 8.1 Uma abordagem evolutiva ao estudo sobre o comportamento leva a predições testáveis. 183

Uma abordagem evolutiva ao comportamento 183

CONCEITO 8.2 Animais fazem escolhas comportamentais que aumentam seu ganho energético e reduzem seu risco de se tornarem presas. 186

Comportamento de forrageio 186

CONCEITO 8.3 Os comportamentos de acasalamento refletem os custos e os benefícios do cuidado parental e da defesa do parceiro. 192

Comportamento de acasalamento 192

CONCEITO 8.4 Existem vantagens e desvantagens na vida em grupos. 197
Vivendo em grupos 197
Análise de Dados 8.1 O efeito de diluição protege os esqueitistas-dos-mares da predação de peixes? 198

ESTUDO DE CASO REVISITADO Assassinos de filhotes 199
CONEXÕES NA NATUREZA As respostas comportamentais aos predadores têm amplos efeitos ecológicos 200

Parte 3 Populações 203

Capítulo 9 Distribuição e abundância de populações 204

Das florestas de algas-pardas aos vazios de ouriços: ESTUDO DE CASO 204

Introdução 205

CONCEITO 9.1 Populações são entidades dinâmicas que variam em tamanho no tempo e no espaço. 205

Populações 205

CONCEITO 9.2 As distribuições e abundâncias de organismos são limitadas pela adequação do hábitat, fatores históricos e dispersão. 209

Distribuição e abundância 209

Análise de Dados 9.1 Espécies herbáceas introduzidas modificaram a ocorrência de queimadas nas florestas secas do Havaí? 212

CONCEITO 9.3 Muitas espécies têm distribuição fragmentada de populações dentro de sua amplitude geográfica. 213

Amplitude geográfica 213

CONCEITO 9.4 A distribuição de indivíduos dentro de uma população depende da localização dos recursos essenciais, dispersão e interações comportamentais. 216

Distribuição dentro de populações 216

CONCEITO 9.5 As abundâncias e distribuições de populações podem ser estimadas por contagens em áreas específicas, métodos de distâncias, estudos de marcação e recaptura e modelos de nicho. 217

Estimando abundâncias e distribuições 217

Ferramentas Ecológicas 9.1 Estimando a abundância 219
ESTUDO DE CASO REVISITADO Das florestas de algas-pardas aos vazios de ouriços 221
CONEXÕES NA NATUREZA Dos ouriços aos ecossistemas 223

Capítulo 10 Crescimento e controle populacional 226

O crescimento da população humana: ESTUDO DE CASO 226

Introdução 227

CONCEITO 10.1 Tabelas de vida mostram como taxas de sobrevivência e de reprodução variam com idade, tamanho ou estágio do ciclo de vida. 228

Tabelas de vida 228

CONCEITO 10.2 Dados das tabelas de vida podem ser usados para projetar o futuro da estrutura etária, do tamanho e da taxa de crescimento de uma população. 231

Estruturas etárias 231

Ferramentas Ecológicas 10.1 Estimando taxas de crescimento populacional de uma espécie ameaçada 235

CONCEITO 10.3 Populações podem crescer exponencialmente quando as condições são favoráveis, mas o crescimento exponencial não continua indefinidamente. 236

Crescimento exponencial 236

Análise de Dados 10.1 Como o crescimento populacional mudou ao longo do tempo? 238

CONCEITO 10.4 O tamanho populacional pode ser determinado por fatores dependentes e independentes da densidade. 240

Efeitos da densidade 240

CONCEITO 10.5 A equação logística impõe limites ao crescimento e mostra como uma população pode se estabilizar em seu tamanho máximo: a capacidade de suporte. 242

Crescimento logístico 242

ESTUDO DE CASO REVISITADO O crescimento da população humana 244

CONEXÕES NA NATUREZA A pegada ecológica 245

Capítulo 11 Dinâmica de populações 249

Um mar em perigo: ESTUDO DE CASO 249

Introdução 250

CONCEITO 11.1 Padrões de crescimento populacional abrangem crescimento exponencial, crescimento logístico, flutuações e ciclos regulares. 251

Padrões de crescimento populacional 251

CONCEITO 11.2 Dependência da densidade atrasada pode causar flutuações no tamanho das populações. 254

Dependência da densidade atrasada 254

CONCEITO 11.3 O risco de extinção aumenta muito em populações pequenas. 257

Extinção de populações 257

Análise de Dados 11.1 Como a variação em λ afeta o crescimento da população? 258

CONCEITO 11.4 Nas metapopulações, grupos de populações espacialmente isoladas estão conectados pela dispersão. 263

Metapopulações 263

ESTUDO DE CASO REVISITADO Um mar em perigo 266

CONEXÕES NA NATUREZA De baixo para cima e vice-versa 267

Parte 4 Interações entre organismos 271

Capítulo 12 Competição 272

Competição em plantas carnívoras: ESTUDO DE CASO 272

Introdução 273

CONCEITO 12.1 A competição ocorre entre indivíduos de duas espécies que partilham um recurso que limita seu crescimento, sobrevivência ou reprodução. 273

Competição por recursos 273

CONCEITO 12.2 A competição, tanto direta quanto indireta, pode limitar a distribuição e a abundância das espécies competidoras. 276

Características gerais da competição 276

CONCEITO 12.3 As espécies competidoras têm mais probabilidade de coexistir quando utilizam os recursos de maneiras diferentes. 279

Exclusão competitiva 279

Análise de Dados 12.1 A competição com uma espécie nativa de mosquito evitará a propagação de uma espécie de mosquito introduzida? 284

CONCEITO 12.4 O resultado da competição pode ser alterado por condições ambientais, interações de espécies, distúrbios e evolução. 285

Alterando o resultado da competição 285

ESTUDO DE CASO REVISITADO Competição em plantas carnívoras 288

CONEXÕES NA NATUREZA O paradoxo da diversidade 289

Capítulo 13 Predação e herbivoria 292

Os ciclos da lebre-americana: ESTUDO DE CASO 292

Introdução 293

CONCEITO 13.1 A maioria dos predadores tem dietas amplas, ao passo que a maioria dos herbívoros tem dietas relativamente restritas. 294

Predadores e herbívoros 294

CONCEITO 13.2 Os organismos desenvolveram uma ampla gama de adaptações que os ajudam a obter alimento e a evitar que se tornem presas. 297

Adaptações às interações exploratórias 297

Análise de Dados 13.1 Espécies diferentes de herbívoros selecionam genótipos diferentes de plantas? 300

CONCEITO 13.3 A predação e a herbivoria podem afetar muito as comunidades ecológicas, às vezes transformando um tipo de comunidade em outro. 302

Efeitos da exploração em comunidades 302

CONCEITO 13.4 Ciclos populacionais podem ser causados por interações exploratórias. 306

Exploração e ciclos populacionais 306

ESTUDO DE CASO REVISITADO Os ciclos da lebre-americana 310

CONEXÕES NA NATUREZA Medo, hormônios e a dinâmica de populações 312

Capítulo 14 Parasitismo 315

Parasitas escravizadores: ESTUDO DE CASO 315

Introdução 316

CONCEITO 14.1 Parasitas normalmente alimentam-se apenas de um ou de alguns indivíduos hospedeiros. 317

A história natural dos parasitas 317

CONCEITO 14.2 Os hospedeiros têm adaptações para se defender dos parasitas, e os parasitas têm adaptações para superar essas defesas. 319

Defesas e contradefesas 319

Análise de Dados 14.1 Um simbionte defensivo aumentaria sua frequência em uma população hospedeira submetida ao parasitismo? 321

CONCEITO 14.3 As populações de parasitas e hospedeiros podem evoluir juntas, cada uma em resposta à seleção imposta pela outra. 323

Coevolução parasita-hospedeiro 323

CONCEITO 14.4 Os parasitas podem reduzir a população de hospedeiros e alterar o resultado da interação de espécies, causando, assim, mudanças nas comunidades. 326

Efeitos ecológicos dos parasitas 326

CONCEITO 14.5 Modelos simples da dinâmica hospedeiro-patógeno sugerem formas para controlar o estabelecimento e a propagação de doenças. 330

Dinâmica e propagação de doenças 330

ESTUDO DE CASO REVISITADO Parasitas escravizadores 334

CONEXÕES NA NATUREZA De substâncias químicas à evolução e aos ecossistemas 335

Capítulo 15 Mutualismo e comensalismo 338

Os primeiros agricultores: ESTUDO DE CASO 338

Introdução 339

CONCEITO 15.1 Nas interações positivas, nenhuma espécie é prejudicada e os benefícios são maiores do que os custos para pelo menos uma espécie. 339

Interações positivas 339

CONCEITO 15.2 Cada parceiro em uma interação mutualista atua de modo que atenda a seus próprios interesses ecológicos e evolutivos. 346

Características do mutualismo 346

Análise de Dados 15.1 As micorrizas transferem mais fósforo para as raízes das plantas que fornecem mais carboidratos? 349

CONCEITO 15.3 As interações positivas afetam a abundância e a distribuição das populações, assim como a composição das comunidades ecológicas. 350

Consequências ecológicas das interações positivas 350

ESTUDO DE CASO REVISITADO Os primeiros agricultores 353

CONEXÕES NA NATUREZA Das mandíbulas à ciclagem de nutrientes 354

Parte 5 Comunidades 357

Capítulo 16 A natureza das comunidades 358

"Alga assassina!": ESTUDO DE CASO 358

Introdução 359

CONCEITO 16.1 Comunidades são grupos de espécies que interagem e ocorrem juntas no mesmo lugar e ao mesmo tempo. 359

O que são comunidades? 359

CONCEITO 16.2 Diversidade e composição de espécies são importantes descritores da estrutura das comunidades. 362

Estrutura de comunidades 362

CONCEITO 16.3 Comunidades podem ser caracterizadas por redes complexas de interações diretas e indiretas que variam em intensidade e direção. 367

Interações de múltiplas espécies 367

Ferramentas Ecológicas 16.1 Medidas da intensidade de interação 371

Análise de Dados 16.1 Quais os efeitos de espécies invasoras sobre a diversidade de espécies? 375

ESTUDO DE CASO REVISITADO "Alga assassina!" 376

CONEXÕES NA NATUREZA É preciso se comprometer para acabar com invasões 376

Capítulo 17 Mudanças em comunidades 379

Um experimento natural de proporções montanhosas: ESTUDO DE CASO 379

Introdução 380

CONCEITO 17.1 Agentes de mudança atuam sobre comunidades ao longo de múltiplas escalas temporais e espaciais. 381

Agentes de mudança 381

CONCEITO 17.2 Sucessão é a mudança na composição de espécies ao longo do tempo em resposta a agentes de mudança abióticos e bióticos. 383

Fundamentos da sucessão 383

CONCEITO 17.3 Experimentos mostram que os mecanismos de sucessão são diversos e dependentes do contexto. 387

Mecanismos de sucessão 387

CONCEITO 17.4 Comunidades podem seguir caminhos sucessionais diferentes e apresentar estados alternativos. 393

Estados estáveis alternativos 393

Análise de Dados 17.1 Que tipos de interações entre espécies conduzem a sucessão em florestas de montanha? 394

ESTUDO DE CASO REVISITADO Um experimento natural de proporções montanhosas 397

CONEXÕES NA NATUREZA Sucessão primária e mutualismo 398

Capítulo 18 Biogeografia 401

O maior experimento ecológico na Terra: ESTUDO DE CASO 401

Introdução 402

CONCEITO 18.1 Padrões de diversidade e distribuição de espécies variam em escalas espaciais global, regional e local. 403

Biogeografia e escala espacial 403

CONCEITO 18.2 Os padrões globais de diversidade e composição de espécies são influenciados por área e isolamento geográfico, história evolutiva e clima global. 408

Biogeografia global 408

CONCEITO 18.3 Diferenças regionais na diversidade de espécies são influenciadas pela área e pela distância, que por sua vez determinam o balanço entre as taxas de imigração e extinção. 416

Biogeografia regional 416

Ferramentas Ecológicas 18.1 Curvas de espécie-área 418

Análise de Dados 18.1 Invasões de espécies influenciam as curvas de espécie-área? 419

ESTUDO DE CASO REVISITADO O maior experimento ecológico na Terra 422

CONEXÕES NA NATUREZA A diversidade da floresta pluvial tropical beneficia os humanos 424

Capítulo 19 Diversidade de espécies em comunidades 426

Movido a pradaria? ESTUDO DE CASO 426

Introdução 427

CONCEITO 19.1 A diversidade de espécies difere entre as comunidades por conta de variações no *pool* regional de espécies, nas condições abióticas e nas interações de espécies. 427

Membros da comunidade 427

CONCEITO 19.2 Teoriza-se que a partição de recursos diminui a competição e aumenta a diversidade de espécies. 431

Partição de recursos 431

CONCEITO 19.3 Processos como distúrbio, estresse, predação e interações positivas podem mediar a disponibilidade de recursos, promovendo, assim, a coexistência e a diversidade de espécies. 434

Mediação de recursos e coexistência 434

Análise de Dados 19.1 Como predação e dispersão interagem para influenciar a riqueza de espécies? 440

CONCEITO 19.4 Muitos experimentos mostram que a diversidade de espécies é positivamente relacionada a funções da comunidade. 442

As consequências da diversidade 442

ESTUDO DE CASO REVISITADO Movido a pradaria? 444

CONEXÕES NA NATUREZA Barreiras aos biocombustíveis: o enigma da parede celular vegetal 446

Parte 6 Ecossistemas 449

Capítulo 20 Produtividade 450

Vida nas profundezas submarinas: ESTUDO DE CASO 450

Introdução 451

CONCEITO 20.1 A energia nos ecossistemas origina-se com a produção primária pelos autótrofos. 452

Produção primária 452

Ferramentas Ecológicas 20.1 Sensoriamento remoto 456

Análise de Dados 20.1 O desmatamento influencia as concentrações de CO_2 atmosférico? 458

CONCEITO 20.2 A produção primária líquida é limitada por fatores ambientais físicos e bióticos. 459

Controles ambientais sobre a produção primária líquida 459

CONCEITO 20.3 Os padrões globais de produção primária líquida são reflexo das limitações climáticas e dos tipos de biomas. 464

Padrões globais de produção primária líquida 464

CONCEITO 20.4 A produção secundária é gerada por meio do consumo de matéria orgânica pelos heterótrofos. 466

Produção secundária 466

ESTUDO DE CASO REVISITADO Vida nas profundezas submarinas 467

CONEXÕES NA NATUREZA Sucessão e evolução movidas pela energia nas comunidades das fontes hidrotermais 468

Capítulo 21 Fluxo energético e teias alimentares 472

Toxinas em locais remotos: ESTUDO DE CASO 472

Introdução 473

CONCEITO 21.1 Níveis tróficos descrevem as posições alimentares dos grupos de organismos nos ecossistemas. 473

Relações alimentares 473

CONCEITO 21.2 A quantidade de energia transferida de um nível trófico para o próximo depende da qualidade do alimento, bem como da abundância e da fisiologia do consumidor.   475

Fluxo energético entre os níveis tróficos   475

CONCEITO 21.3 Alterações na abundância dos organismos de um nível trófico podem influenciar o fluxo energético em diversos níveis tróficos.   480

Cascatas tróficas   480

Análise de Dados 21.1 A identidade dos organismos influencia o fluxo energético entre os níveis tróficos?   484

CONCEITO 21.4 Teias alimentares são modelos conceituais de interações tróficas de organismos em um ecossistema.   485

Teias alimentares   485

ESTUDO DE CASO REVISITADO Toxinas em locais remotos   491

CONEXÕES NA NATUREZA Transporte biológico de poluentes   492

Capítulo 22 Oferta e ciclagem de nutrientes   495

Uma crosta frágil: ESTUDO DE CASO   495

Introdução   496

CONCEITO 22.1 Aportes nutricionais em ecossistemas ocorrem por meio da decomposição química dos minerais das rochas ou por meio da fixação de gases atmosféricos.   497

Nutrientes: necessidades e fontes   497

CONCEITO 22.2 Transformações químicas e biológicas nos ecossistemas alteram a forma química e a oferta de nutrientes.   501

Transformações dos nutrientes   501

Análise de Dados 22.1 A lignina sempre inibe a decomposição?   503

CONCEITO 22.3 Os nutrientes circulam através dos componentes dos ecossistemas.   505

Ciclos e perdas de nutrientes   505

Ferramentas Ecológicas 22.1 Instrumentação de bacias hidrográficas   509

CONCEITO 22.4 Os ecossistemas de água doce e marinhos recebem aporte de nutrientes dos ecossistemas terrestres.   511

Nutrientes em ecossistemas aquáticos   511

ESTUDO DE CASO REVISITADO Uma crosta frágil   514

CONEXÕES NA NATUREZA Nutrientes, distúrbios e espécies invasoras   515

Parte 7 Ecologia aplicada e de larga escala   519

Capítulo 23 Biologia da conservação   520

Pássaros e bombas podem coexistir? ESTUDO DE CASO   520

Introdução   521

CONCEITO 23.1 A biologia da conservação é uma ciência interdisciplinar que aplica os princípios da ecologia para a conservação da biodiversidade.   521

Biologia da conservação   521

CONCEITO 23.2 A biodiversidade está sendo reduzida globalmente.   524

O declínio da biodiversidade   524

CONCEITO 23.3 As principais ameaças à biodiversidade incluem perda de hábitat, espécies invasoras, sobre-exploração, poluição, doenças e mudanças climáticas.   528

Ameaças à biodiversidade   528

Análise de Dados 23.1 As emissões de óxido nítrico diferem estatisticamente entre parcelas com e sem kudzu?   531

CONCEITO 23.4 Biólogos da conservação usam muitas ferramentas e trabalham em múltiplas escalas para manejar as populações em declínio.   535

Abordagens à conservação   535

Ferramentas Ecológicas 23.1
Investigação forense na biologia da conservação   537

CONCEITO 23.5 Priorizar espécies ajuda a maximizar a biodiversidade que pode ser protegida com recursos limitados.   539

Classificação de espécies para proteção   539

ESTUDO DE CASO REVISITADO Pássaros e bombas podem coexistir?   542

CONEXÕES NA NATUREZA Algumas questões sobre as queimadas   543

Capítulo 24   Ecologia da paisagem e manejo de ecossistemas   546

Lobos na paisagem de Yellowstone: ESTUDO DE CASO   546

Introdução   547

Ferramentas Ecológicas 24.1 Sistemas de Informação Geográfica (SIGs)   548

CONCEITO 24.1 A ecologia da paisagem examina padrões espaciais e suas relações com os processos ecológicos.   549

Ecologia da paisagem   549

CONCEITO 24.2 Perda e fragmentação de hábitat diminuem as áreas de hábitat, isolam populações e alteram condições nas bordas dos hábitats.   553

Perda e fragmentação de hábitat   553

Análise de Dados 24.1 Até que ponto os efeitos de borda penetram em fragmentos florestais?   558

CONCEITO 24.3 A biodiversidade pode ser mais bem preservada por grandes reservas conectadas através da paisagem e protegidas de áreas de uso humano intenso.   559

Planejamento de reservas naturais   559

CONCEITO 24.4 O manejo de ecossistemas é um processo colaborativo cuja meta principal é a manutenção da integridade ecológica em longo prazo.   563

Manejo de ecossistemas   563

ESTUDO DE CASO REVISITADO Lobos na paisagem de Yellowstone   565

CONEXÕES NA NATUREZA Futuras mudanças na paisagem de Yellowstone   566

Capítulo 25   Ecologia global   570

Épicas tempestades de poeira: ESTUDO DE CASO   570

Introdução   571

CONCEITO 25.1 Os elementos químicos, em uma escala global, movem-se entre seus reservatórios geológicos, atmosféricos, oceânicos e biológicos.   571

Ciclos biogeoquímicos globais   571

Análise de Dados 25.1 Quanto o pH do oceano diminuirá no século XXI?   574

CONCEITO 25.2 A Terra está aquecendo devido às emissões antropogênicas de gases do efeito estufa.   579

Mudança climática global   579

CONCEITO 25.3 Emissões antropogênicas de enxofre e nitrogênio causam deposição ácida, alteram a química do solo e afetam a saúde dos ecossistemas.   585

Deposição ácida e deposição de nitrogênio   585

CONCEITO 25.4 A redução do ozônio na estratosfera e seu aumento na troposfera representam riscos para os organismos.   589

Ozônio atmosférico   589

ESTUDO DE CASO REVISITADO Épicas tempestades de poeira   592

CONEXÕES NA NATUREZA A poeira como um vetor de impactos ecológicos   594

Apêndice: Algumas medidas métricas usadas em ecologia   597

Respostas das questões de legendas das figuras e das questões de revisão   599

Glossário   623

Créditos das fotos   635

Referências   639

Índice   663

Um ecossistema alpino: vista da área de Paradise e do Monte Rainier, Mount Rainer National Park, Estado de Washington, EUA (Fotografia da capa)

(Photograph © Tim Fitzharris/Minden Pictures)

1 A teia da vida

CONCEITOS-CHAVE

CONCEITO 1.1 Os eventos no mundo natural estão interligados.

CONCEITO 1.2 A ecologia é o estudo científico das interações entre os organismos e seu ambiente.

CONCEITO 1.3 Os ecólogos avaliam hipóteses concorrentes sobre os sistemas naturais com observações, experimentos e modelos.

Malformações e declínio em populações de anfíbios: Estudo de Caso

Em agosto de 1995, um grupo de estudantes de escolas de ensino fundamental e médio de Henderson, Minnesota, fez uma descoberta terrível ao coletar rãs-leopardo (*Rana pipiens*) para um trabalho de ciências no verão: 11 das 22 rãs coletadas estavam gravemente malformadas. Algumas delas tinham pernas adicionais ou ausentes, outras tinham pernas muito curtas ou curvadas em direções incomuns, e ainda outras tinham crescimentos ósseos projetando-se de suas costas (**Figura 1.1**). Os estudantes relataram seus achados para a agência de controle de poluição do estado de Minnesota, que investigou e constatou que 30 a 40% das rãs na lagoa estudada eram malformadas.

A notícia da descoberta dos estudantes espalhou-se rápido, atraindo a atenção da opinião pública e estimulando os cientistas a procurar por malformações semelhantes em outras regiões do país e em outras espécies de anfíbios. Logo tornou-se evidente que o problema estava amplamente disseminado. Nos Estados Unidos, indivíduos malformados foram encontrados em 46 estados e em mais de 60 espécies de rãs, salamandras e sapos. Em algumas localidades, mais de 90% dos indivíduos eram malformados. Anfíbios malformados foram encontrados também na Europa, na Ásia e na Austrália. No mundo inteiro parecia que a frequência de malformações em anfíbios estava crescendo.

Ao alarme causado pelas horríveis malformações somaram-se as observações, começando no final da década de 1980, de outra tendência perturbadora: as populações de anfíbios pareciam estar em declínio em todo o globo. Até 1993, já havia o registro de que mais de 500 populações de rãs e salamandras ao redor do mundo estavam decrescendo em tamanho ou ameaçadas de extinção. Em alguns casos, espécies inteiras estavam em perigo; ao redor do globo, centenas de espécies foram extintas, desapareceram ou ficaram ameaçadas (**Figura 1.2**). Desde 1980, ao menos 24 espécies de anfíbios foram extintas. Adicionalmente, 113 espécies não foram avistadas desde então e são listadas como "provavelmente extintas" (Vié, 2009).

Espécies de outros grupos de organismos também mostravam sinais de declínio, mas os cientistas estavam especialmente preocupados com os anfíbios por três razões. Primeiro, o declínio parecia ter começado recentemente ao longo de amplas regiões do mundo. Segundo, algumas das populações em declínio estavam localizadas em regiões intocadas ou protegidas, aparentemente longe dos efeitos das atividades humanas. Terceiro, alguns cientistas viam os anfíbios como "indicadores biológicos" das condições ambientais. Uma razão para isso é que os anfíbios têm pele permeável (através da qual os poluentes e outras moléculas podem passar) e seus ovos carecem de casca ou outra cobertura protetora. Além disso, a maioria dos anfíbios passa parte de suas vidas na água e parte no meio terrestre. Como consequência, eles estão expostos a uma ampla gama de

Figura 1.1 Rãs-leopardo malformadas Com sua perna adicional e disforme, esse indivíduo mostra um dos tipos de malformações dos membros posteriores que se tornaram comuns em rãs-leopardo e outras espécies de anfíbios.

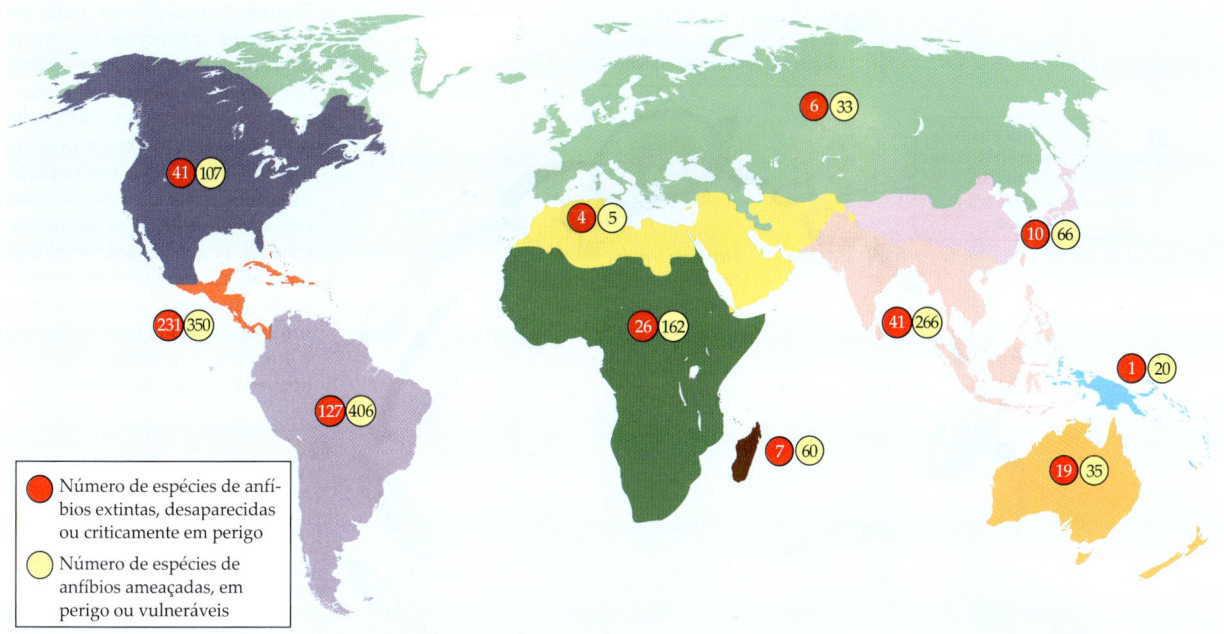

Figura 1.2 Anfíbios em declínio Em muitas regiões do mundo, as espécies de anfíbios enfrentam um crescente risco de extinção. Cada conjunto de círculos numerados está associado com uma região classificada por cor no mapa. (Modificada de Holt et al., 2013.)

ameaças potenciais, incluindo poluição aquática e atmosférica, bem como mudanças na temperatura e na quantidade de radiação ultravioleta (UV) em seu ambiente. Por fim, muitos anfíbios permanecem próximos ao seu local de nascimento ao longo de suas vidas, de modo que é provável que o declínio de uma população local indique uma deterioração das condições ambientais locais.

Pelo fato de os anfíbios em todo o mundo estarem mostrando números declinantes e malformações frequentes, os cientistas inicialmente tentaram encontrar uma ou mais causas globais que pudessem explicar esses problemas. Entretanto, como veremos neste capítulo, a história tornou-se mais complicada: não apareceu uma única evidência incontestável. O que tem causado, então, o declínio global das populações de anfíbios?

Introdução

Nós, seres humanos, exercemos um enorme impacto sobre nosso planeta. Nossas atividades transformaram aproximadamente metade da superfície terrestre e alteraram a composição da atmosfera, levando à mudança climática global. Introduzimos muitas espécies em novas regiões, ação que pode ter um efeito negativo grave, tanto nas espécies nativas como na economia humana. Mesmo os oceanos, aparentemente tão vastos, mostram muitos sinais de deterioração devido às atividades humanas, incluindo o declínio dos estoques pesqueiros, o declínio dos outrora espetaculares recifes de coral e a formação de enormes "zonas mortas", regiões onde as concentrações de oxigênio caíram a níveis suficientemente baixos para matar muitas espécies.

As ações humanas causadoras de tais mudanças no ambiente global frequentemente têm sido realizadas sem considerar como os sistemas naturais de nosso ambiente funcionam. Felizmente, estamos começando a perceber que devemos compreender esses sistemas de modo a antecipar as consequências de nossas ações e consertar os problemas que já causamos.

Nossa crescente percepção de que devemos compreender como os sistemas naturais funcionam nos conduz ao tema deste livro. Os sistemas naturais são governados pelos modos de interação dos organismos entre si e com seu ambiente físico. Portanto, para compreender como os sistemas naturais funcionam, devemos compreender essas interações. *Ecologia* é o estudo científico de como os organismos afetam e são afetados por outros organismos e seu ambiente.

Neste capítulo, introduziremos o estudo da ecologia e sua relevância para os seres humanos. Começaremos explorando um tema que permeia todo este livro: as conexões na natureza.

> **CONCEITO 1.1**
> Os eventos no mundo natural estão interligados.

Conexões na natureza

A partir do que lemos ou observamos sobre a natureza, podemos pensar em exemplos que ilustram a expressão

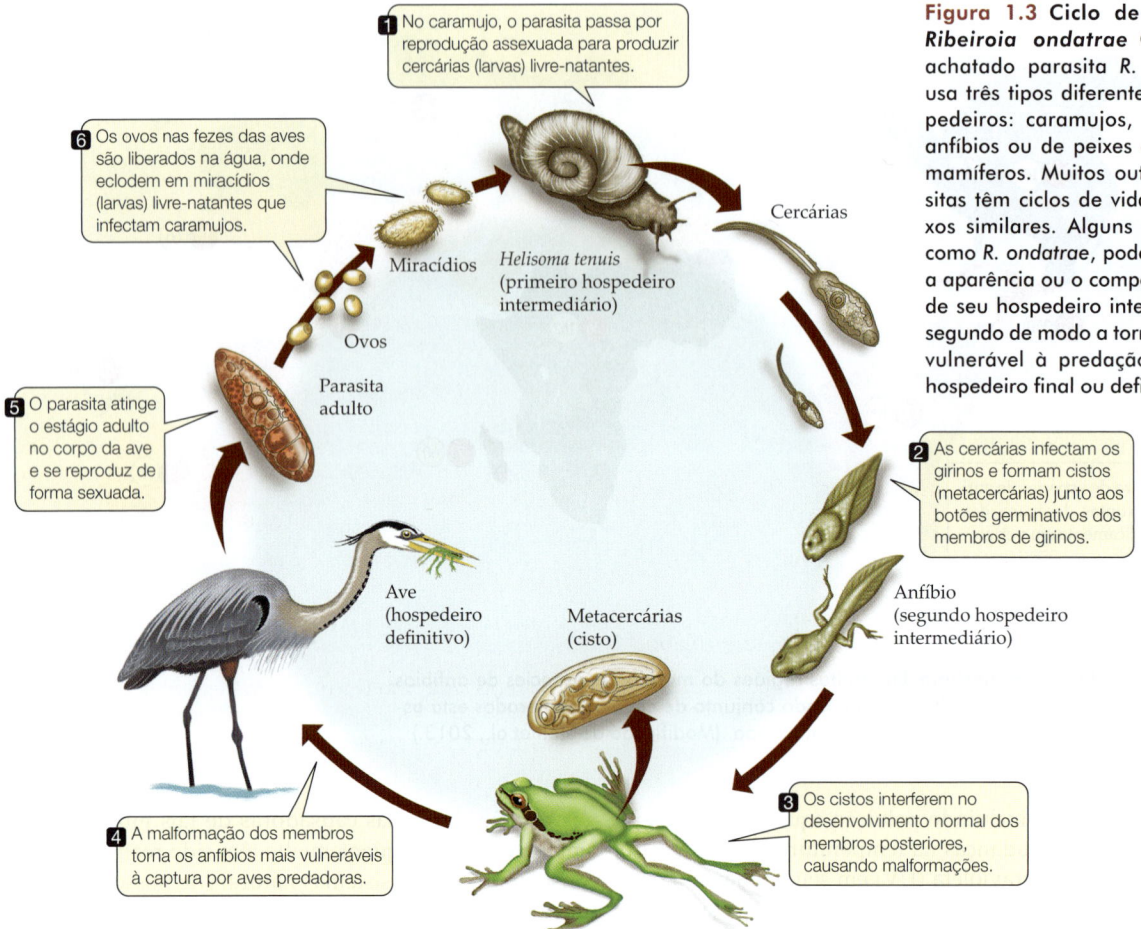

Figura 1.3 Ciclo de vida de *Ribeiroia ondatrae* O verme achatado parasita *R. ondatrae* usa três tipos diferentes de hospedeiros: caramujos, larvas de anfíbios ou de peixes e aves ou mamíferos. Muitos outros parasitas têm ciclos de vida complexos similares. Alguns parasitas, como *R. ondatrae*, podem alterar a aparência ou o comportamento de seu hospedeiro intermediário segundo de modo a torná-lo mais vulnerável à predação por seu hospedeiro final ou definitivo.

conexões na natureza? Neste livro, usamos essa expressão para nos referirmos ao fato de que os eventos no mundo natural podem estar ligados ou conectados uns aos outros. Essas conexões ocorrem quando os organismos interagem uns com os outros e com o ambiente físico. Isso não significa necessariamente que existam fortes conexões entre todos os organismos que vivem em determinada área. Duas espécies podem viver na mesma área e exercer pouca influência uma sobre a outra. Contudo, todos os organismos estão conectados às características de seu ambiente. Por exemplo, todos eles necessitam de alimento, espaço e outros recursos, e interagem com outras espécies e o ambiente físico à medida que procuram o que necessitam para viver. Como resultado, mesmo espécies que não interagem diretamente entre si podem estar relacionadas ao compartilhar características do ambiente.

As conexões na natureza são reveladas à medida que os ecólogos formulam questões sobre o mundo natural e examinam o que aprenderam. Para ilustrar o que esse processo pode nos ensinar acerca das conexões na natureza, retornaremos à nossa discussão sobre as malformações em anfíbios.

Observações iniciais sugerem que as malformações em anfíbios são causadas por parasitas

Nove anos antes de os estudantes de Minnesota fazerem sua alarmante descoberta, Stephen Ruth explorava lagoas ao norte da Califórnia quando encontrou rãs-arborícolas-do-pacífico (*Pseudacris regilla*) e salamandras-de-dedos-longos (*Ambystoma macrodactylum*) com pernas adicionais, ausentes e outras malformações. Ele solicitou a Stanley Sessions, especialista em desenvolvimento de membros de anfíbios, que examinasse seus espécimes. Sessions constatou que todos os anfíbios malformados continham um parasita, atualmente conhecido como *Ribeiroia ondatrae*, um verme achatado trematódeo. Sessions e Ruth presumiram que esse parasita era o causador das malformações. Como um teste inicial de sua hipótese, eles implantaram pequenas contas de vidro próximo aos botões germinativos dos membros dos girinos. Essas contas foram concebidas para simular o efeito do parasita, o qual frequentemente produz cistos, próximo à região onde as pernas são formadas, conforme o girino inicia sua metamorfose em rã adulta. Em um artigo de 1990, Sessions e Ruth relataram que as contas causaram malformações similares (porém menos graves) àquelas encontradas por Ruth.

Um experimento em laboratório testa o papel dos parasitas

Quando observou inicialmente anfíbios malformados em meados da década de 1980, Ruth presumiu (de maneira razoável) que eles eram um fenômeno local e isolado. Em 1996, Pieter Johnson, então estudante da Stanford University, ouviu falar do achado dos estudantes de Minnesota e do artigo de Sessions e Ruth. Embora Sessions e Ruth tivessem fornecido evidências indiretas de que *R. ondatrae* pudesse causar malformações em anfíbios, eles não infectaram *P. regilla* ou *A. macrodactylum* com *R. ondatrae*, demonstrando dessa forma que a infecção pelo parasita resultava em malformações. Além disso, não se sabia que indivíduos das duas espécies de anfíbios usadas nesses experimentos (a rã-de-garras-africana, *Xenopus laevis*, e a salamandra-axolotle, *A. mexicanum*) apresentavam malformações dos membros posteriores na natureza. Com base no trabalho de Sessions e Ruth (1990), Johnson e colaboradores planejaram um teste mais rigoroso para saber se os parasitas *R. ondatrae* poderiam causar malformações de membros em anfíbios.

Eles começaram examinando 35 lagoas no condado de Santa Clara, Califórnia, e encontraram as rãs-arborícolas-do-pacífico em 13 lagoas, sendo que quatro delas continham rãs malformadas. Concentrando-se em duas dessas quatro lagoas, eles observaram que 15 a 45% dos girinos em metamorfose tinham pernas adicionais ou outras malformações (Johnson et al., 1999). Uma das perspectivas analisadas era que as malformações pudessem ser causadas por poluentes, tais como pesticidas, bifenilas policloradas (BPCs) ou metais pesados. Entretanto, nenhuma dessas substâncias foi encontrada na água dessas duas lagoas.

Após, Johnson e colaboradores voltaram sua atenção para outros fatores que pudessem causar essas malformações. Conscientes de que Sessions e Ruth haviam presumido que os parasitas poderiam ser a causa, eles notaram que das 35 lagoas que examinaram, as quatro lagoas com rãs malformadas eram as únicas que continham tanto as rãs como um caramujo aquático, *Helisoma tenuis*. Esse caramujo é um dos dois hospedeiros intermediários exigidos para o parasita *R. ondatrae* completar seu ciclo de vida e produzir descendentes (**Figura 1.3**). Além disso, dissecações de rãs anormais coletadas das duas lagoas exibiram cistos de *R. ondatrae* em todas as rãs com membros malformados.

À semelhança dos achados de Sessions e Ruth, os resultados descritos no parágrafo anterior proporcionaram evidências indiretas de que *R. ondatrae* causava as malformações nas rãs-arborícolas-do-pacífico. Em seguida, Johnson e colaboradores retornaram ao laboratório para realizar um teste mais rigoroso dessa ideia. Eles fizeram isso utilizando um enfoque científico padronizado:

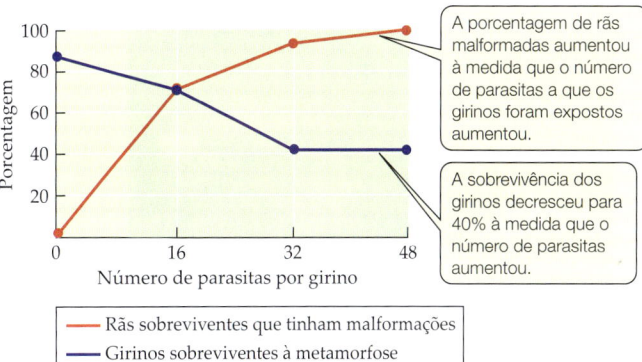

Figura 1.4 Parasitas podem causar malformações em anfíbios O gráfico mostra a relação entre o número de parasitas (*R. ondatrae*) ao qual girinos foram expostos e suas taxas de sobrevivência e de malformação. Os números iniciais de girinos foram de 35 no grupo-controle (0 parasitas) e 45 em cada um dos outros três tratamentos. (Segundo Johnson et al., 1999.)

 Estime o número de girinos no grupo-controle que sobreviveu, bem como o número que tinha malformações.

realizaram um **experimento controlado**, no qual um *grupo experimental* (que tem o fator a ser testado) foi comparado com um *grupo-controle* (em que falta o fator a ser testado). Johnson e colaboradores coletaram ovos de *P. regilla* de uma região em que não havia relatos de rãs com malformações. Eles trouxeram os ovos para o laboratório e colocaram os girinos que eclodiram deles em recipientes de 1 litro (um girino por recipiente). A cada girino foi então aplicado ao acaso um dos quatro *tratamentos*, nos quais 0 (grupo-controle), 16, 32 ou 48 parasitas (*R. ondatrae*) foram colocados em seus recipientes; esses números foram selecionados por corresponderem aos níveis de parasitas que haviam sido observados em campo.

Johnson e colaboradores constataram que quando o número de parasitas aumentava, menos girinos sobreviviam à metamorfose e mais sobreviventes tinham malformações (**Figura 1.4**). No grupo-controle (sem *R. ondatrae*), entretanto, 88% dos girinos sobreviveram e nenhum tinha malformação (Johnson et al., 1999). O elo havia sido formado: *R. ondatrae* podia causar malformações em rãs. Além disso, uma vez que a exposição a *R. ondatrae* matou mais de 60% dos girinos, os resultados também sugeriram que os parasitas poderiam contribuir para o declínio dos anfíbios.

Um experimento de campo sugere que múltiplos fatores influenciam as malformações em rãs

Poucos anos após Johnson e colaboradores terem publicado seus resultados, cientistas demonstraram que *R. ondatrae* poderia causar malformações de membros em outras espécies de anfíbios, incluindo sapos-do-oeste (*Bufo boreas*), rãs-dos-bosques (*Rana sylvatica*) e rãs-leopardo (*R. pipiens*, espécie na qual os estudantes de Minnesota haviam descoberto as malformações). Enquanto *R. ondatrae*

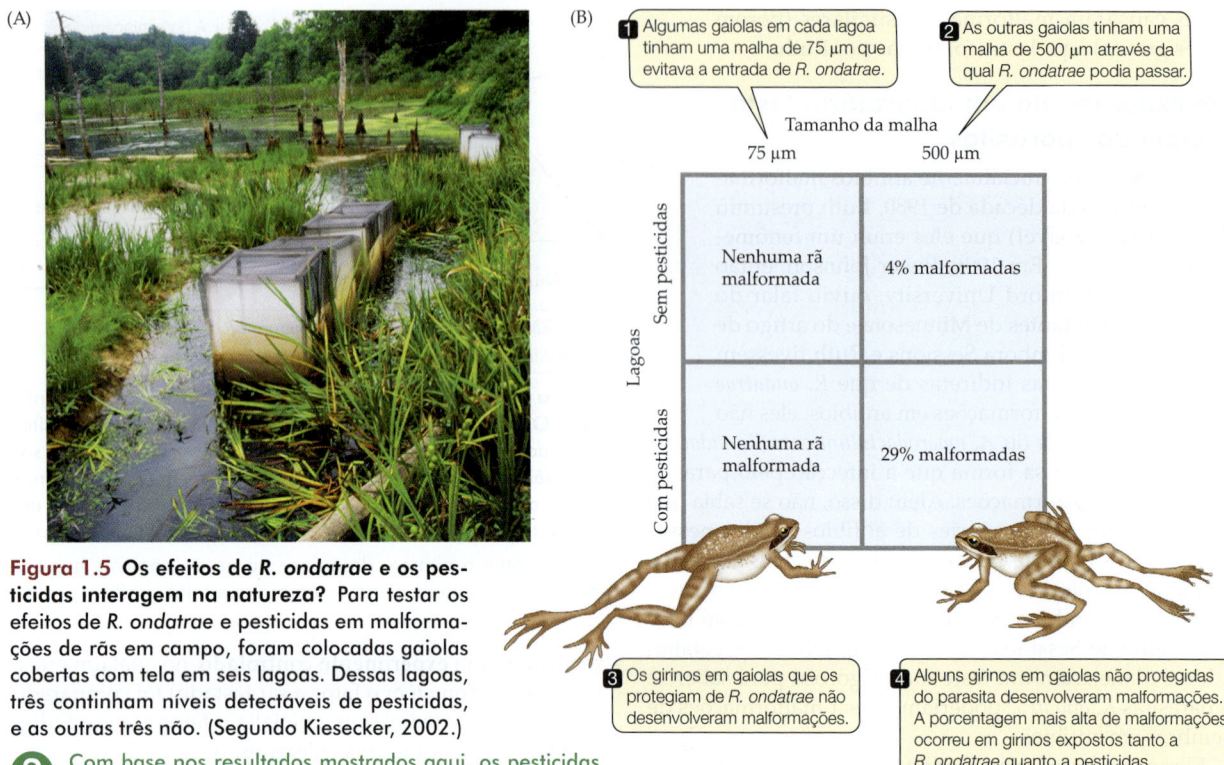

Figura 1.5 Os efeitos de *R. ondatrae* e os pesticidas interagem na natureza? Para testar os efeitos de *R. ondatrae* e pesticidas em malformações de rãs em campo, foram colocadas gaiolas cobertas com tela em seis lagoas. Dessas lagoas, três continham níveis detectáveis de pesticidas, e as outras três não. (Segundo Kiesecker, 2002.)

? Com base nos resultados mostrados aqui, os pesticidas atuando isoladamente causam malformações em rãs? Os resultados indicam que os pesticidas afetam as rãs? Se sim, eles indicam como? Explique.

era claramente importante, alguns pesquisadores suspeitaram que outros fatores também pudessem desempenhar um papel. Era sabido, por exemplo, que algumas lagoas nas quais foram encontradas rãs malformadas estavam contaminadas por pesticidas. Para examinar o possível efeito simultâneo de parasitas e pesticidas, Joseph Kiesecker conduziu um experimento de campo em seis lagoas, todas contendo *R. ondatrae*, mas apenas algumas contendo pesticidas (Kiesecker, 2002).

Três lagoas no estudo de Kiesecker estavam próximas a lavouras, e os testes na água indicaram que cada uma dessas lagoas continha níveis detectáveis de pesticidas. As outras três lagoas não se localizavam tão próximas a lavouras e nenhuma delas mostrou níveis detectáveis de pesticidas. Em cada uma das seis lagoas, Kiesecker colocou girinos de rãs-dos-bosques em gaiolas feitas em malha, através da qual a água podia fluir, mas os girinos não podiam escapar. Seis gaiolas foram colocadas em cada lagoa; três delas tinham uma malha através da qual o parasita *R. ondatrae* podia passar, enquanto as outras três tinham malha muito estreita para o parasita. Portanto, os girinos estavam expostos aos parasitas em três gaiolas, enquanto nas outras três eles não estavam.

Os resultados mostraram que, a campo, *R. ondatrae* causou malformações dos membros posteriores (**Figura 1.5**). Não foram encontradas malformações em rãs criadas em gaiolas cujo tamanho pequeno da malha (75 μm) impediu a entrada de *R. ondatrae*, independentemente de qual lagoa as gaiolas estivessem. As malformações foram encontradas em algumas rãs criadas em gaiolas cujo tamanho de malha maior (500 μm) permitiu a entrada de *R. ondatrae*. Além disso, dissecações revelaram que cada rã com uma malformação estava infectada por *R. ondatrae*. Entretanto, uma porcentagem maior de rãs tinha malformações em lagoas que continham pesticidas do que em lagoas que não tinham (29 *versus* 4%). Resumindo, os resultados desse experimento indicaram que (1) a exposição ao parasita foi necessária para as malformações ocorrerem, e (2) quando as rãs foram expostas ao parasita, as malformações foram mais comuns em lagoas com níveis detectáveis de pesticidas do que em lagoas sem níveis detectáveis de pesticidas.

Com base nesses resultados, Kiesecker formulou a hipótese de que os pesticidas poderiam reduzir a capacidade das rãs de resistirem à infecção por parasitas. Para testar se os pesticidas tinham tal efeito, Kiesecker (2002) levou girinos de rãs-dos-bosques para o laboratório, onde criou alguns em um ambiente com pesticidas e outros em um ambiente sem pesticidas; após, expôs todos eles ao parasita. Os girinos expostos aos pesticidas tinham menos células brancas do sangue (indicando sistema imune deprimido) e maior taxa de formação de cistos de *R. ondatrae* (**Figura 1.6**). Juntos, os resultados de laboratório e de campo de Kiesecker sugeriram que

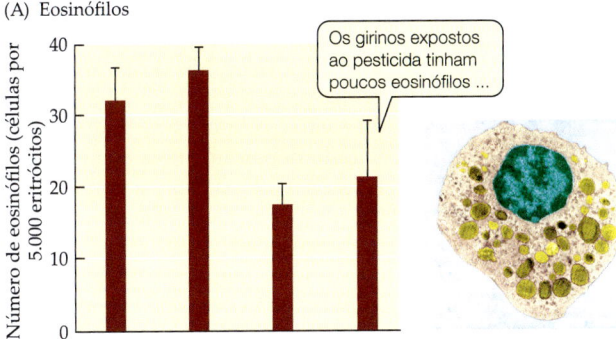

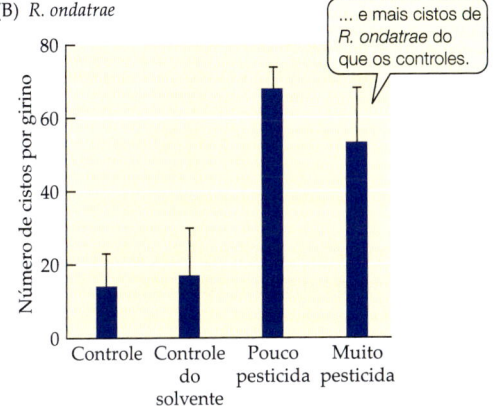

Figura 1.6 Pesticidas podem enfraquecer o sistema imune de girinos Em um experimento em laboratório, alguns girinos de rãs-dos-bosques (*R. sylvatica*) foram expostos a baixas e altas concentrações do inseticida esfenvalerato e, após, expostos a 50 parasitas *R. ondatrae*. Nos girinos foram então examinados (A) o número de eosinófilos (tipo de glóbulo branco usado na resposta imune) e (B) o número de cistos de *R. ondatrae*. Dois tipos de controles foram usados: um em que apenas parasitas foram adicionados aos recipientes dos girinos ("controle"), e outro no qual tanto os parasitas como o solvente usado para dissolver o pesticida foram adicionados ("controle do solvente"). As barras de erro mostram um erro-padrão da média (ver **Revisão Estatística**). (Segundo Kiesecker, 2002).

 Qual foi o propósito de usar dois tipos de controles nesse experimento?

a exposição ao pesticida pode afetar a frequência com que os parasitas causam malformações em populações de anfíbios. Essa conclusão foi, desde então, sustentada por outros estudos. Levantamentos em campo e experimentos de laboratório de Rohr e colaboradores (2008), por exemplo, indicaram que a exposição a pesticidas pode aumentar o número de infecções por trematódeo e diminuir as taxas de sobrevivência de várias espécies de rãs. Como no estudo de Kiesecker, uma razão para o aumento no número de infecções parasíticas parece ser que a resposta do sistema imune das rãs foi reprimida pelo pesticida.

As conexões na natureza podem levar a efeitos colaterais imprevisíveis

Como já vimos, a causa imediata das malformações em anfíbios é, com frequência, a infecção pelo parasita *R. ondatrae*. Contudo, também já vimos que as malformações em anfíbios estão ocorrendo com mais frequência atualmente do que no passado (p. 2). Por que a frequência de malformações em anfíbios aumentou?

Uma resposta possível é sugerida pelos resultados de Kiesecker (2002) e Rohr e colaboradores (2008): os pesticidas podem diminuir a capacidade dos anfíbios de repelir o ataque de parasitas e, por isso, as malformações são mais prováveis em ambientes que contêm pesticidas. Os primeiros pesticidas sintéticos foram desenvolvidos no final da década de 1930, e seu uso tem aumentado drasticamente desde então. Portanto, é provável que a exposição dos anfíbios aos pesticidas tenha aumentado consideravelmente nos últimos anos, o que ajuda a explicar o crescimento recente na frequência de malformações nessas rãs.

Outras alterações ambientais também podem contribuir para o aumento observado nas malformações em anfíbios. Por exemplo, a adição de nutrientes a lagoas naturais ou artificiais (usadas para armazenar água para o gado ou lavouras) pode levar a aumentos nas infecções por parasitas e malformações em anfíbios (Johnson et al., 2007). Os nutrientes podem entrar em uma lagoa quando a chuva ou o degelo lavam os fertilizantes de um campo cultivado para dentro dela. O aporte de fertilizantes frequentemente estimula o crescimento de algas, e os caramujos que abrigam os parasitas *R. ondatrae* se alimentam de algas (para refrescar sua memória do ciclo de vida do parasita, ver Figura 1.3). Portanto, à medida que as algas crescem, os caramujos hospedeiros de *R. ondatrae* também crescem. Um aumento nos caramujos tende a aumentar o número de parasitas na lagoa.

Aqui, uma cadeia de eventos que começa com o aumento do uso de fertilizantes por seres humanos culmina com o aumento do número de parasitas e, portanto, com o aumento no número de anfíbios malformados. Como esse exemplo ilustra, os eventos no mundo natural estão ligados uns aos outros. Como resultado, quando alteramos um aspecto do ambiente, podemos causar outras mudanças que não tencionávamos ou não prevíamos. Quando aumentamos nosso uso de pesticidas e fertilizantes, não pretendíamos aumentar a frequência de malformações em rãs. Todavia, parece que fizemos exatamente isso.

Os efeitos indiretos e imprevistos das ações humanas incluem mais do que malformações bizarras em rãs. Por exemplo, algumas alterações que fazemos em nosso ambiente local e global parecem ter aumentado os riscos à saúde dos seres humanos. O represamento de rios na África tem criado condições favoráveis para caramujos que hospedam trematódeos parasitas causadores de esquistossomose, aumentando assim a propagação de uma infecção que pode debilitar ou matar pessoas. Globalmente,

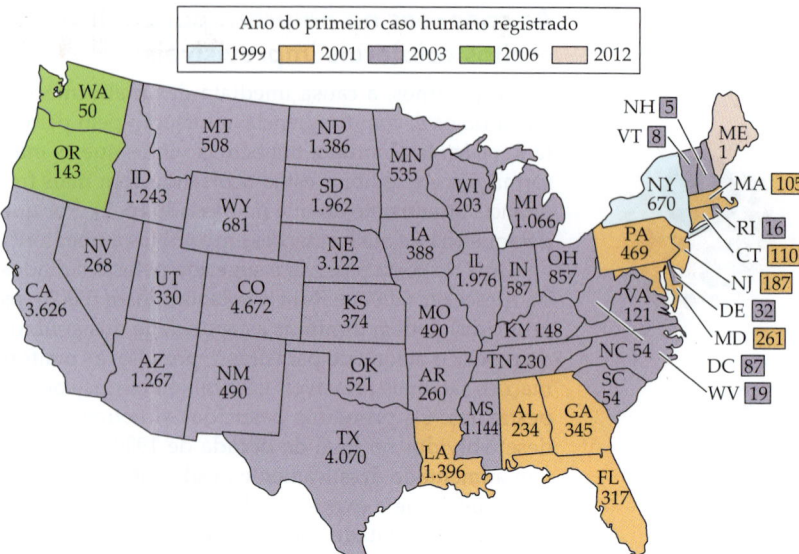

Figura 1.7 A rápida expansão de uma doença letal No intervalo de 13 anos, o vírus do Oeste do Nilo espalhou-se de seu ponto de entrada na América do Norte (a cidade de Nova York) para todos os 48 estados contíguos dos Estados Unidos. As aves são os hospedeiros primários do vírus, o que ajuda a explicar sua rápida disseminação. Mosquitos transmitem a doença das aves e de outros animais hospedeiros para o ser humano. Os números mostram o número cumulativo de casos humanos em cada estado em 31 de dezembro de 2012. (Dados dos Centers for Disease Control and Prevention).

 Em que ano a doença se alastrou a todos os 48 estados, com a exceção de um? Identifique os estados que foram atingidos nesse ano, bem como o único estado que ainda não havia sido atingido.

as últimas décadas têm visto um aumento no surgimento e na propagação de novas doenças, tais como Aids, doença de Lyme, síndrome pulmonar por hantavírus, febre hemorrágica por Ebola e vírus do Oeste do Nilo. Muitos especialistas em saúde pública acreditam que os efeitos das ações humanas sobre o ambiente têm contribuído para a emergência dessas e de outras novas epidemias (Weiss e McMichael, 2004).

Por exemplo, acredita-se que o vírus do Oeste do Nilo, que é transmitido por mosquitos e infecta aves e seres humanos, tenha sido introduzido por pessoas na América do Norte em 1999 (**Figura 1.7**). Além disso, a incidência do vírus do Oeste do Nilo em seres humanos é influenciada por fatores como o tamanho da população humana, o grau de desenvolvimento da região, a abundância e a identidade do mosquito e de espécies de aves e variações na temperatura e na pluviosidade (Reisen et al., 2006; Landesman et al., 2007; Allan et al., 2009). Cada um desses fatores pode ser afetado pelas ações humanas, tanto direta (p. ex., desenvolvimento urbano ou rural) quanto indiretamente (p. ex., como consequência de mudança climática; ver Capítulo 25).

Se você vive em uma cidade, pode esquecer facilmente o quanto cada coisa que você faz depende da natureza. Sua casa ou apartamento abriga você das intempéries e o mantém aquecido no inverno e fresco no verão. De modo semelhante, você obtém alimento na mercearia, roupas na boutique ou na loja de departamentos, água da torneira. Em última análise, porém, cada um desses itens – e qualquer coisa que você faça ou possua – provém ou depende do ambiente natural. Não importa quão longe do mundo natural nossas atividades diárias nos mantenham: o ser humano, assim como todos os outros organismos sobre a Terra, faz parte de uma rede interligada de vida. Vamos nos dedicar agora ao estudo dessas conexões, a disciplina científica da *ecologia*.

CONCEITO 1.2

A ecologia é o estudo científico das interações entre os organismos e seu ambiente.

O que é ecologia?

Neste livro, **ecologia** é definida como o estudo científico das interações entre organismos e seu ambiente. Essa definição pretende incluir as interações entre os organismos, pois, como já vimos, os organismos são uma parte importante do ambiente dos outros organismos. A ecologia também pode ser definida de diversos outros modos; por exemplo, como o estudo científico das interações que determinam a distribuição (localização geográfica) e a abundância dos organismos. Como se tornará claro à medida que você ler este livro, essas definições de ecologia podem estar relacionadas a outras, e cada uma enfatiza diferentes aspectos da disciplina. O ponto mais importante para o nosso propósito aqui, entretanto, é que o termo "ecologia", quando usado por ecólogos, refere-se a uma atividade científica.

Enfatizamos esse ponto porque "ecologia" tem outros significados em seu uso público. As pessoas leigas podem entender que o "ecólogo" é um ativista político. Alguns ecólogos são ativistas, mas muitos não o são. Além disso, como disciplina científica, a ecologia está relacionada a outras disciplinas, embora seja diferente delas, como a ciência ambiental. A ecologia é um ramo da biologia, enquanto a **ciência ambiental** é um campo interdisciplinar que incorpora conceitos das ciências naturais (incluindo a ecologia) e as ciências sociais (p. ex., política, economia, ética). Comparadas à ecologia, a ciência ambiental concentra-se mais especificamente em como o ser humano afeta o ambiente e em como podemos resolver os problemas ambientais. Enquanto um ecólogo pode examinar a poluição como um dos vários fatores que influenciam o sucesso reprodutivo de plantas de áreas úmidas, um cientista ambiental pode se concentrar em como os sistemas econômicos e políticos poderiam ser usados para reduzir a poluição.

As opiniões públicas e profissionais sobre ecologia frequentemente diferem

Levantamentos têm mostrado que muitas pessoas creem que (1) há um "equilíbrio na natureza", no qual os sistemas naturais são estáveis e tendem a retornar a um estado original preferencial após um distúrbio, e que (2) cada espécie na natureza exerce um papel definido na manutenção desse equilíbrio. Tais ideias acerca dos sistemas ecológicos podem ter implicações morais ou éticas para as pessoas que as defendem. Por exemplo, a visão de que cada espécie tem uma função definida pode levar as pessoas a pensarem que cada espécie é importante e insubstituível, o que por sua vez pode levar as pessoas a sentirem que é errado prejudicar outras espécies. Conforme foi resumido por uma pessoa entrevistada em uma avaliação sobre o significado de ecologia (Uddenberg et al., 1995, como citado em Westoby, 1997), "Há um certo equilíbrio na natureza e há um lugar para todas as espécies. Há uma razão para a sua existência e não temos o direito de exterminá-las".

Os pontos de vista públicos sobre o equilíbrio na natureza e o papel único de cada espécie não são surpreendentes, uma vez que eles já foram defendidos por muitos ecólogos. Entretanto, os ecólogos reconhecem atualmente que (1) os sistemas naturais não retornam necessariamente aos seus estados originais após um distúrbio, e que (2) aparentemente perturbações aleatórias costumam desempenhar um importante papel na natureza. Além disso, como será visto na Parte 5, a evidência atual sugere que espécies diferentes frequentemente respondem de maneiras diferentes às alterações nas condições ambientais – uma concepção em desacordo com a ideia de que cada espécie tem uma função distinta dentro de um grande grupo de espécies firmemente interligadas. Portanto, a menos que forneçam cuidadosas qualificações, poucos ecólogos falam atualmente em um equilíbrio na natureza ou na função de cada espécie.

Enquanto concepções sobre o equilíbrio na natureza e a função única de cada espécie não resistiram à prova do tempo, outras ideias se mantiveram. De modo particular, os primeiros e os atuais ecólogos concordariam que os eventos na natureza são interligados (pelo ambiente físico e pelas interações entre as espécies). Disso resulta que uma alteração em uma parte do sistema ecológico pode alterar outras partes do sistema, incluindo aquelas que governam os processos que sustentam a vida, como a purificação e o suprimento contínuo de ar, água e solo.

As interações na natureza formam a base para a primeira de oito máximas ecológicas que mencionaremos neste livro; a saber, "Nunca é possível fazer somente uma coisa" (ver **Tabela 1.1** para a lista completa). Essa máxima sugere que todas as ações têm múltiplos efeitos, porque na natureza os eventos são interligados. Resumindo, embora o mundo natural talvez não seja tão estático ou tão rigidamente entrelaçado como os primeiros ecólogos

TABELA 1.1
Algumas máximas ecológicas

1. **Nunca é possível fazer somente uma coisa.**
   Os organismos interagem uns com os outros e com seu ambiente físico. Como resultado, os eventos na natureza são interligados, e o que afeta um organismo ou lugar também pode afetar outros organismos ou lugares.

2. **Tudo vai parar em algum lugar.**
   Não há um lugar "remoto" no qual resíduos indesejáveis desapareçam.

3. **Nenhuma população consegue crescer indefinidamente.**
   Há limites para o crescimento e a utilização de recursos de cada população, inclusive da nossa.

4. **Não há almoço grátis.**
   A energia e os recursos de um organismo são finitos; o influxo crescente em uma função (tal como a reprodução) resultará em uma compensação (trade-off*) na qual há uma perda para outras funções (tal como o crescimento).

5. **A evolução é importante.**
   Os organismos evoluem ou mudam com o tempo – é um erro considerá-los estáticos. A evolução é um processo contínuo, pois os organismos enfrentam continuamente novos desafios frente às mudanças tanto nos componentes bióticos como nos abióticos do ambiente.

6. **O tempo é importante.**
   Os ecossistemas mudam com o tempo. Quando vemos o mundo como o conhecemos é fácil esquecer como os eventos do passado moldaram nosso presente e como nossas ações atuais podem afetar o futuro.

7. **O espaço é importante.**
   As condições ambientais abióticas e bióticas podem mudar drasticamente de um lugar para outro, às vezes ao longo de distâncias muito curtas. Essa variação é importante porque os organismos são influenciados simultaneamente por processos atuando em múltiplas escalas espaciais, de local a regional até global.

8. **A vida seria impossível sem interações de espécies.**
   As espécies dependem umas das outras para obtenção de energia, recursos e hábitat.

*N. de T. Não existe um termo específico em português. *Trade-off* designa as relações em que o aumento do *fitness* (aptidão) de uma característica está associado à redução do *fitness* de outra característica.

supunham, as espécies são conectadas umas às outras. Para algumas pessoas, o fato de que os eventos na natureza são interligados fornece um imperativo ético para a proteção dos sistemas naturais. Uma pessoa que sente a obrigação ética de proteger a vida humana, por exemplo, também pode sentir a obrigação ética de proteger os sistemas naturais dos quais a vida humana depende.

Um **indivíduo** de papoula-dourada-mexicana (*Eschscholzia mexicana*)...

... é parte de uma **população** dessa espécie. A população de papoulas, por sua vez...

... é uma das populações de diferentes espécies interagindo, encontradas nessa **comunidade** ou **ecossistema** (se também considerarmos o ambiente físico).

Ecossistemas de riachos

O ecossistema desértico está inserido em uma **paisagem** composta por múltiplos ecossistemas (incluindo os ecossistemas de riachos mostrados nesta fotografia).

A **biosfera** inclui todos os ecossistemas da Terra.

Figura 1.8 Uma hierarquia ecológica Como sugerido por essa série de fotografias, a vida no deserto de Sonora pode ser estudada em diversos níveis, desde indivíduos até a biosfera. Esses níveis estão alojados um dentro do outro, de modo que cada nível é composto por grupos das unidades encontradas no nível abaixo dele.

A escala de um estudo ecológico influencia o que pode ser aprendido a partir dele

Seja estudando organismos individuais ou a diversidade da vida sobre a Terra – ou qualquer nível intermediário – os ecólogos sempre estabelecem os limites em torno do que eles observam. Um ecólogo interessado em malformações em rãs pode ignorar as aves que migram acima do local de estudo, enquanto um ecólogo estudando migrações de aves pode ignorar os detalhes que ocorrem nas lagoas abaixo. Não é possível nem desejável estudar tudo ao mesmo tempo.

Quando buscam respostas para uma questão específica, os ecólogos devem selecionar a dimensão mais apropriada, ou **escala**, no tempo e no espaço, para a coleta de observações. Cada estudo ecológico trata de eventos em algumas escalas, mas ignora os eventos de outras. Por exemplo, um estudo sobre as atividades de microrganismos do solo pode ser conduzido em uma pequena escala espacial (p. ex., as medições podem ser realizadas em escalas de centímetros a metros). Por outro lado, em um estudo que trata sobre como poluentes atmosféricos influenciam o clima global, a escala de observação certamente será maior e poderá incluir toda a atmosfera da Terra. Estudos ecológicos também diferem bastante nas escalas de tempo que eles abrangem. Alguns estudos, como aqueles que documentam como as folhas respondem a incrementos momentâneos na disponibilidade de radiação solar, dizem respeito a eventos em uma curta escala de tempo (segundos a horas). Outros, como estudos que usam dados de fósseis para mostrar como as espécies presentes em dado local mudaram ao longo do tempo, tratam de eventos em escala de tempo muito mais longa (séculos a milênios ou maior duração).

O escopo da ecologia é amplo

Os ecólogos estudam as interações na natureza em muitos níveis de organização biológica. Alguns ecólogos estão interessados em como determinados genes ou proteínas possibilitam que os organismos respondam aos desafios ambientais. Outros estudam como os hormônios influenciam interações sociais, ou como tecidos especializados ou sistemas de órgãos permitem aos animais enfrentar ambientes extremos. Porém, mesmo entre ecólogos cuja pesquisa aborda níveis mais baixos de organização biológica (p. ex., de moléculas a sistemas de órgãos), os estudos ecológicos geralmente enfatizam um ou mais dos seguintes níveis: indivíduos, populações, comunidades, ecossistemas, paisagens ou toda a biosfera (**Figura 1.8**).

Uma **população** é um grupo de indivíduos de uma única espécie que vive em determinada área e cujos membros interagem uns com os outros. Muitas das questões centrais em ecologia tratam de como e por que os locais e as abundâncias das populações mudam ao longo do tempo. Para responder a essas questões, muitas vezes é útil entender o papel exercido pelas outras espécies. Portanto, muitos ecólogos estudam a natureza no nível de **comunidade**, que consiste em uma associação de populações de diferentes espécies que interagem e vivem na mesma área. As comunidades podem distribuir-se em áreas grandes ou pequenas e podem diferir muito em termos de número e tipo de espécies que as constituem (**Figura 1.9**).

Figura 1.9 Algumas das muitas comunidades da Terra Acompanhando a sequência em sentido anti-horário, essas fotografias mostram (A) uma savana no Quênia, onde um antílope topi macho se posiciona sobre um ninho de formigas para atrair uma companheira; (B) um dossel de floresta pluvial na região amazônica do Equador; (C) dunas no deserto da Namíbia, um deserto extremamente seco que recebe 2 a 85 mm de chuva por ano e (D) uma comunidade de recife de coral em águas rasas do Mar Vermelho.

Os estudos ecológicos aos níveis de populações e comunidades frequentemente examinam não apenas os efeitos dos componentes **bióticos**, ou vivos, de um sistema natural, mas também todos os componentes ambientais **abióticos**, ou físicos. Por exemplo, um ecólogo de população ou comunidade poderia questionar se as características abióticas do ambiente, tais como temperatura, precipitação ou nutrientes, influenciam a fertilidade dos indivíduos ou as abundâncias relativas das diferentes espécies encontradas em uma comunidade. Outros ecólogos estão interessados particularmente em saber como os ecossistemas funcionam. Um **ecossistema** é uma comunidade de organismos mais o ambiente físico no qual eles vivem. Um ecólogo estudando ecossistemas pode querer saber a taxa de entrada de um elemento químico (como o nitrogênio de fertilizantes) em uma comunidade específica, e também como as espécies vivendo ali afetam o que acontece ao elemento químico logo que ele entra na comunidade. Por exemplo, os ecólogos de ecossistemas estudando as malformações em anfíbios podem documentar as taxas de entrada do nitrogênio nas lagoas que têm e que não têm anfíbios malformados, ou podem determinar como a presença ou a ausência de algas afeta o que acontece com o nitrogênio logo que ele entra nas lagoas.

TABELA 1.2	
Termos-chave para o estudo das conexões na natureza	
Termo	**Definição**
Adaptação	Característica de um organismo que aumenta sua capacidade de sobreviver ou se reproduzir em seu ambiente
Seleção natural	Processo evolutivo no qual os indivíduos que possuem determinadas características sobrevivem ou se reproduzem em uma taxa maior do que outros indivíduos devido a essas características
Produtor	Organismo que usa energia a partir de uma fonte externa, tal como o sol, para produzir seu próprio alimento sem ter que comer outros organismos ou seus restos
Consumidor	Organismo que obtém sua energia comendo outros organismos ou seus restos
Produção primária líquida (PPL)	Quantidade de energia (por unidade de tempo) que os produtores fixam por fotossíntese ou outros meios, menos a quantidade usada na respiração celular
Ciclagem de nutrientes	Movimento cíclico de um nutriente através dos organismos e do ambiente físico

Ao longo de regiões espaciais maiores, os ecólogos estudam **paisagens**, que são áreas que variam substancialmente de um lugar para outro, em geral incluindo múltiplos ecossistemas. Por fim, os padrões globais de circulação do ar e da água (ver Capítulo 2) unem os ecossistemas do mundo na **biosfera**, que consiste em todos os organismos vivos sobre a Terra mais os ambientes nos quais eles vivem. A biosfera constitui o nível mais elevado de organização biológica. Durante as últimas décadas, como será visto na Parte 7, os ecólogos adquiriram novas ferramentas que aperfeiçoaram sua capacidade para estudar o grande cenário: como a biosfera funciona. Apenas a título de exemplo, os ecólogos podem utilizar atualmente dados de satélite para responder a perguntas como: de que modo ecossistemas diferentes contribuem para as contínuas mudanças na concentração global de dióxido de carbono (CO_2) na atmosfera (ver Capítulo 25)?

Alguns termos-chave são úteis para o estudo das conexões na natureza

Quer estejamos discutindo organismos, populações, comunidades ou ecossistemas, todos os capítulos deste livro incorporam o princípio de que os eventos no mundo natural são interligados. Por exemplo, na Parte 3, veremos como uma explosão no tamanho populacional de uma espécie introduzida (o ctenóforo *Mnemiopsis leidyi*) alterou todo o ecossistema do Mar Negro. Uma vez que salientamos as interações na natureza em cada capítulo e, por essa razão, podemos discutir ecossistemas em um capítulo sobre organismos, ou vice-versa, descrevemos aqui alguns termos-chave que devem ser conhecidos à medida que se começa o estudo de ecologia. Esses termos também estão resumidos na **Tabela 1.2**.

Uma característica universal dos sistemas vivos é que eles mudam ao longo do tempo, ou *evoluem*. Dependendo das questões e da escala de tempo envolvidas, a **evolução** pode ser definida como (1) mudança nas características genéticas de uma população ao longo do tempo ou como (2) *descendência com modificação*, processo pelo qual os organismos gradualmente acumulam diferenças a partir de seus ancestrais. Discutiremos a evolução no contexto ecológico mais profundamente no Capítulo 6, mas aqui definiremos dois termos evolutivos essenciais: adaptação e seleção natural.

Uma **adaptação** é uma característica de um organismo que aumenta sua capacidade de sobreviver e se reproduzir em seu ambiente. As adaptações são de importância fundamental para a compreensão de como os organismos funcionam e interagem uns com os outros. Como veremos no Capítulo 6, embora vários mecanismos possam causar mudanças evolutivas, somente a seleção natural pode produzir adaptações de forma persistente. No processo de **seleção natural**, indivíduos com determinadas características tendem a sobreviver e se reproduzir em uma taxa maior do que outros indivíduos *devido a essas características*. Se as características sendo selecionadas são herdáveis, então a descendência dos indivíduos favorecidos pela seleção natural tenderá a ter as mesmas características que deram a seus antepassados uma vantagem. Como resultado, a frequência dessas características em uma população pode aumentar ao longo do tempo. Se isso ocorre, a população terá evoluído.

Considere o que ocorre dentro do corpo de uma pessoa que toma um antibiótico. Algumas bactérias que vivem dentro dessa pessoa podem possuir genes que proporcionam resistência ao antibiótico. Em razão desses genes, essas bactérias sobreviverão e se reproduzirão a uma taxa maior do que as bactérias não resistentes (**Figura 1.10**). Como a característica, sobre a qual a seleção natural atua (resistência ao antibiótico), é herdável, a descendência das bactérias resistentes tenderá a ser resistente. Como consequência, a proporção de bactérias resistentes no corpo da pessoa crescerá ao longo do tempo e a população bacteriana terá evoluído.

Os quatro termos-chave restantes que introduziremos aqui tratam de processos ecossistêmicos. Um modo de ver como os ecossistemas funcionam é considerar o movimento de energia e matéria através de uma comunidade. A energia entra na comunidade quando um organismo como uma planta ou bactéria captura energia a partir de uma fonte externa, como o sol, e usa essa energia para produzir alimento. Um organismo capaz de produzir o próprio alimento a partir de uma fonte externa de energia sem ter que comer outro organismo ou seus restos é chamado

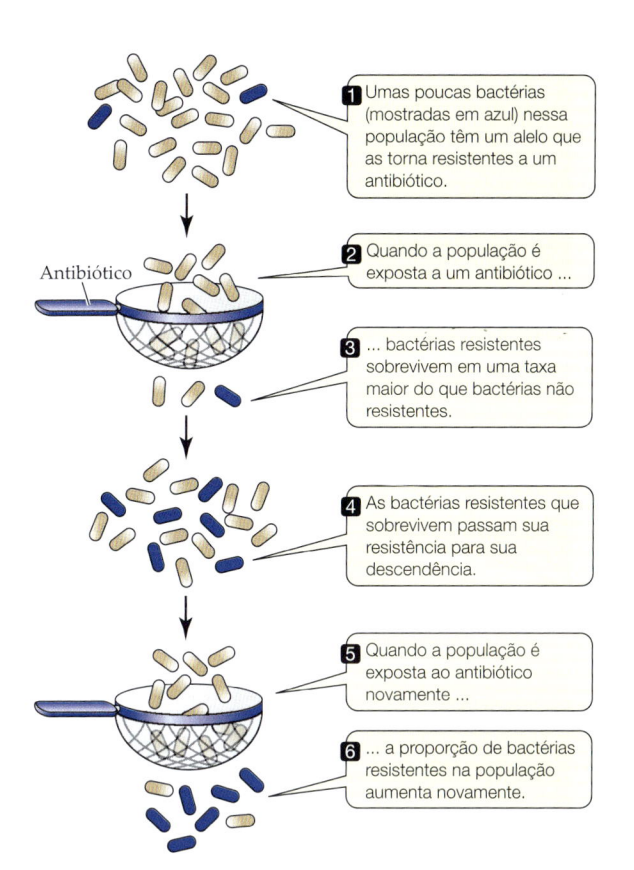

Figura 1.10 A seleção natural em ação Como mostrado nesse diagrama, no qual uma peneira representa os efeitos seletivos de um antibiótico, a seleção natural pode causar o aumento da frequência de resistência ao antibiótico em bactérias ao longo do tempo.

1. Umas poucas bactérias (mostradas em azul) nessa população têm um alelo que as torna resistentes a um antibiótico.
2. Quando a população é exposta a um antibiótico...
3. ...bactérias resistentes sobrevivem em uma taxa maior do que bactérias não resistentes.
4. As bactérias resistentes que sobrevivem passam sua resistência para sua descendência.
5. Quando a população é exposta ao antibiótico novamente...
6. ...a proporção de bactérias resistentes na população aumenta novamente.

Cada unidade de energia capturada pelos produtores é no fim perdida do ecossistema como calor metabólico (**Figura 1.11**). Como resultado, a energia move-se pelos ecossistemas em uma única direção – não pode ser reciclada. Os nutrientes, entretanto, são reciclados continuamente do ambiente físico para os organismos e destes para aquele novamente. O movimento cíclico de nutrientes como o nitrogênio ou o fósforo entre organismos e o ambiente físico é referido como **ciclagem de nutrientes**. A vida como nós conhecemos cessaria se os nutrientes não fossem reciclados, porque as moléculas de que os organismos necessitam para seu crescimento e sua reprodução seriam muito menos facilmente disponíveis.

Quer estejam preocupados com a adaptação ou a PPL, populações ou ecossistemas, os cientistas que estudam sistemas ecológicos não produziram um corpo imutável de conhecimento, esculpido em rocha. Ao contrário, o que sabemos sobre ecologia muda constantemente quando as ideias são testadas e, se necessário, revistas ou descartadas sempre que surgem novas informações. Como veremos na próxima

de **produtor** (esses organismos também são chamados de *produtores primários* ou *autótrofos*). Um organismo que obtém energia consumindo outros organismos ou seus restos é chamado de **consumidor**. A quantidade de energia, por unidade de tempo, que os produtores capturam pela fotossíntese ou por outros meios, menos a quantidade de energia que perdem, como calor na respiração celular, é chamada de **produção primária líquida** (**PPL**). Mudanças na PPL podem ter grandes efeitos sobre a função do ecossistema, e a PPL varia amplamente de um ecossistema para outro.

Figura 1.11 Como os ecossistemas funcionam Cada vez que um organismo se alimenta de outro, uma quantidade da energia originalmente capturada pelo produtor é perdida como calor dissipado durante a decomposição química dos alimentos pela respiração celular. Como resultado, a energia move-se através do ecossistema em uma única direção e não é reciclada. Nutrientes como o carbono e o nitrogênio, por outro lado, alternam-se ciclicamente entre os organismos e o ambiente físico.

? Descreva as três etapas principais pelas quais um nutriente é reciclado através de um ecossistema.

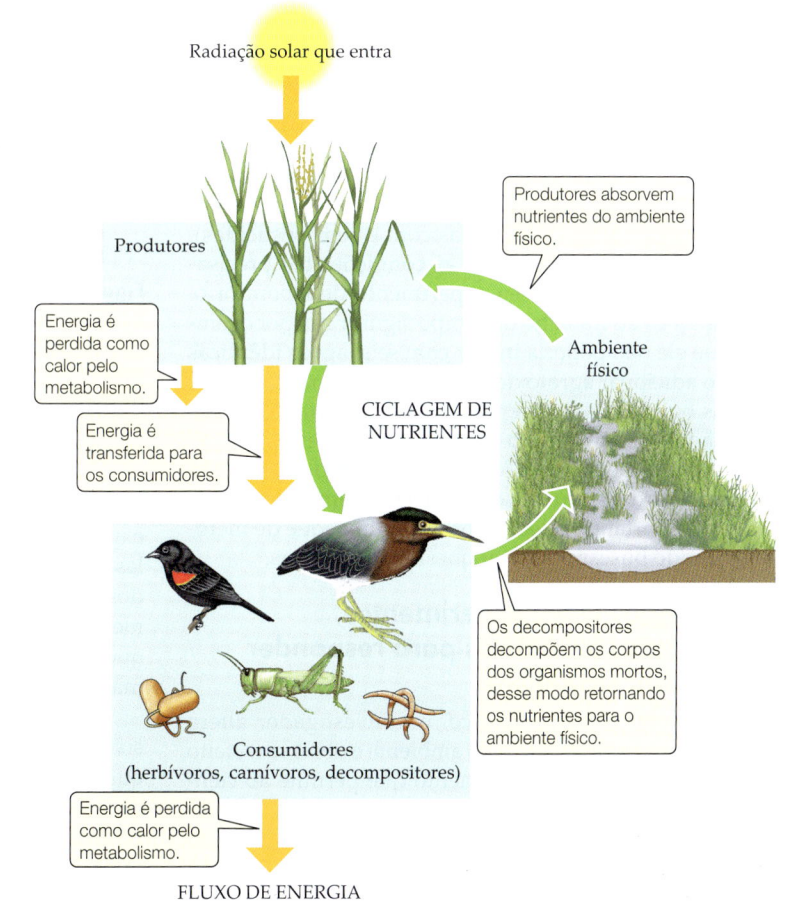

Radiação solar que entra

Produtores absorvem nutrientes do ambiente físico.

Produtores

Energia é perdida como calor pelo metabolismo.

Energia é transferida para os consumidores.

CICLAGEM DE NUTRIENTES

Ambiente físico

Os decompositores decompõem os corpos dos organismos mortos, desse modo retornando os nutrientes para o ambiente físico.

Consumidores (herbívoros, carnívoros, decompositores)

Energia é perdida como calor pelo metabolismo.

FLUXO DE ENERGIA

seção, assim como todos os ramos da ciência, a ecologia está interessada na resolução de questões e busca compreender as causas subjacentes dos fenômenos naturais.

> **CONCEITO 1.3**
>
> Os ecólogos avaliam hipóteses concorrentes sobre os sistemas naturais com observações, experimentos e modelos.

Respondendo a questões ecológicas

Os estudos sobre malformações em anfíbios anteriormente discutidos neste capítulo ilustram os vários modos pelos quais os ecólogos buscam responder questões sobre o mundo natural. O estudo de Johnson e colaboradores (1999), por exemplo, teve dois componentes essenciais: observações de campo e um experimento controlado em laboratório. Na parte observacional do trabalho, os pesquisadores examinaram lagoas, registraram as espécies presentes e observaram que as malformações eram encontradas apenas em lagoas que continham as rãs arborícolas e um caramujo que hospedava o parasita *R. ondatrae*. Essas observações sugeriam que o parasita pudesse causar as malformações, de modo que Johnson e colaboradores realizaram um experimento em laboratório para testar se era esse o caso (e era).

Kiesecker (2002) estendeu esses resultados em dois experimentos, um realizado no campo, o outro em laboratório. Para examinar os efeitos dos pesticidas sobre as malformações das rãs, Kiesecker comparou resultados de três lagoas com pesticidas com resultados de três lagoas sem níveis detectáveis de pesticidas. Enquanto essa abordagem tinha a vantagem de permitir que os efeitos do *R. ondatrae* fossem examinados sob as diferentes condições de campo (em lagoas com e sem pesticidas), Kiesecker não pôde controlar as condições tão precisamente como fizera em seu experimento de laboratório. As restrições do trabalho de campo significam, por exemplo, que ele não poderia iniciar com seis lagoas idênticas e então adicionar agrotóxicos a três lagoas, mas não colocar nas outras três – experimento que testaria com mais precisão se os agrotóxicos eram responsáveis pelos resultados que ele obteve. Como esse exemplo sugere, não há uma abordagem única que funcione bem em todas as situações. Portanto, os ecólogos usam um leque de métodos quando buscam resolver questões ecológicas.

Os ecólogos usam experimentos, observações e modelos para responder a questões ecológicas

Em um experimento ecológico, um investigador altera uma ou mais características do ambiente e observa o efeito dessa mudança, um procedimento que permite ao cientista testar se um fator tem uma relação de causa e efeito com outro. Quando possível, tais experimentos incluem tanto um grupo-controle (não sujeito a alterações) e um ou mais grupos experimentais (ver p. 4). Ao realizarem um

Figura 1.12 Experimentos ecológicos Os experimentos em ecologia variam desde (A) experimentos em laboratório a (B) experimentos de campo em pequena escala conduzidos em ambientes naturais ou artificiais até (C) experimentos de grande escala que alteram componentes importantes de um ecossistema, como visto nessa bacia hidrográfica em que todas as árvores foram removidas.

experimento, os ecólogos têm uma gama de tipos e escalas para escolher, incluindo estudos de laboratório, estudos de campo de pequena escala que cobrem uns poucos metros quadrados e estudos de campo de larga escala em que ecossistemas inteiros, tais como lagos ou florestas, são manipulados (**Figura 1.12**).

Em alguns casos, entretanto, pode ser difícil ou impossível realizar um experimento apropriado. Por exemplo, quando os ecólogos estão buscando compreender eventos que cobrem grandes regiões geográficas ou ocorrem durante longos períodos, os experimentos podem fornecer informações úteis, mas não podem fornecer respostas convincentes às questões subjacentes de interesse.

Considere o aquecimento global. Como será visto no Capítulo 25, os dados de temperatura mostram que o clima da Terra está aquecendo, mas a futura magnitude e os efeitos do aquecimento global permanecem incertos. Não estamos seguros, por exemplo, de como a distribuição geográfica de diferentes espécies se alterará como resultado do aumento previsto na temperatura. A Terra é uma só, então é claro que, mesmo se quiséssemos, não poderíamos aplicar níveis diferentes de aquecimento global a réplicas do planeta e observar como os limites de distribuição das espécies mudariam ao longo do tempo em cada um de nossos tratamentos experimentais.

Em vez disso, devemos abordar tais problemas usando uma mistura de estudos observacionais, experimentos e abordagens quantitativas (matemáticas ou computacionais). Observações de campo revelam que muitas espécies têm deslocado suas distribuições em direção aos polos ou para cima nas encostas de montanhas de um modo que é compatível com a quantidade de aquecimento global que já ocorreu (Parmesan, 2006). Observações de campo também podem ser usadas para sintetizar as condições ambientais sob as quais as espécies são encontradas atualmente, e experimentos em pequena escala podem ser usados para examinar o desempenho das espécies sob diferentes condições ambientais. Para reunir toda essa informação, os cientistas podem utilizar os resultados a partir de estudos observacionais, para desenvolver modelos quantitativos que prevejam como as distribuições geográficas das espécies mudarão dependendo de quanto o planeta verdadeiramente aquecerá no futuro.

A observação de que o aquecimento global já alterou as distribuições geográficas de espécies nos conduz a um tópico tratado em muitos capítulos deste livro: **mudança climática**. Esse termo se refere a uma mudança direcional no clima (tal como o aquecimento global) que ocorre ao longo de três décadas ou mais. Como será lido em capítulos posteriores, o clima afeta muitos aspectos da ecologia, tais como o crescimento e a sobrevivência dos indivíduos, as interações entre os membros de diferentes espécies e as abundâncias relativas de espécies em comunidades ecológicas. Essas observações sugerem que as *mudanças* no clima podem ter efeitos de longo alcance – e elas têm, como mostram as mudanças já ocorridas na fisiologia, na sobrevivência, na reprodução ou na distribuição geográfica de centenas de espécies (Parmesan, 2006). (Ver **Conexão às Mudanças Climáticas 1.1** para mais informações sobre os efeitos ecológicos da mudança climática.)

Os experimentos são planejados e analisados de modo coerente

Quando os ecólogos realizam experimentos, eles frequentemente executam três etapas adicionais, descritas em **Ferramentas Ecológicas 1.1**: repetem cada tratamento, atribuem os tratamentos ao acaso e analisam os resultados usando métodos estatísticos.

A **repetição** significa que cada tratamento, incluindo o controle, é realizado mais de uma vez. Uma vantagem da repetição é que, quando o número de réplicas aumenta, torna-se menos provável que os resultados se devam a variáveis não medidas ou controladas no estudo. Imagine que Kiesecker tivesse realizado seu experimento de campo com apenas duas lagoas, uma com níveis detectáveis de pesticidas e outra sem. Suponha que ele tivesse constatado que as malformações em rãs fossem mais comuns na única lagoa que continha pesticidas. Embora os pesticidas pudessem ser responsáveis por esse resultado, as duas lagoas poderiam ser, também, diferentes em muitas outras maneiras, uma (ou mais) das quais poderia ser a causa real das malformações. Ao utilizar as três lagoas com pesticidas e as três lagoas sem pesticidas, Kiesecker tornou menos provável que cada uma das três lagoas com pesticidas também contivesse algo mais – alguma variável não controlada em seu experimento – que aumentasse a chance de malformações em rãs. No seu experimento, Kiesecker considerou os possíveis efeitos de algumas variáveis não medidas: ele mostrou, por exemplo, que o número de caramujos e a frequência de sua infecção pelo parasita eram similares em todas as seis lagoas, assim tornando improvável que as lagoas com pesticidas tivessem muito mais *R. ondatrae* do que as lagoas sem pesticidas.

Os ecólogos também buscam limitar os efeitos de variáveis não medidas estabelecendo tratamentos ao acaso. Suponha que um investigador queira testar se insetos que comem plantas reduzem o número de sementes por elas produzidas. Um modo de testar essa ideia seria dividir uma área em uma série de parcelas (ver Ferramentas Ecológicas 1.1), algumas das quais seriam pulverizadas regularmente com um inseticida (as parcelas experimentais), enquanto outras seriam deixadas inalteradas (as parcelas-controle). Se determinada parcela deve ser pulverizada (ou não) é uma decisão que deve ser tomada ao acaso no início do experimento. O estabelecimento dos tratamentos ao acaso tornaria menos provável que as parcelas recebessem determinado tratamento e compartilhassem outras características que pudessem influenciar a produção de sementes, como níveis elevados ou reduzidos de nutrientes no solo.

Por fim, os ecólogos costumam usar análises estatísticas para determinar se seus resultados são "significantes". Para compreender o porquê, retornemos ao experimento de Kiesecker. Teria sido surpreendente se Kiesecker tivesse verificado que as taxas de malformações em rãs nas lagoas com pesticidas eram exatamente iguais àquelas nas lagoas sem pesticidas. Mas quão diferentes deveriam ser as taxas para mostrar que os pesticidas estavam exercendo um efeito? Uma vez que os resultados dos diferentes tratamentos experimentais raramente são idênticos, o investigador deve questionar se uma diferença observada é grande o suficiente para ter importância biológica. Métodos estatísticos são usados com frequência como um modo padronizado para auxiliar a tomar essa decisão. Na **Revisão Estatística** descrevemos princípios estatísticos gerais e um método estatístico, o teste t. Há muitos tipos diferentes de análises estatísticas; livros como Zar (2006), Sokal e Rohlf (1995) e Gotelli e Ellison (2004) fornecem exemplos de quais métodos estatísticos utilizar sob várias circunstâncias.

FERRAMENTAS ECOLÓGICAS 1.1

Planejando experimentos ecológicos

Uma etapa-chave em qualquer experimento ecológico ocorre bem antes de ele ser realizado: o experimento deve ser planejado cuidadosamente. Como descrito anteriormente (p. 4) em um experimento controlado, um *grupo experimental*, que tem o fator sendo testado, é comparado com um *grupo-controle*, que não tem esse fator. Os diferentes níveis do fator em teste são referidos com frequência como *tratamentos* diferentes. Por exemplo, no experimento de Johnson e colaboradores (1999) (p. 4), o grupo-controle recebeu um tratamento de 0 parasita por recipiente, enquanto aos membros do grupo experimental foi prescrito um dos três outros tratamentos (16, 32 ou 48 parasitas por recipiente).

O planejamento de muitos experimentos ecológicos inclui três etapas adicionais: *repetição*, *especificação aleatória dos tratamentos* e *análises estatísticas*. A repetição e a especificação aleatória dos tratamentos são utilizadas para reduzir a chance de que variáveis não controladas pelo pesquisador influenciem indevidamente os resultados do experimento. Uma vez que o experimento tenha sido completado, análises estatísticas são usadas para avaliar o grau com que os resultados dos diferentes tratamentos diferem uns dos outros.

Várias características do planejamento experimental podem ser ilustradas pelo *layout* utilizado em estudos de campo realizados por Richard B. Root e colaboradores na Cornell University. Em um desses estudos, Carson e Root (2000) examinaram como insetos herbívoros (que se alimentam de plantas) afetam uma comunidade de plantas dominada pela vara-de-ouro (*Solidago altissima*). A primeira etapa foi definir a questão a ser pesquisada: a abundância, o crescimento ou a reprodução da planta difere entre as parcelas tratadas com inseticida e controle? Para descobrir, eles dividiram um campo de varas-de-ouro em uma matriz de parcelas de 5 × 5 m, mostrada na **Figura A**. O experimento foi conduzido por 10 anos e utilizou dois tratamentos: um controle, no qual os processos naturais foram mantidos inalterados, e um de remoção de insetos, no qual um inseticida foi aplicado anualmente para reduzir os números de insetos herbívoros. Carson e Root selecionaram 30 parcelas ao acaso para usar no experimento; metade dessas parcelas foi, então, selecionada ao acaso para receber o tratamento com inseticida, enquanto as parcelas restantes serviram como controles. Portanto, havia 15 repetições para cada tratamento. As análises estatísticas indicaram que os insetos herbívoros tiveram importantes efeitos sobre a comunidade de plantas, como também é sugerido pela fotografia na **Figura B**.

Figura A Experimento de campo de Carson e Root Essa fotografia aérea mostra o campo dividido (por corredores) em 112 parcelas de 5 × 5 m cada.

- Uma parcela de 5 × 5.
- 30 parcelas nesse campo foram selecionadas ao acaso (15 tratadas com inseticida, 15 controles).

Figura B Resultados de Carson e Root Uma parcela pulverizada com inseticida (à direita) é mostrada rodeada por várias parcelas-controle.

- As varas-de-ouro (florescendo, em amarelo) são mais altas e mais abundantes nessa parcela tratada com inseticida do que nas parcelas-controle ao redor.

O que sabemos sobre ecologia está sempre mudando

A informação neste livro não é um corpo estático de conhecimento. Em vez disso, assim como o próprio mundo natural, nossa compreensão sobre ecologia muda constantemente. A exemplo de todos os cientistas, os ecólogos observam a natureza e formulam questões sobre como ela funciona. Por exemplo, quando a existência de malformações em anfíbios se tornou amplamente conhecida em 1995, alguns cientistas prepararam-se para responder a uma série de perguntas sobre essas malformações. Havia muitas coisas que eles queriam saber. Quantas espécies eram afetadas pelas malformações? As malformações em anfíbios ocorriam em poucas ou em muitas regiões geográficas? O que causou as malformações e suas causas diferia entre as espécies ou as regiões geográficas?

As perguntas estimuladas pela descoberta das malformações em anfíbios ilustram a primeira de uma série de quatro etapas pelas quais os cientistas aprendem sobre o mundo natural. Essas quatro etapas consistem no **método científico**, que pode ser resumido assim:

1. Observe a natureza e formule uma pergunta bem estruturada sobre essas observações.
2. Use o conhecimento prévio ou a intuição para desenvolver respostas plausíveis para essa pergunta. Na ciência, tais explicações possíveis de uma pergunta bem formulada são chamadas de **hipóteses**.
3. Avalie hipóteses concorrentes executando experimentos, reunindo observações cuidadosamente selecionadas ou analisando resultados de modelos quantitativos.
4. Use os resultados desses experimentos, observações ou modelos para modificar uma ou mais hipóteses, propor novas perguntas ou inferir conclusões sobre o mundo natural.

Esse processo em quatro etapas é iterativo e autocorretivo. Novas observações conduzem a novas perguntas, as quais estimulam os ecólogos a formular e testar novas ideias sobre como a natureza funciona. Os resultados obtidos nesses testes podem conduzir a um novo conhecimento, a novas perguntas e ao abandono de ideias que não explicam os resultados. Embora esse processo de quatro etapas não seja seguido exatamente em todos os estudos científicos, o vai e vem entre observações, perguntas e resultados – potencialmente levando a uma reavaliação das ideias existentes – captura a essência de como a ciência é feita.

Já vimos alguns exemplos de como o processo de investigação científica funciona: quando as respostas a algumas perguntas sobre as malformações em anfíbios foram encontradas, surgiram novas perguntas e novas descobertas foram feitas. Essas descobertas continuam a ocorrer em todos os campos da ecologia, sugerindo que nossa compreensão dos processos ecológicos é, e sempre será, um trabalho em desenvolvimento.

ESTUDO DE CASO REVISITADO
Malformações e declínio em populações de anfíbios

Como vimos neste capítulo, malformações em anfíbios são causadas frequentemente por parasitas, mas também podem ser influenciadas por outros fatores, como a exposição a pesticidas ou fertilizantes. Estudos também sugeriram que uma gama de fatores pode causar a queda na abundância de anfíbios. Tais fatores incluem perda de hábitats, parasitas e doenças, poluição, sobre-exploração, mudança climática, introdução de espécies e radiação UV.

Um consenso ainda tem que ser alcançado sobre a importância relativa desses e de outros fatores que afetam o declínio de anfíbios. Por exemplo, Stuart e colaboradores (2004) analisaram os resultados de estudos sobre 435 espécies de anfíbios que experimentaram rápidos declínios desde 1980. A perda de hábitats foi a principal causa do declínio do maior número de espécies (183 espécies), seguida pela sobre-exploração (50 espécies). A causa do declínio das 207 espécies restantes foi listada como "enigmática": populações dessas espécies estavam declinando rapidamente por razões que eram pouco compreendidas. Skerratt e colaboradores (2007) argumentaram que muitos desses declínios enigmáticos podem ser atribuídos a patógenos como o quitrídeo *Batrachochytrium dendrobatidis*, um fungo que causa uma doença de pele letal. Esse fungo tem se propagado rapidamente nos últimos anos, deixando uma quantidade de populações de anfíbios devastadas em seu rastro. Outros pesquisadores têm enfatizado a importância da mudança climática em curso. Hof e colaboradores (2011), por exemplo, projetam que em 2080 a mudança climática provocará mais danos às espécies de anfíbios do que *B. dendrobatidis*. No entanto, os impactos de fatores como doença e mudança climática não são mutuamente exclusivos: na verdade, Rohr e Raffel (2010) observaram que, enquanto a doença com frequência conduz ao declínio de anfíbios, a mudança climática (em particular, as variações na temperatura) também desempenha um papel-chave. Em alguns casos, espécies introduzidas também desempenharam um papel, como se pode verificar em **Análise de Dados 1.1**.

Coletivamente, esses e outros estudos de declínios de anfíbios sugerem que nenhum fator isolado pode explicar a maioria deles. Em vez disso, o declínio parece ser causado por fatores complexos que muitas vezes atuam em conjunto e podem variar de um lugar para outro. Considere, por exemplo, os efeitos dos pesticidas. Embora pareçam aumentar a incidência de malformações em rãs (ver p. 6-7), muitos estudos não conseguiram associá-los às reduções no tamanho das populações de anfíbios. Muitos desses resultados negativos originam-se de estudos de laboratório que mantêm outros fatores constantes e examinam unicamente o efeito de pesticidas no crescimento ou na sobrevivência de anfíbios. Rick Relyea, da Pittsburgh University, repetiu esses experimentos, mas com outra mudança adicional: predadores. Em duas de seis espécies de anfíbios estudadas, concentrações de pesticidas tornaram-se até 46 vezes mais letais se os girinos sentiam

ANÁLISE DE DADOS 1.1

Predadores introduzidos são uma das causas do declínio das populações de anfíbios?

Acredita-se que predadores introduzidos sejam um dos muitos fatores que contribuíram para o declínio das populações de anfíbios, embora apenas uns poucos estudos tenham testado essa hipótese. Em um desses estudos, Vance Vredenburg* avaliou os efeitos da introdução de duas espécies de peixes, a truta arco-íris (*Oncorhynchus mykiss*) e a truta-comum (*Salvelinus fontinalis*), sobre uma espécie de rã em declínio, a rã-de-pernas-amarelas (*Rana muscosa*). Antes de quaisquer manipulações experimentais, Vredenburg examinou 39 lagos. Para cada lago, ele anotou se trutas estavam presentes e, então, estimou a abundância de rãs; os dados de seu levantamento incluem o seguinte:

Status do lago	Densidade média de rãs (por 10 m de margem)
Trutas ausentes	184,8
Trutas presentes	15,3

Após, Vredenburg realizou experimentos nos quais ele comparou as abundâncias de rãs em três categorias de lagos: lagos de remoção (dos quais ele removeu as trutas introduzidas), lagos-controle sem peixes (que nunca tiveram trutas) e lagos-controle com peixes (que ainda continham peixes). Os dados obtidos desses experimentos aparecem no gráfico.

1. A partir dos dados do levantamento na tabela, construa um gráfico de barras mostrando a densidade média de rãs em lagos com e sem trutas (ver **Revisão Estatística** para uma descrição dos gráficos de barra). O que se pode concluir a partir desses dados? Em sua resposta, discrimine a diferença entre causalidade e correlação.

2. Explique por que dois tipos de lagos-controle foram usados nesse experimento.

3. Considere os dados para os lagos de remoção 1, 2 e 3. Para cada um desses lagos, calcule (a) o número médio de rãs (por 10 m de margem) para o tempo de um ano que termina justamente antes do período durante o qual as trutas foram removidas e (b) o número médio de rãs (por 10 m de margem) para o tempo de um ano que começa um ano após a remoção das trutas ter começado. O que se pode concluir desses cálculos?

4. O que os resultados de levantamento e experimentais sugerem sobre (a) o efeito da introdução das trutas sobre as populações de anfíbios, e (b) as previsões para a recuperação das populações logo que as trutas sejam removidas?

*Vredenburg, V. T. 2004. Reversing introduced species effects: Experimental removal of introduced fish leads to rapid recovery of a declining frog. *Proceedings of the National Academy of Sciences USA* 101: 7646-7650.

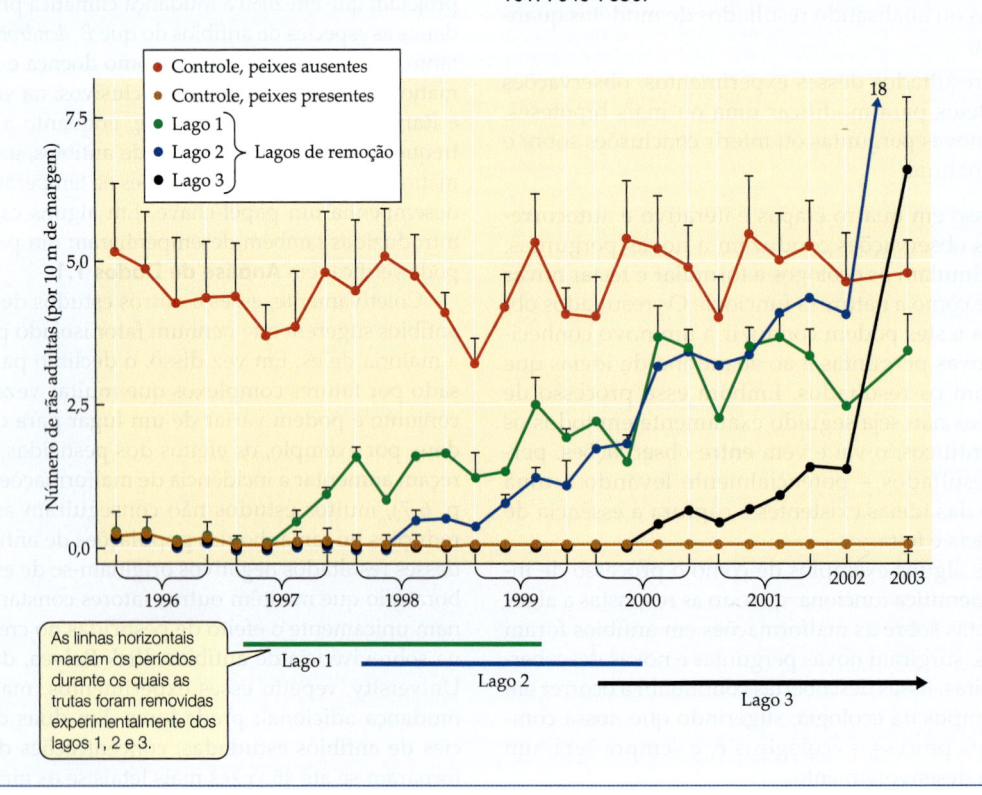

a presença de um predador (Relyea, 2003). Os predadores foram mantidos separados dos girinos por telas, mas os girinos podiam sentir seu odor.

No experimento de Relyea, a capacidade dos girinos de algumas espécies de resistir aos pesticidas foi reduzida pelo estresse causado pela presença de um predador. O mecanismo pelo qual esses dois fatores atuam juntos é desconhecido. Em geral, embora saibamos que um amplo conjunto de fatores pode causar malformações e declínios em rãs (**Figura 1.13**), relativamente pouco é conhecido sobre a extensão na qual esses fatores interagem ou como tais interações exercem seus efeitos. Nessa e em muitas outras áreas da ecologia, aprendemos o suficiente para resolver partes do mistério, mas ainda resta muito para ser descoberto.

Figura 1.13 A complexa causa das malformações e dos declínios nas populações de anfíbios Como foi visto, as malformações em anfíbios podem ser causadas por parasitas como *R. ondatrae*. Entretanto, outros fatores – muitos deles como consequência das ações humanas – podem interagir para causar malformações e declínios em populações de anfíbios. (Segundo Blaustein e Johnson, 2003.)

CONEXÕES NA NATUREZA
Missão impossível?

Como salientado nas páginas de abertura deste capítulo, as pessoas começaram a perceber que é importante entendermos como a natureza funciona, nem que seja apenas para nos protegermos de alterações inesperadas que causem danos em nosso ambiente. O fato de o mundo natural ser enorme, complexo e interligado significa que é impossível compreendê-lo? A maioria dos ecólogos não pensa assim. Nossa compreensão dos sistemas naturais melhorou bastante nos últimos 100 anos. Os esforços em curso para compreender como funciona a natureza certamente são desafiadores, mas também são imensamente empolgantes e importantes. O que aprendemos e como usamos esse conhecimento terão grande impacto no atual e no futuro bem-estar das sociedades humanas. Qualquer que seja sua carreira profissional, esperamos que este livro o auxilie a compreender o mundo natural em que vive, bem como de que modo você afeta e é afetado por esse mundo.

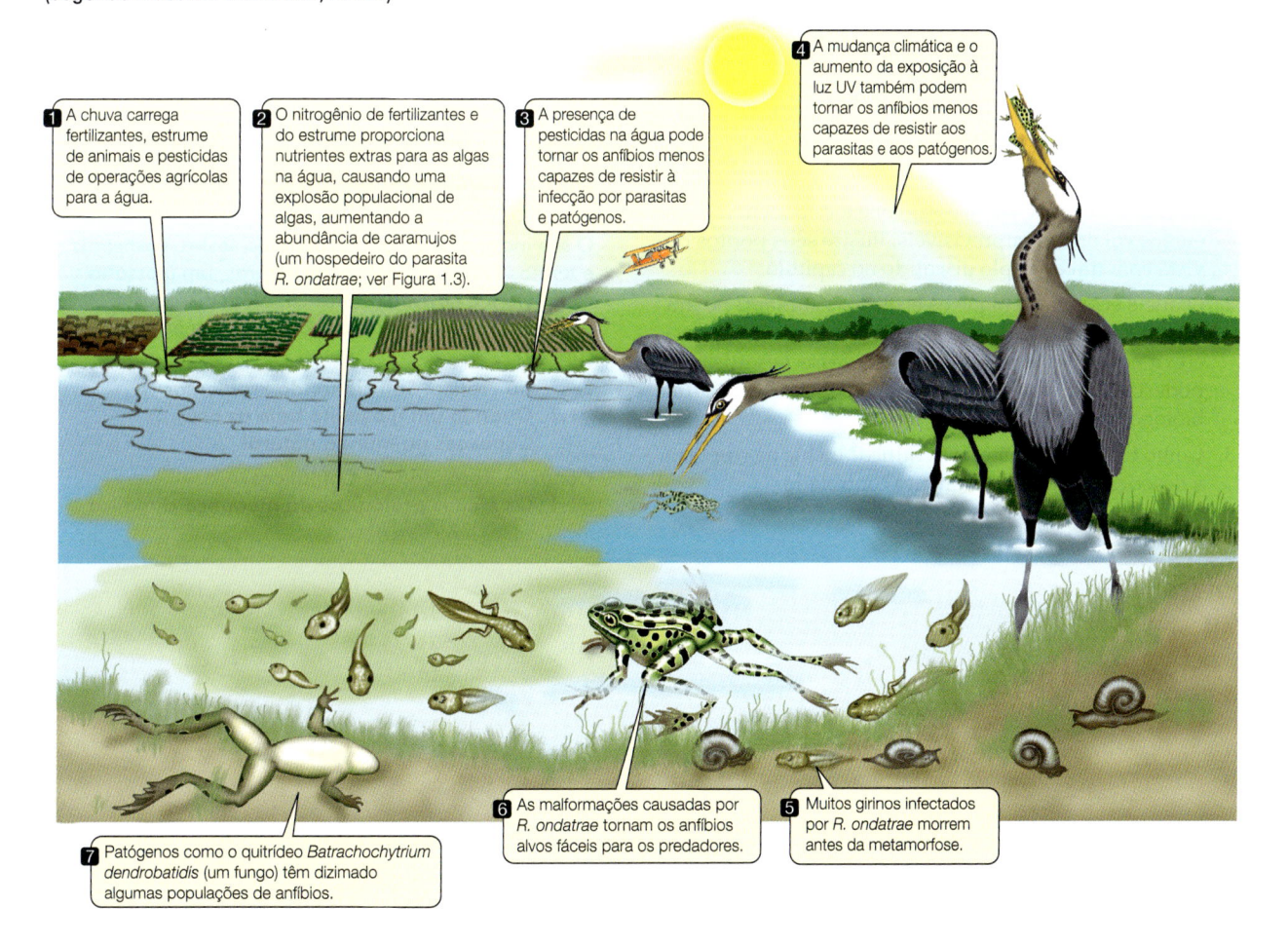

1 A chuva carrega fertilizantes, estrume de animais e pesticidas de operações agrícolas para a água.

2 O nitrogênio de fertilizantes e do estrume proporciona nutrientes extras para as algas na água, causando uma explosão populacional de algas, aumentando a abundância de caramujos (um hospedeiro do parasita *R. ondatrae*; ver Figura 1.3).

3 A presença de pesticidas na água pode tornar os anfíbios menos capazes de resistir à infecção por parasitas e patógenos.

4 A mudança climática e o aumento da exposição à luz UV também podem tornar os anfíbios menos capazes de resistir aos parasitas e aos patógenos.

6 As malformações causadas por *R. ondatrae* tornam os anfíbios alvos fáceis para os predadores.

5 Muitos girinos infectados por *R. ondatrae* morrem antes da metamorfose.

7 Patógenos como o quitrídeo *Batrachochytrium dendrobatidis* (um fungo) têm dizimado algumas populações de anfíbios.

RESUMO

CONCEITO 1.1 Os eventos no mundo natural estão interligados.
- Experimentos de laboratório e de campo sobre os efeitos de parasitas nas malformações em anfíbios ilustram como os eventos na natureza podem ser conectados uns aos outros.
- Uma vez que os eventos no mundo natural são interligados, qualquer ação pode ter efeitos colaterais imprevistos.
- O ser humano tanto depende do ambiente natural como o afeta.

CONCEITO 1.2 A ecologia é o estudo científico das interações entre os organismos e seu ambiente.
- Ecologia é uma disciplina científica relacionada a outras disciplinas, embora seja diferente delas, como a ciência ambiental.
- A opinião pública e a profissional sobre ecologia diferem com frequência.
- O escopo da ecologia é amplo e abrange estudos em muitos níveis de organização biológica.

- Todos os estudos ecológicos tratam de eventos em alguma escala espacial ou temporal, enquanto ignoram os eventos em outras escalas.

CONCEITO 1.3 Os ecólogos avaliam hipóteses concorrentes sobre os sistemas naturais com observações, experimentos e modelos.
- Em um experimento ecológico, o pesquisador altera uma ou mais características do ambiente e observa o efeito dessa alteração nos processos naturais.
- Algumas características do mundo natural são mais bem investigadas com uma combinação de observação de campo, experimentos e modelos quantitativos.
- Os experimentos são planejados e analisados de modo coerente: em geral, cada tratamento, incluindo o controle, é replicado; os tratamentos são estabelecidos ao acaso, e métodos estatísticos são usados para analisar os resultados.
- A informação contida neste livro não é um conjunto estático de conhecimento; o que sabemos sobre ecologia está sempre mudando.

Questões de revisão

1. Descreva o que significa a expressão "conexões na natureza" e explique como essas conexões podem levar a efeitos colaterais imprevisíveis. Ilustre seus pontos de vista com um exemplo discutido no capítulo.
2. O que é ecologia, e o que os ecólogos estudam? Se um ecólogo estudasse os efeitos de determinado gene, descreva como a ênfase do trabalho desse pesquisador poderia diferir da ênfase de um geneticista ou de um biólogo celular.
3. Como funciona o método científico? Inclua na resposta a descrição de um experimento controlado.

MATERIAL DA INTERNET (em inglês)
sites.sinauer.com/ecology3e

O *site* inclui o resumo dos capítulos, testes, *flashcards* e termos-chave, sugestões de leituras, um glossário completo e a Revisão Estatística. Além disso, os seguintes recursos estão disponíveis para este capítulo:

Exercício Prático: Solucionando Problemas
1.1 Quando um mosquito bate as asas...: Conexões no mundo natural

Conexão às Mudanças Climáticas
1.1 Os efeitos ecológicos da mudança climática

Parte 1

Os organismos e seu ambiente

Uma iúca cresce entre as areias de gipsita do White Sands National Monument, Novo México. A planta é adaptada às altas temperaturas do ar e à baixa disponibilidade de água desse ambiente desértico e pode desenvolver-se em condições extremas. Os capítulos desta parte examinarão a natureza do ambiente físico através de diversos hábitats da Terra, as assembleias biológicas de grande escala que ocorrem nesses hábitats e as diferentes soluções que auxiliam os organismos a lidar com a variação ambiental e o estresse.

2 O ambiente físico

CONCEITOS-CHAVE

CONCEITO 2.1 O clima é o componente mais importante do ambiente físico.

CONCEITO 2.2 Os ventos e as correntes oceânicas resultam de diferenças na radiação solar ao longo da superfície terrestre.

CONCEITO 2.3 Os padrões de circulação atmosférica e oceânica de larga escala estabelecem os padrões globais de temperatura e precipitação.

CONCEITO 2.4 Os climas regionais refletem a influência de oceanos e continentes, montanhas e vegetação.

CONCEITO 2.5 As variações climáticas sazonais e de longo prazo estão associadas a variações na posição da Terra em relação ao Sol.

CONCEITO 2.6 Salinidade, acidez e concentração de oxigênio são os principais determinantes do ambiente químico.

A variação climática e a abundância do salmão: Estudo de Caso

Os ursos-pardos da costa noroeste do Pacífico presenteiam-se sazonalmente com os salmões que chegam em grandes números para se reproduzir nos riachos da região (**Figura 2.1**). Os salmões são *anádromos*, isto é, nascem em riachos de água doce, passam suas vidas adultas no oceano e, após, retornam para se reproduzir nos hábitats de água doce onde nasceram. Os ursos tiram proveito dos hábitos reprodutivos do salmão para se fartarem desse rico recurso alimentar. Esses ursos, normalmente agressivos, abandonam seu habitual comportamento territorial e toleram elevadas densidades de outros ursos enquanto estiverem predando salmões.

Não apenas os ursos contam com o salmão como alimento. O salmão tem sido parte importante da economia humana da costa Noroeste do Pacífico por milênios. Esse peixe foi a base da dieta dos nativos norte-americanos dessa região, bem como um elemento central na cultura e na vida espiritual desses povos. Atualmente, os salmões são pescados comercialmente nas águas ao norte do oceano Pacífico, proporcionando uma importante base econômica para várias comunidades costeiras. Entretanto, a pesca comercial do salmão é um empreendimento arriscado. O sucesso da reprodução do salmão depende da qualidade dos riachos onde eles desovam. A construção de barragens, o aumento de sedimentos nos riachos devido à derrubada de florestas, a poluição aquática e a sobrepesca têm sido os responsáveis pelo declínio das populações de salmões, principalmente da costa norte da Califórnia até a Colúmbia Britânica (Walters, 1995). Apesar dos esforços para mitigar essa degradação ambiental, a recuperação dos estoques de salmão tem sido, na melhor das hipóteses, marginal na porção ao sul dessa região.

Pesquisadores, defensores de causas ambientais e especialistas em políticas públicas salientam principalmente a degradação dos hábitats de água doce como a causa para o declínio do salmão. Em 1994, entretanto, Steven Hare e Robert Francis da University of Washington sugeriram que mudanças no ambiente marinho, onde o salmão passa a maior parte de sua vida adulta, poderiam estar contribuindo para o declínio na sua abundância. Eles constataram, particularmente, que os registros de pescado cobrindo mais de um século indicavam que períodos de várias décadas de baixa ou alta produção ocorreram repetidamente, separados por mudanças abruptas na produção em vez de transições graduais (**Figura 2.2**). Além disso, Nathan Mantua e colaboradores (Mantua et al., 1997) verificaram que períodos de alta produção de salmão no Alasca correspondiam a períodos de baixa produção na extremidade meridional da sua distribuição, particularmente no Oregon e

Figura 2.1 Oportunidade sazonal Ursos-pardos alimentam-se de salmões que migram rio acima em riachos e rios no Alasca para se reproduzir. O tamanho da corrida do salmão a cada ano depende em parte das condições físicas no oceano Pacífico, a muitos quilômetros de distância.

em Washington. Eles encontraram expressivas citações em publicações de pesca comercial que contavam a mesma história: quando a pesca era escassa em Washington e no Oregon, ela era farta no Alasca, e vice-versa.

> De *Pacific Fisherman* (publicado em 1915):
> "Nunca antes os pescadores de salmão da Baía de Bristol [Alasca] retornaram tão cedo ao porto durante o período de operações." [i.e., um ano ruim, com poucos peixes para pescar]
> "A temporada de pesca de primavera [salmão-chinook] no Rio Colúmbia [Washington e Oregon] encerrou ao meio-dia de 25 de agosto e mostrou ser a melhor de muitos anos."
> De *Pacific Fisherman* (1939):
> "A corrida [do salmão-vermelho do Alasca] na Baía de Bristol foi considerada a maior da história."
> "A pesca [do *chinook*] deste ano é uma das menores na história da Colúmbia [Washington]."

Hare e Francis presumiram que as mudanças abruptas na produção de salmão estavam associadas às variações climáticas de longo prazo no Norte do Pacífico. Entretanto, a natureza e a(s) causa(s) subjacente(s) dessas variações climáticas eram pouco claras. O trabalho adicional de Mantua e colaboradores encontrou boa correspondência entre a variação decenal na produção de salmão e as variações na temperatura da superfície do mar no Norte do Pacífico.

Quão extensa é essa variação no clima e seus efeitos sobre o salmão e os ecossistemas marinhos associados? Como veremos ao final deste capítulo, a pesquisa sobre a variação na produção de salmão conduziu à descoberta de um importante padrão climático cíclico de longo prazo que afeta uma extensa área.

Introdução

O ambiente físico é o que essencialmente determina onde os organismos podem viver, os recursos que lhes estão disponíveis e as taxas nas quais suas populações podem crescer. Portanto, um conhecimento do ambiente físico é essencial para compreender todos os fenômenos ecológicos, desde o resultado das interações entre bactérias e fungos no solo até as trocas de dióxido de carbono entre a biosfera e a atmosfera.

O ambiente físico inclui o clima, o qual consiste nas tendências de longo prazo na temperatura e na precipitação. Em última instância, a radiação solar governa o sistema climático, bem como a produção de energia biológica. Outro aspecto do ambiente físico é a composição química do ar e da água, a qual inclui a salinidade (concentrações de sais dissolvidos), a acidez (pH) e as concentrações de gases na atmosfera e dissolvidos na água. O solo é um importante componente do ambiente físico por ser o meio no qual os microrganismos, as plantas e os animais vivem. O solo também influencia a disponibilidade de recursos

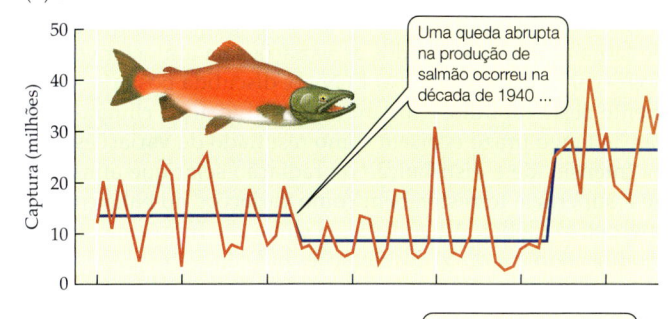

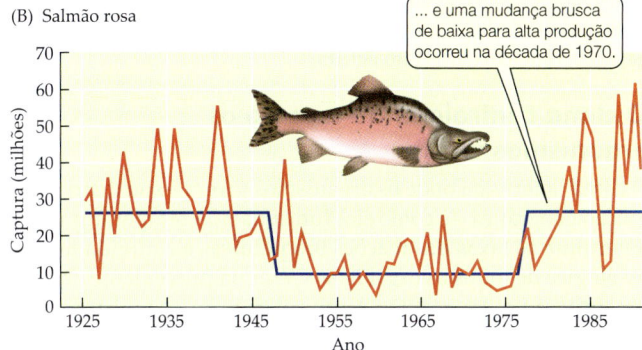

Figura 2.2 Variações na pesca de salmão ao longo do tempo Os registros da pesca comercial do (A) salmão-vermelho (*sockeye salmon*) e do (B) salmão-rosa no Alasca durante 65 anos mostram quedas abruptas e aumentos na produção. As linhas vermelhas representam a captura anual; as linhas roxas são um ajuste estatístico para os dados. (Segundo Hare e Francis, 1994.)

fundamentais, particularmente a água e os nutrientes. Este capítulo se concentrará no clima e no ambiente químico; o desenvolvimento do solo e o suprimento de nutrientes serão abordados no Capítulo 22.

Este capítulo fornecerá uma estrutura para a caracterização do ambiente físico, incluindo sua variabilidade em uma gama de escalas espaciais e temporais. Começaremos explorando os processos que criam os padrões climáticos que vemos, desde a escala global até a escala regional.

> **CONCEITO 2.1**
>
> O clima é o componente mais importante do ambiente físico.

Clima

Todo dia experimentamos o **tempo** que nos rodeia no momento: a temperatura, a umidade, a precipitação, o vento e a nebulosidade. O tempo é um importante determinante de nosso comportamento: o que vestimos, as atividades com que nos ocupamos e nosso modo de transporte. O **clima** é a descrição de longo prazo do tempo de um dado local com base em médias e na variação medida ao longo de décadas. A variação climática inclui os ciclos diários e sazonais associados às mudanças na radiação solar à medida que a Terra gira em torno de seu eixo e orbita o

Sol. A variação climática também inclui as mudanças ao longo de anos ou décadas, tais como os padrões cíclicos de larga escala relacionados às variações na atmosfera e nos oceanos (a Oscilação Sul El Niño, discutida posteriormente neste capítulo, é um exemplo). Mudanças climáticas de longo prazo ocorrem como resultado de variações na intensidade e distribuição da radiação solar que atinge a superfície terrestre, bem como variações no balanço energético global. Atualmente, o clima da Terra está se modificando em razão de alterações nas concentrações de gases como o dióxido de carbono que são emitidos para a atmosfera como consequência das atividades humanas. Esses gases absorvem energia e radiação que retorna à superfície, criando um efeito estufa.

O clima controla onde e como os organismos vivem

O clima determina onde os organismos vivem – sua distribuição geográfica – e como eles funcionam. A temperatura determina as taxas das reações bioquímicas e a atividade fisiológica de todos os organismos. A água proveniente da precipitação é um recurso essencial para os organismos terrestres. Os organismos de água doce são dependentes da precipitação para a manutenção e a qualidade de seus hábitats. Os organismos marinhos dependem das correntes oceânicas que influenciam a temperatura e as propriedades químicas das águas nas quais eles vivem.

Frequentemente, caracteriza-se o clima – ou qualquer aspecto do ambiente físico – de um determinado local pelas condições médias ao longo do tempo. Entretanto, as distribuições geográficas dos organismos são influenciadas pelas condições *extremas* mais do que pelas condições médias, uma vez que os eventos extremos são importantes determinantes da mortalidade. Temperaturas e umidades extremas podem afetar organismos perenes tais como árvores em uma floresta. Por exemplo, altas temperaturas registradas durante uma estiagem severa em 2000 a 2003 contribuíram para a extensa mortalidade em grandes manchas de pinheiros-piñon (*Pinus edulis*) no sudoeste dos Estados Unidos (Breshears et al., 2005) (**Figura 2.3**). Essas plantas perenes já não poderiam sobreviver nessa região onde existiram por muitas décadas. Portanto, o ambiente físico também deve ser caracterizado por sua *variabilidade* ao longo do tempo, não apenas pelas condições médias, se quisermos entender sua importância. Prevê-se que a frequência e a gravidade de eventos de temperaturas extremas aumentem em associação com a mudança climática global (Jentsch et al., 2007). Esses eventos aumentarão a probabilidade de mortalidade em larga escala de plantas como a morte em massa de pinheiros-piñon (ver **Conexão às Mudanças Climáticas 2.1**).

A *periodicidade* das variações no ambiente físico também é importante ecologicamente. A sazonalidade da chuva, por exemplo, é importante para determinar a disponibilidade de água para os organismos terrestres. Em regiões com clima de tipo "mediterrâneo", a maior parte da precipitação ocorre no inverno. Embora essas regiões recebam mais precipitação do que a maioria das

(A)

(B)

Figura 2.3 Extensa mortalidade de pinheiros Uma seca histórica de 2000 a 2003 matou extensas áreas de pinheiros-piñon (*P. edulis*) em todo o sudoeste dos Estados Unidos. (A) Aqui, grupos de árvores nas Montanhas Jemez, Novo México, começam a mostrar morte substancial de acículas devido ao estresse hídrico e térmico, combinado com um surto de besouros de casca em outubro de 2002. (B) Em maio de 2004, a maioria das árvores havia morrido.

áreas desérticas, elas experimentam períodos regulares de seca durante o verão. A falta de água durante o verão limita o potencial de crescimento das plantas e promove queimadas. Por outro lado, ambientes campestres têm a mesma *temperatura média anual* (a temperatura média medida ao longo de um ano inteiro) e a mesma precipitação desses ecossistemas do tipo mediterrâneo, mas a precipitação é distribuída uniformemente ao longo de todo o ano.

O clima também influencia as taxas de processos abióticos que afetam os organismos. A taxa na qual as rochas e o solo se desagregam para fornecer nutrientes às plantas e aos microrganismos, por exemplo, é determinada pelo clima. O clima também pode influenciar as frequências de *distúrbios* periódicos, como queimadas, inundações e avalanches. Esses eventos matam organismos e transtornam comunidades biológicas, porém posteriormente criam oportunidades para o estabelecimento e o crescimento de novos organismos e comunidades.

O balanço energético global governa o sistema climático

A energia que governa o sistema climático global é fundamentalmente derivada da radiação solar. Em média, o topo da atmosfera da Terra recebe 342 watts (W) de radiação solar por metro quadrado por ano. Cerca de um terço dessa radiação solar é refletido para fora da atmosfera pelas nuvens, por finas partículas atmosféricas chamadas de *aerossóis* e pela superfície terrestre. Outra quinta parte da radiação solar que entra é absorvida pelo ozônio, pelas nuvens e pelo vapor de água na atmosfera. A metade restante é absorvida pelo solo e pela água da superfície terrestre (**Figura 2.4**).

Para que a temperatura da Terra permaneça constante, esses ganhos de energia provenientes da radiação solar devem ser compensados por perdas de energia. Muito da radiação solar absorvida pela superfície terrestre é emitida para a atmosfera como radiação infravermelha (também conhecida como radiação de *onda longa*). A superfície da Terra também perde energia e é resfriada quando a água evapora, uma vez que a mudança de fase de água líquida para vapor absorve energia. A perda de calor devido à evaporação é conhecida como **fluxo de calor latente**. A energia também é transferida por meio da troca de energia cinética pelas moléculas em contato direto umas com as outras (**condução**) e pelo movimento de correntes de ar (vento) e água (**convecção**). A energia transferida pelo ar aquecido imediatamente acima da superfície terrestre para a atmosfera mais fria por convecção e condução é conhecida como **fluxo de calor sensível**.

A atmosfera absorve muito da radiação infravermelha emitida pela superfície da Terra (e das nuvens) e a reirradia de volta para a superfície terrestre. Essa reirradiação representa um importante ganho de energia. A atmosfera contém vários gases, conhecidos como *gases radiativamente ativos* ou **gases do efeito estufa**, que absorvem e reirradiam radiação infravermelha. Esses gases incluem vapor de água (H_2O), dióxido de carbono (CO_2), metano (CH_4) e óxido nitroso (N_2O). Alguns desses gases estufa são produzidos por atividade biológica (p. ex., CO_2, CH_4, N_2O), ligando a biosfera ao sistema climático. Sem esses gases estufa, o clima terrestre seria consideravelmente mais frio do que é (por volta de 33°C). Como mencionado anteriormente, aumentos nas concentrações atmosféricas de gases estufa devido às atividades humanas estão alterando o balanço energético da Terra, mudando o sistema climático e causando o aquecimento global (ver Capítulo 25).

Nossa discussão do balanço energético terrestre concentrou-se nas transferências médias anuais de energia para a Terra e a partir dela como um todo. Porém, nem todo local na Terra recebe a mesma quantidade de energia do sol. Vamos considerar como essas diferenças na radiação solar afetam o movimento da atmosfera terrestre e das águas oceânicas.

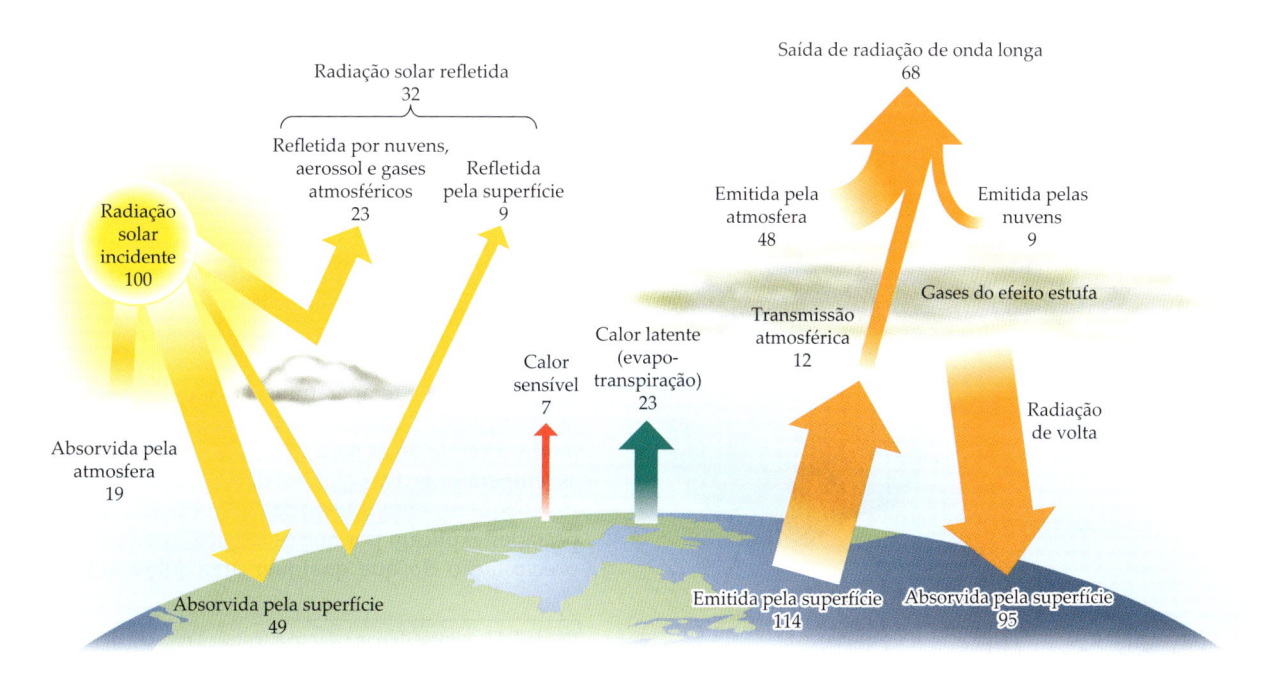

Figura 2.4 Balanço energético da Terra Balanço energético médio anual para a superfície da Terra e a atmosfera, incluindo os aportes de radiação solar e os ganhos e as perdas devido à emissão de radiação infravermelha, fluxo de calor latente e de calor sensível. Os números são ganhos e perdas de energia, dados como porcentagens da radiação solar média anual incidente no topo da atmosfera da Terra (342 W/m²). (Segundo Kiehl e Trenberth, 1997.)

> Que componente do balanço energético da Terra seria influenciado por um aumento nos gases do efeito estufa? Qual seria o efeito sobre esse balanço se houvesse um aumento nos aerossóis atmosféricos?

CONCEITO 2.2

Os ventos e as correntes oceânicas resultam de diferenças na radiação solar ao longo da superfície terrestre.

Circulação atmosférica e oceânica

É quente próximo ao equador e frio nos polos. Por que isso acontece e como isso se relaciona aos padrões climáticos globais? Próximo ao equador, os raios solares atingem a superfície da Terra perpendicularmente. Em direção aos polos Norte e Sul, o ângulo dos raios solares torna-se mais inclinado, de modo que a mesma quantidade de energia é distribuída sobre uma área progressivamente maior da superfície terrestre (**Figura 2.5**). Além disso, a quantidade de atmosfera que os raios devem atravessar aumenta em direção aos polos, de modo que mais radiação é refletida e absorvida antes de alcançar a superfície. Como resultado, os trópicos (entre 23,5° de latitude norte e sul) recebem mais energia solar por unidade de área do que as regiões mais próximas aos polos. Esse aporte diferencial de radiação solar não somente estabelece gradientes latitudinais de temperatura, mas também é a força motora para dinâmicas climáticas como as frentes quentes e frias e as grandes tormentas (p. ex., furacões). Além disso, o movimento da Terra ao redor do Sol, em combinação com a inclinação do eixo de rotação da Terra, resulta em variações na quantidade de radiação solar recebida em qualquer local durante o curso do ano, como será visto no Conceito 2.5. Essas alterações são a causa da variação climática sazonal: alternância inverno-primavera-verão-outono nas altas latitudes e úmido-seco nas regiões tropicais.

As células de circulação atmosférica são estabelecidas em padrões latitudinais regulares

Uma superfície aquecida pelo sol emite radiação infravermelha e aquece o ar acima dela. Como já vimos, o aquecimento da superfície varia com a latitude e pode variar também com a topografia. Esse aquecimento diferencial cria células de ar aquecido circundadas por ar mais frio. O ar aquecido é menos denso (tem menos moléculas por unidade de volume) do que o ar frio; assim, quando uma célula de ar permanece mais aquecida do que o ar em sua volta, ela irá se elevar (um processo chamado **ascensão**) (**Figura 2.6**). A **pressão atmosférica** resulta da força exercida sobre uma célula de ar (ou sobre a superfície da Terra) pelas moléculas de ar acima dela; assim, a célula de ar* diminui com a elevação em altitude. Portanto, à medida que o ar aquecido ganha altitude, ele se expande. Essa expansão resfria o ar ascendente. O ar frio não pode reter tanto vapor de água quanto o ar aquecido; portanto, à medida que o ar continua a subir e esfriar, o vapor de água nele contido começa a condensar em gotículas e formar nuvens.

A condensação de água em nuvens é um processo de aquecimento (outra forma de transferência de calor latente), que pode atuar para manter a célula de ar mais aquecida do que a atmosfera circundante e intensificar sua ascensão, apesar de seu resfriamento devido à expansão. Você pode ter observado esse processo em um dia quente de verão quando nuvens do tipo cúmulo em forma de bolha formam tempestades. Quando há um aquecimento substancial da superfície terrestre e uma atmosfera progressivamente mais fria acima da superfície, o ar ascendente forma nuvens com o topo em forma de cunha. As nuvens alcançam a fronteira entre a *troposfera*, a camada atmosférica acima da superfície da Terra, e a *estratosfera*, a camada atmosférica seguinte acima da troposfera. Essa fronteira é marcada por uma transição de temperaturas mais frias na troposfera e temperaturas mais quentes na estratosfera. Desse modo, a célula de ar para de subir assim que alcança as temperaturas mais quentes da estratosfera.

O aquecimento diferencial e a formação de tempestades explicam por que os trópicos recebem mais precipitação do que qualquer área sobre a Terra.

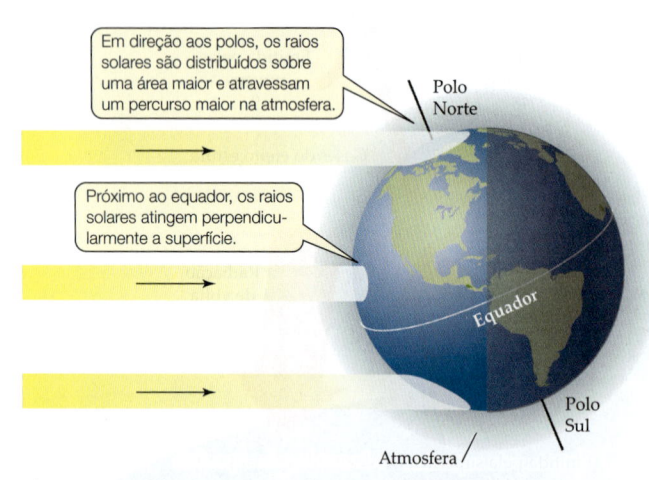

Figura 2.5 Diferenças latitudinais na radiação solar na superfície da Terra O ângulo dos raios solares afeta a intensidade da radiação solar que atinge a superfície terrestre.

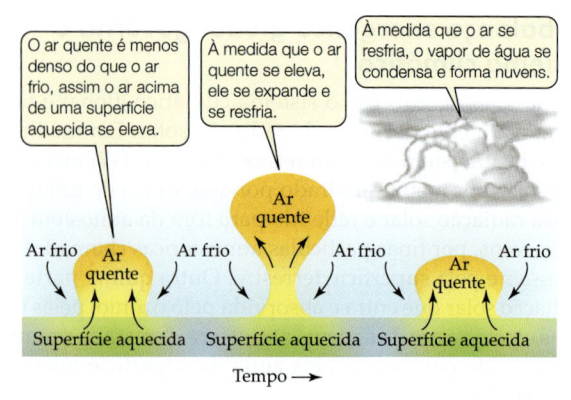

Figura 2.6 Aquecimento da superfície e ascensão O aquecimento solar diferencial da superfície da Terra leva à ascensão de células de ar sobre as superfícies aquecidas.

---

*N. de T. Os autores devem estar se referindo à redução da pressão atmosférica sobre a massa de ar à medida que ela se eleva em altitude.

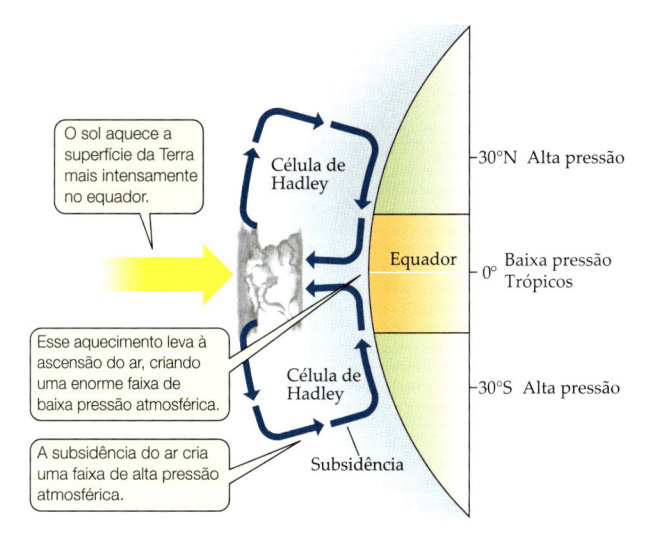

Figura 2.7 O aquecimento tropical e as células de circulação atmosférica O aquecimento da superfície da Terra nos trópicos causa a ascensão do ar e a liberação da precipitação.

conhecidas como "desertos polares". Uma **célula de Ferrell** intermediária (assim denominada em homenagem ao meteorologista norte-americano William Ferrell), ocorre nas latitudes médias entre as células de Hadley e as células polares. A célula de Ferrell é governada pelo movimento das células de Hadley e das células polares e pela troca de energia entre as massas de ar equatoriais e polares na região conhecida como *frente polar*.

Essas três células de circulação atmosférica estabelecem as principais zonas climáticas da Terra. Entre 30°N e S fica a **zona tropical**, ou simplesmente os **trópicos**. As **zonas temperadas** ficam entre 30 e 60°N e S, e as **zonas polares** estão acima de 60°N e S (ver Figura 2.8).

Os trópicos recebem mais radiação solar e, assim, experimentam as maiores quantidades de aquecimento da superfície, ascensão do ar e formação de nuvens. A ascensão do ar nos trópicos origina faixas de pressão atmosférica baixa em relação a zonas ao norte e ao sul. Quando alcança o limite entre a troposfera e a estratosfera, o ar ascendente sobre os trópicos flui em direção aos polos (**Figura 2.7**). Consequentemente, esse ar movendo-se em direção aos polos resfria-se à medida que troca calor com o ar circundante e encontra ar mais frio vindo dos polos em direção ao equador. Quando atinge temperatura similar àquela do ar circundante, o ar desce em direção à superfície terrestre, no processo denominado **subsidência**. A subsidência cria regiões de alta pressão atmosférica em torno das latitudes de 30°N e S, as quais inibem a formação de nuvens, e os principais desertos da Terra são encontrados nessas latitudes.

A ascensão equatorial do ar origina um padrão tridimensional em larga escala de circulação atmosférica em cada hemisfério denominado **célula de Hadley**, batizada em homenagem a George Hadley, meteorologista e naturalista inglês do século XVIII que primeiro propôs sua existência. As células de circulação atmosférica adicionais são formadas em latitudes mais elevadas (**Figura 2.8**). A **célula polar**, como seu nome indica, ocorre nos polos Norte e Sul. O ar frio e denso descende nos polos e move-se em direção ao equador quando atinge a superfície da Terra. Nos polos, o ar descendente é substituído pelo ar movendo-se através das camadas mais altas da atmosfera proveniente de latitudes mais baixas. A subsidência nos polos cria uma área de alta pressão. Assim, as regiões polares, apesar da abundância de gelo e neve na superfície, na verdade recebem pouca precipitação, sendo

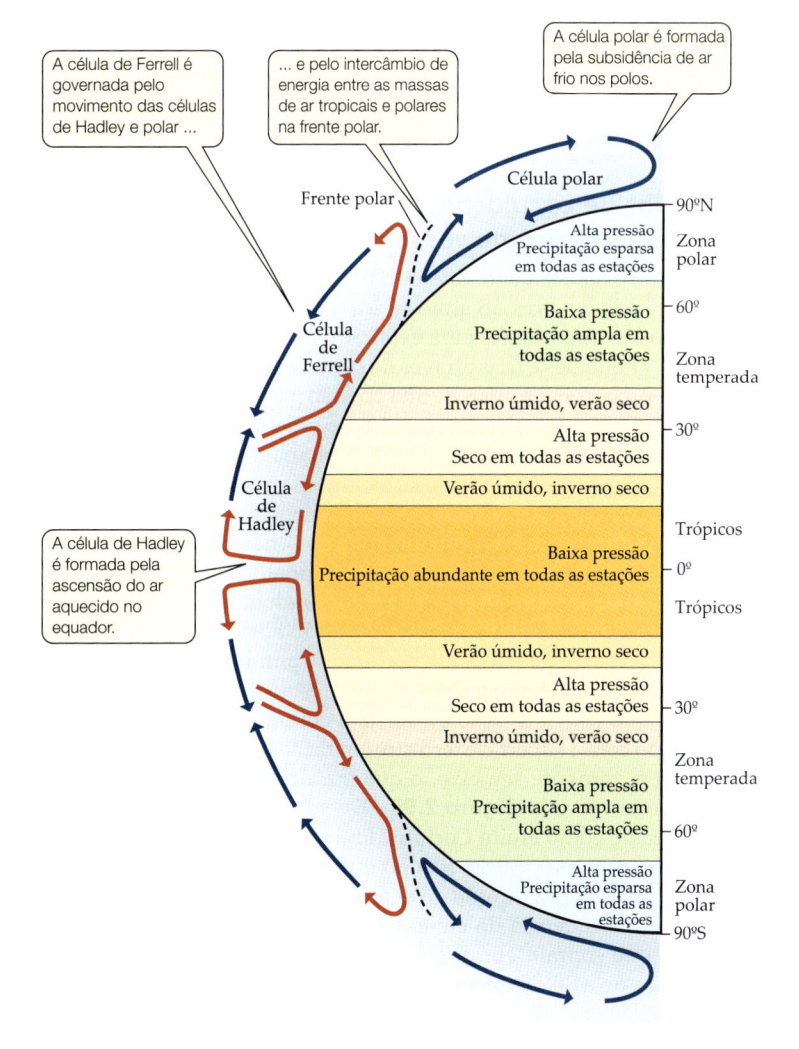

FIGURA 2.8 Células de circulação atmosférica globais e as zonas climáticas O aquecimento diferencial da superfície terrestre pela radiação solar dá origem a células de circulação atmosférica, as quais determinam as principais zonas climáticas da Terra.

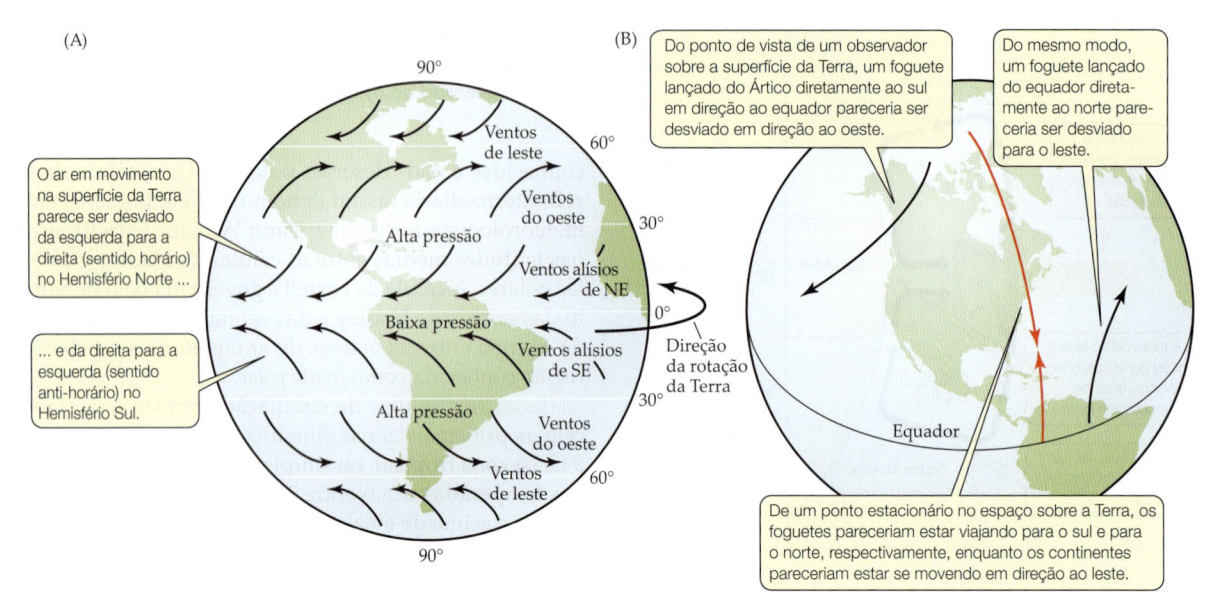

Figura 2.9 O efeito Coriolis sobre os padrões globais de vento (A) O efeito Coriolis resulta da rotação da Terra. (B) Visualização do efeito Coriolis utilizando foguetes.

As células de circulação atmosférica originam padrões de vento na superfície

Vimos como o aquecimento diferencial da Terra induz zonas de alta e baixa pressão atmosférica. Essas diferenças de pressão são importantes para explicar o movimento de massas de ar quentes e frias através da superfície terrestre. Os ventos procedem de áreas de alta pressão para áreas de baixa pressão. As áreas de alta e baixa pressão formadas pelas células de circulação atmosférica originam um padrão constante de movimento do ar na superfície terrestre, conhecido como *ventos predominantes*. Poderíamos esperar que esses ventos soprassem em linha reta de zonas de alta para zonas de baixa pressão. Entretanto, do ponto de vista de um observador sobre a Terra, os ventos predominantes parecem ser desviados para a direita (sentido horário) no Hemisfério Norte e para a esquerda (sentido anti-horário) no Hemisfério Sul (**Figura 2.9A**). Esse desvio aparente está associado com a rotação da Terra: o observador está se movendo com a superfície terrestre em razão da rotação da Terra em torno de seu eixo, o que faz a trajetória do vento parecer curvada (**Figura 2.9B**). Esse desvio aparente é conhecido como **efeito Coriolis**. Entretanto, para um observador em uma posição fixa no espaço exterior, não há desvio aparente na direção do vento.

Como consequência do efeito Coriolis, os ventos superficiais que sopram em direção ao equador de zonas de alta pressão a 30° N e S parecem ser desviados para o oeste. Esses ventos são conhecidos como *ventos alísios* ou *trade winds* devido à sua importância para o transporte global de mercadorias em barcos a vela durante os séculos XV a XIX. Ventos soprando em direção aos polos dessas zonas de alta pressão, chamados de *ventos predominantes de oeste* (*westerlies*), são desviados para o leste. A presença de massas de terras continentais intercaladas com oceanos torna mais complexa essa representação idealizada dos padrões de ventos predominantes (**Figura 2.10**).

A água tem maior **capacidade térmica** do que o solo; em outras palavras, a água pode absorver e armazenar mais energia do que o solo sem que sua temperatura varie. Por essa razão, a radiação solar aquece a superfície do solo mais do que a água do mar no verão, mas no inverno os oceanos retêm mais calor e, portanto, permanecem mais aquecidos do que os continentes na mesma latitude. Como resultado, as variações sazonais na temperatura do ar são menos acentuadas sobre os oceanos do que sobre os continentes. No verão, o ar sobre os oceanos é mais frio e denso do que sobre a terra, e zonas semipermanentes de alta pressão (*células de alta pressão*) formam-se sobre os oceanos, particularmente em torno de 30° N e S. No inverno, ocorre a situação inversa: o ar sobre os continentes é mais frio e denso do que sobre os oceanos; assim, células de alta pressão desenvolvem-se nas zonas temperadas sobre grandes áreas continentais. Como os ventos sopram de áreas de alta pressão para áreas de baixa pressão, essas mudanças sazonais nas células de pressão influenciam a direção dos ventos predominantes. O efeito das áreas continentais no desenvolvimento dessas células de pressão semipermanentes é mais pronunciado no Hemisfério Norte do que no Hemisfério Sul, porque as massas de terra continental têm maior proporção na superfície terrestre no Hemisfério Norte.

As correntes oceânicas são impulsionadas pelos ventos da superfície

O vento movendo-se sobre a superfície oceânica impulsiona a água superficial. Como consequência do efeito Coriolis, a água parece mover-se em um ângulo em relação ao vento. Da perspectiva de um observador sobre a Terra, ela é desviada para a direita no Hemisfério Norte e para a esquerda no Hemisfério Sul. Por essa razão, o padrão de correntes

Capítulo 2 • O ambiente físico 29

Figura 2.10 Padrões de ventos predominantes A diferença na capacidade térmica entre os oceanos e os continentes conduz a uma variação sazonal nas células de pressão que influencia os padrões de ventos predominantes.

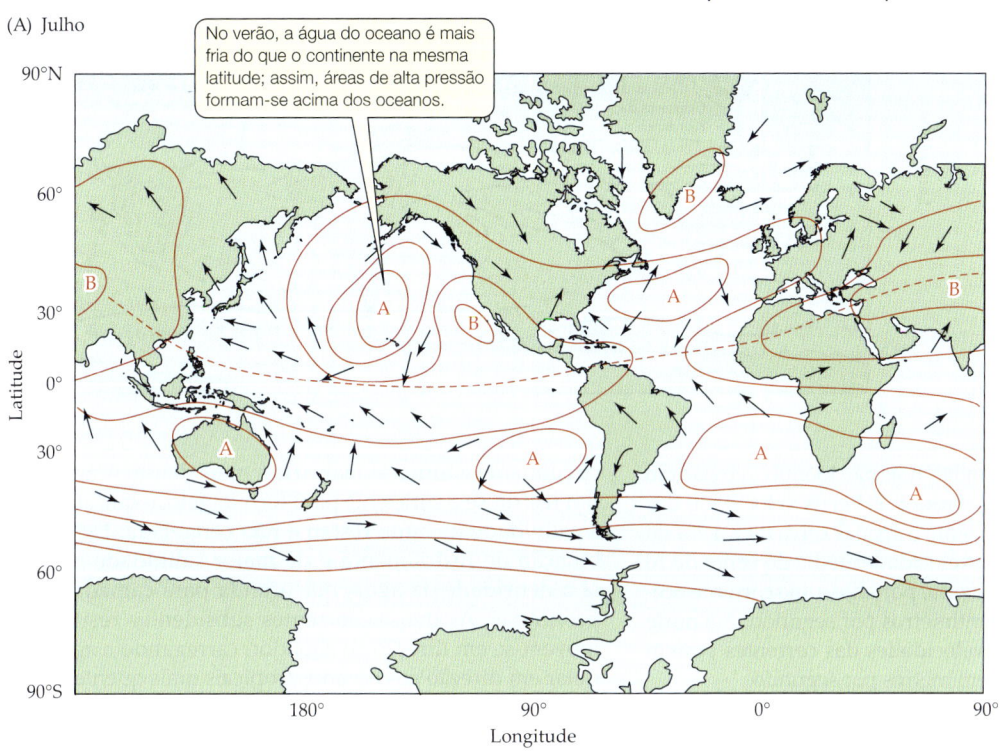

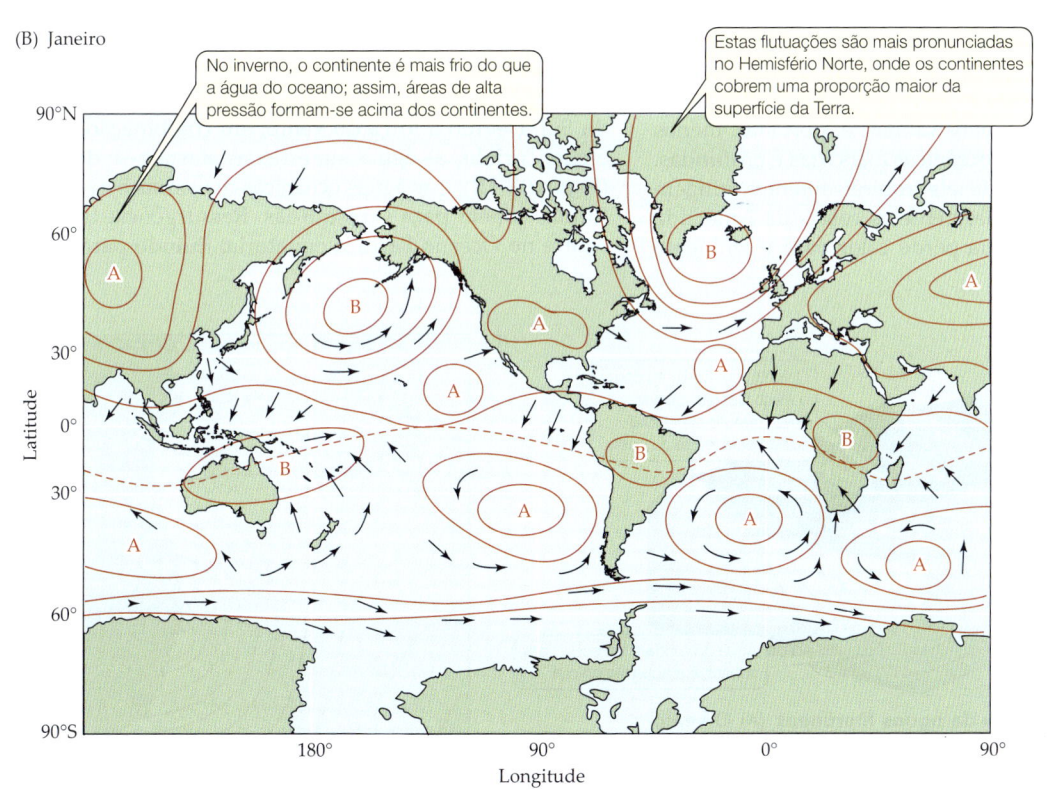

(A) Julho

No verão, a água do oceano é mais fria do que o continente na mesma latitude; assim, áreas de alta pressão formam-se acima dos oceanos.

(B) Janeiro

No inverno, o continente é mais frio do que a água do oceano; assim, áreas de alta pressão formam-se acima dos continentes.

Estas flutuações são mais pronunciadas no Hemisfério Norte, onde os continentes cobrem uma proporção maior da superfície da Terra.

Figura 2.11 Correntes de superfície oceânicas globais As correntes de superfície oceânicas mais importantes são impulsionadas pelos ventos superficiais mostrados na Figura 2.10, mas modificadas pelo efeito Coriolis.

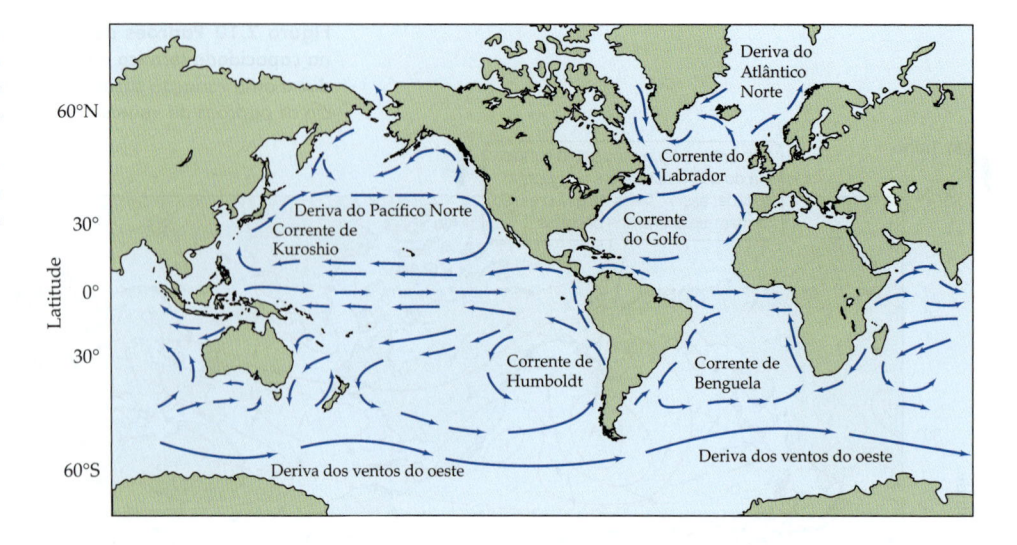

superficiais oceânicas é similar, mas não idêntico, ao padrão de ventos predominantes (**Figura 2.11**). A velocidade das correntes oceânicas geralmente é apenas cerca de 2 a 3% da velocidade do vento. Uma velocidade média do vento de 10 metros por segundo produziria, portanto, uma corrente oceânica movendo-se a 30 centímetros por segundo. No norte do Oceano Atlântico, as velocidades das correntes podem ser tão altas quanto 200 centímetros por segundo.

Assim como o ar na atmosfera, a água no oceano pode mover-se tanto verticalmente quanto horizontalmente. Em geral, as camadas superficiais e profundas de águas oceânicas não se misturam devido às diferenças em sua temperatura e salinidade (a concentração de sais dissolvidos). As águas superficiais – aquelas acima de 75 a 200 m – são mais quentes e menos salinas, e, portanto, menos densas, do que as águas oceânicas mais frias e profundas. Quando correntes superficiais tropicais quentes atingem regiões polares, particularmente as costas da Antártida e da Groenlândia, a água perde calor para o ambiente circundante e torna-se mais fria e mais densa. A água por fim resfria-se o suficiente para formar gelo, o que aumenta a salinidade da água restante não congelada. Essa combinação de resfriamento e de maior salinidade aumenta a densidade da água, que afunda para camadas mais profundas. As densas correntes subsidentes resultantes movem-se em direção ao equador, carregando a água fria polar em direção aos oceanos tropicais mais quentes.

Essas correntes oceânicas profundas conectam-se com as correntes superficiais novamente em zonas de **ressurgência** (*upwelling*), onde as águas oceânicas profundas emergem para a superfície. Ressurgências ocorrem onde os ventos predominantes sopram quase paralelos ao litoral, como nas costas ocidentais das Américas do Norte e do Sul. Devido à força do vento, em combinação com o efeito Coriolis, as águas superficiais afastam-se da costa (**Figura 2.12**), e as águas oceânicas mais frias e mais profundas sobem para substituí-las. Ressurgência também ocorre no Oceano Pacífico equatorial fluindo para oeste.

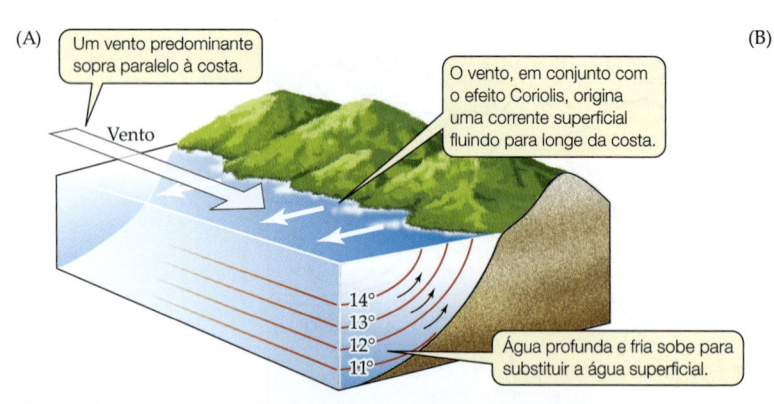

Figura 2.12 Ressurgência de águas litorâneas (A) O vento soprando paralelo ao litoral faz a água superficial se afastar da costa, trazendo a água profunda para cima para substituí-la. (B) A ressurgência influencia as temperaturas das águas superficiais da costa oeste da América do Norte. As temperaturas do oceano são mostradas em °C.

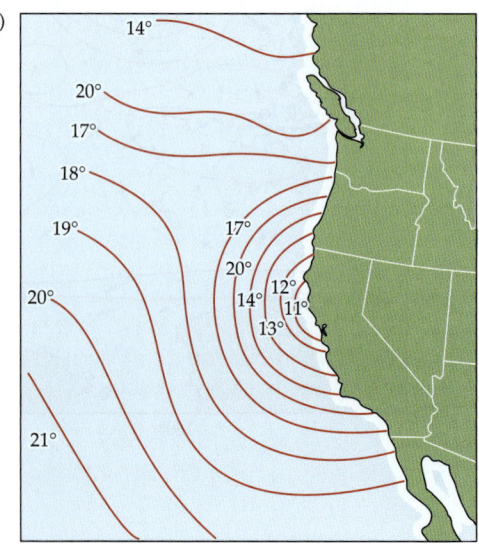

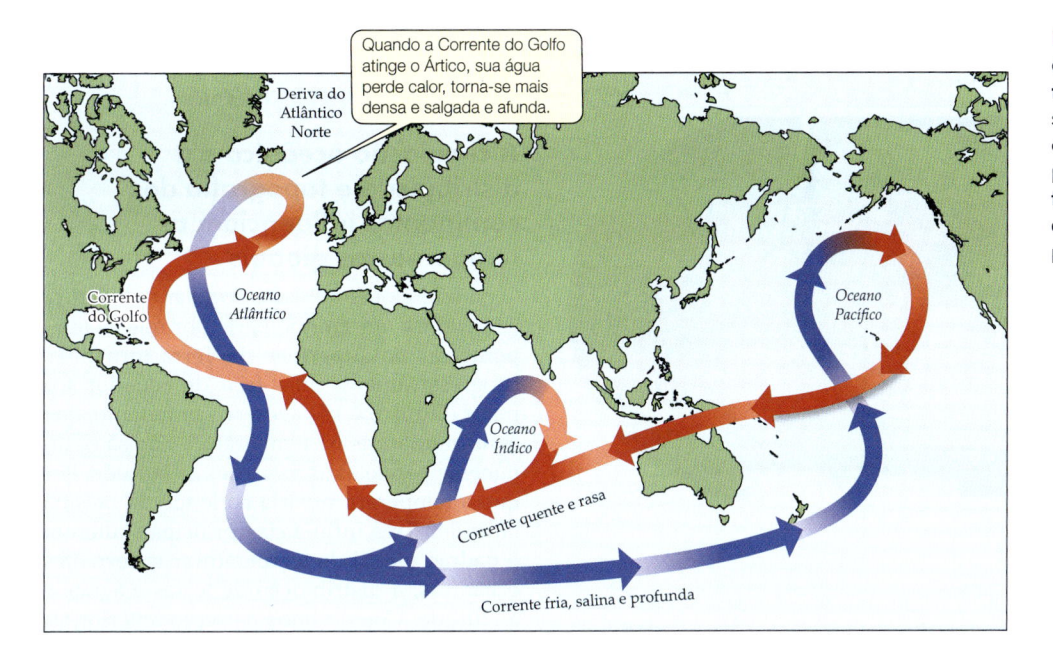

Figura 2.13 A grande esteira transportadora oceânica Um sistema interligado de correntes oceânicas superficiais e profundas transfere energia entre as regiões tropicais e polares.

Como resultado do efeito Coriolis, a água tanto ao norte como ao sul do equador é ligeiramente desviada para longe do equador, causando a divergência da água superficial e uma zona de ressurgência.

A ressurgência tem consequências importantes para o clima local, criando um ambiente mais frio e mais úmido. Ela tem também um intenso efeito sobre a atividade biológica das águas superficiais. Quando os organismos nas águas superficiais morrem, seus corpos – e os nutrientes que eles contêm – afundam. Portanto, os nutrientes tendem a se acumular em águas profundas e nos sedimentos do fundo oceânico. A ressurgência traz esses nutrientes de volta para a *zona fótica*, a camada de água superficial em que há luz suficiente para sustentar a fotossíntese. As zonas de ressurgência estão entre os ecossistemas de mar aberto mais produtivos, porque esses nutrientes aumentam o crescimento do *fitoplâncton* (pequenas algas flutuantes e outros organismos fotossintéticos), o qual fornece alimento para o *zooplâncton* (animais flutuantes e protistas), que por sua vez sustentam o crescimento de seus consumidores.

As correntes oceânicas influenciam os climas das regiões onde elas fluem. Por exemplo, a Corrente do Golfo e a Deriva do Atlântico Norte, um sistema de correntes que flui do Atlântico tropical em direção ao norte para o Atlântico Norte (ver Figura 2.11), contribuem para invernos mais quentes na Escandinávia do que em locais na mesma latitude na América do Norte. Além disso, os ventos soprando através do Atlântico acumulam calor do oceano, o que também contribui para um clima mais quente na Europa setentrional. As temperaturas de inverno sobre a costa oeste da Escandinávia são aproximadamente 15°C mais quentes do que aquelas sobre a costa do Labrador. Essa diferença na temperatura é refletida na vegetação: florestas decíduas são mais comuns na costa da Escandinávia, enquanto florestas boreais de espruce e pinheiro dominam a costa do Labrador. A Corrente do Golfo também mantém o Atlântico Norte livre de gelo a maior parte do inverno, enquanto o gelo se forma sobre o mar na mesma latitude ao longo da costa da América do Norte.

As correntes oceânicas são responsáveis por cerca de 40% do calor trocado entre os trópicos e as regiões polares; os 60% restantes são transferidos pelos ventos. Desse modo, às vezes elas são referidas como "bombas de calor" ou "transportadores térmicos" do planeta. Um enorme sistema interconectado de correntes oceânicas superficiais e profundas que une os oceanos Pacífico, Índico e Atlântico, às vezes chamado de "grande esteira transportadora oceânica" (*great ocean conveyor belt*)*, é um importante meio de transferência de calor para as regiões polares (**Figura 2.13**).

Agora que vimos como o aquecimento diferencial da superfície terrestre gera ventos predominantes e correntes oceânicas, vamos examinar os efeitos desses padrões de circulação atmosférica e oceânica sobre os climas da Terra, incluindo os padrões globais de temperatura e precipitação.

> **CONCEITO 2.3**
>
> Os padrões de circulação atmosférica e oceânica de larga escala estabelecem os padrões globais de temperatura e precipitação.

Padrões climáticos globais

Os climas da Terra refletem uma diversidade de regimes de temperatura e precipitação, desde os climas quentes e úmidos dos trópicos até os climas frios e secos do Ártico e da Antártida. Nesta seção, examinaremos esses padrões globais de temperatura e precipitação e exploraremos

---
*N. de T. Também conhecida como *circulação termoalina oceânica*.

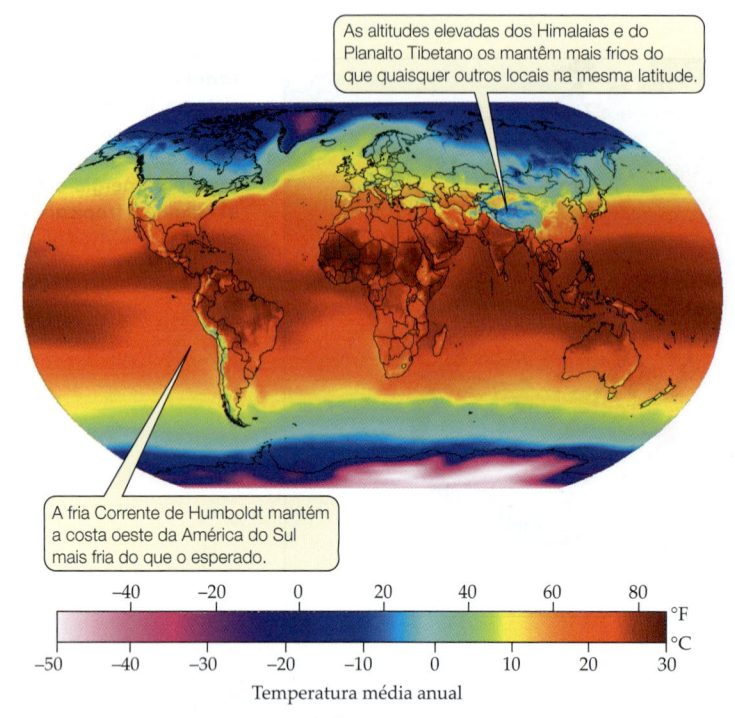

Figura 2.14 Temperaturas médias anuais globais As temperaturas médias anuais do ar tendem a variar com a latitude, mas a circulação oceânica e a topografia alteram esse padrão.

As altitudes elevadas dos Himalaias e do Planalto Tibetano os mantêm mais frios do que quaisquer outros locais na mesma latitude.

A fria Corrente de Humboldt mantém a costa oeste da América do Sul mais fria do que o esperado.

Temperatura média anual

como tanto as médias como as variações climáticas são influenciadas pelos ventos predominantes e pelas correntes oceânicas.

A circulação oceânica e a distribuição e topografia dos continentes influenciam as temperaturas globais

O padrão global de radiação solar (ver Figura 2.5) explica em grande parte por que as temperaturas na superfície da Terra tornam-se progressivamente mais frias do equador aos polos (**Figura 2.14**). Observe, entretanto, que essas mudanças na temperatura não são exatamente paralelas às variações na latitude. Por que a temperatura varia ao longo da mesma latitude? Três influências principais alteram o padrão global de temperatura: as correntes oceânicas, a distribuição de terras e águas e a altitude. Como vimos na seção anterior, as correntes oceânicas contribuem para um clima mais quente no norte da Europa do que em locais de mesma latitude na América do Norte. De modo semelhante, a influência da fria Corrente de Humboldt é notável sobre a costa oeste da América do Sul, onde as temperaturas são mais frias do que a latitudes similares em outras partes.

As temperaturas do ar sobre o continente apresentam maior variação sazonal...

... do que as temperaturas do ar sobre os oceanos.

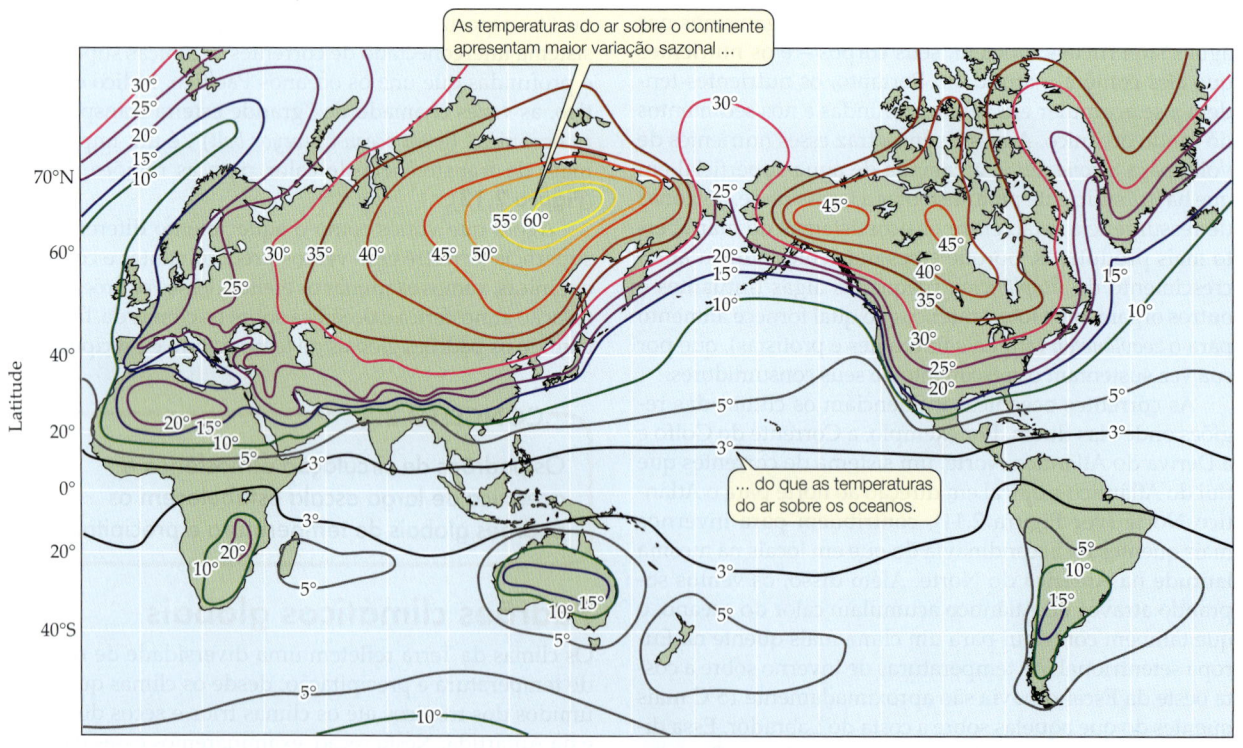

Figura 2.15 Variação sazonal anual da temperatura A variação sazonal da temperatura é expressa como a diferença na temperatura média mensal entre os meses mais quentes e mais frios (em °C).

? Qual é o efeito do tamanho do continente sobre a magnitude da variação sazonal de temperatura?

A diferença na capacidade térmica entre os oceanos e os continentes não é refletida nas temperaturas médias anuais mostradas na Figura 2.14. Por que isso ocorre? Porque a *variação* anual de temperatura não está representada nessa figura. As temperaturas do ar sobre os continentes mostram maior variação sazonal, com temperaturas mais quentes no verão e mais frias no inverno, do que aquelas sobre os oceanos (**Figura 2.15**). Essa variação sazonal tem um importante impacto sobre a distribuição de organismos, como veremos em capítulos posteriores.

A altitude acima do nível do mar tem uma influência importante sobre as temperaturas continentais. Observe na Figura 2.14 a grande diferença na temperatura entre o subcontinente Indiano e a Ásia. A mudança brusca na temperatura do ar nessa região é devida à influência dos Himalaias e do Planalto Tibetano. A variação na altitude é extrema nesse lugar, desde cerca de 150 m sobre a Planície do Ganges na Índia até mais de 8.000 m nos picos mais altos dos Himalaias, em apenas 200 km.

Por que é mais frio nas montanhas e em regiões montanhosas do que em planícies vizinhas? Dois fatores contribuem para o clima mais frio encontrado em maiores altitudes. Em primeiro lugar, há menos moléculas de ar para absorver a energia infravermelha irradiando da superfície da Terra em altitudes mais elevadas. Portanto, mesmo que as regiões montanhosas possam receber tanta radiação solar quanto as planícies vizinhas, o aquecimento do ar pela superfície do solo é menos efetivo devido à menor densidade do ar. Em segundo lugar, regiões montanhosas trocam o ar com mais eficiência com o ar mais frio na atmosfera adjacente. Uma vez que a atmosfera é aquecida principalmente por radiação infravermelha emitida pela superfície da Terra, a temperatura da atmosfera decresce com o aumento da distância a partir do solo. Essa redução na temperatura com o aumento da altitude acima da superfície é conhecida como **gradiente térmico** (*lapse rate*). Além disso, a velocidade do vento aumenta com o aumento da altitude, porque há menos fricção com a superfície do solo. Como resultado, o decréscimo na temperatura do ar com o aumento da altitude tende a seguir o gradiente térmico.

Os padrões de pressão atmosférica e a topografia influenciam a precipitação

As localizações das células de circulação de Hadley, Ferrell e polar sugerem que a precipitação deveria ser maior nas latitudes tropicais entre 23,5° N e S e em uma faixa ao redor de 60°N e S e menor em zonas em torno de 30°N e S (ver Figura 2.8). O continente africano exibe o padrão mais próximo a essa distribuição idealizada de precipitação. Entretanto, há desvios substanciais do padrão de precipitação latitudinal esperado em outras áreas, particularmente nas Américas (**Figura 2.16**). Esses desvios estão associados às células semipermanentes de alta e baixa pressão discutidas anteriormente (ver Figura 2.10), bem como com grandes cadeias de montanhas.

Figura 2.16 **Precipitação terrestre média anual** O padrão latitudinal de precipitação diverge daquele que seria esperado com base somente no padrão de circulação atmosférica (ver Figura 2.8).

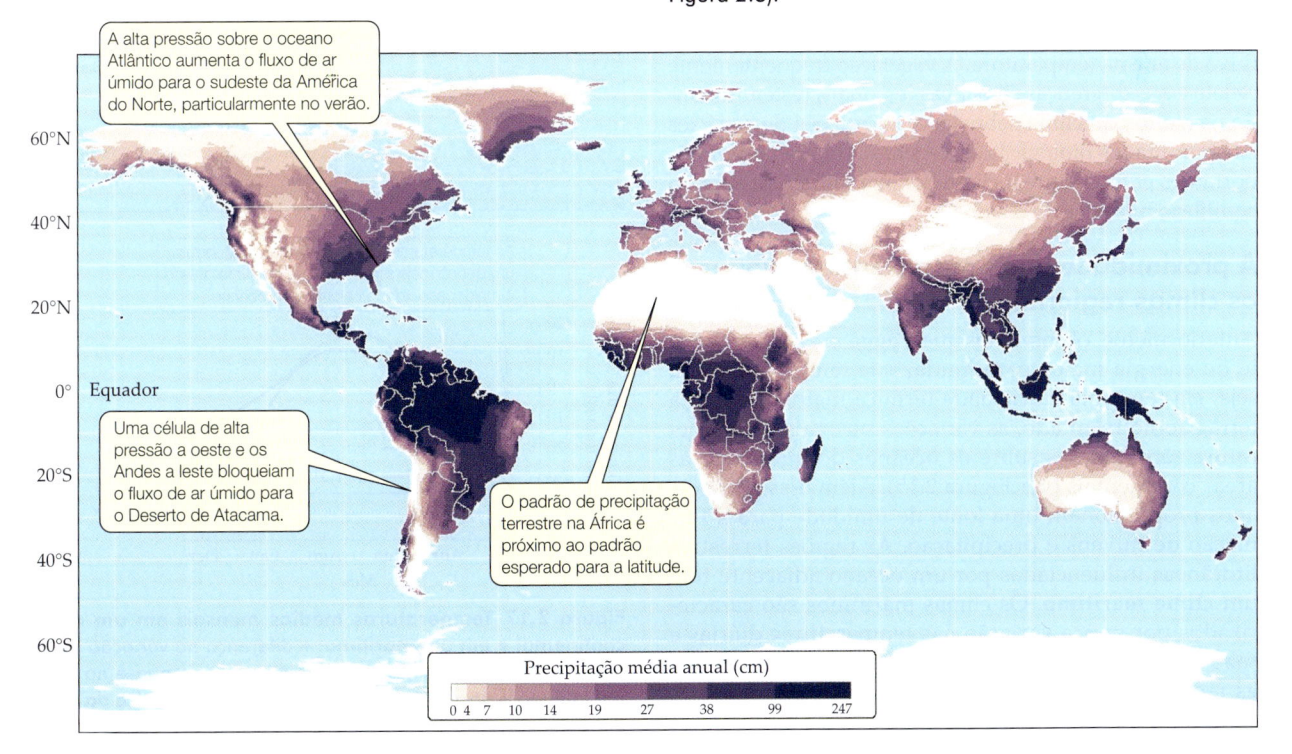

As células de pressão influenciam o movimento do ar úmido dos oceanos para os continentes, bem como a formação de nuvens. Por exemplo, a alta pressão sobre o sul do Oceano Pacífico reduz a precipitação ao longo da costa oeste do centro da América do Sul. Um dos desertos mais secos do mundo, o Atacama, localizado ao longo da costa do Pacífico no Chile, está associado à presença dessa célula de alta pressão e com o bloqueio das massas de ar movendo-se a partir do oeste pelos Andes. A alta pressão sobre o oceano Atlântico, ao contrário, aumenta o fluxo de ar úmido para o sudeste da América do Norte, particularmente no verão, aumentando a precipitação e sustentando a ocorrência de florestas nessa região.

As montanhas também influenciam o padrão de precipitação forçando o ar que se movimenta através delas a subir, o que aumenta a precipitação local. Os efeitos das montanhas, bem como dos oceanos e da vegetação, sobre o padrão climático regional são tratados na próxima seção.

> **CONCEITO 2.4**
>
> Os climas regionais refletem a influência de oceanos e continentes, montanhas e vegetação.

Influências climáticas regionais

Você pode ter percebido que, quando viaja de uma área litorânea para um local no interior, o clima muda. Essa variação no clima pode ser abrupta, particularmente quando viajamos através de uma cadeia de montanhas. A variação diária na temperatura do ar aumenta; a umidade e a precipitação diminuem. Essas diferenças climáticas resultam dos efeitos dos oceanos e dos continentes sobre o equilíbrio energético regional e da influência das montanhas no fluxo de ar e na temperatura. A vegetação frequentemente reflete essas diferenças climáticas regionais, testemunhando os efeitos do clima sobre as distribuições de espécies e comunidades biológicas. A vegetação também tem importantes efeitos sobre o clima por sua influência sobre o equilíbrio hídrico e de energia.

A proximidade dos oceanos influencia os climas regionais

Anteriormente, observamos que a água requer um aporte de energia maior para mudar sua temperatura (ou seja, ela tem uma capacidade térmica maior) do que a terra. Como resultado, as variações sazonais na temperatura são menores sobre os oceanos do que sobre as áreas continentais (ver Figura 2.15). Além disso, os oceanos proporcionam uma fonte de umidade para a formação de nuvens e precipitação. As regiões terrestres litorâneas influenciadas por um oceano adjacente têm um **clima marítimo**. Os climas marítimos são caracterizados por pouca variação nas temperaturas diárias e sazonais e frequentemente têm maior umidade do que as regiões mais distantes da costa. Por outro lado, as áreas no centro de grandes massas de terras continentais têm um **clima continental**, que é caracterizado por variação muito maior nas temperaturas diárias e sazonais. Os climas marítimos ocorrem em todas as zonas climáticas, desde tropicais a polares. Em zonas temperadas, a influência dos oceanos sobre os climas litorâneos tende a ser acentuada nas costas a oeste no Hemisfério Norte e nas costas a leste no Hemisfério Sul, devido ao padrão de ventos predominantes. Os climas continentais estão limitados às latitudes médias e altas (principalmente nas zonas temperadas), onde as grandes variações sazonais na radiação solar acentuam o efeito da baixa capacidade térmica das massas continentais.

A influência da terra e da água sobre o clima pode ser exemplificada comparando a variação sazonal de temperatura em locais com latitudes e altitudes similares na Sibéria (**Figura 2.17**). Sangar, uma cidade junto ao Rio Lena no centro do continente asiático, exibe mais que o dobro da variação sazonal de temperatura de Khatyrka, junto à costa do Pacífico. Observe que as temperaturas máximas e mínimas ocorrem ligeiramente mais tarde no ano nos climas marítimos (Khatyrka), outro reflexo da alta capacidade térmica do oceano e de seu efeito sobre o clima local.

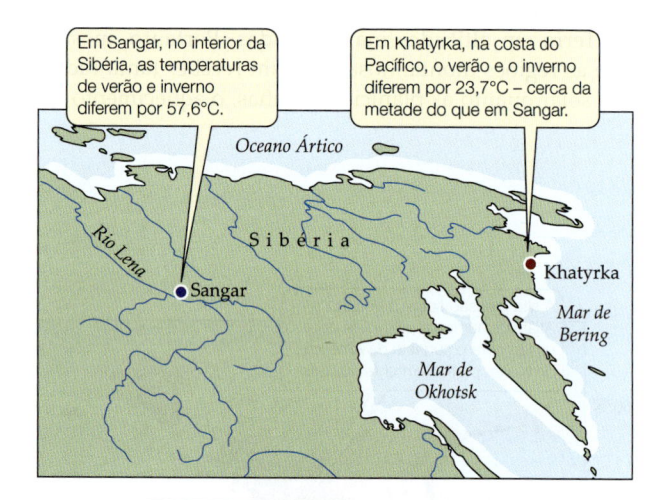

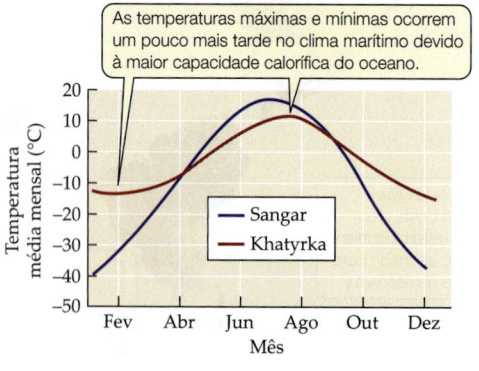

Figura 2.17 Temperaturas médias mensais em um clima continental e em um marítimo A diferença na variação sazonal de temperatura entre dois locais na Sibéria quase na mesma latitude ilustra o efeito da alta capacidade térmica da água do mar.

As montanhas influenciam os padrões de vento e os gradientes de temperatura e precipitação

Os efeitos das montanhas sobre o clima são visíveis no padrão altitudinal da vegetação, especialmente em regiões áridas. Quando nos movemos montanha acima, pastagens podem mudar abruptamente para florestas, e em altitudes mais elevadas, as florestas podem dar lugar a campos alpinos. Essas alterações bruscas no padrão da vegetação refletem as rápidas mudanças no clima que ocorrem ao longo de curtas distâncias em montanhas à medida que as temperaturas diminuem, a precipitação aumenta e a velocidade do vento aumenta com a altitude. O que causa essas variações abruptas? Os climas de montanhas são o produto dos efeitos da topografia e da altitude sobre a temperatura do ar, o comportamento das massas de ar e sua própria geração de padrões locais de vento singulares.

O ar atravessando a superfície terrestre é forçado para cima quando encontra uma cadeia de montanhas. Esse ar ascendente resfria-se à medida que sobe, e o vapor de água condensa-se para formar nuvens e precipitação. Por conta disso, a quantidade de precipitação aumenta com a elevação. Essa intensificação da precipitação em montanhas é especialmente aparente nas encostas voltadas para os ventos predominantes (as encostas de *barlavento*) em cadeias de montanhas com orientação norte-sul. Nas zonas temperadas, onde os ventos predominantes sopram em direção ao leste, o ar em movimento depara-se com as encostas ocidentais de cadeias de montanhas (como os Andes e a Serra Nevada nas Américas) e perde a maior parte de sua umidade como precipitação, antes de alcançar os cumes mais altos. A perda de umidade, bem como o aquecimento do ar à medida que ele se move para baixo pela encosta oriental, resseca a massa de ar (**Figura 2.18A**). Esse **efeito sombra de chuva** resulta em precipitação e umidade do solo menores sobre as encostas na face oposta aos ventos predominantes (as encostas a *sota-vento*) e precipitação e umidade do solo maiores sobre a encosta a barlavento. O efeito sombra de chuva influencia os tipos e as quantidades de vegetação em cadeias de montanhas: comunidades vegetais produtivas exuberantes tendem a ser encontradas em encostas a barlavento, e vegetação mais resistente à seca, mais esparsa, em encostas a sota-vento (**Figura 2.18B**).

As montanhas também podem originar padrões locais de vento e precipitação. Diferenças na direção em que as encostas das montanhas se orientam (referidas como orientação da encosta ou *vertente*) podem causar diferenças nas quantidades de radiação solar que as encostas e as planícies adjacentes recebem. Como vimos no caso dos padrões de circulação de larga escala que geram as células de Hadley (ver Figura 2.6), diferenças no aquecimento solar da superfície do terreno podem causar a elevação de células de ar que são mais quentes do que o ar circundante. Durante a manhã, as encostas voltadas para o leste recebem mais radiação do sol nascente e, portanto, tornam-se mais quentes do que as encostas vizinhas e as planícies. Esse aquecimento diferencial origina ventos localizados ladeira acima nas montanhas. Dependendo do

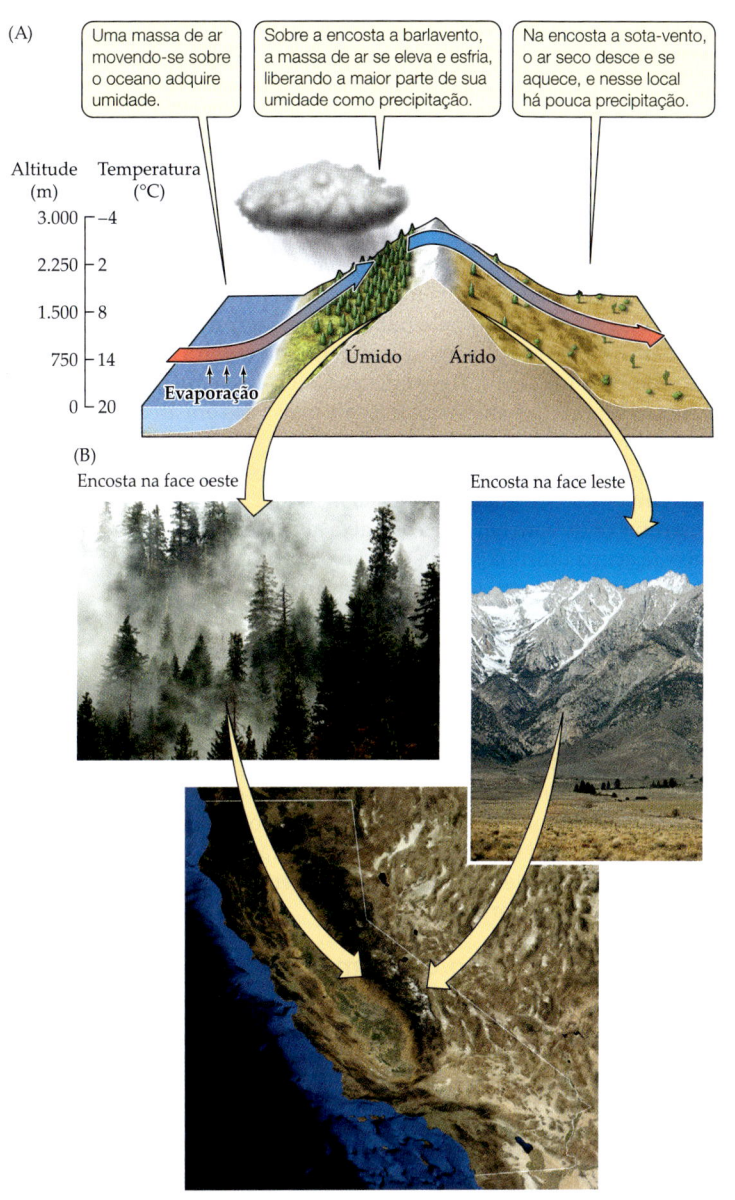

Figura 2.18 O efeito sombra de chuva (A) A precipitação tende a ser maior sobre a encosta a barlavento de uma cadeia de montanhas do que sobre a encosta a sota-vento. (B) A vegetação sobre as encostas voltadas para oeste e leste na Serra Nevada na Califórnia reflete o efeito sombra de chuva.

? Que face da encosta (norte, sul, leste ou oeste) sobre uma cadeia de montanhas na direção norte-sul na zona tropical teria a precipitação mais alta e que face estaria na sombra de chuva?

conteúdo de umidade do ar e dos ventos predominantes em altitudes mais elevadas, nuvens podem se formar sobre os flancos orientais das montanhas. Essas nuvens podem originar tempestades locais que se movem além das montanhas para as planícies vizinhas, aumentando a precipitação local.

À noite, a superfície do solo esfria, e o ar acima dela se torna mais denso. O resfriamento noturno é mais pronunciado nas maiores altitudes uma vez que a atmosfera mais fina absorve e reirradia menos energia e permite que mais calor seja perdido pela superfície do terreno. O ar frio denso comporta-se como a água, fluindo ladeira abaixo e combinando-se em áreas baixas. Como consequência disso, os fundos dos vales são os locais mais frios em áreas montanhosas durante noites claras e calmas. Essa *drenagem de ar frio* influencia a distribuição da vegetação em zonas temperadas devido à frequência mais alta de temperaturas abaixo de zero em áreas de baixa altitude. Os ventos, encosta acima diurnos e encosta abaixo noturnos, são uma característica comum de muitas áreas montanhosas, particularmente no verão quando o aporte de radiação solar é máximo.

Em escala continental, as montanhas influenciam o movimento, a posição e o comportamento das massas de ar, influenciando assim os padrões térmicos nas planícies vizinhas. Grandes cadeias de montanhas, ou *cordilheiras*, podem atuar como canal para o movimento das massas de ar. As Montanhas Rochosas, por exemplo, conduzem o ar frio do Canadá através da porção central da América do Norte para o leste e inibem seu movimento através das bacias entre as montanhas para o oeste.

A vegetação afeta o clima mediante troca de energia pela superfície

O clima determina onde e como os organismos podem viver, mas os organismos, por sua vez, influenciam o sistema climático de vários modos. A quantidade e o tipo de vegetação influenciam como a superfície do solo interage com a radiação solar e o vento, e quanta água é perdida para a atmosfera. A quantidade de radiação solar que uma superfície reflete, conhecida como seu **albedo**, é influenciada pela presença e pelo tipo de vegetação, bem como pelo solo e pela topografia. Uma floresta de coníferas, por exemplo, tem cor mais escura e, portanto, tem um albedo menor do que a maioria dos tipos de solos desnudos ou campos; assim, as florestas absorvem mais energia solar.

A textura da superfície da Terra também é influenciada pela vegetação. Uma superfície rugosa, como uma savana (árvores e plantas herbáceas), permite maior transferência de energia para a atmosfera pelo vento (convecção) do que uma superfície plana como um campo. Isso ocorre porque a vegetação transtorna o fluxo de ar na superfície do solo, causando turbulência que leva mais ar superficial para a atmosfera. Por fim, a vegetação pode resfriar a atmosfera pela *transpiração* (evaporação da água do interior de uma planta através de suas folhas). A intensidade da transpiração aumenta com a quantidade de área foliar por unidade de área de superfície de solo. A soma de água perdida por transpiração e por evaporação é referida como **evapotranspiração**. A evapotranspiração transfere energia (como calor latente) bem como água para a atmosfera, afetando assim a temperatura do ar e a umidade.

O que acontece ao clima quando o tipo ou a quantidade da vegetação são alterados? Essa questão tem uma significância particular devido às altas taxas de desmatamento nos trópicos: a cada ano, cerca de 6 a 7 milhões de hectares de floresta tropical são removidos em todo o mundo (Wright, 2005). A perda de árvores aumenta o albedo da superfície do solo à medida que o solo desnudo é exposto, e as árvores são parcialmente substituídas por plantas herbáceas de cores mais claras (**Figura 2.19**). O albedo mais alto reduz a absorção da radiação solar, resultando em menos aquecimento da superfície do solo. Entretanto, o menor ganho de calor da radiação solar é compensado pelo menor resfriamento evapotranspiratório (menor

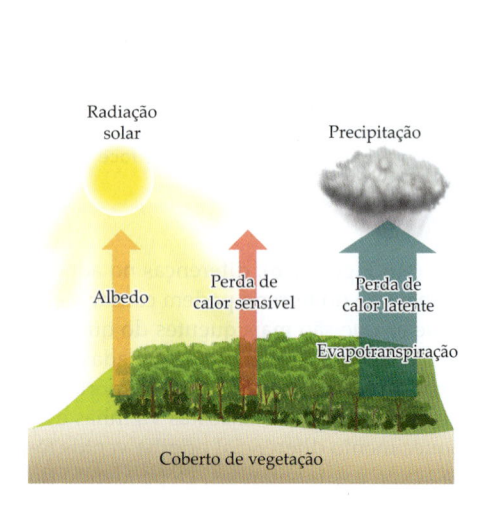

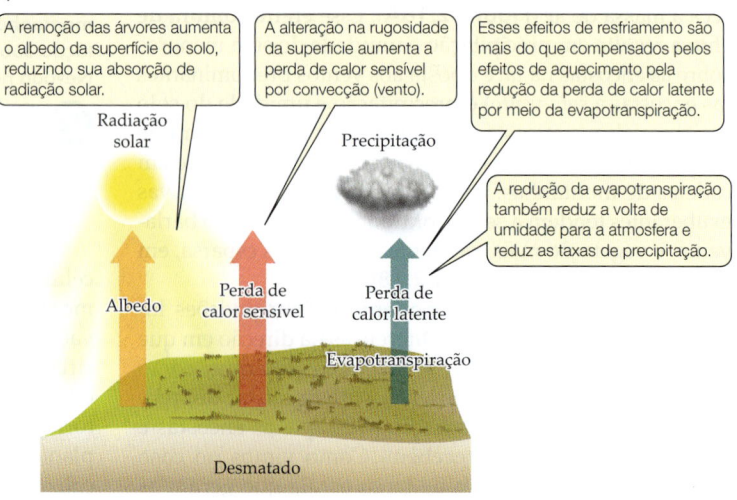

Figura 2.19 Os efeitos do desmatamento ilustram a influência da vegetação sobre o clima A conversão de floresta em pastagem nos trópicos resulta em várias mudanças nas trocas de energia com a atmosfera. (Segundo Foley et al., 2003.)

ANÁLISE DE DADOS 2.1

Como as alterações na cobertura vegetal influenciam o clima?

Nós aprendemos que o tipo e a quantidade de vegetação podem influenciar a troca de energia na superfície da Terra. Como consequência, a alteração humana da superfície do solo, tal como o desmatamento nos trópicos, pode levar a mudanças no clima regional. Determinar se as temperaturas tendem a ficar mais altas ou mais baixas depois de tal alteração requer o conhecimento da magnitude e da direção das mudanças nos componentes do balanço energético.

Por exemplo, o que acontece quando os seres humanos substituem uma estepe com gramíneas baixas, um tipo de campo, característica do oeste das Grandes Planícies dos Estados Unidos, com cultivos agrícolas? Essa alteração na vegetação ocorreu ao longo do rio South Platte no noroeste do Colorado na última parte do século XX e seus efeitos foram avaliados por Chase e colaboradores (1999).* Alguns de seus dados são apresentados aqui na forma de questões para sua avaliação.

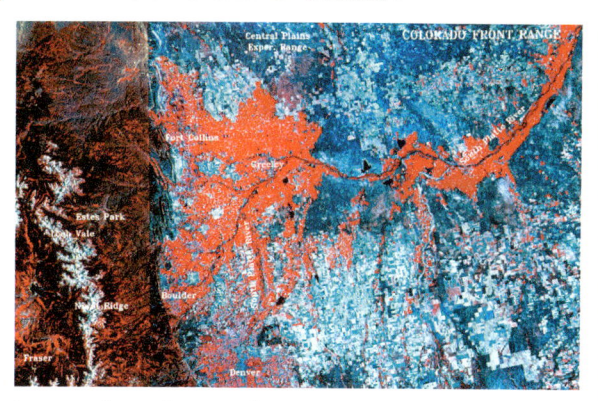

Imagem de satélite em infravermelho da bacia de drenagem do rio South Platte, Colorado; as Montanhas Rochosas estão a oeste. As áreas vermelhas são terras cultivadas irrigadas, e as áreas acinzentadas e azul-escuras são uma mistura de culturas de sequeiro e pradaria de gramíneas baixas.

1. Primeiro, considere as mudanças no albedo. Quando parcelas esparsas de gramíneas de cores claras (albedo = 0,26, significando que 26% da radiação solar incidente refletida) são substituídas por culturas verde-escuras irrigadas (albedo = 0,18), como isso influencia a absorção de radiação solar? Se a radiação solar incidente é de 470 watts por metro quadrado (W/m^2), qual é a diferença em ganho de energia em razão da radiação solar como resultado da mudança na vegetação? Essa mudança no albedo por si só causaria aquecimento ou resfriamento?

2. A seguir, considere a troca de calor devido ao fluxo de calor sensível, incluindo a convecção, que está relacionada à rugosidade da superfície. Uma cultura de sequeiro (não irrigada) tem uma rugosidade superficial aproximadamente três vezes maior do que uma estepe com gramíneas baixas. Que superfície teria maior perda de calor devido à convecção, assumindo que as temperaturas da superfície são mais quentes do que a atmosfera: uma área cultivada ou uma estepe com gramíneas baixas? A diferença estimada na troca de calor devido a um fluxo de calor sensível associado com a conversão do uso do solo para uma cultura de *sequeiro* é de cerca de 40 W/m^2. Uma combinação de mudança no albedo (Questão 1) e na rugosidade da superfície causaria resfriamento, nenhuma alteração líquida ou aquecimento?

3. A substituição da estepe com gramíneas baixas por culturas *irrigadas*, que têm uma área foliar maior por área de superfície de solo e maior umidade do solo, altera a quantidade de energia perdida via evapotranspiração (fluxo de calor latente). Essa mudança resultaria em maior ou menor perda de calor para a atmosfera em comparação à estepe com gramíneas baixas?

4. Levando em conta tanto o fluxo de calor sensível quanto o fluxo de calor latente, a diferença combinada estimada na troca de calor associada com a alteração no uso do solo para culturas irrigadas é de cerca de 60 W/m^2. Incluindo a mudança no albedo da Questão 1, uma superfície de cultura irrigada teria temperaturas mais baixas ou mais altas em comparação à estepe com gramíneas baixas?

*Chase, T. N., R. Pielke, Sr., T. G. F. Kittel, J. S. Baron, and T. J. Stohlgren. 1999. Impacts on Colorado Rocky Mountain weather due to land use changes on the adjacent Great Plains. *Journal of Geophysical Research-Atmospheres* 104: 16673-16690.

---

fluxo de calor latente) devido à perda de área foliar (Foley et al., 2003). A menor evapotranspiração não apenas reduz o resfriamento da superfície, mas também leva à menor precipitação, porque menos umidade retorna à atmosfera proveniente da superfície do solo. Dessa maneira, o resultado do desmatamento nos trópicos pode ser um clima regional mais quente e mais seco. O desmatamento muito praticado pode levar a mudanças climáticas suficientemente significantes para inibir o reflorestamento, conduzindo assim a mudanças de longo prazo nos ecossistemas tropicais. A conversão de regiões naturalmente dominadas por campos para a produção agrícola – uma prática humana generalizada – também pode afetar o clima, como se pode avaliar em **Análise de Dados 2.1**.

No Capítulo 25, retornaremos aos efeitos das atividades humanas sobre o clima, especialmente ao longo dos dois últimos séculos. As atividades humanas, entretanto, não são a única causa das mudanças climáticas de longo prazo. A seguir, abordaremos a variação climática natural que tem ocorrido durante toda a história da Terra.

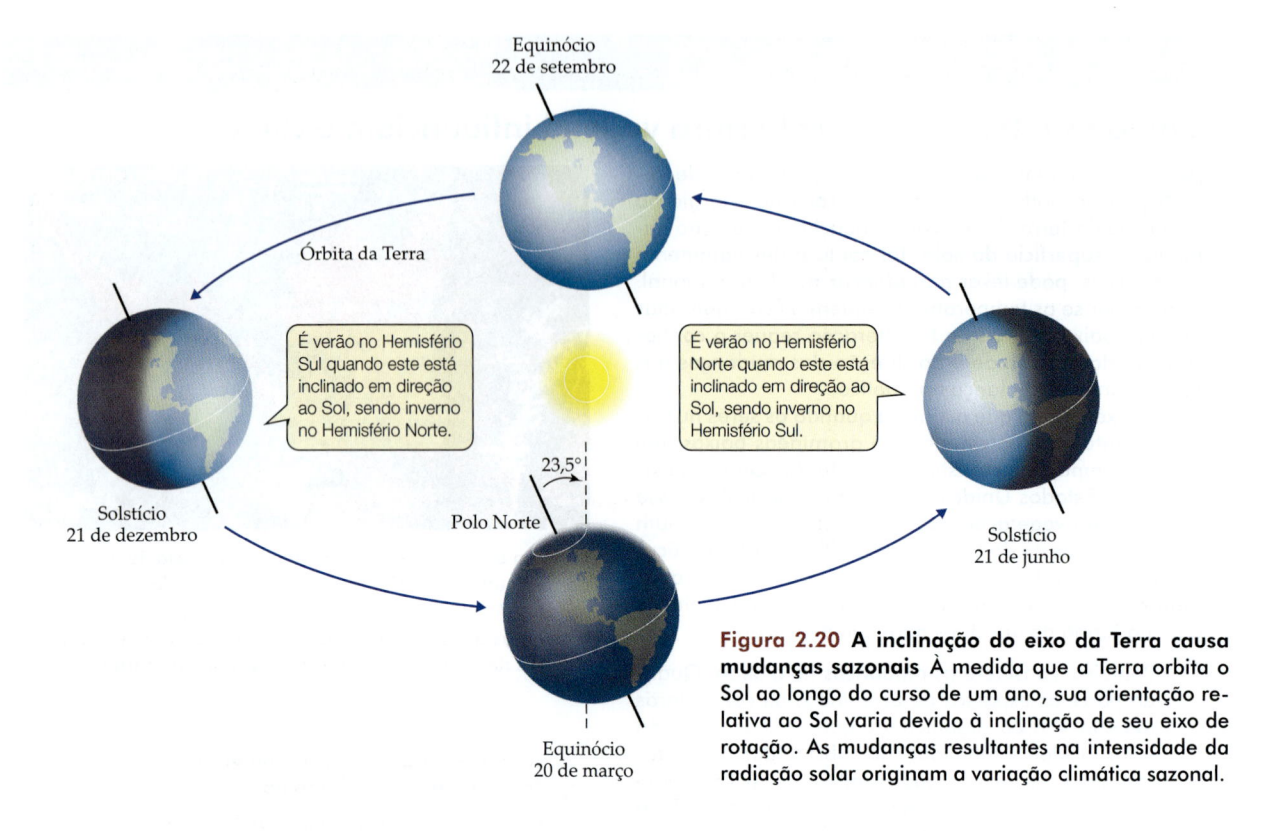

Figura 2.20 A inclinação do eixo da Terra causa mudanças sazonais À medida que a Terra orbita o Sol ao longo do curso de um ano, sua orientação relativa ao Sol varia devido à inclinação de seu eixo de rotação. As mudanças resultantes na intensidade da radiação solar originam a variação climática sazonal.

CONCEITO 2.5

As variações climáticas sazonais e de longo prazo estão associadas a variações na posição da Terra em relação ao Sol.

A variação climática ao longo do tempo

Como mencionado no início deste capítulo, a compreensão da variação climática é fundamental para o entendimento de fenômenos ecológicos, tais como as distribuições de organismos. A variação climática em escalas de tempo diárias a multidecenais determina a gama de condições ambientais experimentadas pelos organismos, bem como a disponibilidade de recursos e hábitats de que eles necessitam para sobreviver. Variações climáticas de longo prazo durante centenas e milhares de anos influenciam a história evolutiva dos organismos e o desenvolvimento de ecossistemas. Como veremos, o clima global mudou substancialmente durante o curso da história da Terra. Nesta seção, examinaremos a variação climática desde escalas de tempo sazonal até 100 mil anos.

A sazonalidade resulta da inclinação do eixo da Terra

A quantidade de radiação solar que atinge qualquer ponto da superfície da Terra varia à medida que ela faz sua trajetória de 365,25 dias ao redor do Sol. O eixo da Terra é inclinado em um ângulo de 23,5° em relação aos raios diretos do Sol (**Figura 2.20**). Portanto, o ângulo e a intensidade dos raios atingindo qualquer ponto sobre a Terra mudam à medida que ela orbita em torno do Sol. Essa influência da inclinação do eixo da Terra anula a variação associada com mudanças sazonais na distância entre a Terra e o Sol devido à órbita levemente elíptica da Terra. A Terra está mais perto do Sol em janeiro (em um ponto chamado de *periélio*: 147 milhões de km) e mais afastada em julho (no *afélio*: 152 milhões de km). Entretanto, como veremos mais tarde, o efeito da distância da Terra ao Sol sobre o clima é importante em uma escala de tempo muito mais longa.

As zonas temperadas e polares experimentam variações pronunciadas na temperatura associadas com a variação na radiação solar durante o ano. No Hemisfério Norte, o verão começa em junho, quando o hemisfério está inclinado em direção ao Sol; ao mesmo tempo, o Hemisfério Sul está orientado para longe do Sol e inicia seu inverno. A diferença na radiação solar e, assim, da variação na temperatura entre verão e inverno aumenta dos trópicos em direção aos polos. As variações sazonais no ângulo do Sol afetam não somente a intensidade da radiação solar, mas também o comprimento do dia. Acima de 66,5°N e S, o Sol não se põe por vários dias, semanas ou mesmo meses no verão. Durante o inverno nessas mesmas latitudes, o Sol não se levanta a uma altura suficiente para aquecer a superfície. Uma vez que a temperatura do ar cai regularmente abaixo do ponto de congelamento durante o inverno em zonas temperadas e polares, a sazonalidade nessas zonas é um importante fator determinante da atividade biológica, influenciando fortemente a distribuição dos organismos.

As variações sazonais na radiação solar são relativamente pequenas nos trópicos comparadas àquelas nas zonas temperadas e polares. Como resultado, a sazonalidade nos trópicos é marcada principalmente por mudanças na precipitação em vez de mudanças na temperatura. Essas mudanças sazonais são associadas com o movimento da zona de ascensão de ar e precipitação máxima, conhecida como **Zona de Convergência Intertropical**, ou **ZCIT**. Essa zona de ascensão máxima corresponde à parte dos trópicos onde o sol atinge a Terra mais diretamente. Desse modo, a ZCIT move-se de 23,5ºN em junho para 23,5ºS em dezembro, trazendo a estação chuvosa com ela (**Figura 2.21**).

Variações sazonais em ambientes aquáticos estão associadas com mudanças na temperatura e na densidade da água

Os ambientes aquáticos em zonas temperadas e polares também experimentam mudanças sazonais na temperatura, mas, como vimos, elas não são tão extremas como aquelas sobre a terra. A água líquida torna-se mais densa à medida que se resfria e tem a propriedade singular de ser mais densa a 4ºC. O gelo tem uma densidade menor do que a água líquida e, portanto, forma-se sobre as superfícies dos corpos hídricos no inverno. Por ter um albedo maior que o da água, o gelo sobre a superfície de um lago ou de oceanos polares efetivamente impede o aquecimento da água abaixo dele.

As diferenças na temperatura da água (e, assim, na densidade da água) com a profundidade resultam na **estratificação**, ou na formação de camadas, de água em oceanos e lagos. A estratificação tem importantes implicações para os organismos aquáticos, pois determina o movimento de nutrientes e oxigênio. As águas superficiais em lagos e oceanos misturam-se livremente, mas estão sobrepostas a camadas de águas mais frias e mais densas que não se misturam facilmente com as águas superficiais. Nos oceanos, as águas superficiais raramente misturam-se com as camadas de águas subsuperficiais – por exemplo, em zonas de ressurgência.

Em lagos de zonas temperadas, as mudanças sazonais na temperatura e na densidade da água resultam em mudanças sazonais na estratificação (**Figura 2.22**). No verão, a camada superficial, ou **epilímnio**, é a mais quente e contém populações ativas de fitoplâncton e zooplâncton. O epilímnio está sobreposto a uma zona de rápido declínio da temperatura, chamada de **termoclina**. Abaixo da termoclina está uma camada estável de água, mais fria e mais densa do lago, conhecida como **hipolímnio**. No verão, os organismos mortos do epilímnio afundarão para o hipolímnio e para a zona de fundo (*bentônica*), carregando nutrientes e energia para longe das águas superficiais.

Durante o outono, o ar acima da superfície da água resfria-se e o lago perde calor para a atmosfera. À medida que o epilímnio se esfria, sua densidade aumenta até que ele tenha a mesma densidade das camadas abaixo dele. Finalmente, a água em todas as profundidades do lago tem a mesma temperatura e densidade, e os ventos soprando na superfície levam à renovação do epilímnio e do hipolímnio, conhecida como **renovação** (*turnover*) do lago. Essa mistura é importante para a reciclagem de nutrientes perdidos pelo epilímnio durante o verão. Além disso, a renovação do lago move o oxigênio para o hipolímnio e para os sedimentos do fundo. A reposição de nutrientes na superfície e de oxigênio no fundo, que é utilizado pela respiração aeróbica das bactérias durante o verão, aumenta a atividade biológica em todo o lago. A renovação ocorre novamente na primavera quando o gelo da superfície derrete e a água do lago tem uma densidade uniforme mais uma vez.

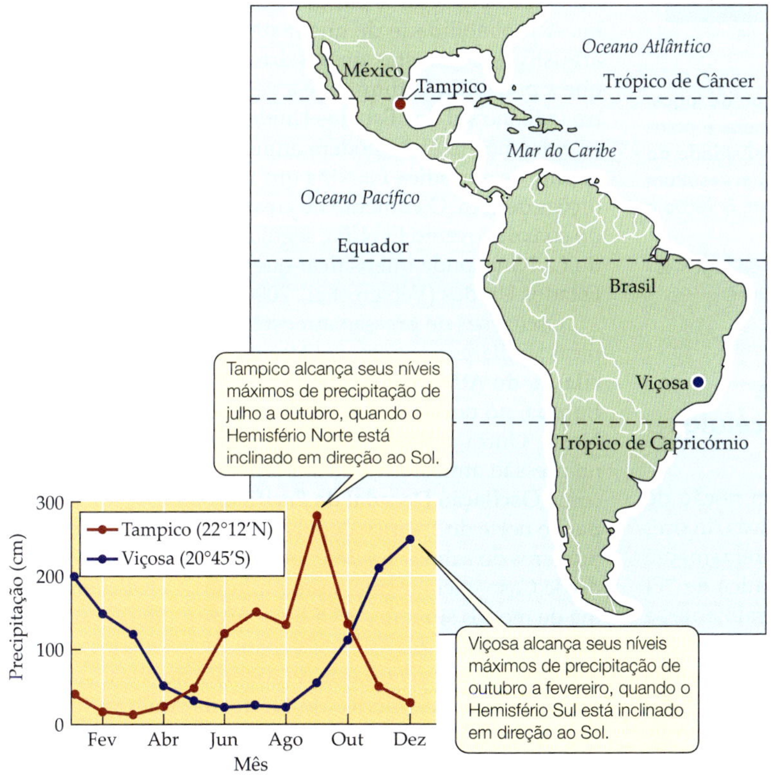

Figura 2.21 Estações úmidas e secas e a ZCIT A sazonalidade da precipitação nos trópicos está associada com o movimento da Zona de Convergência Intertropical (ZCIT) entre os trópicos dos Hemisférios Norte e Sul. Assim, Tampico, México, alcança seus níveis máximos de precipitação de julho a outubro e tem uma estação seca de novembro a abril, enquanto Viçosa, Brasil, tem uma estação chuvosa de outubro a fevereiro e uma estação seca de abril a agosto.

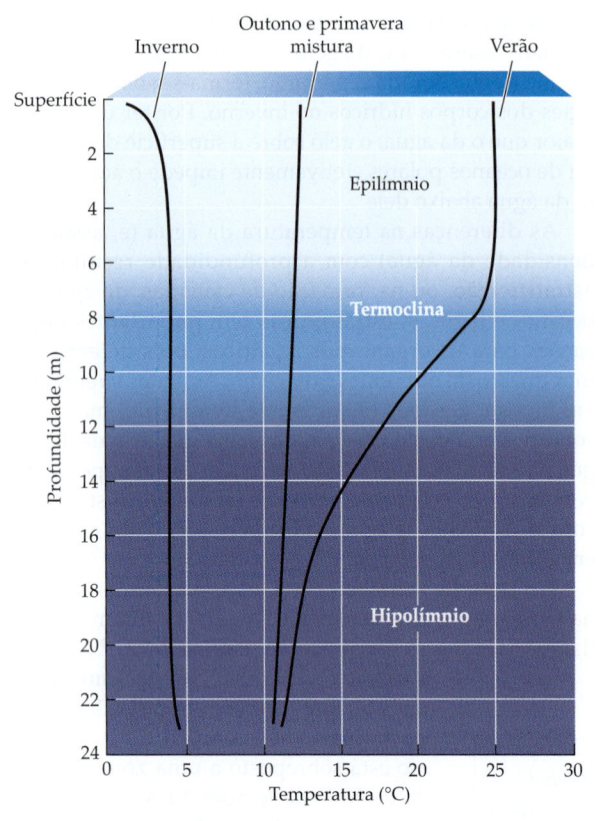

Figura 2.22 Estratificação de lagos A estratificação de lagos, que é mais aparente no verão em regiões temperadas e polares, resulta dos efeitos da temperatura sobre a densidade da água. As variações sazonais na temperatura da água resultam na renovação da água, que acontece pouco durante o verão e o inverno.

? Por que variações sazonais na estratificação de lagos seriam improváveis de ocorrer em lagos tropicais?

A variação climática durante anos e décadas resulta das mudanças em células de pressão atmosférica

Os pescadores peruanos há muito tempo têm noção de épocas em que as águas normalmente produtivas do oceano têm poucos peixes e o tempo se torna extremamente úmido. Eles denominaram esse episódio climático de "El Niño", por causa do menino Jesus, porque geralmente se inicia próximo ao Natal. Os episódios de El Niño são associados com troca (ou oscilação) nas posições de sistemas de alta e baixa pressão sobre o Pacífico equatorial, levando ao enfraquecimento dos ventos alísios de leste que normalmente empurram a água quente em direção ao Sudeste da Ásia. Os climatologistas referem-se a essa oscilação e às alterações climáticas a ela associadas como **Oscilação Sul El Niño**, ou **OSEN**. Suas causas subjacentes ainda não são bem compreendidas. A frequência da OSEN é um

Figura 2.23 A Oscilação Sul El Niño (OSEN) (A, B) Desvios das temperaturas médias de longo prazo das águas equatoriais do Pacífico sob (A) condições de El Niño e (B) condições de La Niña. (C, D) Episódios El Niño têm efeitos climáticos de longo alcance que variam sazonalmente, alterando os padrões de temperatura e precipitação em uma escala global.

tanto irregular, porém ocorre a intervalos de 3 a 8 anos e geralmente dura cerca de 18 meses. Durante os episódios de El Niño, a ressurgência das águas oceânicas profundas ao longo da costa da América do Sul cessa à medida que os ventos de leste enfraquecem, ou, em alguns episódios, mudam para ventos de oeste (**Figura 2.23A**). A OSEN também inclui episódios "La Niña", que são fases mais fortes que a média do padrão normal, com alta pressão ao longo da costa da América do Sul e baixa pressão no oeste do Pacífico (**Figura 2.23B**). Os episódios La Niña geralmente sucedem episódios El Niño, porém tendem a ser menos frequentes.

A OSEN está associada a condições climáticas incomuns, mesmo em locais distantes do Pacífico tropical, por suas complexas interações com os padrões de circulação atmosférica (**Figura 2.23C, D**). Os episódios El Niño estão associados a condições surpreendentemente secas na Indonésia e em outras partes do Sudeste da Ásia e Austrália. A probabilidade de queimadas em campos, bosques arbustivos e florestas dessas áreas aumentam à medida que a precipitação diminui e a vegetação resseca. Por outro lado, no sul dos Estados Unidos e no norte do México, os episódios El Niño podem aumentar a precipitação, enquanto os episódios La Niña que os sucedem trazem condições de seca. O aumento no crescimento vegetal associado com um evento El Niño, seguido por condições de seca do La Niña, pode intensificar queimadas no sudoeste dos Estados Unidos (Veblen et al., 2000).

Oscilações de pressão atmosférica e de correntes oceânicas similares ocorrem no Oceano Atlântico Norte. A **Oscilação do Atlântico Norte** afeta a variação climática na Europa, no norte da Ásia e na costa leste da América do Norte. Outra oscilação de longo prazo na temperatura e na pressão atmosférica da superfície oceânica, conhecida como **Oscilação Decadal do Pacífico**, ou **ODP**, foi descrita para o norte do Pacífico depois que sua influência sobre os números do salmão foi descoberta, como descrito no Estudo de Caso inicialmente neste capítulo. A ODP afeta o clima de modos similares à OSEN e pode moderar ou intensificar os efeitos da OSEN. Os efeitos da ODP são sentidos principalmente no noroeste da América do Norte, embora partes do sul da América do Norte, da América Central, Ásia e Austrália também possam ser afetadas. A ODP e a Oscilação do Atlântico Norte foram associadas a longos períodos de seca nos Estados Unidos (p. ex., o *Dust Bowl* nos Estados Unidos na década de 1930; ver Estudo de Caso do Capítulo 25). Retornaremos à ODP no Estudo de Caso Revisitado.

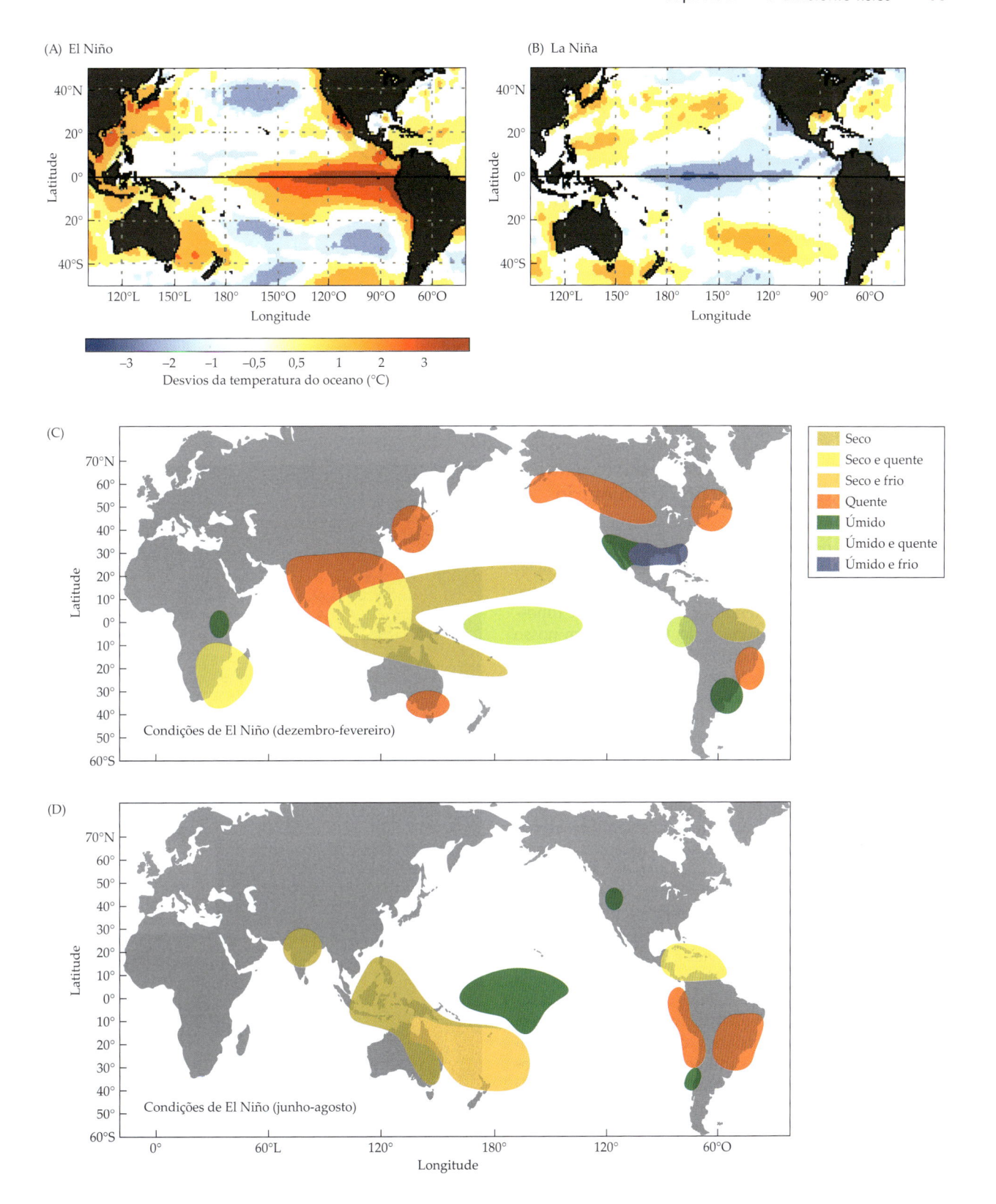

Capítulo 2 • O ambiente físico   41

(A) El Niño

(B) La Niña

Desvios da temperatura do oceano (°C)

(C) Condições de El Niño (dezembro-fevereiro)

Legenda:
- Seco
- Seco e quente
- Seco e frio
- Quente
- Úmido
- Úmido e quente
- Úmido e frio

(D) Condições de El Niño (junho-agosto)

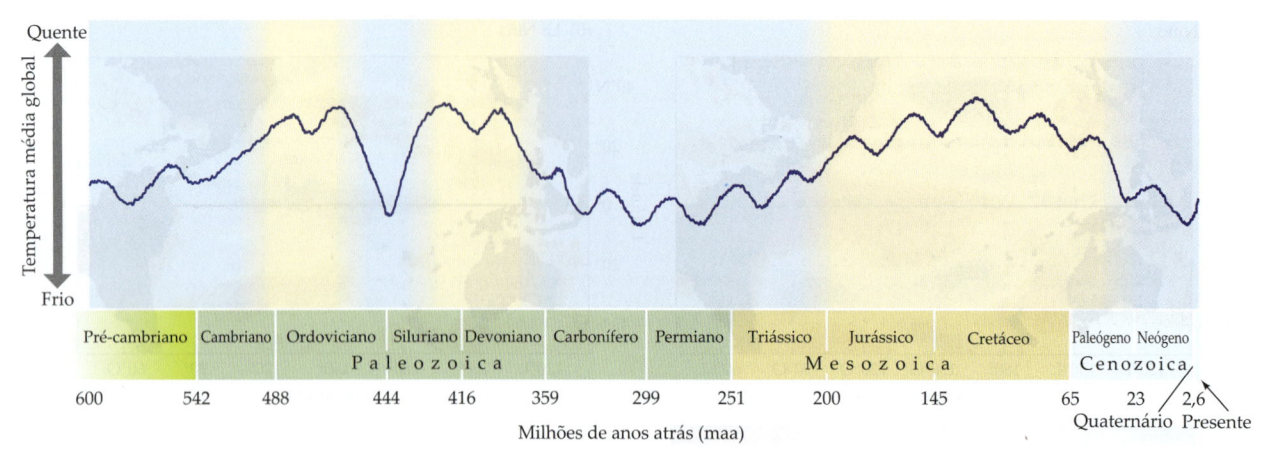

Figura 2.24 Registro de longo prazo da temperatura média global Os padrões climáticos globais têm alternado entre períodos quentes e frios nos últimos 500 milhões de anos.

Variações climáticas de longo prazo estão associadas com a variação na trajetória orbital da Terra

Atualmente, o continente antártico é quase completamente coberto de gelo, e a vida é limitada às suas margens exteriores. Porém, evidências de fósseis indicam que já houve florestas em partes no interior da Antártida, e que dinossauros já vagaram pelo continente. Com base em nosso conhecimento da biologia das árvores e dos dinossauros, podemos concluir que deve ter havido, no passado, um clima mais quente na Antártida. O que poderia ter causado a mudança tão drástica no clima? A posição latitudinal da Antártida mudou ao longo de centenas de milhões de anos devido à *deriva continental*, o movimento das massas continentais ao longo da superfície da Terra à medida que elas flutuam sobre o manto abaixo da crosta (descrito no Capítulo 18). A deriva continental poderia ter resultado em um clima mais quente ou mais frio enquanto a Antártida se movia para mais perto ou mais distante do equador. Entretanto, a idade de muitos fósseis da Antártida, junto com a reconstituição dos movimentos do continente, indica que o continente antártico esteve em posição latitudinal similar à atual quando as florestas e os dinossauros ocorreram lá (há 190 a 65 milhões de anos). Portanto, o clima da Terra já deve ter sido muito mais quente do que é hoje.

Muitas linhas de evidência indicam que a Terra experimentou vários episódios de climas mais quentes e mais frios durante os últimos 500 milhões de anos (**Figura 2.24**). Durante o curso da história da Terra, a quantidade de radiação solar emitida pelo Sol tem aumentado gradualmente. Por isso, esse fator não explica esses ciclos irregulares de variação climática global de longo prazo. Hipóteses para as causas dessas mudanças climáticas

Figura 2.25 A glaciação mais recente do Hemisfério Norte (A) No último máximo glacial, cerca de 18 mil anos atrás, as calotas polares cobriam extensas áreas do Hemisfério Norte. (B) As calotas polares atuais são mostradas para comparação.

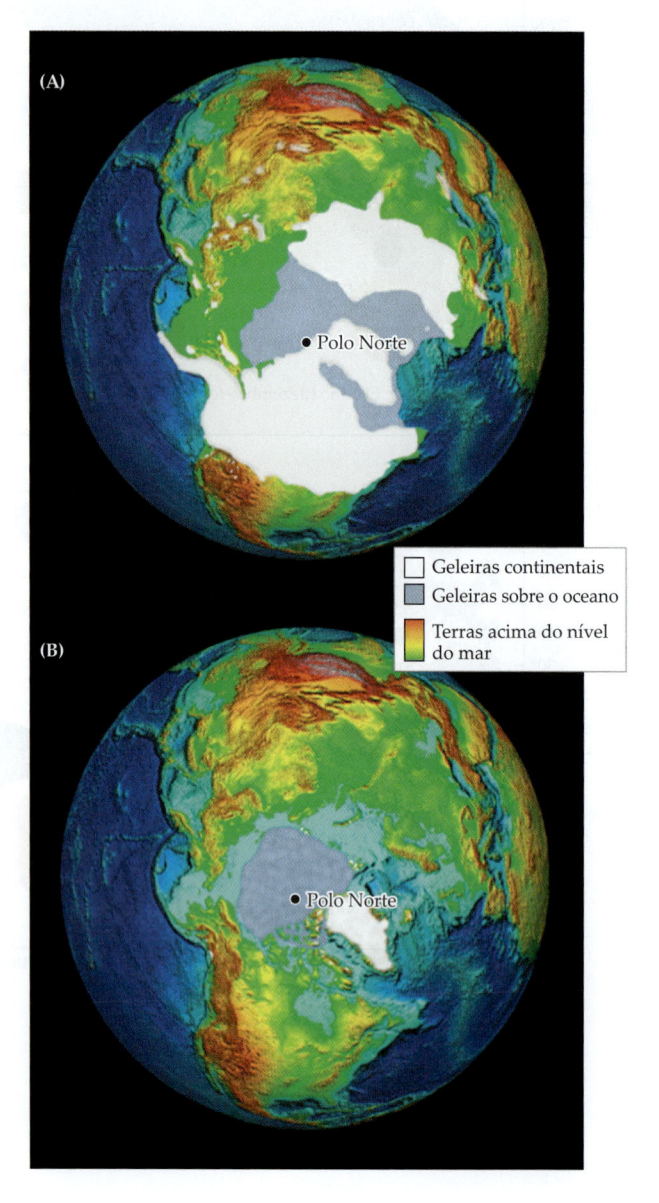

Figura 2.26 Ciclos de Milankovitch e a variação climática de longo prazo Variações (A) na forma da órbita da Terra ao redor do Sol, (B) na inclinação do eixo de rotação da Terra e (C) na orientação do eixo em relação a outros objetos celestes afetam a intensidade e a distribuição da radiação solar que atinge a Terra e se correlacionam com os ciclos glaciais-interglaciais durante os últimos 400 mil anos.

? Que combinação de condições associadas com esses três ciclos promoveria a ocorrência de um período glacial?

(A) Ao longo de um período de cerca de 100 mil anos, a órbita da Terra alterna entre uma forma mais circular ... e uma forma mais elíptica que a torna mais distante do Sol.

(B) Ao longo de um período de cerca de 41 mil anos, o ângulo de inclinação do eixo da Terra alterna entre um máximo de 24,5° e um mínimo de 22,1°.

Inclinação máxima — Presente — Inclinação mínima

(C) Ao longo de um período de cerca de 22 mil anos, o ângulo de orientação da Terra em relação às estrelas muda.

Vega (Lira) — Polaris (Ursa Menor)

11 mil anos atrás — Presente

têm convergido nas alterações nas concentrações de gases estufa na atmosfera. Os períodos mais quentes estão associados com concentrações mais elevadas de gases estufa, enquanto os períodos mais frios estão associados com concentrações mais baixas desses gases.

Hoje em dia, a Terra vive uma fase climática amena que tem durado aproximadamente 3 milhões de anos. Essa fase tem sido caracterizada por períodos regulares de resfriamento, acompanhados pela formação e pelo avanço de geleiras, seguidos por períodos de aquecimento, acompanhados pelo degelo glacial. Os picos de avanço glacial são referidos como *máximos glaciais*, e os períodos de degelo glacial e retração são referidos como *períodos interglaciais*. Esses ciclos glaciais-interglaciais ocorrem em frequências de cerca de 100 mil anos. Atualmente, estamos em um período interglacial; no passado, esses períodos duraram aproximadamente 23 mil anos. O último máximo glacial ocorreu cerca de 18 mil anos atrás (**Figura 2.25**).

Quais são as causas da regularidade desses ciclos glaciais-interglaciais? Uma hipótese foi proposta pelo astrofísico sérvio Milutin Milankovitch na década de 1920. Ele sugeriu que uma combinação de alterações regulares na forma da órbita da Terra e da inclinação de seu eixo, coletivamente conhecidas na atualidade como **ciclos de Milankovitch**, mudou a intensidade da radiação solar em altas latitudes. Atualmente, a forma da órbita da Terra é aproximadamente circular, mas ela varia entre uma forma circular e uma forma mais elíptica em ciclos regulares de 100 mil anos (**Figura 2.26A**). Quando a Terra tem órbita mais elíptica, a distância entre ela e o Sol no afélio é maior e, portanto, a intensidade da radiação solar é menor, acentuando a variação sazonal no clima. O ângulo de inclinação do eixo de rotação da Terra também varia em ciclos regulares de cerca de 41 mil anos (**Figura 2.26B**): quanto maior o ângulo de inclinação, maior a variação sazonal na radiação solar na superfície da Terra. Atualmente, o eixo está inclinado em um ângulo de 23,5°, que é aproximadamente o valor médio de sua faixa de variação (24,5°-22,1°). Finalmente, a orientação da Terra relativa a outros corpos celestes varia em ciclos regulares de aproximadamente 22 mil anos. Hoje em dia, o Polo Norte está orientado em direção a Polaris, a Estrela do Norte, mas nem sempre foi assim; houve outras "Estrelas do Norte" no passado. Essas variações na orientação da Terra influenciam a periodicidade das estações ao determinarem qual hemisfério recebe mais radiação solar (**Figura 2.26C**).

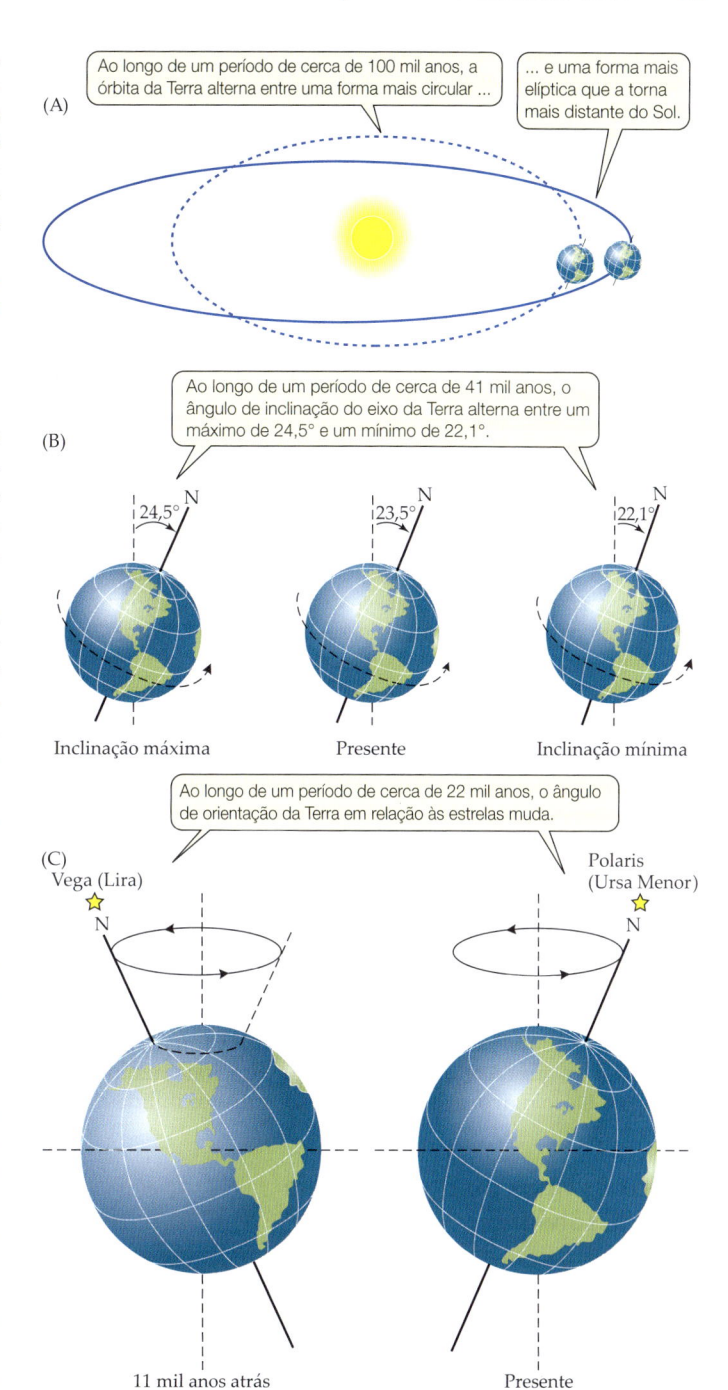

Os ciclos de longo prazo correlacionam-se bem aos ciclos de Milankovitch (Hays et al., 1976). O ciclo glacial-interglacial dominante tem um período de 100 mil anos, correspondendo às mudanças na forma da órbita da Terra. Indicações de flutuações climáticas menores com 41 mil e 22 mil anos também têm sido observadas.

Essas mudanças no clima ao longo do tempo tiveram profundos efeitos sobre a distribuição dos organismos, como será visto no Capítulo 3. Contudo, o clima não é o único fator que determina onde os organismos podem viver. O ambiente químico também desempenha um importante papel.

CONCEITO 2.6

Salinidade, acidez e concentração de oxigênio são os principais determinantes do ambiente químico.

O ambiente químico

Todos os organismos estão envolvidos em uma matriz de substâncias químicas. A água é o principal constituinte químico de ambientes aquáticos, em conjunto com quantidades variáveis de sais e gases dissolvidos. Pequenas diferenças nas concentrações dessas substâncias químicas dissolvidas podem ter consequências importantes para o funcionamento dos organismos aquáticos, bem como para as plantas e os microrganismos terrestres que dependem das propriedades químicas da água no solo. Os organismos terrestres estão imersos em uma atmosfera gasosa relativamente invariável, consistindo principalmente em nitrogênio (78%), oxigênio (20%), vapor de água (1%) e argônio (0,9%). A atmosfera também contém gases-traço, incluindo os gases estufa que exercem um papel crucial no balanço energético da Terra, e poluentes derivados das atividades humanas, que podem ter efeitos importantes sobre a química da atmosfera. Discutiremos os efeitos de poluentes atmosféricos e gases estufa no Capítulo 25. Aqui revisaremos brevemente as três variáveis químicas que influenciam o funcionamento biológico e ecológico: salinidade, acidez e disponibilidade de oxigênio.

Todos os tipos de água contêm sais dissolvidos

Salinidade refere-se à concentração de sais dissolvidos na água. *Sais* são compostos iônicos, compostos de cátions (íons positivamente carregados) e ânions (íons negativamente carregados) que se dissociam quando colocados na água. Sais dissolvidos são importantes de uma perspectiva biológica porque influenciam as propriedades da água que afetam a capacidade dos organismos de absorvê-la, como será visto no Capítulo 4. Os sais também têm influências diretas sobre os organismos como nutrientes (como será visto no Capítulo 22) e podem inibir a atividade metabólica se suas concentrações forem muito altas ou muito baixas.

Embora todas as águas contenham sais dissolvidos, frequentemente pensamos em salinidade no contexto dos oceanos, que respondem por 97% da água sobre a Terra; 70% da superfície da Terra estão sob águas salgadas oceânicas. A salinidade dos oceanos varia entre 33 e 37 partes por mil; essa variação resulta da evaporação e da precipitação, bem como do congelamento e do derretimento do gelo marinho (**Figura 2.27**). A salinidade das águas superficiais oceânicas é mais alta próximo ao equador e mais baixa em latitudes elevadas.

Quais são os sais que tornam a água salina, e de onde eles provêm? Os sais da água do mar consistem principalmente em sódio, cloreto, magnésio, cálcio, sulfato, bicarbonato e potássio. Esses sais provêm de gases emitidos por erupções vulcânicas no princípio da história da Terra, quando sua crosta estava esfriando, e da gradual decomposição dos minerais nas rochas que constituem a crosta.

A salinidade dos corpos hídricos é determinada pelo equilíbrio de aportes e perdas de sais e de água. A maioria dos corpos de água interiores torna-se mais salina ao longo do tempo, refletindo o entre aportes de água por precipitação, perdas de água devido à evaporação e aportes de sais. Quando esses "mares" interiores ocorrem em regiões áridas, como o Grande Lago Salgado (*Great Salt Lake*) e o Mar Morto, suas salinidades geralmente excedem àquela da água do mar devido às altas taxas de evaporação e a seus efeitos concentradores. Os tipos de sais que contribuem para sua salinidade variam, refletindo a química dos minerais nas rochas que constituem suas bacias. A despeito dos elevados níveis de salinidade nesses lagos interiores, alguns organismos conseguiram se desenvolveu nessas águas, incluindo algas e cianobactérias.

Os níveis elevados de salinidade ocorrem naturalmente em solos alagados próximos ao mar, tais como aqueles em marismas. Os solos também podem se tornar mais salinos em regiões áridas quando a água das camadas de solo mais profundas é trazida para a superfície pelas raízes das plantas ou pelo bombeamento da água subterrânea para irrigação. À medida que a água transportada para a superfície evapora, ela deixa para trás seus sais. Se há pouca precipitação para lixiviar os sais para as camadas de solo mais profundas ou se a drenagem da água é impedida por camadas impermeáveis abaixo do solo, as altas taxas de evapotranspiração resultarão em um acúmulo progressivo de sais na superfície do solo. Esse processo, conhecido como **salinização**, ocorre naturalmente em alguns solos de deserto e é uma ocorrência comum em solos agrícolas irrigados de regiões áridas (**Figura 2.28**). A salinização contribuiu para o declínio da agricultura na antiga Mesopotâmia (atual Iraque) e é um problema atual no Vale Central da Califórnia, na Austrália e em outras regiões.

Os organismos são sensíveis à acidez de seu ambiente

A **acidez** e seu recíproco, **alcalinidade**, são medidas da capacidade de uma solução de comportar-se como um ácido ou uma base, respectivamente. *Ácidos* são compostos que doam prótons (H^+) para a água em que estão dissolvidos. *Bases* recebem prótons ou doam íons hidroxila (OH^-). Exemplos de ácidos comuns incluem os ácidos cítrico, tânico e ascórbico encontrados nas frutas. Exemplos de bases comuns incluem o bicarbonato de sódio e outros carbonatos minerais em rochas. A acidez e a alcalinidade são medidas em pH, o qual é igual ao logaritmo negativo ($-\log_{10}$) da

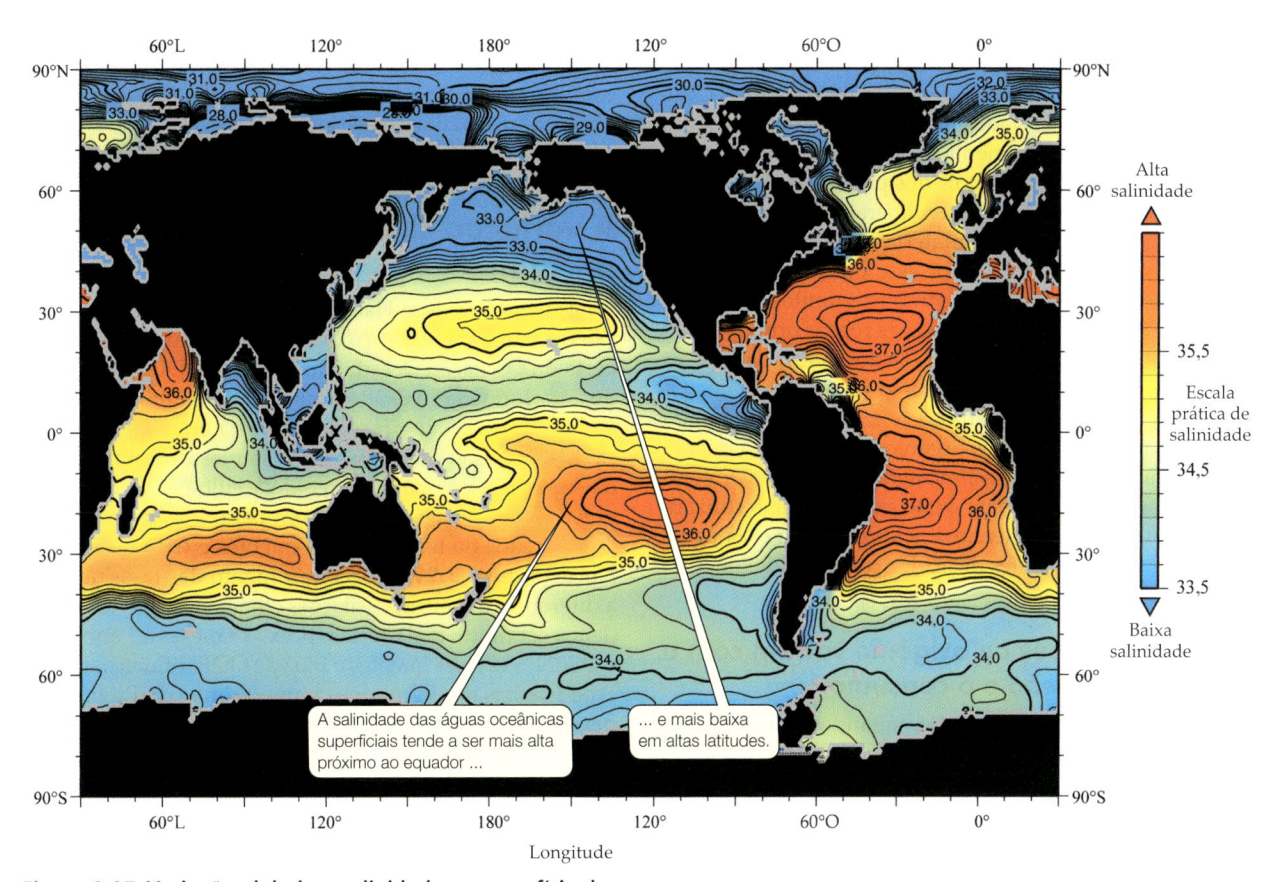

Figura 2.27 Variação global na salinidade na superfície dos oceanos Variações na salinidade das águas oceânicas superficiais refletem o efeito concentrador da evaporação, a diluição pelo degelo do gelo marinho e a precipitação.

concentração de H^+. Portanto, uma unidade de pH representa uma variação de 10 vezes na concentração de H^+. A água pura tem pH neutro de 7,0. Soluções com valores de pH maiores do que 7,0 são alcalinas, ou básicas, e soluções com valores de pH menores do que 7,0 são ácidas.

Os valores de pH da água têm efeitos importantes sobre o funcionamento dos organismos. As variações nos valores de pH podem afetar diretamente a atividade metabólica. Os valores de pH da água também determinam as propriedades químicas e a disponibilidade de nutrientes, como veremos no Capítulo 22. Os organismos têm uma faixa limitada de valores de pH que eles podem tolerar. Os níveis naturais de alcalinidade (quando o pH do ambiente excede a 7) tendem a não ser tão importantes quanto os níveis de acidez como um fator limitante sobre o funcionamento e a distribuição dos organismos.

Nos oceanos, o pH não varia de maneira considerável, uma vez que a composição química da água do mar *tampona* as variações no pH – ou seja, os sais na água do mar ligam-se aos prótons livres e, desse modo, minimizam as variações no pH. Assim, o pH tende a ser mais variável nos ecossistemas terrestres e de água doce. Os aumentos nas concentrações atmosféricas de CO_2 devido às atividades humanas estão aumentando a acidez dos oceanos com efeitos negativos sobre os ecossistemas marinhos. Os animais marinhos que constroem conchas utilizando carbonato de cálcio são menos capazes de construir e manter suas conchas sob condições mais ácidas (Orr et al., 2005). Discutiremos esse fenômeno com mais detalhes no Capítulo 25.

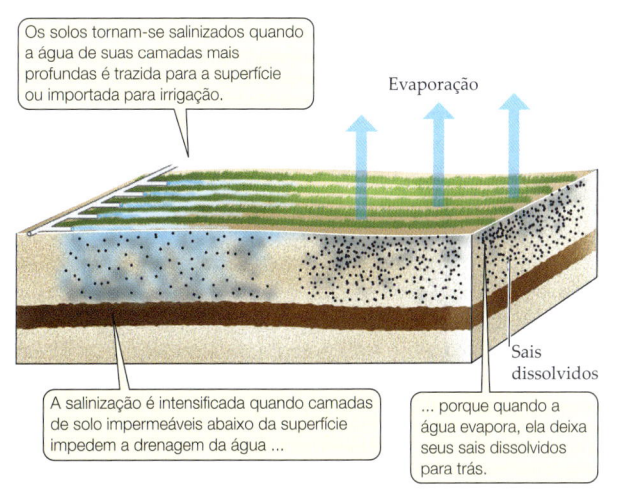

Figura 2.28 Salinização A salinização dos solos está interrompendo a produção agrícola em muitas áreas, especialmente em regiões áridas.

Na terra, o pH das águas superficiais e dos solos varia naturalmente. Quais as causas dessas variações? A água torna-se mais ácida ao longo do tempo pelo aporte de compostos ácidos derivados de diversas fontes, a maioria associada ao desenvolvimento do solo (discutido em mais detalhes no Capítulo 22). Dois dos principais componentes dos solos são as partículas minerais provenientes da degradação das rochas e a matéria orgânica oriunda da decomposição de plantas mortas e outros organismos. Alguns tipos de rochas, tais como os granitos, originam sais ácidos, enquanto outros tipos de rochas originam sais básicos. Os solos tornam-se mais ácidos à medida que envelhecem, porque os sais básicos são lixiviados mais facilmente e porque a decomposição e a lixívia da matéria orgânica adicionam ácidos orgânicos ao solo. A emissão de poluentes ácidos para a atmosfera pela queima de combustíveis fósseis, bem como o uso excessivo de fertilizantes agrícolas, pode aumentar a acidez do solo e da água. Discutiremos essas fontes de acidez com mais detalhes no Capítulo 25.

As concentrações de oxigênio variam com a altitude, a difusão e o consumo

Não havia oxigênio na atmosfera quando a vida evoluiu inicialmente sobre a Terra, e o oxigênio era tóxico para as primeiras formas de vida. Mesmo hoje, há muitos organismos que são intolerantes ao oxigênio. Entretanto, à exceção de algumas arqueias, bactérias e fungos, a maioria dos organismos requer oxigênio para realizar seus processos metabólicos e não pode sobreviver em condições **hipóxicas** (baixa concentração de oxigênio). Condições hipóxicas também podem promover a formação de substâncias químicas (p. ex., sulfeto de hidrogênio) tóxicas para muitos organismos. Ademais, os níveis de oxigênio são importantes para reações químicas que determinam a disponibilidade de nutrientes.

As concentrações de oxigênio na atmosfera têm se mantido estáveis em cerca de 21% nos últimos 65 milhões de anos; assim, a maioria dos ambientes terrestres tem concentrações de oxigênio constantes. Entretanto, a disponibilidade de oxigênio atmosférico diminui com a altitude acima do nível do mar. Como vimos, a densidade global do ar diminui com a altitude, de modo que há menos moléculas de oxigênio em um dado volume de ar em altitudes mais altas. Discutiremos as repercussões dessa variação na saúde humana no Capítulo 4.

As concentrações de oxigênio podem variar substancialmente em ambientes aquáticos e nos solos. A taxa de difusão do oxigênio na água é lenta e pode não acompanhar seu consumo pelos organismos. Ondas e correntes misturam o oxigênio proveniente da atmosfera nas águas oceânicas superficiais, de modo que sua concentração costuma ser estável nesse local. As concentrações de oxigênio são baixas no oceano profundo e nos sedimentos marinhos, onde a assimilação biológica é maior do que o reabastecimento pelas águas superficiais. Isso também ocorre em lagos profundos, sedimentos lacustres e solos alagados (p. ex., em áreas úmidas). As concentrações de oxigênio são mais elevadas em ecossistemas de água doce com águas correntes (riachos e rios) porque a mistura com a atmosfera é maior nesses locais.

ESTUDO DE CASO REVISITADO
A variação climática e a abundância do salmão

A pesquisa de Steven Hare e Robert Francis sobre a produção de salmão no Pacífico Norte contribuiu para a descoberta da Oscilação Decadal do Pacífico (ODP). Como citado anteriormente, a ODP é uma flutuação multidecadal na temperatura da superfície do mar e na pressão atmosférica. Uma revisão dos registros existentes de temperaturas da superfície do mar ao longo do século passado indicou que a ODP esteve associada com períodos alternantes de 20 a 30 anos de temperaturas quentes e frias no Pacífico Norte (**Figura 2.29A**). O comprimento das fases da ODP a diferença de outras oscilações climáticas cujas fases tendem a ser muito mais curtas (p. ex., 18 meses a 2 anos para a OSEN). As fases quentes e frias da ODP influenciaram os ecossistemas marinhos dos quais o salmão do Pacífico dependia, alterando, assim, a produção de salmão no norte ou no sul, dependendo da fase (**Figura 2.29B**).

A ODP tem sido associada a variações nas abundâncias e nas distribuições de muitos organismos marinhos, e, por meio de seus efeitos climáticos, ao funcionamento dos ecossistemas terrestres (Mantua e Hare, 2002). Seus efeitos foram encontrados principalmente no oeste da América do Norte e no leste da Ásia, mas efeitos foram também relatados na Austrália. Portanto, a influência da ODP sobre o clima atinge todo o Hemisfério Oeste. As evidências da existência de alterações climáticas associadas com a ODP remontam à década de 1850, na forma de registros instrumentais de temperatura, e por volta de 1600, na forma de informação de corais e anéis de crescimento em árvores. Os mecanismos subjacentes à ODP são obscuros, mas seu efeito sobre o clima é significante e amplamente distribuído (**Tabela 2.1**).

CONEXÕES NA NATUREZA
Variação climática e ecologia

Dois aspectos da ODP são particularmente significantes no contexto da ecologia. Em primeiro lugar, a percepção de que a ODP existe foi promovida por uma tentativa de compreender a variação no tamanho de uma população animal. Essa observação ressalta a relação entre as condições físicas (o tópico deste capítulo), o funcionamento de organismos individuais e o crescimento e a reprodução deles (Capítulos 4 e 5) e os processos de populações e comunidades (Partes 2 e 5, respectivamente). Essa relação é um dos temas centrais da ecologia que formará um traço comum ao longo de todo este livro. Em última análise, o ambiente físico, incluindo o clima e a miríade de fatores, tais como a ODP, que o controla, determina se um organismo pode existir em um determinado local (como será visto

Figura 2.29 Efeito da ODP sobre a captura do salmão no noroeste dos Estados Unidos (A) Índice ODP médio no verão, 1965 a 2012. As barras vermelhas e azuis indicam as temperaturas do oceano que são mais quentes ou mais frias do que a média, respectivamente. (B) Desvios da média (123.131 peixes) em números de salmões *chinook* adultos retornando para o Rio Colúmbia (Washington e Oregon) para desovar, 1965 a 2012. (Adaptada de NOAA Northwest Fisheries Science Center.)

❓ Com que frequência a fase fria da ODP corresponde a uma captura de salmão maior do que a média? Ou, de modo inverso, com que frequência a fase quente da ODP corresponde a uma captura de salmão menor do que a média?

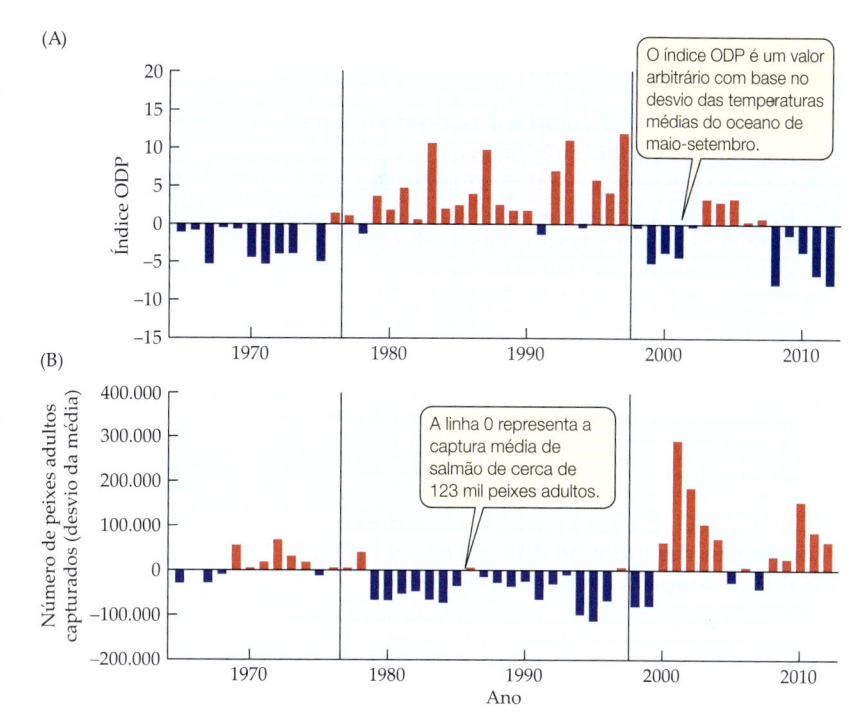

> O índice ODP é um valor arbitrário com base no desvio das temperaturas médias do oceano de maio-setembro.

> A linha 0 representa a captura média de salmão de cerca de 123 mil peixes adultos.

no Capítulo 3). Os extremos no ambiente físico, incluindo aqueles governados pelas oscilações climáticas, exercem papel fundamental em nossa compreensão dos fenômenos ecológicos.

Em segundo lugar, a escala de tempo da variação climática associada à ODP é longa em relação ao tempo de vida humana. As variações abruptas no clima e as respostas ecológicas associadas do ecossistema marinho foram, portanto, percebidas pelas pessoas como eventos incomuns. Na verdade, as fases da ODP podem ser mais longas do que os tempos de vida da maioria dos organismos afetados por ela, o que limita suas capacidades de se adaptarem a essa oscilação climática. Como resultado, a partir da perspectiva de uma comunidade ecológica, a ODP representa um distúrbio, um evento que afeta prejudicialmente as populações de algumas espécies e perturba a comunidade.

Embora ainda não saibamos o que a causa, a ODP foi uma parte do sistema climático no mínimo durante os últimos 400 anos. Uma melhor compreensão de seus efeitos nos ajudará a colocar em perspectiva outros fenômenos climáticos, incluindo a mudança climática global.

TABELA 2.1

Resumo dos efeitos climáticos da Oscilação Decadal do Pacífico (ODP)

Efeito climático	Fase quente da ODP	Fase fria da ODP
Temperatura da superfície do oceano no nordeste do Pacífico e no Pacífico tropical	Acima da média	Abaixo da média
Temperatura do ar no noroeste da América do Norte (outubro-março)	Acima da média	Abaixo da média
Temperatura do ar no sudeste dos Estados Unidos (outubro-março)	Abaixo da média	Acima da média
Precipitação no sul dos Estados Unidos/norte do México (outubro-março)	Acima da média	Abaixo da média
Precipitação no noroeste da América do Norte e nos Grandes Lagos (outubro-março)	Abaixo da média	Acima da média
Cobertura de neve primaveril no noroeste da América do Norte e fluxo de água corrente anual (outubro-setembro)	Abaixo da média	Acima da média
Risco de inundações no inverno e na primavera no noroeste do Pacífico	Abaixo da média	Acima da média

Fonte: Mantua, 2001.

RESUMO

CONCEITO 2.1 O clima é o componente mais importante do ambiente físico.

- O tempo refere-se às condições momentâneas de temperatura, precipitação, umidade, vento e nebulosidade. O clima é a média das condições do tempo de determinado local em longo prazo.
- O clima determina a distribuição geográfica e a fisiologia dos organismos.
- O sistema climático é governado pelo balanço entre os ganhos de energia da radiação solar e reirradiação pela atmosfera e as perdas de energia devidas à radiação infravermelha da superfície da Terra, ao fluxo de calor latente e ao fluxo de calor sensível.

CONCEITO 2.2 Os ventos e as correntes oceânicas resultam de diferenças na radiação solar ao longo da superfície terrestre.

- Diferenças latitudinais na intensidade da radiação solar na superfície da Terra estabelecem as células de circulação atmosférica.
- O efeito Coriolis e a diferença na capacidade calorífica entre os oceanos e os continentes atuam sobre as células de circulação atmosférica para determinar o padrão de ventos predominantes na superfície terrestre.
- As correntes oceânicas são impulsionadas pelos ventos superficiais e pelas diferenças na temperatura da água e na salinidade.
- Os ventos e as correntes oceânicas transferem energia dos trópicos para latitudes mais altas.

CONCEITO 2.3 Os padrões de circulação atmosférica e oceânica de larga escala estabelecem os padrões globais de temperatura e precipitação.

- Os padrões de temperatura global são determinados pela variação latitudinal na radiação solar, mas também são influenciados pelos padrões de circulação oceânica e pela distribuição dos continentes.
- A temperatura diminui com o aumento da altitude acima da superfície terrestres.
- Os padrões globais de precipitação terrestre são determinados pelas células de circulação atmosférica, mas também são influenciados pelas células de pressão semipermanentes.

CONCEITO 2.4 Os climas regionais refletem a influência de oceanos e continentes, montanhas e vegetação.

- A variação sazonal na temperatura é maior no interior dos continentes do que na costa, porque a água do mar tem maior capacidade térmica do que a terra.
- As montanhas forçam a subida das massas de ar passando sobre elas e a perda da maior parte de sua umidade em forma de precipitação. Isso causa ambientes mais úmidos nas encostas a barlavento e ambientes mais secos nas encostas a sota-vento.
- A vegetação influencia o clima mediante seu efeito sobre as trocas de energia associadas com o albedo, com a evapotranspiração (transferência de calor latente) e com os ventos superficiais (transferência de calor sensível).

CONCEITO 2.5 As variações climáticas sazonais e de longo prazo estão associadas a variações na posição da Terra em relação ao Sol.

- A inclinação do eixo da Terra à medida que ela orbita o Sol causa variações sazonais na temperatura em regiões temperadas e polares e na precipitação em regiões tropicais.
- As diferenças na densidade da água induzidas pela temperatura resultam em camadas de água que não se misturam em oceanos e lagos. Em lagos de zonas temperadas, essas camadas se dissipam no outono e na primavera, permitindo o movimento de oxigênio e nutrientes.
- As variações no clima ao longo de anos ou décadas são causadas por alterações cíclicas nas células de pressão atmosférica. Essas mudanças têm efeitos de ampla distribuição além das regiões onde as células de pressão estão localizadas.
- Ciclos climáticos de longo prazo durante centenas e milhares de anos estão associados com mudanças na forma da órbita da Terra, o ângulo de inclinação de seu eixo e a orientação da Terra em relação a outros corpos celestes.

CONCEITO 2.6 Salinidade, acidez e concentração de oxigênio são os principais determinantes do ambiente químico.

- A salinidade das águas da Terra, incluindo a água no solo, é determinada pelo equilíbrio entre os aportes de sais e os ganhos (precipitação) e as perdas (evapotranspiração) de água.
- O pH dos solos e das águas superficiais é determinado pelos aportes de sais provenientes da decomposição dos minerais das rochas, de ácidos orgânicos das plantas e de poluentes.
- As concentrações de oxigênio são estáveis na maioria dos ecossistemas terrestres, porém a disponibilidade de oxigênio diminui com o aumento da altitude.
As concentrações de oxigênio em ecossistemas aquáticos são baixas onde seu consumo pelos organismos excede sua baixa taxa de difusão na água.

Questões de revisão

1. Por que a variabilidade das condições físicas é potencialmente mais importante do que as condições médias como causa determinante de padrões ecológicos, como, por exemplo, as distribuições de espécies?
2. Descreva os fatores que determinam as principais zonas climáticas latitudinais (as zonas tropical, temperada e polar).
3. Como as montanhas afetam os climas terrestres regionais? Como os oceanos afetam os climas terrestres?
4. Por que os desertos seriam mais propensos à salinização proveniente de irrigação do que áreas com maior precipitação?

MATERIAL DA INTERNET (em inglês)
sites.sinauer.com/ecology3e

O *site* inclui o resumo dos capítulos, testes, e *flascards* termos-chave, sugestão de leituras, um glossário completo e a Revisão Estatística. Além disso, os seguintes recursos estão disponíveis para este capítulo:

Exercício Prático: Solucionando Problemas
2.1 Há muito, muito tempo em uma galáxia não tão distante: variação climática sazonal e inclinação do eixo em planetas habitáveis

Conexão às Mudanças Climáticas
2.1 A importância de eventos extremos para as respostas ecológicas à mudança climática

3 A biosfera

CONCEITOS-CHAVE

CONCEITO 3.1 Os biomas terrestres são caracterizados pelas formas de crescimento da vegetação dominante.

CONCEITO 3.2 As zonas biológicas nos ecossistemas de água doce estão associadas à velocidade, profundidade, temperatura, transparência e composição química da água.

CONCEITO 3.3 As zonas biológicas marinhas são determinadas pela profundidade do oceano, disponibilidade de luz e estabilidade do substrato do fundo.

O Serengeti americano – 12 séculos de alterações nas Grandes Planícies: Estudo de Caso

Hoje em dia, a região que abrange a porção central da América do Norte, conhecida como as Grandes Planícies, mantém pouca semelhança com a Planície Serengeti da África. A diversidade biológica é muito baixa em muitas partes da paisagem atual, que contém grandes manchas uniformes de plantas cultivadas (que muitas vezes são até mesmo geneticamente iguais) e poucas espécies de herbívoros domesticados. No Serengeti, por outro lado, algumas das maiores e mais diversas manadas de animais selvagens do mundo vagam em uma pitoresca savana (**Figura 3.1**). Entretanto, se não fosse por uma série de importantes alterações ambientais, os dois ecossistemas poderiam parecer muito similares.

As comunidades biológicas nas zonas temperadas e polares foram sujeitas à mudança climática natural de longo prazo que levou a alterações latitudinais ou altitudinais em suas localizações e em sua composição de espécies. Há 18 mil anos, durante o último máximo glacial do Pleistoceno, a calota de gelo cobria a porção norte da América do Norte. Durante os 12 mil anos seguintes, o clima se aqueceu, e o gelo retrocedeu. A vegetação seguiu a retração do gelo em direção ao norte e colonizou o substrato novamente exposto. As pradarias no centro do continente expandiram-se em antigos bosques de espruce e de álamo. Essas pradarias continham espécies de gramíneas, ciperáceas e plantas herbáceas de pequeno porte similares àquelas encontradas nas pradarias existentes atualmente.

Entretanto, os animais habitantes dessas pradarias mais antigas eram notavelmente diferentes dos animais dos dias atuais. Uma coleção diversa de *megafauna* (animais com mais de 45 kg) existiu na América do Norte, rivalizando com a diversidade encontrada atualmente no Serengeti (Martin, 2005) (**Figura 3.2**). Os herbívoros da América do Norte, há 13 mil anos – período relativamente curto no contexto evolutivo –, incluíam mamutes lanudos e mastodontes (aparentados aos elefantes), bem como várias espécies de cavalos, camelos e preguiças terrestres gigantes. Os predadores incluíam tigres-dentes-de-sabre com caninos de 18 cm, chitas, leões e ursos gigantes de focinho curto, maiores e mais rápidos do que os ursos-pardos.

Há cerca de 10 mil a 13 mil anos, à medida que as extensas Grandes Planícies se desenvolviam, muitos dos grandes mamíferos da América do Norte foram extintos (Barnosky et al., 2004). A rapidez do desaparecimento de aproximadamente 28 gêneros (40-70 espécies) tornou essa extinção diferente de qualquer evento anterior de extinção durante os 65 milhões de anos precedentes. Outro aspecto incomum dessa extinção foi que aproximadamente todos os animais extintos pertenciam ao mesmo grupo: grandes mamíferos. As causas dessa extinção são um mistério.

Várias hipóteses foram propostas para esclarecer o desaparecimento da megafauna norte-americana. As alterações no clima durante o período de extinção foram rápidas e podem ter levado a mudanças no hábitat ou na oferta de alimentos que teriam afetado negativamente os animais.

Figura 3.1 A planície Serengeti da África Grandes manadas de diversos animais nativos migram através do Serengeti em busca de alimento e água.

Figura 3.2 Animais do pleistoceno das Grandes Planícies Os animais das pradarias do centro da América do Norte há 13 mil anos incluíam mamutes lanudos, cavalos e bisões gigantes. Muitos desses grandes mamíferos foram extintos em um curto período entre 13 mil e 10 mil anos atrás.

incluindo a faixa de até 200 m de profundidade nos oceanos.

A **biosfera** – a zona de vida sobre a Terra – está inserida entre a *litosfera*, a crosta superficial da Terra e parte superior do manto, e a *troposfera*, a camada mais baixa da atmosfera. As comunidades biológicas podem ser estudadas em múltiplas escalas de complexidade variável, como vimos no Conceito 1.2. Aqui usaremos o conceito de bioma para introduzir a espantosa diversidade da vida terrestre. A diversidade da vida aquática não é tão facilmente categorizada, mas descreveremos várias zonas biológicas marinhas e de água doce, as quais, assim como os biomas terrestres, refletem as condições físicas em que são encontradas.

Outra hipótese que tem gerado considerável controvérsia sugere que a chegada dos seres humanos na América do Norte pode ter acelerado o desaparecimento desses animais (Martin, 1984). Quando proposta pela primeira vez, essa hipótese foi recebida com amplo ceticismo, e a evidência de sustentação inicial foi considerada fraca. Embora os seres humanos tenham aparecido inicialmente na parte central da América do Norte cerca de 14 mil anos atrás, não está claro como caçadores portando ferramentas de pedra e madeira poderiam ter levado tantas espécies de grandes mamíferos à extinção. Que evidência existe para sustentar a hipótese de que os seres humanos estiveram envolvidos nesse episódio de extinção?

Introdução

Os seres vivos podem ser encontrados em locais extraordinários. Aves como corvos, grandes abutres europeus e gralhas alpinas voam sobre os cumes mais altos do Himalaia, mais de 8.000 m acima do nível do mar. Peixes como *Abyssobrotula galatheae* vivem a mais de 8.000 m abaixo da superfície do oceano. Bactérias e arqueias podem ser encontradas quase que em qualquer lugar sobre a Terra, em fontes sulfurosas quentes nos limites vitais extremos de composição química e de temperatura, sob geleiras e sobre partículas de poeira muitos quilômetros acima da superfície terrestre e quilômetros de profundidade nos sedimentos oceânicos. Entretanto, a maioria dos seres vivos ocorre em uma gama de hábitats que cobrem uma estreita camada da superfície da Terra, desde as copas das árvores até a camada superficial do solo nos ambientes terrestres,

> **CONCEITO 3.1**
> Os biomas terrestres são caracterizados pelas formas de crescimento da vegetação dominante.

Biomas terrestres

Biomas são comunidades biológicas de grande escala, modeladas pelo ambiente físico no qual elas são encontradas. Particularmente, eles refletem a variação climática descrita no Capítulo 2. Os biomas são classificados pelas formas de crescimento mais comuns de plantas distribuídas ao longo de grandes áreas geográficas. A classificação de biomas não leva em conta as relações taxonômicas entre organismos; em vez disso, ela se baseia em similaridades nas respostas morfológicas dos organismos ao ambiente físico. Um bioma inclui assembleias bióticas similares em continentes distantes, indicando respostas similares a condições climáticas semelhantes em diferentes locais. Além de proporcionar uma útil introdução à diversidade da vida na Terra, o conceito de bioma proporciona uma unidade biológica conveniente para pesquisadores envolvidos com modelagem simularem os efeitos da alteração ambiental sobre as comunidades biológicas, bem como os efeitos da vegetação sobre o sistema climático (ver Conceito 2.4). Os números e as categorias de biomas utilizados variam de fonte para fonte, dependendo das preferências e dos objetivos dos autores. Aqui, usamos um sistema de nove biomas: *floresta tropical pluvial, floresta tropical estacional e savana tropical, deserto, campo temperado,* *bosque temperado e bosque arbustivo temperado, floresta temperada decídua, floresta temperada perenifólia, floresta boreal* e *tundra*. Esse sistema proporciona uma ferramenta de ensino para unir os sistemas biológicos aos ambientes que os moldam.

As comunidades terrestres variam consideravelmente desde os trópicos quentes e úmidos até as regiões polares frias e secas. As florestas tropicais têm múltiplos estratos verdejantes, altas taxas de crescimento e uma tremenda diversidade de espécies. Estima-se que as florestas tropicais de planície em Bornéu tenham 10 mil espécies de plantas vasculares e que a maioria dos outros ecossistemas florestais tropicais tenha cerca de 5 mil espécies. Por outro lado, as regiões polares têm uma cobertura dispersa de pequenas plantas aderidas ao substrato, refletindo um clima severo de ventos fortes, baixas temperaturas e solos secos. As comunidades árticas das altas latitudes contêm cerca de 100 espécies de plantas vasculares. A vegetação da floresta tropical pluvial pode alcançar mais de 75 m de altura e conter mais de 400.000 kg de biomassa acima do solo em um único hectare. Plantas de regiões polares, por outro lado, raramente excedem 5 cm de altura e contêm menos de 1.000 kg de biomassa acima do solo por hectare.

Os biomas terrestres são classificados pelas *formas de crescimento* (tamanho e morfologia) das plantas dominantes (p. ex., árvores, arbustos ou ervas) (**Figura 3.3**). Características de suas folhas, tais como *caducidade* (queda sazonal de folhas), espessura e *suculência* (desenvolvimento de tecidos suculentos de armazenamento de água), também podem ser usadas. Por que se usam plantas em vez de animais para classificar os biomas terrestres? As plantas são imóveis; assim, a fim de ocupar com êxito um local por um longo tempo, elas devem ser capazes de lidar com seus extremos ambientais, bem como com suas pressões biológicas, tais como competição por água, nutrientes e luz. As formas de crescimento das plantas são, por isso, bons indicadores do ambiente físico, refletindo as zonas climáticas discutidas no Capítulo 2, bem como as taxas de distúrbio (p. ex., a frequência de queimadas). Além disso, os animais são um componente menos visível na maioria das grandes paisagens, e sua mobilidade lhes permite evitar a exposição a condições ambientais adversas. Microrganismos (arqueias, bactérias e fungos) são componentes importantes dos biomas, e a composição das comunidades microbianas reflete as condições físicas de maneira similar às formas de crescimento das plantas. O tamanho minúsculo desses organismos, entretanto, bem como as rápidas alterações temporais e espaciais na composição de suas comunidades, os torna impróprios para a classificação de biomas.

Figura 3.3 Formas de crescimento vegetal A forma de crescimento de uma planta é uma resposta evolutiva ao ambiente, especialmente ao clima e à fertilidade do solo.

Forma de crescimento	Ambiente
Arbustos esclerófilos	Sazonalmente seco/úmido e quente/frio. Arbustos esclerófilos têm folhas coriáceas rijas.
Árvores decíduas	Úmido, sazonalmente quente/frio ou frio/muito frio sobre solos férteis ou quente, sazonalmente úmido/seco. Plantas decíduas perdem suas folhas durante períodos muito frios ou secos.
Cactos e arbustos; caules ou folhas suculentos	Seco, sazonalmente quente/frio. Caules e folhas suculentos contêm tecidos de armazenamento de água.
Árvores com acículas perenes	Úmido, sazonalmente quente/frio ou frio/muito frio sobre solos inférteis. Plantas perenifólias retêm seus tecidos fotossintéticos o ano todo.
Gramíneas, ciperáceas	Úmido, sazonalmente quente/frio, com fogo. Gramíneas crescem a partir da base de suas folhas.
Árvores latifoliadas perenifólias	Úmido, quente todo o ano. Folhas perenes em regiões tropicais realizam fotossíntese o ano todo.
Ervas de folhas largas (*forbs*)	Sazonalmente frio/muito frio. Ervas são plantas herbáceas (não lenhosas) de folhas largas.

Desde a sua emergência dos oceanos há cerca de 500 milhões de anos, as plantas têm assumido uma multiplicidade de formas diferentes em resposta às pressões de seleção do ambiente terrestre (ver Figura 3.3). Essas pressões de seleção incluem aridez, temperaturas elevadas e abaixo de zero, radiação solar intensa, solos pobres em nutrientes, pastejo por animais e adensamento por vizinhos. Ter folhas decíduas, por exemplo, é uma solução para exposições sazonais a temperaturas abaixo do ponto de congelamento ou a longos períodos secos. As árvores e os arbustos investem energia significativa em tecidos lenhosos, a fim de aumentar sua altura e capacidade de capturar luz solar e de proteger seus tecidos do dano pelo vento ou por grandes quantidades de neve. As gramíneas perenes, diferentemente da maioria das outras plantas, podem crescer a partir das bases de suas folhas e manter suas gemas vegetativas e reprodutivas abaixo da superfície do solo, o que facilita sua tolerância a pastejo, queimadas, temperaturas elevadas e negativas e solos secos. Formas de crescimento vegetais semelhantes aparecem em zonas climáticas similares em diferentes continentes, mesmo que as plantas possam não ser relacionadas geneticamente. A evolução de formas de crescimento similares entre espécies de parentesco distante em resposta a pressões de seleção similares é chamada de **convergência**.

Os biomas terrestres refletem os padrões globais de precipitação e temperatura

O Capítulo 2 descreveu as zonas climáticas da Terra e a associação delas com os padrões de circulação atmosférica e oceânica que resultam do aquecimento diferencial da superfície terrestre pelo sol. Essas zonas climáticas são os principais determinantes da distribuição dos biomas terrestres.

Os trópicos (entre 23,5° N e S) são caracterizados pela precipitação elevada e pelas temperaturas quentes e invariáveis. Nas regiões subtropicais que margeiam os trópicos, a precipitação torna-se mais sazonal, com estações secas e chuvosas pronunciadas. Os principais desertos do mundo estão associados com zonas de alta pressão a cerca de 30° N e S e com os efeitos sombra de chuva de grandes cadeias de montanhas. As temperaturas abaixo do ponto de congelamento durante o inverno são uma característica climática importante de zonas temperadas e de zonas polares. A quantidade de precipitação ao norte e ao sul de 40° varia dependendo da proximidade do oceano e da influência de cadeias de montanhas (ver Figura 2.16).

As localizações dos biomas terrestres estão correlacionadas com essas variações na temperatura e na precipitação. A temperatura influencia a distribuição das formas de crescimento vegetal diretamente por meio de seu efeito sobre a fisiologia das plantas. A precipitação e a temperatura atuam em conjunto para influenciar a disponibilidade de água e sua taxa de perda pelas plantas. A disponibilidade

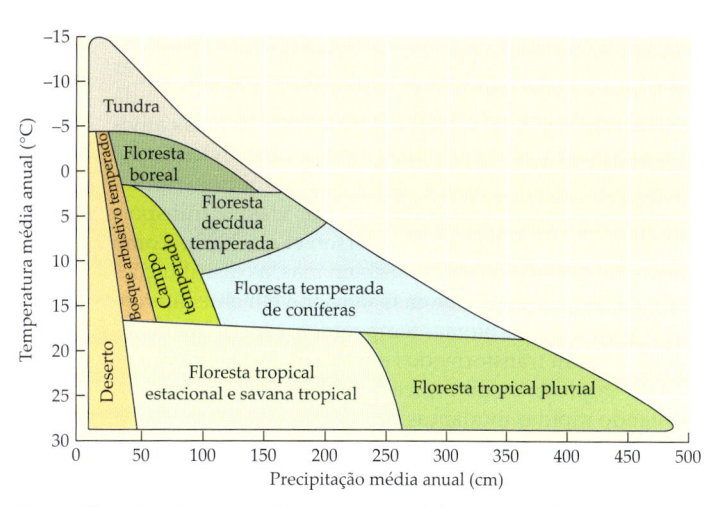

Figura 3.4 Os biomas variam com as médias anuais de temperatura e precipitação Quando representados em um gráfico de temperatura e precipitação, os nove principais biomas terrestres formam um triângulo.

> Que fator(es) poderia(m) resultar em campos ou bosques arbustivos "invadindo" o espaço climático ocupado pela floresta ou savana?

de água e a temperatura do solo são importantes para determinar o suprimento de nutrientes do solo, que também é um importante controle sobre a forma de crescimento vegetal.

A associação entre a variação climática e a distribuição dos biomas terrestres pode ser visualizada usando um gráfico das médias anuais de precipitação e temperatura (**Figura 3.4**). Se, por um lado, esses dois fatores predizem razoavelmente bem a distribuição dos biomas, por outro esse enfoque não consegue incorporar a variação sazonal na temperatura e na precipitação. Como vimos no Conceito 2.1, os extremos climáticos às vezes são mais importantes na determinação da distribuição das espécies do que as condições médias anuais. Por exemplo, campos e bosques arbustivos têm distribuições globais mais amplas do que o sugerido na Figura 3.4, ocorrendo em regiões com precipitação média anual relativamente alta, mas com períodos secos regulares (p. ex., bosques arbustivos do tipo Mediterrâneo; campos às margens de florestas decíduas). Além disso, fatores como a textura e a composição química do solo, bem como a proximidade a montanhas ou grandes corpos de água, podem influenciar a distribuição de biomas.

As distribuições potenciais dos biomas terrestres diferem das distribuições reais devido às atividades humanas

Os efeitos da conversão do solo e da extração de recursos pelos seres humanos são cada vez mais aparentes sobre a superfície terrestre. Esses efeitos humanos são coletivamente descritos como **alteração no uso do solo**. As modificações humanas dos ecossistemas terrestres começaram no mínimo há 10 mil anos com o uso do fogo como instrumento para remover florestas e aumentar o tamanho das populações de caça. As maiores mudanças ocorreram ao longo dos últimos 150 anos, com o início da agricultura mecanizada, além da derrubada de árvores e do aumento exponencial da população humana (ver Figura 10.2) (Harrison e Pearce, 2001). Entre 50 e 60% da superfície do solo da Terra têm sido alteradas pelas atividades humanas, principalmente agricultura, silvicultura e pecuária; uma quantidade menor (2-3%) foi transformada pelo desenvolvimento urbano e por vias de transporte (Harrison e Pearce, 2001; Sanderson et al., 2002). Como consequência dessas influências humanas, as distribuições potenciais e efetivas dos biomas são notavelmente diferentes (**Figura 3.5**). Os biomas temperados, especialmente os campos, foram transformados em sua maioria, embora os biomas tropicais e subtropicais também estejam experimentando rápidas mudanças.

Nas seções seguintes, descreveremos nove biomas terrestres, suas características biológicas e físicas, e as atividades humanas que influenciam a quantidade real de cobertura vegetal natural que permance em cada bioma.

Figura 3.5 As distribuições globais dos biomas são afetadas pelas atividades humanas As distribuições potenciais dos biomas diferem de suas distribuições atuais porque as atividades humanas alteraram muito a superfície do solo da Terra. (A) Distribuição potencial global dos biomas. (B) Alteração dos biomas terrestres pelas atividades humanas. A "pegada ecológica" é uma medida quantitativa (100 = máximo) do impacto humano global sobre o ambiente com base em dados geográficos que descrevem o tamanho da população humana, o desenvolvimento do solo e o uso de recursos. (Segundo Sanderson et al., 2002.)

A descrição de cada bioma começa com um mapa de sua distribuição geográfica potencial e um *diagrama climático* mostrando os padrões sazonais característicos de temperatura do ar e precipitação de um local representativo nesse bioma (ver **Ferramentas Ecológicas 3.1**). Além disso, fotos de exemplos ilustram alguns dos tipos de vegetação

FERRAMENTAS ECOLÓGICAS 3.1

Diagramas climáticos

Diagramas climáticos são gráficos de temperatura e precipitação média mensal em determinado local. Eles são úteis para representar o padrão sazonal das condições climáticas. Em particular, eles proporcionam uma indicação de quando as temperaturas estão abaixo de zero por períodos prolongados (áreas sombreadas em azul na **Figura A**) e quando a precipitação é insuficiente para o crescimento vegetal. Quando a curva de precipitação cai abaixo da curva de temperatura (área sombreada em amarelo na Figura A), a disponibilidade de água limita o crescimento vegetal.

Os diagramas climáticos foram desenvolvidos por Heinrich Walter e Helmut Lieth (Walter e Lieth, 1967), que os utilizaram para mostrar a consistência dos padrões climáticos dentro dos mesmos biomas em diferentes locais. Walter e Lieth demonstraram que, usando eixos graduados com 1°C correspondendo a 2 mm de precipitação, poderia ser feita uma aproximação grosseira dos períodos em que a disponibilidade de água limita o crescimento vegetal. (A perda de água dos ecossistemas terrestres está relacionada à temperatura, um tópico que será visto em mais detalhe no Capítulo 4.) Por exemplo, os biomas de floresta tropical estacional e de bosques arbustivos e bosques temperados mostram períodos sazonais distintos quando a água é escassa, e alguns campos temperados também têm estações de pouca água previsíveis (ver Figura A). Os diagramas climáticos também mostram quando as temperaturas são propícias ao crescimento vegetal.

Fica evidente que há uma tendência latitudinal em direção a períodos mais longos de temperaturas abaixo do ponto de congelamento com mínimas mais extremas (áreas maiores com sombreamento em azul).

Havre City, Montana, Estados Unidos
48°N, 789 m
Temperatura média anual 6,0°C
Precipitação total anual 287 mm

■ Temperaturas médias mensais abaixo de zero
■ Precipitação insuficiente para o crescimento vegetal

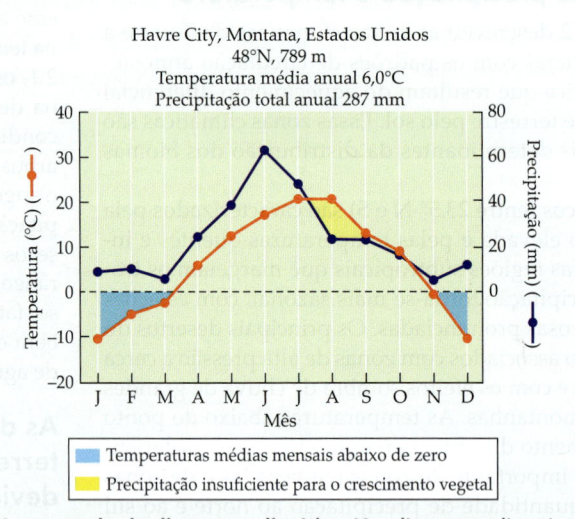

Figura A Um exemplo de diagrama climático Um diagrama climático contém o nome do local onde as condições climáticas foram registradas (Havre City, Montana nesse exemplo), sua localização geográfica em latitude e longitude (essas coordenadas são nas Grandes Planícies do norte dos Estados Unidos) e sua altitude. Em Havre City, há períodos prolongados de temperaturas abaixo de zero de novembro a março (áreas azuis). Geadas ocorrem foram dessa época do ano, mas esses eventos isolados não estão refletidos nas temperaturas médias mensais. Um período de baixa disponibilidade hídrica (área amarela) em geral ocorre do meio de julho a outubro.

Capítulo 3 • A biosfera 55

(A)

☐ Gelo polar	■ Zona de montanha	■ Bosque arbustivo e bosque temperado	■ Campo temperado
■ Tundra	■ Floresta temperada decídua	■ Floresta tropical estacional	■ Deserto
■ Floresta boreal	■ Floresta temperada perenifólia	■ Floresta tropical pluvial	

(B)

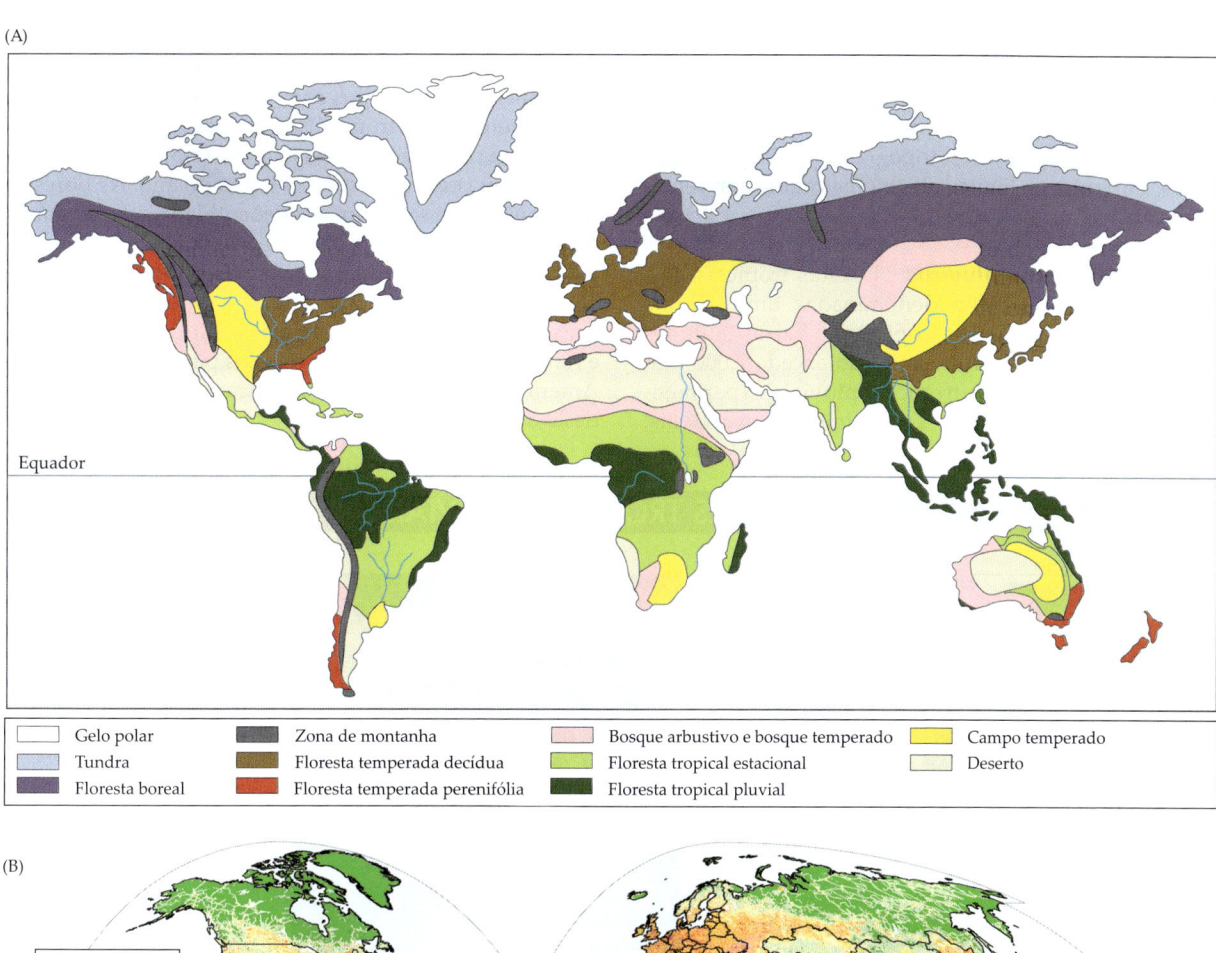

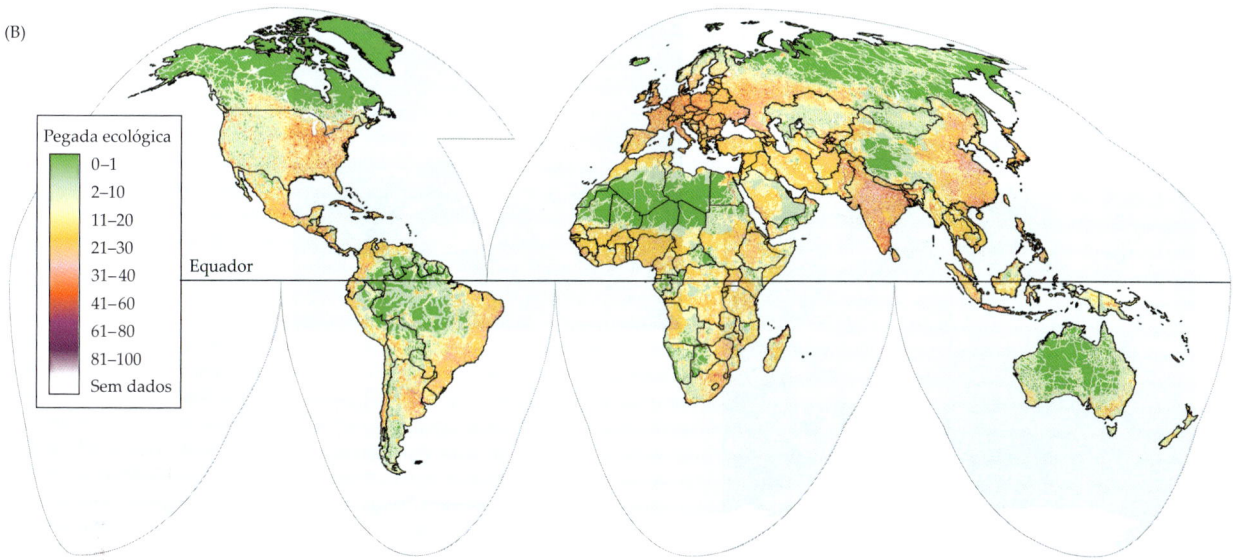

Pegada ecológica
0–1
2–10
11–20
21–30
31–40
41–60
61–80
81–100
Sem dados

❓ Quais biomas na América do Norte e na Eurásia parecem ter sido mais afetados pelas atividades humanas? Em outras palavras, quais biomas em (A) se sobrepõem mais com áreas de alto impacto humano em (B)? Na América do Sul e no subcontinente indiano, quais biomas foram mais degradados pela atividade humana?

que constituem o bioma. É importante relembrar que cada bioma incorpora uma mistura de diferentes comunidades. Os limites entre biomas geralmente são graduais e podem ser complexos devido às variações de influências climáticas regionais, tipos de solos, topografia e padrões de distúrbios. Portanto, os limites dos biomas aqui representados são apenas aproximações.

Florestas tropicais pluviais Florestas tropicais pluviais são convenientemente denominadas, uma vez que são encontradas em regiões tropicais de baixas latitudes (entre 10° N e S) onde a precipitação excede 2.000 mm anualmente. As florestas tropicais pluviais experimentam temperaturas quentes, sazonalmente invariáveis. A precipitação abundante pode ser distribuída uniformemente ao longo do ano ou ocorrer em um ou dois picos principais associados com o movimento da Zona de Convergência Intertropical (ZCIT) (ver Figura 2.21). Ritmos sazonais em geral inexistem nesse bioma, e as plantas crescem continuamente ao longo do ano. As florestas tropicais pluviais contêm uma quantidade substancial de biomassa vegetal viva, como mencionado anteriormente, e elas incluem os ecossistemas mais produtivos sobre a Terra. Estima-se que contenham 50% das espécies da Terra em somente cerca de 11% de sua cobertura vegetal (Dirzo e Raven, 2003). As florestas tropicais pluviais ocorrem nas Américas Central e do Sul, na África, na Austrália e no Sudeste da Ásia.

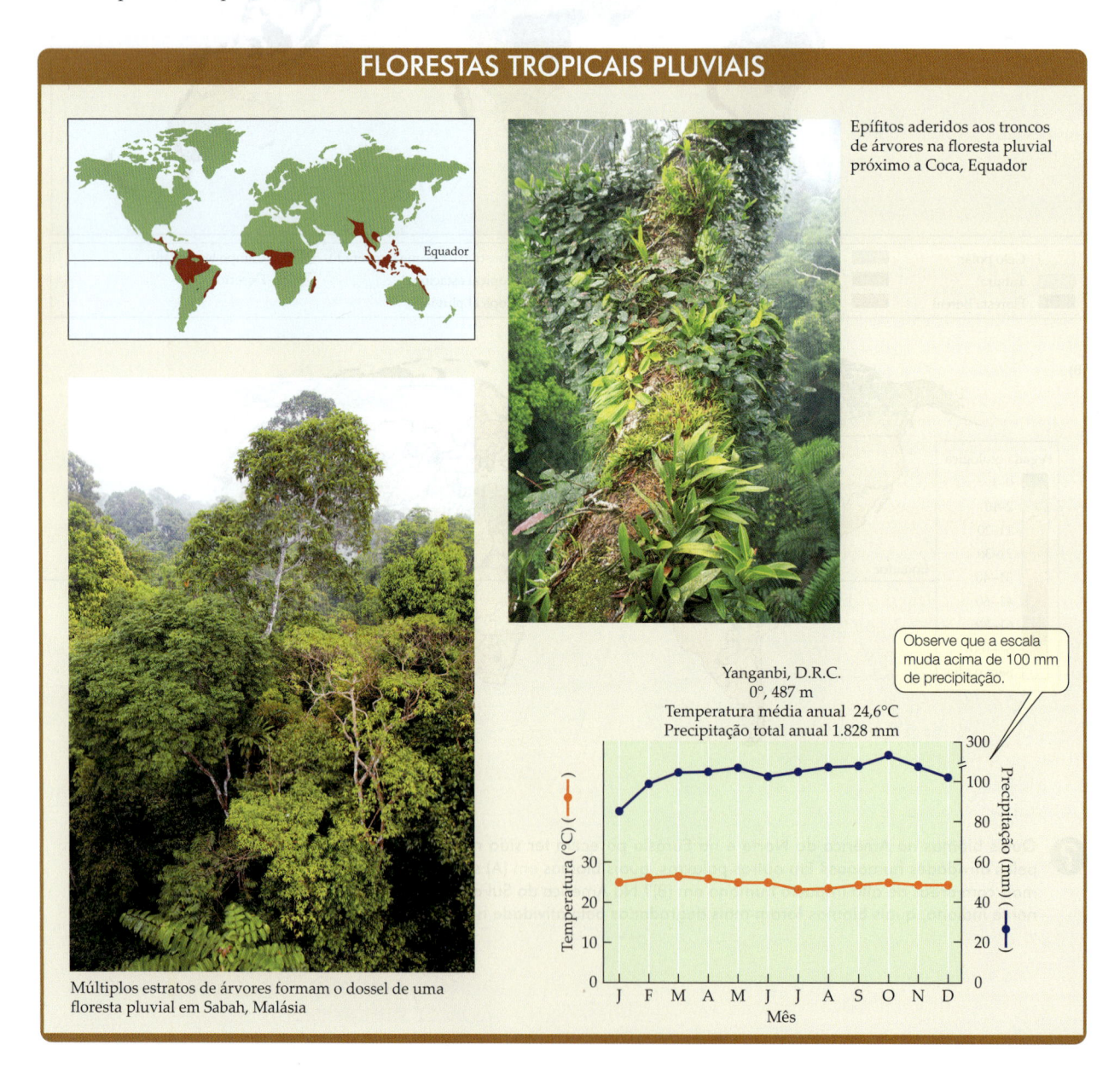

FLORESTAS TROPICAIS PLUVIAIS

Epífitos aderidos aos troncos de árvores na floresta pluvial próximo a Coca, Equador

Múltiplos estratos de árvores formam o dossel de uma floresta pluvial em Sabah, Malásia

Yanganbi, D.R.C.
0°, 487 m
Temperatura média anual 24,6°C
Precipitação total anual 1.828 mm

Observe que a escala muda acima de 100 mm de precipitação.

O bioma de floresta tropical pluvial é caracterizado por árvores latifoliadas, tanto perenifólias quanto decíduas. A luz é um fator ambiental chave na determinação da estrutura da vegetação desse bioma. As condições climáticas que favorecem o crescimento vegetal também exercem pressão de seleção para o crescimento em altura (acima das plantas vizinhas) ou para o ajuste fisiológico a baixos níveis de luz. Até cinco estratos de plantas ocorrem nas florestas tropicais pluviais. *Árvores emergentes* elevam-se acima da maioria das outras árvores que constituem o *dossel* da floresta. O dossel consiste principalmente em folhas de árvores perenifólias, que formam um estrato contínuo a aproximadamente 30 a 40 m acima do solo. Abaixo do dossel, as plantas que utilizam árvores como suporte e para elevar suas folhas acima do solo, incluindo *lianas* (trepadeiras lenhosas) e *epífitos* (plantas que crescem sobre os ramos de árvores), são encontradas cobrindo ou agarradas às árvores do dossel e das emergentes. As plantas do *sub-bosque* crescem à sombra do dossel, reduzindo ainda mais a luz que finalmente alcança o chão da floresta. Arbustos e plantas herbáceas de folhas largas (*forbs*) ocupam o chão da floresta, onde dependem, para a fotossíntese, dos raios de luz que se movem através do piso da floresta durante o dia.

Globalmente, as florestas tropicais pluviais estão desaparecendo rapidamente devido ao desmatamento e à conversão das áreas em pastagens e lavouras (**Figura 3.6**). Cerca de metade do bioma de floresta tropical pluvial foi alterada pelo desmatamento (Asner et al., 2009). A maioria das florestas pluviais na África e no sudeste da Ásia foi alterada, e as taxas de desmatamento continuam a ser as maiores nessas áreas (Wright, 2005). Em alguns casos, as florestas pluviais foram substituídas por pastagens de gramíneas forrageiras mantidas por distúrbios. Em outros casos, a floresta pluvial está regenerando, mas a recuperação de sua estrutura anterior é incerta. Os solos das florestas pluviais frequentemente são pobres em nutrientes, e a recuperação dos estoques de nutrientes pode levar um tempo muito longo, retardando a sua regeneração.

Florestas tropicais estacionais e savanas tropicais

À medida que nos movemos para o norte e para o sul dos trópicos úmidos em direção aos Trópicos de Câncer (23,5° N) e de Capricórnio (23,5° S), a chuva torna-se sazonal, com pronunciadas estações úmidas e secas associadas com os deslocamentos na ZCIT. Essa região é caracterizada por um extenso gradiente no clima associado principalmente com a sazonalidade da precipitação. As respostas da vegetação a esse gradiente climático incluem estatura mais baixa e menores densidades de árvores e um crescente grau de caducidade causado pela seca, com folhas caindo das árvores durante a estação seca. Além disso, há uma maior abundância de ervas e arbustos e menos árvores do que nas florestas pluviais.

19 de junho de 1975

1° de agosto de 1986

A derrubada da floresta ocorre para fora dos dois lados da rodovia, produzindo um padrão do tipo "espinha de peixe".

22 de junho de 1992

7 de fevereiro de 2001

Figura 3.6 Desmatamento tropical Essa foto de satélite mostra a extensão do desmatamento em Rondônia, Brasil, durante um período de 26 anos, (1975–2001).

O bioma tropical estacional inclui vários complexos de vegetação diferentes, incluindo *florestas tropicais secas*, *florestas espinhosas* e *savanas tropicais*. A frequência de queimadas aumenta com a extensão da estação seca,

FLORESTAS TROPICAIS ESTACIONAIS E SAVANAS TROPICAIS

Indivíduos de baobá na estação seca na Zâmbia

Coxim, Brazil
18°S, 287 m
Temperatura média anual 24,5°C
Precipitação total anual 1.493 mm

Floresta semiperenifólia de indivíduos de cuipo (*Cavanillesia platanifolia*) durante a estação seca, Cerro Blanco, Equador

influenciando a forma de crescimento da vegetação. As queimadas recorrentes, às vezes provocadas pelo homem, fomentam o estabelecimento de **savanas**, comunidades dominadas por plantas herbáceas entremeadas por árvores e arbustos. Na África, grandes manadas de herbívoros, tais como gnus, zebras, elefantes e antílopes, também influenciam o equilíbrio entre árvores e ervas e atuam como uma importante força promovendo o estabelecimento de savanas. Nas planícies de inundação do rio Orinoco na América do Sul, a inundação sazonal contribui para o estabelecimento de savanas, visto que as árvores não toleram longos períodos de saturação do solo. As florestas espinhosas (comunidades dominadas por árvores e arbustos largamente espaçados) recebem esse nome devido ao forte armamento de espinhos das árvores, os quais atuam como elemento dissuasivo para os herbívoros que consomem a vegetação. As florestas espinhosas em geral ocorrem em regiões com climas intermediários entre as florestas tropicais secas e as savanas.

As florestas tropicais estacionais e as savanas tropicais já cobriram uma área maior do que as florestas tropicais pluviais, mas atualmente menos da metade desse bioma permanece intacto. A crescente demanda humana por madeira e terra agriculturável resultou em taxas de perda de florestas tropicais estacionais e savanas iguais ou maiores do que aquelas das florestas tropicais pluviais (Bullock et al., 1995). Grandes aumentos nas populações humanas em regiões de floresta tropical seca tiveram efeito especialmente grande. Grandes extensões de florestas tropicais secas na Ásia e nas Américas Central e do Sul foram convertidas em terras cultivadas e pastagens para atender as necessidades de alimento das populações humanas em crescimento e os lucros de produtos agrícolas exportados para os países desenvolvidos.

Desertos Em contraste aos ecossistemas tropicais, os desertos contêm populações esparsas de plantas e animais, refletindo períodos prolongados de temperaturas elevadas e baixa disponibilidade de água. As localizações subtropicais dos desertos quentes geralmente correspondem ao ar descendente das células de Hadley (ver Figura 2.8). Esse ar descendente cria zonas de alta pressão em torno de 30° N e S, que inibem a formação de tempestades e suas precipitações associadas. Os níveis baixos de precipitação, associados às altas temperaturas e às elevadas taxas de evapotranspiração, resultam no suprimento limitado de água para os organismos do deserto. As principais zonas de deserto incluem os desertos do Saara e o Arábico, o deserto do Atacama no Chile e no Peru, e os desertos de Chihuahua, Sonora e Mojave na América do Norte.

A disponibilidade baixa de água é uma importante limitação à abundância das plantas no deserto, bem como uma importante influência sobre sua forma e função. Um dos melhores exemplos de convergência na morfologia vegetal é a ocorrência de caules suculentos em plantas

DESERTOS QUENTES

Dunas de areia e árvores de espinho-de-camelo (*Acacia erioloba*) no deserto da Namíbia, Namíbia, África do Sul

Ouargla, Argélia
31°N, 150 m
Temperatura média anual 22,3°C
Precipitação total anual 39 mm

Deserto de Sonora em floração, Organ Pipe National Monument, Arizona, Estados Unidos

do deserto. Caules suculentos ocorrem tanto em cactos do Hemisfério Ocidental como na família das euforbiáceas do Hemisfério Oriental (**Figura 3.7**). As plantas com caules suculentos podem armazenar água em seus tecidos para ajudá-las a continuar a funcionar durante os períodos de seca. Outras plantas do bioma de deserto incluem arbustos de folhas decíduas na estação seca e ervas. Algumas plantas anuais de ciclo de vida curto são ativas somente após precipitação suficiente haver ocorrido; essas plantas realizam seu ciclo de vida completo, desde a germinação até o florescimento e a produção de sementes, em algumas semanas. Embora a abundância de organismos possa ser baixa, a diversidade específica pode ser alta em alguns desertos. O Deserto de Sonora, por exemplo, tem cerca de 4.500 espécies de plantas, 1.200 espécies de abelhas e 500 espécies de aves (Nabhan e Holdsworth, 1998).

Os seres humanos têm usado os desertos para o pastoreio de gado e a agricultura ao longo dos séculos. O desenvolvimento da agricultura em áreas desérticas é dependente da irrigação, geralmente utilizando água que flui de montanhas distantes ou extraída do subsolo. Infelizmente, a agricultura irrigada em desertos tem fracassado repetidamente devido à salinização (ver p. 44). O pastoreio de gado em desertos também é um empreendimento arriscado, devido à natureza imprevisível da precipitação necessária para sustentar o crescimento vegetal para os herbívoros. Secas de longa duração em associação com práticas insustentáveis de pastoreio podem resultar em perda da cobertura vegetal e erosão do solo, um processo conhecido como **desertificação**. A desertificação é um problema em regiões populosas nas margens de desertos, como a região do Sahel na porção sul do Saara na África.

Campos temperados Grandes extensões de campos já ocorreram por toda a América do Norte e Eurásia (as Grandes Planícies e as estepes da Ásia Central) em latitudes entre 30° N e 50° N. Os campos do Hemisfério Sul são encontrados em latitudes similares nas costas leste da América do Sul, Nova Zelândia e África. Essas vastas extensões ondulantes de paisagem dominada por gramíneas têm sido frequentemente comparadas a um oceano terrestre, com "ondas" de plantas impulsionadas pelo vento, curvando-se às rajadas de vento que sopram através delas.

Os climas temperados apresentam variação sazonal de temperatura maior do que os climas tropicais, com um período crescente de temperaturas abaixo de zero durante o inverno em direção aos polos. Na zona climática temperada, os campos geralmente estão associados com verões quentes e úmidos e invernos gelados e secos. A precipitação em alguns campos é suficientemente alta para sustentar florestas, como no limite leste das Grandes Planícies. Entretanto, as queimadas frequentes e o pastejo por grandes herbívoros, como o bisão, impedem o estabelecimento de árvores e, portanto, mantêm a dominância de vegetação baixa nesses ambientes. O uso do fogo no manejo dos campos próximos às bordas das florestas foi provavelmente uma das primeiras atividades humanas com efeito amplamente distribuído em um bioma terrestre.

Os campos do mundo têm sido um importante foco para o desenvolvimento da agricultura e da pecuária. A fim de adquirir água suficiente, as gramíneas produzem mais raízes do que caules e folhas. Como resultado, a rica matéria orgânica que se acumula nos solos aumenta sua fertilidade; desse modo, os solos dos campos são particularmente bem apropriados para o desenvolvimento

Figura 3.7 Convergência nas formas de plantas do deserto (A) O cacto vela-azul (*Myrtillocactus geometrizans*) é nativo no Deserto de Chihuahua no México. (B) *Euphorbia polycantha* tem características semelhantes aos cactos. Embora apenas distantemente aparentadas, essas duas espécies têm caules suculentos, rotas fotossintéticas conservadoras de água, caules eretos que minimizam a exposição ao sol do meio-dia e espinhos que as protegem dos herbívoros. Essas características evoluíram independentemente em cada espécie.

(A) Cacto

(B) Euforbiácea

CAMPOS TEMPERADOS

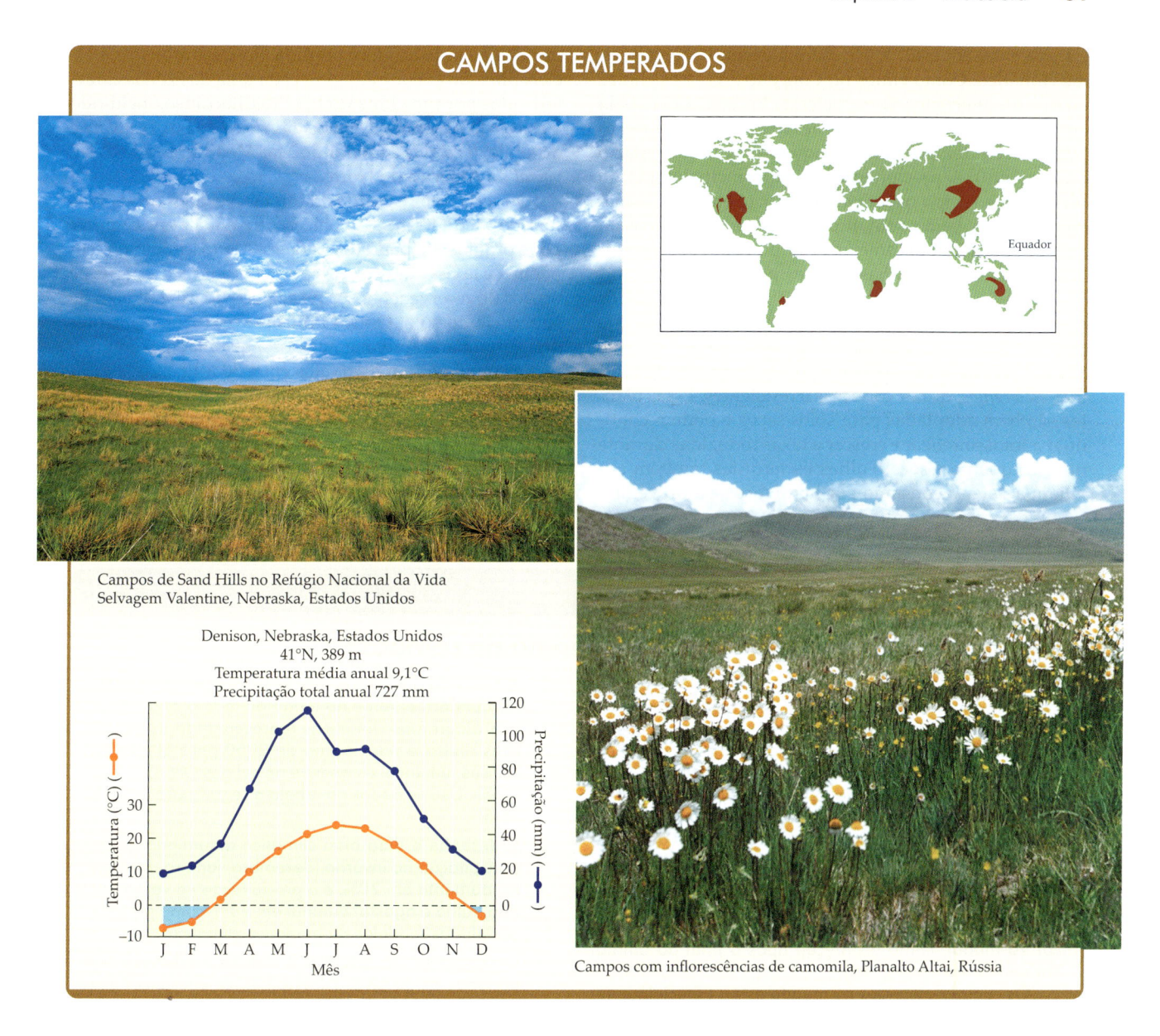

Campos de Sand Hills no Refúgio Nacional da Vida Selvagem Valentine, Nebraska, Estados Unidos

Denison, Nebraska, Estados Unidos
41°N, 389 m
Temperatura média anual 9,1°C
Precipitação total anual 727 mm

Campos com inflorescências de camomila, Planalto Altai, Rússia

da agricultura. A maioria dos campos férteis do centro da América do Norte e Eurásia foi convertida para a agricultura. A diversidade de espécies agrícolas cultivadas nessas terras é muito menor do que a diversidade dos campos que elas substituíram. Em campos mais áridos, as intensidades de pastejo por animais domesticados podem exceder a capacidade das plantas de produzir novos tecidos, pode ocorrer a degradação dos campos, incluindo a desertificação. Como nos desertos, a irrigação de alguns solos de campos resultou em salinização, diminuindo sua fertilidade ao longo do tempo. Em partes da Europa, a interrupção de séculos de práticas antiquadas de pastoreio resultou no aumento da invasão florestal sobre os campos. Esse longo legado de uso para a agricultura e o pastoreio fez dos campos o bioma mais influenciado pelo homem sobre a Terra. Você pode avaliar alguns efeitos possíveis dessas influências humanas em **Análise de Dados 3.1**.

Bosques arbustivos temperados e bosques temperados A sazonalidade da precipitação é um importante controle na distribuição dos biomas temperados. Bosques temperados (caracterizados por um dossel aberto de árvores baixas) e bosques arbustivos temperados ocorrem em regiões com uma estação chuvosa no inverno (ao contrário dos campos, com uma estação chuvosa no verão). Os *climas do tipo Mediterrâneo*, que ocorrem nas costas ocidentais das Américas, África, Austrália e

Europa entre 30° e 40° N e S, são um exemplo de tal regime climático. Como vimos no Conceito 2.1, esses climas do tipo Mediterrâneo são caracterizados pela assincronia entre a precipitação e a *estação de crescimento* no verão (o período com temperaturas adequadas para sustentar o crescimento). A precipitação ocorre principalmente no inverno, e o tempo quente e seco ocorre em todo o final da primavera, verão e outono. A vegetação dos climas do tipo Mediterrâneo é caracterizada por arbustos perenifólios e árvores. As folhas perenes permitem às plantas ser ativas durante os períodos mais frios e mais úmidos e também reduzir suas demandas por nutrientes, já que elas não têm que desenvolver novas folhas a cada ano. Muitas plantas de climas do tipo Mediterrâneo têm folhas *esclerófilas*, duras, coriáceas e resistentes. Essas plantas são bem adaptadas para solos secos e podem continuar a fotossintetizar e crescer a taxas reduzidas durante o verão quente e seco. Folhas esclerófilas também auxiliam a deter o consumo por herbívoros e a prevenir a murcha quando a água é perdida. Bosques arbustivos esclerófilos são encontrados em cada uma das zonas caracterizadas por um clima do tipo Mediterrâneo, incluindo o *mallee* da Austrália, o *fynbos* da África do Sul, o *matorral* do Chile, o *maquis* ao redor do Mar Mediterrâneo e o *chaparral* da América do Norte.

O fogo é um aspecto comum em bosques arbustivos do tipo Mediterrâneo e, como ocorre em alguns campos, pode promover a persistência deles. Alguns arbustos recuperam-se após as queimadas por rebrotamento a partir de órgãos de reserva lenhosos protegidos do calor abaixo da superfície do solo. Outros arbustos produzem sementes que germinam rapidamente após a queimada. Sem queimadas regulares em intervalos entre 30 a 40 anos, alguns bosques arbustivos podem ser substituídos por florestas de carvalhos, pinheiros, juníperos ou eucaliptos. Acredita-se que o distúrbio regular pelo fogo, combinado com o clima único dos bosques arbustivos temperados, promova uma elevada diversidade de espécies.

ANÁLISE DE DADOS 3.1

Como a mudança climática afeta o bioma de campos?

Os diagramas climáticos mostrados para cada um dos biomas terrestres (p. 56-69) exemplificam os padrões climáticos com os quais eles estão associados (ver Ferramentas Ecológicas 3.1). Em especial, eles mostram períodos de potencial estresse vegetal devido à baixa disponibilidade de água e às temperaturas abaixo de zero, que são particularmente importantes em moldar os tipos de plantas que crescem em determinado local. A mudança climática global está alterando ambos os padrões de temperatura e precipitação no mundo inteiro. Como consequência, portanto, a composição de espécies de um bioma em determinado local irá mudar, como aconteceu após o final do último Período Glacial (ver p. 43).

Os campos restantes no mundo estão especialmente ameaçados pela mudança climática. Grande parte desse bioma já foi perdida e fragmentada devido à alteração no uso do solo para atividades agrícolas e pastoris. As previsões atuais para a pradaria de gramíneas altas (*tallgrass prairie*) do centro dos Estados Unidos sugerem que, por volta de 2050, sua temperatura média anual aumentará em 2,3°C e a precipitação total anual não será alterada.

1. Assumindo que as mudanças na temperatura ocorrem uniformemente ao longo de todo o ano, desenhe diagramas climáticos representando as condições atuais e para o ano de 2050 para Ellsworth, Kansas, um local campestre no sul das Grandes Planícies. Use os dados na tabela a seguir para o clima *atual*.

2. Redesenhe o diagrama climático assumindo que a precipitação no inverno (dezembro, janeiro, fevereiro) aumenta em 20%, e a precipitação no verão (junho, julho e agosto) diminui em 20%, como previsto por alguns modelos de mudança climática.

3. O diagrama da questão 2 mostra mudanças em períodos de possível estresse hídrico e térmico? Em caso afirmativo, como você imagina que essas mudanças irão influenciar a composição da vegetação das pradarias altas? Use a informação em Ferramentas Ecológicas 3.1 para auxiliar seu raciocínio.

4. Que outros fatores além do clima deveriam ser considerados em uma previsão do futuro destino do bioma campestre?

Ellsworth, Kansas, 38°43'N, 098°14'O, altitude 466 m

	J	F	M	A	M	J	J	A	S	O	N	D
Temperatura média mensal (°C)	–2,1	0,9	6,9	13,1	18,3	23,8	26,9	25,7	20,7	14,3	6,1	–0,2
Precipitação média mensal (mm)	15,2	19,8	56,6	61,5	104,1	102,4	81,8	84,1	79,0	56,1	27,7	19,8

BOSQUES ARBUSTIVOS TEMPERADOS E BOSQUES TEMPERADOS

Fynbos com *Protea* spp. em floração, Hout Bay Harbour, África do Sul

Gerona, Espanha
41°N, 70 m
Temperatura média anual 16,7°C
Precipitação total anual 747 mm

Bosque arbustivo costeiro no norte da Califórnia, Estados Unidos

---

Bosques arbustivos e bosques temperados são encontrados também no interior continental da América do Norte e Eurásia, onde estão associados com efeitos sombra de chuva e climas sazonalmente frios. A Grande Bacia, por exemplo, ocupa o interior da América do Norte entre a Serra Nevada e a Cordilheira das Cascatas (*Cascade range*) a oeste e as Montanhas Rochosas ao leste. Grandes extensões de artemísia (*Artemesia tridentata*), erva-sal (*Atriplex* spp.), chaparral (*Larrea tridentata*) e bosques de pinheiros-piñon (*piñon pine*) e juníparo ocorrem em toda essa região.

O ser humano ocupou os bosques arbustivos e os bosques temperados por muitos milhares de anos. Enquanto alguns foram convertidos em lavouras e vinhedos, seus climas e solos pobres em nutrientes limitaram a extensão da agricultura e o desenvolvimento da pecuária. Na bacia do Mediterrâneo, o desenvolvimento agrícola usando irrigação foi tentado e fracassou devido aos solos inférteis. O desenvolvimento urbano reduziu a cobertura dos bosques arbustivos em algumas regiões (p. ex., ao sul da Califórnia). Os aumentos das populações humanas locais aumentaram a frequência de queimadas, que reduzem a capacidade dos arbustos de se restabelecerem e podem levar a sua substituição por gramíneas anuais invasoras.

Florestas temperadas decíduas Folhas decíduas são uma solução para os longos períodos de frio intenso na zona temperada. As folhas são mais sensíveis ao congelamento do que outros tecidos vegetais devido ao nível elevado de atividade fisiológica associado com a fotossíntese. Florestas temperadas decíduas ocorrem em áreas onde há precipitação suficiente para sustentar o crescimento de árvores (500-2.500 mm por ano) e onde os solos são suficientemente férteis para suprir as perdas de nutrientes quando as folhas são perdidas no outono. Essas florestas são restritas principalmente ao Hemisfério Norte, uma vez que o Hemisfério Sul contém menos área de terras e não possui áreas extensas com climas continentais associados ao bioma de florestas decíduas.

As florestas decíduas ocorrem de 30° a 50°N nos limites leste e oeste da Eurásia e no leste da América do Norte, estendendo-se para o interior do continente antes de diminuir devido à falta de chuva e, em alguns casos, ao aumento da frequência de queimadas. Espécies similares ocorrem em cada um desses continentes, refletindo uma história biogeográfica comum (ver Capítulo 18). Carvalhos, bordos e faias, por exemplo, são componentes desse bioma florestal em cada continente. A estrutura vertical da floresta abrange espécies arbóreas do dossel, bem como árvores mais baixas, arbustos e ervas de folhas largas (*forbs*) abaixo do dossel. A diversidade de espécies é mais baixa do que em florestas tropicais, mas pode chegar a 3 mil espécies vegetais (p. ex., no leste da América do Norte). Distúrbios como queimadas e explosões demográficas de insetos herbívoros não desempenham um papel importante na determinação do desenvolvimento e da persistência da vegetação da floresta temperada decídua, embora possam ser importantes na determinação de suas fronteiras, e ocorrem explosões demográficas periódicas de herbívoros (p. ex., a mariposa-cigana, um inseto invasor introduzido na América do Norte).

FLORESTAS TEMPERADAS DECÍDUAS

Folhagem outonal antes da abscisão, Parque Nacional Great Smoky Mountains, Carolina do Norte, Estados Unidos

Wellsboro, Pensilvânia, Estados Unidos
41°N, 567 m
Temperatura média anual 7,6°C
Precipitação total anual 848 mm

Floresta de faia no verão, Japão

O bioma de floresta temperada decídua foi um foco para o desenvolvimento agrícola por séculos. Os solos férteis e o clima são propícios ao crescimento de culturas agrícolas. A abertura de clareiras na floresta para o plantio de lavouras e a produção de madeira foi, por isso, generalizada nesse bioma. Raras florestas temperadas decíduas antigas restam em qualquer continente. Desde o início do século XX, entretanto, a agricultura transferiu-se gradualmente das florestas da zona temperada em direção aos campos temperados e aos trópicos, especialmente nas Américas. O abandono de áreas agrícolas resultou no reflorestamento de algumas partes da Europa e da América do Norte. Entretanto, a composição de espécies das florestas secundárias frequentemente difere daquela presente antes do desenvolvimento da agricultura. A perda de nutrientes dos solos devido ao uso agrícola de longo prazo é uma razão para essa diferença. Outra razão é a perda de algumas espécies devido à introdução de espécies invasoras. Por exemplo, o fungo do cancro do castanheiro, introduzido da Ásia, quase extinguiu os indivíduos de castanheiro (*Castanea* spp.) da América do Norte no início do século XX (ver Capítulo 14). Como resultado, as espécies de carvalho são mais difundidas do que antes do desenvolvimento da agricultura.

Florestas temperadas perenifólias As florestas perenifólias estendem-se ao longo de uma ampla gama de condições ambientais na zona temperada, desde zonas costeiras quentes até regiões continentais frias e climas marítimos. A precipitação também varia substancialmente entre essas florestas, de 500 a 4.000 mm por ano. Algumas florestas temperadas perenifólias com níveis elevados de precipitação, que em geral são localizadas nas costas ocidentais em latitudes entre 45° e 50°, são referidas como "florestas pluviais temperadas" (**Figura 3.8**). As florestas temperadas perenifólias geralmente são encontradas em solos pobres em nutrientes, cuja condição é em parte relacionada à natureza ácida das folhas das árvores perenifólias. Algumas florestas perenifólias estão sujeitas a queimadas regulares em intervalos de 30 a 60 anos, que podem promover sua persistência.

As florestas temperadas perenifólias são encontradas nos hemisférios Norte e Sul entre 30° e 50° de latitude. Sua diversidade em geral é menor do que a das florestas decíduas e das florestas tropicais. No Hemisfério Norte, as espécies de árvores incluem coníferas de folhas aciculares como pinheiros, juníperos e abeto-de-douglas (*Pseudotsuga menziesii*). No Hemisfério Sul, nas costas ocidentais do Chile e da Tasmânia, no sudeste e no sudoeste da Austrália e na Nova Zelândia, há uma maior diversidade de espécies arbóreas, incluindo faias-do-sul (*Nothofagus* spp.), eucaliptos, cedro-chileno (*Austrocedrus*) e podocarpos (ver Figura 18.4).

As coníferas proporcionam uma fonte de madeira de alta qualidade e polpa para a produção de papel. O bioma de floresta temperada perenifólia foi submetido a um extenso desmatamento e resta pouca floresta primária. Algumas práticas da silvicultura tendem a promover o uso sustentável dessas florestas, embora em algumas regiões o plantio de espécies não nativas (como pinheiro-de-Monterey na Nova Zelândia), a idade e a densidade uniformes das árvores e a perda das espécies antigamente

Figura 3.8 Floresta temperada pluvial Florestas pluviais ocorrem em zonas temperadas com precipitação elevada (acima de 5.000 mm) e temperaturas relativamente amenas no inverno. Aqui, fetos arborescentes crescem no sub-bosque embaixo da copa das árvores, em Horseshoe Falls no oeste da Tasmânia, Austrália.

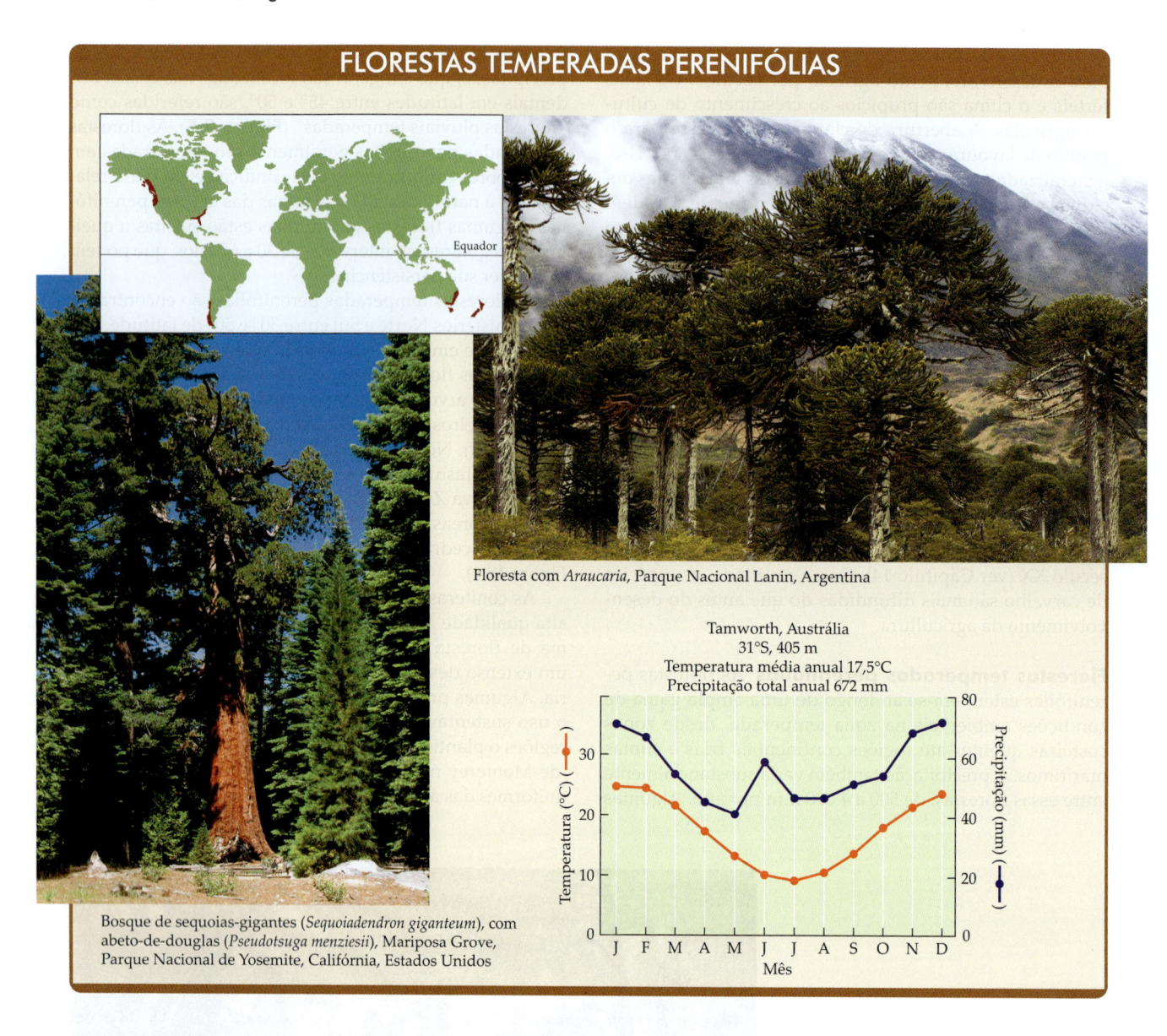

FLORESTAS TEMPERADAS PERENIFÓLIAS

Floresta com *Araucaria*, Parque Nacional Lanin, Argentina

Bosque de sequoias-gigantes (*Sequoiadendron giganteum*), com abeto-de-douglas (*Pseudotsuga menziesii*), Mariposa Grove, Parque Nacional de Yosemite, Califórnia, Estados Unidos

Tamworth, Austrália
31°S, 405 m
Temperatura média anual 17,5°C
Precipitação total anual 672 mm

---

dominantes tenham criado florestas ecologicamente muito diferentes de sua condição pré-derrubada. A supressão das queimadas de ocorrência natural no oeste da América do Norte aumentou a densidade de algumas manchas florestais, resultando em eventuais queimadas mais intensas e aumentando a propagação de insetos-praga (p. ex., besouros de casca) e patógenos. Em países industrializados, os efeitos da poluição atmosférica têm prejudicado algumas florestas temperadas perenifólias (ver Capítulo 25) e as tornado mais suscetíveis a outros estresses.

Florestas boreais Acima de 50° N, a severidade dos invernos aumenta. Temperaturas mínimas de –50°C são comuns em locais continentais como a Sibéria, e temperaturas contínuas abaixo do ponto de congelamento podem durar até seis meses. A condição de tempo extrema nessas regiões subárticas é um importante determinante da estrutura da vegetação. As plantas têm que enfrentar não apenas as baixas temperaturas do ar, como também o solo pode congelar regularmente, levando à formação do **permafrost**, definido como a camada de solo abaixo da superfície que permanece congelada o ano todo durante no mínimo três anos. Embora a precipitação seja baixa, o *permafrost* impede a drenagem da água, razão pela qual os solos são de úmidos a saturados.

O bioma que ocupa a zona entre 50° e 65° N é a floresta boreal (extremo norte). Esse bioma também é conhecido como *taiga*, a palavra russa para essa floresta setentrional. Ele é composto principalmente por espécies de coníferas, incluindo espruces, pinheiros e lariços (árvores decíduas de folhas aciculares), mas também inclui extensas florestas decíduas de bétula em locais marítimos, especialmente na Escandinávia. As coníferas tendem a resistir à injúria

FLORESTAS BOREAIS

Floresta boreal no outono, Parque Nacional Denali, Alasca, Estados Unidos

Fort Simpson, Territórios do Noroeste, Canadá
61°N, 169 m
Temperatura média anual −4,6°C
Precipitação total anual 333 mm

Espruce (*Picea abies*) e bétula-prateada (*Betula verrucosa*) ao longo do Rio Kitkajoki, Parque Nacional Oulanka, Finlândia

causada pelo congelamento no inverno melhor do que as angiospermas arbóreas, apesar de manterem as folhas verdes durante o ano todo. Embora a floresta boreal seja encontrada apenas no Hemisfério Norte, ela é um dos maiores biomas em área e contém um terço da superfície florestada da Terra.

Os solos da floresta boreal são frios e úmidos, limitando a decomposição do material vegetal como folhas, madeira e raízes. Logo, a taxa de crescimento vegetal excede a taxa de decomposição, e os solos contêm grandes quantidades de matéria orgânica. Durante secas prolongadas no verão, as condições são propícias para incêndios florestais provocados por raios. Essas queimadas podem atingir tanto as árvores como o solo (**Figura 3.9**). A combustão do solo* pode continuar a queimar lentamente por vários anos, mesmo durante os invernos gélidos. Na ausência de fogo, o crescimento florestal intensifica a formação do *permafrost* reduzindo a quantidade de radiação solar absorvida pela superfície do solo. Em áreas mais baixas, os solos tornam-se saturados, matando as árvores e formando extensas turfeiras.

As florestas boreais foram menos afetadas pelas atividades humanas do que outros biomas florestais. Extração de madeira ocorre em algumas regiões, assim como extração de petróleo e gás, incluindo a mineração de areias betuminosas. Essas atividades representarão uma ameaça crescente para as florestas boreais, à medida que a demanda por madeira e energia aumenta. Além disso, o enorme depósito de matéria orgânica no solo torna as florestas boreais um importante componente do ciclo global de carbono. O aquecimento climático pode resultar em uma decomposição mais rápida e, assim, maiores taxas de liberação de carbono dos solos das florestas boreais,

---
*N. de T. Os autores referem-se à combustão da matéria orgânica presente no solo.

Figura 3.9 Queimada na floresta boreal A despeito de seu clima frio, o fogo é uma parte importante do ambiente da floresta boreal.

aumentando as concentrações atmosféricas de gases estufa que, por sua vez, ocasionam aquecimento adicional (ver Capítulo 25).

Tundra As árvores deixam de ser a vegetação dominante além de aproximadamente 65° de latitude. A linha divisória que marca a transição da floresta boreal para a tundra está associada com baixas temperaturas na estação de crescimento, embora as causas dessa transição sejam complexas e possam também incluir outros fatores climáticos e edáficos. O bioma tundra ocorre principalmente no Ártico, mas também pode ser encontrado nas bordas da Península Antártica e em algumas ilhas do Oceano Antártico. O declínio na temperatura e na precipitação em direção aos polos ao longo do bioma tundra está associado com zonas de alta pressão causadas por células de circulação atmosférica polar (ver Figura 2.8).

O bioma tundra é caracterizado por ciperáceas, ervas, gramíneas e arbustos de crescimento lento, como urzes, salgueiros e bétulas. Líquens e musgos também são componentes importantes desse bioma. Embora a estação de crescimento no verão seja curta, os dias são longos, com períodos contínuos de luz por 1 a 2 meses no verão. As plantas e os líquens sobrevivem ao inverno longo tornando-se dormentes, mantendo os tecidos vivos sob a neve ou o solo, onde estão isolados das gélidas temperaturas do ar.

A tundra tem várias semelhanças com a floresta boreal: as temperaturas são baixas, a precipitação é baixa e o *permafrost* estende-se em vastas áreas. A despeito da precipitação baixa, muitas áreas da tundra são úmidas, já que o *permafrost* impede a precipitação de percolar para camadas mais profundas do solo. O congelamento e o degelo repetido das camadas superficiais do solo durante várias décadas resultam na separação dos materiais do solo de acordo com sua textura. Esse processo forma polígonos na superfície do solo, com as bordas mais altas e os centros mais baixos (**Figura 3.10**). Onde os solos são mais grosseiros ou o *permafrost* não se desenvolve, os solos podem ser secos, e as plantas devem ser capazes de lidar com a baixa disponibilidade de água. Esses desertos polares são mais comuns em latitudes mais altas onde a tundra é encontrada.

Manadas de caribus e bois-almiscarados, assim como predadores como lobos e ursos-pardos, os quais foram exterminados ao longo de grande parte de sua distribuição original em outros biomas, habitam a tundra. Muitas espécies de aves migratórias nidificam na tundra. Os habitantes humanos estão dispersos em assentamentos esparsos. Como resultado, esse bioma contém algumas

Figura 3.10 Polígonos no solo e pingo Pingos são pequenos montes encontrados no Ártico, formados por uma intrusão de água que congela na zona de *permafrost* abaixo da superfície, empurrando para cima o solo sobre ele. Os polígonos sobre a periferia do pingo resultam do congelamento e do degelo dos solos, que empurram os materiais grosseiros do solo em direção às bordas e o solo mais fino para o centro dos polígonos.

TUNDRA

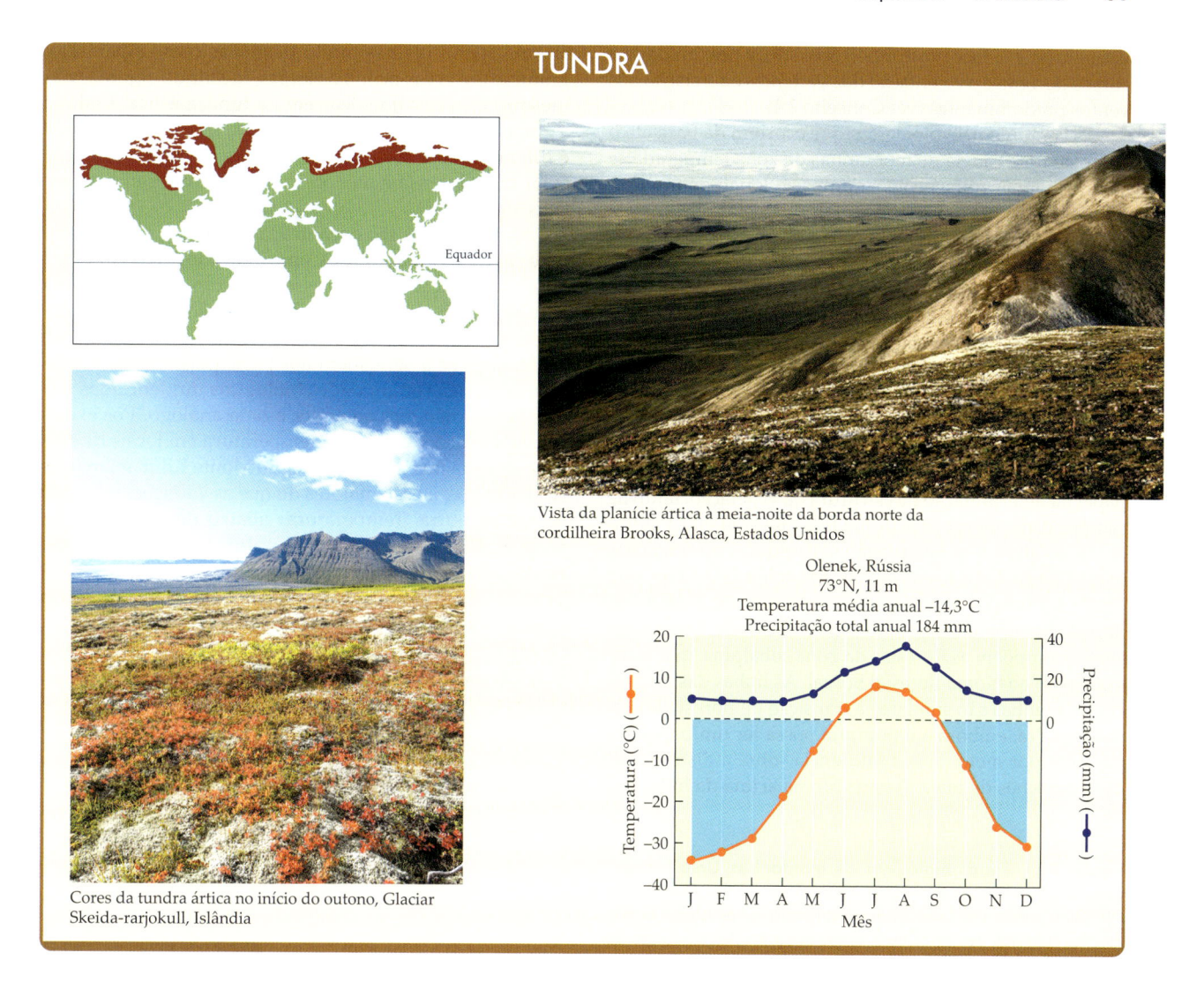

Vista da planície ártica à meia-noite da borda norte da cordilheira Brooks, Alasca, Estados Unidos

Olenek, Rússia
73°N, 11 m
Temperatura média anual –14,3°C
Precipitação total anual 184 mm

Cores da tundra ártica no início do outono, Glaciar Skeida-rarjokull, Islândia

das mais extensas regiões inalteradas da Terra. Entretanto, a influência das atividades humanas sobre a tundra está crescendo. A exploração e o desenvolvimento dos recursos energéticos se aceleraram. Um ponto fundamental para limitar os efeitos do desenvolvimento energético é evitar o dano ao *permafrost*, o qual pode causar erosão no longo prazo. O Ártico experimentou quase o dobro da média global de aquecimento climático durante as últimas décadas do século XX e o início do século XXI. Perdas crescentes do *permafrost*, drenagem catastrófica de lagos e redução na reserva de carbono no solo têm sido associadas à mudança climática.

Agora que completamos nossa viagem pelos biomas terrestres, dos trópicos à tundra, vamos considerar a influência das montanhas sobre o padrão de distribuição das comunidades biológicas em escala mais local. Em alguns locais montanhosos, o gradiente altitudinal resulta em uma versão reduzida de nossa descrição latitudinal dos biomas.

As comunidades biológicas nas montanhas ocorrem em faixas altitudinais

Aproximadamente um quarto da superfície continental da Terra é montanhoso. As montanhas criam gradientes climáticos que variam mais rapidamente ao longo de determinada distância do que aqueles associados com mudanças na latitude. As temperaturas declinam rapidamente com a altitude (pelas razões descritas no Conceito 2.3); por exemplo, as temperaturas em cadeias de montanhas continentais temperadas decrescem cerca de 6,4°C para cada aumento de 1.000 m na altitude, uma redução equivalente àquela ao longo de uma variação de cerca de 13° na latitude, ou uma distância de 1.400 km. Como poderíamos esperar de nossa consideração dos biomas e sua estreita associação com o clima, assembleias bióticas grosseiramente similares aos biomas ocorrem em faixas altitudinais sobre as montanhas. Diferenças bióticas em escala mais refinada são encontradas em associação com os aspectos da vertente (p. ex., face norte *versus* face sul), a proximidade a cursos de água e a orientação das vertentes em relação aos ventos predominantes (ver Conceito 2.4).

As comunidades biológicas que ocorrem da base até o cume de uma cadeia de montanhas da zona temperada se assemelham às que encontraríamos ao longo de um gradiente latitudinal em direção a latitudes mais altas. Uma transecção altitudinal sobre a vertente oriental do sul das Montanhas Rochosas no Colorado, por exemplo, inclui desde campos até vegetação alpina, ao longo de uma elevação de 2.200 m na altitude (**Figura 3.11**). As mudanças no clima e na vegetação são similares à transição de campos até a tundra que ocorre com um aumento de 27° na latitude, do Colorado aos Territórios do Noroeste do Canadá. Campos ocorrem na base de montanhas, mas dão lugar a savanas de pinheiros no início das encostas (a zona montana mais baixa). O fogo tem um importante papel na determinação da estrutura da vegetação, tanto de campos como de savanas. À medida que aumenta a altitude, as savanas de pinheiros são substituídas por manchas mais densas de florestas mistas de pinheiros e álamos (a zona montana), as quais se assemelham aos biomas de florestas temperadas perenifólias e decíduas. Espruces e abetos compõem as florestas da zona subalpina, que se assemelham ao bioma florestal boreal. As linhas das árvores em montanhas são similares à transição de floresta boreal para tundra, embora a topografia possa ter um papel importante por meio de sua influência sobre a distribuição de avalanches de neve. A zona alpina acima da linha das árvores inclui plantas muito pequenas como ciperáceas, gramíneas e ervas de folhas largas, incluindo algumas das mesmas espécies que ocorrem na tundra ártica. Embora a zona alpina se assemelhe à tundra, seu ambiente físico é diferente, com maiores velocidades do vento, radiação solar mais intensa e menores pressões atmosféricas parciais[1] de O_2 e CO_2.

As montanhas são encontradas em todos os continentes e em todas as latitudes. Como indicado no exemplo anterior, a alteração no clima associada com as mudanças na altitude altera a composição da vegetação local. Entretanto, nem todas assembleias de vegetação que ocorrem nas montanhas se assemelham aos principais biomas terrestres. Algumas comunidades biológicas influenciadas por montanhas não têm qualquer bioma análogo. Por exemplo, as variações diárias na temperatura em locais de altitude elevada nos trópicos (p. ex., o Monte Kilimanjaro e os Andes tropicais) são maiores do que as variações sazonais na temperatura. Temperaturas abaixo de zero ocorrem na maioria das noites em zonas alpinas tropicais. Como consequência dessas condições climáticas singulares, a vegetação alpina tropical não se assemelha àquela de zonas alpinas temperadas ou da tundra ártica (**Figura 3.12**).

---

[1] A *pressão parcial* de um gás é definida como a pressão exercida por um componente particular de uma mistura de gases. As concentrações de CO_2 e de O_2 são as mesmas em altitudes elevadas ao nível do mar, mas suas pressões parciais são mais baixas porque a pressão atmosférica total é menor. A troca de gases entre um organismo e a atmosfera é determinada por sua pressão parcial, não por sua concentração.

Figura 3.11 Zonas biológicas de montanhas Uma transecção altitudinal sobre a encosta oriental do sul das Montanhas Rochosas passa por condições climáticas e assembleias semelhantes àquelas dos tipos de biomas encontrados ao longo de um gradiente latitudinal entre o Colorado e o norte do Canadá. (Dados de Marr, 1967.)

> Você esperaria o mesmo zoneamento biológico sobre as encostas voltadas para leste e oeste em uma cordilheira de montanhas temperadas próximo à costa ocidental de um continente?

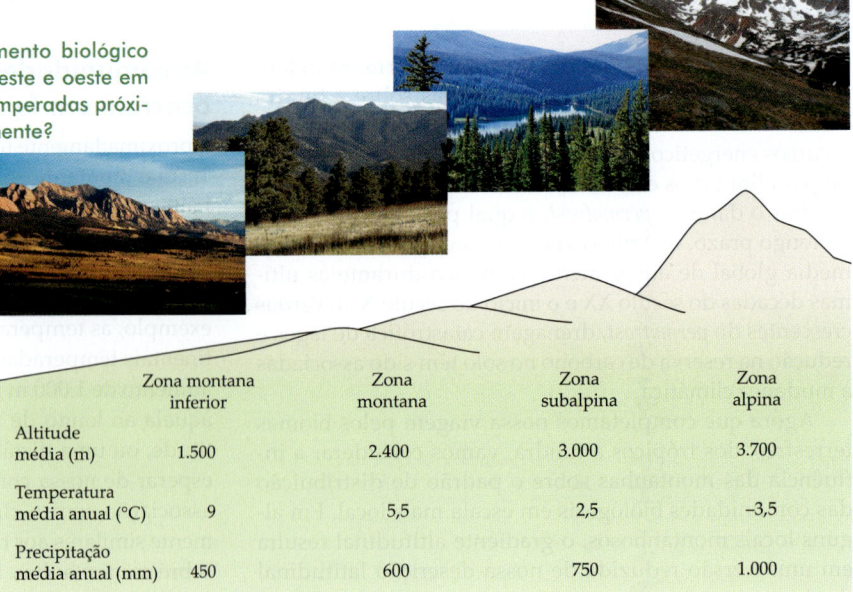

	Zona montana inferior	Zona montana	Zona subalpina	Zona alpina
Altitude média (m)	1.500	2.400	3.000	3.700
Temperatura média anual (°C)	9	5,5	2,5	−3,5
Precipitação média anual (mm)	450	600	750	1.000

Figura 3.12 Plantas tropicais alpinas Espeletia (*Espeletia* spp.) cresce em campos alpinos nos Andes equatorianos. Sua forma de crescimento, caracterizada por um círculo de folhas (roseta), é típica de plantas de zonas tropicais alpinas da América do Sul e da África. As folhas adultas auxiliam a proteger da geada noturna o meristema e as folhas jovens no ápice da planta. Essas rosetas gigantes são encontradas exclusivamente em zonas alpinas tropicais e não têm análogas no Ártico ou na Antártica.

CONCEITO 3.2

As zonas biológicas nos ecossistemas de água doce estão associadas à velocidade, profundidade, temperatura, transparência e composição química da água.

Zonas biológicas de água doce

Embora ocupem uma pequena porção da superfície terrestre, riachos, rios e lagos são componentes essenciais na conexão entre os ecossistemas terrestres e marinhos. Rios e lagos processam o aporte de elementos químicos provenientes de ecossistemas terrestres e os transportam para os oceanos. A biota desses sistemas de água doce reflete as características físicas da água, incluindo sua velocidade (riachos e rios de água corrente *versus* lagos e lagoas), sua temperatura (incluindo variações sazonais), quão profundamente a luz pode penetrar (transparência) e suas características químicas (salinidade, nutrientes e pH).

Nesta seção, exploraremos a biota e as condições físicas associadas encontradas em ecossistemas de água doce. Diferentemente dos biomas terrestres, nos quais somente as plantas são usadas como indicadores, as assembleias biológicas dos ecossistemas de água doce são caracterizadas tanto por plantas como por animais, refletindo a maior abundância proporcional de animais em ecossistemas aquáticos.

As comunidades biológicas em riachos e rios variam com o tamanho da corrente e a localização dentro do seu canal

A água escoa pelas encostas sobre a superfície do solo em resposta à força da gravidade. A superfície do solo é parcialmente moldada pelo poder erosivo da água, que escava vales quando se encaminha em direção a um lago ou oceano. A água descendente converge para riachos e rios progressivamente maiores, chamados de ecossistemas **lóticos** (água corrente). Os riachos menores nas elevações mais altas de uma paisagem são chamados de *cursos de água de primeira ordem* (**Figura 3.13**). Dois cursos de primeira ordem podem convergir para formar um curso de segunda ordem. Grandes rios como o Nilo ou o Mississippi são iguais ou maiores do que cursos de sexta ordem.

Cursos individuais tendem a formar padrões repetidos de corredeiras e remansos ao longo de seus trajetos. *Corredeiras* são trechos de movimento rápido da correnteza fluindo sobre um leito de partículas grosseiras, que aumentam o aporte de oxigênio na água. *Remansos* são

---

*N. de T. No original *"frailejón"*. Como essa espécie pertence à família botânica Asteraceae, ela é conhecida popularmente no idioma espanhol.

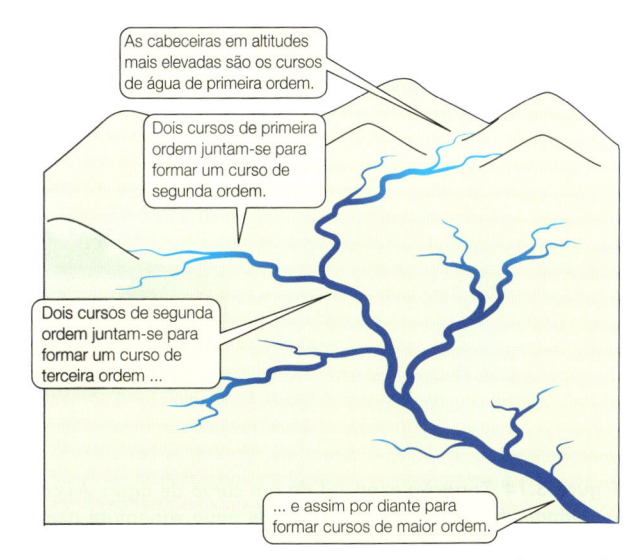

Figura 3.13 Ordens de cursos de água A ordem do curso de água afeta as condições ambientais, a composição da comunidade e as relações energéticas e nutricionais das comunidades dentro da corrente.

trechos mais profundos da corrente onde a água flui mais lentamente sobre um leito de sedimentos finos. As comunidades biológicas em ecossistemas lóticos estão associadas com as diferentes localizações físicas dentro do curso de água e seus ambientes associados (**Figura 3.14**). Organismos que vivem na água corrente do canal principal geralmente são nadadores, como os peixes. O fundo do curso de água, chamado de **zona bentônica**, é o hábitat de invertebrados que consomem **detritos** (matéria orgânica morta), como algumas larvas de efeméridas e mosquitos (dípteros), ou caçam outros organismos, como algumas friganas e crustáceos. Alguns organismos, como rotíferos, copépodes e insetos, são encontrados no substrato abaixo e adjacente à correnteza, onde a água, da correnteza ou da água subterrânea movendo-se para a correnteza, ainda flui. Essa área é conhecida como **zona hiporreica**.

A composição das comunidades biológicas nos riachos e nos rios se altera com a ordem do curso (ver Figura 3.13) e o tamanho do canal. O *conceito de rio contínuo* foi desenvolvido para descrever essas variações nas características físicas e biológicas de um curso de água (Vannote et al., 1980). Esse modelo conceitual sustenta que, à medida que uma corrente move-se rio abaixo e aumenta em tamanho, o aporte de detritos da vegetação adjacente ao curso de água (conhecida como *vegetação ripária*) diminui em relação ao volume de água, e o tamanho das partículas no leito da correnteza diminui, desde seixos e pedras grosseiras nos trechos mais elevados até areia fina nos trechos finais mais baixos, facilitando o maior estabelecimento de plantas aquáticas na direção a jusante. Como consequência, a importância da vegetação terrestre como fonte de alimento para os organismos do curso de água decresce em direção a jusante. Detritos terrestres grosseiros são mais importantes próximo às nascentes dos cursos de água, enquanto a importância da matéria orgânica fina, de algas e de plantas aquáticas vasculares enraizadas e flutuantes (conhecidas como **macrófitas**, de *macro*, "grande"; *phyto*, "planta") aumenta a jusante. Os estilos gerais de alimentação dos organismos mudam conforme a correnteza flui rio abaixo. *Cortadores*, organismos adaptados a cortar e mascar folhas (p. ex., algumas espécies de larvas de friganas), são mais abundantes nas partes superiores do curso de água, enquanto *coletores*, organismos que coletam partículas finas da água (p. ex., algumas larvas de dípteros), são mais abundantes nas partes inferiores do curso de água. O conceito de rio contínuo aplica-se aos ecossistemas fluviais temperados, mas não tão bem a rios boreais, árticos e tropicais ou a rios com concentrações altas de substâncias orgânicas dissolvidas (incluindo ácidos tânicos e húmicos) derivadas de áreas úmidas (*wetlands*). Entretanto, o modelo fornece uma base para o estudo da organização biológica em cursos de água e sistemas fluviais.

Os efeitos humanos sobre ecossistemas lóticos têm sido extensos. A maioria dos rios de quarta e maior ordem tem sido alterada como resultado das atividades humanas, incluindo poluição, aumento na entrada de sedimentos e introdução de espécies não nativas. Riachos e rios têm sido usados como condutos para o descarte de esgotos e resíduos industriais na maior parte do mundo habitada por seres humanos. Esses poluentes muitas vezes alcançam níveis tóxicos para muitos organismos aquáticos. A aplicação excessiva de fertilizantes às lavouras resulta no escoamento superficial (*runoff*) e na lixiviação de nutrientes para a água subterrânea, que por fim chega aos rios. Os aportes de nitrogênio e fósforo de fertilizantes alteram a composição das comunidades aquáticas. O desmatamento aumenta a entrada de sedimentos nos cursos de água próximos, o que pode reduzir a transparência da água, alterar o hábitat bentônico e inibir o funcionamento das brânquias de muitos organismos aquáticos. As introduções de espécies não nativas, como peixes esportivos (p. ex., perca

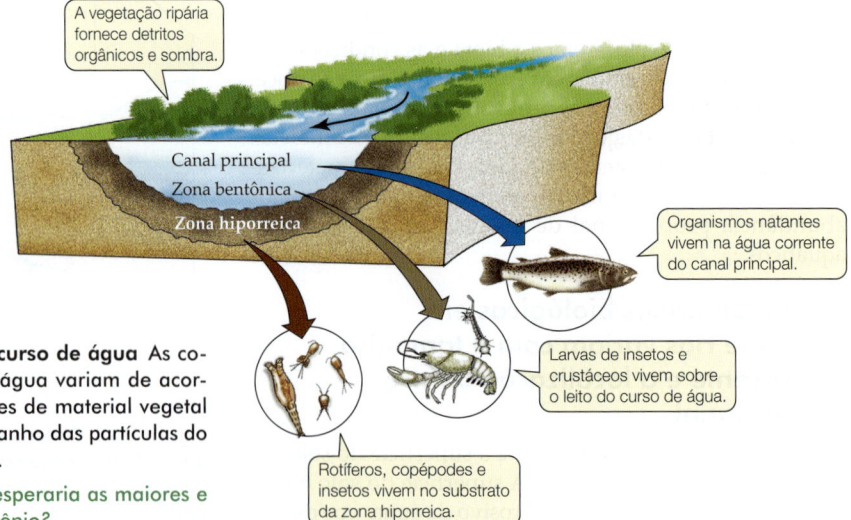

Figura 3.14 Zonação espacial de um curso de água As comunidades biológicas em um curso de água variam de acordo com a velocidade da água, os aportes de material vegetal proveniente da vegetação ripária, o tamanho das partículas do leito e a profundidade do curso de água.

❓ Onde nesse curso de água você esperaria as maiores e as menores concentrações de oxigênio?

e truta), reduziram a diversidade de espécies nativas tanto em cursos de água como em ecossistemas lacustres. A construção de represas em riachos e rios altera bastante suas propriedades físicas e biológicas, convertendo-os em sistemas de "águas paradas" – o tópico da próxima seção.

As comunidades biológicas em lagos variam com a profundidade e a penetração de luz

Lagos e outras águas estacionárias, chamados de ecossistemas **lênticos**, ocorrem onde depressões naturais foram preenchidas com água ou onde os seres humanos represaram rios para formar reservatórios. Lagos e lagoas podem ser formados quando geleiras abrem depressões e deixam para trás barreiras naturais de fragmentos de rochas (morenas), ou quando enormes pedaços de gelo glacial estacionam, tornam-se rodeados por entulhos glaciais e a seguir derretem. A maioria dos lagos temperados e polares foi formada por processos glaciais. Lagos também podem ser formados quando rios sinuosos cessam de fluir ao longo de um canal precedente, deixando uma seção abandonada, chamada de *braço morto* (*oxbow lake*). Fenômenos geológicos, como caldeiras vulcânicas extintas ou sumidouros, deixam depressões naturais que podem ser preenchidas com água. Lagos e lagoas de origem biológica, além dos reservatórios, incluem barragens de castores e lamaçais criados por animais.

Os lagos variam tremendamente em tamanho, desde pequenas lagoas efêmeras até o imenso Lago Baikal na Sibéria, que tem 1.600 m de profundidade e cobre 31.000 km². O tamanho de um lago tem importantes consequências para seu status de nutrientes e energia e, portanto, para a composição de suas comunidades biológicas. Lagos profundos com uma área de superfície pequena tendem a ser pobres em nutrientes em comparação a lagos rasos com uma grande área de superfície (ver Capítulo 22).

As assembleias biológicas de lagos estão associadas com a profundidade e o grau de penetração de luz. As águas abertas, ou **zona pelágica**, são habitadas pelo **plâncton**, organismos pequenos, em geral microscópicos, suspensos na água (**Figura 3.15**). O plâncton fotossintetizante (chamado de **fitoplâncton**) está limitado às camadas superficiais de água onde há luz suficiente para a fotossíntese, chamada de **zona fótica**. O **zooplâncton** – animais minúsculos e protistas não fotossintéticos – ocorrem em toda a zona pelágica, além de outros consumidores como bactérias e fungos, alimentando-se de detrito à medida que este afunda na coluna de água. Os peixes rondam a zona pelágica, procurando comida e atentando a predadores que os possam atacar.

A zona próxima à margem em que a zona fótica alcança o fundo do lago é chamada de **zona litoral**. Nessa zona, macrófitas somam-se ao fitoplâncton flutuante e bentônico para produzir energia pela fotossíntese. Peixes e zooplâncton também ocorrem na zona litoral.

Na zona bentônica, detritos derivados das zonas litoral e pelágica servem como fonte de energia para animais, fungos e bactérias. A zona bentônica em geral é a parte mais fria do lago, e suas concentrações de oxigênio frequentemente são baixas.

Vamos nos mover das águas doces para as zonas biológicas dos oceanos. Você verá que algumas dessas zonas têm nomes e características similares àqueles dos lagos de água doce, mas têm uma cobertura espacial muito maior. Assim como as comunidades de águas doces, características físicas são usadas para distinguir as zonas biológicas marinhas.

Figura 3.15 **Exemplos de plâncton lacustre** Nessa imagem composta do plâncton de uma lagoa, o fitoplâncton (verde na legenda) inclui algas filamentosas (1), *Closterium* sp. (2), *Volvox* sp. (3) e outras algas verdes (4, 5). O zooplâncton (azul na legenda) inclui um copépode larval (A), rotífero (B), pulga d'água (*Daphnia* sp., C), protista ciliado (D), copépode adulto (*Cyclops* sp.) com saco de ovos (E), ácaro (F) e tardígrado (G).

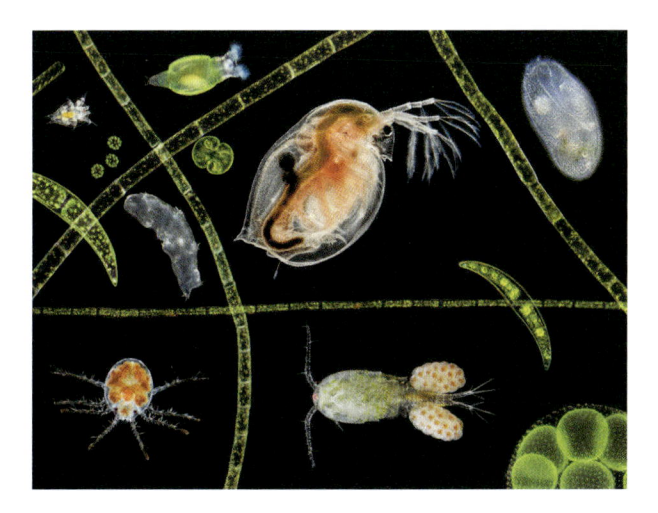

CONCEITO 3.3

As zonas biológicas marinhas são determinadas pela profundidade do oceano, disponibilidade de luz e estabilidade do substrato do fundo.

Zonas biológicas marinhas

Os oceanos cobrem 71% da superfície da Terra e contêm uma rica diversidade de vida. A vasta área e volume dos oceanos e sua uniformidade ambiental os tornam consideravelmente diferentes dos ecossistemas terrestres no contexto da organização biológica. Os organismos marinhos são mais amplamente dispersos, e as comunidades marinhas não são tão facilmente organizadas em unidades biológicas definidas como são os biomas terrestres. Em vez disso, as zonas biológicas marinhas são grosseiramente classificadas por sua localização física em relação às linhas de costa e ao fundo oceânico (**Figura 3.16**). As distribuições dos organismos que habitam essas zonas refletem as diferenças na temperatura, como vimos para os biomas terrestres, bem como outros importantes fatores, incluindo a disponibilidade de luz, a profundidade da água, a estabilidade do substrato do fundo e as interações com outros organismos.

Nesta seção, faremos uma incursão pelas zonas biológicas dos oceanos, desde as margens dos continentes até o profundo, escuro e frio leito oceânico. Examinaremos os fatores físicos e biológicos que caracterizam as diferentes zonas e os principais organismos encontrados nelas.

As zonas litorâneas refletem a influência das marés e da estabilidade do substrato

As zonas biológicas marinhas adjacentes aos continentes são influenciadas pelo clima local, pela subida e descida das águas oceânicas associadas com as marés e pela ação das ondas e pelo aporte de água doce e sedimentos terrestres dos rios. As **marés** são geradas pela atração gravitacional entre a Terra e a Lua e o Sol. A água do mar sobe e desce na maioria das zonas litorâneas duas vezes ao dia. A magnitude da faixa entremarés varia muito entre diferentes locais, uma vez que ela está relacionada à morfologia da costa e à estrutura do leito oceânico. As marés produzem zonas de transição únicas entre os ambientes terrestres e marinhos e influenciam a salinidade e a disponibilidade de nutrientes nesses hábitats próximos à costa.

Estuários A junção de um rio com o oceano é chamada de *estuário* (**Figura 3.17**). Estuários são caracterizados por variações na salinidade associadas ao fluxo de água doce do rio no oceano e ao influxo de água salgada fluindo rio acima a partir do oceano quando a maré sobe. Os rios carregam sedimentos terrestres contendo nutrientes e energia (na forma de alimento) para o oceano, e a interação dos fluxos de marés e fluviais atua para reter esses sedimentos nos estuários, aumentando suas produtividades. A salinidade variável do estuário é um importante fator determinante dos organismos que lá ocorrem. Muitas espécies de peixes comercialmente importantes passam seus estágios juvenis em estuários, distantes de peixes predadores menos tolerantes a variações na salinidade. Outros habitantes de estuários abrangem moluscos (p. ex., mariscos e ostras), caranguejos, vermes marinhos e *seagrasses**. Os estuários estão cada vez mais ameaçados pela poluição das águas levadas pelos rios. Os nutrientes

---

*N. de T. *Seagrasses* ou *sea-grasses* são angiospermas cujo hábitat é marinho.

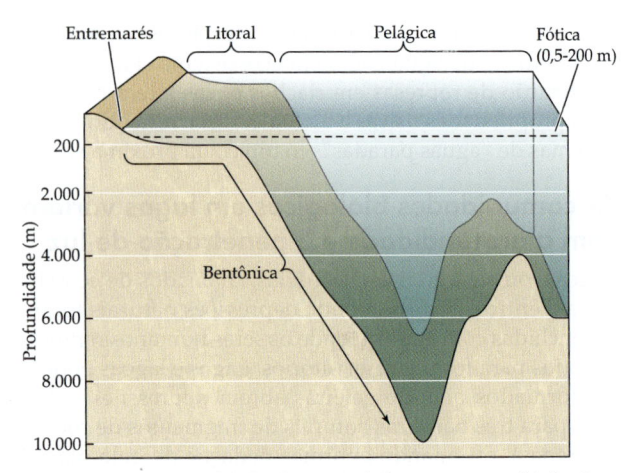

Figura 3.16 Zonas biológicas marinhas As zonas biológicas no oceano são categorizadas pela profundidade da água e por sua localização física em relação às linhas de costa e ao leito oceânico.

Figura 3.17 Estuários são as junções entre rios e oceanos A mistura de água doce e salgada dá aos estuários um ambiente único com salinidade variável. Os rios trazem energia e nutrientes dos ecossistemas terrestres.

Figura 3.18 Marismas são caracterizadas por plantas vasculares tolerantes à salinidade Plantas vasculares emergentes formam marismas em zonas rasas próximas à costa.

de fontes agrícolas a montante podem causar zonas mortas localizadas (ver Capítulo 25) e perdas de diversidade biológica.

Marismas (salt marshes) Sedimentos terrestres transportados para a costa pelos rios formam zonas pantanosas rasas (**Figura 3.18**) que são dominadas por plantas vasculares que emergem da água, incluindo gramíneas, juncos e ervas de folhas largas. Nessas marismas, assim como nos estuários que elas geralmente margeiam, o aporte de nutrientes dos rios aumenta a produtividade. A inundação periódica das marismas na maré alta resulta em um gradiente de salinidade: as partes mais elevadas do pântano podem ser mais salinas, uma vez que a inundação pouco frequente e a evaporação da água do solo levam a um acúmulo progressivo de sais. As plantas das marismas ocorrem em distintas zonas que refletem esse gradiente de salinidade, com as espécies mais tolerantes à salinidade nas partes mais altas do pântano. As marismas fornecem alimento e proteção de predadores para uma grande variedade de animais, incluindo peixes, caranguejos, aves e mamíferos. A matéria orgânica retida nos sedimentos das marismas pode servir como fonte de nutrientes e energia para os ecossistemas marinhos próximos.

Florestas de mangue Estuários costeiros rasos e as áreas próximas alagadas pela maré alta em regiões tropicais e subtropicais são habitados por árvores e arbustos perenes tolerantes à salinidade (**Figura 3.19**). Essas plantas lenhosas são coletivamente referidas como "mangues", mas não fazem parte de um grupo taxonômico único; os mangues abrangem espécies de 16 famílias vegetais diferentes. As raízes do mangue retêm lama e sedimentos transportados pela água, que formam e modificam o contorno da costa. Assim como as marismas, as florestas de mangue fornecem nutrientes para outros ecossistemas marinhos e hábitat para numerosos animais, tanto marinhos como terrestres.

Figura 3.19 Árvores e arbustos perenes tolerantes à salinidade formam florestas de mangue estuarinas As raízes do mangue retêm lama e sedimentos e fornecem hábitat para outros organismos marinhos.

Entre os animais exclusivos associados com os mangues estão peixes-bois, macacos comedores de caranguejos, gatos-pescadores e lagartos-monitores. As florestas de mangue estão ameaçadas pela ocupação humana das áreas costeiras – particularmente o desenvolvimento de fazendas de camarão – bem como por poluição aquática, desvio das fontes de água doce continentais e corte das florestas por causa da madeira.

Zonas rochosas entremarés Costões rochosos proporcionam um substrato estável ao qual uma coleção diversa de algas e animais pode se fixar, impedindo que sejam levados pelo embate das ondas (**Figura 3.20**). O ambiente físico da **zona entremarés** – a parte da praia afetada pela subida e pela descida das marés – alterna-se entre marinho e terrestre. Entre os limites da maré alta e da maré baixa, uma multidão de organismos está organizada em zonas

Figura 3.20 A zona rochosa entremarés: substrato estável, condições variáveis Costões rochosos proporcionam um substrato estável ao qual os organismos podem se fixar, mas esses organismos devem enfrentar a mudança de condições terrestres para marinhas que ocorre com cada maré, bem como a ação das ondas. Organismos sésseis devem ser resistentes a variações na temperatura e dessecação. Organismos móveis frequentemente buscam refúgio em poças da maré para evitar a exposição ao ambiente terrestre.

associadas com sua tolerância para variações na temperatura, salinidade, *dessecação* (perda de água), ação das ondas e interações com outros organismos. Organismos *sésseis* (aderidos) como cracas, mexilhões e algas marinhas devem enfrentar esses estresses a fim de sobreviver. Organismos móveis como estrelas e ouriços-do-mar podem se mover para poças da maré a fim de minimizar a exposição a esses estresses.

Costas arenosas Com exceção de uns poucos caranguejos, aves costeiras e a eventual porção de algas marinhas levada à praia, as praias arenosas parecem desprovidas de vida. Diferentemente da costa rochosa, o substrato arenoso não proporciona uma superfície de fixação estável, e a falta de algas aderidas limita o suprimento de alimento potencial para animais herbívoros. As flutuações da maré e a ação das ondas limitam adicionalmente o potencial para o desenvolvimento das comunidades biológicas. Embaixo da areia, entretanto, invertebrados como mariscos, vermes marinhos e tatuíras encontram um hábitat adequado (**Figura 3.21**). Organismos menores, como vermes poliquetos, hidroides (pequenos animais relacionados às águas-vivas) e copépodes (crustáceos diminutos), vivem sobre ou entre os grãos de areia. Esses organismos estão protegidos das flutuações na temperatura e da dessecação na maré baixa e da turbulência da água na maré cheia. Quando a areia é submersa pela água do mar, alguns desses organismos saem para se alimentar de detritos ou outros animais, enquanto outros permanecem enterrados e filtram detritos ou plâncton da água.

As zonas oceânicas rasas são diversas e produtivas

Próximo à costa, luz suficiente pode alcançar o fundo do oceano, permitindo o estabelecimento de organismos fotossintéticos sésseis. Assim como as plantas terrestres, esses organismos fotossintéticos proporcionam energia que sustenta comunidades de animais e microrganismos, bem como uma estrutura física que origina hábitat para esses organismos, incluindo superfícies às quais eles podem se fixar e lugares em que eles podem encontrar refúgio dos predadores. A diversidade e a complexidade dos hábitats proporcionadas pelos organismos fotossintéticos sustentam considerável diversidade biológica nesses ambientes marinhos rasos.

Recifes de corais Em águas oceânicas quentes e rasas, corais (animais relacionados às águas-vivas), vivendo em uma íntima associação com algas (um mutualismo simbiótico; ver Capítulo 15), formam grandes colônias. Os corais obtêm a maior parte de sua energia das algas que vivem dentro de seus corpos, enquanto as algas recebem proteção de herbívoros e alguns nutrientes dos corais. Muitos corais constroem uma estrutura semelhante a um esqueleto extraindo carbonato de cálcio da água do mar. Com o passar do tempo, esses esqueletos de coral amontoam-se em maciças formações chamadas de *recifes* (**Figura 3.22**). A formação de recifes é auxiliada por outros organismos que extraem outros minerais da água do mar, como as esponjas que precipitam sílica. A associação única desses organismos construtores de recifes dá origem a um hábitat estruturalmente complexo que sustenta uma rica comunidade marinha.

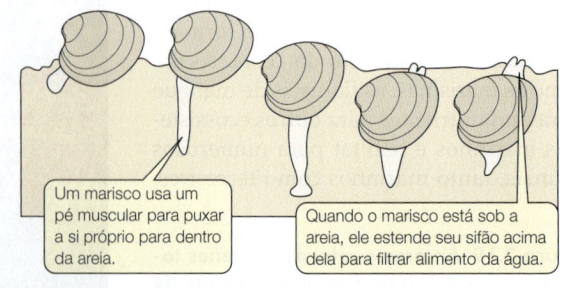

Um marisco usa um pé muscular para puxar a si próprio para dentro da areia.

Quando o marisco está sob a areia, ele estende seu sifão acima dela para filtrar alimento da água.

Figura 3.21 Mariscos cavadores Mariscos, assim como a maioria dos animais das praias arenosas, vivem no substrato arenoso.

Figura 3.22 Um recife de corais Os corais criam um hábitat para uma diversa assembleia de organismos marinhos.

Os recifes de corais crescem a taxas de apenas poucos milímetros por ano, mas moldaram a superfície da Terra (Birkeland, 1997). Durante milhões de anos, os corais construíram milhares de quilômetros de linhas costeiras e numerosas ilhas (**Figura 3.23**). A taxa de produção de biomassa viva em recifes de corais está entre as mais altas da Terra. As acreções de esqueletos de coral têm espessura de até 1.300 m em alguns locais e atualmente elas cobrem uma superfície de 600.000 km^2, cerca de 0,2% da superfície oceânica.

Diversidade de até um milhão de espécies é encontrada em recifes de corais em todo o mundo, incluindo mais de 4 mil espécies de peixes. Muitas espécies de peixes economicamente importantes dependem dos recifes de corais para hábitat e os peixes dos recifes proporcionam uma fonte de alimento para os peixes do mar aberto, como lúcios e atum. A diversidade taxonômica e morfológica de animais em recifes de corais é maior do que em qualquer outro ecossistema da Terra (Paulay, 1997). A diversidade total dos recifes de corais, entretanto, ainda tem que ser explorada e descrita. O potencial para desenvolvimento de medicamentos a partir dos organismos dos recifes de corais é tão grande que o National Institutes of Health (NIH) dos Estados Unidos estabeleceu um laboratório na Micronésia.

As atividades humanas ameaçam a saúde dos recifes de corais de muitas maneiras. Os sedimentos transportados pelos rios podem cobrir e matar os corais, e o excesso de nutrientes provoca o crescimento de algas na superfície dos corais, aumentando a mortalidade deles. Mudanças nas temperaturas oceânicas associadas à mudança climática podem resultar na perda das algas associadas aos corais, condição chamada de *branqueamento*. O aumento do CO_2 atmosférico fez subir a acidificação do oceano (discutido em mais detalhe no Capítulo 25), que inibe a capacidade dos corais de formar esqueletos (Orr et al., 2005). Outra ameaça é um aumento na incidência de infecções fúngicas, possivelmente relacionadas ao aumento de estresses ambientais.

Leitos de seagrass Embora as angiospermas sejam geralmente associadas a ambientes terrestres, algumas delas são importantes componentes de comunidades rasas (< 5 m) infralitorâneas. Essas angiospermas submersas são chamadas de *seagrasses*, embora não sejam estreitamente relacionadas às plantas da família das gramíneas. Morfologicamente, são similares às suas parentes terrestres, com raízes, caules, folhas e flores, as quais são polinizadas embaixo da água. Leitos de *seagrass* são encontrados em sedimentos marinhos infralitorâneos compostos de lama ou areia fina. As plantas se reproduzem principalmente por crescimento vegetativo, embora também produzam sementes. Algas-marinhas e animais crescem na superfície das plantas, e estágios larvais de alguns organismos, como mariscos, dependem delas para hábitat. O aporte de nutrientes de atividades agrícolas a montante pode prejudicar os leitos de *seagrass* pelo aumento da densidade de algas na água e sobre as superfícies dessas angiospermas.

Figura 3.23 Os recifes de corais podem ser vistos do espaço exterior Long Island, nas Bahamas, foi formada por recifes de corais, que podem ser vistos sobre a orla da ilha nessa fotografia de satélite.

Figura 3.24 Uma floresta de *kelps* Kelps gigantes são algas-pardas (ordem Laminariales) que se fixam ao fundo sólido em águas oceânicas rasas, proporcionando alimento e hábitat para muitos outros organismos marinhos.

As *seagrasses* também são suscetíveis a surtos periódicos de doenças fúngicas.

Leitos de kelp Em águas oceânicas temperadas claras e rasas (< 15 m), grandes populações de algas, conhecidas como leitos de *kelps* (ou "florestas" de *kelps*) (**Figura 3.24**), sustentam uma rica e dinâmica comunidade de vida marinha. *Kelps* são enormes algas-pardas de vários gêneros diferentes. Elas possuem tecidos especializados semelhantes a folhas (frondes), caules (estipes) e raízes (apreensórios). *Kelps* são encontradas onde um substrato sólido estiver disponível para fixação. Residentes dos leitos de *kelp* incluem ouriços-do-mar, lagostas, mexilhões, abalones, numerosas outras algas e lontras marinhas. As interações entre esses organismos, tanto diretas como indiretas, influenciam a abundância dessas algas-pardas (ver Estudo de Caso no Capítulo 9). Na ausência de forrageio, os leitos de *kelps* podem tornar-se tão densos que a luz que alcança o fundo da camada não é suficiente para sustentar a fotossíntese.

O mar aberto e as zonas bentônicas profundas são determinados pela disponibilidade de luz e pela proximidade com o leito oceânico

A imensidão e a profundidade do mar aberto além das plataformas continentais, conhecida como zona pelágica, tornam difícil diferenciar as distintas comunidades biológicas ali existentes. A disponibilidade de luz determina onde os organismos fotossintetizantes podem ocorrer, o que por sua vez determina a disponibilidade de alimento para animais e microrganismos. Portanto, as águas superficiais com luz suficiente para promover a fotossíntese (a zona fótica) contêm as maiores densidades de organismos (ver Figura 3.16). A zona fótica estende-se a cerca de 200 m de profundidade da superfície oceânica, dependendo da transparência da água. Abaixo da zona fótica, o suprimento de energia, principalmente na forma de detritos precipitando-se a partir dessa zona, é muito menor, e a vida é muito menos abundante.

A diversidade da vida na zona pelágica varia consideravelmente. Seu **nécton** (organismos nadadores capazes de sobrepujar as correntes oceânicas) inclui cefalópodes como lulas e polvos, peixes, tartarugas-marinhas e mamíferos como baleias e golfinhos. A maior parte da fotossíntese na zona pelágica é realizada pelo fitoplâncton, o qual inclui algas verdes, diatomáceas, dinoflagelados e cianobactérias (**Figura 3.25A**). O zooplâncton inclui protistas como ciliados, cnidários e crustáceos, como copépodes e *krill* (**Figura 3.25B**). Muitas espécies de aves marinhas pelágicas, incluindo albatrozes, petréis, procelárias e mergulhões, passam a maior parte de suas vidas voando sobre o mar aberto, alimentando-se de presas marinhas (peixes e zooplâncton) e detritos encontrados na superfície do mar.

Os organismos que vivem na zona pelágica precisam superar os efeitos da gravidade e das correntes oceânicas que poderiam forçá-los progressivamente a maiores profundidades. Os organismos fotossintetizantes, e aqueles diretamente dependentes deles como fonte de alimento, devem permanecer na zona fótica onde a radiação solar é suficiente para manter a fotossíntese, o crescimento e a reprodução. Nadar é uma solução óbvia para esse problema, utilizada por organismos como peixes e lulas. Algas como *Sargassum* e algumas espécies de peixes têm bexigas cheias de gás que as mantêm flutuando. Enormes emaranhados de *Sargassum* às vezes formam "ilhas flutuantes" que alojam ricas e diversas comunidades biológicas. Alguns organismos planctônicos retardam o afundamento diminuindo sua densidade em relação à água do mar (p. ex., pela alteração de sua composição química) ou adaptando-se a uma forma que reduza sua velocidade de descenso (p. ex., tendo uma parede celular com projeções).

Abaixo da zona fótica, a disponibilidade de energia diminui e o ambiente físico torna-se mais estressante à medida que a temperatura diminui e a pressão hidráulica aumenta. Por isso, os organismos são poucos e distanciados entre si. Crustáceos como copépodes pastejam sobre a chuva de detritos proveniente da zona fótica. Crustáceos, cefalópodes e peixes são os predadores do mar profundo. Alguns peixes tomam uma aparência assustadora, aparentando ser principalmente boca (**Figura 3.26**). Os nomes científicos atribuídos a algumas dessas criaturas marinhas dessa profundidade, como "lula vampiro do inferno" (*Vampyroteuthis infernalis*), "sapo desengonçado com muitos filamentos" (*Caulophryne polynema*) e "peixe espantoso

(A) Fitoplâncton marinho

(B) Zooplanctônico marinho

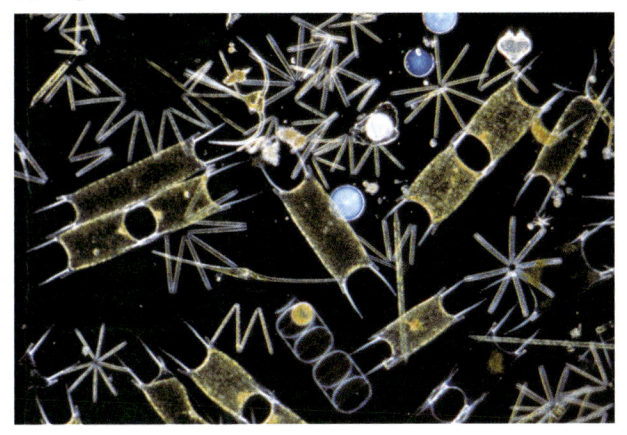

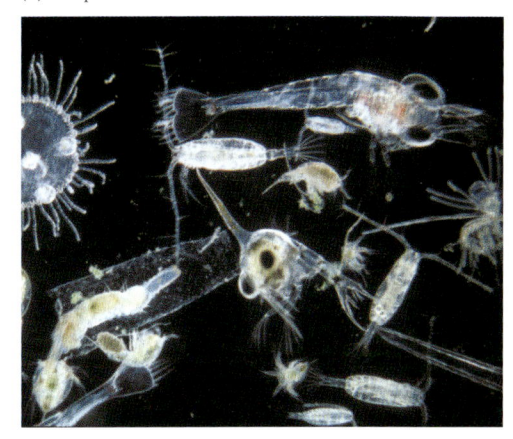

Figura 3.25 Plâncton da zona pelágica (A) Essa amostra de fitoplâncton marinho apresenta várias espécies de diatomáceas, incluindo *Biddulphia sinensis* (as células retangulares com extremidades côncavas) e *Thalassiothrix*. (B) Esses copépodes zooplanctônicos marinhos adultos e os estágios larvais de vários organismos, incluindo a larva zoea (esférica) de um caranguejo.

do príncipe Axel" (*Thaumatichthys axeli*), testemunham as formas incomuns ali encontradas. A maioria dos peixes de profundidades elevadas tem estrutura óssea frágil, com o objetivo de reduzir seu peso, e não possui a bexiga natatória, encontrada na maioria dos peixes, visto que as pressões elevadas a colapsariam.

O fundo do oceano (a zona bentônica) também é muito esparsamente povoado. As temperaturas são próximas ao congelamento, e as pressões são suficientemente grandes para esmagar qualquer organismo terrestre. De modo inverso, se criaturas das profundezas marinhas adaptadas a essas pressões elevadas são trazidas para a superfície, seus corpos podem expandir-se e estourar. Os sedimentos da zona bentônica, ricos em matéria orgânica, são habitados por bactérias e protistas, assim como vermes marinhos. Estrelas e pepinos-do-mar pastejam no assoalho oceânico, consumindo a matéria orgânica ou organismos nos sedimentos, ou filtrando alimento da água. Predadores bentônicos, como aqueles da zona pelágica profunda, utilizam a bioluminescência para atrair presas. Devido às dificuldades logísticas envolvidas, a zona bentônica das profundezas oceânicas é uma das zonas biológicas marinhas menos exploradas e pouco compreendidas.

As zonas biológicas marinhas têm sido impactadas pelas atividades humanas

Nossa discussão das zonas biológicas marinhas fez alusão aos vários serviços que elas proporcionam aos seres humanos. Esses serviços abrangem produção de alimento (p. ex., pescados nas zonas litorâneas e de mar aberto), proteção das áreas costeiras da erosão (p. ex., florestas de mangue), incorporação e estabilização de poluentes e nutrientes (estuários e marismas) e benefícios recreativos (Barbier et al., 2011). Esses serviços, em conjunto com a biodiversidade oceânica, estão progressivamente ameaçados pelas atividades humanas.

A despeito da vastidão do oceano, as atividades humanas afetaram-no em vários graus ao longo da maioria de suas áreas (**Figura 3.27**). Isso inclui atividades baseadas na terra que liberam nutrientes e poluentes para os rios, atividades baseadas nos oceanos como a pesca comercial e as emissões de gases de efeito estufa. Os efeitos dessas

Figura 3.26 Um habitante da zona pelágica profunda O peixe-pescador* (*Melanocetus* spp.) é denominado por sua estratégia singular para capturar presas. Nas profundezas sem luz, o órgão bioluminescente sobre a cabeça do peixe atrai presas para uma posição onde elas são facilmente engolidas pela boca enorme, cheia de dentes.

---

*N. de T. A fim de manter a coerência do texto, adotou-se a tradução literal do termo *anglerfish* do texto original. No entanto, no Brasil, o gênero *Melanocetus* é também conhecido como peixe-diabo-negro, enquanto o nome comum, peixe-pescador, é atribuído a *Lophius gastrophysus*.

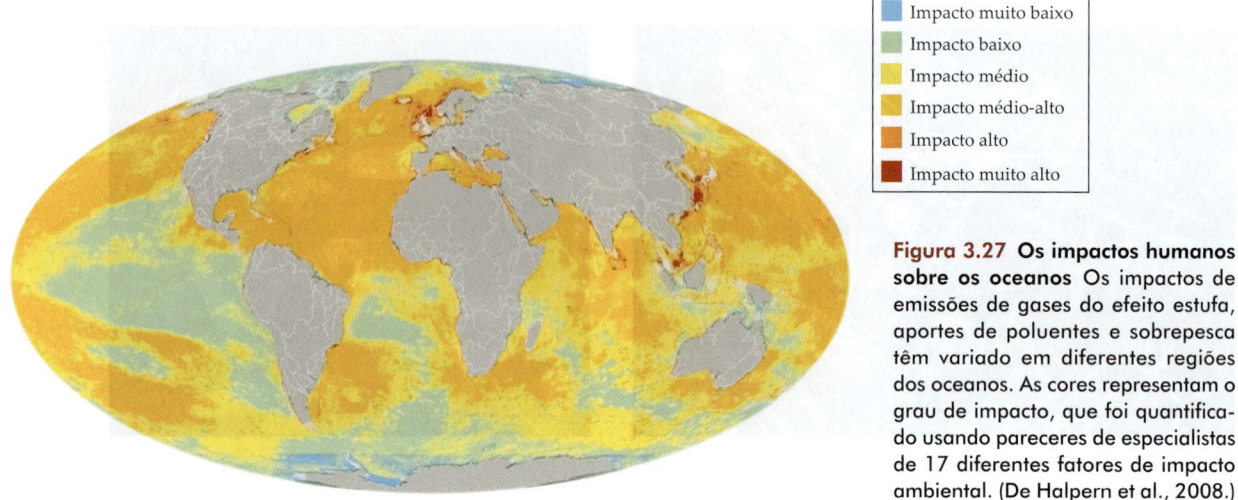

Figura 3.27 Os impactos humanos sobre os oceanos Os impactos de emissões de gases do efeito estufa, aportes de poluentes e sobrepesca têm variado em diferentes regiões dos oceanos. As cores representam o grau de impacto, que foi quantificado usando pareceres de especialistas de 17 diferentes fatores de impacto ambiental. (De Halpern et al., 2008.)

- Impacto muito baixo
- Impacto baixo
- Impacto médio
- Impacto médio-alto
- Impacto alto
- Impacto muito alto

atividades incluem mudanças na temperatura da água e acidificação do oceano devido ao aumento nos gases estufa, aumentos na radiação UV devido à perda do ozônio estratosférico protetor, aportes de poluentes e sobre-exploração de criaturas marinhas, particularmente peixes e baleias (Halpern et al., 2008). (Ver Capítulo 25 para mais discussão sobre a redução do ozônio e o efeito estufa.) Esses impactos têm o potencial para influenciar os serviços dos quais os seres humanos dependem, bem como a composição e a abundância da biota que habita diferentes zonas biológicas marinhas. Os maiores impactos estimados estão em ecossistemas marinhos costeiros (estuários, zonas entremarés rochosas e praias arenosas) próximos a regiões terrestres que são fontes de poluentes e nutrientes, como as regiões adjacentes ao norte da Europa e leste da Ásia. A despeito da natureza generalizada dos impactos humanos, grandes áreas do oceano permanecem apenas moderadamente afetadas, e o maior reconhecimento desses impactos poderia levar ao aumento da conservação e ao uso mais sustentável dos recursos oceânicos.

ESTUDO DE CASO REVISITADO
O Serengeti americano – 12 séculos de alterações nas Grandes Planícies

Os seres humanos estão envolvidos em várias alterações biológicas importantes nas regiões campestres do mundo. Uma das mais antigas foi o desaparecimento de grandes mamíferos da América do Norte durante o Pleistoceno tardio. Paul Martin, um dos primeiros proponentes dessa hipótese, observou a forte correspondência entre os eventos de extinção em vários continentes e a chegada dos seres humanos a eles, principalmente Europa, Américas do Norte e do Sul e Austrália (Martin, 1984, 2005). Martin sugeriu que a rapidez das extinções e a maior proporção de grandes animais desaparecidos refletiam a eficiência da caça dos seres humanos primitivos. Animais maiores têm taxas reprodutivas mais baixas do que animais menores, de modo que eles não podem se recuperar tão rapidamente de aumentos na predação. A sugestão de Martin, portanto, recebeu a infeliz denominação de "a hipótese da supermatança".

Desde que foi inicialmente proposta, a hipótese da supermatança tem recebido respaldo crescente. A pesquisa arqueológica descobriu numerosos sítios de abate contendo restos de animais extintos. Pontas de lanças foram encontradas entre os ossos e alguns deles exibem marcas de raspagem feitas por ferramentas encontradas nos sítios. Outra forte evidência indica que a chegada de seres humanos em pequenas ilhas oceânicas isoladas levou a grandes números de extinções, devido à predação pelos seres humanos e por outros animais que eles introduziram (p. ex., ratos e serpentes). Enquanto a maioria dos cientistas aceita atualmente que a caça da megafauna pelos seres humanos teve um papel em algumas das extinções continentais no fim do Pleistoceno, outras causas também foram propostas, incluindo a propagação de doenças trazidas pelos seres humanos e possivelmente pelos cães domesticados que os acompanhavam (MacPhee e Marx, 1997). Outra hipótese sugere que a perda de alguns animais de que outras espécies dependiam, como mastodontes, conduziu a extinções mais disseminadas (Owen-Smith, 1987). Entretanto, nenhuma hipótese explica as extinções de toda a megafauna em todos os continentes. Uma combinação de mudança climática e a chegada dos seres humanos provavelmente contribuiu para o fim desses animais (Barnosky et al., 2004).

Mesmo tendo sua diversidade diminuída de forma significativa após o Pleistoceno, os grandes mamíferos ainda eram abundantes nas Grandes Planícies. A população de bisões podia ser tão numerosa quanto 30 milhões, e numerosos cervídeos (uapiti), antilocapras e cervos vagavam pelas planícies. Esses animais continuaram a ser caçados pelos seres humanos, que também começaram a usar o fogo no limite leste das Grandes Planícies, como

Figura 3.28 Caçada ao bisão A chegada de grandes números de euro-americanos às Grandes Planícies no século XIX levou ao abate em massa do bisão, o que foi facilitado pela construção de linhas ferroviárias e pelo uso de rifles de alta potência.

uma ferramenta para manejar o hábitat de suas presas, bem como para a agricultura em pequena escala (Delcourt et al., 1998). Os relatos dos viajantes às Grandes Planícies no início dos anos de 1800 indicam que a borda oeste da floresta decídua do leste era significativamente mais a oeste do que é hoje, provavelmente devido à influência de queimadas provocadas pelo homem.

Entre 1700 e 1900, alterações ecológicas ocorridas nas Grandes Planícies transformaram profundamente tanto as plantas como os animais. A reintrodução de cavalos na América do Norte pelos exploradores espanhóis facilitou o desenvolvimento de uma cultura americana nativa centrada na caça ao bisão. A chegada dos euro-americanos, e seus posteriores conflitos com os americanos nativos, quase levou à extinção do bisão e de outros grandes animais das Planícies no fim dos anos de 1800 (**Figura 3.28**). Com a chegada do gado domesticado e da agricultura mecanizada após 1850, as Grandes Planícies tornaram-se uma paisagem domesticada. A pradaria mais úmida de gramíneas altas do leste foi convertida em monoculturas de milho, trigo, soja e outras culturas; atualmente, restam somente 4% daqueles campos. Para o oeste, uma maior proporção de pradarias de gramíneas mistas e de gramíneas baixas permaneceu intacta, mas o sobrepastejo e práticas agrícolas insustentáveis levaram à séria degradação de algumas dessas áreas durante o *Dust Bowl* dos anos de 1930, quando a seca e enormes tempestades de areia resultaram em perdas substanciais da camada superior fértil do solo (ver Estudo de Caso no Capítulo 25).

CONEXÕES NA NATUREZA
Pesquisa ecológica de longo prazo

A maioria dos biomas terrestres e das zonas biológicas marinhas através do globo está experimentando mudanças devido às atividades humanas (ver Figuras 3.5 e 3.27 e **Conexão às Mudanças Climáticas 3.1**). Mesmo áreas remotas e aparentemente intocadas estão sujeitas aos efeitos da mudança climática e da poluição atmosférica. Reconhecendo os efeitos das atividades humanas sobre esses sistemas, bem como nossa compreensão incompleta desses efeitos, a National Science Foundation dos Estados Unidos iniciou uma rede de sítios de pesquisa ecológica de longo prazo (LTER, *long-term ecological research*) em 1980. Inicialmente consistindo em cinco sítios, a rede cresceu para 27 sítios representando uma diversidade de biomas terrestres, desde tropical até polar, assim como zonas biológicas marinhas, terras agrícolas e centros urbanos (**Figura 3.29**). A formação do programa de LTER dos Estados Unidos estimulou a formação de uma rede internacional de sítios de LTER, facilitando a pesquisa colaborativa internacional

Figura 3.29 Sítios de pesquisa ecológica de longo prazo Vinte e sete sítios de pesquisa constituem a rede de pesquisa ecológica de longo prazo (LTER) dos Estados Unidos. Esses sítios englobam campos, pastagens, florestas, montanhas, lagos, estuários, sistemas agrícolas e cidades. Os pesquisadores mensuram alterações de longo prazo em ecossistemas e realizam experimentos nesses sítios para melhor compreender as dinâmicas ecológicas durante décadas a séculos.

para a melhor compreensão dos sistemas ecológicos da Terra.

A LTER tem avançado nossa compreensão das mudanças ecológicas que ocorrem em escalas de tempo de décadas ou mais longas. Por exemplo, a pesquisa em sítios de LTER no oeste dos Estados Unidos tem conduzido a um entendimento da influência da Oscilação Sul El Niño e da Oscilação Decadal do Pacífico (dois ciclos climáticos discutidos no Conceito 2.5) sobre o bioma de campos. O legado das alterações climáticas desde o último máximo glacial, discutido no Estudo de Caso no começo deste capítulo, é mais bem compreendido como um resultado dessa pesquisa. Por fim, a pesquisa nos sítios de LTER está proporcionando uma visão de como a alteração ambiental, incluindo a mudança climática, pode influenciar os biomas terrestres e as zonas biológicas marinhas no futuro.

Neste capítulo, aprendemos que os campos são os biomas mais fortemente impactados pelas atividades humanas devido ao desenvolvimento agrícola. O sítio de LTER da Pradaria Konza, localizado nos Flint Hills do nordeste do Kansas, é um remanescente das pradarias de gramíneas altas – um tipo de campo fortemente impactado com pouquíssima de sua cobertura original remanescente. A pesquisa nesse sítio centrou-se na conservação desse bioma ameaçado em face da rápida mudança climática e do uso do solo pelo exame dos papéis interativos do fogo, do pastejo e do clima nos ecossistemas de pradarias de gramíneas altas. Essa pesquisa incluiu experimentos variando as frequências de fogo e pastejo em grandes unidades de paisagem, para investigar sua importância na manutenção da dominância de gramíneas que caracterizam o bioma de campos (**Figura 3.30**). Os pesquisadores também examinaram os efeitos potenciais de mudanças na precipitação mediante variação de quantidade, intensidade e período de rega. Os resultados dessa pesquisa forneceram importantes *insights* de como a mudança climática poderia afetar os biomas campestres, indicando que extremos na precipitação são importantes controles sobre sua diversidade e função (Knapp et al., 2002). A pesquisa nesse e em outros sítios de LTER ampliará nossa capacidade de conservar a biodiversidade nativa em face do agravamento das alterações ambientais.

Figura 3.30 Pesquisa no sítio de LTER da Pradaria de Konza Pesquisa e experimentos de longo prazo estão investigando os efeitos da frequência de (A) pastejo, (B) queimada e (C) precipitação sobre a diversidade e o funcionamento de ecossistemas de pradarias de gramíneas altas.

RESUMO

CONCEITO 3.1 Os biomas terrestres são caracterizados pelas formas de crescimento da vegetação dominante.

- Os biomas terrestres são caracterizados pelas formas de crescimento das plantas. Esses biomas refletem os padrões globais de precipitação e temperatura.
- As distribuições potenciais e reais dos biomas terrestres diferem devido às atividades humanas, especialmente a conversão do solo para a agricultura, a silvicultura e o pastejo.
- Há nove biomas terrestres principais: florestas tropicais pluviais, florestas tropicais estacionais, savanas tropicais e desertos quentes em zonas tropicais e subtropicais; campos, bosques arbustivos, bosques temperados, florestas decíduas e florestas perenifólias na zona temperada, e florestas boreais e tundra nas regiões polares.
- As comunidades biológicas em montanhas ocorrem em faixas altitudinais associadas a gradientes climáticos.

CONCEITO 3.2 As zonas biológicas nos ecossistemas de água doce estão associadas à velocidade, profundidade, temperatura, transparência e composição química da água.

- As comunidades biológicas em riachos e rios variam com a magnitude da corrente e a localização dentro do canal do curso de água.
- As comunidades biológicas em lagos variam com a profundidade e a penetração de luz.

CONCEITO 3.3 As zonas biológicas marinhas são determinadas pela profundidade do oceano, disponibilidade de luz e estabilidade do substrato do fundo.

- Estuários, marismas e florestas de mangues ocorrem em zonas de baixio nos limites entre os ecossistemas terrestres e marinhos. Eles são influenciados pelos aportes de água doce e sedimentos dos rios próximos.
- As comunidades biológicas na linha de costa refletem a influência das marés e a estabilidade do substrato (arenoso *versus* rochoso).
- Os recifes de corais e os leitos de *kelp* e *seagrass* são comunidades produtivas com elevada diversidade associada com a complexidade do hábitat proporcionada por seus organismos fotossintetizantes.
- As comunidades biológicas do mar aberto e de zonas bentônicas profundas contêm populações esparsas de organismos, cujas distribuições são determinadas pela disponibilidade de luz e proximidade ao fundo.

Questões de revisão

1. Por que os biomas terrestres são caracterizados usando as formas de crescimento das plantas dominantes que os ocupam?
2. Descreva a íntima associação entre a distribuição dos biomas e as principais zonas climáticas descritas no Capítulo 2. Em particular, considere como a sazonalidade tanto da temperatura como da precipitação influencia a distribuição dos biomas.
3. À medida que os rios fluem de suas nascentes para o oceano, quais alterações físicas ocorrem que afetam a distribuição de suas comunidades biológicas?
4. Por que a profundidade do oceano e a estabilidade do substrato desempenham papéis na determinação da composição das comunidades biológicas marinhas?

MATERIAL DA INTERNET (em inglês)
sites.sinauer.com/ecology3e

O *site* inclui o resumo dos capítulos, testes, *flashcards* e termos-chave, sugestão de leituras, um glossário completo e a Revisão Estatística. Além disso, os seguintes recursos estão disponíveis para este capítulo:

Exercício Prático: Solucionando Problemas
  3.1 O avanço das linhas das árvores: os limites dos biomas e as mudanças climáticas

Conexão às Mudanças Climáticas
  3.1 As mudanças climáticas e o desenvolvimento de novos biomas

4 Lidando com a variação ambiental: temperatura e água

CONCEITOS-CHAVE

CONCEITO 4.1 Cada espécie tem uma faixa de tolerâncias ambientais que determina sua distribuição geográfica potencial.

CONCEITO 4.2 A temperatura de um organismo é determinada pelas trocas de energia com o ambiente externo.

CONCEITO 4.3 O equilíbrio hídrico de um organismo é determinado pelas trocas de água e solutos com o ambiente externo.

Rãs congeladas: Estudo de Caso

No filme *Austin Powers: um agente nada discreto*, um superespião de 1960 concorda voluntariamente em ser congelado criogenicamente, de modo que suas habilidades possam ser recuperadas se o Dr. Evil, seu arqui-inimigo que foi congelado para evitar ser capturado por Austin, ressurgir no futuro. De fato, 30 anos depois, os dois são descongelados e continuam suas aventuras de tentar dominar o mundo e impedir essa dominação.

A ideia de suspensão da animação – a vida suspensa temporariamente – tem cativado a imaginação e a esperança de pessoas que esperam que a medicina desenvolva meios para a cura de doenças incuráveis ou reverta a degenerescência do envelhecimento. *Criônica* é a preservação de corpos de pessoas mortas a temperaturas abaixo do ponto de congelamento com o objetivo de futuramente ressuscitá-las, restituindo-lhes a saúde. Existem proponentes da criônica em todo o mundo, alguns mais visíveis do que outros. Em Nederland, Colorado, há um festival anual *"Frozen Dead Guy Days"*, considerado o "Carnaval da criônica". Esse festival comemora os esforços de um antigo habitante que providenciou o congelamento do avô imediatamente após sua morte por enfarto, esperando que um dia ele pudesse ser ressuscitado e recebesse um transplante de coração (como no documentário *Grandpa's Still in the Tuff Shed*).

Para alguns, a criônica parece fantasia, uma coisa de ficção científica e comédia. Manter a vida em suspensão e então ressuscitá-la após um longo período de quiescência não parece plausível. Porém, histórias incomuns da natureza fornecem exemplos de vida aparentemente ressurgindo da morte. Enquanto buscava a existência de uma passagem noroeste nas zonas boreal e ártica do Canadá em 1769 a 1772, o explorador inglês Samuel Hearne encontrou rãs sob finas camadas de folhas e musgos durante o inverno, "congeladas tão rígidas quanto gelo, em um estado no qual suas pernas se quebravam facilmente como uma haste de cachimbo" (Hearne, 1911) (**Figura 4.1**). Hearne embrulhou as rãs em pele animal e as colocou próximas à fogueira de seu acampamento. Em poucas horas, os anfíbios duros como rocha voltaram à vida e começaram a pular ao redor. O naturalista norte-americano John Burroughs encontrou rãs congeladas sob uma fina camada de folhas mortas em uma floresta de Nova Iorque durante o inverno. Constantes visitas ao mesmo local ao longo de um período de meses indicaram que as rãs não haviam se movido, porém na primavera elas haviam desaparecido. Poderia um organismo complexo como uma rã, com um sistema circulatório e nervoso sofisticado, ter alcançado a preservação criônica como uma resposta evolutiva a um severo clima de inverno?

Os organismos das zonas temperadas e polares enfrentam enormes desafios impostos por um clima

Figura 4.1 Uma rã congelada As rãs-dos-bosques (*Rana sylvatica*) passam o inverno em estado parcialmente congelado, sem movimentos respiratórios e sem circulação ou batimentos cardíacos.

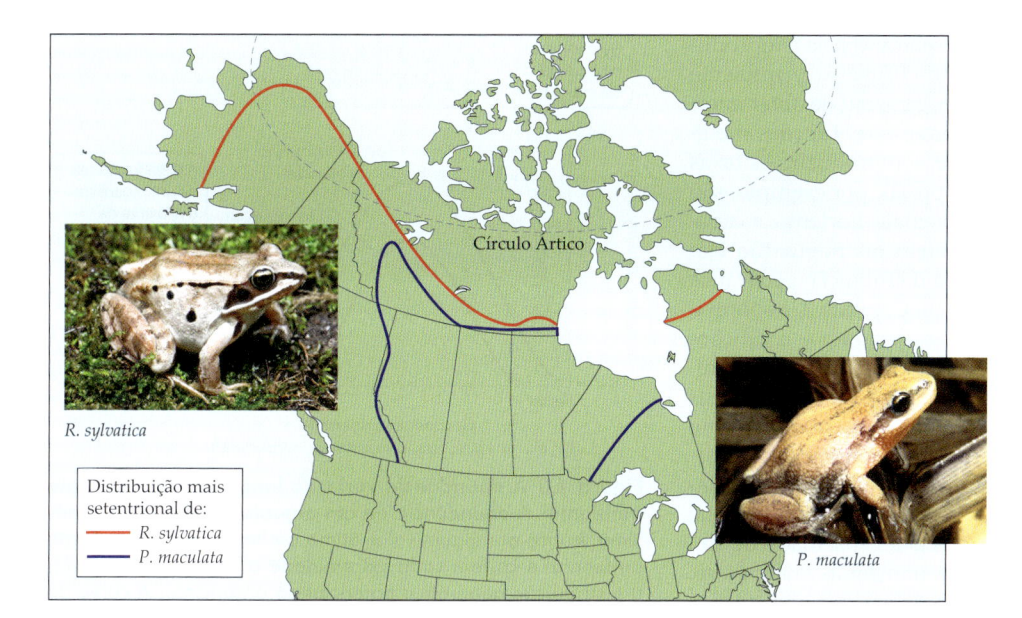

Figura 4.2 Exposição setentrional As rãs-dos-bosques (*Rana sylvatica*) e as rãs-de-coro-boreais (*Pseudacris maculata*) têm uma distribuição geográfica que se estende pelos biomas de florestas boreais e da tundra. (Segundo Pinder et al., 1992.)

sazonal que inclui temperaturas abaixo de zero no inverno. Os anfíbios são candidatos improváveis para resolver esse desafio mantendo seus corpos parcialmente congelados. Além de seus complexos sistemas de órgãos e tecidos supramencionados, os anfíbios são animais de "sangue frio" (geram pouco calor internamente) e, como um grupo, evoluíram inicialmente em biomas tropicais e subtropicais. Porém, duas espécies de rãs, a rã-dos-bosques (*Rana sylvatica*) e a rã-de-coro-boreal (*Pseudacris maculata*), vivem no bioma da tundra (**Figura 4.2**) (Pinder et al., 1992). Essas rãs sobrevivem longos períodos de temperaturas do ar abaixo de zero em estado semicongelado em covas rasas, sem batimentos cardíacos, circulação sanguínea ou movimentos respiratórios. Entre os vertebrados, somente poucas espécies de anfíbios (quatro rãs e uma salamandra) e uma espécie de tartaruga podem sobreviver um longo inverno em estado semicongelado. O congelamento na maioria dos organismos resulta em dano substancial aos tecidos, à medida que os cristais de gelo perfuram as membranas celulares e organelas. Como esses vertebrados sobrevivem sendo congelados sem virar mingau na primavera, quando descongelam e reiniciam sua circulação sanguínea e respiração, tal como Austin Powers ressurgindo para capturar o Dr. Evil?

Introdução

Os indivíduos de espruce-siberiano (*Picea obovata*) experimentam uma amplitude extrema de temperaturas sazonais característica de um clima continental. Na floresta boreal siberiana, as temperaturas do ar regularmente caem abaixo de –50°C no inverno, e no verão alcançam 30°C. Sendo uma árvore imóvel, falta ao espruce-siberiano a possibilidade de se mover para a Flórida no inverno ou rumar para a costa para se refrescar no verão. O espruce deve *tolerar* essas temperaturas extremas, sobrevivendo à variação sazonal de 80°C em sua temperatura corporal. Outros organismos podem *evitar* esses extremos por meio de algum comportamento ou alteração fisiológica. Essas duas opções de suportar a variação ambiental, **tolerância** e **evitação**, proporcionam uma estrutura útil para pensar acerca de como os organismos lidam com os extremos ambientais que enfrentam.

A gama de condições ambientais físicas descritas no Capítulo 2 estabelece a variação em biomas e zonas biológicas marinhas descrita no Capítulo 3. Neste capítulo e no próximo, examinaremos as interações entre os organismos e o ambiente físico que influenciam a sobrevivência e a persistência deles e, portanto, suas distribuições geográficas. O estudo dessas interações é conhecido como **ecofisiologia**.

CONCEITO 4.1

Cada espécie tem uma faixa de tolerâncias ambientais que determina sua distribuição geográfica potencial.

Respostas à variação ambiental

Um princípio fundamental em ecologia é que as distribuições geográficas das espécies estão relacionadas às limitações impostas pelos ambientes físicos e biológicos. Nesta seção, discutiremos os princípios gerais das respostas dos organismos ao ambiente físico.

As distribuições das espécies refletem as influências ambientais na aquisição de energia e as tolerâncias fisiológicas

A distribuição geográfica potencial de uma espécie é determinada, em última análise, pelo ambiente físico, que influencia o *sucesso ecológico* (sua sobrevivência e reprodução) de duas maneiras importantes. Primeiro, o ambiente físico afeta a capacidade de um organismo de obter energia e recursos exigidos para manter suas funções metabólicas e, portanto, para crescer e se reproduzir. As taxas de fotossíntese e abundância de presas, por exemplo, são controladas pelas condições ambientais. Portanto, a capacidade de uma espécie para manter uma população viável está restrita aos limites de sua distribuição geográfica potencial. Segundo, como vimos no Capítulo 2, a sobrevivência de um organismo pode ser afetada por condições ambientais extremas. Se a temperatura, o suprimento hídrico, as concentrações de substâncias químicas ou outras condições físicas excederem aquilo que um organismo pode tolerar, ele morrerá. Essas duas influências – a disponibilidade de energia e recursos e os limites de tolerância física – não são mutuamente exclusivas, uma vez que o suprimento de energia influencia a capacidade de um organismo de tolerar os extremos ambientais. Além disso, é importante ter em mente que a distribuição geográfica *real* de uma espécie difere de sua distribuição *potencial* devido a outros fatores, como capacidade de dispersão (ver Capítulo 18), distúrbios (p. ex., fogo; ver Capítulo 17) e interações com outros organismos, como competição (ver Parte 4) (**Figura 4.3**).

Como vimos no Conceito 3.1, a imobilidade das plantas as torna bons indicadores do ambiente físico. Os agricultores estão bastante cientes dos efeitos de eventos extremos na sobrevivência de culturas vegetais, com frequência cultivadas fora da área de distribuição geográfica onde evoluíram. Geadas ou estiagens extremas podem resultar em perdas agrícolas catastróficas. O álamo (*Populus tremuloides*) fornece um bom exemplo de uma espécie nativa cuja distribuição geográfica está relacionada à sua tolerância climática. Ele ocorre nas florestas boreais e em zonas montanhosas ao longo da América do Norte. Sua distribuição geográfica pode ser prevista com bastante acurácia a partir dos efeitos do clima observados sobre sua sobrevivência e reprodução (Morin et al., 2007) (**Figura 4.4A**). Os fatores climáticos que limitam sua distribuição incluem os efeitos das baixas temperaturas sobre seu sucesso reprodutivo e os efeitos da seca e das baixas temperaturas sobre sua sobrevivência (**Figura 4.4B**). A faixa de condições ambientais em que uma espécie ocorre – seu **envelope climático** – proporciona uma ferramenta útil para prever sua resposta à mudança climática (ver Capítulo 25).

Os indivíduos respondem à variação ambiental por meio da aclimatização

Qualquer processo fisiológico, como o crescimento ou a fotossíntese, tem um conjunto de condições ambientais ótimas mais propício a seu funcionamento. Desvios dessas condições ambientais ótimas causam uma redução na taxa do processo (**Figura 4.5**). **Estresse** é a condição na qual uma alteração ambiental resulta em diminuição na taxa de um importante processo fisiológico, reduzindo, desse modo, o potencial para a sobrevivência, o crescimento ou a reprodução de um organismo. Por exemplo, quando você

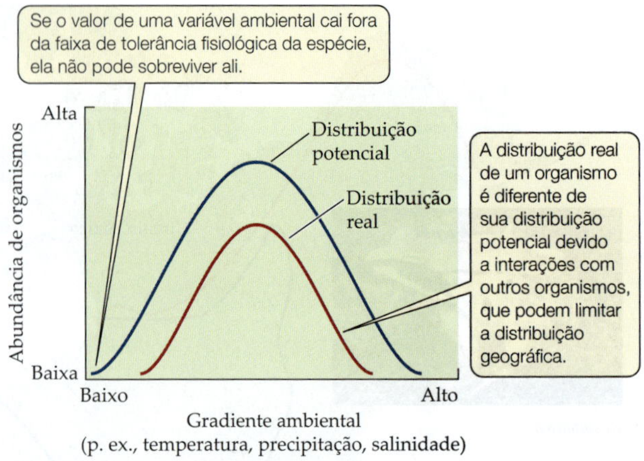

Figura 4.3 A abundância varia ao longo de um gradiente ambiental A abundância de um organismo alcança um máximo teórico em algum valor ótimo ao longo de um gradiente ambiental e cai em cada extremidade a valores que limitam a distribuição geográfica potencial do organismo. A curva de abundância real provavelmente difere da curva de abundância potencial devido às interações biológicas.

viaja para altitudes elevadas, em geral acima de 2.400 m, a pressão parcial de oxigênio menor na atmosfera (ver p. 70) resulta na distribuição de menos oxigênio para seus tecidos pelo sistema circulatório. Essa condição, conhecida como *hipóxia*, resulta quando a quantidade de oxigênio captada pelas moléculas de hemoglobina no sangue diminui. A hipóxia causa a "doença da altitude", tipo de estresse fisiológico que diminui nossa capacidade de se exercitar e pensar claramente, causando náuseas.

Muitos organismos têm a capacidade de ajustar sua fisiologia, morfologia ou comportamento para reduzir o efeito de uma variação ambiental e minimizar o estresse associado. Esse tipo de ajustamento, conhecido como **aclimatização**[1], em geral é um processo reversível, de curto prazo. Seu corpo se aclimatiza a altitudes elevadas se você permanece lá por várias semanas (mas só abaixo de 5.500 m). A aclimatização a altitudes elevadas envolve frequências respiratórias maiores, maior produção de eritrócitos e hemoglobina associada, além de maior pressão nas artérias pulmonares para o sangue circular em áreas do pulmão não usadas em altitudes mais baixas (Hochochka e Somero, 2002). O resultado dessas alterações fisiológicas é a distribuição de mais oxigênio para os tecidos. O processo de aclimatização é revertido quando você retorna a altitudes mais baixas.

As populações respondem à variação ambiental por meio da adaptação

Dentro da distribuição geográfica de uma espécie, determinadas populações ocorrem em ambientes únicos (p. ex.,

---
[1]Fisiologistas animais usam o termo "aclimatização" para se referir a respostas de curto prazo de um animal a variações no ambiente físico sob condições de campo e "aclimação" para se referir a respostas de curto prazo sob condições controladas de laboratório.

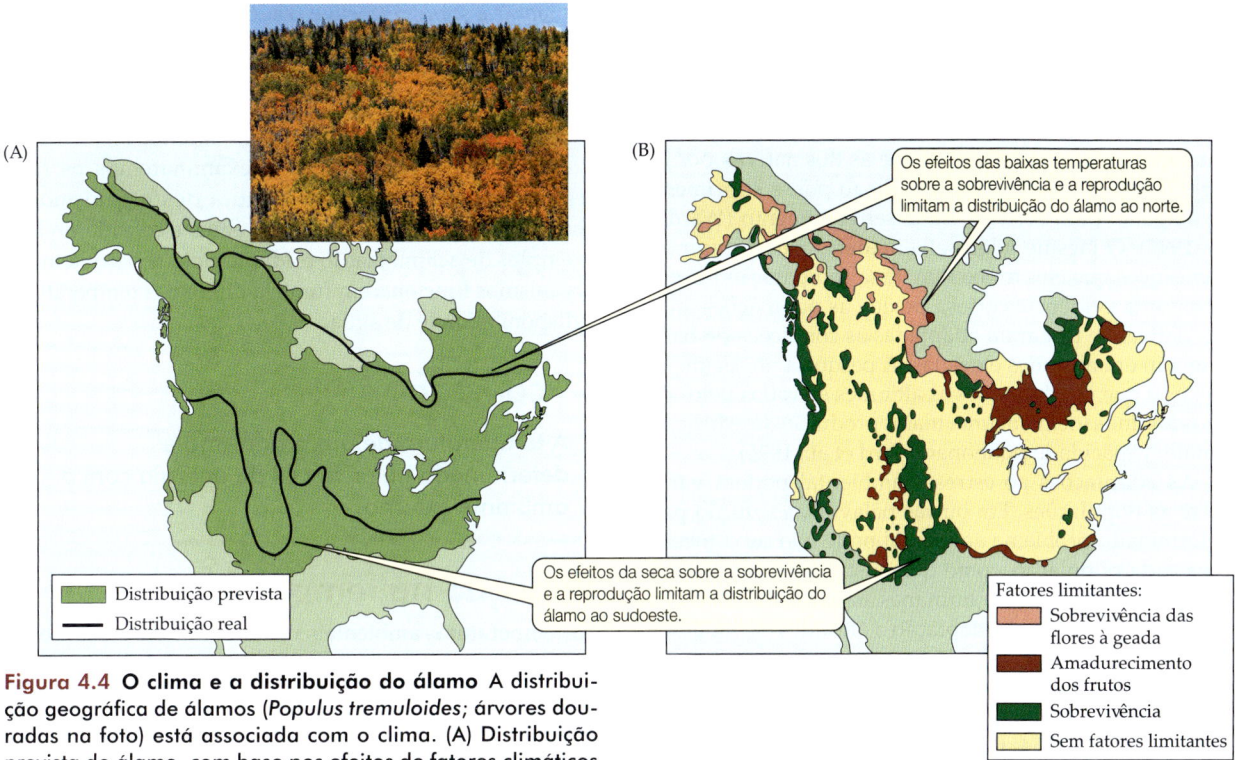

Figura 4.4 O clima e a distribuição do álamo A distribuição geográfica de álamos (*Populus tremuloides*; árvores douradas na foto) está associada com o clima. (A) Distribuição prevista do álamo, com base nos efeitos de fatores climáticos sobre a sobrevivência e a reprodução observados em populações naturais, mapeada com a distribuição real. (B) Fatores climáticos que limitam a distribuição do álamo, com base em observações de populações naturais. (Segundo Morin et al., 2007.)

(A) Distribuição prevista / Distribuição real

(B) Os efeitos das baixas temperaturas sobre a sobrevivência e a reprodução limitam a distribuição do álamo ao norte. Os efeitos da seca sobre a sobrevivência e a reprodução limitam a distribuição do álamo ao sudoeste.

Fatores limitantes:
- Sobrevivência das flores à geada
- Amadurecimento dos frutos
- Sobrevivência
- Sem fatores limitantes

? Prevê-se que o clima futuro seja mais quente ao longo do interior do oeste da América do Norte e mais seco nas porções centrais do continente. Como essas mudanças irão influenciar a distribuição geográfica do álamo?

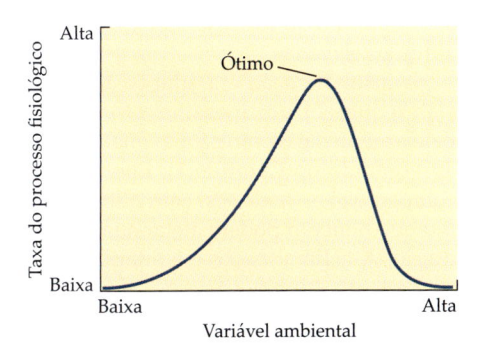

Figura 4.5 Controle ambiental de processos fisiológicos As taxas dos processos fisiológicos são maiores sob um conjunto de condições ambientais ótimas (p. ex., temperatura ótima, disponibilidade ótima de água). Desvios do ótimo causam um decréscimo nas taxas dos processos fisiológicos.

climas frios, solos salinos) que inicialmente podem ter sido estressantes aos organismos quando eles o ocuparam pela primeira vez. Dentro de tais populações, a variação genética em características fisiológicas, morfológicas ou comportamentais que influenciam sua sobrevivência e funcionamento no novo ambiente conduzirá à seleção natural, favorecendo aqueles indivíduos cujas características os tornem mais aptos a lidar com as novas condições. A base genética subjacente para essas características teria resultado de uma mudança, ao longo de gerações, na constituição genética da população à medida que a abundância dos indivíduos com os caracteres favorecidos aumentou (ver Capítulo 6). Tais características são conhecidas como **adaptações**. Ao longo de muitas gerações, essas soluções exclusivas para o estresse ambiental, baseadas geneticamente, tornam-se mais frequentes na população.

A adaptação é similar à aclimatização no sentido de que os processos envolvem uma mudança que minimiza o estresse, e a capacidade para aclimatizar representa um tipo de adaptação. Entretanto, a adaptação difere da aclimatização por ser uma resposta genética de longo prazo de uma população ao estresse ambiental que aumenta seu sucesso ecológico sob condições estressantes (**Figura 4.6**). Populações com adaptações para ambientes únicos são chamadas de **ecótipos**. Os ecótipos podem ser respostas a fatores ambientais abióticos (p. ex., temperatura, disponibilidade de água, tipo de solo, salinidade) ou bióticos (p. ex., competição, predação). Os ecótipos podem finalmente se tornar espécies separadas à medida que a fisiologia e a morfologia dos indivíduos em diferentes populações divergirem, e as populações finalmente se tornarem isoladas reprodutivamente.

Retornando a nosso exemplo anterior, as populações humanas têm vivido continuamente no altiplano andino por no mínimo 10 mil anos. Quando os exploradores espanhóis se estabeleceram inicialmente nos Andes, junto aos povos nativos nos séculos XVI e XVII, suas taxas de natalidade foram menores do que as dos nativos por 2 a 3 gerações, provavelmente devido ao pobre suprimento de oxigênio para os fetos em desenvolvimento (Ward et al., 1995). O mesmo julga-se verdadeiro para os animais domésticos que eles trouxeram. Essa comparação proporciona uma evidência curiosa de que as populações andinas nativas se tornaram adaptadas às condições de baixo oxigênio em altitudes elevadas. A pesquisa no século XX mostrou que as adaptações às altitudes elevadas pelos nativos andinos incluíam uma maior produção de eritrócitos e maior capacidade pulmonar (Ward et al., 1995).

As adaptações ao estresse ambiental podem variar entre as populações. Em outras palavras, a solução para determinado problema ambiental pode não ser a mesma para cada população, como demonstrado por uma comparação de populações humanas nativas dos planaltos andinos e tibetanos. A adaptação a altitudes elevadas nas populações andinas (alta concentração de eritrócitos e grande volume pulmonar) não são as mesmas daquelas encontradas em populações tibetanas ou etíopes (Beall, 2007). As populações tibetanas têm concentrações de eritrócitos similares e concentrações de oxigênio no sangue inferiores àquelas de populações ao nível do mar, mas elas têm uma taxa respiratória maior, que aumenta as trocas de oxigênio com o sistema circulatório, e fluxos sanguíneos maiores, os quais aumentam o fornecimento de oxigênio para órgãos vitais como o cérebro. Assim, há no mínimo dois modos diferentes pelos quais as populações humanas se adaptaram ao estresse hipóxico imposto por viver em altitudes elevadas.

A aclimatização e a adaptação não são "gratuitas"; elas requerem um investimento de energia e recursos pelo organismo (como na máxima "Não há almoço grátis" apresentada no Capítulo 1). Elas representam possíveis compensações (*trade-offs*) com outras funções do organismo que também podem afetar sua sobrevivência e reprodução. A aclimatização e a adaptação devem, portanto, aumentar a sobrevivência e o sucesso reprodutivo do organismo sob as condições ambientais específicas, de modo a ser favorecido acima de outros padrões de investimento de energia e recursos. (As compensações em energia e alocação de recursos são discutidas no Capítulo 7.)

Nas duas seções restantes, examinaremos os fatores que determinam a temperatura dos organismos, o conteúdo hídrico e a captação de água, e consideraremos exemplos de aclimatização e adaptação que permitem aos organismos funcionarem frente a diferentes temperaturas e disponibilidade de água.

CONCEITO 4.2

A temperatura de um organismo é determinada pelas trocas de energia com o ambiente externo.

Variação na temperatura

As temperaturas ambientais variam muito em toda a biosfera, como já vimos no Capítulo 2. A floresta boreal siberiana descrita anteriormente neste capítulo representa um extremo de variação sazonal, com uma oscilação de 80°C do verão para o inverno. As florestas tropicais, por outro lado, experimentam variação sazonal bem menor na temperatura, cerca de 15°C. Os ambientes edáficos, que servem de moradia para muitas espécies de microrganismos, raízes de plantas e animais, são isolados dos extremos de temperatura ambiental acima do solo, embora as temperaturas da superfície do solo possam variar tanto quanto ou mais do que as temperaturas do ar. Os ambientes aquáticos também experimentam variações na temperatura ao longo de escala de tempo sazonal e diária. Os ambientes oceânicos abertos tendem a ter pouquíssima variação temporal na temperatura devido ao volume oceânico massivo e à capacidade térmica. Por outro lado, poças de maré experimentam grandes variações na temperatura da água à medida que as marés sobem e descem, com uma variação de 20°C ao longo de um período de 5 horas.

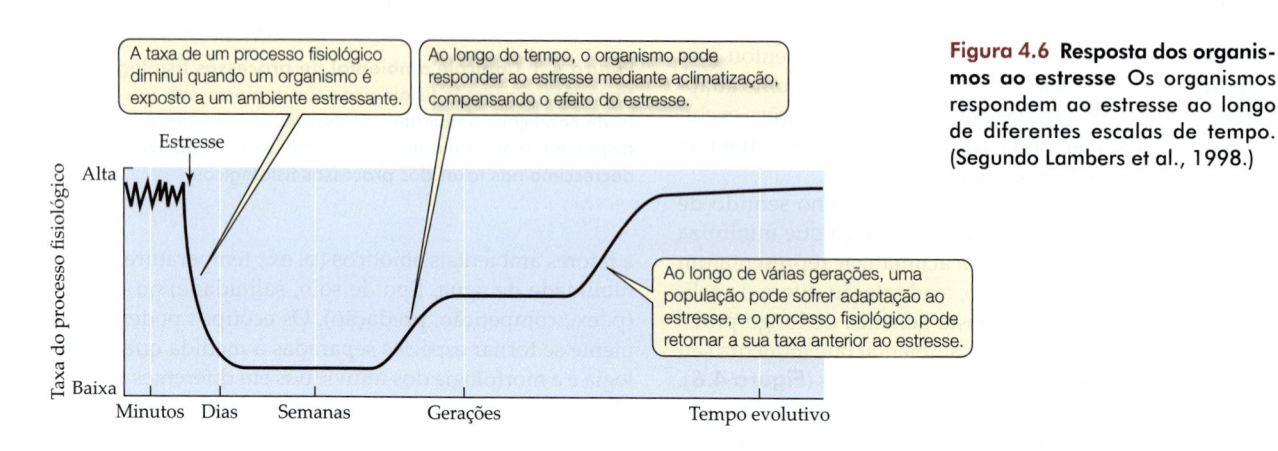

Figura 4.6 Resposta dos organismos ao estresse Os organismos respondem ao estresse ao longo de diferentes escalas de tempo. (Segundo Lambers et al., 1998.)

A taxa de um processo fisiológico diminui quando um organismo é exposto a um ambiente estressante.

Ao longo do tempo, o organismo pode responder ao estresse mediante aclimatização, compensando o efeito do estresse.

Ao longo de várias gerações, uma população pode sofrer adaptação ao estresse, e o processo fisiológico pode retornar a sua taxa anterior ao estresse.

A sobrevivência e o funcionamento dos organismos são fortemente ligados às suas temperaturas internas. O limite extremo superior para plantas e animais multicelulares metabolicamente ativos é de cerca de 50°C (**Figura 4.7**). Algumas arqueias e bactérias que vivem em fontes termais podem funcionar a 90°C (Willmer et al., 2005). O limite extremo inferior para o funcionamento dos organismos está limitado pela temperatura na qual a água congela nas células, em geral entre –2 e –5°C. Alguns organismos podem sobreviver períodos de calor ou frio extremo entrando em um estado de **dormência**, no qual ocorre pouca ou nenhuma atividade metabólica.

A temperatura interna de um organismo é determinada pelo balanço entre a energia que ele ganha e a energia que ele perde para o ambiente externo. Assim, os organismos devem tolerar as variações em sua temperatura interna, à medida que a temperatura do ambiente externo varia, ou modificar sua temperatura interna utilizando alguns meios fisiológicos, morfológicos ou comportamentais de ajustar esses ganhos e perdas. As temperaturas ambientais – especialmente seus extremos – são, portanto, importantes determinantes das distribuições dos organismos, como demonstrado pelas relações entre os biomas e os padrões climáticos globais discutidos nos Capítulos 2 e 3.

A temperatura controla a atividade fisiológica

A geração metabólica de energia química e a síntese de compostos orgânicos utilizados para o crescimento e a reprodução dependem de reações bioquímicas que são sensíveis à temperatura. Cada reação tem uma temperatura ótima relacionada à atividade de *enzimas*, moléculas baseadas em proteínas que catalisam as reações bioquímicas. As enzimas são estruturalmente estáveis em uma faixa limitada de temperaturas. Em temperaturas elevadas, as proteínas constituintes perdem sua integridade estrutural, ou tornam-se desnaturadas, quando suas ligações se rompem. A maioria das enzimas torna-se desnaturada a temperaturas entre 40 e 70°C, mas enzimas de bactérias que habitam fontes termais podem permanecer estáveis em temperaturas até 100°C. A temperatura letal superior para a maioria dos organismos é menor do que a temperatura na qual suas enzimas se tornam desnaturadas, provavelmente porque a coordenação metabólica entre as rotas

Figura 4.7 Faixas de temperatura para a vida na Terra São conhecidos organismos vivos que habitam ambientes extremos, estendendo-se desde fontes termais até mares gelados.

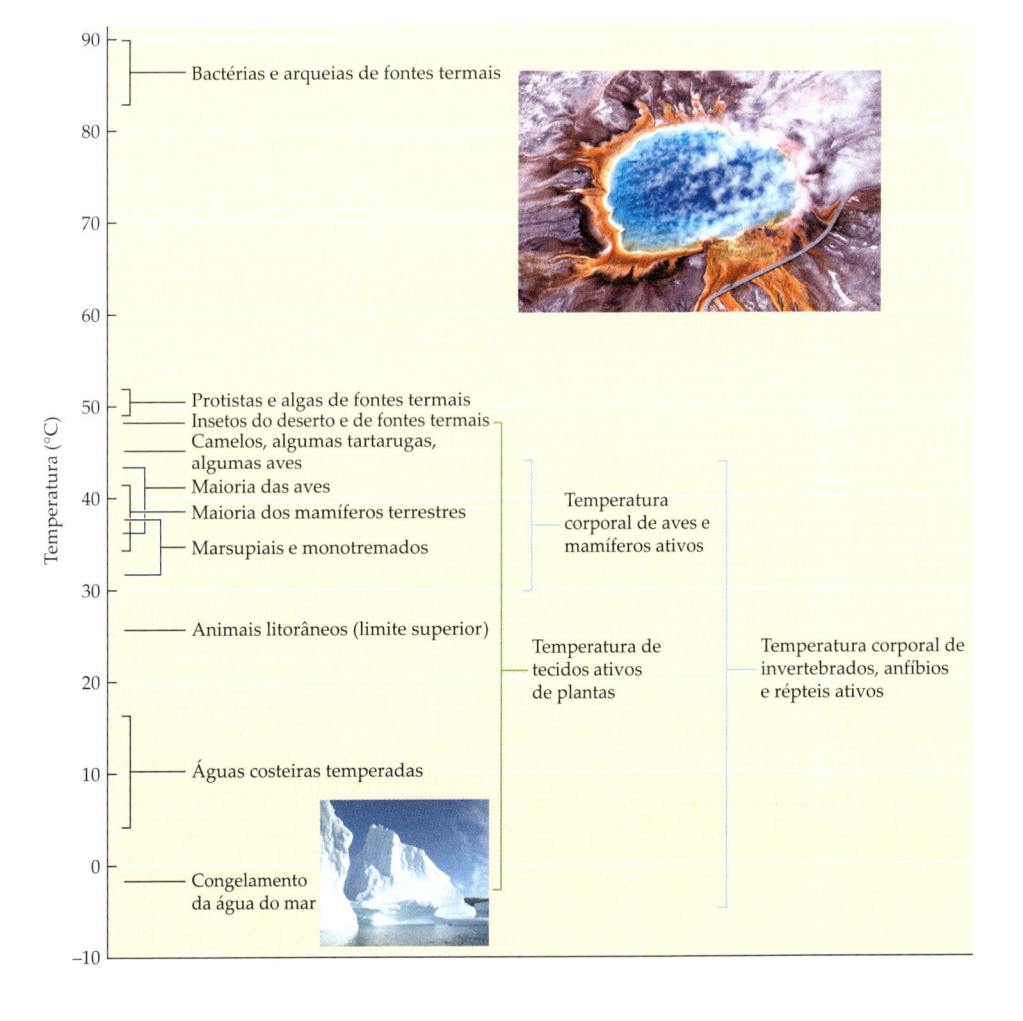

bioquímicas é perdida nessas temperaturas. O limite extremo inferior para a atividade enzimática é cerca de –5°C (Willmer et al., 2005). As temperaturas internas de peixes e crustáceos antárticos podem alcançar –2°C devido à concentração de sais da água do mar onde vivem diminuir seu ponto de congelamento. Alguns microrganismos do solo são ativos em temperaturas tão baixas quanto –5°C.

Algumas espécies podem produzir formas diferentes de enzimas (chamadas de *isoenzimas*) com ótimos de temperatura diferentes como um meio de aclimatização para variações na temperatura ambiental. Por exemplo, alguns peixes (p. ex., truta, carpa, peixe-dourado) e árvores (p. ex., *loblolly pine**) podem produzir isoenzimas em resposta às variações sazonais na temperatura. Entretanto, a aclimatização às variações na temperatura utilizando isoenzimas não parece ser uma resposta comum em animais (Willmer et al., 2005).

A temperatura também determina as taxas de processos fisiológicos influenciando as propriedades de membranas, em em especial sob baixas temperaturas. As membranas das células e organelas são compostas de duas camadas de moléculas lipídicas. Em temperaturas baixas, essas membranas podem se solidificar, e as proteínas e as enzimas nelas embebidas podem perder sua função, afetando processos como a respiração mitocondrial e a fotossíntese. As membranas também perdem suas funções como filtros quando suas camadas lipídicas se solidificam, deixando permear metabólitos celulares. As plantas tropicais podem sofrer a perda de função associada com a ruptura da membrana em temperaturas de 10°C, enquanto plantas alpinas podem funcionar a temperaturas próximas ao ponto de congelamento. A sensibilidade do funcionamento da membrana a baixas temperaturas está relacionada à composição química das moléculas lipídicas da membrana. As plantas de climas mais frios têm maior proporção de lipídeos de membrana insaturados (com maiores números de ligações duplas entre moléculas de carbono**) do que as plantas de climas mais quentes.

Finalmente, a temperatura influencia processos fisiológicos em organismos terrestres afetando a disponibilidade hídrica. Como vimos no Capítulo 2, quanto mais quente o ar, mais vapor de água ele pode reter. Como consequência, a taxa na qual os organismos terrestres perdem água de seus corpos aumenta com a temperatura do ar. Retornaremos a esse ponto mais tarde, quando discutirmos como os organismos enfrentam as variações na disponibilidade de água.

Os organismos influenciam sua temperatura modificando o equilíbrio energético

Em um dia quente, dar um mergulho na piscina e, após, sentar-se à sombra com uma brisa alivia o calor opressivo. Elefantes seguem uma rotina semelhante, nadando e usando suas trombas para borrifar água em suas costas. Esse tipo de comportamento facilita a perda de calor de vários modos. O contato da pele aquecida com a água fria causa a perda de calor do corpo pelo processo de *condução*: a transferência direta de energia de moléculas mais quentes, movendo-se mais rapidamente, para moléculas mais frias, movendo-se mais lentamente. Quando a água e o ar frios se movem através da superfície de um corpo aquecido, o calor é transferido via *convecção*. A mudança no estado da água de líquido para vapor, à medida que ela evapora sobre a superfície da pele, absorve o calor do corpo (*transferência de calor latente*). Por fim, movendo-se para a sombra, a quantidade de *radiação* solar que você recebe é reduzida.

O balanço entre o aporte e a perda de energia determina se a temperatura de qualquer objeto (vivo ou não) irá aumentar ou diminuir. Arqueias, bactérias, protistas e algas não podem evitar variações em sua temperatura quando a temperatura do ambiente muda. Eles devem tolerar as variações na temperatura por meio de modificações bioquímicas. Por exemplo, quando as temperaturas excedem sua faixa de tolerância, os microrganismos em geral sobrevivem como esporos dormentes. Plantas e animais também podem influenciar sua temperatura corporal e, portanto, seus processos fisiológicos, pelo ajuste de suas trocas de energia com o ambiente. Tanto as plantas como os animais em geral são capazes de evitar temperaturas internas estressantes por meio de modificações comportamentais e morfológicas do equilíbrio energético. Vamos examinar alguns exemplos.

Modificação do equilíbrio energético pelas plantas

Entre as plantas, o estresse térmico é experimentado principalmente em ambientes terrestres. Plantas marinhas e de água doce em geral experimentam temperaturas dentro da faixa adequada a sua atividade fisiológica, embora aquelas que ocorrem em hábitats costeiros possam experimentar temperaturas potencialmente letais. Os fatores envolvidos no equilíbrio energético de plantas terrestres são mostrados na **Figura 4.8**. Os aportes de energia que aquecem a planta incluem a radiação solar e a radiação de ondas longas (infravermelha) dos objetos circundantes. Se o solo ou o ar está mais aquecido do que a planta, os aportes de energia também incluirão a condução e a convecção. As perdas de energia pela planta incluem a emissão de radiação infravermelha para o ambiente circundante e, se o solo ou o ar estiver mais frio do que a planta, condução e convecção. A perda de calor também ocorre pela transpiração (evaporação de água do interior da planta) e pela evaporação, referidas coletivamente como *evapotranspiração*.

Podemos reunir esses ganhos e perdas para determinar se a temperatura da planta está se modificando:

$$\Delta C_{planta} = RS + IR_g - IR_p \pm C_{conv} \pm C_{cond} - C_{evaptr} \quad (4.1)$$

onde ΔC_{planta} é variação de energia térmica da planta (a letra grega delta geralmente significa "variação em"), RS é a radiação solar, IR_g é o ganho de radiação infravermelha,

---
*N. de T. *Pinus taeda*.
**N. de T. Ligações duplas entre os átomos de carbono da molécula.

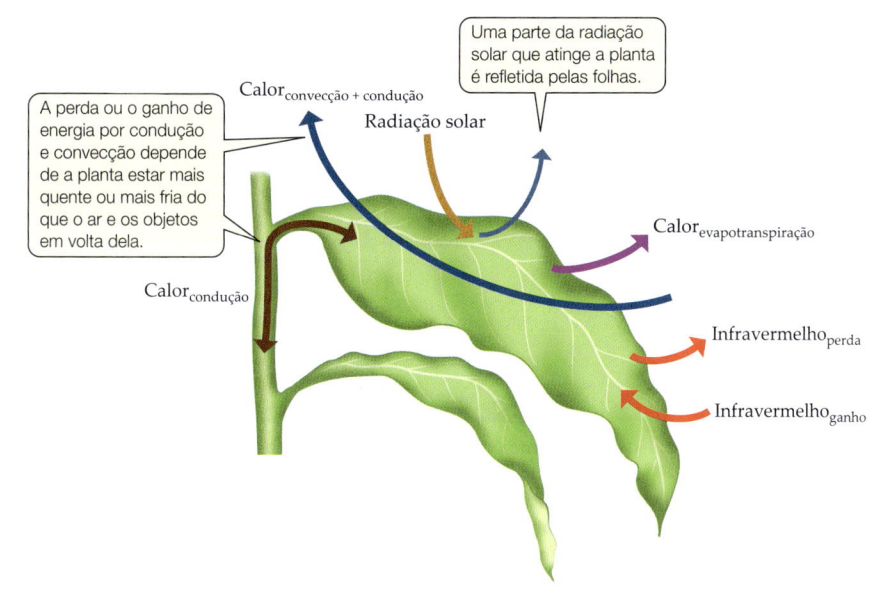

Figura 4.8 A troca de energia em plantas terrestres A temperatura de uma planta é determinada pelo balanço entre os aportes de energia a partir do ambiente e as perdas de energia para o ambiente.

IR_p é a perda de radiação infravermelha, C_{conv} é a transferência convectiva de calor, C_{cond} é a transferência condutiva de calor e C_{evaptr} é a transferência de calor pela evapotranspiração. Uma perda insignificante de energia ocorre quando a planta utiliza a radiação solar para a fotossíntese. Se a planta for mais quente do que o ar circundante, então C_{conv} e C_{cond} são negativos. Se a soma de aportes de energia excede a soma de perdas, o ΔC_{planta} é positivo e a temperatura da planta sobe. De modo oposto, se mais calor é perdido do que ganho, o ΔC_{planta} é negativo e a temperatura da planta diminui.

As plantas podem modificar seu equilíbrio energético para controlar sua temperatura mediante ajuste desses ganhos e perdas de energia. As folhas estão mais frequentemente associadas a esses ajustes por serem os principais órgãos fotossintéticos da planta e em geral os tecidos mais sensíveis à temperatura. Os ajustes mais importantes e mais comuns incluem as alterações na taxa de perda de água pela transpiração. Além disso, alterações nas propriedades reflexivas da superfície foliar ou na orientação da folha em direção ao Sol podem alterar a quantidade de radiação solar absorvida pela planta. Por fim, mudanças na transferência convectiva de calor podem ser alcançadas pela alteração da rugosidade da superfície.

A transpiração é um mecanismo de resfriamento evaporativo importante para as folhas. Como vimos no Capítulo 2, sua efetividade é especialmente evidente nos dosséis de florestas tropicais, que estão sujeitas a elevadas temperaturas do ar e altos níveis de radiação solar. Sem o resfriamento transpiratório, as folhas das plantas tropicais do dossel poderiam alcançar temperaturas acima de 45°C, que seriam letais. A taxa transpiratória é controlada pelo **estômato**, formado por *células-guarda* especializadas que circundam o estíolo (fenda estomática), que se comunica com o interior da folha. Os estômatos são a passagem para a perda de água transpiratória para a absorção de dióxido de carbono para a fotossíntese; retornaremos a essa última função no Capítulo 5. Variações no grau de abertura estomática, bem como no número de estômatos, controlam a taxa de transpiração e, portanto, exercem um controle importante na temperatura da folha (**Figura 4.9**).

A transpiração requer um suprimento constante de água. Onde o suprimento de água no solo é limitado – como acontece em parte substancial da superfície do ambiente terrestre – a transpiração não é um mecanismo de resfriamento seguro. Como vimos no Capítulo 3, algumas plantas deixam as folhas cair durante as estações secas, evitando, desse modo, tanto o estresse térmico como o estresse hídrico. Entretanto, a alta demanda por recursos (p. ex., nutrientes minerais) necessários para repor as folhas caídas pode favorecer a proteção das folhas existentes em vez de deixá-las cair. As plantas que mantêm folhas durante longos períodos de seca requerem outros mecanismos além da transpiração para dissipar a energia térmica. Uma alternativa é alterar as propriedades reflexivas das folhas via **pubescência**, a presença de tricomas de cores claras ou brancos na superfície foliar, que reduzem a quantidade de radiação solar absorvida por ela. Porém, a pubescência pode também reduzir a eficiência da perda convectiva de calor e, assim, representa uma compensação entre dois mecanismos opostos de troca de calor.

Um dos melhores estudos tratando do significado adaptativo da pubescência foliar para a regulação da temperatura teve como foco arbustos do gênero *Encelia* (membros da família das compostas ou da margarida). Jim Ehleringer e colaboradores descreveram o papel da pubescência na regulação da temperatura foliar entre espécies de *Encelia* que ocupam diferentes regiões geográficas. *Encelia farinosa*, planta nativa dos desertos de Sonora e Mojave, mantém uma elevada quantidade de pubescência foliar em relação aos indivíduos (da mesma espécie) de ambientes mais úmidos e mais frescos. Ehleringer e seu colaborador Craig Cook (1990) avaliaram os papéis relativos da pubescência foliar e da transpiração no resfriamento das folhas de *E. farinosa* e duas outras espécies cujas folhas carecem de pubescência: *E. frutescens*, que ocorre em aluviões no deserto* (que têm mais umidade

---

*N. de T. Leitos secos de rios intermitentes formados após chuvas torrenciais no deserto.

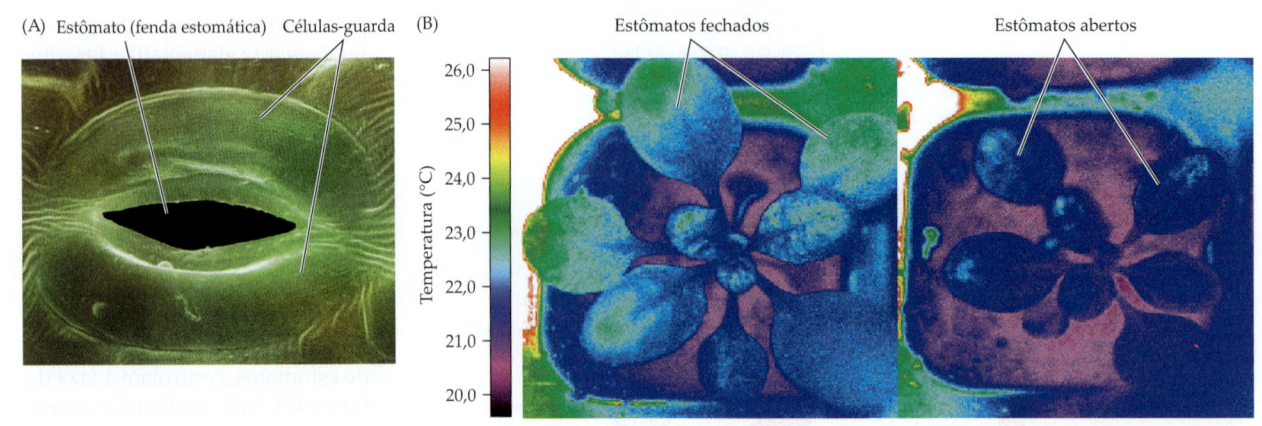

Figura 4.9 Os estômatos controlam a temperatura foliar pelo controle da transpiração (A) Células-guarda especializadas controlam o grau de abertura estomática. Os estômatos abertos permitem a difusão do CO_2 para o interior para a fotossíntese e permitem que a água seja transpirada para fora, refrigerando as folhas. (B) As temperaturas foliares variam com o grau de abertura estomática. A planta à direita tem os estômatos abertos e está transpirando livremente, enquanto a planta à esquerda, mantida sob condições idênticas, tem os estômatos fechados, uma taxa transpiratória menor e uma temperatura 1 a 2°C maior, como indicado pela imagem de infravermelho termal.

> **?** Em que biomas a utilização da transpiração pode ser particularmente importante para o resfriamento das folhas?

Figura 4.10 Radiação solar, variações sazonais e pubescência foliar (A) O aquecimento solar das folhas varia de acordo com a quantidade de pubescência sobre elas. As folhas pubescentes do arbusto do deserto *E. farinosa* absorvem uma porcentagem menor da radiação solar incidente do que as folhas de duas espécies não pubescentes: *E. californica*, nativa da comunidade costeira de sálvia da Califórnia, e *E. frutescens*, habitante das comunidades mais úmidas de aluviões no deserto. *E. farinosa* é, portanto, menos dependente da transpiração para a refrigeração das folhas do que as outras duas espécies. As barras de erro mostram um erro-padrão da média. (B) *E. farinosa* produz maiores quantidades de pubescência nas folhas durante o verão do que no inverno, representando uma aclimatização às temperaturas quentes do verão. As fotos são microfotografias eletrônicas de varredura de secções transversais da folha. (A segundo Ehleringer e Cook, 1990.)

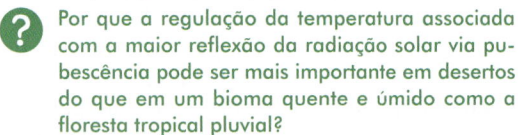

> **?** Por que a regulação da temperatura associada com a maior reflexão da radiação solar via pubescência pode ser mais importante em desertos do que em um bioma quente e úmido como a floresta tropical pluvial?

do que o resto do deserto), e *E. californica*, nativa de uma comunidade costeira de sálvia, mais úmida e mais fria, da Califórnia e da Baixa Califórnia. Para controlar a variação ambiental que poderia influenciar a morfologia e a fisiologia das plantas, eles cultivaram juntos indivíduos de cada espécie a partir de sementes, em parcelas experimentais no deserto de Sonora e na costa da Califórnia. Metade das plantas do experimento foi regada, e a outra metade foi mantida sob condições naturais. Eles mediram as temperaturas foliares, o grau de abertura estomática e a quantidade de luz solar absorvida.

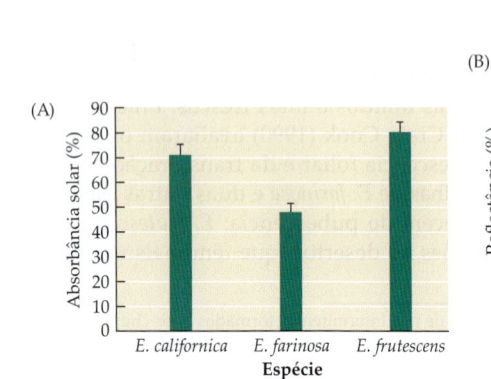

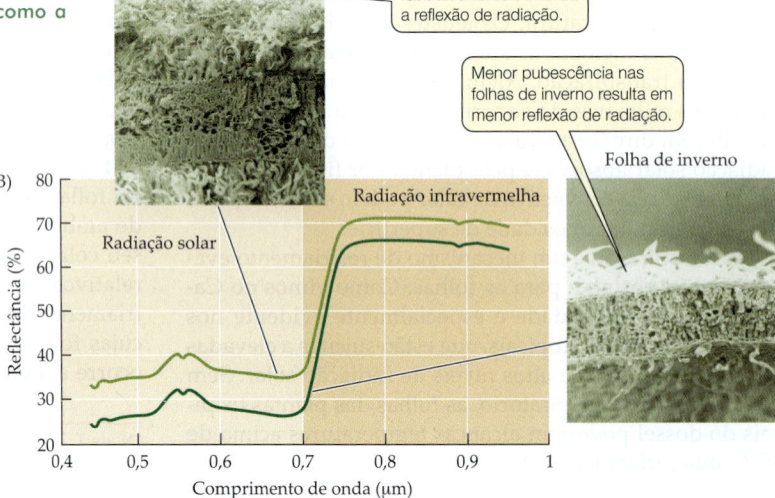

As três espécies de *Encelia* mostraram poucas diferenças na temperatura foliar e na abertura estomática quando cultivadas em canteiros mais frescos e mais úmidos da costa da Califórnia. Em canteiros do deserto, entretanto, *E. californica* e *E. frutescens* perderam suas folhas durante os meses quentes de verão sob condições naturais, enquanto *E. farinosa* não perdeu as folhas. *E. frutescens* não perdeu suas folhas quando os indivíduos foram hidratados, e suas folhas mantiveram temperaturas subletais utilizando o resfriamento transpiratório. As folhas de *E. farinosa* refletiram cerca de duas vezes mais radiação solar do que as folhas das duas outras espécies (**Figura 4.10A**), o que facilitou a capacidade dos arbustos de manter as temperaturas das folhas mais baixas do que a temperatura do ar.

O experimento de campo de Ehleringer e Cook fornece evidência correlativa do valor adaptativo da pubescência foliar para *E. farinosa* sob condições quentes do deserto. O trabalho adicional de Darren Sandquist e Ehleringer sustentou esse valor adaptativo, indicando que a seleção natural atuou sobre a variação na pubescência entre ecótipos de *E. farinosa*. As populações de ambientes mais áridos têm mais pubescência foliar e refletem mais radiação solar do que as populações de ambientes mais úmidos (Sandquist e Ehleringer, 2003).

Além da variação entre espécies e populações, a pubescência foliar também pode variar sazonalmente, exemplificando a aclimatização às condições ambientais. Os indivíduos de *E. farinosa* produzem folhas menores e mais pubescentes no verão e folhas maiores e menos pubescentes no inverno (**Figura 4.10B**). Há custos em ser pubescente, associados com a produção de tricomas e a perda de radiação solar que poderia ser usada para a fotossíntese. Logo, quando as temperaturas são mais baixas ou quando água adequada está presente no solo, as plantas de *E. farinosa* produzem folhas com menos tricomas.

O calor pode ser perdido pela folha por convecção, quando a temperatura do ar é mais baixa do que sua a sua temperatura. A eficiência da perda convectiva de calor está relacionada à velocidade do ar movendo-se ao longo de uma superfície. À medida que o ar em movimento sofre mais fricção quanto maior a proximidade da superfície de um objeto, o fluxo torna-se mais turbulento, formando vórtices (**Figura 4.11**). Essa zona de fluxo turbulento, chamada de **camada limítrofe**, reduz a perda convectiva de calor. A espessura da camada limítrofe em uma folha está relacionada ao seu tamanho e à rugosidade da superfície. Folhas pequenas e lisas têm camadas limítrofes finas e perdem calor mais efetivamente do que folhas grandes ou rugosas. Essa relação entre a camada limítrofe e a perda convectiva de calor é uma razão para a raridade de folhas largas em ecossistemas desérticos.

A perda excessiva de calor por convecção pode ser um problema para plantas (e animais) em ambientes frios e ventosos, como em zonas alpinas de uma cadeia de montanhas. A convecção é a origem mais importante da perda de calor a partir da superfície do solo em ambientes alpinos temperados, e ventos fortes podem romper folhas em locais expostos. A maioria das plantas alpinas cresce próximo à superfície do solo para evitar as elevadas velocidades do vento. Algumas plantas alpinas produzem

Figura 4.11 Uma camada limítrofe foliar O ar fluindo próximo à superfície de uma folha está sujeito à fricção, que leva o fluxo a se tornar turbulento e reduzir a perda convectiva de calor da folha para o ar circundante.

uma camada de tricomas isolantes na superfície para reduzir a perda convectiva de calor. O lótus-da-neve-dos-himalaias (*Saussurea medusa*) produz uma série de folhas densamente pubescentes que envolve as flores da planta (**Figura 4.12**). Embora elas se projetem acima da superfície do solo e estejam expostas a mais ventos do que as plantas rasteiras, as flores de *S. medusa* permanecem cerca de 20°C mais aquecidas do que o ar pela absorção e retenção da radiação solar (Tsukaya et al., 2002). A planta não somente mantém seus tecidos fotossintéticos aquecidos,

Figura 4.12 Uma planta lanosa do Himalaia O lótus-das-neves (*Saussurea medusa*) apresenta densa pubescência envolvendo as hastes de suas inflorescências emergentes, fornecendo-lhes isolamento térmico.

como também proporciona um ambiente aquecido para potenciais polinizadores, que são escassos em ambientes alpinos frios e ventosos.

Modificação do equilíbrio energético pelos animais

Animais estão sujeitos aos mesmos ganhos e perdas de energia descritos para plantas na Equação 4.1, com uma diferença-chave: alguns animais – em particular, aves e mamíferos – têm a capacidade de gerar calor internamente. Como um resultado, é necessário outro termo na equação do equilíbrio energético representando essa geração metabólica de calor:

$$\Delta C_{animal} = RS + IR_g - IR_p \pm C_{conv} \pm C_{cond} - C_{evap} + C_{met} \quad (4.2)$$

onde ΔC_{animal} é a variação de energia térmica do animal, RS é a radiação solar, IR_g é o ganho de radiação infravermelha, IR_p é a perda de radiação infravermelha, C_{conv} é a transferência convectiva de calor, C_{cond} é a transferência condutiva de calor, C_{evap} é a transferência de calor por evaporação e C_{met} é a geração metabólica de calor. Diferentemente das plantas, a perda evaporativa de calor não está largamente distribuída entre os animais. Exemplos notáveis de refrigeração evaporativa em animais incluem a transpiração nos seres humanos, a respiração ofegante em cães e outros animais, e a ação de lamber o corpo por alguns marsupiais sob condições de calor extremo.

A geração interna de calor por alguns animais representa um avanço ecológico fundamental. Os animais capazes de geração metabólica de calor conseguem manter relativamente constantes as temperaturas internas próximo ao ótimo para a atividade fisiológica ao longo de uma grande faixa de temperaturas externas e, como resultado disso, podem expandir suas áreas de distribuição geográfica. Existem vários graus de dependência da geração interna de calor no reino animal. Os animais que regulam sua temperatura corporal principalmente pela troca de energia com o ambiente externo, os quais incluem a maioria das espécies, são chamados de **ectotérmicos**. Os animais que dependem principalmente da geração interna de calor, chamados de **endotérmicos**, incluem, mas não exclusivamente, aves e mamíferos. A geração interna de calor também é encontrada em peixes (p. ex., atum), insetos (p. ex., abelhas, as quais geram calor para funções metabólicas e de defesa; **Figura 4.13**) e até mesmo algumas espécies de plantas (p. ex., repolho-de-gambá-oriental, *Symplocarpus foetidus*, aquece suas flores usando calor gerado metabolicamente durante a primavera).

Regulação e tolerância térmica em ectotérmicos

Geralmente, os ectotérmicos têm uma maior tolerância para a variação em sua temperatura corporal do que os endotérmicos (ver Figura 4.7), possivelmente em razão de eles serem menos capazes de ajustar suas temperaturas corporais do que os endotérmicos. A troca de calor entre um animal e o ambiente, seja para resfriar ou aquecer, depende da quantidade de área de superfície em relação ao volume do animal. Uma área de superfície grande em relação ao volume permite maior troca de calor, mas torna mais difícil manter uma temperatura interna constante em face das temperaturas externas variáveis. Uma área de superfície menor em relação ao volume diminui a capacidade do animal de ganhar ou perder calor. Essa relação entre área de superfície e volume impõe um limite sobre o tamanho e a forma do corpo de animais ectotérmicos. De modo geral, a razão área de superfície:volume diminui à medida que o tamanho do corpo aumenta, e a capacidade do animal de trocar calor com o ambiente diminui igualmente. Como consequência, animais ectotérmicos grandes são considerados improváveis. Essa conclusão levou à especulação de que os grandes dinossauros podem ter tido algum grau de endotermia.

Figura 4.13 Geração de calor interno como defesa Abelhas podem gerar calor pela contração de seus músculos de voo. As abelhas-japonesas (*Apis cerana*) usam a geração interna de calor como defesa contra vespas (*Vespa mandarina*) que atacam a colmeia. (A) Quando uma vespa entra na colmeia, as abelhas circundam o invasor maior. (B) A bola defensiva de abelhas envolvendo uma vespa invasora gera calor suficiente para que as temperaturas no centro excedam a temperatura letal superior para a vespa (cerca de 47°C), matando, assim, a invasora.

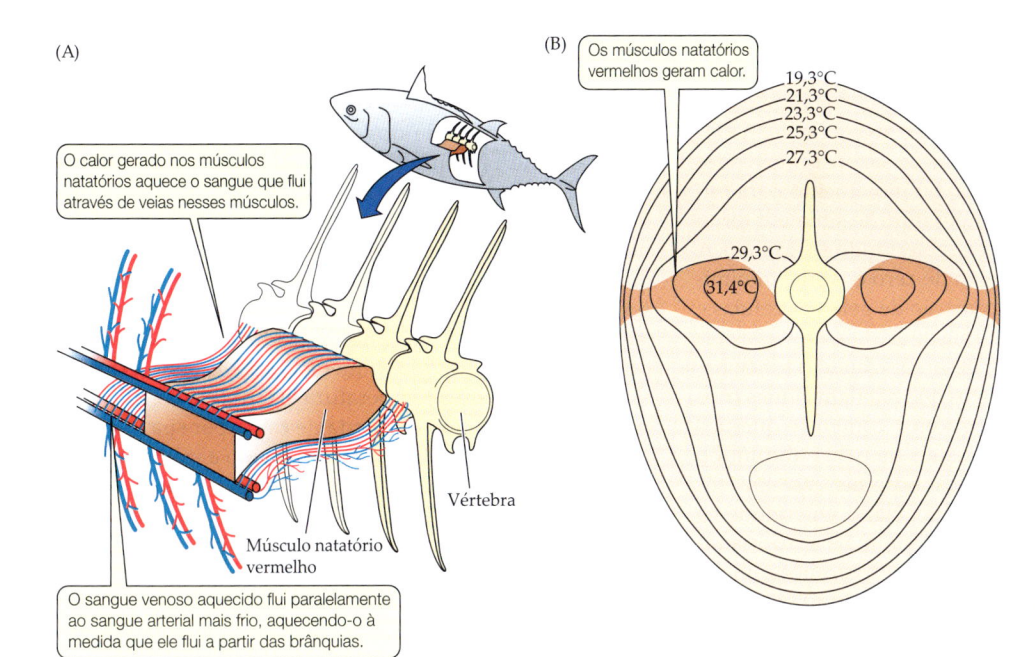

Figura 4.14 Geração interna de calor pelo atum (A) O calor gerado nos músculos natatórios vermelhos do bonito, usados para nadar, aquece o sangue que flui por eles, o qual é conduzido por veias próximas à superfície do corpo. Essas veias funcionam em paralelo a artérias que carregam o sangue oxigenado frio proveniente das brânquias, aquecendo esse sangue antes que ele chegue aos músculos natatórios. (B) Uma secção transversal do atum mostra que seu centro permanece mais quente do que a água circundante.

(A) O calor gerado nos músculos natatórios aquece o sangue que flui através de veias nesses músculos.

O sangue venoso aquecido flui paralelamente ao sangue arterial mais frio, aquecendo-o à medida que ele flui a partir das brânquias.

Músculo natatório vermelho
Vértebra

(B) Os músculos natatórios vermelhos geram calor.

19,3°C
21,3°C
23,3°C
25,3°C
27,3°C
29,3°C
31,4°C

Pequenos ectotérmicos aquáticos (p. ex., a maioria dos invertebrados e peixes) em geral permanecem na mesma temperatura que a água circundante. Alguns animais aquáticos maiores, entretanto, podem manter uma temperatura corporal mais quente do que a da água ao seu redor (**Figura 4.14**). Por exemplo, bonito (*Katsuwonis pelamis*) usa a atividade muscular, em conjunto com a troca de calor entre os vasos sanguíneos, para manter uma temperatura corporal cerca de 14°C mais alta do que a da água do mar circundante. Outros grandes peixes oceânicos usam mecanismos circulatórios de troca de calor para manter os músculos aquecidos. Tais mecanismos são particularmente importantes para espécies predadoras que dependem da aceleração rápida para capturar presas, a qual é auxiliada por terem músculos aquecidos.

A mobilidade de muitos ectotérmicos terrestres lhes permite ajustar sua temperatura corporal movendo-se para locais que são mais quentes ou mais frios do que eles estão. Aquecer-se ao sol ou mover-se para a sombra permite a esses animais ajustarem ganhos e perdas de energia via radiação solar, condução e radiação infravermelha. Por exemplo, répteis e insetos emergindo de esconderijos após uma noite fria irão se expor ao sol para aquecer o corpo antes de iniciarem suas atividades diurnas (**Figura 4.15**). Esse comportamento de exposição ao sol, entretanto, aumenta o risco de ser encontrado por predadores. Muitos desses animais confiam na camuflagem (também chamada de *cripsia*) para escapar à detecção enquanto se aquecem. Além de moverem-se para locais com temperaturas diferentes, os répteis também podem regular suas temperaturas corporais alterando sua coloração ou mudando sua orientação em relação ao sol.

Por dependerem do ambiente externo para a regulação térmica, as atividades dos animais ectotérmicos são limitadas a certas faixas de temperatura. Quando as temperaturas são mais altas, os ectotérmicos em ambientes ensolarados (p. ex., desertos) podem obter energia suficiente do ambiente para elevar suas temperaturas corporais aos níveis letais. **Conexão às Mudanças Climáticas 4.1** descrevem como os aumentos na temperatura associados com a mudança climática ao longo das últimas duas décadas parecem ter limitado os períodos diários de forrageio de várias espécies de lagartos mexicanos, cujas abundâncias diminuíram significativamente durante esse período (ver também Capítulo 25, p. 583-584).

Figura 4.15 Animais móveis podem usar o comportamento para ajustar sua temperatura corporal Esse lagarto-de-colar (*Crotaphytus bicinctores*) moveu-se para um local ensolarado para elevar sua temperatura corporal a uma faixa adequada para desempenhar suas atividades diárias.

? Que componentes do equilíbrio energético são afetados pelo comportamento do lagarto?

Em regiões temperadas e polares, as temperaturas caem abaixo do ponto de congelamento por extensos períodos. Os ectotérmicos que habitam essas regiões precisam evitar ou tolerar a exposição a condições de congelamento. A evitação pode tomar a forma de migração sazonal (movendo-se para uma latitude mais baixa) ou movimento para microambientes locais onde a temperatura se situa em torno ou acima do congelamento (p. ex., enterrando-se no solo). A tolerância a temperaturas abaixo de zero envolve minimizar o dano associado com a formação de gelo nas células e nos tecidos. Se o gelo toma a forma de cristais, eles irão perfurar as membranas celulares, desorganizando o funcionamento metabólico. Alguns insetos que habitam climas frios contêm concentrações altas de glicerol, composto químico que minimiza a formação de cristais de gelo e diminui o ponto de congelamento dos fluidos corporais. Esses insetos passam o inverno em estado semicongelado, emergindo na primavera quando as temperaturas são mais apropriadas à atividade fisiológica. Os vertebrados ectotérmicos em geral não toleram o congelamento no mesmo grau que os invertebrados ectotérmicos devido aos tamanhos maiores e à maior complexidade fisiológica. Alguns raros anfíbios, entretanto, podem sobreviver parcialmente congelados, como descrito no Estudo de Caso na abertura deste capítulo.

Regulação da temperatura e tolerância em endotérmicos

Os endotérmicos toleram uma faixa mais estreita de temperaturas corporais (30-45°C) do que os ectotérmicos. Entretanto, a capacidade dos endotérmicos de gerar calor internamente permite-lhes expandir muito seus limites geográficos e as épocas do ano que eles podem ser ativos. Os endotérmicos podem permanecer ativos em temperaturas ambientais abaixo do ponto de congelamento, algo que a maioria dos ectotérmicos não pode fazer. O custo de ser endotérmico é uma alta demanda por alimento para suprir energia para sustentar a produção metabólica de calor. A taxa de atividade metabólica em endotérmicos está associada com a temperatura externa e com a taxa de perda de calor. A taxa de perda de calor, por sua vez, está relacionada ao tamanho do corpo devido a sua influência sobre a razão entre a área de superfície e o volume. Os endotérmicos pequenos têm taxas metabólicas mais altas, requerem mais energia e têm taxas de alimentação mais altas do que endotérmicos grandes.

Os animais endotérmicos mantêm a *taxa metabólica basal* (repouso) constante ao longo de uma faixa de temperaturas ambientais conhecida como **zona termoneutra**. Dentro da zona termoneutra, pequenos ajustes comportamentais ou morfológicos são suficientes para a manutenção de uma

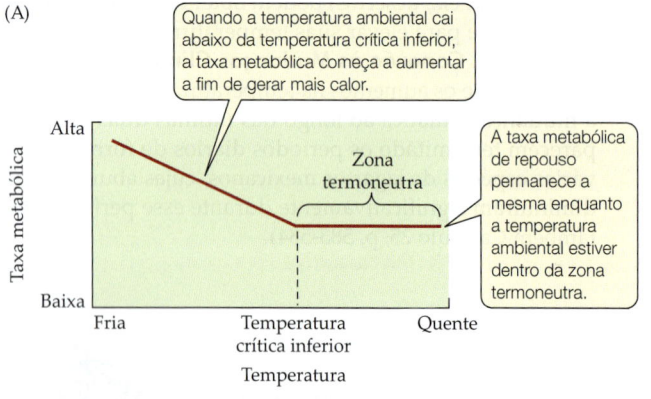

Figura 4.16 As taxas metabólicas em endotérmicos variam com as temperaturas ambientais (A) A taxa metabólica basal de um endotérmico permanece constante ao longo de uma faixa de temperaturas ambientais conhecida como zona termoneutra. Quando as temperaturas ambientais alcançam um limite inferior, conhecido como temperatura crítica inferior, a taxa metabólica do endotérmico aumenta para gerar calor adicional. (B) As zonas termoneutras e as temperaturas críticas inferiores dos endotérmicos variam com seus hábitats. As temperaturas críticas inferiores de endotérmicos árticos são menores do que aquelas de endotérmicos tropicais, e suas taxas metabólicas aumentam mais lentamente abaixo dessas temperaturas críticas, como mostrado pelas inclinações mais baixas das curvas. (Segundo Scholander et al., 1950.)

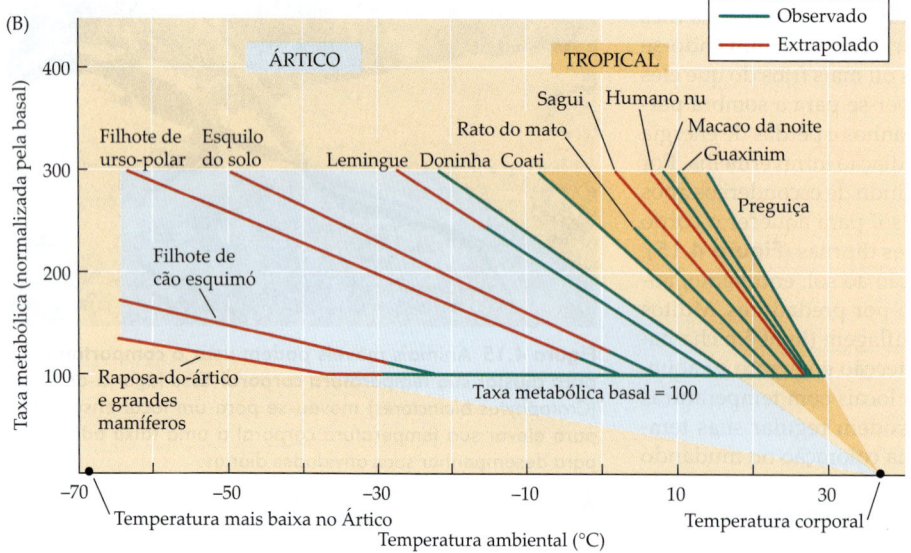

temperatura corporal ótima. Quando a temperatura ambiental cai para um ponto em que a perda de calor é maior do que a produção metabólica de calor, a temperatura corporal começa a cair, provocando elevação na geração metabólica de calor. Esse ponto é chamado de **temperatura crítica inferior** (**Figura 4.16A**). A zona termoneutra e a temperatura crítica inferior diferem entre as espécies de mamíferos (**Figura 4.16B**). Como seria esperado, animais do Ártico têm temperaturas críticas inferiores abaixo daquelas de animais de regiões tropicais. Observe também que a taxa de atividade metabólica (inclinação da reta) aumenta mais rapidamente abaixo da temperatura crítica inferior em mamíferos tropicais do que em mamíferos árticos.

O que causa essas diferenças nos ajustes metabólicos entre os endotérmicos de biomas diferentes? Para a endotermia funcionar de maneira eficiente, os animais devem ser capazes de reter seu calor produzido metabolicamente. Portanto, a evolução da endotermia em aves e mamíferos requer isolamento térmico: plumagem, pelagem e gordura. Essas camadas isolantes proporcionam uma barreira que limita a perda condutiva (e, em alguns casos, convectiva) de calor. A pelagem e a plumagem isolam principalmente ao proporcionarem uma camada de ar estacionário adjacente à pele, similar à camada limítrofe. Diferenças no isolamento ajudam a explicar as diversidades entre os endotérmicos na Figura 4.16B. Os mamíferos árticos em geral mantêm uma pelagem espessa. Em climas quentes, entretanto, a capacidade para se refrescar por condução ou convecção é inibida pelo isolamento, e uma pelagem espessa pode ser um impedimento para a manutenção de uma temperatura corporal ótima. Alguns endotérmicos aclimatizam-se para variações sazonais na temperatura produzindo pelagens mais espessas no inverno e perdendo pelos quando as temperaturas ficam mais altas (um fato que a maioria dos proprietários de animais domésticos conhece bem). Nossos ancestrais humanos evoluíram em regiões tropicais quentes da África e perderam muito de sua camada isolante de pelos há cerca de 2 milhões de anos (Jablonski, 2006).

Climas frios são severos para endotérmicos pequenos. Os mamíferos pequenos, por necessidade, têm pelagem fina, visto que a pelagem espessa inibiria sua mobilidade. A demanda elevada por energia metabólica abaixo da temperatura crítica inferior, os baixos valores de isolamento de sua pelagem e sua baixa capacidade de armazenar energia tornam os mamíferos pequenos improváveis residentes de hábitats polares, alpinos e temperados. Entretanto, as faunas de muitos desses climas frios contêm muitos endotérmicos pequenos, às vezes em grandes abundâncias. O que explica essa aparente discrepância? Endotérmicos pequenos, tais como roedores e beija-flores, são capazes de alterar a temperatura crítica inferior durante períodos frios, entrando em um estágio de dormência conhecido como **torpor**. As temperaturas corporais de animais em torpor podem cair cerca de 20°C abaixo de suas temperaturas normais. A taxa metabólica de um animal em torpor é 50 a 90% menor do que sua taxa metabólica basal, proporcionando economia substancial de energia (Schmidt-Nielsen, 1997). Entretanto, energia ainda é necessária para despertar o animal do torpor e trazer a temperatura corporal de volta a seu valor habitual. Portanto, o tempo que um animal pode permanecer em torpor é limitado por suas reservas de energia. Endotérmicos pequenos podem experimentar *torpor diário* para minimizar a energia necessária

ANÁLISE DE DADOS 4.1

Como a espessura da pelagem influencia a atividade metabólica em endotérmicos?

Alguns endotérmicos exibem variações sazonais na espessura da pelagem, que ajudam a aumentar a perda de calor durante o verão e reter o calor gerado pelo corpo durante o inverno. Essa variação sazonal na espessura da pelagem em animais individuais é um exemplo de aclimatização às variações na temperatura.

O gráfico* mostra o índice de isolamento (quão bem o calor é retido) *versus* a espessura da pelagem para dois animais do bioma de floresta boreal: um esquilo-vermelho (*Tamiasciurus hudsonicus*) e um lobo (*Canis lupus*). Ambos os animais são endotérmicos que exibem aclimatização às variações sazonais na temperatura por alterações na espessura da pelagem.

1. Cada animal é representado por uma cor (azul ou vermelho). Qual cor você imagina pertencer a qual animal e por quê?
2. Qual estação (verão ou inverno) está representada pelos círculos e qual está pelos triângulos? Qual animal experimenta maior variação aclimatizatória sazonal na espessura da pelagem? Como o animal com menor variação na espessura da pelagem também pode lidar com o frio extremo do inverno?

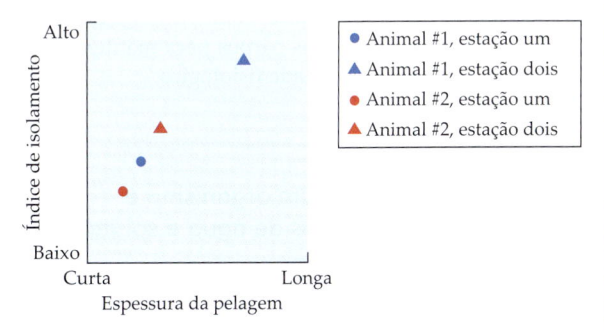

*Adaptado de P. Willmer, G. Stone e I. Johnston. 2005. *Environmental Physiology of Animals*. Blackwell Publishing, Malden, MA.

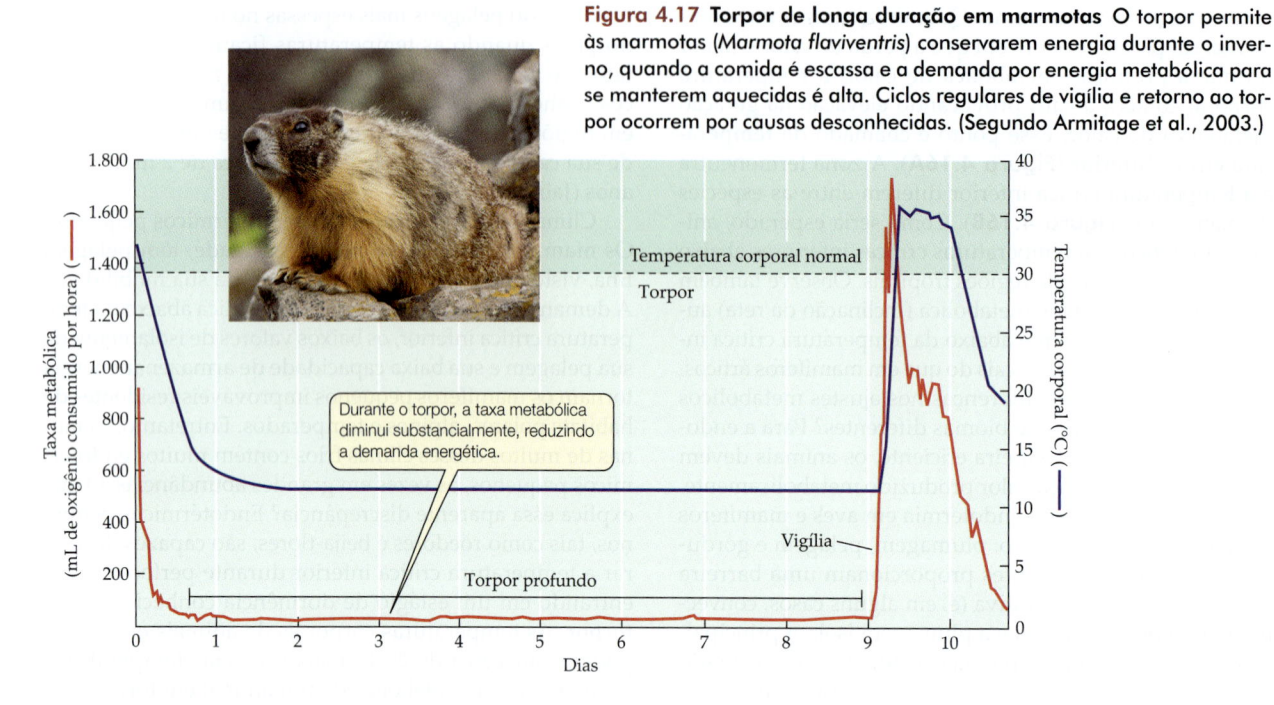

Figura 4.17 Torpor de longa duração em marmotas O torpor permite às marmotas (*Marmota flaviventris*) conservarem energia durante o inverno, quando a comida é escassa e a demanda por energia metabólica para se manterem aquecidas é alta. Ciclos regulares de vigília e retorno ao torpor ocorrem por causas desconhecidas. (Segundo Armitage et al., 2003.)

durante noites frias. Torpor de várias semanas durante o inverno, às vezes referido como **hibernação**, somente é possível para animais que têm acesso à comida o bastante e podem armazenar reservas de energia suficientes, como as marmotas (**Figura 4.17**). A hibernação é um tanto rara em climas polares, uma vez que poucos animais têm acesso a alimento suficiente para fornecer o armazenamento necessário de energia (em forma de gordura) para passarem o inverno sem se alimentar. Alguns animais grandes, como ursos, entram em sono de longa duração no inverno, durante o qual a temperatura corporal diminui somente um pouco, em vez de entrarem em torpor.

Assim como os organismos devem equilibrar os ganhos e as perdas de energia para manterem uma temperatura ideal, eles devem equilibrar o movimento de água para dentro e para fora de seus corpos para manterem as condições ótimas para a atividade fisiológica.

---CONCEITO 4.3---

O equilíbrio hídrico de um organismo é determinado pelas trocas de água e solutos com o ambiente externo.

Variação na disponibilidade hídrica

A água é essencial para a vida. Ela é o meio no qual todas as reações bioquímicas necessárias para a atividade fisiológica ocorrem. A água tem propriedades únicas que a tornam um solvente universal para *solutos* (compostos que estão dissolvidos na água, incluindo sais) biologicamente importantes. A faixa de conteúdo de água dos organismos adequada à atividade fisiológica é relativamente estreita, entre 60 e 90% da massa corporal. A manutenção do conteúdo hídrico dentro dessa faixa é um desafio, principalmente para os organismos de água doce e de ambientes terrestres. Os organismos marinhos raramente ganham ou perdem muita água porque vivem em um meio condizente com a manutenção do equilíbrio hídrico: os oceanos, nos quais a vida evoluiu inicialmente.

Além de manterem um equilíbrio hídrico adequado, os organismos devem também equilibrar o ganho e a perda de solutos, principalmente sais. O equilíbrio iônico está intimamente ligado ao equilíbrio hídrico, uma vez que os movimentos de água e de sais se influenciam mutuamente. Os ambientes aquáticos podem ser mais salinos (*hiperosmóticos*; *hiper*, "maior"), de mesma salinidade (*isosmóticos*; *iso*, "igual") ou menos salinos (*hiposmóticos*; *hipo*, "menor") do que as células ou o sangue de um organismo. A maioria dos invertebrados marinhos raramente enfrenta problemas com o equilíbrio hídrico e de solutos, uma vez que eles tendem a ser isosmóticos.

Os organismos terrestres enfrentam o problema da perda de água para a atmosfera seca, enquanto os organismos de água doce podem perder solutos para seu ambiente e ganhar água a partir dele. A evolução dos organismos de água doce e terrestres é, em última análise, a história de lidar com a necessidade de manter o equilíbrio hídrico. Nesta seção, revisaremos alguns conceitos básicos relacionados ao equilíbrio hídrico e de solutos e forneceremos alguns exemplos de como os organismos de água doce e terrestres mantêm um equilíbrio hídrico adequado à atividade fisiológica.

A água flui ao longo de gradientes de energia

A água flui ao longo de gradientes de energia, de maior para menor energia. O que é um gradiente de energia no contexto da água? A gravidade representa um exemplo que é intuitivamente óbvio: a água líquida flui morro abaixo, seguindo um gradiente de *energia potencial*. Outro tipo de energia influenciando o movimento da água é a *pressão*. Quando os elefantes borrifam água de suas trombas, a água está fluindo de uma condição de maior energia dentro da tromba (onde os músculos exercem pressão sobre ela) para uma condição de menor energia fora da tromba (onde a pressão dos músculos não está presente).

Outros fatores menos óbvios que influenciam o fluxo de água são importantes para o equilíbrio hídrico dos organismos. Quando solutos são dissolvidos em água, a solução perde energia. Portanto, se a água em uma célula contém mais solutos do que a água em volta dela, a água fluirá para dentro da célula para equilibrar a diferença de energia. Alternativamente, solutos podem fluir para o meio circundante, porém a maioria das membranas biológicas impede o fluxo de muitos solutos. Em sistemas biológicos, a energia associada com solutos dissolvidos é chamada de **potencial osmótico**. A energia associada com a gravidade é chamada de **potencial gravitacional**, mas, no contexto biológico, esse potencial só é importante no movimento da água em árvores muito altas. A energia associada com a aplicação de pressão é chamada de **potencial de pressão** (ou **de turgor**). Por fim, a energia associada com as forças atrativas sobre as superfícies de grandes moléculas dentro das células ou sobre as superfícies das partículas do solo é chamada de **potencial mátrico**.

A soma desses componentes da energia dentro de um sistema aquoso determina o status de energia total da água, ou **potencial hídrico**. O potencial hídrico de um sistema pode ser definido matematicamente como

$$\Psi = \Psi_o + \Psi_p + \Psi_m \quad (4.3)$$

onde Ψ é o potencial hídrico total do sistema (em unidades de pressão; geralmente megapascais, MPa), Ψ_o é o potencial osmótico (valor negativo, porque reduz o status energético da água), Ψ_p é o potencial de pressão (valor positivo se uma pressão for exercida sobre o sistema; valor negativo se o sistema estiver sob tensão) e Ψ_m é o potencial mátrico (valor negativo). A água sempre se moverá a partir de um sistema de maior Ψ para um sistema de menor Ψ, seguindo o gradiente de energia. Essa terminologia é usada com mais frequência em sistemas vegetais, microbianos e edáficos, mas ela se aplica igualmente a sistemas animais.

A atmosfera tem um potencial hídrico relacionado à umidade. De uma perspectiva biológica, o ar com uma umidade relativa de menos de 98% de saturação tem um potencial hídrico muito baixo, de modo que o gradiente de potencial hídrico entre a maioria dos organismos terrestres e a atmosfera é muito alto. Sem alguma barreira ao movimento da água, os organismos terrestres perderiam água para a atmosfera rapidamente. Qualquer força que impeça o movimento da água (ou de outras substâncias, como o dióxido de carbono) ao longo de um gradiente de energia é chamada de **resistência**[2]. Barreiras que aumentam a resistência à perda de água pelos organismos incluem as cutículas cerosas das plantas e dos insetos e a pele de anfíbios, répteis, aves e mamíferos.

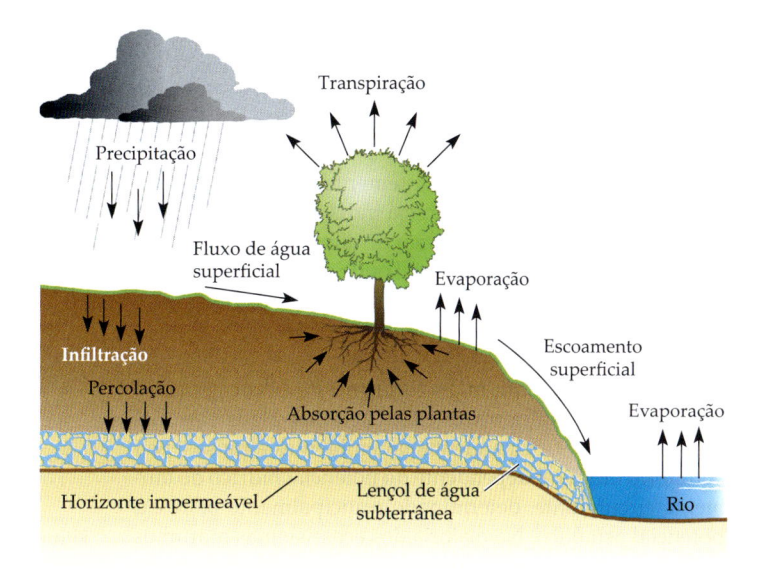

Figura 4.18 O que determina o conteúdo hídrico do solo? O conteúdo hídrico do solo é determinado pelo equilíbrio entre os aportes de água (precipitação e fluxo de água superficial) e as saídas de água (percolação para camadas mais profundas, evapotranspiração) e pela capacidade do solo de manter a umidade. A capacidade de armazenamento de água no solo e a taxa de percolação são dependentes da textura do solo.

As perdas de água e os ganhos e as perdas de solutos devem ser compensados

As plantas terrestres e os microrganismos dependem da absorção de água do solo para repor a água perdida para a atmosfera. Os solos são importantes reservatórios de água que desempenham uma gama de funções ecológicas. A quantidade de água que os solos podem armazenar está relacionada ao balanço entre os ganhos e as perdas desse líquido, à textura do solo e à topografia (**Figura 4.18**). Os aportes de água incluem a precipitação que infiltra o solo e o escoamento superficial de água. As perdas de água abrangem a percolação para camadas mais profundas abaixo da zona de raízes das plantas e a evapotranspiração.

A capacidade de armazenamento de água da maioria dos solos é dominada por seus potenciais mátricos, que estão relacionados às forças atrativas das superfícies das partículas do solo. Os solos arenosos armazenam menos água do que solos com textura fina, mas partículas do solo muito pequenas também apresentam maior potencial mátrico e assim retêm a água mais firmemente. Os solos com

---

[2]Muitos fisiologistas preferem usar *condutância* em vez de *resistência* para expressar a influência de uma barreira sobre o movimento da água e de gases entre o organismo e o ambiente. Matematicamente, a condutância é o recíproco da resistência.

partículas grossas e finas misturadas em geral são mais eficientes no armazenamento de água e em fornecê-la às plantas e aos organismos do solo. Quando o volume de água no solo cai abaixo de certo ponto (25% da massa total do solo em solos de textura fina, 5% em solos arenosos), as forças mátricas são suficientemente fortes para que a maior parte da água restante seja indisponível para os organismos. O potencial osmótico de alguns solos pode ser importante também, em especial onde sais dissolvidos são encontrados, como em solos próximos a ambientes marinhos ou onde ocorreu salinização (ver p. 44).

Equilíbrio hídrico em microrganismos Microrganismos unicelulares, incluindo arqueias, bactérias, algas e protistas, são ativos principalmente em ambientes aquosos. Seu equilíbrio hídrico é dependente do potencial hídrico do ambiente circundante, determinado principalmente pelo seu potencial osmótico. Na maioria dos ecossistemas marinhos e de água doce, o potencial osmótico do ambiente muda pouco ao longo do tempo. Alguns ambientes, entretanto, como estuários, poças de maré, lagos salinos e solos, com frequência experimentam variações no potencial osmótico devido à evaporação ou a aportes variáveis de água doce ou salgada. Os microrganismos desses ambientes devem responder a essas variações pela alteração do potencial osmótico celular a fim de manter um equilíbrio hídrico adequado para a atividade fisiológica. Eles realizam isso pelo **ajustamento osmótico**, uma resposta de aclimatização que envolve uma mudança em suas concentrações de solutos e, assim, em seus potenciais osmóticos. Alguns organismos sintetizam solutos orgânicos para ajustar o potencial osmótico, o que também auxilia a estabilizar enzimas. Outros utilizam sais inorgânicos do meio circundante para o ajustamento osmótico. A capacidade de ajustar o potencial osmótico em resposta a mudanças no potencial hídrico externo varia substancialmente entre os microrganismos: alguns carecem por completo dessa capacidade, enquanto outros (como *Halobacterium* spp.) podem ajustar mesmo em condições extremamente salinas em lagos salinos fechados.

Como já mencionado, os ambientes terrestres são muito secos para qualquer organismo que seja incapaz de restringir a perda de água celular para a atmosfera. Muitos microrganismos evitam a exposição a condições secas formando esporos dormentes resistentes, encapsulando a si próprios em um revestimento protetor que impede a perda de água para o ambiente. Alguns microrganismos com formas filamentosas, como fungos e leveduras, são muito tolerantes a baixos potenciais hídricos e podem crescer em ambientes secos. A maior parte dos organismos terrestres, entretanto, é encontrada em solos, os quais têm conteúdo de água e umidade maior que o do ar acima deles.

Equilíbrio hídrico em plantas Uma das características distinguíveis das plantas é uma rígida parede celular composta de celulose. Fungos e bactérias também têm paredes celulares, compostas de materiais como quitina (em fungos) ou peptideoglicanos e lipopolissacarídeos (em bactérias). As paredes celulares são importantes para o equilíbrio hídrico porque resultam no desenvolvimento

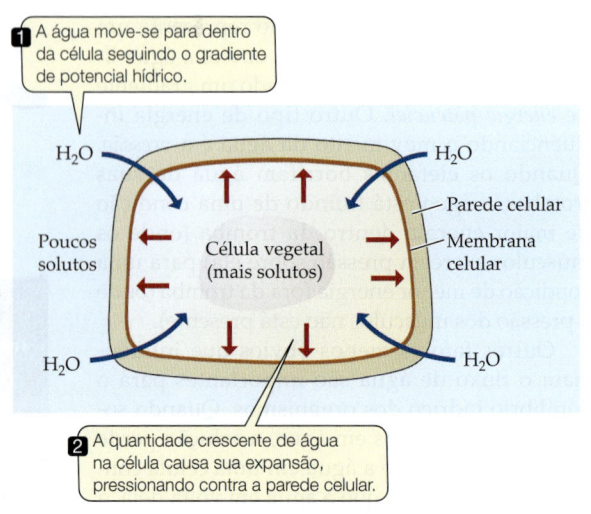

Figura 4.19 Pressão de turgor em células vegetais Quando uma célula vegetal está envolvida por água com uma concentração de solutos menor do que a sua própria, a água move-se para dentro dela, enquanto os solutos na célula são impedidos de se moverem para fora pela membrana celular. A quantidade crescente de água na célula causa sua expansão, pressionando contra a parede celular.

de uma **pressão de turgor** positiva. Quando a água flui para dentro de uma célula vegetal em resposta a um gradiente de potencial hídrico, ela causa a expansão da célula e a pressão contra a parede celular, que resiste à pressão em razão de sua rigidez (**Figura 4.19**). A pressão de turgor é um componente estrutural importante das plantas e também é uma força importante para o crescimento e a promoção da divisão celular. Quando plantas não lenhosas perdem a pressão de turgor devido à desidratação, elas murcham. O murchamento geralmente é sinal de que uma planta terrestre está sofrendo estresse hídrico.

As plantas absorvem água de fontes com potencial hídrico maior do que seu próprio. Para plantas aquáticas, a fonte é o meio aquoso circundante. Em ambientes de água doce, a presença de solutos nas células vegetais cria um gradiente de potencial hídrico da água circundante para a planta. Em ambientes marinhos, para absorver água, as plantas precisam baixar seu potencial hídrico, de modo que fique abaixo daquele da água do mar. As plantas marinhas, bem como as plantas terrestres de marismas e solos salinos, ajustam o potencial osmótico de maneira similar aos microrganismos, sintetizando solutos e absorvendo sais inorgânicos do ambiente. Entretanto, os sais inorgânicos devem ser absorvidos seletivamente, uma vez que alguns (p. ex., Na^+, Cl^-) podem ser tóxicos em altas concentrações. As membranas celulares das plantas atuam como um filtro de solutos, determinando as quantidades e os tipos de solutos que se movem para dentro e para fora da planta.

As plantas terrestres adquirem água do solo por suas raízes, bem como por associações com fungos mutualísticos que crescem em suas raízes a partir do solo, chamados de *micorrizas* (ver Capítulo 15). As primeiras plantas terrestres, que ainda não haviam desenvolvido raízes, utilizavam fungos micorrízicos para absorver água e nutrientes

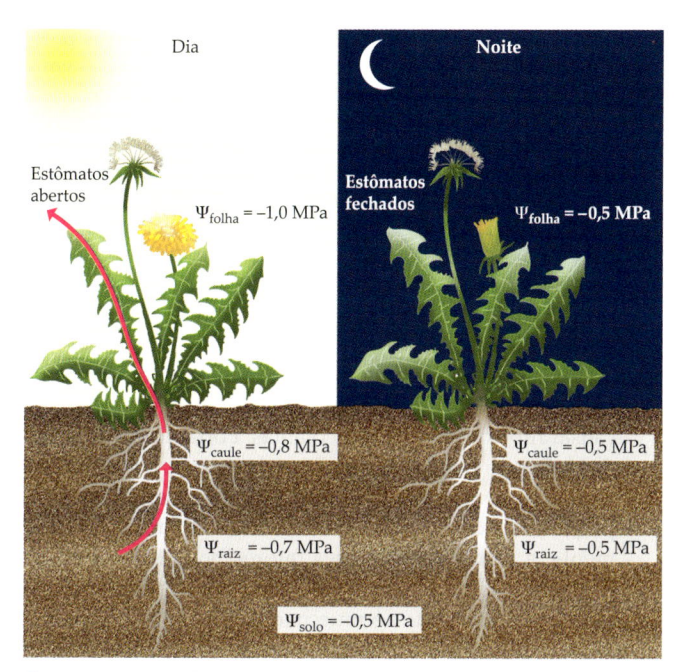

Figura 4.20 O ciclo diário de desidratação e reidratação Durante o dia, quando os estômatos estão abertos, a transpiração resulta em um gradiente de potencial hídrico da folha para o caule, do caule para as raízes e dessas para o solo. À noite, quando os estômatos estão fechados, o potencial hídrico equilibra-se novamente à medida que a planta se reidrata.

ela é perdida para a atmosfera via transpiração. Devido ao fato de existir resistência maior ao movimento de água para as raízes e ao longo do xilema do que para o exterior através dos estômatos, o suprimento de água a partir do solo não consegue acompanhar a perda de água pela transpiração. Como consequência, o conteúdo de água da planta diminui durante o dia. Condições extremamente secas podem causar a perda da função xilemática (ver **Saiba Mais 4.1**). À noite os estômatos se fecham, e o suprimento de água a partir do solo reidrata a planta até ela atingir um quase-equilíbrio com o potencial hídrico do solo. Esse ciclo diário de desidratação diurna e reidratação noturna pode se manter indefinidamente, caso o suprimento de água no solo seja adequado. A disponibilidade de água diminui quando a precipitação não é suficiente para repor a água perdida pelo solo por transpiração e evaporação. O conteúdo hídrico de uma planta irá então diminuir, e sua pressão de turgor diminuirá à medida que suas células se tornem desidratadas (**Figura 4.21**). Para evitar alcançar um conteúdo hídrico prejudicial ou mesmo letalmente baixo, a planta deve restringir sua perda de água transpiratória. Se as células foliares

do solo. A maioria das espécies de plantas terrestres modernas usa uma combinação de raízes e micorrizas para absorver água. Somente as raízes mais finas podem absorver água do solo, já que as mais velhas, mais espessas, desenvolvem um revestimento ceroso resistente à água que limita sua capacidade de absorver, bem como de perder água para o solo. As micorrizas proporcionam maior área de superfície para a absorção de água e nutrientes para a planta e permitem maior exploração desses recursos do solo. Por sua vez, o fungo micorrízico obtém energia da planta.

As plantas perdem água por transpiração quando seus estômatos se abrem para permitir que o CO_2 da atmosfera se difunda para o interior de suas folhas. A água move-se para fora através dos estômatos seguindo o gradiente de potencial hídrico a partir do interior da folha (100% de umidade relativa) para o ar. Como vimos na seção anterior, a transpiração é um importante mecanismo de resfriamento para as folhas. Entretanto, para evitar o estresse hídrico, a planta deve restituir a água perdida pela transpiração. À medida que a folha perde água, o potencial hídrico de suas células diminui, criando um gradiente de potencial hídrico entre a folha e o xilema no ramo ao qual ela está ligada, de modo que a água se move pelo xilema para dentro da folha. Desse modo, enquanto está transpirando, a planta cria um gradiente decrescente de potencial hídrico partindo do solo através das raízes, passando pelo caule e chegando até as folhas (**Figura 4.20**). Portanto, a água flui do solo, que tem o potencial hídrico mais alto, para dentro das raízes, do xilema e por fim das folhas, das quais

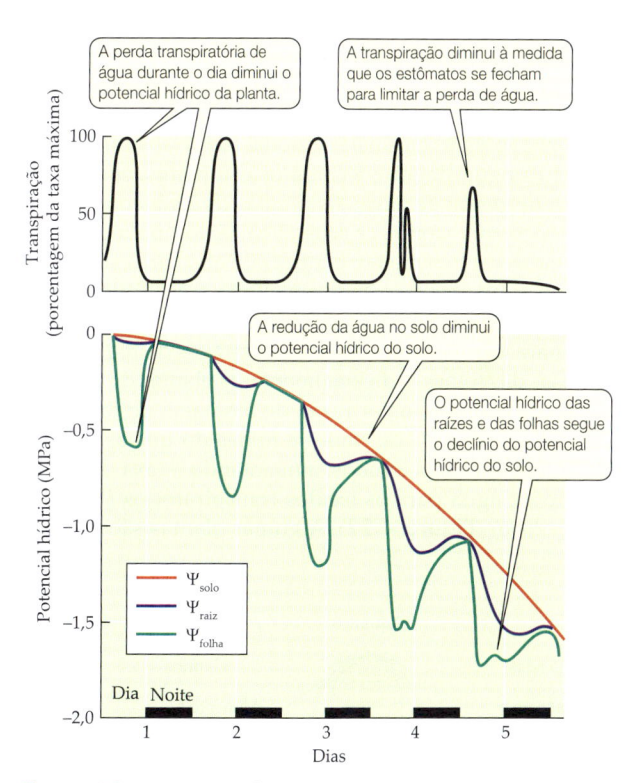

Figura 4.21 Como as plantas lidam com o esgotamento da água no solo Se a água do solo não for recarregada, a transpiração irá esgotá-la, levando ao secamento progressivo do solo e a uma diminuição de seu potencial hídrico.

> À medida que o solo seca, os estômatos podem se fechar ao meio-dia e reabrir no final da tarde, como visto no dia 4 no gráfico. Supondo que a temperatura do ar é mais fria no final do dia, que influência isso teria sobre a perda de água da planta?

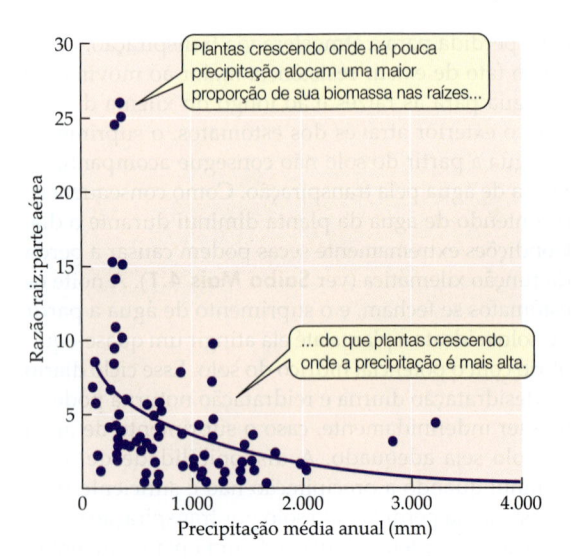

Figura 4.22 A alocação de crescimento para as raízes *versus* parte aérea está associada com os níveis de precipitação A razão entre a biomassa de raízes e a biomassa de folhas e caules (parte aérea) aumenta com a redução da precipitação em biomas de bosques arbustivos e de campos. A alocação de mais biomassa para raízes em solos secos proporciona mais capacidade de absorção de água para sustentar o funcionamento foliar. (Segundo Mokany et al., 2006.)

tornarem-se tão desidratadas a ponto de perderem a turgescência, os estômatos se fecham. Esse nível de estresse hídrico pode prejudicar a planta, causando o dano de atividades fisiológicas como a fotossíntese.

A fim de eliminar a perda de água transpiratória, algumas plantas de ambiente sazonalmente secos perdem as folhas durante longos períodos de seca. Outras têm um sistema de sinalização que as auxilia a impedir o desencadeamento do estresse hídrico. À medida que o solo seca, as raízes enviam um sinal hormonal (ácido abscísico) para as células-guarda, que fecham os estômatos, reduzindo a taxa de perda de água. As plantas de ambientes secos, como desertos, campos e ecossistemas do tipo mediterrâneo, em geral têm melhor controle da abertura estomática do que as plantas crescendo em climas mais úmidos. Elas têm uma cobertura cerosa espessa (cutícula) sobre suas folhas para impedir a perda de água através de regiões não porosas das folhas. Adicionalmente, as plantas de ambientes secos mantêm maior razão de biomassa de raízes em relação à biomassa de caules e folhas do que as plantas de ambientes mais úmidos, aumentando a taxa de suprimento de água para os tecidos transpiratórios (Mokany et al., 2006) (**Figura 4.22**). Algumas plantas são capazes de aclimatização mediante alteração do crescimento das raízes para corresponder à disponibilidade de umidade e nutrientes do solo.

As plantas podem ter água em demasia? Tecnicamente não, mas a saturação inibe a difusão de oxigênio e pode causar hipóxia em raízes de plantas. Portanto, solos alagados inibem a respiração aeróbica das raízes. Solos úmidos também intensificam o crescimento de espécies fúngicas prejudiciais que podem causar danos às raízes. Ironicamente, a combinação desses fatores pode levar à morte das raízes, à interrupção do fornecimento de água para as plantas e finalmente ao murchamento. Adaptações a baixas concentrações de oxigênio em solos úmidos incluem tecido de raiz contendo canais de ar (chamado de *aerênquima*), bem como raízes especializadas que se estendem verticalmente acima da água ou do solo alagado (como em manguezais; ver p. 75).

Equilíbrio hídrico em animais Os animais multicelulares enfrentam os mesmos desafios que as plantas e os microrganismos enfrentam na manutenção do equilíbrio hídrico. As perdas e os ganhos de água em animais, entretanto, são governados por um conjunto mais diverso de trocas do que em plantas e microrganismos (**Figura 4.23**). Muitos animais têm a complexidade adicional de órgãos especializados para trocas gasosas, ingestão e digestão, excreção e circulação, os quais criam áreas localizadas de trocas de água e solutos, assim como gradientes de água e solutos dentro do corpo. A maioria dos animais é móvel e pode procurar ambientes propícios para a manutenção de um equilíbrio hídrico e de solutos favorável, uma opção não disponível para plantas ou para a maioria dos microrganismos.

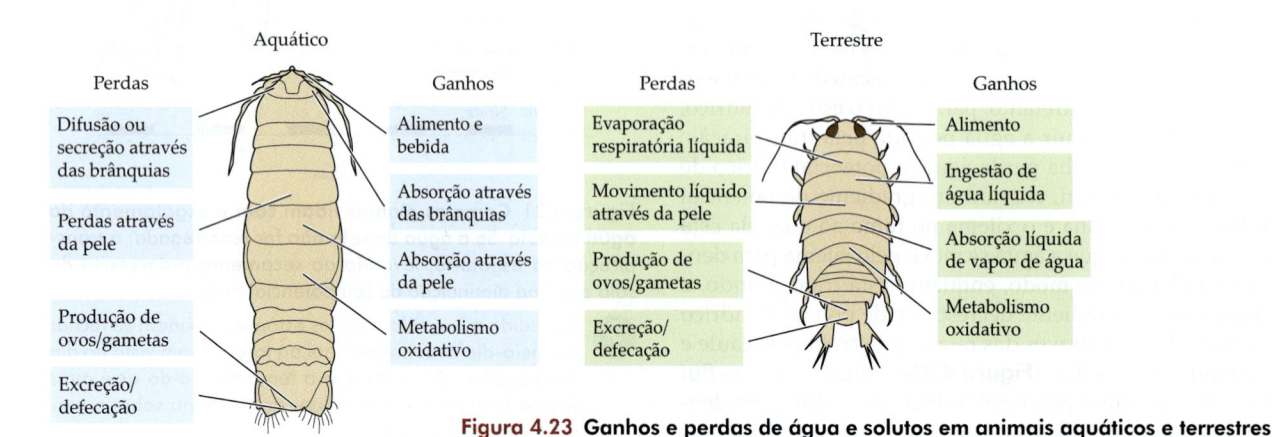

Figura 4.23 Ganhos e perdas de água e solutos em animais aquáticos e terrestres

(A) Teleósteos marinhos

Água

Teleósteos marinhos perdem água através de suas brânquias e em sua urina...

Ingestão de água

... que eles devem repor bebendo água do mar.

Perda osmótica (brânquias)

Urina

Solutos

Sais da água do mar

...e devem gastar energia para excretar o excesso de solutos através de suas brânquias e em sua urina.

Teleósteos marinhos absorvem solutos bebendo água do mar...

Na^+ e Cl^- (secreção branquial)

Mg^{2+} e SO_4^{2-} (na urina)

(B) Teleósteos de água doce

Água

... e excretam o excesso de água em sua urina.

Teleósteos de água doce ganham água através de suas brânquias...

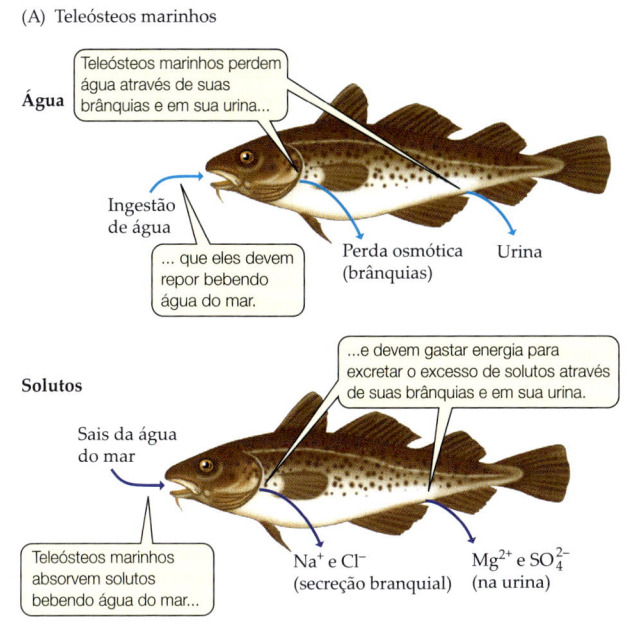

Ganho osmótico (brânquias)

Urina

Solutos

Solutos são perdidos passivamente através das brânquias dos teleósteos de água doce, mas eles também são absorvidos ativamente contra um gradiente osmótico.

Alimento

Absorção ativa (brânquias)

Perda difusiva (brânquias)

Solutos na urina

Teleósteos de água doce repõem alguns sais perdidos com os sais de seus alimentos.

Teleósteos de água doce gastam energia para filtrar solutos a fim de minimizar as perdas a partir de sua urina.

Figura 4.24 Equilíbrio hídrico e salino em peixes teleósteos marinhos e de água doce Peixes teleósteos marinhos e de água doce enfrentam desafios opostos para manter o equilíbrio entre água e solutos. (A) Os teleósteos marinhos são hiposmóticos em relação a seu ambiente: eles tendem a perder água e ganhar solutos. (B) Os teleósteos de água doce são hiperosmóticos em relação a seu ambiente: eles tendem a ganhar água e perder solutos.

Muitos animais devem ser capazes de manter balanços favoráveis de água e solutos sob condições de salinidade variável. Um animal marinho sem essa capacidade morrerá se for transferido para água salobra ou doce. Embora a maioria dos invertebrados marinhos seja isosmótica em relação à água salgada, os tipos específicos de solutos em seus corpos podem variar. Muitos invertebrados capazes de ajustamento às variações na concentração de solutos de seus ambientes o fazem trocando solutos com a água do mar circundante. Assim como as plantas, esses animais precisam controlar seletivamente esse intercâmbio de solutos específicos, visto que alguns solutos externos são tóxicos nas concentrações em que são encontrados na água do mar e alguns solutos internos são necessários para reações bioquímicas. Águas-vivas, lulas e caranguejos, por exemplo, têm concentrações de sódio (Na^+) e cloreto (Cl^-) similares àquelas da água do mar, mas suas concentrações de sulfato (SO_4^{2-}) podem ficar na faixa de 50 a 25% em relação às encontradas na água do mar.

Os vertebrados marinhos abrangem animais isosmóticos e hiposmóticos em relação à água do mar. Os peixes cartilaginosos, incluindo tubarões e raias, têm concentração de solutos no sangue similares àquelas da água marinha, embora, como em invertebrados, suas concentrações de solutos específicos sejam distintas daquelas na água do mar. Por outro lado, os peixes teleósteos (ósseos) marinhos e os mamíferos evoluíram em água doce e moveram-se posteriormente para os ambientes marinhos. Seu sangue é hiposmótico em relação à água do mar. Os peixes trocam água e sais com seu ambiente pelas brânquias, que são também os órgãos de troca de O_2 e CO_2, e pela ingestão de água e alimento (**Figura 4.24A**). Os sais que se difundem para o interior ou são ingeridos pelos peixes teleósteos marinhos devem ser continuamente excretados na urina e pelas brânquias contra um gradiente osmótico, que exige um gasto de energia. A água perdida pelas brânquias deve ser reposta pela ingestão. Os mamíferos marinhos, como baleias e golfinhos, produzem urina hiperosmótica em relação à água do mar e evitam beber água salgada para minimizar a absorção de sal.

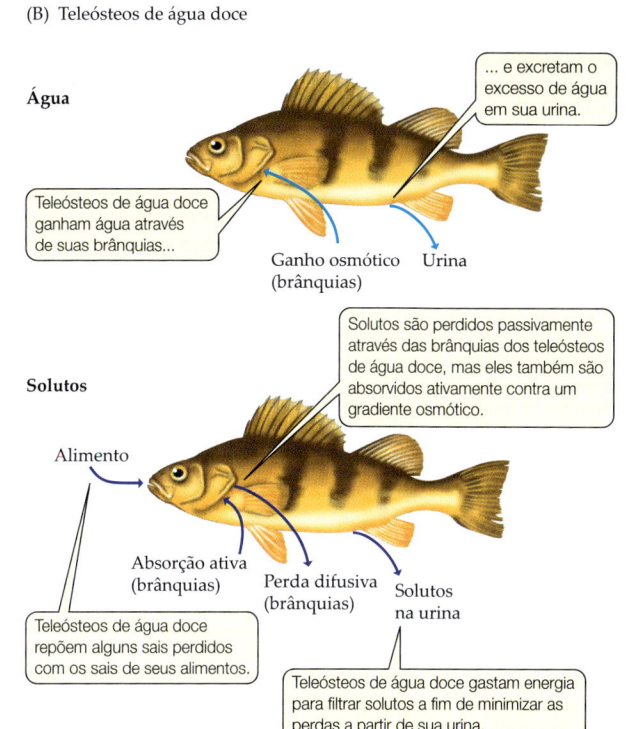

Os animais de água doce são hiperosmóticos em relação ao ambiente; por isso, tendem a absorver água e perder sais. A maior parte da troca de sais ocorre nas superfícies de troca respiratória, incluindo o revestimento do corpo de alguns invertebrados (p. ex., vermes de água doce) e as brânquias de muitos vertebrados e invertebrados. Esses animais precisam compensar a perda de sais pela absorção de solutos em seu alimento, e alguns grupos, tais como peixes teleósteos, precisam absorver solutos ativamente pelas brânquias contra um gradiente osmótico (**Figura 4.24B**). O excesso de água é excretado como urina diluída, a partir da qual o sistema excretor remove solutos ativamente para minimizar sua perda.

Os animais terrestres enfrentam o desafio da troca de gases (O_2 e CO_2 respiratórios) em um ambiente seco com potencial hídrico muito baixo. Esses animais reduzem suas perdas evaporativas de água e exposição ao déficit hídrico tendo uma pele com alta resistência ou vivendo em ambientes onde podem compensar as elevadas

TABELA 4.1

Faixas de tolerâncias para perda de água em grupos selecionados de animais

Grupo	Perda de peso (%)
Invertebrados	
Moluscos	35-80
Caranguejos	15-18
Insetos	25-75
Vertebrados	
Rãs	28-48
Aves pequenas	4-8
Roedores	12-15
Seres humanos	10-12
Camelo	30

Fonte: Willmer et al., 2005.
Nota: Valores são as porcentagens máximas de peso corporal perdido como água que podem ser toleradas, com base em observações de uma gama de espécies exemplificativas em cada grupo.

perdas de água com elevada absorção de água. Entretanto, ambas as abordagens envolvem riscos e compensações. Uma resistência elevada à perda de água pode comprometer a capacidade do animal para trocar gases com a atmosfera. A dependência em um suprimento de água constante coloca o animal em risco se a fonte de água acaba (p. ex., durante uma seca severa). A tolerância à perda de água varia substancialmente entre os grupos de animais terrestres. Em geral, os invertebrados têm maior tolerância à perda de água do que os vertebrados. Entre os vertebrados, os anfíbios têm maior tolerância, porém menor resistência, para a perda de água do que mamíferos e aves (**Tabela 4.1**).

Os anfíbios, incluindo rãs, sapos e salamandras, dependem principalmente de suprimentos constantes de água para satisfazer o equilíbrio hídrico. Eles podem ser encontrados em uma ampla variedade de biomas, de florestas pluviais tropicais a desertos, desde que haja uma fonte de água segura, como chuvas regulares ou lagoas. Os anfíbios dependem de trocas gasosas através da pele em maior grau do que outros vertebrados terrestres. Portanto, a pele dos anfíbios em geral é fina, com uma baixa resistência à perda de água (**Figura 4.25**). Entretanto, algumas espécies de anfíbios adultos adaptaram-se a ambientes secos mediante desenvolvimento de pele especializada com maior resistência à perda de água. Por exemplo, a rã-ninho-de-espuma-do-sul (*Chiromantis xerampelina*), que ocorre em toda a África, tem uma pele que resiste à perda de água de maneira semelhante àquela dos lagartos. Para compensar a troca gasosa reduzida através da pele, ela tem uma frequência respiratória maior (Stinner e Shoemaker, 1987). Como um grupo, as rãs arborícolas apresentam pele mais resistente à perda de água do que as rãs da superfície do solo, refletindo seu ambiente mais seco.

Algumas rãs do solo de ambientes sazonalmente secos, como *Cyclorana australis* da Austrália, reduzem suas taxas de perda de água formando um "casulo" de secreções mucosas consistindo em proteínas e gorduras que aumentam a resistência à perda de água.

Os répteis têm sido extremamente bem-sucedidos em colonizar ambientes secos. A pele espessa de serpentes do deserto e lagartos proporciona proteção para os órgãos internos, bem como uma barreira efetiva à perda de água. A pele externa, constituída de múltiplas camadas de células mortas com uma cobertura graxa, é revestida por placas ou escamas. Essas camadas dão aos répteis elevada resistência à perda de água. Os mamíferos e as aves têm peles anatomicamente similares à dos répteis, mas têm pelos ou penas cobrindo a pele em vez de escamas. A presença de glândulas de suor em mamíferos representa uma compensação entre a resistência à perda de água e o resfriamento evaporativo. Entre os animais terrestres, as resistências à perda de água mais elevadas são encontradas em artrópodes (p. ex., insetos e aranhas), que são caracterizados por um exoesqueleto externo constituído de quitina endurecida e revestido com hidrocarbonetos cerosos que evitam o movimento de água (**Tabela 4.2**).

Um exemplo instrutivo de como os animais usam uma diversidade de adaptações integradas para enfrentar

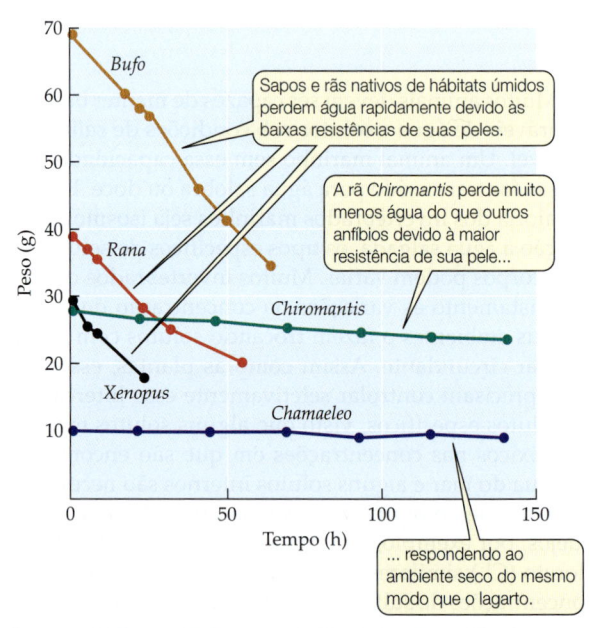

Figura 4.25 A resistência à perda de água varia entre rãs e sapos Anfíbios foram mantidos sob condições uniformemente secas (25°C, 20-30% de umidade relativa) para examinar suas taxas de perda de água, medidas como perda de peso corporal. Um lagarto (*Chamaeleo*) também foi testado para fins comparativos.

❓ Como você poderia estimar quantitativamente a resistência à perda de água dessas espécies usando esse gráfico?

TABELA 4.2	
Faixas de resistência dos revestimentos externos (pele, cutícula) à perda de água	
Grupo	Resistência (s/cm)
Caranguejos (marinhos)	6-14
Peixes	2-35
Rãs	3-100
Minhocas	9
Aves	50-158
Jabuti do deserto	120
Lagartos do deserto	1.400
Escorpiões, aranhas do deserto	1.300-1.400

Fonte: Willmer et al., 2005.

ambientes áridos envolve os ratos-canguru (*Dipodomys* spp.) encontrados por todos os desertos da América do Norte. Uma combinação de uso eficiente da água e taxas baixas de perda de água diminui muito as necessidades de água desses roedores (Schmidt-Nielsen e Schmidt-Nielsen, 1951) (**Figura 4.26**). Os ratos-canguru raramente bebem água. Uma grande proporção de suas exigências de água é satisfeita pela ingestão de sementes secas e pelo metabolismo oxidativo – ou seja, pela conversão metabólica de carboidratos e ácidos graxos em água e dióxido de carbono (Schmidt-Nielsen, 1964). Os animais também consomem alimentos ricos em água, como insetos ou plantas suculentas, se estiverem disponíveis.

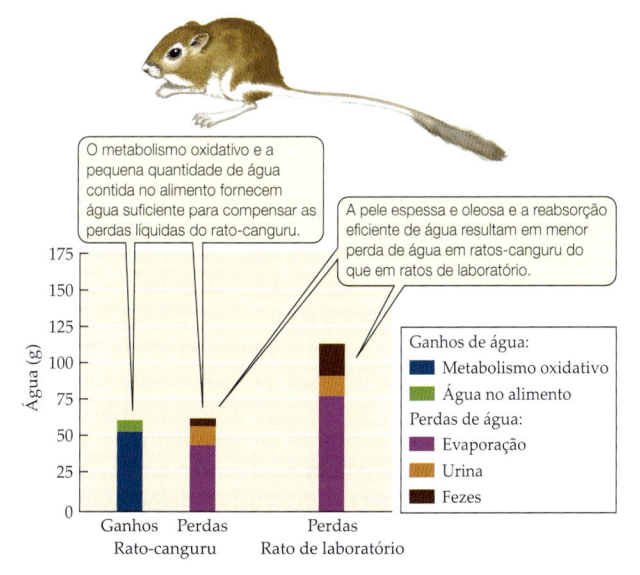

Figura 4.26 Equilíbrio hídrico no rato-canguru Sob condições secas em laboratório (25°C, 25% de umidade relativa), ratos-canguru, nativos dos desertos do oeste da América do Norte, não necessitam de água líquida para sobreviver. (Segundo Schmidt-Nielson, 1997.)

Os ratos-canguru minimizam a perda de água por meio de várias adaptações fisiológicas e comportamentais. Durante os períodos mais quentes do ano, eles são ativos somente à noite, quando as temperaturas do ar são mais baixas e as umidades são mais elevadas. Durante o dia, eles permanecem em suas tocas subterrâneas, mais frescas e mais úmidas do que a superfície do deserto. Em algumas partes de sua distribuição, entretanto, as temperaturas mesmo em suas tocas podem subir suficientemente para expor os ratos-canguru à perda de água evaporativa significante (Tracy e Walsberg, 2002). Para aumentar sua resistência a essas perdas, os ratos-canguru têm pele mais espessa, mais oleosa e com menos glândulas de suor do que roedores de ambientes mais úmidos. Eles minimizam as perdas de água em sua urina e fezes pela remoção eficiente de água por seus rins e intestinos. Os ratos-canguru produzem uma das urinas mais concentradas entre os animais. A combinação dessas características permite aos ratos-canguru habitar ambientes muito áridos sem se expor ao estresse hídrico, mesmo sem acesso à água potável.

ESTUDO DE CASO REVISITADO
Rãs congeladas

A existência de anfíbios acima do Círculo Ártico parece improvável, devido à sua dependência de um suprimento de água líquida constante para a manutenção de seu equilíbrio hídrico e ao elevado potencial de dano para organismos complexos associado com o congelamento. Vários problemas devem ser enfrentados a fim de que organismos complexos sobrevivam ao congelamento. Primeiramente, quando congela, a água forma cristais em forma de agulhas que podem penetrar e danificar ou destruir as membranas celulares e organelas. Em seguida, o suprimento de oxigênio para os tecidos é gravemente limitado devido à falta de circulação e respiração. Por fim, quando o gelo se forma, a água pura é extraída das células, resultando na contração celular e no aumento da concentração de solutos. Qualquer um desses fatores, ou todos eles operando em conjunto, matará tecidos e organismos em temperaturas abaixo de zero. No entanto, as rãs descritas no Estudo de Caso, bem como muitas espécies de invertebrados, podem tolerar o congelamento de uma quantidade substancial da água de seu corpo.

Rãs-dos-bosques e outros anfíbios tolerantes ao congelamento passam o inverno em depressões pouco profundas sob folhas, musgos ou troncos caídos, que não as protegem de temperaturas abaixo de zero. Várias adaptações facilitam a sobrevivência desses anfíbios ao longo do inverno e lhes permitem sair ilesos do estado congelado na primavera. O congelamento da água nesses animais está limitado a espaços fora das células. Uma proporção substancial da água de seu corpo, de 35 a 65% em rãs "completamente congeladas", congela (Pinder et al., 1992). Se mais de 65% da água de seu corpo congelar, a maioria dos animais morrerá devido à contração celular excessiva. A formação de gelo fora das células é intensificada pela existência de proteínas nucleadoras de gelo que servem como o sítio para a formação lenta e controlada dele (Storey, 1990). A concentração de solutos nas células não congeladas aumenta, uma vez que elas perdem água para a formação de gelo extracelular. Além disso, animais tolerantes ao congelamento sintetizam solutos adicionais, incluindo glicose e glicerol derivado da decomposição do glicogênio hepático. O aumento resultante na concentração de solutos diminui o ponto de congelamento dentro das células, permitindo à solução intracelular permanecer líquida a temperaturas abaixo de zero. Os solutos concentrados também estabilizam o volume celular e as estruturas das organelas, das proteínas e das enzimas. À medida que o congelamento prossegue, o coração da rã para de bater, e seus pulmões param de bombear ar. Uma vez alcançado esse estado semiestável de congelamento parcial, a rã pode permanecer congelada por várias semanas, desde que a temperatura não caia abaixo de –5°C. Embora seus "aposentos" de inverno não estejam muito abaixo da superfície do solo, a cobertura isolante de folhas e neve mantém as rãs acima dessa temperatura.

O processo de congelamento nas rãs-dos-bosques é iniciado minutos após a formação de gelo dentro do animal, embora o processo completo ocorra ao longo de vários dias a semanas (Layne e Lee, 1995). O descongelamento, por outro lado, pode ser rápido, com o funcionamento normal do corpo retornando dentro de 10 horas. Essa espantosa proeza anfíbia de passar o inverno em estado semicongelado e surgir incólume na primavera tem proporcionado informações para a ciência médica que têm facilitado a preservação de tecidos e órgãos humanos a baixas temperaturas (Costanzo et al., 1995), bem como otimismo aos proponentes da criônica do corpo inteiro, que esperam que algum dia o vovô possa finalmente deixar o galpão.

CONEXÕES NA NATUREZA
Tolerância à dessecação, tamanho do corpo e raridade

Como vimos no Capítulo 3, há uma estreita associação entre as adaptações dos organismos às condições climáticas e suas distribuições nos biomas terrestres. Enquanto temperaturas abaixo de zero são um importante limitante da distribuição e do funcionamento dos organismos em biomas de latitudes e altitudes elevadas, a baixa disponibilidade de água é um desafio mais difundido. Condições áridas podem se manifestar na maioria dos biomas terrestres (ver diagramas climáticos no Conceito 3.1) e ocorrem regularmente em mais de 60% da superfície terrestre. Como vimos, a maior parte dos organismos, particularmente animais, evita a exposição a condições secas e depende da redução das perdas de água para o ambiente.

Alguns organismos, entretanto, podem tolerar condições áridas de maneira muito parecida com aquela que as rãs congeladas toleram condições de congelamento no inverno: entrando em um estado de dormência enquanto se deixam ressecar. Essa abordagem evolutiva é comum em microrganismos, incluindo bactérias, fungos e protistas, mas também é encontrada em alguns animais multicelulares e algumas plantas, incluindo musgos, hepáticas e algumas angiospermas (Alpert, 2006).

Organismos tolerantes à dessecação podem sobreviver à desidratação extrema, perdendo 80 a 90% de sua água à medida que se equilibram com a umidade do ar e, então, recuperam o funcionamento rapidamente após serem reidratados (**Figura 4.27**). À medida que suas células se desidratam, o organismo sintetiza açúcares, que são a chave para proteger suas estruturas celulares e organelas (Alpert, 2006). Logo que a desidratação ultrapassa determinado limiar, o metabolismo cessa, e os açúcares e a pequena quantidade de água restante formam uma cobertura vítrea sobre os constituintes celulares. Do mesmo modo que a recuperação do congelamento, a recuperação da desidratação é rápida, ocorrendo em horas ou dias.

A prevalência de condições secas em ambientes terrestres sugere que a tolerância à dessecação deveria ser mais comum do que é. Por que essa tolerância não evoluiu em mais plantas e animais? Uma pista para esse enigma pode ser o tamanho pequeno dos organismos tolerantes à dessecação (Alpert, 2006). Organismos pequenos (menos de 5 mm no caso de animais) não requerem reforço estrutural, tal como um sistema esquelético, que limitaria o encolhimento necessário do organismo ao desidratar. Adicionalmente, a perda de água durante a desidratação deve ser suficientemente lenta para permitir que a resposta adaptativa de síntese de açúcar ocorra, mas não tão lenta que o organismo passe um longo tempo com baixo conteúdo de água enquanto o metabolismo ainda estiver ocorrendo, o que poderia causar estresse fisiológico. Organismos pequenos têm razões entre área de superfície e volume e espessuras favoráveis às taxas de perda de água requeridas.

Esses argumentos explicam por que o tamanho pequeno é favorecido em organismos tolerantes à dessecação, mas não por que eles são raros (ver Capítulo 23). As duas características, tamanho pequeno e raridade, estão intimamente relacionadas. Como veremos no Capítulo 12, tamanho pequeno com frequência é associado a taxas de crescimento lentas e capacidade competitiva fraca sob condições de baixa disponibilidade de recursos. Portanto, a seleção natural para a tolerância à dessecação pode envolver compensações com outras características ecológicas, como a capacidade competitiva, que pode impedir esses organismos de serem bem-sucedidos em ambientes competitivos.

(A) *Selaginella lepidophylla* (rosa-de-jericó)

(B) Tardígrado ("urso-d'água")

Figura 4.27 Organismos tolerantes à dessecação (A) As folhas da rosa-de-jericó (*Selaginella lepidophylla*) atingem um conteúdo hídrico muito baixo durante períodos prolongados sem chuva (à esquerda); dentro de 6 horas após receber água, as folhas tornam-se funcionais e realizam fotossíntese (à direita). (B) Os ursos-d'água (tardígrados) são pequenos invertebrados (com menos de 1 mm de comprimento) encontrados em ambientes aquáticos, incluindo oceanos, lagos e lagoas, na água do solo e em filmes de água sobre a vegetação. Os ursos-d'água contraem-se e cessam seu metabolismo quando eles e seu ambiente secam (à esquerda), mas reidratam quando a umidade retorna (à direita).

RESUMO

CONCEITO 4.1 Cada espécie tem uma faixa de tolerâncias ambientais que determina sua distribuição geográfica potencial.

- O ambiente físico afeta a capacidade das espécies de obter energia e recursos, determinando assim seu crescimento e reprodução e, mais imediatamente, sua capacidade de sobreviver a extremos do ambiente. Ele é, portanto, o limitante final da distribuição geográfica de uma espécie.
- Organismos individuais podem responder à variação ambiental através da aclimatização, um ajuste de curto prazo da fisiologia, da morfologia ou do comportamento do organismo que reduz o efeito da mudança e minimiza o estresse associado.
- Uma população pode responder a condições ambientais únicas através da seleção natural de características fisiológicas, morfológicas e comportamentais, conhecidas como adaptações, que aumentam sua sobrevivência, crescimento e reprodução sob essas condições.

CONCEITO 4.2 A temperatura de um organismo é determinada pelas trocas de energia com o ambiente externo.

- A temperatura controla os processos fisiológicos mediante seus efeitos sobre as enzimas e as membranas.
- Os aportes de energia a partir do ambiente e as perdas de energia para ele determinam a temperatura

RESUMO (continuação)

de um organismo. Modificar essa troca de energia com o ambiente permite a um organismo controlar sua temperatura.

- As plantas terrestres podem modificar seu equilíbrio energético controlando a transpiração, aumentando ou diminuindo a absorção de radiação solar ou ajustando a eficácia da perda convectiva de calor.
- Os animais modificam seu equilíbrio energético principalmente mediante comportamento e mediante morfologia para ajustar as perdas e os ganhos de calor e, no caso dos animais endotérmicos, pela geração de calor metabólico e pelo isolamento para reduzir a perda de calor.

CONCEITO 4.3 O equilíbrio hídrico de um organismo é determinado pelas trocas de água e solutos com o ambiente externo.

- A água flui ao longo de gradientes de energia determinados pela concentração de solutos (potencial osmótico), pela pressão ou tensão (potencial de pressão) e pela força atrativa de superfícies (potencial mátrico).
- As plantas e os microrganismos podem influenciar o potencial hídrico ajustando a concentração de solutos em suas células (ajustamento osmótico).
- Os animais aquáticos hiposmóticos em relação à água circundante precisam gastar energia para excretar sais contra um gradiente osmótico. Por outro lado, os animais aquáticos hiperosmóticos em relação a seu ambiente precisam absorver solutos do ambiente para compensar a perda de solutos para a água circundante.
- Os organismos terrestres podem alterar seus ganhos ou perdas de água ajustando suas resistências ao movimento de água, pela abertura ou pelo fechamento dos estômatos em plantas ou por adaptações da pele, em animais.

Questões de revisão

1. Os organismos exibem diferentes graus de tolerância aos estresses ambientais. Como a tolerância à variação na temperatura corporal diverge entre plantas, animais ectotérmicos e animais endotérmicos? Que fatores influenciam as diferenças na tolerância entre esses grupos? As plantas podem exibir temperaturas extremas?

2. As raposas-do-ártico exibem grande variação sazonal na espessura da pelagem, enquanto que as raposas-orelha-de-morcego não apresentam essa resposta. Use esse exemplo para descrever os conceitos de aclimatização e adaptação. Assuma que a raposa-orelha-de-morcego evoluiu antes da raposa-do-ártico.

3. As adaptações dos organismos às condições ambientais frequentemente afetam múltiplas funções ecológicas, levando a compensações (*trade-offs*) associadas. Considere as duas diferentes compensações seguintes.

    a. As plantas transpiram através de seus estômatos. Que efeitos a transpiração tem sobre a regulação da temperatura das folhas? Qual é a compensação com regulação transpiratória da temperatura em termos da atividade fisiológica foliar?

    b. Os animais podem aquecer mais efetivamente seus corpos pela absorção da radiação solar se tiverem uma cor escura. Muitos animais, entretanto, não são escuros, mas, em vez disso, têm uma coloração próxima à de seu hábitat (camuflagem, como no caso do lagarto com comportamento de se aquecer ao sol na Figura 4.15). Qual é a compensação entre a coloração animal e a troca de calor?

4. Liste vários modos pelos quais as plantas e os animais de ambientes terrestres influenciam sua resistência à perda de água para a atmosfera.

MATERIAL DA INTERNET (em inglês)
sites.sinauer.com/ecology3e

O *site* inclui o resumo dos capítulos, testes, *flashcards* e termos-chave, sugestão de leituras, um glossário completo e a Revisão Estatística. Além disso, os seguintes recursos estão disponíveis para este capítulo:

Exercício Prático: Solucionando Problemas
   4.1 Formigas urbanas e formigas rurais: adaptação a ambientes térmicos

Saiba Mais
   4.1 Cavitação e a perda de função do xilema

Conexão às Mudanças Climáticas
   4.1 Mudança climática e limitação térmica sobre o forrageio em répteis

5 Lidando com a variação ambiental: energia

CONCEITOS-CHAVE

CONCEITO 5.1 Os organismos obtêm energia a partir da luz solar, de compostos químicos inorgânicos ou por meio do consumo de compostos orgânicos.

CONCEITO 5.2 A energia luminosa e química capturada pelos autótrofos é convertida em energia armazenada nas ligações carbono-carbono.

CONCEITO 5.3 Limitações ambientais resultaram na evolução de rotas bioquímicas que aumentam a eficiência da fotossíntese.

CONCEITO 5.4 Os heterótrofos têm adaptações para adquirir e assimilar eficientemente a energia de uma diversidade de fontes orgânicas.

Corvos fabricantes de ferramentas: Estudo de Caso

Nós seres humanos empregamos inúmeras ferramentas para aumentar nossa capacidade de obter alimentos para satisfazer nossas necessidades energéticas. Usamos sistemas altamente mecanizados de plantio, fertilização e colheita de cultivos agrícolas para alimentar a nós mesmos e aos animais que consumimos. Por milhares de anos, usamos ferramentas especializadas para aumentar nossa eficiência para caçar presas, incluindo lanças, arcos e flechas e rifles. Vemos nossa capacidade de fabricar ferramentas como algo que nos diferencia dos outros animais.

Entretanto, os seres humanos não são os únicos a usar ferramentas para aumentar sua capacidade de aquisição de alimento. Na década de 1920, Wolfgang Köhler, um psicólogo que estudava o comportamento de chimpanzés, observou que esses animais em cativeiro fabricavam ferramentas para apanhar bananas escondidas em áreas difíceis de alcançar (Köhler, 1927). Jane Goodall, uma proeminente primatologista, relatou ter observado chimpanzés no campo usando folhas de gramíneas e caules de outras plantas para "fisgar" cupins em buracos no chão e em madeiras em decomposição (**Figura 5.1**). Embora esses relatos desafiassem a crença comum de que os seres humanos modernos são os únicos construtores de ferramentas para aumentar a aquisição de alimento, talvez fosse animador para aqueles fiéis a essa noção que as observações fossem associadas a um de nossos parentes mais próximos ainda existentes. Ninguém jamais suspeitaria de um comportamento similar em aves, tidas como um dos vertebrados menos inteligentes, como evidenciado pelo questionável insulto "cérebro de passarinho" trocado entre seres humanos.

Os corvídeos – uma família de aves que inclui corvos, pegas, gaios e gralhas – ingressaram em nossa herança cultural com uma reputação de serem inteligentes. Mesmo assim, a descoberta de que corvos utilizam ferramentas produzidas de plantas para apanhar alimento foi inesperada. Gavin Hunt relatou em 1996 que os corvos (*Corvus moneduloides*) da Nova Caledônia, uma ilha do Pacífico Sul, utilizavam ferramentas para puxar larvas de insetos, aranhas e outros artrópodes e tirá-los da madeira de árvores vivas ou em decomposição (Hunt, 1996) (**Figura 5.2A**). Hunt observou que essas aves usavam dois tipos de ferramentas, (1) uma varinha em forma de gancho modelada a partir de um ramo despido de suas folhas e sua casca (**Figura 5.2B**) ou (2) uma folha de margem serreada de um indivíduo de *Pandanus* (**Figura 5.2C**). As ferramentas foram, portanto, manufaturadas, em vez de apenas coletadas de materiais caídos no chão.

Figura 5.1 Uso de ferramentas por não humanos Os chimpanzés usam o caule de uma planta como ferramenta para forragear cupins. Eles foram os primeiros animais não humanos documentados usando ferramentas para forragear alimento.

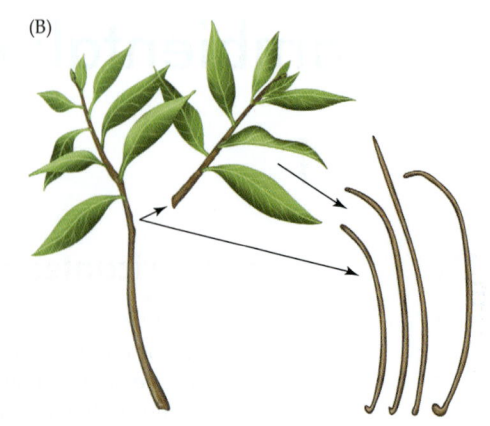

Figura 5.2 Ferramentas fabricadas por corvos-da-nova-caledônia (A) Os corvos usam as ferramentas que eles produzem para procurar alimento em cavidades e fendas das árvores. (B) Varinhas em forma de gancho, feitas de ramos de árvores. Os corvos usam os bicos para moldar o gancho enquanto seguram a varinha com os pés. (C) Eles também podem criar ferramentas de folhas de margem serreada de *Pandanus*. (B segundo Hunt, 1996.)

Hunt descreveu o estilo ímpar de caça usado pelos corvos-da-nova-caledônia. As aves sondavam as cavidades das árvores ou áreas de folhagem densa usando as ferramentas como extensões de seus bicos. Elas usavam as ferramentas continuamente, carregando-as de árvore em árvore. A presença de ganchos nos dois tipos de ferramentas demonstra um elemento inovador que aumenta a eficiência das aves em extrair presas de seus refúgios nas árvores. As ferramentas também pareciam ser uniformes em sua construção; Hunt examinou 55 ferramentas produzidas por aves diferentes e observou que elas variavam pouco. Quando capturados e levados para o laboratório, os corvos-da-nova-caledônia produziram ferramentas em forma de gancho, usando como matéria-prima fios elétricos; experimentos mostraram que as ferramentas aumentavam a eficiência na obtenção de alimento (Weir et al., 2002).

A habilidade para produção de ferramentas em um nível equivalente ao apresentado pelos corvos surgiu em seres humanos apenas no final da Idade da Pedra, há aproximadamente 450 mil anos (Mellars, 1989). Como essas aves alcançaram um nível semelhante de sofisticação na construção de suas ferramentas? O alto número de corvos-da-nova-caledônia utilizando ferramentas e a consistência na construção desses utensílios indicam um fenômeno cultural – uma habilidade aprendida socialmente dentro de uma população de animais – que nunca havia sido observado antes em aves. Quanto benefício energético os corvos ganham usando ferramentas em vez de utilizarem apenas seus bicos?

Introdução

Energia é uma das necessidades mais básicas de todos os organismos. A manutenção fisiológica, o crescimento e a reprodução dependem da obtenção de energia. Organismos são sistemas complexos; desse modo, se o aporte de energia cessa, o funcionamento biológico também para. Os sistemas enzimáticos deixam de funcionar se a substituição das proteínas não é realizada. As membranas celulares degradam-se e as organelas param de funcionar sem energia para mantê-las e repará-las. Neste capítulo, examinaremos os diferentes modos pelos quais os organismos adquirem energia para satisfazer as demandas da manutenção celular, do crescimento, da reprodução e da sobrevivência. Concentraremos nossa atenção nos principais mecanismos que permitem aos organismos obter energia do seu ambiente, incluindo a captura de luz solar e energia química, bem como a obtenção e o uso de compostos orgânicos sintetizados por outros organismos.

> **CONCEITO 5.1**
>
> Os organismos obtêm energia a partir da luz solar, de compostos químicos inorgânicos ou por meio do consumo de compostos orgânicos.

Fontes de energia

Sentimos a energia em nosso ambiente em uma variedade de formas. A luz proveniente do sol, uma forma de *energia radiante*, ilumina nosso mundo e aquece nossos corpos. Objetos frios ou quentes ao nosso toque têm quantidades diferentes de *energia cinética*, associada ao movimento das moléculas que constituem os objetos. Tanto um gafanhoto comendo uma folha quanto um coiote comendo um rato do campo representam a transferência de *energia química* armazenada no alimento consumido. Energia radiante e energia química são as formas que os organismos usam para atender as demandas de crescimento e manutenção, enquanto energia cinética, por sua influência sobre a taxa de reações químicas e sobre a temperatura, é importante para controlar a taxa de atividade e demanda energética metabólica dos organismos. Um endotérmico frio necessita aquecer seu corpo até a temperatura ótima para a atividade fisiológica. Ele faz isso "queimando" energia química de seus alimentos durante a respiração celular. No fim das contas, esse alimento era derivado da energia radiante da luz solar, convertida em energia química pelas plantas. Até mesmo a energia usada para sustentar o desenvolvimento industrial, abastecer nossos carros e aquecer nossas casas originou-se essencialmente da fotossíntese, a qual produziu os organismos que se tornaram o petróleo que extraímos da terra.

Os **autótrofos** são organismos que assimilam energia da luz solar (organismos *fotossintéticos*) ou de compostos químicos inorgânicos de seu ambiente (bactérias e arqueias *quimiossintéticas*)[1]. Eles convertem a energia da luz solar ou de compostos inorgânicos em energia química armazenada em ligações carbono-carbono de compostos orgânicos, em geral carboidratos. Os **heterótrofos** são organismos que obtêm sua energia consumindo compostos orgânicos ricos em energia produzidos por outros organismos – todos eles originados basicamente com compostos orgânicos sintetizados por autótrofos. Eles abrangem organismos que consomem matéria orgânica morta (*detritívoros*), tais como minhocas e fungos no solo, que se alimentam de detritos derivados principalmente de plantas mortas, ou bactérias em um lago, que consomem compostos orgânicos dissolvidos. Os heterótrofos também incluem organismos que consomem organismos vivos, mas não necessariamente os matam (*parasitas* e *herbívoros*), bem como consumidores (*predadores*) que capturam e matam sua fonte de alimento (*presas*).

Superficialmente, a distinção entre autótrofos e heterótrofos parece ser clara: todas as plantas são autótrofas, todos os animais e fungos são heterótrofos, e arqueias e bactérias incluem tanto autótrofos quanto heterótrofos. Entretanto, nem sempre as coisas são tão simples. Algumas plantas perderam sua função fotossintética e obtêm sua energia parasitando outras plantas. Tais plantas, conhecidas como *holoparasitas* (*holo*, "inteiro, integral"), não têm pigmentos fotossintéticos e são heterótrofas. A cuscuta (gênero *Cuscuta*, com aproximadamente 150 espécies diferentes), por exemplo, é um parasita comum de plantas encontrada em todo o mundo (**Figura 5.3A,B**) e é considerada uma importante praga de espécies agrícolas. Ela se fixa a sua planta hospedeira crescendo em espiral ao redor do caule e penetra o floema da hospedeira, utilizando raízes modificadas chamadas de haustórios, para absorver carboidratos. Outras plantas, conhecidas como *hemiparasitas*, são fotossintéticas, mas obtêm uma parte de sua energia, bem como nutrientes e água, de plantas hospedeiras (**Figura 5.3C**).

Por outro lado, animais podem atuar como autótrofos, embora esse fenômeno seja relativamente raro. Sua capacidade fotossintética é adquirida pelo consumo de organismos fotossintéticos ou vivendo com eles em uma estreita relação conhecida como *simbiose* (ver Capítulo 15). Algumas lesmas-do-mar, por exemplo, têm cloroplastos completamente funcionais que as suprem com carboidratos por meio da fotossíntese. Esses animais, da ordem Ascoglossa, capturam cloroplastos intactos

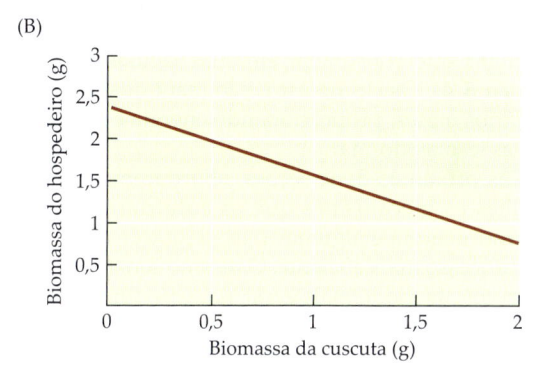

Figura 5.3 Plantas parasitas (A) Cuscuta (*Cuscuta* sp.), um holoparasita em que falta clorofila, é mostrada aqui em volta do caule de um indivíduo de beijinho. (B) Quantidades crescentes de biomassa de cuscuta (*Cuscuta europaea*) resultam na redução do crescimento de sua planta hospedeira, a urtiga (*Urtica dioica*). (C) O visco é um hemiparasita: apesar de ter seus próprios tecidos fotossintéticos, ele extrai água, nutrientes e uma parte de sua energia de sua árvore hospedeira. O visco-de-bagas-vermelhas (*Viscum cruciatum*) visto aqui frequentemente é colhido e utilizado como uma decoração em feriados religiosos. (B segundo Koskela et al., 2002.)

---

[1]Compostos químicos *orgânicos* têm ligações carbono-hidrogênio e em geral são sintetizados biologicamente. Todos os outros compostos são considerados *inorgânicos*.

Figura 5.4 Lesma-do-mar-verde A cor verde dessa lesma-do-mar (*Elysia crispata*) está associada aos cloroplastos que ela mantém em seu sistema digestório. Os cloroplastos podem fornecer energia suficiente para manter a lesma-do-mar por várias semanas sem alimento.

TABELA 5.1

Substratos inorgânicos usados como doadores de elétrons para a fixação de carbono por bactérias quimiossintéticas

Substrato (fórmula química)	Tipos de bactérias
Amônio (NH_4^+)	Bactérias nitrificantes
Nitrito (NO_2^-)	Bactérias nitrificantes
Sulfeto de hidrogênio (H_2S/HS^-)	Tiobactérias (púrpuras e verdes)
Enxofre (S)	Tiobactérias (púrpuras e verdes)
Ferro ferroso (Fe^{2+})	Ferrobactérias
Hidrogênio (H_2)	Hidrogênio-bactérias
Fosfito (HPO_3^{2-})	Fosfitobactérias

Fonte: Madigan e Martinko (2005).

das algas que consomem em suas células digestórias (**Figura 5.4**). Os cloroplastos são mantidos intactos por até vários meses, proporcionando energia e camuflagem para as lesmas-do-mar.

Nas próximas duas seções, abordaremos com mais detalhes os mecanismos que os autótrofos usam para capturar energia e algumas das adaptações que tornam esse processo mais eficiente. O mesmo será feito para heterótrofos, de modo mais geral, na seção final deste capítulo. Os Capítulos 13 e 14 fornecerão considerações mais detalhadas da captura de energia pelos heterótrofos, e o Capítulo 16 examinará as relações energéticas entre as espécies na comunidade.

CONCEITO 5.2

A energia luminosa e química capturada pelos autótrofos é convertida em energia armazenada nas ligações carbono-carbono.

Autotrofia

A imensa maioria da produção autotrófica de energia química na Terra ocorre pela **fotossíntese**, um processo que utiliza a luz solar para prover a energia necessária para assimilar o dióxido de carbono e sintetizar compostos orgânicos, principalmente carboidratos. Embora sua contribuição seja menor no contexto energético global, a **quimiossíntese** (também conhecida como *quimiolitotrofia*), um processo que usa a energia de compostos inorgânicos para produzir carboidratos, é importante para algumas bactérias-chave envolvidas na ciclagem de nutrientes (ver Capítulo 22) e em alguns ecossistemas únicos, como as comunidades de respiradouros hidrotermais (ver Estudo de Caso no Capítulo 20). Uma vez que a energia derivada da fotossíntese e da quimiossíntese é armazenada nas ligações carbono-carbono dos compostos orgânicos produzidos nesses processos, os ecólogos geralmente utilizam o carbono como uma medida de energia.

A quimiossíntese aproveita a energia de compostos inorgânicos

Os primeiros autótrofos do planeta foram provavelmente bactérias ou arqueias quimiossintéticas que evoluíram quando a composição da atmosfera era marcadamente diferente da atual: pobre em oxigênio, mas rica em hidrogênio e com quantidades significativas de CO_2 e metano (CH_4). Um grupo diverso de arqueias e bactérias ainda utiliza energia de elementos e compostos inorgânicos em seu ambiente para assimilar CO_2 e sintetizar carboidratos. As bactérias quimiossintéticas com frequência são denominadas de acordo com o substrato inorgânico que utilizam como fonte de energia (**Tabela 5.1**).

Durante a quimiossíntese, os organismos obtêm elétrons do substrato inorgânico; em outras palavras, eles *oxidam*[2] o substrato inorgânico. Eles usam os elétrons para gerar dois compostos ricos em energia: trifosfato de adenosina (ATP) e nicotinamida adenina dinucleotídeo fosfato (NADPH). A seguir, eles utilizam a energia do ATP e do NADPH para assimilar carbono do CO_2 gasoso (um processo conhecido como **fixação** de CO_2). O carbono fixado é usado para sintetizar carboidratos ou outras moléculas orgânicas, que são armazenadas para atender às demandas posteriores de energia ou biossíntese (produção de compostos químicos, membranas, organelas e tecidos). Alternativamente, algumas bactérias podem usar elétrons de substratos inorgânicos para fixar

---

[2] *Reações de oxidação-redução* envolvem a troca de elétrons entre compostos químicos. O composto que cede ou doa elétrons é *oxidado*, enquanto o composto que aceita elétrons é *reduzido*.

carbono diretamente. A rota bioquímica utilizada com mais frequência para fixar carbono é o **ciclo de Calvin**, assim denominado em homenagem a Melvin Calvin, o bioquímico que primeiro a descreveu. O ciclo de Calvin é catalisado por várias enzimas e ocorre tanto em organismos quimiossintéticos como fotossintéticos.

Um dos grupos mais propagados e ecologicamente importantes de organismos quimiossintéticos é o das bactérias nitrificantes (p. ex., *Nitrosomonas*, *Nitrobacter*), que são encontradas em ecossistemas tanto aquáticos quanto terrestres. Em um processo em duas etapas, as bactérias nitrificantes convertem amônio (NH_4^+) em nitrito (NO_2^-), e, após, o oxidam a nitrato (NO_3^-). Essas conversões químicas de compostos nitrogenados são um componente importante da ciclagem do nitrogênio e da nutrição vegetal, e as discutiremos em mais detalhes no Capítulo 22. Outro grupo quimiossintético importante é o das tiobactérias, associadas com depósitos vulcânicos, fontes termais sulfurosas e resíduos ácidos de minas. As tiobactérias inicialmente usam formas de enxofre ricas em energia, H_2S e HS^- (sulfeto de hidrogênio), produzindo enxofre elementar (S), que é insolúvel e altamente visível no ambiente (**Figura 5.5**). Logo que H_2S e HS^- são exauridos, as bactérias utilizam enxofre elementar como fonte de elétron, produzindo SO_4^{2-} (sulfato).

A fotossíntese é a propulsora da vida na Terra

Antes de 1650, a maioria das pessoas acreditava que as plantas obtinham o material bruto necessário para seu crescimento a partir do solo. Jan Baptist van Helmont (1579-1644), um cientista flamengo, testou sua teoria em um experimento bem conhecido. Ele mediu cuidadosamente a massa de solo seco em um vaso (91 kg) e, então, plantou uma muda de salgueiro pesando 2,3 kg. Van Helmont irrigou a muda usando somente água da chuva por cinco anos à medida que ela se tornava uma pequena árvore. Ao final desse tempo, a árvore havia ganhado 74 kg, e o solo havia perdido somente 0,06 kg. Embora tenha concluído incorretamente que a árvore havia ganhado sua massa da água, o experimento de van Helmont estabeleceu a base para a descoberta posterior de que a absorção fotossintética do CO_2 do ar – não o material do solo – era a origem do ganho de peso da árvore.

A maioria da energia biologicamente disponível na Terra é derivada da conversão, pela fotossíntese, da radiação solar em compostos de carbono ricos em energia. Os organismos fotossintéticos incluem algumas arqueias, bactérias, protistas e a maioria das algas e plantas. As folhas são o principal órgão fotossintético nas plantas, mas a fotossíntese também pode ocorrer em tecidos do caule e reprodutivos. Assim como a quimiossíntese, a fotossíntese envolve a conversão de CO_2 em carboidratos que são usados para armazenamento de energia e biossíntese. A fotossíntese também é responsável pelos maiores movimentos de CO_2 entre a Terra e a atmosfera, e ela é, portanto, criticamente importante para o sistema climático global (como veremos no Capítulo 25). Aqui, vamos examinar brevemente as principais etapas da fotossíntese vegetal e considerar algumas limitações ecologicamente relevantes sobre as taxas fotossintéticas. No Conceito 5.3, trataremos de algumas variações nas rotas fotossintéticas vegetais.

Reações luminosas e reações de carboxilação A fotossíntese tem duas etapas principais. A primeira é a coleta de energia da luz solar, que é usada para decompor a água que fornece os elétrons utilizados para gerar ATP e NADPH. Essa etapa geralmente é referida como *reações luminosas* da fotossíntese. A segunda etapa é a fixação de carbono e a síntese de açúcares e subsequentemente carboidratos. Essa etapa costuma ser referida como *reações de carboxilação* da fotossíntese.

A coleta de radiação solar é realizada por vários pigmentos, principalmente clorofila. A clorofila dá aos organismos fotossintéticos sua coloração verde porque ela absorve as luzes vermelha e azul e reflete os comprimentos de onda verdes (**Figura 5.6**). As plantas e as bactérias fotossintéticas têm pigmentos clorofilianos similares, mas elas absorvem luz em comprimentos de onda ligeiramente diferentes. Pigmentos adicionais associados com a fotossíntese, chamados de pigmentos acessórios, abrangem os carotenoides, caracteristicamente vermelhos, amarelos ou alaranjados em sua aparência. Todos esses pigmentos fotossintéticos estão incluídos em uma membrana, junto com outras moléculas envolvidas nas reações luminosas. Em plantas, essa membrana encontra-se dentro de organelas

Tiobactérias geram energia a partir de sulfeto de hidrogênio, deixando para trás um resíduo de enxofre elementar.

Figura 5.5 Depósitos de enxofre de bactérias quimiossintéticas Tiobactérias desenvolvem-se em fontes termais sulfurosas com temperaturas da água que chegam a 110°C.

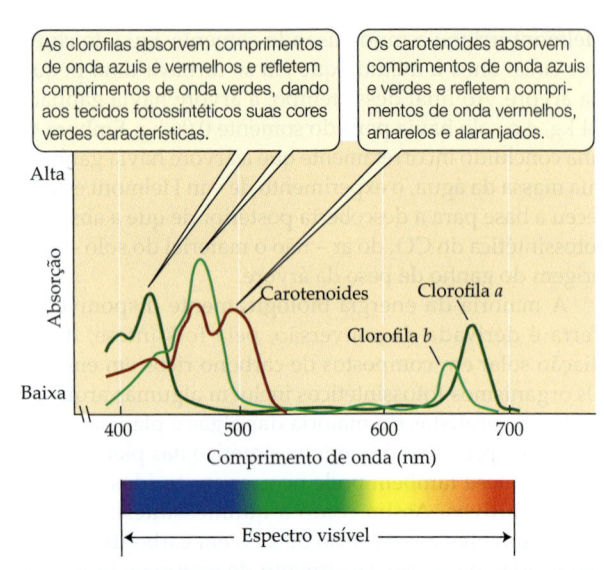

Figura 5.6 Espectro de absorção dos pigmentos fotossintéticos vegetais As plantas em geral contêm vários pigmentos que absorvem luz, cada um dos quais absorve luz de diferentes comprimentos de onda.

ou PGA. O PGA é subsequentemente convertido em um açúcar de seis carbonos (glicose [$C_6H_{12}O_6$] na maioria das plantas). A reação líquida da fotossíntese é, portanto,

$$6\ CO_2 + 6\ H_2O \rightarrow C_6H_{12}O_6 + 6\ O_2 \qquad (5.1)$$

Limitações e soluções ambientais A taxa de fotossíntese determina o suprimento de energia e substratos para biossíntese disponível no ambiente. Uma vez que essa taxa influencia o crescimento e a reprodução dos organismos fotossintéticos – com frequência tomada como equivalente

especializadas chamadas de cloroplastos, enquanto em bactérias fotossintéticas os pigmentos estão incluídos na membrana celular. As moléculas de pigmento estão arranjadas em forma de antenas, com cada arranjo contendo entre 50 e 300 moléculas. Os pigmentos absorvem energia de unidades discretas de luz, chamadas de *fótons*. Essa energia é usada para decompor a água e fornecer os elétrons. Esses elétrons são transferidos para complexos moleculares nas membranas, onde são usados para sintetizar ATP e NADPH.

A decomposição da água (H_2O) para fornecer elétrons para as reações luminosas gera oxigênio (O_2). A evolução da fotossíntese e a associada liberação de O_2 para a atmosfera foi uma etapa crucial no desenvolvimento da composição química da atmosfera e da litosfera modernas, bem como na evolução da vida na Terra. O oxigênio atmosférico levou à criação de uma camada de ozônio (O_3) elevada na atmosfera que protege os organismos da radiação ultravioleta de alta energia (descrita no Conceito 25.4). A evolução da respiração aeróbica, em que O_2 é usado como um aceptor de elétron, facilitou grandes mudanças evolutivas para a vida na Terra (ver Capítulo 6).

Nas reações de carboxilação da fotossíntese, a energia de compostos ATP e NADPH ricos em energia é usada no ciclo de Calvin para fixar carbono. O CO_2 é absorvido da atmosfera através dos estômatos das plantas vasculares ou se difunde pelas membranas celulares em plantas não vasculares, algas, bactérias fotossintéticas e arqueias. Uma enzima essencial associada ao ciclo de Calvin é a ribulose-1,5-bifosfato-carboxilase/oxigenase, em geral referida por sua abreviação, *rubisco*. A rubisco, enzima mais abundante na Terra, catalisa a fixação do CO_2 e a síntese de um composto de três carbonos: fosfogliceraldeído,

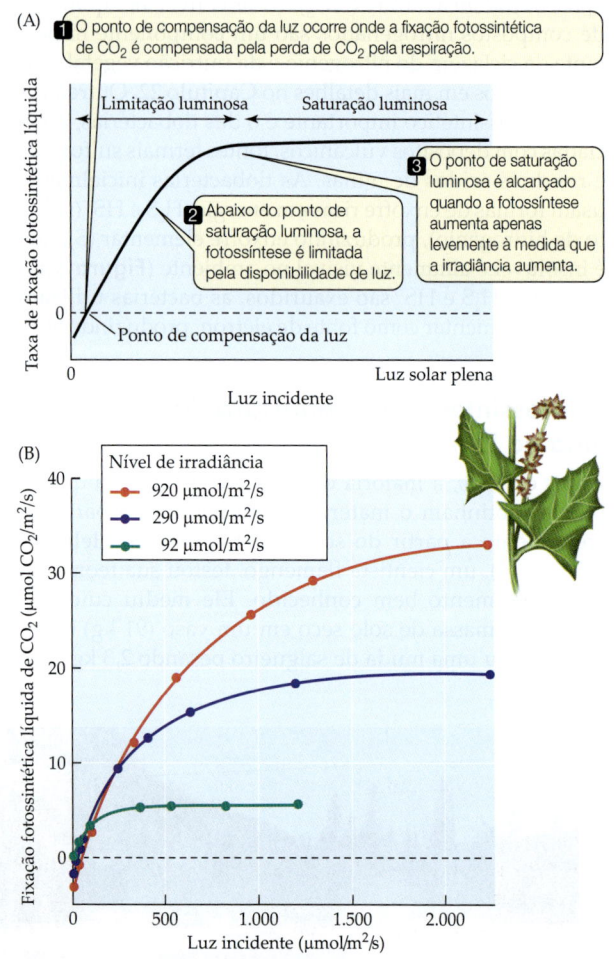

Figura 5.7 Respostas das plantas a variações nos níveis de luz (A) Curva de resposta fotossintética à luz. (B) Plantas de *Atriplex triangularis* cultivadas em diferentes níveis de luz, em câmaras de crescimentos aclimatizadas a esses níveis de radiação luminosa. Suas curvas de resposta à luz indicam que ocorreram ajustes no ponto de saturação de luz. Mudanças pequenas, porém ecologicamente significativas, no ponto de compensação da luz ocorrem em muitas outras espécies, facilitando a absorção de CO_2 em níveis baixos de irradiância. (B segundo Björkman, 1981.)

> Por que é provável que o ponto de saturação luminosa de uma planta fique abaixo do nível máximo de luz a que a planta esteja exposta?

de seu sucesso ecológico (sua abundância e distribuição geográfica) –, os controles ambientais sobre a taxa fotossintética são um tópico-chave na ecologia fisiológica. Deve ser observado, entretanto, que o ganho energético (carbono) líquido também é influenciado pelas perdas de CO_2 associadas com a respiração celular.

A luz é claramente uma influência importante das taxas fotossintéticas em ambientes tanto terrestres como aquáticos. A relação entre o nível de luz e a taxa fotossintética de uma planta pode ser descrita por uma *curva de resposta à luz* (**Figura 5.7A**). Quando há luz suficiente para que a fixação fotossintética de CO_2 pela planta seja igualada a sua perda de CO_2 pela respiração, diz-se que a planta alcançou o *ponto de compensação da luz*. À medida que o nível de luz se eleva acima do seu ponto de compensação, a taxa fotossintética também aumenta; em outras palavras, a fotossíntese é *limitada* pela disponibilidade de luz. A taxa fotossintética estabiliza-se em um *ponto de saturação luminosa*, que costuma ser alcançado em um nível abaixo da luz solar plena.

Como as plantas lidam com a variação luminosa? Como uma planta do sub-bosque de uma floresta, por exemplo, responde ao sombreamento pelo dossel? Essa planta poderia se aclimatar a mais luz se a copa das árvores caísse, permitindo que a luz solar plena atingisse o chão? Em uma série de estudos clássicos usando condições controladas de crescimento, Olle Bjorkman demonstrou que a aclimatização a diferentes níveis de luz envolve uma mudança no ponto de saturação luminosa (Bjorkman, 1981) (**Figura 5.7B**). Alterações morfológicas associadas com essa aclimatização incluem alterações na espessura das folhas e variação no número de cloroplastos disponíveis para coletar a radiação luminosa (**Figura 5.8**). Os organismos fotossintéticos também podem alterar a densidade de seus pigmentos coletores de luz – estratégia análoga à modificação do tamanho de uma antena de rádio – e a quantidade de enzimas fotossintéticas disponíveis para as reações de carboxilação. Em geral, o nível médio de luz que uma planta experimenta, integrado ao longo de um dia, é próximo ao ponto de transição entre a limitação da luz e a saturação luminosa (ver **Análise de Dados 5.1**).

Algumas bactérias especializadas são especialmente bem adaptadas à fotossíntese em baixos níveis de luz, o que lhes permite desenvolver-se em ambientes mal iluminados como oceanos relativamente profundos (abaixo de cerca de 20 m). Uma forma de clorofila até então não descrita, chamada de clorofila *f*, foi encontrada recentemente em amostras de cianobactérias marinhas que formam sedimentos em águas superficiais de Shark Bay, Austrália (Chen et al., 2010). A clorofila *f* absorve luz na região do infravermelho próximo, um pouco além dos comprimentos de onda vermelhos usados pelas outras formas de clorofila (ver Figura 5.6). A clorofila *f* pode ser uma adaptação que permite

às cianobactérias que a possuem crescer abaixo de outros organismos fotossintéticos que utilizam a luz nos comprimentos de onda azul e vermelho, uma vez que ela permite às cianobactérias absorver a energia em comprimentos de onda que passam através de outros organismos fotossintéticos. A descoberta de um pigmento que pode absorver energia no infravermelho próximo tem implicações no aumento da eficiência de painéis fotovoltaicos usados para gerar eletricidade, o que pode ajudar a reduzir as emissões de CO_2 (**Conexão às Mudanças Climáticas 5.1**).

A disponibilidade de água é um fator importante para o fornecimento de CO_2 na fotossíntese de plantas terrestres. Como vimos no Capítulo 4, a baixa disponibilidade de água resulta no fechamento dos estômatos, restringindo a entrada de CO_2 no interior da folha. O controle estomático representa uma importante compensação (*trade-off*) para a planta: a conservação de água *versus* o ganho de energia pela fotossíntese, bem como o resfriamento da folha. A manutenção dos estômatos abertos enquanto os tecidos perdem água pode prejudicar permanentemente os processos fisiológicos na folha. O fechamento dos estômatos, entretanto, não somente limita a absorção de CO_2 fotossintético, mas também aumenta a chance de fotoinibição na folha. Quando o ciclo de Calvin está inativo, a energia continua a se acumular nos complexos coletores de luz, e se energia suficiente é acumulada, ela pode danificar as membranas fotossintéticas. As plantas desenvolveram numerosos modos de dissipar essa energia de maneira segura, incluindo a utilização de carotenoides para dissipá-la como calor, como descrito em **Saiba Mais 5.1**.

A temperatura influencia a fotossíntese de duas maneiras principais: por seus efeitos sobre as velocidades das reações químicas e influenciando a integridade estrutural

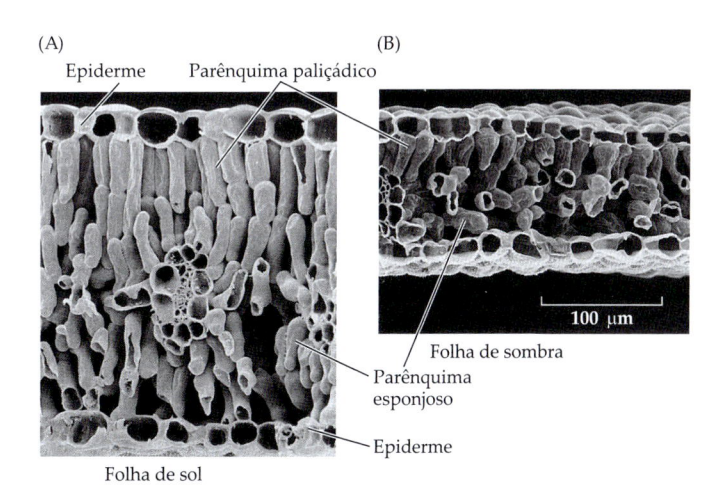

Figura 5.8 Efeitos do nível de luz sobre a estrutura da folha Folhas do pendão-dourado (*Thermopsis montana*) ajustam-se morfologicamente a variações nos níveis de luz. As folhas crescidas em níveis mais altos de luz (A) são mais espessas, têm mais células fotossintéticas (parênquimas paliçádico e esponjoso) e têm maior número de cloroplastos do que as folhas crescidas em níveis mais baixos de luz (B).

ANÁLISE DE DADOS 5.1

A aclimatização afeta o equilíbrio energético das plantas?

Muitas plantas podem ajustar sua morfologia e bioquímica para compensar as condições luminosas sob as quais elas crescem. As curvas representadas aqui são dos estudos clássicos de Olle Björkman* e mostram a fixação fotossintética líquida de CO_2 para plantas de *Atriplex triangularis* cultivadas sob condições de alta irradiância (920 $\mu mol/m^2/s$ de radiação fotossintética ativa) e baixa irradiância (92 $\mu mol/m^2/s$).

1. Presumindo que não ocorram mais mudanças fisiológicas, calcule o balanço diário de carbono para folhas de plantas cultivadas sob as seguintes condições de alta e baixa irradiância:

   a. As plantas são mantidas em um nível de radiação (irradiância) de 200 $\mu mol/m^2/s$ por 2 horas, após, transferidas para uma irradiância de 1.500 $\mu mol/m^2/s$ por 10 horas e então novamente a 200 $\mu mol/m^2/s$ por 2 horas. As luzes são, então, desligadas por 10 horas. (Esse regime de luz se aproxima das condições de um dia ensolarado em uma savana subtropical aberta.)

   b. As plantas são mantidas em uma irradiância de 50 $\mu mol/m^2/s$ por 2 horas, após, transferidas para uma irradiância de 200 $\mu mol/m^2/s$ por 10 horas então novamente a 50 $\mu mol/m^2/s$ por 2 horas. As luzes são, então, desligadas por 10 horas. (Esse regime de luz é semelhante àquele esperado para o sub-bosque de uma floresta tropical pluvial.)

2. As plantas de alta e baixa irradiâncias exibem diferenças nas taxas fotossintéticas líquidas máximas, nos pontos de compensação da luz e na respiração noturna. Quais dessas três diferenças contribui mais para a distinção no balanço de carbono sob condições de alta irradiância (calculado na parte a da questão 1) e condições de baixa irradiância (calculado na parte b)?

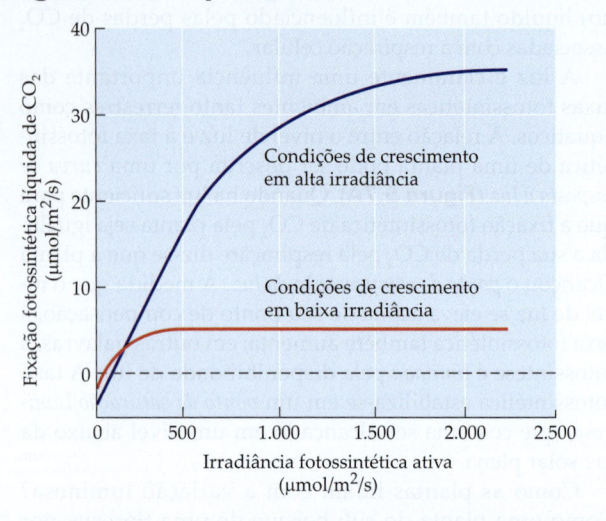

3. O que você acha que pode contribuir para as diferenças nas taxas respiratórias noturnas?

*Björkman, O. 1981. Responses to different quantum flux densities. In *Physiological Plant Ecology I: Encyclopedia of Plant Physiology*, O. L. Lange et al. (eds.). 57-101. Springer-Verlag, Berlin.

---

de membranas e enzimas. Os autótrofos aclimatizam-se e adaptam-se à variação na temperatura alterando as propriedades das enzimas do ciclo de Calvin e/ou das membranas fotossintéticas. Organismos fotossintéticos diferentes têm formas diversas das mesmas enzimas fotossintéticas que operam melhor sob as temperaturas ambientais onde eles ocorrem. Essas diferenças resultam em faixas de temperatura nitidamente diferentes para a fotossíntese em organismos de diferentes climas (**Figura 5.9A**). Líquens e plantas do Ártico e de ambientes alpinos podem fotossintetizar a temperaturas próximas ao congelamento, enquanto plantas do deserto podem ter suas taxas fotossintéticas mais altas a temperaturas que são suficientemente altas para desnaturar a maioria das enzimas das outras plantas (40-50°C). As plantas que se aclimatizam a variações na temperatura sintetizam formas diferentes de enzimas fotossintéticas com temperaturas ótimas diferentes (**Figura 5.9B**). A temperatura também influencia a fluidez das membranas celulares e de organelas (ver Capítulo 4). A sensibilidade ao frio em plantas de biomas tropicais e subtropicais está associada à perda de fluidez das membranas, a qual inibe o funcionamento das moléculas coletoras de luz incluídas nas membranas dos cloroplastos. E, como vimos, temperaturas altas, especialmente em combinação com radiação solar intensa, podem danificar as membranas fotossintéticas.

A concentração de nutrientes nas folhas reflete seu potencial fotossintético, uma vez que a maior parte do nitrogênio nas plantas está associada à rubisco e outras enzimas fotossintéticas. Portanto, quantidades maiores de nitrogênio nas folhas estão correlacionadas com taxas fotossintéticas maiores. Por que, então, todas as plantas não alocam mais nitrogênio para suas folhas para aumentar sua capacidade fotossintética? Há duas razões principais. Em primeiro lugar, a oferta de nitrogênio é baixa em relação à demanda, e o nitrogênio é necessário para o crescimento e outras funções metabólicas, além da fotossíntese (ver Capítulo 22). Em segundo lugar, o aumento da concentração de nitrogênio da folha aumenta o risco de herbivoria (consumo dessa folha), uma vez que animais

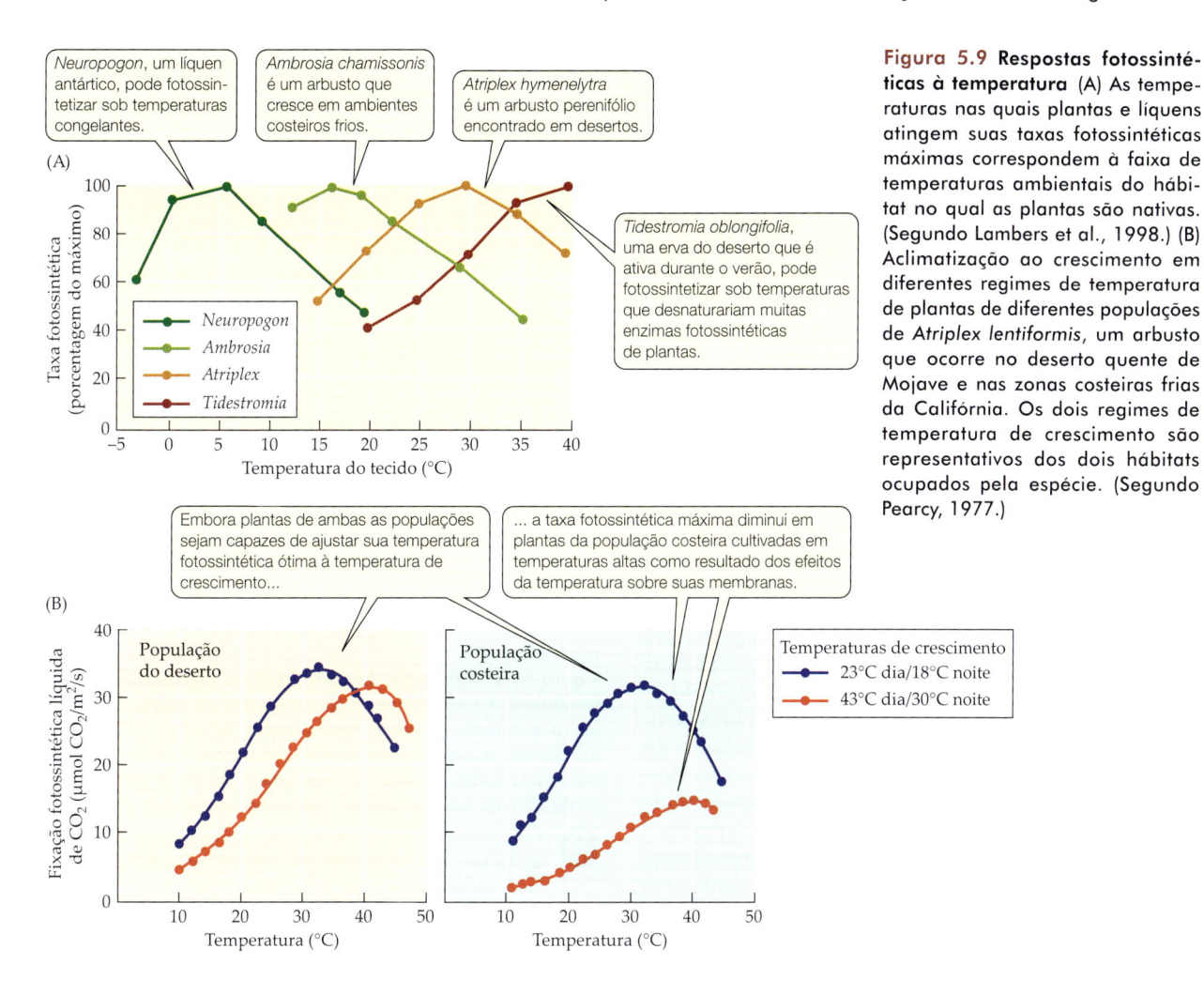

Figura 5.9 Respostas fotossintéticas à temperatura (A) As temperaturas nas quais plantas e líquens atingem suas taxas fotossintéticas máximas correspondem à faixa de temperaturas ambientais do hábitat no qual as plantas são nativas. (Segundo Lambers et al., 1998.) (B) Aclimatização ao crescimento em diferentes regimes de temperatura de plantas de diferentes populações de *Atriplex lentiformis*, um arbusto que ocorre no deserto quente de Mojave e nas zonas costeiras frias da Califórnia. Os dois regimes de temperatura de crescimento são representativos dos dois hábitats ocupados pela espécie. (Segundo Pearcy, 1977.)

herbívoros em geral são famintos por nitrogênio (ver Capítulo 13). As plantas devem harmonizar as demandas competitivas entre fotossíntese, crescimento e proteção contra herbívoros.

Ao longo do tempo evolutivo, algumas plantas lidaram com limitações ambientais sobre a fotossíntese com adaptações em suas rotas fotossintéticas, como veremos a seguir.

CONCEITO 5.3

Limitações ambientais resultaram na evolução de rotas bioquímicas que aumentam a eficiência da fotossíntese.

Rotas fotossintéticas

Qualquer coisa que influencie o ganho energético da fotossíntese tem o potencial para afetar a sobrevivência, o crescimento e a reprodução do organismo. Como vimos, as taxas fotossintéticas são influenciadas pelas condições ambientais, particularmente temperatura e disponibilidade de água. Além disso, uma aparente ineficiência bioquímica na etapa inicial do ciclo de Calvin limita o ganho energético dos organismos fotossintéticos. Nesta seção, examinaremos algumas respostas evolutivas a essas limitações ambientais à fotossíntese. Descreveremos duas rotas fotossintéticas especializadas, a rota C_4 e o metabolismo ácido das crassuláceas (CAM, de *crassulacean acid metabolism*), que torna a fotossíntese mais eficiente sob condições ambientais potencialmente estressantes. As plantas em que faltam essas rotas especializadas usam a **rota fotossintética C_3**. As rotas fotossintéticas C_3 e C_4 tomam seus nomes do número de átomos de carbono de seus primeiros produtos químicos estáveis. Primeiro, examinaremos a fotorrespiração, processo que opera em oposição ao ciclo de Calvin e que reduz sua eficiência.

A fotorrespiração reduz a eficiência da fotossíntese

Anteriormente, descrevemos uma enzima-chave no ciclo de Calvin, a rubisco, e observamos que o "o" na abreviação se refere à "oxigenase". A rubisco pode catalisar duas reações que competem entre si. Uma é a reação carboxilase, na qual o CO_2 é fixado, levando à síntese de açúcares e à liberação de O_2 (i.e., fotossíntese; ver Equação 5.1). A outra é uma reação oxigenase, na qual o O_2 é assimilado, levando à decomposição de compostos de carbono e à liberação de CO_2. Essa reação oxigenase é parte de um processo denominado **fotorrespiração**, que resulta em uma perda líquida de energia e é, portanto, potencialmente prejudicial para as plantas.

O balanço entre fotossíntese e fotorrespiração está relacionado a dois fatores principais: (1) à razão entre O_2 e CO_2 na atmosfera e (2) à temperatura. À medida que a concentração atmosférica de CO_2 diminui em relação à de O_2, a taxa de fotorrespiração aumenta em relação à taxa fotossintética (**Figura 5.10**). Desde a evolução da fotossíntese C_3 há cerca de 3 bilhões de anos, as concentrações atmosféricas de CO_2 mudaram repetidamente ao longo de períodos de centenas de milhares de anos, em resposta a grandes eventos geológicos e climáticos globais (ver Capítulo 25). Essas mudanças nas concentrações atmosféricas de CO_2 teriam influenciado o balanço entre a fotossíntese e a fotorrespiração. Além disso, à medida que as temperaturas aumentam, a taxa de fixação de O_2 catalisada pela rubisco aumenta em relação à taxa de fixação de CO_2, e a solubilidade do CO_2 no citoplasma diminui mais do que a do O_2. Como resultado desses dois processos, a fotorrespiração aumenta mais rapidamente em altas temperaturas do que a fotossíntese. Portanto, a perda de energia devido à fotorrespiração é especialmente acentuada em temperaturas elevadas e concentrações baixas de CO_2 atmosférico.

Se a fotorrespiração é prejudicial ao funcionamento dos organismos fotossintéticos, por que não evoluiu uma nova forma de rubisco que minimizasse a fixação de O_2? É possível que a fotorrespiração proporcione algum benefício para a planta? Uma possível pista vem de experimentos como *Arabidopsis thaliana*, uma pequena planta frequentemente utilizada como um organismo modelo. As plantas de *A. thaliana* com uma mutação genética que elimina a fotorrespiração morrem sob condições de luz e CO_2 normais (Ogren, 1984). Uma hipótese para o benefício potencial da fotorrespiração é que ela protegeria a planta do dano à maquinaria fotossintética em níveis elevados de luz. Essa hipótese é sustentada pelos resultados de um estudo de Akiko Kozaki e Go Takeba, que utilizaram plantas de tabaco (gênero *Nicotiana*) que eles modificaram geneticamente para elevar ou reduzir as taxas de fotorrespiração (Kozaki e Takeba, 1996). Eles submeteram essas plantas experimentais à luz de alta intensidade e registraram os danos à sua maquinaria fotossintética. As plantas com taxas mais elevadas de fotorrespiração mostraram menos danos do que as plantas-controle com taxas normais de fotorrespiração (**Figura 5.11**) ou do que as plantas com taxas reduzidas de fotorrespiração.

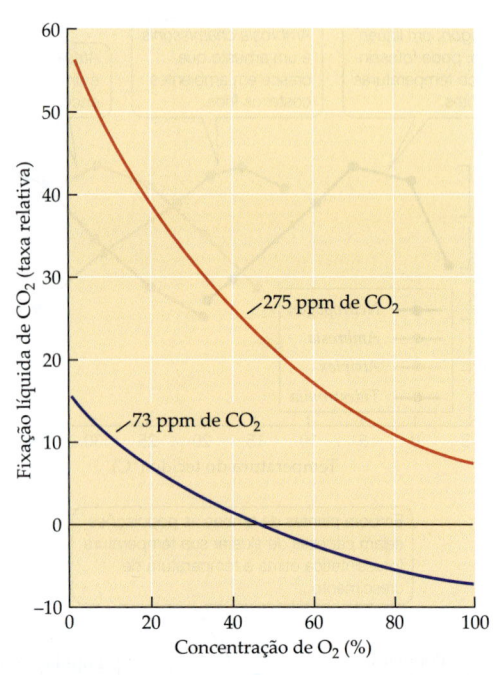

Figura 5.10 Influência da concentração de oxigênio na fotossíntese À medida que a concentração de oxigênio atmosférico aumenta, a fixação fotossintética líquida de CO_2 diminui devido ao crescimento da fotorrespiração, como mostrado aqui para folhas de soja em níveis de irradiância iguais a cerca de 20% da luz solar plena. (Segundo Forrester et al., 1966.)

? Por que a taxa líquida de fixação líquida de CO_2 cai abaixo de zero em níveis altos de oxigênio para folhas expostas à concentração de 73 ppm de CO_2?

Apesar dessa possibilidade de que a fotorrespiração tenha um papel em proteger as plantas do dano em níveis elevados de luz, há condições hipotéticas nas quais a redução na fixação fotossintética de CO_2 que ela causa possa ser um problema sério para a planta. Se as concentrações atmosféricas de CO_2 forem baixas e as temperaturas forem altas, o ganho energético fotossintético pode não acompanhar as perdas energéticas fotorrespiratórias. Essas condições existiram há 7 milhões de anos, em uma época em que plantas com uma rota bioquímica exclusiva, a fotossíntese C_4, tornaram-se muito mais abundantes (Cerling et al., 1997).

A fotossíntese C_4 reduz a perda fotorrespiratória de energia

A **rota fotossintética C_4** reduz a fotorrespiração. A fotossíntese C_4 evoluiu independentemente várias vezes em diferentes espécies vegetais. Ela é encontrada em 18 famílias de plantas (**Figura 5.12**), mas está mais estreitamente associada com a família das gramíneas. Exemplos bem conhecidos de plantas cultivadas com a rota C_4 incluem o milho, a cana-de-açúcar e o sorgo.

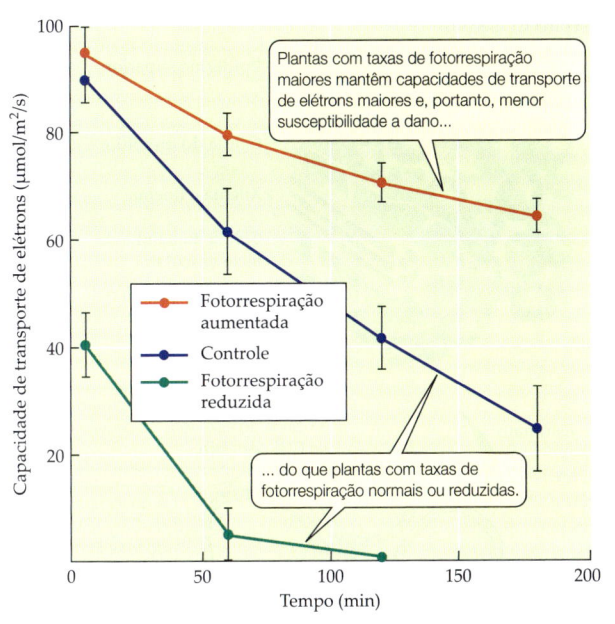

Figura 5.11 A fotorrespiração protege as plantas de dano por luz intensa? A capacidade das plantas de processar a energia luminosa para a fotossíntese (capacidade de transporte de elétrons) sob condições que promovem dano às membranas fotossintéticas (níveis elevados de radiação luminosa, concentrações baixas de CO_2) é maior em plantas geneticamente modificadas com taxas altas de fotorrespiração do que em plantas-controle ou em plantas geneticamente modificadas com taxas baixas de fotorrespiração. As barras de erro mostram ± um erro-padrão da média. (Segundo Kozaki e Takeba, 1996.)

A fotossíntese C_4 envolve especializações tanto bioquímicas quanto morfológicas. A especialização bioquímica pode ser imaginada como uma bomba que proporciona concentrações elevadas de CO_2 para o ciclo de Calvin. Esse suprimento maior de CO_2 reduz a taxa de fixação de O_2 pela rubisco, reduzindo substancialmente a fotorrespiração. A especialização morfológica envolve a separação espacial de regiões na folha onde o CO_2 é fixado (mesofilo) e onde opera o ciclo de Calvin (bainha do feixe vascular), a fim de aumentar a concentração de CO_2 onde a rubisco é encontrada.

Em plantas C_4, o CO_2 é inicialmente fixado por uma enzima chamada fosfoenolpiruvato-carboxilase, ou PEPcase, que tem maior capacidade de fixar CO_2 do que a rubisco e não apresenta atividade oxigenase*. A PEPcase fixa o CO_2 no tecido do mesofilo da planta. Logo que o CO_2 é fixado, um composto de quatro carbonos é sintetizado e transportado para um grupo de células circundando os tecidos vasculares (xilema e floema), conhecido como a bainha do feixe vascular, onde ocorre o ciclo de Calvin. O composto de quatro carbonos é decomposto nas células da bainha do feixe vascular, liberando CO_2 para o ciclo de Calvin, e um composto de três carbonos é transportado de volta para o mesofilo para continuar o ciclo C_4. A bainha do feixe é circundada por um revestimento ceroso** que impede a difusão do CO_2 se (**Figura 5.13**). Como consequência, a concentração de CO_2 dentro da bainha do feixe vascular pode alcançar um máximo de 5 mil partes por milhão, enquanto as concentrações externas são somente de 394 partes por milhão. Energia adicional na forma de ATP deve ser despendida para operar a rota fotossintética C_4, mas o aumento na

(A) Cana-de-açúcar (*Saccharum* sp.)

(B) *Halaxon ammondendron*

Figura 5.12 Plantas com a rota fotossintética C_4 A rota fotossintética C_4 evoluiu múltiplas vezes. Ela é encontrada em plantas de 18 famílias diferentes englobando uma diversidade de formas de crescimento, desde monocotiledôneas como o milho e a cana-de-açúcar (A) até eudicotiledôneas como essa quenopodiácea arbórea no deserto de Gobi da Mongólia (B).

---

*N. de T. O substrato da PEPcase é o ânion bicarbonato (HCO_3^-), pelo qual a enzima tem afinidade elevada. A formação de HCO_3^- a partir do CO_2 é facilitada pela presença da *anidrase carbônica* no citosol das células do mesofilo. Devido ao HCO_3^- ser o substrato da enzima, o oxigênio não é competidor na reação.

**N. de T. Essa característica não está presente em todas as plantas C_4, sequer na maioria delas.

eficiência da fixação de CO_2 compensa a maior necessidade energética.

Como fica aparente nessa discussão, as plantas com a rota fotossintética C_4 podem realizar fotossíntese a taxas mais elevadas do que as plantas C_3 sob condições ambientais que elevam as taxas de fotorrespiração, tais como temperaturas elevadas. Além disso, a maioria das plantas C_4 tem taxas transpiratórias mais baixas para determinada taxa fotossintética (conhecida como *eficiência no uso de água*) do que as plantas C_3. Essa diferença deve-se à capacidade da PEPcase de fixar CO_2 sob concentrações de CO_2 mais baixas que ocorrem quando os estômatos não estão completamente abertos.

Se assumirmos que as taxas fotossintéticas determinam o sucesso ecológico, poderíamos utilizar os padrões climáticos para prever onde as plantas C_4 deveriam predominar sobre as plantas C_3. No entanto, essa análise seria demasiado simplista uma vez que diversos outros fatores além da temperatura influenciam a biogeografia das plantas C_3 e C_4, incluindo fatores abióticos como os níveis de radiação luminosa e fatores bióticos como a capacidade competitiva e o *pool* de espécies disponível para colonizar uma área. Entretanto, análises de comunidades similares ao longo de gradientes latitudinais e altitudinais fornecem suporte para a vantagem da fotossíntese C_4 em temperaturas elevadas e para o papel que essa vantagem desempenha na distribuição das plantas C_4 (Ehleringer et al., 1997). Em particular, estudos de comunidades dominadas por gramíneas e ciperáceas na Austrália sugerem uma estreita correlação entre a temperatura da estação de crescimento e a proporção de espécies C_3 e C_4 na comunidade (**Figura 5.14**). Entretanto, à medida que as concentrações de CO_2 continuam a subir devido à queima de combustíveis fósseis, as taxas fotorrespiratórias provavelmente diminuirão, e a vantagem da fotossíntese C_4 sobre a fotossíntese C_3 pode ser reduzida em algumas regiões, levando a mudanças nas proporções de plantas C_3 e C_4.

A fotossíntese CAM aumenta a conservação de água

Quando as plantas colonizaram inicialmente o ambiente terrestre, elas desenvolveram adaptações para restringir as perdas de água para a atmosfera seca. Entre essas adaptações está uma rota fotossintética exclusiva, chamada **metabolismo ácido das crassuláceas** (**CAM**), o qual ocorre em cerca de 10 mil espécies de plantas pertencendo a 33 famílias. Enquanto a fotossíntese C_4 separa a fixação de CO_2 e o ciclo de Calvin espacialmente, as plantas CAM

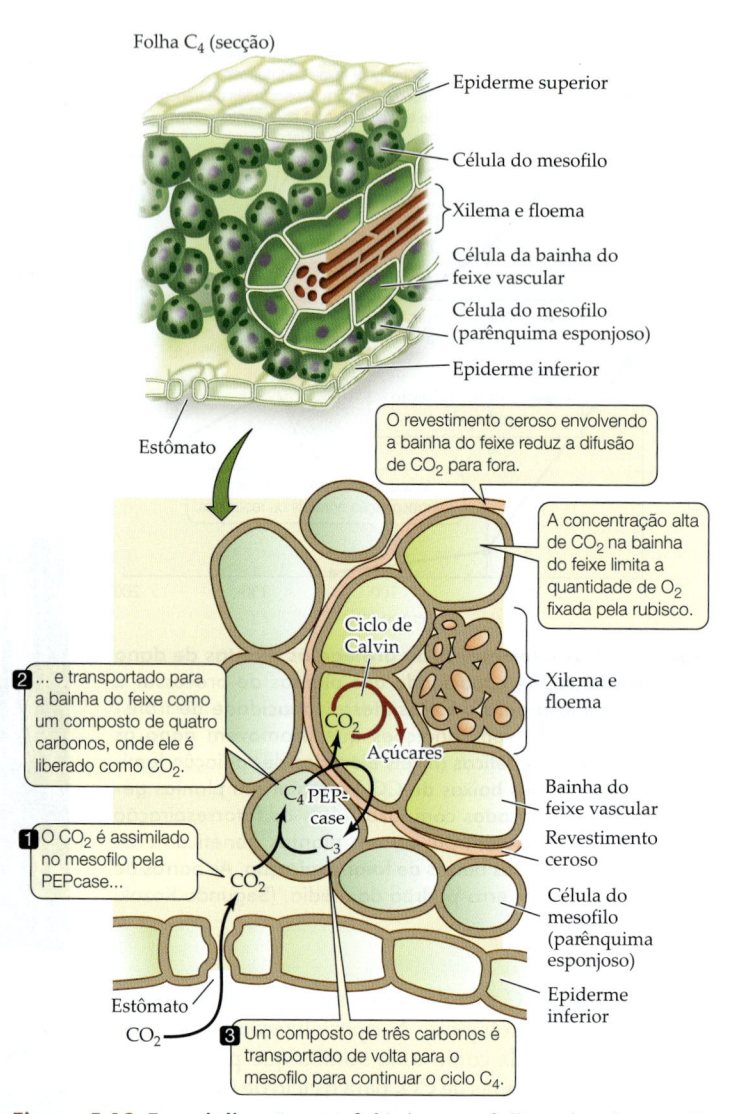

Figura 5.13 Especialização morfológica em folhas de plantas C_4 A separação espacial da fixação de CO_2 (nas células do mesofilo) e do ciclo de Calvin (nas células da bainha do feixe vascular) minimiza a fotorrespiração e maximiza as taxas fotossintéticas sob temperaturas elevadas.

separam essas duas etapas temporalmente (**Figura 5.15**). As plantas CAM abrem seus estômatos à noite, quando as plantas C_3 e C_4 têm os estômatos fechados. Como as temperaturas do ar são mais baixas à noite, a umidade é maior. Maior umidade resulta em um gradiente de potencial hídrico mais baixo entre a folha e o ar (ver Conceito 4.3), de modo que a planta perde menos água por transpiração do que perderia durante o dia. As plantas CAM fecham seus estômatos durante o dia, quando o potencial para perda de água é mais alto.

Durante a noite, quando os estômatos estão abertos, as plantas CAM fixam o CO_2 usando a PEPcase e o

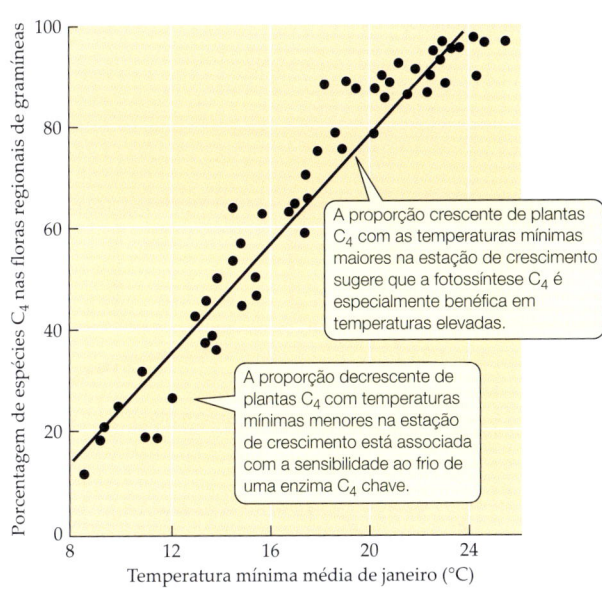

Figura 5.14 Abundância das plantas C_4 e temperaturas da estação de crescimento As proporções de plantas C_4 em comunidades australianas dominadas por gramíneas e ciperáceas se correlacionam com a temperatura mínima média da estação de crescimento em diferentes locais. (Segundo Henderson et al., 1995.)

> **?** Usando os dados nesse gráfico e as tendências da temperatura sazonal dos diagramas climáticos no Conceito 3.1 (assumindo que a temperatura mínima mensal é 5°C mais baixa do que a média mensal), em que bioma(s) deveria faltar espécies C_4?

incorporando em um ácido orgânico de quatro carbonos, que é armazenado nos vacúolos (**Figura 5.16**). O aumento resultante na acidez nos tecidos da planta durante a noite é característico das plantas CAM e pode ser usado para estimar suas taxas fotossintéticas. Durante o dia, quando os estômatos estão fechados, o ácido orgânico é decomposto, liberando o CO_2 para o ciclo de Calvin. As concentrações de CO_2 nos tecidos fotossintéticos das plantas CAM são, portanto, mais altas do que aquelas na atmosfera durante o dia. Essas concentrações mais altas de CO_2 aumentam a eficiência da fotossíntese à medida que suprimem a fotorrespiração. As taxas fotossintéticas em plantas CAM em geral são relacionadas à capacidade delas de armazenar o ácido de quatro carbonos; assim, muitas plantas CAM são *suculentas*, com folhas ou caules espessos e volumosos, que aumentam sua capacidade de armazenamento do ácido à noite.

As plantas CAM costumam ser associadas com ambientes áridos e salinos, como desertos e ecossistemas do tipo Mediterrâneo (**Figura 5.17**). Algumas plantas CAM, entretanto, são encontradas nos trópicos úmidos. As plantas CAM tropicais em geral são epífitos, crescendo sobre os galhos de árvores, sem acesso à água abundante armazenada no solo. Esses epífitos dependem da água

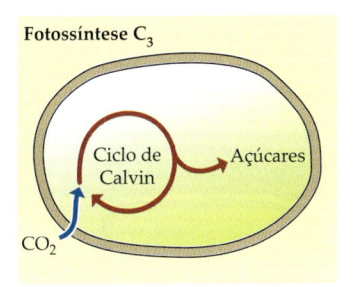

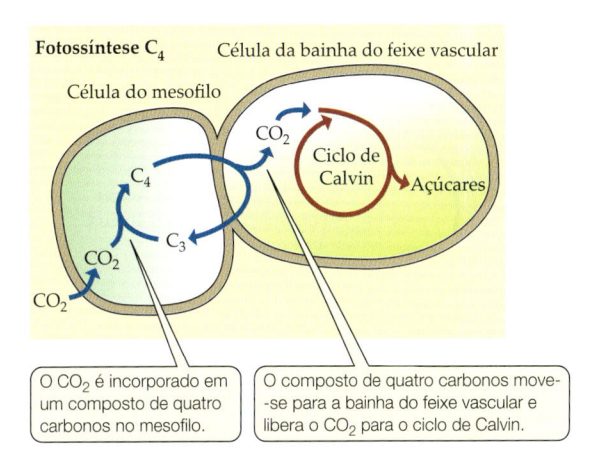

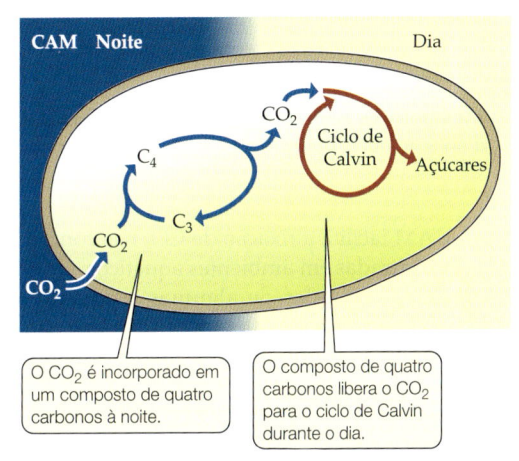

Figura 5.15 Comparação entre fotossíntese C_3, C_4 e CAM Todas as três rotas fotossintéticas fixam carbono e produzem açúcares, porém a fotossíntese C_4 separa essas etapas espacialmente, enquanto o CAM as separa temporalmente.

da chuva e podem ser submetidos a longos períodos sem acesso à água.

A rota CAM também é encontrada em algumas plantas aquáticas de isoete (*Isoetes*), que é estreitamente aparentado às rosas-de-jericó. Essa observação sugere que a conservação de água provavelmente não foi a única força motriz para a evolução do tipo CAM, que evoluiu independentemente em vários grupos diferentes de plantas. A taxa de difusão do CO_2 na água é baixa, e tem sido admitida a

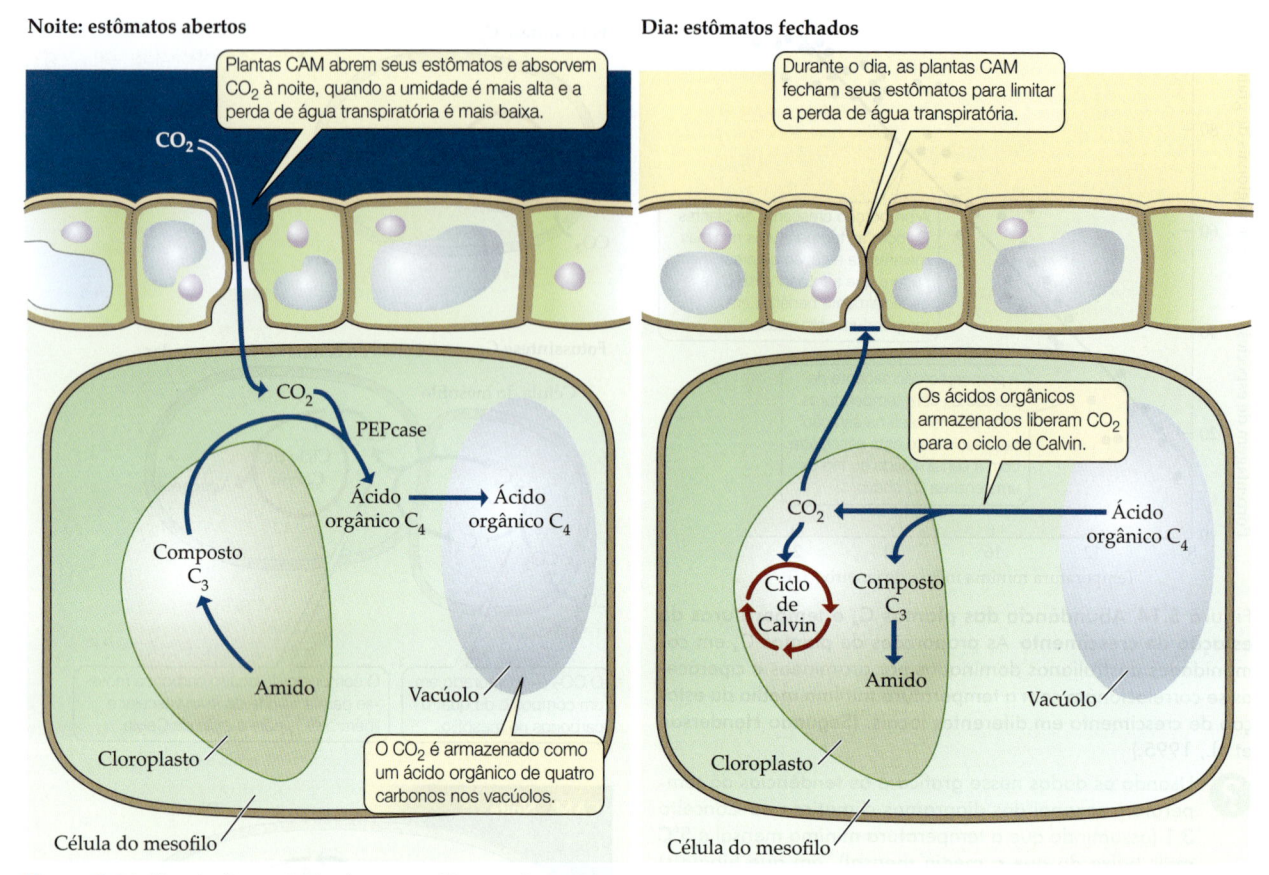

Figura 5.16 Metabolismo ácido das crassuláceas Plantas CAM abrem seus estômatos e fixam o CO_2 à noite e, após, operam o ciclo de Calvin durante o dia.

hipótese que o CAM facilita a fixação de CO_2 nas concentrações baixas encontradas em ambientes aquáticos.

Uma propriedade singular de algumas espécies de plantas CAM é a capacidade de alternar entre a fotossíntese C_3 e CAM, conhecida como *CAM facultativo*. Quando as condições são favoráveis às trocas gasosas durante o dia (i.e., quando água abundante estiver disponível), essas plantas utilizam a rota fotossintética C_3, a qual permite ganhos de carbono maiores do que o CAM. À medida que as condições se tornam mais áridas ou mais salinas, as plantas mudam para CAM. A reversibilidade da transição de C_3 para CAM varia entre as espécies. Por exemplo, a erva-de-gelo comum (*Mesembryanthemum crystallinum*), a qual tem sido intensivamente estudada como um modelo do sistema CAM facultativo, sofre transição irreversível de C_3 para CAM quando a salinidade aumenta ou o solo seca (Osmond et al., 1982). Por outro lado, algumas espécies no gênero *Clusia* podem alternar de forma relativamente rápida entre C_3 e CAM (Borland et al., 1992). Essas plantas começam como epífitas nas árvores do dossel, posteriormente crescem em direção à base de sua árvore hospedeira, finalmente estrangulando-a e assumindo um tipo de crescimento arbóreo. Essa capacidade de alternar entre C_3 e CAM facilita a mudança de forma epifítica para forma arbórea, e mantém a fotossíntese contínua durante a transição da estação úmida para a estação seca característica de alguns locais tropicais.

Como podemos dizer qual rota fotossintética uma planta está usando? A morfologia da planta nos dá uma pista: plantas suculentas sugerem fotossíntese CAM e plantas com uma bainha vascular bem desenvolvida sugerem fotossíntese C_4. Essas pistas fornecem um ponto de partida, mas estão longe de serem infalíveis. Podemos medir a presença e a atividade de enzimas específicas, mas este enfoque requer a preparação substancial de amostras e tempo no laboratório. Uma abordagem mais simples é a medição das proporções de isótopos estáveis de carbono ($^{13}C/^{12}C$) nos tecidos vegetais. Embora a técnica isotópica utilize equipamento sofisticado, a preparação de amostras é simples, e há numerosos laboratórios que podem analisar rotineiramente as amostras de tecidos vegetais (ver **Ferramentas Ecológicas 5.1**, p. 124).

Agora que vimos os modos pelos quais os autótrofos adquirem energia, voltaremos nossa atenção à forma como essa energia é adquirida pelos heterótrofos.

Crassula sp.   *Ferocactus* sp.   Abacaxi (*Ananas comosus*)

Figura 5.17 Exemplos de plantas com a rota fotossintética CAM A maioria das plantas CAM é encontrada em regiões áridas e salinas ou em outros hábitats onde a disponibilidade de água é periodicamente baixa.

CONCEITO 5.4

Os heterótrofos têm adaptações para adquirir e assimilar eficientemente a energia de uma diversidade de fontes orgânicas.

Heterotrofia

Heterotrofia é tudo sobre comer e ser comido, que são temas importantes em ecologia. Os primeiros organismos sobre a Terra provavelmente foram heterótrofos que consumiam aminoácidos e açúcares, que se formaram espontaneamente na atmosfera primitiva e foram carregados para a superfície pela chuva ou formados nos oceanos próximos a respiradouros hidrotermais. Desde aquela época, a diversidade de estratégias heterotróficas para obtenção de energia expandiu-se tremendamente. Três etapas gerais estão associadas com a aquisição heterotrófica de energia: procurar e obter o alimento, consumir o alimento e absorver sua energia e nutrientes. A matéria orgânica que fornece energia para os heterótrofos inclui organismos vivos e mortos recentemente, bem como **detritos** – materiais orgânicos derivados de organismos mortos em vários estágios de decomposição (ver Capítulo 20). Nesta seção, examinaremos as fontes de alimento, os modos como os heterótrofos obtêm energia e os fatores que influenciam a absorção do alimento. Há uma ampla faixa de variação na complexidade da aquisição de energia heterotrófica e dos processos de assimilação que estão associados com o tamanho corporal e a fisiologia dos heterótrofos. Nos Capítulos 13 e 14, vamos ter uma visão mais aprofundada dos vários tipos de consumidores (predadores, herbívoros e parasitas) e de como o alimento que eles consomem afeta seu crescimento e reprodução, bem como a distribuição e a abundância dos próprios consumidores e de seus recursos alimentares (presas e hospedeiros).

As fontes alimentares diferem em sua composição química e disponibilidade

Os heterótrofos consomem compostos orgânicos ricos em energia (*alimento*) de seus ambientes e convertem-nos em energia química utilizável – inicialmente ATP – por processos como a *glicólise*, que decompõe carboidratos. O ganho energético dos heterótrofos depende da composição química do alimento, a qual determina sua digestibilidade e a quantidade de energia por unidade de massa que ele contém. O esforço investido na busca e na obtenção do alimento também influencia quanto benefício o heterótrofo adquire ao consumi-lo. Por exemplo, microrganismos que consomem detritos no solo investem pouca energia na obtenção de alimento. Entretanto, o conteúdo energético dessa matéria vegetal em decomposição é baixo comparado ao conteúdo energético de organismos vivos. Presas vivas são mais raras do que detritos e podem ter mecanismos defensivos que seus predadores devem despender energia para sobrepujar. Portanto, um guepardo caçando uma gazela investe energia substancial para buscar, perseguir, capturar e abater sua presa, mas ele obtém uma refeição substancial, rica em energia, se a caçada for bem-sucedida.

O benefício de uma fonte alimentar para um heterótrofo está parcialmente relacionado aos compostos químicos que ela contém. Os constituintes químicos do alimento podem ser classificados em várias categorias com base em seus conteúdos energéticos e sua facilidade de assimilação (**Figura 5.18**). Enquanto a água pode ser uma parte importante do alimento de um animal, como vimos no Conceito 4.3, ela não fornece energia. A energia de um alimento é encontrada na fração de "matéria seca" (i.e., o que resta quando toda a água é removida). As *fibras* incluem compostos como a celulose (o constituinte primário das paredes celulares) e outros componentes estruturais dos

FERRAMENTAS ECOLÓGICAS 5.1

Isótopos estáveis

Muitos elementos biologicamente importantes, incluindo carbono, hidrogênio, oxigênio, nitrogênio e enxofre, têm uma forma isotópica "leve" abundante e uma ou mais formas isotópicas "pesadas" não radioativas, que contêm nêutrons adicionais. Uma vez que os isótopos desses elementos não decaem ao longo do tempo como os isótopos radioativos, eles são referidos como isótopos estáveis. Um exemplo de um isótopo estável é o carbono-13 (^{13}C), que é mais pesado do que a forma mais abundante, carbono-12 (^{12}C), em razão de ter um nêutron a mais. Os grupos de isótopos estáveis abrangem hidrogênio (H) e deutério (D ou ^2H), nitrogênio-14 e -15 (^{14}N e ^{15}N) e oxigênio-16, -17 e -18 (^{16}O, ^{17}O e ^{18}O). Os isótopos mais leves desses elementos são muito mais abundantes do que as formas mais pesadas. Por exemplo, ^{12}C constitui 98,9% e ^{13}C constitui somente 1,1% do C da Terra. De modo similar, ^{14}N constitui 99,6% e ^{15}N constitui 0,4% do N terrestre.

A composição isotópica de um material geralmente é expressa como delta (δ), a diferença entre a razão das formas isotópicas em uma amostra ($R_{amostra}$) e aquela em um material padronizado ($R_{padrão}$), dividido pela razão no padrão, multiplicado por 1.000 (para dar a diferença em partes por mil):

$$\delta = \frac{R_{amostra} - R_{padrão}}{R_{padrão}} \times 1.000$$

Exemplos de materiais padronizados escolhidos para isótopos estáveis incluem uma rocha calcária da Carolina do Sul para C, N_2 atmosférico para N e água do mar para O e H.

Isótopos estáveis de ocorrência natural tornaram-se uma importante ferramenta em pesquisa ecológica (Fry, 2007). Isótopos estáveis foram usados para determinar rotas fotossintéticas em plantas, identificar fontes de alimento em animais e rastrear os movimentos de elementos e as taxas de ciclagem de nutrientes em ecossistemas. Devido às diferenças em suas massas, os isótopos são afetados diferentemente pelos processos físicos e biológicos. Em geral, o isótopo mais pesado é discriminado contra o isótopo mais leve. Por exemplo, quando a rubisco catalisa a fixação de CO_2, ela favorece o $^{12}CO_2$ em detrimento do $^{13}CO_2$. Como resultado, as plantas são enriquecidas em ^{12}C, e empobrecidas em ^{13}C, em relação ao C no CO_2 atmosférico: o CO_2 atmosférico tem um valor de $\delta^{13}C$ de –7 partes por mil (em outras palavras, ele é 7 partes por mil mais empobrecido em ^{13}C do que o padrão), e as plantas C_3 têm um valor de $\delta^{13}C$ de cerca de –27 partes por mil. As plantas C_4 e CAM, entretanto, têm menos ^{12}C e mais ^{13}C do que as plantas C_3. Isso se deve à fixação inicial de CO_2 nessas plantas ser catalisada pela PEPcase, que discrimina contra o $^{13}CO_2$ menos do que a rubisco, e a rubisco em plantas C_4 e CAM fixa o CO_2 em um sistema semifechado (na bainha do feixe vascular ou com os estômatos fechados), que inibe a discriminação enzimática. Como consequência, a medição da razão isotópica de C em tecidos vegetais pode ser usada para determinar a rota fotossintética utilizada por uma espécie de planta, como mostrado na **Figura A**.

Os isótopos estáveis também são usados para determinar as fontes de alimento de animais. As razões isotópicas de C, N e S em várias fontes potenciais de alimento podem diferir significativamente, e medições de um ou mais desses isótopos em fontes potenciais de alimento e em tecidos dos consumidores podem determinar o que está sendo consumido. Por exemplo, no Estudo de Caso Revisitado deste capítulo, veremos como razões isotópicas foram usadas para determinar a dieta de corvos-da-nova-caledônia. No Capítulo 20, descreveremos como os isótopos de N e C foram usados para estudar as dietas tanto de ursos-pardos da América do Norte como de ursos das cavernas extintos.

Os isótopos estáveis podem também ser adicionados ao ambiente para auxiliar a rastrear os movimentos dos elementos. Essa abordagem com frequência é usada para rastrear o destino de nutrientes nos ecossistemas (como veremos no Capítulo 22).

A análise isotópica de amostras biológicas é relativamente direta. Para C e N, as amostras são secas, moídas e incineradas em um forno fechado. Os gases liberados pela combustão são, então, analisados para a composição isotópica usando um instrumento chamado espectrômetro de massa. Muitos laboratórios comerciais se especializam na análise isotópica de materiais biológicos, devido em parte à demanda de tais análises por ecólogos e outros cientistas ambientais.

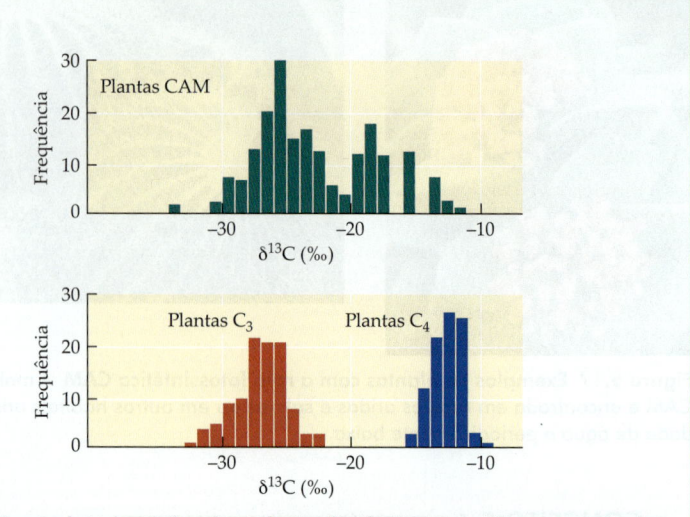

Figura A Composição isotópica de carbono de plantas com diferentes rotas fotossintéticas Plantas com rota fotossintética C_3 mostram maior discriminação contra ^{13}C (e, assim, $\delta^{13}C$ mais negativo), enquanto plantas C_4 e CAM são mais enriquecidas em ^{13}C (têm um $\delta^{13}C$ menos negativo). (Segundo Maslin e Thomas, 2003.)

? Por que a faixa de valores de $\delta^{13}C$ para plantas CAM é mais ampla, englobando os valores para as plantas C_3 e C_4?

organismos. Elas em geral são uma fonte pobre em energia devido a sua estrutura química e à incapacidade de muitos heterótrofos de decompô-las quimicamente. A maior parte da energia nos alimentos é encontrada em carboidratos, proteínas e gorduras. As gorduras são mais ricas em energia do que os carboidratos por unidade de massa, e os carboidratos fornecem mais energia do que os aminoácidos que constituem as proteínas. Entretanto, os aminoácidos também proporcionam nitrogênio, um nutriente que com frequência tem uma demanda elevada. Geralmente, os compostos secundários não são uma boa fonte de energia para animais; alguns compostos secundários podem inclusive diminuir a absorção de energia ligando-se a enzimas digestivas ou sendo diretamente tóxicos aos heterótrofos que se alimentam deles.

As diferentes concentrações dos compostos entre tipos de alimento descritos na Figura 5.18 estão associadas com tecidos, tipos de células e organismos dos quais ele é derivado. Os tecidos animais geralmente são mais ricos em energia do que plantas, fungos ou células bacterianas, que tendem a ter maiores concentrações de fibras. Como consequência, *herbívoros* (animais que comem plantas) em geral têm que comer mais alimento para obter o mesmo benefício que *carnívoros* (animais que comem outros animais). Entretanto, carnívoros podem despender substancialmente mais energia para encontrar alimento do que herbívoros, como veremos em capítulos posteriores.

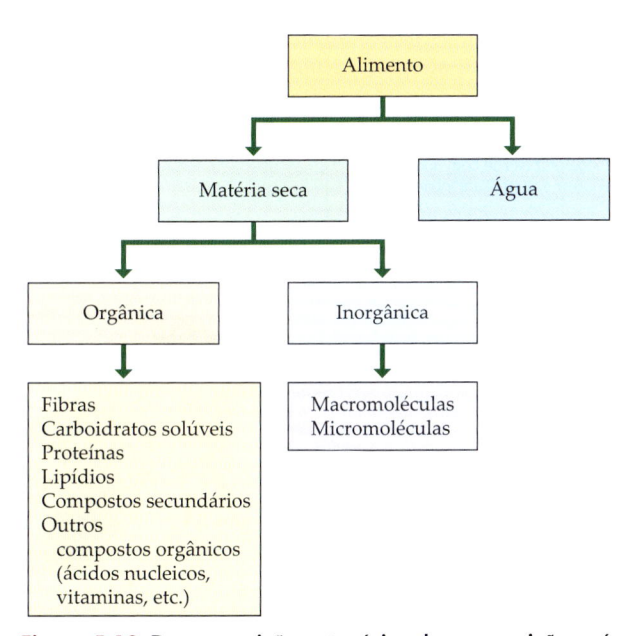

Figura 5.18 Decomposição categórica da composição química dos alimentos A composição química dos alimentos pode ser complexa, mas essas categorias simples auxiliam os ecólogos a compreender como os grupos de compostos químicos influenciam os benefícios dos alimentos para os heterótrofos.

Os heterótrofos obtêm alimento utilizando diversas estratégias

Os heterótrofos variam em tamanho desde arqueias e bactérias (tão pequenas quanto 0,5 μm) até baleias azuis (com até 25 m de comprimento). A proporção entre o tamanho do corpo e o alimento que eles ingerem varia muito, mas em geral aumenta quando o tamanho do corpo aumenta. As bactérias podem estar envolvidas por seu alimento, enquanto o alimento para heterótrofos maiores geralmente é mais difuso e menor em relação ao consumidor. Por conseguinte, os métodos de alimentação e a complexidade da absorção dos alimentos são muito diversos entre os heterótrofos.

Os heterótrofos procarióticos costumam absorver o alimento de forma direta através de suas membranas celulares. Arqueias, bactérias e fungos excretam enzimas para o ambiente para decompor a matéria orgânica, atuando na realidade para digerir seu alimento fora de seus corpos. As bactérias heterotróficas adaptaram-se a uma ampla diversidade de fontes orgânicas de energia e produzem um grande número de enzimas capazes de decompor compostos orgânicos. Essa quantidade dos microrganismos como um grupo capaz de usar fontes de energia diversas tem sido explorada na gestão de resíduos ambientais como uma abordagem para limpar resíduos químicos tóxicos, um processo conhecido como *biorremediação*. Os derramamentos de combustíveis, pesticidas, esgotos e outras toxinas têm sido efetivamente contidos utilizando microrganismos para decompor esses compostos prejudiciais. Acredita-se que a degradação de petróleo por bactérias marinhas tenha sido um importante contribuinte para a limpeza do óleo derramado no Golfo do México, derramamento esse que ocorreu quando a plataforma de perfuração de petróleo *Deepwater Horizon* explodiu em 2010, liberando cerca de 4,9 milhões de barris (780×10^3 L) de petróleo. Grande parte do petróleo foi liberada diretamente para as camadas mais profundas do oceano a partir do topo do poço, que fluiu por 87 dias sem interrupção, até que foi finalmente tampado (**Figura 5.19**). O óleo derramado representou um risco substancial para a vida marinha e temia-se que seu impacto seria de longo prazo, como foram os impactos de outros derramamentos de petróleo. Alguns relatórios sugerem que até metade do óleo liberado no derramamento da *Deepwater Horizon* tenha sido consumida e degradada por microrganismos marinhos (Du e Kessler, 2012), embora outros sugiram que as florações de microrganismos observadas após o derramamento tenham resultado da degradação do gás natural que vazou do poço em vez do próprio petróleo (Valentine et al., 2010). Enquanto ainda se debate a magnitude da degradação, é evidente que o impacto ambiental do derramamento de óleo foi reduzido pela ação dos microrganismos marinhos que utilizaram o petróleo derramado como uma fonte de energia.

Os heterótrofos multicelulares geralmente devem procurar o alimento, ou movê-lo em sua direção, no caso

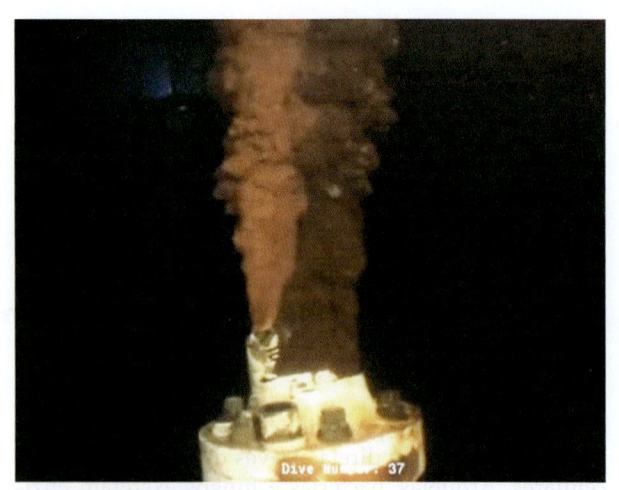

Figura 5.19 Um desastre ambiental Óleo vaza do topo do poço danificado da plataforma de perfuração de petróleo *Deepwater Horizon* no leito oceânico a 1.700 m abaixo da superfície. Cerca de 57 mil barris (9,1 milhões de litros) foram derramados a cada dia por mais de três meses. O impacto desse desastre pode ter sido reduzido um pouco pelas atividades de microrganismos marinhos que foram capazes de usar o petróleo como uma fonte de energia.

de animais marinhos sésseis. Para muitos organismos, a evolução da mobilidade estava provavelmente associada com a necessidade de procurar fontes alimentares, bem como com a necessidade de evitar a predação por outros consumidores. Adaptações morfológicas e comportamentais continuadas para encontrar e capturar alimento eficientemente em diferentes ambientes conduziram à diversificação adicional de forma e função. Os animais exibem enorme diversidade em suas adaptações especializadas de alimentação, que refletem a diversidade de alimentos que eles consomem. Aqui apresentamos vários exemplos que servem para demonstrar a diversificação dos heterótrofos; veremos as adaptações comportamentais para a alimentação no Capítulo 8.

Diversidade morfológica de peças bucais de insetos

Os insetos exibem enorme diversidade na aparência facial, o que reflete a diversidade de suas fontes alimentares, que inclui detritos, plantas e outros animais. Eles podem comer presas animais inteiras ou sugar seus fluidos corporais. Todos os insetos têm o mesmo conjunto básico de peças bucais, consistindo em vários pares de apêndices que são usados para apanhar, manipular e consumir seu alimento. A variação morfológica nessas peças bucais reflete as especializações da alimentação que evoluíram dentro dos diferentes grupos de insetos (**Figura 5.20**). A mosca-doméstica comum tem peças bucais "esponjosas" que liberam saliva sobre o alimento, então absorvem e ingerem a solução parcialmente digerida. Os mosquitos-fêmeas e os afídeos têm peças bucais perfuradoras e sugadoras para extrair fluidos de suas fontes alimentares – sangue de animais e seiva de plantas. As moscas picadoras têm apêndices em forma de lâmina afiada para cortar a pele para extrair e beber o sangue, similares às peças bucais cortadoras de insetos que consomem folhas.

Adaptação morfológica em bicos de aves
Assim como as dos insetos, as partes bucais das aves – ou seja, seus bicos – exibem adaptações morfológicas que refletem a

> A longa probóscide com que a mariposa-esfinge (*Xanthopan morgani*) bebe o néctar evoluiu em conjunto com a anatomia floral de um tipo específico de orquídea na ilha de Madagascar.

> As peças bucais de vespões, as maiores vespas, esmagam e mastigam as larvas de outros insetos, que as vespões-operárias regurgitam para alimentar as larvas em sua própria colmeia.

> Mosquitos usam peças bucais perfurantes para penetrar a pele de animais e sugar sangue.

> Abdome preenchido com sangue

Figura 5.20 Variações sobre um tema: peças bucais de insetos Diferenças na morfologia das peças bucais de insetos refletem diferentes estratégias para obter e consumir eficientemente os tipos de alimentos preferidos por ele.

multiplicidade de modos pelos quais capturam, manipulam e consomem seu alimento (**Figura 5.21**). A morfologia do bico de uma ave está estreitamente associada com o grupo taxonômico ao qual ela pertence. Em outras palavras, o bico achatado dos patos e o bico curvo das aves de rapina variam pouco dentro desses grupos. Entretanto, diferenças sutis na morfologia do bico entre espécies estreitamente aparentadas refletem pequenas diferenças na obtenção e na manipulação do alimento. Essa variação reflete adaptações que auxiliam a otimizar a obtenção do alimento e minimizar a competição entre espécies (ver Conceito 12.4).

Craig Benkman estudou a relação entre diferenças na morfologia do bico entre cruza-bicos que se referem às diferenças nas sementes de coníferas que eles usam como alimento (Benkman, 1993, 2003). Como seu nome indica, os cruza-bicos têm bicos assimétricos singulares com extremidades que se cruzam (**Figura 5.22A**). Eles são adaptados para usar seus bicos para abrir os cones de coníferas e retirar as sementes para consumo. Ao longo de sua distribuição geográfica, os cruza-bicos têm múltiplas espécies de coníferas disponíveis como fontes de alimento potenciais; entretanto, a espécie de conífera *dominante* varia ao longo dessa distribuição. Benkman indagou se havia diferenças nas morfologias dos bicos de cruza-bicos que estavam associadas com as morfologias dos cones de suas espécies de coníferas preferidas.

Benkman testou essa hipótese experimentalmente usando aves em cativeiro e selvagens de cinco espécies incipientes (subespécies que estão no processo de especiação) do complexo de espécies do cruza-bico-vermelho (*Loxia curvirostra*). Ele mostrou em uma série de estudos que a velocidade de uma ave para extrair a semente de determinado cone estava associada com a profundidade de seu bico. Além disso, Benkman demonstrou que a velocidade de descascar a semente (remover sua cobertura externa) estava associada com a largura do sulco no bico onde a semente é mantida (Benkman, 1993, 2003). Cada espécie incipiente de cruza-bico extraiu e descascou as sementes de uma espécie de conífera mais eficientemente do que as sementes das outras coníferas. O estudo mostrou uma associação entre a profundidade de bico de uma espécie incipiente e a profundidade em que as sementes estão inseridas nos cones de suas espécies de coníferas preferidas. Ademais, Benkman observou que a taxa de sobrevivência anual para cada espécie incipiente de cruza-bico estava relacionada a sua eficiência alimentar, que variou de acordo com a espécie de conífera da qual elas se alimentam. Quando reuniu todos esses resultados, Benkman encontrou uma série de cinco "picos adaptativos", mostrando que cada morfologia de bico de espécie incipiente estava associada com a espécie de conífera da qual ela se alimentava mais eficientemente e sobrevivia melhor (**Figura 5.22B**). Benkman (2003) concluiu que os cruza-bicos-vermelhos estão sofrendo divergência evolutiva atualmente (especiação; ver Capítulo 6) como um resultado da seleção associada com diferenças nos recursos alimentares disponíveis ao longo de suas distribuições e os efeitos dessas diferenças sobre a morfologia do bico.

Os heterótrofos variam na complexidade de sua digestão e assimilação

Como vimos, o alimento consumido pelos heterótrofos consiste em uma mistura de compostos complexos que deve ser transformada quimicamente em compostos

Figura 5.21 Variações sobre um tema: bicos de aves A morfologia do bico de aves está associada com o comportamento alimentar de uma espécie e otimiza a obtenção de seus recursos alimentares preferidos.

Tentilhões, como o bico-grosso-americano, têm bicos curtos próprios para quebrar sementes.

Beija-flores extraem néctar de flores através de seus longos bicos.

Talha-mares capturam peixes em seus bicos abertos à medida que voam baixo ao longo da superfície da água.

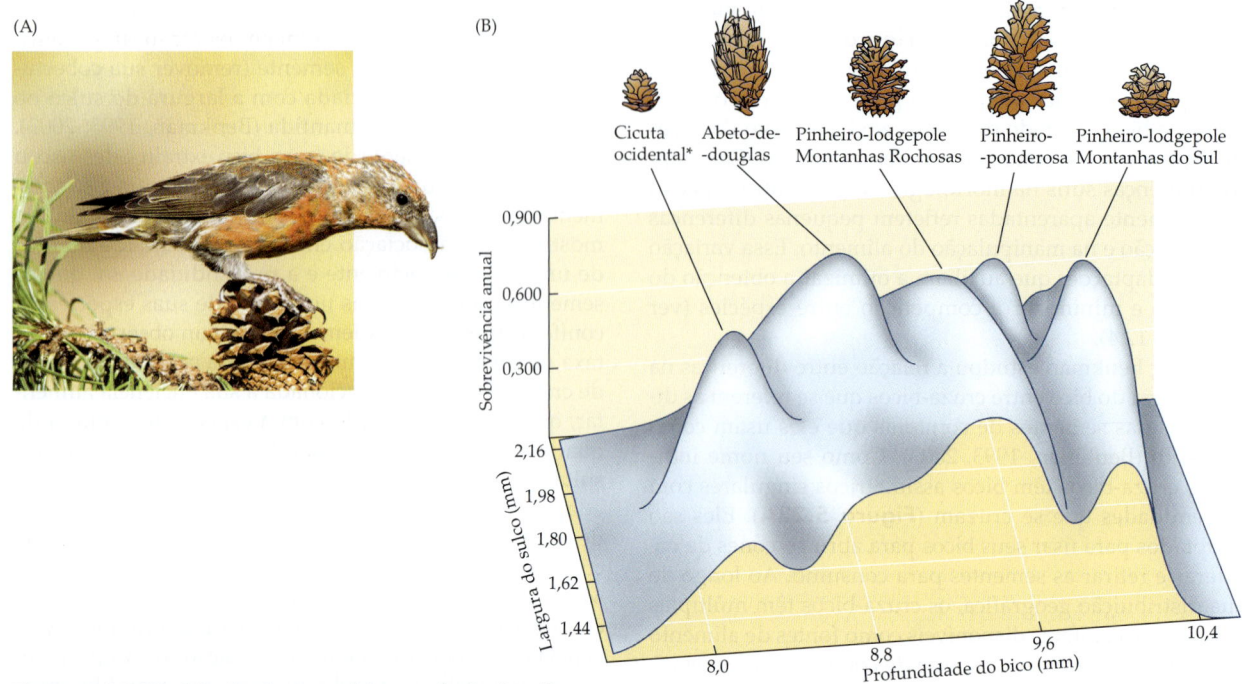

Figura 5.22 Morfologia do cruza-bico, preferência alimentar e taxas de sobrevivência (A) Cruza-bico (*Loxia curvirostra*). (B) Um gráfico tridimensional dos dados de Craig Benkman mostra as relações entre a morfologia do bico (largura do sulco e profundidade do bico) e as taxas de sobrevivência anuais em cinco espécies incipientes de cruza-bico. Cada espécie incipiente exibe um "pico adaptativo" em associação com as espécies de coníferas das quais se alimenta preferencialmente; ou seja, cada espécie incipiente tem taxas de sobrevivência maiores quando se alimenta de espécies de coníferas para a qual a morfologia do bico é mais bem adaptada para explorar. Os cones mostrados estão desenhados em escala relativa. (Segundo Benkman, 2003.)

mais simples antes que possam ser usados como fontes de energia. A digestão decompõe proteínas, carboidratos e gorduras em seus respectivos componentes: aminoácidos, açúcares simples e ácidos graxos. A evolução da digestão e da assimilação está relacionada ao aperfeiçoamento da eficiência da extração de energia e nutrientes e ao atendimento às necessidades específicas das atividades fisiológicas. O voo dos insetos, por exemplo, tem uma alta demanda energética, e alguns insetos devem manter corpos lipídicos armazenados para suprir as gorduras requeridas para a iniciação do voo. Os seres humanos necessitam de carboidratos para abastecer a atividade cerebral, o que explica por que um baixo teor de açúcar no sangue pode levar a uma capacidade cognitiva deficiente. Portanto, a digestão e a absorção de alimento são importantes etapas na aquisição de energia e no funcionamento dos heterótrofos.

A evolução da alimentação em protistas heterotróficos e animais levou ao aumento da complexidade na ingestão, na digestão e na absorção de alimento. Protozoários pequenos como amebas e ciliados ingerem partículas alimentares dentro de suas células, onde o alimento é digerido em organelas especiais. Com o advento dos animais multicelulares, tecidos especializados para a absorção, a digestão, o transporte e a excreção evoluíram, e a eficiência da assimilação energética aumentou. Sistemas digestórios evoluíram de câmaras simples com uma única porta de entrada e saída, como aquelas em hidroides, para um tubo com uma porta de entrada (boca) e uma porta de saída (ânus). Avanços posteriores incluíram câmaras especializadas em etapas digestórias (p. ex., estômagos) e de absorção (p. ex., intestinos) específicas. Mecanismos evoluíram para decompor o alimento em porções menores para aumentar a área de superfície exposta à digestão, incluindo moelas (que contêm pequenas pedras para moer o alimento) em minhocas e aves e dentes molares em mamíferos.

Como você pode supor a partir dessa discussão da composição química dos alimentos, a dieta de um animal pode influenciar suas adaptações digestórias. Por exemplo, herbívoros consomem uma fonte alimentar – plantas – que contém uma grande quantidade de fibras e pequenas quantidades de carboidratos e proteínas. Para lidar com essa dieta de pouca qualidade, a maioria dos herbívoros tem tratos digestórios que são mais longos que aqueles de carnívoros, o que aumenta o tempo de processamento do alimento e aumenta a área de superfície para absorção

---

*N. de T. *Western hemlock* (gênero *Tsuga*).

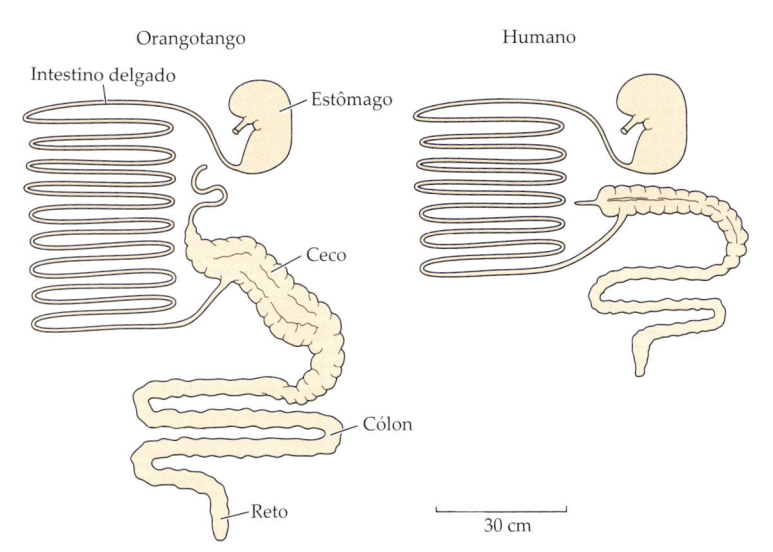

Figura 5.23 Herbívoros têm sistemas digestórios longos Comparados com seres humanos onívoros, primatas herbívoros como o orangotango têm sistemas digestórios mais longos. O volume e a área absorvente maior do trato digestório de herbívoros servem para aumentar a absorção de energia de alimentos de pouca qualidade. (Segundo Karasov e Martinez del Rio, 2007.)

de energia (**Figura 5.23**). A fim de aumentar ainda mais a exposição do alimento ao trato digestório, alguns herbívoros, incluindo muitos pequenos vertebrados herbívoros como coelhos, reingerem suas fezes (uma estratégia chamada de *coprofagia*). Os animais jovens também podem ingerir as fezes de animais mais velhos. Enquanto essa estratégia alimentar pode parecer desagradável aos seres humanos, ela aumenta a eficiência da digestão e absorção de alimento pobre em qualidade e também ajuda a manter uma colônia saudável de microrganismos benéficos no intestino do animal. Em geral, a coprofagia não parece aumentar a digestão de fibras no alimento, mas em vez disso é mais importante para absorver vitaminas e nutrientes (Karasov e Martinez del Rio, 2007).

Alguns herbívoros têm simbiontes bacterianos que aumentam bastante a eficiência da digestão. A maioria dos tratos digestórios dos animais é habitada por arqueias, bactérias, fungos e alguns protistas, embora os papéis de muitos desses organismos em auxiliar ou prejudicar seus hospedeiros sejam desconhecidos. Para alguns animais, essa relação entre o herbívoro e sua biota intestinal é clara: ambos se beneficiam da relação. *Ruminantes*, que incluem o gado bovino e as girafas, têm um compartimento estomacal especializado (o rúmen) no qual grandes populações de bactérias facilitam a decomposição química da celulose em açúcares simples. O rúmen atua como uma câmara de fermentação, proporcionando condições ambientais que favorecem o crescimento dessas bactérias benéficas. O material do rúmen é finalmente transferido para outra câmara estomacal, que absorve não somente os compostos liberados da matéria vegetal digerida, mas também os compostos liberados das bactérias que acompanham a massa de alimento digerido. Os ruminantes também exibem a *ruminação*, ou remastigação do bolo alimentar, que é a regurgitação de material de um compartimento pré-estomacal para mastigação adicional. A ruminação permite a esses animais "comer correndo", consumindo grandes quantidades de material vegetal em um período curto e, portanto, minimizando sua exposição aos predadores que poderiam consumi-los. Eles podem, então, mastigar mais completamente e digerir seu alimento em um momento posterior quando a ameaça de ser predado é menor.

Vimos vários exemplos de adaptações digestórias para diferentes tipos de alimento. Os organismos podem aclimatizar-se para consumir alimentos diferentes? A resposta para alguns animais é sim. Os organismos que consomem uma dieta diversa tanto de plantas quanto de animais (*onívoros*) podem ajustar suas morfologias digestórias e produzir diferentes enzimas, quando necessário para aumentar a digestão de seu alimento. Por exemplo, aves canoras do gênero *Dendroica* realizam migrações sazonais associadas com mudanças em suas dietas. As aves passam sua estação reprodutiva (maio-setembro) em florestas da América do Norte, comendo principalmente insetos, e o resto do ano na América Central, consumindo frutas e néctar. Um experimento com aves canoras em cativeiro, incluindo a mariquita-do-pinhais (*Dendroica pinus*) mostrou que suas dietas influenciaram a eficiência com que elas podem assimilar gorduras. Comparadas com aves criadas com dietas de insetos e frutas (que têm um conteúdo de gordura moderado e baixo, respectivamente), aves criadas com sementes (que têm um alto conteúdo de gordura) mostraram maior capacidade de absorver gorduras de seu alimento, devido a tempos mais longos de retenção do alimento no intestino e produção de maiores quantidades de enzimas para a degradação de gorduras (**Figura 5.24**) (Karasov e Martinez del Rio, 2007). Essa capacidade de aclimatização a diferentes fontes alimentares permite que onívoros como as aves canoras selecionem a melhor fonte de alimento disponível em determinada época. No Capítulo 13, discutiremos outros aspectos da flexibilidade da dieta e especialização.

ESTUDO DE CASO REVISITADO
Corvos fabricantes de ferramentas

Vimos que animais forrageando frequentemente exibem especializações comportamentais, morfológicas e bioquímicas que aumentam suas eficiências de coletar e digerir o alimento. O bico especializado dos cruza-bicos é uma adaptação morfológica que melhora sua eficiência

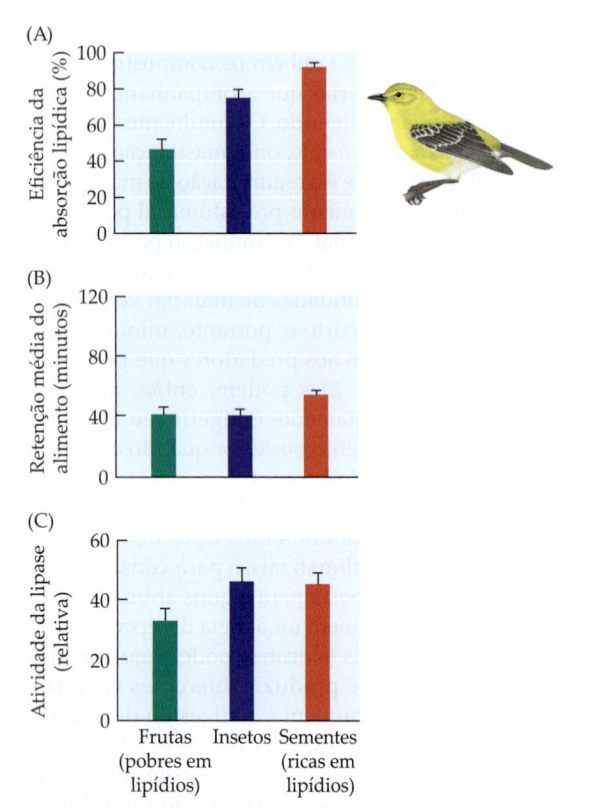

Figura 5.24 Ajustamento da eficiência da digestão com uma mudança da dieta Aves canoras migratórias consomem dietas diferentes nas partes diferentes da sua área de distribuição. Para investigar a influência do conteúdo lipídico sobre a eficiência da absorção lipídica, os pesquisadores alimentaram aves em cativeiro com dietas ricas (sementes), médias (insetos) e pobres (frutas) em gorduras; após, mediram a eficiência da absorção lipídica (a proporção de lipídios na dieta assimilada pelas aves). O aumento na eficiência da absorção lipídica que acompanhou uma dieta rica em gorduras (A) estava associado com tempos mais longos de retenção do alimento (B) e maior produção de uma enzima de degradação de lipídios (lipase) pelo pâncreas (C). As barras de erro mostram um erro-padrão da média. (Segundo Levey et al., 1999; Afik et al., 1995, e Karasov e Martinez del Rio, 2007.)

de alimentação. Aves canoras são capazes de ajustar suas eficiências digestórias para coincidir com suas fontes de alimento. O uso de ferramentas por corvos aumenta sua capacidade de ganhar energia ao permitir-lhes obter alimento mais eficientemente ou de maior qualidade?

Os corvos-da-nova-caledônia são onívoros com uma ampla diversidade de fontes alimentares para selecionar, incluindo presas vertebradas e invertebradas, plantas e animais mortos (carniça). Como discutimos anteriormente, o benefício que um animal forrageando obtém de seu alimento é determinado pelo esforço investido em encontrá-lo e obtê-lo, pela composição química do alimento e pela capacidade de digeri-lo e absorvê-lo. Há um custo para usar ferramentas: coletar materiais e moldar ferramentas pode ser demorado, e corvos jovens podem não ser inicialmente competentes para utilizá-las. Avaliar o benefício do uso de ferramentas por corvos requer o conhecimento de suas exigências energéticas, os benefícios energéticos de suas fontes potenciais de alimento e a dieta real dos corvos.

A natureza esquiva dos corvos e seu hábitat florestal tropical tornam difíceis os estudos observacionais. Para avaliar os benefícios energéticos da produção e do uso de ferramentas, Christian Rutz e colaboradores (2010) usaram medições de isótopos estáveis (ver Ferramentas Ecológicas 5.1) para avaliar o que as aves estavam comendo, e utilizaram medições do conteúdo lipídico de cada uma de suas fontes potenciais de alimento para estimar seus benefícios energéticos. Eles também estimaram as demandas energéticas dos corvos. Observações iniciais sugeriram que as aves dependiam de dois itens alimentares de alta qualidade, ambos com conteúdo lipídico de cerca de 40%: nozes de árvores de nogueira-de-iguape, que os corvos abrem derrubando-as sobre rochas, e larvas de besouros, que eles obtêm utilizando ferramentas. Medições de isótopos estáveis de N e C no sangue e nas penas dos corvos e em suas fontes potenciais de alimento indicaram que eles usaram uma diversidade de recursos alimentares (**Figura 5.25A**), mas que mais de 80% de sua ingestão de lipídios foi proveniente de nozes e larvas (**Figura 5.25B**). Esse resultado indica que uma grande parte das demandas energéticas dos corvos é satisfeita usando dois comportamentos: uso de ferramentas e quebra de nozes.

Para abordar se a extração de larvas de besouros com o auxílio de ferramentas por si só poderia atender a demanda energética dos corvos, Rutz e colaboradores determinaram o número mínimo necessário de larvas de besouro em uma base diária para sustentar um corvo de peso médio. Eles constataram que somente três larvas por dia eram necessárias, devido a seu alto conteúdo lipídico. Observações indicaram que a maioria dos corvos adultos podia facilmente obter três larvas por dia; um corvo adulto competente foi capaz de extrair 15 larvas em 80 minutos. O uso de ferramentas claramente proporciona um benefício substancial para os corvos-da-nova-caledônia, dando-lhes acesso a um item alimentar de alta qualidade que de outro modo não estaria disponível a eles ou no mínimo exigiria um investimento muito alto de energia para obtê-lo.

CONEXÕES NA NATUREZA
Uso de ferramentas: adaptação ou comportamento aprendido?

Quão difundido é o uso de ferramentas entre aves e outros animais não primatas? Muitas narrativas da produção de ferramentas e outras técnicas inovadoras de forrageio têm sido relatadas, mas poucas foram examinadas completamente. *Daphoenositta chrysoptera*, da Austrália, usa varinhas para forragear larvas de insetos, de modo semelhante aos corvos-da-nova-caledônia. O abutre-do--egito (*Neophron percnopterus*) abre ovos de avestruz usando rochas. Há relatos adicionais do uso de ferramentas por insetos, mamíferos e outras espécies de aves (Beck, 1980). A grande quantidade de relatos envolvendo uma ampla gama de espécies animais desfaz completamente a noção do monopólio humano sobre o uso de ferramentas.

Porém, como essa capacidade de utilizar ferramentas se desenvolveu? Esses comportamentos são aprendidos de outros animais ou são inatos (ou seja, determinados geneticamente)? Vários estudos indicam que tanto o aprendizado como a herança genética podem influenciar o desenvolvimento do uso de ferramentas em animais.

Como aprendemos, o uso de ferramentas tem um benefício energético evidente para os corvos-da-nova-caledônia, mas esse benefício exerce pressão de seleção suficientemente forte para ter resultado em uma adaptação comportamental – as aves herdaram a capacidade de utilizar ferramentas? Para resolver essa questão, Ben Kenward e colaboradores criaram corvos-da-nova-caledônia em cativeiro, sem a exposição a aves adultas. Algumas aves receberam "tutoria" na produção de ferramentas e no uso de ferramentas por pais adotivos humanos, enquanto outro grupo-controle não recebeu esse auxílio (Kenward et al., 2005). Para avaliar a capacidade das aves de produzir ferramentas, os pesquisadores colocaram comida suplementar em fendas estreitas em suas gaiolas, comida essa que não era acessível às aves sem a ajuda de ferramentas. Galhos e folhas também foram deixados nas gaiolas. Os corvos em cativeiro desenvolveram a capacidade de fazer e usar ferramentas para apanhar o alimento nas fendas, tivessem eles sido ensinados ou não (**Figura 5.26**). Kenward e colaboradores concluíram que a capacidade dos corvos-da-nova-caledônia de produzir ferramentas é no mínimo parcialmente herdada, em vez de uma aptidão aprendida com aves adultas na natureza. Resultados muitos semelhantes foram descritos em experimentos com tentilhões-pica-pau em cativeiro, aves endêmicas do arquipélago das Galápagos que usam gravetos e espinhos de cactos para forragear artrópodes (Tebbich et al., 2001).

Uma reviravolta adicional na história dos corvos produtores de ferramentas é a aparente variação nos estilos das ferramentas entre as diferentes populações de corvos-da-nova--caledônia. Em outras palavras, parece haver o potencial para evolução tecnológica nos estilos de ferramentas produzidas pelos corvos. Gavin Hunt e Russell Gray conduziram um levantamento de 21 sítios na Nova Caledônia e examinaram 5.550 ferramentas diferentes

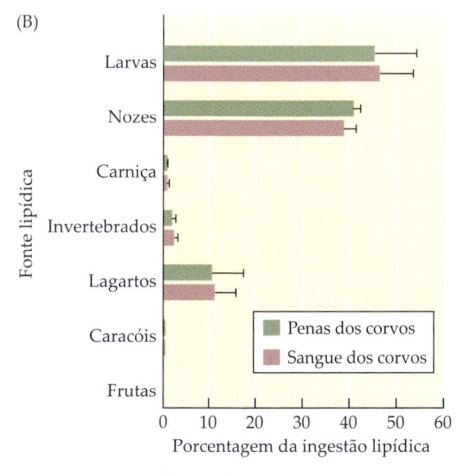

Figura 5.25 Seleção da dieta e ganho energético por corvos-da-nova--caledônia (A) Cada um dos diferentes itens alimentares disponíveis para os corvos tem uma combinação única de isótopos estáveis de C e N. Conhecer a composição isotópica das fontes potenciais de comida proporciona uma ferramenta para estimar que parte da dieta de um corvo individual provém de cada item. (B) Contribuições estimadas dos itens alimentares para a ingestão de lipídios na dieta com base na composição isotópica do sangue e das penas dos corvos. As barras de erro mostram um erro--padrão da média. (Segundo Rutz et al., 2010.)

Figura 5.26 Uso de ferramentas em cativeiro por corvos não treinados Um corvo-da-nova-caledônia (*Corvus moneduloides*) em cativeiro utiliza uma varinha como ferramenta para apanhar alimento de fendas artificiais, apesar de nunca ter sido exposto ao uso de ferramentas, nem por seres humanos nem por outras aves. (De Kenward et al., 2005.)

construídas por corvos a partir de folhas de *Pandanus* (ver Figura 5.2C) (Hunt e Gray, 2003). Eles encontraram três tipos distintos de ferramentas: largas, estreitas e com degraus. As ferramentas encontradas em determinado local eram muito similares, e as distribuições geográficas dos tipos de ferramentas mostraram pouca sobreposição. Não houve correlações aparentes entre onde um tipo de ferramenta foi encontrado e fatores ecológicos locais como estrutura da floresta ou clima. Hunt e Gray sugeriram que os modelos das três ferramentas eram derivados de uma única ferramenta original (a do tipo largo) sujeita a modificações adicionais, incluindo a remoção adicional do material foliar. O estudo deles sugere a inovação em curso na produção de ferramentas pelos corvos-da-nova-caledônia. Esse corvo engenhoso desafia nossa visão tradicional do avanço tecnológico em animais não humanos.

O comportamento aprendido também é importante para a produção de ferramentas em algumas espécies. Um exemplo notável provém de estudos de golfinhos-nariz-de-garrafa em Shark Bay, Austrália. Os pesquisadores observaram que alguns golfinhos nadam com esponjas apanhadas do fundo oceânico sobre seus focinhos (tecnicamente, o rostro) (**Figura 5.27**). As esponjas parecem proteger o rostro sensível de objetos pontiagudos e animais urticantes como o peixe-pedra quando os golfinhos sondam o fundo oceânico em busca de peixes. Um grupo de golfinhos exibindo essa inovação é parte de um grande grupo sob estudo. O conhecimento da genética e da estrutura familiar desses golfinhos permitiu abordar a questão de se esse comportamento singular é aprendido ou herdado. Michael Krützen e colaboradores verificaram que a maioria dos golfinhos "esponjosos" era fêmea. Eles ponderaram que um único gene ligado ao sexo (o tipo de base genética que se poderia esperar para uma característica ocorrendo em apenas um sexo) era uma causa altamente improvável para uma característica complexa como o uso de esponjas. Uma comparação das impressões digitais (*fingerprints*) genéticas dos indivíduos que tinham esponjas com aqueles que não as possuíam indicou que a maior parte dos golfinhos com esponjas ocorria dentro de uma única linhagem familiar (Krützen et al., 2005). A combinação desses resultados levou Krützen e colaboradores a concluir que o uso de esponjas era um comportamento aprendido, passado de mãe para filha. Esse achado sustenta a ideia de um fenômeno cultural em animais que influencia a eficiência de seu comportamento alimentar e desafia a opinião de que o aprendizado cultural é exclusivo dos seres humanos.

Figura 5.27 Equipamento nasal de golfinho em Shark Bay, Austrália Um golfinho-nariz-de-garrafa usa uma esponja para proteger seu rostro enquanto forrageia sobre o fundo oceânico.

RESUMO

CONCEITO 5.1 Os organismos obtêm energia a partir da luz solar, de compostos químicos inorgânicos ou por meio do consumo de compostos orgânicos.

- Os autótrofos convertem energia da luz solar (por fotossíntese) ou compostos químicos inorgânicos (por quimiossíntese) em energia armazenada em ligações carbono-carbono de carboidratos.
- Os heterótrofos obtêm energia mediante consumo de compostos orgânicos de outros organismos, vivos ou mortos.

CONCEITO 5.2 A energia luminosa e química capturada pelos autótrofos é convertida em energia armazenada nas ligações carbono-carbono.

- Durante a quimiossíntese, bactérias e arqueias oxidam substratos inorgânicos para obter energia, que elas usam para fixar carbono e sintetizar açúcares.
- A fotossíntese tem duas etapas principais, a absorção de luz solar por pigmentos para produzir energia na forma de ATP e NADPH (as reações luminosas) e o uso dessa energia no ciclo de Calvin para fixar o CO_2 e sintetizar carboidratos (as reações de carboxilação).
- As respostas fotossintéticas à variação nos níveis de luz e na disponibilidade de água e de nutrientes incluem tanto a aclimatização em curto prazo como a adaptação em longo prazo.

CONCEITO 5.3 Limitações ambientais resultaram na evolução de rotas bioquímicas que aumentam a eficiência da fotossíntese.

- A fotorrespiração opera em oposição à fotossíntese, reduzindo a taxa de ganho energético, especialmente em temperaturas altas e concentrações baixas de CO_2 atmosférico.
- A rota fotossintética C_4 concentra CO_2 no sítio do ciclo de Calvin, minimizando a fotorrespiração.
- As plantas CAM reduzem a perda transpiratória de água abrindo os estômatos à noite para fixar CO_2 e liberando-o para o ciclo de Calvin durante o dia, quando os estômatos estão fechados.

CONCEITO 5.4 Os heterótrofos têm adaptações para adquirir e assimilar eficientemente a energia de uma diversidade de fontes orgânicas.

- Variações na composição química e na disponibilidade de alimento determinam quanta energia os heterótrofos obtêm a partir de diferentes fontes de alimento.
- Os heterótrofos exibem uma diversidade enorme nas adaptações morfológicas e fisiológicas que aumentam sua eficiência de obtenção e assimilação de energia.

Questões de revisão

1. Defina autotrofia e heterotrofia e forneça exemplos de cada que ilustrem a diversidade de modos pelos quais os organismos obtêm energia.
2. Descreva a especialização bioquímica e morfológica da rota fotossintética C_4. Quais são as vantagens ecológicas da fotossíntese C_4 sobre a fotossíntese C_3?
3. Como a rota fotossintética CAM influencia a perda de água pelas plantas?
4. Quais são as compensações (*trade-offs*) associadas com o consumo heterotrófico de animais vivos *versus* material vegetal morto?

MATERIAL DA INTERNET (em inglês)
sites.sinauer.com/ecology3e

O *site* inclui o resumo dos capítulos, testes, *flashcards* e termos-chave, sugestão de leituras, um glossário completo e a Revisão Estatística. Além disso, os seguintes recursos estão disponíveis para este capítulo:

Exercício Prático: Solucionando Problemas
  5.1 Quanto mais quente melhor: comparação das rotas C_3 e C_4

Saiba Mais
  5.1 Como as plantas lidam com o excesso de luz?

Conexão às Mudanças Climáticas
  5.1 Pigmento recentemente descoberto pode levar a sistemas de energia solar mais eficientes

Parte 2

Ecologia evolutiva

Camuflado em uma flor, esse louva-a-deus está preparado para atacar qualquer presa descuidada que chegue a seu alcance. A evolução por seleção natural conduziu a uma notável semelhança entre a forma e as cores do louva-a-deus e as flores nas quais ele caça, ilustrando um tema que realçaremos nesta parte: ecologia e evolução afetam uma a outra profundamente. Exploraremos esse tema à medida que discutimos o que é a evolução e como a ecologia e a evolução afetam as características da história de vida e o comportamento animal.

6 Evolução e ecologia

CONCEITOS-CHAVE

CONCEITO 6.1 A evolução pode ser vista como variação genética ao longo do tempo ou como um processo de descendência com modificação.

CONCEITO 6.2 A seleção natural, a deriva genética e o fluxo gênico podem causar a variação na frequência de alelos em uma população ao longo do tempo.

CONCEITO 6.3 A seleção natural é o único mecanismo evolutivo que causa evolução adaptativa de modo consistente.

CONCEITO 6.4 Os padrões evolutivos de longo prazo são moldados por processos de larga escala, tais como especiação, extinções em massa e radiação adaptativa.

CONCEITO 6.5 As interações ecológicas e a evolução exercem profunda influência recíproca.

Caça de troféus e evolução não intencional: Estudo de Caso

Os carneiros-selvagens (*Ovis canadensis*) são animais magníficos, maravilhosamente adaptados para a vida nas montanhas escarpadas nas quais eles são encontrados. A despeito de seu tamanho considerável (os machos podem pesar até 127 kg), esses carneiros podem equilibrar-se sobre bordas estreitas e saltar 6 metros de uma borda a outra. Os carneiros-selvagens são notáveis também pelos grandes cornos encurvados dos machos, usados em combates por fêmeas (**Figura 6.1**). Eles correm em velocidades de até 32 quilômetros por hora e batem suas cabeças uma contra a outra, disputando o direito de acasalar com uma fêmea.

Os cornos dos carneiros foram colecionados como troféus por muitos séculos sem afetar drasticamente as suas populações. Ao longo dos últimos 200 anos, entretanto, ações humanas tais como a invasão do hábitat, a caça e a introdução de gado domesticado reduziram as populações de carneiros-selvagens em 90%. Em consequência disso, a caça do carneiro-selvagem tem sido restringida em toda a América do Norte. Essas restrições tornam um troféu de carneiro de classe internacional (com cornos bem desenvolvidos) extremamente valioso: permissões para abater um desses carneiros, as quais são vendidas em leilão, frequentemente custam mais de 100 mil dólares.

Embora os fundos obtidos pelo leilão de permissões de caça sejam usados para preservar o hábitat dos carneiros-selvagens, os cientistas têm manifestado preocupação de que a caça de troféus esteja tendo efeitos negativos sobre as pequenas populações atuais de carneiros-selvagens. A caça de troféus remove os machos maiores e mais fortes – muitos machos que tenderiam a procriar um grande número de descendentes saudáveis, ajudando assim a população de carneiros a se recuperar. Por exemplo, em uma população da qual cerca de 10% dos machos foram removidos pela caça a cada ano, tanto o tamanho médio dos machos como o tamanho médio de seus cornos diminuíram ao longo de um período de 30 anos (**Figura 6.2**).

Caça, pesca e outras formas de captura parecem ter efeitos similares sobre uma ampla gama de outras espécies, incluindo peixes, invertebrados e plantas (Darimont et al., 2009). Por exemplo, por ter como alvo peixes mais velhos e de maior tamanho, a pesca comercial de bacalhau levou à redução na idade e no tamanho em que esses peixes se tornam sexualmente maduros. Para ver por que isso acontece, observe inicialmente que os bacalhaus que amadurecem em uma idade mais jovem e com um tamanho menor são mais propensos a se reproduzir antes que sejam capturados do que aqueles peixes que amadurecem quando são mais velhos e de maior tamanho. Como resultado, os genes dos peixes que amadurecem em uma idade mais jovem e de menor tamanho têm mais probabilidade de serem passados para a próxima geração do que

Figura 6.1 Lutando pelo direito de acasalar Machos grandes com cornos bem desenvolvidos – os mesmos machos valorizados pelos caçadores de troféus – são os mais bem-sucedidos nas competições pelo direito de acasalamento.

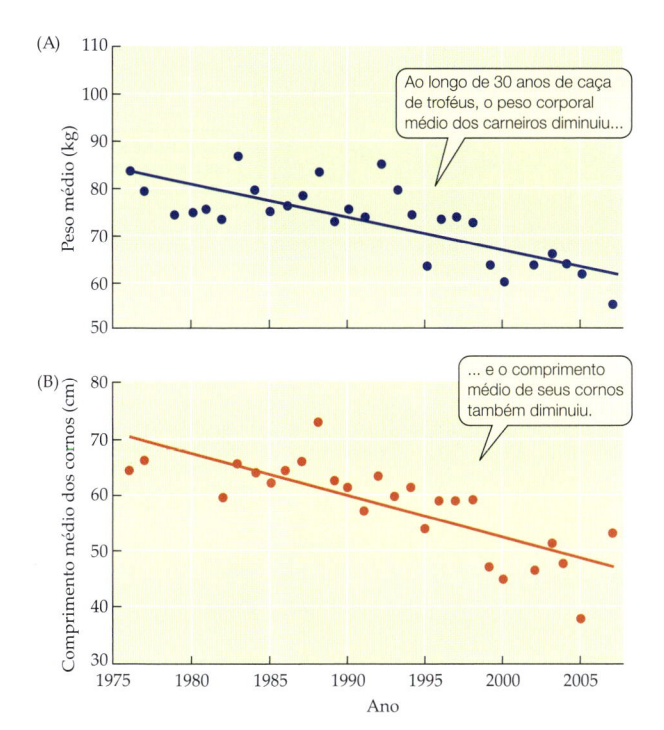

Figura 6.2 A caça de troféus reduz o tamanho do corpo e dos cornos de carneiros Coltman e colaboradores rastrearam o peso do corpo (A) e o comprimento dos cornos (B) de carneiros em uma população de carneiros-selvagens nas Montanhas Ram (Alberta, Canadá) que esteve sujeita à caça de troféus ao longo de um período de 30 anos. As alterações mostradas aqui ocorreram ao longo de múltiplas gerações de carneiros e, portanto, indicam uma mudança nas características médias de carneiros nascidos de uma geração para outra. (Segundo Coltman et al., 2003.)

Ao longo de 30 anos de caça de troféus, o peso corporal médio dos carneiros diminuiu...

... e o comprimento médio de seus cornos também diminuiu.

aqueles genes de outros peixes – portanto, ao longo do tempo, mais e mais peixes terão genes que codificam a maturidade sexual em uma idade mais jovem e de menor tamanho. De modo similar, a caça ilegal de marfim parece ter resultado em mudanças genéticas que ocasionaram o aumento de 62 para 90% na proporção de fêmeas de elefantes africanos sem presas (incisivos superiores), em um parque da África do Sul ao longo de um período de 20 anos.

Os efeitos involuntários da captura humana do carneiro-selvagem, do bacalhau e do elefante ilustram como as populações podem mudar, ou *evoluir*, ao longo do tempo. Que mecanismos biológicos causam essas mudanças evolutivas? Outras ações humanas além da captura produzem esse tipo de mudança?

Introdução

Como os noticiários enfatizam frequentemente, os seres humanos causam grandes efeitos no ambiente. Mudamos o clima global, poluímos a água e o ar, convertemos grandes extensões do hábitat natural em terras cultivadas ou áreas urbanas, drenamos áreas úmidas e reduzimos os tamanhos das populações das espécies que caçamos para comer (p. ex., peixes) ou usamos como recursos (p. ex., árvores). Embora tenhamos tomado medidas para limitar algum dano que causamos às comunidades biológicas, as ações humanas têm uma consequência difusa que mal começamos a reconhecer e muito menos a tratar: nós causamos mudanças evolutivas.

Neste capítulo, examinaremos o que é evolução e veremos como ela afeta as interações ecológicas e é afetada por elas. Ao fim do capítulo, nos concentraremos especificamente em como os seres humanos causam mudanças evolutivas. O objetivo desse capítulo não é fornecer uma visão abrangente da biologia evolutiva – para isso, veja os livros-texto sobre evolução listados em Leituras Sugeridas no site do livro na internet. Em vez disso, nosso objetivo é mostrar que ecologia e evolução são interligadas, tema ao qual retornaremos nos últimos capítulos deste livro. Começaremos considerando dois modos pelos quais a evolução pode ser definida.

CONCEITO 6.1

A evolução pode ser vista como variação genética ao longo do tempo ou como um processo de descendência com modificação.

O que é evolução?

No sentido mais geral, a evolução biológica é a modificação nos organismos ao longo do tempo. A evolução inclui flutuações relativamente pequenas que ocorrem continuamente dentro de populações, como quando a constituição genética de uma população muda de um ano para o outro. No entanto, evolução também pode se referir a mudanças maiores que ocorrem quando as espécies gradualmente se tornam cada vez mais diferentes de seus ancestrais. Exploraremos essas duas maneiras de ver a evolução em mais detalhes, primeiramente com foco nas flutuações genéticas (*mudança na frequência de alelos*) e, após, em como os organismos acumulam diferenças com relação a seus ancestrais (*descendência com modificação*).

Evolução é mudança na frequência de alelos

A Figura 6.2B mostra que o tamanho médio dos cornos de machos de carneiros-selvagens diminuiu ao longo do tempo, mas ela não revela a causa desse declínio. Uma pista para a causa provém de uma observação adicional (Coltman et al., 2003): o tamanho dos cornos é um caráter *herdável*. Isso significa que carneiros com cornos grandes tendem a ter progênie de cornos grandes e que carneiros com cornos pequenos tendem a ter descendentes de cornos pequenos. Uma vez que a caça de troféus elimina seletivamente carneiros de cornos grandes, ela favorece carneiros cujas características genéticas levam à produção de cornos pequenos. Por essa razão, parece plausível que a caça de troféus esteja causando a mudança, ou evolução, das características genéticas da população de carneiros-selvagens ao longo do tempo.

Como sugerido pelo exemplo da caça de troféus, os biólogos frequentemente definem evolução em termos de

(A)

FÓSSEIS ÚNICOS
Esses fósseis de 10 milhões de anos do peixe esgana-gata (*Gasterosteus doryssus*) foram coletados do leito de um lago em Nevada, Estados Unidos. Os fósseis puderam ser datados com uma aproximação de 250 anos porque as rochas onde eles foram encontrados mostraram camadas de sedimentos anuais excepcionalmente claras.

DESCENDÊNCIA
A evidência fóssil sugere que *G. doryssus* colonizou as águas abertas do lago há cerca de 10 milhões de anos. Ao longo dos 16 mil anos seguintes, muitos ossos desse peixe não se alteraram em tamanho, forma ou posição. As semelhanças resultantes em sua estrutura óssea geral ilustram a descendência comum – o peixe descendeu dos colonizadores originais e, portanto, compartilha muitas características com eles.

MODIFICAÇÃO
Os fósseis de esgana-gata também mostram como os organismos se tornaram modificados a partir de seus ancestrais ao longo do tempo. Por exemplo, em menos de 5 mil anos, o osso pélvico – originalmente o maior osso individual no corpo desse peixe – tornou-se bastante reduzido em tamanho. Essa redução também ocorreu em lagos modernos e provavelmente resultou da seleção natural.

- Esse indivíduo tinha um osso pélvico completo (escore pélvico = 3).
- Diagrama de um osso pélvico completo
- O osso pélvico desse peixe tinha originalmente uma forma semelhante à do diagrama acima – entretanto, o osso pélvico tornou-se achatado e torcido quando o peixe se fossilizou (escore pélvico = 2,4).
- O osso pélvico desse indivíduo é bastante reduzido (escore pélvico = 1).
- Esse peixe não tem ossos pélvicos (escore pélvico = 0). Tais indivíduos apareceram primeiro no registro fóssil 11 mil anos após as águas abertas do lago terem sido colonizadas.

(B)

- Após 3 mil anos, o escore pélvico médio começou a cair substancialmente.
- Após 15 mil anos, a maioria dos membros da população de *G. doryssus* tinha uma pelve altamente reduzida, levando o escore pélvico médio a oscilar em torno de 1.

Tempo (anos desde que as águas abertas do lago foram colonizadas)

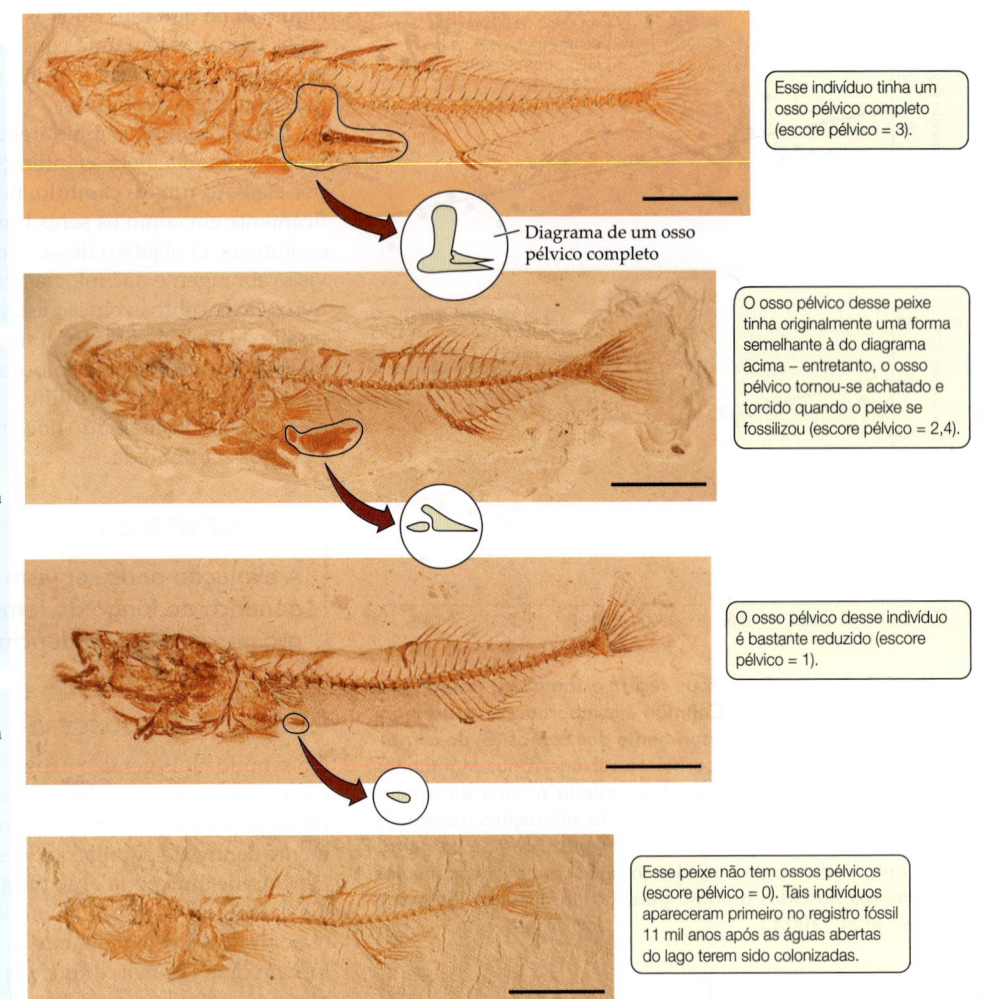

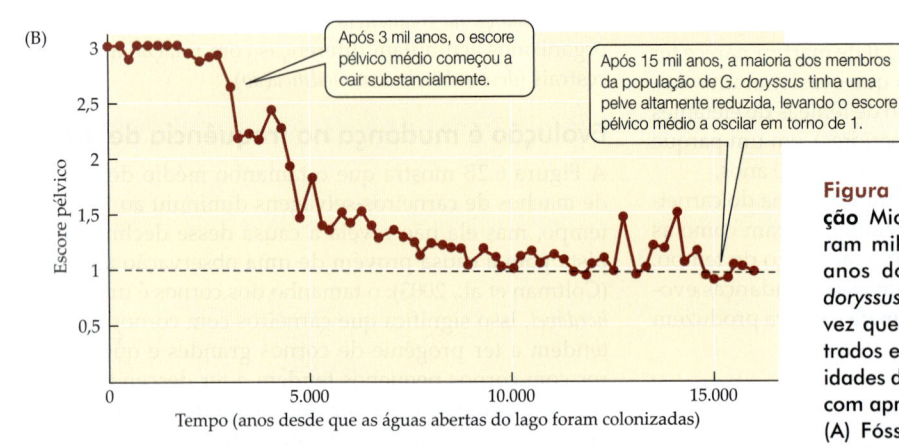

Figura 6.3 Descendência com modificação Michael Bell e colaboradores analisaram milhares de fósseis de 10 milhões de anos do peixe esgana-gata (*Gasterosteus doryssus*). Seus espécimes eram únicos, uma vez que o leito fóssil no qual foram encontrados era tão finamente estratificado que as idades dos fósseis puderam ser determinadas com aproximação de intervalos de 250 anos. (A) Fósseis representativos de *G. doryssus*, mostrando como os ossos pélvicos se tornaram reduzidos ao longo do tempo; a barra de escala para cada fóssil é 1 cm. (B) Escore pélvico médio em diferentes épocas. Os ossos pélvicos foram ordenados pelo tamanho de acordo com uma escala que variou de 3 (osso completo) a 0 (sem osso). (Segundo Bell et al., 2006.)

mudança genética. Para tornar essa definição mais precisa (e para introduzir termos que serão usados ao longo deste capítulo), revisaremos alguns princípios introdutórios da biologia:

- Genes são compostos de DNA e especificam como construir (codificar) proteínas.
- Determinado gene pode ter duas ou mais formas (conhecidas como **alelos**) que resultam na produção de diferentes versões da proteína que ele codifica.
- Podemos designar o **genótipo** (constituição genética) de um indivíduo com letras que representam as duas cópias de cada gene do indivíduo (uma herdada da mãe e a outra do pai). Por exemplo, se um gene tem dois alelos, designados A e a, o indivíduo pode ter o genótipo AA, Aa ou aa.

Com esses princípios como base, podemos definir **evolução** como a mudança ao longo do tempo nas *frequências* (proporções) dos diferentes alelos em uma população. Para ilustrar como essa definição é aplicada, considere um gene com dois alelos (A e a) e uma população de 1 mil indivíduos, na qual há 360 indivíduos do genótipo AA, 480 do genótipo Aa e 160 do genótipo aa. A frequência do alelo a nessa população é de 0,4, ou 40%[1]; por conseguinte, já que existem apenas dois alelos na população (A e a), a frequência do alelo A deve ser de 0,6, ou 60%. Se a frequência do alelo a fosse modificada ao longo do tempo, por exemplo, de 40 para 71%, então a população teria evoluído para aquele gene. (Em estudos científicos, os pesquisadores frequentemente utilizam uma abordagem com base na *Equação de Hardy-Weinberg* para testar se uma população está evoluindo em um ou mais genes; descrevemos essa abordagem em **Saiba Mais 6.1**.)

Evolução é descendência com modificação

Em muitas partes deste livro, quando nos referimos à evolução, estamos nos referindo à mudança na frequência de alelos ao longo do tempo. Porém, a evolução também pode ser definida mais amplamente como *descendência com modificação*. No cerne dessa definição está a observação de que as populações acumulam diferenças ao longo do tempo; portanto, quando uma espécie nova se forma, ela difere de seus ancestrais. Entretanto, embora uma nova espécie difira de seus ancestrais de algumas maneiras, ela também se parece com seus ancestrais e continua a compartilhar muitas características com eles. Por essa razão, quando ocorre evolução, tanto a *descendência* (ancestralidade compartilhada, resultando em características compartilhadas) como a *modificação* (a acumulação de diferenças) podem ser observadas, como visto nos peixes fósseis na **Figura 6.3**.

Charles Darwin (1859) usou a frase "descendência com modificação" para resumir o processo evolutivo em seu livro *A Origem das Espécies**. Darwin propôs que as populações acumulam diferenças ao longo do tempo principalmente por **seleção natural**, o processo pelo qual indivíduos com determinadas características herdáveis sobrevivem e se reproduzem com mais sucesso do que outros indivíduos devido a essas características. Já vimos vários exemplos do funcionamento da seleção no Estudo de Caso deste capítulo. Em populações de carneiro-selvagem, a caça de troféus selecionou carneiros com cornos pequenos, enquanto na pesca de bacalhau, as práticas de captura selecionaram indivíduos que amadurecem em uma idade mais jovem e com um tamanho menor.

Como a seleção natural explica a acumulação de diferenças nas populações? Darwin argumentou que, se duas populações experimentam condições ambientais diferentes, indivíduos com um grupo de características podem ser favorecidos pela seleção natural em uma população, enquanto indivíduos com um conjunto diferente de características podem ser favorecidos em outra população (**Figura 6.4**). Ao favorecer indivíduos com diferentes características herdáveis em diferentes populações, a seleção natural pode levar à divergência genética entre as populações ao longo do tempo, isto é, cada população acumulará mais e mais diferenças genéticas. Portanto, a seleção natural pode ser responsável pela parte de "modificação" da "descendência com modificação".

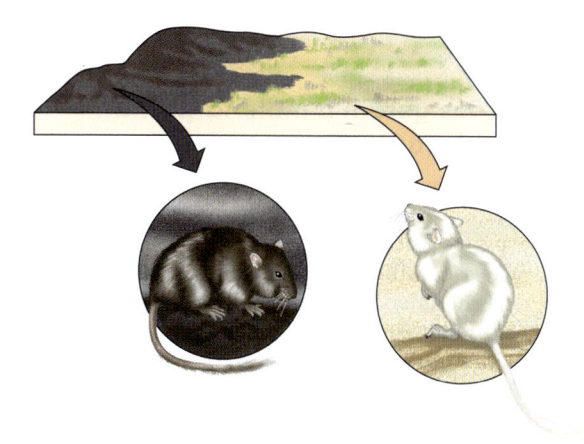

Figura 6.4 A seleção natural pode resultar em diferenças entre populações Populações de camundongo-de-bolso-das-rochas (*Chaetodipus intermedius*) que vivem em formações escuras de lava no Arizona e no Novo México têm pelagem escura, enquanto populações próximas que vivem em rochas de cores claras têm pelagem clara. Em cada população, a seleção natural tem favorecido os indivíduos cuja cor da pelagem combina com seus arredores, tornando-os menos visíveis aos predadores.

---

[1] Há 1 mil indivíduos na população, e cada indivíduo carrega dois alelos. Portanto, há um total de 2 mil alelos na população. Cada um dos 360 indivíduos do genótipo AA tem zero alelos a, cada um dos 480 indivíduos do genótipo Aa tem um alelo a, e cada um dos 160 indivíduos do genótipo aa tem dois alelos a. Portanto, a frequência do alelo a é (0 × 360 + 1 × 480 + 2 × 160)/2.000 = 0,4. A frequência do alelo a também pode ser calculada usando as frequências dos genótipos; nesse caso temos [(0 × 360/1.000) + (1 × 480/1.000) + (2 × 160/1.000)]/2 = 0,4, onde 360/1.000 é a frequência do genótipo AA, 480/1.000 é a frequência do genótipo Aa e 160/1.000 é a frequência do genótipo aa.

*N. de T. Título completo da obra: *Sobre a origem das espécies por meio da seleção natural, ou a preservação das raças favorecidas na luta pela vida*.

As populações evoluem, os indivíduos não

A seleção natural atua como processo de escolha, favorecendo indivíduos com algumas características hereditárias (p. ex., aqueles com cornos pequenos) sobre outros (p. ex., aqueles com cornos grandes). Os indivíduos com as características favorecidas tendem a deixar mais descendentes do que os indivíduos com outras características. Como consequência, de uma geração para a seguinte, uma proporção maior de indivíduos na população terá as características favorecidas pela seleção natural. Esse processo pode fazer a frequência de alelos da população se alterar ao longo do tempo, levando, desse modo, a população a evoluir. Porém os *indivíduos* na população não evoluem – eles têm ou não têm as características favorecidas pela seleção.

CONCEITO 6.2

A seleção natural, a deriva genética e o fluxo gênico podem causar a variação na frequência de alelos em uma população ao longo do tempo.

Mecanismos da evolução

Embora a seleção natural frequentemente seja a causa da mudança evolutiva, ela não é a única. Nesta seção, examinaremos quatro processos essenciais para a evolução: mutação, seleção natural, deriva genética e fluxo gênico. Em uma visão ampla, a mutação é a fonte de novos alelos dos quais toda a evolução depende, enquanto a seleção natural, a deriva genética e o fluxo gênico são os principais mecanismos que causam mudança na frequência alélica ao longo do tempo.

As mutações geram a matéria-prima para a evolução

Os indivíduos nas populações diferem uns dos outros em suas características observáveis, ou **fenótipo** (**Figura 6.5**). Muitos aspectos do fenótipo de um organismo, incluindo suas características físicas, metabolismo, taxa de crescimento, suscetibilidade a doenças e comportamento, são influenciados por seus genes. Por isso, os indivíduos diferem uns dos outros em parte por terem alelos diferentes para genes que influenciam seu fenótipo. Esses alelos diferentes surgem por **mutação**, uma alteração no DNA de um gene. As mutações resultam de eventos como erros de cópia durante a divisão celular, dano mecânico quando moléculas e estruturas celulares colidem com o DNA, exposição a certos compostos químicos (chamados *mutagênicos*) e exposição a formas de radiação de alta energia como luz ultravioleta e raios X. Com veremos no Capítulo 7, o ambiente também pode afetar o fenótipo dos organismos. Por exemplo, uma planta crescendo em um solo rico em nutrientes pode crescer mais do que outro indivíduo da mesma espécie crescendo em um solo pobre em nutrientes, mesmo se as duas tiverem os mesmos alelos de genes que influenciam o tamanho. Neste capítulo, entretanto, nos concentraremos nas diferenças fenotípicas que resultam de fatores genéticos, não de fatores ambientais.

Figura 6.5 Indivíduos em populações diferem em seus fenótipos As rãs-flecha-venenosa (*Dendrobates tinctorius*) exibem grande variação nas cores e nos padrões. Nativas do norte da América do Sul, essas rãs vivem em fragmentos isolados da floresta. Acredita-se que suas cores brilhantes sirvam como um alerta para os predadores da toxina excretada de sua pele. Rãs individuais provavelmente diferem em outras características morfológicas, bem como características bioquímicas, comportamentais e fisiológicas.

A formação de novos alelos por mutação é crucial para a evolução. Em uma espécie hipotética na qual não houvesse mutação, cada gene teria apenas um alelo, e todos os membros de uma população seriam geneticamente idênticos. Se esse fosse o caso, a evolução não poderia ocorrer: as frequências alélicas não podem mudar ao longo do tempo, a menos que os indivíduos em uma população sejam geneticamente diferentes. Você deve recordar de seu curso introdutório de biologia que os indivíduos em uma população podem diferir geneticamente não somente devido à mutação, mas também devido à **recombinação**, a produção de descendentes cujas combinações de alelos diferem daquelas em ambos os progenitores. Podemos pensar na mutação proporcionando a matéria-prima (novos alelos) na qual a evolução se baseia, e na recombinação rearranjando essa matéria-prima em novas combinações únicas. Juntos, esses processos proporcionam a variação genética da qual a evolução depende.

Apesar de sua importância para a evolução, a mutação ocorre muito raramente para ser a causa direta de variação na frequência alélica em curtos períodos de tempo. As mutações costumam ocorrer a taxas de 10^{-4} a 10^{-6} novas mutações por gene por geração (Hartl e Clark, 2007). Em outras palavras, em cada geração, podemos esperar que ocorra uma mutação em cada 10.000 a 1.000.000 de cópias de um gene. Nessas taxas, em uma geração, a mutação atuando sozinha praticamente não causa mudança nas frequências de alelos de uma população. Enfim, a mutação pode

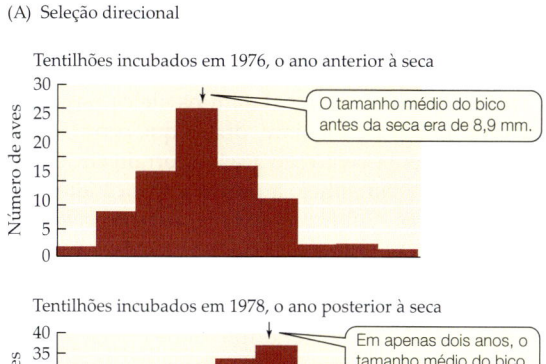

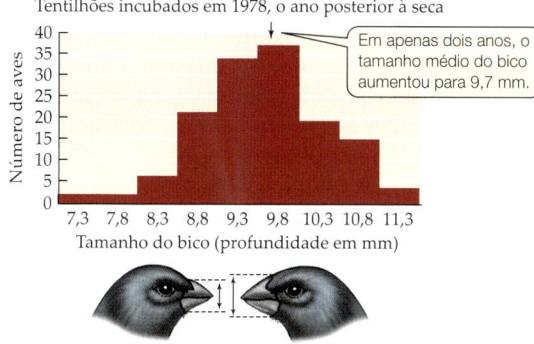

(A) Seleção direcional

Tentilhões incubados em 1976, o ano anterior à seca
- O tamanho médio do bico antes da seca era de 8,9 mm.

Tentilhões incubados em 1978, o ano posterior à seca
- Em apenas dois anos, o tamanho médio do bico aumentou para 9,7 mm.

Tamanho do bico (profundidade em mm)

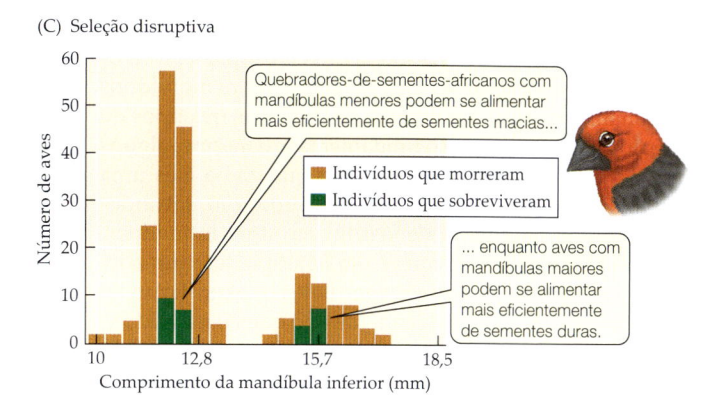

(B) Seleção estabilizadora
- Vespas que parasitam larvas de mosca selecionam para galhas pequenas.
- Galha
- Aves que comem larvas de mosca selecionam para galhas grandes.
- Globalmente, as larvas de mosca dentro de galhas de tamanho intermediário sobrevivem em uma taxa mais alta.

Diâmetro da galha (mm)
- Antes da seleção
- Depois da seleção

(C) Seleção disruptiva
- Quebradores-de-sementes-africanos com mandíbulas menores podem se alimentar mais eficientemente de sementes macias...
- Indivíduos que morreram
- Indivíduos que sobreviveram
- ...enquanto aves com mandíbulas maiores podem se alimentar mais eficientemente de sementes duras.

Comprimento da mandíbula inferior (mm)

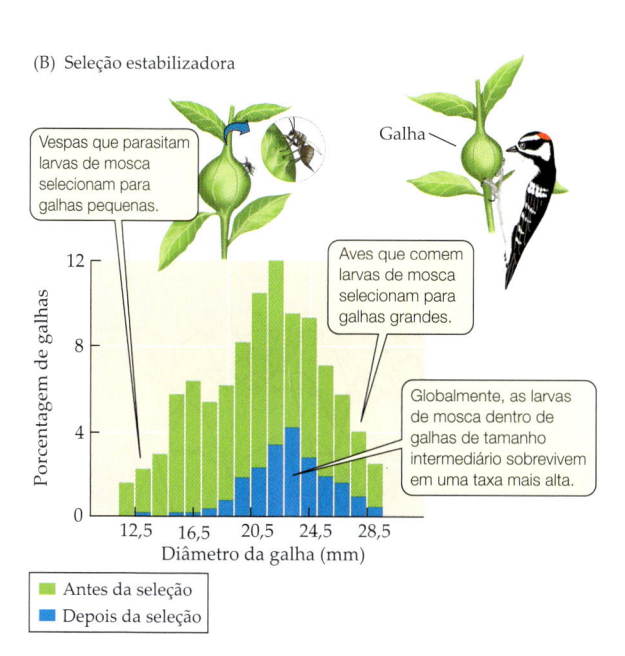

Figura 6.6 Os três tipos de seleção natural (A) A seleção direcional favorece indivíduos com fenótipo extremo. Uma seca prolongada no arquipélago de Galápagos resultou na seleção direcional no tamanho do bico do tentilhão granívoro no solo (*Geospiza fortis*). Como resultado da seca, a maioria das sementes disponíveis era grande e dura para quebrar, de modo que aves com bicos grandes, que conseguiam quebrar mais facilmente essas sementes, tiveram vantagem sobre aves com bicos menores. (Segundo Grant e Grant, 2003.) (B) A seleção estabilizadora favorece indivíduos com fenótipo intermediário. As moscas *Eurosta* parasitam plantas da vara-de-ouro, que passam a produzir galhas nas quais as larvas da mosca amadurecem enquanto se alimentam delas. As preferências dos predadores e dos parasitas de *Eurosta* resultam na seleção estabilizadora no tamanho da galha. Observações em campo mostraram que as vespas que parasitam e matam as larvas da mosca preferem galhas pequenas, enquanto as aves que comem as larvas da mosca preferem galhas grandes. Como resultado, as larvas em galhas de tamanho intermediário têm uma vantagem. (Segundo Weis e Abrahamson, 1986.) (C) A seleção disruptiva favorece indivíduos nos dois extremos. O quebrador-de-sementes-africano (*Pyrenestes ostrinus*) depende de duas plantas principais em seu ambiente para se alimentar. As aves com mandíbula menor podem se alimentar de uma planta de sementes macias com mais eficiência, enquanto as aves com mandíbula maior podem se alimentar de uma planta de sementes duras mais eficientemente. Portanto, os indivíduos com tamanhos de mandíbula relativamente pequenos ou relativamente grandes têm vantagem. (Segundo Smith, 1993.)

? Em (B), as aves ou as vespas parecem proporcionar pressão de seleção mais forte sobre o tamanho da galha? Explique.

causar mudança apreciável na frequência alélica, mas leva milhares de gerações para que possa fazer isso. Ao todo, em termos de seus efeitos diretos, a mutação é um agente fraco de mudança na frequência de alelos. No entanto, por fornecer os novos alelos nos quais a seleção natural e outros mecanismos da evolução podem atuar, a mutação é central para o processo evolutivo.

A seleção natural aumenta a frequência de alelos vantajosos

A seleção natural ocorre quando indivíduos com determinadas características herdáveis deixam consistentemente mais descendentes do que indivíduos com outras características. No entanto, algumas características podem dar aos organismos uma vantagem somente sob certas condições ambientais. Na verdade, como veremos mais tarde neste capítulo, as características que são vantajosas em um ambiente podem não ser vantajosas em outro.

Dependendo de quais características são favorecidas, podemos categorizar a seleção natural em três tipos (**Figura 6.6**). A **seleção direcional** ocorre quando indivíduos com um extremo de certa característica fenotípica hereditária (p. ex., tamanho grande) são favorecidos sobre outros indivíduos (de tamanho pequeno ou médio). Na **seleção estabilizadora**, os indivíduos com fenótipo intermediário (p. ex., de tamanho médio) são favorecidos, enquanto na **seleção disruptiva** os indivíduos com fenótipo em ambos os extremos são favorecidos (p. ex., indivíduos pequenos e grandes têm vantagem sobre indivíduos de tamanho médio). Entretanto, em todos os três tipos de seleção natural, o processo fundamental é o mesmo: alguns indivíduos têm fenótipos herdáveis que dão a eles uma vantagem na sobrevivência ou na reprodução, levando-lhes a deixar mais descendentes do que outros indivíduos.

Quando a seleção favorece um fenótipo determinado, é provável que os indivíduos com alelos que codificam tal fenótipo deixem mais descendentes do que os indivíduos com outros alelos. Como resultado, os alelos que codificam um fenótipo favorecido podem aumentar em frequência de uma geração para a próxima. Em alguns casos, o resultado desse processo é que a maioria ou todos os indivíduos em uma população têm um alelo que codifica uma característica favorecida por seleção. Um exemplo bem estudado é o ganso-andino (*Chloephaga melanoptera*), que vive a grande altitude nos Andes. Essas aves evoluíram uma versão da proteína hemoglobina transportadora de oxigênio que tem uma incomum afinidade alta pelo oxigênio e, portanto, proporciona uma vantagem em seu ambiente de altitude elevada e ar rarefeito* (Weber, 2007; McCracken et al., 2009). O alelo que codifica essa versão de hemoglobina ocorre com uma frequência de 100% nas populações de ganso-andino. Um alelo como esse que ocorre em uma população em uma frequência de 100% é dito ter alcançado a **fixação**.

Para recapitular, a seleção natural pode levar ao aumento da frequência ao longo do tempo de um alelo que confere uma vantagem, como ocorreu em populações do ganso-andino. Mais adiante neste capítulo, consideraremos as consequências desse aumento nas frequências de alelos vantajosos. No entanto, primeiro examinaremos dois outros mecanismos que podem causar mudança nas frequências de alelos: *deriva genética* e *fluxo gênico*.

A deriva genética resulta de eventos ao acaso

A frequência de alelos na população pode ser influenciada por eventos ao acaso. Imagine uma população de 10 flores silvestres na qual três indivíduos têm genótipo *AA*, quatro têm genótipo *Aa*, e três têm genótipo *aa*. Portanto, a frequência inicial do alelo *A* é de 50%, como a frequência do alelo *a*. Assuma que os alelos *A* e *a* codificam duas versões diferentes de uma proteína que funciona igualmente bem. Embora nenhum alelo seja mais vantajoso do que o outro (e, portanto, a seleção natural não afete esse gene), eventos ao acaso podem alterar suas frequências. Por exemplo, suponha que um alce andando na floresta pisoteie quatro das flores – duas do genótipo *AA* e duas do genótipo *Aa* — matando-as, mas não prejudicando qualquer

das três flores silvestres do genótipo *aa*. Como resultado, a frequência do alelo *a* na população aumentaria de 50 para 67% *apenas por acaso*.

Quando eventos ao acaso afetam os alelos passados de uma geração para a seguinte, diz-se que ocorre **deriva genética**. Embora eventos ao acaso ocorram em populações de todos os tamanhos, a deriva genética altera as frequências alélicas significativamente durante períodos curtos somente em populações pequenas. Para ver por que isso ocorre, imagine que nossa população de flores silvestres tivesse 10 mil indivíduos, 3 mil do genótipo *AA*, 4 mil do genótipo *Aa* e 3 mil do genótipo *aa*. Se o alce pisasse sobre uma amostra ao acaso de 40% dos indivíduos nessa população maior, não haveria praticamente qualquer possibilidade de que todos os 3 mil indivíduos do genótipo *aa* fossem poupados. Em vez disso, seria provável que muitos indivíduos de cada genótipo fossem mortos – e, em consequência, as frequências dos alelos *A* e *a* mudariam pouco ou nada.

A deriva genética tem quatro efeitos relacionados sobre a evolução em populações pequenas:

1. Uma vez que atua apenas por acaso, a deriva genética pode levar à flutuação aleatória das frequências alélicas em populações pequenas ao longo do tempo (**Figura 6.7**). Quando isso ocorre, finalmente alguns alelos desaparecem da população, enquanto outros alcançam a fixação.

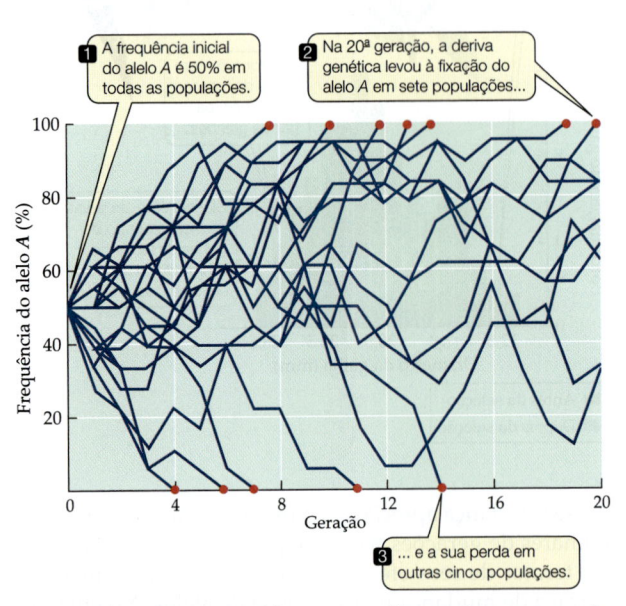

Figura 6.7 A deriva genética causa a flutuação ao acaso da frequência de alelos Resultados de uma simulação computacional de deriva genética em 20 populações de um gene com dois alelos, *A* e *a*. Cada população tem nove indivíduos diploides (18 alelos) a cada geração. Em populações pequenas como essas, a deriva genética tem efeitos rápidos.

> No início da simulação, quantos alelos *A* e quantos alelos *a* tinha cada população? Na 20ª geração, quantas populações ainda tinham ambos os alelos? Faça uma previsão do que finalmente aconteceria à frequência do alelo *A* nessas populações.

---

*N. de T. No original *"low-oxygen, high-altitude environment"*. Os gases predominantes na atmosfera, nitrogênio e oxigênio, estão misturados em proporções constantes até aproximadamente 100 km de altitude. A pressão atmosférica varia com a altitude, diminuindo logaritmicamente com a altura, de modo que as camadas superiores da atmosfera são muito menos densas do que as inferiores, particularmente a 5.000 m, perto do limite extremo para a habitabilidade humana. (Barry, R. G.; Chorley, R. J. *Atmosfera, tempo e clima*. Porto Alegre: Bookman, 2013. 512 p.)

2. Causando a perda de alelos da população, a deriva genética reduz a variação genética populacional, tornando os indivíduos dentro da população mais semelhantes geneticamente entre si.
3. A deriva genética pode aumentar a frequência de um alelo prejudicial. Isso pode parecer contraditório, uma vez que, em geral, ela age sobre alelos que nem prejudicam nem beneficiam o organismo, e seria esperado que a seleção natural reduzisse a frequência de um alelo prejudicial. Entretanto, se o tamanho da população for muito pequeno e o alelo tiver apenas um efeito levemente nocivo, a deriva genética pode "anular" os efeitos da seleção natural, ocasionando aumento ou diminuição na frequência de um alelo prejudicial apenas por acaso.
4. A deriva genética pode aumentar as diferenças genéticas entre populações, uma vez que eventos ao acaso podem ocasionar que um alelo alcance a fixação em uma população, porém seja perdido em outra (ver Figura 6.7).

O segundo e o terceiro desses efeitos podem ter consequências terríveis para populações pequenas. A perda de variabilidade genética pode reduzir a capacidade de uma população de evoluir em resposta à variação nas condições ambientais – colocando-a em risco potencial de extinção. Do mesmo modo, um aumento na frequência de alelos prejudiciais em uma população pode impedir a capacidade de sobrevivência ou de reprodução de seus membros, novamente aumentando o risco de extinção. Esse efeito apresenta um problema contínuo para populações pequenas. Embora seja improvável que a mutação produza alelos nocivos de determinado gene de uma geração para a seguinte (porque as mutações são raras), é altamente provável que ela produza novos alelos deletérios em *algum* dos muitos genes do organismo – e a deriva genética pode fazer a frequência desses alelos aumentar.

Considera-se que esses efeitos negativos da deriva genética tenham contribuído para a quase extinção das populações de Illinois do tetraz-das-pradarias (*Tympanuchus cupido*). No início de 1800, havia milhões dessas aves em Illinois. Ao longo do tempo, seus números caíram abruptamente, quando mais de 99% do hábitat de pradaria do qual elas dependem foram convertidos em solo cultivado e outros usos. Em 1993, menos de 50 tetrazes-das-pradarias permaneciam em Illinois. Pela comparação do DNA das aves da população de Illinois em 1993 com o das aves que viveram em Illinois na década de 1930 (obtido de espécimes de museu), Juan Bouzat e colaboradores (1998) mostraram que a queda no tamanho populacional reduziu a variabilidade genética da população (**Figura 6.8**). Além disso, mais de 50% dos ovos postos pelas aves da população de Illinois em 1993 não chocaram, sugerindo que a deriva genética levou à fixação de alelos prejudiciais. Essa interpretação foi reforçada pelos resultados de experimentos iniciados em 1992: quando tetrazes-das-pradarias de outras populações foram levados para Illinois, novos alelos entraram na população de Illinois, e as taxas de incubação dos ovos aumentaram de menos de 50% para mais de 90% em apenas cinco anos (Westemeier et al., 1998). (O Conceito 11.3 trata em mais detalhes do aumento do risco de extinção exibido por pequenas populações.)

O fluxo gênico é a transferência de alelos entre populações

O **fluxo gênico** ocorre quando alelos são transferidos de uma população para outra pelo movimento de

Figura 6.8 Efeitos prejudiciais da deriva genética (A) A população de Illinois do tetraz-das-pradarias caiu de milhões de aves em 1800 para 25.000 em 1933 e, finalmente, para menos de 50 aves em 1993. À medida que a população de Illinois encolhia em tamanho, a deriva genética levou à perda de alelos de seis genes e a um aumento nas frequências de alelos prejudiciais, reduzindo finalmente as taxas de incubação de ovos para menos de 50%. (B) A tabela compara a população de Illinois de 1993 com populações históricas de Illinois e com populações de Kansas, Nebraska e Minnesota, nenhuma das quais experimentou queda tão drástica no tamanho populacional. (B segundo Bouzat et al., 1998.)

(A)

Illinois 1820 — Em 1820, as pradarias nas quais os tetrazes-das-pradarias viviam cobriam a maior parte de Illinois.

Illinois 1993 — Hábitat de pradaria. Em 1993, restava menos de 1% do hábitat original de pradaria, e o tetraz-das-pradarias podia ser encontrado em apenas dois locais.

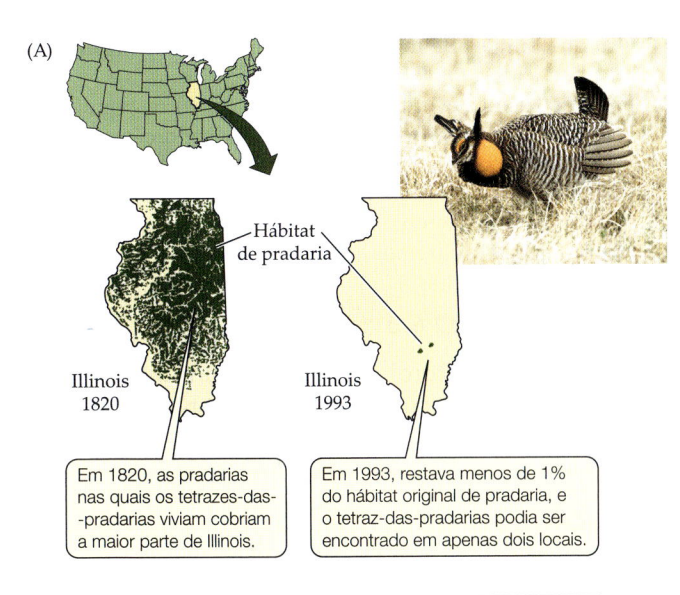

(B) Em 1993, a população do tetraz-das-pradarias em Illinois havia caído para menos de 50 aves e estava experimentando os efeitos negativos da deriva genética em populações pequenas.

	Illinois 1933	Illinois 1993	Kansas	Nebraska	Minnesota
Tamanho populacional	25.000	<50	750.000	75.000–200.000	4.000
Nº de alelos em seis genes	31	22	35	35	32
Porcentagem de ovos que chocaram	93	<50	99	96	85

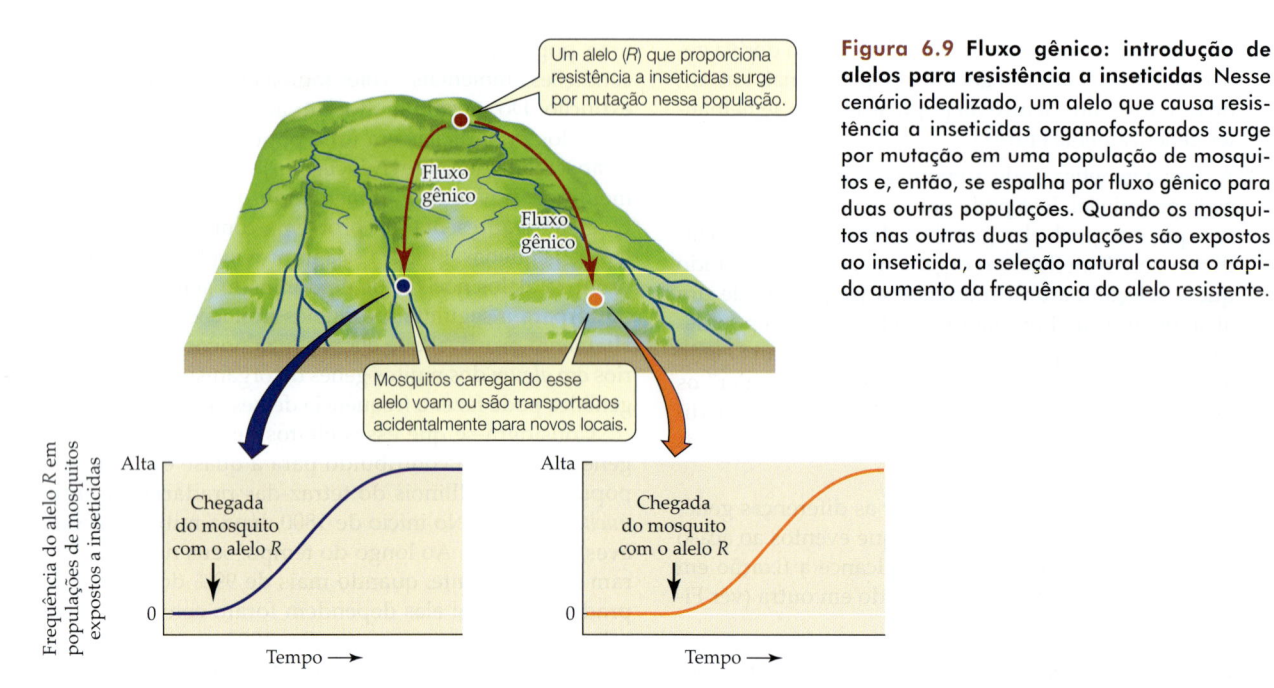

Figura 6.9 Fluxo gênico: introdução de alelos para resistência a inseticidas Nesse cenário idealizado, um alelo que causa resistência a inseticidas organofosforados surge por mutação em uma população de mosquitos e, então, se espalha por fluxo gênico para duas outras populações. Quando os mosquitos nas outras duas populações são expostos ao inseticida, a seleção natural causa o rápido aumento da frequência do alelo resistente.

indivíduos ou gametas (p. ex., pólen vegetal)* e tem dois efeitos importantes. Em primeiro lugar, transferindo alelos entre populações, ele tende a torná-las mais geneticamente semelhantes entre si. Esse efeito homogeneizante do fluxo gênico é uma razão pela qual os indivíduos em populações diferentes da mesma espécie se parecem uns com os outros: os alelos são permutados com frequência suficiente para que relativamente poucas diferenças se acumulem entre as populações.

Em segundo lugar, o fluxo gênico pode introduzir novos alelos em uma população. Quando isso ocorre, ele age de maneira semelhante à mutação (embora a mutação permaneça a fonte original de novos alelos). Esse efeito do fluxo gênico pode ter consequências consideráveis para a saúde humana. Por exemplo, antes da década de 1960, o mosquito *Culex pipiens* não era resistente a inseticidas organofosforados. Esse mosquito transmite o vírus do Nilo Ocidental e outras doenças; por isso, inseticidas frequentemente eram usados para exterminar suas populações. No final da década de 1960, entretanto, novos alelos que proporcionavam resistência aos inseticidas organofosforados foram produzidos por mutação em algumas populações de *C. pipiens*, provavelmente na África ou na Ásia (Raymond et al., 1998). Os mosquitos carregando esses alelos foram levados por tempestades ou transportados para novos lugares acidentalmente por seres humanos, onde se reproduziram com mosquitos das populações locais. Em populações de mosquitos expostas a inseticidas, a frequência desses alelos introduzidos aumentou rapidamente, uma vez que a resistência ao inseticida foi favorecida por seleção natural (**Figura 6.9**). A expansão global desses alelos por fluxo gênico permitiu que bilhões de mosquitos sobrevivessem à aplicação de inseticidas.

A mudança evolutiva que resulta em correspondência mais estreita entre os organismos e as condições do ambiente, tais como o aumento na frequência da resistência aos inseticidas em uma população de *C. pipiens* exposta a esses produtos, é um exemplo de evolução adaptativa, o tópico que abordaremos a seguir.

CONCEITO 6.3

A seleção natural é o único mecanismo evolutivo que causa evolução adaptativa de modo consistente.

Evolução adaptativa

O mundo natural é repleto de exemplos impressionantes de organismos que são bem adaptados à vida em seus ambientes. Essa correspondência entre organismos e seus ambientes realça suas *adaptações*, ou seja, características dos organismos que melhoram sua capacidade de sobreviver e se reproduzir em seus ambientes (ver Conceito 4.1). Exemplos de adaptações incluem características notáveis como aquelas exibidas na **Figura 6.10**, mas também incluem características menos surpreendentes visualmente – como uma enzima em uma planta do deserto que pode funcionar a temperaturas que desnaturariam a maioria das enzimas, possibilitando à planta crescer em seu ambiente. Há literalmente milhões de outros exemplos. Como surgem essas adaptações?

---
*N. de T. O grão de pólen, produzido pelo esporófito, é o micrósporo que contém o microgametófito; nas angiospermas, o grão de pólen ao germinar dá origem ao tubo polínico que transporta o gameta masculino até a oosfera.

Figura 6.10 Algumas adaptações impressionantes (A) A membrana extensa entre os dedos da rã-voadora-de-wallace (*Rhacophorus nigropalmatus*) permite a esse animal planar de árvore em árvore nos dosséis de florestas tropicais pluviais da Malásia e de Bornéu. (B) Duas folhas oblongas de drósera (*Drosera intermedia*) com uma libélula capturada em uma substância adesiva que a planta secreta de tricomas foliares. As dróseras, que vivem em hábitats pobres em nutrientes como pântanos, alimentam-se de insetos que são atraídos por suas cores vermelhas brilhantes e por uma solução açucarada que recobre suas folhas. (C) Esse peixe-arqueiro (*Toxotes chatareus*) caça uma aranha disparando um jato de água no ar. Observações de campo mostraram que esse peixe alveja repetidamente uma presa potencial e que pode atingir com segurança alvos em uma altura até oito vezes o comprimento de seu corpo.

Adaptações são o resultado da seleção natural

Ao contrário da deriva genética, a seleção natural não é um processo ao acaso. Em vez disso, quando a seleção natural opera, os indivíduos com certos alelos deixam consistentemente mais descendentes do que indivíduos com outros alelos. Por favorecer consistentemente indivíduos com alguns alelos em detrimento de indivíduos com outros alelos, a seleção natural conduz à **evolução adaptativa** (às vezes chamada simplesmente *adaptação*), um processo de mudança no qual características que conferem vantagens na sobrevivência ou na reprodução tendem a aumentar em frequência ao longo do tempo. Esse processo tende a aumentar a eficácia de uma adaptação sobre a qual a seleção atua, melhorando a correspondência entre organismos e ambiente ao longo do tempo. Embora o fluxo gênico e a deriva genética possam melhorar a eficácia de uma adaptação (aumentando a frequência de alelos vantajosos), eles também podem fazer o contrário (aumentando a frequência de alelos desvantajosos). Assim, a seleção natural é o único mecanismo evolutivo que resulta consistentemente em evolução adaptativa.

Um exemplo de evolução adaptativa é fornecido pelas mudanças em populações do percevejo-do-saboeiro (*Jadera haematoloma*) (Carroll e Boyd, 1992; Carroll et al., 1997). Esse inseto usa seu rostro semelhante a uma agulha para se alimentar de sementes localizadas dentro dos frutos de várias espécies de vegetais diferentes. As populações do percevejo-do-saboeiro no sul da Flórida alimentam-se de sementes do hospedeiro nativo do inseto, a trepadeira-balãozinho (*Cardiospermum corindum*). Trepadeiras-balãozinhos, entretanto, são raras no centro da Flórida. Portanto, nessa região, os percevejos-do-saboeiro não se alimentam de balãozinhos, mas sim de sementes de uma espécie introduzida do leste da Ásia, a árvore-da-chuva-dourada (*Koelreuteria elegans*). Alguns espécimes da árvore-da-chuva-dourada foram levados para a Flórida em 1926, mas em geral não foram plantados até a década de 1950. As árvores-da-chuva-dourada mais velhas nas populações do centro da Flórida estudadas por Carroll e colaboradores tinham 35 anos, sugerindo que ali os percevejos-do-saboeiro alimentaram-se dessa espécie por 35 anos ou menos.

Os percevejos-do-saboeiro alimentam-se mais eficientemente quando o comprimento do seu rostro se equipara à profundidade na qual ele deve perfurar um fruto para alcançar as sementes. Visto que os frutos da árvore-da-chuva-dourada são menores do que os frutos da trepadeira-balãozinho, a introdução da árvore-da-chuva-dourada 35 anos atrás pode ser vista como um experimento natural sobre o efeito da seleção sobre o comprimento do rostro do inseto. Carroll e Boyd previram que, como resultado da seleção natural, o comprimento do rostro evoluiria para ser *mais curto* nas populações de percevejo-do-saboeiro que se alimentam de frutos da árvore-da-chuva-dourada do que em populações que se alimentam da hospedeira nativa, a trepadeira-balãozinho. Eles estudaram também percevejos-do-saboeiro em Oklahoma e Louisiana, onde o inseto começou a se alimentar de várias outras plantas hospedeiras novas introduzidas nos últimos 100 anos. Entretanto, em Oklahoma e Louisiana, os frutos das hospedeiras introduzidas eram maiores do que os das hospedeiras nativas, levando à previsão de que, nesses dois estados, o comprimento do rostro dos insetos que comem espécies introduzidas seria *mais longo* do que o daqueles insetos que comem espécies nativas.

Nos três locais, Carroll e Boyd verificaram que os comprimentos do rostro do percevejo-do-saboeiro evoluíram na direção prevista pelo tamanho do fruto, diminuindo no centro da Flórida (**Figura 6.11**) e aumentando tanto em Oklahoma como em Louisiana. As mudanças no comprimento do rostro foram substanciais: comparados aos valores históricos, os comprimentos médios dos rostros diminuíram em 26% no centro da Flórida e aumentaram em 8% (em uma espécie hospedeira introduzida) e 17% (em outra espécie hospedeira introduzida) em Oklahoma e Louisiana. Além disso, Carroll e colaboradores (1997) mostraram que o comprimento do rostro é uma característica herdável, assim as mudanças observadas no seu crescimento devem ter sido devidas, no mínimo em parte, a mudanças nas frequências alélicas que afetam o seu comprimento. Portanto, podemos concluir que, em um tempo relativamente curto (35 a 100 anos), a seleção natural em populações de percevejo-do-saboeiro causou a evolução adaptativa na qual a característica do organismo (comprimento do rostro) evoluiu para se adequar mais intimamente a um aspecto de seu ambiente (tamanho do fruto).

A evolução adaptativa pode ocorrer rapidamente

Percevejos-do-saboeiro não são exclusivos: estudos em populações de uma ampla gama de outros organismos mostram que a seleção natural pode levar a rápidos incrementos na frequência de características vantajosas. Exemplos incluem a evolução do aumento da resistência aos antibióticos em bactérias (de dias a meses); aumento da resistência a inseticidas em insetos (de meses a anos); coloração mais desbotada nos barrigudinhos (*guppy*), que os tornam mais difíceis de serem encontrados por predadores que usam a visão para caçar (vários anos), e aumento no tamanho do bico nos tentilhões *Geospiza* (vários anos; ver Figura 6.6A). Esses e muitos outros exemplos de evolução aparentemente rápida são descritos por Endler (1986), Thompson (1998) e Kinnison e Hendry (2001); coletivamente, esses estudos sugerem que o que pensamos como evolução "rápida" pode ser, na verdade, a regra, e não a exceção.

A evolução rápida aparentemente adaptativa também foi documentada em uma escala continental. Muitos estudos têm se concentrado em **clines**: alteração gradual na característica de um organismo ao longo de uma região geográfica. Por exemplo, na mosca-das-frutas (*Drosophila melanogaster*), o gene da desidrogenase alcoólica (*Adh*) exibe um cline no qual o alelo Adh^S diminui em frequência à medida que a latitude aumenta (**Figura 6.12A**). Esse padrão foi encontrado nos Hemisférios Norte e Sul. Estudos anteriores têm mostrado que esse cline resulta da seleção natural sobre o alelo Adh^S, que é menos efetivo em temperaturas mais frias em latitudes mais altas e por isso é menos comum nessas latitudes.

Ao longo dos últimos 20 anos na costa da Austrália, o cline do *Adh* deslocou-se cerca de 4° em latitude em direção ao Polo Sul (Umina et al., 2005), um movimento aproximado de 400 km (**Figura 6.12B**). Durante o mesmo período, as temperaturas médias na região aumentaram em 0,5°C. Uma vez que o alelo Adh^S é favorecido em temperaturas mais elevadas, o deslocamento de 4° em latitude parece ser um rápido aumento adaptativo na frequência desse alelo em resposta à mudança climática. Como descrevemos em **Saiba Mais 6.2**, mudanças evolutivas rápidas

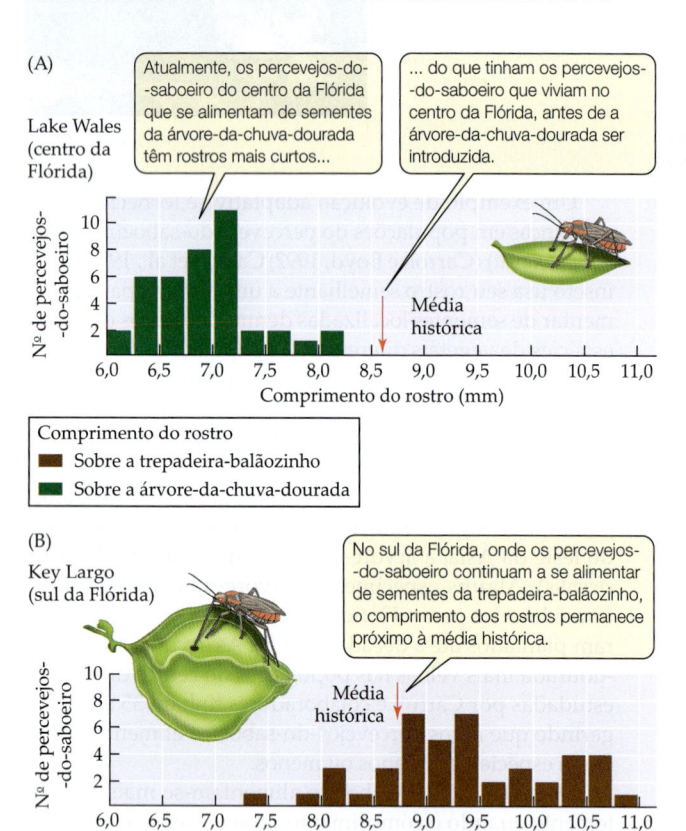

Figura 6.11 Evolução adaptativa em percevejos-do-saboeiro Populações de percevejo-do-saboeiro no sul da Flórida alimentam-se de sementes de sua hospedeira nativa, a trepadeira-balãozinho, enquanto populações de percevejo-do-saboeiro no centro da Flórida se alimentam de sementes de uma planta introduzida, a árvore-da-chuva-dourada. O comprimento do rostro dos insetos que se alimentam da árvore-da-chuva-dourada diminuiu em 26% em 35 anos, proporcionando uma melhor adequação para os frutos menores dessa planta introduzida. As setas vermelhas indicam as médias históricas para o comprimento do rostro (obtidas de espécimes de museu coletados antes da introdução da árvore-da-chuva-dourada). (Segundo Carroll e Boyd, 1992.)

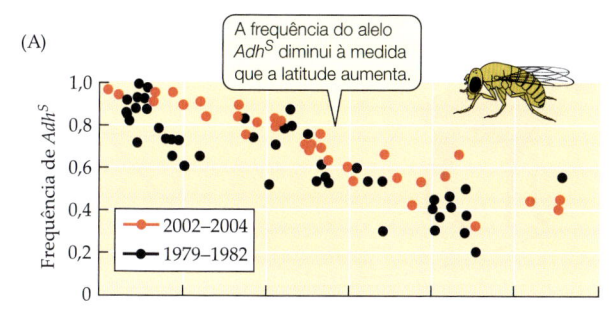

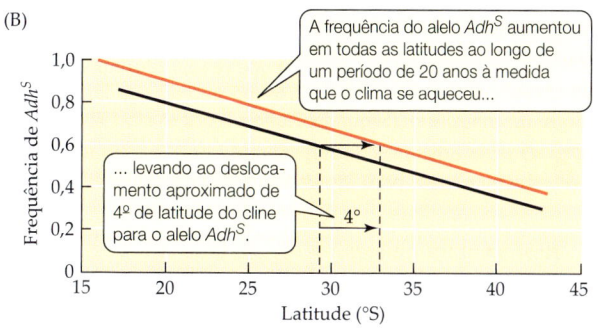

Figura 6.12 Rápida evolução adaptativa em uma escala continental O gene *Adh* codifica uma importante enzima metabólica, a álcool-desidrogenase, usada para destoxificar álcool. Estudos prévios em campo e em laboratório indicaram que o alelo Adh^S desse gene é contrasselecionado em ambientes mais frios, como aqueles encontrados em maiores latitudes. (A) Frequências do alelo Adh^S em populações de *Drosophila melanogaster* na costa da Austrália em 1979 a 1982 e em 2002 a 2004. (B) A reta de regressão calculada a partir dos dados na parte A mostra que, entre 1979 a 1982 e 2002 a 2004, o cline do alelo Adh^S deslocou-se 4° em direção ao Polo Sul à medida que as temperaturas médias da região aumentaram em 0,5°C. (Segundo Umina et al., 2005.)

correlacionadas com o aquecimento global também foram observadas em populações em todo o mundo de outra espécie de moscas-das-frutas, *Drosophila subobscura* (Balanyá et al., 2006).

Respostas evolutivas à mudança climática durante períodos curtos também foram documentadas em mosquitos associados ao fitotelmo* (Bradshaw e Holzapfel, 2001), em esquilos-vermelhos (Réale et al., 2003) e na mostarda, (*Brassica rapa*) (Franks et al., 2007). Além disso, centenas de espécies alteraram o ritmo de eventos-chave em suas vidas de muitas maneiras, podendo ser uma resposta ao aquecimento global, tal como o adiamento no início da dormência no inverno ou a reprodução mais cedo na primavera (Parmesan, 2006). Em muitos desses casos, entretanto, ainda não se sabe se as mudanças observadas são devidas à *plasticidade fenotípica* (na qual um único genótipo produz fenótipos diferentes em diferentes ambientes; ver Conceito 7.1), a uma resposta evolutiva (na qual a constituição genética da população muda

---

*N. de T. Ecossistema formado pelos reservatórios de água pluvial armazenada em estruturas de plantas terrestres, tais como folhas modificadas (cisternas) ou axilas foliares.

ao longo do tempo), ou a ambas. Uma pesquisa recente começou a tratar dessa temática. Por exemplo, Anderson e colaboradores (2012) examinaram as contribuições da plasticidade fenotípica e da evolução para as mudanças na época de florescimento de *Boechera stricta*, uma espécie nativa de mostarda das Montanhas Rochosas nos Estados Unidos. De acordo com um levantamento de campo durante 38 anos em populações de *B. stricta*, a época na qual as plantas começaram a florescer foi aproximadamente 13 dias mais cedo em 2011 do que em 1973. Tanto a evolução adaptativa (flores abrindo-se mais cedo em populações que experimentam aquecimento) quanto a plasticidade fenotípica parecem ter contribuído para a antecipação do florescimento observado nessa espécie. (Ver **Conexão às Mudanças Climáticas 6.1** para discussão adicional das respostas evolutivas à mudança climática.)

O fluxo gênico pode limitar a adaptação local

Embora muitas populações sejam notavelmente bem-adaptadas a seus ambientes, outras não o são. O fluxo gênico é um dos fatores que podem limitar a extensão na qual uma população é adaptada a seu ambiente local. Por exemplo, algumas espécies vegetais têm genótipos tolerantes que podem crescer sobre solos de locais de antigas minas contendo concentrações elevadas de metais pesados; tais solos são tóxicos para genótipos intolerantes. Sobre solos normais, os genótipos tolerantes crescem pobremente em comparação com genótipos intolerantes. Portanto, esperaríamos que as frequências de genótipos tolerantes se aproximassem de 100% em solos de mina (onde são vantajosos) e 0% em solos normais (onde são desvantajosos). Pesquisadores verificaram que uma população da gramínea *Agrostis tenuis* crescendo em solos de mina era dominada por genótipos tolerantes, como previsto. Entretanto, uma população crescendo em solos normais a favor do vento proveniente do local da mina continha mais genótipos tolerantes do que o esperado (McNeilly, 1968). *A. tenuis* é polinizada pelo vento, e a cada ano o pólen de plantas crescendo em solos de mina carrega alelos para tolerância a metais pesados para a população crescendo em solos normais, impedindo essa população de se tornar completamente adaptada às suas condições locais. A população crescendo em solos de mina também recebe pólen das plantas crescendo em solos normais. Nesse caso, entretanto, o fluxo gênico teve relativamente pouco efeito sobre a frequência dos alelos, uma vez que a seleção contra genótipos intolerantes foi tão forte (eles sobreviviam deficientemente em solos de mina). Em geral, sempre que alelos são transferidos entre populações que vivem em ambientes diferentes, a magnitude na qual a evolução adaptativa ocorre em cada população depende se a seleção natural é suficientemente forte para se sobrepor aos efeitos do fluxo gênico em curso.

As adaptações não são perfeitas

Como já vimos, o fluxo gênico pode limitar a magnitude na qual uma população está adaptada ao seu ambiente local. Porém, mesmo quando o fluxo gênico não tem esse efeito, a seleção natural não resulta em correspondência perfeita entre organismos e seus ambientes. Em parte, isso ocorre porque o ambiente de um organismo não é estático – ele é um alvo móvel, uma vez que os componentes abióticos e bióticos do ambiente mudam continuamente ao longo do tempo. Além disso, os organismos enfrentam numerosas limitações na evolução adaptativa:

- *Falta de variação genética.* Se nenhum dos indivíduos de uma população tiver um alelo benéfico para um gene específico que influencie a sobrevivência e a reprodução, a evolução adaptativa não pode ocorrer nesse gene. Por exemplo, o mosquito *Culex pipiens* carecia inicialmente de alelos que proporcionassem resistência a inseticidas organofosforados (ver p. 144). Por décadas, essa deficiência de variação genética impediu a evolução adaptativa em resposta a inseticidas, permitindo que os seres humanos matassem as populações de mosquitos à vontade – ao menos até o momento em que alelos resistentes a inseticidas surgiram por mutação e se espalharam por fluxo gênico. Observe que nesse e em todos os outros casos, alelos vantajosos surgem por acaso; eles não são produzidos quando necessários ou "sob demanda".
- *História evolutiva.* A seleção natural não modela as adaptações de um organismo a partir do zero. Em vez disso, se a necessária variação genética estiver presente, a seleção trabalha modificando as características já presentes em um organismo. Os organismos têm certas características e carecem de outras por causa da sua ancestralidade. Seria vantajoso, por exemplo, para um mamífero aquático como um golfinho ser capaz de respirar embaixo da água. No entanto, os golfinhos não têm essa capacidade, em parte devido às limitações impostas por sua história evolutiva: eles evoluíram de vertebrados terrestres que tinham pulmões para respirar ar. A seleção natural pode levar a grandes mudanças, como visto no modo de vida e na forma corporal hidrodinâmica dos golfinhos, mas ela faz isso modificando as características que já estão presentes no organismo e não criando características vantajosas *de novo**.
- *Compensações (trade-offs) ecológicas.* Para sobreviver e se reproduzir, os organismos precisam realizar muitas funções essenciais, como obter alimento, escapar de predadores, precaver-se contra doenças e encontrar parceiros. Energia e recursos são necessários para cada uma dessas funções essenciais. Portanto, como sugerido pela máxima "não há almoço grátis" (ver Tabela 1.1), os organismos enfrentam **compensações** nas quais a capacidade de realizar uma função reduz a capacidade de realizar outra (**Figura 6.13**). Compensações ocorrem em todos os organismos e asseguram que adaptações nunca sejam perfeitas, mas

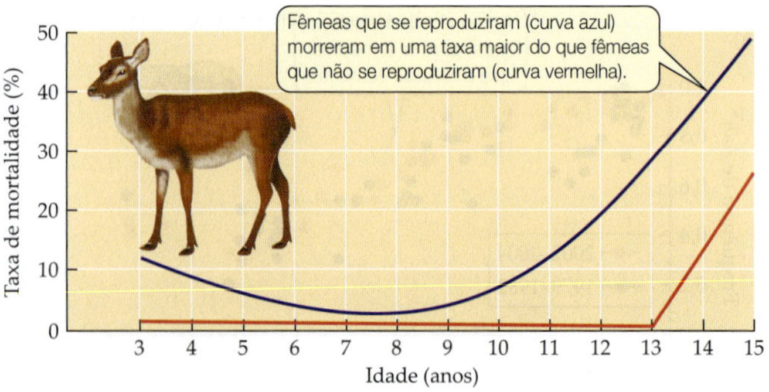

Figura 6.13 Uma compensação entre reprodução e sobrevivência Fêmeas de veado-vermelho que se reproduziram têm menor chance de sobreviver até o próximo ano do que fêmeas que não se reproduziram. (Segundo Clutton-Brock et al., 1983.)

> O risco adicional de mortalidade que resulta da reprodução é igual para fêmeas de todas as idades? Explique.

representam ajustes na capacidade dos organismos de realizarem muitas funções diferentes e às vezes conflitantes.

Apesar dessas limitações difusas, a evolução adaptativa é um componente essencial do processo evolutivo. O que a importância da evolução adaptativa nos diz acerca da ligação entre a ecologia e a evolução? Como vimos no caso das populações de percevejo-do-saboeiro (ver Figura 6.11), a seleção natural e a evolução adaptativa resultante são governadas pelas interações dos organismos entre si e com seu ambiente. Quaisquer dessas interações são ecológicas; por essa razão, a ecologia serve de base para a compreensão da seleção natural. A seguir, consideraremos como as interações ecológicas influenciam mudanças evolutivas mais amplas, como a formação de novas espécies e as grandes mudanças ocorridas na longa história da vida na Terra.

CONCEITO 6.4

Os padrões evolutivos de longo prazo são moldados por processos de larga escala, tais como especiação, extinções em massa e radiação adaptativa.

A história evolutiva da vida

A Terra é o lar de aproximadamente 1,5 milhão de espécies[2] que foram denominadas pelos taxonomistas e de milhões ainda a serem descobertas ou classificadas. Essa tremenda diversidade de espécies serve como base para tudo em ecologia, que, como vimos no Conceito 1.2, é o estudo de como as espécies interagem entre si e com o ambiente. No entanto, essa causalidade funciona de duas maneiras: enquanto é verdadeiro que as interações ecológicas são afetadas pela diversidade de espécies, também é

---

*N. de T. A expressão *de novo* tem origem no latim e significa "desde o início", "começar de novo".

[2] Uma *espécie* pode ser definida como um grupo de organismos cujos membros têm características similares e que podem se cruzar.

verdadeiro que a diversidade de espécies é moldada pelas interações ecológicas. Para explicar isso, examinaremos a origem das espécies e alguns outros processos que têm afetado a história da vida na Terra.

A divergência genética de populações ao longo do tempo pode conduzir à especiação

Cada uma das milhões de espécies vivas atualmente se originou por **especiação**, processo pelo qual uma espécie se divide em duas ou mais. A especiação ocorre com mais frequência quando uma barreira impede o fluxo gênico entre duas ou mais populações de espécies. A barreira pode ser geográfica, quando uma nova população se estabelece longe da população parental, ou ecológica, quando, por exemplo, alguns membros de uma população de insetos começam a se alimentar de uma nova planta hospedeira. Quando uma barreira ao fluxo gênico é estabelecida entre populações, elas divergem geneticamente ao longo do tempo (**Figura 6.14**).

Novas espécies também podem se formar de várias outras maneiras, tal como quando membros de duas espécies diferentes acasalam produzindo descendência híbrida fértil (ver p. 154 para um exemplo em girassóis). Se for produzida por divergência, hibridização ou outras maneiras, a etapa-chave na formação de uma nova espécie é a evolução de barreiras que impeçam seus membros de cruzarem com os membros da espécie parental. Tais barreiras reprodutivas surgem quando uma população acumula tantas diferenças genéticas da espécie parental que seus membros raramente produzem progênie fértil viável, se eles se acasalam com membros da espécie parental.

A acumulação de diferenças genéticas que conduz à formação de uma nova espécie pode ser um subproduto acidental da seleção. Por exemplo, um experimento com moscas-das-frutas demonstrou o início de barreiras reprodutivas entre populações selecionadas para

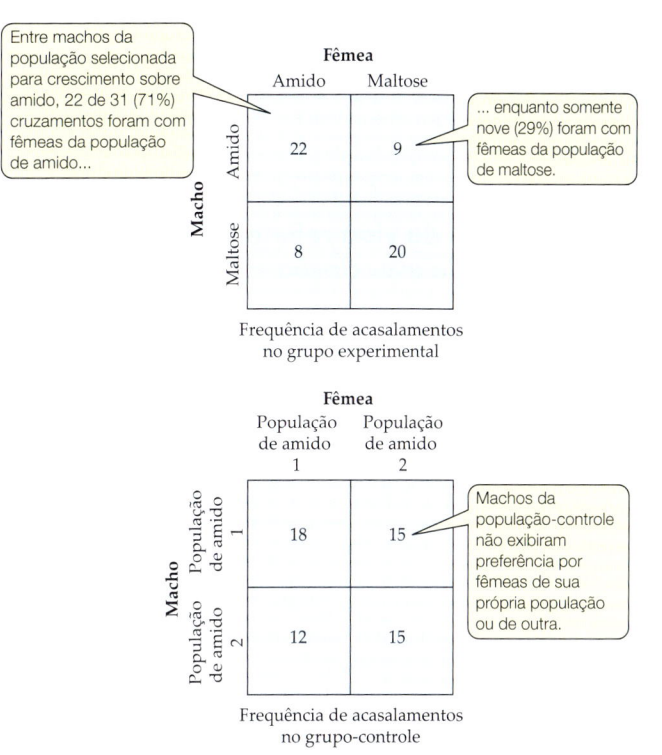

Figura 6.15 Barreiras reprodutivas podem ser um subproduto da seleção Após um ano (cerca de 40 gerações) em que populações experimentais da mosca-das-frutas (*Drosophila pseudoobscura*) foram selecionadas para crescimento em fontes diferentes de alimento, a maioria dos cruzamentos ocorreu entre moscas selecionadas para se alimentar da mesma fonte. Nenhuma preferência de acasalamento foi observada em populações-controle não submetidas à seleção, independentemente se as populações-controle foram criadas sobre amido (mostrado aqui) ou maltose (não mostrado). Para reduzir a chance de o alimento ingerido pela larva produzir um odor corporal em adultos que influenciasse os resultados, uma geração de todas as moscas usadas nos testes de acasalamento preferencial foi criada sobre um meio padronizado de farinha de milho. (Segundo Dodd, 1989.)

crescimento sobre fontes diferentes de alimento, mas essas barreiras não foram observadas entre populações-controle não submetidas à seleção (**Figura 6.15**). A seleção natural produziu mudanças semelhantes em populações de plantas crescendo sobre solos com diferentes concentrações de metais pesados (Macnair e Christie, 1983), em populações de rãs vivendo em ambientes com temperaturas diferentes (Moore, 1957) e em populações de peixes expostas a níveis baixos e altos de predação (Langerhans et al., 2007). Em cada um desses casos, barreiras reprodutivas surgem como subproduto da seleção em resposta a uma característica do ambiente, tal como fonte de alimento, concentração de metais pesados, temperatura ou presença de predadores.

A deriva genética também pode promover a acumulação de diferenças genéticas entre populações (ver p. 142-143). Como resultado, assim como a seleção natural, a deriva genética pode no final levar à evolução de

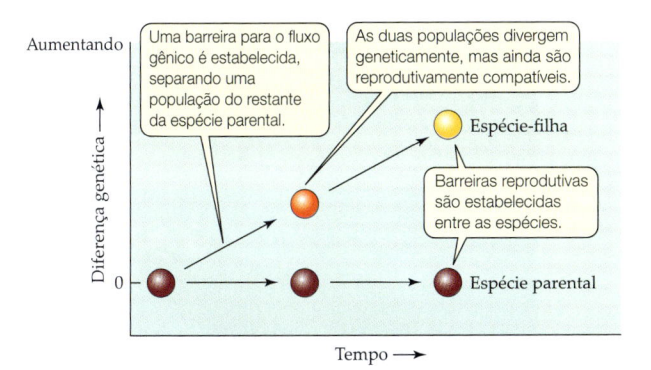

Figura 6.14 Especiação por divergência genética Logo que a divergência genética começa, o tempo necessário para a especiação varia bastante, desde uma simples geração (talvez um único ano), a alguns milhares de anos até milhões de anos na maioria dos casos.

barreiras reprodutivas e, portanto, à formação de novas espécies. O fluxo gênico, por outro lado, costuma atuar para retardar ou evitar a especiação, uma vez que as populações que permutam muitos alelos tendem a permanecer geneticamente similares umas às outras, tornando menos provável que barreiras reprodutivas se desenvolvam.

A diversidade da vida reflete tanto a taxa de especiação como a de extinção

Como um resultado de repetidos eventos de especiação, o número de espécies em um grupo determinado de organismos pode aumentar ao longo do tempo. No entanto, o número de espécies em um grupo de organismos também é afetado pela extinção: de fato, o número de espécies encontrado em determinado grupo de organismos aumenta durante períodos nos quais mais espécies são produzidas por especiação do que são perdidas por extinção e diminui quando ocorre o inverso.

Podemos visualizar o resultado desse processo como uma **árvore evolutiva**, um diagrama ramificado que representa a história evolutiva de um grupo de organismos. A **Figura 6.16A** mostra uma árvore evolutiva dos pinípedes, um grupo de mamíferos aquáticos consistindo em focas, leões-marinhos e a morsa. O ancestral comum dos pinípedes viveu há cerca de 20 milhões de anos, e seus descendentes incluem as 34 espécies atuais de pinípedes, junto com a diversidade de espécies extintas. O grupo das morsas, por exemplo, contém somente uma única espécie na atualidade (a morsa), mas outrora teve *Gomphotoria pugnax* e até 18 outras espécies, todas extintas atualmente.

A extinção também pode nos ajudar a compreender as enormes diferenças morfológicas que ocorrem entre alguns grupos de organismos estreitamente relacionados. Focas e outros pinípedes, por exemplo, diferem bastante de seus parentes mais próximos existentes, membros da família da doninha (os mustelídeos). Entretanto, fósseis recentemente descobertos de *Puijila darwini* (Rybczynski et al., 2009), um parente extinto próximo dos pinípedes, mostraram que os ancestrais dos pinípedes eram similares morfologicamente a alguns mustelídeos atuais, como as lontras (**Figura 6.16B**). Ao longo do tempo, eventos repetidos de especiação conduziram à origem de pinípedes inteiramente aquáticos – mas, como *Puijila* e outras espécies tornaram-se extintas, não há hoje espécies que "preencham o hiato" entre pinípedes existentes e mustelídeos atuais.

Os eventos de especiação e extinção também afetaram o surgimento e o desaparecimento de grupos diferentes de organismos durante longos períodos, como veremos na próxima seção.

Figura 6.16 Uma árvore evolutiva de pinípedes (A) Essa árvore ramificada, uma representação da história evolutiva das focas modernas e de seus parentes próximos, é baseada em achados fósseis recentes. Essa pesquisa indica que os mamíferos marinhos conhecidos como pinípedes provavelmente evoluíram de um ancestral comum das doninhas modernas e dos seus parentes. (B) Reconstruções de *Puijila darwini* com base em fósseis mostram que os ancestrais dos pinípedes eram morfologicamente similares a alguns mustelídeos atuais, como as lontras. *P. darwini* parecia forragear tanto na terra (acima) como na água (abaixo). (Segundo Rybczynski et al., 2009; as reconstruções são cortesia de N. Rybczynski e A. Tirabasso.)

Capítulo 6 • Evolução e ecologia 151

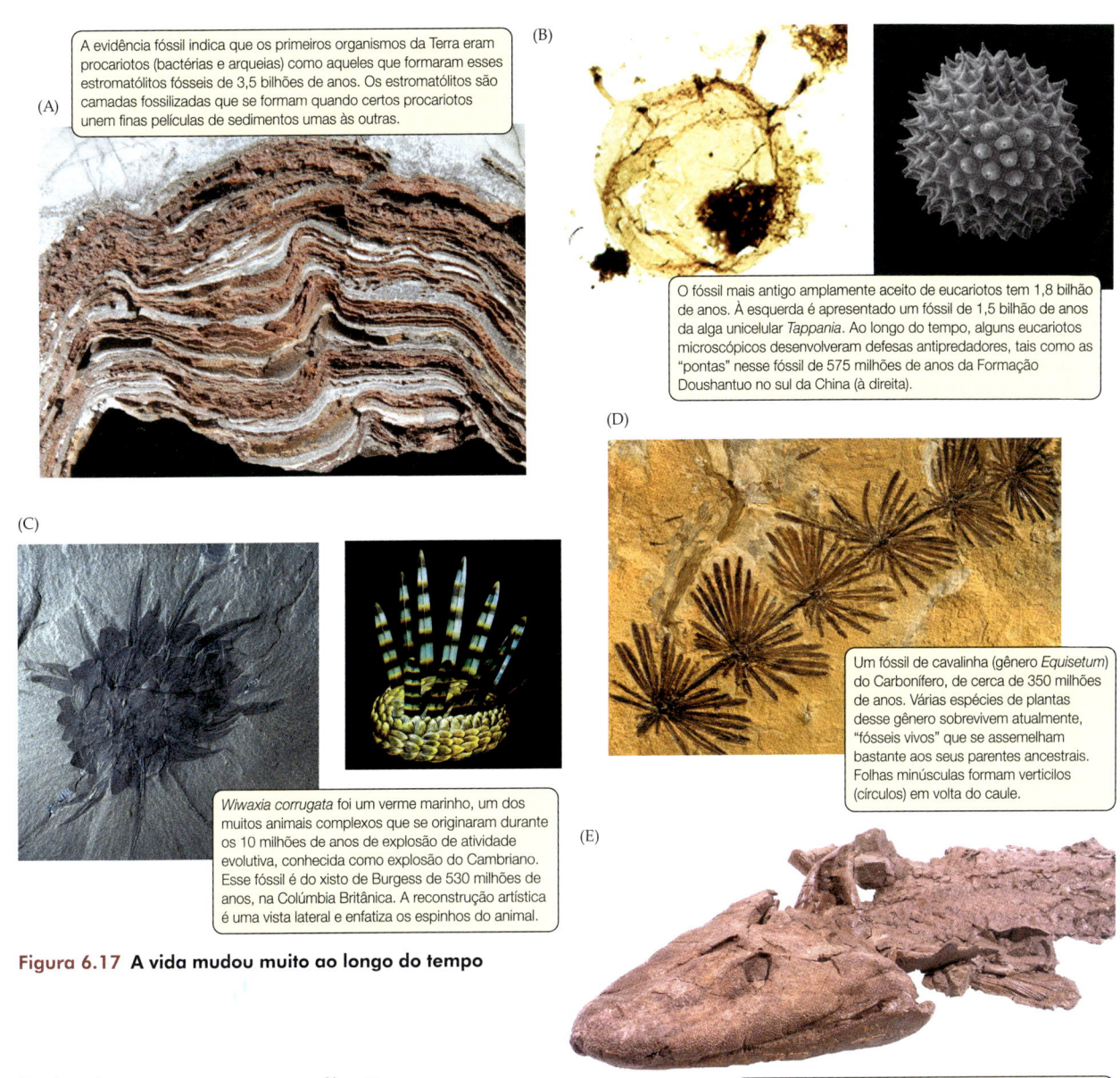

(A) A evidência fóssil indica que os primeiros organismos da Terra eram procariotos (bactérias e arqueias) como aqueles que formaram esses estromatólitos fósseis de 3,5 bilhões de anos. Os estromatólitos são camadas fossilizadas que se formam quando certos procariotos unem finas películas de sedimentos umas às outras.

(B) O fóssil mais antigo amplamente aceito de eucariotos tem 1,8 bilhão de anos. À esquerda é apresentado um fóssil de 1,5 bilhão de anos da alga unicelular *Tappania*. Ao longo do tempo, alguns eucariotos microscópicos desenvolveram defesas antipredadores, tais como as "pontas" nesse fóssil de 575 milhões de anos da Formação Doushantuo no sul da China (à direita).

(C) *Wiwaxia corrugata* foi um verme marinho, um dos muitos animais complexos que se originaram durante os 10 milhões de anos de explosão de atividade evolutiva, conhecida como explosão do Cambriano. Esse fóssil é do xisto de Burgess de 530 milhões de anos, na Colúmbia Britânica. A reconstrução artística é uma vista lateral e enfatiza os espinhos do animal.

(D) Um fóssil de cavalinha (gênero *Equisetum*) do Carbonífero, de cerca de 350 milhões de anos. Várias espécies de plantas desse gênero sobrevivem atualmente, "fósseis vivos" que se assemelham bastante aos seus parentes ancestrais. Folhas minúsculas formam verticilos (círculos) em volta do caule.

(E) Em 2006, pesquisadores relataram a descoberta desse fóssil de *Tiktaalik rosaea* de 380 milhões de anos, uma de dúzias de espécies fósseis que documentam a origem dos tetrápodes a partir de peixes de nadadeiras lobadas. Os tetrápodes são vertebrados terrestres de quatro patas cujos membros atuais incluem anfíbios, répteis e mamíferos.

Figura 6.17 A vida mudou muito ao longo do tempo

Extinções em massa e radiações adaptativas têm moldado os padrões evolutivos de longo prazo

Até agora neste capítulo, focalizamos o *processo* da evolução – os mecanismos pelos quais a mudança evolutiva ocorre. Porém, a evolução também pode ser vista como um *padrão* de mudança observado. Os padrões evolutivos são revelados pelas observações do mundo natural, como dados sobre as mudanças nas frequências de alelos de uma população ao longo do tempo. Os padrões de mudança evolutiva também são documentados no registro fóssil, que mostra que a vida na Terra foi bastante modificada durante longos períodos (**Figura 6.17**).

Os primeiros fósseis conhecidos são de bactérias de 3,5 bilhões de anos, enquanto os fósseis mais antigos de organismos multicelulares complexos são de algas vermelhas que viveram há 1,2 bilhão de anos. Os animais aparecem inicialmente no registro fóssil há cerca de 600 milhões de anos, e animais complexos com simetria bilateral (na qual o corpo tem duas metades iguais, porém opostas, como na maioria dos animais atuais) surgiram aproximadamente 25 milhões de anos mais tarde (Fedonkin et al., 2007; Chen et al., 2009). Essas e muitas outras grandes mudanças na história de vida resultaram de descendência com modificação, à medida que surgiram novas espécies que difeririam de seus antepassados. Durante milhões de anos, essas diferenças se acumularam gradualmente, levando finalmente à formação dos principais grupos novos de

Figura 6.18 As cinco grandes extinções em massa Cinco picos nas taxas de extinção são revelados por um gráfico das taxas de extinção em famílias de invertebrados marinhos ao longo do tempo.

organismos, tais como plantas terrestres, anfíbios e répteis.

Por exemplo, foi descoberta uma rica diversidade de fósseis que ilustra as etapas da origem dos *tetrápodes* (vertebrados com quatro patas, um grupo cujos membros atuais incluem os anfíbios, os répteis e os mamíferos) a partir dos peixes; o fóssil de uma dessas espécies é mostrado na Figura 6.17E. Similarmente, o registro fóssil contém dúzias de espécies fósseis que mostram como os mamíferos surgiram durante um período de 120 milhões de anos (300-180 milhões de anos atrás) de um grupo ancestral de tetrápodes, os sinapsídeos (Allin e Hopson, 1992; Sidor, 2003). O registro fóssil também documenta casos nos quais o aumento na relevância de um grupo de organismos foi associado ao declínio de outro grupo. Por exemplo, há 265 milhões de anos, os répteis substituíram os anfíbios como o grupo ecologicamente dominante de tetrápodes; então, há 65 milhões de anos, os répteis, por sua vez, foram substituídos pelos mamíferos.

A ascensão e o declínio de diferentes grupos de organismos ao longo do tempo foram fortemente influenciados pelas extinções em massa e radiações adaptativas. O registro fóssil documenta cinco eventos de **extinção em massa** em que grandes proporções das espécies da Terra foram levadas à extinção em toda a parte, em um período relativamente curto – poucos milhões de anos ou menos, às vezes muito menos (**Figura 6.18**). A extinção em massa mais recente ocorreu há 65 milhões de anos e pode ter sido causada por um grande asteroide que colidiu com a Terra, ocasionando mudanças ambientais cataclísmicas que levaram ao fim dos dinossauros e de muitos outros organismos.

Cada uma das cinco extinções em massa foi seguida de grandes aumentos na diversidade de alguns dos grupos de organismos sobreviventes; os mamíferos, por exemplo, aumentaram bastante em diversidade após a extinção dos dinossauros. As extinções em massa podem promover tais aumentos na diversidade mediante remoção de grupos competidores, permitindo assim aos sobreviventes dar origem a novas espécies que se expandem para novos hábitats ou novos modos de vida. Grandes aumentos na diversidade podem ocorrer também quando um grupo de organismos desenvolveu novas adaptações importantes, tais como caules, cutículas cerosas e estômatos nas folhas, que forneceram às primeiras plantas terrestres suporte contra a gravidade e proteção da dessecação (ver

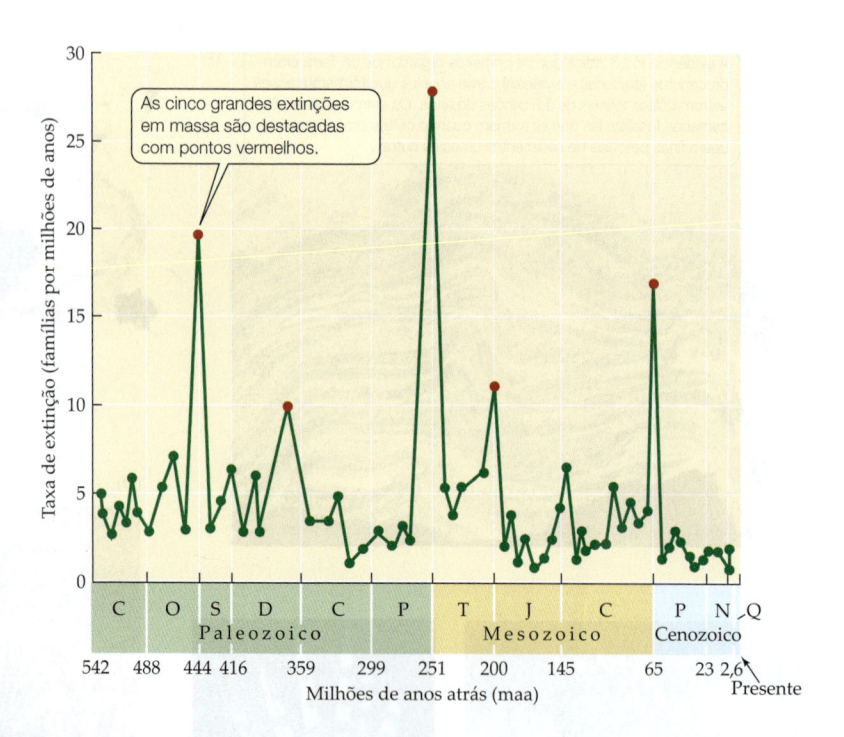

Figura 6.19 Os efeitos devastadores de uma extinção em massa Uma versão artística de um antigo leito marinho (A) antes e (B) depois da extinção em massa no final do Permiano há 251 milhões de anos. Mais de 90% das espécies marinhas foram levados à extinção, alterando radicalmente essa comunidade biológica e muitas outras em todo o mundo.

Capítulo 4). Se estimulado por uma extinção em massa, novas adaptações ou outros fatores (tais como migração para uma ilha em que faltam competidores), um evento no qual um grupo de organismos origina muitas novas espécies que se expandem para novos hábitats ou novos papéis ecológicos em um tempo relativamente curto é referido como uma **radiação adaptativa**.

O que podemos aprender sobre ecologia e evolução a partir das extinções em massa, radiações adaptativas e outras grandes mudanças na história de vida? Primeiro, as comunidades biológicas são devastadas por eventos de extinção em massa (**Figura 6.19**). Segundo, após uma extinção em massa, milhões de anos são necessários para que radiações adaptativas aumentem a diversidade da vida aos níveis anteriores à extinção em massa (Jablonski, 1995). Essas duas observações têm importantes implicações para as consequências e o provável tempo de recuperação, se as atividades humanas causarem uma sexta extinção em massa, como muitos cientistas preveem que acontecerá caso as tendências atuais continuem (ver Capítulo 23).

A evidência fóssil também sugere que muitas das grandes mudanças na história de vida foram causadas por interações ecológicas. Por exemplo, o registro fóssil mostra que, por mais de 60 milhões de anos, os primeiros animais foram pequenos ou de corpo mole, ou ambos, e que todas as espécies maiores eram de herbívoros, filtradores ou detritívoros. Entretanto, começando há 535 milhões de anos, esse mundo em segurança de corpo mole desapareceu para sempre com o aparecimento de grandes predadores móveis bem armados e presas grandes bem protegidas. Essa etapa importante na história de vida parece ter resultado de uma "corrida armamentista" entre predadores e presas. Predadores primitivos equipados com garras e outras adaptações para capturar presas grandes proporcionaram poderosa pressão de seleção que favoreceu espécies de presas fortemente protegidas. Essa proteção, por sua vez, promoveu aumentos adicionais na eficácia dos predadores, e assim por diante. Essa mudança evolutiva recíproca em espécies interagindo, conhecida como *coevolução*, é discutida em mais detalhe no Conceito 14.3.

As interações ecológicas moldaram a história de vida de muitas outras maneiras. Por exemplo, a origem de novas espécies em um grupo de organismos pode levar a incrementos na diversidade de outros grupos, em especial aqueles que podem se evadir, comer ou competir eficientemente com as novas espécies (Farrell, 1998; Benton e Emerson, 2007). Um exemplo desse processo pode ser visto em vespas parasíticas que se alimentam da mosca-da-larva-da-maçã (*Rhagoletis pomonella*), uma espécie que se alimenta de frutas (**Figura 6.20**). Após a introdução de macieiras na América do Norte há 200 anos, algumas populações de *R. pomonella* começaram a se alimentar de maçãs. À medida que essas populações se adaptaram à sua nova planta alimentícia, divergiram geneticamente da espécie parental e agora parecem estar bem no caminho de se tornar uma nova espécie de mosca (Feder, 1998). Além disso, surgiram populações de vespas que se especializaram nessa espécie incipiente de mosca (Forbes et al., 2009). Essas vespas tornaram-se isoladas reprodutivamente da espécie de vespa parental, proporcionando, assim, evidência de uma sequência de eventos de especiação que está em progresso hoje em dia e parece ser governada por interações ecológicas.

Voltamos a seguir para um exame mais detalhado de uma ideia que já encontramos neste capítulo: enquanto as interações ecológicas influenciam a evolução, a evolução também influencia as interações ecológicas.

Figura 6.20 Uma cadeia de eventos de especiação governada por interações ecológicas? Nos últimos 200 anos, populações da mosca *Rhagoletis pomonella* que se alimentam de maçãs divergiram geneticamente de sua espécie parental, formando uma espécie incipiente de mosca. Essa mudança parece também estar levando à formação de uma nova espécie de vespa (*Diachasma alloeum*) que parasita membros das populações de *R. pomonella* que se alimentam de maçãs.

CONCEITO 6.5

As interações ecológicas e a evolução exercem profunda influência recíproca.

Os efeitos conjuntos da ecologia e da evolução

As interações ecológicas e evolutivas podem ser tão estreitamente relacionadas a ponto de serem entrelaçadas. Considere o girassol (*Helianthus anomalus*). Essa espécie origina-se de um evento de especiação no qual dois outros girassóis, *H. annuus* e *H. petiolaris*, produziram descendência híbrida. Como Loren Rieseberg e colaboradores mostraram em uma série de experimentos e análises genéticas (Rieseberg et al., 2003), as novas combinações genéticas geradas pela hibridização parecem ter facilitado uma importante mudança em *H. anomalus*. Essa espécie híbrida cresce em um ambiente mais seco do que aquele de suas duas espécies parentais (**Figura 6.21**) – uma alteração ecológica que ilustra como a evolução influencia a ecologia. Simultaneamente, entretanto, a vida sob condições ecológicas diferentes proporciona pressões de seleção que modelam a progênie híbrida de *H. annuus* e *H. petiolaris* em uma nova espécie, *H. anomalus*, mostrando como a ecologia influencia a evolução. Tais efeitos conjuntos ecológicos e evolutivos reunidos são comuns – como deveríamos esperar, uma vez que tanto a evolução como a ecologia dependem de como os organismos interagem entre si e com seu ambiente físico.

Interações ecológicas podem causar mudança evolutiva

Boa parte do drama do mundo natural resulta dos esforços dos organismos para fazer três coisas: comer, evitar ser comido e se reproduzir. À medida que os organismos interagem uns com os outros nesse drama, cria-se uma teia de interações ecológicas. Essas interações podem dirigir a mudança evolutiva. Já vimos (no Conceito 6.4) como as interações predador-presa causaram a evolução recíproca de longo prazo e em larga escala na qual os predadores se tornaram mais eficientes para capturar presas e as presas mais adaptadas para escapar de seus predadores. As interações predador-presa ainda estão causando mudança evolutiva nos dias atuais, assim como uma ampla gama de outras interações ecológicas, incluindo competição, herbivoria, parasitismo e mutualismo (ver Parte 4).

Estudos de especiação têm levado a uma conclusão semelhante: é comum a especiação ser causada por fatores ecológicos (Schluter, 1998; Funk et al., 2006). O efeito da ecologia sobre a evolução também fica claro a partir de estudos de mudanças evolutivas relativamente pequenas em populações. Exemplos discutidos antes neste capítulo incluem a seleção direcional em percevejos-do-saboeiro causada pelas interações com suas plantas alimentícias (ver Figura 6.11) e a deriva genética em tetraz-das-pradarias causada pela perda de hábitat (ver Figura 6.8).

A evolução pode alterar as interações ecológicas

Sempre que um grupo de organismos desenvolve uma nova adaptação altamente eficaz, o resultado das interações ecológicas pode mudar, e essa mudança pode ter um efeito em cascata que altera toda a comunidade. Por exemplo, se um predador desenvolve um novo modo de capturar presas, algumas espécies de presas podem ser levadas à extinção, enquanto outras podem diminuir em abundância, migrar para outras áreas ou desenvolver novos meios para lidar com o predador mais eficiente. Mudanças similares podem ocorrer entre espécies que competem por recursos; discutiremos um desses exemplos no Capítulo 12 (p. 287), no qual mudanças evolutivas em populações experimentais de uma espécie de mosca reverteram o resultado de suas interações competitivas com outra espécie de mosca. De modo semelhante, Johnson e colaboradores (2009) mostraram que a evolução em populações experimentais da planta herbácea *Oenothera biennis* conduziu a

As duas espécies parentais, *H. annuus* e *H. petiolaris*, são espécies amplamente distribuídas que crescem em solos relativamente úmidos.

Espécies parentais

H. annuus *H. petiolaris*

Espécie híbrida

O híbrido, *H. anomalus*, cresce sobre dunas arenosas esparsamente vegetadas em Utah e no norte do Arizona.

H. anomalus

Figura 6.21 Um híbrido que vive em um novo ambiente Duas espécies de girassol, *Helianthus annuus* e *H. petiolaris*, dão origem a uma espécie híbrida nova, *H. anomalus*. Essa espécie cresce em um ambiente mais seco do que as duas espécies parentais.

Figura 6.22 Os níveis globais de CO_2 caíram acentuadamente após a origem das plantas A evidência geológica indica que as concentrações atmosféricas de CO_2 diminuíram dramaticamente ao longo do tempo, começando há cerca de 460 milhões de anos. O ritmo desse declínio coincide com a origem e a diversificação evolutiva subsequente das plantas. O índice de concentração de CO_2 representa a concentração atmosférica estimada de CO_2 em vários pontos no tempo dividida por seu valor pré-industrial de 300 partes por milhão. (Segundo Berner, 1997.)

? Use o gráfico para estimar a concentração (em partes por milhão) de CO_2 100 milhões de anos atrás.

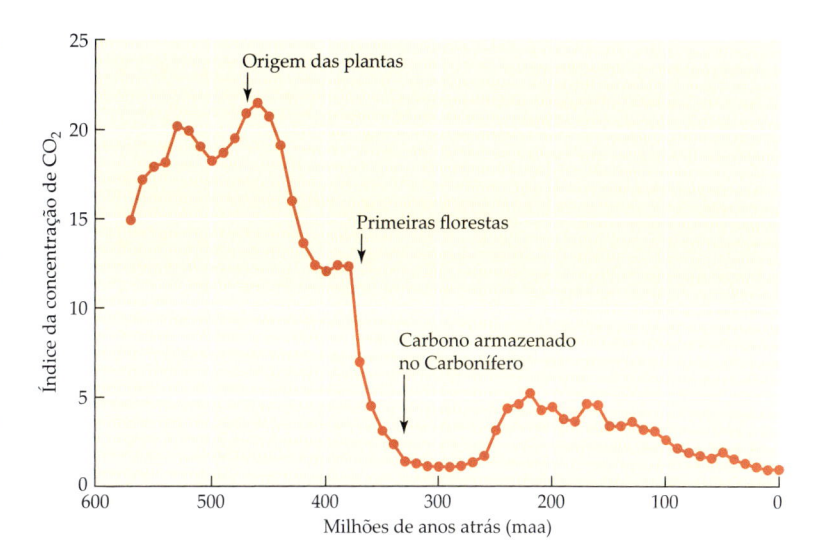

aumentos na abundância de algumas espécies de insetos associadas com essa planta e a reduções nas abundâncias de outros insetos.

Mudanças evolutivas que ocorrem durante escalas de tempo longas também afetam as interações ecológicas. Por exemplo, a origem e a diversificação evolutiva subsequente das plantas alteraram a composição e a estabilidade dos solos, as fontes de alimento disponível para outros organismos e a ciclagem de nutrientes – cada uma das quais teve efeitos importantes sobre as interações ecológicas. Ao afetar os solos, por exemplo, as plantas primitivas literalmente ajudaram a desenvolver os hábitats nos quais as comunidades posteriores de microrganismos, plantas e animais acabariam vivendo e interagindo umas com as outras.

Além disso, a origem das plantas mudou o clima global. Isso ocorreu em parte porque as plantas secretam substâncias químicas que aumentam a intemperização das rochas, causando assim a liberação no solo de minerais como o silicato de cálcio. Como resultado, acredita-se que as atividades das plantas primitivas tenham causado a liberação de silicato de cálcio nos solos, colocando em movimento uma série de reações químicas cujo efeito líquido foi remover o CO_2 da atmosfera (Berner, 1997; Lenton et al., 2012). A evidência geológica é consistente com essa ideia: como previsto, os níveis de CO_2 começaram a cair logo após a origem das plantas, há cerca de 470 milhões de anos (**Figura 6.22**). Os níveis atmosféricos de CO_2 continuaram a cair durante os 150 milhões de anos seguintes à medida que as plantas se distribuíam para novos hábitats e evoluíam novas formas, tais como as árvores, que absorvem grandes quantidades de CO_2 à medida que crescem. Globalmente, as atividades das plantas primitivas resultaram em grandes reduções nas concentrações atmosféricas de CO_2. Como vimos no Capítulo 2, os níveis atmosféricos de CO_2 afetam o clima global: aumentos causam aquecimento e reduções causam resfriamento. O clima afeta todos os aspectos da ecologia; assim, ao alterar os níveis de CO_2 e mudar o clima global, a evolução das plantas levou a mudanças ecológicas fundamentais e generalizadas.

ESTUDO DE CASO REVISITADO
Caça de troféus e evolução não intencional

Os caçadores de troféus de carneiro-selvagem preferem matar machos grandes que portam cornos bem desenvolvidos. A maior parte desses machos é morta quando tem entre 4 e 6 seis anos, em geral antes de ter gerado muitos descendentes. Como consequência, a caça diminui a chance de que os alelos dos machos com um par de cornos bem desenvolvidos sejam passados para a geração seguinte. Em vez disso, são os machos com cornos relativamente pequenos que geram a maior parte da progênie, transmitindo seus alelos para a próxima geração. A mudança tem levado ao aumento da frequência de alelos codificando cornos pequenos, conduzindo assim à redução observada ao longo de 30 anos no tamanho médio dos cornos (ver Figura 6.2). No geral, então, a caça de troféus tem causado inadvertidamente seleção direcional em carneiros-selvagens, favorecendo machos pequenos com cornos pequenos e alterando as frequências de alelos na população ao longo do tempo.

Os seres humanos têm causado mudanças evolutivas não intencionais em uma ampla diversidade de outras populações. Um exemplo antigo foi proporcionado pelo declínio na frequência de raposas vermelhas (*Vulpes fulva*) com pelagem que tem uma tonalidade prateada, uma cor preferida pelos caçadores (**Figura 6.23**). Em um exemplo médico, logo após os antibióticos terem sido inicialmente descobertos (cerca de 1940), seu uso foi altamente efetivo contra bactérias que causam doenças e infecções fatais. No entanto, esse uso proporcionou uma potente fonte de seleção direcional, levando à evolução de resistência aos antibióticos em populações de bactérias (ver Figura 1.10). Atualmente, como resultado dessa seleção direcional, os tratamentos com antibióticos às vezes falham, mesmo quando doses altas são administradas. A resistência a antibióticos tem enormes custos financeiros; somente nos Estados Unidos, os esforços para curar pacientes infectados com cepas resistentes a antibióticos de apenas uma espécie de bactéria (*Staphylococcus aureus*) resultam em uma despesa médica estimada em 24 a 31 bilhões de dólares a *cada ano* (Palumbi, 2001).

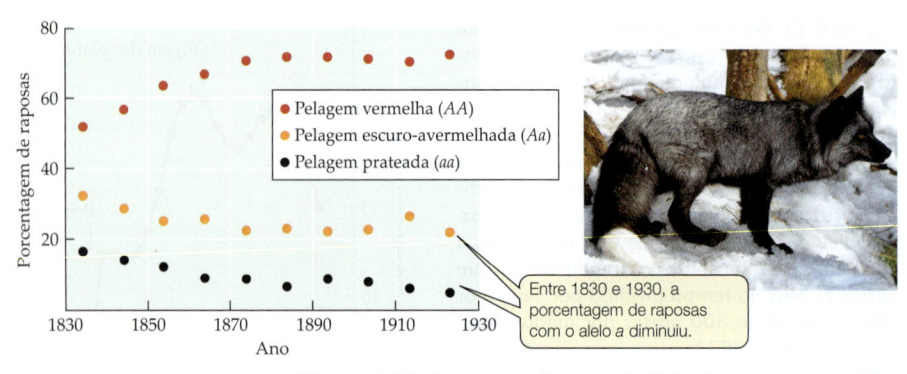

Vimos ao longo deste capítulo que as ações humanas como a caça de troféus e o uso de antibióticos funcionam como pressões de seleção e, portanto, podem causar mudança evolutiva. Contudo, nossa influência sobre a evolução se estende além dos casos em que matamos seletivamente outros organismos?

CONEXÕES NA NATUREZA
O impacto humano na evolução

Muitas ações humanas alteram o ambiente e, por isso, têm o potencial de mudar o curso da evolução. Como vimos, ações como a caça de troféus, o uso de antibióticos e a pesca comercial são por si só potentes fontes de seleção. Outras ações humanas, como a emissão de poluentes ou a introdução de espécies invasoras, alteram aspectos abióticos e bióticos do ambiente. Ao mudarem características do ambiente, essas e muitas outras ações humanas podem causar mudança evolutiva. Em **Análise de Dados 6.1**, você analisará dados relacionados a um exemplo clássico desse processo, no qual a emissão (e o controle subsequente) de poluentes causou evolução por seleção natural em populações da mariposa-mosqueada (*Biston betularia*).

Outras ações humanas ainda, como a *fragmentação de hábitats* (na qual porções do hábitat de uma espécie são destruídas, deixando fragmentos espacialmente isolados do hábitat original), também podem causar grandes mudanças evolutivas (**Figura 6.24**). Ações humanas que afetam o ambiente podem alterar cada um dos três principais mecanismos da evolução: seleção natural, deriva genética e fluxo gênico. Uma vez que sabemos com segurança que nossas ações estão causando grandes mudanças no ambiente em todas as partes do mundo, podemos inferir que elas também estão causando mudanças evolutivas nas populações no mundo inteiro.

Como outro exemplo de evolução causada pelo ser humano, considere os efeitos da adição em lagos de nutrientes como o nitrogênio de esgotos e fertilizantes. Tais aportes de nitrogênio podem causar a redução da claridade e da concentração de oxigênio na água (ver Capítulo 22), levando a efeitos evolutivos não intencionais. Por exemplo, os aportes de nutrientes em lagos europeus reduziram a eficácia das barreiras reprodutivas que outrora isolavam espécies de

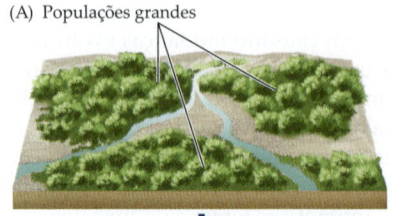

Entre 1830 e 1930, a porcentagem de raposas com o alelo *a* diminuiu.

Figura 6.23 A caça resultou no declínio das raposas prateadas Indivíduos de raposa vermelha (*Vulpes fulva*) de genótipo AA têm pelagem vermelha, e indivíduos de genótipo Aa têm pelagem escuro-avermelhada. Os indivíduos de genótipo *aa* são conhecidos como "raposas prateadas" em razão das pontas de seus pelos terem uma tonalidade prateada (foto). Os caçadores matavam preferencialmente raposas prateadas porque suas peles rendiam 2,5 a 4 vezes o preço das peles das outras raposas vermelhas. (Dados de Elton, 1942.)

Com base no gráfico, estime as frequências inicial (cerca de 1832) e final (cerca de 1923) dos genótipos AA, Aa e aa. A seguir, use as frequências dos genótipos que você estimou para computar as frequências inicial e final do alelo *a*. Dica: veja a nota de rodapé na página 139.

	Hábitat não fragmentado	Hábitat fragmentado
Tamanho da população	Grande	Pequeno
Distância entre populações	Curta	Longa
Deriva genética	Baixo impacto	Alto impacto
Variação genética dentro das populações	Alta	Baixa
Fluxo gênico	Alto	Baixo

Figura 6.24 Efeitos evolutivos da fragmentação de hábitats sobre uma espécie hipotética (A) Antes da fragmentação de hábitat, há muitos indivíduos nas populações da espécie, e as distâncias entre as populações são pequenas. (B) Quando as atividades humanas removem grandes porções do hábitat da espécie, os tamanhos das populações diminuem, e as distâncias entre as populações aumentam, causando mudanças evolutivas que diminuem seu potencial para evolução adaptativa e aumentam o risco de extinção.

ANÁLISE DE DADOS 6.1

A predação por aves causa evolução em populações de mariposa?

A mariposa-mosqueada (*Biston betularia*) tem um morfo de cor clara e um morfo de cor escura. A primeira mariposa de cor escura foi observada em 1848 próximo a Manchester, Inglaterra; 50 anos depois, a maior parte das mariposas na região era de cor escura. Os pesquisadores postularam a hipótese de que as mariposas de cores escuras aumentaram em frequência porque, quando repousavam sobre troncos cuja casca havia escurecido pela poluição, era mais difícil para os predadores encontrar as mariposas escuras que mariposas de cores claras. Estudos de campo de Kettlewell (1955, 1956) indicaram que a seleção natural por aves favoreceu as mariposas de cores escuras em regiões onde a casca das árvores foi enegrecida pela poluição, enquanto que as mariposas de cores claras foram favorecidas em outras regiões.

Após a legislação do ar limpo ser aprovada na Inglaterra em 1956, as superfícies das árvores foram clareando ao longo do tempo devido à redução da fuligem e ao crescimento de líquens sobre sua casca (os líquens têm cores claras e crescem pouco em ar poluído). Durante esse período, as mariposas de cores escuras diminuíram em frequência, como mostrado para a região ao redor de Manchester em **Saiba Mais 6.3**.

Embora o aumento e o declínio na frequência de mariposas de cores escuras fossem consistentes como resultantes da seleção natural por predação de aves, aspectos dessa hipótese foram criticados. Por exemplo, densidades anormalmente altas de mariposas foram soltas em alguns experimentos, aumentando potencialmente o impacto da predação, uma vez que alguns predadores atacam preferencialmente presas abundantes. Durante o curso de um experimento de seis anos delineado para responder tais críticas, Michael Majerus soltou milhares de mariposas em uma área onde as superfícies das árvores haviam clareado. Ele determinou o número de mariposas de cores claras e de cores escuras que foram predadas. Seus resultados são apresentados na tabela (dados de Cook et al., 2012*).

Ano	Nº de mariposas claras soltas	Nº de mariposas escuras soltas	Nº de mariposas claras predadas	Nº de mariposas escuras predadas
2002	706	101	162	31
2003	731	82	204	24
2004	751	53	128	17
2005	763	58	166	18
2006	774	34	145	6
2007	797	14	158	4

1. As densidades (e proporções) das mariposas de cores claras e escuras que Majerus soltou foram similares àquelas que ele observou no campo. Por que isso é importante para validar o experimento?

2. Use as proporções das mariposas escuras que Majerus soltou para determinar se as mariposas de cores escuras estavam aumentando ou diminuindo de frequência na área onde ele conduziu o experimento (Cambridge, Inglaterra).

3. Calcule as porcentagens das mariposas de cores escuras e de cores claras soltas que foram predadas cada ano e faça um gráfico dessas porcentagens *versus* o tempo. Os resultados sustentam a hipótese de que a evolução por seleção natural levou à mudança na frequência de mariposas de cores escuras ao longo do tempo? Explique.

*Cook, L. M., B. S. Grant, I. J. Saccheri and J. Mallet. 2012. Selective bird predation on the peppered moth: the last experiment of Michael Majerus. *Biological Letters* 8: 609-612.

---

peixes de água doce* (Vonlanthen et al., 2012). Águas turvas (claridade baixa) podem dificultar a capacidade das fêmeas de reconhecer os machos de sua própria espécie, tornando, desse modo, mais provável que uma fêmea selecione um macho de outra espécie de peixe como seu parceiro. Quando um acasalamento interespecífico é comum, pode ocorrer uma "especiação reversa", na qual duas espécies previamente isoladas se fundem em uma única espécie híbrida. Vonlanthen e colaboradores concluíram que o aporte de nutrientes causou essas especiações reversas, conduzindo à extinção de oito espécies de peixes. Com veremos nos últimos capítulos deste livro, tais reduções na diversidade de espécies podem ter efeitos ecológicos de alcance amplo.

As ações humanas também têm o potencial de alterar os padrões de evolução durante escalas de tempo longas. Por exemplo, a taxa de extinção de espécies atual é 100 a 1.000 vezes maior do que a taxa de extinção habitual, ou basal, observada no registro fóssil quando nenhuma extinção em massa está ocorrendo. Ações humanas como a destruição de hábitat, a exploração excessiva e as introduções de espécies invasoras estão entre as principais razões para esse aumento na taxa de extinção (ver Capítulos 23 e 24). Extinção é para sempre, assim quando as ações humanas induzem a extinção de uma espécie, o curso futuro da evolução é alterado de um modo que não pode ser revertido. Se as atividades humanas causarem a sexta extinção em massa nos próximos poucos séculos ou milênio, nossas ações alterarão ampla e irreversivelmente a história evolutiva da vida na Terra.

---

*N. de T. No original *"whitefish"*, peixe de água doce do gênero *Coregonus* da família Salmonidea.

RESUMO

CONCEITO 6.1 A evolução pode ser vista como variação genética ao longo do tempo ou como um processo de descendência com modificação.

- Os biólogos costumam definir a evolução, em sentido relativamente estrito, como as mudanças ao longo do tempo nas frequências dos alelos em uma população.
- A evolução pode ser vista também como descendência com modificação, processo no qual populações acumulam diferenças ao longo do tempo e, como consequência, diferem de seus ancestrais.
- A seleção natural modifica as populações favorecendo indivíduos com algumas características herdáveis em detrimento de outras.
- Embora a seleção natural atue sobre os indivíduos, um indivíduo não evolui – ele tem ou não uma característica favorecida. Somente as populações evoluem.

CONCEITO 6.2 A seleção natural, a deriva genética e o fluxo gênico podem causar a variação na frequência de alelos em uma população ao longo do tempo.

- A mutação e a recombinação são as fontes de novos alelos e de novas combinações de alelos, propiciando, assim, a variação genética da qual a evolução depende.
- A seleção natural ocorre quando indivíduos com certas características fenotípicas hereditárias sobrevivem e se reproduzem com mais sucesso do que indivíduos com outras características.
- A deriva genética, que ocorre quando eventos ao acaso determinam quais alelos são passados de uma geração para a próxima, pode ter efeitos negativos sobre populações pequenas.
- O fluxo gênico, a transferência de alelos entre populações, torna-as mais geneticamente semelhantes entre si e pode introduzir novos alelos nas populações.

CONCEITO 6.3 A seleção natural é o único mecanismo evolutivo que causa evolução adaptativa de modo consistente.

- Favorecendo consistentemente indivíduos com alelos vantajosos em relação a indivíduos com outros alelos, a seleção natural pode causar evolução adaptativa, na qual a frequência de uma característica vantajosa na população aumenta com o tempo.
- A seleção natural pode aumentar rapidamente a frequência de características vantajosas – em dias a anos, dependendo do organismo e da pressão de seleção.
- O fluxo gênico pode limitar a amplitude na qual uma população é adaptada a seu ambiente local.
- Limitações à adaptação evolutiva resultam de fatores como a falta de variação genética, a história evolutiva e as compensações (*trade-offs*) ecológicas.

CONCEITO 6.4 Os padrões evolutivos de longo prazo são moldados por processos de larga escala, tais como especiação, extinções em massa e radiação adaptativa.

- A divergência genética de populações ao longo do tempo pode conduzir à especiação, o processo pelo qual uma espécie se divide em duas ou mais. A especiação requer a evolução de barreiras reprodutivas entre as populações.
- O número de espécies em um grupo de organismos aumenta quando mais espécies são produzidas por especiação do que perdidas por extinção; quando ocorre o inverso, o número de espécies diminui. O resultado desse processo pode ser visualizado com uma árvore evolutiva.
- As comunidades biológicas podem perder muito de sua diversidade em extinções em massa, eventos globais nos quais grandes proporções das espécies da Terra são levadas à extinção em um período relativamente curto.
- Uma radiação adaptativa ocorre quando um grupo de organismos dá origem a muitas espécies novas que se expandem em um novo hábitat ou preenchem novas funções ecológicas.
- As radiações adaptativas podem ser promovidas por fatores como a remoção de grupos competidores por uma extinção em massa ou pela evolução de uma nova adaptação importante.

CONCEITO 6.5 As interações ecológicas e a evolução exercem profunda influência recíproca.

- As interações ecológicas entre os organismos e entre os organismos e seu ambiente podem causar mudança evolutiva, variando desde a mudança na frequência de alelos até a formação de novas espécies.
- De modo semelhante, a mudança evolutiva pode alterar o resultado das interações ecológicas, tendo assim uma grande influência sobre as comunidades biológicas.

Questões de revisão

1. A seleção natural atua sobre os indivíduos, mas um dos pontos apresentados neste capítulo é que *as populações evoluem, mas os indivíduos não*. Explique como a seleção natural funciona e por que a afirmação em itálico é verdadeira.

2. O que causa a adaptação evolutiva? Explique em sua resposta por que cada um dos três mecanismos fundamentais da mudança na frequência de alelos nas populações causa (ou não) evolução adaptativa.

3. Que processos de larga escala determinam os padrões de evolução observados em escalas de tempo de longo prazo? Explique como cada processo que você descreveu tem esse efeito.

4. Explique por que interações ecológicas e mudança evolutiva têm efeitos conjuntos, uma afetando a outra.

5. Mais de 100 anos atrás, Rutter (1902) expressou preocupação acerca dos efeitos da pesca sobre o salmão. Ele escreveu (p. 134), "Um peixe grande é mais valorizado no mercado do que um peixe pequeno; porém, mesmo que um boi grande valesse mais no mercado do que um pequeno, um pecuarista nunca pensaria em vender seu gado de melhor qualidade e manter somente os animais menores para cruzar". De uma perspectiva evolutiva, resuma as razões para a preocupação de Rutter e descreva como se acredita que a evolução induzida pela pesca afete as populações de pescado atualmente.

MATERIAL DA INTERNET (em inglês)
sites.sinauer.com/ecology3e

O *site* inclui o resumo dos capítulos, testes, *flashcards* e termos-chave, sugestão de leituras, um glossário completo e a Revisão Estatística. Além disso, os seguintes recursos estão disponíveis para este capítulo:

Exercício Prático: Solucionando Problemas
6.1 Descendo pelo rio da vida: seleção natural e deriva genética

Saiba Mais
6.1 Equação de Hardy-Weinberg
6.2 Respostas evolutivas ao aquecimento global em *Drosophila subobscura*
6.3 Seleção contra o morfo de cor escura da mariposa *Biston bitularia*

Conexão às Mudanças Climáticas
6.1 Evolução e mudança climática

7 Histórias de vida

CONCEITOS-CHAVE

CONCEITO 7.1 Os padrões de histórias de vida variam entre espécies e dentro da mesma espécie.

CONCEITO 7.2 Os padrões reprodutivos podem ser classificados ao longo de vários contínuos.

CONCEITO 7.3 Existem compensações (*trade-offs*) entre as características de histórias de vida.

CONCEITO 7.4 Os organismos enfrentam diferentes pressões seletivas nos diferentes estágios do ciclo de vida.

A história do Nemo: Estudo de Caso

As aves, as abelhas e até as pulgas adestradas produzem proles que perpetuam suas espécies. Contudo, além dessa regra básica da vida, a prole produzida pelos diferentes organismos varia enormemente. Uma gramínea produz sementes de poucos milímetros de comprimento, capazes de esperarem enterradas por muitos anos até que as condições para a germinação sejam favoráveis. Uma estrela-do-mar lança centenas de milhares de ovos microscópicos que se desenvolvem ao sabor das correntes oceânicas. Um rinoceronte produz apenas um filhote por gestação, que se desenvolve no útero por 16 a 18 meses e é capaz de caminhar bem vários dias depois do nascimento, mas necessita de mais de um ano de cuidado antes de se tornar totalmente independente (**Figura 7.1**).

Mesmo essa ampla gama de possibilidades mal começa a descrever os diferentes meios pelos quais os animais se reproduzem. Na mídia popular, nós, seres humanos, com frequência representamos outros animais como tendo vidas familiares semelhantes às nossas. Por exemplo, no filme de desenho animado da Pixar, *Procurando Nemo*, o peixe-palhaço vive em uma família, com mãe, pai e vários outros peixes jovens. Quando Nemo, o peixe-palhaço, perde a mãe para um predador, seu pai assume as tarefas de sua criação. Porém, em uma versão mais realista da história, após a perda da parceira, o pai do Nemo teria feito algo menos previsível: ele teria mudado o sexo e se transformado em fêmea.

Na verdade, a correspondência entre o filme e a biologia é quebrada desde o momento em que Nemo perde sua mãe. Peixes-palhaço passam toda sua vida adulta em uma simples anêmona-do-mar (**Figura 7.2**). Anêmonas podem ser entendidas como águas-vivas de cabeça para baixo, com uma boca central rodeada de tentáculos urticantes. No que mostra-se ser uma relação mutualística, a anêmona protege o peixe-palhaço desferindo ferroadas urticantes em seus predadores, mas o próprio peixe-palhaço fica imune a essas ferroadas. O peixe-palhaço, por sua vez, pode beneficiar a anêmona comendo seus parasitas ou afastando seus predadores.

Dois a seis peixes-palhaço, em média, habitam a mesma anêmona, mas estão longe de se parecer com uma tradicional família de seres humanos – de fato, é

Figura 7.1 Descendentes variam significativamente em número e tamanho Organismos produzem um amplo espectro de tamanho e número de descendentes. Um rinoceronte produz um único filhote que pesa entre 40 e 65 kg. No limite oposto do espectro, muitas plantas produzem centenas a milhares de sementes que têm menos de um milímetro de comprimento e pesam apenas 0,8 μg (aproximadamente cento e cinquenta bilionésimos do peso do filhote de rinoceronte).

Figura 7.2 A vida em uma anêmona-do-mar Peixes-palhaço (*Amphiprion percula*) formam grupos hierárquicos de indivíduos sem parentesco que vivem e se reproduzem junto aos tentáculos de suas hospedeiras anêmonas (*Heteractis magnifica*).

❓ Descubra o gênero de cada um desses peixes-palhaço (assumindo que eles vivem juntos como um grupo de quatro peixes em uma única anêmona hospedeira). Explique sua resposta.

comum que não possuam qualquer relação de parentesco. O peixe-palhaço que mora em uma anêmona obedece a uma hierarquia rigorosa com base no tamanho dos indivíduos. O peixe maior na anêmona é uma fêmea. O próximo na hierarquia, o segundo em tamanho, é o macho para a procriação. Os peixes restantes são sexualmente imaturos, *incapazes de se reproduzir*. Caso a fêmea venha a morrer, como no filme do Nemo, o macho reprodutor passa por um estirão de crescimento e muda o sexo para se tornar uma fêmea, enquanto o peixe imaturo maior ganha corpo, tornando-se o novo macho reprodutor.

O peixe-palhaço macho procriador copula com a fêmea e cuida dos ovos fertilizados até eles eclodirem. Os peixes recém-nascidos deixam a anêmona para viver no mar aberto, longe do recife de corais infestado por predadores naturais. Os jovens peixes acabam retornando ao coral e se desenvolvendo em juvenis. Assim, precisam encontrar uma anêmona para habitar. Quando um peixe juvenil entra em uma anêmona, o peixe residente apenas permite que ele fique se houver espaço suficiente. Se não houver espaço, os jovens peixes são expulsos e retornam aos perigos de uma vida sem proteção no recife de corais.

Esse ciclo de vida, com expulsões, hierarquias e mudanças de sexo, é certamente tão colorido como o peixe que o experimenta. Mas por que peixes-palhaço se prendem a essas complicadas tramas apenas para produzir mais peixes-palhaço? Organismos chegaram a uma vasta quantidade de soluções para o problema básico da reprodução. Como veremos, na maioria das vezes, essas estratégias estão bem adequadas para lidar com os desafios e as limitações do ambiente em que cada espécie vive.

Introdução

A história humana é um registro de eventos passados. Sua história pessoal talvez reúna uma série de detalhes sobre o curso de sua vida: seu peso ao nascer, quando você começou a caminhar e a falar, sua altura de adulto e outras informações relevantes sobre seu desenvolvimento. Da mesma forma, a **história de vida** de cada organismo consiste em eventos principais relacionados a seu crescimento, desenvolvimento, reprodução e sobrevivência.

Neste capítulo, discutiremos as características que definem a história de vida dos organismos, incluindo idade e tamanho na maturidade sexual, quantidade e regulação da reprodução, além de taxas de sobrevivência e de mortalidade. Também veremos que a regulação e a natureza dos tipos de história de vida, e, portanto, a própria história de vida, são produtos de adaptação ao ambiente onde os organismos vivem. Consideraremos, também, o modo como biólogos analisam padrões de histórias de vida, buscando a compreensão das compensações, limites e pressões seletivas impostas em diferentes estágios do ciclo de vida de um organismo.

CONCEITO 7.1

Os padrões de histórias de vida variam entre espécies e dentro da mesma espécie.

Diversidade de histórias de vida

O estudo de histórias de vida é concentrado em categorizar variações em tipos de histórias de vida e em analisar as causas dessas variações. Para compreendermos tais análises, antes é conveniente examinarmos alguns dos amplos padrões de história de vida encontrados entre as espécies e em diferentes indivíduos da mesma espécie.

Indivíduos da mesma espécie possuem histórias de vida diferentes

É comum haver diferenças individuais nas características de história de vida. Pense em suas próprias experiências de vida e nas de seus familiares e amigos. Alguns indivíduos de seu grupo social alcançaram marcos de desenvolvimento, como a puberdade, significativamente antes ou depois do que a maioria. As mulheres têm diferentes números de filhos com diferentes espaços de tempo entre cada um. Apesar dessa variação, é possível fazer algumas generalizações a respeito das histórias de vida em *Homo sapiens*: por exemplo, as mulheres, em geral, dão à luz um

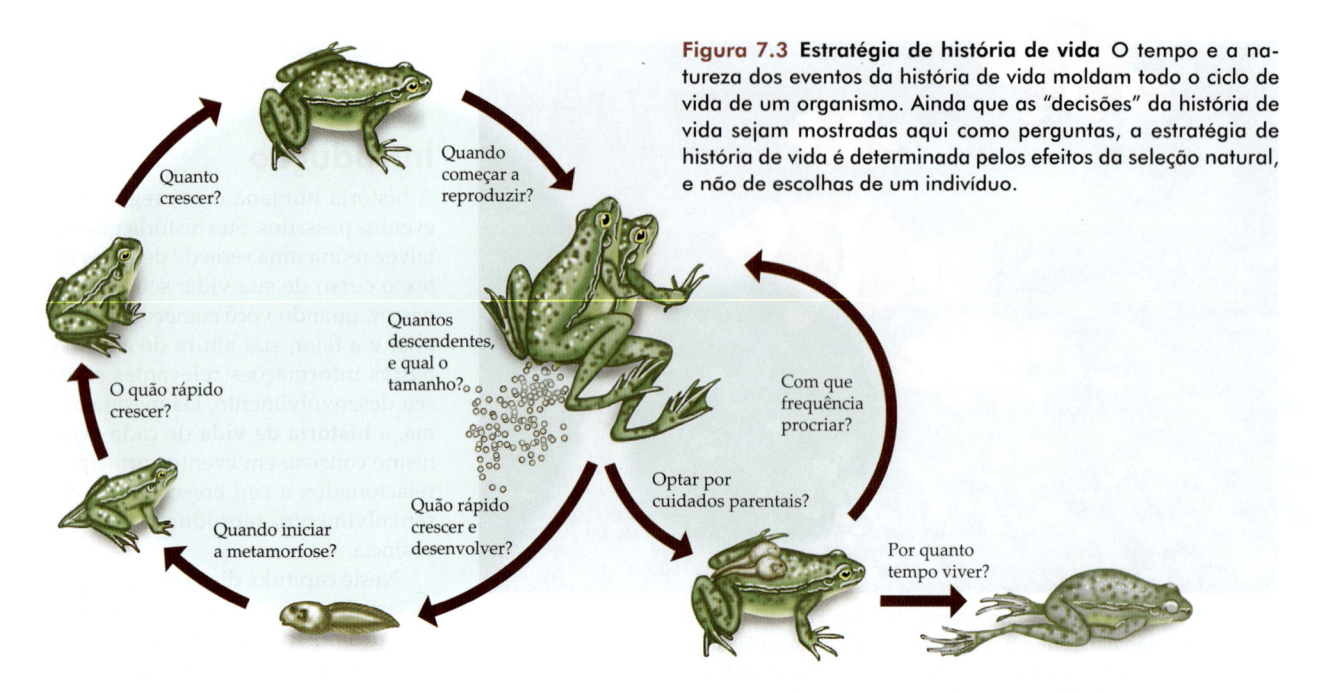

Figura 7.3 Estratégia de história de vida O tempo e a natureza dos eventos da história de vida moldam todo o ciclo de vida de um organismo. Ainda que as "decisões" da história de vida sejam mostradas aqui como perguntas, a estratégia de história de vida é determinada pelos efeitos da seleção natural, e não de escolhas de um indivíduo.

(Quanto crescer? / Quando começar a reproduzir? / Quantos descendentes, e qual o tamanho? / Com que frequência procriar? / Optar por cuidados parentais? / Por quanto tempo viver? / Quão rápido crescer e desenvolver? / Quando iniciar a metamorfose? / O quão rápido crescer?)

bebê por gestação, a reprodução ocorre entre as idades de 15 e 45 anos, e assim por diante. Para outras espécies podem ser feitas generalizações semelhantes. A **estratégia de história de vida** de uma espécie é o padrão geral no tempo e natureza dos eventos da história de vida na média de todos os indivíduos da mesma espécie (**Figura 7.3**).

A estratégia da história de vida é moldada pela maneira com que o organismo divide sua energia e recursos entre crescimento, reprodução e sobrevivência. Indivíduos da mesma espécie com frequência diferem na forma como distribuem sua energia e recursos entre essas atividades. Essas diferenças podem ser resultado de variação genética, de diferenças nas condições ambientais, ou da combinação dos dois.

Diferenças genéticas Algumas variações na história de vida na mesma espécie são determinadas geneticamente. Características determinadas geneticamente podem ser comumente reconhecidas como aquelas que são mais similares dentro das famílias do que entre elas. Esses tipos de características são comuns entre os seres humanos: por exemplo, irmãos são geralmente parecidos em aparência e, quando adultos, alcançam alturas e pesos semelhantes. Isso também ocorre em outros organismos. Por exemplo, no pasto-de-inverno (*Poa annua*), características de história de vida como idade da primeira reprodução, taxa de crescimento e número de flores são semelhantes entre as plantas da mesma prole (Law et al., 1977). Como qualquer outra característica, a variação herdável nas histórias de vida é a matéria-prima em que a seleção natural atua. A seleção favorece aqueles cujas características de história de vida resultam em melhores chances de sobrevivência e de reprodução do que indivíduos com outras características de história de vida.

Muito da análise de histórias de vida se concentra em explicar como e por que padrões de histórias de vida evoluíram aos estados atuais. Às vezes, ecólogos descrevem histórias de vida com um *ótimo* em que as espécies estão adaptadas para maximizar sua **aptidão** (*fitness*) – contribuição genética dos descendentes de um organismo para as gerações futuras. Contudo, nenhum organismo tem uma história de vida perfeita – isto é, uma história que resultasse em uma produção ilimitada de descendentes. Em vez disso, todos os organismos devem lidar com *limitações* que impedem a evolução de uma história de vida perfeita. Como veremos no Conceito 7.3, essas limitações geralmente envolvem compensações ecológicas em que o aumento no desempenho de uma função (como a reprodução) pode reduzir o desempenho de outra (como o crescimento ou a sobrevivência). Dessa forma, ainda que histórias de vida em geral sirvam bem aos organismos nos ambientes em que evoluíram, elas são ótimas apenas no sentido de maximizar a relação entre aptidão e limitações.

Diferenças ambientais Um único genótipo pode produzir fenótipos diferentes em condições ambientais distintas, um fenômeno conhecido como **plasticidade fenotípica**. Quase todo padrão apresenta algum grau de plasticidade, e características de história de vida não são exceções. Por exemplo, a maioria das plantas e dos animais têm velocidades de crescimento que dependem da temperatura. Isso ocorre porque o desenvolvimento em geral é acelerado quando a temperatura sobe e, em seguida, diminui novamente devido ao estresse por calor à medida que ela se aproxima da temperatura letal para o organismo.

Mudanças nas características da história de vida frequentemente se traduzem em mudanças na morfologia do indivíduo adulto. O crescimento lento em condições de baixa temperatura, por exemplo, pode levar a um adulto de menor

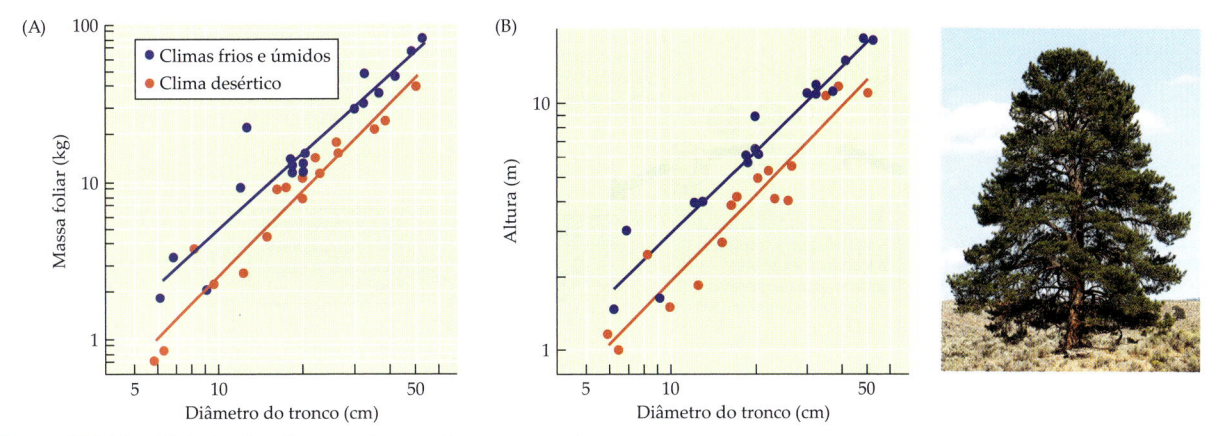

Figura 7.4 Plasticidade das formas de crescimento em pinheiro-ponderosa (A) Pinheiros-ponderosa (*Pinus ponderosa*) em climas úmidos e frios alocam mais recursos para a produção de folhas do que pinheiros em climas desérticos. (B) As árvores do deserto são menores do que aquelas que crescem em ambientes mais frios, mas para uma dada altura possuem troncos mais grossos. (Segundo Callaway et al., 1994.)

> Use as linhas sólidas (regressão) em (B) para estimar o diâmetro do tronco de uma árvore que tem 5 m de altura e que cresce em um ambiente úmido e frio *versus* o tronco de uma árvore que possui a mesma altura e cresce em um clima desértico.

tamanho ou a diferenças na forma de adulto. Callaway e colaboradores (1994) mostraram que indivíduos de pinheiro-ponderosa (*Pinus ponderosa*) que cresciam em climas frios e úmidos alocavam mais biomassa para o desenvolvimento de folhas em relação à produção de novas camadas de alburno do que aquelas árvores em climas mais quentes e secos ("alburno" refere-se às camadas do tronco que têm a função de transportar água). **Alocação** refere-se às quantidades relativas de energia ou recursos que um organismo direciona a diferentes funções. O resultado das diferentes alocações nos pinheiros-ponderosa é que árvores crescendo em ambientes diferentes diferem em formas e tamanhos quando adultas. As árvores no deserto são menores e mais baixas, com menos galhos e folhas (**Figura 7.4**). Como resultado de ter menos folhas, elas também perdem menos água, possuem menores taxas fotossintéticas e consumem menos CO_2.

A plasticidade fenotípica que responde à variação de temperatura em geral produz um espectro contínuo de tamanhos. Em outros tipos de plasticidade fenotípica, um único genótipo produz tipos discretos, ou **morfotipos**, com poucas ou nenhuma forma intermediária. Por exemplo, populações de girinos do sapo-cavador (*Spea multiplicata*) em lagoas pouco profundas do Arizona contêm dois morfotipos: um morfotipo onívoro, que se alimenta de detritos e algas, e um morfotipo maior e carnívoro, que se alimenta de camarões-fada e outros girinos (**Figura 7.5**). As formas distintas do corpo de onívoros e carnívoros resultam de diferenças na taxa de crescimento relativo de diferentes partes do corpo: carnívoros possuem bocas maiores e músculos de mandíbulas mais fortes devido ao crescimento acelerado dessas partes. Pfennig (1992) mostrou que girinos onívoros, quando alimentados com camarões e girinos, podem tornar-se carnívoros; estudos de campo mostraram que a proporção entre os morfotipos onívoro e carnívoro é afetada pela oferta de alimentos. Os girinos carnívoros crescem mais rápido e estão mais propensos a sofrer metamorfose antes que sequem as áreas alagadas onde vivem; assim, os carnívoros de crescimento rápido são favorecidos em corpos hídricos efêmeros. Os onívoros, com crescimento mais lento, são favorecidos em lagos que persistem por mais tempo, pois eles passam pela metamorfose em melhores condições e, assim, possuem melhores chances de sobrevivência quando forem sapos juvenis.

Figura 7.5 Plasticidade fenotípica em girinos do sapo-cavador Os girinos do sapo-cavador (*Spea multiplicata*) podem se desenvolver em onívoros de cabeça pequena (A) ou em carnívoros de cabeça grande (B), dependendo do que se alimentam logo no início do desenvolvimento. Passada essa fase, onívoros e carnívoros alimentam-se de recursos diferentes localizados em partes diferentes de seu hábitat.

Figura 7.6 Ciclo de vida de um coral Colônias de coral formadoras de recifes crescem por reprodução assexuada antes de produzir gametas. A prole resultante da reprodução sexuada é quem estabelece novas colônias.

Legendas do ciclo:
- Meiose
- Estes aglomerados de gametas vão à superfície do oceano.
- Fertilização
- Os aglomerados se partem, e o gameta masculino fertiliza o feminino.
- Espermatozoide
- Ovo
- Zigoto
- Um zigoto se desenvolve em uma larva ciliada.
- Larva
- Uma larva se estabelece no substrato e metamorfoseia-se em pólipo.
- Pólipo
- O pólipo se reproduz assexuadamente brotando novos indivíduos em sua base.
- O brotamento continua, formando uma colônia de pólipos geneticamente idêntica.
- A colônia, agora madura, lança simultaneamente aglomerados de gametas contendo espermatozoides e óvulos.

? Seria a larva apresentada no diagrama geneticamente idêntica ao pólipo a sua esquerda? Duas larvas diferentes poderiam ser geneticamente idênticas? Explique.

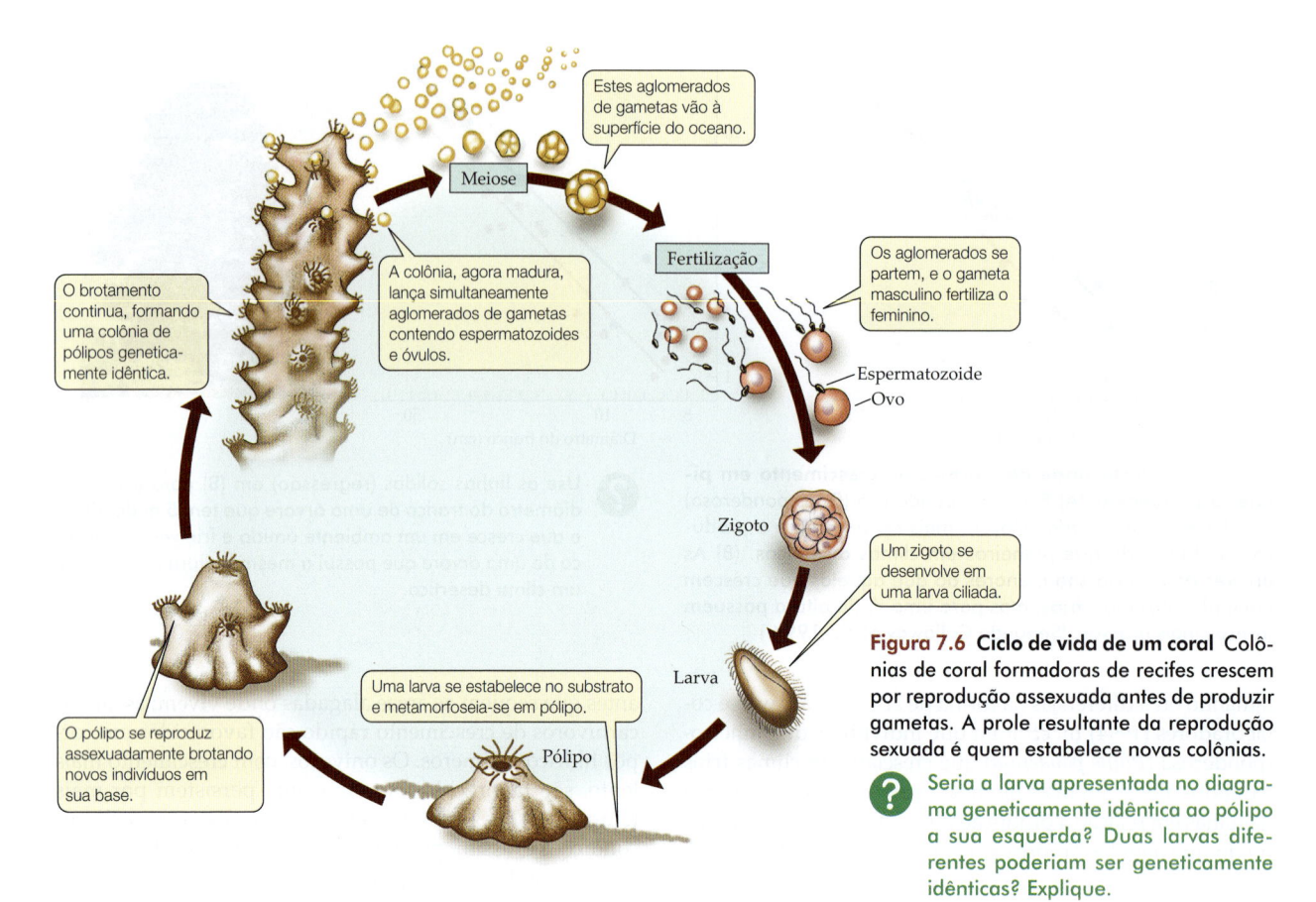

As diferenças na morfologia entre os morfotipos dos pinheiros-ponderosa e dos sapos-cavadores resultam do modo com que os fatores ambientais afetam as taxas de crescimento relativo de diferentes partes do corpo. Nos pinheiros, o crescimento relativo das folhas e do alburno determina o formato da árvore, enquanto, nos sapos, as taxas de crescimento relativo da mandíbula e do resto do corpo determinam se o girino será carnívoro ou onívoro. Esses padrões são exemplos de **alometria**, ou crescimento diferencial de partes do corpo, que resulta na mudança de forma ou de proporção com o tamanho. Alometria é um mecanismo muito comum de variação intra e interespecífica.

Pensando em exemplos como os morfotipos onívoro e carnívoro dos sapos-cavadores, é tentadora a conclusão de que a plasticidade fenotípica é adaptativa – que a capacidade de produzir diferentes fenótipos como resposta às mudanças das condições ambientais aumenta a aptidão (*fitness*) dos indivíduos. Ainda que isso seja o que frequentemente ocorre, adaptações devem ser demonstradas, e não presumidas. Por exemplo, pode ser adaptativo para o pinheiro-ponderosa ser mais grosso no caule e ter menos folhas em climas quentes e secos, já que essas características podem ajudar na redução da perda de água. Contudo, a adaptação teria que ser demonstrada por medições e comparações com a sobrevivência e as taxas de reprodução de árvores mais baixas e mais altas no ambiente desértico. Por algumas vezes, a plasticidade fenotípica pode ser uma simples resposta fisiológica, em vez de uma resposta adaptativa moldada pela seleção natural. Por exemplo, como mencionado anteriormente, mudanças na taxa de crescimento devido à variação de temperatura podem ocorrer, pois reações químicas são mais lentas em temperaturas baixas, e assim o metabolismo e o crescimento são necessariamente mais lentos.

O modo de reprodução é uma característica fundamental na história de vida

No nível mais básico, o sucesso evolutivo é determinado pelo sucesso reprodutivo. Apesar dessa verdade universal, organismos desenvolveram muitos mecanismos diferentes para a reprodução – de uma simples divisão assexuada até complexos rituais de acasalamento e intricados sistemas de polinização.

Reprodução assexuada Os primeiros organismos a evoluir na Terra reproduziam-se assexuadamente por *divisão binária* ("dividindo-se ao meio"). O processo de reprodução sexuada de meiose, recombinação e fertilização surgiu mais tarde. Hoje, todos os procariotos e muitos protistas se reproduzem assexuadamente. Ainda que a reprodução sexuada seja o normal para organismos multicelulares, muitos podem se reproduzir de modo assexuado. Por exemplo, após serem iniciadas por um pólipo fundador (produzido sexuadamente), colônias de coral crescem por reprodução assexuada (**Figura 7.6**). Cada pólipo na colônia é produzido quando um ramo multicelular do pólipo parental se quebra para formar um novo pólipo; como consequência, cada pólipo é um *clone* idêntico ao pólipo fundador. Quando a colônia atinge certo tamanho e se as condições são apropriadas, os pólipos reproduzem-se sexuadamente, produzindo uma prole que se desenvolve em pólipos que, então, iniciam sua própria colônia de clones.

Reprodução sexuada e anisogamia Muitas plantas e animais se reproduzem sexuadamente, como fazem muitos fungos e protistas. Alguns protistas, como a alga verde *Chlamydomonas reinhardtii* (**Figura 7.7A**), possuem dois tipos diferentes de *reprodutores*, análogos a machos e fêmeas, exceto que seus gametas são do mesmo tamanho. A produção de gametas com o mesmo tamanho é chamada de **isogamia**. Na maioria dos organismos multicelulares, no entanto, os dois tipos de gametas possuem tamanhos diferentes, uma condição chamada de **anisogamia**. Geralmente, o gameta feminino é bem maior do que o masculino e contém mais recursos celulares e nutricionais para o desenvolvimento do embrião. Os espermatozoides são pequenos e podem ter mobilidade (**Figura 7.7B**). Como veremos no Capítulo 8, diferenças de tamanho dos gametas entre os sexos podem influenciar outras características reprodutivas, como as diferenças entre os sexos no comportamento sexual.

Embora seja muito difundida, a reprodução sexuada possui algumas desvantagens. Pelo fato de a meiose produzir gametas haploides que contêm metade do conteúdo genético dos pais, a reprodução sexuada pode transmitir apenas metade do material genético para cada um de seus descendentes, enquanto a reprodução assexuada permite a transmissão de todo o genoma. Além disso, a taxa de crescimento das populações com reprodução sexuada é apenas metade da taxa daquelas que se reproduzem de forma assexuada (**Figura 7.8**). Outra desvantagem do sexo é que a recombinação e a distribuição independente de cromossomos nos gametas (durante a meiose) podem desfazer combinações gênicas favoráveis, reduzindo potencialmente a aptidão de seus descendentes.

Dadas tais desvantagens, por que o sexo é tão comum? A reprodução sexuada possui alguns benefícios evidentes,

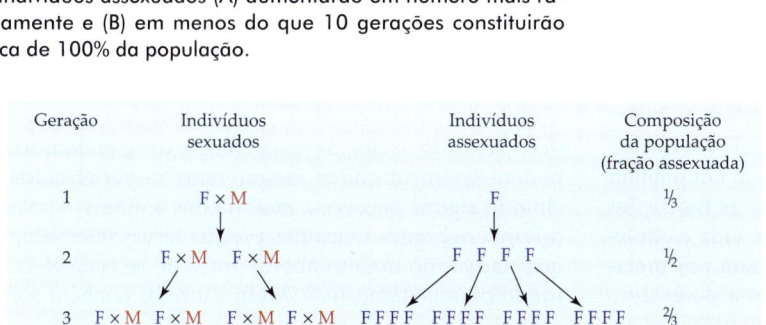

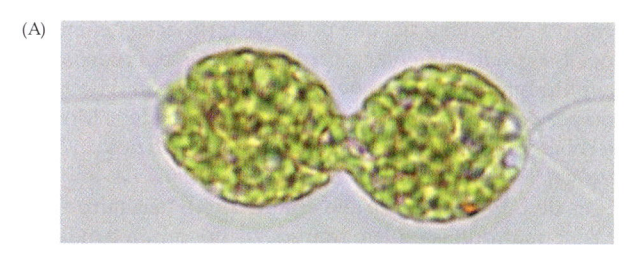

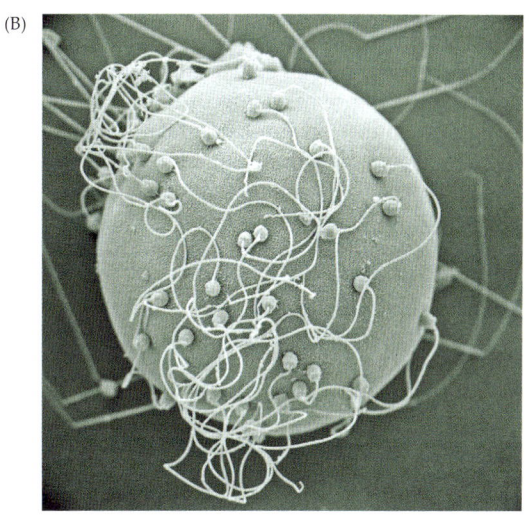

Figura 7.7 Isogamia e anisogamia (A) Espécie isogâmica: dois gametas da alga unicelular *Chlamydomonas* fusionando-se. (B) Espécie anisogâmica: fertilização de um ovócito humano, mostrando a diferença entre o tamanho do ovócito e do espermatozoide.

Figura 7.8 O custo do sexo Um dos custos do sexo é referido como o *custo dos machos*. Imagine uma população na qual existem indivíduos sexuados e assexuados. Suponha que cada fêmea sexuada ou assexuada possa produzir quatro descendentes por geração, mas metade da prole produzida pelas fêmeas sexuais é do sexo masculino e deve se reproduzir com uma fêmea para produzir descendentes. Sob essas condições, os indivíduos assexuados (A) aumentarão em número mais rapidamente e (B) em menos do que 10 gerações constituirão cerca de 100% da população.

? Na geração 2 existem quatro indivíduos sexuados e quatro assexuados. Quantos indivíduos sexuados e assexuados ocorrem na geração 3? Quantos de cada ocorrerão na geração 4? Explique seus resultados em termos do custo dos machos.

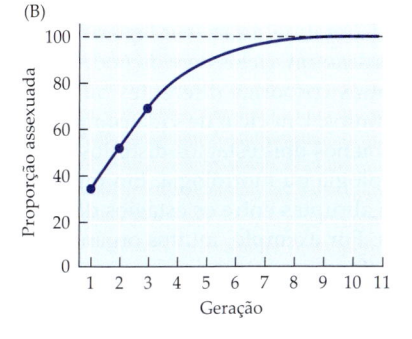

como a recombinação, que promove a variação genética e por isso pode aumentar a capacidade das populações de evoluir em resposta a desafios ambientais como doenças ou períodos de seca. Em um teste sobre essa ideia, Morran e colaboradores (2011) examinaram os benefícios do sexo no verme nematódeo *Caenorhabditis elegans*. As populações de *C. elegans* consistem em machos e hermafroditas. Os hermafroditas podem reproduzir por autofecundação ou copulando com machos. Em populações naturais, as taxas de cruzamento em geral vão de 1 a 30%. Contudo, o *C. elegans* pode ser manipulado geneticamente para formar descendentes que sempre se autofecundem ("auto-obrigatórios") ou que nunca se autofecundem ("cruzadores obrigatórios"). A prole de autofecundadores obrigatórios é geneticamente muito semelhante a seus pais, enquanto a prole de cruzadores obrigatórios é mais variada geneticamente; assim, esses descendentes são apropriados para testar a ideia de que o sexo é benéfico, pois promove o aumento dos níveis de variação genética.

Morran e colaboradores testaram algumas populações de *C. elegans* expondo-as a uma bactéria patogênica letal, *Serratia marcescens*. Nas populações naturais expostas a esse patógeno, a taxa de cruzadores aumentou drasticamente, subindo dos 20% iniciais para mais de 80% ao longo de 30 gerações (**Figura 7.9A**). Além disso, populações de *C. elegans* contendo apenas autofecundadores obrigatórios foram sempre levadas à extinção pelo patógeno, enquanto populações naturais e cruzadoras obrigatórias sempre persistiram (**Figura 7.9B**). De modo geral, esses resultados sustentam a hipótese de que a variação genética por sexo é benéfica em ambientes adversos.

Ciclos de vida geralmente são complexos

Quando pequenos, os estágios iniciais do ciclo de vida, muitos animais têm aparência e comportamento completamente diferentes do que nos estágios adultos. Esses animais em geral consomem comidas diferentes e preferem hábitats diferentes. Por exemplo, peixes que habitam recifes de corais, como o peixe-donzela (*Chromis atripectoralis*), começam sua vida como larvas de poucos milímetros de comprimento. A larva vive e cresce no oceano aberto, alimentando-se de algas planctônicas. Quando eles crescem até cerca de um centímetro de comprimento, retornam para o coral e começam a comer alimentos maiores. Esse ciclo de vida pode ter evoluído em resposta aos níveis altos de predação de alevinos que permanecem nos corais; a larva que ficar por mais tempo crescendo no oceano aberto pode ter melhores chances de sobrevivência.

Conforme corais (ver Figura 7.6) e peixes de corais demonstraram, ciclos de vida podem abranger estágios com formas corporais diferentes ou que vivem em hábitats distintos. Um **ciclo de vida complexo** é aquele em que há ao menos dois estágios distintos que diferem em hábitat, fisiologia ou morfologia. Em muitos casos, as transições são abruptas entre os estágios dos ciclos de vida complexos. Por exemplo, muitos organismos passam por **metamorfose**, uma transição repentina da forma do estágio

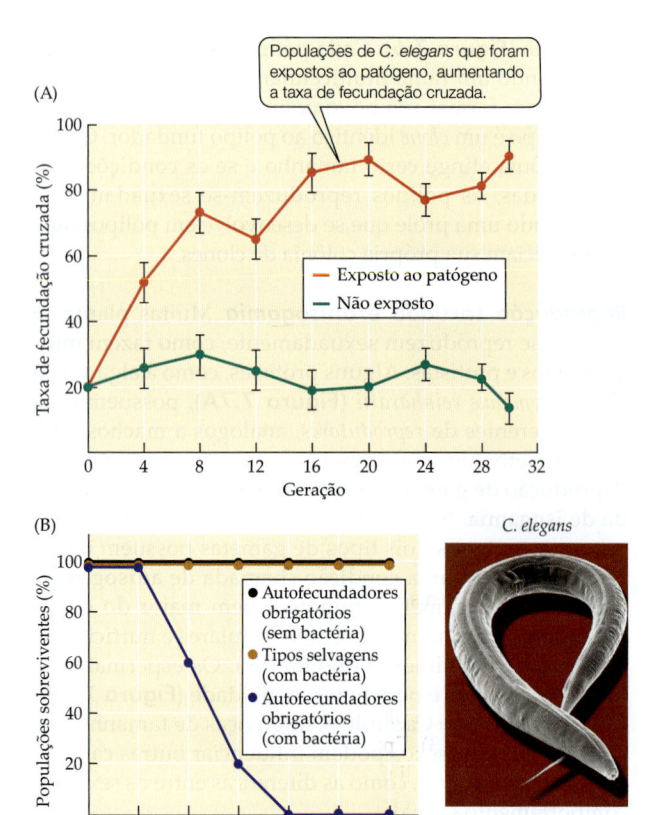

Figura 7.9 Benefícios da reprodução sexuada em ambientes adversos Taxas de fecundação cruzada (A) foram medidas ao longo do tempo em populações selvagens do verme nematódeo *Caenorhabditis elegans*. Algumas populações de *C. elegans* foram expostas ao patógeno bacteriano *Serratia marcescens*, enquanto outras não foram. As barras de erro mostram ± um erro-padrão da média. (B) Percentual de replicação do tipo selvagem e autofecundadores obrigatórios de *C. elegans* em populações sobreviventes sob diferentes tratamentos. (Segundo Morran et al., 2011.)

> Em (A), que curva mostra os resultados para as populações-controle? Explique sua escolha e interprete os resultados apresentados pelas duas curvas.

larval para o juvenil, às vezes acompanhada por mudança de hábitat. Como veremos no Conceito 7.4, ciclos de vida complexos e metamorfoses em geral resultam quando descendentes e progenitores estão sujeitos a pressões seletivas bastante diferentes.

Dado que a maioria dos vertebrados têm ciclos de vida simples que não possuem transições abruptas entre hábitats ou formas, nós seres humanos tendemos a pensar em metamorfose como um processo estranho e exótico. Contudo, ciclos de vida complexos e metamorfoses podem ser encontrados mesmo entre os vertebrados, incluindo alguns peixes e a maioria dos anfíbios. A maioria dos invertebrados marinhos produz larvas microscópicas que nadam no oceano aberto antes de se estabelecer ao fundo para metamorfose. Muitos insetos também sofrem metamorfoses – de lagartas para mariposas, de larvas para besouros, de larvas para moscas, de larvas aquáticas para libélulas e efêmeras. Werner (1988) calculou que, dos 33 filos de animais reconhecidos naquela época, 25 continham ao menos alguns subgrupos que têm ciclos de vida complexos. Ele também percebeu que cerca de 80% de todas as espécies de animais passam por metamorfoses em alguma fase de seus ciclos de vida (**Figura 7.10**).

Durante o curso da evolução, ciclos de vida complexos foram perdidos em algumas espécies que são de grupos em que tais ciclos são considerados uma condição ancestral. Os ciclos de vida simples resultantes são às vezes referidos como **desenvolvimento direto**, pois o desenvolvimento do ovo fertilizado ao juvenil ocorre dentro do ovo, antes de eclodir, e não ocorrem estágios larvais de vida livre. Por exemplo, a maioria das espécies em um grupo de salamandras, os pletodontes, carece do estágio larval aquático com brânquia, que é típico das salamandras. Em vez disso, elas depositam ovos na terra, onde eles eclodem diretamente em pequenos juvenis de respiração pulmonar.

Muitos parasitas desenvolveram intricados e complexos ciclos de vida com um ou mais estágios especializados para cada hospedeiro em que residem. Por exemplo, o platelminto parasita *Ribeiroia* possui três estágios especializados (ver Figura 1.3). Em *Ribeiroia* e outros parasitas, esses estágios são especializados para cumprir funções essenciais como a reprodução assexuada, a reprodução sexuada e a colonização de novos hospedeiros.

Ciclos de vida complexos também ocorrem em muitos tipos de algas e de plantas, alcançando algumas das suas formas mais elaboradas nesses grupos. Algumas algas e todas as plantas têm ciclos de vida complexos nos quais um *esporófito* diploide multicelular se alterna com um *gametófito* multicelular haploide. O esporófito produz esporos haploides que se dispersam e se desenvolvem como gametófitos, os gametófitos crescem e produzem gametas haploides, que por sua vez se combinam na fecundação para formar zigotos que formam esporófitos (**Figura 7.11**). Esse tipo de ciclo de vida, chamado de **alternância de gerações**, tem sido elaborado por diferentes grupos de algas e de plantas. Nos musgos e em alguns outros grupos de plantas, o gametófito é maior, mas na maioria das plantas e em algumas algas, o esporófito é o estágio dominante do ciclo de vida.

Como vimos, organismos variam bastante em aspectos-chave de suas estratégias de ciclo de vida, seja quando se reproduzem, ou pelo número de descendentes que produzem e quanto cuidado parental é dedicado a cada descendente. Como podemos organizar essa diversidade de padrões em um esquema lógico?

Figura 7.10 A difusão dos ciclos de vida complexos A maioria dos grupos de animais inclui membros que passam por metamorfoses. (A) Exemplos comuns são insetos como a formiga-leão, que se desenvolve de uma larva que vive no solo. (B) A maioria dos invertebrados marinhos possui estágios larvais de vida livre-natante, incluindo equinodermos como o ouriço-do-mar.

(A) Larva → Desenvolve-se em → Adulto
Myrmeleon libelluloides

(B) *Paracentrotus lividus* → Desenvolve-se em →

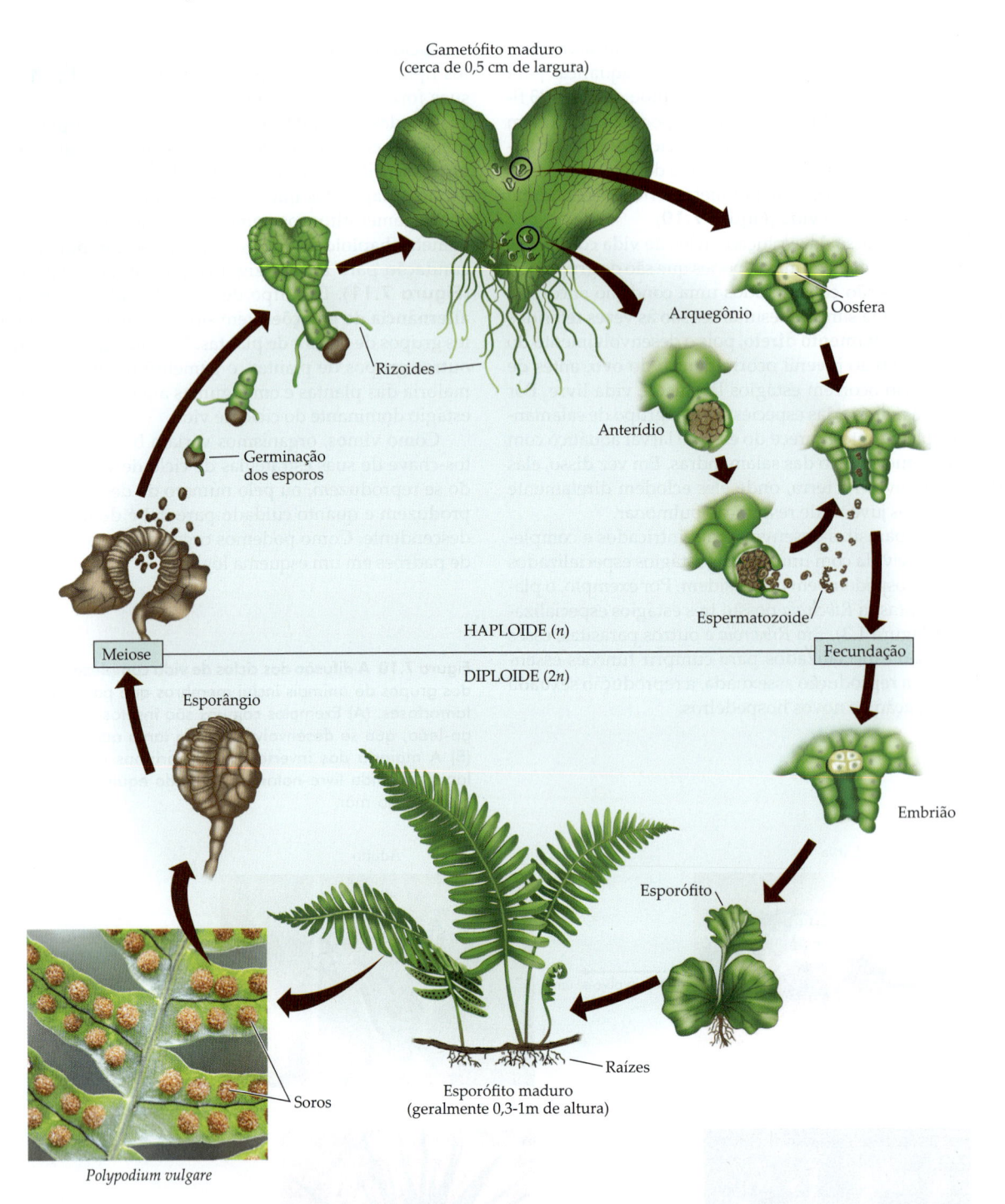

Figura 7.11 Alternância de gerações em um feto Os fetos têm um ciclo de vida complexo que é típico de plantas, com alternância de gerações entre um esporófito diploide e um gametófito haploide. Por simplicidade, esse diagrama mostra a fecundação ocorrendo entre um espermatozoide e uma oosfera produzido pelo mesmo gametófito individual. Na maioria das espécies de fetos, no entanto, um indivíduo gametófito produz estruturas reprodutoras masculinas e femininas em tempos diferentes, e, consequentemente, a fecundação quase sempre ocorre entre indivíduos diferentes.

> **CONCEITO 7.2**
>
> Os padrões reprodutivos podem ser classificados ao longo de vários contínuos.

Contínuos de histórias de vida

Muitos esquemas de classificação têm sido propostos para organizar padrões de reprodução. A maioria desses esquemas faz generalizações muito abrangentes sobre padrões de reprodução e tenta colocá-los ao longo de contínuos ancorados por extremos em cada ponta. Aqui, vamos examinar alguns dos mais destacados desses esquemas e discutir como eles se relacionam entre si.

Alguns organismos se reproduzem apenas uma vez, enquanto outros se reproduzem múltiplas vezes

Uma maneira de classificar a diversidade reprodutiva dos organismos é pelo número de eventos reprodutivos no ciclo de vida de um indivíduo. Espécies **semélparas** reproduzem-se apenas uma vez em suas vidas, ao passo que espécies **iteróparas** têm a capacidade de múltiplos eventos reprodutivos.

Muitas espécies vegetais normalmente completam seus ciclos de vida em um ano ou menos. Conhecidas como *plantas anuais,* essas espécies são semélparas: após um período de crescimento vegetativo, elas se reproduzem e morrem. Um exemplo mais complexo de uma planta semélpara é a planta centenária (nome popular aplicado a diversas espécies do gênero *Agave*) dos desertos norte-americanos. Essas plantas possuem um período prolongado de crescimento vegetativo que dura até 25 anos, antes de experimentar um único e intenso evento de reprodução sexuada. Quando está pronta para reproduzir, a planta centenária produz um escapo floral simples que pode chegar a seis metros de altura e que se eleva do restante da planta. Após a polinização, as flores produzem um aglomerado de sementes que caem e ficam próximas da planta-mãe. A porção da planta que produziu o escapo floral alto morre depois desse evento, e por esse motivo é uma semélpara. Em nível genético, contudo, a planta centenária não morre quando floresce, pois ela também se reproduz de forma assexuada, gerando clones geneticamente idênticos que circundam a planta original (**Figura 7.12**). Nesse sentido, a planta centenária afinal de contas não é semélpara – os clones sobrevivem depois do evento de floração e, por fim, eles próprios florescerão.

Um exemplo marcante de um animal semélparo é o polvo-gigante-do-pacífico (*Enteroctopus dofleini*), que em um período da vida de 3 a 5 anos (período relativamente curto para uma espécie de polvo) pode alcançar mais de 7 m e pesar quase 180 quilos. A fêmea dessa espécie de invertebrado marinho deposita de uma única vez dezenas de milhares de ovos fecundados. Ela, então, choca os ovos por até seis meses. Durante esse período, a fêmea não se alimenta; ela fica constantemente cuidando de seus ovos, limpando e ventilando-os. Após os ovos eclodirem, a fêmea logo morre, tendo ela se exaurido nesse período intenso de cuidado parental.

A maioria dos organismos não investe tanto em um único evento de reprodução. Os organismos iteróparos envolvem-se em múltiplos eventos reprodutivos durante o curso de suas vidas. Exemplos de plantas iteróparas são árvores como os pinheiros e os espruces. Entre os animais, a maioria dos grandes mamíferos é iterópara. A iteroparidade, é claro, pode assumir uma diversidade de formas, desde plantas anuais que florescem duas vezes na estação e depois morrem, até árvores que se reproduzem todo o ano durante séculos.

Viver intensamente e morrer jovem ou ser lento e longevo?

Um dos mais bem conhecidos esquemas de classificação da diversidade reprodutiva também foi um dos primeiros a ser proposto. Em 1967, Robert MacArthur e Edward O. Wilson cunharam os termos *r*-estrategista

Figura 7.12 Agave: uma planta semélpara? Um indivíduo de *Agave* que produziu o longo escapo floral morre após seu florescimento, e assim pode ser tido como um semélparo. Contudo, o indivíduo que floresceu também produziu clones geneticamente idênticos. Desse modo, a genética do indivíduo permanece viva depois que floresce, e por esse ponto de vista ele não seria semélparo.

- Esta *Agave* produziu o alto escapo floral que se desenvolve atrás dela...
- ...mas também produziu estes clones geneticamente idênticos.

e *K*-estrategista para descrever os dois extremos de um contínuo de padrões reprodutivos. O *r* do termo *r*-estrategista refere-se à *taxa intrínseca de crescimento* de uma população e mede quão rápido uma população pode crescer. O termo **r-estrategista** refere-se à estratégia de populações com altas taxas de crescimento. Esse tipo de estratégia ocorre em ambientes em que a densidade populacional é baixa – por exemplo, em áreas com distúrbios recentes que estão sendo recolonizadas. Nesse tipo de hábitat, genótipos que conseguem crescer e se reproduzir rapidamente serão favorecidos em relação aos que não conseguem. Por outro lado, **K-estrategista** refere-se à seleção de taxas mais lentas de crescimento que ocorrem em populações que estão no *K* ou se aproximando do *K*, a capacidade de suporte ou o tamanho populacional estável para o ambiente em que vivem (ver Capítulo 10 para uma abordagem mais aprofundada sobre *r* e *K*). *K*-estrategistas ocorrem em condições de adensamento, em que genótipos que conseguem converter eficientemente alimento em descendentes são favorecidos. Por definição, populações de *K*-estrategistas não possuem altas taxas de crescimento populacional, pois já estão próximas da capacidade de suporte de seus ambientes, além da competição por recurso que pode ser intensa.

Uma forma se pensar sobre o contínuo *r-K* é como um espectro das taxas de crescimento das populações, do lento para o rápido. Organismos na parte dos *r*-estrategistas do contínuo em geral são pequenos e possuem curtos períodos de vida, desenvolvimento rápido, maturação sexual precoce, investimento parental baixo e taxas de reprodução altas. Exemplos da parte "viver intensamente e morrer jovem" do contínuo incluem a maioria dos insetos, pequenos vertebrados de vida curta, como camundongos, e espécies de plantas daninhas. Na extremidade oposta, espécies *K*-estrategistas tendem a ser longevas, desenvolvem-se vagarosamente, possuem amadurecimento atrasado, investem bastante na prole e possuem taxas de crescimento baixas. Exemplos da extremidade lenta do contínuo incluem grandes mamíferos como elefantes e baleias, répteis como tartarugas e crocodilos e espécies de árvores longevas como o carvalho e o bordo.

Como a maior parte dos esquemas de classificação, o contínuo *r-K* tende a enfatizar os extremos. Contudo, a maioria das histórias de vida é intermediária entre esses extremos, e, portanto, a abordagem *r-K* não é informativa em algumas situações. A distinção entre *r*-estrategistas e *K*-estrategistas talvez seja mais útil nas comparações entre histórias de vida de espécies fortemente relacionadas ou espécies que vivem em ambientes semelhantes. Braby (2002), por exemplo, comparou três espécies de borboletas australianas do gênero *Mycalesis*. A espécie que ocorre nos hábitats mais secos e menos previsíveis é a que apresenta mais características de *r*-estrategista, incluindo desenvolvimento rápido, reprodução precoce, produção de muitos ovos pequenos e crescimento populacional rápido. Por outro lado, as duas espécies encontradas em hábitats mais estáveis, em florestas úmidas, possuem mais características de *K*-estrategista.

Histórias de vida de plantas podem ser classificadas de acordo com as características do hábitat

No final da década de 1970, Philip Grime (1977) desenvolveu um sistema de classificação específico para a história de vida das plantas. Ele argumentou que o sucesso de uma espécie de planta em certo hábitat é limitado por dois fatores: estresses e distúrbios. Grime definiu amplamente *estresse* como qualquer fator abiótico externo que limita o crescimento vegetativo. Por essa definição, exemplos de estresse incluem temperaturas extremas, sombreamento, níveis nutricionais baixos e períodos de seca. Ele também definiu de modo abrangente *distúrbio* como qualquer processo que destrói a biomassa vegetal; pela definição de Grime, os distúrbios podem resultar de fontes bióticas como a infestação de insetos herbívoros ou de fonte abióticas como o fogo.

Se considerarmos que em um dado hábitat estresse e distúrbio podem independentemente estar altos ou baixos, então quatro possíveis tipos de hábitats podem ocorrer: estresse-alto distúrbio-alto, estresse-alto distúrbio-baixo, estresse-baixo distúrbio-alto e estresse-baixo distúrbio-baixo. Se a seguir considerarmos que a maioria dos hábitats com alto estresse *e* alto distúrbio não será adequada para plantas, então existem três tipos principais aos quais as plantas podem se adaptar. Grime desenvolveu um modelo para entender os três padrões de história de vida de plantas que correspondem a três tipos de hábitats: competitivo (estresse baixo-distúrbio baixo), ruderal (estresse baixo-distúrbio alto) e tolerante ao estresse (estresse alto-distúrbio baixo) (**Figura 7.13**).

Grime definiu competição entre plantas de um modo bastante específico, sendo "a tendência de plantas vicinais de utilizarem a mesma quantidade de luz, íons de nutrientes minerais, moléculas de água ou volume de espaço". Sobre condições de pouco estresse e pouco distúrbio, **plantas competidoras** com melhor capacidade para adquirir luz, minerais, água e espaço devem possuir vantagem seletiva.

Grime classificou as plantas adaptadas aos ambientes com altos níveis de distúrbios e baixos níveis de estresse como **ruderais.** A estratégia ruderal geralmente inclui curto período de vida, altas taxas de crescimento, alto investimento em produção de sementes e sementes que conseguem sobreviver no solo por longos períodos, até que as condições sejam apropriadas à germinação e ao crescimento rápido. Espécies ruderais, muitas vezes chamadas de espécies "daninhas", são adaptadas a curtos períodos de intensa exploração de hábitats favoráveis de onde, após um distúrbio, os competidores tenham sido removidos.

Por fim, sob condições nas quais o estresse (de qualquer natureza) é alto e o distúrbio é baixo, plantas tolerantes ao estresse tornam-se ecologicamente dominantes. Ainda que as condições estressantes possam variar bastante entre os hábitats, Grime identificou várias características de **plantas tolerantes ao estresse**, incluindo, e não limitado a taxas de crescimento baixas, folhagem perene, taxas baixas de consumo de água e nutrientes, palatabilidade baixa aos

Figura 7.13 Modelo triangular de Grime Grime categorizou histórias de vida de plantas em um triângulo cujos eixos medem o grau de competição, distúrbio e estresse em um tipo de hábitat no qual as plantas estão adaptadas. Estratégias intermediárias de história de vida são mostradas no centro do triângulo. (Segundo Grime, 1977.)

herbívoros e habilidade para responder de modo eficiente a condições temporariamente favoráveis. Ambientes que favorecem plantas tolerantes ao estresse podem incluir lugares em que a água e os nutrientes são escassos ou em que as condições de temperatura são extremas.

Para resumir, o modelo triangular proposto por Grime postula que a ação da seleção natural resultou em três categorias distintas (embora bastante amplas) de estratégias de história de vida de plantas. Embora tenha se concentrado em descrever essas três estratégias extremas, Grime também reconheceu que estratégias intermediárias são comumente encontradas. De fato, várias combinações dessas três estratégias extremas possibilitam muitas estratégias intermediárias, como competidoras ruderais ou competidoras tolerantes ao estresse, entre outras. Muitas plantas enquadram-se em uma dessas estratégias intermediárias e talvez ainda possam ser descritas no contexto do modelo de Grime.

Histórias de vida podem ser classificadas independentemente do tamanho e do tempo

Diferentemente dos esquemas de classificação já discutidos, uma abordagem descrita por Charnov (1993) organizou as histórias de vida de modo que a influência do tamanho e do tempo é removida. Como vimos na nossa discussão do contínuo *r-K*, tamanho e tempo exercem um papel crucial em classificações tradicionais de histórias de vida. Por exemplo, as espécies *r*-estrategistas são caracterizadas pelo tamanho menor e pelo período de vida mais curto se comparadas às espécies *K*-estrategistas. Contudo, se pudéssemos relativizar os efeitos de tamanho de corpo e tempo de vida, poderíamos indagar se táxons bastante aparentados experimentam pressões seletivas similares, independentemente daqueles fatores.

Para ilustrar essa abordagem, começaremos com a observação de que a idade da maturidade sexual está diretamente relacionada ao tempo de vida de muitas espécies (Charnov e Berrigan, 1990). Tal correlação não é surpreendente: espécies com ciclo de vida devem amadurecer em períodos curtos, mas o mesmo não é verdadeiro para espécies de ciclo de vida longo; portanto, uma correlação positiva pode surgir automaticamente. Uma forma de remover esse efeito é dividir a média de idade em que uma espécie atinge a maturidade pela média de duração de vida. Essa divisão produz uma *razão adimensional*, isto é, a razão em que as unidades no numerador (p. ex., idade de maturidade em *anos*) são iguais àquelas no denominador (p. ex., tempo de vida, também em *anos*) e, portanto, elas se anulam.

Removendo-se os efeitos das variáveis como tamanho ou (no nosso caso) tempo, uma razão adimensional permite aos ecólogos comparar as histórias de vida de organismos muito diferentes. Charnov e Berrigan compilaram dados para uma ampla gama de espécies de aves, mamíferos, répteis e peixes. Para remover os efeitos do tempo de vida, eles focaram suas análises na idade de maturidade sexual: razão adimensional do tempo de vida, que denominaram *c* (**Figura 7.14**). Suas análises revelaram que *c* diferiu entre organismos ectotérmicos (peixes, lagartos e

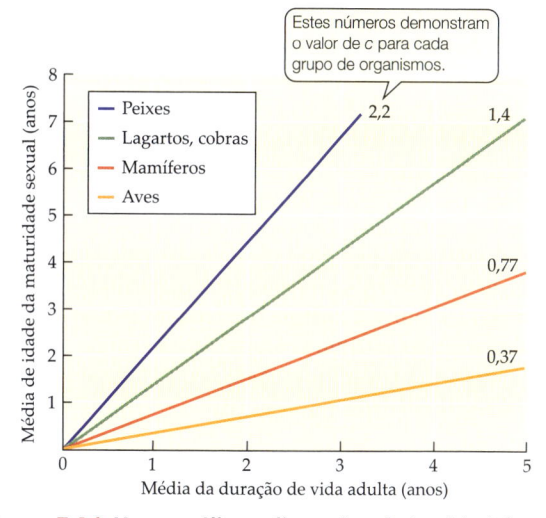

Figura 7.14 Uma análise adimensional das histórias de vida A média de idade com que fêmeas alcançam a maturidade é contraposta com a média de duração de vida de fêmeas de diversos grupos de organismos. A inclinação de cada linha produz a razão adimensional *c*: a média da idade da maturidade dividida pela média da duração de vida. (Segundo Charnov e Berrigan, 1990.)

❓ Em grupos de organismos em que *c* > 1, a maioria dos indivíduos vive o suficiente para se reproduzir?

cobras) e endotérmicos (mamíferos e aves). Por exemplo, se compararmos organismos com um dado ciclo de vida, os valores de c indicam que peixes levam de 3 a 6 vezes mais tempo para amadurecer sexualmente do que mamíferos e aves, enquanto lagartos e cobras levam 2 a 4 vezes mais tempo. Tais resultados podem realçar grandes diferenças nas histórias de vida de grupos diferentes de organismos, auxiliando, assim, no entendimento da variação das histórias de vida.

Provavelmente, é inadequado considerar essas abordagens adimensionais melhores ou piores do que esquemas que envolvem tamanho e tempo. De fato, enfatizar parâmetros adimensionais sobre história de vida como constantes ou "invariantes" foi questionado por Nee e colaboradores (2005), que argumentaram que parâmetros sobre história de vida podem parecer invariantes simplesmente como um artefato do método matemático utilizado para estimá-los. De qualquer forma, há muitas maneiras de organizar a vasta diversidade das estratégias de histórias de vida. O esquema de classificação mais útil em qualquer caso depende dos organismos e das questões de interesse. Por exemplo, o contínuo r-K tem história de uso longa relacionando características de história de vida com características de crescimento populacional, enquanto o esquema de Grime pode ser mais adequado para comparações entre grupos de plantas. Alternativamente, análises adimensionais podem ser mais elucidativas quando comparam histórias de vida através de espectros amplos de taxonomia ou tamanho.

CONCEITO 7.3

Existem compensações (*trade-offs*) entre as características de histórias de vida.

Compensações

Como sugerido na máxima "Não há almoço grátis" (ver Tabela 1.1), nenhum organismo pode investir quantidades ilimitadas de energia em crescimento e reprodução. Como discutido no Capítulo 6, ocorrem compensações quando organismos alocam sua energia limitada ou outros recursos em uma estrutura ou uma função em detrimento de outra. Como veremos, compensações entre histórias de vida são comuns.

Existe uma compensação entre o número e o tamanho dos descendentes

Muitos organismos apresentam uma compensação entre o investimento para cada descendente e o número de descendentes que produzem. Investimento para a prole inclui gastos de energia, recursos, tempo e a perda de oportunidades de se envolver em atividades alternativas como o forrageio. Em muitos casos, organismos que dedicam investimento grande em cada descendente produzem um pequeno número de descendentes de grande porte, enquanto organismos que realizam um investimento pequeno em sua prole produzem um grande número de descendentes de pequeno porte. Como veremos, o investimento parental também pode influenciar na "qualidade" dos descendentes, como quando o investimento reduzido nos descendentes aumenta o risco de mortalidade.

Tamanho da ninhada de Lack Um exemplo clássico de compensação entre o investimento por descendente e o número de descendentes foi descrito pela primeira vez por David Lack, em 1947. Lack afirmou que o tamanho da ninhada (número de ovos por período reprodutivo) é limitado pelo número máximo de juvenis que os pais podem criar de uma vez. Se os pais criarem menos filhotes do que o número máximo, eles reduzirão suas representações genéticas nas futuras gerações. Se tentarem ultrapassar o número máximo, seus descendentes estarão mais sujeitos a passar forme ou morrer de outras causas, novamente reduzindo a aptidão dos pais.

Lack fez observações cuidadosas da biologia da reprodução de espécies de aves dos polos aos trópicos. O que lhe intrigou foi que o tamanho da ninhada variou conforme a latitude: em latitudes mais altas, aves podem criar um número maior de filhotes. Ele sugeriu a hipótese de que ninhadas maiores ocorrem em latitudes mais altas, pois nessas latitudes há períodos mais longos de luz do sol durante a época de reprodução. Esses dias mais longos permitiriam aos pais mais tempo para forragear e, portanto, eles poderiam alimentar um maior número de filhotes.

O termo "tamanho da ninhada de Lack" refere-se ao número máximo de descendentes que os pais podem criar com sucesso até que atinjam a maturidade. Lack formulou a hipótese que o tamanho de ninhada mais produtivo deveria ser o tamanho mais comumente observado na

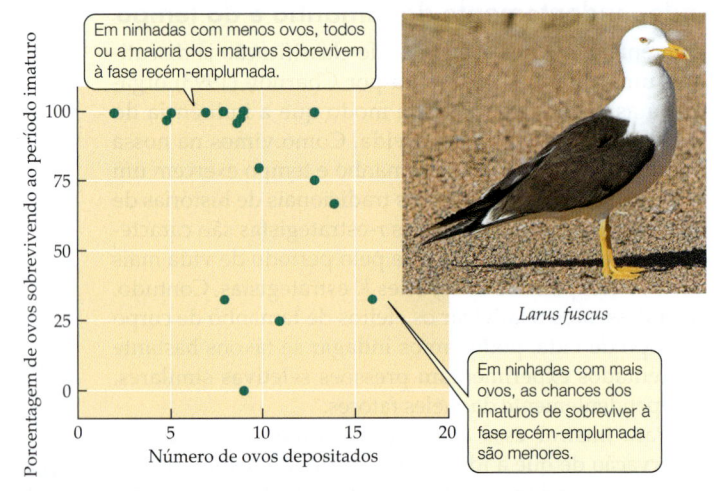

Figura 7.15 Tamanho da ninhada e sobrevivência Gaivotas-de-asa-escura em geral põem três ovos por ninhada. Contudo, quando elas são manipuladas experimentalmente para produzir ninhadas maiores, seus descendentes possuem chances reduzidas de sobrevivência à fase recém-emplumada. (Segundo Nager et al., 2000.)

natureza. O tamanho da ninhada em aves pode ser manipulado pela adição e remoção de ovos buscando examinar se existem custos para tamanhos de ninhadas incomumente grandes. Por exemplo, Nager e colaboradores (2000) aumentaram artificialmente o número de ovos em ninhos de gaivota-de-asa-escura (*Larus fuscus*). Eles fizeram isso removendo os ovos dos ninhos, o que estimulou as fêmeas a depositar mais ovos. Nager e colaboradores observaram que, em ninhadas de tamanho aumentado, houve uma queda na qualidade nutricional dos ovos que foram produzidos por último (esses ovos tiveram especificamente menor conteúdo de lipídeos). Para examinar as consequências dessas mudanças, eles desenvolveram um experimento em que ovos de ninhadas de diferentes tamanhos foram criados individualmente por pais adotivos. Ovos de ninhadas maiores tinham sobrevivência reduzida até a fase recém-emplumada (o momento em que as penas das asas estão desenvolvidas o suficiente para voar) (**Figura 7.15**). Assim, nas gaivotas-de-asa-escura, a produção de ninhadas maiores reduz a qualidade dos ovos e a sobrevivência à fase recém-emplumada.

Compensações em organismos sem cuidado parental

O cuidado parental como o proporcionado pelas aves e por alguns outros grupos de vertebrados é relativamente raro. Em organismos que não se dedicam ao cuidado parental, recursos investidos em *propágulos* (tal qual ovos, esporos ou sementes) são a principal medida de investimento reprodutivo. Nesse caso, o tamanho do propágulo é a primeira medida do investimento parental e é compensado pelo número de propágulos produzidos em um período reprodutivo. Nas plantas, por exemplo, o tamanho das sementes produzidas por uma espécie é inversamente proporcional ao número delas (**Figura 7.16**).

Em alguns casos, a compensação tamanho-número também é variável dentro da mesma espécie. O lagarto-de-cerca-do-oeste (*Sceloporus occidentalis*), comum nas montanhas costeiras do oeste dos Estados Unidos, não proporciona cuidado parental. Barry Siverno (1990) constatou que as populações do lagarto mais ao norte depositaram mais ovos por ninhada (Washington: 12 ovos/ninhada *versus* Califórnia: 7 ovos/ninhada), mas depositaram ovos menores (Washington: 0,40 g *versus* Califórnia: 0,65 g) (**Figura 7.17**).

A fim de determinar as consequências do tamanho do ovo no desempenho da prole, Sinervo criou ovos de

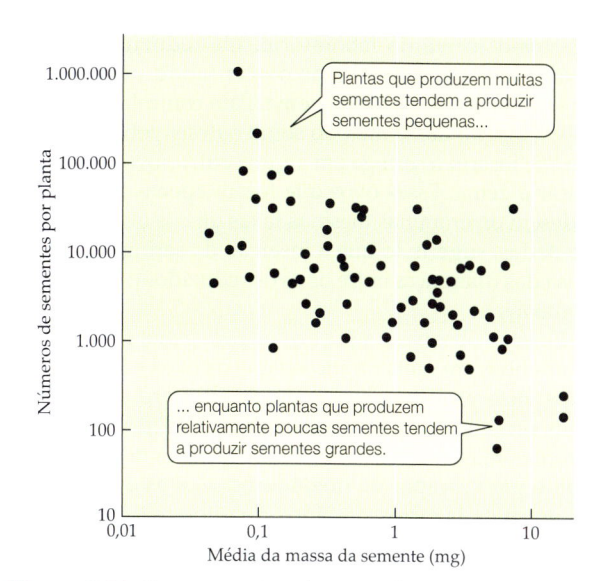

Figura 7.16 Compensações de tamanho e número de sementes em plantas (Segundo Stevens, 1932.)

Figura 7.17 Compensações de tamanho e número de ovos em lagartos-de-cerca Lagartos-de-cerca-do-oeste nas populações do norte produziram (A) ninhadas maiores e (B) ovos menores do que as populações do sul. A seta aponta para a média de cada população. (Segundo Sinervo, 1990.)

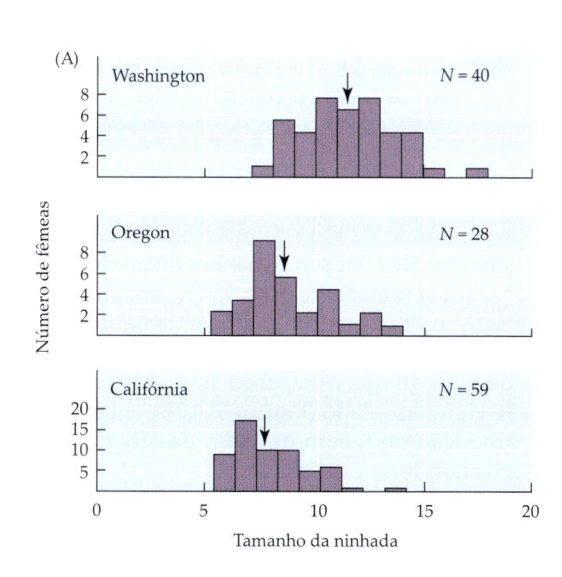

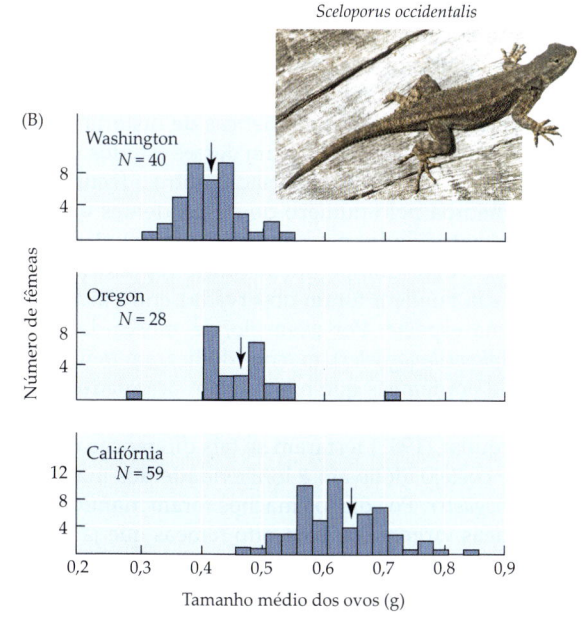

lagartos-de-cerca no laboratório. Ele reduziu artificialmente o tamanho de alguns ovos usando uma seringa para remover um pouco da gema. Para controlar qualquer possível efeito desse método sobre o desenvolvimento do ovo, ele inseriu a seringa em alguns outros ovos, mas sem retirar a gema. Esses ovos que foram apenas alfinetados se desenvolveram nas mesmas taxas que os ovos não manipulados, sugerindo que a inserção da seringa não foi a causa das diferenças entre os ovos reduzidos e os não manipulados.

Sinervo observou que os ovos com gema reduzida se desenvolveram mais rápido do que os ovos não manipulados, mas produziram um menor número de filhotes. Esses recém-nascidos cresceram mais rápido do que os parentes maiores, mas não foram capazes de correr tão rápido para escapar de predadores. Muitas das diferenças entre os lagartos nascidos de ovos reduzidos e de ovos não manipulados foram semelhantes às diferenças observadas entre as populações com tamanhos de ovos naturalmente diferentes. Sinervo especulou que as diferenças entre as populações no tamanho dos ovos e no tamanho dos recém-nascidos podem resultar da seleção; a seleção favoreceria maiores velocidades de arrancada no sul, onde podem existir mais predadores, ou favoreceria a eclosão precoce dos recém-nascidos e o crescimento rápido no norte, onde a estação de crescimento é menor.

Existem compensações entre reprodução em curso e outros tipos de história de vida

Como vimos, quando os progenitores produzem mais descendentes, seu investimento por descendente tende a diminuir. Tal diminuição pode ter vários efeitos na prole, incluindo diminuição em sobrevivência (como nas gaivotas-de-asa-escura) e diminuição em tamanho (como nos lagartos-de-cerca-do-oeste). A alocação de recursos na reprodução também pode afetar os progenitores. Na verdade, investir recursos na reprodução pode diminuir a taxa de crescimento de um indivíduo, sua taxa de sobrevivência ou seu potencial para futuras reproduções.

Por exemplo, a compensação entre reprodução em curso e sobrevivência foi documentada em estudos que examinaram como as características de história de vida diferem entre as espécies. Em um desses estudos, Ricklefs (1977) observou uma compensação entre a fecundidade anual (medida pelo número de descendentes que atingiram a maturidade) e a sobrevivência anual em aves (**Figura 7.18A**). Compensações entre reprodução e sobrevivência também foram observadas entre indivíduos da mesma espécie. Por exemplo, na mosca-das-frutas (*Drosophila melanogaster*), machos dedicaram mais tempo e energia em fêmeas que não haviam acasalado do que em fêmeas que haviam acasalado recentemente. Partridge e Farquhar (1981) testaram se tais diferenças na atividade de cortejo afetavam a longevidade dos machos de *D. melanogaster*. Por dia, os machos foram mantidos com oito fêmeas virgens, ou com oito fêmeas que já haviam

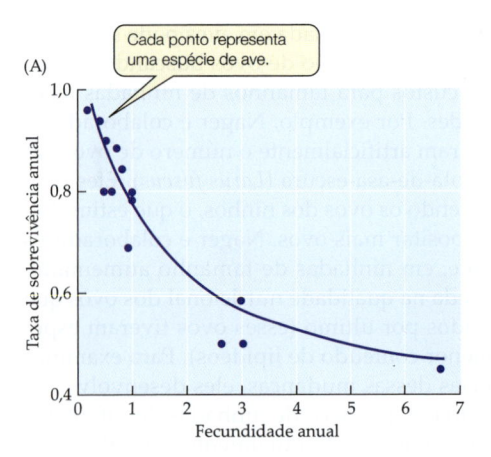

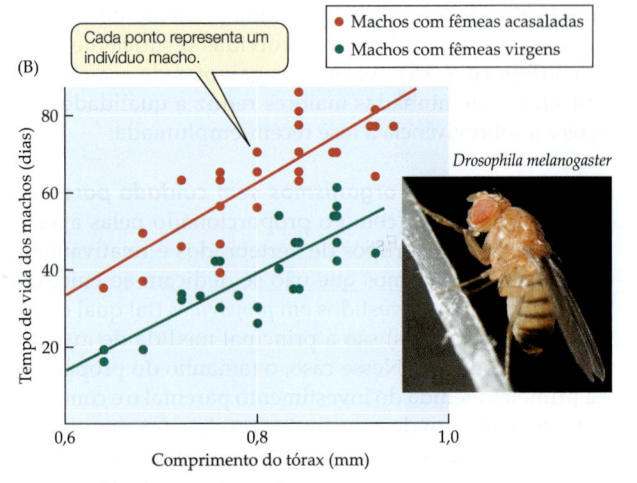

Figura 7.18 Compensações de reprodução e sobrevivência (A) Em uma comparação entre 14 espécies diferentes de aves, quando as taxas de sobrevivência anuais decrescem, as taxas de fecundidade anuais aumentam. (Adaptada de Ricklefs, 1977.) (B) Tempo de vida *versus* tamanho (comprimento do tórax em milímetros) para *D. melanogaster* macho mantido com oito fêmeas virgens ou oito fêmeas previamente acasaladas. As linhas de regressão representam a média de expectativa de vida do sexo masculino. (Segundo Partridge e Farquhar, 1981.)

> Em (B), qual é a média de vida de moscas macho com um tórax de 0,8 mm mantidas com fêmeas virgens? Como isso se compara com os machos do mesmo tamanho mantidos com fêmeas já acasaladas?

acasalado anteriormente. Na ausência de atividade sexual, o ciclo de vida de um macho é correlacionado positivamente com seu tamanho, de modo que Partridge e Farquhar também registraram o tamanho de cada macho. Entre os machos de qualquer tamanho, os que foram mantidos com fêmeas virgens tiveram um menor tempo de vida do que os machos mantidos com fêmeas que já haviam acasalado (**Figura 7.18B**), mostrando um custo (redução no tempo de vida) da atividade sexual entre machos dessa espécie.

Figura 7.19 Compensação de reprodução versus crescimento A espessura dos anéis de crescimento anual (uma medida do diâmetro do tronco) em abetos-de-douglas diminui nas árvores que produzem muitos cones. (Segundo Eis et al., 1965.)

Cones de sementes de *Pseudotsuga menziesii*

Da mesma forma, evidência de compensações entre reprodução em curso e crescimento foi encontrada em moluscos, insetos, mamíferos (incluindo seres humanos), peixes, anfíbios e répteis (ver citações em Barringer et al., 2013). Compensações entre reprodução e crescimento também foram observadas em muitas plantas, incluindo árvores como os abetos-de-douglas (*Pseudotsuga menziesii*) (**Figura 7.19**). Observe que, alocando recursos para reprodução em vez de crescimento, um indivíduo se reproduzirá tendo um tamanho menor do que se tivesse continuado a crescer e se reproduzido mais tarde (quando já estivesse maior). Indivíduos pequenos geralmente produzem menos descendentes do que indivíduos grandes; assim, essa observação sugere que alocar recursos em reprodução hoje pode diminuir o potencial de um indivíduo para uma reprodução futura. Essa compensação também recebeu suporte empírico, como você pode explorar nos exercícios em **Análise de Dados 7.1**.

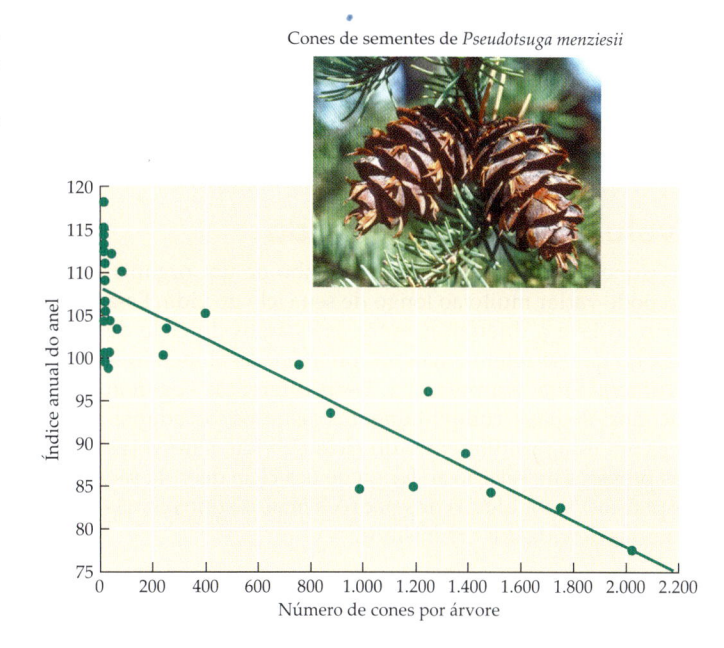

ANÁLISE DE DADOS 7.1

Há uma compensação (*trade-off*) entre as reproduções atual e atrasada do papa-moscas-de-colarinho?

Lars Gustafsson e Tomas Pärt (1990)* estudaram uma população de papa-moscas-de-colarinho (*Ficedula albicollis*) na ilha sueca de Gotland. Eles monitoraram a sobrevivência e a reprodução de cada ave ao longo de toda a sua vida. Os autores observaram que algumas fêmeas se reproduziram pela primeira vez com 1 ano de idade ("reprodutores precoces"), enquanto outras se reproduziram pela primeira vez com 2 anos de idade ("reprodutores tardios"). O número médio de ovos postos por reprodutores precoces e tardios está registrado na tabela.

	Número médio de ovos	
Idade (anos)	Reprodutores precoces	Reprodutores tardios
1	5,8	—
2	6,0	6,3
3	6,1	7,0
4	5,7	6,6

1. Represente graficamente o número médio de ovos (no eixo Y) *versus* idade (no eixo X) para os reprodutores precoces e tardios.
2. Será que os resultados sugerem que é vantajoso para as aves adiar a reprodução até que elas tenham 2 anos de idade? Explique.
3. Será que os resultados indicam que a alocação de recursos para a reprodução em curso pode reduzir o potencial do indivíduo para a próxima reprodução? Explique.
4. Esses resultados foram baseados em observações de campo. Quais são as limitações de tais dados? Proponha um experimento para testar se há um custo de reprodução em fêmeas que reduz seu potencial de reprodução futura.

*Gustafsson, L., e T. Pärt. 1990. Acceleration of senescence in the collared flycatcher *Ficedula albicollis* by reproductive costs. *Nature* 347: 279-281.

CONCEITO 7.4

Os organismos enfrentam diferentes pressões seletivas nos diferentes estágios do ciclo de vida.

Evolução do ciclo de vida

No Conceito 7.1, vimos que o tamanho de um organismo pode variar muito ao longo de seu ciclo de vida. Essa variação leva a diferenças entre os estágios do ciclo de vida no que se refere a hábitat, preferências alimentares e vulnerabilidade à predação. Essas diferenças sugerem que morfologias e comportamentos distintos são adaptativos em estágios diferentes do ciclo de vida. Diferenças nas pressões de seleção ao longo de um ciclo de vida são responsáveis por alguns dos padrões mais distintivos nas histórias de vida dos organismos.

Tamanho pequeno tem benefícios e desvantagens

Organismos pequenos nos estágios iniciais dos ciclos de vida em geral são mais vulneráveis à predação, porque existem muitos predadores suficientemente grandes para consumi-los (embora, para alguns predadores, presas pequenas podem ser mais difíceis de localizar). Esses estágios pequenos também podem ser fracos na competição por alimento, e, portanto, mais suscetíveis a perturbações ambientais que diminuem a oferta de recursos, pois possuem pouca capacidade de armazenamento de nutrientes para ajudá-los a suportar períodos de escassez. Essas vulnerabilidades normalmente são contrabalanceadas por adaptações comportamentais, morfológicas e fisiológicas. Além disso, em alguns organismos, as primeiras fases móveis e diminutas podem desempenhar funções essenciais que não são possíveis nas fases adultas, já com tamanho maior. Aqui examinaremos como os organismos protegem as histórias de vida com estágios de tamanho pequeno e os importantes benefícios que esses estágios podem proporcionar.

Investimento parental Em muitos organismos, o principal investimento dos progenitores em sua prole é a provisão dos ovos ou dos embriões. Animais adicionam mais vitelo aos ovos, o que ajuda a prole a sobreviver e crescer nos estágios mais delicados e vulneráveis da vida. As kiwis fêmeas, por exemplo, produzem um ovo por vez com bastante vitelo; esse ovo é tão grande que chega a 15 a 20% do tamanho do corpo da ave (**Figura 7.20**). Durante o mês que leva para formar o ovo, a kiwi fêmea come cerca de três vezes mais do que quando não está produzindo um ovo. Em muitos grupos de invertebrados, espécies com mais vitelo nos ovos se desenvolvem mais rápido e necessitam de menos alimento durante o desenvolvimento do que aquelas com ovos com menos vitelo. Outro padrão comum entre os invertebrados é o investimento em cascas de ovo energeticamente dispendiosas que protegem o embrião durante o desenvolvimento. Aos embriões, as plantas disponibilizam em suas sementes o *endosperma,*

Figura 7.20 Investimento parental do kiwi Essa foto de raio X mostra o tamanho do ovo de um kiwi em relação ao tamanho do corpo da fêmea.

material rico em nutrientes que sustenta o embrião em desenvolvimento e muitas vezes as plântulas. A parte branca e amilácea dos grãos de milho e a água e a polpa do coco são exemplos de endosperma.

Outro mecanismo para proteger a pequena e vulnerável prole é o cuidado parental. As aves e os mamíferos são os exemplos mais familiares de cuidado parental, pois investem grandes quantidades de tempo e de energia protegendo e alimentando seus descendentes relativamente desprotegidos. Alguns peixes, répteis, anfíbios e invertebrados também guardam ou chocam seus embriões e filhotes, protegendo-os até que fiquem suficientemente grandes e menos vulneráveis.

Dispersão e dormência Apesar da vulnerabilidade a diversos perigos, os pequenos descendentes também são qualificados para diversas funções importantes, incluindo a dispersão e a dormência. **Dispersão** – o movimento de organismos ou propágulos a partir do seu local de nascimento – é uma característica-chave na história de vida de todos os organismos. Mesmo em organismos como plantas, fungos e muitos invertebrados marinhos que são sésseis ou se movem muito pouco como adultos, o ciclo de vida em geral inclui um estágio em que a dispersão ocorre. Pólen, sementes, esporos e larvas de tamanho pequeno podem ser carreados por longas distâncias pela água, pelo vento ou, no caso do pólen e das sementes, também por animais. Em geral, propágulos menores se dispersam mais prontamente e conseguem viajar mais longe em um dado período.

A dispersão oferece uma série de vantagens potenciais: por exemplo, ela pode reduzir a competição entre parentes próximos e pode permitir que os organismos alcancem novas áreas onde eles podem crescer e se reproduzir. Em algumas circunstâncias, a dispersão pode aumentar a chance de escapar de regiões com alta letalidade, como quando patógenos e outros inimigos naturais são abundantes no local de onde os organismos se dispersam.

A capacidade de um organismo de dispersar pode ter consequências evolutivas importantíssimas. Por exemplo, Hansen (1978) comparou os registros fósseis de caramujos marinhos extintos com larvas natantes típicas com aqueles de espécies que tinham perdido seus estágios larvais natantes e se desenvolvido diretamente em juvenis rastejantes. Ele descobriu que as espécies sem larvas natantes tendiam a ter distribuições geográficas menores e eram mais propensas à extinção (**Figura 7.21**). Hansen atribuiu essas diferenças à diferença na capacidade de dispersão. As espécies com larvas natantes teriam sido capazes de se mover por maiores distâncias e, portanto, teriam populações mais amplamente distribuídas, menos vulneráveis a eventos aleatórios que poderiam levar à extinção.

O tamanho diminuto de ovos e embriões também os faz bem adaptados à *dormência*: um estado de crescimento e desenvolvimento suspenso no qual um organismo pode sobreviver a condições desfavoráveis. Muitas sementes são capazes de permanecer por longos períodos de dormência antes da germinação. Muitas bactérias, protistas e também animais podem desenvolver várias formas de dormência. Os ovos de artemia que as crianças compram como "macacos do mar", por exemplo, estão em um estado dormente, o que permite que sobrevivam fora da água, muitas vezes por anos. Em geral, sementes, ovos e embriões pequenos são mais adequados para a dormência do que os grandes organismos multicelulares, pois não precisam gastar tanta energia metabólica para permanecerem vivos. No entanto, alguns animais entram em dormência em estágios maduros em resposta às condições ambientais estressantes (como descrito no Conceito 4.2).

Ciclos de vida complexos podem resultar de pressões de seleção específicas de um estágio de vida

Organismos com ciclos de vida complexos possuem múltiplos estágios, cada qual adaptado a seu hábitat e a seus hábitos. Essa flexibilidade pode ser uma das razões pelas quais os ciclos de vida complexos são tão comuns em muitos grupos de organismos. Tendo em vista que estágios distintos de histórias de vida podem evoluir independentemente em resposta a pressões de seleção específicas ao tamanho e ao hábitat, ciclos de vida complexos podem minimizar as desvantagens dos estágios iniciais pequenos e vulneráveis.

Função e adaptação das larvas A especialização funcional de estágios de vida específicos é uma característica em comum para ciclos de vida complexos. Possuir estágios múltiplos com características morfológicas bastante independentes pode resultar no pareamento de funções específicas com estágios específicos. Tal pareamento pode reduzir algumas das compensações que resultam da otimização simultânea de múltiplas funções.

Exemplos desse tipo de especialização funcional ocorrem em muitos insetos com ciclos de vida complexos. Esses insetos passam todo o estágio larval em uma área muito pequena, às vezes apenas em uma planta. As larvas de insetos como as lagartas são máquinas especializadas em comer e crescer. Elas passam praticamente todo o tempo comendo e transformando o alimento em massa corporal, sem formar estruturas morfológicas complexas, a não ser a mandíbula. Logo que acumulam massa suficiente, essas larvas sofrem metamorfose e passam a borboletas, mariposas e besouros adultos, cujas funções principais em geral são se dispersar, encontrar um parceiro e reproduzir. Em casos extremos, como nas efeméridas, os adultos são incapazes de se alimentar e vivem apenas os poucos dias ou horas necessários para se reproduzir.

Larvas de invertebrados marinhos também são especializadas na alimentação, mas executam essa função enquanto se dispersam nas correntes oceânicas. Por exemplo, as larvas de muitos moluscos (como as de caramujos e mexilhões) e de equinodermos (como as estrelas-do-mar e os ouriços-do-mar) possuem estruturas elaboradas para a alimentação que cobrem quase todo o corpo da larva. Essas estruturas, chamadas de bandas ciliadas, são anéis cobertos por cílios que se movimentam em padrões coordenados para capturar pequenas partículas de comida e direcioná-las, como uma esteira rolante, para a cavidade bucal. As bandas ciliadas enrolam-se e dobram-se ao longo do corpo da larva, que geralmente possui lobos ou braços extras, que sustentam e alongam a banda ciliada. Em ouriços-do-mar, quanto maiores os braços larvais e quanto mais longa a banda ciliada, maior será a eficiência da larva para se alimentar (Hart e Strathmann, 1994).

Outras estruturas larvais especializadas podem ajudar a proteger os estágios iniciais do ciclo de vida de se tornarem alimento para outros organismos. Os exemplos

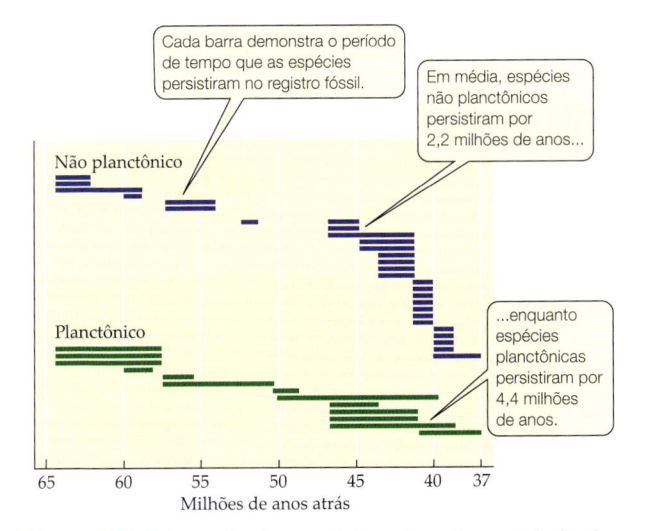

Figura 7.21 Modo de desenvolvimento e longevidade das espécies Espécie de caramujo marinho que passou por desenvolvimento direto, sem o estágio de larva natante (não planctônica), extinguiu-se mais rapidamente do que aquela com a larva natante (planctônica). (Segundo Hansen, 1978.)

Figura 7.22 Estruturas defensivas especializadas em larvas de invertebrados marinhos A larva (flutuante) planctônica do caranguejo-da-areia (*Corystes cassivelaunus*) possui espinhos de defesa na cabeça que a tornam mais difícil de ser ingerida pelos peixes.

incluem os espinhos tóxicos de algumas lagartas, os espinhos na cabeça das larvas dos caranguejos (**Figura 7.22**) e as cerdas das larvas do poliqueta lagarta-de-fogo, que dissuadem alguns predadores, fazendo da larva um alimento grande e desconfortável.

O momento dos ciclos de vida é dinâmico A maioria dos organismos com ciclos de vida complexos usa hábitats e recursos alimentares diferentes em estágios diferentes de vida. Tais mudanças podem ocorrer abruptamente, como em organismos que se submetem à metamorfose, mas também podem ocorrer de forma mais gradual. Independentemente da velocidade com que as mudanças de preferência de hábitat e de alimento ocorrem, os indivíduos de diferentes tamanhos e diferentes idades da mesma espécie podem ter papéis ecológicos muito distintos. Será usado o termo *mudança de nicho* para se referir a essas mudanças específicas de tamanho – ou de idade – na função ecológica ou de hábitat de um organismo. (Como veremos no Conceito 9.5, o *nicho ecológico* de um organismo é constituído pelas condições físicas e biológicas de que o organismo necessita para crescer, sobreviver e se reproduzir.)

Em espécies em que uma metamorfose abrupta ocorre na transição entre os estágios do ciclo de vida, o organismo gasta relativamente pouco tempo nos estágios vulneráveis que são intermediários entre larva e adulto. Em teoria, deve haver um momento ótimo para sofrer metamorfose, ou qualquer deslocamento de nicho, que maximiza a sobrevivência ao longo do ciclo de vida. Assim, seria de esperar um deslocamento de nicho quando o organismo alcança um tamanho em que as condições são mais favoráveis para sua sobrevivência ou crescimento no hábitat adulto do que no hábitat larval.

Dahlgren e Eggleston (2000) testaram essa ideia para a garoupa-de-Nassau (*Epinephelus striatus*), um peixe de recife de corais ameaçado de extinção que passa seus estágios juvenis dentro e em torno de grandes aglomerações de algas. Juvenis menores passam por esse período se escondendo nos aglomerados de algas, enquanto os maiores ficam em hábitats rochosos próximos. Mantendo os peixes de diferentes tamanhos confinados nos dois hábitats, Dahlgren e Eggleston puderam medir as taxas de mortalidade e de crescimento em cada hábitat. Eles constataram que os juvenis menores eram muito vulneráveis à predação no hábitat rochoso, enquanto os juvenis maiores eram menos vulneráveis e conseguiram crescer mais rápido no ambiente rochoso. Assim, a mudança de nicho nessa espécie parece ser sincronizada com o crescimento e a sobrevivência máximos, como Werner havia previsto.

Em alguns casos, o hábitat da larva pode ser tão favorável ao crescimento e à sobrevivência que a metamorfose pode ser adiada – ou até mesmo eliminada. Por exemplo, a maioria das salamandras possui larvas aquáticas que passam por uma metamorfose para chegar ao adulto de hábito terrestre, mas algumas salamandras, como a salamandra-pintada *Ambystoma talpoideum*, podem se tornar sexualmente maduras, retendo as brânquias e permanecendo no ambiente aquático (**Figura 7.23**). Esses adultos aquáticos com brânquias são chamados de **pedomórficos**, ou seja, resultam do adiamento de alguns eventos de desenvolvimento (perda das brânquias, desenvolvimento de pulmão) relativos à maturação sexual. Em *A. talpoideum*, adultos aquáticos pedomórficos e adultos terrestres metamórficos podem ocorrer em uma mesma população. A frequência da pedomorfose nessas populações misturadas parece depender de fatores como predação,

Figura 7.23 Pedomorfose em salamandras A salamandra-pintada (*Ambystoma talpoideum*) pode produzir um adulto aquático pedomórfico (A) e um adulto terrestre metamórfico (B).

disponibilidade de alimento e competição – e de todos os fatores que influenciarem a sobrevivência e o crescimento no hábitat aquático.

ESTUDO DE CASO REVISITADO
A história do Nemo

Por que um peixe-palhaço macho que perdeu sua parceira se torna uma fêmea, em vez de procurar uma nova parceira? Como vimos, indivíduos grandes geralmente produzem mais descendentes que indivíduos menores. Nos peixes-palhaço, o número de ovos que um indivíduo pode produzir é proporcional a seu tamanho. Assim, os indivíduos maiores podem produzir mais ovos e presumivelmente sua prole tem melhores chances de sobreviver. Os indivíduos menores são mais propensos a produzir espermatozoides, que são menores e exigem menos recursos para serem produzidos. Por essas razões, nos peixes-palhaço e em muitos outros animais, as fêmeas são maiores do que os machos.

As alterações de sexo durante o curso do ciclo de vida, chamadas de **hermafroditismo sequencial**, são encontradas em 18 famílias de peixes e em muitos grupos de invertebrados (**Figura 7.24**). Pesquisadores formularam a hipótese de que essas alterações sexuais devem ser programadas para aproveitar ao máximo o potencial reprodutivo dos diferentes sexos em diferentes tamanhos e, em alguns casos, é o que parece ocorrer. Essa hipótese ajuda a explicar as mudanças de sexo em peixes-palhaço e o tempo de tais mudanças relativas ao tamanho, mas deixa sem resposta a questão de como uma hierarquia de peixes é mantida dentro de cada anêmona.

Como estudante de pós-graduação na Cornell University, Peter Buston se propôs a responder a essa pergunta. Ele realizou experiências com uma espécie de peixe-palhaço (*Amphiprion percula*) que vive em recifes de Papua Nova Guiné. Ele descobriu que cada peixe-palhaço mantém a hierarquia de tamanho rigorosa permanecendo menor do que o peixe à sua frente na linha do tempo e maior do que o peixe após ele (**Figura 7.25**). Se o peixe crescer até um tamanho muito próximo ao de seu superior na mesma colônia, o resultado é uma luta, que, com frequência, resulta com o menor peixe sendo morto ou expulso da anêmona. Buston sugeriu que o peixe-palhaço regula o próprio crescimento para evitar conflitos.

Figura 7.24 Hermafroditismo sequencial A lapa, tipo de molusco marinho (*Crepidula fornicata*), exibe hermafroditismo sequencial. Ela vive presa a rochas ou a conchas. Os indivíduos maiores, na base da pilha, são fêmeas, enquanto os indivíduos menores acima são machos. À medida que crescem, os machos acabam alcançando um tamanho (cerca de 3 a 4 cm) em que, como fêmeas, podem produzir uma prole com maior sobrevivência do que como macho; é nesse tamanho que ocorre a troca de sexo.

Buston também manipulou grupos de peixes-palhaço removendo os machos reprodutores das anêmonas e medindo o crescimento dos indivíduos restantes. Ele constatou que o maior macho não reprodutor cresceu apenas o suficiente para assumir o papel do macho reprodutor, evitando crescer muito, e, assim, não ameaçando a dominância da fêmea. Da mesma forma, o macho seguinte nessa

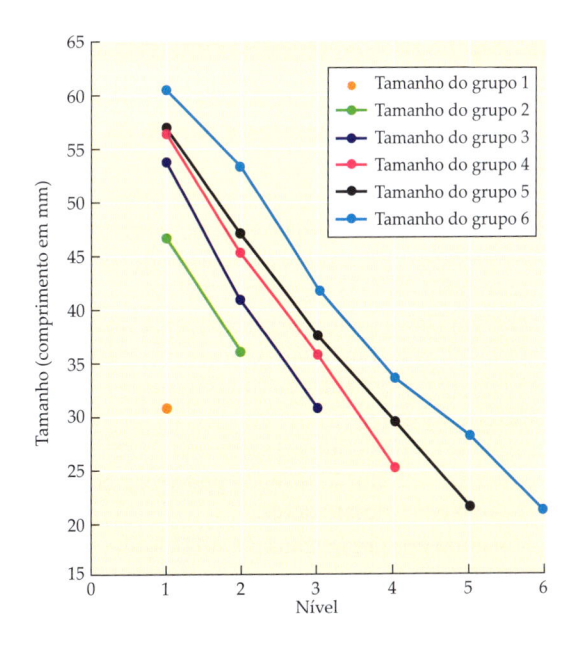

Figura 7.25 Hierarquia de tamanho em peixes-palhaço Peixes-palhaço em uma anêmona regulam o próprio crescimento para manter a hierarquia, na qual cada tamanho de peixe pertence a uma classe de tamanho. As anêmonas podem servir de casa para 1 a 6 peixes, e o tamanho de cada peixe é definido pelo ranking dos peixes e pelo tamanho do grupo no qual ele vive. (Segundo Buston, 2003a.)

hierarquia cresceu apenas o necessário para ocupar o lugar do peixe que se tornou o macho reprodutor, e assim por diante. Desse modo, os peixes-palhaço evitam o conflito com seus grupos sociais mediante um controle notável sobre taxas de crescimento e status reprodutivo.

CONEXÕES NA NATUREZA
Territorialismo, competição e história de vida

A fisiologia da regulação do crescimento do peixe-palhaço não é totalmente entendida, mas uma pergunta ecológica e evolutiva que precisa de resposta é por que a hierarquia de tamanho é mantida. O que faz o pequeno peixe-palhaço esperar por seu momento como não reprodutor sob o domínio de uma única fêmea e de um macho reprodutores? A resposta pode estar na dependência do peixe-palhaço em relação à proteção das anêmonas para sua sobrevivência.

Os peixes-palhaço apresentam coloração brilhante e são fracos nadadores. Fora do alcance dos tentáculos urticantes da anêmona, eles são presas fáceis para peixes maiores no coral. Desse modo, a expulsão da anêmona com frequência é uma sentença de morte. Os riscos são muito altos em conflitos entre peixes na anêmona: é provável que o perdedor morra sem se reproduzir. Essa circunstância exerce uma forte pressão de seleção sobre o peixe para que ele evite conflitos por meio da regulação de seu crescimento. Em termos evolutivos, os mecanismos de regulação do crescimento evoluíram porque os indivíduos que evitaram crescer a um tamanho que leva ao conflito com outros peixes têm maiores taxas de reprodução e sobrevivência (descrevemos esse processo de evolução adaptativa no Conceito 6.2). Buston (2003b, 2004) demonstrou que permanecer em uma anêmona como não reprodutor é mais vantajoso do que deixar a anêmona e tentar encontrar uma nova. As anêmonas são um recurso limitado para os peixes-palhaço, e aqueles que esperarem por seu momento após encontrarem uma anêmona apresentarão maior aptidão.

A escassez de anêmonas também resulta em competição entre os peixes-palhaço em um estágio essencial de suas histórias de vida. Como vimos, alevinos de peixe-palhaço dispersam-se de sua anêmona e passam os primeiros estágios de vida no plâncton. Quando retornam ao coral, sua sobrevivência depende da escolha de uma anêmona. O número de peixes em uma anêmona geralmente é correlacionado com o tamanho dela. Contudo, Buston constatou que em dado momento algumas anêmonas estão com poucos peixes, significando que elas possuem espaço para mais peixes. Se um peixe juvenil tem a sorte de encontrar essas anêmonas, sua permanência é permitida, e ele entra na linha de sucessão, buscando tornar-se um reprodutor. Se, porém, o juvenil entra em uma anêmona saturada, ele é expulso e geralmente morre antes de encontrar uma nova anêmona. Condições semelhantes, que se baseiam no acaso, ocorrem com muitos organismos que vivem em locais populosos e que competem por espaço. Por exemplo, em ambientes como as florestas tropicais pluviais, onde muitas espécies de árvores de vida longa competem por espaço e luz solar, o sucesso de uma única semente ou plântula pode depender de eventos fortuitos, como a morte de uma grande árvore por perto, que cria uma claridade no dossel (Denslow, 1987). Como veremos no Capítulo 19, tais ocupações aleatórias podem desempenhar um papel importante na manutenção da diversidade de espécies encontradas em ambientes altamente competitivos.

RESUMO

CONCEITO 7.1 Os padrões de histórias de vida variam entre espécies e dentro da mesma espécie.

- Histórias de vida são diversificadas, variando entre indivíduos de uma mesma espécie, assim como entre as espécies. A fonte dessa variação pode ser genética ou ambiental.
- Os organismos podem se reproduzir sexuada ou assexuadamente. Em muitos casos, o mesmo organismo pode se reproduzir das duas formas.
- Existem vantagens e desvantagens na reprodução sexuada. Os níveis altos de variação genética resultantes da reprodução sexuada podem ser benéficos em ambientes desafiadores.
- A maioria dos organismos possui ciclos de vida complexos com múltiplos estágios que diferem em tamanho, morfologia ou hábitat.

CONCEITO 7.2 Os padrões reprodutivos podem ser classificados ao longo de vários contínuos.

- Espécies semélparas reproduzem-se apenas uma vez durante a vida, enquanto espécies iteróparas se reproduzem muitas vezes.
- Os termos r-estrategista e K-estrategista descrevem as duas extremidades de um contínuo de padrões reprodutivos com base nas taxas de crescimento populacional.
- O modelo triangular de Grime classifica histórias de vida de plantas pelo grau de competição, de distúrbio e de estresse no hábitat ao qual elas estão adaptadas.
- Análises adimensionais de história de vida de Charnov buscam remover o efeito do tamanho e do tempo para comparar histórias de vida entre um amplo espectro de grupos taxonômicos.

RESUMO (continuação)

CONCEITO 7.3 Existem compensações (*trade-offs*) entre as características de histórias de vida.

- Existe uma compensação (*trade-off*) entre o tamanho e o número dos descendentes; organismos tendem a produzir um maior número de descendentes de tamanho reduzido ou um menor número de descendentes relativamente grandes.
- O investimento de um indivíduo na reprodução em curso pode resultar em uma compensação entre a reprodução e outras características da história de vida, incluindo sobrevivência, crescimento e potencial para eventos de reprodução no futuro.

CONCEITO 7.4 Os organismos enfrentam diferentes pressões seletivas nos diferentes estágios do ciclo de vida.

- Os tamanhos reduzidos dos estágios iniciais de ciclos de vida são vulneráveis à predação e à escassez de alimento.
- Estágios de vida iniciais e pequenos são bem adequados para funções importantes, como dispersão e dormência.
- Ciclos de vida complexos conferem às histórias de vida mais flexibilidade para responder a diferenças de pressões seletivas em diferentes estágios do ciclo.

Questões de revisão

1. Muitas espécies animais de parentesco bastante próximo produzem ovos de diferentes tamanhos. Como vimos no Conceito 7.3, uma compensação da produção de ovos maiores é que menos ovos podem ser produzidos. Apesar da aparente simplicidade dessa compensação, é ainda incerto por que ambas as estratégias (muitos ovos pequenos e menos ovos grandes) são mantidas em espécies aparentadas. Quais são outras características de histórias de vida, além do número de descendentes que também podem estar correlacionadas com o tamanho do ovo, e sob que condições ambientais essas características podem ser vantajosas? Você consegue pensar em alguma razão pela qual espécies que vivem no mesmo hábitat continuem a mostrar padrões reprodutivos que variam tanto?

2. Alguns animais exibem reprodução sexuada e assexuada, dependendo das condições ambientais que enfrentam. Rotíferos são um exemplo clássico desse fenômeno. As fêmeas podem produzir ovos diploides por mitose que eclodem logo após serem liberados. Desse modo, populações de rotíferos podem duplicar em horas. Essas mesmas fêmeas, sob outras condições, podem produzir ovos haploides que formam machos se não fecundados e que formam fêmeas se fecundados. Qual poderia ser a razão para a manutenção nos rotíferos das reproduções sexuada e assexuada?

3. A garoupa-de-nassau é popular no comércio de peixes vivos na Ásia. Frequentadores de restaurantes em Hong Kong e em outras cidades asiáticas podem escolher a garoupa que quiserem para o jantar a partir de uma seleção de peixes vivos nadando em um tanque. As garoupas adultas podem chegar a tamanhos extremamente grandes (chegam a 1 m de comprimento, pesando 25 kg), mas as escolhidas pelos restaurantes são jovens ou jovens adultas que cabem em um prato. Como você espera que a remoção desses peixes mais jovens e menores possa afetar a evolução da história de vida da população remanescente? O que poderia ocorrer com parâmetros de história de vida, como idade e tamanho, na reprodução e no investimento em crescimento *versus* reprodução em resposta à pressão da pesca?

MATERIAL DA INTERNET (em inglês)
sites.sinauer.com/ecology3e

O *site* inclui o resumo dos capítulos, testes, *flashcards* e termos-chave, sugestão de leituras, um glossário completo e a Revisão Estatística. Além disso, os seguintes recursos estão disponíveis para este capítulo:

Exercício Prático: Solucionando Problemas
7.1 "Você não pode sempre conseguir o que quer": compensações das histórias de vida

8 Ecologia comportamental

CONCEITOS-CHAVE

CONCEITO 8.1 Uma abordagem evolutiva ao estudo sobre o comportamento leva a predições testáveis.

CONCEITO 8.2 Animais fazem escolhas comportamentais que aumentam seu ganho energético e reduzem seu risco de se tornarem presas.

CONCEITO 8.3 Os comportamentos de acasalamento refletem os custos e os benefícios do cuidado parental e da defesa do parceiro.

CONCEITO 8.4 Existem vantagens e desvantagens na vida em grupos.

Assassinos de filhotes: Estudo de Caso

Leões são únicos entre os felinos, pois vivem em grupos sociais (*prides*). Um grupo típico de leões contém de 2 a 18 fêmeas adultas e seus filhotes, junto com alguns machos adultos. As fêmeas adultas são o núcleo do grupo e têm parentesco próximo: são mães, filhas, tias e primas. Os machos adultos em um grupo também podem ser parentes próximos (p. ex., irmãos ou primos), ou podem formar uma coalizão de indivíduos sem parentesco, que ajudam uns aos outros.

Os leões em um grupo caçam de modo cooperativo, e as fêmeas geralmente alimentam, cuidam e protegem os filhotes umas das outras. Contudo, a vida em um grupo também tem seu lado sombrio. O macho na **Figura 8.1** está matando um dos filhotes do grupo, um comportamento que parece terrível e intrigante ao mesmo tempo. Por que leões machos adultos fazem isso? Para esclarecer esse comportamento assassino, vamos considerar mais detalhadamente alguns aspectos da história de vida dos leões.

Quando se tornam jovens adultos, os leões machos são afastados do grupo em que nasceram. Um grupo de jovens machos expulsos pode se juntar para formar um "grupo de solteiros" (*bachelor*). Esses grupos podem ser constituídos por machos de diferentes grupos que se encontram e começam a caçar sozinhos. Quando alcançam a idade de 4 ou 5 anos, os machos jovens em um grupo de solteiros são suficientemente grandes e fortes para desafiar os machos adultos de um grupo consolidado. Se o desafio for bem-sucedido, os novos machos afastam os machos "destronados" e, em geral, tentam matar qualquer filhote que foi recentemente criado por eles. Embora as fêmeas lutem contra isso, geralmente os novos machos conseguem matar os filhotes dos outros leões.

Se o filhote de uma fêmea é morto, ela logo se torna sexualmente receptiva. Caso contrário, pode levar até dois anos para uma fêmea com filhotes recomeçar seu ciclo sexual. Esse atraso em sua receptividade sexual pode nos ajudar a entender o comportamento dos novos machos. Em média, novos machos permanecem com um grupo apenas dois anos antes de serem derrotados e expulsos por um novo grupo de machos mais jovens. Ao matar filhotes quando entra em um grupo, um novo macho aumenta suas chances de reprodução antes que seja removido por um macho mais novo. Assim, machos que entram em grupos e que comentem infanticídio têm maiores chances de deixar mais descendentes do que machos que não

Figura 8.1 Matando o filhote O leão africano macho mostrado aqui está tentando matar o filhote de outro macho; tais tentativas frequentemente dão certo. Por que esse comportamento seria evolutivamente adaptativo para o macho assassino?

Figura 8.2 Fêmeas que lutam para copular com machos seletivos
Os falaropos-vermelhos (*Phalaropus fulicarius*) do sexo feminino (os dois pássaros na esquerda) são maiores e mais coloridos do que o macho de sua espécie (à direita). Nessa espécie, as fêmeas disputam o direito de acasalar com os machos – e os machos escolhem com qual fêmea irão acasalar.

mataram filhotes. Essa lógica sugere que o comportamento infanticida dos machos seja favorecido por seleção natural, nos levando a esperar que isso seja comum em populações de leões (o que de fato ocorre).

O infanticídio é apenas um dos comportamentos aparentemente estranhos que observamos em animais. Moscas-das-frutas, por exemplo, às vezes põem ovos em frutas que contêm altas concentrações de álcool etílico, uma substância tóxica. Por que elas fazem isso? E por que as fêmeas de muitas espécies são mais "seletivas" do que os machos na escolha de um parceiro – e ainda em algumas espécies (como as aves da **Figura 8.2**) os machos são seletivos e as fêmeas tentam acasalar com tantos machos quanto for possível? Para obter respostas, voltamo-nos para o estranho e maravilhoso mundo do comportamento animal.

Introdução

Na natureza, muitas das atividades dos animais são direcionadas a obter alimento, encontrar parceiros ou evitar predadores. Geralmente, as decisões comportamentais que um animal toma exercem uma função-chave na habilidade de satisfazer a essas três necessidades básicas. Considere o dilema enfrentado pelos jovens leões decidindo se desafiam os leões adultos de um grupo. Uma decisão errada pelo jovem macho pode levá-lo a lesões graves ou até à morte (se for derrotado em combate), ou pode levá-lo a perder uma oportunidade de participar de um grupo e se reproduzir (caso postergue o combate desnecessariamente). Da mesma forma, uma truta jovem que permanece perto de um esconderijo enquanto se alimenta pode aumentar sua chance de escapar de predadores, mas, ao fazê-lo, pode renunciar a oportunidade de forragear em áreas que são mais ricas em recursos, porém sem proteção.

Como esses exemplos sugerem, as decisões comportamentais feitas pelos indivíduos têm custos e benefícios bem reais que afetam suas capacidades de sobreviver e se reproduzir. Esses exemplos também destacam o fato de que os comportamentos animais se desenrolam em um cenário ecológico: as decisões comportamentais do leão e da truta são feitas na presença de competidores e predadores. Como veremos neste capítulo, o fato de os comportamentos ocorrerem em um cenário ecológico e afetarem a sobrevivência e a reprodução os tornam temas centrais no campo da **ecologia comportamental**, o estudo da base ecológica e evolutiva do comportamento animal.

A ecologia comportamental é um campo dinâmico e de espectro amplo. Não podemos apresentar uma revisão completa desse campo em um único capítulo (para isso, procure os livros sobre ecologia comportamental listados na sugestão de leituras no *site* mencionado no final do capítulo). Em vez disso, seguindo os temas destacados pela vida em em grupos dos leões, ao longo deste capítulo, enfatizaremos três aspectos do comportamento: comportamento de forrageio, comportamento de acasalamento e vida em grupo. Para iniciar, olharemos mais de perto os tipos de perguntas que os ecólogos comportamentais fazem em suas pesquisas.

CONCEITO 8.1
Uma abordagem evolutiva ao estudo sobre o comportamento leva a predições testáveis.

Uma abordagem evolutiva ao comportamento

Pesquisadores que estudam o comportamento animal podem procurar responder a perguntas em níveis diferentes de explicação. Você pode perguntar, por exemplo, por que um sabiá saltando em seu quintal inclina periodicamente a cabeça para o lado. Acontece que o pássaro está escutando as minhocas se deslocarem através do solo. Os sabiás podem fazer isso porque seus sistemas sensorial e nervoso conseguem detectar os fracos sons de animais que se deslocam através do solo. (Você pode ouvir esses sons em **Saiba Mais 8.1.**) Assim, uma explicação para o comportamento do sabiá pode focar-se em como o equipamento sensorial funciona. Além disso, caçar pela escuta pode permitir que um sabiá detecte também presas difíceis de serem encontradas. Desse modo, a segunda explicação para o comportamento do sabiá de inclinar a cabeça pode focar-se em saber se escutar minhocas melhora a eficiência de forrageio, aumentando assim a sobrevivência e o sucesso reprodutivo da ave. Se a resposta for positiva, esse comportamento pode ter se tornado comum ao longo do tempo, pois foi favorecido pela seleção natural.

Observe que a primeira explicação que mencionamos se direciona a uma pergunta de "como" sobre comportamento: se vale do exemplo de uma ave em especial para mostrar como funciona o comportamento de virar a cabeça. Concentrando-se em eventos que ocorrem durante a vida do animal, essa abordagem procura explicar comportamentos em termos de suas **causas imediatas** ou próximas. No entanto, a segunda explicação apresenta uma pergunta de "por que" sobre comportamento: examina as razões evolutivas e históricas para um comportamento específico. Direcionando-se a eventos anteriores que influenciaram as características de um animal como conhecemos hoje, essa abordagem procura explicar comportamentos em termos de suas **causas finais** ou evolutivas.

Embora os ecólogos comportamentais examinem tanto causas imediatas como causas finais em suas pesquisas, eles estão primordialmente preocupados com explicações evolutivas de comportamentos animais. Vamos acompanhar essa linha neste capítulo, focalizando explicações selecionadas evolutivamente sobre por que os animais se comportam de determinado modo. Começaremos examinando como a seleção natural afeta o comportamento.

A seleção natural molda o comportamento animal ao longo do tempo

Como vimos nos capítulos anteriores deste livro, a capacidade do indivíduo para sobreviver e se reproduzir depende em parte de seu comportamento. Portanto, a seleção natural deve favorecer indivíduos cujos comportamentos os tornam eficientes em atividades como o forrageio, a conquista de parceiros e a evitação de predadores.

Para explorar ainda mais essa ideia, lembre-se do Capítulo 6, onde vimos que a seleção natural não é um processo aleatório. Em vez disso, quando a seleção natural atua, os indivíduos com determinadas características deixam consideravelmente mais descendentes do que outros indivíduos *por causa* dessas características. Se as características que conferem vantagem são hereditárias (i.e., determinadas em parte por genes), os indivíduos que as possuem tendem a passá-las a sua prole. Em tais casos, a seleção natural pode provocar **evolução adaptativa**, um processo em que características que conferem vantagens de sobrevivência ou reprodutivas tendem a aumentar em frequência ao longo do tempo.

Aplicando-se essas ideias a comportamentos herdáveis, poderíamos prever que, como um resultado da seleção natural, os indivíduos devem apresentar comportamentos que melhorem suas chances de sobreviver e se reproduzir. Comportamentos animais muitas vezes são coerentes com essa previsão, como ilustrado pela prática do infanticídio por leões, um comportamento que aumenta a chance de um macho de se reproduzir antes de ser substituído por um macho mais jovem. Estudos posteriores que documentaram a mudança adaptativa de comportamento somaram evidências a essa previsão.

Por exemplo, Silverman e Bieman (1993) relataram uma mudança comportamental adaptativa em populações da barata-alemã (*Blattella germanica*) (**Figura 8.3**).

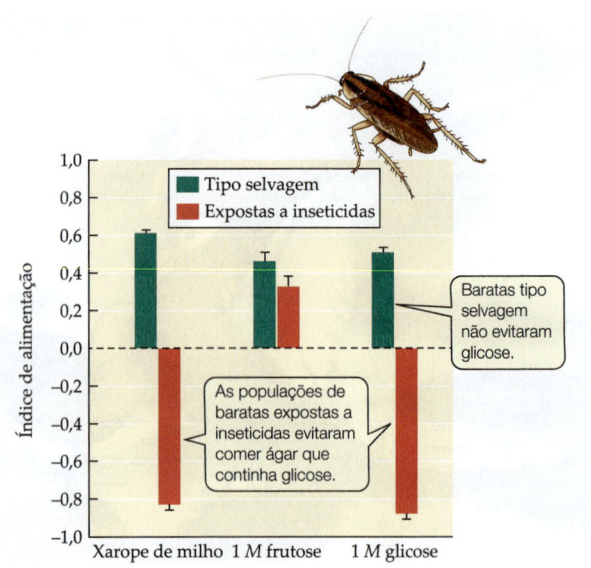

Figura 8.3 Uma resposta comportamental adaptativa Comportamento alimentar em duas populações da barata-alemã (*Blattella germanica*); uma (do "tipo selvagem") não teve qualquer exposição prévia a inseticidas, enquanto a outra foi exposta a inseticidas. As baratas poderiam escolher comer ágar simples (sem açúcar), ágar que continha uma das três fontes de açúcar – frutose, glicose, xarope de milho (que contém frutose e glicose) – ou ambos. As dietas selecionadas pelas baratas foram caracterizadas por um "índice de alimentação" variando de 1,0 (indicando que 100% de sua dieta consistiu em ágar contendo glicose) a –1,0 (indicando que 100% de sua dieta consistiu em ágar normal). As barras de erro mostram um erro-padrão da média. (Segundo Silverman e Bieman, 1993.)

? Explique a aversão da *B. germanica* à glicose, do ponto de vista das causas imediatas e das causas finais.

Na década de 1980, ações para controlar essa barata com frequência utilizavam iscas que combinavam um inseticida com um estimulante de alimentação, como a glicose. Inicialmente, essas iscas foram altamente eficazes, matando a maioria das baratas que as encontravam. Com o tempo, no entanto, uma nova adaptação comportamental, a aversão à glicose, surgiu em algumas populações de barata. As baratas dessas populações evitavam se alimentar de glicose, fazendo as iscas se tornarem ineficazes. Essa alteração no comportamento de alimentação de baratas-alemãs é hereditária e controlada por um único gene (Silverman e Bieman, 1993). Em especial, a aversão à glicose parece resultar de mutações que afetam receptores de neurônios gustativos. Em indivíduos que possuem aversão à glicose, a presença desse açúcar ativa receptores neuronais de gosto que em outros indivíduos são ativados apenas por substâncias amargas (Wada-Katsumata et al., 2013).

O aumento da frequência da aversão à glicose em populações de baratas expostas a iscas contendo glicose mostra como a seleção natural em diferentes condições ambientais pode moldar comportamentos ao longo do tempo. Contudo, para a seleção ter esse efeito – e para que as explicações evolutivas de comportamento sejam convincentes – um comportamento deve ser determinado ao menos em parte

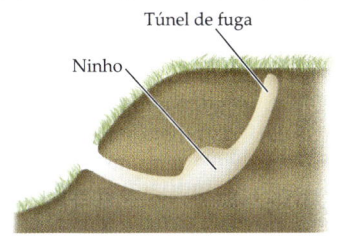

(A) Camundongo-oldfield (*Peromyscus polionotus*)

Túnel de fuga
Ninho
Túnel de entrada longo

(B) Camundongo-veadeiro (*Peromyscus maniculatus*)

Ninho
Túnel de entrada curto

Peromyscus maniculatus

Figura 8.4 Tocas de camundongo distintas (A) O camundongo-oldfield constrói uma toca complexa, com um túnel de entrada longo e um túnel de fuga. (B) O camundongo-veadeiro constrói uma toca mais simples, com um túnel de entrada curto e sem túnel de fuga.

por genes. Tendo em vista que seções ao final deste capítulo enfatizam explicações evolutivas de comportamento, examinaremos agora com mais detalhe uma hipótese: que comportamentos animais são determinados por genes.

Comportamentos são determinados por genes e por condições ambientais

Muitas características de um animal, incluindo aspectos de seu comportamento, são influenciadas por genes e por condições ambientais (ver Capítulos 6 e 7). Mais adiante neste capítulo, vamos discutir como certas características do ambiente, como a presença de predadores, podem alterar o comportamento de um animal. Aqui vamos nos concentrar principalmente em genes, mas é essencial ter em mente que as condições ambientais também afetam a maioria dos comportamentos, mesmo aqueles que são fortemente influenciados por genes.

O comportamento de aversão à glicose de baratas que acabamos de discutir é hereditário e parece ser controlado por um único gene. No entanto, esse comportamento é relativamente simples – a barata evita a glicose ou não. Seria de esperar que uma escolha comportamental tão específica e relativamente simples pudesse ser controlada por um ou poucos genes. Mas o que dizer de comportamentos mais complexos?

Weber e colaboradores (2013) analisaram a genética de um comportamento mais complexo, como a construção das tocas por roedores. Eles estudaram duas espécies intimamente relacionadas, os camundongos-oldfield (*Peromyscus polionotus*), também chamados de camundongos da praia, e os camundongos-veadeiros (*P. maniculatus*). Em estado selvagem, os camundongos-oldfield constroem tocas complexas, com um túnel de entrada longo e um túnel de fuga, enquanto os camundongos-veadeiros constroem tocas bem mais simples (**Figura 8.4**). A maioria das outras espécies de *Peromyscus* constrói tocas simples, ou nem mesmo faz tocas. As tocas complexas construídas por camundongos-oldfield são únicas e podem ser uma adaptação à vida em ambientes abertos, que oferecem pouca proteção: embora cobras e outros predadores possam achar camundongos-oldfield facilmente em tais hábitats, o comprimento do túnel de entrada e a presença de um túnel de fuga podem ajudar um camundongo a escapar da caça de um predador.

Weber e colaboradores queriam avaliar a contribuição dos genes para o comportamento único de construção de tocas dos camundongos-oldfield. Para isso, aproveitaram-se do fato de que camundongos-oldfield e camundongos-veadeiros podem cruzar para formar descendentes híbridos viáveis e férteis (assim como algumas outras espécies estreitamente relacionadas também podem, como lobos e coiotes) e que ambas as espécies exibem o comportamento habitual de construção de tocas, mesmo em laboratório. Eles examinaram os comportamentos relativos à construção de tocas em camundongos-oldfield, camundongos-veadeiros, e dois tipos diferentes de descendência híbrida: híbridos de primeira geração (F_1) (descendentes de acasalamentos entre camundongos-oldfield e camundongos-veadeiros) e geração posterior de "retrocruzamento" entre híbridos (descendentes de acasalamentos entre indivíduos F_1 e camundongos-veadeiros).

Os resultados indicaram que o comportamento de produzir tocas complexas do camundongo-oldfield é afetado por várias regiões do DNA. Como esperado, todos os camundongos-oldfield construíram túneis de fuga e nenhum dos camundongos-veadeiros construiu. Além disso, 100% dos camundongos da linhagem híbrida F_1 construíram túneis de fuga, e quase 50% da geração de retrocruzamento construíram esses túneis (**Figura 8.5**). Esses resultados dão consistência à ideia de que a construção de túneis de fuga

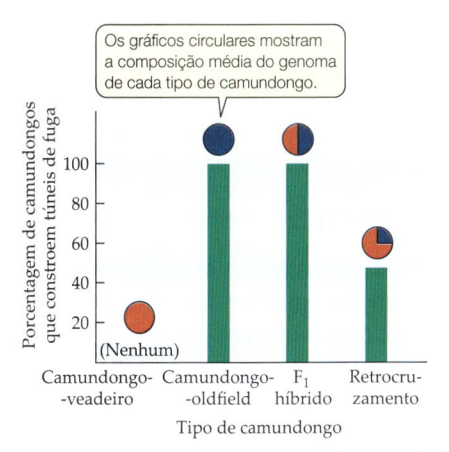

Figura 8.5 A genética da construção do túnel de fuga O gráfico mostra as proporções de camundongos-veadeiros, camundongos-oldfield, híbridos F_1 e camundongos de retrocruzamento (ou seja, descendentes de camundongos híbridos com camundongos-veadeiros) que construíram tocas com túneis de fuga. (Segundo Weber et al., 2013.)

é controlada por um único local cromossômico, ou *locus genético*. Mais adiante, essa conclusão foi novamente apoiada pela abordagem de mapeamento genético chamada de *locus de características quantitativas* (QTL, do inglês, *quantitative trait locus*) – Weber e colaboradores descobriram que construir um túnel de fuga foi primariamente determinado por um único *locus* genético. A análise de QTL também mostrou que o comprimento da entrada do túnel é modificado por ao menos três *loci* genéticos separados, todos diferindo do *locus* que controla a construção do túnel de fuga. Assim, parece que o comportamento de construir tocas complexas dos camundongos-oldfield evoluiu da combinação de dois comportamentos mais simples (construção de túneis com entrada longa e construção de túneis de fuga), cada um afetado por um conjunto diferente de instruções genéticas.

O estudo de Weber e colaboradores não é habitual, pois usa tanto observações comportamentais como mapeamento genético para examinar como os genes afetam um comportamento complexo de importância ecológica. Ainda que relativamente poucos estudos tenham identificado genes que determinam comportamentos, uma ampla variedade de comportamentos é conhecida por ser hereditária, e normalmente esses comportamentos são influenciados por múltiplos genes (van Oers e Sinn, 2013).

Em geral, é claro que genes afetam muitos comportamentos, mas é importante manter algumas ressalvas em mente. Mais especificamente, é errado supor que os comportamentos estão sob o controle de um ou de poucos genes. Também é errado supor que um indivíduo que tem um alelo associado a determinado comportamento sempre desenvolverá o comportamento – como um robô inflexível, sob o estrito controle de seus genes. Em vez disso, dois indivíduos com alelos idênticos podem se comportar de forma diferente e, como discutiremos a seguir, indivíduos muitas vezes mudam seu comportamento quando em ambientes diferentes. No entanto, assumindo-se que os genes afetam os comportamentos e que a seleção natural moldou os comportamentos ao longo do tempo, podemos fazer previsões específicas sobre como os animais se comportarão em determinadas situações. Mesmo quando essas previsões se mostram equivocadas, uma visão evolutiva do comportamento fornece uma abordagem interessante para o estudo do comportamento animal, o que pode nos ajudar a entender como os animais interagem na natureza.

> **CONCEITO 8.2**
>
> Animais fazem escolhas comportamentais que aumentam seu ganho energético e reduzem seu risco de se tornarem presas.

Comportamento de forrageio

Como vimos, o fato de haver custos e benefícios para as escolhas comportamentais que os animais fazem sugere que seus comportamentos têm sido moldados pela seleção natural ao longo do tempo. Nesta seção, vamos considerar essa linha de raciocínio mais detalhadamente, focalizando uma das atividades cruciais para todos os animais: obter alimentos.

A teoria do forrageio ótimo aborda escolhas comportamentais que aumentam a taxa de ganho de energia

A disponibilidade de alimentos varia bastante ao longo do tempo e do espaço. Por exemplo, algumas áreas de uma paisagem podem ter uma maior densidade de presas ou abrigar uma maior quantidade de indivíduos devido a diferenças na disponibilidade de recursos hídricos ou nutrientes associados a diferenças nas condições locais. Além disso, alguns recursos alimentares podem ser mais facilmente obtidos que outros devido a fatores como abundância, incluindo a facilidade em serem detectados, capturados ou subjugados.

Se o suprimento de energia for escasso, então os animais, ao se deslocarem em uma paisagem heterogênea, devem investir a maior parte de seu tempo na aquisição de recursos alimentares de melhor qualidade, mais abundantes e em menor distância. Tal comportamento deve maximizar a quantidade de energia obtida por unidade de tempo de alimentação e minimizar outros riscos envolvidos, como o de se tornar alimento de outros animais. Essas ideias são a essência da teoria do **forrageio ótimo**, que propõe que animais irão maximizar a quantidade de energia adquirida por unidade de tempo destinado à alimentação. A teoria do forrageio ótimo apoia-se na premissa de que a seleção natural atua no comportamento de forrageio dos animais para maximizar suas taxas de ganho de energia.

De acordo com uma formulação da teoria do forrageio ótimo, a rentabilidade de um item alimentar para um animal depende da quantidade de energia líquida que ele obtém do alimento em relação ao tempo investido em obter e digerir o alimento, ou, em termos matemáticos,

$$R = \frac{E}{t}$$

onde R é a rentabilidade, E é o valor energético líquido do alimento, e t é o tempo investido na obtenção e no processamento do alimento. O valor da energia líquida é a energia ganha menos a energia investida em obter e processar o alimento. Se um animal está forrageando de modo ótimo e tem a chance de escolher entre dois itens alimentares igualmente abundantes, ele escolherá o recurso com maior R.

Outra maneira de considerar as decisões de forrageio é representar as consequências energéticas do comportamento de forrageio com um modelo conceitual simples que descreve o montante de energia líquida que um animal obtém de seu alimento (**Figura 8.6**). Inicialmente, a quantidade total de energia que um animal obtém de seu alimento (curva azul) aumenta rapidamente com o esforço que investe, isto é, com o tempo e a energia gastos procurando, capturando, dominando e consumindo os alimentos. Em algum momento, no entanto, um novo aumento no esforço de forrageio fornece relativamente pouca energia adicional, e o ganho líquido de energia começa a diminuir. Vários fatores podem causar essa redução, incluindo uma limitação na quantidade de alimento que o animal pode transportar ou ingerir.

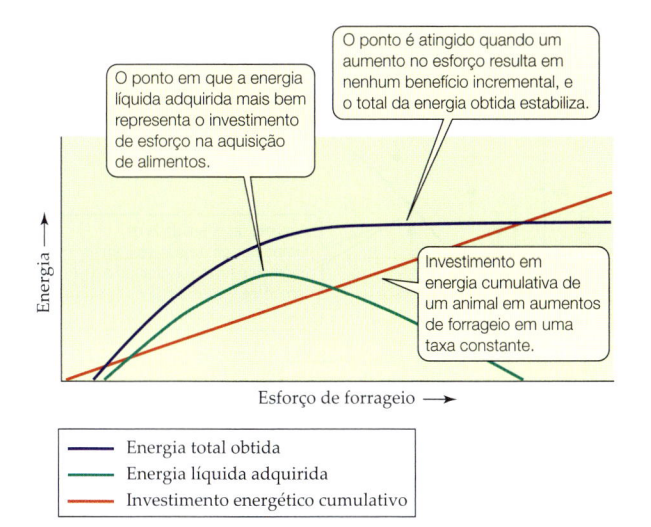

Figura 8.6 Modelo conceitual do forrageio ótimo A energia líquida obtida com o forrageio (curva verde) é igual ao total de energia obtida a partir dos alimentos adquiridos (curva azul) menos a energia investida na aquisição de alimentos (curva vermelha). Esse modelo simples pode ser utilizado para testar se os animais estão forrageando de um modo que resulta em máximo retorno, com base em estimativas da energia total obtida e da energia total investida.

Rótulos do gráfico:
- O ponto em que a energia líquida adquirida mais bem representa o investimento de esforço na aquisição de alimentos.
- O ponto é atingido quando um aumento no esforço resulta em nenhum benefício incremental, e o total da energia obtida estabiliza.
- Investimento em energia cumulativa de um animal em aumentos de forrageio em uma taxa constante.
- Eixo y: Energia
- Eixo x: Esforço de forrageio
- Legenda: Energia total obtida; Energia líquida adquirida; Investimento energético cumulativo

❓ Suponha que você consiga estimar a energia líquida obtida em diferentes níveis de investimento no forrageio pelos lagartos comendo formigas no deserto. Como você poderia usar essa informação para testar se os lagartos forrageiam de forma otimizada?

e no tempo exigido para obtê-las (as larvas pequenas foram coladas na superfície da correia). Alterando as proporções dos tipos de presa e as distâncias entre uma presa e outra na correia (*taxas de encontro*), os pesquisadores variaram a rentabilidade das larvas de bicho-da-farinha grandes e pequenas. Usando um modelo de forrageio ótimo e medindo o tempo que cada ave levou para dominar e consumir a presa (*tempo de manipulação*), eles previram a frequência com que as aves selecionam as larvas grandes com as taxas de encontro variadas para os dois tipos de presas. As aves consumiram um percentual crescente de larvas grandes com o aumento da rentabilidade relativa dessas larvas (**Figura 8.7**), assim como o modelo havia previsto.

Um exemplo de um estudo de campo sobre dieta seletiva usou o ostraceiro-europeu (*Haematopus ostralegus*), uma ave costeira que se alimenta de bivalves (como mariscos e mexilhões). Os ostraceiros devem encontrar um bivalve enterrado na areia, desenterrá-lo e abri-lo antes que possam comê-lo. Para bivalves abaixo de certo tamanho, o benefício em energia líquida obtida desse esforço é pequeno, estabelecendo um limite inferior no tamanho de bivalves selecionados pelo ostraceiro. Bivalves acima de certo tamanho têm conchas mais espessas e requerem mais esforço para abrir, estabelecendo um limite máximo no tamanho do bivalve selecionado pelas aves. Meire e

Embora os modelos discutidos aqui sejam simples, eles fornecem uma base para se fazer previsões quantitativas sobre o comportamento de forrageio de um animal. Modelos mais sofisticados têm sido utilizados para derivar hipóteses que podem ser testadas em condições naturais ou de laboratório. Um componente importante desses modelos é a moeda (tal como ganho líquido de energia) que é usada para determinar o benefício. Tais modelos podem incorporar, por exemplo, a energia líquida adquirida, o tempo gasto se alimentando e o risco de predação (Schoener, 1971). Se o comportamento de forrageio é uma adaptação para recursos alimentares limitados, então devemos ser capazes de relacionar o benefício desse comportamento à sobrevivência e à reprodução do animal.

Testes da teoria do forrageio ótimo Investigações sobre forrageio ótimo têm focado a seleção da dieta, a seleção dos locais para se alimentar, o tempo gasto em locais por alimentos e os movimentos das presas (Pyke et al., 1977). John Krebs e colaboradores (1977) desenvolveram uma forma única para avaliar se o chapim-real (*Parus major*, uma ave comum encontrada na maior parte da Eurásia e do norte da África) selecionava tipos de presas de maior rentabilidade. Eles colocaram aves de cativeiro ao lado de uma correia em movimento com presas que difeririam em tamanho (larvas de bicho-da-farinha grandes e pequenas)

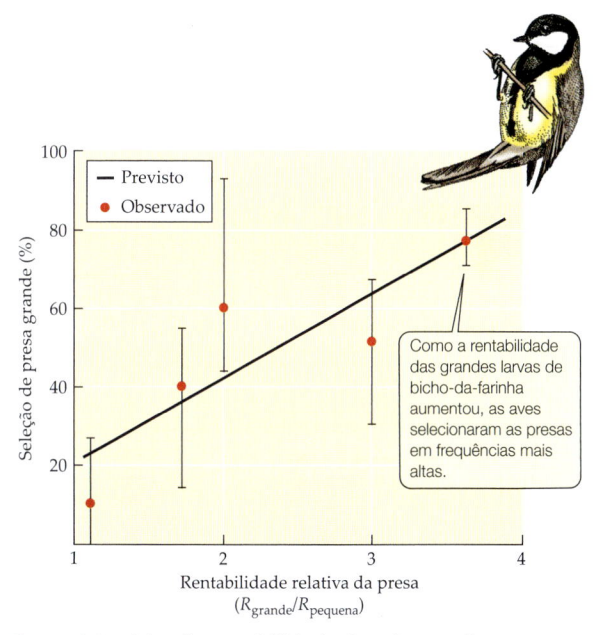

Figura 8.7 Efeito de rentabilidade da seleção alimentar Krebs e colaboradores usaram um modelo de seleção de dieta ideal, junto com a cronometragem da manipulação de presas pelas aves. O objetivo foi prever a taxa com que os chapins-reais (*Parus major*) selecionariam larvas de bicho-da-farinha grandes em detrimento de pequenas, uma vez que sua taxa de encontro com os dois tipos de presas foi variada (expressa pelo cálculo da razão da rentabilidade dos tipos de presa). As barras de erro mostram ± um erro-padrão da média. (Segundo Krebs et al., 1977.)

Gráfico — eixo y: Seleção de presa grande (%) 0–100; eixo x: Rentabilidade relativa da presa ($R_{grande}/R_{pequena}$) 1–4. Legenda: Previsto; Observado. Anotação: Como a rentabilidade das grandes larvas de bicho-da-farinha aumentou, as aves selecionaram as presas em frequências mais altas.

Ervynck (1986) demonstraram que os ostraceiros selecionam presas de tamanhos que estão entre esses limites, que fornecem o maior ganho de energia pelo esforço despendido, apesar da abundância relativamente baixa de presas com esses tamanhos.

O teorema do valor marginal Outro aspecto do forrageio ótimo considera o hábitat em que um animal forrageia como uma paisagem heterogênea formada por fragmentos que contêm diferentes quantidades de alimentos. Para otimizar seu ganho de energia, um animal deve caçar nos fragmentos mais rentáveis – naqueles em que pode atingir o mais alto ganho de energia por unidade de tempo. Podemos também considerar o benefício obtido por um animal forrageando a partir da perspectiva do tempo gasto em um local (**Figura 8.8**). Logo que o animal encontra um local rentável, sua taxa de ganho de energia é inicialmente elevada, mas essa taxa diminui e, por fim, torna-se marginal quando o forrageador esgota os recursos alimentares. Um animal forrageando deve permanecer no local até quando a taxa de ganho energético tenha declinado para a taxa média do hábitat (conhecida como *tempo de desistência*), e após partir para outro fragmento. O tempo de desistência também pode ser influenciado pela distância dos outros locais de alimentação. Deve-se investir no deslocamento para outro fragmento; desse modo, o animal pode aceitar

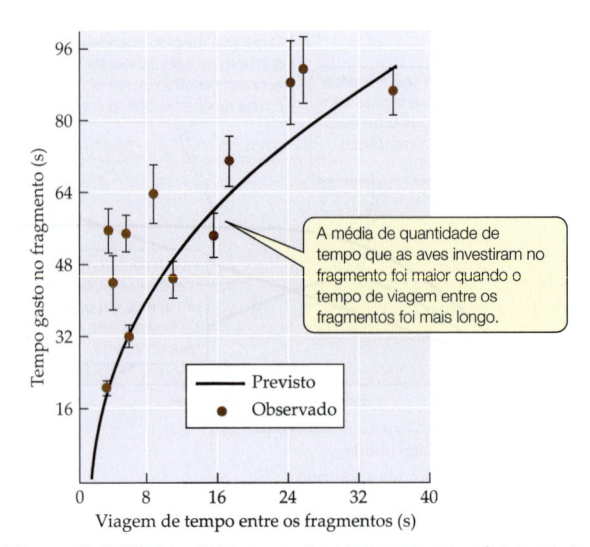

Figura 8.9 Efeito do tempo de viagem entre fragmentos Usando o teorema do valor marginal, Cowie previu o efeito do tempo de viagem entre fragmentos dos chapins-reais (*Parus major*) pela média do tempo que gastavam forrageando em fragmentos dispostos em um laboratório. As barras de erro mostram ± um erro-padrão da média. (Segundo Cowie, 1977.)

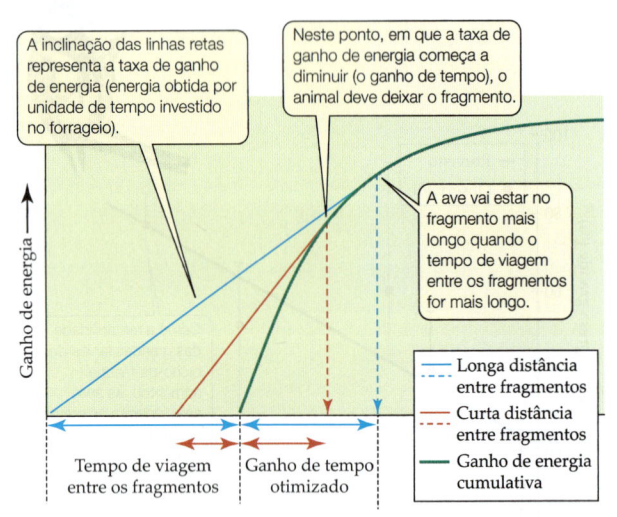

Figura 8.8 O teorema do valor marginal O teorema do valor marginal assume que um animal em forrageio encontrará fragmentos que contêm quantidades variáveis de alimentos. A taxa de ganho de energia do animal em um fragmento (energia ganha por unidade de tempo investido no forrageio) é inicialmente alta, mas diminui à medida que ele vai esgotando o suprimento de alimentos no local. O tempo que o animal passa em cada fragmento deve otimizar sua taxa de ganho energético.

? Se a densidade ou a qualidade das presas for baixa, e o ganho de energia acumulada estabilizar em um nível inferior, como isso influenciará o tempo de desistência?

uma menor taxa de ganho de energia se a distância entre fragmentos for maior. Esse modelo conceitual, chamado de **teorema do valor marginal**, foi inicialmente desenvolvido por Eric Charnov (1976). Ele pode ser usado para avaliar a influência da distância entre fragmentos, a qualidade do alimento no fragmento e a eficiência de extração de energia do animal no tempo de desistência. O modelo também tem sido estendido para outros problemas de desistência na ecologia comportamental, incluindo quanta energia deve ser investida na cópula e quando finalizar a época de cuidado parental e procurar outros parceiros.

Uma das predições do teorema do valor marginal é: quanto maior o tempo de deslocamento entre os fragmentos de alimento, mais tempo o animal deve passar em um fragmento (ver Figura 8.8). Essa predição foi testada por Richard Cowie (1977) usando um laboratório configurado como uma "floresta" de varetas de madeira com chapins-reais. Os "fragmentos" de alimento consistiam em copos plásticos cheios de serragem contendo larvas de bicho-da-farinha. O "tempo de viagem" entre os sítios de alimentação foi manipulado colocando tampas de papelão por cima dos copos com alimento e ajustando a facilidade com que eles poderiam ser removidos pelas aves. Cowie usou o teorema do valor marginal para predizer a quantidade de tempo que as aves deveriam passar nos fragmentos com base no tempo de deslocamento entre eles. Seus resultados confirmaram razoavelmente bem suas previsões (**Figura 8.9**). Resultados semelhantes têm sido obtidos em outros experimentos laboratoriais, assim como em áreas naturais, como o estudo de James Munger (1984) sobre o comportamento dos lagartos-de-chifres (*Phrynosoma* spp.) forrageando formigas no Deserto de Chihuahua.

Enquanto evidências apoiam alguns aspectos da teoria do forrageio ótimo, críticas relevantes também têm sido feitas. O forrageio ótimo descreve melhor o comportamento de animais que se alimentam de presas imóveis, e não se aplica tão bem a animais que se alimentam de presas móveis (Sih e Christensen, 2001). Além disso, as premissas de que o suprimento de energia é sempre escasso e que a escassez governa o comportamento forrageador nem sempre estão corretas. Aos carnívoros, em específico, podem não faltar recursos alimentares como no grau indicado pelos modelos de forrageio ótimo (Jeschke, 2007). Ademais, outros recursos além da energia podem estar envolvidos na seleção de itens alimentares, especialmente nutrientes como o nitrogênio e o sódio. Como veremos a seguir, considerações adicionais aos forrageadores incluem o risco de predação e as defesas da presa.

Indivíduos geralmente mudam suas decisões de forrageio quando predadores estão presentes

Ainda que a ingestão de alimento seja importante para um animal, o que realmente importa de uma perspectiva evolutiva é a produção de descendentes. Um indivíduo que está bem alimentado, mas que não sobrevive tempo suficiente para se reproduzir não passará seus genes para gerações futuras. Como essa observação sugere, um forrageador pode ter que lidar com compensações (*trade-offs*) em que atingir um objetivo (como se alimentar) se desenrola à custa de outro (como sobreviver). Compensações que afetam as decisões de forrageio podem estar relacionadas aos predadores (um herbívoro pode evitar uma área rica em alimento se predadores estiverem presentes), às condições ambientais (no deserto, um animal forrageador pode se proteger em uma toca ou em uma sombra quando a temperatura se torna muita alta) ou às condições fisiológicas (um animal com fome pode enfrentar maiores risco no forrageio do que um animal bem alimentado). Nosso foco aqui será como predadores são influenciados por decisões de forrageio.

Por exemplo, Creel e colaboradores (2005) estudaram como a presença de lobos afeta o comportamento de forrageio do alce (*Cervus elaphus*) no Grande Ecossistema de Yellowstone. Pesquisadores utilizaram coleiras com radiotransmissores de GPS para rastrear diariamente os deslocamentos dos alces. Nos dias em que os lobos se faziam presentes, os alces moviam-se para regiões de floresta, que oferecem mais proteção e menos alimentos do que os campos, onde os alces preferem forragear, mas ficam mais vulneráveis à predação pelos lobos (**Figura 8.10**). Os resultados de uma análise estatística dos movimentos dos alces geraram evidências adicionais de que esses animais se movem para as florestas quando os lobos chegam e que retornam para os campos quando os lobos saem (**Figura 8.11**).

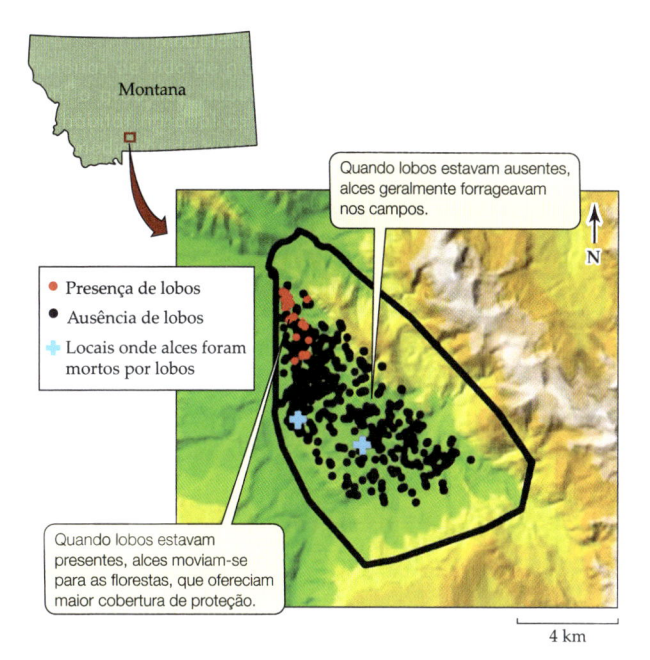

Figura 8.10 A mudança alimentar dos alces em resposta à presença de lobos O mapa mostra os locais dos alces (*Cervus elaphus*) nos dias em que os lobos estavam presentes e nos dias em que os lobos foram considerados ausentes, em Gallatin Canyon, Montana (parte do Grande Ecossistema de Yellowstone). (Segundo Creel et al., 2005.)

Resultados semelhantes têm sido observados nos ambientes aquáticos. Werner e colaboradores (1983), por exemplo, examinaram como predadores influenciam nas decisões de forrageio do peixe perca-sol-de-guelras-azuis (*Lepomis macrochirus*). Grupos idênticos do perca-sol em três classes de tamanho (pequeno, médio e grande) foram introduzidos dos dois lados de um açude dividido. Um peixe predador, o achigã (*Micropterus salmoides*), foi introduzido em apenas um lado do açude. Os tamanhos dos perca-sol e dos achigãs foram escolhidos de tal modo que o perca-sol de menor tamanho seria muito vulnerável ao achigã, enquanto os perca-sol na classe de maior tamanho eram muito grandes para a predação pelo achigã. Os perca-sol maiores forrageavam de modo semelhante nos dois lados do açude, com sua escolha de hábitat e dieta combinada com as previsões esperadas segundo a teoria de forrageio ótimo. Isso também ocorreu com os perca-sol pequenos na metade do açude sem predadores. Na presença dos predadores, contudo, os indivíduos pequenos aumentaram o tempo de forrageio em áreas com vegetação, um hábitat que gera maior proteção contra o achigã, mas com apenas um terço da taxa de alimento do que em hábitats mais abertos.

Pesquisadores também têm testado se a percepção do risco de predação pode alterar os padrões de forrageio, mesmo na ausência de predação efetiva. Em um estudo, Zanette e colaboradores (2011) expuseram alguns ninhos de pardais-canoros (*Melospiza melodia*) a gravações de chamados e sons de seus predadores (como mão-pelada,

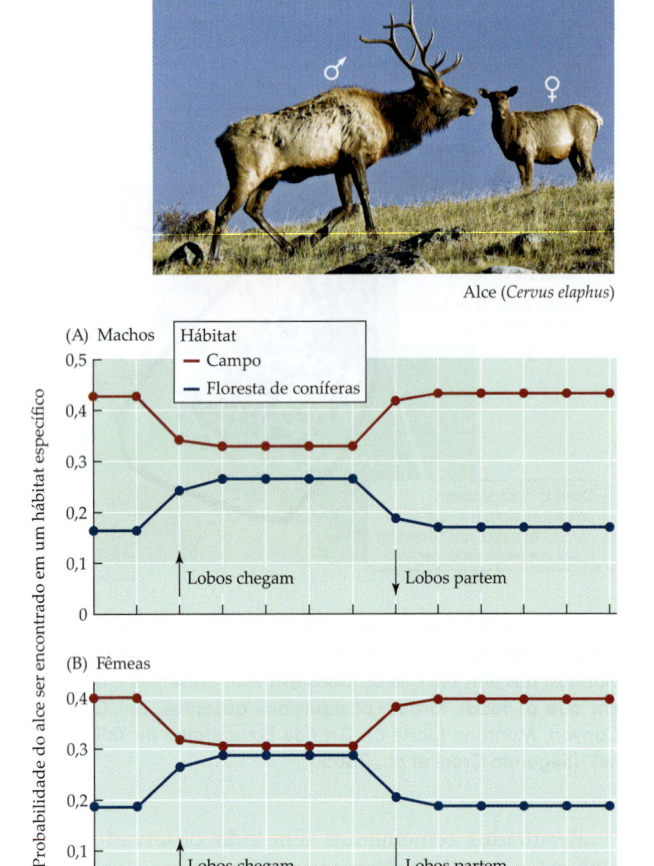

Figura 8.11 Movimento de alces macho e fêmea em resposta à presença de lobos Os resultados de uma análise estatística dos padrões de movimento diários de alces dos sexos masculino (A) e feminino (B) mostram que a probabilidade de encontrar alces em campos cai quando os lobos chegam; em seguida, sobe quando os lobos partem. (Segundo Creel et al., 2005.)

? Compare e distinga como alces macho e fêmea respondem à presença de lobos.

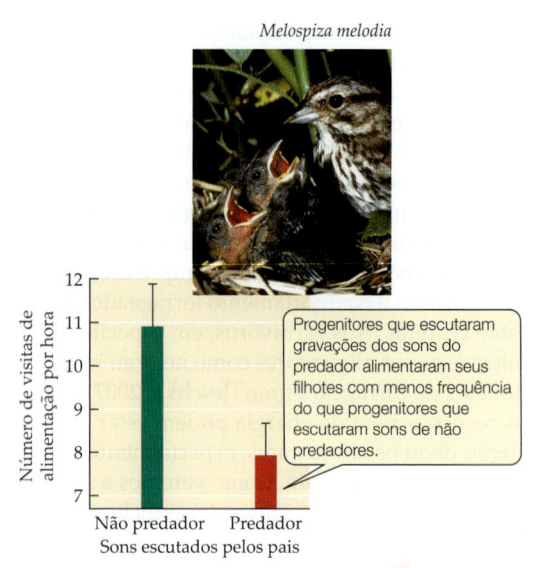

Figura 8.12 Filhotes recebem menos alimento quando seus progenitores temem predadores O número de vezes que os pardais-canoros alimentavam seus filhotes por hora caiu quando os progenitores ouviam gravações dos sons de seus predadores. As barras de erro mostram um erro-padrão da média. (Segundo Zanette et al., 2011.)

águias e corvos), enquanto outros ninhos foram expostos a gravações de sons e chamados de animais que não são predadores (como ganso e foca). Os pesquisadores tiveram que proteger os ninhos, com redes e grades elétricas, de predadores existentes (as redes e outros aspectos desse experimento estão detalhados em **Saiba Mais 8.2**). Os pardais-canoros expostos aos sons dos predadores alimentavam seus juvenis menos vezes que aqueles expostos às gravações de animais que não eram seus predadores (**Figura 8.12**); pardais-canoros que ouviam os sons dos predadores também construíram seus ninhos em áreas de vegetação mais densa e espinhenta, e passavam menos tempo chocando seus ovos do que os pardais-canoros expostos às gravações de não predadores. Iremos explorar as consequências de tal mudança comportamental em Conexões na Natureza (ver p. 200).

Os exemplos do pardal-canoro, do alce e do perca-sol são representativos de centenas de outros estudos que mostram que as presas mudam seu comportamento de forrageio na presença de predadores (Lima, 1998; Verdolin, 2006). Como veremos a seguir, quando predadores estão presentes, as presas apresentam mudanças em seu comportamento que reduzem suas chances de serem predadas.

Presas exibem comportamentos que podem evitar sua detecção ou dissuadir predadores

Predadores podem matar um grande número de presas, exercendo uma forte seleção sobre as populações delas (ver Capítulo 6). Como resultado dessa pressão seletiva, as espécies predadas desenvolveram uma ampla diversidade de defesas contra seus predadores. Aqui vamos focar em comportamentos antipredador; no Capítulo 13, iremos abordar outras formas de defesa, incluindo defesas físicas, toxinas e tipos morfológicos de camuflagem.

Os comportamentos antipredador incluem aqueles que podem ajudar as presas a não serem vistas, a detectar predadores, a evitar ataques ou a escapar quando são atacadas (**Figura 8.13**). Comportamentos que podem evitar que as presas sejam vistas incluem se esconder, se manter inertes quando predadores estão próximos ou realizar atividades arriscadas (como o forrageio) em momentos em que os predadores não estão ativos. Outros animais dificultam sua visualização cobrindo seus corpos

Figura 8.13 Exemplos de comportamentos antipredador (A) As larvas do besouro-do-lírio (*Liloceris lilii*) cobrem-se com suas próprias fezes, tornando-se impalatáveis aos predadores. (B) Os leões-marinhos australianos (*Neophoca cinerea*) podem literalmente dormir com um olho aberto, com metade de seu cérebro em um estado de sono, enquanto a outra metade permanece alerta para o perigo. (C) A gazela (*Antidorcas marsupialis*) exibe um comportamento de salto com as pernas rígidas, conhecido em inglês como *stotting* ou *pronking*, que é utilizado para desencorajar os predadores a persegui-la.

com materiais que se misturam ao ambiente, como pétalas (em algumas lagartas) ou fezes (em algumas larvas de besouros; Figura 8.13A). Quanto a detectar predadores, as presas frequentemente se mantêm muito atentas; algumas aves, répteis e mamíferos podem se manter alertas mesmo enquanto dormem (Figura 8.13B). Há também uma ampla variedade de comportamentos que as presas utilizam para impedir o ataque quando são encontradas. Por exemplo, o juvenil dos caranguejos *Libinia dubia* prende ao corpo pedaços de algas que os peixes consideram impalatáveis, algo que aumenta sua taxa de sobrevivência (Stachowicz e Hay, 1999); caranguejos mais velhos, que são muito grandes para os peixes predarem, não utilizam mais desse comportamento. Algumas presas enviam sinais aos predadores, no sentido de transmitir "eu estou te vendo, eu sou mais rápido que você, então não perca seu tempo tentando me atacar". O comportamento ezibido pelas gazelas de saltar e cair no mesmo local, mantendo suas patas esticadas no ar (Figura 8.13C), é considerado um sinal desse tipo. Outros exemplos incluem os lagartos que fazem "apoios" (indicando que sua condição física é boa) e os esquilos que se aproximam propositadamente de cascavéis, com frequência ficando a uma distância que não é segura, e balançam a cauda de um lado para o outro. O balanço do rabo mostrou-se efetivo: deteve o bote das cascavéis e aumentou a chance da cobra abandonar seu local de emboscada (Barbour e Clark, 2012).

Se um predador atacar e capturar (ou se está prestes a capturar) sua presa, a vítima em potencial pode apelar para comportamentos extremos. Uma cobra-nariguda, por exemplo, pode se fingir de morta quando capturada, projetando a língua e emitindo um odor fétido que se assemelha ao cheiro de carne em decomposição, mantendo ao mesmo tempo um olhar atento em seu predador. Esse comportamento pode funcionar porque muitos predadores não vão querer comer carniça. Como último recurso, algumas presas podem defecar, urinar ou exalar outras substâncias desagradáveis, como o peixe-bruxa ao secretar grande quantidade de muco quando está sob ataque (esse muco por vezes sufoca o predador). Outras espécies desprendem partes do corpo quando ameaçadas ou apanhadas. Uma lagartixa, por exemplo, pode desfazer-se da cauda, que se contorce no solo, distraindo seu predador. Alguns pepinos-do-mar levam tais manobras evasivas a um nível único: quando capturados, viram-se parcialmente do avesso, confundindo seu predador e cobrindo-o com um emaranhado de órgãos internos. O pepino-do-mar, em seguida, desfaz-se desses órgãos e nada para longe; mais tarde, ele volta a desenvolver os órgãos perdidos, em um exemplo notável de autorregeneração.

Tendo examinado os comportamentos de forrageio e antipredador dos animais a partir de uma perspectiva evolutiva, agora nos voltaremos a outra atividade animal chave: o sexo.

CONCEITO 8.3

Os comportamentos de acasalamento refletem os custos e os benefícios do cuidado parental e da defesa do parceiro.

Comportamento de acasalamento

Machos e fêmeas diferem em seus órgãos sexuais e de outras maneiras que estão diretamente relacionadas com a reprodução. Contudo, existem outras diferenças mais intrigantes entre eles. Os machos muitas vezes são maiores ou mais coloridos que as fêmeas, podem possuir armas incomuns (como grandes chifres) ou podem ter enfeites vistosos, como a plumagem extravagante de um pavão ou de um faisão Argus (**Figura 8.14**). Além disso, machos e fêmeas muitas vezes diferem em seu comportamento de acasalamento. Em muitas espécies, os machos podem lutar, cantar alto ou exibir comportamento jocoso estranho para ter acesso às fêmeas (**Figura 8.15**). Além disso, os machos podem estar dispostos a acasalar com qualquer fêmea que os aceitar. As fêmeas, por outro lado, raramente tentam cortejar os machos e em geral são mais exigentes na escolha de com quem vão se acasalar. O que faz tais diferenças existirem entre os sexos?

Diferenças entre machos e fêmeas podem ser resultantes da seleção sexual

Charles Darwin (1859, 1871) concluiu que as características muitas vezes extravagantes dos machos não fornecem vantagem aos membros de uma espécie, ponderando que, se fizessem, ambos os sexos a teriam. Ele propôs que esses elementos resultaram da **seleção sexual**, um processo em que indivíduos com determinadas características têm vantagem sobre os outros do mesmo sexo *somente com relação ao sucesso de acasalamento*. Vamos nos concentrar inicialmente na seleção sexual entre os machos.

Evidências da seleção sexual Darwin destacou que, quando indivíduos competem com outros de seu sexo por parceiros, eles normalmente usam força ou charme. Um leão, por exemplo, tenta repelir seus rivais pela força, enquanto um faisão macho ou um pavão tenta atrair as fêmeas para ele (e para longe de outros machos) exibindo suas belas penas da cauda.

Nas espécies em que os machos disputam o direito de acasalar com as fêmeas, Darwin (1871) argumentou que o maior tamanho, a força ou as armas especiais desses machos poderiam ter evoluído pela seleção sexual. Para defender sua tese, Darwin começou destacando que os machos muitas vezes lutam ferozmente por fêmeas.

Figura 8.15 A dança de acasalamento de um macho Atobás-de-patas-azuis machos (*Sula nebouxii*) de Galápagos exibem seus pés azuis e apresentam uma dança altiva para impressionar e ter acesso às fêmeas. Parte dessa performance de cortejo inclui o comportamento de olhar para o céu, mostrado na figura.

Figura 8.14 A exibição de um macho O faisão Argus (*Argusianus argus*) é nativo das florestas de Bornéu, Sumatra e Malásia, no Sudeste Asiático. Como em pavões, os machos exibem suas caudas notáveis, a fim de atrair e acasalar com as fêmeas, menores e sem adornos.

Ele então descreveu como machos com tamanho maior, força e armas normalmente ganham tais batalhas e, portanto, geram mais descendentes do que outros machos. O tamanho maior, a força ou as armas dos vencedores seriam então passados para seus descendentes machos, fazendo essas características se tornarem cada vez mais comuns ao longo do tempo. Estudos mais recentes corroboram o argumento de Darwin. Por exemplo, entre os carneiros selvagens, grandes carneiros com chifres de volta completa geralmente derrotam outros machos em batalhas, garantindo o direito de acasalar com as fêmeas e, por isso, deixam mais descendentes do que os outros carneiros (ver p. 136). Uma vez que o tamanho do corpo e o tamanho do chifre são características hereditárias (Coltman et al., 2003), a prole masculina dos vencedores também tenderia a ser grande e forte, com chifres de volta completa; ao longo do tempo, esse processo faria o tamanho grande dos machos e seus chifres de volta completa tornarem-se comuns.

Figura 8.16 Os machos com caudas longas acasalam mais O sucesso de acasalamento dos machos das viúvas-rabilongas (*Euplectes progne*) depende do comprimento de suas caudas, como Malte Andersson descobriu experimentalmente alterando o comprimento das caudas das aves selvagens. (Segundo Andersson, 1982.)

> **?** Explique por que Malte Andersson usou os dois tipos de população-controle descritos no texto.

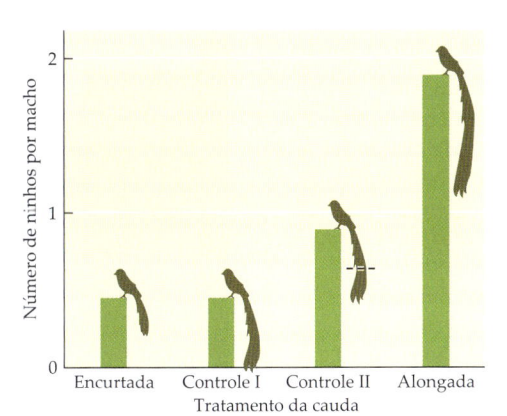

Darwin também ponderou que as características extravagantes usadas por machos para seduzir as fêmeas (e não utilizadas no combate) poderiam ter surgido por seleção sexual. Por exemplo, ele escreveu sobre sua "convicção de que o faisão Argus macho adquiriu sua beleza gradualmente, durante muitas gerações, pela preferência das fêmeas por machos mais ornamentados". Contudo, a hipótese de Darwin de que as preferências de acasalamento do sexo feminino poderiam levar à evolução de machos mais ornamentados ou brilhantemente coloridos foi testada por alguns pesquisadores antes do estudo clássico de Malte Andersson de 1982, relativo à viúva-rabilonga (*Euplectes progne*).

Os machos de viúvas-rabilongas são, na maioria, negros e têm penas da cauda extremamente longas, sendo que as mais longas atingem 50 cm de comprimento. Por outro lado, as fêmeas são malhadas em tons de marrom e têm caudas curtas (cerca de 7 cm). Como muitos outros animais, os pássaros-viúva machos estabelecem **territórios**, áreas que defendem contra intrusos. Nos campos do Quênia, onde Andersson estudou essas aves, os machos estabelecem e defendem territórios em que as fêmeas podem se alimentar e construir seus ninhos.

Para testar se as preferências de acasalamento das fêmeas poderiam ter direcionado a evolução das caudas longas encontradas nos machos, Andersson capturou aves e as submeteu a quatro tratamentos: (I) um tratamento-controle em que as caudas das aves não foram alteradas; (II) um segundo tratamento-controle, em que as caudas das aves foram cortadas ao meio e, em seguida, coladas de volta; (III) um tratamento em que os comprimentos da cauda das aves foram encurtados (corte para cerca de 14 cm), e (IV) um tratamento em que os comprimentos da cauda das aves foram aumentados (penas cortadas de aves no tratamento III foram coladas nas caudas dessas aves).

Andersson constatou que os machos com caudas alongadas tiveram maior sucesso de acasalamento que os machos-controle ou os machos com caudas encurtadas (**Figura 8.16**). Não houve diferenças entre os tratamentos no comportamento de cortejo dos machos ou no vigor com que eles defenderam seus territórios. De modo geral, os resultados de Andersson apoiam a hipótese de que as preferências de acasalamento das fêmeas afetam o sucesso de acasalamento dos machos e, portanto, podem ter selecionado os machos com caudas extremamente longas. A partir deste, muitos outros estudos chegaram a resultados semelhantes.

Benefícios das fêmeas seletivas Em algumas espécies, o macho que tenta conquistar uma fêmea exigente para o acasalamento pode gerar benefícios diretos para ela, tais como fornecimento de alimentos, ajuda em cuidar dos filhotes, ou o acesso a um território que tenha bons locais de nidificação, alimentação abundante ou poucos predadores. Contudo, em outras espécies, após conquistar uma fêmea seletiva, o macho fornece pouco mais que seu esperma. Nos casos em que pouco ou nenhum benefício direto é fornecido, por que as fêmeas preferem se acasalar com machos que têm certas características (tais como um ornamento elaborado ou uma chamada de acasalamento alta)?

As hipóteses atuais propõem que a fêmea recebe benefícios genéticos indiretos quando escolhe esses machos. Por exemplo, de acordo com a *hipótese da desvantagem* (*handicap*), é provável que um macho que pode sustentar um ornamento caro e desproporcional, como uma cauda extremamente longa, seja um indivíduo vigoroso cuja qualidade genética como um todo é alta. A ideia aqui é que o ornamento do macho simbolize para as fêmeas "olhe para mim, estou carregando essa cauda estúpida por aí, mas ainda estou vivo, então você sabe que devo ter ótimos genes! Venha e acasale comigo". Uma fêmea que acasala com tal macho se beneficia (indiretamente), porque seus filhos e suas filhas herdarão bons genes do macho. Como resultado, sua prole tenderá a sobreviver ou se reproduzir melhor do que se a fêmea tivesse escolhido outro macho como seu parceiro. Por outro lado, os benefícios genéticos podem vir dos mesmos genes que fizeram o macho atrativo. De acordo com essa ideia, chamada de *hipótese do filho sexy* (ou hipótese do filho atraente), a fêmea recebe benefícios genéticos indiretos por meio de seus filhos, que serão atraentes para as fêmeas e produzirão muitos netos.

Wilkinson e Reillo (1994) testaram essas hipóteses com um estudo da mosca-de-olhos-pedunculados (*Cyrtodiopsis dalmanni*). Os olhos dessa mosca são posicionados nas extremidades de pendúculos longos e finos; os machos, em particular, têm pedúnculos oculares extremamente longos (**Figura 8.17**). O que mantém esses apêndices de aparência bizarra? O comprimento do pedúnculo ocular é hereditário, e estudos de campo mostram que as fêmeas preferem acasalar com machos que têm os pedúnculos oculares mais longos. Os pesquisadores criaram três populações laboratoriais dessas moscas e as estudaram por 13 gerações. Em cada geração, eles permitiram que apenas algumas moscas se acasalassem para produzir descendentes. Na população-controle, em cada geração, 10 machos e 25 fêmeas foram selecionados aleatoriamente como reprodutores. Na população dos olhos de pedúnculo longo, os reprodutores selecionados foram os 10 machos com os pedúnculos oculares mais longos (de 50 machos selecionados aleatoriamente) e 25 fêmeas selecionadas aleatoriamente. Finalmente, na população de pedúnculo curto, os reprodutores foram os 10 machos com os pedúnculos oculares mais curtos (de 50 machos selecionados aleatoriamente) e 25 fêmeas selecionadas aleatoriamente.

Após 13 gerações, as moscas da população de pedúnculo curto tinham pedúnculos oculares substancialmente mais curtos do que as moscas nas outras duas populações. Além disso, as preferências de acasalamento de fêmeas também divergiram entre as populações: as fêmeas da população de pedúnculo curto preferiam machos com pedúnculos oculares curtos, enquanto que as fêmeas da população-controle e de pedúnculo longo preferiam machos com pedúnculos oculares longos (ver Figura 8.17). Esse resultado indica que a seleção de uma característica (comprimento do pedúnculo ocular dos machos) também causou a evolução de uma característica diferente (preferência de acasalamento das fêmeas). Tais mudanças evolutivas têm o potencial de se autopropagar. Por exemplo, quando as fêmeas selecionam machos com pedúnculos oculares longos como seus companheiros, seus descendentes do sexo masculino terão pedúnculos oculares mais longos do que os de seus pais, e seus descendentes femininos mostrarão uma preferência mais forte por pedúnculos oculares longos do que suas mães.

Os resultados que descrevemos até agora sugerem que as fêmeas podem se beneficiar da seleção de machos com pedúnculos oculares longos porque sua prole masculina será atraente para a próxima geração de fêmeas, um achado que apoia a hipótese do filho sexy. Os resultados de outros estudos são coerentes com a hipótese da desvantagem, que postula que os genes bons são passados para os filhos e as filhas de fêmeas exigentes. Por exemplo, David e colaboradores (1998) constataram que o comprimento do pedúnculo ocular nessas moscas está correlacionado com saúde e vigor. Esse resultado sugere que os filhos e as filhas dos machos com pedúnculos oculares longos são mais propensos a ser saudáveis e vigorosos do que a prole de outros machos.

O que é verdadeiro para as moscas-de-olhos-pedunculados também é verdadeiro para muitas outras espécies: as fêmeas recebem uma diversidade de benefícios diretos

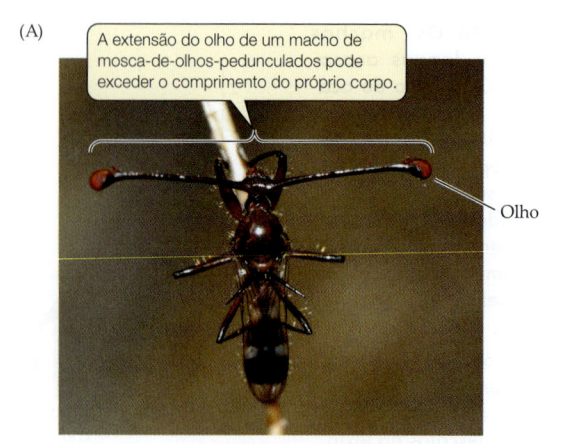

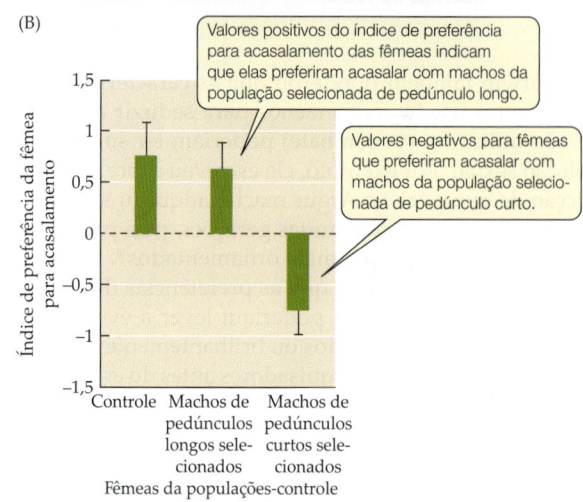

Figura 8.17 Preferências de acasalamento de fêmeas de moscas-de-olhos-pedunculados (A) A extensão do olho de um macho de olhos pedunculados pode exceder o comprimento de seu corpo. (B) Em experimentos de escolha do parceiro, as fêmeas da população-controle, dos selecionados com pedúnculo longo e dos selecionados com pedúnculo curto puderam escolher entre machos com pedúnculos de variados tamanhos. Os resultados mostram que as fêmeas das populações-controle e dos pedúnculos longos preferem se acasalar com machos de pedúnculo longo, enquanto as fêmeas das populações com pedúnculo curto preferem machos de pedúnculo curto. As barras de erro mostram um erro-padrão da média. (Segundo Wilkinson e Reillo, 1994; fotografia cortesia de Gerald S. Wilkinson.)

e indiretos quando selecionam seus parceiros. A seguir, examinaremos uma questão levantada nas primeiras páginas deste capítulo: por que as fêmeas costumam ser mais seletivas do que os machos na escolha de seu parceiro de acasalamento?

Tamanho do gameta, cuidado parental e fatores ecológicos afetam o comportamento de acasalamento

Além das diferenças que analisamos, fêmeas e machos muitas vezes diferem sobre quanta energia e recursos investem em sua prole. Tais investimentos começam com a produção de gametas e podem continuar, no caso das espécies em que os progenitores cuidam de seus descendentes à medida que eles se desenvolvem em jovens adultos. Como veremos, o investimento parental em sua prole, junto com fatores ecológicos, pode nos ajudar a compreender a ampla gama de comportamentos de acasalamento encontrados nas populações animais.

Por que as fêmeas normalmente são mais seletivas do que os machos? Uma pista para explicar a seletividade das fêmeas vem da anisogamia: a diferença de tamanho entre o óvulo e o espermatozoide (ver Figura 7.7B). Uma vez que os gametas femininos são muito maiores do que os gametas masculinos, em comparação com um macho, uma fêmea normalmente investe mais recursos na produção de um único gameta, e, portanto, ela tem mais investimento em jogo por gameta.

Considere um ovo de galinha. Um ovócito (não fertilizado) de uma galinha é composto principalmente de gema, e é tão grande quanto a gema de um ovo do mercado; por outro lado, para ver uma célula de esperma de galo, você precisaria de um microscópio (algumas aves investem ainda mais em seus ovos do que as galinhas – ver fotografia do raio X de um kiwi carregando um ovo na Figura 7.20). Após a fecundação, a galinha adiciona outras substâncias ao ovo em desenvolvimento, começando com albumina (a clara do ovo, que é rica em proteínas) e finalizando com secreções ricas em cálcio (que endurecem para formar uma casca). No geral, uma galinha investe muito mais nos primeiros estágios de reprodução do que um galo (que contribui com esperma e nada mais).

Em muitas espécies, as fêmeas continuam a investir grandes quantidades de recursos no desenvolvimento da sua prole. Isso é típico entre as galinhas: em condições naturais, uma galinha choca seus ovos para mantê-los quentes, e depois que os ovos eclodem ela cuida de seus filhotes por várias semanas. O galo não faz nada. O que é verdadeiro para as galinhas também é verdadeiro para muitas outras espécies: as fêmeas gastam mais tempo e energia cuidando da sua prole do que os machos.

De que modo diferenças no tamanho dos gametas e no cuidado parental estão relacionadas ao comportamento de acasalamento? Como Robert Trivers (1972) destacou, a reprodução é onerosa e, em espécies cujas fêmeas investem mais em sua prole do que os machos, espera-se que elas sejam mais seletivas e que os machos compitam pelo direito de acasalar. Além disso, uma vez que os machos costumam investir relativamente pouco por descendentes produzidos, seria de se esperar que os machos produzissem mais descendentes durante sua vida do que as fêmeas. Essa expectativa muitas vezes se confirma (**Tabela 8.1**). Quando o potencial reprodutivo dos machos é maior do que o das fêmeas, a seleção deveria favorecer diferentes comportamentos de acasalamento nos machos e nas fêmeas: deveria ser vantajoso para um macho acasalar com tantas fêmeas quanto possível, enquanto que uma fêmea deveria "proteger" seu investimento, escolhendo para acasalar apenas com machos que oferecem amplos recursos ou que parecem ser de alta qualidade genética.

Como vimos, os acontecimentos na natureza muitas vezes são coerentes com essas previsões. Contudo, o que acontece com as exceções, as espécies em que as fêmeas competem umas com as outras para acasalar com os machos? Assumindo que o comportamento de acasalamento dessas espécies foi moldado pela seleção natural, em tais casos seria de esperar que os machos proporcionem mais cuidados parentais do que as fêmeas, levando à competição entre as fêmeas para o direito de acasalar com machos seletivos.

Observações de campo geralmente confirmam essa previsão. Por exemplo, entre os falaropos-vermelhos (*Phalaropus fulicarius*; ver Figura 8.2), logo que põe seus ovos, a fêmea abandona o ninho em busca de outro companheiro, deixando o macho para incubar os ovos. Ou considere o peixe-cachimbo (*Syngnathus typhle*), em que é o macho que fica "grávido". Os machos têm uma bolsa especial na qual protegem, arejam e nutrem os ovos fecundados (Berglund e Rosenqvist, 1993). Um macho não acasala enquanto está grávido, mas durante esse tempo uma fêmea pode produzir gametas adicionais e acasalar com outros machos. Assim, as fêmeas têm maior potencial reprodutivo do que os machos e (como previsto) elas competem pelo direito de acasalar. Os machos selecionam como suas parceiras as fêmeas maiores e mais ornamentadas; elas produzem mais ovos do que outras fêmeas.

Fatores ecológicos e comportamento de acasalamento
Como vimos no Conceito 8.2, as decisões de forrageio dos indivíduos são afetadas por fatores ecológicos, tais como a

TABELA 8.1

Exemplos do potencial reprodutivo de machos e fêmeas

Espécie	Número máximo de descendentes produzidos durante seu ciclo de vida	
	Machos	Fêmeas
Elefante-marinho	100	8
Cervo-vermelho	24	14
Humanos	888	69

Fonte: Davies et al., 2012.

TABELA 8.2

Sistemas de acasalamento

Sistema	Descrição
Monogamia	Um macho acasala com apenas uma fêmea, e ela apenas com ele. Essa parceria pode durar uma ou mais estações reprodutivas. Em muitos casos, os dois progenitores cuidam da prole.
Poligamia	Um macho acasala com muitas fêmeas na estação reprodutiva. O macho pode controlar o acesso às fêmeas diretamente (lutando com outros machos) ou indiretamente (controlando o acesso das fêmeas a recursos que elas procuram, como alimento e local de nidificação). A fêmea geralmente supre todo ou quase todo o cuidado parental.
Poliandria	Uma fêmea acasala com muitos machos durante a estação de reprodução. A fêmea pode defender esses machos diretamente (lutando com outras fêmeas) ou indiretamente (controlando o acesso a alimentos e outros recursos). O macho geralmente provê todo ou quase todo o cuidado parental.
Promiscuidade	Ambos machos e fêmeas acasalam com múltiplos parceiros durante a estação de reprodução.

presença de predadores. Não é surpreendente que fatores ecológicos também possam afetar as decisões sobre o acasalamento. As fêmeas do peixe barrigudinho, por exemplo, acasalam com menos frequência e tornam-se menos seletivas em suas escolhas de parceiros (mudam para machos menos brilhantes e coloridos) quando os predadores estão presentes (Godin e Briggs, 1996). Resultados semelhantes têm sido encontrados em muitas outras espécies. No geral, as evidências mostram que, em peixes, aves, mamíferos e outros grupos animais, a decisão de um indivíduo de se acasalar e sua "seletividade" podem ser alteradas por fatores ecológicos como o número e a localização de potenciais parceiros, a aptidão desses parceiros, a disponibilidade de alimentos e a presença de predadores ou competidores.

Fatores ecológicos também podem influenciar o **sistema de acasalamento**, um termo que se refere ao número de parceiros de acasalamento que os machos ou as fêmeas têm e o padrão de cuidado parental. Uma rica diversidade de sistemas de acasalamento ocorre na natureza (**Tabela 8.2**), podendo variar não apenas entre espécies intimamente relacionadas, mas também entre indivíduos em uma população de uma única espécie. Como podemos dar sentido a essa variação? Em um trabalho inovador, Emlen e Oring (1977) argumentaram que os diversos sistemas de acasalamento observados na natureza resultam dos comportamentos dos indivíduos que se esforçam para maximizar seu sucesso reprodutivo ou *aptidão* (*fitness*).

Vamos considerar a lógica da abordagem de Emlen e Oring a partir de uma perspectiva masculina. Como mencionado anteriormente, os machos em geral têm maior potencial reprodutivo do que as fêmeas; assim, o sucesso reprodutivo dos machos, muitas vezes, é limitado pelo acesso aos parceiros potenciais do sexo feminino. Sob certas condições, esse desequilíbrio pode levar à *poligamia*, um sistema de acasalamento em que um macho acasala com várias fêmeas em um período reprodutivo. Como Emlen e Oring (1977) registraram: "A poligamia ocorre se as condições ambientais ou comportamentais provocarem a aglutinação das fêmeas, e os machos tiverem a capacidade de monopolizá-las". Por exemplo, a disponibilidade de alimentos ou de locais para nidificar pode afetar o local onde as fêmeas são encontradas. O fato de as fêmeas se estabelecerem perto ou longe umas das outras determina se um macho é capaz de atrair e defender mais de uma parceira (**Figura 8.18**).

Estudos experimentais em aves, peixes e mamíferos têm ilustrado casos particulares em que as fêmeas se agregam em áreas ricas em recursos, e os machos, em seguida, vão para essas áreas, seguindo as fêmeas. Além disso, em alguns casos, as observações de campo indicam que a disponibilidade de recursos está correlacionada aos locais de fêmeas e de sistema de acasalamento. Por exemplo, Martin e Martin (2007) constataram que o gambá-de-cauda-de-escova (*Trichosurus cunninghami*) era monogâmico em hábitats onde os locais de alimentação e nidificação (e, consequentemente, de fêmeas) eram separados, mas

Baixo potencial para poligamia: fêmeas são espalhadas uniformemente por todo o ambiente

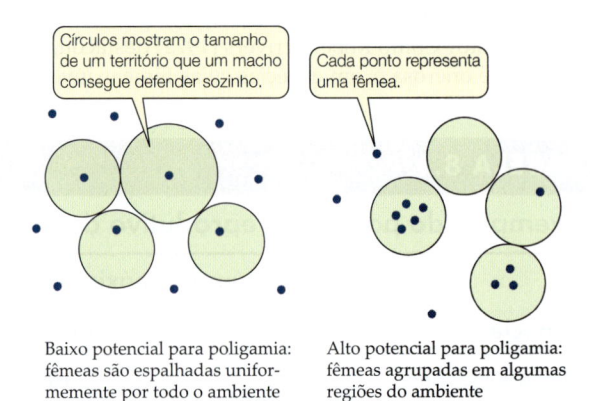

Alto potencial para poligamia: fêmeas agrupadas em algumas regiões do ambiente

Figura 8.18 Fatores ecológicos podem modificar o potencial para poligamia Neste diagrama, os pontos representam os locais das fêmeas e os círculos mostram o tamanho do território que um macho consegue defender.

poligâmicos em hábitats onde os locais de recursos e nidificação (e, portanto, de fêmeas) estavam próximos. Da mesma forma, Lukas e Clutton-Brock (2013) constataram que a monogamia em geral ocorre em espécies de mamíferos nas quais é difícil para os machos defender o acesso a mais de uma fêmea, como a hipótese original de Emlen e Oring.

> **CONCEITO 8.4**
>
> Existem vantagens e desvantagens na vida em grupos.

Vivendo em grupos

Indivíduos da mesma espécie muitas vezes se reúnem, formando grupos. Exemplos comuns de tais grupos incluem tropas de cavalos, bandos de leões, cardumes de peixes e bandos de aves. Como os indivíduos que pertencem a um grupo se beneficiam com isso? Existem desvantagens para a vida comunitária que possam limitar o tamanho de um grupo ou impedir sua formação por completo?

Vantagens da vida em grupo incluem acesso a parceiros, proteção contra predadores e maior sucesso de forrageio

Membros de um grupo podem desfrutar de maior sucesso reprodutivo do que os indivíduos solitários. Isso pode ser observado no caso de machos que ocupam territórios de alta qualidade, e também fêmeas que, em tais territórios, têm acesso a bons locais de reprodução ou abundantes recursos alimentares. Como as fêmeas de um bando de leões, membros do grupo também podem partilhar as responsabilidades de alimentar e proteger os jovens, o que pode beneficiar os progenitores (que podem ter mais tempo para obter comida para si mesmos), bem como a prole (que pode ser mais bem alimentada e protegida).

Viver em grupo pode proporcionar outras vantagens, como a redução do risco de predação. Em alguns casos, os indivíduos de um grupo podem se unir para desencorajar um ataque (**Figura 8.19**). Além disso, os predadores com frequência são detectados mais cedo quando se aproximam de um grupo do que quando se aproximam de um único indivíduo. Como consequência, eles estão menos propensos a surpreender suas presas, o que faz sua taxa de sucesso de ataque cair. Os açores (espécie de águia do Hemisfério Norte), por exemplo, foram bem sucedidos em matar pombos em cerca de 80% das vezes quando atacaram um único animal; porém, quando atacaram pombos em grandes bandos, foram detectados mais cedo, e sua taxa de sucesso decaiu (**Figura 8.20**).

Em outros casos, membros do grupo não cooperam contra predadores, mas mesmo assim viver em grupo ainda proporciona menor risco de predação do que se o indivíduo estivesse por conta própria. Uma razão para isso é que, com o incremento do número de indivíduos de um grupo, a chance de ser atacado diminui, um fenômeno conhecido como **efeito de diluição**. Em **Análise de Dados 8.1**, você pode ver se o efeito de diluição se aplica a uma espécie de inseto marinho predada por peixes. Além disso, se os membros do grupo respondem a um predador se dispersando em direções diferentes, eles podem tornar a seleção de um alvo difícil para o predador, fazendo a taxa de sucesso de ataque cair.

Os membros do grupo também podem ter um melhor sucesso de forrageio. Dois ou mais leões, por exemplo, podem derrubar uma presa muito maior do que um único leão derrubaria por conta própria. Além disso, leões, orcas, lobos e muitos outros predadores podem coordenar seus ataques, de modo que as ações do predador levem a presa para as mandíbulas de outro. Herbívoros também forrageiam com mais eficiência quando em grupos do que quando por conta própria.

Figura 8.19 Uma defesa formidável Uma manada de bois-almiscarados que forma um círculo é um alvo muito difícil para os predadores.

Custos da vida em grupo incluem maior gasto de energia, mais competição por alimentos e maior risco de doença

Em um estudo sobre vida em grupo, pintassilgos, em um bando de seis aves, consumiam (em média) 20% mais

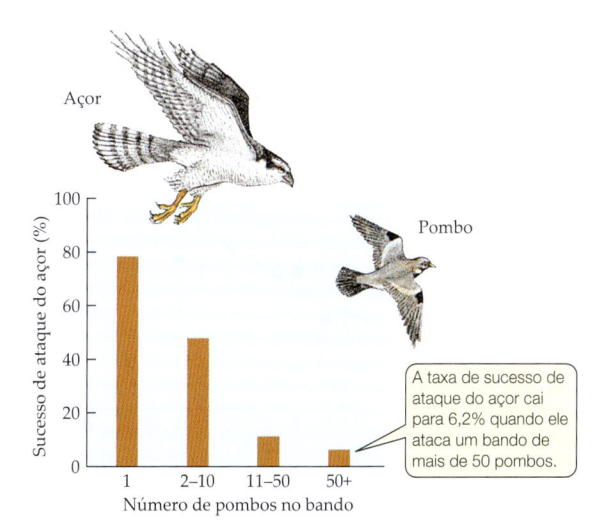

Figura 8.20 Segurança em números A taxa de sucesso de um açor atacando pombos cai vertiginosamente quando ataca um grande bando. (Segundo Kenward, 1978.)

A taxa de sucesso de ataque do açor cai para 6,2% quando ele ataca um bando de mais de 50 pombos.

ANÁLISE DE DADOS 8.1

O efeito de diluição protege os esqueitistas-dos-mares da predação de peixes?

Indivíduos em um grupo podem ganhar proteção contra predadores devido ao efeito de diluição: quando um predador atacar, quanto maior o número de presas no grupo, menor a chance de que qualquer membro do grupo seja a vítima.

Foster e Treherne* testaram se o efeito de diluição ocorreu quando o peixe predador (*Sardinops sagax*) atacou grupos de um inseto marinho chamado esqueitistas-dos-mares (*Halobates robustus*). Um subconjunto de seus dados é apresentado na tabela, que mostra o número de ataques de predadores (a cada cinco minutos) em grupos do inseto com diferentes tamanhos.

N° de insetos no grupo	N° de grupos observados	N° de ataques (a cada cinco minutos por grupo)
1	3	15; 6; 10
4	2	16; 8
6	3	9; 12; 7
15	2	7; 10
50	2	15; 11
70	2	14; 7

1. Calcule o número médio de ataques (a cada cinco minutos) para cada tamanho de grupo. Os peixes mostraram clara preferência em atacar grupos pequenos do que grupos grandes (ou vice-versa)? Explique.

2. Para cada tamanho de grupo, converta a média que você calculou na questão 1 no número médio de ataque *por indivíduo* (a cada cinco minutos). Existe uma relação consistente entre o número médio de ataque por indivíduo (a cada cinco minutos) e o tamanho do grupo? Explique.

3. Esses resultados estão de acordo com o efeito de diluição?

*Foster, W. A. and J. E. Treherne. 1981. Evidence for the dilution effect in the selfish herd from fish predation on a marine insect. *Nature* 293: 466-467.

---

sementes por unidade de tempo do que uma ave por conta própria. Isso aconteceu porque os pintassilgos em bando passaram mais tempo comendo e menos tempo se preocupando com predadores do que os que se alimentavam por conta própria (Glück, 1987). Contudo, o aumento do número de sementes ingeridas por unidade de tempo por um pintassilgo em um bando tem uma desvantagem: à medida que o tamanho do grupo aumenta, os membros do grupo esgotam os alimentos disponíveis mais rapidamente, significando que as aves devem gastar mais de seu tempo voando entre locais de alimentação (**Figura 8.21**). Deslocar-se em busca de alimento consome tempo e energia e aumenta o risco de ser descoberto por predadores.

A competição por alimento também pode se tornar mais intensa quando o tamanho de um grupo aumenta. Como resultado, um membro de um grupo grande pode gastar mais tempo e energia lutando por alimento do que um membro de um grupo menor (ou um indivíduo solitário). Em particular, em grupos com uma hierarquia de dominância, os membros do grupo subordinado podem

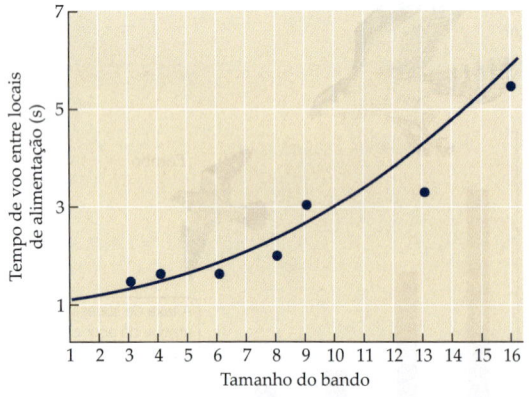

Figura 8.21 Viajando em grupo Um estudo com grupos de pintassilgos (*Carduelis carduelis*) de sete tamanhos diferentes mostrou que o tempo que as aves passaram voando entre locais de alimentação aumentou com o aumento no tamanho do bando. (Segundo Glück, 1987.)

A alimentação por hora de um pintassilgo em grupo é mais farta do que a alimentação de um pintassilgo sozinho. Pode esse benefício ser comparado diretamente com o custo mostrado nessa figura? Se não, que outras informações você precisa para fazer essa comparação?

gastar muito de seu tempo e energia na interação com os membros do grupo. Por exemplo, um estudo sobre o peixe ciclídeo *Neolamprologus pulcher* mostrou que os indivíduos subordinados investiam mais de sua energia em comportamentos submissos (apaziguar os membros do grupo dominante) do que em qualquer outra atividade.

Por fim, os membros de um grupo grande podem viver mais próximos entre si ou entrar em contato com mais frequência do que os membros de um grupo pequeno. Como resultado, parasitas e doenças muitas vezes se propagam mais facilmente em grupos grandes do em pequenos; voltaremos a esse tema no Capítulo 14.

O tamanho do grupo pode refletir um equilíbrio entre os custos e os benefícios da vida em grupo

Se aplicarmos os princípios discutidos neste capítulo ao tamanho do grupo, podemos prever que os grupos devem ser de um tamanho em que os benefícios de pertencer a um grupo superem os custos. Por exemplo, usando uma abordagem semelhante à do Conceito 8.2, poderíamos prever que os grupos terão um tamanho "ótimo" – o tamanho em que os benefícios finais recebidos por seus membros são maximizados. No entanto, como mostrado na **Figura 8.22**, quando alcançado o tamanho ótimo, ou os membros do grupo evitam que outros indivíduos venham a se juntar, ou o tamanho do grupo pode vir a ser maior do que o ótimo. Além disso, pode ser muito difícil medir todos os benefícios e custos da vida em grupo; é particularmente desafiador quantificar os custos e os benefícios com uma única "moeda", como o uso de energia ou a produção de descendentes.

Em geral, um argumento como o da Figura 8.22 sugere que pode ser vantajoso para os indivíduos pertencer a grupos maiores do que o tamanho ótimo, mas não tão grandes a ponto de ser mais vantajoso para um recém-chegado por conta própria. Tal grupo de tamanho intermediário deve ser suficientemente grande para reduzir o risco de predação, mas suficientemente pequeno para evitar a falta de alimentos. Usando uma medida da condição de cada indivíduo (nível de estresse medido por concentrações fecais do hormônio cortisol), Pride (2005) descobriu que os lêmures-de-cauda-anelada em grupos de tamanhos intermediários eram menos estressados do que os lêmures que pertenciam a grupos menores ou maiores. Da mesma forma, Creel e Creel (1995) constararam que a ingestão per capita de alimentos por cães selvagens da Tanzânia perseguindo presas foi maior para matilhas de tamanhos intermediários.

ESTUDO DE CASO REVISITADO
Assassinos de filhotes

Se aplicarmos uma perspectiva evolutiva ao comportamento, isso nos ajudaria a entender o infanticídio? Na verdade, os machos de muitas espécies matam os filhotes de suas parceiras em potencial. Por exemplo, macacos lângures cinzentos (*Semnopithecus entellus*) matam os infantes das fêmeas em seu grupo social. Esse comportamento parece aumentar o sucesso reprodutivo dos machos assassinos: análises de paternidade de DNA mostraram que lângures machos infanticidas não estavam relacionados com os infantes que mataram, mas sim com a prole subsequente da fêmea (Borries et al., 1999). O infanticídio por machos foi documentado em dezenas de outras espécies, incluindo cavalos, chimpanzés, ursos e marmotas. O infanticídio por machos parece ser adaptativo em muitos casos: reduz o tempo que as fêmeas gastam entre gravidezes, permitindo assim que os machos possam gerar mais descendentes do que conseguiriam sem esse comportamento.

No entanto, em algumas espécies, as fêmeas cometem infanticídio. Por exemplo, fêmeas de baratas-d'água-gigantes (*Lethocerus deyrollei*) e de jaçanãs (*Jacana jacana*) abatem os ovos ou os filhotes de outra fêmea de sua espécie. Embora repulsivo, esse comportamento tem sentido evolutivo: nessas espécies, os machos fornecem a maior parte ou a totalidade do cuidado parental, e as fêmeas têm maior potencial reprodutivo do que os machos. Assim, como é verdadeiro para leões e lângures machos, o comportamento infanticida de baratas d'água e de jaçanãs do sexo feminino parece ser adaptativo: matando a prole de outra fêmea, o inseto ou a ave encurta o tempo para que o macho esteja disposto a acasalar novamente, potencialmente aumentando, dessa forma, seu próprio sucesso reprodutivo.

E quanto aos outros comportamentos intrigantes mencionados na página 183? Lembre que as fêmeas das moscas-das-frutas (*Drosophila melanogaster*) por vezes põem seus ovos em alimentos que são ricos em álcool etílico. Porém, esse comportamento não é tão estranho quanto parece à primeira vista: as evidências sugerem que ele fornece uma defesa comportamental contra a vespa *Leptopilina heterotoma*. Indivíduos dessa vespa colocam seus ovos nas larvas da mosca-das-frutas; quando os ovos eclodem, as jovens vespas perfuram o corpo da larva e o consomem

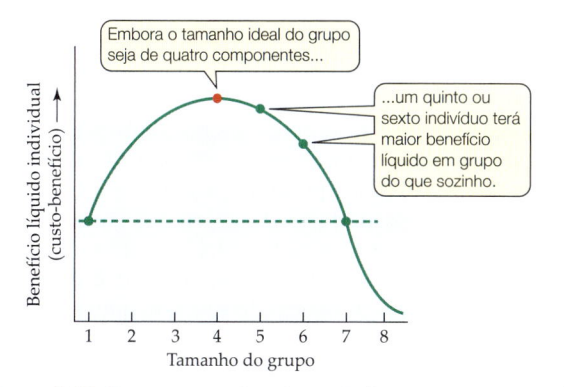

Figura 8.22 Deve um recém-chegado juntar-se ao grupo? Neste exemplo hipotético, o benefício líquido para um membro individual do grupo é maximizado com o tamanho ideal de quatro componentes. No entanto, para um recém-chegado, há maior benefício líquido se ele se juntar ao grupo de quatro do que se permanecer sozinho. A menos que os membros do grupo existente evitem que recém-chegados se juntem ao grupo, estes devem continuar a se juntar até que o grupo tenha sete indivíduos – neste ponto, o indivíduo se sairia tão bem sozinho quanto em grupo.

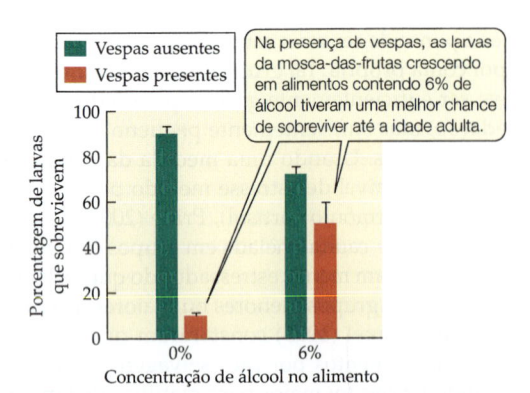

Figura 8.23 Moscas-das-frutas medicam sua prole As fêmeas das moscas-das-frutas (*Drosophila melanogaster*) depositam a maior parte de seus ovos em alimentos que contenham álcool, quando as fêmeas da vespa *Leptopilina heterotoma* estavam presentes. Esse comportamento aumentou a porcentagem de larvas da mosca-das-frutas que sobrevivam até a idade adulta. As barras de erro mostram um erro-padrão da média. (Segundo Kacsoh et al., 2013.)

> **?** Na ausência de vespas, qual é o custo (em termos de redução da sobrevivência das larvas) de colocar ovos em alimentos que contenham 6% de álcool? Quando as vespas estão presentes, qual é o benefício?

até a morte. A larva da mosca-das-frutas exposta a essa vespa optará preferencialmente por comer alimentos que tenham alto teor alcoólico, tais como frutas podres. Consumir altas concentrações de álcool prejudica a larva da drosófila, mas os benefícios dessa ação compensam seus custos: a exposição ao álcool muitas vezes mata as vespas, aumentando assim a probabilidade de sobrevivência da larva. Além disso, Kacsoh e colaboradores (2013) mostraram que as moscas-das-frutas adultas fêmeas alteram seu comportamento de postura de ovos em resposta à presença de vespas. Na ausência de vespas, as moscas colocaram cerca de 40% de seus ovos em alimentos com alto teor alcoólico; contudo, quando vespas fêmeas estavam presentes, as moscas depositaram mais de 90% de seus ovos em alimentos com alto teor alcoólico. Esse comportamento aumentou a sobrevivência das larvas de mosca-das-frutas expostas às vespas (**Figura 8.23**), sugerindo que pode ser visto como um tipo de medicina preventiva.

CONEXÕES NA NATUREZA
As respostas comportamentais aos predadores têm amplos efeitos ecológicos

Como você viu, animais muitas vezes mudam seu comportamento em resposta a predadores. No Conceito 8.2, vimos que, quando expostos a gravações de sons dos predadores, pardais-canoros alimentam seus filhotes com menos frequência, constroem seus ninhos em áreas menos desejáveis e passam menos tempo incubando seus ovos (Zanette et al., 2011). Quais foram as consequências dessas mudanças de comportamento?

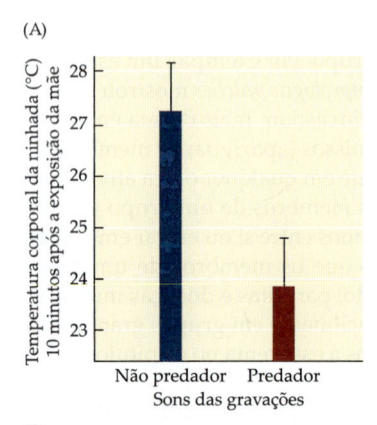

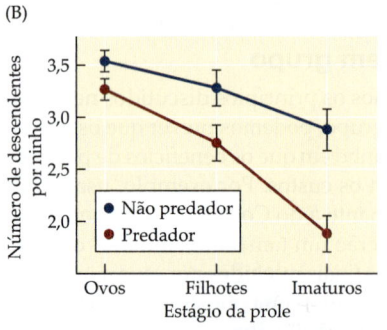

Figura 8.24 Custos do medo (A) A taxa com que jovens pardais-canoros perderam calor corporal foi maior para a prole de aves expostas a gravações de sons dos predadores do que para os filhotes de pais expostos a gravações de sons de não predadores. As barras de erro mostram um erro-padrão da média. (B) Proles menores foram produzidas em ninhos expostos a gravações de predadores do que em ninhos expostos a gravações de não predadores. As barras de erro mostram ± um erro-padrão da média. (Segundo Zanette et al., 2011.)

> **?** Estime o custo do medo sobre o número de descendentes que sobreviveram até a idade de jovens adultos.

Quando os progenitores dos pardais alteraram seus comportamentos em resposta a uma percepção de elevado risco de predação, seus descendentes perderam o calor do corpo mais rapidamente (**Figura 8.24A**) e pesaram menos do que a prole de pardais expostos a gravações de não predadores. Esses efeitos sobre a nova geração parecem ter causado o declínio do número de descendentes produzidos por ano (**Figura 8.24B**). No geral, os resultados desse estudo sugerem que o medo de predação altera o comportamento dos pardais-canoros de modo a diminuir seu sucesso reprodutivo, podendo reduzir seu tamanho populacional.

Respostas comportamentais a predadores também podem afetar processos do ecossistema, como a decomposição de folhas e outros resíduos vegetais no solo. Como Hawlena e colaboradores (2012) descreveram, esse efeito ocorre indiretamente: a presença de aranhas (predadores) iniciou uma série de eventos relacionados aos gafanhotos (presas) que acabaram por retardar a decomposição de resíduos vegetais. Como isso aconteceu? Quando criados na presença de predadores, os gafanhotos tornaram-se fisiologicamente estressados, sendo uma consequência a necessidade de mais energia para manter suas funções básicas do corpo. Essa demanda adicional por energia parece ter alterado seu comportamento de forrageio, levando os gafanhotos a aumentar o consumo de alimentos ricos em carboidratos (e, portanto, em energia), porém pobres em nitrogênio. Assim, gafanhotos estressados por predadores tiveram em seus corpos maior razão carbono:nitrogênio do que gafanhotos criados na ausência de predadores. Embora essa alteração no conteúdo de nutrientes não afete o processo de decomposição dos corpos dos gafanhotos, ela diminui o processo de decomposição de resíduos vegetais no solo. Isso provavelmente acontece porque a mudança na razão carbono:nitrogênio nos corpos em decomposição de gafanhotos afeta a razão de carbono:nitrogênio no solo, que por sua vez afeta a comunidade de microrganismos do solo que decompõem folhas e outros materiais vegetais.

RESUMO

CONCEITO 8.1 Uma abordagem evolutiva ao estudo sobre o comportamento leva a predições testáveis.

- Comportamentos animais podem ser explicados em termos de causas imediatas, ou próximas, ou em termos de causas evolutivas, também chamadas de finais. A maioria das pesquisas em ecologia comportamental aborda causas finais.
- A capacidade de um indivíduo de sobreviver e se reproduzir depende, em parte, de seu comportamento. Essa observação sugere que a seleção natural favorecerá os indivíduos cujos comportamentos os tornam eficientes em atividades como forrageio, conquista de parceiros e evitação de predadores.
- Comportamentos animais são influenciados por genes, bem como pelas condições ambientais.
- Ao assumir que os genes afetam comportamentos e que a seleção natural moldou comportamentos ao longo do tempo, podemos prever como os animais se comportarão em determinadas situações.

CONCEITO 8.2 Animais fazem escolhas comportamentais que aumentam seu ganho energético e reduzem seu risco de se tornar presa.

- A teoria do forrageio ótimo prevê que os animais maximizarão seu ganho líquido de energia por unidade de tempo investido para se alimentar e por unidade de energia investida na busca, captura e extração de recursos alimentares.
- Indivíduos muitas vezes alteram suas decisões de forrageio quando os predadores estão presentes. A percepção do risco de predação também pode alterar padrões de forrageio, mesmo na ausência de predação real.
- As presas exibem uma ampla gama de comportamentos que podem ajudá-las a evitar serem vistas por predadores, detectar predadores, impedir o ataque, ou escapar quando atacadas.

CONCEITO 8.3 Os comportamentos de acasalamento refletem os custos e os benefícios do cuidado parental e da defesa do parceiro.

- Dentro de uma espécie, os machos muitas vezes são maiores ou mais coloridos do que as fêmeas, ou podem possuir armas incomuns ou ter ornamentos vistosos. Tais diferenças entre os machos e as fêmeas da mesma espécie podem ser resultado da seleção sexual.
- Uma fêmea pode receber benefícios genéticos indiretos quando escolhe acasalar com um macho que tem certas características, como um ornamento dispendioso e de difícil controle. De acordo com a hipótese da desvantagem, se ela escolhe um macho que pode sustentar tal ornamento, é provável que ele passe bons genes para seus filhos e filhas. De acordo com a hipótese do filho sexy, a fêmea recebe benefícios genéticos indiretos por meio de seus filhos, que serão atraentes e produzirão muitos netos.
- Na maioria das espécies, as fêmeas investem mais em seus gametas e proporcionam mais cuidados parentais do que os machos. Nessa situação, os machos e as fêmeas têm interesses diferentes: é vantagem para um macho acasalar com quantas fêmeas for possível, ao passo que uma fêmea deve "proteger" seu investimento por meio de cruzamentos com os machos que fornecem a maioria dos recursos ou que parecem ser de alta qualidade genética.
- Nos raros casos em que os machos tipicamente fornecem mais cuidados parentais do que as fêmeas, o macho é o parceiro exigente.
- A rica diversidade de sistemas de acasalamento observada na natureza resulta dos comportamentos dos indivíduos que se esforçam para maximizar seu sucesso reprodutivo.

CONCEITO 8.4 Existem vantagens e desvantagens na vida em grupos.

- Os benefícios da vida em grupo incluem acesso a parceiros, proteção contra predadores e melhora no sucesso de forrageio.
- Os custos da vida em grupo incluem maiores gastos de energia, aumento da competição por alimento e maiores riscos de doenças.
- O tamanho do grupo pode refletir um equilíbrio entre os custos e os benefícios da vida em grupo. Em alguns casos, esse equilíbrio parece ter gerado grupos maiores do que o tamanho ótimo.

Questões de revisão

1. Diferencie entre causas imediatas e finais do comportamento animal.

2. Explique as ligações entre os seguintes temas: seleção natural, comportamentos hereditários, evolução adaptativa e causas finais dos comportamentos animais.

3. Descreva como a presença de um predador pode alterar as decisões de forrageio de um indivíduo. Pode o medo de predadores gerar efeitos semelhantes, mesmo na ausência de predadores reais? Explique.

4. O que é seleção sexual? Resuma as evidências que sustentam a asserção de que as diferenças entre machos e fêmeas podem ser resultado de seleção sexual.

5. Descreva um exemplo em que viver em grupo leva a custos e benefícios.

6. Duas espécies de aves forrageiam insetos que vivem em arbustos. Os arbustos estão agrupados em fragmentos em seu hábitat. As duas espécies de aves têm a mesma capacidade de localizar, capturar e consumir os insetos. Entretanto, uma espécie (A) usa menos energia para voar de fragmento a fragmento do que a outra espécie (B). De acordo com o teorema do valor marginal, qual dessas espécies de aves deve passar mais tempo em cada fragmento, e por quê?

MATERIAL DA INTERNET (em inglês)
sites.sinauer.com/ecology3e

O *site* inclui o resumo dos capítulos, testes, *flashcards* e termos-chave, sugestão de leituras, um glossário completo e a Revisão Estatística. Além disso, os seguintes recursos estão disponíveis para este capítulo:

Exercício Prático: Solucionando Problemas
  8.1 Alimentando-se de acordo com o orçamento: o balanço entre custos e benefícios do forrageio

Saiba Mais
  8.1 O som dos vermes
  8.2 O experimento do medo de predação

Parte 3

Populações

O que determina o tamanho dessa manada de gnus? Essa questão direciona a um objetivo-chave no estudo da ecologia: descobrir os fatores que influenciam a distribuição (localização geográfica) e a abundância de organismos. Os capítulos desta parte examinarão o que determina a localização das populações e como as populações mudam de tamanho ao longo do tempo, com ênfase especial nos riscos de extinção em pequenas populações e na dinâmica de populações isoladas, ligadas por eventos de dispersão (metapopulações).

9 Distribuição e abundância de populações

CONCEITOS-CHAVE

CONCEITO 9.1 Populações são entidades dinâmicas que variam em tamanho no tempo e no espaço.

CONCEITO 9.2 As distribuições e abundâncias de organismos são limitadas pela adequação do hábitat, fatores históricos e dispersão.

CONCEITO 9.3 Muitas espécies têm distribuição fragmentada de populações dentro de sua amplitude geográfica.

CONCEITO 9.4 A distribuição de indivíduos dentro de uma população depende da localização dos recursos essenciais, dispersão e interações comportamentais.

CONCEITO 9.5 As abundâncias e distribuições de populações podem ser estimadas por contagens em áreas específicas, métodos de distâncias, estudos de marcação e recaptura e modelos de nicho.

Das florestas de algas-pardas aos vazios de ouriços: Estudo de Caso

Estendendo-se através de 1.600 km no Oceano Pacífico ao oeste do Alasca, as montanhosas Ilhas Aleutas geralmente são castigadas por fortes tempestades e ficam ocultadas pela neblina. As ilhas têm algumas poucas árvores grandes e, exceto pelas ilhas do leste, que já fizeram parte do continente, não são encontrados os mamíferos terrestres presentes no continente, como ursos-pardos, renas e lemingues. Existe, no entanto, abundante vida selvagem marinha nas cercanias, incluindo aves, focas, baleias e grande diversidade de peixes e invertebrados.

Embora em terra existam poucas árvores, as águas junto à costa de algumas Ilhas Aleutas abrigam fascinantes comunidades marinhas conhecidas como florestas de algas (*kelp*), compostas de algas-pardas como os gêneros *Laminaria* e *Nereocystis*. Densos agrupamentos de algas crescem de seus apressórios no fundo do mar para a superfície, produzindo algo que se parece com uma floresta subaquática (**Figura 9.1**). Outras ilhas vicinais não possuem florestas dessas algas. Em vez disso, o fundo das águas de suas regiões costeiras está coberto de ouriços-do-mar e sustenta poucas dessas algas-pardas ou outras algas macroscópicas. Áreas com muitos ouriços são chamados de "vazios de ouriços", uma vez que elas contêm muito menos espécies do que as florestas de algas-pardas. Por que algumas ilhas são circundadas por florestas de algas-pardas e outras por vazios de ouriços?

Uma possibilidade é que ilhas com essas florestas diferem de ilhas sem elas em termos de clima, correntes oceânicas, padrões de maré ou características físicas como as rochas do fundo do mar. Porém, essas diferenças não foram encontradas, levando-nos a buscar outros motivos pelos quais algumas ilhas possuem florestas de algas-pardas e outras não. Uma vez que ouriços se alimentam de algas e podem comer quantidades enormes, pesquisadores suspeitam que o consumo de algas-pardas pelos ouriços possa impedir a formação das florestas.

Essa hipótese foi testada de duas maneiras. Na primeira, estudos nas Ilhas Aleutas e em outros locais ao longo da costa do Alasca mostram, com dados consistentes, que florestas de algas-pardas não são encontradas em regiões onde existem muitos ouriços grandes. Ainda que essas correlações não comprovem que ouriços suprimem essas florestas, o fato de que muitos estudos encontraram o mesmo resultado

Figura 9.1 Espécies-chave nas florestas das profundezas A alga macroscópica *Nereocystis luetkeana* é uma das várias espécies que compõem as florestas de algas macroscópicas encontradas nas zonas costeiras de algumas Ilhas Aleutas. Pesquisas mostram que a presença ou a ausência de florestas de algas macroscópicas perto dessas ilhas é influenciada por ouriços-do-mar e lontras-do-mar.

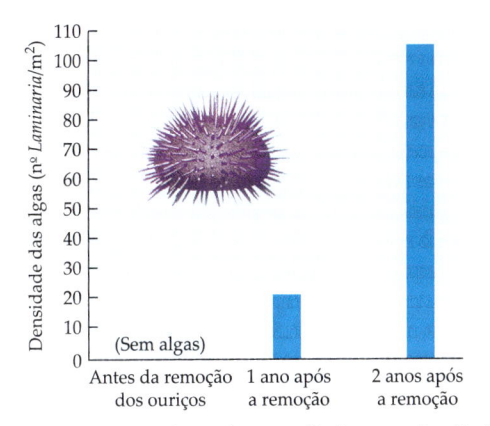

Figura 9.2 Ouriços-do-mar limitam a distribuição das florestas de algas-pardas? A densidade média da alga *Laminaria* em parcelas de 50 m² aumentou abruptamente após a remoção dos ouriços. (Segundo Duggins, 1980.)

sugere que os ouriços podem determinar onde as florestas de algas-pardas estarão localizadas. Na segunda, o efeito dos ouriços foi testado em um experimento que mediu as alterações nas densidades das algas em várias parcelas de 50 m², contendo ouriços, e em parcelas também de 50 m², próximas e similares, das quais os ouriços foram removidos (Duggins, 1980). Não havia algas em qualquer uma das parcelas no início do experimento, e a densidade delas permaneceu em zero nas parcelas com ouriços. Nas parcelas das quais os ouriços foram removidos, contudo, a densidade de *Laminaria* subiu para 21 indivíduos por metro quadrado no primeiro ano e chegou a 105 indivíduos no segundo ano (**Figura 9.2**). *Laminaria* é membro dominante das comunidades de florestas de algas-pardas, de modo que esses resultados sugerem que as florestas cresceriam na ausência de ouriços.

Esses e outros resultados indicaram que a presença ou a ausência de ouriços é uma resposta à pergunta de por que algumas Ilhas Aleutas têm florestas de algas e outras não. Contudo, essa resposta apenas desloca a pergunta de o que determina as localizações de florestas de algas para o que determina as localizações de ouriços. Como veremos, uma resposta mais completa para nossa pergunta (por que as florestas de algas são encontradas em algumas áreas, mas não em outras?) depende dos hábitos alimentares vorazes das lontras-do-mar, que, por sua vez, podem ter se tornado a última opção de refeição para as baleias orca.

Introdução

No Estudo de Caso deste capítulo, explicamos por que florestas de algas-pardas são encontradas em determinados locais e vazios de ouriços em outros. Essa discussão focalizou uma pergunta ecológica fundamental: O que determina a **distribuição** de uma espécie, a área geográfica onde indivíduos de uma espécie estão presentes? Neste capítulo e em toda a Parte 3, abordaremos também o tema relacionado de o que determina a **abundância**, ou seja, o número de indivíduos de uma espécie encontrados em uma área.

Esses dois temas estão relacionados, já que a distribuição de uma espécie pode ser vista como um mapa de todas as áreas em que a abundância da espécie é maior do que zero.

Com frequência, ecólogos procuram entender os fatores que determinam a distribuição e a abundância dos organismos. Essa tarefa pode ser um tanto desafiadora, porque as populações são *dinâmicas*; isto é, suas distribuições e abundâncias podem variar muito ao longo do tempo e do espaço. Tais mudanças afetam diversos aspectos de comunidades biológicas, incluindo o produto das interações entre espécies, bem como dos processos do ecossistema. Nossa capacidade de prever essas mudanças, portanto, serve como uma "vara de medição" para sabermos o quão bem entendemos os eventos na natureza.

O conhecimento dos fatores que influenciam a distribuição e a abundância de espécies também tem importância prática no manejo das populações que exploramos (tais como peixes ou árvores) ou buscamos conservar (espécies ameaçadas de extinção). A melhor forma de manejar ou proteger essas populações é compreender claramente o que determina suas distribuições e abundâncias. Vamos começar a decifrar os fatores que influenciam a distribuição e a abundância de espécies descrevendo as populações em mais detalhe.

CONCEITO 9.1

Populações são entidades dinâmicas que variam em tamanho no tempo e no espaço.

Populações

Uma **população** é um grupo de indivíduos da mesma espécie que vivem em uma área determinada e que interagem entre si. Para explorar mais essa definição, o que exatamente queremos dizer com "interagir"? Em espécies que se reproduzem sexualmente, uma população pode ser definida como o grupo de indivíduos que interagem por cruzamento. Em espécies que se reproduzem assexuadamente, no entanto, como os dentes-de-leão ou o peixe *Poecilia formosa*, a população deve ser definida por outros tipos de interações, como a competição pelos mesmos recursos alimentares. Nossa definição de uma população também incorpora a área na qual os membros de uma espécie interagem. Se essa área for conhecida, como em uma população de lagartos que vivem e se deslocam dentro de uma pequena ilha, podemos mostrar a abundância populacional em termos de **tamanho populacional** (o número de indivíduos na população) ou de **densidade populacional** (o número de indivíduos por unidade de área). Por exemplo, se existissem 2.500 lagartos em uma ilha de 20 hectares, o tamanho populacional seria de 2.500 lagartos e a densidade populacional seria de 125 lagartos por hectare.

Em alguns casos, a área total ocupada por uma espécie não é conhecida. Por exemplo, quando pouco se sabe sobre quão longe uma espécie de reprodução sexuada ou seus gametas (p. ex., nos grãos de pólen) podem chegar, é difícil de estimar a área onde indivíduos com frequência se cruzam, representando assim uma única população. Para espécies com reprodução assexuada, problemas semelhantes são encontrados quando tentamos estimar a área em que interações ocorrem, muito diferente do cruzamento. Quando a área ocupada pela população não é totalmente conhecida, ecólogos usam a melhor informação disponível sobre a biologia da espécie para delimitar uma área na qual o tamanho e a densidade da população podem ser estimados.

Abundâncias mudam no tempo e no espaço

O número de indivíduos em uma população muda com o tempo. Isto é verdadeiro para as abundâncias medidas em uma escala espacial pequena, como o número de plantas em uma área restrita à margem de um rio, ou em uma escala espacial muito maior, como o número de bacalhaus encontrados no norte do Oceano Atlântico. Em qualquer momento, a abundância também difere de um local para o outro. Algumas populações diferem pouco em abundância no tempo e no espaço, outras mudam consideravelmente.

Richard Root e Naomi Cappuccino, por exemplo, estudaram a abundância de 23 espécies de insetos herbívoros que se alimentavam da vara-de-ouro (*Solidago altissima*). Eles estudaram esses insetos por ao menos seis anos consecutivos, em 22 locais na região dos Finger Lakes no Estado de Nova York (**Figura 9.3**). Esses locais não se distanciam uns dos outros mais de 75 km; portanto, em qualquer um dos anos pesquisados, todos os sítios tiveram, grosso modo, as mesmas condições climáticas. Entretanto, a abundância de insetos variou consideravelmente de um local para outro e de um ano para o próximo. Para algumas

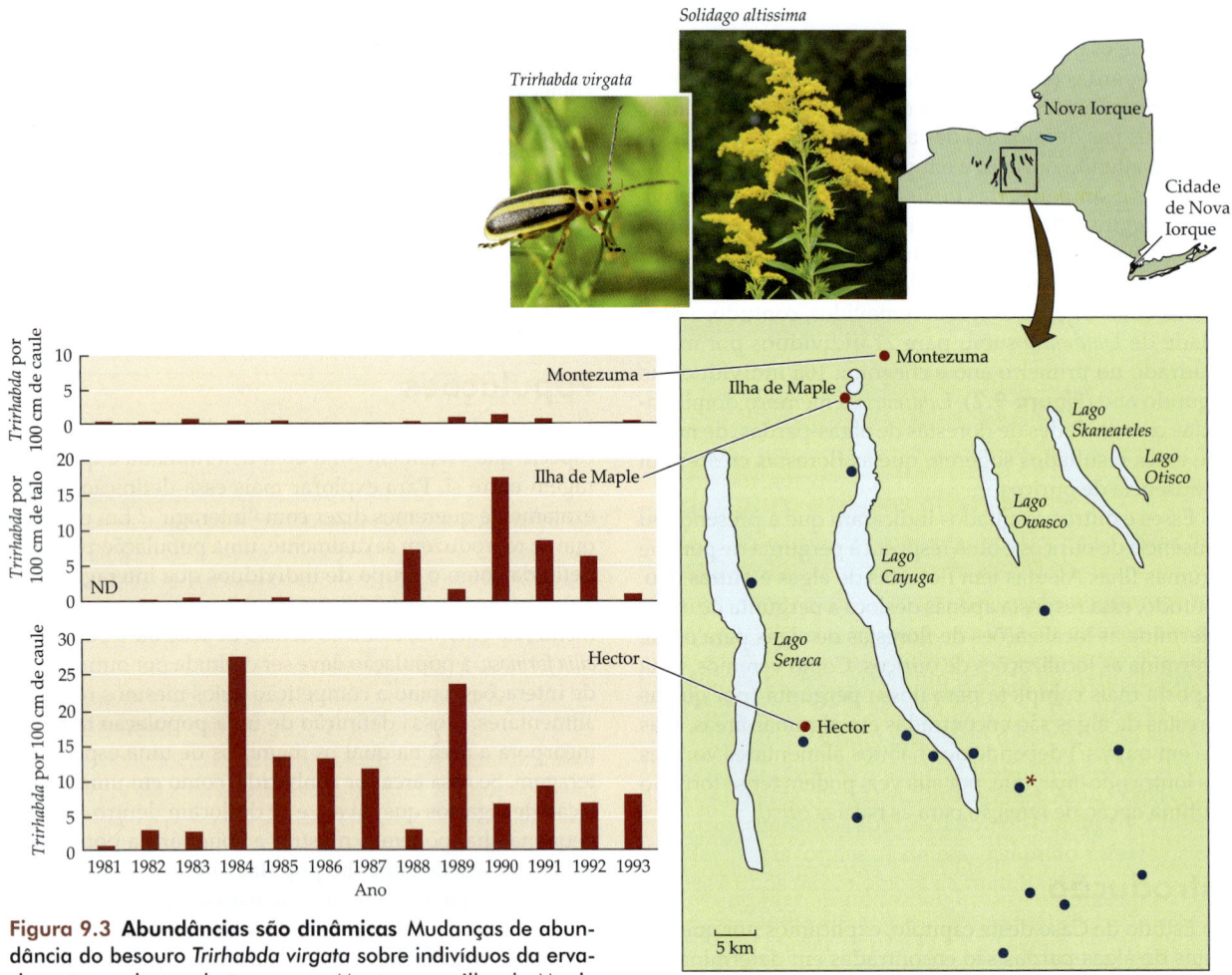

Figura 9.3 Abundâncias são dinâmicas Mudanças de abundância do besouro *Trirhabda virgata* sobre indivíduos da erva-lanceta, ao longo do tempo em Montezuma, Ilha de Maple e Hector, três dos locais estudados por Richard Root e Naomi Cappuccino. Os 22 locais de estudo são indicados por pontos no mapa; cinco locais de estudo estavam situados próximos uns dos outros na posição marcada com um asterisco. (Segundo Root e Cappuccino, 1992.)

Em que ano ou anos a abundância de *T. virgata* variou bastante em função do espaço? Explique.

espécies, como a mosca-da-galha-bola (*Eurosta solidaginis*), as abundâncias variaram relativamente pouco. O máximo de abundância alcançado por essa espécie em um período de seis anos variou entre os 22 locais estudados: de 0,05 inseto por caule no local com menos indivíduos para 0,3 inseto por caule no local com mais indivíduos. Abundâncias máximas de outras espécies, contudo, como o besouro *Trirhabda virgata*, variaram muito mais (por um fator de 336), indo de 0,03 a 10,1 insetos por caule. Ao todo, as populações de *T. virgata* variaram consideravelmente em abundância, tanto entre os pontos amostrais quanto com o passar do tempo (ver Figura 9.3). Retornaremos a esse assunto nos Capítulos 10 e 11, onde vamos examinar os fatores que causam a flutuação de abundância nas populações.

As populações são dinâmicas também em outro sentido: indivíduos migram de uma população para outra, às vezes viajando grandes distâncias.

Populações conectadas pela dispersão

Organismos diferem bastante em suas capacidades de movimento. Em plantas, por exemplo, a dispersão ocorre quando as sementes se movem para longe da planta matriz. Embora eventos como tempestades consigam transportar sementes por distâncias longas (de centenas de metros a muitos quilômetros; ver Cain et al., 2000), as distâncias de dispersão de plantas em geral são pequenas (de um a algumas dezenas de metros). Em alguns casos, as distâncias de dispersão são tão pequenas que fica difícil interpretar como movimentação. Por exemplo, sementes de *Viola odorata*, típica de ambiente florestal, são dispersas por 0,002 a 0,02 m quando as formigas não estão presentes; quando estão presentes, as formigas podem transportar essas sementes por alguns metros. Quando distâncias de dispersão são pequenas, as populações de indivíduos que interagem com frequência são encontradas em áreas pequenas. No outro lado do espectro, algumas espécies de baleias viajam dezenas de milhares de quilômetros em apenas um ano. Ao todo, a extensão espacial de populações varia tremendamente, de muito pequenas em organismos que dispersam pouco, até muito grandes em espécies que viajam distâncias grandes.

Finalmente, tenha em mente que uma população pode existir em uma série de fragmentos de hábitat que são espacialmente isolados uns dos outros, mas estão ligados por dispersão. Essa estrutura populacional "fragmentada" pode resultar de características do ambiente abiótico, como veremos mais adiante neste capítulo. Ela também pode resultar de ações humanas que subdividem populações outrora contínuas. Por exemplo, as charnecas (urzais) na Inglaterra já cobriram grandes áreas contínuas, mas nos últimos 200 anos o desenvolvimento de fazendas e de áreas urbanas reduziu drasticamente a área de ocorrência dessas plantas (**Figura 9.4**). Em alguns casos, a fragmentação gera porções tão isoladas que pouca dispersão pode ocorrer entre elas, dividindo, assim, uma grande população em uma série de populações menores. No Conceito 11.4, exploraremos a ocorrência e as consequências de populações com estruturas fragmentadas ("*metapopulações*") em mais detalhe.

O que são indivíduos?

Como vimos, uma população pode cobrir uma área única cuja extensão depende da capacidade de dispersão da espécie ou cobrir uma série de fragmentos espacialmente isolados, conectados pela dispersão. Para muitas espécies cuja capacidade de dispersão é pouco conhecida, pode ser desafiador determinar a extensão espacial da população. Além disso, para muitos organismos pode ser difícil até determinar o que constitui um indivíduo.

Como pode haver confusão sobre o que é um indivíduo? Considere as árvores de álamos (*Populus*

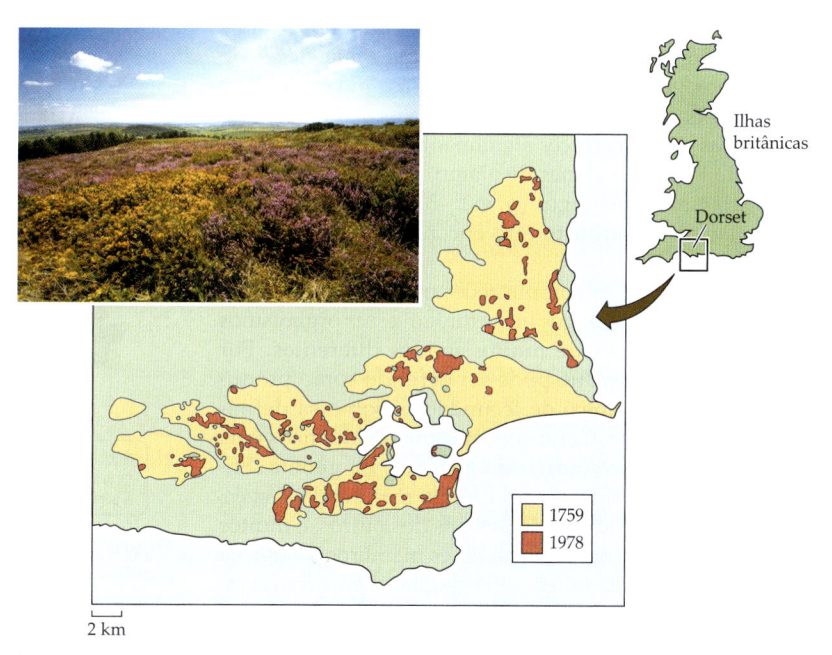

Figura 9.4 Fragmentação da charneca em Dorset As charnecas em Dorset, Inglaterra, alcançaram sua extensão máxima no tempo dos romanos, 2 mil anos antes do presente. De 1759 a 1978, o declínio desse tipo de hábitat foi acelerado: a área total das charnecas diminuiu de 400 km^2 para menos de 60 km^2, e o número de fragmentos aumentou muito. (Segundo Webb e Haskins, 1980.)

? Quantos fragmentos de charnecas existiam em 1759? E em 1978? Use suas respostas para estimar o tamanho médio dos fragmentos em 1759 e 1978.

Figura 9.5 Álamos-tremedores: uma ou várias árvores?
Esses álamos-tremedores (*Populus tremuloides*) crescendo no Parque Nacional de Yellowstone poderiam representar mais de 20 indivíduos geneticamente diferentes, cada um originado a partir de uma semente. Contudo, também é possível que cada um faça parte de apenas uma "árvore", que se propagou de modo assexuado, a partir de brotos produzidos em sua raiz.

interessados em como essas unidades fisiológicas independentes competem, o nível de rameta pode ser o mais apropriado.

Após definir as populações e considerar algumas peculiaridades que tornam seu estudo mais complexo, estudaremos os fatores que influenciam onde essas populações são encontradas e quantos indivíduos a constituem.

tremuloides) na **Figura 9.5**. Como em muitas espécies vegetais, um indivíduo de álamo pode produzir cópias geneticamente idênticas, ou **clones**. O álamo produz clones a partir de gemas das raízes, enquanto espécies como o cravo-da-índia e o morango o fazem formando novas plantas a partir de gemas localizadas em caules horizontais ou estolões (**Figura 9.6**). Entre os animais, muitos corais, anêmonas e hidrozoários podem formar clones de indivíduos geneticamente idênticos, assim como algumas rãs, peixes, lagartos e muitos insetos. Alguns clones de plantas podem crescer até tamanhos enormes (p. ex., cobrindo 81 ha em clones de álamo) ou viver por períodos extremamente longos (p. ex., 43 mil anos em *Lomatia tasmanica*, um arbusto raro encontrado na Tasmânia, Austrália).

Para enfrentar as complicações que resultam da formação de clones, biólogos que estudam esses organismos definem indivíduos de muitos modos diferentes. Por exemplo, um indivíduo pode ser definido como produto de um evento único de fecundação. Sob essa definição, um bosque de álamos geneticamente idênticos é na realidade um único indivíduo genético, ou **geneta**. Entretanto, membros do geneta são, na maioria das vezes, fisiologicamente independentes uns dos outros, e muitos podem competir por recursos. Esses membros, potencial ou verdadeiramente independentes, são chamados de **rametas**. No morango, por exemplo, uma planta enraizada é considerada uma rameta, pois ela pode sobreviver mesmo se não estiver ligada ao resto do geneta (ver Figura 9.6). Enxergar um canteiro de morangos ou um bosque de álamos como um indivíduo ou como muitos depende do que nos interessa. Se estivermos interessados nas mudanças evolutivas ao longo do tempo, o nível de geneta parece ser o mais apropriado. Entretanto, se estivermos

Figura 9.6 Plantas e animais que formam clones Muitas plantas e animais reproduzem-se de modo assexuado, formando clones de indivíduos geneticamente idênticos. Exemplos incluem *brotamento* (no qual o descendente se destaca do indivíduo parental), *apomixia* (na qual os clones são produzidos a partir de ovos não fecundados, também conhecida como *partenogênese*) e *propagação horizontal* (na qual os descendentes são produzidos à medida que o organismo cresce).

? Como podem grupos de indivíduos geneticamente idênticos ser identificados em clones que se formam por brotamento? Por apomixia? Por propagação horizontal?

CONCEITO 9.2

As distribuições e abundâncias de organismos são limitadas pela adequação do hábitat, fatores históricos e dispersão.

Distribuição e abundância

Muitos fatores diferentes podem influenciar a distribuição e abundância dos organismos. Examinaremos esses fatores agrupando-os em três categorias: adequabilidade do hábitat, fatores históricos (como a história evolutiva e a deriva continental) e dispersão.

A adequabilidade do hábitat limita a distribuição e abundância

Locais bons e ruins para morar são uma realidade para todas as espécies. Uma espécie do deserto não será bem-adaptada ao Ártico, ou vice-versa. Mesmo pequenas diferenças entre os ambientes podem afetar o quão bem indivíduos sobrevivem ou se reproduzem, tornando alta a abundância em certos ambientes e baixa em outros. Assim, a distribuição e a abundância de uma espécie podem ser fortemente influenciadas pela presença de hábitat adequado. Contudo, quais fatores tornam um hábitat adequado?

Características abióticas do ambiente Como discutimos na Parte 1, o clima e outros aspectos do ambiente abiótico (sem vida), como o pH do solo, a concentração de sais e a disponibilidade de nutrientes, colocam limites se o hábitat será adequado para uma determinada espécie. Algumas espécies podem tolerar um amplo espectro de condições físicas, enquanto outras possuem exigências mais restritas.

O creosoto (*Larrea tridentata*), por exemplo, é uma espécie arbustiva com ampla distribuição nos desertos norte-americanos, indo do sudoeste dos Estados Unidos até o noroeste e o centro do México (**Figura 9.7**). Essa espécie é bastante tolerante de condições áridas: utiliza a água rapidamente quando ela está disponível, e durante os períodos de longas secas interrompe os processos metabólicos. Ela também tolera o frio; suas populações desenvolvem-se em altitudes elevadas dos desertos, onde as temperaturas de inverno podem permanecer abaixo de zero por muitos dias.

O saguaro (*Carnegiea gigantea*, cactácea), por outro lado, exibe distribuição bem mais restrita. Como o creosoto, o saguaro floresce sob condições áridas, mas possui

Figura 9.7 A distribuição de duas plantas tolerantes à seca A distribuição geográfica do arbusto creosoto (*Larrea tridentata*) é muito maior do que a do cacto de saguaro (*Carnegiea gigantea*). (Segundo Hunziker et al., 1972.)

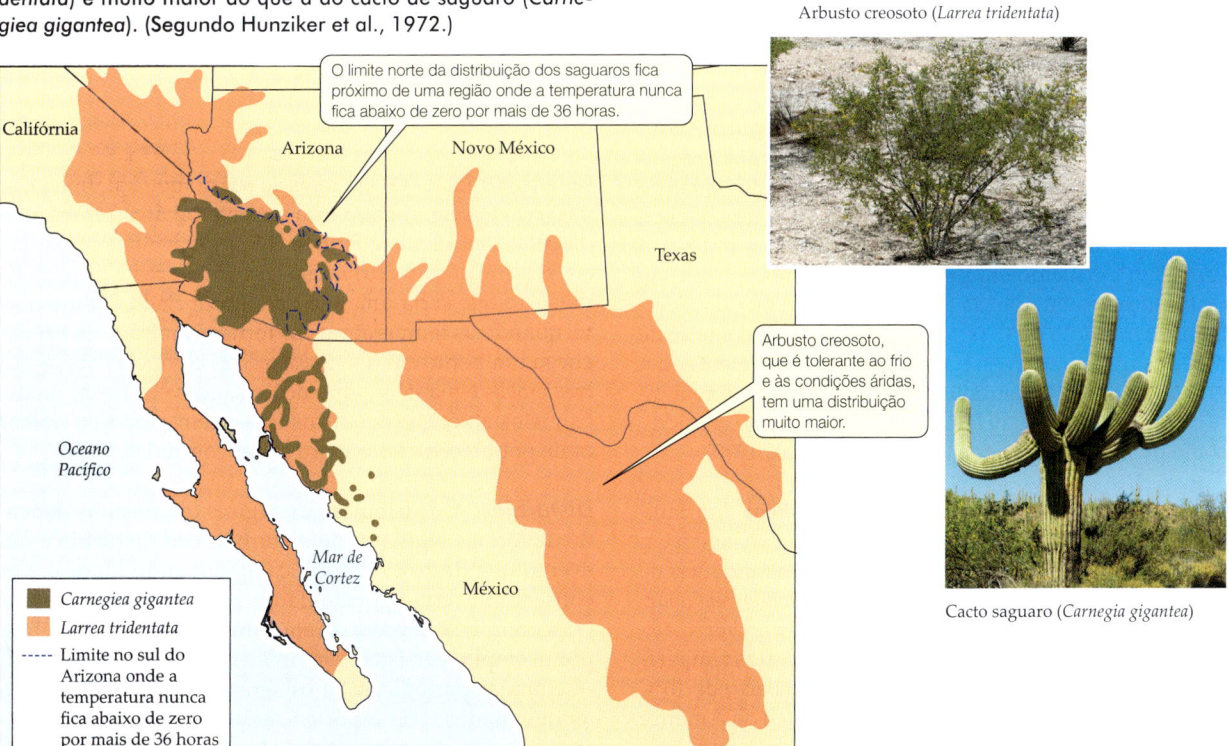

Arbusto creosoto (*Larrea tridentata*)

Cacto saguaro (*Carnegia gigantea*)

diferentes modos para tolerar a seca. Embora o saguaro não possua folhas típicas, seus espinhos são, na verdade, folhas modificadas cuja pequena área de superfície reduz a perda de água. Além disso, durante períodos úmidos, ele acumula água nos ramos e nos troncos maciços, economizando-a para utilizar durante períodos de seca. O saguaro, no entanto, não tolera o frio: ele morre quando as temperaturas permanecem abaixo de zero por mais de 36 horas. A importância da sensibilidade do saguaro ao frio é revelada por sua distribuição geográfica: o limite norte de sua distribuição corresponde, rigorosamente, a um limite norte em que a temperatura raramente permanece abaixo de zero por ao menos 36 horas (ver Figura 9.7).

Características bióticas do ambiente O meio biótico também tem efeitos determinantes na distribuição e na abundância das espécies. Obviamente, espécies que dependem totalmente de uma ou de algumas outras espécies para seu crescimento, reprodução ou sobrevivência não podem viver onde as espécies das quais dependem estão ausentes. Organismos também podem ser eliminados de uma área por predadores, herbívoros, competidores, parasitas ou patógenos, os quais podem diminuir sensivelmente a sobrevivência ou a reprodução de membros de uma população.

Um exemplo drástico dessa exclusão é proporcionado pelo controle biológico exitoso de *Opuntia stricta*, um cacto introduzido que se propagou rapidamente para cobrir extensas áreas em Queensland e New South Wales, Austrália. O cacto foi introduzido do sul dos Estados Unidos, em 1839, tendo sido plantado como cerca-viva. Dentro de 40 anos, o *O. stricta* tornou-se uma praga, e em 1925 cobriu 243.000 km². O cacto pode crescer até 2 m de altura, e em muitas áreas cobriu o chão com densas moitas espinhosas, tornando sem utilidade as pastagens que ocupou (**Figura 9.8A**). Na esperança de controlar o cacto, uma mariposa argentina (*Cactoblastis cactorum*), conhecida por se alimentar de *O. stricta*, foi inserida em 1926. Em 1931, as traças haviam destruído bilhões de cactos (**Figura 9.8B**). Desde 1940, o cacto tem persistido em pequenas quantidades, mas sua distribuição e abundância foram bastante reduzidas. Embora a introdução do *C. cactorum* como meio de controle de espécies invasoras tivesse alcançado, aparentemente, um grande sucesso, tais introduções devem ser feitas com muita cautela, já que podem levar a consequências inesperadas, como prejudicar espécies nativas (Louda et al., 1997).

Interações entre fatores abióticos e bióticos Em muitos casos, elementos abióticos e bióticos do meio agem em conjunto para determinar a distribuição e a abundância de uma espécie. Por exemplo, a craca *Semibalanus balanoides* não pode sobreviver em temperaturas do ar no verão acima de 25°C, e não consegue se reproduzir caso as temperaturas do ar no inverno não permanecerem abaixo de 10°C durante 20 dias ou mais. Na costa do Pacífico da América do Norte, as temperaturas são tais que *S. balanoides* poderia

Figura 9.8 Herbívoros podem limitar a distribuição de plantas Na Austrália, a mariposa *Cactoblastis cactorum* foi usada para controlar populações de um cacto introduzido, *Opuntia stricta*. (A) Denso agrupamento de *O. stricta* dois meses antes de ter sido introduzida a mariposa. (B) O mesmo local três anos depois, após a mariposa ter matado os cactos comendo suas extremidades de crescimento. (Do Department of Natural Resources, Queensland, Austrália.)

ser encontrada 1.600 km mais ao sul do que atualmente se observa. Porém, a craca está ausente da área representada pela cor violeta na **Figura 9.9**, provavelmente porque a competição com outras espécies de cracas a impede de viver no que seria um ambiente apropriado. Para o norte, quando as temperaturas se tornam muito mais baixas, chega um ponto em que *S. balanoides* compete com as outras cracas e mantém populações saudáveis. Desse modo, os meios abióticos e bióticos interagem para determinar onde populações dessa craca são encontradas.

Distúrbios A distribuição de alguns organismos depende de formas regulares de distúrbio. Um **distúrbio** é um evento que destrói ou danifica alguns indivíduos e, por conseguinte, cria oportunidades para outros indivíduos crescerem e se reproduzirem. Muitas espécies vegetais, por exemplo, persistem em uma área apenas se existirem queimadas periódicas. Se os seres humanos impedirem as queimadas, tais espécies serão substituídas por outras que não são tolerantes a ele, mas que são melhores

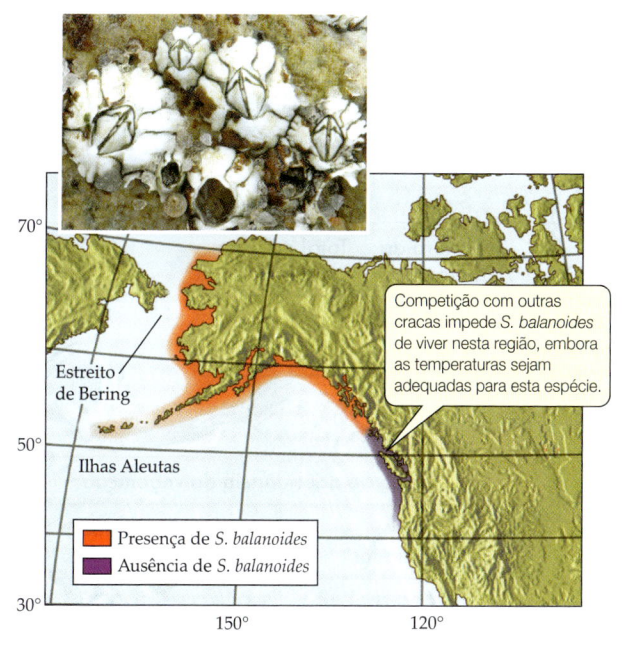

Figura 9.9 Os efeitos combinados da temperatura e da competição na distribuição da craca Embora as temperaturas sejam adequadas para a craca *Semibalanus balanoides* ao longo das regiões das manchas vermelhas e roxas, ela é excluída da parte sul por seus competidores. Nas regiões das manchas vermelhas, as temperaturas são mais frias e *S. balanoides* é o competidor dominante.

? O aquecimento global pode aumentar ou diminuir a área geográfica de *S. balanoides*?

competidores na ausência de fogo. Assim, uma mudança na frequência das queimadas pode mudar a composição de comunidades ecológicas, como você pode explorar em **Análise de Dados 9.1**. Inundações, ventanias e secas são outras formas de distúrbios que podem eliminar algumas espécies, mas dar a outras uma vantagem. Abordaremos o papel do distúrbio em mais detalhe no Capítulo 17.

História e dispersão limitam a distribuição e a abundância

Espécies conseguem se desenvolver apenas em ambientes com hábitat adequado, porém não são encontradas em todos esses locais. A história e a dispersão também exercem um papel importante na distribuição e na abundância de espécies.

História evolutiva e geológica Eventos na história evolutiva e geológica da Terra tiveram um efeito determinante sobre a área de ocorrência dos organismos nos dias de hoje. Por que, por exemplo, os ursos-polares (*Ursus maritimus*) são encontrados no Ártico, mas não na Antártida? Ursos-polares caçam sobre pedaços de gelo e se alimentam de focas, duas coisas abundantes na Antártida.

Parte da resposta a nossa pergunta pode ser encontrada na história evolutiva desses ursos. Fósseis e evidências genéticas indicam que os ursos-polares evoluíram a partir de ursos-pardos (*Ursus arctos*) no Ártico (Lindqvist et al., 2010); assim, *U. maritimus* é encontrado no Ártico porque a espécie se originou lá. Quanto à ausência na Antártida, os ursos-polares podem viajar até 1.000 km em um ano, mas parece que não conseguem ou não querem atravessar as regiões tropicais que separam a Antártida do Ártico. Assim, a distribuição das populações do urso-polar é influenciada pela história evolutiva e pela dispersão, assim como pela presença de hábitat adequado.

A história geológica desempenha um papel fundamental em alguns padrões curiosos de distribuição que intrigaram biólogos por quase uma centena de anos. Considere a observação de Alfred Russel Wallace de que os animais de uma região podem se diferenciar consideravelmente ao longo de curtas distâncias geográficas (Wallace, 1860). As comunidades de mamíferos das Filipinas, por exemplo, são mais parecidas com as da África (88% de similaridade no nível de família) do que com as de Nova Guiné (64% de similaridade), apesar do fato de que a África fica a 5.500 km de distância, enquanto Nova Guiné está a apenas 750 km. Nenhuma explicação para essa e outras observações parecidas foi encontrada até a descoberta da *deriva continental*, a movimentação gradual de continentes ao longo do tempo (ver Extensões na internet 18.1). Essa descoberta levou à percepção de que Filipinas e Nova Guiné se encontram em diferentes placas tectônicas e que estão geograficamente próximas há relativamente pouco tempo.

Limites de dispersão Como demonstrado pela ausência do urso-polar na Antártida, a capacidade limitada de uma espécie de se dispersar pode impedi-la de alcançar áreas com hábitats adequados – um fato conhecido como **limite de dispersão**. Para dar outro exemplo, as ilhas do Havaí possuem apenas um mamífero terrestre nativo, o morcego-grisalho-do-havaí (*Lasiurus cinereus*), que foi capaz de voar até as ilhas. Nenhum outro mamífero terrestre foi capaz de se dispersar até o Havaí por si próprio, apesar de gatos, porcos, cachorros-selvagens, ratos, bodes, mangustos e outros animais agora desenvolvem-se no Havaí após sua introdução nas ilhas por seres humanos.

O limite de dispersão também pode ocorrer em escalas espaciais menores, impedindo que populações avancem para áreas próximas com hábitat aparentemente adequado. Primack e Miao (1992) documentaram tais limites de dispersão de pequena escala na planta herbácea *Impatiens capensis* (**Figura 9.10**). Resultados semelhantes foram obtidos em um estudo de longo prazo sobre o jacinto-dos-campos inglês (*Hyacinthoides non-scripta*). Em 1960, 27 populações de 7 a 10 indivíduos cada foram implantadas em hábitats florestais aparentemente adequados, localizados perto das populações de origem (Van der Veken et al., 2007). Quarenta e cinco anos mais tarde, 11 (41%) dessas populações

ANÁLISE DE DADOS 9.1

Espécies herbáceas introduzidas modificaram a ocorrência de queimadas nas florestas secas do Havaí?

O capim-rabo-de-burro (*Schizachyrium condensatum*), o capim-gordura (*Melinis minutiflora*) e muitas outras gramíneas exóticas foram introduzidos por seres humanos no Havaí para servir de forragem para a pecuária. Em 1968, as gramíneas introduzidas tinham invadido as florestas secas do Parque Nacional dos Vulcões, no Havaí. Essas florestas secas são bosques com sub-bosque composto por arbustos; hoje elas têm poucas gramíneas nativas, ou não têm mais. Hughes e colaboradores (1991)* apresentam dados sobre a ocorrência de queimadas (Tabela A) e a abundância de vegetação em áreas com queimadas e sem queimadas das florestas secas no parque (Tabela B).

Tabela A

Período	Número de queimadas	Total da área queimada
1928-1968	9	2,3 ha
1969-1988	32	7.800 ha

Tabela B

Tipo de vegetação	Índice de abundância da vegetação		
	Sem queimadas	Queimada uma vez	Queimada duas vezes
Árvores nativas e arbustos	112,3	5,2	0,7
Gramíneas introduzidas	80,0	92,1	100,9

1. Usando os dados da Tabela A, calcule a frequência de queimadas e a área média queimada, antes e depois das gramíneas introduzidas invadirem o Parque Nacional dos Vulcões. O que seus resultados sugerem sobre o modo com que a introdução de gramíneas pode alterar a ocorrência de queimadas no Parque Nacional dos Vulcões?

2. Com base nos dados da Tabela B, o fogo promove ou limita a abundância de árvores e arbustos nativos? Como o fogo afeta as gramíneas introduzidas?

3. As gramíneas introduzidas recuperam-se rapidamente de queimadas e proporcionam mais combustível para futuras queimadas do que árvores e arbustos nativos. Use essa informação para prever o que poderia acontecer se ocorresse uma queimada em uma floresta seca havaiana após ter sido invadida por gramíneas introduzidas. Será que os eventos que você descreveu ajudam a explicar os dados das Tabelas A e B? Explique seu raciocínio.

*Hughes, F., P. M. Vitousek and T. Tunison. 1991. Alien grass invasion and fire in the seasonal submontane zone of Hawai'i. *Ecology* 72: 743-746.

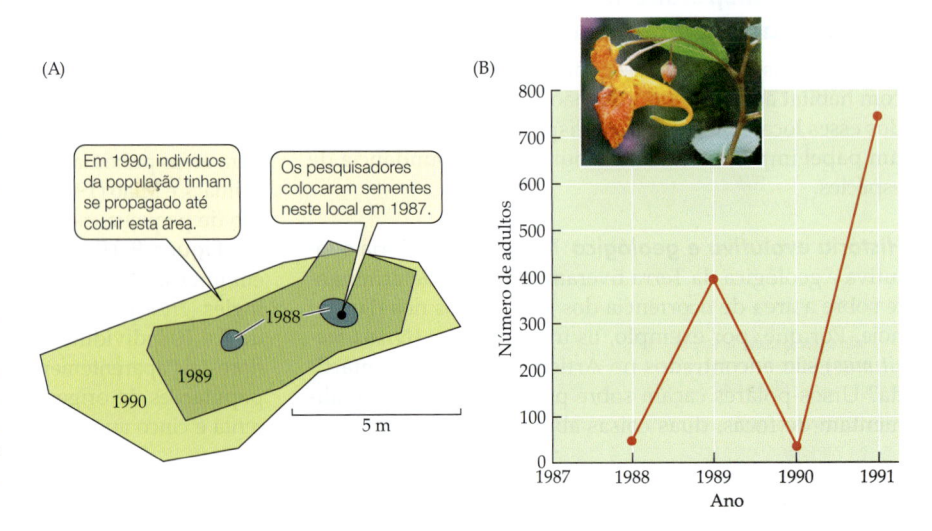

Figura 9.10 Populações podem expandir-se após dispersão experimental Um experimento demonstrou que o limite de dispersão impede populações de *Impatiens capensis* de colonizar áreas próximas, onde a planta poderia se desenvolver. (A) Em 1987, uma centena de sementes de uma população estabelecida, localizada a 75 m de distância, foi disseminada a 1 m do ponto preto. O mapa mostra a distribuição da população nos anos de 1988 a 1990; a distribuição para 1991 não foi mapeada. (B) O gráfico mostra o número de adultos na população nos anos de 1988 a 1991. Observe que, mesmo com a diminuição da abundância em 1990, alguns indivíduos se propagaram longe o suficiente para que a população cobrisse a maior área apresentada em (A). (Segundo Primack e Miao, 1992.)

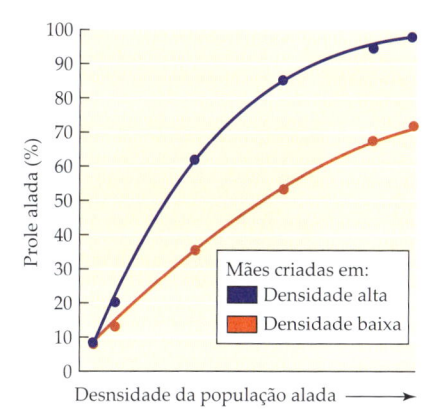

Figura 9.11 A densidade pode afetar a dispersão A proporção da prole de pulgões que desenvolve asas em relação à densidade em que eles foram criados, para progenitoras que foram criadas em densidades altas ou baixas. (Segundo Shaw, 1970.)

> Os resultados mostrados no gráfico indicam que os pulgões são mais propensos a desenvolver asas em resposta às altas densidades experimentadas pela prole, por suas progenitoras, ou por ambas? Explique.

experimentais persistiram, e a maioria continha centenas ou milhares de indivíduos. Esses resultados sugeriram que limites de dispersão tinham impedido os jacintos-dos-campos de alcançarem hábitats onde poderiam prosperar.

Dispersão e densidade Quando indivíduos se dispersam de uma população para outra, a densidade da população que eles deixam diminui e a densidade da população em que eles ingressam aumenta. A dispersão também pode ser modificada pela densidade populacional. Por exemplo, muitas espécies de afídeos produzem formas aladas (capazes de se dispersar) em resposta ao adensamento (Harrison, 1980). Esse exemplo é ilustrado pelo pulgão-do-feijão (*Aphis fabae*), em que o percentual de descendentes que desenvolvem asas aumenta com o aumento da densidade populacional (**Figura 9.11**).

Densidade e dispersão podem desempenhar funções semelhantes em populações do pupfish-do-deserto (*Cyprinodon macularius*) (**Figura 9.12**). Após fortes chuvas, os pequenos lagos em que esses peixes moram são conectadas a um ou mais por riachos temporários. A dispersão para os peixes que vivem em lagos no deserto é arriscada, mas em determinadas circunstâncias pode ser vantajosa. Como explorado em **Extensões na internet 9.1**, os resultados de experimentos com os pupfish-do-deserto sugerem que a dispersão pode ser mais vantajosa, aumentando suas chances de sobrevivência e de reprodução, do que se os peixes permanecessem em lago adensado e com alimentos limitados (McMahon e Tash, 1988). Muitos outros organismos alteraram suas taxas de dispersão em resposta às condições que afetam a sobrevivência e reprodução, tais como aumentos na abundância de predadores ou competidores, ou decréscimos na qualidade do hábitat ou na disponibilidade de parceiros (Poethke et al., 2010).

— **CONCEITO 9.3** —
Muitas espécies têm distribuição fragmentada de populações dentro de sua amplitude geográfica.

Amplitude geográfica

Como vimos na seção anterior, diversos fatores – incluindo a presença de hábitat adequado, a história geológica e evolutiva, bem como a dispersão – podem limitar a distribuição das espécies. De fato, é de se esperar que em muitos casos vários ou talvez todos esses fatores atuem ao mesmo tempo, influenciando a área de ocorrência de uma espécie. O efeito final desses fatores limita algumas espécies a uma pequena região geográfica, enquanto outras espécies têm distribuições muito maiores. Contudo, mesmo que espécies habitem pequenas ou grandes áreas geográficas, nenhuma pode viver em todos os lugares, uma vez que grande parte da Terra apresenta hábitats inadequados para suas populações.

Figura 9.12 O hábitat do pupfish-do-deserto Peixes do deserto vivem em lagos que ocasionalmente se conectam uns com os outros por riachos temporários.

As amplitudes geográficas variam entre as espécies

A **amplitude geográfica** de uma espécie é a totalidade das regiões geográficas nas quais ela é encontrada. Apesar de nenhuma espécie ser encontrada em todos os locais do planeta, existe uma considerável variação nos tamanhos das amplitudes geográficas das espécies. Exemplos de espécies com amplitude geográfica pequena incluem o pupfish-do--poço-do-diabo (*Cyprinodon diabolis*), que vive em um único lago natural no deserto (7 × 3 m de superfície e 15 m de profundidade). Muitas plantas tropicais também têm amplitude geográfica pequena. Esse último aspecto foi ilustrado drasticamente em 1978, quando 90 novas espécies de plantas tropicais foram descobertas no topo de uma única montanha no Equador, todas com amplitude geográfica restrita àquele topo. Outras espécies, como os coiotes, vivem em praticamente todo um continente (América do Norte), enquanto outras, como os lobos-cinza, vivem em pequenas porções de vários continentes (América do Norte e Eurásia). Relativamente poucas espécies são encontradas em todos ou na maioria dos continentes. Exceções notáveis incluem os seres humanos, o rato-da-noruega e a bactéria *Escherichia coli*, que vive no trato intestinal de répteis, aves e mamíferos (incluindo seres humanos) e,

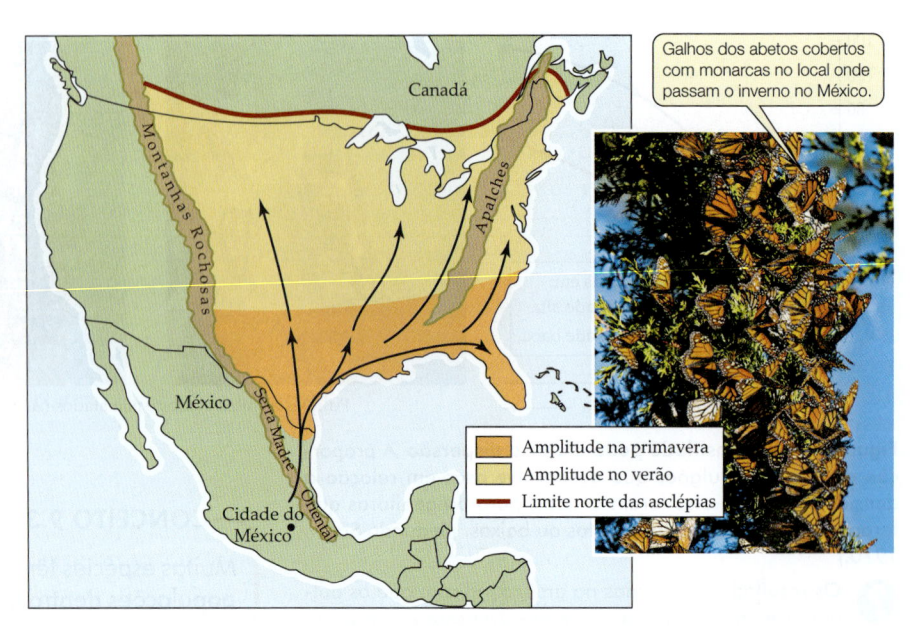

Figura 9.13 Migrações da monarca As borboletas-monarcas (*Danaus plexippus*) que hibernam na região central do México são encontradas apenas nas florestas de abeto-de-oyamel (*Abies religiosa*). Essas florestas estão localizadas em regiões montanhosas que perfazem menos de 0,5% da área territorial do México. Na primavera, monarcas migram do norte do México para se reproduzir ao longo de boa parte do leste da América do Norte. Uma vez que as lagartas das monarcas dependem de asclépias (*Asclepias*, planta com látex) para se alimentar, o limite norte das monarcas durante a época de reprodução no verão está intimamente relacionado com o limite norte dessas plantas. Esse diagrama mostra apenas os padrões de migração para populações de monarcas do leste da América do Norte; as populações menores encontradas a oeste das Montanhas Rochosas passam o inverno ao longo da costa do Pacífico na Califórnia. (Segundo Brower, 1996.)

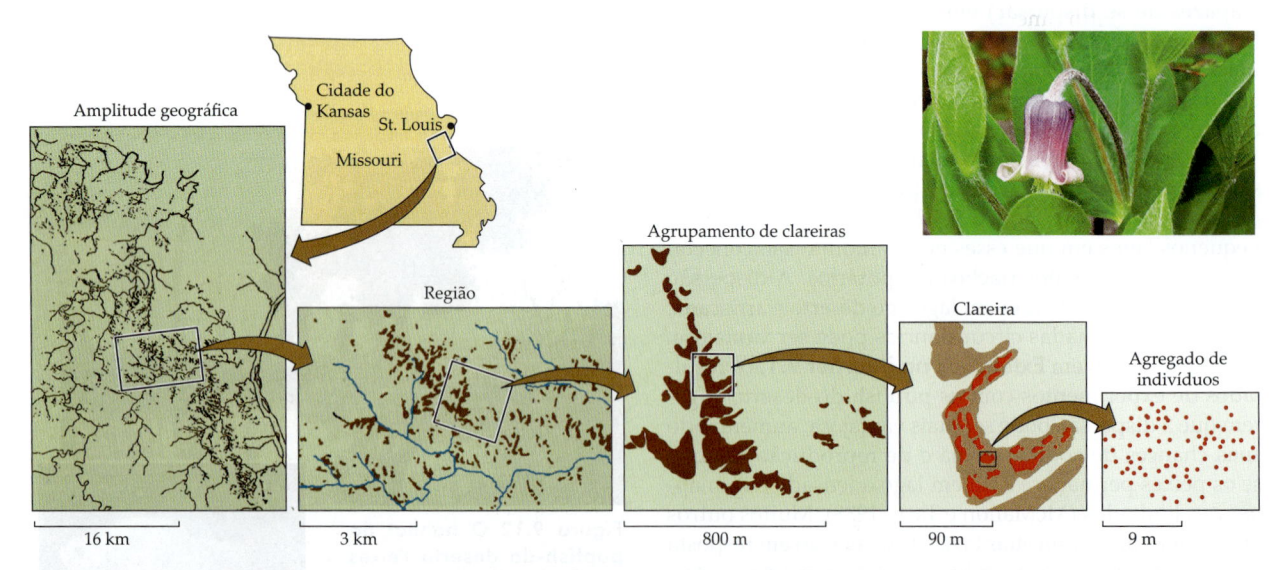

Figura 9.14 Muitas populações têm uma distribuição fragmentada Em várias escalas de observação – de sua amplitude geográfica no Missouri até agregados de indivíduos em uma clareira – populações da planta herbácea *Clematis fremontii* têm uma distribuição fragmentada. A distribuição fragmentada dessa planta é controlada principalmente pela distribuição fragmentada de seu hábitat adequado. (Segundo Erickson, 1945.)

assim, é encontrada onde quer que o hospedeiro esteja. Algumas espécies marinhas, incluindo invertebrados com larvas planctônicas (ver Capítulo 7) e as baleias, apresentam amplitudes geográficas amplas. Contudo, ainda que os tamanhos das amplitudes variem bastante, o padrão nos oceanos é semelhante ao que se encontra em terra, e a maioria das espécies marinhas tem uma amplitude geográfica relativamente pequena (Gaston, 2003).

A amplitude geográfica de uma espécie inclui as áreas que ela ocupa durante todas as fases da vida. É muito importante manter isso em mente para aquelas espécies que migram e para as espécies pouco conhecidas. Por exemplo, se desejarmos proteger as populações da borboleta-monarca, temos que nos certificar de que as condições sejam favoráveis em seu local de reprodução durante o verão, assim como no local de hibernação (**Figura 9.13**). Em alguns casos, entendemos pouquíssimo sobre a distribuição de um organismo, pois ele pode ter muitos estágios de vida difíceis de encontrar ou de estudar, o que é verdadeiro para muitos fungos, plantas e insetos. Podemos saber em quais condições o organismo adulto vive, mas não se tem ideia ainda sobre como ou onde ele vive os outros estágios da vida. Na verdade, isso ocorreu no caso da borboleta-monarca. Os biólogos sabiam que a cada primavera essas borboletas chegavam ao leste da América do Norte a partir do sul, mas levou quase 120 anos (de 1857 a 1975) para que seus locais de hibernação fossem descobertos nas montanhas a oeste da Cidade do México.

Populações possuem distribuições fragmentadas

Mesmo na amplitude geográfica de uma espécie, muitas regiões não apresentam hábitats apropriados para as espécies. Como resultado, as populações tendem a ter uma distribuição naturalmente fragmentada. Essa observação serve para as escalas espaciais grandes e pequenas. Em terra, por exemplo, em escalas espaciais maiores, o clima restringe onde as populações de uma espécie estão localizadas (ver Capítulo 3). Em escalas espaciais menores, fatores como topografia, tipo de solo, bem como a presença ou a ausência de outras espécies impedem que as populações sejam distribuídas de modo uniforme por toda a paisagem.

Um exemplo nítido da fragmentação em diferentes escalas espaciais é fornecido pelo trabalho de Ralph Erickson realizado com a herbácea perene *Clematis fremontii* (**Figura 9.14**). Essa espécie é encontrada em regiões do Kansas, de Nebraska e do Missouri. Erickson estudou a distribuição de *C. fremontii* no Missouri, onde ela é encontrada em uma área restrita na parte leste do Estado, ocorrendo apenas em solo seco e rochoso, que sustenta poucas árvores em áreas, de resto, arborizadas; essas áreas são chamadas de *clareiras*. As clareiras em que *C. fremontii* é encontrada ocorrem em afloramentos de calcário localizados nas encostas voltadas para o sul ou o oeste. Como mostrado na Figura 9.14, essas clareiras estão agrupadas em aglomerados, quando vistas pela perspectiva da amplitude de espécies, no leste do Missouri. A distribuição das clareiras se mantém agrupada mesmo com a diminuição da escala espacial. Plantas individuais também são encontradas em agrupamentos, na forma de grupos de indivíduos em uma clareira e como um conjunto de indivíduos em um desses grupos.

Clematis fremontii requer um hábitat muito particular que é encontrado apenas em partes de sua amplitude geográfica; portanto, suas populações têm uma distribuição altamente fragmentada. Outras espécies toleram maior amplitude de ambiente, mas suas abundâncias ainda variam dentro de sua amplitude geográfica. A distribuição dos cangurus-vermelhos (*Macropus rufus*) em regiões áridas da Austrália ilustra esse ponto. A abundância dos cangurus-vermelhos varia ao longo de sua amplitude geográfica, que inclui diversas regiões de alta densidade e diversas áreas onde cangurus-vermelhos não são encontrados (**Figura 9.15**).

A seguir, abordaremos os fatores que influenciam a localização de indivíduos dentro de suas populações.

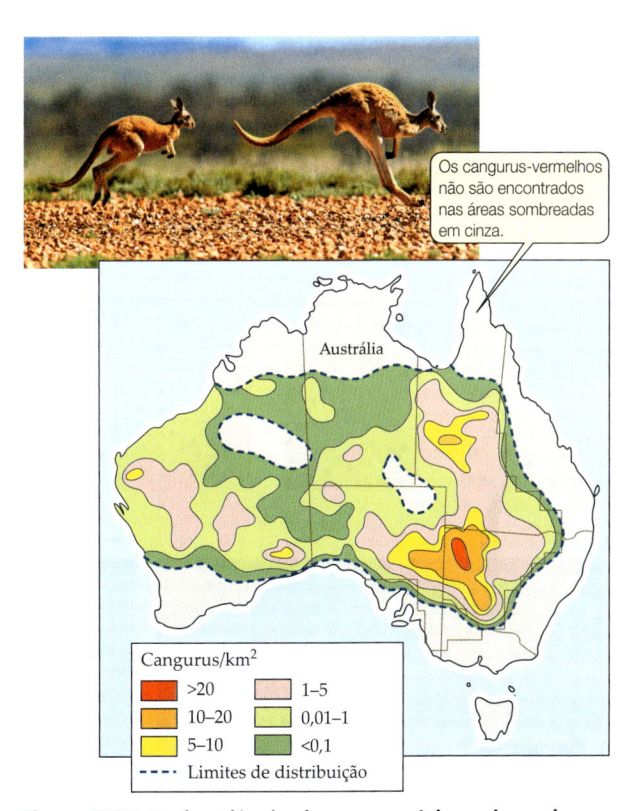

Figura 9.15 A abundância de uma espécie varia ao longo de sua amplitude geográfica O mapa mostra abundâncias do canguru-vermelho (*Macropus rufus*) ao longo de sua amplitude geográfica na Austrália. Esses dados são baseados em contagens aéreas conduzidas entre 1980 e 1982. (Segundo Caughley et al., 1987.)

CONCEITO 9.4

A distribuição de indivíduos dentro de uma população depende da localização dos recursos essenciais, dispersão e interações comportamentais.

Distribuição dentro de populações

Os agregados de indivíduos de *Clematis fremontii* encontrados em clareiras fornecem um exemplo da **distribuição**, ou arranjo espacial, de indivíduos dentro de uma população. Podem-se reconhecer três padrões básicos de como os indivíduos de uma população são posicionados em relação uns aos outros (**Figura 9.16**). Em alguns casos, membros de uma população possuem **distribuição regular**, na qual os indivíduos estão espaçados de modo relativamente uniforme por todo seu hábitat. Em outros casos, indivíduos mostram **distribuição aleatória**, semelhante ao que ocorreria se eles fossem posicionados em locais selecionados ao acaso. Por fim, como em *C. fremontii*, os indivíduos podem ser reunidos em grupos, formando **distribuição agrupada**. Nas populações naturais, as dispersões agrupadas são mais comuns do que as distribuições regulares ou aleatórias.

Recursos, concorrência e dispersão afetam a distribuição dentro das populações

Uma diversidade de processos pode levar indivíduos a ter uma distribuição regular, aleatória ou agrupada. Considere que uma planta cresça deficientemente, a não ser que determinado conjunto de recursos e condições ambientais esteja presente (p. ex., a combinação certa de nutrientes do solo, luz e temperatura). Em um caso desses, o arranjo espacial dos indivíduos de uma população estaria propenso a se adequar ao arranjo espacial das condições propícias ao crescimento. Como as condições ambientais muitas vezes variam aleatoriamente ou estão agrupadas no espaço, espera-se que nossa planta hipotética tenha dispersão aleatória ou agrupada. Distribuições aleatórias ou agrupadas também podem ocorrer como resultado da dispersão; por exemplo, curtas distâncias de distribuição podem causar o agrupamento de indivíduos. Em alguns casos, a competição pelos recursos ou pelo espaço parece ter resultado em uma distribuição quase regular, como foi observado nos arbustos mostrados na Figura 9.16A.

Comportamento individual afeta a distribuição dentro das populações

As interações entre organismos também influenciam os padrões de distribuição. Os indivíduos podem repelir uns aos outros (para produzir distribuições quase regulares) ou atrair uns aos outros (para gerar distribuições agrupadas). Essas duas tendências podem ser verificadas no pássaro-canoro-das-seychelles (*Acrocephalus sechellensis*), ameaçado de extinção. Nos anos de 1950, essa ave quase foi extinta: sua população total no mundo foi reduzida a 26 indivíduos localizados na Ilha Cousin em Seychelles, arquipélago próximo à costa leste africana. Depois que essa espécie foi legalmente protegida em 1968, a população na Ilha Cousin subiu para cerca de 300 indivíduos, e ela foi, então, introduzida com sucesso em outras duas ilhas.

O pássaro-canoro-das-seychelles é territorial: parceiros de reprodução defendem seu território contra outras aves da mesma espécie. Esse comportamento faz a distribuição dos indivíduos na população ser um tanto regular (**Figura 9.17**). Entretanto, nem todos os territórios são

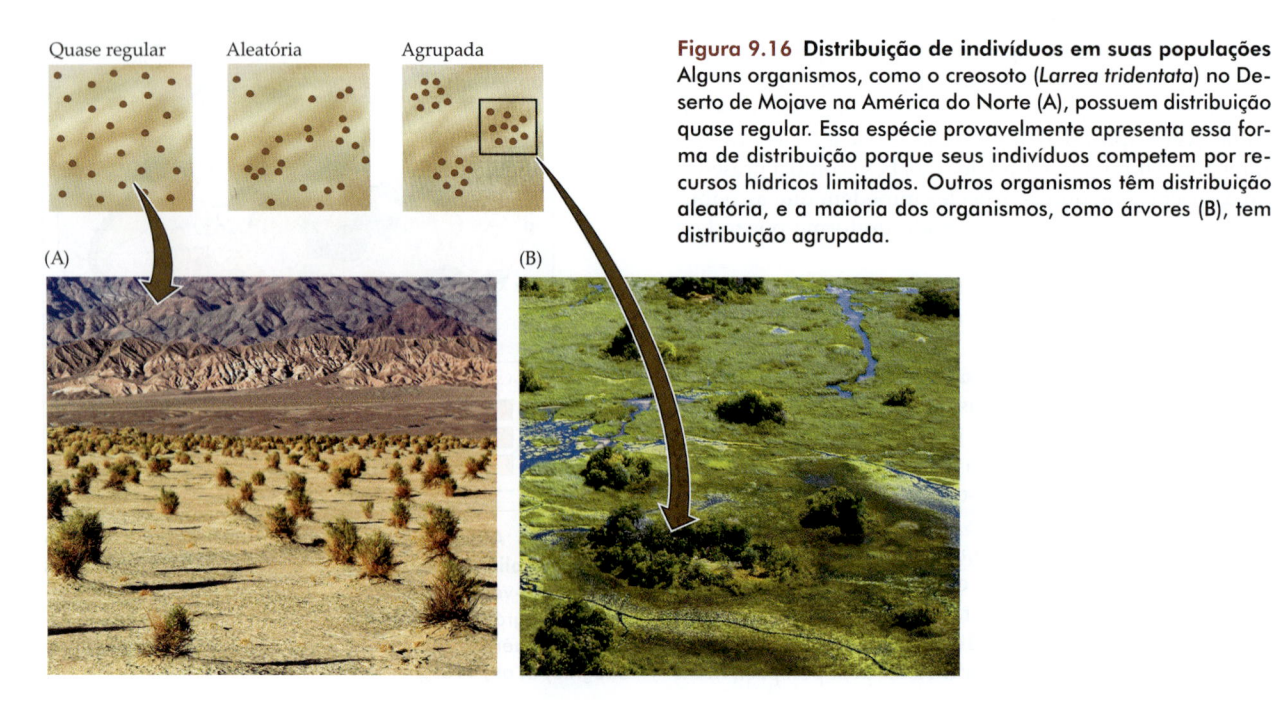

Figura 9.16 Distribuição de indivíduos em suas populações Alguns organismos, como o creosoto (*Larrea tridentata*) no Deserto de Mojave na América do Norte (A), possuem distribuição quase regular. Essa espécie provavelmente apresenta essa forma de distribuição porque seus indivíduos competem por recursos hídricos limitados. Outros organismos têm distribuição aleatória, e a maioria dos organismos, como árvores (B), tem distribuição agrupada.

iguais: alguns possuem qualidade superior aos demais, uma vez que possuem mais recursos alimentares (p. ex., insetos). Aves que habitam territórios de alta qualidade vivem por mais tempo e produzem maior número de descendentes. Além disso, um casal reprodutor que vive em território de alta qualidade recebe, não raro, ajuda de alguns de seus descendentes nascidos em anos anteriores. Em um padrão comportamental conhecido como *criação cooperativa*, esses juvenis atrasam sua época reprodutiva e ajudam os progenitores a criar a nova prole, atuando em atividades como construção do ninho, alimentação dos recém-nascidos, defesa do território e ataque a predadores em grupo. Desse modo, territórios de alta qualidade servem para atrair outras aves (prole de anos anteriores). Os locais com maior disponibilidade de recursos atraem mais aves e estão reunidos em um ponto da ilha; por isso, diferenças na qualidade do local geram uma distribuição mais agrupada de indivíduos na população do que se os recursos estivessem uniformemente distribuídos.

Como vimos, os tamanhos populacionais com frequência estão sujeitos a uma grande variação no espaço e no tempo. Assim, um desafio fundamental no estudo de uma população é estimar sua abundância.

> **CONCEITO 9.5**
>
> As abundâncias e distribuições de populações podem ser estimadas por contagens em áreas específicas, métodos de distâncias, estudos de marcação e recaptura e modelos de nicho.

Estimando abundâncias e distribuições

Para se determinar quantos indivíduos moram em determinada área, o modo mais direto é contar todos eles. Isso parece bem plausível e é possível em alguns casos, como para os pássaros-canoros-das-seychelles na Ilha Cousin, *Clematis fremontii* nas clareiras no Missouri e outros organismos que estão confinados a uma pequena área, são fáceis de ver ou não se movem. No entanto, uma contagem total de indivíduos é na maioria das vezes muito difícil ou até mesmo impossível. Considere o percevejo (*Blissus leucopterus*), um inseto que ataca lavouras de milho e trigo. Essa espécie pode cobrir grandes áreas e alcançar altas densidades que excedem 5 mil indivíduos por metro quadrado, tornando impraticável a contagem de todos os indivíduos de uma população. Nesses casos, diversos métodos podem ser utilizados para se estimar a abundância.

Ecólogos estimam a abundância com contagens em áreas específicas, métodos de distâncias e estudos de marcação e recaptura

Muitos estudos ecológicos exigem uma estimativa de abundância real de uma população, ou do **tamanho absoluto da população**. Por exemplo, para quantificar o número de lobos que afeta e é afetado pelo número de alces, devemos estimar o tamanho absoluto da população de ambas as espécies. Em outros casos, pode ser suficiente estimar o **tamanho relativo da população**, o número de indivíduos em um intervalo de tempo ou lugar *relativo* ao número de indivíduos em outro. As estimativas do tamanho relativo da população baseiam-se em dados que se presume ser correlacionados ao tamanho absoluto da população, mas não avaliam o número real de indivíduos na população. Exemplos desses dados incluem o número de trilhas de puma encontradas em determinada área, o número de peixes capturados por unidade de esforço (p. ex., por número de anzóis a cada dia), ou o número de aves observadas enquanto o pesquisador caminha uma distância-padrão (ou permanece em um lugar por um intervalo de tempo padrão).

As estimativas de tamanho populacional relativo em geral são mais fáceis e menos dispendiosas de se obter do que as estimativas absolutas. Embora úteis, as estimativas do tamanho relativo de uma população devem ser interpretadas com cuidado. O número de trilhas de puma encontradas, por exemplo, depende não apenas da densidade populacional do animal, mas também das suas atividades. Assim, se foi encontrado o dobro de pegadas na

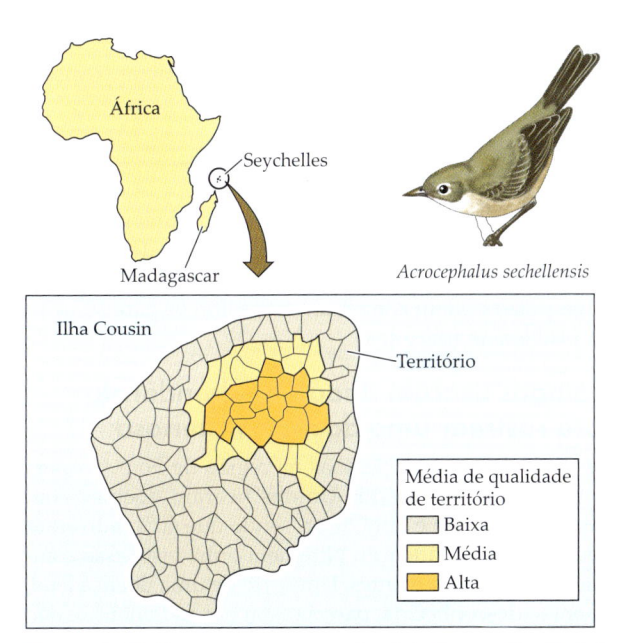

Figura 9.17 Comportamento territorial afeta a distribuição dentro das populações Qualidade média dos territórios dos pássaros-canoros-das-seychelles na Ilha Cousin entre os anos de 1986 e 1990. A qualidade territorial foi calculada a partir de dados sobre o tamanho territorial, a cobertura vegetal e a abundância de insetos. Os territórios foram agrupados em três categorias de qualidade: alta, média e baixa. Os territórios classificados como de alta qualidade se concentraram no interior da ilha; esses locais apresentaram alta cobertura vegetal, pouco vento e abundância de insetos. As áreas costeiras apresentaram territórios de baixa qualidade, tendo em vista que o *spray* salino leva à queda das folhas, o que diminui a abundância de insetos. (Segundo Komdeur, 1992.)

área A do que na área B, não se pode confiar que a área A tenha o dobro de pumas – poderia haver mais ou menos do que isso, dependendo se os pumas se deslocam com mais frequência em uma área do que em outra.

Feita a distinção entre o tamanho absoluto e o relativo de uma população, abordamos agora o modo com que os ecólogos estimam abundância. Em **Ferramentas Ecológicas 9.1**, descrevemos três abordagens comuns: contagem em áreas, métodos de distâncias e estudos de marcação e recaptura.

Contagem em áreas específicas Conforme descrito em Ferramentas Ecológicas 9.1A, contagens com base em determinada área muitas vezes são utilizadas para estimar os tamanhos das populações de organismos sésseis. Nessa abordagem, os organismos são contados em uma série de parcelas de amostragem, ou *quadrats*, e os números resultantes são usados para estimar o tamanho da população total. Suponhamos, por exemplo, que uma equipe de entomologistas quer estimar a população de percevejos (*Blissus leucopterus*) em uma lavoura de 400 ha de milho. Se contaram percevejos em cinco parcelas de 10 cm x 10 cm (ou seja, cinco parcelas de 0,01 m²), e encontraram 40, 10, 70, 80 e 50 percevejos; eles estimam que haja uma média de

$$\frac{(40+10+70+80+50)/5}{0,01} = 5.000 \quad (9.1)$$

percevejos por metro quadrado. Assim, haveria um número estimado de 20 milhões de percevejos na população (5.000 insetos por m² × 10.000 m² por ha × 400 ha = 20.000.000). Métodos com base em área são indicados se os indivíduos podem ser contados com precisão dentro das parcelas de amostragem e se essas apresentam uma boa representação de toda a área ocupada pela população. Para se assegurar de que a totalidade está sendo amostrada, os ecólogos usam o maior número possível de parcelas e com frequência as instalam em locais escolhidos aleatoriamente com base em toda a área coberta pela população. Parcelas também podem ser colocadas de muitos outros modos, como em locais uniformemente espaçados ao longo de matrizes retangulares.

Métodos de distâncias Estimativas de abundância também podem basear-se em várias medições da distância a partir de um ponto ou uma linha. Tais métodos de distância não utilizam parcelas amostrais, uma vez que não são feitos por contagem de indivíduos localizados dentro de determinada área ou volume. Por exemplo, na abordagem do **transecto linear**, um observador desloca-se a pé, a cavalo, ou usando um veículo ao longo de uma reta:

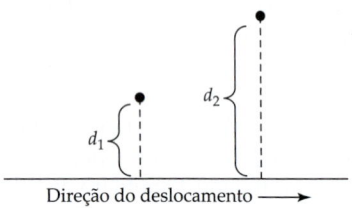

Cada indivíduo que o observador pode ver a partir da linha é contado, e sua distância perpendicular a partir da linha é anotada (d_1 e d_2 na figura desta página). Como descrito em Ferramentas Ecológicas 9.1B, uma *função de detecção* (*detection function*) deve ser usada para converter tais medições de distância em uma estimativa do tamanho absoluto da população.

Estudos de marcação e recaptura A abordagem de marcação e recaptura tem como base a liberação de indivíduos marcados e a posterior recaptura, a fim de amostrar qual fração da população foi marcada (Ferramentas Ecológicas 9.1C). Imagine, por exemplo, que capturamos 23 borboletas de um campo, que então são marcadas e soltas. Um dia após, amostramos o mesmo campo e dessa vez capturamos 15 borboletas, sendo quatro marcadas. Na primeira amostragem, capturamos e marcamos $M_1 = 23$ borboletas de um total populacional desconhecido (N); assim, inicialmente apanhamos uma proporção de M_1/N borboletas no campo. Na segunda vez que as borboletas foram amostradas, capturamos $M_2 = 15$ borboletas, sendo quatro marcadas e, portanto, recapturadas ($R = 4$).

Admitindo que não ocorreram nascimentos, mortes ou movimentos para dentro ou para fora do campo desde nossa primeira amostragem, a proporção de indivíduos marcados que foram capturados na segunda amostragem (R/M_2) deve ser igual à proporção do primeiro levantamento, M_1/N. Assim, temos a equação

$$M_1/N = R/M_2 \quad (9.2)$$

Podemos reorganizar a Equação 9.2 para estimar o número total de borboletas no campo como

$$N = (M_1 \times M_2)/R \quad (9.3)$$

que nesse caso seria $(23 \times 15)/4 = 86$.

Concluiremos esta seção com dois exemplos de como dados de abundância e distribuição são coletados e utilizados. O primeiro exemplo realça como dados ecológicos de longo prazo podem contribuir com esforços para solucionar problemas aplicados.

Ecólogos usaram dados de abundância para rastrear uma doença misteriosa

Em 1993, dezenas de pessoas na região de Four Corners no sudoeste dos Estados Unidos ficaram doentes com sintomas de gripe e falta de ar, sendo que 60% morreram alguns dias após adoecer. Ninguém tinha visto essa combinação de sintomas antes. Um surto de uma doença letal, até então desconhecida, parecia estar em andamento e não havia cura ou tratamento bem sucedido.

O Centers for Disease Control and Prevention (CDC) dos Estados Unidos rapidamente identificou o agente da doença como uma nova cepa de hantavírus transmitido pelo camundongo-veadeiro (*Peromyscus maniculatus*). Buscando mais informações sobre a nova doença, hoje conhecida como síndrome pulmonar do hantavírus (SPH), o CDC contatou ecólogos que vinham estudando populações do camundongo no sudoeste. Espécimes de camundongo-veadeiro coletadas entre 1979 e 1992 revelaram que o vírus se fazia presente nessa região há mais de 10 anos antes do surto. Por que, então, o surto da SPH ocorreu em 1993 e não antes?

FERRAMENTAS ECOLÓGICAS 9.1

Estimando a abundância

Os métodos para estimar a abundância enquadram-se em três categorias gerais: contagens em áreas, métodos de distâncias e estudos de marcação e recaptura. Muitas variações dessas abordagens têm sido desenvolvidas, e uma vasta gama de técnicas estatísticas está disponível para a análise de estimativas de abundância obtidas utilizando cada uma delas (Krebs, 1999; Williams et al., 2002).

A. Contagem em áreas Em uma contagem em áreas, como o nome sugere, os indivíduos em determinada área ou volume são contados. Esse método pode utilizar *parcelas* (**Figura A**), que são áreas (ou volumes) de amostragem de qualquer tamanho ou formato, como parcelas circulares de 1 m² usadas para contar espécies vegetais de pequeno porte, parcelas de 0,1 ha usadas para contar árvores, ou trados de diâmetro e comprimento usados para contar organismos de solo. As contagens de várias parcelas são então somadas, e calcula-se uma média para o número de indivíduos por unidade de área (ou volume).

Contagens em áreas com frequência são utilizadas para estimar o tamanho absoluto da população de organismos que são sésseis (p. ex., plantas) ou que podem se mover somente distâncias curtas durante o tempo que leva para contar os indivíduos em uma parcela (p. ex., ouriços-do-mar). Contagens em áreas também podem ser utilizadas para estimar as abundâncias de organismos mais móveis, como quando grandes mamíferos são observados em levantamentos aéreos. Contagens em áreas para organismos altamente móveis podem fornecer estimativas dos tamanhos populacionais relativos; mais informação (como a probabilidade de que um organismo esteja presente, mas não seja visto quando examinado pelo ar) pode ser necessária antes que as contagens possam ser usadas para estimar o tamanho absoluto da população.

B. Métodos de distâncias Nos *métodos de distância*, um observador mede as distâncias dos indivíduos a partir de uma linha ou um ponto; essas distâncias são então convertidas em estimativas do número de indivíduos por unidade de área. Por exemplo, métodos de distância muitas vezes usam *transectos lineares*, linhas retas a partir das quais a distância até cada indivíduo é medida (**Figura B**; ver também p. 218). Para os organismos que se movem rapidamente ou são difíceis de detectar, o número de indivíduos observados ao longo de um transecto linear fornece uma estimativa do tamanho relativo da população.

Para os organismos móveis e sésseis, as distâncias registradas ao longo de um transecto também podem ser usadas para estimar a abundância absoluta; essa conversão pode ser feita se for possível determinar uma *função de detecção*, que representa quanto a chance de ver um indivíduo diminui com o aumento de sua distância em relação ao transecto. Outros métodos de distância incluem técnicas de *amostragem em pontos*, em que a distância até o indivíduo mais próximo (visível) é medida a partir de uma série de localizações ou "pontos"; como com dados de transectos lineares, uma função de detecção é usada para converter essas distâncias em estimativas do tamanho absoluto da população (ver Krebs, 1999; Schwarz e Seber, 1999).

Figura C Soltura de um salmão marcado Para se obter estimativas da abundância do salmão por marcação e recaptura, ecólogos marcam e depois soltam os salmão marcados (observe as duas marcações perto da nadadeira dorsal).

C. Estudos de marcação e recaptura Em *estudos de marcação e recaptura*, uma parte dos indivíduos de uma população é capturada, marcada (como com uma marcação ou um ponto de tinta), de modo que eles possam ser reconhecidos em um momento posterior, e solta (**Figura C**). Depois de dar tempo suficiente para que os indivíduos marcados possam se recuperar e se mover dentro da área da população, eles são capturados uma segunda vez, e a proporção de indivíduos marcados que foram encontrados na segunda captura é utilizada para estimar o tamanho da população total.

Métodos de marcação e recaptura são usados para estimar o tamanho absoluto da população de organismos móveis; eles também são usados para obter dados sobre a sobrevivência ou o deslocamento de indivíduos. O mais simples método de marcação e recaptura é resumido na Equação 9.3 (ver p. 218); a utilização dessa equação assume que (1) o tamanho da população não muda durante o período de amostragem (sem nascimentos, mortes, imigração ou emigração); (2) todo indivíduo tem uma chance igual de ser apanhado; (3) a marcação não pode prejudicar indivíduos ou alterar seu comportamento (p. ex., tornando-os mais difíceis de serem recapturados), e (4) as marcas não serão perdidas ao longo do tempo. Uma grande gama de outros métodos de marcação e recaptura tem sido desenvolvida para lidar com os casos em que um ou mais desses pressupostos são violados (Krebs, 1999; Schwarz e Seber, 1999; Williams et al., 2002).

Figura A Parcela de amostragem submersa Um biólogo marinho analisa as abundâncias de espécies encontradas em um coral no entorno das Ilhas Caroline, Micronesia.

Figura B Contando árvores a partir de um transecto A densidade desses indivíduos de espinho-de-camelo (*Acacia erioloba*) no Parque Transfronteiras Kgalagadi, África do Sul, pode ser estimada usando um transecto, como é mostrado aqui.

Para tratar essa questão, os ecólogos utilizaram dados sobre a abundância de espécies de *Peromyscus* coletadas desde 1989 em local próximo, no Sevilleta National Wildlife Refuge. Esses dados mostraram que as densidades de várias espécies de *Peromyscus* aumentaram de 3 a 20 vezes entre 1992 e 1993. A seguir, uma série de imagens de satélite foi usada para desenvolver um índice da quantidade de matéria vegetal disponível como alimento para o *Peromyscus* em diferentes momentos. Quando esse índice de vegetação foi comparado com os dados de precipitação, os resultados sugeriram que a precipitação acima do normal entre setembro de 1991 e maio de 1992 levou ao aumento do crescimento das plantas na primavera de 1992 (**Figura 9.18**). Por sua vez, o crescimento vegetal aumentado produziu alimento abundante para os roedores (sementes, frutos, biomassa vegetal, artrópodes), o que permitiu que as populações dos camundongos aumentassem de tamanho em 1993, o ano do surto de SPH.

Os roedores espalham hantavírus pela urina, pelas fezes e pela saliva; portanto, o crescimento da população dos camundongos, que leva à maior probabilidade de contato com seres humanos, parece ser a causa do surto de 1993. Porém, para transmitir SPH para as pessoas, o *Peromyscus* tem de estar infectado com o hantavírus. Os surtos da doença são mais prováveis quando tanto as densidades quanto a infecção dos roedores são altas, mas fatores que causam esse resultado ainda permanecem apenas parcialmente compreendidos. No entanto, também está claro que o risco que as pessoas correm varia muito com a localização e depende de fatores como o tipo de hábitat (o que pode influenciam os deslocamentos dos camundongos), o microclima (p. ex., áreas do entorno de regiões áridas frequentemente recebem quantidades distintas de chuva) e os locais de abundância de alimentos. De modo geral, sabemos agora o suficiente sobre essa nova doença para prever os períodos de aumento de risco para a população humana, mas ainda faltam esclarecimentos para que se possam prever os locais específicos de maior risco.

Como podemos prever com exatidão onde o camundongo-veadeiro pode ser encontrado? A seguir, examinamos uma técnica que tem sido muito útil na previsão de locais de outros organismos: modelos de nicho.

Modelos de nicho podem ser utilizados para prever onde espécies podem ser encontradas

Para determinar a distribuição geográfica de uma espécie, cientistas anotam todas as localidades nas quais ela é encontrada. Até aqui, a maioria dos exemplos neste capítulo tem envolvido espécies cujas distribuições são bem conhecidas. Contudo, existem muitas espécies que possuem amplitudes geográficas ainda desconhecidas. Quando essas espécies são raras ou necessitam de proteção, pode ser difícil planejar a melhor forma de protegê-las. Além disso, os ecólogos frequentemente precisam prever as distribuições *futuras* de espécies – por exemplo, se e como uma espécie indesejável vai se propagar depois de ter sido introduzida em uma nova região geográfica. Os cientistas e os legisladores enfrentam desafios semelhantes quando procuram prever como as distribuições de espécies irão se alterar em resposta à mudança climática global.

Um modo de se prever a distribuição atual ou futura de uma espécie é pelo reconhecimento de seu **nicho ecológico**, ou seja, condições abióticas e bióticas necessárias para seu crescimento, sobrevivência e reprodução. Por exemplo, dados coletados sobre a ocorrência da espécie podem ser utilizados para elaborar o **modelo de nicho**, uma ferramenta que prevê a distribuição geográfica de uma espécie com base nas condições ambientais dos locais onde se sabe que ela ocorre.

Pesquisadores dos Estados Unidos e do México usaram tal abordagem para prever a distribuição de camaleões em Madagascar (Raxworthy et al., 2003). Eles obtiveram informação sobre cobertura vegetal (com base em imagens de satélite), temperatura, precipitação, topografia (elevação, inclinação, orientação) e hidrologia (vazão de água e tendência ao represamento) de fontes públicas e privadas. Os valores dessas variáveis foram anotados para cada série de áreas de 1x1 km^2 (referidas como "células da grade") que recobre toda a ilha de Madagascar. Após, para cada uma das 11 espécies de camaleão, foram reconhecidos padrões que descreviam as condições ambientais nas quais as espécies eram mais prováveis de serem encontradas; vamos nos referir a eles como "padrões de hábitat".

Existem muitas maneiras diferentes de se desenvolver tais padrões de hábitat. O estudo sobre os camaleões utilizou um programa de computador que comparou as condições ambientais de células da grade do mapa de Madagascar escolhidas aleatoriamente com células nas quais

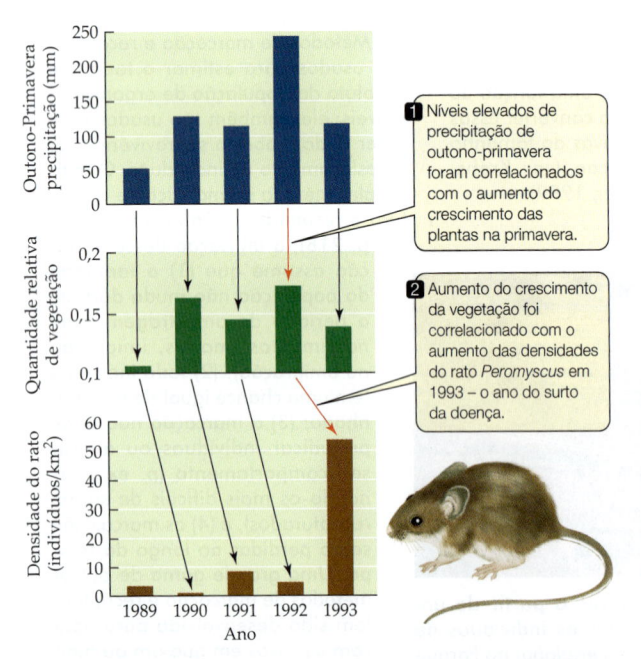

Figura 9.18 Das chuvas para as plantas e até os camundongos O surto da síndrome pulmonar por hantavírus no sudoeste dos Estados Unidos, em 1993, pode ter sido causado por uma série de eventos interligados. (Segundo Yates et al., 2002.)

Figura 9.19 Distribuições previstas de camaleões em Madagascar As previsões das áreas de ocorrência pelo GARP são mostradas para o camaleão-pantera (*Furcifer pardalis*), o camaleão-espinhoso (*F. verrucosus*) e o camaleão-folha-achatada (*Brookesia stumpffi*), três das 11 espécies de camaleão de Madagascar estudadas por Raxworthy e colaboradores. As 11 distribuições previstas foram precisas. (Segundo Raxworthy et al., 2003.)

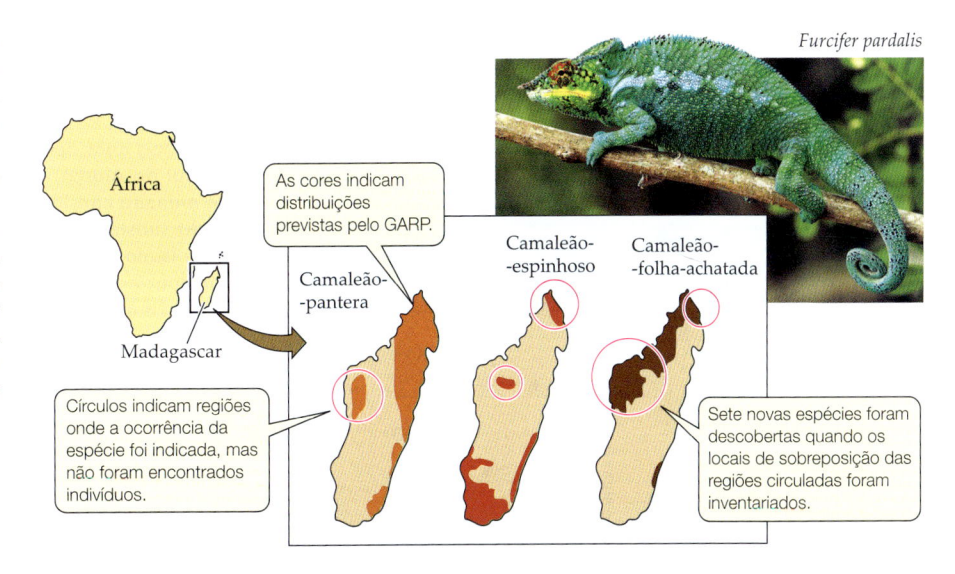

Furcifer pardalis

As cores indicam distribuições previstas pelo GARP.

Camaleão-pantera

Camaleão-espinhoso

Camaleão-folha-achatada

Círculos indicam regiões onde a ocorrência da espécie foi indicada, mas não foram encontrados indivíduos.

Sete novas espécies foram descobertas quando os locais de sobreposição das regiões circuladas foram inventariados.

espécies de camaleão já tinham sido encontradas. O programa então procurou por regras de hábitat precisas usando uma abordagem ajustável conhecida como algoritmo genético para produção de conjunto de regras (GARP, do inglês *Genetic Algorithm for Rule-Set Prediction*). Esse mecanismo de procura funciona trocando as regras de hábitat de modo que imite a ocorrência de mutações genéticas (mudanças aleatórias na sequência de DNA de um organismo) e de seleção natural. Por exemplo, inicialmente só uma regra de hábitat pode indicar que uma espécie deva ser encontrada em regiões onde a temperatura vai de 15 a 25°C e em altitudes que vão de 300 a 550 m. Essa regra pode "mutar" aleatoriamente para uma variação de temperatura de 15 a 30°C e altitudes entre 300 a 500 m. Se a nova regra melhora a capacidade do programa de prever onde de fato a espécie é encontrada, ela é mantida, e outras regras, menos eficazes, são descartadas.

Para os camaleões de Madagascar, a precisão do modelo de nicho desenvolvido pelo GARP foi testada com dados da localização de camaleões que não haviam sido utilizados no programa. O modelo apresentou bom desempenho, prevendo corretamente onde os camaleões ocorriam em 75 a 85% das vezes. Após, o modelo foi usado para prever as amplitudes geográficas de cada uma das 11 espécies – informação que será útil para os esforços de preservação do hábitat do camaleão. Finalmente, os pesquisadores investigaram uma "falha" intrigante no modelo: havia diversas áreas que se sobrepunham, nas quais o modelo previa que duas ou mais das 11 espécies seriam encontradas, mas nenhum camaleão havia sido registrado em campo (**Figura 9.19**). Quando áreas sobrepostas foram inventariadas, sete espécies novas de camaleão foram descobertas. Outros levantamentos ainda mais minuciosos foram feitos ao mesmo tempo, porém fora das áreas que eram sobrepostas, sendo encontradas apenas duas novas espécies. Dessa forma, os cientistas puderam prever a distribuição de espécies conhecidas de camaleão e as localizações dos hábitats adequados para outros camaleões; essa última previsão levou à descoberta de sete espécies de camaleão.

ESTUDO DE CASO REVISITADO
Das florestas de algas-pardas aos vazios de ouriços

Quando ouriços-do-mar predam com tanta intensidade que as florestas de algas são substituídas por vazios de ouriços, o que acontece depois? Podemos conjeturar que os ouriços morreriam de inanição, já que seu recurso alimentício foi consumido. Contudo, estudos em campo mostram que os vazios de ouriços podem persistir por anos, pois esses animais conseguem utilizar outros recursos alimentares além das algas, como diatomáceas bentônicas, outras algas (incluindo formas incrustadas, que recobrem rochas) e detritos. Quando o alimento estiver extremamente escasso, ouriços podem reduzir as taxas metabólicas, reabsorver órgãos sexuais (inviabilizando a reprodução, mas aumentando as chances de sobrevivência) e absorver nutrientes dissolvidos diretamente da água do mar.

Mesmo sendo resilientes e espinhosos, eles são vulneráveis à predação por lontras-do-mar (*Enhydra lutris*), que funcionam como impressionantes máquinas de comer ouriços. As lontras necessitam consumir uma grande quantidade de comida por dia, porque possuem alta taxa metabólica e armazenam pouca energia em forma de gordura. O ouriço é a comida favorita das lontras, e já que existem de 20 a 30 lontras por km² ao redor das Ilhas Aleutas, o potencial de comerem quantidades enormes está presente. Esse fato, além da observação de que os ouriços são comuns apenas onde as lontras inexistem, levou os pesquisadores a suspeitar de que as lontras possam controlar os locais dos ouriços e, portanto, a localização das florestas de algas-pardas.

Para testar essa hipótese, Estes e Duggins (1995) compararam locais com e sem lontras, ambos nas Ilhas Aleutas e ao longo da costa sul do Alasca. Confirmando os

Figura 9.20 O efeito das lontras sobre os ouriços e as algas Áreas de amostragem onde se comparou a densidade de algas com a biomassa de ouriços-do-mar, em locais no sul do Alasca e nas Ilhas Aleutas, antes e dois anos após o retorno das lontras. (A) Dois anos após as lontras terem colonizado quatro locais no sul do Alasca, a biomassa dos ouriços havia diminuído de maneira considerável, e a densidade das algas tinha aumentado substancialmente. (B) Dois anos após as lontras terem colonizado nove locais nas Ilhas Aleutas, a biomassa do ouriço-do-mar havia diminuído em seis das localidades, e a alga marinha mostrou claros sinais de recuperação em apenas dois locais. As setas indicam o declínio na biomassa do ouriço-do-mar e (em alguns locais) o aumento da densidade das algas na presença de lontras. (Segundo Estes e Duggins, 1995.)

> Para os nove locais em (B), liste os seis locais onde a biomassa do ouriço diminuiu; liste também os dois locais onde a densidade das algas aumentou.

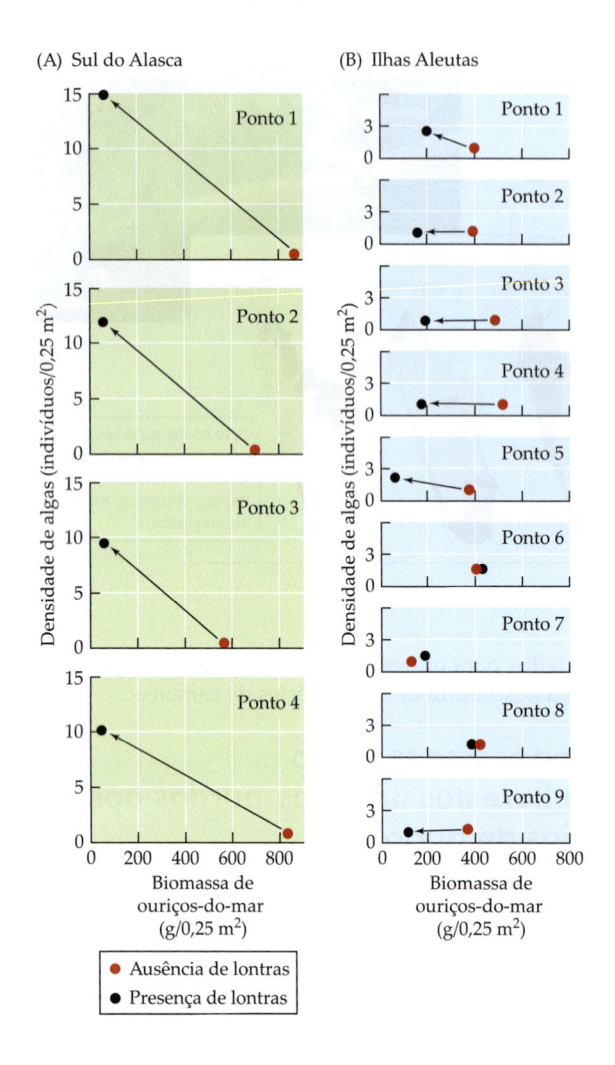

resultados dos estudos anteriores, eles verificaram que locais com lontras por um período mais longo em geral tinham muitas algas e poucos ouriços, enquanto os locais sem lontras-do-mar tinham muitos ouriços e poucas algas. Estes e Duggins também coletaram dados de locais colonizados pelas lontras durante o curso do estudo. Em locais no sul do Alasca, a chegada das lontras teve um efeito drástico e imediato: em dois anos, os ouriços praticamente desapareceram, e as densidades das algas aumentaram de maneira abrupta (**Figura 9.20**). Em locais nas Ilhas Aleutas, contudo, as algas recuperaram-se mais lentamente depois do retorno das lontras. Nesses locais, as lontras comeram a maioria dos ouriços grandes, reduzindo a biomassa em 50% em média. No entanto, em uma reviravolta não ocorrida nos pontos ao sul do Alasca, a chegada de novas larvas de ouriço (mais provavelmente pela ação das correntes oceânicas) forneceu um estoque constante de pequenos ouriços. Esses pequenos ouriços retardaram a taxa em que as florestas de algas tomaram o lugar dos vazios de ouriços.

Historicamente, lontras-do-mar eram abundantes ao longo do Norte do Pacífico, mas pelo ano de 1900 elas foram caçadas (pela pelagem) quase até sua extinção. Em 1911, quando tratados internacionais passaram a proteger as lontras-do-mar, havia apenas cerca de mil lontras – menos de 1% de sua população original. Colônias dispersas de lontras sobreviveram e gradualmente aumentaram de tamanho ao redor de parte das Ilhas Aleutas, causando o padrão observado de florestas de algas em algumas ilhas e os vazios de ouriços em outras. Nos anos de 1990, contudo, ocorreu um declínio súbito e inesperado na população de lontras. Os ouriços retornaram, e as densidades das algas foram reduzidas (**Figura 9.21A-D**). A pergunta agora é: o que causou o declínio das populações de lontras-do-mar nos anos de 1990?

James Estes e colaboradores sugeriram que o número de lontras tenha diminuído devido ao aumento da predação pelas orcas, *Orcinus orca* (**Figura 9.21E**). Não se sabe por que as orcas começaram a comer mais lontras. Alguns pesquisadores argumentam que essa mudança pode ter sido parte de uma cadeia de eventos que iniciou quando a caça comercial de baleias levou à escassez da população de grandes baleias (Springer et al., 2003). De acordo com essa hipótese, com a diminuição de suas presas preferidas (grandes baleias), as orcas passaram a caçar outras espécies (focas, em seguida lobos-marinhos e leões-marinhos), que também tiveram declínio populacional. Outros pesquisadores questionam a conexão entre a caça de baleias e o declínio de focas, lobos-marinhos e leões-marinhos, sugerindo que essas populações teriam diminuído por outros motivos, como falta de alimento devido à redução de populações de peixes no oceano aberto (DeMaster et al., 2006). Seja qual for a causa, foi em 1990, quando populações de focas, lobos-marinhos e leões-marinhos tiveram um declínio a baixos níveis, que as orcas foram vistas pela primeira vez atacando lontras. Lontras e orcas têm sido observadas de perto ao longo de décadas, mas em 10 anos do primeiro ataque conhecido, as populações de lontras foram reduzidas.

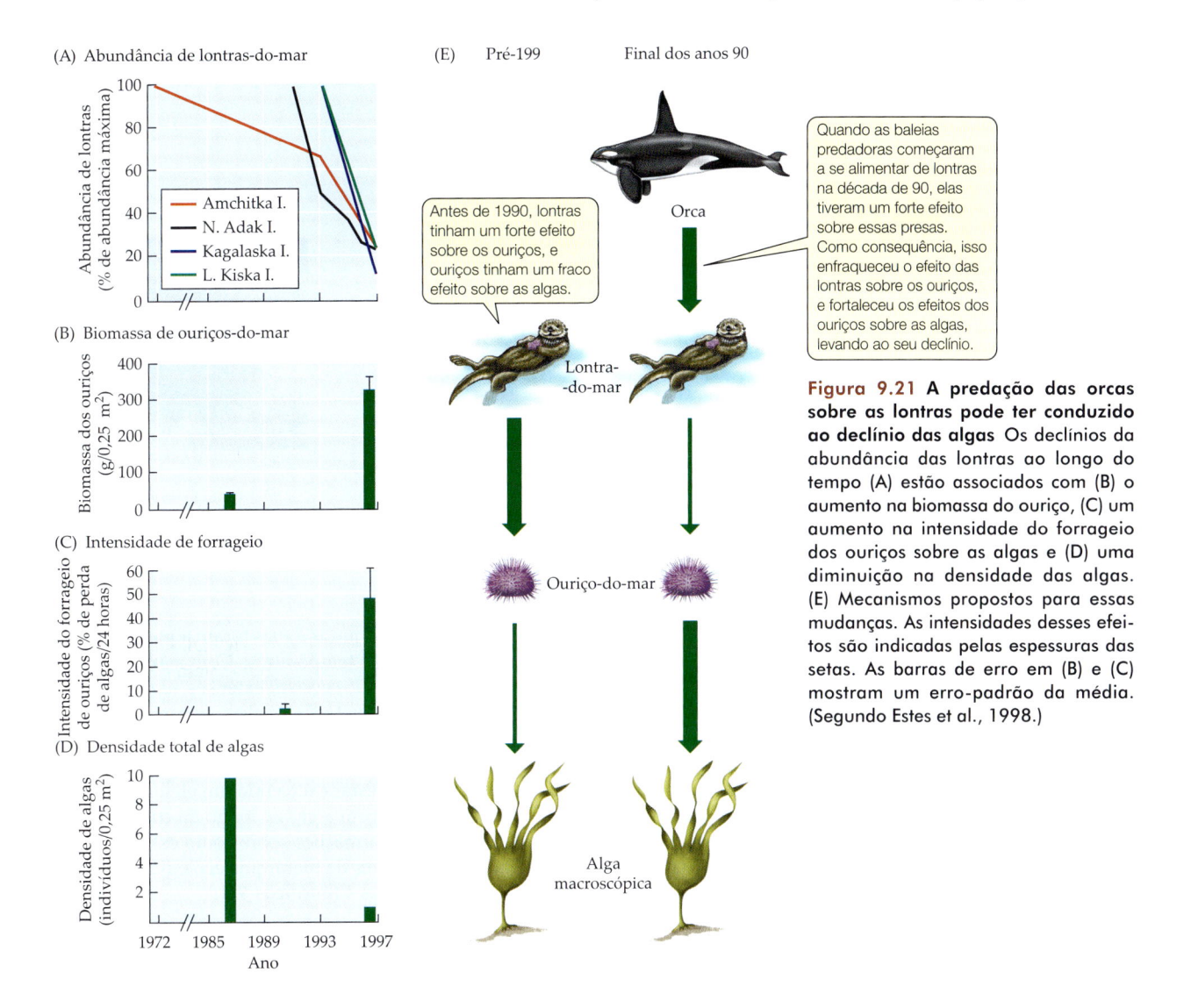

(A) Abundância de lontras-do-mar
(B) Biomassa de ouriços-do-mar
(C) Intensidade de forrageio
(D) Densidade total de algas

(E) Pré-199 / Final dos anos 90

Amchitka I.
N. Adak I.
Kagalaska I.
L. Kiska I.

Antes de 1990, lontras tinham um forte efeito sobre os ouriços, e ouriços tinham um fraco efeito sobre as algas.

Orca

Quando as baleias predadoras começaram a se alimentar de lontras na década de 90, elas tiveram um forte efeito sobre essas presas. Como consequência, isso enfraqueceu o efeito das lontras sobre os ouriços, e fortaleceu os efeitos dos ouriços sobre as algas, levando ao seu declínio.

Lontra-do-mar

Ouriço-do-mar

Alga macroscópica

Figura 9.21 A predação das orcas sobre as lontras pode ter conduzido ao declínio das algas Os declínios da abundância das lontras ao longo do tempo (A) estão associados com (B) o aumento na biomassa do ouriço, (C) um aumento na intensidade do forrageio dos ouriços sobre as algas e (D) uma diminuição na densidade das algas. (E) Mecanismos propostos para essas mudanças. As intensidades desses efeitos são indicadas pelas espessuras das setas. As barras de erro em (B) e (C) mostram um erro-padrão da média. (Segundo Estes et al., 1998.)

CONEXÕES NA NATUREZA
Dos ouriços aos ecossistemas

Ouriços, lontras, talvez orcas e seres humanos têm funções determinantes na distribuição das algas macroscópicas. Porém, de que importa a presença ou a ausência dessas algas? Elas exercem mudanças significativas nos ecossistemas costeiros?

Na verdade, elas exercem. As florestas de algas estão entre os ecossistemas mais produtivos do mundo, rivalizando com florestas tropicais na quantidade de biomassa produzida a cada ano (mais de 2.000 gramas de carbono por metro quadrado ao ano). As algas crescem a partir de sua base, e suas extremidades são constantemente "erodidas" pela ação das ondas e outras forças físicas. Assim, grande parte da biomassa produzida acaba como pequenos detritos flutuantes, proporcionando alimento em suspensão para cracas e mexilhões, que filtram alimento da água. Como resultado, cracas e mexilhões crescem mais rapidamente e são mais abundantes em florestas de algas do que em vazios de ouriços. Estudos de datação com carbono-13 (ver Ferramentas Ecológicas 5.1) têm mostrado que os açucares produzidos via fotossíntese pelas algas são consumidos por uma ampla gama de espécies (Duggins et al., 1989). As florestas de algas também servem de berçário para os filhotes de muitas espécies marinhas e como abrigos dos predadores para os adultos de várias outras espécies.

De um modo geral, a floresta de algas possui um forte efeito nos ecossistemas próximos da costa. Por isso, os efeitos dos ouriços nas algas, e das lontras nos ouriços, são de grande importância. Ouriços (e lontras e orcas) movimentam uma cadeia de eventos que altera aspectos fundamentais do ecossistema marinho. Uma cadeia similar de eventos parece ter afetado ecossistemas de algas ao longo da costa da Tasmânia, na Austrália. No entanto, os eventos na Tasmânia podem ter sido ocasionados por um fator adicional: a mudança climática.

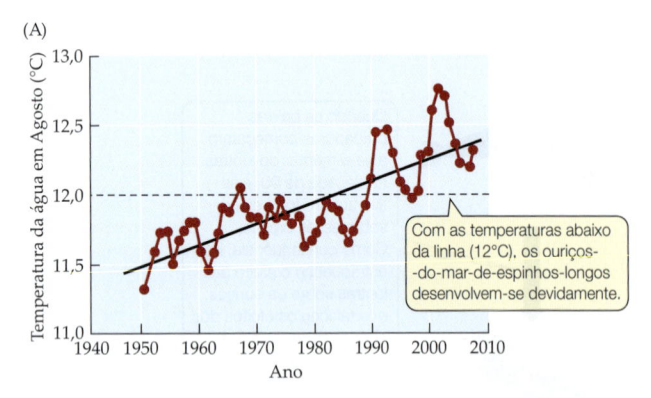

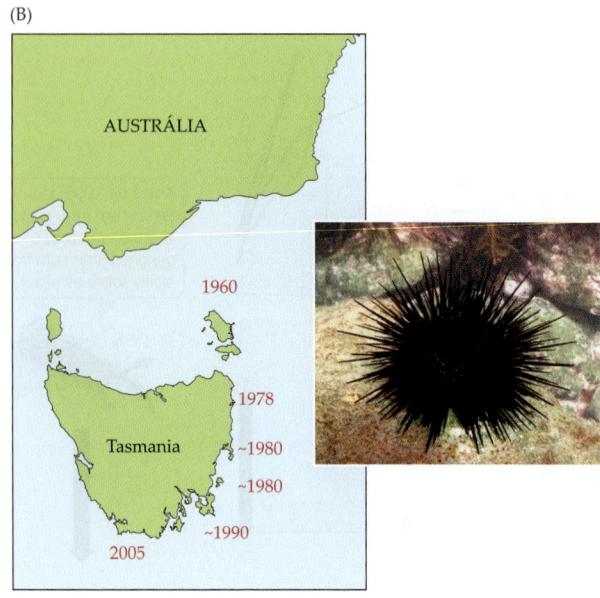

Figura 9.22 Áreas de ocorrência condicionadas ao clima Temperatura da água ao longo da costa leste da Tasmânia, em agosto, no inverno, o mês mais importante para a produção de descendentes de ouriços-do-mar-de-espinhos-longos (A). O mapa em (B) mostra os anos em que os ouriços foram observados pela primeira vez em pontos ao longo da costa da Tasmânia. (Segundo Ling et al., 2009.)

Com as temperaturas abaixo da linha (12°C), os ouriços-do-mar-de-espinhos-longos desenvolvem-se devidamente.

As águas ao longo da costa leste da Tasmânia aqueceram consideravelmente nos últimos 60 anos (**Figura 9.22A**). Como foi observado em outros locais ao redor do Globo (Parmesan e Yohe, 2003), o aquecimento na Tasmânia tem sido associado a mudanças na distribuição geográfica das espécies. Nesse caso, o aquecimento das águas ao longo da costa estendeu a amplitude de ocorrência do ouriço-do-mar-de-espinhos-longos (*Centrostephanus rodgersii*) para o sul (**Figura 9.22B**). As mudanças na distribuição desse ouriço são coerentes com as mudanças climáticas: as larvas de *C. rodgersii* não conseguem se desenvolver em águas com menos de 12°C; desse modo, o ouriço deslocou-se para novas regiões à medida que as águas foram aquecidas, permanecendo acima dessa temperatura. Com a expansão da área de ocorrência de *C. rodgersii*, extensos vazios de ouriços foram criados, onde todas as algas foram removidas por forrageio (Ling, 2008). Assim, por seus efeitos sobre o ouriço-do-mar-de-espinhos-longos, as alterações climáticas em curso parecem estar exercendo um efeito profundo sobre os ecossistemas com algas ao longo da costa da Tasmânia. (Para mais informações sobre como esse exemplo se conecta a outros níveis da hierarquia ecológica, consulte **Conexão às Mudanças Climáticas 9.1**.)

RESUMO

CONCEITO 9.1 Populações são entidades dinâmicas que variam em tamanho no tempo e no espaço.
- Populações são grupos de indivíduos de uma espécie que vivem na mesma área e que interagem entre si.
- O número de indivíduos de uma população muda com o passar do tempo e de um local para o outro.
- A dispersão pode reunir as populações de uma espécie.
- Nas espécies que se reproduzem de modo assexuado, os membros de uma população podem ser definidos em termos de unidades genéticas (genetas) ou de unidades fisiológicas (rametas).

CONCEITO 9.2 As distribuições e abundâncias de organismos são limitadas pela adequação do hábitat, fatores históricos e dispersão.
- A presença de hábitats apropriados limita a distribuição e a abundância dos organismos.
- A adequação de um hábitat depende das características bióticas e abióticas do ambiente, da interação entre fatores abióticos e bióticos e dos distúrbios.
- A dispersão e os eventos na história evolutiva e geológica da Terra também influenciam a distribuição e a abundância dos organismos.

RESUMO (continuação)

CONCEITO 9.3 Muitas espécies têm distribuição fragmentada de populações dentro de sua amplitude geográfica.

- Nenhuma espécie é encontrada em todos os locais da Terra, porque muitos hábitats não são adequados para suas populações.
- As áreas de amplitudes geográficas variam consideravelmente em tamanho de uma espécie para outra.
- Muitas populações têm distribuição fragmentada tanto em pequenas como em grandes escalas.

CONCEITO 9.4 A distribuição de indivíduos dentro de uma população depende da localização dos recursos essenciais, dispersão e interações comportamentais.

- A distribuição de indivíduos em uma população pode ser regular, aleatória ou agrupada. Na natureza, a distribuição agrupada é a mais comum.
- A distribuição aleatória ou agrupada tende a estar relacionada ao arranjo espacial de condições ambientais favoráveis. Agrupamentos também podem ser resultado de dispersões de curta distância. A competição pode produzir uma distribuição quase regular das espécies.
- Interações comportamentais nas quais indivíduos rejeitam ou atraem uns aos outros podem afetar a distribuição de indivíduos em uma população.

CONCEITO 9.5 As abundâncias e distribuições de populações podem ser estimadas por contagens em áreas específicas, métodos de distâncias, estudos de marcação e recaptura e modelos de nicho.

- O modo mais direto de se determinar o número de indivíduos em uma população é pela contagem. Quando isso não é possível ou prático, estudos baseados na contagem de espécies em áreas, métodos de distância ou marcação e recaptura podem ser utilizados para estimar o número de indivíduos em uma população.
- A distribuição geográfica de um organismo pode ser analisada em termos de seu nicho ecológico, condições abióticas e bióticas do ambiente das quais o organismo necessita para se desenvolver, sobreviver e reproduzir.
- Modelos de nicho podem ser utilizados para estimar a distribuição de um organismo quando temos dados insuficientes sobre sua amplitude geográfica ou quando queremos prever as futuras áreas de distribuição da população.

Questões de revisão

1. Descreva alguns dos obstáculos que podem ser encontrados ao se estudar populações.
2. Nenhuma espécie é encontrada em todo o planeta Terra. Por quê? Sua resposta deve explicar por que, na maioria das vezes, organismos não são encontrados em todos os lugares onde você espera que eles se desenvolvam.
3. O que é um modelo de nicho? Descreva como esse modelo pode ser usado para prever a distribuição futura de um organismo que está se propagando em uma nova região geográfica.
4. Lontras-do-mar podem comer 20 a 23% de seu peso corporal em alimento a cada dia. Em média, uma lontra-do-mar pesa 23 kg, e há 20 a 30 lontras por quilômetro quadrado nos locais onde elas vivem. Em média, um ouriço-do-mar pesa 0,55 kg. Assumindo que lontras se alimentam apenas de ouriços, use esses dados para calcular uma estimativa de conservação do número de ouriços-do-mar por quilômetro quadrado que seriam consumidos por uma população de lontras a cada ano.

MATERIAL DA INTERNET (em inglês)
sites.sinauer.com/ecology3e

O *site* inclui o resumo dos capítulos, testes, *flashcards* e termos-chave, sugestão de leituras, um glossário completo e a Revisão Estatística. Além disso, os seguintes recursos estão disponíveis para este capítulo:

Exercício Prático: Solucionando Problemas
- 9.1 Contando feijões: esforço e acurácia das estimativas populacionais
- 9.2 Tomando conta do mundo: correlações de distribuições cosmopolitas

Saiba Mais
- 9.1 Um estudo experimental sobre a dispersão e a abundância de peixes do deserto (pupfish, *Cyprinodon macularius*)

Conexão às Mudanças Climáticas
- 9.1 Efeitos associados das mudanças climáticas e da sobrepesca

10 Crescimento e controle populacional

CONCEITOS-CHAVE

CONCEITO 10.1 Tabelas de vida mostram como taxas de sobrevivência e de reprodução variam com idade, tamanho ou estágio do ciclo de vida.

CONCEITO 10.2 Dados das tabelas de vida podem ser usados para projetar o futuro da estrutura etária, do tamanho e da taxa de crescimento de uma população.

CONCEITO 10.3 Populações podem crescer exponencialmente quando as condições são favoráveis, mas o crescimento exponencial não continua indefinidamente.

CONCEITO 10.4 O tamanho populacional pode ser determinado por fatores dependentes e independentes da densidade.

CONCEITO 10.5 A equação logística impõe limites ao crescimento e mostra como uma população pode se estabilizar em seu tamanho máximo: a capacidade de suporte.

O crescimento da população humana: Estudo de Caso

Vista do espaço, a Terra parece uma linda bola azul e branca imersa em um vasto mar negro. Se usarmos imagens de satélite para explorar em detalhe a superfície dessa linda bola, encontraremos claros sinais de impactos antrópicos ao redor do globo. Esses sinais vão desde a devastação de florestas tropicais, até rios que antes meandravam, mas que agora correm em linha reta nos canais criados, além de padrões surrealistas formados pelas áreas de agricultura (**Figura 10.1**).

As pessoas causam um forte efeito no ambiente global por duas razões principais: nossa população tem crescido exponencialmente, assim como nosso uso de energia e de recursos. A população humana ultrapassou a marca de 7,1 bilhões em 2013, mais do que o dobro dos 3 bilhões de pessoas que viviam em 1960 (**Figura 10.2**). Nosso uso de energia e de recursos tem crescido ainda mais rapidamente. De 1860 a 1991, por exemplo, a população humana quadruplicou de tamanho, mas nosso consumo de energia aumentou em 93 vezes.

O acréscimo de mais de 4 bilhões de pessoas desde 1960 é impressionante. Por milhares de anos, o tamanho de nossa população aumentou de forma relativamente lenta, alcançando 1 bilhão em 1825 (Cohen, 1995). O tempo que levamos para alcançar a marca do 1 bilhão coloca o crescimento atual de nossa população em perspectiva: levou aproximadamente 200 mil anos (da origem de nossa espécie até 1825) para que a população humana alcançasse a marca do bilhão, mas agora estamos acrescentando 1 bilhão de habitantes a cada 13 anos. Quando nosso crescimento populacional passou de relativamente lento para explosivo?

Ninguém sabe ao certo, já que é difícil de estimar o tamanho populacional de períodos muito remotos. Segundo a informação mais fidedigna que temos, em torno de 1550 havia aproximadamente 500 mil pessoas, e a população estava se duplicando a cada 275 anos. Na época em que atingimos nosso primeiro bilhão em 1825, a população estava crescendo em uma taxa muito rápida: ela duplicou de 1 para 2 bilhões em 1930, ou seja, em apenas 105 anos. Depois de 45 anos, dobrou novamente, alcançando 4 bilhões em 1975, período no qual estava crescendo a uma taxa anual de cerca de 2%. Para compreender o que isso significa, uma população com taxa de crescimento anual de 2% duplica em tamanho a cada 35 anos. Se essa taxa de crescimento pudesse ser sustentada, nossa população de 7,1 bilhões em 2013 dobraria para 14,2 bilhões em 2048, e chegaria a mais de 26 bilhões em 2080.

Como você acha que seria o mundo habitado por 26 bilhões de pessoas? Hoje, com mais de 7,1 bilhões, já transformamos

Figura 10.1 Transformando o planeta Sistemas de irrigação pivotantes que giram em torno de um ponto central criam círculos de cultivo nesta imagem de satélite de lavouras no Kansas. Uma vez coberta por pradaria, essa região agora sustenta culturas como milho, trigo e sorgo. Produtivas, as culturas em crescimento são verdes, sendo o milho o tom de verde mais escuro e o sorgo (que cresce mais lentamente) um verde mais claro. O trigo tem a cor dourada, indicando que o plantio está pronto para a colheita.

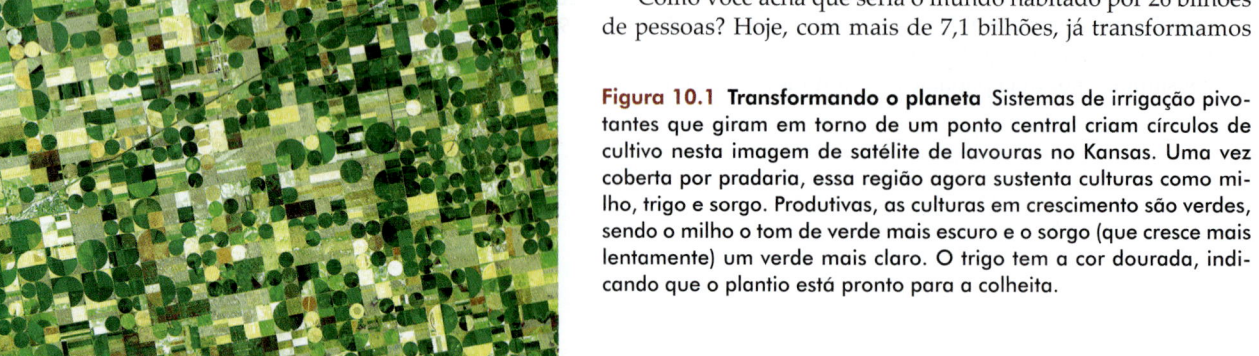

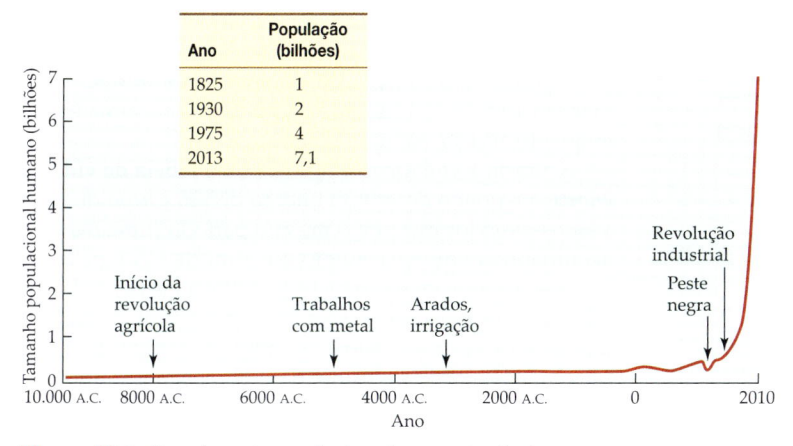

Figura 10.2 Crescimento explosivo da população humana A população humana aumentou de maneira relativamente lenta até 1825, quando os efeitos da Revolução Industrial foram sentidos. Desde aquele momento, nossa população aumentou em mais de 6 bilhões de pessoas.

Ano	População (bilhões)
1825	1
1930	2
1975	4
2013	7,1

o planeta. No entanto, é improvável que existam 26 bilhões de pessoas na Terra em 2080. Ao longo dos últimos 50 anos, a taxa de crescimento da população humana tem diminuído consideravelmente, dos altos 2,2% ao ano no início da década de 1960 para os 1,1% anuais no presente. Ainda assim, a taxa atual representa uma população humana com crescimento de cerca de 78 milhões de pessoas por ano, cerca de 9 mil pessoas a cada hora. Cinco países – Índia, China, Paquistão, Nigéria e Estados Unidos – são responsáveis por quase metade desse aumento anual.

Se a atual taxa de crescimento anual de 1,1% for mantida, haverá mais de 14 bilhões de pessoas na Terra em 2080. A Terra conseguirá sustentar 14 bilhões de pessoas? Haverá tantas pessoas em 2080? Ou as taxas de crescimento anual continuarão caindo? Voltaremos a essas questões no Estudo de Caso Revisitado.

Introdução

Uma das máximas ecológicas apresentadas na Tabela 1.1 sentencia, "Nenhuma população consegue crescer indefinidamente". A Terra é um planeta finito e, portanto, não pode sustentar números sempre crescentes de quaisquer espécies. Os limites impostos por um planeta finito restringem o que, de outra forma, pareceria ser uma característica comum para todas as espécies: a capacidade para o crescimento populacional rápido. Como vimos no Estudo de Caso deste capítulo, a população humana está crescendo rapidamente. Outros organismos, como os fungos conhecidos como "bufas-de-lobo-gigantes", tem uma capacidade ainda mais impressionante de elevar seus números. Um desses fungos é capaz de produzir tantos descendentes (7 *trilhões*) que, se todos chegassem à maturidade, os descendentes de dois indivíduos pesariam mais do que o planeta inteiro em apenas duas gerações. Contudo, a Terra não está coberta por bufas-de-lobo gigantes nem por pessoas. O desafio para os ecólogos – seja estudando bufas-de-lobo, pessoas ou qualquer outro organismo – é entender que fatores promovem o crescimento populacional e que fatores o limitam.

Percebemos que as respostas podem ser surpreendentes. Podemos descobrir, por exemplo, que os métodos atuais de proteção de uma espécie ameaçada de extinção são ineficientes. Esse foi o caso da tartaruga-marinha-cabeçuda, espécie rara cujos juvenis com frequência morrem ao rastejar até o mar após terem deixado o ninho enterrado na areia (**Figura 10.3**). Os esforços para proteger essas tartarugas focalizaram inicialmente a proteção dos recém-nascidos. Contudo, os pesquisadores verificaram que, mesmo se a sobrevivência dos recém-nascidos chegasse a 100%, as populações dessa tartaruga continuariam a diminuir. Felizmente, os pesquisadores puderam usar os métodos descritos neste capítulo para identificar meios mais eficazes para proteger as tartarugas-cabeçudas (ver p. 235).

Como os cientistas chegam a essas conclusões? Quais dados são necessários? Para entender o crescimento populacional e seus limites, uma das mais poderosas ferramentas à nossa disposição é a tabela de vida, o próximo tópico a ser explorado.

Figura 10.3 Corrida ao mar Esses filhotes de tartarugas-marinhas-cabeçudas emergiram de ninhos na areia e devem chegar ao mar a fim de sobreviver. No ambiente de nidificação, ovos e filhotes enfrentam diversas ameaças, incluindo predadores, impactos antrópicos na praia, incluindo a iluminação artificial (o que pode atrapalhar o senso de direção dos filhotes, impedindo-os de chegarem ao mar). Tartarugas-marinhas também enfrentam ameaças no ambiente marinho, como predadores, pesca comercial (tartarugas podem ser capturadas acidentalmente em redes e armadilhas), colisões com barcos e poluentes químicos e de resíduos sólidos.

CONCEITO 10.1

Tabelas de vida mostram como taxas de sobrevivência e de reprodução variam com idade, tamanho ou estágio do ciclo de vida.

Tabelas de vida

Informações sobre padrões de nascimento e morte de uma população são essenciais se quisermos entender as atuais tendências populacionais ou prever tamanhos populacionais futuros. Para obtermos essas informações sobre uma planta anual, por exemplo, podemos marcar (com etiquetas numeradas) um grande número de plântulas logo após a germinação. Podemos, então, seguir o desenvolvimento de cada plântula ao longo de uma ou mais estações de crescimento. Registrando se cada uma está viva ou morta em vários momentos no tempo, podemos estimar qual a chance de sobrevivência de um período ao próximo em diferentes idades da planta. Da mesma forma, registrando quantas sementes cada planta produziu em momentos diferentes, podemos estimar de que modo a reprodução variou em relação à idade.

Tabelas de vida podem ser baseadas em idade, tamanho ou estágio do ciclo de vida

Os cientistas têm coletado dados de padrões de nascimento e de morte para plantas, pessoas, tartarugas-marinhas e muitos outros organismos e têm usado esses dados para construir tabelas de vida. Uma **tabela de vida** traz um resumo de como a sobrevivência e as taxas reprodutivas variam com a idade dos organismos. Por exemplo, a **Tabela 10.1** apresenta dados coletados para a gramínea *Poa annua*. Esses dados foram registrados pela marcação de 843 plântulas originadas de sementes germinadas naturalmente, monitorando seu desenvolvimento ao longo do tempo. A segunda coluna à esquerda, denominada N_x, mostra o número de indivíduos vivos na idade x, sendo x medido a cada três meses. À medida que os indivíduos morrem ao longo do tempo, N_x diminui dos 843 indivíduos iniciais, chegando a 0 em $x = 8$ (24 meses).

As duas colunas seguintes na Tabela 10.1, S_x e l_x, são calculadas a partir dos dados de N_x. S_x é a **taxa de sobrevivência** em uma idade específica, o que mostra a chance de indivíduos de uma idade x sobreviverem a uma idade $x + 1$. S_2, por exemplo, é igual a 0,6, indicando que, em média, um indivíduo de idade $x = 2$ (seis meses) tem 60% de chance de sobreviver até a idade $x = 3$ (nove meses). A próxima coluna, l_x, representa **sobrevivência**: a proporção de indivíduos que sobrevivem desde o nascimento (idade 0) até a idade x. Por exemplo, l_3 é igual a 0,375, indicando que 37,5% dos recém-nascidos sobrevivem até alcançar a idade $x = 3$. A última coluna, F_x, representa **fecundidade**: o número médio de descendentes produzidos por uma fêmea enquanto ela está em uma idade x.

A Tabela 10.1 é um exemplo de uma **tabela de vida de coorte**, na qual o desenvolvimento de um grupo de indivíduos nascidos durante o mesmo período (uma *coorte*) é acompanhado do nascimento até a morte. As tabelas de vida de coorte com frequência são utilizadas para plantas ou outros organismos sésseis, pois indivíduos podem ser marcados e acompanhados ao longo do tempo de modo relativamente fácil. Contudo, para organismos muito móveis ou com ciclo de vida muito longo (p. ex., árvores que vivem muito mais do que pessoas), é difícil de se observar o desenvolvimento do nascimento até a morte. Em alguns casos, pode ser utilizada a **tabela de vida estática**, na qual são registradas a sobrevivência e a reprodução de espécimes de diferentes idades em apenas um período de tempo. Para se confeccionar uma tabela de vida estática, é necessário saber estimar as idades dos organismos em observação. Estimar idades em algumas espécies pode ser difícil, mas, para outras, indicadores confiáveis são conhecidos, como os anéis de crescimento anual nas escamas dos peixes e em árvores, além do desgaste dos dentes em cervos. Uma vez que a idade foi estimada, taxas de nascimento em idades específicas podem ser determinadas contando-se quantos descendentes os indivíduos de diferentes idades produzem. Taxas de sobrevivência específicas de idade também podem ser determinadas a partir de uma tabela de vida estática (ver Questão de revisão 1), mas apenas se admitirmos que as taxas de sobrevivência

TABELA 10.1

Tabela de vida da gramínea *Poa annua*

Idade (em períodos de três meses) x	Número de vivos N_x	Taxa de sobrevivência S_x	Sobrevivência l_x	Fecundidade F_x
0	843	0,856	1,000	0
1	722	0,730	0,856	300
2	527	0,600	0,625	620
3	316	0,456	0,375	430
4	144	0,375	0,171	210
5	54	0,278	0,064	60
6	15	0,200	0,018	30
7	3	0,000	0,004	10
8	0	—	0,000	—

Fonte: Dados da Tabela 1.1 de Begon et al., 1996.
Nota: A idade (x) é medida a cada três meses, então o indivíduo de idade x = 5, por exemplo, tem 15 meses de idade.
N_x = número de indivíduos vivos na idade x.
S_x = proporção de indivíduos da idade x que sobreviveram até a idade x + 1; $S_x = N_{x+1}/N_x$.
l_x = proporção de indivíduos que sobreviveram do nascimento (idade 0) até a idade x; $l_x = N_x/N_0$.
F_x = número médio de filhotes enquanto a fêmea está na idade x.

permaneceram constantes durante todo o tempo em que os indivíduos da população estiveram vivos – uma suposição que pode estar equivocada.

Discutindo sobre tabelas de vida, podemos enfatizar a importância da idade, pois, em muitas espécies, as taxas de nascimento e de morte variam consideravelmente entre indivíduos de diferentes idades. Para outros tipos de organismos, a idade é menos importante. Em muitas espécies de plantas, por exemplo, se as condições forem favoráveis, uma plântula pode crescer até o tamanho máximo de modo relativamente acelerado e se reproduzir em idade jovem. Contudo, se as condições não forem favoráveis, a planta pode permanecer diminuta por anos e se reproduzir muito pouco, ou mesmo não se reproduzir; se as condições se tornarem favoráveis depois, então a planta consegue crescer e se reproduzir. Para essas espécies, a reprodução ou não de um indivíduo está mais relacionada ao tamanho do que à idade. Quando taxas de nascimento e de morte estão pouco relacionadas com a idade, ou quando a idade é difícil de ser medida, tabelas de vida com base nos tamanhos ou nos estágios de ciclo de vida (p. ex., recém-nascido, juvenil, adulto) dos indivíduos de uma população podem ser elaboradas.

Há muitos dados para tabelas de vida humanas

Muitas aplicações econômicas, sociológicas e medicinais se baseiam em dados de tabelas de vida dos seres humanos. Companhias de seguro de vida, por exemplo, usam dados de censos para construir tabelas de vida estáticas que geram um instantâneo das taxas de sobrevivência atuais; assim, elas podem usar esses dados para determinar os valores a serem cobrados para diferentes faixas etárias. Consideraremos dois exemplos de tabelas de vida humanas, um dos Estados Unidos e o outro de Gâmbia.

O Centers for Disease Control and Prevention dos Estados Unidos periodicamente lança relatórios da tabela de vida para a população norte-americana. Relatórios divulgados em 2009 e 2010 fornecem informações sobre a sobrevivência (l_x), a fecundidade (F_x) e expectativa de vida (período em anos até falecer) de meninas e mulheres de diferentes idades nos Estados Unidos em 2005 (**Tabela 10.2**). Para tornar mais fácil a interpretação, esses dados podem

TABELA 10.2

Sobrevivência, fecundidade e anos restantes de vida por idade para mulheres dos Estados Unidos em 2005

Idade (em anos) x	Sobrevivência l_x	Fecundidade F_x	Nº esperado de anos restantes (na idade x)
0	1,0	0,0	79,9
1	0,994	0,0	79,4
5	0,993	0,0	75,5
10	0,992	0,0	70,6
15	0,991	0,004	65,6
20	0,990	0,203	60,7
25	0,987	0,511	55,9
30	0,985	0,578	51,0
35	0,981	0,479	46,2
40	0,976	0,232	41,4
45	0,967	0,046	36,8
50	0,954	0,003	32,2
55	0,936	0,0	27,8
60	0,911	0,0	23,5
65	0,871	0,0	19,5
70	0,814	0,0	15,6
75	0,729	0,0	12,1
80	0,604	0,0	9,1
85	0,436	0,0	6,6
90	0,251	0,0	4,7
95	0,099	0,0	3,2
100	0,022	0,0	2,2

Fonte: Martin et al. (2009) e Arias et al. (2010).

ser representados graficamente, como na **Figura 10.4**, que traça dados de l_x para as mulheres norte-americanas. Essa curva mostra que as probabilidades de sobrevivência para as mulheres norte-americanas permanecem elevadas por muitos anos; de fato, como a Tabela 10.2 revela, essas

Figura 10.4 A sobrevivência varia entre as populações humanas Nos Estados Unidos, a sobrevivência (l_x) não diminui de modo considerável até idades avançadas serem alcançadas. Em Gâmbia, muitas pessoas morrem ainda jovens. (Dados dos Estados Unidos de Arias et al., 2010; dados de Gâmbia de Moore et al., 1997.)

❓ A proporção de gambianos nascidos na época de escassez que vivem até aos 45 anos é aproximadamente a mesma proporção das norte-americanas que vivem até que idade (ver Tabela 10.2)?

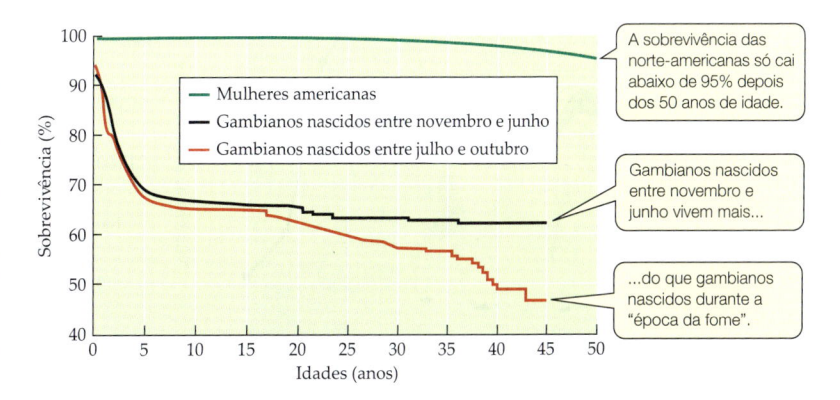

— Mulheres americanas
— Gambianos nascidos entre novembro e junho
— Gambianos nascidos entre julho e outubro

A sobrevivência das norte-americanas só cai abaixo de 95% depois dos 50 anos de idade.

Gambianos nascidos entre novembro e junho vivem mais...

...do que gambianos nascidos durante a "época da fome".

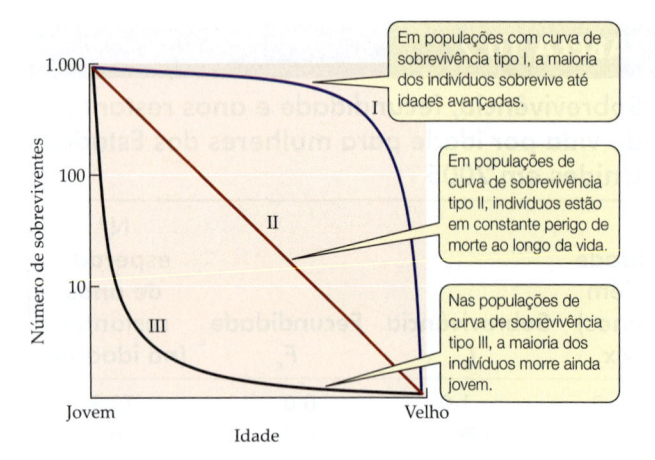

Figura 10.5 Três tipos de curvas de sobrevivência O eixo y de uma curva de sobrevivência em geral é marcado em escala logarítmica, como apresentado aqui.

sobreviveram até os 45 anos, ao passo que, nos Estados Unidos, mais de 96% das mulheres sobreviveram até essa idade.

Existem três tipos de curva de sobrevivência

Dados de sobrevivência das tabelas de vida podem ser indicados como **curvas de sobrevivência**. Nessas curvas, dados de sobrevivência (l_x) são usados para indicar o número de indivíduos de uma coorte hipotética (em geral cerca de 1 mil indivíduos) que sobreviverão até diferentes idades. Resultados de estudos de diversas espécies sugerem que as curvas de sobrevivência podem ser classificadas em três tipos, que indicam os estágios de vida em que altas taxas de mortalidade são mais propensas a ocorrer (**Figura 10.5**). Nas populações com uma **curva de sobrevivência tipo I**, os recém-nascidos, juvenis e jovens adultos possuem alta taxa de sobrevivência; taxas de mortalidade não começam a crescer até alcançarem idades avançadas. Exemplos de populações com curva de sobrevivência tipo I incluem as mulheres nos Estados Unidos (ver Figura 10.4) e os cordeiros-da-montanha-de-dall (**Figura 10.6A**). Nas

Em populações com curva de sobrevivência tipo I, a maioria dos indivíduos sobrevive até idades avançadas.

Em populações de curva de sobrevivência tipo II, indivíduos estão em constante perigo de morte ao longo da vida.

Nas populações de curva de sobrevivência tipo III, a maioria dos indivíduos morre ainda jovem.

probabilidades de sobrevivência não começam a cair drasticamente até por volta de 70 anos de idade.

Os dados dos Estados Unidos apresentam contrastes marcantes com os dados da Gâmbia, um país situado na costa oeste Africana. Moore e colaboradores (1997) analisaram registros de nascimentos e de óbitos para 3.102 pessoas nascidas em três vilarejos na Gâmbia entre 1949 e 1994. Eles descobriram que a época do nascimento tinha impacto marcante sobre a sobrevivência: crianças nascidas durante a época da "estação da fome" (de julho a outubro, quando existe pouca comida armazenada do ano anterior) tinham menor sobrevivência do que crianças nascidas durante outros períodos do ano (ver Figura 10.4). Os dados também revelam grandes diferenças entre a sobrevivência do povo na Gâmbia e nos Estados Unidos. Por exemplo, apenas 47 a 62% das gambianas (dependendo de sua época de nascimento)

Figura 10.6 Espécies com curvas de sobrevivência tipo I, II e III Curvas de sobrevivência (A) nos carneiros-da-montanha-de-dall, (B) no tordo-canoro e (C) no arbusto do deserto *Cleome droserifolia*. (A, B segundo Deevey, 1947; C segundo Hegazy, 1990.)

❓ Qual o percentual de carneiros-de-dall que sobreviverão até aos 11 anos?

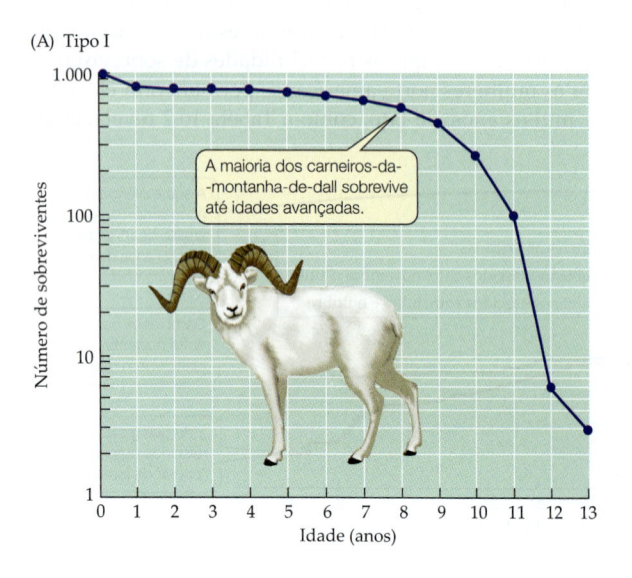

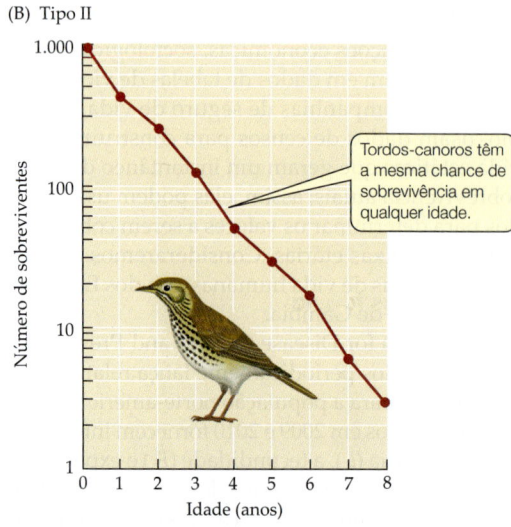

(A) Tipo I

A maioria dos carneiros-da-montanha-de-dall sobrevive até idades avançadas.

(B) Tipo II

Tordos-canoros têm a mesma chance de sobrevivência em qualquer idade.

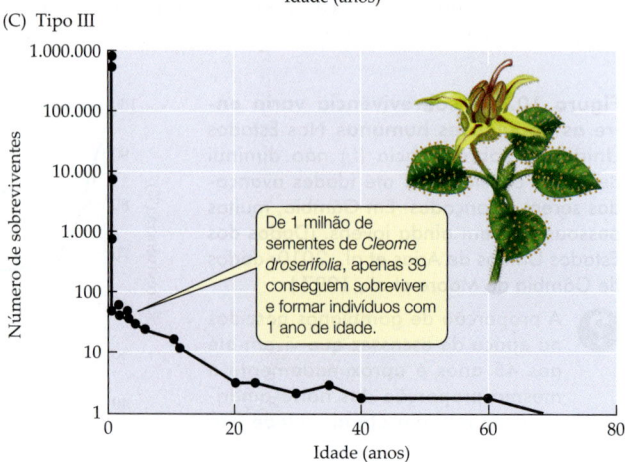

(C) Tipo III

De 1 milhão de sementes de *Cleome droserifolia*, apenas 39 conseguem sobreviver e formar indivíduos com 1 ano de idade.

populações com **curva de sobrevivência tipo II**, indivíduos possuem chances relativamente constantes de sobreviver do primeiro ano até as demais idades. Algumas espécies de aves têm curva de sobrevivência tipo II (**Figura 10.6B**), assim como tartarugas de água doce (depois de seu segundo ano), algumas espécies de peixes e plantas. Finalmente, em populações com a **curva de sobrevivência tipo III**, indivíduos morrem em taxas elevadas ainda quando jovens, mas aqueles que atingem a maturidade apresentam vida longeva. Curvas de sobrevivência tipo III – o tipo mais comum observado na natureza – são típicas de espécies que produzem prole numerosa. Exemplos incluem as bufas-de-lobo-gigantes, ostras, corais, a maioria dos insetos e muitas plantas, como o arbusto do deserto *Cleome droserifolia* (**Figura 10.6C**). Nesta espécie, uma população de 2 mil adultos produz em torno de 20 milhões de sementes a cada ano (aproximadamente 10 mil sementes por adulto), mas apenas cerca de 800 dessas sementes sobrevivem e se tornam plantas juvenis.

Abordamos curvas de sobrevivência do tipo I ao III como se fossem constantes para cada espécie, porém isso não é necessariamente o que ocorre. Curvas de sobrevivência podem variar entre populações de uma espécie, entre machos e fêmeas em uma população, e entre coortes de uma população que vivenciam diferentes condições ambientais (ver Figura 10.4). De fato, comparando as taxas de natalidade e de mortalidade em grupos de indivíduos que viveram em diferentes condições ambientais, podemos avaliar os efeitos daquelas condições sobre as populações. Como veremos na próxima seção, também podemos utilizar taxas de nascimento e de mortalidade para prever como o tamanho e a composição de uma população mudarão ao longo do tempo.

---CONCEITO 10.2---

Dados das tabelas de vida podem ser usados para projetar o futuro da estrutura etária, do tamanho e da taxa de crescimento de uma população.

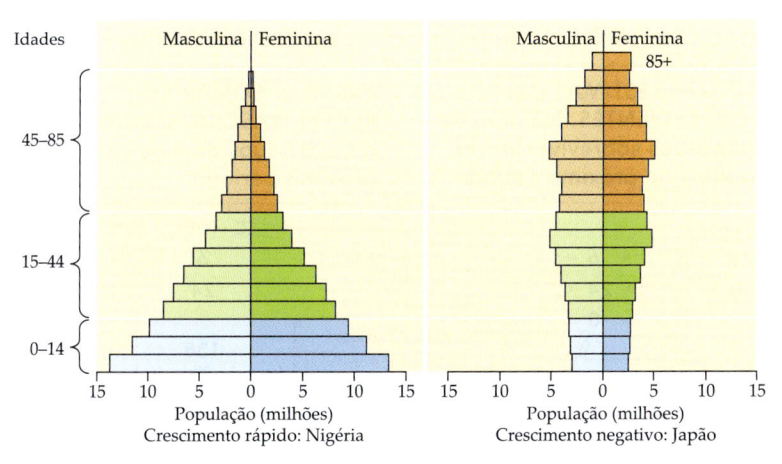

Estruturas etárias

Membros de uma população cujas idades enquadram-se em uma faixa específica fazem parte da mesma *classe de idade*. A classe de idade 1, por exemplo, pode incluir todos os indivíduos com pelo menos 1 ano, mas que ainda não alcançaram os 2 anos. Depois que os indivíduos são categorizados neste esquema, a população pode ser descrita por sua **estrutura etária** (ou pirâmide etária), em que são apresentadas as proporções da população em cada classe de idade. Imagine uma população de um organismo hipotético em que todos os membros morrem antes de alcançar os 3 anos. Nessa população, os indivíduos terão idade 0 ("recém-nascidos", que inclui todos os indivíduos com menos de 1 ano), 1 ou 2. Se existem 100 indivíduos na população e 20 são recém-nascidos, 30 têm 1 ano e 50 têm 2 anos, a estrutura etária seria: 0,2 na classe de idade 0, 0,3 na classe de idade 1 e 0,5 na classe de idade 2.

A estrutura etária atesta o quão rápido a população cresce

A estrutura etária é uma característica essencial de uma população, pois atesta se ela está crescendo ou diminuindo de tamanho. Imagine duas populações humanas de mesmo tamanho e com as mesmas taxas de sobrevivência e fecundidade, mas com estruturas etárias diferentes. Caso alguma população apresente muitas pessoas com idade acima de 55 anos, enquanto a outra tenha muitos integrantes em idades entre 15 e 30, esperamos que a segunda população cresça mais rapidamente que a primeira, pois contém mais indivíduos em idade reprodutiva. De fato, populações humanas que estão crescendo em ritmo acelerado normalmente possuem maior percentual de pessoas em classes de idade mais jovens do que aquelas que estão crescendo lentamente ou que estão em declínio (**Figura 10.7**). Em geral, a estrutura etária atesta o quão rápido qualquer população cresce – ao menos inicialmente, como veremos a seguir examinando uma tabela de vida hipotética em mais detalhes.

Figura 10.7 A estrutura etária influencia a taxa de crescimento das populações humanas As pirâmides populacionais da Nigéria e do Japão mostram estruturas etárias que são típicas de populações com rápido crescimento (Nigéria) e com taxas de crescimento que são negativas ou perto de zero (Japão). As principais idades reprodutivas (15-44) são apresentadas em verde. (Segundo Roberts, 2011.)

Nigéria		Japão
158	População de 2010 (milhões)	127
5,7	Nascimentos ao longo da vida da mulher	1,4
43	Porcentagem da população abaixo de 15 anos de idade	13
3	Porcentagem da população acima de 65 anos de idade	23
47	Expectativa de vida	83
75	Mortalidade infantil (mortes a cada 1000 nascimentos)	2,6
326	**População estimada para 2050 (milhões)**	95

Estruturas etárias e tamanhos populacionais podem ser previstos a partir dos dados das tabelas de vida

A **Tabela 10.3** mostra as taxas de sobrevivência e fecundidade de uma população hipotética que se reproduz na primavera e morre depois de alcançar o terceiro ano de vida. Como será a estrutura etária dessa população e como o tamanho populacional pode mudar ao longo do tempo?

Para responder a essas perguntas, iremos representar os números dos indivíduos na classe de idade 0 (os recém-nascidos) como n_0, os indivíduos na classe de idade 1 (aqueles com 1 ano) como n_1, e os indivíduos na classe de idade 2 (aqueles com 2 anos) como n_2. Considere que nossa população se inicie com 100 indivíduos, dos quais 20 estão na classe de idade 0 ($n_0 = 20$), 30 estão na classe de idade 1 ($n_1 = 30$) e 50 estão na classe de idade 2 ($n_2 = 50$). Considere, além disso, que as mortes ocorram no inverno, antes do próximo período reprodutivo da primavera, e que os indivíduos são recontados imediatamente após a época de reprodução.[1]

TABELA 10.3

Tabela de vida de um organismo hipotético*

Idade x	Taxa de sobrevivência S_x	Sobrevivência l_x	Fecundidade F_x
0	0,3	1,00	0
1	0,8	0,30	2
2	0,0	0,24	4
3	–	0,0	–

Nota: O organismo se reproduz na primavera e morre antes de chegar aos três anos.

---

[1]Indivíduos também podem ser contados em outros momentos, como antes da época de acasalamento. Apesar dos cálculos nos parágrafos que seguem serem diferentes, o resultado seria o mesmo; ver Caswell, 2001, para mais informações sobre periodicidade de censos.

Podemos agora usar a informação na Tabela 10.3 para prever quantos indivíduos nossa população terá no próximo ano. Para fazermos isso, precisamos calcular duas coisas: (1) o número de indivíduos que sobreviverão até o próximo período (neste caso, até a próxima época reprodutiva) e (2) o número de recém-nascidos que esses sobreviventes produzirão no próximo período.

Para calcular o número de indivíduos que irá sobreviver até o próximo período, multiplicamos o número de indivíduos em cada classe de idade (n_x) pela taxa de sobrevivência (S_x) para aquela classe de idade (**Tabela 10.4**). Assim, para determinar quantos indivíduos do grupo de "0 ano de idade" sobreviverão até "1 ano de idade" no ano seguinte, multiplicamos $n_0 = 20$ por $S_0 = 0,3$ (ver Tabela 10.3) e chegamos a seis indivíduos com 1 ano de idade. Da mesma forma, para se determinar quantos daqueles atuais com 1 ano de idade sobreviverão até os 2 anos no próximo ano, multiplicamos $n_1 = 30$ por $S_1 = 0,8$ para chegar a 24 indivíduos com 2 anos. Finalmente, para determinarmos o número de recém-nascidos no ano seguinte, utilizamos os dados de que, em média, cada indivíduo com 1 ano produz dois descendentes e os de 2 anos produzem quatro descendentes (ver Tabela 10.3). Assim, no próximo ano, teremos seis de 1 ano e 24 de 2 anos, e o número de descendentes produzidos nesse período será de $(6 \times 2 + 24 \times 4) = 108$. No ano seguinte, o tamanho populacional total (N) será de $N = 138$ (108 recém-nascidos + 6 de 1 ano + 24 de 2 anos).

Agora que previmos como a estrutura etária e o tamanho de nossa população hipotética mudarão em um ano, podemos estender nossos cálculos para os anos futuros. Assim como usamos os dados da Tabela 10.3 para prever que a população aumentaria de 100 indivíduos no primeiro ano (tempo $t = 0$) para 138 no próximo ano (tempo $t = 1$), podemos efetuar cálculos semelhantes aos apresentados na Tabela 10.4 para determinar quantos indivíduos teremos em cada classe de idade no tempo $t = 2$, e então no tempo $t = 3$, $t = 4$, e assim por diante. Apresentamos os resultados desses cálculos na **Figura 10.8**.

Na Figura 10.8A, os números de indivíduos em cada classe de idade e na população como um todo estão

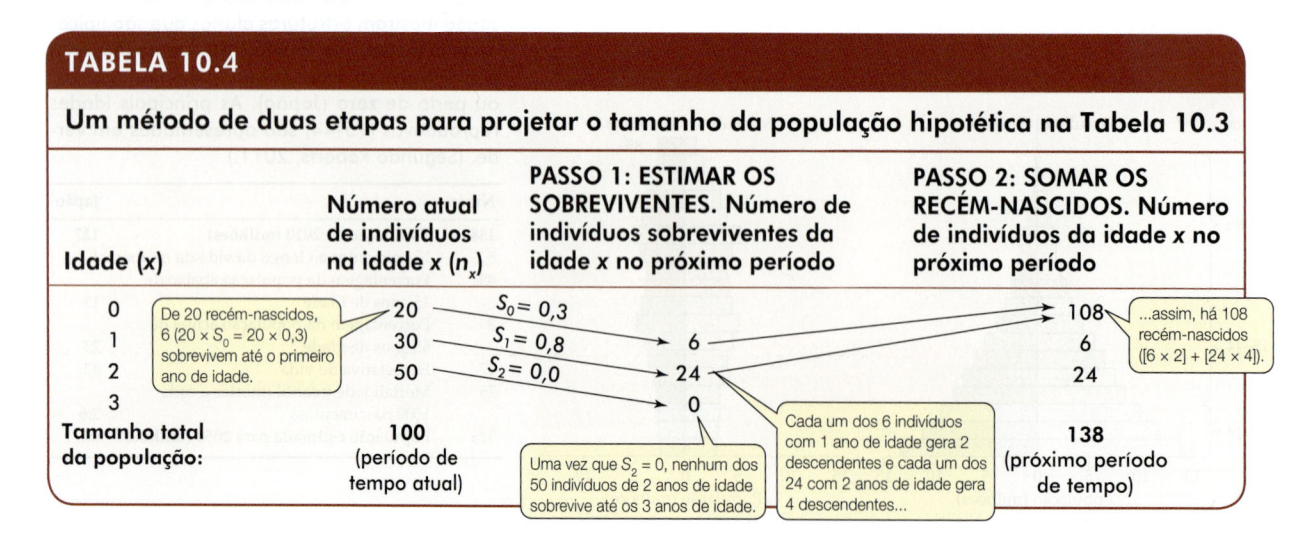

TABELA 10.4

Um método de duas etapas para projetar o tamanho da população hipotética na Tabela 10.3

Idade (x)	Número atual de indivíduos na idade x (n_x)	PASSO 1: ESTIMAR OS SOBREVIVENTES. Número de indivíduos sobreviventes da idade x no próximo período	PASSO 2: SOMAR OS RECÉM-NASCIDOS. Número de indivíduos da idade x no próximo período
0	20		108
1	30	6	6
2	50	24	24
3		0	
Tamanho total da população:	100 (período de tempo atual)		138 (próximo período de tempo)

De 20 recém-nascidos, 6 ($20 \times S_0 = 20 \times 0,3$) sobrevivem até o primeiro ano de idade.

$S_0 = 0,3$; $S_1 = 0,8$; $S_2 = 0,0$

Uma vez que $S_2 = 0$, nenhum dos 50 indivíduos de 2 anos de idade sobrevive até os 3 anos de idade.

Cada um dos 6 indivíduos com 1 ano de idade gera 2 descendentes e cada um dos 24 com 2 anos de idade gera 4 descendentes...

...assim, há 108 recém-nascidos ($[6 \times 2] + [24 \times 4]$).

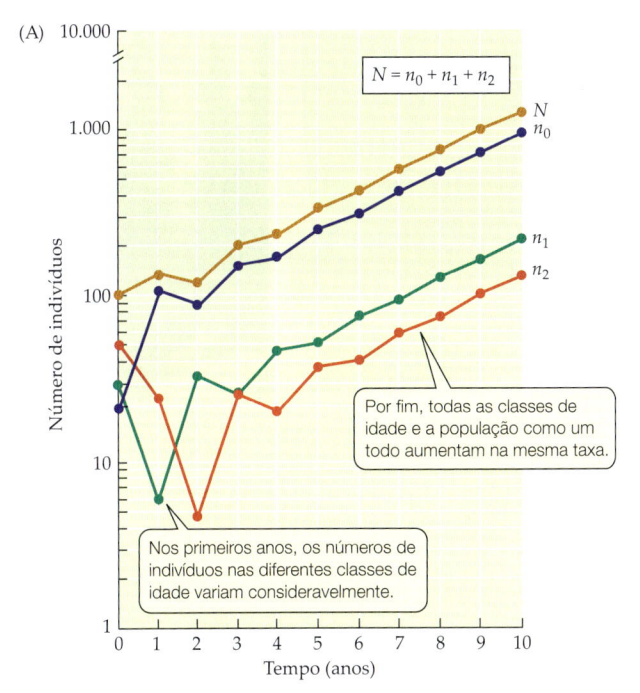

Figura 10.8 Crescimento de uma população hipotética
O procedimento descrito na Tabela 10.4 foi utilizado para calcular o crescimento de uma população hipotética que tem seus dados apresentados na tabela de vida da Tabela 10.3. Esse gráfico indica (A) o número de indivíduos em cada uma das três classes de idade (n_0, n_1, n_2), assim como o tamanho populacional total (N), em diferentes momentos, e (B) a taxa anual de aumento (λ) para a população total. Observe que o número de indivíduos em (A) está sendo indicado em uma escala logarítmica.

> Usando o gráfico em (A), estime λ do ano 4 ao ano 5 para a classe de idade 2 (n_2).

plotados ao longo do tempo. Examinando a curva para o tamanho populacional total (N), vemos que, com uma exceção (t = 2), a população cresce uniformemente do valor inicial de N = 100, alcançando 1.361 indivíduos no tempo t = 10. No tempo t = 4, o número de indivíduos em cada classe de idade também cresce constantemente. Nos primeiros anos de crescimento populacional, contudo, o número de indivíduos em diferentes classes de idade varia de modo considerável. Por exemplo, do valor inicial de 50, n_2 decresce a 24 indivíduos no tempo t = 1 e a apenas cinco indivíduos no tempo t = 2; n_2, então, aumenta substancialmente, alcançando 136 indivíduos no tempo t = 10.

No tempo t = 8, as quatro curvas na Figura 10.8A estão aproximadamente paralelas entre si, indicando que as três classes de idade – e o tamanho populacional total, N – estão aumentando quase que na mesma taxa de um ano para o outro. Para examinarmos com mais profundidade essa taxa anual de aumento, podemos calcular a razão do tamanho populacional no ano t + 1, assinalado como N_{t+1}, para o tamanho populacional no ano t, indicado como N_t. Essa razão mostra uma medida ano a ano da *taxa de crescimento populacional* e é representada pelo símbolo grego λ (*lambda*):

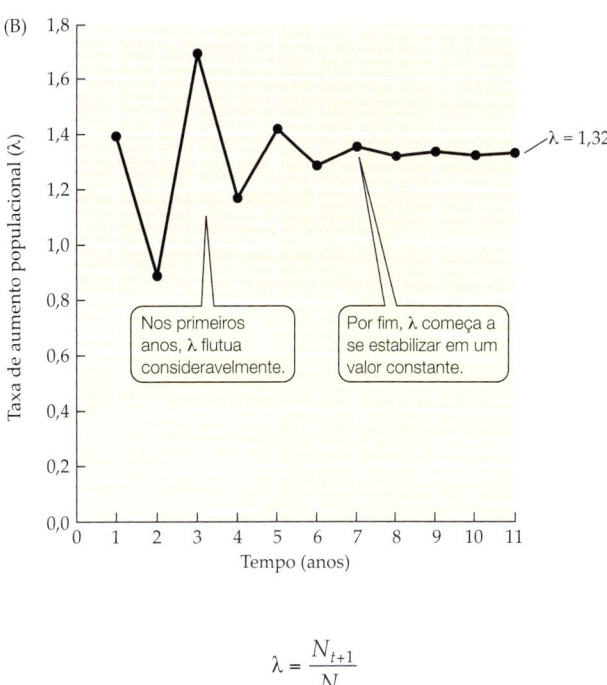

$$\lambda = \frac{N_{t+1}}{N_t}$$

Assim, para determinar, por exemplo, como a população muda em tamanho do tempo t = 0 ao tempo t = 1, calculamos a razão de N_1 = 138 para N_0 = 100, o que mostra a taxa de crescimento populacional anual de λ = 1,38.

Como mostrado na Figura 10.8B, os valores para a taxa de crescimento λ em nossa população hipotética flutuaram nos primeiros anos, indo de λ = 0,88 em t = 2 até λ = 1,69 em t = 3. Por fim, λ estabiliza-se no valor de λ = 1,32; se fôssemos calcular tamanhos populacionais para períodos de tempo adicionais, constataríamos que λ permaneceu igual a 1,32 do tempo t = 10 em diante. Além disso, se fôssemos calcular λ para qualquer uma das classes de idade (p. ex., calcular a razão do tamanho da classe de idade 1 [n_1] no tempo t + 1 para seu tamanho no tempo t), verificaríamos que, pelo tempo t = 10, λ seria igual a 1,32 para cada classe de idade.

As populações crescem em taxas fixas quando taxas de idade específica de nascimento e morte são constantes ao longo do tempo

Caso as taxas de idade específica de sobrevivência e de fecundidade de uma população sejam constantes ao longo do tempo, essa população crescerá em uma taxa fixa de um ano para o próximo. Esse foi o caso de nossa população hipotética, que veio a crescer em uma taxa fixa de λ = 1,32 (ver Figura 10.8B), como ocorreu em cada uma de suas classes de idade. Tendo em vista que a população e cada uma de suas classes de idade são acrescidas por um multiplicador constante a cada ano, a proporção de indivíduos em cada classe de idade permanece constante enquanto o multiplicador (λ) permanecer constante. Quando a estrutura etária de uma população não muda de um ano para o outro, diz-se que a população tem **distribuição**

etária estável. Em nosso exemplo, λ permaneceu constante por 10 anos, e o número de indivíduos em cada classe de idade naquele tempo (ver Figura 10.8A) indica que a distribuição etária estável foi: de 0,73 na classe de idade 0; 0,17 na classe de idade 1; 0,10 na classe de idade 2.

É importante perceber que, se as taxas de sobrevivência e de fecundidade para nossa população hipotética fossem diferentes do que foi apresentado na Tabela 10.3, obteríamos valores diferentes, tanto para a taxa de crescimento populacional (λ), quanto para a distribuição etária estável. Para ilustrarmos esse aspecto, mudaremos o número médio de descendentes produzidos pelos indivíduos de 1 ano (F_1) de 2,0 para 5,07, mas manteremos todos os outros valores (S_x e F_x) iguais aos da Tabela 10.3. Com essa simples mudança, cálculos como os da Tabela 10.4 apresentam mudança de λ indo de 1,32 para 2,0. Essa mudança também altera a distribuição etária estável para: 0,83 na classe de idade 0; 0,12 na classe de idade 1; 0,05 na classe de idade 2.

As taxas de nascimento e morte – e, portanto, as taxas de crescimento da população – podem mudar quando condições ambientais são alteradas

Como sugerem os efeitos de nossa mudança em F_1, a taxa de crescimento e a estrutura etária de uma população podem mudar se as taxas de idade específica de nascimento ou de morte mudarem. Sabendo disso, os ecólogos e os gestores de recursos naturais podem tentar modificar o meio biótico ou abiótico de um organismo de forma que alterem as taxas de natalidade ou mortalidade, com o objetivo de reduzir o tamanho populacional de uma praga ou aumentar o tamanho de uma população ameaçada de extinção. Uma maneira eficiente de se alcançar esse objetivo é identificar as taxas de nascimento ou de mortalidade específicas para cada idade que influenciam mais fortemente a taxa de crescimento da população. Em um exemplo, os dados da tabela de vida indicaram que a maneira mais eficaz de se aumentar as taxas de crescimento das populações de tartarugas-marinhas ameaçadas de extinção foi aumentar as taxas de sobrevivência dos juvenis e dos adultos – mudando a prática comum de proteger os recém-nascidos (**Ferramentas Ecológicas 10.1**).

As taxas de nascimento ou morte de uma população podem ser afetadas por uma ampla gama de fatores abióticos e bióticos. Mudanças bruscas nas condições ambientais podem causar mudanças imediatas e críticas nas taxas de natalidade ou óbito, como quando uma seca catastrófica leva ao declínio repentino de uma população. As taxas de natalidade ou mortalidade, no entanto, também podem mudar de forma mais gradual ao longo do tempo. Por exemplo, van Mantgem e colaboradores (2009) mostraram que as taxas de mortalidade aumentaram gradualmente em populações de árvores de floresta de coníferas em extensas regiões do oeste dos Estados Unidos (**Figura 10.9**). Esses aumentos ocorreram ao longo de várias décadas em manchas de floresta aparentemente saudáveis que não haviam sido cortadas por mais de 200 anos, o que levou

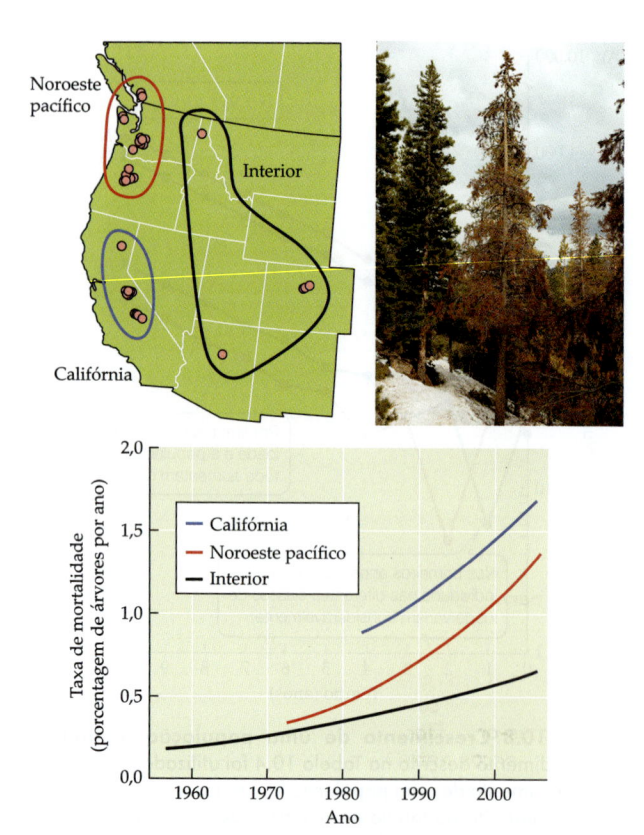

Figura 10.9 Taxas crescentes de mortalidade das árvores Tendências das taxas de mortalidade em árvores coníferas para 76 parcelas de amostragem localizadas em três regiões do oeste dos Estados Unidos apresentadas no mapa. (Segundo van Mantgem et al., 2009.)

os pesquisadores a perguntar: o que está matando essas árvores?

Van Mantgem e colaboradores descartaram várias causas possíveis, incluindo poluição do ar, fragmentação florestal, alterações na frequência de queimadas e aumento na intensidade da competição dentro dentro da mancha. Os investigadores passaram a perceber que, durante o período de estudo, as temperaturas regionais no oeste dos Estados Unidos tinham aumentado de 0,3°C para 0,5°C por década. Esses aumentos bruscos de temperatura foram associados à diminuição da camada de neve, ao degelo antecipado na primavera e ao prolongamento do período de seca do verão. Essas mudanças causaram às árvores um aumento no *déficit hídrico climático* (quando a demanda anual de evaporação de uma planta é maior que a água disponível). Estudos anteriores haviam mostrado que as taxas de mortalidade de árvores tendem a aumentar quando o déficit hídrico climático aumenta (Bigler et al., 2007). No geral, o estudo de van Mantgem e colaboradores e outros estudos sugerem que o aumento das taxas de mortalidade de árvores pode ter sido impulsionado pelo aquecimento regional e pelo estresse hídrico que se seguiu. (Vamos continuar nossa discussão sobre esse exemplo em **Conexão às Mudanças Climáticas 10.1**, com foco nos efeitos previstos para as comunidades florestais.)

FERRAMENTAS ECOLÓGICAS 10.1

Estimando taxas de crescimento populacional de uma espécie ameaçada

Tartarugas-marinhas-cabeçudas (*Caretta caretta*) são grandes tartarugas marinhas que põem ovos em praias arenosas em ninhos cavados por fêmeas adultas. As tartarugas recém-nascidas pesam apenas 20 g e têm casco com 4,5 cm de comprimento. Elas atingem a idade adulta após 20 a 30 anos, quando podem pesar até 227 kg e ter o casco com 122 cm de comprimento.

As tartarugas-marinhas-cabeçudas têm sido listadas como uma espécie ameaçada de extinção desde 1978 nos Estados Unidos no Ato de Espécies Ameaçadas. Muitas espécies comem os ovos ou os filhotes da cabeçuda, e os juvenis e os adultos são comidos por grandes predadores marinhos como tubarões-tigre e baleias-orca. Elas também enfrentam ameaças antrópicas, incluindo a destruição de locais de nidificação pela ocupação de praias, bem como a pesca comercial com redes (nas quais as tartarugas-marinhas podem se prender e se afogar).

Os primeiros esforços para proteger as tartarugas-marinhas-cabeçudas foram focados nos ovos e nos primeiros estágios, que sofrem de mortalidade extensa e são relativamente fáceis de proteger. Para avaliar essa abordagem, Crouse e colaboradores (1987) e Crowder e colaboradores (1994) utilizaram dados de tabela de vida para determinar como a taxa de crescimento exponencial existente de $r = -0,05$ mudaria, se novas práticas de manejo melhorassem as taxas de sobrevivência de tartarugas de várias idades (**Figura A**). Suas descobertas sugeriram que, mesmo que as taxas de sobrevivência dos filhotes tivessem aumentado em 90%, as populações de cabeçudas continuariam a declinar. Em vez disso, eles descobriram que a taxa de crescimento da população foi mais responsiva ao aumento das taxas de sobrevivência dos juvenis mais velhos e dos adultos.

Os resultados obtidos por Crouse, Crowder e colaboradores levaram à promulgação de leis que exigem dispositivos de saída para tartarugas (TEDs, de *turtle excluder devices*) nas redes de camarão (**Figura B**). Os TEDs funcionam como um portal através do qual tartarugas-marinhas jovens e adultas podem escapar quando pegas por uma rede. Redes de camarão foram escolhidas porque os dados sugerem que a pesca de camarão seja responsável pelo maior número de mortes de cabeçudas (de 5.000 a 50.000 mortes por ano) do que todas as outras atividades humanas combinadas.

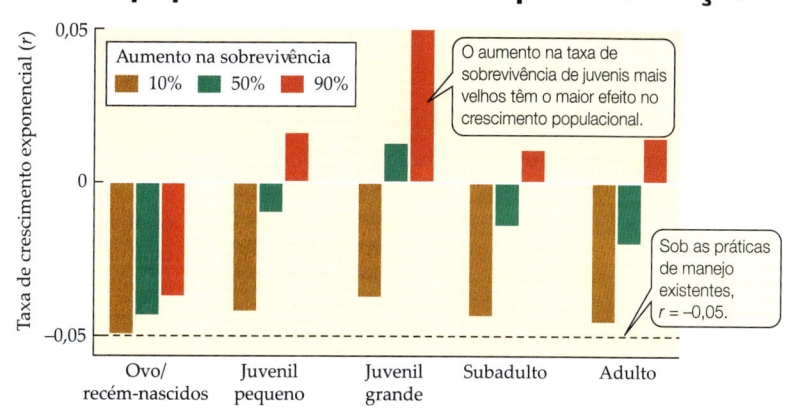

Figura A Práticas de manejo e taxas de crescimento populacional de tartarugas-marinhas Pesquisadores usaram dados de tabelas de vida para identificar as taxas de mortalidade em idades específicas que mais influenciam a taxa de crescimento das cabeçudas. (Segundo Crowder et al., 1994.)

As cabeçudas são mais facilmente contadas quando nidificam, ainda que leve de 20 a 30 anos para que se tornem sexualmente maduras. Como consequência levará décadas para sabermos se os regulamentos dos TEDs ajudaram populações de tartarugas no aumento de seu tamanho. No entanto, os primeiros resultados são animadores: o número de tartarugas mortas em redes caiu substancialmente (até 94%) após o regulamento da implementação dos TEDs (Finkbeiner et al., 2011).

Figura B Dispositivo de saída para tartarugas (TED)

CONCEITO 10.3

Populações podem crescer exponencialmente quando as condições são favoráveis, mas o crescimento exponencial não continua indefinidamente.

Crescimento exponencial

Muitos organismos, como os fungos bufas-de-lobo-gigantes e o arbusto do deserto *Cleome droserifolia*, produzem um grande número de descendentes. Nesses casos, se mesmo uma pequena fração desses descendentes sobreviver para se reproduzir, a população pode aumentar em tamanho com muita rapidez. Mesmo populações de seres humanos e outros organismos que produzem proles relativamente pequenas podem crescer rápido. Em geral, populações podem crescer rapidamente sempre que os indivíduos deixam em média mais de um descendente em períodos substanciais de tempo. Nesta seção, descreveremos o crescimento geométrico e o crescimento exponencial, dois modos relacionados de crescimento que podem levar a aumentos rápidos no tamanho populacional.

Populações crescem geometricamente quando a reprodução ocorre em intervalos regulares de tempo

Algumas espécies, como as cigarras e as plantas anuais (e as espécies hipotéticas descritas na Tabela 10.3) reproduzem-se em sincronia e em intervalos regulares de tempo. Esses períodos regulares são chamados de *períodos discretos de tempo*. Se uma população dessas espécies muda de tamanho em proporção constante de um período discreto de tempo para o próximo, diz-se que ocorreu um **crescimento geométrico**. O fato de que a população cresce em uma proporção constante significa que o número de indivíduos adicionados à população se torna maior a cada novo período de tempo. Como resultado, a população cresce em valores cada vez maiores. Quando plotado em um gráfico, esse padrão de crescimento forma um conjunto de pontos no formato de J (**Figura 10.10A**).

Matematicamente, podemos descrever o crescimento geométrico como

$$N_{t+1} = \lambda N_t \qquad (10.1)$$

onde N_t é o tamanho populacional depois de t gerações ou, equivalentemente, depois de t períodos discretos de tempo (p. ex., t anos se há uma geração por ano), e λ é um número maior que zero. Na Equação 10.1, λ é um multiplicador que permite prever o tamanho da população no próximo período. Chamaremos λ de **taxa de crescimento geométrico**; λ também é conhecido como **taxa finita de crescimento** (*per capita*). Usamos essa terminologia por convenção, mas pode causar confusão: podemos ver, a partir da Equação 10.1, que, quando a taxa de "crescimento" da população λ está entre 0 e 1, a população em vez de crescer acaba diminuindo com o passar do tempo.

O crescimento geométrico também pode ser representado por outra equação,

$$N_t = \lambda^t N_0 \qquad (10.2)$$

onde N_0 é o tamanho populacional inicial (ou seja, o tamanho populacional no tempo = 0).

As duas equações para o crescimento geométrico (Equações 10.1 e 10.2) são equivalentes, de tal forma que uma pode ser derivada da outra (ver **Saiba Mais 10.1**). Qual utilizar depende do que estamos interessados. Se queremos prever o tamanho populacional no próximo

Figura 10.10 Crescimento geométrico e exponencial (A) Os círculos sólidos marcam o modo de crescimento geométrico de uma população que começa com 10 indivíduos e duplica em cada período discreto de tempo (p. ex., $N_0 = 10$ e $\lambda = 2$). A curva vermelha indica crescimento exponencial em uma população comparável que se reproduz continuamente, também começando com 10 indivíduos e tendo uma taxa de crescimento de $r = \ln(2) = 0{,}69$. (B) Quando os tamanhos populacionais que são representados pelos círculos azuis e pela curva vermelha em (A) são plotados em uma escala logarítmica, o resultado é uma linha reta.

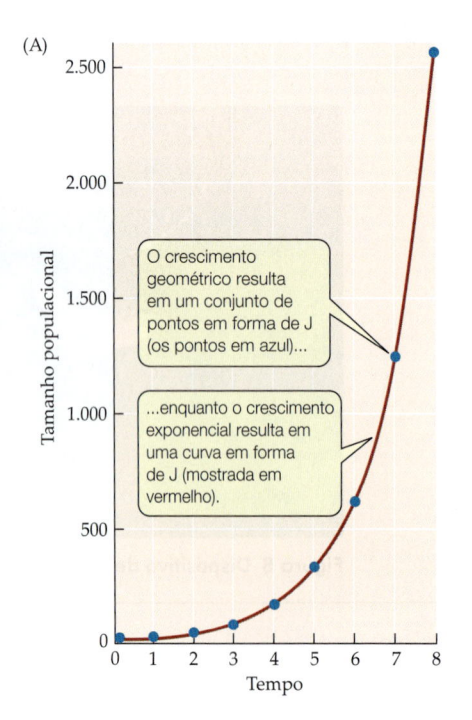

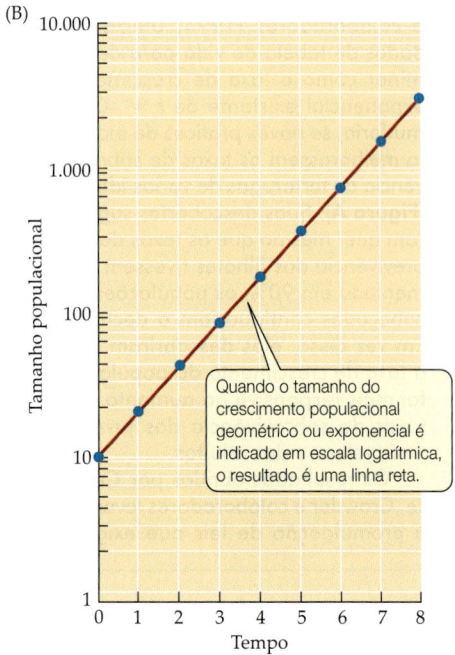

período de tempo, e conhecemos o λ e o tamanho populacional atual, as duas equações podem ser utilizadas. Se soubermos o tamanho populacional no período atual e no anterior, podemos rearranjar a Equação 10.1 para obter uma estimativa para λ (λ = N_{t+1}/N_t, como visto na p. 233). Finalmente, você pode usar a Equação 10.2 para prever o tamanho da população depois de qualquer número de período discreto de tempo. Se λ = 2, por exemplo, então, depois de 12 períodos de tempo, uma população que começa com N_0 = 10 indivíduos terá $N_{12} = 2^{12}N_0$ indivíduos, que (como você pode determinar usando a função y^x em sua calculadora) é igual a 4.096 × 10 ou 40.960.

Populações crescem exponencialmente quando a reprodução ocorre de forma contínua

Em comparação ao padrão descrito na seção anterior, indivíduos de muitas espécies (incluindo pessoas) não se reproduzem em sincronia em períodos discretos de tempo; em vez disso, eles se reproduzem em momentos diferentes. Em tais organismos, referidos como espécies que se reproduzem *continuamente*, as gerações normalmente se sobrepõem. Quando uma população de uma espécie com reprodução contínua muda de tamanho em uma proporção constante a cada instante no tempo, nos referimos ao crescimento que resulta em **crescimento exponencial** (ver curva vermelha na Figura 10.10A). Matematicamente, o crescimento exponencial pode ser descrito pelas duas equações seguintes:

$$\frac{dN}{dt} = rN \tag{10.3}$$

e

$$N(t) = N(0)e^{rt} \tag{10.4}$$

onde $N(t)$ é o tamanho populacional a cada instante de tempo, t.

Na Equação 10.3, dN/dt representa a taxa de mudança no tamanho populacional em cada instante de tempo; vemos na equação que dN/dt é igual a uma taxa constante (r) multiplicada pelo tamanho populacional atual, N. Assim, o multiplicador r fornece uma medida de quão rapidamente a população pode crescer; r é chamado de **taxa de crescimento exponencial** da população ou **taxa intrínseca de crescimento** (*per capita*).

Como fizemos para a Equação 10.2, podemos usar a Equação 10.4 para prever o tamanho de uma população em crescimento exponencial em qualquer tempo t, conhecendo uma estimativa para o r e sabendo o $N(0)$, o tamanho inicial da população. O "e" na Equação 10.4 é uma constante, aproximadamente igual a 2,718 ("e" é a base de um logaritmo natural, ln[x]). Podemos calcular e^{rt} usando a função e^x, que pode ser encontrada em muitas calculadoras.

Quando plotado no gráfico, o padrão de crescimento exponencial forma uma curva em formato de J, como o padrão de crescimento geométrico. O crescimento exponencial e o crescimento geométrico são semelhantes, pois podemos desenhar uma curva de crescimento exponencial ao longo dos pontos discretos de uma população que cresce geometricamente (ver Figura 10.10A). Tendo em vista que as curvas de crescimento geométrico e exponencial podem se sobrepor, os dois tipos de crescimento são às vezes agrupados por simplicidade e referidos como *crescimento exponencial*.

As curvas de crescimento geométrico e exponencial se sobrepõem porque as Equações 10.2 e 10.4 possuem fórmulas similares, exceto pelo λ na Equação 10.2, que é substituído pelo e^r na Equação 10.4. Assim, se quisermos comparar os resultados de modelos de crescimento discreto e contínuo ao longo do tempo, podemos calcular λ de r, ou vice-versa:

$$\lambda = e^r$$
$$r = \ln(\lambda)$$

onde ln(λ) é o logaritmo natural de λ, ou $\log_e(\lambda)$. Por exemplo, se λ = 2 (como na Figura 10.10A), um valor equivalente para r seria r = ln(2), aproximadamente 0,69. A **Figura 10.10B** ilustra uma maneira simples para determinar se a população está realmente crescendo geometricamente (ou exponencialmente): coloque o logaritmo natural do tamanho populacional *versus* o tempo; e se o resultado for uma linha reta, a população está crescendo de modo geométrico ou exponencial.

Por fim, veja novamente as Equações 10.1 e 10.3. Na Equação 10.1, que valor de λ irá assegurar que a população não muda de tamanho de um período ao próximo? Do mesmo modo, na Equação 10.3, que valor de r leva à estabilização do tamanho populacional? As respostas são λ = 1 (pois teremos $N_{t+1} = N_t$) e r = 0 (pois a taxa em que a população muda é 0). Quando λ < 1 (ou r < 0), a população está em declínio para a extinção, enquanto quando λ > 1 (ou r > 0), a população crescerá exponencialmente (ou geometricamente) para formar uma curva em J (**Figura 10.11**).

Figura 10.11 Como as taxas de crescimento populacional alteram o tamanho populacional Dependendo do valor de λ ou de r, a população com um padrão de crescimento exponencial diminuirá de tamanho, permanecerá estável ou crescerá.

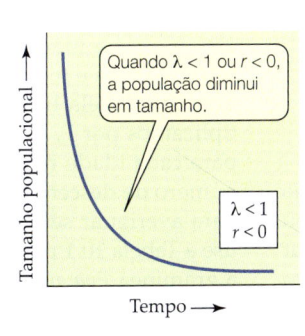

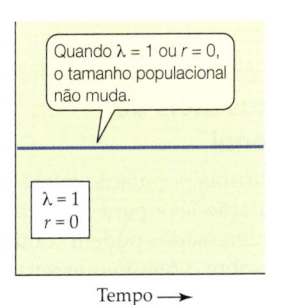

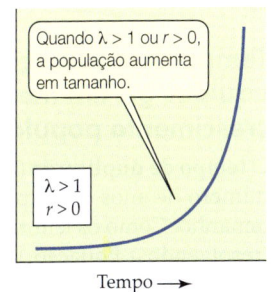

ANÁLISE DE DADOS 10.1

Como o crescimento populacional mudou ao longo do tempo?

Ecólogos com frequência usam estimativas de λ ou de r para determinar quão rapidamente uma população está crescendo (ou decrescendo) em vários momentos ao longo do tempo. Para uma população que está crescendo exponencialmente, podemos calcular tais estimativas rearranjando a Equação 10.4 da seguinte forma:

$$e^{rt} = \frac{N(t)}{N(0)}$$

onde $N(0)$ é o tamanho populacional no início do período analisado e $N(t)$ é o tamanho populacional no final do período. Se soubermos t, $N(0)$ e $N(t)$, podemos então estimar r:

$$r = \frac{\ln\left(\frac{N(t)}{N(0)}\right)}{t}$$

Neste exercício, usaremos essa técnica e os dados na tabela para examinar a taxa de crescimento da população humana no mundo em diferentes momentos no tempo.

1. Calcule as taxas de crescimento exponenciais restantes para os anos apresentados na Tabela A. Use a tabela completa para traçar as taxas de crescimento exponencial em função do tempo. Por exemplo, a partir do ano 1 ao ano 400, descobrimos que r = [ln (190 milhões/170 milhões)]/399 = 0,1112/399 = 0,00028.

Ano (D.C.)	Tamanho da população	Taxa de crescimento exponencial (r)
1	170 milhões	0,00028
400	190 milhões	?
800	220 milhões	?
1200	360 milhões	?
1550	500 milhões	?
1825	1 bilhão	?
1930	2 bilhões	?
1960	3 bilhões	?
1999	6 bilhões	?
2010	6,8 bilhões	?
2013	7,1 bilhões	(NA)

2. Se a população humana continuasse a crescer à taxa que você calculou para 2010, quão grande seria a população em 2060? (Alguns de vocês se aposentarão nessa época.)

3. Que suposições você fez ao responder à Questão 2? Com base nos resultados da Questão 1, é provável que a população humana atinja o tamanho que você calculou para 2060? Explique.

Como podemos estimar a taxa de crescimento de uma população (r ou λ)? Em uma abordagem, a Equação 10.4 é utilizada para estimar a taxa de crescimento r em diferentes momentos, como você pode explorar para a população humana em **Análise de Dados 10.1**. Há uma variedade de outros métodos também (ver Caswell, 2001), incluindo o que discutimos nas páginas 231-233: utilize dados da tabela de vida para prever futuros tamanhos populacionais, faça um gráfico dos tamanhos populacionais previstos em função do tempo, e estime a taxa de crescimento (λ) a partir do gráfico. Ecólogos muitas vezes estimam λ (ou r) a partir de dados de tabelas de vida, uma vez que podem, então, determinar o quão rápido a população está crescendo. Os dados de tabelas de vida também podem ser utilizados para calcular duas outras medidas de crescimento populacional: o tempo de duplicação e a taxa de reprodução líquida.

Tempo de duplicação e taxas reprodutivas líquidas geram medidas úteis de crescimento populacional

O **tempo de duplicação** (t_d) de uma população refere-se ao número de anos que a população leva para duplicar seu tamanho. Como os leitores interessados podem confirmar (resolvendo a Equação 10.4 sobre o tempo que leva para uma população aumentar seu tamanho inicial, $N[0]$, até duplicar de tamanho, $2N[0]$), o tempo de duplicação pode ser estimado como

$$t_d = \frac{\ln(2)}{r} \quad (10.5)$$

onde r é a taxa de crescimento exponencial.

Como vimos, r (e t_d, portanto) pode ser estimado a partir dos dados da tabela de vida. Também podemos usar dados de tabelas de vida (divididos por classes de idade) para calcular a **taxa de reprodução líquida** (R_0): o número médio de descendentes produzidos por um indivíduo durante sua vida. R_0 é calculado por

$$R_0 = \sum_{x_{primeira}}^{x_{última}} l_x F_x \quad (10.6)$$

onde x é a idade, $x_{primeira}$ é a idade da primeira reprodução, $x_{última}$ é a idade da última reprodução, e l_x e F_x são sobrevivência e fecundidade, respectivamente, como definido na Tabela 10.1. Observe que, para estimar R_0, multiplicamos por l_x, pois a probabilidade de sobrevivência para cada idade reprodutiva é tão importante quanto o número de descendentes produzidos naquela idade (F_x). Para averiguar seu entendimento sobre a Equação 10.6, use a Tabela 10.1 para calcular uma estimativa de R_0 para a gramínea *Poa annua*; seus cálculos devem resultar em R_0 = 845,9.

Sempre que R_0 for maior do que 1, medido de uma geração a outra, λ será maior do que 1 (e $r > 0$). Nessas condições, as populações têm o potencial de aumentar muito em tamanho, como veremos na próxima seção.

Populações podem aumentar rapidamente, pois crescem por multiplicação

As Equações 10.1 e 10.3 mostram que as populações aumentam por multiplicação, não por adição: em cada amostragem no tempo, a população muda em tamanho de acordo com o multiplicador λ ou r. Como resultado, as populações têm o potencial de acrescentar grandes números de indivíduos rapidamente sempre que $\lambda > 1$ ou $r > 0$. O princípio abordado aqui é o mesmo que se aplica quando queremos lucros em nossas poupanças. Mesmo quando a taxa de participação é baixa, você pode ganhar muito dinheiro a cada ano se tiver uma grande quantia de dinheiro depositada no banco, pois as economias, como as populações, crescem por multiplicação. Da mesma forma, o fato de a população crescer por multiplicação significa que, mesmo com baixa taxa de crescimento, o tamanho populacional pode crescer rapidamente.

Considere nossa própria população. Na página 227, dissemos que a atual taxa de crescimento da população humana é de 1,1%. Essa taxa de crescimento indica que $\lambda = 1,011$, e assim que $r = \ln(\lambda) = 0,0109$, um valor que parece próximo a zero. Se marcarmos o ano 2013 como o tempo $t = 0$, teremos $N(0) = 7,1$ bilhões, o tamanho populacional da espécie humana no ano de 2013. Utilizando esses valores de r e $N(0)$ na Equação 10.4, calculamos que o tamanho populacional um ano após seria $N(1) = 7,1 \times e^{0,0109}$, que é igual a 7,178 bilhões de pessoas. Assim, a população humana, em 2013, estava sendo acrescida de 78 milhões de pessoas ao ano (7,178 bilhões – 7,1 bilhões = 0,078 bilhões = 78 milhões). Como populações crescem por multiplicação, se r permanecesse constante em 0,0109 por um período longo de tempo, os incrementos anuais para a população humana seriam astronômicos. Por exemplo, depois de 225 anos, existiriam mais de 80 bilhões de pessoas, e nossa população estaria aumentando quase um bilhão de pessoas a *cada ano*.

Passando de seres humanos para outras espécies, o que os trabalhos de campo revelam sobre as taxas de crescimento de suas populações? Algumas espécies, como a erva gengibre-selvagem (*Asarum canadense*), possuem valores máximos de λ que são próximos a 1 ($\lambda = 1,01$ em florestas jovens, $\lambda = 1,1$ em florestas maduras) (**Figura 10.12**). Valores parecidos foram encontrados para uma população de 25 renas introduzidas na Ilha de Saint Paul, perto da costa do Alasca, em 1911. Depois de 27 anos, a população tinha aumentado de 25 para 2.046 indivíduos, o que (quando calculamos λ pela Equação 10.2) resulta em $\lambda = 1,18$.

Taxas de crescimento anual consideravelmente mais altas têm sido observadas para populações de diversas espécies, incluindo os cangurus-cinzas-do-oeste ($\lambda = 1,9$), os ratos-do-campo-de-rabo-curto ($\lambda = 24$) e os gorgulhos-do-arroz ($\lambda = 10^{17}$), insetos que são pragas do arroz e de outros grãos. Algumas bactérias, como a habitante do intestino de mamíferos *E. coli*, podem dobrar sua população a cada 30 minutos, resultando em uma inimaginável taxa de crescimento anual de $\lambda = 10^{5,274}$.

Ano	Taxa de crescimento da população (λ)
1990–1991	0,80
1991–1992	0,77
1992–1993	0,82
1993–1994	1,01
1994–1995	0,96

Figura 10.12 Algumas populações possuem taxas de crescimento baixas As taxas de crescimento da população do gengibre-selvagem (*Asarum canadense*) em uma floresta jovem variam a cada ano. A taxa máxima de crescimento nesta floresta é de 1,01. No entanto, as taxas de crescimento com frequência são menores do que 1,0, sugerindo que a população diminuirá, a não ser que as condições melhorem. (Dados de Damman e Cain, 1998.)

Lembre que, quando $\lambda > 1$ (ou $r > 0$) por um período longo de tempo, populações crescem de modo exponencial, formando uma curva em J como a da Figura 10.10A. Em populações naturais, $\lambda > 1$ (ou $r > 0$) quando fatores-chave no ambiente são favoráveis para o crescimento, a sobrevivência e a reprodução. Contudo, essas condições favoráveis podem durar para sempre?

Existem limites para o crescimento das populações

Um argumento a partir dos princípios básicos sugere que a resposta para a pergunta que acabamos de fazer seja "não". Físicos estimam que o universo conhecido contenha um total de 10^{80} átomos. Ainda que as condições favoráveis persistam por tempo suficiente, permitindo que λ permaneça maior que 1, mesmo populações de espécies com crescimento relativamente lento poderiam finalmente crescer a mais de 10^{80} indivíduos. Por exemplo, com base na taxa de crescimento da população de *A. canadense* de $\lambda = 1,01$ em florestas jovens, uma população que começa com duas plantas teria mais de 10^{82} plantas depois de 19 mil anos. Para espécies de crescimento extremamente rápido, como a *E. coli*, os números são ainda mais absurdos: seriam necessários apenas seis dias para a população que começou com uma simples bactéria exceder 10^{80} indivíduos.

Nenhuma população poderia jamais chegar perto de ter 10^{80} indivíduos, porque não haveria átomos suficientes para formar seus corpos. Assim, o crescimento exponencial não pode persistir indefinidamente. Ainda que esse exemplo seja extremo (pois outras dificuldades seriam encontradas muito antes do que a falta de átomos), ele ilustra um ponto fundamental: existem limites para o crescimento populacional, o que faz ele diminuir e finalmente parar. Veremos alguns desses limites na próxima seção.

---CONCEITO 10.4---

O tamanho populacional pode ser determinado por fatores dependentes e independentes da densidade.

Efeitos da densidade

Apesar de λ > 1 para todas as populações em condições favoráveis (levando ao crescimento exponencial), as condições ambientais raramente são favoráveis por longos períodos. Por exemplo, Damman e Cain (1998) calcularam a taxa de crescimento geométrico (λ) a cada cinco anos de uma população de gengibre-selvagem(*A. canadense*), localizada em uma floresta jovem. Como já mencionado, a maior taxa de crescimento foi de λ = 1,01. Durante os outros quatro anos, no entanto, os valores de λ variaram de 0,77 a 0,96 (ver Figura 10.12). Dessa forma, longe de ameaçar o planeta pela expansão de seus descendentes, esperaríamos que essa população viesse a diminuir em um longo prazo, a não ser que as condições mudassem para melhor.

Que fatores fazem λ oscilar ao longo do tempo? Podemos explorar as respostas para essa pergunta indagando se a taxa de crescimento da população muda independentemente da densidade ou se gira em torno dela.

Fatores independentes da densidade podem determinar o tamanho populacional

Em muitas espécies, ano a ano, a variação no clima leva a mudanças drásticas na abundância e, consequentemente, nas taxas de crescimento das populações. Davidson e Andrewartha (1948), por exemplo, estudaram como as condições climáticas em Adelaide, Austrália, afetavam populações do inseto *Thrips imaginis*, uma praga das rosas.

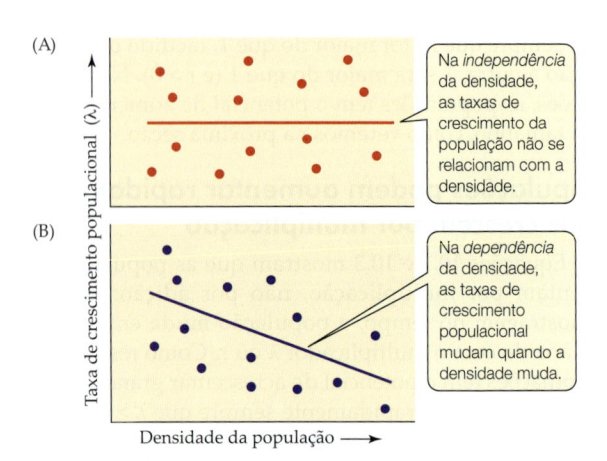

Figura 10.14 Comparando dependência da densidade com independência da densidade Cada ponto representa uma população. (A) Independente da densidade. (B) Dependente da densidade. Neste exemplo, as taxas de crescimento populacional diminuem quando a densidade populacional aumenta.

Correlacionando-se o clima com o tamanho populacional de *T. imaginis* ao longo de 14 anos, eles mostraram que flutuações populacionais poderiam ser previstas com precisão por uma equação usando dados de temperatura e precipitação (**Figura 10.13**).

Fatores como temperatura, precipitação e eventos catastróficos (enchentes e furacões) com frequência são chamados de fatores **independentes da densidade**, evidenciando que seus efeitos sobre as taxas de natalidade e de morte são independentes do número de indivíduos da população. Dessa forma, as taxas de crescimento populacional (λ ou *r*) são independentes da densidade, quando não são uma função da densidade populacional (**Figura 10.14A**).

Como sugerem os dados do *T. imaginis*, fatores independentes da densidade podem gerar efeitos maiores no tamanho populacional de um ano ao próximo. Em princípio, esses fatores poderiam ser inteiramente responsáveis pelas flutuações anuais de tamanho populacional. Contudo, fatores independentes da densidade não tendem a aumentar o tamanho de populações quando são pequenos e a diminuir o tamanho de populações quando são grandes. Um fator que realmente levasse a essas mudanças faria a taxa de crescimento populacional mudar em função da densidade – ou seja, seria *dependente* da densidade, e não independente da densidade.

Fatores dependentes da densidade regulam o tamanho populacional

Quantidades limitadas de fatores como alimento ou espaço podem influenciar o tamanho populacional de modo **dependente da densidade**, o que significa que modificam as taxas de natalidade, mortalidade, ou dispersão à medida

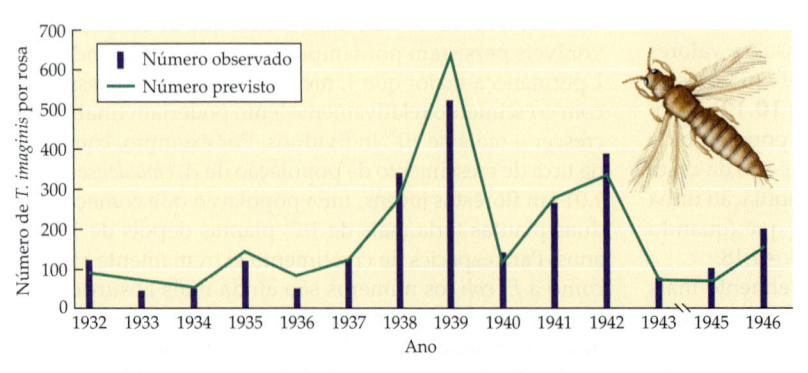

Figura 10.13 O clima pode influenciar o tamanho populacional Davidson e Andrewartha previram precisamente o número médio de *T. imaginis* por rosas observadas em Adelaide, Austrália, usando uma equação com base em quatro variáveis climáticas. (Segundo Davidson e Andrewartha, 1948.)

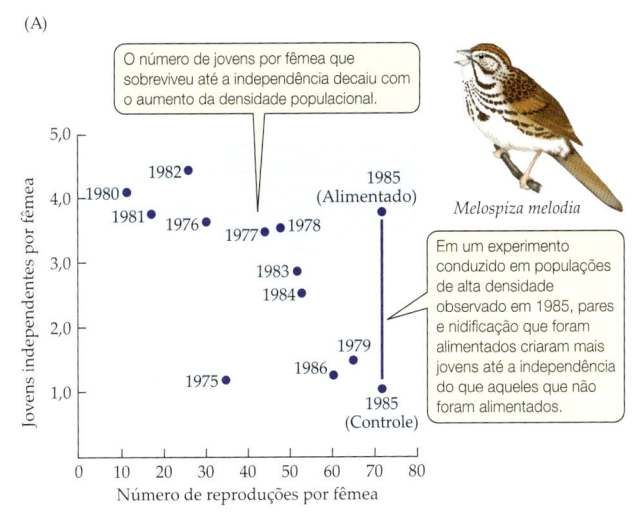

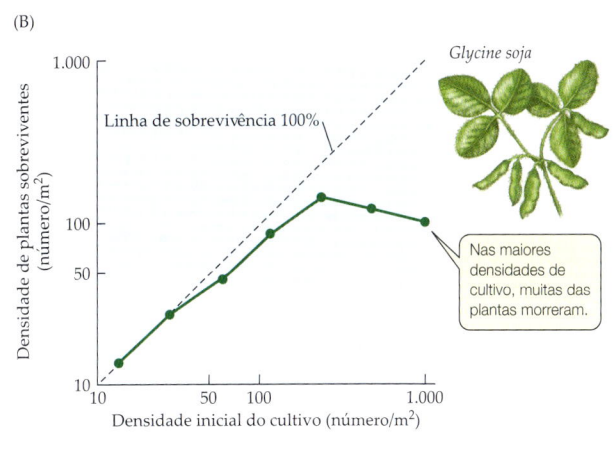

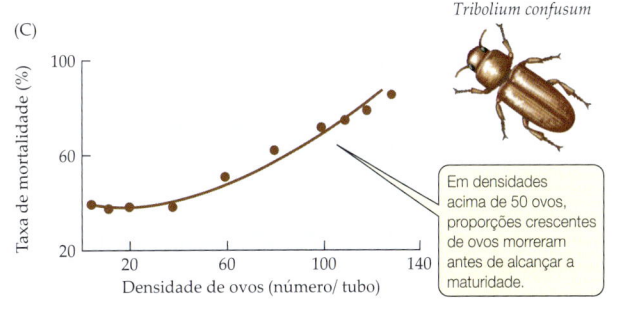

Figura 10.15 Exemplos de dependência da densidade em populações naturais (A) Números de jovens pardais-canoros criados até sua independência na Ilha Mandarte em diferentes densidades de fêmeas reprodutoras. O número ao lado de cada ponto indica o ano de observação (1975-1986). (B) Densidade de plântulas de soja sobreviventes 93 dias após terem sido cultivadas com densidades variando de 10 a 1.000 sementes por metro quadrado. (C) Taxas de mortalidade de besouros-da-farinha em diferentes densidades de ovos. (A segundo Arcese e Smith, 1988; B segundo Yoda et al., 1963; C segundo Bellows, 1981.)

> Em (A), com base em dados que não sejam de 1975, quantos jovens pardais-canoros por fêmea você teria esperado que sobrevivessem até a independência em 1975? Explique seu raciocínio e descreva os fatores que poderiam ter causado os resultados observados.

que a densidade da população muda (**Figura 10.14B**). Conforme a densidade aumenta, é comum a taxa de natalidade diminuir, e a taxa de mortalidade e a dispersão populacional (emigração) aumentarem – todos esses tendendo para a diminuição do tamanho populacional. Quando as densidades diminuem, o oposto ocorre: as taxas de natalidade tendem a aumentar e as taxas de mortalidade e de emigração tendem a diminuir.

Nos casos em que um ou mais fatores dependentes da densidade causam o aumento populacional quando os números estão baixos ou a diminuição da população quando os números estão altos, diz-se que está ocorrendo o **controle populacional**. Em última análise, quando a densidade de qualquer espécie se torna suficientemente alta, fatores dependentes da densidade reduzem o tamanho populacional porque o alimento, o espaço ou outros recursos essenciais se tornam escassos. Observe que "controle" tem significado particular aqui, referindo-se aos efeitos dos fatores que tendem a aumentar λ ou r quando o tamanho populacional for pequeno, e a diminuir λ ou r quando o tamanho da população for grande. Fatores independentes da densidade podem exercer efeitos marcantes sobre o tamanho populacional, mas não o *controlam*, pois não aumentam consistentemente o tamanho populacional quando são pequenos nem diminuem o tamanho populacional quando são grandes. Desse modo, por definição, apenas fatores dependentes da densidade podem controlar o tamanho populacional.

Dependência da densidade tem sido observada em muitas populações

Dependência da densidade muitas vezes pode ser detectada em populações naturais. Por exemplo, em um estudo que combinou observações de campo com experimentos controlados, Peter Arcese e James Smith (1988) examinaram o efeito da densidade populacional na reprodução do pardal-canoro (*Melospiza melodia*) na Ilha de Mandarte, na Colúmbia Britânica. Eles descobriram que o número de ovos depositados por fêmea decresceu com a densidade, assim como o número de filhotes que sobreviveram até se tornarem independentes de seus pais (**Figura 10.15A**). Como a Ilha de Mandarte é pequena e as aves estavam sujeitas à escassez de alimentos quando em altas densidades, Arcese e Smith previram que, se alimentassem uma amostra de casais procriadores em um período de alta densidade, as aves alimentadas deveriam estar aptas a criar mais jovens até sua independência. E foi exatamente isso que aconteceu: casais que foram alimentados criaram aproximadamente quatro vezes mais filhotes até a independência do que aves que não foram alimentadas (ver Figura 10.15A).

Além da reprodução dependente da densidade, a mortalidade dependente da densidade também foi observada em muitas populações. Por exemplo, quando Yoda e colaboradores (1963) plantaram soja (*Glycine soja*) em várias densidades, observaram que, nas maiores densidades

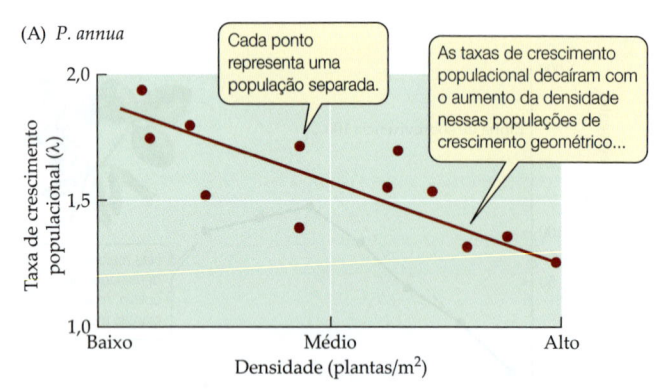

Figura 10.16 As taxas de crescimento populacional podem diminuir em densidades altas Cada ponto representa uma população. (A) A taxa de crescimento geométrico (λ) da gramínea *Poa annua* é dependente da densidade, assim como (B) a taxa exponencial de crescimento populacional (r) da pulga d'água *Daphnia pulex*. (A segundo Law, 1975; B segundo Frank et al., 1957.)

? As populações com densidades altas estão crescendo em tamanho em (A)? Em (B)? Explique.

cultivadas, várias plântulas morreram com 93 dias de idade (**Figura 10.15B**). Do mesmo modo, em um experimento no qual ovos do besouro-da-farinha *Tribolium confusum* foram colocados em tubos de ensaio (cada um com 0,5 g de alimento), as taxas de mortalidade aumentaram com o aumento da densidade dos ovos por tubo – novamente revelando dependência da densidade (**Figura 10.15C**). Essa dependência também foi detectada em populações em que a abundância é significativamente influenciada por fatores que costumam influenciar de forma independente a densidade, como a temperatura ou a precipitação; descrevemos um exemplo destes em **Saiba Mais 10.2**, no qual Smith (1961) reanalisou um exemplo clássico de densidade independente (dados de Davidson e Andrewartha sobre *T. imaginis*).

Quando as taxas de natalidade, morte ou dispersão mostram forte dependência da densidade, as taxas de crescimento populacional (λ ou r) podem decair à medida que as densidades aumentam (**Figura 10.16**). Por fim, se a densidade se tornar suficientemente alta para que o λ seja igual a 1 (ou r igual a 0), a população cessa completamente o crescimento; se λ se tornar menor que 1 (ou r < 0), a população diminui. Como veremos na próxima seção, essas mudanças dependentes da densidade na taxa de crescimento populacional podem levar uma população a atingir um tamanho populacional máximo estável.

CONCEITO 10.5

A equação logística impõe limites ao crescimento e mostra como uma população pode se estabilizar em seu tamanho máximo: a capacidade de suporte.

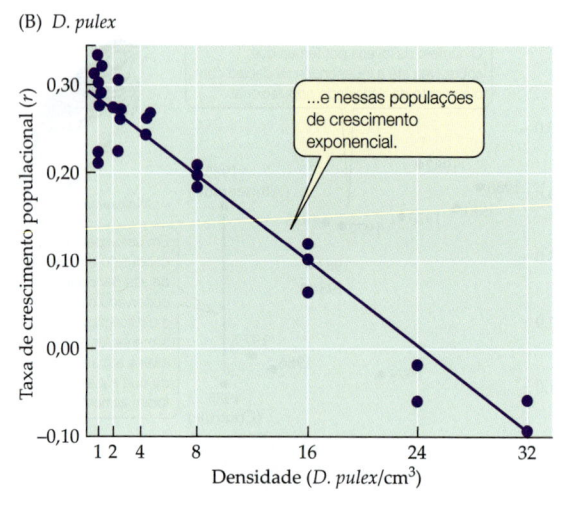

Crescimento logístico

Algumas populações exibem o **crescimento logístico**, um padrão em que a abundância aumenta rapidamente no início, depois estabiliza em um tamanho populacional conhecido como **capacidade de suporte** (o tamanho populacional máximo que pode ser sustentado indefinidamente pelo ambiente). O crescimento dessas populações pode ser representado por uma curva em S (**Figura 10.17**). A taxa de crescimento da população diminui à medida que seu tamanho se aproxima da capacidade de suporte, uma vez que recursos como alimento, água ou espaço se tornam raros. Na capacidade de suporte, a taxa de crescimento é zero, e, portanto, o tamanho da população não se altera.

A equação logística modela o crescimento populacional dependente da densidade

Para vermos como a ideia de capacidade de suporte pode ser representada em um modelo matemático de crescimento populacional, reconsideraremos a Figura 10.16. Os dados nos dois gráficos mostram que taxas de crescimento populacional (r ou λ) decaíram quase como uma linha reta à medida que a densidade populacional aumentou. Porém, r é tido como uma constante na equação de crescimento exponencial, $dN/dt = rN$. Como vimos, um valor constante de $r > 0$ permite um crescimento ilimitado no tamanho da população. Assim, para modificar a equação de crescimento populacional a fim de torná-la mais realista, trocamos a premissa de que r é uma constante pela premissa de que r diminui em linha reta à medida que a densidade (N) aumenta. Quando fazemos isso, como descrito em **Saiba Mais 10.3**, obtemos a *equação logística*:

$$\frac{dN}{dt} = rN\left(1 - \frac{N}{K}\right) \quad (10.7)$$

onde dN/dt é a taxa de mudança no tamanho da população no tempo t, N é a densidade populacional (também no tempo t), r é a taxa de crescimento da população em condições ideais e K é a densidade em que a população cessa

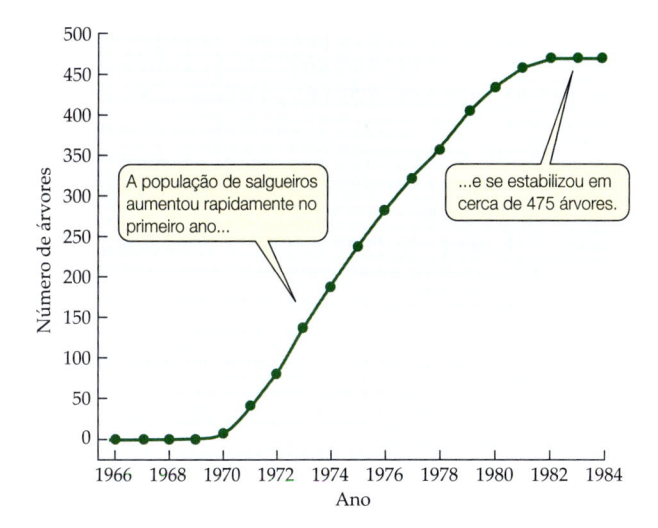

Figura 10.17 Uma curva de crescimento em S de uma população natural Em um local na Austrália, o pastejo intensivo por coelhos impediu que salgueiros colonizassem a área. Os coelhos foram removidos em 1954, abrindo novos hábitats para os salgueiros. A partir do momento que os salgueiros colonizaram a área em 1966, os ecólogos acompanharam o crescimento de sua população. (Segundo Alliende e Harper, 1989.)

os esforços para integrar a equação logística aos dados de censo dos Estados Unidos.

O crescimento logístico pode prever a capacidade de suporte da população dos Estados Unidos?

Em um artigo inovador publicado em 1920, Pearl e Reed examinaram o ajuste de vários modelos matemáticos aos dados do censo dos Estados Unidos no período de 1790 a 1910. Muitas das abordagens que eles testaram mostraram resultados satisfatórios, mas nenhuma incluiu eventuais limites para o tamanho populacional dos Estados Unidos. Para cobrir essa deficiência, eles derivaram a equação logística, que, sem o conhecimento deles, já tinha sido descrita pelo belga P. F. Verhulst em 1838. Pearl e Reed argumentaram que a equação logística fornecia uma maneira sensível de representar o crescimento populacional, pois incluía limites ao crescimento. Quando eles sobrepuseram os dados do censo com a curva logística, obtiveram uma adequação excelente, a partir da qual estimaram que a população dos Estados Unidos possuía uma capacidade de suporte de $K = 197.274.000$ pessoas.

A curva logística estimada por Pearl e Reed fornece um bom ajuste aos dados da população dos Estados Unidos de 1950. Após esse período, entretanto, o tamanho real da população diferiu consideravelmente das projeções de Pearl e Reed (**Figura 10.19**). Em 1967, a capacidade de suporte (197 milhões) que eles haviam previsto foi ultrapassada. Pearl e Reed tinham a intenção de estimar a capacidade de suporte para representar o número de pessoas que poderiam habitar os Estados Unidos de maneira autossuficiente. Eles reconheceram que, se as condições mudassem – por exemplo, se a produtividade agrícola aumentasse ou se mais recursos fossem importados de outros países –, a população poderia aumentar para mais de 197 milhões. Essas e outras mudanças ocorreram, levando alguns ecólogos e demógrafos a mudar o foco da capacidade de suporte dos seres humanos para a área necessária para sustentar a população humana (a "pegada ecológica", discutida em Conexões na Natureza).

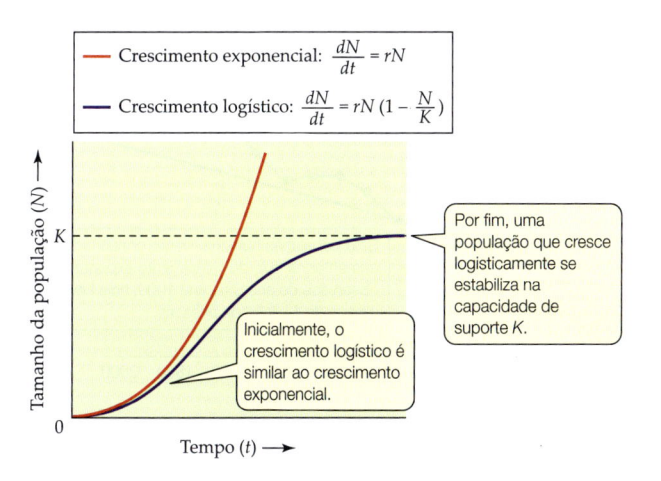

o crescimento em tamanho. K pode ser interpretado como a capacidade de suporte da população, enquanto o termo $(1 - N/K)$ pode ser visto como representando os fatores que reduzem a taxa de crescimento populacional da taxa constante (r) conhecida no crescimento exponencial.

O crescimento logístico, embora um pouco mais lento, é semelhante ao crescimento exponencial quando as densidades são baixas (**Figura 10.18**). Isso ocorre porque, quando N é pequeno, o termo $(1 - N/K)$ fica perto de 1, e assim uma população com crescimento logístico cresce em uma taxa próxima a r. Com o aumento da densidade populacional, contudo, os crescimentos logístico e exponencial diferem consideravelmente. No crescimento logístico, a taxa na qual a população muda de tamanho (dN/dt) aproxima-se de zero à medida que o tamanho populacional chega perto da capacidade de suporte, K. Como resultado, ao longo do tempo, o tamanho populacional aproxima-se gradualmente de K, finalmente permanecendo constante em tamanho com K indivíduos na população.

No Capítulo 11, discutiremos até que ponto o crescimento de populações naturais pode ser descrito pela curva S resultante de uma equação logística; aqui, examinaremos

Figura 10.18 Comparação do crescimento exponencial e logístico Ao longo do tempo, o crescimento logístico difere bastante do crescimento ilimitado de uma população que aumenta exponencialmente.

? Na equação logística, à medida que o tamanho populacional (N) chega cada vez mais perto da capacidade de suporte, K, como isso afeta a relação $(1 - N/K)$? Por que isso leva N a cessar seu crescimento em tamanho?

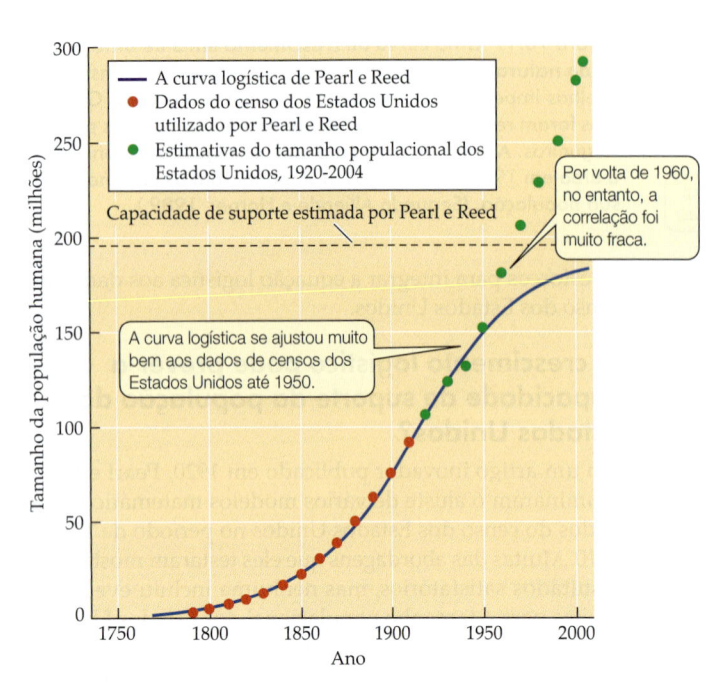

Figura 10.19 Ajustando a curva logística ao tamanho populacional dos Estados Unidos Em 1920, Pearl e Reed ajustaram uma curva logística aos dados censitários dos Estados Unidos entre 1790 e 1910. Eles estimaram a capacidade de suporte (K) do país em 197 milhões de pessoas. (Dados até 1910 retirados de Pearl e Reed, 1920; outros dados de Statistical Abstracts, U.S. Census Bureau.)

Legenda do gráfico:
- A curva logística de Pearl e Reed
- Dados do censo dos Estados Unidos utilizado por Pearl e Reed
- Estimativas do tamanho populacional dos Estados Unidos, 1920-2004
- Capacidade de suporte estimada por Pearl e Reed
- A curva logística se ajustou muito bem aos dados de censos dos Estados Unidos até 1950.
- Por volta de 1960, no entanto, a correlação foi muito fraca.

da Figura 10.20, os períodos de duplicação da população humana caíram de aproximadamente 1.400 anos em 5000 a.C. para meros 39 anos em 1960 – mais uma vez indicando que, historicamente, nossa população tem crescido de modo mais rápido do que o esperado pelo crescimento exponencial.

Projetando para o futuro, podemos prever quanto tempo levará para nossa população dobrar em tamanho nas atuais taxas de crescimento. Para fazer isso, o tempo de duplicação é estimado pela relação $t_d = \ln(2)/r$ (ver Equação 10.5), em que r é a atual taxa de crescimento da população humana. Essas estimativas mostram que a população humana estava crescendo com mais velocidade no início da década de 1960, dobrando a cada 32 anos. Desde então, o tempo de duplicação tem aumentado (pois o r tem diminuído), alcançando 64 anos em 2013. Então, voltando à pergunta formulada no Estudo de Caso (se haveria 14 bilhões de pessoas em 2080), a resposta é provavelmente não. Projeções do U.S. Census Bureau indicam que as taxas de crescimento da população provavelmente continuem a cair nos próximos 40 anos (**Figura 10.21**), levando a um tamanho previsto de 9,1 bilhões em 2050 (**Figura 10.22**). Estender essa curva até o ano de 2080 sugere que haverá

ESTUDO DE CASO REVISITADO
O crescimento da população humana

As reportagens divulgadas na mídia muitas vezes dizem que a população humana está crescendo exponencialmente. Como vimos na Figura 10.10, um modo simples de se determinar se uma população está crescendo de modo exponencial é colocar em gráfico o logaritmo natural do tamanho populacional *versus* o tempo. Se o resultado for uma linha reta, a população está crescendo exponencialmente. Contudo, quando plotamos o logaritmo natural do tamanho da população humana pelo tempo nos últimos 2000 anos, vemos que os tamanhos populacionais se afastam da linha reta esperada no crescimento exponencial (**Figura 10.20**). De fato, seja qual for a rapidez do crescimento exponencial, historicamente a população humana tem aumentado ainda mais rápido.

A natureza mais rápida que a taxa exponencial do crescimento da população humana também é evidente nos períodos de duplicação dessa população. Lembre que, em uma população que cresce exponencialmente, o tempo de duplicação permanece constante. Contudo, como mostrado no destaque

Ano	Tamanho populacional	Tempo de duplicação (t_d)
5000 a.C.	5 milhões	1.400 anos
1550	500 milhões	275 anos
1825	1 bilhão	105 anos
1930	2 bilhões	45 anos
1960	3 bilhões	39 anos
1999	6 bilhões	51 anos*
2013	7,1 bilhões	64 anos*

*Tempo de duplicação calculado da relação $t_d = \dfrac{\ln(2)}{r}$

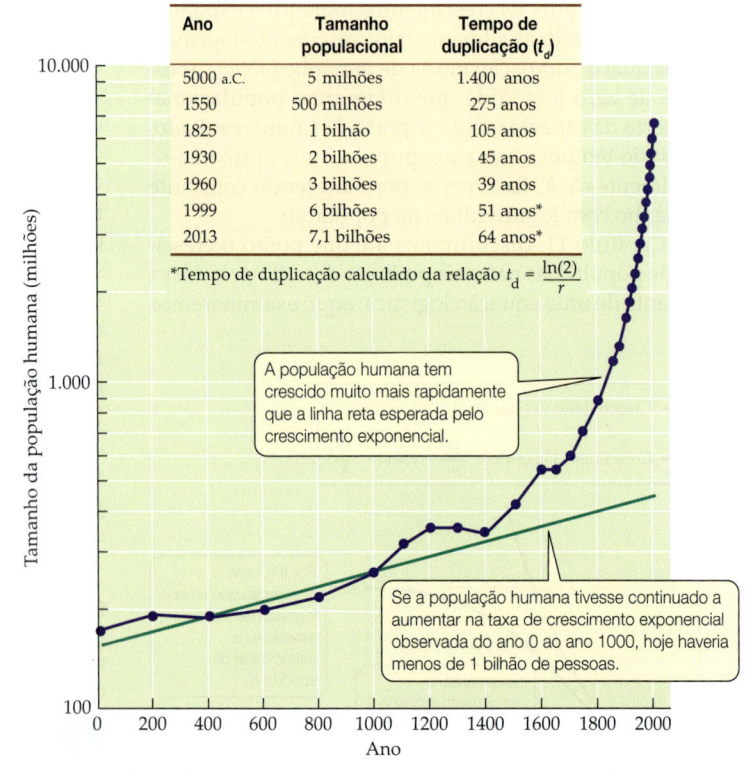

Anotações do gráfico:
- A população humana tem crescido muito mais rapidamente que a linha reta esperada pelo crescimento exponencial.
- Se a população humana tivesse continuado a aumentar na taxa de crescimento exponencial observada do ano 0 ao ano 1000, hoje haveria menos de 1 bilhão de pessoas.

Figura 10.20 Mais rápido que exponencial Um gráfico logaritmo do tamanho populacional dos seres humanos ao longo dos últimos 2 mil anos difere drasticamente da linha reta esperada se estivesse crescendo exponencialmente.

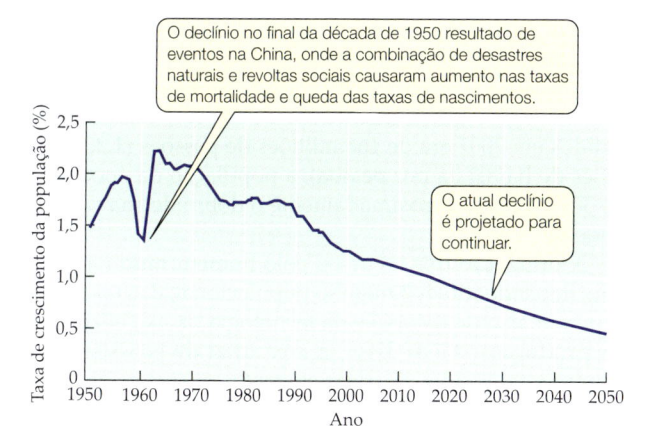

Figura 10.21 As taxas de crescimento populacional estão caindo As taxas de crescimento anual da população mundial têm decaído desde o início dos anos de 1960. (Dados do U.S. Census Bureau, International Data Base, atualização de 2009.)

Anotações no gráfico:
- O declínio no final da década de 1950 resultado de eventos na China, onde a combinação de desastres naturais e revoltas sociais causaram aumento nas taxas de mortalidade e queda das taxas de nascimentos.
- O atual declínio é projetado para continuar.

? Em 2050, a população humana ainda estará crescendo em tamanho? Explique.

aproximadamente 10 bilhões de pessoas naquele ano. Se essas projeções forem corretas, ou próximas do real, como será o futuro com todas essas pessoas? Seriam 10 bilhões de pessoas acima da capacidade de suporte da população humana?

Para respondermos às perguntas, devemos determinar a capacidade de suporte da população humana, mas isso é mais complicado do que pode parecer em um primeiro momento. Muitos pesquisadores estimaram a capacidade de suporte humano, obtendo valores que variam de menos de 1 bilhão até mais de 1.000 bilhões (ver Cohen, 1995). Essa grande variação se deve em parte ao fato de que foram usados muitos métodos diferentes – desde modelos logísticos até cálculos com base na produção agrícola e nas necessidades de energia. Além disso, diferentes pesquisadores têm feito diferentes suposições sobre como as pessoas viverão e como a tecnologia influenciará nosso futuro, o que exerce forte efeito sobre a capacidade de suporte estimada.

Por exemplo, usando a abordagem de "pegada ecológica" descrita em Conexões na Natureza deste capítulo, estima-se que a Terra poderia sustentar 1,5 bilhão de pessoas indefinidamente se todas usassem a quantidade de recursos usada pela população dos Estados Unidos em 2007 (Ewing et al., 2010). Por outro lado, se todas usassem a quantidade de recursos usada pelos indianos em 2007, o mundo poderia suportar mais de 13 bilhões de pessoas. Assim, como sugerimos no Estudo de Caso deste capítulo, o tamanho da população humana e o uso de recursos estão intimamente ligados: mais pessoas significa que mais recursos serão utilizados, mas o grau em que nossa crescente população afeta o meio ambiente depende da quantidade de recursos utilizados por cada pessoa.

CONEXÕES NA NATUREZA
A pegada ecológica

Quando você liga a luz, compra um aparelho, dirige um carro ou come uma fruta importada de outro país, você talvez não pense nos efeitos que suas ações têm sobre o mundo natural. Como, por exemplo, dirigir o carro até uma loja para comprar doces afeta as florestas ou os corais?

Para responder a essa pergunta, devemos considerar os recursos necessários para sustentar nossas ações. Os grãos que comemos precisam de terras agricultáveis; os produtos de madeira que usamos necessitam de florestas naturais ou de árvores plantadas; o peixe que comemos exige uma indústria pesqueira produtiva; as máquinas e os aparelhos que compramos necessitam de matéria e energia para serem produzidos, assim como energia para sua operação. Em última análise, todas as atividades de nossa economia dependem da terra e da água do planeta. Sabendo disso, William Rees propôs que medíssemos o impacto ambiental de uma população na forma de **pegada ecológica**, que é a área total de ecossistemas produtivos necessária para sustentar aquela população (Rees, 1992). A abordagem da pegada ecológica vira o conceito de capacidade de suporte de cabeça para baixo: em vez de perguntar quantas pessoas determinada área pode sustentar, ele pergunta o quanto de área é necessário para sustentar uma dada população.

As pegadas ecológicas são calculadas a partir das estatísticas nacionais sobre a produtividade agrícola, a produção de bens e a utilização de recursos. A área necessária para apoiar essas atividades é, então, estimada. Por exemplo, a terra necessária para garantir o consumo de trigo pelos italianos em 1993 foi estimada dividindo a

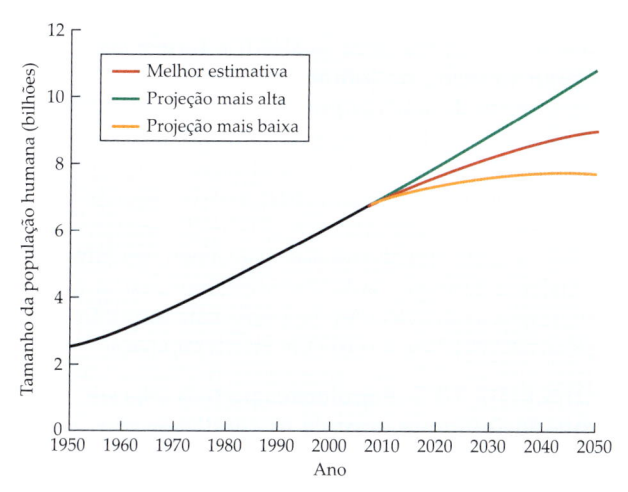

Figura 10.22 Projeções das Nações Unidas para o tamanho da população humana Espera-se que a população humana aumente até 9,2 bilhões de pessoas até 2050; as projeções mais baixas e mais altas variam de 8 bilhões a 10,5 bilhões. (Dados de United Nations, Department of Economic and Social Affairs, Population Division, 2009.)

Legenda do gráfico:
- Melhor estimativa
- Projeção mais alta
- Projeção mais baixa

? Utilizando a melhor estimativa de curva apresentada aqui e a taxa de crescimento anual para a população humana em 2050 (ver Figura 10.21), aproximadamente quão grande será nossa população em 2051?

quantidade de trigo consumido (26.087.912 t) pela quantidade de trigo produzido por unidade de terra (2,744 t/ha), resultando em 9.507.257 hectares, ou 0,167 hectares por pessoa (Wackernagel et al., 1999). Para comparar cálculos da pegada entre as nações e entre diferentes culturas, tais resultados em geral são convertidos em *hectares globais*, onde um hectare global é definido como um hectare de produtividade biológica da média mundial (Kitzes e Wackernagel, 2009).

Os métodos de cálculo de pegadas ecológicas ainda estão sendo refinados, mas os resultados até agora são preocupantes. Em 2007, havia 11,9 bilhões de hectares globais de terras produtivas disponíveis, e a pegada ecológica média de uma pessoa era de 2,7 hectares globais (Ewing et al., 2010). Esse resultado sugere que a Terra poderia ter sustentado 4,4 bilhões de pessoas por um longo tempo (11,9 bilhões ha/2,7 ha por pessoa). Na verdade, a população humana em 2007 foi de 6,7 bilhões, mais de 50% além de sua capacidade de suporte. Um excedente dessa magnitude indica que, em 2007, os recursos ambientais estavam sendo usados mais rapidamente do que poderiam ser recuperados, ou seja, um padrão de consumo insustentável.

Cálculos parecidos podem ser feitos por nações, cidades e mesmo empresas, escolas ou indivíduos (ver Questão de revisão 5). Nos Estados Unidos, por exemplo, a pegada ecológica média foi de 8,0 hectares globais por pessoa em 2007. Visto que havia 1.330 milhões de hectares globais disponíveis de terras produtivas naquele país, esse cálculo sugere que a capacidade de suporte dos Estados Unidos em 2007 era de 166 milhões de pessoas (1.330 milhões de ha/8,0 ha por pessoa); a população da época era de 309 milhões, aproximadamente o dobro de sua capacidade de suporte.

A utilização dos recursos pelo homem muda a cada ano, dependendo do tamanho populacional, das taxas per capita de uso de recurso e da tecnologia (p. ex., eficiência na produção). Além disso, a área total de ecossistemas produtivos disponíveis para sustentar nossas atividades muda ao longo do tempo devido a fatores como ganhos ou perdas na agricultura, destruição de hábitats naturais, poluição e extinções de espécies. Como resultado, nossa pegada ecológica muda ao longo do tempo. As pessoas começaram a usar nossa pegada cambiante como uma forma de saber se nosso atual tamanho populacional e uso de recursos podem ser sustentados. Essa abordagem destaca o fato de que todas as nossas ações – o que comemos, o tamanho da casa que compramos, a distância que voamos ou dirigimos, os bens que compramos (p. ex., roupas, carros, MP3 players, telefones celulares) – dependem do mundo natural e o afetam.

RESUMO

CONCEITO 10.1 Tabelas de vida mostram como taxas de sobrevivência e de reprodução variam com idade, tamanho ou estágio do ciclo de vida.

- Tabelas de vida de coortes podem ser construídas a partir de dados de indivíduos nascidos durante o mesmo período de tempo e usadas para calcular a taxa de sobrevivência específica da idade, sobrevivência e fecundidade.
- Em organismos muito móveis ou de longo ciclo de vida, uma tabela de vida estática pode ser construída a partir de dados de sobrevivência e fecundidade de indivíduos de diferentes idades durante um simples período de tempo.
- Em espécies em que as idades são fracamente correlacionadas com sobrevivência e fecundidade, tabelas de vida podem ser construídas com base no tamanho ou no estágio do ciclo de vida.
- Em populações com curva de sobrevivência tipo I, a maioria das pessoas sobrevive até idades avançadas. Em populações com curva de sobrevivência tipo II, indivíduos vivem em constante chance de sobreviver de uma idade à seguinte ao longo da vida. Em populações com curva de sobrevivência tipo III — o tipo mais comum na natureza — taxas de mortalidade são muito altas para indivíduos jovens, porém adultos têm boa expectativa de vida.

CONCEITO 10.2 Dados das tabelas de vida podem ser usados para projetar o futuro da estrutura etária, do tamanho e da taxa de crescimento de uma população.

- A estrutura etária de uma população influencia sua taxa de crescimento ao longo do tempo.
- Uma população eventualmente cresce em taxas fixas se as taxas de sobrevivência e de fecundidade em idades específicas não mudarem ao longo do tempo.
- Qualquer fator que venha a modificar as taxas de sobrevivência ou de fecundidade em idades específicas pode alterar a taxa de crescimento da população.

CONCEITO 10.3 Populações podem crescer exponencialmente quando as condições são favoráveis, mas o crescimento exponencial não continua indefinidamente.

- O crescimento geométrico ocorre quando uma população de indivíduos que se reproduzem em sincronia em períodos discretos de tempo muda de tamanho em uma proporção constante de um período discreto de tempo ao seguinte.

RESUMO (continuação)

- O crescimento exponencial ocorre quando uma população com reprodução contínua muda de tamanho em uma proporção constante a cada instante no tempo.
- Populações têm um potencial de aumentar rapidamente em tamanho, pois crescem por multiplicação, e não por adição.
- Todas as populações experimentam limites ao crescimento, o que garante que o crescimento populacional não continue indefinidamente.

CONCEITO 10.4 O tamanho populacional pode ser determinado por fatores dependentes e independentes da densidade.

- Em muitas espécies, fatores independentes da densidade, como temperatura e precipitação, são essenciais para determinar as mudanças anuais do tamanho populacional.
- Quando a densidade de qualquer espécie se suficientemente alta, a falta de alimento, espaço ou outros recursos causa a diminuição das taxas de nascimento e o aumento das taxas de mortalidade ou da dispersão.
- O controle populacional ocorre quando um ou mais fatores dependentes da densidade tendem a aumentar o tamanho populacional quando a densidade está baixa, e a diminuir o tamanho populacional quando a densidade está alta.

CONCEITO 10.5 A equação logística impõe limites ao crescimento e mostra como uma população pode se estabilizar em seu tamanho máximo: a capacidade de suporte.

- Em algumas espécies, mudanças no tamanho populacional ao longo do tempo podem ser descritas por uma curva em forma de S, na qual a população aumenta rapidamente no início e depois se estabiliza em um patamar máximo, chamado de capacidade de suporte.
- A equação logística pode ser usada para representar o crescimento populacional dependente da densidade.
- O crescimento logístico de uma população nos mostra um ajuste aproximado para o tamanho da população dos Estados Unidos até 1950; desde então, a taxa de crescimento dessa população tem sido consideravelmente maior do que o esperado pelo crescimento logístico.

ESTUDO DE CASO/ESTUDO DE CASO REVISITADO O crescimento da população humana

- Nos últimos 2 mil anos, a população humana global tem crescido em tamanho ainda mais rápido do que se estivesse crescendo exponencialmente.
- Estimativas sobre a capacidade de suporte da população humana variam bastante, de pouco mais de 1 bilhão de pessoas a mais de 1.000 bilhões de pessoas.
- O conceito de capacidade de suporte perde sua aplicabilidade para populações humanas que importam recursos de fora da área na qual se encontram.
- Análises de pegada ecológica baseadas em áreas de terras produtivas disponíveis e padrões atuais de uso de recursos sugerem que a população humana é 50% maior do que o número máximo que poderia ser sustentado por um longo tempo.

Questões de revisão

1. Para um projeto de ecologia de campo, você conta o número de indivíduos de diferentes idades encontrados em uma população durante um período de tempo. Há 100 recém-nascidos, 40 com 1 ano, 15 com 2 anos, 5 com 3 anos e 0 com 4 anos.
   a. Use esses dados para preencher as colunas de N_x, S_x e l_x na tabela de vida estática.
   b. Explique a diferença entre uma tabela de vida estática e uma tabela de vida de coorte

2.

Idade (x)	S_x	l_x	F_x
0	0,33	1,0	0
1	0,50	0,333	3
2	0	0,167	2
3		0	0

   a. Uma população que cresce como mostrado na tabela de vida acima inicialmente tem 50 recém-nascidos, 50 com 1 ano e 50 com 2 anos (p. ex., no tempo 0, $N_0 = 50$, $N_1 = 50$ e $N_2 = 50$). Use o método na Tabela 10.4 para calcular como a distribuição etária muda do tempo $t = 0$ para o tempo $t = 6$. Qual sua melhor estimativa para a taxa de crescimento (λ) e a distribuição estável de idades dessa população?

b. Uma segunda população cresce de acordo com a mesma tabela de vida, porém tem uma distribuição etária inicial diferente: $N_0 = 80$, $N_1 = 50$ e $N_2 = 20$. Calcule como a distribuição etária muda do $t = 0$ ao tempo $t = 6$, e estime a taxa de crescimento (λ) e a distribuição etária estável dessa população.

c. Compare suas respostas para (a) e (b). Sem fazer outros cálculos, estime a taxa de crescimento (λ) e a distribuição etária estável de uma terceira população que também cresce de acordo com a tabela de vida deste problema, mas com uma distribuição inicial de idades de $N_0 = 10$, $N_1 = 50$ e $N_2 = 90$.

3. Uma população de insetos triplica a cada ano. Inicialmente, existem 40 insetos.

   a. Quantos insetos existirão depois de 4 anos?
   b. Quantos insetos existirão depois de 27 anos? (Escreva sua resposta para essa pergunta em forma de equação.)
   c. O hábitat do inseto é degradado de tal forma que a taxa de crescimento populacional (λ) cai de 3,0 para 0,75. Se houver 300 insetos na população quando o hábitat é degradado, quantos insetos existirão depois de 3 anos?

4. Qual é a distinção entre fatores que regulam o tamanho populacional e fatores que determinam o tamanho populacional?

5. Calcule sua pegada ecológica em http://www.footprintcalculator.org.

MATERIAL DA INTERNET (em inglês)
sites.sinauer.com/ecology3e

O *site* inclui o resumo dos capítulos, testes, *flashcards* e termos-chave, sugestão de leituras, um glossário completo e a Revisão Estatística. Além disso, os seguintes recursos estão disponíveis para este capítulo:

Exercício Prático: Solucionando Problemas
10.1 Enfrentando a fronteira selvagem: dinâmica populacional dos esquilos-terrestres-do-ártico
10.2 Milhões de bebês, mas poucas crianças: a tabela de vida das cracas

Saiba Mais
10.1 Derivando as equações de crescimento geométrico
10.2 Dependência da densidade em *Thrips imaginis*
10.3 Derivando a equação logística

Conexão às Mudanças Climáticas
10.1 Consequências das mudanças climáticas para as comunidades florestais do oeste dos Estados Unidos

11 Dinâmica de populações

CONCEITOS-CHAVE

CONCEITO 11.1 Padrões de crescimento populacional abrangem crescimento exponencial, crescimento logístico, flutuações e ciclos regulares.

CONCEITO 11.2 Dependência da densidade atrasada pode causar flutuações no tamanho das populações.

CONCEITO 11.3 O risco de extinção aumenta muito em populações pequenas.

CONCEITO 11.4 Nas metapopulações, grupos de populações espacialmente isoladas estão conectados pela dispersão.

Um mar em perigo: Estudo de Caso

Em 1980, a noz-do-mar (*Mnemiopsis leidyi*) (**Figura 11.1**) foi introduzida no Mar Negro, provavelmente pelo despejo de água de lastro de navios cargueiros. O momento dessa invasão dificilmente poderia ter sido pior. Naquela época, o ecossistema do Mar Negro já estava em declínio devido aos elevados aportes de nutrientes como o nitrogênio de esgotos, fertilizantes e efluentes industriais (e, como veremos nas p. 266-267, a sobrepesca também pode ter contribuído para o declínio do ecossistema). O elevado aporte de nutrientes teve efeitos devastadores no norte do Mar Negro, onde as águas são rasas (menos de 200 m de profundidade) e susceptíveis a problemas causados pela **eutrofização** (um aumento desregulado na proporção de nutrientes de um ecossistema). À medida que foi aumentando a concentração de nutrientes nessas águas rasas, a abundância de fitoplâncton cresceu, a transparência da água reduziu, a concentração de oxigênio caiu e as populações de peixes sofreram mortalidades em massa. A concentração de nutrientes nas águas profundas do Mar Negro também aumentou, causando aumento na abundância de fitoplâncton, sem ocasionar mortalidade nas populações de peixes.

Essa era a situação quando *M. leidyi* chegou. Essa espécie de invertebrado marinho é um predador voraz de zooplâncton, ovos de peixes e alevinos. Além disso, *M. leidyi* continua a se alimentar mesmo quando está completamente saciada, regurgitando grandes quantidades de presas em bolas de muco. A sobrevivência das pequenas presas incorporadas ao muco é baixa. Como resultado, o efeito negativo de *M. leidyi* sobre suas presas ultrapassa sua considerável capacidade de digerir alimentos.

Depois de sua chegada ao Mar Negro, no início dos anos de 1980, *M. leidyi* cresceu gradualmente em número. Então, em 1989, suas populações explodiram (**Figura 11.2**), alcançando níveis de biomassa impressionantes (1,5-2,0 kg/m^2) no mar. A biomassa total de *M. leidyi* no Mar Negro foi estimada em 800 milhões de toneladas (peso vivo) em 1989, muito maior do que toda a pesca comercial anual no mundo, a qual nunca superou 95 milhões de toneladas.

A enorme quantidade de *M. leidyi* presente em 1989, e novamente em 1990, agravou os efeitos dos problemas existentes no Mar Negro. *M. leidyi* alimentara-se de enormes quantidades de zooplâncton, ocasionando o colapso dessa população. O zooplâncton alimenta-se de fitoplâncton, e assim, pela ação indireta de *M. leidyi*, as populações de fitoplâncton que já haviam crescido devido ao enriquecimento de nutrientes cresceram ainda mais. Com sua morte, o fitoplâncton e *M. leidyi* disponibilizaram alimento para bactérias decompositoras. As bactérias consomem oxigênio na decomposição de organismos mortos; assim, com o aumento da atividade das bactérias, o oxigênio dissolvido na água diminuiu e ocasionou danos para populações de peixes. Além disso, ao consumir recursos alimentares (zooplâncton), ovos e alevinos de peixes comercialmente importantes como anchovas, *M. leidyi* levou a um rápido declínio no

Figura 11.1 Um invasor potente A noz-do-mar (*Mnemiopsis leidyi*) foi introduzida no Mar Negro vinda da costa leste da América do Norte, causando grandes danos no novo ecossistema após sua chegada.

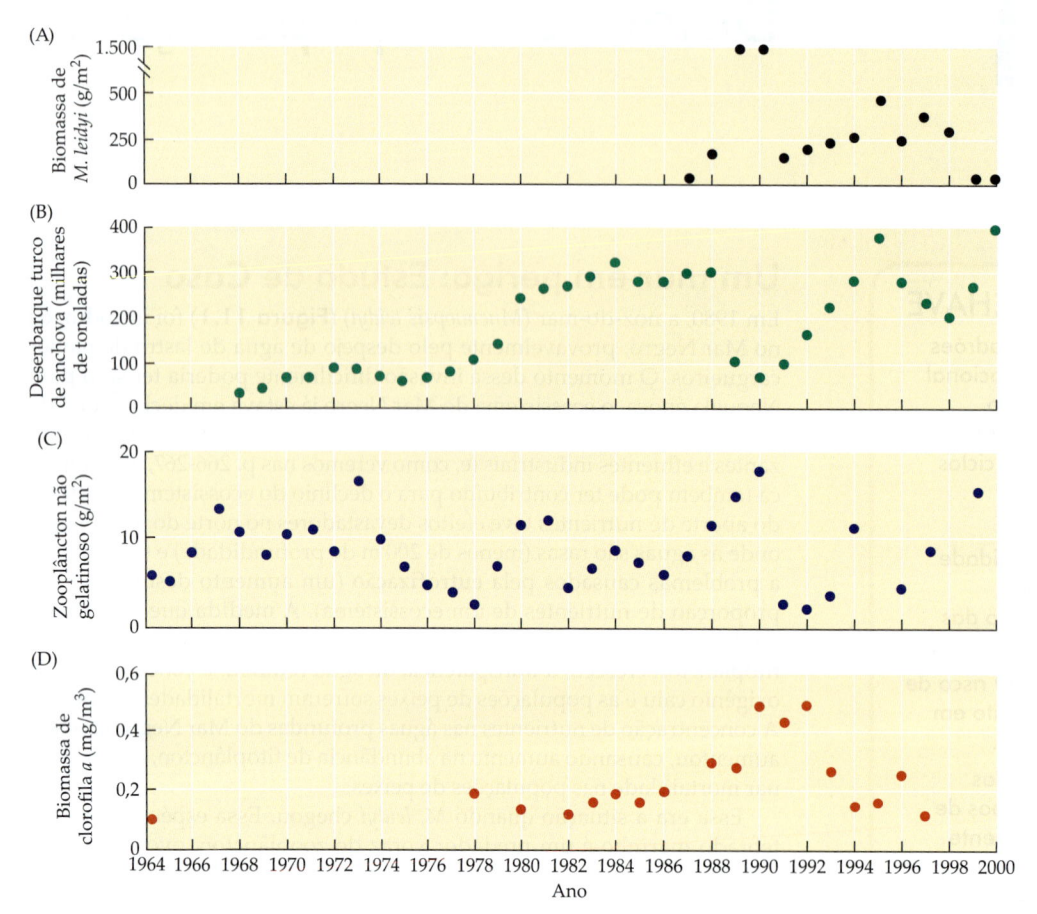

Figura 11.2 Mudanças no ecossistema do Mar Negro O gráfico mostra a trajetória das mudanças a longo prazo em quatro componentes do ecossistema do Mar Negro: (A) biomassa média da espécie invasora *Mnemiopsis leidyi* (primeira medição feita em 1987); (B) pesca de anchovas pela frota turca (os pescadores turcos têm capturado a maioria das anchovas do Mar Negro desde 1980); (C) biomassa média de zooplâncton não gelatinoso, e (D) biomassa média de clorofila a (um indicador da abundância de fitoplâncton). (Segundo Kideys, 2002.)

volume de pesca (Figura 11.2B), causando grandes perdas na indústria de pesca turca.

O efeito negativo do acréscimo de nutrientes combinado com a invasão de *M. leidyi* trouxe uma séria ameaça ao ecossistema do Mar Negro. Ainda que possua uma grande área (mais de 423.000 km²), o Mar Negro é praticamente circundado por terra e troca pouca água com outros corpos hídricos anualmente. Além disso, uma peculiaridade do Mar Negro é que o oxigênio está disponível apenas em uma faixa de profundidade superior a 150 a 200 m (cerca de 10% de sua profundidade média); assim, efetivamente, todo o mar é "raso" para espécies que necessitam de oxigênio. Sua limitada troca de água e suas águas profundas anóxicas tornam o Mar Negro especialmente vulnerável aos efeitos negativos do aporte de nutrientes.

Predadores e parasitas nativos do Mar Negro não conseguiram regular as populações de *M. leidyi*. Desse modo, na década de 1990, o futuro do ecossistema do Mar Negro parecia incerto. Felizmente, ele apresenta sinais de melhora atualmente: as populações de *M. leidyi* e de fitoplâncton diminuíram, abrindo o caminho para sua recuperação. Mas como isso aconteceu?

Introdução

Como vimos nos dois capítulos anteriores, populações podem mudar seu tamanho em função de quatro fatores: natalidade, mortalidade, imigração e emigração. Podemos resumir os efeitos desses quatro processos no tamanho populacional com a seguinte equação:

$$N_{t+1} = N_t + B + I - D - E$$

onde N_t é o tamanho populacional no tempo t, B é o número de nascimentos, I é o número de imigrantes, D é o numero de mortes e E é o número de emigrantes entre o tempo t e o tempo $t + 1$. Como mostrado nessa equação, as populações são entidades abertas e dinâmicas. Indivíduos podem se deslocar de uma população para outra, e o número de indivíduos na população pode mudar de um período para o próximo.

Os ecólogos utilizam o termo *dinâmica populacional* para se referir ao modo pelo qual as populações mudam em abundância ao longo do tempo. Neste capítulo, consideraremos a dinâmica das populações mais detalhadamente, dando ênfase especial a dois tipos de populações:

populações pequenas com ameaça de extinção e partes de populações ligadas pela dispersão (metapopulações). Começaremos nossa discussão de dinâmica populacional investigando os padrões de crescimento populacional.

> **CONCEITO 11.1**
>
> Padrões de crescimento populacional abrangem crescimento exponencial, crescimento logístico, flutuações e ciclos regulares.

Padrões de crescimento populacional

A maioria dos padrões de crescimento populacional observados pode ser agrupada em quatro tipos principais: crescimento exponencial, crescimento logístico, flutuações populacionais e ciclos populacionais regulares (tipo especial de flutuação). Tenha em mente, contudo, que uma única população pode passar por cada um desses quatro tipos de crescimento em diferentes momentos. Além disso, esses quatro padrões não são excludentes um do outro. Por exemplo, como veremos em breve, uma população crescerá logisticamente e também flutuará ao redor de valores esperados pelo crescimento logístico.

O crescimento exponencial pode ocorrer quando as condições são favoráveis

No primeiro padrão, o de crescimento exponencial, uma população aumenta (ou diminui) em proporção constante a cada ponto no tempo. Como vimos no Capítulo 10, o crescimento exponencial pode ser representado por duas equações, $N_{t+1} = \lambda N_t$, para organismos que se reproduzem em sincronia em períodos discretos de tempo, ou $dN/dt = rN$, para organismos que se reproduzem "continuamente" (ou seja, se reproduzem em diversos momentos que não estão em sincronia).

O crescimento exponencial não pode se perpetuar indefinidamente (ver Conceito 10.3), mas, quando as condições são favoráveis, uma população pode crescer exponencialmente por certo período. Esses períodos de crescimento exponencial podem acontecer na área de ocorrência de uma espécie, quando as condições ambientais forem favoráveis durante vários anos consecutivos. Eles também podem ocorrer quando uma espécie alcança uma nova área geográfica, tanto por sua própria dispersão quanto pela ação humana. Se as condições são favoráveis no novo ambiente, a população pode aumentar rapidamente até que fatores dependentes da densidade (ver Conceito 10.4) passem a regular seus números.

Um exemplo de como a dispersão pode levar ao crescimento exponencial é apresentado pela subespécie de garça-vaqueira (*Bubulcus ibis ibis*) (**Figura 11.3**). Essas aves originalmente viviam na região do Mediterrâneo e nas regiões sul e central da África. Desde o final dos anos de 1800 e no início dos anos de 1900, entretanto, elas colonizaram novas regiões por conta própria, incluindo a América do Sul e a América do Norte. Tipicamente, após a subespécie ter chegado a uma nova área, sua população cresceria exponencialmente enquanto se estabelecia no novo hábitat. Por exemplo, após a garça-vaqueira colonizar a Flórida na década de 1950, sua população naquela área cresceu exponencialmente durante muitas décadas, com taxa de crescimento intrínseca estimada em $r = 0{,}11$ para o período de 1956 a 1971 (van den Bosch et al., 1992). Pelos anos de 1980, o crescimento exponencial tinha cessado, e o número de garças-vaqueiras na Flórida estabilizou-se (com base em dados de monitoramentos relatados pelo USGS Serviço Biológico Nacional).

Como no caso das garças-vaqueiras, espécies que colonizam com sucesso novas regiões por conta própria o fazem por eventos de dispersão de longa distância ou por **dispersão em salto**. As populações que chegam a uma nova região crescem em tamanho – em geral crescendo exponencialmente – enquanto também se expandem (por eventos

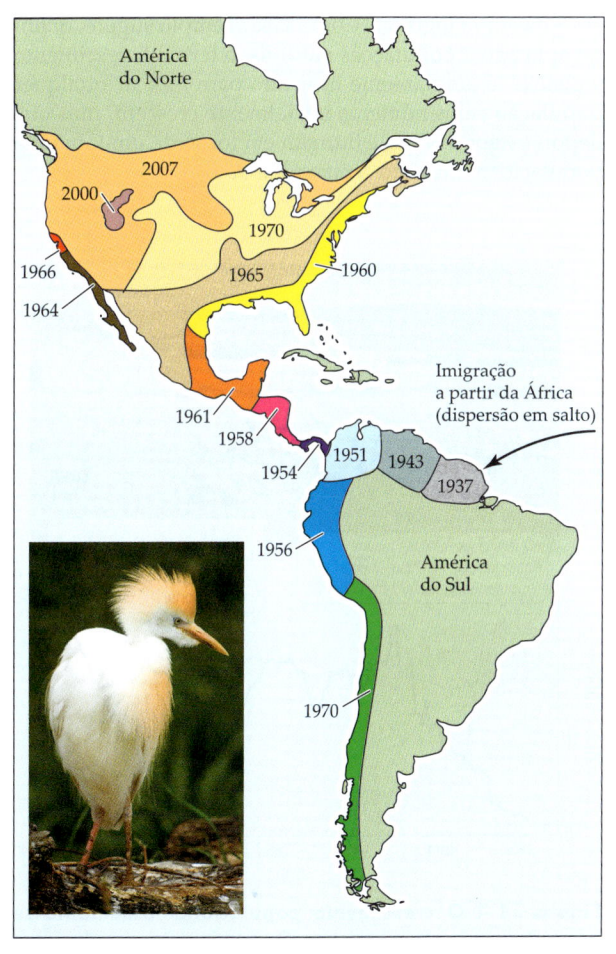

Figura 11.3 Colonizando o Novo Mundo A garça-vaqueira (*Bubulcus ibis ibis*) dispersou-se da África para a América do Sul no final do século XVIII. Após se estabelecer na região nordeste da América do Sul, propagou-se rapidamente para outras partes da América do Sul e América do Norte. As linhas de contorno e as datas mostram os limites de ocupação da garça-vaqueira em diferentes momentos. (Segundo Osborn, 2007.)

de dispersão de curta distância) ocupando áreas próximas com hábitat apropriado para a espécie.

No crescimento logístico, a população aproxima-se do equilíbrio

Algumas populações parecem alcançar um tamanho populacional relativamente estável, ou o *equilíbrio*, que muda pouquíssimo ao longo do tempo. Quando isso ocorre, o número de indivíduos cresce em um primeiro momento e depois passa a oscilar em valores relativamente pequenos que parecem ser o tamanho máximo sustentável de uma população. Essas populações exibem o segundo padrão de crescimento populacional, o crescimento logístico (ver Conceito 10.5).

Com poucas exceções (ver Figura 10.17), o crescimento populacional não corresponde precisamente às predições do crescimento logístico. Por exemplo, o gráfico de abundância de ovelhas na Tasmânia (**Figura 11.4**), ao longo do tempo, assemelha-se parcialmente às características em S da curva logística. Como esse exemplo sugere, quando aplicado a populações naturais, o termo "crescimento logístico" é amplamente utilizado para indicar qualquer população cujos números inicialmente crescem, mas que depois estabilizam-se e flutuam em torno de um tamanho populacional máximo: a *capacidade de suporte*.

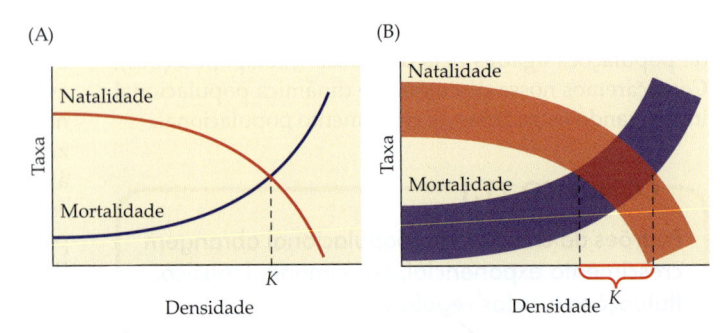

Figura 11.5 Por que esperamos que a capacidade de suporte flutue A capacidade de suporte (K) de uma população é o tamanho populacional em que as taxas de natalidade e mortalidade são iguais. Podemos encontrar K plotando um gráfico de densidade no qual a taxa de natalidade cruza a curva de mortalidade. (A) Aqui assume-se que, em qualquer densidade, as taxas de natalidade e de mortalidade não mudam ao longo do tempo. Assim, as duas curvas se cruzam em um ponto único, K, que é constante ao longo do tempo. (B) Aqui considera-se que, em qualquer densidade, tanto a taxa de natalidade quanto a de mortalidade variam ao longo do tempo, como indicado pelas bandas largas. Como resultado, as curvas de natalidade e mortalidade podem se cruzar em uma faixa ampla de valores, causando uma gama de valores para K (mostrado em vermelho).

❓ Em (A), projete uma segunda curva de mortalidade semelhante ao formato da curva em roxo, porém com uma taxa de mortalidade maior a cada nova densidade. Marque a capacidade de suporte resultante e compare com o valor de K apresentado em (A).

Essa falta de uma sobreposição perfeita não é surpreendente, uma vez que, na equação logística, $dN/dt = rN(1 - N/K)$ (Equação 10.7), a capacidade de suporte, K, é considerada uma constante. Para K ser uma constante, as taxas de natalidade e mortalidade que ocorrem em qualquer densidade não devem mudar de um ano para o outro (**Figura 11.5A**), condição raramente observada na natureza. Um cenário mais realista é representado na **Figura 11.5B**. Aqui, e em qualquer densidade em particular, tanto a taxa de natalidade quanto a de mortalidade podem assumir uma gama de valores, refletindo o fato de que as condições ambientais variam ao longo do tempo. Como consequência, K também muda ao longo do tempo. Quando esse tipo de situação ocorre, esperamos que o tamanho populacional flutue ao redor do valor médio de K, como observado nas ovelhas na Tasmânia (ver Figura 11.4).

Todas as populações oscilam em tamanho

Outra característica da população de ovelhas da Tasmânia é percebida em todas as populações: seus tamanhos aumentam e diminuem ao longo do tempo, ilustrando o terceiro e mais comum padrão de crescimento populacional: as **flutuações populacionais**. Em algumas populações, as flutuações ocorrem como acréscimos ou decréscimos erráticos em abundância de um valor médio geral (**Figura 11.6**). Em outras, as flutuações ocorrem como desvios de um padrão de crescimento populacional,

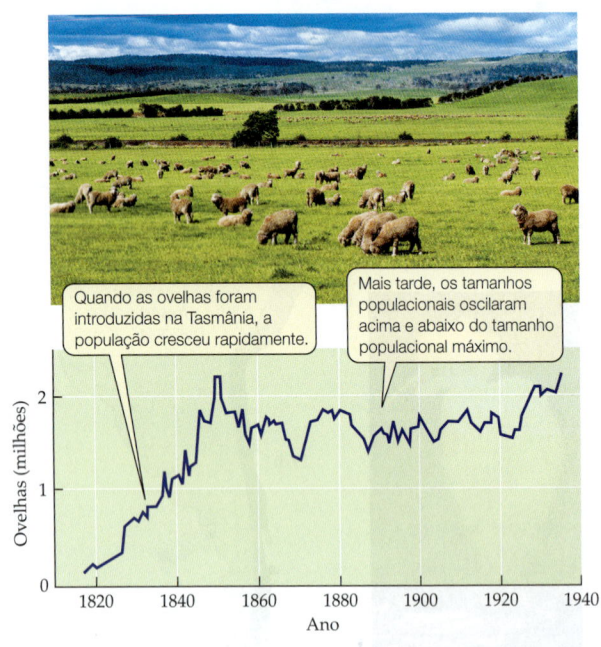

Figura 11.4 O crescimento populacional assemelha-se pouco com a curva logística O crescimento populacional de algumas espécies corresponde fielmente à curva logística (ver Figura 10.17). Contudo, mais frequentemente, uma espécie apresenta um padrão de crescimento (um aumento na abundância, seguido de um tamanho populacional aproximadamente estável) no qual a correspondência com uma curva logística é muito grosseira, como visto aqui para as ovelhas introduzidas na ilha da Tasmânia. (Segundo Davidson, 1938.)

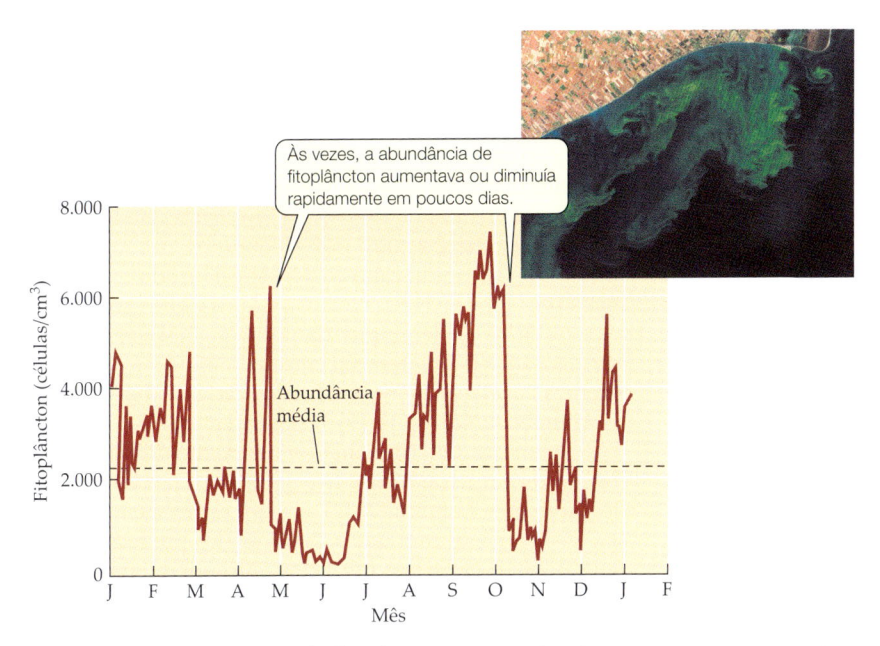

Figura 11.6 Flutuações populacionais Variação na abundância de fitoplâncton nas amostras de água coletadas do Lago Erie durante 1962, mostrando flutuações acima e abaixo da abundância média geral de 2.250 indivíduos por cm^3. O destaque mostra uma floração (multiplicação rápida de fitoplâncton) no lago em outubro de 2011. (Gráfico segundo Davis, 1964.)

Às vezes, a abundância de fitoplâncton aumentava ou diminuía rapidamente em poucos dias.

como o crescimento exponencial ou logístico. Se, por exemplo, o crescimento de uma população corresponder exatamente à curva logística, a população não flutuaria. Contudo, se a abundância da população atingir valores acima ou abaixo dos esperados para o crescimento logístico (como no caso das ovelhas na Tasmânia), a população flutuaria.

Em alguns casos, as flutuações populacionais são relativamente pequenas, como pode ser visto na Figura 11.4. Em outros exemplos, o número de indivíduos de uma população pode ascender abruptamente em certos momentos, causando uma **explosão populacional** (**Figura 11.7**). Como vimos na Figura 11.2A, a biomassa da noz-do-mar (*Mnemiopsis leidyi*) aumentou mais de mil vezes durante uma explosão de dois anos no Mar Negro. Bruscas variações nos tamanhos populacionais ao longo do tempo também têm sido observadas em muitos sistemas terrestres, especialmente em insetos. Dados de levantamento para a mariposa-da-borda-branca (*Bupalus piniarius*) coletados em uma floresta de pinus na Alemanha, de 1882 a 1940, mostraram que as densidades alcançadas durante explosões populacionais eram 30 mil vezes tão grandes quanto as densidades mais baixas observadas. Essas explosões de crescimento podem gerar uma ampla gama de efeitos ecológicos. Por exemplo, desde 2000, uma explosão em curso do besouro-do-pinheiro-da-montanha (*Dendroctonus ponderosae*) tem matado centenas de milhares de árvores em uma área de 18,1 milhões de hectares na Columbia Britânica, Canadá (**Figura 11.8**). A morte dessas árvores tem alterado a composição de espécies das florestas afetadas. Além disso, com a decomposição das árvores, são estimados 17,6 megatoneladas (Mt) de dióxido de carbono liberados para a atmosfera a cada ano (Kurz et al., 2008) – um valor quase equivalente às emissões anuais de carbono de todos os carros de passeio no Reino Unido.

Figura 11.7 As populações podem explodir em número Como vimos no Capítulo 10, todas as espécies têm potencial para crescer exponencialmente. Assim, quando as condições são favoráveis, uma explosão populacional pode ocorrer, na qual os números crescem rapidamente. As baratas cobrindo uma cozinha nesta exposição do Museu de História Natural representam o número que pode ser produzido em poucas gerações a partir de uma única fêmea fecundada.

Figura 11.8 Consequências de uma explosão de insetos Essa foto aérea mostra as folhas avermelhadas de pinheiros (*Pinus contorta*) mortos por uma explosão populacional de besouros-do-pinheiro-da-montanha na Colúmbia Britânica, Canadá.

Muitos fatores diferentes, tanto os dependentes quanto os independentes da densidade, podem levar à flutuação populacional. O crescimento das populações de zooplâncton no Mar Negro no início da década de 1980 provavelmente ocorreu porque a abundância de sua presa (fitoplâncton) havia aumentado (ver Figura 11.2). Assim, em 1991, os números do zooplâncton despencaram, provavelmente devido ao impressionante aumento de abundância de seu predador (*M. leidyi*) durante os dois anos anteriores. As bruscas mudanças na abundância de fitoplâncton no Lago Erie representadas na Figura 11.6 podem refletir mudanças em diversos fatores ambientais, desde fornecimento de nutrientes, temperatura e abundância de predadores. Em alguns casos, esses fatores produzem um impressionante tipo de flutuação: ciclos populacionais.

Algumas espécies exibem ciclos populacionais

O quarto padrão de crescimento populacional é o dos **ciclos populacionais**, nos quais ocorrem períodos alternantes de abundância alta e baixa, após intervalos constantes (ou quase constantes). Tais ciclos regulares têm sido observados em populações de pequenos roedores como os lemingues e os ratos-do-campo-de-rabo-curto, cujas abundâncias chegam ao pico a cada 3 a 5 anos (**Figura 11.9**).

Os ciclos populacionais estão entre os mais intrigantes padrões observados na natureza. Afinal, que fatores podem levar os números a flutuarem consideravelmente ao longo do tempo e ainda assim manter um alto grau de regularidade? As possíveis respostas a essa pergunta incluem tanto fatores internos (como mudanças hormonais ou comportamentais em resposta ao adensamento) quanto fatores externos (como condições meteorológicas, disponibilidade de alimentos ou predadores). Gilg e colaboradores (2003) combinaram observações de campo e modelos matemáticos para demonstrar que o ciclo de quatro anos do lemingue-de-colar (*Dicrostonyx groenlandicus*) na Groenlândia é regido por predadores, um dos quais, o rato-do-campo-de-rabo-curto, especializado em lemingues (ver Figura 11.9). Outros pesquisadores sugeriram que os ciclos do lemingue-da-noruega (*Lemmus lemmus*) são causados pela interação entre os lemingues e seus alimentos vegetais. Da mesma forma, vários estudos (p. ex., Korpimäki e Norrdahl, 1998) sugeriram que os predadores são a força determinante no regimento dos ciclos dos ratos-do-campo-de-rabo-curto na Escandinávia; entretanto, Graham e Lambin (2002), em um experimento de larga escala, mostraram que a remoção dos predadores não modificou o ciclo dos ratos-do-campo-de-rabo-curto na Inglaterra. Como sugerem esses resultados conflitantes, não foi encontrada uma causa universal dos ciclos populacionais em pequenos roedores. Em vez disso, mecanismos ecológicos que levam aos ciclos populacionais podem diferir para cada local e entre espécies – o que também é verdadeiro para os fatores que influenciam a diminuição de populações de anfíbios (ver Capítulo 1).

Evidências recentes sugerem que os ciclos populacionais podem parar completamente, se as condições ambientais determinantes vierem a mudar. Por exemplo, os ciclos populacionais de lemingues, ratos-do-campo-de-rabo-curto e vários insetos herbívoros têm diminuído em amplitude ou cessado completamente em alguns locais de latitude alta e altitude elevadas (Gilg et al., 2009; Johnson et al., 2010; Cornulier et al., 2013). Como exploraremos em **Conexão às Mudanças Climáticas 11.1**, mudanças climáticas podem ter interrompido esses ciclos. No entanto, os ciclos dos ratos-do-campo-de-rabo-curto em algumas áreas da Finlândia têm continuado apesar do aquecimento regional, indicando que o efeito da mudança climática pode depender das espécies ou dos mecanismos específicos que governam os ciclos (Brommer et al., 2010). No Capítulo 13, analisaremos os fatores que influenciam os ciclos populacionais, quando explicaremos um dos ciclos mais famosos de todos, o ciclo de lebre-lince.

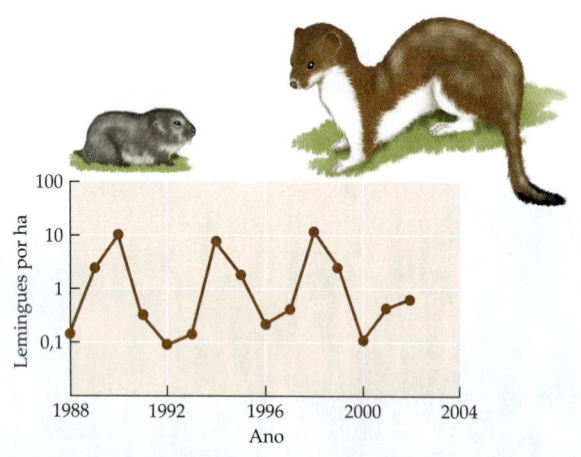

Figura 11.9 Um ciclo populacional No norte da Groenlândia, a abundância do lemingue-de-colar (*Dicrostonyx groenlandicus*, à esquerda) tende a subir e descer a cada quatro anos. Nesse local, o ciclo populacional parece ser regido por predadores, dos quais o mais importante é o arminho (*Mustela erminea*, à direita). Em outras regiões, os ciclos populacionais dos lemingues podem ser determinados pelo fornecimento de alimento. (Segundo Gilg et al., 2003.)

❓ Com base nos dados de 1988 a 2000, quantos lemingues por hectare se espera que existam em 2002? Explique seu raciocínio.

CONCEITO 11.2

Dependência da densidade atrasada pode causar flutuações no tamanho das populações.

Dependência da densidade atrasada

Embora relativamente poucas populações exibam ciclos populacionais regulares, todas as populações flutuam em certo grau. Como vimos, tais flutuações podem resultar de uma série de fatores, incluindo mudanças na oferta de alimento, na temperatura ou na abundância de predadores.

As flutuações populacionais também podem ser causadas por dependência da densidade atrasada, cujos efeitos serão abordados aqui.

O efeito da densidade populacional geralmente é atrasado

Atrasos, ou defasagens, são importantes componentes das interações na natureza. Por exemplo, quando um predador ou um parasita se alimenta, ele não produz descendentes imediatamente; assim, há um atraso inerente no efeito do fornecimento do alimento sobre as taxas de natalidade. Como resultado, é comum que o número de indivíduos nascidos em determinado período de tempo seja influenciado pela densidade populacional ou por outras condições presentes em períodos anteriores.

Iniciando entre os anos de 1920 e 1930, ecólogos investigaram essas defasagens por meio de modelos matemáticos que incorporavam a **dependência da densidade atrasada** (atrasos nos efeitos que a densidade causa sobre o tamanho populacional). Os resultados desses modelos indicaram que a dependência da densidade atrasada pode contribuir para as flutuações populacionais.

Intuitivamente, essa descoberta faz sentido. Considere uma população de predadores que se reproduz mais devagar que sua presa. Se inicialmente existem poucos predadores, a população de presas talvez cresça rapidamente em tamanho. Como consequência, a população de predadores também pode crescer, alcançando um ponto no qual há um grande número de predadores adultos com altas taxas de sobrevivência e que produzem muitos descendentes. Todavia, se a população de predadores comer muitas presas ao ponto de provocar acentuada redução no tamanho populacional delas, poderá haver poucas presas disponíveis para a próxima geração de predadores. Nesse caso, ocorre um desequilíbrio entre o número de predadores e de presas (alto número de predadores, baixo número de presas) porque existe uma defasagem na resposta do número de predadores ao número de presas. Quando isso acontece, os predadores tendem a baixar a taxa de sobrevivência ou a taxa reprodutiva e seus números talvez diminuam. Se o número de presas vier a aumentar novamente (talvez porque agora existem menos predadores), o número de predadores pode inicialmente subir e depois cairá mais uma vez, devido a essa defasagem intrínseca. Assim, pelo menos a princípio, parece razoável que o atraso na resposta dos predadores à densidade de presas possa causar flutuações nos números de predadores ao longo do tempo.

Para examinarmos melhor como a dependência da densidade atrasada afeta as flutuações populacionais, considere a seguinte versão da equação logística, modificada para incluir a defasagem, τ:

$$\frac{dN}{dt} = rN\left[1 - \frac{N_{(t-\tau)}}{K}\right] \quad (11.1)$$

Nesta equação, dN/dt é a taxa de variação do tamanho populacional no instante t, r é a taxa de crescimento da população (*per capita*) sob condições ideais, N é o tamanho da população no tempo t, e K é a capacidade de suporte. A Equação 11.1 é idêntica à equação logística (Equação 10.7), exceto que, na relação $(1 - N/K)$, N foi substituído por $N_{(t-\tau)}$, o tamanho da população no tempo $t - \tau$. Recorde-se que o termo $(1 - N/K)$ representa o efeito líquido de fatores que reduzem a taxa de crescimento da população em relação à taxa constante (r), vista no crescimento exponencial. A incorporação de $N_{(t-\tau)}$ dentro desse termo indica que a taxa de crescimento da população é reduzida pelo tamanho da população no tempo $t - \tau$ no passado, não pelo tamanho atual da população, $N_{(t)}$, como foi assumido na Equação 10.7.

Quando se incorpora a dependência da densidade atrasada à equação logística, pode-se chegar às flutuações populacionais (**Figura 11.10**). Robert May (1976) estudou o comportamento da Equação 11.1 e mostrou que a ocorrência dessas flutuações depende dos valores dos parâmetros r e τ. Mais especificamente, ele verificou que, quando o produto desses parâmetros é "pequeno" ($0 < r\tau < 0{,}368$), a população cresce lentamente até atingir sua capacidade de suporte, K (Figura 11.10A). Em valores intermediários de $r\tau$ ($0{,}368 < r\tau < 1{,}57$), a dependência da densidade atrasada leva à flutuação no tamanho populacional (Figura 11.10B). O resultado é um padrão de **oscilações amortecidas**, nas quais os desvios em torno da capacidade de suporte gradualmente se tornam menores ao longo do tempo. Finalmente, quando $r\tau$ é "grande" ($r\tau > 1{,}57$), a população exibe um ciclo regular que oscila indefinidamente

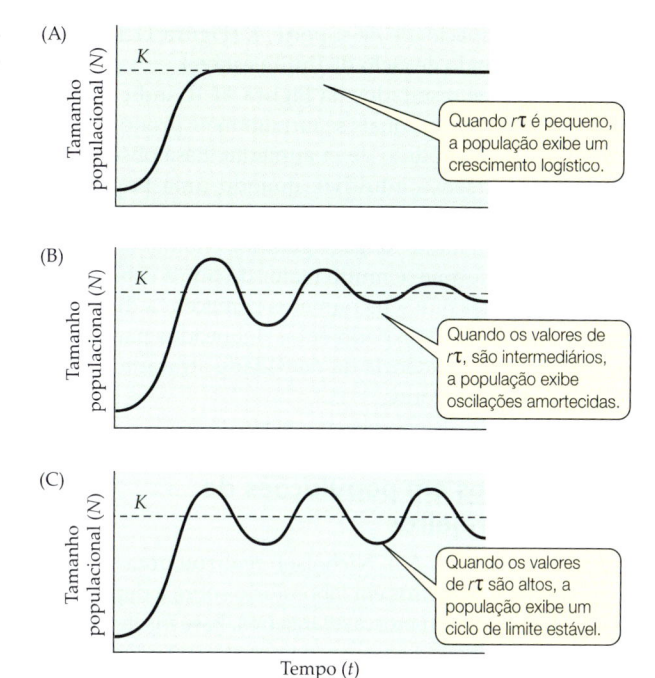

Figura 11.10 Curva logística com dependência da densidade atrasada Dependendo dos valores da taxa de crescimento da população (r) e da defasagem (τ), adicionando-se dependência da densidade atrasada à equação logística pode resultar em (A) uma curva logística em "S"; (B) oscilações amortecidas, um padrão de flutuações em torno da capacidade de suporte, K, que se tornam menores ao longo do tempo, ou (C) um ciclo de limite estável, um ciclo regular de flutuações em torno da capacidade de suporte.

em torno da capacidade de suporte, K (Figura 11.10C); tal padrão é chamado de **ciclo de limite estável**.

No geral, os resultados na Figura 11.10 indicam que as flutuações populacionais se tornam mais pronunciadas à medida que o produto de $r\tau$ aumenta. Essa observação apresenta um senso intuitivo: quando uma população cresce muito rapidamente (r grande), ou quando existe uma defasagem muito longa (τ grande), o tamanho da população pode tornar-se muito maior do que a capacidade de suporte antes que seus números comecem a diminuir. Agora, abordaremos experimentos delineados para testar os efeitos da dependência da densidade atrasada em populações de laboratório.

A dependência da densidade atrasada produz ciclos em populações de moscas-varejeiras

Na década de 1950, A. J. Nicholson realizou uma série de experimentos pioneiros em laboratório sobre a dependência da densidade em moscas-varejeiras. Esse inseto é tanto decompositor quanto parasita, pois se alimenta de animais mortos e também ataca hospedeiros vivos, incluindo mamíferos e aves. Nicholson estudou *Lucilia cuprina* – a mosca-varejeira-da-ovelha –, assim chamada por ser uma praga de ovelhas. Antes que possam pôr ovos, as fêmeas dessa espécie necessitam de uma refeição proteica (obtida geralmente do estrume ou da carcaça de animais). Uma vez alimentadas, as fêmeas atacam ovelhas vivas para depositar ovos próximo ao rabo ou próximo a inflamações ou feridas abertas. Pequenas larvas brancas eclodem desses ovos e alimentam-se de estrume preso à pele ou a partes de carne exposta. À medida que se alimentam, as larvas crescem e tornam-se mais vorazes. A certa altura, as larvas abrigam-se dentro da ovelha, onde se alimentam de seus tecidos internos, causando graves lesões e às vezes levando à morte. A morte pode ser causada diretamente pelas larvas (devido ao consumo dos tecidos) ou pelas infecções das lesões. O ciclo de vida completo da mosca-varejeira-da-ovelha (de ovo a ovo) pode ser concluído em menos de sete dias.

Em muitos de seus experimentos, Nicholson investigou os efeitos da dependência da densidade atrasada na dinâmica das populações de moscas-varejeiras. Nos

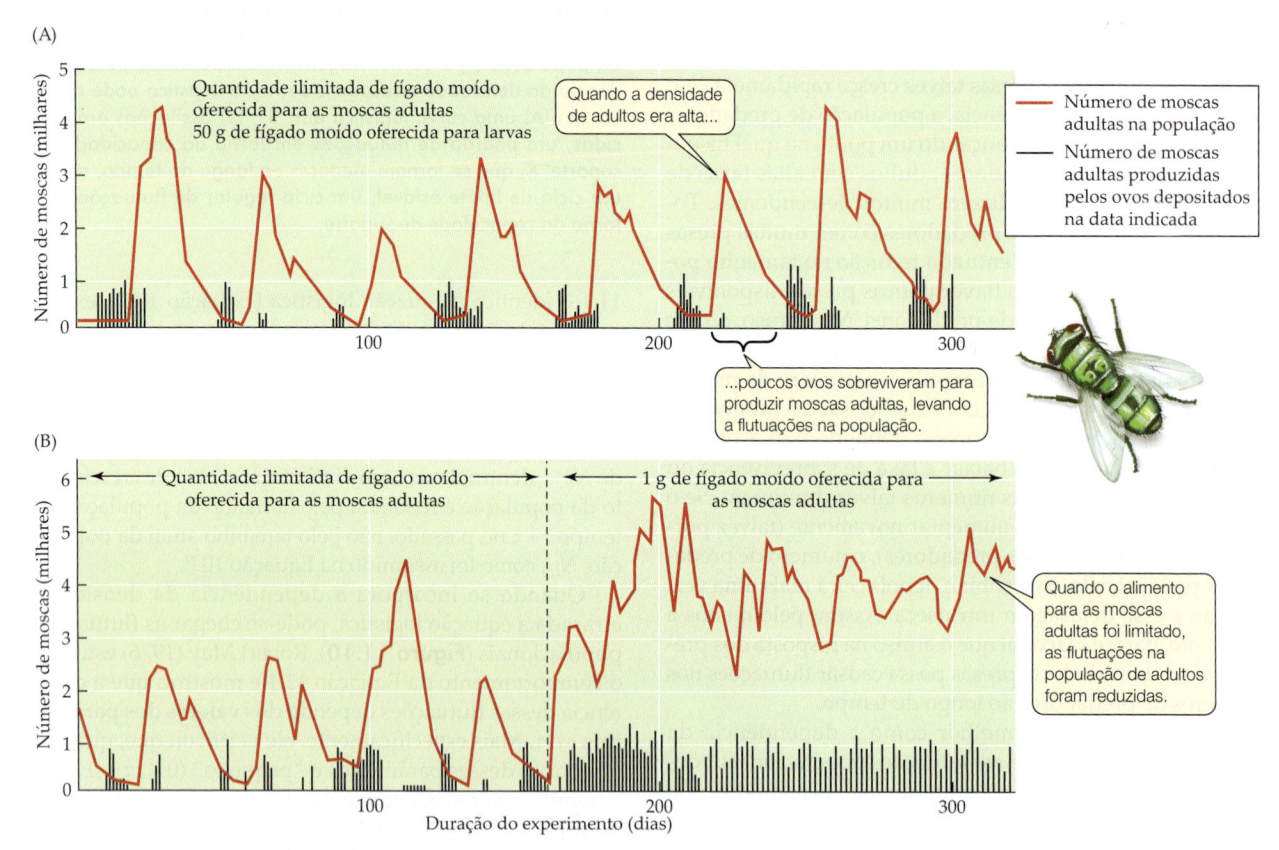

Figura 11.11 Experimentos de Nicholson com moscas-varejeiras (A) As moscas-varejeiras adultas receberam alimento ilimitado, e as larvas, limitado. Como resultado, pouco ou nenhum adulto foi produzido a partir dos muitos ovos depositados durante o período de máxima abundância de adultos, porque muitas das larvas que eclodiram desses ovos tinham alimento insuficiente disponível. (B) As condições experimentais foram as mesmas da parte (A) até aproximadamente a metade do caminho do experimento (indicada pela linha vertical tracejada), quando a fonte de alimento para adultos também foi limitada. (Segundo Nicholson, 1957.)

❓ Qual dos quatro padrões de crescimento populacional discutidos no Conceito 11.1 melhor caracteriza os resultados mostrados em (A)? Em (B)? Explique.

dois primeiros experimentos que iremos considerar aqui, Nicholson ofereceu a moscas adultas recursos alimentares ilimitados (porções de fígado), mas restringiu às larvas 50 g de alimento por dia. Como os adultos tinham alimento em abundância, cada fêmea foi capaz de produzir muitos ovos. Dessa maneira, quando havia muitos adultos, uma enorme quantidade de ovos foi produzida. Quando esses ovos eclodiram, contudo, a falta de alimento causou a morte da maioria das larvas, antes de chegarem à fase adulta (**Figura 11.11A**). Como consequência, poucos adultos foram produzidos, e a população de adultos invariavelmente declinou após ter atingido um pico. Finalmente, o número de adultos na população atingiu níveis tão baixos que os poucos ovos que produziram foram capazes de criar uma nova geração de adultos. Uma vez que isso aconteceu, o número de adultos começaria a crescer novamente e, após, diminuiria, repetindo o ciclo recém-descrito.

Nicholson afirmou que a dependência da densidade atrasada teria levado o número de adultos de moscas-varejeiras a aumentar e diminuir repetidamente durante seu experimento. Sua ponderação teve como base o fato de que, como os adultos tinham alimento ilimitado, os efeitos negativos de altas densidades de adultos não foram sentidos até a última hora, ou seja, quando as larvas eclodiram e começaram a se alimentar. Para testar essa ideia, Nicholson realizou um segundo experimento, no qual removeu parte dos efeitos da dependência da densidade atrasada fornecendo, tanto para os adultos quanto para as larvas, quantidades limitadas de alimento. Quando fez isso, o tamanho da população adulta não voltou repetidamente a crescer e diminuir. Pelo contrário, o número de adultos aumentou e, então, flutuou em torno de aproximadamente 4 mil moscas (**Figura 11.11B**). Analisados em conjunto, os resultados mostrados na Figura 11.11 sugerem que a dependência da densidade atrasada pode ter notável influência nas flutuações observadas em algumas populações.

A dependência da densidade atrasada e outros fatores podem levar uma população a flutuar em tamanho porque podem causar variações no crescimento, na sobrevivência ou na reprodução dos indivíduos ao longo do tempo, e isso, por sua vez, pode causar variações significativas na taxa de crescimento populacional (λ) de um período de tempo para outro. A seguir, analisaremos como essas flutuações em λ afetam o risco de extinção de uma população.

CONCEITO 11.3

O risco de extinção aumenta muito em populações pequenas.

Extinção de populações

As populações podem ser levadas à extinção devido à ação de muitos fatores diferentes, incluindo mudanças previsíveis, ou determinísticas, no ambiente. Considere uma população de peixes que coloniza um lago temporário (um que se forma durante a época de chuva, mas que seca completamente em outras épocas do ano). Os peixes podem desenvolver-se por um tempo, mas, à medida que o nível da água cai, eles acabam morrendo. Ainda que essas extinções determinísticas sejam comuns e importantes, elas não são o foco desta seção. Aqui, veremos como flutuações na taxa de crescimento populacional, tamanho da população e eventos ao acaso no ambiente, afetam o risco de extinção das populações.

Para dar início à nossa discussão, consideraremos a seguinte versão da equação de crescimento geométrico (ver Equação 10.1: $N_{t+1} = \lambda N_t$) que inclui variação aleatória na taxa finita de crescimento, λ. De um ano para outro, variações aleatórias nas condições ambientais (p. ex., condições meteorológicas) podem causar flutuação em λ. Existirão anos favoráveis (anos bons), nos quais λ será maior do que o valor médio, e anos desfavoráveis (anos ruins), nos quais λ será menor do que o valor médio.

Imagine uma população para a qual o valor médio de λ é maior do que 1. Se λ flutuar pouco ao longo do tempo, na maioria dos anos ela será maior do que 1, e, como consequência, a população normalmente aumentará de tamanho. Sob essas circunstâncias, a população desviará apenas um pouco do padrão de crescimento geométrico e enfrentará pouco ou nenhum risco de extinção. Contudo, se as variações aleatórias nas condições ambientais levarem λ a mudar consideravelmente de um ano para o outro, o tamanho da população flutuará. Quais são as implicações dessas flutuações?

Flutuação na taxa de crescimento populacional pode aumentar o risco de extinção

Para mostrar o que ocorre quando λ flutua, simulações computacionais de crescimento geométrico foram realizadas para três populações nas quais λ pode flutuar aleatoriamente. Se examinarmos os resultados na **Figura 11.12**, veremos que duas populações se recuperaram de números baixos, mas uma foi extinta. Esses resultados corroboram o que o senso comum nos diz: flutuações aumentam os riscos de extinção. Em parte, isso ocorre porque uma população na qual λ muda ao longo do tempo cresce mais lentamente do que o previsto pela média aritmética dos valores ano a ano de λ. Em **Análise de Dados 11.1**, examinaremos como a adição de variação para λ desacelera o crescimento da população. Tal abrandamento reduz o tamanho da população e, portanto, pode aumentar seu risco de extinção.

Um segundo (e relacionado) fator é o quanto a taxa de crescimento populacional flutua ao longo do tempo. A amplitude de variação em λ nas simulações foi determinada por uma variável controlada nessas simulações, o desvio-padrão (σ) da taxa de crescimento. Em cada uma das três simulações populacionais mostradas na Figura 11.12, σ foi ajustado para 0,4. (Ver **Revisão Estatística** para obter mais informações sobre o desvio-padrão.)

Para examinar mais profundamente os efeitos das variações em λ, utilizamos a abordagem ilustrada pela

ANÁLISE DE DADOS 11.1

Como a variação em λ afeta o crescimento da população?

Em populações naturais, as estimativas ano a ano da taxa de crescimento, λ, não são constantes – elas variam pelo menos um pouco de um ano para o outro. Como a variação de λ afeta o crescimento da população? Para descobrir isso, compararemos o crescimento de uma população em que λ tem um valor constante de 1,02 com o crescimento de uma população em que λ varia ao longo do tempo, porém ainda com o mesmo valor (médio) de λ = 1,02.

Como um primeiro passo, preencha os cinco valores de λ que faltam na tabela, usando a equação

$$\lambda = \frac{N_{t+1}}{N_t}$$

em que N_t é o tamanho da população no tempo t (ver Conceito 10.3). Por exemplo, no ano 0, a dimensão da população (N_0) é igual a 1.000; um ano mais tarde, N_1 = 820. Assim, a primeira estimativa de λ (indicando a alteração no tamanho da população desde o tempo 0 para o tempo 1) é igual a N_1/N_0 = 820/1.000 = 0,82. Calcule os valores ausentes de λ, arredondando cada estimativa para duas casas decimais. Verifique se a média (*média aritmética*, definida a seguir) dos sete valores de λ é igual a 1,02. Se isso não acontecer, refaça seus cálculos.

Ano (*t*)	Tamanho populacional (N_t)	Taxa de crescimento anual (λ)
0	1.000	0,82
1	820	0,91
2	746	?
3	910	?
4	792	?
5	927	?
6	946	?
7	1.069	N/A

1. Use a Equação 10.2 (ver p. 236) para calcular o quão grande será depois de sete anos uma população com uma taxa de crescimento fixa de λ = 1,02 e um tamanho inicial de 1.000. Compare sua resposta com o valor indicado na tabela para o ano 7. Como a variação ano a ano em λ afetou o crescimento da população?

2. Em processos multiplicativos, tais como o crescimento da população, uma alternativa é utilizar a média geométrica (definida a seguir e descrita em mais detalhes em Saiba Mais 11.1) em vez da média aritmética. Calcule a média geométrica dos valores de λ na tabela durante os sete anos.

3. Use a média geométrica que você determinou na Questão 2 para calcular o quão grande uma população com um tamanho inicial de 1.000 será depois de sete anos. Compare sua resposta com os dados na tabela e com seu resultado da Questão 1 (que foi baseada na média aritmética).

4. Explique por que você concorda ou discorda da seguinte afirmação: "É errado usar a média aritmética dos valores de ano a ano de λ para descrever o crescimento de uma população em um ambiente variável; em vez disso, use a média geométrica".

Definições:
Média aritmética: Para *n* valores $x_1, x_2, x_3, ..., x_n$, a média aritmética é igual a:

$$\frac{(x_1 + x_2 + x_3 + ... + x_n)}{n} = \frac{1}{n}\sum_{i=1}^{n} x_i$$

Média geométrica: Para *n* valores $x_1, x_2, x_3, ..., x_n$, a média geométrica é igual à raiz quadrada no enésimo valor do produto da multiplicação de todos os valores indicados, ou

$$\sqrt[n]{(x_1 \times x_2 \times x_3 \times ... \times x_n)}$$

Figura 11.12 para simular 10 mil populações cujas taxas de crescimento (λ) variaram anualmente. Cada uma dessas 10 mil populações iniciou com 10 indivíduos, e, em cada população, λ teve um valor médio de 1,05 e um desvio-padrão σ = 0,2. Com esse montante de variação em λ, apenas 0,3% das populações foram extintas em 70 anos. Quando σ aumentou para 0,4, todavia, 17% das 10 mil populações extinguiram-se em 70 anos; quando foi aumentado ainda mais (σ = 0,8), a extinção foi de 53%.

O ensinamento para se levar dessas simulações é que, quando condições ambientais variáveis aumentam a amplitude com que a taxa de crescimento de uma população oscila ao longo do tempo, o risco de extinção também aumenta. Esse efeito, no entanto, depende do tamanho da população: pequenas populações estão particularmente em risco.

Populações pequenas correm maior risco de extinção do que populações grandes

O tamanho de uma população tem efeitos notórios sobre seu risco de extinção. Como vimos na seção anterior, quando simulamos os destinos de 10 mil populações em que o desvio-padrão de λ foi de 0,8, 53% dessas populações foram extintas em 70 anos, sendo que cada uma delas começou com 10 indivíduos. No entanto, quando se aumentou o tamanho inicial da população para 100 e se realizou a simulação novamente, a probabilidade de extinção

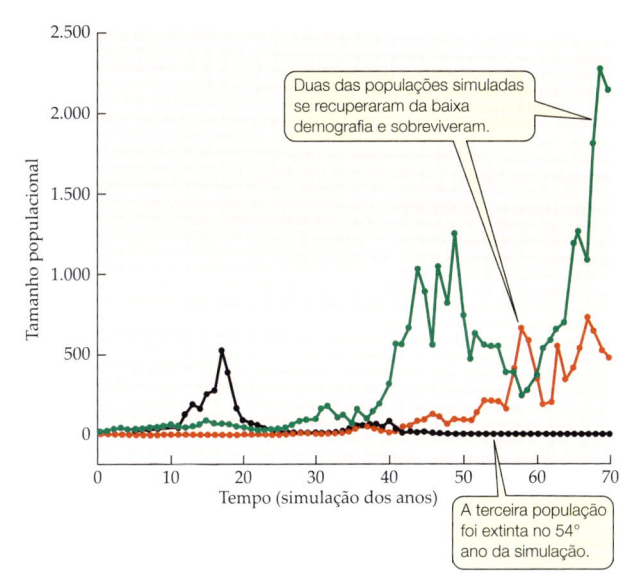

Figura 11.12 Flutuações podem levar populações pequenas à extinção Simulação de crescimento de três populações cuja abundância mudou segundo a equação de crescimento geométrico ($N_{t+1} = \lambda N_t$), mas nas quais o valor de λ variou aleatoriamente a cada ano. Essa variação de λ ao longo do tempo foi usada para simular a variação aleatória das condições ambientais. Cada população simulada iniciou com 10 indivíduos. Para cada uma das três populações mostradas aqui, o valor médio de λ foi de 1,05, e o desvio-padrão de λ foi de 0,4. Ao longo do tempo, aproximadamente 70% dos valores simulados de λ oscilaram entre $\lambda = 0,70$ e $\lambda = 1,57$.

Anotações no gráfico:
- Duas das populações simuladas se recuperaram da baixa demografia e sobreviveram.
- A terceira população foi extinta no 54° ano da simulação.

caiu de 53 para 29%. Para tamanhos iniciais de populações de 1.000 ou 10.000 indivíduos, a chance de extinção continua a diminuir (para 14 e 6%, respectivamente).

Os resultados da simulação que acabamos de descrever sugerem que populações pequenas estão muito mais propensas à extinção do que populações grandes. Para saber o porquê, imagine que um clima desfavorável fez a taxa de crescimento (λ) de uma população oscilar entre 0,2 e 0,5 em três anos seguidos, diminuindo, dessa forma, a população de modo considerável nesses três anos. Nessa situação, a população com 10 indivíduos poderia facilmente ser levada à extinção, enquanto a população com 10 mil indivíduos teria sobreviventes quando as condições melhorassem.

Padrões semelhantes têm sido observados em populações reais. Por exemplo, Jones e Diamond (1976) realizaram estudos sobre extinção de populações de aves nas Ilhas do Canal, localizadas próximas à costa da Califórnia. Relacionando dados de artigos publicados (a partir de 1868), registros de museus, observações de campo não publicadas e seus próprios dados de campo, eles concluíram que o tamanho populacional exerce um forte efeito sobre a chance de extinção (**Figura 11.13**). Seus resultados indicaram que 39% das populações com menos de 10 pares reprodutores foram extintos, enquanto nenhuma extinção foi observada em populações com mais de 1 mil pares reprodutores. Um estudo similar realizados por Pimm e colaboradores (1988) mostrou que populações pequenas podem se extinguir rapidamente: em um arquipélago próximo à costa da Grã-Bretanha, populações de aves com dois ou menos pares reprodutores apresentaram tempo médio de extinção de 1,6 ano, enquanto populações com 5 a 12 pares reprodutores apresentaram tempo médio de extinção de 7,5 anos.

Esses resultados encontrados para aves foram confirmados em outros grupos de organismos incluindo mamíferos, répteis e insetos. De modo geral, os dados de campo indicam que o risco de extinção aumenta consideravelmente quando o tamanho da população é pequeno. Todavia, que fatores colocam em risco as populações pequenas?

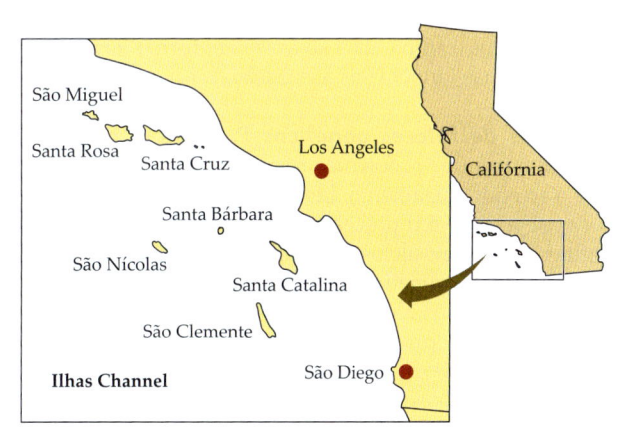

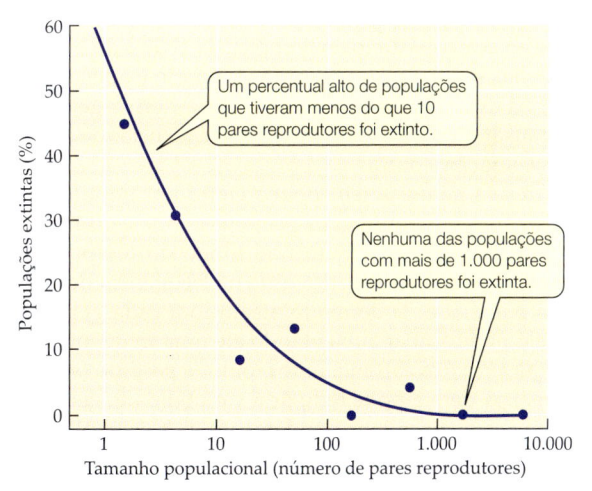

Figura 11.13 Extinção em populações pequenas Entre as populações de aves das Ilhas Channel, a porcentagem de populações extintas decai rapidamente com o aumento do número de pares reprodutores na população. (Segundo Jones e Diamond, 1976.)

Anotações no gráfico:
- Um percentual alto de populações que tiveram menos do que 10 pares reprodutores foi extinto.
- Nenhuma das populações com mais de 1.000 pares reprodutores foi extinta.

❓ Considere que uma população apresenta risco alto de extinção (> 30%). Use o gráfico para estimar o número total de pares reprodutores que a população deve ter a fim de reduzir seu risco de extinção para 5%.

Eventos ao acaso podem levar populações pequenas à extinção

Se pudéssemos prever como os fatores que influenciam a sobrevivência e a reprodução de indivíduos mudariam de um ano para o outro, também poderíamos prever como as taxas de crescimento populacional variariam ao longo do tempo. Entretanto, não podemos prever isso para populações reais. Existem muitos fatores que não podemos prever com precisão, incluindo variações nas condições ambientais (p. ex., temperatura e precipitação) e variações na história de vida dos indivíduos (p. ex., um polinizador como uma abelha pode pousar na planta A ou B, dando assim a um indivíduo, e não ao outro, a chance de se reproduzir). Para simplificar, na discussão que segue, mencionaremos esses eventos imprevisíveis como "eventos ao acaso", ainda que exerçam uma força determinante. Particularmente, consideraremos o papel de eventos genéticos, demográficos e ambientais ao acaso em tornar as populações pequenas vulneráveis à extinção.

Ameaças de fatores genéticos Populações pequenas podem encontrar problemas relacionados à deriva genética e ao endocruzamento. Lembre-se do Conceito 6.2 que a *deriva genética* é o processo pelo qual eventos ao acaso influenciam quais alelos são passados para a próxima geração. A deriva genética pode ocorrer de várias maneiras, incluindo eventos aleatórios que determinam se os indivíduos irão se reproduzir ou morrer. Imagine, por exemplo, que um elefante caminha entre uma população de 10 plantas pequenas, das quais 50% possuem flores brancas (genótipo *aa*) e 50% flores vermelhas (*AA*). Se o elefante esmagar mais flores vermelhas do que brancas, então apenas devido ao acaso existirão mais cópias do alelo *a* do que do alelo *A* nas próximas gerações. Esse cenário é apenas um de vários exemplos possíveis de como a deriva genética pode causar mudanças aleatórias nas frequências de alelos de uma geração a outra.

A deriva genética tem pouco efeito em populações grandes, mas em populações pequenas pode causar perdas de variabilidade genética ao longo do tempo. Por exemplo, se a deriva genética atua na frequência de dois alelos (p. ex., *a* e *A*) de modo aleatório a cada geração, um alelo pode acabar aumentando até uma frequência de 100% (alcança *fixação*), enquanto o outro é perdido (ver Figura 6.7). A deriva pode reduzir a variabilidade genética de populações pequenas rapidamente: por exemplo, depois de 10 gerações, cerca de 40% da variabilidade genética original é perdida em uma população de 10 indivíduos, enquanto 95% são perdidos em uma população de dois indivíduos.

Populações pequenas são vulneráveis à extinção devido a fatores genéticos por três motivos. Em primeiro lugar, quando a deriva genética leva a uma perda de variabilidade genética, a capacidade de uma população de responder (via seleção natural) a uma futura mudança ambiental fica limitada. Segundo, a deriva genética pode gerar alelos deletérios em frequências altas, levando, frequentemente, a um sucesso reprodutivo baixo (como no caso do tetraz-das-pradarias na p. 143). Em terceiro lugar, populações pequenas mostram frequências altas de **endocruzamento** (reprodução entre indivíduos aparentados). O endocruzamento é comum em populações pequenas porque, depois de muitas gerações de uma população pequena, a maioria dos indivíduos será aparentada (para saber por que, resolva a Questão de revisão 3). Ele tende a aumentar a frequência de homozigotos, incluindo aqueles que possuem duas cópias de alelos deletérios. Assim, como a deriva genética, o endocruzamento pode ocasionar sucesso reprodutivo menor, levando à queda na taxa de natalidade e, por conseguinte, à queda na taxa de crescimento populacional.

Os efeitos negativos combinados da deriva genética e o endocruzamento parecem reduzir a fertilidade de leões machos que vivem em um vulcão inativo, a Cratera de Ngorongoro, na Tanzânia (**Figura 11.14**). De 1957 a 1961, havia de 60 a 75 leões morando na cratera, mas em 1962 um surto de moscas picadoras causou a morte de quase todos os leões, à exceção de nove fêmeas e um macho. Sete machos migraram para a cratera entre 1964 e 1965, mas nenhuma outra imigração ocorreu desde então. A população tem crescido desde o episódio de 1962. De 1975 a 1990, por exemplo, a população flutuou entre 75 e 125 indivíduos. No entanto, análises genéticas indicaram que todos esses indivíduos eram descendentes de apenas 15 leões (Packer et al., 1991). Em uma população de 15 indivíduos, a deriva genética e o endocruzamento têm fortes efeitos. Esses efeitos parecem ser a razão pela qual a população da cratera tem menos variação genética e anormalidades nos espermatozoides com maior frequência do que a população grande de leões encontrada nas proximidades na Planície do Serengeti. Em tal situação, nem tudo está perdido: em alguns casos, as populações em declínio devido à deriva e ao endocruzamento foram "salvas" pela introdução de um número pequeno de indivíduos de outras populações, geneticamente mais diversificadas (ver exemplo da tetraz-das-pradarias na p. 143 e exemplo da pantera da Flórida na p. 535).

Ameaças de fatores demográficos Para um indivíduo, reprodução e sobrevivência são eventos de tudo ou nada: o indivíduo sobrevive ou não sobrevive, se reproduz ou não se reproduz. No nível de população, podemos transformar esses eventos de tudo ou nada em probabilidade de ocorrência de sobrevivência e reprodução. Por exemplo, se 70 de 100 indivíduos sobreviverem em uma população de um ano para o próximo, então (em média) cada indivíduo na população tem 70% de chance de sobrevivência.

Em uma população pequena, no entanto, eventos ao acaso relacionados à sobrevivência e à reprodução de indivíduos (**estocasticidade demográfica**) podem mostrar resultados que diferem daqueles que as médias nos levam a esperar. Considere uma população com 10 indivíduos

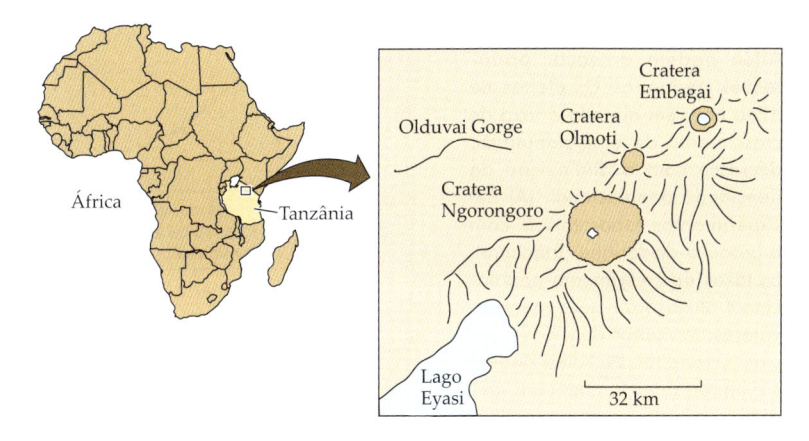

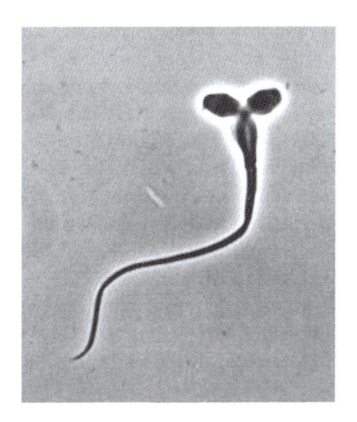

Figura 11.14 A praga das moscas Em 1962, a população de leões nos 260 km² da Cratera de Ngorongoro na Tanzânia foi quase levada à extinção devido a uma explosão demográfica catastrófica de moscas picadoras semelhantes a essas na face desse macho. Os leões ficaram repletos com feridas infeccionadas e, por fim, não podiam caçar, resultando em muitas mortes. Na população que descendeu dos poucos sobreviventes, a deriva genética e o endocruzamento geraram anormalidades frequentes nos espermatozoides, como esse espermatozoide de duas cabeças.

para os quais os dados anteriores previam uma probabilidade de sobrevivência de 70% de um ano para o próximo. No entanto, muitos eventos aleatórios – por exemplo, se um indivíduo é atingido pela queda de uma árvore – podem fazer o percentual de indivíduos que sobrevivem ser maior ou menor do que 70%. Por exemplo, se 6 dos 10 indivíduos tiverem (a máxima) "má sorte" e morrerem em acidentes fortuitos, a taxa de sobrevivência observada (40%) seria muito menor do que o esperado (70%). Ao influenciar a sobrevivência e a reprodução de indivíduos dessa maneira, a estocasticidade demográfica pode fazer o tamanho de uma população pequena flutuar ao longo do tempo. Em um ano, a população pode crescer, enquanto, no próximo, pode diminuir de tamanho, talvez tão drasticamente que cause sua extinção.

Por outro lado, quando a população é grande, o risco de extinção trazido com a estocasticidade demográfica é baixo. A razão fundamental para isso tem relação com as leis da probabilidade. Você é, por exemplo, muito mais propenso a tirar cara no cara-ou-coroa se jogar 300 vezes a moeda do que se jogá-la apenas três vezes. Da mesma forma, quando consideramos os destinos demográficos dos indivíduos, podemos ver que eventos aleatórios são mais propensos a causar falhas reprodutivas ou sobrevivência baixa em populações pequenas do que em grandes. Se cada indivíduo em uma população tiver um terço de chance de não produzir descendente, e se essa população for composta de dois indivíduos, há uma chance de 11% (0,33 x 0,33 = 0,33² = 0,11) de que nenhum descendente seja produzido, levando a população à extinção em uma geração. Ainda que a estocasticidade demográfica possa levar uma população de 30 indivíduos à flutuação populacional (talvez finalmente levando à extinção), praticamente não há chance ($0,33^{30}$) de levar a população à extinção em uma geração.

A estocasticidade demográfica é também um dos vários fatores que podem levar pequenas populações a apresentarem os **efeitos de Allee**, que ocorrem quando a taxa de crescimento de uma população (r ou λ) *diminui* com a redução da densidade populacional, talvez porque os indivíduos tenham dificuldades de encontrar parceiros em densidades populacionais baixas (**Figura 11.15**). Esse fenômeno inverte a premissa habitual de que r e λ tendem a aumentar quando a densidade populacional decai (ver Figura 10.16). Os efeitos de Allee podem ser desastrosos para populações pequenas. Se a estocasticidade demográfica ou qualquer outro fator diminuir o tamanho populacional, os efeitos de Allee podem diminuir a taxa de crescimento populacional, levando a uma queda ainda maior no tamanho populacional em uma espiral em direção à extinção. Retornaremos a esse assunto no Capítulo 23.

Ameaças de variações ambientais Como temos repetidamente salientado, as condições ambientais variam de ano para ano. Essa variação pode afetar as taxas de natalidade e mortalidade, levando a flutuações no tamanho da população que podem, por sua vez, aumentar o risco de extinção. Nosso foco aqui será em como dois tipos de eventos aleatórios, a estocasticidade ambiental e as catástrofes naturais, podem causar a extinção de populações pequenas.

A **estocasticidade ambiental** refere-se a mudanças irregulares ou imprevisíveis no ambiente. Nas simulações descritas anteriormente (ver Figura 11.12), vimos (1) que as variações nas condições ambientais que provocam

Figura 11.15 Os efeitos de Allee podem ameaçar populações pequenas Os efeitos de Allee ocorrem quando a taxa de crescimento de uma população decresce com a diminuição da densidade populacional. (A) Em experimentos laboratoriais com o besouro-da-farinha (*Tribolium*), as taxas de crescimento populacional alcançaram seus menores valores na menor densidade inicial. Os efeitos de Allee podem ser importantes também em animais como (B) os atuns-rabilho, os quais formam cardumes que funcionam como sistemas de alerta; porém, em pequeno número, o sistema não é tão eficaz. As consequências descritas por Allee também são importantes em espécies em que os indivíduos têm dificuldade de encontrar parceiros devido às baixas densidades populacionais; existem muitas dessas espécies, incluindo (C) os kakapos e (D) o acônito capuz-de-monge. (A segundo Courchamp et al., 1999.)

(A) Taxa de crescimento populacional (λ) vs. Densidade inicial (em 32 mg de farinha)
Efeitos do Allee: λ cai em baixas densidades.

(B) *Thunnus thynnus*

(C) *Strigops habroptilus*

(D) *Aconitum napellus*

flutuações nas taxas de crescimento da população podem levar a flutuações no tamanho populacional e, portanto, aumento do risco de extinção, e (2) que tal variação ambiental pode causar a extinção, especialmente quando o tamanho populacional é reduzido. Muitas espécies enfrentam esses riscos estocásticos do ambiente. Por exemplo, dados de censo de fêmeas de urso-cinzento (*Ursus arctos horribilis*) no Parque Nacional de Yellowstone mostraram que a taxa média de crescimento populacional (r) foi de aproximadamente 0,02%, mas que variava a cada ano. Apesar do fato de que a população tende a crescer em tamanho (pois $r > 0$), pesquisadores usando um modelo matemático verificaram que a variação aleatória nas condições ambientais poderia levar a população de ursos-cinzentos de Yellowstone ao risco alto de extinção, especialmente se o tamanho populacional decaísse a 30 ou 40 fêmeas das 99 existentes em 1997 (**Figura 11.16**).

Figura 11.16 Estocasticidade ambiental e tamanho populacional Esse gráfico plota o risco que o urso-cinzento de Yellowstone tem de estar próximo à extinção em 50 anos em relação ao tamanho populacional inicial (número de fêmeas). Estudando 39 anos consecutivos de dados de censo, pesquisadores descobriram que a taxa média de crescimento populacional do urso-cinzento é de $r = 0,02$ – uma taxa que levaria a uma explosão populacional se permanecesse constante a cada ano. O risco de extinção foi calculado por um modelo matemático que examinou o efeito da estocasticidade ambiental incorporando a variação de r observada ao longo de 39 anos de dados. (Segundo Morris e Doak, 2002.)

A estocasticidade ambiental difere da estocasticidade demográfica de uma maneira fundamental. A estocasticidade ambiental refere-se às alterações na taxa média de nascimento ou mortalidade de uma população que ocorrem de um ano para o outro. Essas alterações refletem o fato de que as condições ambientais variam ao longo do tempo, afetando todos os indivíduos de uma população: às vezes há anos bons e às vezes há anos ruins. Na estocasticidade demográfica, as taxas médias (nível de população) de nascimento e mortalidade podem se manter constantes ao longo dos anos, mas os destinos reais dos

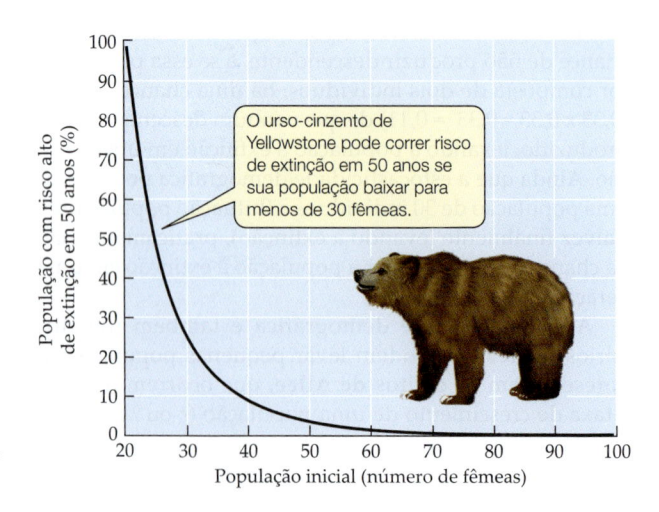

O urso-cinzento de Yellowstone pode correr risco de extinção em 50 anos se sua população baixar para menos de 30 fêmeas.

indivíduos mudam devido à natureza aleatória que envolve o fato de cada indivíduo se reproduzir ou não, e de sobreviver ou não.

As populações também enfrentam riscos de eventos ambientais extremos como inundações, queimadas, vendavais ou surtos de doenças ou inimigos naturais. Ainda que esses eventos raramente ocorram, tais **catástrofes naturais** podem eliminar ou diminuir drasticamente o tamanho das populações que, caso contrário, seriam suficientemente grandes para ter um risco de extinção pequeno. Por exemplo, surtos de doenças provocaram a mortalidade em massa em populações de ouriços-do-mar (até 98% dos indivíduos em algumas populações) e focas-de-baikal (matando cerca de 2.500 focas de uma população de 3 mil indivíduos).

Catástrofes naturais também tiveram papel essencial na extinção do tetraz-das-pradarias (*Tympanuchus cupido cupido*). Essa ave era abundante desde a Virgínia até a Nova Inglaterra. Por volta de 1908, a caça e a destruição de hábitats reduziram sua população a 50 aves, todas na Ilha de Martha's Vineyard, onde uma reserva de 640 hectares foi criada para sua proteção. Inicialmente, a população se desenvolveu, alcançando 2 mil aves em 1915. Uma população de 2 mil indivíduos parece ser suficientemente grande para se proteger contra os problemas que ameaçam as pequenas populações, incluindo deriva genética e endocruzamento, estocasticidades demográfica e ambiental. Contudo, vários desastres ocorreram entre 1916 e 1920, incluindo o fogo que destruiu muitos ninhos, o clima com temperaturas muito abaixo do habitual, um surto de doença e o crescimento populacional de seu predador natural, o falconídeo açor. Devido a esses efeitos combinados, a população dos tetrazes caiu para 50 indivíduos em 1920 e nunca mais se recuperou. O último tetraz morreu em 1932.

Hoje em dia, sabemos que os tetrazes-das-pradarias estavam vulneráveis em 1915, pois todos viviam em uma pequena população. Mais comumente, os representantes de uma espécie são encontrados em diversas populações, com frequência isoladas umas das outras por regiões de hábitat inadequado.

> **CONCEITO 11.4**
>
> Nas metapopulações, grupos de populações espacialmente isoladas estão conectados pela dispersão.

Metapopulações

As paisagens vistas nas imagens de satélite como uma colcha de retalhos demonstram que o planeta é recoberto por diferentes tipos de manchas (fragmentos) (ver Figura 10.1). A natureza fragmentada da paisagem reforça que, para muitas espécies, áreas de hábitats apropriados não cobrem regiões grandes e contínuas, mas em vez disso existe uma série de hábitats favoráveis espacialmente isolados uns dos outros. Como resultado, muitas vezes as populações das espécies estão espalhadas na paisagem, cada uma em uma área de hábitat apropriado, mas separadas entre si por centenas de metros ou mais.

Algumas vezes, essas populações espacialmente isoladas estão desconectadas pela dispersão e, por isso, não afetam a dinâmica populacional das demais populações. Em muitos casos, todavia, populações aparentemente isoladas afetam a dinâmica de outra população, uma vez que os indivíduos (ou gametas) ocasionalmente se dispersam de uma população para outra. Esse grupo de interação populacional é chamado de **metapopulação**. Literalmente, o termo "metapopulação" refere-se à população de populações, mas é mais comumente definido como um conjunto de populações isoladas espacialmente, mas unidas pela dispersão (**Figura 11.17**). Em algumas metapopulações, certas populações são *fontes* (em que o número de indivíduos que se dispersam para outras populações é maior

Figura 11.17 Conceito de metapopulação Metapopulação é um conjunto de populações espacialmente isoladas, mas ligadas pela dispersão. Em (A), sete manchas de hábitat apropriado para uma espécie são diagramadas, com quatro atualmente ocupadas e três vazias. A área fora dessas sete manchas representa ambientes inapropriados para essa espécie. (B) Imagem de satélite de um grupo de lagos no norte do Alasca que às vezes estão conectados entre si por riachos temporários que são formados após o derretimento da neve ou após períodos de muita chuva.

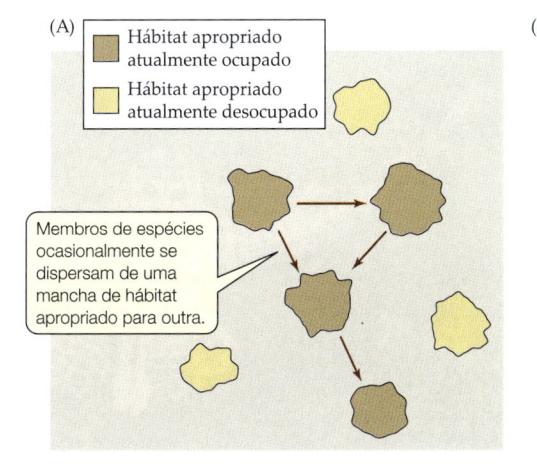

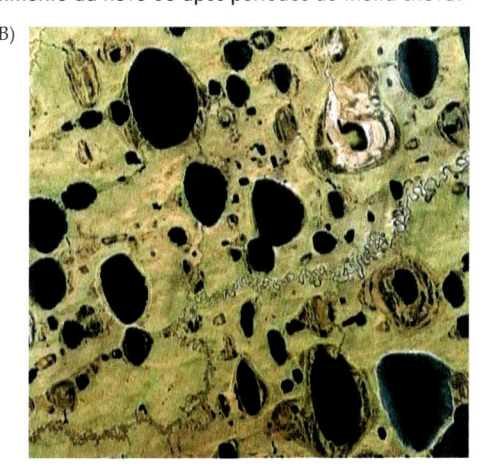

do que o número de migrantes que recebem), enquanto outras populações são *drenos* (recebem mais imigrantes do que produzem emigrantes).

Metapopulações são caracterizadas por repetidas extinções e colonizações

Como os ecólogos reconheceram há tempos, as populações de algumas espécies estão propensas à extinção por dois motivos: (1) a fragmentação de seus hábitats dificulta a dispersão entre populações, e (2) as condições ambientais podem mudar de uma maneira rápida e imprevisível. Metaforicamente, podemos pensar nessas populações como um conjunto de "luzes piscando", aparentemente ao acaso, à medida que manchas (fragmentos) de hábitat adequado são colonizadas e, após, as populações desses fragmentos são extintas. Ainda que as populações individuais possam estar propensas à extinção, o conjunto de populações – a metapopulação – persiste, pois engloba populações que serão extintas e novas populações que serão estabelecidas pela colonização.

Trabalhando com essa ideia de extinções e colonizações ao acaso, Richard Levins (1969, 1970) representou a dinâmica da metapopulação em termos de extinção e colonização de fragmentos de hábitat:

$$\frac{dp}{dt} = cp(1-p) - ep \quad (11.2)$$

onde *p* representa a proporção de fragmentos de hábitat que são ocupadas no tempo *t*, enquanto *c* e *e* são as taxas de colonização e extinção dos fragmentos, respectivamente.

Derivando a Equação 11.2, Levins fez algumas suposições: (1) existe um número muito grande (infinito) de manchas iguais na natureza; (2) todas as manchas têm a mesma chance de receber colonizadores (assim, o arranjo espacial das manchas não importa); (3) todas as manchas têm igual chance de extinção, e (4) logo que a mancha é colonizada, sua população aumenta até sua capacidade de suporte muito mais rapidamente do que as taxas de extinção e colonização (essa condição permite que a dinâmica de populações entre os fragmentos possa ser ignorada).

Como discutiremos a seguir, alguns dos pressupostos do modelo de Levins não são realistas. Ainda assim, a Equação 11.2 leva a uma visão simples, mas fundamental: para uma metapopulação persistir por um tempo longo, a relação *e/c* deve ser inferior a 1 (ver **Saiba Mais 11.2** para uma descrição de como esse resultado foi obtido). Em outras palavras, isso significa que alguns fragmentos serão ocupados se a taxa de colonização for maior do que a taxa de extinção. Por outro lado, se a taxa de extinção for maior do que a taxa de colonização (e, portanto, *e/c* > 1), a metapopulação entrará em colapso e todas as populações que a compõem serão extintas. A abordagem inovadora de Levins deu mais atenção a alguns assuntos fundamentais: como estimar fatores que influenciam a colonização e a extinção; a importância do arranjo espacial de fragmentos apropriados; o grau em que a paisagem entre os fragmentos afeta a dispersão; e a complicada questão de como determinar se um fragmento vazio é apropriado para a colonização ou não. A regra de Levins quanto à permanência também possui importância aplicada, como veremos a seguir.

Uma metapopulação pode ser extinta mesmo quando o hábitat permanece apropriado

Ações humanas (como o loteamento de terras) em geral transformam grandes extensões de hábitat em um conjunto de fragmentos, ou manchas, espacialmente isolados (ver Figura 9.4). Essa **fragmentação de hábitat** pode levar uma espécie a ter uma estrutura de metapopulação onde antes não existia. Se o loteamento continuar e os hábitats se tornarem cada vez mais fragmentados, a taxa de colonização da metapopulação (*c*) deve decair, pois os fragmentos vão se tornar mais isolados e, por conseguinte, mais difíceis de serem alcançados pela dispersão. A fragmentação de hábitat também diminui os fragmentos remanescentes; como resultado, a taxa de extinção (*e*) pode aumentar, pois fragmentos menores sustentam populações menores, que, como acabamos de ver, possuem maiores riscos de extinção. Ambas as tendências (aumento em *e* e diminuição em *c*) aumentam a razão *e/c*. Assim, se uma extensa área de hábitat é removida, a razão *e/c* pode mudar repentinamente de menos de 1 para mais de 1, condenando todas as populações – e a metapopulação – à extinção final, mesmo que alguns hábitats permaneçam.

A ideia de que todas as populações de uma metapopulação podem ser extintas mesmo havendo remanescentes de hábitat adequado foi desenvolvida posteriormente em estudos com a coruja-malhada-do-norte (*Strix occidentalis caurina*) (**Figura 11.18**). Essa espécie de coruja é encontrada na região norte do Pacífico, na América do Norte. Ela vive em florestas bem desenvolvidas, onde pares

Figura 11.18 A coruja-malhada-do-norte
A coruja-malhada-do-norte (*Strix occidentalis caurina*) sobrevive em florestas primárias do norte do Pacífico; esses ecossistemas incluem florestas nunca cortadas ou não cortadas por 200 anos ou mais.

reprodutores estabelecem amplos territórios que vão desde 12 a 30 km² (quanto pior for a qualidade do território, mais amplo ele terá de ser). Lande (1988) modificou o modelo de Levins incluindo uma descrição de como as corujas procuram "fragmentos" disponíveis, interpretados como locais apropriados para territórios individuais. Lande estimou que uma metapopulação inteira poderia colapsar se a área coberta por floresta preservada fosse desmatada para menos de 20% da área total de uma região ampla. Esse resultado causou um forte impacto: ele ilustrou como uma espécie pode ser extinta se o hábitat for reduzido abaixo de um limiar crítico (nesse caso, 20% do hábitat apropriado) e contribuiu para que, em 1990, a coruja-malhada-do-norte fosse incluída na lista de espécies ameaçadas de extinção nos Estados Unidos. A importância de conservar florestas preservadas tem sido destacada pelos efeitos de um recente invasor, a coruja-barrada (*Strix varia*): a chegada dessa espécie pode condenar a coruja-malhada à extinção, porém esse evento seria menos provável em florestas preservadas que cobrem uma ampla área (Dugger et al., 2011).

Taxas de extinção e colonização costumam variar entre fragmentos

Como sugeriu o trabalho de Lande, a respeito dos impactos sofridos pela coruja-malhada-do-norte, a abordagem de metapopulações tem se tornado cada vez mais importante na ecologia aplicada. Contudo, metapopulações na prática frequentemente violam os pressupostos do modelo de Levins. Por exemplo, os fragmentos em geral são bem diferentes em tamanhos populacionais e na facilidade com que são alcançadas pela dispersão. Como consequência, as taxas de extinção e colonização podem variar muito entre fragmentos. Portanto, a maioria dos ecólogos utiliza modelos mais complexos (ver Hanski, 1999) ao abordar questões práticas no campo.

Considere a borboleta-saltadora (*Hesperia comma*). No início de 1900, essa borboleta foi encontrada em campos pastejados de solo calcário (i.e., campos que crescem em solos alcalinos encontrados junto a afloramentos de rocha calcária) ao longo de uma ampla área do Reino Unido. Começando na década de 1950, no entanto, os campos calcários tornaram-se mais altos porque a quantidade de gado e outros herbívoros importantes foi reduzida. Por isso, as populações de *H. comma* começaram a diminuir. Pelo meio da década de 1970, a borboleta foi encontrada em apenas 10 regiões restritas, uma fração muito pequena de sua abrangência original.

As coisas começaram a melhorar para a borboleta no início da década de 1980. Nessa época, as condições de hábitat estavam melhores devido à reintrodução dos grandes herbívoros. Examinando esses campos em 1982, Chris Thomas e Terésa Jones documentaram a localização de todos os fragmentos que continham populações de *H. comma* e de todas que pareciam adequadas, mas que não estavam ocupados por essa espécie de borboleta. Para determinar o destino de cada fragmento ocupado ou não ao longo do tempo, eles pesquisaram os fragmentos novamente em 1991 e anotaram quais estavam ocupados. Seus resultados destacaram duas características importantes de muitas metapopulações: o isolamento por distância e o efeito da área do fragmento.

O **isolamento por distância** ocorre quando fragmentos localizados longe de fragmentos ocupados são menos propensos à colonização do que os fragmentos circundantes. Em *H. comma*, a distância dos fragmentos ocupados foi importante para saber se os fragmentos livres em 1982 foram colonizados em 1991: poucos fragmentos separados por mais de 2 km de outra ocupado foram colonizados durante esse período (**Figura 11.19**). A área do fragmento também afetou a chance de colonização: a maioria dos fragmentos colonizados tinha pelo menos 0,1 hectare. A área de um fragmento pode ter alterado diretamente a taxa de colonização, pois fragmentos pequenos podem ser mais difíceis para as borboletas encontrarem do que fragmentos grandes. Alternativamente, *H. comma* pode ter colonizado fragmentos pequenos, mas depois se tornou extinta por volta de 1991, devido a problemas associados ao tamanho populacional reduzido (ver p. 258-263); tais fragmentos podem nunca ter sido colonizados, pois nesses locais não foram encontrados indivíduos entre 1982 e 1991.

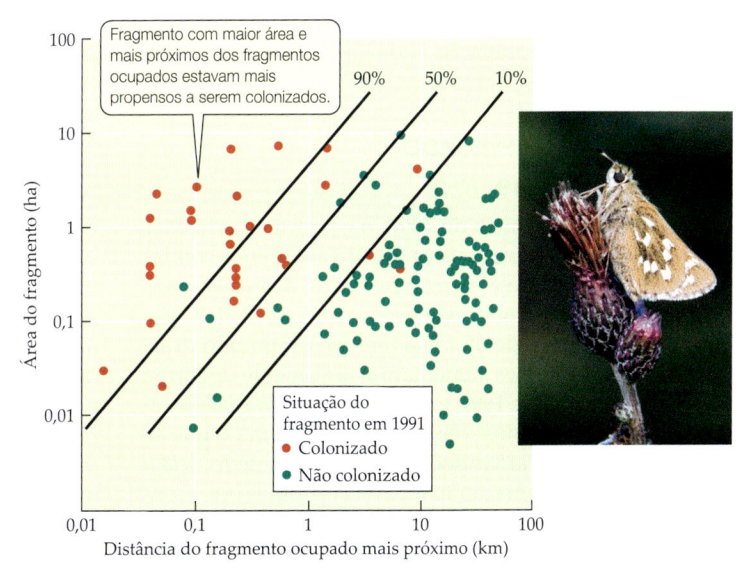

Figura 11.19 Colonização de metapopulação de borboletas A colonização de um hábitat apropriado de 1982 e 1991 pela borboleta-saltadora (*Hesperia comma*) foi influenciada pela área do fragmento e pelo isolamento (distância do fragmento ocupado mais próximo). Cada círculo vermelho ou verde representa um fragmento de hábitat apropriado não ocupado por *H. comma* em 1982. As linhas mostram combinações de área do fragmento e isolamento nas quais houve 90, 50 e 10% de chance de colonização (calculada pela análise estatística dos dados apresentados). (Segundo Thomas e Jones, 1993.)

> Com base nesses resultados, estime a chance de colonização de um fragmento de 1 hectare localizado a 1 km de distância do fragmento ocupado mais próximo.

Entre os fragmentos ocupados em 1982, Thomas e Jones descobriram que a chance de extinção foi maior em fragmentos pequenos (provavelmente porque fragmentos pequenos tendem a ter populações pequenas) e em fragmentos que estavam longe de um fragmento ocupado. O isolamento por distância pode afetar a chance de extinção, porque um fragmento que está perto de outro ocupado pode receber imigrantes repetidamente, o que tende a aumentar o tamanho da população, tornando a extinção menos provável no fragmento. Essa tendência de que as altas taxas de imigração protejam de extinção um população (reduzindo os problemas associados com tamanhos populacionais baixos) é conhecida como **efeito de resgate** (Brown e Kodric-Brown, 1977).

Finalmente, extinção e colonização podem ser influenciadas por componentes não aleatórios do ambiente. Por exemplo, prímulas (*Primula vulgaris*) colonizam o estrato herbáceo de fragmentos florestais, onde os vendavais ou outros fatores já mataram árvores, produzindo clareiras. Enquanto a colonização de fragmentos por prímulas pode ser vista como um evento aleatório, sua extinção em um fragmento não é: à medida que a floresta volta a crescer, as copas voltam a formar o dossel, e as prímulas morrem por falta de luz solar (Valverde e Silvertown, 1997). A colonização também pode ser influenciada por características não aleatórias do ambiente. Alguns lagos, por exemplo, proporcionam melhor hábitat do que outros. A alta qualidade do hábitat em tais lagos permite aos sapos e a outros animais aquáticos que os colonizam a produção de muitos descendentes, o que, por sua vez, aumenta a chance de que uma nova população venha a se estabelecer com sucesso.

ESTUDO DE CASO REVISITADO
Um mar em perigo

No final de 1980 e início de 1990, o ecossistema do Mar Negro estava sob grave ameaça devido aos efeitos combinados de eutrofização e invasão por parte da noz-do-mar (*Mnemiopsis leidyi*), conforme descrito no Estudo de Caso. Embora os números de *M. leidyi* tenham diminuído drasticamente em 1991, eles aumentaram novamente de forma constante entre 1992 e 1995, e depois se mantiveram elevados durante vários anos – em cerca de 250 g/m^2, o que se traduz em mais de 115 milhões de toneladas de *M. leidyi* no Mar Negro. A situação não parecia promissora. Contudo, em 1999, o cenário mudou: o Mar Negro mostrava sinais de recuperação.

Os eventos que possibilitaram a recuperação do Mar Negro na verdade começaram antes da primeira explosão populacional de *M. leidyi*. Entre o meio e o final da década de 1980, as quantidades de nutrientes despejadas no Mar Negro começaram a baixar. De 1991 a 1997, os aportes de nutrientes declinaram, provavelmente pelas dificuldades econômicas nos antigos estados da União Soviética e pelos esforços nacionais e internacionais nesse controle.

Figura 11.20 Invasor *versus* invasor Outra espécie invasora, o predador *Beroe*, conseguiu controlar a população de *M. leidyi*, contribuindo para a recuperação do ecossistema do Mar Negro.

A redução trouxe efeitos imediatos: depois de 1992, as concentrações de fosfato caíram no Mar Negro, a biomassa do fitoplâncton começou a cair, a transparência das águas aumentou, assim como a abundância do zooplâncton. *M. leidyi* ainda é uma ameaça, contudo, por sua biomassa alta e pela diminuição na pesca de anchovas entre 1995 e 1998 (ver Figura 11.2). Cientistas e funcionários governamentais armavam um plano para combater a ameaça da *M. leidyi* quando o problema foi resolvido inadvertidamente pela chegada de outra mãe-d'água, o predador *Beroe* (**Figura 11.20**).

Beroe chegou em 1997. Assim como *M. leidyi*, ele provavelmente foi trazido ao Mar Negro pelo esvaziamento de porões de navios com água de lastro provindas do Atlântico. O *Beroe* alimenta-se quase que exclusivamente de *M. leidyi*. É um predador tão eficiente que, dois anos depois de sua chegada, o número de *M. leidyi* despencou (ver Figura 11.2A). Seguindo o acentuado declínio da população de *M. leidyi*, a população de *Beroe* no Mar Negro também caiu, presumivelmente porque dependia da primeira para sua alimentação. A queda de *M. leidyi* repercutiu em novo aumento na abundância de zooplâncton (que caíra novamente entre 1994 e 1996) e em aumentos nos tamanhos populacionais de diversas espécies nativas de cnidários. Além disso, depois do final da população de *M. leidyi*, foi registrado um aumento na pesca de anchovas e nas densidades de ovas em ambiente natural. De modo geral, o declínio de *M. leidyi* ajudou a melhorar as condições do ecossistema do Mar Negro, incluindo a pesca, da qual pessoas dependem para se alimentar e obter renda.

CONEXÕES NA NATUREZA
De baixo para cima e vice-versa

A queda nos acréscimos de nutrientes, devido a ações antrópicas e ao controle de *M. leidyi* pelo *Beroe*, trouxe rapidamente efeitos benéficos a todo o ecossistema do Mar Negro. A velocidade e a magnitude da recuperação desse ecossistema trouxeram esperança, mostrando que é possível resolver problemas de larga escala em outras comunidades aquáticas. Observe, todavia, que os ecólogos raramente indicam a introdução deliberada de novos predadores, como o *Beroe*, pois essas introduções com frequência trazem efeitos negativos inesperados.

Os detalhes da queda e da ascensão do ecossistema do Mar Negro também ilustram dois importantes tipos de causalidade em comunidades ecológicas: controles de baixo para cima e de cima para baixo. O colapso do ecossistema do Mar Negro começou quando o aumento das descargas de nutrientes levou a problemas associados à eutrofização: aumento da abundância do fitoplâncton, aumento da abundância bacteriana, diminuição das concentrações de oxigênio e mortandade de peixes. O efeito de adicionar nutrientes ao Mar Negro ilustra o **controle de baixo para cima** (base-topo), que ocorre quando a abundância de uma população é limitada pelo fornecimento de nutrientes ou pela disponibilidade de alimentos. Nesse caso, antes do enriquecimento de nutrientes, a abundância do fitoplâncton – e, assim, a abundância de alimento para outros organismos – era limitada pelo fornecimento de nutrientes.

Os ecossistemas também são sensíveis ao **controle de cima para baixo** (topo-base), que ocorre quando a abundância de uma população é limitada por predadores. Evidências recentes indicam que as etapas iniciais do declínio do ecossistema do Mar Negro foram impulsionadas não só de baixo para cima (pela eutrofização), mas também de cima para baixo, pela sobrepesca (Daskalov et al., 2007). A partir do final dos anos de 1950, a pesca excessiva causou quedas acentuadas nas abundâncias de peixes predadores. À medida que as populações de peixes predadores diminuíam, suas presas, peixes que se alimentam de plânctons, aumentavam (**Figura 11.21A**). Por sua vez, o aumento dos peixes planctívoros estava associado com a diminuição da quantidade de zooplâncton e o aumento da quantidade de fitoplâncton (**Figura 11.21B,C**), sugerindo a possibilidade de controle de cima para baixo. Mais tarde, com a chegada do voraz predador *M. leidyi*, também ocorreu um efeito de cima para baixo, alterando muitas das principais características do ecossistema (p. ex., as abundâncias de zooplâncton, fitoplâncton, peixes). O controle de cima para baixo também parece ter influenciado a recuperação do ecossistema: levou outro predador, *Beroe*, a conter *M. leidyi*. Em muitos casos, como no do Mar Negro, controles de baixo para cima e de cima para baixo interagem na regulação do funcionamento dos ecossistemas. Retornaremos aos controles de baixo para cima e de cima para baixo nas Partes 5 e 6, em que consideraremos esses tópicos importantes mais detalhadamente.

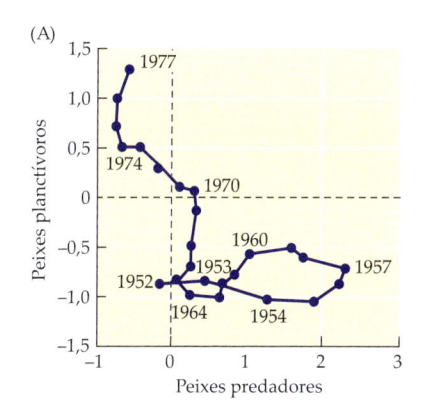

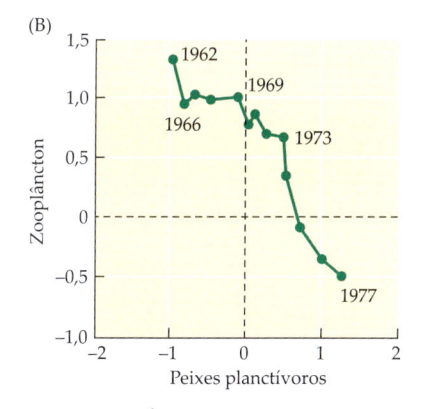

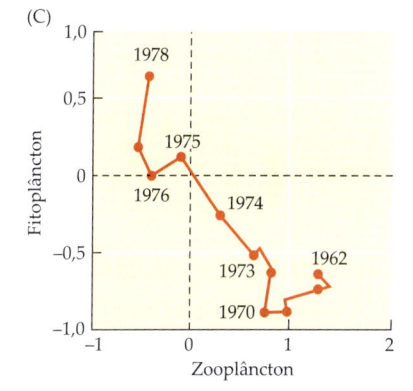

Figura 11.21 Mudanças no ecossistema do Mar Negro Índices de abundância de (A) peixes planctívoros e peixes predadores, (B) zooplâncton e peixes planctívoros e (C) fitoplâncton e zooplâncton. Em cada gráfico, os organismos cuja abundância é plotada no eixo y são consumidos pelos organismos cuja abundância é plotada no eixo x (os peixes planctívoros comem tanto zooplâncton como fitoplâncton, mas têm um maior efeito sobre a abundância do zooplâncton do que sobre a abundância do fitoplâncton). Os números na área do gráfico indicam anos, começando em 1952. Nos índices de abundância, os dados são padronizados para se ter uma média de 0 e uma variância de 1 (ver **Revisão Estatística** para saber como e por que isso é feito). (Segundo Daskalov et al., 2007.)

❓ Referindo-se a (A), descreva a abundância de peixes predadores e planctívoros de 1952 a 1957. Em seguida, resuma como as abundâncias de fitoplâncton, zooplâncton, peixes planctívoros e peixes predadores mudaram na década de 1970. Finalmente, converta seu resumo das alterações da abundância na década de 1970 em uma cadeia alimentar, onde a espessura da seta indica a força de cada relação (ver Figura 9.22, em que cadeias semelhantes são apresentadas para o Alasca). A cadeia que você desenhou é mais semelhante à do Alasca pré-1990 ou à do Alasca no final da década de 1990? Explique.

RESUMO

CONCEITO 11.1 Padrões de crescimento populacional abrangem crescimento exponencial, crescimento logístico, flutuações e ciclos regulares.

- A maioria dos padrões de crescimento populacional pode ser agrupada em quatro tipos principais: crescimento exponencial, crescimento logístico, flutuações e ciclos regulares. Esses quatro padrões não são mutuamente exclusivos, e uma única população pode passar por cada um deles em diferentes momentos.
- O primeiro padrão, o crescimento exponencial, pode ocorrer por um tempo limitado, quando as condições são favoráveis.
- O segundo padrão, o crescimento logístico, é encontrado em populações que crescem inicialmente e depois se estabilizam no tamanho populacional máximo: a capacidade de suporte.
- O terceiro padrão, as flutuações populacionais, é encontrado em todas as populações. Algumas populações oscilam bastante ao longo do tempo; outras flutuam relativamente pouco.
- O quarto padrão, os ciclos populacionais regulares, é um tipo especial de flutuação em que ocorrem alternadamente períodos de abundância alta e baixa, após intervalos de tempo relativamente constantes.

CONCEITO 11.2 Dependência da densidade atrasada pode causar flutuações no tamanho das populações.

- Com frequência, existe uma defasagem entre a mudança na densidade populacional e o efeito que a mudança exerce sobre as densidades populacionais futuras.
- Uma versão da equação logística que inclui uma defasagem sugere que a dependência da densidade atrasada pode produzir diversos tipos de flutuações populacionais, incluindo oscilações amortecidas e ciclos com limites estáveis.
- Uma série de experimentos pioneiros realizados por A. J. Nicholson indicou que a dependência da densidade atrasada era a causa de flutuações de populações de moscas-varejeiras em laboratório.

CONCEITO 11.3 O risco de extinção aumenta muito em populações pequenas.

- O risco de extinção aumenta em populações cuja taxa de crescimento (λ) varia consideravelmente de um ano para o outro.
- Populações pequenas correm risco muito maior de extinção do que populações grandes.
- Populações pequenas podem ser levadas à extinção por eventos ao acaso associados à deriva genética e ao endocruzamento, estocasticidade demográfica e ambiental, além de catástrofes naturais.

CONCEITO 11.4 Nas metapopulações, grupos de populações espacialmente isoladas estão conectados pela dispersão.

- Metapopulações são grupos de populações isoladas espacialmente, ligadas pela dispersão. Elas se caracterizam por eventos repetidos de colonização e extinção.
- Uma metapopulação pode ser condenada à extinção mesmo com a manutenção de hábitats apropriados.
- Taxas de extinção e colonização muitas vezes variam entre fragmentos (manchas) de uma metapopulação.

Questões de revisão

1. Descreva um fator que possa causar defasagens nas respostas de populações naturais que venham a mudar a densidade populacional. Como essas defasagens afetam as mudanças em abundância ao longo do tempo?

2. Resuma como eventos ao acaso podem ameaçar populações pequenas.

3. Uma população consiste em quatro indivíduos não aparentados, duas fêmeas (F1 e F2) e dois machos (M1 e M2). Os indivíduos vivem apenas um ano e se reproduzem apenas uma vez, produzindo dois descendentes (uma fêmea e um macho) por cada evento reprodutivo. Os indivíduos evitam se reproduzir com parentes, se possível.

    a. Começando com os indivíduos F1, F2, M1 e M2 como a geração parental, é possível que as duas gerações seguintes de descendentes tenham nascido de pais não aparentados entre si? Talvez seja útil construir um diagrama para ilustrar as duas gerações de progenitores e seus descendentes.

b. Se a segunda geração de descendentes se tornar progenitora, quantos dos acasalamentos nessa terceira geração de progenitores podem ocorrer entre indivíduos não aparentados? Generalizando seu resultado, o endocruzamento é mais comum ou raro em populações pequenas?

4. a. Explique como uma metapopulação pode se extinguir enquanto hábitats apropriados ainda persistem.
   b. Imagine que ações humanas criaram uma metapopulação a partir do que antes era um hábitat contínuo. Se muitos fragmentos pequenos e dois fragmentos grandes restarem, qual arranjo tornaria mais provável a *não* persistência da metapopulação?

MATERIAL DA INTERNET (em inglês)
sites.sinauer.com/ecology3e

O *site* inclui o resumo dos capítulos, testes, *flashcards* e termos-chave, sugestão de leituras, um glossário completo e a Revisão Estatística. Além disso, os seguintes recursos estão disponíveis para este capítulo:

Exercício Prático: Solucionando Problemas
11.1 Bambus, ratos e fome no extremo oriente: crescimento populacional excessiva e capacidade de suporte

Saiba Mais
11.1 O significado e o uso da média geométrica
11.2 Derivando a regra de Levins para persistência

Conexão às Mudanças Climáticas
11.1 Aquecimento do clima e o colapso de ciclos populacionais

Parte 4

Interações entre organismos

Os peixes-cirurgiões amarelos (à frente da imagem) e os peixes-cirurgiões de olhos amarelos (ao fundo da imagem) estão se alimentando de parasitas que se fixam e se alimentam da tartaruga-verde. Essa é uma interação +/+, que beneficia ambos os participantes. A tartaruga tem benefícios, pois os peixes-cirurgiões removem alguns de seus parasitas enquanto obtêm uma refeição fácil. Os capítulos desta parte examinarão as relações ecológicas, com foco em três tipos de interações: competição (relação –/–), exploração (relação +/–) e mutualismo (relação +/+).

12 Competição

CONCEITOS-CHAVE

CONCEITO 12.1
A competição ocorre entre indivíduos de duas espécies que partilham um recurso que limita seu crescimento, sobrevivência ou reprodução.

CONCEITO 12.2
A competição, tanto direta quanto indireta, pode limitar a distribuição e a abundância das espécies competidoras.

CONCEITO 12.3
As espécies competidoras têm mais probabilidade de coexistir quando utilizam os recursos de maneiras diferentes.

CONCEITO 12.4
O resultado da competição pode ser alterado por condições ambientais, interações de espécies, distúrbios e evolução.

Competição em plantas carnívoras: Estudo de Caso

Apesar de repetidos relatos de que plantas podiam comer animais, os primeiros cientistas eram céticos quanto a essas afirmativas. Em 1875, Charles Darwin esclareceu essas dúvidas fornecendo claras evidências experimentais de hábitos carnívoros por plantas. Atualmente, mais de 600 espécies de plantas carnívoras foram identificadas, incluindo utriculárias, droseras, plantas-jarro e a bem conhecida vênus-papa-moscas.

As plantas utilizam uma série de mecanismos para capturar animais. A vênus-papa-moscas possui folhas modificadas que parecem mandíbulas com presas; contudo, atrai insetos com seu néctar de aroma adocicado (**Figura 12.1**). A superfície interna da folha possui pelos sensíveis ao toque; se um inseto encostar-se a esses pelos, a folha fecha-se em menos de meio segundo. Logo que o inseto é capturado, a armadilha fecha-se mais, formando uma vedação hermética em torno da vítima, que é digerida entre 5 e 12 dias. Algumas plantas podem capturar animais em velocidades impressionantes. Por exemplo, utriculárias (gênero *Utricularia*) possuem um alçapão que se fecha quando tocado, criando uma sucção que puxa a presa para dentro em menos de meio milissegundo.

Embora outras plantas não possuam partes móveis, elas conseguem predar animais. Considere as plantas-jarro, que podem utilizar o néctar ou atrativos visuais como isca, atraindo os insetos para dentro de uma armadilha em forma de jarro. Com frequência, a parte interna do jarro possui pelos voltados para baixo, que facilitam a entrada dos insetos, mas dificultam sua saída. Além disso, em muitas plantas-jarro, o inseto encontra ainda uma camada de flocos de cera da metade do jarro para baixo. Ao pisarem nessa camada, os insetos perdem aderência e acabam caindo dentro de uma cuba contendo água (na qual se afogam) ou suco digestivo mortal.

Por que algumas plantas se alimentam de animais? A resposta pode estar relacionada com o assunto deste capítulo: competição. As plantas estão enraizadas no chão e não podem se mover em busca de alimento. Como consequência, a competição entre as plantas pode ser intensa onde os nutrientes do solo são escassos. Muitas plantas carnívoras são encontradas apenas em ambientes com solos pobres em nutrientes. Além disso, as relações evolutivas entre plantas revelam que, em ambientes pobres em nutrientes, o hábito carnívoro evoluiu múltiplas vezes, em uma diversidade de linhagens independentes. Essas observações sugerem que esse hábito carnívoro em plantas pode ser uma adaptação para a vida em ambientes pobres em nutrientes, e talvez prove uma maneira de evitar a competição por nutrientes do solo com outras plantas.

A competição tem grande efeito sobre as plantas que se alimentam de animais? Geralmente, os sistemas de raízes das plantas carnívoras são menos extensos do que os das não carnívoras que vivem

Figura 12.1 Uma planta que se alimenta de animais Atraída pelo cheiro doce do néctar da planta, essa mosca está prestes a se tornar uma refeição. Embora a vênus-papa-moscas normalmente capture insetos, ela também pode se alimentar de outros animais, como lesmas e pequenas rãs.

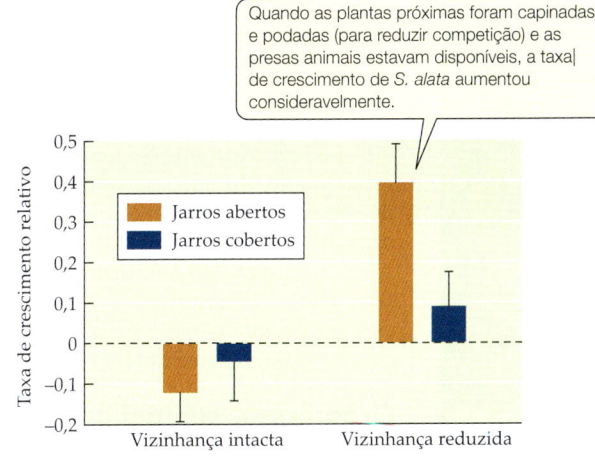

Figura 12.2 A competição reduz o crescimento de uma planta carnívora Para testar os efeitos da competição sobre a planta carnívora *Sarracenia alata*, o crescimento das plantas-controle de *S. alata* ("plantas vizinhas intactas" e "jarros abertos") foi comparado com o crescimento de indivíduos de *S. alata* cujas concorrentes não carnívoras foram reduzidas por poda e capina ("plantas vizinhas reduzidas"), ou com o crescimento daquelas que tiveram os jarros cobertos, privando-as de presas animais ("jarros cobertos"), ou ambos. As taxas de crescimento relativas foram calculadas como o logaritmo da massa de uma planta com 56 semanas dividido por sua massa inicial. As barras de erro mostram um erro-padrão da média. (Segundo Brewer, 2003.)

Quando as plantas próximas foram capinadas e podadas (para reduzir competição) e as presas animais estavam disponíveis, a taxa de crescimento de *S. alata* aumentou consideravelmente.

? Qual dos resultados aqui apresentados indica que os efeitos da competição não aumentaram quando as plantas carnívoras foram privadas de presas? Explique.

na mesma área, o que sugere que talvez as plantas carnívoras sejam competidores menos eficientes pelos recursos do solo. Por isso, a competição por esses recursos pode ter um efeito drástico nas plantas carnívoras, em especial se suas presas animais forem escassas ou estiverem indisponíveis.

Para testar essa ideia, Stephen Brewer mediu o quanto o crescimento da planta-jarro (*Sarracenia alata*) foi afetado quando ele impediu seu acesso às presas (cobrindo os jarros) e quando reduziu as espécies competidoras não carnívoras ("vizinhas") via poda e capina. Seus resultados mostram que as taxas de crescimento em *S. alata* aumentaram drasticamente quando as plantas vizinhas foram reduzidas (**Figura 12.2**), sugerindo que a competição teve um efeito importante. Porém, uma análise mais profunda da Figura 12.2 revela que o assunto não é tão simples quanto parecia inicialmente. Embora se esperasse o aumento da competição por nutrientes do solo com as vizinhas quando as plantas foram privadas de suas presas, isso não ocorreu. Em vez disso, parece que as plantas-jarro são capazes de evitar alguns efeitos negativos da competição com plantas não carnívoras. Como elas fazem isso?

Introdução

Em 1917, A. G. Tansley relatou resultados de uma série de experimentos delineados para explicar a distribuição de duas espécies de rubiáceas na Grã-Bretanha: *G. hercynicum* e *G. pumilum* (então denominada *G. sylvestre*). *Galium hercynicum* era restrita aos solos ácidos, e *G. pumilum*, aos solos calcários (solos com alta concentração de cálcio, como aqueles derivados de rochas calcárias). Mesmo em lugares onde cresciam a poucos centímetros de distância uma da outra, as duas espécies permaneciam limitadas a seus solos característicos. Em seus experimentos, Tansley verificou que, quando cresciam isoladas, cada espécie poderia sobreviver em ambos os tipos de solos, ácidos e calcários. Entretanto, quando ele cultivou as espécies juntas em solos ácidos, somente *G. hercynicum* sobreviveu, quando as cultivou juntas em solos calcários, somente *G. pumilum* sobreviveu. Tansley concluiu que as duas espécies competiam entre si e que, quando cresciam em seu tipo de solo nativo, cada espécie levava a outra à extinção. Ele também inferiu que a restrição de *G. hercynicum* e *G. pumilum* a um tipo particular de solo na natureza resultou da competição entre essas espécies.

O trabalho de Tansley com o gênero *Galium* é um dos primeiros experimentos já realizados sobre **competição**, uma interação entre indivíduos de duas espécies em que cada um é prejudicado por partilhar um recurso que limita sua capacidade de crescer, sobreviver ou se reproduzir (esse recurso é chamado de *recurso limitante*). A competição também pode ocorrer entre indivíduos de uma única espécie; neste caso, nos referimos a isto como *competição intraespecífica*. Como resultado desse tipo de competição, os recursos disponíveis aos membros de uma população podem se reduzir a tal ponto que o crescimento, sobrevivência e fertilidade diminuem ou a imigração aumenta. Desse modo, a competição intraespecífica pode causar uma redução no tamanho da população, o que chamamos de redução dependente da densidade, tópico abordado no Capítulo 10. Este capítulo aborda a competição entre membros de diferentes espécies, ou *competição interespecífica*. Começaremos descrevendo como a competição ocorre.

--- CONCEITO 12.1 ---

A competição ocorre entre indivíduos de duas espécies que partilham um recurso que limita seu crescimento, sobrevivência ou reprodução.

Competição por recursos

Os organismos competem por **recursos**, que são componentes do ambiente necessários para o crescimento, sobrevivência ou reprodução e que podem ser consumidos ou mesmo utilizados até seu esgotamento. O que distingue um recurso de outros componentes ambientais necessários à sobrevivência dos organismos?

Os organismos competem por recursos como alimento, água, luz e espaço

O alimento é um exemplo óbvio de um recurso pelo qual os organismos podem competir. Independentemente se considerarmos os nutrientes do solo usados por bactérias, a vegetação herbácea por cavalos e coelhos, ou os roedores

Figura 12.3 O espaço pode ser um recurso limitante A competição por espaço pode ser intensa quando esse recurso é escasso, como é o caso dessas espécies de corais rígidos em um recife no Mar Vermelho.

predados por raposas e corujas, o alimento é essencial para a vida. Quando o alimento se torna escasso, as taxas de crescimento populacional decrescem rapidamente. Em ecossistemas terrestres, especialmente nos áridos, a água também é um recurso. Alimento e água são exemplos óbvios de recursos, pois os organismos literalmente os consomem: eles são absorvidos pelo corpo e utilizados para sustentar as atividades metabólicas. No entanto, um organismo não precisa absorver, comer ou beber algo para que essa substância seja considerada um recurso. As plantas "consomem" luz no sentido que elas a utilizam para produção de alimento, e podem esgotar a oferta de luz disponível para outras plantas (por meio do sombreamento).

O espaço também pode ser visto como um recurso. Plantas, algas e animais sésseis necessitam de espaço para crescer, e a competição por esse recurso pode ser intensa (**Figura 12.3**). Animais móveis também competem por espaço à medida que buscam o acesso às boas áreas para caça ou para atração de parceiros, ou ainda para abrigo contra calor, frio ou predadores. Embora o espaço não seja consumido da mesma forma que o alimento, os organismos podem ocupá-lo totalmente, esgotando-o e acarretando o declínio das taxas de crescimento populacional. Desse modo, podemos pensar no espaço como um recurso que é consumido, análogo a alimento, água ou luz.

Espécies também são fortemente influenciadas por características ambientais que não são consumidas, tais como temperatura, salinidade e pH. Os organismos podem necessitar de determinadas temperaturas para crescer, sobreviver ou se reproduzir, mas não consomem nem esgotam a temperatura; portanto, ela não pode ser considerada um recurso. O mesmo se aplica à salinidade e ao pH. Características ambientais que afetam as taxas de crescimento populacional, mas não são consumidas ou esgotadas, são abordadas em detalhes nos Capítulos 2 a 5.

Finalmente, a mesma substância pode ser um recurso para alguns organismos, mas para outros não. Por exemplo, em alguns ambientes terrestres e aquáticos, os organismos podem consumir oxigênio mais rapidamente do que sua velocidade de reposição no ambiente; para tais organismos, o oxigênio é um recurso. Apesar de mamíferos terrestres e insetos também consumirem oxigênio, eles geralmente não o esgotam; para eles, o oxigênio não é um recurso.

Organismos competidores reduzem a disponibilidade de recursos

Como abordado até o momento, os organismos podem consumir recursos a tal ponto que sua disponibilidade caia e as taxas de crescimento populacional diminuam. Em um experimento de laboratório, Tilman e colaboradores (1981) examinaram a competição por sílica (SiO_2) entre espécies de diatomáceas de água doce que a utilizam para a formação de suas paredes celulares. Tilman e colaboradores cultivaram duas espécies de diatomáceas, *Synedra ulna* e *Asterionella formosa*, de modo isolado e em competição uma com a outra. Eles avaliaram as mudanças nas densidades populacionais das diatomáceas e nas concentrações de sílica na água ao longo do tempo. Quando cultivadas isoladamente, cada espécie reduzia a sílica (o recurso) para uma concentração baixa e quase constante; ambas as espécies atingiram um tamanho populacional estável (**Figura 12.4**). *S. ulna* alcançou um tamanho populacional estável mais baixo do que *A. formosa*. Quando as duas espécies competiram uma com a outra, *S. ulna* levou *A. formosa* à extinção, aparentemente porque *S. ulna* reduziu os níveis de sílica a tal ponto que *A. formosa* não pôde sobreviver.

A intensidade da competição pode aumentar quando os recursos são escassos

As plantas podem competir pelos recursos acima do solo, como a luz, e também pelos recursos presentes no solo, como os nutrientes. Os pesquisadores sugerem que a importância relativa da competição acima ou abaixo do solo entre as plantas pode mudar, dependendo se os recursos nesses ambientes são mais escassos. Por exemplo, caso o solo seja pobre em nutrientes, é esperado que a competição se intensifique entre as plantas. Scott Wilson e David Tilman testaram essa ideia realizando experimentos de transplante com *Schizachyrium scoparium*, espécie perene de gramínea, nativa na área de estudo em Minnesota.

Wilson e Tilman selecionaram uma série de parcelas de 5 x 5 m de vegetação nativa crescendo em solos arenosos, pobres em nitrogênio. Durante três anos, eles trataram metade das parcelas com fertilizante rico em nitrogênio.

Capítulo 12 • Competição   275

(A) *S. ulna* isolada
(B) *A. formosa* isolada
(C) Competição interespecífica

Quando cultivadas isoladas, tanto *S. ulna* quanto *A. formosa* atingiram tamanhos populacionais estáveis...

...e reduziram a níveis baixos as concentrações de sílica (SiO$_2$).

— Concentração de sílica
— *S. ulna*
— *A. formosa*

Quando as duas diatomáceas foram cultivadas juntas, competindo entre si, *S. ulna* levou *A. formosa* à extinção.

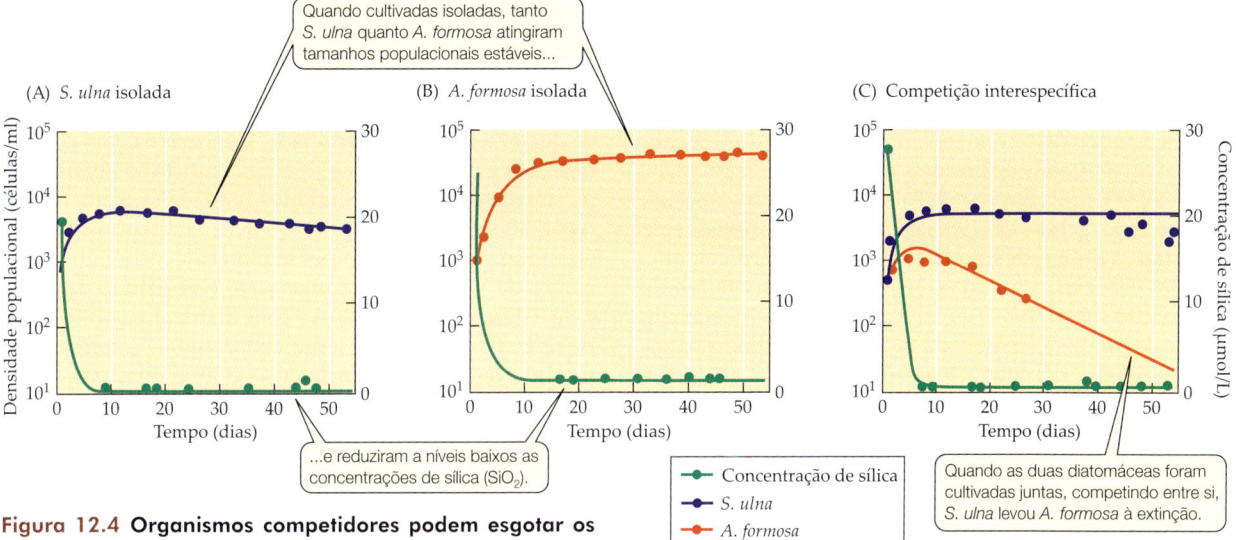

Figura 12.4 Organismos competidores podem esgotar os recursos David Tilman e colaboradores demonstraram a competição por sílica entre duas espécies de diatomáceas cultivando-as em isolamento e em competição entre elas. *S. ulna* (A) reduziu as concentrações de sílica para níveis mais baixos do que *A. formosa* (B). Esse resultado pode explicar por que *S. ulna* levou *A. formosa* à extinção, quando cultivadas juntas (C). (Segundo Tilman et al., 1981.)

> Suponha que uma terceira espécie de diatomáceas reduziu a concentração de sílica para 5 μmol/L quando cultivada isoladamente. Avalie o que aconteceria se essa espécie fosse cultivada em competição com *A. formosa*.

Esse período possibilitou que as comunidades vegetais das parcelas fertilizadas tivessem tempo para se ajustar aos novos níveis de nitrogênio do solo impostos pelo experimento. No final do período de três anos, eles plantaram indivíduos de *S. scoparium* em todas as parcelas.

Uma vez adicionados às parcelas com alto nível de nitrogênio (fertilizadas) e com baixo nível de nitrogênio (não fertilizadas), os indivíduos de *S. scoparium* foram cultivados sob três tratamentos: (1) com os vizinhos intactos, (2) com o sistema de raízes dos vizinhos intactos, mas com as partes aéreas contidas por amarras (o que impediu o sombreamento de *S. scoparium*), ou (3) com a remoção das raízes e das partes aéreas dos vizinhos. No tratamento 1, houve competição tanto abaixo do solo quanto acima dele; já no tratamento 3 não houve competição. No tratamento 2, o ato de amarrar as partes aéreas dos indivíduos vizinhos aparentemente não afetou o sistema de raízes destes, de modo que, para esse tratamento, interpretou-se que a competição se deu apenas abaixo do solo. A competição acima do solo foi estimada pela subtração entre as taxas de competição obtidas para os tratamentos 1 e 2.

Wilson e Tilman descobriram que, enquanto a competição total (soma da competição abaixo e acima do solo) não diferiu entre as parcelas com níveis baixo e alto de nitrogênio, a competição abaixo do solo foi mais intensa nas parcelas com nível baixo de nitrogênio (**Figura 12.5A**). Eles também verificaram que a competição acima do solo aumentou quando os níveis de luminosidade estavam baixos (**Figura 12.5B**). Assim, os resultados demonstraram que a intensidade da competição por um recurso pode aumentar quando este se torna escasso.

(A) Competição abaixo do solo foi mais intensa em parcelas com níveis baixos de nitrogênio.

(B) Competição acima do solo foi mais intensa em parcelas com níveis baixos de disponibilidade de luz.

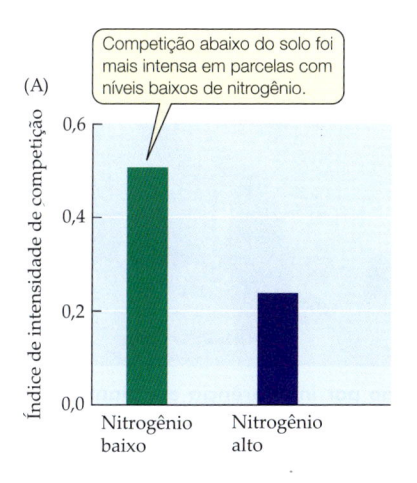

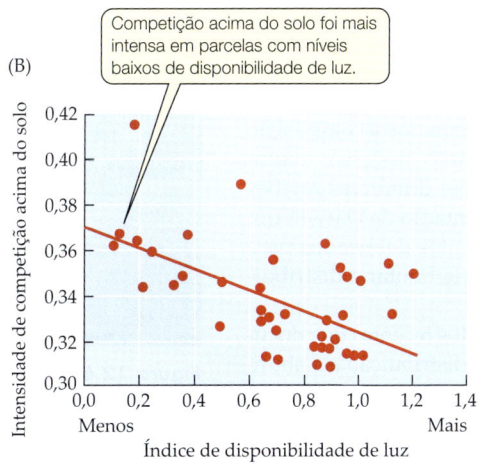

Figura 12.5 A disponibilidade do recurso afeta a intensidade da competição (A) Em um experimento de transplante com a gramínea *Schizachyrium scoparium*, observou-se que, em solos pobres, há um aumento na intensidade da competição por nutrientes. (B) De modo semelhante, a competição por luz aumenta quando sua disponibilidade diminui. (Segundo Wilson e Tilman, 1993.)

A competição por recursos é comum nas comunidades naturais

Quão importante é a competição em comunidades naturais? Para responder a essa pergunta, os resultados de muitos estudos de campo devem ser compilados e analisados. Os resultados de três dessas análises indicam que a competição tem efeitos importantes sobre muitas espécies. Por exemplo, Schoener (1983) examinou os resultados de 164 estudos publicados sobre competição e verificou que, das 390 espécies estudadas, 76% mostraram efeitos de competição sob algumas circunstâncias e 57% mostraram efeitos de competição sob todas as circunstâncias testadas. Connell (1983) examinou os resultados de 72 estudos e constatou que a competição foi importante para 50% das 215 espécies estudadas. Gurevitch e colaboradores (1992) realizaram uma abordagem diferente: não relataram a porcentagem de espécies para as quais a competição foi importante, mas analisaram a magnitude dos efeitos da competição encontrados para 93 espécies em 46 estudos publicados entre 1980 e 1989. Eles mostraram que a competição teve efeitos significativos (embora variáveis) sobre uma ampla gama de organismos, incluindo carnívoros, herbívoros e produtores como as plantas.

Levantamentos como os de Schoener, Connell e Gurevitch e colaboradores enfrentam potenciais fontes de tendenciosidade, incluindo a falha de pesquisadores ao publicarem estudos que não mostram efeitos significativos, e a tendência de pesquisadores a estudar espécies "interessantes" (i.e., aquelas que eles suspeitam que irão apresentar competição). Apesar das potenciais fontes de tendenciosidade, o fato de centenas de trabalhos terem documentado os efeitos da competição deixa claro que ela realmente é comum, ainda que não onipresente na natureza.

> **CONCEITO 12.2**
>
> A competição, tanto direta quanto indireta, pode limitar a distribuição e a abundância das espécies competidoras.

Características gerais da competição

Desde o início da ecologia como campo da ciência, os ecólogos consideram que a competição entre as espécies é importante em comunidades naturais. Por exemplo, embora Darwin (1859) tenha focado muitas vezes na competição intraespecífica, ele também argumentou que a competição interespecífica poderia influenciar tanto processos evolutivos quanto espécies encontradas em diferentes regiões geográficas. Tansley levou a argumentação de Darwin um passo adiante ao conduzir experimentos delineados para demonstrar que a competição poderia limitar a distribuição das espécies.

Nesta seção, examinaremos estudos recentes que documentam como a competição afeta a distribuição e a abundância de organismos. No entanto, primeiro descreveremos as formas diretas e indiretas de competição, junto com outras características gerais das interações competitivas.

Espécies podem competir direta ou indiretamente

Com frequência, espécies competem indiretamente por meio dos efeitos mútuos que causam sobre a disponibilidade de um recurso compartilhado. Conhecido como **competição por exploração**, esse tipo de competição ocorre simplesmente porque os indivíduos reduzem a oferta de um recurso à medida que fazem uso dele. Já discutimos vários exemplos de competição por exploração, incluindo os trabalhos de Brewer com plantas-jarro (ver Estudo de Caso) e de Tilman e colaboradores com diatomáceas (ver Figura 12.4). Por isso, nesta seção abordaremos a **competição por interferência**, ou interferência competitiva, que ocorre quando as espécies competem diretamente por acesso a um recurso do qual ambas necessitam, como alimento e espaço.

Na competição por interferência, os indivíduos realizam ações antagônicas que interferem diretamente na capacidade de seus concorrentes de utilizar um recurso limitante. Tais ações antagônicas talvez sejam mais familiares em animais móveis, como quando um predador luta com um predador de outra espécie por uma presa que um deles capturou. Similarmente, herbívoros como ratos-do-campo-de-rabo-curto (pequenos roedores) podem expulsar agressivamente outros da sua espécie dos hábitats preferidos, assim como colônias de formigas adversárias podem raptar e até matar umas às outras. A competição por interferência também pode ocorrer entre animais sésseis. Por exemplo, a bolota-do-mar (*Semibalanus balanoides*, anteriormente *Balanus balanoides*), enquanto cresce, muitas vezes comprime ou sufoca indivíduos próximos de outra espécie de craca, como *Chthamalus stellatus*. Como resultado, *S. balanoides* impede diretamente *C. stellatus* de viver na maior parte da zona entremarés rochosa (descreveremos a competição entre essas cracas em mais detalhes na p. 278).

A competição por interferência também ocorre em plantas. Em alguns casos, indivíduos de uma espécie ficam em contato direto com indivíduos de outras espécies, crescendo sobre eles e reduzindo seu acesso à luz (**Figura 12.6**). Existem também evidências

Figura 12.6 Competição por interferência em plantas Um competidor formidável, a liana kudzu (*Pueraria montana*), competindo por luz, cresceu e cobriu completamente árvores e arbustos na Carolina do Sul.

circunstanciais de que a competição por interferência pode assumir a forma de **alelopatia**, na qual indivíduos de uma espécie liberam toxinas que prejudicam indivíduos de outras espécies. Embora a alelopatia pareça ser importante em alguns sistemas de cultivo (Minorsky, 2002; Belz, 2007), há pouca evidência experimental disso em comunidades naturais. Uma das razões para essa falta de evidência é que, em uma espécie que se tem suspeita de alelopatia, todos os indivíduos geralmente são capazes de produzir o componente químico que se pensa atuar como uma toxina; portanto, não é possível comparar o desempenho de indivíduos que podem produzir a toxina com indivíduos que não podem. Em uma nova e promissora linha de pesquisa, genes que codificam toxinas alelopáticas foram identificados em algumas espécies vegetais, o que tem permitido aos pesquisadores o desenvolvimento de variedades genéticas em que esses genes são deficientes ou "silenciados". Em experiências atuais, plantas em que a produção de toxinas alelopáticas foi silenciada e plantas capazes de produzir essas toxinas estão sendo cultivadas com indivíduos de outras espécies, permitindo, assim, um estudo minucioso dos efeitos da alelopatia em ambientes competitivos.

A competição muitas vezes é assimétrica

Quando duas espécies competem por um recurso com baixa disponibilidade, cada uma obtém menos desse recurso do que obteria se o outro competidor não estivesse presente. Como a competição reduz os recursos disponíveis para o crescimento, a sobrevivência e a reprodução de ambas as espécies, suas abundâncias também são reduzidas até certo ponto. Em muitos casos, no entanto, os efeitos da competição são desiguais ou assimétricos: uma espécie é mais prejudicada do que a outra. Essa assimetria é especialmente evidente nas situações em que um competidor conduz o outro à extinção, como pode ser visto na Figura 12.4. Antes da extinção do competidor inferior, no entanto, o competidor superior normalmente perde recursos potenciais para seu concorrente ou investe energia em interações antagônicas. Portanto, mesmo quando uma espécie conduz a outra à extinção, tanto o competidor superior quanto o inferior até certo ponto são prejudicados. No entanto, o efeito do competidor superior sobre o inferior é provavelmente muito maior do que o efeito do competidor inferior sobre o superior. De fato, em geral, existe um contínuo na intensidade em que cada competidor afeta o outro **(Figura 12.7)**. Observe que as duas extremidades desse contínuo não representam interações competitivas (–/–). Em vez disso, essas interações são referidas como **amensalismo**, interações –/0 em que os indivíduos de uma espécie são prejudicados, enquanto os indivíduos da outra

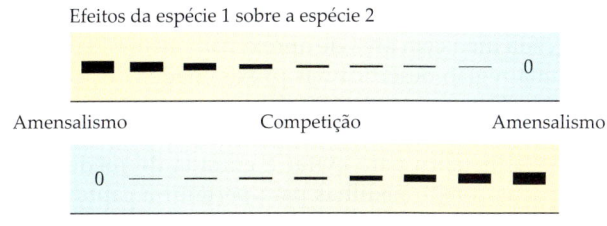

Figura 12.7 Um contínuo de efeitos competitivos A competição pode afetar os membros de ambas as espécies igualmente, ou os membros de uma espécie podem ser mais prejudicados do que os de outra. As barras grossas indicam que os efeitos da competição são mais intensos.

? Circule as interações que representam uma competição assimétrica.

espécie não são totalmente afetados. Possíveis exemplos de interações amensalistas incluem pequenas plantas lenhosas que crescem debaixo de árvores altas, ou corais nos quais indivíduos de uma espécie podem crescer sobre outros, privando-os de luz.

A competição pode ocorrer entre espécies estreita ou remotamente relacionadas

Vimos que a competição pode ocorrer entre pares de espécies intimamente relacionadas, como as rubiáceas estudadas por Tansley. Brown e Davidson (1977) avaliaram se a competição também ocorre entre grupos de espécies de parentesco mais distante. Em particular, eles suspeitaram que roedores e formigas possam competir, pois ambos se alimentam de sementes de plantas do deserto, e os tamanhos das sementes das quais eles se alimentam se sobrepõem consideravelmente **(Figura 12.8)**.

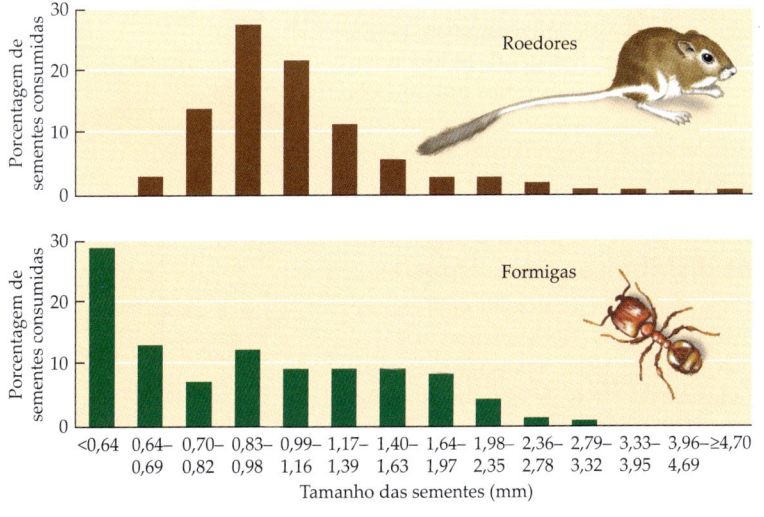

Figura 12.8 Formigas e roedores competem por sementes Existe uma considerável sobreposição nos tamanhos das sementes consumidas por formigas e por roedores. Os experimentos de remoção mostraram que esses dois grupos de parentesco distante competem por essa fonte de alimento. (Segundo Brown e Davidson, 1977.)

Brown e Davidson instalaram parcelas experimentais (cada uma com área de aproximadamente 1.000 m²) em uma região desértica nas proximidades de Tucson, Arizona. O experimento teve duração de três anos e testou quatro diferentes tratamentos: (1) parcelas cercadas com tela metálica para evitar a entrada de roedores e equipadas com armadilhas para permitir a captura e a remoção de roedores; (2) parcelas em que formigas que se alimentam de sementes foram excluídas pela aplicação de inseticidas; (3) parcelas em que roedores e formigas foram excluídos por telas, armadilhas e inseticidas; (4) parcelas em que roedores e formigas não foram perturbados (parcelas-controle).

Os resultados indicam que roedores e formigas competem por alimento. Com relação às parcelas-controle, o número de colônias de formigas teve um incremento de 71% nas parcelas onde os roedores foram excluídos, e os roedores aumentaram sua população em 18% e sua biomassa em 24% nas parcelas em que as formigas foram excluídas. Nas parcelas em que roedores e formigas foram excluídos (tratamento 3), a densidade de sementes aumentou 450% em comparação com todas as outras parcelas. Os tratamentos 1 (sem roedores), 2 (sem formigas) e 4 (controle, com roedores e formigas presentes) resultaram em densidades de sementes similares. Esses resultados sugeriram que, quando os roedores ou as formigas foram removidos, o grupo remanescente comeu tantas sementes quanto as formigas e os roedores juntos nas parcelas-controle. Desse modo, sobre condições naturais, é esperado que cada grupo coma menos sementes quando na presença do outro do que comeria se estivesse sozinho.

Não nos surpreende a existência de competição entre espécies tão diferentes quanto formigas e roedores. Afinal, as pessoas diferem muito de bactérias, fungos e insetos, mas competem com esses organismos por alimento em plantações, nos silos e até mesmo em nossos refrigeradores. Em geral, independentemente de serem espécies próximas ou distantes, os organismos podem competir entre si se partilharem um recurso limitante.

A competição pode determinar as distribuições das espécies

Como vimos na seção anterior, Schoener (1983), Connell (1983) e Gurevitch e colaboradores (1992) analisaram os resultados de centenas de estudos de campo e constataram que a competição teve efeitos importantes em muitas espécies, mas não em todas. Em geral, naquelas espécies em que a competição foi importante, houve redução no crescimento, na sobrevivência ou na reprodução de um ou de ambos os competidores, limitando suas abundâncias. Em alguns casos, a competição também afetou as distribuições das espécies. Como veremos, a competição pode restringir as espécies a certas porções de um determinado hábitat, ou pode determinar as grandes regiões geográficas em que as espécies são encontradas (ou ambos).

Efeitos locais Em uma série de experimentos clássicos, Joseph Connell (1961a,b) analisou fatores que influenciaram o local de distribuição, sobrevivência e reprodução de duas espécies de cracas, *Chthamalus stellatus* e *Semibalanus balanoides*. As larvas de craca flutuam nas águas do oceano, então se estabelecem em rochas ou outras superfícies (como cascos de barcos), onde se transformam em adultos, formando sua concha exterior rígida.

Ao longo da costa da Escócia, local de estudo de Connell, a distribuição das larvas de *C. stellatus* e *S. balanoides* se sobrepôs consideravelmente: as larvas de ambas as espécies foram encontradas nas zonas entremarés, desde as porções superiores até as médias. No entanto, adultos de *C. stellatus* foram geralmente encontrados próximo à parte superior da zona entremarés, porção onde adultos de *S. balanoides* não foram encontrados, mas ocorreram em todo o resto da zona entremarés (**Figura 12.9**). Qual foi a causa responsável por essas diferenças na distribuição?

Para responder a essa pergunta, Connell examinou os efeitos da competição e de recursos abióticos do ambiente, tais como o risco de dessecação (ressecamento devido à exposição ao ar, que é maior na zona entremarés superior). Para testar a importância da competição, ele escolheu alguns indivíduos jovens de cracas de cada espécie que se estabeleceram em suas zonas características e removeu todos os membros próximos de outras espécies. Para outros indivíduos em observação, manteve

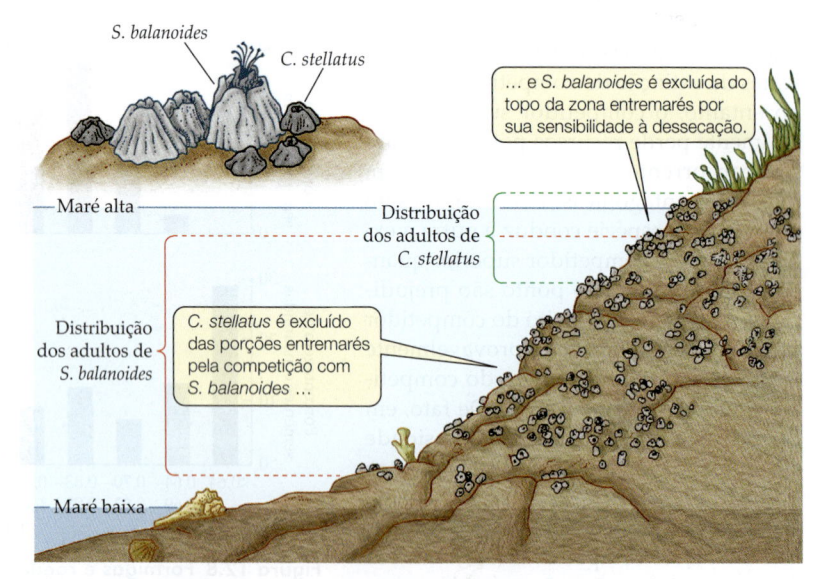

Figura 12.9 Eliminadas pela competição Experimentos de remoção em um local da Escócia mostraram que a competição determina o local de distribuição das cracas de *C. stellatus*.

os membros próximos de outras espécies no lugar. Ele constatou que a competição com *S. balanoides* excluiu *C. stellatus* de toda zona, com exceção do topo da zona entremarés. À medida que crescia, *S. balanoides* eliminou (crescendo sobre), removeu (crescendo sob) e suprimiu *C. stellatus*. Em média, ao longo de toda a zona entremarés, apenas 14% de *C. stellatus* sobreviveram no primeiro ano quando em competição com *S. balanoides*, enquanto 72% sobreviveram onde Connell removeu *S. balanoides*. Os indivíduos de *C. stellatus* que sobreviveram a um ano de competição com *S. balanoides* eram pouco desenvolvidos e se reproduziam menos.

Em contraste, *S. balanoides* não foi fortemente influenciado pela competição com *C. stellatus*. Entretanto, sendo *C. stellatus* removido ou não, *S. balanoides* sofreu com o ressecamento e mal sobreviveu próximo ao topo da zona entremarés. Portanto, *S. balanoides* parece ter sido excluído daquela zona por sua sensibilidade à dessecação, e não por competição.

Efeitos geográficos Como observado nas rubiáceas de Tansley e nas cracas de Connell, a competição pode restringir o local de distribuição de uma espécie a um conjunto específico de condições ambientais – as rubiáceas, por exemplo, podiam crescer a centímetros de distância umas das outras, mas cada espécie estava restrita a um tipo determinado de solo. A competição também pode explicar por que diversas espécies de mamíferos, invertebrados marinhos, aves e plantas não ocupam certas regiões geográficas em que se desenvolveriam.

Em alguns casos, um "experimento natural" – uma situação na natureza, que tem efeito semelhante a uma experiência controlada de remoção – fornece evidências de que a competição afeta distribuições geográficas. Tal situação foi observada em esquilos do gênero *Tamias* (anteriormente conhecido como *Neotamias* ou *Eutamias*). Esses esquilos vivem em florestas nas montanhas do sudoeste norte-americano, onde estão separados uns dos outros por áreas planas e desérticas. Patterson (1980, 1981) estudou as distribuições de esquilos do gênero *Tamias* e descobriu que, quando uma espécie vive sozinha em uma cadeia de montanhas, ela ocupa consistentemente uma gama maior de hábitats e elevações do que quando vive com uma espécie competidora (**Figura 12.10**). Como nos experimentos de remoção de Connell, esse resultado sugere que a competição impediu que certas espécies de *Tamias* se estabelecessem em locais de certa forma apropriados.

Como ilustrado pelas *Tamias* e pelas cracas de Connell, uma espécie competidora pode limitar a distribuição de outra sem levá-la à extinção. Por outro lado, os experimentos de Tilman com diatomáceas sugerem que a competição pode levar à completa eliminação de uma das espécies competidoras. Por que os competidores coexistem em algumas situações, mas não em outras?

> **CONCEITO 12.3**
>
> As espécies competidoras têm mais probabilidade de coexistir quando utilizam os recursos de maneiras diferentes.

Exclusão competitiva

O trabalho de Connell com cracas fornece um ponto de partida para o entendimento das diferentes consequências que a competição por recursos pode ter. Nas zonas onde ambas as espécies poderiam prosperar, *S. balanoides* normalmente levou *C. stellatus* à extinção; mesmo assim, *C. stellatus* poderia permanecer no hábitat, pois poderia crescer e se reproduzir em zonas que eram muitos secas para *S. balanoides*. A conclusão que emerge dos resultados obtidos por Connell é a seguinte: se todos os requisitos ecológicos de uma espécie – seu nicho ecológico (ver Conceito 9.5) – forem muito semelhantes aos de uma espécie competidora superior, essa espécie pode levar a outra à extinção. Voltamo-nos agora para experimentos, observações de campo e modelos matemáticos para examinar essa ideia. Particularmente, veremos como a similaridade dos recursos utilizados pelas espécies competidoras afeta a probabilidade de uma delas levar a outra à extinção.

Competidores que utilizam recursos limitantes da mesma forma não podem coexistir

Na década de 1930, o ecólogo Russo G. F. Gause realizou experimentos de competição em laboratório utilizando três espécies de *Paramecium*, um protista unicelular. Ele construiu uma miniatura dos ecossistemas aquáticos por meio do cultivo de *Paramecium* em meio líquido, dentro de tubos de ensaio que continham bactérias e células de levedura como fonte de alimento. Ele constatou

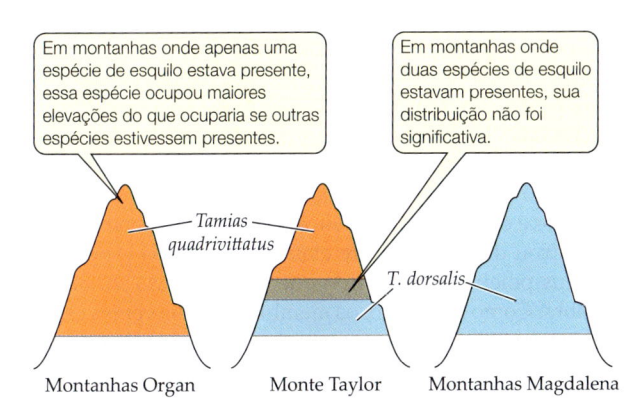

Figura 12.10 Competição entre as espécies de esquilo – um experimento natural As distribuições de esquilos do gênero *Tamias* nas cadeias de montanhas do Novo México sugerem que a competição pode restringir os hábitats em que eles vivem. Resultados semelhantes foram obtidos para as espécies de *Tamias* que vivem em Nevada.

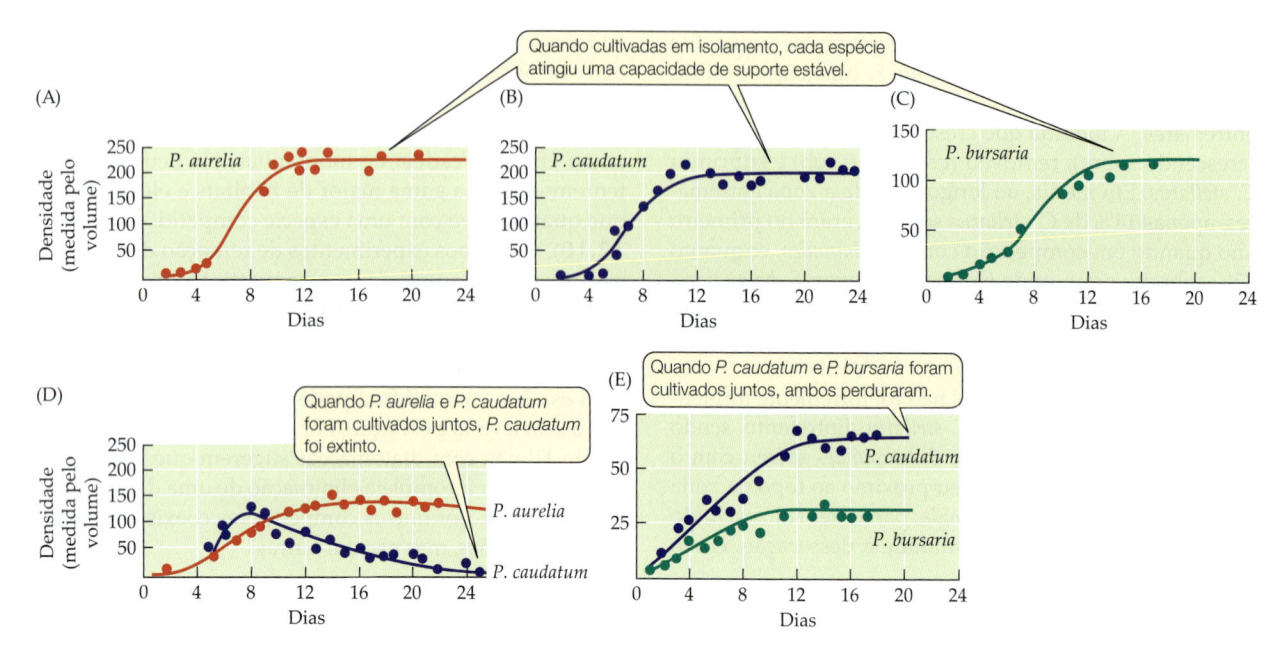

Figura 12.11 Competição em *Paramecium* G. F. Gause cultivou espécies de *Paramecium* em meio líquido, em tubos de ensaio contendo bactérias e células de levedura. *P. aurelia* e *P. caudatum* alimentaram-se principalmente de bactérias flutuantes, enquanto *P. bursaria* se alimentou principalmente de células de levedura. (Segundo Gause 1934a,b.)

(A), (B), (C) Quando cultivadas em isolamento, cada espécie atingiu uma capacidade de suporte estável.

(D) Quando *P. aurelia* e *P. caudatum* foram cultivados juntos, *P. caudatum* foi extinto.

(E) Quando *P. caudatum* e *P. bursaria* foram cultivados juntos, ambos perduraram.

? Descreva o que aconteceria se *P. aurelia* e *P. bursaria* fossem cultivadas em conjunto. Explique.

que as populações de cada uma das três espécies de *Paramecium* atingiram uma capacidade de suporte estável quando cultivadas isoladamente (**Figura 12.11A-C**). Contudo, quando cultivadas aos pares, as espécies competiram entre si, gerando uma série de resultados diferentes. Quando *P. aurelia* foi cultivada em competição com *P. caudatum*, *P. aurelia* levou *P. caudatum* à extinção (**Figura 12.11D**). Essas espécies tiveram sua coexistência impossibilitada, pois ambas se alimentavam principalmente de bactérias flutuantes no meio, o que levou a uma considerável sobreposição de suas necessidades por alimento. Por outro lado, quando *P. caudatum* foi cultivada com *P. bursaria*, nenhuma das espécies levou a outra à extinção (**Figura 12.11E**). Embora *P. caudatum* e *P. bursaria* tenham coexistido, ficou claro que competiram por um ou mais recursos, pois a capacidade de suporte de uma foi reduzida pela presença da outra. Gause sugeriu que *P. caudatum* e *P. bursaria* poderiam coexistir, pois *P. caudatum* em geral se alimentou de bactérias que flutuavam no meio, enquanto *P. bursaria* normalmente se alimentou de células de levedura que se estabeleceram no fundo dos tubos.

Experimentos com uma ampla gama de outras espécies (p. ex., algas, gorgulhos, plantas e moscas) tiveram resultados semelhantes: uma espécie leva a outra à extinção, a menos que as duas espécies utilizem os recursos disponíveis de formas diferentes. Esses resultados levaram à formulação do **princípio da exclusão competitiva**, que estabelece: duas espécies que utilizam um recurso limitante da mesma maneira não podem coexistir indefinidamente. Como veremos a seguir, as observações de campo são compatíveis com a explicação de por que a exclusão competitiva ocorre em alguns casos, mas não em outros.

Os competidores podem coexistir se utilizarem os recursos de maneira diferente

Em comunidades naturais, muitas espécies utilizam os mesmos recursos limitantes, mas mesmo assim conseguem coexistir umas com as outras. Essa observação não viola o princípio da exclusão competitiva, pois o ponto essencial desse princípio diz que as espécies devem utilizar os recursos limitantes da mesma maneira. Estudos de campo com frequência revelam diferenças na forma como as espécies utilizam recursos limitantes. Essas diferenças são descritas como **partição de recursos**.

Thomas Schoener estudou a partição de recursos entre quatro espécies de lagartos do gênero *Anolis* que vivem na Jamaica. Embora essas espécies vivam juntas em árvores e arbustos e consumam alimentos similares, Schoener (1974) encontrou diferenças entre elas na altura e na espessura de seus poleiros e no tempo que passavam no sol ou na sombra. Como resultado, os membros das diferentes espécies de *Anolis* competiam menos intensamente do que, de outro modo, o fariam. (Exploramos esse exemplo em mais detalhes em **Saiba Mais 12.1**.)

Em um exemplo marinho, Stomp e colaboradores (2004) estudaram a partição de recursos em dois tipos de cianobactérias coletadas no Mar Báltico. As identidades dessas espécies de cianobactérias são desconhecidas, por isso vamos nos referir a elas como BS1 e BS2 (derivadas de

(A) Competição em luz verde

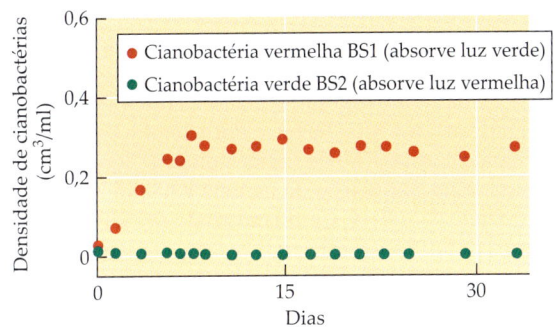

● Cianobactéria vermelha BS1 (absorve luz verde)
● Cianobactéria verde BS2 (absorve luz vermelha)

(B) Competição em luz vermelha

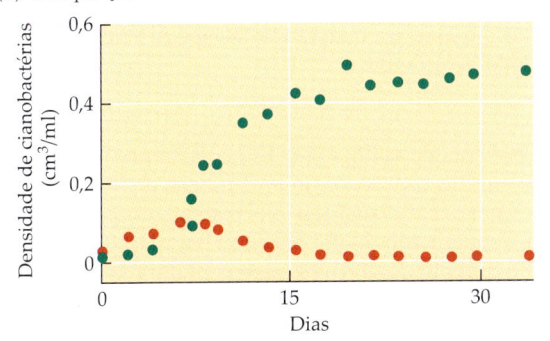

(C) Competição em luz branca

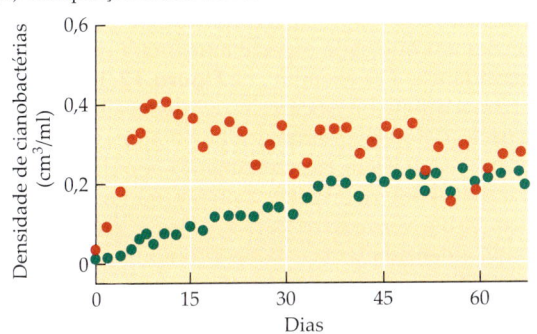

Figura 12.12 Cianobactérias partilham o uso da luz? Dois tipos de cianobactérias, BS1 e BS2, foram cultivados juntos sob luz (A) verde (550 nm), (B) vermelha (635 nm) e (C) "branca" (o espectro completo, que inclui tanto luz verde quanto vermelha). BS1 absorve a luz verde de forma mais eficiente do que absorve a luz vermelha; o inverso é verdadeiro para BS2. Apenas BS1 persiste quando as duas espécies são cultivadas juntas sob luz verde, e só BS2 persiste quando elas são cultivadas sob a luz vermelha. No entanto, ambos os tipos persistem sob luz branca, sugerindo que BS1 e BS2 coexistem partilhando o uso da luz. As densidades populacionais são expressas em biovolumes. (Segundo Stomp et al., 2004.)

Baltic Sea 1 e Baltic Sea 2). BS1 absorve comprimentos de onda de luz verde de forma eficiente, a qual é utilizada na fotossíntese. No entanto, BS1 reflete a maior parte da luz vermelha que atinge sua superfície; por isso, ela usa comprimentos de onda de luz vermelha de modo ineficiente (e sua coloração é vermelha). Por outro lado, BS2 absorve luz vermelha e reflete luz verde; por isso, BS2 utiliza comprimento de onda de luz verde de forma ineficiente (e sua coloração é verde).

Stomp e colaboradores exploraram as consequências dessas diferenças em uma série de experimentos de competição. Eles constataram que cada espécie pode sobreviver quando cresce sozinha sob luz verde ou vermelha. No entanto, quando cultivadas juntas sob luz verde, a cianobactéria vermelha BS1 levou a cianobactéria verde BS2 à extinção (**Figura 12.12A**) – como seria de se esperar, uma vez que BS1 usa a luz verde de forma mais eficiente do que BS2. Por outro lado, sob luz vermelha, BS2 levou BS1 à extinção (**Figura 12.12B**), como também era esperado. Finalmente, quando cultivadas juntas sob "luz branca" (o espectro completo de luz, incluindo tanto a luz verde quanto a luz vermelha), BS1 e BS2 sobreviveram (**Figura 12.12C**). Observados em conjunto, esses resultados sugerem que BS1 e BS2 coexistem sob luz branca porque diferem quanto aos comprimentos de onda de luz que utilizam de maneira mais eficiente na fotossíntese.

Dando seguimento aos seus experimentos de laboratório, Stomp e colaboradores (2007) analisaram as cianobactérias presentes em 70 ambientes aquáticos que variaram de águas oceânicas claras (onde a luz verde é predominante) a lagos com elevada turbidez (onde a luz vermelha é predominante). Como poderia se prever a partir da Figura 12.12, apenas as cianobactérias vermelhas foram encontradas em águas mais claras e apenas as cianobactérias verdes foram encontradas em águas com turbidez elevada – mas ambos os tipos foram encontrados em águas de turbidez intermediária, onde tanto a luz verde quanto a luz vermelha estavam disponíveis. Sendo assim, os experimentos de laboratório e as pesquisas de campo realizados por Stomp e colaboradores sugerem que as cianobactérias vermelhas e verdes coexistem porque partilham o uso de um recurso limitante fundamental: o espectro de luz subaquático.

Evidências da partição de recursos têm sido encontradas em muitas outras espécies, incluindo protistas, aves, peixes, crustáceos e plantas. No geral, estudos sobre partição de recursos sugerem que espécies podem coexistir se utilizarem os recursos de maneiras diferentes – uma inferência que também é sustentada pelos resultados obtidos de modelos matemáticos de competição.

A competição pode ser modelada pela modificação da equação logística

Trabalhando independentemente um do outro, A. J. Lotka (1932) e Vito Volterra (1926) formularam um modelo de competição modificando a equação logística que discutimos no Conceito 10.5; descrevemos suas abordagens em **Saiba Mais 12.2**. Sua equação, hoje conhecida como **modelo de competição de Lotka-Volterra**, pode ser escrita da seguinte forma:

$$\frac{dN_1}{dt} = r_1 N_1 \left[1 - \frac{(N_1 + \alpha N_2)}{K_1}\right]$$

$$\frac{dN_2}{dt} = r_2 N_2 \left[1 - \frac{(N_2 + \beta N_1)}{K_2}\right]$$ (12.1)

Nessas equações, N_1 significa a densidade populacional da espécie 1, r_1 significa a taxa intrínseca de crescimento da espécie 1, e K_1 significa a capacidade de suporte da espécie 1; N_2, r_2 e K_2 são similarmente definidas para a espécie 2. Os **coeficientes de competição** (α e β) são constantes e descrevem o efeito de uma espécie sobre a outra: α é o efeito da espécie 2 sobre a espécie 1, e β é o efeito da espécie 1 sobre a espécie 2. Exploramos o significado desses coeficientes de competição mais detalhadamente em **Saiba Mais 12.3**.

Análises da Equação 12.1 sustentam a ideia de que *a exclusão competitiva é provável quando as espécies em competição necessitam de recursos muito semelhantes*. No restante desta seção, descreveremos em duas etapas o processo pelo qual esse suporte é obtido. Em primeiro lugar, veremos como a Equação 12.1 pode ser utilizada para prever o resultado da competição; a seguir, avaliaremos como a possibilidade de exclusão competitiva é afetada por padrões de utilização dos recursos.

Prevendo o resultado da competição O resultado da competição poderia ser previsto se soubéssemos quais as mudanças prováveis nas densidades das espécies 1 e 2 ao longo do tempo. Por exemplo, se a abundância da espécie 2 tendesse a aumentar enquanto a da espécie 1 tendesse a diminuir para zero, então a espécie 2 deveria conduzir sua competidora à extinção e, desse modo, "vencer" a interação competitiva. Um computador pode ser programado para resolver a Equação 12.1, prevendo assim as densidades populacionais das espécies 1 e 2 em momentos diferentes. Aqui, no entanto, utilizaremos uma abordagem gráfica para examinar as condições sob as quais se esperaria o aumento ou a redução da abundância de cada espécie.

Começamos determinando quando a população de cada espécie pararia de mudar de tamanho, utilizando a abordagem descrita em **Saiba Mais 12.4**. Essa abordagem baseia-se na ideia de que a densidade da população (N) não muda de tamanho quando a taxa de crescimento populacional (dN/dt) for igual a zero. Por exemplo, com base no modelo de competição de Lotka-Volterra (Equação 12.1), a densidade da população da espécie 1 não muda de tamanho quando $dN_1/dt = 0$. Como mostrado em Saiba Mais 12.4, quando definido dN_1/dt igual a zero, constatamos que a densidade da espécie 1 (N_1) não muda de tamanho quando

$$N_2 = \frac{K_1}{\alpha} - \frac{1}{\alpha} N_1$$ (12.2)

Do mesmo modo, a densidade da espécie 2 (N_2) não muda de tamanho quando

$$N_2 = K_2 - \beta N_1$$ (12.3)

Observe que as Equações 12.2 e 12.3 representam linhas retas, escritas com N_2 como uma função de N_1. Essas retas são chamadas de **isóclinas de crescimento populacional nulo**, denominadas assim porque a população não aumenta nem diminui de tamanho para nenhuma combinação de N_1 e N_2 expressa por essas retas. Elas muitas vezes são referidas apenas como "isóclinas". Assim, a Equação 12.2 é a isóclina N_1, enquanto a Equação 12.3 é a isóclina N_2.

Podemos usar as isóclinas N_1 e N_2 para determinar as condições em que cada espécie aumentará ou diminuirá em abundância. Por exemplo, na **Figura 12.13A**, no ponto A para a direita da isóclina N_1, existem $N_{1(A)}$ indivíduos da espécie 1. Por $N_{1(A)}$ ser maior que o número de indivíduos que resultariam em crescimento populacional nulo ($\hat{N}_1$), a densidade da espécie 1 diminuirá no ponto A do gráfico. Isso é verdadeiro para toda a região sombreada em azul: a densidade da espécie 1 diminui para todos os pontos à direita da isóclina N_1. Por outro lado, quando a densidade dessa espécie 1 estiver à esquerda da isóclina N_1, a densidade dessa espécie aumentará. O mesmo raciocínio se aplica à espécie 2, apenas nesse caso – porque N_2 está plotado no eixo y – a densidade da espécie N_2 diminui

Figura 12.13 Análise gráfica de competição As isóclinas de crescimento populacional nulo do modelo de competição de Lotka-Volterra podem ser utilizadas para prever as mudanças na densidade de espécies competidoras. (A) Isóclina N_1. A densidade da espécie 1 aumenta em todos os pontos da região amarela à esquerda da isóclina N_1 e diminui em todos os pontos da região azul à direita da isóclina N_1. (B) Isóclina N_2. A densidade da espécie 2 aumenta em todos os pontos da região amarela e diminui em todos os pontos da região azul.

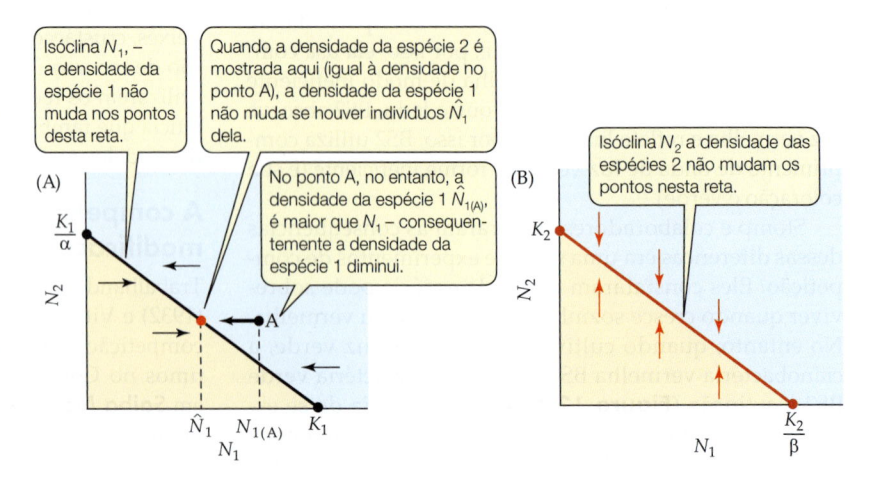

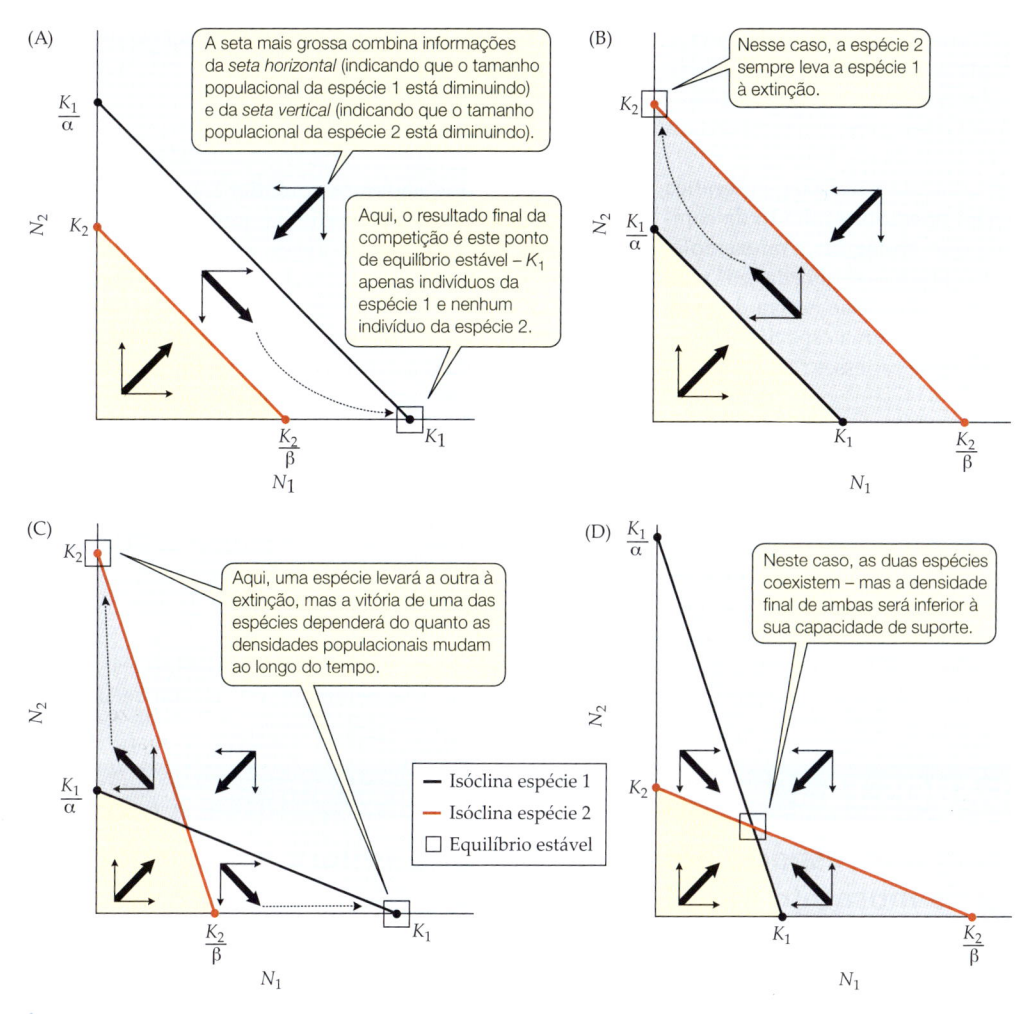

em regiões acima da isóclina N_2 e aumenta em regiões abaixo da isóclina N_2 (**Figura 12.13B**).

A abordagem gráfica recém-descrita pode ser utilizada para prever o resultado final da competição entre espécies. Para fazer isso, plotamos as isóclinas N_1 e N_2 no mesmo gráfico. Por existirem quatro maneiras diferentes de arranjar as isóclinas N_1 e N_2, precisamos fazer quatro gráficos diferentes. Em dois desses gráficos, as isóclinas não se cruzam, e a exclusão competitiva resulta no seguinte: dependendo de qual isóclina está acima da outra, espécie 1 (**Figura 12.14A**) ou espécie 2 (**Figura 12.14B**), uma sempre leva a outra à extinção. Observe que, nas regiões do gráfico sombreadas em azul, as densidades de ambas as espécies são maiores do que as densidades em suas isóclinas; por isso, ambas as espécies *diminuem* em número (como indicado pelas setas pretas mais grossas). Da mesma forma, nas regiões sombreadas em amarelo, as densidades de ambas as espécies são menores do que as densidades em suas isóclinas; por isso, ambas as espécies *aumentam* em número. Nas regiões sombreadas em cinza, uma espécie aumenta em número (porque suas densidades são menores do que em sua isóclina), enquanto a outra diminui.

Figura 12.14 Resultado da competição no modelo de Lotka-Volterra O resultado da competição depende de como as isóclinas N_1 e N_2 estão posicionadas uma em relação à outra. (A) Exclusão competitiva da espécie 2 pela espécie 1; a espécie 1 sempre vence. (B) Exclusão competitiva da espécie 1 pela espécie 2; a espécie 2 sempre vence. (C) As duas espécies não podem coexistir; a espécie 1 ou a espécie 2 vence. (D) As espécies 1 e 2 coexistem. Cada caixa indica um *ponto de equilíbrio estável* – uma combinação das densidades das duas espécies que, uma vez atingida, não mudam ao longo do tempo.

> Em (B), se $K_2 = 1.000$ e se a espécie 1 fosse extinta quando $N_2 = 1.200$, como a densidade da espécie 2 mudaria após a extinção da espécie 1?

A exclusão competitiva também ocorre no terceiro gráfico (**Figura 12.14C**), mas a "vitória" de determinada espécie depende da mudança de densidades populacionais das duas espécies e de qual delas entra primeiro na região mostrada em cinza-escuro (neste caso, a espécie 2 conduz a espécie 1 à extinção) ou na região em cinza-claro (em que a espécie 1 conduz a espécie 2 à extinção). Finalmente, a **Figura 12.14D** mostra o único caso em que as duas espécies coexistem; por isso, a exclusão competitiva não ocorre. Embora nesse caso nenhuma das espécies leve a outra à extinção, a competição continua tendo efeito: a densidade final ou de equilíbrio de cada espécie (indicada pela caixa na figura) é menor que a capacidade de suporte, como nos experimentos realizados por Gause com *Paramecium* (compare as Figuras 12.11B, C e E).

Os pesquisadores têm utilizado a abordagem gráfica descrita na Figura 12.14 para prever o resultado da competição sob diferentes condições ecológicas. Por exemplo, Livdahl e Willey (1991) utilizaram essa abordagem para prever se a competição com uma espécie nativa de mosquito poderia impedir a invasão de uma espécie introduzida de mosquito. Você pode explorar esses resultados em **Análise de Dados 12.1**.

Como o uso de recursos afeta a exclusão competitiva

Agora que vimos os quatro possíveis resultados previstos pelo modelo de competição de Lotka-Volterra, vamos voltar e revisitar nosso objetivo de usar o modelo para explicar por que a exclusão competitiva ocorre em algumas situações, mas não em outras. Para fazer isso, focaremos no único caso em que a exclusão competitiva não ocorre. Como descrito em **Saiba Mais 12.5**, podemos utilizar a Figura 12.14D para mostrar que a coexistência ocorre quando os valores de α, β, K_1 e K_2 são tais que a desigualdade a seguir se mantém:

$$\alpha < \frac{K_1}{K_2} < \frac{1}{\beta} \qquad (12.4)$$

Para ver o que podemos aprender com essa desigualdade, considere uma situação na qual as espécies competidoras são igualmente fortes, sugerindo que $\alpha = \beta$. Se as duas espécies se assemelham também quanto ao uso de recursos, um indivíduo da espécie 1 terá praticamente o mesmo efeito sobre a taxa de crescimento populacional da espécie 2 como teria um indivíduo da espécie 2 (e vice-versa). Sendo assim, quando as duas espécies utilizam os recursos de maneiras muito semelhantes, α e β devem estar próximos de 1 (consulte Saiba Mais 12.3).

Suponhamos, por exemplo, que $\alpha = \beta = 0{,}95$. Se substituirmos esses valores por α e β na Equação 12.4, obteremos

$$0{,}95 < \frac{K_1}{K_2} < 1{,}053$$

Esse resultado sugere que, quando as espécies competidoras são muito semelhantes no uso de recursos, a

ANÁLISE DE DADOS 12.1

A competição com uma espécie nativa de mosquito evitará a propagação de uma espécie de mosquito introduzida?

O mosquito *Aedes albopictus* se reproduz em volumes de água pequenos, acumulados em pneus e buracos de troncos de árvores. Originária da Ásia e introduzida na América do Norte na década de 1980, essa espécie é uma preocupação de saúde pública, pois pode transmitir doenças como a dengue. Uma vez na América do Norte, *A. albopictus* colonizou pneus e buracos em troncos de árvores, onde também foram encontradas procriando populações de várias espécies nativas de mosquitos.

Livdahl e Willey (1991)* tentaram prever o resultado da competição entre *A. albopictus* e o mosquito nativo *A. triseriatus*, um membro predominante nas comunidades encontradas em buracos de troncos de árvores. Para fazer isso, eles estimaram coeficientes de competição e as capacidades de suporte das larvas de mosquitos de *A. albopictus* e *A. triseriatus* obtidas do líquido presente em buracos de árvores e pneus. Os resultados são apresentados na tabela.

Líquido obtido de buracos em troncos de árvores	Líquido obtido de pneus
Coeficientes de competição	
$\alpha = 0{,}43$	$\alpha = 0{,}84$
$\beta = 0{,}72$	$\beta = 0{,}25$
Capacidades de suporte (nº de indivíduos/100 mL de líquido)	
$K_1 = 42{,}5$	$K_1 = 33{,}4$
$K_2 = 53{,}2$	$K_2 = 44{,}7$

1. Na Equação 12.1, defina *A. triseriatus* como espécie 1 e *A. albopictus* como espécie 2. Use os dados da tabela para traçar as isóclinas N_1 e N_2 (ver Equações 12.2 e 12.3) para essas duas espécies competidoras nas comunidades de buracos de árvores. Avalie para cada espécie a densidade de equilíbrio da população (nº de indivíduos por 100 mL de líquido). Descreva o provável resultado da competição entre essas duas espécies nas comunidades de buracos de árvores.

2. Em um gráfico separado, plote as isóclinas N_1 e N_2 para as duas espécies competindo em pneus. Avalie para cada espécie a densidade de equilíbrio da população (nº de indivíduos por 100 mL de líquido). Descreva o resultado provável da competição entre as duas espécies nas comunidades de pneus.

3. É possível que a competição com a espécie nativa (*A. triseriatus*) impeça a propagação da espécie introduzida (*A. albopictus*)? Explique.

*Livdahl, T. P. e M. S. Willey. 1991. Prospects for na invasion: Competition between *Aedes albopictus* and native *Aedes triseriatus*. Science 253: 189-191.

coexistência é prevista somente quando as duas espécies também possuem capacidades de carga semelhantes.

Por outro lado, se as espécies competidoras divergirem bastante quanto ao uso de recursos, α e β se diferirão consideravelmente de 1. Para ilustrar esse caso, suponha que α = β = 0,1. Nessa situação, a coexistência é prevista, mesmo que a capacidade de suporte de uma espécie seja quase 10 vezes maior que a das outras espécies, ou seja,

$$0,1 < \frac{K_1}{K_2} < 10$$

Como você pode ver por si próprio, outros valores para os coeficientes de competição α e β produziram resultados semelhantes. Juntas, essas análises do modelo de competição de Lotka-Volterra sugerem o seguinte aprimoramento do princípio de exclusão competitiva: a coexistência de espécies competidoras é mais provável quando elas utilizam os recursos de maneiras bem diferentes (e, por isso, a exclusão competitiva é *menos* provável).

Uma série de fatores pode influenciar a forma como as espécies dividem os recursos, impedindo assim que um competidor leve o outro à extinção. Como veremos na próxima seção, alguns desses fatores podem alterar completamente o resultado da competição, transformando o competidor inferior no superior.

---CONCEITO 12.4---

O resultado da competição pode ser alterado por condições ambientais, interações de espécies, distúrbios e evolução.

Alterando o resultado da competição

O resultado da competição entre espécies pode ser alterado por uma vasta gama de fatores, incluindo características físicas do ambiente, interações com outras espécies, distúrbios e evolução. Por exemplo, a diferença em condições abióticas, que pode ocorrer de um local para o outro, pode causar uma inversão competitiva, em que a espécie que era o competidor inferior em determinado hábitat se torna o competidor superior em outro. Casos em que o resultado da competição é diferente sob diferentes condições abióticas incluem as rubiáceas do gênero *Galium* de Tansley (ver p.273) e o *Semibalanus balanoides* na América do Norte (ver Figura 9.9).

As interações com outras espécies podem ter efeitos semelhantes. A presença de herbívoros tem mostrado um resultado inverso da competição entre espécies de algas-marinhas incrustantes (Steneck et al., 1991), e entre a tasneira (*Senecio jacobaea*) e outras espécies de plantas (**Figura 12.15**). Herbívoros podem ter esse efeito se preferirem se alimentar do competidor superior, reduzindo

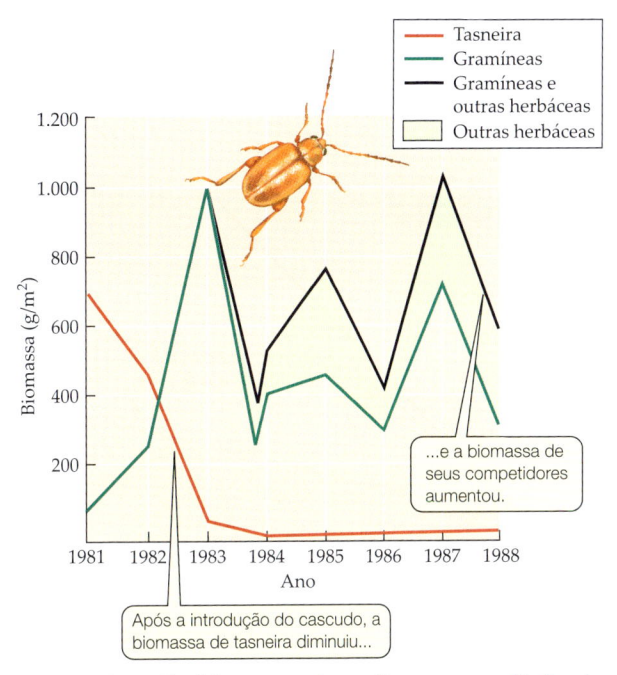

Figura 12.15 Herbívoros podem alterar o resultado da competição Os cascudos-da-tasneira são herbívoros e se alimentam da tasneira (*Senecio jacobaeae*), uma espécie vegetal invasora. Na ausência do cascudo, a tasneira torna-se um competidor superior. O gráfico apresenta a biomassa da tasneira, de gramíneas e demais plantas herbáceas em um local no oeste do Oregon, após a introdução do cascudo em 1980. (Segundo McEvoy et al., 1991.)

assim o crescimento, a sobrevivência ou a reprodução dessa espécie. O que é verdadeiro para os herbívoros também é verdadeiro para os predadores, patógenos e mutualistas: o aumento ou a redução na abundância dessas espécies pode mudar o resultado da competição entre as espécies com as quais interagem.

Nos capítulos seguintes, exploraremos muitos exemplos em que a interação entre as espécies altera os resultados competitivos – algumas vezes impedindo um competidor superior de levar outras espécies à extinção. Aqui, focalizaremos nos efeitos do distúrbio e da evolução.

Um distúrbio pode impedir que a competição siga seu curso natural

Como vimos no Conceito 9.2, distúrbios como queimadas ou grandes tempestades podem matar ou danificar alguns indivíduos enquanto criam oportunidades para outros. Algumas espécies podem persistir em uma área somente se esses distúrbios ocorrerem com regularidade. Florestas, por exemplo, contêm algumas espécies de plantas herbáceas, tais como as prímulas (p. 266), que exigem luz solar abundante e, portanto, são encontradas apenas em áreas onde o vento ou o fogo criaram uma abertura no dossel. Ao longo do tempo, uma população de plantas desse tipo está condenada: à medida que as árvores recolonizam a área, o sombreamento aumenta

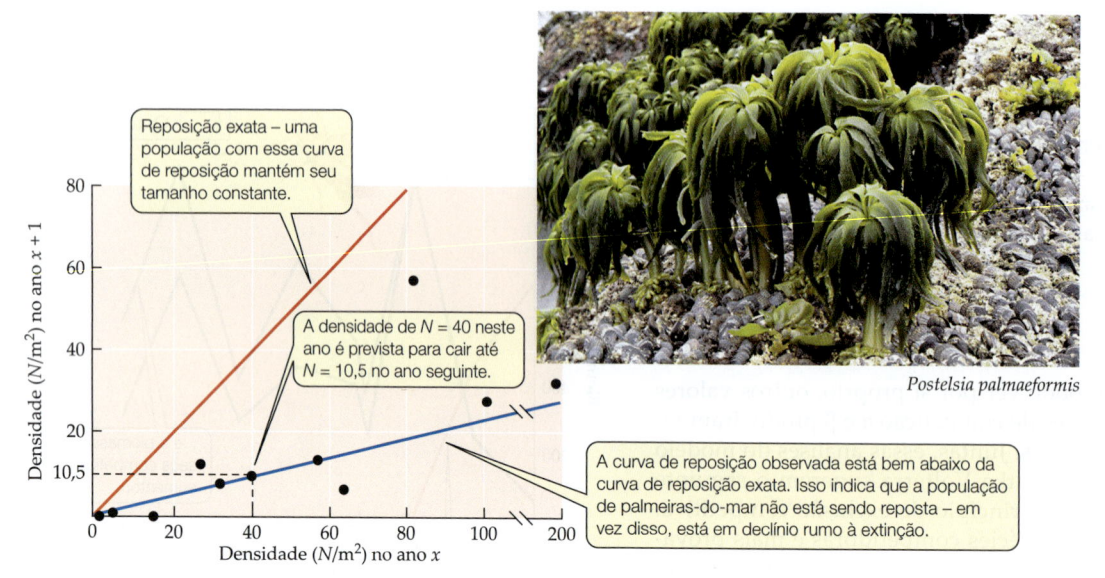

Figura 12.16 O declínio populacional de um competidor inferior Neste gráfico, cada ponto representa uma variação observada na densidade (N, número de indivíduos por metro quadrado) de um ano (ano x) para o próximo (ano x + 1) em locais onde as palmeiras-do-mar estão crescendo em competição com os mexilhões. Esses pontos podem ser utilizados para estimar a curva de reposição que mostra o quanto os indivíduos de palmeira-do-mar são substituídos ao longo do tempo. A curva de reposição exata mostra as densidades nas quais o tamanho populacional não se alteraria de um ano para o outro. (Segundo Paine, 1979.)

Legendas do gráfico:
- Reposição exata – uma população com essa curva de reposição mantém seu tamanho constante.
- A densidade de N = 40 neste ano é prevista para cair até N = 10,5 no ano seguinte.
- A curva de reposição observada está bem abaixo da curva de reposição exata. Isso indica que a população de palmeiras-do-mar não está sendo reposta – em vez disso, está em declínio rumo à extinção.

Eixos: Densidade (N/m²) no ano x + 1 (vertical); Densidade (N/m²) no ano x (horizontal).

Postelsia palmaeformis

? Com base na curva de substituição observada (linha azul), quantos anos seriam necessários para uma população de palmeiras-do-mar reduzir de 100 para menos de 20 indivíduos?

até o ponto em que elas não conseguem persistir. Essas espécies são chamadas de **espécies fugitivas**, porque precisam se dispersar de um local para outro conforme as condições ambientais se alteram.

Robert Paine descreveu como distúrbios periódicos permitem que uma espécie fugitiva de alga, a palmeira-do-mar (*Postelsia palmaeformis*), coexista competitivamente com a espécie dominante, o mexilhão *Mytilus californianus*. A palmeira-do-mar é uma alga parda que vive na zona entremarés e precisa se fixar a uma rocha para crescer. Ela compete com os mexilhões por um espaço para se fixar. Apesar de a palmeira-do-mar poder sobrepujar um indivíduo de mexilhão (crescendo sobre ele), ela acaba sendo deslocada por outros mexilhões que crescem ao lado. A competição com mexilhões causa, ao longo do tempo, a diminuição da população de palmeiras-do-mar (**Figura 12.16**). Consequentemente, se a competição seguir o curso natural, os mexilhões levarão a população de palmeiras-do-mar à extinção. É exatamente isso que acontece nas linhas de costa com nível baixo de distúrbio (com uma média de 1,7 distúrbio por ano), nas quais as ondas apenas ocasionalmente removem fragmentos de mexilhões das rochas. Contudo, as palmeiras-do-mar só conseguem perdurar em áreas da linha de costa onde ondas de grande força removem os mexilhões com mais frequência (com uma média de 7,7 distúrbios por ano), criando assim aberturas temporárias para o estabelecimento da palmeira-do-mar. Similarmente, nos ecossistemas como savanas ou campos, nos quais determinados vegetais ou animais dependem de queimadas periódicas para diminuir a abundância de um competidor superior, os distúrbios evitam que a competição siga o curso natural, promovendo a coexistência de espécies.

A evolução por seleção natural pode alterar o resultado da competição

Quando duas espécies competem por recursos, a seleção natural pode favorecer indivíduos cujo fenótipo (1) lhes possibilita serem competidores superiores ou (2) lhes permite dividir os recursos disponíveis, reduzindo, assim, a intensidade da competição. Em princípio, então, a competição tem o potencial de causar mudanças evolutivas, e a evolução tem o potencial de alterar o resultado da competição. Essa ação recíproca entre competição e evolução pode ser observada tanto por meio de experimentos quanto por meio de observações no campo.

Inversão competitiva Pimentel e colaboradores estudaram o efeito da seleção natural em duas espécies de moscas competidoras, a mosca-doméstica (*Musca domestica*) e a mosca-varejeira (*Lucilia sericata*) (citada como *Phaenicia sericata* em Pimentel et al., 1965). As larvas dessas espécies competem por alimentos, como carcaças de animais em decomposição, lixo, fezes de galinha, de seres humanos e de carnívoros. Moscas-domésticas e moscas-varejeiras têm ciclos de vida semelhantes (em torno de 14 dias para completar o ciclo) e podem ser criadas em

Figura 12.17 Uma inversão competitiva (A) Experimento de caixa com16 células utilizado por Pimentel e colaboradores para avaliar a competição entre moscas-domésticas e moscas-varejeiras. (B) Após um breve declínio inicial, as moscas-varejeiras superaram as moscas-domésticas no experimento. Os resultados de testes adicionais em caixas experimentais com uma única célula sugerem que a mosca-varejeira evoluiu para se tornar uma competidora melhor durante as primeiras 38 semanas do experimento com a caixa de 16 células. (Segundo Pimentel et al., 1965.)

Legendas da Figura 12.17B:
- Inicialmente a mosca-doméstica pareceu ser a competidora superior.
- Por volta da 45ª semana, a população começou a aumentar.
- Por volta da 65ª semana, a população de moscas-domésticas foi extinta.

recipientes no laboratório, o que as torna excelentes organismos para estudos.

Pimentel e colaboradores criaram moscas-domésticas em recipientes no laboratório para estudar a competição entre elas. As larvas foram alimentadas com um gel (constituído de leite em pó sem gordura, levedura de cerveja e ágar) com um grama de fígado no topo; os adultos foram alimentados com torrões de açúcar. Os pesquisadores soltaram 100 machos e 100 fêmeas de moscas-domésticas em uma extremidade de uma caixa experimental, que consistia em 16 células interligadas por tubos através dos quais as moscas poderiam transitar; o mesmo número de moscas-varejeiras foi liberado na extremidade oposta da caixa (**Figura 12.17A**). As moscas-domésticas inicialmente pareceram ser competidores superiores, aumentando rapidamente em densidade, enquanto a mosca-varejeira ficou restrita a apenas algumas células ao longo de um lado da caixa experimental. Com o passar do tempo, no entanto, essa situação mudou drasticamente: por volta da 45ª semana, a população de moscas-varejeiras começou a aumentar de tamanho; pela 55ª semana, havia mais moscas-varejeiras do que moscas-domésticas; no final da 65ª semana, as moscas-domésticas haviam sido extintas (**Figura 12.17B**).

Um pouco antes de a população de moscas-varejeiras começar a aumentar de tamanho, Pimentel e colaboradores removeram indivíduos de ambas as espécies das 16 células para testar se mudanças evolutivas haviam ocorrido. Para realizar esse teste, eles estabeleceram cinco caixas para cada um desses quatro tratamentos: (1) moscas-domésticas selvagens (recém-capturadas) competindo contra moscas-varejeiras selvagens; (2) moscas-domésticas "selvagens" competindo contra moscas-varejeiras "experimentais" (retiradas das 16 células da caixa experimental); (3) moscas-domésticas experimentais competindo contra moscas-varejeiras selvagens, e (4) moscas-domésticas experimentais competindo contra moscas-varejeiras experimentais.

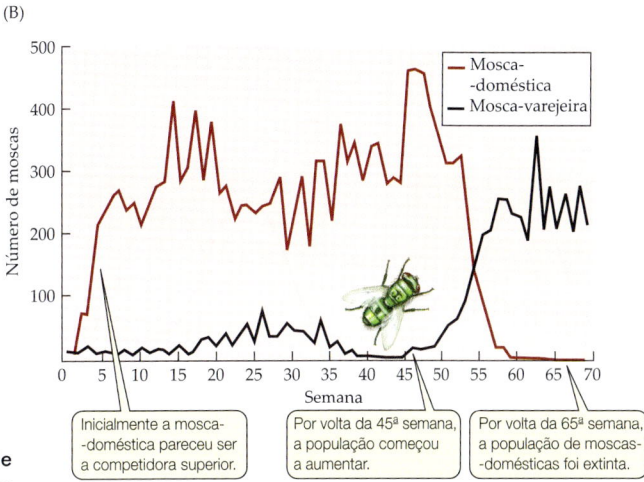

Nesse experimento, os tratamentos 3 e 4 usaram moscas-domésticas que tiveram a chance de evoluir quando em competição com as moscas-varejeiras; de modo similar, os tratamentos 2 e 4 usaram moscas-varejeiras que tiveram a chance de evoluir quando em competição com as moscas-domésticas. Os resultados mostraram que as populações de moscas-domésticas, selvagens ou experimentais, na maioria dos casos superaram as populações de moscas-varejeiras selvagens (em 7 das 10 vezes). A situação inverteu-se, no entanto, quando moscas-varejeiras experimentais foram utilizadas: suas populações sempre superaram as das moscas-domésticas (em 10 das 10 vezes). Esses resultados sugerem que as moscas-varejeiras criadas em competição com as moscas-domésticas evoluíram para se tornarem melhores competidoras, embora os mecanismos subjacentes da competição e a associação com as mudanças genéticas não sejam conhecidos.

Deslocamento de caracteres Quando espécies competem por recursos, a seleção natural pode favorecer não somente os competidores superiores, mas também aqueles cujo padrão do uso de recursos difere daquele das espécies competidoras. Por exemplo, quando duas espécies de peixes vivem separadas uma da outra (cada uma em seu lago), elas podem se alimentar de presas de tamanhos semelhantes. Se algum fator (como a dispersão) fizesse os membros dessas duas espécies viverem no mesmo lago, o uso dos recursos se sobreporia consideravelmente (**Figura 12.18A**). Nesse tipo de situação, a seleção poderia favorecer indivíduos da espécie 1 que, por sua morfologia, comem presas menores, reduzindo assim a competição com a espécie 2; de modo similar, a seleção poderia favorecer indivíduos da espécie 2 que se alimentam de presas

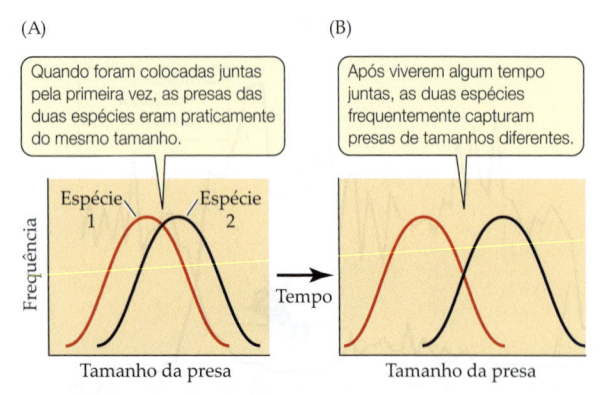

Figura 12.18 Deslocamento de caracteres A competição por recursos pode tornar as espécies competidoras mais diferentes entre si ao longo do tempo. Imagine que duas espécies de peixes que viviam separadas e tendiam a se alimentar de presas de tamanhos semelhantes sejam colocadas juntas no mesmo lago. (A) Quando as duas espécies são colocadas juntas pela primeira vez, existe uma considerável sobreposição nos recursos utilizados por elas. (B) Com a interação entre as duas espécies ao longo do tempo, suas formas podem evoluir de tal modo que tendam a capturar presas de tamanhos diferentes.

maiores, reduzindo assim a competição com a espécie 1. Ao longo do tempo, essas pressões de seleção poderiam provocar a evolução da espécie 1 e da espécie 2, tornando-as mais desiguais quando vivem juntas do que quando vivem separadas (**Figura 12.18B**). Esse processo ilustra o **deslocamento de caracteres**, que ocorre quando a competição causa a evolução de fenótipos das espécies competidoras, tornando-as mais distintas ao longo do tempo.

O deslocamento de caracteres parece ter ocorrido em duas espécies de tentilhão do arquipélago de Galápagos. Especificamente, os tamanhos dos bicos das duas espécies, e, portanto, ao tamanho das sementes que essas aves comem, são mais diferentes nas ilhas onde elas vivem juntas do que nas ilhas onde vive apenas uma das espécies (**Figura 12.19**). Observações de campo sugerem que essas duas espécies de tentilhão provavelmente diferem quando vivem juntas, por causa da competição e não por outros fatores como diferenças no suprimento de alimento (Schluter et al., 1985; Grant e Grant, 2006).

Dados que sugerem o deslocamento de caracteres também foram observados em plantas, sapos, peixes, lagartos, aves e caranguejos: em cada um desses grupos, existem pares de espécies que se distinguem mais quando vivem juntas do que quando vivem separadas. Contudo, são necessárias evidências adicionais para formularmos um argumento forte de que as diferenças são resultado da competição (em oposição a outros fatores). Fortes evidências para o papel do deslocamento de caracteres podem vir de experimentos projetados para testar se a competição ocorre e se ela tem efeito seletivo sobre a morfologia. Esses experimentos foram conduzidos com esgana-gatas, grupo de peixes do gênero *Gasterosteus* que variam sua morfologia de modo mais acentuado quando espécies diferentes vivem no mesmo lago (Schluter, 1994). Os resultados indicaram que os indivíduos cuja

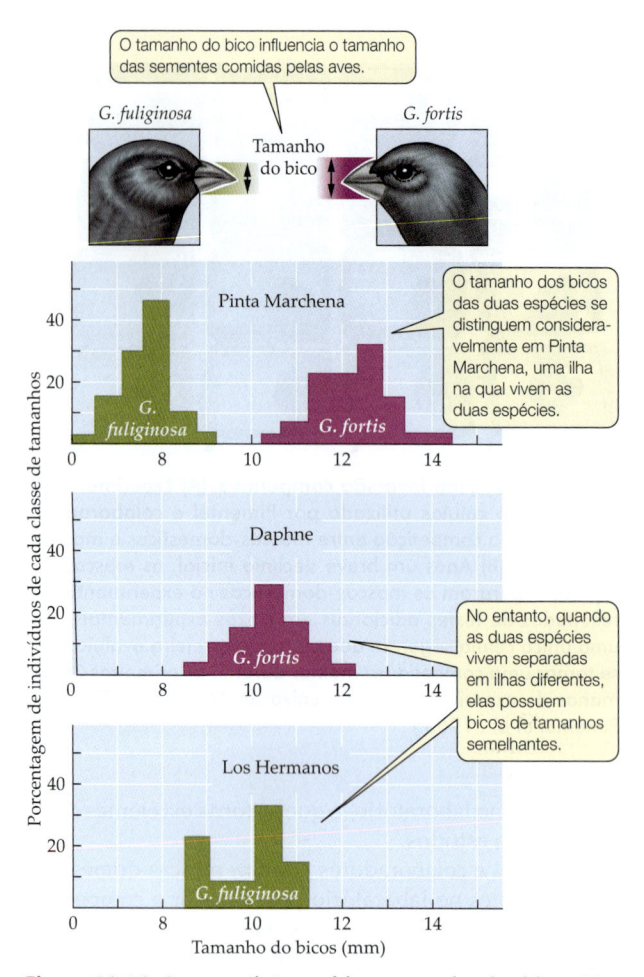

Figura 12.19 A competição molda o tamanho dos bicos Nas ilhas que abrigam as duas espécies de tentilhões de Galápagos, *Geospiza fuliginosa* e *G. fortis*, a competição pode ter tido um efeito seletivo sobre o tamanho dos bicos. (Segundo Lack, 1947b.)

morfologia diferiu mais em relação à de seus competidores tiveram uma vantagem seletiva: eles cresceram mais rapidamente do que os indivíduos cuja morfologia era mais semelhante à de seus competidores. Suporte para o deslocamento de caracteres também tem sido encontrado em experimentos de campo com girinos de sapo-pé-de-espada (Pfennig et al., 2007) e em experimentos de laboratório com a bactéria *Escherichia coli* (Tyerman et al., 2008). Em cada um desses estudos, os resultados experimentais sugerem que as diferenças morfológicas observadas foram causadas pela competição – isto é, que o deslocamento de caracteres ocorreu.

ESTUDO DE CASO REVISITADO
Competição em plantas carnívoras

Em plantas, a competição no solo pode ser intensa, especialmente em solos pobres em nutrientes (ver Figura 12.5). As plantas carnívoras vivem nesses solos, e seu sistema de raízes em geral é menos desenvolvido do que o de suas vizinhas não carnívoras. Como visto no Estudo de Caso, essas observações sugerem que as plantas carnívoras podem ser competidoras menos eficientes pelos nutrientes do solo e, por isso, podem depender do consumo de animais para obter os nutrientes necessários para seu crescimento. Também sugerem que as plantas carnívoras seriam afetadas negativamente por competição no solo, se sua fonte de nutrientes única e alternativa lhes fosse negada (presas animais).

Quando estudou o efeito da competição nas plantas-jarro (*Sarracenia alata*) (ver Figura 12.2), Stephen Brewer realizou um experimento com quatro tratamentos: (1) plantas não carnívoras próximas (vizinhas) foram podadas e capinadas (para reduzir a competição), e os jarros foram deixados abertos (permitindo a captura de presas animais por *S. alata*); (2) plantas vizinhas foram podadas e capinadas, e os jarros foram cobertos (privando *S. alata* de predar animais); (3) plantas vizinhas foram deixadas intactas, e os jarros foram cobertos, e (4) plantas vizinhas foram deixadas intactas, e os jarros ficaram abertos (controle).

Ao contrário do esperado, se a competição por nutrientes fosse importante, *S. alata* teria sido duramente atingida quando teve seus jarros cobertos e as plantas vizinhas foram deixadas intactas. De fato, quando as vizinhas foram deixadas intactas, *S. alata* teve praticamente a mesma taxa de crescimento, independentemente de ter tido acesso a presas ou não. Além disso, *S. alata* não aumentou a produção de raízes ou jarros quando as vizinhas estavam intactas e seus jarros cobertos. Coletivamente, esses resultados sugerem que entre *S. alata* e plantas não carnívoras existe uma competição relativamente pequena pelos nutrientes do solo.

A competição por luz pareceu ser mais importante para *S. alata*. Brewer constatou que as vizinhas reduziram a disponibilidade de luz para *S. alata* em 90%. Quando sombreada pelas vizinhas, *S. alata* apresentou uma resposta de crescimento de evitação à sombra: aumentando a altura e o volume dos jarros. Além disso, é importante lembrar que a redução das vizinhas aumentou consideravelmente as taxas de crescimento em *S. alata*, mas apenas quando as plantas-jarro puderam capturar presas (ver Figura 12.2). Desse modo, a privação de presas reduziu a capacidade de crescimento das plantas-jarro mesmo com o aumento da disponibilidade de luz e a redução de competidores. Por fim, Brewer observou que, quando os jarros foram cobertos e as plantas vizinhas foram deixadas intactas, as diferenças naturais de luz disponível para as plantas carnívoras não causaram efeito sobre suas taxas de crescimento (**Figura 12.20**). Em plantas que tiveram acesso a presas, no entanto, as taxas de crescimento aumentaram à medida que aumentava a disponibilidade de luz. Como consequência, da mesma forma que ocorreu quando as vizinhas foram reduzidas, *S. alata* respondeu ao aumento dos níveis de luminosidade quando as vizinhas foram deixadas intactas crescendo mais rapidamente – porém, apenas quando o acesso a presas estava disponível para suprir os nutrientes extras necessários para tal crescimento.

No geral, parece que *S. alata* compete com as vizinhas por luz, mas evita a competição por nutrientes do solo,

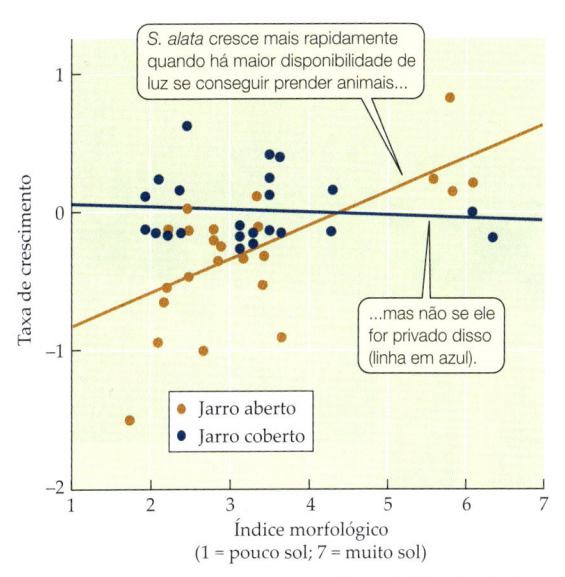

Figura 12.20 Interação entre a disponibilidade de luz e presas A planta-jarro *Sarracenia alata* cresce mais rapidamente com maior disponibilidade de luz, mas somente quando os jarros estão abertos, permitindo que elas predem animais e assim obtenham os nutrientes necessários para dar suporte ao rápido crescimento. (Segundo Brewer, 2003.)

consumindo animais e utilizando mudanças nos níveis de luminosidade como um estímulo para crescer. Quando os níveis de luminosidade estão baixos, como nos casos em que está sombreada por seus competidores, *S. alata* cresce pouco e, por isso, necessita de poucos nutrientes. Nesse tipo de situação, a privação de presas tem pouco efeito porque a planta não precisa de nutrientes extras. Quando os níveis de luminosidade são altos, no entanto, como ocorreria após uma queimada ou quando menos competidores estão presentes, *S. alata* é estimulada a crescer. Sob essas circunstâncias, a privação de presas tem efeito maior, pois *S. alata* depende da maioria dos nutrientes obtidos das presas para seu crescimento.

CONEXÕES NA NATUREZA
O paradoxo da diversidade

Como vimos, alguns dados de campo mostram que os competidores superiores podem levar os competidores inferiores à extinção, exatamente o que o princípio da exclusão competitiva estabelece e o que deve acontecer quando duas ou mais espécies utilizam o mesmo conjunto de recursos limitantes. Comunidades naturais, no entanto, contêm muitas espécies que partilham o uso de um recurso escasso sem levar as outras à extinção. As plantas-jarro, por exemplo, convivem com um diversificado grupo de outras espécies (**Figura 12.21**) mesmo sendo competidoras inferiores pelos nutrientes do solo. No contexto dos experimentos de Brewer sobre plantas carnívoras, reconsideraremos por que competidores superiores nem sempre conduzem competidores inferiores à extinção.

Figura 12.21 A coexistência em um ambiente pobre em nutrientes A planta-jarro (*Sarracenia alata*), vista em aumento na figura à esquerda, coexiste com plantas não carnívoras que podem superá-la na competição tanto por nutrientes quanto por luz. (Foto da paisagem cortesia de Chase Bailey.)

O conceito de partição de recursos sugere que certo número de espécies poderia coexistir em ambientes pobres em nutrientes se estas evitarem a competição por nutrientes escassos e adquiri-los de maneiras diferentes. Essa ideia ajudou a motivar o estudo de Brewer: ele queria saber se as diferenças nas médias de obtenção de nutrientes poderiam explicar a coexistência de plantas carnívoras e não carnívoras. Para verificar isso, Brewer privou as plantas carnívoras de sua única fonte de nutrientes (presas animais), aumentando, assim, a sobreposição entre as formas de obtenção de nutrientes de plantas carnívoras e não carnívoras. Se a competição por nutrientes fosse importante, as plantas-jarro privadas de presas animais deveriam ter experimentado efeitos competitivos mais drásticos ou deveriam ter compensado a baixa disponibilidade de nutrientes aumentando a produção de jarros e raízes. Nenhum desses resultados ocorreu. Então, Brewer procurou outras explicações para a coexistência de espécies.

Como veremos no Conceito 19.1, a variação ambiental fornece um segundo mecanismo para a coexistência de espécies em comunidades: se as condições ambientais variarem ao longo do espaço ou do tempo (ou ambos), as espécies poderão coexistir, desde que sejam competidoras superiores sob diferentes condições ambientais. O exemplo das rubiáceas (gênero *Galium*) (discutido na p. 273) ilustra como as diferenças no solo podem alterar o resultado da competição, promovendo assim a coexistência em ambientes que variam ao longo do espaço. Com respeito à variação ao longo do tempo, um competidor inferior pode persistir quando a competição não consegue seguir o curso natural. Considere uma espécie como a palmeira-do-mar (ver p. 286), que é uma competidora inferior, mas tolera bem distúrbios. Essa espécie pode persistir se um distúrbio periodicamente "zerar o relógio" e diminuir a abundância de um competidor superior, antes que este leve o competidor inferior à extinção. Tal cenário também pode ser aplicado à planta-jarro *S. alata*. O hábitat em que ela vive é propenso a queimadas; *S. alata* tolera bem o fogo e usa as mudanças na luminosidade como um estímulo para crescer. Como resultado, ela cresce principalmente quando os competidores são reduzidos pela ação do fogo. Essa estratégia de crescimento pode permitir que *S. alata* escape da competição por nutrientes, reduzindo sua demanda por nutrientes escassos quando a competição é potencialmente mais intensa (ou seja, em anos sem fogo) e aumentando sua demanda por nutrientes quando a competição é menor (anos com fogo).

RESUMO

CONCEITO 12.1 A competição ocorre entre indivíduos de duas espécies que partilham um recurso que limita seu crescimento, sobrevivência ou reprodução.

- Organismos competem por recursos como alimento, água, luz e espaço, os quais podem ser consumidos ou utilizados até seu esgotamento.
- Quando organismos competem, eles reduzem a disponibilidade de recursos.
- Se a disponibilidade de um recurso se tornar suficientemente baixa, a intensidade da competição pode aumentar.
- A competição por recursos é comum – embora não onipresente – em comunidades naturais.

CONCEITO 12.2 A competição, tanto direta quanto indireta, pode limitar a distribuição e a abundância das espécies competidoras.

- A forma mais comum de competição é a competição por exploração, que ocorre quando espécies competem indiretamente enquanto partilham o uso de um recurso limitante. Outra forma de competição, chamada de competição por interferência, ocorre quando as espécies competem diretamente pelo acesso aos recursos.
- A competição frequentemente é assimétrica, afetando um competidor mais do que o outro.
- A competição pode ocorrer entre espécies íntima ou remotamente relacionadas.
- A competição pode determinar a abundância das espécies competidoras.

RESUMO (continuação)

- A competição pode determinar tanto onde as espécies vivem em um hábitat determinado quanto a amplitude de sua distribuição geográfica.

CONCEITO 12.3 **As espécies competidoras têm mais probabilidade de coexistir quando utilizam os recursos de maneiras diferentes.**

- O princípio da exclusão competitiva estabelece: espécies competidoras que utilizam o mesmo recurso limitante da mesma maneira não podem coexistir.
- Estudos de campo revelaram muitos exemplos de partição de recursos, nos quais espécies competidoras usam um ou mais recursos partilhados de formas diferentes.
- Lotka e Volterra modelaram os efeitos da competição modificando a equação logística.
- As análises gráficas do modelo de competição de Lotka-Volterra sugerem um aprimoramento do princípio de exclusão competitiva: quanto mais semelhantes forem no seu uso de recursos duas espécies competidoras, mais provável que uma leve a outra à extinção.

CONCEITO 12.4 **O resultado da competição pode ser alterado por condições ambientais, interações de espécies, distúrbios e evolução.**

- O resultado da competição pode ser alterado por mudanças nas condições físicas do ambiente, ou por mudanças na interação dos competidores com outras espécies.
- Distúrbios periódicos que removem um competidor superior podem permitir que um competidor inferior persista.
- A mudança evolutiva dentro de uma população de um competidor inferior que permite que este se torne um competidor melhor pode inverter o resultado da competição.
- No deslocamento de caracteres, a competição causa a evolução dos fenótipos das espécies competidoras, tornando-as mais distintas entre si ao longo do tempo e dessa forma reduzindo a intensidade da competição.

Questões de revisão

1. Explique a diferença entre um recurso e uma característica do ambiente, tal como temperatura ou salinidade.
2. Espécies vegetais necessitam de nitrogênio para crescer e se reproduzir. Considere a aplicação de uma única dose de fertilizante rico em nitrogênio em um solo pobre em nitrogênio e arenoso, onde duas espécies de plantas são encontradas. Preveja como a intensidade da competição pelo nitrogênio do solo mudará ao longo do tempo (e explique sua previsão).
3. Liste quatro características gerais da competição descritas no Conceito 12.2 e dê um exemplo de cada uma.
4. Como descrito no Conceito 12.3, experimentos de laboratório, observações de campo e modelos matemáticos vêm sendo utilizados para explicar por que as espécies competidoras coexistem em algumas situações, mas não em outras.
    a. A partir de *cada uma* dessas três abordagens, descreva um resultado que ajude a explicar quando espécies competidoras são mais prováveis de coexistir. Levando-se em consideração esses três tipos de abordagens para o estudo da competição, eles fornecem explicações diferentes ou semelhantes de por que a coexistência ocorre em alguns casos e em outros não?
    b. Se $\alpha = 0{,}8$, $\beta = 1{,}6$, $N_1 = 140$ e $N_2 = 230$, os indivíduos da espécie 1 ou da espécie 2 estão causando um efeito maior sobre a taxa de crescimento da espécie 2?
    c. Com base nas análises gráficas do modelo de competição de Lotka-Volterra, avalie a seguinte afirmação: Se $\alpha < \beta$, a espécie 1 vai sempre levar a espécie 2 à extinção. Explique sua resposta.
5. Suponha que, em 20 campos, cada um contenha uma população de plantas da espécie 1, uma população da espécie 2 ou uma população de ambas as espécies. As espécies 1 e 2 são conhecidas por competirem uma com a outra. Cada campo está separado dos outros por áreas em que nenhuma das espécies 1 e 2 pode crescer ou sobreviver.
    a. Cite três possíveis razões pelas quais os campos possuem diferentes combinações das duas espécies de plantas.
    b. Descreva um experimento que ajudaria na avaliação de uma ou mais das razões citadas por você.

MATERIAL DA INTERNET (em inglês)
sites.sinauer.com/ecology3e

O *site* inclui o resumo dos capítulos, testes, *flashcards* e termos-chave, sugestão de leituras, um glossário completo e a Revisão Estatística. Além disso, os seguintes recursos estão disponíveis para este capítulo:

Exercício Prático: Solucionando Problemas
12.1 Se você não pode vencê-los e não pode se juntar a eles, vá embora: deslocamento de caracteres induzido por competição

Saiba Mais
12.1 Partição de recursos do lagarto *Anolis*
12.2 Como a competição deve ser modelada?
12.3 O que os coeficientes α e β representam em competição?
12.4 Análise de isóclinas
12.5 Obtendo as condições de coexistência do modelo de competição de Lotka-Volterra

13 Predação e herbivoria

CONCEITOS-CHAVE

CONCEITO 13.1 A maioria dos predadores tem dietas amplas, ao passo que a maioria dos herbívoros tem dietas relativamente restritas.

CONCEITO 13.2 Os organismos desenvolveram uma ampla gama de adaptações que os ajudam a obter alimento e a evitar que se tornem presas.

CONCEITO 13.3 A predação e a herbivoria podem afetar muito as comunidades ecológicas, às vezes transformando um tipo de comunidade em outro.

CONCEITO 13.4 Ciclos populacionais podem ser causados por interações exploratórias.

Os ciclos da lebre-americana: Estudo de Caso

Em 1899, um comerciante de peles de Ontário, no Canadá, relatou para a Companhia Hudson's Bay: "Os índios estão trazendo poucas caças. Eles passaram fome durante toda primavera. Os coelhos estão escassos" (Winterhalder, 1980). As "caças" referem-se a peles de castores e outros animais com peles de valor comercial, capturados por membros da tribo Ojibwa, já os "coelhos" referem-se na verdade a lebres-americanas (*Lepus americanus*) (**Figura 13.1**). Combinados, 200 anos de tais relatórios mostraram que as populações de lebre haviam aumentado e diminuído regularmente. Quando as lebres eram abundantes, os Ojibwa tinham comida suficiente para gastar seu tempo caçando peles, as quais comercializavam com a Companhia Hudson's Bay. Contudo, quando as lebres estavam escassas, os membros da tribo concentravam-se em buscar alimento, em vez de caçar animais que forneciam pele, mas pouca carne.

No início de 1900, biólogos da vida selvagem usaram os registros cuidadosos da Companhia Hudson's Bay para estimar a abundância de lebres-americanas e de seu predador, o lince-canadense (*Lynx canadensis*). Ambas as espécies exibiram ciclos populacionais regulares, com abundâncias atingindo o pico máximo a cada 10 anos e em seguida caindo para níveis mais baixos (**Figura 13.2A**). As lebres-americanas constituem a maior porção da dieta dos linces, logo, não era de se surpreender que o número de linces variasse conforme o número de lebres. No entanto, o que causou as flutuações cíclicas na população de lebres? Somando-se ao mistério, os tamanhos das populações de lebres aumentavam e diminuíam em sincronia ao longo de amplas regiões da floresta Canadense, de modo que as explicações sobre os ciclos populacionais das lebres também tiveram que contemplar a explicação dessa sincronia.

Uma abordagem para identificar a causa dos ciclos populacionais das lebres é documentar as mudanças nas taxas de natalidade, mortalidade e dispersão associadas ao aumento ou à redução do número de lebres. A dispersão tem um papel relativamente pequeno: pode alterar os tamanhos de populacionais locais, mas as lebres não se deslocam o suficiente para causar mudanças simultâneas em sua abundância ao longo de extensas regiões geográficas. Por outro lado, padrões consistentes das taxas de natalidade e mortalidade foram encontrados ao longo de diferentes regiões do Canadá. As lebres-americanas podem ter entre três e quatro ninhadas durante o verão, com média de cinco filhotes por ninhada. As taxas de

Figura 13.1 Predador e presa Uma lebre-americana (*Lepus americanus*) foge de seu predador especialista, o lince-canadense (*Lynx canadensis*).

Capítulo 13 • Predação e herbivoria   293

Uma segunda hipótese concentra-se na predação. Muitas lebres (até 95% daquelas que morrem) são mortas por predadores como linces, coiotes e aves de rapina. Além disso, linces e coiotes matam mais lebres por dia durante as fases de pico e declínio do ciclo do que durante a fase de aumento populacional. Contudo, as perguntas permanecem. A morte de lebres por predadores explica a queda nas taxas de sobrevivência à medida que há declínio do número de indivíduos, mas por si só não explica (1) por que as taxas de natalidade das lebres caem durante a fase de declínio do ciclo ou (2) por que algumas vezes o número de lebres se recupera lentamente após a queda no número de predadores. Também não explica outras observações, como por que a condição física das lebres piora à medida que sua população diminui. Quais outros fatores estão atuando?

Introdução

Mais da metade das espécies do Planeta sobrevive alimentando-se de outras espécies. Algumas matam outros organismos e então os comem, enquanto outras "pastejam" organismos vivos alimentando-se de seus tecidos ou líquidos internos. Como veremos, essas milhões de espécies interagem de várias formas com os organismos dos quais se alimentam. Porém, todas essas interações compartilham uma característica em comum: elas são todas formas de **exploração**, um tipo de interação +/– em que os indivíduos de determinada espécie se alimentam de outra espécie, prejudicando diretamente os membros desta última.

No decorrer deste capítulo e do próximo, consideraremos três grandes categorias de organismos que prejudicam os organismos dos quais se alimentam: herbívoros, predadores e parasitas (**Figura 13.3**). Um **herbívoro** consome os tecidos ou os líquidos internos de plantas vivas ou algas. Um **predador** mata e come outros organismos, classificados como suas **presas**. Um *parasita* em geral vive dentro ou na superfície de outro organismo (o *hospedeiro*), alimentando-se de partes do hospedeiro, como tecidos ou líquidos corporais. Os parasitas prejudicam os organismos dos quais se alimentam, mas dificilmente os matam; alguns parasitas (chamados de *patógenos*) causam doenças. Parasitas solitários em geral alimentam-se apenas de um ou alguns indivíduos hospedeiros.

Essas definições parecem simples, e fica fácil pensar em exemplos: um inseto que come as folhas de uma planta, um leão que mata e come uma zebra, uma tênia que rouba os nutrientes do alimento digerido por um cão. Contudo, o mundo natural desafia essa categorização simples. Um inseto que passa a vida inteira se alimentando das folhas de uma única árvore é herbívoro, parasita ou ambos? Ou considere os herbívoros típicos, as ovelhas: elas obtêm a maior parte de seu alimento das plantas, mas também são conhecidas por comer filhotes de aves que nidificam no chão. Inversamente, predadores podem agir como herbívoros: lobos, por exemplo, podem comer bagas, nozes e folhas. E alguns organismos não se encaixam em nenhuma categoria. **Parasitoides** são insetos que normalmente colocam um ou alguns ovos em outro inseto (o hospedeiro)

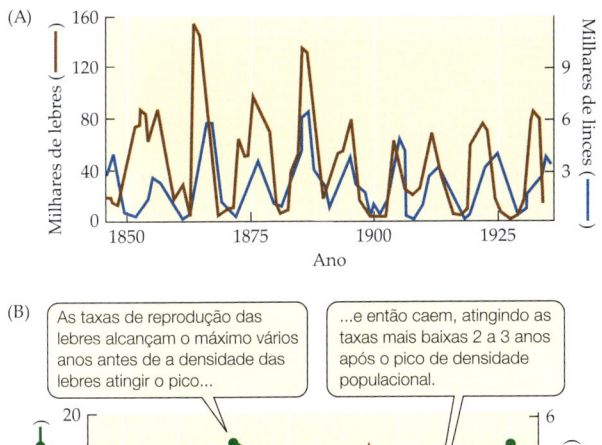

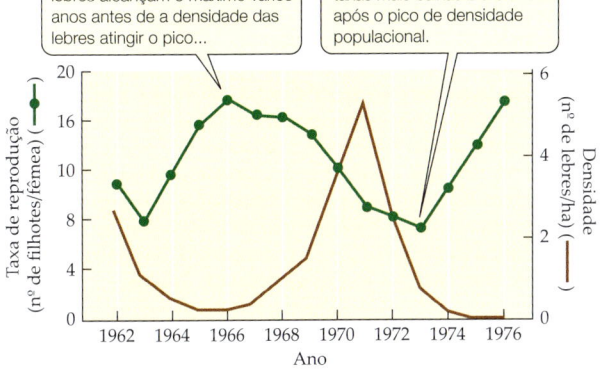

Figura 13.2 Ciclos populacionais e taxas de reprodução das lebres (A) Os dados históricos de captura da Companhia Hudson's Bay indicam que os números de lebres e linces flutuam em ciclos de 10 anos. (B) As maiores taxas de reprodução das lebres não coincidem com suas maiores densidades populacionais. (B segundo Cary e Keith, 1979.)

> Em (A), o pico de abundância de uma espécie em geral ocorre após o pico de abundância de outras espécies? Descreva o padrão observado e desenvolva uma hipótese de por que ele pode ocorrer.

reprodução das lebres atingem os níveis mais altos (cerca de 18 filhotes/fêmea) vários anos antes de atingir a população máxima. Após, as taxas de reprodução começam a cair, atingindo os níveis mais baixos entre 2 e 3 anos após os picos de densidade (**Figura 13.2B**). As taxas de sobrevivência das lebres mostram um padrão semelhante: elas são as maiores por vários anos, antes de atingir os picos populacionais, então a densidade cai e não aumenta novamente por vários anos após os picos populacionais.

Juntas, as mudanças nas taxas de natalidade e sobrevivência ao longo do tempo governam o ciclo populacional das lebres. Contudo, por que essas taxas mudam? Muitas hipóteses foram propostas, uma delas com ênfase nos estoques de alimento. Grandes quantidades de lebres consomem quantias prodigiosas de vegetação, e estudos mostraram que o alimento pode ser um fator limitante em picos de densidades de lebres (até 2.300 lebres/km²). Duas observações, no entanto, indicam que o alimento por si só não determina o ciclo populacional das lebres: primeiro porque algumas populações em declínio não sofrem com a falta de alimento, e segundo porque a adição experimental de alimento de alta qualidade não impede o declínio das populações de lebres.

(A) Herbivoria

(B) Hábito carnívoro

(C) Parasitismo

Figura 13.3 Três maneiras de se alimentar de outros organismos (A) Herbívoros como zebras se alimentam de gramíneas, folhas ou outras partes de plantas. (B) Algumas larvas de libélula são carnívoras que predam e se alimentam de outros animais. Essa larva está comendo um pequeno peixe esgana-gato. (C) Esse isópode marinho é um parasita que se fixou e está se alimentando dos tecidos de seu hospedeiro, um peixe-santo (*Paranthias furcifer*) dos recifes de coral do Caribe.

(**Figura 13.4**). Após a eclosão de seus ovos, as larvas do parasitoide permanecem no hospedeiro, o qual comem e com frequência matam. Os parasitoides podem ser considerados um tipo incomum de parasita (pois consomem a maior parte dos hospedeiros, quase sempre os matando) ou um tipo incomum de predador (pois no curso de suas vidas eles comem somente um indivíduo hospedeiro, matando-o lentamente).

Apesar dessas e de outras complicações, abordaremos nos Capítulos 13 e 14 a rica diversidade de interações exploratórias existentes em torno dos três tipos básicos: predação, herbivoria e parasitismo. Este capítulo tem como foco predadores e herbívoros, e o próximo, parasitas e patógenos. Começaremos explorando alguns aspectos da história natural de predadores e herbívoros.

múltiplas gerações de parasitas vivem no mesmo indivíduo hospedeiro, o que faz aumentar a probabilidade deles apresentarem adaptações aos hospedeiros do que a maioria dos

> Quando totalmente desenvolvida, a vespa emerge do afídeo (agora morto) por este buraco de saída.

CONCEITO 13.1

A maioria dos predadores tem dietas amplas, ao passo que a maioria dos herbívoros tem dietas relativamente restritas.

Predadores e herbívoros

Este capítulo trata de predadores e herbívoros, mas não de parasitas, por várias razões. Parasitas em geral passam suas vidas inteiras em um único hospedeiro e se alimentam dele, enquanto predadores e herbívoros costumam se alimentar de vários indivíduos diferentes. Em muitos casos,

Figura 13.4 Os parasitoides são predadores ou parasitas? Parasitoides como a vespa *Aphidius colemani*, mostrada aqui depositando um ovo em um afídeo, podem ser considerados predadores incomuns porque, durante sua vida, eles se alimentam e lentamente matam uma única presa. Os parasitoides também podem ser vistos como parasitas incomuns por comer o hospedeiro parcial ou inteiramente, levando-o à morte.

predadores e herbívoros. Finalmente, alguns parasitas são patógenos e possuem uma dinâmica suficientemente diferente para merecer uma atenção especial.

Embora compartilhem algumas similaridades, predadores e herbívoros também diferem bastante entre si. A diferença mais óbvia é que predadores invariavelmente matam as presas, enquanto herbívoros costumam não matar as plantas das quais se alimentam, ao menos não imediatamente. Aqui, no entanto, também existem algumas exceções. Herbívoros que se alimentam de sementes podem ser considerados predadores: cada semente contém um indivíduo único geneticamente que é morto quando a semente é comida. Como veremos mais adiante, alguns herbívoros podem devastar a vegetação de regiões inteiras, causando a morte de muitas plantas.

Inicialmente, forneceremos uma visão geral de como os predadores obtêm comida e do que se alimentam; após, prosseguiremos com uma discussão similar em relação aos herbívoros.

Alguns predadores saem em busca de suas presas, outros sentam e esperam

Muitos predadores forrageiam por todo o seu hábitat, movendo-se em busca da presa. Exemplos de espécies que caçam dessa maneira incluem lobos, tubarões e falcões. Outros predadores, chamados de **predadores "senta-e-espera"**, permanecem em um local e atacam a presa que se mova a uma distância que possibilite o ataque (como fazem moreias e filtradores como cracas) ou utilizam armadilhas (como a teia da aranha ou as folhas modificadas das plantas carnívoras).

Em qualquer caso, os predadores tendem a concentrar seus esforços em áreas que forneçam presas em abundância. Aves que se alimentam de insetos abandonam locais com poucas presas para forragear em locais em que há mais alimento disponível. Alcateias seguem as migrações sazonais dos rebanhos de alces. Predadores senta-e-espera, incluindo aranhas, mudam-se mais seguidamente de áreas onde as presas são escassas para áreas onde as presas são mais abundantes. Como resultado, as áreas com mais presas também têm mais teias de aranha.

Muitos predadores têm dietas amplas

A maioria dos predadores escolhe a presa de acordo com sua disponibilidade, sem demonstrar preferência por qualquer espécie de presa em particular. Pode ser dito que um predador mostra preferência por determinada espécie de presa quando se alimenta com maior frequência dessa espécie do que seria esperado com base na disponibilidade de presas. Alguns predadores mostram uma forte preferência por certas espécies de presas; nesse sentido, podem ser considerados *predadores especialistas*. Linces e coiotes, por exemplo, predam mais lebres do que seria esperado, levando-se em consideração sua disponibilidade; mesmo quando representam apenas 20% do alimento disponível, as lebres constituem entre 60 e 80% da dieta de linces e coiotes.

Alguns predadores concentram o forrageio na presa que estiver mais abundante. Quando os pesquisadores

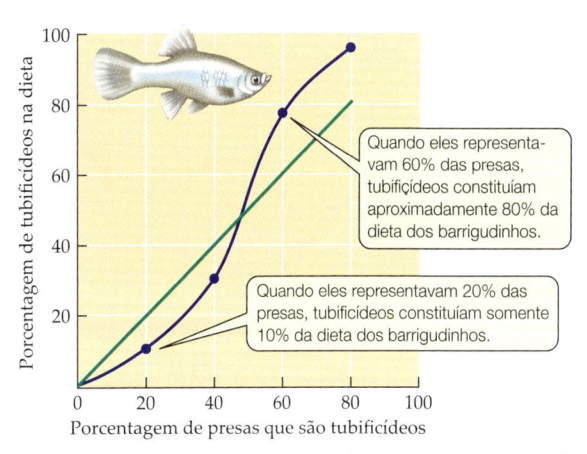

Figura 13.5 Um predador que muda para a presa mais abundante Os barrigudinhos concentraram seus esforços de forrageio na espécie de presa mais comum em seu hábitat: tubifícideos (vermes aquáticos) ou moscas-das-frutas. A linha verde no gráfico indica os resultados que seriam esperados, caso os barrigudinhos tivessem capturado os tubifícideos de acordo com sua disponibilidade (em vez de trocarem para as espécies em maior abundância). (Segundo Murdoch et al., 1975.)

forneceram dois tipos de presas aos barrigudinhos (*guppies*), como moscas-das-frutas (que flutuam na superfície da água) e tubifícideos (vermes aquáticos encontrados no fundo), esses peixes comeram quantidades desproporcionais de qualquer presa que estivesse mais abundante (**Figura 13.5**). Predadores como os barrigudinhos que se concentram na presa mais abundante tendem a trocar de uma espécie de presa para outra. Essa troca deve ocorrer porque o predador forma uma imagem de busca do tipo de presa mais comum e então tende a se orientar por ela em busca de sua presa, ou porque o aprendizado lhe possibilita ser cada vez mais eficiente na captura do tipo de presa mais comum. Como vimos no Conceito 8.2, em alguns casos, predadores mudam de um tipo de presa para outro de acordo com as previsões da teoria do forrageio ótimo.

Muitos herbívoros se especializam em determinadas partes das plantas

As plantas têm estrutura simples, com três órgãos principais (raízes, caules e folhas) ligados uns aos outros por um sistema condutor (xilema e floema) que transporta água e nutrientes. A produção de sementes ocorre em folhas modificadas (como as flores das espermatófitas). Com esse plano corporal simples como sua fonte de alimento, herbívoros podem ser agrupados de acordo com qual parte da planta se alimentam. Alguns herbívoros que são grandes em relação a sua fonte de alimento comem todas as partes da planta acima do solo. A maioria dos herbívoros, no entanto, especializa-se em determinadas partes, como folhas, caules, raízes, sementes ou líquidos internos (p. ex., seiva contendo nutrientes).

Mais herbívoros consomem folhas do que qualquer outra parte vegetal. As folhas são abundantes e estão disponíveis durante todo o ano em muitos lugares; elas também são mais nutritivas do que outras partes das plantas

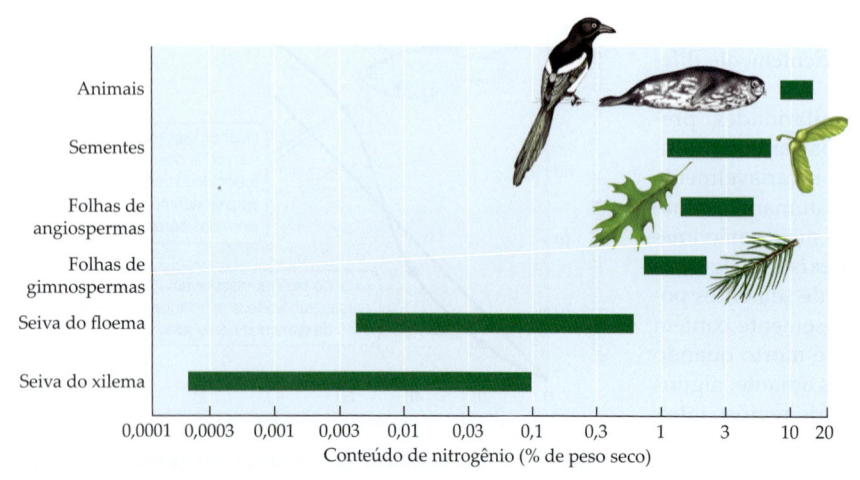

Figura 13.6 O conteúdo de nitrogênio varia consideravelmente entre as partes das plantas O nitrogênio é um componente essencial da dieta de qualquer animal. As folhas tendem a ter a maior concentração de nitrogênio do que qualquer outra parte da planta, com exceção das sementes. Comparando com as concentrações presentes nos animais, as concentrações de nitrogênio nas plantas são baixas. (Segundo Mattson, 1980.)

(com exceção das sementes) (**Figura 13.6**). Os herbívoros que se alimentam de folhas variam desde grandes pastadores, como veados e girafas, a gafanhotos e peixes herbívoros, e minúsculos "mineradores de folhas", como larvas de moscas que entram em folhas e as comem a partir de seu interior. Por removerem tecidos fotossintéticos, os herbívoros comedores de folhas podem reduzir o crescimento, a sobrevivência ou a reprodução das plantas das quais se alimentam.

A herbivoria sob o solo também pode ter efeitos importantes sobre as plantas, como ilustrado pela redução de 40% no crescimento de indivíduos de tremoço (gênero *Lupinus*) após três meses de herbivoria das raízes pela lagarta da mariposa *Hepialus californicus*. De modo semelhante, os herbívoros que se alimentam de sementes podem exercer grandes efeitos sobre o sucesso reprodutivo das plantas, algumas vezes reduzindo-o a zero. Os efeitos causados pelos herbívoros que se alimentam dos líquidos internos das plantas nem sempre são óbvios (porque as partes visíveis da planta não são removidas), mas podem ser igualmente consideráveis. Por exemplo, Dixon (1971) mostrou que, apesar de o pulgão-do-limoeiro (*Eucallipterus tiliae*) não ter reduzido o crescimento das partes aéreas dos limoeiros durante o ano de infestação, as raízes das árvores infestadas com pulgões não cresceram naquele ano. Um ano depois, a produção de folhas teve uma queda de 40%.

A maioria dos herbívoros tem dietas relativamente restritas

Enquanto os predadores comem uma vasta gama de espécies de presas, a maioria dos herbívoros se alimenta de um conjunto comparativamente restrito de espécies vegetais. Essa afirmação é verdadeira principalmente em função dos insetos: existe um grande número de espécies de insetos herbívoros, e a maioria vive em (ou se alimenta de) apenas uma (ou algumas) espécie(s) de planta(s). Por exemplo, a maioria das espécies de moscas da família Agromyzidae, cujas larvas são mineradoras de folhas, alimenta-se de apenas uma ou algumas espécies vegetais (**Figura 13.7**). Resultados semelhantes foram encontrados para os besouros comedores de folhas do gênero *Blepharida*: de 37 espécies desses besouros, 25 alimentam-se de uma única espécie vegetal, 10 alimentam-se de 2 a 4 espécies vegetais, e 2 alimentam-se de uma série mais ampla de plantas (12-14 espécies) (Becerra, 2007).

No entanto, existem inúmeros exemplos de herbívoros que se alimentam de muitas espécies vegetais. Gafanhotos, por exemplo, alimentam-se de uma vasta gama de espécies vegetais, e, entre as mineradoras de folhas mostradas na Figura 13.7, diversas espécies comem mais de 10 plantas diferentes. Grandes herbívoros, como os veados, em geral trocam de uma árvore ou um arbusto para outro; além disso, alimentam-se de todas ou quase todas as partes aéreas de plantas herbáceas. O caracol-maçã-dourada (*Pomacea canaliculata*) é um generalista voraz, capaz de remover todas as plantas grandes de áreas úmidas; o caracol então sobrevive comendo algas e detritos.

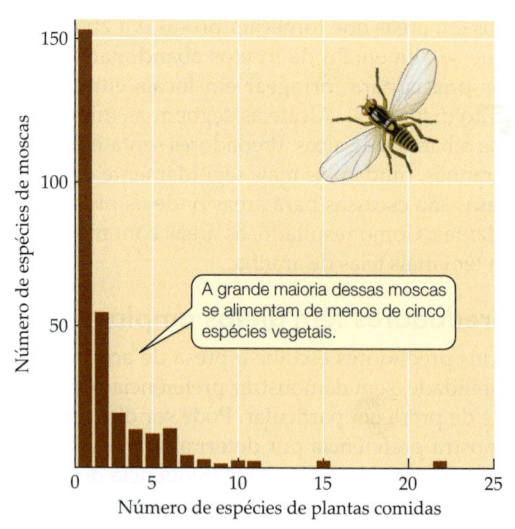

Figura 13.7 A maioria das moscas da família Agromyzidae tem dietas restritas As larvas de moscas da família Agromyzidae são mineradoras, vivendo dentro de folhas e alimentando-se do tecido foliar. (Segundo Spencer, 1972.)

> Usando os dados do gráfico, faça uma estimativa aproximada do percentual de espécies de moscas da família Agromyzidae que se alimentam de menos de cinco espécies de plantas hospedeiras.

Agora que já examinamos várias características gerais da predação e da herbivoria, exploraremos algumas dessas características em mais detalhes. Começaremos focalizando as adaptações encontradas nos predadores, nos herbívoros e nos organismos dos quais eles se alimentam.

CONCEITO 13.2
Os organismos desenvolveram uma ampla gama de adaptações que os ajudam a obter alimento e a evitar que se tornem presas.

Adaptações às interações exploratórias

Entre os desafios que enfrenta, um organismo deve obter seu alimento enquanto luta para não se tornar alimento de outro organismo. Esse drama contínuo resultou na evolução de uma fascinante série de mecanismos de defesa nas presas e nos vegetais – assim como novas maneiras de transpor essas defesas em predadores e herbívoros.

Predadores e herbívoros exercem forte seleção sobre suas presas

A vida na Terra mudou radicalmente há cerca de 530 milhões de anos com o aparecimento dos primeiros predadores macroscópicos (organismos suficientemente grandes para serem visíveis a olho nu). Antes dessa época, os oceanos eram dominados por organismos de corpo mole. No entanto, alguns milhões de anos após a evolução dos primeiros grandes predadores, muitas presas haviam desenvolvido defesas formidáveis, como armaduras e espinhos. Esse aumento expressivo nas defesas ocorreu porque os predadores exerceram uma forte pressão de seleção sobre suas presas: se as presas não estão bem protegidas, elas morrem. Embora a herbivoria geralmente não resulte na morte das plantas, herbívoros também exercem forte seleção sobre elas. Abordaremos agora a grande diversidade de mecanismos de defesa que evoluiu em resposta à predação e à herbivoria.

Escapando de predadores: defesas físicas, toxinas, mimetismo e comportamento Muitas espécies de presas têm características físicas que reduzem suas chances de serem mortas por predadores. Tais defesas físicas incluem o tamanho grande (p. ex., elefantes), um corpo projetado

Figura 13.8 Adaptações contra a predação As presas desenvolveram uma ampla gama de mecanismos para escapar de predadores, incluindo: (A) características físicas, como a armadura do pangolim da África do Sul (*Manis temmenicki*); (B) toxinas, anunciadas por cores de advertência, como as desse nudibrânquio (*Hypselodoris bullockii*); (C) cripsia ou camuflagem, como neste gafanhoto (*Typophyllum* sp.), que se mistura com as folhas de sua planta hospedeira, e (D) mimetismo, como neste verme achatado (*Bipalium everetii*) que se assemelha a uma cobra.

para movimentos rápidos e ágeis (p. ex., gazelas) e armadura corporal (p. ex., caracóis e mamíferos blindados, como o pangolim na **Figura 13.8A**).

Outras espécies usam venenos para se defender de predadores. As espécies que contêm toxinas poderosas muitas vezes são coloridas (**Figura 13.8B**). Tal **coloração de advertência** (**aposematismo**) pode fornecer proteção contra predadores, que podem instintivamente evitar presas de cores vibrantes, ou aprender pela experiência a não comê-las.

Outras espécies de presas utilizam o **mimetismo** como uma defesa: assemelhando-se a organismos menos palatáveis ou a características físicas do meio, eles confundem potenciais predadores mimetizando alguma coisa menos desejável para comer. Existem muitas formas de mimetismo. Algumas espécies têm uma forma ou coloração que fornece camuflagem, o que lhes permite evitar a detecção por predadores (**Figura 13.8C**); essa forma de mimetismo é chamada de **cripsia** (de *cryptic*, "escondido"). Outras espécies de presas usam o mimetismo como uma forma de "propaganda enganosa": sua forma e coloração imitam as de uma espécie que é feroz ou que contém uma toxina potente (**Figura 13.8D**). Por fim, muitas espécies de presas mudam seu comportamento quando os predadores estão presentes. Quando os predadores são abundantes, lebres, como os alces descritos no Conceito 8.2, forrageiam menos em áreas abertas (onde são mais vulneráveis a ataques).

Quando ameaçados, bois-almiscarados formam um círculo defensivo, o que os torna um alvo difícil (ver Figura 8.19).

Em alguns casos, pode haver uma compensação (*trade-off*)* entre diferentes tipos de defesas. Por exemplo, entre as quatro espécies de caracóis marinhos consumidas pelo caranguejo-verde (*Carcinus maenas*), as espécies cujas conchas poderiam ser esmagadas mais rapidamente pelos caranguejos refugiaram-se mais depressa assim que eles foram detectados (**Figura 13.9**). A correlação negativa exata entre resistir ao esmagamento e evitar o predador sugere que pode haver uma compensação entre as defesas físicas e comportamentais de um caracol.

Reduzindo a herbivoria: evitação, tolerância e defesas

Algumas plantas evitam a herbivoria produzindo um grande número de sementes em alguns anos e poucas ou nenhuma semente em outros anos. Por exemplo, até cem anos podem se passar entre eventos de produção de sementes, como no florescimento massivo de bambus na China. Esse fenômeno, conhecido como *produção massiva de sementes (masting)*, permite que as plantas evitem herbívoros que comem sementes e prevaleçam em números absolutos. As plantas também podem evitar os herbívoros de outras maneiras, produzindo folhas em uma época do ano em que os herbívoros são escassos, por exemplo.

Outras plantas têm crescimento adaptativo como resposta à herbivoria, que lhes permite compensar e consequentemente tolerar seus efeitos – ao menos até certo ponto. A **compensação** (*compensation*)* ocorre quando a remoção de tecidos da planta estimula a produção de novos tecidos, permitindo a substituição relativamente rápida do material comido por herbívoros. Quando ocorre *compensação completa*, a herbivoria não causa qualquer prejuízo à planta. A compensação pode ocorrer, por exemplo, quando a remoção de tecidos das folhas diminui o autossombreamento, resultando no aumento do crescimento da planta, ou quando ocorre a remoção das gemas apicais (aquelas localizadas na extremidade dos galhos e ramos), permitindo que as gemas inferiores se abram e cresçam. As faias (árvores do gênero *Fagus*) respondem à herbivoria simulada (poda) aumentando sua produção de folhas e sua taxa fotossintética. Da mesma forma, níveis moderados a elevados de herbivoria podem beneficiar a genciana-do-campo (*Gentianella campestris*) em algumas circunstâncias (**Figura 13.10**). Nesse caso, o período em que ocorre a herbivoria é

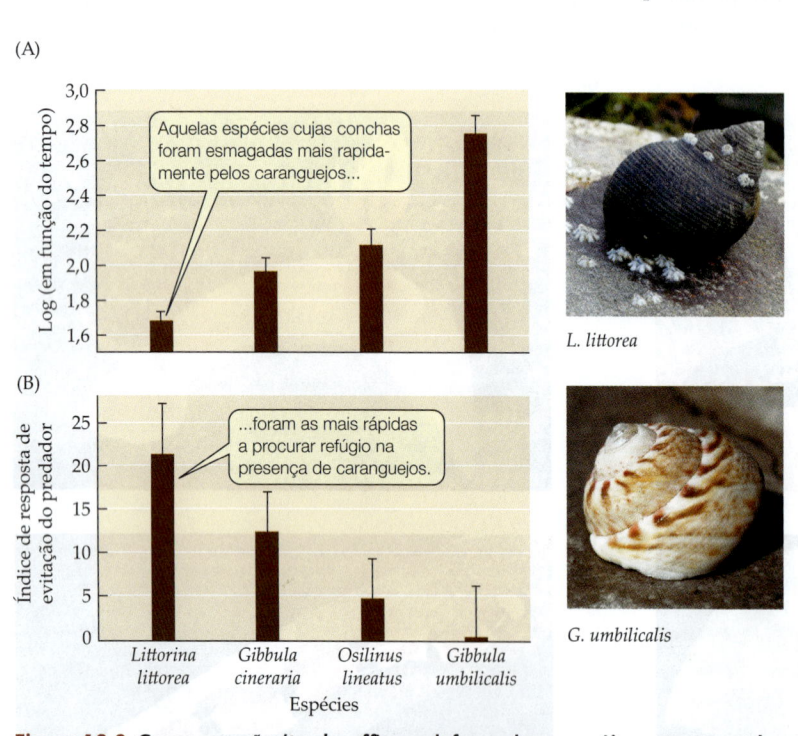

Figura 13.9 Compensação (*trade-off*) nas defesas dos caracóis contra a predação dos caranguejos (A) Tempo levado por caranguejos-verdes (*Carcinus maenas*) para esmagar as conchas de cada uma das quatro espécies de caracóis. (B) Índice da intensidade de resposta de evitação do predador de cada uma das quatro espécies de caracóis; valores maiores indicam uma resposta comportamental mais rápida contra os caranguejos. As barras de erro mostram um erro-padrão da média. (Segundo Cotton et al., 2004.)

---

*N. de R. T. Os termos compensação (*compensation*) e compensação (*trade-off*) têm diferentes definições que podem ser encontradas no Glossário (p. 625).

por muitas comunidades vegetais deixa isso muito claro: as folhas de muitas plantas são duras, e muitas plantas são cobertas com espinhos acúleos, pontas afiadas ou tricomas nocivos (quase invisíveis) que podem perfurar a pele. Em alguns casos, tais estruturas são uma **defesa induzida** (estimulada pela herbivoria), como ilustrado por um indivíduo de cactos que aumenta sua produção de espinhos somente após ter sido pastejado (Myers e Bazely, 1991).

As plantas produzem uma grande diversidade de substâncias químicas, chamadas de **compostos secundários**, que agem para reduzir a herbivoria. Alguns compostos secundários são tóxicos, protegendo a planta de todos os herbívoros, mas não de um pequeno número de espécies tolerantes a esses compostos. Outros servem como estímulos químicos que atraem predadores ou parasitoides para as plantas, onde atacam herbívoros (Schnee et al., 2006).

Algumas espécies de plantas, como carvalhos, produzem compostos secundários de maneira constante, independentemente de terem sido atacadas. Em outras espécies, a produção de compostos secundários é caracterizada como uma defesa induzida. Por exemplo, quando atacada por herbívoros, uma espécie de tabaco da América do Norte (*Nicotiana attenuata*) produz defesas induzidas: compostos secundários tóxicos que inibem os herbívoros diretamente, e compostos voláteis que os herbívoros indiretamente, atraindo predadores e parasitoides. Atuando juntas, essas defesas são muito eficazes na redução das perdas de tecido para os herbívoros. Em um experimento, a aplicação nos caules de *N. attenuata* de compostos normalmente induzidos pelo ataque de herbívoros causou a queda em mais de 90% no número de herbívoros nas folhas dessas plantas (Kessler e Baldwin, 2001).

A diversidade de defesas anti-herbivoria observada em plantas sugere que os herbívoros exercem um papel considerável na seleção em populações vegetais. Vários estudos recentes têm testado essa afirmação. Por exemplo, em uma experiência com duração de cinco gerações de plantas, Züst e colaboradores (2012) testaram a hipótese de que os afídeos herbívoros causam evolução por seleção natural em populações da planta anual *Arabidopsis thaliana*, uma pequena herbácea da família Brassicaceae que com frequência é utilizada em experimentos de laboratório e estudos genéticos. Eles começaram o experimento com misturas iguais de 27 diferentes genótipos de *A. thaliana* obtidos de populações naturais (**Figura 13.11A**). Em geral, qualquer genótipo da planta expressa um subconjunto do arsenal químico completo da espécie; coletivamente, no entanto, os 27 genótipos utilizados nesse estudo foram escolhidos para representar toda a diversidade de defesas químicas de *A. thaliana*.

Züst e colaboradores constataram que a alimentação por afídeos reduziu o tamanho médio da planta em até 82%, em comparação com um tratamento sem afídeos (controle), indicando que a herbivoria tem seu custo. No entanto, eles também constataram que os tamanhos

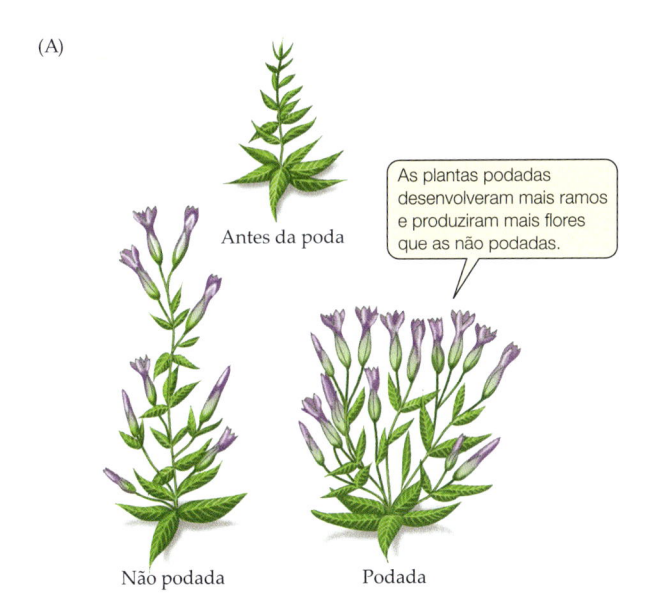

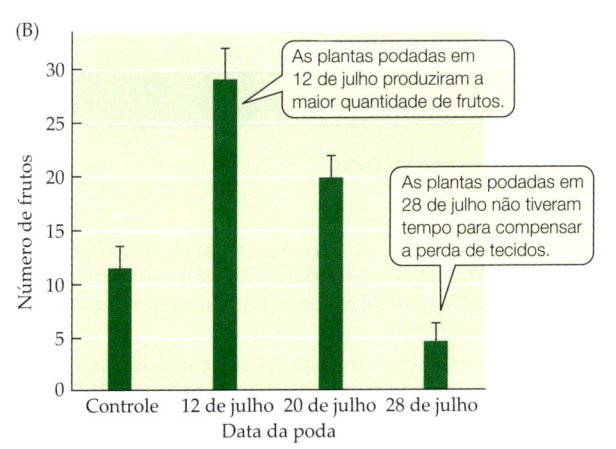

Figura 13.10 Compensação (*compensation*) para herbivoria As gencianas-do-campo (*Gentianella campestris*) foram podadas durante momentos diferentes da estação de crescimento para simular a herbivoria. (A) O formato e a produção de flores em plantas podadas e não podadas (controle). (B) Número de frutos produzidos por plantas-controle e pelas plantas podadas em diferentes datas. As barras de erro mostram um erro-padrão da média. (Segundo Lennartsson et al., 1998.)

? Quantos frutos você esperaria que fossem produzidos por uma planta que compensa totalmente a perda de tecidos gerada pela poda? Explique seu raciocínio.

crítico: se ocorrer no início da estação de crescimento (até 20 de julho), a planta compensa em sua totalidade o tecido perdido, mas se ocorrer mais tarde na estação (28 de julho), isso não acontece. Se a quantidade de material removido de genciana-do-campo, ou de qualquer outra planta, foi suficientemente grande, ou se os recursos disponíveis forem insuficientes para o crescimento, a planta pode não compensar totalmente o dano.

Por fim, as plantas usam uma enorme gama de defesas físicas e químicas para repelir os herbívoros (Pellmyr et al., 2002; Agrawal e Fishbein, 2006). Um passeio

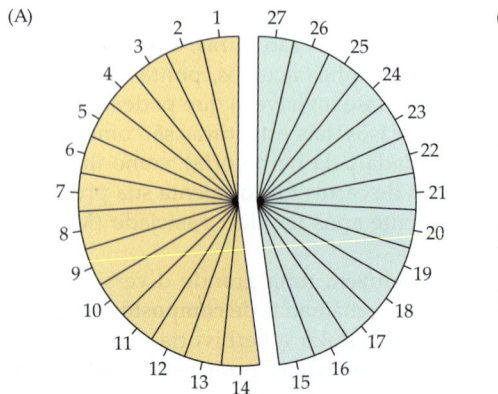

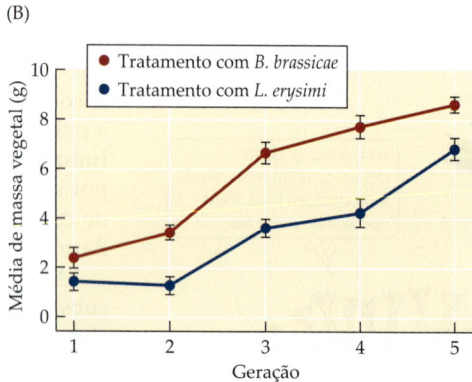

Figura 13.11 A herbivoria causa a evolução em populações vegetais? (A) Esse gráfico circular mostra as proporções equivalentes de 27 genótipos de *Arabidopsis thaliana* utilizados no início de um experimento para testar a hipótese de que a herbivoria por afídeos causou a evolução em populações vegetais experimentais. A cor laranja indica genótipos de plantas que produzem compostos defensivos com cadeias laterais de três carbonos (compostos defensivos 3C), enquanto a cor verde indica genótipos que produzem compostos defensivos com cadeias laterais de quatro carbonos (compostos defensivos 4C). (B) A massa média das plantas de *A. thaliana* aumentou de geração para geração, indicando a evolução adaptativa em populações de plantas. As barras de erro mostram ± um erro-padrão da média. (Segundo Züst et al., 2012.)

ANÁLISE DE DADOS 13.1

Espécies diferentes de herbívoros selecionam genótipos diferentes de plantas?

Como estudante de pós-graduação, Tobias Züst (Züst et al., 2012)* analisou como a herbivoria por afídeos afetou a evolução em populações vegetais. Seis réplicas de populações da planta anual *Arabidopsis thaliana* foram estabelecidas para cada um dos três tratamentos experimentais: um controle (sem afídeos), um com herbivoria pelo afídeo *Brevicoryne brassicae*, e outro com herbivoria pelo afídeo *Lipaphis erysimi*. Cada população replicada foi iniciada a partir de 27 genótipos naturais, e as plantas foram cultivadas em densidades elevadas (mais de 8.000 plantas/m²) em cada um dos três tratamentos.

No início do experimento, cada população replicada continha proporções iguais dos 27 genótipos de plantas (ver Figura 13.11A). O experimento foi conduzido por cinco gerações. No final do experimento, foram determinadas as frequências de todos os genótipos sobreviventes.

A tabela mostra as frequências médias dos genótipos das plantas no final do experimento de seleção; além dos genótipos mostrados aqui, os genótipos 12, 14 e 21 ocorreram em frequências baixas (menos de 1,5%) em um ou dois tratamentos. Os genótipos que não sobreviveram não são mostrados na tabela.

1. No total, quantas populações vegetais foram estabelecidas neste experimento? Em cada uma dessas populações, qual foi a frequência inicial de cada genótipo de planta?

2. Ocorreu evolução nas populações-controle? Se sim, qual fator ou fatores podem ter causado a evolução por seleção natural nessas populações? Explique suas respostas.

3. A evolução ocorreu nas populações-controle expostas aos afídeos herbívoros? Se sim, qual fator ou fatores podem ter causado a evolução por seleção natural nessas populações? Explique suas respostas.

4. Compare os resultados dos tratamentos com *B. brassicae* e com *L. erysimi*, enfatizando se a seleção favoreceu os genótipos que produzem os compostos defensivos 3C ou 4C (ver Figura 13.11A). Até que ponto os genótipos de plantas favorecidos pela seleção diferem entre esses dois tratamentos?

* Züst, T., C. Heichinger, U. Grossniklaus, R. Harrington, D. J. Kliebenstein e L. A. Turnbull. 2012. Natural enemies drive geographical variation in plant defenses. *Science* 338: 116-119.

Tratamento	Frequência (%) dos genótipos das plantas sobreviventes												
	1	2	3	4	5	6	8	9	10	15	16	22	25	27
Controle	0,7	4,9	0	2,8	0	42,3	2,8	8,5	6,3	0	1,4	1,4	26,1	0,7
B. brassicae	2,8	3,5	0	0,7	0,7	0	0	9,9	3,5	1,4	2,1	1,4	67,4	2,8
L. erysimi	0,7	0	5,6	0	9,7	0	0	63,2	4,2	9,7	0	0,7	6,3	0

médios das plantas expostas a afídeos aumentaram de forma constante ao longo do curso do experimento (**Figura 13.11B**), sugerindo que uma evolução adaptativa rápida pode ter ocorrido nessas populações. Esses aumentos no tamanho médio da planta foram associados a mudanças consideráveis na composição genotípica das populações vegetais. Por exemplo, 10 genótipos de plantas foram perdidos completamente, e diferentes espécies de afídeos selecionadas para diferentes genótipos de plantas. Em **Análise de Dados 13.1**, você pode explorar a extensão dos efeitos causados por diferentes espécies de afídeos em diferentes genótipos de plantas e de que forma essas plantas foram favorecidas pela seleção natural. No geral, os resultados de Züst e colaboradores fornecem clara evidência experimental de que os herbívoros podem causar a evolução por seleção natural em populações vegetais.

Predadores e herbívoros possuem adaptações para superar as defesas de seus organismos alimentares

Como acabamos de ver, predadores e herbívoros podem exercer forte pressão de seleção em presas e plantas alimentares, o que pode levar ao aperfeiçoamento das defesas desses organismos. Essas melhorias, por sua vez, impõem forte pressão sobre predadores e herbívoros – esses organismos precisam se alimentar, e uma espécie vegetal ou presa bem defendida pode fornecer uma fonte de alimento abundante para qualquer espécie capaz de superar essas defesas. Evidência de aumento na capacidade de predadores e herbívoros de combater as defesas de seus organismos alimentares pode ser encontrada ao longo da história da vida na Terra; aqui consideramos apenas alguns exemplos específicos.

Adaptações para captura de presas: características físicas, toxinas, mimetismo e desintoxicação Para qualquer mecanismo de defesa utilizado pela presa, em geral existe um predador com mecanismo de contra-ataque. Presas crípticas, por exemplo, podem ser detectadas por um predador que utilize os sentidos do tato ou olfato.

Muitos predadores têm características físicas incomuns que os ajudam a capturar presas. A forma do corpo do guepardo, por exemplo, permite grandes explosões de velocidade, as quais possibilitam que capture gazelas e outras presas velozes. Em outro exemplo, a maioria das serpentes pode engolir presas que são consideravelmente maiores que suas cabeças (**Figura 13.12**). De modo diferente de outros vertebrados terrestres, os ossos do crânio de uma serpente não são rigidamente ligados uns aos outros. Essa característica única permite que a serpente abra as mandíbulas a uma amplitude aparentemente impossível. Dentes curvos fixados a ossos que podem se mover para dentro ajudam a puxar as presas garganta abaixo. Uma pessoa com adaptações similares seria capaz de engolir uma melancia inteira.

Enquanto alguns predadores dependem principalmente de sua estrutura física, outros subjugam suas presas com veneno (p. ex., aranhas venenosas). Outros ainda usam mimetismo: percevejos, o peixe-escorpião e muitos outros predadores se misturam tão bem ao ambiente que as presas só os percebem quando já é tarde demais. Alguns predadores têm características induzíveis que melhoram sua capacidade de se alimentar de certas presas. O predador protista ciliado *Lembadion bullinum* possui um tipo de ataque induzível: os indivíduos gradualmente ajustam seus tamanhos para corresponder ao tamanho da presa disponível. Assim, se um ciliado é pequeno, mas as presas disponíveis em seu ambiente são grandes, ele aumenta seu tamanho. Da mesma forma, se um ciliado é grande, mas as presas disponíveis são pequenas, ele diminui seu tamanho. Finalmente, alguns predadores se desintoxicam ou toleram defesas químicas de suas presas, como mostra o exemplo a seguir.

A serpente-de-garter (*Thamnophis sirtalis*) é a única predadora conhecida que se alimenta do tritão-de-pele-rugosa (*Taricha granulosa*). Em algumas de suas populações,

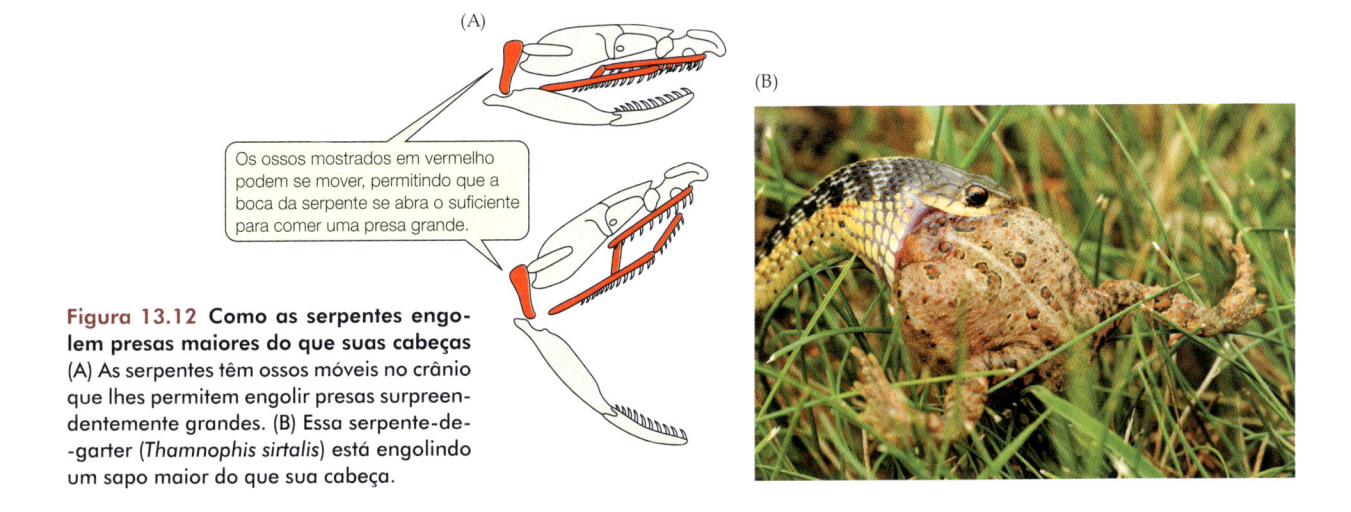

Figura 13.12 Como as serpentes engolem presas maiores do que suas cabeças (A) As serpentes têm ossos móveis no crânio que lhes permitem engolir presas surpreendentemente grandes. (B) Essa serpente-de-garter (*Thamnophis sirtalis*) está engolindo um sapo maior do que sua cabeça.

Os ossos mostrados em vermelho podem se mover, permitindo que a boca da serpente se abra o suficiente para comer uma presa grande.

a pele desse tritão contém grandes quantidades de tetrodotoxina (TTX), uma neurotoxina extremamente potente. A TTX liga-se aos canais de sódio dos tecidos nervosos e musculares, impedindo assim a transmissão do sinal nervoso, causando paralisia e morte. Um único tritão pode conter TTX suficiente para matar 25 mil camundongos – mais do que suficiente para matar uma pessoa, como ficou tragicamente claro em 1979 quando um homem de 29 anos morreu após se arriscar a comer um tritão de pele rugosa.

Em algumas populações, no entanto, as serpentes-de-garter podem comer tritões de pele rugosa porque conseguem tolerar a TTX. Essas serpentes têm canais de sódio resistentes à TTX (Geffeney et al., 2005). Embora essas serpentes sejam protegidas contra os efeitos letais da TTX, aqueles indivíduos que toleram concentrações mais elevadas de TTX se movem mais lentamente do que os indivíduos menos resistentes – uma compensação (*trade-off*) entre a tolerância ao veneno e a velocidade de locomoção. Além disso, tão logo as serpentes engulam um tritão venenoso, elas permanecem imobilizadas por até 7 horas. Durante esse período, as serpentes colocam-se em uma situação vulnerável à predação e também podem sofrer com estresse térmico.

Superando as defesas vegetais: adaptações estruturais, químicas e comportamentais As defesas utilizadas pelas plantas impedem que a maioria dos herbívoros coma grande parte delas. Contudo, para cada espécie de planta determinada, há herbívoros que conseguem superar seus mecanismos de defesa. Uma planta coberta por espinhos pode ser atacada por um herbívoro capaz de evitá-los ou tolerá-los. Muitos herbívoros desenvolveram enzimas digestivas que lhes permitem neutralizar ou tolerar mecanismos de defesas químicas vegetais. Esses herbívoros possuem considerável vantagem: podem comer plantas que os outros herbívoros não podem e, assim, ter acesso a um recurso alimentar abundante.

Para finalizar, alguns herbívoros utilizam respostas comportamentais para evitar uma defesa vegetal até então eficaz. Por exemplo, alguns besouros usam uma resposta comportamental para lidar com as defesas de plantas tropicais do gênero *Bursera*. Essas plantas combinam a produção de compostos secundários tóxicos com um sistema de liberação de alta pressão: armazenam uma resina tóxica e pegajosa em uma rede de canais distribuída em suas folhas e caules (**Figura 13.13**). Se um inseto herbívoro mastigar um desses canais, a resina é liberada da planta sobre alta pressão, possivelmente repelindo ou matando o inseto (a resina endurece ao entrar em contato com o ar; então, se o inseto for encharcado de resina, ele pode ficar preso a ela e morrer). Contudo, alguns besouros tropicais do gênero *Blepharida* desenvolveram uma estratégia contradefensiva eficaz (Becerra, 2003). Suas larvas mastigam lentamente a folha onde se localizam os canais de resina, liberando a pressão gradualmente e evitando o jato de resina da planta. Muitas vezes leva mais de 1 hora para que a larva do besouro consiga "desarmar"

Figura 13.13 A defesa da planta e a contradefesa do herbívoro Algumas plantas do gênero *Bursera* armazenam uma resina tóxica sob alta pressão nos canais das folhas. (A) Quando os herbívoros comem as folhas, eles mastigam esses canais, expelindo a resina a uma distância de até 2 m da folha. (B) As larvas de alguns besouros do gênero *Blepharida* podem desarmar essa defesa mastigando lentamente as folhas com esses canais, liberando a pressão de maneira gradual e inofensiva.

a folha dessa maneira; assim que termina esse trabalho, a larva come a folha em 10 a 20 minutos.

> **CONCEITO 13.3**
>
> A predação e a herbivoria podem afetar muito as comunidades ecológicas, às vezes transformando um tipo de comunidade em outro.

Efeitos da exploração em comunidades

Um tema geral abordado ao longo deste livro mostra que as interações ecológicas afetam as distribuições e as abundâncias das espécies que interagem. Por sua vez, esses efeitos sobre as populações podem alterar comunidades ecológicas. As consequências podem ser profundas no nível da comunidade de predação e herbivoria, em alguns casos causando grandes mudanças nos tipos de organismos encontrados em determinado local.

A exploração pode reduzir as distribuições e as abundâncias dos organismos alimentares

Todas as interações de exploração têm o potencial de reduzir o crescimento, a sobrevivência ou a reprodução dos organismos que servem de alimento. Esses efeitos podem ser dramáticos, como demonstrado no caso de um besouro comedor de folhas (*Chrysolina quadrigemina*) que rapidamente reduziu a densidade da erva-de-são-joão (*Hypericum perforatum*), uma planta invasora que é tóxica para o gado (**Figura 13.14**). Predadores e parasitoides também podem ter efeitos drásticos quando introduzidos como controle biológico de pragas. Em seis casos, as introduções de vespas que predam insetos que se alimentam de lavouras diminuíram as densidades dos herbívoros em mais de 95%, reduzindo, assim, os danos econômicos causados por essas pragas.

As distribuições e as abundâncias de organismos também podem ser alteradas pelos efeitos da predação ou da herbivoria em outras interações ecológicas. Como vimos, predadores e herbívoros podem alterar o resultado da competição (ver Conceito 12.4), afetando, dessa forma, a distribuição ou a abundância das espécies competidoras. Particularmente, um competidor inferior pode aumentar em abundância quando estiver na presença de predador ou herbívoro que diminua a abundância ou o desempenho do competidor dominante. Paine (1974) encontrou um resultado parecido: ele demonstrou que a remoção de uma estrela-do-mar (*Pisaster*) levou à extinção local de todos os invertebrados grandes, com exceção do mexilhão. O mexilhão era o competidor dominante, que, na ausência da estrela-do-mar, levou todas as espécies de grandes invertebrados à extinção.

Vejamos agora dois exemplos de como a exploração pode afetar as distribuições e as abundâncias de organismos alimentares.

Os efeitos dos predadores Lagartos *Anolis* são predadores que se alimentam de uma ampla gama de espécies de presas, incluindo aranhas. Thomas Schoener e David Spiller estudaram os efeitos dos lagartos predadores sobre suas presas aranhas nas Bahamas. Eles selecionaram 12 ilhas pequenas e as dividiram em quatro grupos de três ilhas cada, que eram semelhantes em tamanho e vegetação. Inicialmente, cada grupo possuía uma ilha com o lagarto e duas sem. Uma das duas últimas ilhas foi então escolhida ao acaso para ter dois machos e três fêmeas de lagartos adultos de *Anolis sagrei*; a outra ilha onde os lagartos inexistiam naturalmente foi deixada como controle.

Os lagartos introduzidos reduziram bastante as distribuições e as abundâncias de suas presas, as aranhas (Schoener e Spiller, 1996). Antes do experimento começar, os números de espécies de aranhas e suas densidades eram similares entre as oito ilhas sem lagartos. No entanto, ao final do experimento, a introdução de lagartos nas quatro ilhas havia reduzido os números e as densidades de espécies de aranha para os níveis encontrados nas quatro ilhas onde os lagartos estavam naturalmente presentes. A proporção das espécies de aranhas que foram extintas foi quase 13 vezes maior nas ilhas onde os lagartos foram introduzidos do que nas ilhas sem lagartos (**Figura 13.15**). Similarmente, as densidades de aranhas era seis vezes maior nas ilhas sem lagartos do que nas ilhas com lagartos (naturais ou experimentais). A introdução de lagartos reduziu as densidades das aranhas, tanto das espécies comuns quanto das raras, e a maioria das espécies

Figura 13.14 Um besouro controla uma erva nociva em pastagens A erva-de-são-joão (*Hypericum perforatum*), que envenena o gado, já cobriu por volta de 1,6 milhão de hectares de pastagens no oeste dos Estados Unidos. (A) Essa fotografia, tirada em 1949, mostra o campo completamente coberto pela erva-de-são-joão em floração. (B) O besouro *Chrysolina quadrigemina* foi introduzido em 1951, na esperança de controlar a erva-de-são-joão. Esse gráfico traça as densidades de besouros e de erva-de-são-joão (percentual de cobertura) em parcelas de 0,25 m² após a introdução do besouro. (Segundo Huffaker e Kennett, 1957.)

> **?** Explique como uma comunidade vegetal poderia mudar após o besouro *C. quadrigemina* reduzir a densidade da erva-de-são-joão.

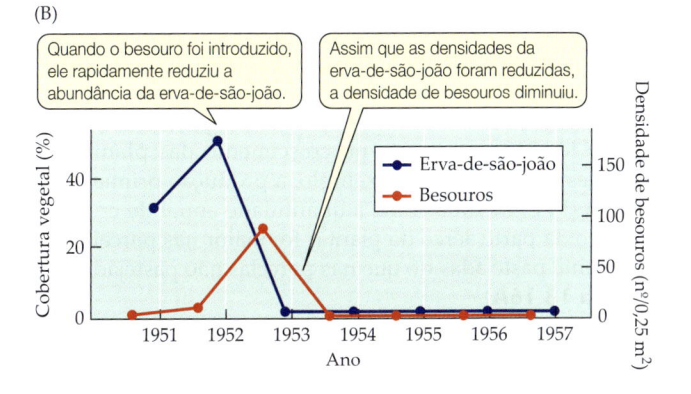

Figura 13.15 Lagartos predadores podem conduzir suas presas à extinção A introdução experimental de lagartos em pequenas ilhas das Bahamas aumentou bastante a taxa de extinção de suas presas, as aranhas. As barras de erro mostram um erro-padrão da média. A fotografia mostra Thomas Schoener em uma das ilhas de estudo. (Segundo Schoener e Spiller, 1996.)

A proporção de espécies de aranha extintas foi aproximadamente 13 vezes superior nas ilhas onde os lagartos foram introduzidos do que nas ilhas sem lagartos.

raras foi extinta. Resultados experimentais semelhantes foram obtidos em relação a besouros comidos por roedores e gafanhotos comidos por aves.

Os efeitos dos herbívoros Os gansos-da-neve (*Chen caerulescens*) migram de áreas de hibernação nos Estados Unidos para acasalar em marismas às margens da Baía de Hudson, no Canadá. Durante o verão, o ganso forrageia gramíneas e ciperáceas das marismas. Historicamente, embora os gansos removessem um volume considerável de matéria vegetal, sua presença beneficiou as marismas. O nitrogênio, um recurso limitante para o crescimento vegetal, é escasso em marismas. Enquanto comem, os gansos defecam em intervalos de poucos minutos, adicionando assim nitrogênio ao solo (o nitrogênio se move para o solo mais rapidamente a partir das fezes dos gansos do que a partir da decomposição das folhas das plantas do pântano). As plantas absorvem o nitrogênio, permitindo um crescimento rápido após terem sido pastejadas. Em geral, níveis baixos a intermediários de pastejo pelos gansos levam ao aumento no crescimento das plantas (Jefferies et al., 2003). Por exemplo, a produção primária líquida (PPL, medida como a quantidade anual de crescimento da parte aérea da planta) foi maior nas parcelas levemente pastejadas do que nas parcelas não pastejadas (**Figura 13.16A**).

Por volta de 40 anos atrás, no entanto, a situação descrita no parágrafo anterior começou a mudar. Em torno de 1970, as densidades dos gansos-da-neve começaram a crescer exponencialmente. Esse crescimento provavelmente ocorreu pelo aumento na produção agrícola nas proximidades dos locais onde os gansos passavam o inverno, proporcionando a eles um fornecimento de alimento abundante. Esse aumento expressivo na densidade de gansos não favoreceu as plantas da marisma. Os gansos removeram completamente a vegetação, mudando drasticamente a distribuição e a abundância de espécies de plantas da marisma (**Figura 13.16B**). De um total original de 54.800 hectares de marisma entremarés na região da Baía de Hudson, estima-se que os gansos tenham destruído 35% (19.200 ha). Um adicional de 30% (16.400 ha) da marisma original foi severamente danificada pelos gansos. A caça controlada (a partir de 1999) tem retardado o crescimento da população de gansos; essa estratégia pode finalmente levar à recuperação da marisma.

A exploração pode alterar as comunidades ecológicas

O trabalho de Schoener e Spiller envolvendo os efeitos dos lagartos predadores sobre as aranhas mostra que os efeitos diretos de um predador podem reduzir consideravelmente a diversidade (i.e., o número) de espécies de presas em uma comunidade. Em outros casos, um predador que elimina um competidor dominante pode (indiretamente) causar o aumento da diversidade de espécies em uma comunidade (como no exemplo da estrela-do-mar e do mexilhão). Efeitos indiretos de predadores também podem alterar comunidades ecológicas, afetando a transferência de nutrientes de um ecossistema para outro, como ilustra o estudo a seguir com raposas-do-ártico.

No final do século XIX e início do século XX, o homem introduziu as raposas-do-ártico (*Alopex lagopus*) em algumas das Ilhas Aleutas da costa do Alasca. Outras ilhas permaneceram livres da presença das raposas, ou porque as raposas nunca foram introduzidas nelas ou porque a introdução falhou. Aproveitando-se dessa experiência acidental e de grande escala, Croll e colaboradores (2005) determinaram que a introdução de raposas em uma ilha

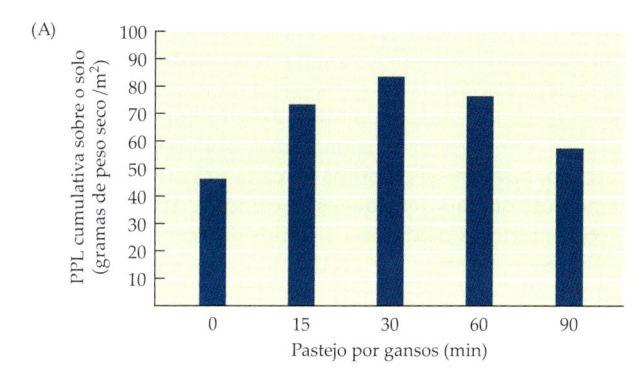

Figura 13.16 Gansos-da-neve podem beneficiar ou dizimar marismas (A) Quando ligeiramente pastejadas (em um único episódio de 15 a 90 minutos) por indivíduos jovens de gansos-da-neve, as plantas das marismas aumentaram a produção de nova biomassa por um período de 60 dias. (B) Indivíduos adultos de gansos-da-neve, no entanto, podem remover toda matéria vegetal de uma área de um metro quadrado em apenas 1 hora. O pastejo intensivo por grandes quantidades de gansos-da-neve pode converter marismas em lodaçais, como pode ser visto por meio da comparação entre esse pequeno remanescente da marisma (protegida dos gansos) e os lodaçais do entorno (marisma que foi fortemente pastejada pelos gansos). (Segundo Hik e Jefferies, 1990.)

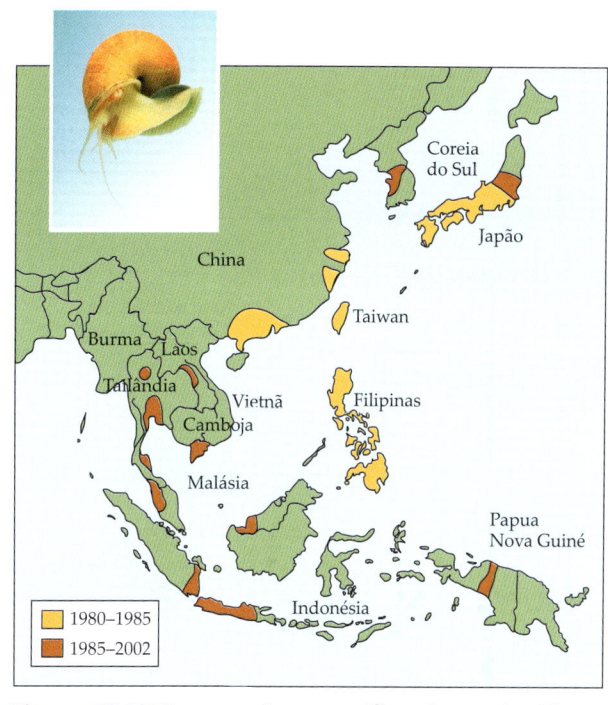

Figura 13.17 Propagação geográfica de um herbívoro aquático Desde sua introdução em Taiwan em 1980, o caracol-maçã-dourada (*Pomacea canaliculata*) espalhou-se rapidamente por todo o Sudeste da Ásia, ameaçando cultivos de arroz e espécies de plantas nativas. O mapa mostra as regiões ocupadas pelos caracóis em 1985 e 2002.

reduziu a densidade de populações reprodutivas de aves marinhas em cerca de uma centena de vezes, em média. A diminuição do número de aves marinhas, por sua vez, reduziu o aporte de guano (fezes de aves) em uma ilha de cerca de 362 para apenas 6 gramas por metro quadrado. O guano das aves, rico em fósforo e nitrogênio, transfere nutrientes do oceano (onde as aves marinhas se alimentam) para o solo. Ao reduzir a quantidade de guano que fertilizava as comunidades vegetais das ilhas (limitadas em nutrientes), a introdução de raposas causou o aumento na abundância de arbustos e ervas e a redução de gramíneas. Como resultado, a introdução de raposas teve efeito inesperado, transformando as comunidades da ilha de pastagens para comunidades caracterizadas por pequenos arbustos e ervas.

Os herbívoros também podem causar grandes efeitos. Na obra *A Origem das Espécies*, Darwin (1859) observou a velocidade com que os bosques de pinheiro-escocês substituíam os urzais após essas áreas terem sido cercadas para evitar a entrada do gado. Quando ele observou os urzais onde o gado estava presente, "olhando de perto entre os caules dos arbustos, encontrei muitas mudas e pequenas árvores, as quais têm sofrido pastoreio ininterrupto pelo gado. Em um metro quadrado (...) contei 32 pequenas árvores; e uma delas, a julgar pelo número de anéis de crescimento, tem tentado pelos últimos 26 anos, sem sucesso, se elevar acima dos caules do urzal". Darwin concluiu que as sementes dispersas das árvores localizadas nas bordas do urzal germinariam e cresceriam acima do urzal se o gado não estivesse presente. Desse modo, a existência da comunidade de urzes naquela área dependia da herbivoria.

Os herbívoros também podem causar efeitos significativos em ambientes aquáticos. O caracol-maçã-dourada foi levado da América do Sul e introduzido em Taiwan em 1980 para consumo local e exportação. O caracol escapou do cultivo e espalhou-se rapidamente pelo Sudeste Asiático (**Figura 13.17**). Sua propagação chamou a atenção de pesquisadores e órgãos governamentais, pois a espécie se mostrou uma séria praga do arroz. O caracol também foi encontrado no Havaí, ao sul dos Estados Unidos e na Austrália, e acredita-se que possa chegar a Bangladesh e à Índia (Carlsson et al., 2004).

A maioria dos caracóis de água doce se alimenta de algas, mas o caracol-maçã-dourada prefere comer plantas aquáticas, incluindo aquelas que flutuam na superfície da água e aquelas que se fixam ao fundo. No entanto, como mencionado na página 296,

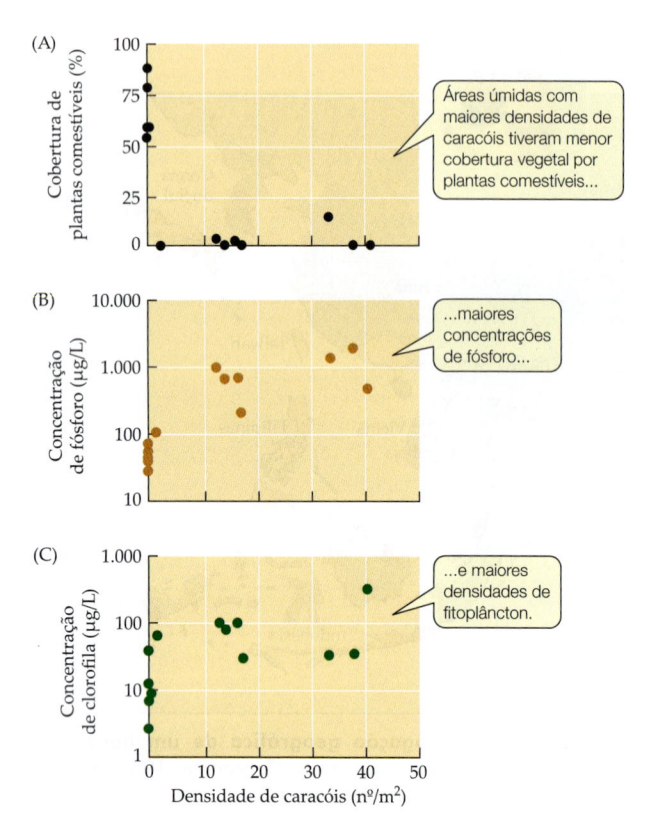

Figura 13.18 Um caracol herbívoro altera comunidades aquáticas Nils Carlsson e colaboradores avaliaram várias características de 14 áreas úmidas na Tailândia que diferiram quanto às densidades do caracol-maçã-dourada (*Pomacea canaliculata*). (A) Porcentagem das áreas úmidas cobertas por espécies de plantas comestíveis. (B) Concentrações de fósforo na água. (C) Concentrações de clorofila (um indicador de biomassa fitoplanctônica). Observe a escala logarítmica em (B) e (C). Experimentos realizados separadamente indicam que todas as tendências apresentadas aqui podem ter sido causadas pelo caracol. (Segundo Carlsson et al., 2004.)

? Em (B), compare a concentração média de fósforo entre as áreas úmidas sem caracóis e as áreas úmidas com caracóis.

caracóis-maçã-dourada são generalistas, e, se as plantas não estiverem disponíveis, eles podem sobreviver de algas e detritos. Como resultado, esses caracóis são resistentes e difíceis de eliminar.

Como primeiro passo para avaliar como o caracol afetou as comunidades naturais, Nils Carlsson e colaboradores pesquisaram 14 áreas úmidas na Tailândia com variadas densidades de caracóis. Eles descobriram que as comunidades de áreas úmidas com densidades altas de caracóis foram caracterizadas por poucas plantas, altas concentrações de nutrientes na água e uma biomassa elevada de algas e fitoplâncton (**Figura 13.18**).

Para testar se as tendências observadas em seu estudo poderiam ter sido causadas pelo caracol, Carlsson e colaboradores (2004) colocaram 24 cercados de $1 \times 1 \times 1$ m em uma área úmida com densidade baixa de caracóis. Em cada cercado, eles adicionaram em torno de 420 gramas de aguapé (*Eichhornia crassipes*), uma das espécies de plantas mais abundantes em muitas áreas úmidas do sudeste asiático. Em seguida, adicionaram 0, 2, 4 ou 6 caracóis ao cercado; haviam seis réplicas de cada um dos quatro tratamentos com tais densidades de caracóis. Após, Carlsson e colaboradores mediram os efeitos dos caracóis sobre a biomassa e a densidade do fitoplâncton. A biomassa de aguapé aumentou nos cercados onde os caracóis não estavam presentes, mas diminuiu em todos os outros. Nos testes com a densidade máxima de caracóis (6 caracóis/m²), a biomassa de fitoplâncton aumentou.

Os resultados da pesquisa e do experimento coincidem, sugerindo que o caracol-maçã-dourada pode ter um enorme efeito nas comunidades das áreas úmidas, causando uma mudança completa: o pântano de água cristalina e com muitas plantas se transforma em um pântano de água turva, com poucas plantas, grandes concentrações de nutrientes e densidade alta de fitoplâncton. Essa mudança é provável porque os caracóis suprimem as plantas diretamente (comendo-as) e liberam os nutrientes obtidos das plantas na água, fornecendo assim melhores condições de crescimento para algas e fitoplâncton.

Nesta seção, vimos como a exploração pode alterar a distribuição e a abundância de organismos, em alguns casos resultando em grandes mudanças nas comunidades ecológicas. Agora, abordaremos um efeito mais específico da exploração: os ciclos populacionais.

> **CONCEITO 13.4**
> Ciclos populacionais podem ser causados por interações exploratórias.

Exploração e ciclos populacionais

Introduzimos os ciclos populacionais no Capítulo 11 (ver Figura 11.9), e no Estudo de Caso no início deste capítulo descrevemos o mais famoso de todos: o ciclo da lebre e do lince. Flutuações cíclicas em abundância são um dos padrões mais intrigantes na natureza. Afinal, por que as populações mudam tanto de tamanho ao longo do tempo, ainda mais de maneira tão regular? Retornaremos aos mecanismos que são a base do ciclo da lebre e do lince no Estudo de Caso Revisitado, mas primeiro descreveremos algumas percepções sobre as causas dos ciclos populacionais a partir de modelos, experimentos e observações de campo de interações predador-presa.

Ciclos predador-presa podem ser modelados matematicamente

Uma maneira de avaliar as possíveis causas dos ciclos populacionais é investigar a questão matematicamente. Por volta de 1920, Alfred Lotka e Vito Volterra representaram, de forma independente, a dinâmica das interações predador-presa, hoje chamada de modelo predador-presa de Lotka-Volterra:

$$\frac{dN}{dt} = rN - aNP$$
$$\frac{dP}{dt} = baNP - mP$$
(13.1)

Nessas equações, N representa o número de presas e P representa o número de predadores. A equação para a mudança na população de presas ao longo do tempo (dN/dt) assume que, quando na ausência de predadores ($P = 0$), a população de presas cresce exponencialmente (i.e., $dN/dt = rN$, onde r é a taxa de crescimento exponencial; ver Conceito 10.3). Quando os predadores estiverem presentes ($P \neq 0$), a taxa na qual eles matam as presas depende, em parte, da frequência com que as encontram. Espera-se que essa frequência aumente proporcionalmente ao número de presas (N) e ao número de predadores (P), de modo que um fator de multiplicação (NP) é utilizado na equação de dN/dt. A taxa na qual os predadores matam as presas também depende da eficiência com que eles as capturam; essa eficiência na captura é representada pela constante a, de modo que a taxa global na qual predadores removem indivíduos da população de presas é representada por aNP.

Os predadores morrem de fome quando não há presas. Desse modo, a equação para mudanças na população de predadores ao longo do tempo (dP/dt) assume que, na ausência de presas ($N = 0$), o número de predadores diminui exponencialmente com uma taxa de mortalidade de m (i.e., $dP/dt = -mP$). Quando as presas estão presentes ($N \neq 0$), os indivíduos são adicionados à população de predadores de acordo com o número de presas que são mortas (aNP) e a eficiência com que as presas são convertidas em prole de predadores (representado pela constante b). Sendo assim, a taxa na qual indivíduos são adicionados à população de predadores é representada por $baNP$.

Quais são as implicações da relação representada pela Equação 13.1? Tal como no modelo de competição de Lotka-Volterra (ver Equação 12.1), podemos responder a essa pergunta usando as isóclinas de crescimento populacional nulo para determinar o que acontece com populações de predadores e presas ao longo de grandes períodos de tempo (para rever a forma como isso é feito, consulte Saiba Mais 12.4). Verificamos que a população de presas diminui se o número de predadores for maior do que r/a; por outro lado, a população aumenta se houver menos predadores do que r/a (**Figura 13.19A**). Do mesmo modo, a população de predadores diminui se houver menos presas do que m/ba e aumenta se houver mais presas do que m/ba (**Figura 13.19B**). A combinação dos resultados das Figuras 13.19 A e B revela que as populações de predadores e de presas tendem a ser cíclicas (**Figura 13.19C, D**).

O modelo predador-presa de Lotka-Volterra fornece um importante resultado: sugere que as populações de predadores e presas têm uma tendência inerente aos

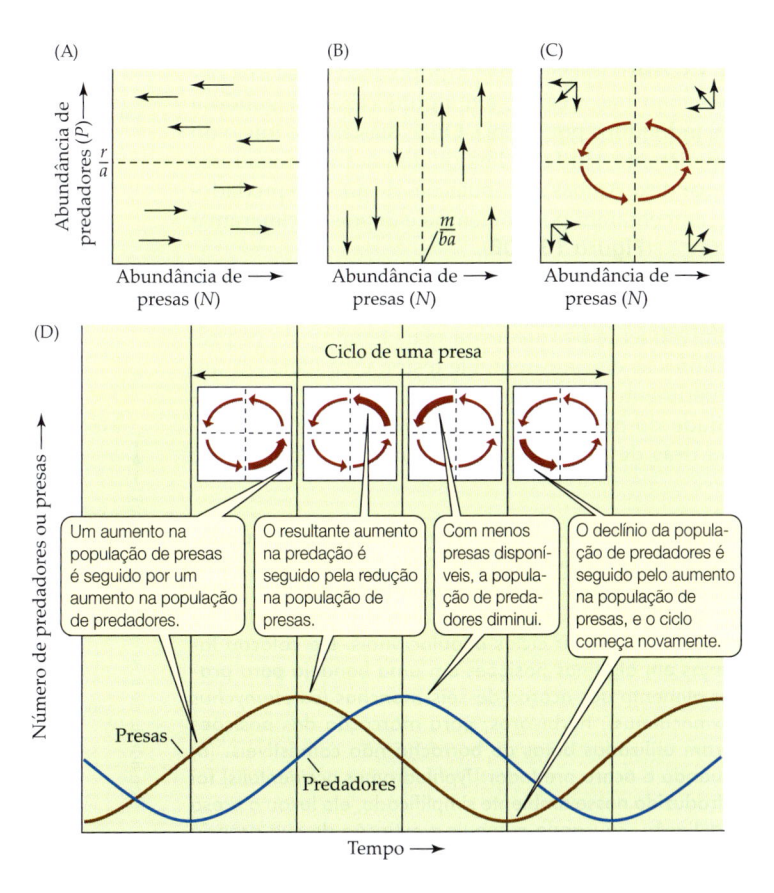

Figura 13.19 O modelo predador-presa de Lotka-Volterra produz ciclos populacionais (A) Considerando em primeiro lugar a população de presas, a abundância delas não muda quando $dN/dt = 0$, que ocorre quando $P = r/a$ (ver Equação 13.1). (B) Do mesmo modo, considerando a população de predadores, a abundância deles não se altera quando $dP/dt = 0$, que ocorre quando $N = m/ba$. A combinação das partes A e B sugere que as populações de predadores e presas têm uma tendência inerente aos ciclos. Esses ciclos são mostrados aqui de duas maneiras: (C) plotando a abundância de predadores *versus* a abundância de presas e (D) plotando a abundância de predadores e presas *versus* o tempo; os quatro diagramas destacados em (D) plotam a abundância de predadores *versus* a abundância de presas. Em (D), observe que a curva de abundância de predadores está deslocada um quarto de ciclo atrás da curva de abundância das presas.

ciclos. Contudo, o modelo também tem uma propriedade curiosa e pouco realista: a *amplitude* do ciclo (a magnitude na qual o número de predadores e presas aumenta e diminui) depende dos números iniciais de predadores e presas. Se os números iniciais mudam, mesmo que ligeiramente, a amplitude do ciclo se altera (ver **Saiba Mais 13.1** para descobrir quais características do modelo causam essa mudança). Modelos predador-presa mais complexos (p. ex., Harrison, 1995) também produzem ciclos, mas não mostram essa pouco realista dependência nos tamanhos iniciais das populações. Contudo, a mesma conclusão geral emerge de todos esses modelos: interações predador-presa têm o potencial de causar ciclos populacionais.

Ciclos predador-presa podem ser reproduzidos em laboratório

O comportamento cíclico de modelos predador-presa pode ser reproduzido em laboratório? Os experimentos mostram que esses ciclos podem ser difíceis de reproduzir. Quando os predadores encontram facilmente suas presas, eles em geral as levam à extinção e, então, se extinguem. Esse foi o caso nos experimentos de C. B.Huffaker com o ácaro-de-seis-manchas (*Eotetranychus sexmaculatus*), herbívoro, e seu predador, o ácaro predador *Typhlodromus occidentalis* (Huffaker, 1958). Em um conjunto inicial de experimentos, Huffaker soltou 20 ácaros herbívoros em uma bandeja com 40 posições, algumas contendo laranjas, das quais esses ácaros poderiam se alimentar (**Figura 13.20A**). Inicialmente, a população de ácaros-de-seis-manchas cresceu, em alguns casos chegando a 500 indivíduos por laranja. Onze dias após o início do experimento, Huffaker liberou dois ácaros predadores na bandeja. Ambas as populações de presas e predadores aumentaram por um tempo e depois declinaram à extinção (**Figura 13.20B**).

Huffaker também observou que as presas persistiram mais tempo nas laranjas mais espaçadas – presumivelmente porque levou mais tempo para os predadores as encontrarem. Ele testou essa ideia em um experimento sequencial em que aumentou a complexidade do hábitat. Em primeiro lugar, ele acrescentou tiras de vaselina, que paralisaram parcialmente os ácaros predadores à medida que eles se arrastavam de uma laranja para outra. Após, ele colocou pequenos palitos de madeira na posição vertical em algumas das laranjas; esses palitos permitiram que os ácaros-de-seis-manchas tirassem vantagem de sua capacidade de produzir um fio de seda e flutuar nas correntes de ar sobre as barreiras de vaselina. Desse modo, ele alterou as condições para favorecer a dispersão dos ácaros-de-seis-manchas e impediu a dispersão dos ácaros predadores. Sob essas condições, as presas e os predadores persistiram, ilustrando uma dinâmica em forma de "esconde-esconde" e produzindo ciclos populacionais (**Figura 13.21**). Os ácaros-de-seis-manchas dispersaram-se para as laranjas desocupadas, onde aumentaram em número. Assim que os predadores encontravam uma laranja com ácaros-de-seis-manchas, eles os comiam todos, causando queda nos números de predadores e presas naquela laranja. Nesse meio tempo, no entanto, alguns ácaros-de-seis-manchas se dispersaram para outras porções do hábitat experimental, onde cresceram em número até serem encontrados pelos predadores.

Ciclos predador-presa podem persistir em ambiente natural

As populações naturais de predadores e presas podem coexistir e mostrar uma dinâmica semelhante à dos ácaros de Huffaker. Colônias de mexilhões da costa da Califórnia, por exemplo, podem ser levadas à extinção por estrelas-do-mar predadoras. No entanto, as larvas de

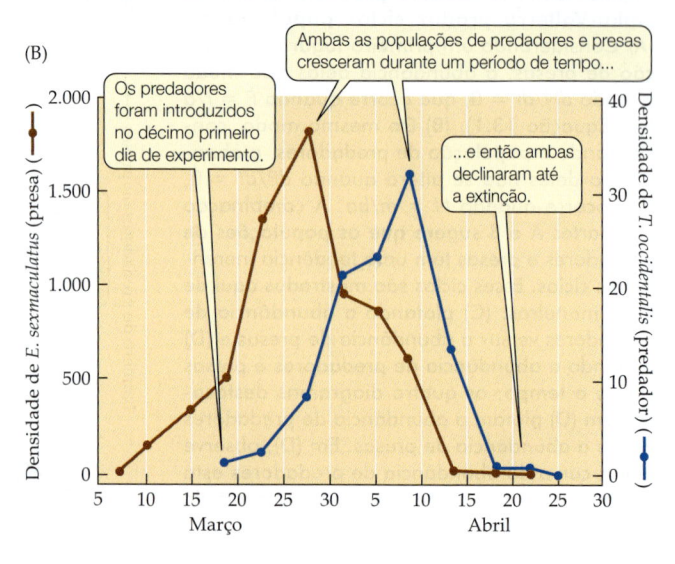

Figura 13.20 Em um ambiente simplificado, predadores levam as presas à extinção (A) C. B. Huffaker construiu um ambiente simplificado em laboratório para testar as condições nas quais predadores e presas poderiam coexistir e produzir ciclos populacionais. Ele colocou laranjas em algumas posições em uma bandeja para prover alimento aos ácaros-de-seis-manchas (*Eotetranychus sexmaculatus*), herbívoros; para marcação das posições foram utilizadas bolas de borracha não comestíveis. (B) Quando o ácaro predador (*Typhlodromus occidentalis*) foi introduzido nesse ambiente simplificado, ele levou a presa à extinção, causando a seguir a extinção da sua própria população. (Segundo Huffaker, 1958.)

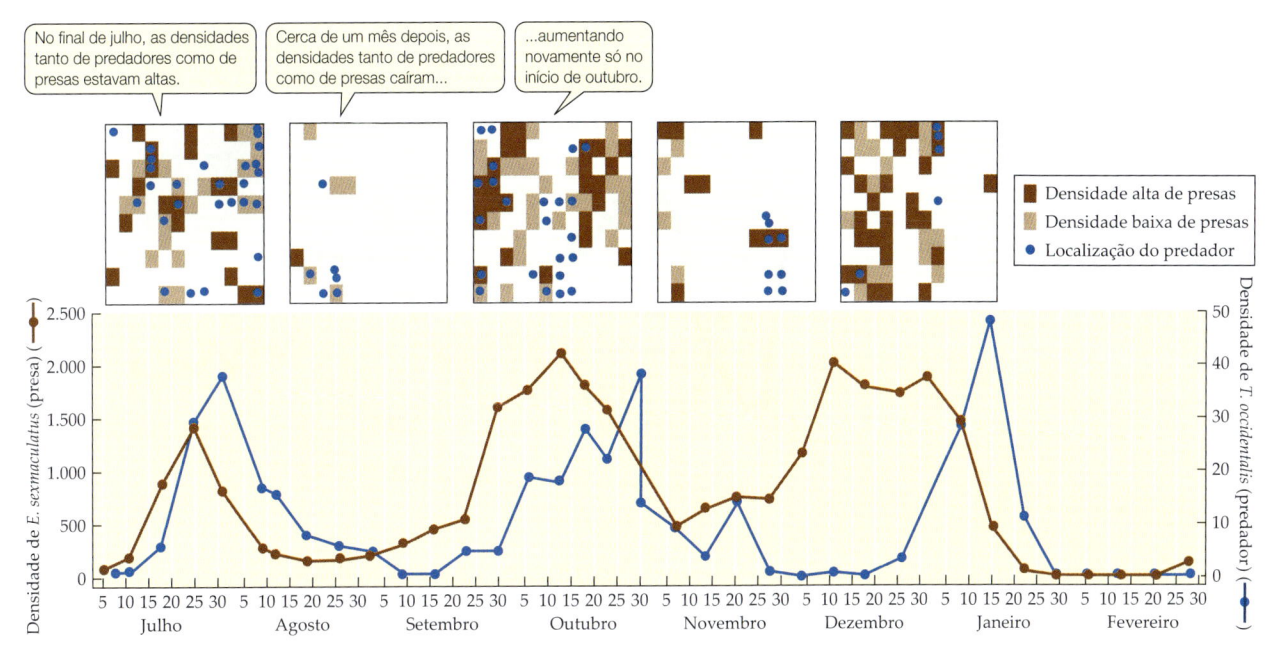

Figura 13.21 Ciclos predador-presa em um ambiente complexo Huffaker modificou o ambiente simplificado de laboratório mostrado na Figura 13.20 e criou um ambiente mais complexo que contribuiu para a dispersão das espécies de presas, mas prejudicou a dispersão de predadores. Nessas condições, populações de predadores e presas coexistiram, e suas abundâncias variaram ao longo do tempo. Os painéis superiores mostram as localizações das presas (regiões sombreadas) e dos predadores (círculos) em cinco diferentes momentos. (Segundo Huffaker, 1958.)

mexilhões flutuam nas correntes marítimas e, por isso, dispersam-se mais rapidamente do que as estrelas-do-mar. Como resultado, os mexilhões constantemente estabelecem novas colônias que prosperam até serem descobertas pelas estrelas-do-mar. Assim, como os ácaros-de-seis-manchas do experimento de Huffaker, os mexilhões persistem porque parte de sua população escapa à detecção de predadores por certo período de tempo.

Estudos de campo mostraram também que os predadores influenciam ciclos populacionais de espécies como besouros-do-pinheiro-do-sul, ratos-do-campo-de-rabo-curto, lemingues-de-colar, lebres-americanas e alces-americanos (Turchin, 2003; Gilg et al., 2003). Contudo, a predação não é o único fator que causa os ciclos populacionais dessas espécies. O fornecimento de alimento para presas herbívoras e as interações sociais em alguns casos podem desempenhar um papel importante. Sendo assim, a realidade não é tão simples quanto ficou implícito pelos resultados dos modelos predador-presa (nos quais os ciclos são mantidos puramente pelas interações predador-presa). No ambiente natural, alguns ciclos populacionais podem ser causados por relações alimentares – pelos efeitos recíprocos de predadores e presas associados aos efeitos das presas e suas plantas alimentares umas sobre as outras.

Independentemente se as populações passam por ciclos ou não, uma variedade de fatores pode evitar que predadores conduzam as presas à extinção. Tais fatores incluem a complexidade do hábitat e a dispersão limitada do predador (como nos ácaros de Huffaker), a mudança de comportamento em predadores (ver Figura 13.5), os locais de refúgio (i.e., áreas em que os predadores não conseguem caçar com eficácia) e, como veremos a seguir, as mudanças evolutivas na população de presas.

A evolução pode influenciar os ciclos predador-presa

Em estudos de laboratório de uma espécie de alga e seu predador rotífero, Nelson Hairston Jr. e colaboradores obtiveram um resultado intrigante: eles observaram os ciclos predador-presa, mas as populações de predadores tenderam a atingir o pico quando as populações de presas atingiram seus níveis mais baixos, e vice-versa (**Figura 13.22**). Os pesquisadores sabiam que interações predador-presa por si só não poderiam produzir tal padrão (ver Figura 13.19D). Então, eles sugeriram quatro mecanismos que poderiam explicar esse resultado: (1) a viabilidade dos ovos dos rotíferos pode aumentar com a densidade das presas; (2) a qualidade nutricional da alga pode aumentar com o aumento das concentrações de nitrogênio; (3) o acúmulo de toxinas altera a fisiologia da alga, e (4) as algas podem evoluir em resposta à predação.

Hairston e colaboradores testaram essas quatro hipóteses de duas maneiras. Em primeiro lugar, eles compararam seus dados com os resultados de quatro modelos matemáticos (um para cada mecanismo). Apenas o modelo

Figura 13.22 A evolução causa ciclos populacionais incomuns Em experimentos de laboratório, as abundâncias de um predador rotífero (*Brachionus calyciflorus*) e de sua presa, a alga *Chlorella vulgaris*, oscilaram ao longo do tempo, mas seus ciclos populacionais se diferiram do ciclo típico predador-presa (ver Figuras 13.2 e 13.19D). Os resultados de outros experimentos indicaram que esses ciclos incomuns eram impulsionados por mudanças evolutivas na população de presas. (Segundo Yoshida et al., 2003.)

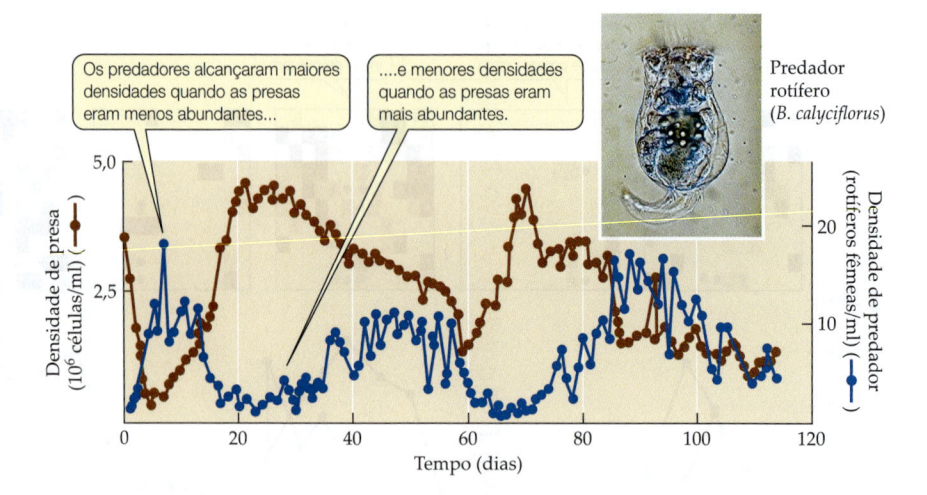

que incluiu a evolução na população de presas forneceu uma boa correspondência com seus dados. Em segundo lugar, eles realizaram um experimento em que manipularam a capacidade de evolução da população de presas; a ideia era ver se os resultados intrigantes da Figura 13.22 seriam duplicados somente quando a população de presas pudesse evoluir livremente. E isso foi exatamente o que aconteceu (Yoshida et al., 2003). Nos tratamentos em que a evolução das presas foi restringida (porque apenas um genótipo de alga foi usado), eles observaram ciclos típicos predador-presa; ou seja, a abundância de predadores atingiu seu pico logo após a abundância de presas ter chegado ao pico (como na Figura 13.19D). Por outro lado, quando as presas puderam evoluir livremente (pois múltiplos genótipos foram usados), eles observaram ciclos similares àqueles encontrados na Figura 13.22, nos quais os predadores eram mais abundantes quando a presa era escassa.

Yoshida e colaboradores (2003) também constataram que os genótipos de algas mais resistentes aos predadores eram competidores ineficientes. Os resultados intrigantes mostrados na Figura 13.22 parecem se dever ao seguinte cenário: quando a densidade de predadores é alta, genótipos de algas resistentes têm uma vantagem e aumentam em abundância. Com o tempo, a população de presas será composta em sua maioria por genótipos resistentes, e o número de predadores cairá e permanecerá baixo, embora as algas sejam abundantes. Por existirem agora poucos predadores, as algas não resistentes, mas de genótipos competitivamente superiores, acabam superando as algas resistentes e aumentando sua abundância. Esse aumento nas presas comestíveis permite que a população de predadores aumente novamente, iniciando assim outro ciclo. Os resultados de Yoshida e colaboradores sugerem uma importante lição: mudanças evolutivas contínuas podem ter um efeito poderoso sobre as interações predador-presa (uma ilustração da máxima 5 da Tabela 1.1, "Algumas máximas ecológicas").

ESTUDO DE CASO REVISITADO
Os ciclos da lebre-americana

Qual é a causa dos ciclos populacionais das lebres-americanas? Como vimos no Estudo de Caso, nem a hipótese do fornecimento de alimento nem a de predação por si só podem explicar esses ciclos. No entanto, a maior parte da variação das densidades de lebres pode ser explicada quando combinamos essas duas hipóteses.

Charles Krebs e colaboradores realizaram um experimento planejado para determinar se o alimento, a predação ou suas interações causavam ciclos populacionais nas lebres. O escopo completo do experimento é impressionante: os tratamentos experimentais foram realizados em sete blocos de 1 x 1 km de floresta localizada em uma região isolada do Canadá. Três blocos não foram manipulados e foram utilizados como controle. O alimento para as lebres foi adicionado em dois blocos (chamado de tratamento "+ alimento"). Em 1987, uma cerca elétrica (de 4 km de comprimento) foi construída para excluir os predadores de um bloco de floresta (chamado de tratamento "– predadores"). No ano seguinte, uma segunda cerca de 4 km foi construída; no bloco da floresta fechado pela cerca, alimentos foram adicionados e os predadores foram excluídos (chamado de tratamento "+ alimento/– predadores"). As duas cercas (com um comprimento total de 8 km) tiveram de ser monitoradas diariamente durante o inverno, quando as temperaturas poderiam chegar a –45°C; esse monitoramento demandou tanto tempo que os pesquisadores não puderam replicá-lo. As taxas de sobrevivência e as densidades das lebres em cada bloco de floresta foram observadas por oito anos.

Em comparação com os blocos-controle, as densidades das lebres foram consideravelmente maiores nos blocos + alimentação, – predadores e + alimentação/– predadores (**Figura 13.23**). Os efeitos mais pronunciados foram vistos no bloco + alimento/– predadores, onde as densidades das lebres foram, em média, 11 vezes superiores àquelas dos blocos-controle. O forte efeito conjunto da adição de

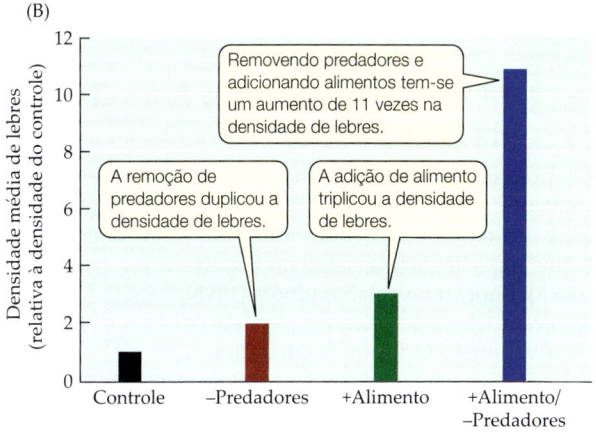

Figura 13.23 Tanto os predadores quanto o alimento influenciam a densidade das lebres (A) Essa fotografia aérea mostra um dos sítios de 1 km² descritos no texto. (B) Densidades médias de lebres em relação a suas densidades nos blocos-controle florestais. (B segundo Krebs et al., 1995.)

alimento e da remoção dos predadores sugere que os ciclos populacionais de lebres são influenciados tanto pelo fornecimento de alimento quanto pela predação.

Essa conclusão foi sustentada pelos resultados do modelo matemático que examinou relações alimentares em três níveis: vegetação (alimento das lebres), lebres e predadores (King e Schaffer, 2001). Para estimar os parâmetros do modelo, foram usados dados de campo, e as predições do modelo foram comparadas com os resultados dos quatro tratamentos realizados por Krebs e colaboradores. Embora a equivalência não tenha sido exata, houve uma concordância razoável entre o modelo e os resultados, novamente sugerindo que alimento e predadores influenciam os ciclos populacionais das lebres (**Figura 13.24**).

Embora muito progresso tenha sido feito quanto ao estudo dos ciclos populacionais da lebre-americana, algumas perguntas permanecem sem resposta. Não temos ainda um completo entendimento dos fatores que causam a sincronia dos ciclos populacionais das lebres ao longo de extensas regiões do Canadá. Os linces podem se deslocar de 500 a 1.100 km. Se linces se deslocam de áreas com poucas presas para áreas com abundância de presas em uma escala de centenas de quilômetros, sua movimentação pode ser suficiente para causar a sincronia geográfica nos ciclos das lebres. Além disso, grandes regiões geográficas no Canadá possuem um clima semelhante, o que também pode afetar a sincronia dos ciclos populacionais das lebres.

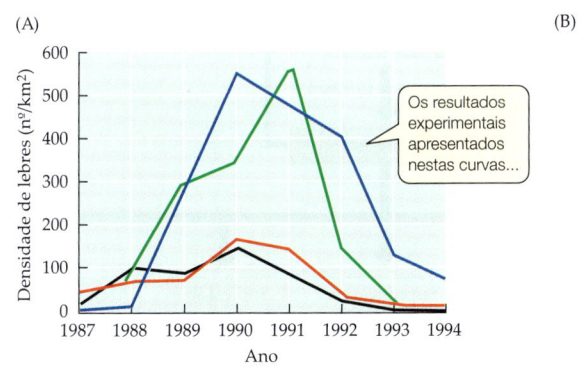

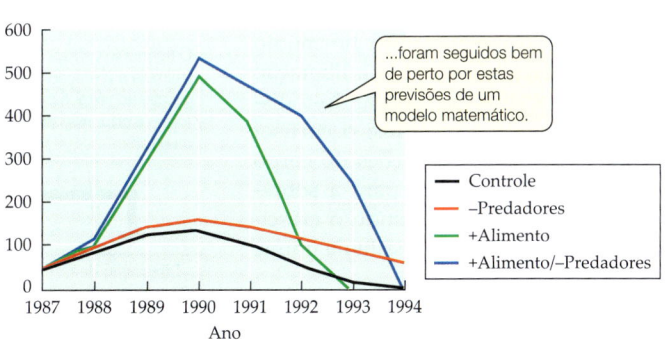

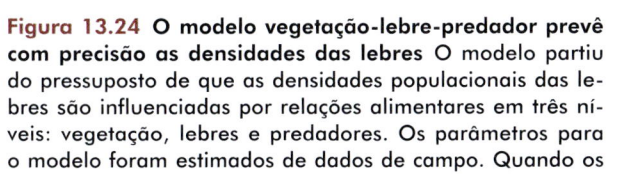

Figura 13.24 O modelo vegetação-lebre-predador prevê com precisão as densidades das lebres O modelo partiu do pressuposto de que as densidades populacionais das lebres são influenciadas por relações alimentares em três níveis: vegetação, lebres e predadores. Os parâmetros para o modelo foram estimados de dados de campo. Quando os investigadores compararam as previsões de seu modelo com os resultados experimentais de Krebs e colaboradores (1995), encontraram uma razoável concordância entre os resultados experimentais (A) e as previsões do modelo (B). (Segundo King e Schaffer, 2001.)

Finalmente, o experimento de Krebs e colaboradores possibilitou testar se a adição de alimento ou a remoção dos predadores (ou ambos) poderia interromper os ciclos populacionais das lebres. Embora as densidades tenham diminuído menos no bloco + alimento/– predadores do que nos blocos-controle, elas diminuíram até o ponto habitual no ciclo das lebres. Por que o tratamento + alimento/– predadores não conseguiu interromper o ciclo? Uma razão possível é que as cercas excluíram linces e coiotes, mas não excluíram corujas, açores e outras aves de rapina. Em conjunto, essas aves predadoras foram responsáveis por cerca de 40% das mortes de lebres-americanas e, assim, podem ter contribuído para o início da fase de declínio do seu ciclo no bloco + alimento/– predadores. A seguir, exploraremos outra possível explicação: o estresse causado pelo medo do ataque do predador.

CONEXÕES NA NATUREZA
Medo, hormônios e a dinâmica de populações

Os predadores não só afetam suas presas diretamente (matando-as), mas também as influenciam indiretamente (p. ex., alterando seu comportamento de forrageio, conforme descrito para os alces no Conceito 8.2). Boonstra e colaboradores (1998) testaram lebres-americanas para outro possível efeito indireto de predadores: o medo. Seus resultados insinuam uma forma fascinante pela qual a predação poderia influenciar a fase de declínio do ciclo populacional das lebres.

Quando os seres humanos estão em uma situação perigosa, muitas vezes apresentam uma série de respostas de "luta ou fuga", que podem produzir resultados rápidos e às vezes surpreendentes (como a capacidade de movimentar cargas extremamente pesadas). As lebres-americanas têm uma resposta similar ao estresse. Um hormônio chamado cortisol estimula a liberação de glicose no sangue, tornando-a disponível para os músculos; o cortisol também suprime as funções do corpo que não são essenciais para a sobrevivência imediata, incluindo o crescimento, a reprodução e o sistema imune (**Figura 13.25**).

A resposta ao estresse funciona bem para formas de estresse imediatas ou *agudas*, como o ataque de um predador. Energia é liberada para os músculos rapidamente para ajudar o animal a enfrentar a situação ameaçadora. Logo em seguida, a resposta é desligada por um processo de retroalimentação negativa. No entanto, a resposta ao estresse não funciona muito bem para estresses *crônicos* ou de longa duração. Nesses casos, os sinais de retroalimentação negativa são mais fracos, e a resposta ao estresse é mantida por um longo período. Uma falha em "desligar" a resposta ao estresse pode ter efeitos prejudiciais, incluindo redução no crescimento e na reprodução e aumento na suscetibilidade a doenças. Coletivamente, esses efeitos podem reduzir as taxas reprodutivas e de sobrevivência de uma população.

Quando os predadores são abundantes, como vimos, eles podem causar a morte de até 95% das lebres-americanas. Nesses períodos, aumenta o risco de as lebres encontrarem os predadores; elas também poderiam ver ou ouvir os predadores matando outras lebres, e deparar-se com os restos mortais de lebres mortas por predadores. Levando em consideração que o medo causado por esses eventos pudesse desencadear o estresse crônico, Boonstra e colaboradores mediram os hormônios e as respostas imunológicas das lebres quando expostas a poucos e quando expostas a muitos predadores. Durante a fase de declínio do ciclo das lebres (quando elas são expostas a muitos predadores), os níveis de cortisol aumentaram, assim como os de glicose no sangue; os níveis

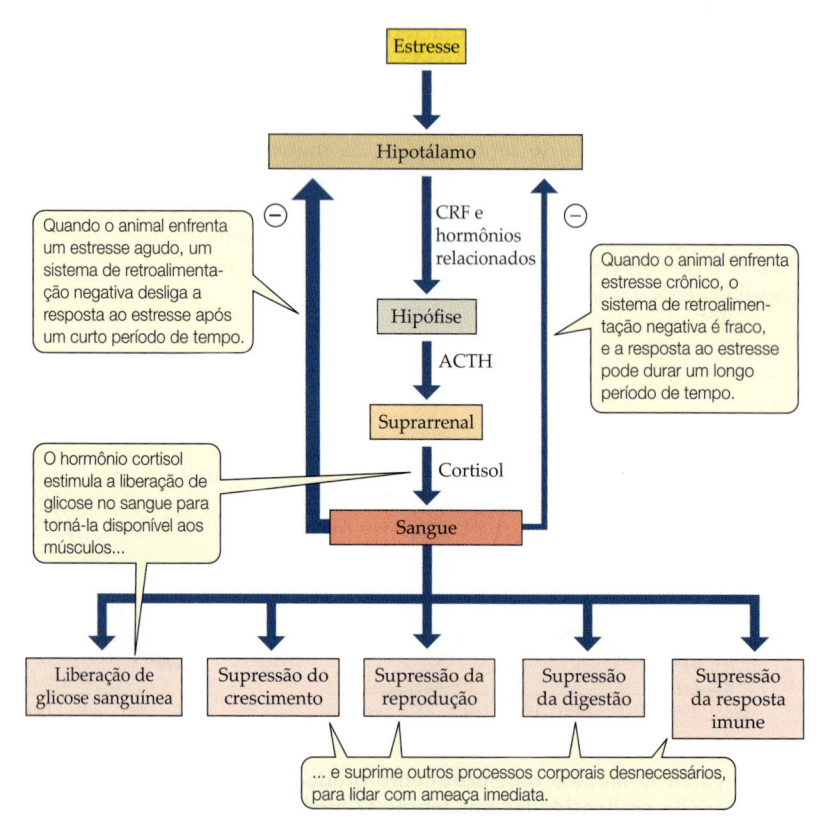

Figura 13.25 Resposta ao estresse Quando um animal está estressado, o hipotálamo libera um hormônio chamado CRF, que estimula uma cadeia de reações que afetam vários processos corporais. (Segundo Boonstra et al., 1998.)

de hormônios reprodutivos diminuíram, e as condições gerais do corpo pioraram – conforme o esperado para lebres submetidas a estresse crônico (ver Figura 13.25). Outros experimentos mostraram que um aumento nos níveis de cortisol, induzido por predadores, levou a uma queda no número e no tamanho de descendentes produzido por lebres-americanas (Sheriff et al., 2009). Além disso, fêmeas de lebres com níveis elevados de cortisol (causados pela exposição aos predadores) transmitiram níveis elevados de cortisol a seus descendentes, os quais também tiveram suas taxas de reprodução reduzidas (Sheriff et al., 2010).

No geral, o estresse crônico induzido por predação pode ajudar a explicar algumas das observações intrigantes mencionadas no Estudo de Caso, incluindo a queda das taxas de natalidade durante a fase de declínio do ciclo das lebres e a lenta recuperação dos números de lebres depois da queda do número de predadores. Se estudos futuros confirmarem os resultados de Boonstra e colaboradores (1998) e Sheriff e colaboradores (2009, 2010), seus trabalhos fornecerão um exemplo claro de como o risco da predação pode alterar a fisiologia das presas, mudando, assim, a dinâmica das suas populações e influenciando os ciclos predador-presa.

RESUMO

CONCEITO 13.1 **A maioria dos predadores tem dietas amplas, ao passo que a maioria dos herbívoros tem dietas relativamente restritas.**

- Mais da metade dos organismos da Terra são predadores, herbívoros ou parasitas que sobrevivem se alimentando de outros organismos.
- Muitos predadores percorrem seus hábitats em busca de presas; outros, conhecidos como "senta-e-espera", permanecem no local e atacam ou capturam a presa que se aproximar a uma distância que possibilite a investida.
- A maioria dos predadores não se especializa em uma espécie de presa determinada; em vez disso, alimenta-se de presas conforme a disponibilidade em uma ampla gama de espécies.
- Muitos herbívoros se especializam em partes específicas das plantas, como folhas (a fonte mais comum de alimento), raízes, caules, sementes ou líquidos internos.
- Insetos herbívoros, que constituem a maioria das espécies herbívoras, tendem a ter dietas relativamente restritas, alimentando-se de apenas uma espécie ou de poucas espécies de plantas.

CONCEITO 13.2 **Os organismos desenvolveram uma ampla gama de adaptações que os ajudam a obter alimento e a evitar que se tornem presas.**

- Em resposta à forte pressão de seleção exercida pelos predadores e herbívoros, presas e plantas desenvolveram uma rica diversidade de mecanismos de defesa.
- As presas contam com defesas físicas, toxinas, mimetismo ou respostas comportamentais para escapar da predação.
- As plantas lidam com a herbivoria via floração em massa e outras formas de evitação, compensação (*compensation*, forma de tolerância) e compostos secundários que inibem os herbívoros.

- Os predadores têm uma ampla gama de adaptações para superar as defesas de suas presas, incluindo características físicas, toxinas, mimetismo e tolerância ou desintoxicação das toxinas de suas presas.
- Embora os mecanismos de defesa das plantas evitem que a maioria dos herbívoros as coma, normalmente alguns herbívoros conseguem superar essas defesas utilizando-se de característica estrutural, química ou comportamental.

CONCEITO 13.3 **A predação e a herbivoria podem afetar muito as comunidades ecológicas, às vezes transformando um tipo de comunidade em outro.**

- Os predadores e os herbívoros podem ter tanto efeitos diretos na distribuição e na abundância dos organismos dos quais se alimentam quanto efeitos indiretos sobre outras espécies de suas comunidades.
- Os predadores podem causar declínios drásticos nas distribuições e nas abundâncias de suas presas; do mesmo modo, os herbívoros podem dizimar as plantas das quais se alimentam.
- A exploração também pode alterar a composição das comunidades ecológicas, algumas vezes transformando um tipo de comunidade em outro.

CONCEITO 13.4 **Ciclos populacionais podem ser causados por interações exploratórias.**

- Resultados de modelos matemáticos, experimentos de laboratório e observações de campo sugerem que os ciclos populacionais podem ser causados pela exploração.
- A coexistência de predadores e presas pode depender de vários fatores, incluindo a complexidade de hábitats e as taxas de dispersão.
- Mudanças evolutivas podem afetar as dinâmicas populacionais predador-presa, em alguns casos produzindo ciclos populacionais incomuns.

Questões de revisão

1. Compare e diferencie a amplitude das dietas de predadores e herbívoros.
2. Resuma os efeitos evolutivos que predadores e herbívoros causam nos organismos dos quais se alimentam, assim como os efeitos que esses organismos têm sobre os predadores e os herbívoros que os comem. Explique por que esses efeitos são penetrantes e perceptíveis.
3. Neste capítulo, afirmamos que as interações exploratórias como a predação e a herbivoria podem ter fortes efeitos nas comunidades ecológicas.
    a. Forneça um argumento lógico para sustentar essa afirmação.
    b. A evidência científica sustenta ou contradiz essa afirmação? Explique.
4. Com base nas relações apresentadas na Equação 13.1, use a abordagem da isóclina de crescimento nulo, descrita em Saiba Mais 12.4, para demonstrar que se espera uma diminuição na população de presas caso haja mais predadores do que r/a.

MATERIAL DA INTERNET (em inglês)
sites.sinauer.com/ecology3e

O *site* inclui o resumo dos capítulos, testes, *flashcards* e termos-chave, sugestão de leituras, um glossário completo e a Revisão Estatística. Além disso, os seguintes recursos estão disponíveis para este capítulo:

Exercício Prático: Solucionando Problemas
13.1 Lobos, salgueiros e a ecologia do medo: os efeitos cascata provocados pelos predadores
13.2 Os altos e baixos dos predadores: ciclos predador-presa

Saiba Mais
13.1 Modificando o modelo predador-presa de Lotka-Volterra

14 Parasitismo

CONCEITOS-CHAVE

CONCEITO 14.1 Parasitas normalmente alimentam-se apenas de um ou de alguns indivíduos hospedeiros.

CONCEITO 14.2 Os hospedeiros têm adaptações para se defender dos parasitas, e os parasitas têm adaptações para superar essas defesas.

CONCEITO 14.3 As populações de parasitas e hospedeiros podem evoluir juntas, cada uma em resposta à seleção imposta pela outra.

CONCEITO 14.4 Os parasitas podem reduzir a população de hospedeiros e alterar o resultado da interação de espécies, causando, assim, mudanças nas comunidades.

CONCEITO 14.5 Modelos simples da dinâmica hospedeiro-patógeno sugerem formas para controlar o estabelecimento e a propagação de doenças.

Parasitas escravizadores: Estudo de Caso

Em livros e filmes de ficção científica, os vilões algumas vezes utilizam o controle da mente ou dispositivos físicos para manipular os desejos e controlar as ações de suas vítimas. Nesse universo ficcional, uma pessoa pode ser forçada a agir de forma estranha ou grotesca, ou a machucar a si própria ou a outras pessoas – tudo contra sua vontade.

A vida real pode ser igualmente estranha. Considere o infeliz grilo mostrado no vídeo em **Saiba Mais 14.1**. Ele faz algo que um grilo comum jamais faria: caminha até a beira de um corpo d'água, pula nele e se afoga. Logo após, um verme (nematomorfo) começa a sair de seu corpo (**Figura 14.1**). Para o verme, esse é o passo final de uma jornada que se inicia quando um artrópode terrestre – como um grilo – bebe a água na qual nadam larvas do verme. A larva entra no corpo do grilo e alimenta-se de seus tecidos, crescendo de um tamanho microscópico para um adulto que ocupa toda a cavidade do corpo do grilo, exceto a cabeça e as pernas. Quando se tornam adultos, os vermes devem retornar para a água para acasalar. Após o acasalamento dos vermes adultos, a próxima geração de larvas dos vermes são liberadas na água, onde morrem a não ser que sejam ingeridas por seu hospedeiro, um artrópode terrestre.

Teria o verme "escravizado" seu grilo hospedeiro, forçando-o a pular na água – uma ação que mata o grilo, mas é essencial para que o verme complete seu ciclo de vida? A resposta parece ser sim. Observações têm mostrado que, quando grilos infectados por vermes estão próximos da água, eles têm uma probabilidade muito maior de entrar na água do que grilos não infectados (Thomas et al., 2002). Além disso, em 10 tentativas das 10 realizadas, quando os grilos infectados foram resgatados da água, eles imediatamente pularam de volta. Grilos não infectados não fazem isso.

Os vermes não são os únicos parasitas que escravizam seus hospedeiros. Maitland (1994) cunhou o termo "parasita escravizador" para várias espécies de fungos que alteram o comportamento de pouso de sua mosca hospedeira, de modo que os esporos dos fungos possam ser dispersos mais facilmente depois da morte da mosca (**Figura 14.2**). O fungo *Ophiocordyceps unilateralis* também manipula as ações finais do hospedeiro, a formiga *Camponotus leonardi*. Primeiro, uma formiga infectada desce de sua casa nos galhos mais altos e seleciona uma folha em ambiente protegido cerca de 25 cm acima do solo (Andersen et al., 2009). Então, antes do fungo matá-la, a formiga morde a folha escolhida com um "aperto final" que irá mantê-la no lugar mesmo após sua morte. O fungo então cresce em ambiente favorável, mas não pode sobreviver onde as formigas naturalmente sobrevivem – no topo das árvores, onde a temperatura e a umidade são mais variáveis. Assim, enquanto as ações finais das formigas não as beneficiam, elas permitem que o fungo complete seu ciclo de vida em um ambiente favorável.

Figura 14.1 Levado ao suicídio O comportamento desse grilo-da-madeira (*Nemobius sylvestris*) foi manipulado pelo nematomorfo (*Paragordius tricuspidatus*) que emerge de seu corpo. Fazendo o grilo saltar na água (onde se afoga), o parasita é capaz de continuar seu ciclo de vida.

Figura 14.2 Escravizado por um fungo Um pouco antes de morrerem pela infecção, as moscas-do-esterco infectadas pelo fungo *Entomophthora muscae* posicionam-se no alto de uma planta a favor do vento, onde se empoleiram embaixo de uma de suas folhas. Essa posição aumenta a chance de que os esporos liberados pelo fungo *E. muscae* caiam sobre moscas saudáveis. (Segundo Maitland, 1994.)

Até mesmo os vertebrados podem ser escravizados por parasitas. Ratos normalmente comportam-se de forma a evitar os predadores em áreas que mostram sinais da presença de gatos. Contudo, ratos infectados pelo protozoário parasita *Toxoplama gondii* têm um comportamento anormal: eles não evitam os gatos; em alguns casos, eles na verdade atraem os gatos. Por um lado, essa mudança de comportamento pode ser fatal para o rato, mas, por outro, ela beneficia o parasita, pois aumenta a chance de ele ser transmitido em seu complexo ciclo de vida para o próximo hospedeiro – o gato.

Como alguns parasitas escravizam seus hospedeiros? Os hospedeiros podem lutar contra isso? No geral, o que essas notáveis interações nos dizem a respeito das relações hospedeiro-parasita?

Introdução

Mais da metade dos milhões de espécies que vivem na Terra são **simbiontes**, o que significa que elas vivem sobre outros organismos ou dentro deles. Para começarmos a entender quantos simbiontes existem, não precisamos ir mais além dos nossos próprios corpos (**Figura 14.3**). Nossos rostos são o lar de ácaros que se alimentam do exsudato dos poros de nossa pele e de secreções na base de nossos cílios. Existem bactérias e fungos que crescem em nossa pele e debaixo de nossas unhas. Artrópodes como os piolhos vivem em nossas cabeças, região pubiana e em outras partes de nossos corpos. Movendo-se para o interior de nossos corpos, nossos tecidos, órgãos e cavidades corpóreas podem estar infestados por uma rica diversidade de organismos, como bactérias, vermes, fungos e protozoários.

Embora alguns simbiontes sejam mutualistas (como veremos no Capítulo 15), a maioria deles é parasita. Um **parasita** consome os tecidos ou líquidos corporais de um organismo, sobre ou dentro do qual ele vive, chamado de **hospedeiro**; alguns parasitas, chamados de **patógenos**, causam doenças. Diferentemente de predadores, os parasitas geralmente têm uma taxa de reprodução mais alta do que os hospedeiros. Também diferente de predadores, os parasitas em geral ferem, mas não matam imediatamente os organismos dos quais se alimentam. Os efeitos negativos dos parasitas em seus hospedeiros variam bastante, de leves a letais.

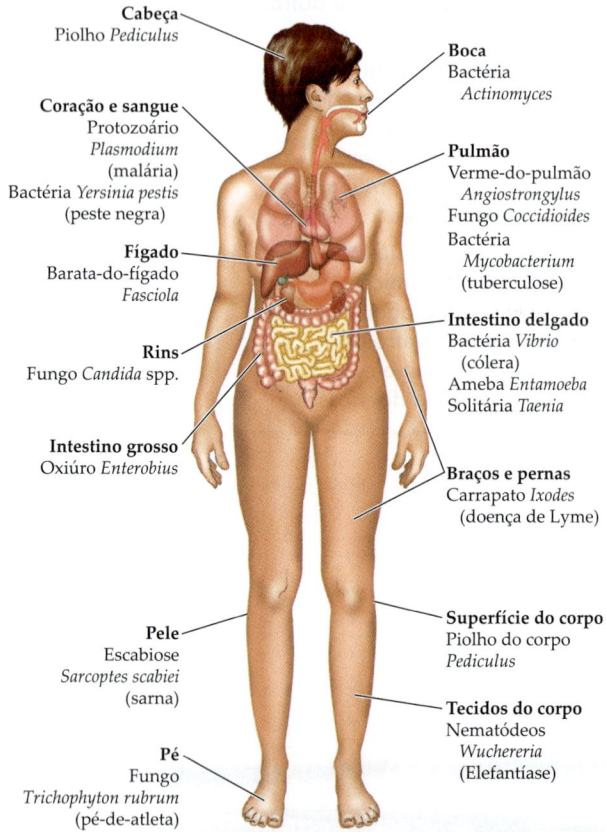

Figura 14.3 O corpo humano como hábitat Diferentes partes do nosso corpo fornecem hábitat adequado para uma ampla gama de simbiontes, muitos dos quais são parasitas; apenas alguns exemplos são mostrados aqui. Alguns desses organismos são patógenos que causam doença.

Vemos essa variação em nossa espécie, na qual alguns parasitas como os fungos que causam o pé-de-atleta são apenas um pouco mais do que um incômodo. Outros, como o protozoário *Leishmania tropica*, podem causar desfiguração, e ainda *Yersinia pestis*, a bactéria causadora da peste negra, pode matar. Existe uma variação similar no grau de prejuízo causado por parasitas que infectam outras espécies. Os parasitas variam de muitas outras formas, como veremos a seguir enquanto analisamos sua biologia básica.

CONCEITO 14.1

Parasitas normalmente alimentam-se apenas de um ou de alguns indivíduos hospedeiros.

A história natural dos parasitas

Os parasitas variam em tamanho desde espécies relativamente grandes (**macroparasitas**), como artrópodes e vermes, até espécies não visíveis a olho nu (**microparasitas**), como bactérias, protozoários e fungos unicelulares. Independentemente de serem grandes ou pequenos, os parasitas em geral alimentam-se apenas de um ou de alguns indivíduos hospedeiros ao longo de suas vidas. Desse modo, definindo de forma ampla, os parasitas incluem herbívoros como afídeos ou nematódeos, que se alimentam de uma ou algumas plantas hospedeiras, e os *parasitoides* (ver p. 294), insetos cujas larvas se alimentam de um único hospedeiro, quase sempre matando-o.

A maioria das espécies é atacada por mais de um parasita (**Figura 14.4**), e mesmo parasitas têm parasitas. Por passarem suas vidas se alimentando de um ou de alguns indivíduos hospedeiros, os parasitas tendem a ter uma relação próxima com os organismos dos quais se alimentam. Por exemplo, muitos parasitas são adaptados a espécies de hospedeiros específicas. Essa especialização em nível de espécie ajuda a explicar por que existem tantas espécies de parasitas – muitas espécies de hospedeiros têm pelo menos um parasita que se alimentam *somente* delas. Em geral, embora o total do número de espécies de parasitas não seja conhecido, estima-se, grosso modo, que 50% das espécies na Terra sejam parasitas (Windsor, 1998).

Os parasitas também são especializados em viver ou em comer certas partes do corpo dos hospedeiros. A seguir, abordaremos esse aspecto da especialização dos parasitas, descrevendo tanto ectoparasitas quanto endoparasitas.

Os ectoparasitas vivem na superfície de seus hospedeiros

Um **ectoparasita** vive na superfície externa do corpo do hospedeiro (**Figura 14.5**). Ectoparasitas incluem plantas como cuscuta (*Convolvulaceae*) e ervas-de-passarinho (espécies das famílias *Loranthaceae* e *Santalaceae*) que crescem sobre outras plantas para obter água e nutrientes (ver Figura 5.3). Como descrito no Capítulo 5, essas plantas parasitas usam suas raízes modificadas chamadas de *haustórios* para penetrar os tecidos de seu hospedeiro. A cuscuta não

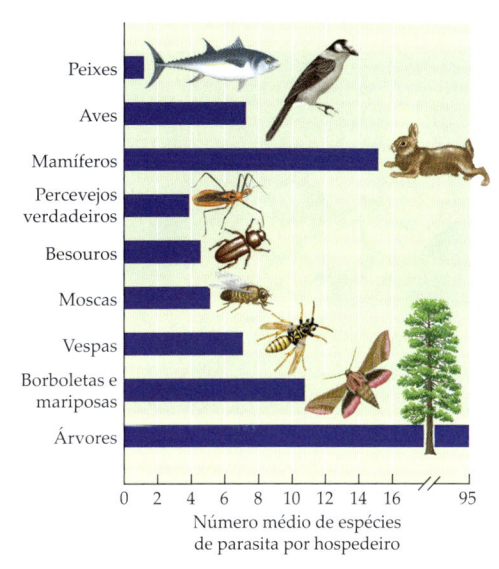

Figura 14.4 Muitas espécies são hospedeiras para mais de uma espécie de parasita Em um estudo conduzido na Grã-Bretanha, verificou-se que a maioria das espécies hospedeiras abriga mais de uma espécie de parasita. O número de espécies de parasita mostrado aqui para peixes, aves e mamíferos inclui apenas parasitas helmintos e, consequentemente, é provável que subestime o verdadeiro número de espécies de parasita nesses vertebrados.

❓ Considerando a média dos seis grupos de organismos que não os vertebrados (os quais excluímos porque os dados subestimam o número real de parasitas), qual é o número médio de espécies de parasita por hospedeiro? Suponha que os números de espécies de parasita foram determinados para um hospedeiro anteriormente não estudado de um dos seis grupos. É provável que o número de parasitas no hospedeiro seja próximo da média que você calculou? Explique.

faz fotossíntese e, por isso, depende de seu hospedeiro para adquirir tanto nutrientes minerais quanto carboidratos. Em comparação, as ervas-de-passarinho são *hemiparasitas*: elas extraem água e nutrientes de seus hospedeiros, mas, uma vez que têm folhas verdes e podem fazer fotossíntese, não dependem exclusivamente dos carboidratos dos hospedeiros.

Existem também muitos fungos e animais que vivem na superfície das plantas, alimentando-se dos tecidos ou dos nutrientes do hospedeiro. Mais de 5 mil espécies de fungos atacam importantes culturas e horticulturas, causando prejuízo de bilhões de dólares por ano. Alguns fungos que atacam as plantas, incluindo os oídios (*Oidium* sp., *Erysiphaceae*), a ferrugem (*Pucciniales*) e o carvão (*Ustilaginomycetes*), crescem na superfície do hospedeiro e expandem suas hifas (filamentos fúngicos) para dentro da planta para extrair os nutrientes dos seus tecidos (ver Figura 14.5A). As plantas também são atacadas por um grande número de ectoparasitas, incluindo afídeos, moscas-brancas e cochonilhas, encontrados nos galhos e nas folhas, além de nematódeos, besouros e cigarras (juvenis), encontrados nas raízes. Animais como esses que se alimentam de plantas e vivem em suas superfícies externas

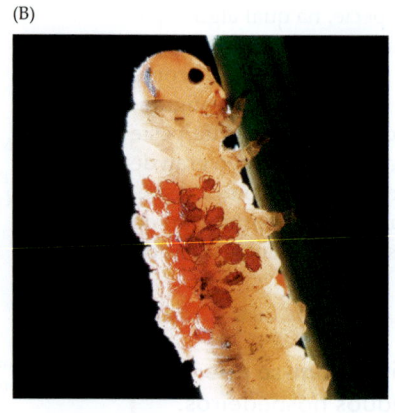

Figura 14.5 Ectoparasitas Uma ampla gama de parasitas vive nas superfícies externas de seus hospedeiros, alimentando-se de seus tecidos. Os exemplos incluem (A) o fungo carvão-do-milho (*Ustilago maydis*), visto aqui crescendo em uma espiga de milho, e (B) o ácaro-de-veludo (*Trombidium* sp.), que em sua forma larval se alimenta parasitariamente do sangue de insetos, tais como essa larva da mosca-serra (*Hymenoptera*).

podem ser considerados tanto herbívoros (porque comem tecidos da planta) como parasitas (especialmente se permanecem em uma única planta hospedeira por grande parte de suas vidas).

Uma matriz semelhante de ectoparasitas fúngicos e animais pode ser encontrada na superfície de animais. Exemplos familiares incluem *Trichophyton rubrum*, o fungo que causa pé-de-atleta, além de pulgas, ácaros, piolhos e carrapatos que se alimentam de sangue ou tecidos de seus hospedeiros (ver Figura 14.5B). Alguns desses parasitas também transmitem doenças a seus hospedeiros, incluindo pulgas e carrapatos, que propagam a peste negra e a doença de Lyme, respectivamente.

Endoparasitas vivem dentro do hospedeiro

Se ignorarmos os detalhes sobre formas, podemos pensar nas pessoas e na maioria dos animais como seres construídos de um modo similar: seus corpos são constituídos de tecidos que envolvem um tubo chamado de *canal alimentar*. O canal alimentar passa através do corpo, começando na boca e terminando no ânus. Os parasitas que vivem dentro de seus hospedeiros, chamados de **endoparasitas**, abrangem espécies que habitam o canal alimentar e que vivem dentro de tecidos ou células.

O canal alimentar fornece excelente hábitat para os parasitas. O hospedeiro ingere o alimento em uma extremidade (a boca) e excreta o que não pode digerir na outra extremidade (o ânus). Os parasitas que vivem dentro do canal alimentar raramente comem os tecidos do hospedeiro; Em vez disso, eles roubam os nutrientes. A tênia (*Taenia solium*), por exemplo, possui um *escólex*, uma estrutura com ventosas (às vezes ganchos) que ela utiliza para se fixar no intestino do hospedeiro (**Figura 14.6A**). Uma vez fixada, a tênia simplesmente absorve do hospedeiro o alimento já digerido. As solitárias que infectam seres humanos podem crescer até 10 a 20 m de comprimento;

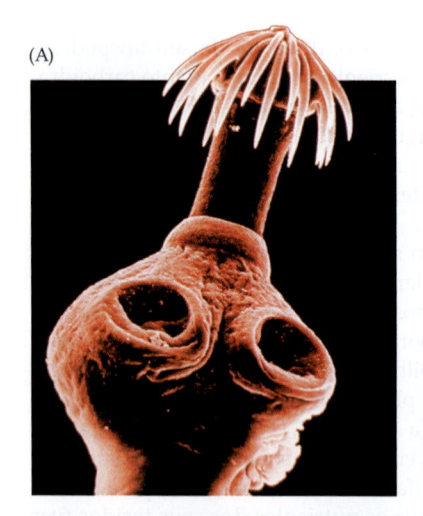

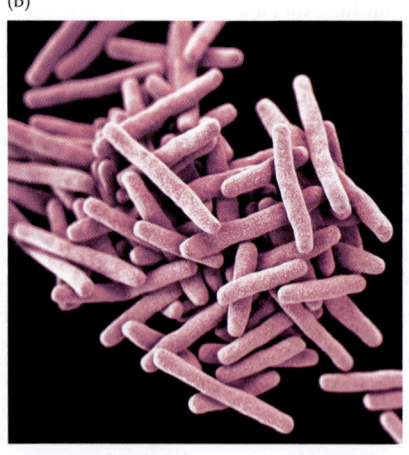

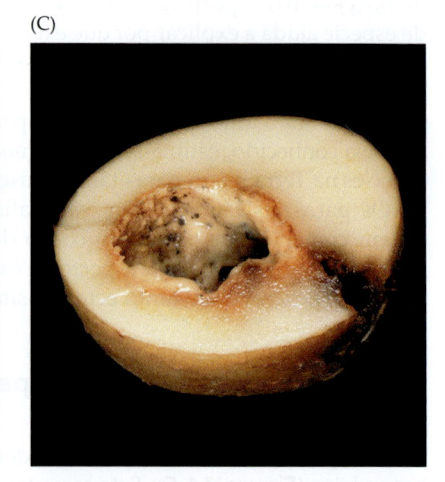

Figura 14.6 Endoparasitas Muitos parasitas vivem dentro do corpo de seu hospedeiro, alimentando-se de seus tecidos ou privando-o de nutrientes. (A) A solitária (*Taenia taeniaeformis*) usa os ganchos e as ventosas mostrados aqui, para se prender às paredes do intestino de seu mamífero hospedeiro, em geral roedores, coelhos ou gatos. Uma vez fixado, um adulto pode crescer até mais de 5 m de comprimento. (B) A bactéria *Mycobacterium tuberculosis* provoca a tuberculose, doença pulmonar que mata de 1 a 2 milhões de pessoas a cada ano. (C) Essa secção de um tubérculo da batata mostra a destruição causada por *Erwinia carotovora*, uma bactéria que causa podridão-mole. As áreas afetadas tornam-se moles com o apodrecimento e desenvolvem um mau cheiro característico.

solitárias como essas podem bloquear o intestino e causar deficiência nutricional.

Muitos outros endoparasitas vivem dentro de células ou dos tecidos dos animais hospedeiros, causando uma vasta gama de sintomas enquanto se reproduzem e consomem os tecidos dos hospedeiros. Os exemplos em seres humanos abrangem *Yersinia pestis*, a bactéria que causou a peste negra, e *Mycobacterium turbeculosis*, a bactéria que causa a tuberculose (TB) (**Figura 14.6B**). A TB é uma doença pulmonar potencialmente mortal, apropriadamente referida como a "capitã da morte", tendo matado mais pessoas do que qualquer outra doença na história humana, com exceção, provavelmente, da malária. A TB continua levando à morte 1 a 2 milhões de adultos a cada ano (um número comparável a cerca de 2 milhões que atualmente morrem a cada ano em decorrência da Aids).

As plantas também são atacadas por uma grande diversidade de endoparasitas, incluindo patógenos bacterianos que causam a podridão mole em várias partes da planta, como frutos (tomate) ou tecidos de armazenamento (batatas; **Figura 14.6C**). Outros fitopatógenos incluem fungos que causam apodrecimento de dentro para fora de partes da planta. Algumas bactérias invadem tecidos condutores e interrompem o fluxo de água e nutrientes, causando a murcha e às vezes a morte. Os fitopatógenos podem causar grandes efeitos em comunidades naturais, como o caso do protozoário *Phytophthora ramorum*, que provoca a morte súbita do carvalho, uma doença que recentemente matou mais de 1 milhão de carvalhos e outras espécies de árvores na Califórnia e no Oregon, nos Estados Unidos (ver também Conceito 14.4).

Endoparasitas e ectoparasitas têm vantagens e desvantagens

Existem vantagens e desvantagens em viver dentro do ou sobre o hospedeiro (**Tabela 14.1**). Por viverem na superfície dos hospedeiros, é relativamente fácil para os ectoparasitas ou sua prole se dispersar de um indivíduo hospedeiro para outro. É muito mais difícil para os endoparasitas se dispersarem para novos hospedeiros. Os endoparasitas resolvem esse problema de muitas maneiras. Alguns, como o parasita escravizador discutido no Estudo de Caso na abertura deste capítulo, alteram a fisiologia ou o comportamento de seus hospedeiros, facilitando, desse modo, sua dispersão. Outros exemplos incluem a bactéria *Vibrio cholerae*, que causa a cólera, e a ameba *Entamoeba histolytica*, que causa a disenteria. As pessoas com cólera e disenteria têm diarreia, sintoma que aumenta a chance de o parasita contaminar água potável e, assim, se propagar para outros hospedeiros. Outros endoparasitas possuem ciclos de vida complexos, que incluem estágios especializados de dispersão de um hospedeiro para outro (ver Figura 14.9).

Embora a dispersão seja relativamente fácil para ectoparasitas, existem custos para a vida na superfície do hospedeiro. Em comparação com os endoparasitas, os ectoparasitas estão mais expostos aos inimigos naturais, como, predadores, parasitoides e outros parasitas. Pulgões, por exemplo, são atacados por joaninhas, aves e muitos outros predadores, assim como por parasitoides letais (ver Figura 13.4) e parasitas como ácaros que sugam os líquidos de seus corpos. Endoparasitas, ao contrário, estão a salvo de todos, com exceção dos predadores e parasitas especializados. Endoparasitas também estão relativamente bem protegidos do meio externo e possuem relativa facilidade de acesso ao alimento – diferentemente de um ectoparasita, um endoparasita não precisa perfurar a superfície protetora externa do hospedeiro para se alimentar. Contudo, viver dentro do hospedeiro expõe o endoparasita a um tipo diferente de perigo: ele é atacado pelo sistema imune do hospedeiro. Alguns parasitas desenvolveram meios de tolerar ou superar as defesas do sistema imune, como veremos na seção seguinte.

TABELA 14.1
Vantagens e desvantagens de viver dentro do hospedeiro ou sobre ele

	Ectoparasitismo	Endoparasitismo
Vantagens	Facilidade de dispersão	Facilidade de alimentação
	A salvo do sistema imune do hospedeiro	Protegido do meio externo
		A salvo de inimigos naturais
Desvantagens	Vulnerabilidade aos inimigos naturais	Vulnerabilidade ao sistema imune do hospedeiro
	Exposição ao ambiente externo	
	Alimentação mais difícil	Dispersão mais difícil

CONCEITO 14.2
Os hospedeiros têm adaptações para se defender dos parasitas, e os parasitas têm adaptações para superar essas defesas.

Defesas e contradefesas

Como vimos no Capítulo 13, os predadores e os herbívoros exercem grande pressão sobre os organismos dos quais se alimentam, e vice-versa. As espécies predadas e as plantas consumidas por predadores e herbívoros possuem adaptações para evitar serem atacadas. Similarmente, predadores e herbívoros têm adaptações que ajudam a superar as defesas das presas ou plantas alimentares. Isso também é verdadeiro para os parasitas e seus hospedeiros: hospedeiros desenvolveram maneiras de se proteger contra parasitas, e parasitas desenvolveram maneiras de burlar essas defesas.

Sistemas imunes, defesas bioquímicas e simbiontes podem proteger o hospedeiro contra os parasitas

Os organismos hospedeiros têm uma ampla gama de mecanismos de defesa que podem impedir ou limitar a gravidade do ataque de parasitas. Por exemplo, o hospedeiro deve ter uma cobertura protetora externa, como a pele dos mamíferos ou o exoesqueleto duro dos insetos, que pode prevenir que ectoparasitas perfurem seus corpos ou dificultar a entrada de endoparasitas. Os endoparasitas que conseguem entrar no corpo do hospedeiro com frequência são mortos ou se tornam menos eficazes pelo sistema imune do hospedeiro, pelas defesas bioquímicas ou pela defesa pelos simbiontes.

Sistemas imunes O sistema imune de vertebrados tem células especializadas que permitem que o hospedeiro reconheça microparasitas a que já foi exposto; em muitos casos, as "células da memória" do sistema imune são tão eficientes que o hospedeiro fica imune durante toda a vida contra ataques do mesmo microparasita. Outras células do sistema imune englobam e destroem parasitas, ou os marcam com substâncias químicas que os tornam alvos para destruição futura.

As plantas também podem montar respostas altamente eficazes à invasão de parasitas. Algumas plantas possuem genes resistentes, os diferentes alelos que promovem proteção contra microparasitas com genótipos especiais; descreveremos esse sistema de defesa em mais detalhes na página 324. As plantas não são indefesas, até mesmo quando não possuem os alelos que fornecem resistência a um ataque específico. Em casos desse tipo, a planta conta com o sistema imune não específico, que produz compostos antimicrobianos, incluindo alguns que atacam as paredes das células bacterianas e outros compostos tóxicos aos fungos parasitas (**Figura 14.7**). A planta também pode produzir sinais químicos que "avisam" as células próximas sobre um ataque iminente, e ainda outros compostos químicos que estimulam a deposição de lignina, substância resistente que fornece uma barreira contra a propagação do invasor.

Defesas bioquímicas Hospedeiros têm maneiras de regular sua bioquímica para limitar o crescimento do parasita. Endoparasitas bacterianos e fúngicos precisam de ferro para crescer. Hospedeiros vertebrados – incluindo mamíferos, aves, anfíbios e peixes – têm uma proteína chamada transferrina, que remove o ferro do soro sanguíneo (onde os parasitas podem usá-lo) e o armazena em compartimentos intracelulares (onde os parasitas não têm

Figura 14.7 As defesas vegetais não específicas As plantas podem elaborar respostas defensivas não específicas que são eficazes contra uma ampla gama de fungos e microparasitas bacterianos.

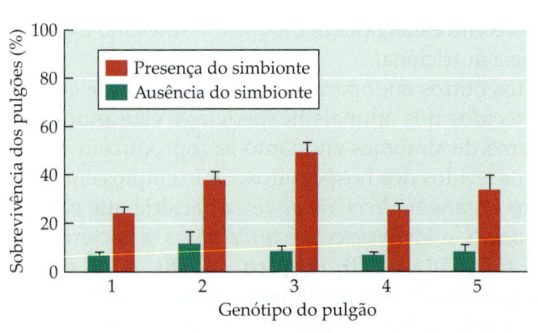

Figura 14.8 Protegido por um simbionte Pulgões-da-ervilha (*Acyrthosiphon pisum*) de cinco genótipos diferentes foram expostos ao fungo patogênico *Pandora neoaphidis*. Para cada um desses genótipos, alguns pulgões foram inoculados com a bactéria simbiôntica *Regiella insecticola*, enquanto outros pulgões não tinham simbiontes. Os pulgões que abrigavam o simbionte sobreviveram a taxas mais elevadas do que os pulgões sem simbionte. As barras de erro mostram um erro-padrão da média. (Segundo Scarborough et al., 2005.)

acesso). As transferrinas são tão eficientes que a concentração de ferro no soro sanguíneo de mamíferos é de apenas 10^{-26} M – tão baixa que parasitas não conseguem crescer no sangue de vertebrados, a não ser que de alguma forma consigam superar o hospedeiro. Para fazer isso, alguns parasitas roubam ferro da própria transferrina e o utilizam para dar suporte a seu crescimento.

Batalhas bioquímicas semelhantes ocorrem entre plantas e seus parasitas. Como vimos no Capítulo 13, as plantas usam uma rica diversidade de armas químicas para matar ou deter os organismos que as comem. Os componentes secundários de defesa das plantas são tão eficazes que alguns animais comem plantas específicas para combater ou impedir infecções por parasitas. Por exemplo, quando moscas parasitas colocam seus ovos nos corpos de lagartas (bicho-cabeludo), elas mudam sua alimentação com base em folhas (tremoços) para uma dieta com base na venenosa cicuta (Karban e English-Loeb, 1997). A nova dieta não mata o parasita, mas aumenta a chance de sobrevivência da lagarta e de metamorfose para a fase adulta da mariposa-tigre

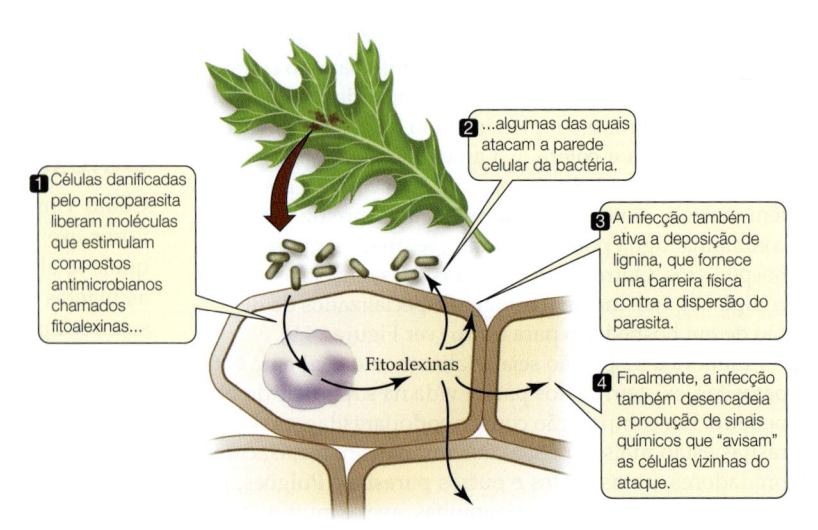

ANÁLISE DE DADOS 14.1

Um simbionte defensivo aumentaria sua frequência em uma população hospedeira submetida ao parasitismo?

Apesar de esperarmos um aumento na frequência de simbiontes defensivos em populações hospedeiras submetidas ao parasitismo, poucos estudos testaram essa hipótese. Jaenike e Brekke (2011)* realizaram um teste usando populações de moscas-das-frutas (*Drosophila neotestacea*) em laboratório. Essas moscas portavam um simbionte bacteriano *Spiroplasma*, que as protege de um nematódeo parasita *Howardula aoronymphium* que pode esterilizar a mosca fêmea e reduzir o sucesso do acasalamento de moscas machos.

Jaenike e Brekke estabeleceram cinco populações replicadas, em que as moscas foram expostas em cada geração ao nematódeo parasita, e cinco populações replicadas sem a presença de parasitas. Inicialmente, cada população tinha 50:50 indivíduos infectados com *Spiroplasma* e moscas adultas não infectadas. Em um segundo experimento, os pesquisadores estabeleceram cinco populações replicadas em que todos os adultos foram infectados com *Spiroplasma* e cinco populações em que todas as moscas não foram infectadas. Todas as populações do segundo experimento foram expostas ao parasita *H. aoronymphium* somente em sua primeira geração. Ambos os experimentos foram realizados ao longo de sete gerações de moscas. Os resultados de cada experimento são mostrados nas tabelas.

1. Plote a porcentagem de moscas portadoras de *Spiroplasma* (eixo y) *versus* geração (eixo x) para ambos os tratamentos no Experimento 1. Descreva as hipóteses testadas por esse experimento. Qual tratamento representa o controle? Os resultados sustentam a hipótese?

2. Plote a porcentagem de moscas infectadas pelo *H. aoronymphium* (eixo y) *versus* geração (eixo x) para ambos os tratamentos no Experimento 2. Descreva as hipóteses testadas por esse experimento. Qual tratamento representa o controle? Os resultados sustentam a hipótese?

3. Examine os gráficos que você fez para as questões 1 e 2. Os resultados indicam se há um custo para a mosca por portar o *Spiroplasma*? Explique.

Experimento 1 Porcentagem de indivíduos de moscas-das-frutas portadores do simbionte *Spiroplasma*

Tratamento	Geração						
	1	2	3	4	5	6	7
H. aoronymphium ausente	54	65	52	65	59	65	39
H. aoronymphium presente	49	52	86	92	97	99	96

Experimento 2 Porcentagem de indivíduos de moscas-das-frutas infectados pelo nematódeo parasita *H. aoronymphium*

Tratamento	Geração						
	1	2	3	4	5	6	7
Spiroplasma ausente	30	59	95	92	87	—	—
Spiroplasma presente	25	15	7	2	1	0	0

Na geração 6, todas as populações de moscas foram extintas porque o parasita *H. aoronymphium* esterilizou as moscas.

*Jaenike, J. e T. D. Brekke. 2011. Defensive endosymbionts: A cryptic trophic level in community ecology. *Ecology Letters* 14: 150-155.

(*Platyprepia virginalis*). Chimpanzés infectados por nematódeos (*Oesophagostomum stephanostomum*) procuram especificamente e comem uma planta amarga que contém compostos que matam ou paralisam os nematódeos e também podem inibir muitos outros parasitas (Huffman, 1997). Nós seres humanos fazemos praticamente a mesma coisa: gastamos bilhões de dólares por ano em produtos farmacêuticos com base em compostos originalmente obtidos de plantas.

Simbiontes defensivos Alguns organismos são auxiliados na defesa contra parasitas por simbiontes mutualistas, como bactérias e fungos. Por exemplo, fungos simbiontes vivendo dentro das folhas do cacaueiro (árvore que produz cacau, usado para fazer chocolate) e de gramíneas protegem contra o ataque de patógenos. Evidências crescentes também indicam que bactérias simbiontes vivendo em nosso trato intestinal podem nos proteger contra organismos causadores de doenças (Britton e Young, 2012).

Muitos dos "simbiontes defensores" são herdados, ou seja, o simbionte é transmitido de maneira confiável de um hospedeiro a seus descendentes. Poderíamos esperar que esses simbiontes defensores aumentassem sua frequência em uma população onde os parasitas são comuns – e realmente é isso que acontece. Por exemplo, em um experimento de laboratório, a frequência de pulgões-da-ervilha (*Acyrthosiphon pisum*) com a bactéria simbionte *Hamiltonella defensa* aumentou rapidamente na presença de uma vespa parasita letal (Oliver et al., 2008). Isso era esperado, porque o simbionte é herdado e porque os pulgões que possuem a bactéria tiveram uma maior taxa de sobrevivência do que os pulgões sem a bactéria. Em outro estudo com os pulgões-da-ervilha, foi observado que a bactéria simbionte *Regiella insecticola* protege contra o ataque de um fungo parasita mortal (**Figura 14.8**). Simbiontes defensores também têm mostrado ser eficientes contra o ataque de nematódeos parasitas, como você pode explorar em **Análise de Dados 14.1**.

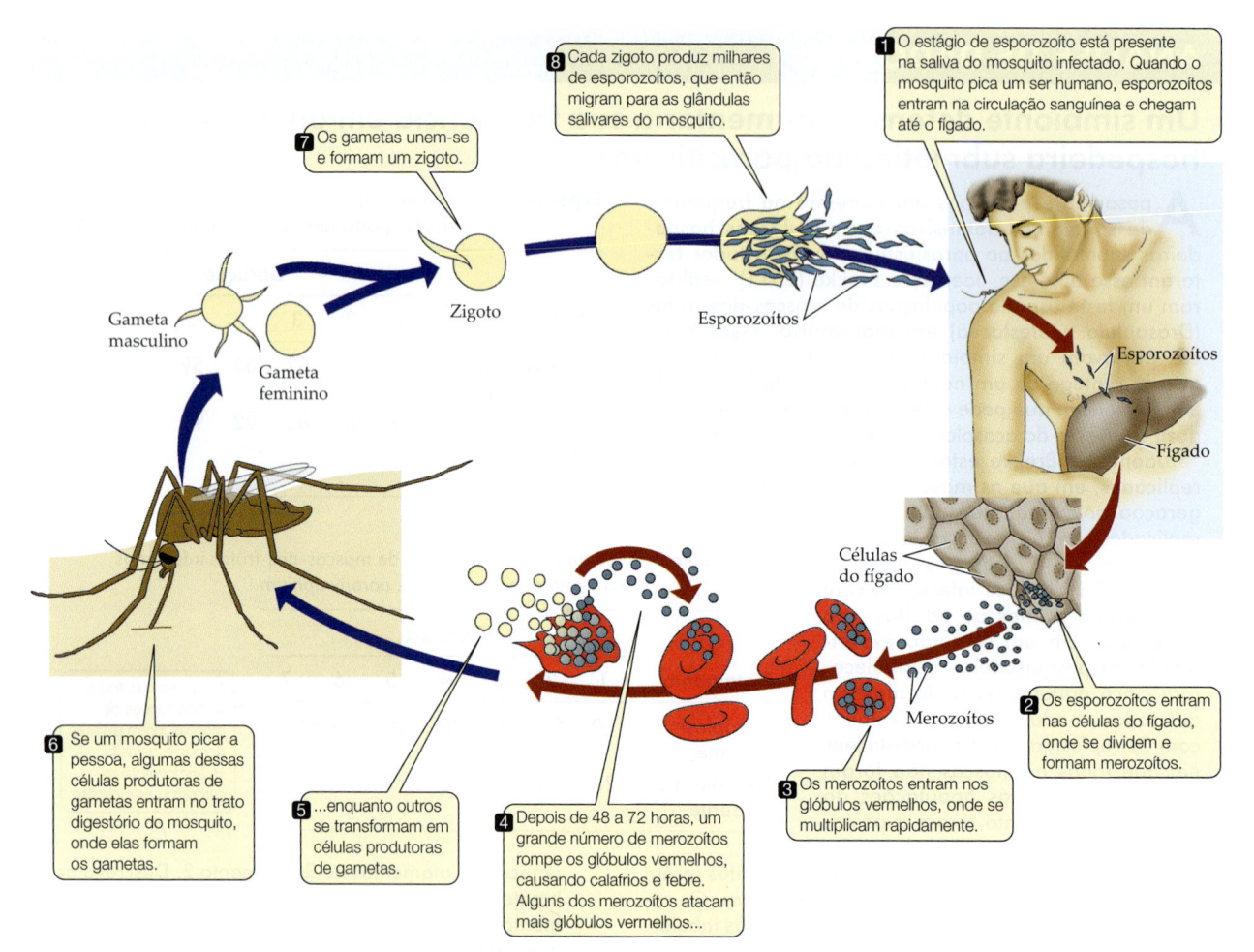

Figura 14.9 Ciclo de vida do parasita da malária, *Plasmodium* O ciclo de vida do *Plasmodium* possui estágios especializados que facilitam a dispersão desse endoparasita de um hospedeiro para outro. A fase de esporozoíto, por exemplo, permite que o parasita de um mosquito infectado se disperse para um hospedeiro humano.

1 O estágio de esporozoíto está presente na saliva do mosquito infectado. Quando o mosquito pica um ser humano, esporozoítos entram na circulação sanguínea e chegam até o fígado.

2 Os esporozoítos entram nas células do fígado, onde se dividem e formam merozoítos.

3 Os merozoítos entram nos glóbulos vermelhos, onde se multiplicam rapidamente.

4 Depois de 48 a 72 horas, um grande número de merozoítos rompe os glóbulos vermelhos, causando calafrios e febre. Alguns dos merozoítos atacam mais glóbulos vermelhos...

5 ...enquanto outros se transformam em células produtoras de gametas.

6 Se um mosquito picar a pessoa, algumas dessas células produtoras de gametas entram no trato digestório do mosquito, onde elas formam os gametas.

7 Os gametas unem-se e formam um zigoto.

8 Cada zigoto produz milhares de esporozoítos, que então migram para as glândulas salivares do mosquito.

? Qual o estágio no ciclo de vida do parasita permite que ele se disperse de um hospedeiro humano para um mosquito?

Parasitas têm adaptações que superam as defesas dos hospedeiros

Para sobreviver e se reproduzir, um parasita tem que ser capaz de tolerar ou evitar os mecanismos de defesa dos hospedeiros. Afídeos e outros ectoparasitas, por exemplo, devem ser capazes de passar pela proteção externa do hospedeiro e de tolerar quaisquer compostos químicos presentes nos tecidos ou nas secreções do hospedeiro do qual se alimentam. Em uma visão geral, os desafios enfrentados pelos ectoparasitas são similares àqueles enfrentados por herbívoros e predadores que tentam lidar com as toxinas e as estruturas físicas que os organismos dos quais se alimentam utilizam para se defender. Discutimos esses desafios no Conceito 13.2, de modo que aqui enfatizaremos como os endoparasitas lidam com as defesas encontradas dentro de seus hospedeiros.

Contradefesas contra encapsulação Endoparasitas enfrentam desafios formidáveis frente ao sistema imune e aos aspectos relacionados à bioquímica do hospedeiro. As espécies de hospedeiros em geral possuem algumas maneiras de destruir os parasitas invasores. Além das estratégias que descrevemos, alguns hospedeiros podem cobrir os parasitas ou seus ovos com cápsulas que os matam ou os tornam inofensivos, processo chamado de *encapsulação*.

A encapsulação é usada por alguns insetos para defesa contra macroparasitas. Os glóbulos vermelhos de insetos podem engolfar invasores pequenos, como bactérias, mas não podem engolfar organismos grandes, como nematódeos ou ovos de parasitas. No entanto, alguns insetos possuem *hemócitos* (*lamelócitos*), glóbulos vermelhos que podem formar cápsulas multicelulares em torno de moléculas ou organismos grandes. Quando um inseto monta a encapsulação como defesa, a maioria ou todos os parasitas atacantes podem ser destruídos. Como resultado, os parasitas estão sobre grande seleção para desenvolver a contradefesa.

Por exemplo, as moscas-das-frutas (*Drosophila*) podem montar uma defesa efetiva contra vespas parasitoides, encapsulando (e, assim, matando) seus ovos. As vespas parasitoides que atacam moscas-das-frutas evitam encapsulação de várias maneiras. Quando as vespas do gênero

Leptopilina colocam ovos dentro de uma mosca-das-frutas, elas também injetam partículas semelhantes a vírus no hospedeiro. Essas partículas infectam os hemócitos (lamelócitos) e causam sua autodestruição, enfraquecendo, assim, a resistência e aumentando o percentual de sobrevivência dos ovos de vespa (Rizki e Rizki, 1990). Outras vespas parasitoides, como a *Asobara tabida*, colocam seus ovos cobertos por filamentos. Esses filamentos fazem os ovos se fixarem a células de gordura e a outras células, e se tornarem embebidos nelas, onde não são detectados pelos hemócitos (lamelócitos) circulantes.

Contradefesas envolvendo centenas de genes Alguns endoparasitas têm um conjunto complexo de adaptações que os permite desenvolver-se dentro de seus hospedeiros. Um desses parasitas é o *Plasmodium*, o protozoário causador da malária, doença que mata de 1 a 2 milhões de pessoas por ano. O *Plasmodium*, como outros endoparasitas, possui um complexo ciclo de vida com estágios especializados que permite alternar de hospedeiro entre um mosquito e o humano (**Figura 14.9**). Os mosquitos infectados têm na saliva um estágio especializado do *Plasmodium*, o chamado *esporozoíto*. Quando um mosquito infectado pica o homem, os esporozoítos entram na corrente sanguínea da vítima e deslocam-se até o fígado, onde se dividem para formar outro estágio, chamado de *merozoíto*. O merozoíto penetra nos glóbulos vermelhos, onde se multiplica rapidamente. De 48 a 72 horas depois, um grande número de merozoítos irrompe dos glóbulos vermelhos, causando os calafrios periódicos e a febre associados à malária. Alguns desses merozoítos da prole atacam mais glóbulos vermelhos, enquanto outros se transformam em células produtoras de gametas. Se um mosquito pica a vítima, ele absorve algumas dessas células produtoras de gametas, que entram no trato digestório e formam gametas. Após a fertilização, o zigoto resultante produz milhares de esporozoítos, que depois migram para as glândulas salivares dos mosquitos, onde aguardam sua transferência para outro hospedeiro humano.

O *Plasmodium* enfrenta dois desafios potencialmente letais no hospedeiro humano. Primeiro, os glóbulos vermelhos não se dividem nem crescem, e, consequentemente, são desprovidos dos mecanismos para importar os nutrientes necessários para o crescimento. Um merozoíto de *Plasmodium* morreria de fome dentro de um glóbulo vermelho se não tivesse formas de obtenção dos nutrientes essenciais. Segundo, após 24 a 48 horas, a infecção pelo *Plasmodium* muda o formato dos glóbulos vermelhos. O baço humano reconhece e destrói as células deformadas, em conjunto com os parasitas dentro delas.

O *Plasmodium* enfrenta esses desafios com centenas de genes que modificam os glóbulos vermelhos do hospedeiro de forma a permitir que o parasita obtenha alimento e escape da destruição pelo baço (Marti et al., 2004; Hiller et al., 2004). Pela ação de alguns desses genes, o transporte de proteínas é feito na superfície do glóbulo vermelho, permitindo, desse modo, que o parasita importe nutrientes essenciais para dentro da célula hospedeira. Outros genes guiam a produção de protuberâncias na membrana celular adicionadas à superfície do glóbulo vermelho. Essas protuberâncias fazem com que os glóbulos vermelhos infectados fiquem aderidos a outras células humanas, impedindo, dessa forma, que a célula se desloque pela corrente sanguínea até o baço, onde seria reconhecida como infectada e, assim, destruída. As proteínas dessas protuberâncias variam muito de um indivíduo parasita para outro, dificultando o reconhecimento e a destruição das células infectadas pelo sistema imune humano.

> **CONCEITO 14.3**
>
> As populações de parasitas e hospedeiros podem evoluir juntas, cada uma em resposta à seleção imposta pela outra.

Coevolução parasita-hospedeiro

Como vimos há pouco, o *Plasmodium* tem adaptações específicas que o permitem viver no interior de glóbulos vermelhos. Quando o parasita e seu hospedeiro possuem adaptações específicas, essa observação sugere que a forte pressão de seleção imposta, tanto aos parasitas quanto aos hospedeiros, causou a evolução de ambas as populações. Essas mudanças têm sido diretamente observadas na Austrália, onde o vírus do mixoma foi introduzido para controlar populações de coelhos-europeus (*Oryctolagus cuniculus*).

Os coelhos-europeus foram introduzidos na Austrália em 1859, quando 24 coelhos selvagens foram colocados em um rancho em Victoria. No decorrer de uma década, as populações de coelhos cresceram tanto e estavam consumindo tanta matéria vegetal que se tornaram uma ameaça às pastagens de bovinos e ovinos, bem como à produção de lã. Uma série de medidas de controle foi decretada, incluindo introdução de predadores, caça e envenenamento dos coelhos, bem como a construção de cercas para limitar a propagação desses animais de uma região para a outra (Fenner e Ratcliffe, 1965). Nenhum desses métodos funcionou. Por volta de 1900, centenas de milhões de coelhos haviam se espalhado por quase todo o continente.

Depois de anos de investigação, oficiais do governo australiano estabeleceram uma nova forma de controle: a introdução do vírus do mixoma. Um coelho infectado pelo vírus pode sofrer lesões na pele e inchaços graves, que podem levar à cegueira, à dificuldade para comer e beber e à morte (geralmente duas semanas após a infecção). O vírus é transmitido de coelho para coelho por mosquitos. Em 1950, quando o vírus foi utilizado pela primeira vez no controle das populações de coelhos, 99,8% dos coelhos infectados morreram. Nas décadas seguintes, milhões de coelhos foram mortos pelo vírus, e os tamanhos das populações de coelhos diminuíram drasticamente em todo o continente australiano. Ao longo do tempo, no entanto, as populações de coelhos desenvolveram resistência ao vírus, o qual evoluiu para se tornar menos letal (**Figura 14.10**). O vírus do mixoma continua sendo utilizado para controlar as populações de coelhos, mas essa prática requer constante busca por novas cepas do vírus para as quais os coelhos ainda não tenham desenvolvido resistência.

O aumento da resistência dos coelhos e a redução da letalidade do vírus ilustram a **coevolução**, que ocorre quando populações de duas espécies evoluem juntas, uma em resposta à seleção imposta pela outra. O resultado da coevolução pode variar bastante, dependendo da biologia das espécies que interagem. No coelho-europeu, a seleção favoreceu a evolução do aumento da resistência ao ataque viral, como esperado. Além disso, cepas de vírus de letalidade intermediária predominaram, talvez porque essas cepas permitiam que os coelhos vivessem tempo suficiente para um ou mais mosquitos os picarem e transmitirem o vírus para outro hospedeiro (mosquitos não picam coelhos mortos). Em outros casos de coevolução, o parasita desenvolve contradefesas para superar os mecanismos de resistência, como ilustrado pelos exemplos a seguir.

A seleção pode favorecer a diversidade de genótipos de hospedeiros e parasitas

Como mencionado anteriormente, os sistemas de defesa das plantas incluem uma resposta específica que faz determinados genótipos de plantas serem resistentes a certos genótipos de parasitas. As **interações gene-contra-gene** são bem documentadas em várias espécies vegetais, incluído trigo, linho e *Arabidopsis thaliana*. O trigo possui dúzias de diferentes genes de resistência a fungos como as ferrugens do trigo (*Puccinia*). Porém, diferentes genótipos da ferrugem do trigo podem superar diferentes genes de resistência do trigo, e, periodicamente, ocorrem mutações nessas ferrugens que produzem novos genótipos para os quais o trigo não é resistente. Estudos têm mostrado que as frequências de genótipos da ferrugem do trigo variam consideravelmente ao longo do tempo, à medida que os triticultores utilizam diferentes variedades de trigo. Por exemplo, uma variedade de ferrugem pode ser abundante em um ano, por conseguir superar os genes de resistência das variedades de trigo plantadas naquele ano, mas menos abundante no ano seguinte, por não conseguir superar a resistência dos genes das variedades plantadas nesse outro período.

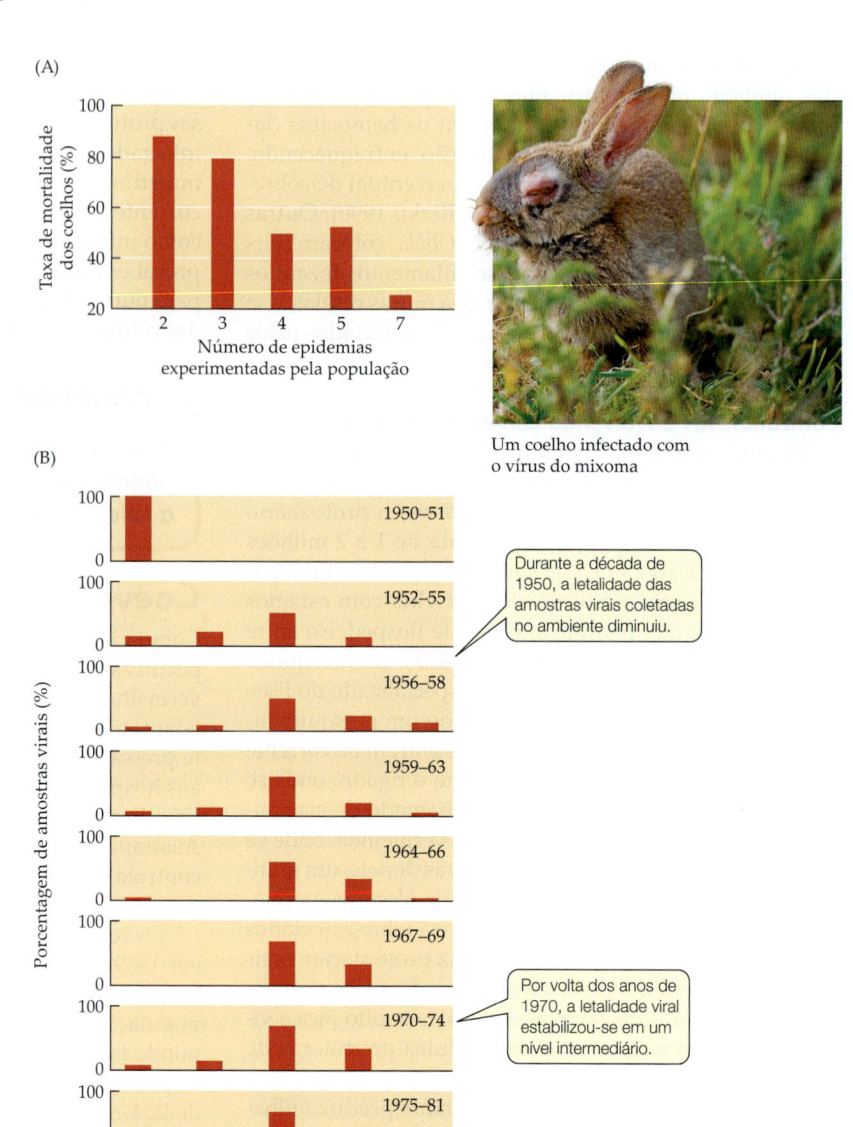

Um coelho infectado com o vírus do mixoma

Figura 14.10 Coevolução do coelho europeu e o vírus do mixoma (A) Após a introdução do vírus do mixoma na Austrália, os pesquisadores testaram periodicamente sua letalidade coletando coelhos de uma população selvagem e expondo-os a uma cepa-padrão do vírus que matou 90% dos coelhos de laboratório (não selecionados). Ao longo do tempo, a mortalidade dos coelhos selvagens diminuiu à medida que a população desenvolveu resistência ao vírus. (B) A letalidade de amostras de vírus coletadas na natureza também declinou quando testada contra uma linha-padrão (não selecionada) de coelhos. (A segundo Kerr e Best, 1998; B segundo May e Anderson, 1983.)

Mudanças nas frequências dos genótipos de hospedeiros e parasitas também ocorrem em sistemas naturais. Nos lagos da Nova Zelândia, um verme trematódeo do gênero *Microphallus* parasita o caracol *Potamopyrgus antipodarum*. O *Microphallus* tem um sério efeito negativo sobre os hospedeiros: ele castra os machos e esteriliza as fêmeas. O parasita

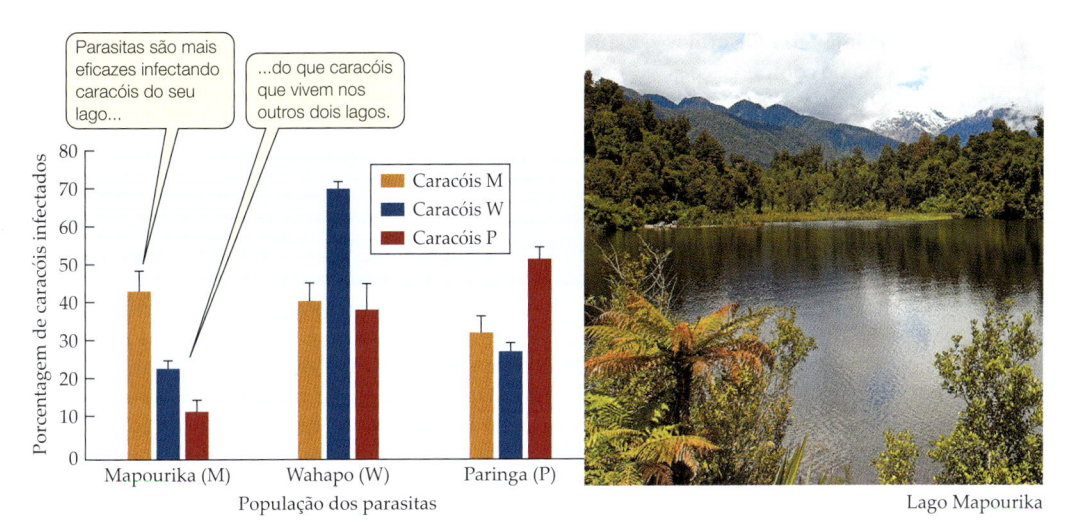

Figura 14.11 Adaptações dos parasitas às populações de hospedeiros locais O gráfico mostra as frequências com que os parasitas *Microphallus* de três lagos na Nova Zelândia (Lago Mapourika, Lago Wahapo e Lago Paringa) foram capazes de infectar caracóis (*Potamopyrgus antipodarum*) dos mesmos três lagos. As barras de erro mostram um erro-padrão da média. (Segundo Lively, 1989.)

Legendas do gráfico: Parasitas são mais eficazes infectando caracóis do seu lago... ...do que caracóis que vivem nos outros dois lagos.

Lago Mapourika

? Os caracóis fracamente defendidos contra os parasitas de seu próprio lago também seriam fracamente defendidos contra os parasitas de outros lagos? Explique.

possui uma geração bem mais curta que seu hospedeiro, e, por isso, deveríamos esperar que ele evoluísse rapidamente a capacidade de lidar com os mecanismos de defesa do caracol. Lively (1989) testou essa ideia em um experimento que confrontou parasitas de cada um dos três lagos com caracóis dos mesmos lagos. Ele descobriu que os parasitas infectaram os caracóis do seu lago mais efetivamente do que dos outros dois lagos (**Figura 14.11**). Essa observação sugere que os genótipos dos parasitas de cada lago tiveram evolução suficientemente rápida para superar as defesas dos genótipos dos caracóis encontrados naquele lago.

Os caracóis também evoluíram em resposta ao parasita, embora mais lentamente. Dybdahl e Lively (1998) documentaram as abundâncias de diferentes genótipos de caracóis ao longo de cinco anos em um lago da Nova Zelândia. O genótipo do caracol mais abundante mudou de um ano para o ano seguinte. Além disso, aproximadamente um ano após o genótipo ter sido o mais abundante na população, caracóis desse genótipo tiveram um número maior do que o número típico de parasitas. Em conjunto com o estudo anterior de Lively (1989), esses resultados sugerem que as populações de parasitas evoluem para explorar os genótipos dos caracóis encontrados em seus ambientes locais. Refinando posteriormente essa ideia, Dybdahl e Lively levantaram a hipótese de que, como resultado da evolução por seleção natural, os parasitas seriam capazes de infectar caracóis com um genótipo comum em uma taxa mais alta do que poderiam infectar caracóis com um genótipo raro. Isso é exatamente o que eles comprovaram em um experimento de

laboratório (**Figura 14.12**). Por isso, as frequências de genótipos dos caracóis podem mudar de ano para ano porque genótipos comuns são atacados por muitos parasitas, colocando-os em desvantagem e diminuindo sua população nos anos futuros.

As defesas dos hospedeiros e as contradefesas dos parasitas têm custos

Parasitas e hospedeiros exercem tamanho poder uns sobre os outros que poderíamos esperar uma eterna "corrida armamentista", em que a resistência do hospedeiro quanto e as contradefesas do parasita ficam cada vez mais fortes com o decorrer do tempo. Contudo, esse resultado raramente ocorre. Em alguns casos – como nos caracóis e nos trematódeos de Dybdahl e Lively – os genótipos comuns dos hospedeiros diminuem em frequência por serem atacados por muitos parasitas, levando ao aumento em frequência dos genótipos raros, de modo que a "corrida

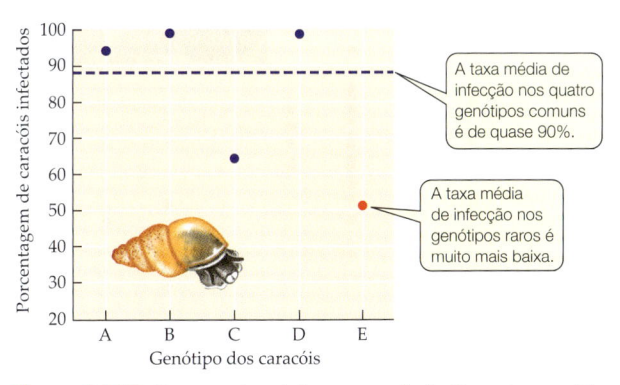

Figura 14.12 Os parasitas infectam mais facilmente genótipos comuns do que genótipos raros Em um experimento de laboratório, Dybdahl e Lively compararam as taxas de infecção de *Microphallus* em quatro genótipos comuns de caracol (A-D, representados por pontos azuis) e em um grupo de 40 genótipos raros de caracol (E, representado por um ponto vermelho). Todos os parasitas e os caracóis nesse experimento foram todos retirados do mesmo lago. (Segundo Dybdahl e Lively, 1998.)

Legendas do gráfico: A taxa média de infecção nos quatro genótipos comuns é de quase 90%. A taxa média de infecção nos genótipos raros é muito mais baixa.

armamentista" tem início novamente. Uma "corrida armamentista" também pode parar por causa de compensações (*trade-offs*): uma característica que melhora as defesas dos hospedeiros ou as contradefesas dos parasitas pode ter custos que reduzem outros aspectos de crescimento, sobrevivência ou reprodução dos organismos.

Essas compensações foram documentadas em vários sistemas hospedeiro-parasita, incluindo as moscas-das-frutas (*Drosophila*) e as vespas parasitoides que as atacam (descrito na p. 323). Alex Kraaijeveld e colaboradores demonstraram que a seleção pode aumentar tanto a frequência na qual as moscas hospedeiras encapsulam ovos de vespas (de 5 para 60% em cinco gerações) quanto a capacidade dos ovos de evitar a encapsulação (de 8 para 37% em 10 gerações). Contudo, eles também demonstraram que existem alguns custos para essas defesas e contradefesas. Por exemplo, as linhagens de moscas-das-frutas que podem montar uma encapsulação têm uma menor taxa de sobrevivência larval quando competem por alimento com moscas da mesma espécie que não montam a encapsulação. Da mesma forma, ovos de vespas que evitam a encapsulação ficando embutidos no tecido do hospedeiro levam mais tempo para eclodir do que outros ovos (Kraaijeveld et al., 2001).

Resultados semelhantes foram obtidos por Peter Thrall e Jeremy Burdon, que estudaram populações de linho silvestre (*Linum marginale*) e seu patógeno, a ferrugem *Melampsora lini*. Alguns genótipos da ferrugem são mais virulentos do que outros; em outras palavras, podem superar mais genes de resistência. Thrall e Burdon (2003) demonstraram que os genótipos mais virulentos do fungo da ferrugem eram comuns somente em populações de plantas hospedeiras com muitos genes de resistência. Aqui também parece funcionar uma compensação. Os genótipos virulentos produzem menos esporos do que os genótipos da ferrugem que conseguem superar apenas alguns genes de resistência (**Figura 14.13**). Os esporos são os meios pelos quais as ferrugens se dispersam e se reproduzem. Em populações de linho dominadas por plantas com poucos ou sem genes de resistência, a capacidade dos genótipos virulentos de superar vários genes de resistência confere uma desvantagem (produção reduzida de esporos), mas nenhuma vantagem (desde que existam poucos ou nenhum gene de resistência para superar). Aparentemente, como resultado dessa compensação, os genótipos mais virulentos da ferrugem não são comuns em populações de plantas de baixa resistência.

As mudanças evolutivas em populações de hospedeiros e parasitas discutidas nesta seção refletem os profundos efeitos que os organismos têm uns sobre os outros. A seguir, estudaremos algumas consequências ecológicas das interações hospedeiro-parasita.

CONCEITO 14.4

Os parasitas podem reduzir a população de hospedeiros e alterar o resultado da interação de espécies, causando, assim, mudanças nas comunidades.

Efeitos ecológicos dos parasitas

Como vimos, os parasitas podem reduzir a sobrevivência, o crescimento ou a reprodução de seus hospedeiros – uma observação que é ilustrada claramente pela grande queda no sucesso reprodutivo que um ácaro sexualmente transmitido provoca em seu besouro hospedeiro (**Figura 14.14**). Em nível de população, o dano que os parasitas causam em seus indivíduos hospedeiros se traduz na redução da taxa de crescimento populacional do hospedeiro, λ (ver Capítulo 10). Como discutiremos nesta seção, a redução em λ pode ser drástica: os parasitas podem levar as populações de hospedeiros locais à extinção ou até reduzir a distribuição geográfica dessas espécies. Em outros casos menos extremos, parasitas tanto podem reduzir a abundância como alterar as dinâmicas populacionais dos hospedeiros, mas sem causar a extinção dessas populações.

Parasitas podem levar populações de hospedeiros à extinção

O anfípode *Corophium volutator* vive nas planícies de maré no Atlântico Norte. Ele é pequeno (cerca de 1 cm de comprimento) e em geral muito abundante, atingindo densidades superiores a 100 mil indivíduos por metro quadrado. O *Corophium* constrói tocas tubulares na lama, onde se alimenta de plâncton suspenso na água e de organismos encontrados nos sedimentos próximos da abertura

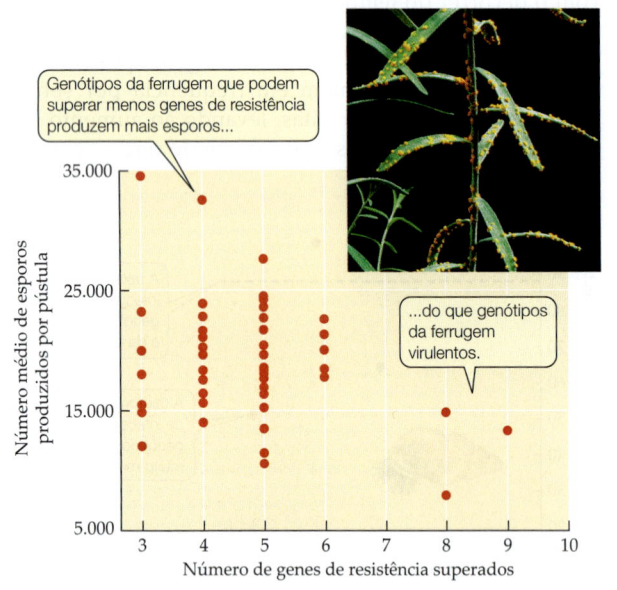

Figura 14.13 Um custo de virulência Genótipos de um patógeno da ferrugem (*Melampsora lini*) que ataca o linho selvagem (*Linum marginale*) mostram uma compensação (*trade-off*) entre a virulência (capacidade de superar muitos genes de resistência do linho) e a produção de esporos. Cada ponto vermelho representa um genótipo da ferrugem. A foto mostra uma planta do linho selvagem coberta com pústulas de ferrugem. (Segundo Thrall e Burton, 2003.)

(A) Fêmeas das populações-controle

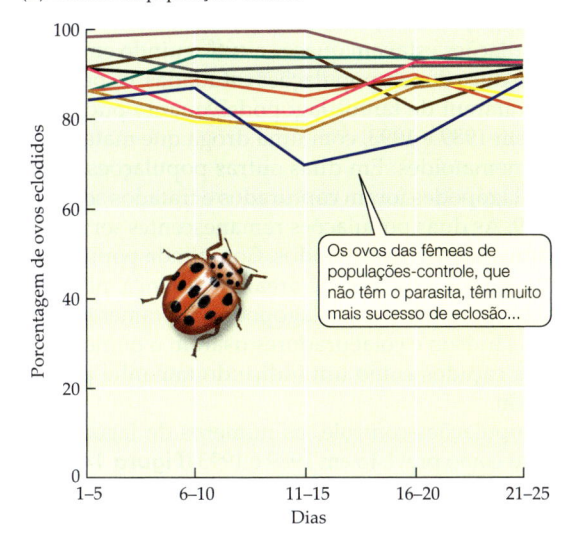

(B) Fêmeas das populações infectadas

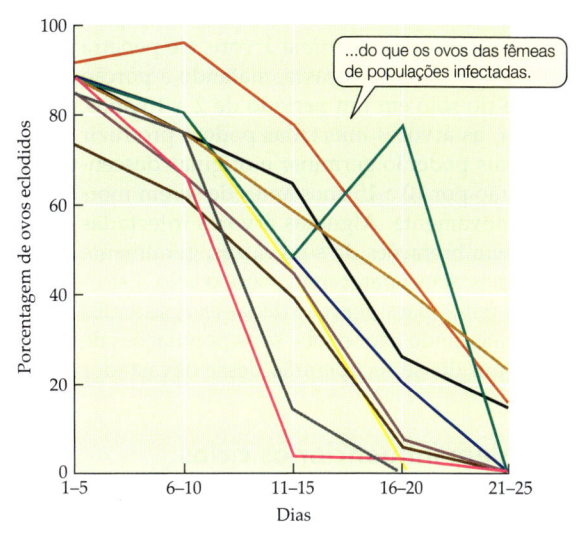

> Os ovos das fêmeas de populações-controle, que não têm o parasita, têm muito mais sucesso de eclosão...

> ...do que os ovos das fêmeas de populações infectadas.

Figura 14.14 Os parasitas podem reduzir a reprodução do hospedeiro Investigadores infectaram populações experimentais do besouro *Adalia decempunctata* com um parasita ácaro sexualmente transmissível (*Coccipolipus hippodamiae*). Durante os 25 dias seguintes, eles monitoraram as proporções dos ovos postos por besouros fêmeas de populações infectadas e de populações-controle que eclodiram. Cada curva representa os ovos colocados por uma única fêmea. (Segundo Webberley et al., 2004.)

da toca. Ele é comido por uma ampla gama de organismos, incluindo aves migratórias e trematódeos parasitas. Os parasitas podem reduzir bastante o tamanho populacional do *Corophium*, até próximo ao ponto da extinção. Por exemplo, em um período de quatro meses, o ataque de trematódeos causou a extinção de uma população de *Corophium* que inicialmente tinha 18 mil indivíduos por metro quadrado (Mouritsen et al., 1998).

Os parasitas também podem levar populações de hospedeiros à extinção ao longo de regiões geográficas grandes. A castanheira-americana (*Castanea dentata*) chegou a ser um membro dominante das comunidades da América do Norte, nas florestas decíduas no leste (**Figura 14.15**), mas o fungo parasita *Cryphonectria parasitica* mudou isso completamente. Esse fungo patógeno causa a doença da castanheira, que provoca a morte dessas árvores. O fungo foi introduzido na cidade de Nova York trazido da Ásia em 1904 (Keever, 1953). Pela metade do século, o fungo havia dizimado a maioria da população de castanheiras, reduzindo a distribuição geográfica da espécie outrora dominante.

Castanheiras isoladas ainda podem ser encontradas nas florestas da América do Norte, e algumas dessas árvores mostram sinais de resistência ao fungo. No entanto, é

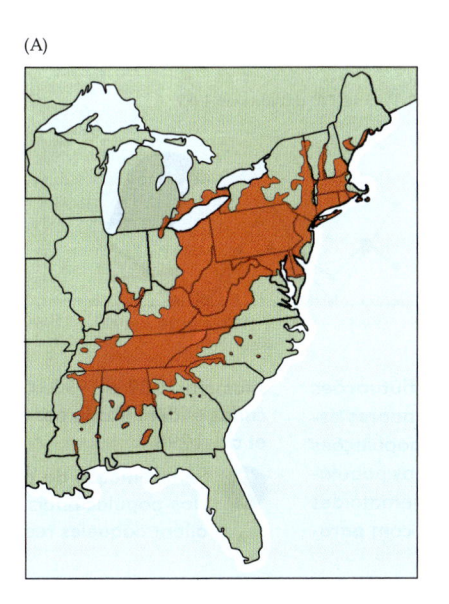

> Algumas castanheiras têm o diâmetro duas vezes maior que o mostrado aqui.

Figura 14.15 Parasitas podem reduzir a distribuição geográfica de seus hospedeiros (A) A distribuição original da castanheira-americana (*Castanea dentata*) é mostrada em vermelho. Embora alguns castanheiros permaneçam de pé, um fungo parasita levou essa espécie outrora dominante praticamente à extinção ao longo de toda sua distribuição geográfica original. (B) As castanheiras foram outrora árvores importantes para obtenção de madeira (observe os dois lenhadores mostrados na fotografia).

provável que muitas das árvores que permanecem de pé simplesmente ainda não tenham sido encontradas pelo fungo. Assim que o fungo atinge uma árvore, ele penetra por um buraco ou ferimento na casca, matando a porção da árvore acima do solo em um período de 2 a 10 anos. Antes de morrer, as árvores infectadas podem produzir sementes, as quais poderão germinar e originar descendentes que viverão por 10 a 15 anos antes de serem mortos pelo fungo novamente. Algumas árvores infectadas também produzem brotações de suas raízes, geralmente mortas alguns anos após aparecerem sobre o solo. Esforços estão sendo feitos para gerar variedades resistentes de castanheira, mas ainda não se sabe se as populações de castanheiras algum dia se recuperarão desse devastador ataque fúngico.

Parasitas podem influenciar os ciclos populacionais dos hospedeiros

Os ecólogos têm procurado por muito tempo determinar as causas dos ciclos populacionais. Como vimos no Conceito 13.4, esses ciclos podem ser causados por triplas relações alimentares – os efeitos que predadores e presas têm uns sobre os outros, associados aos efeitos que as presas e as plantas que as alimentam têm umas sobre as outras.

Os ciclos populacionais também podem ser influenciados por parasitas. Considere o trabalho de Peter Hudson e colaboradores, que manipularam os números de parasitas nas populações de lagópodes vermelhos (*Lagopus lagopus*) em turfeiras ao norte da Inglaterra. Nessa região, a população de lagópodes tende a cair a cada quatro anos. Estudos anteriores mostraram que o parasita nematódeo *Trichostrongylus tenuis* reduziu a sobrevivência e o sucesso reprodutivo de indivíduos de lagópodes. Hudson e colaboradores (1998) investigaram se o parasita pode ser a causa do ciclo populacional dos lagópodes.

Os pesquisadores estudaram as mudanças de número de lagópodes em seis populações replicadas ao longo de dois ciclos populacionais. Dados de longo prazo sobre o ciclo populacional dos lagópodes indicaram que essas populações estavam quase se extinguindo em 1989 e 1993. Em duas de seis populações estudadas, os pesquisadores trataram de tantos lagópodes quanto puderam capturar em 1989 e 1993, com uma droga que matava os parasitas nematoides. Em duas outras populações estudadas, os lagópodes foram capturados e tratados somente em 1989. As duas populações remanescentes serviram como controles não manipulados. Como cada população replicada cobria uma grande área (17-20 km^2), não era possível contar o número de lagópodes diretamente. Em vez disso, Hudson e colaboradores usaram o número de lagópodes caçados como um índice do tamanho populacional real.

Nas populações-controle, os números de lagópodes declinaram como previsto em 1989 e 1993 (**Figura 14.16**). Embora a remoção dos parasitas não tenha parado por completo o ciclo populacional, ela reduziu consideravelmente a flutuação no número de lagópodes; isso foi particularmente verdadeiro para as populações tratadas contra parasitas em 1989 e 1993. Sendo assim, o experimento forneceu fortes evidências de que os parasitas influenciam e talvez sejam a principal causa dos ciclos populacionais dos lagópodes.

Parasitas podem mudar as comunidades ecológicas

Os efeitos dos parasitas sobre os hospedeiros podem ter consequências oscilantes: reduzindo a performance dos indivíduos hospedeiros e as taxas de crescimento das populações de hospedeiros, os parasitas podem mudar o resultado das interações entre espécies, a composição das comunidades ecológicas e até o meio físico em que a comunidade se encontra.

Mudanças nas interações das espécies Quando dois organismos interagem, o resultado dessa interação depende

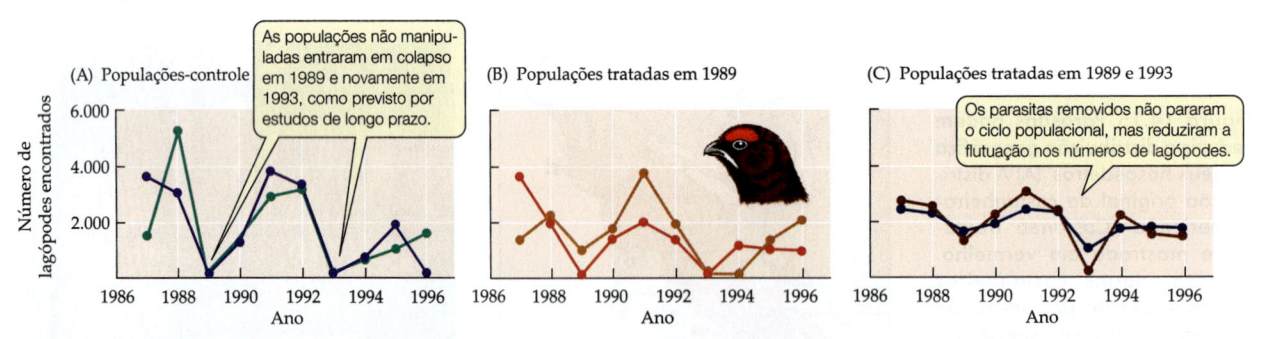

Figura 14.16 A remoção de parasitas reduz as flutuações populacionais de hospedeiros Hudson e colaboradores estudaram os efeitos de parasitas nos ciclos de seis populações de lagópodes submetidas a três tratamentos: (A) duas populações-controle, (B) duas populações tratadas com nematoides parasitas em 1989 e (C) duas populações tratadas com parasitas em 1989 e 1993. Cada uma das seis populações replicadas é identificada por uma cor diferente. (Segundo Hudson et al., 1998.)

? Se a remoção do parasita cessou completamente os ciclos populacionais, como os resultados em (C) podem diferir daqueles realmente obtidos?

de muitas características de suas biologias. Um predador jovem e saudável pode ser capaz de capturar sua presa – até mesmo se a presa literalmente "correr por sua vida" –, enquanto um predador velho ou doente talvez passe fome. De modo semelhante, um indivíduo em boas condições pode ser capaz de competir com eficácia por recursos, enquanto um indivíduo em más condições não.

Por serem capazes de afetar a performance dos hospedeiros, os parasitas podem afetar o resultado das interações entre hospedeiros e outras espécies. Thomas Park conduziu uma série de experimentos sobre fatores que influenciavam o resultado da competição entre espécies de besouros-da-farinha. Em um dos experimentos, Park (1948) examinou como o protozoário parasita *Adelina tribolii* afetou o resultado da competição de duas espécies de besouros-da-farinha, *Tribolium castaneum* e *T. confusum*. Na ausência do parasita, *T. castaneum* normalmente supera *T. confusum*, levando-o à extinção em 12 dos 18 casos (**Figura 14.17**). O inverso foi verdadeiro quando o parasita estava presente: *T. confusum* superou *T. castaneum* em 11 dos 15 casos analisados. O resultado da competição foi invertido porque o parasita exercia grande efeito negativo nos indivíduos *de T. castaneum*, mas quase nenhum efeito em *T. confusum*. Os parasitas também podem mudar o resultado da competição no campo, como quando o parasita da malária *Plasmodium azurophilum* reduziu a superioridade competitiva do lagarto *Anolis gingivinus* sobre seu oponente, *A. wattsi* (Schall, 1992). Finalmente, parasitas podem alterar o resultado de interações predador-presa: diminuindo a condição física dos indivíduos infectados, os parasitas podem tornar predadores menos capazes de capturar suas presas ou presas menos capazes de escapar da predação.

Nos exemplos descritos no parágrafo anterior, parasitas afetaram o resultado das interações de espécies alterando as condições físicas do seu hospedeiro. Os parasitas também podem alterar o resultado das interações de espécies modificando o comportamento do hospedeiro. Por exemplo, quando infectado por um parasita, o hospedeiro pode se comportar de maneira incomum, tornando-o mais vulnerável à predação. Existem numerosos exemplos desse fenômeno, incluindo o protozoário parasita descrito no Estudo de Caso que torna os ratos menos cautelosos com relação a gatos. Alguns vermes parasitas movem anfípodes de áreas sombreadas para áreas mais iluminadas, onde é mais provável que sejam vistos e comidos por peixes ou aves predadoras. Em ambos os casos, o parasita induz uma mudança de comportamento do hospedeiro, tornando-o mais suscetível de ser predado por uma espécie que o parasita requer para completar seu ciclo de vida.

Mudanças na estrutura da comunidade Como discutiremos no Capítulo 16, as comunidades ecológicas podem ser caracterizadas pelo número e pela abundância relativa das suas espécies e pelas características físicas do ambiente. Os parasitas podem alterar cada um desses aspectos das comunidades.

Neste capítulo, vimos vários casos em que parasitas reduziram a abundância, ou mesmo a distribuição geográfica, de seu hospedeiro, e também vimos que parasitas podem mudar o resultado das interações das espécies. Tais alterações podem ter efeitos profundos sobre a composição das comunidades. Por exemplo, um parasita que ataca um competidor dominante pode suprimir essa espécie, causando um aumento da abundância de um competidor inferior. Esse efeito foi observado em seis comunidades de riachos estudadas por Kohler e Wiley (1997). Antes de surtos de um fungo patógeno, o tricóptero *Glossosoma nigrior* era o herbívoro dominante em cada uma das seis comunidades. O fungo devastou as populações de *G. nigrior*, reduzindo sua densidade em aproximadamente 25 vezes, de uma média de 4.600 indivíduos por metro quadrado para uma média de 190 indivíduos por metro quadrado. Essa drástica redução na densidade de *G. nigrior* permitiu um aumento na abundância de dezenas de outras espécies, incluindo algas, insetos herbívoros que se alimentam de algas e filtradores como as larvas do borrachudo. Além disso, várias espécies que antes eram extremamente raras ou inexistiam nas comunidades voltaram a ter populações desenvolvidas, aumentando assim a diversidade das comunidades.

Os parasitas também podem causar mudanças no meio físico. Isso ocorre quando um parasita ataca uma espécie *engenheiro de ecossistemas*, cujas ações mudam as características físicas do ambiente, como quando um castor constrói uma represa (ver Conceito 16.3). O anfípode *C. volutator* (ver p. 326-327) pode atuar como um engenheiro de ecossistemas em seus ambientes de planície de maré: em certas circunstâncias, as tocas construídas seguram a lama, impedindo sua erosão e causando a formação de "ilhas de lama" que ficam acima da superfície da água durante a maré baixa. Como descrito anteriormente, os trematódeos parasitas podem levar a população local de *Corophium* à

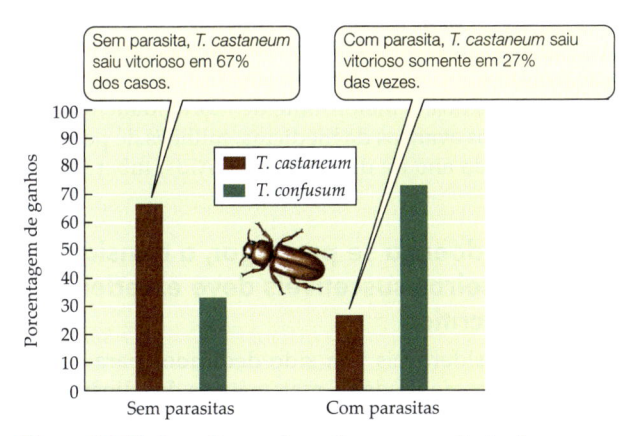

Figura 14.17 Parasitas podem alterar o resultado da competição Thomas Park realizou experimentos de competição entre populações de duas espécies de besouros-da-farinha, *Tribolium castaneum* e *T. confusum*, que estavam ou não infectadas com um protozoário parasita. (Segundo Park, 1948.)

(A)

[Gráfico A: Densidade de *C. volutator* (milhares/m²) ao longo dos meses]

As tocas de *C. volutator* seguram o lodo, causando, assim, a formação de "ilhas de lodo".

(B)

[Gráfico B: Quantidade de sedimento (%) e Erosão (mm) ao longo dos meses — Março, Abril, Maio, Junho, Julho, Agosto]

- Quantidade de sedimento
- Erosão

(C)

(D)

Na ausência de *C. volutator*, não são observadas as ilhas de lodo.

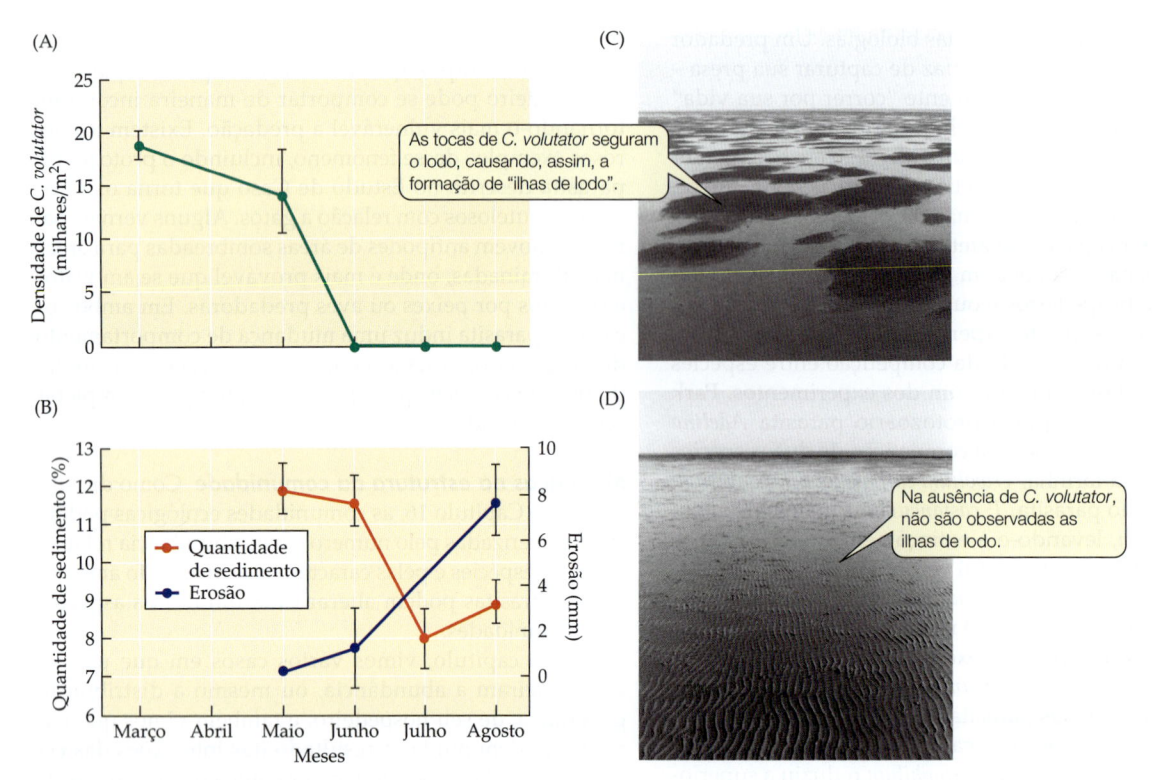

Figura 14.18 Parasitas podem alterar o meio físico A infecção do anfípode *Corophium volutator* pelo parasita trematódeo afeta não somente o hospedeiro, mas a comunidade inteira da planície de maré. (A) Os trematódeos podem levar as populações de anfípodes à extinção local. (B) Na ausência de *C. volutator*, a taxa de erosão aumenta e o conteúdo de sedimentos das planícies de maré diminui. (C, D) A estrutura geral das planícies de maré também muda (compare C com D). As barras de erro mostram ± um erro-padrão da média. (Segundo Mouritsen e Poulin, 2002.)

extinção (**Figura 14.18A**). Quando isso ocorre, as taxas de erosão aumentam, a quantidade de sedimentos das planícies de maré diminui, e as ilhas de lama desaparecem (**Figura 14.18B-D**). Junto com essas mudanças físicas, a abundância de 10 espécies de grande porte na comunidade da planície de maré mudou consideravelmente na presença do parasita, incluindo uma espécie (um verme-fita) que foi levada à extinção local (K. N. Mouritsen, comunicação pessoal).

CONCEITO 14.5

Modelos simples da dinâmica hospedeiro-patógeno sugerem formas para controlar o estabelecimento e a propagação de doenças.

Dinâmica e propagação de doenças

Como vimos anteriormente, parasitas que causam doenças (patógenos) podem afetar bastante as dinâmicas populacionais de espécies vegetais e animais, tanto selvagens quanto domesticadas. Os patógenos também têm um grande efeito sobre populações humanas – tanto que se pensa que eles tiveram um papel fundamental no surgimento e no declínio de civilizações ao longo do curso da história humana (McNeill, 1976; Diamond, 1977). Os exemplos incluem os conquistadores europeus na América do Norte, onde cerca de 95% da população nativa (19 milhões de uma população de 20 milhões) morreram por novas doenças trazidas ao continente por caçadores, missionários, colonos e soldados europeus. Mesmo com essa mortalidade em massa, a conquista levou cerca de 400 anos; sem isso, com certeza teria levado mais tempo e poderia ter fracassado. Os patógenos continuam sendo hoje a maior fonte de mortalidade humana. Apesar dos avanços da medicina, milhões de pessoas morrem a cada ano de doenças como Aids, tuberculose e malária.

Para uma doença se propagar, a densidade de hospedeiros suscetíveis deve exceder um limiar crítico

Esforços consideráveis têm sido dedicados para o desenvolvimento de modelos matemáticos das dinâmicas populacionais hospedeiro-patógeno. Esses modelos diferem de três maneiras daqueles que vimos nos capítulos anteriores. Primeiro, a população hospedeira é subdividida em categorias, como indivíduos suscetíveis, indivíduos infectados, indivíduos curados e indivíduos imunes. Segundo, muitas vezes é necessário rastrear os genótipos de hospedeiros e patógenos, porque, como vimos, os genótipos de hospedeiros podem diferir muito quanto à resistência ao patógeno, e os genótipos dos patógenos podem diferir quanto à capacidade de causar a doença. Terceiro, dependendo da doença, pode ser necessário considerar outros fatores que influenciam sua propagação, como: (1) diferenças na probabilidade de que hospedeiros de diferentes idades sejam infectados, (2) *período de latência*, no qual um indivíduo é infectado, mas não propaga a doença, e (3) *transmissão vertical*, que se propaga da mãe para o recém-nascido, como pode ocorrer na Aids.

Modelos que incluam todos esses fatores podem ser muito complicados. Aqui consideraremos um modelo simples que não incorpora a maior parte desses fatores complicadores, mas ainda assim produz uma visão essencial: uma doença somente se propagará se a densidade de hospedeiros suscetíveis exceder o **limiar de densidade**.

Modelagem da dinâmica populacional hospedeiro-patógeno

Para desenvolver um modelo que possa ser usado para estimar o limiar de densidade, devemos determinar como representar a transmissão da doença de um indivíduo para o próximo. Representaremos por S a densidade de indivíduos suscetíveis, e por I a densidade de indivíduos infectados. Para que uma doença se propague, indivíduos infectados devem encontrar indivíduos suscetíveis. A taxa de ocorrência desses encontros é proporcional à densidade de indivíduos suscetíveis e infectados; aqui assumiremos que essa taxa é proporcional ao produto de suas densidades, SI. Contudo, as doenças não se propagam com cada um desses encontros, de modo que multiplicamos a taxa de encontros (SI) pelo coeficiente de transmissão (β) que indica o quão efetiva é a propagação da doença de indivíduos infectados para suscetíveis. Assim, uma característica essencial do modelo – transmissão da doença – é representada pelo termo βSI.

A densidade de indivíduos infectados aumenta quando a doença for transmitida com sucesso (a uma taxa βSI) e diminui quando os indivíduos infectados morrerem ou se recuperarem da doença. Se estabelecermos a combinação entre as taxas de mortalidade e recuperação como m, isso nos leva à seguinte equação:

$$\frac{dI}{dt} = \beta SI - mI \qquad (14.1)$$

onde dI/dt representa a mudança na densidade de indivíduos infectados em cada momento no tempo.

Uma doença se tornará estabelecida e propagada quando a densidade de indivíduos infectados aumentar ao longo do tempo em uma população. Como explicado em mais detalhes em **Saiba mais 14.2**, isso ocorre quando dI/dt é maior que zero, o que, de acordo com a Equação 14.1, ocorre quando

$$\beta SI - mI > 0$$

Podemos rearranjar essa equação para conseguir

$$S > \frac{m}{\beta}$$

Assim, uma doença se estabelecerá e se propagará quando o número de indivíduos suscetíveis exceder m/β; esse número de indivíduos suscetíveis é o limiar de densidade, representado por S_T. Em outras palavras,

$$S_T = \frac{m}{\beta}$$

Para algumas doenças que afetam pessoas e animais, a taxa transmissão β e a taxa de morte e de recuperação m são conhecidas, permitindo a estimativa do limiar de densidade.

Controlando a propagação de doenças

Como sugere a Equação 14.1, para impedir a propagação de uma doença, a densidade de indivíduos suscetíveis deve ser menor que o limiar de densidade (S_T). Existem diversas maneiras de alcançar esse objetivo. Algumas vezes, as pessoas eliminam um grande número de animais domésticos suscetíveis para reduzir sua densidade abaixo de S_T e consequentemente impedir a propagação da doença. Isso em geral é feito quando a doença em questão pode infectar seres humanos, como em formas altamente virulentas de gripe aviária. Em populações humanas, se uma vacina eficaz estiver disponível, a densidade de indivíduos suscetíveis pode se reduzir abaixo de S_T por um programa de vacinação em massa. Esses programas funcionam como ilustrado pelos resultados impressionantes de um programa de vacinação do sarampo na Romênia (**Figura 14.19**).

Outras medidas de saúde pública também podem ser tomadas para aumentar o limiar de densidade, dificultando, dessa maneira, que a doença se estabeleça e se propague. Por exemplo, o limiar de densidade pode aumentar por ações que elevam a taxa de indivíduos infectados que se recuperam e se tornam imunes (aumentando, assim, m e consequentemente aumentando $S_T = m/\beta$). Uma maneira de aumentar a taxa de recuperação é aperfeiçoar a detecção precoce e o tratamento clínico da doença. O limiar de densidade também pode aumentar se β, a taxa de transmissão da doença, for diminuído. Isso pode ser realizado colocando-se os indivíduos infectados em quarentena ou incentivando as pessoas a adotar certos hábitos (como lavar as mãos e usar preservativo) que dificultam a transmissão da doença de uma pessoa para outra.

O mesmo princípio pode ser aplicado em populações selvagens. Dobson e Meagher (1996) estudaram populações de bisões para determinar a melhor forma de impedir a propagação da brucelose. Usando dados de estudos anteriores nos quais 16 manadas em seis parques no Canadá e nos Estados Unidos foram testadas para a exposição à doença, eles constataram que o limiar de densidade (S_T) para o estabelecimento da doença parecia ser um tamanho de rebanho de 200 a 300 bisões (**Figura 14.20**).

332 Parte 4 • Interações entre organismos

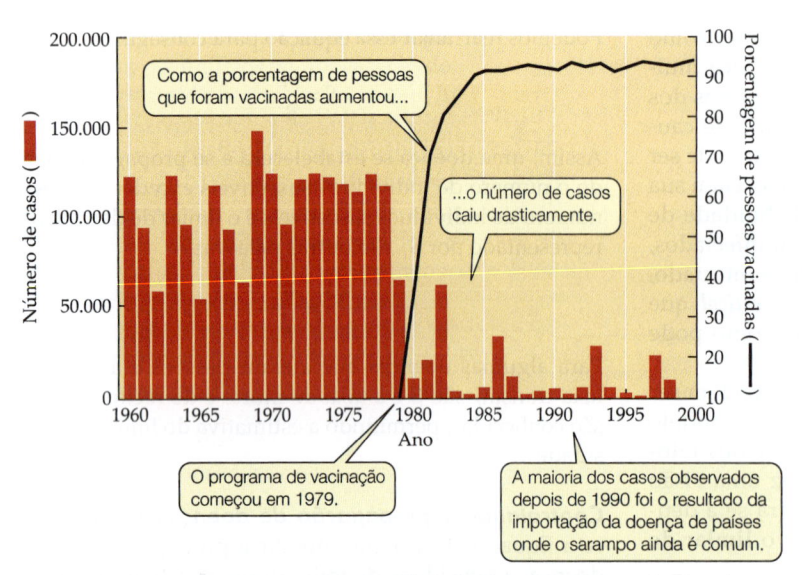

Figura 14.19 A vacinação reduz o índice de doenças Os resultados de um programa de vacinação contra o sarampo na Romênia mostram que a diminuição da densidade de indivíduos suscetíveis pode controlar a propagação de uma doença. O sarampo frequentemente mata (em especial em populações mal-nutridas ou que não tenham entrado em contato com a doença) e pode causar graves consequências nos sobreviventes, incluindo cegueira e pneumonia. (Segundo Strebel e Cochi, 2001.)

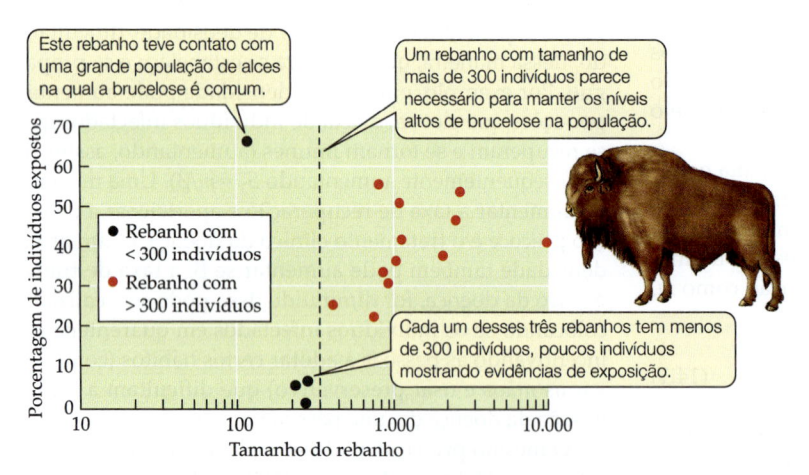

Anotações no gráfico:
- Como a porcentagem de pessoas que foram vacinadas aumentou...
- ...o número de casos caiu drasticamente.
- O programa de vacinação começou em 1979.
- A maioria dos casos observados depois de 1990 foi o resultado da importação da doença de países onde o sarampo ainda é comum.

Figura 14.20 Determinando o limiar de densidade populacional A porcentagem de bisões que mostraram evidências de exposição prévia à brucelose foi monitorada em seis parques nacionais nos Estados Unidos e no Canadá. Ao plotar esse percentual *versus* o tamanho de cada um dos 16 rebanhos de bisões, os pesquisadores obtiveram uma estimativa aproximada do limiar de densidade para o estabelecimento da doença (200-300 indivíduos, o limite superior mostrado pela linha pontilhada). (Segundo Dobson e Meagher, 1996.)

Anotações no gráfico:
- Este rebanho teve contato com uma grande população de alces na qual a brucelose é comum.
- Um rebanho com tamanho de mais de 300 indivíduos parece necessário para manter os níveis altos de brucelose na população.
- Cada um desses três rebanhos tem menos de 300 indivíduos, poucos indivíduos mostrando evidências de exposição.
- Rebanho com < 300 indivíduos
- Rebanho com > 300 indivíduos

Essa estimativa de S_T com base em trabalho de campo é muito similar à estimativa de limiar de densidade de 240 indivíduos calculada de um modelo da Equação 14.1. Muitas das manadas dos seis parques nacionais tinham 1.000 a 3.000 indivíduos, de modo que a redução do tamanho das manadas abaixo do valor limiar de aproximadamente 200 a 300 indivíduos exigiria a implementação de um programa de vacinação ou a morte de um grande número de bisões. Uma vacina eficaz não estava disponível, e a matança de bisões era inaceitável, tanto política quanto ecologicamente (uma vez que manadas inferiores a 200 indivíduos estariam em risco de extinção). Sendo assim, Dobson e Meagher concluíram que seria difícil impedir o estabelecimento da brucelose nas populações selvagens de bisões.

Mudanças climáticas estão alterando a distribuição e a incidência de certas doenças

O clima afeta a fisiologia dos organismos, a distribuição e a abundância de populações e o resultado das interações de espécies (ver Capítulo 2). Como consequência, é esperado que mudanças no clima tenham efeitos amplos nas comunidades ecológicas. Por exemplo, uma vez que mosquitos outros *vetores* (organismos que transmitem patógenos de um hospedeiro para o outro) com frequência são mais ativos ou produzem mais descendentes em ambientes mais quentes, cientistas têm previsto que, com as mudanças no clima, pode aumentar a incidência de certas doenças em seres humanos e em populações selvagens (Epstein, 2000; Harvell et al., 2002).

Um corpo crescente de evidências sustenta essa predição. Em um desses estudos, o aumento na temperatura do oceano é fortemente correlacionado com o aumento de doenças nos corais ao longo da Grande Barreira de Recifes da Austrália (Bruno et al., 2007). Resultados similares foram encontrados em corais de outras localidades, como também em uma diversidade de populações de anfíbios e frutos do mar (Harvell et al., 2009).

Com as mudanças climáticas também é esperada a alteração da distribuição de alguns patógenos e seus vetores pela

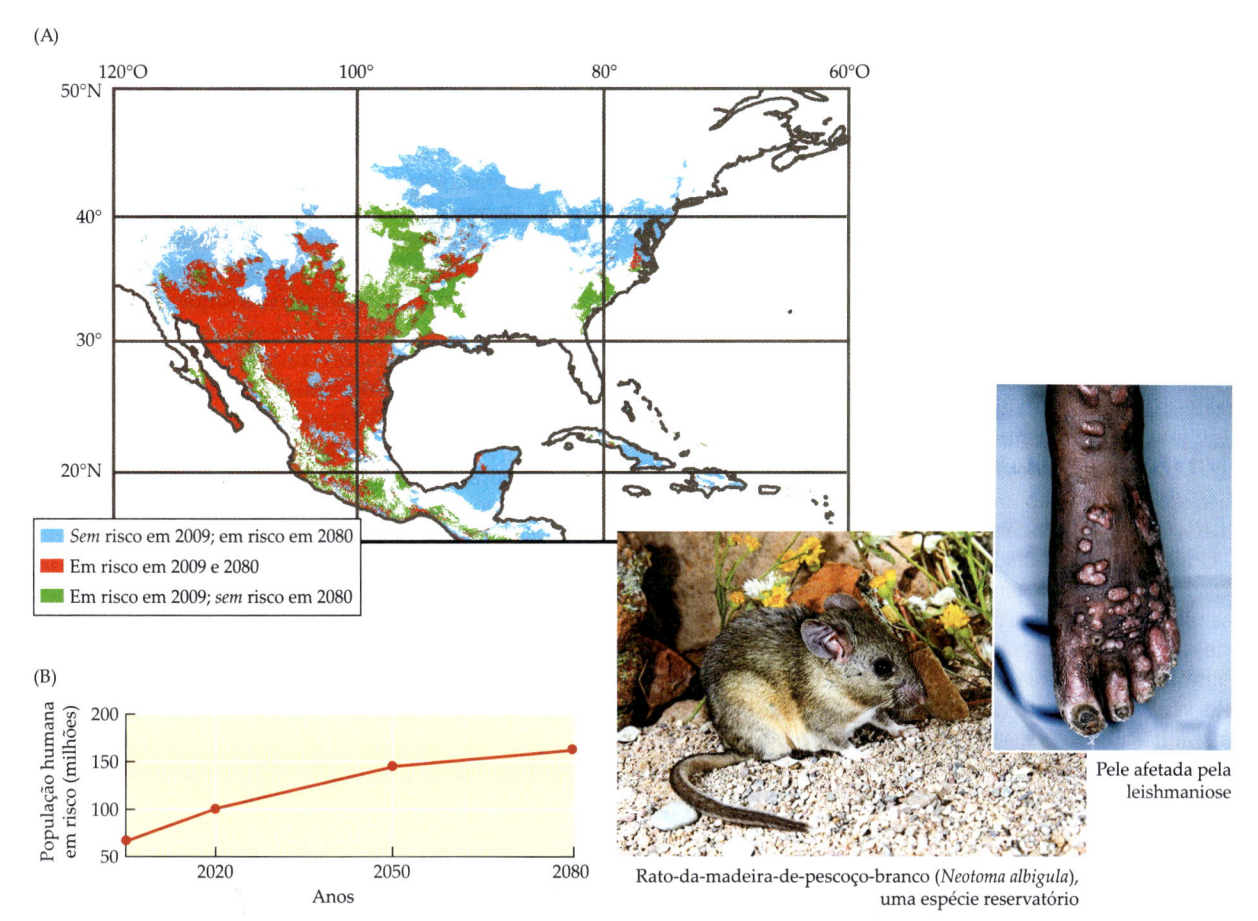

Figura 14.21 As mudanças climáticas podem aumentar o risco de leishmaniose na América do Norte A leishmaniose pode causar feridas graves na pele, dificuldade em respirar, comprometimento do sistema imune e outras complicações que podem levar à morte. Atualmente há 2 milhões de novos casos por ano. A leishmaniose é causada por protozoários do gênero *Leishmania* e transmitida por mosquitos-palha (insetos sugadores de sangue dos gêneros *Lutzomyia* e *Phlebotomus*). Além de infectar os seres humanos, o agente patogênico pode persistir em várias espécies reservatórios (roedores do gênero *Neotoma*). (A) Mudanças nas regiões geográficas nas quais é previsto que as pessoas estejam em risco de leishmaniose, devido à presença de pelo menos um vetor e uma espécie reservatório. (B) Mudanças no número de pessoas com previsão de estarem em risco, devido à presença de pelo menos um vetor e de uma espécie reservatório. (Segundo González et al., 2010.)

mudança de locais onde as condições são favoráveis para o organismo. Por exemplo, González e colaboradores (2010) concluíram que a mudança climática possivelmente aumenta o risco de leishmaniose na América do Norte pelo aumento da amplitude geográfica das espécies de reservatório (roedores do gênero *Neotoma* que podem armazenar o patógeno) e seu vetor, o mosquito-palha (**Figura 14.21**). Do mesmo modo, o número de pessoas em risco de malária, cólera e peste negra pode aumentar se as temperaturas globais continuarem a aumentar (ver citações em Ostfeld, 2009).

Embora as mudanças climáticas tenham favorecido e continuem a favorecer a dispersão de alguns patógenos, uma diversidade de fatores complicadores pode influenciar como as mudanças climáticas afetam qualquer doença. Por exemplo, um patógeno pode mudar geograficamente sem aumentar a área do seu alcance ou o número de pessoas em risco (Lafferty, 2009); em algumas regiões, o número de pessoas em risco pode na realidade diminuir, como foi previsto recentemente para a malária na África (Peterson, 2009). Os efeitos das mudanças climáticas nas doenças também podem ser alterados pelos esforços de controle e pelos efeitos da dispersão e das interações ecológicas de patógenos e seus hospedeiros. Contudo, embora seja provável que os diferentes agentes patogênicos respondam de forma diferente à mudança climática, sérios desafios de saúde pública são esperados em muitos casos. (Ver **Conexão às Mudanças Climáticas 14.1** para mais informações sobre mudanças climáticas e doenças.)

ESTUDO DE CASO REVISITADO
Parasitas escravizadores

Retornando à questão que sugerimos no Estudo de Caso, como os parasitas escravizadores manipulam o comportamento de seus hospedeiros? Em alguns casos, temos pistas de como eles fazem isso. Considere a vespa parasitoide tropical *Hymenoepimecis argyraphaga* e sua hospedeira, a aranha-tecelã *Plesiometa argyra*. O estágio larval dessa vespa se fixa à parte externa do abdome da aranha e suga seus líquidos corporais. Quando totalmente crescida, a larva da vespa induz a aranha a criar uma "teia-casulo" especial (**Figura 14.22**). Depois de a teia-casulo ter sido construída, a larva mata a aranha e se alimenta dela. A larva, então, tece um casulo e fixa-o à teia-casulo. À medida que a larva completa seu desenvolvimento dentro do casulo, a teia-casulo serve como um forte apoio que protege a larva de ser arrastada pelas chuvas torrenciais.

Uma aranha parasitada constrói uma teia normal até a noite, quando a vespa a induz a construir uma teia-casulo. Essa mudança repentina no comportamento de construção da teia sugere que a vespa injete uma substância química na aranha que altera seu comportamento. Para testar essa ideia, William Eberhard (2001) removeu as larvas de vespa das aranhas hospedeiras algumas horas antes do momento em que a teia-casulo costuma ser feita. Com a remoção das larvas de vespa, algumas aranhas construíram uma teia bastante similar ao casulo, mas a maioria construiu uma forma intermediária, substancialmente diferente entre a teia normal e o casulo. Nos dias seguintes à remoção do parasita, algumas aranhas recuperaram parcialmente a capacidade de construir teias normais. Esses resultados são coerentes com a ideia de que o parasita induz a construção de uma teia-casulo pela injeção de uma substância química de ação rápida na aranha. Essa substância parece agir de maneira dependente da dose; de outro modo, esperaríamos que as aranhas expostas à substância construíssem apenas teias-casulo e não formas intermediárias de teias. As aranhas constroem as teias-casulo repetindo os primeiros passos para a construção de uma teia normal um grande número de vezes; sendo assim, a substância química parece agir interrompendo a sequência normal de construção da teia.

Outros parasitas escravizadores também parecem manipular a química corporal de seus hospedeiros. No Estudo de Caso, descrevemos o nematomorfo parasita que faz o grilo cometer suicídio ao pular na água. Thomas e colaboradores (2003) mostraram que o verme causa mudanças bioquímicas e estruturais no cérebro do grilo hospedeiro. As concentrações de três aminoácidos (taurina, valina e tirosina) no cérebro de grilos parasitados diferem daquelas dos grilos que não foram parasitados. A taurina, em especial, é um importante neurotransmissor em insetos e também regula a capacidade do cérebro de sentir a falta de água. Por isso, é possível que o parasita induza o hospedeiro a cometer suicídio causando mudanças químicas em seu cérebro que alteram sua percepção de sede.

Os artigos de Eberhard (2001) e Thomas e colaboradores (2003) sugerem que alguns parasitas escravizam seus hospedeiros manipulando-os quimicamente. Contudo, mesmo no trabalho de Eberhard, que indica que a vespa injeta uma substância química na aranha hospedeira, a substância em questão não foi encontrada. Se fosse

Figura 14.22 Os parasitas podem alterar o comportamento dos hospedeiros A vespa parasita *Hymenoepimecis argyraphaga* altera drasticamente o comportamento de construção da teia da aranha *Plesiometa argyra*. (A) Teia de uma aranha não infectada. (B) Teia-casulo de uma aranha parasitada.

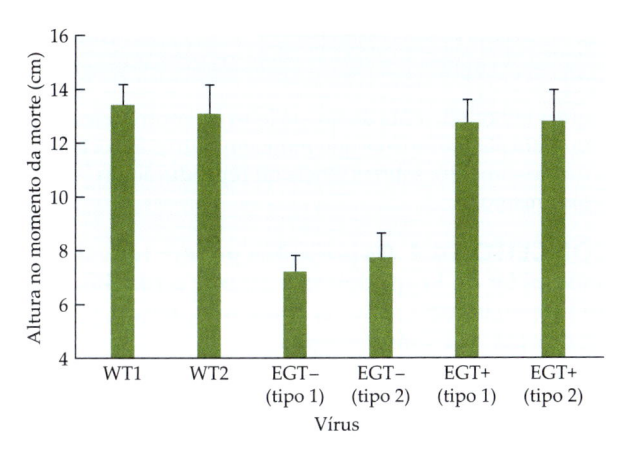

Figura 14.23 Um gene parasita que escraviza seu hospedeiro As mariposas-ciganas infectadas por vírus (nucleopoliedrovírus *Lymantria dispar*) movem-se até locais altos antes de morrer – um comportamento que beneficia o vírus, mas não as mariposas. Para testar a hipótese de que um gene viral em particular (o gene EGT) afeta esse comportamento, pesquisadores relataram a altura na morte de lagartas de mariposa-cigana criadas em gaiolas e submetidas aos seguintes tratamentos: viroses WT (duas viroses diferentes, natural ou tipo selvagem); viroses EGT− (duas viroses experimentais diferentes a partir das quais o gene EGT tinha sido removido), e viroses EGT+ (duas viroses experimentais diferentes a partir das quais o gene EGT foi removido primeiro e, em seguida, substituído). As barras de erro mostram um erro-padrão da média. (Segundo Hoover et al., 2011.)

> Explique por que os pesquisadores incluíram os tratamentos WT e EGT+.

conhecida, essa substância poderia ser injetada em aranhas não parasitadas; se essas aranhas então construíssem teias-casulo, teríamos um entendimento claro sobre como o parasita manipula a aranha.

Embora um experimento químico decisivo como esse ainda tenha que ser realizado, um experimento genético similar foi realizado com a mariposa-cigana (*Lymantria dispar*) escravizada por um vírus (Hoover et al., 2011). Mariposas-ciganas infectadas com esse vírus vão para o topo das árvores pouco antes de morrer; após a morte, os corpos das mariposas liquefazem-se e liberam milhões de partículas virais. Mariposas não infectadas não exibem esse comportamento de subida antes de morrer. Com base em trabalhos anteriores, Hoover e colaboradores propuseram que a expressão de um gene viral em particular (gene que regula a fome) induz a mariposa infectada a se deslocar até o topo das árvores antes de morrer. Em um teste de laboratório dessa hipótese, eles verificaram que as mariposas infectadas com a cepa do vírus típico, ou do tipo selvagem, morreram em posições mais elevadas do que as mariposas infectadas por vírus dos quais o gene suspeito havia sido removido (**Figura 14.23**), uma forte evidência de que eles haviam conseguido identificar o primeiro "gene escravizador" conhecido.

CONEXÕES NA NATUREZA
De substâncias químicas à evolução e aos ecossistemas

Parasitas escravizadores que manipulam seus hospedeiros exercem forte pressão de seleção nas populações hospedeiras. Como tal, é esperado que as populações hospedeiras desenvolvam alguma resistência à manipulação dos parasitas escravizadores – por exemplo, selecionar indivíduos hospedeiros com capacidade de reconhecer e destruir os produtos químicos que o parasita usa para alterar o comportamento do hospedeiro. Do mesmo modo, espera-se que parasitas escravizadores desenvolvam a capacidade de superar mecanismos de resistência do hospedeiro.

Até o momento, não temos tal evidência da contínua coevolução de hospedeiro e parasita escravizador. No entanto, interações entre parasitas escravizadores e seus hospedeiros fornecem evidências de mudanças evolutivas pretéritas. Como qualquer parasita, um parasita escravizador possui adaptações que lhes permitem lidar com as defesas do hospedeiro (de outra forma, não sobreviveria). Mais especificamente, um parasita escravizador que utiliza uma substância química que manipula um comportamento específico do hospedeiro é bem adaptado para tomar vantagem da química do corpo do hospedeiro. Tais ligações evolutivas entre os parasitas escravizadores e seus hospedeiros ilustram uma característica central tanto ecológica quanto evolutiva: interações ecológicas afetam a evolução, e vice-versa, às vezes sendo difícil distinguir uma da outra (ver Conceito 6.5). Como vimos neste capítulo, o resultado dessas interações ecológicas e evolutivas pode ter efeitos em indivíduos, populações, comunidades e ecossistemas. Enquanto a mudança evolutiva altera o equilíbrio, primeiro em favor do hospedeiro e em seguida em favor do parasita, podemos esperar mudanças concomitantes nas dinâmicas de outras espécies, tais como aquelas que competem com ou comem o hospedeiro ou o parasita. Vistos dessa maneira, comunidades e ecossistemas são altamente dinâmicos, sempre mudando em resposta às contínuas mudanças ecológicas e evolutivas que ocorrem.

RESUMO

CONCEITO 14.1 Parasitas normalmente alimentam-se apenas de um ou de alguns indivíduos hospedeiros.

- Parasitas normalmente alimentam-se de um ou alguns indivíduos ao longo da vida. Muitos parasitas são adaptados a uma espécie hospedeira particular.
- Os parasitas que vivem na superfície de seus hospedeiros são chamados de ectoparasitas; aqueles que vivem dentro de seus hospedeiros são chamados de endoparasitas.
- O endoparasitismo e o ectoparasitismo têm cada um suas vantagens e desvantagens. É mais fácil para ectoparasitas ou sua prole se dispersarem de seu hospedeiro para outro; no entanto, ectoparasitas correm maior risco de seus inimigos naturais do que os endoparasitas.

CONCEITO 14.2 Os hospedeiros têm adaptações para se defender dos parasitas, e os parasitas têm adaptações para superar essas defesas.

- Muitos organismos hospedeiros têm sistemas imunes que permitem que eles reconheçam e se defendam contra os endoparasitas. As condições bioquímicas do interior do hospedeiro podem fornecer proteção contra parasitas, assim como simbiontes protetores como fungos e bactérias.
- Os parasitas têm um amplo conjunto de adaptações que lhes permitem superar as defesas dos hospedeiros, desde simples contradefesas contra a encapsulação até contradefesas mais complexas que envolvem centenas de genes do parasita.

CONCEITO 14.3 As populações de parasitas e hospedeiros podem evoluir juntas, cada uma em resposta à seleção imposta pela outra.

- Interações hospedeiro-parasita podem resultar em coevolução, na qual populações de hospedeiros e parasitas evoluem juntas, cada uma em resposta à seleção imposta pela outra.
- A seleção pode favorecer a diversidade de genótipos do hospedeiro e do parasita. Um genótipo raro do hospedeiro pode aumentar em frequência porque alguns parasitas podem superar suas defesas; como resultado, genótipos de parasitas que podem lidar com essas defesas também podem aumentar em frequência.
- As interações hospedeiro-parasita podem exibir compensações (*trade-offs*) nas quais uma característica que melhora defesas do hospedeiro ou contradefesas do parasita tem custos que reduzem outros aspectos do crescimento, sobrevivência ou reprodução do organismo.

CONCEITO 14.4 Os parasitas podem reduzir a população de hospedeiros e alterar o resultado da interação de espécies, causando, assim, mudanças nas comunidades.

- Os parasitas podem reduzir a abundância da população de hospedeiros, em alguns casos levando a população local de hospedeiros à extinção ou até mudando a distribuição geográfica das espécies hospedeiras.
- Evidências sugerem que parasitas podem influenciar os ciclos populacionais dos hospedeiros.
- Os parasitas podem afetar os resultados das interações de hospedeiros e outras espécies; por exemplo, uma espécie competidora dominante pode se tornar um competidor inferior quando infectada por um parasita.
- Os efeitos dos parasitas podem alterar a composição das comunidades ecológicas e mudar as características físicas do ambiente.

CONCEITO 14.5 Modelos simples da dinâmica hospedeiro-patógeno sugerem formas para controlar o estabelecimento e a propagação de doenças.

- Alguns modelos de dinâmica populacional hospedeiro-patógeno subdividem a população de hospedeiros em indivíduos suscetíveis, indivíduos infectados e indivíduos recuperados e imunes; rastreiam diferentes genótipos do hospedeiro e do patógeno, e levam em conta os fatores como idade do hospedeiro, período de latência e transmissão vertical.
- Um modelo matemático simples da dinâmica hospedeiro-patógeno proporciona uma importante ideia: para uma doença se estabelecer e se propagar, a densidade de hospedeiros suscetíveis deve exceder o limiar de densidade.
- Para controlar a propagação de uma doença, podem ser feitos esforços para reduzir a densidade de hospedeiros suscetíveis (abatendo animais domésticos ou promovendo programas de vacinação) ou aumentar o limiar de densidade (aumentando a taxa de recuperação ou diminuindo a taxa de transmissão).
- As mudanças climáticas em andamento podem causar o aumento da incidência de algumas doenças.

Questões de revisão

1. Defina endoparasitas e ectoparasitas, dando um exemplo de cada. Descreva algumas vantagens e desvantagens associadas a cada um desses dois tipos de parasitismo.

2. Dados os efeitos que os parasitas podem ter sobre os hospedeiros individuais e as populações hospedeiras, você esperaria que eles também alterassem os resultados das interações das espécies e a composição das comunidades ecológicas? Explique.

3. a. Qual é o significado do conceito de limiar de densidade para o estabelecimento e a propagação de uma doença? Por que esse conceito é importante?

   b. Explique a lógica e mostre os passos algébricos pelos quais a Equação 14.1 pode ser usada para calcular que o limiar de densidade (S_T) tem o valor $S_T = m/\beta$.

4. a. Resuma os mecanismos que os organismos hospedeiros usam para matar os parasitas ou reduzir a gravidade de seus ataques.

   b. Com base em sua resposta à questão 4a, você acha que a seguinte afirmação de uma reportagem de jornal poderia ser verdadeira?

   O parasita tem um efeito leve sobre uma espécie vegetal na Austrália, mas depois que ele foi introduzido pela primeira vez na Europa, teve efeitos devastadores nas populações europeias da mesma espécie de planta.

   Explique seu raciocínio e ilustre seu argumento com um exemplo de como um mecanismo defensivo da planta pode funcionar – ou não funcionar – em uma situação como essa.

MATERIAL DA INTERNET (em inglês)
sites.sinauer.com/ecology3e

O *site* inclui o resumo dos capítulos, testes, *flashcards* e termos-chave, sugestão de leituras, um glossário completo e a Revisão Estatística. Além disso, os seguintes recursos estão disponíveis para este capítulo:

Exercício Prático: Solucionando Problemas
14.1 Os animais que mudaram o mundo: pulgas, ratos e a peste negra

Saiba Mais
14.1 Escravizado por um verme parasita
14.2 Quando uma doença se estabelece e se dispersa?

Conexão às Mudanças Climáticas
14.1 Mudanças climáticas e doenças

15 Mutualismo e comensalismo

CONCEITOS-CHAVE

CONCEITO 15.1
Nas interações positivas, nenhuma espécie é prejudicada e os benefícios são maiores do que os custos para pelo menos uma espécie.

CONCEITO 15.2 Cada parceiro em uma interação mutualista atua de modo que atenda a seus próprios interesses ecológicos e evolutivos.

CONCEITO 15.3
As interações positivas afetam a abundância e a distribuição das populações, assim como a composição das comunidades ecológicas.

Os primeiros agricultores: Estudo de Caso

Os seres humanos começaram a cultivar há cerca de 10 mil anos. A agricultura foi um desenvolvimento revolucionário que levou tanto a um grande aumento no tamanho de nossa população quanto a inovações em governo, ciência, artes e muitos outros aspectos da sociedade humana. Contudo, as pessoas estavam longe de ser a primeira espécie a cultivar outros organismos. Essa distinção vai para as formigas da tribo Attini*, um grupo de 210 espécies, a maioria das quais vive nas florestas tropicais da América do Sul. Essas formigas, conhecidas popularmente como formigas cultivadoras de fungo, começaram a cultivar fungos como alimento pelo menos 50 milhões de anos antes dos primeiros fazendeiros humanos (**Figura 15.1**).

Como os fazendeiros humanos, as formigas fazendeiras nutrem, protegem e comem as espécies que elas cultivam, formando uma inter-relação que beneficia ambos, o fazendeiro e o organismo cultivado. Essas formigas não podem sobreviver sem o fungo que elas cultivam, e muitos dos fungos dependem exclusivamente dos cuidados das formigas. Quando uma formiga rainha virgem deixa o ninho materno para acasalar e começar uma nova colônia, ela carrega em sua boca alguns dos fungos para a nova colônia. Os fungos são cultivados em jardins subterrâneos (**Figura 15.2**). Uma colônia de formigas (formigueiro) pode conter centenas de jardins, cada um aproximadamente do tamanho de uma bola de futebol de salão; essas centenas de jardins podem fornecer alimento suficiente para sustentar de 2 a 8 milhões de formigas. Algumas formigas ocasionalmente substituem os fungos em seus jardins por outros fungos de vida-livre adquiridos no solo ao redor. Outras espécies, como formigas-cortadeiras dos gêneros *Atta* e *Acromyrmex*, não cultivam fungos encontrados no ambiente. Em vez disso, os fungos de suas "fazendas" vêm de propágulos passados da colônia parental para cada colônia descendente.

Como seus nomes sugerem, as formigas-cortadeiras cortam porções das folhas das plantas e fornecem-nas como alimento para os fungos em seus jardins. De volta ao ninho, as formigas mastigam as folhas para formar uma polpa, fertilizam-nas com seus próprios excrementos e limpam os jardins de fungo para ajudar a controlar bactérias e fungos invasores. Em troca, os fungos cultivados produzem estruturas especializadas, chamadas de gongilídeas, das quais as formigas se alimentam. A parceria entre as formigas-cortadeiras e os fungos tem sido chamada de "aliança terrível", devido ao fato de que cada parceiro ajuda o outro a superar as formidáveis defesas que protegem as plantas de serem comidas. A formiga, por exemplo, raspa a cobertura de cera das folhas em que o fungo tem dificuldade de penetrar, enquanto o fungo

---

*N. de R.T. Em 2014, novos estudos taxonômicos incluíram outros gêneros na tribo Attini, de forma que nem todas espécies desse grupo são cultivadoras de fungo.

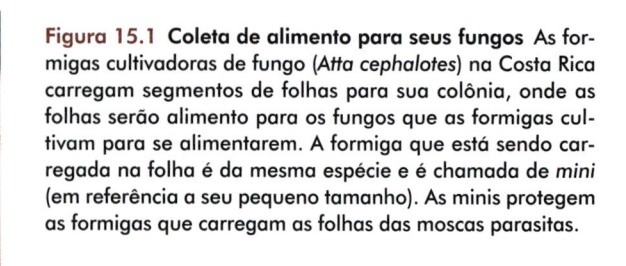

Figura 15.1 Coleta de alimento para seus fungos As formigas cultivadoras de fungo (*Atta cephalotes*) na Costa Rica carregam segmentos de folhas para sua colônia, onde as folhas serão alimento para os fungos que as formigas cultivam para se alimentarem. A formiga que está sendo carregada na folha é da mesma espécie e é chamada de *mini* (em referência a seu pequeno tamanho). As minis protegem as formigas que carregam as folhas das moscas parasitas.

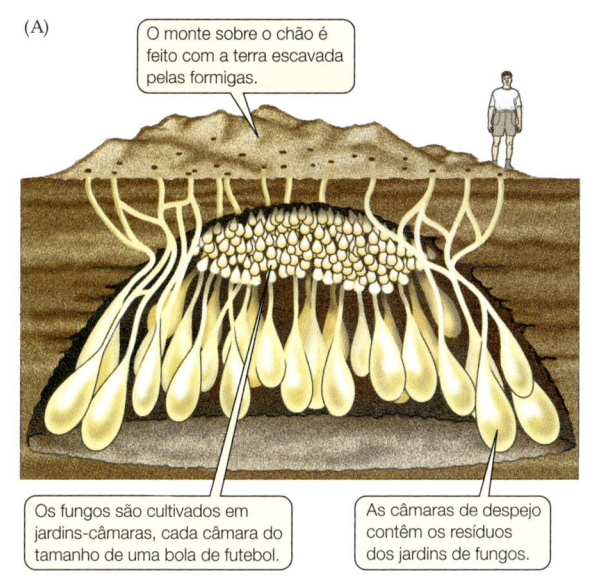

Figura 15.2 O jardim de fungos de uma formiga-cortadeira (A) Uma representação diagramática de uma grande colônia de formigas-cortadeiras *Atta*. (B) Essa foto mostra uma vista em corte de uma câmara do jardim de uma colônia de formigas-cortadeiras (*Atta laevigata*), no centro do Paraguai. Várias formigas aladas podem ser vistas se escondendo do distúrbio criado pela escavação do jardim: elas colocam suas cabeças dentro das fendas dos jardins e permanecerão relativamente imóveis por um breve tempo.

Legendas da figura:
- O monte sobre o chão é feito com a terra escavada pelas formigas.
- Os fungos são cultivados em jardins-câmaras, cada câmara do tamanho de uma bola de futebol.
- As câmaras de despejo contêm os resíduos dos jardins de fungos.

digere e torna menos danosos os produtos químicos que as plantas usam para matar ou deter os insetos herbívoros.

No entanto, nem tudo é perfeito nos jardins. Fungos não residentes periodicamente invadem as colônias das formigas-cortadeiras e se beneficiam do cultivo. Além disso, patógenos e parasitas que atacam os fungos cultivados ocasionalmente superam a habilidade das formigas de contê-los. O que previne que esses convidados indesejados destruam o jardim?

Introdução

Os Capítulos 12 a 14 enfatizaram as interações entre espécies em que pelo menos uma espécie é prejudicada (competição, predação, herbivoria e parasitismo). Contudo, a vida na Terra também é moldada por **interações positivas**, nas quais uma ou ambas as espécies se beneficiam e nenhuma é prejudicada. A maioria das plantas vasculares, por exemplo, forma associações com fungos que aumentam o crescimento e a sobrevivência de ambas as espécies. De fato, evidências fósseis indicam que as primeiras plantas vasculares formaram associações similares com os fungos há mais de 400 milhões de anos (Selosse e Le Tacon, 1998). Essas primeiras plantas vasculares não apresentavam raízes verdadeiras; assim, as interações delas com os fungos podem ter aumentado o acesso das plantas aos recursos do solo, facilitando sua colonização dos ambientes terrestres.

Como o exemplo sugere, as interações positivas têm influenciado eventos-chave na história da vida, bem como o crescimento e a sobrevivência dos organismos que vivem hoje. Como veremos neste capítulo, interações positivas também podem influenciar os resultados de outros tipos de interações entre os organismos, moldando assim comunidades e influenciando ecossistemas. Começaremos nosso estudo das interações positivas com definições de alguns termos-chave e uma visão geral do escopo dessas interações em comunidades ecológicas.

> **CONCEITO 15.1**
>
> Nas interações positivas, nenhuma espécie é prejudicada e os benefícios são maiores do que os custos para pelo menos uma espécie.

Interações positivas

Existem dois tipos fundamentais de interações positivas: mutualismo e comensalismo. O **mutualismo** é uma interação mutuamente benéfica entre indivíduos de duas espécies (uma inter-relação +/+). O **comensalismo** é uma interação entre duas espécies em que os indivíduos de uma espécie são beneficiados, enquanto os indivíduos da outra não são beneficiados, mas também não são prejudicados (uma inter-relação +/0). Muitos ecólogos se referem ao mutualismo e ao comensalismo coletivamente como *facilitação*.

Em alguns casos, as espécies envolvidas nas interações positivas formam uma **simbiose**, uma inter-relação na qual duas espécies vivem em estreito contato fisiológico uma com a outra. Exemplos incluem a relação entre o pulgão-da-ervilha e suas bactérias simbiontes (ver Conceito 14.2) e entre seres humanos e bactérias (temos um diverso conjunto de bactérias vivendo em nosso intestino, muitas das quais são benéficas). Entretanto, os parasitas também formam associações simbióticas com seus hospedeiros (ver Figura 14.3). Assim, as inter-relações simbióticas podem abranger desde o parasitismo (+/–) até o comensalismo (+/0) e o mutualismo (+/+).

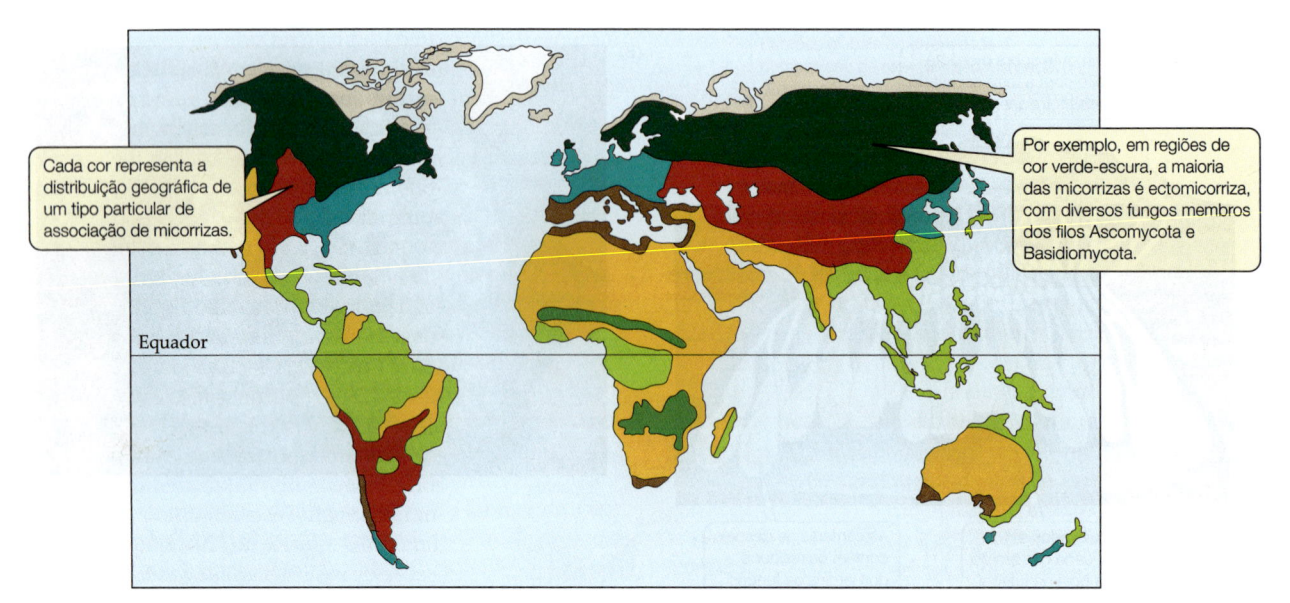

Figura 15.3 Associações micorrízicas cobrem a superfície do planeta Cada cor no mapa representa a região em que é encontrado um dos oito tipos de associações micorrízicas (ver Fitter, 2005, para aprender sobre quais fungos estão envolvidos em cada uma dessas associações). Observe que a localização dos diferentes tipos de associações micorrízicas corresponde aproximadamente à localização dos principais biomas terrestres (ver Figura 3.5). (Segundo Fitter, 2005.)

Legendas no mapa:
- Cada cor representa a distribuição geográfica de um tipo particular de associação de micorrizas.
- Por exemplo, em regiões de cor verde-escura, a maioria das micorrizas é ectomicorriza, com diversos fungos membros dos filos Ascomycota e Basidiomycota.
- Equador

? Quais tipos de plantas provavelmente estão envolvidos na associação micorrízica representada em verde-claro? (Dica: ver Figura 3.5.)

No mutualismo e no comensalismo, o crescimento, a sobrevivência ou a reprodução de indivíduos de uma ou de ambas as espécies aumentam pela interação com a outra espécie (e nenhuma espécie é prejudicada). Os benefícios podem ser de várias formas. Uma espécie pode fornecer alimento, proteção ou substrato para seu parceiro crescer; também pode transportar pólen ou semente de seu parceiro; pode reduzir o estresse do calor ou de água; ou pode diminuir os efeitos negativos dos competidores, herbívoros, predadores ou parasitas. No mutualismo, pode haver custos para um organismo que fornece benefícios a seu parceiro, como quando o fornecimento de alimento para o parceiro reduz sua própria oportunidade de crescimento. Mesmo assim, a interação é positiva, pois seus benefícios são maiores do que os custos para cada parceiro.

No restante desta seção, discutiremos observações gerais aplicadas tanto no mutualismo como no comensalismo; no Conceito 15.2, examinaremos algumas características que são específicas do mutualismo.

Mutualismo e comensalismo são onipresentes

Associações mutualísticas literalmente cobrem a superfície terrestre de nosso Planeta (**Figura 15.3**). A maioria das espécies de plantas vasculares, incluindo aquelas que dominam o ecossistema terrestre, forma **micorrizas**, associações simbiontes entre raízes de plantas e vários tipos de fungos que em geral são mutualistas. Cerca de 80% das angiospermas (plantas com flores) e todas as gimnospermas (p. ex., coníferas, cicas e ginkgo) formam associações micorrízicas. As micorrizas promovem claros benefícios às plantas, melhorando o crescimento e a sobrevivência em uma ampla gama de hábitats (Smith e Read, 2008; Booth e Hoeksema, 2010). Uma maneira na qual os fungos de micorrizas beneficiam as plantas é aumentando a área de superfície das raízes, aumentando, assim, a absorção de água e nutrientes do solo; em alguns casos, mais de 3 m de filamentos de fungos, conhecidos como *hifas*, podem estender-se a partir de 1 cm de raiz da planta. Os fungos também podem proteger as plantas de patógenos, enquanto as plantas normalmente beneficiam os fungos fornecendo carboidratos.

Existem dois tipos principais de micorrizas (**Figura 15.4**). Nas **ectomicorrizas**, o fungo parceiro em geral cresce entre as células da raiz e forma um manto ao redor do exterior da raiz; as hifas do manto estendem-se a distâncias variadas no solo. Nas **micorrizas arbusculares**, o fungo parceiro também cresce no solo e entre algumas células da raiz enquanto penetra a parede celular de outras. Hifas de micorrizas arbusculares que penetram a célula da raiz formam uma rede ramificada, denominada *arbúsculo*. Uma vez que suas hifas podem penetrar as células da raiz, as micorrizas arbusculares também já foram denominadas "endomicorrizas" (do grego *entos*, "dentro"). Contudo, a maioria dos pesquisadores não usa mais o termo "endomicorrizas" porque as hifas de algumas ectomicorrizas também podem penetrar as células das raízes.

Associações mutualistas podem ser encontradas em muitos outros organismos e hábitats. Nos oceanos, corais formam um mutualismo com algas simbióticas, como

(A) Ectomicorrizas

(B) Micorrizas arbusculares

Algumas das hifas crescem entre as células da raiz e outras se prolongam no solo.

Em ectomicorrizas, as hifas formam um manto ou bainha ao redor da raiz.

Esporos fúngicos

Em micorrizas arbusculares, as hifas podem se estender para o solo.

As hifas também crescem entre algumas células da raiz...

... e penetram outras, onde formam um arbúsculo (rede ramificada).

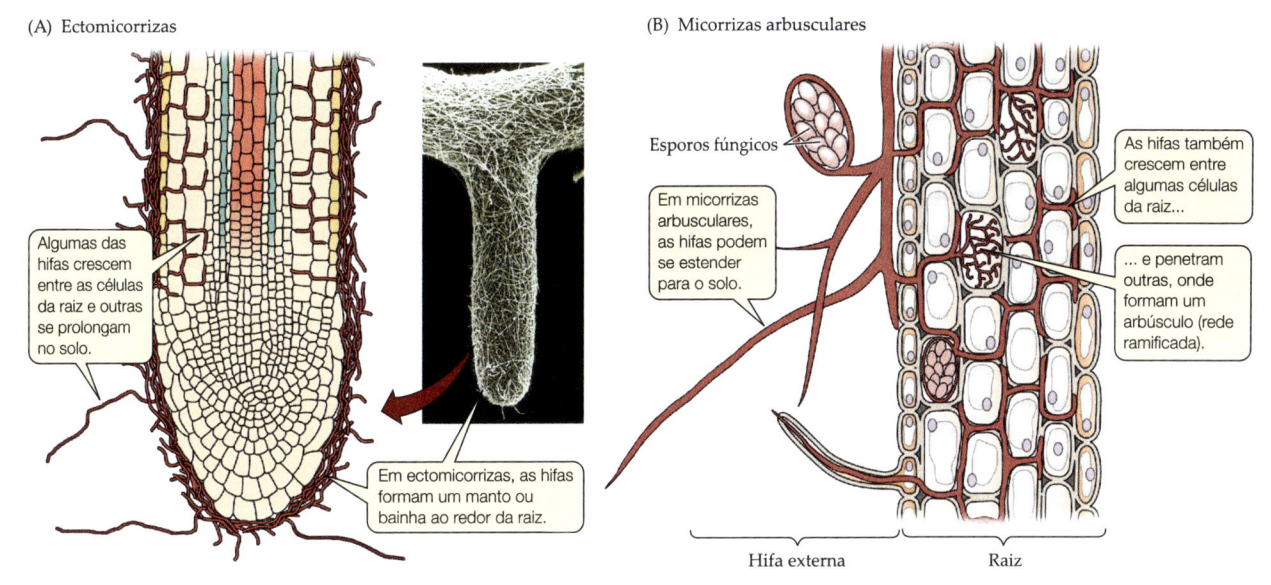

Hifa externa   Raiz

Figura 15.4 Os dois principais tipos de micorrizas As micorrizas podem ser classificadas como (A) ectomicorrizas ou (B) micorrizas arbusculares. Na micorriza arbuscular, a hifa que entra nas células da raiz penetra a parede celular, mas não a membrana da célula. (A segundo Rovira et al., 1983; B segundo Mauseth, 1988.)

> Descreva as características morfológicas que distinguem a ectomicorriza da micorriza arbuscular.

mencionado no Capítulo 3. O coral fornece à alga casa, nutrientes (nitrogênio e fósforo) e acesso à luz; a alga fornece ao coral os carboidratos produzidos pela fotossíntese. Todas as numerosas espécies de invertebrados e vertebrados que vivem nos recifes de corais dependem direta ou indiretamente do mutualismo alga-coral. Na superfície terrestre, herbívoros mamíferos como bois e ovelhas dependem das bactérias e dos protistas que vivem em seus intestinos e ajudam a metabolizar os materiais das plantas que de outra forma seriam indigestos, como a celulose. Similarmente, insetos dependem do mutualismo com outras espécies, incluindo plantas (p. ex., polinização mutualística, ver p. 342), fungos (ver p. 338), protistas (**Figura 15.5**) e bactérias.

O comensalismo, como o mutualismo, está em todo lugar – o mundo ecológico é construído com ele. Como veremos no Capítulo 16, milhões de espécies formam inter-relações +/0 com organismos que provêm o hábitat no qual elas vivem. Nessas inter-relações, uma espécie que depende do hábitat fornecido por outra espécie frequentemente tem pouco ou nenhum efeito sobre as espécies provedoras do hábitat. Os exemplos incluem as espécies pequenas que crescem sobre as espécies grandes, como os líquens encontrados sobre a casca de uma árvore ou as bactérias não prejudiciais que crescem na superfície de sua pele. Muitas algas, invertebrados e peixes encontrados nas florestas de algas-pardas (algas macroscópicas) marinhas são extintos localmente se as algas-pardas são removidas (ver p. 204); essas espécies dependem das algas para moradia, mas a maioria não prejudica nem beneficia as algas. Da mesma forma, embora os números sejam relativamente incertos, pode haver mais de um milhão de espécies de insetos e milhares de espécies de plantas específicas do sub-bosque, vivendo apenas nas florestas tropicais. Esses insetos e pequenas plantas dependem das florestas como hábitat, embora muitos tenham pouco ou nenhum efeito sobre as árvores que estruturam as florestas.

Hipermastigoto (*Barbulanympha* sp.)

Barata-da-madeira (*Cryptocercus punctulatus*)

Figura 15.5 Um protista mutualista do intestino Essa barata-da-madeira (como outros insetos comedores de madeira, p. ex., os cupins) morrerá por inanição se o mutualista do intestino, como o protista mostrado aqui (um hipermastigoto), não ajudá-la a digerir a madeira. O hipermastigoto pode quebrar a celulose, principal componente estrutural da madeira que a barata-da-madeira não pode digerir por seus próprios meios.

O mutualismo e o comensalismo podem evoluir de muitas maneiras

Muitos tipos diferentes de interações ecológicas podem evoluir para comensalismo ou mutualismo. Por exemplo, um mutualismo pode surgir de uma interação hospedeiro-parasita. Em um caso desse tipo, em 1966, Kwang Jeon observou a infecção espontânea de uma cepa de *Amoeba proteus* por um bacilo. Um grande número de bactérias (por volta de 40 mil) infectou cada ameba. Inicialmente, essas bactérias tiveram um efeito negativo sobre seu hospedeiro: elas frequentemente matavam o hospedeiro, os infectados se tornavam menores, cresciam mais lentamente e paravam as suas atividades com mais frequência do que as amebas não infectadas. Como discutido no Conceito 14.3, entretanto, parasitas e hospedeiros podem coevoluir, cada um em resposta à pressão de seleção imposta pelo outro. Cinco anos depois, as bactérias tinham se desenvolvido para uma forma não prejudicial à ameba, e esta evoluiu de modo que o núcleo dependia da bactéria para a função metabólica normal. Como Jeon (1972) mostrou em uma série de experimentos, uma espécie não poderia viver sem a outra. Assim, o que começou como uma relação de parasitismo se desenvolveu em um mutualismo no qual cada espécie fornece à outra um claro benefício (nesse caso, a capacidade de sobrevivência). Esse tipo de mudança não é único para as espécies estudadas por Jeon: uma bactéria do gênero *Wolbachia*, simbionte da mosca-da-fruta (*Drosophila simulans*), também parece ter evoluído rapidamente do parasitismo para o mutualismo (Weeks et al., 2007).

As interações positivas podem ser obrigatórias e coevoluídas ou facultativas e fracamente estruturadas

O mutualismo e o comensalismo incluem uma ampla gama de interações, alcançando desde aquelas espécie-específicas, *obrigatórias* (i.e., não opcionais para ambas as espécies) e coevoluídas até aquelas que não mostram qualquer dessas três características. O mutualismo formiga cortadeira-fungo discutido no Estudo de Caso no começo deste capítulo ilustra uma ponta do espectro: as formigas e os fungos que elas cultivam têm uma interação altamente específica, sendo uma relação obrigatória na qual nenhum dos parceiros pode sobreviver sem o outro, e essa interação tem levado cada parceiro a evoluir com características únicas que beneficiam a outra espécie.

Similarmente, muitas árvores de figueiras tropicais são polinizadas por uma ou algumas espécies de vespas-do-figo. Essas inter-relações são mutuamente benéficas e obrigatórias para ambas as espécies no sentido de que nenhuma delas pode se reproduzir sem a outra. As interações entre o figo e as vespas-do-figo também apresentam claros sinais de coevolução (Bronstein, 1992). As flores do figo são contidas dentro de estruturas carnosas de tecidos do caule conhecidas como *receptáculos* (**Figura 15.6**). Em figueiras monoicas (aquelas em que cada árvore tem flores tanto masculinas quanto femininas, mas separadas), as flores masculinas e femininas estão localizadas em diferentes partes do receptáculo, e as flores masculinas amadurecem depois das femininas. A forma das flores femininas varia de estiletes curtos a estiletes longos.

A fêmea da vespa-do-figo entra no receptáculo carregando o pólen coletado das flores masculinas de outro receptáculo. Uma vez no interior, a vespa insere seu ovopositor através dos estiletes da flor feminina e deposita seus ovos no ovário da flor (ver Figura 15.6). Ela, então, deposita os pólens sobre os estigmas dessas flores. A vespa poliniza as flores com estilete curto e estilete longo; portanto, ambos os tipos de flores desenvolvem sementes. Talvez porque os ovopositores das vespas não sejam longos o suficiente para alcançar os ovários das flores com estilete longo, as larvas das vespas em geral desenvolvem-se dentro das flores com estilete curto e se alimentam de algumas sementes.

Quando as vespas jovens completam seu desenvolvimento, elas acasalam, os machos cavam através do receptáculo e as fêmeas saem através da passagem que os machos fizeram. Antes das fêmeas deixarem o receptáculo,

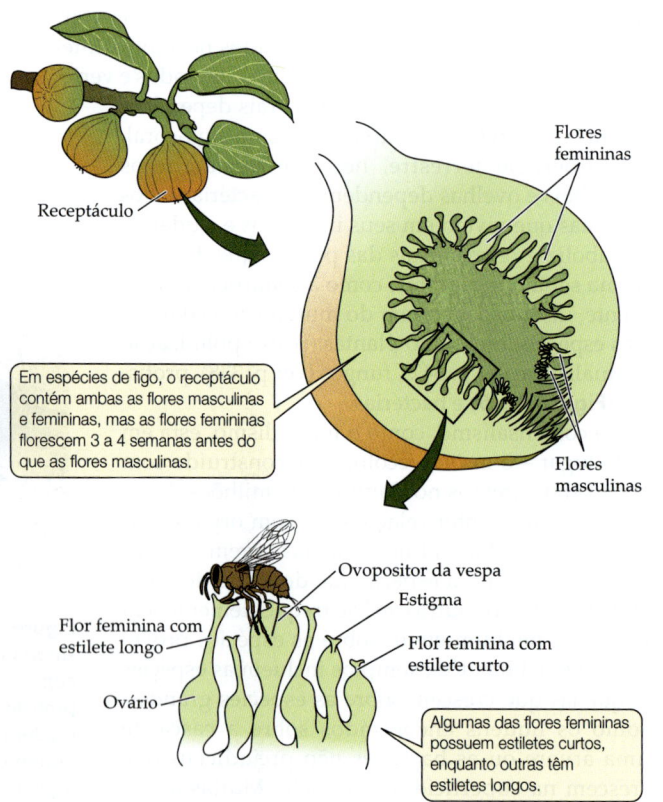

Figura 15.6 Flores da figueira e as vespas que as polinizam O receptáculo e as flores de uma típica árvore de figueira monoica, *Ficus sycomorus*. (Segundo Bronstein, 1992.)

entretanto, elas visitam as flores masculinas (agora maduras), coletam seu pólen e estocam-no em um saco especializado para ser usado quando elas colocarem os ovos em outro receptáculo. O comportamento reprodutivo da vespa é um notável exemplo de uma especialização que fornece benefícios a outra espécie.

Ao contrário dos mutualismos formiga + fungo e figo + vespa-do-figo, muitos mutualismos e comensalismos são *facultativos* (não obrigatórios) e mostram poucos sinais de coevolução. Em ambientes desérticos, por exemplo, o solo sob uma planta adulta com frequência é mais frio e úmido que o solo em uma área aberta. Essas diferenças nas condições do solo podem ser tão pronunciadas que as sementes de muitas espécies de plantas podem germinar e sobreviver na sombra de uma planta adulta; esses adultos são chamados de *plantas-berçário* porque "cuidam" das plântulas ou as protegem. Uma única espécie de planta-berçário pode proteger as plântulas de muitas espécies diferentes. O pau-ferro-do-deserto (*Olneya tesota*), por exemplo, serve como uma planta-berçário para 165 espécies diferentes, a maioria das quais também pode germinar e crescer sob outras espécies de planta. Essa situação é típica de interações facultativas: uma espécie que requer "cuidados" pode ser encontrada sob uma variedade de espécies de plantas-berçário (e, portanto, tem uma relação facultativa com cada uma delas), e a planta-berçário e a espécie beneficiada podem evoluir pouco uma em resposta à outra.

As interações facultativas positivas que mostram pouca coevolução também ocorrem em comunidades florestais. Por exemplo, grandes herbívoros como cervos ou alces podem inadvertidamente comer sementes de pequenas plantas herbáceas de que se alimentam. As sementes passam ilesas através do trato digestório do herbívoro e são depositadas com suas fezes geralmente longe da planta parental (**Figura 15.7**). Como vimos no Capítulo 7, a dispersão de descendentes longe da planta parental pode ser vantajosa, podendo beneficiar a planta (cujas sementes são dispersas) e o herbívoro (que se alimenta principalmente das folhas). Contudo, tais interações com frequência são esporádicas e facultativas, e há pouca evidência de que as espécies que interagem têm evoluído uma em resposta à outra.

Em geral, os mutualismos têm potencial de serem obrigatórios para ambas as espécies e serem altamente coevoluídos, mas nem todos os mutualismos apresentam essas características. O comensalismo é sempre facultativo para as espécies que não se beneficiam; em adição, a coevolução não ocorre porque a seleção natural tem pouco ou nenhum efeito sobre as espécies que não se beneficiam da inter-relação.

As interações positivas podem deixar de ser benéficas sob algumas circunstâncias

As interações entre duas espécies podem ser categorizadas pela determinação de se o resultado da interação de cada espécie é positivo (benefício > custo), negativo

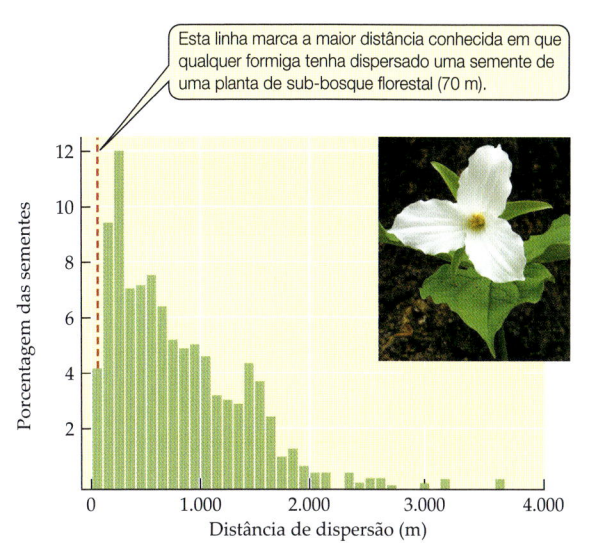

Figura 15.7 O veado pode levar as sementes das plantas a longas distâncias Essas estimativas das distâncias em que o veado-de-cauda-branca dispersa as sementes da planta do sub-bosque florestal *Trillium grandiflorum* são baseadas nas observações do movimento do veado e do tempo que ele retém as sementes no trato digestório (desde o momento em que come as sementes até defecá-las). Embora as sementes de *T. grandiflorum* também sejam dispersas por formigas, os veados levam-nas para muito mais longe. (Segundo Vellend et al., 2003.)

(custo > benefício) ou neutro (benefício = custo). Entretanto, os custos e os benefícios das interações das espécies podem variar de um lugar e tempo para outro (Bronstein, 1994). Assim, dependendo das circunstâncias, uma interação entre duas espécies pode ter resultados positivos ou negativos.

A temperatura do solo, por exemplo, influencia se duas espécies de plantas de áreas úmidas interagem como comensais ou competidoras (Callaway e King, 1996). Algumas plantas de áreas úmidas arejam solos hipóxicos passivamente pelo transporte de oxigênio através de canais de ar em suas folhas, caules e raízes. O oxigênio levado para o solo a partir das raízes dessas plantas pode se tornar disponível para outras espécies de plantas, reduzindo, assim, os efeitos negativos das condições anóxicas do solo. Em um experimento de estufa, Ragan Callaway e Leah King plantaram taboa (*Typha latifolia*), uma espécie que tem extensos canais de ar, em conjunto com a pequena planta "não-me-esqueça" (*Myosotis laxa*), uma espécie que não possui canais de ar. Eles colocaram essas plantas sob dois regimes diferentes de temperatura (11°C a 12°C e 18°C a 20°C) em vasos contendo uma mistura de solo de lagoa natural e turfa, com o solo nos vasos submersos sob 1 a 2 cm de água para torná-lo hipóxico. Plantaram também alguns vasos de *M. laxa* sem *T. latifolia* sob as mesmas condições.

Nos solos de baixas temperaturas, o teor de oxigênio dissolvido do solo aumentou quando *T. latifolia* estava

344 Parte 4 • Interações entre organismos

(A) 11°C–12°C

[Gráfico: Oxigênio dissolvido (mg/L) vs. datas (23 dez, 27 dez, 28 dez, 29 dez), com linhas "Com T. latifolia" e "Sem T. latifolia"]

Em solos de baixa temperatura, a *T. latifolia* aumentou a quantidade de oxigênio dissolvido no solo.

(B) 18°C–20°C

[Gráfico: Oxigênio dissolvido (mg/L) vs. datas]

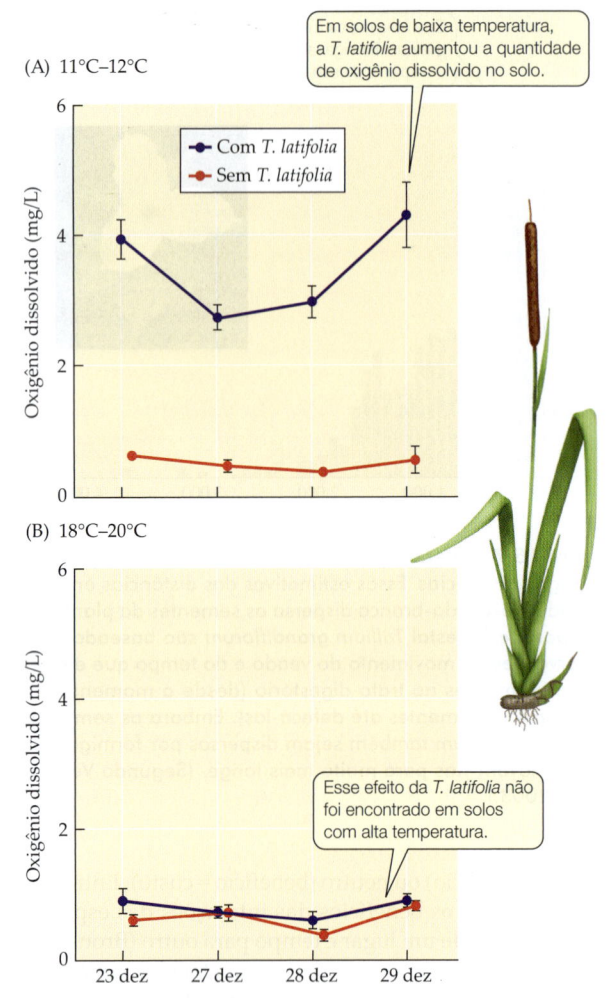

Esse efeito da *T. latifolia* não foi encontrado em solos com alta temperatura.

Figura 15.8 Uma planta de áreas úmidas areja o solo sob algumas condições Callaway e King mediram o conteúdo de oxigênio dissolvido no solo submerso na presença e na ausência de *Typha latifolia* (taboa) sob dois regimes de temperatura do solo. As barras de erro mostram ± um erro-padrão da média. (Segundo Callaway e King, 1996.)

? As temperaturas do solo, agindo sozinhas, têm um forte efeito sobre seu conteúdo de oxigênio dissolvido? Explique.

presente (**Figura 15.8A**), mas isso não aconteceu no solo com temperaturas elevadas (**Figura 15.8B**). Como esses diferentes níveis de oxigênio afetam os resultados da interação de *M. laxa-T. latifolia*? Nas baixas temperaturas do solo, o crescimento das raízes e da parte aérea da *M. laxa* aumentou quando *T. latifolia* estava presente (**Figura 15.9A**). Nos solos de altas temperaturas, no entanto, o crescimento de *M. laxa* diminuiu quando *T. latifolia* estava presente (**Figura 15.9B**). No geral, esses resultados sugerem que, nos solos de baixas temperaturas, *T. latifolia* proporcionou benefícios para *M. laxa* (talvez por arejamento do solo), enquanto que, com as altas temperaturas, *T. latifolia* teve um efeito negativo sobre *M. laxa* – este é apenas um exemplo de como uma mudança nas condições ambientais pode alterar o resultado de uma interação ecológica (outros exemplos são discutidos nos Conceitos 16.3 e 17.3 e em Bronstein, 1994).

As interações positivas podem ser mais comuns em ambientes estressantes

Em décadas recentes, estudos têm mostrado que as interações positivas são importantes em várias comunidades ecológicas, como bosques de carvalho, marismas costeiros e comunidades marinhas entremarés. Muitos desses estudos têm focado em como os indivíduos de uma espécie-alvo são afetados pelos indivíduos próximos de uma ou mais espécies diferentes. Esses efeitos podem ser avaliados pela comparação do desempenho da espécie-alvo quando os vizinhos estão presentes ou não. Embora os resultados desses estudos não possam ser usados para determinar quando ocorre mutualismo, comensalismo ou

(A) 11°C–12°C

[Gráfico de barras: Comprimento (mm) e Massa (mg) para Comprimento da raiz, Massa da raiz, Massa da parte aérea, com e sem *T. latifolia*]

Nos solos de baixa temperatura, a *T. latifolia* aumentou o crescimento da *M. laxa*, possivelmente pela aeração do solo.

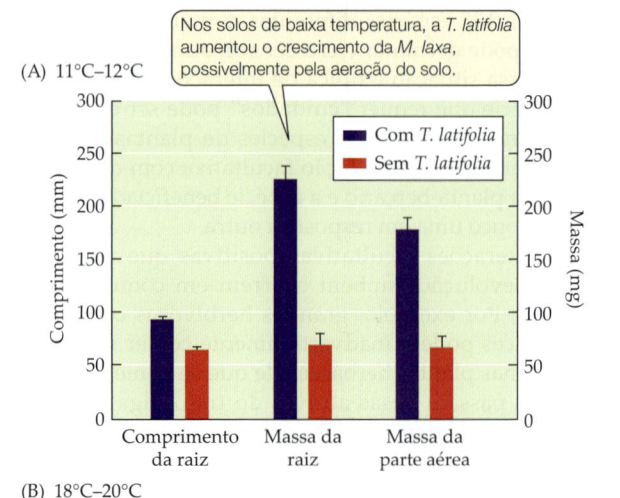

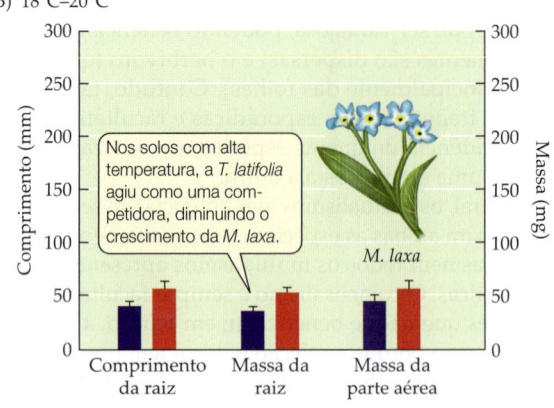

(B) 18°C–20°C

[Gráfico de barras: Comprimento (mm) e Massa (mg)]

Nos solos com alta temperatura, a *T. latifolia* agiu como uma competidora, diminuindo o crescimento da *M. laxa*.

M. laxa

Figura 15.9 De benfeitor a competidor O crescimento de *Myosotis laxa* sob dois regimes de temperatura na presença e na ausência de *Typha latifolia* foi medido pelas mudanças em três parâmetros: comprimento da raiz (eixo y à esquerda), massa da raiz (eixo y à direita) e massa dos órgãos aéreos (eixo y à direita). As barras de erro mostram um erro-padrão da média. (Segundo Callaway e King, 1996.)

Capítulo 15 • Mutualismo e comensalismo 345

lugar ou foram removidas da vizinhança das espécies-alvo. Mediu-se então o "efeito relativo de vizinhança" (ERV, definido como o crescimento da espécie-alvo com vizinhos presentes menos seu crescimento quando os vizinhos foram removidos). Os pesquisadores descobriram que o ERV em geral foi positivo em locais de altitude elevada, indicando que os vizinhos tiveram um efeito positivo sobre as espécies-alvo, mas negativo em locais de baixa altitude. Além disso, as espécies vizinhas tenderam a reduzir a sobrevivência e a reprodução dos indivíduos das espécies-alvo em locais de baixa altitude, mas a aumentar a sobrevivência e a reprodução deles em locais de altitude elevada (**Figura 15.11**). Uma vez que as condições ambientais em geral foram mais extremas nos locais mais elevados (p. ex., as temperaturas de inverno eram mais

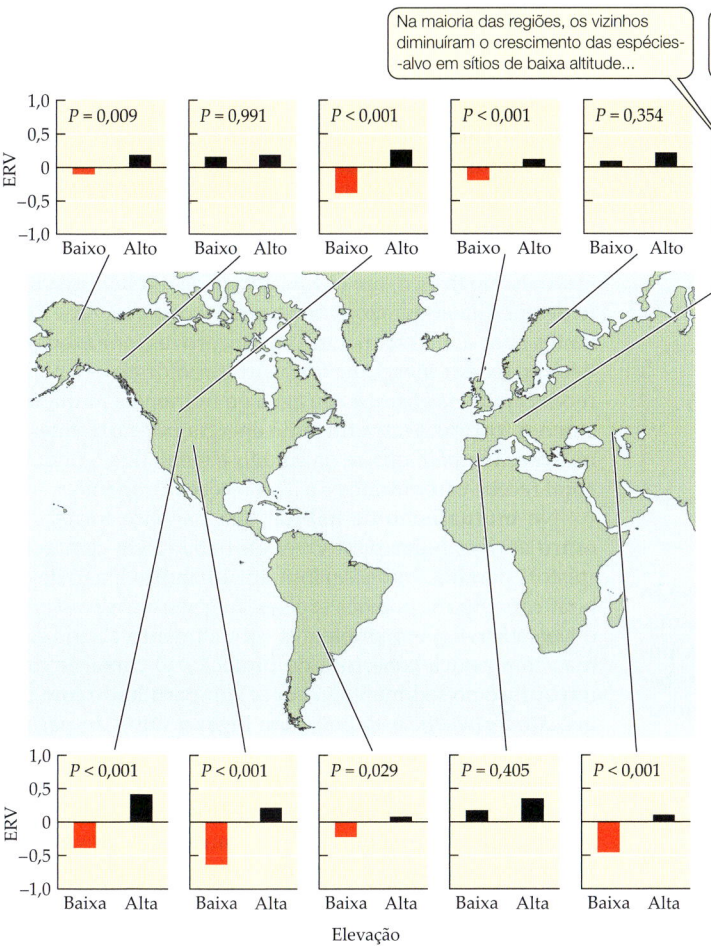

Figura 15.10 Os vizinhos aumentam o crescimento das plantas nos sítios de altitude elevada O efeito relativo de vizinhança (ERV, definido como o crescimento de uma espécie de planta-alvo quando as plantas vizinhas estão presentes menos seu crescimento quando as plantas vizinhas são removidas) foi medido em parcelas experimentais com altas e baixas elevações em 11 regiões. O crescimento da planta foi medido como mudança na biomassa (na maioria dos sítios) ou no número de folhas. Os valores de ERV maiores que zero (em preto) indicam que os vizinhos aumentaram o crescimento das espécies-alvo; os valores de ERV menores que zero (em vermelho) indicam que os vizinhos diminuíram o crescimento das espécies-alvo. (Segundo Callaway et al., 2002.)

competição (tendo em vista que as interações de duas vias não são examinadas), eles fornecem uma avaliação aproximada de quando as interações positivas são comuns em comunidades ecológicas.

Em um dos estudos mais completos desse tipo, um grupo internacional de ecólogos testou os efeitos que as plantas vizinhas tiveram em um total de 115 espécies de plantas-alvo em 11 regiões do mundo (**Figura 15.10**). Em 8 a 12 parcelas replicadas para cada tratamento de cada espécie-alvo, as espécies vizinhas ou foram deixadas no

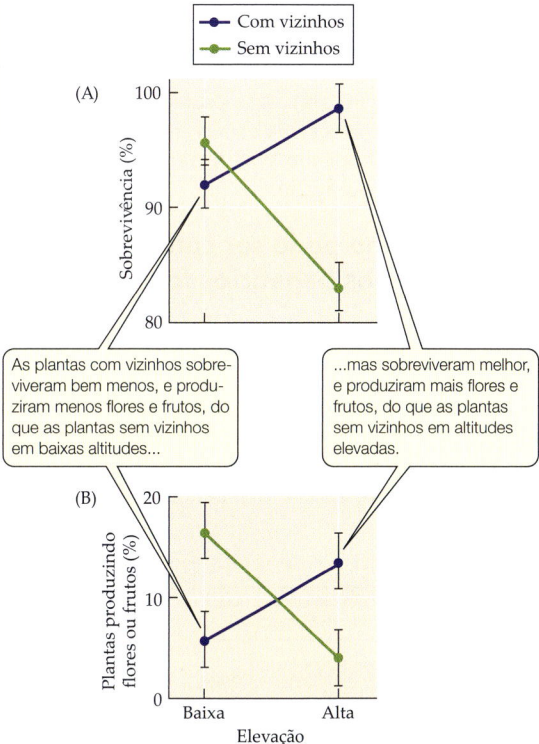

Figura 15.11 Efeitos negativos em altitudes baixas; benefícios em altitudes elevadas A proporção de indivíduos da espécie-alvo com e sem vizinhos que (A) sobreviveram e (B) produziram flores ou frutos diferiu entre altitudes baixas e elevadas. As barras de erro mostram ± um erro-padrão da média. (Segundo Callaway et al., 2002.)

frias), esses resultados sugerem que as interações positivas podem ser mais comuns em ambientes estressantes. Resultados similares têm sido encontrados em comunidades entremarés (Bertness, 1989; Bertness e Leonard, 1997).

Com essa discussão sobre interações positivas como base, examinaremos algumas das características que são únicas para o mutualismo. Nossa discussão enfatizará especialmente o que pode ser aprendido a partir de estudos que documentam os custos e os benefícios das interações mutualistas.

> **CONCEITO 15.2**
>
> Cada parceiro em uma interação mutualista atua de modo que atenda a seus próprios interesses ecológicos e evolutivos.

Características do mutualismo

Na seção anterior, discutimos como alguns recursos são aplicados tanto no mutualismo como no comensalismo: esses dois tipos de interações positivas são ubíquos, podem se desenvolver de várias maneiras e parar de ser benéficos sob algumas condições. Contudo, como o mutualismo é uma relação recíproca em que ambas as partes são beneficiadas, algumas de suas características diferem daquelas do comensalismo. No mutualismo há tanto custos quanto benefícios, e se os custos excederem os benefícios para uma ou ambas as partes, essa interação será alterada. Porém, antes de descrevermos as características especiais do mutualismo, começaremos a discutir como o mutualismo é classificado.

O mutualismo pode ser categorizado de acordo com os benefícios fornecidos

Os mutualismos com frequência são caracterizados pelo tipo de benefícios fornecidos pelas espécies que interagem, como alimento, abrigo ou serviço ecológico. Embora essas categorias possam ser úteis, não são mutuamente exclusivas. Como veremos, um parceiro em um mutualismo pode receber um tipo de benefício (p. ex., alimento), enquanto o outro recebe um benefício diferente (p. ex., lugar para viver). Nesses casos, o mutualismo poderia ser classificado de dois modos diferentes.

Há muitos **mutualismos tróficos**, nos quais um mutualista recebe energia ou nutrientes de seu parceiro. No mutualismo entre a formiga-cortadeira e o fungo descrito neste capítulo no Estudo de Caso, um parceiro alimenta o outro. (Lembre que a formiga e o fungo também se ajudam para superar as defesas das plantas, então cada um também fornece um serviço ecológico ao outro.) Em outro mutualismo trófico, um organismo pode receber uma fonte de energia enquanto o outro recebe os nutrientes limitantes para seu crescimento. Nas micorrizas, por exemplo, o fungo recebe energia na forma de carboidratos e a planta recebe ajuda na absorção de água ou nutrientes limitantes, como o fósforo. Outra troca de energia por nutrientes limitantes também ocorre na simbiose coral-alga, em que o coral recebe carboidratos e a alga recebe nitrogênio.

No **mutualismo de hábitat**, um parceiro fornece ao outro abrigo, lugar para viver ou hábitat. Os camarões-pistola (família *Alpheidae*) formam um mutualismo de hábitat com alguns gobiões (peixes do gênero *Cryptocentrus* e *Vanderhorstia*) em ambientes com alimento abundante, mas com pouca cobertura de proteção. O camarão cava um buraco no sedimento, o qual é compartilhado com um gobião, fornecendo ao peixe um lugar a salvo do perigo. Por sua vez, o gobião serve de "peixe-guia" para o camarão, que é quase cego. Fora do buraco, o camarão mantém uma antena no peixe (**Figura 15.12**); se um predador ou alguma outra forma de distúrbio causar um movimento repentino do peixe, o camarão retorna para dentro do buraco.

Em outros mutualistas de hábitat, uma espécie pode fornecer ao parceiro um hábitat favorável alterando as condições do hábitat local ou aumentando a tolerância do parceiro às condições existentes. A gramínea *Dichanthelium lanuginosum* cresce próximo de fontes termais no solo onde a temperatura pode atingir mais de 60°C. Regina Redman, Russell Rodriguez e colaboradores realizaram experimentos de campo e laboratório nos quais plantaram essa gramínea com e sem o fungo simbionte *Curvularia protuberata*, que cresce por todo o corpo da planta (tais fungos são chamados de *endófitos*). No laboratório, 100% das gramíneas com o endófito *C. protuberata* sobreviveram

Figura 15.12 Um peixe-guia Em ambientes com pouca cobertura protetora, um mutualismo de hábitat entre camarões-pistola (família *Alpheidae*) e o peixe gobião beneficia a ambos.

(O camarão cava uma toca, a qual é compartilhada com um gobião.)

(Fora da toca, o camarão praticamente cego mantém uma antena atenta no gobião, cujos movimentos o avisam do perigo.)

em solo com a temperatura intermitente de 60°C, enquanto nenhuma planta sobreviveu sem o endófito (Redman et al., 2002). Em experimentos de campo nos quais a temperatura atingiu até 40°C, as plantas com o endófito tiveram maior massa foliar e de raízes do que as plantas sem o endófito. Em solos com temperaturas acima de 40°C, as gramíneas com o endófito continuaram crescendo bem, mas todas as plantas sem o endófito morreram. Assim, o fungo *C. protuberata* aumenta a habilidade dessa gramínea hospedeira de tolerar altas temperaturas do solo. Isso não ocorre somente com a *C. protuberata*: muitos outros fungos endófitos podem aumentar a tolerância das plantas hospedeiras aos solos de alta temperatura ou salinidade (Rodriguez et al., 2009), bem como podem alguns fungos micorrízicos (Bunn et al., 2009).

Nossa última categoria, a dos **mutualismos de serviço**, inclui interações nas quais um parceiro desenvolve um serviço ecológico para o outro. Os mutualistas desempenham vários serviços, incluindo polinização, dispersão e defesa contra herbívoros, predadores ou parasitas. Já discutimos vários exemplos de serviços mutualísticos (p. ex., polinização da vespa-do-figo) e abordaremos outros neste capítulo (p. ex., o mutualismo "cliente-limpador" entre o recife de corais e os peixes descritos nas p. 352-353). Muitos mutualismos de serviço também podem ser vistos como mutualismos tróficos; por exemplo, uma espécie pode desempenhar um serviço como a polinização em troca de alimento.

Os mutualistas não são altruístas

Embora ambos os parceiros no mutualismo se beneficiem, isso não significa que um mutualismo não tenha custo para os parceiros. No mutualismo entre coral e alga, por exemplo, o coral recebe o benefício na forma de energia, mas tem o custo de suprir nutrientes e espaço à alga. Também, a alga ganha nutrientes limitantes, mas prove o coral com energia que poderia ser usada para seu próprio crescimento e metabolismo. O custo do mutualismo pode ser especialmente claro quando uma espécie fornece à outra uma "recompensa", tal como alimento pelo serviço de polinização. Por exemplo, durante o florescimento, as asclépias usam 37% da energia obtida da fotossíntese para produzir o néctar que atrai insetos polinizadores, como as abelhas.

Para uma interação ecológica ser um mutualismo, o benefício líquido deve exceder o custo líquido para ambos os parceiros. Contudo, nenhum parceiro no mutualismo participa por motivos altruístas. Se as condições ambientais mudam de forma a reduzir os benefícios ou aumentar os custos para um dos parceiros, os resultados da interação podem mudar. Isso é especialmente verdadeiro se as interações não forem obrigatórias. As formigas, por exemplo, muitas vezes formam inter-relações facultativas nas quais protegem outros insetos dos competidores, predadores e parasitas. Em um desses casos, as formigas protegem os insetos membracídeos dos predadores, e esses membracídeos secretam "honeydew" (uma

Figura 15.13 Um mutualismo facultativo As formigas frequentemente formam mutualismos com insetos que secretam "honeydew", uma solução rica em açúcar da qual elas se alimentam. As formigas mostradas aqui protegerão esse inseto membracídeo peruano de predadores e parasitas.

solução rica em açúcares), do qual as formigas se alimentam (**Figura 15.13**). Os membracídeos sempre secretam o "honeydew", então as formigas sempre têm acesso a essa fonte de alimento. Entretanto, nos anos em que a abundância de predadores é baixa, os membracídeos talvez não recebam qualquer benefício das formigas. Nesse período, o resultado dessa interação pode mudar de +/+ (mutualismo) para +/0 (comensalismo) ou +/– (parasitismo), dependendo se o consumo de "honeydew" pelas formigas reduzir o crescimento ou a reprodução dos membracídeos

Finalmente, em certas circunstâncias, um mutualismo pode retirar ou modificar a recompensa fornecida a seu parceiro. Em ambientes bastante nutritivos, por exemplo, algumas plantas reduzem a recompensa de carboidratos fornecida para as micorrizas. Nesses ambientes, a planta pode obter grande quantidade de nutrientes por si mesma e, por isso, o fungo é de pouco benefício. Assim, quando os nutrientes são abundantes, a planta pode cessar a recompensa para o fungo porque os custos de sustentar as hifas dele são maiores que os benefícios que ele pode fornecer. Além disso, um estudo recente descobriu que a planta *Medicago truncatula* pode discriminar

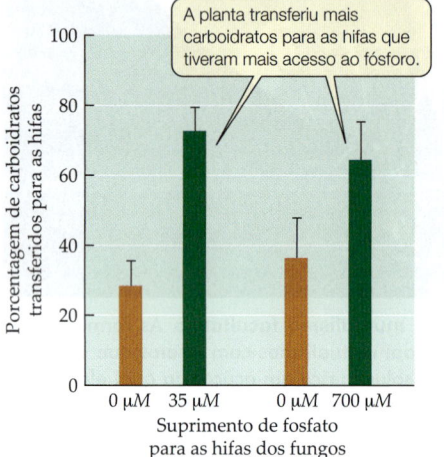

Figura 15.14 Recompensando aqueles que recompensam você Pesquisadores testaram a hipótese de que as plantas *Medicago trunculata* alocam mais carboidrato para aqueles fungos micorrízicos que fornecem a elas maiores concentrações de fósforo, um nutriente-chave das plantas. Eles usaram uma placa de Petri repartida (*split-plate*) mostrada na fotografia para separar as hifas dos fungos em dois grupos. Eles mantiveram algumas hifas de fungos sem acesso ao fósforo, enquanto supriram outras hifas com 35 ou 700 µM de fósforo. Eles, então, rastrearam a proporção de sacarose (marcada com ^{14}C) que as plantas proveram para cada grupo de hifas. As barras de erro mostram um erro-padrão da média. (Segundo Kiers et al., 2011.)

entre fungos micorrízicos, alocando mais carboidratos como recompensa para as hifas fúngicas que estão fornecendo a maioria dos nutrientes (**Figura 15.14**). Veremos mais dessa interação em **Análise de Dados 15.1**, onde analisaremos se o fungo também modifica sua oferta de nutrientes para a planta dependendo das recompensas que recebe dela.

Alguns mutualistas têm mecanismos para prevenir a sobre-exploração

Como vimos, há um conflito de interesses inerente entre os parceiros em um mutualismo: o benefício para uma espécie torna-se um custo para a outra. Em tal situação, a seleção natural pode favorecer os **trapaceiros**, indivíduos que aumentam a produção de sua prole por meio da sobre-exploração de seu parceiro mutualista. Quando um dos parceiros em um mutualismo sobre-explora o outro, isso torna menos provável que o mutualismo persista. Contudo, o mutualismo persiste, como prontamente atesta a associação de 50 milhões de anos entre as formigas cultivadoras de fungo e os fungos cultivados por elas. Que fatores permitem que um mutualismo persista apesar do conflito de interesses entre os parceiros?

Uma resposta é fornecida pelas "penalidades" impostas aos indivíduos que sobre-exploram um parceiro.

Figura 15.15 As iúcas e as mariposas-da-iúca A planta iúca (*Yucca filamentosa*) tem uma inter-relação obrigatória com seu polinizador exclusivo, a mariposa-da-iúca (*Tegeticula yuccasella*). (A) A mariposa fêmea coleta pólen de uma flor de iúca com peças bucais especializadas. Ela pode carregar uma carga de mais de 10 mil grãos de pólen, cerca de 10% de seu peso. (B) A mariposa do lado direito inferior dessa foto está depositando ovos no ovário de uma flor de iúca; a mariposa em cima está depositando pólens no estigma.

ANÁLISE DE DADOS 15.1

As micorrizas transferem mais fósforo para as raízes das plantas que fornecem mais carboidratos?

Como vimos na Figura 15.14, Kiers e colaboradores (2011)* observaram que a planta *Medicago truncatula* transfere mais carboidratos para aquelas hifas de fungos que têm maior acesso ao fósforo. Os pesquisadores também testaram se o parceiro micorrízico da planta, o fungo *Glomus intraradices*, comporta-se de maneira similar, transportando mais fósforo para as raízes que têm maior acesso aos carboidratos.

Para fazer isso, Kiers e colaboradores usaram um delineamento experimental *"split-plate"* (placa de Petri repartida) semelhante àquele da Figura 15.14. Eles forneceram às hifas fósforo marcado radioativamente (^{33}P) e monitoraram a transferência de fósforo para as raízes da planta com diferentes acessos a carboidratos (sacarose). Algumas raízes da planta não tinham acesso à sacarose, enquanto outras raízes eram supridas com 5 ou 25 mM de sacarose. Nos resultados mostrados na **Figura A**, "dpm" refere-se à desintegração por minuto, uma medida da intensidade da radiação; as barras de erro mostram um erro-padrão da média.

1. Desenhe e rotule um esboço do delineamento experimental *"split-plate"*, modelando seu diagrama na fotografia da Figura 15.14.

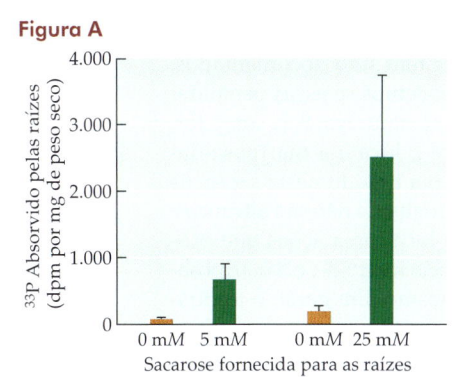

Figura A

[Gráfico de barras: eixo y "^{33}P Absorvido pelas raízes (dpm por mg de peso seco)" de 0 a 4.000; eixo x "Sacarose fornecida para as raízes" com categorias 0 mM, 5 mM, 0 mM, 25 mM]

2. Interprete os resultados mostrados na Figura A.
3. Compare os resultados na Figura A com aqueles na Figura 15.14. A planta ou o fungo controlam a troca de materiais, ou ambos os parceiros cumprem sua função? Explique.

*Kiers, E. T. and 14 others. 2011. Reciprocal rewards stabilize cooperation in the mycorrhizal symbiosis. *Science* 333: 880-882.

Se essas penalidades são elevadas o bastante, elas podem reduzir ou remover qualquer vantagem ganha pela trapaça. Olle Pellmyr e Chad Huth documentaram essa situação em um mutualismo obrigatório e coevoluído entre a planta iúca (*Yucca filamentosa*) e seu polinizador exclusivo, a mariposa-da-iúca (*Tegeticula yuccasella*) (Pellmyr e Huth, 1994). A fêmea da mariposa-da-iúca coleta o pólen da planta iúca com sua estrutura bucal (**Figura 15.15A**). Após coletar pólen, uma mariposa fêmea em geral vai para outra planta, coloca ovos no ovário de uma flor e então retorna para o topo do estilete. Lá, a mariposa deposita no estigma o pólen que ela carrega, polinizando a planta (**Figura 15.15B**). As larvas que emergem dos ovos da mariposa completam o desenvolvimento comendo as sementes que se desenvolvem no ovário da flor.

A mariposa e a planta dependem absolutamente uma da outra para reprodução. Entretanto, o mutualismo é vulnerável à sobre-exploração pelas mariposas que depositam ovos demais e, portanto, consomem muitas sementes. A iúca possui um mecanismo para prevenir a sobre-exploração: ela seletivamente aborta as flores em que a mariposa depositou mais ovos (**Figura 15.16**). Em média, as iúcas retêm 62% das flores que contêm 0 a 6 ovos de mariposa, mas somente 11% das flores que contêm 9 ou mais ovos. Quando a iúca aborta uma flor, ela o faz antes das

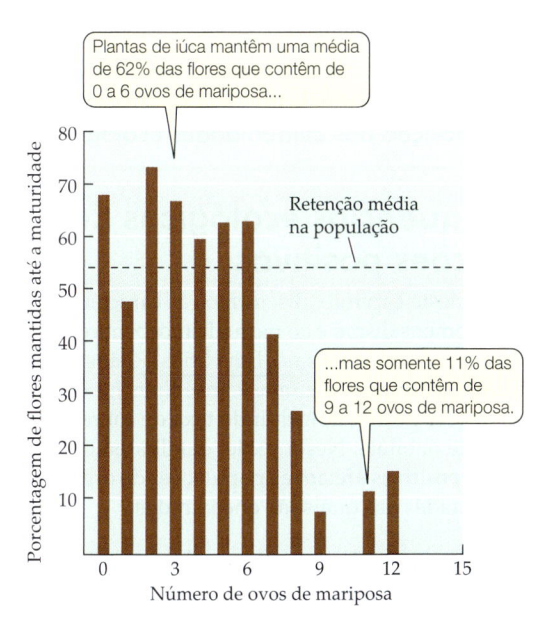

Figura 15.16 Uma penalidade para a trapaça As plantas de iúca abortam as flores nas quais seletivamente a mariposa-da-iúca depositou ovos demais. (Segundo Pellmyr e Huth, 1994.)

larvas de mariposas eclodirem dos ovos. Embora a causa que determina o aborto das flores não seja conhecida, não há dúvida de que é um mecanismo poderoso para reduzir a sobre-exploração: todas as larvas de mariposa morrem nas flores abortadas.

Alguns outros casos claros de penalidade por trapaça têm sido documentados, mas ainda não sabemos se essas penalidades são comuns na natureza. Seja como for, a interação entre a iúca e a mariposa-da-iúca ilustra o tema tratado nesta seção: os parceiros no mutualismo não são altruístas. Em vez disso, a iúca toma ações que promovem seu próprio interesse, e a mariposa-da-iúca faz o mesmo. Em geral, o mutualismo evolui e é mantido porque seu efeito líquido é vantajoso para as duas partes. Se o efeito líquido do mutualismo impedir o crescimento, a sobrevivência ou a reprodução de uma das espécies da interação, o interesse ecológico dessa espécie não será atendido, e o mutualismo pode se romper, no mínimo temporariamente. Se a situação continuar, o interesse em longo prazo ou evolutivo dessa espécie pode também não ser atendido, e o mutualismo pode terminar permanentemente. Embora seja possível uma interação de mutualismo ser desfeita, temos visto também que o mutualismo e o comensalismo são muito comuns, e que algumas dessas interações foram mantidas durante milhões de anos. Apresentaremos agora os efeitos ecológicos dessas interações comuns.

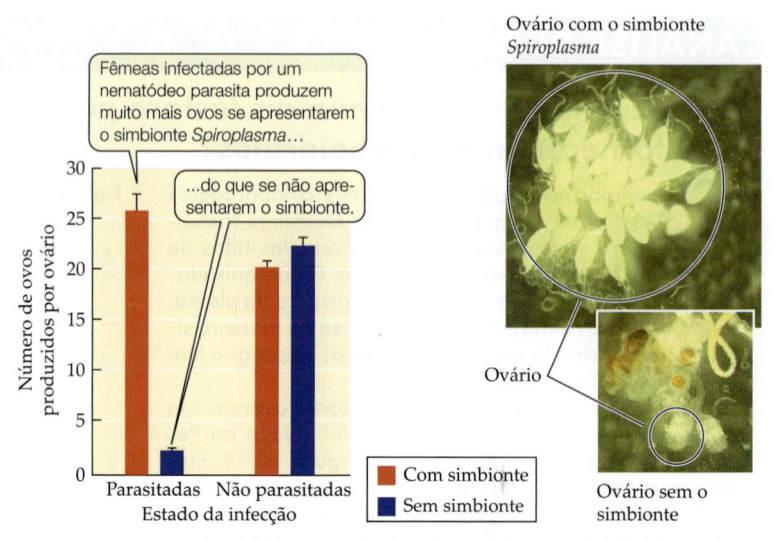

Figura 15.17 Um simbionte aumenta a fertilidade de seu hospedeiro As bactérias do gênero *Spiroplasma* são simbiontes obrigatórios que vivem dentro das células de seus hospedeiros, as moscas-da-fruta (*Drosophila neotestacea*). Os gráficos mostram o número de ovos produzidos pelas fêmeas das moscas-da-fruta criadas em laboratório que tinham simbiontes *Spiroplasma* (barras vermelhas) ou sem tal bactéria (barras azuis) e aquelas que estavam infectadas pelo nematódeo *Howardula* ("parasitadas") ou aquelas não infectadas por ele ("não parasitadas"). *Howardula* pode esterilizar a fêmea da mosca e reduzir o sucesso reprodutivo dos machos. As barras de erro mostram um erro-padrão da média. (Segundo Jaenike et al., 2010.)

CONCEITO 15.3

As interações positivas afetam a abundância e a distribuição das populações, assim como a composição das comunidades ecológicas.

Consequências ecológicas das interações positivas

Até agora neste capítulo, discutimos as características comuns ao comensalismo e ao mutualismo, bem como aquelas exclusivas ao mutualismo. Em vários pontos dessa discussão, mencionamos algumas consequências ecológicas das interações positivas, incluindo taxa de sobrevivência e provisão de hábitats. Nesta seção, detalharemos como as interações positivas afetam as populações de organismos e as comunidades nas quais são encontradas.

Interações positivas influenciam a abundância e a distribuição das populações

Como os exemplos discutidos anteriormente neste capítulo sugerem, mutualismo e comensalismo podem fornecer benefícios que aumentam o crescimento, a sobrevivência ou a reprodução de indivíduos em uma ou ambas as espécies parceiras – um ponto que foi demonstrado recentemente com uma bactéria simbionte defensora que aumentou a taxa de sucesso reprodutivo da mosca-da-fruta hospedeira (**Figura 15.17**). Como resultado, mutualismo e comensalismo podem afetar a abundância e a distribuição das espécies parceiras. Para explorar essas questões, primeiramente examinaremos como um mutualismo formiga-planta afeta a abundância de seus membros. Então examinaremos como o mutualismo e o comensalismo influenciam a distribuição dos organismos.

Efeitos na abundância Os efeitos do mutualismo na abundância podem ser vistos na inter-relação obrigatória entre a formiga *Pseudomyrmex ferruginea* e a acácia-bullhorn (*Acacia cornigera*). Essa planta em geral tem espinhos grandes, os quais provêm uma casa para a formiga (**Figura 15.18A**). Os espinhos têm uma cobertura de madeira dura, mas um interior macio e tenro que é fácil para as formigas escavarem. Uma formiga-rainha estabelece uma nova colônia escavando o espinho verde, removendo parte de seu interior macio e depositando os ovos dentro do espinho. À medida que a colônia cresce, eventualmente ocupa todos os espinhos da acácia.

Figura 15.18 Um mutualismo formiga-planta (A) Formiga-da-acácia (*Pseudomyrmex spinicola*) tratando de larvas e pupas dentro do espinho da acácia. (B) Um nectário na base de uma folha e corpos de Beltian na extremidade do folíolo. (C) As formigas removeram as plantas que crescem próximas da acácia, criando uma zona livre de competidores para a planta.

As formigas alimentam-se do néctar, o qual a planta secreta de nectários especializados, e das extremidades do folíolo modificadas chamadas de corpos de Beltian, os quais são ricos em proteínas e gorduras (**Figura 15.18B**). As formigas atacam agressivamente insetos e mesmo mamíferos herbívoros (como os veados) que tentam comer a planta. Elas também usam suas mandíbulas para cortar outras plantas que ousam estar entre 10 e 150 cm de suas casas de acácia, provendo, desse modo, a acácia com uma zona livre de predadores na qual pode crescer (**Figura 15.18C**).

Os serviços providos pelas formigas beneficiam as acácias? Para responder a essa pergunta, Dan Janzen removeu as formigas de algumas plantas de acácia e comparou o crescimento e a sobrevivência delas com aquelas plantas que tinham colônias de formigas. Os resultados foram impressionantes. Em média, as acácias-bullhorn com colônias de formigas tinham mais de 14 vezes o peso das acácias que não tinham colônias; as acácias com formigas tiveram maiores taxas de sobrevivência (72% vs. 43%) e ataques muito menos frequentes de insetos herbívoros (Janzen, 1966).

Se uma acácia-bullhorn não possuir uma colônia de formiga, a perda repetida de suas folhas e das extremidades de crescimento devido à herbivoria com frequência mata a planta em 6 a 12 meses. As formigas, por sua vez, dependem das acácias para alimento e abrigo e não podem sobreviver sem elas. Assim, o mutualismo formiga-acácia tem um considerável efeito na abundância de cada parceiro. Além disso, a formiga e a planta desenvolveram características peculiares que beneficiam os parceiros. Por exemplo, as formigas *Pseudomyrmex ferruginea* que dependem das acácias são altamente agressivas e permanecem ativas 24 horas por dia (vigiando a superfície da planta), além de atacar a vegetação que cresce próximo de suas plantas-casa; as espécies de *Pseudomyrmex* que não formaram mutualismos com acácias não apresentam essas características. Do mesmo modo, as acácias que formam mutualismos com formigas têm espinhos grandes, nectários especializados e corpos de Beltian em suas folhas; poucas espécies de acácia não mutualística apresentam esses atributos. Portanto, as formigas e as acácias parecem ter evoluído em resposta a seus parceiros, tornando essa parceria um exemplo de mutualismo obrigatório e coevoluído.

Efeitos na distribuição Existem literalmente milhões de interações nas quais uma espécie fornece à outra um hábitat favorável e assim influencia sua distribuição. Exemplos específicos incluem os corais que fornecem às algas simbiontes uma casa, bem como os fungos mutualistas que habilitam as plantas a viverem em ambientes que, caso contrário, elas não tolerariam (como o fungo *Curvularia* que habilita a grama *Dichanthelium* a viver em solos com altas temperaturas). Com certeza, mutualismos obrigatórios, como o que ocorre entre o figo e a vespa-do-figo discutido antes, têm uma profunda influência na distribuição geográfica das espécies envolvidas, pois nenhuma pode viver onde o parceiro está ausente.

É muito comum para um grupo de espécies dominantes (como as árvores em uma floresta) determinar a distribuição de outras espécies fornecendo o hábitat do qual elas dependem. Muitas espécies de plantas e animais são encontradas somente em florestas. Tais "especialistas de florestas" não podem tolerar as condições físicas de áreas mais abertas (como um prado) ou são impedidos de viver naquelas áreas abertas devido à competição com outras espécies. Da mesma forma, em comunidades marinhas entremarés sob maré baixa, muitas espécies (p. ex., caranguejos, moluscos, ouriços-do-mar e cracas) podem ser encontradas sob os filamentos de algas aderidas nas rochas. Essas algas fornecem um ambiente úmido e relativamente ameno que permite que algumas espécies vivam nas regiões mais altas das zonas entremarés, o que de outra forma não seria possível. Finalmente, muitas praias de areia e cascalho são estabilizadas por gramíneas como *Ammophila breviligulata* e *Spartina alterniflora*. Por manter o substrato agregado, essas espécies possibilitam a formação de ricas comunidades de animais e plantas.

Muitos especialistas de florestas têm pouco efeito direto nas árvores sob as quais vivem; por isso, têm um comensalismo com as árvores da floresta. Isso também é verdadeiro para muitas espécies marinhas que procuram abrigo debaixo de algas e de muitos dos organismos que dependem de estabilização de substrato por gramíneas. Em cada um desses casos, uma interação positiva (muitas vezes, um comensalismo) permite que uma espécie tenha uma distribuição maior do que seria possível de outra forma.

As interações positivas podem alterar as comunidades e os ecossistemas

Os efeitos que o comensalismo e o mutualismo têm sobre a abundância e a distribuição das espécies podem afetar as interações entre espécies que, por sua vez, podem influenciar bastante uma comunidade. Por exemplo, se um competidor dominante depende do mutualismo, a perda do mutualismo pode reduzir o desempenho da espécie dominante e aumentar o de outras espécies – mudando, assim, a mistura das espécies na comunidade ou suas abundâncias relativas. Como veremos, quando a composição de uma comunidade se altera, as características do ecossistema também podem mudar.

Diversidade de comunidades Os recifes de corais, conhecidos por sua surpreendente beleza, são ecologicamente excepcionais no sentido de que suas comunidades de peixes são as mais diversas comunidades de vertebrados no mundo. Uma das interações mais comuns entre esses diversos peixes dos recifes de corais é um mutualismo de serviço no qual pequenas espécies (os limpadores) removem parasitas de um peixe maior (o cliente). Os limpadores com frequência se arriscam na boca de um cliente (**Figura 15.19A**). O que impede que o cliente simplesmente coma o limpador?

A resposta parece ser que o benefício que o cliente recebe do limpador (a remoção do parasita) é maior do que a energia ganha ao comê-lo. Na Grande Barreira de Recifes da Austrália, os indivíduos de peixes limpadores da espécie *Labroides dimidiatus* visitaram uma média de 2.297 clientes por dia, dos quais o peixe limpador removeu (e comeu) uma média de 1.218 parasitas por dia (0,53 parasita por cliente). Para determinar se as atividades do peixe limpador reduziram o número de parasitas

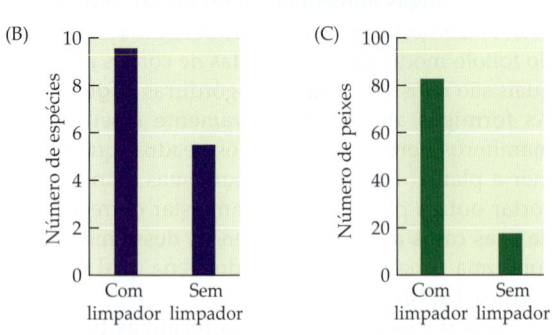

Figura 15.19 Os efeitos ecológicos do peixe limpador *Labroides dimidiatus* (A) Conforme procura parasitas, um peixe limpador coloca a cabeça dentro da boca de um peixe cliente muito maior, como esse "sweetlips". A remoção experimental de *L. dimidiatus* dos pequenos recifes nas Grandes Barreiras de Recifes da Austrália levou (B) à queda no número de espécies de peixes encontradas nos recifes e (C) ao decréscimo na abundância total de peixes nos recifes. (B, C segundo Grutter et al., 2003.)

encontrados no peixe cliente, Alexandra Grutter removeu experimentalmente *L. dimidiatus* de três dos cinco pequenos recifes. Depois de 12 dias, os recifes dos quais os limpadores foram removidos tinham 3,8 vezes mais parasitas de *Hemigymnus melapterus* nos peixes do que os recifes-controle. Em estudos posteriores, Grutter e colaboradores (2003) examinaram o efeito de *L. dimidiatus* no número de espécies e no total de peixes encontrados nos recifes de corais. Os resultados foram dramáticos: a remoção e a exclusão de *L. dimidiatus* por um período de 18 meses causaram uma grande queda nos números de espécies e na abundância total de peixes encontrados nos recifes (**Figura 15.19B,C**).

O trabalho de Grutter mostra que o mutualismo de serviço pode ter um grande efeito na diversidade de espécies encontrada em uma comunidade. A maioria das espécies perdidas dos recifes sem limpadores foi de espécies que, em geral, movem-se entre os recifes, incluindo alguns grandes predadores. Os grandes predadores podem eles próprios afetar a diversidade e a abundância das espécies, então a remoção do peixe limpador poderia também resultar em uma mudança de longo prazo posterior, mas difícil de prever, na comunidade.

Interações de espécies e propriedades do ecossistema

Barbara Hetrick e colaboradores (1989) realizaram experimentos em estufa nos quais a presença de micorrizas alterou o resultado da competição entre duas gramíneas, *Andropogon gerardii* e *Koeleria macrantha*. Eles descobriram que o *A. gerardii* dominou com a presença de micorrizas e que a *K. macrantha* dominou com a ausência de micorrizas. Em uma comunidade natural de pradaria na qual o *A. gerardii* era um membro dominante, David Hartnett e Gail Wilson (1999), ao suprimirem os fungos micorrízicos com um fungicida, diminuíram o desempenho do *A. gerardii*. Ao mesmo tempo, o desempenho de outras variedades de espécies, incluindo gramíneas e flores selvagens, aumentou. Hartnett e Wilson sugeriram que a dominância do *A. gerardii* se deve à vantagem competitiva advinda de sua associação com os fungos micorrízicos e que a remoção desses fungos eliminou a vantagem e liberou as espécies subordinadas dos efeitos negativos da competição.

Associações micorrízicas podem afetar outras características dos ecossistemas em adição à diversidade, como mostrou um estudo de 1998 realizado por Marcel van der Heijden, John Klironomos e colaboradores. Em um experimento de campo de grande escala, esses cientistas manipularam (variaram) o número de espécies de fungos micorrízicos encontrado nos solos, nos quais foram semeadas misturas idênticas de sementes de 15 espécies de plantas. Após uma estação de crescimento, foram medidos o fósforo e o peso das plantas secas. A biomassa de raízes e parte aérea aumentou com o aumento das espécies de fungos (**Figura 15.20A, B**), bem como a eficiência de absorção de fósforo pelas plantas

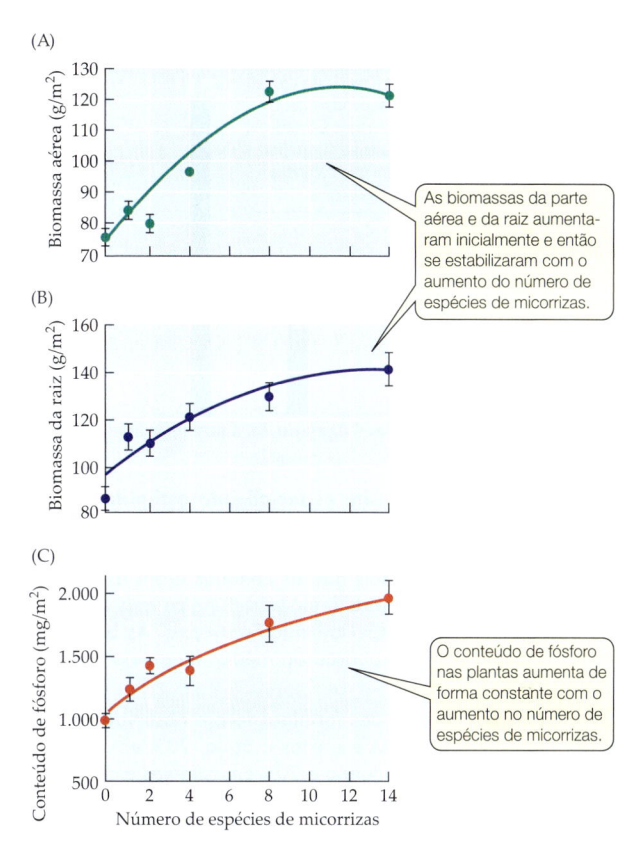

Figura 15.20 Fungos micorrízicos afetam propriedades do ecossistema Os pesquisadores mediram o efeito do número de espécies de fungos micorrízicos no solo (A) na biomassa média da parte aérea, (B) na biomassa média da raiz e (C) no conteúdo de fósforo de indivíduos de 15 espécies de plantas que cresceram a partir de sementes em um experimento de campo. As barras de erro mostram ± um erro-padrão da média. (Segundo van der Heijden et al., 1998.)

(**Figura 15.20C**). Esses resultados mostram que os fungos micorrízicos podem influenciar as características essenciais dos ecossistemas, como a produção primária líquida (medida como a quantidade de incremento da biomassa das plantas em uma estação de crescimento) e o fornecimento e a ciclagem de nutrientes como o fósforo.

ESTUDO DE CASO REVISITADO
Os primeiros agricultores

Os jardins de fungos das formigas-cortadeiras representam um enorme recurso alimentar para qualquer espécie apta a sobrepujar as defesas das formigas. Como vimos no Capítulo 14, aproximadamente metade das espécies no mundo é parasita e muitas delas têm notáveis adaptações para superar as defesas do hospedeiro. Existem muitos parasitas especializados em atacar os jardins de fungos?

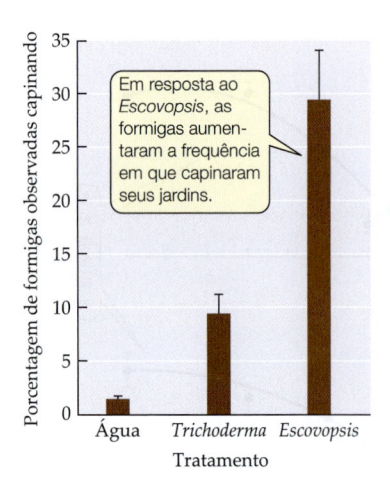

Figura 15.21 Um parasita especializado estimula as formigas a "capinar" Currie e Stuart mediram a frequência na qual as formigas-cortadeiras *Atta colombica* "capinavam" o jardim de fungos depois que as colônias eram expostas à água, ao *Trichoderma viride* (patógeno fúngico generalista) e ao patógeno fúngico especializado *Escovopsis*. As barras de erros mostram um erro-padrão da média. (Segundo Currie e Stuart, 2001.)

Em resposta ao *Escovopsis*, as formigas aumentaram a frequência em que capinaram seus jardins.

? Suponha que 2% das formigas foram observadas capinando em colônias expostas à água, 20% em colônias expostas ao *Trichoderma* e 20% em colônias expostas ao *Escovopsis*. Proponha uma hipótese que possa explicar esses resultados.

Embora você possa esperar que a resposta seja "sim", durante mais de 100 anos depois da descoberta do papel do cultivo de fungos pelas formigas-cortadeiras (Belt, 1874), esses parasitas não eram conhecidos. Isso mudou no início da década de 1990, quando Ignacio Chapela observou que os jardins das formigas-cortadeiras foram empestados por um virulento fungo parasita do gênero *Escovopsis* (ver também Currie et al., 1999a). Esse parasita pode se espalhar de um jardim para o próximo e destruir rapidamente os jardins que invade, levando a colônia de formigas à morte. As formigas-cortadeiras respondem ao *Escovopsis* aumentando a taxa na qual capinam seus jardins (**Figura 15.21**) e, em alguns casos, aumentando a frequência em que liberam no jardim toxinas antimicrobianas, as quais elas produzem em glândulas especializadas (Fernández-Marín et al., 2009).

As formigas também conseguem ajuda de outras espécies no combate ao *Escovopsis* (Currie et al., 1999b). Na parte inferior do corpo das formigas vive uma bactéria que produz substâncias químicas que inibem o *Escovopsis*. A rainha carrega essa bactéria em seu corpo quando começa uma nova colônia. Enquanto a formiga claramente se beneficia do uso desse fungicida, o que ocorre com a bactéria? Um trabalho recente (Currie et al., 2006) indica que a bactéria também se beneficia: a formiga fornece a ela tanto lugar para viver (abrigando-a em estruturas especializadas chamadas de *criptas*, localizadas no exoesqueleto das formigas) como fonte de alimento (secreções glandulares).

Portanto, a bactéria parece ser um terceiro mutualista que aproveita e aprimora esses ímpares jardins de fungos.

CONEXÕES NA NATUREZA
Das mandíbulas à ciclagem de nutrientes

Enquanto você lia este capítulo, bilhões de pares de mandíbulas das formigas-cortadeiras estavam removendo folhas das florestas das Américas. Cotidianamente, os trabalhadores de uma única colônia podem colher tanta matéria de planta que essa quantia poderia alimentar uma vaca em um dia. As pessoas há muito tempo sabem que as formigas-cortadeiras são herbívoros potentes. Weber (1966) descreveu registros – os primeiros de 1559 – de como as formigas-cortadeiras assolaram os cultivos dos colonos espanhóis, e hoje elas ainda são uma praga para os agricultores. Nas regiões tropicais, essas formigas tendem a aumentar a abundância depois que uma floresta é derrubada. Evidências informais sugerem que as colônias de formigas prósperas encontradas nas áreas florestais desmatadas são uma das razões porque as fazendas em algumas regiões tropicais são abandonadas poucos anos depois de as árvores terem sido removidas para dar lugar a elas (outras razões relacionam-se a um ponto tratado nos Capítulos 3 e 22: alguns solos tropicais são pobres em nutrientes).

Além dos efeitos na agricultura, as formigas-cortadeiras introduzem grandes quantidades de substâncias orgânicas no solo da floresta tropical. Como uma consequência, elas afetam o suprimento e a ciclagem de nutrientes em um ecossistema florestal (um tópico que discutiremos mais detalhadamente no Capítulo 22). Normalmente, os nutrientes nas folhas que caem no chão da floresta entram no solo quando as folhas se decompõem. Bruce Haines (1978) comparou a quantia (g/m^2) de 13 nutrientes minerais contidos nas folhas caídas sobre o solo com a quantia encontrada dos mesmos nutrientes nas áreas onde as colônias das formigas-cortadeiras *Atta colombica* depositaram seus resíduos (outras espécies de *Atta* depositam seus resíduos dentro do solo, como mostrado na Figura 15.2A). Em média, considerando os 13 nutrientes, as áreas de resíduos das formigas contêm aproximadamente 48 vezes mais nutrientes do que o encontrado na serapilheira. As plantas respondem a essa concentração de nutrientes aumentando a produção de raízes finas nas áreas de resíduos da *Atta*. Além disso, as atividades das formigas-cortadeiras têm o efeito do preparo do solo próximo das colônias, tornando mais fácil para as raízes da planta penetrarem no solo (Moutinho et al., 2003). Moutinho e colaboradores também constataram que o material foliar que as formigas carregam para dentro da colônia fertiliza o solo, causando no solo abaixo das colônias um enriquecimento de 3 a 4 vezes mais cálcio e 7 a 14 vezes mais potássio do que nos solos a 15 m de distância da colônia. Finalmente, uma evidência recente sugere que os jardins de fungos tratados pelas formigas também podem abrigar bactérias que fixam nitrogênio (**Figura 15.22**). Essas bactérias podem fazer parte

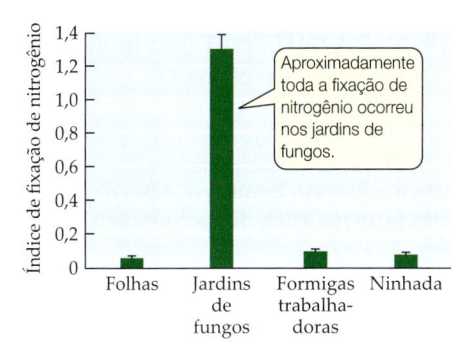

Figura 15.22 Fixação de nitrogênio em jardins de fungos Quando pesquisadores mediram a atividade de fixação de nitrogênio em diferentes partes das colônias de formigas-cortadeiras de folhas, eles observaram que a maioria ocorria nos jardins de fungos. Além disso, bactérias do gênero *Klebsiella* foram isoladas dos jardins de fungos e mostraram fixar nitrogênio. As barras de erros mostram um erro-padrão da média. (Segundo Pinto-Tomás et al., 2009.)

ainda de outro mutualismo encontrado nos jardins – um mutualismo que pode provar ser uma importante fonte de nitrogênio em ecossistemas tropicais.

O conjunto de efeitos das formigas-cortadeiras nos ecossistemas nos quais elas vivem é complexo. Nos ecossistemas florestais, a produção primária líquida (PPL) em geral é medida como o novo crescimento das plantas acima do solo (ver Conceito 20.1); o crescimento da raiz costuma ser ignorado, uma vez que é difícil medi-lo nas árvores. Apesar das formigas-cortadeiras reduzirem a PPL por colherem as folhas, algumas formigas têm outras atividades (p. ex., preparação, fertilização) que podem aumentar a PPL. Dessa forma, é difícil de estimar o efeito líquido das formigas na PPL de seus ecossistemas. Embora talvez seja possível distinguir tais efeitos em estudos futuros, não há dúvida de que as formigas e seus parceiros têm efeitos consideráveis nos ecossistemas nos quais se encontram.

RESUMO

CONCEITO 15.1 Nas interações positivas, nenhuma espécie é prejudicada e os benefícios são maiores do que os custos para pelo menos uma espécie.

- O mutualismo e o comensalismo são interações onipresentes e importantes em comunidades terrestres e aquáticas.
- O mutualismo e o comensalismo podem evoluir de outros tipos de interações ecológicas; por exemplo, com o tempo, as interações hospedeiro-parasita podem evoluir para se tornar uma interação mutualística.
- O mutualismo pode ou não ser espécie-específico, obrigatório e coevoluído. O comensalismo é sempre facultativo para a espécie que não se beneficia e não é coevoluído.
- Os custos e os benefícios de uma interação positiva podem variar de um lugar e tempo a outro; como resultado, uma interação positiva pode deixar de ser benéfica sob algumas circunstâncias.
- As interações positivas podem ser mais comuns em ambientes estressantes.

CONCEITO 15.2 Cada parceiro em uma interação mutualista atua de modo que atenda a seus próprios interesses ecológicos e evolutivos.

- O mutualismo pode ser categorizado por um parceiro que fornece ao outro alimento (mutualismo trófico), lugar para viver (mutualismo de hábitat) ou serviço ecológico (mutualismo de serviço).

- Os parceiros em um mutualismo estão nele para seu próprio benefício – não é uma interação altruísta.
- Alguns mutualistas têm mecanismos para prevenir a sobre-exploração por trapaça.

CONCEITO 15.3 As interações positivas afetam a abundância e a distribuição das populações, assim como a composição das comunidades ecológicas.

- As interações positivas podem fornecer benefícios que aumentam o crescimento, a sobrevivência ou a reprodução de uma ou de ambas as espécies que interagem.
- Como um resultado de tais efeitos demográficos, as interações positivas podem determinar as abundâncias e a distribuição de populações das espécies que interagem.
- As interações positivas podem também afetar as interações entre os organismos e, portanto, a composição das comunidades ecológicas, bem como as propriedades dos ecossistemas dos quais aquelas comunidades fazem parte.

Questões de revisão

1. Resuma as principais características das interações positivas descritas no Conceito 15.1.
2. Pesquisadores que estudam o mutualismo não pensam nele como uma interação altruística. Explique por quê.
3. A alta temperatura da água é um dos vários estressores que podem causar "branqueamento de coral", processo no qual o coral expele suas algas mutualistas e, portanto, perde a cor. Se o branqueamento ocorrer repetidamente, o resultado pode ser a morte do coral. Alguns corais são mais sensíveis que outros à alta temperatura da água. Se um recife contém uma mistura de espécies de coral que foram expostas a um crescente aumento da temperatura da água por vários anos, como a comunidade pode mudar ao longo do tempo?
4. As taxas de sobrevivência de pequenas plântulas do pinheiro-escocês (*Pinus sylvestris*) crescendo em áreas abertas e sombreadas abaixo do arbusto *Salvia* são dadas na tabela a seguir, na qual estão os valores médios para certas condições abióticas.

    a. Como você poderia caracterizar as inter-relações entre as plântulas de *P. sylvestris* e os arbustos de *Salvia*?

    b. Quais fatores podem levar a um aumento da sobrevivência das plântulas de *P. sylvestris* que vivem sob os arbustos de *Salvia*?

    c. Como as inter-relações entre essas espécies podem mudar ao longo do tempo?

	Sob *Salvia*	Áreas abertas
Sobrevivência das plântulas		
P. sylvestris	55%	22%
Condições abióticas (médias)		
Nível de luz (W/m^2)	473	917
Umidade do solo (%)	12	9
Temperatura do solo (°C)	15	19

MATERIAL DA INTERNET (em inglês)
sites.sinauer.com/ecology3e

O *site* inclui o resumo dos capítulos, testes, *flashcards* e termos-chave, sugestão de leituras, um glossário completo e a Revisão Estatística. Além disso, os seguintes recursos estão disponíveis para este capítulo:

Exercício Prático: Solucionando Problemas
15.1 Uma faca de dois gumes: custos e benefícios do mutualismo

Parte 5

Comunidades

O arbusto californiano "brittlebush" e várias espécies de plantas interagem entre si para formar uma comunidade de deserto sob as Montanhas da Superstição do Arizona. A adesão à comunidade depende da chegada ao local, da tolerância e sobrevivência ao ambiente físico do local e da interação com outras espécies que vivem lá. Os capítulos desta parte examinarão os fatores que determinam a estrutura das comunidades no tempo e no espaço, além dos diversos papéis das espécies no funcionamento das comunidades.

16 A natureza das comunidades

CONCEITOS-CHAVE

CONCEITO 16.1
Comunidades são grupos de espécies que interagem e ocorrem juntas no mesmo lugar e ao mesmo tempo.

CONCEITO 16.2
Diversidade e composição de espécies são importantes descritores da estrutura das comunidades.

CONCEITO 16.3
Comunidades podem ser caracterizadas por redes complexas de interações diretas e indiretas que variam em intensidade e direção.

"Alga assassina!": Estudo de Caso

Em 1988, um estudante francês de biologia marinha mergulhou na água cristalina do Mar Mediterrâneo e fez uma descoberta inusitada. Sobre o fundo do mar, logo abaixo dos penhascos onde ficava o suntuoso Museu Oceanográfico de Mônaco, crescia uma alga incomum, *Caulerpa taxifolia* (**Figura 16.1**), nativa das águas tropicais quentes do Caribe. O estudante contou a Alexandre Meinesz, um especialista em algas tropicais e professor da University of Nice, sobre a espécie incomum. Ao longo do ano seguinte, Meinesz confirmou sua presença e descobriu que sua folhagem verde fluorescente, interconectada por caules subterrâneos reptantes chamados de rizomas, formava um carpete debaixo da água na área em frente ao museu.

Meinesz ficou surpreso, pois essa espécie jamais tinha sido vista em águas tão frias e certamente nunca tinha alcançado a densidade registrada por ele. Como se constatou mais tarde, avistamentos prévios de 1984 permitiram a Meinesz calcular a propagação por mais de 1 hectare em cinco anos. Ao longo de alguns meses, ele questionou a si mesmo e a seus colegas sobre alguns pontos importantes. Primeiro, como a alga invasora chegou ao Mediterrâneo e como ela conseguiu sobreviver em temperaturas tão frias quanto 12 a 13°C, considerando que sua amplitude normal de temperatura é de 18 a 20°C? Segundo, essa espécie ocorria em algum outro lugar no Mediterrâneo, e sua propagação foi além dos hábitats de sedimento macio localizados em frente ao museu? Mais importante, em tais densidades elevadas, como ela estava interagindo com algas e ervas marinhas nativas, as quais são hábitats cruciais e recursos alimentares para espécies de peixes e invertebrados?

Uma resposta definitiva para a segunda questão surgiu em julho de 1990, quando a alga foi encontrada 5 km a leste do museu, em um local de pescaria popular. Evidentemente, fragmentos estavam sendo capturados por utensílios e âncoras das embarcações dos pescadores e transportados para novos sítios de colonização. A descoberta produziu uma cobertura pela mídia que incluiu informações sobre a toxicidade da alga marinha, que produz um composto secundário mordaz para deter peixes e invertebrados herbívoros que são abundantes nos trópicos. A imprensa sensacionalizou a toxicidade natural da *Caulerpa* com manchetes como "Alga assassina!" – um título enganoso que sugeria que a alga era tóxica para seres humanos (ela não é). À medida que a notícia se espalhava, expandiam-se os avistamentos de *Caulerpa*. Em 1991, 50 descobertas tinham sido noticiadas somente na França. A alga verde fluorescente colonizou indiscriminadamente substratos com lama, arenosos e rochosos, de 3 a 30 metros de profundidade. Em 2000, a alga deslocou-se da França para a

Figura 16.1 Algas marinhas invasoras *Caulerpa taxifolia* rapidamente invadiu e dominou comunidades marinhas no Mar Mediterrâneo.

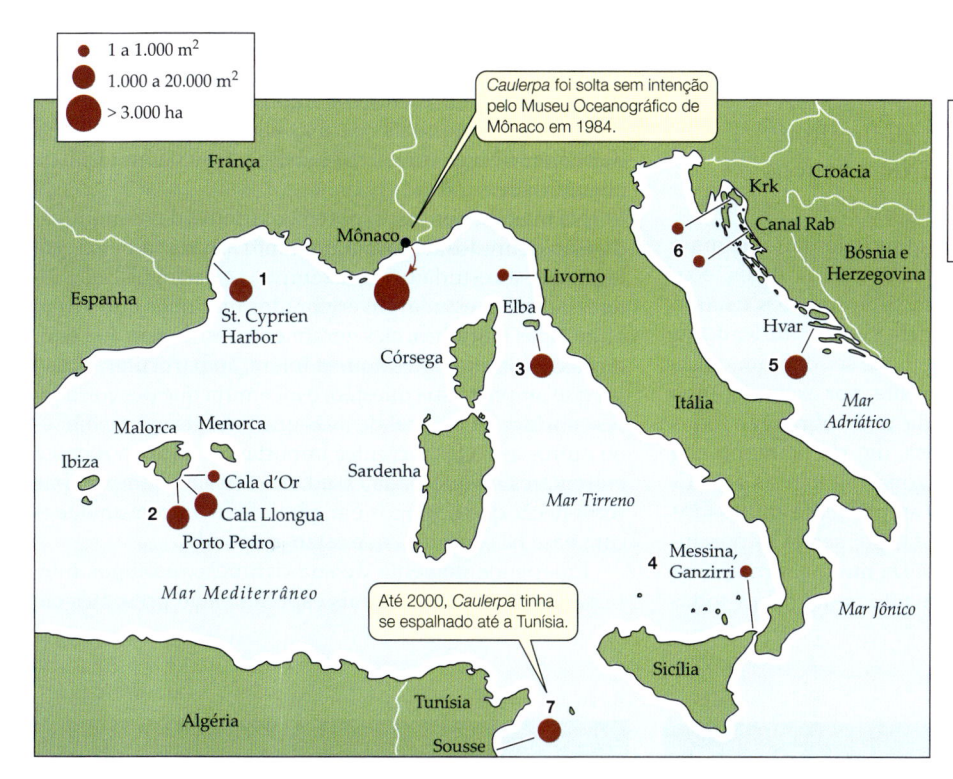

Capítulo 16 • A natureza das comunidades

Figura 16.2 Distribuição de Caulerpa no Mar Mediterrâneo Caulerpa invadiu primeiramente as águas de Mônaco e da França. Mais recentemente, essa espécie de alga alcançou a Croácia e a Tunísia. (Segundo Meinesz, 2001.)

Legenda do mapa:
- 1 a 1.000 m²
- 1.000 a 20.000 m²
- > 3.000 ha

Caulerpa foi solta sem intenção pelo Museu Oceanográfico de Mônaco em 1984.

Até 2000, Caulerpa tinha se espalhado até a Tunísia.

1 Costa francesa (1990)
2 Malorca, Espanha (1992)
3 Elba, Itália (1993)
4 Sicília, Itália (1993)
5 Ilha de Hvar, Croácia (1995)
6 Mar Adriático superior, Croácia (1996)
7 Sousse, Tunísia (2000)

? Usando a ordem de aparição no mapa, descreva os possíveis caminhos de invasão da Caulerpa nesta região.

Itália, depois para a Croácia a leste e a Espanha a oeste, por fim chegando até a Tunísia (**Figura 16.2**). Ela invadiu milhares de hectares, apesar dos esforços frenéticos, porém inúteis, para removê-la.

Desde o início, Meinesz suspeitou que a resposta para sua primeira questão tinha a ver com o museu. Em 1980, uma variedade de *Caulerpa taxifolia* resistente ao frio tinha sido descoberta e propagada nos aquários tropicais do zoológico de Wilhelma, em Stuttgart, Alemanha. Amostras foram enviadas para outros aquários, inclusive para o de Mônaco, para serem cultivadas como cenários esteticamente agradáveis para exposições de peixes tropicais. O museu admitiu que a *Caulerpa* pudesse ter sido solta sem intenção durante o processo de limpeza dos tanques, mas acreditou que a alga morreria nas águas frias do Mediterrâneo.

Considerando que a *Caulerpa* não morreu, e em vez disso rapidamente invadiu e tomou conta de áreas rasas do Mediterrâneo, tanto cientistas quanto pescadores queriam entender como sua abundância e sua rápida propagação afetariam os hábitats marinhos e os peixes que deles dependem. Como as interações com uma espécie tão abundante influenciam as centenas de outras espécies com as quais ela divide uma comunidade?

Introdução

Temos enfatizado ao longo deste livro que as espécies são conectadas umas às outras e a seu ambiente. Ecologia é, em sua real essência, o estudo dessas interligações. Na Parte 4, focamos nas interações entre espécies como relações de duas vias, com uma espécie se alimentando de outra, competindo com ela ou facilitando outra espécie. Para facilitar a modelagem matemática, consideramos esses pares de interações isoladamente, mesmo tendo enfatizado que na verdade as espécies experimentam múltiplas interações. Neste capítulo, exploraremos interações entre múltiplas espécies e a maneira como elas moldam a natureza das comunidades. Consideraremos as várias maneiras pelas quais os ecólogos têm definido comunidades, as métricas utilizadas para medir sua estrutura e os tipos de interações específicas que as caracterizam.

CONCEITO 16.1
Comunidades são grupos de espécies que interagem e ocorrem juntas no mesmo lugar e ao mesmo tempo.

O que são comunidades?

Os ecólogos definem **comunidades** como grupos de espécies que interagem e ocorrem juntas no mesmo lugar e ao mesmo tempo. As interações entre múltiplas espécies e seu ambiente físico conferem às comunidades sua característica e função. Quer estejamos tratando de um deserto, uma "floresta" de algas-pardas ou o intestino de um ungulado, a existência de uma comunidade depende das espécies individuais presentes e de como elas interagem umas com as outras e com suas condições físicas adjacentes. Como veremos neste e em outros capítulos desta parte, a importância relativa das interações interespecíficas e do ambiente físico, que pode variar entre comunidades, é um grande foco de pesquisa de ecólogos de comunidades.

Ecólogos frequentemente delimitam comunidades por suas características físicas ou biológicas

A definição técnica de uma comunidade dada acima é mais teórica que operacional. Em termos práticos, ecólogos frequentemente delimitam comunidades usando características físicas ou biológicas como indicadores (**Figura 16.3**). Uma comunidade pode ser definida pelas características físicas de seu ambiente; por exemplo, uma comunidade fisicamente definida pode abranger todas as espécies em uma duna arenosa, um rio de montanha ou um deserto. Os biomas e as zonas biológicas aquáticas descritos no Capítulo 3 estão amplamente embasados em características físicas conhecidas por serem importantes na definição de comunidades. Da mesma forma, uma comunidade definida biologicamente pode incluir todas as espécies associadas a uma "floresta" de algas-pardas, um brejo de água doce ou um recife de coral. Essa forma de pensar usa a presença e a importância inerente de espécies abundantes, tais como as algas-pardas, as plantas de banhado ou os corais, como base para a delimitação da comunidade.

Na maioria dos casos, porém, os limites das comunidades são definidos de forma um tanto arbitrária pelos ecólogos que as estudam. Por exemplo, se ecólogos estão interessados em estudar invertebrados marinhos que vivem entre algas marinhas, eles geralmente restringem sua definição de comunidades àquela interação particular. A não ser que ampliem sua questão, é incomum que pesquisadores considerem o papel de aves que forrageiam mexilhões ou outros aspectos inerentes importantes da zona rochosa entremarés no que estão estudando. Assim, é importante reconhecer que ecólogos em geral definem comunidades com base nas questões que estão propondo.

Independentemente de sua definição, ecólogos interessados em conhecer quais espécies estão presentes em

(A) Deserto

(B) Fontes termais

(C) Floresta pluvial temperada

(D) Recife de coral

Figura 16.3 Definindo comunidades Ecólogos com frequência delimitam comunidades com base em seus atributos físicos ou em seus atributos biológicos.

? Das quatro comunidades mostradas nesta figura, quais são definidas por atributos físicos e quais são definidas por atributos biológicos?

uma comunidade precisam lidar com a difícil questão de contabilizá-las. A mera criação de uma lista de espécies para uma comunidade é um enorme comprometimento e algo essencialmente impossível de completar, em especial se espécies pequenas ou relativamente desconhecidas são consideradas. Taxonomistas descreveram oficialmente cerca de 1,5 milhão de espécies, porém sabemos a partir de estudos com amostragens de insetos tropicais e microrganismos que esse número subestima muito o número real de espécies na Terra, o qual pode atingir 15 milhões ou mais. Por essa razão, e devido à dificuldade de estudar várias espécies ao mesmo tempo, ecólogos em geral consideram um subconjunto de espécies quando definem e estudam comunidades.

Ecólogos podem usar subconjuntos de espécies para definir comunidades

Uma maneira comum de subdividir uma comunidade é com base na afinidade taxonômica (**Figura 16.4A**). Por exemplo, um estudo de uma comunidade florestal pode se limitar às espécies de aves dentro daquela comunidade (nesse caso, o ecólogo poderia falar da "comunidade de aves florestais"). Outro subconjunto usual de uma comunidade é uma **guilda**, um grupo de espécies que usam os mesmos recursos, mesmo que sejam taxonomicamente distantes (**Figura 16.4B**). Por exemplo, aves, abelhas e morcegos podem se alimentar do pólen de flores, formando, dessa forma, uma guilda de animais que se alimentam de pólen. Por fim, um **grupo funcional** é um subconjunto de uma comunidade que inclui espécies que funcionam de forma similar, mas não necessariamente usam os mesmos recursos (**Figura 16.4C**). Por exemplo, mosquitos e pulgões têm aparelhos bucais sugadores, mas um se alimenta do sangue de mamíferos e o outro do floema de plantas. Especialmente no caso de plantas, alguns grupos funcionais usam recursos similares; por exemplo, leguminosas fixadoras de nitrogênio tais como ervilhaca, ervilhas e trevos têm função similar e também usam o mesmo conjunto de recursos (ver p. 500).

Há outros subconjuntos de comunidades que permitem aos ecólogos organizar as espécies com base em suas interações *tróficas*, ou energéticas (**Figura 16.5A**). Espécies podem ser organizadas em **teias alimentares**, o padrão de ligações entre organismos e seus recursos de energia. Teias alimentares também podem ser organizadas em **níveis tróficos**, ou grupos de espécies que têm formas similares de obter energia. O nível trófico mais basal contém *produtores primários*, os quais são autótrofos tais como plantas. Os produtores primários são consumidos por organismos do segundo nível, os *consumidores primários*, os quais são herbívoros. O terceiro nível contém *consumidores secundários*, os quais são carnívoros. Consumidores secundários são consumidos por *consumidores terciários*, também carnívoros.

Tradicionalmente, teias alimentares têm sido utilizadas como método descritivo ou idealizado de compreensão das relações alimentares entre as espécies em uma comunidade. Entretanto, elas nos dizem pouco sobre a força

(A) Afinidade taxonômica

(B) Guilda

(C) Grupo funcional
Recursos diferentes

Recursos similares

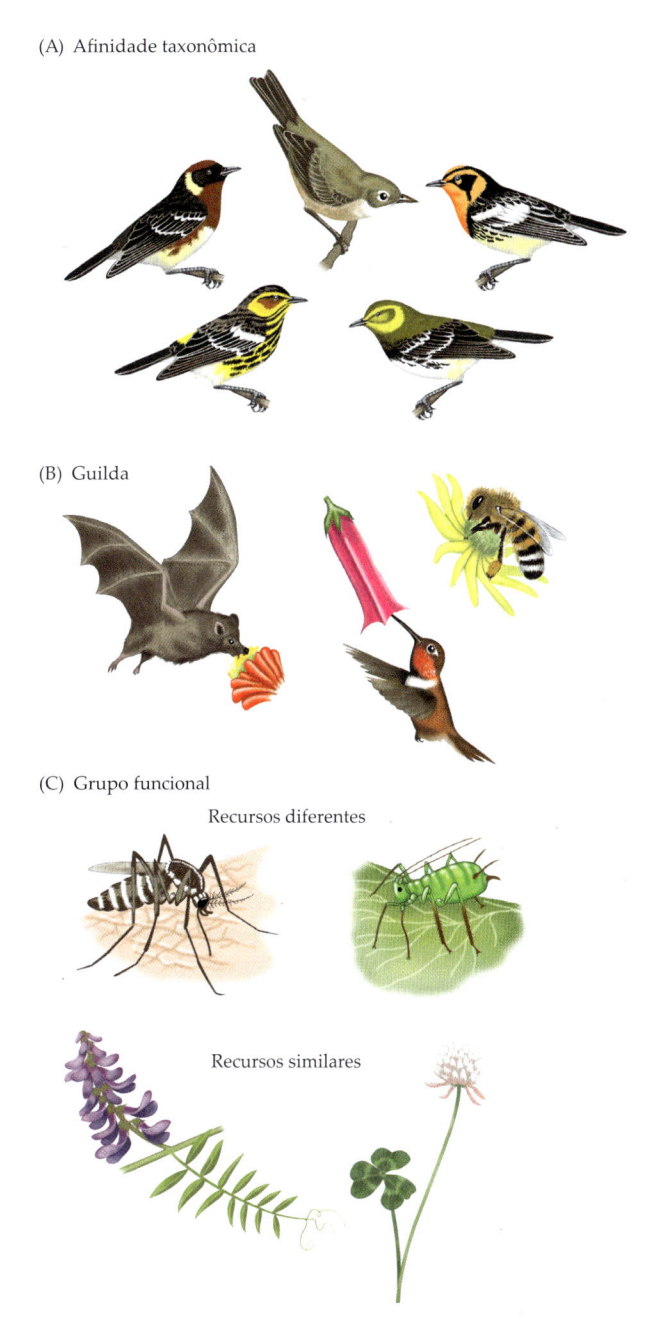

Figura 16.4 Subconjuntos de espécies em comunidades Ecólogos podem usar subconjuntos de espécies para definir comunidades. Esses exemplos mostram três maneiras de designar tais subconjuntos. (A) Todas as espécies de aves de uma comunidade podem ser agrupadas por sua afinidade taxonômica. (B) Todas as espécies que usam pólen como recurso formam uma guilda. (C) Todas as espécies de animais que se alimentam usando aparelho bucal do tipo picador-sugador podem ser consideradas como de um mesmo grupo funcional, independentemente de usarem ou não os mesmos recursos. Do mesmo modo, plantas que têm bactérias fixadoras de nitrogênio (p. ex., leguminosas como a ervilhaca e o trevo) usam o mesmo conjunto de recursos e podem ser consideradas como do mesmo grupo funcional.

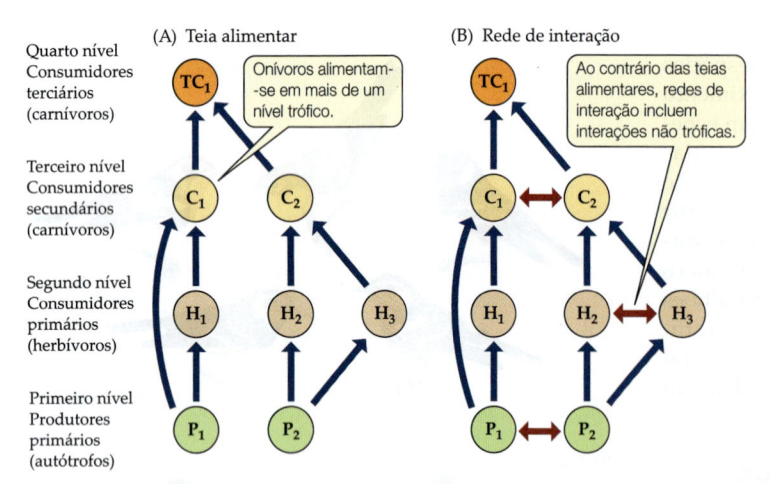

Figura 16.5 Teias alimentares e redes de interações (A) Teias alimentares descrevem interações tróficas entre espécies. (B) Redes de interações incluem tanto interações tróficas (setas verticais) quanto interações competitivas e facultativas não tróficas (setas horizontais).

Legendas da figura:
- Quarto nível: Consumidores terciários (carnívoros) — TC_1
- Terceiro nível: Consumidores secundários (carnívoros) — C_1, C_2
- Segundo nível: Consumidores primários (herbívoros) — H_1, H_2, H_3
- Primeiro nível: Produtores primários (autótrofos) — P_1, P_2
- (A) Onívoros alimentam-se em mais de um nível trófico.
- (B) Ao contrário das teias alimentares, redes de interação incluem interações não tróficas.

---

das interações ou sua importância na comunidade. Além disso, o uso de níveis tróficos pode criar confusão por várias razões: por exemplo, algumas espécies abrangem dois níveis tróficos (p. ex., corais podem ser classificados como carnívoros e herbívoros, pois têm algas simbiontes), algumas espécies mudam seu status alimentar quando adultas (p. ex., anfíbios podem ser herbívoros quando girinos e carnívoros quando adultos) e algumas espécies são *onívoros*, alimentando-se em mais de um nível trófico (p. ex., alguns peixes consomem algas e invertebrados). Ademais, teias alimentares idealizadas muitas vezes não incluem certos recursos importantes e consumidores que são comuns em comunidades. Por exemplo, todos os organismos que morrem sem terem sido consumidos se tornam matéria orgânica conhecida como *detritos* e podem ser consumidos por *detritívoros* (principalmente fungos e bactérias) em um processo conhecido como *decomposição*; ver Conceito 22.22 do Capítulo 22. Outro exemplo é o dos simbiontes, incluindo parasitas e mutualistas, que estão presentes em quase todos os níveis tróficos (ver Capítulos 14 e 15).

Outra característica de teias alimentares é que elas não incluem interações não tróficas (denominadas **interações horizontais**, tais como competição e algumas interações positivas), as quais, como vimos na Parte 4, também podem influenciar o caráter da comunidade. O conceito de uma **rede de interações** foi introduzido para descrever com mais precisão ambas as interações tróficas (verticais) e não tróficas (horizontais) entre as espécies em uma teia alimentar tradicional (**Figura 16.5B**). Apesar dessas desvantagens, o conceito de teia ou rede alimentar permanece forte, nem que seja apenas por sua representação visual de interações importantes entre consumidores dentro da comunidade.

Aprenderemos muito mais sobre teias alimentares no Capítulo 21. A seguir, consideraremos importantes propriedades de comunidades que nos permitem caracterizar e distinguir uma da outra.

CONCEITO 16.2

Diversidade e composição de espécies são importantes descritores da estrutura das comunidades.

Estrutura de comunidades

Temos visto que as comunidades variam muito quanto ao número de espécies que contêm. Uma floresta pluvial tropical, por exemplo, tem muito mais espécies de árvores que uma floresta pluvial temperada, e uma pradaria do meio oeste tem muito mais espécies de insetos que um brejo salgado da Nova Inglaterra. Ecólogos têm dedicado esforço substancial para medir essa variação em várias escalas espaciais. Diversidade e composição de espécies são importantes descritores da **estrutura de comunidades**, o conjunto de características que moldam uma comunidade. A estrutura de comunidades é essencialmente descritiva, mas fornece as bases científicas necessárias para a geração de hipóteses e experimentos direcionados a compreender como as comunidades funcionam.

A diversidade de espécies é uma medida importante da estrutura de comunidades

A diversidade de espécies é a medida da estrutura de comunidades mais comumente utilizada. Mesmo que o termo com frequência seja utilizado para descrever o número de espécies dentro de uma comunidade, ele tem uma definição mais precisa. **Diversidade de espécies** é uma medida que combina tanto o número de espécies (riqueza de espécies) quanto suas abundâncias relativas comparadas umas às outras (equabilidade de espécies). **Riqueza de espécies** é a métrica mais fácil de determinar (alguém simplesmente conta todas as espécies de interesse na comunidade delimitada). **Equabilidade de espécies**, a qual nos informa sobre espécies comuns ou raras, requer conhecer a abundância de cada espécie em relação às outras espécies da comunidade, um valor mais difícil de obter. (Ver Ferramentas Ecológicas 9.1 para métodos de estimativa de abundância em termos de número, biomassa ou porcentagem de cobertura.)

A contribuição da riqueza e da equabilidade de espécies para a diversidade de espécies pode ser ilustrada com um exemplo hipotético (**Figura 16.6**). Imagine duas comunidades de cogumelos, cada qual contendo quatro espécies. Ambas as comunidades têm a mesma riqueza de espécies, mas a equabilidade de espécies difere. Na comunidade A, uma espécie de cogumelo compreende 85% da abundância de cogumelos, enquanto as outras constituem apenas 5% cada; assim, a equabilidade de espécies é baixa. Na comunidade B, as abundâncias são igualmente divididas entre as quatro espécies (25% cada), portanto a equabilidade de espécies é alta. Nesse caso, mesmo que cada comunidade tenha a mesma riqueza de espécies (quatro

Comunidade A

> Na comunidade A, a abundância de uma espécie (os cogumelos amarelos) é maior em relação às outras espécies, portanto essa comunidade tem baixa equabilidade de espécies.

Comunidade B

> Na comunidade B, cada espécie tem a mesma abundância, portanto essa comunidade tem alta equabilidade de espécies.

Figura 16.6 Riqueza de espécies e equabilidade de espécies Essas duas comunidades hipotéticas de cogumelos têm o mesmo número de espécies (riqueza de espécies), mas diferentes abundâncias relativas (equabilidade de espécies). A diversidade de espécies, medida pelo índice de Shannon, é menor na comunidade A (ver Tabela 16.1).

espécies), a comunidade B tem a maior diversidade, pois tem maior equabilidade de espécies.

Vários índices de diversidade de espécies podem ser utilizados para descrever quantitativamente a diversidade específica. De longe, o mais comumente usado é o **índice de Shannon**,

$$H = -\sum_{i=1}^{s} p_i \ln(p_i)$$

onde

H = o valor do índice de Shannon
p_i = a proporção de indivíduos encontrados na espécie i
$\ln$ = o logaritmo natural
s = o número de espécies na comunidade

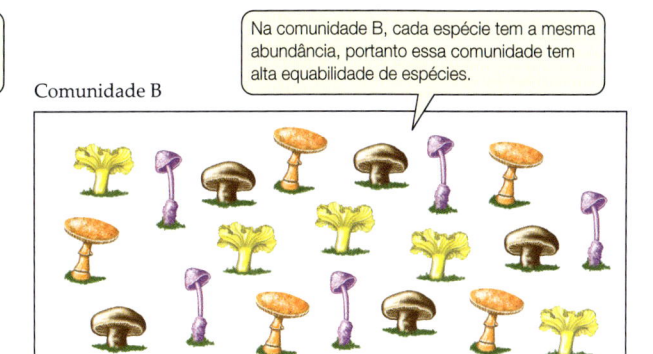

O menor valor possível de H é zero. Quanto mais alto o valor de H de uma comunidade, maior sua diversidade de espécies. A **Tabela 16.1** calcula o índice de Shannon para as duas comunidades de cogumelos da Figura 16.6. Esses cálculos mostram que a comunidade A tem o menor valor do índice de Shannon (H), confirmando matematicamente que essa comunidade tem menor diversidade de espécies que a comunidade B. Considerando que ambas as comunidades têm a mesma riqueza de espécies, a diferença em diversidade ocorre devido à menor *equabilidade* de espécies na comunidade A.

Como mencionamos antes, o termo "diversidade de espécies" com frequência é usado para descrever o número de espécies em uma comunidade sem considerar as abundâncias relativas das espécies ou mesmo os índices de diversidade de espécies. Por exemplo, é comum ouvir

TABELA 16.1

Cálculo do índice de Shannon para as comunidades A e B da Figura 16.6

COMUNIDADE A

Espécie	Abundância	Proporção (p_i)	ln (p_i)	p_i ln (p_i)
Amarela	17	0,85	−0,163	−0,139
Laranja	1	0,05	−2,996	−0,150
Púrpura	1	0,05	−2,996	−0,150
Marrom	1	0,05	−2,996	−0,150
Total	**20**	**1,00**		**−0,589**

COMUNIDADE B

Espécie	Abundância	Proporção (p_i)	ln (p_i)	p_i ln (p_i)
Amarela	5	0,25	−1,386	−0,347
Laranja	5	0,25	−1,386	−0,347
Púrpura	5	0,25	−1,386	−0,347
Marrom	5	0,25	−1,386	−0,347
Total	**20**	**1,00**		**−1,388**

> Para calcular o índice de Shannon (H), é aplicado o logaritmo natural (ln) para o valor de p_i de cada espécie (i)...

> ... e depois esse valor é multiplicado pelo valor de p_i novamente.

> Os valores de todas as espécies da comunidade são somados e multiplicados por −1 para chegar ao H.

$$H = -\sum_{i=1}^{s} p_i \ln(p_i) = 0{,}589$$

> A comunidade B tem maior diversidade de espécies que a comunidade A.

$$H = -\sum_{i=1}^{s} p_i \ln(p_i) = 1{,}388$$

a afirmação que a "diversidade de espécies" é maior em comunidades tropicais que em comunidades temperadas, sem qualquer informação complementar sobre a real abundância relativa das espécies nas duas comunidades. Outro termo frequentemente usado para "diversidade de espécies" é "biodiversidade". Tecnicamente, **biodiversidade** é um termo usado para descrever a diversidade de importantes entidades ecológicas que abrangem múltiplas escalas espaciais, de genes a espécies a comunidades (**Figura 16.7**). Nesse termo fica implícita a interligação de indivíduos, populações, espécies e até mesmo componentes da diversidade em nível de comunidade. Como vimos no Capítulo 11, a variação genética entre indivíduos de uma população influencia a *viabilidade* da população (sua chance de persistência). A viabilidade populacional, por sua vez, tem importantes consequências para a persistência da espécie e, finalmente, para a diversidade de espécies dentro das comunidades. Além disso, o número de tipos diferentes de comunidades em uma área é crucial para a diversidade em escalas regionais e latitudinais maiores. Discutiremos a importância da escala espacial e da biodiversidade em capítulos posteriores, mas, como ponto de partida para novas discussões, é válido definir agora algumas das maneiras de utilização do termo "diversidade".

Espécies dentro de comunidades diferem em grau de abundância ou raridade

Embora índices de diversidade permitam que ecólogos comparem diferentes comunidades, representações gráficas da diversidade de espécies podem fornecer uma visão mais explícita sobre o grau de abundância e raridade das espécies na comunidade. Tais gráficos, chamados de **curvas de distribuição das abundâncias**, mostram a abundância proporcional de cada espécie (p_i) em relação às outras em ordem de classificação, da mais abundante para a menos abundante (**Figura 16.8**). Se usarmos as curvas de classificação das abundâncias para comparar nossas duas comunidades de cogumelos da Figura 16.6, podemos ver que a comunidade A tem uma espécie de cogumelo abundante (i.e., a espécie amarela) e três espécies raras (i.e., as espécies laranja, púrpura e marrom), enquanto na comunidade B todas as espécies têm a mesma abundância.

Esses dois padrões poderiam sugerir o tipo de interações entre as espécies que pode ocorrer nessas duas comunidades. Por exemplo, a dominância da espécie de cogumelo amarelo na comunidade A pode indicar que ela tem um forte efeito negativo sobre as três espécies raras da comunidade. Na comunidade B, em que todas as espécies têm a mesma abundância, suas interações podem ser bastante equivalentes, com nenhuma espécie dominando as outras. Para testar essas hipóteses, podemos delinear experimentos manipulativos para explorar as relações entre a abundância das espécies e o tipo de interações entre as espécies de uma comunidade. Como veremos na próxima seção, esse tipo de experimento em geral envolve adição ou remoção de uma espécie e quantificação das respostas das outras espécies na comunidade frente à manipulação.

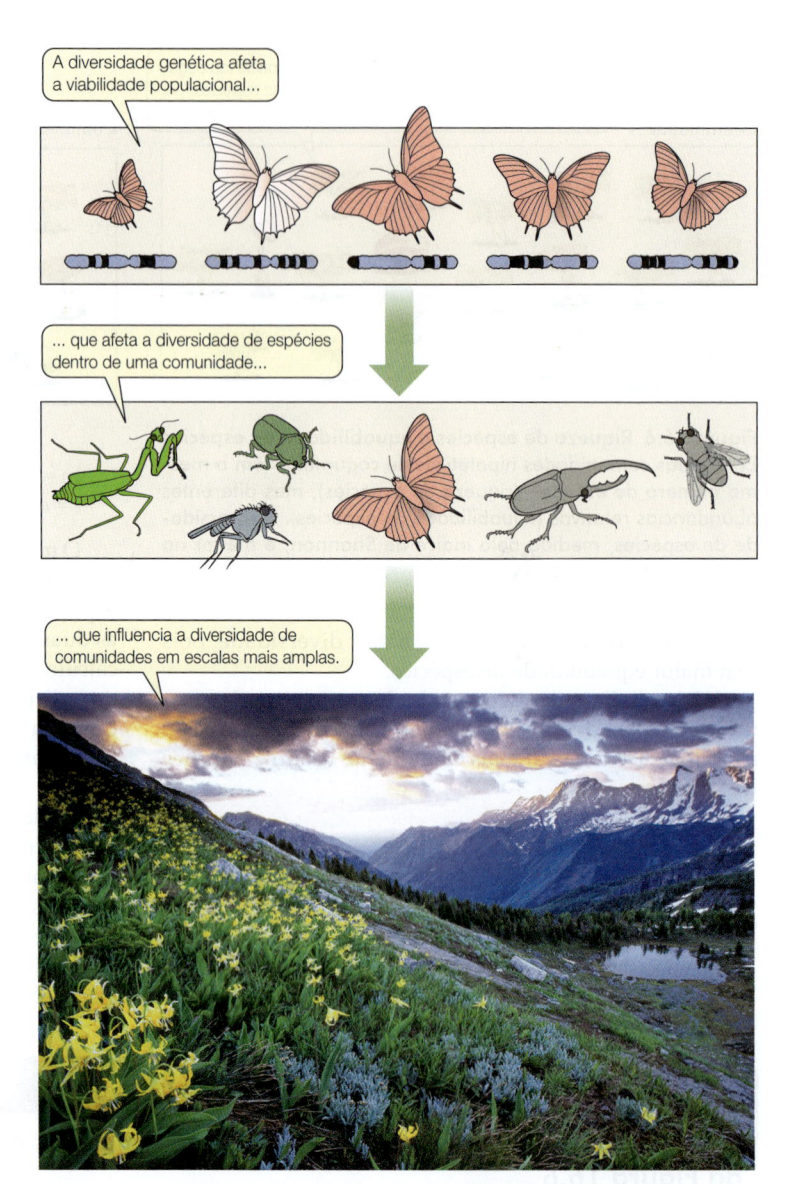

Figura 16.7 A biodiversidade considera escalas espaciais múltiplas A diversidade pode ser medida em escalas espaciais diferentes que variam desde genes a espécies até comunidades. O termo "biodiversidade" abrange a diversidade em todas essas escalas.

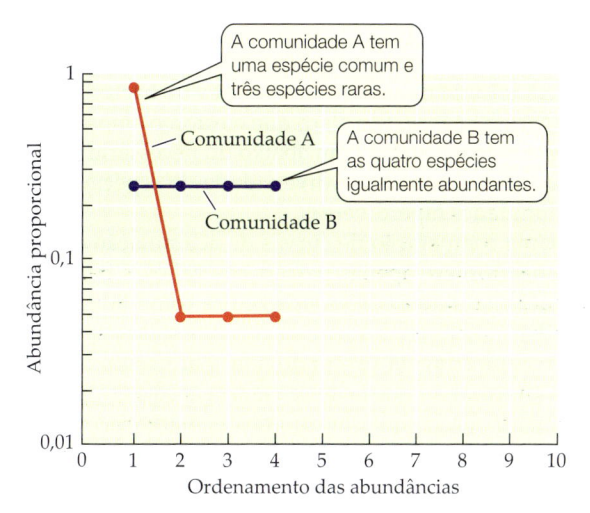

Figura 16.8 As espécies são comuns ou raras? Usando curvas de distribuição das abundâncias das espécies, vemos que as duas comunidades hipotéticas de cogumelos na Figura 16.6 diferem quanto à ocorrência rara ou comum das mesmas quatro espécies de cogumelos.

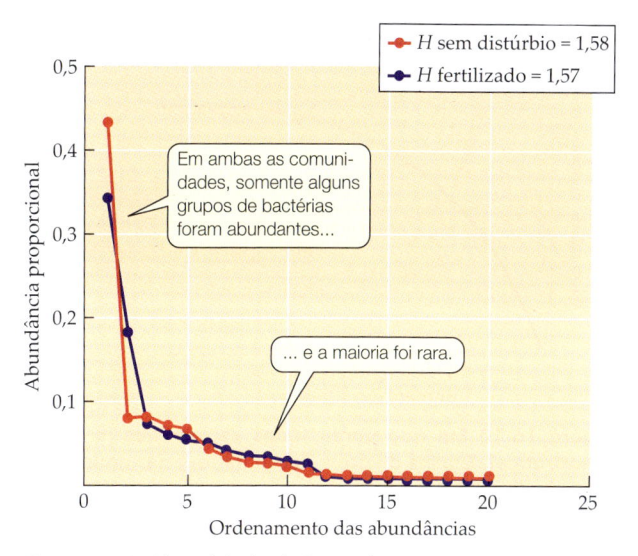

Figura 16.9 Diversidade de bactérias em pastagens na Escócia Quando Allison McCaig e colaboradores calcularam as curvas de distribuição das abundâncias e o índice de Shannon (H) para comunidades de bactérias em solos sem distúrbio e solos fertilizados, descobriram que as duas comunidades não diferiam significativamente em nenhuma das duas medidas. (Segundo McCaig et al., 1999.)

Para fins de simplificação, consideramos um exemplo hipotético do padrão de diversidade de espécies em comunidades de cogumelos. O que comunidades reais revelam em relação a isso? Considere um estudo no qual Allison McCaig e colaboradores (1999) avaliaram a diversidade de espécies e as curvas de distribuição das abundâncias para duas comunidades de bactérias de solos em pastagens na Escócia. Eles começaram amostrando bactérias de solo de uma pastagem sem distúrbio e de uma pastagem que tinha sido fertilizada regularmente.

Como alguém identificaria espécies diferentes de bactérias e determinaria suas abundâncias? É impraticável fazer isso visualmente, mas é possível usando técnicas moleculares que permitam a determinação de sequências de DNA (nesse estudo foi usada uma técnica conhecida como análise da sequência de DNA ribossômico 16S). Sequências únicas de DNA podem então ser combinadas em grupos de bactérias usando análise filogenética, a qual envolve o uso de técnicas estatísticas para se entender as relações evolutivas e os ancestrais comuns de organismos. Como geralmente é verdadeiro para comunidades microbianas, com frequência é difícil identificar bactérias em nível de espécies; assim, microbiologistas em geral as agrupam em níveis taxonômicos mais elevados usando análises filogenéticas.

O trabalho molecular de McCaig e colaboradores identificou 275 sequências únicas de DNA bacteriano, as quais eles agruparam em 20 grupos taxonômicos. Cada sequência única pode ser vista como um "indivíduo" dentro de seu grupo, permitindo, dessa forma, que a abundância possa ser determinada para cada grupo. Quando eles calcularam as curvas de distribuição das abundâncias e os índices de diversidade, viram que havia pouca diferença na estrutura das duas comunidades de bactérias (**Figura 16.9**). Além disso, eles verificaram um padrão consistente com a maioria das comunidades, cujo foco são organismos maiores: algumas espécies são abundantes e a maior parte das demais é rara. Um grupo de bactérias, as α-proteobactérias, foram abundantes (constituindo, respectivamente, 43 e 34% da comunidade em pastagens sem distúrbio e fertilizadas), e os outros grupos foram raros.

Estimativas de diversidade de espécies variam com o esforço amostral e a escala

Imagine que você está amostrando as espécies de insetos de seu jardim. Faz sentido que, quanto mais amostras você coletar, mais espécies provavelmente encontrará, até que por fim a cada nova área de campo comece a aparecer de novo sempre as mesmas espécies de insetos. Fundamentalmente, você atingiu um ponto no esforço amostral em que qualquer amostragem adicional revelaria tão poucas espécies novas que você poderia parar de amostrar e ainda assim teria uma boa noção da riqueza de espécies de seu jardim. Esse ponto de "retorno não significativo" para seu esforço pode ser determinado usando uma **curva de acumulação de espécies** (**Figura 16.10**). Essas curvas são calculadas plotando a riqueza de espécies em função do esforço amostral. Em outras palavras, cada ponto na curva de acumulação de espécies representa o número total de espécies e o esforço amostral até aquele ponto. Quanto mais amostras são feitas, mais indivíduos são

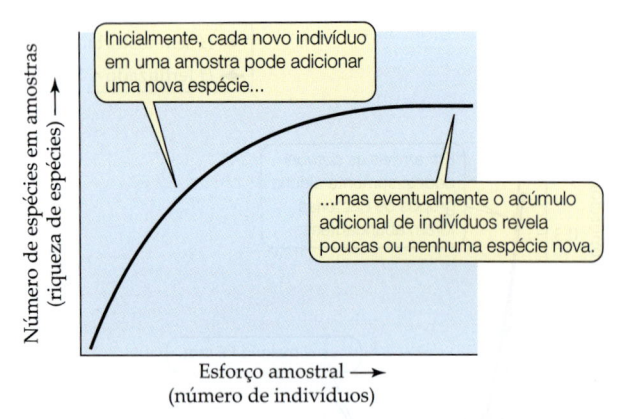

Figura 16.10 Em que ponto todas as espécies já foram amostradas? Curvas de acumulação de espécies podem nos ajudar a determinar quando a maioria ou todas as espécies em uma comunidade já foram observadas. Neste exemplo hipotético, o número de novas espécies observado em cada amostra diminui após a coleta de cerca de metade dos indivíduos.

Balões do gráfico: Inicialmente, cada novo indivíduo em uma amostra pode adicionar uma nova espécie... ...mas eventualmente o acúmulo adicional de indivíduos revela poucas ou nenhuma espécie nova.

Eixos: Número de espécies em amostras (riqueza de espécies); Esforço amostral (número de indivíduos).

adicionados e mais espécies serão encontradas. Em teoria, pode-se imaginar que um limiar será alcançado, no qual nenhuma espécie nova é adicionada a cada amostra adicional. Na prática, isso nunca ocorre em sistemas naturais, pois novas espécies são constantemente encontradas.

Jennifer Hughes e colaboradores (2001) usaram curvas de acumulação de espécies para questionar como comunidades diferem nas relações entre riqueza de espécies e esforço amostral. Existem comunidades tão diversas que somos incapazes de estimar corretamente a riqueza de espécies a despeito de uma amostragem intensiva? Hughes e colaboradores calcularam curvas de acumulação de espécies para cinco comunidades diferentes: uma comunidade de plantas de floresta temperada em Michigan, uma comunidade de aves tropicais na Costa Rica, uma comunidade de mariposas tropicais na Costa Rica, uma comunidade bacteriana da boca humana e uma comunidade bacteriana de solos tropicais no leste da Amazônia (**Figura 16.11**). Para comparar as curvas de maneira adequada, uma vez que as comunidades diferem substancialmente em abundância de organismos e riqueza de espécies, os dados foram padronizados calculando para cada ponto amostral as proporções do número total de indivíduos e espécies que foram amostrados até aquele ponto. Os resultados mostraram que a riqueza de espécies das comunidades de plantas da floresta de Michigan e de aves da Costa Rica foi adequadamente representada antes de a metade dos indivíduos ter sido amostrada. As comunidades de bactérias orais humanas e de mariposas da Costa Rica tiveram curvas de acumulação de espécies que jamais se nivelaram completamente, sugerindo que a riqueza de espécies delas era alta e que amostragens adicionais seriam necessárias para atingir uma aproximação dessa riqueza. Por fim, a comunidade bacteriana de solos do leste da Amazônia tinha uma curva de acumulação de espécies linear, demonstrando que cada nova amostra resultou na observação de muitas novas espécies de bactérias. Com base nessa análise, fica claro que o esforço amostral para bactérias tropicais foi bem abaixo do necessário para estimar adequadamente a diversidade de espécies nessas comunidades hiperdiversas.

Uma comparação de curvas de acumulação de espécies não fornece apenas percepções valiosas para as diferenças na riqueza de espécies entre comunidades, mas também demonstra a influência da escala espacial na qual a amostragem foi conduzida. Por exemplo, se formos amostrar a riqueza de bactérias em solos tropicais na mesma escala em que amostramos as mariposas da Costa Rica, a riqueza bacteriana seria imensa na comparação. Contudo, essas comparações sugerem que nossa habilidade de amostrar todas as bactérias na boca humana é, grosso modo, equivalente à nossa habilidade de amostrar todas as espécies de mariposas em algumas centenas de quilômetros quadrados de floresta tropical. O trabalho de Hughes e colaboradores também nos recorda que sabemos pouco sobre as características estruturais de comunidades de assembleias raramente amostradas, tais como comunidades microbianas.

A composição de espécies nos revela quem está na comunidade

Um último elemento da estrutura de uma comunidade é sua **composição de espécies**: a identidade das espécies presentes na comunidade. A composição de espécies é uma característica óbvia, mas importante, não revelada em índices de diversidade de espécies. Por exemplo, duas comunidades podem ter o mesmo valor de diversidade de espécies, mas ter membros completamente diferentes. No caso das comunidades bacterianas em pastagens da Escócia que consideramos anteriormente (McCaig et al., 1999), embora os índices de diversidade das duas comunidades tenham sido quase idênticos (ver Figura 16.9), suas composições diferiram. Cinco dos 20 grupos taxonômicos que os pesquisadores encontraram estiveram presentes em uma ou outra pastagem, mas não em ambas.

De várias maneiras, a estrutura da comunidade é o ponto inicial para questões mais interessantes: Como as espécies interagem entre si na comunidade? Algumas espécies têm papel mais preponderante na comunidade que outras? Como é mantida a diversidade de espécies? Como essa informação determina nossa visão das comunidades em termos de conservação e dos serviços que provêm aos seres humanos? Passaremos da visão quase estática das comunidades como grupos de espécies ocorrendo juntas no mesmo lugar e ao mesmo tempo para uma visão mais ativa delas como redes de espécies complexas com conexões ou interações que variam em intensidade, direção e significância.

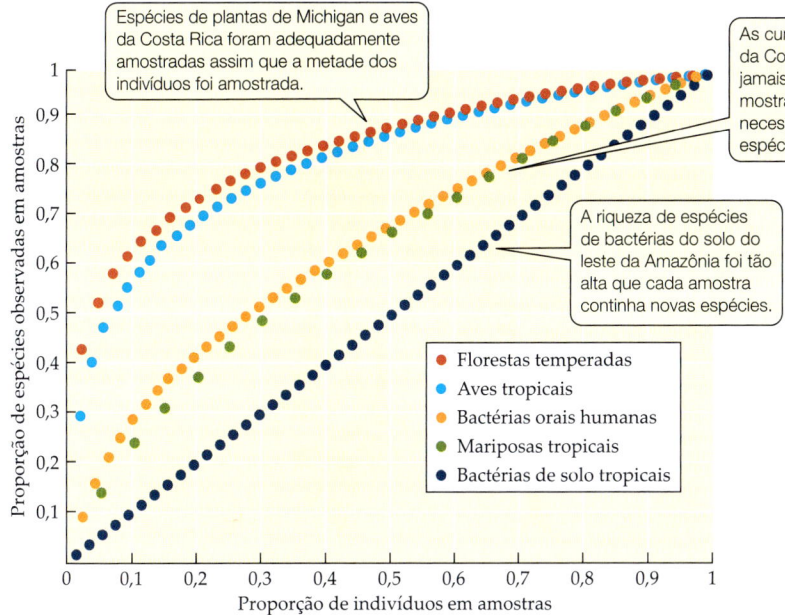

Figura 16.11 Comunidades diferem em suas curvas de acumulação de espécies Hughes e colaboradores constataram que cinco tipos diferentes de comunidades variaram bastante no esforço amostral necessário para observar sua riqueza de espécies. Os conjuntos de dados foram padronizados, calculando para cada ponto as proporções do total de indivíduos e espécies que tinha sido amostrado até aquele ponto. (Segundo Hughes et al., 2001.)

> Com base no gráfico, qual dessas comunidades requereria mais amostras para estimar adequadamente sua riqueza de espécies? Qual requereria pouquíssima amostragem adicional?

CONCEITO 16.3

Comunidades podem ser caracterizadas por redes complexas de interações diretas e indiretas que variam em intensidade e direção.

Interações de múltiplas espécies

A forma como pensamos sobre interações de espécies muda completamente quando consideramos que elas estão inseridas em uma comunidade de múltiplos interagentes. Em vez de uma espécie particular experimentar uma única interação direta com outra espécie, estamos agora lidando com interações de múltiplas espécies que geram um grande número de conexões – algumas diretas, mas muitas indiretas (**Figura 16.12**). **Interações diretas** ocorrem entre duas espécies e incluem interações tróficas e não tróficas – as interações que vimos na Parte 4. **Interações indiretas** ocorrem quando a relação entre duas espécies é mediada por uma terceira espécie (ou mais). A simples adição de uma terceira espécie a uma interação de duas espécies gera muitos efeitos diretos e indiretos, com potencial de mudar completamente o resultado da interação original.

Uma analogia de interação social se ajusta bem aqui. Considere a Figura 16.12B. Digamos que você é a pessoa A e tem um bom amigo (pessoa B) com quem interage bem. Agora suponha que esse amigo encontre outra pessoa (pessoa C) que domina o tempo dele. Eles saem para jantar, ver filmes, jogar boliche – todas as coisas que divertiam você e seu amigo juntos – sem você. Em algum momento, esse novo amigo pode começar a interferir em sua relação de amizade, possivelmente comprometendo-a a ponto de tornar-se antagonista. Infelizmente, o efeito indireto da pessoa C muda sua relação de amizade de modo irreparável. Você pode dizer que "o amigo do meu amigo é meu inimigo". Da mesma forma, alguém poderia imaginar-se ganhando um amigo indiretamente, caso seu adversário tenha um adversário (nesse caso, "o inimigo do meu inimigo é meu amigo"). O fato é que simplesmente adicionar outra pessoa ao círculo social pode alterar completamente o resultado de seus relacionamentos. O mesmo é verdadeiro para interações de espécies quando as visualizamos no contexto de comunidades, em vez de como entidades isoladas.

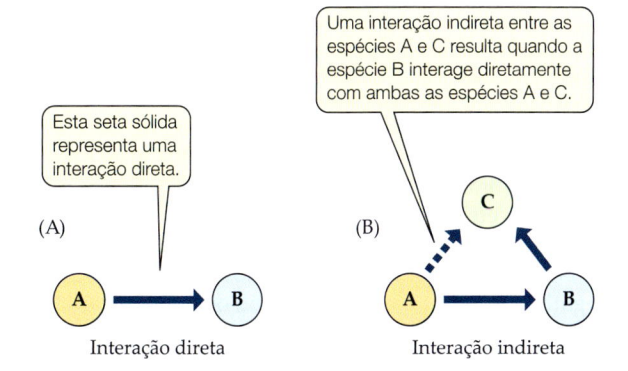

Figura 16.12 Interações de espécies diretas e indiretas (A) Interação direta entre duas espécies. (B) Uma interação indireta (seta tracejada) ocorre quando a interação direta entre duas espécies é mediada por uma terceira espécie.

(A) Cascata trófica

Carnívoro

As lontras-do-mar alimentam-se de ouriços-do-mar (uma interação negativa direta).

Herbívoro

Pela redução da abundância do ouriço-do-mar, as lontras têm um efeito positivo indireto sobre as algas-pardas.

Os ouriços-do-mar alimentam-se de algas-pardas (uma interação negativa direta).

Produtor primário

(B) Facilitação trófica

A interação positiva direta entre *Juncus* (esquerda) e *Iva* (direita) ...

... tem um efeito positivo indireto sobre os afídeos que se alimentam de *Iva*.

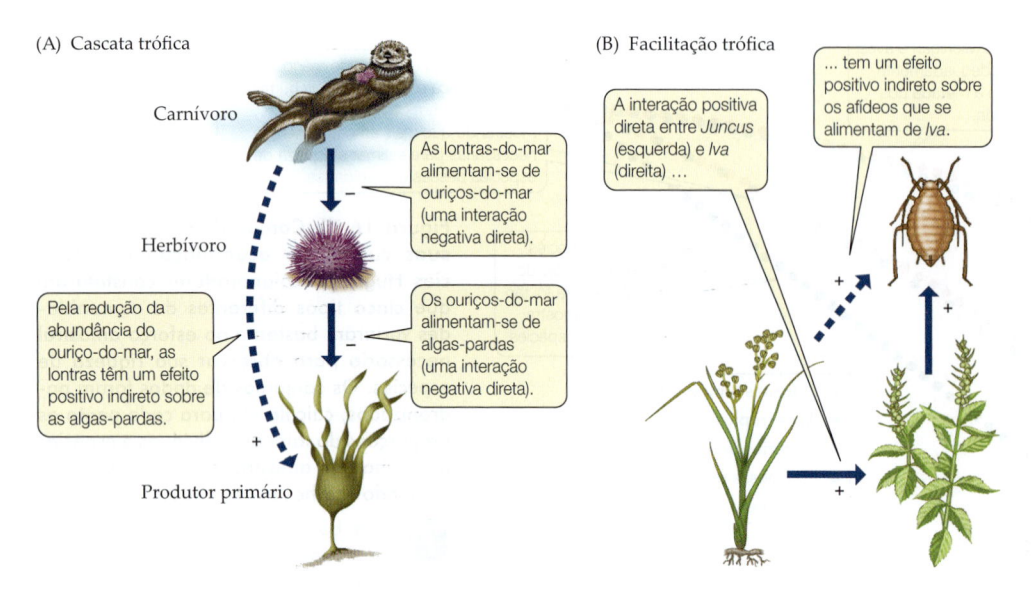

Figura 16.13 Efeitos indiretos em redes de interações (A) Uma cascata trófica ocorre quando um carnívoro se alimenta de um herbívoro e assim tem um efeito positivo indireto sobre um produtor primário predado por aquele herbívoro. (B) Uma facilitação trófica ocorre quando um consumidor é indiretamente facilitado por uma interação positiva entre sua presa e outra espécie.

Interações indiretas de espécies podem ter grandes efeitos

Charles Darwin foi um dos primeiros a transmitir a importância das interações indiretas. Em *A Origem das Espécies* (1859), Darwin contextualizou o tema descrevendo o papel de abelhas na polinização de flores e, consequentemente, na produção de sementes de plantas nativas na região da Inglaterra onde ele viveu. No livro, ele estabeleceu a hipótese de que o número de abelhas é dependente do número de pequenos roedores (camundongos) do campo, que predam os favos de mel e os ninhos das abelhas. Os camundongos, por sua vez, são consumidos por gatos, conduzindo Darwin a pensar que: "Portanto, é perfeitamente verossímil que a presença de animais felinos em grande número em uma região pode determinar, devido à intervenção inicial sobre os camundongos e então sobre as abelhas, a frequência de certas flores naquela região!" (Darwin, 1859, p. 59).

Só muito recentemente numerosos e variados efeitos indiretos foram documentados (Menge, 1995). Em muitos casos, efeitos indiretos são descobertos quase por acidente, quando espécies são removidas experimentalmente para estudar a intensidade de uma interação negativa direta, tais como predação ou competição. Um bom exemplo desse tipo de efeito indireto vem na forma de uma rede de interações chamada de cascata trófica (**Figura 16.13A**). Uma **cascata trófica** ocorre quando a taxa de consumo de um nível trófico resulta em mudança na abundância de espécies ou na composição nos níveis tróficos inferiores. Por exemplo, quando um carnívoro come um herbívoro (tendo um efeito negativo direto sobre o herbívoro) e diminui sua abundância, pode haver um efeito positivo indireto sobre um produtor primário que era comido por aquele herbívoro. Um dos exemplos mais bem conhecidos é a regulação indireta de florestas de *kelps* (algas macroscópicas ou algas-pardas) pela lontra-do-mar (*Enhydra lutris*) por meio de sua interação indireta com ouriços-do-mar (*Strongylocentrotus* sp.) ao longo da costa ocidental da América do Norte (ver Estudo de Caso Revisitado no Capítulo 9; Simenstad et al., 1978). Duas interações tróficas diretas, incluindo aquela de lontras-do-mar se alimentando de ouriços-do-mar e a de ouriços-do-mar se alimentando das algas-pardas marinhas, geram efeitos positivos indiretos, incluindo o efeito das lontras-do-mar sobre as algas (pela redução da abundância dos ouriços) e das algas sobre as lontras (pelo alimento provido aos ouriços). Além disso, as algas-pardas podem afetar positivamente as abundâncias de outras algas marinhas, as quais servem como hábitat e alimento para muitos invertebrados e peixes marinhos. Os efeitos indiretos gerados nessa simples teia alimentar são tão importantes quanto os efeitos diretos em determinar se o ecossistema será uma floresta de algas-pardas ou um vazio de ouriços (ver Figura 9.22). Avaliaremos os efeitos de interações indiretas na diversidade de espécies (Capítulo 19), nas teias alimentares (Capítulo 21) e no manejo ecossistêmico (Capítulo 24) mais adiante no livro. Você também pode ler sobre de que modo mudanças climáticas, na forma de acidificação oceânica e aquecimento, podem mudar como as interações diretas e indiretas se manifestam na teia alimentar de algas marinhas na costa oeste da Suécia em **Conexão às Mudanças Climáticas 16.1**.

Efeitos indiretos também podem emergir de interações positivas diretas chamadas de facilitações tróficas. Uma **facilitação trófica** ocorre quando um consumidor é indiretamente ajudado por uma interação positiva entre sua presa e outra espécie (**Figura 16.13B**). Um exemplo desse tipo de efeito indireto foi demonstrado por Sally Hacker (Oregon State University) e Mark Bertness (Brown University), que estudaram redes de interações de plantas e insetos de brejos salinos na Nova Inglaterra. A pesquisa deles mostrou que uma interação comensal entre duas plantas de brejos salinos – um junco, *Juncus gerardii*, e um arbusto, *Iva frutescens* – tem efeitos indiretos importantes sobre afídeos que se alimentam de *Iva* (Hacker e Bertness, 1996).

Para explorar essas descobertas com maiores detalhes, primeiro consideraremos a interação de comensalismo entre as duas espécies de plantas. Quando o *Juncus* foi removido experimentalmente, a taxa de crescimento da *Iva* diminuiu (**Figura 16.14A**). Por outro lado, a remoção da *Iva* não teve qualquer efeito sobre o *Juncus*. Na ausência do *Juncus*, a salinidade do solo aumentou e o conteúdo de oxigênio diminuiu consideravelmente ao redor da *Iva*, sugerindo que a presença do *Juncus* melhorava as condições físicas adversas para a *Iva*. O *Juncus*, por sombrear a superfície do solo e dessa forma diminuir a evaporação da água da superfície do brejo, diminuiu a acumulação de sal. O *Juncus* tem também um tecido especializado chamado de aerênquima, através do qual o oxigênio pode se mover para as partes subterrâneas da planta, evitando, assim, o "afogamento" durante dias de maré alta. Parte do oxigênio "escapa" das plantas e pode ser utilizada por outras plantas vizinhas, como a *Iva*.

Para compreender a importância dessa interação positiva direta, Hacker e Bertness (1996) mediram a taxa de crescimento populacional de afídeos sobre a *Iva* crescendo com e sem o *Juncus*. Eles verificaram que os afídeos tiveram maior dificuldade para achar os arbustos na presença do junco, mas, uma vez estabelecidos, suas taxas de crescimento populacional foram significativamente maiores (**Figura 16.14B**). Utilizando a equação de crescimento exponencial, eles predisseram que os afídeos se extinguiriam localmente nos brejos salinos sem os efeitos positivos indiretos do *Juncus* (**Figura 16.14C**). Fica claro nesse exemplo que interações em redes de facilitação trófica podem ter efeitos tanto positivos (quando o *Juncus* melhora as condições edáficas para a *Iva*) quanto negativos (quando o *Juncus* facilita aos afídeos que se alimentam da *Iva*), mas é a soma total desses efeitos que determina se a interação é benéfica ou não. Considerado que o destino final da *Iva* sem o *Juncus* é a morte, os efeitos positivos superam muito os negativos.

Finalmente, importantes efeitos indiretos podem aparecer de interações entre múltiplas espécies em um nível trófico (i.e., as interações horizontais na Figura 16.5B). Buss e Jackson (1979), procurando uma explicação para a coexistência de competidores, criaram a hipótese de que **redes competitivas** – interações competitivas entre múltiplas espécies, onde cada espécie tem um efeito negativo sobre todas as outras – podem ser importantes em manter a riqueza de espécies em comunidades. Uma rede, ao

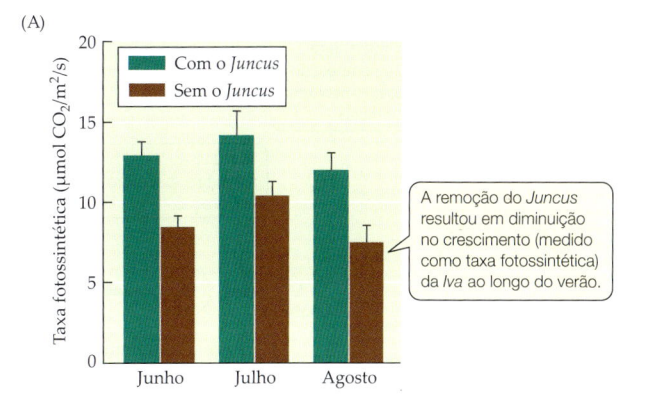

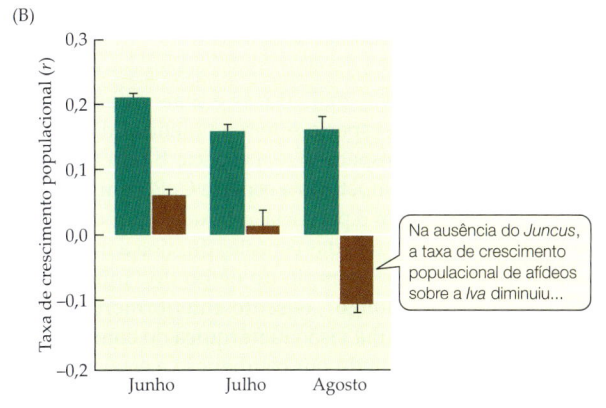

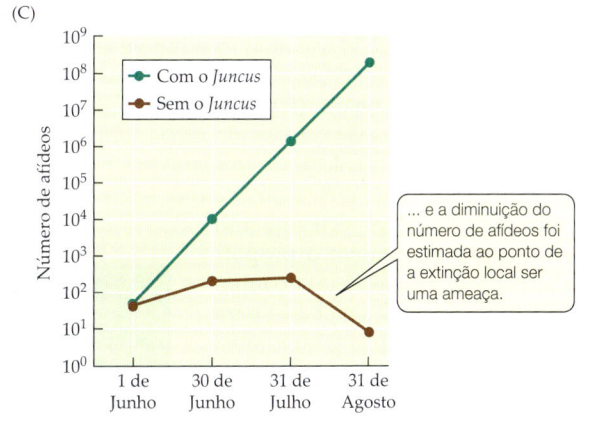

Figura 16.14 Resultados da facilitação trófica em um brejo salino na Nova Inglaterra Experimentos de remoção demonstraram que afídeos são indiretamente facilitados pelo junco *Juncus gerardii*, o qual tem um efeito positivo direto sobre o arbusto *Iva frutescens*, do qual os afídeos se alimentam. (A) Taxa fotossintética da *Iva* com e sem o *Juncus*. (B) Taxa de crescimento de populações de afídeos com e sem o *Juncus*. (C) Número estimado de afídeos com e sem o *Juncus*. As barras de erro mostram um erro-padrão da média. (Segundo Hacker e Bartness, 1996.)

contrário de uma hierarquia, é uma cadeia de interações circular em vez de linear (**Figura 16.15A**). A ideia é que redes de espécies que interagem indiretamente suavizam competições diretas fortes, tornando, dessa forma, as

(A) Rede competitiva

Nesta visão circular de redes de ligações, interações indiretas de espécies amenizam a competição direta forte, de modo que nenhuma espécie domina a interação.

(B) Hierarquia competitiva

Nesta visão linear hierárquica, a espécie A sempre domina a interação.

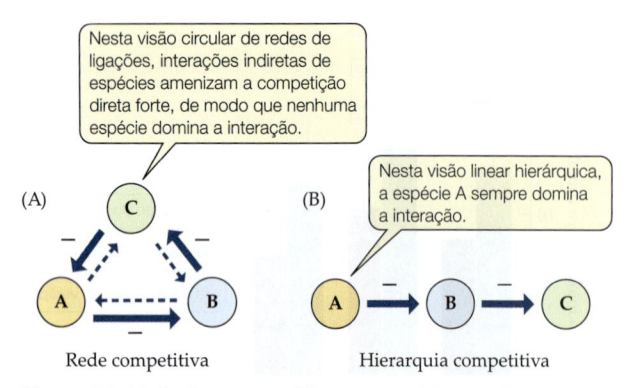

Figura 16.15 Redes competitivas *versus* hierarquias competitivas

interações competitivas mais fracas e mais difusas. Portanto, por exemplo, a espécie A tem o potencial de excluir competitivamente a espécie B, e a espécie B tem o potencial de excluir por competição a espécie C. Porém, como a espécie C também tem o potencial de excluir por competição a espécie A, nenhuma das espécies domina a interação. Isso é claramente um exemplo do efeito do "inimigo do meu inimigo é meu amigo", descrito anteriormente. Todo o resto sendo igual, uma visão hierárquica de competição, com a espécie A excluindo por competição a espécie B, e B excluindo C (**Figura 16.15B**), sempre resulta na espécie A dominando a interação.

Buss e Jackson (1979) testaram essa hipótese usando invertebrados e algas incrustados que vivem na base de recifes de corais na Jamaica (**Figura 16.16**). Essas espécies competem por espaço crescendo umas sobre as outras. Os pesquisadores coletaram amostras nas fronteiras entre as espécies, onde uma espécie cresce sobre a outra, de tantos pares de espécies quanto possível para determinar a proporção de ganhadores (espécies no topo) e perdedores (espécies na base) para cada espécie. Seus resultados mostraram que todas as espécies cobriam ou estavam cobertas por pelo menos uma outra espécie, e que nenhuma espécie consistentemente venceu a competição. As espécies interagiram em uma rede circular de ligações e não em hierarquia linear. Suas observações demonstraram como redes de ligações competitivas, por meio do estímulo de interações difusas e indiretas, podem promover diversidade em comunidades.

Interações de espécies variam muito em intensidade e direção

Deve estar claro agora que interações de espécies em uma comunidade variam muito em intensidade e direção. Algumas espécies têm forte efeito negativo ou positivo na comunidade, enquanto outras provavelmente têm pouco ou nenhum efeito. A **intensidade da interação**, o efeito de uma espécie na abundância de outra espécie, pode ser medida experimentalmente pela remoção de uma espécie (referida como *espécie interativa*) da comunidade e pela observação do efeito sobre a outra espécie (referida como *espécie-alvo*, como descrito em **Ferramentas Ecológicas 16.1**). Se a remoção da espécie interativa resultar em grande diminuição da espécie-alvo, saberemos que a interação é forte e positiva. Porém, se a abundância da espécie-alvo aumentar significativamente depois da remoção, saberemos que a espécie interativa tem um forte efeito negativo sobre a espécie-alvo.

A "dinâmica" da intensidade da interação (i.e., a proporção relativa entre interações fortes e fracas ou entre interações positivas e negativas) não é suficientemente compreendida em qualquer comunidade, por causa do número de espécies envolvidas e das várias interações indiretas que emergem. Como você verá ao longo da Parte 5, porém, podemos ter uma ideia de quais espécies estão "no comando" de comunidades por meio de observações e experimentos.

Há algumas espécies grandes ou abundantes, tais como árvores, que geralmente têm grandes efeitos na comunidade em virtude de fornecerem hábitat ou alimento para outras espécies. Elas também podem ser boas

Figura 16.16 Redes de ligações competitivas em comunidades de recifes de corais Invertebrados e algas incrustados competem por espaço sobre os recifes de corais crescendo uns sobre os outros, mas nenhuma espécie consistentemente "ganha" essa competição.

FERRAMENTAS ECOLÓGICAS 16.1

Medidas da intensidade de interação

Podemos medir a intensidade de interação manipulando experimentalmente a interação de espécies. O procedimento usual envolve a remoção (ou, algumas vezes, a adição) de uma das espécies envolvidas na interação (a *espécie interativa*) e a medida da resposta da outra espécie (a *espécie-alvo*). Há várias maneiras diferentes de calcular a intensidade de interação, mas a mais comum é determinar a intensidade de interação *per capita*, usando a seguinte equação:

$$\text{Intensidade de interação } per\ capita = \ln\frac{\left(\frac{C}{E}\right)}{I}$$

onde:

C = o número de indivíduos-alvo na presença do interagente

E = o número de indivíduos-alvo na ausência do interagente

I = o número de indivíduos interagentes

A intensidade de interação pode variar dependendo do contexto ambiental no qual a interação é medida. Por exemplo, Menge e colaboradores (1996) mediram a intensidade de interação da predação da estrela-do-mar (*Pisaster ochraceus*) sobre mexilhões (*Mytilus trossulus*) em áreas da praia expostas às ondas e em áreas protegidas, em Strawberry Hill, no litoral do Oregon (parte i da figura). As estrelas-do-mar foram excluídas de alguns bancos de mexilhões por gaiolas em ambas as áreas, expostas e protegidas das ondas. No final do experimento, o número de mexilhões nas gaiolas (E) foi comparado com o número de mexilhões nas parcelas-controle (C) que tinham sido expostas à predação da estrela-do-mar (partes ii e iii da figura). O valor de *I* foi determinado pela contagem das estrelas-do-mar junto das parcelas em cada tipo de banco de mexilhões (exposto e protegido das ondas). Uma equação similar à anterior foi usada para calcular a intensidade de interação *per capita* da predação da estrela-do-mar sobre mexilhões. Os resultados (parte iv da figura) mostraram que a intensidade de interação foi maior nas áreas protegidas de ondas do que nas áreas expostas às ondas. Portanto, esse estudo demonstra a importância do contexto ambiental (nesse caso, a exposição às ondas) para a intensidade das interações de espécies. Ele também mostra como aquelas interações podem mudar em escalas espaciais relativamente pequenas (p. ex., entre áreas expostas e áreas protegidas de ondas da praia de Strawberry Hill).

Mais recentemente, ecólogos têm considerado como a acidificação dos oceanos, causada pelo aumento da concentração atmosférica de CO_2, pode afetar interações de espécies tais como aquela entre *Pisaster* e *Mytilus*. À medida que a água se torna mais ácida, é previsto que os esqueletos de carbonato de cálcio de invertebrados marinhos se tornem mais fracos. Essa mudança permitiria a *Pisaster* abrir mais facilmente as conchas dos mexilhões, ou, uma vez que a estrela-do-mar tem um esqueleto interno de carbonato de cálcio, a intensidade de interação com os mexilhões poderia diminuir? Essas são questões difíceis de responder, mas têm se tornado cada vez mais importantes, dada a previsão de acidificação dos oceanos (ver Capítulo 25 para mais informações sobre mudança climática e acidificação dos oceanos).

Quão importante é a predação pelas estrelas-do-mar? Depende... (i) Praia em Strawberry Hill, Oregon. Parcelas (ii) com e (iii) sem gaiolas que excluíram estrelas-do-mar foram colocadas em áreas expostas às ondas e protegidas das ondas ao longo da praia. (iv) Quando os mexilhões foram contados e as intensidades de interações calculadas, os resultados mostraram que a intensidade de interação foi maior nas áreas protegidas do que nas áreas expostas às ondas. As barras de erro mostram um erro-padrão da média. (iv segundo Menge et al., 1996.)

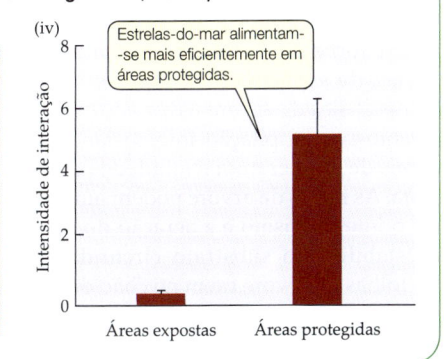

Estrelas-do-mar alimentam-se mais eficientemente em áreas protegidas.

Espécies-chave, como a estrela-do-mar *Pisaster*, têm grandes efeitos sobre suas comunidades apesar da baixa abundância e biomassa.

Espécies dominantes, como corais, têm grandes efeitos sobre suas comunidades por causa da alta abundância e biomassa.

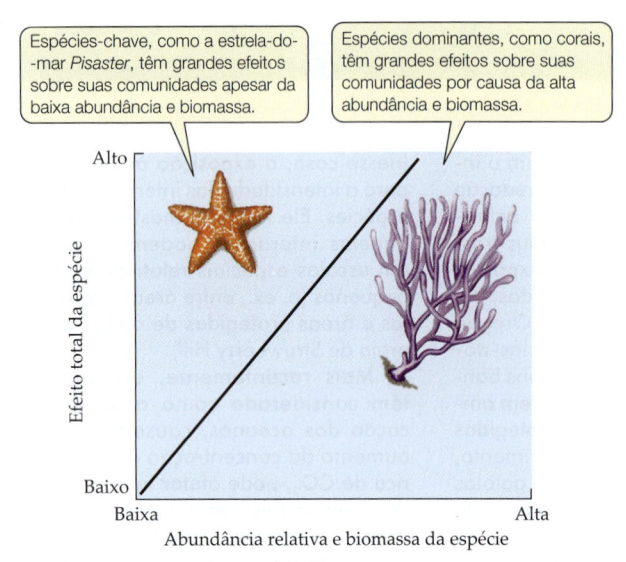

Figura 16.17 Espécie dominante *versus* espécie-chave Espécies que exercem grandes efeitos sobre sua comunidade podem ou não fazer isso em virtude de sua abundância ou biomassa. (Segundo Power et al., 1996b.)

competidoras por espaço, nutrientes ou luz. Essas **espécies dominantes**, também conhecidas como **espécies fundadoras** (Dayton, 1971), têm grandes efeitos sobre outras espécies e, consequentemente, na diversidade de espécies das comunidades, devido a sua abundância ou biomassa considerável (**Figura 16.17**).

Algumas espécies dominantes atuam como "engenheiros" no ambiente. Essas espécies, conhecidas como **engenheiros de ecossistemas** (Jones et al., 1994), são hábeis para criar, modificar ou manter um hábitat físico para si mesmas e outras espécies. Considere o exemplo simples da árvore mencionada anteriormente. As árvores proporcionam alimento para outros organismos e competem por recursos assim como qualquer outra espécie. Entretanto, elas também moldam seu ambiente de maneiras sutis, mas importantes (**Figura 16.18**; Jones et al., 1997). O tronco, os galhos e as folhas de uma árvore fornecem hábitat para muitas espécies, de aves, insetos e líquens. A estrutura física da árvore reduz a luz solar, o vento e a precipitação, influenciando os níveis de temperatura e umidade na floresta. As raízes da árvore podem aumentar o intemperismo e a aeração do solo, e estabilizar o substrato circundante. As folhas da árvore caem no chão da floresta, adicionando umidade e nutrientes ao solo, e proporcionam hábitat para invertebrados que vivem no solo, sementes e microrganismos. Se a árvore cai, pode tornar-se um "tronco-berçário", provendo espaço, nutrientes e umidade para plântulas de árvores. Dessa forma, as árvores podem ter uma grande influência física sobre a estrutura de uma comunidade florestal, a qual naturalmente se modifica ao longo do tempo, à medida que as árvores crescem, maturam e morrem.

Outros interagentes fortes, chamados de **espécies-chave**, têm amplos efeitos não por sua abundância, mas pelas funções vitais que desempenham em suas comunidades. Elas diferem das espécies dominantes, uma vez que seu efeito é grande em relação a sua abundância e biomassa (ver Figura 16.17). Espécies-chave em geral influenciam de modo indireto a estrutura de comunidades, via meios tróficos, como vimos no caso das lontras-do-mar (ver Figura 16.13A e Capítulo 9). As lontras-do-mar são consideradas espécie-chave porque, pela predação dos ouriços-marinhos, elas indiretamente controlam a presença de algas-pardas, as quais proporcionam importante hábitat para muitas outras espécies. Consideraremos o papel de espécies-chave com mais detalhes no Capítulo 21 e no Estudo de Caso Revisitado do Capítulo 24.

As folhas, os galhos e o tronco da árvore proporcionam hábitat para outras espécies.

As árvores afetam a temperatura e a umidade por reduzirem os efeitos do sol, do vento e da chuva.

As folhas da árvore caem sobre o chão da floresta, proporcionando hábitat para invertebrados, sementes e micróbios.

Árvores caídas podem servir como troncos-berçário, proporcionando espaço, nutrientes e umidade para plântulas.

As raízes da árvore arejam o solo, ancoram e ligam rochas e solo, estabilizando assim o chão da floresta.

Figura 16.18 Árvores são espécies dominantes e engenheiros de ecossistemas Árvores não apenas proporcionam alimento para outras espécies e competem com elas, mas também atuam como engenheiros de ecossistemas, criando, modificando ou mantendo um hábitat físico para si mesmas e outras espécies. (Segundo Jones et al., 1997.)

Figura 16.19 Castores são uma espécie-chave e engenheiros de ecossistemas Represando riachos, castores criaram redes de diferentes tipos de áreas úmidas (mostradas em vermelho) em uma bacia hidrográfica de 45 km², na Península Kabetogama de Minnesota, aumentando, assim, a biodiversidade da região. (Segundo Naiman et al., 1988.)

> **?** Por que os castores são tanto espécie-chave quanto engenheiros de ecossistemas?

Em 1940, os castores foram quase extintos nesta região, e havia poucas áreas úmidas (em vermelho).

Em 1986, os castores tinham recolonizado a região, e as áreas úmidas (em vermelho) aumentaram 13 vezes.

1940 1961 1986

As espécies-chave também atuam como engenheiros de ecossistemas. Um grande exemplo é o castor, espécie em que poucos indivíduos já são suficientes para causar efeitos marcantes na paisagem. Os castores represam rios com árvores cortadas e fragmentos lenhosos. De modo muito rápido, um açude se forma, e os sedimentos se acumulam à medida que o aumento do número de obstáculos lenhosos desacelera o fluxo da água. Eventualmente, o rio que fluía rapidamente é substituído por um urzal, contendo plantas que sobrevivem em condições de inundação; plantas que não toleram inundações, tais como árvores, são perdidas da comunidade. Em nível de paisagem, por criar um mosaico de áreas alagadas dentro de uma comunidade florestal maior, os castores podem aumentar significativamente a diversidade de espécies regional (**Figura 16.19**). Naiman e colaboradores (1988) observaram que houve um aumento de 13 vezes nas áreas úmidas em uma região de Minnesota (de 200 ha para cerca de 2.600 ha) quando foi permitido que castores colonizassem áreas em que tinham sido caçados quase até a extinção mais ou menos 60 anos antes.

Por fim, é importante mencionar que existem espécies que exercem um papel pequeno na estrutura e na função da comunidade. Em vez de serem espécies-chave ou engenheiros de ecossistemas, essas espécies são comumente pequenos atores: elas contribuem para a diversidade global da comunidade, mas sua presença ou ausência tem pouca significância para a regulação da comunidade. Algumas dessas espécies podem ser **redundantes** – ou seja, elas podem ter a mesma função na comunidade que outras espécies dentro de um grupo funcional maior (ver Figura 16.4C). A perda dela na comunidade pode ter pouco efeito, desde que outras espécies do mesmo grupo funcional permaneçam presentes. Discutiremos o papel das espécies na regulação da comunidade mais detalhadamente no Capítulo 19.

O contexto ambiental pode alterar o resultado das interações de espécies

Como vimos nesta seção, interações entre espécies podem variar em intensidade e direção, e o resultado é altamente dependente da influência de cada espécie na comunidade. Como vimos no Capítulo 15 e em Ferramentas Ecológicas 16.1, outro fator importante para o resultado das interações de espécies é o contexto ambiental no qual elas ocorrem. Por exemplo, sob condições ambientais propícias, favoráveis ao crescimento populacional, é esperado que as espécies tenham sucesso e sejam limitadas por recursos e, portanto, estejam engajadas em interações negativas, tais como competição e predação. Sob condições ambientais drásticas, as espécies serão naturalmente limitadas de maneira mais forte por fatores físicos e, por isso, irão interagir fracamente ou positivamente com outras espécies.

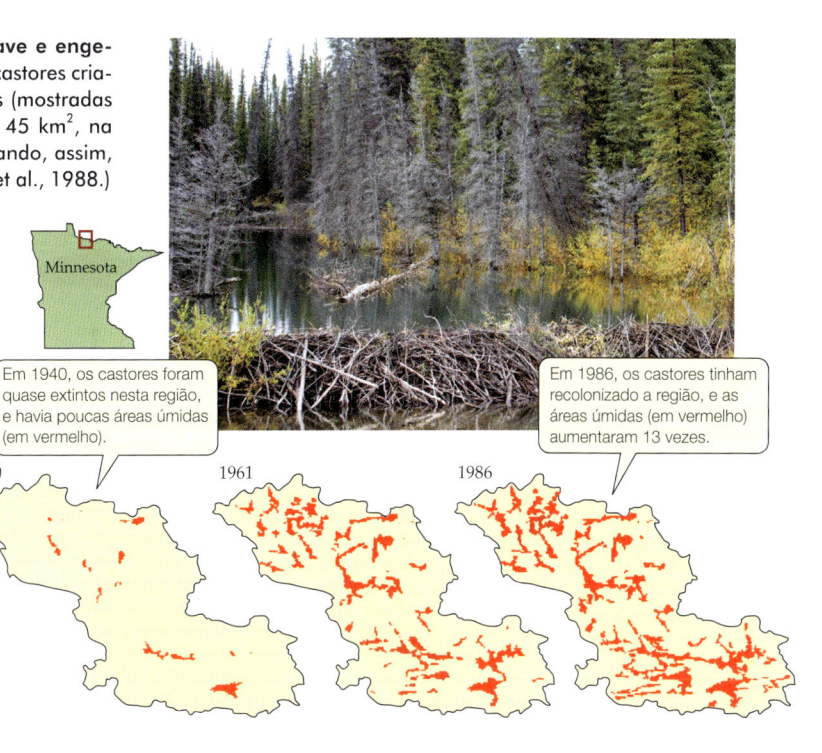

Essa visão de interações de espécies como *contexto-dependentes*, ou sujeitas a mudanças sob condições ambientais diferentes, é relativamente nova na ecologia, mas existem diversos exemplos importantes da dependência do contexto. A maioria desses exemplos envolve espécies-chave ou espécies dominantes que têm papéis importantes em suas comunidades em um contexto, mas não em outro. Mary Power, professora da University of California, Berkeley, que trabalha com comunidades de riachos no norte da Califórnia, tem mostrado que o papel de peixes predadores (salmonete, *Hesperoleucas symmetricus*, e trutas, *Oncorhynchus mykiss*) muda de ano a ano. O papel desses predadores muda de espécies-chave após invernos com enchentes fortes para espécies pouco interativas durante anos com invernos secos ou em lugares com controle operacional das enchentes (Power et al., 2008).

Nos rios do norte da Califórnia onde Power trabalha, existe um regime de cheia natural no inverno que produz

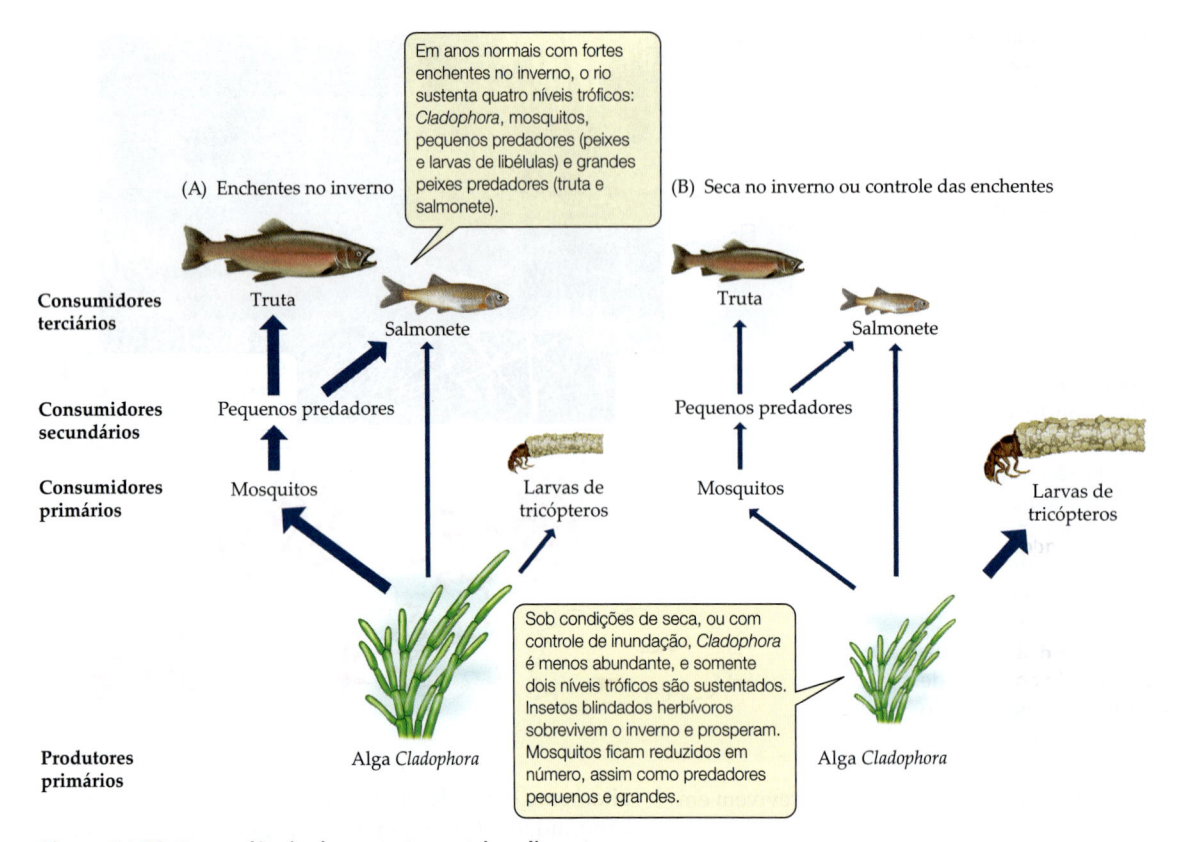

Figura 16.20 Dependência do contexto em teias alimentares de rios Mudanças ambientais alteram a importância relativa de diferentes níveis tróficos no Rio Eel do norte da Califórnia. As setas mais largas representam interações mais fortes. (Segundo Power et al., 1996a.)

ciclos populacionais extraordinários de uma alga verde filamentosa (*Cladophora glomerata*). Na maioria dos anos, as inundações de inverno removem a maior parte dos habitantes – particularmente insetos blindados herbívoros tais como as grandes larvas de tricópteros do fundo do rio. Na primavera seguinte, ocorrem grandes florescimentos de *Cladophora*. O aumento de luz e nutrientes, bem como a falta de invertebrados herbívoros, permite aos tapetes de *Cladophora* crescerem copiosamente sobre as rochas, produzindo filamentos com até 8 m de comprimento. Pelo meio do verão, esses tapetes desgrudam-se das rochas e cobrem extensas porções do rio, ocasião em que as larvas de mosquitos, que utilizam as algas flutuantes como alimento e para tecer pequenas casas, aumentam em número. Os mosquitos são consumidos por pequenos peixes e larvas de libélulas, que por sua vez são consumidos por trutas e salmonetes (uma cascata trófica com quatro níveis; **Figura 16.20A**). As trutas e os salmonetes têm capacidade de diminuir o tamanho dos tapetes de algas se alimentando de pequenos peixes e larvas de libélulas, que se alimentam das larvas de mosquitos, que se alimentam dos tapetes. O salmonete também se alimenta diretamente das algas, mas apenas em proporção.

Durante anos de seca, porém, e em rios onde o controle das cheias é operacional, inundações não ocorrem. Nesses anos, a *Cladophora* persiste, mas não forma tapetes extensos e exuberantes. Power e colaboradores mostraram que essa mudança ocorreu devido à presença de mais insetos tricópteros herbívoros, os quais não foram removidos pelas enchentes e se alimentam de *Cladophora* enquanto ela ainda estava fixa às rochas. Essa interação levou a declínios de *Cladophora* e à perda da fase de desprendimento da alga. Os tricópteros são muito menos suscetíveis à predação que os mosquitos e, assim, não são controlados pelos níveis tróficos mais elevados. Em essência, a típica teia trófica do rio com quatro níveis tróficos é convertida em uma teia trófica com dois níveis durante anos de seca, e as trutas e os salmonetes, que já foram predadores-chave, têm agora um papel insignificante na teia trófica (**Figura 16.20B**).

Agora retornaremos brevemente à discussão sobre os efeitos de espécies invasoras sobre a diversidade de comunidades. Revisitaremos o Estudo de Caso aquático que abriu este capítulo, bem como veremos, em **Análise de Dados 16.1**, uma forma como esse problema foi estudado em um ecossistema terrestre. Nos próximos capítulos, consideraremos com muito mais detalhes o efeito de distúrbio, estresse e predação, bem como de fatores físicos, sobre os resultados das interações entre espécies e, finalmente, sobre a diversidade de espécies.

ANÁLISE DE DADOS 16.1

Quais os efeitos de espécies invasoras sobre a diversidade de espécies?

Invasões de espécies não nativas têm resultado tanto em aumento quanto em diminuição da diversidade de espécies dentro de comunidades. Um estudo avaliou o efeito de 13 espécies de plantas "neófitas" (i. e., aquelas introduzidas a partir de 1500) sobre a diversidade de espécies em várias comunidades de plantas na República Checa, Europa Central (Hejda et al., 2009*). Para entender a importância das invasões de plantas para a diversidade de espécies, os pesquisadores mediram riqueza e abundância (percentual de cobertura) em parcelas pareadas com condições locais similares, que diferiam em terem ou não sido invadidas. Primeiro, eles determinaram a riqueza de espécies para cada parcela e subtraíram o valor da parcela invadida do valor da parcela nativa para obter a mudança em riqueza de espécies nas parcelas invadidas. Eles fizeram esse cálculo para múltiplos pares de parcelas e calcularam a média e o desvio-padrão para cada espécie invasora. Os resultados são mostrados na **Figura A**. Os pesquisadores também calcularam o índice de Shannon (H) para cada parcela do par e obtiveram a mudança média em diversidade de espécies (H) para cada espécie invasora. Esses valores são apresentados na **Figura B**. As barras de erro mostram um erro-padrão da média.

Figura A

Figura B

1. Com base na média das mudanças em riqueza de espécies na Figura A, quantas espécies invasoras provavelmente tiveram efeitos negativos sobre a riqueza de espécies, quantas provavelmente tiveram efeitos positivos sobre a riqueza de espécies e quantas provavelmente não tiveram qualquer efeito sobre a riqueza de espécies?

2. Abaixo de cada barra na Figura A está o percentual de mudança em riqueza de espécies para aquela invasora. O que esses percentuais nos dizem sobre a provável direção e força do efeito das espécies invasoras sobre a riqueza da comunidade nativa?

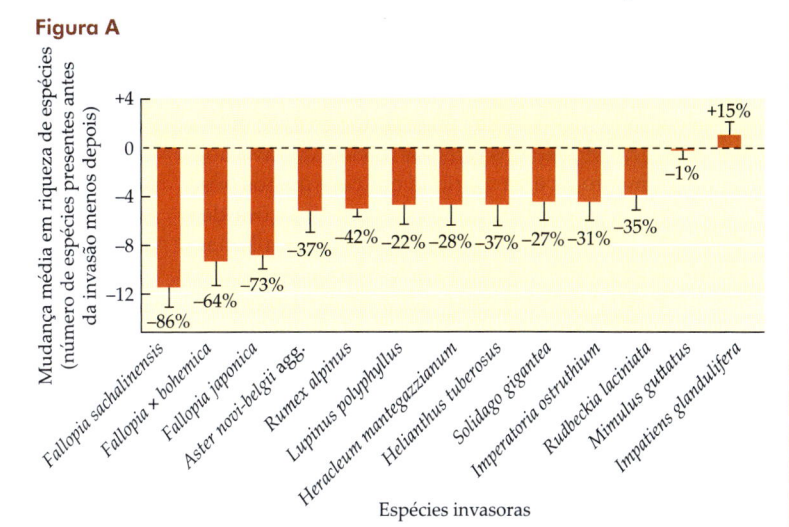

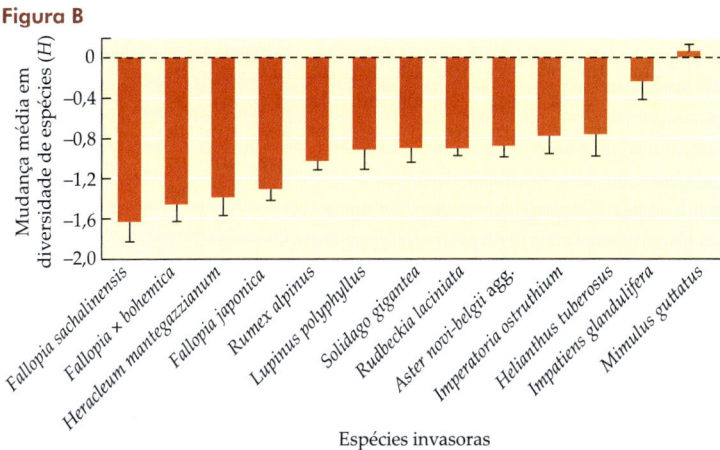

3. Compare a ordem da magnitude da mudança média em *riqueza* de espécies da Figura A com a ordem da mudança em *diversidade* de espécies (H) da Figura B. A ordem difere entre as duas medidas? Se sim, por quê?

---

*Hejda, M., P. Pysek e V. Jorosik. 2009. Impact of invasive plants on the species richness, diversity, and composition of invaded communities. *Journal of Ecology* 97: 393-403.

ESTUDO DE CASO REVISITADO
"Alga assassina!"

A introdução de *Caulerpa taxifolia* no Mar Mediterrâneo no começo dos anos de 1980 deu início a uma série de infortúnios que resultaram em grandes manchas da alga verde fluorescente dominando o que antes eram comunidades marinhas costeiras ricas em espécies. *Caulerpa* prosperou porque seres humanos facilitaram sua dispersão e tolerância fisiológica. Mesmo nos estágios iniciais da invasão, Meinesz documentou a alga marinha em pelo menos três tipos de comunidades, com diferentes composições de espécies, sobre substratos rochoso, arenoso e com lama. Juntas, essas comunidades abrigam várias centenas de espécies de algas e três espécies vasculares de plantas marinhas, além de muitas espécies de animais. Assim que a *Caulerpa* chegou, competidores ou predadores nativos foram incapazes de deter sua proliferação.

A invasão de *Caulerpa* modificou a forma como as espécies nativas interagem entre si e, assim, a estrutura e a função das comunidades nativas. Uma consequência óbvia da presença de *Caulerpa* é o declínio dos prados de algas marinhas dominados por *Posidonia oceanica* (**Figura 16.21**). Essa planta marinha, também conhecida como moliço, tem sido comparada a uma "árvore submersa" por ter vida longa e crescimento lento (manchas crescem até 3 m em diâmetro em 100 anos). Exatamente como florestas, prados de algas marinhas comportam um grande número de espécies que usam a vegetação como hábitat. Pesquisas mostraram que *Posidonia* e *Caulerpa* têm ciclos de crescimento distintos: a *Posidonia* perde folhas no verão, quando a *Caulerpa* é mais produtiva. Ao longo do tempo, esse padrão de crescimento assíncrono resulta em *Caulerpa* cobrindo os moliços existentes e se estabelecendo como a espécie dominante. Pesquisas adicionais têm mostrado que a *Caulerpa* atua como uma engenheira de ecossistemas, acumulando sedimentos ao redor de seus ramos mais rapidamente que a *Posidonia*, modificando de forma drástica a composição de espécies de pequenos invertebrados que vivem sob o substrato marinho. Alguns levantamentos revelaram uma queda significante no número e no tamanho dos peixes que utilizam as comunidades invadidas por *Caulerpa*, sugerindo que esses hábitats são menos favoráveis para algumas espécies comercialmente importantes.

Futuras mudanças nos prados de algas marinhas do mediterrâneo, e nas espécies que dependem deles, são difíceis de predizer, dado o grande número de espécies que são potencialmente afetadas por *Caulerpa*, os efeitos indiretos que podem ser gerados por mudanças nas interações, e o tempo relativamente curto desde o início da invasão. Uma abordagem científica, amparada por uma combinação de teoria e dados empíricos, será necessária caso predições futuras precisem ser feitas sobre o efeito definitivo da *Caulerpa* sobre essa comunidade submersa que está desaparecendo.

CONEXÕES NA NATUREZA
É preciso se comprometer para acabar com invasões

Embora possa ser tarde demais para parar a invasão de *Caulerpa* no Mediterrâneo, as lições aprendidas neste caso têm sido importantes em outras regiões do mundo. Em 2000, bem quando Meinesz fazia progressos em banir o comércio internacional da alga, ele recebeu um e-mail de uma consultora ambiental de San Diego, Califórnia. Enquanto pesquisava zosteras (plantas marinhas) em uma laguna, ela observou uma grande mancha mais tarde identificada como sendo de *Caulerpa taxifolia*. Atuando conforme as recomendações de Meinesz, um grupo de cientistas e superintendentes de agências municipais, estaduais e federais imediatamente se reuniu para traçar um plano de erradicação. Esse plano envolveu o tratamento da alga com gás clorito injetado embaixo de uma lona colocada no topo das manchas de algas. Mais de 1 milhão de dólares foi inicialmente gasto para o projeto em 2000, mas, depois de uma série de problemas, levou 6 anos e 7 milhões de dólares para erradicar a alga. A invasão foi amplamente divulgada, resultando no descobrimento de

Figura 16.21 Um prado de algas marinhas no Mediterrâneo Comunidades nativas como essa, dominada pela alga marinha *Posidonia oceanica*, podem ser substituídas pela invasora *Caulerpa*. Compare essa fotografia com a Figura 16.1.

outras manchas de *Caulerpa* em outras lagunas próximas a Los Angeles, as quais também foram erradicadas. Os Estados Unidos tiveram uma rara história de sucesso graças à ação imediata tomada por cientistas, administradores e políticos para acabar com a invasão antes que a erradicação se tornasse uma impossibilidade fiscal e ambiental. Estima-se que o controle de espécies invasoras nos Estados Unidos custe 22 bilhões de dólares por ano (Pimentel et al., 2000).

Para determinar a origem da *Caulerpa* que invadiu a Califórnia, evidências moleculares foram necessárias. Essa mudança no foco da equipe, de comunidades para genes, ilustra um ponto do Capítulo 1: que ecólogos precisam estudar interações na natureza em vários níveis de organização biológica. A equipe enviou espécimes da alga para geneticistas de duas universidades, que analisaram seus DNAs ribossômicos e rapidamente determinaram que elas eram idênticas às *Caulerpa* do Mediterrâneo, do Zoológico Wilhelma (onde a variedade foi cultivada pela primeira vez) e de muitos outros aquários públicos ao redor do mundo (Jousson et al., 2000). Infelizmente, ainda não se sabe como a espécie foi introduzida nas duas lagunas da Califórnia, mas a hipótese vai desde aquaristas amadores que limparam seus tanques nas lagunas até uma perda acidental do aquário que estava a bordo do iate do príncipe da Arábia Saudita, que estava sendo repintado em San Diego mais ou menos no mesmo período que a alga provavelmente chegou. Com o uso de análises de DNA, foi determinado que as *Caulerpa* envolvidas em invasões subsequentes na Austrália e no Japão eram geneticamente idênticas à variedade alemã original. A evidência molecular deixa claro que o comércio dessa alga no circuito dos aquários constitui uma ameaça global para os ambientes da costa marinha temperada. A legislação investe agora em banir a "alga assassina" de vários outros países que ela tenha boas chances de invadir com êxito.

RESUMO

CONCEITO 16.1 Comunidades são grupos de espécies que interagem e ocorrem juntas no mesmo lugar e ao mesmo tempo.

- Comunidades podem ser delimitadas pelas características do ambiente físico ou pelas características biológicas, como a presença de espécies comuns.
- Ecólogos frequentemente usam subconjuntos de espécies para definir e estudar comunidades, porque seria impraticável contar ou estudar todas as espécies dentro de uma comunidade, em especial se elas são pequenas ou desconhecidas.
- Subconjuntos de espécies usados para estudos de comunidades incluem grupos taxonômicos, guildas, grupos funcionais e redes de interações e teias tróficas.

CONCEITO 16.2 Diversidade e composição de espécies são importantes descritores da estrutura das comunidades.

- Diversidade de espécies, a medida de estrutura de comunidades mais comumente usada, é uma combinação do número de espécies (riqueza de espécies) e da abundância relativa entre essas espécies (equabilidade de espécies).
- Comunidades podem diferir no grau de dominância ou raridade de suas espécies. Curvas de distribuição de abundâncias possibilitam representar a abundância proporcional de cada espécie em relação às outras, da mais abundante à menos abundante. A riqueza de espécies aumenta com o aumento do esforço amostral até certo ponto, no qual amostras adicionais revelam poucas ou nenhuma espécie nova.
- Composição de espécies – a identidade das espécies presentes na comunidade – é uma característica óbvia, mas importante da estrutura da comunidade, não revelada nas medidas de diversidade de espécies.

CONCEITO 16.3 Comunidades podem ser caracterizadas por redes complexas de interações diretas e indiretas que variam em intensidade e direção.

- Interações indiretas entre espécies, nas quais a relação entre duas espécies é mediada por uma terceira espécie (ou mais), podem ter grandes efeitos nos resultados das interações entre espécies.
- Algumas espécies têm forte efeito negativo ou positivo em suas comunidades, enquanto outras provavelmente têm pouco ou nenhum efeito.
- Espécies que têm grandes efeitos sobre suas comunidades devido à sua abundância ou biomassa são conhecidas como espécies dominantes. Aquelas que têm grandes efeitos por causa do papel que exercem em suas comunidades são conhecidas como espécies-chave.
- Engenheiros de ecossistemas criam, modificam, ou mantêm hábitat físico para si e outras espécies.
- O contexto ambiental das interações de espécies pode modificá-las a ponto de alterar seus resultados.

Questões de revisão

1. Qual é a definição formal de uma comunidade? Por que é importante incorporar as interações de espécies nesta definição?

2. Medidas de diversidade de espécies levam em consideração tanto a riqueza quanto a equabilidade de espécies. Por que essas medidas seriam preferíveis às que consideram apenas a riqueza de espécies? O que as curvas de distribuição de abundâncias de espécies acrescentam ao conhecimento sobre a estrutura da comunidade?

3. As espécies variam na força de suas interações com outras espécies. As espécies que interagem fortemente com outras abrangem espécies dominantes, espécies-chave e engenheiros de ecossistemas. Descreva as diferenças entre esses três tipos de espécies e dê alguns exemplos. Espécies dominantes e espécies-chave também podem ser consideradas engenheiros de ecossistemas?

4. A rede de interação mostrada a seguir é comum na zona entremarés rochosa de Washington e do Oregon. As setas e seus sinais (+ ou –) representam interações que ocorrem entre espécies nas comunidades da zona entremarés rochosa.

> **MATERIAL DA INTERNET (em inglês)**
> **sites.sinauer.com/ecology3e**
>
> O *site* inclui o resumo dos capítulos, testes, *flashcards* e termos-chave, sugestão de leituras, um glossário completo e a Revisão Estatística. Além disso, os seguintes recursos estão disponíveis para este capítulo:
>
> **Exercício Prático: Solucionando Problemas**
> 16.1 "Ricos sem riqueza": riqueza e diversidade em sedimentos marinhos
> 16.2 Diversidade, o tempero da vida: calculando diversidade de espécies
>
> **Conexão às Mudanças Climáticas**
> 16.1 Acidificação oceânica e interações indiretas de espécies

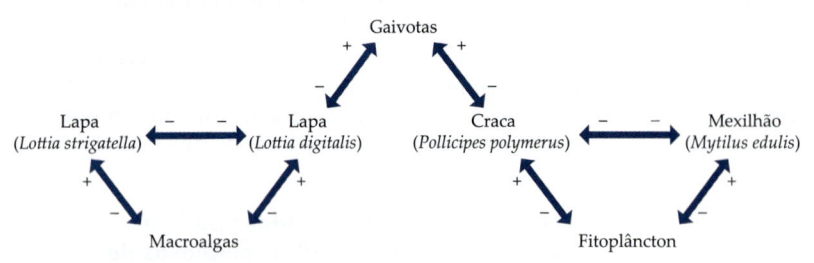

a. Suponha que as gaivotas foram removidas dessa comunidade. Determine os dois efeitos diretos que essa manipulação poderia ter em lapas e cracas. A abundância dessas espécies aumentaria, diminuiria ou não mudaria, e por qual tipo de interação (i.e., por predação, competição ou facilitação)?

b. Determine quatro efeitos indiretos da remoção de gaivotas da comunidade. Como cada espécie responderia (i.e., sua abundância aumentaria, diminuiria ou não mudaria), e por qual tipo de interação (i.e., predação, competição ou facilitação)?

17 Mudanças em comunidades

CONCEITOS-CHAVE

CONCEITO 17.1 Agentes de mudança atuam sobre comunidades ao longo de múltiplas escalas temporais e espaciais.

CONCEITO 17.2 Sucessão é a mudança na composição de espécies ao longo do tempo em resposta a agentes de mudança abióticos e bióticos.

CONCEITO 17.3 Experimentos mostram que os mecanismos de sucessão são diversos e dependentes do contexto.

CONCEITO 17.4 Comunidades podem seguir caminhos sucessionais diferentes e apresentar estados alternativos.

Um experimento natural de proporções montanhosas: Estudo de Caso

A erupção do Monte Santa Helena foi um momento determinante para ecólogos interessados em catástrofes naturais. O Monte Santa Helena, situado no estado de Washington, é parte da geologicamente ativa Cordilheira Cascade, localizada na região do Noroeste Pacífico, na América do Norte (**Figura 17.1**). A montanha de topo coberto por neve tinha uma rica diversidade de comunidades ecológicas. Se você tivesse visitado o Monte Santa Helena no verão, poderia ter visto os prados alpinos forrados com flores silvestres de muitas cores e alces pastando. Nas elevações mais baixas, você poderia ter passeado no chão frio da floresta coberto de samambaias e musgos sob enormes árvores antigas. Você poderia ter nadado nas águas azuis e cristalinas do Lago Spirit ou pescado ao longo de suas margens. No entanto, logo após as 8 horas e 30 minutos da manhã do dia 18 de maio de 1980, toda a vida no Monte Santa Helena estava acabada. No lado norte da montanha, uma imensa protrusão preenchida de magma se formava há meses. A protrusão cedeu naquela manhã, resultando em uma erupção explosiva e na maior avalanche até então registrada na história.

Fotos da erupção mostram que lama e rochas escorreram pelas encostas do Monte Santa Helena e formaram depósitos de dezenas de metros de profundidade em algumas áreas (**Figura 17.2**). A onda de escombros que passou sobre o Lago Spirit tinha 260 m de profundidade e reduziu a profundidade da água do lago em 60 m. A massa da avalanche viajou 23 km em aproximadamente 10 minutos até a bifurcação norte do Rio Toutle, assoreando o vale inteiro, desde o leito até a borda, com o material do vulcão, deixando atrás de si uma pilha realmente monumental de vegetação emaranhada. Além da avalanche, a explosão produziu uma nuvem de ar quente que incinerou as florestas próximas da montanha, derrubou árvores em uma extensa área e deixou árvores mortas por quilômetros de distância da montanha. As cinzas da explosão cobriram florestas, campos e desertos localizados a centenas de quilômetros de distância.

A destruição que se sucedeu naquele dia criou hábitats completamente novos no Monte Santa Helena, alguns dos quais inteiramente desprovidos de qualquer organismo vivo. Em um extremo, havia a Planície Pumice, uma vasta e suavemente inclinada paisagem lunar situada abaixo do vulcão, que foi salpicada por pedras-pomes quentes e esterilizantes (ver Figura 17.2). Esse ambiente drástico e geologicamente homogêneo estava desprovido de vida ou mesmo de qualquer forma de matéria orgânica. Toda a vida no Lago Spirit se extinguiu; quantidades gigantescas de detritos de madeira foram depositadas lá, alguns dos quais ainda hoje flutuam na superfície do lago. Porém, não surpreendentemente, considerando as extensas florestas que circundavam a montanha, grande parte da paisagem agora consistia em árvores derrubadas ou desgalhadas, cobertas de rochas, pedregulhos e lama com dezenas de metros de profundidade em

Figura 17.1 Era uma vez uma montanha tranquila Antes da erupção mostrada aqui, em 18 de maio de 1980, o Monte Santa Helena, no sudoeste do estado de Washington, tinha uma diversidade de comunidades, incluindo prados alpinos, florestas primárias, lagos e riachos.

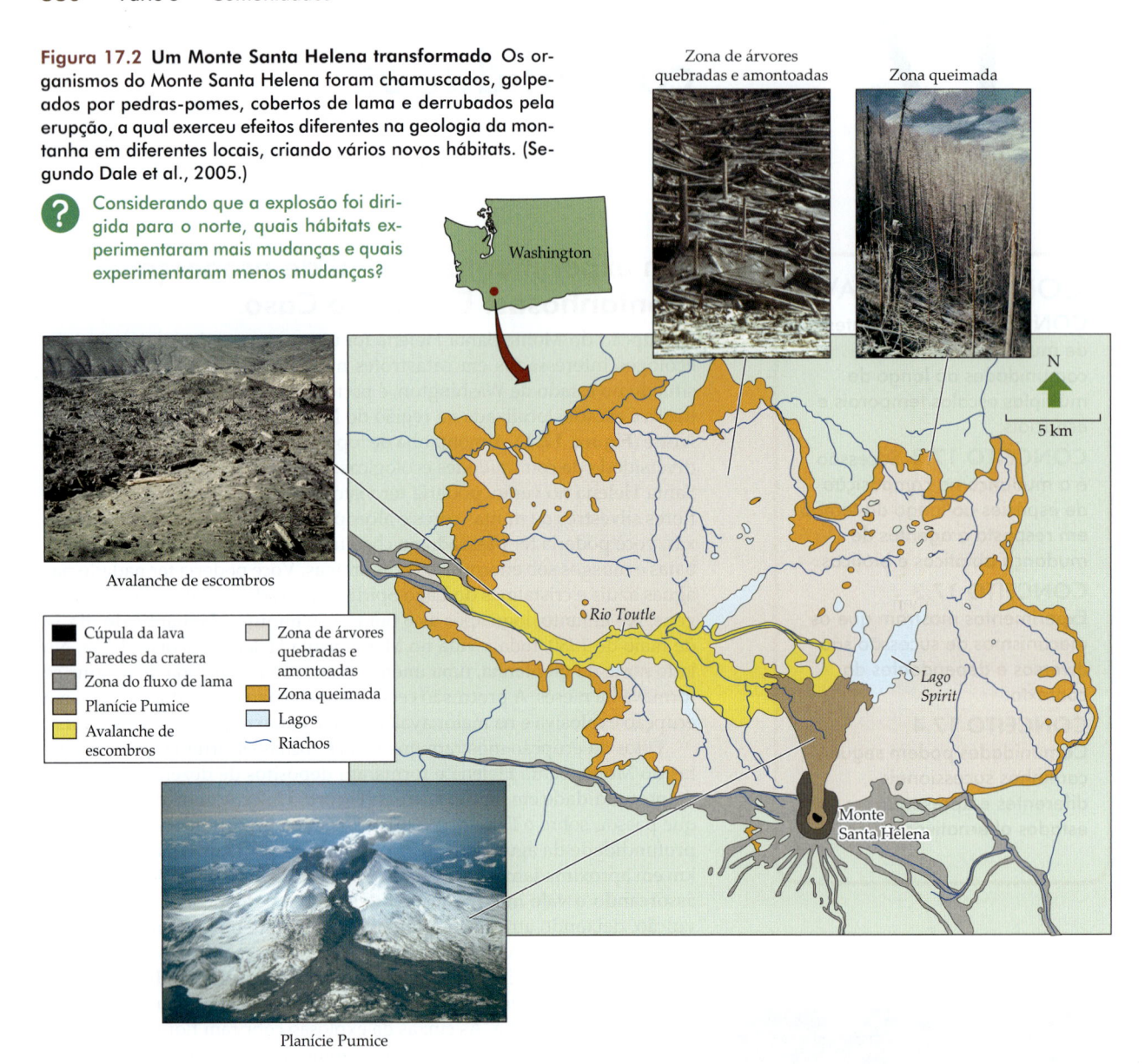

Figura 17.2 Um Monte Santa Helena transformado Os organismos do Monte Santa Helena foram chamuscados, golpeados por pedras-pomes, cobertos de lama e derrubados pela erupção, a qual exerceu efeitos diferentes na geologia da montanha em diferentes locais, criando vários novos hábitats. (Segundo Dale et al., 2005.)

❓ Considerando que a explosão foi dirigida para o norte, quais hábitats experimentaram mais mudanças e quais experimentaram menos mudanças?

Zona de árvores quebradas e amontoadas

Zona queimada

Washington

Avalanche de escombros

- Cúpula da lava
- Paredes da cratera
- Zona do fluxo de lama
- Planície Pumice
- Avalanche de escombros
- Zona de árvores quebradas e amontoadas
- Zona queimada
- Lagos
- Riachos

Rio Toutle

Lago Spirit

Monte Santa Helena

Planície Pumice

---

alguns lugares (ver Figura 17.2). Em comparação à Planície Pumice, essa zona de árvores quebradas e amontoadas tinha alguma esperança de legado biológico enterrada sob as pilhas de árvores e cinza.

Pouco tempo depois da erupção, helicópteros levaram os primeiros cientistas até a montanha para começarem a estudar o que em essência era um experimento natural de proporções épicas. Alguns ecólogos de sorte anotaram as primeiras observações da sequência de mudanças biológicas que começou logo após a erupção. Excursões de campo nos verões de 1980 e 1981 foram organizadas, e valiosas bases de dados foram coletadas. Hoje, mais de 30 anos depois, centenas de ecólogos já estudaram o ressurgimento da vida no Monte Santa Helena. Para muitos, a experiência foi tão significativa que resolveram investir suas carreiras na pesquisa desse fascinante sistema de estudo. Muito do que se aprendeu era inesperado e mudou a forma como vemos a recuperação de comunidades e a persistência da vida na Terra.

Introdução

É consenso entre todos os ecólogos que as comunidades estão sempre mudando. Algumas comunidades mostram mais dinamismo que outras. Por exemplo, é difícil imaginar que comunidades de desertos, com seus cactos grandes e estoicos, tenham mudado muito ao longo do tempo. Isso é especialmente verdadeiro se compararmos desertos com, por exemplo, riachos de montanhas elevadas ou zonas entremarés rochosas, em que espécies vêm e vão de forma regular. Porém, a mudança em comunidades é relativa, e não há dúvidas de que até mesmo os desertos mudam, embora em ritmo bem mais lento do que poderíamos perceber com base em uma visita, ou mesmo um estudo ecológico. Nos termos de uma das máximas ecológicas apresentadas na Tabela 1.1, o tempo é importante.

Infelizmente, nós seres humanos não podemos negar que nossas ações estão se tornando uma das forças mais fortes de mudanças em comunidades e que estamos realizando essas ações com uma compreensão imperfeita de suas consequências. Neste capítulo, consideraremos os agentes de mudanças, desde sutis até catastróficos, e seus efeitos sobre a estrutura da comunidade ao longo do tempo.

> **CONCEITO 17.1**
>
> Agentes de mudança atuam sobre comunidades ao longo de múltiplas escalas temporais e espaciais.

Agentes de mudança

Imagine por um momento que você tem a habilidade de olhar para o passado e acompanhar a mudança em uma típica comunidade de recife de coral no Oceano Índico (**Figura 17.3**). Durante as últimas décadas, você pode ter visto mudanças consideráveis, tanto sutis quanto catastróficas. Mudanças sutis podem incluir o lento aumento da dominância de algumas espécies de corais e o lento declínio de outras, devido aos efeitos de competição, predação e doenças. Mudanças mais catastróficas podem incluir as mortes maciças de corais na última década por causa do branqueamento (perda da alga simbionte, como descrito na p. 77) e o grande tsunami de 2004, resultando na substituição de algumas espécies de corais por outras, ou na ausência completa de substituição. Consideradas juntas, essas mudanças tornam a comunidade o que ela é hoje: uma comunidade que tem menos espécies de corais do que tinha há algumas décadas, devido a uma combinação de agentes de mudança naturais e causados pelo homem.

Sucessão é a mudança na composição de espécies das comunidades ao longo do tempo. Ela é o resultado de diversos agentes de mudança abióticos (físicos e químicos) e bióticos. Nos Conceitos 17.2 a 17.4, abordaremos a teoria que embasa a sucessão e exemplos que ilustram como ela funciona em uma variedade de sistemas. Mas primeiro, nesta seção, vamos identificar e definir os agentes de mudança que têm mais responsabilidade pela condução da sucessão.

Os agentes de mudança podem ser abióticos ou bióticos

As comunidades, e as espécies nelas contidas, mudam em resposta a uma série de fatores abióticos e bióticos (**Tabela 17.1**). Consideramos muitos desses fatores nos capítulos anteriores. Na Parte 1, aprendemos que os fatores abióticos, na forma de clima, solo, nutrientes e água, variam ao longo do dia, das estações, de décadas e até mesmo em escalas temporais de 100 mil anos. Essa variação tem implicações importantes para a mudança em comunidades. Por exemplo, na comunidade de recifes de coral do Oceano Índico (ver Figura 17.3), temperaturas altas e não usuais da água, decorrentes da mudança climática em larga escala, têm causado perdas recentes de algas simbiontes em corais, resultando no branqueamento de corais. Caso as algas simbiontes não retornem, os corais acabarão morrendo, criando, assim, as condições para a substituição de espécies. Do mesmo modo, aumentos no nível do mar podem diminuir a quantidade de luz que chega até os corais. Se a disponibilidade de luz diminuir além dos limites fisiológicos de algumas espécies de corais, elas podem ser lentamente substituídas por espécies mais tolerantes ou até mesmo por macroalgas. Por fim, o aumento da acidificação dos oceanos pode dissolver os esqueletos dos corais, dificultando

Figura 17.3 Mudanças acontecem Comunidades de recifes de coral no Oceano Índico têm sofrido mudanças significativas durante as últimas décadas. Os agentes de mudança têm sido tanto sutis quanto catastróficos, naturais e causados pelo homem.

Interações entre espécies, como competição, predação e doenças, podem causar a gradual substituição de espécies ao longo do tempo.

Mudanças em condições abióticas, como o nível do mar e a temperatura da água, podem causar estresse fisiológico, branqueamento de corais e, por fim, mortalidade.

Distúrbios catastróficos, tais como tsunamis, podem causar danos graves e morte em recifes de coral.

TABELA 17.1

Exemplos de agentes abióticos e bióticos de estresse, distúrbio e mudanças nas comunidades

Agente de mudança	Exemplos
FATORES ABIÓTICOS	
Ondas, correntes	Tempestades, furacões, enchentes, tsunamis, ressurgência oceânica
Vento	Tempestades, furacões e tornados, escoamento de sedimentos causado pelo vento
Suprimento de água	Secas, enchentes e deslizamento de terras
Composição química	Poluição, chuva ácida, salinidade alta ou baixa, suprimento de nutrientes alto ou baixo
Temperatura	Geada, neve e gelo, avalanches, calor excessivo, fogo, aumento ou queda do nível do mar
Atividade vulcânica	Lava, gases quentes, deslizamento de terra, queda de rochas e pedregulhos, enchentes
FATORES BIÓTICOS	
Interações negativas	Competição, predação, herbivoria, doença, parasitismo, pisoteio, escavação, perfuração

Fonte: Adaptada, com adições, de Sousa, 2001.

seu crescimento (ver Capítulo 25 e Conexão às Mudanças Climáticas 16.1 para mais informações sobre mudanças climáticas e acidificação dos oceanos). Como as condições abióticas mudam constantemente, as comunidades fazem o mesmo, em um ritmo compatível com o ambiente.

Os agentes de mudança abióticos podem ser colocados dentro de duas categorias, sendo que ambas podem ter origens naturais ou humanas, mas diferem nos efeitos que têm sobre espécies: distúrbios e estresses. **Distúrbio** é um evento abiótico que danifica ou mata alguns indivíduos e cria oportunidades para outros indivíduos crescerem ou se reproduzirem. Alguns ecólogos também consideram eventos bióticos como escavação por animais como sendo distúrbios. No nosso exemplo de recife de coral, o tsunami de 2004 pode ser visto como um distúrbio, pois a força da água passando sobre o recife danificou e matou muitos indivíduos de corais. Da mesma forma, a prática banida da pesca com explosivos, que envolve o uso de dinamite para atordoar ou matar os peixes para sua fácil captura, pode causar lesões massivas e morte aos recifes de coral. Mesmo eventos bióticos, como a perfuração feita por caramujos nos corais ou a predação por peixes-papagaio, poderiam ser considerados distúrbios porque removem tecidos dos corais e enfraquecem seus esqueletos. *Estresse*, por outro lado, ocorre quando algum fator abiótico reduz o crescimento, a reprodução ou a sobrevivência dos indivíduos e cria oportunidades para outros indivíduos. Um estresse em nosso recife de coral pode ser o efeito de temperaturas de água mais quente ou do aumento do nível do mar sobre o crescimento, a reprodução ou a sobrevivência dos corais. Exemplos de outros tipos de estresse e distúrbios estão incluídos na Tabela 17.1. Acredita-se que tanto o distúrbio como o estresse tenham papéis importantes em promover a sucessão.

Como fatores bióticos influenciam mudanças na comunidade? Na Parte 4, vimos que interações de espécies, tanto negativas quanto positivas, podem resultar na substituição de uma espécie por outra por meio de estresse ou distúrbio. Em nosso recife de coral (ver Figura 17.3), mudanças podem ser motivadas por competição entre, por exemplo, corais do tipo plano e de formas ramificadas, com as formas planas finalmente dominando ao longo do tempo. As doenças de corais são outro exemplo de interações de espécies que podem iniciar uma mudança em comunidades, provocando o crescimento mais lento e a morte de determinadas espécies. Agentes igualmente comuns de mudança são as ações de engenheiros de ecossistemas ou espécies-chave (ver Figuras 16.18 e 16.19). Os dois tipos de espécies têm poderosos efeitos sobre outras espécies que resultam em mudança na comunidade.

Finalmente, é importante entender que fatores abióticos e bióticos com frequência interagem para produzir mudança em comunidades. Podemos ver essa interação no caso de engenheiros de ecossistemas como os castores, que provocam mudanças nas condições abióticas que, por sua vez, causam substituição de espécies (ver Figura 16.19). De modo semelhante, fatores abióticos como vento, ondas ou temperatura podem atuar por meio da modificação das interações de espécies, tanto positiva quanto negativamente, criando, assim, oportunidades para outras espécies. Vimos exemplos desse tipo de efeito para palmeiras-do-mar (tipo de macroalga) na zona entremarés rochosa (ver p. 286), plantas em regiões alpinas (ver Figura 15.10) e insetos de riachos no norte da Califórnia (ver Figura 16.20).

Agentes de mudança variam em intensidade, frequência e extensão

Como você pode imaginar, a frequência, a magnitude e a extensão de área nas quais os agentes de mudança atuam determinam fortemente o tempo de sucessão. Por exemplo, quando a avalanche produzida pelo Monte Santa Helena destruiu a comunidade alpina em 1980, ela produziu um distúrbio mais extenso e mais grave que qualquer outro já ocorrido naquele ano, década ou século. A *intensidade* do distúrbio – a quantidade de destruição e mortes que ele causou – foi colossal, tanto por causa da enorme força física envolvida quanto por causa da área coberta. Em contraste, a *frequência* do distúrbio foi baixa, pois esses episódios eruptivos são raríssimos (ocorrem uma vez a cada poucos séculos). Eventos extremamente intensos e infrequentes, como a erupção do Monte Santa Helena, são o extremo mais distante do espectro de distúrbios que espécies vivenciam nas comunidades (**Figura 17.4**). Nesse

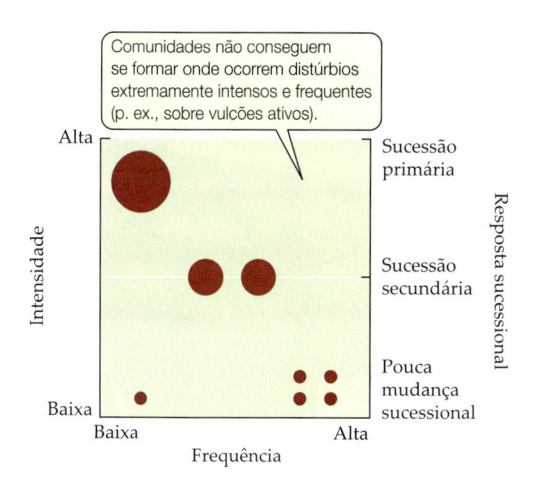

Figura 17.4 O espectro de distúrbio A quantidade de biomassa que é removida (a intensidade, ou gravidade, do distúrbio) e quão frequentemente ela é removida (a frequência do distúrbio) podem influenciar a magnitude da mudança (representada pelo tamanho dos círculos vermelhos) que ocorre e o tipo de sucessão que é possível dali em diante (parte direita do gráfico).

? Descreva como o tipo de organismo sendo estudado pode influenciar se nos referimos a um distúrbio como sendo intenso ou frequente.

caso, a comunidade inteira é afetada, e a recuperação da cobertura envolve a reorganização da comunidade ao longo do tempo. Avaliaremos os mecanismos dessa reorganização nos Conceitos 17.2 a 17.4.

No outro extremo do espectro, estão distúrbios fracos e infrequentes que podem ter efeitos mais sutis ou afetar áreas bem menores (ver Figura 17.4). Antes da erupção do Monte Santa Helena, esses distúrbios podem ter incluído ventos que derrubaram árvores velhas que viviam nas florestas de abeto-de-douglas nos arredores da montanha. Esses distúrbios mais frequentes formam manchas de recursos disponíveis que podem ser usados por indivíduos da mesma espécie ou de espécies diferentes. Um mosaico de manchas perturbadas pode promover a diversidade de espécies em comunidades ao longo do tempo, mas pode não levar a muitas mudanças sucessionais. Aprenderemos mais sobre distúrbios menores e seus efeitos na diversidade de espécies no Capítulo 19. Agora, redirecionaremos nossa atenção, dos agentes de mudança para suas consequências na sucessão de comunidades.

─ **CONCEITO 17.2** ─

Sucessão é a mudança na composição de espécies ao longo do tempo em resposta a agentes de mudança abióticos e bióticos.

Fundamentos da sucessão

No nível mais básico, o termo "sucessão" refere-se ao processo pelo qual a composição de espécies de uma comunidade muda ao longo do tempo. Mecanisticamente, a sucessão envolve colonização e extinção devido a agentes de mudança bióticos e abióticos. Embora estudos de sucessão costumem focar em mudanças na vegetação, os papéis de animais, fungos, bactérias e outros micróbios são igualmente importantes.

Teoricamente, a sucessão progride passando por vários estágios que incluem um estágio *clímax* (**Figura 17.5**). Imagina-se o clímax como sendo um ponto estável que experimenta poucas mudanças até que algum distúrbio intenso leve a comunidade de volta a um estágio anterior. Como veremos nos Conceitos 17.3 e 17.4, há certa controvérsia sobre até que ponto a sucessão pode conduzir a um ponto final estável.

Sucessão primária e sucessão secundária diferem em seus estágios iniciais

Ecólogos reconhecem dois tipos de sucessão, que diferem em seus estágios iniciais. O primeiro tipo, **sucessão primária**, envolve a colonização de hábitats desprovidos de vida (ver Figura 17.5), seja como resultado de distúrbio catastrófico, como vimos na Planície Pumice no Monte Santa Helena, seja por serem hábitats criados recentemente, como rochas vulcânicas. Como você pode imaginar, a sucessão primária pode ser muito lenta, pois as primeiras colonizadoras (conhecidas como *espécies pioneiras* ou *espécies sucessionais iniciais*) em geral enfrentam condições extremamente inóspitas. Mesmo os mais básicos recursos necessários à vida, como solo, nutrientes e água, podem estar faltando. Assim, os primeiros colonizadores tendem a ser espécies capazes de resistir a grandes estresses fisiológicos e

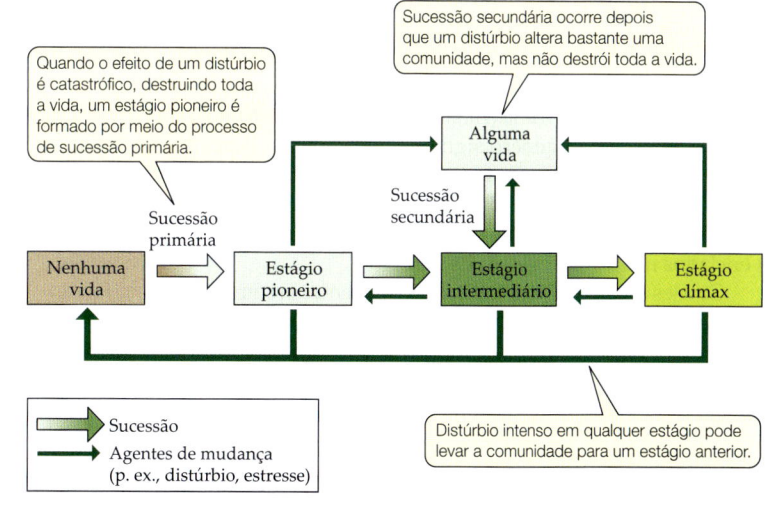

Figura 17.5 A trajetória da sucessão Um modelo simples de sucessão envolve transições entre estágios conduzidas por substituições de espécies ao longo do tempo. Teoricamente, essas mudanças resultam em um estágio clímax que experimenta pouca mudança. Existe alguma discussão, no entanto, sobre se a sucessão pode alguma vez, de fato, levar a um ponto final estável.

transformar o hábitat de modo a beneficiar seu crescimento e expansão (e o de outros, como veremos).

O outro tipo de sucessão, conhecido como **sucessão secundária**, envolve o restabelecimento de uma comunidade na qual a maioria dos organismos, mas não todos, foi destruída (ver Figura 17.5). Agentes de mudança que podem criar essas condições incluem fogo, furacões, desmatamento e herbivoria. Apesar do efeito catastrófico da erupção sobre o Monte Santa Helena, em muitas áreas, como a zona de árvores quebradas e amontoadas, alguns organismos sobreviveram, e a sucessão secundária ocorreu. Como seria de esperar, o legado das espécies preexistentes e suas interações com espécies colonizadoras podem desempenhar um grande papel na trajetória da sucessão secundária.

O início da história da ecologia é um estudo de sucessão

O estudo da ecologia moderna teve seu início na virada do século XX. Naquele momento, ele era dominado por cientistas fascinados por comunidades vegetais e pelas alterações que elas sofriam ao longo do tempo. Um desses pioneiros foi Henry Chandler Cowles, que estudou a sequência sucessional da vegetação em dunas na costa do Lago Michigan (**Figura 17.6**). Nesse ecossistema, as dunas crescem continuamente com a deposição de areia nova junto à linha da costa. Essa nova areia é soprada sobre a costa quando as linhas são expostas durante as secas. Cowles foi capaz de inferir o padrão sucessional ao longo de uma duna supondo que as assembleias* de plantas mais distantes da margem do lago eram as mais velhas e aquelas mais próximas do lago, onde a areia tinha sido recentemente depositada, eram as mais jovens. À medida que se caminha do lago para a parte posterior da duna, ele acreditava, viaja-se adiante no tempo e se pode imaginar como as áreas pelas quais acabara de passar se pareceriam nos séculos vindouros. Os primeiros estágios eram dominados por um robusto engenheiro de ecossistemas, a gramínea-de-praia-americana (*Ammophila breviligulata*). *Ammophila* (cujo nome do gênero significa literalmente "amante de areia") é excelente para segurar areia e criar morros que fornecem refúgio no lado protegido do vento para plantas menos tolerantes ao constante soterramento e à abrasão vivenciados nas dunas frontais à praia.

Cowles (1899) conjeturou que as diferentes assembleias de plantas – ou "sociedades", como ele chamou – que observou em diferentes posições sobre a duna representavam diferentes estágios sucessionais. Essa hipótese permitiu a ele predizer como uma comunidade mudaria ao longo do tempo sem realmente esperar pelo padrão a ser descoberto,

Figura 17.6 Substituição do tempo pelo espaço (A) A porção de uma duna mais próxima da linha da costa no Lago Michigan está coberta por *Ammophila*. (B) Quando Henry Chandler Cowles estudou a sucessão nessas dunas, ele sugeriu que os estágios sucessionais iniciais tinham ocorrido na areia depositada mais recentemente na frente da duna, e que o estágio sucessional mais tardio tinha ocorrido na parte de trás da duna.

o que teria levado décadas até séculos. Essa hipótese, conhecida como a "substituição do tempo pelo espaço" (Pickett, 1989), é comumente utilizada como uma forma prática para estudar comunidades ao longo de escalas temporais que excedam o tempo de vida de um ecólogo. Supõe-se que o tempo seja o principal fator causal de alterações nas comunidades e que as condições únicas de locais particulares não tenham importância. Esses são pressupostos importantes, e têm alimentado o debate atual sobre a previsibilidade da dinâmica de comunidades ao longo do tempo. Discutiremos esse debate em mais detalhes no Conceito 17.4, quando tratarmos da teoria de estados estáveis alternativos.

Henry Cowles não estava sozinho em seu interesse na sucessão vegetal. Seus pares incluíam Frederick Clements e Henry Gleason, dois homens com pontos de vista completamente diferentes e controversos sobre os mecanismos condutores da sucessão (Kingsland, 1991). Clements (1916), o primeiro a escrever um livro formal em 1907 sobre a nova ciência da ecologia, acreditava que comunidades vegetais eram como "superorganismos", grupos de espécies que trabalham juntas em um esforço mútuo em direção a algum objetivo determinístico. A sucessão seria similar ao desenvolvimento de um organismo completo, com início (estágio embrionário), meio (estágio adulto) e fim (morte). Clements pensava que cada comunidade tinha sua história

---

*N. de R.T. Os autores utilizam o termo assembleia (*assemblage*) como sinônimo de comunidade (*community*). Outros autores, entretanto, utilizam o termo comunidade apenas quando se referem ao conjunto de todas as espécies que interagem e ocorrem juntas no mesmo local e ao mesmo tempo.

de vida previsível e, se não fosse perturbada, por fim alcançava um ponto final estável. Essa "comunidade clímax" era composta de espécies dominantes que persistiam ao longo de muitos anos e forneciam um tipo de estabilidade com potencial de ser mantido indefinidamente.

Henry Gleason (1917) pensou que aquela visão de uma comunidade como um organismo, com várias partes interagindo, ignorava as respostas das espécies individuais às condições prevalecentes. Em sua visão, comunidades não eram o resultado previsível e repetível de interações coordenadas entre espécies, mas sim o produto aleatório de condições ambientais flutuantes atuando sobre espécies individuais. Cada comunidade seria o produto de um lugar e tempo particular e, portanto, ímpar por si só.

Olhando para trás, fica claro que Gleason e Clements tinham visões extremas da sucessão. Como veremos na próxima seção, podemos encontrar elementos das duas teorias em resultados de estudos que se acumularam durante o século passado. Primeiro, porém, é importante mencionar um último ecólogo, Charles Elton (**Figura 17.7A**), cuja perspectiva sobre sucessão não foi apenas moldada pelas visões dos botânicos que o antecederam, mas também por seu interesse em animais. Ele escreveu seu primeiro livro, *Animal Ecology* (1927), em três meses, aos 26 anos. O livro abrange muitas ideias importantes em ecologia, incluindo sucessão. Elton acreditava que ambos, organismos e ambiente, interagem para moldar a direção que a sucessão tomará. Ele deu um exemplo das florestas de coníferas na Inglaterra que tinham sido desmatadas. Depois da derrubada dos pinheiros, a trajetória de sucessão variou conforme as condições de umidade do ambiente (**Figura 17.7B**). Áreas mais úmidas se transformaram em turfeiras de *Sphagnum,* enquanto áreas mais secas se transformaram em pântanos contendo juncos e gramíneas. Depois de certo período, todas essas comunidades se tornaram zonas arbustivas de bétulas, mas por fim divergiram em dois tipos de floresta. Por meio dessas observações, Elton enfatizou que a única forma de predizer a trajetória da sucessão é entender o contexto biológico e ambiental no qual ela ocorreu.

A grande contribuição de Elton à compreensão da sucessão foi seu conhecimento sobre o papel dos animais. Até aquele momento, a maioria dos ecólogos acreditava que as plantas conduziam à sucessão, enquanto os animais eram seguidores passivos. Elton forneceu muitos exemplos mostrando como os animais poderiam criar padrões sucessionais se alimentando, dispersando, derrubando e destruindo a vegetação de maneiras que afetavam amplamente a sequência e o tempo de sucessão. Revisaremos alguns exemplos de sucessão conduzida por animais na próxima seção, mas está claro que as observações e as conclusões que Elton fez há 80 anos valem ainda hoje.

Modelos múltiplos de sucessão foram estimulados devido à falta de consenso científico

A fascinação com os mecanismos responsáveis pela sucessão e as tentativas de integrar as teorias controversas de Clements, Cowles e Elton levaram ecólogos a usar métodos cientificamente mais rigorosos para explorar a sucessão, incluindo revisões abrangentes da literatura e experimentos manipulativos. Joseph Connell e seu colaborador Ralph Slatyer (1977) revisaram a literatura e propuseram três modelos de sucessão que consideravam importantes (**Figura 17.8**).

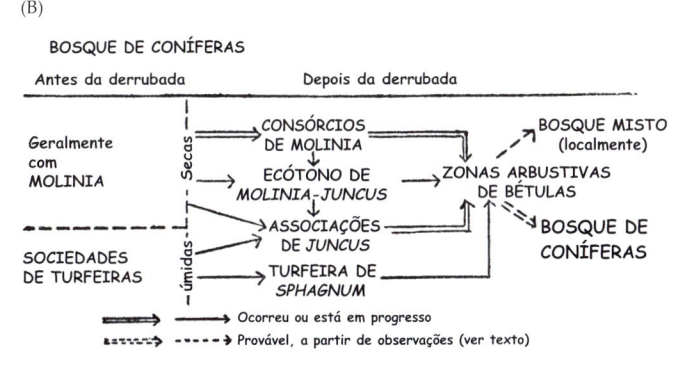

Figura 17.7 Trajetória sucessional da floresta de coníferas segundo Elton (A) Charles Elton com 25 anos, um ano antes da publicação de seu primeiro livro, *Animal Ecology* (1927). (B) O livro de Elton continha esse diagrama da sucessão em florestas de coníferas depois do desmatamento. A trajetória sucessional difere dependendo das condições de umidade de uma área particular: áreas mais úmidas tornam-se turfeiras de *Sphagnum*, enquanto áreas ligeiramente mais secas se tornam banhados contendo juncos (*Juncus*) e gramíneas (*Molinia*). Por fim, essas comunidades tornam-se vassourais de bétula, mas então divergem para bosques de pinho ou bosques mistos, mais uma vez dependendo da umidade. (B de Elton, 1927.)

- O *modelo de facilitação*, inspirado em Clements, descreve situações nas quais os colonizadores iniciais modificam o ambiente de maneira que, por fim, beneficiam espécies que chegam mais tarde, mas impedem sua própria dominância continuada. Essas espécies de estágios iniciais possuem características que as tornam boas colonizadoras de hábitats abertos, lidando bem com o estresse físico, crescendo rápido até a maturidade e melhorando as condições físicas adversas, geralmente características de estágios iniciais de sucessão. Por fim, depois de algum tempo, a sequência de facilitações por espécies conduz a uma comunidade clímax composta de espécies que não facilitam mais outras espécies e são substituídas apenas por distúrbios.

- O *modelo de tolerância* também parte do pressuposto de que as espécies pioneiras modificam o ambiente, mas de maneiras neutras, que não beneficiam nem inibem as espécies tardias. Essas espécies sucessionais iniciais têm estratégias de história de vida que lhes permitem crescer e se reproduzir com rapidez. Espécies tardias persistem simplesmente porque têm estratégias de história de vida, como crescimento lento, poucos descendentes e vida longa, que lhes permitem tolerar o aumento de estresses ambientais ou biológicos que impediriam espécies sucessionais iniciais.

- O *modelo de inibição* supõe que espécies sucessionais iniciais modificam o ambiente de maneira que impedem ou atrasam o estabelecimento das espécies tardias. Por

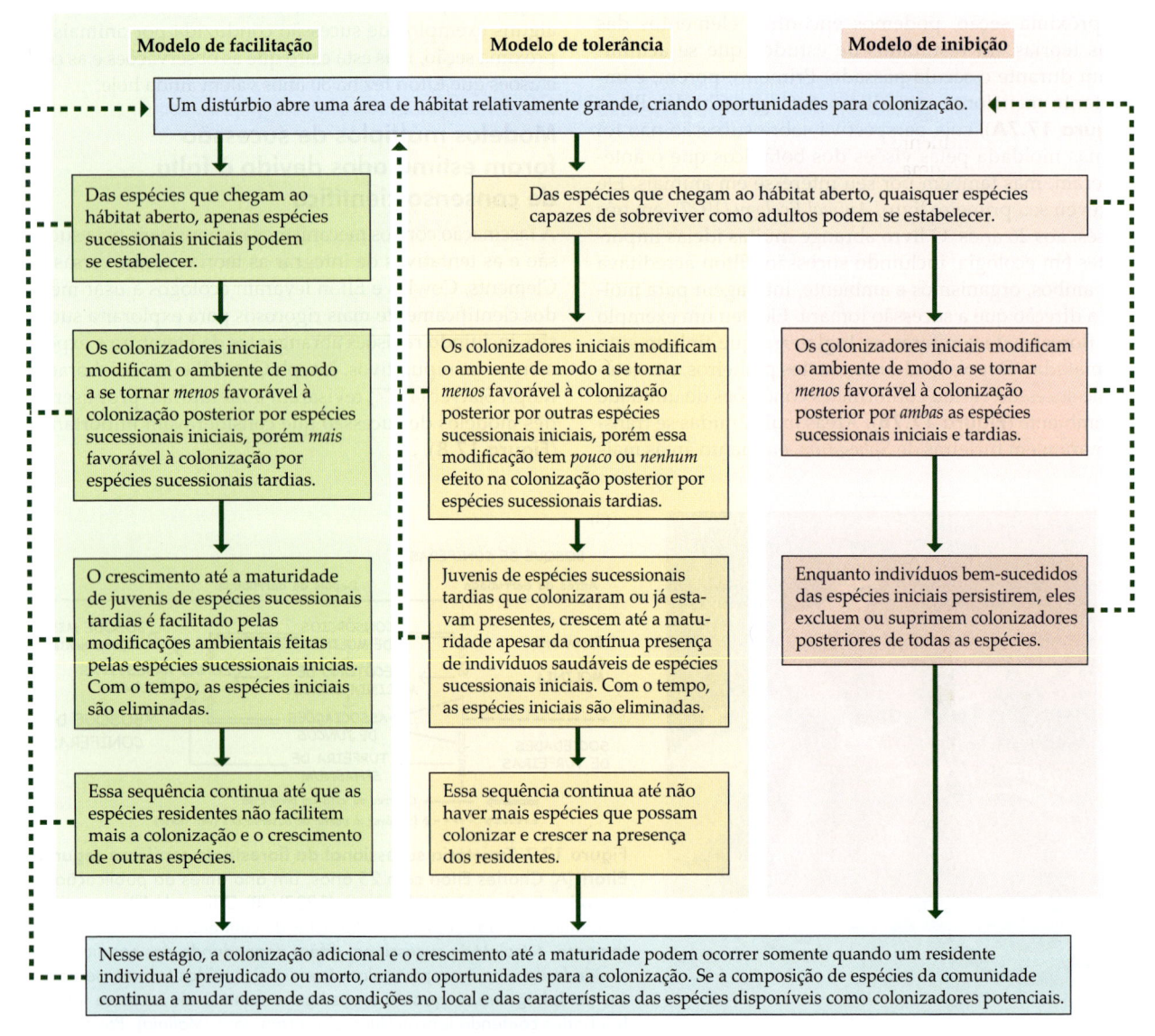

Figura 17.8 Três modelos de sucessão Connell e Slatyer propuseram três modelos conceituais – de facilitação, de tolerância e de inibição – para descrever a sucessão. (Segundo Connell e Slatyer, 1977.)

Modelo de facilitação

Um distúrbio abre uma área de hábitat relativamente grande, criando oportunidades para colonização.

Das espécies que chegam ao hábitat aberto, apenas espécies sucessionais iniciais podem se estabelecer.

Os colonizadores iniciais modificam o ambiente de modo a se tornar *menos* favorável à colonização posterior por espécies sucessionais iniciais, porém *mais* favorável à colonização por espécies sucessionais tardias.

O crescimento até a maturidade de juvenis de espécies sucessionais tardias é facilitado pelas modificações ambientais feitas pelas espécies sucessionais inicias. Com o tempo, as espécies iniciais são eliminadas.

Essa sequência continua até que as espécies residentes não facilitem mais a colonização e o crescimento de outras espécies.

Modelo de tolerância

Das espécies que chegam ao hábitat aberto, quaisquer espécies capazes de sobreviver como adultos podem se estabelecer.

Os colonizadores iniciais modificam o ambiente de modo a se tornar *menos* favorável à colonização posterior por outras espécies sucessionais iniciais, porém essa modificação tem *pouco* ou *nenhum* efeito na colonização posterior por espécies sucessionais tardias.

Juvenis de espécies sucessionais tardias que colonizaram ou já estavam presentes, crescem até a maturidade apesar da contínua presença de indivíduos saudáveis de espécies sucessionais iniciais. Com o tempo, as espécies iniciais são eliminadas.

Essa sequência continua até não haver mais espécies que possam colonizar e crescer na presença dos residentes.

Modelo de inibição

Os colonizadores iniciais modificam o ambiente de modo a se tornar *menos* favorável à colonização posterior por *ambas* as espécies sucessionais iniciais e tardias.

Enquanto indivíduos bem-sucedidos das espécies iniciais persistirem, eles excluem ou suprimem colonizadores posteriores de todas as espécies.

Nesse estágio, a colonização adicional e o crescimento até a maturidade podem ocorrer somente quando um residente individual é prejudicado ou morto, criando oportunidades para a colonização. Se a composição de espécies da comunidade continua a mudar depende das condições no local e das características das espécies disponíveis como colonizadores potenciais.

→ Sucessão
╌╌▶ Interrupção do processo

exemplo, esses colonizadores iniciais podem monopolizar os recursos necessários às espécies subsequentes. Essa supressão do próximo estágio de sucessão é interrompida apenas quando um estresse ou distúrbio diminui a abundância da espécie inibidora. Como no modelo de tolerância, espécies tardias persistem simplesmente porque possuem estratégias de história de vida que lhes permitem tolerar estresses ambientais ou biológicos que normalmente impediriam espécies sucessionais iniciais.

> **CONCEITO 17.3**
>
> Experimentos mostram que os mecanismos de sucessão são diversos e dependentes do contexto.

Mecanismos de sucessão

Mais de 30 anos se passaram desde que Connell e Slatyer escreveram seu influente artigo teórico sobre sucessão. Desde então, houve uma série de testes experimentais de seus três modelos. Esses estudos mostram que os mecanismos que levam à sucessão raramente obedecem apenas a um modelo; em vez disso, são dependentes da comunidade e do contexto em que os experimentos são realizados.

Não existe um modelo válido a todas as comunidades

Para ilustrar os tipos de mecanismos de sucessão que foram revelados por experimentos, nos concentraremos em três estudos: comunidades que se formam (1) após derretimento das geleiras no Alasca, (2) após distúrbios na vegetação das marismas na Nova Inglaterra, e (3) após distúrbio por ondas na zona entremarés da costa do Pacífico na América do Norte.

Sucessão primária na Baía Glacier, Alasca Um dos mais bem estudados exemplos de sucessão primária ocorre na Baía Glacier, Alasca, onde o derretimento das geleiras levou a uma sequência de mudanças na comunidade que reflete a sucessão ao longo de muitos séculos (**Figura 17.9**). O Capitão George Vancouver registrou pela primeira vez o local da geleira em 1794, enquanto

Figura 17.9 O recuo da geleira na Baía Glacier Durante mais de 200 anos, o derretimento das geleiras expôs rochas desnudas para a colonização e a sucessão. (Segundo Chapin et al., 1994.)

> Com base nas localizações das geleiras ao longo do tempo, descreva onde as comunidades mais antigas e mais jovens estão localizadas.

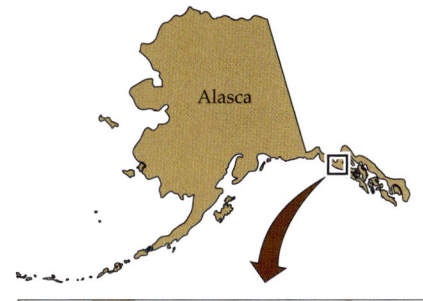

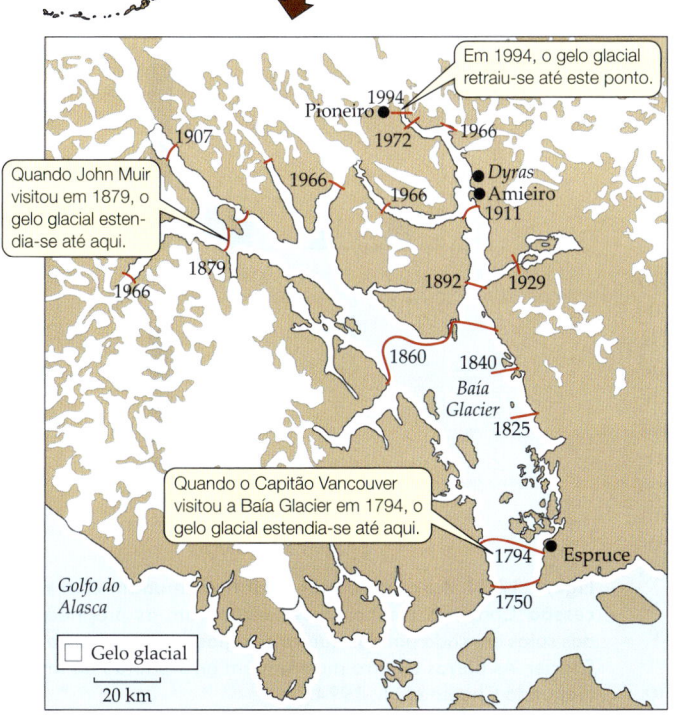

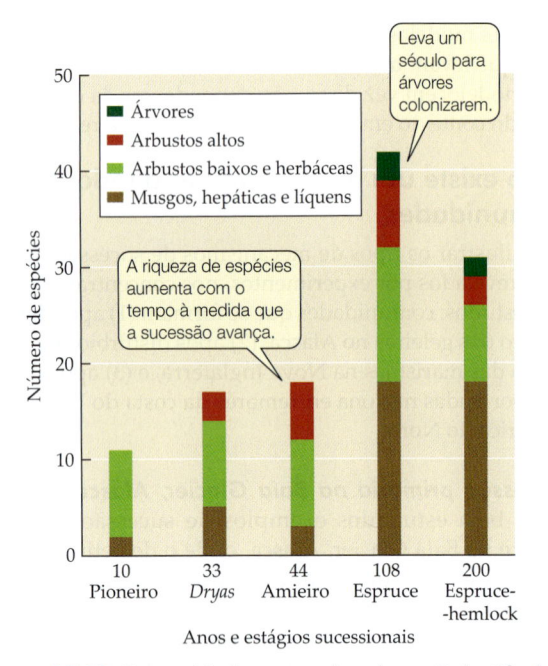

Figura 17.10 Comunidades sucessionais na Baía Glacier, Alasca A riqueza de espécies vegetais em geral aumentou ao longo do período de 200 anos após o recuo glacial. (Dados de Reiners et al., 1971.)

explorava a costa oeste da América do Norte. Ao longo dos últimos 200 anos, as geleiras recuaram até a baía, deixando para trás rochas expostas e quebradas (conhecido como *tilito glacial*). John Muir (1915), em seu livro *Travels in Alaska*, observou pela primeira vez o quanto as geleiras tinham derretido desde a época de Vancouver. Quando visitou a Baía Glacier em 1879, ele acampou entre tocos de árvores antigas que haviam sido cobertas de gelo e viu florestas que tinham crescido nas áreas que foram geleiras. Ele ficou impressionado com a natureza dinâmica da paisagem e a maneira como as comunidades vegetais responderam às mudanças.

O livro de Muir estimulou o interesse de William S. Cooper (1923a), que começou seus estudos da Baía Glacier em 1915. Um antigo estudante de Henry Chandler Cowles, Cooper viu a Baía Glacier como um exemplo da "substituição do tempo pelo espaço", tão bem documentada por seu orientador nas dunas de Michigan. Ele estabeleceu parcelas permanentes (Cooper, 1923b) que permitiram aos pesquisadores caracterizar o padrão de mudança da comunidade ao longo da baía desde a época de Vancouver até hoje. Esse padrão em geral é caracterizado por um aumento na riqueza de espécies de plantas e uma mudança na composição de espécies de plantas com o tempo e a distância do local onde iniciou o derretimento do gelo (**Figura 17.10**). Nos primeiros anos depois do novo hábitat ter sido exposto, um **estágio pioneiro** ou primário desenvolveu-se, dominado por algumas espécies que incluíam líquens, musgos, cavalinhas, salgueiros e choupos. Por volta de 30 anos depois da exposição, uma segunda comunidade desenvolveu-se, chamada de estágio de *Dryas*, por causa do pequeno arbusto (*Dryas drummondii*) que dominou essa comunidade. Nesse estágio, a riqueza de espécies aumentou, com salgueiros, choupos, amieiros (*Alnus sinuata*) e espruce-sitka (*Picea sitchensis*) distribuídos esparsamente pelo tapete de *Dryas*. Após cerca de 50 anos (ou cerca de 20 km do início do gelo), os amieiros dominaram, formando a terceira comunidade, referida como o estágio do amieiro. Por fim, um século depois da retração glacial, uma floresta madura de espruce-sitka (o estágio do espruce) estabeleceu-se, fomentando uma série diversa de líquens, arbustos baixos e herbáceas. Reiners e colaboradores (1971) documentaram que, após 200 anos de exposição, a riqueza de espécies diminuiu um pouco com a transformação da floresta madura de espruce-sitka ocidentais em florestas de espruce-hemlock de vida mais longa.

Os mecanismos subjacentes à sucessão nesse sistema têm sido estudados amplamente por F. Stuart Chapin e colaboradores (1994). Eles ficaram curiosos, dadas as condições físicas adversas experimentadas pela maioria das

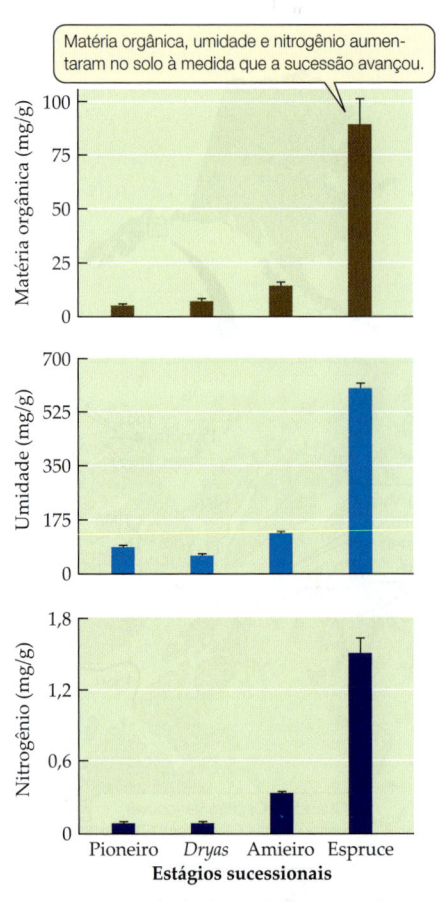

Figura 17.11 As propriedades edáficas mudam com a sucessão Chapin e colaboradores estudaram as propriedades dos solos em cada um dos quatro estágios sucessionais na Baía Glacier. As barras de erro mostram um erro-padrão da média. (Segundo Chapin et al., 1994.)

espécies no estágio pioneiro, e se o modelo de facilitação poderia explicar o padrão de sucessão observado por Cooper (1923b) e Reiners e colaboradores. Primeiro, eles analisaram os solos dos diferentes estágios sucessionais. Eles encontraram mudanças significativas em propriedades do solo que eram coincidentes com os aumentos na riqueza de espécies de plantas (**Figura 17.11**). Não houve apenas aumento na matéria orgânica e na umidade do solo nos estágios mais tardios da sucessão, como também houve o aumento do nitrogênio em mais de cinco vezes do estágio do amieiro para o estágio do espruce. (Esse aumento resultou da ação de bactérias fixadoras de nitrogênio associadas às raízes das plantas, as quais descreveremos em mais detalhes em Conexões na Natureza deste capítulo.) Chapin conjeturou que a assembleia de espécies em cada estágio da sucessão exerceu efeitos sobre o ambiente físico, que moldaram amplamente o padrão de formação da comunidade. Entretanto, duas questões permaneceram sem resposta: se aqueles efeitos eram facilitadores ou inibidores e como eles variaram ao longo dos diferentes estágios sucessionais.

Para testar sua hipótese de facilitação, Chapin e colaboradores (1994) conduziram experimentos manipulativos. Eles adicionaram sementes de espruce a cada um dos estágios sucessionais e observaram sua germinação, crescimento e sobrevivência ao longo do tempo. Esses experimentos, em conjunto com observações de parcelas não manipuladas, mostraram que plantas vizinhas tinham efeitos facilitadores e inibidores sobre as plântulas de espruce, mas que a direção e a força desses efeitos variavam com o estágio de sucessão (**Figura 17.12**). Por exemplo, no estágio pioneiro, as plântulas de espruce tiveram baixa taxa de germinação, mas taxa de sobrevivência maior do que em estágios sucessionais mais tardios. No estágio de *Dryas*, elas tiveram taxas de germinação e sobrevivência baixas devido ao aumento de predadores de sementes, mas aqueles indivíduos que sobreviveram cresceram melhor devido à presença de nitrogênio, fixado pelas bactérias simbiontes associadas a *Dryas*. No estágio do amieiro, um aumento adicional em nitrogênio (amieiros também têm bactérias fixadoras de nitrogênio) e um aumento em matéria orgânica no solo produziram efeitos positivos sobre as plântulas de espruce, mas o sombreamento e os predadores de sementes levaram a baixas taxas gerais de germinação e sobrevivência. Nessa etapa, os amieiros tiveram um efeito líquido positivo sobre as plântulas de espruce que germinaram antes deles serem capazes de dominar. Por fim, no estágio do espruce, os efeitos dos espruces grandes sobre as plântulas de espruce foram majoritariamente negativos e duradouros. As taxas de crescimento

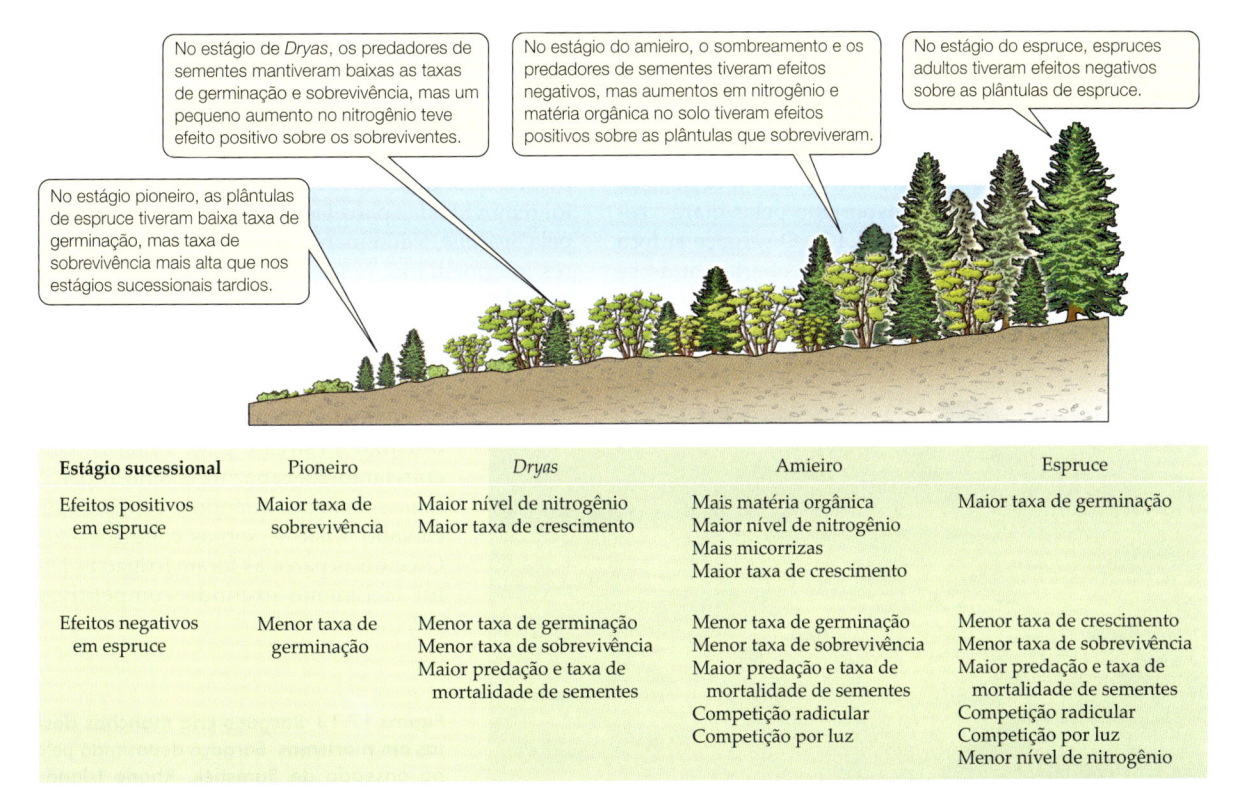

Estágio sucessional	Pioneiro	*Dryas*	Amieiro	Espruce
Efeitos positivos em espruce	Maior taxa de sobrevivência	Maior nível de nitrogênio Maior taxa de crescimento	Mais matéria orgânica Maior nível de nitrogênio Mais micorrizas Maior taxa de crescimento	Maior taxa de germinação
Efeitos negativos em espruce	Menor taxa de germinação	Menor taxa de germinação Menor taxa de sobrevivência Maior predação e taxa de mortalidade de sementes	Menor taxa de germinação Menor taxa de sobrevivência Maior predação e taxa de mortalidade de sementes Competição radicular Competição por luz	Menor taxa de crescimento Menor taxa de sobrevivência Maior predação e taxa de mortalidade de sementes Competição radicular Competição por luz Menor nível de nitrogênio

Figura 17.12 Tanto efeitos positivos quanto efeitos negativos influenciam a sucessão As contribuições relativas positivas e negativas de outras espécies sobre o estabelecimento de plântulas de espruce se modificaram ao longo dos estágios sucessionais na Baía Glacier, Alasca. Os efeitos positivos foram iguais ou superiores aos efeitos negativos nos primeiros três estágios, mas o oposto foi visto no último estágio do espruce. (Segundo Chapin et al., 1994.)

e sobrevivência foram baixas devido à competição com espruces adultos por luz, espaço e nitrogênio. De modo curioso, a produção de sementes aumentou, o que levou a um número relativamente alto de plântulas como simples consequência da maior disponibilidade de sementes para germinação.

Assim, na Baía Glacier, os mecanismos delineados nos modelos de Connell e Slatyer foram confirmados em pelo menos alguns estágios da sucessão. Logo no início, aspectos do modelo de facilitação foram vistos, à medida que as plantas modificaram o hábitat de maneiras positivas para outras plantas e animais. Espécies como os amieiros tiveram efeitos negativos sobre espécies sucessionais tardias, exceto quando essas espécies foram capazes de colonizar antes, sustentando o modelo de inibição. Finalmente, alguns estágios – tais como o estágio do espruce, no qual a dominância foi resultado do crescimento lento e da vida longa – foram conduzidos por características da história de vida, marca registrada do modelo de tolerância.

Sucessão secundária em uma marisma da Nova Inglaterra O que outros estudos mostram com relação aos três modelos de Connell e Slatyer? Mark Bertness e Scott Shumway estudaram a importância relativa de interações facilitadoras *versus* inibidoras no controle da sucessão secundária em uma uma marisma na Nova Inglaterra. Marismas são caracterizadas por diferentes composições de espécies e condições físicas em diferentes níveis de elevação das marés. A borda litorânea da marisma é dominada pela gramínea *Spartina patens*, enquanto manchas densas do junco-preto (*Juncus gerardii*) são encontradas entre a linha litorânea e a borda terrestre. Um distúrbio natural comum em hábitats de marismas é a deposição de material vegetal morto transportado pelas marés, conhecido como *sargaço* (**Figura 17.13**). O sargaço sufoca e mata plantas, criando manchas descobertas onde se inicia a sucessão secundária. A salinidade do solo é alta nessas manchas, pois, sem o sombreamento das plantas, a evaporação da água aumenta, deixando para trás depósitos de sal. As manchas são inicialmente colonizadas pela gramínea *Distichlis spicata*, espécie sucessional inicial que por fim acaba excluída competitivamente por *Spartina* e *Juncus*, em suas respectivas zonas.

Bertness e Shumway (1993) conjeturaram que *Distichlis* poderia facilitar ou inibir a colonização posterior por *Spartina* ou *Juncus*, dependendo do estresse de sal experimentado pelas plantas que estariam interagindo. Para testar essa ideia, eles criaram manchas descobertas em duas zonas do pântano e manipularam as interações das plantas logo depois das manchas terem sido colonizadas (**Figura 17.14**). Na zona entremarés baixa (a zona da *Spartina*, próxima ao litoral), eles removeram *Distichlis* da metade das manchas recém-colonizadas, deixando a *Spartina*, e removeram *Spartina* da outra metade, deixando a *Distichlis*. Na zona entremarés intermediária (a zona do *Juncus*, perto da borda terrestre do pântano), eles realizaram manipulações semelhantes, porém o *Juncus* e a *Distichlis* foram as espécies-alvo. Manchas-controle, nas quais o processo de colonização não foi manipulado, foram mantidas nas duas zonas. Além disso, eles regaram metade das manchas em cada grupo de tratamento com água fresca para aliviar o estresse salino e deixaram metade como controle.

Depois de observar as manchas por dois anos, Bertness e Shumway verificaram que os mecanismos de sucessão diferiram dependendo do nível de estresse de sal experimentado pelas plantas e das interações das espécies envolvidas. Na zona entremarés baixa, *Spartina* sempre colonizou e dominou as parcelas, estando ou não a *Distichlis* presente ou ocorrendo a irrigação (Figura 17.14A). *Distichlis* foi capaz de dominar apenas quando a *Spartina* foi removida das parcelas, ou seja, era claramente inibida pela *Spartina*, a dominante competitiva. Na zona entremarés intermediária, *Juncus* foi capaz de colonizar apenas quando a *Distichlis* estava presente ou ocorria irrigação (Figura 17.14B). Medições da salinidade do solo confirmaram que a presença de *Distichlis* ajudou a sombrear a superfície do solo, diminuindo, desse modo, assim a acumulação de sal e reduzindo o estresse para o *Juncus*. *Distichlis*, entretanto, foi capaz de colonizar parcelas de *Juncus* somente quando o estresse salino foi elevado – isto é, sob as condições-controle. Quando as parcelas foram irrigadas, *Distichlis* foi facilmente excluída competitivamente pelo *Juncus*.

Figura 17.13 Sargaço cria manchas descobertas em marismas Sargaço depositado pela maré na enseada de Rumstick, Rhode Island, onde Shumway e Bertness conduziram sua pesquisa sobre sucessão secundária. Essa cobertura vegetal morta sufoca as plantas vivas, criando manchas descobertas com alta salinidade no solo.

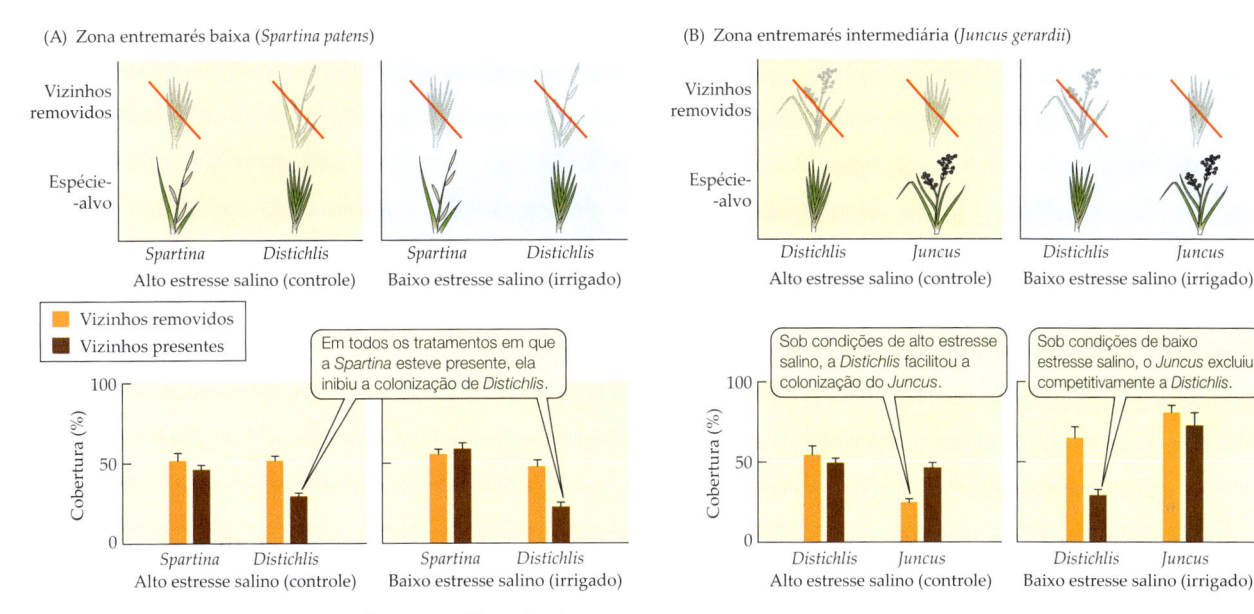

Figura 17.14 A sucessão em marismas na Nova Inglaterra é dependente do contexto A trajetória da sucessão em marismas depende da salinidade do solo e das tolerâncias fisiológicas das espécies vegetais. Os tipos de interações observadas diferiram entre a zona entremarés baixa (A) e a zona entremarés intermediária (B). As barras de erro mostram um erro-padrão da média. (Dados de Bertness e Shumway, 1993.)

Essas manipulações experimentais confirmaram que os mecanismos importantes para a sucessão são dependentes do contexto. Nenhum modelo único é suficiente para explicar as causas norteadoras da sucessão. Na zona entremarés média, *Distichlis* foi um forte facilitador da colonização por *Juncus*. Uma vez ocorrida essa facilitação, a interação concorreu a favor de *Juncus*, com a exclusão competitiva de *Distichlis* (ver Figura 17.14B). Na zona entremarés baixa, *Distichlis* e *Spartina* foram igualmente capazes de colonizar e crescer em manchas salgadas. Se a *Spartina* chegar primeiro, espera-se que ela iniba a colonização de *Distichlis*. Se a *Distichlis* chegar primeiro, espera-se que ela persista apenas se a *Spartina* não chegar e substituí-la (ver Figura 17.14A).

Sucessão primária em comunidades da zona entremarés rochosa Nosso exemplo final vem de um ambiente onde a sucessão tem sido amplamente estudada: a zona entremarés rochosa. Aqui, distúrbios são criados principalmente pelas ondas, que podem arrancar os organismos das rochas durante tempestades ou propelir objetos como troncos ou pedras sobre eles. Além disso, estresses causados pelas marés baixas, que expõem os organismos a altas ou baixas temperaturas do ar, podem facilmente matar os organismos ou desprendê-los das rochas. Os resultados são manchas de rocha desnuda, que então se tornam áreas ativas de colonização e sucessão.

Alguns dos primeiros trabalhos experimentais sobre sucessão em uma zona entremarés rochosa foram feitos em campos pedregosos no sul da Califórnia por Wayne Sousa, estudante de graduação naquela época. Sousa (1979b) observou que as comunidades dominadas por algas nessas rochas estavam sujeitas a distúrbios cada vez que as rochas eram reviradas pelas ondas. Quando ele limpou algumas manchas nas rochas e observou a sucessão nessas manchas ao longo do tempo, observou que a primeira espécie a colonizar e dominar a mancha era sempre a alga verde *Ulva lactuca* (**Figura 17.15A**). Ela era seguida pela alga vermelha *Gigartina canaliculata*. Para compreender o mecanismo controlador dessa sequência sucessional, Sousa conduziu experimentos de remoção sobre blocos de concreto onde havia permitido a colonização da *Ulva*. Ele observou que a colonização por *Gigartina* era acelerada se a *Ulva* fosse removida (**Figura 17.15B**). Esse resultado sugere a inibição como principal mecanismo controlador da sucessão, mas a questão permanece: se a *Ulva* é capaz de inibir outras espécies de algas, por que ela não domina sempre? Por meio de uma série de experimentos subsequentes, Sousa descobriu que caranguejos pastejadores se alimentavam preferencialmente de *Ulva*, iniciando, assim, uma transição do estágio inicial de *Ulva* para a sucessão intermediária com outras espécies de algas. Por sua vez, as espécies sucessionais intermediárias eram mais suscetíveis aos efeitos do estresse e da alga parasita do que a sucessional tardia *Gigartina*. A *Gigartina* dominou porque era a menos suscetível ao estresse ou às pressões de consumidores.

Essa visão da sucessão em rochas entremarés como sendo conduzida por inibição foi o paradigma aceito por muitos anos. Facilitação e tolerância eram consideradas muito menos importantes em sistemas onde a competição

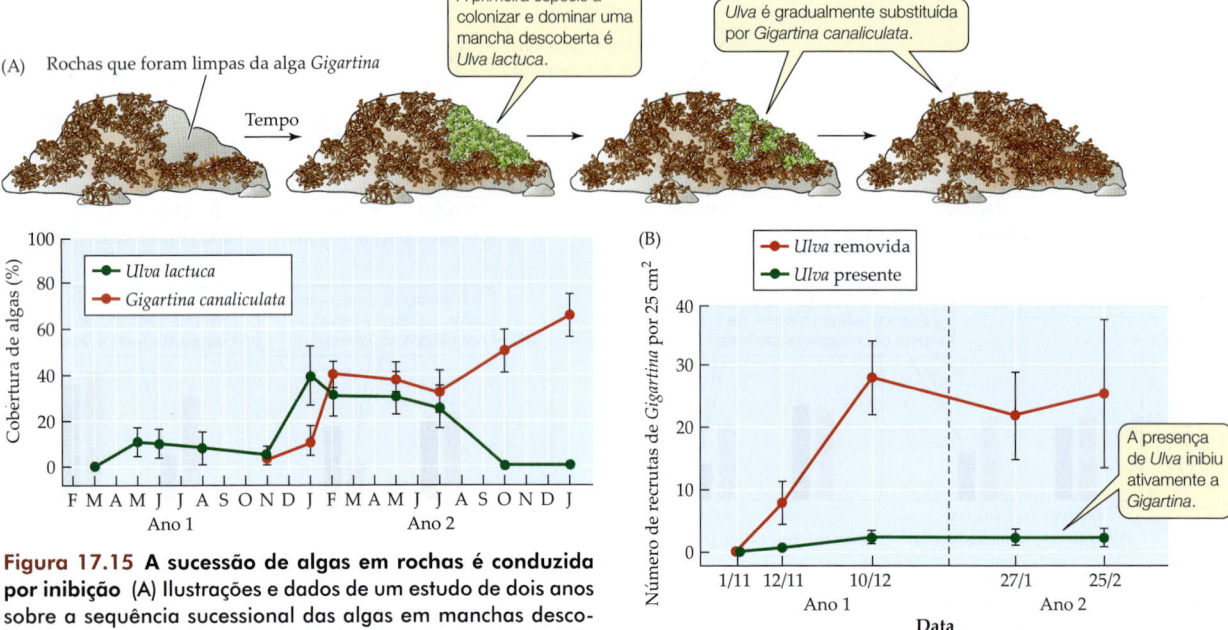

Figura 17.15 A sucessão de algas em rochas é conduzida por inibição (A) Ilustrações e dados de um estudo de dois anos sobre a sequência sucessional das algas em manchas descobertas sobre áreas rochosas na zona entremarés no sul da Califórnia. (B) Em um estudo que durou quatro meses, Sousa realizou experimentos de remoção em blocos de concreto para compreender os mecanismos de sucessão nesse ecossistema. As barras de erro mostram ± um erro-padrão da média. (Dados de Sousa, 1979b.)

por espaço era intensa. Trabalhos mais recentes de Terence Farrell e outros (p. ex., Berlow, 1997) têm demonstrado que a importância relativa da inibição é provavelmente muito mais dependente do contexto do que se pensava antes. Na zona entremarés rochosa mais produtiva da costa do Oregon, as comunidades incluíam muito mais invertebrados sésseis, como cracas e mexilhões, do que as comunidades estudadas por Sousa na costa do sul da Califórnia, onde as macroalgas dominavam. Na zona entremarés alta do Oregon, Farrel (1991) observou que o primeiro colonizador de manchas nuas era uma craca, *Chthamalus dalli*. *Chthamalus* foi substituído por outra espécie de craca maior, *Balanus glandula*, a qual foi depois substituída por três espécies de macroalgas, *Pelvetiopsis limitata*, *Fucus gardneri* e *Endocladia muricata*. Uma série de experimentos de remoção mostrou que *Chthamalus* não inibiu a colonização por *Balanus*, mas que *Balanus* foi capaz de excluir competitivamente *Chthamalus* ao longo do tempo, sustentando assim o modelo de tolerância. Da mesma forma, *Balanus* não impediu a colonização das macroalgas, e sim facilitou, dando credibilidade ao modelo de facilitação.

Mas por que e como *Balanus* facilitaria a colonização de macroalgas? Farrell suspeitou que *Balanus* protegesse as algas de alguma forma, possivelmente do estresse de dessecação ou do pastejo por lapas (lesmas-do-mar herbívoras). Para testar essa ideia, ele criou parcelas experimentais das quais *Balanus*, lapas ou ambas foram removidas e então observou a colonização das macroalgas nessas parcelas. Farrell verificou que as macroalgas colonizaram todas as parcelas sem lapas, mas tiveram uma densidade muito maior nas parcelas com cracas do que naquelas sem cracas (**Figura 17.16A**). Esses resultados sugeriram que *Balanus* realmente agiu para inibir cracas de pastejarem sobre novas colônias de plântulas de macroalgas.

Você deve estar se perguntando: por que o *Chthamalus* não teve o mesmo efeito de facilitação do *Balanus* sobre as macroalgas? Ferrell suspeitou que a razão fosse o maior tamanho do *Balanus* (ele é cerca de três vezes maior que o *Chthamalus*). Utilizando moldes de gesso para imitar cracas que fossem levemente maiores que *Balanus*, Ferrell percebeu que essas imitações de cracas tiveram um efeito positivo ainda maior sobre a colonização das macroalgas que cracas vivas pequenas de qualquer uma das espécies (**Figura 17.16B**). Parece provável que o *Chthamalus*, menor e mais plano, não retenha tanta umidade nem bloqueie tantas lapas como o *Balanus*, que é maior e mais esculpido – ou as imitações, a propósito.

Experimentos mostram que a facilitação é importante nos estágios iniciais

Uma série de estudos experimentais como esses que acabamos de descrever, inicialmente estimulados pelo artigo de Connell e Slatyer (1977), sugere que a sucessão em qualquer comunidade é guiada por um conjunto complexo de mecanismos (ver **Análise de Dados 17.1**). Não existe um modelo válido para qualquer comunidade; em vez disso, cada comunidade é caracterizada por elementos dos três modelos de Connell e Slatyer. Na maioria das sequências sucessionais, em especial naquelas em que o estágio pioneiro é exposto a condições fisicamente estressantes, interações de facilitação são importantes condutores da sucessão inicial. Organismos que conseguem tolerar e modificar esses ambientes fisicamente desafiadores irão se desenvolver e facilitar outros organismos sem essas habilidades. À medida que a sucessão avança, espécies de crescimento lento e vida longa começam a dominar. Essas espécies tendem a ser maiores e mais competitivamente dominantes do que espécies sucessionais iniciais. Por essa razão, pode-se esperar que a competição tenha um papel mais dominante que a facilitação mais tarde na sucessão.

À medida que a sucessão avança, a riqueza de espécies em geral aumenta (ver Figura 17.10); assim, precisamos reconhecer que um vasto conjunto de interações positivas e negativas está operando nos estágios intermediários e avançados da sucessão. Aprenderemos mais sobre os mecanismos responsáveis pelo controle da diversidade de espécies no Capítulo 19, mas agora nos deteremos na questão: a sucessão sempre segue um caminho previsível, como Clements acreditava, ou outros caminhos são possíveis?

CONCEITO 17.4

Comunidades podem seguir caminhos sucessionais diferentes e apresentar estados alternativos.

Estados estáveis alternativos

Até esse ponto, assumimos que a trajetória da sucessão é repetível e previsível. No entanto, o que aconteceria se, por exemplo, uma pedra na zona entremarés rochosa do sul da Califórnia mudasse o caminho e, em vez de formar uma comunidade de algas, como Sousa (1979b) observou, formasse uma comunidade de invertebrados sésseis? Ou o que aconteceria se *Dryas* jamais colonizasse o terreno inóspito deixado para trás pela geleira na Baía Glacier e fosse substituída por uma gramínea que competisse, em vez de facilitar, com as espécies sucessionais mais tardias como o espruce-sitka? Será que a floresta de espruces jamais se desenvolveria? Possivelmente. Há casos em que diferentes comunidades se desenvolvem na mesma área sob condições ambientais similares. Ecólogos referem-se a esses cenários alternativos como **estados estáveis alternativos**. Richard Lewontin (1969) foi um dos primeiros a definir formalmente um modelo de estados estáveis alternativos em comunidades naturais.

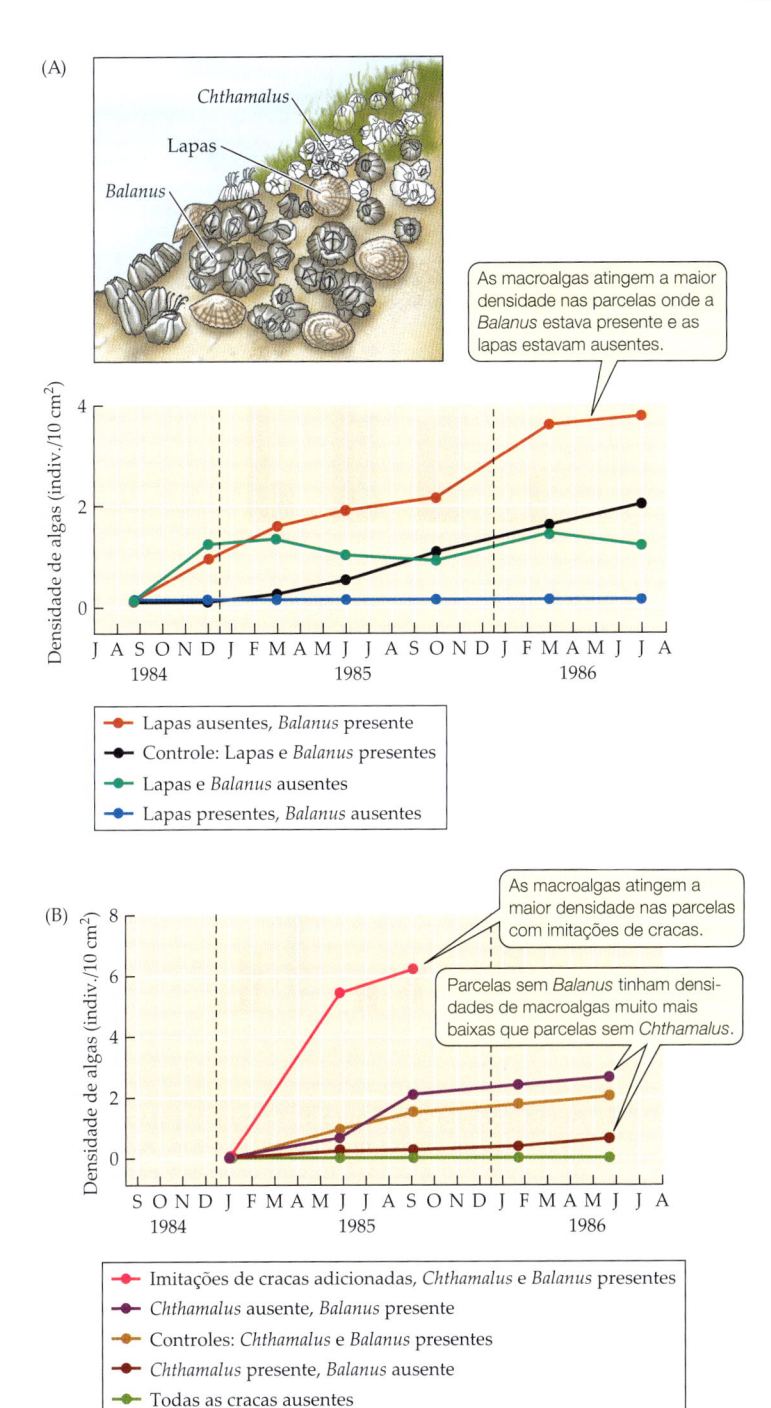

Figura 17.16 A sucessão de algas na costa do Oregon é conduzida por facilitação (A) Mudanças na densidade de macroalgas foram medidas em parcelas das quais as cracas *Balanus*, as lapas ou ambas foram removidas. Os resultados sugeriram que *Balanus* facilita as macroalgas ao reduzirem o pastejo das lapas. (B) Para compreender os mecanismos de facilitação, Farrel adicionou imitações de cracas grandes a algumas parcelas, e as comparou com parcelas onde as espécies reais de cracas – *Balanus*, *Chthamalus* ou ambas – tinham sido removidas. Os resultados sugeriram que, quanto maior a espécie de craca, melhor ela protege as macroalgas contra o pastejo por lapas ou a dessecação. (Dados de Farrell, 1991.)

ANÁLISE DE DADOS 17.1

Que tipos de interações entre espécies conduzem a sucessão em florestas de montanha?

Aprendemos neste capítulo que os padrões de sucessão são muitas vezes o resultado de complexas interações entre espécies. Tais interações são exemplificadas em um estudo que investigou os padrões de sucessão em florestas de montanha em Utah, dominadas pelo álamo-tremedor (*Populus tremuloides*) e pelo abeto-subalpino (*Abies lasiocarpa*) (Calder e St. Clair, 2012).* Em alguns casos, os álamos podem formar populações estáveis e autossustentáveis, porém mais comumente essas árvores ocorrem junto com coníferas em manchas florestais mistas. Observações mostram que os álamos iniciam a primeira fase da sucessão secundária em prados abertos criados por fogo ou desmatamento, usando rebrotes de raiz (brotos subterrâneos que produzem plantas clonais; ver p. 208) para colonizar prados abertos. Com o tempo, manchas mistas de álamos e abetos são formadas à medida que as coníferas tolerantes à sombra se estabelecem e aumentam em abundância, enquanto o álamo entra em declínio. As manchas mistas são por fim dominadas por coníferas, que são mais suscetíveis ao fogo do que manchas de álamos puras, aumentando, dessa forma, a chance de reiniciar o ciclo de sucessão.

Para compreender a transição de um estágio sucessional para o outro, Calder e St. Clair contaram os rebrotes de álamo e as mudas de abeto em quatro estágios sucessionais – prado, álamo, misto e conífera – com os resultados apresentados na **Figura A**. Para testar qual tipo de interação é importante na transição de um estágio para o outro, os pesquisadores mediram a mortalidade de álamos do dossel e de abetos subalpinos como uma função de sua distância até a árvore vizinha mais próxima de outra espécie. Esses resultados são apresentados na **Figura B**. As barras de erro mostram um erro-padrão da média.

Figura A

Densidade (n°/m²) de Rebrotes de álamo e Plântulas de abeto ao longo do Estágio sucessional: Prado, Álamo, Misto, Coníferas.

Figura B

Mortalidade (%) ao longo do Estágio sucessional: Álamo, Misto, Coníferas. Categorias:
- Álamos > 0,5m de distância de abetos
- Álamos < 0,5m de distância de abetos
- Abetos > 0,5m de distância de álamos
- Abetos < 0,5m de distância de álamos

1. Com base nos dados da Figura A, qual o padrão de abundância do álamo ao longo dos quatro estágios sucessionais? Como o padrão de abundância do abeto subalpino difere? Será que esses padrões de abundância do álamo e do abeto sustentam a sequência de sucessão descrita no primeiro parágrafo?

2. Que tipo de interação interespecífica você hipotetizaria para explicar a diferença entre o número de plântulas de abeto no estágio do álamo e no estágio do prado na Figura A? Que tipo de interação interespecífica pode explicar a diferença entre o número de rebrotes de álamo entre os estágios misto e de coníferas?

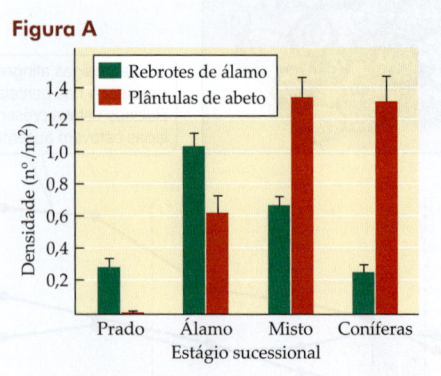

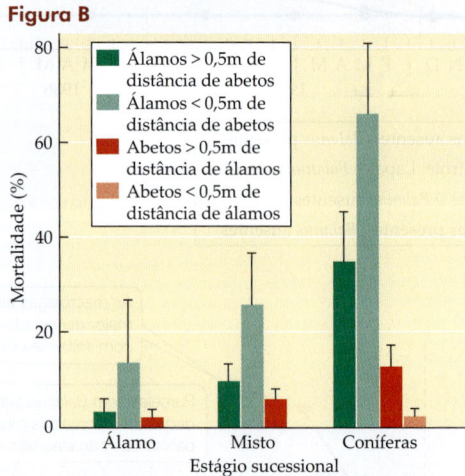

3. Agora considere a Figura B. O que acontece com as árvores de abetos quando vivem perto (< 0,5 m) de árvores de álamos? O que acontece com álamos quando vivem perto (< 0,5 m) de abetos? Será que esses dados suportam sua hipótese anterior (da Questão 2) sobre os tipos de interações entre espécies que conduzem a sucessão?

4. Qual dos três modelos de Connell e Slatyer (ver Figura 17.8) melhor se adéqua aos resultados desse estudo? Por quê?

*Calder, W. J. and S. B. St. Clair. 2012. Facilitation drives mortality patterns along successional gradients of aspen-conifer forest. *Ecosphere* 3: 1-11.

Considera-se que uma comunidade possui **estabilidade**, ou que é estável, quando permanece ou retorna a sua estrutura e função originais após alguma perturbação. Quão estáveis são as comunidades naturais? Essa questão tem perturbado ecólogos por algum tempo, em parte porque a noção de estabilidade depende das escalas temporais e espaciais. Em uma escala espacial pequena, como uma parcela de 1 m² em uma pradaria do meio-oeste, pode haver mudanças ou instabilidades consideráveis ao longo do tempo. Se as plantas forem removidas da parcela, é improvável que todas as mesmas espécies colonizem aquela parcela particular e com certeza não exatamente nos mesmos

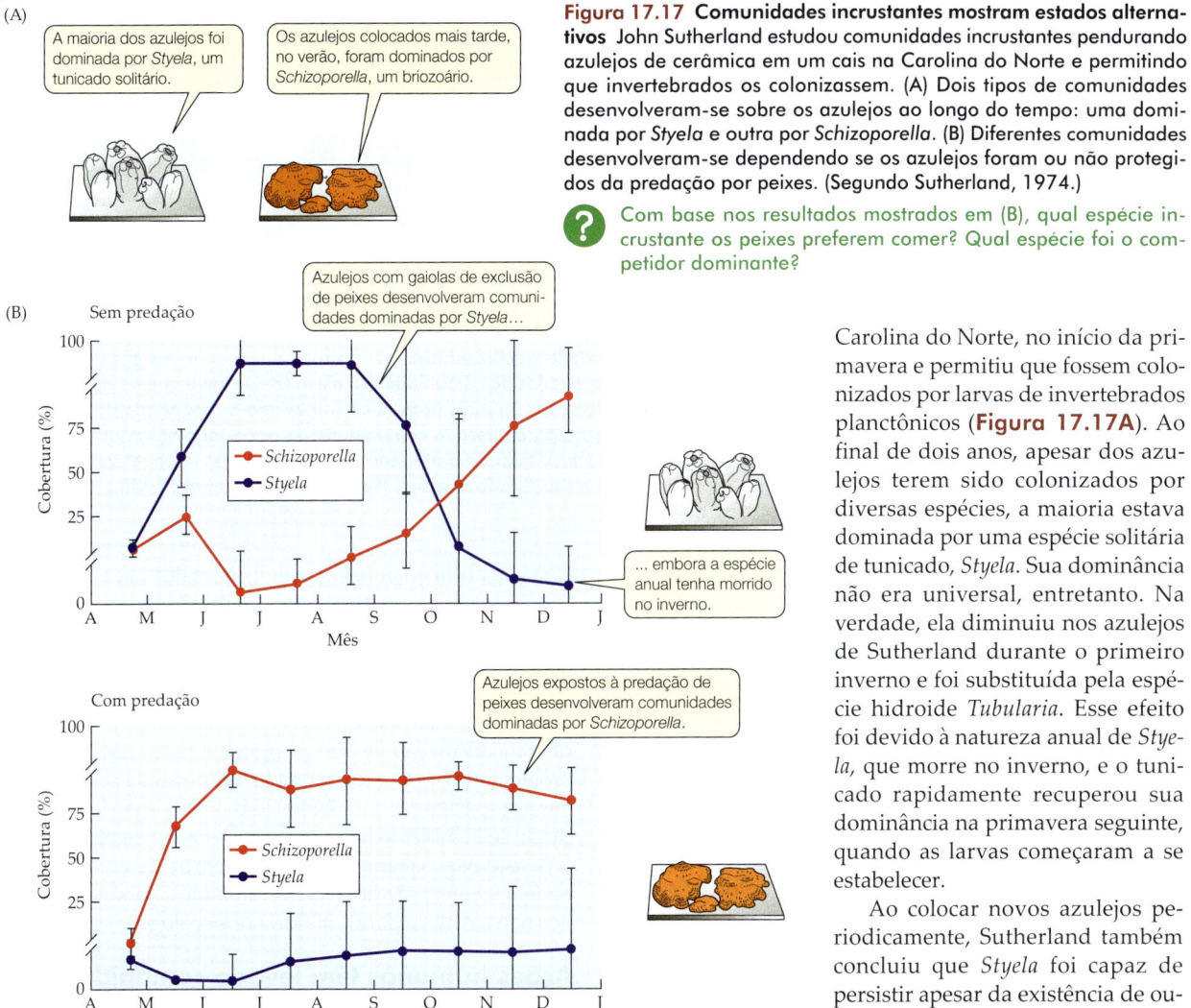

Figura 17.17 Comunidades incrustantes mostram estados alternativos John Sutherland estudou comunidades incrustantes pendurando azulejos de cerâmica em um cais na Carolina do Norte e permitindo que invertebrados os colonizassem. (A) Dois tipos de comunidades desenvolveram-se sobre os azulejos ao longo do tempo: uma dominada por *Styela* e outra por *Schizoporella*. (B) Diferentes comunidades desenvolveram-se dependendo se os azulejos foram ou não protegidos da predação por peixes. (Segundo Sutherland, 1974.)

> Com base nos resultados mostrados em (B), qual espécie incrustante os peixes preferem comer? Qual espécie foi o competidor dominante?

(A) A maioria dos azulejos foi dominada por *Styela*, um tunicado solitário.

Os azulejos colocados mais tarde, no verão, foram dominados por *Schizoporella*, um briozoário.

(B) Sem predação

Azulejos com gaiolas de exclusão de peixes desenvolveram comunidades dominadas por *Styela*...

... embora a espécie anual tenha morrido no inverno.

Com predação

Azulejos expostos à predação de peixes desenvolveram comunidades dominadas por *Schizoporella*.

locais. Entretanto, se uma área maior for considerada (p. ex., uma parcela de 100 m²), a chance de encontrarmos as mesmas espécies aumenta. Da mesma forma, se a parcela fosse acompanhada por um período curto, a chance de mudar sua composição de espécies seria baixa. Contudo, quanto mais tempo passasse, mais provável seria que aquela comunidade mudasse e assim parecesse instável. Com essas ressalvas em mente, examinaremos com mais atenção exemplos de comunidades que, uma vez perturbadas, não reverteram ao estado prévio, mas em vez disso apresentaram estados estáveis alternativos.

Estados alternativos são controlados por interações fortes entre espécies

John Sutherland (1974) estudou comunidades marinhas incrustantes: esponjas, hidroides, tunicados e outros invertebrados que incrustam navios, docas e outras superfícies duras em baías e estuários. Ele pendurou azulejos no cais do Laboratório Marinho da Duke University, em Beaufort, Carolina do Norte, no início da primavera e permitiu que fossem colonizados por larvas de invertebrados planctônicos (**Figura 17.17A**). Ao final de dois anos, apesar dos azulejos terem sido colonizados por diversas espécies, a maioria estava dominada por uma espécie solitária de tunicado, *Styela*. Sua dominância não era universal, entretanto. Na verdade, ela diminuiu nos azulejos de Sutherland durante o primeiro inverno e foi substituída pela espécie hidroide *Tubularia*. Esse efeito foi devido à natureza anual de *Styela*, que morre no inverno, e o tunicado rapidamente recuperou sua dominância na primavera seguinte, quando as larvas começaram a se estabelecer.

Ao colocar novos azulejos periodicamente, Sutherland também concluiu que *Styela* foi capaz de persistir apesar da existência de outros colonizadores potenciais. Esses colonizadores incrustaram os azulejos novos, mas foram incapazes de colonizar aqueles dominados por *Styela*. Sendo assim, Sutherland viu essas comunidades incrustadas como estáveis. Dentro de alguns meses, Sutherland também identificou o que acreditou ser outra comunidade incrustada estável, dessa vez dominada por *Schizoporella*, um briozoário incrustante (ver Figura 17.17A). Essa comunidade se desenvolveu em novos azulejos pendurados no cais no fim do verão e também foi inacessível à colonização por outras espécies, incluindo *Styela*.

Para compreender o que poderia estar controlando esses dois resultados alternativos de sucessão, Sutherland colocou novos azulejos no mesmo ponto do cais, mas excluiu peixes predadores de metade dos azulejos, cercando-os com gaiolas (**Figura 17.17B**). Depois de um ano, observou que os azulejos protegidos dos peixes predadores tinham formado comunidades dominadas por *Styela*, enquanto que aqueles expostos aos peixes predadores tinham formado comunidades dominadas por *Schizoporella*. Ele também notou que as abundâncias de ambas as espécies nos azulejos protegidos de predadores eram invertidas quando *Styela* começou a morrer no inverno. Esses resultados sugeriram que *Styela* é competitivamente dominante se deixada sem distúrbios, mas é excluída por competição pela *Schizoporella* quando perturbada. Sutherland justificou suas observações originais da dominância de *Styela* sugerindo que a predação por peixes foi irregular e que os próprios tunicados, tendo alcançado certo tamanho, poderiam ter atuado como uma "gaiola" natural ou um mecanismo de exclusão do predador.

Tanto Lewontin (1969) quanto Sutherland (1974) acreditavam que existiam múltiplos estados estáveis em comunidades e que poderiam ser influenciados pela adição ou exclusão de interagentes particularmente fortes. Se essas espécies estiverem ausentes ou forem ineficazes, as comunidades podem seguir trajetórias sucessionais alternativas que jamais levariam de volta ao tipo original da comunidade, mas em vez disso poderiam formar um novo tipo de comunidade. Podemos visualizar a teoria por trás dos estados estáveis alternativos imaginando uma paisagem onde diferentes vales representam a gama de diferentes tipos de comunidades e uma bola representa uma comunidade ocupando um estado particular em um dado momento no tempo (**Figura 17.18A**). A bola pode se mover de um vale ao outro, dependendo da presença ou da ausência de interações fortes entre espécies e de como elas moldam a comunidade (**Figura 17.18B**). Por exemplo, pode ser necessária apenas uma ligeira mudança em uma ou mais espécies dominantes para forçar a bola para um novo vale, ou pode ser necessária a remoção completa de uma espécie para causar essa mudança. Se usarmos o trabalho de Sutherland como exemplo, podemos pensar nas comunidades de *Styela* e *Schizoporella* como dois vales diferentes. A bola residir no vale de *Schizoporella* ou no vale de *Styela* vai depender da presença de peixes predadores. De modo interessante, nesse sistema, a bola pode não se mover simplesmente de volta ao vale de *Schizoporella*, caso o acesso aos peixes predadores seja restaurado (**Figura 17.18C**). Como Sutherland reparou, *Styela* é capaz de escapar da predação quando atinge determinado tamanho. Assim, esse sistema pode mostrar **histerese**, ou seja, incapacidade de retornar ao tipo original da comunidade, mesmo quando as condições originais são restauradas.

Connell e Sousa (1983) não acreditaram que Sutherland havia demonstrado a existência de estados estáveis alternativos por diversas razões. Primeiro, eles achavam que as comunidades dos azulejos não tinham persistido tempo suficiente, nem tido escala espacial suficientemente grande, para serem consideradas estáveis. Se os azulejos pudessem ser acompanhados durante múltiplos anos, eles perguntaram, não acabariam todos eles dominados por uma das espécies? Além disso, eles indagaram se as comunidades incrustadas poderiam ter se sustentado fora de uma situação experimental em que os predadores foram removidos. Seu argumento final, embora não tenha sido uma crítica ao estudo de Sutherland em si, era que os estados estáveis alternativos poderiam ser acarretados apenas por interações entre espécies, e não por mudanças físicas na comunidade. Eles argumentaram que muitos dos exemplos que Sutherland usou para apoiar a importância dos estados estáveis alternativos caíam na última categoria. Sua afirmação de que o ambiente físico não mudou é problemática, pois exclui como condutores da sucessão todas as espécies que interagem com outras espécies modificando seu ambiente físico – isto é, todos os engenheiros de ecossistemas. Sabemos que engenheiros de ecossistemas podem ter efeitos fortes nas comunidades; portanto, excluí-los não é realista para a maioria dos ecólogos.

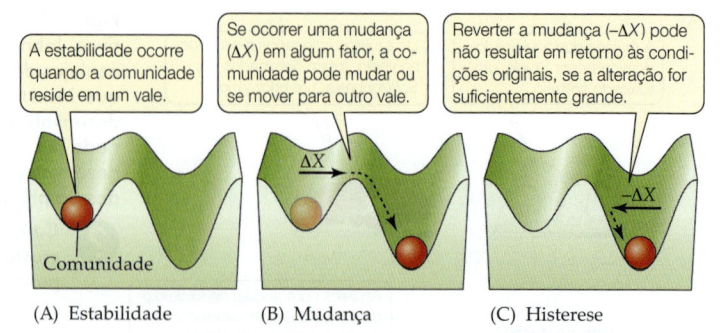

Figura 17.18 Um modelo de estados estáveis alternativos (A) Uma comunidade é representada por uma bola que se move por uma paisagem de estados de comunidades (vales). (B) Observe que os vales podem ser mais rasos ou mais profundos, sugerindo a magnitude da mudança necessária para alterar a comunidade de um estado para outro. (C) Histerese ocorre quando a reversão da mudança (–ΔX) não retorna a comunidade a seu estado original. (Segundo Beisner et al., 2003.)

Ações humanas têm levado comunidades a mudar para estados alternativos

As rigorosas exigências sugeridas por Connell e Sousa tiveram o efeito de retardar as pesquisas sobre estados estáveis alternativos por duas décadas. Recentemente, porém, tem havido um interesse renovado em estados estáveis alternativos, estimulado pelas evidências crescentes de que atividades humanas, como destruição de hábitats, introdução de espécies exóticas e sobrecolheita de espécies nativas, estão mudando as comunidades para estados alternativos. Já vimos exemplos de tais mudanças em muitos dos Estudos de Caso deste livro, incluindo a mudança de florestas de algas-pardas (*kelps*) para vazios de ouriços devido ao declínio das lontras-do-mar (ver Capítulo 9), a queda da pesca de anchova no Mar Negro devido à introdução de *Mnemiopsis* (ver Capítulo 11) e a invasão da variedade de aquário *Caulerpa taxifolia* no Mediterrâneo, na Austrália, no Japão e na América do Norte (ver Capítulo 16). Outro exemplo é a invasão do caracol-maçã-dourada na Tailândia, que converte áreas úmidas em hábitats aquáticos abertos (ver p. 305-306). Essas assim chamadas *mudanças de regime* são causadas pela remoção ou adição de interagentes fortes que mantêm um tipo de comunidade em detrimento de outros. Uma vez que as comunidades tenham sido "manipuladas" por atividades humanas e um novo regime esteja em vigor, ecólogos não sabem se os resultados podem ser revertidos ou se a histerese irá ocorrer. Será que a reintrodução de lontras-do-mar rejuvenesceria as florestas de algas-pardas? A interrupção do enriquecimento de nutrientes no Mar Negro revitalizaria a pesca de anchovas? E a remoção de *Caulerpa* ou do caracol-maçã-dourada restauraria as comunidades de plantas aquáticas? Todas essas são questões cujas respostas podem ser encontradas em uma compreensão melhor dos fatores que conduzem a estados estáveis alternativos e do papel que a restauração das condições originais pode exercer na reversão dos efeitos desses fatores.

ESTUDO DE CASO REVISITADO
Um experimento natural de proporções montanhosas

No vigésimo aniversário da erupção do Monte Santa Helena, em 2000, um grupo de ecólogos se reuniu junto ao vulcão uma vez fumegante e coberto de cinzas para participar de um acampamento de uma semana. Eles juntaram seus utensílios (incluindo fitas métricas, armações de parcelas e mapas) e visitaram os mesmos sítios que haviam explorado duas décadas atrás. Essa visita, denominada "pulso", foi uma oportunidade para estabelecer um marco referencial de 20 anos de dados comparáveis às primeiras coletas em 1980 e 1981. Muitos dos participantes tinham passado os últimos 20 anos – para alguns, toda sua carreira – estudando os padrões de recolonização e sucessão nessas paisagens outrora devastadas. Quando partiram, eles concordaram em escrever um livro, cujos capítulos conteriam tudo que se sabia sobre a extraordinária ecologia desse sistema, na esperança de que novos ecólogos se motivassem a continuar a pesquisa e seu legado. O livro, *Ecological Responses to the 1980 Eruption of Mount St. Helens* (Dale et al., 2005), foi publicado cinco anos mais tarde.

O que o livro nos diz sobre a sucessão no Monte Santa Helena? Em primeiro lugar, a erupção criou distúrbios que variaram em seus efeitos dependendo da distância do vulcão e do tipo de hábitat (p. ex., aquático *versus* terrestre). Embora as áreas próximas ao cume, tais como a Planície Pumice, tenham sido literalmente esterilizadas pelo calor da erupção, ecólogos foram surpreendidos ao descobrir como várias espécies efetivamente sobreviveram junto à montanha (**Tabela 17.2**). Como a erupção ocorreu na primavera, muitas espécies ainda estavam dormentes sob as neves do inverno. Os sobreviventes incluíam plantas com gemas ou rizomas subterrâneos, animais como roedores e insetos com tocas, além de peixes e outras espécies aquáticas em lagos cobertos de gelo. Na zona de descarga, grandes árvores e animais pereceram, enquanto pequenos organismos sobreviveram protegidos por seus vizinhos maiores. O oposto aconteceu nas áreas fora da zona de descarga, onde as rochas caídas e as cinzas sufocaram plantas e animais menores, mas não os organismos grandes.

Uma segunda descoberta importante das pesquisas no Monte Santa Helena é o papel que os sobreviventes tiveram em controlar a cadência e o padrão da sucessão. Em muitos casos, essas espécies foram empurradas para dentro de hábitats físicos estranhos e assembleias de espécies sem tempo para se adaptarem ao longo de escalas temporais evolutivas. Algumas espécies prosperaram, enquanto outras se saíram mal, mas sua adaptabilidade e imprevisibilidade foram surpreendentes. Alianças incomuns formaram-se e apressaram a sucessão para hábitats particulares. Por exemplo, lagoas

TABELA 17.2

Organismos sobreviventes encontrados no Monte Santa Helena alguns anos depois da erupção

Zona de distúrbio	Cobertura média da vegetação (%)	Número médio de espécies vegetais/m²	Animais					
			Pequenos mamíferos	Grandes mamíferos	Aves	Peixes de lagos	Anfíbios	Répteis
Planície Pumice	0,0	0,0	0	0	0	0	0	0
Zona do fluxo da lama (caminho central)	0,0	0,0	0	0	0	N/A	0	0
Zona de descarga			8	0	0	4	11	1
Zona aberta antes da erupção	3,8	0,0050						
Floresta sem neve	0,06	0,0021						
Floresta com neve	3,3	0,0064						
Zona chamuscada	0,4	0,0039	0	0	0	2	12	1

Fonte: Adaptado de Crisafulli et al., 2005.

e lagos recém-formados e isolados foram colonizados por anfíbios muito mais rápido do que se pensava possível (**Figura 17.19**). Cientistas descobriram que sapos e salamandras estavam usando túneis criados por esquilos-de-bolso-do-norte (*Thomomys talpoides*) para fazer seu caminho de uma poça a outra através da paisagem árida (Crisafulli et al., 2005). Os esquilos foram particularmente prósperos no Monte Santa Helena, tanto porque sobreviveram à erupção em seus túneis, quanto pelos prados – seu hábitat preferido – terem se expandido bastante após a erupção. Curiosamente, os esquilos também foram responsáveis por facilitar a sucessão de plantas: sua atividade de cavar trouxe à superfície do solo matéria orgânica, sementes e esporos de fungos que estavam enterrados profundamente sob as rochas e as cinzas vulcânicas (Crisafulli et al., 2005) (**Figura 17.20**).

Uma terceira descoberta importante foi a constatação de que mecanismos múltiplos foram responsáveis pela sucessão primária no Monte Santa Helena. A facilitação na Planície Pumice foi exemplificada pelo tremoço-anão (*Lupinus lepidus*), a primeira planta a chegar lá. Os tremoços-anões aprisionavam sementes e detritos e aumentavam o conteúdo de nitrogênio do solo por meio de sua associação com bactérias fixadoras de nitrogênio (del Moral et al., 2005). Os tremoços, por sua vez, foram inibidos por múltiplos insetos herbívoros, os quais essencialmente controlaram o andamento da sucessão primária (Bishop et al., 2005). A tolerância foi evidente em alguns hábitats de sucessão primária, onde o abeto-de-douglas vivia em harmonia com herbáceas anuais. A diversidade de estratégias que as espécies usavam, e as comunidades resultantes, nunca deixaram de surpreender os ecólogos, guiados, até aquele ponto, principalmente pelos modelos de Connell e Slatyer (1977).

Apesar de décadas de dados e um tesouro de novas descobertas, a pesquisa sobre o Monte Santa Helena estava apenas começando. Outra visita "pulso" ocorreu em 2010 para estabelecer a marca de 30 anos desde a erupção. As comunidades locais seguirão caminhos sucessionais que levam a resultados previsíveis e repetíveis? Ou formarão estados alternativos altamente dependentes de seu legado histórico? Estudos geológicos sugerem que o Monte Santa Helena entra em erupção aproximadamente a cada 300 anos. O tempo de sucessão de suas comunidades, portanto, excede muito nosso próprio tempo de vida em centenas de anos, assim devemos nos contentar com o conhecimento limitado que adquirimos estudando aquela que é talvez a mais interessante fase da sucessão no Monte Santa Helena, e com a esperança de que ecólogos continuem suas pesquisas lá durante os anos vindouros.

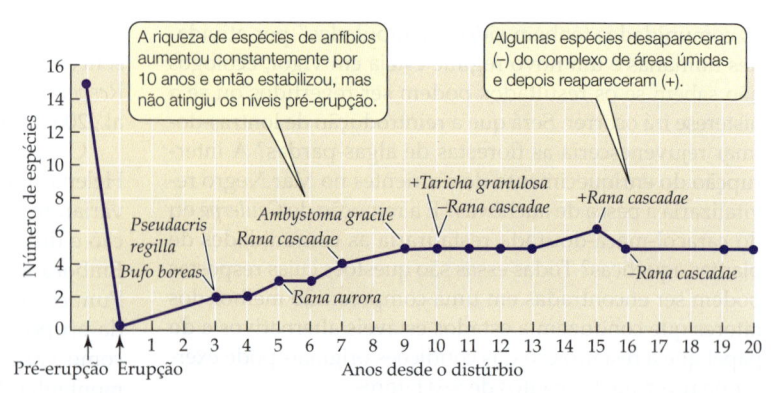

Figura 17.19 Rápida colonização de anfíbios Espécies de sapos e salamandras rapidamente colonizaram um complexo de áreas úmidas na Planície Pumice no Monte Santa Helena. (Dados de Crisafulli et al., 2005.)

CONEXÕES NA NATUREZA
Sucessão primária e mutualismo

Vimos no Capítulo 15 que as relações positivas podem alterar as comunidades, podendo ser particularmente importantes em ambientes estressantes. A sucessão primária em ambientes terrestres ilustra esses dois efeitos: alguns dos exemplos apresentados neste capítulo envolvem plantas que interagem de uma forma mutualística com bactérias fixadoras de nitrogênio simbióticas. Essas bactérias formam nódulos nas raízes de suas plantas hospedeiras, onde convertem o gás nitrogênio da atmosfera (N_2) em uma forma utilizável pelas plantas (amônia; NH_4^+). As plantas abastecem a bactéria com açúcares produzidos pela fotossíntese. Essa interação parece ser de extrema importância para plantas e animais que colonizam ambientes completamente estéreis. Vimos que *Dryas* e amieiros, duas espécies que formam estreitos mutualismos com bactérias fixadoras de nitrogênio, foram algumas das primeiras espécies a colonizar o tilito deixado para trás pelas geleiras na Baía Glacier, Alasca. De modo semelhante, o tremoço *Lupinus lepidus* foi

Figura 17.20 Esquilos-de-bolso contribuindo para o resgate A atividade de escavar dos esquilos-de-bolso-do-norte, alguns dos quais sobreviveram à erupção nas covas subterrâneas, trouxe matéria orgânica, sementes e esporos de fungos para a superfície, criando micro-hábitats como esse na Planície Pumice, onde plantas puderam crescer.

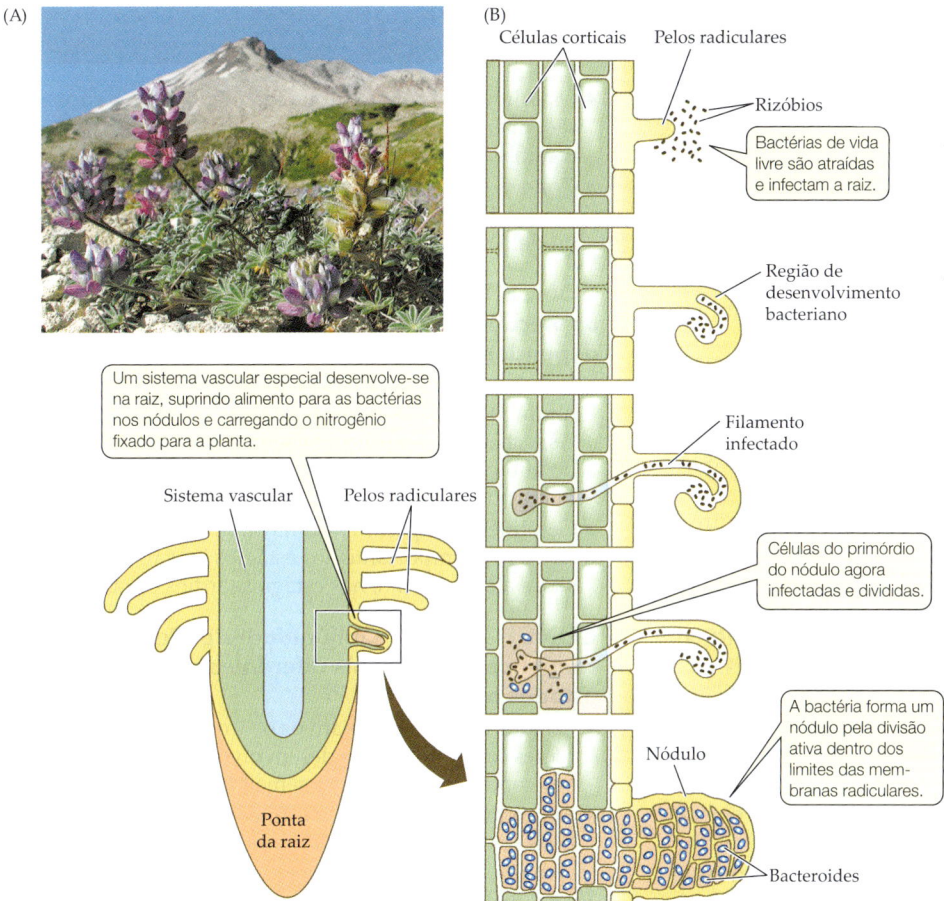

Figura 17.21 Tremoços-anões e bactérias fixadoras de nitrogênio (A) Tremoços-anões (*Lupinus lepidus*), uma leguminosa com bactérias simbióticas fixadoras de nitrogênio, foi a primeira planta a colonizar o Monte Santa Helena. (B) O desenvolvimento de nódulos radiculares é o resultado de uma forte interação entre a planta e as bactérias.

capaz de usar o nitrogênio produzido por suas bactérias simbiontes para colonizar a estéril Planície Pumice do Monte Santa Helena depois da erupção. Os tremoços foram a maior fonte de nitrogênio para as plantas e os insetos herbívoros posteriores por muitos anos. Assim, os tremoços e suas bactérias simbiontes tiveram um grande papel em controlar a taxa da sucessão primária no Monte Santa Helena.

As bactérias fixadoras de nitrogênio envolvidas em simbioses são extremamente diversas. Apenas alguns grupos de bactérias vivem em nódulos radiculares; todo o restante está associado ou à superfície das raízes ou ao intestino de ruminantes. As bactérias formadoras de nódulos incluem rizóbia, grupo taxonômico associado a leguminosas, e actinomicetes do gênero *Frankia*, associados a plantas lenhosas como amieiros e *Dryas*. A formação de nódulos envolve uma série complexa de interações químicas e celulares entre a raiz e a bactéria (**Figura 17.21**). Bactérias de vida livre são atraídas pelos exsudatos das raízes, que fazem os microrganismos se prenderem às raízes e se multiplicarem. Conjuntos de genes são ativados tanto nas bactérias quanto nas células radiculares, a fim de permitir às bactérias entrarem nas raízes, às células radiculares se dividirem e ao nódulo ser formado.

A enzima envolvida na fixação do nitrogênio (nitrogenase) é altamente sensível ao oxigênio e requer condições anaeróbicas. Assim, onde quer que ocorra a simbiose com fixação de nitrogênio, há alguns componentes estruturais para a interação (tais como membranas dentro dos nódulos radiculares) que produzem condições anaeróbicas. A bactéria, porém, necessita de oxigênio para metabolizar, assim uma proteína hemoglobina conhecida como leg-hemoglobina, que tem alta afinidade com oxigênio, é produzida nos nódulos para levar oxigênio à bactéria em um ambiente essencialmente anaeróbico. Os nódulos em geral têm uma estranha cor rosa associada com a leg-hemoglobina. Além disso, o nódulo desenvolve um sistema vascular especializado que fornece açúcares para a bactéria e carrega o nitrogênio fixado para a planta.

Manter uma simbiose com bactérias fixadoras de nitrogênio é dispendioso para as plantas. Estimativas sugerem que apenas a criação e a manutenção dos nódulos custam à planta 12 a 25% de sua produção total de fotossíntese. As plantas são capazes de arcar com esse custo, principalmente se isso lhes permitir sobreviver em ambientes livres de competidores e herbívoros. Porém, à medida que aumentam o conteúdo de nitrogênio dos solos em que vivem, as plantas com simbiontes também melhoram as condições para outras espécies – algumas das quais podem ser competidoras. Assim, essas plantas enfrentam uma compensação (*trade-off*) entre melhorar o ambiente para si mesmas e competir com outras espécies, tornando seu papel em ambientes sucessionais iniciais importante, mas também um tanto irônico.

RESUMO

CONCEITO 17.1 Agentes de mudança atuam sobre comunidades ao longo de múltiplas escalas temporais e espaciais.

- Agentes de mudança incluem fatores abióticos e bióticos.
- Agentes de mudança abióticos podem agir como distúrbios (ferindo ou matando organismos) ou como estresses (reduzindo o crescimento, a reprodução ou a sobrevivência de organismos).
- Agentes de mudança bióticos incluem interações negativas entre espécies, tais como competição, predação e pisoteio.
- Engenheiros de ecossistemas e espécies-chave são agentes de mudança comuns.
- Agentes de mudança variam em intensidade, frequência e extensão de área.

CONCEITO 17.2 Sucessão é a mudança na composição de espécies ao longo do tempo em resposta a agentes de mudança abióticos e bióticos.

- Teoricamente, a sucessão envolve uma série de estágios que incluem um ponto final estável (estágio clímax).
- A sucessão primária envolve a colonização de hábitats desprovidos de vida.
- A sucessão secundária envolve o restabelecimento de uma comunidade na qual a maioria dos organismos ou constituintes orgânicos foi destruída, mas não todos.
- Os primeiros ecólogos eram fascinados com a sucessão, mas discordavam quanto a se ela prosseguia por caminhos determinísticos ou não.
- Connell e Slatyer propuseram três modelos de sucessão em 1977, conhecidos como modelo de facilitação, modelo de tolerância e modelo de inibição.

CONCEITO 17.3 Experimentos mostram que os mecanismos de sucessão são diversos e dependentes do contexto.

- Estudos múltiplos de sucessão mostraram que nenhum modelo é válido em qualquer comunidade. Aspectos dos modelos de facilitação, de tolerância e de inibição podem ser vistos em quase todos os sistemas estudados.
- Geralmente, experimentos mostram que a facilitação tende a ser importante nos estágios iniciais da sucessão, e a competição, nos estágios tardios da sucessão.

CONCEITO 17.4 Comunidades podem seguir caminhos sucessionais diferentes e apresentar estados alternativos.

- Estados estáveis alternativos ocorrem quando diferentes comunidades se desenvolvem na mesma área sob condições ambientais semelhantes.
- Em comunidades que experimentam estados alternativos, a sucessão em geral é controlada por espécies com interações fortes.
- Atividades humanas têm causado mudanças de regime em comunidades que podem ou não ser reversíveis.

Questões de revisão

1. Liste alguns agentes de mudança abióticos e bióticos em comunidades. Descreva as intensidades e as frequências em que esses agentes normalmente atuam.
2. Descreva as diferenças entre sucessão primária e secundária e o que essas diferenças significam para espécies colonizadoras.
3. Connell e Slatyer propuseram três modelos separados de sucessão: o modelo de facilitação, o modelo de tolerância e o modelo de inibição. Escolha uma comunidade hipotética e descreva as diferentes circunstâncias necessárias para embasar cada um dos modelos.
4. Por que é tão difícil determinar se uma comunidade é estável? Você acha que Sutherland foi capaz de demonstrar estados estáveis alternativos em seus azulejos? Por que sim ou por que não?

MATERIAL DA INTERNET (em inglês)
sites.sinauer.com/ecology3e

O *site* inclui o resumo dos capítulos, testes, *flashcards* e termos-chave, sugestão de leituras, um glossário completo e a Revisão Estatística. Além disso, os seguintes recursos estão disponíveis para este capítulo:

Exercício Prático: Solucionando Problemas
17.1 Começar de novo em uma floresta tropical: sucessão em formigas e plantas

18 Biogeografia

CONCEITOS-CHAVE

CONCEITO 18.1 Padrões de diversidade e distribuição de espécies variam em escalas espaciais global, regional e local.

CONCEITO 18.2 Os padrões globais de diversidade e composição de espécies são influenciados por área e isolamento geográfico, história evolutiva e clima global.

CONCEITO 18.3 Diferenças regionais na diversidade de espécies são influenciadas pela área e pela distância, que por sua vez determinam o balanço entre as taxas de imigração e extinção.

O maior experimento ecológico na Terra: Estudo de Caso

É provável que exista apenas um lugar na Terra onde uma pessoa pode ouvir os sons de uma centena de espécies de aves ou sentir as fragrâncias de milhares de espécies de flores ou ver os padrões foliares de 300 espécies de árvores, tudo em 1 hectare de terra. Esse lugar é a Amazônia, onde reside metade das espécies e florestas pluviais tropicais que restam no mundo. Um hectare de floresta pluvial da Amazônia contém mais espécies vegetais que toda a Europa! É claro, nem toda a diversidade de espécies da Amazônia está restrita à floresta tropical em si. O vale da Amazônia contém a maior bacia hidrográfica do mundo; um quinto de toda a água doce da Terra cai em suas encostas, acumula-se em milhares de afluentes florestados e por fim deságua no Rio Amazonas e no mar. Uma visita ao mercado de peixes em Manaus, Brasil, revela a impressionante diversidade da vida aquática desses rios (**Figura 18.1**). O número de espécies de peixes do Rio Amazonas excede o encontrado em todo o Oceano Atlântico.

Ironicamente, essa inacreditável diversidade de espécies pode sofrer perdas devastadoras quando esses ecossistemas são perturbados. A principal força destrutiva na bacia amazônica tem sido o desmatamento, que iniciou mais severamente com a construção de estradas nos anos de 1960 (Bierregaard et al., 2001). Antes disso, a maioria da região não possuía estradas e era relativamente isolada do resto da sociedade. Em 50 anos, entretanto, 15% da floresta pluvial foi convertida em áreas pastoris, cidades, estradas e minas. Embora esse percentual pareça modesto, é modesto de modo enganoso, tanto por causa do número completo de espécies envolvidas, como devido ao padrão de desmatamento. Práticas de exploração madeireira têm causado extrema *fragmentação de hábitat*, algumas vezes resultando em um padrão "espinha-de-peixe", no qual estreitos fragmentos de floresta são circundados por faixas de áreas desmatadas (ver Figura 3.6). Como veremos, a fragmentação de hábitat pode trazer sérias consequências para a diversidade de espécies.

A fragmentação da floresta amazônica motivou Thomas Lovejoy e colaboradores a iniciar um dos maiores e mais longos experimentos ecológicos já realizados. O Projeto Dinâmica Biológica de Fragmentos Florestais (PDBFF) iniciou em 1979, e Lovejoy aproveitou uma oportunidade única para descobrir o que estava acontecendo com a diversidade de espécies da Amazônia à medida que mais e mais florestas estavam sendo derrubadas. Ele foi guiado por um elegante-modelo

Figura 18.1 Grande diversidade na Amazônia Peixes de água doce capturados no Rio Amazonas em exposição em um mercado em Manaus, Brasil.

encontrado no livro de 1967 de Robert MacArthur e Edward O. Wilson, A Teoria da Biogeografia de Ilhas (*The Theory of Island Biogeography*), que apresenta uma explicação para a observação de que mais espécies são encontradas em ilhas maiores do que em ilhas menores. Tirando vantagem do fato de que a lei brasileira requer que os proprietários de terra deixem metade de suas áreas como floresta, Lovejoy conseguiu designar parcelas florestais de diferentes tamanhos, circundadas por florestas (controle) ou por áreas desmatadas (fragmentos) (**Figura 18.2**). As parcelas-controle e os fragmentos foram estabelecidos antes do corte da floresta e tinham quatro tamanhos: 1, 10, 100 ou 1.000 hectares. Os dados de referência coletados imediatamente após o desmatamento mostraram pouca diferença entre a diversidade de espécies das parcelas-controle e dos fragmentos.

Em meados dos anos de 1980, os ecólogos tinham um experimento completamente replicado em uma escala nunca antes imaginada. Durante os últimos 25 anos, o PDBFF evoluiu do estudo de uma questão simples: "Qual a área mínima de floresta pluvial necessária para manter a diversidade de espécies?", a outras questões: "Qual o papel do isolamento, da forma e da configuração dos fragmentos florestais na manutenção da diversidade de espécies? Como o hábitat do entorno influencia essa diversidade? E qual o prognóstico futuro para a floresta amazônica, um dos biomas terrestres mais desmatados, porém o mais rico em espécies da Terra?".

Introdução

Ao olhar para uma comunidade como a que existe na zona entremarés na costa norte da Califórnia, fica óbvio que a localização das espécies na linha costeira é influenciada não somente por fatores físicos, tais como altura da maré e ação das ondas, mas também por uma variedade de interações biológicas. Estrelas-do-mar alimentam-se de mexilhões sésseis na zona entremarés baixa, limitando-os assim às zonas entremarés mais altas. Nessas zonas, as fendas entre os mexilhões proporcionam hábitat para muitas espécies, que em outras condições estariam ausentes. Condições locais como essas são importantes reguladores da distribuição das espécies. Contudo, por mais importantes que essas condições nos pareçam, precisamos estar sempre cientes da influência de processos que operam em escalas geográficas maiores. Os processos oceanográficos, tais como correntes e ressurgência, regulam a chegada de larvas de invertebrados aos costões rochosos. Em escala global, os padrões de circulação oceânica controlam a direção das correntes. Ao limitar a dispersão, esses padrões podem isolar espécies ao longo de períodos ecológicos e evolutivos. Como resultado, a assembleia local de espécies da costa norte da Califórnia está, em última análise, baseada em um alicerce de processos globais e regionais. Neste capítulo, consideraremos os efeitos desses processos geográficos de larga escala sobre um dos padrões ecológicos mais perceptíveis: o padrão da distribuição e da diversidade de espécies na Terra.

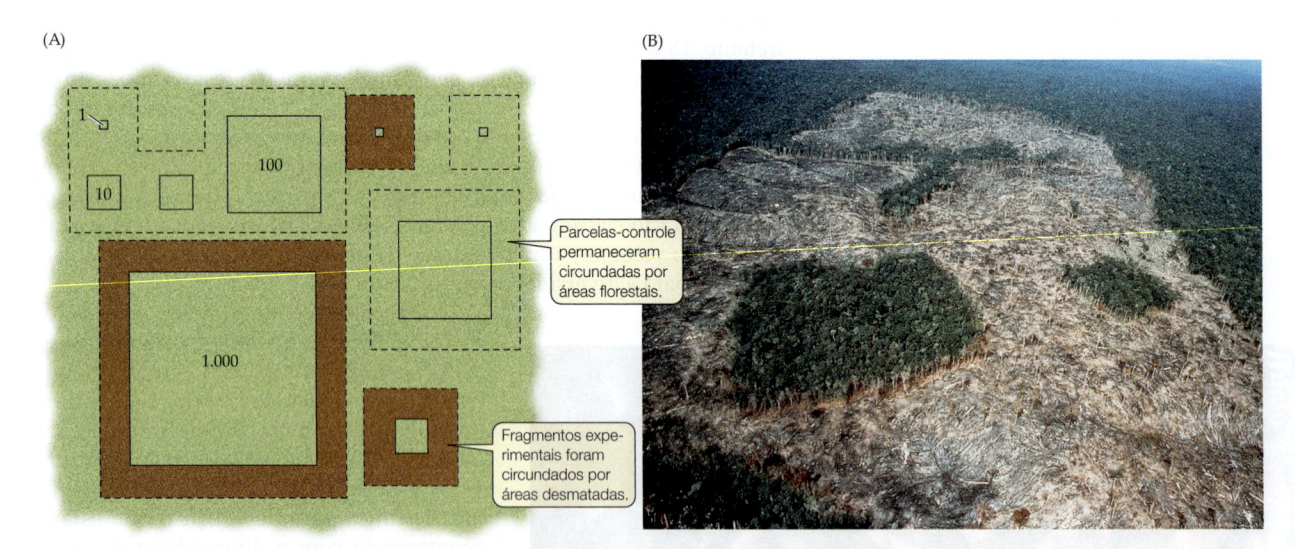

Figura 18.2 Estudando a fragmentação de hábitat em florestas pluviais tropicais O Projeto Dinâmica Biológica de Fragmentos Florestais (PDBFF) próximo a Manaus, Brasil, foi planejado para estudar os efeitos do tamanho do fragmento de hábitat na diversidade de espécies. (A) Parcelas de quatro tamanhos diferentes (1, 10, 100 e 1.000 hectares) foram marcadas antes do desmatamento, sendo depois isoladas pelo desmatamento ou deixadas cercadas por floresta como controle. (B) Fotografia aérea de um fragmento isolado em 1983 de 10 hectares e de um fragmento isolado de 1 hectare. (A segundo Bierregaard et al., 2001.)

? Por que a manipulação experimental não envolveu a remoção da floresta de fragmentos?

CONCEITO 18.1

Padrões de diversidade e distribuição de espécies variam em escalas espaciais global, regional e local.

Biogeografia e escala espacial

Um dos padrões ecológicos mais óbvios na Terra é a variação que vemos na composição e na diversidade de espécies entre localizações geográficas. O estudo dessa variação é conhecido como **biogeografia**. Imagine por um momento que você tenha um enorme desejo de conhecer todos os biomas florestais da Terra. Nesse cenário imaginário, você tem a habilidade de mover-se de uma região geográfica da Terra para outra. Pense no *Google Earth*, mas com a habilidade de sobrevoar comunidades e ver as espécies de perto. Você inicia nos trópicos, na latitude 4°S e longitude de 60°O, e voa por dentro da floresta pluvial amazônica, a floresta mais rica em espécies da Terra (**Tabela 18.1**).

A 20 m de altitude, você sobrevoa em meio à floresta úmida e, a cada hectare percorrido, você avista novas espécies de árvores (**Figura 18.3A**). Você pode ter encontrado metade delas no hectare anterior, mas ao menos metade é completamente nova. Quanto mais áreas você percorre, mais espécies enxerga. A riqueza é quase atordoante, e o calor e a umidade são sufocantes, então você decide rumar para o norte em direção a climas mais secos.

Você chega a 35°N, 125°O. Essa é a costa sul da Califórnia, onde as florestas são bosques de carvalho – um bioma seco, como aprendemos no Capítulo 3. As árvores e os arbustos em sua maioria são perenifólios, mas não são coníferas. São angiospermas com folhas pequenas e grossas (esclerófilas). Os bosques são intercalados com campos (**Figura 18.3B**). Sobrevoando rente à vegetação, você percebe os vários tipos de árvores e arbustos, todos com folhas pequenas e casca grossa. O bosque é aromático devido aos óleos voláteis contidos nos arbustos e nas plantas herbáceas locais. A riqueza de espécies é alta, mas apenas uma fração da encontrada na Amazônia (ver Tabela 18.1).

Figura 18.3 Florestas ao redor do mundo Biomas florestais diferentes variam muito em composição e riqueza de espécies. (A) Floresta pluvial tropical no Brasil. (B) Bosque de carvalho no sul da Califórnia. (C) Floresta perenifólia temperada de planície no noroeste do Pacífico. (D) Floresta boreal de espruce no norte do Canadá.

TABELA 18.1
Riqueza de espécies arbóreas em diferentes florestas ao redor do mundo

Localização/tipo de floresta	Latitude, longitude	Riqueza aproximada de espécies arbóreas	Fonte
Amazônia, Brasil	4°S, 60°O	1.300	Laurance, 2001
Sul da Califórnia, EUA	35°N, 125°O	57	Allen et al., 2007
Noroeste do Pacífico, EUA			Franklin e Dyrness, 1988
Floresta de abeto-de-douglas	45°N, 123°O	7	
Floresta de carvalho-garry	45°N, 123°O	4	
Floresta boreal, Canadá	64°N, 125°O	2	Kricher, 1998
Nova Zelândia			Dawson e Lucas, 2000
Floresta de faias	45°S, 170°L	20	
Floresta de angiospermas	35°S, 170°L	100	

Ainda está quente, então você decide seguir ao norte até 45°N, 123°O, onde a floresta é fria e muito úmida. Você está agora na região noroeste do Pacífico da América do Norte, onde as florestas são dominadas por grandes coníferas. Ao sobrevoá-la, você percebe o viço da floresta, com o dossel cheio de líquens e o chão coberto por samambaias (**Figura 18.3C**). A riqueza de espécies arbóreas nessas florestas temperadas de planícies é uma pequena fração daquela encontrada nas duas florestas anteriores que você visitou (ver Tabela 18.1). Existem apenas poucas espécies de árvores: abeto-de-douglas, espruce-hemlock, cedro-vermelho-ocidental, amieiro-vermelho e bordo-de-folha-grande. O que essas florestas perdem em riqueza de espécies é, todavia, compensado por sua enorme biomassa.

Você quer ver os extremos em riqueza de espécies, então sua próxima parada é 60°N, 125°O, nas Florestas Boreais do Canadá. Sobrevoando a paisagem fria, você nota linhas e linhas de árvores de espruces idênticas, interrompidas de vez em quando por extensas áreas úmidas (**Figura 18.3D**). Mergulhando no dossel, você é surpreendido pela natureza densa e monótona da floresta. É escuro sob os galhos dos espruces, mas arbustos frutíferos rasteiros são um lembrete de que a luz penetra o dossel, especialmente nos meses de verão. Você continua voando para o norte, e as florestas diminuem até a paisagem tornar-se uma extensa tundra sem árvores.

Sua viagem poderia terminar por aqui, mas como você sempre quis conhecer a Nova Zelândia, tira um tempo para voar de volta ao Hemisfério Sul. A Nova Zelândia foi separada do antigo continente Gondwana há cerca de 80 milhões de anos e desde então a evolução produziu florestas únicas lá (**Figura 18.4**). Cerca de 80% das espécies na Nova Zelândia são **endêmicas**, ou seja, não ocorrem em nenhum outro lugar na Terra. Marcando em 45°S, 170°L, na Ilha Sul da Nova Zelândia, você voa através do equivalente Hemisfério Sul do Noroeste do Pacífico. Em vez de coníferas, as florestas são dominadas por quatro espécies de faias do sul com camadas densas de galhos retorcidos (ver Figura 18.4A). Sob o dossel estão arbustos incrivelmente bifurcados, com ramos de múltiplos ângulos que lhes conferem uma aparência de zigue-zague. Plantas com essa forma de crescimento são encontradas em maior abundância na Nova Zelândia. Embora as florestas temperadas dos Hemisférios Norte e Sul sejam semelhantes em alguns aspectos (p. ex., ambas possuem baixa riqueza de espécies arbóreas em comparação às florestas nos trópicos), elas são constituídas por assembleias de espécies completamente diferentes, com histórias evolutivas muito distintas.

Mesmo dentro da Nova Zelândia, em um intervalo que se estende de 35° a 47°S (distância latitudinal equivalente àquela do Sul da Califórnia até a Colúmbia Britânica no Hemisfério Norte), existem grandes diferenças na riqueza e na composição de espécies arbóreas. A Ilha Norte é mais quente (mais próxima do Equador) que a Ilha Sul e apresenta florestas mais diversas, formadas por muitas espécies de árvores angiospermas com poucas coníferas emergentes (Figura 18.4B). Essas florestas têm uma atmosfera tropical, devido às árvores angiospermas e à enorme variedade de trepadeiras e epífitos (plantas e líquens que vivem sobre plantas maiores). As samambaias arborescentes que crescem aqui são similares àquelas que foram dominantes há 100 milhões de anos, durante a era dos dinossauros. Uma das árvores mais extraordinárias é o kauri (*Agathis australis*), que está entre as maiores espécies de árvore da Terra (curiosamente, as maiores são as sequoias da Califórnia, *Sequoiadendron giganteum*, que ocorrem mais ou menos na mesma latitude no hemisfério Norte). Algumas árvores de kauri têm 60 m de altura e 7 m de diâmetro. Infelizmente, como as sequoias, os kauris têm sido cortados intensivamente, e existem em uma comunidade florestal com apenas duas reservas pequenas, em uma área total de 100 km^2. Considerando que uma mancha de floresta

(A) Ilha do Sul (B) Ilha do Norte

A Ilha do Norte apresenta kauris, uma das maiores espécies de árvore na Terra.

As florestas da Ilha do Sul são dominadas por faias do sul, que apresentam folhas pequenas.

Os ramos de arbustos bifurcados apresentam uma aparência de zigue-zague.

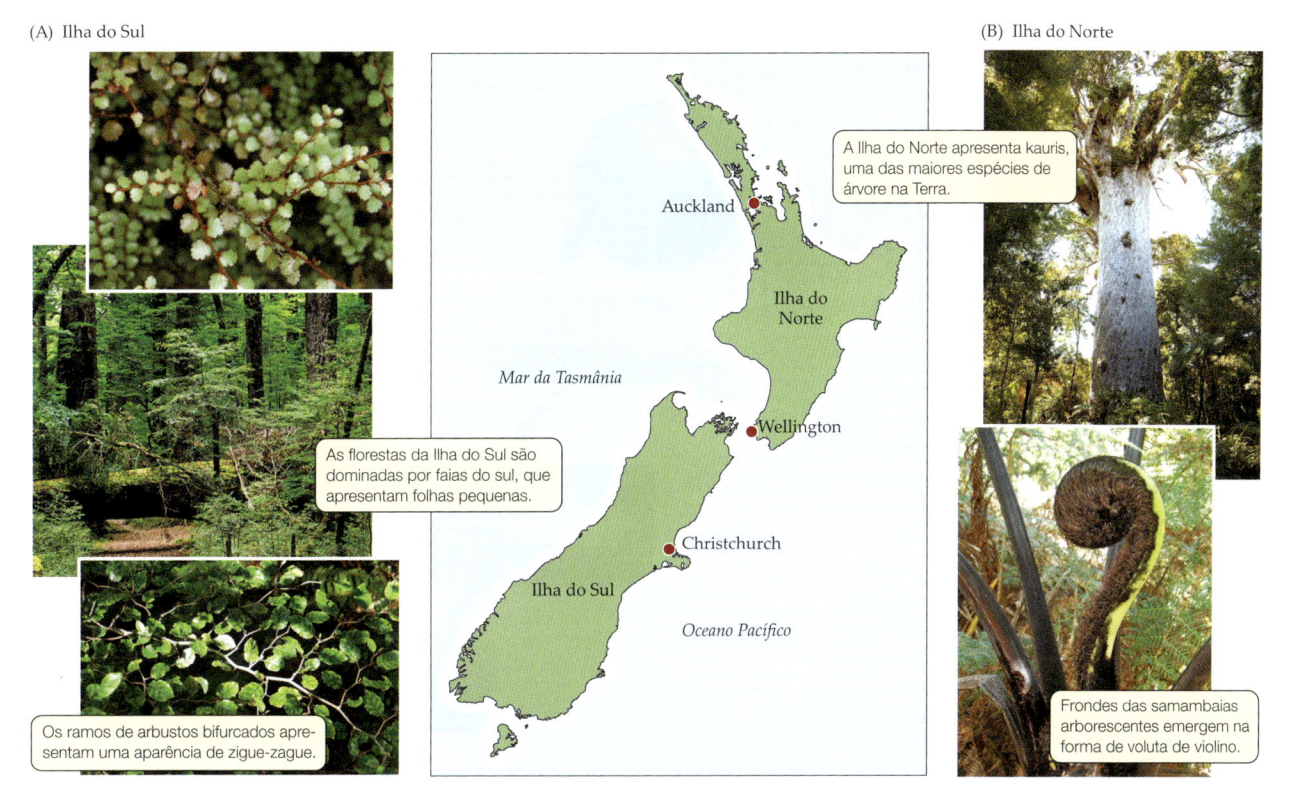

Frondes das samambaias arborescentes emergem na forma de voluta de violino.

Figura 18.4 Florestas das Ilhas Norte e Sul, Nova Zelândia As duas ilhas da Nova Zelândia estendem-se por um amplo gradiente latitudinal (35°-47° S) e apresentam diferentes tipos de floresta. (A) As florestas da Ilha do Sul são dominadas por espécies de faias. (B) As florestas da Ilha do Norte, que é mais quente, têm maior diversidade de espécies arbóreas e composição de espécies diferente daquela da Ilha do Sul (ver Tabela 18.1).

primária de kauris leva entre 1 mil e 2 mil anos para se regenerar, essas florestas são praticamente insubstituíveis. Se contrastarmos a riqueza de espécies das florestas características da Ilha Norte com as da Ilha Sul, encontraremos mais de 100 espécies arbóreas nas florestas mais quentes do norte, em comparação com 10 a 20 espécies nas florestas de faia menos diversas características do sul temperado (ver Tabela 18.1).

Com o fim de nosso passeio pelas florestas do mundo, o que podemos concluir sobre padrões biogeográficos na Terra, assumindo que comunidades florestais são bons representantes globais?

- Em primeiro lugar, a riqueza e a composição de espécies variam com a latitude: as latitudes menores, tropicais, apresentam maior número e maior diversidade de espécies do que as latitudes maiores, temperadas e polares.

- Em segundo lugar, a riqueza e a composição de espécies variam de um continente para outro, mesmo onde a latitude ou a longitude são aproximadamente similares.

- Em terceiro lugar, o mesmo tipo de comunidade ou bioma pode variar na riqueza e na composição de espécies dependendo da localização na Terra.

Como veremos no restante deste capítulo, esses padrões confiáveis têm se repetido em muitas regiões do mundo e em muitos tipos de comunidades. O que tem intrigado os ecólogos por séculos é justamente quais processos controlam esses padrões biogeográficos. Por que alguns locais apresentam mais espécies que outros? Por que algumas regiões comportam assembleias de espécies não encontradas em nenhum outro lugar na Terra?

Muitas hipóteses foram postuladas para explicar a variação biogeográfica na composição e na diversidade de espécies. Como veremos, essas hipóteses são fortemente dependentes da escala espacial na qual são aplicadas. Em outras palavras, como mostra uma das máximas ecológicas apresentadas na Tabela 1.1, o espaço é importante, então vamos lidar com a questão da escala espacial.

Padrões de diversidade de espécies em diferentes escalas espaciais são interconectados

Em nosso passeio pelas florestas do mundo, vimos que padrões de diversidade e composição de espécies variam se a escala espacial for global, regional ou local. Podemos pensar nessas escalas espaciais como interconectadas de maneira hierárquica, com os padrões de diversidade e composição de espécies em uma escala espacial determinando as condições para os padrões em escalas espaciais menores (Whittaker et al., 2001). Iniciaremos com a maior escala espacial para depois refinarmos.

A **escala global**, como o termo sugere, inclui o mundo inteiro, uma área geográfica enorme onde se encontram grandes variações com a latitude e a longitude (**Figura 18.5**). As espécies têm sido isoladas umas das outras, possivelmente em continentes diferentes ou oceanos diferentes, por distâncias longas e durante longos períodos de tempo. Como tal, diferenças nas taxas de três processos – especiação, extinção e migração – ajudam a determinar diferenças na diversidade e na composição das espécies na escala global. Consideraremos esses processos em mais detalhes na seção seguinte.

A **escala regional** engloba uma área geográfica menor, onde o clima é mais ou menos uniforme e as espécies ali contidas estão limitadas pela dispersão (ver Conceito 9.2). Todas as espécies contidas dentro de uma região são conhecidas como *pool* **regional de espécies**, algumas vezes chamado de **diversidade gama** da região (**Figura 18.5B**). As regiões da Terra diferem em diversidade e composição de espécies devido a diferenças nas taxas de especiação, extinção e migração que ocorrem na escala global, como já mencionado. A Amazônia, por exemplo, possui bem mais espécies e, assim, um reservatório de espécies maior do que uma floresta boreal canadense.

As características físicas e geográficas de uma região, tais como o número, a área e a distância entre montanhas, vales, desertos, ilhas e lagos – referidos coletivamente como *paisagem* – são cruciais para a biogeografia da região. A composição e a diversidade de espécies variam dentro de uma região dependendo de como a paisagem molda as taxas de extinção e as taxas de imigração e de emigração de hábitats locais (**Figura 18.5C**). Ecólogos consideram a biogeografia dentro de regiões de duas maneiras relacionadas:

- A **escala local**, que é essencialmente equivalente a uma comunidade, reflete a adequação das características abióticas e bióticas dos hábitats para espécies do reservatório regional, assim que as espécies chegam a esses hábitats pela dispersão (**Figura 18.5D**). Tanto a fisiologia das espécies quanto as interações com outras espécies influenciam a diversidade de espécies na escala local (algumas vezes chamada de **diversidade alfa**).

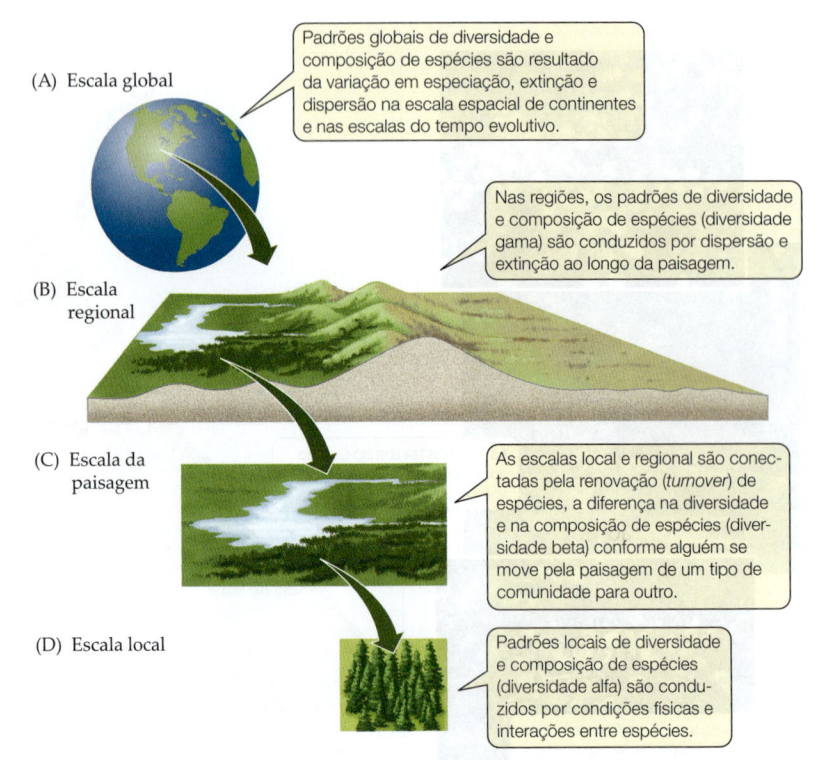

Figura 18.5 Escalas espaciais de diversidade de espécies interconectadas As setas representam as relações entre, e processos importantes para, a diversidade e a composição de espécies nas escalas (A) global, (B) regional, (C) de paisagem e (D) local.

(A) Escala global — Padrões globais de diversidade e composição de espécies são resultado da variação em especiação, extinção e dispersão na escala espacial de continentes e nas escalas do tempo evolutivo.

(B) Escala regional — Nas regiões, os padrões de diversidade e composição de espécies (diversidade gama) são conduzidos por dispersão e extinção ao longo da paisagem.

(C) Escala da paisagem — As escalas local e regional são conectadas pela renovação (*turnover*) de espécies, a diferença na diversidade e na composição de espécies (diversidade beta) conforme alguém se move pela paisagem de um tipo de comunidade para outro.

(D) Escala local — Padrões locais de diversidade e composição de espécies (diversidade alfa) são conduzidos por condições físicas e interações entre espécies.

- A conexão entre as escalas local e regional de diversidade de espécies é expressa por uma medida conhecida como **diversidade beta**. A diversidade beta nos indica a mudança na composição de espécies, ou **renovação** (*turnover*) de espécies, ao longo da paisagem à medida que nos deslocamos de uma comunidade para outra (ver Figura 18.5C).

Saber como as escalas espaciais estão relacionadas umas com as outras de forma hierárquica é importante, mas haveria valores reais de área que pudéssemos aplicar para uma escala espacial local e regional? Por exemplo, quanta área uma região ou localidade abrange? A resposta depende muito das espécies e das comunidades de interesse. Por exemplo, Shmida e Wilson (1985) sugerem que plantas terrestres possam ter uma escala local de 10^2 a 10^4 m^2 e uma escala regional de 10^6 a 10^8 m^2. Já para bactérias, a escala local pode ser algo em torno de 10^2 cm^2. Como veremos, a área real que utilizamos para definir medidas de diversidade de espécies pode ser decisiva para nossa interpretação dos processos que controlam os padrões biogeográficos.

Processos locais e regionais interagem para determinar a diversidade local de espécies

A Figura 18.5 mostra que os padrões de diversidade de espécies, e os processos que os controlam, estão interconectados nas escalas espaciais. Considerando essa interconexão, ecólogos estão interessados em saber o quanto da variação na diversidade de espécies em escala local é dependente de escalas espaciais maiores. O *pool* regional de espécies fornece a matéria-prima para assembleias locais e define o limite superior teórico de riqueza de espécies para as comunidades na região. No entanto, será que a riqueza de espécies também é definida por condições locais, incluindo as interações entre espécies e o ambiente físico?

Uma forma quantitativa de abordar essa questão é fazer um gráfico da riqueza de espécies local de uma comunidade em relação à riqueza de espécies regional daquela comunidade (**Figura 18.6**). Três tipos básicos de relações podem ser visualizados em tal gráfico. Primeiro, se as riquezas de espécies local e regional forem iguais (inclinação = 1), então todas as espécies de uma região serão encontradas em todas as comunidades dessa região. Apesar de esse padrão teoricamente ser possível, não esperaríamos encontrá-lo no mundo real, pelo simples motivo de que todas as regiões possuem características de paisagem e de hábitat variáveis que excluem algumas espécies de determinadas comunidades (p. ex., espécies arbóreas de planícies não serão encontradas em florestas alpinas). Segundo, se a riqueza de espécies local for simplesmente proporcional à riqueza de espécies regional (i.e., a riqueza de espécies local aumenta com o aumento da riqueza de espécies regional, mas a relação não é 1:1), então podemos assumir que a riqueza de espécies da comunidade é altamente determinada pelo *pool* de espécies regional, com processos locais como interações interespecíficas e condições físicas desempenhando um papel menos importante.

Finalmente, se a riqueza de espécies local se estabilizar a despeito de um aumento no *pool* regional de espécies, podemos então assumir que processos locais limitam a riqueza de espécies local. O grau em que a riqueza local diminui pode nos dizer algo sobre o quão importantes são as interações entre espécies e as condições físicas em determinar um *ponto de saturação* – um limite na diversidade – para as comunidades.

Vamos nos afastar dessas construções teóricas e analisar o que os dados reais nos mostram sobre as relações entre as riquezas de espécies local e regional. Witman e colaboradores (2004) consideraram essa relação para comunidades de invertebrados marinhos que vivem em costões rochosos submarés em uma variedade de locais por todo o mundo (**Figura 18.7A**). Em 49 locais de 12 regiões, eles amostraram a riqueza de espécies em parcelas de 0,25 m^2 sobre costões rochosos a uma profundidade da água de 10 a 15 m. Eles então compararam os valores de riqueza de espécies local encontrados por eles com os valores de riqueza regional oriundos de listas publicadas de espécies de invertebrados capazes de viver sobre substratos rudes em profundidades semelhantes. Um gráfico comparando as riquezas de espécies local e regional de todos os locais (**Figura 18.7B**) mostrou que a riqueza de espécies local foi sempre proporcionalmente menor do que a riqueza de espécies regional. Além disso, a riqueza de espécies local nunca estabilizou – ou seja, as comunidades nunca se tornaram saturadas – nos altos valores de riqueza regional. Ao contrário, a riqueza de espécies regional respondeu por aproximadamente 75% da variação da riqueza de espécies local. Os resultados desse estudo sugerem que o *pool* de espécies regional determina fortemente o número de espécies presentes nessas comunidades de invertebrados marinhos.

Será que a ausência de saturação detectada neste e em outros estudos indica que os processos locais não são importantes na determinação da diversidade de espécies local? A resposta é não, por pelo menos dois motivos. Primeiro, havia ainda uma considerável variação não explicada entre as comunidades locais dentro das regiões, o que poderia ser atribuído aos efeitos de processos locais, como interações interespecíficas, condições abióticas ou limitação de dispersão (ver Figura 19.4). Além disso, os efeitos de interações entre espécies, em particular, são suscetíveis a ser altamente sensíveis à escala espacial local escolhida. Embora a pequena escala espacial do estudo de Witman e colaboradores provavelmente seja apropriada para espécies que interagem sobre costões rochosos marinhos, outros estudos têm usado escalas espaciais inapropriadas (geralmente muito grandes), incapazes de detectar efeitos locais. Mesmo assim, a forte influência de processos de escala regional sobre a diversidade de espécies local sugere que tanto comunidades marinhas quanto terrestres provavelmente são muito mais suscetíveis a mudanças, como invasões de espécies de fora de sua região, do que previamente pensado.

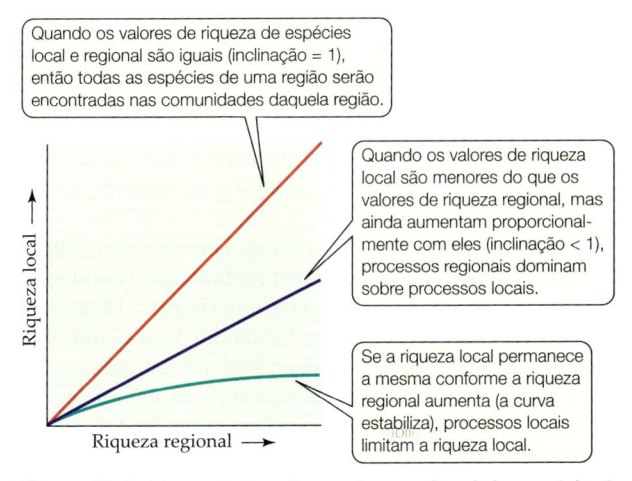

Figura 18.6 O que determina a riqueza local de espécies? A influência relativa de processos locais e regionais em uma comunidade pode ser determinada por um gráfico comparando a riqueza local de espécies com a riqueza regional de espécies.

É possível ter uma relação entre riqueza de espécies local e regional com uma inclinação maior que 1? Por quê?

(A) Regiões de estudo

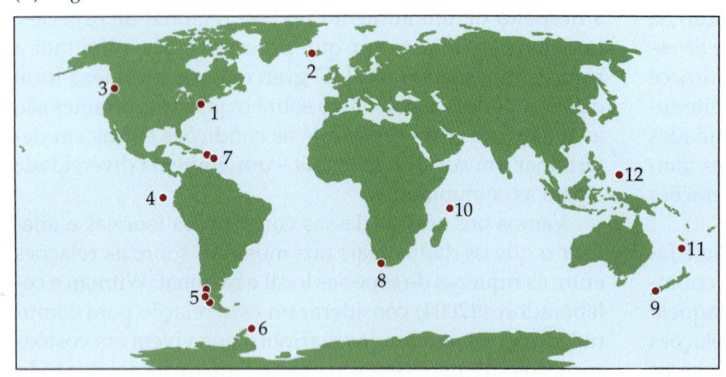

1	Golfo de Maine
2	Islândia
3	Nordeste do Pacífico
4	Arquipélago de Galápagos
5	Patagônia Chilena
6	Península Antártica
7	Leste do Caribe
8	Sudoeste da África
9	Sudoeste da Nova Zelândia
10	República das Seychelles
11	Ilha Norfolk
12	República de Palau

(B) Riqueza de espécies local *versus* regional

A inclinação da linha é menor do que 1, sugerindo que o reservatório de espécies regional determina amplamente a riqueza de espécies local.

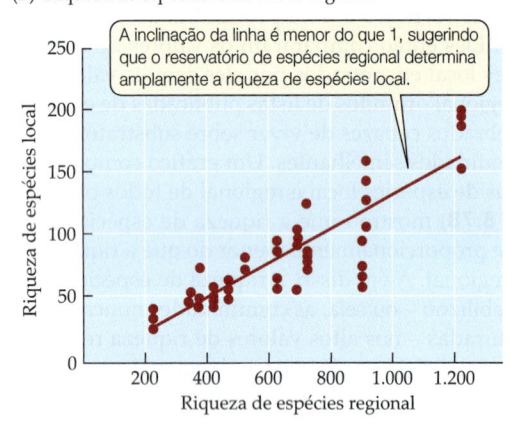

Figura 18.7 Comunidades de invertebrados marinhos podem ser limitadas por processos regionais Entre comunidades de invertebrados marinhos de zonas submarés rasas, a riqueza de espécies regional responde por aproximadamente 75% da riqueza de espécies local. (A) As 12 regiões do mundo onde os 49 sítios amostrais estavam localizados. (B) Um diagrama da riqueza de espécies local *versus* a riqueza de espécies regional. Cada ponto representa um dos 49 sítios amostrais. (Segundo Witman et al., 2004.)

No restante deste capítulo, exploraremos os fatores que controlam a variação na diversidade de espécies nas escalas biogeográficas global e regional. O Capítulo 19 tratará com maiores detalhes as causas e as consequências das diferenças na diversidade de espécies na escala local.

---CONCEITO 18.2---

Os padrões globais de diversidade e composição de espécies são influenciados por área e isolamento geográfico, história evolutiva e clima global.

Biogeografia global

Deve ter sido incrível ser um explorador científico há 200 anos. Você deixaria a segurança de sua casa na Europa para viajar de navio a um destino totalmente desconhecido. Teria de suportar enjoo, doenças, acidentes de todos os tipos e anos longe da família, dos amigos e dos colegas. Você ficaria muitos anos endividado, a menos que fosse rico ou pudesse vender suas coleções. No entanto, você teria sido o primeiro cientista a documentar e coletar espécies animais e vegetais de incrível beleza, novidade e raridade. Foi sob essas circunstâncias que a ciência da biogeografia nasceu, e muitas descobertas importantes foram feitas. Até aquele ponto, os cientistas europeus tinham pouquíssima informação sobre a história natural e a ecologia de outras partes do mundo; a maioria era imprecisa ou provinha de rumores. O que esses naturalistas foram capazes de trazer de volta foram espécimes, e acima de tudo, teorias para ajudar a dar sentido a suas observações.

Embora não tenha sido o primeiro em sua área, Alfred Russel Wallace (1823-1913) merecidamente conquistou seu lugar como o pai da biogeografia (**Figura 18.8**). Inspirado por naturalistas como Alexander Von Humboldt, Charles Darwin e Joseph Hooker, Wallace entrou em cena com bem menos riqueza ou educação, mas seu intelecto e motivação mais do que compensaram o que lhe faltava em recursos financeiros e treinamento. Wallace é mais conhecido, junto com Charles Darwin, como o codescobridor dos princípios da seleção natural, embora sempre tenha ficado na sombra de Darwin em relação a isso. Contudo, sua maior contribuição foi o estudo da distribuição das espécies em grandes escalas espaciais.

Wallace partiu da Inglaterra para o Brasil em 1848 e explorou a floresta pluvial amazônica por quatro anos. Durante sua volta, o navio em que estava viajando pegou fogo no meio do Mar Sargasso, destruindo todos os seus

Figura 18.8 Alfred Russel Wallace e suas coleções (A) Fotografia de Wallace tirada em Cingapura em 1862, durante sua expedição ao arquipélago malaio. (B) Parte das coleções de besouros raros de Wallace do arquipélago malaio, encontrada em um sótão por seu neto em 2005.

espécimes e a maioria de suas anotações e ilustrações. Após 10 dias em um bote salva-vidas, ele foi resgatado e voltou à Inglaterra, onde publicou seis artigos impressionantes sobre suas observações.

Mesmo após ter jurado jamais viajar de novo, em 1852 Wallace partiu da Inglaterra para o Arquipélago de Malay (atualmente Indonésia, Filipinas, Singapura, Brunei, Malásia Oriental e Timor Leste). Foi lá que fez a intrigante observação descrita em seu livro de 1869, *The Malay Archipelago*: que os mamíferos das Filipinas eram mais parecidos com aqueles da África (5.500 km de distância) do que com aqueles da Nova Guiné (750 km de distância). Wallace foi o primeiro a perceber a demarcação clara entre essas duas faunas, a qual passou a ser conhecida como a *linha de Wallace*. O estudo revela, como veremos rapidamente, que esses grupos separados de animais evoluíram em dois continentes diferentes que se tornaram mais próximos apenas nos últimos 15 milhões de anos. A pesquisa biogeográfica de Wallace culminou na publicação de um trabalho em dois volumes chamado *The Geographical Distribution of Animals*, publicado em 1876. Neste livro, Wallace divide a distribuição das espécies em regiões geográficas e revela dois importantes padrões globais:

- A massa de terra do planeta pode ser dividida em seis **regiões biogeográficas reconhecíveis** contendo biotas distintas que diferem marcadamente em composição e diversidade de espécies.

- Há um gradiente de diversidade de espécies de acordo com latitude; a diversidade é maior nos trópicos e diminui rumo aos polos.

Esses dois padrões são necessariamente inter-relacionados; o gradiente latitudinal é sobreposto às regiões biogeográficas. Para facilitar a explicação, vamos começar descrevendo as regiões biogeográficas descritas por Wallace e as forças subjacentes que as criaram. Então consideraremos alguns dos processos que parecem ser responsáveis pelo gradiente latitudinal em diversidade de espécies.

As biotas de regiões biogeográficas refletem isolamento evolutivo

As seis regiões biogeográficas da Terra descritas por Wallace são a Neártica (América do Norte), a Neotropical (Américas Central e do Sul), a Paleártica (Europa e partes da Ásia e da África), a Etiópica (maior parte da África), a Oriental (Índia, China e sudeste da Ásia) e a Australásica (Austrália, Indo-Pacífico e Nova Zelândia) (**Figura 18.9**). Não é coincidência que essas regiões correspondam aproximadamente às seis maiores placas tectônicas da Terra. Essas placas são sessões da crosta terrestre que se movem pela superfície da Terra por meio da ação de correntes geradas no fundo de seu manto de rocha fundida (**Figura 18.10**). Antes dos cientistas compreenderem os processos por trás do movimento dessas placas, eles admitiam a hipótese de que os continentes se moviam à deriva sobre a superfície da Terra; por isso, o nome **deriva**

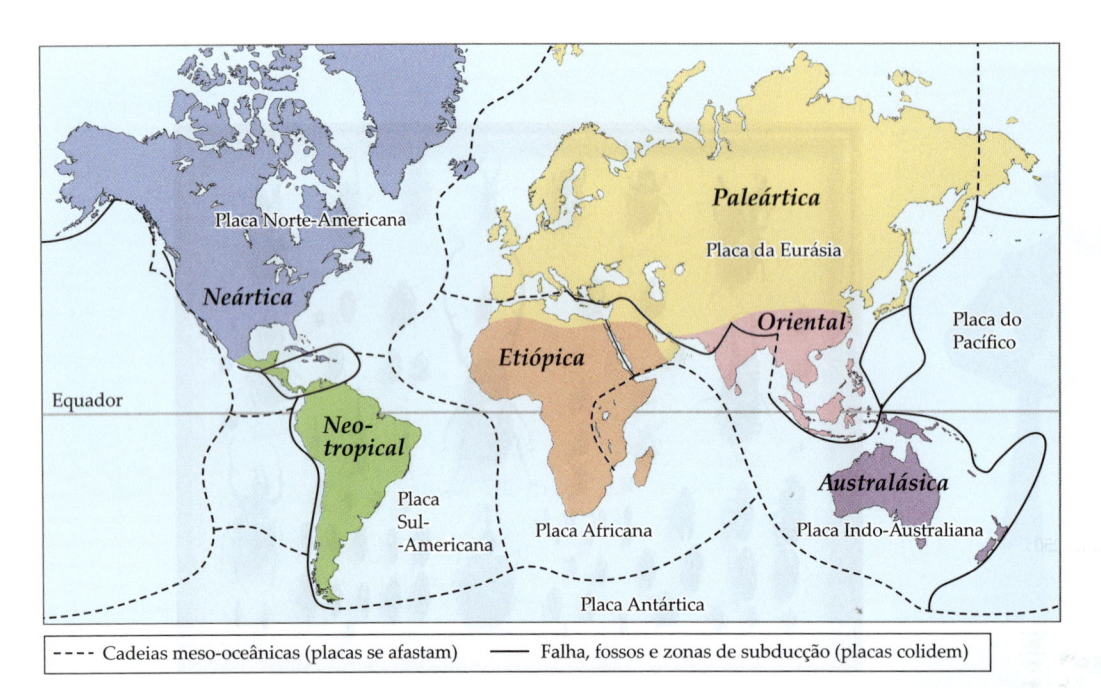

Figura 18.9 Seis regiões biogeográficas Wallace identificou seis regiões biogeográficas utilizando a distribuição de animais terrestres. Essas seis regiões, grosso modo, correspondem às principais placas tectônicas.

> **?** Compare as seis regiões de Wallace com as 11 divisões biogeográficas mostradas na Figura 1.2. Quais tipos de dados foram usados para expandir o número de regiões para 11?

continental foi dado à primeira teoria que descrevia esses movimentos. Existem três grandes tipos de bordas entre as placas tectônicas. Em áreas conhecidas como *cadeias meso-oceânicas*, a rocha fundida flui para fora das fendas entre as placas e esfria, criando uma nova crosta e forçando as placas a se espalharem, em um processo conhecido como *expansão do fundo oceânico*. Em algumas áreas onde duas placas se encontram, conhecidas como *zonas de subducção*, uma placa é forçada para baixo de outra. Essas áreas estão associadas a fortes abalos sísmicos, atividades vulcânicas e formação de cadeias de montanhas. Em outras áreas onde duas placas se encontram, as placas deslizam lateralmente passando uma pela outra, formando uma *falha*.

Como resultado de processos como expansão do fundo oceânico e subducção, as posições das placas, e dos continentes que estão sobre elas, têm mudado drasticamente ao longo do tempo geológico (para assistir a um vídeo, ver **Saiba Mais 18.1**). Para nosso objetivo, vamos considerar os movimentos das placas tectônicas a partir do final do período Permiano (251 milhões de anos atrás), quando toda a massa de superfície da Terra formava um único grande continente, denominado Pangeia (**Figura 18.11A**). Naquele período, houve uma extinção em massa (ver Figura 6.18), que eventualmente levou ao surgimento do primeiro arcossauro (precursor dos dinossauros) e do cinodonte (precursor dos mamíferos). Cerca de 144 milhões de anos atrás, durante o período Cretáceo, a Pangeia começou a se separar em duas massas de terra,

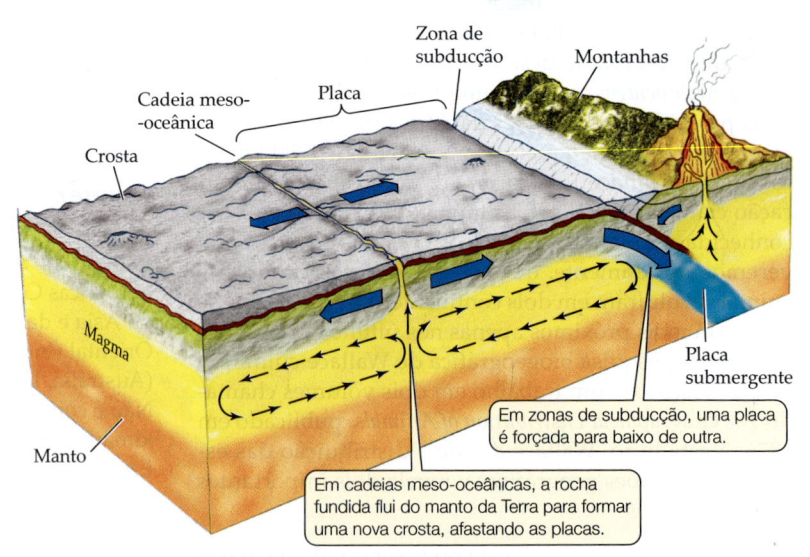

Figura 18.10 Mecanismos de deriva continental Ao longo do tempo geológico, correntes geradas no fundo do manto rochoso fundido da Terra (magma) movem seções da crosta terrestre através de sua superfície.

(A)

251 milhões de anos atrás, todas as massas de terra da Terra formavam um grande continente chamado Pangeia.

Durante o período Cretáceo, Pangeia dividiu-se em dois grandes continentes, Laurásia e Gondwana.

Laurásia e Gondwana separaram-se, de modo a formar os continentes atuais.

Período Permiano (250 m.a.a.)   Período Cretáceo (100 m.a.a.)   Período Terciário (60 m.a.a.)

(B)

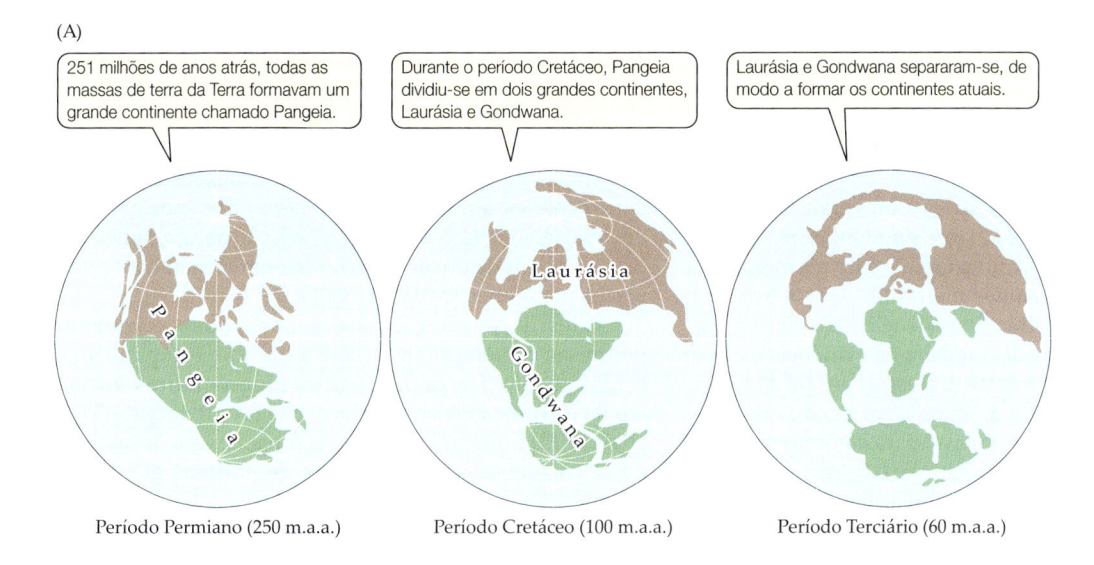

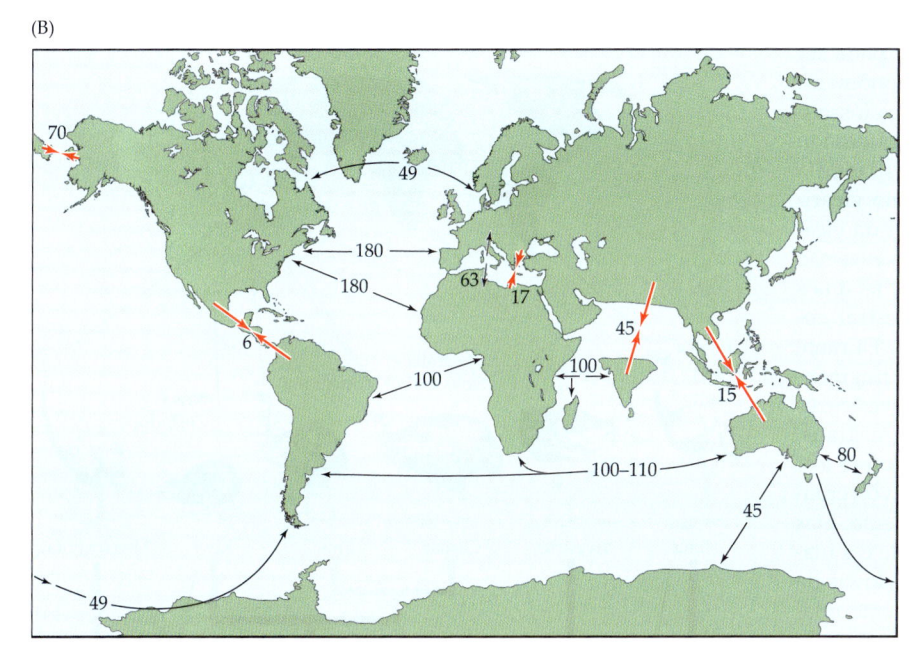

Figura 18.11 As posições dos continentes e dos oceanos mudaram ao longo do tempo geológico As localizações de continentes e oceanos mudaram drasticamente nos últimos 251 milhões de anos devido à deriva continental. (A) Ruptura da Pangeia. (B) Resumo dos movimentos que levaram à configuração atual dos continentes. As setas vermelhas mostram o tempo (em milhões de anos) desde que as massas de terra se uniram; as setas pretas estão rotuladas com o tempo desde a separação das massas de terra.

❓ À medida que as massas terrestres se separaram, você esperaria que a especiação aumentasse? Por quê?

Laurásia ao norte e Gondwana ao sul. Durante esse período, os dinossauros estavam em seu auge e os mamíferos eram pequenos e representavam um componente relativamente inferior da fauna. O final do período Cretáceo foi marcado por outra extinção em massa, que resultou no desaparecimento dos dinossauros. No início do período Terciário (60 milhões de anos atrás), Gondwana tinha se separado nos atuais continentes da América do Sul, África, Índia, Antártica e Austrália. Laurásia por fim se separou para formar a América do Norte, a Europa e a Ásia. A maioria desses movimentos resultou na separação mútua dos continentes, mas alguns foram reunidos ou aproximados (**Figura 18.11B**). Por exemplo, as Américas do Norte e do Sul se uniram no Istmo do Panamá, a Índia colidiu com a Ásia criando o Himalaia, a África e a Europa se uniram no Mar Mediterrâneo e uma ponte de terra foi formada entre a América do Norte e a Ásia no Estreito de Bering (para assistir a um vídeo, ver **Saiba Mais 18.2**).

O movimento das placas tectônicas da Terra separou, assim, a biota terrestre da Pangeia, unida pela geografia e pela filogenia, em grupos de espécies biogeograficamente distintos ao isolá-los em diferentes continentes. A sequência e o ritmo dos movimentos continentais resultaram em algumas regiões biogeográficas com flora e fauna muito distintas de outras. Por exemplo, as regiões Neotropical, Etiópica e Australiana, todas oriundas do Gondwana, foram totalmente isoladas por algum tempo e têm formas de vida muito distintas. Em outros casos, no entanto, grupos distintos de espécies foram unidos. Por exemplo, a biota da região Neártica difere substancialmente daquela da região Neotropical, apesar de sua proximidade atual. Uma vez que a América do Norte foi parte da Laurásia e a América do Sul foi parte do Gondwana, elas não tiveram contato até cerca de 6 milhões de anos atrás. Neste período, entretanto, muitas espécies moveram-se de um continente para outro (p. ex., leões da montanha, lobos e os precursores das lhamas moveram-se para a América do Sul, enquanto tatus e gambás migraram para a América do Norte), de alguma forma homogeneizando a biota das duas regiões. Curiosamente, também há evidência de que muitas famílias de mamíferos terrestres foram extintas quando os dois continentes se uniram, sugerindo que a coexistência ecológica não foi possível para algumas espécies (Flessa, 1975). Finalmente, o Neártico e o Paleártico, ambos parte da ancestral Laurásia, têm similaridades na biota da atual Groenlândia, assim como no Estreito de Bering, onde uma ponte de terra permitiu trocas de espécies durante os últimos 100 milhões de anos.

O legado da deriva continental pode ser encontrado em vários grupos taxonômicos existentes, assim como nos registros fósseis. A separação evolutiva das espécies devido a barreiras tais como aquelas formadas pela deriva continental é conhecida como **vicariância**. Um bom exemplo dos efeitos da vicariância pode ser visto entre grandes aves não voadoras conhecidas como ratitas, as quais provavelmente possuem um ancestral comum do Gondwana (**Figura 18.12**). Durante o milênio, quando o Gondwana se fragmentou, as emas da América do Sul, os avestruzes da África, os casuares e os emus da Austrália, e as moas da Nova Zelândia tornaram-se isolados uns dos outros. Todos desenvolveram características singulares no isolamento, mas ainda conservam o tamanho grande e a inabilidade de voar. Curiosamente, os kiwis da Nova Zelândia são mais estreitamente relacionados aos avestruzes, casuares e emus do que às moas, apesar de sua coocorrência com as moas na Nova Zelândia. Essa observação sugere que os kiwis evoluíram em algum outro lugar e imigraram para a Nova Zelândia em algum momento após a separação do Gondwana.

Acompanhar o traço das linhas de vicariância ao longo de grandes áreas geográficas e por longos períodos forneceu importantes evidências para as primeiras teorias de evolução. Por exemplo, à medida que Wallace começou a acumular conhecimento acerca da distribuição de mais e mais espécies e fazer conexões geográficas entre elas, suas ideias a respeito da origem das espécies começaram a se consolidar. Em um artigo de 1855, intitulado *On the law which has regulated the introduction of new species* (Sobre a lei que regulou a introdução de novas espécies), ele escreveu: "Toda espécie passou a existir coincidindo tanto no espaço quanto no tempo com uma espécie preexistente estreitamente associada". Apesar das evidências biogeográficas sobre as conexões evolutivas entre espécies, ainda demorou mais alguns anos para que um mecanismo da evolução (i.e., seleção natural) e seu papel na origem de novas espécies fossem formalmente propostos por ambos Wallace (1858) e Darwin (1859).

Antes de prosseguirmos, é importante considerar pesquisas contemporâneas que atualizam e expandem o conhecimento acerca das regiões biogeográficas inicialmente identificadas por Wallace. Um estudo recente (Holt et al., 2013) utilizou informações filogenéticas de análises de DNA e observações recentes de padrões globais de distribuição de espécies para testar se as regiões biogeográficas originais de Wallace são sustentadas por dados modernos. Os pesquisadores identificaram mais regiões

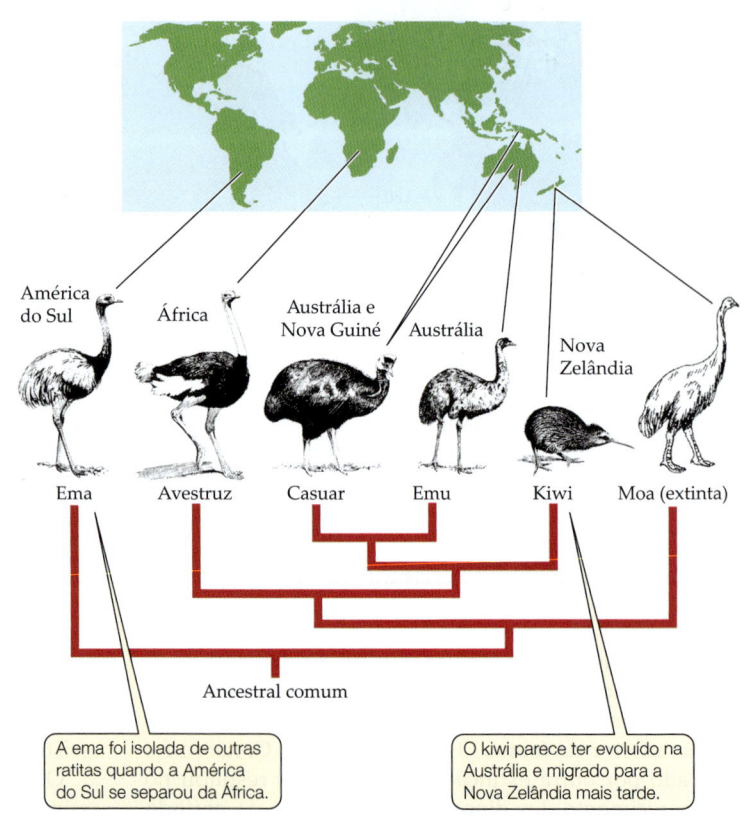

Figura 18.12 Vicariância entre as ratitas Os padrões de relações evolutivas entre aves ratitas mostrados aqui correspondem ao padrão de deriva continental quando o Gondwana se separou. Essas grandes aves não voadoras compartilham um ancestral comum que viveu em Gondwana, mas evoluíram distintamente após suas populações terem sido isoladas pela deriva continental. (Segundo Van Tyne e Berger, 1959; Haddrath e Baker, 2001.)

Referindo à Figura 18.11B, estime há quanto tempo as moas vinham evoluindo separadamente dos casuares e das emas antes de serem extintas (cerca de 1.400 d.C.).

biogeográficas (um total de 11), algumas iguais e outras diferentes daquelas seis regiões originalmente propostas por Wallace (compare a Figura 18.9 com a Figura 1.2). Essas novas análises sugerem que mecanismos adicionais de isolamento, além da deriva continental, são responsáveis pelas diferentes regiões. Curiosamente, a Nova Guiné e as Ilhas do Pacífico, separadas das Filipinas pela linha de Wallace, surgem como nova região biogeográfica, completamente separada das regiões Australiana e Oriental.

Outra análise recente das regiões biogeográficas envolveu o mapeamento da distribuição de espécies nos oceanos. Afinal, os oceanos perfazem 71% da superfície da Terra e, assim como vimos para os continentes, eles são dinâmicos, no sentido de terem sido criados, unidos e destruídos pelos movimentos das placas tectônicas da Terra (ver Figura 18.11). Então, a principal questão é se existem barreiras para dispersão entre os oceanos como há entre os continentes. Apesar de sua aparência conectada, os oceanos possuem sim impedimentos significativos para o intercâmbio de biotas: esses impedimentos aparecem na forma de continentes e correntes; gradientes de temperatura, salinidade e oxigênio; e diferenças na profundidade da água. Descontinuidades oceanográficas isolaram espécies umas das outras, permitindo mudança evolutiva e criando regiões biogeográficas únicas (Briggs, 2006). Infelizmente, a identificação de regiões biogeográficas marinhas tem sido dificultada pelo fator complicador extra de profundidade da água e pela lacuna básica de conhecimento da história natural e da taxonomia dos oceanos profundos. Um modelo recente desenvolvido por Adey e Steneck (2001) mostra 24 regiões biogeográficas oceânicas reconhecíveis para macroalgas marinhas bentônicas entremarés. Embora seja difícil de comparar essas regiões de macroalgas com regiões biogeográficas terrestres, a análise sugere que o reino marinho tem muito mais variação biogeográfica do que imaginávamos.

A diversidade de espécies varia com a latitude

Se lembrarmos de nosso passeio pelo mundo estilo *Google Earth* na seção anterior, ficou claro que a diversidade e a composição de espécies de plantas mudaram drasticamente com a latitude: a diversidade de espécies foi maior em latitudes tropicais e diminuiu em direção aos polos. Wallace e outros exploradores científicos europeus do século XIX tornaram-se vivamente informados desse padrão à medida que foram coletando centenas de espécies nos trópicos e comparando-as com as escassas coleções europeias. À medida que mais dados foram acumulados ao longo dos últimos 200 anos, o gradiente latitudinal em diversidade de espécies tem sido mais firmemente estabelecido (**Figura 18.13**). Willig e colaboradores (2003) compilaram os resultados de 162 estudos sobre uma variedade de grupos taxonômicos distribuídos em amplas escalas espaciais (20° de latitude ou mais) que consideravam se diversidade e latitude apresentavam uma relação negativa

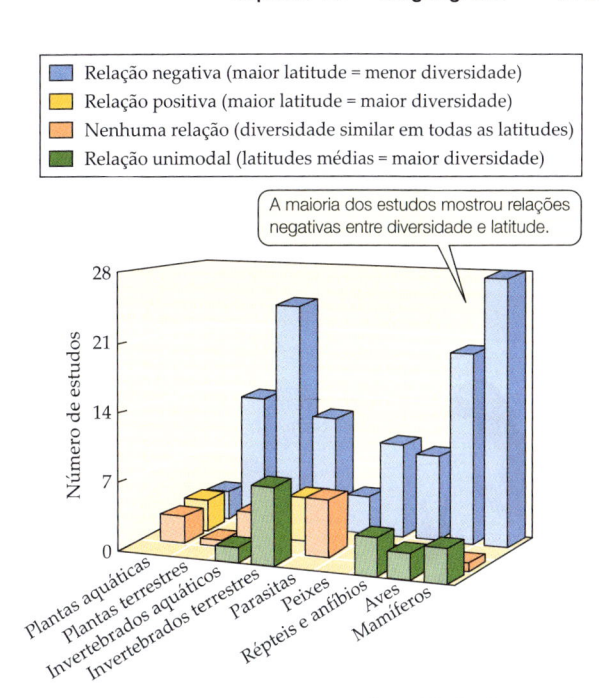

Figura 18.13 Estudos de latitude e diversidade de espécies confirmam a sabedoria convencional Willig e colaboradores compilaram os resultados de vários estudos sobre a relação entre diversidade de espécies e latitude. Os estudos incluíram uma variedade de grupos taxonômicos, mas foram todos realizados em escalas latitudinais amplas (> 20°). (Segundo Willig et al., 2003.)

(com a diversidade diminuindo em direção aos polos), uma relação positiva (crescendo em direção aos polos), uma relação unimodal (aumentando em direção a latitudes médias e então diminuindo em direção aos polos), ou nenhuma relação. As relações negativas foram de longe as mais frequentes, porém relações unimodais também foram evidentes.

Além desse inegável e forte gradiente latitudinal, biogeógrafos observaram um importante padrão de variação longitudinal. Gaston e colaboradores (1995) mediram o número de famílias ao longo de transecções múltiplas percorrendo de norte a sul e separadas por 10° de longitude. Famílias de plantas espermatófitas, anfíbios, répteis e mamíferos todas aumentaram em número em direção ao equador e diminuíram em latitudes maiores tanto no Hemisfério Norte como no Hemisfério Sul. Esses pesquisadores determinaram, entretanto, que o número de famílias também dependeu da longitude escolhida. Suas observações apontam para a importância dos chamados *hot spots*, ou áreas de alta riqueza de espécies, que ocorrem em longitudes particulares, algumas vezes secundárias à latitude.

Logicamente, como indica a Figura 18.13, nem todos os grupos de organismos mostram decréscimos na riqueza de espécies em latitudes maiores. Alguns grupos apresentam o padrão oposto. Aves marinhas, por exemplo, têm maior diversidade em latitudes temperadas e polares (Harrison, 1987) (**Figura 18.14A**). Aves marinhas da Antártica e

(A) Diversidade global de aves marinhas

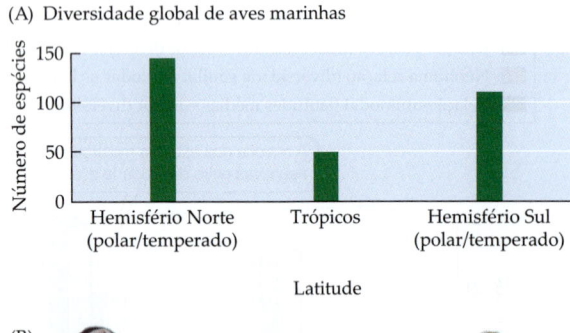

Figura 18.14 Aves marinhas desafiam o conhecimento tradicional A riqueza global de espécies de aves marinhas mostra um padrão latitudinal oposto ao da maioria da fauna. (A) A riqueza de espécies entre aves marinhas é alta em regiões temperadas e polares e muito menor nos trópicos. (B) A composição de espécies também apresenta grandes diferenças latitudinais. (Dados de Harrison, 1987.)

subantártica incluem pinguins, albatrozes, petreis e mandriões (**Figura 18.14B**). No Ártico e subártico, tordas substituem os pinguins, e gaivotas, andorinhas-do-mar e mergulhões são comuns. Nos trópicos e subtrópicos, a diversidade de aves marinhas diminui; aqui a comunidade de aves marinhas é composta principalmente por pelicanos, mergulhões, cormorões e fragatas. O padrão de diversidade de aves marinhas correlaciona-se bem com a produtividade marinha, que é substancialmente maior em oceanos temperados e polares do que nos trópicos (ver Figura 20.10). O mesmo padrão de diversidade vem sendo observado em comunidades bentônicas marinhas, que vivenciam produtividades muito mais altas em latitudes maiores.

Como veremos, diferenças de produtividade são uma possível explicação para gradientes latitudinais em diversidade de espécies. Vamos focar agora em algumas das outras explicações possíveis.

Gradientes latitudinais têm causas múltiplas inter-relacionadas

Como vimos, padrões globais de riqueza de espécies são fundamentalmente controlados pelas taxas de três processos: especiação, extinção e dispersão. Vamos assumir aqui, para simplificar, que a taxa de dispersão de espécies é aproximadamente a mesma em todo o mundo. Podemos então prever que o número de espécies em qualquer local particular do globo irá refletir um balanço, ou equilíbrio, entre as taxas de dois processos fundamentais: especiação e extinção. Subtraindo a taxa de extinção da taxa de especiação temos a taxa de *diversificação de espécies*: o aumento ou a diminuição líquidos em espécies ao longo do tempo. No entanto, o que, afinal, controla essa taxa? As taxas de diversificação de espécies variam com a localização geográfica? Caso sim, o que causa tais diferenças? Dezenas de hipóteses para explicá-las já foram propostas, mas ainda há pouco consenso entre biogeógrafos e ecólogos. Parte da razão está no fato de que existem múltiplos e sobrepostos gradientes latitudinais em área, idade evolutiva e clima que estão correlacionados com os gradientes de diversidade de espécies. Além disso, uma vez que especiação e extinção ocorrem em uma escala espacial global e por escalas temporais evolutivas, é impossível realizar experimentos de manipulação para isolar os diversos fatores e separar correlação de causa.

Com o intuito de resumir as ideias mais convincentes, Gary Mittelbach e colaboradores (2007) sugeriram que as hipóteses propostas para explicar o gradiente latitudinal da diversidade de espécies se dividem em três grandes categorias. A primeira categoria de hipóteses baseia-se no pressuposto de que a taxa de especiação nos trópicos é maior do que nas regiões temperadas (**Figura 18.15A**). A segunda categoria de hipóteses sugere que a taxa de diversificação nos trópicos e aquela em latitudes maiores são similares, porém o tempo evolutivo disponível para diversificação foi muito maior nos trópicos (**Figura 18.15B**). A terceira categoria de hipóteses sugere que os recursos são mais abundantes nos trópicos, devido à maior produtividade e, portanto, as espécies que lá se encontram têm maior capacidade de suporte e uma habilidade melhor para coexistir (**Figura 18.15C**). Olharemos cada categoria de hipóteses em mais detalhe.

Taxa de diversificação de espécies Existem muitas hipóteses que buscam explicar por que a diversificação pode ser maior nos trópicos. Uma hipótese relaciona diversificação com área geográfica e temperatura. John Terborgh (1973) e Michael Rosenzweig (1992) propuseram que a diversidade de espécies terrestres é maior nos trópicos porque os trópicos possuem a maior área (**Figura 18.16A**). Rosenzweig calculou que a região entre 26° N e S tem 2,5 vezes mais área do que qualquer outro intervalo de latitude sobre a Terra. Intuitivamente, isso faz sentido, considerando que esse intervalo de latitude está no meio e, assim, na parte mais larga do planeta. Igualmente interessantes são os dados que mostram que essa grande área é também a região de maior estabilidade térmica sobre a Terra (**Figura 18.16B**). Um diagrama da temperatura média anual contra a latitude, feito por Terborgh, mostrou que as temperaturas terrestres são marcadamente uniformes em uma extensa área entre 25° N e S, mas em seguida despencam rapidamente em latitudes mais altas.

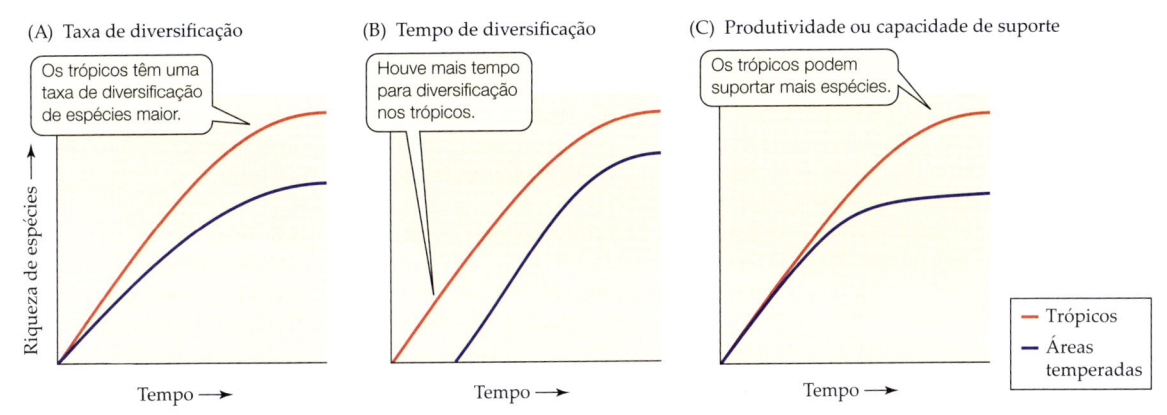

Figura 18.15 Hipóteses propostas para explicar o gradiente latitudinal em riqueza de espécies (A) Os trópicos possuem uma taxa de diversificação (taxa de especiação – taxa de extinção) mais alta do que as áreas temperadas, portanto acumularam espécies mais rapidamente. (B) Os trópicos tiveram mais tempo para diversificação do que as áreas temperadas, portanto acumularam mais espécies. (C) Devido a sua produtividade mais alta, os trópicos têm uma capacidade de suporte maior do que as áreas temperadas, portanto mais espécies podem coexistir. (Segundo Mittelbach et al., 2007.)

Por que maiores extensões de terra e temperaturas mais estáveis fomentam maior diversidade de espécies? Rosenzweig sugeriu que a associação desses dois fatores diminui as taxas de extinção e aumenta as taxas de especiação em regiões tropicais. Ele argumentou que uma área maior e com maior estabilidade térmica deveria diminuir as taxas de extinção de duas formas: primeiro, por aumentar os tamanhos populacionais de espécies (assumindo que suas densidades são iguais em todo o mundo), diminuindo assim suas chances de extinção por acontecimentos ao acaso; segundo, por aumentar as amplitudes geográficas de espécies, diminuindo assim suas chances de extinção pela difusão do risco em uma área geográfica mais ampla (ver Conceito 11.3). Ele ainda sugeriu que a especiação aumentaria em áreas grandes porque as espécies teriam amplitudes geográficas maiores, e assim teriam uma chance maior de isolamento reprodutivo entre as populações (ver Conceito 6.4). Todavia, a teoria de Rosenzweig é controversa por inúmeras razões. Em **Saiba Mais 18.3**, são descritas diversas hipóteses alternativas propostas para explicar as taxas de diversificação de espécies nos trópicos.

Tempo de diversificação de espécies

A segunda categoria de hipóteses, a qual propõe que os gradientes latitudinais de diversidade de espécies são influenciados pela história evolutiva, foi defendida pela primeira vez por Wallace (1878). Ele sugeriu que regiões tropicais, pelo fato de supostamente terem sido mais estáveis com relação ao clima ao longo do tempo (ver Figura 18.16B), poderiam ter histórias evolutivas consideravelmente mais longas do que regiões temperadas e polares, onde as condições climáticas severas (como as glaciações) podem ter interrompido a diversificação de espécies.

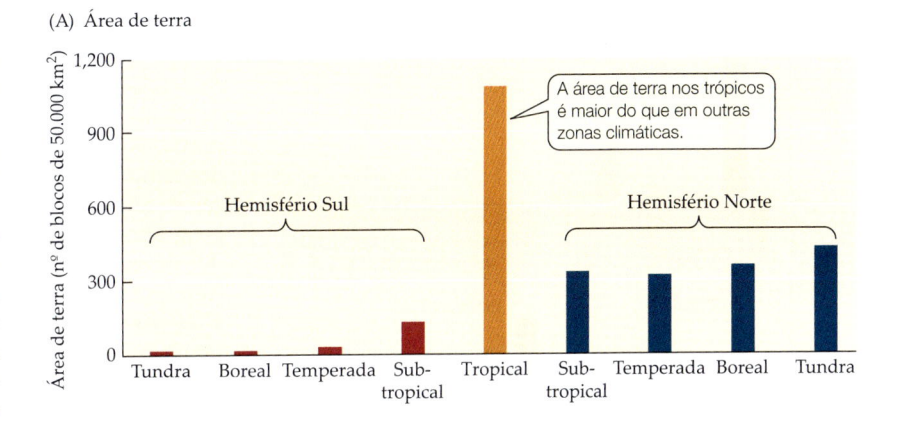

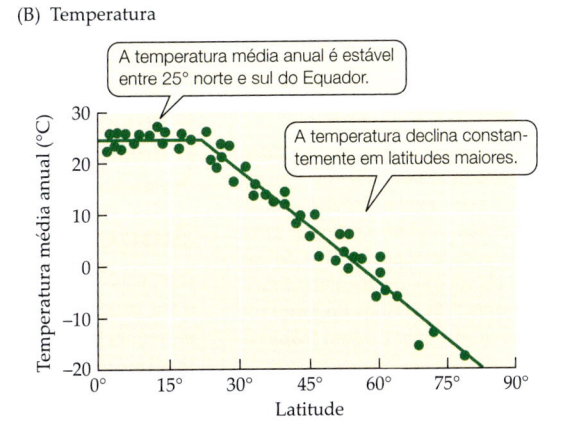

Figura 18.16 Área e temperatura influenciam a diversidade de espécies? Michael Rosenzweig conjeturou que duas características dos trópicos levaram a altas taxas de especiação e baixas taxas de extinção: (A) sua área de terra e (B) suas temperaturas estáveis. (Segundo Rosenzweig, 1992.)

Assim, mesmo que as taxas de especiação fossem as mesmas no mundo todo, os trópicos teriam acumulado mais espécies ao longo do tempo pelo simples fato de que lá as espécies teriam tido mais tempo ininterrupto para evoluir.

Com essas ideias em mente, podemos considerar outra possibilidade: de que a maioria das espécies na realidade se originou nos trópicos e depois se dispersou para regiões temperadas durante períodos mais quentes com maior homogeneidade climática. A ideia de que os trópicos servem de "berço" para a diversidade foi originalmente proposta por Stebbins (1974). Jablonski e colaboradores (2006) recentemente examinaram essa hipótese comparando a fauna de bivalves marinhos atuais com bivalves marinhos fósseis de 11 milhões de anos atrás. Eles descobriram que a maioria dos bivalves marinhos sobreviventes se originou nos trópicos (**Figura 18.17A**) e dispersou-se em direção aos polos (**Figura 18.17B**), mas sem deixar de ocorrer nos trópicos. Assim, nesse caso particular, podemos pensar nos trópicos como um berço de diversidade de espécies, pois a maioria dos táxons sobreviventes se originou lá. Entretanto, como Jablonski e colaboradores também apontaram, os trópicos podem servir tanto como um "museu" quanto como um "berço". Se as taxas de extinção nos trópicos são baixas, então espécies que se diversificam lá tenderão a permanecer "em exposição". Jablonski e colaboradores sugeriram que a atual perda de biodiversidade nos trópicos provavelmente terá efeitos profundos, pois não apenas compromete a riqueza de espécies atual, mas pode também interromper o fornecimento de novas espécies para latitudes mais altas no futuro.

Produtividade A última categoria de hipóteses para o gradiente latitudinal em diversidade de espécies que iremos considerar é baseada em recursos – em particular, produtividade. A hipótese da produtividade, proposta em 1959 por G. E. Hutchinson, postula que a diversidade de espécies é maior nos trópicos porque lá é onde a produtividade é maior, ao menos para sistemas terrestres (ver Figura 20.7). A ideia é que maior produtividade promove tamanhos populacionais maiores, uma vez que as espécies terão maior capacidade de suporte. Essa maior produtividade levará a taxas de extinção menores, maior coexistência entre espécies e a uma maior riqueza de espécies em geral. A hipótese da produtividade também pode explicar por que vemos um reverso no gradiente latitudinal para alguns organismos marinhos, tais como as aves marinhas (ver Figura 18.14), tendo em vista que a produtividade geralmente é maior em hábitats costeiros marinhos temperados do que em regiões tropicais (ver Figura 20.10). Porém, também sabemos que alguns dos hábitats mais produtivos na Terra, como os estuários, costumam ter uma diversidade de espécies muito baixa. Em resumo, a hipótese da produtividade é complexa e insatisfatória em muitos casos. No Capítulo 19, investigaremos como a produtividade influencia a diversidade em escalas locais, onde experimentos manipulados podem nos dar mais ideias sobre seus efeitos.

Como vimos, padrões biogeográficos motivaram e inspiraram alguns dos melhores e mais brilhantes cientistas dos tempos modernos. A fascinação deles com as diferenças no número e nos tipos de espécies em grandes escalas geográficas e seu esforço impressionante para compreender essas diferenças resultaram em algumas das teorias científicas mais influentes de todos os tempos, incluindo a da origem das espécies. Na próxima seção, consideraremos outra importante teoria que busca compreender a diversidade de espécies em escalas espaciais menores.

CONCEITO 18.3

Diferenças regionais na diversidade de espécies são influenciadas pela área e pela distância, que por sua vez determinam o balanço entre as taxas de imigração e extinção.

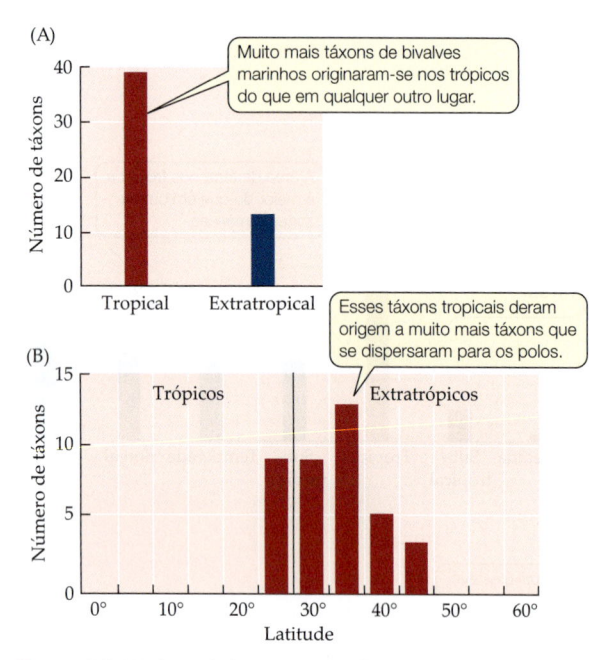

Figura 18.17 Os trópicos são um berço e um museu para a especiação Jablonski e colaboradores examinaram táxons de bivalves marinhos vivos e fósseis para avaliar a hipótese de que a história evolutiva mais longa dos trópicos contribui para o gradiente latitudinal em diversidade de espécies. (A) Zonas climáticas de primeira ocorrência de táxons de bivalves marinhos (com base em famílias de fósseis). (B) Limites da amplitude de táxons de bivalves marinhos atuais com origem tropical. (Segundo Jablonski et al., 2006.)

? O que significa dizer que os trópicos são um berço e um museu para a diversidade?

Biogeografia regional

Um encadeamento importante presente neste capítulo, e na biogeografia em geral, é a relação entre número de espécies e área geográfica. Vimos no Estudo de Caso que fragmentos maiores da floresta pluvial amazônica tinham maior riqueza de espécies que fragmentos menores. Em nosso passeio global pelas florestas do mundo, vimos que a diversidade de espécies foi maior nos trópicos (ver Tabela 18.1), a zona climática cuja área geográfica também é maior (ver Figura 18.16A). Essa **relação espécie-área**, na qual a riqueza de espécies aumenta com o aumento da área amostrada, tem sido documentada em uma variedade de escalas espaciais, de pequenas lagoas até continentes inteiros. A maioria dos estudos de relações espécie-área tem focado em escalas espaciais regionais, onde essas relações tendem a ser bons preditores das diferenças na riqueza de espécies.

A riqueza de espécies aumenta com a área e diminui com a distância

Em 1859, H. C. Watson fez a primeira curva mostrando uma relação quantitativa espécie-área – neste caso, para plantas da Grã-Bretanha (**Figura 18.18**) (Williams, 1943). A curva inicia com um "pedacinho" do Condado de Surrey e se expande para áreas cada vez mais amplas que ao final englobam todo o Condado, o Sul da Inglaterra e finalmente a Grã-Bretanha. Com cada aumento de área, a riqueza de espécies aumenta até atingir um número máximo delimitado pela maior área considerada. (**Ferramentas Ecológicas 18.1** e **Análise de Dados 18.1** descrevem em mais detalhe como as curvas de espécie-área são feitas e interpretadas.)

A maioria das relações espécie-área foi documentada para ilhas (**Figura 18.19**). Ilhas, neste caso, incluem todos os tipos de áreas isoladas circundadas por "oceanos" de hábitat distinto (referido como hábitat da *matriz*). Então, "ilhas" podem incluir ilhas reais circundadas por oceanos, lagos circundados por terra, ou ilhas de montanhas circundadas por vales. Elas também podem incluir fragmentos de hábitat, como aqueles produzidos pelo desmatamento da Amazônia (ver Figura 18.2). Não obstante, essas ilhas e hábitats tipo ilha apresentam o mesmo padrão básico: ilhas grandes têm mais espécies que ilhas pequenas.

Além disso, devido ao isolamento natural das ilhas, a diversidade de espécies nelas mostra uma forte relação negativa com a distância da fonte principal de espécies. Por exemplo, Lomolino e colaboradores (1989) descobriram que a riqueza de espécies de mamíferos em topos de montanhas no Sudoeste Americano diminui em função da distância das principais fontes de espécies – nesse caso, duas grandes cadeias de montanhas naquela região. Esse e outros exemplos em geral mostram que ilhas mais distantes de fontes populacionais, tais como áreas continentais ou hábitats não fragmentados, apresentam menos espécies do que ilhas de tamanhos semelhantes próximas a essas fontes.

No entanto, quase sempre, o isolamento e o tamanho das ilhas são confundidos. Robert MacArthur e Edward O. Wilson (1963) ilustraram esse problema apresentando graficamente a relação entre a riqueza de aves e a área da ilha para um grupo de ilhas no Oceano Pacífico da Nova Guiné (**Figura 18.20**). Aqui, as ilhas variavam tanto em tamanho como em grau de isolamento do continente, mas

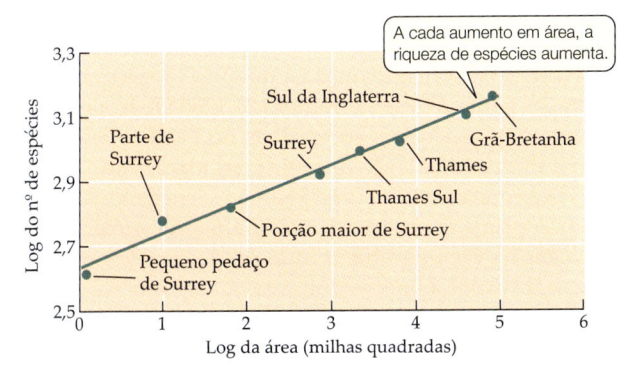

Figura 18.18 A relação espécie-área A primeira curva de espécie-área, para plantas britânicas, foi construída por H. C. Watson em 1859. (Segundo Williams, 1943.)

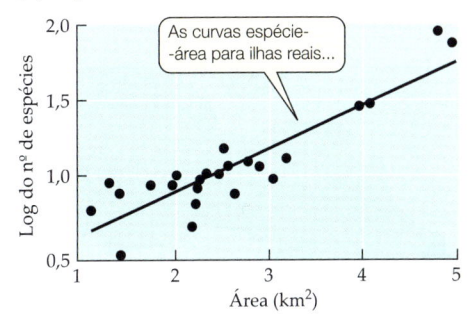

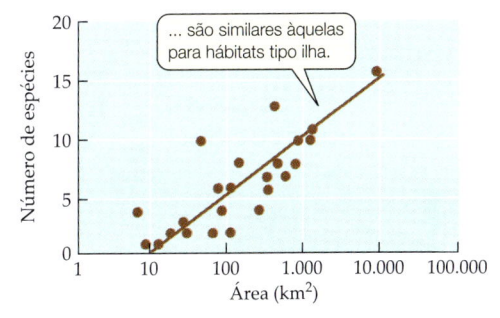

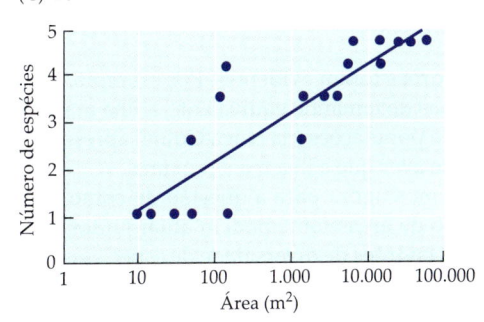

Figura 18.19 Curvas de espécie-área para ilhas e hábitats tipo ilha Curvas de espécie-área para (A) répteis em ilhas do Caribe, (B) mamíferos em topos de montanhas no sudoeste americano e (C) peixes que vivem em nascentes nos desertos da Austrália, todas mostram uma relação positiva entre área e riqueza de espécies. (A segundo Wright, 1981; B segundo Lomolino et al., 1989; C segundo Kodric-Brown e Brown, 1993.)

FERRAMENTAS ECOLÓGICAS 18.1

Curvas de espécie-área

Curvas de espécie-área são o resultado de plotar a riqueza de espécies (S) de determinada amostra contra a área (A) dessa amostra. A equação de regressão linear calcula a relação entre S e A do seguinte modo:

$$S = zA + c$$

onde z é a inclinação da linha e c é o intercepto y da linha.

Como os dados de curvas de espécie-área em geral são não lineares, os ecólogos transformam S e A em valores logarítmicos para que os dados incidam sobre uma linha reta e obedeçam um modelo de regressão linear.

A **Figura A** mostra curvas de espécie-área para plantas nas Ilhas do Canal (na costa da França) e no continente francês (Williams, 1964). Transformações logarítmicas foram realizadas em ambos os dados insulares e continentais, os dois conjuntos de dados foram representados separadamente, e um modelo linear foi utilizado para estimar a curva de melhor ajuste para cada um dos conjuntos de dados.

Uma característica importante de curvas de espécie-área está evidente nessa figura: quanto maior a inclinação da linha (i.e., quanto maior o valor de z), maior a diferença no número de espécies entre as áreas de amostragem. As Ilhas do Canal têm uma linha com inclinação muito mais acentuada do que as áreas continentais francesas, pelas razões descritas nas páginas 421 a 422.

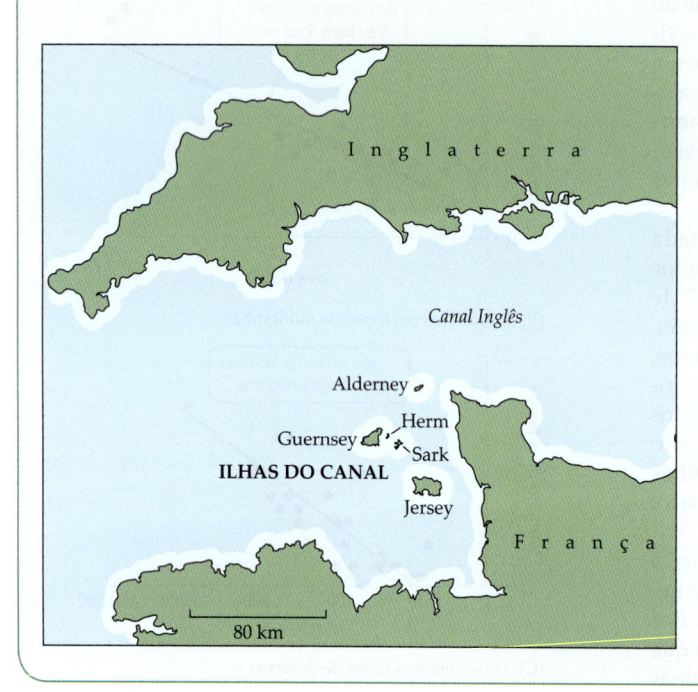

Figura A Relações espécie-área de ilhas versus áreas continentais Curvas de espécie-área para espécies de plantas nas Ilhas do Canal e no continente francês mostram que a inclinação de uma equação de regressão linear (z) é maior para as ilhas do que para as áreas continentais. (Segundo Williams, 1964.)

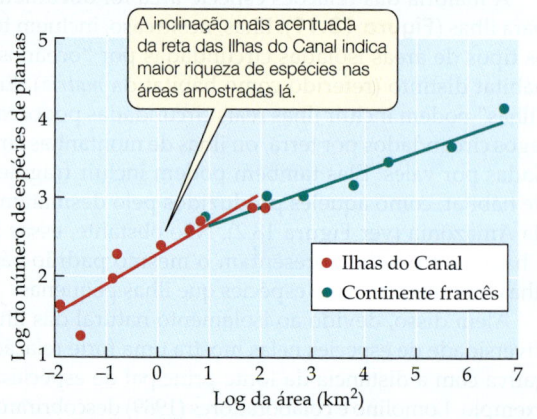

---

alguns padrões foram evidentes. Por exemplo, se compararmos ilhas de tamanho equivalente, a ilha mais afastada da fonte de populações (na Nova Guiné) apresenta menos espécies de aves que a ilha mais próxima.

Partiremos agora para a questão de como a área e o isolamento de áreas-fonte podem atuar juntos na produção desses padrões de diversidade de espécies comumente observados.

A riqueza de espécies é um balanço entre imigração e extinção

A Teoria da Biogeografia de Ilhas (1967) representou um dos mais importantes avanços na ciência da biogeografia desde o tempo de Wallace. O livro surgiu do interesse comum de dois cientistas: o ecólogo matemático Robert MacArthur e o taxonomista e biogeógrafo Edward O. Wilson. Wilson, que tinha estudado a biogeografia de formigas para sua tese de doutorado, havia feito algumas observações essenciais sobre ilhas no Pacífico Sul, que teve a oportunidade de discutir com MacArthur quando se encontraram em uma reunião científica (Wilson, 1994). A primeira observação foi que, a cada aumento em 10 vezes na área da ilha, o número de espécies de formigas aproximadamente dobrava. A segunda foi que, à medida que espécies de formigas migravam das áreas continentais para as ilhas, as espécies novas tendiam a substituir as espécies existentes, mas não havia ganho líquido na riqueza de espécies. Parecia haver um equilíbrio

ANÁLISE DE DADOS 18.1

Invasões de espécies influenciam as curvas de espécie-área?

Como aprendemos em Análise de Dados 16.1, a invasão de espécies não nativas tem sido relacionada tanto a aumentos quanto a reduções na diversidade de espécies dentro de comunidades. No estudo considerado no Capítulo 16, a maioria das espécies não nativas teve efeitos negativos sobre a diversidade de espécies em escalas relativamente pequenas (16 m²). Será que esse padrão se mantém à medida que aumentamos a escala espacial em que amostramos a diversidade de espécies?

Kristin Powell e colaboradores (2013)* consideraram essa questão comparando o efeito de plantas nativas e não nativas em comunidades florestais em diferentes escalas espaciais. Eles usaram curvas de espécie-área para ilustrar o número de espécies de plantas em relação à área amostrada em três tipos de comunidades de árvores distintas nos Estados Unidos: florestas tropicais no Havaí sendo invadidas por faia-da-terra, florestas de carvalho e hicórias no Missouri sendo invadidas por madressilva Amur, e florestas de "hardwood Hammock" na Flórida sendo invadidas pela *Dianella ensifolia*. Em cada uma das florestas, eles identificaram múltiplos pares de sítios em lados opostos de uma frente de invasão que estava em curso há pelo menos 30 anos. Sítios invadidos tinham mais de 90% de cobertura da invasora, enquanto o segundo sítio do par permanecia não invadido. Os resultados de Powell e colaboradores para a comunidade florestal da Flórida são mostrados na figura à direita. (Os estudos deles de tipos florestais no Havaí e no Missouri mostraram resultados semelhantes.)

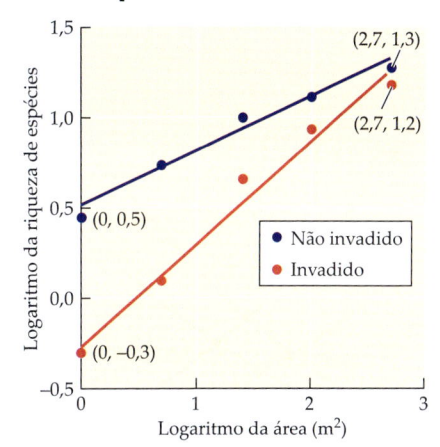

1. Como a inclinação (z) e o intercepto y (c) da curva diferem para sítios invadidos e não invadidos? O que essa diferença nos diz sobre o efeito das invasoras sobre a riqueza de espécies em escalas espaciais pequenas *versus* grandes?

2. Converta o logaritmo da área (m²) e o logaritmo da riqueza de espécies para valores não logaritmizados na escala espacial menor e na maior para os sítios invadidos e não invadidos. Qual é a amplitude aproximada na extensão espacial e na riqueza de espécies em sítios invadidos e não invadidos?

3. Forneça uma hipótese capaz de explicar a diferença entre as curvas de espécie-área de áreas invadidas e não invadidas.

---

*Powell, K. I., J. M. Chase and T. M. Knight. 2013. Invasive plants have scale-dependent effects on diversity by altering species–area relationships. *Science* 339: 316-318.

---

no número de espécies sobre as ilhas, que era dependente do tamanho da ilha e da distância do continente, mas a composição de espécies nas ilhas poderia mudar, e realmente mudava, ao longo do tempo.

MacArthur, um ecólogo matemático talentoso, tinha apenas 31 anos quando ele e Wilson desenvolveram essas observações para criar um simples, porém elegante, modelo biogeográfico regional teórico. O modelo, publicado em livro cinco anos depois, tornou-se mais conhecido como a **teoria do equilíbrio da biogeografia de ilhas**. A teoria é baseada na ideia de que o número de espécies em uma ilha ou um hábitat tipo ilha é dependente do balanço entre taxas de imigração ou dispersão

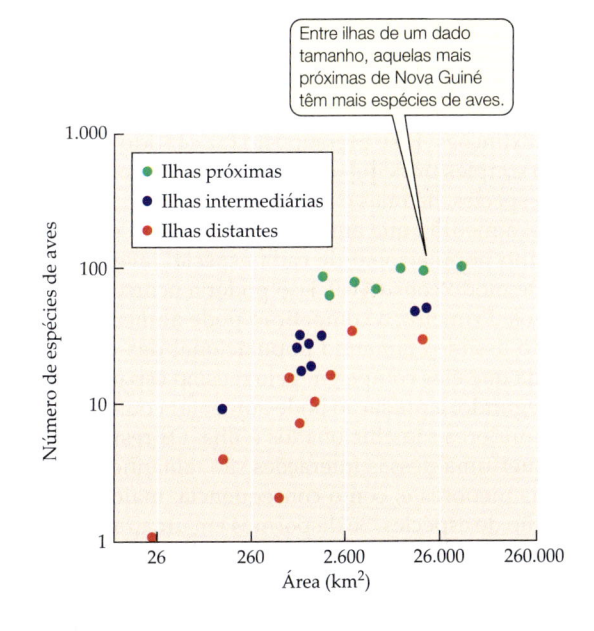

Figura 18.20 Área e isolamento influenciam a riqueza de espécies em ilhas MacArthur e Wilson apresentaram a relação espécie-área para aves em ilhas de diferentes tamanhos e em diferentes distâncias de Nova Guiné. (Dados de MacArthur e Wilson, 1963.)

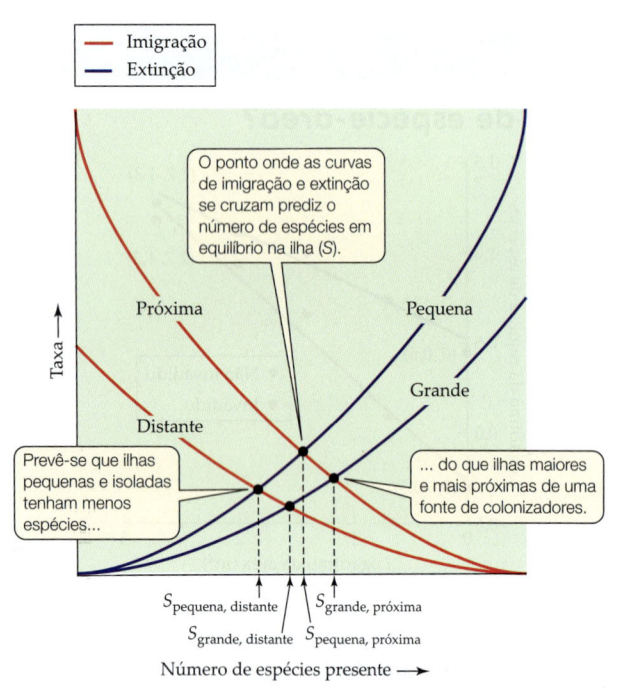

Figura 18.21 A teoria do equilíbrio da biogeografia de ilhas
A teoria de MacArthur e Wilson enfatizou o balanço entre as taxas de imigração e extinção de espécies para ilhas de diferentes tamanhos e a diferentes distâncias de uma fonte de espécies colonizadoras. (Segundo MacArthur e Wilson, 1967.)

e taxas de extinção. A teoria funciona mais ou menos assim: Imagine uma ilha vazia aberta à colonização por espécies advindas de populações de um continente ou fonte. Conforme novas espécies chegam à ilha, não importa quais os meios necessários, ela começa a encher. A taxa de imigração (o número de novas espécies que chegam) diminui ao longo do tempo à medida que mais e mais espécies são adicionadas, eventualmente chegando a zero, quando todo o *pool* de novas espécies que poderia alcançar a ilha e ser suportado por ela for exaurido. No entanto, conforme o número de espécies na ilha aumenta, deveria haver também um aumento do número de extinções. Esse pressuposto faz sentido de acordo com o simples princípio de balanço já mencionado: com mais espécies, há mais extinções de espécies. Adicionalmente, à medida que aumenta o número de espécies, o tamanho populacional de cada espécie deve ficar menor. De modo concebível, isso poderia ocorrer por dois motivos. Primeiro, a competição pode aumentar, diminuindo assim o tamanho populacional das espécies à medida que elas competem pelo mesmo espaço e recursos. Segundo, a predação pode aumentar conforme mais consumidores são adicionados à ilha. Os resultados de qualquer uma dessas interações são tamanhos populacionais menores e, como consequência, maior risco de extinção de espécies. Se dispormos em um gráfico a taxa de imigração *versus* a taxa de extinção, o número real de espécies na ilha deve ser o ponto de interseção das duas curvas, ou, em outras palavras, onde a imigração e a extinção de espécies estão em equilíbrio (**Figura 18.21**). Esse número de equilíbrio é o número de espécies que teoricamente deveria "se ajustar" na ilha, independentemente da renovação, ou substituição de uma espécie por outra que ocorre na ilha ao longo do tempo.

Para entender a influência do tamanho e do isolamento da ilha sobre sua riqueza de espécies, MacArthur e Wilson simplesmente ajustaram suas curvas para cima ou para baixo para refletir seus efeitos (ver Figura 18.21). Eles assumiram que o tamanho da ilha controla principalmente a taxa de extinção. Eles ponderaram que ilhas pequenas teriam taxas de extinção maiores do que ilhas grandes, pelas mesmas razões supracitadas, resultando em uma curva de extinção para ilhas pequenas mais inclinada do que para ilhas grandes. Da mesma forma, eles ponderaram que a distância de uma ilha até o continente controla principalmente a taxa de imigração. Ilhas distantes teriam taxas de imigração mais baixas do que ilhas próximas ao continente, resultando em uma curva de imigração menos inclinada para ilhas distantes do que para ilhas próximas ao continente.

Para testar sua teoria, MacArthur e Wilson (1967) aplicaram-na a dados de uma pequena ilha vulcânica de Krakatoa, entre Sumatra e Java, a qual entrou em forte erupção em 1883, aniquilando toda a vida na ilha (**Figura 18.22**). Surpreendentemente, as espécies de animais e vegetais começaram a retornar para o pouco que havia restado da ilha um ano após a erupção. MacArthur e Wilson utilizaram dados de três levantamentos em vários tempos desde a erupção para calcular as taxas de imigração e extinção de aves na ilha. Com base nessas taxas, eles previram que a ilha deveria sustentar cerca de 30 espécies em equilíbrio, com uma taxa de renovação de 1 espécie. Os dados mostraram que a riqueza de espécies de aves na ilha tinha de fato atingido 30 espécies 40 anos após a erupção e permaneceu com esse número dali em diante. Infelizmente, eles também descobriram que a renovação foi muito maior: 5 espécies. Não se sabe se essa diferença ocorreu devido a um erro amostral ou a um problema com o modelo, mas esse exemplo motivou Wilson e outros (p. ex., os pesquisadores do PDBFF cujo trabalho está descrito no Estudo de Caso deste capítulo) a começar a testar o modelo utilizando experimentos de manipulação.

Um dos experimentos mais bem conhecidos para testar a teoria do equilíbrio da biogeografia de ilhas foi conduzido por Daniel Simberloff e seu orientador, Edward O. Wilson, em ilhas pequenas de mangue e seus habitantes artrópodes, nas Florida Keys (Simberloff e Wilson, 1969; Wilson e Simberloff, 1969). Essas ilhas estavam dispersas a várias distâncias de grandes manchas de mangue "continentes" (**Figura 18.23A**). Após levantarem a riqueza de espécies nas ilhas, Simberloff e Wilson manipularam algumas dessas ilhas, pulverizando-as com inseticida para remover todos os insetos e aranhas (**Figura 18.23B**). Eles então amostraram as ilhas defaunadas pelo período de um ano (**Figura 18.23C**). Após um ano, os números

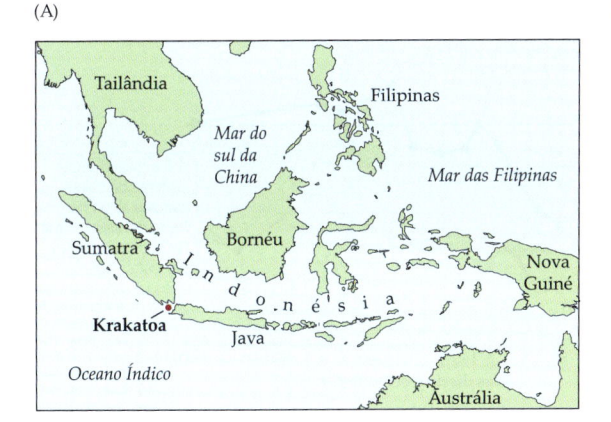

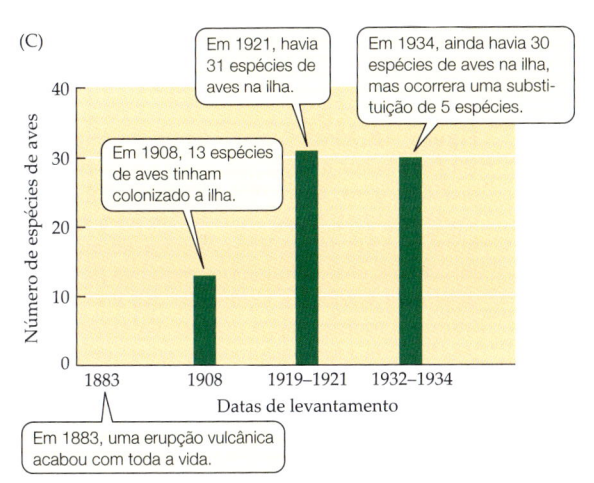

Figura 18.22 O teste de Krakatoa (A) A erupção da pequena ilha vulcânica de Krakatoa próximo a Sumatra e Java, em 1883, forneceu um teste natural da teoria do equilíbrio da biogeografia de ilhas. (B) Krakatoa ainda é um vulcão ativo, como mostra essa foto recente. (C) Em 1921, o número de espécies de aves alcançou 31, e em 1934 era de 30 – o número de equilíbrio previsto pela teoria de MacArthur e Wilson. A renovação, entretanto, foi cinco vezes maior do que a teoria previu. (Dados de MacArthur e Wilson, 1967.)

de espécies nas ilhas eram similares àqueles de antes da defaunação; além disso, a ilha mais próxima da fonte de colonizadores tinha a maioria das espécies, e a ilha mais longe tinha o mínimo (**Figura 18.23D**). De modo interessante, a ilha mais afastada ainda não tinha recuperado a riqueza original de espécies mesmo após dois anos. Todas as ilhas mostraram uma taxa de renovação de espécies considerável, como seria esperado para ilhas pequenas onde as taxas de extinção são previsivelmente altas (ver Figura 18.21).

A teoria do equilíbrio da biogeografia de ilhas é válida para áreas continentais

Os efeitos de área e isolamento influenciam diferenças na riqueza de espécies em áreas continentais da mesma forma que em ilhas? Como vimos no gráfico de Watson da riqueza de espécies de plantas na Grã-Bretanha (ver Figura 18.18), as relações espécie-área observadas em ilhas também se sustentam para áreas continentais. Então, como a biogeografia de áreas continentais difere daquela de ilhas e áreas tipo ilha?

Consideraremos um diagrama de riqueza de espécies vegetais das Ilhas do Canal *versus* aquele de áreas continentais da França (ver Ferramentas Ecológicas 18.1).

Williams (1964) mostrou que a riqueza de espécies vegetais aumentou com a área em ambos os locais, mas a inclinação da linha representando o aumento foi mais íngreme para as Ilhas do Canal do que para o continente francês (i.e., o valor de z foi maior nas ilhas). Como podemos interpretar essa diferença? Em áreas continentais, assim como nas ilhas, teoriza-se que o número de espécies é controlado por taxas de imigração e extinção. Em áreas continentais, entretanto, essas taxas são provavelmente diferentes daquelas em ilhas. As taxas de imigração são maiores em áreas continentais porque as barreiras de dispersão são menores. As espécies podem se mover de uma área para outra, presumivelmente através de um hábitat não insular contínuo. Além disso, as taxas de extinção são muito menores em áreas continentais devido à contínua imigração de novos indivíduos advindos de populações continentais maiores. A ideia é que as espécies terão sempre uma boa chance de serem "resgatadas" da extinção local por outros membros da população. O resultado dessas taxas mais altas de imigração e mais baixas de extinção em áreas continentais é uma taxa menor de aumento da riqueza de espécies com o aumento da área e, assim, uma inclinação mais suave da linha que em áreas de ilhas.

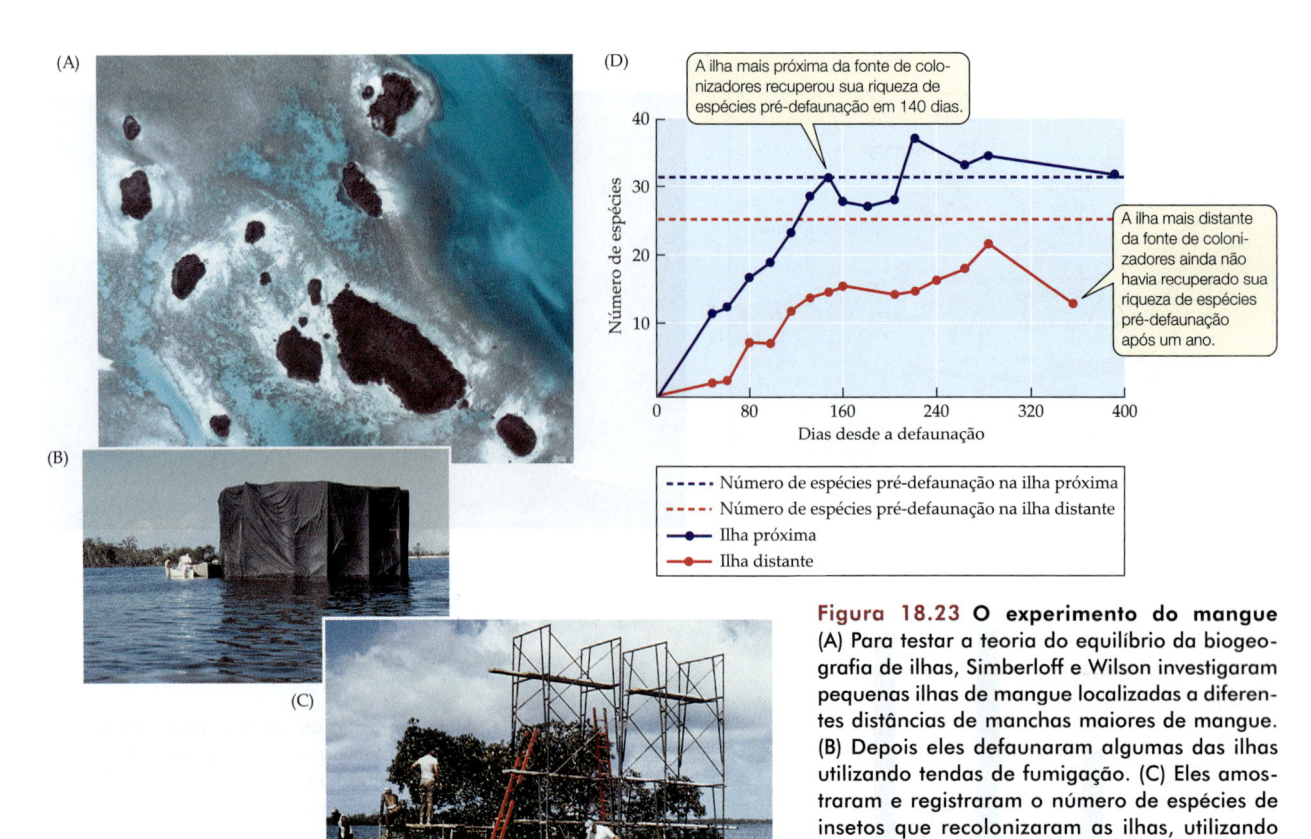

Figura 18.23 O experimento do mangue (A) Para testar a teoria do equilíbrio da biogeografia de ilhas, Simberloff e Wilson investigaram pequenas ilhas de mangue localizadas a diferentes distâncias de manchas maiores de mangue. (B) Depois eles defaunaram algumas das ilhas utilizando tendas de fumigação. (C) Eles amostraram e registraram o número de espécies de insetos que recolonizaram as ilhas, utilizando andaimes para alcançar todas as partes do dossel. (D) Resultados para duas ilhas, uma próxima e outra distante de uma fonte de colonizadores. (Segundo Simberloff e Wilson, 1969.)

Vimos repetidas vezes neste capítulo que a área geográfica tem uma forte influência sobre a diversidade de espécies nas escalas espaciais global e regional. Esse efeito assume elevada significância à medida que mais hábitats se tornam "tipo ilha" devido às influências humanas. Como veremos no Estudo de Caso Revisitado, a teoria e a prática da biogeografia de ilhas são oportunas e relevantes para as questões de conservação com as quais lidamos atualmente.

ESTUDO DE CASO REVISITADO
O maior experimento ecológico na Terra

Uma meta dos ecólogos é entender a ciência por trás da conservação de espécies ameaçadas pela destruição e fragmentação de hábitats. À medida que definimos mais e mais reservas para proteger a diversidade de espécies, as áreas do entorno dessas reservas continuam sendo modificadas pelas atividades humanas, deixando muitas dessas ilhas no meio de um oceano de hábitats degradados, inapropriados para as espécies que elas contêm. Portanto, é crucial compreendermos planejamento de reserva se quisermos maximizar nossas metas de conservação. Quando Lovejoy e colaboradores embarcaram, há aproximadamente 30 anos, no Projeto Dinâmica Biológica de Fragmentos Florestais (PDBFF) na Amazônia, uma de suas metas era estudar os efeitos do desenho de reservas na manutenção da diversidade de espécies (Bierregaard et al., 2001). Ao fazerem isso, descobriram que a fragmentação de hábitat tinha mais efeitos negativos e complicados do que haviam originalmente antecipado.

Uma das primeiras coisas que aprenderam foi que fragmentos florestais precisavam ser realmente grandes e estar próximos uns dos outros para manter com eficácia sua diversidade original de espécies. Por exemplo, em um estudo com aves florestais de sub-bosque, Ferraz e colaboradores (2003) observaram que mesmo os maiores fragmentos amostrados (100 hectares) perderam 50% de suas espécies em 15 anos. Considerando que o tempo de regeneração dessas florestas pluviais tropicais varia de muitas décadas a um século, eles projetaram que mesmo os fragmentos de 100 hectares não seriam efetivos para a manutenção da riqueza de espécies de aves até que a regeneração florestal pudesse "resgatar" espécies que sobrevivem dentro dos fragmentos. Os ecólogos calcularam que mais de 1 mil hectares seriam necessários para manter a riqueza de aves até que as florestas pudessem ser regeneradas, área muito maior que a média dos fragmentos de floresta pluvial amazônica existentes hoje (Gascon et al., 2000). Se a regeneração florestal não acontecer – como comumente ocorre quando a área ao redor de um fragmento florestal é desenvolvida ou utilizada para agricultura – o fragmento teria que conter 10 mil hectares ou mais para manter a maior parte de suas espécies de aves por mais de 100 anos de isolamento (embora mesmo um fragmento desse tamanho possa não sustentar todas elas).

(A) O desmatamento expõe a borda do fragmento florestal a maior luminosidade, temperaturas mais altas, vento, fogo e espécies invasoras.

↑ Borda florestal

(B) Se o hábitat da matriz circundante está passível à regeneração, a sucessão secundária de plantas nativas mitiga os efeitos de borda.

↑ Borda florestal

(C) Se o hábitat da matriz circundante for continuamente perturbado, a área sujeita aos efeitos de borda pode aumentar em tamanho.

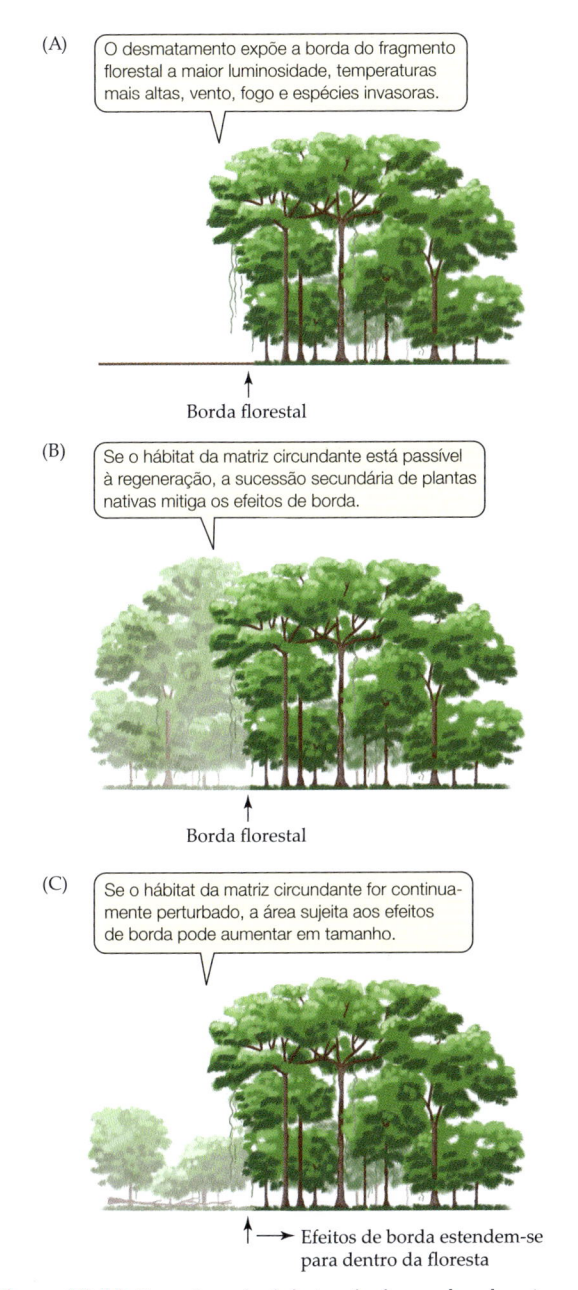

↑ ⟶ Efeitos de borda estendem-se para dentro da floresta

Figura 18.24 Florestas pluviais tropicais nas bordas A pesquisa do PDBFF mostrou que o desmatamento submete os fragmentos florestais remanescentes a efeitos de borda negativos. (Segundo Gascon et al., 2000.)

Os pesquisadores do PDBFF também se surpreenderam com o fato de mesmo curtas distâncias entre fragmentos resultarem no quase completo isolamento de espécies. Clareiras com 80 m de largura dificultaram a recolonização dos fragmentos por aves, insetos e mamíferos arborícolas (Laurance et al., 2002). Parece que os animais evitam a entrada nas clareiras por vários motivos inter-relacionados, o mais óbvio sendo que eles não têm qualquer razão inata para fazer isso, tendo evoluído dentro de hábitats extensos, contínuos e climaticamente estáveis, sem ter a fragmentação imposta sobre eles pelo desmatamento. Além disso, mesmo se alguns animais se arriscarem a entrar nas clareiras, exigências específicas para sua movimentação, tais como árvores para mamíferos arborícolas, não estariam presentes para facilitar sua viagem para outras manchas florestais.

Uma segunda descoberta importante do PDBFF foi que a fragmentação de hábitat expõe as espécies do fragmento a uma ampla variedade de perigos potenciais, incluindo condições ambientais severas, queimadas, caça, predadores, doenças e espécies invasoras. Esses *efeitos de borda*, que ocorrem na transição entre florestas e hábitats da matriz não florestal, podem atuar sinergicamente para aumentar as extinções de espécies locais. Árvores, por exemplo, podem ser mortas ou prejudicadas pela súbita exposição a maior claridade, temperaturas mais altas, vento, fogo e doenças (**Figura 18.24**). Ao longo do tempo, dependendo do hábitat da matriz circundante, as influências principais dos efeitos de borda são reveladas. Se o hábitat da matriz for deixado sem perturbações, a sucessão secundária ocorre, como descrito no Capítulo 17, reduzindo os efeitos de borda. Entretanto, se o hábitat circundante continuar sendo degradado, então a área sujeita aos efeitos de borda pode aumentar em tamanho. Por exemplo, Gascon e colaboradores (2000) descrevem fragmentos florestais no sul da Amazônia imersos no meio de enormes plantações de cana-de-açúcar e de eucalipto, onde a queima é utilizada regularmente para rotação de culturas. O fogo mantém as bordas florestais em constante estado de distúrbio. As espécies vegetais tolerantes ao fogo, muitas delas exóticas, tornam-se mais comuns nas bordas e atuam como canais para mais queimadas. Essa retroalimentação positiva acaba diminuindo o tamanho efetivo do fragmento florestal e aumentando continuamente a área sujeita aos efeitos de borda. Alguns efeitos de borda podem se estender um quilômetro ou mais para dentro do fragmento, essencialmente influenciando toda a área de um fragmento de 1 mil hectares.

Os resultados do PDBFF forneceram uma contribuição imensa e preocupante para nosso entendimento de fragmentação florestal. Como Laurance e colaboradores (2002) ressaltaram, o PDBFF é um experimento controlado que provavelmente fornece estimativas conservadoras de perda de espécies. O PDBFF mostrou que a maioria dos fragmentos florestais que estão sendo criados pelas atividades humanas é pequena demais para sustentar todas suas espécies originais; portanto, a fragmentação de hábitat muito provavelmente resultará na perda de muitas espécies. Veremos como os resultados do PDBFF estão sendo aplicados no desenho de reservas e em outras iniciativas de conservação quando discutirmos fragmentação de hábitat e efeitos de borda em mais detalhe no Conceito 24.2.

CONEXÕES NA NATUREZA
A diversidade da floresta pluvial tropical beneficia os humanos

Por que nos importamos quando espécies são extintas em uma longínqua floresta tropical? Como veremos no Conceito 23.1, tais extinções causam preocupações éticas e estéticas, semelhantes àquelas que surgem quando grandes obras de arte ou antiguidades são perdidas para a sociedade. Existem ainda preocupações econômicas com a perda de importantes *serviços ecossistêmicos* produzidos pelos sistemas naturais, os quais ajudam a manter a saúde e o bem-estar humanos. Por exemplo, o desmatamento florestal gera preocupação acerca da perda de importantes alimentos e remédios oriundos das florestas pluviais. Pelo menos 80% da dieta do mundo desenvolvido têm origem em florestas pluviais tropicais, incluindo milho, arroz, batata, abóbora, inhame, laranja, coco, limão, tomate, nozes e pimentas de todos os tipos. De todos os produtos farmacológicos comerciais, 25% são derivados de plantas de florestas tropicais, mas menos de 1% das plantas de florestas pluviais tropicais tem sido testado para seus potenciais usos.

Essas estatísticas levantam a questão, "Como o valor econômico das plantas tropicais utilizadas para fins não madeireiros se compara ao custo do desmatamento?" Acontece que poucas análises desse tipo têm sido feitas. Existem alguns poucos estudos da Avaliação de Ecossistemas do Milênio (Millenium Ecosystem Assessment, 2005), uma síntese de estudos sobre o uso do ambiente e suas relações com as necessidades humanas criada para guiar cientistas ao redor do mundo. Um exemplo vem do Camboja, onde o valor econômico total dos usos tradicionais da floresta (p. ex., lenha para combustível, juncos e bambus, nozes de malva e medicamentos) foi comparado com aquele do corte florestal insustentável. O valor dos produtos tradicionais da floresta é 4 a 5 vezes maior ($700-3.900 por hectare) do que o corte florestal não sustentável ($150-1.100 por hectare).

O reconhecimento dos benefícios econômicos em mudar nossas práticas de manejo dos recursos apenas começou. Por quê? Parte da resposta está em nosso não reconhecimento formal do valor econômico dos serviços fornecidos pelas espécies ou por comunidades inteiras. Florestas pluviais tropicais fornecem alimento, medicamentos, combustível e um destino para turistas, e todos esses serviços podem ser obtidos sem desmatamento completo. Florestas pluviais também regulam o fluxo hídrico, o clima e as concentrações de CO_2 atmosférico. A atribuição de um valor para cada um desses importantes serviços é difícil se compararmos com a definição de preços de mercado aos produtos madeireiros ou agrícolas. Por essa razão, é mais fácil justificar o uso da madeira das florestas pluviais e das terras (ou mesmo de alguns dos produtos florestais sustentáveis) para o lucro privado do que estimular a conservação das florestas pluviais para os serviços ecológicos que beneficiam a sociedade em geral. Se os proprietários de terra não receberem incentivos para valorizar os amplos benefícios sociais dos serviços ecológicos, a maximização do ganho pessoal comumente guiará suas decisões. Dada a importância dos serviços ecológicos para nosso planeta, não podemos nos dar ao luxo de ignorar essas compensações (*trade-offs*) econômicas por muito mais tempo.

RESUMO

CONCEITO 18.1 Padrões de diversidade e distribuição de espécies variam em escalas espaciais global, regional e local.

- Biogeografia é o estudo da variação na composição e na diversidade de espécies entre localizações geográficas.
- Padrões de composição e diversidade de espécies em diferentes escalas espaciais estão conectados uns ao outros de forma hierárquica.
- A escala espacial regional abrange uma área geográfica menor, na qual o clima é, grosso modo, uniforme, e as espécies contidas nela são limitadas pela dispersão para aquela região.
- A escala espacial local abrange a menor área geográfica e essencialmente equivale a uma comunidade.

- A diversidade beta é a mudança no número e na composição de espécies, ou renovação de espécies, ao longo da paisagem, de uma comunidade local para a outra.
- Estudos mostram que o *pool* regional de espécies pode determinar fortemente o número de espécies presente em comunidades locais, mas as condições locais também são importantes e não podem ser desconsideradas.

CONCEITO 18.2 Os padrões globais de diversidade e composição de espécies são influenciados por área e isolamento geográfico, história evolutiva e clima global.

- A massa terrestre da Terra pode ser divida em seis regiões biogeográficas que variam bastante na diversidade e na composição de espécies.

RESUMO (continuação)

- As biotas das regiões biogeográficas refletem uma história evolutiva de isolamento devido à deriva continental causada pelo movimento das placas tectônicas da Terra.
- Acompanhar o traço das linhas de vicariância ao longo de grandes áreas geográficas e por longos períodos de tempo forneceu importantes evidências para as primeiras teorias de evolução.
- A diversidade de espécies é maior nos trópicos e diminui em latitudes maiores.
- Várias hipóteses, envolvendo taxas de diversificação de espécies, tempo de diversificação de espécies e produtividade, têm sido propostas para explicar o gradiente latitudinal em diversidade de espécies.

CONCEITO 18.3 Diferenças regionais na diversidade de espécies são influenciadas pela área e pela distância, que por sua vez determinam o balanço entre as taxas de imigração e extinção.

- A riqueza de espécies tende a aumentar com a área amostrada e tende a diminuir com a distância de uma fonte de espécies.
- A maioria das relações espécie-área foi documentada para ilhas, as quais incluem todos os tipos de áreas isoladas circundadas por hábitats distintos.
- A teoria do equilíbrio da biogeografia de ilhas prediz que o balanço entre as taxas de imigração e extinção controla a diversidade de espécies em ilhas ou áreas tipo ilha.
- De acordo com a teoria, ilhas grandes e mais próximas a uma fonte de espécies apresentam mais espécies do que ilhas pequenas que se encontram mais distantes de uma fonte de espécies, porque apresentam taxas de imigração mais altas e taxas de extinção mais baixas.
- Em alguns casos, a mesma relação espécie-área observada em ilhas também é válida para áreas continentais, mas a taxa de aumento na riqueza de espécies com o aumento da área é menor do que em ilhas e hábitats tipo ilha.

Questões de revisão

1. A escala espacial é importante para os padrões biogeográficos de diversidade e composição de espécies que vemos na Terra. Defina as várias escalas espaciais importantes para a biogeografia e descreva como elas se relacionam ou se interconectam umas com as outras.

2. Descreva os fatores que parecem ter criado as regiões biogeográficas na terra e nos oceanos.

3. Imagine que você trabalha para o serviço de parques do governo. Você foi apresentado a três propostas de projetos para um novo parque que pretende preservar um tipo importante de hábitat raro. Todos os projetos consistem em fragmentos do hábitat raro, circundados por hábitat da matriz menos desejável. Você precisa escolher o projeto de parque que melhor preservará a riqueza de espécies desse hábitat raro. Utilizando a teoria do equilíbrio da biogeografia de ilhas de MacArthur e Wilson, justifique qual dos três projetos de parque propostos você recomendaria ao governo.

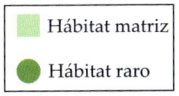

4. Gradientes latitudinais na diversidade e na composição de espécies são fortes características globais da biogeografia. Descreva três hipóteses propostas para explicar por que a diversidade de espécies é maior nos trópicos e decresce em direção aos polos para a maioria dos grupos taxonômicos.

MATERIAL DA INTERNET (em inglês)
sites.sinauer.com/ecology3e

O *site* inclui o resumo dos capítulos, testes, *flashcards* e termos-chave, sugestão de leituras, um glossário completo e a Revisão Estatística. Além disso, os seguintes recursos estão disponíveis para este capítulo:

Exercício Prático: Solucionando Problemas
- 18.1 Uma luz sobre a questão do canário da família suíça: diversidade e dinâmica em ilhas
- 18.2 Porque tamanho importa: tamanho da ilha e função ecossistêmica

Saiba Mais
- 18.1 Animação da deriva continental
- 18.2 Animação do Estreito de Bering após a retração das geleiras
- 18.3 Hipóteses alternativas propostas para as taxas de diversificação das espécies nos trópicos

19 Diversidade de espécies em comunidades

CONCEITOS-CHAVE

CONCEITO 19.1 A diversidade de espécies difere entre as comunidades por conta de variações no *pool* regional de espécies, nas condições abióticas e nas interações de espécies.

CONCEITO 19.2 Teoriza-se que a partição de recursos diminui a competição e aumenta a diversidade de espécies.

CONCEITO 19.3 Processos como distúrbio, estresse, predação e interações positivas podem mediar a disponibilidade de recursos, promovendo, assim, a coexistência e a diversidade de espécies.

CONCEITO 19.4 Muitos experimentos mostram que a diversidade de espécies é positivamente relacionada a funções da comunidade.

Movido a pradaria? Estudo de Caso

Há 120 anos, enquanto as últimas caravanas cruzavam as vastas e belas pradarias das Grandes Planícies Norte-Americanas rumo ao oeste (**Figura 19.1**), dois inventores alemães trabalhavam em um laboratório para desenvolver o primeiro carro movido a gasolina. Em 1889, Gottlieb Daimler, com seu parceiro, Wilhelm Maybach, construiu o primeiro automóvel completo; ele possuía uma transmissão de quatro velocidades e alcançava 16 km/h. Com a virada do século XX, automóveis foram sendo produzidos aos milhares e, um século mais tarde, aos milhões.

Embora os automóveis atualmente estejam muito presentes em nossas vidas, em grande parte devido à conveniência e à acessibilidade, seus impactos ambientais negativos não podem ser negados. Motores de combustão interna geram aproximadamente 80% das emissões humanas de CO_2 atmosférico, que estão contribuindo para o aquecimento global (IPCC, 2007). Além disso, o suprimento mundial de combustíveis fósseis não é infindável e, sem dúvida, seus custos continuarão a aumentar. Essas circunstâncias conduziram ao desenvolvimento de fontes alternativas de energia, uma das quais é o biocombustível.

Biocombustíveis são combustíveis líquidos ou gasosos feitos a partir de material vegetal (biomassa). Atualmente, dois tipos básicos de biocombustíveis estão sendo desenvolvidos nos Estados Unidos: etanol e biodiesel, produzidos principalmente a partir de grãos de milho e soja, respectivamente. Os biocombustíveis têm duas vantagens potenciais sobre os combustíveis fósseis. Em primeiro lugar, eles têm como meta serem **neutros em carbono**, significando que a quantidade de CO_2 produzida por sua queima é idêntica à quantidade absorvida pelas plantas das quais eles são feitos. Em segundo lugar, suas reservas são potencialmente ilimitadas, contanto que lavouras possam ser cultivadas para atender às necessidades de produção. Infelizmente, suas desvantagens também são numerosas. As plantações de milho e soja para biodiesel competem por terra e água que poderiam ser utilizadas para produção alimentícia. Além disso, combustíveis fósseis são necessários para produzir os fertilizantes necessários para cultivar essas lavouras. Grandes quantidades de combustíveis fósseis também são necessárias para produzir e transportar os próprios biocombustíveis. Por essas razões, os biocombustíveis, da forma como são produzidos atualmente, têm seus próprios impactos ambientais negativos e reduzem o uso de combustíveis fósseis apenas modestamente (para mais informações sobre mudanças climáticas e ciclo do carbono, consulte o Conceito 25.2).

Um avanço promissor na tecnologia de biocombustíveis envolve o uso de formas alternativas de biomassa que são mais

Figura 19.1 Movido a pradaria? Uma pradaria nativa nas Grandes Planícies Norte-Americanas. Essas plantas poderiam ser usadas para produzir biocombustíveis de forma mais sustentável?

sustentáveis do que as culturas alimentícias. Esses materiais incluem subprodutos da produção alimentícia ou madeireira, como palha, talos de milho, ou resíduos de madeira. É aqui que as vastas pradarias, que outrora foram uma inspiração aos colonizadores do oeste da América do Norte, também entram em cena. Boa parte das terras que antigamente eram pradarias foi convertida para agricultura nas Grandes Planícies. Anos de cultivo degradaram essas áreas, tornando-as impróprias para o cultivo de alimentos de alta rentabilidade. Essa situação inspirou David Tilman, um ecólogo de comunidades da University of Minnesota a considerar como as comunidades de pradarias, antigamente símbolos do potencial ilimitado da terra e seus recursos, poderiam ser utilizadas para fazer biocombustíveis de modo mais sustentável.

Tilman havia estudado as comunidades de pradarias por algum tempo e estava interessado em como a diversidade de espécies vegetais influenciava a produtividade dessas comunidades. Trabalhando com um conjunto de parcelas experimentais em terras agrícolas abandonadas em Cedar Creek, Minnesota (**Figura 19.2**), ele e seus colegas mostraram que parcelas com maior número de espécies de plantas (até 16 espécies em algumas parcelas) produziram mais biomassa com certa quantidade de água ou nutrientes do que parcelas com menos espécies (Tilman e Downing, 1994; Tilman et al., 1996). Tilman fundamentou que, se assembleias diversas de plantas das pradarias poderiam ser cultivadas em áreas degradadas, elas poderiam ser uma boa fonte de biomassa para produção de biocombustíveis, considerado o baixo aporte energético requerido pelo ecossistema das pradarias.

As plantas de pradaria poderiam mesmo ser utilizadas para produção de biocombustíveis e ser substitutas viáveis às culturas tradicionais como milho e soja? Como veremos, a diversidade de espécies de plantas de pradaria faz toda a diferença nas respostas a essas questões.

Introdução

Comunidades variam imensamente nos números e nos tipos de espécies que contêm. No Capítulo 18, nossa volta ao mundo pelas comunidades florestais demonstrou a ampla variação na diversidade de espécies que ocorre tanto global quanto regionalmente. Vimos que comunidades nos trópicos (como a floresta pluvial amazônica) tinham muito mais espécies arbóreas do que aquelas situadas em latitudes maiores (como as florestas do Noroeste do Pacífico ou da Nova Zelândia). Além disso, descobrimos que o *pool* regional de espécies tinha importante, mas não exclusiva influência no número de espécies dentro de uma comunidade. Na Nova Zelândia, por exemplo, a diversidade de espécies arbóreas regional geralmente é alta, mas há muito mais espécies nas comunidades de árvores angiospermas do norte do que nas comunidades de faias do sul (ver Tabela 18.1), porque condições abióticas e bióticas locais exercem um importante papel na mediação da diversidade de árvores.

Neste capítulo, abordaremos a diversidade de espécies em escala local. Duas questões importantes serão feitas:

Figura 19.2 Parcelas experimentais em Cedar Creek, Minnesota David Tilman e colaboradores usaram essas parcelas para investigar a relação entre riqueza de espécies de plantas e produtividade.

Em primeiro lugar, quais são os fatores que controlam a diversidade de espécies dentro de comunidades? Após, quais são os efeitos da diversidade de espécies no funcionamento de comunidades?

CONCEITO 19.1

A diversidade de espécies difere entre as comunidades por conta de variações no *pool* regional de espécies, nas condições abióticas e nas interações de espécies.

Membros da comunidade

Se você olhasse a paisagem do topo de uma montanha, veria um conjunto de retalhos de diferentes comunidades que poderia consistir em, digamos, florestas, prados, lagos, córregos e pântanos (**Figura 19.3**). Você poderia apostar que cada uma dessas comunidades teria composição e riqueza de espécies diferentes. Os campos seriam provavelmente dominados por uma variedade de gramíneas, ervas e insetos terrestres. Os lagos seriam repletos de diferentes espécies de peixes, plâncton e insetos aquáticos, e possivelmente abrigariam tantas espécies quanto os campos. Mesmo que algumas espécies pudessem ser capazes de se deslocar de uma comunidade à outra (como os anfíbios), as duas comunidades ainda seriam altamente distintas uma da outra.

Como coleções de espécies acabam se agrupando e formando comunidades com composições de espécies e

Figura 19.3 Uma vista do alto Observando essas montanhas no Parque Nacional Glacier, Montana, é fácil visualizar que a paisagem é composta de um mosaico de tipos diferentes de comunidades.

com os organismos que ela contém (desde bactérias a larvas planctônicas e peixes) – é retirada e reabastecida próxima a portos, onde alguns dos organismos têm oportunidade de colonizar comunidades próximas à costa. Até 5 mil espécies de água doce e marinha são transportadas em águas de lastro de navios que navegam nos oceanos a cada dia. As introduções via águas de lastro têm aumentado

riquezas diferentes? Uma maneira de responder a essa questão é considerar os fatores que controlam a associação das espécies em comunidades. Se você pensar no número absoluto de espécies que coexistem dentro da comunidade, fica claro que nenhum processo único é responsável por todas as espécies encontradas lá. Como vimos nos Capítulos 9 e 18, distribuições e abundâncias dos organismos dentro de comunidades são dependentes de três fatores: (1) *pool* regional de espécies e habilidade de dispersão (suprimento de espécies), (2) condições abióticas e (3) interações entre espécies. Podemos pensar nesses três fatores como "filtros" que atuam na exclusão (ou inclusão) de espécies em determinadas comunidades (**Figura 19.4**). Consideraremos brevemente cada um deles com mais detalhes.

O suprimento de espécies é o "primeiro corte" aos membros da comunidade

No Conceito 18.1, vimos que o *pool* regional de espécies fornece um limite superior absoluto nas quantidades e nos tipos de espécies que podem estar presentes dentro das comunidades (ver Figura 18.6). Não surpreendentemente, vimos que regiões de alta riqueza de espécies tendem a ter comunidades com alta riqueza de espécies (ver Figura 18.7). Essa relação deve-se ao papel do *pool* regional de espécies e, mais especificamente, ao papel da dispersão em "fornecer" espécies às comunidades (Figura 19.4A). Em nenhum outro lugar o efeito controlador da dispersão sobre os membros da comunidade é mais evidente do que nas invasões de comunidades por espécies exóticas.

Como os ecólogos estão começando a aprender, os seres humanos expandiram os *pools* regionais de espécies das comunidades servindo como vetores de dispersão. Por exemplo, sabemos que muitas espécies aquáticas viajam a partes distantes do mundo, as quais não alcançariam se não fossem carregadas nas águas de lastro por navios (**Figura 19.5A**). A água oceânica é bombeada para dentro e para fora dos tanques de lastro, que servem para equilibrar e estabilizar as cargas de navios, em todos os lugares do mundo. Na maioria das vezes, a água – juntamente

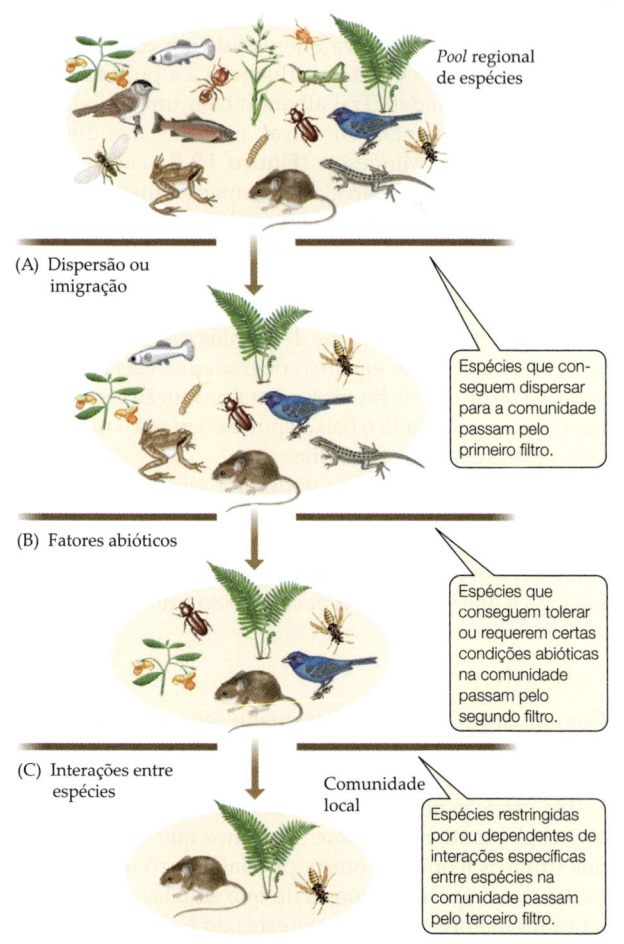

Figura 19.4 Membros da comunidade: uma série de filtros Espécies acabam em uma comunidade local passando por uma série de "filtros" que auxiliam a determinar os membros da comunidade. Espécies são perdidas em cada filtro, de modo que comunidades locais contêm uma fração do *pool* regional de espécies. Na prática, os filtros atuam ao mesmo tempo, em vez de em série como a figura sugere. (Segundo Lawton, 2000.)

Pool regional de espécies

(A) Dispersão ou imigração

Espécies que conseguem dispersar para a comunidade passam pelo primeiro filtro.

(B) Fatores abióticos

Espécies que conseguem tolerar ou requerem certas condições abióticas na comunidade passam pelo segundo filtro.

(C) Interações entre espécies

Comunidade local

Espécies restringidas por ou dependentes de interações específicas entre espécies na comunidade passam pelo terceiro filtro.

? Faria sentido as espécies de peixes e sapos do *pool* regional estarem presentes na comunidade local mostrada na figura? Por quê?

Figura 19.5 Seres humanos são vetores de espécies invasoras (A) Navios grandes e rápidos que navegam por oceanos estão carregando espécies marinhas para todas as partes do mundo em suas águas de lastro. (B) O mexilhão-zebra, um destrutivo invasor de vias navegáveis no interior dos Estados Unidos, foi trazido da Europa nas águas de lastro.

Na ausência de inimigos naturais, o invasor mexilhão-zebra alcança densidades populacionais espantosas – e destrutivas.

Dreissena polymorpha

substancialmente nas últimas décadas, pois os navios estão maiores e mais rápidos, de modo que mais espécies podem ser levadas e sobreviver à viagem. Em 1993, Carlton e Geller listaram 46 exemplos de invasões mediadas por águas de lastro, ocorridas nos últimos 20 anos. Uma espécie, o mexilhão-zebra (*Dreissena polymorpha*), chegou à América do Norte no final da década de 1980 em águas de lastro descarregadas nos Grandes Lagos (**Figura 19.5B**). Isso causou efeitos de mudança nas comunidades das vias navegáveis do interior do país e nas espécies nativas. Outro exemplo de introdução de águas de lastro com consequências ecológicas negativas, sobre o qual aprendemos no Estudo de Caso do Capítulo 11, foi a liberação das ctenóforas nozes-do-mar (*Mnemiopsis leidyi*) no Mar Negro.

Agora, voltaremos nossas atenções para o papel das condições locais, particularmente as características bióticas e abióticas das comunidades que auxiliam a determinar suas estruturas.

Condições abióticas desempenham forte papel em limitar os membros das comunidades

Uma espécie pode ser capaz de chegar a uma comunidade, mas pode não conseguir se tornar um membro dessa comunidade, por ser fisiologicamente incapaz de tolerar as condições abióticas lá presentes (ver Figura 19.4B). Tais limitações fisiológicas podem ser bastante óbvias. Por exemplo, se retornarmos ao nosso experimento de imaginar a visão da paisagem do topo de uma montanha, é razoável assumir que os atributos abióticos dos lagos os tornam bons locais para peixes, plânctons e insetos aquáticos, mas não para plantas terrestres. Similarmente, os lagos podem ser bons hábitats para determinadas espécies de peixe, plâncton e insetos aquáticos, mas não para todas elas. Algumas dessas espécies dependem de águas de fluxo rápido, sendo assim restritas a córregos. Essas diferenças entre condições ambientais abióticas são restrições claras (ou requisitos, dependendo do ponto de vista) que amplamente determinam onde certas espécies podem ou não ocorrer em uma região. Muitos exemplos ao longo deste livro demonstram como as restrições fisiológicas podem controlar a distribuição e a abundância das espécies (p. ex., ver as discussões sobre o álamo [p. 87], o arbusto creosoto e o cacto saguaro [p. 209-210], além do exemplo das cracas *Semibalanus balanoides* [p. 210]).

Em nossa recente discussão sobre a introdução de espécies pelas águas de lastro, ficou claro que o homem transporta muito mais espécies do que realmente pode sobreviver nos novos locais para onde foram levadas. Por exemplo, a maioria dos organismos soltos com a água de lastro se descobre em águas costeiras onde talvez não haja condições de temperatura, salinidade ou regimes de luz adequados para sua sobrevivência ou crescimento. Por sorte, muitos desses indivíduos morrem antes mesmo de se tornarem uma ameaça à comunidade nativa. No entanto, ecólogos sabem, com base em exemplos de invasões como a de *Caulerpa* no Mediterrâneo (ver Estudo de Caso no Capítulo 16), que não se pode confiar em restrições fisiológicas como mecanismo para excluir potenciais invasores de uma comunidade. Pode ser que, com introduções múltiplas, determinados indivíduos com capacidades fisiológicas sutilmente diferentes possam sobreviver e reproduzir-se em ambientes antes inabitados por sua espécie. Além disso, há cada vez mais evidências de que as mudanças climáticas e, em particular, o aumento das temperaturas podem facilitar as invasões por espécies que seriam incapazes de sobreviver em condições mais frias. Por exemplo, Jay Stachowicz e colaboradores (2002)

descobriram que o recrutamento e o crescimento de invertebrados marinhos invasores conhecidos como ascídias na Nova Inglaterra eram dependentes de temperaturas quentes da água no inverno e no verão. Essas temperaturas mais quentes permitiram aos organismos não nativos iniciar mais cedo na primavera, aumentando a magnitude de seu crescimento em relação às ascídias nativas, permitindo-lhes assim avançar uma posição e competir contra as espécies nativas. Parece provável que, com as mudanças climáticas, mais invasões serão possíveis (**Conexão às Mudanças Climáticas 19.1** descreve como as mudanças climáticas influenciaram a invasão de uma espécie: no caso do caranguejo-verde, *Carcinus maenas*).

Como sugere o exemplo das ascídias, espécies podem ser prejudicadas por certas interações com outras espécies que podem competir com elas por recursos limitados, ou podem requerer interações com outras espécies para ajudar a melhorar condições desfavoráveis. A seguir examinaremos a interação entre espécies, o último fator determinante dos membros da comunidade.

Quem interage com quem faz toda a diferença para a adesão à comunidade

Mesmo que as espécies possam se dispersar para uma comunidade e lidar com suas condições abióticas potencialmente restritivas, o corte final para a adesão da comunidade é a coexistência com outras espécies (Figura 19.4C). Claramente, se uma espécie depende de outra para seu crescimento, reprodução e sobrevivência, essa outra espécie deve estar presente para que ela se torne membro de uma comunidade. Igualmente importante, algumas espécies podem ser excluídas de uma comunidade por competição, predação, parasitismo ou doença. Por exemplo, retornando ao nosso experimento de imaginação, poderíamos supor que lagos são ótimos hábitats para muitas espécies de peixes, mas como todas essas espécies conseguiriam viver juntas em um lago, uma vez que os recursos são limitados? Uma visão simples sugere que os melhores competidores ou predadores devem dominar o lago, excluindo assim espécies mais fracas e resultando em um ecossistema de baixa diversidade. No entanto, sabemos que a maioria das comunidades está cheia de espécies interagindo ativamente e coexistindo. Então, o que permite essa coexistência? Existem muitos mecanismos que permitem a coexistência de espécies, e os consideraremos nas próximas duas seções. No entanto, primeiramente vamos perguntar como espécies poderiam ser excluídas de comunidades por meio de interações biológicas – uma pergunta que é um pouco diferente, mas igualmente relevante.

A literatura sobre espécies invasoras fornece alguns dos melhores testes para descobrir se as interações entre espécies podem excluir espécies de comunidades. O fracasso de algumas espécies exóticas em serem incorporadas nas comunidades tem sido atribuído a interações com espécies nativas que excluem ou diminuem o crescimento das espécies exóticas – fenômeno que os ecólogos chamam de **resistência biótica**. Múltiplos estudos em diversas comunidades mostraram que herbívoros nativos têm a habilidade de reduzir a expansão de plantas exóticas de maneira substancial. Maron e Vila (2001) constataram que a mortalidade de plantas exóticas devido aos herbívoros nativos poderia ser bem alta (cerca de 60%), especialmente no estágio de plântula (até 90% em alguns estudos). Todavia, enquanto herbívoros nativos podem matar indivíduos de plantas exóticas, ainda não se sabe o quão importante as espécies nativas são em excluir completamente as espécies exóticas de uma comunidade. Por exemplo, Faithfull (1997) descobriu que, na Austrália, adultos e larvas da mariposa (*Etiella behrii*) de sementes da alfafa nativa se multiplicam e se alimentam das sementes da vagem do arbusto invasor tojo (*Ulex europaeus*), mas a planta ainda continua a se expandir (**Figura 19.6**). Esse lapso de conhecimento sobre a resistência biótica pode ser um artefato de ecólogos que estudam com mais frequência por que determinada espécie exótica se expande ou não uma vez inserida como membro provisório da comunidade, em vez de estudar todos os casos nos quais uma espécie é incapaz de se consolidar devido às interações com espécies nativas. Também pode ser verdade que a maioria das introduções de espécies exóticas fracassadas passe completamente despercebida.

Figura 19.6 Detendo a invasão do tojo? A herbivoria por adultos e larvas da mariposa (*Estela behrii*) das sementes da alfafa nativa tem retardado, mas não impedido, a invasão do arbusto não nativo, o tojo (*Ulex europaeus*; as plantas com flores amarelas), na Austrália.

O estudo das invasões nos fornece informações valiosas sobre a questão de como as espécies são excluídas das comunidades por outras espécies. No entanto, o outro lado dessa questão, que envolve por que espécies são incluídas em comunidades, ou melhor ainda, como elas coexistem, pode ser mais complicado. Nas próximas duas seções, consideraremos teorias que procuram explicar como as espécies coexistem umas com as outras e formam comunidades com diferentes diversidades de espécies. Começaremos revisitando o conceito de partição de recursos (introduzido no Conceito 12.3), que se baseia em "comprometimentos" ecológicos e evolutivos que resultam em divergência no uso de recursos como um mecanismo para a coexistência. Então, exploraremos teorias alternativas e estudos que consideram a importância de distúrbio, estresse, predação, e até mesmo interações positivas, para a coexistência de espécies e, em última análise, para a riqueza de espécies das comunidades. Primeiramente, consideraremos a partição de recursos.

CONCEITO 19.2

Teoriza-se que a partição de recursos diminui a competição e aumenta a diversidade de espécies.

Partição de recursos

Em nossa discussão sobre competição no Conceito 12.3, utilizamos o modelo de competição de Lotka-Volterra para mostrar que, dentro de uma comunidade, espécies competidoras têm mais chances de coexistir se utilizarem recursos de maneiras diferentes. Vamos considerar como esse conceito, conhecido como **partição de recursos**, tem sido utilizado tanto na teoria quanto na prática para explicar a diversidade de espécies nas comunidades.

A partição de recursos pode permitir que mais espécies coexistam ao longo de um espectro de recursos

Um modelo simples de partição de recursos prevê cada tipo de recurso disponível em uma comunidade como variando ao longo de um "espectro de recursos". Esse espectro pode representar, por exemplo, diferentes nutrientes, tamanhos de presa ou tipos de hábitat; repare que tal espectro representa a *variabilidade* de um recurso disponível, e não a quantidade. Podemos supor que o uso de recursos de cada espécie ocorre em algum lugar ao longo desse espectro e se sobrepõe com o uso de recursos de outras espécies em níveis variados (**Figura 19.7A**). O pressuposto é que, quanto mais se sobrepõe, maior a competição entre as espécies, com o extremo sendo a sobreposição completa e a exclusão competitiva. Quanto menor a sobreposição, maior a partição de recursos, e menor a competição entre as espécies.

Utilizando esse princípio norteador, podemos considerar algumas das possíveis formas pelas quais a partição de recursos pode resultar em algumas comunidades com maior riqueza de espécies que outras. Primeiro, a riqueza de espécies pode ser alta em certas comunidades porque as espécies apresentam um alto grau de partição ao longo do espectro de recursos (**Figura 19.7B**). Mais espécies podem se "aglomerar" dentro de uma comunidade se a sobreposição do uso de recursos for baixa, levando à menor competição e, por fim, à maior riqueza de espécies. Essa sobreposição menor poderia ocorrer devido à evolução da especialização ou ao deslocamento de caracteres (ver Figura 12.18), os quais podem reduzir a competição ao longo do tempo. Segundo, a riqueza de espécies pode ser alta em algumas comunidades porque o gradiente de recursos é amplo (**Figura 19.7C**). Presumivelmente, um gradiente de recursos mais amplo produziria uma maior diversidade de recursos para ser usada por uma maior variedade de espécies, resultando em maior riqueza de espécies.

É hora de desviarmos nossa atenção dos modelos e darmos uma olhada em algumas comunidades reais, para vermos como a partição de recursos funciona na prática.

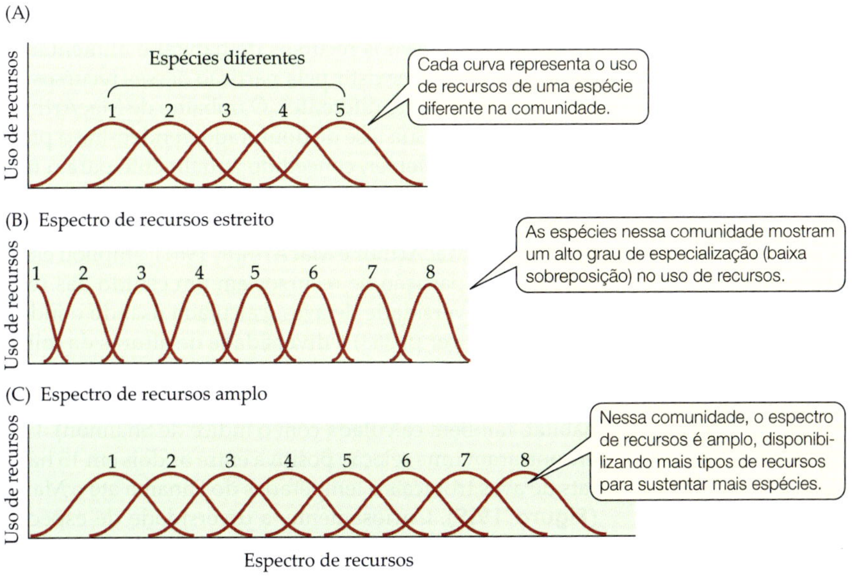

Figura 19.7 Partição de recursos A coexistência de espécies dentro das comunidades pode depender de como as espécies dividem os recursos. (A) Princípio da partição de recursos ao longo de um gradiente de recursos. (B, C) Duas características de comunidades que podem resultar em riqueza de espécies mais alta.

> Qual parcela apresenta maior partição de recursos? Qual mostra menor?

(A) Espécies diferentes — 1 2 3 4 5 — Cada curva representa o uso de recursos de uma espécie diferente na comunidade.

(B) Espectro de recursos estreito — 1 2 3 4 5 6 7 8 — As espécies nessa comunidade mostram um alto grau de especialização (baixa sobreposição) no uso de recursos.

(C) Espectro de recursos amplo — 1 2 3 4 5 6 7 8 — Nessa comunidade, o espectro de recursos é amplo, disponibilizando mais tipos de recursos para sustentar mais espécies.

Espectro de recursos

Figura 19.8 Partição de recursos por mariquitas Robert MacArthur estudou as escolhas de hábitat e alimentação de cinco espécies de aves canoras em florestas da Nova Inglaterra. Ele descobriu que as mariquitas dividiam recursos se alimentando em diferentes partes das mesmas árvores. As áreas sombreadas em cada diagrama de árvore representam as partes das árvores nas quais cada espécie de mariquita se alimentou com mais frequência. (Segundo MacArthur, 1958.)

Mariquita-de-asa-amarela

Uma espécie de mariquita alimenta-se desde as partes medianas das árvores até o chão da floresta.

Mariquita-de-garganta-preta

Mariquita-de-peito-baio

Duas espécies alimentam-se nas partes medianas das árvores, tanto dentro quanto em direção à parte de fora do dossel da árvore.

Mariquita-tigre

Mariquita-papo-de-fogo

As duas outras espécies se alimentam na porção mais externa do topo das árvores.

Os primeiros estudos sugeriam que a partição de recursos era o principal mecanismo de coexistência

Como aprendemos anteriormente a partir dos estudos de Gause (1934a) com as duas espécies de *Paramecium* (p. 279-280) e de Connell (1961a, b) com as cracas (p. 278), espécies que competem entre si podem coexistir utilizando recursos ligeiramente diferentes. Robert MacArthur, cujo trabalho sobre a teoria do equilíbrio da biogeografia de ilhas descrevemos no Conceito 18.3, teve papel pioneiro no entendimento de como esse mecanismo pode ser aplicado para comunidades inteiras, onde múltiplas interações entre espécies estão ocorrendo ao mesmo tempo.

MacArthur estudou mariquitas, aves pequenas e radiantemente coloridas que coocorrem em florestas do norte da América do Norte. As idílicas florestas da Nova Inglaterra que MacArthur estudou abrigam várias espécies de mariquitas (*Dendroica* spp.) que migram dos trópicos todas as primaveras para se reproduzir e se alimentar de insetos no norte. Com a ajuda de uma série de minuciosas observações da história natural nos verões de 1956 e 1957 em Maine e Vermont, MacArthur (1958) registrou os hábitos alimentares, os locais de ninhos e os territórios de reprodução de cinco espécies de mariquitas para descobrir como elas poderiam coexistir frente a necessidades de recursos muito similares.

MacArthur iniciou mapeando os locais de atividade das mariquitas no dossel das árvores e descobriu que elas estavam usando diferentes partes do hábitat de maneiras distintas (**Figura 19.8**). Por exemplo, a mariquita-de-asa-amarela (*D. coronata*) alimentava-se desde o topo das árvores até o chão da floresta, enquanto a mariquita-de-peito-baio (*D. castanea*) e a mariquita-de-garganta-preta (*D. virens*) alimentavam-se na porção mediana das árvores, tanto dentro quanto em direção ao exterior do dossel das árvores. A mariquita-papo-de-fogo (*D. fusca*) e a mariquita-tigre (*D. tigrina*) alimentavam-se no exterior do topo das árvores, mais comumente caçando presas em meio ao voo. MacArthur constatou que as alturas dos ninhos das cinco espécies também variavam, bem como seus territórios reprodutivos. Tomadas em conjunto, essas observações embasaram sua hipótese de que as mariquitas, embora utilizando os mesmos recursos de hábitat e alimentares, eram capazes de coexistir pela partição desses recursos de maneiras sutilmente diferentes. O trabalho de MacArthur, que era parte de sua tese de doutorado, rendeu-lhe o prestigioso Prêmio Mercer, concedido anualmente para o melhor artigo em ecologia.

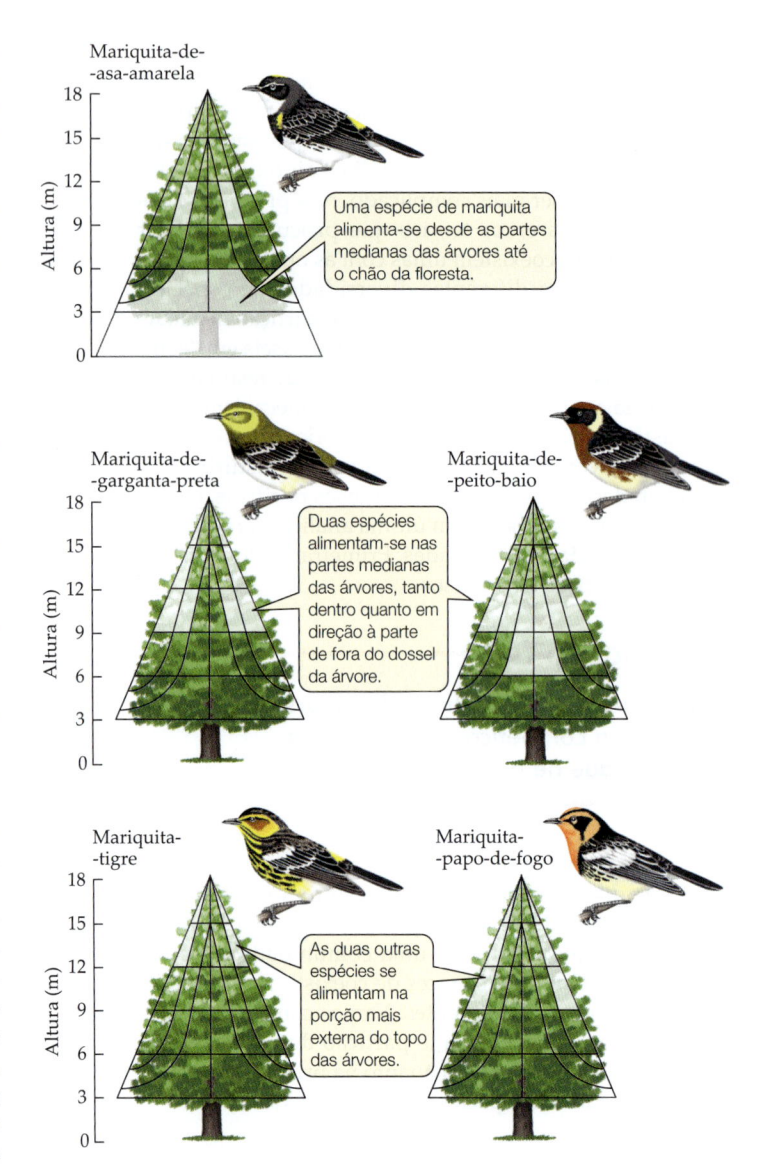

Robert MacArthur, junto com seu irmão John MacArthur (MacArthur e MacArthur, 1961), ampliou essas ideias sobre partição de recursos em um estudo das relações entre diversidade de aves (calculada usando o índice de Shannon, ver p. 363) e diversidade de alturas da folhagem (medida do número de camadas de vegetação em uma comunidade que serve de indicadora da complexidade do hábitat, também calculada com o índice de Shannon). Eles encontraram uma relação positiva entre os dois em 13 hábitats de aves tropicais e temperadas do Panamá até o Maine (**Figura 19.9**). Curiosamente, a diversidade de espécies de aves não foi relacionada com a diversidade das plantas

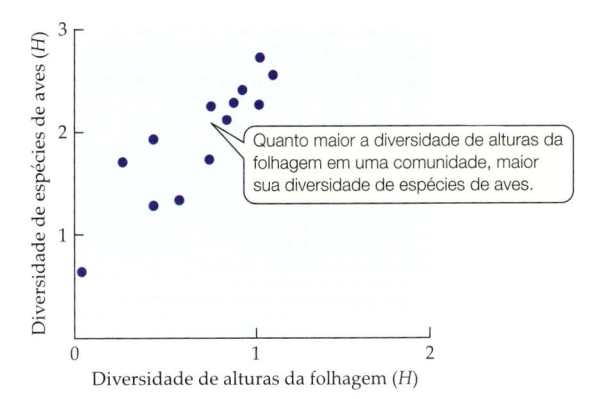

Figura 19.9 A diversidade de espécies de aves é maior em hábitats mais complexos MacArthur e MacArthur representaram em um gráfico a diversidade de espécies de aves *versus* a diversidade de alturas da folhagem (medida de complexidade do hábitat) para 13 comunidades distintas. Os dois tipos de diversidades foram calculados para cada comunidade utilizando o índice de Shannon (*H*). (Dados de MacArthur e MacArthur, 1961.)

per se (apenas a diversidade de alturas da folhagem), sugerindo que a identidade das espécies de árvores foi menos importante que a complexidade estrutural do hábitat.

Outro importante estudo sobre partição de recursos advém de comunidades de fitoplâncton. No Conceito 12.1, aprendemos sobre o estudo de David Tilman e colaboradores (1981) com duas espécies de diatomáceas que competiam por sílica (que é usada pelas diatomáceas para construir suas paredes celulares). Quando as duas espécies cresciam juntas em um ambiente de laboratório com suprimento limitado de sílica, uma excluía a outra por competição (ver Figura 12.4). Como, então, as espécies de diatomáceas coexistiam na natureza? Tilman (1977) propôs o que ficou conhecido como a **hipótese da proporção de recursos**, a qual postula que as espécies coexistem por usarem recursos em proporções diferentes. Ele predisse que as diatomáceas seriam capazes de coexistir, apesar de usarem os mesmos nutrientes limitantes, ao adquirirem esses nutrientes em razões diferentes (**Figura 19.10**). Por meio da criação de duas espécies de diatomáceas, *Cyclotella* e *Asterionella*, em ambientes de laboratório que diferiam nas razões entre sílica (SiO_2) e fósforo (PO_4), Tilman descobriu que *Cyclotella* foi capaz de dominar apenas quando a razão entre sílica e fósforo era baixa (aproximadamente 1:1). Quando a razão entre sílica e fósforo era alta (1.000:1), a *Asterionella* superava competitivamente a *Cyclotella*. Somente quando a razão entre sílica e fósforo foi limitante para ambas as espécies (na amplitude entre 100:1 e 10:1, área verde na Figura 19.10) elas puderam coexistir. Embora as duas espécies necessitassem do mesmo conjunto de nutrientes, a maneira como dividiram esses recursos permitiu sua coexistência.

Fora das condições de laboratório, esse tipo de partição funcionaria melhor se os nutrientes variassem naturalmente dentro do ambiente. Qual o respaldo para essa possibilidade no campo? Em um levantamento detalhado, Robertson e colaboradores (1988) mapearam a distribuição de recursos em uma lavoura agrícola abandonada em Michigan que tinha sido colonizada por plantas campestres. Eles verificaram variações consideráveis nas concentrações de nitrogênio e umidade do solo na escala espacial de um metro ou menos (**Figura 19.11**). Essas manchas de recursos de água e nitrogênio não necessariamente corresponderam a diferenças topográficas e não foram correlacionadas entre si. Se sobrepuséssemos o mapa da água com o mapa do nitrogênio, encontraríamos manchas ainda menores correspondendo a diferentes proporções desses dois recursos. Não foi investigado se essa distribuição espacial dos recursos afetou ou refletiu a estrutura da comunidade vegetal, mas ela sugere que a partição de recursos pode ocorrer em plantas (ver Figura 22.9). Algumas das melhores evidências da partição de recursos em plantas vêm de experimentos que manipulam a riqueza de espécies e medem a produtividade, como no Estudo de Caso no início deste capítulo. Exploraremos essas evidências em mais detalhes no Conceito 19.4.

A teoria da partição de recursos está associada à suposição de que as espécies desenvolveram mecanismos para utilização de recursos de formas diferentes, mas complementares, aumentando, assim, sua capacidade de coexistir. Como aprendemos em nossa discussão sobre interações entre espécies na Parte 4, existem inúmeros outros processos que podem alterar o resultado de interações entre espécies e permitir a coexistência. Na próxima seção, consideraremos os papéis do distúrbio, do estresse, da predação e até mesmo das interações positivas na coexistência entre as espécies e, em última análise, na diversidade de espécies na escala local.

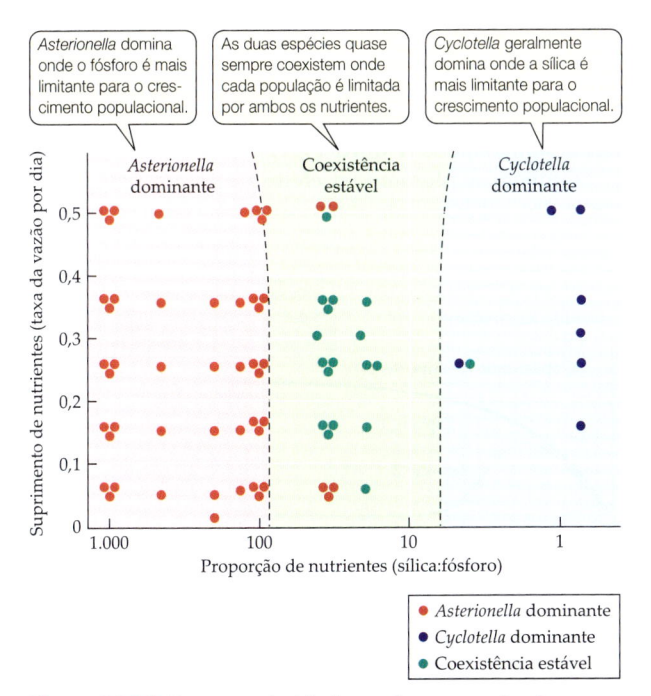

Figura 19.10 Um teste da hipótese da proporção de recursos Duas diatomáceas competidoras (*Asterionella* e *Cyclotella*) podem coexistir utilizando proporções sutilmente diferentes de fósforo e sílica. (Dados de Tilman, 1977.)

434 Parte 5 • Comunidades

(A) Concentrações de nitrogênio no solo

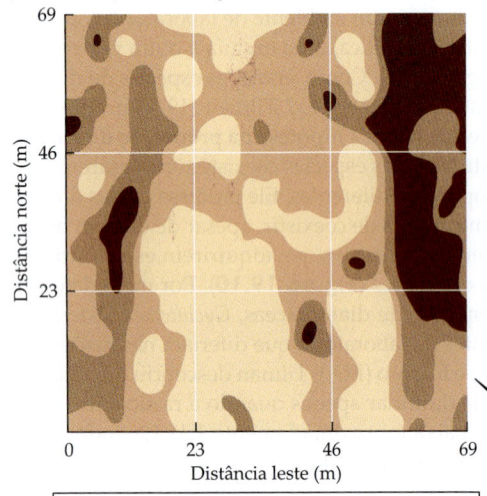

Concentração de nitrato (NO₃⁻) (µg/cm²)
■ ≥ 8,9   ■ 6,4–8,8   ■ 3,9–6,3   □ 0,5–3,8

(B) Níveis de umidade do solo

Umidade (µg/cm²)
■ ≥ 1,06   ■ 0,76–1,05   ■ 0,46–0,75   □ 0,10–0,45

Figura 19.11 Mapas de distribuição de recursos O mapeamento de (A) concentrações de nitrogênio e (B) umidade do solo em uma área agrícola abandonada revelou considerável variação em pequena escala. (De Robertson, 1988.)

Ambas as concentrações de nitrogênio e de umidade do solo apresentaram grande variação em pequenas distâncias.

CONCEITO 19.3

Processos como distúrbio, estresse, predação e interações positivas podem mediar a disponibilidade de recursos, promovendo, asssim, a coexistência e a diversidade de espécies.

Mediação de recursos e coexistência

Vimos em capítulos anteriores que os distúrbios, o estresse e a predação podem modificar as interações entre as espécies e permitir a coexistência entre elas. Vimos que quando duas espécies estão competindo entre si pelo mesmo recurso, como no caso das palmeiras-do-mar (espécie de alga) e dos mexilhões que competem por espaço na zona entremarés rochosa (ver p. 286), a coexistência pode ser alcançada se o crescimento populacional da espécie dominante for interrompido. Nesse exemplo, os mexilhões são os competidores dominantes e as palmeiras-do-mar podem coexistir com eles apenas quando os mexilhões são perturbados com frequência suficiente pela ação das ondas, permitindo que as palmeiras-do-mar adquiram espaço. Nesse e em muitos outros exemplos deste livro, enquanto distúrbio, estresse ou predação mantêm o competidor dominante sem alcançar sua própria capacidade de suporte, a exclusão competitiva não ocorre, e a coexistência será mantida (**Figura 19.12**).

Também exploramos o efeito de interações positivas entre espécies em amenizar condições extremas e

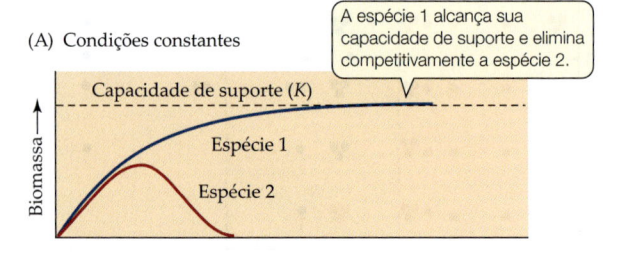

(A) Condições constantes

A espécie 1 alcança sua capacidade de suporte e elimina competitivamente a espécie 2.

(B) Condições variáveis

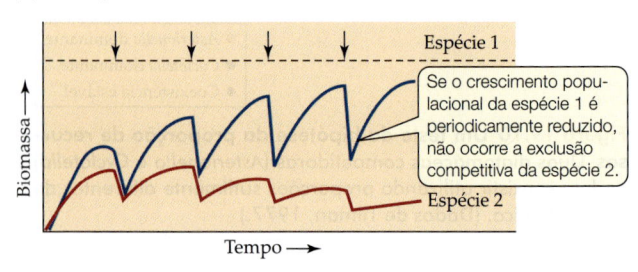

Se o crescimento populacional da espécie 1 é periodicamente reduzido, não ocorre a exclusão competitiva da espécie 2.

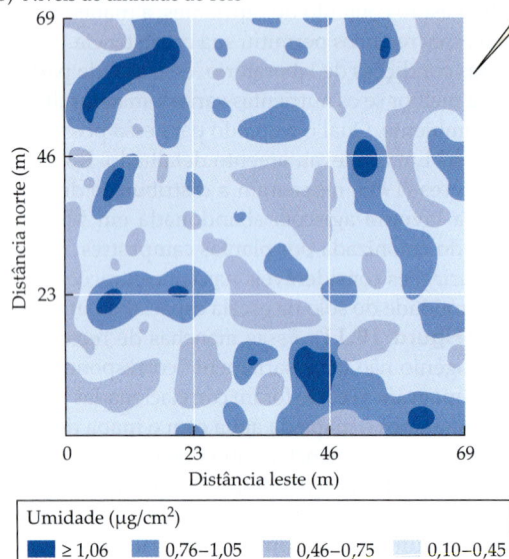

Figura 19.12 Resultado da competição sob condições constantes e variáveis (A) Sob condições constantes, a espécie 1 (competidora dominante) supera competitivamente a espécie 2 quando alcança sua própria capacidade de suporte (*K*). (B) Se processos disruptivos como distúrbios, estresse ou predação (representados pelas setas) reduzirem a população da espécie 1, ela não alcançará sua capacidade de suporte e não superará competitivamente a espécie 2, permitindo, assim, a coexistência. (Segundo Huston, 1979.)

possibilitar a coexistência. Por exemplo, vimos nos casos das plantas de marismas (Figura 17.14) e das plantas de altas altitudes (Figura 15.11) que as espécies que normalmente seriam incapazes de tolerar condições estressantes podem manter populações viáveis sob essas condições devido aos efeitos facilitadores de outras espécies.

Expandiremos essas ideias sobre modificação das interações entre espécies para comunidades inteiras e perguntaremos como distúrbio, estresse, predação e interações positivas influenciam a diversidade de espécies.

Processos que regulam recursos podem permitir a coexistência de espécies

Existe um provérbio antigo entre os ecólogos que diz mais ou menos assim: "Se você acha que isso é uma ideia nova, dê uma olhada em Darwin. Ele provavelmente descobriu isso antes". De fato, quando tratamos de teorias que explicam coexistência, Darwin foi o primeiro a formalmente reconhecer o distúrbio como mecanismo para a manutenção da diversidade de espécies. Em *A Origem das Espécies* (1859, p. 55), ele observou os seguintes resultados depois de um experimento improvisado no qual deixou um prado de sua propriedade sem o distúrbio de roçada: "Das 20 espécies que cresciam em uma pequena parcela da relva cortada (medindo cerca de 1 m^2), nove espécies pereceram, permitindo que as demais crescessem livremente". Sem as roçadas, os competidores dominantes nessas comunidades excluíram competitivamente as plantas daninhas, diminuindo a riqueza de espécies pela metade. Darwin utilizou esse exemplo, junto com muitos outros, para embasar o argumento de que a natureza emprega limites para a tendência das espécies de aumentar em abundância e competitivamente excluir outras espécies. Sua hipótese era de que as espécies lutavam pela existência, componente inicial decisivo para sua teoria de seleção natural.

Em 1961, G. E. Hutchinson retomou essa ideia em um artigo intitulado "O Paradoxo do Plâncton". Hutchinson, influente ecólogo de comunidades da Yale University (e principal mestre de Robert MacArthur), forneceu uma das primeiras descrições mecanicistas de como a coexistência pode ser mantida sob condições ambientais variáveis. Ele estudou comunidades fitoplanctônicas em lagos temperados de água doce (**Figura 19.13**). A ideia simples por trás do modelo de Hutchinson foi mostrar o paradoxo entre a presença de 30 a 40 espécies de fitoplâncton tendo em vista os recursos relativamente limitados à disposição delas. Ele considerou que todas as espécies de fitoplâncton competiam pelos mesmos recursos, incluindo dióxido de carbono, nitrogênio, fósforo, enxofre e microelementos, que em geral são bem distribuídos nos lagos. Como tantas espécies poderiam coexistir com tão poucos recursos e em um ambiente estruturalmente tão simples como um lago? Hutchinson conjeturou que as condições no lago mudavam sazonalmente e durante períodos mais longos, e que essas mudanças impediam qualquer espécie de dominar competitivamente as outras. Desde que as condições do lago mudassem antes de que a espécie competitivamente superior eliminasse as outras, a coexistência seria possível.

O modelo de Hutchinson tem dois componentes que interagem no controle da coexistência entre espécies. Um é o tempo necessário para uma espécie excluir competitivamente outra espécie (t_c), o que depende das taxas de crescimento populacional das duas espécies competidoras. O segundo é o tempo que leva para a variação ambiental atuar sobre o crescimento populacional das duas espécies competidoras (t_e). De acordo com a previsão de Hutchinson, quando a exclusão competitiva ocorresse mais rapidamente do que a mudança das condições ambientais ($t_c \ll t_e$), a coexistência não seria alcançada. Alguém poderia imaginar isso ocorrendo em comunidades com pouca variação ambiental ou onde o competidor dominante tenha taxas de crescimento muito rápidas. Inversamente, em um ambiente oscilante no qual os competidores estão adaptados (onde $t_c \gg t_e$), as variações ambientais não afetam as interações competitivas, e ocorre a exclusão competitiva. Alguém poderia imaginar esse padrão em ambientes com flutuações ambientais frequentes e de baixa intensidade, e com espécies de vida longa. Hutchinson argumentou que isso ocorre apenas quando o tempo exigido para ocorrer a exclusão competitiva for aproximadamente igual ao tempo necessário para a variação ambiental interromper a interação competitiva (quando $t_c = t_e$), de modo a frustrar a exclusão competitiva e permitir a coexistência. Ele argumentou também que é provável que essa condição com frequência seja encontrada em comunidades fitoplanctônicas de lagos; caso contrário, pouquíssimas espécies, em vez de dezenas, coexistiriam.

Figura 19.13 Paradoxo do plâncton Fitoplâncton de água doce. Como podem tantas espécies de fitoplâncton de água doce coexistirem em um lago, utilizando o mesmo conjunto de recursos básicos? G. E. Hutchinson sugeriu a influência da variação ambiental ao longo do tempo.

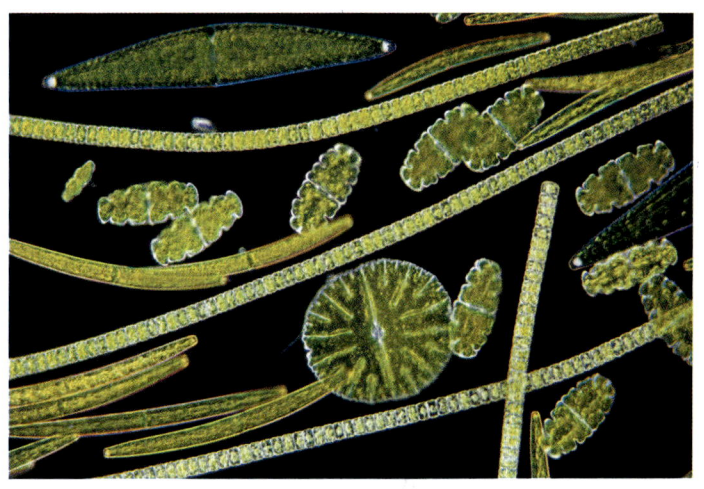

Hutchinson propôs a ideia de que a exclusão competitiva é rara na natureza, mas não a testou. Foi o trabalho de Robert Paine na zona entremarés rochosa da costa oeste da América do Norte, no final da década de 1960 (ver Conceito 13.3), que forneceu algumas das evidências mais rigorosas e convincentes de que a coexistência pode ser mantida por processos disruptivos como predação ou distúrbio. Paine (1966) manipulou as densidades populacionais de *Pisaster*, estrela-do-mar predadora que se alimenta preferencialmente do mexilhão *Mytilus californianus*. Nas parcelas em que *Pisaster* foi removida, a riqueza de espécies diminuiu à medida que os mexilhões excluíam por competição cracas e outras espécies competitivamente inferiores. Em parcelas onde havia *Pisaster*, a riqueza de espécies aumentou. Há uma série de aspectos importantes no trabalho de Paine, incluindo o conceito de espécie-chave e os efeitos das interações indiretas, mas consideraremos esses aspectos em mais detalhes no Capítulo 21, quando discutiremos teias alimentares. Por enquanto, nos concentraremos na ideia originada dos trabalhos de Darwin, Hutchinson e Paine: a hipótese do distúrbio intermediário.

A hipótese do distúrbio intermediário considera a diversidade de espécies sob condições variáveis

A hipótese do distúrbio intermediário foi proposta para explicar como gradientes de distúrbio (embora possamos facilmente incluir estresse e predação nesse modelo) afetam a diversidade de espécies em comunidades (**Figura 19.14**). Essa hipótese foi formalmente proposta pela primeira vez por Joseph Connell, contemporâneo de Paine e autor do clássico trabalho sobre competição entre cracas (descrita no Conceito 12.2). Connell (1978) reconheceu que o nível de distúrbio (sua frequência e intensidade; ver Figura 17.4) que uma comunidade particular sofre pode ter efeitos drásticos em sua diversidade de espécies. Ele conjeturou que a diversidade de espécies seria maior em níveis intermediários de distúrbio e menor em níveis altos e baixos

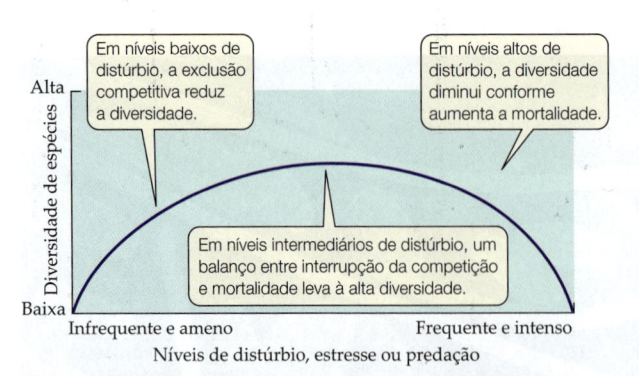

Figura 19.14 A hipótese do distúrbio intermediário Espera-se que a diversidade de espécies seja maior em níveis intermediários de distúrbio, estresse ou predação. (Segundo Connell, 1978.)

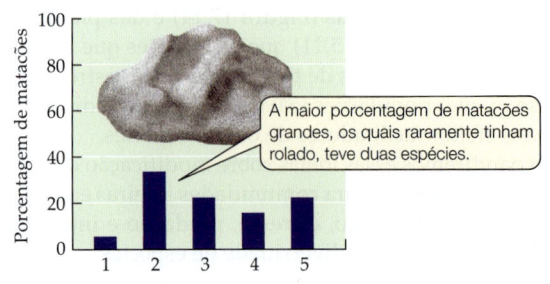

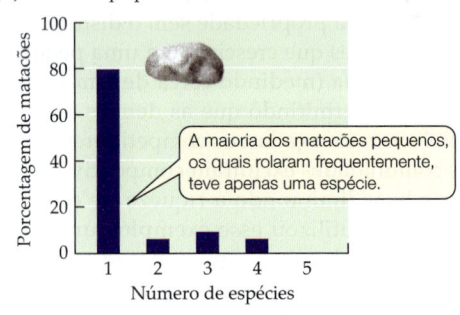

Figura 19.15 Um teste da hipótese do distúrbio intermediário Wayne Sousa amostrou comunidades marinhas entremarés sobre matacões que diferiam no nível de distúrbio experimentado ao serem rolados pela ação das ondas. (Dados de Sousa, 1979a.)

❓ Qual tamanho de matacão teve a menor riqueza de espécies e por quê?

de distúrbio. Por que isso aconteceria? Em níveis baixos de distúrbio, a competição regularia a diversidade de espécies porque as espécies dominantes estariam livres para excluir espécies competitivamente inferiores. Em níveis altos de distúrbio, por outro lado, a diversidade de espécies declinaria porque muitos indivíduos morreriam e, como resultado, algumas espécies tornar-se-iam localmente extintas. Em níveis intermediários de distúrbio, a diversidade de espécies seria maximizada simplesmente devido ao balanço entre interrupção da competição e mortalidade advinda do distúrbio.

A hipótese do distúrbio intermediário é altamente favorável a testes. Um desses testes foi realizado por Wayne Sousa (1979a), que estudou a sucessão em áreas pedregosas entremarés no sul da Califórnia (ver Figura 17.15). Em um estudo diferente, porém relacionado,

Sousa mediu a taxa de distúrbio de comunidades que cresciam sobre rochas e documentou a riqueza de espécies delas (**Figura 19.15**). Pequenos matacões foram rolados frequentemente por ondas e constituíram um ambiente altamente perturbado para as espécies de algas marinhas e invertebrados que viviam sobre eles. O oposto foi verdadeiro para matacões maiores, que raramente experimentam o efeito de ondas grandes o suficiente a ponto de rolá-los. Matacões de tamanho intermediário, é claro, foram rolados em frequências intermediárias. Após dois anos, Sousa constatou que a maioria dos matacões pequenos possuía apenas uma espécie (espécies de sucessão inicial: a macroalga *Ulva* ou a craca *Chthamalus*), enquanto a maior porcentagem de matacões grandes possuía duas espécies (espécies de sucessão tardia: a macroalga *Gigartina canaliculata* e outras). A maior porcentagem de matacões de tamanho intermediário tinha quatro espécies, mas alguns matacões apresentavam até sete espécies (uma mistura de espécies características de sucessão inicial, intermediária e tardia). O trabalho de Sousa é apenas um dos muitos estudos que demonstraram a diversidade mais alta em níveis intermediários de distúrbio.

Houve vários aprimoramentos na hipótese do distúrbio intermediário

A hipótese do distúrbio intermediário é um modelo simples que se baseia na variação dos níveis de distúrbio para explicar a diversidade de espécies em comunidades. Muitos ecólogos utilizaram isso como princípio para adicionar mais complexidade e realismo às suas teorias. Um dos primeiros a aprimorar a teoria foi Michael Huston (1979), que reconheceu o efeito do distúrbio na competição, mas ponderou que um segundo processo, o deslocamento competitivo, poderia ser um fator mediador importante. O **deslocamento competitivo** ocorre quando o melhor competidor utiliza recursos limitantes requeridos pelo competidor mais fraco, causando, em última análise, um declínio no crescimento populacional do competidor mais fraco até o ponto da extinção. O **modelo do equilíbrio dinâmico** de Huston considera como a frequência ou a intensidade do distúrbio e a taxa de deslocamento competitivo se associam para determinar a diversidade de espécies (**Figura 19.16**). Como as ideias de Hutchinson, o modelo de Huston prevê a máxima diversidade de espécies quando o nível de distúrbio e a taxa de deslocamento competitivo forem equivalentes (daí o termo "equilíbrio" no nome do modelo). A diversidade de espécies será mais alta quando a frequência ou a intensidade de distúrbio e a taxa de deslocamento competitivo estiverem ambas em níveis baixos a intermediários (Figura 19.16, ponto AC). Além disso, a diversidade de espécies será menor tanto quando o distúrbio for alto e a deslocamento competitivo for baixo (ponto AD) como quando o deslocamento competitivo for alto e o distúrbio for baixo (ponto BC). Quando ambos os processos forem altos e mais ou menos similares (ponto BD), esperamos que a diversidade de espécies seja relativamente baixa, pois tanto a alta mortalidade quanto o deslocamento competitivo estarão atuando na redução da diversidade de espécies. Talvez devido à complexidade adicionada, houve poucos estudos observacionais ou experimentais do modelo do equilíbrio dinâmico. Um exemplo, que vem de um estudo observacional em zonas úmidas ribeirinhas no Alasca realizado por Pollock e colaboradores (1998), pode ser encontrado em **Saiba Mais 19.1**.

Outro aprimoramento da hipótese do distúrbio intermediário vem de Hacker e Gaines (1997), que incorporaram interações positivas em seu modelo. Se recapitularmos os Capítulos 15, 16 e 17, vimos que as interações entre espécies são altamente dependentes do contexto, variando em direção e intensidade dependendo de certos fatores físicos e biológicos. Teoria e experimentos sugerem que interações positivas devam ser mais comuns sob níveis relativamente altos de distúrbio, estresse ou predação – circunstâncias em que as associações entre as espécies podem aumentar seu crescimento e sua sobrevivência. Hacker e Gaines fundamentaram que interações positivas devem ser particularmente importantes em promover a diversidade de espécies nos níveis intermediário

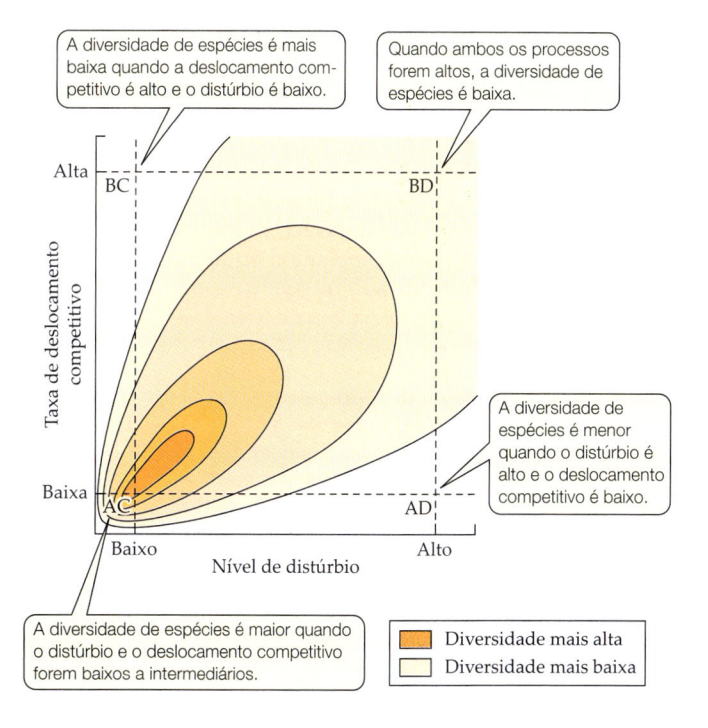

Figura 19.16 O modelo do equilíbrio dinâmico O modelo do equilíbrio dinâmico prevê que a diversidade de espécies será maior quando a frequência e a intensidade do distúrbio e a taxa de deslocamento competitivo forem baixas a intermediárias. (Segundo Huston, 1979.)

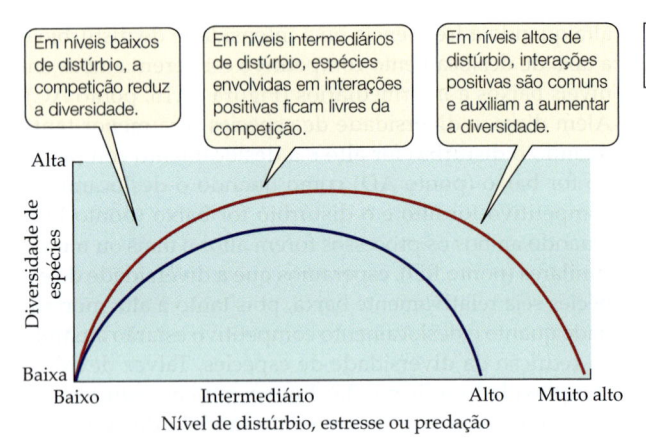

Figura 19.17

Em níveis baixos de distúrbio, a competição reduz a diversidade.

Em níveis intermediários de distúrbio, espécies envolvidas em interações positivas ficam livres da competição.

Em níveis altos de distúrbio, interações positivas são comuns e auxiliam a aumentar a diversidade.

— Hipótese do distúrbio intermediário
— Interações positivas

Figura 19.17 Interações positivas e diversidade de espécies A hipótese do distúrbio intermediário foi aprimorada para incluir interações positivas. (Segundo Hacker e Gaines, 1997.)

Eixo Y: Diversidade de espécies (Baixa – Alta)
Eixo X: Nível de distúrbio, estresse ou predação (Baixo – Intermediário – Alto – Muito alto)

---

a alto de distúrbio (ou estresse ou predação) por dois motivos (**Figura 19.17**). Primeiro, sob níveis altos de distúrbio, as interações positivas devem aumentar a sobrevivência dos indivíduos das espécies que interagem, tanto pela melhora das condições adversas do hábitat quanto das defesas associativas. Segundo, mesmo sob níveis intermediários de distúrbio, espécies envolvidas em interações positivas estariam livres da competição, um efeito que poderia ainda aumentar a diversidade de espécies.

Hacker e Gaines utilizaram estudos de uma marisma na Nova Inglaterra para apoiar sua teoria. Nessa comunidade, há um forte gradiente de estresse físico decorrente da inundação de água salgada. O maior estresse ocorre próximo à costa, onde a maré inunda as plantas com mais frequência. Um levantamento de plantas, insetos e aranhas ao longo do pântano revelou três zonas entremarés distintas, cada qual com uma composição de espécies diferente, e mostrou que a zona entremarés do meio apresentou uma riqueza de espécies maior do que as zonas entremarés baixa e alta (**Figura 19.18A**). Então, os pesquisadores conduziram experimentos de transplantes nos quais todas as espécies de plantas foram mudadas para todas as três zonas, incluindo ou não a planta mais abundante de sua respectiva zona: o arbusto alto *Iva frutescens* na zona entremarés

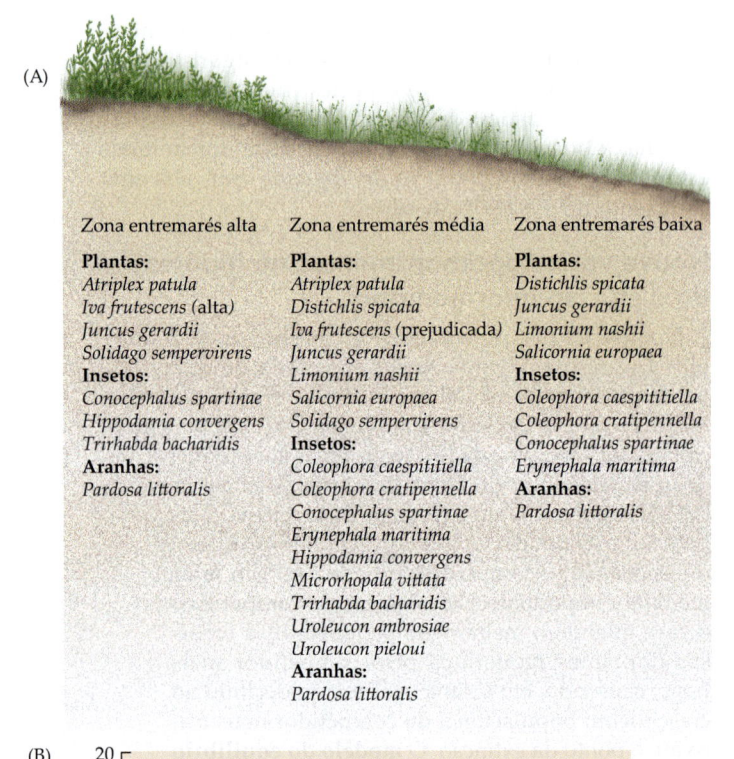

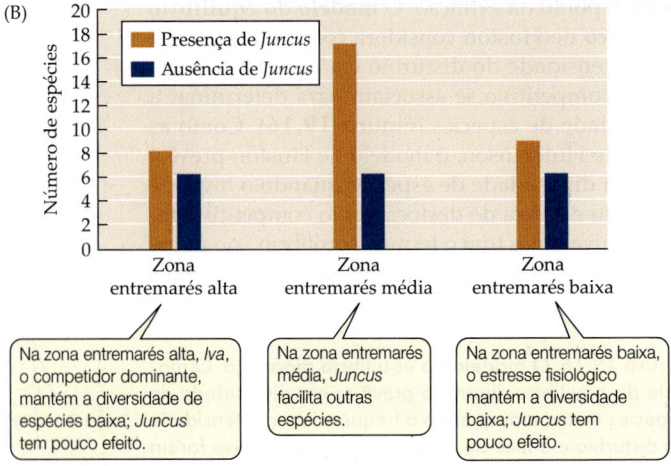

Figura 19.18 Interações positivas: uma chave para a diversidade em comunidades de marismas? (A) Levantamentos da diversidade de plantas e insetos em uma marisma na Nova Inglaterra mostram a maior diversidade na zona entremarés média. (B) Experimentos sugerem que essa alta diversidade de plantas e artrópodes nessa zona seja controlada por efeitos diretos e indiretos da espécie facilitadora *Juncus gerardii* e pela diminuição do efeito do competidor dominante, *Iva frutescens*, por causa do estresse físico. (Segundo Hacker e Gaines, 1997.)

(A)

Zona entremarés alta
Plantas:
Atriplex patula
Iva frutescens (alta)
Juncus gerardii
Solidago sempervirens
Insetos:
Conocephalus spartinae
Hippodamia convergens
Trirhabda bacharidis
Aranhas:
Pardosa littoralis

Zona entremarés média
Plantas:
Atriplex patula
Distichlis spicata
Iva frutescens (prejudicada)
Juncus gerardii
Limonium nashii
Salicornia europaea
Solidago sempervirens
Insetos:
Coleophora caespititiella
Coleophora cratipennella
Conocephalus spartinae
Erynephala maritima
Hippodamia convergens
Microrhopala vittata
Trirhabda bacharidis
Uroleucon ambrosiae
Uroleucon pieloui
Aranhas:
Pardosa littoralis

Zona entremarés baixa
Plantas:
Distichlis spicata
Juncus gerardii
Limonium nashii
Salicornia europaea
Insetos:
Coleophora caespititiella
Coleophora cratipennella
Conocephalus spartinae
Erynephala maritima
Aranhas:
Pardosa littoralis

(B) Número de espécies por zona (Presença de *Juncus* / Ausência de *Juncus*):
- Zona entremarés alta: ~8 / ~6
- Zona entremarés média: ~17 / ~6
- Zona entremarés baixa: ~9 / ~6

Na zona entremarés alta, *Iva*, o competidor dominante, mantém a diversidade de espécies baixa; *Juncus* tem pouco efeito.

Na zona entremarés média, *Juncus* facilita outras espécies.

Na zona entremarés baixa, o estresse fisiológico mantém a diversidade baixa; *Juncus* tem pouco efeito.

alta e o junco *Juncus gerardii* nas zonas entremarés média e baixa (Bertness e Hacker, 1994; Hacker e Bertness, 1999). Os resultados revelaram que a competição com *Iva* na zona entremarés alta levou à exclusão competitiva da maioria das espécies transplantadas para lá, independente de o *Juncus* estar presente ou não. Na zona entremarés baixa, o estresse fisiológico foi o principal fator de controle populacional, já que muitos indivíduos morreram independente da presença ou ausência do *Juncus*. Na zona entremarés média, entretanto, o *Juncus* facilitou outras espécies de plantas. Sem a presença do *Juncus*, a mortalidade foi de 100% para a maioria das espécies ao final do verão. O mecanismo de facilitação, descrito no Conceito 16.3, foi a melhora dos estresses salino e de hipoxia pelo *Juncus* (ver p. 369). Além disso, como vimos naquela discussão, o *Juncus* facilita indiretamente um afídeo herbívoro que depende da *Iva* para sua sobrevivência. Acontece que essas interações indiretas afetam muitos insetos herbívoros que se alimentam de uma variedade de outras plantas facilitadas pelo *Juncus* no pântano. Hacker e Gaines (1997) concluíram, com base nesses estudos, que interações positivas são crucialmente importantes em manter a diversidade de espécies, principalmente em níveis intermediários de estresse físico (**Figura 19.18B**). Eles reconheceram que o estresse físico na zona entremarés média da marisma na Nova Inglaterra tanto diminui o efeito competitivo da *Iva* quanto aumenta o efeito facilitador do *Juncus* (e seus efeitos indiretos sobre insetos), promovendo assim condições ideais para aumentar a coexistência e a diversidade de espécies.

O modelo de Menge-Sutherland separa os efeitos da predação dos efeitos de distúrbio e estresse

A hipótese do distúrbio intermediário assume que distúrbio, estresse e predação têm efeitos semelhantes sobre a competição interespecífica, e, portanto, sobre a diversidade de espécies (ver Figura 19.14). Em particular, considera distúrbio e predação processos semelhantes, isto é, processos que agem para matar ou danificar competidores dominantes e, assim, criar oportunidades para espécies subordinadas. Essa equiparação entre distúrbio e predação ignora uma importante diferença entre eles: o distúrbio é um processo físico, ao passo que a predação é um processo biológico. Menge e Sutherland (1987) argumentaram que, em razão de a predação ser uma interação biológica, ela é independentemente afetada por distúrbios físicos e estresse e, por isso, deveria ser considerada separadamente (**Figura 19.19**).

O modelo de Menge-Sutherland prevê que a predação deve ser relativamente importante na manutenção da riqueza de espécies em níveis baixos de estresse ambiental (ou distúrbio), nos quais os predadores podem mais facilmente se alimentar e, assim, limitar a abundância de espécies competitivamente dominantes. Com o aumento do estresse ambiental, o efeito da predação diminui à medida que os predadores se tornam menos capazes de danificar

níveis tróficos inferiores. Esses níveis tróficos inferiores, os quais são preditos pelo modelo como mais tolerantes ao estresse físico, ficam livres para competir por recursos, fazendo a influência da competição sobre a diversidade de espécies aumentar. Por fim, quando o estresse ambiental atinge níveis elevados, tanto a predação quanto a competição se tornam irrelevantes à medida que mais e mais espécies são excluídas da comunidade por suas limitações fisiológicas. Tal como na hipótese do distúrbio intermediário, a influência de interações positivas, que são especialmente importantes em ambos os extremos de predação ou estresse físico, foi então incorporada no modelo de Menge-Sutherland (Bruno et al., 2003), levando a conclusões semelhantes às de Hacker e Gaines (1997) (ver Figura 19.17).

Outro fator importante considerado no modelo de Menge e Sutherland é a influência do *recrutamento*: a adição de indivíduos jovens a uma população. Eles previram que, se o recrutamento for baixo, a competição pode deixar de ser particularmente importante na determinação da diversidade de espécies, uma vez que os recursos não seriam limitantes. Em vez disso, a ação recíproca entre predação sob condições ambientais favoráveis e estresse físico sob condições extremas seria o fator mais influente na regulação da composição da comunidade. Se o recrutamento aumentar, no entanto, o papel da competição também aumentará, resultando, em última análise, em predições semelhantes às da Figura 19.19. Assim, Menge e Sutherland sugerem que o recrutamento pode ser outra influência importante na diversidade da comunidade, como mencionado no Conceito 19.1 e demonstrado em **Análise de Dados 19.1**.

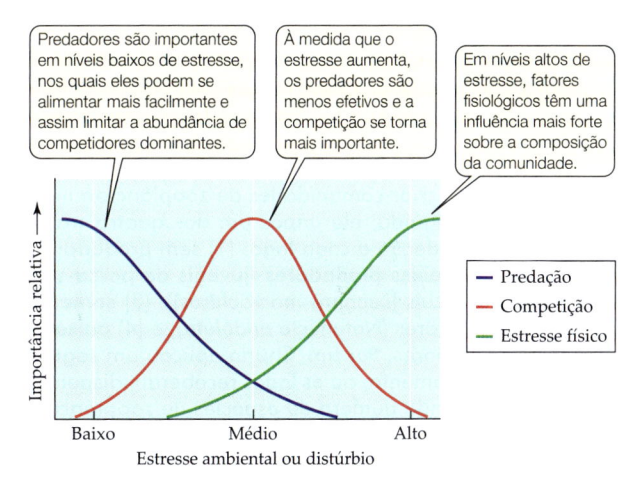

Figura 19.19 O modelo de Menge-Sutherland O modelo de Menge-Sutherland de influências sobre a diversidade da comunidade é semelhante à hipótese do distúrbio intermediário (ver Figura 19.14), mas considera o efeito da predação separadamente do efeito do estresse físico ou distúrbio. Menge e Sutherland também consideraram o efeito do recrutamento, que reduz a importância da competição quando é baixo. (Segundo Menge e Sutherland, 1987)

A hipótese do distúrbio intermediário e o modelo de Menge-Sutherland supõem que existe uma hierarquia competitiva subjacente entre as espécies – ou seja, que algumas espécies são competidoras muito mais fortes do que outras e, assim, dominam as comunidades se não forem mantidas sob controle por processos disruptivos. O que acontece se assumirmos que não há hierarquia competitiva entre espécies? Se as espécies têm forças de interação equivalentes, então a habilidade de qualquer espécie em viver em uma comunidade dependerá mais do acaso do que de uma "resolução de conflitos". Passaremos um instante discutindo essa teoria não convencional de diversidade de espécies.

Modelos de loteria e neutros contam com a igualdade e o acaso

Em um último grupo de modelos propostos para explicar a coexistência entre as espécies estão os chamados **modelos de loteria** e **modelos neutros** (Sale, 1977; Chesson e Warner, 1981; Hubbell, 2001). Como sugerem seus nomes, esses modelos enfatizam o papel do acaso na manutenção da diversidade de espécies. O modelo de loteria assume que os recursos em uma comunidade, disponibilizados pelos efeitos de distúrbio, estresse ou predação, são aleatoriamente capturados por recrutadores de um *pool* maior de colonizadores potenciais. Para esse mecanismo funcionar,

ANÁLISE DE DADOS 19.1

Como predação e dispersão interagem para influenciar a riqueza de espécies?

Um tema de destaque neste capítulo é que processos tais como distúrbio, estresse e predação podem mediar a disponibilidade de recursos, promovendo assim a coexistência e a diversidade de espécies. Outro tema importante neste capítulo e no anterior é que os *pools* regionais de espécies e as capacidades de dispersão das espécies podem desempenhar papéis importantes no fornecimento de novas espécies para as comunidades. O que acontece quando combinamos esses conceitos em uma tentativa de explicar os fatores importantes para a coexistência de espécies nas comunidades locais? Esse foi o objetivo da pesquisa sobre as comunidades de zooplâncton conduzida por Jonathan Shurin, ecólogo de comunidades na University of California, San Diego.

Shurin (2001)* explorou os efeitos da predação e da dispersão na diversidade de espécies de comunidades locais de zooplâncton. Ele usou lagos experimentais feitos a partir de bebedouros plásticos para gado, que ele abasteceu com uma diversidade de zooplâncton local para criar comunidades de zooplâncton individuais. Em seguida, ele impôs um dos quatro tratamentos de predação a cada lago: (1) sem predadores, (2) somente peixes predadores (juvenis de perca-sol-de-guelras-azuis [*Lepomis macrochirus*]), (3) somente insetos predadores (*Notonecta undulata*), e (4) peixes e insetos predadores. Por fim, Shurin aplicou um segundo tipo de tratamento: ou os lagos receberam dispersores de um grande número de espécies de zooplâncton do *pool* regional (que Shurin adicionou repetidamente aos lagos em baixas densidades ao longo de todo o experimento) ou eles não receberam dispersores. O experimento aconteceu durante um verão, período após o qual Shurin contabilizou o número de espécies de zooplâncton em cada uma das comunidades dos lagos. Seus resultados são apresentados no gráfico.

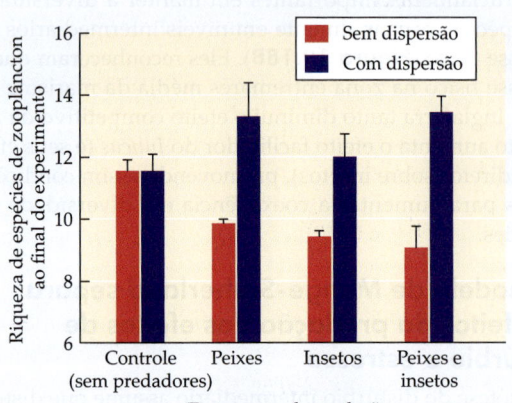

1. Como a predação por si só afeta a riqueza de espécies de zooplâncton nos lagos? Dê uma explicação plausível de por que isso ocorreu. Será que peixes e insetos predadores tiveram efeitos diferentes sobre a riqueza de espécies local?
2. De que forma a riqueza de espécies muda com a adição de dispersão zooplanctônica aos lagos? Sem ter conhecimento sobre a composição de espécies dos lagos, você pode dizer o que esses resultados sugerem sobre os efeitos duplos da predação e da dispersão sobre a riqueza de espécies local?
3. Suponha que um tratamento adicional, que duplica o número de predadores, foi adicionado a esse experimento. Suponha que os resultados mostraram um declínio na riqueza de zooplâncton (digamos 6 espécies sem dispersão e 10 espécies com dispersão). O que esses resultados sugerem sobre o papel da dispersão em comunidades de lagos submetidas à predação intensa? Considerando toda a gama de intensidade de predação, de nenhuma, a intermediária, a intensa, os resultados encaixam-se na hipótese do distúrbio intermediário? Por quê?

*Shurin, J. B. 2001. Interactive effects of predation and dispersal of zooplankton communities. *Ecology* 82: 3404-3416.

as espécies devem apresentar forças de interação e taxas de crescimento populacional bastante similares e precisam ter a habilidade de responder com rapidez, por dispersão, a distúrbios que liberam recursos. Se houver uma grande disparidade na habilidade competitiva entre as espécies, o competidor dominante terá maior chance de obter recursos e eventualmente monopolizá-los. Nos modelos de loteria e neutro, é a oportunidade similar de todas as espécies em obter recursos que permite a coexistência entre espécies.

Os modelos de loteria e neutro têm sido aplicados com mais frequência a comunidades altamente diversas. Peter Sale (1977, 1979) conduziu um dos primeiros e mais conhecidos testes do modelo de loteria, utilizando peixes da Grande Barreira de Recifes da Austrália. A diversidade de peixes nesses recifes varia de 1.500 espécies no norte a 900 espécies no sul. Em qualquer mancha pequena de recife (com cerca de 3 m de diâmetro), podem ser registradas até 75 espécies. No ecossistema de recife, há uma forte fidelidade de hábitat e uma grave limitação espacial, tanto que muitos indivíduos de peixes passam a vida toda aproximadamente no mesmo ponto do recife. Considerando essas condições, Sale levantou uma questão óbvia: como tantas espécies conseguiam coexistir em um espaço tão pequeno por tanto tempo?

Sale ponderou que apenas parte da coexistência entre esses peixes poderia ser explicada pela partição de recursos, pois as espécies tendiam a ter dietas muito similares. Ele reparou que locais ou territórios vagos eram altamente desejáveis e se tornavam disponíveis de modo imprevisível pela morte de seus ocupantes individuais (p. ex., devido a predação, distúrbio, inanição ou doença). Ao observar esse sistema mais detalhadamente, Sale notou perdas de ocupantes e recrutamentos para locais recém-vagos entre três espécies territoriais de peixes pomacentrídeos (*Eupomacentrus apicalis*, *Plectroglyphidodon lacrymatus* e *Pomacentrus wardi*). Ele constatou um padrão de ocupação aleatório (**Figura 19.20**): a identidade da espécie que ocupara previamente o local não tinha qualquer influência sobre as espécies recrutadas para aquele local quando ele se tornava vago. Uma espécie, *P. wardi*, perdeu e ocupou locais em taxas maiores do que outras espécies, mas isso não teve efeito sobre sua capacidade global de coexistir com as outras duas espécies. Sale notou que um componente importante desse sistema de loteria é que peixes produzem muitos juvenis altamente móveis, que podem saturar um recife e tirar vantagem de espaços abertos que foram disponibilizados (como descrito para o peixe-palhaço em Conexões na Natureza do Capítulo 7). Nas palavras de Sale: "As espécies de uma guilda estão competindo em uma loteria de espaços de habitação, onde as larvas são o ingresso de entrada, e o primeiro a chegar a um local vago ganha o lugar" (Sale, 1977; p. 351).

O papel do acaso na manutenção da diversidade de espécies, em especial em ambientes imprevisíveis, possui apelo intuitivo. À medida que espécies ganham a loteria de vez em quando, elas continuam a reproduzir-se (i.e., compram novos ingressos) e serão capazes de entrar na loteria novamente. É fácil visualizar como esse mecanismo pode ser particularmente relevante em comunidades altamente diversas, como florestas tropicais e campos, onde há tantas

espécies que se sobrepõem em suas exigências por recursos. Sua relevância diminui, no entanto, em comunidades onde as espécies apresentam grandes disparidades na intensidade de interação. Nessas comunidades, parece que os "grandes equalizadores" são processos que diminuem a exclusão competitiva, como distúrbio, estresse, ou predação, ou aumentam a inclusão, como as interações positivas.

Os ecólogos estão longe de chegar a um acordo sobre uma teoria para explicar por que determinadas espécies acabam coexistindo no espaço e no tempo. Em vez disso, eles continuam se empenhando para identificar generalidades, embora reconheçam que a importância relativa de distintos mecanismos de diversidade de espécies depende das características da comunidade em questão.

Até aqui neste capítulo, tivemos como foco as causas da diversidade de espécies no nível de comunidades. "Por

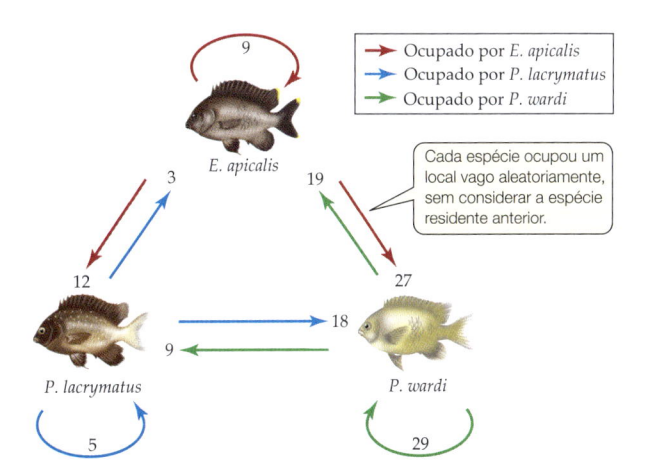

Figura 19.20 Um teste do modelo de loteria Peter Sale testou o modelo de loteria utilizando peixes de recifes de coral que vivem na Grande Barreira de Recifes da Austrália. Ao contabilizar os indivíduos de três espécies de peixes (*Eupomacentrus apicalis*, *Plectroglyphidodon lacrymatus* e *Pomacentrus wardi*) que ocuparam locais vagos, ele descobriu que a espécie do novo ocupante foi aleatória e não relacionada com as espécies que anteriormente haviam ocupado os locais. Os desenhos representam os ocupantes originais dos locais desocupados e as setas numeradas apontando para cada desenho mostram o número de indivíduos de cada espécie que assumiu esses locais quando ficaram vagos. (Dados de Sale, 1979.)

que e como a diversidade de espécies difere entre as comunidades?" Na próxima seção, mudaremos de rumo e questionaremos aquilo que poderia ser o outro lado da moeda. Queremos saber, considerando a variação na diversidade de espécies entre comunidades (e as atuais perdas na diversidade de espécies devido às atividades humanas), se a diversidade importa. Em outras palavras, o que as espécies fazem nas comunidades? A diversidade de espécies tem significância funcional?

CONCEITO 19.4

Muitos experimentos mostram que a diversidade de espécies é positivamente relacionada a funções da comunidade.

As consequências da diversidade

No Estudo de Caso de abertura deste capítulo, vimos que comunidades de pradarias com riqueza de espécies mais alta produziram mais biomassa do que aquelas com baixa riqueza de espécies. Esses resultados apoiam a ideia de que a diversidade de espécies pode controlar determinadas funções ecológicas da comunidade. Essas funções são numerosas, mas incluem produtividade vegetal, fertilidade do solo, qualidade e disponibilidade de água, trocas de gases atmosféricos e até mesmo resistência a distúrbio (e a recuperação subsequente). Muitas dessas funções das comunidades fornecem valiosos serviços ecossistêmicos ao homem, como produção de alimento e combustível, purificação da água, trocas de O_2 e CO_2 e proteção contra eventos catastróficos, como enchentes e tsunamis. A Avaliação de Ecossistemas do Milênio (Millennium Ecosystem Assessment, 2005), uma síntese produzida sob a coordenação das Nações Unidas, detalha a importância desses serviços ecossistêmicos para o homem. A avaliação prevê que, se a atual perda de diversidade de espécies continuar, a população humana mundial será gravemente afetada pela perda dos serviços providos por essas espécies e pelas comunidades onde elas vivem.

Qual evidência está por trás dessas previsões sombrias? Pesquisas recentes tentaram observar conexões entre diversidade de espécies e função da comunidade, não só em busca de conhecimentos básicos em ecologia de comunidades, mas também por conta de preocupações a respeito dessas perdas de espécies.

As relações entre diversidade de espécies e função da comunidade geralmente são positivas

David Tilman e colaboradores realizaram o primeiro teste experimental de uma teoria de longa data, proposta por Robert MacArthur (1955) e Charles Elton (1958), segundo a qual a riqueza de espécies estaria positivamente relacionada com a estabilidade da comunidade. Uma comunidade é considerada estável quando ela permanece, ou retorna, à sua estrutura e função original após sofrer algum distúrbio.

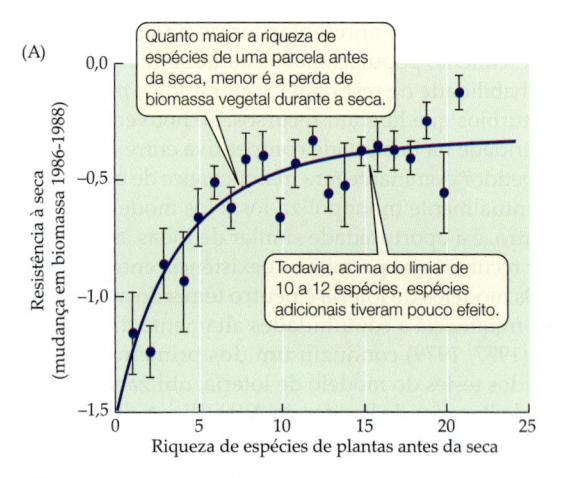

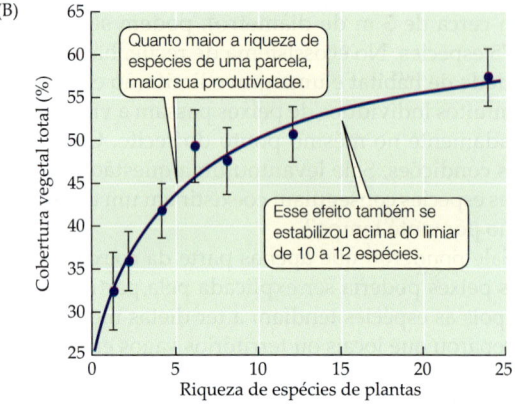

Figura 19.21 Diversidade de espécies e função da comunidade Tilman e colaboradores utilizaram suas parcelas nas pradarias de Cedar Creek, Minnesota (ver Figura 19.2), para testar os efeitos da riqueza de espécies sobre a função da comunidade. (A) Primeiro, eles mediram os efeitos da seca sobre a biomassa vegetal em parcelas que variavam quanto à riqueza de espécies. (B) Então criaram parcelas que variavam em riqueza de espécies, mas com a mesma densidade de indivíduos de plantas, e mensuraram a biomassa nessas parcelas depois de dois anos de crescimento. As barras de erro mostram ± um erro-padrão da média. (A segundo Tilman e Downing, 1994; B segundo Tilman et al., 1996.)

A teoria da diversidade-estabilidade permaneceu como senso comum até a metade dos anos de 1970, quando foi matematicamente testada, a partir de modelos de teias alimentares que variavam em riqueza de espécies e complexidade. Iremos considerar esses modelos em mais detalhe no Conceito 21.4. Todavia, quando Tilman e Downing (1994) notificaram que algumas de suas parcelas experimentais em Cedar Creek (ver Figura 19.2) pareciam estar respondendo à seca de modo diferente, eles lembraram desses modelos e do senso comum de MacArthur e Elton. Os levantamentos deles mostraram que parcelas com maior riqueza de espécies foram capazes de resistir mais à seca do que parcelas com menor riqueza de espécies (mas com a mesma densidade de plantas) (**Figura 19.21A**). A biomassa vegetal total diminuiu menos devido à seca nas parcelas com maior riqueza de espécies que naquelas com menor

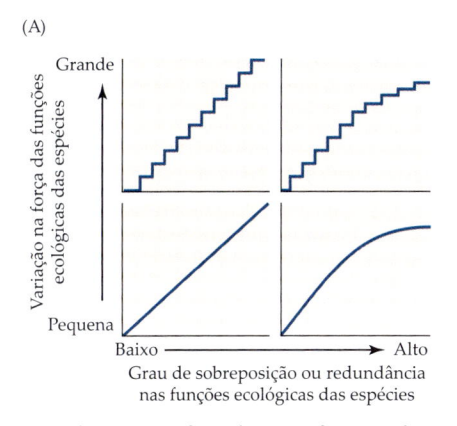

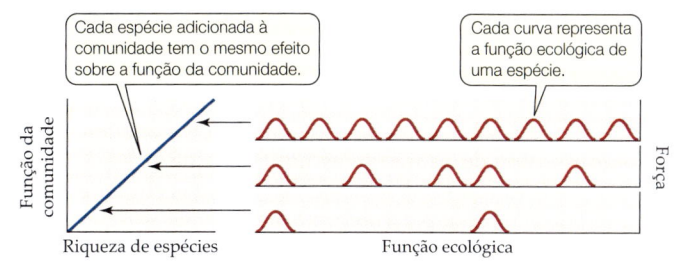

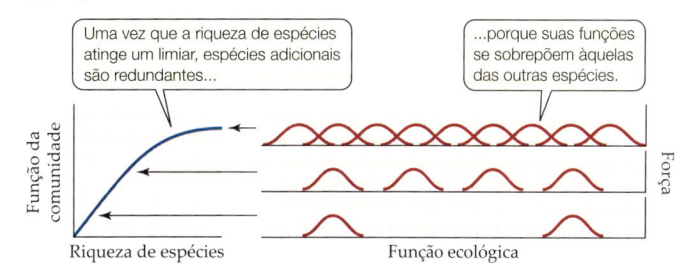

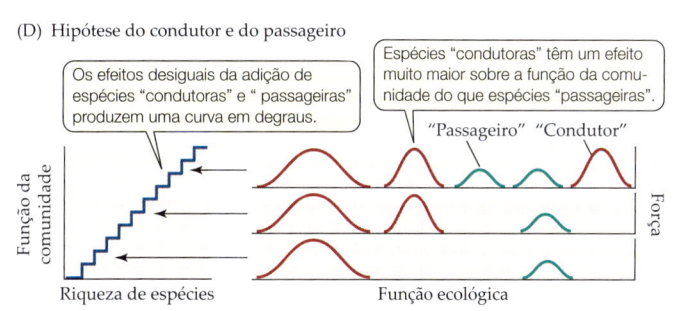

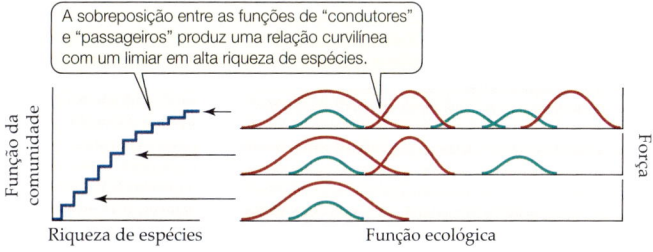

Figura 19.22 Hipóteses sobre riqueza de espécies e função da comunidade Diversas hipóteses têm sido propostas para explicar a relação positiva entre riqueza de espécies e função da comunidade. Duas variáveis distinguem essas hipóteses: o grau de sobreposição das funções ecológicas das espécies e a variação na força das funções ecológicas das espécies. (Segundo Peterson et al., 1998.)

riqueza, resultando em uma relação curvilínea positiva entre riqueza de espécies e resistência à seca (medida como a diferença entre a biomassa antes e depois da seca). Tilman e Downing consideraram que uma relação curvilínea seria esperada se espécies adicionais, além de um limiar (o ponto em que a curva estabiliza; aproximadamente 10 a 12 espécies neste estudo), tivessem pouco efeito adicional na resistência à seca. Essas espécies poderiam ser consideradas redundantes no sentido de exercerem o mesmo efeito que outras espécies sobre a resistência à seca. No entanto, Tilman e Downing sugeriram que, uma vez que o número de espécies em uma parcela diminuía abaixo do limiar, cada espécie adicional perdida em uma parcela significava um efeito progressivo e negativo da seca na comunidade.

Para testar essa ideia com mais rigor, Tilman e colaboradores (1996) conduziram um experimento bem replicado, no qual a diversidade de espécies foi manipulada diretamente. No mesmo ecossistema de pradarias, uma série de parcelas que diferiam na riqueza de espécies, mas não no número de indivíduos, foi criada a partir de uma seleção aleatória de conjuntos de espécies de um total de 24 espécies. Cada parcela foi provida com a mesma quantidade de água e nutrientes. Quando a biomassa nas parcelas foi mensurada após dois anos de crescimento, os resultados confirmaram o efeito curvilíneo da riqueza de espécies sobre a biomassa (**Figura 19.21B**) e, adicionalmente, mostraram que o nitrogênio foi utilizado de forma mais eficiente à medida que a riqueza de espécies aumentou.

Numerosas hipóteses tentam explicar as relações entre diversidade e função

Embora experimentos documentando a relação entre diversidade de espécies e função da comunidade estejam cada vez mais sofisticados, os mecanismos que fundamentam essas relações têm sido difíceis de resolver. Apesar do intenso debate entre ecólogos sobre esses mecanismos (p. ex., Grime, 1997; Loreau et al., 2001), existem pelo menos quatro hipóteses, delineadas por Peterson e colaboradores (1998), que podem explicar as relações positivas entre diversidade de espécies e função da comunidade. Essas hipóteses diferem em seus pressupostos com relação a duas variáveis: (1) o grau de sobreposição, ou redundância, nas funções ecológicas das espécies e (2) a variação na intensidade das funções ecológicas das espécies (**Figura 19.22A**). Esses pressupostos diferentes resultam em curvas de diversidade-função com formas distintas.

A primeira hipótese, conhecida como **hipótese da complementaridade**, propõe que, à medida que a riqueza de espécies aumenta, há um aumento linear na função da comunidade (**Figura 19.22B**). Nesse caso, cada espécie acrescentada à comunidade teria um efeito único e igualmente adicional sobre a função da comunidade. Podemos esperar esse tipo de padrão se assumirmos que as espécies têm suas funções uniformemente divididas em uma comunidade. Por exemplo, conforme mais e mais espécies vão sendo adicionadas à comunidade, cada uma de suas funções individuais ímpares contribuirá para um aumento contínuo no valor da função da comunidade.

O segundo modelo, conhecido como **hipótese da redundância**, assume aspectos similares à hipótese da complementaridade, mas fornece um limite superior no efeito da riqueza de espécies sobre a função da comunidade (**Figura 19.22C**). Esse modelo é o que melhor se ajusta ao trabalho de Tilman e colaboradores citado anteriormente (ver Figura 19.21), no qual a contribuição funcional da adição de espécies alcança um limiar. Esse limiar é alcançado porque, à medida que mais espécies vão sendo adicionadas à comunidade, há sobreposição de funções – essencialmente, há redundância entre as espécies. Nesse modelo, espécies podem ser consideradas como pertencentes a determinados grupos funcionais (ver Figura 16.4C). Desde que todos os grupos funcionais estejam representados, a real composição de espécies da comunidade tem pouca importância para seu funcionamento.

O terceiro modelo, conhecido como **hipótese do condutor e do passageiro**, propõe que a intensidade dos efeitos das funções ecológicas das espécies varia consideravelmente entre espécies (**Figura 19.22D**). Espécies "condutoras" têm grande efeito na função da comunidade, enquanto espécies "passageiras" têm efeito mínimo. Em consequência disso, a adição de espécies condutoras e passageiras na comunidade terá efeitos desiguais na função da comunidade, produzindo uma curva "em degraus", mostrada na Figura 19.22D. A forma da curva – a elevação e a extensão dos degraus – vai depender do número de espécies condutoras e passageiras adicionadas e do quanto seus efeitos diferem. Se as comunidades estiverem arranjadas de tal maneira que existam apenas poucas espécies condutoras (p. ex., espécies-chave ou dominantes; ver Figura 16.17), mas muitas espécies passageiras, então é de se esperar que os valores da função da comunidade variem bastante com a riqueza de espécies; ou seja, os degraus variam tanto em elevação quanto em extensão, dependendo se espécies condutoras estiverem presentes ou não. Contudo, conforme a riqueza de espécies aumenta, a chance de espécies condutoras estarem presentes torna-se bastante alta, de modo que a variação nos valores da função da comunidade – em altura e quantidade dos degraus – deveria diminuir.

O quarto modelo é uma variação da hipótese anterior. Ele assume que poderia haver sobreposição na função de espécies condutoras e passageiras; por isso, prevê uma relação curvilínea, com um limiar na maior riqueza de espécies (**Figura 19.22E**).

Embora esses modelos forneçam uma base teórica para a compreensão de como as espécies contribuem para a função da comunidade, testá-los é logicamente desafiador em razão do número de espécies envolvidas e da variedade de funções da comunidade que podem ser consideradas. De diversas formas, esses experimentos e modelos estão no cerne da ecologia moderna, não apenas porque nos dizem algo sobre como as comunidades funcionam, mas também porque podem ser capazes de nos dizer o que o futuro guarda para as comunidades que estão perdendo (com a extinção) e ganhando (pelas invasões) espécies por meio da influência humana.

ESTUDO DE CASO REVISITADO
Movidos a pradaria?

O valor potencial de entender como a diversidade de espécies controla a função da comunidade é ilimitado quando consideramos os serviços naturais que as comunidades fornecem ao homem. Como vimos, esses serviços são numerosos e diversos. Um serviço potencial que tem sido negligenciado até recentemente é a produção de biocombustível. Como vimos no Estudo de Caso na abertura deste capítulo, os estudos em pradarias de Tilman e colaboradores demonstraram que a produção de biomassa é maior em parcelas de alta diversidade do que em parcelas com apenas uma espécie (*monoculturas*). Em estudos mais recentes (2006), eles determinaram que suas parcelas com alta diversidade de espécies produziram aproximadamente 238% mais biomassa por unidade de energia adicionada que as parcelas com uma única espécie. Eles utilizaram esses resultados experimentais para comparar o biocombustível que poderia ser produzido de cultivos tradicionais com aquele rico em espécies de plantas da pradaria. Em particular, compararam três tipos de biomassa – soja, milho e a biomassa de suas parcelas de campo com baixos insumos e alta diversidade (LIHD, de *low-input, high-diversity*) – e três tipos de produtos de biocombustível – biodiesel, etanol e combustível sintético (tipo de gasolina sintética) – produzidos por cada uma dessas culturas (**Figura 19.23**). Quando compararam os produtos oriundos da biomassa campestre de LIHD às culturas tradicionais, verificaram que a produção de combustível sintético da biomassa campestre teve maior rendimento de energia líquida (medido como "balanço de energia líquida" ou NEB, de *net energy balance*, que é a quantidade de biocombustível produzida menos a quantidade de combustível fóssil utilizada para sua produção). Uma comparação do NEB entre os tipos de biomassa mostrou que o álcool de milho e o diesel de soja tiveram rendimento de energia líquida de 34 e 48%, respectivamente, inferior ao do combustível sintético de LIHD. Entretanto, os tipos de biomassa tiveram NEB equivalente (milho) ou ainda menor (soja) que o da produção de etanol de LIHD, sugerindo que a produção de combustível sintético é, ainda, energeticamente mais eficiente, independentemente do tipo de biomassa.

Essa maior produção de energia dos campos resultou de duas diferenças primordiais entre a biomassa de LIHD e as duas produções tradicionais de biocombustível. Em primeiro lugar, o aporte de energia foi menor para

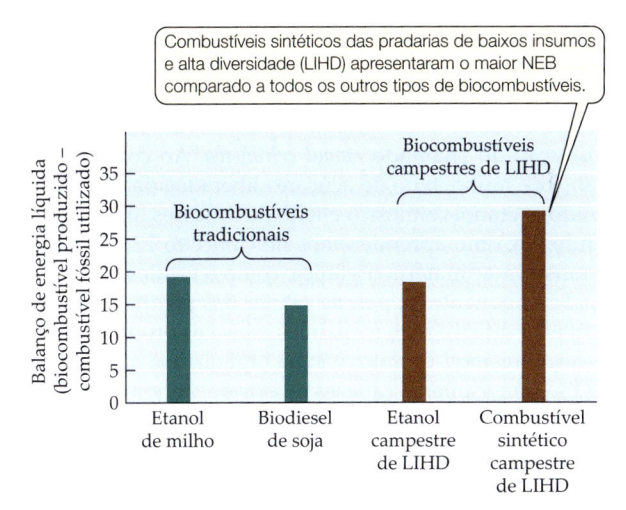

Figura 19.23 Comparações entre biocombustíveis Balanço de energia líquida (NEB), uma medida da quantidade de biocombustível produzido menos a quantidade de combustível fóssil necessário para sua produção, para etanol de milho, biodiesel de soja e dois tipos de biocombustíveis feitos de biomassa campestre de LIHD. (Segundo Tilman et al., 2006.)

culturas campestres, porque são plantas perenes (assim, elas não precisam ser replantadas a cada ano) e porque elas são gramíneas, que requerem pouca água, fertilizantes ou agrotóxicos – todos os quais requerem energia para serem produzidos e transportados (**Figura 19.24A,B**). Em segundo lugar, as plantas campestres tiveram produção de biomassa muito alta devido aos efeitos da diversidade na biomassa e ao fato de que pode ser utilizado todo material aéreo das plantas (em vez de somente os grãos, como no caso do milho e da soja).

Plantas campestres também são superiores às culturas de milho e soja na habilidade de capturar e armazenar CO_2. Essa diferença tem implicações importantes para a redução das emissões de gases do efeito estufa. Tilman e colaboradores (2006) constataram que parcelas com LIHD sequestraram 160% mais CO_2 nas raízes e no solo do que parcelas campestres com uma única espécie. Ao calcularem a quantidade de CO_2 e outros gases do efeito estufa produzidos e consumidos pelos diferentes biocombustíveis, eles descobriram que os biocombustíveis tradicionais são fontes de carbono líquido, enquanto os biocombustíveis de LIHD são neutros em carbono. As reduções nas emissões de gases do efeito estufa relativas à queima de combustíveis fósseis foram de 6 a 16 vezes maiores para combustíveis de LIHD do que para o etanol de milho e o biodiesel de soja. Além disso, devido à capacidade da biomassa campestre de LIHD crescer em áreas degradadas pelo uso agrícola, não é necessário utilizar terras que podem ser usadas para o cultivo de alimentos.

Os resultados desse estudo são promissores, mas é possível que a biomassa de LIHD forneça combustível suficiente para fazer alguma diferença? Tilman e colaboradores (2006) estimam que aproximadamente 5×10^8 hectares de áreas agrícolas abandonadas poderiam produzir combustível suficiente para substituir cerca de 13% do consumo de petróleo mundial e 19% do consumo global de energia elétrica. Essa estratégia poderia ainda eliminar 15% das emissões globais de CO_2. Mesmo se esses valores forem otimistas, fica claro que esse novo rumo de uma tecnologia emergente merece mais atenção.

Ao aplicarem princípios básicos de ecologia ao debate de biocombustíveis, Tilman e colaboradores mostraram com elegância que não podemos apenas comparar os atributos dos sistemas naturais com aqueles dos sistemas agrícolas. Precisamos considerar detalhes que podem parecer inconsequentes e esotéricos, como o número de espécies que coexistem nas comunidades. Nesse caso, a riqueza de espécies faz toda a diferença, não apenas em termos da beleza e da produtividade que inspiraram os colonizadores norte-americanos que atravessaram as pradarias no final da década de 1880, mas também na promessa de independência energética que essas pradarias podem fornecer para o futuro.

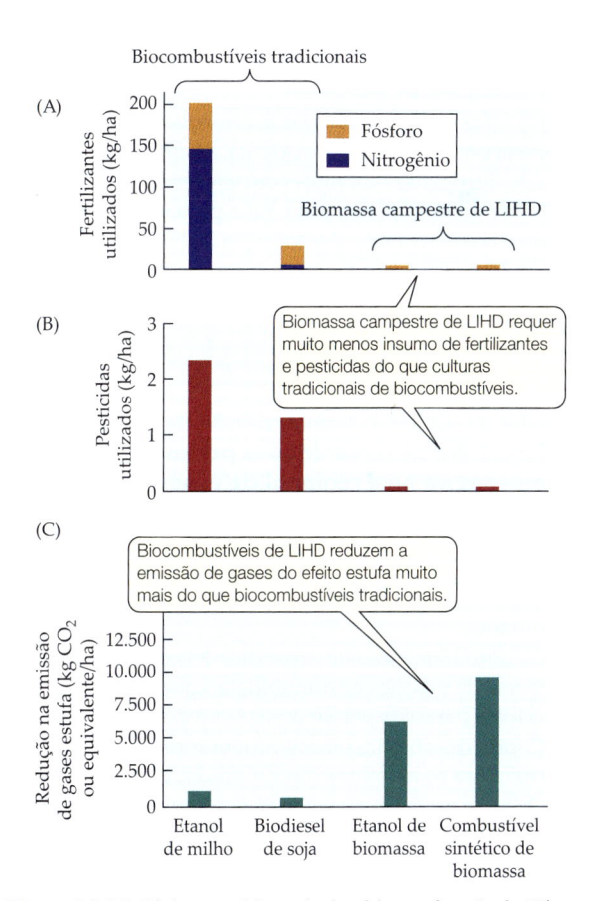

Figura 19.24 Efeitos ambientais dos biocombustíveis Tilman e colaboradores compararam os efeitos ambientais dos biocombustíveis feitos a partir de milho, soja e biomassa campestre de LIHD. (A) Necessidade de fertilizantes. (B) Necessidade de pesticidas. (C) Redução na emissão de gases do efeito estufa relativa à combustão de uma quantidade igual de combustível fóssil, levando em consideração a absorção e a emissão de CO_2 e outros gases estufa ao longo do ciclo completo do biocombustível, desde a produção da cultura até a combustão. (Segundo Tilman et al., 2006.)

CONEXÕES NA NATUREZA
Barreiras aos biocombustíveis: o enigma da parede celular vegetal

Tipos diferentes de biocombustíveis variam consideravelmente na biomassa necessária para sua produção e na energia necessária para refiná-los. O etanol é comumente produzido com grãos de milho fermentados e destilados. Os custos energéticos associados ao cultivo dos grãos e à produção do etanol são altos, de modo que há apenas um leve ganho na produção de etanol (ver Figura 19.23). Adicionalmente, a produção de etanol a partir de milho compete com as necessidades alimentares do homem. Por exemplo, 0,5 hectare de milho produz cerca de 1.600 L de etanol, o que representa em média o consumo de 4 a 5 meses de um motorista nos Estados Unidos. A mesma quantidade de milho poderia alimentar uma pessoa por 20 a 27 anos.

O biodiesel, por exemplo, é facilmente produzido a partir da produção de sementes oleaginosas, como a soja (mais comum nos Estados Unidos) e palmeiras (mais comum na Malásia e na Indonésia). No entanto, mesmo que a soja seja uma leguminosa e possua, assim, bactérias fixadoras de nitrogênio simbiontes em suas raízes (ver p. 500), ela também necessita de muita água para irrigação e pode provocar erosão do solo. A produção de biodiesel também tem o potencial de competir com a produção de alimentos.

Por essas razões, e pelas razões apresentadas no Estudo de Caso, os cientistas estão direcionando as atenções para biomassas não alimentícias, tais como resíduos de culturas, restos de árvores cortadas e plantas campestres, para produção do chamado *etanol celulósico*. Ao contrário do etanol de milho, feito de açúcares liberados da quebra do amido, o etanol celulósico é feito de açúcares liberados da celulose. Como aprenderemos no Conceito 22.2, quebrar e transformar matéria orgânica, como a celulose – o principal componente da parede celular das plantas – é extremamente difícil e requer enzimas especiais produzidas por microrganismos. De fato, não há organismos multicelulares bioquimicamente capazes de extrair energia a partir de celulose. As plantas desenvolveram muitos mecanismos de proteção para resistir à digestão, tanto por bactérias quanto por animais herbívoros, incluindo ceras epidérmicas, paredes celulares grossas e reforçadas, superfícies com enzimas insolúveis e inibidores de fermentação.

Himmel e colaboradores (2007) apontaram algumas técnicas que biólogos moleculares estão desenvolvendo para superar esse contratempo, muitas das quais envolvem enzimas modificadas geneticamente que atuam nas plantas tanto externa como internamente. A ideia é que, um dia, células vegetais possam até ser geneticamente programadas para autodestruição antes da colheita. Está claro que, para que a produção de biocombustíveis se torne uma alternativa viável aos combustíveis fósseis, ecólogos e biólogos moleculares terão de trabalhar juntos para superar as barreiras que hoje existem à produção celulósica de biocombustíveis.

RESUMO

CONCEITO 19.1 A diversidade de espécies difere entre as comunidades por conta de variações no *pool* regional de espécies, nas condições abióticas e nas interações de espécies.

- O *pool* regional de espécies e as habilidades de dispersão das espécies desempenham papéis importantes no suprimento de espécies para as comunidades.
- Os seres humanos têm expandido bastante o *pool* regional de espécies de comunidades por servirem como vetores para a dispersão de espécies exóticas.
- Condições abióticas locais atuam como um forte "filtro" para os membros da comunidade.
- Quando espécies dependem de outras para seu crescimento, reprodução e sobrevivência, essas outras espécies devem estar presentes para que as primeiras passem a fazer parte da comunidade.
- Espécies podem ser excluídas das comunidades por competição, predação, parasitismo ou doenças.

CONCEITO 19.2 Teoriza-se que a partição de recursos diminui a competição e aumenta a diversidade de espécies.

- A teoria da partição de recursos prevê que as espécies devem utilizar os recursos de forma ligeiramente diferente a fim de evitar a exclusão competitiva.
- Um modelo de partição de recursos afirma que, quanto menor a sobreposição entre as espécies em uma comunidade no uso de seus recursos, mais espécies podem coexistir na comunidade.
- A hipótese da proporção de recursos postula que espécies que utilizam o mesmo conjunto de recursos são capazes de dividi-los a partir da utilização em proporções diferentes.

CONCEITO 19.3 Processos como distúrbio, estresse, predação e interações positivas podem mediar a disponibilidade de recursos, promovendo, assim, a coexistência e a diversidade de espécies.

- Se distúrbio, estresse ou predação impedirem que competidores dominantes atinjam sua capacidade de suporte, a exclusão competitiva não ocorrerá e a coexistência será mantida.
- A hipótese do distúrbio intermediário determina que níveis intermediários de distúrbio, estresse ou predação promovem a diversidade de espécies por reduzirem a exclusão competitiva. A diversidade de espécies é baixa: em níveis baixos de distúrbio,

RESUMO (continuação)

devido à exclusão competitiva, e, em níveis altos de distúrbio, devido à alta mortalidade.

- O modelo do equilíbrio dinâmico prevê que a diversidade de espécies é maior quando o nível de distúrbio e a taxa de deslocamento competitivo forem aproximadamente equivalentes.
- Interações positivas podem promover a diversidade de espécies, particularmente em níveis intermediários a altos de distúrbio, estresse ou predação.
- O modelo de Menge-Sutherland é semelhante à hipótese do distúrbio intermediário, exceto pelo fato de separar o efeito da predação do efeito de distúrbios físicos.
- Modelos de loteria e neutro assumem que recursos disponibilizados por distúrbio, estresse ou predação em uma comunidade são capturados aleatoriamente por recrutadores de um reservatório maior de potenciais colonizadores, em que todos têm a mesma chance de recrutar.

CONCEITO 19.4 Muitos experimentos mostram que a diversidade de espécies é positivamente relacionada a funções da comunidade.

- Evidências sugerem que a diversidade de espécies pode controlar inúmeras funções das comunidades, incluindo produtividade, fertilidade do solo, qualidade e disponibilidade de água, química atmosférica e respostas a distúrbios.
- Vários experimentos manipulativos em diferentes comunidades têm mostrado que a diversidade de espécies aumenta, assim como a função da comunidade.
- Hipóteses propostas para explicar as relações positivas entre diversidade de espécies e função da comunidade convergem para quatro categorias gerais, as quais incluem diferentes pressupostos acerca do grau de sobreposição e da variação na força das funções ecológicas das espécies.

Questões de revisão

1. Suponha que você é um ecólogo estudando comunidades campestres nas pradarias em Minnesota. Enquanto faz seu trabalho de campo, sementes de gramíneas com espinhos curvos cravam em seus sapatos. Então você viaja para a Nova Zelândia para estudar os campos da Ilha Sul. Quando entra na alfândega do aeroporto de Auckland, os oficiais responsáveis perguntam se você visitou alguma área natural ou fazenda recentemente. Você responde "sim", e então eles lhe dizem para tirar os sapatos e aguardar enquanto os desinfetam com alvejante. Considerando seu conhecimento sobre mecanismos importantes à composição da comunidade, é válido o investimento de tempo e dinheiro na limpeza de todos os sapatos antes de permitir a entrada na Nova Zelândia?

2. Sabemos que a diversidade de espécies varia bastante entre comunidades. Descreva como alguns dos modelos propostos para explicar essa variação diferem em suas explicações sobre os mecanismos que controlam a diversidade de espécies nas comunidades.

3. Suponha que você está estudando uma comunidade de floresta pluvial tropical no Panamá. Você obtém um conjunto de dados de 50 anos sobre a floresta com os registros de mortalidade de árvores adultas e emergência de plântulas de árvores novas. Conforme analisa os dados, você tenta determinar se há um padrão de substituição de espécies, com indivíduos de uma espécie geralmente ocupando os mesmos locais em detrimento dos indivíduos de outras espécies. Após muito trabalho, você se convence de que não há um padrão de substituição de espécies nessa floresta – pelo contrário, os locais são colonizados de forma totalmente aleatória, sem que nenhuma espécie tenha apresentado vantagem. Qual conjunto geral de modelos de diversidade de espécies melhor descreve suas observações e por quê?

4. Um trabalho experimental recente em comunidades demonstrou relações positivas entre diversidade de espécies e função da comunidade. Ficamos sabendo que há um debate considerável quanto aos mecanismos que controlam essas relações e que pelo menos quatro hipóteses foram desenvolvidas para explicá-las. Abaixo temos quatro gráficos (A, B, C e D) de relações de diversidade de espécies e função da comunidade que variam nas formas de suas curvas. Descreva quais hipóteses melhor se enquadram para cada curva e por quê.

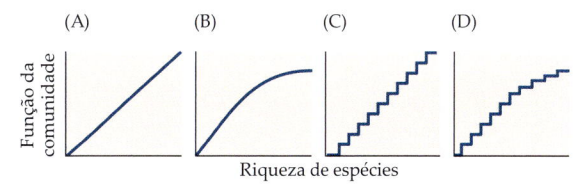

MATERIAL DA INTERNET (em inglês)
sites.sinauer.com/ecology3e

O *site* inclui o resumo dos capítulos, testes, *flashcards* e termos-chave, sugestão de leituras, um glossário completo e a Revisão Estatística. Além disso, os seguintes recursos estão disponíveis para este capítulo:

Exercício Prático: Solucionando Problemas
19.1 O que Goldilocks pode nos ensinar sobre coexistência: a hipótese do distúrbio intermediário
19.2 Será que realmente importa? Diversidade e produtividade em campos

Saiba Mais
19.1 Testando o modelo do equilíbrio dinâmico

Conexão às Mudanças Climáticas
19.1 Invasões biológicas e mudanças climáticas

Parte 6

Ecossistemas

Uma coruja aluco procurando por presas em um tronco em decomposição coberto por musgos e fungos. Em uma escala de tempo ecológica, essa floresta inglesa está constantemente em transição. A energia flui entre os organismos, e os nutrientes entram e circulam entre os muitos componentes biológicos e físicos que constituem o sistema. Os capítulos desta parte descrevem as fontes de energia e de nutrientes nos ecossistemas, bem como os fatores que influenciam seus movimentos e seus ciclos.

20 Produtividade

CONCEITOS-CHAVE

CONCEITO 20.1 A energia nos ecossistemas origina-se com a produção primária pelos autótrofos.

CONCEITO 20.2 A produção primária líquida é limitada por fatores ambientais físicos e bióticos.

CONCEITO 20.3 Os padrões globais de produção primária líquida são reflexo das limitações climáticas e dos tipos de biomas.

CONCEITO 20.4 A produção secundária é gerada por meio do consumo de matéria orgânica pelos heterótrofos.

Vida nas profundezas submarinas: Estudo de Caso

Ecólogos já consideraram as profundezas submarinas como equivalentes a um deserto. O ambiente físico a profundidades entre 1.500 e 4.000 m não parecia favorável à vida como conhecíamos. É completamente escuro nessas profundidades, não sendo viável a fotossíntese. A pressão da água alcança valores 300 vezes maiores do que aqueles da superfície do oceano, similar à pressão usada para esmagar carros em um ferro-velho. Pensava-se que os organismos que vivem nas profundezas do oceano adquiriam energia exclusivamente da precipitação eventual de materiais mortos oriundos da zona fótica nas camadas superiores, onde a luz solar penetra e os fitoplânctons fazem fotossíntese. A maioria dos organismos conhecidos das profundezas do mar se alimentava de detritos, como equinodermas (p. ex., estrelas-do-mar), moluscos, crustáceos e vermes poliquetas.

Nossa perspectiva sobre a vida nas profundezas submarinas mudou significativamente em 1977, quando uma expedição liderada por Robert Ballard, do Instituto Oceanográfico de Woods Hole, usou a embarcação submersível *Alvin* para mergulhar na dorsal meso-oceânica (cadeia de montanhas submersas) próxima ao Arquipélago de Galápagos (**Figura 20.1**). A equipe a bordo do *Alvin* estava em busca de fontes termais submarinas ao longo das dorsais meso-oceânicas. Essas dorsais situam-se nas junções de placas tectônicas, local onde o fundo do oceano se espalha conforme as placas são empurradas para fora da rocha fundida que se levanta do manto terrestre (ver Figura 18.10). Dado que essas dorsais meso-oceânicas são vulcanicamente ativas, os geólogos e oceanógrafos levantaram a hipótese de que a água do mar infiltrando nas fissuras no fundo do oceano nas proximidades das dorsais seria superaquecida pelos bolsões de magma, transformados quimicamente, e ejetada como fontes termais. Essas fontes termais foram consideradas fontes potenciais de substâncias químicas e de calor para o sistema oceânico. Apesar de sua hipotética existência, nenhuma dessas fontes termais tinha sido localizada até então.

O grupo de Ballard de fato encontrou essas fontes (nascentes), conhecidas como *fontes hidrotermais*, mas essa descoberta geoquímica foi empalidecida perante a descoberta biológica: nas áreas em torno dessas fontes hidrotermais fervilhava vida. Coleções densas de vermes tubulares (p. ex., do gênero *Riftia*), moluscos gigantes (p. ex., do gênero *Calyptogena*), camarões, caranguejos e vermes poliquetas foram encontrados nas áreas ao redor das aberturas (**Figura 20.2**). A densidade de organismos para essa região escura e profunda do oceano foi considerada sem precedentes.

A descoberta dessas diversificadas e produtivas comunidades de fontes hidrotermais levantou uma questão imediata: Como os organismos obtêm a energia necessária para se sustentar em tal abundância? A taxa de acumulação dos

Figura 20.1 *Alvin* em ação O submersível de profundidade *Alvin* foi essencial na localização e na exploração da primeira fonte hidrotermal observada no fundo do mar, em 1977. O *Alvin* pode transportar até dois cientistas e é equipado com câmeras de vídeo e braços mecânicos para coletar espécimes do solo marinho.

Figura 20.2 Vida ao redor de uma fonte hidrotermal Vermes tubulares com mais de 2 m de comprimento ao longo de uma fonte hidrotermal do tipo "fumaça preta". A abertura da fonte está expelindo água superaquecida a uma temperatura de 400°C, a qual contém altas concentrações de metais e químicos dissolvidos, particularmente sulfeto de hidrogênio.

Introdução

Em 1942, o jornal *Ecology* publicou um artigo controverso elaborado por Raymond Lindeman, descrevendo o fluxo energético um lago de Minnesota. Lindeman estudou as relações energéticas entre organismos e componentes abióticos em um ecossistema lêntico. Em vez de agrupar as plantas, os animais e as bactérias do lago de acordo com suas categorias taxonômicas, Lindeman os agrupou em categorias com base principalmente em como eles obtêm sua energia (**Figura 20.3**). Sua visão sobre a importância da base energética do sistema – um "lodo" de matéria orgânica morta dissolvida e particulada – e sobre a eficiência da transferência energética entre os componentes biológicos do sistema foi inovadora. A abordagem do fluxo energético de Lindeman no lago foi considerada muito teórica na época, e seu artigo foi inicialmente rejeitado. Os editores mais tarde reconsideraram, depois que o mentor de Lindeman, o proeminente limnologista G. E. Hutchinson, defendeu sua aceitação. O trabalho pioneiro de Lindeman foi um dos primeiros na área da ciência dos ecossistemas, e hoje é considerado um artigo fundamental na disciplina de ecologia.

O termo **ecossistema** foi cunhado por A. G. Tansley, ecólogo vegetal, para se referir a todos os componentes de um sistema ecológico, bióticos e abióticos, que influenciam o fluxo de energia e de elementos (Tansley, 1935). Os "elementos" considerados nesse estudo são principalmente nutrientes, mas também incluem poluentes; o movimento desses elementos pelos ecossistemas é o tópico do Capítulo 22. Atualmente, o conceito de

organismos mortos das zonas superiores no fundo do oceano é muito baixa (0,5-0,01 mm/ano). As áreas recém-formadas do fundo do oceano, onde estão localizadas as fontes, têm poucas décadas de existência e, dessa forma, a quantidade de alimento que teria se acumulado não poderia ser suficiente para sustentar a alta densidade de organismos. A fotossíntese nas águas superficiais, portanto, não parecia ser uma fonte de energia para essas comunidades.

A água emitida por essas fontes hidrotermais também representava um problema: sua composição química seria tóxica para a maioria dos organismos. A água emitida por essas aberturas é rica em sulfetos, bem como metais pesados como chumbo, cobalto, zinco, cobre e prata, que inibem a atividade metabólica na maior parte dos organismos.

As comunidades que vivem nessas fontes apresentam, então, dois mistérios: primeiro, qual a fonte de energia que as sustenta; segundo, como os organismos toleram as altas concentrações de sulfetos potencialmente tóxicos na água? Como veremos, as respostas a essas duas questões estão intimamente relacionadas.

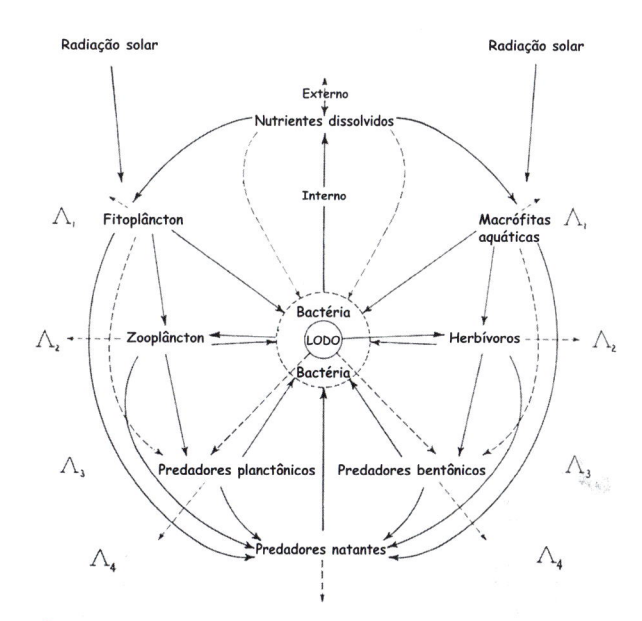

Figura 20.3 Fluxo energético em um lago O diagrama de Raymond Lindeman descreve o movimento da energia entre os grupos de organismos no lago Cedar Bog, em Minnesota. Observe a categorização funcional dos organismos usada pelo autor, bem como a posição central do lodo rico em matéria orgânica no diagrama. Os subscritos nos lambdas maiúsculos representam os níveis tróficos. (De Lindeman, 1942.)

ecossistema está bem estabelecido e se tornou uma poderosa ferramenta para a integração da ecologia com outras disciplinas como geoquímica, hidrologia e ciências que estudam a atmosfera.

No Capítulo 5, descrevemos a base fisiológica para captação de energia por fotossíntese e quimiossíntese pelos autótrofos, e explicamos como os heterótrofos obtêm essa energia ao consumir os autótrofos. Neste capítulo, retomaremos o tópico da energia, examinando como ela entra nos ecossistemas, como é mensurada e como as taxas do fluxo energético são controladas.

CONCEITO 20.1

A energia nos ecossistemas origina-se com a produção primária pelos autótrofos.

Produção primária

A energia química gerada pelos autótrofos, conhecida como **produção primária**, deriva da fixação do carbono durante a fotossíntese e a quimiossíntese (ver Capítulo 5). A produção primária representa uma importante transição da energia: a conversão da energia luminosa do sol em energia química que pode ser usada pelos autótrofos e consumida pelos heterótrofos. (A quimiossíntese corresponde a uma pequena quantidade da energia global, embora possa ser importante localmente, como veremos.) A produção primária é a fonte de energia para todos os organismos, das bactérias aos seres humanos; até os combustíveis fósseis que usamos atualmente derivam da produção primária. Ela também corresponde ao maior movimento de dióxido de carbono entre a Terra e a atmosfera, sendo, portanto, uma importante variável do clima global (ver Capítulos 2 e 25).

A energia assimilada pelos autótrofos é estocada na forma de compostos de carbono nos tecidos das plantas; portanto, o carbono é a moeda corrente para mensurar a produção primária. A *taxa* de produção primária é, às vezes, chamada de *produtividade primária*.

A produção primária bruta é a fotossíntese total em um ecossistema

O total de carbono fixado pelos autótrofos em um ecossistema é chamado de **produção primária bruta (PPB)**. A PPB, na maioria dos ecossistemas continentais, equivale ao total de fotossíntese realizada pelas plantas.

A PPB de um ecossistema é controlada pelo clima por sua influência nas taxas fotossintéticas, como vimos no Conceito 5.2, e pela área foliar das plantas por unidade de área de solo, chamada de **índice de área foliar (IAF)**, uma medida sem unidade, pois é a divisão entre duas áreas. O IAF varia entre os biomas, de menos de 0,1 na tundra do Ártico (i.e., menos de 10% da superfície do solo apresentam cobertura foliar) a 12 em florestas tropicais e boreais (i.e., na média, existem 12 camadas de folhas entre o dossel e o solo). O sombreamento das folhas abaixo da camada mais alta aumenta com a adição de cada nova camada de folhas, de modo que o ganho fotossintético para cada camada adicional decresce (**Figura 20.4**). Por fim, os custos respiratórios associados à adição das camadas foliares superam os benefícios fotossintéticos. As plantas em geral combinam seu IAF às condições climáticas e à oferta de recursos, principalmente água e nutrientes, visando maximizar o ganho de carbono.

Uma planta usa aproximadamente metade do carbono fixado pela fotossíntese na respiração celular para manter a biossíntese e o metabolismo celular. Todos os tecidos vivos das plantas perdem carbono via respiração, mas nem todos adquirem carbono via fotossíntese. Então, as plantas com grande proporção de caules não fotossintéticos, como árvores e arbustos, tendem a ter uma taxa mais alta de perda de carbono pela respiração do que plantas herbáceas. A taxa de respiração das plantas aumenta com o aumento da temperatura; como resultado, as perdas de carbono pela respiração são mais altas em florestas tropicais do que em florestas temperadas e boreais.

A produção primária líquida é a energia remanescente após as perdas respiratórias

O balanço entre a PPB e a respiração autotrófica é chamado de **produção primária líquida (PPL)**:

$$PPL = PPB - respiração$$

A PPL é a quantidade de energia capturada pelos autótrofos que resulta em um aumento na matéria vegetal viva, ou **biomassa**. Em outras palavras, a PPL é a energia restante para o crescimento da planta, sua reprodução e o consumo pelos herbívoros e detritívoros. Ela também representa a entrada líquida total de carbono nos ecossistemas.

O carbono não usado na respiração pode ser distribuído para crescimento, reprodução, estocagem e defesa contra herbívoros. Além disso, as plantas podem responder às condições ambientais destinando o carbono para o crescimento de diferentes tecidos. Essa alocação varia consideravelmente entre as espécies, os recursos disponíveis e o clima. A alocação de carbono para tecidos fotossintéticos resulta em maior taxa futura de PPL, mas as demandas da planta por outros recursos, em particular água e nutrientes, bem como interações biológicas como herbivoria, influenciam se esse investimento terá ou não retorno.

A alocação da PPL de uma planta para o crescimento de suas folhas, caules e raízes em geral é balanceada para manter as ofertas de água, nutrientes e carbono de acordo com suas necessidades. Por exemplo, as plantas que crescem nos ecossistemas de deserto, campos e tundra são regularmente expostas à escassez de água ou de nutrientes. As plantas nesses ecossistemas podem alocar uma proporção maior de PPL para o crescimento da raiz, em relação ao crescimento de brotos na parte aérea, do que as plantas

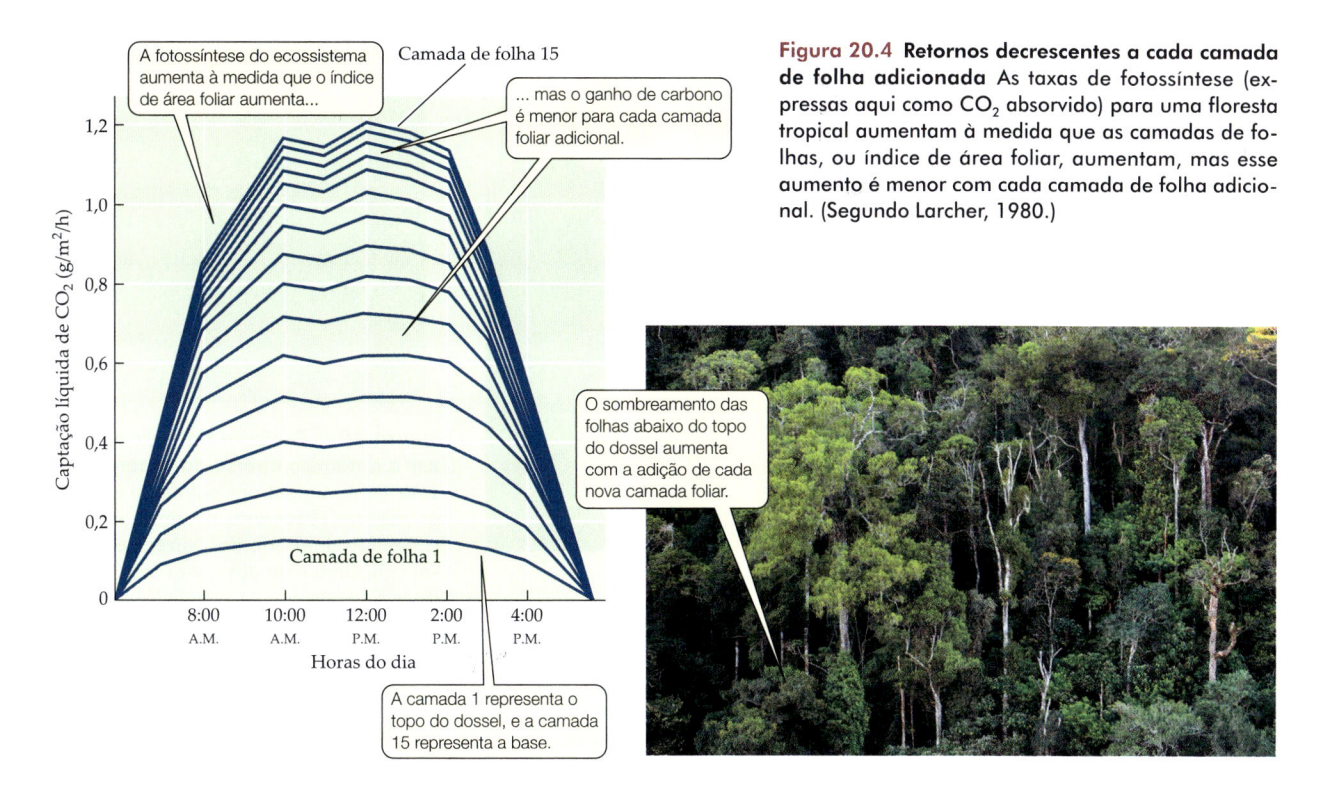

Figura 20.4 Retornos decrescentes a cada camada de folha adicionada As taxas de fotossíntese (expressas aqui como CO_2 absorvido) para uma floresta tropical aumentam à medida que as camadas de folhas, ou índice de área foliar, aumentam, mas esse aumento é menor com cada camada de folha adicional. (Segundo Larcher, 1980.)

Anotações na figura:
- A fotossíntese do ecossistema aumenta à medida que o índice de área foliar aumenta...
- Camada de folha 15
- ...mas o ganho de carbono é menor para cada camada foliar adicional.
- O sombreamento das folhas abaixo do topo do dossel aumenta com a adição de cada nova camada foliar.
- Camada de folha 1
- A camada 1 representa o topo do dossel, e a camada 15 representa a base.

Eixos: Captação líquida de CO_2 (g/m²/h) vs. Horas do dia (8:00 A.M. – 4:00 P.M.)

que crescem em ecossistemas com maior disponibilidade de nutrientes e água no solo (**Figura 20.5**). Essa alocação de PPL para as raízes facilita a aquisição de recursos escassos à planta. Em contraste, plantas que crescem em densas comunidades com vizinhos que podem sombreá-las alocam sua PPL preferencialmente para caules e folhas, a fim de capturar mais luz solar para a fotossíntese. Em outras palavras, as plantas tendem a direcionar a PPL para aqueles tecidos que adquirem os recursos que limitam seu crescimento.

A alocação de PPL para estocar compostos como as féculas e os carboidratos proporciona mais segurança para compensar eventuais perdas de tecidos para os herbívoros, distúrbios como o fogo e eventos climáticos como a geada. Esses compostos normalmente são estocados em caules de plantas lenhosas ou em tubérculos e raízes de plantas herbáceas. Quando os níveis de herbivoria são altos, as plantas podem alocar uma quantidade significativa de PPL (até 20%) em compostos defensivos secundários, como os taninos e os terpenos, que inibem o pastejo.

Durante o desenvolvimento do ecossistema ocorrem mudanças na produção primária líquida

À medida que os ecossistemas se desenvolvem na sucessão primária ou secundária (ver Capítulo 17), a PPL muda de acordo com o IAF, a razão entre tecido fotossintético e

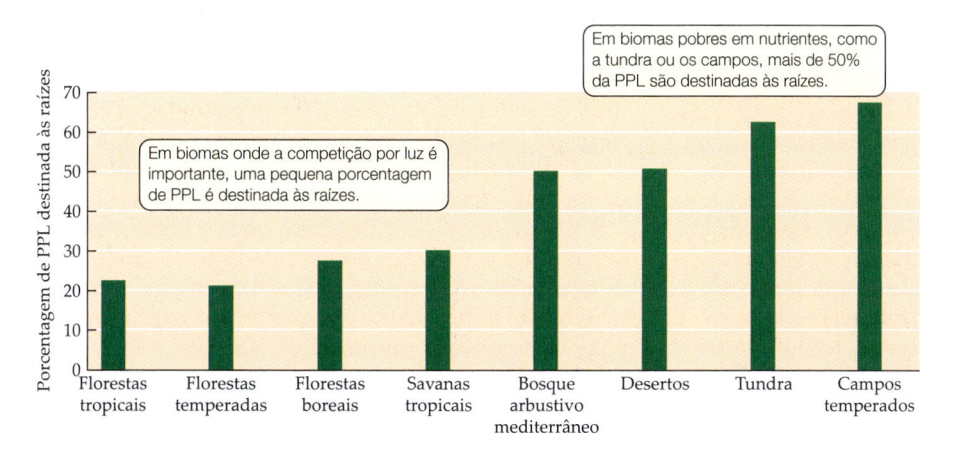

Figura 20.5 Alocação de produção primária líquida para as raízes A proporção de PPL que as plantas alocam para as raízes varia de acordo com os recursos disponíveis. (Segundo Saugier et al., 2001.)

Anotações:
- Em biomas pobres em nutrientes, como a tundra ou os campos, mais de 50% da PPL são destinadas às raízes.
- Em biomas onde a competição por luz é importante, uma pequena porcentagem de PPL é destinada às raízes.

Eixo y: Porcentagem de PPL destinada às raízes (0–70)
Categorias: Florestas tropicais, Florestas temperadas, Florestas boreais, Savanas tropicais, Bosque arbustivo mediterrâneo, Desertos, Tundra, Campos temperados

? Além da baixa oferta de recursos no solo, que outros fatores podem favorecer a maior alocação da PPL para os tecidos abaixo da superfície do solo?

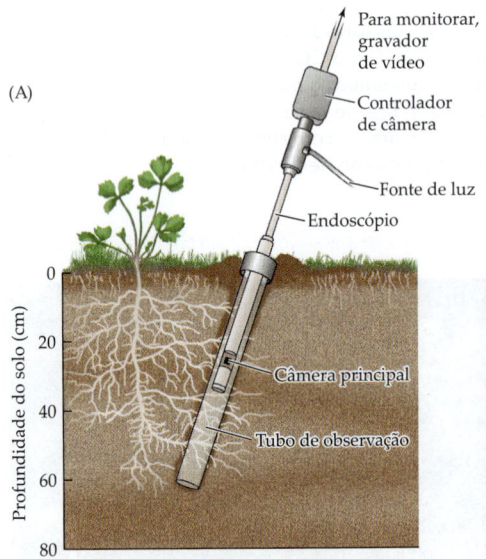

Figura 20.6 Ferramenta para visualizar a dinâmica abaixo da superfície do solo (A) Minirrizotrons permitem aos pesquisadores observar a dinâmica do crescimento e da morte das raízes dentro do solo. (B) Uma vista das raízes com a ajuda do minirrizotron.

não fotossintético e a composição das espécies. Os distúrbios e a sucessão podem, portanto, influenciar os ganhos ou as perdas de CO_2 dos ecossistemas, afetando, dessa forma, as concentrações atmosféricas de CO_2.

A maioria dos ecossistemas tem PPL maior em estágios intermediários de sucessão. Vários fatores contribuem para esse padrão, incluindo as tendências de maiores proporções de tecidos fotossintetizantes, diversidade de plantas e oferta de nutrientes. Nos ecossistemas florestais mais antigos, o IAF e as taxas fotossintéticas das folhas decrescem, diminuindo a PPB e então a PPL. Em alguns campos, como as pradarias de gramíneas altas no centro dos Estados Unidos, o acúmulo de folhas mortas perto da superfície do solo e o desenvolvimento de um dossel superior e fechado de folhas diminuem a penetração de luz para as plantas baixas, declinando o ganho de carbono fotossintético do ecossistema. Entretanto, o decréscimo de PPL ao longo do tempo é bem menos pronunciado em campos do que em ecossistemas florestais.

A produção primária líquida pode ser estimada por diferentes métodos

Várias razões explicam por que é importante medir a PPL em um ecossistema. Como vimos, a PPL é a fonte fundamental de energia para todos os organismos em um ecossistema e, dessa forma, determina a quantidade de energia disponível para mantê-lo. Ela varia drasticamente no espaço e no tempo. Sua variação ano após ano fornece uma métrica para a avaliação da saúde do ecossistema, já que mudanças na produção primária podem ser sintomáticas de estresses como seca ou chuva ácida. Por fim, como já mencionado, a PPL está intimamente relacionada ao ciclo global do carbono, sendo, portanto, uma importante variável das mudanças climáticas (ver Capítulos 2 e 25). Devido a todas essas razões, os cientistas têm se esforçado para melhorar as técnicas de estimativa da PPL ao longo das últimas duas décadas.

Ecossistemas terrestres Há vários métodos para se estimar a PPL em ecossistemas terrestres. Os métodos para se estimar a PPL em ecossistemas de florestas e de campo são os mais bem desenvolvidos devido a sua importância para a produção de madeira e forragem. Técnicas tradicionais medem o aumento da biomassa das plantas durante a estação de crescimento pela colheita de tecidos vegetais em lotes experimentais, medindo-se a biomassa e dimensionando-se os resultados para a escala do ecossistema. Por exemplo, em ecossistemas de campos temperados, a biomassa localizada acima do solo pode ser colhida no começo da estação de crescimento e novamente quando a quantidade de biomassa vegetal alcançar seu máximo. A diferença na biomassa vegetal entre as duas colheitas é usada como uma estimativa da PPL. Em florestas, o crescimento radial da madeira deve ser incluído nas estimativas de PPL. Nos trópicos, as plantas podem continuar a crescer ao longo do ano, e tecidos mortos são rapidamente decompostos, complicando a aplicação da técnica de colheita inicial e final. Apesar desses fatores, a técnica de colheita ainda fornece estimativas razoáveis de PPL para uma situação acima do nível do solo, em particular se forem aplicadas as devidas correções no caso de perda por herbivoria e mortalidade.

Medir a alocação de PPL para o crescimento abaixo da camada superficial do solo é mais difícil, pois o crescimento da raiz é mais dinâmico que o crescimento das folhas e dos caules. A proporção de PPL nas raízes excede aquela dos tecidos acima do solo em alguns ecossistemas: em áreas de campo, por exemplo, o crescimento da raiz pode ser duas vezes maior do que o das folhas, o dos caules e o das flores combinados. As raízes mais finas se renovam mais rapidamente do que a parte aérea, ou seja, mais raízes "nascem" e morrem durante a estação de crescimento do que os ramos e as folhas. Além disso, as raízes exsudam uma quantidade significativa de carbono no solo, podendo transferir carbono para micorrizas ou bactérias simbiontes. Portanto, colheitas para medir a biomassa de raízes devem ser mais frequentes, e fatores de correção devem ser usados ao se estimar a PPL abaixo da superfície do solo. Relações proporcionais entre a PPL acima e abaixo do solo têm sido desenvolvidas para ecossistemas florestais e de campo, de maneira que as medidas de PPL acima do solo possam ser utilizadas para estimar a PPL de todo o ecossistema. O uso de *minirrizotrons*, tubos com visão do subterrâneo equipados com câmeras de vídeo, levou a avanços no entendimento dos processos produtivos que ocorrem no solo (**Figura 20.6**).

A natureza de trabalho intensivo e o aspecto destrutivo das técnicas de colheita não permitem sua aplicação para se estimar a PPL em grandes áreas ou em ecossistemas biologicamente diversos. Diversas técnicas não destrutivas, que permitem estimativas mais frequentes da PPL em escalas espaciais bem maiores, embora com menor precisão do que no método de colheita, têm sido desenvolvidas. Algumas dessas técnicas, que incluem sensoriamento remoto e mensurações do CO_2 atmosférico, fornecem um índice quantitativo em vez de uma medida absoluta de PPL. Algumas técnicas combinam coleta de dados e modelagem dos processos fisiológicos e climáticos das plantas para estimar os fluxos reais de carbono associados à PPL.

A concentração do pigmento fotossintético clorofila na copa de uma árvore fornece um indicador de biomassa fotossintetizante que pode ser usado para estimar a PPB e a PPL. As concentrações de clorofila podem ser estimadas utilizando-se técnicas de sensoriamento remoto que dependem da reflexão da radiação solar (**Ferramentas Ecológicas 20.1**). O sensoriamento remoto permite a medição frequente de PPL, em escalas espaciais e globais, utilizando-se sensores com base em satélites (**Figura 20.7**). Os indicadores de PPL que têm como base as concentrações de clorofila podem sobre-estimar a PPL se a vegetação não estiver fisiologicamente ativa, como nas florestas boreais durante o inverno, mas o sensoriamento remoto em geral proporciona a melhor estimativa para a PPL em escalas regionais e globais.

A PPL também pode ser estimada por cálculos diretos de seus componentes: PPB e respiração. Essa abordagem em geral envolve medir a mudança na concentração de CO_2 em um sistema fechado, criado por uma câmara colocada em torno de caules e folhas de plantas inteiras ou de conjuntos inteiros de plantas. Por exemplo, Howard Odum estimou a PPL de uma floresta tropical em Porto Rico "empacotando" uma população de árvores em uma tenda de plástico transparente, de 200 m² x 20 m de altura (Odum e Jordan, 1970). As emissões de CO_2 para a atmosfera em um sistema tão fechado advêm da respiração das plantas e dos heterótrofos, incluindo microrganismos no solo e animais na floresta. A captação de

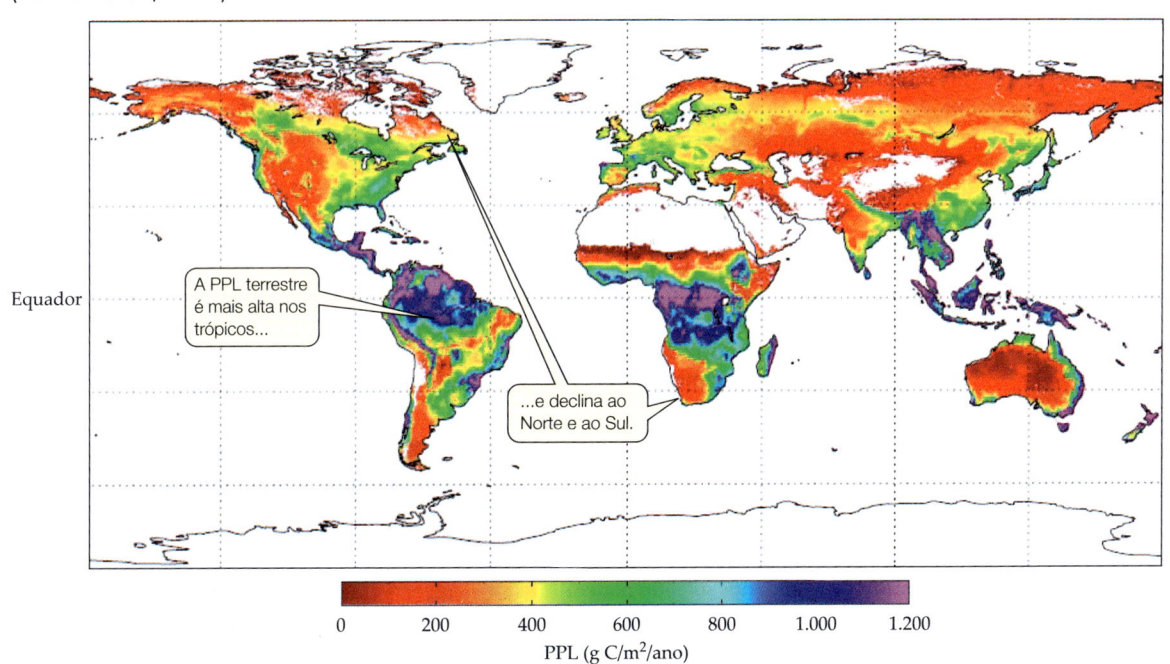

Figura 20.7 Sensoriamento remoto da produção primária líquida terrestre PPL terrestre global para o período de 2000 a 2005, estimada por sensoriamento de satélites (espectrorradiômetro de imagem de resolução moderada). Observe os padrões latitudinais na PPL correspondentes às zonas climáticas. (De Zhao et al., 2006.)

FERRAMENTAS ECOLÓGICAS 20.1

Sensoriamento remoto

Quando a luz do sol atinge um objeto, ela é absorvida ou dissipada, de tal forma que a quantidade e a qualidade da luz que reflete do objeto se modificam. Por exemplo, quando a luz solar atinge um lago claro, cerca de 5% da luz visível são refletidos, enquanto que um solo arenoso de cor clara, como o que pode ser encontrado em um deserto, reflete cerca de 40%. A quantidade de luz refletida depende dos comprimentos de onda da luz: diferentes tipos de objetos absorvem ou refletem mais alguns comprimentos de onda do que outros. A atmosfera espalha mais comprimentos de onda azuis do que verdes ou cinzas e, portanto, o céu aparenta ser azul aos nossos olhos. O lago, entretanto, aparenta ser azul porque a maior parte da luz vermelha e da verde é absorvida pela água antes de ser refletida para os nossos olhos. Lagos com altas concentrações de fitoplânctons aparentam ser verdes porque grande parte da luz azul é absorvida por eles, deixando apenas a luz verde para ser refletida para os nossos olhos.

Sensoriamento remoto é uma técnica que se utiliza da reflexão e da absorção da luz para estimar a densidade e a composição dos objetos na superfície da Terra, em suas águas e em sua atmosfera. Os ecólogos utilizam o sensoriamento remoto para estimar a PPL aproveitando-se do padrão único de refletância da clorofila em plantas, algas e bactérias (**Figura A**). Visto que a clorofila absorve radiação solar visível em comprimentos de onda azuis e vermelhos, ela tem uma *assinatura espectral* específica com maior reflexão de comprimentos de onda verdes. Além disso, a vegetação absorve mais luz dos comprimentos de onda vermelhos do que os solos descobertos e a água.

Os ecólogos podem medir a reflexão de comprimentos de onda específicos da superfície da terra ou da água e estimar a PPL usando vários índices que vêm sendo desenvolvidos. Um dos índices mais utilizados é o *índice de vegetação por diferença normalizada* (IVDN), que utiliza as diferenças entre a luz visível e a refletância do infravermelho próximo para estimar a densidade de clorofila:

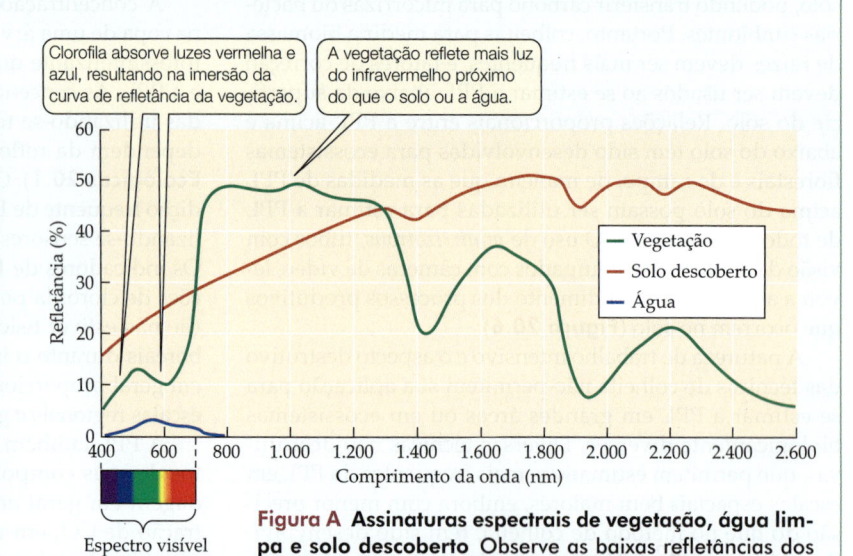

$$IVDN = \frac{(NIR - vermelho)}{(NIR + vermelho)}$$

Em que NIR (*near-infrared*) é o comprimento de onda do infravermelho próximo (700–1.000 nm), e vermelho é a banda do comprimento de onda vermelho (600-700 nm). Observe que a assinatura espectral da vegetação na Figura A mostra uma grande diferença entre a refletância dos comprimentos de onda vermelho e do infravermelho próximo, relacionadas às assinaturas espectrais da água e do solo, que atribui à vegetação um alto valor de IVDN, e ao solo e à água valores baixos de IVDN. O IVDN é acoplado às estimativas da eficiência de absorção de luz para estimar a absorção de CO_2 por fotossíntese.

O sensoriamento remoto da refletância da luz a partir da superfície da Terra e da atmosfera pode ser feito em grandes escalas espaciais utilizando-se satélites (**Figura B**), que transmitem suas medidas a estações receptoras. Dependendo da resolução espacial da medida da superfície e do número de comprimentos de onda medidos, o sensoriamento remoto via satélite pode gerar grandes quantidades de dados que precisam ser processados. Avanços na computação têm aumentado as capacidades espaciais e temporais do sensoriamento remoto, tornando-o uma poderosa ferramenta para medir PPL e também desmatamento, desertificação, poluição atmosférica e muitos outros fenômenos de interesse para os ecólogos.

Figura A Assinaturas espectrais de vegetação, água limpa e solo descoberto Observe as baixas refletâncias dos comprimentos azul e vermelho da vegetação.

Figura B Sensoriamento remoto por satélite Os instrumentos de sensoriamento remoto instalados nos satélites podem medir a refletância da radiação solar da Terra para fornecer aos ecólogos medidas em larga escala da PPL, bem como de outros fenômenos.

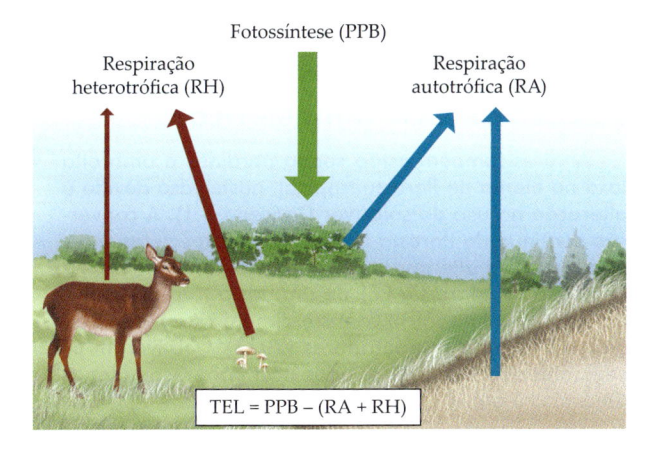

Figura 20.8 Componentes da troca ecossistêmica líquida (TEL) A TEL inclui todos os componentes de um ecossistema, tanto os que captam CO_2 (autótrofos) quanto os que liberam CO_2 (autótrofos e heterótrofos).

TEL = PPB − (RA + RH)

CO_2 da atmosfera resulta da fotossíntese. Então, a troca líquida de CO_2 dentro dos ecossistemas resulta do balanço entre a PPB e a liberação total da respiração pelas plantas e pelos heterótrofos. A troca líquida de CO_2 é chamada de **produção ecossistêmica líquida** (**PEL**), ou **troca ecossistêmica líquida** (**TEL**). A respiração heterotrófica deve ser subtraída da TEL para obter-se a PPL; como resultado, a TEL proporciona uma estimativa mais acurada do estoque de carbono no ecossistema que a PPL. O movimento do carbono para dentro e para fora dos ecossistemas, assim como a perda de carbono pela lixiviação do solo ou por distúrbios (p. ex., fogo ou desmatamento; ver **Análise de Dados 20.1**), pode influenciar estimativas de TEL e PPL.

Outra abordagem não invasiva para estimar a TEL usa medições frequentes do CO_2 e do microclima em várias alturas ao longo do dossel e na atmosfera acima do dossel. Essa técnica, conhecida como *covariância de vórtices turbulentos*, aproveita o gradiente na concentração de CO_2 entre o dossel e a atmosfera que se desenvolve com a fotossíntese e a respiração. Durante o dia, quando as plantas estão fotossinteticamente ativas, a concentração de CO_2 é mais baixa no dossel do que no ar acima dele. À noite, quando a fotossíntese cessa, mas a respiração continua, a concentração de CO_2 na copa das árvores é mais alta do que na atmosfera. Torres com suporte para instrumentos, instaladas em florestas, bosques arbustivos e dosséis campestres, têm sido usadas para medir a TEL de CO_2 por longos períodos (**Figura 20.9**). Dependendo da altura da torre, a covariância de vórtices pode fornecer uma TEL para uma área de diversos quilômetros quadrados. Uma rede de informações sobre covariância de vórtices de vários locais nas Américas (Ameriflux: http://public.ornl.gov/ameriflux/) estabeleceu-se para promover um melhor entendimento sobre a captação e o destino do carbono nos ecossistemas terrestres e sobre como sua captação é influenciada pelo clima.

Figura 20.9 As estimativas dos vórtices turbulentos da troca ecossistêmica líquida (TEL) Uma torre em uma floresta submontana em Nitow Ridge, Colorado. Os instrumentos anexados à torre medem o microclima (temperatura, velocidade do vento, radiação) e as concentrações atmosféricas de CO_2 a intervalos frequentes. Essas medidas são utilizadas para estimar a TEL de CO_2. (B) Concentração de CO_2 (partes por milhão) da superfície do solo até acima da copa em uma floresta boreal na Sibéria, medida em um período de 24 horas durante o verão. A altura média do dossel era de 16 m. (B segundo Hollinger et al., 1998.)

? Como se pareceriam os padrões diários das concentrações de CO_2 durante o verão em uma comunidade composta principalmente por cactos?

Concentrações de CO_2 abaixo da copa são mais altas à noite, quando não ocorre a fotossíntese, mas a respiração continua.

A fotossíntese durante o dia diminui a concentração de CO_2 do dossel para níveis tão baixos ou menores do que aqueles da atmosfera acima das árvores.

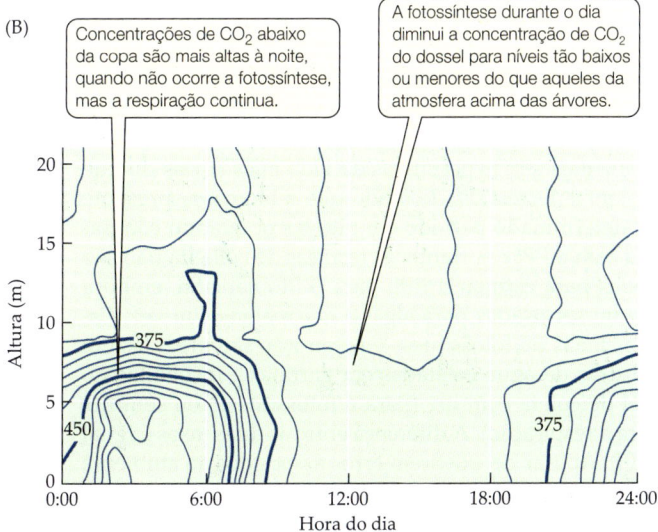

ANÁLISE DE DADOS 20.1

O desmatamento influencia as concentrações de CO_2 atmosférico?

Sabemos que anualmente uma árvore capta grandes quantidades de CO_2 da atmosfera, convertendo-o por fotossíntese em carbono fixado. Também sabemos que ocasionalmente muitas árvores sucumbem ao fogo, à predação por insetos, a doenças e a atividades humanas. Qual efeito, se é que há, esse desmatamento pode causar nas concentrações atmosféricas de CO_2? Dois estudos recentes lançaram luz sobre essa questão.

Ao longo da última década, espécimes do besouro-do-pinheiro-da-montanha (*Dendroctonus ponderosae*) mataram milhões de árvores por toda a América do Norte (ver Conexão às Mudanças Climáticas 10.1). Kurz e colaboradores (2008)* estudaram os efeitos de uma manifestação massiva de besouros na Columbia Britânica, Canadá. A equipe mediu a PPL e a respiração heterotrófica antes e depois do surto. Use os dados a seguir para responder às Questões 1 e 2.

	PPL[a]	Respiração heterotrófica[a]
Antes do surto	440	408
Depois do surto	400	424

[a] In $g/m^2/ano$

1. Antes do surto dos besouros, a floresta estava absorvendo mais CO_2 do que liberando? Em outras palavras, a floresta era um sumidouro ou uma fonte de CO_2 para a atmosfera?

2. A floresta era um sumidouro ou uma fonte de CO_2 atmosférico após o surto? Você esperaria que essa tendência de troca ecossistêmica de carbono com a atmosfera se modificasse ao longo dos próximos 100 anos?

Árvores também estão sendo perdidas a uma alta taxa no bioma de floresta tropical, neste caso devido à alteração no uso do solo (ver Conceito 3.1). A conversão contínua da floresta tropical em pastos pelos seres humanos está alterando a PPL desse bioma. Em um estudo que comparou a PPL de um pasto tropical com a de uma floresta tropical com crescimento secundário no Panamá, Wolf e colaboradores (2011)** obtiveram os seguintes dados, que você pode usar para responder as Questões 3 e 4.

	PPL[a]	Respiração total[a] (autotrófica + heterotrófica)
Pastagens	2.345	2.606
Floresta secundária	2.082	1.640

[a] In $g/m^2/ano$

3. Qual a TEL para o pasto tropical? E para a floresta em crescimento secundário?

4. Como notado na Tabela 20.1, hoje o bioma de floresta tropical contabiliza 35% da PPL terrestre. A TEL total da superfície terrestre contabiliza uma absorção líquida de 3 petagramas ($=10^{15} \times 3$ gramas) cada ano. Com base nessas considerações, use os valores de TEL que você encontrou na Questão 3 para determinar o quanto menor seria a captação de carbono global anual se metade da floresta tropical fosse convertida em pastagens. (Assuma que os números do estudo de Wolf e colaboradores representam as condições médias para floresta tropical não perturbada e pastagens tropicais.)

*Kurz, W. A. and 7 others. 2008. Mountain pine beetle and forest carbon feedback to climate change. *Nature* 452: 987-990.

**Wolf, S., W. Eugster, C. Potvin, B. L. Turner and N. Buchmann. 2011. Carbon sequestration potential of tropical pasture compared with afforestation in Panama. *Global Change Biology* 17: 2763-2780.

Ecossistemas aquáticos Os autótrofos dominantes nos ecossistemas marinhos e de água doce constituem o fitoplâncton, incluindo as algas e as cianobactérias. Esses organismos têm expectativas de vida mais curtas do que as plantas terrestres, de modo que a biomassa presente por determinado período é muito baixa quando comparada com a PPL; portanto, as técnicas de colheita não são usadas para estimar a PPL para o fitoplâncton, embora possam ser usadas para algas e macroalgas. Em vez disso, as taxas de fotossíntese e respiração são medidas em amostras de água coletadas em garrafas e incubadas no local de coleta com luz (para a fotossíntese) ou sem luz (para a respiração). A diferença entre as duas taxas é igual à PPB. Apesar de existirem erros associados ao ambiente artificial das garrafas, bem como à inclusão de respiração heterotrófica de bactéria e zooplâncton nas garrafas, essa técnica é amplamente utilizada em ecossistemas marinhos e de água doce.

O sensoriamento remoto das concentrações de clorofila nos oceanos utilizando instrumentos orientados por satélite proporciona boas estimativas da PPL marinha (**Figura 20.10**). Como descrito para o sensoriamento remoto terrestre, os índices com base na absorção e na reflexão da luz a diferentes comprimentos de onda são usados para indicar a quantidade de luz que está sendo absorvida pela clorofila, que é então relacionada à PPL se usando um coeficiente de uso da luz, um termo que incorpora a eficiência da absorção da luz na captação de CO_2 por fotossíntese.

Capítulo 20 • Produtividade   459

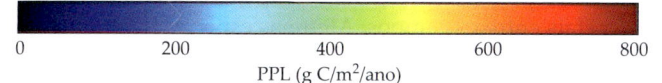

[Balão no mapa]: A PPL é mais alta em áreas de ressurgência de zonas costeiras.

0   200   400   600   800
PPL (g C/m²/ano)

Figura 20.10 Sensoriamento remoto da produção primária líquida marinha A produção primária nos oceanos é estimada por meio de um sensor com base em informações provenientes de satélite (sensor de amplo campo de visão do mar [SeaWiFS, de *Sea-viewing Wide Field-of-view Sensor*]).

? Além das zonas de ressurgência, que outros tipos de áreas costeiras com altas taxas de PPL podem ser vistas nessa imagem?

Como a Figura 20.7 mostra, pode haver uma diferença de até 50 vezes na PPL entre os ecossistemas do Ártico e dos trópicos. Na próxima seção investigaremos o papel dos fatores abióticos e bióticos que influenciam nas diferenças de PPL entre os ecossistemas.

CONCEITO 20.2
A produção primária líquida é limitada por fatores ambientais físicos e bióticos.

Controles ambientais sobre a produção primária líquida

Como vimos, a PPL varia substancialmente no espaço e no tempo. Grande parte dessa variação está associada a diferenças climáticas, como os gradientes latitudinais de temperatura e precipitação discutidos no Capítulo 2. Nesta seção, exploramos os fatores que restringem as taxas de PPL.

A produção primária líquida em ecossistemas terrestres é controlada pelo clima

A variação na PPL terrestre tanto em escala continental como global se correlaciona com a variação na temperatura e na precipitação. A PPL aumenta à medida que a precipitação anual aumenta até um máximo de aproximadamente 2.400 mm por ano; depois, ela diminui em alguns ecossistemas (p. ex., florestas tropicais de montanha), mas não em outros (p. ex., florestas tropicais de planície) (**Figura 20.11A**). A PPL pode diminuir por várias razões quando os níveis de precipitação são muito elevados. Cobertura de nuvens durante longos períodos diminuem a luz solar disponível. Altas quantidades de precipitação lixiviam nutrientes do solo, e grandes quantidades de água no solo resultam em condições hipóxicas que causam estresse para as plantas e os decompositores.

A PPL aumenta com a temperatura média anual (**Figura 20.11B**). Isso não significa, entretanto, que o estoque de carbono no ecossistema (TEL, discutida anteriormente) faça o mesmo. A perda de carbono dos ecossistemas devido à respiração pelos heterótrofos também aumenta a temperaturas mais quentes, então a TEL pode potencialmente diminuir. Diversas linhas de pesquisas sugerem que as mudanças climáticas durante as últimas décadas modificaram a TEL em alguns ecossistemas. Por exemplo, locais com tundra que eram *sumidouros* de carbono (com PPB maior do que a perda de carbono na

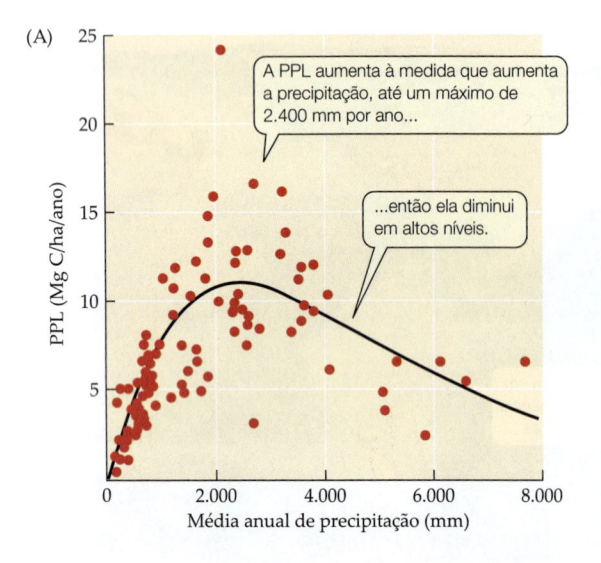

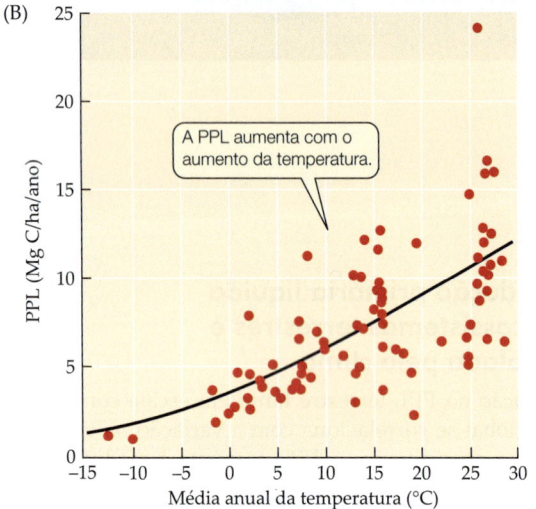

Figura 20.11 Padrões globais de produção primária líquida terrestre estão correlacionados com o clima Os gráficos mostram a relação entre PPL e (A) precipitação e (B) temperatura nos ecossistemas terrestres em todo o mundo (Mg = 10^6 g). (Segundo Schuur, 2003.)

Em outros ecossistemas onde a limitação da água não é tão grave, a conexão causal entre a precipitação e a PPL é menos clara.

As ligações entre o clima e a PPL também podem ser indiretas, mediadas por fatores como disponibilidade de nutrientes ou espécies de plantas encontradas apenas em alguns ecossistemas. Como podemos detectar se o clima influencia a PPL direta ou indiretamente? Diversas abordagens observacionais e experimentais têm sido utilizadas. Willian Lauenroth e Osvaldo Sala examinaram como a PPL em um ecossistema de estepe, com gramíneas baixas, muda em resposta à variação anual da precipitação (Lauenroth e Sala, 1992). Eles também examinaram a PPL média anual e a precipitação em vários ecossistemas de campo em diferentes locais no centro dos Estados Unidos. Quando compararam as correlações entre a PPL e a precipitação nas duas análises, descobriram que a PPL aumentou mais à medida que a precipitação aumentou ao se comparar os diferentes locais da pesquisa do que ao se comparar entre os anos para a estepe de gramíneas baixas (**Figura 20.12**). Eles atribuíram essa diferença nas respostas à variação na composição das espécies vegetais entre os campos. Algumas espécies de gramíneas têm uma capacidade inerente maior que outras de responder ao aumento da disponibilidade de água com o crescimento, associada à maior capacidade de produzir novos brotos e flores. Lauenroth e Sala também sugeriram que houve um lapso no tempo na resposta ao aumento da precipitação no ecossistema de estepe de gramíneas baixas; isto é, o aumento da PPL com o aumento da precipitação não ocorreu no mesmo ano, mas atrasou de um a vários anos. No bioma campestre, as diferenças

respiração) agora são *fontes* de carbono (com perda de carbono na respiração maior do que a PPB). Essas mudanças estão aumentando as perdas de carbono para a atmosfera, como explicado em **Conexão às Mudanças Climáticas 20.1**.

Essas correlações entre a PPL e o clima sugerem que a PPL está diretamente relacionada à disponibilidade de água e à temperatura. Essas relações fazem sentido quando consideramos a influência direta da disponibilidade de água na fotossíntese via abertura e oclusão dos estômatos e a influência da temperatura nas enzimas que facilitam a fotossíntese (ver Capítulo 5). Em desertos e em alguns ecossistemas de campo, a disponibilidade hídrica exerce uma influência clara e direta sobre a PPL.

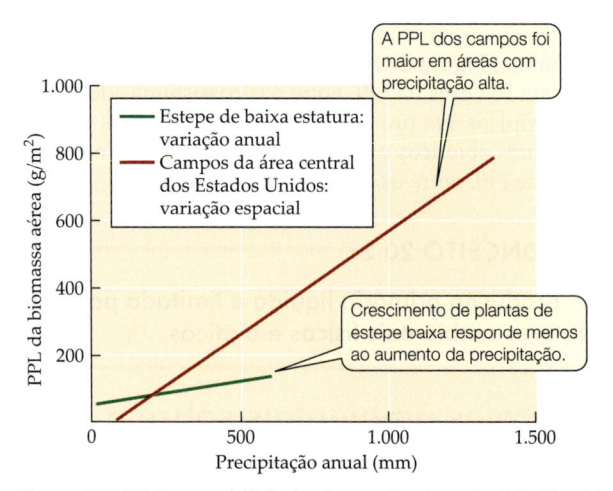

Figura 20.12 A sensibilidade da produção primária líquida a mudanças na precipitação varia entre ecossistemas campestres A relação entre a PPL abaixo do solo e a precipitação é mostrada para um ecossistema de estepe com gramíneas baixas e para vários ecossistemas de campo de diversos tipos em lugares diferentes no centro dos Estados Unidos. (Segundo Lauenroth e Sala, 1992.)

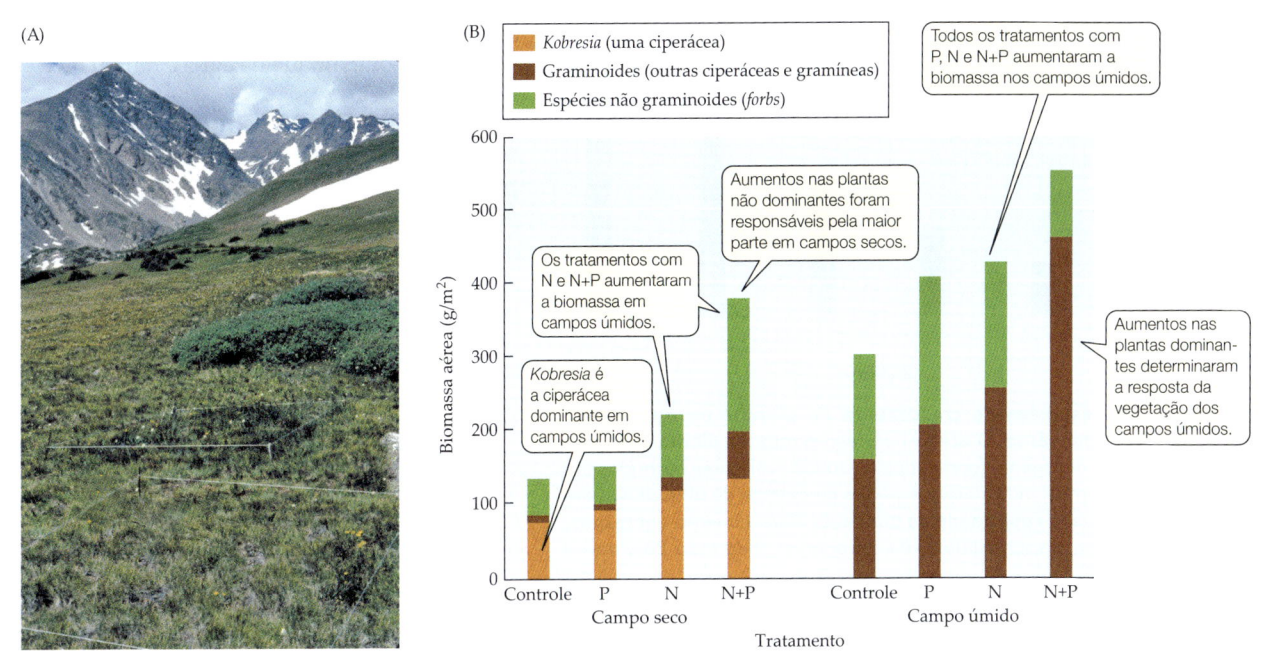

Figura 20.13 A disponibilidade de nutrientes influencia a produção primária líquida em comunidades de altitude (A) Parcelas amostrais fertilizadas em um campo seco de uma comunidade de altitude nas Montanhas Rochosas do Colorado, dominada por ciperáceas, gramíneas e ervas (ver Figura 3.11). (B) Fertilização de lotes em um campo seco pobre em nutrientes e em um campo úmido rico em nutrientes como nitrogênio (N) e fósforo (P); tanto nitrogênio quanto fósforo mostraram que a disponibilidade de nutrientes limita a PPL. (B segundo Bowman et al., 1993.)

> Em qual comunidade você esperaria uma proporção maior de PPL abaixo do solo? A alocação para essa PPL mudaria em resposta à fertilização?

nas capacidades das espécies de responder à variação climática podem contribuir para a variação de PPL entre os locais das amostras, modificando a correlação entre o clima e a PPL entre os locais.

Manipulações experimentais com água, nutrientes, CO_2 e composição de espécies vegetais têm sido utilizadas para estudar a influência direta desses fatores na PPL. Os resultados de numerosos experimentos indicam que os nutrientes, em especial o nitrogênio, controlam a PPL nos ecossistemas terrestres. Por exemplo, Willian Bowman, Terry Theodose e colaboradores usaram um experimento de fertilização em comunidades de altitude do sul das Montanhas Rochosas para determinar se o suprimento de nutrientes limita a PPL (Bowman et al., 1993). Eles sabiam que as diferenças espaciais na PPL entre as comunidades de altitude se correlacionavam com as diferenças na disponibilidade de água no solo, como nos ecossistemas de campo descritos anteriormente. O experimento de fertilização de Bowman e colaboradores foi realizado em duas comunidades, uma de campo seco e a outra de campo úmido, que se distinguiam pela umidade do solo e pela disponibilidade de nutrientes. Eles buscavam determinar se a oferta de nutrientes influenciava a PPL, e, caso influenciasse, se a resposta divergia entre as duas comunidades. Eles adicionaram nitrogênio e fósforo, separadamente e juntos, em parcelas experimentais nas duas comunidades e mantiveram parcelas-controle sem a adição de nutrientes. Seus resultados indicaram que o suprimento de nitrogênio limitou a PPL no campo seco (baixa disponibilidade hídrica e de nutrientes), enquanto nitrogênio e fósforo juntos limitaram a PPL no campo úmido (alta disponibilidade hídrica e de nutrientes) (**Figura 20.13**). Um experimento adicional indicou que a adição de água ao campo seco não aumentou a PPL, apesar da relação positiva entre a PPL e a umidade do solo nas comunidades. Esses resultados sugerem que a correlação entre umidade do solo e PPL nessas comunidades de altitude não indica uma relação causal direta, mas sim que é determinada pelo efeito da umidade do solo sobre a oferta de nutrientes por meio de seus efeitos na decomposição e na ciclagem dos nutrientes no solo (ver Capítulo 22).

Uma análise mais detalhada da Figura 20.13 mostra que o aumento na PPL não foi uniforme em todos os grupos de espécies. A planta dominante no campo seco (*Kobresia*) não aumentou a biomassa tanto quanto as espécies menos comuns de ciperáceas e gramíneas. A mudança na PPL no campo seco ocorreu amplamente em decorrência de uma mudança na composição das espécies dentro das parcelas experimentais. Esse não foi o caso no campo úmido, onde ciperáceas dominantes aumentaram seu crescimento mais do que outras espécies subdominantes

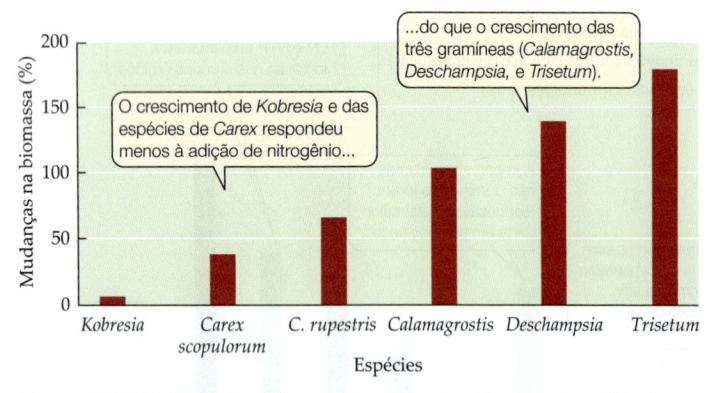

Figura 20.14 Respostas de crescimento de plantas de altitude ao acréscimo de nitrogênio O efeito no crescimento da planta de níveis baixos e altos de nitrogênio (com todos os outros nutrientes mantidos em concentrações ótimas) indicou que espécies de plantas de altitude variam substancialmente sua capacidade de aumentar o crescimento em resposta ao aumento na disponibilidade de nitrogênio. (Segundo Bowman e Bilbrough, 2001.)

O crescimento de Kobresia e das espécies de Carex respondeu menos à adição de nitrogênio...

...do que o crescimento das três gramíneas (Calamagrostis, Deschampsia, e Trisetum).

do grupo das não graminoides (*forbs*). Esses resultados são consistentes com a tendência geral dos resultados em muitos experimentos de fertilização, que indicam que as espécies de plantas de comunidades pobres em recursos têm menor resposta à fertilização do que espécies de ambientes ricos em nutrientes. Essa aparente contradição é resultado das diferenças na capacidade das espécies vegetais de responder à fertilização. Plantas de comunidades pobres em recursos tendem a ter baixas taxas de crescimento intrínseco, característica que diminui sua necessidade de nutrientes. As plantas de ambientes ricos tendem a ter taxas mais altas de crescimento, tornando-as mais hábeis na competição por recursos, em particular a luz. Embora a PPL aumente em comunidades pouco fertilizadas, a mudança na composição das espécies da comunidade que ocorre em muitos desses experimentos indica que a composição das espécies de plantas pode determinar a capacidade intrínseca de um ecossistema de aumentar sua PPL quando os recursos são aumentados (**Figura 20.14**). Esse estudo fornece um exemplo dos importantes papéis que a dinâmica das comunidades pode exercer na funcionalidade dos ecossistemas.

Em ecossistemas terrestres não desérticos, a PPL com frequência também é limitada por nutrientes. Diferenças entre os tipos de ecossistemas terrestres foram descritas a partir de experimentos de manipulação de recursos e de análises químicas das plantas e do solo. Em florestas tropicais de planície, a PPL costuma ser limitada pela oferta de fósforo, uma vez que os solos tropicais antigos e lixiviados em que elas crescem têm pouca disponibilidade de fósforo em relação a outros nutrientes. Outros nutrientes, como cálcio e potássio, também podem limitar a produção em várzeas de ecossistemas tropicais. Ecossistemas tropicais de montanhas e a maioria dos ecossistemas árticos e temperados são limitados pela oferta de nitrogênio e ocasionalmente de fósforo. Até mesmo em certos ecossistemas de desertos, a PPL é limitada pela disponibilidade de água e nitrogênio.

A produção primária líquida em ecossistemas aquáticos é controlada pela disponibilidade de nutrientes

Os produtores primários nos ecossistemas lacustres são o fitoplâncton e as macrófitas enraizadas. A PPL nesses ecossistemas muitas vezes é limitada pela oferta de fósforo e nitrogênio, como se sabe a partir dos resultados das manipulações experimentais, mas também dos "experimentos" não intencionais que são postos em ação pelo lançamento de águas residuais nos lagos (ver p. 513). Uma abordagem comum para determinar a resposta da PPL às mudanças na oferta de nutrientes em lagos é cercar o fitoplâncton dentro do lago em cubas translúcidas ou em tanques a céu aberto, chamados às vezes de "limnocurrais", melhorando um ou mais nutrientes no meio (**Figura 20.15**). A resposta da PPL é medida pelas mudanças nas concentrações de clorofila ou pelo número de células fitoplanctônicas.

Um dos mais convincentes estudos sobre o efeito de nutrientes na PPL em lagos foi uma série de experimentos de fertilização em um lago inteiro, feita por David Schindler (Schindler, 1974). Os estudos iniciaram em 1969, em uma área de lagos experimentais em Ontário: uma série de 58 pequenos lagos isolados para manipulação. A preocupação com o declínio da qualidade da água nos lagos da América do Norte e da Europa motivou Schindler e colaboradores a estabelecer diversos experimentos para determinar se a entrada de nutrientes por meio das águas residuais urbanas estava envolvida no drástico aumento observado de fitoplâncton. Eles adicionaram nitrogênio, carbono e fósforo em todo ou na metade de cada lago.

Figura 20.15 Estudos de fertilização em limnocurrais Assistentes adicionam nutrientes a um espaço experimental no Lago Redfish, Idaho. O experimento testou se os nutrientes estimulam a PPL no lago, na esperança de recuperar o ameaçado salmão-vermelho (*Oncorhynchus nerka*) do Rio Snake.

Os resultados desses experimentos forneceram fortes evidências da influência do fósforo na PPL (**Figura 20.16**). Aumentos expressivos no número de cianobactérias foram responsáveis pelo aumento da PPL em resposta à adição de fósforo. Também foram registrados indicativos da limitação de nitrogênio na PPL em lagos de altas altitudes, com base em experimentos de fertilização em pequena escala e em medições da relação entre nitrogênio e fósforo na água (Elser et al., 2007).

A PPL em córregos e rios costuma ser baixa, e a maioria da energia nesses ecossistemas é derivada da matéria orgânica terrestre (ver Capítulo 21). O movimento da água limita a abundância de fitoplâncton, exceto quando a velocidade da água é relativamente baixa. No Conceito 3.2, introduzimos o *conceito de rio contínuo*, que descreve a importância da PPL a jusante e a montante nos sistemas fluviais. A maior parte da PPL em córregos e rios vem da atividade fotossintética de macrófitas e algas fixadas ao fundo de águas rasas, onde há luz suficiente para fotossíntese. Sedimentos em suspensão nos rios podem limitar a penetração de luz; assim, a turbidez muitas vezes controla a PPL. Nutrientes, particularmente nitrogênio e fósforo, também podem limitar a PPL em córregos e rios.

Em geral, a PPL em ecossistemas marinhos é limitada pela oferta de nutrientes, mas os nutrientes limitantes específicos variam de acordo com o tipo de ambiente. Estuários, zonas de ligação com o mar onde os rios deságuam (ver Conceito 3.3), são ricos em nutrientes quando comparados a outros ecossistemas marinhos. A variação na PPL entre os estuários é correlacionada com a variação na entrada de nitrogênio proveniente dos rios. Atividades industriais e agrícolas aumentam os insumos de nitrogênio nos estuários, o que tem causado "florescimentos" periódicos de algas. Esses florescimentos têm implicado no desenvolvimento de "zonas mortas" – áreas com alta mortalidade de peixes e zooplâncton – em mais de 400 ecossistemas costeiros em todo o mundo.

A PPL no oceano aberto deriva principalmente do fitoplâncton, incluindo um grupo referido como *picoplâncton*, que consiste em células menores que 1 μm. O picoplâncton contribui com cerca de 50% do total da PPL marinha. Contribuições menores vêm de tapetes de algas como o *Sargassum*. Próximas à costa, florestas de algas-pardas podem ter IAFs e taxas de PPL tão altos quanto aqueles das florestas tropicais. "Prados" de ervas marinhas como os do gênero *Zostera* também são importantes contribuintes para a PPL em zonas costeiras rasas.

Em grande parte do oceano aberto, a PPL é limitada pelo nitrogênio. No Oceano Pacífico Equatorial, entretanto, as concentrações detectáveis de nitrogênio podem ser encontradas na água mesmo quando ocorre um pico na PPL, sugerindo que há outros fatores que a limitam. John Martin e colaboradores mediram a concentração dos nutrientes em águas abertas do Pacífico e executaram experimentos de incubação de garrafas com nutrientes adicionados. Eles constataram que a adição de ferro aumentou a PPL (Martin et al., 1994). Com base nessa evidência de que o ferro limita a PPL em algumas regiões do oceano, Martin sugeriu que a poeira eólica vinda da Ásia, uma fonte de ferro para o oceano aberto, poderia ter um importante papel no sistema de controle climático global por conta dessa influência sobre a PPL marinha e, portanto, sobre as concentrações de CO_2 atmosférico. Durante os períodos glaciais, grandes áreas dos continentes com falta de cobertura vegetal poderiam ter contribuído com a poeira eólica que teria fertilizado o oceano. À medida que a PPL aumentou nos ecossistemas marinhos, esses ecossistemas podem ter absorvido mais CO_2 da atmosfera, reduzindo sua concentração atmosférica e servindo de retroalimentação positiva para um clima ainda mais frio. Martin sugeriu que essas descobertas podiam ser aplicadas ao estudo sobre o aquecimento global, afirmando na época: "Dê-me metade de um navio-tanque carregado de ferro, e eu te dou uma era glacial". Ele recomendou o uso de experimentos de larga

Figura 20.16 Resposta de um lago ao aporte de fósforo O lago experimental 226 foi dividido em duas seções como parte dos experimentos de David Schindler sobre o efeito da oferta de nutrientes na PPL.

Figura 20.17 Efeito da fertilização com ferro na produção primária líquida marinha IronEx I liberou ferro no Oceano Pacífico Equatorial para estudar os efeitos da fertilização com ferro na PPL. (A) Esse perfil demonstra a produção primária a várias profundidades fora e dentro da nuvem de ferro em três dias específicos: um, dois e três dias seguidos da liberação do ferro. (B) Pesquisadores preparam a bomba para adicionar ferro ao oceano. (A segundo Martin et al., 1994.)

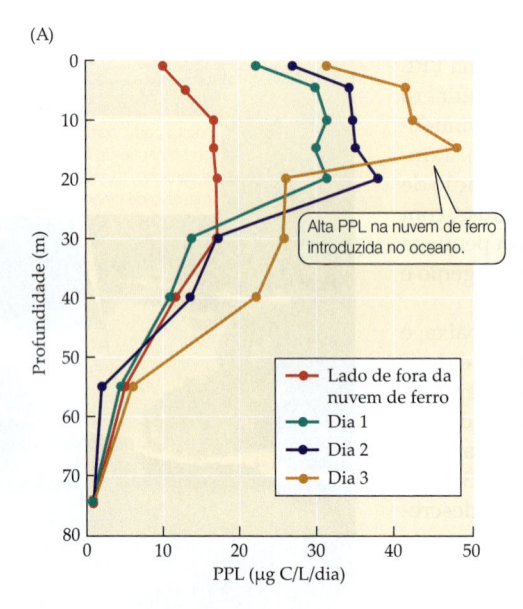

(A) Gráfico de Profundidade (m) versus PPL (μg C/L/dia), mostrando: Lado de fora da nuvem de ferro, Dia 1, Dia 2, Dia 3. Anotação: "Alta PPL na nuvem de ferro introduzida no oceano."

(B) Fotografia dos pesquisadores preparando a bomba.

---

escala para investigar a influência do ferro na PPL oceânica. Infelizmente, Martin faleceu em 1993, antes de seu ambicioso experimento ter sido colocado em prática.

Dando continuidade aos trabalhos, os colegas de Martin realizaram o primeiro de vários experimentos em 1993, adicionando ferro na superfície de águas superficiais do leste equatorial do Pacífico, no arquipélago de Galápagos. Esse experimento foi alternativamente referido como "IronEx I" ou "Solução Geritol"[1] para a mudança climática global. Durante o IronEx I, uma área de 64 km² foi fertilizada com 445 kg de ferro, o que resultou na duplicação da biomassa fitoplanctônica e em um aumento de quatro vezes na PPL (**Figura 20.17**). Três outros experimentos de fertilização foram realizados, um em 1995 (IronEx II), em que a biomassa fitoplanctônica se duplicou; um segundo em 1999 em águas oceânicas do Sul, e o último em 2002, no mesmo oceano. Enquanto a hipótese da limitação pelo ferro foi fortemente confirmada por esses experimentos, é improvável que fertilizar grandes áreas do oceano forneça uma solução para as crescentes concentrações de CO_2 atmosférico e para as mudanças no clima global. Parte do CO_2 absorvido pelo fitoplâncton no fim acaba sendo devolvida à atmosfera via respiração de bactérias e zooplâncton que consomem o fitoplâncton. Além disso, o ferro é perdido relativamente rápido da zona da superfície fótica, precipitando para camadas mais profundas onde fica indisponível para sustentar a fotossíntese e o crescimento. A fertilização com ferro em larga escala poderia ter efeitos prejudiciais sobre a biodiversidade do oceano e poderia ter criado grandes "zonas mortas" similares àquelas geradas pelas entradas de nitrogênio nos estuários.

[1] Geritol era um suplemento alimentar que se acreditava ser a cura para "sangue fraco em ferro".

O desenvolvimento de técnicas de sensoriamento remoto e de covariância de vórtices tem melhorado nossa habilidade de estimar os padrões globais de PPL. Examinaremos esses padrões na próxima seção.

> **CONCEITO 20.3**
>
> Os padrões globais de produção primária líquida são reflexo das limitações climáticas e dos tipos de biomas.

Padrões globais de produção primária líquida

Quais os biomas e as zonas biológicas marinhas têm a maior PPL e, como consequência, o maior efeito nas dinâmicas de CO_2 atmosférico? Saber como a PPL varia em uma escala global é essencial para entender como os fatores bióticos influenciam o ciclo global do carbono e como futuras alterações nos biomas podem influenciar as mudanças climáticas (ver Capítulo 25).

Estimativas iniciais de PPL global basearam-se em compilações de medidas feitas a partir de parcelas em diferentes biomas, dimensionadas de acordo com a distribuição espacial dos biomas. Essas estimativas estavam sujeitas a erros associados à incerteza sobre a área real de ocorrência de cada tipo de bioma, assim como ao potencial para superestimar a PPL, caso fossem selecionadas parcelas de estudo não perturbadas e de crescimento antigo para representar um bioma. Dados de sensoriamento remoto agora nos dão medições rápidas diretas da PPL, fornecendo uma estimativa da capacidade da terra de absorver CO_2 e sua resposta à variação climática e às mudanças climáticas.

As produções primárias líquidas oceânica e terrestre são praticamente iguais

Chris Field e colaboradores estimaram a PPL planetária total em 105 petagramas (1 Pg = 10^{15} g) de carbono por ano, com base em dados de sensoriamento remoto coletados ao longo de vários anos (Field et al., 1998). Eles determinaram que os ecossistemas terrestres respondem por 54% desse carbono, enquanto os produtores primários oceânicos respondem pelos 46% restantes. Sua estimativa de PPL oceânica (que chega a 48 Pg C/ano) é consideravelmente mais alta do que as estimativas prévias. Apesar das contribuições similares da terra e do oceano para a PPL total global, a taxa média da PPL na superfície terrestre (426 g C/m²/ano) é maior que nos oceanos (140 g C/m²/ano). As baixas taxas provenientes dos oceanos são compensadas pela maior porcentagem (70%) da superfície terrestre coberta pelos oceanos.

A maior parte da superfície, tanto de oceanos como de terra firme, é dominada por áreas com PPL relativamente baixa (ver Figuras 20.7 e 20.10). As maiores taxas de PPL na terra são encontradas nos trópicos (**Figura 20.18**). Esse padrão resulta da variação latitudinal no clima e na duração da estação de crescimento. Altas latitudes têm estações de crescimento mais curtas, e baixas temperaturas restringem o suprimento de nutrientes pela redução nas taxas de decomposição, o que, por sua vez, limita a PPL. Zonas tropicais têm estações de crescimento longas e altas taxas de precipitação, promovendo altas taxas de PPL. A PPL declina ao norte e ao sul dos trópicos a cerca de 25°, refletindo no aumento da aridez associada com zonas de alta pressão geradas pelo ar descendente das células de Hadley (ver Conceito 2.2). Outro pico de PPL terrestre ocorre a médias latitudes setentrionais, onde o bioma de floresta temperada é encontrado. A PPL em latitudes médias a altas demonstra uma forte tendência sazonal, com picos no verão e declínios no inverno. Em contraste, as tendências sazonais nos trópicos frequentemente são suaves e estão associadas com ciclos de seca e umidade.

Picos de PPL oceânica ocorrem nas latitudes médias entre 40° e 60° (ver Figura 20.18). Esses picos estão associados com zonas de ressurgência, áreas nas quais as correntes oceânicas trazem nutrientes provenientes de águas profundas para a superfície (ver Conceito 2.2). Uma alta PPL também está associada aos estuários nessas latitudes. Tendências sazonais na PPL ocorrem nos oceanos, mas sua magnitude é menor do que na superfície terrestre.

Diferenças entre a produção primária líquida dos biomas são reflexos das variações climáticas e bióticas

Não é surpresa que a PPL varia entre os biomas, uma vez que os biomas estão associados com variação climática latitudinal. Por exemplo, a alta PPL nos trópicos está associada com os ecossistemas tropicais, incluindo florestas, savanas e campos. A baixa PPL em altas latitudes está associada com florestas boreais e tundra. As florestas tropicais e savanas contribuem com aproximadamente 60% da PPL terrestre (**Tabela 20.1**), ou cerca de 30% do total da PPL global. Nos oceanos, as zonas de ressurgência têm taxas mais elevadas de

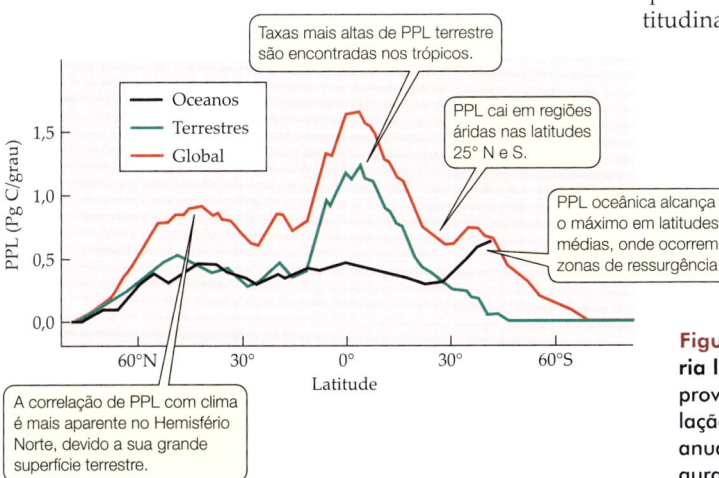

TABELA 20.1
Variação na produção primária líquida entre biomas terrestres

Bioma	PPL (g/m²/ano)	PPL total (Pg/ano)	Porcentagem de PPL terrestre
Floresta tropical	2.500	21,9	35
Savana tropical	1.080	14,9	24
Floresta temperada	1.550	8,1	13
Campos temperados	750	5,6	9
Floresta boreal	390	2,6	4
Bosque arbustivo	500	1,4	2
Tundra	180	0,5	1
Desertos	250	3,5	5
Cultivos agrícolas	610	4,1	6

Fonte: Saugier et al., 2001.

Figura 20.18 Variação latitudinal na produção primária líquida Essas estimativas de PPL baseiam-se em dados provenientes de sensoriamento remoto. Note a forte correlação dos padrões terrestres com padrões em temperatura anual média global (ver Figura 2.14) e precipitação (ver Figura 2.16). (Segundo Field et al., 1998.)

PPL, mas cobrem menos de 5% da superfície do oceano. Zonas costeiras, incluindo estuários, respondem por cerca de 20% da PPL oceânica, ou cerca de 10% do total da PPL global. Apesar de sua baixa taxa média de PPL, a vasta área de oceano aberto é responsável pela maior parte da PPL oceânica e cerca de 40% do total da PPL global.

Como observado no Conceito 20.1, a maior parte da variação de PPL entre os biomas terrestres está associada com diferenças no IAF. Além disso, a duração da estação de crescimento varia marcadamente entre os biomas, em torno de um ano em alguns ecossistemas tropicais até 100 dias ou menos na tundra ártica. A variação associada com diferentes formas de crescimento das plantas (p. ex., plantas C_3 *versus* C_4, gramíneas *versus* arbustos *versus* árvores) é significativa, mas contribui menos para a variação entre os biomas do que a estação de crescimento e o IAF. A variação da PPL entre ecossistemas aquáticos, como vimos no Conceito 20.1, é principalmente relacionado à variação do aporte de nutrientes.

O que acontece com toda essa PPL? Na próxima seção, apresentaremos alguns conceitos associados à produção secundária. Abordaremos o fluxo energético entre organismos e suas consequências para o crescimento populacional, as dinâmicas das comunidades e a funcionalidade do ecossistema no Capítulo 21.

---CONCEITO 20.4---

A produção secundária é gerada por meio do consumo de matéria orgânica pelos heterótrofos.

Produção secundária

A energia derivada do consumo de compostos orgânicos por outros organismos é conhecida como **produção secundária**. Os organismos que obtêm energia dessa maneira são conhecidos como *heterótrofos*, e incluem *arqueias*, bactérias, fungos, animais e até mesmo algumas plantas (ver Estudo de Caso no Capítulo 12).

Os heterótrofos são classificados de acordo com o tipo de alimento que consomem. As categorias mais gerais, introduzidas no Capítulo 5, são **herbívoros**, que consomem plantas e algas; **carnívoros**, que consomem outros animais vivos, e **detritívoros**, que consomem matéria orgânica morta (*detritos*). Organismos que consomem matéria orgânica viva tanto de plantas quanto de animais são chamados de **onívoros**. Aprimoramento adicional na preferência alimentar às vezes incorpora a terminologia usada para descrever os heterótrofos; comedores de insetos, por exemplo, são chamados de *insetívoros*.

Dietas heterotróficas podem ser determinadas pela composição isotópica da fonte de alimento

Identificar o que os heterótrofos comem pode ser tão simples como observá-los comendo. Essas observações, no entanto, podem tomar muito tempo e traduzir-se em resultados não muito precisos. Outra opção é examinar seu material fecal (fezes), que também é uma tarefa imprecisa e desagradável. Um método alternativo de se determinar a dieta de um heterótrofo envolve a medição de isótopos estáveis de carbono (ver Ferramentas Ecológicas 5.1). A proporção da ocorrência natural de isótopos de carbono ($^{13}C/^{12}C$), nitrogênio ($^{15}N/^{14}N$) e enxofre ($^{34}S/^{32}S$) difere entre os possíveis itens alimentares. As medições da composição isotópica de um heterótrofo e suas potenciais fontes de alimento podem identificar as fontes que compõem sua dieta (Peterson e Fry, 1987).

Medições isotópicas de espécimes com ossos preservados têm sido utilizadas para estudar as dietas de animais extintos, bem como de animais modernos. Um mistério na ecologia alimentar solucionado com o uso de medições isotópicas foi a dieta do urso-das-cavernas europeu (*Ursus spelaues*). O urso-das-cavernas foi extinto há cerca de 25 mil anos, durante o auge da última Era do Gelo. Esses ursos eram muito maiores que os ursos das zonas temperadas de hoje, o equivalente a três vezes o tamanho de um urso-cinzento atual (*Ursus arctos horribilis*) da América do Norte. Um exame da estrutura dentária e das mandíbulas dos ursos-das-cavernas levou alguns mastozoólogos a levantarem a hipótese de que eles eram primariamente herbívoros. Entretanto, o fato das plantas apresentarem uma dieta de baixa qualidade, como notado no Conceito 5.4, levou a certo ceticismo de que um urso tão grande pudesse se sustentar adequadamente com uma dieta herbívora. G. V. Hilderbrand e colaboradores mediram a composição isotópica de carbono e nitrogênio das amostras ósseas fornecidas por museus de todo o mundo. As amostras incluíam ursos-das-cavernas e herbívoros que ocorreram próximos a eles (rinoceronte-lanudo, mamute-lanudo, cavalos e auroques, um antecessor do gado moderno). Os pesquisadores também mediram a composição isotópica de amostras ósseas e de pelos dos ursos-cinzentos do oeste dos Estados Unidos que morreram antes de 1931, anteriormente à construção de barragens que restringiram o deslocamento do salmão até a bacia do rio Columbia (Hilderbrand et al.,1996). Eles queriam verificar se os ursos-cinzentos vivendo próximos às áreas costeiras dependiam mais de peixe em sua dieta do que os ursos das áreas interiores que não tinham acesso ao salmão. A carne é mais rica em ^{15}N do que as plantas, então os ursos com uma dieta carnívora têm uma maior razão $^{15}N/^{14}N$ que aqueles que se alimentam de tecidos vegetais. As fontes marinhas de carne (p. ex., peixe) têm uma proporção mais elevada de ^{13}C (razão $^{13}C/^{12}C$ maior) que as fontes de alimento terrestres (p. ex., pequenos mamíferos).

Hilderbrand e colaboradores descobriram que os ossos dos ursos-das-cavernas tinham uma composição isotópica diferente daquela dos herbívoros do Pleistoceno (**Figura 20.19A**). Utilizando as informações sobre a composição isotópica das fontes de alimentos, os pesquisadores estimaram que a dieta média desses ursos consistia em 58% de carne (intervalo de 41 a 78%). Essa

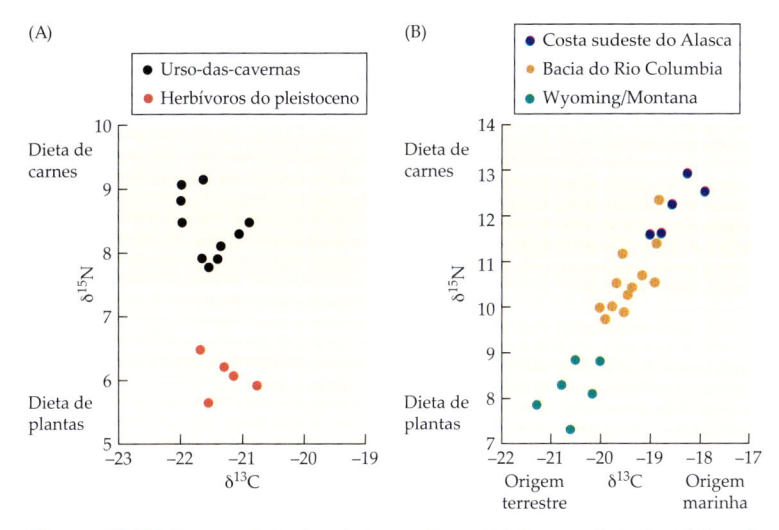

Figura 20.19 Composição isotópica e dieta (A) Composição isotópica de carbono e nitrogênio de ossos de espécimes de ursos-das-cavernas e de herbívoros de cerca de 20 mil anos atrás. As composições isotópicas são expressas como a razão entre os isótopos mais pesados e os mais leves, comparados com o padrão (ver Ferramentas Ecológicas 5.1). Números maiores indicam que há mais isótopos pesados. (B) Composição isotópica de amostras de cabelo e ossos coletadas de ursos-cinzentos mortos entre 1856 e 1931, antes da construção de barragens nos rios do noroeste do Pacífico. (Segundo Hilderbrand et al., 1996.)

constatação refutou a hipótese de que os ursos-das-cavernas eram primariamente herbívoros, indicando que a maior parte de sua dieta era carnívora. Descobriu-se que os ursos-cinzentos vivendo nas áreas interiores consumiam menos carne (35% de sua dieta total) do que os ursos-cinzentos das zonas costeiras ou os extintos ursos-das-cavernas, com uma proporção maior de sua dieta consistindo em plantas (65%). Os ursos-cinzentos ao longo da costa sudeste do Alasca e da bacia do Rio Columbia tinham uma proporção maior de carne em sua dieta (66%), e a maior parte dela (90%) vinha do salmão, com base na composição isotópica dos tecidos dos ursos e em suas fontes de alimento (**Figura 20.19B**). Neste e em outros estudos, as medições isotópicas forneceram uma ferramenta mais precisa e integrativa, e que também consome menos tempo, que outras técnicas para determinar as dietas dos animais.

A produção secundária líquida é igual ao crescimento heterotrófico

Nem toda a matéria orgânica consumida pelos heterótrofos é incorporada em biomassa. Parte é usada na respiração e parte é excretada (perdida na urina e nas fezes). A **produção secundária líquida** é, portanto, o balanço entre ingestão, perda respiratória e excreção:

Produção secundária líquida = ingestão − respiração − excreção

A produção secundária líquida de um heterótrofo depende da qualidade de seu alimento, e está relacionada com sua digestibilidade e seu conteúdo de nutrientes. Além disso, a fisiologia do heterótrofo influencia com qual eficácia o alimento ingerido é destinado ao crescimento do organismo. Animais com alta taxa de respiração (p. ex., endotérmicos) têm menos energia direcionada a seu crescimento.

A produção secundária líquida na maioria dos ecossistemas terrestres é uma pequena fração da PPL, devido à predação de herbívoros, à defesa vegetal e ao baixo teor de nutrientes de muitas plantas, como veremos no Capítulo 21. Ela representa uma fração maior da PPL nos ecossistemas aquáticos do que nos ecossistemas terrestres. Grande parte da produção secundária líquida na maioria dos ecossistemas está associada a organismos detritívoros, em especial bactérias e fungos.

ESTUDO DE CASO REVISITADO
Vida nas profundezas submarinas

Neste capítulo, enfatizamos a importância dos autótrofos fotossintetizantes como fonte de energia para os ecossistemas, já que a maior parte da energia que entra nos ecossistemas deriva da luz solar visível. Aqui e no Capítulo 5, contudo, mencionamos outra fonte de energia para os ecossistemas: a quimiossíntese. Algumas bactérias podem usar compostos químicos como sulfeto de hidrogênio (H_2S e formas correlatas como HS^- e S^{2-}) como doadores de elétrons para captar dióxido de carbono e convertê-lo em carboidratos:

$$S^{2-} + CO_2 + O_2 + H_2O \rightarrow SO_4^{2-} + (CH_2O)_n$$

As bactérias que fornecem energia para os ecossistemas via quimiossíntese são conhecidas como *quimioautótrofas*. A existência dessas bactérias quimioautótrofas era conhecida por pelo menos um século antes da descoberta das fontes hidrotermais, mas seu papel de fornecer energia para essas comunidades era desconhecido.

Inicialmente, hipóteses sugeriam que a alta velocidade da corrente d'água em torno da fonte ajudava a direcionar a matéria orgânica originada da zona fótica rumo aos invertebrados filtradores de alimento. Contudo, diversas linhas de evidência sugerem que os quimioautótrofos eram a maior fonte de energia para esses ecossistemas. Em primeiro lugar, as proporções dos isótopos de carbono ($^{13}C/^{12}C$) nos corpos dos invertebrados das fontes eram diferentes daquelas do fitoplâncton na zona fótica (ver Ferramentas Ecológicas 5.1). Em segundo lugar, os vermes tubulares recolhidos das fendas (gênero *Riftia*) não tinham bocas nem sistemas digestórios. Esses vermes sem intestino também tinham estruturas chamadas de trofossomas, compostas de tecidos altamente vascularizados

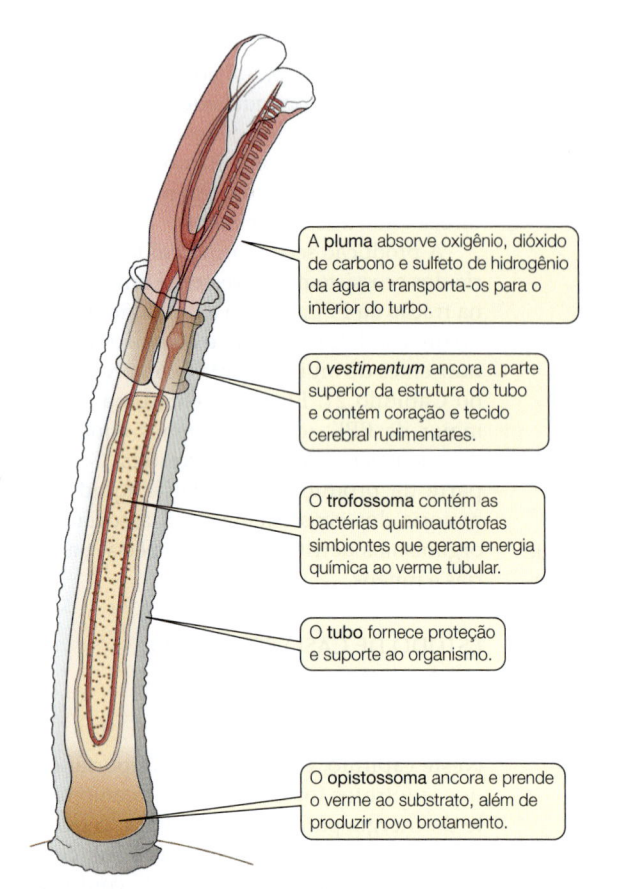

Figura 20.20 Anatomia da *Riftia* Os vermes tubulares do gênero *Riftia* apresentam diversas estruturas especializadas que os fazem bem adaptados ao ambiente das fontes hidrotermais.

- A **pluma** absorve oxigênio, dióxido de carbono e sulfeto de hidrogênio da água e transporta-os para o interior do turbo.
- O ***vestimentum*** ancora a parte superior da estrutura do tubo e contém coração e tecido cerebral rudimentares.
- O **trofossoma** contém as bactérias quimioautótrofas simbiontes que geram energia química ao verme tubular.
- O **tubo** fornece proteção e suporte ao organismo.
- O **opistossoma** ancora e prende o verme ao substrato, além de produzir novo brotamento.

com células especializadas contendo grandes quantidades de bactérias (**Figura 20.20**). Enxofre elementar foi encontrado nos trofossomas, sugerindo que os sulfetos estavam sendo quimicamente transformados dentro do corpo tubular dos vermes. Finalmente, enzimas associadas ao ciclo de Calvin, o caminho bioquímico usado pelos autótrofos para sintetizar carboidratos (ver Conceito 5.2), bem como as enzimas envolvidas no metabolismo do enxofre, foram encontradas nos trofossomas. Além disso, mexilhões e outros moluscos coletados das comunidades não tinham alguns tecidos essenciais para filtrar os alimentos e tinham grandes quantidades de bactérias em tecidos especializados, bem como enzimas associadas ao ciclo de Calvin.

Todas essas evidências apontam para a conclusão de que as comunidades dessas fontes hidrotermais retiram sua energia de bactérias quimioautótrofas. Essas bactérias também auxiliam na desintoxicação dos sulfetos da água, o que normalmente poderia inibir a respiração aeróbica. Além disso, muitos dos abundantes organismos têm relações simbióticas com bactérias; isto é, abrigam as quimioautótrofas em seus corpos, frequentemente em estruturas especializadas. Será esse um mutualismo do tipo daquele descrito no Capítulo 15? Os vermes tubulares e os mexilhões que hospedam bactérias beneficiam-se pela obtenção de carboidratos para processos metabólicos, crescimento, reprodução, assim como para desintoxicação de sulfetos. As bactérias retiram algum benefício dos invertebrados? A resposta é sim: os invertebrados proporcionam a elas um ambiente químico diferente daquele encontrado na água circundante, fornecendo mais dióxido de carbono, oxigênio e sulfeto do que poderiam obter se vivessem livres na água ou nos sedimentos ao redor das fontes hidrotermais. A simbiose entre as bactérias e os invertebrados resulta, portanto, em uma produtividade mais alta do que se esses organismos vivessem separados.

CONEXÕES NA NATUREZA
Sucessão e evolução movidas pela energia nas comunidades das fontes hidrotermais

Os ambientes no entorno das fontes hidrotermais são dinâmicos, nascidos da erupção de novas fontes quentes, que eventualmente param de emitir água carregada de sulfeto à medida que os canais de água subterrânea são alterados e o magma subjacente resfria (Van Dover, 2000). Quando as fontes param de emitir água com sulfetos, e todo o sulfeto na água é consumido, as comunidades em torno dessas fontes se desarranjam, à medida que a fonte de sua energia desaparece e o substrato se desintegra. O tempo de duração dessas comunidades varia entre 20 e 200 anos. Estudos da colonização e do desenvolvimento dessas comunidades ao longo das últimas três décadas têm fornecido *insights* sobre a sucessão nas comunidades marinhas em geral (ver Capítulo 17 para uma discussão geral da sucessão).

A sucessão nessas comunidades hidrotermais é relativamente rápida e pode ser observada por uma revisita periódica a fendas específicas (**Figura 20.21**). Apesar da difícil logística e do custo desse tipo de análise terem limitado o número de observações, algumas tendências gerais surgiram. As taxas de colonização e o desenvolvimento das comunidades de fontes hidrotermais são maiores quando elas estão mais próximas uma das outras, como podemos prever com base na teoria da biogeografia de ilhas (ver Conceito 18.3). Visto que a energia das comunidades deriva da quimiossíntese, a colonização inicia com bactérias quimioautotróficas, às vezes em números grandes o suficiente para turvar a água. Os vermes tubulares são, em geral, os primeiros invertebrados a chegar ao local. Mexilhões e outros moluscos parecem ser os melhores competidores em locais com águas com temperaturas e composição química ótima, e, ao longo do tempo, aumentam em abundância à custa dos vermes tubulares. Poucos carnívoros e saprófagos como caranguejos e lagostas são encontrados em comunidades desenvolvidas, mas em baixas abundâncias. Conforme as populações de vermes tubulares e de bivalves decaem com o declínio da entrada de sulfeto na corrente d'água quando o fluxo da água da fonte reduz, a abundância de saprófagos aumenta até a energia disponível em forma de detritos acabar.

O padrão de sucessão nas comunidades de fendas hidrotermais está sujeito aos mesmos fatores aleatórios que influenciam a sucessão em outros hábitats: a ordem de chegada dos organismos em um local pode influenciar as dinâmicas de longo termo da comunidade (ver Conceito 17.4). Fontes hidrotermais vizinhas podem mostrar comunidades em diferentes estágios de sucessão, associadas ao estágio de desenvolvimento da própria fonte, bem como diferentes "vias" de sucessão devido aos diferentes organismos presentes. Desse modo, as coleções de fontes hidrotermais dentro da mesma área geral são um mosaico de comunidades em diferentes estágios sucessionais, similares àqueles observados em florestas terrestres, embora separadas por distâncias maiores do que as manchas dentro de uma floresta.

A natureza única do fornecimento de energia nessas comunidades sugere uma forte divergência evolutiva entre os organismos que habitam dentro das fendas e seus parentes mais próximos, que não as habitam (ver Conceito 6.4). Onde as relações entre organismos hidrotermais e seus parentes não hidrotermais foram estudadas, a divergência é mesmo profunda, normalmente em nível de gênero, família ou ordem. Desde a descoberta das fontes hidrotermais, cerca de 500 novas espécies hidrotermais foram descritas; dessas espécies, 90% são endêmicas das fontes hidrotermais. Entretanto, grandes áreas da cadeia meso-oceânica, potencialmente contendo fontes hidrotermais, ainda precisam ser exploradas.

A estreita associação entre as bactérias quimioautótrofas e seus hospedeiros invertebrados sugere potencial relacionamento coevolutivo, como o do tipo descrito no Conceito 15.1. Teriam os invertebrados e as bactérias simbiontes quimiossintetizantes evoluído em conjunto? Para responder a essa questão, Andrew Peek e colaboradores compararam as relações evolutivas (árvores filogenéticas; ver Figura 6.16) de mexilhões da família Vesicomyidae que moram nas fendas com aquelas das bactérias simbiontes (Peek et al., 1998). Os mexilhões dessa família transferem as bactérias para seus descendentes no citoplasma de seus ovos. Peek e colaboradores coletaram oito espécies de mexilhões de três gêneros das comunidades de fontes hidrotermais, em latitudes variando entre 18° N e 47° N e profundidades variando entre 500 e 6.370 m. DNA ribossomal removido dos mexilhões e das bactérias foi usado para construir as árvores filogenéticas. As duas árvores apresentaram uma notável congruência (**Figura 20.22**), fornecendo uma forte evidência de que a especiação, tanto nos mexilhões como nas bactérias simbiontes, tem ocorrido sincronicamente. Porém, outros grupos dessas fontes não apresentam essa aparente relação coevolutiva. Por exemplo, no caso dos vermes tubiformes, três diferentes espécies de diferentes

Figura 20.21 Sucessão em comunidades de fontes hidrotermais A composição e a abundância das espécies em uma comunidade de fontes hidrotermais mudam ao longo do tempo, iniciando a partir da erupção de uma fonte quente.

Figura 20.22 Coevolução de mexilhões de fontes hidrotermais e suas bactérias simbiônticas As árvores filogenéticas de mexilhões da família Vesicomyidae coletados de fontes hidrotermais e suas bactérias simbiontes quimioautotróficas mostram paralelos impressionantes, sugerindo que essas espécies coevoluíram. (Segundo Peek et al., 1998.)

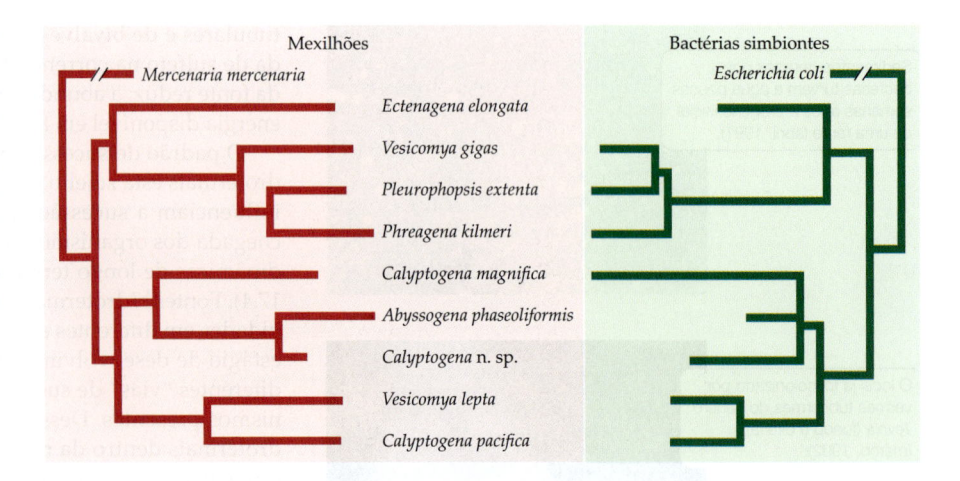

localizações geográficas têm a mesma espécie de bactérias oxidantes de enxofre.

Recentemente, tem-se sugerido que essas fontes hidrotermais são locais apropriados para a origem da vida no planeta Terra. O ambiente geoquímico redutor (p. ex., doação de elétrons) das fontes hidrotermais é propício à síntese abiótica dos aminoácidos, que teriam sido necessários para o desenvolvimento dos sistemas vivos. Embora aminoácidos não sejam estáveis em águas oceânicas profundas sujeitas à alta pressão e temperatura, existem fontes com temperaturas mais baixas, localizadas em regiões não muito profundas, onde a gênese de aminoácidos pode ocorrer e realmente ocorre. Como Cyndy Lee Van Dover (2000) assegurou de modo tão eloquente: "Essas fontes de água podem ser a sopa definitiva no caldeirão do feiticeiro".

RESUMO

CONCEITO 20.1 A energia nos ecossistemas origina-se com a produção primária pelos autótrofos.

- A produção primária bruta (PPB) é o total de carbono fixado pelos autótrofos em um ecossistema.
- A PPB de um ecossistema é determinada pela taxa de fotossíntese e pelo índice de área foliar.
- A produção primária líquida (PPL) é igual à PPB menos a respiração autotrófica.
- A PPL muda durante a sucessão devido às mudanças no índice de área foliar e nas proporções de tecidos vegetais fotossintéticos e não fotossintéticos.
- Os pesquisadores têm desenvolvido diversas abordagens para medir a PPL a diferentes escalas espaciais e temporais.

CONCEITO 20.2 A produção primária líquida é limitada por fatores ambientais físicos e bióticos.

- A variação na PPL terrestre está associada com a variação na temperatura e na precipitação, as quais afetam a disponibilidade de recursos e os tipos e as abundâncias de plantas.
- As taxas de crescimento intrínsecas das diferentes espécies de plantas influenciam a variação espacial na PPL e sua resposta à variação na disponibilidade de recursos.

- A PPL nos ecossistemas aquáticos é controlada pelo fornecimento de nutrientes, particularmente fósforo e nitrogênio.

CONCEITO 20.3 Os padrões globais de produção primária líquida são reflexo das limitações climáticas e dos tipos de biomas.

- As PPLs terrestre e oceânica contribuem com proporções praticamente iguais da PPL global.
- A maioria da PPL terrestre ocorre nos trópicos.
- Embora as zonas de ressurgência e as zonas costeiras tenham as maiores taxas de PPL, o oceano aberto é responsável pela maior parte da PPL oceânica devido a sua maior área.
- Diferenças na PPL refletem diferenças no índice de área foliar e na duração da estação de crescimento.

CONCEITO 20.4 A produção secundária é gerada por meio do consumo de matéria orgânica pelos heterótrofos.

- Os heterótrofos obtêm energia do consumo de matéria orgânica viva ou morta.
- A dieta dos heterótrofos pode ser determinada por medição e comparação das taxas entre os isótopos estáveis em seus tecidos e nos tecidos de suas potenciais fontes de alimento.
- A produção secundária é a energia ingerida pelos heterótrofos menos a energia usada na respiração e na excreção de fezes e urina.

Questões de revisão

1. Por que é importante conhecer a produção primária dos ecossistemas?

2. Plantas alocam a energia adquirida pela fotossíntese para diferentes funções, como crescimento e metabolismo. A alocação para o crescimento pode ir preferencialmente para órgãos específicos, como folhas, caules, raízes ou flores. Como você esperaria que a alocação de energia entre os órgãos das plantas mudasse à medida que a quantidade de PPL nos ecossistemas terrestres aumenta? Explique por que você esperaria esse padrão de alocação energética.

3. Alguns ecólogos interessados nos fatores primordiais que controlam a variação da PPL na tundra mediram o crescimento das plantas em vários locais ao longo de muitos anos. Eles também mediram a temperatura do ar e do solo, a velocidade do vento, a radiação solar e a umidade do solo. Quando analisaram todos os dados, descobriram que a melhor correlação entre a PPL e qualquer um dos fatores físicos que eles mediram era com a temperatura do solo. Os pesquisadores concluíram que a PPL na tundra do Ártico é controlada pelo efeito da temperatura do solo no crescimento da raiz. Essa conclusão está correta?

4. Quais são alguns dos benefícios e inconvenientes associados a medir a PPL utilizando (a) técnicas de colheita e (b) sensoriamento remoto?

5. Proporções de isótopos estáveis frequentemente são usadas como indicadores da dieta preferencial dos animais. Você esperaria uma maior variação na proporção de ^{15}N em uma população de uma espécie onívora do que em uma população de uma espécie herbívora?

MATERIAL DA INTERNET (em inglês)
sites.sinauer.com/ecology3e

O *site* inclui o resumo dos capítulos, testes, *flashcards* e termos-chave, sugestão de leituras, um glossário completo e a Revisão Estatística. Além disso, os seguintes recursos estão disponíveis para este capítulo:

Exercício Prático: Solucionando Problemas
20.1 O longo e quente verão: efeitos no ecossistema na seca de 2003 na europa
20.2 O custo de permanecer vivo: nitrogênio e energia em plantas submontanas

Conexão às Mudanças Climáticas
20.1 A transformação dos ecossistemas árticos de sumidouros de carbono a fontes de carbono

21 Fluxo energético e teias alimentares

CONCEITOS-CHAVE

CONCEITO 21.1 Níveis tróficos descrevem as posições alimentares dos grupos de organismos nos ecossistemas.

CONCEITO 21.2 A quantidade de energia transferida de um nível trófico para o próximo depende da qualidade do alimento, bem como da abundância e da fisiologia do consumidor.

CONCEITO 21.3 Alterações na abundância dos organismos de um nível trófico podem influenciar o fluxo energético em diversos níveis tróficos.

CONCEITO 21.4 Teias alimentares são modelos conceituais de interações tróficas de organismos em um ecossistema.

Toxinas em locais remotos: Estudo de Caso

O Ártico é considerado uma das regiões mais preservadas da Terra. Acredita-se que os efeitos humanos nesse ambiente sejam leves em comparação às zonas temperadas e tropicais, onde a maioria dos seres humanos vive. Dessa forma, o Ártico seria um dos últimos lugares onde alguém esperaria encontrar altos níveis de poluição em organismos vivos.

Em meados da década de 1980, Eric Dewailly estudava a concentração de bifenilas policloradas (BPCs) no leite humano de mães no sul de Quebec. As BPCs pertencem a um grupo de compostos químicos chamados de poluentes orgânicos persistentes (POPs), pois permanecem no ambiente por um longo período. Os POPs originam-se de atividades industriais e agrícolas, assim como da queima do lixo industrial, hospitalar ou urbano. A exposição às BPCs tem sido associada ao aumento da incidência de câncer, à redução da capacidade de combater infecções, à diminuição da capacidade de aprendizagem em crianças e à redução do peso de recém-nascidos.

Dewailly procurava uma população humana de uma área preservada que pudesse servir como controle para seu estudo. Ele recebeu a ajuda de algumas mães Inuítes do Ártico do Canadá. Os Inuítes (*Inuit*) são essencialmente caçadores de subsistência e não possuem indústria ou agricultura que os exporia aos POPs (**Figura 21.1**). Por esse motivo, Dewailly assumiu que eles teriam pouco ou nenhum teor de BPCs no leite materno, sendo uma referência para comparação com a população das áreas mais industrializadas.

O que Dewailly descobriu foi surpreendente: as mulheres Inuítes tinham concentrações de BPCs em seu leite materno sete vezes maiores que aquelas das mulheres do sul do Quebec (**Figura 21.2**) (Dewailly et al., 1993). Essas descobertas alarmantes foram reforçadas pelo trabalho de Harriet Kuhnlein, que, por volta da mesma época, verificou que aproximadamente dois terços das crianças de uma comunidade Inuíte no nordeste do Canadá apresentavam níveis de BPCs no sangue que excediam os parâmetros dos órgãos de saúde canadenses (Kuhnlein et al., 1995). Pesquisas mais amplas descobriram que os POPs estavam disseminados nas populações Inuítes. Cerca de 95% da população nas comunidades Inuítes da Groelândia apresentavam níveis de BPCs no sangue que excediam os padrões de saúde (Pearce, 1997).

Como essas toxinas apareceram nas regiões do Ártico onde moram os Inuítes? Os POPs encontrados nos tecidos das populações

Figura 21.1 Caça de subsistência Caçadores Inuítes retiram camadas de pele e gordura de uma baleia-da-groelândia abatida em uma região remota e muito pouco populosa do Ártico.

Introdução

Para iniciar nossa discussão sobre o fluxo energético nos ecossistemas, vamos nos deslocar do Ártico para um local muito mais quente: um deserto norte-americano. Apesar da aridez, os desertos possuem um conjunto diverso de plantas, animais e microrganismos. Essa diversidade é refletida na variação de tamanho, forma e fisiologia dos animais que compõem a fauna desértica, desde nematódeos no solo, gafanhotos no dossel vegetal, até falcões no céu. O que liga esses animais no contexto das funções ecológicas não são, necessariamente, sua aparência física ou suas relações evolutivas. Em vez disso, suas funções ecológicas são determinadas pelo que eles comem e por quem se alimenta deles – isto é, por suas interações alimentares, ou *tróficas*. Em outras palavras, a influência que um organismo tem no movimento da energia e dos nutrientes em um ecossistema é determinada pelo tipo de comida que ele consome, como também pelo tipo de predador que o consome. Por exemplo: gafanhotos e escorpiões são ambos artrópodes, com morfologia e fisiologia similares, mas seus efeitos ecológicos no fluxo energético pelo ecossistema do deserto são bem diferentes. No contexto do fluxo energético, os gafanhotos são mais similares aos veados-mula do que aos escorpiões. Tanto gafanhotos quanto veados-mula (assim chamados devido às orelhas compridas) são herbívoros generalistas que consomem diversas espécies de plantas do deserto. O escorpião, por outro lado, é um artrópode carnívoro que se alimenta principalmente de insetos e, portanto, possui um papel ecológico mais similar ao de um pequeno falcão do que ao de um gafanhoto.

Neste capítulo, continuaremos a discussão sobre energia que iniciamos no Capítulo 20, descrevendo os fluxos através dos ecossistemas e os fatores que controlam os movimentos através dos diferentes níveis tróficos. Também veremos as relações alimentares em um ecossistema como uma rede intrincada de interações entre espécies, uma perspectiva que apresenta importantes implicações para o fluxo energético e para a funcionalidade do ecossistema, bem como para as interações das espécies e para as dinâmicas das comunidades (tópicos que foram abordados nas Partes 4 e 5).

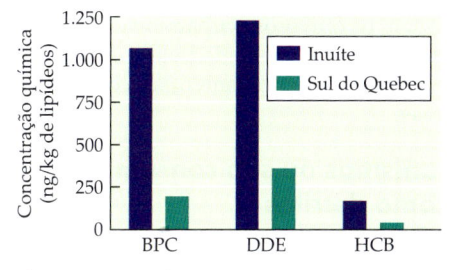

Figura 21.2 Poluentes orgânicos persistentes em mulheres canadenses No leite materno das Inuítes do norte do Canadá foram encontradas concentrações substancialmente maiores de BPCs e dois outros POPs – difenil-dicloroetileno (DDE, pesticida similar ao DDT) e hexaclorobenzeno (HCB, fungicida agrícola) – do que no leite das mães do Sul de Quebec. (Segundo Dewailly et al., 1993.)

Inuítes ocorrem na forma gasosa na maioria das temperaturas ambientais. Produzidos em áreas industriais de baixas latitudes, esses compostos entram na atmosfera em condições mais quentes, mas, quando carregados pelos padrões de circulação atmosférica para a atmosfera mais fria do Ártico, eles condensam e precipitam, às vezes em flocos de neve. A produção e o uso da maioria dos POPs foram proibidos na América do Norte a partir da década de 1970. Entretanto, alguns países em desenvolvimento continuam produzindo POPs, constituindo importantes fontes dos compostos descobertos nas regiões do Ártico. Embora as emissões de POPs tenham diminuído, esses compostos podem permanecer na neve e no gelo do Ártico por muitas décadas, sendo liberados lentamente durante o derretimento do gelo, a cada primavera e verão.

Embora a origem dos POPs fosse conhecida, as altas concentrações desses compostos nos Inuítes eram um mistério. As concentrações de POPs na água de beber não eram altas o suficiente para explicar esse fenômeno. Um palpite veio da correlação entre os níveis de toxinas nas pessoas e suas dietas. Comunidades que tradicionalmente têm a dieta baseada em mamíferos marinhos tenderam a apresentar níveis mais altos de POPs, enquanto comunidades que se alimentam dos herbívoros caribus tenderam a apresentar níveis baixos. Neste capítulo, conheceremos as bases ecológicas para essa diferença encontrada, conforme traçamos o fluxo de energia e dos materiais pelos ecossistemas.

> **CONCEITO 21.1**
>
> Níveis tróficos descrevem as posições alimentares dos grupos de organismos nos ecossistemas.

Relações alimentares

No Capítulo 20, introduzimos a abordagem simplificada de Ray Lindeman envolvendo a categorização de grupos de organismos em um ecossistema de acordo com sua forma de obter energia (ver Figura 20.3). Em vez de agrupá-los por sua identidade taxonômica, ele os agrupou em categorias funcionais com base em seus papéis na movimentação de energia nos ecossistemas. Nesta seção, analisaremos com mais detalhes essas categorias funcionais.

Os organismos podem ser agrupados em níveis tróficos

Cada categoria alimentar, ou **nível trófico**, é definida pelo número de degraus tróficos que a separa dos autótrofos (**Figura 21.3**). O primeiro nível trófico consiste nos autótrofos, os produtores primários que geram energia química a partir da luz solar ou de compostos químicos inorgânicos. Ele também gera a maior parte da matéria orgânica morta nos ecossistemas. No ecossistema de deserto do nosso exemplo, o primeiro nível trófico inclui todas as plantas que agrupamos para formar um único componente, não importando sua identificação taxonômica. No ecossistema lacustre de Lindeman (ver Figura 20.3), o primeiro nível trófico foi associado primeiramente à matéria orgânica morta, à qual Lindeman figurativamente se referiu como "lodo", e também foi associado a autótrofos como o fitoplâncton e as plantas aquáticas. O segundo nível trófico é composto pelos herbívoros que consomem biomassa autotrófica – que em nosso ecossistema de deserto incluiria gafanhotos e veados-mula – e pelos detritívoros que consomem matéria orgânica morta. Os demais níveis tróficos (terceiro em diante) contêm os carnívoros que consomem os animais do nível trófico abaixo deles. Os carnívoros primários que constituem o terceiro nível trófico em um sistema de deserto incluiriam pequenas aves e escorpiões, enquanto exemplos de carnívoros secundários do quarto nível trófico incluiriam raposas e aves de rapina. A maioria dos ecossistemas tem quatro níveis tróficos ou menos.

Alguns organismos não se enquadram totalmente nos níveis tróficos definidos aqui. Coiotes, por exemplo, são consumidores oportunistas, pois consomem vegetais, camundongos, outros carnívoros e até botas de couro. Em estudos tróficos, os heterótrofos que se alimentam em múltiplos níveis tróficos são chamados de **onívoros**.[1] Esses heterótrofos desafiam nossa tentativa de agrupar organismos em categorias alimentares simples. Entretanto, suas dietas podem ser detalhadas a fim de se conhecer a quantidade de energia que eles consomem em cada nível trófico (Pimm, 2002). O rastreamento e a separação das fontes de alimento são facilitados pelo uso de isótopos estáveis (Post, 2002a) (ver Ferramentas Ecológicas 5.1 e Conceito 20.4). Assim, os onívoros ocupam níveis tróficos intermediários, conforme determinado pelas proporções de alimentos que eles consomem. A onivoria é comum em muitos ecossistemas.

Todos os organismos ou são consumidos ou acabam como detritos

Todos os organismos em um ecossistema ou são consumidos por outros organismos de níveis tróficos mais elevados ou entram no reservatório de matéria orgânica morta – *detrito* (o "lodo" de Lindeman na Figura 21.3, ou como Tom Waits canta: "Nós todos viraremos sujeira no chão"). Na maioria dos ecossistemas terrestres, uma proporção relativamente pequena da biomassa é consumida, e a maior parte do fluxo energético passa pelo detrito (**Figura 21.4**). Devido ao fato de que a maior parte desse fluxo energético ocorre no solo, nem sempre estamos cientes da magnitude e da importância desse processo. Plantas, micróbios e animais mortos, assim como fezes, são consumidos por uma profusão de organismos, conhecidos como *detritívoros* (principalmente bactérias e fungos), no processo conhecido como *decomposição*. Detalharemos a decomposição no Capítulo 22, no contexto da ciclagem de nutrientes. Os detritos fazem parte do primeiro nível trófico, e os detritívoros estão posicionados com os herbívoros no segundo nível trófico. Embora os níveis tróficos dos autótrofos e dos detritos sejam, algumas vezes, considerados separadamente, eles estão fortemente ligados pela produção primária, pela ciclagem de nutrientes e pelos diversos organismos que adquirem energia tanto de plantas quanto de detritos.

O fluxo energético através dos detritos é muito importante, tanto em ecossistemas terrestres quanto em

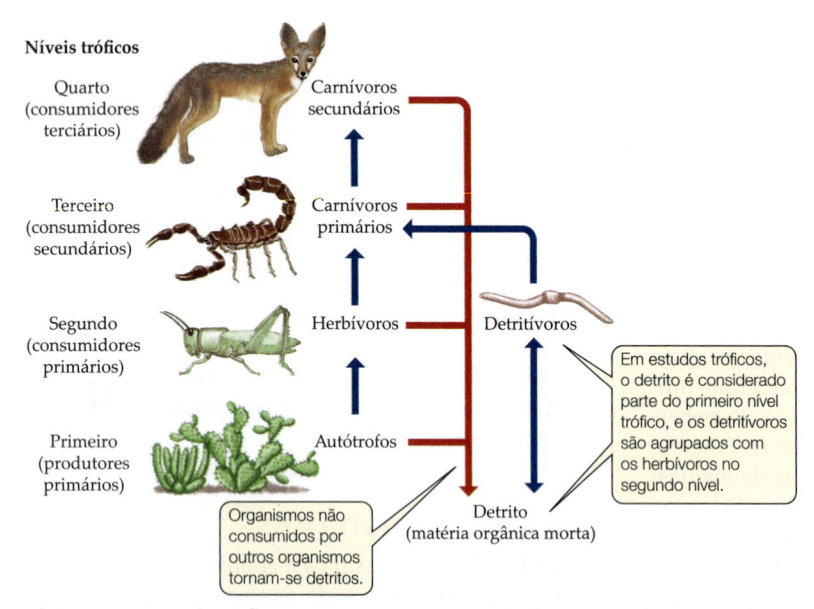

Figura 21.3 Níveis tróficos em um ecossistema de deserto Cada nível trófico é caracterizado pelo número de degraus tróficos que o separa dos autótrofos (produtores primários).

---

[1] Essa definição contrasta com nossa definição anterior para onívoros no Capítulo 20, na qual são heterótrofos que consomem tanto plantas quanto animais.

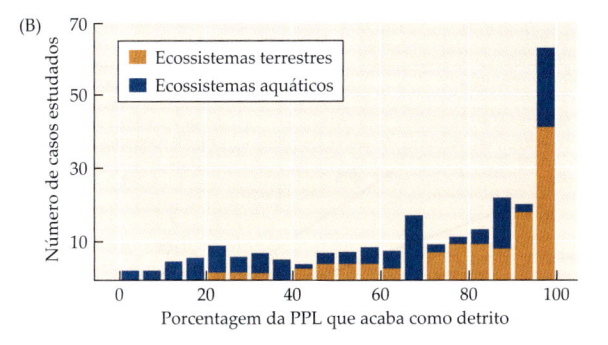

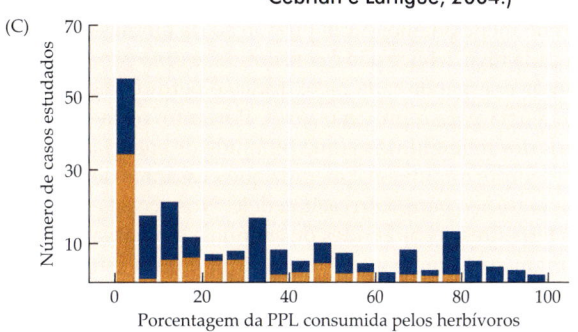

Figura 21.4 Fluxo energético nos detritos de ecossistemas (A) O detrito é consumido por uma variedade de organismos, incluindo fungos (estes são corpos de frutificação do fungo tufo-de-enxofre) e artrópodes (como os diplópodos). (B) Numerosos estudos tróficos tanto de ecossistemas aquáticos quanto de terrestres descobriram que, na maioria dos ecossistemas, a maior parte da PPL vai para os detritos. (C) De forma similar, relativamente pouco da PPL em um ecossistema é consumida pelos herbívoros. (B e C segundo Cebrian e Lartigue, 2004.)

Hypholoma fasciculare

Polydesmus sp.

(B) Ecossistemas terrestres / Ecossistemas aquáticos — Número de casos estudados × Porcentagem da PPL que acaba como detrito

(C) Número de casos estudados × Porcentagem da PPL consumida pelos herbívoros

aquáticos. Os detritos nos ecossistemas terrestres advêm principalmente das plantas do ecossistema. Por outro lado, a maior parte dos detritos dos ecossistemas de rios, lagos e estuários deriva da matéria orgânica terrestre, considerada externa ao ecossistema aquático. A entrada de energia externa a um ecossistema é chamada de **aporte alóctone**, enquanto a energia produzida dentro do sistema pelos autótrofos é conhecida como **energia autóctone**. O aporte de energia alóctone nos ecossistemas aquáticos inclui folhas, caules e madeiras das plantas, além de matéria orgânica dissolvida. Essa energia penetra na água a partir dos ecossistemas terrestres adjacentes ou flui por meio da água subterrânea. Aportes alóctones tendem a ser mais importantes em ecossistemas de riachos e rios do que em ecossistemas de lagos e oceanos. Por exemplo, o Bear Brook, um córrego de cabeceira em Nova Hampshire, recebe 99,8% de sua energia na forma de aporte alóctone; o resto é produção primária líquida (PPL) derivada de algas bentônicas e musgos do córrego (Fisher e Likens, 1973). Em contraste, a energia autóctone é responsável por quase 80% da produção energética no lago vizinho Mirror (Jordan e Likens, 1975). A energia alóctone, no entanto, frequentemente apresenta menor qualidade devido à composição química dos compostos de carbono que entram no sistema. Como consequência, a fração de energia alóctone que realmente é utilizada é mais baixa do que as entradas indicam (Pace at al., 2004). A importância da energia autóctone em geral aumenta da cabeceira até a metade do curso de um rio, em conjunto com a diminuição da velocidade da água e o aumento das concentrações de nutrientes, como sugerido pela Teoria do Rio Contínuo (descrita no Conceito 3.2).

Como esse exemplo aquático demonstra, agrupar organismos em níveis tróficos facilita o rastreamento do fluxo energético através de um ecossistema. Esse fluxo é o próximo tópico que abordaremos.

CONCEITO 21.2

A quantidade de energia transferida de um nível trófico para o próximo depende da qualidade do alimento, bem como da abundância e da fisiologia do consumidor.

Fluxo energético entre os níveis tróficos

A segunda lei da termodinâmica afirma que, durante qualquer transferência de energia, alguma energia é dissipada como energia inutilizável devido ao aumento da desordem no sistema (entropia). Assim, pode-se esperar que o nível de energia disponível diminua ao passarmos de um nível trófico mais baixo para outro superior. Sabemos, a partir de nossa discussão sobre produção primária nos Capítulos 5 e 20, que os autótrofos perdem energia química pela respiração celular, reduzindo a quantidade de energia disponível para os heterótrofos. Nesta seção, detalharemos os fatores que influenciam o movimento energético entre os níveis tróficos.

O fluxo energético entre os níveis tróficos pode ser ilustrado pelo uso de pirâmides de energia ou de biomassa

Uma abordagem comum para conceituar as relações entre os níveis tróficos em um ecossistema é a construção de um gráfico de retângulos empilhados que representam a quantidade de energia ou biomassa dentro de um nível trófico. Quando organizados do nível mais baixo para o mais alto, esses retângulos formam uma **pirâmide trófica**. Ilustrando a relação entre a quantidade de energia ou biomassa para cada nível trófico, essa pirâmide mostra como a energia flui ao longo do ecossistema.

Como mencionamos, uma proporção da biomassa em cada nível trófico não é consumida, e uma proporção da energia de cada nível trófico é perdida na transferência para o próximo nível. Portanto, os tamanhos dos retângulos em uma pirâmide de energia trófica sempre diminuem à medida que passamos de um nível trófico para outro acima dele. Nos ecossistemas terrestres, as pirâmides de energia e biomassa costumam ser semelhantes porque a biomassa em geral é intimamente associada à produção de energia (**Figura 21.5A**). Nos ecossistemas aquáticos, entretanto, as altas taxas de consumo e o tempo de vida relativamente curto dos produtores primários (principalmente o fitoplâncton) resultam em uma pirâmide de biomassa que é invertida em relação à pirâmide de energia (**Figura 21.5B**). Em outras palavras, a biomassa de heterótrofos pode ser maior em qualquer momento do que a biomassa de autótrofos. Entretanto, a *energia* produzida pelos autótrofos é ainda maior do que a produzida pelos heterótrofos.

Essa tendência a pirâmides invertidas de biomassa é maior onde a produtividade é mais baixa, como em regiões pobres em nutrientes do oceano aberto (**Figura 21.5C**). A maior proporção da biomassa dos consumidores primários em relação à biomassa dos produtores nessas regiões pobres em nutrientes deve-se à maior renovação do fitoplâncton, que possui taxas de crescimento mais elevadas e tempos de vida mais curtos do que o fitoplâncton de águas mais ricas em nutrientes. Assim, o fitoplâncton em águas com poucos nutrientes fornece maior aporte de energia por unidade de tempo (Gasol et al., 1997). Além disso, detritos contribuem proporcionalmente mais ao fluxo energético nas águas pobres em nutrientes do que nas águas ricas em nutrientes.

O fluxo energético entre os níveis tróficos difere entre os tipos de ecossistemas

Que fatores determinam a quantidade de energia que flui de um nível trófico para o próximo? No Conceito 20.2, avaliamos os fatores que influenciam a PPL nos ecossistemas terrestres e aquáticos, enfatizando os fatores abióticos como o clima e a disponibilidade de nutrientes, bem como as diferenças na capacidade inerente das espécies autotróficas de produzir biomassa. Seria razoável assumir que

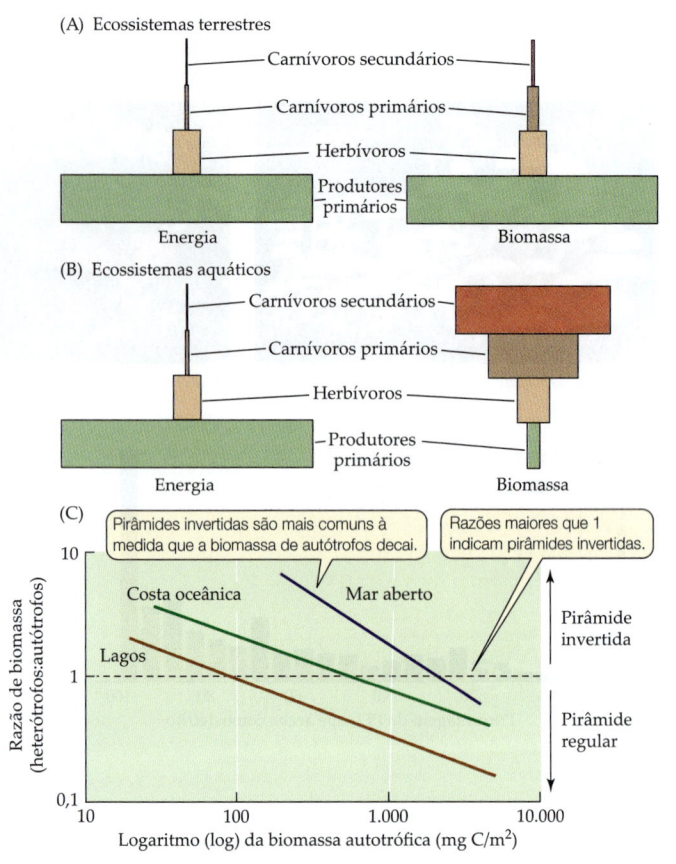

Figura 21.5 Esquemas de pirâmides tróficas (A) Nos ecossistemas terrestres, pirâmides de energia e biomassa geralmente são semelhantes. (B) Em muitos sistemas aquáticos, a pirâmide de biomassa é invertida em relação à pirâmide de energia. (C) As pirâmides invertidas de biomassa nos ecossistemas aquáticos são mais comuns em águas pobres em nutrientes com baixa biomassa autotrófica. (C segundo Gasol et al., 1997.)

o fluxo de energia para os níveis tróficos mais altos está associado com a quantidade de PPL na base da teia alimentar. No entanto, como veremos, a situação não é assim tão simples. A proporção de cada nível trófico consumida pelo nível acima, o conteúdo nutricional de autótrofos, detritos e presas, assim como a eficiência das transferências de energia também exercem papéis na determinação do fluxo energético entre os níveis tróficos.

Comparando-se as proporções de biomassa autotrófica consumidas nos ecossistemas terrestres e nos aquáticos é possível perceber alguns fatores que influenciam o fluxo energético entre os níveis tróficos. Quando vista do espaço, algumas partes da superfície terrestre do planeta Terra parecem verdes, enquanto os oceanos parecem azuis. Por que a superfície terrestre é verde e a do oceano é azul? Além disso, no Conceito 20.2, vimos que lagos muito produtivos (p. ex., aqueles que são experimentalmente fertilizados; ver Figura 20.16) podem parecer verdes. O que essas áreas verdes têm em comum é que a produção primária é muito superior às taxas de herbivoria. Os herbívoros em terra firme consomem uma proporção bem mais baixa de biomassa

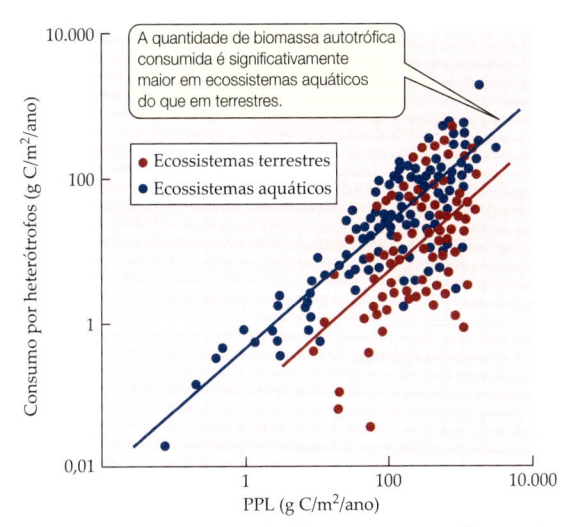

Figura 21.6 O consumo de biomassa autotrófica está correlacionado à PPL A quantidade de biomassa autotrófica consumida aumenta com o aumento da PPL tanto nos ecossistemas aquáticos como nos terrestres. (Segundo Cebrian e Lartigue, 2004.)

autotrófica do que os herbívoros em ecossistemas aquáticos. Em média, cerca de 13% da PPL terrestre são consumidos (amplitude de 0,1-75%), enquanto em ecossistemas aquáticos em média 35% da PPL são consumidos (amplitude de 0,3-100%) (Cebrian e Lartigue, 2004).

Há uma relação positiva entre a PPL e a *quantidade* de biomassa consumida pelos herbívoros (**Figura 21.6**). Essa relação, presente na maioria dos tipos de ecossistemas, parece sugerir que a produção dos herbívoros é limitada pelo total de alimento disponível. Por que, então, a *proporção* de biomassa de autótrofos consumida em ecossistemas terrestres é relativamente baixa? Se a produção dos herbívoros é limitada pela oferta de energia e nutrientes provenientes das plantas, por que os herbívoros terrestres não consomem uma proporção maior dessa biomassa disponível?

Diversas hipóteses têm sido levantadas para explicar a menor proporção de biomassa autotrófica consumida em ecossistemas terrestres. Em primeiro lugar, Hairston e Hairston (1993) argumentaram que o crescimento populacional de herbívoros é mais limitado pela predação nos ecossistemas aquáticos do que nos ecossistemas terrestres, porque os níveis tróficos superiores são mais bem desenvolvidos nos ecossistemas aquáticos. Experimentos de remoção de predadores, como os descritos no Capítulo 13 e no Conceito 21.4, demonstram que os predadores podem efetivamente influenciar a biomassa autotrófica por sua influência na abundância de herbívoros.

Em segundo lugar, defesas contra a herbivoria, como os compostos secundários e as defesas estruturais descritas no Conceito 13.2, diminuem a quantidade de biomassa autotrófica que é consumida. As plantas de ecossistemas pobres em nutrientes, como desertos e tundras, tendem a ser mais fortemente defendidas contra herbivoria do que as plantas de ambientes ricos. Essa maior alocação de recursos para a defesa pode explicar por que a proporção de biomassa consumida é mais baixa em ambientes pobres em recursos. Algas unicelulares constituem a maior parte da biomassa autotrófica nos ecossistemas aquáticos, e geralmente carecem das defesas químicas e estruturais de suas equivalentes terrestres multicelulares.

Em terceiro lugar, a composição química do fitoplâncton o torna mais nutritivo para os herbívoros do que as plantas terrestres. As plantas terrestres têm material estrutural pobre em nutrientes, como caules e troncos, em geral ausentes em autótrofos aquáticos. Os herbívoros geralmente requerem grandes quantidades de nutrientes como o nitrogênio e o fósforo para atender às suas demandas de crescimento estrutural, metabolismo e síntese proteica. A proporção de nutrientes em relação ao carbono (com o carbono representando energia) é, portanto, uma medida importante da qualidade dos alimentos. A proporção carbono:nutriente difere acentuadamente entre os autótrofos nos ecossistemas terrestres e nos de água doce. O fitoplâncton de água doce possui a razão carbono:nutriente mais próxima aos herbívoros do que as plantas terrestres (Elser et al., 2000) e, portanto, atende melhor às necessidades nutricionais dos herbívoros que o consomem. Cada um desses fatores – predação, defesas das plantas e qualidade do alimento – contribuem para as diferenças na parcela de PPL consumida nos ecossistemas e, particularmente, para o maior consumo de biomassa autotrófica nos ecossistemas aquáticos (Shurin et al., 2006).

A eficiência da transferência de energia varia entre os consumidores

Nem toda a energia consumida por um heterótrofo é incorporada à sua biomassa. Podemos usar o conceito de *eficiência energética*, definida como a produção de energia por unidade de entrada de energia, para caracterizar a transferência de energia entre os níveis tróficos. Em estudos sobre transferência de energia em sistemas tróficos, usa-se o conceito de **eficiência trófica**, definida como a quantidade de energia de um nível trófico dividida pela quantidade de energia do nível trófico logo abaixo. Eficiência trófica engloba a proporção de energia disponível que é consumida (eficiência de consumo), a proporção do alimento ingerido que é assimilada pelo consumidor (eficiência de assimilação) e a proporção de alimento assimilada que vai para a produção de nova biomassa de consumidores (eficiência de produção) (**Figura 21.7**).

Como vimos, nem toda a biomassa disponível em um nível trófico é consumida pelo nível trófico subsequente. A proporção de biomassa ingerida representa a **eficiência de consumo**. Essa eficiência normalmente é mais elevada nos ecossistemas aquáticos do que nos terrestres. As eficiências de consumo também tendem a ser mais altas para carnívoros do que para herbívoros, embora ainda não tenha sido elaborada uma pesquisa sistemática para comparar os dois grupos.

Uma vez que a biomassa é ingerida pelo consumidor, ela precisa ser assimilada pelo sistema digestório antes que a energia ali contida seja usada para produzir nova

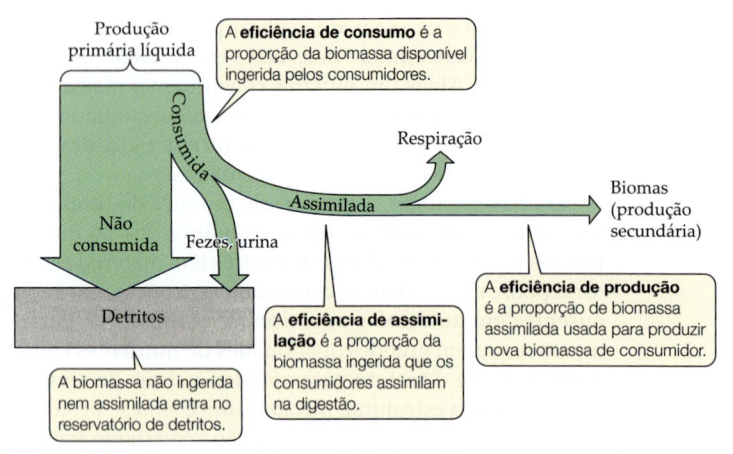

Figura 21.7 Fluxo energético e eficiência trófica A proporção de energia transferida entre os níveis tróficos depende das eficiências de consumo, assimilação e produção.

Diagrama: Produção primária líquida → Consumida / Não consumida. A **eficiência de consumo** é a proporção da biomassa disponível ingerida pelos consumidores. Consumida → Assimilada → Respiração e Biomassa (produção secundária). Não consumida e Fezes, urina → Detritos. A biomassa não ingerida nem assimilada entra no reservatório de detritos. A **eficiência de assimilação** é a proporção da biomassa ingerida que os consumidores assimilam na digestão. A **eficiência de produção** é a proporção de biomassa assimilada usada para produzir nova biomassa de consumidor.

> Como as tendências na eficiência de consumo variam nas Figuras 21.4 e 21.6? O que essa variação sugere sobre as diferenças na eficiência de consumo entre ecossistemas aquáticos e terrestres?

biomassa. A proporção de comida ingerida que é assimilada é a **eficiência de assimilação**. A comida que é ingerida e não é assimilada é perdida para o meio ambiente como fezes ou como urina, entrando no reservatório de detritos. A eficiência de assimilação é determinada pela qualidade do alimento (sua composição química) e pela fisiologia do consumidor.

Em geral, a qualidade do alimento disponível para herbívoros e detritívoros é mais baixa do que para carnívoros. As plantas e os detritos são construídos a partir de compostos de carbono relativamente complexos, como celulose, lignina e ácidos húmicos, de difícil digestão. Além disso, plantas e detritos têm baixas concentrações de nutrientes. Os corpos de animais, por sua vez, têm uma razão carbono:nutriente normalmente similar à dos animais que os consomem, sendo assim mais prontamente assimilados. As eficiências de assimilação dos herbívoros e detritívoros variam entre 20 e 50%, enquanto as dos carnívoros estão em torno de 80%.

A capacidade digestiva dos consumidores está associada com sua fisiologia térmica. Os endotérmicos tendem a digerir os alimentos com melhor aproveitamento do que os ectotérmicos e, portanto, têm maiores eficiências de assimilação. Além disso, alguns herbívoros têm simbiontes mutualísticos que os auxiliam a digerir celulose. Por exemplo, como descrito no Conceito 5.4, os ruminantes têm uma câmara estomacal modificada com bactérias e protistas que aumentam a quebra dos alimentos ricos em celulose. Essa simbiose mutualística, em conjunto com um período mais longo de digestão, dá aos ruminantes eficiências de assimilação maiores do que as de herbívoros não ruminantes.

O alimento assimilado pode ser usado para produzir nova biomassa na forma de crescimento do consumidor e produção de novos indivíduos consumidores (reprodução). Entretanto, uma parcela do alimento assimilado deve ser utilizada para respiração associada à manutenção das moléculas e dos tecidos existentes, bem como à construção de nova biomassa (ver Conceito 5.4). A proporção de alimento utilizada para a produção de nova biomassa é chamada de **eficiência de produção**.

A eficiência de produção está fortemente relacionada à fisiologia térmica e ao tamanho do consumidor. Os endotérmicos alocam grande parte do alimento assimilado para a produção metabólica de calor e, como consequência, têm menos energia remanescente para destinar ao crescimento e à reprodução do que os ectotérmicos (**Tabela 21.1**). Portanto, os ectotérmicos têm eficiências de produção consideravelmente maiores do que os endotérmicos. O tamanho do corpo nos endotérmicos é um importante determinante da perda de calor e, portanto, da eficiência de produção. Se a morfologia (i.e., o tamanho relativo do tronco e dos apêndices) e o isolamento térmico (gordura, penas e pelagem) forem mantidos constantes, então, à medida que aumenta o tamanho do corpo, a razão entre área superficial e volume decai. Assim, um endotérmico de pequeno porte, como o musaranho, perderá uma proporção maior do calor interno pela superfície corporal do que um grande endotérmico como o urso-cinzento, tendendo a ter menor eficiência de produção.

As eficiências tróficas podem influenciar a dinâmica de população

As mudanças na quantidade e na qualidade do alimento, e as resultantes alterações na eficiência trófica, podem determinar o tamanho da população consumidora que pode ser mantida e a saúde dos indivíduos nas populações de

TABELA 21.1
Eficiências de produção dos consumidores

Grupo consumidor	Eficiência de produção (%)
Endotérmicos	
Aves	1,3
Pequenos mamíferos	1,5
Grandes mamíferos	3,1
Ectotérmicos	
Peixes e insetos sociais	9,8
Insetos não sociais	40,7
Herbívoros	38,8
Detritívoros	47,0
Carnívoros	55,6
Invertebrados não insetos	25,0
Herbívoros	20,9
Detritívoros	36,2
Carnívoros	27,6

Fonte: Chapin et al., 2002; dados de Humphreys, 1979.

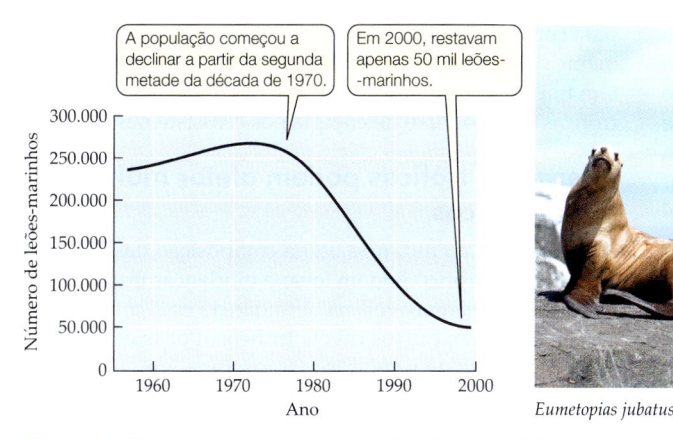

Figura 21.8 Declínio da população de leões-marinhos-de-steller no Alasca A população de leões-marinhos-de-steller do Alasca e das Ilhas Aleutas diminuiu cerca de 80% nos últimos 25 anos. (Segundo Trites e Donnelly, 2003.)

Balões na figura: "A população começou a declinar a partir da segunda metade da década de 1970." "Em 2000, restavam apenas 50 mil leões-marinhos." *Eumetopias jubatus*

consumidores. Aqui examinaremos a contribuição potencial das mudanças na qualidade do alimento para o declínio nos números de leões-marinhos-de-steller (*Eumetopias jubatus*), no Alasca.

Do final da década de 1970 até a década de 1990, a população total do leão-marinho-de-steller no Golfo do Alasca e nas Ilhas Aleutas diminuiu cerca de 80%, de aproximadamente 250 mil, em 1975, para 50 mil, em 2000 (**Figura 21.8**). Andrew Trites e C. P. Donnelly revisaram as informações disponíveis para tentar descobrir as possíveis causas desse declínio (Trites e Donnelly, 2003). Eles perceberam que os indivíduos de leões-marinhos coletados durante o período de declínio eram menores do que os indivíduos enquadrados nas mesmas classes etárias, mas coletados antes do declínio. Houve também uma redução por fêmea no número de filhotes nascidos durante esse período, o que resultou em uma mudança na estrutura etária rumo à predominância de animais mais velhos. Não foram encontradas evidências de surtos de parasitas, nem de doenças. A diminuição do tamanho corporal e as taxas decrescentes de natalidade sugeriram que não havia presas suficientes para sustentar os leões-marinhos ou que as presas existentes não estavam provendo os nutrientes necessários para sustentá-los; em outras palavras, a eficiência trófica havia reduzido. No entanto, dados adicionais indicaram que os leões-marinhos estavam obtendo suas presas – principalmente peixe – com a mesma regularidade que obtinham antes do declínio. Na verdade, as fêmeas com filhotes nas populações em declínio gastavam menos tempo caçando a mesma quantidade de peixes do que aquelas de populações não afetadas. Portanto, a disponibilidade das presas, ou a capacidade dos leões-marinhos de capturá-las, não parecia estar limitando seu crescimento e sua reprodução.

Trites e Donnelly consideraram a possibilidade de que mudanças nas espécies de peixes tivessem contribuído para o declínio dos leões-marinhos. Eles e outros pesquisadores sugeriram que o declínio da população pudesse estar relacionado à diminuição na qualidade do alimento predado, ideia por eles chamada de "hipótese *junk food*" (comida lixo). Antes do declínio, a dieta dos leões-marinhos era composta principalmente de arenque, peixe relativamente rico em gorduras, e complementada com escamudos, bacalhaus, salmões e lulas. Durante o período de declínio populacional, a dieta dos leões-marinhos deslocou-se do arenque para uma maior proporção de escamudos e bacalhau (**Tabela 21.2**). Essa mudança na dieta refletiu uma alteração em relação à dominância do bacalhau na comunidade de peixes desde meados da década de 1970 até a década de 1990. As causas da mudança

TABELA 21.2

Proporção de estercos e estômagos do leão-marinho-de-steller contendo cinco categorias de presa

	Gadídeos (bacalhau, escamudo, hadoque)	Salmão	Pequenos peixes de cardume (arenque, capelim, eulacom, galeota-menor)	Cefalópodes (lula)	Linguados (solna, linguado)
1990-1993	85,2	18,5	18,5	11,1	13,0
1985-1986	60,0	20,0	20,0	20,0	5,0
1976-1978	32,1	17,9	60,7	0,0	0,0

Fonte: Trites e Donnelly, 2003; dados de Merrick et al., 1987.

da composição da comunidade de peixes são incertas, mas podem estar associadas a mudanças climáticas de longo prazo. As proporções de gordura e energia por massa de escamudos e de bacalhaus são aproximadamente metade daquelas do arenque. Leões-marinhos em cativeiro cuja dieta baseava-se em arenques e foi mudada para escamudos perderam quantidade significativa de massa corporal e gordura, mesmo com oferta ilimitada de escamudos.

Com base na revisão das informações disponíveis, Trites e Donnelly concluíram que o estresse nutricional era a causa mais provável do declínio populacional dos leões-marinhos. A quantidade de presa disponível parece não ter se alterado, mas mudanças na qualidade da presa, associadas a mudanças na eficiência trófica, contribuíram para o declínio da população por meio de seus efeitos nas taxas de crescimento individual e nas taxas de natalidade. Outros sugeriram que o declínio nos números de leões-marinhos-de-steller está relacionado às mudanças na estrutura trófica do Pacífico Norte (Springer et al., 2003). Conforme descrito no Estudo de Caso Revisitado no Capítulo 9 (p. 221), a captura em larga escala de grandes baleias pelos seres humanos em meados do século XX pode ter forçado seus predadores, as orcas, a caçar outras presas, incluindo os leões-marinhos-de-steller. Como descreveremos na próxima seção, tais efeitos "de cima para baixo" dos predadores sobre a presa podem ter consequências importantes para o fluxo energético nos ecossistemas.

> **CONCEITO 21.3**
>
> Alterações na abundância dos organismos de um nível trófico podem influenciar o fluxo energético em diversos níveis tróficos.

Cascatas tróficas

Há dois modos possíveis de se olhar para o controle do fluxo de energia nos ecossistemas. Primeiramente, a quantidade de energia que flui através dos níveis tróficos pode ser determinada pela quantidade de energia que entra em um ecossistema via PPL, que por sua vez está relacionada com a oferta de recursos (como vimos no Capítulo 20). Quanto maior a PPL que entra no ecossistema, maior a energia que pode ser transmitida aos níveis tróficos mais altos. Essa perspectiva, que frequentemente é referida como controle "de baixo para cima" (*bottom-up*) do fluxo energético, sustenta que os recursos que limitam a PPL determinam o fluxo energético através de um ecossistema (**Figura 21.9A**). Por outro lado, o fluxo energético pode ser governado por taxas de consumo (assim como outras interações que não envolvem consumo, como a competição e a facilitação, conforme discutido no Capítulo 16) nos níveis tróficos mais altos, as quais influenciam a abundância e a composição das espécies em múltiplos níveis tróficos abaixo deles. Essa perspectiva muitas vezes é referida como controle "de cima para baixo" (*top-down*) do fluxo energético (**Figura 21.9B**). Na realidade, tanto o controle de baixo para cima quanto o de cima para baixo operam simultaneamente nos ecossistemas, mas o controle de cima para baixo tem importantes implicações para os efeitos das interações tróficas sobre o fluxo de energia nos ecossistemas.

Interações tróficas podem afetar múltiplos níveis tróficos

Alterações na abundância ou na composição das espécies em um nível trófico podem levar a mudanças importantes e um tanto imprevisíveis na abundância e na composição das espécies em outros níveis tróficos. Por exemplo, aumentos na taxa de predação por um carnívoro do quarto nível trófico sobre carnívoros do terceiro nível trófico levariam a uma menor taxa no consumo de herbívoros do segundo nível trófico. Mais herbívoros reduziriam a abundância de autótrofos e iriam, portanto, reduzir as taxas de PPL. Interações entre as espécies que não envolvem consumo, como a competição, podem causar efeitos de cima para baixo similares na abundância e na composição das espécies em níveis tróficos mais baixos, como veremos em breve. Tal série de mudanças na energia e na composição das espécies é denominada **cascata trófica**.

Nosso entendimento das cascatas tróficas advém primeiramente dos ecossistemas aquáticos, embora também existam exemplos de ecossistemas terrestres. Várias generalizações têm sido extraídas a partir de estudos dessas interações. Em primeiro lugar, as cascatas tróficas são mais frequentemente associadas a mudanças na abundância de predadores de topo especialistas. Em segundo lugar,

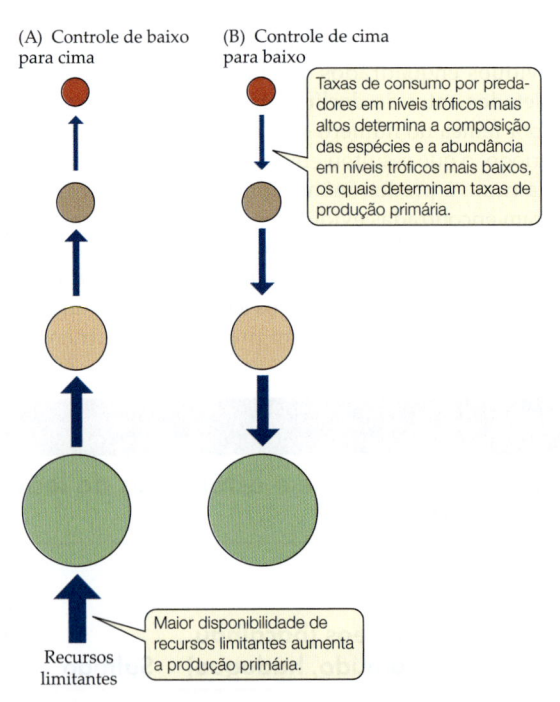

Figura 21.9 Controles de baixo para cima e de cima para baixo da PPL A produção em um ecossistema pode ser vista como sendo controlada (A) pela limitação de recursos ou (B) por controles exercidos sobre a composição e a abundância de espécies de autótrofos pelo consumo em níveis tróficos superiores.

a onivoria pode amortecer os efeitos das cascatas tróficas pelo consumo de presas em múltiplos níveis tróficos. Finalmente, existe a hipótese de que cascatas tróficas sejam mais importantes em ecossistemas relativamente simples e pobres em espécies. Entretanto, diversos experimentos recentes têm demonstrado cascatas tróficas em ecossistemas com diversidade de espécies relativamente alta.

Uma cascata trófica aquática Muitos exemplos de cascatas tróficas vêm de experimentos não intencionais associados à introdução de espécies exóticas ou de espécies nativas em perigo de extinção. Um exemplo clássico deste último tipo é a interação entre lontras-do-mar (*Enhydra lutris*), ouriços-do-mar e orcas na costa oeste da América do Norte, discutida no Estudo de Caso Revisitado no Capítulo 9. Infelizmente, não são poucos os exemplos de cascatas tróficas associadas à liberação intencional ou acidental de espécies exóticas. Um desses exemplos resultou da introdução da truta-marrom (*Salmo trutta*), peixe popular na pesca esportiva, em córregos e lagos da Nova Zelândia. A disseminação da truta em águas neozelandesas por colonizadores europeus começou na década de 1860, e até 1920 estima-se que tenham sido lançados 60 milhões de peixes em toda a Nova Zelândia. Populações de peixes nativos reduziram em função disso, e algumas espécies desapareceram de córregos agora dominados pelas trutas.

Alexandre Flecker e Colin Townsend (1994) investigaram a influência da truta-marrom na composição das espécies de suas presas (principalmente insetos ribeirinhos) e associaram os efeitos sobre a produção primária no Rio Shag. A truta foi originalmente introduzida no Rio Shag em 1869 pela "Sociedade de Aclimatação de Otago" para que os colonizadores se sentissem mais em casa. O Rio Shag é um dos poucos riachos na Nova Zelândia que ainda mantém em suas águas espécies de peixes nativos e a truta nos mesmos locais. Entre as espécies de peixes nativos está o galaxiídeo (*Galaxias vulgaris*). A morfologia e o comportamento alimentar do galaxiídeo são similares aos da truta, como indicados por seu nome popular, "truta Maori".

Flecker e Townsend compararam os efeitos da truta-marrom e do galaxiídeo sobre a composição e a abundância de espécies de invertebrados, bem como sobre a produção primária pelas algas. Para manipular a presença e a ausência dos peixes, eles construíram canais artificiais adjacentes ao curso natural do riacho, feitos de canos de PVC, com 5 metros de comprimento, cortados longitudinalmente pela metade. Os canais de PVC tinham malhas nas pontas para impedir a entrada de outros peixes, mas permitiam o livre movimento de invertebrados e algas. Os pesquisadores cobriram o fundo dos canais com cascalho e seixos para fornecer um substrato a invertebrados e algas. Durante 10 dias, permitiu-se que os canais acumulassem algas e invertebrados antes de os peixes serem acrescentados. Foram iniciados três tratamentos: canais com trutas-marrons, canais com trutas Maori e canais sem peixes (controles). Oito peixes de tamanho e massa similares foram utilizados para cada unidade amostral. O experimento durou 10 dias; após esse período, foram coletadas amostras para determinação da composição e da abundância de espécies de invertebrados e biomassa de algas.

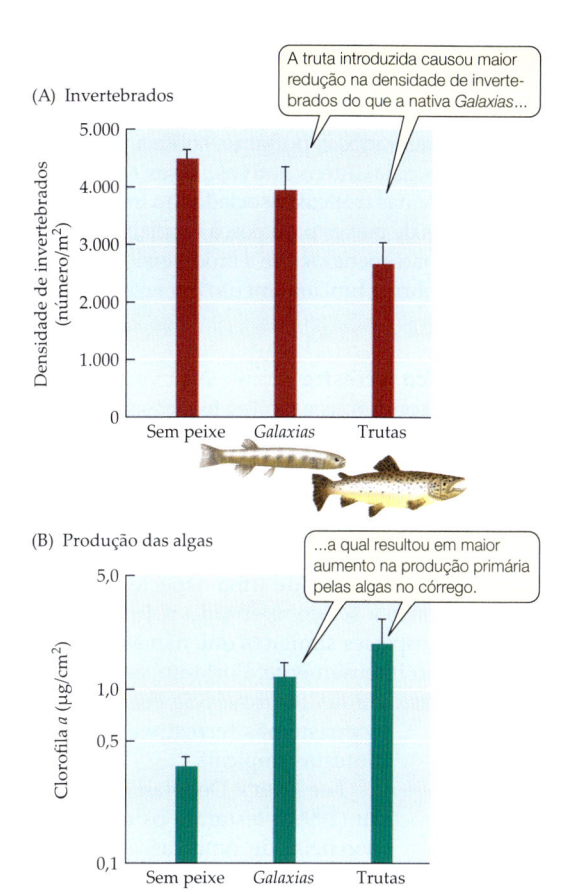

Figura 21.10 Uma cascata trófica aquática Flecker e Townsend usaram um canal artificial para estudar os efeitos da truta-marrom não nativa e um peixe nativo (*Galaxias vulgaris*) sobre invertebrados e algas no Rio Shag, na Nova Zelândia. (A) Efeitos sobre a densidade de invertebrados. (B) Efeitos sobre a biomassa de algas, estimada por meio da concentração de clorofila na água do riacho. As barras de erro mostram um erro-padrão da média. (Segundo Flecker e Townsend, 1994.)

> Que fator, além da taxa de consumo, pode explicar por que a presença da truta-marrom resulta em um maior aumento na produção primária do que a presença do peixe nativo?

Flecker e Townsend esperavam que as trutas-marrons diminuíssem a diversidade de invertebrados em uma taxa maior do que os peixes nativos, mas o efeito dos peixes sobre a diversidade dos invertebrados foi relativamente pequeno e não diferiu entre as duas espécies. A truta-marrom, contudo, reduziu a densidade total dos invertebrados em aproximadamente 40% em relação aos canais de controle, enquanto o galaxiídeo resultou em uma redução menor (**Figura 21.10A**). A abundância de algas aumentou com ambos os peixes, mas o efeito foi maior nos canais com truta-marrom (**Figura 21.10B**). Flecker e Townsend sugeriram que o efeito sobre a biomassa de algas resultou de uma cascata trófica em que a predação pelos peixes não somente reduziu a densidade de invertebrados no "córrego", mas também os obrigou a permanecer mais tempo em refúgios no fundo do canal em vez de se alimentar de algas. A truta teve um efeito maior sobre a densidade de invertebrados e, portanto, sobre a produção primária do que os galaxiídeos nativos. Esses resultados sugerem que as cascatas tróficas associadas ao incremento de espécies exóticas de peixes para pesca esportiva podem ter consequências não apenas sobre a biodiversidade nativa, mas também sobre o funcionamento em ecossistemas de córregos.

Uma cascata trófica terrestre Como mencionado anteriormente, é mais comum as cascatas tróficas serem observadas nos ecossistemas aquáticos, onde elas são mais frequentes e seus efeitos são mais fortes do que nos ecossistemas terrestres (Shurin et al., 2002). Os ecossistemas terrestres geralmente são considerados mais complexos que os aquáticos. Além disso, acreditava-se ainda que o decréscimo na abundância de uma espécie terrestre estaria mais propenso a ser compensado pelo aumento na abundância de espécies similares que não estivessem sendo predadas tão intensamente. Portanto, as cascatas tróficas foram consideradas improváveis em diversos ecossistemas terrestres, como as florestas tropicais.

Lee Dyer e Deborah Letourneau (1999a) testaram os efeitos do potencial de uma cascata trófica sobre a produção de árvores de *Piper cenocladum* no sub-bosque de uma floresta tropical de planície alagada na Costa Rica. *Piper cenocladum* é um componente relativamente comum do sub-bosque dessas florestas e serve de alimento para dezenas de espécies herbívoras. Formigas do gênero *Pheidole* vivem em câmaras nos pecíolos das folhas das árvores de *Piper*. Essas formigas alimentam-se de corpúsculos de comida criados pela árvore e também de herbívoros que a atacam. As formigas, por sua vez, são consumidas pelos besouros do gênero *Tarsobaenus*. Assim, existem quatro níveis tróficos distintos nesse sistema (**Figura 21.11**). Dyer e Letourneau haviam notado previamente que a biomassa das plantas era menor, e as taxas de herbivoria eram mais altas, quando as densidades do besouro *Tarsobaenus* eram altas. Eles executaram experimentos para testar se uma cascata trófica envolvendo besouros, formigas e herbívoros influenciava a produção de árvores de *Piper* e o quão forte essa influência era comparada às dos fatores de baixo para cima, como luz e fertilidade do solo.

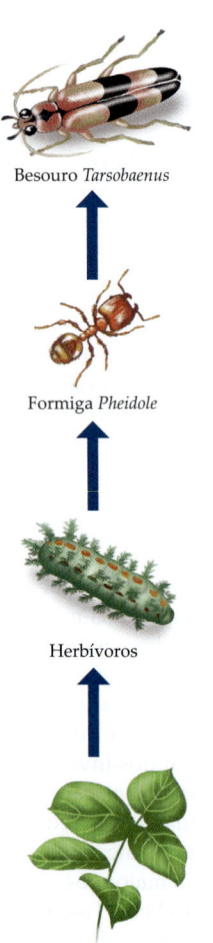

Dyer e Letourneau estabeleceram parcelas experimentais no sub-bosque plantando mudas de *Piper* de tamanho uniforme. Eles trataram dois grupos de parcelas com um inseticida para matar quaisquer formigas presentes, depois adicionaram larvas do besouro *Tarsobaenus* em um desses grupos. Esse procedimento estabeleceu três grupos de parcelas de teste: um grupo de parcelas tratadas com inseticida e com besouros; um grupo de parcelas tratadas com inseticida, mas sem besouros, e o outro grupo de parcelas sem inseticida e sem besouros. Nas parcelas com besouros, o tratamento com inseticida facilitou a fixação dos besouros ao prevenir ataques de formigas em suas larvas. Além disso, metade das parcelas foi estabelecida em solo relativamente fértil, e a outra metade, em solo infértil. O nível de luz natural nas parcelas também variou: metade das parcelas recebeu alta incidência luminosa, e a outra metade recebeu tratamento com baixa intensidade luminosa. Os pesquisadores mantiveram os tratamentos durante 18 meses e mensuraram a herbivoria e a produção foliar em cada parcela.

Se a produção de *Piper* fosse limitada principalmente pela oferta de recursos, então se esperaria que a adição dos besouros predadores de formigas tivesse baixo efeito na produção de folhas. Seria de se esperar que as relações de baixo para cima da fertilidade do solo e dos níveis de luz tivessem maiores efeitos na produção de folhas do que os efeitos da cascata trófica associada a besouros, formigas e herbívoros. No entanto, Dyer e Letourneau verificaram que a única influência significativa para a produção foliar foi a cascata trófica. A adição do besouro predador diminuiu em cinco vezes a abundância das formigas, aumentou em três vezes as taxas de herbivoria e diminuiu pela metade a área foliar por árvore em comparação às parcelas de controle (**Figura 21.12**). Esse experimento forneceu evidências convincentes de uma cascata trófica afetando a produção das árvores de *Piper*. Entretanto, salienta-se que a ausência dos efeitos da fertilidade do solo e da luz nos tratamentos de controle, que tiveram baixas taxas de herbivoria, indica que os recursos que na verdade limitam a produção podem não ter sido manipulados nesse experimento. Um experimento adicional usando a manipulação mais controlada da luz e dos nutrientes do solo, em vez de contar com a variação natural desses fatores, demonstrou efeitos significantes desses recursos na produção de *Piper*, mas também demonstrou um forte e continuado efeito da herbivoria (Dyer e Letourneau, 1999b). Desse modo, fica claro que

Figura 21.11 Uma cascata trófica terrestre Interações tróficas no ecossistema de sub-bosque de uma floresta tropical de planície na Costa Rica. Árvores de *Piper cenocladum* são consumidas por herbívoros, mas fornecem abrigo para as formigas *Pheidole*, que consomem os herbívoros que atacam as árvores. As formigas *Pheidole* são consumidas pelos besouros *Tarsobaenus*. Tanto besouros quanto formigas consomem corpúsculos produzidos pelas árvores. (Segundo Dyer e Letourneau, 1999a.)

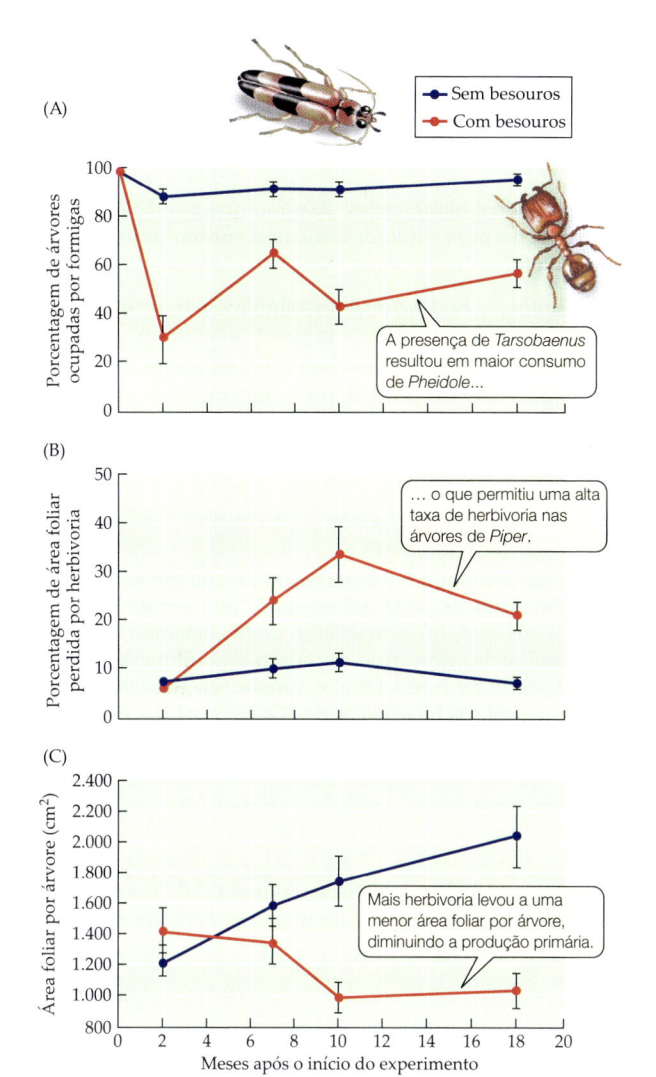

Figura 21.12 Efeitos de uma cascata trófica sobre a produção A cadeia alimentar em sub-bosque de ecossistema de floresta tropical (ver Figura 21.11) apresentou importantes efeitos sobre (A) predação, (B) herbivoria e (C) produção. As barras de erro mostram ± um erro-padrão da média. (Segundo Dyer e Letourneau, 1999a.)

cascatas tróficas ocorrem em diversos ecossistemas terrestres, embora elas possam exigir fortes interações entre predadores especialistas e suas presas.

O que determina o número de níveis tróficos?

O que determina a variação entre os ecossistemas no número de níveis tróficos, e por que tão poucos ecossistemas têm cinco ou mais níveis tróficos? Essa questão não é simplesmente acadêmica. Por meio das cascatas tróficas, o número de níveis tróficos em um ecossistema pode influenciar o deslocamento de energia e nutrientes, bem como o potencial para as toxinas no ambiente se concentrarem em níveis tróficos mais elevados, como veremos

no Estudo de Caso Revisitado deste capítulo. Uma alteração na quantidade de níveis tróficos pode ocorrer devido à adição ou perda de um predador do topo da teia alimentar, à inserção ou perda de um predador no meio da teia ou a mudanças na preferência alimentar dos onívoros por alimentos em diferentes níveis tróficos (**Figura 21.13**).

Inúmeros fatores ecológicos de interação podem controlar a quantidade de níveis tróficos em ecossistemas (Post, 2002b). Em primeiro lugar, a quantidade de energia que entra em um ecossistema pela produção primária tem sido proposta como determinante do número de níveis tróficos. Como uma quantidade relativamente grande dessa energia é perdida na transferência de um nível trófico para o próximo, quanto mais energia entra em um sistema, maior o potencial disponível para sustentar populações viáveis de predadores de topo (ver **Análise de Dados 21.1**). No entanto, essa explicação parece ser importante principalmente em ecossistemas com baixa disponibilidade de recursos. Em segundo lugar, a frequência dos distúrbios ou outros agentes de mudança, como surtos de doenças, pode determinar se as populações de predadores de topo podem ser sustentadas. Como os níveis tróficos mais baixos são necessários para sustentar os níveis tróficos mais elevados, há um período maior no restabelecimento desses níveis superiores após um distúrbio. Se esses distúrbios ocorrerem com frequência, então os níveis tróficos mais altos podem nunca se estabelecer, independentemente de quanta energia esteja entrando no sistema (Pimm e Lawton, 1977). Apesar de essa hipótese ser aceita, a capacidade de alguns organismos de se adaptar a distúrbios frequentes e o potencial para a rápida colonização dos locais afetados (ver Capítulo 17) minimizam

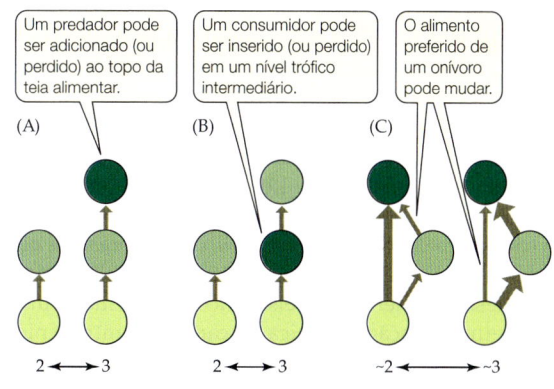

Figura 21.13 Mudanças no número de níveis tróficos Os círculos representam espécies em diferentes níveis tróficos, e a espessura das flechas representa a quantidade de energia fluindo entre os pares de espécies. As diferenças entre ecossistemas no número de níveis tróficos podem ocorrer devido (A) à adição ou à perda do consumidor que está no topo da cadeia, (B) à inserção ou à perda de um consumidor em um nível intermediário, ou (C) à mudança no nível de alimentação preferido de um onívoro. (Segundo Post e Takimoto, 2007.)

ANÁLISE DE DADOS 21.1

A identidade dos organismos influencia o fluxo energético entre os níveis tróficos?

Os ecólogos observaram que indivíduos e populações de algumas espécies (conhecidas como espécies-chave; ver Capítulo 16) influenciam o fluxo energético entre níveis tróficos mais do que outras. Em particular, vimos inúmeros exemplos em que espécies invasoras alteraram profundamente a transferência de energia, bem como a diversidade dentro das comunidades. A atenção tem sido amplamente focada nas características comportamentais das espécies, como a eficiência com que indivíduos de uma espécie estão caçando ou pastando, ou as dinâmicas populacionais de uma espécie (p. ex., se uma população exibe crescimento exponencial; ver Capítulo 10). Além disso, a fisiologia térmica e os tamanhos das espécies que compõem um nível trófico podem influenciar a quantidade de energia que é transferida de um nível trófico para o próximo.

Usando as informações do texto e da Tabela 21.1 (p. 478), forneça uma estimativa aproximada de quanta energia seria transferida para o segundo, o terceiro e o quarto nível trófico nas seguintes cadeias alimentares simplificadas. Comece com 100 unidades de energia na base autotrófica (i.e., plantas ou algas) de cada uma dessas cadeias alimentares. Assuma que as eficiências de produção para endotérmicos não variam de acordo com a dieta.

1. Plantas → herbívoros invertebrados não insetos → pequenos mamíferos → grandes mamíferos
2. Algas → herbívoros invertebrados aquáticos não insetos → insetos predadores → peixes
3. Plantas → grandes mamíferos herbívoros → grandes mamíferos predadores → grandes mamíferos predadores
4. Plantas → insetos herbívoros → insetos predadores → insetos predadores
5. Lembrando que a transferência de energia entre os níveis tróficos pode influenciar o número de níveis tróficos que um ecossistema pode sustentar, e que a maior transferência de energia geralmente leva à fixação de níveis tróficos superiores, qual das cadeias tróficas hipotéticas das Questões 1 a 4 estaria mais propensa, e qual estaria menos propensa, a sustentar o nível trófico mais alto?

---

o impacto dos distúrbios na quantidade de níveis tróficos. Por fim, o tamanho físico de um ecossistema pode influenciar o número de níveis tróficos. Ecossistemas maiores suportam populações maiores, que são menos propensas à extinção local (ver Conceito 11.3). Ecossistemas maiores também têm mais heterogeneidade de hábitat, tendendo, assim, a ter maior diversidade de espécies.

A validação dos efeitos do tamanho dos ecossistemas no número de níveis tróficos advém primeiramente dos estudos de lagos e ilhas oceânicas, que são ecossistemas com fronteiras bem-definidas. Por exemplo, Gaku Takimoto e colaboradores (2008) testaram os efeitos relativos do distúrbio e do tamanho de ilhas no número de níveis tróficos em 36 ilhas nas Bahamas. Os efeitos dos distúrbios foram testados pela análise de 33 das ilhas menores que ou eram expostas (19 ilhas) ou eram protegidas (14 ilhas) das tempestades. O número de níveis tróficos foi estimado utilizando-se uma relação isotópica de carbono e nitrogênio (como descrito no Conceito 20.4) em tecidos dos predadores do topo da cadeia: aranhas e lagartos. Takimoto e colaboradores descobriram que a exposição às tempestades não teve efeito no número de níveis tróficos. Entretanto, o distúrbio influenciou na composição dos predadores de topo: as aranhas eram mais frequentes entre os predadores de topo nas ilhas expostas, enquanto que os lagartos *Anolis* estavam no topo da teia alimentar nas ilhas protegidas. O tamanho das ilhas, por sua vez, foi fortemente correlacionado ao número de níveis tróficos (**Figura 21.14**), fornecendo evidências de que o tamanho do ecossistema pode influenciar o número de níveis tróficos em um ecossistema terrestre.

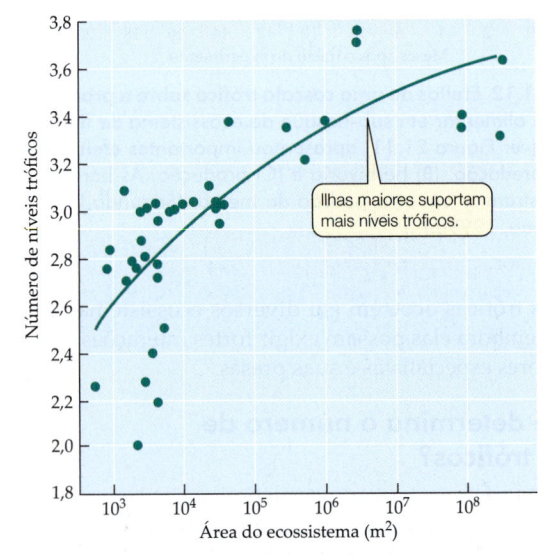

Figura 21.14 O tamanho do ecossistema é correlacionado com o número de níveis tróficos Nas ilhas das Bahamas, Takimoto e colaboradores descobriram que, à medida que o tamanho das ilhas aumentava, o número de níveis tróficos também aumentava. (Segundo Takimoto et al., 2008.)

A seguir, voltamos nossa atenção para uma investigação mais detalhada das relações tróficas nos ecossistemas à medida que cruzamos as fronteiras disciplinares da ecologia de ecossistemas e da ecologia de comunidades (tópico da Parte 5) para examinar como o fluxo energético pode influenciar a diversidade e a estabilidade de comunidades e dos ecossistemas.

> **CONCEITO 21.4**
>
> Teias alimentares são modelos conceituais de interações tróficas de organismos em um ecossistema.

Teias alimentares

Desde que Charles Darwin, em *A Origem das Espécies* (1859), descreveu "um terreno emaranhado, recoberto com muitas plantas de muitos tipos, com pássaros cantando nos arbustos, com vários insetos voando ao redor, [...] dependentes uns dos outros de maneira tão complexa", a interdependência das espécies tem sido um conceito central na ecologia. Quando examinamos essas conexões entre as espécies com foco nas relações alimentares, elas podem ser descritas por uma **teia alimentar**, um diagrama mostrando as conexões entre os organismos e o alimento que eles consomem. Para o ecossistema de deserto que abordamos no início deste capítulo, podemos construir uma teia alimentar simplificada mostrando que plantas são consumidas por insetos e esquilos, e que esses herbívoros servem de alimento para escorpiões, águias e raposas (**Figura 21.15A**). Desse modo, podemos começar a entender qualitativamente como a energia flui de um componente desse ecossistema para o outro, e como esse fluxo de energia pode influenciar mudanças nos tamanhos da população e na composição das comunidades.

Teias alimentares são complexas

A teia alimentar do deserto na Figura 21.15A está longe de estar completa. Dependendo de nosso objetivo, podemos adicionar outros organismos e outras conexões à teia alimentar, gerando complexidade adicional. Por exemplo, o escorpião consome insetos como o gafanhoto, mas assim como o gafanhoto, ele pode se tornar alimento para aves como picanços e corujas (**Figura 21.15B**). À medida que continuamos adicionando mais e mais organismos à teia alimentar, acrescentamos complexidade, de modo que ela pode assumir a aparência de um "diagrama espaguete" (**Figura 21.16**). A fim de acrescentar maior realismo, é importante reconhecer que as relações alimentares dos animais podem abranger múltiplos níveis tróficos (onivoria) e até mesmo envolver canibalismo (flechas circulares na Figura 21.16) (Polis, 1991).

Embora as teias alimentares sejam ferramentas conceituais úteis, até mesmo uma teia simplificada é uma

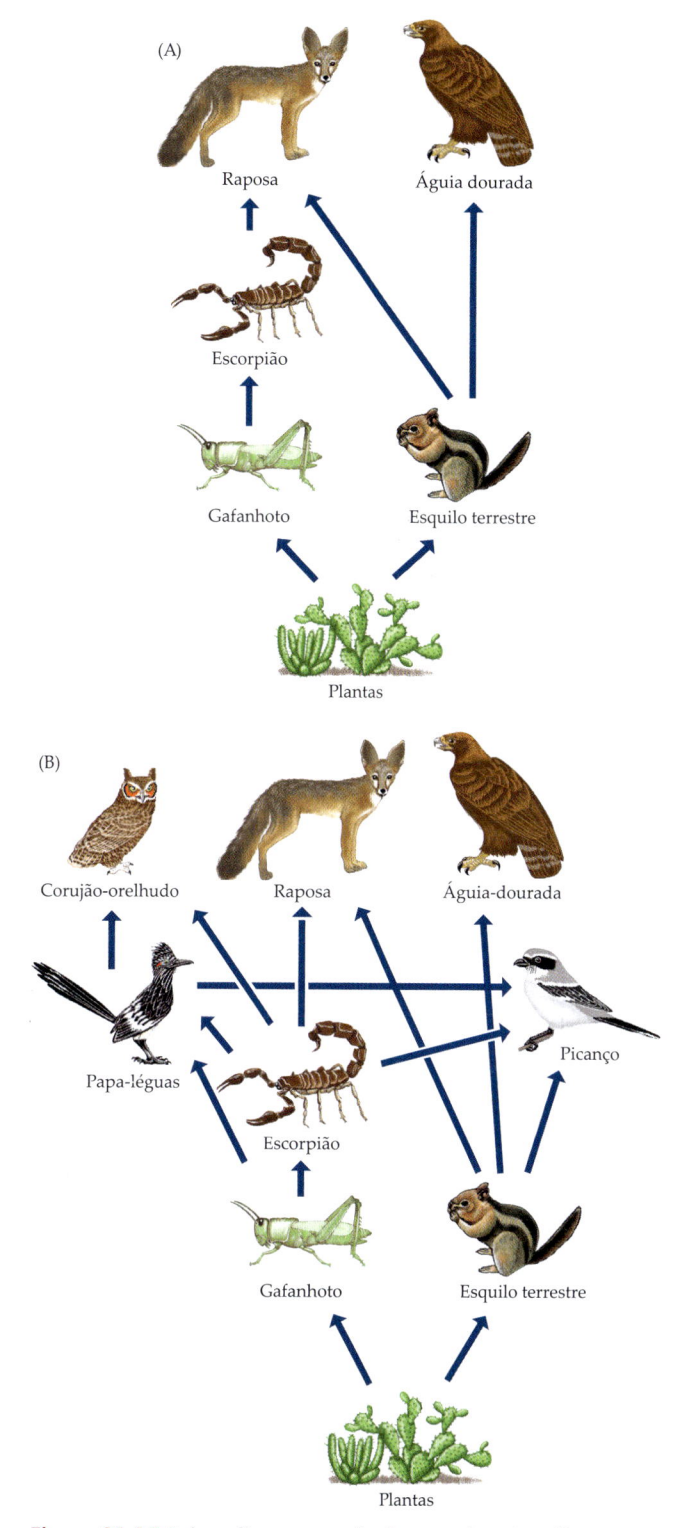

Figura 21.15 Teias alimentares de deserto As teias alimentares podem ser simples ou complexas dependendo de seu propósito. (A) Uma teia alimentar simples de seis membros, representativa do deserto norte-americano. (B) A adição de mais participantes à teia acrescenta realismo, mas a inclusão de espécies adicionais acrescenta complexidade.

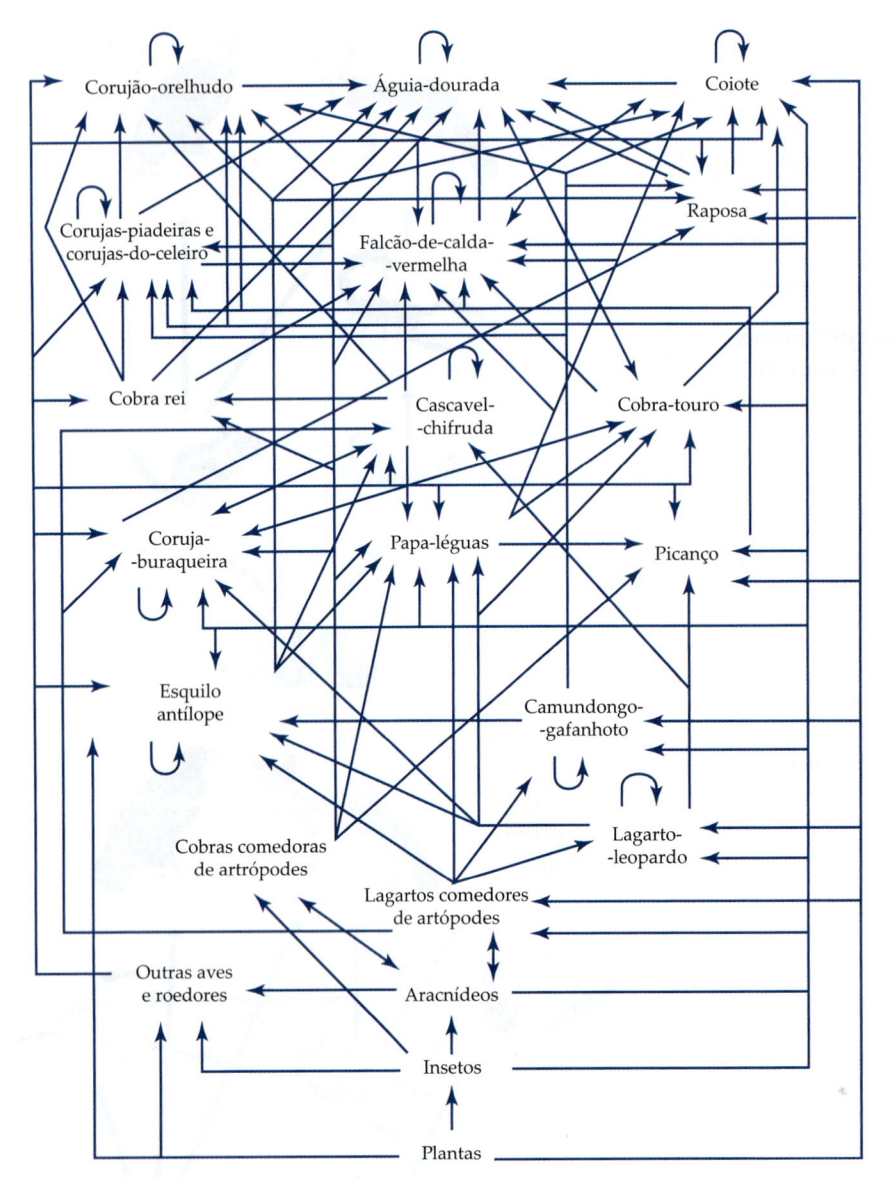

Figura 21.16 Teias alimentares podem ser complexas Nesta teia alimentar do deserto norte-americano, a complexidade confunde qualquer interpretação das interações entre os membros. No entanto, até mesmo essa teia alimentar não apresenta a maioria das interações tróficas do ecossistema. (De Polis, 1991.)

? Quantos organismos ou grupos alimentares retratados nessa teia alimentar consomem plantas e animais como fonte de recursos? O que isso sugere sobre a frequência da onivoria nessa teia alimentar?

descrição estática do fluxo energético e das interações tróficas de um dado momento em um ecossistema dinâmico. As interações tróficas atuais podem se modificar ao longo do tempo (Wilbur, 1997). Alguns organismos alteram seus padrões alimentares à medida que envelhecem. As rãs, por exemplo, fazem a transição de girinos aquáticos onívoros para adultos carnívoros. Alguns animais, como as aves migratórias, são relativamente móveis e compõem, dessa forma, múltiplas teias alimentares. A maioria das representações de teias alimentares fracassa em considerar interações biológicas adicionais entre organismos, interações essas que influenciam na dinâmica populacional e da comunidade, como os mutualismos da polinização. (Em estudos sobre comunidades, esse problema pode ser abordado pelo uso de teias de interações, como descrito no Capítulo 16.) Os papéis criticamente importantes dos microrganismos muitas vezes também são ignorados, apesar deles processarem uma quantidade significativa da energia que se move pelos ecossistemas. Então, para que servem as teias alimentares? Apesar dessas aparentes insuficiências, as teias alimentares são importantes ferramentas conceituais para a compreensão das dinâmicas de interação entre as espécies e o fluxo energético nos ecossistemas, assim como das dinâmicas das comunidades e populações dos organismos que as compõem.

As forças das interações tróficas são variáveis

Como indicado na recém-citada passagem de Darwin, bem como ao longo dos capítulos anteriores, um conceito central do pensamento ecológico é que "tudo está conectado a tudo". No entanto, as conexões entre as espécies em um ecossistema variam em importância para o fluxo energético e para a dinâmica populacional da espécie; em outras palavras, nem todas as conexões são igualmente importantes. Algumas relações tróficas podem ter um papel maior do que outras na determinação de como a energia flui no ecossistema. A *força de interação* é a medida do efeito da população de uma espécie sobre o tamanho da população de outra espécie (ver Ferramentas Ecológicas 16.1). Determinar as forças de interação é uma importante meta dos ecólogos, pois isso nos ajuda a simplificar o "emaranhado" de uma teia alimentar complexa pelo enfoque naquelas ligações mais importantes para a pesquisa básica e a conservação.

Como são determinadas as forças de interação? Diversas abordagens têm sido utilizadas. Experimentos de remoção, como aqueles descritos no Capítulo 16 para determinar a competição ou a facilitação, podem ser empregados, mas executar tais experimentos para quantificar cada elo em uma teia alimentar seria logisticamente inviável. Portanto, muito da pesquisa ecológica recente é dedicado a descobrir medições mais simples e menos diretas, mas que ainda forneçam uma estimativa confiável da importância relativa das diferentes ligações. Por exemplo, teias alimentares simples podem ser combinadas com observações sobre as preferências alimentares de predadores e sobre as mudanças no tamanho das populações de predadores e presas ao longo do tempo, com vistas a fornecer uma estimativa de quais interações são mais fortes. Do mesmo modo, comparações entre duas ou mais teias alimentares, em que uma espécie de predador ou presa está presente em algumas, mas ausente em outras, podem fornecer evidências da importância relativa dos elos. O tamanho corporal dos predadores e das presas tem sido utilizado para predizer a força da interação predador-presa, pois se sabe que a taxa de alimentação está relacionada à taxa de metabolismo, que por sua vez é governada pelo tamanho do corpo. As melhores estimativas das forças de interação em teias alimentares frequentemente vêm da combinação dessas abordagens.

Uma série de estudos clássicos foi realizada por Robert Paine para examinar forças de interação em teias alimentares nas zonas rochosas entremarés do Noroeste do Pacífico. Paine (1966) observou que a diversidade dos organismos nas zonas rochosas entremarés declinava à medida que a densidade de predadores diminuía. Ele ponderou que alguns desses predadores poderiam estar desempenhando um papel mais importante que os outros no controle da diversidade dessas comunidades. Uma das observações fundamentais de Paine foi a de que uma espécie de mexilhão (*Mytilus californianus*) tinha habilidade de superar em crescimento e sobrepujar muitas das outras espécies de invertebrados sésseis que competiam com ela por espaço. Paine levantou a hipótese de que os predadores poderiam estar desempenhando um papel fundamental na manutenção da diversidade nessa comunidade, consumindo os mexilhões e impedindo-os de excluir competitivamente outras espécies.

Para testar essas hipóteses, Paine conduziu um experimento no estado de Washington, no qual ele removeu o predador de topo do ecossistema, a estrela-do-mar *Pisaster ochraceus*, de parcelas experimentais. A *Pisaster* alimenta-se principalmente de bivalves e cracas e, em menor grau, de outros moluscos, como o quíton (classe *Polyplacophora*), a lapa (ordem *Docoglossa*) e um tipo de búzios do gênero *Nucella* (**Figura 21.17**). Após a contínua remoção manual de *Pisaster* em parcelas de 16 m², cracas (*Balanus glandula*) tornaram-se mais abundantes, mas, com o tempo, foram superadas pelos mexilhões (*Mytilus*) e por cracas-pescoço-de-ganso (gênero *Pollicipes*). Após dois anos e meio, o número de espécies na comunidade tinha diminuído de 15 para 8. Mesmo cinco anos após o início do experimento, quando as estrelas-do-mar não estavam mais sendo removidas, a dominância dos mexilhões continuou, pois os indivíduos de mexilhões tinham alcançado tamanhos que impediam a predação pelas estrelas-do-mar, permanecendo menor a diversidade nas parcelas experimentais do que nas parcelas de controle adjacentes (Paine et al., 1985). Remoções experimentais de predadores de níveis superiores em outras áreas de zonas de entremarés, incluindo uma na Nova Zelândia, a qual não tem espécies em comum com a zona entremarés do Noroeste do Pacífico, apresentaram reduções similares na diversidade. Tais espécies são mais importantes em teias alimentares do que seus números indicariam.

A experiência de Paine e de outros foi um avanço encorajador na ecologia porque demonstrou que, apesar da complexidade potencial das interações tróficas entre as espécies, os padrões de fluxo de energia e de estrutura de comunidades podem ser governados por um pequeno subgrupo dessas espécies. Paine classificou a *Pisaster* como uma *espécie-chave*, ou seja, espécie com uma influência no fluxo energético e na composição da comunidade maior do que seria previsto levando em conta sua abundância ou biomassa (ver Figura 16.17). O conceito de espécie-chave tornou-se um foco importante na ecologia e na biologia da conservação, porque sugere que a proteção dessas espécies pode ser crucial para a proteção de muitas outras que dependem delas (como veremos no Capítulo 23). Muitas espécies-chave são predadores de níveis tróficos superiores, que tendem a causar efeitos significativos nas populações de presas diretamente relacionados à sua própria abundância.

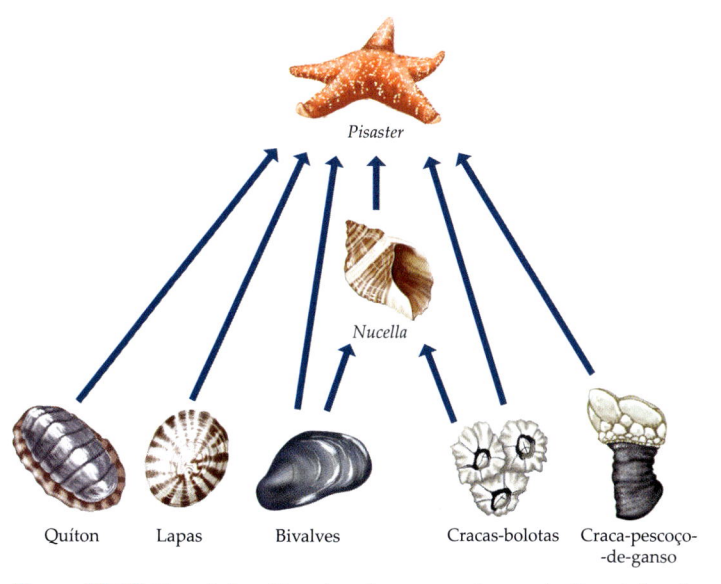

Figura 21.17 Uma teia alimentar da zona entremarés Essa teia alimentar em local rochoso em zona de entremarés da Baía Mukkaw, Estado de Washington, foi usada por Robert Paine para investigar a força das interações entre a estrela-do-mar *Pisaster ochraceus* e suas presas.

Algumas espécies agem como espécies-chave em apenas parte de sua área de ocorrência, sugerindo que as forças de interação são dependentes do contexto ambiental. Vários estudos, incluindo aqueles descritos na Figura 16.20 e em Ferramentas Ecológicas 16.1, descobriram variações dependentes do contexto no grau em que as espécies se comportam como espécies-chave. Assim, apesar de o conceito de espécie-chave ser intuitivamente simples, predizer quando e onde uma espécie em particular se comportará como espécie-chave continua sendo um desafio.

Efeitos diretos e indiretos determinam a força líquida de interação

Uma razão pela qual ainda é difícil prever a força das interações tróficas é que a importância ecológica do predador-chave como *Pisaster* se manifesta não apenas por um elo forte, como aquele que existe entre *Pisaster* e os mexilhões, mas também por fortes efeitos indiretos (ver Figura 16.12), como os efeitos que *Pisaster* desencadeia nas outras espécies ao reduzir a abundância de mexilhões. Se *Pisaster* consumisse apenas as espécies menos competitivas por espaço (como as cracas), ela não desempenharia papel de espécie-chave naquela comunidade rochosa entremarés. Assim, predizer os efeitos da perda de espécies sobre a comunidade requer um entendimento não só das forças das ligações individuais, mas também da força das cadeias de efeitos indiretos.

Os experimentos de remoção podem fornecer estimativas do efeito *líquido* de uma espécie interativa sobre uma espécie-alvo (ver Ferramentas Ecológicas 16.1). Esse efeito líquido inclui a soma dos efeitos diretos dessa espécie e todos os seus possíveis efeitos indiretos mediados pelas outras espécies presentes na comunidade (**Figura 21.18**). O efeito líquido de um predador sobre sua presa, por exemplo, inclui não apenas o efeito direto do consumo da presa, mas também os efeitos que o predador exerce em outras espécies que competem por espaço, facilitam ou modificam o ambiente de suas presas. Por exemplo, *Pisaster* produz um efeito direto negativo nas cracas ao consumi-las. Entretanto, o efeito indireto positivo que *Pisaster* causa nas cracas ao consumir os mexilhões (assim livrando as cracas de competir por espaço) é muito mais forte; portanto, *Pisaster* produz um efeito líquido positivo nesse competidor inferior. Se o efeito direto negativo de um predador sobre a abundância de uma espécie-alvo de presa é compensado por seus efeitos indiretos positivos nessa espécie, o efeito líquido pode parecer pequeno. Alternativamente, o efeito líquido de um predador sobre uma espécie-alvo de presa pode se mostrar muito forte se os dois efeitos, diretos e indiretos, tiverem a mesma direção.

Eric Berlow (1999) levantou a hipótese de que o potencial de efeitos indiretos de compensar ou reforçar o efeito direto de um predador deve ser maior quando o efeito direto é fraco. Berlow testou sua hipótese pela manipulação dos efeitos diretos e indiretos de búzios predadores (caracóis do gênero *Nucella*) sobre uma espécie de presa-alvo,

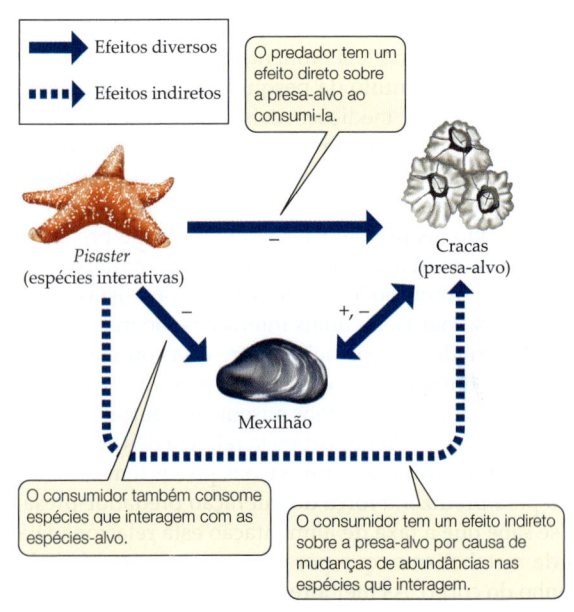

Figura 21.18 Efeitos diretos e indiretos das interações tróficas O efeito de um predador sobre uma espécie-alvo inclui todos os possíveis efeitos indiretos do predador sobre outras espécies na comunidade que interagem com a espécie-alvo, assim como os efeitos diretos do consumo.

os pequenos mexilhões (*Mytilus trossulus*). Os búzios também predam as cracas-bolotas (*Balanus glandula*), que competem por espaço com os mexilhões. Enquanto o efeito direto dos búzios sobre os mexilhões é negativo (por comê-los), eles podem exercer efeito indireto tanto positivo quanto negativo sobre os mexilhões por comerem as cracas. As cracas geralmente facilitam aos mexilhões por fornecerem pontos de apoio seguros para as larvas de mexilhão se instalarem; contudo, se as cracas se instalarem em uma rocha com aglomerados muito densos, elas têm o crescimento prejudicado e não conseguem se fixar bem à rocha. Quando isso acontece, as cracas, e quaisquer mexilhões que nelas se instalam, são mais facilmente carreadas da rocha pelas ondas. Portanto, quando as cracas estão em baixa densidade, a predação dos búzios sobre elas tem um efeito indireto negativo sobre os mexilhões por remover o substrato preferido deles. Entretanto, quando as cracas estão em alta densidade, sua redução pelos búzios produz um efeito indireto positivo aos mexilhões, proporcionando-lhes um substrato de fixação mais estável (**Figura 21.19A**).

Berlow controlou a força do efeito direto da predação dos búzios usando altas e baixas densidades deles. Ele mediu o efeito dos búzios sobre as taxas de colonização de mexilhões na presença (com efeitos indiretos) e na ausência (sem efeitos indiretos) das cracas. A predação dos búzios, sem os efeitos indiretos causados pelas cracas, produziu um efeito direto negativo considerável na taxa de colonização de mexilhões, independentemente da densidade de búzios (**Figura 21.19B**). Na presença de cracas, contudo, o efeito da densidade dos búzios sobre as taxas

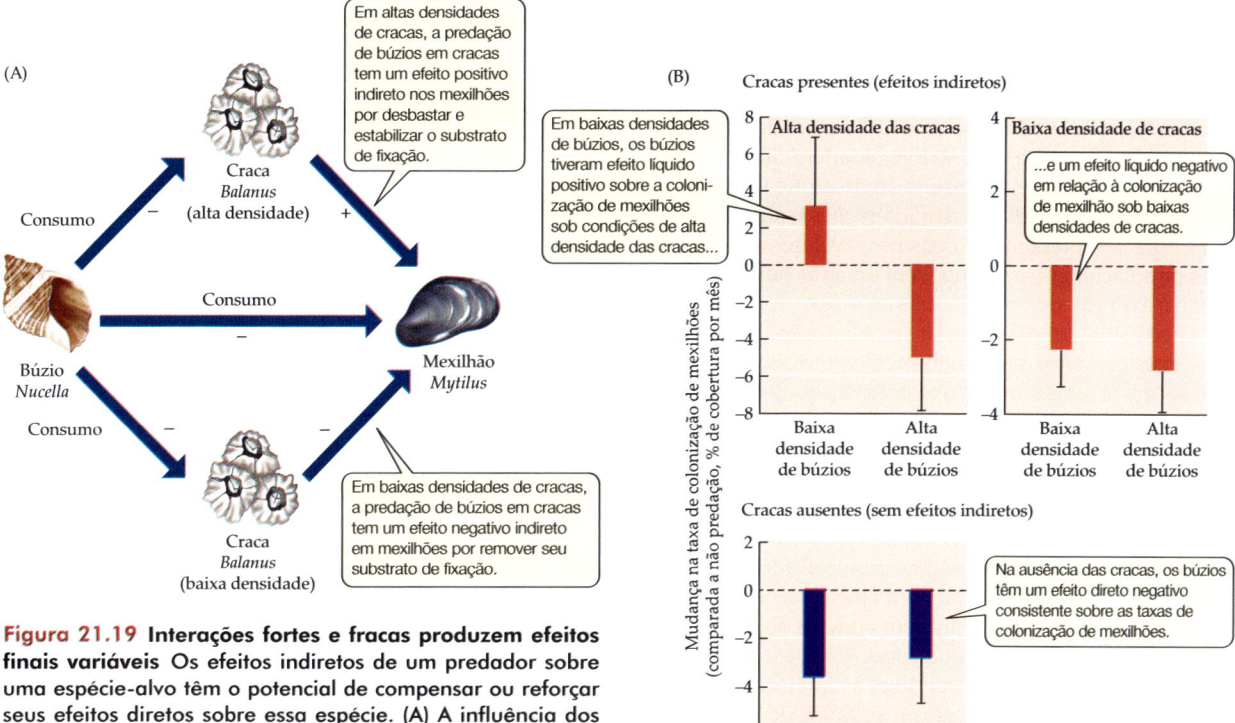

Figura 21.19 Interações fortes e fracas produzem efeitos finais variáveis Os efeitos indiretos de um predador sobre uma espécie-alvo têm o potencial de compensar ou reforçar seus efeitos diretos sobre essa espécie. (A) A influência dos búzios (predador) sobre uma colônia de mexilhões (presa-alvo) pode ser positiva ou negativa e depende da densidade de cracas (outra espécie de presa). (B) Os efeitos indiretos dos búzios foram aparentes, porém apenas quando estavam em baixa densidade (quando o efeito direto dos búzios era fraco). As barras de erro mostram um erro-padrão da média. (Segundo Berlow, 1999.)

de colonização de mexilhões mudou. Em alta densidade de búzios (i.e., quando seu efeito direto era "forte"), eles tiveram um efeito líquido consistentemente negativo sobre a colonização de mexilhões, independentemente da densidade de cracas. Contudo, quando os búzios estavam em baixas densidades (i.e., quando seu efeito direto era "fraco"), o efeito líquido sobre a colonização de mexilhões era ora positivo ora negativo, dependendo da densidade das cracas, conforme descrito anteriormente.

Os resultados do experimento de Berlow sustentaram sua hipótese, mostrando que a consequência dos efeitos diretos fracos variou como resultado dos efeitos indiretos. Uma mistura de efeitos indiretos positivos e negativos contribui para a variação nos resultados de experimentos de remoção de espécies nos casos em que o efeito direto é muito fraco para superar os efeitos indiretos. Por que essa variação é importante? Se um predador tem efeitos variados (positivo ou negativo) sobre uma espécie de presa dependendo da presença ou da ausência de outra espécie, o potencial do predador em eliminar a presa é menor. Portanto, a variação associada às interações fracas pode promover a coexistência de múltiplas espécies de presas, pois diferentes presas são facilitadas em diferentes lugares do ecossistema.

A complexidade aumenta a estabilidade nas teias alimentares?

Os ecólogos têm ponderado se teias alimentares mais complexas – aquelas com mais espécies e mais ligações entre elas – são mais estáveis do que teias alimentares mais simples, com menor diversidade e menos ligações. Estabilidade nesse contexto em geral é avaliada pela magnitude de mudanças nos tamanhos populacionais dos organismos na teia alimentar ao longo do tempo. Como vimos no Capítulo 11, grandes oscilações no tamanho da população ao longo do tempo aumentam a suscetibilidade das espécies à extinção local. Desse modo, uma teia alimentar menos estável significa um maior potencial para extinção das espécies que a compõem. Essa questão de estabilidade tem assumido cada vez maior importância com as taxas crescentes de perda de biodiversidade e invasões de espécies exóticas no mundo todo. O modo pelo qual o ecossistema responde ao ganho ou à perda de espécies está fortemente correlacionado à estabilidade das teias alimentares.

Os primeiros proponentes da ideia de que a complexidade da teia alimentar aumenta a estabilidade basearam seus argumentos nas observações de interações tróficas reais, assim como na intuição. Ecólogos como Charles Elton e Eugene Odum argumentaram que teias alimentares mais simples e menos diversificadas deveriam ser mais facilmente perturbáveis, apresentar grandes mudanças nas densidades populacionais das espécies e sofrer maiores perdas de espécies. No entanto, análises matemáticas mais rigorosas sobre as teias alimentares mostraram o contrário. Robert May (1973) utilizou teias alimentares compostas de assembleias aleatórias de organismos para demonstrar que as teias com maior diversidade são menos estáveis do que as de menor diversidade. A instabilidade nos modelos de May foi resultado do aumento na flutuação populacional pelas fortes interações tróficas: quanto mais espécies interagindo, mais provável que suas flutuações populacionais se reforçassem umas às outras, conduzindo à extinção de uma ou mais espécies.

O trabalho de May pôs por terra a noção de que sistemas mais complexos são inerentemente mais estáveis do que sistemas mais simples. No entanto, qualquer um que tenha visitado uma floresta tropical ou um recife de coral pode atestar o fato de que comunidades altamente diversas e complexas realmente persistem na natureza. Portanto, muitas pesquisas ecológicas têm sido direcionadas a descobrir os fatores que permitem que teias alimentares naturalmente complexas sejam estáveis. Modelos mais recentes, por exemplo, utilizaram classificações de forças de interação mais fidedignas com aquelas observadas na natureza. Além disso, há uma concordância em dizer que interações fracas podem estabilizar as interações tróficas, como ficou demonstrado pelos resultados do trabalho de Eric Berlow descrito anteriormente. Esses modelos e experimentos sugerem que, embora sistemas mais complexos não sejam necessariamente mais estáveis, teias alimentares naturais podem ter uma estrutura ou organização particular que permita que a maior diversidade de espécies tenha efeito estabilizador. Outros estudos sugerem que a influência amortecedora das interações fracas (McCann et al., 1998; Neutel et al., 2002) e das mudanças comportamentais ou evolutivas na escolha da presa (Kondoh, 2003) pode ajudar a reduzir as flutuações populacionais associadas às teias alimentares complexas. Além disso, a identidade das espécies em uma teia alimentar é importante para seu comportamento, com algumas espécies exercendo uma influência desproporcionalmente maior sobre a estabilidade e outras sendo mais propensas à extinção (Lawler, 1993).

O modo como a diversidade em um nível trófico afeta a estabilidade das populações em outros níveis tróficos também tem sido de interesse dos ecólogos, em particular no contexto da perda de biodiversidade (como veremos no Capítulo 23). Elton (1958) propôs que a diversidade de plantas influencia na diversidade de níveis tróficos superiores, ou seja, a maior diversidade de plantas estabilizaria populações de animais. Vimos no Conceito 19.4 que a produção de plantas muitas vezes é maior em comunidades mais diversas, e que essas comunidades são mais capazes de se recuperar de distúrbios. Será que essas propriedades conferem maior estabilidade aos níveis tróficos superiores? Nick Haddad e colaboradores testaram essa hipótese usando parcelas experimentais em pradarias implantadas por David Tilman na Reserva Científica do Ecossistema de Cedar Creek, em Minnesota (Haddad et al., 2011). Eles estudaram a abundância e a composição das espécies de comunidades de artrópodes (principalmente de insetos e aranhas) em parcelas com 1, 2, 4, 8 ou 16 espécies de plantas ao longo de um período de 11 anos. Um total de 733 espécies de artrópodes foi amostrado durante esse período. Esses artrópodes foram divididos em comunidades de acordo com suas preferências alimentares, que incluíam detritívoros, herbívoros, predadores e parasitoides. A estabilidade foi avaliada pela quantidade de alterações na abundância dos indivíduos dentro das populações e comunidades.

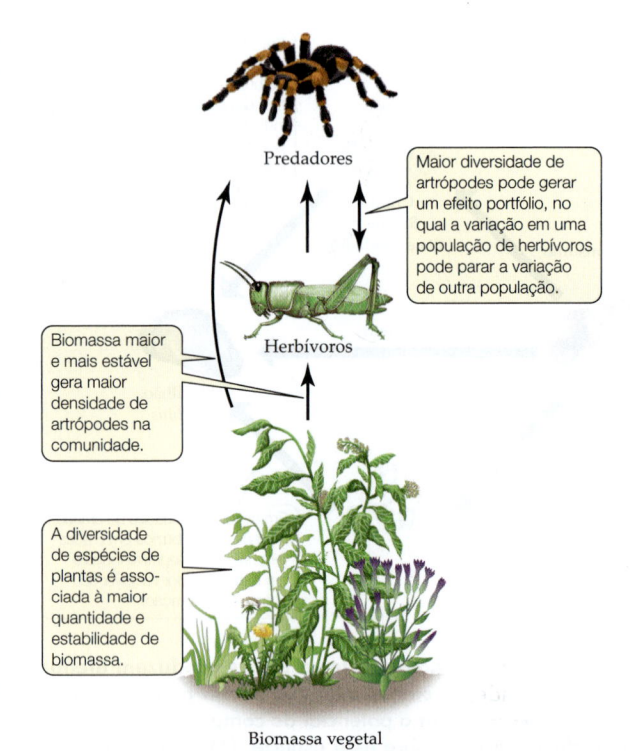

Figura 21.20 Diversidade de plantas e estabilidade das teias alimentares A maior diversidade de plantas aumentou a estabilidade das comunidades de artrópodes em parcelas experimentais. Os mecanismos potenciais desse efeito devem-se à biomassa vegetal maior e mais estável. A diversidade de plantas, que é associada à maior complexidade do hábitat, pode ser associada à maior abundância e diversidade de predadores, o que pode levar a maiores influências de cima para baixo sobre os herbívoros e as plantas (cascatas tróficas). Além disso, a diversidade das plantas aumenta a diversidade das comunidades de artrópodes como um todo, aumentando os efeitos de portfólio, o que mantém a abundância global estável. (Segundo Haddad et al., 2011.)

Haddad e colaboradores descobriram que, em geral, as comunidades de artrópodes eram mais estáveis em parcelas com maior diversidade de plantas. No entanto, nem todas as comunidades de artrópodes exibiram a mesma relação entre diversidade de plantas e estabilidade. Populações de herbívoros especialistas (aqueles que comem uma ou poucas espécies de plantas) apresentaram menor estabilidade com o aumento da diversidade de plantas. Por outro lado, a comunidade, incluindo todos os herbívoros, apresentou maior estabilidade com o aumento da diversidade de plantas. Os pesquisadores sugeriram que os principais mecanismos pelos quais a diversidade de plantas influencia a estabilidade da comunidade de artrópodes incluíam a maior e mais estável biomassa vegetal e a maior diversidade nas comunidades de artrópodes (**Figura 21.20**). A maior diversidade de plantas foi relacionada à maior abundância e diversidade de predadores devido a sua influência na diversidade do hábitat. Esses predadores podem exercer efeitos de cima para baixo sobre a abundância de herbívoros e plantas (cascata trófica). Haddad e colaboradores também sugeriram que a estabilidade das comunidades é reforçada por um *efeito portfólio*, em que a variação da população de uma espécie anula a variação de outra, de maneira que a abundância global na comunidade permanece a mesma. A maior diversidade entre artrópodes levaria a maiores probabilidades de ocorrer o efeito portfólio. Os pesquisadores concluíram que a diversidade de plantas no ecossistema de pradaria fornece serviços aos seres humanos não apenas na forma de potenciais biocombustíveis (ver Capítulo 19), mas também mantendo as comunidades de artrópodes mais estáveis e prevenindo epidemias de insetos que podem ser problemáticas para plantações e florestas.

ESTUDO DE CASO REVISITADO
Toxinas em locais remotos

Saber como a energia flui através dos níveis tróficos nos ecossistemas é a chave para o entendimento dos efeitos ambientais dos POPs, como aqueles descritos no Estudo de Caso deste capítulo. Alguns compostos químicos absorvidos pelos organismos, tanto diretamente do ambiente quanto ao consumir o alimento, podem se concentrar em seus tecidos. Devido a diversos motivos, esses compostos não são metabolizados ou excretados, de forma que se tornam progressivamente mais concentrados no corpo de um organismo ao longo da vida, processo conhecido como **bioacumulação**. A bioacumulação pode levar a um aumento na concentração desses compostos em animais de topo de cadeia à medida que animais de cada nível trófico consomem presas com concentrações mais altas desse composto. Este processo é conhecido como **biomagnificação** (**Figura 21.21**). Os POPs que discutimos no início deste capítulo estão particularmente sujeitos a esses processos.

Os perigos potenciais associados à bioacumulação e à biomagnificação dos POPs foram bem explicados no livro de Rachel Carson, *Primavera Silenciosa*, publicado em 1962, no qual ela descreveu os efeitos devastadores que os pesticidas, em particular o DDT, exercem sobre as populações de aves e mamíferos. O DDT foi considerado um inseticida "milagroso" durante as décadas de 1940 e 1950, quando foi amplamente utilizado para controlar uma série de pragas e vetores causadores de doenças em plantações. Entretanto, o DDT também se acumulava em predadores de altos níveis tróficos como resultado da biomagnificação, contribuindo para a quase extinção de algumas aves de rapina, incluindo o falcão-peregrino e a águia-careca. No livro *Primavera Silenciosa*, Carson abordou a persistência do DDT no ambiente, sua acumulação nos tecidos dos consumidores, incluindo seres humanos, e seus perigos para a saúde. Devido à cuidadosa apresentação de dados por Carson e sua habilidade de transmitir a mensagem de maneira persuasiva para o grande público, *Primavera Silenciosa* levou ao aumento das pesquisas sobre o uso de pesticidas, o que resultou na proibição da produção e do uso do DDT nos Estados Unidos.

O conceito de biomagnificação levou os pesquisadores a suspeitar de que as altas concentrações de POPs encontradas nos Inuítes resultavam de sua posição no topo dos níveis tróficos no ecossistema do Ártico. Essa suspeita foi corroborada por comparações das concentrações de toxinas entre as diferentes comunidades Inuítes. As mais altas concentrações de toxinas foram encontradas em comunidades que consumiam mamíferos marinhos como baleias, focas e morsas, animais que ocupam o terceiro, quarto ou quinto nível trófico. Os habitantes das comunidades que tinham os herbívoros caribus (do segundo nível trófico) como a parte mais importante da dieta apresentavam menores concentrações de toxinas. A predileção dos Inuítes por alimentos ricos em tecidos gordurosos, como o óleo de baleia, conhecido pelos nativos como "muktuk", representa um grande problema, pois muitos POPs são estocados preferencialmente nas camadas de gordura dos animais.

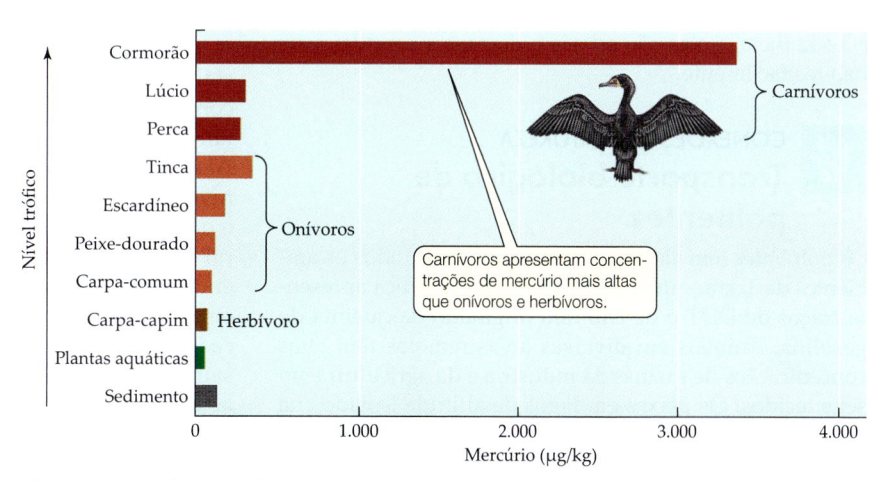

Figura 21.21 Bioacumulação e biomagnificação Níveis de mercúrio (metal pesado tóxico) mostram bioacumulação e biomagnificação em um ecossistema de um lago tcheco. (Segundo Houserová et al., 2007.)

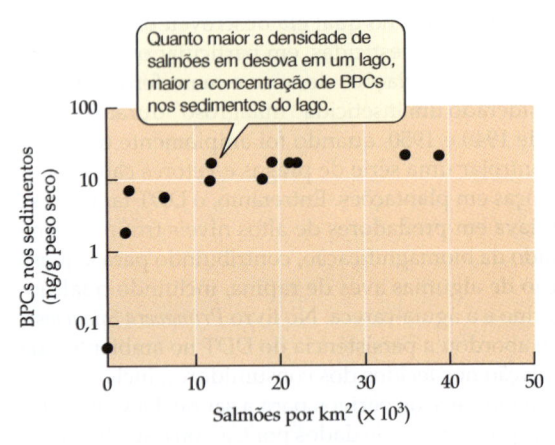

Figura 21.22 Bombeamento biológico de poluentes Durante o processo de desova (piracema), os salmões agem como bombeadores biológicos, concentrando toxinas provenientes do oceano em seu corpo e transportando-as em massa para ecossistemas de água doce. (Segundo Krümmel et al., 2003.)

Quanto maior a densidade de salmões em desova em um lago, maior a concentração de BPCs nos sedimentos do lago.

Embora as emissões de alguns POPs e outros poluentes estejam decaindo globalmente, à medida que aumenta a consciência sobre seus efeitos e que se estabelecem regulamentos para seu uso, o potencial para armazenamento em longo prazo desses compostos nos ambientes do Ártico significa que é improvável que seus efeitos venham a desaparecer em breve (Pearce, 1997). As concentrações de BPCs e DDT nos sedimentos dos lagos no Ártico continuaram a aumentar ao longo do tempo, enquanto que as concentrações desses POPs em sedimentos de lagos de latitudes mais baixas tenderam a diminuir. As temperaturas baixas e os níveis relativamente baixos de luminosidade no Ártico limitam a decomposição química desses compostos. Infelizmente, os efeitos em longo prazo dos POPs nas populações de Inuítes são incertos. Embora a troca para fontes alimentares alternativas possa parecer uma solução potencial ao problema, a identidade dos Inuítes está fortemente associada à sua tradição de povo caçador e à sua dieta, e eles não estariam dispostos a mudar seus hábitos facilmente.

CONEXÕES NA NATUREZA
Transporte biológico de poluentes

Os poluentes têm sido registrados em quase todos os ambientes da Terra – até mesmo o gelo da Antártica apresenta traços de DDT e de chumbo originado da queima de gasolina. Animais em diversas áreas remotas têm altas concentrações de toxinas da indústria e da agricultura em seus tecidos. Os peixes em lagos de altitude isolados na região das Montanhas Rochosas Canadenses, por exemplo, mostram elevadas concentrações de POPs, as quais têm sido associadas com a condensação desses compostos em campos com neve e geleiras acima dos lagos (Blais et al., 1998). Como sugerido no Estudo de Caso Revisitado, as concentrações desses poluentes estão relacionadas às posições tróficas desses animais: consumidores dos níveis tróficos mais elevados, como ursos polares, focas e aves de rapina, contêm as maiores concentrações. A natureza generalizada desse problema realça a noção de que os ecossistemas estão conectados pelos movimentos de energia e materiais entre eles. Os processos ecológicos em um ecossistema podem provocar efeitos em outros ecossistemas por esses movimentos (Polis et al., 2004).

O movimento dos POPs e de outras toxinas antropogênicas em geral está associado com o transporte atmosférico das baixas para as altas latitudes. Entretanto, o comportamento dos animais também pode influenciar a circulação dos POPs. Os salmões, por exemplo, transportam nutrientes dos ecossistemas marinhos para os de água doce e terrestres durante a piracema. Na maturidade reprodutiva, o salmão deixa o oceano e move-se rio acima em grandes números, como descrito no Estudo de Caso do Capítulo 2. Dos rios, eles nadam para dentro de lagos e riachos, onde desovam e morrem. Existe potencial para o salmão movimentar toxinas, bem como nutrientes, dos ecossistemas oceânicos para ecossistemas dulciaquícolas via seu comportamento de desova.

E. M. Krümmel e colaboradores estudaram o potencial do salmão-vermelho (*Oncorhynchus nerka*) de agir como "peixe-bombeador" para os poluentes, movimentando as BPCs dos oceanos para os lagos remotos do Alasca (Krümmel et al., 2003). O salmão ocupa o quarto nível trófico e, desse modo, por meio da bioacumulação e da biomagnificação, acumula BPCs na gordura corporal em concentrações 2.500 vezes mais altas do que as encontradas na água do mar. Krümmel e colaboradores coletaram sedimentos de oito lagos no sudoeste do Alasca que apresentaram diferentes densidades de desova do salmão (variando de 0 a 40.000 desovas/km²) e mediram as BPCs nos sedimentos. Eles descobriram que as concentrações de BPCs eram fortemente correlacionadas às desovas (**Figura 21.22**). Lagos sem visitas dos salmões em desova tinham concentrações de BPCs similares ao esperado apenas com base no transporte atmosférico. O lago com a maior densidade de salmões em desova

(40.000/km²) tinha concentrações de BPCs até seis vezes mais altas do que os níveis "básicos" associados ao transporte atmosférico. Um estudo semelhante verificou que DDT, outros POPs e mercúrio haviam sido transportados pelos fulmares-glaciais (*Fulmarus glacialis*, aves pelágicas comedoras de peixes) do oceano para pequenos lagos nas proximidades de suas colônias de ninhos (Blais et al., 2005). Esses exemplos demonstram como o comportamento de algumas espécies (piracema de salmões, colônia de ninhos de aves pelágicas) pode exacerbar os problemas da poluição associada à biomagnificação nos ecossistemas.

RESUMO

CONCEITO 21.1 Níveis tróficos descrevem as posições alimentares dos grupos de organismos nos ecossistemas.

- O nível trófico de um organismo é determinado pelo número que o separa do primeiro nível trófico, composto de autótrofos e detritos.
- Onívoros alimentam-se de múltiplos níveis tróficos, embora sua dieta possa ser fracionada para refletir seu consumo em cada nível.
- Todos os organismos acabam como alimento de outro organismo ou se tornam detrito.

CONCEITO 21.2 A quantidade de energia transferida de um nível trófico para o próximo depende da qualidade do alimento, bem como da abundância e da fisiologia do consumidor.

- Pirâmides de energia trófica e de biomassa representam as quantidades relativas de energia ou de biomassa em diferentes níveis tróficos.
- A alta taxa de renovação da biomassa de autótrofos em ecossistemas aquáticos pode resultar em pirâmides de biomassa invertidas em relação às pirâmides de energia.
- A proporção de biomassa de autótrofos consumida nos ecossistemas terrestres tende a ser mais baixa do que a dos ecossistemas aquáticos.
- A eficiência na transferência de energia de um nível trófico para o próximo é determinada pela qualidade de alimento e pela fisiologia dos consumidores.

CONCEITO 21.3 Alterações na abundância dos organismos de um nível trófico podem influenciar o fluxo energético em diversos níveis tróficos.

- Mudanças no número e no tipo de consumidores nos níveis tróficos mais altos podem influenciar a produção primária por meio de alterações no consumo dos herbívoros.
- Cascatas tróficas tendem a ser mais aparentes nos ecossistemas aquáticos do que nos terrestres, mas também têm sido demonstradas em sistemas terrestres complexos.
- O número de níveis tróficos que podem ser sustentados em um ecossistema é determinado pelo tamanho do ecossistema, pela quantidade de energia que entra no ecossistema por meio da produção primária e pela frequência de distúrbios.

CONCEITO 21.4 Teias alimentares são modelos conceituais de interações tróficas de organismos em um ecossistema.

- Teias alimentares são diagramas que representam as diversas interações tróficas entre as espécies em um ecossistema.
- Embora as interações tróficas sejam extremamente complexas, as teias alimentares podem ser simplificadas pelo foco nas interações mais fortes entre os organismos componentes.
- Espécies-chave produzem maiores efeitos no fluxo energético e na composição das comunidades do que sua abundância ou sua biomassa poderia prever.
- Efeitos indiretos de um predador sobre presas específicas, incluindo seus efeitos em outras espécies com as quais competem, facilitam ou modificam o ambiente das espécies-alvo, podem compensar ou reforçar os efeitos diretos da predação nas espécies-alvo. Esses efeitos indiretos podem ter importantes efeitos estabilizadores sobre teias alimentares inerentemente instáveis.

Questões de revisão

1. Suponha que uma população de coiotes (população A) demonstra um grau de onivoria maior do que outra população (população B). A população A possui uma dieta que inclui carcaças de animais mortos na rodovia, plantas e alimentos em decomposição de lixeiras, enquanto a população B tem uma dieta estável de pequenos roedores. Qual população deve ter maior eficiência de assimilação? Por quê?

2. Mamíferos em ecossistemas temperados terrestres e marinhos ocupando níveis tróficos similares podem ter diferentes eficiências de produção. Considerando qualidade alimentar, abundância e taxas de captura similares, explique por que as eficiências de produção desses animais diferem entre ecossistemas marinhos e terrestres. (Dica: considere como os mamíferos mantêm seu corpo aquecido, bem como a variação de temperatura de seus ambientes, conforme descrito no Capítulo 2.)

3. Qual ecossistema você esperaria ter uma maior quantidade total de energia passando ao longo dos níveis tróficos: um lago ou uma floresta adjacente ao lago? Qual desses ecossistemas teria uma maior *proporção* de PPL se movendo ao longo dos níveis tróficos, a floresta ou o lago?
4. Herbívoros generalistas consomem um maior número de espécies vegetais que herbívoros especialistas. Se uma cascata trófica resultasse na redução do consumo dos predadores de um herbívoro, haveria um efeito maior ou menor na produção primária se esse herbívoro fosse um especialista?

MATERIAL DA INTERNET (em inglês)
sites.sinauer.com/ecology3e

O *site* inclui o resumo dos capítulos, testes, *flashcards* e termos-chave, sugestão de leituras, um glossário completo e a Revisão Estatística. Além disso, os seguintes recursos estão disponíveis para este capítulo:

Exercício Prático: Solucionando Problemas
21.1 **Um quilo de carne: eficiência trófica em um recife de coral**
21.2 **Um lugar seguro para meus filhos: cascatas tróficas e efeitos de vizinhança**

Conexão às Mudanças Climáticas
21.1 **Ursos polares, mudanças climáticas e biomagnificação**

22 Oferta e ciclagem de nutrientes

CONCEITOS-CHAVE

CONCEITO 22.1 Aportes nutricionais em ecossistemas ocorrem por meio da decomposição química dos minerais das rochas ou por meio da fixação de gases atmosféricos.

CONCEITO 22.2 Transformações químicas e biológicas nos ecossistemas alteram a forma química e a oferta de nutrientes.

CONCEITO 22.3 Os nutrientes circulam através dos componentes dos ecossistemas.

CONCEITO 22.4 Os ecossistemas de água doce e marinhos recebem aporte de nutrientes dos ecossistemas terrestres.

Uma crosta frágil: Estudo de Caso

O Planalto do Colorado no oeste da América do Norte inclui vastas extensões de montanhas isoladas, formações de arenito detalhadamente recortadas, cânions multicoloridos e profundamente escavados. Uma das feições mais raras dessa região bela e acidentada, no entanto, ocorre em uma escala muito pequena: trata-se de uma área com solo convoluto e escuro (**Figura 22.1**). Examinando mais de perto, o solo se parece com a miniatura de uma paisagem de montanhas e vales, cobertos com manchas pretas, verde-escuras e brancas semelhantes a líquens. A comparação é apropriada, pois essa crosta na superfície do solo, conhecida simplesmente como **crosta biológica** (ou crosta *criptobiótica*), é composta por uma mistura de centenas de espécies de cianobactérias, líquens e musgos (Belnap, 2003). Cerca de 70% dos solos no Planalto do Colorado, o qual cobre partes de Utah, Arizona, Colorado e Novo México, têm algum desenvolvimento de crosta biológica. Crostas semelhantes, que contêm um conjunto surpreendentemente similar de espécies, são encontradas em muitas outras regiões áridas e semiáridas por todo o mundo. A natureza encrostada do solo deve-se em grande parte à atividade de cianobactérias filamentosas, que criam um revestimento de material mucilaginoso à medida que se movem pelo solo após a chuva. Quando o solo seca, as cianobactérias retiram-se para camadas mais profundas, deixando para trás o material de revestimento, que ajuda a unir as partículas de solo grosseiro (**Figura 22.2**).

Os solos do Planalto do Colorado estão expostos a extremas variações climáticas e a intensas forças erosivas (Belnap, 2003). As temperaturas na superfície podem variar desde -20°C no inverno até 70°C no verão. As altas taxas de evapotranspiração com frequência secam os solos, e a escassez de vegetação possibilita aos fortes ventos superficiais carregarem partículas finas de solo para longe. A precipitação na primavera e no verão costuma ocorrer como tempestades breves e intensas. As crostas biológicas são cruciais para manter o solo em seu lugar diante dos ventos fortes e das chuvas torrenciais.

Apesar de o Planalto do Colorado ser esparsamente povoado, os seres humanos têm tido um efeito amplo e duradouro sobre sua paisagem. A criação de gado tem sido um uso importante das terras públicas na região, desde sua introdução na década de 1880. A maior parte da terra foi afetada de alguma forma pelo pastejo, o que resultou no pisoteio das crostas biológicas e no sobrepastoreio da vegetação. Até recentemente, o pastejo era a principal interferência associada aos seres humanos nessa região. Nos últimos tempos, entretanto, tem

Figura 22.1 Crosta biológica no Planalto do Colorado Crostas biológicas são características dos desertos do Planalto do Colorado. A topografia da superfície e a coloração da crosta são claramente visíveis nessa foto.

Figura 22.2 Bainhas de cianobactérias agregam o solo em crostas (A) Filamentos de cianobactérias se recobrem com uma bainha de material mucilaginoso à medida que elas se movem pelo solo. (B) As bainhas deixadas para trás pelas cianobactérias ajudam a agregar as partículas do solo e o protegem contra perdas por erosão.

havido uma multiplicação de veículos de aventura (*off-road*) invadindo a região. Durante o Moab Jeep Safári no ano de 2005, por exemplo, um número estimado de 30 mil a 40 mil participantes visitou uma cidade com população permanente de 5 mil habitantes. O uso de quadriciclos motorizados também está aumentando drasticamente, unindo-se ao tráfego de motocicletas, *mountain bikes* e mochileiros de trilhas ecológicas. A maioria dos usuários das paisagens desérticas cumpre as leis federais e locais, permanecendo nas trilhas e estradas determinadas. No entanto, uma minoria de usuários dirige seus veículos fora das estradas designadas e atravessa solos cobertos pela crosta biológica.

A extensão espacial do distúrbio na superfície do solo, associada ao uso de veículos *off-road* e ao pastejo do gado, ainda não foi muito bem quantificada, porém é evidente que grande parte da paisagem tem sofrido algum grau de distúrbio ao longo dos últimos 150 anos e que essa taxa de distúrbio está aumentando. A recuperação das crostas biológicas após os distúrbios é extremamente lenta em ambientes áridos: décadas são necessárias para o restabelecimento das cianobactérias e até séculos para a recolonização por líquens e musgos (Belnap e Eldridge, 2001).

Quais são as implicações da perda de crostas biológicas para o funcionamento dos ecossistemas desérticos? O quão importantes são essas crostas para o fornecimento de nutrientes nesses ecossistemas? Dado o caráter de longo prazo dos distúrbios associados ao pastejo do gado distribuído pelo Planalto, ainda é possível encontrarmos áreas que possam servir como controle para pesquisa dos impactos já existentes?

Introdução

Além de energia, todos os organismos precisam de elementos químicos específicos para satisfazer suas necessidades bioquímicas básicas de metabolismo e crescimento. Os organismos captam esses elementos absorvendo-os do meio ou consumindo outros organismos, vivos ou mortos. O ferro, por exemplo, é requerido por todos os organismos para muitas funções metabólicas importantes, mas como esses organismos adquirem o ferro e de onde ele se origina pode variar de maneira significativa. O fitoplâncton no oceano Atlântico pode captar ferro que vem no sedimento trazido pela poeira do deserto do Saara. Os leões da savana africana obtêm ferro das presas que eles abatem e consomem. Os pulgões obtêm ferro da seiva que sugam de uma planta, enquanto que a planta absorve água contendo ferro dissolvido do solo. A fonte definitiva de todo esse ferro, entretanto, são os minerais sólidos da crosta terrestre, que são submetidos a transformações químicas à medida que se movem através dos diferentes componentes físicos e biológicos dos ecossistemas.

O estudo dos fatores físicos, químicos e biológicos que influenciam os movimentos e as transformações dos elementos é conhecido como **biogeoquímica**. Entender a biogeoquímica é importante para determinar a disponibilidade de **nutrientes**, que são definidos como os elementos químicos de que um organismo necessita para seu metabolismo e crescimento. Os nutrientes devem estar presentes em certas formas químicas para ficarem disponíveis à captação pelos organismos. Dessa maneira, a taxa na qual as transformações físicas e químicas ocorrem determina a oferta de nutrientes. A biogeoquímica também abrange o estudo de elementos que não são nutricionais, os quais podem servir como marcadores em ecossistemas e dos compostos poluentes que causam danos ambientais. A biogeoquímica é uma disciplina que integra aspectos da ciência do solo e da atmosfera, da hidrologia e da ecologia.

Neste capítulo, vamos considerar os fatores biológicos, químicos e físicos que controlam a oferta e a disponibilidade de nutrientes nos ecossistemas. Enfatizaremos os papéis dos autótrofos, pois são a principal fonte de nutrientes para os heterótrofos. Apresentaremos quais nutrientes são importantes para o funcionamento dos organismos, descreveremos as fontes desses nutrientes e como eles entram nos ecossistemas e revisaremos algumas das importantes transformações químicas e biológicas que constituem a ciclagem dos nutrientes nos ecossistemas. No Capítulo 25, consideraremos a ciclagem em escala global de alguns desses elementos.

CONCEITO 22.1

Aportes nutricionais em ecossistemas ocorrem por meio da decomposição química dos minerais das rochas ou por meio da fixação de gases atmosféricos.

Nutrientes: necessidades e fontes

Todos os organismos, das bactérias às baleias azuis, compartilham de necessidades nutricionais similares. Como esses nutrientes são obtidos, as formas químicas deles que são captadas e as quantidades relativas que são requeridas variam consideravelmente entre os organismos. Todos esses nutrientes, entretanto, vêm de uma fonte comum: formas minerais inorgânicas que estão presentes na crosta da Terra ou como gases na atmosfera.

Organismos têm necessidades nutricionais específicas

As necessidades nutricionais de um organismo estão relacionadas à sua fisiologia. As quantidades e os nutrientes específicos necessários, portanto, variam de acordo com o modo do organismo de adquirir energia (autótrofos vs. heterótrofos), sua mobilidade e sua fisiologia térmica (ectotérmicos vs. endotérmicos). Os animais móveis, por exemplo, em geral têm taxas de atividade metabólica mais elevadas do que as plantas ou as bactérias, e, portanto, possuem maior exigência de nutrientes como o nitrogênio (N) e o fósforo (P) para sustentar as reações bioquímicas associadas à mobilidade. As diferenças nas necessidades nutricionais são refletidas na composição química dos organismos (**Tabela 22.1**). O carbono, em geral, está associado com compostos estruturais em células e tecidos de plantas, enquanto o nitrogênio costuma estar vinculado a enzimas. Assim, a relação entre o carbono e o nitrogênio (C:N) nos organismos pode indicar as concentrações relativas da maquinaria bioquímica nas células. Animais e microrganismos em geral têm uma

TABELA 22.1
Elementos de composição dos organismos (em porcentagem de massa seca)

Elemento (símbolo)	Bactérias (em geral)	Plantas (milho, Zea mays)	Animal (ser humano, Homo sapiens)
Oxigênio (O)	20	44,43	14,62
Carbono (C)	50	43,57	55,99
Hidrogênio (H)	8	6,24	7,46
Nitrogênio (N)	10	1,46	9,33
Silício (Si)		1,17	0,005
Potássio (K)	1-4,5	0,92	1,09
Cálcio (Ca)	0,01-1,1	0,23	4,67
Fósforo (P)	2,0-3,0	0,20	3,11
Magnésio (Mg)	0,1-0,5	0,18	0,16
Enxofre (S)	0,2-1,0	0,17	0,78
Cloro (Cl)		0,14	0,47
Ferro (Fe)	0,02-0,2	0,08	0,012
Manganês (Mn)	0,001-0,01	0,04	—
Sódio (Na)	1,3	—	0,47
Zinco (Zn)		—	0,01
Rubídio (Rb)		—	0,005

Fonte: Aiba et al., 1973; Epstein e Bloom, 2005.
Nota: Os traços indicam uma quantidade insignificante de um elemento; os espaços em branco indicam que o elemento não foi mensurado.

relação C:N menor que as plantas: por exemplo, seres humanos e bactérias apresentam relação C:N de 6,0 e 3,0, respectivamente, enquanto que a das plantas varia entre 10 e 40. Essa diferença é um motivo pelo qual os herbívoros devem consumir mais alimento que os carnívoros para adquirir nutrientes suficientes que satisfaçam suas demandas nutricionais.

Os nutrientes essenciais para todas as plantas, e as funções associadas a eles, estão apresentados na **Tabela 22.2**. Algumas espécies de plantas têm exigências específicas por outros nutrientes não encontrados na Tabela 22.2. Por exemplo, muitas, mas não todas as plantas C_4 e CAM (ver Capítulo 5 para uma discussão dessas vias fotossintéticas) precisam de sódio. Em contraste, o sódio é um nutriente essencial para todos os animais, crucial para a manutenção do pH e do equilíbrio osmótico. O cobalto é exigido por algumas plantas que hospedam simbiontes fixadoras de nitrogênio (discutidas posteriormente nesta seção). O selênio é tóxico para a maioria das plantas, mas, para as raras plantas que crescem em solos ricos em selênio, ele pode ser necessário (em contraste, o selênio é um nutriente essencial para animais e bactérias).

Plantas e microrganismos costumam retirar nutrientes de seu meio em formas químicas relativamente simples e solúveis, a partir das quais eles sintetizam as moléculas

TABELA 22.2
Nutrientes das plantas e suas principais funções

Nutrientes	Principais funções
Carbono, oxigênio e hidrogênio	Componentes de moléculas orgânicas
Nitrogênio	Componente de aminoácidos, proteínas, clorofilas, ácidos nucleicos
Fósforo	Componente de ATP, NADP, ácidos nucleicos, fosfolipídeos
Potássio	Equilíbrio iônico e osmótico, regulação do pH e do turgor das células-guarda
Cálcio	Reforço e funcionamento da parede celular, equilíbrio iônico, permeabilidade da membrana
Magnésio	Componente da clorofila, ativação enzimática
Enxofre	Componente de aminoácidos, proteínas
Ferro	Componente de proteínas (p. ex., grupos heme), reações de oxidação-redução
Cobre	Componente das enzimas
Manganês	Componente das enzimas, ativação enzimática
Zinco	Componente das enzimas, ativação enzimática, componente dos ribossomos, manutenção da integridade da membrana
Níquel	Componente das enzimas
Molibdênio	Componente das enzimas
Boro	Síntese da parede celular, função da membrana
Cloro	Fotossíntese (decomposição da água), equilíbrio iônico e eletroquímico

Fontes: Salisbury e Ross, 1992; Marschner, 1995.

maiores, necessárias para seu metabolismo e crescimento. Os animais, por outro lado, em geral captam seus nutrientes por meio do consumo de organismos vivos ou detritos, obtendo seus nutrientes em formas químicas maiores e mais complexas. Os animais decompõem alguns desses compostos e ressintetizam novas moléculas; outras são absorvidas intactas e usadas diretamente na biossíntese. Por exemplo, 9 dos 20 aminoácidos essenciais para o metabolismo em seres humanos e outros mamíferos devem ser absorvidos intactos, uma vez que nós não podemos sintetizá-los.

Minerais e gases atmosféricos são as fontes geradoras de nutrientes

Em última análise, todos os nutrientes são derivados de duas fontes abióticas: minerais em rochas e gases na atmosfera. Ao longo do tempo, à medida que os nutrientes são obtidos e incorporados aos organismos, eles se acumulam nos ecossistemas em formas orgânicas (i.e., associados com moléculas de carbono e hidrogênio). Os nutrientes podem ser ciclados dentro de um ecossistema, repetidamente passando entre os organismos e pelo solo ou pela água em que vivem. Eles podem até ser reciclados internamente nos organismos, estocados ou mobilizados para uso à medida que mudam suas necessidades por nutrientes específicos. Aqui descrevemos as entradas de nutrientes nos ecossistemas a partir dos minerais e da atmosfera. Nas seções seguintes, completaremos os passos que constituem a ciclagem de nutrientes dentro de um ecossistema.

Fontes minerais de nutrientes A desagregação dos minerais das rochas supre os ecossistemas com nutrientes como potássio, cálcio, magnésio e fósforo. *Minerais* são substâncias sólidas com propriedades químicas características, derivadas de uma grande variedade de processos geológicos. *Rochas* são conjuntos de diferentes minerais. Nutrientes e outros elementos são liberados dos minerais em um processo de duas etapas conhecido como **intemperismo**. O primeiro passo, o **intemperismo mecânico**, é a decomposição física das rochas. Processos de expansão e contração, como os ciclos de congelamento-descongelamento e ressecamento-umidificação, agem para decompor as rochas em partículas progressivamente menores. Os mecanismos gravitacionais (como os deslizamentos de terra) e o crescimento das raízes das plantas também contribuem para esse intemperismo. O intemperismo mecânico expõe partes maiores de área superficial das partículas minerais ao **intemperismo químico**, no qual os minerais estão sujeitos a reações químicas que liberam formas solúveis de nutrientes.

O intemperismo é um dos processos envolvidos no desenvolvimento dos solos. O **solo** é formalmente definido como uma mistura de partículas minerais; matéria orgânica sólida (detritos, principalmente matéria vegetal em decomposição); água contendo matéria orgânica dissolvida, minerais e gases (a *solução do solo*); e organismos. Os solos têm várias propriedades importantes que influenciam a liberação de nutrientes para plantas e microrganismos. Uma dessas propriedades é sua textura, definida pelos tamanhos das partículas que o constituem. As partículas mais grosseiras do solo (0,05-2 mm) são denominadas **areias**. Partículas de tamanho médio (0,05-0,002 mm) são chamadas de **silte**. As partículas finas (< 0,002 mm), conhecidas como **argilas**, têm uma estrutura semicristalina e cargas negativas fracas em suas superfícies, capazes de reter cátions e trocá-los com a solução do solo. Como resultado, as partículas de argila servem como um reservatório de cátions como Ca^{2+}, K^+ e Mg^{2+}. A habilidade do solo de reter esses cátions e trocá-los com a solução do solo, chamada de **capacidade de troca catiônica**, é determinada pelas quantidades e pelos tipos de argila presentes no solo. A textura do solo também influencia sua capacidade de reter água e, dessa maneira, o movimento de nutrientes na solução do solo. Solos com uma alta proporção de areia têm um grande volume de espaços entre as partículas.

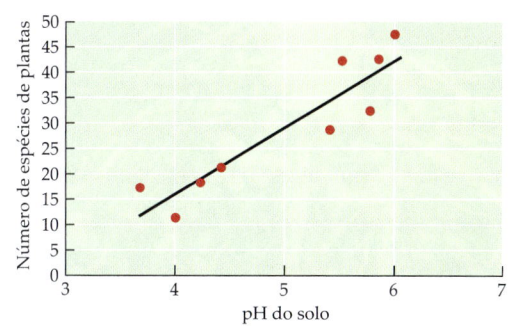

Figura 22.3 A riqueza de espécies aumenta com a diminuição da acidez do solo A riqueza das espécies vegetais vasculares na tundra ártica do Alasca varia de acordo com a acidez do solo. O gradiente da acidez do solo deve-se primeiramente a diferenças no material de origem: solos menos ácidos (com pH mais elevado) estão associados com maiores depósitos de *loess*. (Segundo Gough et al., 2000.)

Esses espaços (chamados de *macroporos*) permitem que a água percole no solo e limitam a quantidade de água que pode ser retida.

Outra importante propriedade do solo é seu **material de origem** (rocha matriz), ou seja, o material rochoso ou mineral que foi decomposto por intemperismo para formá-lo. Ele costuma ser o leito rochoso subjacente, mas também pode incluir camadas espessas de sedimentos depositados pelas geleiras (conhecidas como *till*), pelo vento (*loess*) ou pela água. A química e a estrutura do material de origem são importantes determinantes da taxa de intemperismo e da quantidade e dos tipos de nutrientes liberados, assim influenciando a fertilidade do solo. O calcário, por exemplo, é rico em cátions Ca^{2+} e Mg^{2+}. Os solos derivados de material de origem mais ácido, como o granito, têm concentrações inferiores desses elementos. Além disso, a acidez mais elevada (pH baixo) de solos derivados de granito reduz a disponibilidade de nitrogênio e fósforo para as plantas.

A química e o pH do material de origem exercem importante influência sobre a abundância, o crescimento e a diversidade de plantas nos ecossistemas. Por exemplo, Laura Gough e colaboradores (2000) demonstraram que a variação na acidez do material de origem está associada com diferenças na riqueza de espécies vegetais nos ecossistemas árticos no Alasca. Eles examinaram a vegetação no Ártico ao longo dos gradientes naturais da acidez do solo associada à distribuição diferencial de *loess* rico em cálcio, o qual tem acidez menor que outros materiais de origem. Eles descobriram que a quantidade de espécies vegetais aumentava à medida que a acidez diminuía (**Figura 22.3**). Essa variação em diversidade foi atribuída a efeitos negativos da acidez do solo na disponibilidade de nutrientes, assim como seus efeitos inibidores sobre a constituição das plantas.

Ao longo do tempo, os solos sofrem mudanças associadas com intemperismo, acumulação e alteração química da matéria orgânica, além de **lixiviação**: a movimentação de matéria orgânica dissolvida e de partículas minerais finas das camadas superiores para as inferiores. Esses processos formam **horizontes**, que são camadas de solo distinguíveis por sua cor, textura e permeabilidade (**Figura 22.4**). As variações nos horizontes do solo são utilizadas por cientistas para caracterizar os diferentes tipos de solo.

O clima influencia as taxas de diversos processos associados ao desenvolvimento do solo, incluindo o intemperismo, a atividade biológica (como a entrada de matéria orgânica e sua decomposição no solo) e a lixiviação. Em geral, esses processos ocorrem mais rapidamente sob condições de calor e umidade. Assim, os solos dos ecossistemas florestais tropicais de planície, que sofreram altas taxas de erosão e lixiviação por um longo tempo, são pobres em nutrientes derivados de minerais, tais como cálcio e magnésio. Grande parte dos nutrientes desses ecossistemas florestais é encontrada na biomassa viva das árvores, em contraste com a maioria dos outros ecossistemas terrestres, em que a proporção de nutrientes localizados no solo é maior. Quando as florestas tropicais de planície são removidas e queimadas para dar lugar a pastagens ou terras de cultivo, a maioria dos nutrientes é perdida na

Figura 22.4 Desenvolvimento dos horizontes do solo O solo desenvolve-se ao longo do tempo à medida que o material de origem sofre intemperismo e é decomposto em partículas de solo cada vez mais finas; quantidades crescentes de matéria orgânica acumulam-se no solo; e materiais são lixiviados e depositados nas camadas mais profundas. A taxa de desenvolvimento do solo depende do clima, do material de origem e dos organismos associados ao solo.

> Considerando o que você aprendeu sobre produção primária no Capítulo 20, e sobre os fatores climáticos que determinam o intemperismo e o desenvolvimento do solo neste capítulo, como você acha que os horizontes de um solo desértico se pareceriam?

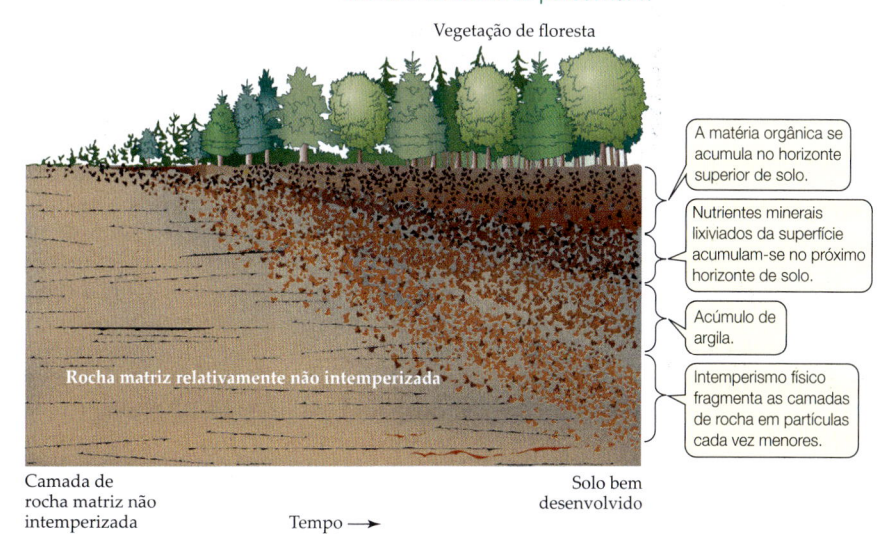

fumaça e nas cinzas, e pela erosão do solo na sequência dos incêndios. Como resultado, esses ecossistemas podem se tornar drasticamente pobres em nutrientes, podendo demorar séculos para voltarem a seu estado anterior. Solos em ecossistemas de altas latitudes têm taxas mais reduzidas de lixiviação e em geral são mais ricos em nutrientes derivados de minerais.

Organismos – principalmente plantas, bactérias e fungos – influenciam o desenvolvimento do solo ao contribuírem com matéria orgânica, a qual é um reservatório importante de nutrientes como nitrogênio e fósforo. Os organismos também aumentam as taxas de intemperismo químico pela liberação de ácidos orgânicos (que advêm de plantas e detritos) e CO_2 (que advêm da respiração metabólica). Desse modo, as taxas de atividade biológica têm uma forte influência sobre o desenvolvimento dos solos.

Fontes atmosféricas de nutrientes A atmosfera é composta de 78% de nitrogênio (como gás dinitrogênio, N_2), 21% de oxigênio, 0,9% de argônio, quantidades crescentes de dióxido de carbono (0,039%, ou 395 partes por milhão, em 2013) e outros gases residuais – alguns deles naturais e outros poluentes derivados de atividades humanas. A atmosfera é a principal fonte de carbono e nitrogênio para os ecossistemas. Esses nutrientes tornam-se biologicamente disponíveis quando são absorvidos da atmosfera e transformados quimicamente, ou *fixados*, pelos organismos. Eles podem, então, ser transferidos de organismo para organismo antes de retornarem à atmosfera.

O carbono é absorvido pelos autótrofos como CO_2 por meio da fotossíntese. (O processo de fotossíntese foi descrito no Capítulo 5, e o ciclo global do carbono é discutido no Capítulo 25.) Compostos de carbono armazenam energia em suas ligações químicas, e também são importantes componentes estruturais dos autótrofos (p. ex., celulose).

Embora a atmosfera seja um enorme reservatório de nitrogênio, ele está em uma forma quimicamente inerte (N_2) que não pode ser utilizada pela maioria dos organismos devido à alta energia necessária para quebrar a ligação tripla entre os dois átomos. O processo de absorção de N_2 e conversão em compostos quimicamente disponíveis é conhecido como **fixação de nitrogênio** (ver Conexões na Natureza no Capítulo 17). A fixação biológica do nitrogênio é realizada com o auxílio da enzima *nitrogenase*, que é sintetizada apenas por determinadas bactérias. Algumas dessas bactérias fixadoras de nitrogênio vivem livremente; outras são parceiras em relações simbióticas mutualistas (ver Capítulo 15). A simbiose da fixação de nitrogênio inclui associações entre as raízes das plantas e as bactérias do solo, mais notavelmente entre leguminosas e bactérias da família Rhizobiaceae. As leguminosas "hospedam" os rizóbios em estruturas radiculares especiais chamadas de nódulos e fornecem a elas compostos de carbono como fonte de energia para atender às altas demandas energéticas da fixação de nitrogênio (**Figura 22.5**; ver também Figura 17.21). Em retorno por fornecer os rizóbios alojamento e alimentação, a planta assimila nitrogênio fixado por eles. Outros exemplos de simbioses fixadoras de nitrogênio

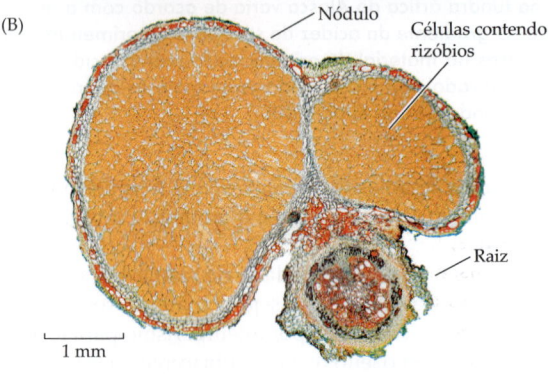

Figura 22.5 Leguminosas formam nódulos fixadores de nitrogênio Esses nódulos inchados nas raízes de um trevo-vermelho (*Trifoluim pratense*) contêm bactérias fixadoras de nitrogênio. (B) Células dentro desse nódulo de raiz de soja (amarelo nesta micrografia) são preenchidas com rizóbios.

incluem associações entre plantas lenhosas, tais como o álamo e as bactérias do gênero *Frankia* (chamadas de associações actinorrízicas); associações entre a *Azolla*, uma pteridófita aquática, e as cianobactérias; líquens que incluem fungos e simbiontes fixadoras de nitrogênio; e cupins com bactérias fixadoras de nitrogênio em seu trato digestório. Os seres humanos também fixam nitrogênio atmosférico quando fabricam fertilizantes sintéticos utilizando o processo Haber-Bosch, no qual a amônia é produzida a partir do nitrogênio atmosférico e hidrogênio sob altas pressões e temperaturas utilizando um catalisador de ferro. O processo Haber-Bosch exige entrada de energia substancial na forma de combustíveis fósseis.

A fixação natural de nitrogênio também necessita de uma grande quantidade de energia. As parceiras simbióticas fixadoras de nitrogênio consomem cerca de 25% da energia fotossintética obtida pelas plantas. Assim, a fixação de nitrogênio fornece a essas plantas uma fonte de nitrogênio, mas utiliza energia de outros processos, como o crescimento e a reprodução. A alocação da energia para a fixação de nitrogênio, em vez do crescimento, diminui a habilidade das plantas fixadoras de nitrogênio de competir por outros recursos além do nitrogênio. A fixação de nitrogênio é particularmente importante durante os estágios iniciais de sucessão primária, como vimos no Capítulo 17.

Além de carbono e nitrogênio, a atmosfera contém finas partículas de solo (poeira) e uma variedade de partículas sólidas, líquidas e gasosas em suspensão, conhecidas como **aerossóis**. Parte dessa matéria particulada entra no ecossistema ao cair da atmosfera por ação da gravidade ou por precipitação, processo conhecido como **deposição atmosférica**. A deposição atmosférica representa uma fonte natural importante de nutrientes para alguns ecossistemas. Aerossóis contendo cátions derivados do borrifo das ondas do mar, por exemplo, podem ser uma importante fonte de nutrientes em áreas litorâneas. A deposição atmosférica de poeira oriunda do Saara é uma importante entrada de ferro no Oceano Atlântico e de fósforo na Bacia Amazônica. Por outro lado, alguns ecossistemas têm sido negativamente afetados pela deposição atmosférica associada com atividades humanas industriais e agrícolas. A chuva ácida, por exemplo, é um processo de deposição atmosférica que tem sido associado à diminuição de ecossistemas florestais no leste dos Estados Unidos e na Europa (como veremos no Capítulo 25).

Agora que vimos como os nutrientes entram nos ecossistemas, seguiremos seus movimentos dentro dos ecossistemas, à medida que eles são reabsorvidos e transformados. As próximas duas seções terão como foco os ecossistemas terrestres; na seção final, vamos nos deter com mais atenção na ciclagem de nutrientes em ecossistemas aquáticos.

A decomposição é um processo essencial na reciclagem de nutrientes

À medida que os detritos (plantas, animais e microrganismos mortos, além de excrementos) se acumulam em um ecossistema, eles se tornam uma fonte cada vez mais importante de nutrientes, em particular de nitrogênio e fósforo. Esses nutrientes tornam-se disponíveis pela **decomposição**, processo pelo qual os detritívoros decompõem detritos para obter energia e nutrientes (**Figura 22.6**). A decomposição libera nutrientes na forma de compostos solúveis orgânicos e inorgânicos simples que podem ser absorvidos por outros organismos.

A matéria orgânica no solo origina-se inicialmente da matéria vegetal, que pode vir de cima e de baixo da superfície do solo. A matéria orgânica fresca e não decomposta sobre o solo, conhecida como **serapilheira** (ou **folhiço**) (o termo em inglês *litter* também é utilizado), costuma ser o substrato mais abundante para decomposição. A serapilheira é utilizada por animais, protistas, bactérias e fungos como fonte de energia e nutrientes. Animais como minhocas, cupins e nematódeos consomem a serapilheira, fragmentando-a em pequenas partículas. Essa fragmentação física acelera a desagregação química da serapilheira, por meio do aumento de sua área superficial.

Um importante passo final na decomposição é a conversão química da matéria orgânica em nutrientes inorgânicos (p. ex., nutrientes que não estão associados a moléculas de

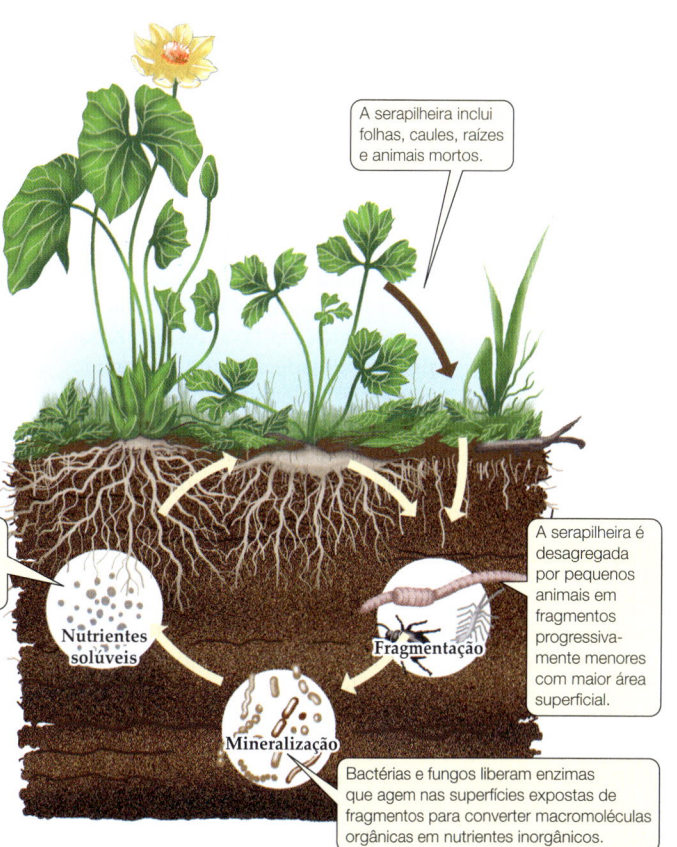

CONCEITO 22.2

Transformações químicas e biológicas nos ecossistemas alteram a forma química e a oferta de nutrientes.

Transformações dos nutrientes

Quando os nutrientes entram em um ecossistema, eles estão sujeitos a modificações resultantes da captação pelos organismos e outras reações químicas que alteram sua forma e influenciam seu movimento e sua permanência dentro de um ecossistema. Dentre essas transformações, uma das mais relevantes é a decomposição da matéria orgânica, que libera os nutrientes de volta para o ecossistema.

Figura 22.6 Decomposição A decomposição de matéria orgânica no solo fornece importante aporte de nutrientes para os ecossistemas terrestres. Etapas semelhantes ocorrem em ecossistemas de água doce e marinhos.

❓ Como o uso de um pesticida não seletivo para controlar insetos herbívoros (p. ex., um que não tem como alvo qualquer animal específico) afeta a taxa de decomposição em um gramado?

- Pequenos compostos orgânicos e nutrientes inorgânicos são liberados na solução do solo, de onde podem ser absorvidos por plantas e microorganismos. (**Nutrientes solúveis**)
- A serapilheira inclui folhas, caules, raízes e animais mortos.
- A serapilheira é desagregada por pequenos animais em fragmentos progressivamente menores com maior área superficial. (**Fragmentação**)
- Bactérias e fungos liberam enzimas que agem nas superfícies expostas de fragmentos para converter macromoléculas orgânicas em nutrientes inorgânicos. (**Mineralização**)

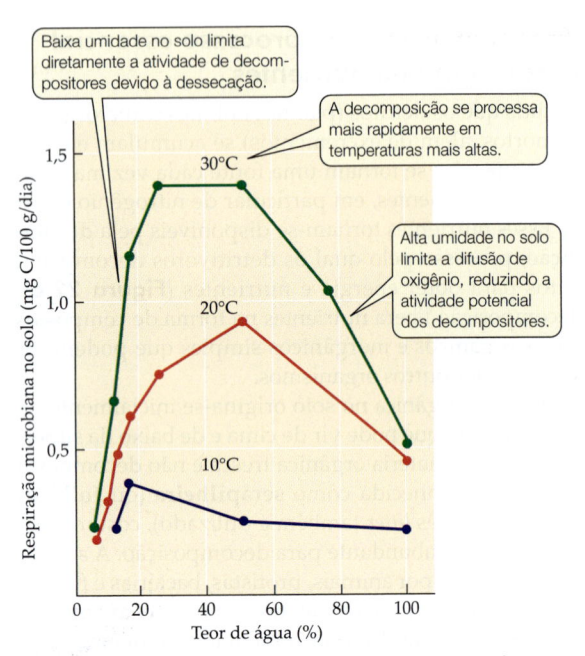

Figura 22.7 O clima controla a atividade dos decompositores Mudanças na respiração microbiana no solo, utilizada como estimativa da decomposição, são plotadas como uma função da umidade do solo a diferentes temperaturas. (Segundo Paul e Clark, 1996.)

Anotações na figura:
- Baixa umidade no solo limita diretamente a atividade de decompositores devido à dessecação.
- A decomposição se processa mais rapidamente em temperaturas mais altas.
- Alta umidade no solo limita a difusão de oxigênio, reduzindo a atividade potencial dos decompositores.

carbono), o que é conhecido como **mineralização**. Esse processo é o resultado da quebra de macromoléculas orgânicas no solo por enzimas liberadas pelos microrganismos heterotróficos. Uma vez que as plantas em geral dependem dos nutrientes inorgânicos, ecólogos usam medições de mineralização para estimar as taxas de nutrientes liberados no solo. Entender os controles bióticos e abióticos sobre a decomposição e a mineralização é fundamental para entender a disponibilidade de nutrientes para os autótrofos.

As taxas de decomposição são muito influenciadas pelo clima. A decomposição, como outros processos biológicos, ocorre mais rapidamente a temperaturas mais elevadas. A umidade do solo também controla as taxas de decomposição ao influenciar a disponibilidade de água e oxigênio para os detritívoros. Solos secos podem não fornecer água o suficiente para esses organismos, e solos úmidos têm baixa concentração de oxigênio, o que diminui a respiração aeróbia e a taxa de atividade biológica. Portanto, a atividade dos detritívoros é mais elevada a umidades de solo intermediárias e temperaturas quentes (**Figura 22.7**).

Alguns nutrientes são consumidos pelos detritívoros durante a decomposição, de maneira que nem todos os nutrientes liberados durante a mineralização se tornam disponíveis para serem absorvidos pelos autótrofos. A quantidade de nutrientes que são liberados da matéria orgânica durante a decomposição depende das necessidades nutricionais dos decompositores e da quantidade de energia que a matéria orgânica contém. Esses fatores podem ser aproximados pela razão entre carbono (representando energia) e nitrogênio (uma vez que o nitrogênio é o nutriente que geralmente está mais escasso para os detritívoros) na matéria orgânica. Uma relação C:N alta na matéria orgânica durante a decomposição resultará em uma baixa liberação líquida de nutrientes, uma vez que o crescimento dos microrganismos heterotróficos é mais limitado pela oferta de nitrogênio do que pela energia. Por exemplo, a maioria dos microrganismos heterotróficos necessita de cerca de 10 moléculas de carbono para cada molécula de nitrogênio absorvida. Cerca de 60% do carbono por eles absorvido são perdidos durante a respiração. Sendo assim, a relação C:N ótima de matéria orgânica para o crescimento microbiano é de cerca de 25:1; após uma perda de 60% do carbono para a respiração, esse material renderia uma relação C:N de 10:1, exatamente o que os micróbios necessitam. A matéria orgânica com uma relação C:N maior do que 25:1 resultaria na absorção de todo o nitrogênio pelos micróbios durante a decomposição. A decomposição da matéria orgânica a uma relação C:N menor do que 25:1 resultaria na liberação de menos nitrogênio para o solo.

Nem todo o carbono na serrapilheira está igualmente disponível como fonte de energia para os decompositores: a química desse carbono determina a velocidade de decomposição do material. A **lignina**, um composto de carbono estrutural que fortalece as paredes das células vegetais, é difícil de ser quebrada por microrganismos do solo e então se decompõe muito lentamente (**Figura 22.8** e **Análise de Dados 22.1**). A taxa de liberação de nutrientes dos resíduos vegetais contendo altas concentrações de lignina, como as folhas do carvalho e do pinheiro, é menor do que a de materiais com baixas concentrações de lignina, como as folhas de bordo e faia. Além disso, a serrapilheira

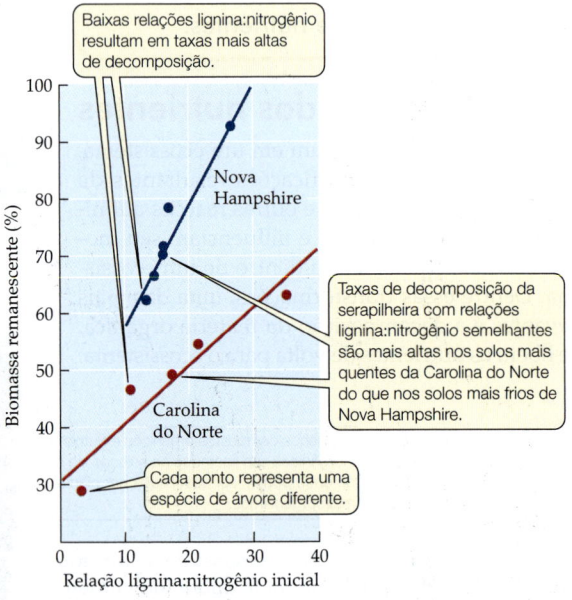

Figura 22.8 A lignina diminui a taxa de decomposição A taxa de decomposição da serrapilheira, expressa como o percentual de biomassa remanescente, diminui à medida que a proporção entre lignina e nitrogênio aumenta na serrapilheira. Essa relação varia entre espécies de árvores em uma floresta. Observe, entretanto, que o clima também tem uma influência importante nas taxas de decomposição. (Segundo Melillo et al., 1982.)

Anotações na figura:
- Baixas relações lignina:nitrogênio resultam em taxas mais altas de decomposição.
- Taxas de decomposição da serrapilheira com relações lignina:nitrogênio semelhantes são mais altas nos solos mais quentes da Carolina do Norte do que nos solos mais frios de Nova Hampshire.
- Cada ponto representa uma espécie de árvore diferente.

ANÁLISE DE DADOS 22.1

A lignina sempre inibe a decomposição?

Aprendemos que a lignina, composto estrutural encontrado nas folhas e nos caules, pode diminuir as taxas de decomposição porque é um substrato mais pobre em carbono para os microrganismos. Entretanto, nem toda a degradação de matéria orgânica é biótica. Em ecossistemas áridos, por exemplo, a luz do sol pode decompor a matéria orgânica na superfície dos solos, podendo ser mais importante que a decomposição biológica (Austin e Vivanco, 2006; ver também Exercício Prático: Solucionando Problemas 22.1). Como a lignina influencia a decomposição abiótica associada à fotodegradação? A lignina absorve mais radiação solar que a celulose, e, portanto, pode potencialmente *aumentar* a decomposição abiótica. Para testar essa hipótese, Amy Austin e Carlos Ballaré (2010)* fizeram um experimento de campo examinando como a concentração de lignina influenciava a decomposição via fotodegradação abiótica e atividade biótica. Eles utilizaram folhas de celulose uniformes (papel filtro) com uma quantidade diluída de nutrientes adicionados para imitar os substratos das folhas da serapilheira. Eles adicionaram quantidades variáveis de lignina nas folhas e então as expuseram a condições de decomposição tanto abióticas quanto bióticas, filtrando a luz (biótica) ou mantendo os substratos isolados do solo (abiótica). A perda de massa de cada folha foi medida para estimar a taxa de decomposição. Os resultados do experimento de Austin e Ballaré são apresentados na tabela a seguir.

Decomposição biótica		Decomposição abiótica	
% Lignina	Perda de massa (%/dia)	% Lignina	Perda de massa (%/dia)
0	0,29	0	0,01
5	0,15	5	0,07
8	0,13	9	0,10
13	0,11	14	0,13
17	0,10		

1. Use os dados da tabela para traçar a relação entre a concentração de lignina e a perda de massa, tanto para a decomposição biótica quanto para a abiótica.
2. O que você pode concluir sobre a influência da lignina na decomposição biótica *versus* abiótica? Como sua conclusão sustenta a hipótese geral de que tecidos de plantas ricos em lignina se decompõem mais lentamente que tecidos de plantas com pouca lignina?
3. Em quais tipos de condições ambientais e em quais tipos de biomas você não esperaria que a lignina viesse a limitar a decomposição?

*Austin, A. T., e C. L. Ballaré. 2010. Dual role of lignin in plant litter decomposition in terrestrial ecosystems. *Proceedings of the National Academy of Sciences USA* 107: 4618-4622.

---

pode conter compostos secundários, compostos químicos não utilizados diretamente para o crescimento (alguns exemplos incluem aqueles descritos nos Capítulos 5 e 13, associados à defesa contra herbívoros e ao excesso de luz), que podem diminuir a liberação de nutrientes durante a decomposição. Compostos secundários desaceleram a decomposição ao inibir a atividade dos microrganismos heterotróficos e das enzimas que eles liberam para o solo ou, em alguns casos, ao estimular seu crescimento, conduzindo a uma maior absorção microbiana de nutrientes.

Alterações químicas da serapilheira, bem como da quantidade de serapilheira produzida pelas plantas, podem influenciar as taxas de decomposição no solo. Ao se reduzir as taxas de decomposição, a fertilidade do solo diminui. Qual é a consequência para a planta ao se reduzir a oferta de seus próprios nutrientes? Para plantas que têm taxas de crescimento inerentemente lentas, reduzir a fertilidade do solo pode protegê-las da competição com vizinhos que possuem altas taxas de absorção de nutrientes e crescimento. Baixas concentrações de nutrientes no solo podem, portanto, ser perpetuadas pela química vegetal de forma a beneficiar as próprias plantas (Van Breemen e Finzi, 1998).

Microrganismos modificam a forma química dos nutrientes

Microrganismos no solo (bem como em ecossistemas marinhos e de água doce) transformam alguns dos nutrientes inorgânicos liberados durante o processo de mineralização. Essas transformações são particularmente importantes no caso do nitrogênio, uma vez que elas podem determinar sua disponibilidade para as plantas e a taxa na qual o nitrogênio é perdido do ecossistema (ver Figura 22.11). Algumas bactérias quimioautotróficas, conhecidas como *bactérias nitrificantes*, convertem amônia (NH_3) e amônio (NH_4^+) liberados pela mineralização em nitrato (NO_3^-), pelo processo de **nitrificação**. A nitrificação ocorre sob condições aeróbicas, por isso está limitada principalmente aos ambientes terrestres. Em condições hipóxicas, algumas bactérias utilizam nitrato como receptor de elétrons, convertendo-o em N_2 e em óxido nitroso (N_2O, um potente gás de efeito estufa), em um processo conhecido como **desnitrificação**. Essas formas gasosas de nitrogênio são perdidas para a atmosfera e, portanto, representam uma perda de nitrogênio dos ecossistemas.

Ecólogos e fisiologistas vegetais acreditavam que a disponibilidade de nitrogênio para as plantas dependia somente do fornecimento de nitrogênio inorgânico – nitrato e amônio. Como consequência, a fertilidade do solo tem sido estimada utilizando-se medições dessas formas inorgânicas.

Durante a década de 1990, muitos esforços foram investidos em entender o que controla as taxas de mineralização de nitrogênio, especialmente nos ecossistemas onde os experimentos de fertilização indicavam que a disponibilidade de nitrogênio limitava a produção primária e influenciava a diversidade da comunidade. Medições da produção de nitrogênio inorgânico em solos de floresta e de campos em geral chegam perto das estimativas do total absorvido pelas plantas. Entretanto, as taxas de fornecimento de nitrogênio inorgânico no Ártico e em ecossistemas alpinos foram substancialmente mais baixas do que a quantidade realmente absorvida pelas plantas. Essas aparentes insuficiências no suprimento de nitrogênio conduziram ao raciocínio de que algumas plantas estavam utilizando formas orgânicas de nitrogênio para satisfazer suas necessidades nutricionais. Trabalhos prévios em ecossistemas marinhos mostraram que o fitoplâncton podia absorver aminoácidos diretamente da água, e que as micorrizas conseguiam captar o nitrogênio orgânico do solo e fornecê-lo às plantas. Entretanto, Terry Chapin e colaboradores (1993) e Ted Raab e colaboradores (1996) demonstraram que algumas espécies vegetais, principalmente ciperáceas, absorvem formas de nitrogênio orgânico sem as micorrizas. As ciperáceas no Ártico podem absorver até 60% de seu nitrogênio em formas orgânicas. A absorção do nitrogênio orgânico também tem sido observada nas plantas em outros ecossistemas, incluindo florestas boreais, salinas, savanas, campos, desertos e florestas tropicais. Dessa maneira, a etapa de mineralização na decomposição pode não ser tão necessária para as plantas como se pensava (Schimel e Bennett, 2004).

O uso de nitrogênio orgânico solúvel pelas plantas tem importantes implicações na competição entre elas e, também, entre as plantas e os microrganismos do solo. Há evidências que sustentam a hipótese de que as plantas em algumas comunidades árticas e alpinas evitam competir pela absorção preferencial de formas específicas do nitrogênio – um exemplo de partição de recursos (descrita no Capítulo 12). Robert McKane e colaboradores (2002) examinaram as formas de nitrogênio absorvidas por diversas espécies de plantas que crescem juntas na tundra do Ártico ao norte do Alasca. Eles mediram a captação em cada espécie das formas orgânicas e inorgânicas de nitrogênio, bem como a profundidade do solo na qual o nitrogênio foi retirado e a época do ano em que isso ocorreu. Eles constataram que todos os três fatores (forma do nitrogênio, profundidade de captação e época de captação) diferem entre as espécies. Além disso, os pesquisadores descobriram que as plantas dominantes na comunidade tendiam a ser as espécies que utilizavam a forma de nitrogênio mais abundante no solo (**Figura 22.9**). Assim, a capacidade de uma espécie de dominar uma comunidade cujo crescimento é limitado pelo nitrogênio pode ser determinada em parte por sua capacidade de absorver uma forma específica de nitrogênio.

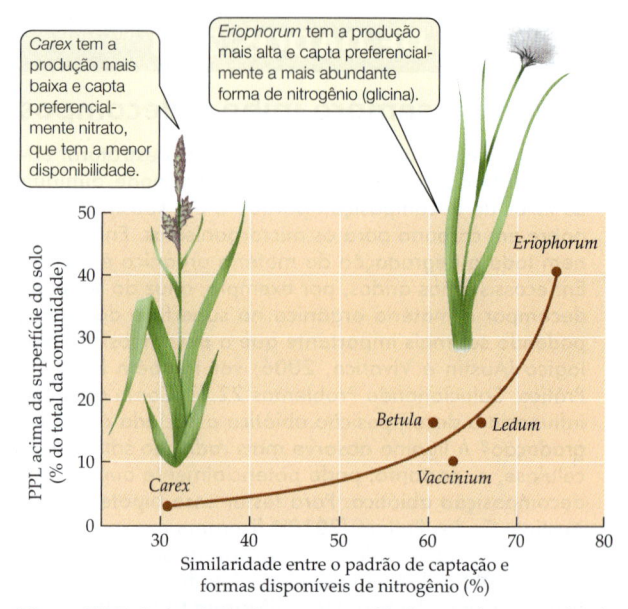

Figura 22.9 A dominância na comunidade e a absorção de nitrogênio A dominância em uma comunidade vegetal na tundra ártica no Alasca (medida pela contribuição proporcional ao total da PPL da comunidade) está relacionada à similaridade entre as espécies na forma preferida de captação de nitrogênio (amônio, nitrato, ou glicina, um pequeno aminoácido) e à disponibilidade daquela forma no solo. (Segundo McKane et al., 2002)

Plantas podem reciclar nutrientes internamente

Folhas, raízes finas e flores, que são as centrais metabólicas das plantas, contêm concentrações maiores de nutrientes do que qualquer outro órgão da planta. Durante a estação de senescência foliar, nutrientes e compostos de carbonos não estruturais (tais como amido e carboidratos) são fragmentados em formas mais simples e mais solúveis e movidos para dentro de caules e raízes, onde são estocados. Esse fenômeno é mais óbvio em ecossistemas de médias e altas latitudes, quando as moléculas de clorofila nas folhas de espécies decíduas são recicladas para recuperar nitrogênio e outros nutrientes, enquanto outros pigmentos como carotenoides, xantofilas e antocianinas permanecem, fornecendo o esplendor outonal admirado por nós, seres humanos. Algumas das colorações outonais devem-se ao aumento na produção de pigmentos, possivelmente para proteger as folhas dos altos níveis de luz ou dos herbívoros. Quando o crescimento é retomado na primavera, os nutrientes são transportados para os tecidos em crescimento, para serem utilizados na biossíntese. As plantas podem reabsorver em torno de 60 a 70% do nitrogênio e 40 a 50% do fósforo de suas folhas antes delas caírem. Esse esforço de reciclagem reduz sua necessidade de captar "novos" nutrientes na estação de crescimento seguinte.

À medida que identificamos as transformações químicas dos nutrientes nos ecossistemas terrestres, vimos que eles se movem através de vários componentes desses ecossistemas enquanto se transformam. Na próxima seção, veremos esses movimentos em mais detalhe e traçaremos o caminho desses nutrientes à medida que eles se movem por um ecossistema.

CONCEITO 22.3

Os nutrientes circulam através dos componentes dos ecossistemas.

Ciclos e perdas de nutrientes

Na seção anterior, vimos como os nutrientes passam por transformações biológicas, químicas e físicas quando são captados pelos organismos e liberados pela decomposição, por fim retornando às suas formas originais (ou similares). Esse movimento de nutrientes dentro dos ecossistemas é conhecido como **ciclagem de nutrientes** (**Figura 22.10**). Por exemplo, percorreremos a rota do nitrogênio para dentro e através de um ecossistema, começando por microrganismos fixadores de nitrogênio, enquanto este é convertido em formas químicas que podem ser usadas pelas plantas. As plantas incorporam o nitrogênio em compostos orgânicos (p. ex., proteínas e enzimas) que podem acabar sendo consumidas por herbívoros. Por fim, plantas, heterótrofos e microrganismos acabam todos se tornando detritos. O nitrogênio orgânico e inorgânico liberado dos detritos pela decomposição é captado novamente pelas plantas e pelos microrganismos, desse modo completando o ciclo do nitrogênio (**Figura 22.11**).

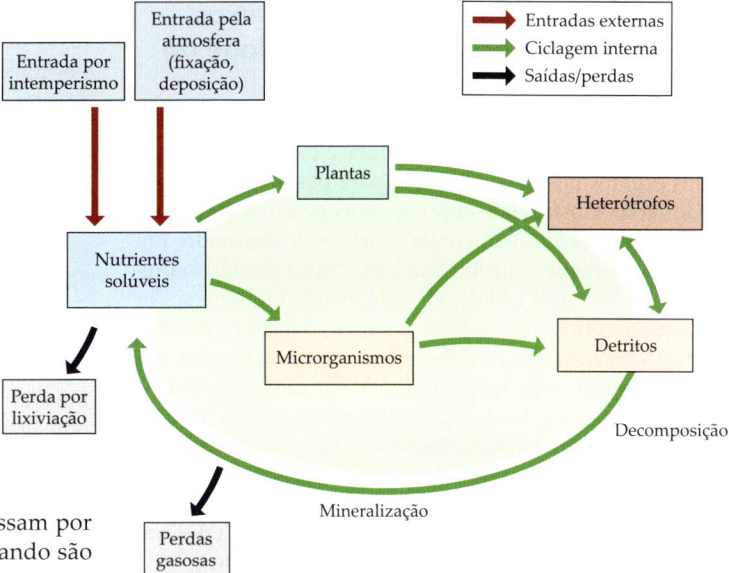

Figura 22.10 Ciclagem de nutrientes Um ciclo genérico de nutrientes, que mostra o movimento de um nutriente entre os componentes de um ecossistema e os potenciais caminhos para aportes e perdas.

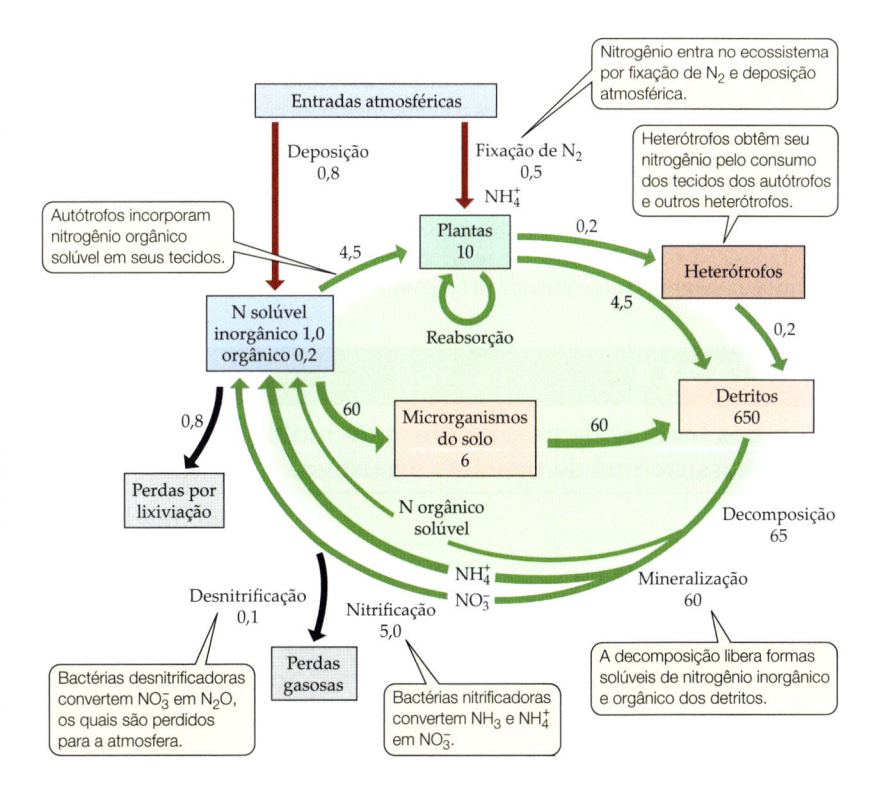

Figura 22.11 Ciclo do nitrogênio para um ecossistema alpino, em Niwot Ridge, Colorado As caixas representam os reservatórios de nitrogênio, medidos em gramas por metro quadrado; as flechas representam os fluxos de nitrogênio, medidos em gramas por metro quadrado por ano. Observe a grande quantidade de nitrogênio que passa pelos microrganismos do solo, o que indica uma taxa alta de renovação para o nitrogênio neste reservatório relativamente pequeno. (Dados de Bowman e Seastedt, 2001.)

Os nutrientes possuem ciclos com taxas diferentes de acordo com a identidade do elemento e o tipo de ecossistema

O tempo que uma molécula de nutriente leva para fechar um ciclo ao longo de um ecossistema, a partir da captação pelos organismos até a liberação para posterior absorção, pode variar substancialmente dependendo do elemento em questão e do ecossistema onde o ciclo está ocorrendo. Em geral, os nutrientes que limitam a produção primária apresentam ciclos mais rápidos do que os não limitantes. Por exemplo, o nitrogênio e o fósforo podem ciclar na zona fótica de oceanos abertos em um período de horas ou dias, enquanto o zinco pode apresentar ciclos de escalas de tempo geológicas, associadas com a sedimentação, a formação de montanhas e os processos erosivos. As taxas de ciclagem de nutrientes também variam com o clima devido aos efeitos da temperatura e da umidade sobre as taxas de metabolismo dos organismos, associadas com a produção, a decomposição e as transformações químicas dos nutrientes.

Biogeoquímicos medem as taxas de ciclagem dos nutrientes pela estimativa do **tempo médio de permanência** dos elementos em componentes de um ecossistema:

$$\text{tempo médio de permanência} = \frac{\text{reservatório total do elemento}}{\text{taxa de entrada}}$$

Em outras palavras, o tempo médio de permanência é a quantidade de tempo que uma molécula típica de dado elemento permanece em um reservatório antes de deixá-lo. O **reservatório** de um elemento é a quantidade total encontrada dentro de um componente físico ou biológico do ecossistema, como solo ou biomassa. As entradas incluem todas as fontes possíveis do elemento para aquele componente do ecossistema. Essa abordagem para estimar o tempo médio de permanência considera que os reservatórios de nutrientes não mudam ao longo do tempo e que o tempo médio de permanência reflete a taxa global de ciclagem do nutriente. Ela costuma ser utilizada para estimar as taxas de renovação de nutrientes na matéria orgânica do solo, indicando as taxas de entrada do nutriente e posterior decomposição. As taxas de decomposição, como vimos, estão relacionadas ao clima e à química da serapilheira produzida pelas plantas.

Dado que tanto as entradas de serapilheira quanto as taxas de decomposição controlam os tempos médios de permanência dos nutrientes no solo, e que ambas estão sujeitas ao controle climático, que diferenças poderíamos esperar entre ecossistemas com formas semelhantes de crescimento vegetal (p. ex., florestas) em diferentes climas? As florestas tropicais têm produção primária líquida mais alta, e, portanto, taxas de acúmulo de serapilheira também mais altas do que as florestas boreais. Essas diferenças resultam em diferenças no tempo médio de permanência dos nutrientes? Uma comparação entre o tempo médio de permanência de matéria orgânica para vários nutrientes indica que os reservatórios de nutrientes em solos de florestas tropicais são muito menores que os de florestas boreais (**Tabela 22.3**). As taxas de renovação de nitrogênio e fósforo são mais de 100 vezes mais rápidas nos solos de florestas tropicais do que nos solos de florestas boreais. Florestas temperadas e chaparrais têm taxas de renovação intermediárias, mas são mais próximas daquelas dos trópicos.

A principal razão para essa tendência nos tempos médios de permanência deve-se à maior influência do clima nas taxas de decomposição do que na produção primária. Solos de floresta boreal em geral têm camadas inferiores congeladas (*permafrost*), que esfriam o solo e reduzem os níveis de atividade biológica. O *permafrost* também bloqueia a percolação da água no solo, criando condições úmidas e anóxicas. Além disso, a produção da serapilheira pelas árvores de florestas boreais é rica em compostos secundários, o que diminui as taxas de decomposição no solo.

A variação nos tempos médios de permanência entre nutrientes específicos é relacionada com suas propriedades químicas (p. ex., solubilidade). Alguns nutrientes, como o potássio, ocorrem em formas mais solúveis, e então se perdem da matéria orgânica do solo mais rapidamente que outros, como o nitrogênio, que é encontrado em parte na forma de compostos orgânicos insolúveis.

No Capítulo 25, retornaremos aos ciclos dos nutrientes em escala espacial muito maior, quando consideramos os ciclos globais do carbono, do nitrogênio, do fósforo e do enxofre e as alterações humanas nesses ciclos.

TABELA 22.3

Tempos médios de permanência de matéria orgânica do solo e nutrientes na floresta e em ecossistemas de bosques arbustivos

Tipo de ecossistema	Tempo médio de permanência (anos)					
	Matéria orgânica do solo	N	P	K	Ca	Mg
Floresta boreal	353	230	324	94	149	455
Floresta temperada de coníferas	17	18	15	2	6	13
Floresta temperada decídua	4	5	6	1	3	3
Chaparral	4	4	4	1	5	3
Floresta pluvial tropical	0,4	2	2	1	1,5	1

Fonte: Schlesinger, 1997.

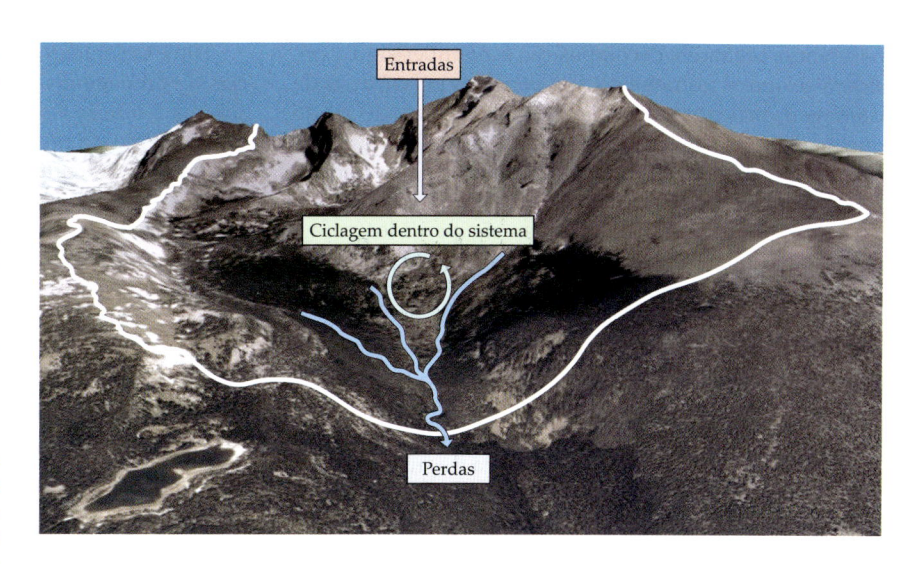

Figura 22.12 Bacias hidrográficas são unidades comuns no estudo dos ecossistemas Uma bacia de drenagem associada com um único sistema de curso d'água (linhas azuis), com fronteiras determinadas pelas divisas topográficas (delineadas em branco), é uma unidade comumente utilizada em estudos de ecossistemas terrestres para mensurar entradas e saídas de nutrientes. Essa bacia hidrográfica é a bacia superior de Hunters Creek, drenando o lado sul de Longs Peak no Parque Nacional das Montanhas Rochosas.

? Quais suposições são feitas em um modelo simples de entrada e saída de uma bacia que podem não ser realistas? (Dica: compare essa figura com a Figura 22.13.)

Estudos de bacias hidrográficas mensuram perdas de nutrientes dos ecossistemas

O que determina quanto tempo os nutrientes permanecem em um ecossistema? A permanência de nutrientes dentro de um ecossistema está relacionada à sua absorção em reservatórios biológicos e físicos e à estabilidade de suas formas. O nitrogênio, por exemplo, é mais estável na forma de moléculas orgânicas insolúveis, como proteínas, do que na forma de nitrato, que é mais facilmente lixiviado do solo. Os nutrientes são perdidos de um ecossistema quando se movem abaixo da zona de enraizamento por lixiviação, e de lá para a água subterrânea, assim como para os córregos. Eles são perdidos para a atmosfera como gases e pela conversão em formas químicas que não podem ser utilizadas pelos organismos.

Em nossa discussão sobre perdas e ganhos de nutrientes nos ecossistemas, temos nos referido aos ecossistemas como se fossem unidades espaciais estanques, mas o que define suas fronteiras? Ecólogos que estudam ecossistemas terrestres costumam se concentrar em uma única bacia de drenagem. Essa unidade de estudo, que é chamada de **bacia de drenagem** ou **bacia hidrográfica**, inclui a área terrestre que é drenada por apenas um córrego (**Figura 22.12**). Ao medirem as entradas e as saídas de elementos em uma bacia e calcularem o balanço entre elas, os ecólogos conseguem fazer inferências sobre o uso de nutrientes nos ecossistemas e sua importância para os processos ecossistêmicos como a produção primária.

A **Figura 22.13** apresenta um modelo conceitual de uma bacia de drenagem. As entradas de nutrientes na bacia incluem deposição atmosférica e fixação. Esses nutrientes podem ser estocados no solo (em locais de troca de cátions ou na solução do solo) ou absorvidos pelos organismos. Eles são transferidos para dentro e entre esses componentes dos ecossistemas por processos de

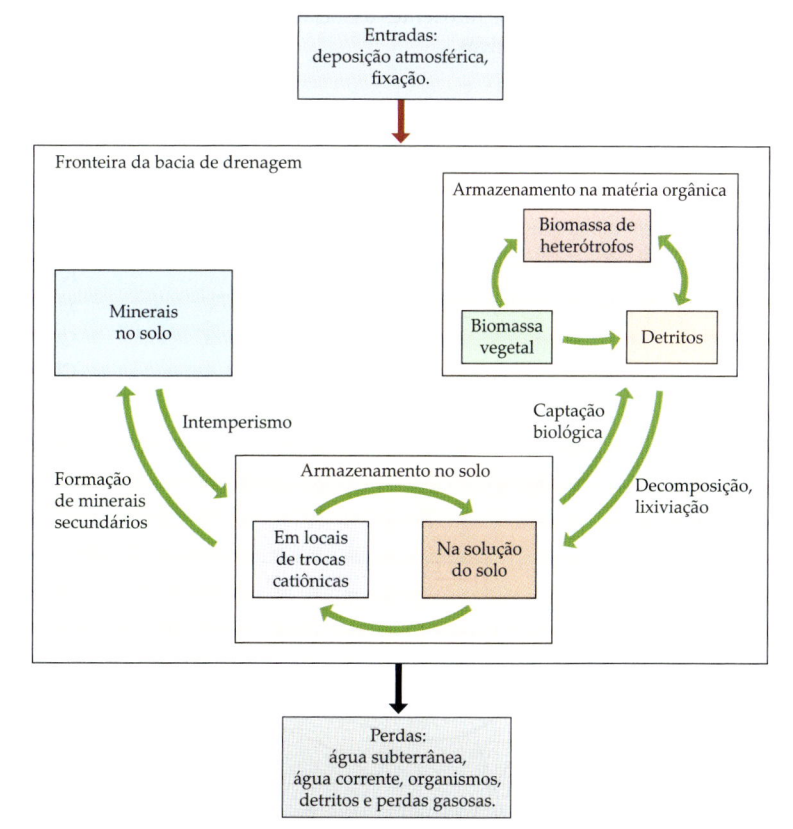

Figura 22.13 Biogeoquímica de uma bacia de drenagem Esse modelo conceitual reproduz os principais caminhos do movimento dos nutrientes para dentro, através e para fora de uma bacia de drenagem. (Segundo Likens e Bormann, 1995.)

herbivoria, predação, decomposição e intemperismo. Considera-se que os nutrientes sejam perdidos pelas bacias de drenagem principalmente nos cursos d'água, de modo que medições da matéria dissolvida e particulada na água são usadas com frequência para quantificar as perdas. Na realidade, a situação muitas vezes é mais complicada, de modo que os nutrientes também são perdidos para a atmosfera como formas gasosas (p. ex., N_2 e N_2O da desnitrificação) e como material particulado grosseiro, em geral fragmentos de serapilheira (p. ex., pedaços de folhas), e organismos que se movem para fora do ecossistema. Entretanto, a medição do balanço de entradas e saídas de diferentes nutrientes, utilizando-se métodos como os descritos em **Ferramentas Ecológicas 22.1**, é esclarecedora para determinar a importância biológica dos nutrientes.

Os estudos de bacia de drenagem mais conhecidos foram realizados na Floresta Experimental de Hubbard Brook em Nova Hampshire (Likens e Bormann, 1995), considerada representativa das florestas decíduas do norte dos Estados Unidos. O monitoramento contínuo da bacia de drenagem de Hubbard Brook iniciou em 1963 sob a direção de Herb Bormann e Gene Likens, cujos estudos serviram como modelo para vários outros sobre bacias de drenagem. Esses estudos estão fornecendo informações sobre as funções dos organismos e dos solos na retenção de nutrientes; de que modo os ecossistemas respondem a distúrbios como desmatamento e fogo; e as tendências de longo prazo no fluxo dos nutrientes associadas à chuva ácida e às mudanças climáticas.

Um excelente exemplo da utilidade dos estudos de bacias de drenagem vem da análise do efeito de distúrbios sobre a retenção dos nutrientes nos ecossistemas. Como um distúrbio e a posterior recuperação (sucessão, descrita no Capítulo 17) influenciam a ciclagem e as perdas de nutrientes em um ecossistema? Peter Vitousek (1977) utilizou uma abordagem de bacia para estudar a retenção de nutrientes por florestas de espruces e abetos nas Montanhas Brancas de Nova Hampshire, em diferentes estágios de sucessão secundária seguida de desmatamento. Vitousek propôs que a retenção de nutrientes estaria relacionada com a taxa de crescimento da floresta. Ele previu que as altas taxas de produção primária, normalmente observadas durante os estágios intermediários de sucessão, resultariam em maior retenção de nutrientes e que aqueles nutrientes mais limitantes à produção primária seriam mais fortemente retidos do que os nutrientes não limitantes. Suas hipóteses foram testadas utilizando-se observações de várias bacias hidrográficas em diferentes estágios de sucessão. Os resultados de Vitousek mostraram que as perdas de nitrogênio (um nutriente limitante) na forma de nitrato na água superficial de florestas em estágios intermediários de sucessão eram muito menores do que nas águas superficiais de florestas maduras, enquanto que as perdas de nutrientes não limitantes, como o potássio, o magnésio e o cálcio, apresentaram menor sensibilidade ao estágio sucessional da floresta (**Figura 22.14**).

(B) **Concentrações médias em curso d'água durante a estação de crescimento (µEq/litro)**

	Florestas maduras	Florestas jovens	Proporção das concentrações
NO_3^-	53 (5)	8 (1,3)	6,52
K^+	13 (1)	7 (0,5)	1,81
Mg^{2+}	40 (4,9)	24 (1,6)	1,66
Ca^{2+}	56 (4,5)	36 (2,5)	1,56
Cl^-	15 (0,3)	13 (0,3)	1,16
Na^+	29 (2,6)	28 (0,9)	1,03
SO_4^{2-}	119 (4,6)	123 (6,5)	0,97
Si	75 (7)	86 (5)	0,87

Nota: Erro-padrão entre parênteses.

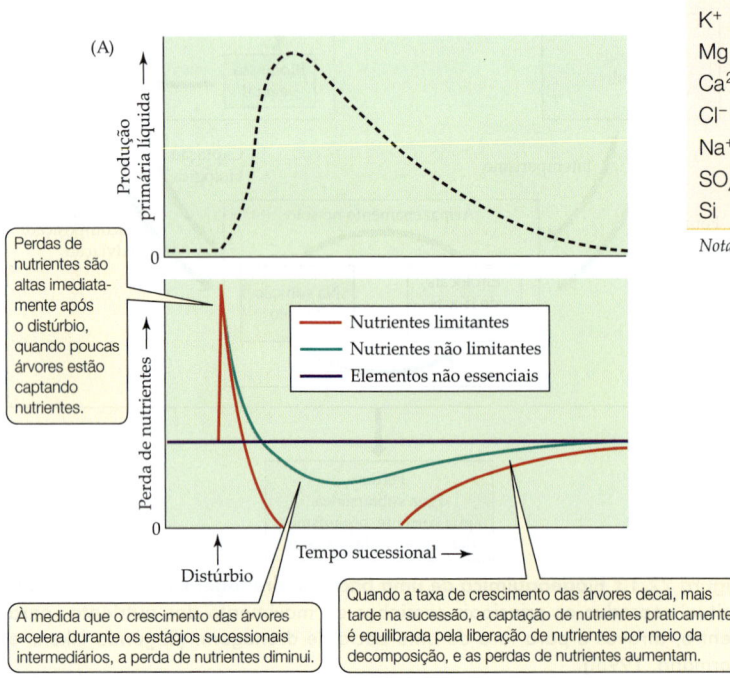

Figura 22.14 A retenção de nutrientes é mais elevada em estágios intermediários da sucessão florestal (A) As perdas de nutrientes da bacia localizada na floresta de abetos e espruces parecem variar ao longo da sucessão, como indicado no gráfico, com os nutrientes limitantes retidos mais fortemente que os não limitantes em todos os estágios. (B) A tabela mostra as variações químicas na saída da água corrente entre florestas de abetos e espruces maduras e florestas mais jovens que corroboram com essa hipótese, com maiores mudanças (maiores proporções) na saída de alguns nutrientes limitantes (N) do que de não limitantes (K, Ca, Cl, S). (Dados de Vitousek, 1977.)

(A) Gráfico: Produção primária líquida e Perda de nutrientes ao longo do Tempo sucessional, após Distúrbio.
— Nutrientes limitantes
— Nutrientes não limitantes
— Elementos não essenciais

Perdas de nutrientes são altas imediatamente após o distúrbio, quando poucas árvores estão captando nutrientes.

À medida que o crescimento das árvores acelera durante os estágios sucessionais intermediários, a perda de nutrientes diminui.

Quando a taxa de crescimento das árvores decai, mais tarde na sucessão, a captação de nutrientes praticamente é equilibrada pela liberação de nutrientes por meio da decomposição, e as perdas de nutrientes aumentam.

FERRAMENTAS ECOLÓGICAS 22.1

Instrumentação de bacias hidrográficas

Medir a entrada de nutrientes em bacias hidrográficas via deposição atmosférica, assim como suas perdas em água corrente, requer conhecimento das concentrações dos elementos na água, bem como o volume de água que entra e sai da bacia (i.e., a quantidade de precipitação e fluxo de água). O produto dos dois, concentração vezes o volume, dá a quantidade total do elemento entrando e saindo da bacia. Esses valores geralmente são medidos durante períodos que variam de uma semana a um ano, para fornecer balanços de entrada e saída de elementos específicos.

A deposição atmosférica inclui (1) elementos capturados em precipitação quando caem sobre a superfície (deposição úmida) e (2) partículas, incluindo aerossóis e poeira fina, que são transferidas para a superfície por precipitação gravitacional ou movimento do ar (deposição seca). A deposição atmosférica total pode ser medida colocando-se baldes abaixo da vegetação circundante para coletar o material depositado. Entretanto, baldes podem ser bons poleiros para aves, que podem depositar sua própria contribuição para a entrada de nutrientes no ecossistema dentro do balde, embora em concentrações muito mais altas que aquelas encontradas na maioria das outras partes da bacia. Esse problema pode ser evitado colocando-se projeções pontiagudas em volta da borda do balde para prevenir que as aves pousem nele. Outro problema é que baldes abertos perdem água por evaporação, aumentando a concentração de elementos em seu interior. Além disso, em climas ventosos e frios, os baldes não são bons coletores ou reservatórios de neve devido a sua aerodinâmica.

Coletores de deposição úmida têm sido desenvolvidos para serem abertos para a atmosfera apenas durante eventos de precipitação e então fechados para prevenir evaporação (Figura A). Uma superfície sensível à umidade controla um interruptor que abre e fecha o coletor. Quando neve e vento ocorrem simultaneamente, um anteparo ajuda a prevenir a perda de neve do balde e melhorar a captura por deposição. A medição da precipitação separadamente também pode ser usada para estimativas mais precisas do volume de precipitação que entra no ecossistema. A intervalos regulares, a precipitação no balde ou coletor é analisada para os elementos de interesse utilizando-se análises químicas que em geral convergem com alguns padrões governamentais (p. ex., nos Estados Unidos, a Environmental Protection Agency fornece esses padrões). Em muitos países desenvolvidos, redes amostrais de deposição úmida têm sido estabelecidas para fornecer estimativas espaciais da deposição atmosférica (p. ex., o Programa Nacional de Deposição Atmosférica dos Estados Unidos: http://nadp.sws.uiuc.edu/; ver Figura 25.19).

As medições de deposição seca são mais complexas, em geral envolvendo coleta de amostras atmosféricas para medir os tamanhos das partículas atmosféricas e sua composição química. Essas medições são combinadas com a velocidade e a direção do vento para estimar a movimentação dos elementos para a superfície. Devido à maior dificuldade de amostragem e às maiores incertezas, a deposição seca é medida com menos frequência que a úmida ou a total. Em algumas áreas, entretanto, como desertos e ecossistemas do tipo mediterrâneo, a deposição seca é o maior componente da deposição total.

Figura A Medindo a precipitação Um coletor de deposição úmida é implantado em Niwot Ridge, Colorado. O balde à direita fica coberto exceto durante os eventos de precipitação.

Medir perdas de nutrientes em fluxos de água é fácil. A composição química da água corrente que deixa a bacia é medida pela coleta periódica de amostras de água e pela análise química. O volume de água corrente com frequência é estimado pela construção de um vertedor, uma pequena barragem de transbordo em forma de V, feita de concreto ou madeira e metal, para controlar o tamanho do canal, e pela colocação de um medidor de profundidade para calcular o volume de água passando por esse canal (Figura B). A profundidade da água pode ser medida com um sistema automatizado para dar a estimativa do volume contínuo.

Figura B Medindo o fluxo de água Uma barragem em Fool Creek na Floresta Experimental Fraser, Colorado.

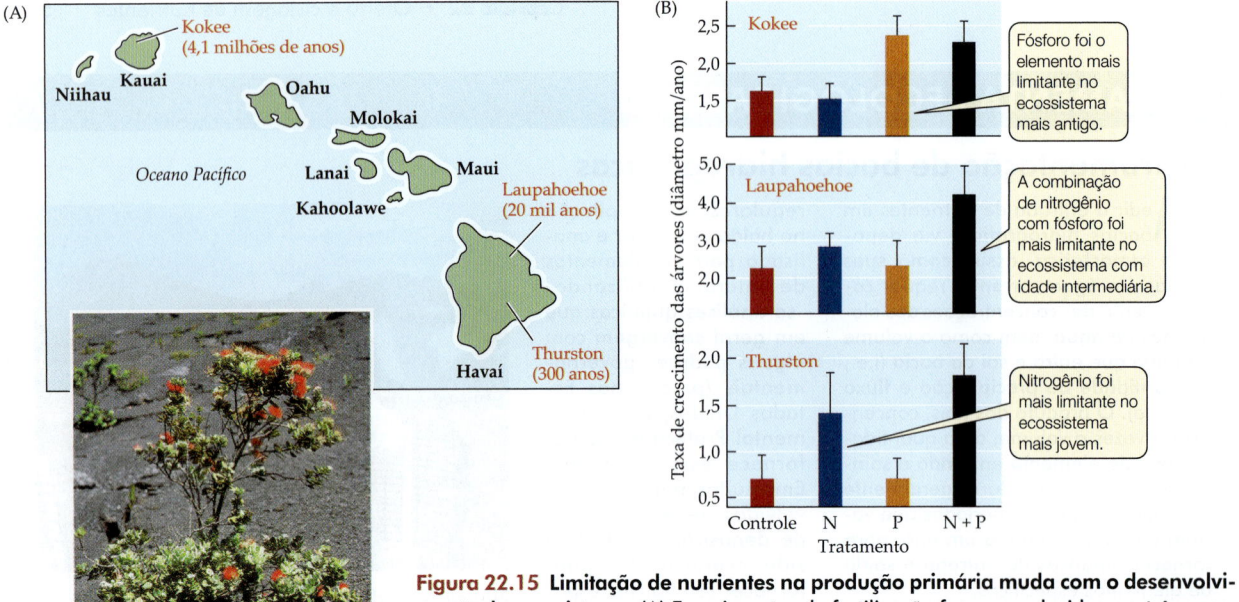

Figura 22.15 Limitação de nutrientes na produção primária muda com o desenvolvimento do ecossistema (A) Experimentos de fertilização foram conduzidos em três ecossistemas de diferentes idades nas ilhas havaianas: Thurston (300 anos), Laupahoehoe (20 mil anos) e Kokee (4,1 milhões de anos). A vegetação nos três locais é dominada por uma única espécie, Ohi'a (*Metrosideros polymorpha*). (B) Taxas de crescimento da Ohi'a em resposta aos tratamentos fertilizantes com nitrogênio (N), fósforo (P) e ambos (N + P) nos três ecossistemas. Quanto mais o nutriente adicionado aumentava o crescimento da árvore, mais limitante considerava-se esse nutriente. Observe as diferenças nas variações do eixo y. As barras de erro mostram um erro-padrão da média. (A segundo Crews et al., 1995; B segundo Vitousek e Farrington, 1997.)

O desenvolvimento de ecossistemas em longo prazo afeta a ciclagem de nutrientes e limita a produção primária

À medida que ecossistemas terrestres se desenvolvem em novos substratos (p. ex., sucessão primária em derramamentos vulcânicos recentes), o intemperismo do solo, a fixação de nitrogênio e o acúmulo de matéria orgânica no solo determinam a oferta de nutrientes disponíveis para as plantas. No início do desenvolvimento do ecossistema, há pouca matéria orgânica no solo, de modo que as fontes de nitrogênio derivadas da decomposição são baixas. As fontes de nutrientes minerais derivados do intemperismo também são baixas, mas superiores em relação à oferta de nitrogênio. Assim sendo, a disponibilidade de nitrogênio deve ser um importante fator limitante da produção primária e da composição das comunidades vegetais pioneiras (ver Capítulo 17). À medida que o reservatório de nitrogênio na matéria orgânica do solo aumenta, as limitações na produção primária em decorrência do nitrogênio devem diminuir.

O fósforo é incorporado aos ecossistemas pelo intemperismo de um único mineral rochoso (apatita), e sua oferta é alta em relação à de nitrogênio no início da colonização de ambientes. Como a oferta de fósforo do intemperismo é esgotada ao longo do tempo, entretanto, a decomposição torna-se cada vez mais importante como fonte de fósforo para as plantas. Além disso, o fósforo solúvel pode se combinar com ferro, cálcio ou alumínio para formar minerais secundários que são indisponíveis como nutrientes, um processo conhecido como **oclusão**. A quantidade de fósforo em formas oclusas aumenta ao longo do tempo, reduzindo ainda mais sua disponibilidade. Em consequência disso, o fósforo deve tornar-se mais limitante à produção primária durante os estágios tardios de sucessão (Walker e Syers, 1976).

Essas observações das mudanças na ciclagem de nutrientes durante o desenvolvimento do ecossistema fornecem um quadro hipotético para se considerar como elas devem influenciar os nutrientes específicos que limitam a produção primária. O nitrogênio deve ser mais importante ao se determinar taxas de produção primária no início da sucessão, o nitrogênio e o fósforo devem ser igualmente importantes nos estágios intermediários da sucessão, e o fósforo deve ser mais importante nos estágios finais da sucessão. Essa hipótese foi testada nas ilhas do Havaí por Peter Vitousek e colaboradores. O movimento da placa tectônica do Pacífico ao longo de milhões de anos deu origem à cadeia de vulcões que forma essas ilhas. As ilhas mais antigas estão na parte noroeste da cadeia, e as mais novas, no sudeste (**Figura 22.15A**). O grupo de Vitousek estudou os ecossistemas havaianos em solos com idades variando entre 300 anos até mais de 4 milhões de anos para determinar quais nutrientes foram mais limitantes para a produção primária. A pesquisa apresentou maior robustez devido à similaridade da vegetação e do clima nos locais de estudo. Vitousek e colaboradores adicionaram apenas nitrogênio, apenas fósforo e nitrogênio mais fósforo às parcelas de três ecossistemas em diferentes idades e mediram os efeitos desses tratamentos sobre o crescimento da árvore dominante, Ohi'a (*Metrosideros polymorpha*). Consistente com sua hipótese, o nitrogênio foi o mais limitante para o crescimento das árvores no ecossistema mais jovem, enquanto

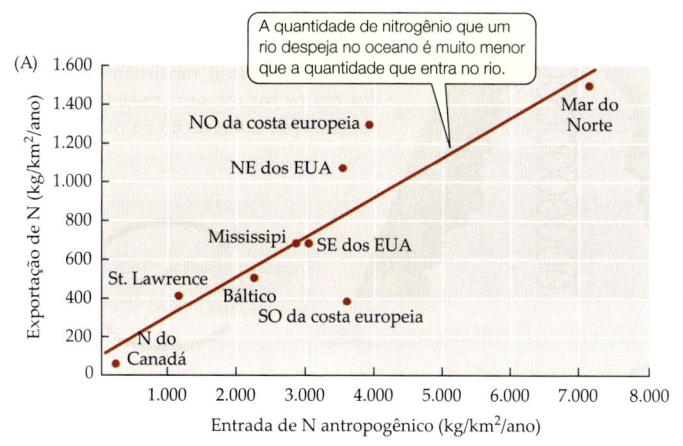

Figura 22.16 Rios são importantes modificadores na exportação de nitrogênio O nitrogênio que entra nos rios proveniente dos ecossistemas terrestres não é simplesmente carregado para o oceano. (A) As taxas de nitrogênio exportado para o Oceano Atlântico Norte oriundas das grandes bacias de drenagem estão correlacionadas às taxas de entrada de nitrogênio nos rios por atividades antrópicas. As taxas de saída, entretanto, são substancialmente menores que as taxas de entrada devido ao processamento biogeoquímico do nitrogênio nos rios (observe a diferença entre as escalas nos eixos x e y). (B) A desnitrificação e a absorção biológica são dois dos principais processos que diminuem a exportação do nitrogênio das bacias de drenagem. Ambos os processos são aumentados quando o detrito bentônico está elevado. NOD, nitrogênio orgânico dissolvido. (A segundo Howarth et al., 1996; B segundo Bernhardt et al., 2005.)

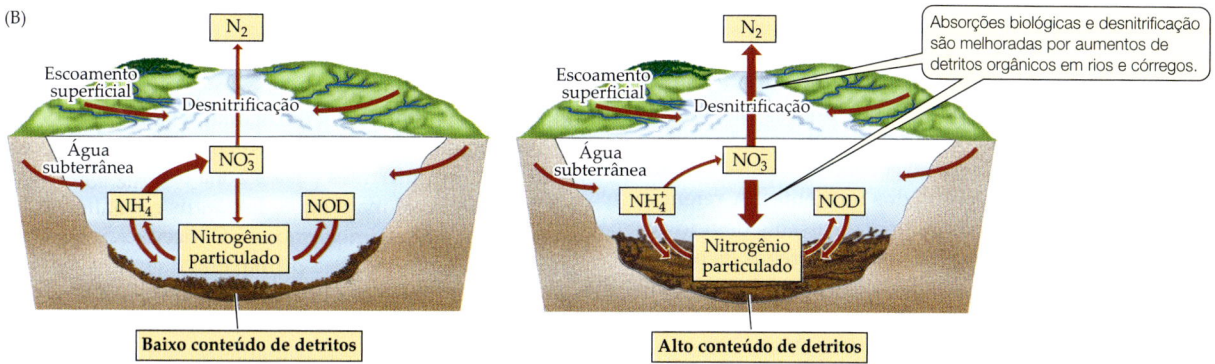

que o fósforo foi o mais importante no ecossistema mais antigo (Vitousek e Farrington, 1997) (**Figura 22.15B**). A adição de nitrogênio e fósforo aumentou o crescimento das árvores no ecossistema em estágio intermediário de desenvolvimento. Em contraste a esses solos tropicais, os solos de ecossistemas de zonas temperadas, de altas latitudes e de altas elevações estão frequentemente sujeitos a maiores distúrbios (p. ex., glaciação em larga escala, deslizamentos de terra) e têm menos probabilidade de alcançarem idades em que o fósforo se torna limitante.

Em geral, os nutrientes perdidos dos ecossistemas terrestres chegam a rios, lagos e oceanos. Eles constituem uma fonte crucial de nutrientes para esses ecossistemas aquáticos, mas podem ter efeitos negativos também, como veremos na próxima seção.

CONCEITO 22.4

Os ecossistemas de água doce e marinhos recebem aporte de nutrientes dos ecossistemas terrestres.

Nutrientes em ecossistemas aquáticos

Em ecossistemas de água doce e marinhos, as transformações e as transferências de nutrientes têm a complexidade adicional de ocorrerem em um meio aquoso em movimento. As entradas de nutrientes de fora do ecossistema são muito mais importantes do que em ecossistemas terrestres. Além disso, as concentrações de oxigênio muitas vezes são menores que em ecossistemas terrestres, restringindo a atividade biológica e os processos biogeoquímicos associados.

O ciclo dos nutrientes em riachos e rios ocorre em espiral

O estoque de nutrientes em riachos e rios depende muito das entradas externas provenientes dos ecossistemas terrestres. Entradas terrestres de matéria orgânica e nutrientes dissolvidos derivados do intemperismo químico e da decomposição em solos vizinhos, bem como entradas de minerais particulados, são as principais fontes de nutrientes para os organismos fluviais. Os rios e os riachos carregam todos esses materiais para os oceanos, mas eles não são apenas canais para o movimento do material entre ecossistemas terrestres e marinhos. A transformação biogeoquímica em corpos d'água em movimento pode modificar as formas e as concentrações dos elementos neles contidos. Por exemplo, a desnitrificação e a absorção biológica em córregos e rios podem resultar em perdas significativas de nitrogênio ao longo de um curso hídrico. Esses processos podem explicar por que os rios exportam menos nitrato de regiões que recebem altas quantidades de poluição de nitrogênio do que seria esperado (**Figura 22.16A**). Ambos os processos citados melhoram quando os detritos são abundantes no fundo do córrego (**Figura 22.16B**).

Nutrientes em rios e riachos são ciclados repetidamente à medida que a água flui. As formas inorgânicas dissolvidas de nutrientes são absorvidas pelos organismos, incluindo fungos, bactérias e fitoplâncton, que as incorporam às moléculas orgânicas. Esses organismos podem ser consumidos por outros e circular pela teia alimentar, eventualmente chegando ao leito de detritos do curso hídrico. Após a decomposição dos detritos, os nutrientes mineralizados são liberados de volta na água em formas inorgânicas dissolvidas. Essa repetida captação e liberação, associada aos movimentos da água, pode ser pensada como uma "espiralização" de nutrientes (Newbold et al., 1983) (**Figura 22.17**). O tempo que leva para completar toda a espiral de nutrientes (i.e., desde a captação e a incorporação em formas orgânicas até a liberação em formas inorgânicas) está relacionado à quantidade de atividade biológica no curso d'água, à velocidade da água e às formas químicas dos nutrientes. A retenção de nitrato e fosfato em rios aumenta a jusante devido aos crescentes tamanhos da espiral; assim, córregos de ordens elevadas (ver Figura 3.13) são particularmente importantes no tamponamento dos efeitos de poluentes sobre os ecossistemas marinhos e estuarinos (Ensign e Doyle, 2006).

Figura 22.17 Espiral de nutrientes em ecossistemas fluviais A ciclagem de nutrientes durante o movimento de fluxo das águas resulta em repetidas espirais de absorção e liberação de nutrientes.

Em lagos, nutrientes são ciclados eficientemente na coluna d'água

Ecossistemas lacustres recebem aportes de nutrientes por córregos, por deposição atmosférica e pela fixação de nitrogênio, assim como pela serapilheira oriunda dos ecossistemas terrestres adjacentes. A demanda biológica por nutrientes é maior na zona fótica, onde o fitoplâncton está suspenso na coluna d'água, e nas zonas mais rasas às margens do lago, onde as macrófitas aquáticas enraizadas são encontradas. O fósforo em geral limita a produção primária em lagos, embora o nitrogênio também possa, eventualmente, ser limitante. As transferências de nutrientes entre níveis tróficos, como as transferências de energia (ver Figura 21.5C), são muito eficientes em lagos. Alguns detritos são decompostos e mineralizados na coluna d'água e nos sedimentos das zonas rasas, fornecendo um aporte interno de nutrientes. A fixação de nitrogênio pelas cianobactérias ocorre na zona fótica, especialmente quando a demanda por nitrogênio pelos organismos é maior do que por fósforo. As taxas de fixação de nitrogênio em lagos são similares àquelas de ecossistemas terrestres.

Ao longo do tempo, os nutrientes são progressivamente perdidos da zona fótica de um lago. Organismos mortos afundam pela coluna d'água e são depositados junto aos sedimentos da zona bentônica. Esses sedimentos são caracterizados por condições hipóxicas que limitam a atividade biológica, incluindo a decomposição, e por um ambiente redutor que pode modificar as formas químicas de alguns nutrientes. O ferro, por exemplo, com frequência é reduzido de Fe^{3+} para Fe^{2+}, contribuindo para a coloração escura dos sedimentos dos lagos. A desnitrificação também é promovida pela baixa concentração de oxigênio nos sedimentos, e as bactérias podem reduzir sulfato (SO_4^{-2}) a sulfeto de hidrogênio (H_2S).

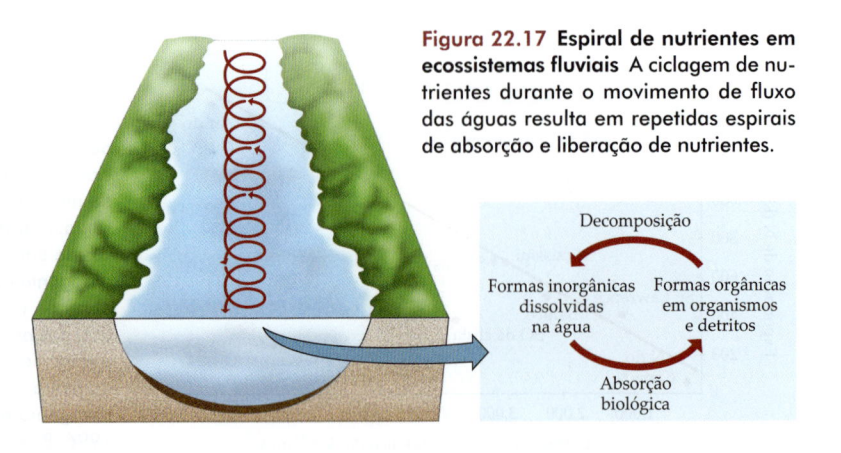

A decomposição nos sedimentos bentônicos não consegue fornecer nutrientes para a zona fótica a menos que haja mistura na coluna d'água. Em lagos estratificados de zonas temperadas, como vimos no Conceito 2.5, essa mistura ocorre no outono e na primavera, quando a água do lago se torna isotérmica (do topo ao fundo) e o vento facilita sua renovação. Essa sazonal traz nutrientes dissolvidos do fundo da água para as camadas superficiais, em conjunto com detritos que posteriormente podem ser decompostos pelas bactérias. A mistura das camadas de água é menos comum em lagos tropicais, de modo que aportes externos de nutrientes podem ser mais importantes para a manutenção da produção nesses lagos.

Ecossistemas lacustres com frequência são classificados de acordo com seu *status* nutricional. Águas pobres em nutrientes, com baixa produção primária, são conhecidas como **oligotróficas**, enquanto águas ricas em nutrientes e com alta produção primária são chamadas de **eutróficas**. Águas **mesotróficas** são intermediárias no estado nutricional entre águas oligotróficas e eutróficas. O estado nutricional de um lago é o resultado de processos naturais associados ao clima, à forma e ao tamanho do lago. Por exemplo, lagos em áreas montanhosas costumam ser oligotróficos devido a seu curto período de crescimento, às baixas temperaturas e à tendência a serem profundos, com uma baixa relação de área superficial e volume, o que restringe a taxa de entrada de nutrientes por deposição atmosférica. Em contraste, lagos rasos, em altitudes mais baixas ou nos trópicos, tendem a ser eutróficos devido a suas temperaturas mais elevadas e à maior disponibilidade de nutrientes.

O *status* nutricional de um lago tende naturalmente a mudar de oligotrófico para eutrófico ao longo do tempo. Esse processo, conhecido como **eutrofização**, ocorre à medida que sedimentos se acumulam no fundo do lago (**Figura 22.18**). À medida que o lago se torna mais raso, suas temperaturas de verão se tornam mais quentes, há mais decomposição, o reservatório de nutrientes e a mistura de elementos aumentam, e o lago torna-se mais

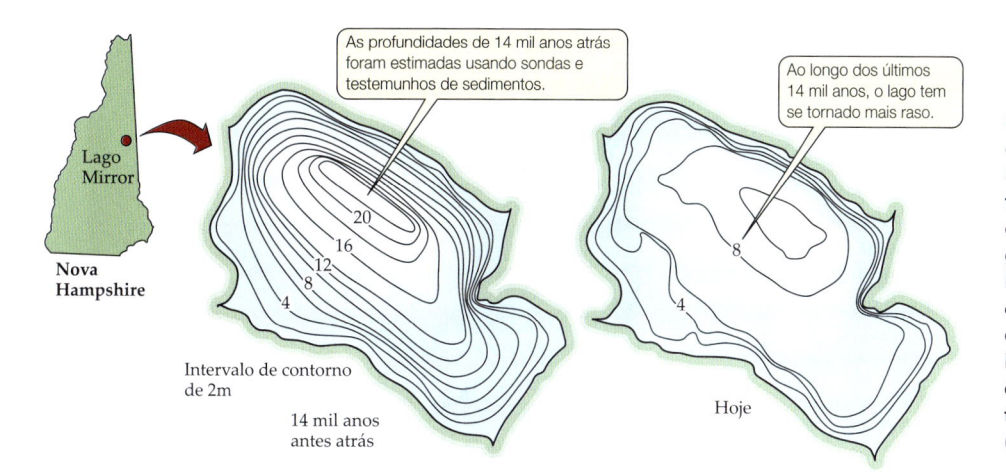

Figura 22.18 Sedimentos e a profundidade em lagos Sedimentos acumulam-se no fundo de um lago ao longo do tempo, tornando-o progressivamente mais raso e levando à eutrofização. Mudanças nas cotas da profundidade do Lago Mirror em Nova Hampshire mostraram a acumulação de sedimentos ao longo de 14 mil anos. (Segundo Davis et al., 1985.)

produtivo. As atividades humanas têm acelerado o processo de eutrofização em muitos lagos devido às descargas de esgoto, fertilizantes agrícolas e resíduos industriais contendo altas concentrações de nitrogênio e fósforo. Por exemplo, a água do Lago Tahoe, na fronteira entre Nevada e Califórnia, perdeu muito de sua transparência devido ao aumento do aporte de fósforo e nitrogênio advindo de córregos, água subterrânea e águas superficiais de comunidades vizinhas. A turbidez da água, utilizada como indicador do estado de nutrientes de um lago, é determinada principalmente pela densidade planctônica na coluna d'água. Ela pode ser medida com o uso do disco de Secchi, uma placa circular preta e branca que é gradualmente inserida na água; a profundidade máxima em que o disco pode ser visto é chamada de *profundidade de claridade*. Ao longo das três últimas décadas, a profundidade média de transparência no lago Tahoe subiu 10 m, ou seja, o lago ficou mais turvo (Murphy e Knopp, 2000). A taxa com que a claridade da água tem diminuído está em declínio desde 2000, devido em parte aos menores volumes de precipitação.

A eutrofização antrópica pode ser revertida se as descargas de resíduos nas águas superficiais forem diminuídas. Um exemplo clássico dessa reversão ocorreu nas décadas de 1960 e 1970, no Lago Washington, próximo a Seattle. O esgoto tratado, contendo altas concentrações de fósforo, começou a ser lançado no Lago Washington no final da década de 1940, quando bairros e estações de tratamento de esgoto foram construídos próximos à margem do lago. A diminuição da transparência da água foi percebida durante a década de 1950, correspondendo ao aumento nas densidades de fitoplâncton e a explosões populacionais de cianobactérias. A preocupação pública cresceu, e o governo local debateu sobre a melhor ação a ser tomada. Um proeminente limnólogo local, W.T. Edmondson, acreditava que o

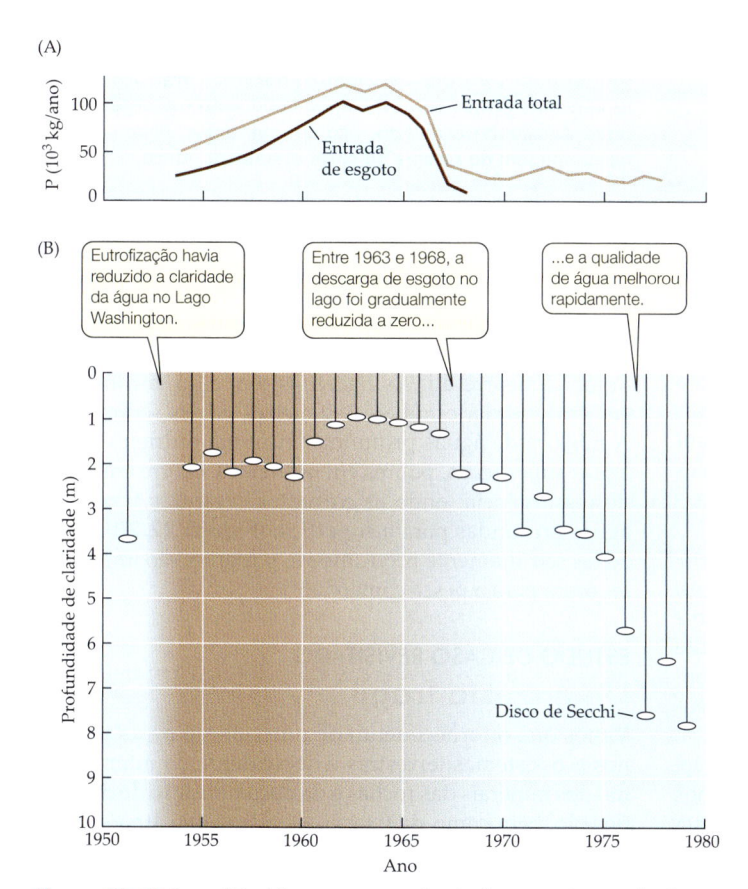

Figura 22.19 Lago Washington: reversão da fortuna A entrada de esgoto tratado entre as décadas de 1940 e 1960 causou a eutrofização do Lago Washington; a interrupção dessas entradas entre 1963 e 1968 aumentou a claridade da água. (A) Entradas de fósforo. (B) Medições da claridade da água feitas com disco de Secchi. (A segundo Edmondson e Litt, 1982.)

Embora a história do Lago Washington aparente ser uma clara demonstração "experimental" de que a poluição influencia na situação nutricional de um lago, o que tornaria esse exemplo ainda mais convincente?

problema estava associado aos aportes de fósforo provenientes do esgoto tratado, que incluía águas residuais das máquinas de lavar contendo detergentes carregados de fósforo. Com base nos conselhos de Edmondson, Seattle diminuiu o lançamento de esgoto no Lago Washington até cessá-lo completamente em 1968. Aumentos na transparência da água foram logo notados, e, em 1975, o lago foi considerado recuperado da eutrofização (**Figura 22.19**). A recomendação de Edmondson foi essencial para a recuperação do lago, e o caso contribuiu para as atuais restrições norte-americanas no uso de fosfatos em detergentes.

Aportes e ressurgências são importantes fontes de nutrientes em ecossistemas marinhos

O encontro dos rios com os ecossistemas marinhos se dá nos estuários (descritos no Conceito 3.3). Nessas zonas em que a água doce se mistura com a água do mar, a salinidade – e então a densidade da água – é variável. Essa variação influencia a mistura das águas e as formas químicas de certos nutrientes. Por exemplo, o fósforo ligado às partículas do solo pode ser liberado em uma forma mais disponível para o fitoplâncton, como resultado de mudanças no pH e na química da água quando a água do rio se mistura com a água do mar.

À medida que a velocidade da água diminui ao se aproximar do delta de um rio, os sedimentos suspensos começam a descer na coluna d'água. Nos estuários, esses sedimentos são ressuspendidos pela entrada da água do mar, mais salgada e densa, na água menos densa dos rios, fornecendo detritos para os detritívoros e nutrientes para o fitoplâncton. Os estuários em geral estão associados com marismas ricas em nutrientes, pois captam sedimentos, tanto dos rios quanto do oceano. Assim como os sedimentos bentônicos em lagos, os sedimentos dos estuários e das marismas têm baixas concentrações de oxigênio que limitam a decomposição.

Conforme descrito no Conceito 20.2, a produção primária nos oceanos é limitada por inúmeros nutrientes, incluindo nitrogênio, fósforo e, em algumas áreas, ferro e sílica. A água marinha tem concentrações relativamente altas de magnésio, cálcio, potássio, cloro e enxofre. As fontes de nitrogênio em ecossistemas marinhos incluem entradas provenientes dos rios e da deposição atmosférica, bem como da ciclagem interna por meio da decomposição. As taxas de fixação de nitrogênio pelas cianobactérias nos oceanos são mais baixas do que aquelas em lagos de água doce, possivelmente porque elas são limitadas pelo molibdênio, um componente da enzima nitrogenase. O fósforo, o ferro e a sílica entram nos ecossistemas marinhos principalmente em formas dissolvidas e particuladas nos rios; uma contribuição menor, mas importante advém da deposição atmosférica de poeira. Aportes dessas duas fontes terrestres estão aumentando devido às atividades humanas, incluindo a desertificação e o desmatamento em larga escala.

Depósitos profundos de sedimentos (de até 10 km de profundidade!) têm se acumulado nas zonas bentônicas do oceano aberto. Esses depósitos, que consistem em uma mistura de detritos derivados dos oceanos e sedimentos da erosão terrestre, são importantes fontes potenciais de nutrientes. A redução do sulfato e a desnitrificação são processos importantes nesses sedimentos anóxicos, mas parte da decomposição e da mineralização de matéria orgânica ocorre ali. As bactérias têm sido encontradas em profundidades de até 500 metros nesses sedimentos. A mistura de águas profundas, ricas em nutrientes, com águas superficiais, pobres em nutrientes, ocorre em zonas de ressurgência, onde as correntes oceânicas trazem as águas profundas para a superfície (**Figura 22.20**). Essas zonas são altamente produtivas e, portanto, são importantes áreas para a pesca comercial.

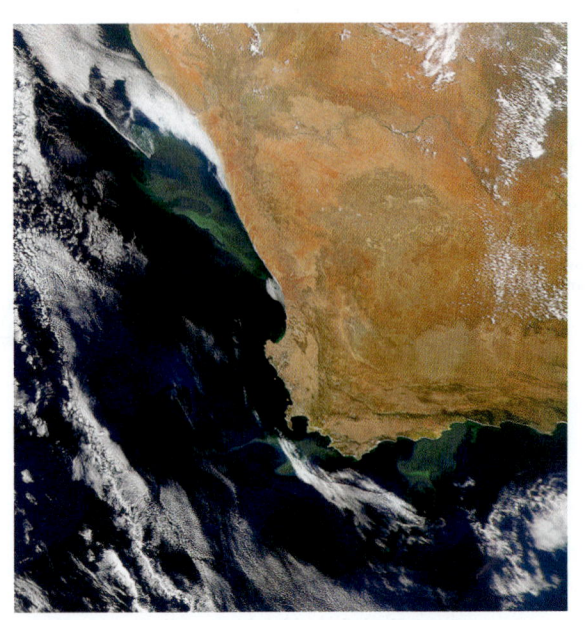

Figura 22.20 Zonas de ressurgência aumentam a oferta de nutrientes para ecossistemas marinhos Afloração de fitoplânctons (áreas verdes), alimentada pela ressurgência da água do oceano profundo, rico em nutrientes, pode ser vista nesta imagem de satélite na costa oriental da África.

ESTUDO DE CASO REVISITADO
Uma crosta frágil

Vimos que o fornecimento de nutrientes para as plantas nos ecossistemas terrestres é dependente do intemperismo dos minerais das rochas e da decomposição de detritos no solo, bem como da fixação de nitrogênio atmosférico. Como poderia a perda da crosta biológica de solos desérticos influenciar esses processos? Como foi explicado neste capítulo (p. 452), a crosta biológica previne as perdas por erosão do solo, ajudando a manter suas partículas. As atividades dos organismos que constituem a crosta biológica também podem influenciar as entradas de nutrientes, e, por sua vez, a produtividade de ecossistemas de deserto, bem como sua capacidade de resistir ao clima árido.

Jason Neff e colaboradores conduziram um estudo para avaliar os efeitos do pastejo bovino sobre a erosão do solo e a disponibilidade de nutrientes no Platô Colorado

(Neff et al., 2005). Eles selecionaram três locais de estudo no Parque Nacional dos Cânions: um em que nunca houve pastagens e dois que historicamente tiveram pastagens, mas foram fechados para esse uso depois de 1974 (30 anos de recuperação). A pecuária foi iniciada no parque na década de 1880 e a maior parte do solo foi afetada. O local sem pastejo era rodeado por formações rochosas que impediam o movimento do gado para dentro da área. Todos os locais de estudo tinham o mesmo material de origem, tinham comunidades vegetais similares e estavam localizados a 10 km um do outro. Crostas biológicas estavam presentes em todos os três locais, embora as crostas dos locais em que historicamente havia ocorrido pastejo tivessem sido claramente danificadas, pois aparentavam estar menos desenvolvidas do que aquelas do local que nunca teve pecuária.

Amostras de solo e de rochas foram coletadas de cada local, e as texturas e o conteúdo de nutrientes dos solos foram comparados. Além disso, a retenção de poeira fina da atmosfera foi estimada pela medição das propriedades magnéticas do solo. A poeira trazida pelo vento de áreas distantes contém maiores quantidades de óxidos de ferro do que o solo local, de modo que, quanto maior a presença de poeira, mais forte o sinal magnético emitido. A retenção dessa poeira é importante por ser fonte de nutrientes minerais; além disso, a perda dessa poeira também indica o potencial de perda por erosão do solo local.

Neff e colaboradores descobriram que os solos onde ocorreu pecuária tinham menos elementos de textura fina, e substancialmente menos magnésio e fósforo do que os solos sem pastejo (**Figura 22.21**). Eles atribuíram essas diferenças à maior retenção de poeira e às menores taxas de erosão nos solos com crosta biológica mais bem desenvolvida. As crostas também podem melhorar as taxas de intemperismo por alteração do pH, aumento das taxas de reações químicas que liberam os nutrientes dos minerais e aumento da retenção de água no solo. Solos que historicamente tinham pastagens também continham 60 a 70% menos carbono (a partir da matéria orgânica) e nitrogênio do que aqueles sem pecuária. Essas diferenças também foram relacionadas às crostas biológicas. Embora a crosta tenha começado a se recuperar nos solos com pastejo, a comparação com aqueles sem pastejo mostrou que a perda cumulativa de carbono e nitrogênio por esses solos durante o período de pastagem era alta. As cianobactérias nas crostas biológicas fixam N_2 atmosférico (Belnap, 2003), o que representa um importante aporte de um nutriente que pode limitar o crescimento das plantas no período úmido, durante a estação de crescimento primaveril. Além disso, os solos cobertos de crosta biológica absorvem radiação solar e retêm mais água do que os solos sem crostas, criando condições mais propícias à decomposição e à mineralização.

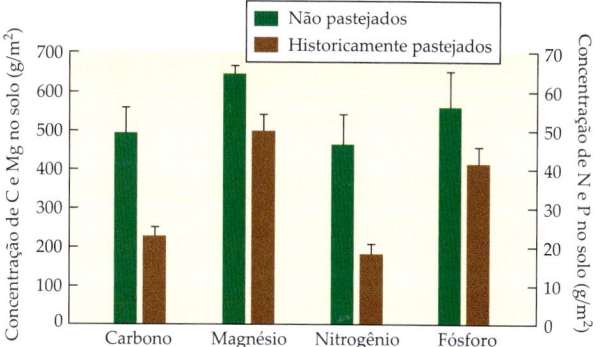

Figura 22.21 A perda de crosta biológica resulta em menores ofertas de nutrientes Solos historicamente pastejados no Parque Nacional dos Cânions contêm menos carbono, magnésio, nitrogênio e fósforo do que solos que nunca foram pastejados. As barras de erro mostram um erro-padrão da média. (Segundo Neff et al., 2005.)

CONEXÕES NA NATUREZA
Nutrientes, distúrbios e espécies invasoras

Pelo aumento da oferta de nutrientes e pela estabilização dos solos, as crostas biológicas melhoram a produção primária. Plantas que crescem em associação com as crostas têm maiores taxas de crescimento e contêm mais nutrientes do que plantas crescendo em solos sem crostas. A cobertura vegetal também aumenta na presença de crostas biológicas. Além disso, essas crostas têm demonstrado reduzir a germinação e as taxas de sobrevivência das plantas invasoras (Mack e Thompson, 1982; ver Capítulo 23). Dessa forma, a destruição das crostas pelo pastejo do gado tem tido múltiplos efeitos ecológicos.

Os efeitos negativos do pastejo observados por Neff e colaboradores na estabilidade do solo e na disponibilidade de nutrientes no Parque Nacional dos Cânions são comuns em outras áreas? A resposta reside, em parte, na história de longo prazo do pastejo do gado e do clima na América do Norte. Anteriormente à colonização euro-americana, os solos entre montanhas do Oeste dos Estados Unidos não tinham sido submetidos ao pastejo de animais nativos, como houve nas Grandes Planícies, onde grandes manadas de bisão vaguearam (ver Estudo de Caso no Capítulo 3 [p. 49] e discussão do Conceito 13.2 [p. 266]). Uma combinação de

Figura 22.22 Flagelo nos Vales do oeste Grandes áreas dos vales do oeste da América do Norte estão agora dominadas por cheatgrass (*Bromus tectorum*), espécie invasora que aumenta a frequência de incêndios e compete desigualmente com as espécies nativas pelos recursos do solo, espalhando-se rapidamente ao longo da paisagem.

aridez com um longo tempo de desenvolvimento das crostas biológicas pode ter dado ao solo do Platô Colorado uma tolerância especialmente baixa ao pastejo intenso.

Nos campos entre montanhas do Oeste, a combinação de distúrbio do solo com perda de crosta biológica criou uma situação favorável à propagação de espécies exóticas – mais notavelmente da "cheatgrass" (*Bromus tectorum*; **Figura 22.22**), oriunda da Eurásia. Essas plantas têm provocado efeitos profundos na ecologia de muitas áreas do oeste da América do Norte. A "cheatgrass" é uma planta anual: produz sementes na primavera, morre e seca no início do verão. Esse ciclo de vida aumenta a quantidade de vegetação seca e combustível durante o verão. Como resultado, a "cheatgrass" tem aumentado a frequência de incêndios, que agora ocorrem a cada 3 a 5 anos, enquanto as queimadas naturais ocorrem de 60 a 100 anos. As gramíneas e os arbustos nativos não conseguem se recuperar nessa frequência de incêndios, então a "cheatgrass" aumenta sua dominância nessas condições. A "cheatgrass" é um competidor efetivo por recursos do solo e também diminui a taxa cíclica do nitrogênio ao produzir serapilheira em uma razão C:N maior que aquela das espécies nativas (Evans et al., 2001). A combinação do aumento na frequência de incêndios, do aumento na competição e das mudanças na ciclagem de nutrientes levou a reduções na riqueza das espécies nativas em muitas partes daqueles vales.

RESUMO

CONCEITO 22.1 Aportes nutricionais em ecossistemas ocorrem por meio da decomposição química dos minerais das rochas ou por meio da fixação de gases atmosféricos.

- As necessidades nutricionais dos organismos são específicas a sua fisiologia e, portanto, diferem entre autótrofos e heterótrofos.
- Autótrofos absorvem nutrientes de seu ambiente em formas simples e solúveis, enquanto heterótrofos os obtém em formas mais complexas pelo consumo de presas ou detritos.
- A degradação física e química dos minerais (intemperismo) libera nutrientes solúveis.
- Os solos são formados de partículas minerais, detritos, matéria orgânica dissolvida, água (contendo minerais e gases dissolvidos) e organismos.
- O carbono e o nitrogênio entram nos ecossistemas por meio da fixação de gases atmosféricos pelos autótrofos e pelas bactérias, respectivamente.

CONCEITO 22.2 Transformações químicas e biológicas nos ecossistemas alteram a forma química e a oferta de nutrientes.

- A decomposição de matéria orgânica libera os nutrientes nela contidos em formas solúveis que podem ser reutilizadas pelas plantas e pelos microrganismos.
- A modificação das formas químicas dos nutrientes por microrganismos, especialmente do nitrogênio, influencia a disponibilidade dos nutrientes para os organismos ou as perdas para o ecossistema.
- As plantas reciclam nutrientes reabsorvendo-os de tecidos senescentes e remobilizando-os quando o crescimento inicia novamente.

CONCEITO 22.3 Os nutrientes circulam através dos componentes dos ecossistemas.

- As taxas de ciclagem de nutrientes são controladas principalmente pela taxa de decomposição, que, por

RESUMO (continuação)

sua vez, é controlada pelo clima e pela química da serrapilheira.
- As perdas de nutrientes em ecossistemas terrestres podem ser estimadas medindo-se as saídas de nutrientes nos cursos d'água.
- As mudanças nas quantidades relativas de nutrientes fornecidas por intemperismo e decomposição determinam a disponibilidade dos nutrientes específicos que limitam a produção primária nos diferentes estágios de desenvolvimento do ecossistema.

CONCEITO 22.4 Os ecossistemas de água doce e marinhos recebem aporte de nutrientes dos ecossistemas terrestres.
- A ciclagem de nutrientes em córregos e rios pode ser pensada como uma espiral de repetida absorção biológica e incorporação em formas orgânicas, seguida de liberação em formas inorgânicas.
- Em lagos, os nutrientes passam por ciclos entre a coluna d'água e os sedimentos bentônicos.
- Aportes nutricionais dos rios e dos ecossistemas terrestres mantêm a produção nos ecossistemas marinhos.

Questões de revisão

1. Descreva os processos envolvidos na transformação de minerais sólidos das rochas em nutrientes solúveis no solo. Quais fatores biológicos podem influenciar a taxa dessa transformação?
2. Por que, em geral, o nitrogênio tem baixa oferta em comparação a outros nutrientes exigidos pelas plantas, apesar de ser o elemento mais abundante na atmosfera? Como a oferta de nitrogênio se modifica durante o desenvolvimento de ecossistemas terrestres?
3. Qual fator é mais importante no controle dos tempos médios de permanência e dos reservatórios de nutrientes de matéria orgânica do solo em ecossistemas terrestres: a taxa de entrada (p. ex., produção primária) ou a taxa de decomposição? Onde você esperaria encontrar maiores reservatórios de nutrientes: nos solos de florestas tropicais ou nos solos de florestas boreais, considerando-se que a produção primária é mais alta nos trópicos?
4. Por que é de se esperar que aportes nutricionais de ambientes terrestres e de rios sejam mais importantes para os lagos tropicais do que para os lagos de zonas temperadas?

MATERIAL DA INTERNET (em inglês)
sites.sinauer.com/ecology3e

O *site* inclui o resumo dos capítulos, testes, *flashcards* e termos-chave, sugestão de leituras, um glossário completo e a Revisão Estatística. Além disso, os seguintes recursos estão disponíveis para este capítulo:

Exercício Prático: Solucionando Problemas
22.1 Quebrando tudo: decomposição em ambientes secos

Parte 7

Ecologia aplicada e de larga escala

Uma imagem de satélite da Geleira Malaspina no Alasca mostra lóbulos de gelo glacial (em azul) cercados por solo e vegetação (em vermelho e laranja). A mudança climática global está reduzindo essa enorme geleira, contribuindo para o aumento do nível do mar. Os capítulos desta parte estão focados nas mudanças climáticas e em outras questões aplicadas e de larga escala da ecologia, incluindo a proteção da biodiversidade, a ecologia de paisagem e o manejo de ecossistemas e as consequências das contínuas mudanças nos ciclos biogeoquímicos globais.

23 Biologia da conservação

CONCEITOS-CHAVE

CONCEITO 23.1 A biologia da conservação é uma ciência interdisciplinar que aplica os princípios da ecologia para a conservação da biodiversidade.

CONCEITO 23.2 A biodiversidade está sendo reduzida globalmente.

CONCEITO 23.3 As principais ameaças à biodiversidade incluem perda de hábitat, espécies invasoras, sobre-exploração, poluição, doenças e mudanças climáticas.

CONCEITO 23.4 Biólogos da conservação usam muitas ferramentas e trabalham em múltiplas escalas para manejar as populações em declínio.

CONCEITO 23.5 Priorizar espécies ajuda a maximizar a biodiversidade que pode ser protegida com recursos limitados.

Pássaros e bombas podem coexistir? Estudo de Caso

Será que usar áreas como testes de bombardeios pode ser o segredo para o sucesso da conservação? Embora possa parecer estranho, décadas de bombardeios na base militar de Fort Bragg, na região de Sandhills, Carolina do Norte, protegeram inadvertidamente milhares de hectares de savana de pinheiros-de-folhas-longas, ajudando nos esforços para salvar o ameaçado pica-pau-de-topete-vermelho (**Figura 23.1**).

Durante 90 anos, as florestas de Fort Bragg têm sido utilizadas para exercícios de treinamento militar, degradadas por veículos *off-road* e equipamentos de terraplanagem, além de serem incendiadas por explosivos. Essas atividades destrutivas acontecem no meio de um vibrante, mas agora incomum ecossistema, que, ironicamente, sobrevive em grande parte como resultado da presença militar. Como isso pode ser possível? Em primeiro lugar, a savana de pinheiros depende do fogo para sua continuação, de maneira que os incêndios que resultam das explosões beneficiam em vez de danificarem o ecossistema. Segundo, a destinação de grandes áreas florestais para o uso militar as impediu de serem convertidas em áreas agrícolas, residenciais ou de monoculturas arbóreas.

Enquanto algumas savanas de pinheiros-de-folhas-longas têm sido preservadas em Fort Bragg e em outras bases militares, como um todo esse ecossistema foi reduzido a apenas 3% dos mais de 35 milhões de hectares originais (**Figura 23.2**). Vários fatores contribuíram para seu declínio, incluindo o rápido crescimento antrópico, o desmatamento para grandes plantações de outras espécies arbóreas, como a de *Pinus taeda*, e as queimadas. Com o declínio do ecossistema de savana de pinheiros-de-folhas-longas, diversas espécies de plantas, insetos e invertebrados que dependiam dele também sofreram declínios substanciais.

Uma dessas espécies é o pica-pau-de-topete-vermelho (*Picoides borealis*), um pequeno pássaro insetívoro, bem adaptado a grandes extensões da savana de pinheiros. Antigamente mais abundante, hoje a espécie conta com cerca de 6.100 casais reprodutores e seus ajudantes associados. Enquanto os outros pica-paus se aninham em nós mortos, o pica-pau-de-topete-vermelho necessita de pinheiros maduros e vivos, especialmente o pinheiro-de-folhas-longas (*Pinus palustris*), para esculpir seus ninhos. Queimadas recorrentes historicamente ajudaram a manter a savana de pinheiros-de-folhas-longas. Sem essas queimadas,

Figura 23.1 Pica-pau-de-topete-vermelho: uma espécie em perigo Uma fêmea do pica-pau-de-topete-vermelho (*Picoides borealis*) aproxima-se da cavidade de seu ninho. Essa espécie já foi abundante em toda a savana de pinheiros (comunidade dominada por gramíneas entremeadas com pinheiros) dos Estados Unidos, mas tem sido drasticamente reduzida em número devido à perda de seu hábitat. Entre os vários tipos de savana de pinheiros, a savana de pinheiros-de-folhas-longas é o hábitat preferido do pica-pau-de-topete-vermelho.

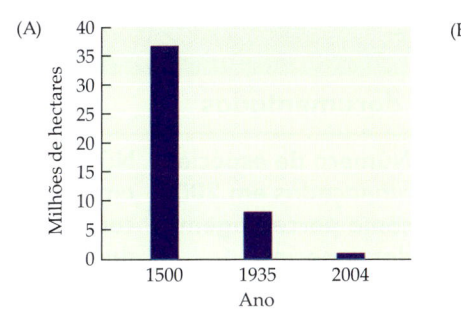

Figura 23.2 Declínio do ecossistema da savana de pinheiros-de-folhas-longas (A) Área estimada coberta por savana de pinheiros-de-folhas-longas em diferentes momentos. (B) Como visto nesta foto do sudeste dos Estados Unidos, a savana de pinheiros-de-folhas-longas (*Pinus palustris*) consiste em uma floresta aberta com sub-bosque de gramíneas. (A segundo Van Lear et al., 2005.)

> **?** Estime os hectares de savana de pinheiros-de-folhas-longas existentes nos anos de 1500, 1935 e 2004. A perda anual da savana de pinheiros-de-folhas-longas foi maior de 1500 a 1935, ou de 1935 a 2004?

a comunidade vegetal logo passa pela sucessão. À medida que o sub-bosque de jovens carvalhos e outras árvores secundárias se desenvolve, os pica-paus-de-topete-vermelho abandonam seus ninhos, aparentemente devido à diminuição dos recursos alimentares. No passado, os pássaros migravam para as partes da floresta que haviam sido queimadas mais recentemente, mas, à medida que a área de pinheiros com desenvolvimento adequado decai, sobram cada vez menos lugares para os pássaros irem. Essa perda de hábitat tem reduzido as populações de pica-paus, tornando-os vulneráveis aos problemas de populações pequenas e isoladas, já discutidos no Conceito 11.3. Há a evidência de endogamia entre os pássaros e, além disso, em 1989, o Furacão Hugo matou 70% dos pássaros de uma população.

A história recente do pica-pau-de-topete-vermelho exemplifica a de milhares de outras espécies ameaçadas mundo afora, que passaram de componentes vitais de um grande ecossistema, por um declínio gradual pela perda de hábitat, a números populacionais criticamente baixos. Quando as espécies dependem de um hábitat específico que é destruído por atividades humanas, elas são encontradas em números cada vez menores até que, em alguns casos, desaparecem. O que pode ser feito para proteger espécies como o pica-pau-de-topete-vermelho? Temos a responsabilidade de proteger a biodiversidade existente e restaurar parte da que tem sido perdida? Em caso positivo, como podemos alocar nossos recursos limitados para sermos mais eficientes em nossos esforços de conservação?

Introdução

Ao longo dos últimos séculos, à medida que a população humana cresceu e aumentou o uso de recursos, as espécies que evoluíram em ecossistemas ao nosso redor perderam seu hábitat por meio da destruição completa ou por meio das mudanças em suas propriedades biológicas ou físicas. Essas mudanças deram origem a uma crise de biodiversidade. A análise mais recente da Lista Vermelha de Espécies Ameaçadas, compilada pela União Internacional de Conservação da Natureza (IUCN, de International Union for Conservation of Nature), lista 16.913 espécies como ameaçadas de extinção – cerca de 1% de todas as espécies em todo o mundo (**Tabela 23.1**). Esse número é certamente subestimado, já que apenas os grupos taxonômicos mais bem estudados têm sido avaliados quanto a seu estado de conservação.

Os ecólogos desempenham um papel importante na observação, na medição e na comunicação das mudanças em abundância, distribuição e características biológicas das espécies que resultaram das perdas de hábitat e de outros efeitos que os seres humanos estão causando nos ecossistemas do planeta. Como veremos neste capítulo e no próximo, os ecólogos são também componentes de equipes multidisciplinares que trabalham para encontrar maneiras de reverter o declínio das espécies e seu hábitat. Começaremos por apresentá-lo ao campo da biologia dedicado a reverter esses declínios: a biologia da conservação.

> **CONCEITO 23.1**
>
> A biologia da conservação é uma ciência interdisciplinar que aplica os princípios da ecologia para a conservação da biodiversidade.

Biologia da conservação

A preservação da savana de pinheiros-de-folhas-longas na base militar de Fort Bragg (descrita no Estudo de Caso) e em outras áreas federais e estaduais, aliada à proteção legal e ao extraordinário esforço humano, tem levado à estabilização e à lenta recuperação dos pica-paus-de-topete-vermelho (U.S. Fish and Wildlife Service, 2003). Como veremos no Estudo de Caso Revisitado, essa lenta recuperação exigiu conhecimentos de disciplinas biológicas como demografia, genética e patologia, bem como contribuições de áreas fora da biologia, incluindo direito,

TABELA 23.1

Resumo global do número de espécies em perigo documentadas

Grupo	Número de espécies descritas	Número de espécies avaliadas em 2008	Número de espécies ameaçadas em 2008	Número de espécies ameaçadas em 2008, como porcentagem das espécies descritas	Número de espécies ameaçadas em 2008, como porcentagem das espécies avaliadas
VERTEBRADOS					
Mamíferos	5.488	5.488	1.141	21	21
Aves	9.990	9.990	1.222	12	12
Répteis	8.734	1.385	423	5	31
Anfíbios	6.347	6.260	1.905	30	30
Peixes	30.700	3.481	1.275	4	37
Subtotal	61.259	26.604	5.966	10	22
INVERTEBRADOS					
Insetos	950.000	1.259	626	0,07	50
Moluscos	81.000	2.212	978	1,2	44
Crustáceos	40.000	1.735	606	1,5	35
Outros	161.384	955	286	0,2	30
Subtotal	1.232.384	6.161	2.496	0,2	41
PLANTAS					
Musgos	16.000	95	82	1	86
Pteridófitas e afins	12.838	211	139	1	66
Gimnospermas	980	910	323	33	35
Angiospermas	258.650	10.779	7.904	3	73
Subtotal	288.468	11.995	8.448	3	70
OUTROS					
Líquens	17.000	2	2	0,01	100
Fungos	30.000	1	1	< 0,01	100
Subtotal	47.000	3	3	< 0,01	100
TOTAL	1.629.111	44.763	16.913	1	38

Fonte: Dados da Lista Vermelha de Espécies Ameaçadas, da IUCN, de 2008, como reportado em Vié et al. (2009).
Nota: "Ameaçado" neste caso inclui as categorias da Lista Vermelha da IUCN: "criticamente em perigo", "em perigo" e "vulnerável". Alguns grupos foram completamente analisados (anfíbios, aves) quanto ao *status* de conservação, mas para muitos grupos somente uma pequena porcentagem das espécies descritas foi avaliada. Para esses grupos, pode haver uma tendência a se concluir as avaliações de espécies ameaçadas, tornando as avaliações de espécies comuns menos prioritárias. O fato de que apenas 1% das espécies aparece como ameaçado reflete uma avaliação incompleta, já que se acredita que essa porcentagem seja bem mais alta.

economia, ciências políticas, comunicações e sociologia. Exigiu também a colaboração de produtores rurais e proprietários de terras, da força militar dos Estados Unidos e da comunidade empresarial. Chegar a uma abordagem de manejo bem-sucedida exigiu não apenas coleta e análise de dados, mas também criatividade e capacidade de se trabalhar com uma ampla variedade de setores com interesses distintos sobre o ecossistema da savana de pinheiros-de-folhas-longas. Essa abordagem multidisciplinar é característica da biologia da conservação.

A **biologia da conservação** é o estudo científico dos fenômenos que afetam a manutenção, a perda e a restauração da biodiversidade. Ela aplica muitos dos princípios ecológicos e ferramentas que temos visto neste livro para diminuir ou reverter declínios da biodiversidade. Mais tarde neste capítulo, veremos as razões pelas quais a biodiversidade está sendo perdida e as ferramentas que os biólogos da conservação usam para lidar com os problemas em conservação. No entanto, primeiro consideraremos por que é tão importante prevenir e reverter as perdas de biodiversidade.

Proteger a biodiversidade é importante por razões práticas e morais

As pessoas dependem da diversidade da natureza. Além das centenas de espécies domesticadas que nos sustentam, fazemos amplo uso de espécies selvagens para alimentação, combustível e fibras. Colhemos espécies selvagens para remédios, material de construção, temperos e itens decorativos. Muitas pessoas dependem desses recursos naturais para sua subsistência. Como discutido no Conceito

19.4, o funcionamento natural das comunidades biológicas fornece serviços valiosos aos seres humanos. Todos somos dependentes de uma vasta gama de **serviços ecossistêmicos**, como a purificação da água, a geração e manutenção dos solos, a polinização de cultivos agrícolas, a regulação climática e o controle de inundações (Ehrlich e Wilson, 1991). Essas funções de manutenção da vida são dependentes da integridade das comunidades e dos ecossistemas naturais. Além disso, para a saúde emocional, muitas pessoas passam parte de seu tempo cercadas pela beleza e complexidade da natureza. Espiritualmente, vamos até os ecossistemas naturais em busca de conforto, admiração e inspiração.

No entanto, além de nossa dependência física da biodiversidade, temos alguma obrigação moral com as outras espécies que habitam a Terra? Para muitas pessoas, a biodiversidade tem valor intrínseco que lhe garante proteção simplesmente por essa razão. Para outras, crenças religiosas ou espirituais levam a um senso de proteção, ou à visão de que outras espécies têm o direito de existir como nós temos. Ainda outras, entretanto, não compartilham dessas perspectivas e veem os recursos naturais principalmente como commodities aguardando pela extração.

Figura 23.3 O pombo-passageiro: da abundância à extinção O pombo-passageiro (*Ectopistes migratorius*), outrora uma das aves mais abundantes na América do Norte, foi submetido a caças massivas no século XIX. O último pombo-passageiro morreu no Zoológico de Cincinnati, em 1914. Os efeitos ecológicos de sua extinção nas florestas decíduas do leste, coincidente com a perda da castanheira-americana (ver Conceito 14.4), são difíceis de estimar, mas presume-se que sejam consideráveis.

O campo da biologia da conservação surgiu em resposta a perdas na biodiversidade global

O cientistas estão conscientes, há muito tempo, de que a atividade humana afeta negativamente as distribuições e as abundâncias dos organismos. No século XIX, Alfred Russel Wallace, o "pai da biogeografia", cujo trabalho descrevemos no Conceito 18.2, previu a atual crise na biodiversidade, advertindo, em 1869, que a humanidade corre o risco de obscurecer o registro de seu passado evolutivo pelo advento das extinções. Nos Estados Unidos, houve um crescente clamor público sobre o rápido declínio do bisão no Oeste, a caça desenfreada ao pombo-passageiro até sua extinção (**Figura 22.3**), o flagrante uso das penas de pássaros em chapéus femininos e outros ataques às populações animais.

Ao longo dos primeiros anos da história da ecologia nos Estados Unidos, os ecólogos estavam divididos sobre o quão capazes eles seriam de defender a preservação da natureza e ao mesmo tempo manter a objetividade científica (Kinchy, 2006). Antes de 1945, a Sociedade Ecológica da América (ESA, de Ecological Society of America) com frequência pressionava o congresso para o estabelecimento de parques nacionais ou para um melhor manejo dos parques já existentes. Em 1948, contudo, a sociedade decidiu separar a ciência "pura" da militância ambiental, e a Ecologists' Union (União dos Ecólogos) ramificou-se como uma entidade independente centrada na preservação da natureza. Em 1950, essa organização mudou seu nome para The Nature Conservancy (Conservação da Natureza), aumentando sua projeção como uma organização não lucrativa que integra ciência com preservação e trabalho de conservação em campo (Burgess, 1977).

A biologia da conservação surgiu como uma disciplina científica no início dos anos de 1980, à medida que ecólogos e outros cientistas viram a necessidade de aplicar seus conhecimentos na preservação das espécies e dos ecossistemas. A Society for Conservation Biology (Sociedade para Biologia da Conservação), fundada em 1985, surgiu em resposta à crise na biodiversidade. O surgimento de revistas especializadas dedicadas à biologia da conservação durante os anos de 1980 e 1990 e o contínuo aumento do número de programas acadêmicos para a formação de estudantes universitários e profissionais demonstram a crescente aceitação da necessidade dessa disciplina especializada.*

A biologia da conservação é uma disciplina baseada em valor

Os métodos da ciência exigem objetividade – uma garantia de que a coleta e a interpretação dos dados sejam imparciais, sem ideias pré-concebidas. No entanto, a ciência não está livre dos valores humanos, e, inevitavelmente, ocorre dentro de um contexto social maior. Biólogos conservacionistas tiveram de entrar em acordo com os valores implícitos e explícitos que são parte de seu trabalho. A partir da fundação da Society for Conservation Biology, a designação da

---
*N. de R.T. No Brasil, a Sociedade de Ecologia do Brasil (SEB) vem atuando desde 1988 e, em 2007, foi criada a Associação Brasileira de Ciência Ecológica e Conservação (ABECO), muito atuante no cenário político nacional em defesa da conservação da biodiversidade.

disciplina como "movida por uma missão" (Soulé e Wilcox, 1980; Meine et al., 2006) e "orientada pela crise" (Soulé, 1985) revelou explicitamente os valores por trás da ciência.

Muitos ecólogos escolheram abordar ou reorientar seus programas de pesquisa à medida que passaram a entender as consequências biológicas das mudanças que estão ocorrendo no planeta. Por exemplo, em 1986, Dan Janzen, biólogo tropical que estuda interações inseto-plantas em ambientes tropicais, escreveu que "se os biólogos quiserem um trópico para 'biologizar', eles terão que comprar um, com cuidado, energia, esforço, estratégia, tática, tempo e dinheiro". Tal motivação não necessariamente desvaloriza a objetividade dos estudos científicos feitos por biólogos da conservação, pois eles compreendem que conservar a biodiversidade exigirá decisões baseadas em análises sólidas e confiáveis. Além disso, essas análises estão sujeitas a rigorosas revisões científicas por outros cientistas, que podem contestar ou até refutar suas conclusões.

Na próxima seção, conheceremos um ecólogo que colocou em prática os valores da biologia da conservação. Em seguida, examinaremos a extensão e as causas dos declínios atuais da biodiversidade.

---CONCEITO 23.2---
A biodiversidade está sendo reduzida globalmente.

O declínio da biodiversidade

Botânico de regiões tropicais, Alwyn Gentry dedicou sua vida a identificar, classificar e mapear a imensa diversidade de plantas encontradas na América Central e do Sul. Ele também foi uma testemunha ocular da extinção de plantas, à medida que a região sofreu rápido desmatamento. Não era incomum para ele identificar uma nova espécie de planta *endêmica* (i.e., uma espécie que ocorre em uma região geográfica específica e em nenhum outro local) durante uma expedição ao Equador ou ao Peru e, ao retornar ao mesmo local alguns anos depois, encontrar a floresta desmatada e as espécies desaparecidas (Dodson e Gentry, 1991) (**Figura 23.4**). Gentry trabalhou com um crescente senso de urgência para identificar espécies raras a fim de protegê-las desse destino. Sua morte precoce em um acidente de avião em uma floresta do Equador em 1993, enquanto fazia uma vistoria aérea de terrenos propostos para conservação, interrompeu esse trabalho, o que foi uma enorme perda para a botânica tropical.

Gentry foi apenas um dos muitos ecólogos que encontraram e descreveram espécies, mas também observaram sua destruição. As extinções de espécies de plantas tropicais pouco conhecidas (e muito provavelmente de outras espécies que ainda temos que descobrir) continuam ao longo dos trópicos, apesar de décadas de conhecimento desse problema. Por meio de maiores esforços para se aprender sobre os ecossistemas da Terra, os ecólogos estão adquirindo conhecimentos sobre a biota mundial e tabulando novas espécies em um ritmo mais acelerado, mas as ameaças a essas espécies estão acompanhando no mesmo ritmo esses novos conhecimentos.

A taxa na qual a Terra está perdendo espécies está acelerando

Com que rapidez as espécies estão sendo extintas? Essa é uma pergunta difícil de responder, em parte porque não sabemos quantas espécies existem e que permanecem desconhecidas para nós. A maior parte dos estudos estimou que existam cerca de 5 a 10 milhões de espécies eucarióticas na Terra, mas pode haver apenas 3 milhões ou chegar a 30 milhões (ou até mais).

Apesar dessa incerteza, as taxas de extinção podem ser estimadas utilizando-se várias medidas indiretas (May et al., 1995). Por exemplo, estimativas de taxas de extinção a partir de registros fósseis podem ser usadas para estabelecer uma taxa de extinção "de fundo", com a qual as atuais podem ser comparadas. Para os grupos taxonômicos mais bem conhecidos, como mamíferos e aves, os paleontólogos têm estimado que uma taxa básica para as extinções seja

Figura 23.4 Perda da cobertura de florestas no oeste do Equador Entre 1958 e 1988, a crescente população humana e as políticas governamentais destinadas a estimular o rápido crescimento econômico levaram ao rápido desmatamento no oeste do Equador. O verde indica a cobertura florestal. Estima-se que a perda extensiva do hábitat da floresta nessa região tenha resultado na perda de mais de 1 mil espécies endêmicas. (Segundo Brooks et al., 2002.)

(A) Antes da colonização europeia   (B) 1958   (C) 1988

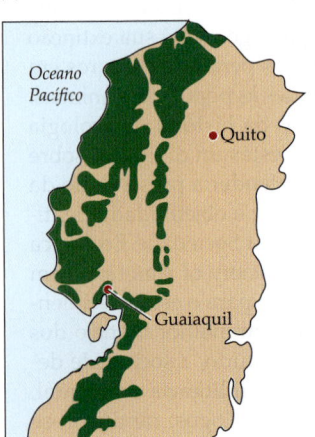

da ordem de uma extinção a cada 200 anos, o que equivale a um tempo de vida médio de espécie entre 1 milhão e 10 milhões de anos. Em contraste, houve cerca de uma extinção por ano entre os mamíferos e as aves ao longo do século XX, o que equivale a um tempo de vida médio das espécies de apenas 10 mil anos. Assim, em termos gerais, a taxa de extinção no século XX foi de 100 a 1.000 vezes mais alta do que a taxa básica, estimada a partir do registro fóssil (May, 2006).

Um segundo método para estimar as taxas de extinção utiliza a relação espécie-área apresentada no Conceito 18.3. Especificamente, a relação entre o número de espécies endêmicas e a área é utilizada para estimar o número de espécies que seriam extintas pela perda de determinada quantidade de hábitat (Kinzig e Harte, 2000). Em uma terceira abordagem, os biólogos têm utilizado as mudanças ocorridas ao longo do tempo nos *status* de ameaça das espécies (p. ex., uma mudança de *em perigo* para *criticamente em perigo*) para estimar as taxas de extinção (Smith et al., 1993). Finalmente, uma quarta abordagem baseia-se nas taxas de declínio populacional ou na diminuição da área de ocorrência de espécies comuns (Balmford et al., 2003). Todos esses métodos estão repletos de incertezas, mas ainda são as melhores maneiras que elaboramos para documentar as perdas de biodiversidade.

Também pode ser difícil de determinar quando uma espécie está definitivamente extinta. Muitas espécies são conhecidas a partir de um único espécime ou localização, e a logística para realocá-las pode ser intimidadora. Até mesmo uma exaustiva busca por uma espécie muito rara pode falhar em detectar populações remanescentes. Quando uma espécie é declarada extinta, no entanto, esse fato estimula os esforços dos biólogos nas pesquisas. Por exemplo, desde 1990, quando foi publicada a flora do Havaí, 35 espécies tidas como extintas foram localizadas, embora somente alguns poucos indivíduos tenham sido encontrados. A alegria de sua descoberta fica comprometida pela constatação de que essas populações extremamente pequenas não conseguem exercer as mesmas funções ecológicas que populações mais substanciais, e que hoje 8% das 1.342 espécies da flora nativa do Havaí são considerados extintos (Wagner et al. 1999).

Embora a crescente pegada ecológica da humanidade (ver Conexões na Natureza no Capítulo 10) tenha acelerado as taxas de perda de biodiversidade durante o último século, os seres humanos têm causado efeitos substanciais na biota da Terra por milênios. Steadman (1995) descreve como ossos encontrados nas ilhas do Pacífico revelaram a extinção pré-histórica de até 8 mil espécies de aves (das quais talvez 2 mil fossem aves que não voavam endêmicas da família *Rallidae*), depois que essas ilhas foram colonizadas por polinésios. A maior parte dessas espécies era endêmica das ilhas, e em alguns casos as extinções englobavam guildas ecológicas inteiras (**Figura 23.5**). Os ecólogos apenas podem especular sobre os papéis que os frugívoros e nectarívoros extintos desempenhavam em manter as populações de árvores endêmicas.

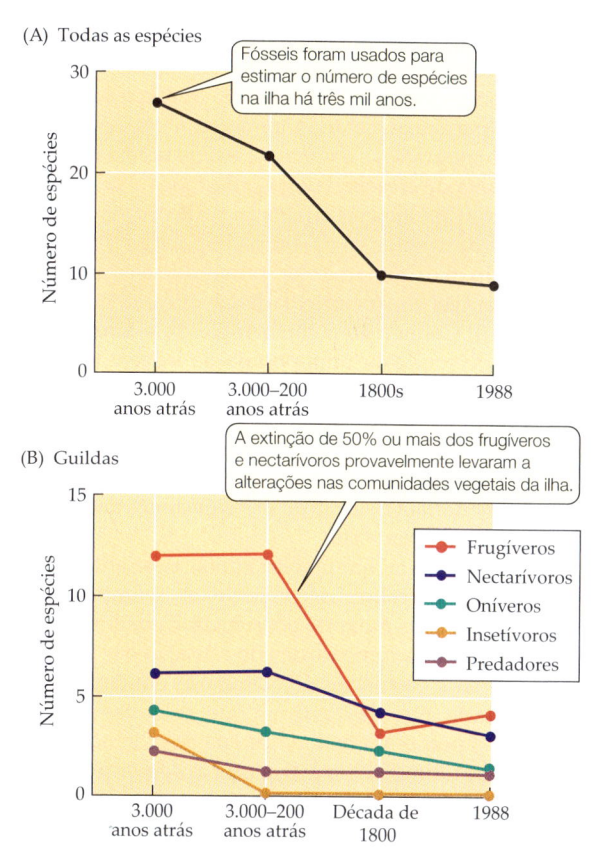

Figura 23.5 Os seres humanos têm causado extinções por milênios Tendências ao longo do tempo (A) no número total de espécies de aves e (B) no número de espécies classificadas pela guilda de que se alimentam encontradas na ilha de Tonga. Extinções pré-históricas (3.000 a 200 anos atrás) ocorreram em muitas ilhas do Pacífico, como resultado da caça e da introdução de ratos, cães e porcos. (Segundo Steadman, 1995.)

> Especule sobre as razões pelas quais as perdas de aves que se alimentam de frutos (frugívoras) ou néctar (nectarívoras) podem ter afetado as comunidades de plantas da ilha. (Dica: veja a discussão sobre mutualismo nos Conceitos 15.1 e 15.2.)

As descobertas de Steadman nos fazem relembrar que as extinções não apenas eliminam espécies individuais, mas também podem causar grandes mudanças nas comunidades ecológicas.

A extinção é o ponto final do declínio biológico crescente

Em 1954, Andrewartha e Birch escreveram que "não há qualquer distinção fundamental a ser feita entre a extinção de uma população local e a extinção de uma espécie além dessa: que as espécies se extinguem com a extinção da última população local". Às vezes, as populações de uma espécie diminuem gradualmente, e às vezes elas desaparecem em um colapso, como no caso do pombo-passageiro.

Os biólogos da conservação têm visto os processos de declínio e extinção biológicos de inúmeras maneiras. Por exemplo, como vimos no Conceito 11.3, pequenas populações são particularmente vulneráveis à estocasticidade genética, demográfica e ambiental, e cada uma delas pode reduzir a taxa de crescimento populacional e aumentar o risco de extinção. Em consequência, pode ocorrer uma cadeia cíclica de eventos em que uma população já pequena reduz ainda mais de tamanho, tornando-se assim ainda mais vulnerável à estocasticidade genética, demográfica e ambiental. Conhecido como **vórtice de extinção**, esse padrão pode condenar uma população à eventual extinção, tão logo seu tamanho reduza abaixo de certo ponto. Com isso em mente, Caughley (1994) argumentou que é importante definir as causas dos declínios populacionais em determinadas espécies, com o objetivo de identificar ações que poderiam neutralizar esses declínios antes que o vórtice assuma o controle.

Os ecólogos também podem adotar uma abordagem espacial sobre o declínio das espécies ao acompanhar as mudanças em suas áreas de ocorrência. Ceballos e Ehrlich (2002) examinaram padrões de retração das áreas de ocorrência de 173 espécies de mamíferos em declínio em todo o mundo. Eles descobriram que, coletivamente, essas espécies perderam metade de sua área de ocorrência ao longo dos últimos 100 a 200 anos. Na África, por exemplo, o guepardo ocupa apenas 56% do território que um dia já ocupou. Em um estudo similar, Channell e Lomolino (2000) examinaram padrões de retração de áreas de ocorrência em 309 espécies em declínio. Eles descobriram que um declínio muitas vezes se move através da área de ocorrência histórica de uma espécie como uma onda, indo de uma extremidade à outra; isso poderia ocorrer, por exemplo, se uma espécie invasora entrasse na área de ocorrência por uma extremidade e então se espalhasse, eliminando população por população da espécie ameaçada. Tal padrão contrasta com o recuo periférico da área de ocorrência até seu centro, o que provavelmente ocorreria se os efeitos do pequeno tamanho populacional fossem predominantes.

Seja qual for sua causa, o declínio de uma espécie não ocorre isoladamente. Quando populações são perdidas de uma comunidade ecológica, há consequências não somente para a espécie em declínio, mas também para predadores, presas e parceiros mutualísticos dessa espécie. A perda de aves polinizadoras, por exemplo, pode reduzir o sucesso reprodutivo de plantas que dependem desses polinizadores (**Figura 23.6**), causando também a queda das densidades de plantas (Anderson et al., 2011; Galetti et al., 2013). As mudanças decorrentes em nível de comunidade podem provocar extinções secundárias e, em última instância, afetar os processos ecossistêmicos. Exemplos dos capítulos anteriores incluem as extinções locais e outras mudanças causadas pela perda ou remoção de espécies como o invertebrado *Corophium volutator* (ver Conceito 14.4), a macrófita aquática *Juncus gerardii* (ver Conceito 16.3) e a estrela-do-mar *Pisaster ochraceus* (ver Conceito 21.4). Resultados de modelagens também sugerem que, embora as teias alimentares possam ser resilientes à remoção de espécies, a perda de certas espécies pode provocar um efeito em cadeia de extinções secundárias. Como seria de se esperar, quanto mais fortes forem

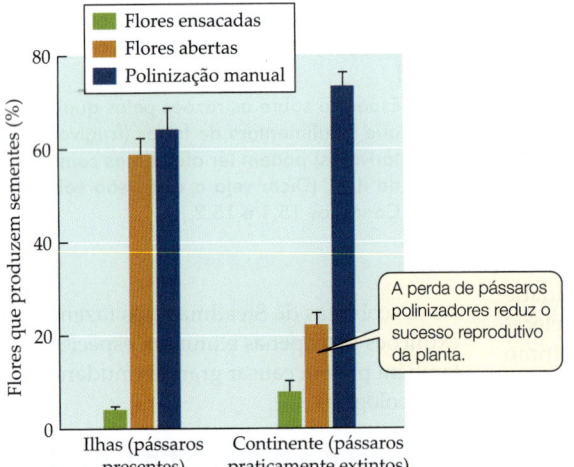

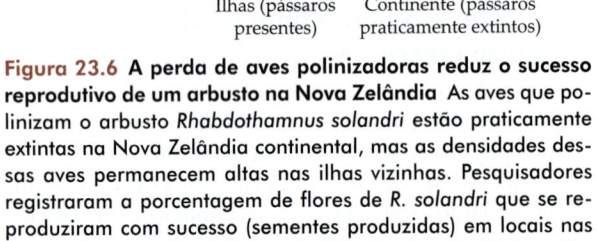

Figura 23.6 A perda de aves polinizadoras reduz o sucesso reprodutivo de um arbusto na Nova Zelândia As aves que polinizam o arbusto *Rhabdothamnus solandri* estão praticamente extintas na Nova Zelândia continental, mas as densidades dessas aves permanecem altas nas ilhas vizinhas. Pesquisadores registraram a porcentagem de flores de *R. solandri* que se reproduziram com sucesso (sementes produzidas) em locais nas ilhas e no continente, para cada um desses três tratamentos: flores ensacadas (que permitiram apenas autopolinização), flores abertas (que permitiram a polinização por aves) e flores abertas que foram polinizadas manualmente. As barras de erro mostram um erro-padrão da média. (Segundo Anderson et al., 2011.)

? Identifique os tratamentos controle e os experimentais neste estudo e explique o que pode ser aprendido a partir de cada um dos três tratamentos.

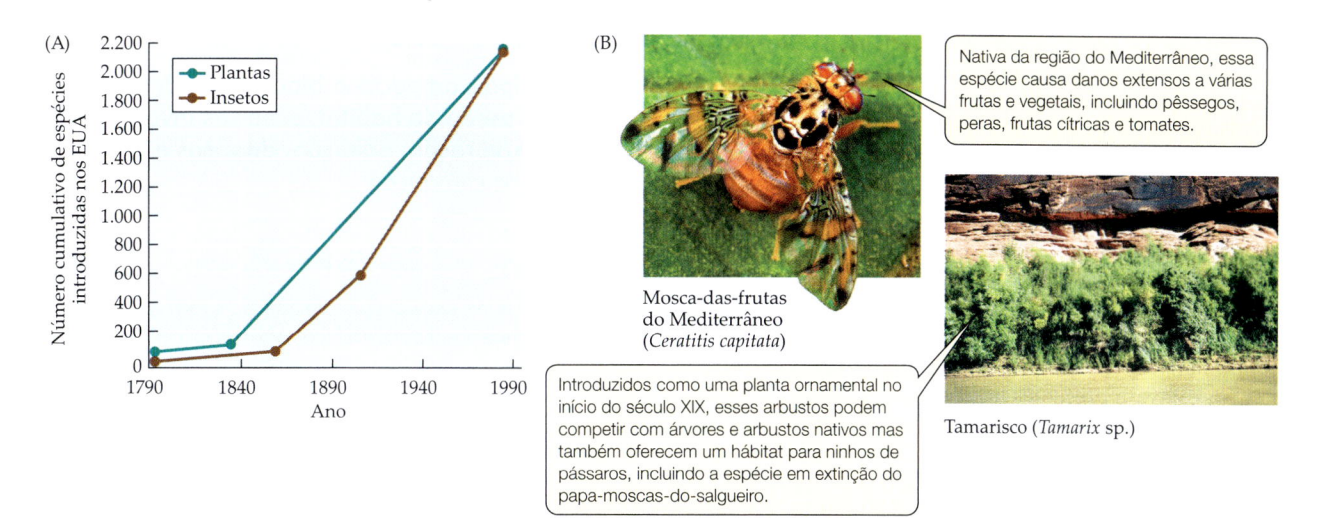

Figura 23.7 A introdução de espécies está aumentando em todo o Globo O número de espécies exóticas que se estabeleceram nos Estados Unidos aumentou cerca de cinco vezes durante o último século para vários organismos, incluindo moluscos, peixes, vertebrados terrestres, (A) plantas e insetos. Padrões similares são vistos em muitos outros países. As fotografias em (B) mostram dois exemplos de espécies introduzidas. (Dados de U.S. Congress, OTA, 1993.)

as interações de uma espécie na teia alimentar, maior será o efeito de sua remoção (Solé e Montoya, 2001). Em geral, tanto os resultados empíricos quanto os das modelagens demonstram que a crescente perda de espécies pode ter amplas consequências ecológicas.

A biota da Terra está se tornando cada vez mais homogeneizada

Os organismos se movem. Eles sempre o fizeram, e sempre o farão. Ao longo do último século, entretanto, as pessoas têm se movido sobre a superfície da Terra a uma taxa sem precedentes, carregando organismos consigo e aumentando profundamente as taxas de introduções de novas espécies em todas as partes do globo (**Figura 23.7**). Essas expansões das áreas de abrangência das espécies podem causar efeitos tanto positivos quanto negativos.

Do lado positivo, espécies exóticas podem fornecer benefícios de conservação, como hábitat ou alimento, para espécies raras (Schlaepfer et al., 2011). Tamargueiras exóticas (*Tamarix* spp.), por exemplo, fornecem o hábitat para a formação de ninhos, tão necessário para os ameaçados pássaros do sudoeste papa-moscas-do-salgueiro (*Empidonax traillii extimus*). A introdução de espécies também aumentou a biodiversidade regional em muitas partes do mundo (**Figura 23.8**). Esse aumento ocorre porque o número de espécies exóticas em uma região normalmente excede o número de espécies nativas que se tornam extintas.

Espécies não nativas também provocam efeitos negativos. Por exemplo, a introdução de espécies exóticas pode contribuir para a diminuição da área de ocorrência de espécies nativas, cujos números podem já estar em declínio devido à perda de hábitat e outros fatores. Geralmente, os maiores "perdedores" entre as espécies nativas tendem a ser os especialistas – aqueles com adaptações morfológicas, fisiológicas ou comportamentais a um hábitat específico – enquanto que os "vencedores" tendem a ser generalistas, com necessidades de hábitat menos restritivas. A disseminação de espécies exóticas e de nativas generalistas, combinada ao declínio na abundância e na

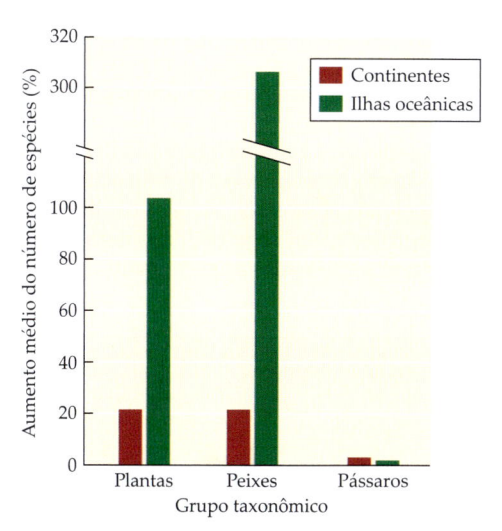

Figura 23.8 A introdução de espécies exóticas pode aumentar a biodiversidade regional A introdução de espécies exóticas em novas regiões levou a aumentos consideráveis no número de espécies descobertas em ilhas oceânicas e dentro das regiões continentais para plantas e peixes, mas não para aves. (Segundo Sax e Gaines, 2003.)

> A introdução de plantas exóticas em novas regiões está associada à diminuição da biodiversidade global das plantas. Explique como isso pode ser verdade, considerando os resultados mostrados nesta figura.

distribuição de espécies nativas especialistas, é responsável pela **crescente homogeneização taxonômica** da biota da Terra (Olden et al., 2004).

As biotas de ilhas são particularmente vulneráveis tanto à extinção quanto à invasão. O declínio de espécies endêmicas insulares com frequência é acelerado pela introdução de espécies mais cosmopolitas. Em uma pesquisa recente na Samoa Americana, Robert Cowie (2001) encontrou apenas 19 das 42 espécies de caracóis historicamente conhecidas no grupo de ilhas, mais cinco espécies que não tinham sido encontradas antes, mas que ele presumiu serem nativas. Ele também verificou que 12 espécies não nativas estavam presentes na ilha. Essas espécies não nativas ocorriam em alta abundância, representando cerca de 40% dos indivíduos coletados (havia também uma espécie nativa abundante). Cowie concluiu que a maioria das espécies nativas estava perdendo abundância, enquanto muitas exóticas estavam aumentando. Além disso, os predadores que contribuíam para o declínio dos caracóis terrestres nativos também eram exóticos, como o caracol predador *Euglandina rosea* e o camundongo-doméstico (*Mus musculus*). Cowie verificou que essa tendência de homogeneização em faunas de caracóis era comum entre as ilhas do Pacífico.

A homogeneização também foi observada entre os peixes de água doce dos Estados Unidos, em especial em decorrência da introdução de peixes de pesca esportiva. Rahel (2000) quantificou a homogeneização das comunidades de peixes nos Estados Unidos examinando o número de espécies compartilhadas entre todos os pares possíveis dos 48 Estados contíguos. Ele descobriu que, em média, pares de Estados compartilhavam 15 espécies a mais do que na época da colonização europeia (**Figura 23.9**).

Em escala global, é evidente que a biodiversidade está sendo perdida em consequência do impacto da humanidade no planeta. Analisaremos em mais detalhes as razões para essas perdas, e, em seguida, consideraremos quais medidas podem ser tomadas para combatê-las.

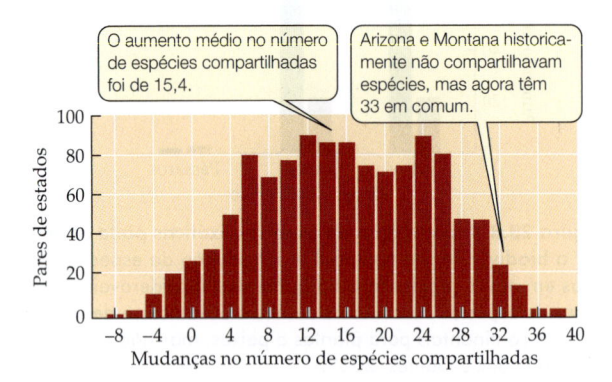

Figura 23.9 A fauna de peixes dos Estados Unidos está passando por homogeneização taxonômica O número de espécies de peixes compartilhadas por pares entre os 48 estados dos Estados Unidos tem aumentado desde a colonização europeia. (Segundo Rahel, 2000.)

CONCEITO 23.3

As principais ameaças à biodiversidade incluem perda de hábitat, espécies invasoras, sobre-exploração, poluição, doenças e mudanças climáticas.

Ameaças à biodiversidade

Compreender as causas das perdas de biodiversidade é o primeiro passo para revertê-las. Vários fatores parecem contribuir para o declínio e a eventual extinção de qualquer espécie. Por exemplo, o último íbex-dos-pireneus (*Capra pyrenaica pyrenaica*) foi morto em 2000 pela queda de uma árvore. Essa cabra da montanha, que era endêmica nos Pireneus na Espanha e na França, foi abundante no século XIV, mas seus números declinaram gradualmente devido à caça, às mudanças climáticas, às doenças e à competição com o gado domesticado (Perez et al., 2002).

As diversas causas para a perda de biodiversidade também são percebidas em grupos taxonômicos maiores. Por exemplo, mais de 1.100 espécies de mamíferos (25% daquelas que possuem dados confiáveis) estão atualmente ameaçadas de extinção (Schipper et al., 2008). Globalmente, as principais ameaças enfrentadas pelos mamíferos são perda de hábitat, caça, mortalidade acidental e poluição, mas a importância relativa desses fatores difere entre os mamíferos terrestres e aquáticos (**Figura 23.10**). Alguns mamíferos são ameaçados por fatores adicionais, como doenças. Como veremos, esse cenário, no qual múltiplos tipos de ameaças contribuem para o declínio e a extinção de um táxon, é comum.

A perda de hábitat e a degradação são as principais ameaças à biodiversidade

Na próxima vez que você voar de avião sobre a superfície da Terra, olhe para baixo e pergunte-se: "Quais espécies viviam aqui antes que essas fazendas e cidades estivessem neste local? Onde as espécies nativas desse lugar vivem agora, e como elas se deslocam?". A mais de 9 km de altitude, você se encontrará face a face com a fonte da crise da biodiversidade: a escala do impacto humano no planeta. A Terra foi modificada em 60% de sua superfície (Sanderson et al., 2002), e todos os ecossistemas marinhos foram afetados pelos seres humanos (Halpern et al., 2008). Uma espécie, o *Homo sapiens*, está se apropriando agora de 10 a 55% da produção primária da Terra (Rojstaczer et al., 2011).

A influência das atividades humanas sobre o hábitat natural é o fator mais importante que contribui para as perdas globais de biodiversidade (Sax e Gaines, 2003). Há áreas com forte influência antrópica, como as regiões agrícolas e algumas zonas costeiras, e áreas com pouca influência antrópica, como os desertos e alguns mares polares. No geral, entretanto, a maior parte das terras e águas da Terra está pelo menos moderadamente afetada pelos seres humanos (ver Figura 3.5). Não é de se admirar, então, que abordar a perda, a fragmentação e a degradação

(A)   (B)

(C)   (D)

| 1 16 36 55 75 108 | 1 8 15 21 25 35 |
| Espécies de mamíferos terrestres | Espécies de mamíferos marinhos |

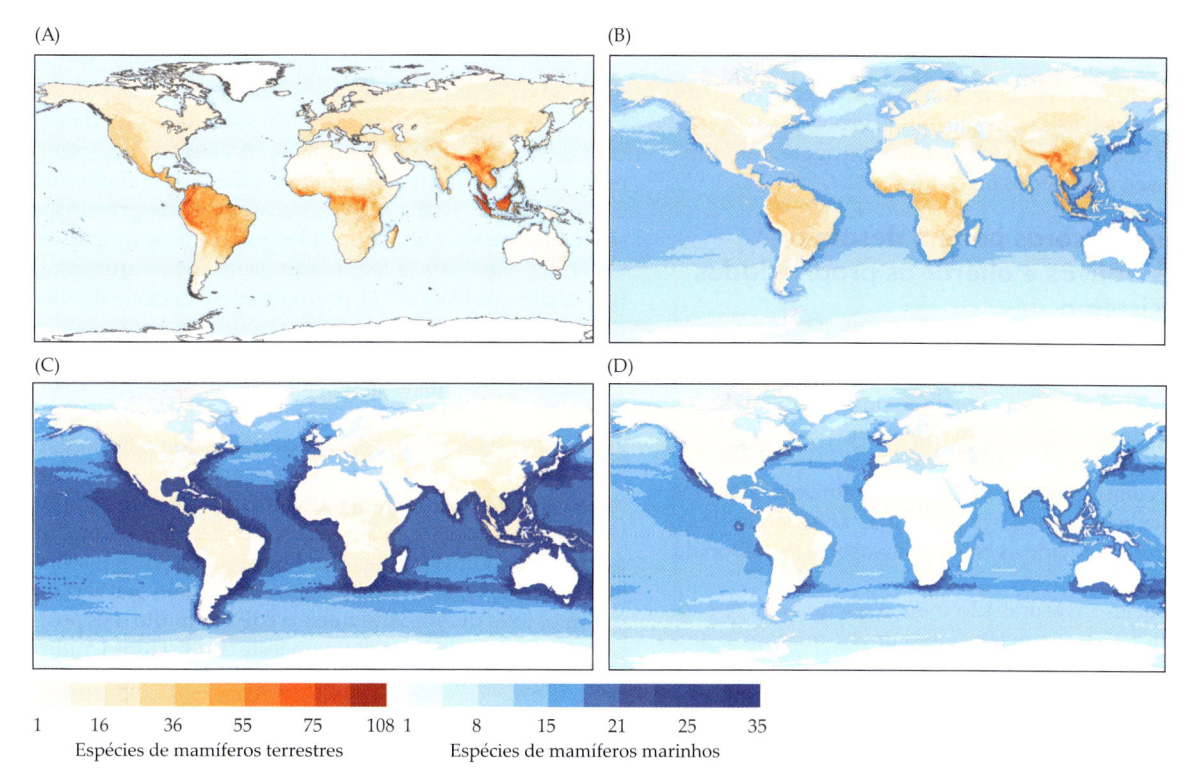

Figura 23.10 Ameaças às espécies de mamíferos Globalmente, 25% das espécies de mamíferos estão ameaçadas de extinção. Esses mapas mostram o número de espécies de mamíferos terrestres e marinhos em várias partes do globo que são afetadas negativamente por (A) perda de hábitat, (B) sobre-exploração, (C) mortalidade acidental e (D) poluição. (Segundo Schipper et al., 2008.)

> Compare as ameaças aos mamíferos terrestres com as ameaças aos mamíferos aquáticos.

do hábitat causadas por atividades antrópicas seja essencial para o trabalho de conservação. A **perda de hábitat** refere-se à conversão definitiva do hábitat para outro uso, como o desenvolvimento urbano ou a agricultura, enquanto que a **fragmentação de hábitat** refere-se à fragmentação de um hábitat antes contínuo em uma série de retalhos de hábitat em meio a uma paisagem antropizada. A **degradação de hábitat** refere-se às mudanças que reduzem a qualidade do hábitat para muitas, mas não para todas as espécies. O Capítulo 24 abordará em detalhes a fragmentação de hábitat e seus efeitos. Neste capítulo e nas próximas seções, iremos abranger a perda de hábitat e a degradação de hábitat.

Em uma escala continental, a extensão da perda de hábitat de alguns ecossistemas é surpreendente (ver Figura 24.12). Perdas similares podem ser mais bem observadas em escalas locais, como nas florestas do oeste do Equador (ver Figura 23.4). Outro exemplo é representado pela Mata Atlântica Brasileira (Ranta et al., 1998). Essa floresta úmida tropical tem muitas espécies endêmicas, talvez por seu isolamento da floresta amazônica por milhões de anos. Das 904 espécies de mamíferos da América do Sul, 73 são endêmicas dessa floresta, e 25 dessas endêmicas estão ameaçadas de extinção. A localização da floresta também coincide com a de 70% da população brasileira. Em consequência disso, mais de 92% desse hábitat têm sido desmatados para dar espaço à agricultura e ao desenvolvimento urbano, e seus remanescentes estão fragmentados, o que ameaça a sobrevivência de muitas espécies.

Como a perda de hábitat de Mata Atlântica tem afetado a biodiversidade? Brooks e colaboradores (1999) se perguntaram por que não houve relatos de extinções entre aves dessa região. Eles sugeriram três explicações possíveis, as quais também podem ser aplicadas aos padrões de declínio biológico de outros ecossistemas. Primeiro, as aves podem estar se adaptando a viver em fragmentos de floresta. Segundo, as espécies vulneráveis podem ter sido extintas antes de serem conhecidas pelos biólogos. A terceira explicação, que eles consideram a mais plausível, é que o intervalo de tempo entre o desmatamento e a extinção ainda não aconteceu. Embora talvez ainda não tenham ocorrido extinções, as populações têm sido reduzidas a tal ponto que as aves não são mais capazes de manter suas populações. A menos que sejam tomadas medidas drásticas, essas espécies estão condenadas à extinção. Além disso, a perda de espécies de aves causará efeitos negativos sobre outras espécies. Atualmente, com a redução das populações de aves na Mata Atlântica, foram observadas diminuições no tamanho das sementes e na sobrevivência das mudas em populações de plantas que dependem dessas aves para dispersão de sementes (Galetti et al., 2013).

A degradação de hábitat está extremamente disseminada e tem diversas causas, incluindo espécies invasoras, sobre-exploração e poluição. Passaremos agora para uma dessas causas, as espécies invasoras.

Espécies invasoras podem desalojar espécies nativas e alterar as propriedades do ecossistema

Como abordado anteriormente, a introdução de espécies exóticas pode ter efeitos positivos. Aqui, consideraremos como as perdas de biodiversidade podem ser causadas pela chegada de **espécies invasoras**: espécies exóticas com populações em crescimento e que causam efeitos notórios nas comunidades nativas. Mundialmente, 20% dos vertebrados ameaçados, em particular aqueles de ilhas, estão em perigo devido às espécies invasoras (MacDonald et al., 1989).

As espécies invasoras são mais preocupantes nos locais em que elas competem, predam ou mudam o ambiente físico das espécies nativas ameaçadas. O efeito do mexilhão-zebra da Eurásia (*Dreissena polymorpha*) sobre os mexilhões de água doce na América do Norte é um excelente exemplo (ver Figura 19.5). A América do Norte é o centro de diversidade para mexilhões de água doce (bivalves da ordem Unionoida), com 297 espécies, um terço das existentes no mundo. Antes da invasão do mexilhão-zebra no final da década de 1980, os mexilhões de água doce da América do Norte já estavam em apuros. A maioria dessas espécies está globalmente em risco, muitas são endêmicas e, portanto, naturalmente raras, e todas estão ameaçadas pela deterioração da qualidade da água e canalização dos rios. A competição com o mexilhão-zebra trouxe sérias perdas às populações dos mexilhões nativos dulciaquícolas (60-90%), incluindo algumas extinções regionais (Strayer e Malcom, 2007).

Predadores invasores também podem contribuir para extinções. No Lago Vitória (um dos Grandes Lagos africanos), a introdução da perca-do-nilo (*Lates niloticus*) reduziu a diversidade e a abundância dos ciclídeos nativos, uma família de peixes que são um exemplo típico de *radiação adaptativa* (um fenômeno discutido no Conceito 6.4). Historicamente, cerca de 600 espécies de ciclídeos tinham sido registradas, sendo a maior parte delas endêmica do Lago Vitória. A perca-do-nilo é um grande predador, e sua introdução no lago no início dos anos de 1960 contribuiu para a extinção de cerca de 200 espécies de ciclídeos. Antes de sua introdução, os ciclídeos constituíam 80% da biomassa de peixes no lago; a perca-do-nilo agora contabiliza 80% da biomassa. Como frequentemente acontece, mais de um fator está levando ao declínio dos ciclídeos: poluição e sobrepesca aumentam os efeitos negativos da perca-do-nilo (Seehausen et al., 1997).

Em muitos ecossistemas, a perda e a degradação de hábitat têm aumentado a vulnerabilidade à invasão por espécies exóticas, o que, por sua vez, pode levar a consequências que degradam ainda mais o ecossistema. A floresta tropical seca do Havaí, por exemplo, abriga mais de 25% das espécies de plantas ameaçadas desse Estado. A área de floresta tropical seca foi reduzida em 90% desde a colonização humana. A chegada de gramíneas invasoras agravou a situação. Além de competirem com as plantas locais e as deslocarem, essas gramíneas são uma excelente fonte de combustível para incêndios. Como consequência, a frequência de incêndios aumentou (ver Análise de Dados 9.1), promovendo o declínio das florestas secas do Havaí, mas favorecendo a propagação das gramíneas adaptadas ao fogo.

As propriedades ecossistêmicas, tais como o ciclo do nitrogênio (ver Figura 22.11), podem ser alteradas por algumas espécies invasoras. Uma dessas espécies é o kudzu (*Pueraria montana*), uma trepadeira invasora que cobre mais de 3 milhões de hectares no sudeste dos Estados Unidos. Essa espécie perturba comunidades ao competir por luz com outras plantas (ver Figura 12.6). Além disso, o kudzu consegue fixar até 235 kg de nitrogênio por hectare por ano, uma quantidade que excede em muito a deposição atmosférica de nitrogênio no leste dos Estados Unidos (7-13 kg N/ha/ano).

Para examinar o quanto a fixação de nitrogênio pelo kudzu afeta o ciclo de nitrogênio, Hickman e colaboradores (2010) mediram a taxa de mineralização do nitrogênio em parcelas com e sem kudzu (como discutido no Conceito 22.2, essa taxa de mineralização fornece uma estimativa da taxa de fornecimento de nitrogênio às plantas). Em média, as taxas de mineralização do nitrogênio aumentaram mais de sete vezes em parcelas invadidas por kudzu (**Figura 23.11**), indicando um grande efeito sobre a disponibilidade de nitrogênio para as plantas (e, assim, um efeito expressivo na velocidade da ciclagem do nitrogênio pelo ecossistema). Além disso, mais que

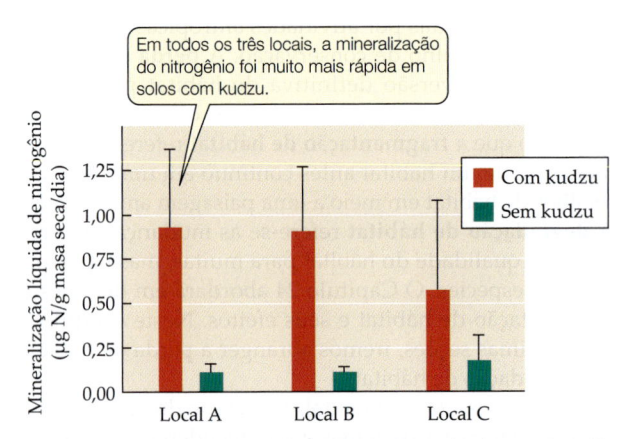

Figura 23.11 Espécies invasoras podem alterar o ciclo do nitrogênio Em três locais na Geórgia, as taxas líquidas de mineralização do nitrogênio (um índice da velocidade com que a ciclagem do nitrogênio ocorre em um ecossistema) foram muito maiores em solos com kudzu do que em solos com vegetação nativa. As barras de erro mostram um erro-padrão da média. (Segundo Hickman et al., 2010.)

o dobro do gás de óxido nítrico (NO) foi liberado para o solo em parcelas invadidas por kudzu em relação às parcelas sem kudzu; ver **Análise de Dados 23.1** para testar se as emissões de NO entre os locais de estudo com e sem kudzu diferem estatisticamente. Na atmosfera, o NO participa de reações químicas que produzem ozônio ao nível do solo, um poluente que afeta a saúde humana e a produção agrícola. Os resultados de modelagens sugerem que o kudzu tem o potencial de aumentar o número de dias de eventos de alto ozônio em amplas áreas do sudeste dos Estados Unidos em até sete dias a cada verão (Hickman et al., 2010).

Como vimos no Estudo de Caso da alga invasora *Caulerpa* no Capítulo 16, o controle ou a erradicação de espécies invasoras é difícil, trabalhoso e caro, mas às vezes pode ser justificado pelo interesse em proteger recursos naturais ou espécies nativas de valor econômico ou cultural. A melhor estratégia para combater espécies invasoras é evitar sua chegada por um rastreamento cuidadoso dos materiais biológicos nas fronteiras políticas. No entanto, uma vez que as espécies potencialmente invasoras estão presentes, as medidas de controle são mais eficazes se postas em prática imediatamente; vigilância constante e rápidas ações são essenciais para minimizar seus efeitos (Simberloff, 2003).

A sobre-exploração de espécies gera impactos expressivos sobre as comunidades ecológicas

A sobre-exploração também pode levar à degradação do hábitat. A maior parte da população mundial, por exemplo, obtém ao menos parte de seu alimento diretamente de um ecossistema natural. O problema é que, à medida

ANÁLISE DE DADOS 23.1

As emissões de óxido nítrico diferem estatisticamente entre parcelas com e sem kudzu?

Hickman e colaboradores (2010)* examinaram o impacto da espécie invasora kudzu (*Pueraria montana*) sobre as emissões de óxido nítrico (NO) em três locais de estudo na Geórgia. Em cada local, as emissões de NO foram registradas a partir de quatro parcelas amostrais com kudzu e quatro sem kudzu.

Dados de um dos três locais de estudo são apresentados na tabela. Neste exercício, você realizará um teste estatístico (o teste *t*) para determinar se as emissões de NO nas parcelas invadidas por kudzu são significantemente diferentes das emissões de NO nas parcelas sem kudzu.

Emissões de óxido nítrico (ng N/cm²/h)	
Parcelas com kudzu	Parcelas sem kudzu
4,1	2,0
1,7	0,9
6,1	1,1
2,8	0,9

1. a. Qual o tamanho da amostra (*n*) para as parcelas com kudzu e as parcelas sem kudzu?
   b. Usando as definições apresentadas a seguir, calcule a média ($\bar{x}$) e o desvio-padrão (*s*) das emissões de NO para parcelas invadidas por kudzu e para parcelas sem kudzu (mais informações sobre $\bar{x}$ e *s* podem ser encontradas em **Revisão Estatística**). O que seus resultados sugerem?

2. O teste *t* fornece uma forma padronizada de determinar se as médias dos dois tratamentos diferem o suficiente entre si para serem consideradas "significantemente diferentes". Ele tem como base o cálculo estatístico *T*, definido a seguir e descrito em mais detalhes em Revisão Estatística. Calcule a estatística *T* usando os dados fornecidos anteriormente.

3. Com base nas informações da seção de Inferências de Desenho da Revisão Estatística, determine os "graus de liberdade" e o "valor de *p*" associados com o valor que você obteve para *T*. Interprete os resultados de seu teste *t*.

DEFINIÇÕES

Média: Para *n* pontos de dados $x_1, x_2, x_3, ..., x_n$, a média aritmética (x) é igual a:

$$\bar{x} = \frac{(x_1 + x_2 + x_3 + ... + x_n)}{n} = \frac{1}{n}\sum_{i=1}^{n} x_i$$

Desvio-padrão: Para *n* pontos de dados $x_1, x_2, x_3, ..., x_n$, o desvio-padrão médio (*s*) é igual a:

$$s = \sqrt{s^2} = \sqrt{\frac{1}{n-1}\sum(x_i - \bar{x})^2}$$

Estatística T: Quando se comparam as médias de duas amostras, cada uma de tamanho *n*, a estatística *T* é igual a:

$$T = \frac{\bar{x}_1 - \bar{x}_2}{\sqrt{\frac{1}{n}(s_1^2 + s_2^2)}}$$

*Hickman, J. E., S. Wu, L. J. Mickley and M. T. Lerdau. 2010. Kudzu (*Pueraria montana*) invasion doubles emissions of nitric oxide and increases ozone pollution. *Proceedings of the National Academy of Sciences USA* 107: 10115-10119.

que a população humana aumenta e o ambiente natural encolhe, a colheita de muitas espécies silvestres tem se tornado insustentável. Globalmente, a sobre-exploração está contribuindo para pôr em perigo muitas espécies, incluindo peixes, mamíferos, aves, répteis e plantas. A sobre-exploração tem sido a causa da provável extinção de pelo menos um primata, o macaco colobus-vermelho-de-miss-waldron (*Procolobus badius waldroni*), uma subespécie endêmica de Gana e da Costa do Marfim, cujo último avistamento confirmado foi em 1978 (Oates et al., 2000; McGraw, 2005).

Os efeitos da caça excessiva nas florestas tropicais têm sido significativos, resultando no que Kent Redford (1992) chamou de "floresta vazia". Isso refere-se a florestas que parecem ser saudáveis em imagens de satélite, mas nas quais a abundância e a diversidade de grandes vertebrados diminuíram. O aumento da acessibilidade às florestas, à medida que estradas são construídas sobre elas, facilita a sobrecolheita da vida selvagem, assim como a ampla disponibilidade de armas. A enorme quantidade de "carne de caça" retirada das florestas tropicais é alarmante. Redford calculou que 13 milhões de mamíferos são mortos por ano na floresta amazônica do Brasil por caçadores rurais, e estima-se que no oeste e no centro da África um milhão de toneladas de animais seja retirado da floresta anualmente como alimento (Wilkie e Carpenter, 1999). Grandes quantidades de animais também são capturadas das florestas tropicais, dos recifes de corais e de outros ecossistemas e, em seguida, exportadas legalmente para outros países. Por exemplo, de 2000 a 2006, os registros governamentais indicam que 1,5 bilhão de animais, a maior parte dos quais era para comércio, foi importado apenas para os Estados Unidos (Smith et al., 2009).

Nos oceanos, têm ocorrido declínios rápidos e acentuados tanto nas abundâncias (**Figura 23.12**) quanto nos tamanhos (**Figura 23.13**) de predadores de topo (Myers e Worm, 2003). Para cada tonelada de peixe pescada pelos arrastões comerciais, 1 a 4 toneladas de outras vidas marinhas são trazidas a bordo. Alguns organismos podem sobreviver à experiência e ser liberados de volta ao oceano; o restante constitui o que é chamado de *captura acessória* (ou *bycatch*). A captura acessória de certas espécies ameaçadas, como mamíferos marinhos, aves marinhas e tartarugas marinhas, tem recebido atenção de gestores pesqueiros e, em alguns casos, as perdas foram reduzidas por mudanças na concepção dos equipamentos de pesca (ver Ferramentas Ecológicas 10.1). No entanto, a captura acessória segue frequente, e tem crescido a preocupação com os efeitos ecológicos dessa mortalidade desnecessária nas teias alimentares marinhas (Lewison et al., 2004). Além disso, a repetida pesca com redes de arrasto no fundo do mar costeiro tem afetado as espécies bentônicas como os corais e as esponjas, degradando o hábitat bentônico para muitas outras espécies. Estudos indicam que a recuperação do hábitat após a pesca de arrasto é muito lenta (National Research Council, 2002).

Sempre que uma espécie tem um valor comercial reconhecido, é provável que venha a ser sobre-explorada. E, em uma infeliz confluência entre o comportamento humano (p. ex., a ganância) e a diminuição das populações

Figura 23.12 O colapso da pesca de bacalhau Mudanças ao longo do tempo na tonelagem do bacalhau (*Gadus morhua*) capturado na costa da Terra Nova, no Canadá. A sobre-exploração levou ao colapso das populações de bacalhau, que ainda não se recuperaram. (Segundo Millenium Ecosystem Assessment, 2005.)

❓ Com base na data anterior a 1950, aproximadamente quantas toneladas de bacalhau poderiam ter sido extraídas de uma forma sustentável? Explique.

A crescente mecanização e a técnica de arrastão levaram ao aumento da tonelagem capturada.

O colapso das populações de bacalhau que começou no final da década de 1960 levou ao fim da pesca em 1992.

Uma porção da pesca recomeçou em 1998, mas foi encerrada em 2003 indefinidamente.

Figura 23.13 A sobre-exploração levou à diminuição dos tamanhos dos principais predadores marinhos Fotografias de troféus de peixes capturados em barcos de pesca em Key West, Florida, em (A) 1957 e (B) 2007. Em pescas comerciais e recreativas, os peixes maiores com frequência são a presa preferida. (Segundo McClenachan, 2009.)

de animais e plantas, quando as espécies ameaçadas têm valor econômico, pode ocorrer o "efeito antropogênico Allee" (ver Figura 11.15), em que seu crescente valor econômico pode levar a missões de busca e coleta mais agressivas. Muitos cientistas e formuladores de políticas argumentam que a melhor abordagem para proteger espécies sobre-exploradas é determinar os níveis de coleta que serão sustentáveis e estabelecer mecanismos de fiscalização que permitam apenas esses níveis de exploração. Em um exemplo de como isso poderia ser feito, Bradshaw e Brook (2007) descrevem as opções de manejo que proporcionam o retorno da carne e dos troféus de caça do tembadau-selvagem (*Bos javanicus*), uma espécie do mesmo gênero que o gado bovino, mas que não prejudicam as perspectivas de recuperação dessa espécie rara.

Poluição, doenças e mudanças climáticas enfraquecem a viabilidade de populações

Efeitos mais traiçoeiros das atividades humanas, como a poluição do ar e da água e as mudanças climáticas, estão destruindo as populações de muitas espécies. Também estamos presenciando o surgimento de novas doenças e a passagem delas de animais domésticos para animais silvestres. Os efeitos de todos esses fatores exacerbam os declínios em espécies já reduzidas pela perda de hábitat, por espécies invasoras, ou por sobre-exploração.

Os poluentes liberados pelas atividades humanas estão onipresentes no ar e na água, demonstrando uma das máximas ecológicas introduzidas na Tabela 1.1: "Tudo vai parar em algum lugar". Esses poluentes tornam-se fatores de degradação do hábitat e perda de biodiversidade, estando presentes em níveis que causam estresse fisiológico. Veremos no Capítulo 25 como alguns desses poluentes degradam o hábitat, reduzem populações e ameaçam a persistência das espécies.

Uma ameaça emergente da poluição é o crescimento das concentrações de contaminantes persistentes que desregulam o sistema endócrino – disruptores endócrinos (EDCs, de *endocrine-disrupting chemicals*), em particular em ambientes marinhos. Como vimos no Estudo de Caso Revisitado no Capítulo 21, poluentes orgânicos persistentes como o DDT, os BPCs, os retardadores de chamas e os organofosforados de pesticidas agrícolas são alguns dos EDCs que terminam em teias alimentares marinhas, onde são bioacumulados e biomagnificados, particularmente em predadores de topo. O número de substâncias químicas encontradas em mamíferos marinhos, o número de indivíduos afetados e as concentrações encontradas têm aumentado de maneira acentuada nos últimos 40 anos (Tanabe, 2002). Peter Ross refere-se às orcas da Colúmbia Britânica como "baleias-à-prova-de-fogo" devido aos níveis extremamente altos de químicos retardantes de chamas (éteres difenílicos polibromados, ou EDPBs) encontrados em seus corpos (**Figura 23.14**). Esses desreguladores endócrinos, de acordo com observações, interferem na reprodução, no desenvolvimento neurológico e na função imunológica dos mamíferos (Ross, 2006). Os EDCs também têm interferido na reprodução – basicamente transformando machos em fêmeas – em diversas espécies, incluindo uma população do ameaçado esturjão-pálido (*Scaphirhynchus albus*), no rio Mississipi, a jusante de Saint Louis. Esses problemas para espécies já com baixa população não melhoram as perspectivas de seu futuro.

As doenças também têm contribuído para o declínio de muitas espécies em perigo. Em um exemplo notável, uma doença emergente causada pelo fungo *Batrachochytrium dendrobatidis* dizimou populações de anfíbios ao redor do globo (Skerrat et al., 2007) (ver também Estudo de Caso Revisitado no Capítulo 1). Na década de 1930, a extinção do tilacino, ou lobo-da-tasmânia (*Thylacinus cynocephalus*), foi acelerada por uma doença indeterminada, e agora o diabo-da-tasmânia (*Sarcophilus harrisii*) parece estar similarmente ameaçado devido à disseminação de uma doença de tumor facial (Hawkins et al., 2006). Nas pradarias da América do Norte, o *status* de ameaça do furão-de-pata-negra (*Mustela nigripes*) está mais complicado devido à cinomose (Woodroffe, 1999).

A maior preocupação para os biólogos da conservação é a possibilidade de o ritmo do aquecimento exceder a capacidade das espécies de migrarem para novos locais ou de se adaptarem às condições alteradas, e de as áreas de proteção atualmente estabelecidas passarem a ser menos eficientes ao longo do tempo, à medida que seus ambientes se tornam menos adequados para as espécies que vivem ali. Exploraremos as mudanças climáticas com maior profundidade nos Capítulos 24 e 25.

Considerando-se que a população humana ultrapassou a marca de 7 bilhões, nosso impacto no meio ambiente fez todos os biomas do mundo serem afetados pelas ameaças que acabamos de descrever. Contudo, a importância dessas ameaças varia entre os biomas (**Figura 23.15**). A perda de hábitat é maior nos trópicos do que nas zonas polares, por exemplo, mas a mudança climática tem mais efeito nas zonas polares do que nos trópicos. Que soluções os biólogos da conservação podem oferecer para essas ameaças que vêm de tantas frentes?

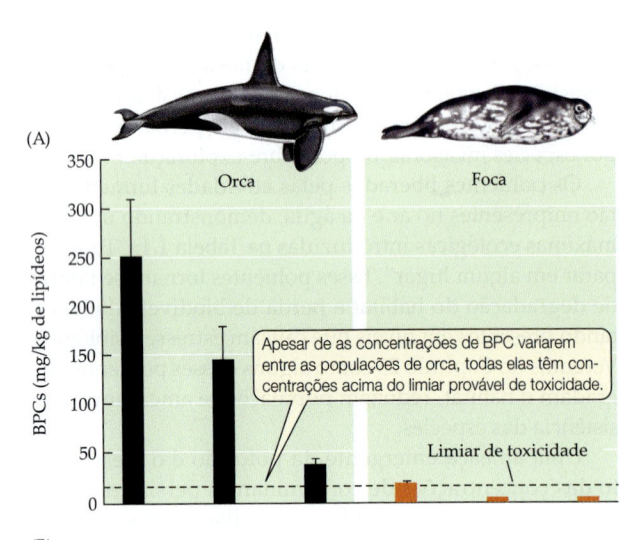

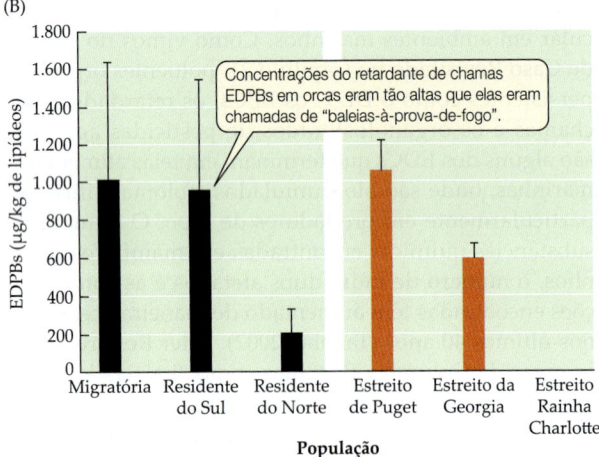

Figura 23.14 Poluentes orgânicos persistentes que alteram o sistema endócrino são uma ameaça crescente aos mamíferos marinhos Na Colúmbia Britânica, as concentrações (A) de BPCs (bifenilas policloradas) e (B) de EDPBs (éteres difenílicos polibromados) encontradas em orcas (*Orcinus orca*) e focas (*Phoca vitulina*) são muito altas. As barras de erro mostram um erro-padrão da média. (Segundo Ross, 2006.)

Finalmente, embora centenas de espécies tenham deslocado suas distribuições para latitudes ou elevações superiores em resposta ao aquecimento global (Parmesan, 2006), apenas alguns casos são conhecidos em que espécies são postas em risco diretamente pelas mudanças climáticas. O declínio de algumas espécies de anfíbios pode ter sido causado em parte pelas mudanças climáticas (Rohr e Raffel, 2010), e a quase extinção de duas espécies de lagarto do gênero *Sceloporus* tem sido atribuída ao aquecimento global (Sinervo et al., 2010). Prevê-se que o aquecimento contínuo irá aumentar o estresse fisiológico de muitas espécies e alterar o resultado das interações ecológicas, levando à extinção local e global.

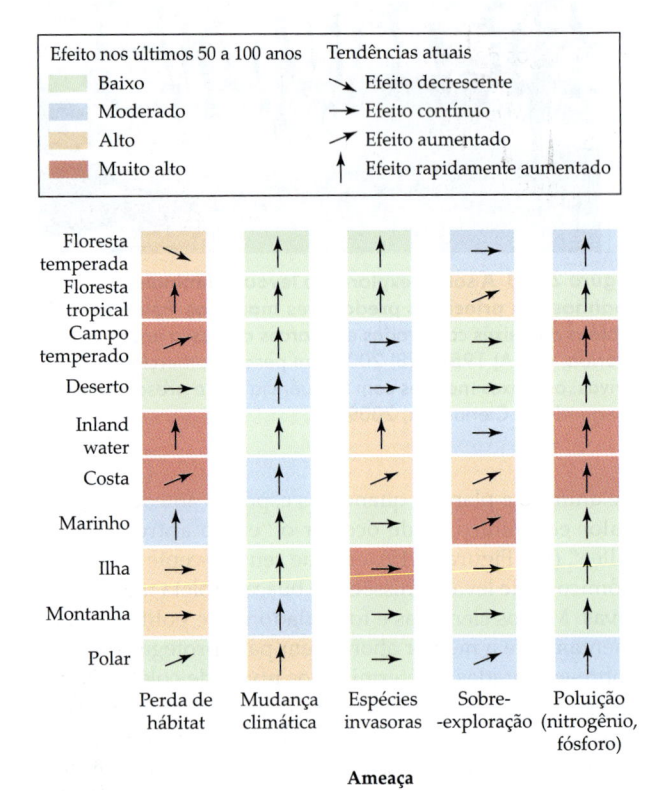

Figura 23.15 Diferentes biomas enfrentam diferentes ameaças principais Os efeitos de diferentes tipos de ameaças em diferentes tipos de biomas ao longo dos últimos 50 a 100 anos foram examinados como parte da Millenium Ecosystem Assessment, uma colaboração internacional entre mais de 1 mil ecólogos comissionados pelas Nações Unidas. A cor de cada retângulo indica o efeito da ameaça até a data; a direção da seta indica a tendência da ameaça. (Segundo Millenium Ecosystem Assessment, 2005.)

CONCEITO 23.4

Biólogos da conservação usam muitas ferramentas e trabalham em múltiplas escalas para manejar as populações em declínio.

Abordagens à conservação

Espécies ou hábitat? Onde devemos concentrar nossos esforços? Biólogos da conservação debateram essa questão e concluíram que proteger o hábitat é de grande importância, mas compreender as espécies também é essencial. Não há uma verdadeira dicotomia aqui, uma vez que devemos entender a biologia de uma espécie ameaçada a fim de identificar e preservar seu hábitat. O Ato das Espécies Ameaçadas de Extinção dos Estados Unidos elenca espécies em especial, mas, para cada espécie em perigo, exige a identificação e a proteção de determinado hábitat. No mundo, muitas outras leis de proteção à biodiversidade adotam abordagens semelhantes.

O Capítulo 24 descreverá como os princípios da ecologia são aplicados para a proteção dos hábitats e como os biólogos da conservação trabalham para manejar ecossistemas e paisagens. Nesta seção, examinaremos a variedade de maneiras pelas quais os biólogos da conservação trabalham para entender e proteger a biodiversidade ao nível de populações, espécies e genes.

As análises genéticas são importantes instrumentos de conservação

Como vimos nos Capítulos 6 e 11, pequenas populações são particularmente vulneráveis aos efeitos da deriva genética e da endogamia, o que pode resultar em decréscimo da variação genética e aumento da frequência dos alelos deletérios. A diminuição da variação genética pode limitar as capacidades de uma população de se adaptar a mudanças ambientais, aumentando potencialmente o risco de extinção. Um aumento da frequência dos alelos deletérios também é motivo de preocupação, porque pode causar queda nas taxas de nascimento ou de sobrevivência, diminuindo assim a taxa de crescimento da população, novamente aumentando o risco de extinção.

Ao aumentar o risco de extinção por esses meios, os problemas genéticos resultantes de tamanhos populacionais pequenos podem arruinar os esforços para se conservar uma espécie. Em alguns casos, os biólogos da conservação têm encarado essa ameaça de frente, ao tentar o "resgate genético" de populações que, de outra forma, pareceriam condenadas à extinção. Considere a pantera-da-flórida (*Puma concolor coryi*), uma subespécie de puma (também chamada de pantera, leão baio, leão-da-montanha ou sussuarana). No início dos anos de 1990, o número de panteras na Flórida decresceu para menos de 25 indivíduos. Em comparação com outras populações de pumas, a população da pantera da Flórida tinha baixa diversidade genética e alta frequência de problemas como defeitos cardíacos, caudas torcidas, má qualidade do esperma e machos adultos em que cada um ou ambos os testículos não desciam adequadamente. Modelos similares aos discutidos no Conceito 11.3 indicaram uma probabilidade de 95% de que a população se tornaria extinta dentro de 20 anos.

Em 1995, para resgatar a pantera da Flórida do declínio genético e da provável extinção, biólogos capturaram oito panteras fêmeas de populações no Texas e as soltaram no sul da Flórida. Eles selecionaram fêmeas do Texas porque, historicamente, o fluxo genético das populações de puma ocorria entre a Florida e o Texas. Os resultados foram notáveis (Johnson et al., 2010). Os números de panteras triplicaram, os níveis de variação genética duplicaram, e a frequência de anomalias genéticas diminuiu substancialmente (**Figura 23.16**). O aumento no número de panteras foi, sem dúvida, auxiliado por outros esforços

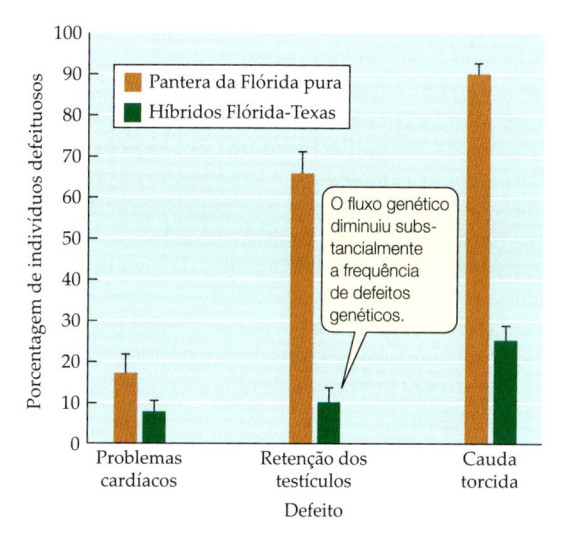

Figura 23.16 Resgate genético da pantera da Flórida Com a diversidade genética esgotada, problemas genéticos frequentes e um depauperado tamanho populacional (menos de 25 indivíduos), a pantera-da-flórida (*Puma concolor coryi*) parecia condenada à extinção no início dos anos de 1990. O fluxo genético oriundo da translocação de oito fêmeas da *P. concolor* do Texas ajudou a reverter essas tendências. As barras de erro mostram um erro-padrão da média. (Segundo Johnson et al., 2010.)

conservacionistas, incluindo proteção de hábitat e construção de passagens subterrâneas em rodovias para reduzir a mortalidade por atropelamentos; no entanto, é evidente que a restauração genética tem contribuído para a recuperação da pantera da Flórida. Outros exemplos de resgates genéticos bem-sucedidos incluem o caso do tetraz-das-pradarias (ver Conceito 6.2).

Como sugere o caso da pantera da Flórida, as análises genéticas podem balizar as decisões sobre conservação ao revelarem a diversidade genética presente em uma espécie e, em casos extremos, ao guiarem esforços para resgatar uma população ou espécie de problemas decorrentes do declínio genético. As técnicas genéticas também podem ser usadas em aplicações forenses relacionadas à biologia da conservação. Por exemplo, análises genéticas moleculares da carne vendida no Japão permitiram a identificação de espécies de baleias capturadas ilegalmente e rotuladas como golfinho ou como baleia-minke (Hemisfério Sul), ambos legais para caça (Baker et al., 2002). Cicadáceas também têm sido geneticamente "marcadas", permitindo o monitoramento dessas plantas altamente valorizadas e com frequência comercializadas de modo ilegal (Little e Stevenson, 2007). Em **Ferramentas Ecológicas 23.1**, exploramos como a "biologia da conservação forense" é feita e como é usada para rastrear a origem de grandes remessas de marfim de elefante contrabandeado.

A disponibilidade de ferramentas da genética molecular tem aumentado nossa capacidade de entender os problemas genéticos enfrentados por pequenas populações e tem ajudado a resolver alguns desses problemas. Vejamos agora algumas maneiras de abordar a conservação em nível de população.

Modelos demográficos podem guiar as decisões de manejo

A taxa de crescimento das populações do urso-cinzento de Yellowstone é alta o bastante para permitir sua persistência? Em que fases da vida as tartarugas-cabeçudas-marinhas são mais vulneráveis à predação, e que decisões de manejo seriam mais eficientes para assegurar sua contínua viabilidade? Qual a área de floresta madura que deve ser protegida para assegurar a persistência da existência da coruja-malhada-do-norte? Essas questões surgem em praticamente todas as espécies de preocupação conservacionista, e os modelos demográficos oferecem abordagens para respondê-las.

Há centenas de modelos demográficos quantitativos em uso, adaptados às características biológicas específicas de cada espécie. A abordagem quantitativa mais amplamente utilizada para projetar o potencial estado futuro das populações é chamada de **análise de viabilidade populacional (AVP)**. Essa abordagem permite aos ecólogos estimar os riscos de extinção e avaliar as opções de gestão para populações de espécies raras ou ameaçadas (Morris e Doak, 2002). A AVP é um processo pelo qual biólogos podem calcular a probabilidade de que uma população venha a persistir por certo tempo sob vários cenários. Engloba todo um conjunto de modelos, desde modelos demográficos relativamente simples, com base no estágio ou na idade, como aqueles descritos no Capítulo 10, até modelos mais complexos, espacialmente explícitos, que podem levar em conta as características reais das paisagens e a dispersão dos indivíduos de múltiplas populações.

A AVP fornece aos biólogos da conservação as probabilidades de que certos resultados ocorrerão, dadas certas suposições sobre as condições futuras (p. ex., mudanças nas ameaças ou em esforços de manejo). Assim, a AVP é uma ferramenta com a qual os ecólogos podem sintetizar dados coletados no campo, avaliar o risco de extinção de uma ou de várias populações, identificar classes de estágio ou idade particularmente vulneráveis, determinar quantos animais soltar ou quantas plantas propagar para assegurar o estabelecimento de novas populações ou determinar a quantidade segura de animais a serem coletados (Beissinger e Westphal, 1998).

A AVP tem auxiliado na tomada de uma série de decisões envolvendo a melhor forma para manejar espécies raras. Na Flórida, o regime de fogo que melhor serviria ao crescimento da população de uma planta rara (*Chamaecrista keyensis*) foi determinado com a ajuda de simulações de AVP de queimadas em diferentes épocas do ano e diferentes intervalos (Liu et al., 2005). Na Austrália, os cortes e manejos florestais que melhor serviriam para a continuação de duas espécies de marsupiais arbóreos em perigo de extinção, o *Petauroides volans* e o *Gymnobelideus leadbeateri*, foram determinados por meio da extensa modelagem da AVP, em conjunto com o monitoramento de longo prazo, para verificar a exatidão dos dados que entram no modelo (Lindenmayer e McCarthy, 2006). Tais análises têm desempenhado um papel crítico nas decisões de manejo de várias espécies.

Alguns biólogos da conservação, entretanto, advertem contra a confiança excessiva nas conclusões baseadas nos resultados da AVP. Eles salientam o alto nível de incerteza na dinâmica de pequenas populações, a escassez de dados demográficos e ambientais para muitas espécies em perigo e a alta probabilidade de que o modelo deixe alguns fatores importantes de fora. Para serem usados de modo eficiente, esses modelos necessitam de constantes aprimoramentos e reavaliação por diferentes pesquisadores para verificar sua validade comparando com observações de campo, da mesma forma que as estratégias de manejo devem ser verificadas e ajustadas quanto a sua eficácia (Beissinger e Westphal, 1998).

A conservação *ex situ* é o último recurso para salvar espécies à beira da extinção

Quando as populações remanescentes de uma espécie caem abaixo de certo tamanho, uma ação direta e prática pode ser necessária. Tais ações podem incluir a introdução de indivíduos de populações ameaçadas (como no caso da pantera da Flórida) ou manipulações extensivas do hábitat destinadas a melhorar a chance de que os indivíduos se reproduzam com sucesso (como no caso do pica-pau-de-topete-vermelho, como veremos no Estudo de Caso Revisitado). Em alguns casos, entretanto, a única esperança para a sobrevivência de uma espécie pode

FERRAMENTAS ECOLÓGICAS 23.1

Investigação forense na biologia da conservação

Como vimos no Conceito 23.3, a sobre-exploração da vida selvagem pode levar a declínios populacionais em continentes inteiros e em todos os oceanos do mundo. Em alguns casos, os biólogos da conservação ou autoridades da vida selvagem podem saber que indivíduos de populações protegidas foram capturados ou mortos, mas sem mais informações eles não podem determinar a extensão ou a origem dessas capturas ilegais. Essa falta de informação pode tornar as leis que protegem as espécies ameaçadas de difícil aplicação. Felizmente, em algumas espécies, as técnicas de genética molecular podem ser utilizadas para monitorar a extensão dessa captura ilegal ou traçar a origem dos produtos da vida selvagem coletados ilegalmente.

Por exemplo, considere o comércio de marfim. A alta demanda por marfim levou ao abate generalizado de elefantes-africanos (*Loxodonta africana*), diminuindo seus números de 1,3 milhão para 600 mil indivíduos entre 1979 e 1987. Como resposta a esse problema, foi estabelecida uma proibição internacional ao comércio de marfim em 1989. Inicialmente, a proibição foi bem-sucedida, mas logo um comércio ilegal de marfim surgiu, levando a novos declínios nas populações de elefantes.

O comércio ilegal de marfim provou-se difícil de combater porque, mesmo se um carregamento fosse interceptado, poderia ser difícil identificar de onde as presas tinham vindo. Em junho de 2002, mais de 5.900 kg de marfim foram confiscados em Cingapura – a maior apreensão de marfim desde a proibição de 1989 (**Figura A**). Oficiais da lei suspeitaram que essas presas vinham de elefantes mortos em várias regiões da África. Eles estavam corretos?

Como em alguns casos forenses humanos, amostras de DNA foram usadas para responder a essa pergunta. Primeiro, o DNA foi obtido a partir das presas apreendidas na ação de junho de 2002. Como você pode se lembrar de sua classe de biologia introdutória, a reação em cadeia da polimerase (PCR, de *polymerase chain reaction*) pode ser utilizada para amplificar (i.e., produzir muitas cópias) regiões específicas do DNA que muitas vezes diferem de um indivíduo para outro. Tais segmentos altamente variáveis do DNA podem então ser visualizados em equipamentos e softwares específicos, como mostrado na **Figura B**. Ao amplificar vários desses segmentos altamente variáveis, os pesquisadores podem criar um "perfil de DNA" que caracteriza a composição genética de um indivíduo.

Para localizar a origem do marfim confiscado, Samuel Wasser e colaboradores amplificaram sete segmentos de DNA altamente variáveis e os usaram para produzir um perfil de DNA para cada uma das 37 presas confiscadas. O local de origem de cada presa foi então estimado comparando-se seu perfil de DNA com os de uma base de dados de referência de DNA de elefantes coletados a partir de localizações geográficas conhecidas (Wasser et al., 2007). Contrariamente ao que os oficiais da lei suspeitaram inicialmente, os resultados indicaram que todas as presas vieram de uma região relativamente pequena no sul da África, centrada na Zâmbia (**Figura C**). Essas descobertas permitiram que as autoridades da vida selvagem concentrassem suas investigações em uma área menor e com menos rotas comerciais, e levaram o governo da Zâmbia a melhorar seus esforços contra a caça ilegal. Mais amplamente, a abordagem descrita por Wasser e colaboradores mostrou-se promissora em aplicações forenses designadas a limitar o comércio ilegal em uma ampla gama de espécies ameaçadas de animais e plantas.

Figura A Marfim da apreensão de 2002, em Cingapura

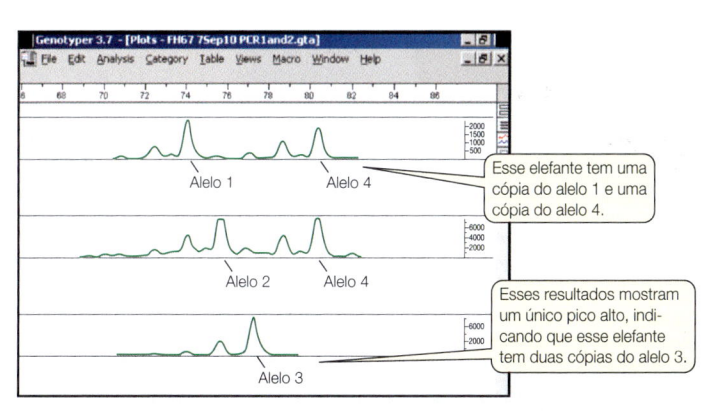

Figura B Identificação de elefantes específicos O DNA de presas de elefantes pode ser analisado utilizando-se técnicas de genética molecular que detectam alelos específicos de cada indivíduo. Os gráficos mostram os resultados para três elefantes; o(s) pico(s) mais alto(s) em cada gráfico representa(m) alelos específicos.

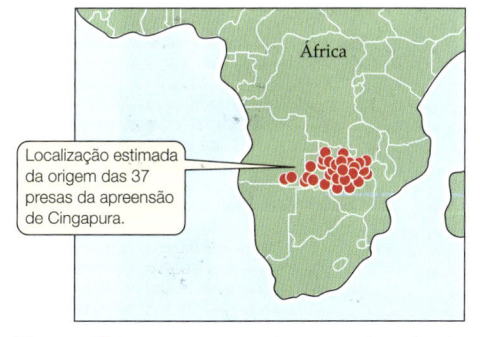

Figura C Rastreamento do contrabando de marfim Os exames de DNA indicaram que o marfim mostrado na Figura A veio de uma região geográfica relativamente pequena – uma descoberta que divergia daquela que os oficiais suspeitaram inicialmente. Cada ponto vermelho mostra a localização estimada de origem de um elefante específico. (Segundo Wasser et al., 2007.)

ser retirar alguns dos indivíduos remanescentes de seu hábitat (*ex situ*) e permitir que eles se multipliquem em condições abrigadas e controladas por seres humanos, com a expectativa de, mais tarde, reintroduzir alguns indivíduos na natureza.

Os esforços para a conservação *ex situ* têm desempenhado um papel importante para 17 das 68 espécies de vertebrados cujos números aumentaram nos últimos anos, reduzindo seu nível de ameaça (Hoffman et al., 2010). O resgate do condor-da-califórnia (*Gymnogyps californianus*) é um exemplo dessa estratégia (**Figura 23.17**). Esse grande pássaro outrora ocorria pela maior parte da América do Norte, e no século XIX ainda estava distribuído da Colúmbia Britânica à Baixa Califórnia. A população do condor declinou abruptamente entre as décadas de 1960 e 1980, entretanto, chegando a apenas 22 aves em 1982. A espécie tornou-se extinta no ambiente natural em 1987, quando as últimas aves foram capturadas e levadas para uma instalação *ex situ* com fins reprodutivos na Califórnia (Ralls e Ballou, 2004).

Existem agora cerca de 400 condores-da-califórnia, alguns na natureza e outros remanescentes em cativeiro. O aumento da população até esse ponto tem exigido cuidadosa análise genética, criação de filhotes e ampla cooperação entre zoológicos, administradores de áreas naturais, caçadores e fazendeiros. Um objetivo prioritário é estabelecer populações autossustentáveis do condor na natureza; até a data, contudo, o envenenamento por chumbo das munições encontradas na carniça que os condores comem tem impedido que esse objetivo seja cumprido (Finkelstein et al., 2012). Outras barreiras para a recuperação do condor incluem os efeitos negativos na saúde da ingestão de plástico e outros resíduos, o vírus do Nilo Ocidental e a deriva genética. Dados os riscos e custos, a recuperação do condor-da-califórnia vale todos esses esforços? Sem esses esforços, a espécie já estaria extinta.

Os programas de conservação *ex situ* são feitos em zoológicos, centros de reprodução, jardins botânicos e aquários de todo o mundo. Esses programas têm permitido a muitas espécies ameaçadas de extinção se recuperar a um

Figura 23.17 Esforços para conservação *ex situ* podem resgatar espécies à beira da extinção Esforços de cativeiro (*ex situ*) para salvar o condor-da-califórnia (*Gymnogyps californianus*) envolvem múltiplos passos. (A) Para reduzir a endogamia e aumentar o número de ovos que chocam com sucesso, um biólogo do Serviço de Pesca e Vida Selvagem dos Estados Unidos remove ovos da natureza (para serem levados para uma unidade de reprodução *ex situ*) e os substitui por um ovo do Zoológico de San Diego. (B) No Zoológico de San Diego, o filhote de condor "Hoy" está sendo alimentado por um fantoche de condor para evitar que ele se torne acostumado aos seres humanos. (C) Dois condores no momento de sua libertação (primavera de 2000). O instrumento em primeiro plano à direita é uma balança na qual o condor pode ser pesado e sua massa lida por telescópio quando um pássaro se empoleira nela. (D) Esse adulto, com envergadura de 2,75m, foi criado em cativeiro e mais tarde reintroduzido na natureza.

número suficiente de indivíduos, propiciando sua reintrodução na vida selvagem. Embora os programas *ex situ* exerçam importantes papéis em manter nossas espécies mais ameaçadas longe da extinção, bem como em publicar a situação dessas espécies, eles são caros e podem introduzir uma série de problemas, como exposição a doenças, adaptação genética ao cativeiro e mudança comportamental (Snyder et al., 1996). Além disso, como o caso do condor-da-califórnia demonstra, pode ser difícil restabelecer populações autossustentáveis na natureza. Os fundos dedicados aos esforços *ex situ* não seriam mais bem investidos no manejo na natureza ou em garantir terra para o estabelecimento de novas áreas protegidas – isto é, para a conservação? Às vezes, a resposta é não, normalmente quando as populações são reduzidas a níveis críticos ou quando não existe hábitat adequado suficiente. No entanto, essa pergunta deve sempre ser feita.

Medidas legais e políticas sustentam os métodos biológicos de proteção de espécies e hábitats

Os biólogos da conservação procuram obter as melhores informações científicas possíveis para tomar as decisões que beneficiem o bem-estar das espécies ou dos ecossistemas. O processo de tomada de muitas dessas decisões, entretanto, é mais social do que científico e cai no domínio das políticas e das comunicações públicas. O resultado das decisões coletivas da sociedade nas questões da conservação pode ser visto em leis nacionais e estaduais, nas políticas estabelecidas pelas agências de recursos naturais, e no trabalho e nas diretrizes de organizações não governamentais. Por vezes, essas decisões são guiadas por processos globais na forma de tratados, acordos e convenções internacionais. Em outros momentos, elas são impulsionadas por esforços populares. O intercâmbio entre ciência e essa combinação de entidades humanas tomadoras de decisões é complexo, mas é parte integral de qualquer esforço bem-sucedido em conservação.

Nos Estados Unidos, a mais importante legislação que protege espécies, o Ato das Espécies Ameaçadas de Extinção (ESA, de Endangered Species Act), tem desenvolvido um papel vital na proteção de muitas das espécies ameaçadas do país. Ela foi aprovada no Congresso em 1973 para "fornecer meios para conservar os ecossistemas dos quais as espécies em perigo e ameaçadas dependem e fornecer um programa para a conservação dessas espécies". O U.S. Fish and Wildlife Service e o National Marine Fisheries (Serviço de Pesca Marítima) são encarregados de fazer uma lista de espécies ameaçadas e em perigo, identificar hábitats críticos para cada espécie e elaborar planos de recuperação, realizando ações necessárias para aumentar as abundâncias até alcançar os números estipulados nas metas de preservação.

O ESA protege atualmente mais de 1.300 espécies nativas nos Estados Unidos e outras 570 em outros países. Estende sua influência além das fronteiras norte-americanas pela regulação do comércio de espécies ameaçadas e em perigo como resultado de um tratado chamado CITES (Convenção sobre o Comércio Internacional de Espécies em Perigo da Fauna e Flora Selvagens, de Conservation on International Trade in Endangered Species). Esse tratado, que está em vigor há quase 40 anos, regula o comércio internacional dos organismos listados e associados. Ele determina proibição virtual sobre o comércio de algumas espécies em perigo, enquanto outras, consideradas menos ameaçadas, devem ser monitoradas em seus países por indicações de restrição a seu comércio. Atualmente, 167 países aderiram aos regulamentos do CITES, e cerca de 33 mil espécies recebem alguma proteção. Embora a aplicação dos regulamentos do CITES seja uma tarefa difícil para os governos, o tratado tem sido um instrumento fundamental na proteção de espécies no mundo todo.

A Convenção da Diversidade Biológica, assinada pela maioria das nações (a mais notável exceção são os Estados Unidos), é o resultado da ECO-92, ou Cúpula da Terra, realizada no Rio de Janeiro, Brasil, em 1992. Esse acordo reconhece o declínio da biodiversidade como um problema compartilhado por todas as pessoas do mundo e estabelece metas às ações para contê-lo. Por exemplo, o acordo incentiva as nações a documentar a biodiversidade contida em suas fronteiras, identifica os direitos das nações para se beneficiar das patentes de sua biodiversidade e solicita mecanismos para proteger a biodiversidade dos organismos geneticamente modificados. O acordo fornece uma frutífera base para as nações desenvolverem seus próprios planos de conservação e serve como estrutura para unir as nações no combate à perda da biodiversidade global.

A proteção da biodiversidade também depende de um vasto leque de regulamentações e políticas nacionais, estaduais e locais que definem restrições sobre o desenvolvimento de áreas, exigem estudos de impacto ambiental prévios ao distúrbio de terras e manejam níveis de caça e coleta. Há um limite para a porcentagem da paisagem que seremos capazes de colocar sob alguma proteção, já que boa parte da biodiversidade mundial vai continuar a existir em propriedades particulares e paisagens trabalhadas pelo homem. Portanto, é essencial manter uma estrutura jurídica que sirva para proteger os componentes mais críticos da biodiversidade nesses locais; é essencial, também, que essas leis e políticas sejam compostas com o apoio da melhor ciência disponível.

> **CONCEITO 23.5**
> Priorizar espécies ajuda a maximizar a biodiversidade que pode ser protegida com recursos limitados.

Classificação de espécies para proteção

Os esforços para a conservação podem ter êxito. De fato, uma análise recente concluiu que as ações conservacionistas reduziram em mais de 20% a taxa de perda de vertebrados ameaçados (Hoffman et al., 2010). No entanto, tais

OCORRÊNCIA GEOGRÁFICA
(endemismo)

TAMANHO DA POPULAÇÃO		Grande		Pequena	
Grande em algum lugar	Comum	**RARA:** Populações amplamente distribuídas e localmente grandes que necessitam de um hábitat específico.	**RARA:** Populações localmente grandes com ampla tolerância ecológica, mas distribuição restrita (endêmica).	**RARA:** Populações localmente grandes que necessitam de um hábitat específico, endêmicas.
Pequena em qualquer lugar	**RARA:** Populações pequenas distribuídas ao longo de uma grande área de abrangência geográfica e amplo hábitat.	**RARA:** Populações pequenas que necessitam de um hábitat específico, mas encontradas em uma área de ocorrência geográfica grande.	**RARA:** Populações pequenas e endêmicas, com ampla tolerância ecológica.	**RARA:** Populações pequenas e endêmicas que necessitam de um hábitat específico.
	Ampla	Restrita	Ampla	Restrita

ESPECIFICIDADE DO HÁBITAT
(tolerância ecológica)

Figura 23.18 Sete formas de raridade Medidas de conservação adequadas para espécies raras dependem do tamanho de sua área de ocorrência geográfica, dos tamanhos de suas populações e de sua especificidade de hábitat. (Segundo Rabinowitz et al., 1986.)

sucessos são superados pela gravidade das ameaças contínuas. Diante dessa necessidade, como alocamos os limitados recursos que estão disponíveis para a conservação das espécies? Protegemos aquelas espécies mais ameaçadas ou focamos naquelas que têm um papel ecológico determinante? E como os biólogos da conservação e os mentores de políticas devem decidir quais áreas são as prioritárias a proteger?

As espécies mais raras e em mais rápido declínio são prioritárias para a proteção

Muitos mamíferos têm se tornado raros recentemente em consequência das ameaças já descritas neste capítulo. Outras espécies podem ter sido sempre raras. Em qualquer um dos casos, ter uma medida de quão ameaçada está a espécie nos permite concentrar nossos esforços naquelas espécies mais ameaçadas: as mais raras e em mais rápido declínio. Devemos ser capazes de adiar o atendimento àquelas espécies que ocorrem naturalmente em baixa abundância, mas não se encontram particularmente ameaçadas.

O que queremos dizer com raridade e como determinamos o quão raro algo é? Para esclarecer os diferentes conceitos de raridade, podemos usar uma matriz que classifica se uma espécie tem uma abrangência geográfica vasta ou limitada, se sua especificidade de hábitat é ampla ou restrita, e se suas populações locais tendem a ser pequenas ou grandes (**Figura 23.18**). Existem algumas espécies raras, por exemplo, que ocupam uma vasta área geográfica e são relativamente amplas em suas necessidades de hábitat, mas tendem a ocorrer em populações muito pequenas. Outras espécies raras vivem em hábitats específicos dentro de uma abrangência geográfica limitada, mas podem ter grandes populações nesses locais (Rabinowitz et al., 1986). A conservação desses diferentes tipos de espécies raras exige abordagens distintas. Algumas espécies necessitam de pequenas reservas para proteger populações bem estabelecidas; outras requerem práticas de manejo que proporcionam condições de hábitat adequadas para uma espécie rara, porém geograficamente difundida.

A avaliação científica e objetiva do estado de conservação das espécies iniciou em 1963 com a Lista Vermelha da IUCN (ver Tabela 23.1). Um esforço paralelo foi desenvolvido nos Estados Unidos pela The Nature Conservancy, que estabeleceu o Programa do Patrimônio Natural (hoje NatureServe) no início da década de 1970, a fim de avaliar o estado de conservação das espécies norte-americanas. Ambas as organizações desenvolveram uma estrutura de classificação que indica o quão ameaçada uma espécie está e um protocolo de avaliação para determinar a categoria da espécie. O protocolo de avaliação leva em conta não apenas os números de populações ou indivíduos, mas também a área geográfica total que a espécie ocupa, a taxa de seu declínio e as ameaças que ela enfrenta. Devido ao desafio de se criar um sistema que possa ser eficiente e aplicado igualmente às borboletas da família *Hesperiidae*, às plantas cicadófitas ou a um tubarão, e porque a informação disponível sobre espécies raras muitas vezes é incompleta, ambos os sistemas permitem que os avaliadores escolham entre diferentes conjuntos de critérios para decidir se uma espécie está criticamente em perigo, em perigo, vulnerável, ou sob algum nível menor de ameaça.

Essas avaliações do estado de conservação podem ser utilizadas para localizar aglomerados de espécies ameaçadas e então identificar áreas que são críticas para se proteger (**Figura 23.19**). Elas frequentemente são consultadas quando os projetos de desenvolvimento são planejados e também são importantes para manter o público consciente do grau de ameaça enfrentado pela biota da Terra. Esses bancos de dados são dinâmicos, pois podem mudar à medida que a informação científica é atualizada: o *status* de conservação atribuído a uma espécie pode ser rebaixado se seus números aumentarem, ou elevado se seus números diminuírem.

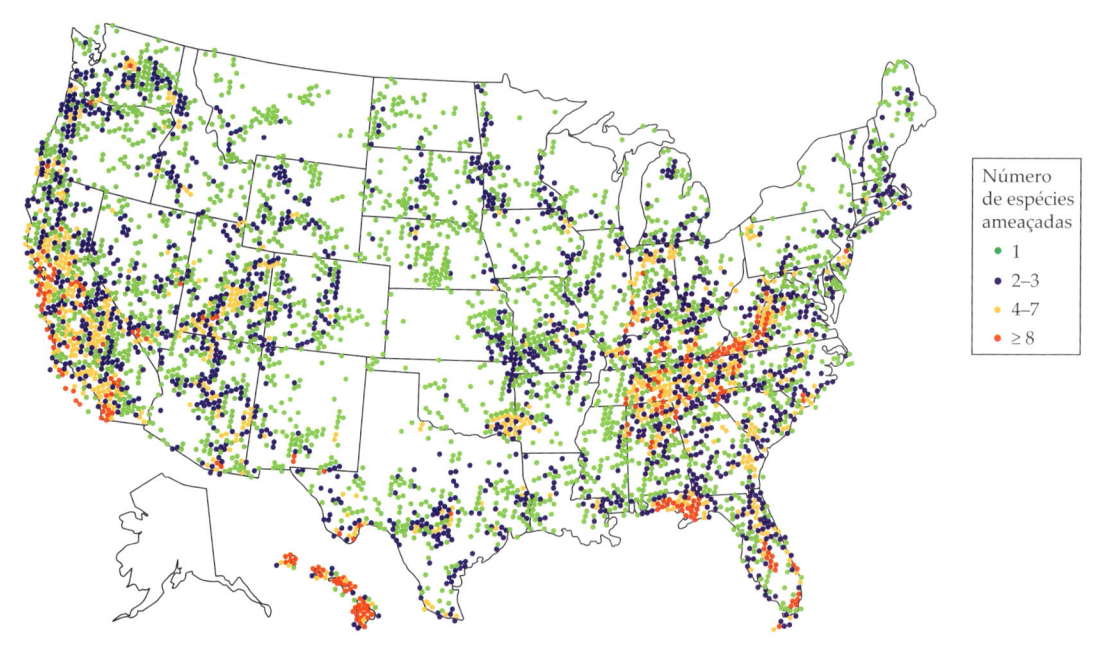

Figura 23.19 Hot spots de ameaça A compilação de dados da NatureServe sobre o estado de conservação das espécies nos Estados Unidos permitiu a identificação das áreas mais críticas a se proteger. Califórnia, Havaí, a região oeste da Flórida e as Montanhas Apalaches do Sul são *hot spots* de ameaça – têm maiores concentrações de espécies ameaçadas devido às suas altas taxas de endemismo. (Segundo Stein et al., 2000.)

A proteção de espécies indicativas pode promover proteção para outras espécies com necessidades de hábitat similares

Se protegermos o hábitat que é indispensável ao pica-pau-de-topete-vermelho, conforme descrito no Estudo de Caso, iremos simultaneamente fornecer proteção à tartaruga gopher (*Gopherus polyphemus*), ao pardal de Bachman, ao sumagre de Michaux (planta da família Anacardiácea) e a outras espécies raras que são dependentes do ecossistema da savana de pinheiros-de-folhas-longas? Espécies podem tornar-se prioritárias não somente por seu próprio estado de conservação, mas também devido a sua capacidade de servir como **espécies indicativas**, cuja conservação servirá para proteger muitas outras espécies com necessidades de hábitat parecidas. Algumas espécies indicativas podem nos ajudar a agregar apoio público para projetos de conservação; exemplos de tais **espécies-bandeira** incluem animais carismáticos como o panda gigante (**Figura 23.20**). Outras espécies indicativas são chamadas de **espécies guarda-chuva**, que selecionamos assumindo que a proteção de seu hábitat servirá como um "guarda-chuva" para proteger muitas outras espécies com necessidades de hábitat semelhantes. Espécies guarda-chuva são aquelas geralmente com grandes exigências em termos de área, como o urso-cinzento, ou com necessidades específicas de hábitat, como o pica-pau-de-topete-vermelho. No entanto, elas também podem incluir animais relativamente comuns, como as borboletas (Fleishman et al., 2000). Alguns pesquisadores preferem escolher não apenas uma espécie, mas várias **espécies focais**, selecionadas por suas diferentes necessidades ecológicas ou por serem suscetíveis a ameaças específicas, percebendo que, ao lançarmos uma rede

Figura 23.20 Uma espécie-bandeira O panda gigante (*Ailuropoda melanoleuca*), nativo da China, está ameaçado, especialmente devido à perda de hábitat. Cerca de 2 mil pandas permanecem na natureza; outros 300 vivem em zoológicos ou centros de reprodução, a maior parte na China.

mais ampla, melhoramos nossas chances de prover mais proteção à biodiversidade regional.

Métodos foram concebidos e critérios estabelecidos para permitir a seleção estratégica de uma ou muitas espécies indicativas que servirão melhor aos objetivos da conservação (Favreau et al., 2006). Os biólogos da conservação reconhecem, entretanto, que a abordagem com espécies indicativas não está livre de problemas, e que a distribuição ou as exigências de hábitat de qualquer espécie não conseguem abarcar todos os alvos de conservação que possamos ter.

ESTUDO DE CASO REVISITADO
Pássaros e bombas podem coexistir?

Uma vez que o ecossistema do pinheiro-de-folhas-longas perdeu 97% de sua área ao longo das últimas centenas de anos, as características biológicas do pica-pau-de-topete-vermelho que tinham funcionado bem nas extensas savanas de pinheiros do passado se tornaram pífias no ambiente alterado. O hábitat principal do pica-pau foi fragmentado, consistindo em ilhas de hábitat em uma matriz imprópria. Como consequência, o hábito incomum dos pica-paus de escavar cavidades em árvores vivas – um processo que geralmente leva um ano ou mais para ser concluído – passou a ser fator limitante tendo em vista as poucas árvores disponíveis.

Jeff Walters e colaboradores testaram a hipótese de que a falta de hábitat de alta qualidade estava limitando o crescimento da população de pica-paus. Eles construíram cavidades artificiais para os ninhos, colocaram-nas em agrupamentos e observaram o comportamento dos pica-paus. Essa estratégia foi planejada por inúmeros motivos. Primeiro, eles agruparam as cavidades porque os pica-paus-de-topete-vermelho são *criadores cooperativos* (os machos nascidos em anos anteriores ajudam seus pais a criar os outros filhotes) e cada ave de um grupo de criação cooperativa deve ter sua própria cavidade. Segundo, as aves em geral abandonam seus agrupamentos de cavidades após vários anos de uso, principalmente devido ao alargamento da entrada da cavidade por outras espécies ou à mortalidade dessas árvores, de maneira que há uma demanda contínua por agrupamentos de cavidades. Esses agrupamentos construídos pelos pesquisadores foram rapidamente colonizados, a maioria por pássaros ajudantes das vizinhanças e pássaros jovens em dispersão (Copeyon et al., 1991; Walters et al., 1992).

Esses resultados sugeriram que as pessoas poderiam ajudar a aumentar os números do pica-pau-de-topete-vermelho utilizando brocas, madeira, arame e cola, e instalando agrupamentos de cavidades dentro de pinheiros-de-folhas-longas vivos (**Figura 23.21**). De fato, essas atividades provaram ser uma dádiva à recuperação dos pica-paus. Auxiliada pela construção das cavidades artificiais, a população de pica-paus-de-topete-vermelho em Fort Bragg aumentou de 238 grupos de reprodução em 1992 para 368 grupos em 2006. A construção das cavidades também contribuiu para aumentar a abundância de pica-paus-de-topete-vermelho em outras bases militares, incluindo as Bases da Força Aérea de Eglin (Flórida), Fort Benning (Georgia), Fort Polk (Louisiana), Fort Stewart (Georgia) e o Acampamento Base do Corpo de Fuzileiros Navais de Lejeune (Carolina do Norte). Sucessos similares ocorreram em outros locais que não são bases militares. Por exemplo, quando o furacão Hugo atingiu a costa da Carolina do Sul em 1989, a população dos pica-paus-de-topete-vermelho da Floresta Nacional Francis Marion, anteriormente lar de 344 grupos de reprodução, foi drasticamente reduzida. O furacão matou 63% das aves, e outras 18% morreram no inverno seguinte

Figura 23.21 A construção e a instalação de cavidades-ninhos artificiais permitem o aumento das populações de pica-paus-de-topete-vermelho (A) Ninho artificial com cavidade construído para um pica-pau-de-topete-vermelho. (B) Corte de um buraco em um pinheiro vivo para o ninho artificial com cavidade. (C) Instalação do ninho artificial com cavidade.

(A) (B) (C)

(Hooper et al., 2004). Dois anos após a tempestade, entretanto, os trabalhadores da Floresta Nacional já haviam instalado 443 cavidades artificiais. Essa estratégia evitou um declínio drástico da população. Em 1992, a população tinha recuperado 332 grupos de reprodução.

Agora que os administradores identificaram a construção e a manutenção das cavidades como fatores críticos para a recuperação da espécie, eles são obrigados pelo Ato das Espécies Ameaçadas de Extinção a continuar fazendo isso. Essa estratégia é trabalhosa e cara, mas por enquanto é necessária para que o pica-pau-de-topete-vermelho continue existindo. Por quanto tempo conseguiremos sustentar esse esforço? Chegaremos a um ponto em que teremos quantidade suficiente de pinheiros-de-folhas-longas para que o pica-pau-de-topete-vermelho seja capaz de se manter sem a assistência humana? Ainda não sabemos responder a essas questões.

Ao longo das décadas em que Walters e outros têm estudado o pica-pau-de-topete-vermelho, eles têm usado muitas das ferramentas descritas neste capítulo. Modelos de dinâmica de populações têm facilitado a identificação de estágios vulneráveis no ciclo de vida do pica-pau. Estudos e modelagens genéticos têm voltado a atenção à ameaça da procriação consanguínea. Estudos de campo têm demonstrado a necessidade de queima premeditada para manter a estrutura da comunidade requerida pelos pica-paus. Análises econômicas e sociológicas têm levado ao desenvolvimento de um programa "porto seguro" que torna o manejo de espécies em perigo mais aceitável a proprietários de terras privadas. Os administradores estão pesquisando uma ferramenta literal para construir cavidades de ninho artificiais. Muito desse trabalho tem sido regido pelo Ato das Espécies Ameaçadas de Extinção dos Estados Unidos.

CONEXÕES NA NATUREZA
Algumas questões sobre as queimadas

Como vimos no Capítulo 3, queimadas recorrentes promovem o estabelecimento da savana. Assim, para manter as populações do pica-pau-de-topete-vermelho e as savanas do pinheiro-de-folhas-longas, das quais eles dependem, o fogo é fundamental – independentemente se foi natural, ou acidental por exercícios de treinamento militar, ou intencional sob condições controladas. O fogo afeta os ecossistemas em múltiplas escalas, da celular e biogeoquímica à atmosférica. Tal como acontece com outras formas regulares de distúrbios (ver Conceito 9.2), as diferenças na frequência dos incêndios podem afetar a distribuição e a abundância das espécies, e essas mudanças, por sua vez, podem afetar o ciclo dos nutrientes e da água. Uma vez que o fogo afeta comunidades em tantos níveis, a queimada controlada é utilizada como ferramenta de manejo para preservar espécies em numerosos ecossistemas onde o fogo tem sido um distúrbio natural recorrente (**Figura 23.22**).

Figura 23.22 A queimada controlada é uma ferramenta de manejo vital em alguns ecossistemas No sudeste dos Estados Unidos, queimadas regulares são usadas para manter a alta biodiversidade de plantas, característica do sub-bosque do ecossistema de savana de pinheiro. Muitas espécies ameaçadas, incluindo o pica-pau-de-topete-vermelho, dependem das queimadas regulares para sua persistência no sistema. Aqui, os bombeiros da USFWS monitoram uma queimada intencional para preservar o hábitat da pantera da Flórida, felino em perigo de extinção.

No entanto, o uso do fogo como ferramenta de manejo tem consequências ecológicas indesejadas onde espécies invasoras exóticas estão presentes. Em algumas florestas de pinheiros-de-folhas-longas na Flórida, clareiras de queimadas têm promovido hábitat favorável ao estabelecimento do caniço-branco (*Imperata cylindrica*), planta invasora proveniente da Ásia. A presença dessa gramínea, por sua vez, torna a queimada mais intensa, mais alta e mais uniforme no plano horizontal. Esses incêndios mais quentes estão aumentando a mortalidade das mudas de pinheiros e de gramíneas nativas, e geram condições favoráveis para posterior crescimento da gramínea exótica *Imperata cylindrica*, o que é uma ameaça para os níveis superiores de diversidade de plantas nativas encontradas no sub-bosque da savana de pinheiros-de-folhas-longas (Lippincott, 2000). Os responsáveis pelo manejo de terras nessa situação enfrentam o dilema: queimar ou não queimar? A questão correta seria quando e com que frequência queimar.

A existência de pessoas residindo perto das áreas de queimadas pode complicar as coisas ainda mais. No sudeste dos Estados Unidos, queimadas controladas têm acontecido em uma complexa paisagem onde manchas de floresta estão próximas a áreas residenciais e comerciais. Convencer o público de que o fogo é necessário tem demandado considerável esforço em comunicação e educação. Nas montanhas Sandhills na Carolina do Norte, os dias para a ocorrência de fogo são escolhidos não apenas visando criar condições seguras, mas também levando em consideração a direção do vento, para minimizar a fumaça na direção da população.

Aqui, como em outras situações, o reconhecimento das pessoas como componente integral das paisagens que devem abrigar toda a diversidade da natureza tem sido uma peça vital para o contexto da conservação. Delimitar áreas naturais protegidas como santuários da vida silvestre é uma parte importante da solução para a crise da biodiversidade, mas também devemos fazer o que pudermos para garantir que a maioria da superfície terrestre, fora de áreas protegidas, seja capaz de abrigar os seres humanos e suas necessidades assim como as demais espécies e seus hábitats. Esse é um desafio muito difícil e envolve repetidos esforços em educação, negociação, legislação, além de variadas abordagens criativas.

RESUMO

CONCEITO 23.1 A biologia da conservação é uma ciência interdisciplinar que aplica os princípios da ecologia para a conservação da biodiversidade.

- A biologia da conservação é o estudo científico dos fenômenos que afetam a manutenção, a perda e a restauração da biodiversidade.
- A biodiversidade é importante para a sociedade humana por causa de nossa dependência de recursos naturais e serviços ecossistêmicos, que, por sua vez, necessitam da integridade das comunidades naturais e dos ecossistemas.
- Com a crescente consciência da aceleração das perdas da biodiversidade global, ecólogos viram a necessidade de uma disciplina separada que aplicasse os princípios da ecologia para a preservação das espécies e dos ecossistemas.
- A biologia da conservação é uma disciplina científica norteada pelo valor da biodiversidade.

CONCEITO 23.2 A biodiversidade está sendo reduzida globalmente.

- A Terra está perdendo espécies em uma taxa acelerada, devido, em grande parte, à crescente pegada ecológica da humanidade sobre o planeta.
- A extinção é o ponto final do crescente declínio biológico, à medida que espécies têm menos indivíduos e populações e se tornam cada vez mais vulneráveis aos problemas das pequenas populações.
- A biota está se tornando cada vez mais homogeneizada devido ao aumento das espécies generalistas e ao declínio das especialistas.

CONCEITO 23.3 As principais ameaças à biodiversidade incluem perda de hábitat, espécies invasoras, sobre-exploração, poluição, doenças e mudanças climáticas.

- A degradação, a fragmentação e a perda de hábitat são as ameaças mais importantes à biodiversidade.
- Espécies invasoras degradam os hábitats locais predando ou competindo com as espécies nativas e alterando as propriedades dos ecossistemas.
- A sobre-exploração de determinadas espécies exerce alto impacto sobre comunidades e ecossistemas.
- Outros fatores que enfraquecem a viabilidade das populações e contribuem para as perdas da biodiversidade são a poluição do ar e da água, as doenças e as mudanças climáticas globais.

CONCEITO 23.4 Biólogos da conservação usam muitas ferramentas e trabalham em múltiplas escalas para manejar as populações em declínio.

- Análises genéticas têm sido utilizadas para entender e gerenciar a diversidade genética entre espécies raras, bem como em análises forenses de organismos capturados ilegalmente.
- A análise de viabilidade populacional (AVP) é uma abordagem que usa os modelos demográficos para verificar os riscos de extinção e avaliar as ações de manejo propostas.
- A conservação *ex situ*, que envolve a retirada de organismos do meio selvagem para o cativeiro, é uma medida de último recurso para resgatar espécies à beira da extinção.
- Leis, políticas e tratados internacionais são reforços vitais aos métodos biológicos de proteção de espécies e hábitat.

CONCEITO 23.5 Priorizar espécies ajuda a maximizar a biodiversidade que pode ser protegida com recursos limitados.

- Biólogos da conservação identificam aquelas espécies de maior prioridade para proteção – as mais raras e em declínio mais rápido – ao avaliar os números de indivíduos e populações, a área geográfica total ocupada, as taxas de declínio e o grau de ameaça enfrentado.
- A identificação de espécies indicativas pode fornecer proteção para outras espécies com necessidades de hábitat similares.

Questões de revisão

1. Pense sobre o que motiva o seu interesse pela ecologia e reflita sobre seus sentimentos enquanto você testemunha a destruição de áreas naturais. Seu interesse é em parte motivado pelo desejo de fazer algo a respeito? Como você separaria seus valores ao conduzir pesquisa em conservação? Suas questões de pesquisa são "carregadas de valor"?
2. Quais são as principais ameaças à biodiversidade? Descreva alguns exemplos nos quais múltiplas ameaças têm contribuído para o declínio de uma espécie.
3. Descreva ferramentas que os biólogos da conservação utilizam para a proteção da biodiversidade ao nível de genes e populações.
4. Qual é a diferença entre uma espécie determinada como em perigo pelo programa Natural Heritage/NatureServe e uma espécie listada como em perigo pelo Ato das Espécies Ameaçadas de Extinção dos Estados Unidos? Quais são as consequências no manejo de cada uma delas?
5. Identifique cinco espécies em perigo que vivem em sua região, incluindo uma planta, um mamífero, um pássaro, um peixe e um invertebrado. Alguma dessas espécies é endêmica de sua região? Para cada espécie que você identificou, tente descobrir se costumava ser rara antes da colonização humana da região. Que ameaças essas espécies sofrem atualmente? O que tem sido feito para protegê-las? Com base nos conhecimentos ecológicos que você adquiriu, que tópicos você pensa que deveriam ser pesquisados para ajudar na recuperação das espécies? (Muitas dessas informações estão disponíveis em http://www.natureserve.org/.)

MATERIAL DA INTERNET (em inglês)
sites.sinauer.com/ecology3e

O *site* inclui o resumo dos capítulos, testes, *flashcards* e termos-chave, sugestão de leituras, um glossário completo e a Revisão Estatística. Além disso, os seguintes recursos estão disponíveis para este capítulo:

Exercício Prático: Solucionando Problemas
23.1 Ainda vivo: Recuperação de espécies em perigo

24 Ecologia da paisagem e manejo de ecossistemas

CONCEITOS-CHAVE

CONCEITO 24.1 A ecologia da paisagem examina padrões espaciais e suas relações com os processos ecológicos.

CONCEITO 24.2 Perda e fragmentação de hábitat diminuem as áreas de hábitat, isolam populações e alteram condições nas bordas dos hábitats.

CONCEITO 24.3 A biodiversidade pode ser mais bem preservada por grandes reservas conectadas através da paisagem e protegidas de áreas de uso humano intenso.

CONCEITO 24.4 O manejo de ecossistemas é um processo colaborativo cuja meta principal é a manutenção da integridade ecológica em longo prazo.

Lobos na paisagem de Yellowstone: Estudo de Caso

Imagine que você tenha caminhado com calçados de neve até um local estratégico para observar a vida selvagem na parte norte do Parque Nacional de Yellowstone. Você tem seu binóculo apontado para um bando um tanto espalhado de alces que atravessa um campo congelado, afastando a neve com os cascos para alcançar tufos de grama encoberta. De repente, você percebe alguns animais erguendo a cabeça e dirigindo a atenção para o leste. Você olha para a mesma direção e percebe que uma matilha de lobos está se aproximando. O bando de alces se reúne e começa a se mover, fugindo descampado abaixo. Um jovem macho em más condições de saúde fica para trás, separa-se do bando e é cercado por lobos que pulam sobre seus quartos traseiros e pescoço. Ele cai e é rapidamente morto.

Em Yellowstone, esse ataque faz parte de uma cena antiga que agora ocorre novamente devido à reintrodução dos lobos nas montanhas do norte em 1995 e 1996; após 70 anos ausentes, eles voltaram a caçar uma variedade de ungulados e outras presas (**Figura 24.1**). A reintrodução dos lobos foi o resultado de anos de esforço em pesquisa e debates políticos acaloradamente contestados, com objeções veementes de alguns moradores da região. Quase vinte anos depois, as consequências ecológicas mostraram-se multifacetadas e profundas, e a opinião pública tornou-se mais favorável.

O Grande Ecossistema de Yellowstone (GEY) é uma área que simboliza tanto a alma da América selvagem quanto os desafios do manejo de terras públicas. No entanto, o quão "selvagem" é ele? Mais extenso do que o estado da Virgínia do Oeste, o GEY abrange dois parques nacionais e sete florestas nacionais, assim como outras terras públicas e privadas (**Figura 24.2**). A região é manejada ativamente por mais de 25 órgãos federais e estaduais, além de corporações privadas, ONGs e donos de terras privadas. As decisões sobre o uso dessa terra e de seus recursos naturais são complexas e frequentemente descoordenadas, mas, analisadas em conjunto, essas decisões determinam qual espécie será ou não sustentada pelo ecossistema (Parmenter et al., 2003).

Figura 24.1 Um predador de topo retorna Lobos-cinzentos (*Canis lupus*) encaram uma de suas presas unguladas, um alce macho (*Cervus canadensis*). Os lobos foram reintroduzidos no Parque Nacional de Yellowstone em 1995 após quase 70 anos de ausência, onde agora são os principais predadores dos alces.

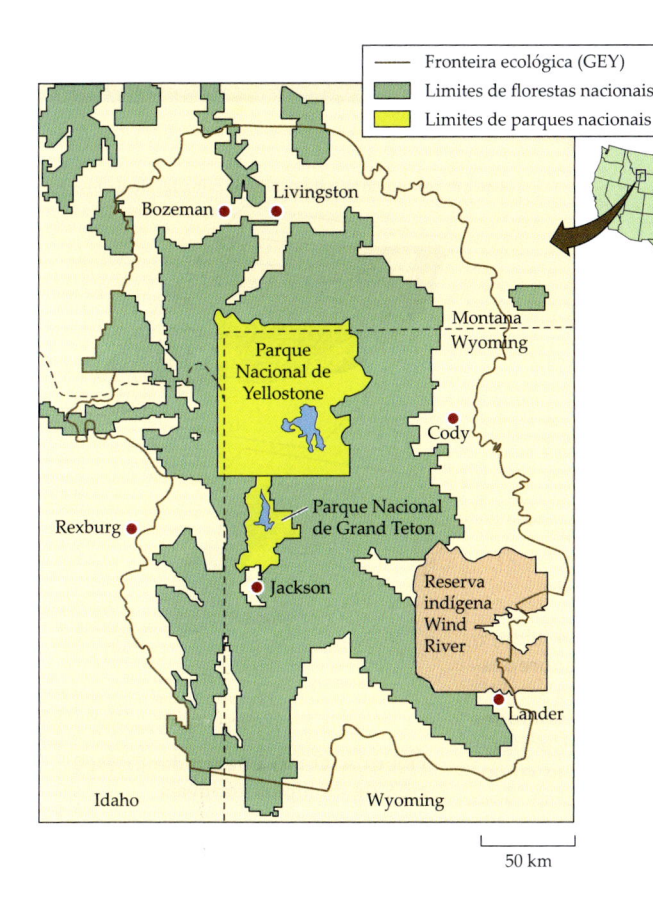

Figura 24.2 O Grande Ecossistema de Yellowstone O GEY abrange os parques nacionais de Yellowstone e de Grand Teton, outras sete florestas nacionais, terras manejadas pelo Bureau of Land Management, assim como áreas privadas. (Segundo Parmenter et al., 2003.)

dos castores para sua própria subsistência, e a abundância dessas espécies havia decaído juntamente com a dos castores. A decisão de erradicar os lobos não havia previsto essas mudanças ecológicas para o ecossistema de Yellowstone. Como ecólogos de hoje podem ajudar gestores de reservas naturais a tomar decisões que levem em consideração consequências futuras?

Introdução

Neste capítulo, daremos um passo para trás e expandiremos o escopo de nossa visão para ver a ecologia pela perspectiva da paisagem. O surgimento dessa perspectiva tem sido acompanhado, ou talvez dirigido, por uma poderosa junção de ferramentas que nos permite monitorar o ambiente em variadas dimensões e em muitas escalas. Por exemplo, o surgimento da fotografia aérea propiciou aos ecólogos um modo fiel de visualizar "o quadro geral". Mais recentemente, nosso acesso ao espaço expandiu bastante nossa capacidade de adquirir imagens da Terra por sensoriamento remoto e permitiu a interpretação de muitos padrões ecológicos de grande escala, tais como padrões globais de produção primária líquida (ver Ferramentas Ecológicas 20.1). O uso de sistemas de informação geográfica (SIGs) tornou-se padrão em esforços de planejamento da paisagem, tanto para o desenvolvimento urbano como para a conservação (**Ferramentas Ecológicas 24.1**). No campo, as informações do sistema de posicionamento global (GPS, de *global positioning system*) possibilitam aos ecólogos documentar com mais precisão locais de interesse e integrá-los com outras variáveis com a ajuda do SIG. A radiotelemetria aumentou muito nossa capacidade de seguir movimentos de animais selvagens e padrões de migração, novamente com o auxílio do SIG. E nossa habilidade para analisar todas essas informações está crescendo constantemente graças a melhores computadores e novos métodos estatísticos de análise espacial.

Vimos no Conceito 23.3 que a perda, a fragmentação e a degradação de hábitats são as principais causas atuais da queda da biodiversidade. Neste capítulo, veremos como as ferramentas e os métodos de ecologia da paisagem são usados para tratar a perda da biodiversidade na escala de paisagens e de ecossistemas. Uma vez que as áreas naturais protegidas são o principal alvo das estratégias de conservação, também consideraremos como biólogos da conservação as identificam e projetam a fim de maximizar sua eficácia. Finalmente, examinaremos como o manejo dos ecossistemas integra princípios ecológicos com os dados sociais e econômicos visando melhores decisões no uso da terra e da água.

Apesar de sua gestão fragmentada, o GEY muitas vezes é visto como um dos ecossistemas mais preservados do ponto de vista biológico na América do Norte. Ele sustenta sete espécies de ungulados nativos e cinco espécies de carnívoros de grande porte. Entender como esses predadores e essas populações de presas interagem e como seus números relativos afetam todo o ecossistema tem sido um desafio recorrente para os ecólogos que estudam o GEY, particularmente à luz de um século de gestão das populações de animais selvagens. Depois da erradicação dos lobos em meados da década de 1920, havia preocupações de que os alces estavam pastando excessivamente os prados na parte norte do parque. As populações de alces eram reguladas desde a década de 1920 até os fins da década de 1960 pela retirada de animais para fazendas de alces e pelo descarte seletivo. Em 1968, uma nova política de "regulação natural" foi implementada. A população dos alces quase quadruplicou ao longo de 30 anos e suprimiu as plantas das quais se alimenta. A reintrodução de lobos não apenas reduziu a população de alces, como também afetou a população de muitas outras espécies. Como?

Para começar a responder a essa pergunta, voltaremos à década de 1950 quando os ecólogos perceberam que os castores tinham se tornado escassos no Parque Nacional de Yellowstone. Aos poucos, a alta taxa de herbivoria por parte dos alces sobre os recursos preferenciais dos castores (salgueiros e álamos), foi se tornando evidente. Porém, toda uma gama de outras espécies depende das represas

FERRAMENTAS ECOLÓGICAS 24.1

Sistemas de Informação Geográfica (SIGs)

Os SIGs são sistemas computacionais que permitem o armazenamento, a análise e a apresentação de dados relativos a áreas geográficas específicas. Os dados utilizados no SIG são derivados de várias fontes, incluindo fotografias aéreas, imagens de satélite e estudos de campo (**Figura A**). Entre os exemplos de tais dados estão a precipitação, a altitude e a cobertura vegetal em locais específicos. Cada uma dessas e muitas outras variáveis podem ser utilizadas em uma aplicação específica de SIG; no entanto, independentemente da variável a ser utilizada, os dados são combinados ou referenciados por coordenadas espaciais ou geográficas, de modo que eles possam ser sobrepostos em um único mapa de muitas camadas.

Camadas de dados mapeados podem ser reunidas de modo a auxiliar na solução de questões particulares. Ilustraremos esse processo com uma abordagem frequentemente usada na biologia da conservação, chamada de *análise de lacunas* (*gap analysis*). O acrônimo GAP (de *gap analysis program*) refere-se ao programa de pesquisa geológica dos Estados Unidos, cuja missão é ajudar a prevenir o declínio da biodiversidade pela identificação de espécies e comunidades que não estão adequadamente representadas em áreas de conservação existentes.

O passeriforme *Calamospiza melanocorys* é uma dessas espécies. Dependente das pradarias para reprodução, perdeu muito desse hábitat para a agricultura. Como resultado, suas populações têm diminuído em média 1,6% ao ano nos últimos 40 anos, tornando-se uma espécie de especial interesse para a conservação (U.S. Fish and Wildlife Service, 2008).

Para essa, ou quaisquer outras espécies, a análise de lacunas é um processo de duas etapas. Em primeiro lugar, os dados sobre a cobertura vegetal (ver a camada superior do SIG na Figura A) e de outras condições ambientais necessárias ou preferenciais do pássaro são usados para prever sua distribuição geográfica (a segunda camada do SIG na Figura A). Em seguida, a distribuição esperada é sobreposta a uma terceira camada de SIG com as localizações das unidades de conservação e de áreas protegidas. Ao combinar essas duas camadas, percebemos que apenas uma pequena porcentagem da área de distribuição da ave está protegida (**Figura B**). Essa informação é fundamental para decisões como quais terras devem ser protegidas para evitar perdas futuras de biodiversidade. (Ver **Saiba Mais 24.1** para um segundo exemplo do uso de SIG na biologia da conservação.)

Figura A O SIG integra dados espaciais de múltiplas variáveis

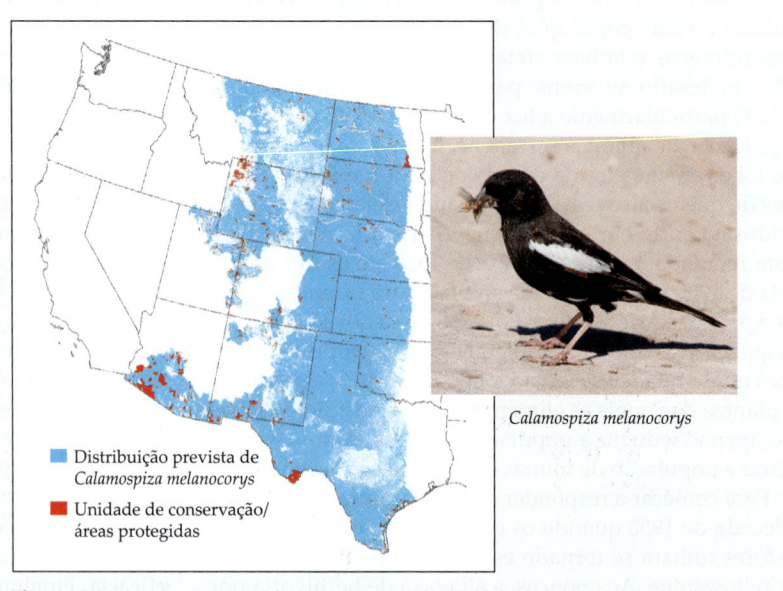

Figura B Lacunas de conservação Menos de 3% da área de ocorrência do passeriforme *Calamospiza melanocorys* estão em unidades de conservação.

CONCEITO 24.1
A ecologia da paisagem examina padrões espaciais e suas relações com os processos ecológicos.

Ecologia da paisagem

A **ecologia da paisagem** é uma subdisciplina da ecologia que enfatiza as causas e as consequências da variação espacial ao longo de uma gama de escalas. Desse modo, ecólogos de paisagem registram os padrões espaciais observados – incluindo aqueles que ocorrem em amplas áreas geográficas – e estudam como essas métricas afetam e são afetadas pelos processos ecológicos. Eles se interessam pelo arranjo espacial de diferentes *elementos da paisagem* na superfície da Terra. Exemplos de elementos da paisagem incluem manchas (ou fragmentos) de florestas circundadas por pastagens ou lagos espalhados por uma grande região de floresta boreal. Em escalas espaciais menores, arbustos de creosotos no deserto ou áreas de um tipo específico de solo podem ser considerados como elementos da paisagem. No entanto, quaisquer que sejam os elementos, eles estão dispostos de certo modo no espaço. Como veremos, a métrica dos elementos da paisagem pode influenciar na composição de espécies residentes, assim como na dinâmica de processos ecológicos como distúrbios e dispersão.

A paisagem é uma área heterogênea composta por um mosaico dinâmico de ecossistemas que interagem uns com os outros

Uma **paisagem** é uma área em que ao menos um elemento é espacialmente heterogêneo (varia de um local para outro) (**Figura 24.3**). Paisagens podem ser heterogêneas tanto por sua composição – a paisagem é composta por 12 tipos de cobertura vegetacional ou apenas três? – quanto pelo modo com que seus elementos estão arranjados – existem muitas manchas pequenas dispostas regularmente na paisagem ou existem poucas manchas grandes? Ecólogos chamam essa composição (ou padrão) de elementos que formam a paisagem de **mosaico**.

As paisagens com frequência incluem diversos ecossistemas. Os diferentes ecossistemas que formam a paisagem são dinâmicos e interagem continuamente uns com os outros. Essas interações podem ocorrer pelo fluxo da água, da energia, dos nutrientes ou dos poluentes entre os ecossistemas.

Há também o fluxo biótico entre as manchas de hábitat no mosaico à medida que indivíduos ou seus gametas (p. ex., pólen) movem-se entre elas (Forman, 1995). Para tal movimento ocorrer, os fragmentos com o mesmo tipo de hábitat devem estar ligados uns aos outros, ou o hábitat do entorno (a *matriz*) deve ser de um tipo que possibilite a dispersão (**Figura 24.4**). Na Austrália,

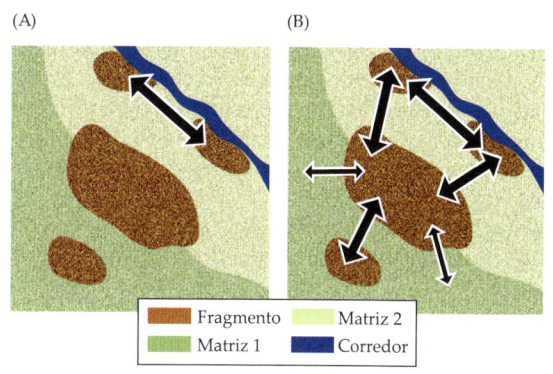

Figura 24.4 Migrações ao longo da paisagem Interações entre elementos adjacentes da paisagem podem ocorrer com frequência (setas largas) ou raramente (setas finas). (A) Trocas entre fragmentos do mesmo tipo ocorrem frequentemente se um corredor que conecta os fragmentos propicia essa movimentação. (B) Trocas entre fragmentos do mesmo tipo ocorrem frequentemente, mas trocas com a matriz raramente ocorrem. (Segundo Hersperger, 2006.)

? Organismos deslocam-se mais livremente na matriz em (A) ou em (B)? Explique.

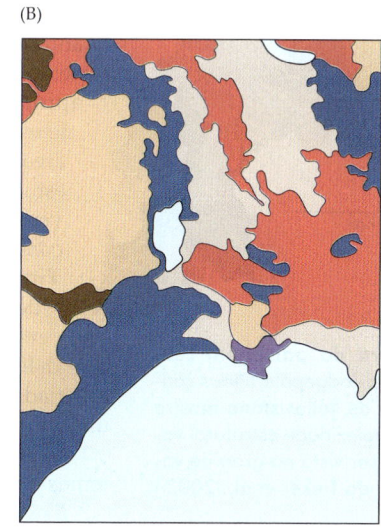

Figura 24.3 A heterogeneidade da paisagem Paisagens podem ser heterogêneas em muitos tipos diferentes de elementos, que podem ser dispostos de modo independente. (A) Fotografia aérea da Península Superior de Michigan. (B) Mapa com seis tipos diferentes de solo na mesma área. (Segundo Delcourt, 2002.)

? Na parte (B), qual tipo de elemento da paisagem cobre a menor área?

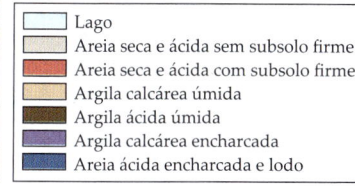

- Lago
- Areia seca e ácida sem subsolo firme
- Areia seca e ácida com subsolo firme
- Argila calcárea úmida
- Argila ácida úmida
- Argila calcárea encharcada
- Areia ácida encharcada e lodo

por exemplo, ratos saem regularmente de manchas de hábitat florestal para forragear nas plantações de macadâmia adjacentes (a parte da matriz circundante). Como resultado, as perdas de amêndoas ao longo dos limites da plantação com as florestas são maiores do que ao longo dos limites adjacentes às pastagens ou aos campos agrícolas (White et al., 1997).

A seguir, teremos como foco dois aspectos da heterogeneidade da paisagem: como é descrita e a escala na qual é estudada.

Descrevendo a heterogeneidade da paisagem A heterogeneidade que vemos nas paisagens pode ser descrita em termos de sua composição e estrutura. A **composição da paisagem** refere-se aos tipos de elementos ou de manchas em uma área natural, assim como o quanto de cada tipo se faz presente. Esses elementos são definidos pelo pesquisador e são influenciados pela fonte de dados usada. Em um exemplo do Parque Nacional de Yellowstone, pesquisadores designaram cinco diferentes classes etárias de florestas de pinheiro-lodgepole utilizando dados de campo, imagens aéreas e SIG (Tinker et al., 2003). A composição da paisagem na **Figura 24.5** pode ser classificada pela contagem dos tipos de elementos na área mapeada (cinco neste caso), pela proporção da área coberta por cada tipo de elemento mapeado, ou pela medição da diversidade e da dominância dos diferentes elementos da paisagem como se faz para espécies, com o índice de Shannon (descrito no Conceito 16.2).

Se notarmos que uma parte de uma paisagem é mais fragmentada do que outra, estamos comparando a **estrutura da paisagem**: a configuração física dos diferentes elementos que compõem a paisagem. Na Figura 24.5, podemos ver que algumas partes da paisagem contêm grandes áreas contíguas de floresta preservadas, enquanto outras partes são mais fragmentadas e contêm manchas menores de floresta de idades variadas. Como os ecólogos da paisagem quantificam essas diferenças? Centenas de diferentes medições quantitativas têm sido desenvolvidas para medir, analisar e interpretar métricas de paisagem, muitas envolvendo análises complexas. De modo geral, elas verificam se a paisagem é composta por fragmentos pequenos ou grandes, qual o grau de conexão ou de dispersão dos fragmentos, se os fragmentos possuem formatos simples ou recortados e o quão fragmentada é a paisagem (Turner et al., 2001). Tinker e colaboradores foram capazes de utilizar as medidas de estrutura da paisagem que eles mapearam para Yellowstone para comparar a fragmentação natural causada pelo fogo dentro do parque com a fragmentação causada por corte raso em Florestas Nacionais adjacentes (nos Estados Unidos, as árvores não podem ser cortadas em Parques Nacionais, mas podem ser removidas de Florestas Nacionais). Como neste exemplo, análises quantitativas de estrutura da paisagem nos permitem comparar uma paisagem com a outra e relacionar padrões de paisagem aos processos ecológicos e à dinâmica da mudança da paisagem.

A importância da escala Considerações sobre escala não podem ser ignoradas na ecologia da paisagem. A paisagem pode ser heterogênea em uma escala importante para um besouro, mas homogênea para um pássaro ou um alce. A escala que se escolhe para estudar uma paisagem determina os resultados que serão obtidos. Parte da ecologia da paisagem, portanto, é dedicada a compreender as implicações da escala.

Escala, a dimensão espacial ou temporal de um objeto ou processo, caracteriza-se pelo grão e pela extensão. **Grão** (*grain*), que é o tamanho da menor unidade homogênea de estudo (como um pixel de uma imagem digital), determina a resolução na qual vemos a paisagem (**Figura 24.6A**). A seleção do tamanho do grão afetará a quantidade de dados que devem ser manipulados na análise: usar uma abordagem com grãos maiores pode ser apropriado quando se está olhando para os padrões de escala regional a continental. **Extensão** refere-se à área ou ao período de tempo compreendido por um estudo. Considere o quão diferente podemos descrever a composição de uma paisagem, dependendo de como definimos sua extensão espacial. O painel 4 da **Figura 24.6B**, por exemplo, mostra pouco pinheiro-de-casca-branca em estágio de sucessão tardio, enquanto o painel 6 contém uma área considerável dele (Turner et al., 2001). Pode haver limites naturais ou criados pelo homem que determinam a amplitude de um estudo, ou eles podem ser definidos pelo pesquisador.

Ao examinar questões de escala, estudos de ecossistemas e de paisagens também devem permitir escalonar

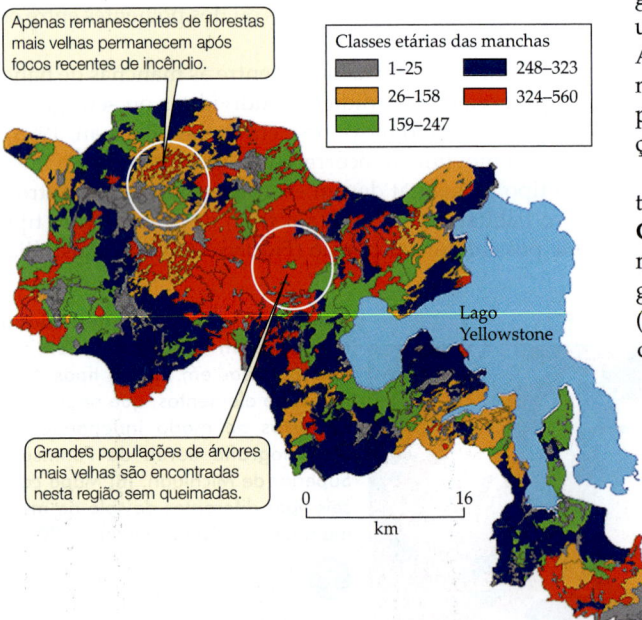

Figura 24.5 Composição e estrutura da paisagem Esse mapa de 1985 das florestas de pinheiro-lodgepole (*Pinus contorta* var. *latifolia*) no Parque Nacional de Yellowstone mostra cinco diferentes classes de idade. A complexidade estrutural varia ao longo da paisagem, como pode ser visto no grau de variação da fragmentação natural. (Segundo Tinker et al., 2003.)

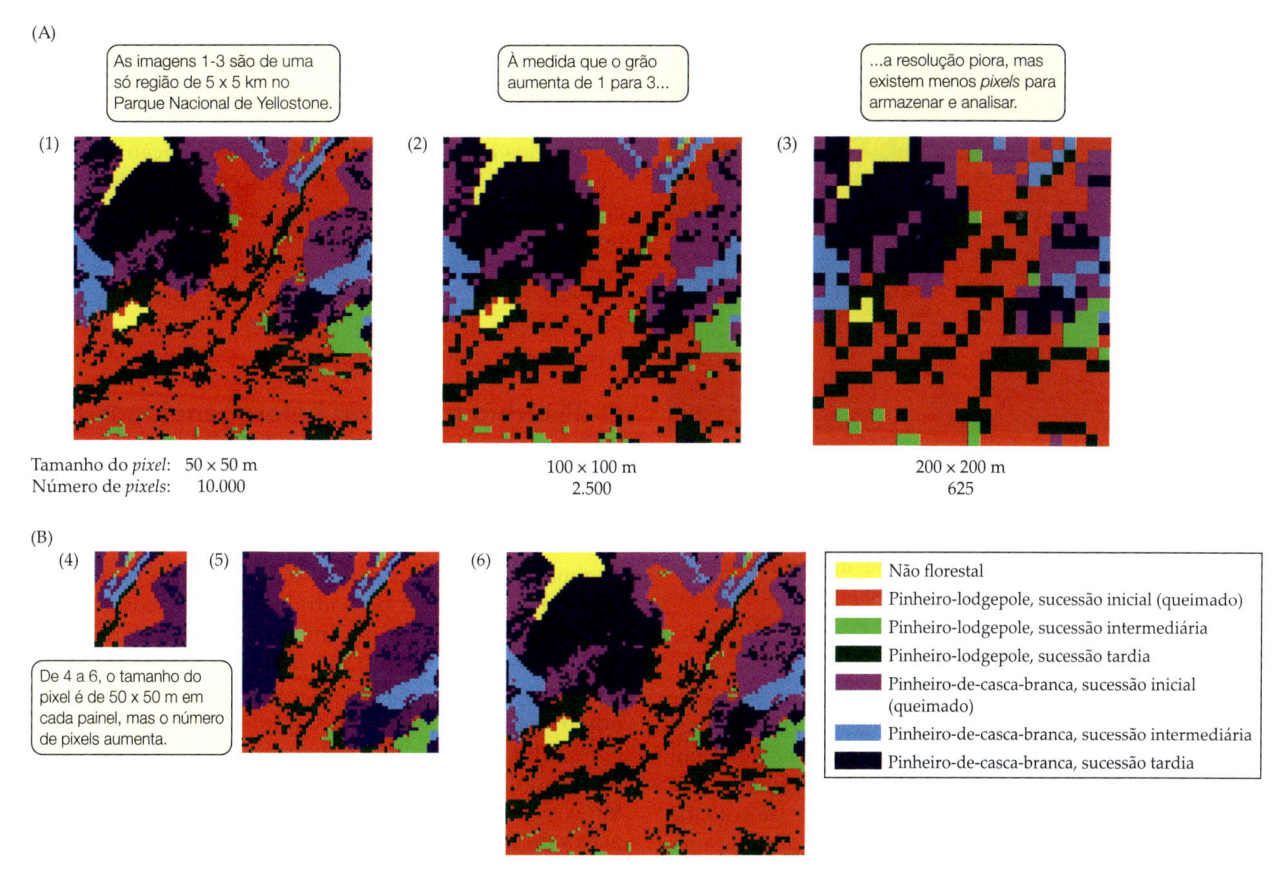

Figura 24.6 Efeitos dos grãos e da extensão (A) Os painéis 1 a 3 mostram o efeito do aumento do grão, medido aqui pelo tamanho do pixel. (B) Os painéis 4 a 6 mostram o efeito do aumento da extensão. (Segundo Turner et al., 2001.)

(A) As imagens 1-3 são de uma só região de 5 x 5 km no Parque Nacional de Yellostone. À medida que o grão aumenta de 1 para 3... ...a resolução piora, mas existem menos *pixels* para armazenar e analisar.

(1) Tamanho do *pixel*: 50 x 50 m — Número de *pixels*: 10.000
(2) 100 x 100 m — 2.500
(3) 200 x 200 m — 625

(B) De 4 a 6, o tamanho do pixel é de 50 x 50 m em cada painel, mas o número de pixels aumenta.

Legenda:
- Não florestal
- Pinheiro-lodgepole, sucessão inicial (queimado)
- Pinheiro-lodgepole, sucessão intermediária
- Pinheiro-lodgepole, sucessão tardia
- Pinheiro-de-casca-branca, sucessão inicial (queimado)
- Pinheiro-de-casca-branca, sucessão intermediária
- Pinheiro-de-casca-branca, sucessão tardia

? O grão no painel 1 da parte (A) é idêntico ao grão de qual(is) painel(éis) da parte (B)?

os processos para mais ou para menos. Por exemplo, um pesquisador que estuda a troca de carbono ao nível da paisagem precisa saber como medições baseadas em trocas de CO_2 em uma folha podem ser ampliadas para a planta inteira, o ecossistema e, finalmente, o mosaico de ecossistemas que compõem a paisagem. Como neste exemplo, muitas vezes é necessário conectar processos em diferentes escalas; assim, os ecólogos têm desenvolvido métodos para analisar como os padrões e os fenômenos em uma escala podem afetar aqueles que ocorrem em escalas maiores ou menores (ver Levin, 1992).

Padrões de paisagem afetam os processos ecológicos

A estrutura da paisagem desempenha um papel importante na dinâmica ecológica. Por exemplo, ela pode afetar se os animais se movem e como eles fazem isso, e pode, portanto, influenciar as taxas de polinização, dispersão ou consumo. Na Guiana Francesa, Mickaël Henry e colaboradores estudaram os movimentos de um morcego frugívoro (*Rhinophylla pumilio*) em uma floresta tropical que tinha sido fragmentada pela construção de um reservatório. Por meio das métricas da paisagem que quantificaram o grau de conectividade de seus locais de amostragem, eles descobriram que os fragmentos mais isolados da floresta eram menos propensos a serem visitados por morcegos, mesmo se contivessem abundantes recursos alimentares (Henry et al., 2007). Assim, a estrutura da paisagem afetava o comportamento de forrageio do morcego. Além disso, como morcegos frugívoros dispersam sementes, também é provável que a estrutura da paisagem tenha alterado a dispersão das plantas das quais eles se alimentam.

A estrutura da paisagem também influencia os ciclos biogeoquímicos. Ecólogos de ecossistemas identificaram "*hot spots*" onde as taxas de reação química são mais elevadas do que na paisagem circundante. Muitos desses locais são encontrados nas interfaces entre ecossistemas terrestres e aquáticos (McClain et al., 2003), mas outros fatores também podem estar relacionados. Por exemplo, Kathleen Weathers e colaboradores constataram que acréscimos de enxofre, cálcio e nitrogênio oriundos de deposição atmosférica eram maiores nas bordas das florestas do que em seu interior, basicamente em decorrência da maior interceptação de partículas aéreas pelas copas mais densas das árvores e da maior complexidade

Figura 24.7 A borboleta fritilaria-das-turfeiras Os padrões de deslocamento dessa borboleta (*Proclossiana eunomia*) são influenciados pelas características da paisagem ao redor. As borboletas hesitam em deixar os fragmentos onde habitam se não houver outro fragmento com hábitat apropriado nas cercanias, mas atravessam uma matriz de hábitat não apropriado do entorno quando o fragmento seguinte estiver próximo.

física em geral encontrada nas bordas florestais. Dessa forma, as florestas fragmentadas próximas de áreas urbanas podem ser significativamente influenciadas por entradas de poluentes e nutrientes – descoberta que tem implicações na dinâmica de microrganismos de solo, no crescimento da vegetação herbácea e nas comunidades animais nas bordas desses fragmentos (Weathers et al., 2001). (Discutiremos outros fatores como o "efeito de borda" no Conceito 24.2.)

Manchas de hábitat normalmente variam em qualidade e disponibilidade de recursos. Essa variação pode afetar a diversidade e a densidade populacional das espécies que habitam cada fragmento, o tempo gasto no forrageio e o movimento de organismos entre as manchas. Os limites dos fragmentos, as conexões entre eles e a matriz entre os fragmentos também podem afetar a dinâmica da população, dentro das manchas e entre elas. Por exemplo, Schtickzelle e Baguette estudaram os padrões de movimento da borboleta fritilaria-das-turfeiras (*Proclossiana eunomia*) em paisagens fragmentadas na Bélgica (**Figura 24.7**). Onde os fragmentos apropriados de hábitat estavam agregados, as fêmeas atravessavam prontamente de um fragmento a outro. No entanto, onde o hábitat era mais fragmentado e havia uma distância maior de matriz para atravessar, as borboletas hesitavam mais em deixar a mancha (Schtickzelle e Baguette, 2003).

Considerando que os processos ecológicos são influenciados por padrões de paisagem, como acabamos de ver, os padrões de paisagem são, por sua vez, influenciados por processos ecológicos. Grandes mamíferos herbívoros, por exemplo, muitas vezes moldam as paisagens que habitam. Os efeitos do alce (*Alces alces*) na Ilha Royale no Lago Superior têm sido estudados pelo uso de cercas instaladas desde a década de 1940. Esses estudos têm mostrado que altas taxas de herbivoria por alces diminuem a produção primária líquida, não apenas diretamente pela remoção de biomassa, mas também indiretamente, ao diminuir as taxas de mineralização de nitrogênio e as taxas de decomposição de serapilheira. A ação dos alces também muda a composição de espécies arbóreas favorecendo os espruces, e a predominância de espruces, por sua vez, responde determinando as taxas dos processos biogeoquímicos (Pastor et al., 1988). Assim, ao mesmo tempo, os alces respondem à paisagem e atuam como seus modificadores. Em escala mais ampla, padrões de paisagem interagem com distúrbios de larga escala, como veremos adiante.

O distúrbio tanto cria heterogeneidade da paisagem quanto responde a ela

As paisagens são dinâmicas. Na natureza, a mudança nos ecossistemas às vezes acontece repentinamente sob a forma de grandes distúrbios – florestas e pradarias são queimadas em grandes áreas, ou inundações ocasionam entradas repentinas de sedimentos nos ecossistemas fluviais. (As alterações também podem ocorrer mais lentamente, como resultado da mudança de clima ou da deriva dos continentes, mas essas alterações não são nosso foco aqui.) Vimos no Capítulo 17 que o distúrbio é um fator importante na determinação da composição da comunidade. Ecólogos da paisagem questionam então se determinados padrões de paisagem diminuem ou aceleram a disseminação de distúrbios e se aumentam ou diminuem a vulnerabilidade de um ecossistema aos distúrbios.

Considere, por exemplo, as queimadas florestais de 1988 que queimaram quase um terço dos 898.000 hectares do Parque Nacional de Yellowstone. Essas queimadas ocorreram em um verão de seca intensa e fortes ventos. Nos últimos 10 mil anos, em intervalos de 100 a 500 anos, grandes queimadas como essa parecem ter ocorrido nas Montanhas Rochosas da parte norte do Parque. As queimadas de 1988 consumiram com maciços florestais de diferentes idades e composições de espécies, deixando um complexo mosaico de manchas que foram incendiadas em diferentes intensidades (**Figura 24.8**). O tipo e a disposição dessas manchas provavelmente ditarão a composição da paisagem ao longo de décadas, se não de séculos a vir (Turner et al., 2003). Aqui, o distúrbio – fogo – era a força primária a moldar o padrão da paisagem futura. Ao mesmo tempo, também respondia à estrutura da paisagem existente. Essa interação recíproca entre os padrões da paisagem e os distúrbios é comum.

Ações antrópicas têm alterado drasticamente os tipos e as extensões dos distúrbios sobre a paisagem. Alguns locais estão mais sujeitos aos distúrbios humanos do que outros. Os seres humanos primeiro se estabeleceram e modificaram as áreas com os solos mais férteis e foram atraídos aos locais com características propícias para servir de porto, sujeitando esses ecossistemas aos primeiros distúrbios antrópicos. Áreas próximas às aldeias tiveram a madeira extraída, foram convertidas em lavouras e

Capítulo 24 • Ecologia da paisagem e manejo de ecossistemas

Figura 24.8 Distúrbios podem moldar os padrões da paisagem As queimadas que consumiram quase um terço do Parque Nacional de Yellowstone no verão de 1988 geraram um complexo mosaico de fragmentos que foram queimados e de outros que não foram. As áreas que aparecem em preto nessa vista aérea do Cânion Madison foram queimadas por intensas chamas no dossel, e os fragmentos de cor marrom foram queimados por fogo intenso próximo ao solo; ambos os modos de queimada mataram a maior parte ou toda a vegetação.

sofreram com a caça mais cedo do que as áreas restantes. Esses padrões de distúrbio podem ser detectados em comunidades ecológicas mesmo séculos após os povos terem deixado a terra e a área ter voltado a ser floresta (Butzer, 1992).

Tais *legados à paisagem* moldaram as comunidades de tal modo que só agora isso é compreendido. No centro da França, Etienne Dambrine e colaboradores (2007) descobriram que as comunidades de plantas florestais em assentamentos agrícolas romanos recentemente descobertos ainda apresentavam marcas desses distúrbios 1.600 anos mais tarde (**Figura 24.9**). Os pesquisadores estudaram a diversidade de plantas na floresta em diferentes distâncias das ruínas romanas. A área de floresta que eles estudaram não tinha mudado substancialmente desde 1665 e, provavelmente, foi mantida como floresta durante séculos antes disso. Dambrine e colaboradores descobriram que a riqueza de espécies de plantas aumentava com a aproximação do local das ruínas. A análise das propriedades do solo revelou que esse aumento era principalmente devido a um pH mais elevado, que parece decorrer da argamassa de cal utilizada nas construções romanas e de suas práticas de agricultura. Os níveis de fósforo no solo também eram mais altos no entorno dos antigos povoados. Quantos outros lugares na Terra, depois de serem abandonados, devem apresentar as marcas das atividades humanas em suas estruturas de comunidade?

Distúrbio, sendo ele natural ou antrópico, é um fator determinante no delineamento da paisagem. Algumas das atividades humanas estão criando distúrbios com efeitos ecológicos de longo alcance, como veremos na próxima seção.

Figura 24.9 Legados à paisagem Na França Central, o legado dos acampamentos e das práticas de agricultura dos romanos, abandonados há quase dois milênios, ainda é percebido na riqueza das espécies vegetais na floresta que ocupou esses locais. A riqueza de espécies foi maior perto do centro dos vilarejos, incluindo mais espécies que preferem solos com pH mais alto. O eixo y representa o desvio da média calculada para parcelas entre 100 e 500 m do antigo povoado. (Segundo Dambrine et al., 2007.)

CONCEITO 24.2

Perda e fragmentação de hábitat diminuem as áreas de hábitat, isolam populações e alteram condições nas bordas dos hábitats.

Perda e fragmentação de hábitat

Em 1986, um grande projeto de hidrelétrica no vale do Rio Caroni na Venezuela inundou uma extensa área de terreno irregular criando um reservatório conhecido como Lago Guri (**Figura 24.10**). O resultado foi a formação de ilhas de floresta tropical seca circundadas por água. Essa mudança na paisagem oportunizou a John

Ruínas romanas recentemente descobertas na França.

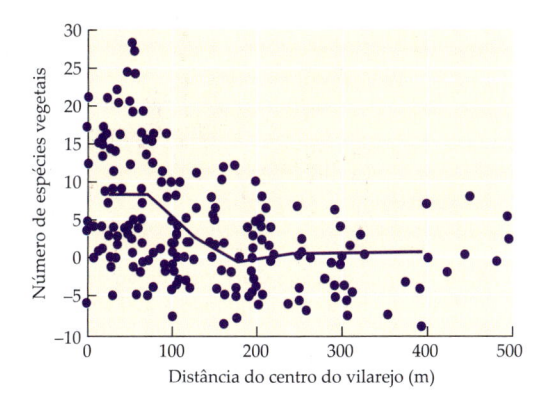

Terborgh e seus alunos e colegas estudarem os efeitos da fragmentação em um ecossistema de floresta tropical seca. Eles descobriram que nas ilhas pequenas e médias os principais predadores encontrados no continente, como gatos selvagens (jaguatiricas, onças e pumas), aves de rapina e grandes serpentes, estavam ausentes (Terborgh et al., 2006). Como resultado, os herbívoros generalistas, predadores de sementes e de invertebrados foram de 10 a 100 vezes mais abundantes nas ilhas do que na floresta intacta remanescente. Entre as espécies que tiveram aumento na abundância estão formigas-cortadeiras, pássaros, roedores, sapos, aranhas, micos-pretos, porcos-espinhos, tartarugas e lagartos. O aumento de abundância dessas espécies gerou um efeito drástico sobre a vegetação dessas ilhas: a germinação e o desenvolvimento de novas árvores decaíram, e a taxa de mortalidade aumentou devido à alta taxa de herbivoria, em especial pelas formigas-cortadeiras (**Figura 24.11**). Que lições podemos tirar desse "experimento" e aplicar a outros ecossistemas fragmentados?

A perda e a fragmentação de hábitat estão entre as alterações antrópicas mais destacadas e importantes nas paisagens da Terra (**Figura 24.12**). Quando extensas áreas de hábitat são removidas das florestas, inundadas pela construção de barragens, divididas por estradas, ou convertidas em usos antrópicos de terra, diversas consequências recaem sobre a paisagem e sobre as espécies que ali vivem. A primeira é a simples perda de área de hábitat. Reduções na área de hábitats apropriados disponíveis têm contribuído para o declínio de milhares de espécies, como a do pica-pau-do-topete-vermelho (ver Estudo de Caso no Capítulo 23). Em segundo lugar, como o hábitat restante fica dividido em manchas menores e menores, ele é cada vez mais degradado e influenciado

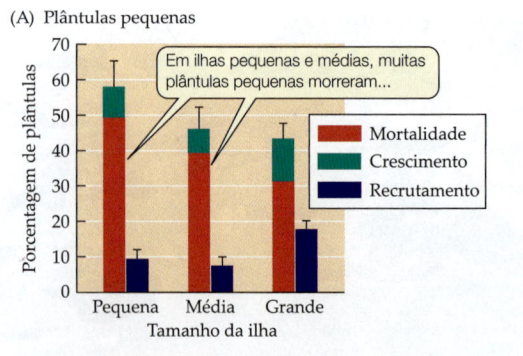

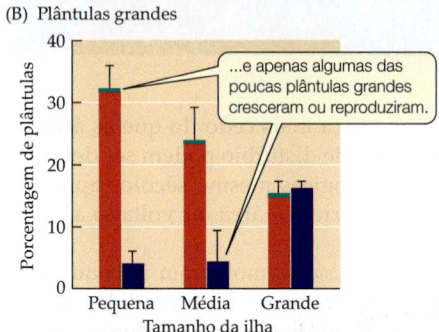

Figura 24.11 Os efeitos da fragmentação de hábitats no Lago Guri As altas abundâncias de herbívoros em ilhas pequenas e médias no Lago Guri geraram um drástico declínio no estabelecimento e na sobrevivência de novas plantas. As barras mostram os percentuais de plântulas (A) pequenas e (B) grandes em parcelas amostrais que mudaram de classe de tamanho tanto pela mortalidade quanto pelo crescimento, assim como o número de plântulas que se desenvolveram em cada classe de tamanho, ao longo de cinco anos. As barras de erro mostram um erro-padrão da média. (Segundo Terborgh et al., 2006.)

Figura 24.10 As ilhas do Lago Guri Vista aérea do Lago Guri, Venezuela. Esse lago foi formado quando 4.300 km² de florestas foram inundadas por um reservatório de hidrelétrica, formando ilhas de floresta tropical.

por efeitos de borda, como o Projeto Dinâmica Biológica de Fragmentos Florestais mostrou (ver Estudo de Caso no Capítulo 18). Em terceiro lugar, a fragmentação leva ao isolamento espacial das populações, tornando-as vulneráveis aos problemas das pequenas populações descritos no Conceito 11.3.

O processo de perda e fragmentação de hábitat pode perdurar por muitas décadas. O padrão típico começa com uma clareira em uma floresta, que é então alargada pouco a pouco, até que restam apenas fragmentos isolados de hábitat (**Figura 24.13**). As estradas muitas vezes são catalisadores de conversão de hábitats (ver Figura 3.6), embora o acesso humano ao longo dos rios também possa servir para acelerar o desmatamento. Os principais agentes da fragmentação de hábitat são a conversão de terras para a agricultura e a expansão urbana.

A fragmentação de hábitat é um processo reversível. O nordeste dos Estados Unidos, por exemplo, tem mais cobertura florestal do que há um século – mas serão necessários muitos anos para que essas jovens florestas contenham tantas espécies quanto aquelas encontradas

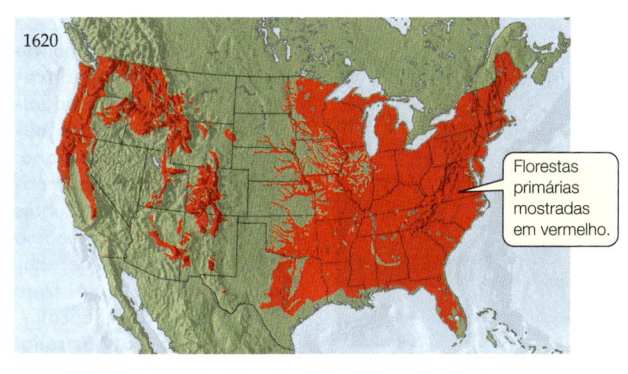

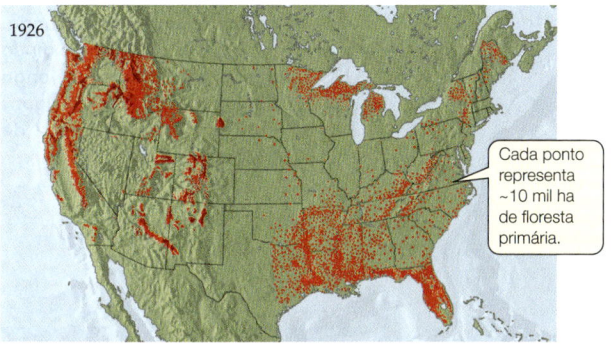

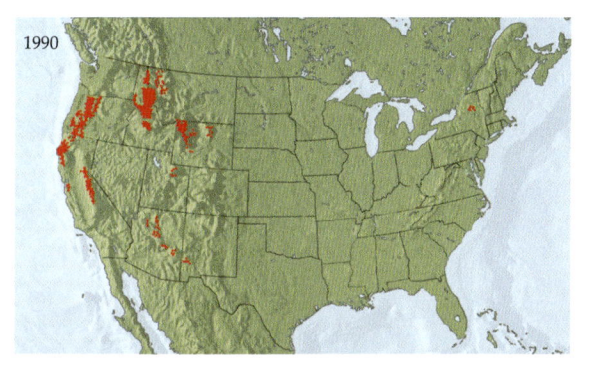

Figura 24.12 Perda e fragmentação de florestas primárias nos Estados Unidos Iniciando em 1620, amplas áreas de florestas maduras (também conhecidas como primárias ou virgens) nos Estados Unidos foram cortadas para fornecer madeira e para abrir espaço para agricultura, loteamentos e outras formas de ocupação.

Pé de tulipeiro em uma floresta primária, Parque Nacional Great Smokey Mountains

Florestas primárias mostradas em vermelho.

Cada ponto representa ~10 mil ha de floresta primária.

nas florestas primárias que uma vez recobriram a região. Além disso, a tendência global é a perda de áreas de florestas (FAO, 2005), estando os campos, os ecossistemas ribeirinhos e as florestas cada vez mais fragmentados. Quais são as consequências ecológicas e evolutivas dessa fragmentação?

Os hábitats fragmentados são biologicamente empobrecidos se comparados aos hábitats intactos

Quando um hábitat é fragmentado, algumas espécies se tornam localmente extintas dentro de muitos dos fragmentos. Há um grande número de razões para isso ocorrer. Podem faltar recursos alimentares, abrigos ou locais de nidificação adequados nos fragmentos. Talvez os animais necessitem forragear por áreas maiores do que se estivessem em hábitats conservados, usando muitos fragmentos.

Mutualismos podem ser rompidos se, por exemplo, o polinizador vier a desaparecer, ou se os fungos micorrízicos não conseguirem permanecer em um fragmento. Alguns fragmentos podem não ter os microambientes necessários para a germinação das sementes. No entanto, a extinção local ou o declínio populacional não são inevitáveis; na verdade, algumas espécies florescem sob as novas condições após a fragmentação.

A fragmentação costuma levar à perda dos predadores de topo, dando origem a efeitos em cascata, algumas vezes com consequências drásticas para a comunidade remanescente, como vimos no Lago Guri. Um exemplo desse tipo de efeito cascata com implicações para a saúde humana é o aumento do risco da doença de Lyme devido à fragmentação das florestas no nordeste dos Estados Unidos. Brian Allan, Felicia Keesing e Richard Ostfeld descobriram que, no vale do Rio Hudson em Nova York, fragmentos florestais de menos de 2 hectares continham elevadas

Figura 24.13 **O processo de perda e fragmentação de hábitat** Hábitats historicamente intactos são gradualmente reduzidos com o aumento da presença humana. Essas fotografias contemporâneas (feitas em diferentes locais) ilustram um processo que geralmente leva décadas para ser finalizado. (A) Uma floresta intacta de eucaliptos no oeste da Austrália. (B) Áreas dentro da floresta desmatadas para a pecuária. (C) A floresta tornou-se ainda mais fragmentada ao longo do tempo. (D) Apenas alguns poucos remanescentes de floresta permanecem.

populações de camundongos-de-patas-brancas (*Peromyscus leucopus*). Fragmentos desse tamanho não sustentam populações substanciais de predadores, e havia poucos concorrentes para os camundongos. Os camundongos-de-patas-brancas são os principais hospedeiros de *Borrelia burgdorferi*, a bactéria espiroqueta que causa a doença de Lyme. Os carrapatos são os vetores dessa doença. Ninfas de carrapatos coletadas nesses pequenos fragmentos estavam significativamente mais propensas a transmitir a doença e ocorreram em densidades mais elevadas do que em fragmentos maiores (**Figura 24.14**). A consequência – aumento do risco de infecção humana da doença de Lyme – é, em última análise, resultado do empobrecimento biológico dos fragmentos de hábitat (Allan et al., 2003).

A matriz entre os fragmentos de hábitat possui diferentes permeabilidades

Os modelos de paisagens fragmentadas, que foram inicialmente derivados da teoria do equilíbrio da biogeografia de ilhas (ver Conceito 18.3), retratam fragmentos de hábitat como ilhas isoladas em um "mar" composto por matriz inadequada, assim como são literalmente as ilhas do Lago Guri. No entanto, esses modelos são realmente compatíveis? Para algumas espécies, tais como o marsupial *wallaroo* (*Macropus robustus*) da Austrália, os fragmentos de hábitat parecem funcionar como ilhas rodeadas por uma matriz que ocasionalmente é atravessada, como descrito em **Saiba Mais 24.1**. Em outros casos, no entanto, paisagens fragmentadas provaram ser mais complexas do que os modelos de ilha sugeriam. A matriz pode ser mais

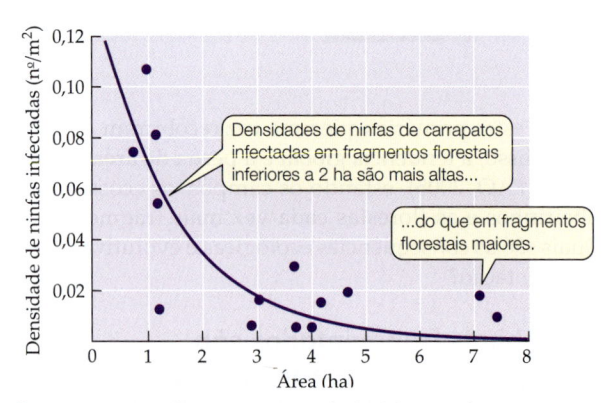

Figura 24.14 **A fragmentação de hábitat pode trazer consequências diretas à saúde humana** A perda dos predadores em pequenos fragmentos florestais no Estado de Nova Iorque tem levado a um crescimento da população de camundongos-de-patas-brancas nesses fragmentos. Como resultado, as densidades de ninfas de carrapatos contaminadas com a bactéria espiroqueta, causadora da doença de Lyme, são maiores do que em áreas florestais mais amplas. (Segundo Allan et al., 2003.)

Densidades de ninfas de carrapatos infectadas em fragmentos florestais inferiores a 2 ha são mais altas... ...do que em fragmentos florestais maiores.

Eixo Y: Densidade de ninfas infectadas (nº/m²)
Eixo X: Área (ha)

permeável em certos graus e formar um mosaico com tipos diferentes de fragmentos, dos quais alguns são mais permeáveis do que outros.

Em um exemplo da América do Sul, Traci Castellón e Kathryn Sieving estudaram a dispersão de um pequeno pássaro insetívoro de sub-bosque, o chucao tapaculo (*Scelorchilus rubecula*). As pesquisadoras mudaram pássaros para fragmentos localizados em diferentes contextos de paisagem e seguiram seus movimentos posteriores. Elas concluíram que as aves transferidas para fragmentos circundados por pastagens relutavam muito mais em deixar o fragmento à procura de áreas mais preservadas do que as aves que tinham um caminho com arbustos entre os fragmentos ou até mesmo um corredor florestal ligando as manchas de vegetação (Castellón e Sieving, 2006). Observações semelhantes foram feitas em um estudo com roedores na Mata Atlântica do Brasil, em que algumas espécies se deslocaram prontamente pela matriz, enquanto outras foram mais hesitantes em atravessar tipos de manchas não familiares (Pardini, 2004). Como esse estudo mostrou, a permeabilidade da matriz depende do tipo de espécie.

Efeitos de borda mudam condições abióticas e abundâncias de espécies em fragmentos

Quando um hábitat conservado é fragmentado, uma fronteira abrupta é criada entre dois tipos de fragmentos distintos. O comprimento total das *bordas* de um hábitat aumenta à medida que aumenta a fragmentação. Os **efeitos de borda** são as diversas mudanças bióticas e abióticas que estão associadas com limites de hábitats (**Figura 24.15**). O efeito da formação de borda é uma alteração no ambiente físico ao longo de certa distância da borda para o interior do fragmento remanescente. Como resultado, interações biológicas e processos ecológicos também podem mudar, como você pode explorar em **Análise de Dados 24.1**. O curso de tais mudanças se desenrola ao longo do tempo, o que permite separar as respostas imediatas à fragmentação das respostas que se desenvolvem mais tarde, a partir da formação da borda (ver Figura 18.24).

Experimentos de larga escala do efeito de borda feitos no Brasil são abordados na Análise de Dados 24.1 e no Estudo de Caso Revisitado do Capítulo 18. Os efeitos das mudanças abióticas na borda da floresta também são ilustrados por um estudo de microclimas 10 a 15 anos após o desmatamento de uma antiga floresta de abetos-de-douglas no noroeste do Pacífico (Chen et al., 1995). As bordas geralmente eram caracterizadas por temperaturas mais altas, maior velocidade do vento e maior penetração de luz. As amplitudes térmicas também eram maiores na borda, pois o calor era irradiado à noite. Esses efeitos abióticos de borda variaram quanto a sua capacidade de penetração no interior da floresta. As consequências bióticas causadas pelas modificações abióticas

Figura 24.15 Efeitos de borda O desmatamento cria novas áreas de borda para a floresta, expondo árvores que antes eram circundadas por floresta aos efeitos de borda como maior luminosidade, maiores temperaturas, maiores velocidades de vento, diminuição da umidade do solo e invasão de plantas e animais adaptados a esse distúrbio. Alguns efeitos de borda penetram algumas dezenas de metros floresta adentro, enquanto outros penetram centenas de metros (ver Análise de Dados 24.1).

incluíam maiores taxas de decomposição, mais árvores derrubadas pelo vento (e, portanto, mais restos de madeira no solo da floresta) e uma sobrevivência diferenciada das plântulas de algumas espécies de árvores (abeto-do-pacífico) em detrimento de outras (abeto-de-douglas e espruce-hemlock).

Bordas de hábitat podem servir tanto como barreiras quanto como facilitadores de dispersão. Novas interações entre espécies podem se estabelecer na junção entre os dois ambientes. Algumas espécies podem ser beneficiadas pelo forrageio em um hábitat e pela reprodução em outro. Espécies invasoras são comumente mais abundantes em bordas de hábitat, e a dinâmica demográfica pode ser alterada para muitas espécies nativas (Fagan et al., 1999). Por exemplo, aves adaptadas ao interior da floresta muitas vezes têm menor sucesso reprodutivo quando seus ninhos estão perto de bordas; isso pode resultar de maiores taxas de predação de ovos por guaxinins, corvos e outros predadores, bem como maiores taxas de parasitismo de ninho, especialmente por chopins. Na vegetação campestre das pradarias de Wisconsin, Johnson e Temple (1990) estudaram o sucesso reprodutivo de cinco espécies de aves que nidificam junto ao solo. Eles descobriram que quanto mais próximos os ninhos estavam da borda da pradaria com florestas, maior a probabilidade de exposição a predadores de médio porte e parasitismo de ninho por chopins, e menor a taxa de sucesso reprodutivo. Padrões parecidos foram observados em outras pradarias, nas florestas escandinavas, nas florestas decíduas do leste e nos trópicos (Paton, 1994). Alguns biólogos têm caracterizado as bordas como "armadilhas biológicas" pelo risco aumentado que algumas espécies encontram nesses locais (Battin, 2004).

ANÁLISE DE DADOS 24.1

Até que ponto os efeitos de borda penetram em fragmentos florestais?

Quando uma floresta intacta é fragmentada, as condições abióticas mudam na borda da floresta remanescente, dando origem a alterações bióticas (ver Figura 24.15). Em um estudo de referência sobre os efeitos de borda, William Laurance e colaboradores (2002)* sintetizaram 22 anos de dados do Projeto Dinâmica Biológica de Fragmentos Florestais, maior experimento ecológico do mundo (ver o Estudo de Caso que abre o Capítulo 18). O gráfico mostra algumas das mudanças que foram medidas em fragmentos da floresta Amazônica.

1. De acordo com o gráfico, o quão longe a partir da borda deve estar uma árvore para não ter aumento do distúrbio pelo vento?
2. Se o efeito da mortalidade de árvores penetrasse 300 m em cada lado de um fragmento de 800 m x 800 m de floresta, a mortalidade de árvores aumentaria em qual porcentagem?
3. Estão os efeitos de borda como os mostrados aqui propensos a causar outras mudanças (não abordadas) nas interações entre espécies, na estrutura da comunidade ou nos processos do ecossistema? Explique.

*Laurance, W. F. and 10 others. 2002. Ecosystem decay of Amazonian forest fragments: A 22-year investigation. *Conservation Biology* 16: 605-618.

A fragmentação altera processos evolutivos

Desde a época da representação de G. Evelyn Hutchinson "o teatro ecológico e a peça evolutiva" em 1965, o palco foi substancialmente modificado pelas ações humanas. A "peça evolutiva" continuará de fato, mas de modos modificados que só agora estamos tentando entender. Quais serão as consequências evolutivas quando populações de todas as espécies estiverem divididas em populações menores e mais isoladas e forem colocadas juntas em novas comunidades que não possuem precedentes históricos?

Você já leu nos Capítulos 11 e 23 sobre os problemas genéticos e demográficos de populações pequenas e isoladas. Marcel Goverde e colaboradores estudaram as consequências evolutivas da fragmentação observando o comportamento das mamangabas nas Montanhas Jura da Suíça (Goverde et al., 2002). Suas parcelas experimentais incluíram fragmentos de campos de diferentes tamanhos (criados por meio de roçada) e parcelas-controle em campos não fragmentados. Os pesquisadores estudaram o comportamento de forrageio das mamangavas quando elas visitavam as flores de uma betônia-lenhosa (*Stachys officinalis*), de ocorrência comum nas parcelas dos fragmentos e nas parcelas-controle. As mamangavas visitaram as parcelas dos fragmentos com menor frequência do que as parcelas-controle e tendiam a permanecer nos fragmentos por mais tempo. No fim das contas, essas duas mudanças no comportamento das mamangavas em resposta à fragmentação causaram menor probabilidade de polinização e maiores chances de endocruzamento para a betônia nos fragmentos – levando a uma alteração na trajetória evolutiva dessas plantas.

Em muitos outros casos, a fragmentação de hábitat tem aumentado as taxas de endogamia e a deriva genética nas espécies isoladas. Por exemplo, Keller e Largiadèr (2003) encontraram divergência genética significativa entre populações de um besouro terrestre (*Carabus violaceus*) que tinham sido isoladas por estradas, especialmente por uma rodovia. A fragmentação também pode alterar pressões seletivas sobre os organismos. Onde as populações das plantas se tornam menores e isoladas, as chances de serem encontradas por polinizadores, transmissores de patógenos, herbívoros, dispersores e competidores tendem a diminuir, gerando consequências evolutivas. Efeitos similares têm sido observados em animais, que em pequenos fragmentos podem ter seus padrões reprodutivos e de sobrevivência alterados (Barbour e Litvaitis, 1993).

Apenas começamos a estudar as implicações evolutivas da fragmentação de hábitat e temos ainda muito a aprender. Como veremos na próxima seção, contudo, tais informações evolutivas são apenas uma parte do que deve ser considerado ao se projetar reservas naturais que sejam apropriadas para manter a biodiversidade em paisagens cada vez mais alteradas pelos seres humanos.

CONCEITO 24.3

A biodiversidade pode ser mais bem preservada por grandes reservas conectadas através da paisagem e protegidas de áreas de uso humano intenso.

Planejamento de reservas naturais

Talvez você tenha um Parque Nacional favorito, como o Parque Nacional dos Everglades na Flórida, o Parque Nacional do Grande Cânion no Arizona, o Parque Nacional de Bialowieski na Polônia ou o Parque Nacional de Torres del Paine no Chile.* Como esses lugares se tornaram parques nacionais? O que eles eram antes de se tornarem unidades de conservação? Não existem melhores opções para se conservar a biodiversidade em suas regiões? Agora considere o quanto as terras ao seu redor colaboram para a manutenção das espécies nativas. Sua percepção é sem sombra de dúvida moldada pelo local no qual você está agora, pela história humana em sua região e por quão efetivo foi o trabalho de conservação realizado desde o passado. A seguir analisaremos os modos pelos quais as pessoas podem trabalhar para melhorar a chance de sobrevivência das espécies nativas de suas regiões.

Para contrabalançar a perda de hábitat, planejadores da conservação pelo mundo afora estão trabalhando para localizar e planejar áreas protegidas nas quais espécies nativas possam existir. A identificação e a preservação das áreas-núcleos naturais, das zonas de amortecimento em seu entorno e dos corredores de hábitat que as conectam são essenciais para manter e permitir o desenvolvimento de populações. Em alguns casos, como veremos, ecossistemas degradados podem ser restaurados em hábitats propícios para espécies nativas.

Áreas-núcleos naturais devem ser grandes e compactas

Os precursores da ecologia da paisagem e da biologia da conservação se uniram para guiar biólogos na seleção das áreas mais vitais para a conservação. O projeto de novas unidades de conservação busca por **áreas-núcleo naturais**, onde a conservação da biodiversidade e a integridade ecológica são prioritárias aos outros valores ou usos, e "onde a natureza pode atuar sem interferências, em seu próprio tempo" (Noss et al., 1999). Populações aptas a se manter em áreas-núcleo podem servir de fonte de indivíduos para populações fora da área protegida. A propósito, áreas-núcleo devem ter área de terra suficiente para que predadores de topo possam suprir suas necessidades de hábitats amplos.

Madagascar é uma grande ilha e é uma das prioridades globais para a conservação. Possui uma biota muito rica e muitas espécies endêmicas, incluindo mais de 70 espécies de lêmures, grupo de primatas encontrado apenas em Madagascar. A biota dessa ilha corre sério perigo, pois apenas 15% da floresta original da ilha foram conservados. Esforços têm sido feitos para incluir mais terras como unidades de conservação. No planejamento de um novo parque nacional no nordeste de Madagascar, Claire Kremen e colaboradores examinaram as circunstâncias biológicas e socioeconômicas da região. O projeto deles (**Figura 24.16**) baseou-se

---

*N. de R.T. Dentre os 71 Parques Nacionais no Brasil, encontram-se: o Parque Nacional da Amazônia, dos Aparados da Serra, da Chapada Diamantina, da Chapada dos Veadeiros, da Serra dos Orgãos, do Pantanal Matrogrossense e da Lagoa do Peixe.

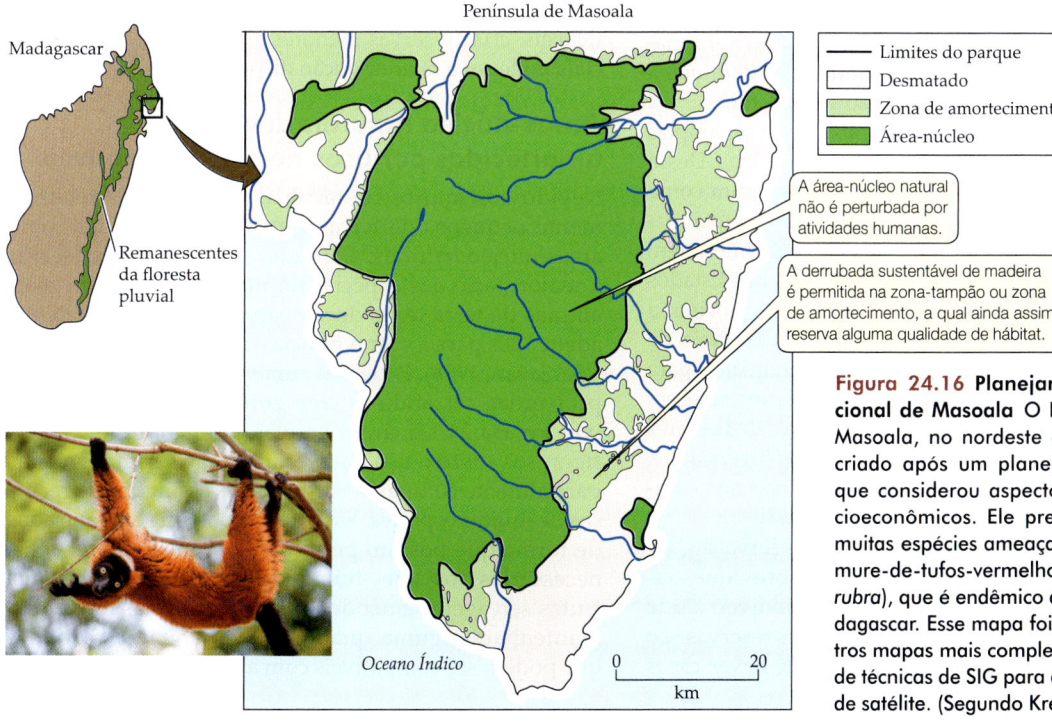

Figura 24.16 Planejando o Parque Nacional de Masoala O Parque Nacional de Masoala, no nordeste de Madagascar, foi criado após um planejamento detalhado que considerou aspectos ecológicos e socioeconômicos. Ele preserva hábitat para muitas espécies ameaçadas, incluindo o lêmure-de-tufos-vermelhos (*Varecia variegata rubra*), que é endêmico dessa região de Madagascar. Esse mapa foi simplificado de outros mapas mais complexos gerados a partir de técnicas de SIG para análise das imagens de satélite. (Segundo Kremen et al., 1999.)

Figura 24.17 As melhores configurações espaciais para uma área-núcleo natural Algumas configurações espaciais costumam ser melhores do que outras para impulsionar a biodiversidade. (Segundo Diamond, 1975, e Williams et al., 2005.)

? Para as primeiras cinco características (tamanho da reserva, número de reservas, proximidade, conectividade e formato), destaque as razões pelas quais o planejamento à esquerda é melhor do que o planejamento à direita.

Melhor | Pior

- Tamanho da reserva — Reservas maiores são melhores do que reservas menores.
- Número de reservas — Uma reserva grande é melhor do que várias pequenas com a mesma área total.
- Proximidade das reservas — Várias reservas próximas umas das outras são melhores do que várias reservas afastadas.
- Conectividade das reservas — Reservas conectadas por corredores de hábitats são melhores do que reservas sem conexão.
- Formato da reserva — Formas compactadas são melhores para minimizar o comprimento de fronteira.
- Zonas-tampão ou de amortecimento — Uma reserva circundada por uma zona de amortecimento é preferível a uma reserva sem essa zona.

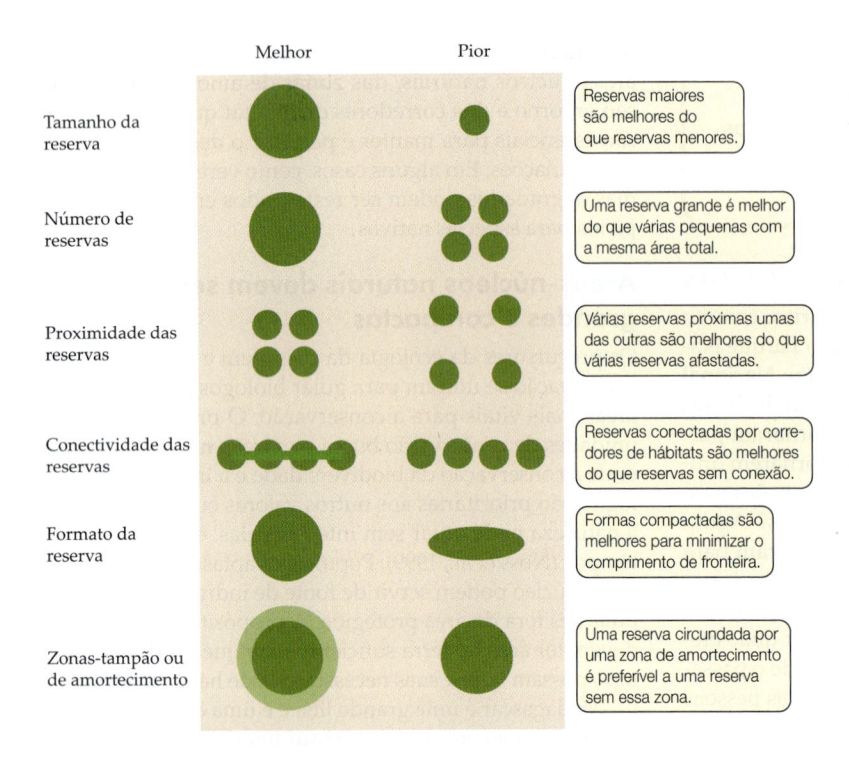

em uma área-núcleo natural que se estendia sobre uma área de relevo acidentado, abrangendo um amplo gradiente de tipos de vegetação. A área-núcleo proposta abrangia hábitat para todas as espécies raras da região, incluindo borboletas, aves e primatas, além de ter sido pouco afetada por desmatamento. Os pesquisadores excluíram áreas próximas das vilas que já tinham sido fragmentadas e onde a caça já havia causado prejuízo no contingente populacional dos animais (Kremen et al., 1999). O Parque Nacional de Masoala, que foi inaugurado em 1997, é agora o maior parque nacional de Madagascar, com 211.230 hectares. Com o manejo apropriado, o parque proverá melhores oportunidades para que a inigualável biodiversidade dessa região se perpetue.

De modo ideal, áreas-núcleo naturais devem ser amplas e não cortadas por estradas, nem mesmo por trilhas. Dessa forma, nem todas as áreas protegidas se qualificam como áreas-núcleo naturais. Muitas não contemplam na totalidade os propósitos de proteção de toda a biota da interferência humana. A maioria dos parques nacionais nos Estados Unidos não foi instituída tendo como missão principal a conservação da biodiversidade, mas sim a preservação de cenários, frequentemente em terras que não eram úteis para outras atividades. Os biólogos da conservação reconhecem que muitos países não podem alocar milhares de hectares para dedicar unicamente à conservação da biodiversidade. Dessa forma, as áreas-núcleo de muitas reservas não cumprem todos os critérios das áreas-núcleo naturais.

No planejamento das unidades de conservação, algumas configurações espaciais são melhores que outras para promover a manutenção da biodiversidade (**Figura 24.17**). De modo geral, as melhores reservas são grandes, compactas e conectadas, mas pode haver casos em que reservas menores e isoladas sejam mais apropriadas; por exemplo, doenças podem se espalhar com menos facilidade entre reservas pequenas desconectadas do que em grandes reservas. Os principais objetivos biológicos da configuração de uma reserva são a manutenção das maiores populações possíveis, o fornecimento de hábitats para espécies em suas áreas de ocorrência e o fornecimento de área adequada para a manutenção dos regimes de distúrbios naturais.

De um ponto de vista realista, em muitos cenários onde a conservação está sendo alcançada, a paisagem ou o contexto social não permite a adesão aos princípios citados (Williams et al., 2005). Existem muitas reservas menores que foram estabelecidas com o objetivo primordial de conservar uma simples espécie ou comunidade ecológica. Essas **reservas biológicas**, que podem ter apenas alguns hectares, são, de toda a forma, partes importantes no esforço da conservação. Particularmente onde a densidade populacional humana é alta e grandes reservas são impraticáveis, criar reservas menores situadas em pontos cruciais pode ser a melhor opção disponível.

Áreas-núcleo naturais devem ser amortecidas por usos de solo compatíveis

Devido aos muitos obstáculos, apenas áreas relativamente pequenas de terra podem ser designadas como áreas-núcleo naturais. Contudo, se buscamos conservar a maior parte das espécies do mundo, áreas bem mais amplas de terra terão de ser capazes de suprir hábitats adequados para a sobrevivência da biodiversidade (Soulé e Sanjayan, 1998). Podemos aumentar a eficácia das áreas protegidas cercando-as com **zonas de amortecimento** (ver Figura 24.17), áreas amplas, com controles menos rigorosos sobre o uso da terra, mas que sejam ao menos parcialmente compatíveis com as necessidades de recursos de muitas espécies. Essas terras podem ser manejadas de forma que possam permitir a produção de recursos necessários aos seres humanos, como madeira, fibras, frutas selvagens, amêndoas e remédios, mas que ainda mantenham alguma qualidade de hábitat. Atividades que podem ser compatíveis com a função de preservação em zonas de amortecimento incluem corte seletivo de árvores, pastejo, agricultura, turismo e desenvolvimento residencial limitado (Groom et al., 1999).

No plano do Parque Nacional de Masoala, Kremen e colaboradores incluíram uma zona de amortecimento na parte leste do parque, que corresponde a mais de 71 mil hectares de florestas destinadas ao corte sustentável de madeira (ver Figura 24.16). Os pesquisadores primeiro identificaram as áreas de alto risco de desmatamento relacionando-as com a proximidade de vilarejos. Após, estabeleceram quanta madeira cada família (e, assim, cada vila) consumia e calcularam a área necessária para permitir um manejo sustentável. A zona de amortecimento aumentou a área efetiva do parque para muitas espécies das terras baixas, mesmo que elas estivessem sujeitas a pressão de caça ou extração.

Para fins de precaução, zonas de amortecimento podem servir como *drenos populacionais* de algumas espécies (áreas onde as taxas de mortalidade são mais elevadas do que as taxas de natalidade), cujos animais vagueiam fora das áreas-núcleo e, em zonas de amortecimento, tornam-se vulneráveis à caça, a atropelamentos ou a outras fontes de mortalidade. No Peru, por exemplo, onde a queima é comumente praticada após a colheita, nas áreas próximas às unidades de conservação, animais selvagens, como cutias, tatus e antas, muitas vezes danificam a produção dos agricultores. Como resultado, esses animais são alvo de caçadores, e tal caça alterou a abundância relativa de mamíferos na floresta (Naughton-Treves et al., 2003). Em outros casos, no entanto, zonas de amortecimento não parecem atuar como drenos populacionais. Uma análise de dados sobre 785 espécies animais mostrou que zonas de amortecimento podem permitir que populações se mantenham em fragmentos de hábitat que poderiam ser muito pequenos ou muito isolados para manter populações viáveis (Prugh et al., 2008). A chave do sucesso se resume a simples demografia: se a zona de amortecimento fornece a uma espécie ameaçada hábitat onde as taxas de natalidade são mais altas do que as de mortalidade, ela estará auxiliando os objetivos da conservação.

Se formos bem-sucedidos no estabelecimento de áreas-núcleo para proteção e de zonas de amortecimento esparsamente povoadas ao seu redor, teremos feito tudo que é necessário para a conservação? Lembre-se que a conectividade da paisagem é outra consideração importante no planejamento de uma reserva.

Corredores podem ajudar a manter a biodiversidade em paisagens fragmentadas

Corredores de hábitat – manchas lineares que conectam remanescentes – tem se tornado uma marca do planejamento urbano, suburbano e rural (**Figura 24.18**). Estava claro para muitos ecólogos desde cedo que, se a fragmentação era um problema, a conectividade poderia ser a solução: se as populações estiverem em risco de isolamento, então temos que nos assegurar de que existam corredores de hábitat para conectá-las. Essa solução faz sentido intuitivamente.

Quando projetaram o Parque Nacional de Masoala, Kremen e colaboradores olharam para uma área maior de paisagem e anteciparam conexões que seriam importantes no futuro. Muitas das espécies-alvo de Masoala também se encontram em áreas a noroeste do parque, em terras que se situam entre o parque e duas importantes áreas protegidas ao norte. O planejamento do parque incluiu três estreitos corredores, buscando fornecer conexão entre essas áreas protegidas. Os pesquisadores desenvolveram essa parte do projeto com a ajuda conveniente de análises de mapa, mas não estudaram na prática os deslocamentos dos animais (Kremen et al., 1999).

A função pretendida pelo corredor de hábitat é prevenir o isolamento de populações em fragmentos. No entanto, sabemos se os corredores de fato auxiliam a solucionar esse isolamento? E os corredores são úteis em qualquer escala, tanto para besouros quanto para lobos? Um corredor de arbustos ciliares em um arroio fornece a conectividade necessária para todas as espécies? Em uma escala continental, poderíamos ligar o grande ecossistema de Yellowstone ao Yukon por corredores de hábitat, como foi proposto? Experimentos e estudos de observação da utilidade dos corredores têm mostrado resultados contrastantes.

Nick Haddad e colaboradores estabeleceram um modo para testar a utilidade de corredores no Laboratório Ecológico de Savannah River na Carolina do Sul. Eles montaram parcelas de hábitats em estágio inicial de regeneração em uma matriz de floresta de pinheiros, algumas das quais conectadas por corredores, e observaram o deslocamento

Figura 24.18 Um corredor de hábitat Ursos-cinzentos e outros animais selvagens podem atravessar a estrada por essa passagem no Parque Nacional Banff, no Canadá.

dos organismos entre as manchas (**Figura 24.19**). Seus resultados mostraram que de fato os corredores serviam para facilitar o deslocamento de borboletas, pólen e frutos dispersos por aves (Tewksbury et al., 2002).

Outros estudos, no entanto, não verificaram benefícios nos corredores, e outros ainda evidenciaram efeitos negativos. Por exemplo, no sistema experimental do Laboratório Ecológico de Savannah River, a predação aos ninhos de um pequeno cardeal-azul (*Passerina cyanea*) foi maior em manchas ligadas por corredores (Weldon, 2006). Há também a preocupação de que os corredores poderiam facilitar a circulação de agentes patogênicos (Hess, 1994) ou espécies invasoras (Simberloff e Cox, 1987).

A restauração ecológica pode incrementar a biodiversidade de paisagens degradadas

E se estão faltando corredores de hábitat e a capacidade de movimento for incompatível com uma matriz de hábitat degradado? Esse era o caso na Província de Guanacaste no litoral do Pacífico da Costa Rica, onde o Parque Nacional de Santa Rosa, em uma área de terras baixas de floresta tropical seca, foi drasticamente separado do hábitat das florestas das montanhas da região por 35 km de pastagem para o gado e alguns fragmentos florestais.

O ecólogo tropical Dan Janzen sabia que muitos insetos, aves e mamíferos precisariam migrar entre as florestas das terras baixas e das terras altas. Ele também observou que a floresta tropical seca, sobre a qual passou anos estudando, estava desaparecendo rapidamente. O esforço de Janzen para reverter essa tendência se tornou um dos maiores e mais ambiciosos projetos de restauração ecológica já desenvolvidos nos neotrópicos. Cobrindo hoje 120.000 hectares de terra e 70.000 acres de reserva marinha, a Área de Conservação Guanacaste (ACG) inclui três parques nacionais, um corredor ecológico ligando-os e as áreas agrícolas do entorno. Na região foram observadas 230 mil espécies, o que corresponde a 65% do total de espécies da Costa Rica (Daily e Ellison, 2002).

Dentro da ACG, os rebanhos bovinos ocuparam muitos hectares entre os três parques por décadas. Janzen propôs um esforço para restaurar 75 mil hectares dessas pastagens a sua fitofisionomia natural de floresta. Suas estratégias incluem plantio de árvores, repressão de queimadas e limitações à caça (para manter a dispersão de sementes por mamíferos e aves). A supressão das queimadas se fez necessária para conter as chamas que queimam rapidamente as pastagens cobertas pela grama-jaraguá (*Hyparremia rufa*), espécie invasora proveniente da África. A pecuária foi mantida em algumas áreas para conter o crescimento dessa gramínea; descobriu-se que vacas e cavalos também auxiliam na dispersão de sementes de árvores.

A restauração ecológica está sendo aplicada em muitos ecossistemas com variados graus de sucesso. Para ter sucesso, ecólogos da restauração precisam diagnosticar corretamente o estágio ecológico da área, decidir os objetivos da restauração e então aplicar seu entendimento de processos ecológicos para recriar o tipo de ecossistema

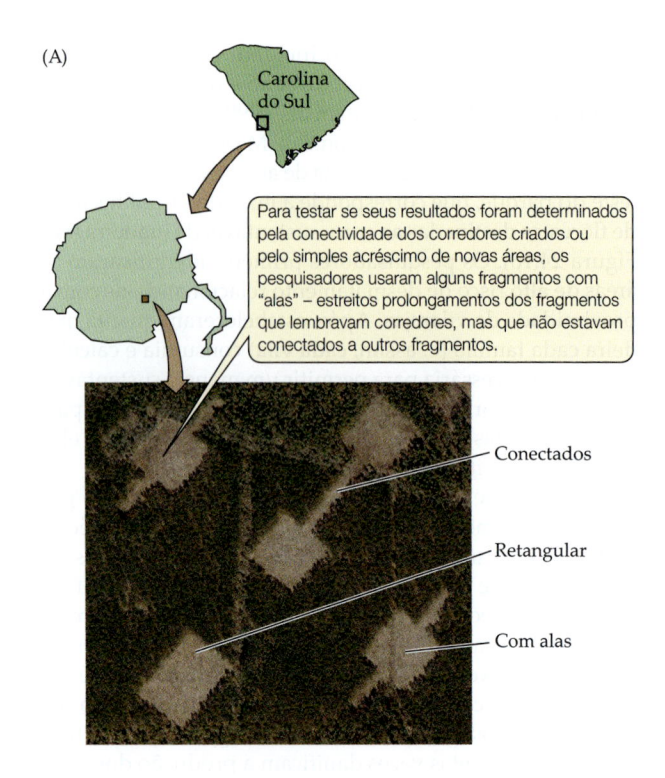

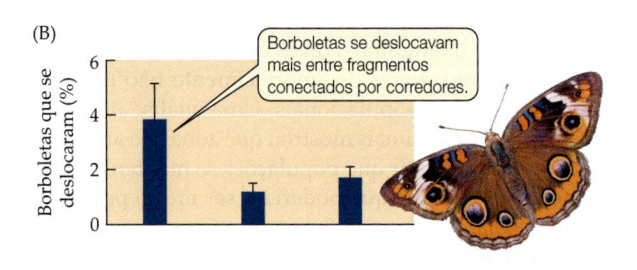

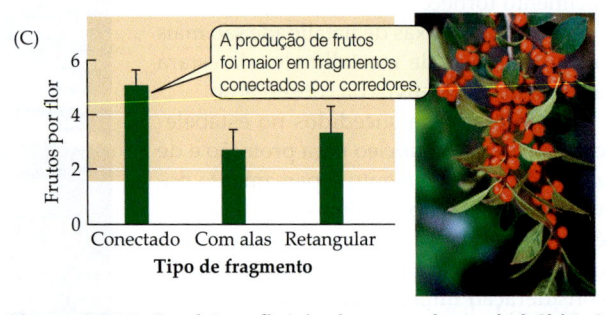

Figura 24.19 Qual é a eficácia dos corredores de hábitat? (A) Nick Haddad e colaboradores testaram a eficácia de corredores entre manchas criando manchas experimentais de hábitat em estágio inicial de regeneração em uma floresta de pinus e criando corredores entre algumas dessas manchas. Eles observaram (B) deslocamentos da borboleta-junônia (*Junonia coenia*) entre fragmentos e (C) produção de frutos (que são evidências da polinização) no azevinho (*Ilex verticillata*) nesses ambientes. As barras de erro em (B) e (C) mostram um erro-padrão da média. (Segundo Tewksbury et al., 2002.)

Figura 24.20 Efeitos drásticos de um projeto de restauração ecológica Populações de ostras nativas têm colapsado ao redor do globo devido à perda de hábitat e à coleta excessiva. (A) Em um experimento de restauração ecológica que começou em 2004, corais foram construídos com propágulos de ostras em nove áreas protegidas ao longo do rio Wicomico na Virgínia. Três anos depois, as populações de ostras nativas recuperaram-se drasticamente nos 35 hectares do projeto de restauração. As barras de erro mostram um erro-padrão da média. (B) Hábitat das ostras antes e depois da restauração. O objeto à direita em cada fotografia é um braço robótico que pode coletar ostras para análise. Vídeos desses locais antes e depois da restauração podem ser encontrados em Saiba Mais 24.2. (Segundo Schulte et al., 2009.)

(A) Três anos após a restauração, densidades tanto de ostras adultas quanto jovens foram muito mais altas em hábitats restaurados do que hábitats próximos não restaurados.

Densidade média (ostras/m²) — Adultos, Jovens — Restaurado / Não restaurado — Tipo de hábitat

(B) Antes da restauração / Após a restauração

desejado. Anthony Bradshaw, um dos fundadores da ecologia da restauração, referiu-se a esse processo como a "prova de fogo" da ecologia: "cada vez que desenvolvemos processos de restauração estamos testando se, à luz de nosso conhecimento, conseguimos recriar ecossistemas que não só funcionem, mas funcionem apropriadamente" (Bradshaw, 1987).

Em alguns casos, tais como a recuperação das populações de ostras nativas destacada na **Figura 24.20**, os resultados rapidamente sugerem que passamos nessa "prova de fogo". No entanto, em outros, como nos esforços de Janzen para restaurar florestas tropicais secas em Guanacaste, o processo pode ser muito longo e demorado. Isso não é surpreendente: mudanças de larga escala em comunidades ecológicas podem levar muitas décadas e também pode levar um longo tempo para que as pessoas mudem suas formas de se relacionar com a natureza e manejá-la. Na próxima seção, olharemos mais de perto o modo como princípios ecológicos são aplicados às tomadas de decisão sobre como gerir os recursos naturais de forma sustentável.

CONCEITO 24.4

O manejo de ecossistemas é um processo colaborativo cuja meta principal é a manutenção da integridade ecológica em longo prazo.

Manejo de ecossistemas

O ano era 1989. O cenário era uma audiência pública lotada em Olympia, Washington. Um comboio de caminhões de carga e cerca de 300 madeireiros tinham feito uma viagem para defender seus empregos. Havia rumores de que a coruja-malhada-do-norte (*Strix occidentalis caurina*; ver Figura 11.18) poderia constar como uma espécie ameaçada na Lista de Espécies Ameaçadas dos Estados Unidos, o que colocaria seu hábitat, florestas em estágio avançado de regeneração, fora dos limites da ação das madeireiras. Os ânimos estavam acirrados entre madeireiros e outros apoiadores da indústria madeireira. "Quando se trata de escolher entre corujas e o bem-estar das famílias, de minha parte, para o inferno as corujas", disse um político. Em alguns momentos, determinados discursos eram abafados pelas buzinas dos caminhões de carga. O debate controverso sobre a derrubada de florestas no Noroeste do Pacífico foi reduzido a "corujas contra empregos" e resultou em adesivos e camisetas com *slogans*, vandalismo por ambos os lados e a troca de muitas palavras de raiva.

Algumas pessoas reconheceram que poderia haver uma maneira melhor de tomar decisões sobre o uso dos recursos naturais. O conflito no noroeste do Pacífico foi em parte o resultado de uma longa história de gestão de cima para baixo dos recursos naturais, com foco na produção de recursos e na extração. Em 1995, uma força-tarefa para manejo de ecossistemas com agências federais foi formada para desenvolver alternativas para essa questão (DellaSala e Williams, 2006).

Os métodos de manejo de recursos naturais tornaram-se mais colaborativos com o passar do tempo

Durante a maior parte do século XX, a gestão dos recursos naturais em terras públicas norte-americanas teve como foco a manutenção de recursos individuais de valor econômico, seja madeira, veados, patos ou cenário para os visitantes. Esse foco sempre esteve no centro de muitas políticas de gestão da terra até o Congresso aprovar, em 1960, a Lei de Produção Sustentada de Múltiplo Uso. Ao final de 1980, as agências de recursos naturais haviam expandido gradualmente suas missões para incluir "uso múltiplo", em reconhecimento de que pessoas diferentes tinham interesses diferentes e que era possível administrar as terras públicas para atender a demandas diversas, e às vezes até concorrentes. Isso foi feito recorrentemente pela compartimentalização de usos, quando diferentes partes de terra são designadas como zonas de extração de madeira, zonas de recreação ou áreas naturais.

Desde a década de 1980, com nossa maior consciência da necessidade de preservação da biodiversidade, nossos objetivos para o manejo de áreas foram modificados novamente. A abordagem do **manejo de ecossistemas** emergiu como uma maneira de expandir a visão da gestão para incluir a proteção de todas as espécies nativas e ecossistemas quando focado na sustentabilidade de todo o sistema, e não apenas a sustentabilidade dos recursos de interesse.

O que é manejo de ecossistemas? De uma forma simples, é "gerenciar ecossistemas de modo a assegurar sua sustentabilidade" (Franklin, 1996). Em 1996, um comitê da Ecological Society of America chegou a uma definição menos simples, porém mais abrangente: "O manejo de ecossistemas é o manejo motivado por metas explícitas, executado por políticas, protocolos e práticas, e adaptado por monitoramento e pesquisa com base em nosso melhor entendimento sobre as interações e processos ecológicos necessários para sustentar a função e a estrutura de um ecossistema" (Christensen et al., 1996). Essa definição enfatiza a sustentabilidade, mas também reconhece a necessidade de estipular metas e de se utilizar a ciência para avaliar e ajustar as práticas de manejo ao longo do tempo.

O conflito no final da década de 1980 sobre as florestas em estágio avançado de regeneração no Noroeste do Pacífico nos Estados Unidos foi um estímulo a ecólogos, silvicultores, indústrias e cidadãos a procurar um meio menos conflituoso para se tomar decisões. Desde aquela época, decisões mais colaborativas têm sido combinadas com conhecimentos científicos para se chegar a planos de manejo que não apenas sustentem a biodiversidade e o homem, mas também sejam responsivos a condições de mudança. No manejo de ecossistemas, o foco é um ecossistema biofísico em particular, ou *ecorregião*, delineado por fronteiras naturais em vez de fronteiras políticas: uma bacia hidrográfica, uma cadeia de montanhas, uma faixa litorânea. Uma gama de investidores ou empreendedores – cidadãos com algum interesse no projeto – envolve-se nas tomadas de decisão para a ecorregião, unidos pelo objetivo comum de manter a integridade ecológica e a viabilidade econômica.

O manejo de ecossistemas define metas sustentáveis, programa políticas, monitora a efetividade e faz os ajustes necessários

O manejo de ecossistemas é um processo que pode ser implantado de várias maneiras para diferentes projetos. A maioria dos projetos de manejo de ecossistemas começa

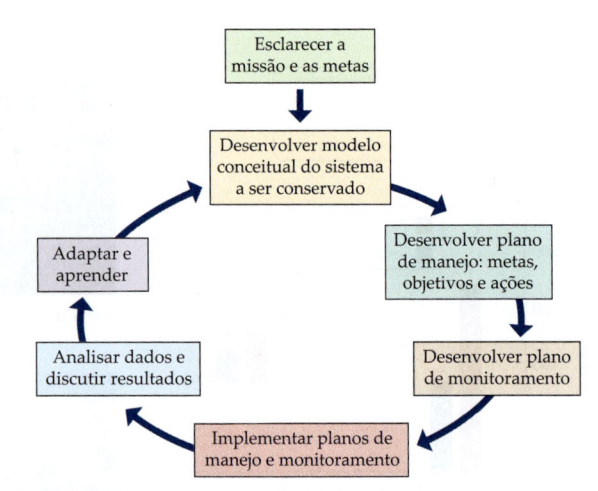

Figura 24.21 O manejo adaptativo é um componente vital do manejo de ecossistemas O manejo adaptativo é uma forma sistemática de se aprender com as ações de manejo passadas e, com base nesse aprendizado, ajustar as decisões futuras. (Segundo Margoluis e Salafsky, 1998.)

com a reunião de dados científicos para definir a natureza dos problemas no ecossistema. Essas informações são então usadas para propor objetivos sustentáveis. Para se atingir essas metas, uma série de ações é necessária, muitas das quais podem necessitar da adaptação de novas políticas. Quando um novo plano de ação é implementado, o ecossistema é monitorado para avaliar se as ações estão trazendo os resultados esperados. Ajustes às políticas são feitos conforme necessário. Nesse processo iterativo, conhecido como **manejo adaptativo** (**Figura 24.21**), ações de gestão são vistas como experimentos, e decisões de gestão futuras são determinadas pelo resultado das decisões presentes.

O monitoramento é um componente vital para o manejo adaptativo. Por exemplo, Mark Boyce desenvolveu um modelo prevendo a dinâmica populacional de alces e lobos no Parque Nacional de Yellowstone após a reintrodução de lobos descrita no Estudo de Caso deste capítulo. Ele e seu colega Nathan Varley adotaram uma abordagem de manejo adaptativo, ajustando seu modelo com base em dados demográficos dos primeiros 10 anos da presença de lobos. Como o modelo original estimou bem o número de alces, mas subestimou o número de lobos, eles perceberam que algumas das suposições do modelo necessitavam de ajustes (Varley e Boyce, 2006). No futuro, essa abordagem será importante para determinar os níveis aceitáveis de caça para os alces e os ajustes futuros em resposta à mudança das circunstâncias.

Embora seja extremamente útil, a gestão de ecossistemas tem limitações e desvantagens. Uma desvantagem é que pode levar um longo tempo para se chegar a um consenso – ainda que prevenindo uma crise ambiental, pode ser necessário que as ações preventivas sejam tomadas imediatamente. Existe também um potencial de conflito contínuo gerado por aqueles que simplesmente querem interromper o processo, mesmo quando grandes esforços

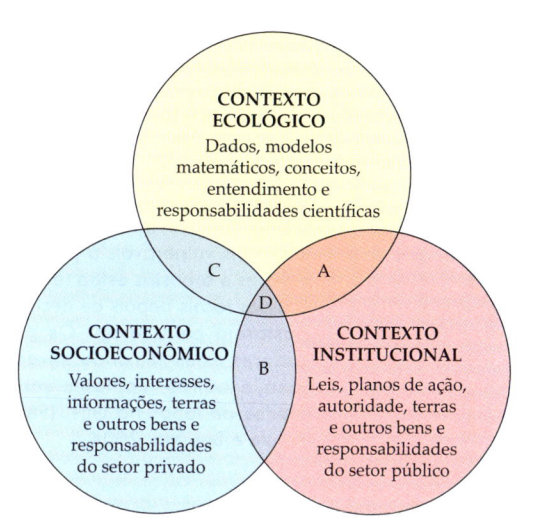

Figura 24.22 Os seres humanos são parte integral do manejo de ecossistemas O manejo de ecossistemas integra interesses oriundos de contextos ecológicos, institucionais e socioeconômicos. As letras representam a sobreposição dos três contextos: (A) zona do manejo da regulação ou da autoridade; (B) zona das obrigações sociais; (C) zona das decisões informais (em oposição às exigências legais); (D) zona das parcerias de sucesso, em que todas as partes ganham.

no envolvimento das partes interessadas são feitos. Em alguns casos, a informação parcial, a luta pelo poder entre as diferentes agências governamentais, a corrupção ou as necessidades não satisfeitas das comunidades locais produzem situações que não contribuem para a administração participativa.

Os seres humanos são parte integral dos ecossistemas

Ações humanas afetam ecossistemas naturais, e as economias humanas são alteradas pelos estoques de recursos naturais. Gerenciadores de ecossistema não devem apenas administrar recursos naturais e biodiversidade em amplas áreas; devem também arquitetar planos que protejam tanto os ecossistemas naturais quanto as economias humanas. O manejo de ecossistemas incorpora fatores sociais e econômicos como partes fundamentais do processo decisório, em conjunto com requisitos legais e, é claro, integridade ecológica (**Figura 24.22**). A integração desses diferentes componentes é vista como necessária para atingir o sucesso no manejo.

Como temos visto, pessoas necessitam dos ecossistemas naturais por muitas razões, desde econômicas até espirituais. O manejo de ecossistemas incorpora a educação do público sobre sua dependência dos serviços do ecossistema como parte de sua missão. Também engaja o público no auxílio para resolver os problemas que degradam os serviços do ecossistema dos quais ele depende.

Qualquer plano de conservação que exclua o componente humano não será aceito, em último caso, pelos investidores interessados. O plano para o Parque Nacional de Masoala levou em consideração as necessidades das pessoas que vivem ao redor do parque. Os planejadores da conservação não apenas calcularam suas necessidades de madeira e criaram uma zona de amortecimento destinada ao corte sustentado, mas também pesquisaram na região três espécies que teriam valor no mercado de exportação e incluíram-nas em um plano econômico para uso futuro. A ideia foi remover as pressões econômicas sobre os recursos do parque indicando meios pelos quais as pessoas poderiam se sustentar e aumentar seus ganhos utilizando recursos de fora da área do parque. Além disso, o grupo de Kremen trabalhou em conjunto com a população local e com o governo de Madagascar para desenvolver o projeto, reconhecendo a importância da aceitação do povo local de quaisquer propostas que fizessem. No final, o planejamento do parque levou em conta as necessidades econômicas das pessoas, identificando recursos florestais que poderiam ser utilizados para enriquecer a região, assim como as necessidades de hábitat de todos os táxons incluídos na análise dos planejadores. Só o tempo dirá se o parque atingirá essas metas (Kremen et al., 1999).

ESTUDO DE CASO REVISITADO
Lobos na paisagem de Yellowstone

A reintrodução dos lobos no grande ecossistema de Yellowstone em 1995 repercutiu em uma mudança na abordagem do processo decisório do manejo de ecossistemas. Foi um passo corajoso após anos de estudo e de preparação. Esse fato reflete uma considerável mudança nas atitudes humanas para com a natureza no último século. No final do século XIX e início do século XX, os lobos eram temidos e insultados. Eles eram tidos como um ameaça aos seres humanos e aos rebanhos – uma percepção acurada por parte dos rebanhos. Os lobos foram caçados até a extinção na área do Parque Nacional de Yellowstone até o final da década de 1930 e praticamente em todo o território dos Estados Unidos não muito tempo depois.

A remoção de um predador de topo pode alterar a paisagem substancialmente, em parte porque os herbívoros, cujas populações são controladas pelo predador, podem aumentar em número, afetando negativamente a dinâmica da vegetação. Em Yellowstone, o crescimento e a reprodução das espécies de árvores ribeirinhas, como choupos, álamos e salgueiros, decaíram após a remoção dos lobos (Ripple e Beschta, 2007). Uma possível razão é que as árvores sofriam forte herbivoria, como pelos alces, que vagueavam livremente ao longo de rios e córregos uma vez que os lobos tinham desaparecido. Quão forte é o apoio para essa explicação?

Muitas observações corroboram com essa ideia. A reintrodução iniciou no inverno de 1995 a 1996, quando 31 lobos capturados no Canadá foram soltos no parque. A população aumentou rapidamente; em 2004, havia cerca de 250 lobos no parque. Na sequência da reintrodução, as populações de alces, principais presas dos lobos, diminuíram em 50%. Alces foram inicialmente ingênuos e muito vulneráveis à predação pelos lobos, mas desde então têm

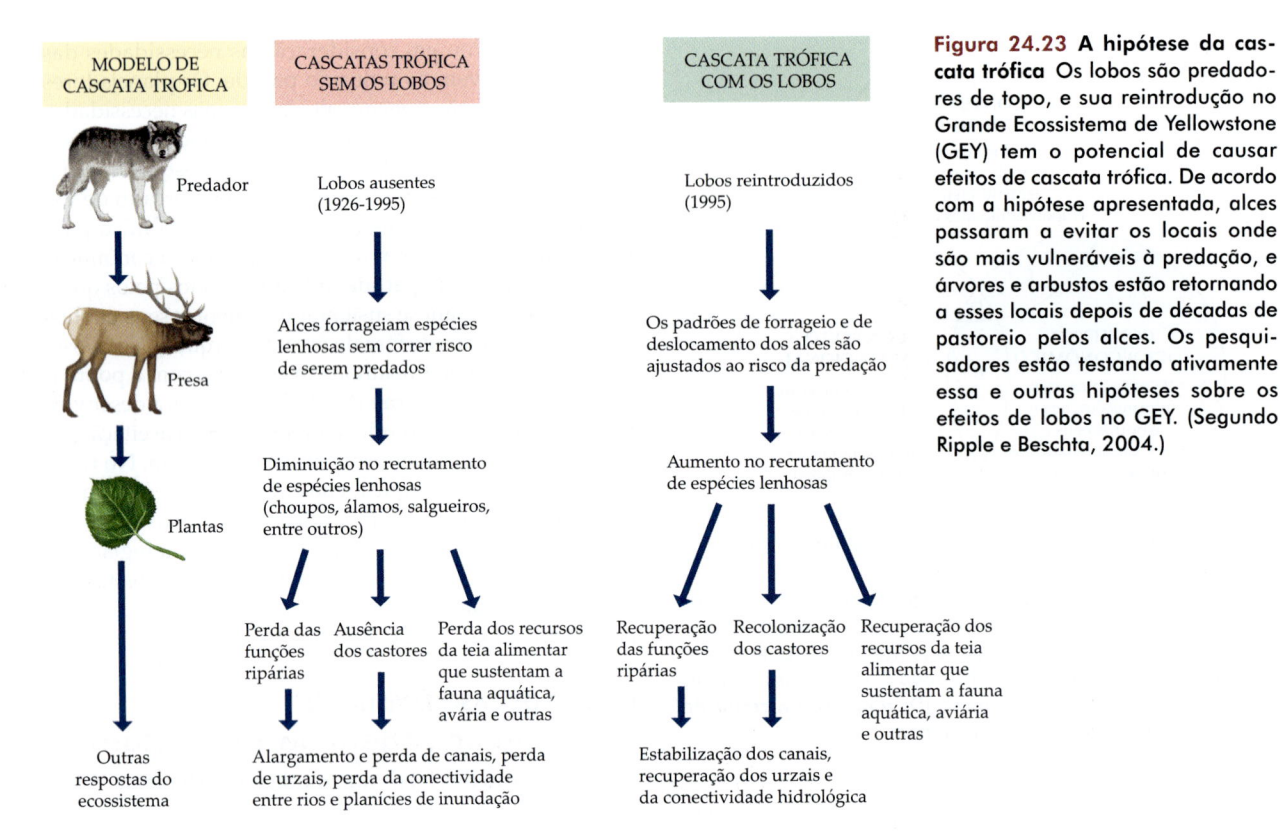

Figura 24.23 A hipótese da cascata trófica Os lobos são predadores de topo, e sua reintrodução no Grande Ecossistema de Yellowstone (GEY) tem o potencial de causar efeitos de cascata trófica. De acordo com a hipótese apresentada, alces passaram a evitar os locais onde são mais vulneráveis à predação, e árvores e arbustos estão retornando a esses locais depois de décadas de pastoreio pelos alces. Os pesquisadores estão testando ativamente essa e outras hipóteses sobre os efeitos de lobos no GEY. (Segundo Ripple e Beschta, 2004.)

MODELO DE CASCATA TRÓFICA
- Predador
- Presa
- Plantas
- Outras respostas do ecossistema

CASCATAS TRÓFICA SEM OS LOBOS
Lobos ausentes (1926-1995)
↓
Alces forrageiam espécies lenhosas sem correr risco de serem predados
↓
Diminuição no recrutamento de espécies lenhosas (choupos, álamos, salgueiros, entre outros)
↓
- Perda das funções ripárias
- Ausência dos castores
- Perda dos recursos da teia alimentar que sustentam a fauna aquática, avária e outras

Alargamento e perda de canais, perda de urzais, perda da conectividade entre rios e planícies de inundação

CASCATA TRÓFICA COM OS LOBOS
Lobos reintroduzidos (1995)
↓
Os padrões de forrageio e de deslocamento dos alces são ajustados ao risco da predação
↓
Aumento no recrutamento de espécies lenhosas
↓
- Recuperação das funções ripárias
- Recolonização dos castores
- Recuperação dos recursos da teia alimentar que sustentam a fauna aquática, aviária e outras

Estabilização dos canais, recuperação dos urzais e da conectividade hidrológica

---

modificado seu comportamento, mostrando preferência pelo forrageio em locais que fornecem alta visibilidade. Além disso, álamos, choupos e salgueiros começaram a se recuperar em algumas áreas. Os primeiros sinais de recuperação parecem estar concentrados em locais onde os alces encontram maiores riscos de predação, como locais onde a visibilidade é ruim, onde não há rotas de escape ou onde emboscadas são frequentes. Assim, alces podem estar evitando áreas onde são mais vulneráveis aos ataques dos lobos, permitindo que árvores se recuperem nesses locais – e possivelmente levando a uma série de efeitos em cascata (**Figura 24.23**).

No entanto, alguns estudos têm questionado se uma cascata trófica como a da Figura 24.23 está ocorrendo. Em um teste sobre a hipótese de que alces forrageiam menos em áreas com lobos, levando à recuperação de espécies lenhosas nesses locais, Kauffman e colaboradores (2010) verificaram que a sobrevivência dos álamos não foi alterada pela presença de lobos. Da mesma forma, Creel e Christianson (2009) descobriram que a predação do salgueiro por alces foi mais fortemente afetada pelas condições da neve do que pela presença de lobos; na verdade, ao contrário das expectativas, o consumo de salgueiro aumentou quando os lobos estavam presentes! A reintrodução de lobos pode ter alterado a sobrevivência do salgueiro e do álamo, o que parece ter ocorrido pela diminuição da população de alces devido à predação pelos lobos, e não porque o medo da predação levou a mudanças de forrageio dos alces. Seja qual for o resultado desse debate, a reintrodução de lobos proporciona uma excelente oportunidade para testar hipóteses sobre como os ecossistemas funcionam em uma ampla paisagem.

CONEXÕES NA NATUREZA
Futuras mudanças na paisagem de Yellowstone

Se as árvores ripárias continuarem a se recuperar no GEY, uma série de efeitos em cascata (como os descritos nos Conceitos 16.3 e 21.3) pode ocorrer. Em alguns locais, o aumento do número de salgueiros reduziu o fluxo de água e aumentou as taxas de sedimentação (Beschta e Ripple, 2006). Espera-se também que o aumento do crescimento de espécies arbóreas ripárias proporcione sombra e hábitat para as trutas, que preferem águas frias e a sombra, e para as aves migratórias. Um maior número de espécies de aves ripárias tem sido observado em um ecossistema em recuperação bastante parecido em Alberta (Hebblewhite et al., 2005). Com o aumento da população dos salgueiros – recurso preferido dos castores –, novas colônias de castores estão surgindo. Por sua vez, as barragens construídas pelos castores mudaram os padrões de fluxo de água, criando zonas pantanosas que podem favorecer o retorno de lontras, patos, ratos-almiscarados e visons.

No entanto, outras mudanças ainda mais fundamentais podem estar ocorrendo no ecossistema de Yellowstone. Lembre-se dos Capítulos 2 e 4 que o clima é o fator mais importante para determinar onde as espécies vivem. Com o aumento das concentrações dos gases do efeito estufa na atmosfera, o aquecimento do clima antecipa-se no

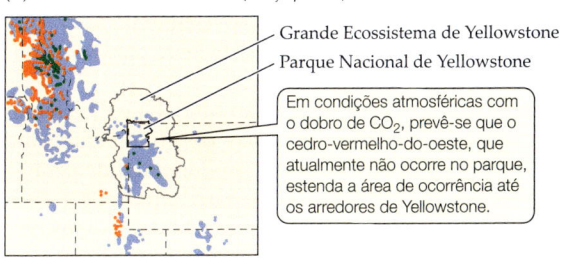

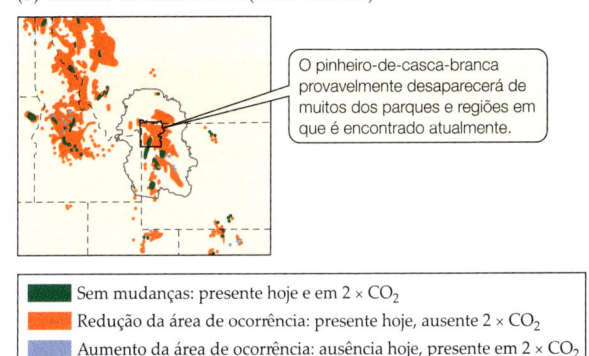

(A) Cedro-vermelho-do-oeste (*Thuja plicata*)

Grande Ecossistema de Yellowstone
Parque Nacional de Yellowstone

Em condições atmosféricas com o dobro de CO_2, prevê-se que o cedro-vermelho-do-oeste, que atualmente não ocorre no parque, estenda a área de ocorrência até os arredores de Yellowstone.

(B) Pinheiro-de-casca-branca (*Pinus albicaulis*)

O pinheiro-de-casca-branca provavelmente desaparecerá de muitos dos parques e regiões em que é encontrado atualmente.

■ Sem mudanças: presente hoje e em $2 \times CO_2$
■ Redução da área de ocorrência: presente hoje, ausente $2 \times CO_2$
■ Aumento da área de ocorrência: ausência hoje, presente em $2 \times CO_2$

Figura 24.24 Projeção dos efeitos da mudança climática nas Montanhas Rochosas do Norte Alterações na distribuição de algumas espécies principais de árvores nas Montanhas Rochosas do Norte do Parque são projetadas por um modelo de clima futuro regido por concentrações de CO_2 duas vezes maiores do que as atuais. Essas mudanças incluem (A) o aumento da distribuição do cedro vermelho-do-oeste, que atualmente é incomum na região, e (B) o quase desaparecimento do pinheiro-de-casca-branca. (Segundo Bartlein et al., 1997.)

Figura 24.25 Invernos pouco frios promoveram uma explosão populacional devastadora de insetos Expulso das florestas de pinheiros-de-casca-branca pelas temperaturas frias do inverno, o besouro-dos-pinheiros expandiu sua área de ocorrência com o aumento da temperatura nas últimas décadas. Esses besouros têm contribuído para a morte de milhões de pinheiros, que ficam avermelhados quando morrem (como nesta floresta em Wyoming). Em julho de 2010, o U.S. Fish and Wildlife Service anunciou que está considerando a possibilidade de listar o pinheiro-de-casca-branca como em perigo ou ameaçado de extinção na Lei de Espécies Ameaçadas.

próximo século (ver Capítulo 25). Yellowstone será capaz de manter sua diversidade biológica atual com a mudança global do clima?

Um estudo de modelagem mostrou como a vegetação da região ao redor do Parque Nacional de Yellowstone pode parecer com a duplicação das concentrações de CO_2 na atmosfera, que poderia acontecer dentro de um século (**Figura 24.24**). Geralmente, as projeções apontam para altas temperaturas, sem aumento de precipitação e com incêndios mais frequentes. Com base nessas projeções para o ambiente físico, o modelo previu migrações de muitas espécies para partes mais altas e para o norte. Essas migrações poderão causar mudanças nas comunidades florestais, com o declínio de espécies dentro do parque e o aumento da área de ocorrência de outras espécies. Entre as espécies atualmente raras ou ausentes no GEY e que podem ter sua abundância aumentada substancialmente estão o carvalho-gambel, o cedro-vermelho-do-oeste e o pinheiro-ponderosa. A quase eliminação do pinheiro-de-casca-branca é esperada com o deslocamento para o norte de seu hábitat adequado (Bartlein et al., 1997).

A perda do pinheiro-de-casca-branca poderia iniciar uma série de mudanças ecológicas. Essa árvore é uma espécie-chave, pois produz grandes amêndoas ricas em calorias, sendo uma fonte de recursos importantes para o pássaro quebra-nozes, assim como para os ursos pretos e cinzentos. O quebra-nozes, por sua vez, é o dispersor primário das sementes do pinheiro-de-casca-branca (Tomback, 1982). Uma consequência dos invernos menos frios das últimas décadas tem sido a expansão da ocorrência do besouro-do-pinheiro-da-montanha (*Dendroctonus ponderosae*) para florestas de pinheiros de altas altitudes, incluindo aquelas onde o pinheiro-de-casca-branca cresce (Logan e Powell, 2001). Esse besouro tem efeitos devastadores sobre o pinheiro-de-casca-branca (**Figura 24.25**). Esse pinheiro também tem sido muito impactado na América do Norte pelo fungo *Cronartium ribicola*, um patógeno introduzido que produz bolhas enferrujadas nos troncos e nos ramos (Tomback e Achuff, 2010). Os efeitos combinados do besouro-dos-pinheiros e das bolhas de ferrugem têm causado uma grande mortandade de pinheiros-de-casca-branca, e dados preliminares indicaram que essas perdas têm reduzido a ocorrência do quebra-nozes em algumas áreas (McKinney et al., 2009). A redução dos pinheiros-de-casca-branca também significa uma redução de recursos alimentares para os ursos. Assim, parece que a mudança climática e que um patógeno exótico estão causando fortes influências nas populações de pinheiros-de-casca-branca, e esses efeitos podem ser sentidos pelos animais selvagens, como os ursos-cinzentos. (Ver **Conexão às Mudanças Climáticas 24.1** para mais informações sobre como a mudança climática está afetando a biodiversidade em florestas e outros ecossistemas.)

Como vimos neste capítulo, a ecologia da paisagem e o uso de ferramentas como o sensoriamento remoto e o SIG podem elucidar os atuais padrões de biodiversidade e nos ajudar a prever futuros padrões. Ao longo dos últimos 30 anos, temos dedicado muitos esforços na seleção, na implantação e no gerenciamento de novas Unidades de Conservação, mas agora precisamos questionar a eficiência dessas áreas em abrigar suas espécies com a elevação da temperatura global. Se perdas estão previstas com a alteração climática, existem ações que podemos tomar para aumentar a conectividade, para criar ou melhorar zonas de amortecimento ao redor de áreas-núcleo, ou para restaurar áreas degradadas e melhorar a integridade ecológica? Ou teremos que deslocar espécies para novas áreas com hábitats adequados, especialmente se não conseguem migrar com a agilidade suficiente para se adaptar à mudança climática?

Com o aumento da população humana e das demandas sobre os ecossistemas, esses desafios serão ainda maiores. Ecólogos terão o papel fundamental de gerar informações científicas necessárias para tomarmos decisões sobre como proceder em sociedade. O futuro de incontáveis números de espécies depende de nossa eficácia nessa tarefa.

RESUMO

CONCEITO 24.1 A ecologia da paisagem examina padrões espaciais e suas relações com os processos ecológicos.

- A paisagem é uma área heterogênea de terra composta por um mosaico dinâmico de componentes distintos que interagem entre si pela troca de materiais, energia e organismos.
- Paisagens são caracterizadas por sua composição (os elementos que as constituem), assim como por sua estrutura (o modo como esses elementos estão arranjados na paisagem).
- Os padrões de paisagem influenciam processos ecológicos, pois determinam o quão fácil organismos se deslocam entre fragmentos, e alteram propriedades de ecossistemas, como as taxas dos ciclos biogeoquímicos.
- Os padrões de paisagem moldam e são moldados pelos distúrbios.

CONCEITO 24.2 Perda e fragmentação de hábitat diminuem as áreas de hábitat, isolam populações e alteram condições nas bordas dos hábitats.

- Fragmentos de hábitat em geral são biologicamente empobrecidos se comparados aos hábitats intactos de onde foram separados.
- Quando um fragmento de hábitat é isolado pela fragmentação, os organismos remanescentes podem ficar ilhados ou podem cruzar a matriz modificada até outro.
- As bordas possuem condições abióticas diferentes das partes internas dos fragmentos e, portanto, apresentam dinâmicas populacionais diferentes.
- O isolamento de populações e as alterações nas comunidades ecológicas resultantes da fragmentação dos hábitats modificam os processos evolutivos.

CONCEITO 24.3 A biodiversidade pode ser mais bem preservada por grandes reservas conectadas através da paisagem e protegidas de áreas de uso humano intenso.

- A configuração espacial ideal de uma área-núcleo natural é ampla, compacta e conectada ou próxima a outras áreas naturais protegidas.
- As áreas-núcleo naturais devem ser circundadas por zonas de amortecimento onde usos antrópicos compatíveis com a preservação da biodiversidade são permitidos.
- Corredores de hábitat são instrumentos que facilitam o deslocamento dos organismos entre áreas naturais.
- A restauração ecológica de áreas degradadas promove o retorno das espécies nativas e dos processos ecossistêmicos.

CONCEITO 24.4 O manejo de ecossistemas é um processo colaborativo cuja meta principal é a manutenção da integridade ecológica em longo prazo.

- A colaboração entre todos os investidores ou interessados é fundamental para se chegar a planos de manejo efetivos.
- O manejo de ecossistemas é um processo de fixar metas sustentáveis, desenvolver e implementar políticas de manejo para o uso do solo, monitorar a eficácia das decisões anteriores e adaptar os planos de acordo com esse monitoramento.
- Os seres humanos são parte integral dos ecossistemas. Planos de conservação que consideram a economia e o bem-estar da população local estão mais propensos ao sucesso em longo prazo.

Questões de revisão

1. Quais as semelhanças entre as ilhas de hábitat terrestres resultantes da fragmentação e as ilhas circundadas pela água? Quais as diferenças? Como os princípios da biogeografia de ilhas se aplicam às ilhas fragmentadas de hábitat?
2. Os corredores são apenas fragmentos longos e estreitos? Descreva as semelhanças e as diferenças entre o corredor e os fragmentos de hábitat que ele une e destaque as implicações aos organismos que o utilizam. Você entende que corredores são benéficos? Que são necessários? Por quê?
3. A borda oeste do Parque Nacional de Yellowstone, divisa com uma Floresta Nacional, pode ser vista do espaço (confira no *Google Earth* 44°21'45" N, 111°05'50" O). Explique isso em termos das metas contrastantes de um parque nacional e de uma floresta nacional. Quais são as implicações ecológicas para a biodiversidade dessas propostas institucionais contrastantes? E para o manejo dos ecossistemas?
4. Descreva as áreas protegidas nas proximidades de sua sala de aula. Classifique-as por tamanho, descreva que jurisdição é responsável por elas e avalie sua eficácia na proteção da biodiversidade nativa. Considere-as como uma rede. Quão bem conectadas estão? Existe alguma forma de melhorar a conectividade em sua região? Qual o potencial e a necessidade de se aumentar a área de terra conservada em sua região?
5. Dê um exemplo de um esforço de conservação em sua região que possua a abordagem do manejo de ecossistemas. Que ecossistema está sendo protegido? Quais espécies, ou qual espécie-chave ou qual comunidade biológica esse esforço busca proteger? Quem são os interessados envolvidos na tomada de decisão? Qual a eficácia desse ato no auxílio na questão fundamental de se manter a integridade ecológica?

MATERIAL DA INTERNET (em inglês)
sites.sinauer.com/ecology3e

O *site* inclui o resumo dos capítulos, testes, *flashcards* e termos-chave, sugestão de leituras, um glossário completo e a Revisão Estatística. Além disso, os seguintes recursos estão disponíveis para este capítulo:

Exercício Prático: Solucionando Problemas
24.1 Você não consegue chegar lá saindo daqui: o deslocamento em paisagens heterogêneas

Saiba Mais
24.1 Ilhas de hábitat e o leste de Wallaroo
24.2 Efeitos de um experimento de restauração ecológica

Conexão às Mudanças Climáticas
24.1 Efeitos das mudanças climáticas sobre a biodiversidade

25 Ecologia global

CONCEITOS-CHAVE

CONCEITO 25.1
Os elementos químicos, em uma escala global, movem-se entre seus reservatórios geológicos, atmosféricos, oceânicos e biológicos.

CONCEITO 25.2 A Terra está aquecendo devido às emissões antropogênicas de gases do efeito estufa.

CONCEITO 25.3 Emissões antropogênicas de enxofre e nitrogênio causam deposição ácida, alteram a química do solo e afetam a saúde dos ecossistemas.

CONCEITO 25.4 A redução do ozônio na estratosfera e seu aumento na troposfera representam riscos para os organismos.

Épicas tempestades de poeira: Estudo de Caso

Poeira geralmente é um aborrecimento sutil para a maioria dos habitantes urbanos, um sinal de negligência e de donos de casa relaxados. Vivendo em ilhas de asfalto e concreto, a maioria dos habitantes urbanos vê pouco solo nu, muito menos nuvens de poeira cruzando os céus. No entanto, ao fim da primavera de 1934, uma massiva tempestade de poeira encobriu as cidades norte-americanas de Chicago e Nova Iorque em uma névoa escura nunca vista antes por seus moradores. As pessoas engasgavam-se com a poeira, e ela fazia arder os olhos. Doze milhões de toneladas de poeira caíram sobre Chicago – cerca de 1.800 g para cada morador – e foi estimado que 350 milhões de toneladas de poeira foram carregadas pela tempestade para o Oceano Atlântico. Embora esse evento tenha sido ameaçador para os moradores da cidade, os fazendeiros no sul das Grandes Planícies sofreram ao longo de vários anos frequentes tempestades severas de poeira em toda a década de 1930 (**Figura 25.1**). Durante esse período, muitas pessoas naquela região, conhecida como *Dust Bowl*, sofreram de pneumonia induzida pela poeira geralmente fatal, similar à doença do pulmão preto* que matava os mineiros de carvão.

Beijing, China, experimentou tempestades de poeira comparáveis em meados de 1990, associadas com tempestades maiores que afetam a China, a Coreia do Sul e o Japão. As edificações, as ruas, as calçadas e os carros em Beijing foram cobertos com uma camada de poeira laranja durante esses episódios. As pegadas eram visíveis na poeira das calçadas, e o tráfego tornou-se lento pela visibilidade reduzida. Em uma tempestade em abril de 2006, mais de 300 mil toneladas de poeira caíram sobre a cidade. Os moradores foram encorajados a permanecer em casa para evitar que a poeira fosse inalada ou atingisse seus olhos. Muitos daqueles suficientemente corajosos para se aventurar a sair usavam máscaras faciais cirúrgicas para proteger seus pulmões. Alguns moradores vedaram suas janelas e portas com panos em uma tentativa de manter a poeira fora de suas casas e apartamentos.

Grandes tempestades de poeira em áreas urbanas são percebidas como eventos raros, potencialmente ligados a práticas insustentáveis de uso do solo, tais como o sobrepastejo ou a agricultura em áreas marginais**. Em ambos os exemplos mencionados, o cultivo e o pastejo em áreas áridas aumentaram antes das tempestades de poeira. Há evidência, entretanto, de que as tempestades de poeira massivas ocorrem em intervalos

---

*N. de T. *Black lung disease*, um tipo de pneumoconiose laboral associada à inalação de poeira de carvão.
**N. de T. Áreas inapropriadas à agricultura devido à baixa qualidade do solo, ao abastecimento insuficiente de água, à poluição proveniente de atividades industriais anteriores, à inclinação excessiva do terreno ou à distância excessiva de meios de transporte.

Figura 25.1 Uma enorme tempestade de poeira Uma nuvem de poeira aproxima-se da cidade de Stratford, Texas, em abril de 1935. Essa tempestade foi uma de várias que assolaram *Dust Bowl* durante a década de 1930.

regulares, mas infrequentes, independentemente das atividades humanas, movendo grandes quantidades de solo ao longo de continentes inteiros. Ao longo do século passado, esses eventos foram associados com secas prolongadas. As tempestades de poeira urbanas nos Estados Unidos durante os anos de 1930 foram associadas com uma estiagem que durou uma década no *Dust Bowl* (**Figura 25.2**). De modo similar, as tempestades de poeira sobre Beijing de duas décadas atrás foram associadas com a seca na Mongólia.

A poeira na atmosfera é constituída de partículas de solo transportadas pelo vento de regiões em que falta cobertura vegetal para proteger o solo. Como discutido nos Capítulos 4 e 22, os solos são importantes fontes de nutrientes, determinantes da disponibilidade hídrica terrestre e hábitat para organismos. Portanto, a redistribuição dos solos de uma área para outra tem o potencial de causar mudança ecológica. Quão difundidos são esses efeitos ecológicos? Que papel os seres humanos têm desempenhado nessas tempestades de poeira do século passado? Como veremos neste capítulo, o movimento de poeira é um importante componente no movimento dos elementos químicos em escala global.

Introdução

No Capítulo 22, estudamos a ciclagem de nutrientes em ecossistemas associada à absorção e à decomposição. Os movimentos desses elementos químicos biologicamente importantes estão relacionados a uma escala global que transcende as fronteiras da escala de ecossistemas e biomas. Os processos ecológicos em escala de ecossistema (p. ex., produção primária líquida, decomposição) influenciam os fenômenos globais (p. ex., a emissões e a absorção de gases do efeito estufa). Além disso, a constatação de que os seres humanos estão aumentando cada vez mais as mudanças físicas e químicas nos ambientes em escala global provocou maior consciência sobre a ecologia dessas grandes escalas espaciais. A emissão de poluentes, poeira e gases do efeito estufa para a atmosfera tem causado a disseminação de problemas ambientais, incluindo mudança climática, precipitação ácida, eutrofização e redução do ozônio estratosférico. Um importante foco da ecologia global é, portanto, o estudo dos amplos efeitos ambientais causados pelas atividades humanas.

A primeira parte deste capítulo cobrirá os ciclos dos elementos químicos em escala global, que estão relacionados, de distintas formas, aos ciclos em escala de ecossistemas abordados no Capítulo 22. Conhecer esses ciclos é importante para entender a mudança ambiental global. Os seres humanos têm provocado profundos efeitos sobre esses ciclos, e as alterações ambientais associadas com esses efeitos serão discutidas nas seções restantes.

> **CONCEITO 25.1**
> Os elementos químicos, em uma escala global, movem-se entre seus reservatórios geológicos, atmosféricos, oceânicos e biológicos.

Ciclos biogeoquímicos globais

Nesta seção, seguiremos a ciclagem biogeoquímica do carbono, do nitrogênio, do fósforo e do enxofre em escala global. Esses elementos particulares estão enfatizados tanto por sua importância para a atividade biológica como devido a seus papéis como poluentes no ambiente global. Os ciclos serão discutidos em termos de reservatórios (as quantidades dos elementos dentro dos componentes da biosfera), e *fluxos*, ou taxas de movimento, entre os reservatórios. Por exemplo, as plantas terrestres constituem um reservatório de carbono, enquanto a fotossíntese representa um fluxo – nesse caso, o movimento do carbono do reservatório atmosférico para o reservatório vegetal terrestre.

O carbono circula dinamicamente em escala global

O carbono (C) tem uma importância crucial para a vida devido a seu papel na transferência de energia e na construção de biomassa. Em uma escala global, o C que circula ativamente é relativamente dinâmico, movendo-se entre os reservatórios atmosférico, terrestre e oceânico relativamente rápido (entre semanas a décadas). É importante entender o ciclo global do carbono porque as mudanças no fluxo de carbono entre esses reservatórios estão influenciando o sistema climático da Terra. O carbono na atmosfera ocorre fundamentalmente como dióxido de carbono (CO_2) e metano (CH_4). Como vimos no Capítulo 2, esses dois gases do efeito estufa influenciam a absorção atmosférica de radiação infravermelha e sua reirradiação da superfície terrestre. Entretanto, qualquer mudança na concentração desses gases na atmosfera pode exercer efeitos profundos no clima global, como veremos mais tarde neste capítulo.

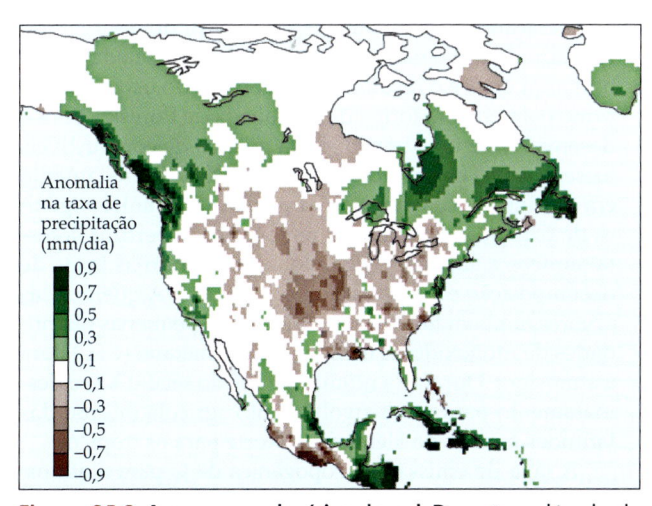

Figura 25.2 A seca nas planícies do sul Durante a década de 1930, o sul das Grandes Planícies dos Estados Unidos experimentou as maiores estiagens já registradas. A seca, em combinação com a perda da cobertura vegetal, criou as condições que propiciaram o aporte de poeira para a atmosfera. Os valores mostrados são anomalias (diferenças entre as médias para o período de 1932-1939 e as médias de longo prazo). (Segundo Cook et al., 2009.)

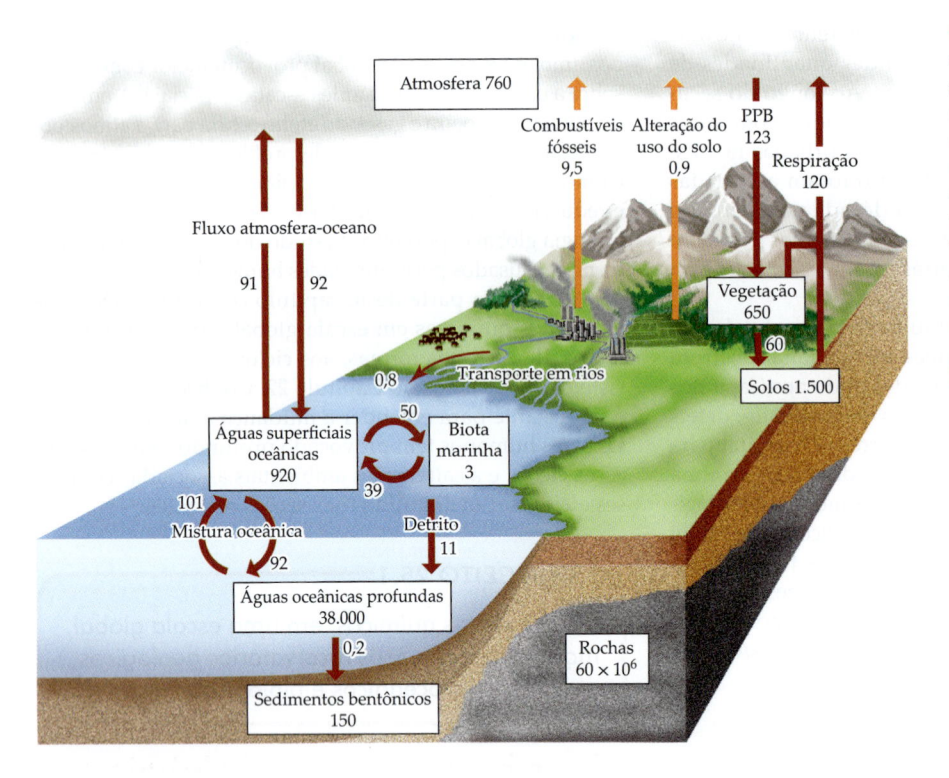

Figura 25.3 O ciclo global do carbono Os retângulos representam os principais reservatórios de C, medidos em petagramas (1 Pg = 10^{15} g). As flechas representam os principais fluxos de C, medidos em Pg por ano; os fluxos antropogênicos são mostrados em laranja. Observe que os maiores fluxos são a PPB e a respiração. (Dados adicionais do IPCC, 2013.)

? Como o desmatamento influenciaria a magnitude dos fluxos de carbono?

Existem quatro reservatórios globais de carbono: atmosfera, oceanos, superfície terrestre (incluindo vegetação e solos) e sedimentos e rochas (**Figura 25.3**) (Schlesinger, 1997). O maior desses reservatórios é a combinação de sedimentos e rochas, que contém 99% do C global. O C nesse reservatório é encontrado principalmente na forma de minerais carbonato e compostos orgânicos. Ele é o mais estável dos grandes reservatórios, tomando e liberando carbono ao longo da escala de tempo geológico.

Por sua vez, o reservatório oceânico consiste em dois componentes principais: as águas superficiais (até a profundidade de 75-200 m), onde a maioria das atividades biológicas ocorre, e as águas frias e profundas. O dióxido de carbono dissolve-se na água do mar devido ao gradiente de concentração entre a atmosfera (que tem uma concentração maior) e o oceano (que tem uma concentração menor); portanto, há uma absorção líquida de C da atmosfera na superfície oceânica. Há relativamente pouca mistura entre as águas superficiais e as águas oceânicas profundas, embora o C seja transferido entre elas pela deposição de detritos e conchas de carbonato de organismos marinhos e pela subsidência das correntes oceânicas polares descritas no Conceito 2.2. A maior parte do C nos oceanos (> 90%) está nas águas profundas. Algum fluxo desse reservatório oceânico profundo ocorre quando a ressurgência traz águas ricas em carbono para a superfície, liberando CO_2 na atmosfera.

O reservatório terrestre, que inclui as superfícies continentais cobertas ou não por vegetação e seus solos associados, é o maior reservatório biologicamente ativo de C. O reservatório edáfico contém aproximadamente tanto quanto duas vezes o C do reservatório da vegetação. O reservatório terrestre troca C com o reservatório atmosférico principalmente pela fixação fotossintética de CO_2 pelas plantas e pela liberação respiratória de CO_2 por plantas e heterótrofos. Antes da Revolução Industrial que começou no início do século XIX, as trocas entre esses dois reservatórios eram aproximadamente iguais, sem qualquer alteração líquida no CO_2 atmosférico.

Como resultado do crescimento rápido da população humana ao longo dos últimos 160 anos e associado com o desenvolvimento agrícola e industrial, houve um aumento na liberação de C para a atmosfera a partir do reservatório terrestre. Essa liberação **antropogênica** (associada ao ser humano) de C é o resultado da alteração do uso do solo – principalmente na forma de derrubada de florestas para o desenvolvimento agrícola – e da queima de combustíveis fósseis. Antes da metade do século XIX, o desmatamento era o principal contribuinte para a liberação antropogênica de C para a atmosfera. A remoção da cobertura florestal aquece a superfície do solo, aumentando as taxas de decomposição e a respiração heterotrófica. A queima das árvores também libera CO_2, assim como pequenas quantidades de monóxido de carbono (CO) e metano (CH_4) para a atmosfera. Durante a última metade do século XX, o desmatamento para o desenvolvimento agrícola migrou das latitudes médias do Hemisfério Norte para os trópicos.

A taxa de emissão antropogênica de C para a atmosfera tem continuado a aumentar nas décadas recentes. Em 1970, as emissões antropogênicas de CO_2 adicionavam C na atmosfera a uma taxa de 4,1 petagramas (1 Pg = 10^{15} g) por ano; em 2011, essa taxa tinha mais do que dobrado para 10,4 petagramas de C por ano (IPCC, 2013). A queima de combustíveis fósseis é responsável por cerca de 90% do fluxo antropogênico de carbono para a atmosfera; os 10% restantes estão associados ao desmatamento. Aproximadamente metade dessas emissões antropogênicas de CO_2 é absorvida pelos oceanos e pela biota terrestre. No entanto, essa proporção diminuirá com o tempo, à medida que a absorção de CO_2 pelos ecossistemas terrestres e marinhos não irá se manter no mesmo ritmo da taxa de emissões para a atmosfera (IPCC, 2013).

As emissões de CH_4 dos reservatórios terrestres para a atmosfera também têm aumentado como resultado das atividades humanas. Embora as concentrações atmosféricas de CH_4 sejam muito menores do que aquelas de CO_2, mesmo pequenos aumentos no CH_4 poderiam influenciar o clima global em razão de o metano ser 25 vezes mais efetivo como um gás do efeito estufa por molécula do que o CO_2. O metano é emitido naturalmente por arqueias metanogênicas anaeróbicas que vivem em áreas úmidas e sedimentos marinhos de pouca profundidade. As bactérias metanogênicas presentes no rúmen de ruminantes também são fonte de CH_4 atmosférico. As emissões antropogênicas de CH_4 têm duplicado desde o início do século XIX em decorrência do processo de queima de combustíveis fósseis, desenvolvimento da agricultura (principalmente do arroz, cultivado em campos irrigados), queima de florestas e culturas e produção animal (IPCC, 2013). Como resultado, as concentrações atmosféricas de CH_4 mais do que dobraram ao longo dos dois últimos séculos.

O processo fotossintético é sensível à concentração de CO_2 na atmosfera. Em consequência disso, podemos esperar aumentos nas taxas fotossintéticas à medida que as emissões antropogênicas de CO_2 aumentam, principalmente em plantas com a rota fotossintética C_3 (ver Conceito 5.3). Entretanto, experimentos mostraram que, para algumas plantas herbáceas, esses incrementos podem ser de curto prazo, uma vez que as plantas podem se tornar aclimatizadas às concentrações elevadas de CO_2. Para outras plantas, tais como as árvores de uma floresta, os aumentos nas taxas fotossintéticas podem ser mantidos por mais tempo.

É extremamente importante que se entenda a resposta dos ecossistemas florestais às concentrações elevadas de CO_2. Uma vez que muito da produção primária líquida (PPL) terrestre e, portanto, da absorção de carbono ocorre nesses ecossistemas, sua resposta terá profundo efeito sobre as emissões antropogênicas de CO_2. Entretanto, é difícil manipular as concentrações atmosféricas de CO_2 experimentalmente em uma floresta intacta. Em uma abordagem bem sucedida, chamada de enriquecimento por CO_2 ao ar livre (FACE, de *free-air CO_2 enrichment*), os pesquisadores injetam CO_2 no ar através de tubos verticais no entorno de parcelas de árvores, enquanto monitoram a concentração atmosférica de CO_2 dentro das parcelas experimentais. A taxa de injeção de CO_2 é controlada para manter um nível elevado relativamente constante.

Um experimento FACE foi usado por Evan DeLucia e colaboradores para investigar os efeitos ecossistêmicos de concentrações elevadas de CO_2 em uma floresta jovem de pinheiros (*Pinus taeda*) na Carolina do Norte (DeLucia et al., 1999) (**Figura 25.4**). Esse experimento foi iniciado em 1997, quando três parcelas expostas a concentrações elevadas de CO_2 e três parcelas-controle expostas a concentrações ambientais de CO_2 foram estabelecidas. Os pesquisadores usaram medições da área basal das árvores para estimar a PPL acima do solo, e repetidas coletas de solo para estimar o crescimento de raízes finas e a PPL abaixo da superfície. DeLucia e colaboradores constataram que a concentração elevada de CO_2 aumentou a PPL total da floresta em 25%. O aporte de C no solo, tanto da serrapilheira acima do solo como da renovação de raízes finas abaixo do solo, também aumentou. Os resultados desse experimento indicaram que as florestas podem ser um importante receptor para o CO_2 antropogênico. Entretanto, DeLucia e colaboradores sugeriram que suas parcelas de florestas jovens representam o limite máximo do potencial de absorção de CO_2 e que florestas mais velhas e com menor suprimento de água e nutrientes podem não ter uma capacidade tão grande para absorver CO_2. Resultados de outros experimentos FACE em ecossistemas florestais têm verificado respostas similares ao CO_2 elevado (média de aumento na PPL de 23%; Norby et al., 2005). A maior produtividade observada em florestas no Hemisfério Norte ao longo das últimas cinco décadas pode estar relacionada em parte às concentrações elevadas de CO_2 atmosférico (Graven et al., 2013), comprovando as predições dos experimentos FACE.

Figura 25.4 Um experimento FACE Os círculos visíveis nessa foto aérea são anéis de tratamento de enriquecimento por CO_2 ao ar livre (FACE) em uma floresta de pinheiro (*Pinus taeda*) na Floresta Experimental de Duke, na Carolina do Norte. O dióxido de carbono é liberado de tubos plásticos circundando as parcelas de tratamento a uma taxa calculada para elevar a concentração de CO_2 para 200 ppm acima das concentrações atmosféricas ambientais de CO_2.

A mudança nas concentrações atmosféricas de CO_2 altera diretamente a acidez (pH) dos oceanos por influenciar a taxa na qual o CO_2 se difunde na água do mar. A maior difusão de CO_2 na água do mar aumenta a formação de ácido carbônico, que reduz o pH da água do mar:

$$CO_2 + H_2O \rightleftharpoons H_2CO_3 \text{ (ácido carbônico)} \rightleftharpoons$$
$$H^+ + HCO_3^- \text{ (bicarbonato)} \rightleftharpoons 2H^+ + CO_3^{2-} \text{ (carbonato)}$$

Durante o século passado, a acidez do oceano aumentou em cerca de 30%. Aumentos adicionais foram previstos

ANÁLISE DE DADOS 25.1

Quanto o pH do oceano diminuirá no século XXI?

A acidificação do oceano é uma das consequências do aumento das emissões antropogênicas de CO_2. Já há evidência substancial de que o pH das águas oceânicas está declinando (**Figura A**). Usando a informação sobre a química da água do mar e a difusão de CO_2 da atmosfera, os geoquímicos marinhos projetaram que o pH do oceano diminuirá para 7,9 por volta do ano 2050, e em 2100 ele será de 7,75, supondo que as emissões de CO_2 "se comportem como de costume" (um aumento contínuo na taxa de crescimento das emissões) durante o século XXI (IPCC, 2013)*.

1. Usando os dados na Figura A, derive uma relação matemática linear simples ou trace um gráfico para chegar a sua própria previsão do pH do oceano nos anos de 2050 e 2100. Quão bem suas previsões se equivalem com as previsões do IPCC baseadas na química da água do mar e nos aumentos contínuos do CO_2 atmosférico? Sua resposta deveria lhe dar uma estimativa do pH do oceano maior do que aquela prevista no relatório do IPCC. O que poderia explicar essa discrepância?

2. A diminuição do pH do oceano já está afetando as taxas de calcificação dos organismos marinhos, como indicado para os corais na Figura 25.5. Para obter uma visão do que pode ocorrer com um futuro ainda mais rico em CO_2, Uthicke e colaboradores (2013)[†] estudaram a abundância e a diversidade de foraminíferos (zooplâncton que forma tecas de carbonato) em sedimentos em volta de infiltrações naturais de CO_2 no oceano (**Figura B**). Usando sua própria predição e aquela do IPCC de mudança no pH do oceano da questão 1 e a relação exibida na Figura B, estime a porcentagem de redução na abundância (densidade) e na riqueza de espécies de foraminíferos de 2000 (pH = 8,10) para 2050 e de 2000 para 2100.

---

*IPCC. 2013. *Climate Change 2013: The Physical Science Basis*. Disponível no site do IPCC na internet: http://www.ipcc.ch/report/ar5/wg1/.
[†]Uthicke, S.; P. Momigliano e K. E. Fabricius. 2013. High risk of extinction of benthic foraminifera in this century due to ocean acidification. *Scientific Reports* 3: 1-5.

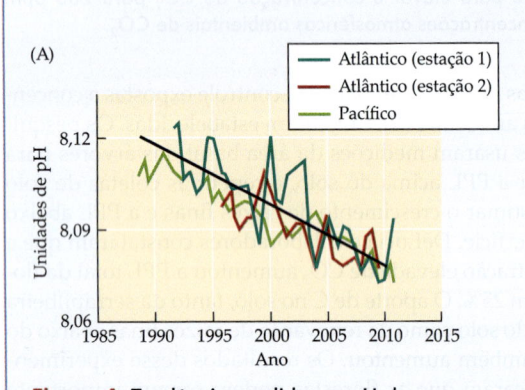

Figura A Tendência medida no pH do oceano para duas estações no Oceano Atlântico e uma no Oceano Pacífico. (Segundo IPCC, 2013.)

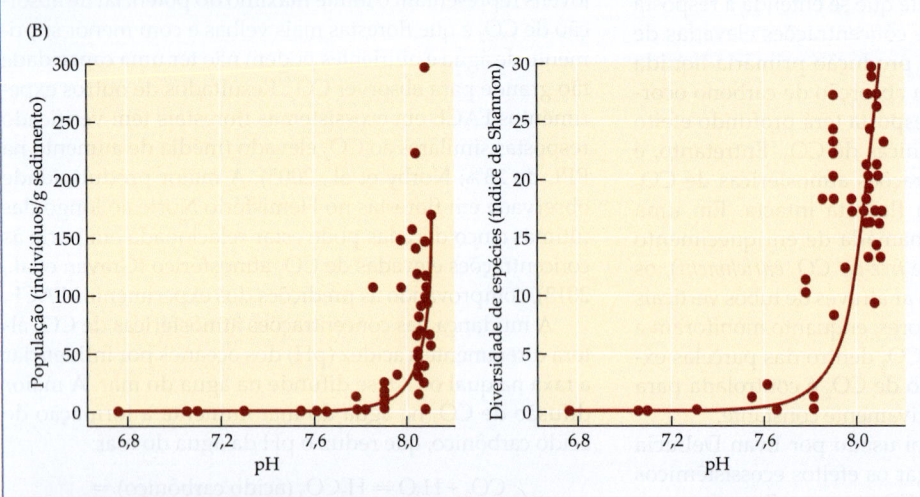

Figura B Influência do pH do oceano sobre a densidade e a riqueza de espécies de foraminíferos próximo a infiltrações naturais de CO_2. (Segundo Uthicke et al., 2013.)

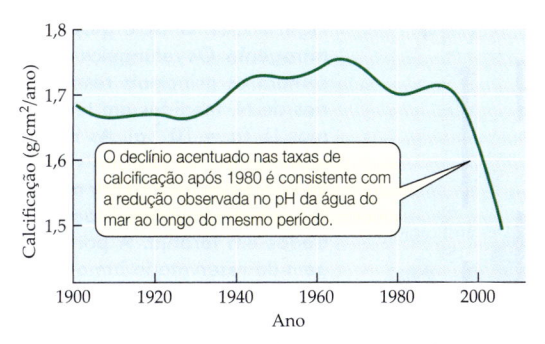

Figura 25.5 Taxas de calcificação de corais na Grande Barreira de Recifes da Austrália, 1900-2005 O acentuado declínio nas taxas de calcificação após 1980 está associado aos efeitos combinados da redução do pH e do aumento da temperatura da água do oceano. (Segundo De'ath et al., 2009.)

O declínio acentuado nas taxas de calcificação após 1980 é consistente com a redução observada no pH da água do mar ao longo do mesmo período.

usando simulações em modelos, incorporando os incrementos esperados nas emissões antropogênicas de CO_2 ao longo do século XXI (Caleira e Wickett, 2003). Os aumentos previstos terão dois efeitos negativos sobre os organismos marinhos que formam suas conchas protetoras externas de carbonato de cálcio, incluindo corais, moluscos e muitos organismos planctônicos. Primeiro, o aumento na acidez dissolverá as conchas dos organismos. Segundo, as baixas concentrações de carbonato no mar diminuirão a capacidade dos organismos de sintetizar suas conchas (Feely et al., 2004; Orr et al., 2005). Entre 1990 e 2009, a taxa de formação de carbonato de cálcio pelos corais da Grande Barreira de Recifes da Austrália declinou em 14%, uma quantidade consistente com as reduções observadas no pH da água do mar (**Figura 25.5**) (De'ath et al., 2009). Ambos os efeitos irão aumentar a mortalidade e reduzir a abundância de organismos marinhos que dependem do carbonato de cálcio, alterando a diversidade e o funcionamento dos ecossistemas marinhos. (Faça sua própria previsão do pH do oceano no futuro e de seu efeito em **Análise de Dados 25.1**.)

As concentrações atmosféricas de C têm mudado dinamicamente ao longo da história da Terra, em associação com as alterações climáticas e geológicas. As concentrações de CO_2 variaram de mais de 3 mil partes por milhão (ppm) há 60 milhões de anos para menos de 200 ppm há 140 mil anos. Ao longo dos últimos 400 mil anos, variações nas concentrações de CO_2 e CH_4, medidas em minúsculas bolhas preservadas no gelo polar, acompanharam os ciclos glaciais-interglaciais (ver Conceito 2.5). As concentrações mais baixas de CO_2 durante essa época estiveram associadas com os períodos glaciais (**Figura 25.6**). Durante a maior parte dos últimos 12 mil anos, as concentrações atmosféricas de CO_2 mantiveram-se relativamente estáveis, variando entre 260 e 280 ppm. Desde a metade do século XIX, entretanto, as concentrações de CO_2 aumentaram a uma taxa mais acelerada do que em qualquer outro período ao longo dos últimos 400 mil anos (IPCC, 2013), alcançando valores de 395 ppm em 2013. Mesmo se diminuíssemos dramaticamente nossas emissões de CO_2 a partir de agora, as concentrações atmosféricas de CO_2 permaneceriam elevadas por um longo tempo no futuro devido a um atraso (décadas a séculos) na absorção pelos oceanos. A influência de CO_2 e CH_4 sobre a mudança climática será discutida mais tarde neste capítulo.

Fluxos biológicos dominam o ciclo global do nitrogênio

O nitrogênio (N) desempenha um papel-chave nos processos biológicos como um constituinte de proteínas e enzimas e é um dos recursos que geralmente mais limita a produção primária, como vimos no Conceito 20.2. Desse

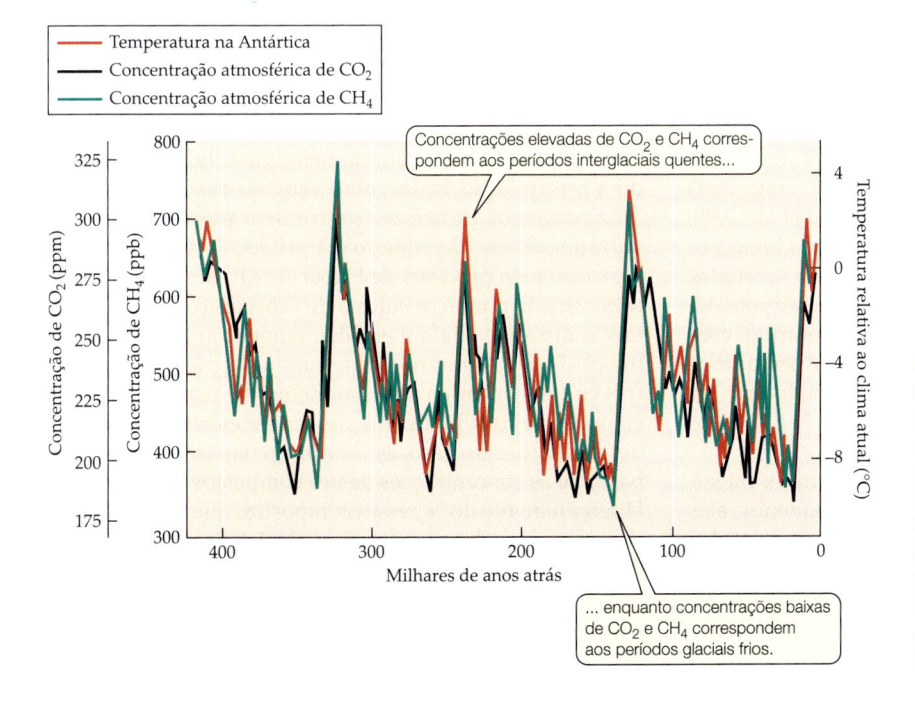

Figura 25.6 Mudanças nas concentrações atmosféricas de CO_2 e CH_4 ao longo do tempo As concentrações atmosféricas de CO_2 e CH_4 variaram com a temperatura ao longo dos últimos 400 mil anos. Essas concentrações de gases foram medidas em bolhas aprisionadas no gelo antártico; as temperaturas foram estimadas utilizando análises isotópicas de oxigênio (ver Ferramentas Ecológicas 5.1). (Dados do IPCC, 2007.)

Concentrações elevadas de CO_2 e CH_4 correspondem aos períodos interglaciais quentes...

... enquanto concentrações baixas de CO_2 e CH_4 correspondem aos períodos glaciais frios.

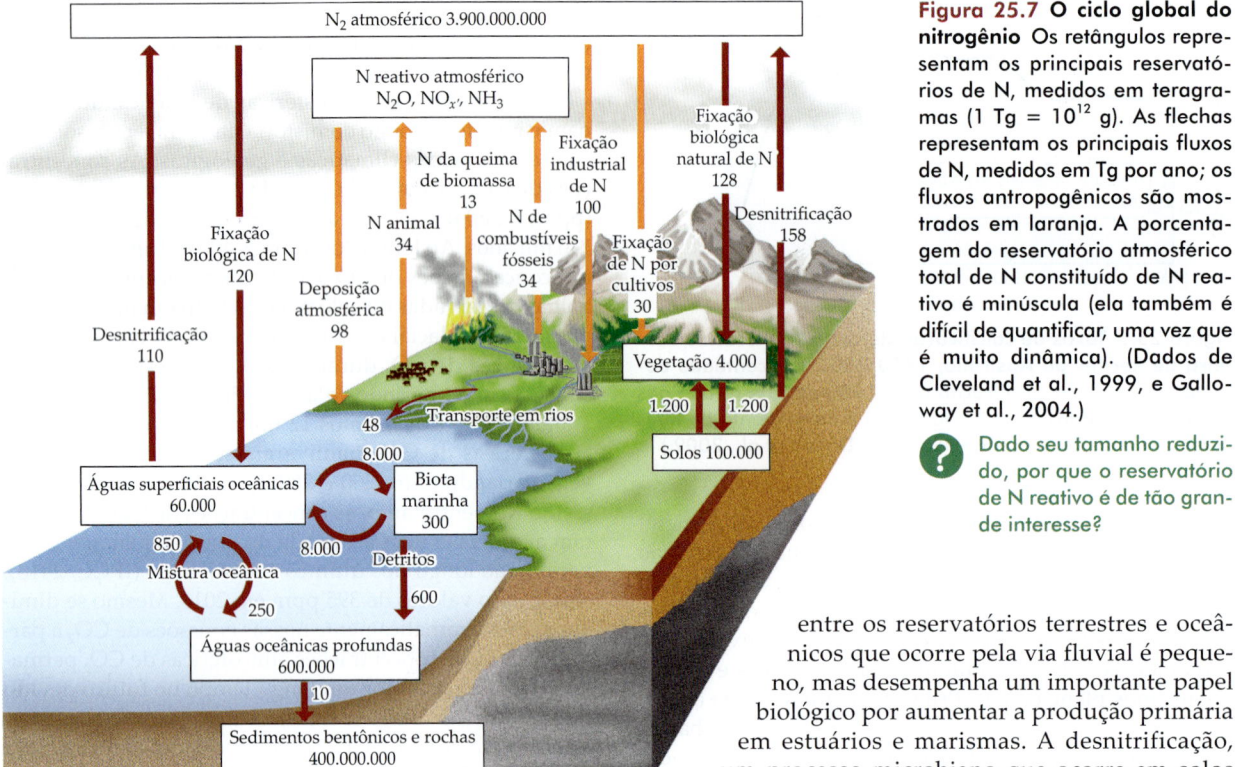

Figura 25.7 O ciclo global do nitrogênio Os retângulos representam os principais reservatórios de N, medidos em teragramas (1 Tg = 10^{12} g). As flechas representam os principais fluxos de N, medidos em Tg por ano; os fluxos antropogênicos são mostrados em laranja. A porcentagem do reservatório atmosférico total de N constituído de N reativo é minúscula (ela também é difícil de quantificar, uma vez que é muito dinâmica). (Dados de Cleveland et al., 1999, e Galloway et al., 2004.)

> Dado seu tamanho reduzido, por que o reservatório de N reativo é de tão grande interesse?

modo, os ciclos do N e do C estão intimamente relacionados por meio dos processos de fotossíntese e decomposição.

O maior reservatório de N (> 90%) é o gás atmosférico dinitrogênio (N_2) (**Figura 25.7**). Essa forma do N é muito estável quimicamente e não pode ser usada pela maioria dos organismos, com a importante exceção de bactérias fixadoras de nitrogênio, que são capazes de convertê-la em formas quimicamente mais disponíveis, como descrito no Conceito 22.1. Esses compostos químicos assimilados são referidos como N *reativo*, uma vez que, diferentemente do N_2, eles podem participar de reações químicas na atmosfera, nos solos e na água. A fixação terrestre de N_2 por bactérias proporciona aproximadamente 128 teragramas (1 Tg = 10^{12} g) de N reativo por ano (Cleveland et al., 1999; Galloway et al., 2004) e supre 12% da demanda biológica anual (Schlesinger, 1997). Os 88% restantes são satisfeitos pela absorção de N do solo em formas liberadas pela decomposição. A fixação de N_2 pelos oceanos contribui com outras 120 Tg anualmente para a biosfera. Os reservatórios geológicos associados com sedimentos contendo matéria orgânica representam uma fração menor do N global do que do C global.

Embora os depósitos de N nos continentes e na superfície dos oceanos sejam relativamente pequenos, eles são muito ativos biologicamente e fortemente mantidos pelos processos de ciclagem interna ecossistêmicos. Os fluxos desses reservatórios são relativamente pequenos em relação às taxas de ciclagem interna, em geral menos de 10% (Chapin et al., 2002). O fluxo natural de N entre os reservatórios terrestres e oceânicos que ocorre pela via fluvial é pequeno, mas desempenha um importante papel biológico por aumentar a produção primária em estuários e marismas. A desnitrificação, um processo microbiano que ocorre em solos anóxicos e no oceano (descrito no Conceito 22.2), resulta no movimento de N (como N_2) dos ecossistemas terrestres e marinhos para a atmosfera. Esses ecossistemas também perdem N durante o soterramento de matéria orgânica em sedimentos e durante a queima de biomassa.

As atividades humanas alteraram bastante o ciclo global do N – até mesmo mais do que alteraram o ciclo global do C. Os fluxos antropogênicos são atualmente os componentes dominantes do ciclo do N (Galloway et al., 2004) (**Figura 25.8**). A taxa de fixação atmosférica de N_2 pelo ser humano excede nos dias atuais a taxa de fixação biológica terrestre natural. As emissões de N associadas com as atividades industriais e agrícolas estão causando alterações ambientais amplamente distribuídas, incluindo a precipitação ácida, como veremos no Conceito 25.3. Três processos principais contribuem para esses efeitos antropogênicos. O primeiro é a produção de fertilizantes agrícolas pelo processo de Haber-Bosch, descrito no Conceito 22.1. Segundo, o cultivo de espécies fixadoras de N, tais como soja, alfafa e ervilha, aumentou a fixação biológica de N_2. A inundação de campos agrícolas para outras culturas, como o arroz, aumentou a fixação de N_2 por cianobactérias. Finalmente, as emissões antropogênicas de certas formas gasosas de nitrogênio têm aumentado bastante as concentrações desses compostos na atmosfera. Diferentemente do N_2, esses compostos, que incluem compostos oxigenados de nitrogênio (NO, NO_2, HNO_3 e NO_3^-; coletivamente referidos como NO_x), óxido nitroso (N_2O, um gás do efeito estufa, também conhecido como gás do riso), amônia (NH_3) e peroxiacetil nitrato (PAN), podem sofrer reações químicas na atmosfera e são potencialmente

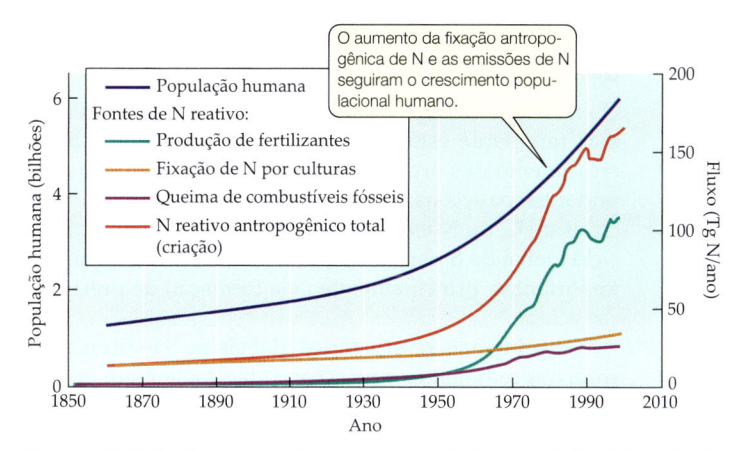

Figura 25.8 Mudanças nos fluxos antropogênicos no ciclo global do nitrogênio Aumentos na produção de fertilizantes pelo processo de Haber-Bosch, o crescimento de culturas fixadoras de nitrogênio e a queima de combustíveis fósseis em conjunto contribuíram para o enorme aumento no N (reativo) biologicamente disponível. (Segundo Galloway et al., 2004.)

disponíveis para a absorção biológica. A queima de combustível fóssil é a fonte primária dessas emissões gasosas nitrogenadas. Outros contribuintes incluem queima de biomassa associada ao desmatamento, desnitrificação e volatilização (conversão para formas gasosas) de fertilizantes, bem como emissões provenientes de criação de gado confinado e de estações para tratamento de esgotos. Todas essas formas reativas de N retornam aos ecossistemas terrestres e marinhos pelo processo de deposição atmosférica (descrito no Conceito 22.1).

O ciclo global do fósforo é dominado pelos fluxos geoquímicos

O fósforo (P) limita a produção primária em alguns ecossistemas terrestres – em particular aqueles com solos antigos, bem intemperizados, como florestas tropicais de planícies – e em muitos ecossistemas de água doce e alguns marinhos. O fósforo é adicionado aos cultivos agrícolas como um fertilizante em escala global. A disponibilidade do fósforo também pode controlar a taxa de fixação biológica de N_2, pois o processo tem uma demanda metabólica relativamente alta para P. Em consequência disso, os ciclos de C, N e P estão ligados por meio da fotossíntese e da PPL, da decomposição e da fixação de N_2.

Diferentemente do C e do N, o P não tem essencialmente reservatório atmosférico, com exceção de poeira (**Figura 25.9**). Formas gasosas de P são extremamente raras. O maior reservatório de P está nos solos continentais e nos sedimentos marinhos. O fósforo é liberado de rochas sedimentares em formas biologicamente disponíveis pelo intemperismo. Os maiores fluxos de P ocorrem na circulação interna ecossistêmica, que forma um circuito de reciclagem ajustado entre a absorção biológica pelas plantas e pelos microrganismos e a liberação por decomposição. Em geral, pouquíssimo do P que circula em ecossistemas continentais e aquáticos é perdido. Em ecossistemas terrestres, a maior parte do P perdido está associada com o processo

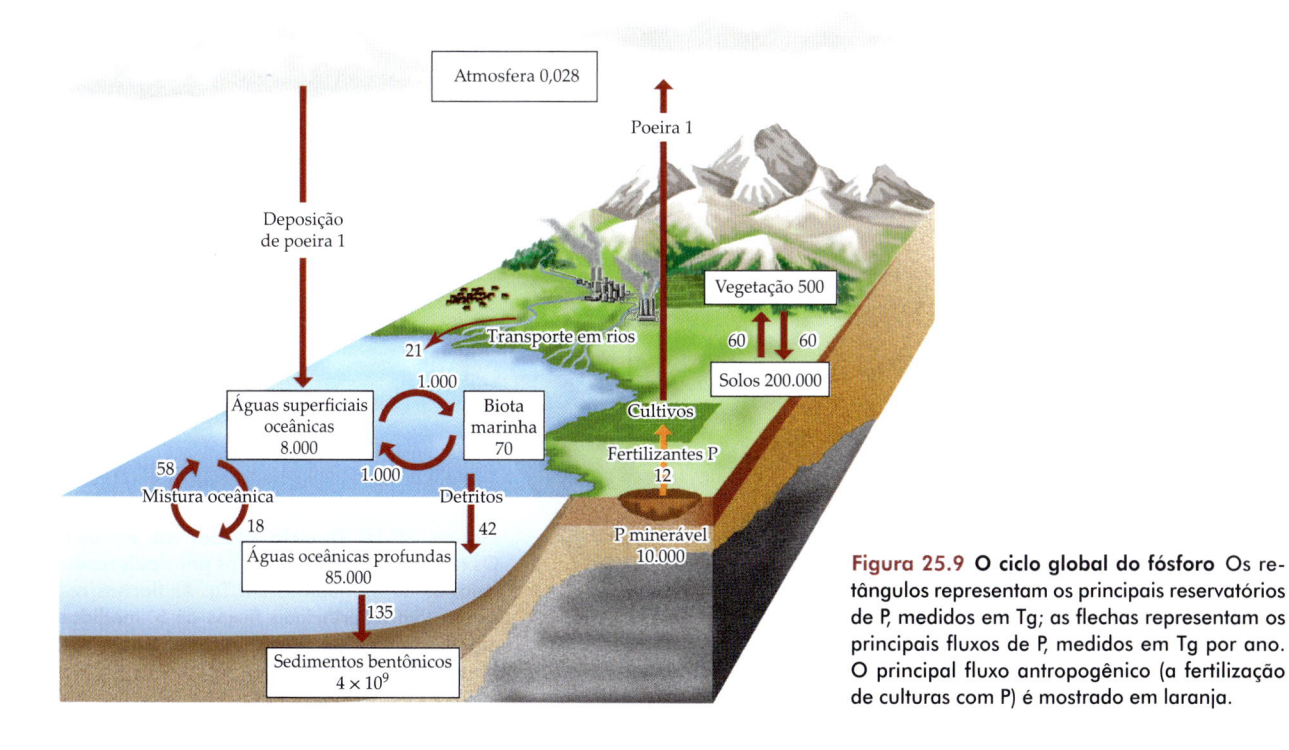

Figura 25.9 O ciclo global do fósforo Os retângulos representam os principais reservatórios de P, medidos em Tg; as flechas representam os principais fluxos de P, medidos em Tg por ano. O principal fluxo antropogênico (a fertilização de culturas com P) é mostrado em laranja.

de oclusão (descrito no Conceito 22.3). O movimento de P de ecossistemas terrestres para ecossistemas aquáticos ocorre principalmente pela erosão e pelo movimento de partículas de matéria orgânica – principalmente partes e pedaços de plantas – em cursos de água. Muito do P transportado de ecossistemas terrestres para marinhos (cerca de 90%) perde-se ao ser depositado nos sedimentos do fundo do oceano. Por fim, o P em sedimentos, tanto em ecossistemas marinhos como em terrestres, é novamente reciclado em associação com a elevação tectônica e o intemperismo das rochas, que ocorrem em uma escala de centenas de milhões de anos.

Os efeitos antropogênicos sobre o ciclo global do P estão associados à aplicação de fertilizantes agrícolas, às descargas de esgoto e águas residuárias industriais e aos aumentos na erosão das superfícies terrestres. Os fertilizantes fosfatados em geral são derivados da mineração de antigos sedimentos marinhos soerguidos. Desse modo, o P é um recurso não renovável, sujeito à depleção. A mineração libera quatro vezes mais P anualmente do que é liberado pelo intemperismo natural das rochas. Globalmente, o P é aplicado como fertilizante em uma quantidade equivalente a cerca de 20% do P que circula naturalmente através dos ecossistemas terrestres (Schlesinger, 1997). Enquanto a oclusão de P no solo minimiza o fluxo de P antropogênico dos ecossistemas terrestres para os aquáticos, esse fluxo ainda tem potencial significativo de causar efeitos negativos no ambiente. Um desses efeitos é a eutrofização em lagos, como descrito no Conceito 22.4.

Fluxos biológicos e geoquímicos determinam o ciclo global do enxofre

O enxofre (S) é um constituinte de alguns aminoácidos, mas raramente está em quantidade insuficiente para o crescimento dos organismos. O enxofre desempenha importantes papéis na química atmosférica. Assim como os ciclos do C, do N e do P, as alterações antropogênicas do ciclo global do S têm consequências ambientais negativas importantes, principalmente pela formação de precipitação ácida.

Os principais reservatórios globais de S estão nas rochas, nos sedimentos e no oceano, que contém um grande reservatório de sulfato (SO_4^{2-}) dissolvido (**Figura 25.10**). Fluxos de S entre os reservatórios globais podem ocorrer em formas gasosas, dissolvidas ou sólidas. A intemperização de minerais contendo S, principalmente de pirita sedimentar, libera formas solúveis de S que podem entrar na atmosfera ou nos oceanos. Há um movimento líquido de S dos reservatórios continentais para os reservatórios oceânicos, associado com o transporte pelos rios e pela poeira atmosférica. Erupções vulcânicas emitem quantidades substanciais de dióxido de enxofre (SO_2) na atmosfera. Entretanto, uma vez que são eventos episódicos, a quantidade de S emitida para a atmosfera por erupções vulcânicas, em uma escala de tempo de séculos, é aproximadamente a mesma quantidade transportada pelo vento para a atmosfera como poeira de solos sem vegetação. Os oceanos emitem S para a atmosfera como pequenas partículas de *spray* marinho transportadas pelos ventos e como emissões

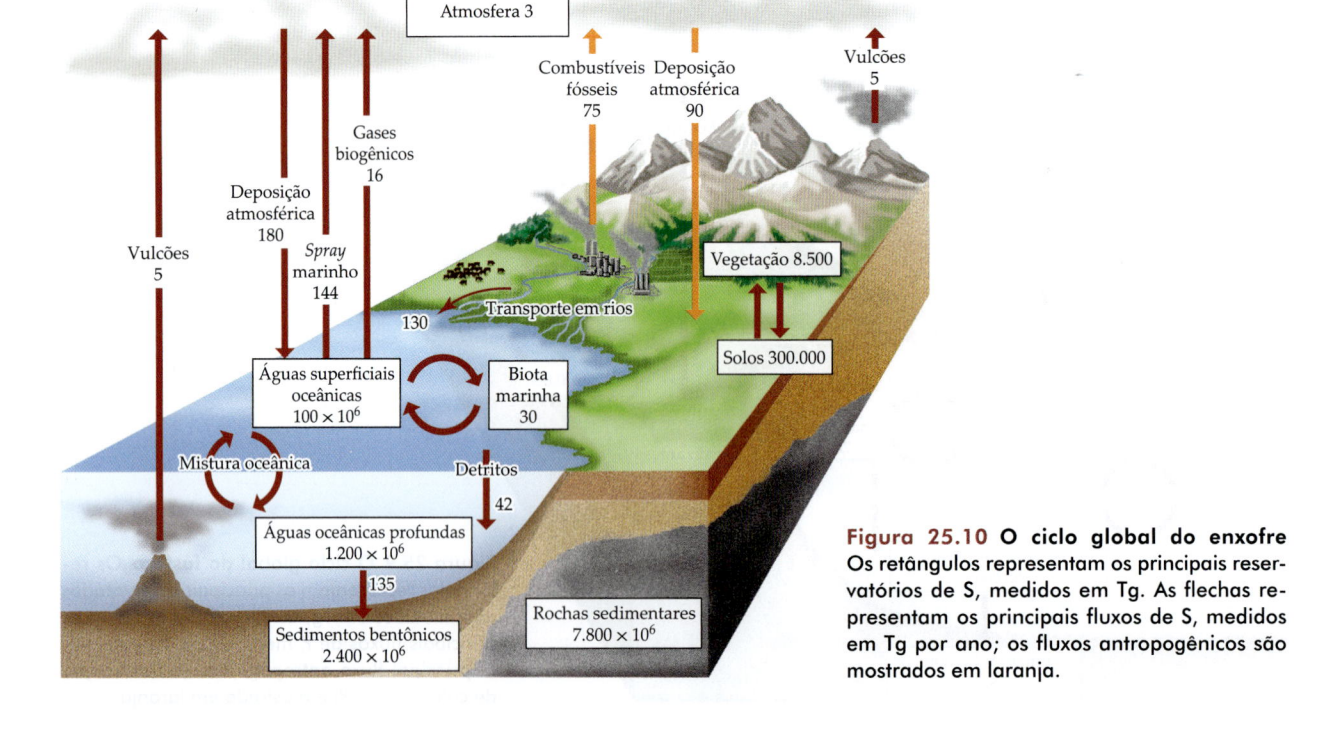

Figura 25.10 O ciclo global do enxofre Os retângulos representam os principais reservatórios de S, medidos em Tg. As flechas representam os principais fluxos de S, medidos em Tg por ano; os fluxos antropogênicos são mostrados em laranja.

de gases associados à atividade microbiana. Bactérias e arqueias em solos anaeróbicos também emitem gases contendo enxofre tais como sulfeto de hidrogênio (H_2S). A maioria dos gases compostos por S na atmosfera sofre transformação para SO_2^- e H_2SO_4 (ácido sulfúrico), os quais são removidos com relativa rapidez pela precipitação.

As emissões antropogênicas de S para a atmosfera, que incluem formas gasosas e particuladas (p. ex., poeira, aerossóis), quadruplicaram desde a Revolução Industrial. A maior parte dessas emissões está associada com a queima de carvão e óleo contendo S e a fundição de minérios metálicos. O que sobe, desce na forma de deposição atmosférica, normalmente dentro da mesma localidade na qual foi emitido, mas nem sempre. O transporte de longa distância de poeira fina ocorre episodicamente em associação com secas e grandes eventos de ventanias, como descrito no Estudo de Caso deste capítulo. O aumento na erosão, associado a clareiras abertas na vegetação e sobrepastejo, tem contribuído para o aporte antropogênico de S na atmosfera em forma de poeira. O transporte de S pelos rios dobrou ao longo dos últimos 200 anos (Schlesinger, 1997).

As atividades humanas têm provocado mudanças em todos os quatro ciclos biogeoquímicos recém-descritos, e, como observamos, algumas dessas mudanças têm tido importantes efeitos ambientais. Voltemos nossa atenção para esses efeitos a seguir.

> **CONCEITO 25.2**
>
> A Terra está aquecendo devido às emissões antropogênicas de gases do efeito estufa.

Mudança climática global

Em todo este livro, enfatizamos o papel do clima nos processos ecológicos, incluindo as distribuições e o desempenho fisiológico dos organismos, as taxas de fornecimento de recursos e os resultados de interações biológicas como a competição. Portanto, alterações no clima – em particular mudanças na frequência de eventos extremos como secas extensas, tempestades violentas ou temperaturas extremamente altas ou baixas – têm efeitos profundos sobre padrões e processos ecológicos. Por serem distúrbios que resultam em mortalidade significativa dentro das populações, esses eventos extremos com frequência são cruciais na determinação da distribuição geográfica das espécies.

Como aprendemos no Conceito 2.1, *tempo* é o estado atual da atmosfera em torno de nós em um dado momento. *Clima* é a descrição, em longo prazo, do tempo, incluindo as condições médias e uma gama de variações. A *variação* climática ocorre em uma multiplicidade de escalas temporais, desde mudanças diárias associadas com o aquecimento solar diurno e com o resfriamento noturno, às variações sazonais associadas com a inclinação do eixo terrestre, às alterações no decurso de décadas associadas com interações entre as correntes oceânicas e a atmosfera (tal como a Oscilação Decadal do Pacífico, descrita no Estudo de Caso revisitado do Capítulo 2). A mudança climática, por outro lado, refere-se à mudança *direcional* no clima.

A evidência de mudança climática é substancial

A **mudança climática** é distinta da variação climática pela presença de tendências direcionais significativas durante no mínimo três décadas. Com base em análises de registros de numerosas estações de monitoramento climático, os cientistas da atmosfera determinaram que a Terra está experimentando atualmente uma mudança climática significante (IPCC, 2013) (**Figura 25.11A**). Entre 1880 e 2012, a temperatura média global anual aumentou 0,8°C ± 0,2°C, com a maior mudança ocorrendo nos últimos 50 anos. Esse rápido aumento na temperatura global não tem precedentes nos últimos 10 mil anos, embora alterações na temperatura em taxas similares possam ter ocorrido no início e no final de alguns ciclos glaciais (ver Figura 25.6). A primeira década do século XXI foi a década mais quente dos 1 mil anos anteriores, e 2010 foi o ano mais quente ao longo do século. Em associação com essa tendência de aquecimento, houve retração generalizada de geleiras sobre montanhas, redução na espessura da capa de gelo polar e derretimento do *permafrost*, e uma elevação do nível do mar de 19 cm desde 1900.

Essa tendência de aquecimento foi heterogênea ao longo do globo, com a maioria das regiões se aquecendo, outras não variando significativamente, e algumas até se resfriando (**Figura 25.11B**). A tendência de aquecimento foi maior nas latitudes médias e altas do Hemisfério Norte. Mudanças na precipitação sobre os continentes também ocorreram, com mais precipitação em porções de latitudes altas do Hemisfério Norte e tempo mais seco nos trópicos e subtrópicos (**Figura 25.11C**). Há também uma tendência no sentido de frequências maiores de alguns eventos climáticos extremos, como ciclones (incluindo tempestades pesadas como os furacões Katrina, em 2005, e Sandy em 2012), secas e ondas de calor (IPCC, 2013).

Quais são as causas das mudanças climáticas observadas?

Como nos vimos no Capítulo 2, as mudanças climáticas podem resultar de mudanças na quantidade de radiação solar absorvida pela superfície da Terra ou na quantidade de radiação infravermelha absorvida e reirradiada pelos gases na atmosfera. As mudanças na absorção da radiação solar podem estar associadas com a variação na quantidade de radiação emitida pelo sol, na posição da Terra em relação ao sol ou na reflexão da radiação solar pelas nuvens ou superfícies com alta refletividade (albedo), tal como neve e gelo.

O aquecimento da Terra pela absorção atmosférica e pela reirradiação da radiação infravermelha emitida pela superfície da Terra é conhecido como **efeito estufa** (ver Figura 2.4). Esse fenômeno está associado aos gases de efeito estufa radiativamente ativos na atmosfera, principalmente vapor d'água, CO_2, CH_4 e N_2O. A efetividade desses gases em absorver radiação depende de suas concentrações na atmosfera, bem como de suas propriedades químicas. O vapor d'água contribui com a maior parte do efeito estufa, mas suas concentrações atmosféricas variam bastante de região para região, e mudanças em sua concentração média têm sido pequenas. Dos gases estufa restantes, que tendem a ser distribuídos mais uniformemente na atmosfera, o CO_2 contribui para a maior parte do aquecimento estufa, seguido pelo CH_4 (que tem cerca de 30% do efeito do CO_2 atmosférico) e pelo N_2O (com cerca de 10% do efeito do CO_2).

Como vimos em nossa discussão sobre os ciclos biogeoquímicos globais do C e do N, as concentrações atmosféricas de CO_2, CH_4 e N_2O estão aumentando de modo substancial, principalmente como resultado da queima de combustíveis fósseis e da alteração do uso do solo (**Figura 25.12**). Os aumentos nas emissões antropogênicas de gases de efeito estufa são responsáveis pelas alterações climáticas globais? Para avaliar as causas subjacentes da mudança climática, seu efeito potencial sobre os sistemas ecológicos e socioeconômicos e nossas opções para limitar as alterações climáticas associadas com as atividades humanas, a Organização Meteorológica Mundial e o Programa das Nações Unidas para o Meio Ambiente estabeleceram o Painel Intergovernamental sobre Mudança Climática (IPCC, de Intergovernmental Panel on Climate Change) em 1988. O IPCC reúne painéis de especialistas em ciência atmosférica e climática para avaliar as tendências no clima e as prováveis causas para quaisquer mudanças observadas. Esses especialistas usam uma combinação de sofisticadas modelagens e análises de dados da literatura científica para avaliar as potenciais causas

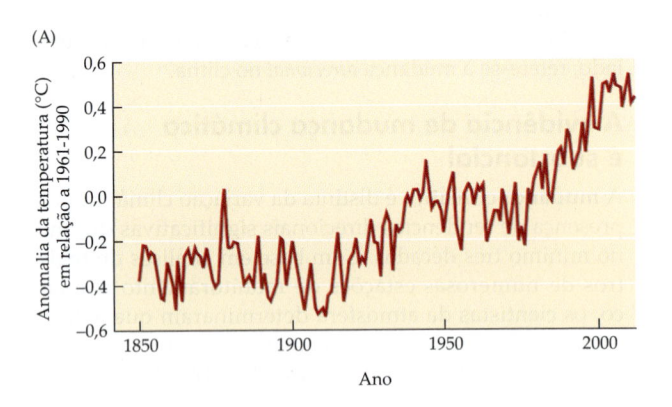

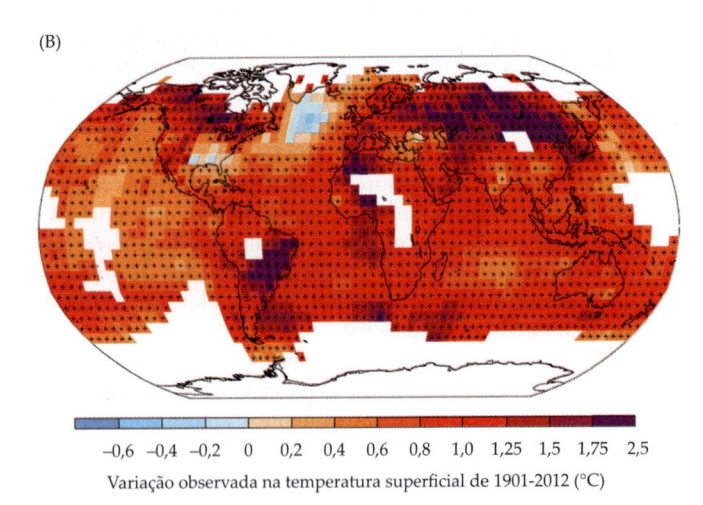

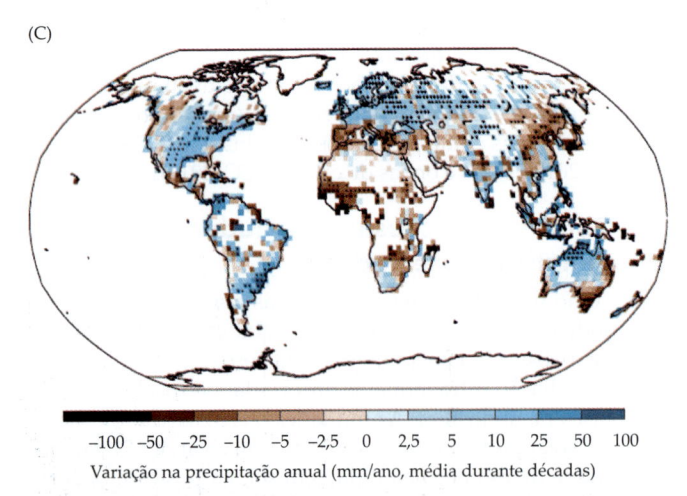

Figura 25.11 Mudanças na temperatura e na precipitação global (A) Anomalias da temperatura média anual global (relativa à temperatura média global para 1961-1990) entre 1850 e 2005, com as médias calculadas de numerosos registros de temperatura do ar e da superfície do oceano e normalizadas para o nível do mar. (B) Tendências regionais nas temperaturas médias anuais para 1901 a 2012. (C) Tendências na precipitação global para 1951 a 2010. (Segundo IPCC, 2013.)

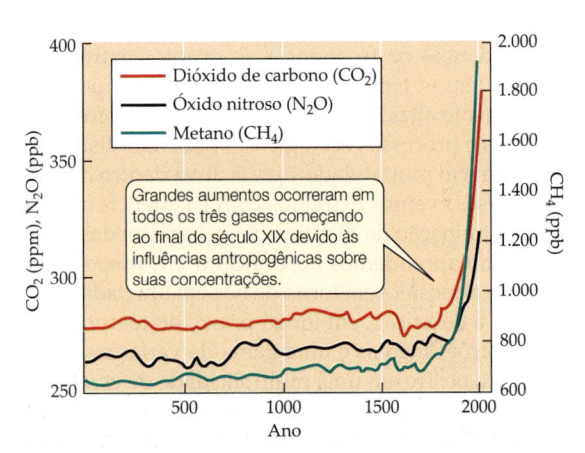

Figura 25.12 Concentrações atmosféricas de gases do efeito estufa Concentrações anteriores a 1958 foram determinadas de testemunhos de gelo; concentrações após 1958 foram medidas diretamente. (Segundo IPCC, 2007.)

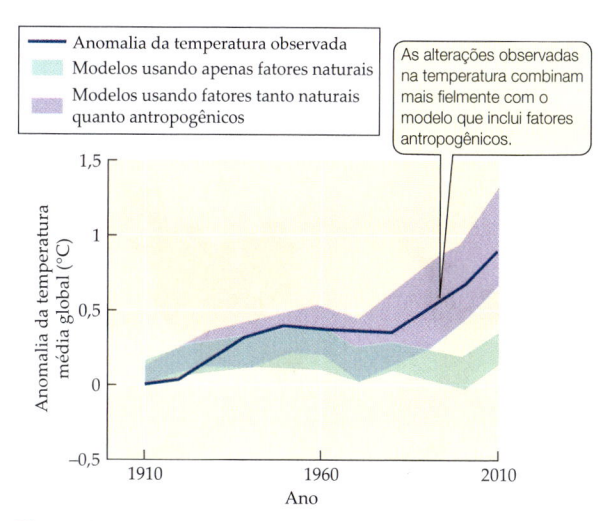

Figura 25.13 Fatores que contribuem para a mudança na temperatura global Cientistas do IPCC compararam as mudanças nas temperaturas observadas entre 1910 e 2010 com os resultados de modelos de computador. Os modelos fizeram previsões de mudanças na temperatura que seriam esperadas nesse período devido apenas a fatores climáticos naturais, incluindo variação na radiação solar e nas concentrações atmosféricas de aerossóis a partir de emissões vulcânicas, e devido a fatores tanto naturais quanto antropogênicos, incluindo emissões de gases estufa e aerossóis de sulfato. Essas comparações sugerem que os fatores antropogênicos desempenharam um grande papel no aquecimento observado. (Segundo IPCC, 2013.)

subjacentes da mudança climática observada, bem como para prever cenários futuros da mudança climática. Periodicamente, o IPCC libera relatórios de avaliação para melhorar a compreensão das mudanças climáticas entre cientistas, políticos e público em geral. Em reconhecimento a seus esforços para difundir o "conhecimento sobre a mudança climática causada pelo homem", o IPCC foi agraciado com o Prêmio Nobel da Paz em 2007.

Em seu terceiro relatório de avaliação, liberado em 2001, o IPCC concluiu que a maior parte do aquecimento global observado é atribuível às atividades humanas (**Figura 25.13**). Enquanto essa conclusão ainda está sendo debatida no âmbito político, ela é endossada pela maioria dos cientistas atmosféricos de ponta do mundo. A certeza de uma causa antropogênica da mudança climática aumentou com cada novo relatório do IPCC, com o relatório de 2013 afirmando, "é extremamente provável (probabilidade de 95-100%) que a influência humana tenha sido a causa dominante do aquecimento observado desde a metade do século XX". Paul Crutzen, que foi agraciado com o Prêmio Nobel de Química por seu trabalho sobre a redução do ozônio estratosférico, sugeriu que nós entramos em um novo período geológico, que ele chamou de *período Antropoceno* (*período*, idade geológica; *antropo*, "humano"; *ceno*, "recente"), para indicar o extenso impacto dos seres humanos sobre nosso ambiente, em particular sobre o sistema climático (Crutzen e Stoermer, 2000).

O clima continuará a se aquecer? Os modelos do IPCC projetam um aumento adicional na temperatura média global de 1,1 a 4,8°C ao longo do século XXI (IPCC, 2013). O intervalo de variação nessa estimativa está associado a incertezas sobre as taxas futuras de emissão dos gases de efeito estufa e sobre o comportamento do sistema terrestre-atmosférico-oceânico. Simulações de modelos incorporando diferentes cenários de desenvolvimento econômico previram taxas muito diferentes de emissões. Os aerossóis na atmosfera representam outra fonte de incerteza nos modelos previstos. Os aerossóis, que refletem a radiação solar, têm um efeito de resfriamento sobre as temperaturas globais; por exemplo, emissões de grandes quantidades de aerossóis associadas com importantes erupções vulcânicas tiveram efeitos notáveis de resfriamento em uma escala global, como descrito em **Saiba Mais 25.1**. Enquanto alguns aerossóis aumentaram na atmosfera (p. ex., poeira associada às alterações no uso do solo e à desertificação), outros diminuíram (p. ex., SO_4^{2-}, devido à redução das emissões antropogênicas de SO_2). A água na atmosfera pode exercer um papel contraditório: as nuvens podem ter um efeito refrigerante, enquanto o vapor d'água, que pode aumentar devido à maior evapotranspiração, pode aumentar o aquecimento estufa. A despeito dessas incertezas em prever a magnitude do futuro aquecimento climático, há uma alta probabilidade de que as temperaturas globais continuarão a subir.

A mudança climática terá consequências ecológicas

O que uma mudança de 1,1 a 4,8°C na temperatura média global significa para as comunidades biológicas? Podemos ter uma noção do que essa mudança de temperatura pode significar pela comparação com a variação climática associada com a elevação em montanhas. Um valor médio para a variação projetada na temperatura (2,9°C) corresponde a um deslocamento de 500 m em altitude. Nas Montanhas Rochosas, essa variação no clima corresponderia aproximadamente a uma mudança completa na zona vegetacional, de floresta subalpina (dominada por espruces e abetos) para floresta montana (dominada pelo pinheiro ponderosa) (ver Figura 3.11). Assim, se assumirmos um perfeito acompanhamento da mudança climática pela vegetação atual, a mudança climática durante o século XXI resultaria em uma alteração altitudinal nas zonas de vegetação de 200 a 860 m. Previsões similares para alterações climáticas latitudinais sugerem o movimento de comunidades biológicas para 500 a 1.000 km no sentido dos polos.

As correlações clima-bioma, tais como aquelas descritas nos Conceitos 3.1 e 4.1, são úteis como uma demonstração do que poderia acontecer com a mudança climática, mas seria ingênuo usá-las para prever o que aconteceria de fato às comunidades biológicas. Sabemos que as estruturas das comunidades são influenciadas por uma multiplicidade de fatores, incluindo o clima – em particular os extremos climáticos –, bem como as interações entre espécies, as dinâmicas sucessionais, a capacidade de dispersão e as barreiras à dispersão (como descrito na Parte 5). Uma vez que a mudança climática em curso será rápida em relação às mudanças climáticas que moldaram as atuais comunidades biológicas, é improvável que as mesmas associações de organismos formem as comunidades do futuro.

O registro paleoecológico de comunidades biológicas reforça a sugestão de que uma nova comunidade possa emergir com a mudança climática mostrando que algumas comunidades de plantas do passado eram bem diferentes das modernas. Jonathan Overpeck e colaboradores utilizaram o registro palinológico para reconstruir em grande escala a mudança vegetacional desde o mais recente máximo glacial ao leste da América do Norte (18 mil anos atrás) (Overpeck et al., 1992). Eles observaram que, além de os tipos de comunidades terem realizado deslocamentos latitudinais à medida que o clima foi se aquecendo, também existiram tipos de comunidades sem análogos modernos sob regimes climáticos que foram exclusivos e não mais existentes no presente (**Figura 25.14**). Overpeck e colaboradores concluíram que o futuro das associações vegetais deve seguir tendências similares, levando em conta a previsão de um rápido aumento na taxa de aquecimento global e o potencial para o surgimento de padrões climáticos únicos e sem análogos no presente.

A rápida taxa de mudança climática torna improvável que respostas evolutivas sejam possíveis para muitos organismos e, portanto, a dispersão pode ser o único meio para eles evitarem a extinção. As capacidades dispersivas dos organismos e as barreiras a sua dispersão associadas com a fragmentação de hábitat de origem antropogênica serão importantes limitadores sobre suas respostas à mudança climática. As taxas de dispersão em plantas são, em média, muito mais baixas do que as taxas previstas para a mudança climática. A fim de acompanhar a mudança no clima projetada para o próximo século, as populações de espécies de plantas necessitariam se mover 5 a 10 km por ano. Espécies vegetais que têm sementes dispersas por animais e que conseguem estabelecer populações viáveis e crescer até sua maturidade reprodutiva em um tempo relativamente curto podem ser capazes de se dispersar rápido o suficiente para manter o ritmo com a mudança climática. Contudo, esse tipo de estratégia de dispersão é comum principalmente em espécies de plantas herbáceas ruderais (ervas daninhas). Arbustos e árvores têm taxas de dispersão muito mais lentas; como resultado, pode haver defasagens temporais significativas em suas respostas à mudança climática.

Para a maioria dos animais, a mobilidade não é um problema, mas suas exigências de hábitat e de alimentos estão intimamente associadas à presença de um tipo de vegetação específico. Além disso, as barreiras à dispersão podem impedir organismos de todos os tipos de migrarem em resposta à mudança climática. Represas, por exemplo, podem impedir que os peixes se desloquem para águas com temperaturas mais adequadas. A fragmentação de hábitats devido ao desenvolvimento humano pode se constituir em obstáculo significativo à dispersão de algumas espécies (ver Capítulo 24). Sem corredores ecológicos através dos quais possam se dispersar, as espécies enfrentarão uma maior probabilidade de extinção local em face da mudança climática.

Além de afetar a distribuição geográfica das espécies, a mudança climática afetará processos ecossistêmicos, tais como a PPL, a decomposição, a ciclagem e a retenção de

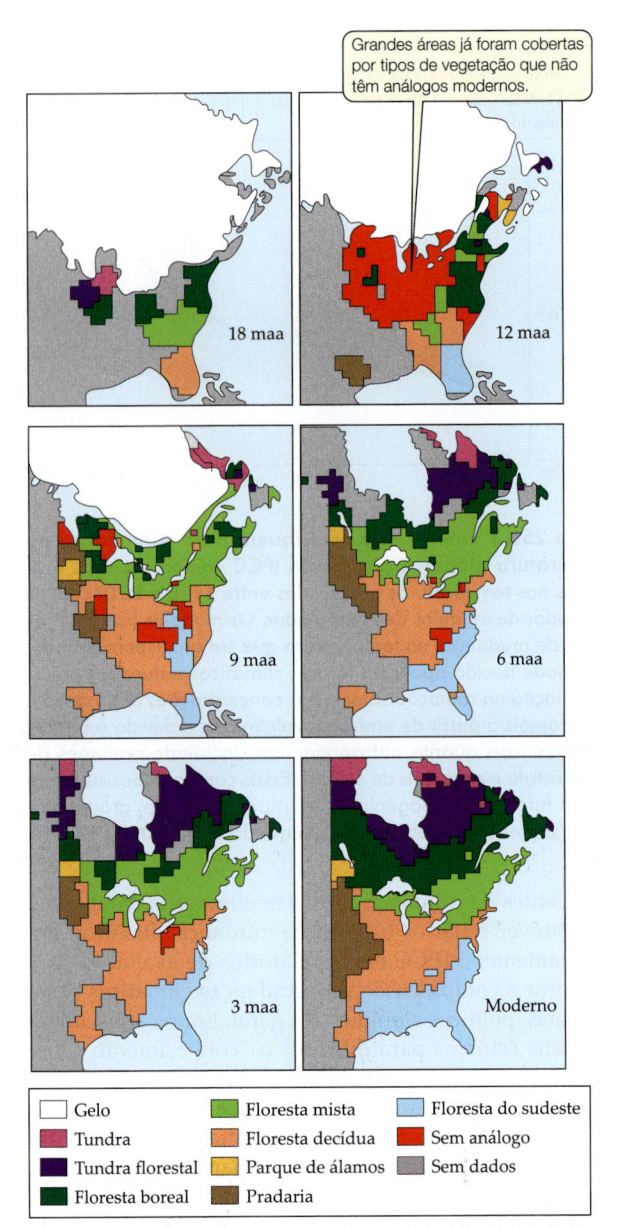

Figura 25.14 Mudanças pretéritas nas comunidades vegetais Os tipos de vegetação no leste da América do Norte mudaram desde o último máximo glacial, 18 mil anos atrás (maa). A composição da vegetação foi determinada do pólen preservado nos sedimentos. (Segundo Overpeck et al., 1992.)

Que fatores podem ter levado ao desenvolvimento de tipos diferentes de vegetação daqueles encontrados atualmente na América do Norte após a retração das geleiras continentais?

nutrientes. Tanto a fotossíntese quanto a respiração são sensíveis à temperatura e, em razão de seu balanço determinar a PPL, os efeitos diretos do aquecimento climático sobre a PPL podem ser relativamente menores. Porém, como indicado no Capítulo 20, a variação da PPL está relacionada à água, à disponibilidade de nutrientes e ao tipo de vegetação, todos os quais podem ser afetados pela mudança climática. Mudanças nos padrões pluviométricos e nas taxas de evapotranspiração resultantes da mudança climática podem influenciar fortemente a disponibilidade tanto de água como de nutrientes. Em razão da heterogeneidade da mudança climática e das mudanças resultantes nos tipos de vegetação, podem ocorrer tanto aumentos como reduções na PPL. Assim, o efeito das alterações climáticas sobre a PPL provavelmente não será uniforme. O efeito do aquecimento sobre a oferta de nutrientes será mais pronunciado em ecossistemas de latitudes médias a altas, onde as baixas temperaturas restringem as taxas de ciclagem de nutrientes e os solos têm grandes reservatórios de nutrientes. Por isso, a mudança climática pode levar a aumentos na PPL em alguns ecossistemas temperados e de florestas boreais.

As respostas ecológicas à mudança climática estão acontecendo

Como observado antes, um aquecimento global de 0,8°C ocorreu a partir de 1880. Várias alterações ambientais ocorreram durante o mesmo período, incluindo a retração de geleiras, o aumento no degelo do gelo marinho e um aumento do nível do mar. Os sistemas biológicos também responderam a esse aquecimento? Numerosos relatos de alterações biológicas são consistentes com o aquecimento global recente (Parmesan, 2006; Walther, 2010). Essas alterações incluem a migração antecipada de aves, a extinção local de populações de anfíbios e répteis e a emergência antecipada de folhas da vegetação na primavera.

Mesmo não sendo fácil estabelecer uma correlação direta com o clima, houve mudanças nas distribuições geográficas das espécies, mudanças essas consistentes com o aquecimento. Por exemplo, Georg Grabherr e colaboradores estudaram as comunidades de plantas vasculares encontradas sobre os cumes de montanhas dos Alpes europeus. Eles compararam as riquezas de espécies atuais dessas comunidades com os registros datando dos séculos XVIII e início do século XIX (Grabherr et al., 1994). Eles observaram uma tendência consistente do aumento da riqueza de espécies resultando do movimento ascendente de espécies de locais de menor altitude em direção ao cume (**Figura 25.15**). De modo semelhante, Camille Parmesan e colaboradores registraram um deslocamento para o norte nas distribuições de espécies de borboletas não migratórias da Europa (Parmesan et al., 1999). Das 35 espécies examinadas, 63% tinham mudado sua distribuição rumo ao norte, enquanto somente 3% se direcionaram ao sul. Mais da metade das espécies de plantas e animais que foram investigadas mostrou mudanças na distribuição geográfica que são consistentes com as mudanças climáticas recentes (Parmesan e Yohe, 2003).

A mudança climática pode estar levando à extinção das populações de algumas espécies. Barry Sinervo e colaboradores (2010) descobriram que 12% das populações do lagarto mexicano *Sceloporus* foram extintas entre 1975 e 2009. Lembre-se do Conceito 23.2 em que as extinções de populações são potencialmente as etapas iniciais que conduzem à extinção de uma espécie. As extinções de populações de lagartos corresponderam mais estreitamente aos aumentos na temperatura do que às perdas de hábitats. De modo surpreendente, o aquecimento na primavera foi mais bem correlacionado com as extinções do que os extremos de temperatura durante o verão. Sinervo e colaboradores concluíram que as temperaturas mais altas na primavera limitavam o tempo de forrageio dos lagartos

Figura 25.15 As plantas estão se movendo para o cume dos Alpes Grabherr e colaboradores compararam o registro histórico da riqueza de espécies de plantas vasculares nos cumes das montanhas dos Alpes Europeus com censos feitos no início da década de 1990. A curva verde indica a relação entre a riqueza de espécies e a altitude do cume nos registros históricos, enquanto a curva vermelha indica a relação atual. (Segundo Grabherr et al., 1994.)

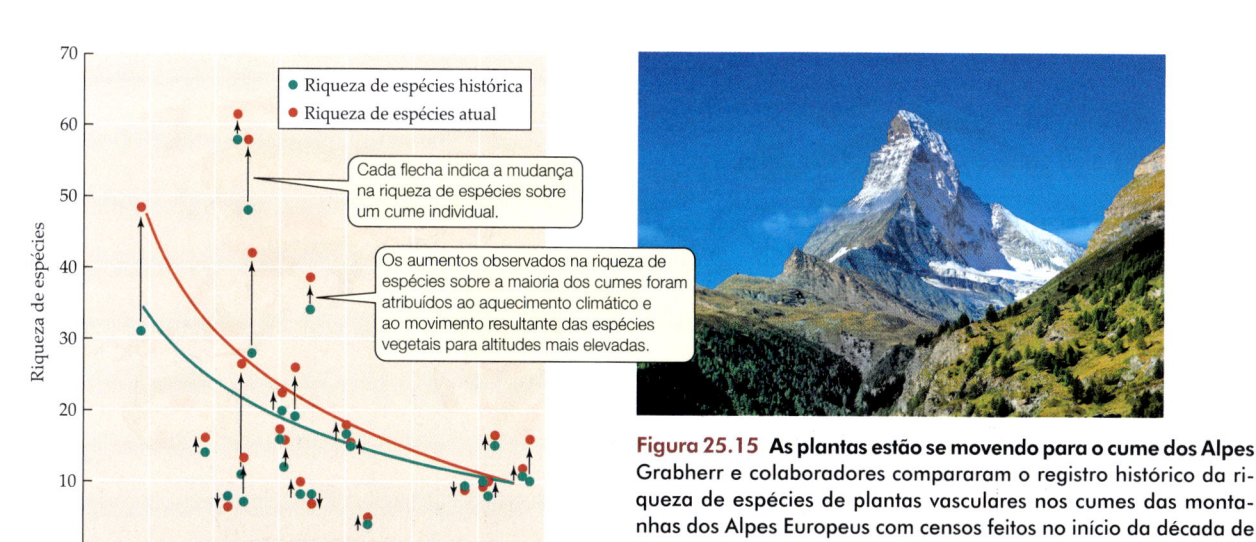

durante a estação reprodutiva. Os lagartos ectotérmicos movem-se para a sombra e permanecem ali para evitar o superaquecimento quando as temperaturas se tornam muito quentes (ver Conceito 4.2); durante esse momento, não podem procurar alimento. A observação de que a probabilidade de extinção foi maior em locais de baixa altitude e baixa latitude, onde os animais estariam mais provavelmente nos limites de suas tolerâncias térmicas, foi consistente com essa explicação.

Sinervo e colaboradores também usaram um modelo da fisiologia térmica dos lagartos para avaliar os efeitos atuais e futuros da mudança climática sobre as populações desses animais em todo o mundo. Eles estimaram que a mudança climática já resultou na extinção de 4% das populações de lagartos no planeta. Utilizando projeções da mudança climática futura, eles sugeriram que 39% das populações de lagartos do mundo e 20% das espécies de lagartos podem ser extintas até 2050.

Animais migratórios também podem ser afetados pela mudança no clima (Root et al., 2003). Por exemplo, espécies marinhas migratórias, incluindo baleias e peixes, podem necessitar de viagens mais longas em razão de mudanças substanciais nas distribuições de suas espécies-presa à medida que as temperaturas do oceano se aquecem. Algumas espécies de aves migratórias que se reproduzem na Inglaterra e na América do Norte têm chegado às áreas de nidificação três semanas mais cedo do que há 30 anos devido às temperaturas mais quentes da primavera e ao degelo mais rápido. No entanto, espécies-presa como plantas e animais invertebrados têm respondido de forma mais rápida à mudança climática do que os pássaros migratórios, resultando no desequilíbrio entre a chegada das aves e a disponibilidade de presas. Por outro lado, estações de reprodução mais longas podem aumentar o número de descendentes produzidos por algumas espécies de aves, especialmente em ecossistemas de altas latitudes.

Mudanças na composição das comunidades também podem ser indicadoras da mudança climática. Esses efeitos podem ser particularmente visíveis em algumas espécies marinhas sésseis. Os Capítulos 3 e 16 descreveram os efeitos da elevação das temperaturas da água sobre os corais e as mudanças resultantes nas comunidades de recifes de coral. Mudanças nas abundâncias de foraminíferos marinhos – um tipo de zooplâncton – também refletem as tendências climáticas globais durante o século passado (Field et al., 2006). As espécies de foraminíferos têm tecas que permitem que sejam identificadas nos sedimentos marinhos. Amostras coletadas de sedimentos bentônicos podem ser examinadas para determinar as mudanças na composição das espécies de foraminíferos ao longo do tempo. Uma vez que se conhecem as tolerâncias ambientais de diferentes espécies, essas alterações fornecem um meio de reconstruir os ambientes marinhos do passado. A partir de meados da década de 1970, no leste do Oceano Pacífico Norte, ocorreu um aumento nas espécies de foraminíferos tropicais e subtropicais e um decréscimo nas espécies temperadas e polares, indicando um aquecimento naquelas águas oceânicas.

Alterações na PPL global também indicam respostas biológicas à mudança climática. Ramakrishna Nemani e colaboradores usaram dados de sensoriamento remoto para examinar o padrão global da PPL em um período de 18 anos (1982-1999) (Nemani et al., 2003). Eles observaram que a PPL global aumentou 6% durante o período de estudo, ou 0,3% por ano (**Figura 25.16**). Os ecossistemas tropicais exibiram o maior aumento na PPL, que foi associada com aumentos na radiação solar devido à menor cobertura de nuvens nos trópicos durante o período de estudo. Durante a primeira década do século XXI, entretanto, a tendência em direção ao aumento da PPL foi revertida.

Figura 25.16 Mudanças na PPL terrestre Nemani e colaboradores calcularam as mudanças na produção primária líquida (PPL) entre 1982 e 1999, expressas aqui como variação percentual por ano. (Segundo Nemani et al., 2003.)

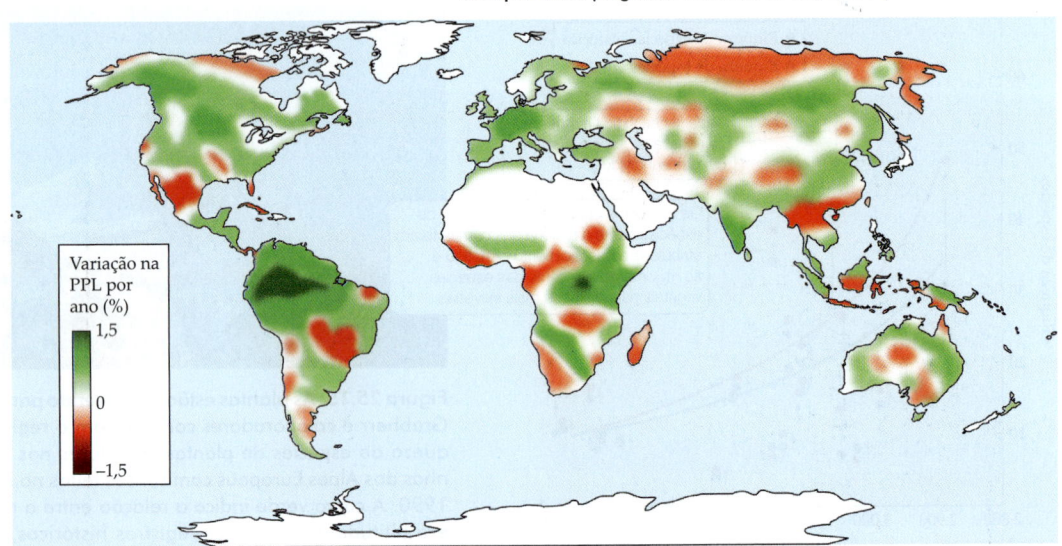

A redução na PPL global durante essa década foi atribuída a secas maiores, em particular no Hemisfério Sul (Zhao e Running, 2010).

Houve um notável decréscimo na troca ecossistêmica líquida (TEL) nas altas latitudes do Hemisfério Norte durante os últimos 30 anos, que coincidiu com algumas áreas do Ártico passando de uma absorção líquida de CO_2 da atmosfera (agindo como um *dreno*) para uma exportação líquida de CO_2 (agindo como uma *fonte*) (Oechel et al., 1993). Grandes quantidades de C estão armazenadas nos solos de ecossistemas boreais e da tundra como resultado de suas baixas temperaturas, que inibem a decomposição e a acumulação de longo prazo do carbono desde o último máximo glacial. O aquecimento durante o século XX, entretanto, aumentou a taxa de liberação de CO_2 dos solos do Ártico, de modo que agora as perdas excedem aos aportes de PPL. O aquecimento desses ecossistemas terrestres de altas latitudes poderia proporcionar uma retroalimentação positiva para a mudança climática por aumentar as emissões de CO_2 e CH_4. Entretanto, as taxas de perdas de CO_2 dos ecossistemas árticos têm diminuído desde o início da década de 1990, possivelmente devido a alterações nas taxas de ciclagem de nutrientes e mudanças na fisiologia e na composição das plantas (Oechel et al., 2000).

Os indicadores biológicos das mudanças climáticas são diversos e aumentam com o passar do tempo. Experimentos, modelagens e comparações com registros históricos e paleoecológicos têm nos dado pistas de como a biota da Terra responderá à mudança climática. Entretanto, incertezas substanciais em prever os efeitos dessa mudança ainda existem, muitas das quais estão associadas com outras alterações ambientais que estão ocorrendo ao mesmo tempo. Na próxima seção, veremos duas dessas alterações antropogênicas que estão exercendo profundo efeito sobre os ecossistemas: as emissões de enxofre e nitrogênio para a atmosfera.

Figura 25.17 Monitoramento da qualidade do ar no Parque Nacional do Grande Cânion A visibilidade, que serve como um índice de qualidade do ar, é avaliada por uma amplitude visual: a distância máxima que essa câmara digital permite focar (até 362 km). A qualidade do ar nos parques nacionais e nas áreas selvagens, como o Grande Cânion, foi comprometida pelas emissões de poluentes, incluindo aerossóis de sulfato. Esses poluentes não só causam menor visibilidade, mas também representam um perigo à saúde dos organismos que entram em contato com eles, incluindo os seres humanos.

CONCEITO 25.3

Emissões antropogênicas de enxofre e nitrogênio causam deposição ácida, alteram a química do solo e afetam a saúde dos ecossistemas.

Deposição ácida e deposição de nitrogênio

Os efeitos negativos da poluição do ar são conhecidos desde, pelo menos, o tempo dos antigos gregos, quando as leis protegiam a qualidade do ar, conforme indicado por seu odor (Jacobson, 2002). Desde a Revolução Industrial, a poluição do ar tem sido associada principalmente aos centros urbanos industriais, às usinas de energia e às refinarias de petróleo e gás. Essas fontes estacionárias de poluentes atmosféricos afetam em especial as áreas imediatamente adjacentes a elas e normalmente são consideradas problemas regionais, e não globais. Durante o século XX, entretanto, estratégias efetivas de dispersão das emissões (p. ex., chaminés altas), desenvolvimento industrial difundido e emissões crescentes de poluentes de fontes móveis, tais como automóveis, têm aumentado bastante a extensão da poluição atmosférica.

A queima de combustíveis fósseis, a agricultura e o desenvolvimento urbano e suburbano influenciaram os fluxos de N e S a níveis ainda maiores do que os fluxos de C. As emissões de N e S na atmosfera resultaram em dois problemas ambientais relacionados: a chuva ácida e a deposição de N. As emissões de N e S são apenas um subconjunto dos vários tipos de poluição atmosférica, mas elas estão entre as de mais longo alcance. Os locais afetados pela precipitação ácida e pela deposição de N incluem atualmente parques nacionais e áreas selvagens (**Figura 25.17**).

A precipitação ácida causa desequilíbrio de nutrientes e toxicidade por alumínio

Os efeitos prejudiciais da poluição atmosférica ácida sobre a vegetação próxima, as edificações e a saúde humana eram conhecidos desde vários séculos, embora seus mecanismos não fossem bem compreendidos. Na Inglaterra, durante a metade do século XIX, os processos industriais que liberavam compostos ácidos na atmosfera, principalmente ácido clorídrico, foram apontados como uma das mais importantes fontes de substâncias nocivas (Jacobson, 2002). Leis foram promulgadas em 1863 para reduzir essas emissões ácidas. O termo "chuva ácida" foi cunhado por Robert Angus Smith, inspetor encarregado de fiscalizar o cumprimento das novas regulamentações. Apesar da legislação, a precipitação ácida continuou sendo um problema ao longo dos séculos XIX e XX nos grandes centros urbanos industrializados. Durante a década de 1960, a consciência sobre os efeitos generalizados da chuva ácida, incluindo seus efeitos sobre ecossistemas "inalterados" próximos e na agricultura, aumentou. Em particular, os danos a florestas e a mortalidade entre organismos aquáticos no norte da Europa, em partes da Ásia e no nordeste da América do Norte atraíram grande atenção à precipitação ácida.

Ácido sulfúrico (H_2SO_4) e ácido nítrico (HNO_3) são os principais compostos ácidos encontrados na atmosfera. Como vimos no Conceito 25.1, o ácido sulfúrico forma-se na atmosfera a partir da oxidação de compostos gasosos de enxofre, e o ácido nítrico origina-se da oxidação de outros compostos de NO_x. Os ácidos sulfúrico e nítrico podem dissolver-se no vapor de água e depositar-se sobre o solo com a precipitação (*deposição úmida*). A precipitação de ocorrência natural tem um pH levemente ácido de 5,0 a 5,6 devido à dissolução natural de CO_2 e à formação de ácido carbônico. A precipitação ácida tem pH em torno de 5,0 a 2,0. Os compostos ácidos também podem ser depositados sobre a superfície da Terra quando formam aerossóis muito grandes para se manterem em suspensão ou quando se fixam a partículas de poeira (*deposição seca*).

A pesquisa tem se concentrado em determinar as causas da degradação ambiental associada à precipitação ácida. Inicialmente, a acidificação era considerada a principal culpada. Em muitos casos, entretanto, a precipitação e as águas superficiais não tinham um pH baixo o suficiente para causar as respostas biológicas observadas. Uma exceção é encontrada em regiões de altas latitudes ou altas altitudes que desenvolvem uma camada de neve sazonal. Durante o inverno, os compostos ácidos acumulam-se sobre a neve. Quando as temperaturas aumentam na primavera, a água percola através da camada de neve, lixiviando todos os compostos solúveis acumulados. A primeira água do degelo da primavera é, portanto, mais ácida do que a precipitação que cai durante o inverno. Esse *pulso ácido* tem o potencial de ser tóxico aos organismos sensíveis nos solos e córregos, incluindo microrganismos, invertebrados, anfíbios e peixes.

A vulnerabilidade dos organismos em solos, córregos e lagos aos aportes de precipitação ácida é determinada pela capacidade de seu ambiente químico de neutralizar a acidez, conhecida como **capacidade de neutralização ácida**. A capacidade de neutralização ácida de solos e da água associa-se, normalmente, a concentrações de cátions básicos, incluindo Ca^{2+}, Mg^{2+} e K^+. Os solos que derivam de material de rocha-mãe com altas concentrações desses cátions, como o calcário, são mais aptos a neutralizar a

Figura 25.18 A poluição do ar prejudicou as florestas europeias A alta mortalidade de árvores vista nessa floresta de espruce no sudeste da Alemanha foi associada à precipitação ácida e ao desequilíbrio nutricional resultante, particularmente perda de cátions básicos. O extenso declínio das florestas ocorreu na Alemanha e no norte da Tchecoslováquia (agora parte da República Tcheca) nas décadas de 1970 e 1980.

precipitação ácida do que aqueles provenientes de material mais ácido, como os granitos.

Os efeitos prejudiciais da precipitação ácida sobre as plantas e os organismos aquáticos estão associados com reações biogeoquímicas no solo que reduzem os estoques de nutrientes e aumentam as concentrações de metais tóxicos. À medida que H^+ percola através do solo, ele substitui Ca^{2+}, Mg^{2+} e K^+ nos sítios de troca catiônica sobre as superfícies de partículas de argila (ver a descrição da troca catiônica no Conceito 22.1). Esses cátions são liberados na solução do solo e então podem lixiviar para fora da zona da raiz das plantas. A perda desses cátions básicos leva ao decréscimo no pH do solo, ou seja, à *acidificação do solo*. As deficiências em Ca e Mg, às vezes em combinação com outros estresses, foram associadas com a mortalidade de árvores em larga escala nas florestas da Europa durante os anos de 1970 e 1980 (**Figura 25.18**). Nos estágios avançados de acidificação do solo, o alumínio (Al^{3+}) é liberado no solo em locais de troca catiônica. O alumínio é tóxico às raízes das plantas, aos invertebrados de solo e aos organismos aquáticos, incluindo peixes. A combinação de acidez crescente na precipitação e concentrações crescentes de alumínio no escoamento terrestre foi relacionada a mortandades de peixes em lagos e córregos no norte da Europa e no leste da América do Norte.

A constatação de que a precipitação ácida estava afetando negativamente a biota de ecossistemas de florestas e de lagos induziu o aumento no monitoramento da deposição atmosférica e, por fim, a criação de leis para limitar as emissões ácidas. Restrições sobre as emissões de S na América do Norte e na Europa resultaram em reduções significativas na acidez da precipitação (**Figura 25.19**). As florestas estão se recuperando dos efeitos da precipitação ácida na Europa Central, graças à legislação que limita

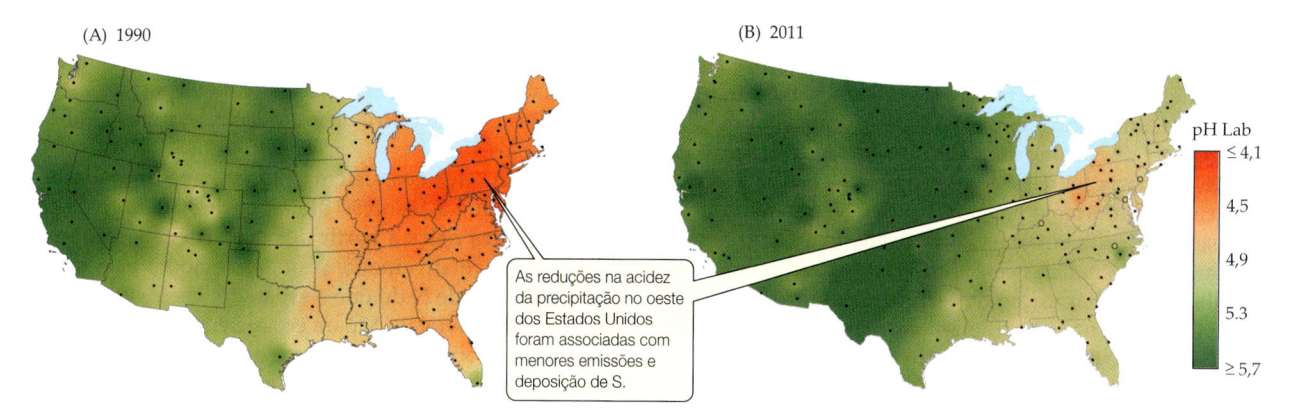

Capítulo 25 • Ecologia global 587

(A) 1990

(B) 2011

As reduções na acidez da precipitação no oeste dos Estados Unidos foram associadas com menores emissões e deposição de S.

pH Lab
≤ 4,1
4,5
4,9
5,3
≥ 5,7

as emissões de S e à redução na atividade industrial da ex-União Soviética. Medições químicas de curso d'água também refletem a redução da acidez da precipitação e a recuperação dos ecossistemas aquáticos. A precipitação ácida permanece um problema, entretanto, em alguns países que experimentaram um rápido desenvolvimento industrial, tais como a China e a Índia.

Deposição de nitrogênio: o excesso nunca é bom

Como vimos, as emissões antropogênicas de nitrogênio reativo para a atmosfera alteraram bastante os ciclos globais

Figura 25.19 Redução na precipitação ácida O pH da precipitação em diferentes partes dos Estados Unidos medido em (A) 1990 e (B) 2011, estimado com base em medições realizadas nos locais de amostragem indicados pelos pontos. (De National Atmospheric Deposition Program/National Trends Network.)

do N. O N reativo pode retornar à Terra (via deposição seca e úmida) depois de ser transportado para longe da fonte de emissão na atmosfera. Globalmente, as emissões e as deposições antropogênicas de compostos reativos de N mais do que triplicaram desde 1860 (Galloway et al., 2004, 2008) (**Figura 25.20**). Estima-se que as emissões e as deposições de N reativo dupliquem entre 2000 e 2050, à medida que

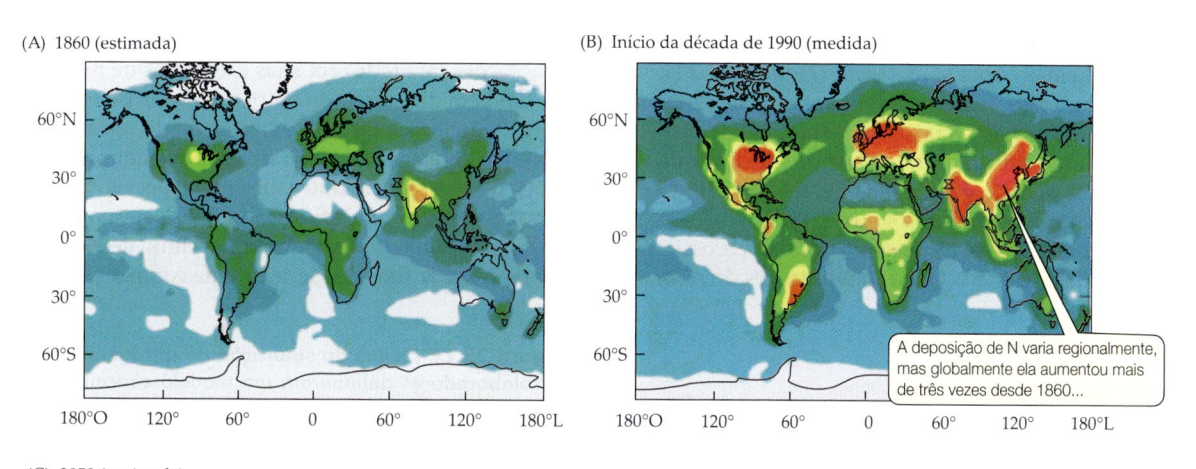

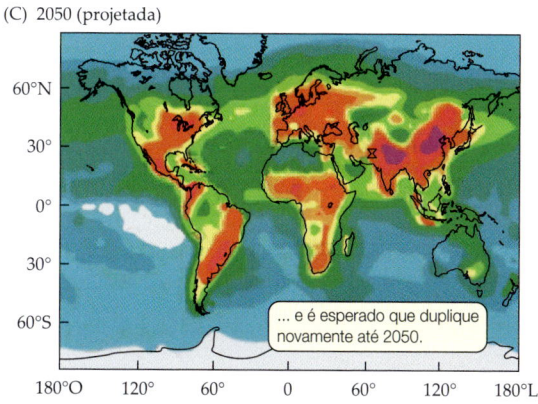

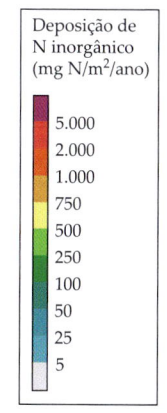

(A) 1860 (estimada)

(B) Início da década de 1990 (medida)

A deposição de N varia regionalmente, mas globalmente ela aumentou mais de três vezes desde 1860...

(C) 2050 (projetada)

... e é esperado que duplique novamente até 2050.

Deposição de N inorgânico (mg N/m²/ano)
5.000
2.000
1.000
750
500
250
100
50
25
5

Figura 25.20 Mudanças históricas e projetadas na deposição de nitrogênio (A) Taxas estimadas de deposição de compostos inorgânicos de N (NH_4^+ e NO_3^-) em 1860. (B) Taxas medidas no início da década de 1990. (C) Taxas projetadas para 2050. (Segundo Galloway et al., 2004.)

o desenvolvimento industrial aumente para acompanhar o ritmo da população humana. Maiores deposições de N aumentarão a oferta de N para as atividades biológicas, mas essa abundância acarretará em um custo ambiental.

O papel do N como um determinante das taxas de produção primária foi descrito no Capítulo 20. O nitrogênio exerce um importante papel na fotossíntese, a qual forma a base da teia alimentar que fornece energia para todos os organismos. Benefícios consideráveis para a humanidade resultaram da fabricação de fertilizantes nitrogenados e da difusão de sua aplicação aos cultivos agrícolas desde o início do século XX. Poderíamos esperar, portanto, que um suprimento aumentado de N facilitaria o crescimento vegetal e aumentaria a produção global em um ecossistema limitado por N. De fato, a produção primária aumentou em alguns ecossistemas em resultado da deposição aumentada de N (p. ex., florestas na Escandinávia; Binkley e Högberg, 1997). A deposição de nitrogênio pode ser parcialmente responsável pela maior fixação de CO_2 atmosférico pelos ecossistemas terrestres observada no Hemisfério Norte (Thomas et al., 2010).

Embora a produção primária esteja aumentando em alguns ecossistemas devido à deposição de N, existe também forte evidência de que essa deposição esteja associada à degradação ambiental, à perda de diversidade e à acidificação. Enquanto o N limita a produção primária em muitos ecossistemas terrestres, a capacidade da vegetação, dos solos e dos microrganismos do solo de assimilar aportes maiores de N pode ser excedida. Essa condição, conhecida como *saturação de nitrogênio*, tem numerosos efeitos sobre os ecossistemas (Aber et al., 1998) (**Figura 25.21**). Maiores concentrações de compostos inorgânicos de N (NH_4^+ e NO_3^-) no solo levam a taxas intensificadas de processos microbianos (nitrificação e desnitrificação) que liberam N_2O, um potente gás do efeito estufa. O nitrato (NO_3^-) é facilmente lixiviado dos solos e pode mover-se para as águas subterrâneas, alcançando enfim os ecossistemas aquáticos. Quando o NO_3^- se move através do solo, ele carrega cátions em solução, incluindo K^+, Ca^{2+} e Mg^{2+}, para manter o equilíbrio de cargas. Assim como no caso da precipitação ácida, as perdas desses cátions podem levar a uma deficiência de nutrientes e, por fim, a uma acidificação dos solos.

A maioria dos ecossistemas aquáticos é limitada por P, de modo que a absorção biológica do NO_3^- antropogênico que entra neles a partir dos ecossistemas continentais pode ser relativamente pequena (embora haja maior processamento de N do que o esperado; ver Figura 22.16). O transporte fluvial de N para ecossistemas marinhos costeiros aumentou à medida que os aportes de fertilizantes nitrogenados aumentaram (Howarth et al., 1996). A produção primária em comunidades estuarinas e de marismas em geral é limitada por N e, portanto, o influxo de N de fontes terrestres nesses ecossistemas resultou em eutrofização (descrita no Conceito 22.4). A eutrofização resulta em forte crescimento de algas, que podem criar condições hipóxicas nas águas profundas dos ecossistemas costeiros. Os aportes elevados de matéria orgânica resultantes levam a altas taxas de decomposição por microrganismos, que consomem a maior parte do oxigênio disponível. As condições hipóxicas resultantes são letais para a maioria da vida marinha, incluindo os peixes. Condições hipóxicas podem ocorrer sobre áreas enormes, criando "zonas mortas". Zonas mortas de até 18.000 km^2 formam-se anualmente no Golfo do México, e mais de 400 zonas mortas formam-se em locais ao redor do globo, incluindo o Mar Báltico, o Mar Negro e a Baía de Chesapeake.

Em ecossistemas pobres em nutrientes, muitas plantas têm adaptações que reduzem suas exigências de nutrientes, que também diminuem sua capacidade de assimilação de aportes adicionais de N. Como resultado, os aportes de N podem causar a exclusão de espécies adaptadas a condições de escassez de nutrientes por espécies de crescimento mais rápido. A acidificação e o aumento na solubilidade do alumínio podem levar ao declínio de espécies não tolerantes. Por fim, esse aumento na competição e na

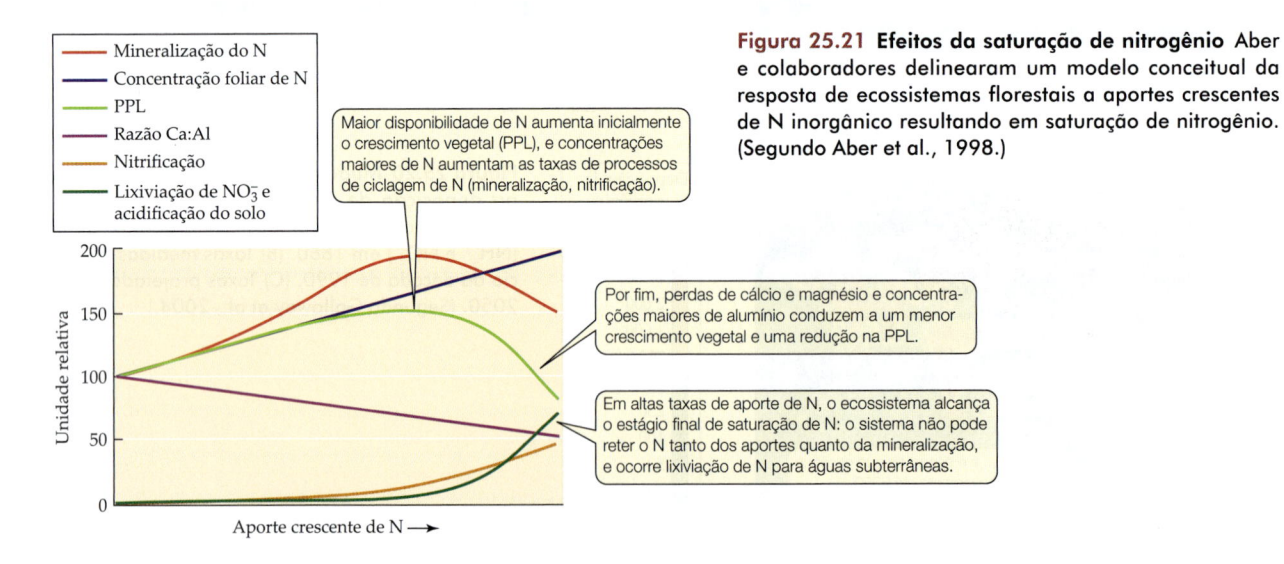

Figura 25.21 Efeitos da saturação de nitrogênio Aber e colaboradores delinearam um modelo conceitual da resposta de ecossistemas florestais a aportes crescentes de N inorgânico resultando em saturação de nitrogênio. (Segundo Aber et al., 1998.)

toxicidade pode levar à redução na diversidade e à alteração da composição da comunidade. Na Holanda, comunidades de urzes com alta riqueza de espécies, adaptadas a condições com baixa disponibilidade de nutrientes, foram substituídas por comunidades campestres com baixa diversidade de espécies como resultado de taxas muito altas de deposição de N (Berendse et al., 1993). Na Grã-Bretanha, Carly Stevens e colaboradores examinaram comunidades campestres por todo o país com uma gama de taxas de deposição de N (**Figura 25.22A**). Em 68 áreas, eles mediram a riqueza média de espécies em múltiplas parcelas, em conjunto com diversas variáveis ambientais, para tentar explicar a variação na diversidade de plantas entre as áreas. As variáveis ambientais incluíram nove fatores químicos do solo, nove variáveis físicas ambientais, a intensidade do pastejo e a presença ou ausência de cerca nas áreas de pastejo (Stevens et al., 2004). De 20 fatores possíveis que podem ter influenciado diferenças na riqueza de espécies entre os locais de estudo, a quantidade de deposição de N explicou a maior quantidade de variação (55%): aportes mais altos de N foram associados com riqueza de espécies menor (**Figura 25.22B**). Embora esse estudo tivesse natureza correlativa, seus resultados são apoiados por múltiplos estudos experimentais nos quais a adição de N às parcelas diminuiu a riqueza de espécies, geralmente resultando na perda de espécies raras (Suding et al., 2005). Stevens e colaboradores sugerem que uma tendência geral de redução na diversidade vegetal ocorreu na Grã-Bretanha e continuará a ocorrer com o aumento da deposição antropogênica de N. Altas taxas de deposição de N também facilitam a expansão bem-sucedida de algumas espécies vegetais invasoras às custas de espécies nativas (Dukes e Mooney, 1999).

Os efeitos ecológicos do enxofre e do nitrogênio se evidenciam quando a deposição atmosférica traz de volta as emissões antropogênicas para a superfície da Terra. Na próxima seção, descreveremos alguns compostos antropogênicos que exercem efeitos negativos enquanto permanecem na atmosfera.

> **CONCEITO 25.4**
>
> A redução do ozônio na estratosfera e seu aumento na troposfera representam riscos para os organismos.

Ozônio atmosférico

O ozônio é benéfico para os sistemas biológicos, mas somente quando não está em contato estreito com eles. Na atmosfera superior (a *estratosfera*), o ozônio promove um escudo que protege a Terra da radiação ultravioleta nociva. Quando em contato com os organismos na atmosfera inferior (a *troposfera*), entretanto, o ozônio pode prejudicá-los. Alterações prejudiciais nas concentrações de ozônio ocorreram tanto na estratosfera quanto na troposfera como resultado das emissões antropogênicas de poluentes atmosféricos.

A perda do ozônio estratosférico aumenta a transmissão da radiação nociva

Cerca de 2,3 bilhões de anos atrás, quando os primeiros procariotos desenvolveram a capacidade de realizar fotossíntese, o oxigênio começou a acumular-se na atmosfera da Terra, levando a uma série de mudanças que facilitaram a evolução de maior diversidade fisiológica e biológica. O aumento no oxigênio atmosférico (na forma de O_2) também levou à formação de uma camada de ozônio

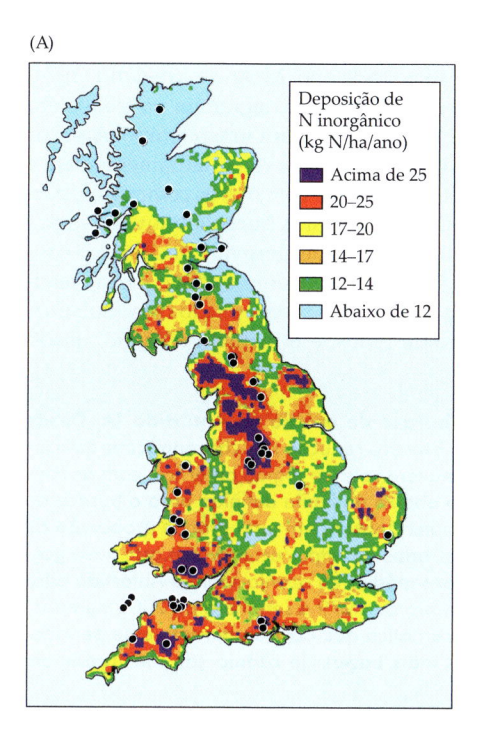

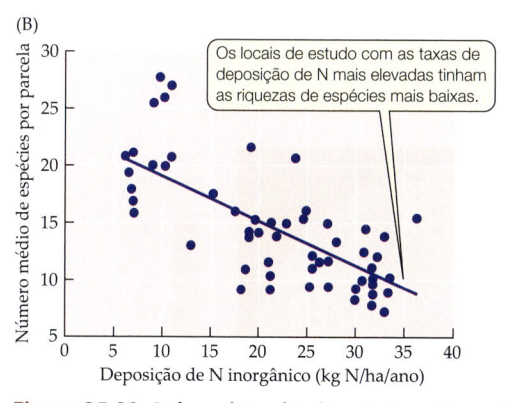

Figura 25.22 A deposição de nitrogênio reduz a diversidade de espécies (A) Deposição de N inorgânico na Grã-Bretanha. Os pontos no mapa indicam as áreas onde a riqueza de espécies de plantas em ecossistemas de pastagens foi medida. (B) Correlação entre as taxas de deposição de N inorgânico e a riqueza de espécies de plantas. (Segundo Stevens et al., 2004.)

(O_3) na estratosfera (a 10-50 km de altitude). Essa camada de ozônio atua como um escudo protegendo a superfície da Terra da radiação ultravioleta-B (UVB) de alta energia (0,25-0,32 μm). A radiação UVB é prejudicial a todos os organismos, causando dano ao DNA e aos pigmentos fotossintéticos em plantas e bactérias, comprometimento da resposta imune e tumores cancerígenos de pele em animais, incluindo seres humanos.

As concentrações estratosféricas de ozônio mudam sazonalmente em resposta às mudanças nos padrões atmosféricos de circulação, em particular nas zonas polares, onde elas declinam na primavera. Cientistas britânicos medindo as concentrações de ozônio na Antártica foram os primeiros a registrar um decréscimo surpreendentemente grande nas concentrações estratosféricas de ozônio, a partir da primavera de 1980. As concentrações mínimas de ozônio durante a primavera diminuíram até 70% entre 1980 e 1995 (**Figura 25.23**). Houve também um aumento concomitante na área da região Antártica experimentando uma redução no ozônio, chamada de buraco de ozônio. Um **buraco de ozônio** é definido como uma área com uma concentração de ozônio menor do que 220 unidades Dobson (= 2,7 × 10^{16} moléculas de ozônio) por centímetro quadrado; antes de 1980, nunca haviam sido registradas concentrações de ozônio abaixo desse nível. As reduções no ozônio foram registradas entre 25° S e o Polo Sul. Reduções similares no ozônio foram registradas no Ártico (a partir de 50° N até o Polo Norte), embora a magnitude do decréscimo não tenha sido tão grande (recebendo assim o nome **depressão do ozônio ártico**, uma vez que as concentrações de ozônio não caíram abaixo de 220 unidades Dobson).

O decréscimo no ozônio estratosférico foi previsto em meados da década de 1970 por Mario Molina e Sherwood Rowland, que descobriram que certos compostos, particularmente os clorofluorcarbonos (CFCs), poderiam destruir as moléculas de ozônio. Os CFCs foram desenvolvidos nos anos de 1930 para uso em gases refrigerantes e mais tarde foram usados como propulsores em sprays de cabelo, tintas, desodorantes e muitos outros produtos. Por volta da década de 1970, pelo menos um milhão de toneladas de CFCs era produzido a cada ano. Molina e Rowland (1974) constataram que os CFCs não se degradam na troposfera e poderiam permanecer ali por um longo tempo. A partir da troposfera, os CFCs podem mover-se lentamente para a estratosfera, onde eles reagem com outros compostos, particularmente nas regiões polares durante o inverno, para produzir moléculas reativas de cloro que destroem o ozônio. Outros compostos antropogênicos com o mesmo efeito incluem o tetracloreto de carbono, usado como solvente e para fumigação de grãos, e o metilclorofórmio, usado

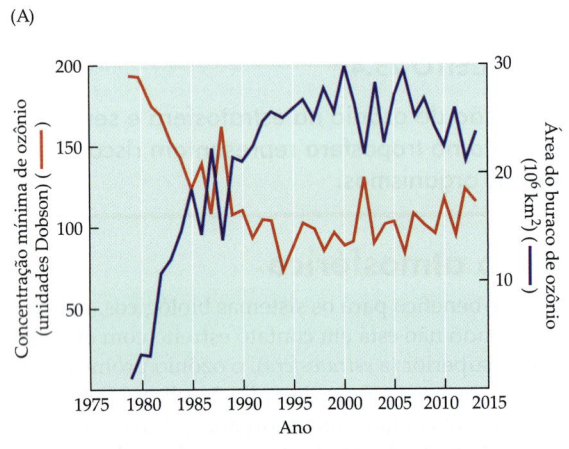

Figura 25.23 O buraco de ozônio na Antártida (A) Desde 1980, houve uma drástica redução nas concentrações de ozônio durante a primavera sobre a região antártica, com as concentrações caindo abaixo do limite definido para o buraco de ozônio (220 unidades Dobson) em uma grande proporção da área após 1984. (Dados de http://ozonewatch.gsfc.nasa.gov) (B) As concentrações médias de ozônio sobre a Antártida para os meses de setembro de 1979 e setembro de 2000 demonstram a redução dramática que ocorreu durante esse período. As concentrações mais baixas de ozônio são mostradas em violeta.

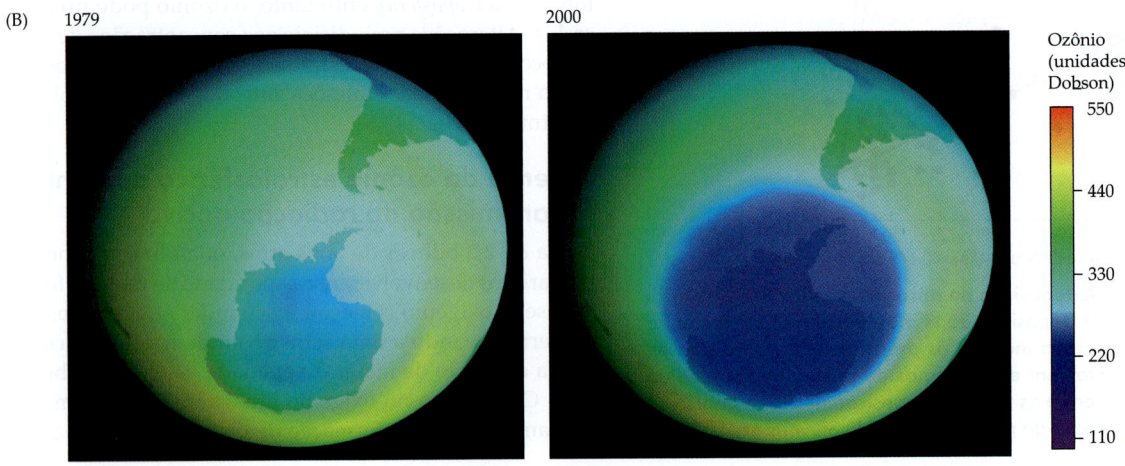

como solvente industrial e desengordurante. Um único átomo de cloro livre tem o potencial de destruir 10^5 moléculas de ozônio. Assim, o perigo potencial representado por compostos clorados para a camada de ozônio estratosférico tornou-se claro para Molina e Rowland.

A quantidade de radiação UVB na superfície da Terra aumentou à medida que as concentrações atmosféricas de ozônio diminuíram (Madronich et al., 1998). Esses aumentos na radiação UVB foram mais impressionantes na região antártica, que experimentou um aumento de 130% na radiação UVB durante a primavera. Aumentos também foram registrados no Hemisfério Norte, incluindo um aumento de 22% em latitudes médias durante a primavera.

Esses aumentos na radiação UVB na superfície da Terra coincidiram com um aumento na incidência de cânceres de pele em seres humanos, que são agora aproximadamente 10 vezes mais frequentes do que eram na década de 1950. A radiação UVB exerceu importante papel na evolução da pigmentação em seres humanos (Jablonski, 2004). A produção de melanina, um pigmento protetor da pele, foi selecionada em seres humanos que vivem em baixas latitudes, onde os níveis de ozônio são naturalmente mais baixos e níveis mais altos de radiação UVB alcançam a superfície da Terra. À medida que os seres humanos migraram para climas mais frios longe da África Equatorial, com menos luz solar, as altas quantidades de melanina limitaram a produção de vitamina D, resultando em seleção por baixa produção de melanina em pessoas de altas latitudes. À medida que seres humanos de pele mais clara, posteriormente, migraram para ambientes com alta incidência de radiação, para os quais sua tez não estava adaptada, aumentou seu risco de adquirir câncer de pele. Isso se tornou particularmente verdadeiro para populações de altas latitudes no Hemisfério Sul, incluindo Austrália, Nova Zelândia, Chile, Argentina e África do Sul, onde a exposição ao UVB é intensificada pela perda do ozônio estratosférico. A preocupação é particularmente grande na Austrália, onde cerca de 30% da população foram diagnosticados com alguma forma de câncer de pele.

Existem evidências substanciais para indicar que o aumento da radiação UVB tem sérios efeitos ecológicos (Caldwell et al., 1998; Paul e Gwynn-Jones, 2003). A sensibilidade à radiação varia entre as espécies dentro de uma comunidade, por isso são prováveis mudanças na composição das comunidades em resultado do aumento na radiação UVB. O potencial de efeitos prejudiciais da UVB devido à perda do ozônio estratosférico é maior em altas latitudes e em altitudes elevadas (> 3.000 m) devido à menor retenção atmosférica da radiação UV.

A percepção dos rápidos declínios nas concentrações estratosféricas de ozônio e de suas prováveis causas antropogênicas resultou em várias conferências internacionais sobre a destruição da camada de ozônio na década de 1980. Nessas conferências, o Protocolo de Montreal, um tratado internacional instando a redução e o eventual banimento da produção e do uso de CFCs e outras substâncias químicas destruidoras de ozônio, foi acordado. O Protocolo de Montreal foi assinado por mais de 150 países. As concentrações atmosféricas de CFCs permaneceram iguais ou, na maioria dos casos, declinaram desde que o Protocolo de Montreal entrou em vigor em 1989 (**Figura 25.24**). Uma recuperação progressiva da camada de ozônio é esperada ao fim de várias décadas, uma vez que a lenta mistura da troposfera, com os CFCs de longa duração que ela ainda contém, e da estratosfera resultará em uma defasagem antes que as concentrações estratosféricas de ozônio aumentem. As tendências nas concentrações estratosféricas de ozônio mostradas na Figura 25.23 indicam que a destruição de ozônio está declinando em resposta a menores emissões de CFCs, mas uma recuperação completa da camada de ozônio não é esperada até 2050.

O ozônio troposférico é prejudicial aos organismos

Na estratosfera são encontrados 90% do ozônio da Terra. Os 10% restantes ocorrem na troposfera. O ozônio troposférico (incluindo ao nível do solo) é gerado por uma série de reações envolvendo luz solar, NO_x e compostos orgânicos voláteis como hidrocarbonetos, monóxido de carbono e metano. Em algumas regiões, a vegetação natural pode ser uma importante fonte desses compostos orgânicos voláteis, incluindo terpenos (que emprestam aos pinheiros seu odor característico) e isopreno. Sob condições atmosféricas naturais, a quantidade de ozônio produzida na troposfera é muito pequena, mas as emissões antropogênicas de moléculas precursoras de ozônio vêm aumentando muito sua produção. Os poluentes atmosféricos que produzem ozônio podem viajar a longas distâncias e, assim, a produção de ozônio troposférico é uma preocupação generalizada.

O ozônio troposférico é ambientalmente prejudicial por duas razões. Em primeiro lugar, o ozônio é um forte oxidante, ou seja, seu oxigênio reage facilmente com outros compostos. Ele causa danos respiratórios e irritação nos olhos de seres humanos e outros animais. Um aumento na incidência de asma infantil foi associado à exposição ao ozônio. O ozônio danifica as membranas das plantas e pode causar queda significativa nas taxas de fotossíntese e crescimento. Ele também aumenta a suscetibilidade das plantas a outros estresses, como baixa disponibilidade hídrica. A diminuição da produtividade agrícola foi associada à exposição ao ozônio. Sintomas característicos da poluição por ozônio foram encontrados em plantas nativas próximas de áreas urbanas desde as décadas de 1940 e 1950 (p. ex., nas Montanhas San Gabriel, perto de Los Angeles, e nos Alpes no norte da Itália), porém, mais recentemente, os sintomas foram notados em parques nacionais e áreas selvagens distantes de fontes de poluição. Por exemplo, as plantas em Serra Nevada na Califórnia são afetadas negativamente pelo ozônio gerado no Vale Central e nas áreas urbanas de São Francisco e Los Angeles (Bytnerowicz et al., 2003). As taxas de crescimento de árvores em florestas do leste dos Estados Unidos estão 10% menores do que poderiam estar na ausência de ozônio (Chappelka e Samuelson, 1998).

Em segundo lugar, o ozônio é um gás de efeito estufa que pode contribuir com a mudança climática global.

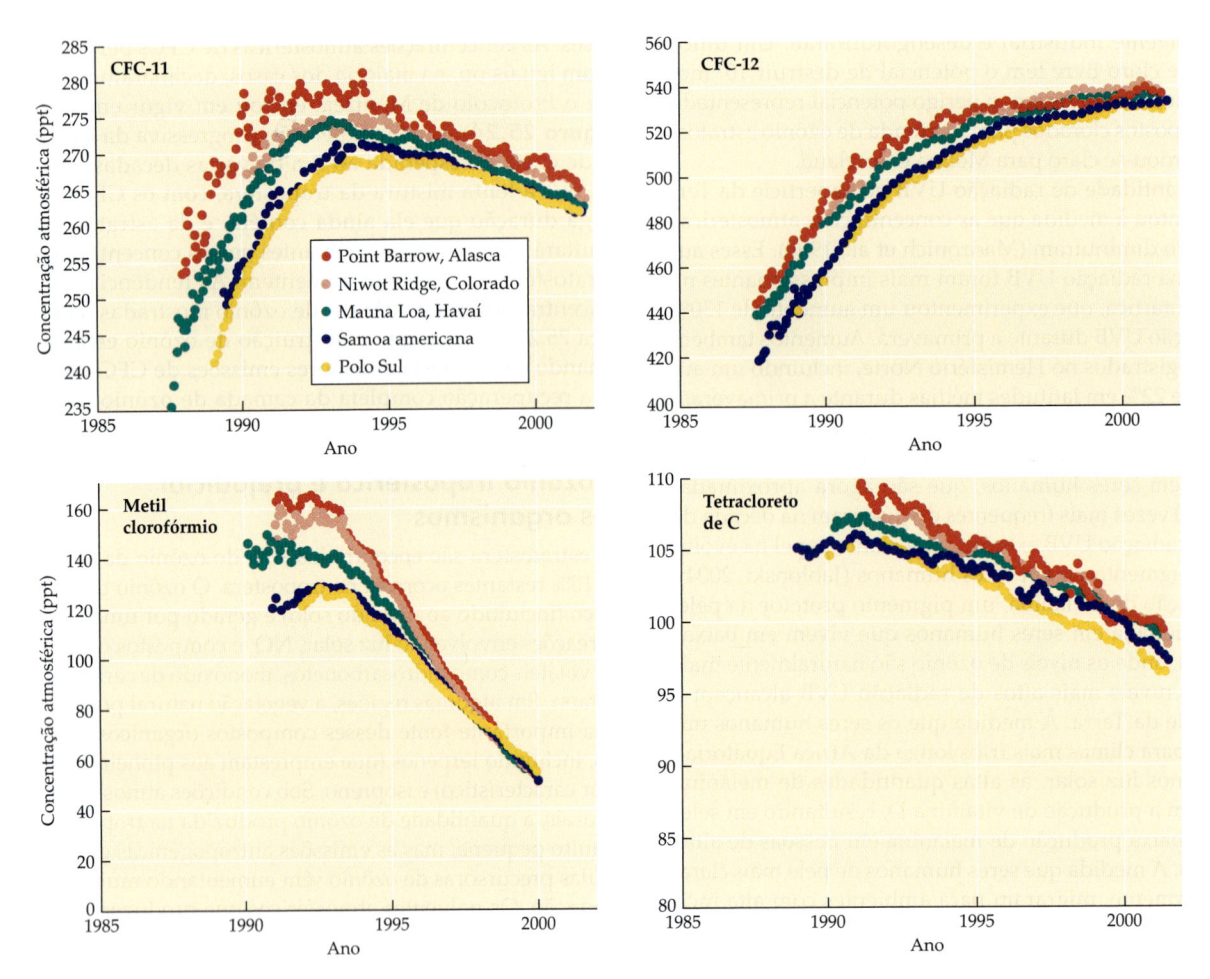

Figura 25.24 Progresso contra os assassinos do ozônio
Medições das concentrações atmosféricas de compostos clorados destruidores de ozônio (em partes por trilhão) em cinco locais de monitoramento através do globo mostrando que vários deles declinaram desde a assinatura do Protocolo de Montreal em 1989.

O ozônio tem um tempo de vida curto na atmosfera em relação aos outros gases de efeito estufa; no entanto, sua concentração pode variar bastante de um lugar para outro. Assim, é difícil estimar o efeito do ozônio antropogênicos sobre a mudança climática.

Estratégias para limitar a produção de ozônio troposférico têm sido focadas na redução das emissões antropogênicas de NO_x e de compostos orgânicos voláteis. Na maioria dos países desenvolvidos, os esforços para baixar as emissões de compostos precursores de ozônio têm obtido sucesso. Nos Estados Unidos, por exemplo, as emissões de compostos orgânicos voláteis caíram em 50% entre 1970 e 2004, as emissões de NO_x caíram em 30% (EPA EUA, 2005), e as concentrações troposféricas de ozônio estão reduzindo perto dos grandes centros urbanos (Fiore et al., 1998). Entretanto, a regulação das emissões de compostos produtores de ozônio não tem sido tão rigorosa em alguns países em desenvolvimento. O ozônio é um sério poluente do ar em regiões urbanas e rurais da China e da Índia, mas regulamentações mais rigorosas estão sendo agora implementadas.

ESTUDO DE CASO REVISITADO
Épicas tempestades de poeira

Vimos ao longo deste capítulo que muitos aspectos da ecologia global – como os gases do efeito estufa e a mudança climática, as emissões e a deposição de N e S, a destruição estratosférica e a produção troposférica de ozônio – envolvem transporte e processos químicos na atmosfera. Os movimentos de poeira descritos no Estudo de Caso deste capítulo também são influenciados por processos atmosféricos, incluindo padrões de precipitação e ventos. Vimos também que os seres humanos alteram o ambiente em uma escala global por emissões de gases do efeito estufa e poluentes na atmosfera. A alteração no uso do solo, que altera a quantidade e o tipo de cobertura vegetal, geralmente influencia o ambiente em uma escala mais local. Entretanto, a alteração no uso do solo em zonas áridas que estão sujeitas a graves secas periódicas pode ter efeitos em escala global pelo aumento da quantidade e da dispersão de poeira na atmosfera.

Durante o início do século XX, o sudoeste das Grandes Planícies foi explorado para o desenvolvimento agrícola. A vegetação natural da região consistia em gramíneas tolerantes à seca e ao pastejo. Bisões, que haviam pastejado as paisagens por séculos, foram substituídos pelo gado no final do século XIX. A demanda econômica por trigo, devido às perdas de terras agrícolas na Europa durante a Primeira Guerra Mundial, e a recente expansão populacional no sul das Grandes Planícies encorajaram o desenvolvimento da agricultura. Embora essa área fosse conhecida por experimentar estiagens periódicas, os fazendeiros, encorajados pela ideia de que "a chuva segue o arado" e por recentes desenvolvimentos tecnológicos na agricultura, cultivaram grandes áreas de terra, arando sobre as pradarias de gramíneas nativas e substituindo-as com trigo. Por um tempo, o clima foi propício para a agricultura, e os fazendeiros prosperaram. Entretanto, a década de 1930 trouxe uma grave seca prolongada. Os campos secaram e, sem uma rede protetora de raízes para mantê-lo retido, o solo começou a ser carregado pelo vento. Grandes tempestades de poeira carregaram o solo através do continente norte-americano até o Oceano Atlântico. O evento *Dust Bowl* ainda é considerado o pior desastre ambiental já experimentado nos Estados Unidos (Egan, 2006). Circunstâncias similares na Ásia aumentaram a gravidade das tempestades de poeira lá. O desmatamento, o desenvolvimento da agricultura em zonas marginais, o sobrepastejo e a drenagem do Mar de Aral para a irrigação foram todos implicados no aumento da gravidade de tempestades de areia após meados da década de 1990 (Wang et al., 2004).

Enquanto as tempestades de poeira em áreas urbanas são uma raridade, tempestades de poeira em larga escala originam-se em regiões desérticas regularmente (**Figura 25.25**). Entretanto, ambos os exemplos do *Dust Bowl* norte-americano e asiático sugerem que, enquanto as tempestades de poeira são um fenômeno natural, uma combinação de desenvolvimento agrícola de terras marginais e seca severa intensifica esses eventos (Cook et al., 2009). Em uma escala global, secas extremas e a alteração do uso do solo contribuem com um terço a metade do aporte de poeira para a atmosfera (Tegen e Fung, 1995). Regiões desérticas, como as regiões de Gobi e Saara-Sahel, expandiram suas margens devido à alteração do uso do solo desde os anos de 1970, aumentando o impacto global das tempestades de poeira. Poeira asiática tem sido detectada nos Alpes Europeus, viajando dois terços do caminho em torno do globo em aproximadamente uma semana (Grousset et al., 2003). Em uma escala de tempo geológico, grandes períodos de redistribuição de poeira ocorrem em associação com a retração de grandes placas de gelo durante os períodos interglaciais (ver a discussão sobre ciclos glaciais no Conceito 2.5), como evidenciado pela distribuição de solos *loess*, com algumas centenas de metros de espessura, através da América do Norte e da Europa (**Figura 25.26**).

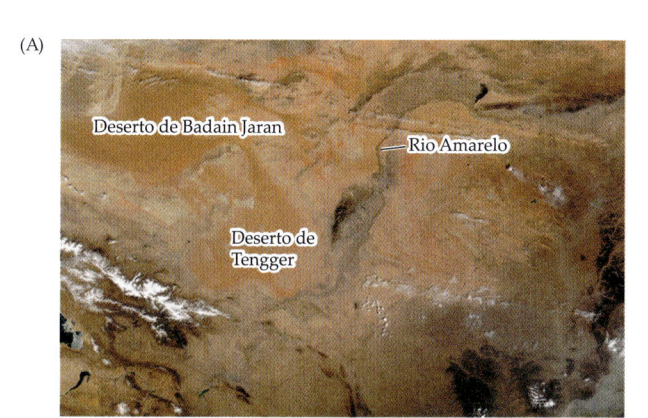

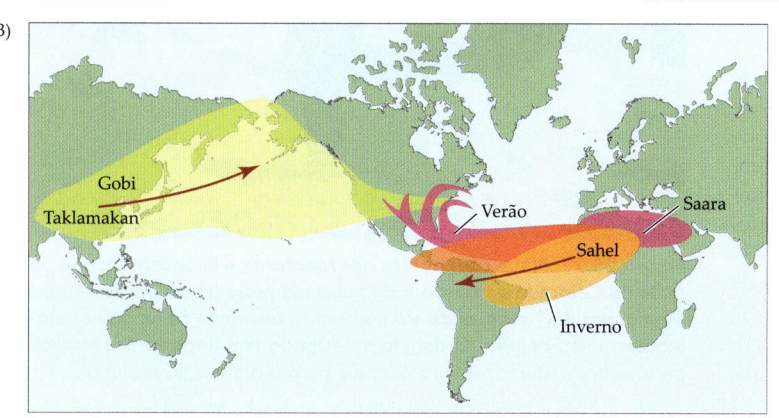

Figura 25.25 **Desertos de origem das tempestades de poeira globais** Desertos são fontes de poeira que pode viajar grandes distâncias e têm importantes impactos ecológicos em regiões distantes. (A) A foto à esquerda é uma imagem de satélite do deserto de Gobi no início de abril de 2006. A foto à direita mostra a mesma região três dias depois, obscurecida por uma enorme tempestade de poeira. (B) As fontes de poeira dos desertos do Norte da África e da Ásia. As principais direções do fluxo de poeira estão indicadas por flechas. (Segundo Garrison et al., 2003.)

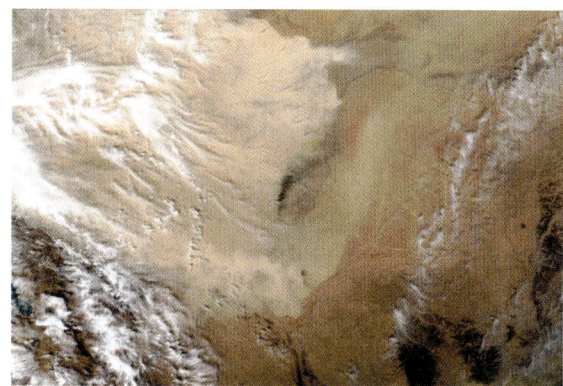

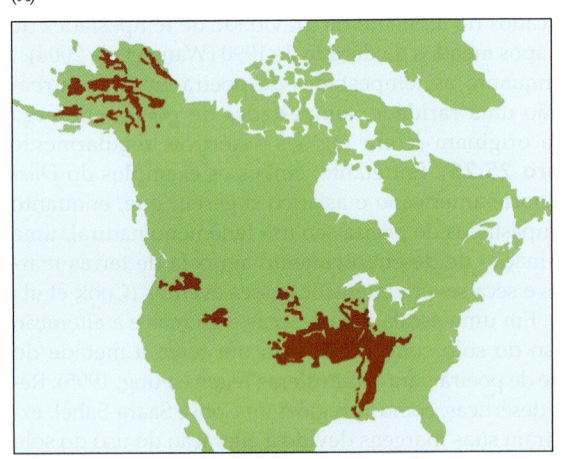

Figura 25.26 Distribuição de solos *loess* À medida que as geleiras continentais recuaram após o mais recente máximo glacial, o vento carregou quantidades substanciais de fragmentos finos de solo de áreas expostas. Grandes áreas da América do Norte (A) e da Europa (B) foram cobertas com profundas camadas desse material, que se desenvolveu em solos *loess*.

CONEXÕES NA NATUREZA
A poeira como um vetor de impactos ecológicos

Os efeitos ecológicos da remoção e da deposição de poeira não são completamente compreendidos, mas um dos efeitos mais bem estudados é o movimento de nutrientes (como descrito no Capítulo 22) em escalas espaciais variando desde uns poucos metros a continentes e oceanos (Field et al., 2010). A deposição de nutrientes pode ter importante consequência para a produção primária e para o ciclo global do carbono. O suprimento de ferro (Fe) da deposição de poeira é importante para a produção primária oceânica (Mahowald et al., 2005), como vimos no Conceito 20.2. A poeira das tempestades asiáticas descrita antes foi associada com florações de algas no Pacífico, e aportes de cátions da poeira da África são importantes para a produção primária das florestas tropicais na Amazônia (Okin et al., 2004). Em contraste, a remoção dos solos superficiais pelo vento pode levar à redução da produção devido a perdas de matéria orgânica e partículas minerais finas, que são importantes para o fornecimento e a retenção de nutrientes. A poeira também pode ser importante no transporte à longa distância de patógenos (Garrison et al., 2003) e poluentes (Jaffe et al., 2003) e poderia influenciar as dinâmicas de doenças (como descrito no Conceito 14.5).

Os efeitos ecológicos do movimento de poeira podem ser tanto diretos como indiretos.

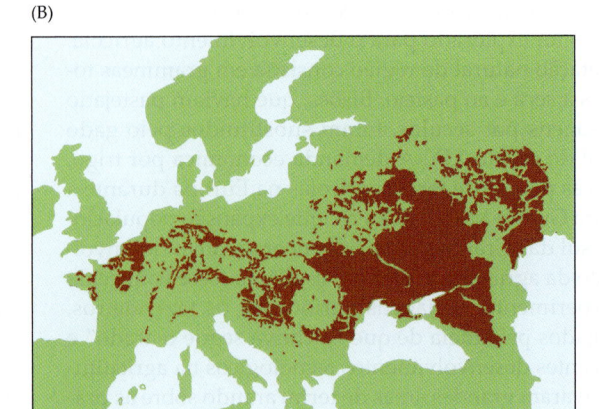

O aporte e a perda de nutrientes são exemplos de seus efeitos diretos. Um exemplo de um efeito indireto ocorre no sudoeste dos Estados Unidos quando a poeira transportada do Planalto do Colorado se deposita nas Montanhas Rochosas e altera o ritmo do degelo. Como observado no Estudo de Caso no Capítulo 22, o pastejo e o uso recreacional de veículos perturbaram as superfícies biológicas em terras áridas do Planalto do Colorado, aumentando sua erosividade e o aporte de poeira para a atmosfera. A maior parte da poeira é arrastada em tempestades de primavera, e uma parte acaba depositada sobre a neve nas Montanhas Rochosas (**Figura 25.27**). A poeira aumenta a quantidade de radiação solar absorvida pela superfície,

Figura 25.27 Neve com poeira nas Montanhas Rochosas Poeira do Planalto do Colorado é transportada pelas tempestades da primavera para as Montanhas Rochosas, onde ela aumenta a absorção de luz solar pela neve e acelera seu degelo. O degelo antecipado tem importantes implicações para os ecossistemas de montanha e para a hidrologia regional.

aquecendo a neve e causando o degelo acelerado. O degelo antecipado tem o potencial de aumentar a duração da estação de crescimento para as plantas crescendo em áreas com uma cobertura profunda de neve. Entretanto, em vez de estimular o crescimento antecipado de plantas em áreas que degelam mais cedo, o degelo acelerado retarda o início do crescimento e do florescimento de plantas alpinas, que aguardam para crescer quando as temperaturas do ar são adequadas. Esse adiamento resulta em maior sincronicidade da emergência de folhas de plantas alpinas, possivelmente conduzindo a uma maior competição (Steltzer et al., 2009). Em contraste, o degelo antecipado em campos subalpinos de baixa altitude estimula algumas plantas a iniciar o crescimento imediatamente, expondo-as a geadas potencialmente fatais (Inouye, 2008). As florestas subalpinas nas vizinhanças podem experimentar déficits de água quando o degelo ocorre mais cedo, que podem reduzir suas PPLs (Hu et al., 2010). Os impactos ecológicos da poeira, tanto diretos como indiretos, relembram-nos que os fenômenos ecológicos que ocorrem em escala global têm importância generalizada e testemunham o papel dos seres humanos em intensificar seus efeitos.

RESUMO

CONCEITO 25.1 Os elementos químicos, em uma escala global, movem-se entre seus reservatórios geológicos, atmosféricos, oceânicos e biológicos.

- O ciclo global do carbono inclui grandes fluxos de CO_2 entre a atmosfera e a superfície continental da Terra associados com a fotossíntese e a respiração e, nos últimos 160 anos, das emissões antropogênicas de CO_2 e CH_4.
- As concentrações de CO_2 e CH_4 estão aumentando devido à queima de combustíveis fósseis, aos desmatamentos e ao desenvolvimento da agricultura.
- As concentrações atmosféricas elevadas de CO_2 podem aumentar o crescimento vegetal terrestre e a acidez dos oceanos, causando mudanças ecológicas.
- Os fluxos globais de N estão associados com a assimilação biológica e as transformações químicas. Atualmente, a fixação e a emissão antropogênicas de nitrogênio dominam o ciclo global do nitrogênio.
- Os ciclos globais do fósforo e do enxofre incluem os fluxos geoquímicos e biológicos.
- Os fluxos antropogênicos de fósforo associados com a mineração e as emissões industriais de enxofre excedem em muito os fluxos naturais associados ao intemperismo.

CONCEITO 25.2 A Terra está aquecendo devido às emissões antropogênicas de gases do efeito estufa.

- Níveis elevados de CO_2, CH_4, N_2O e outros gases do efeito estufa na atmosfera têm aquecido a Terra, particularmente desde a década de 1950. Espera-se que essa tendência de aquecimento continue ao longo do século XXI.
- Grandes mudanças na distribuição das espécies, na composição das comunidades e no funcionamento dos ecossistemas são esperadas como resultado das mudanças climáticas globais.
- Mudanças recentes na distribuição geográfica de espécies e nas relações fonte-dreno de carbono foram atribuídas à mudança climática.

CONCEITO 25.3 Emissões antropogênicas de enxofre e nitrogênio causam deposição ácida, alteram a química do solo e afetam a saúde dos ecossistemas.

- Os ácidos sulfúrico e nítrico formam-se na atmosfera a partir de compostos emitidos por atividades humanas. Esses compostos são subsequentemente depositados sobre a superfície da Terra como precipitação ácida.
- A precipitação ácida causa desequilíbrio de nutrientes e toxicidade por alumínio nos solos.
- A deposição atmosférica de compostos de nitrogênio reativo pode aumentar a produtividade em alguns ecossistemas, mas também pode levar à acidificação do solo, à eutrofização e a zonas mortas em ecossistemas aquáticos costeiros, a perdas de diversidade de espécies e a aumentos de espécies invasoras.

CONCEITO 25.4 A redução do ozônio na estratosfera e seu aumento na troposfera representam riscos para os organismos.

- Emissões antropogênicas de compostos clorados levaram a uma perda de ozônio estratosférico a partir da década de 1980, em especial em latitudes elevadas, aumentando os níveis de radiação ultravioleta-B prejudiciais que atingem a superfície da Terra.
- Reações envolvendo compostos orgânicos voláteis, muitos dos quais de origem antropogênica, geram ozônio na troposfera, onde ele pode prejudicar os organismos.

Questões de revisão

1. Quais são as principais influências biológicas no ciclo global do carbono? Como os seres humanos afetaram, durante os dois últimos séculos, os fluxos de CO_2 associados a essas influências biológicas (outras que não a queima de combustíveis fósseis) e desse modo as concentrações atmosféricas de CO_2?

2. Animais terrestres são capazes de migrar para regiões onde o clima é adequado a seu desempenho. A despeito de sua mobilidade, os ecólogos ainda estão prevendo que, à medida que o clima mudar, muitas espécies animais experimentarão extinções locais. Explique por que as respostas dos animais às mudanças climáticas dependerão de outros fatores além da tolerância fisiológica e da taxa de dispersão.

3. Descreva como a precipitação ácida e a deposição de nitrogênio estão ligadas e como elas diferem.

4. Como o ozônio da atmosfera pode ser ao mesmo tempo benéfico e prejudicial para os organismos?

MATERIAL DA INTERNET (em inglês)
sites.sinauer.com/ecology3e

O *site* inclui o resumo dos capítulos, testes, *flashcards* e termos-chave, sugestão de leituras, um glossário completo e a Revisão Estatística. Além disso, os seguintes recursos estão disponíveis para este capítulo:

Exercício Prático: Solucionando Problemas
25.1 Excesso de algo bom: efeitos antropogênicos sobre o ciclo global do nitrogênio

Saiba Mais
25.1 Modelos climáticos, vulcões e mudança climática

Apêndice
Algumas medidas métricas usadas em ecologia

Medidas de	Unidade	Equivalentes	Métrica → Conversão inglesa
Comprimento	metro (m)	unidade base	1 m = 39,37 polegadas = 3,28 pés
	quilômetro (km)	1 km = 1.000 (10^3) m	1 km = 0,62 milha
	centímetro (cm)	1 cm = 0,01 (10^{-2}) m	1 cm = 0,39 polegada
	milímetro (mm)	1 mm = 0,1 cm = 10^{-3} m	1 mm = 0,039 polegada
	micrômetro (μm)	1 μm = 0,001 mm = 10^{-6} m	
	nanômetro (nm)	1 nm = 0,0001 μm = 10^{-9} m	
Área	metro quadrado (m^2)	unidade base	1 m^2 = 1,196 jardas quadradas
	hectare (ha)	1 ha = 10.000 m^2	1 ha = 2,47 acres
Volume	litro (L)	unidade base	1 L = 1,06 quartos
	mililitro (mL)	1 mL = 0,001 L = 10^{-3} L	1 mL = 0,034 onça líquida
	microlitro (μL)	1 μL = 0,001 mL = 10^{-6} L	
Massa	grama (g)	unidade base	1 g = 0,035 onça
	quilograma (kg)	1 kg = 10^3 g	1 kg = 2,20 libras
	teragrama (Tg)	1 Tg = 10^{12} g	
	petagrama (Pg)	1 Pg = 10^{15} g	
	miligrama (mg)	1 mg = 10^{-3} g	
	micrograma (μg)	1 μg = 10^{-6} g	
	picograma (pg)	1 pg = 10^{-12} g	
Temperatura	grau Celsius (°C)	unidade base	°C = 5/9(°F − 32)
			0°C = 32°F (água congela)
			100°C = 212°F (água ferve)
			20°C = 68°F ("temperatura ambiente")
Pressão	Megapascal (MPa)		1 MPa = 145 lpq (libras/polegada quadrada)
Energia	joule (J)		1J ≈ 0,24 caloria = 0,00024 quilocaloria*

*Uma *caloria* é o total de calor necessário para elevar a temperatura de 1 grama de água em 1°C. A *quilocaloria*, ou caloria nutricional, é o que comumente pensamos como uma caloria em termos de alimentos.

Respostas das questões de legendas das figuras e das questões de revisão

CAPÍTULO 1

Respostas das questões de legendas das figuras

Figura 1.4 Estimando a partir do gráfico, cerca de 88% dos girinos no grupo-controle sobreviveram e 0% deles tinha malformações. Uma vez que havia 35 girinos no grupo-controle, isso indica que 31 (0,88 × 35) dos girinos nesse grupo sobreviveram e nenhum tinha malformações.

Figura 1.5 Os resultados nas gaiolas das quais *R. ondatrae* foram excluídos mostram que os pesticidas atuando sozinhos não causam malformações em rãs. Os resultados nas gaiolas expostas a *R. ondatrae* mostram que os pesticidas afetam as rãs, pois a porcentagem de rãs com malformações foi maior em lagoas onde os pesticidas estavam presentes. Entretanto, os resultados não indicam como os pesticidas causaram esse efeito.

Figura 1.6 Pela comparação dos resultados dos controles com os resultados dos tratamentos nos quais pesticidas foram adicionados, o pesquisador poderia testar se a adição de um pesticida afetou tanto a resposta do sistema imune (número de eosinófilos) de girinos quanto o número de cistos de *R. ondatrae* por girino. O objetivo do "controle do solvente" foi verificar os possíveis efeitos do solvente no qual o pesticida foi dissolvido.

Figura 1.7 Em 2006, a doença havia se alastrado para todos os 48 estados contíguos, com exceção do Maine. A doença alcançou dois estados em 2006, Oregon e Washington.

Figura 1.11 Os produtores absorvem nutrientes do ambiente, como o nitrogênio, e os utilizam para o crescimento (etapa 1). O nitrogênio no corpo do produtor pode, então, ser transferido para uma série de consumidores: para um herbívoro que come a planta, um carnívoro que come o herbívoro, um segundo carnívoro que come o primeiro, e assim por diante (etapa 2). Por fim, entretanto, o nitrogênio retorna ao ambiente físico, quando o corpo morto do organismo contendo o elemento é decomposto por decompositores (etapa 3).

Respostas das questões de revisão

1. A expressão "conexões na natureza" destina-se a evocar o fato de que as interações entre organismos e entre os organismos e seu ambiente são a causa dos eventos na natureza serem interligados. Como consequência dessas conexões, uma ação que afeta diretamente parte de uma comunidade ecológica pode causar efeitos colaterais imprevisíveis em outra parte da comunidade. Vários exemplos relacionados a malformações de anfíbios e o declínio de suas populações ilustram essas conexões e seus efeitos colaterais. Por exemplo, parece que a adição de fertilizantes a lagoas desencadeou os seguintes eventos: o fertilizante estimulou o crescimento das algas, que então levaram ao aumento na abundância de caracóis e ao aumento na abundância de *R. ondatrae* e, assim, a malformações mais frequentes nos anfíbios.

2. Ecologia é o estudo científico das interações entre os organismos e seu ambiente. O escopo da ecologia é amplo e pode enfocar praticamente qualquer nível de organização biológica (desde moléculas até a biosfera). A maior parte dos estudos ecológicos, contudo, enfatiza um ou mais dos seguintes níveis: indivíduos, populações, comunidades ou ecossistemas. Desse modo, se um ecólogo estudasse os efeitos de um gene em particular, ele provavelmente salientaria como o gene afetaria as interações na natureza – ele poderia, por exemplo, estudar como um gene afeta a capacidade de um organismo de enfrentar seu ambiente, ou como um gene afeta as interações de espécies. Comparado com um geneticista ou um biólogo celular, seria menos provável que o ecólogo desse ênfase tanto ao próprio gene quanto a seus efeitos sobre o funcionamento de uma célula, e mais provável que estudasse como o gene afeta as interações na natureza que ocorrem nos níveis de indivíduo, população, comunidade ou ecossistema.

3. O método científico resume o processo de investigação científica. As quatro etapas fundamentais no processo de investigação são: (1) observe a natureza e formule uma pergunta sobre essas observações; (2) use o conhecimento prévio ou a intuição para desenvolver hipóteses (possíveis respostas) para essa pergunta; (3) avalie diferentes hipóteses executando experimentos, coletando novas observações ou analisando resultados a partir de modelos quantitativos e (4) use os resultados das abordagens adotadas em (3) para modificar hipóteses, crie novas perguntas ou tire conclusões sobre o mundo natural. Uma característica essencial de muitas investigações científicas é um experimento controlado, no qual resultados de um grupo experimental (que tem o fator sendo testado) são comparados com os resultados de um grupo-controle (que não tem o fator sendo testado).

CAPÍTULO 2

Respostas de questões de legendas das figuras

Figura 2.4 Um aumento nos gases do efeito estufa atmosféricos aumentaria o fluxo de radiação infravermelha de volta para a superfície terrestre e teria um efeito de aquecimento sobre o clima da Terra. Os aerossóis atmosféricos refletem a radiação solar incidente, de modo que um aumento nessas partículas teria um efeito de resfriamento sobre o clima da Terra.

Figura 2.15 Quanto maior um continente, maior serão as suas variações sazonais da temperatura. Uma vez que a água tem uma capacidade calorífica maior do que o solo, as variações sazonais na temperatura aumentam com a distância do oceano. Latitudes mais altas experimentam variações sazonais maiores na radiação, por razões que exploraremos no Conceito 2.5.

Figura 2.18 Os ventos nos trópicos sopram de leste para oeste, de modo que o lado voltado para leste teria a precipitação mais alta e a encosta voltada para oeste estaria na sombra de chuva.

Figura 2.22 Variações sazonais na estratificação de lagos seriam improváveis em lagos tropicais porque variações sazonais na temperatura do ar e, portanto, na temperatura da água seriam pequenas.

Figura 2.26 Períodos glaciais seriam promovidos por (1) uma órbita elíptica, estando a Terra mais afastada do Sol durante o afélio; (2) uma inclinação máxima do eixo da Terra, reduzindo a quantidade de radiação solar recebida durante o inverno; e (3) o eixo da Terra inclinado de tal modo que o inverno no Hemisfério Norte, onde se encontra a maioria das massas de terra, ocorre durante o afélio, quando a Terra está mais afastada do Sol.

Figura 2.29 Em 11 de 19 casos (58%), a fase fria da ODP corresponde a uma captura maior do que a média. Em 15 de 22 casos (68%), a fase quente da ODP corresponde a uma captura de salmão menor do que a média.

Respostas das questões de revisão

1. Condições ambientais extremas, como altas e baixas temperaturas ou secas, são determinantes importantes na mortalidade de organismos. Como consequência, as distribuições de espécies geralmente refletem as condições ambientais extremas mais do que as condições médias. A periodicidade das flutuações no ambiente físico também é importante, como exemplificado pela resposta da vegetação à periodicidade da precipitação, que não é refletida nas condições anuais médias.

2. Diferenças na intensidade da radiação solar na superfície da Terra estabelecem gradientes latitudinais no aquecimento da superfície. Maior aquecimento nos trópicos resulta na ascensão de correntes aéreas, as quais estabelecem células de circulação atmosférica de larga escala, chamadas de células de Hadley. O ar aquecido ascendente também promove quantidades maiores de precipitação nos trópicos. As células polares formam-se onde o ar denso e frio descende nos polos. Entre as células de Hadley e as células polares existem as células de Ferrell, dirigidas pelo movimento de ambas e pela troca de energia entre as massas de ar polares e equatoriais. A zona temperada é encontrada nas latitudes médias em associação com as células de Ferrell.

3. As montanhas influenciam o clima por mudarem o movimento de grandes massas de ar. Elas também forçam as massas de ar a passarem acima delas, resfriando o ar. A precipitação aumenta nas encostas a barlavento, uma vez que o ar mais frio tem menor capacidade para manter o vapor d'água. Quando as massas de ar descem de uma encosta a sotavento, tornam-se mais secas e mais quentes, e, assim, o clima ali também é mais seco e quente, fenômeno conhecido como "efeito sombra de chuva". As montanhas também podem criar ventos que sobem ou descem as encostas devido ao diferencial de aquecimento e resfriamento dos declives. A água do oceano consegue absorver mais energia sem mudar a própria temperatura do que a terra consegue. Como resultado, áreas terrestres adjacentes a oceanos experimentam menores variações sazonais de temperatura do que áreas continentais afastadas da costa. Os oceanos também podem fornecer umidade para massas de ar que passam sobre as superfícies de terra adjacentes, aumentando a precipitação.

4. Salinização é o aumento progressivo na salinidade do solo devido à evapotranspiração superficial da água. As áreas desérticas têm taxas altas de evapotranspiração e pouca precipitação para lixiviar os sais para as camadas profundas do solo. Alguns solos desérticos também têm camadas impermeáveis abaixo da camada superficial, as quais impedem a lixiviação, aumentando o potencial de salinização.

CAPÍTULO 3

Respostas das questões de legendas das figuras

Figura 3.4 Campos e bosques arbustivos podem ocorrer em áreas com combinações de precipitação e temperatura geralmente associadas a florestas ou savanas, devido a distúrbios como queimada ou desmatamento por seres humanos ou um surto de herbivoria. Esses fatores limitariam o sucesso do estabelecimento de árvores, as quais normalmente impedem o estabelecimento de gramíneas e arbustos.

Figura 3.5 Uma comparação das Figuras 3.5A e B mostra que os maiores impactos humanos ocorreram em biomas de campo e floresta decídua da América do Norte e da Eurásia (principalmente devido ao desenvolvimento agrícola). Observe que, no subcontinente indiano e na América do Sul, os impactos humanos ocorreram principalmente no bioma de floresta tropical estacional.

Figura 3.11 Ambas as encostas voltadas para o leste e o oeste teriam zoneamentos biológicos distintos associados com gradientes de temperatura e precipitação, mas a precipitação seria menor sobre a encosta voltada para o leste devido ao efeito sombra de chuva. Como consequência, uma comunidade florestal sobre a encosta voltada para o oeste poderia ser substituída por uma comunidade arbustiva ou campestre na mesma altitude sobre a encosta voltada para o leste.

Figura 3.14 Os níveis de oxigênio seriam mais elevados onde a velocidade do riacho é maior, no canal principal. Ali é onde são encontrados os organismos com as demandas mais altas de oxigênio, geralmente os peixes. Os níveis mais baixos de oxigênio são encontrados nas zonas bentônicas e hiporreicas, onde os organismos devem ser capazes de tolerar condições hipóxicas.

Respostas das questões de revisão

1. As formas de crescimento das plantas são bons indicadores do ambiente físico, especialmente das condições climáticas e do solo. Uma vez que as plantas são imóveis quando adultas (as sementes podem mover-se), elas desenvolveram características morfológicas que lhes permitem lidar com seu ambiente, incluindo seus extremos. A longevidade das folhas (folhas perenes *versus* decíduas), por exemplo, reflete a fertilidade do solo. Alguns biomas, como os campos, também podem ser indicadores de impactos, como pastejo ou

queimada. Os animais podem ser atributos importantes e controles da distribuição dos biomas, mas sua mobilidade os torna menos úteis como indicadores de biomas.

2. Os biomas são associados com as principais zonas climáticas descritas no Capítulo 2. As florestas tropicais pluviais são associadas com um clima tropical caracterizado por precipitação anual alta com somente poucas variações sazonais na quantidade de precipitação. À medida que a sazonalidade da precipitação se torna mais pronunciada em direção ao norte e ao sul a partir dos trópicos, períodos secos regulares ocorrem, dando origem ao bioma de floresta tropical estacional. As zonas de alta pressão associadas com as células de Hadley criam zonas extremamente secas que promovem o bioma de deserto. A sazonalidade tanto da temperatura (invernos frios, verões quentes) quanto da precipitação na zona climática temperada dá origem a biomas de campos (verões úmidos, invernos secos) e bosques arbustivos (invernos úmidos, verões secos). As florestas temperadas decíduas ocorrem onde as variações estacionais na temperatura são moderadas, e tanto o verão como o inverno são úmidos. Movendo-se em direção à zona climática polar, as temperaturas de inverno e a precipitação diminuem, o período de temperaturas abaixo de zero no inverno aumenta, marcando a transição para os biomas boreal e da tundra.

3. De acordo com o conceito de rio contínuo, a velocidade da água, o tamanho das partículas do leito do curso de água e o aporte de detritos da vegetação ripária decrescem à medida que a corrente se move rio abaixo. Em decorrência disso, a importância dos ecossistemas terrestres circundantes como fonte de energia para os organismos aquáticos tende a diminuir a jusante. Insetos do curso de água incluem mais fragmentadores perto da nascente e mais coletores nas porções inferiores de um curso de água. Plantas fixas e algas livre-flutuantes tornam-se mais abundantes a jusante.

4. A penetração da luz varia de acordo com a profundidade e a turbidez da água. Onde há luz suficiente para a fotossíntese (zona fótica), organismos fotossintéticos fornecem alimento para consumidores, aumentando a abundância desses organismos. A estabilidade do substrato determina se os organismos podem fixar-se ou enterrar-se na areia. As zonas junto à costa com substrato rochoso tendem a ter maior abundância de organismos e comunidades mais diversas. Organismos fotossintéticos são mais esparsos em zonas junto à costa com fundos arenosos e abaixo da zona fótica no mar aberto.

CAPÍTULO 4
Respostas para as questões das legendas das figuras

Figura 4.4 O limite ao sul da distribuição do álamo tende a ser associado com a sobrevivência a condições de seca, que estão se tornando mais frequentes no centro do continente. Como consequência, o limite meridional da distribuição do álamo poderia mover-se em direção ao norte. No limite setentrional do álamo, os efeitos das baixas temperaturas sobre sua sobrevivência e reprodução tendem a limitar sua distribuição. O aquecimento climático poderia compensar esse efeito, e no futuro o álamo poderia mover-se em direção ao norte.

Figura 4.9 O resfriamento é importante em qualquer bioma onde as temperaturas foliares possam alcançar níveis estressantes, incluindo muitos biomas temperados e tropicais. Entretanto, um suprimento constante de água é necessário para sustentar o resfriamento transpiratório, que seria o caso nos biomas tropicais e subtropicais durante a estação chuvosa.

Figura 4.10 Os mecanismos de resfriamento que não usam água, tais como a pubescência foliar ou o aumento da perda convectiva de calor, podem ser mais importantes para o resfriamento em desertos do que em hábitats mais úmidos como os trópicos, onde o suprimento de água é suficiente para o resfriamento transpiratório.

Figura 4.15 O movimento entre o sol e a sombra influencia o equilíbrio energético do lagarto. O lagarto recebe energia, particularmente pela radiação solar, quando se move para um local ensolarado. O movimento para a sombra resulta em uma perda líquida de energia para o ambiente adjacente (perdas > ganhos). Se a rocha na qual o lagarto se expõe ao sol está mais quente do que seu corpo, então ele recebe energia térmica da rocha via condução. Uma rocha mais fria na sombra receberá energia térmica por condução do corpo do lagarto.

Figura 4.21 O fechamento dos estômatos durante o meio-dia reduz a transpiração, pelo aumento da resistência à perda de água. A abertura dos estômatos mais no final da tarde, quando o ar é mais frio, expõe a folha a um gradiente de concentração de água da planta para o ar que é mais baixo do que ao meio-dia. Como consequência, a perda de água transpiratória é menor do que seria durante a parte mais quente do dia.

Figura 4.25 A taxa de perda de água para cada animal é dada pela inclinação da reta. Se o ambiente externo (luz, temperatura, umidade) é mantido relativamente constante, então o gradiente de potencial hídrico do animal para o ar é o mesmo, e a resistência modifica a perda efetiva de água. Portanto, diferenças nas inclinações refletem diferenças na resistência à perda de água.

Respostas das questões de revisão

1. Como um grupo, as plantas exibem uma tolerância ligeiramente maior às temperaturas extremas do que os organismos ectotérmicos (ver Figura 4.7), e esses dois grupos têm tolerância muito maior do que animais endotérmicos. As plantas e os animais ectotérmicos, a maioria dos quais não gera calor internamente, são mais dependentes da tolerância como uma estratégia para se adaptar à variação na temperatura dos tecidos, enquanto os endotérmicos necessitam evitar as temperaturas extremas pela geração térmica interna e pelo comportamento, como a migração. As plantas podem evitar temperaturas extremas através da queda das folhas.

2. A mudança sazonal da espessura do pelo da raposa-do-ártico representa uma aclimatização às temperaturas baixas do inverno. Raposas-do-ártico adquirem pelo mais espesso no inverno, aumentando seu isolamento térmico e diminuindo sua temperatura crítica inferior. Essa aclimatização sazonal permite às raposas-do-ártico permanecerem mais quentes no inverno e investirem menos energia na produção metabólica de calor do que seria necessário sem o pelo mais espesso.

O pelo mais espesso da raposa-do-ártico e sua capacidade de alterar a espessura de seu pelo em resposta às temperaturas ambientais representam adaptações que sua parente, a raposa-orelha-de-morcego, não compartilha. A raposa-orelha-de-morcego não foi exposta às condições frias que favoreceriam o crescimento de um pelo mais espesso. No passado distante, espécies intermediárias entre a raposa-do-ártico e a raposa-orelha-de-morcego devem ter se mudado para lugares de clima mais frio e sazonal, onde a seleção natural favoreceu indivíduos com a capacidade de desenvolver um pelo mais espesso no inverno.

3. a. Transpiração é um mecanismo de resfriamento evaporativo que permite à planta tornar a temperatura foliar menor que a temperatura do ar. Entretanto, a transpiração também resulta na perda de água pela planta. Se a água não for reposta, devido ao fato de o solo ser muito seco ou a perda de água ser muito rápida, a planta sofrerá estresse hídrico, e as taxas de seus processos fisiológicos, como a fotossíntese, decrescerão.
   b. Animais de cor escura podem ser capazes de se aquecer com maior eficácia, mas também podem ser mais visíveis a predadores ou presas. Em muitos casos, parece que a camuflagem é mais importante do que a capacidade de absorver a luz solar eficientemente.
4. Os principais meios pelos quais as plantas determinam sua resistência à perda de água são pelo ajuste do grau de abertura dos estômatos e pela espessura da cutícula exterior. Artrópodes têm cutículas extremamente resistentes à perda de água. Do mesmo modo, a espessura da pele de anfíbios, aves e mamíferos afeta sua resistência à perda de água. Répteis têm pele particularmente grossa, com frequência coberta por escamas, que promovem uma barreira eficaz contra o movimento da água para a atmosfera. Observe, entretanto, que o aumento da resistência de uma barreira à perda de água requer compensações com o resfriamento evaporativo, bem como com as trocas gasosas.

CAPÍTULO 5

Respostas das questões de legendas das figuras

Figura 5.7 O nível de saturação luminosa seria mais baixo do que o nível máximo de radiação que a planta experimenta, pois a energia investida para atingir um nível de saturação luminosa mais alto poderia não ser compensatória. A planta experimenta o nível máximo de radiação por apenas curtos períodos de tempo, e o incremento de CO_2 assimilado durante esses curtos períodos poderia não compensar a maquinaria adicional (p. ex., clorofila, enzimas) necessária para aumentar o nível de saturação luminosa.

Figura 5.10 Em concentrações baixas de dióxido de carbono e concentrações altas de oxigênio, a perda de dióxido de carbono fotorrespiratório pode exceder o ganho de dióxido de carbono fotossintético. Isso ocorre porque o oxigênio é assimilado em maior quantidade do que o dióxido de carbono pela rubisco, quando as razões do oxigênio em relação ao dióxido de carbono crescem.

Figura 5.14 A extrapolação da reta usada para ajustar os dados do eixo x indica que a proporção da flora de gramíneas que é C_4 se reduz a zero quando a temperatura mínima da estação de crescimento é de cerca de 4 a 5°C. Isso corresponderia a uma temperatura média da estação de crescimento de 9 a 10°C, que é por volta ou acima das temperaturas da estação de crescimento das florestas boreais e da tundra mostradas nos diagramas climáticos. Esse resultado combina bem com a ausência de plantas C_4 observada nesses biomas.

Ferramentas Ecológicas 5.1 As plantas CAM exibem uma faixa mais ampla de valores de $\delta^{13}C$ porque algumas são plantas CAM facultativas. Em alguns períodos, elas utilizam fotossíntese C_3, mas durante épocas mais secas elas utilizam a rota CAM. O $\delta^{13}C$ de seus tecidos refletiria a combinação do C assimilado por ambas as rotas fotossintéticas.

Respostas das questões de revisão

1. Autotrofia é o uso da energia solar (fotossíntese) ou substâncias químicas inorgânicas (quimiossíntese) para fixar CO_2 e sintetizar compostos armazenadores de energia contendo ligações carbono-carbono. A fotossíntese ocorre em arqueias, bactérias, protistas, algas e plantas. Heterotrofia é o consumo de matéria orgânica para obter energia. A matéria orgânica abrange organismos vivos e mortos. Organismos vivos variam em mobilidade, e seus consumidores (predadores) têm adaptado modos para melhorar sua eficiência na captura de alimento (presa). A matéria orgânica morta pode ser comida e digerida internamente por heterótrofos multicelulares ou decomposta externamente por enzimas excretadas no ambiente e, então, absorvidas por arqueias, bactérias e fungos.
2. As plantas C_4 separam espacialmente a absorção de CO_2 e o ciclo de Calvin. Elas têm uma bomba bioquímica que capta CO_2 no mesofilo e concentra-o no local do ciclo de Calvin, na bainha do feixe vascular. A bainha do feixe vascular é envolvida por um revestimento ceroso que impede que o CO_2 se difunda para fora. As concentrações mais altas de CO_2 nas bainhas vasculares eliminam essencialmente o processo de roubo de energia da fotorrespiração em plantas C_4. Embora seja requerida energia adicional para operar a bomba bioquímica C_4, uma taxa mais alta de fotossíntese mais que compensa o gasto energético, e as taxas fotossintéticas das plantas C_4 com frequência são mais altas do que aquelas das plantas C_3. As plantas C_4 também têm maior eficiência no uso de água do que as C_3.
3. As plantas CAM abrem os estômatos para captar CO_2 à noite, quando a umidade do ar é mais alta do que durante o dia. Elas armazenam CO_2 na forma de um ácido de quatro carbonos e, após, o liberam no ciclo de Calvin durante o dia. O estoque de CO_2 permite que os estômatos se fechem durante o dia, quando o potencial para a perda de água por transpiração é maior.
4. Os animais vivos são uma fonte alimentar de melhor qualidade, mas são raros e, assim, mais difíceis de encontrar. Além disso, podem ter mecanismos de defesa que requerem dispêndio de energia para superar. Os detritos vegetais são abundantes em muitos ecossistemas, de modo que pouca energia é gasta em sua localização, mas sua qualidade alimentícia é baixa.

CAPÍTULO 6

Respostas das questões de legendas das figuras

Figura 6.6 Os dados "antes da seleção" e "depois da seleção" mostram que aproximadamente todas as larvas de moscas em galhas menores do que 17 mm de diâmetro foram mortas pelas vespas. Uma proporção muito maior de larvas nas galhas maiores sobreviveu, sugerindo que as vespas proporcionam uma fonte de seleção mais forte do que as aves.

Figura 6.7 Quando a simulação começou, cada população tinha 9 alelos *A* e 9 alelos *a*. Na 20ª geração, 8 populações ainda tinham ambos os alelos. Por fim, é provável que o alelo *A* alcance a fixação (uma frequência de 100%) ou seja perdido de cada uma dessas 8 populações.

Figura 6.13 Não. O risco acrescido de mortalidade devido à reprodução é representado pela diferença entre a curva azul (fêmeas que se reproduziram) e a curva vermelha (fêmeas que não se reproduziram). O risco adicional diminui para fêmeas de 3 a 7 anos, então aumenta para fêmeas de 8 a 13 anos (e permanece aproximadamente constante depois disso).

Figura 6.22 O índice de concentração de CO_2 no tempo *t* equivale a (concentração de CO_2 no tempo *t*)/(300 partes por milhão). Com base no gráfico, há 100 milhões de anos o índice de concentração de CO_2 era igual a cerca de 2,5. Desse modo, a concentração de CO_2 era cerca de 750 ppm naquela época (2,5 × 300 ppm).

Figura 6.23 A partir do gráfico, podemos estimar que, em 1832, as frequências iniciais eram 0,52 para o genótipo *AA*, 0,31 para o genótipo *Aa* e 0,17 para o genótipo *aa*. Do mesmo modo, podemos estimar que, em 1923, as frequências finais eram 0,73 para o genótipo *AA*, 0,22 para o genótipo *Aa* e 0,05 para o genótipo *aa*. Usando a abordagem para as frequências de genótipos descritas na nota de rodapé na página 139, podemos calcular que a frequência do alelo *a* era cerca de 0,33 em 1832 e cerca de 0,16 em 1923. Assim, a frequência do alelo *a* declinou em mais de 50% em aproximadamente 100 anos.

Respostas das questões de revisão

1. A seleção natural atua como um processo de triagem, favorecendo indivíduos com certas características hereditárias em detrimento de indivíduos com outras características hereditárias. Em consequência disso, a frequência de características favorecidas em uma população pode aumentar ao longo do tempo. Quando isso ocorre, a frequência de alelos que determinam os traços favoráveis também cresce ao longo do tempo, fazendo a população evoluir. No entanto, os indivíduos da população não evoluem – cada indivíduo tem ou não tem as características favorecidas pela seleção natural.

2. Pelo favorecimento consistente de indivíduos com determinada característica hereditária sobre indivíduos com outras características hereditárias, a seleção natural pode conduzir a um aumento constante na frequência dos alelos que determinam uma característica favorecida. Embora o fluxo gênico e a deriva genética também possam aumentar as frequências dos alelos que determinam o aumento de uma característica vantajosa ao longo do tempo, cada um desses processos também pode fazer o contrário – isto é, promover um aumento na frequência de alelos desvantajosos. O fluxo gênico, por exemplo, pode transferir alelos desvantajosos para uma população, impedindo, assim, a evolução adaptativa. De modo semelhante, as flutuações aleatórias nas frequências de alelos que resultam da deriva genética podem promover um aumento na frequência de um alelo desvantajoso. Por isso, a seleção natural é o único mecanismo evolutivo que promove de modo consistente a evolução adaptativa.

3. Padrões de evolução durante escalas de tempo longas resultam de processos de larga escala como especiação, extinção em massa e radiação adaptativa. O registro fóssil nos mostra que a vida na Terra mudou imensamente ao longo do tempo, como se verifica no surgimento e no desaparecimento de diferentes grupos de organismos (p. ex., o surgimento dos anfíbios e seu declínio, mais tarde, quando os répteis se tornaram o grupo dominante dos vertebrados terrestres). Essas mudanças na diversidade da vida são devidas em parte à especiação, o processo pelo qual uma espécie se separa para formar duas ou mais espécies. O surgimento e o desaparecimento de diversos grupos também são determinados por extinções em massa e radiações adaptativas. Removendo grandes proporções de espécies da Terra, uma extinção em massa muda o curso da evolução e, por isso, altera para sempre os padrões de evolução observados após o evento de extinção. De modo similar, promovendo um aumento no número de espécies em um grupo de organismos, uma radiação adaptativa também molda os padrões de evolução observados em escalas de tempo longas.

4. A evolução ocorre à medida que organismos interagem uns com os outros e com o ambiente. Por isso, a evolução ocorre parcialmente em resposta às interações ecológicas, e essas interações ajudam a determinar o curso da evolução. O inverso também é verdadeiro: à medida que as espécies em uma comunidade biológica evoluem, as interações ecológicas entre essas espécies mudam. Assim, ecologia e evolução têm efeitos conjuntos porque ambas dependem de como os organismos interagem uns com os outros e com seus ambientes.

5. Rutter estava preocupado que, concentrar os esforços de captura dos peixes maiores (em razão de esses peixes serem de maior valor de mercado), as pessoas alterariam a população de pescado de maneiras que prejudicariam sua viabilidade futura. Em particular, comparando com o gado, ele assinalava que é um equívoco manter somente os "fracos" para procriar. De uma perspectiva evolutiva, Rutter estava advertindo que as práticas pesqueiras levariam à redução ao longo do tempo da frequência dos alelos que favorecem o tamanho grande dos peixes, portanto causando mudanças evolutivas não intencionais e indesejáveis. De fato, como vimos no Estudo de Caso, a evolução induzida pela pesca está afetando as populações de pescado atuais de modo correspondente às preocupações dele.

CAPÍTULO 7

Respostas das questões de legendas das figuras

Figura 7.2 Começando com o peixe na parte superior esquerda e seguindo em sentido horário, os gêneros são o macho, o menor não reprodutor, a fêmea e o maior não reprodutor. Podemos ter certeza dessas previsões, pois o peixe maior é uma fêmea e o segundo maior é um macho, e os restantes são não reprodutores.

Figura 7.4 Estima-se que uma árvore de 5 m de altura crescendo em um clima frio e úmido tenha o diâmetro do tronco entre 10 e 20 cm (a escala logarítmica dificulta a obtenção de um valor preciso, mas provavelmente seja perto dos 15 cm), enquanto se estima que uma árvore de 5 m de altura crescendo em um clima desértico tenha o diâmetro do tronco entre 20 e 30 cm (provavelmente algo próximo a 22 cm). Para ilustrar como essas estimativas são obtidas: se você seguir a linha horizontalmente do ponto dos 5 m no eixo y para a direita, ela passará pela linha em azul (a linha de regressão para clima frio e úmido) no ponto em que o diâmetro do tronco no eixo x é de aproximadamente 15 cm.

Figura 7.6 A larva seria geneticamente idêntica ao pólipo, porque os dois resultam do mesmo zigoto (que por sua vez foi produzido quando um espermatozoide fertilizou um óvulo). Duas larvas diferentes, no entanto, não seriam geneticamente idênticas, porque cada uma resultou de um evento de fertilização diferente.

Figura 7.8 Na geração 3, há oito indivíduos sexuados e 16 assexuados, enquanto a geração 4 terá 16 indivíduos sexuados e 64 assexuados. O número de indivíduos sexuados está crescendo com a metade da velocidade dos assexuados, pois os descendentes produzidos sexuadamente são metade fêmeas e metade machos (e machos não geram descendentes).

Figura 7.9 A linha verde mostra os resultados das populações-controle. Neste estudo, as populações experimentais foram expostas a um patógeno bacteriano, enquanto as populações-controle não foram. Os resultados mostram que a taxa de fertilização cruzada permaneceu quase constante nas populações-controle, enquanto aumentou drasticamente nas populações experimentais, indicando que níveis aumentados de fertilização cruzada são favorecidos pela seleção em populações expostas a patógenos.

Figura 7.14 Não. Quando $c > 1$, a idade média da maturidade sexual é maior do que a média da duração de vida. Para isso ocorrer, a maioria dos indivíduos deve morrer antes que esteja madura o suficiente para se reproduzir.

Figura 7.18 Para machos com um tórax de 0,8 mm de comprimento, aqueles mantidos com fêmeas virgens viveram em média 40 dias, enquanto aqueles mantidos com fêmeas que já haviam acasalado viveram em média 63 dias.

Respostas das questões de revisão

1. Em muitas plantas e animais invertebrados marinhos, a dispersão está negativamente correlacionada com o tamanho do propágulo: os propágulos menores podem ser dispersos a maiores distâncias do que os maiores. Em invertebrados marinhos, ovos de tamanho menor também são correlacionados com tempo maior de desenvolvimento e dependência maior de alimento externo (em vez da nutrição fornecida no ovo), para completar o desenvolvimento. Contudo, em alguns vertebrados (p. ex., os lagartos-de-cerca de Sinervo), ovos menores levam de fato a um desenvolvimento mais rápido até a eclosão. Em ambos os casos, a correlação entre tamanho do ovo e tempo de desenvolvimento é impressionante, e o padrão favorecido varia com as condições ambientais (p. ex., temperatura, taxas de predação de larvas, etc.). Uma razão importante das espécies que vivem no mesmo hábitat ainda poderem exibir padrões de reprodução diferentes é que estratégias diferentes devem ter sido favorecidas em anos diferentes, dependendo de condições ambientais específicas. Por exemplo, em anos de disponibilidade abundante de alimento, ter ovos pequenos pode ser uma estratégia favorável, à medida que os descendentes podem obter facilmente recursos do ambiente. Entretanto, em anos em que o alimento é limitado, um ovo grande pode ser uma estratégia vantajosa devido ao decréscimo na dependência de fontes energéticas externas.

2. A reprodução assexuada permite que mesmo um único indivíduo aumente rapidamente o tamanho populacional e permite que um único genótipo altamente bem-sucedido domine a população. O principal benefício da reprodução sexuada é a recombinação de material genético pela fusão de genótipos únicos, permitindo que novas combinações potencialmente benéficas de genes venham a ser introduzidas. A manutenção das reproduções sexuada e assexuada permite aos rotíferos o aumento rápido do tamanho da população reprodutiva sob condições ambientais benéficas, mantendo variação genética suficiente para evoluir em resposta a novos desafios ambientais.

3. A remoção de peixes de tamanho pequeno a médio pode produzir seleção para crescimento rápido para os tamanhos preferidos pela pesca comercial. Isso pode levar à reprodução em idades mais avançadas e a tamanhos maiores, se houver compensação entre crescimento e reprodução. Peixes selecionados para crescer rapidamente alocariam menos recursos para a reprodução em tamanhos menores, de modo a poder alocar mais recursos para o crescimento. Infelizmente, esse não é o único efeito da pesca da garoupa-de-nassau. Devido à sobre-exploração pela pesca tanto de peixes pequenos quanto de peixes grandes e a métodos que visam os peixes reunidos em grandes cardumes para desovar, as populações da garoupa-de-Nassau têm declinado vertiginosamente.

CAPÍTULO 8

Respostas das questões de legendas das figuras

Figura 8.3 Uma explicação plausível para a aversão à glicose poderia ser descrita pelo fato de que, nas baratas que apresentam esse comportamento, a glicose ativa os neurônios relacionados ao paladar, que em outros indivíduos só são ativados por substâncias amargas. Uma explicação definitiva para a aversão à glicose seria baseada no fato de que as baratas que exibem esse comportamento estão mais propensas a sobreviver do que os outros indivíduos (quando expostas a iscas contendo glicose e inseticidas).

Figura 8.6   Em condições como aquelas em que a relação entre o ganho de energia líquida e o esforço de forrageio foi medida, você pode testar se o esforço investido pelos lagartos na obtenção de alimentos foi semelhante àquele que irá maximizar seu ganho de energia líquida.

Figura 8.8   A taxa de ganho de energia com distâncias longas e curtas entre os fragmentos diminui se a qualidade ou a abundância das presas é baixa. Como consequência, o tempo de desistência aparecerá mais rapidamente.

Figura 8.11   Quando os lobos chegam, a probabilidade de uma fêmea ser encontrada no campo diminui, enquanto a probabilidade de uma fêmea ser encontrada na floresta de coníferas aumenta; quando os lobos partem, o inverso é verdadeiro. Padrões semelhantes são observados para os machos, mas eles são menos propensos a mudar seu comportamento em resposta à chegada de lobos do que as fêmeas. Ou seja, os machos são mais propensos do que as fêmeas a permanecer no campo quando os lobos estão presentes.

Figura 8.16   No primeiro controle, as caudas das aves não foram alteradas; resultados desse controle podem ser comparados com os resultados de tratamentos experimentais nos quais os comprimentos das caudas das aves foram encurtados ou alongados. O segundo controle (em que uma parte da cauda foi removida e, em seguida, colada de volta) foi incluído para que Andersson pudesse determinar se o corte da cauda de uma ave tinha efeitos indesejados.

Figura 8.21   Esse benefício não pode ser comparado diretamente com o custo mostrado na figura, pois o benefício é em termos de ingestão de alimentos por hora, enquanto o custo é em termos de aumento de tempo de voo. Para fazer essa comparação seria necessário usar uma mesma unidade de medida, como a quantidade de energia adquirida com o aumento da ingestão de alimentos *versus* a quantidade de energia utilizada durante o aumento dos tempos de voo.

Figura 8.23   Na ausência de vespas, pôr ovos em alimentos que contenham 6% de álcool provoca a queda na sobrevivência das larvas em cerca de 18% (de 90% em alimentos sem álcool para 72% em alimentos com 6% de álcool). Na presença de vespas, a sobrevivência das larvas aumenta para cerca de 40% (de 10% em alimentos sem álcool para 50% em alimentos com 6% de álcool).

Figura 8.24   Cerca de 2,9 filhotes por ninho sobreviveram até a idade de adulto jovem, em ninhos que não foram expostos aos sons de predadores, ao passo que cerca de 1,9 filhote por ninho sobreviveu até a idade de adulto jovem em ninhos expostos a gravações acústicas dos predadores. Esses resultados indicam que o "custo do medo" foi a redução de 1 filhote por ninho.

Respostas das questões de revisão

1. Uma causa imediata de um comportamento observaria o próprio organismo para explicar *como* o comportamento ocorre, focalizando eventos que estão ligados às causas imediatas do comportamento. Por outro lado, uma causa final de um comportamento procuraria explicar *por que* ele ocorre examinando suas razões evolutivas e históricas.

2. A seleção natural é um processo no qual os indivíduos com certas características sobrevivem e se reproduzem em taxas mais elevadas do que os indivíduos com outras características. O comportamento de um animal pode afetar sua capacidade de sobreviver e se reproduzir. Portanto, a seleção natural deve favorecer indivíduos cujos comportamentos os tornam mais eficazes na realização de atividades como forrageio, conquista de companheiros e evitar predadores. Se os comportamentos que conferem vantagem são hereditários, então um animal passará seus comportamentos favoráveis à sua prole. Quando isso acontece, a evolução adaptativa pode ocorrer, sendo que a frequência do comportamento vantajoso de uma população aumenta ao longo do tempo. Nos casos onde demonstramos que a seleção natural tem favorecido (ou continua a favorecer) um comportamento hereditário em particular, fornecemos uma causa final ao comportamento, considerando as razões evolutivas e históricas para que ele ocorra.

3. Um animal forrageando muitas vezes enfrenta compensações em que sua capacidade de obter alimento deve ser posta em segundo plano em função de outras atividades importantes, como evitar predadores. Quando isso ocorre, os indivíduos muitas vezes alteram suas decisões de forrageio; eles podem, por exemplo, escolher a busca pelo alimento em áreas que fornecem menos comida, mas que apresentam maior proteção contra predadores. O medo de predadores pode ter efeitos semelhantes. Por exemplo, pardais-americanos expostos a reproduções de sons de predadores (mas não a predadores reais) alimentaram seus filhotes com menos frequência, construíram seus ninhos em vegetação mais densa e espinhosa, além de ter passado menos tempo incubando seus ovos do que os pardais expostos a sons de não predadores.

4. A seleção sexual é um processo no qual os indivíduos com determinadas características têm uma vantagem significativa sobre os outros membros de seu gênero somente com relação ao sucesso de acasalamento. Charles Darwin destacou que, quando a seleção sexual ocorre, os animais normalmente usam força ou charme para ganhar acesso aos parceiros. Muitas vezes, os machos competem entre si pelo direito de acasalar com as fêmeas, enquanto as fêmeas escolhem entre os machos competidores; em alguns casos, ocorre o inverso, e as fêmeas competem pelo direito de acasalar com machos exigentes. Evidências genéticas e experimentais indicam que o tamanho grande, a força ou as armas especiais dos machos de muitas espécies são resultado da seleção sexual; tais evidências também indicam que características extravagantes usadas para conquistar membros do sexo oposto pode ser resultado da seleção sexual. Os exemplos específicos mencionados no capítulo incluem evidências genéticas de que o grande tamanho corporal e os chifres de volta inteira de carneiros selvagens machos são resultantes da seleção sexual, junto com experimentos clássicos de Malte

Andersson mostrando que a seleção sexual pode explicar caudas extremamente longas de aves masculinas de viúvas-rabilongas.

5. Em um exemplo de como viver em grupo traz benefícios e custos, pintassilgos em um bando consomem mais sementes por unidade de tempo do que aves solitárias. No entanto, com o aumento do bando, os recursos alimentares são esgotados mais rapidamente, fazendo as aves passarem mais tempo voando entre sítios de alimentação; viajar entre os locais de alimentação é energeticamente dispendioso e pode levar a um aumento do risco de predação.

6. O maior gasto de energia requerido pela espécie B para voar entre os fragmentos indicaria que ela necessita gastar mais tempo em cada fragmento, a fim de cumprir os pressupostos pelo teorema do valor marginal. Como sua taxa global de ganho de energia no hábitat é baixa, devido à maior quantidade de energia gasta na viagem entre os fragmentos, a espécie B deve esgotar os recursos de cada fragmento em um grau mais intenso antes de deixá-lo do que a espécie A.

CAPÍTULO 9

Respostas das questões de legendas das figuras

Figura 9.3 Em vários anos, houve uma variação considerável em abundância de um local de amostragem em relação ao outro. Em 1984 e 1989, por exemplo, a abundância foi alta em Hector, mas baixa nos outros dois locais.

Figura 9.4 Havia sete fragmentos de hábitat em 1759 e 86 fragmentos em 1978. Assim, em 1759, o tamanho médio dos fragmentos era de 400 km^2/7 = 57,1 km^2. Os tamanhos dos fragmentos em 1978 eram muito menores: a média naquela época era de 60 km^2/86 = 0,7 km^2.

Figura 9.6 Nos clones formados por brotamento ou apomixia, a identificação de grupos de indivíduos geneticamente idênticos pode necessitar do uso de análises genéticas. Em clones formados pela propagação horizontal, grupos de indivíduos que ainda estão conectados entre si podem ser marcados; no entanto, para dizer se os membros desses dois grupos são, de fato, geneticamente idênticos, seria mais uma vez necessário o uso de análises genéticas.

Figura 9.9 Como compete mal com outras espécies de cracas em águas relativamente quentes, *S. balanoides* está atualmente excluída da região em roxo no mapa. Assim, pelo aquecimento das águas do norte, o aquecimento global provavelmente diminuirá o alcance geográfico de *S. balanoides*.

Figura 9.12 Em ambos. Cada curva aumenta à medida que a densidade da prole aumenta, indicando que a produção de asas aumenta com o aumento da densidade da prole. Além disso, menos nas densidades mais baixas de prole, a porcentagem de pulgões que desenvolvem asas é maior para os descendentes cujas mães foram criadas em densidades altas do que para os descendentes das mães criadas em densidades baixas. Essa observação mostra que a densidade experimentada pela mãe também influencia se a prole desenvolverá asas.

Figura 9.20 A biomassa de ouriços diminuiu nos pontos 1, 2, 3, 4, 5 e 9; a densidade de algas macroscópicas aumentou nos pontos 1 e 5.

Respostas das questões de revisão

1. Fatores complicadores discutidos no texto incluem (1) conhecimento limitado sobre as capacidades de dispersão do organismo em estudo, (2) o fato de que populações podem ter estrutura fragmentada e (3) o fato de que pode ser difícil de definir indivíduos. Os dois primeiros fatores – informações limitadas sobre dispersão e populações fragmentadas – podem dificultar a determinação da área em que indivíduos interagem, constituindo, assim, uma população. O terceiro fator – dificuldade em definir indivíduos – aplica-se a muitos organismos que se reproduzem de maneira assexuada, formando clones. Nesses organismos, pode ser difícil determinar o que é um indivíduo, tornando difícil, desse modo, estimar a abundância.

2. A razão mais simples pela qual nenhuma espécie é encontrada em todo lugar é que muitas partes da Terra não fornecem hábitat adequado. Por sua vez, pode haver muitas razões pelas quais porções da Terra não são adequadas para determinada espécie. Por exemplo, as condições abióticas ou bióticas de um ambiente podem limitar o crescimento, a sobrevivência ou a reprodução da espécie, como o podem os distúrbios ou as interações entre as condições abióticas e bióticas. Além disso, uma espécie pode estar ausente desses ambientes onde esperaríamos que ela estivesse presente, devido a limites de dispersão ou fatores históricos (incluindo a história evolutiva e a deriva dos continentes).

3. O modelo de nicho é uma ferramenta que prevê as condições ambientais ocupadas por uma espécie com base nas condições presentes onde a espécie tem sido encontrada. Modelos de nicho podem ser utilizados para prever a futura distribuição de uma espécie introduzida, coletando-se tantas informações quanto possível sobre os ambientes onde a espécie comumente está. Esses dados são então usados para construir um modelo de nicho, o qual, por sua vez, é usado para identificar locais atualmente desocupados que tenham probabilidade de fornecer hábitat adequado para a espécie. Para essas predições refletirem com exatidão a futura propagação dos organismos, também devem ser recolhidas informações sobre sua capacidade de dispersão.

4. Para uma estimativa conservadora, considere que existam 20 lontras por quilômetro quadrado e cada qual consome por dia o correspondente a 20% de seu peso corporal. Já que ouriços, em média, pesam 0,55 kg cada, então um quilograma de ouriço consiste em aproximadamente 1/0,55 = 1,82 ouriço. Desse modo, o número de ouriços por quilômetro quadrado que se espera que uma população de lontras, em um ano, poderia comer é:

(20 lontras/km^2) × (0,2 × 23 kg/lontras/dia) × (365 dias/ano) × (1,82 ouriços/kg) = 61.116 ouriços/km^2/ano

CAPÍTULO 10

Respostas das questões de legendas das figuras

Figura 10.4 Cerca de 47% das gambianas nascidas na época de escassez viveu até os 45 anos; um percentual semelhante (44%) das norte-americanas viveu até os 85 anos.

Figura 10.6 100 carneiros sobrevivem até os 11 anos; assim, 10% (100/1.000) dos carneiros sobrevivem até os 11 anos.

Figura 10.8 A taxa de crescimento populacional anual (λ) do ano 4 ao ano 5 para a classe de idade 2 é o número de indivíduos na classe de idade 2 no ano 5 dividido pelo número na classe de idade 2 no ano 4. Preenchendo os números de (A), constatamos que $\lambda = 38/19 = 2$.

Figura 10.15 Considerando que havia cerca de 35 fêmeas reprodutoras em 1975, os resultados de anos anteriores sugerem que cerca de quatro filhotes por fêmea deveriam ter sobrevivido até a independência. Na verdade, menos de 1,5 filhote por fêmea sobreviveu até a independência, sugerindo que as condições na ilha eram diferentes em 1975 do que em outros anos (poderia ter havido uma seca ou um surto de doença, entre muitas outras possibilidades).

Figura 10.16 As populações com densidade alta estão crescendo em (A), porque λ é maior que 1 nessas populações. Por outro lado, em (B) as populações com densidade alta estão decrescendo em tamanho, porque r é menor que zero nessas populações.

Figura 10.18 À medida que N se torna cada vez mais próximo de K, o termo $(1 - N/K)$ torna-se cada vez mais próximo a zero; isso leva a taxa de crescimento populacional, dN/dt, a ficar progressivamente mais perto de zero. Uma população com taxa de crescimento zero não aumenta em tamanho; assim, à medida que N se aproxima de K, a população cessa o crescimento em tamanho.

Figura 10.21 O gráfico mostra que a população humana deva ter uma taxa de crescimento anual de aproximadamente 0,4% em 2050. Essa taxa é maior que zero, de modo que a população humana continuará crescendo em tamanho em 2050.

Figura 10.22 A melhor curva de estimativa indica que haverá 9 bilhões de pessoas em 2050, e a Figura 10.21 indica que nosso crescimento anual será de cerca de 0,5% nesse período. Dessa forma, de 2050 a 2051, é esperado que sejam acrescidas aproximadamente 45 milhões de pessoas (9.000.000.000 × 0,005) à nossa população. Assim, o tamanho de nossa população em 2051 será de cerca de 9.045.000.000.

Respostas das questões de revisão

1. a.
Idade (x)	N_x	S_x	l_x
0	100	0,4	1,0
1	40	0,375	0,4
2	15	0,333	0,15
3	5	0	0,05
4	0		0

b. Em uma tabela de vida de coorte, o destino de um grupo de indivíduos nascidos durante o mesmo período (uma coorte) é seguido desde o nascimento até a morte. Esse tipo de tabela de vida frequentemente é utilizado para organismos sésseis ou relativamente imóveis e que não têm expectativa de vida longa, mas é menos útil para os organismos altamente móveis ou com expectativa de vida longa. Para esses organismos, uma tabela de vida estática pode ser usada, na qual a sobrevivência e a fecundidade de indivíduos de diversas idades são observadas durante um único período de tempo.

2. a.
Idade	N_0	N_1	N_2
0	50	50	50
1	100	16,7	25
2	116,7	33,3	8,3
3	150	38,9	16,7
4	188,9	50	19,4
5	238,9	63	25
6	301,9	79,6	31,5

A partir desses resultados, estimamos que:
$\lambda = 31,5/25 = 1,26$
A distribuição estável de idade é de 73% N_0; 19% N_1; 8% N_2.

b.
Ano	N_0	N_1	N_2
0	80	50	20
1	130	26,7	25
2	156,7	43,3	13,3
3	200	52,2	21,7
4	252,2	66,7	26,1
5	318,9	84,1	33,3
6	403	106,3	42

A partir desses resultados, estimamos que:
$\lambda = 42/33,3 = 1,26$
A distribuição estável de idade é de 73% N_0; 19% N_1; 8% N_2.

c. Com base nos resultados de (a) e (b), estimamos que:
$\lambda = 1,26$
A distribuição estável de idade é de 73% N_0; 19% N_1; 8% N_2.

3. a. 3.240.
   b. Substituindo os valores $N_0 = 40$, $\lambda = 3$ e $t = 27$, temos $N_t = N_0 \lambda^t = 40 \times 3^{27}$
   c. Neste caso, temos os valores $N_0 = 100$, $\lambda = 0,75$ e $t = 3$, que inserimos na fórmula $N_t = N_0 \lambda^t = 100 \times (0,75)^3 = 42,19$

4. Os fatores que regulam o tamanho populacional são dependentes da densidade: quando N (o número de indivíduos na população) está abaixo de certo nível, eles promovem o crescimento da população, ao passo que, quando N está acima de certo nível, eles causam a diminuição da população. Mesmo que fatores independentes da densidade, como variações anuais de temperatura ou precipitação, sejam as principais causas das mudanças anuais em abundância, esses fatores não regulam o tamanho da população.

5. Cada estudante calculará sua própria pegada ecológica.

CAPÍTULO 11

Respostas das questões de legendas das figuras

Figura 11.5 A capacidade de suporte que resulta da segunda curva de taxa de mortalidade, indicada no gráfico como K_2, é menor do que a capacidade de suporte original, K.

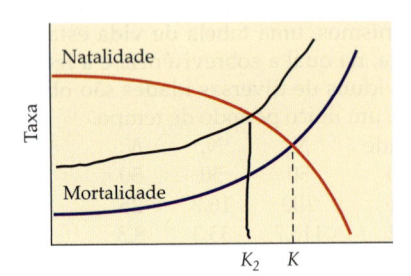

Figura 11.9 De 1988 a 2000, a população de lemingues-de-colar exibiu ciclos regulares, atingindo pico de abundância a cada quatro anos. Como as abundâncias atingiram um pico de cerca de 10 lemingues por hectare em 1990, 1994 e 1998, era esperado que o próximo pico a ocorrer fosse em 2002, com cerca de 10 lemingues por hectare. No entanto, a abundância em 2002 foi de menos de 1 lemingue por hectare.

Figura 11.11 Em (A), a abundância sobe e desce de modo regular, atingindo um pico aproximadamente a cada 40 dias; assim, esta curva mostra ciclos populacionais regulares. Em (B), à esquerda da linha vertical tracejada, os resultados são mais uma vez coerentes com um ciclo populacional regular que atinge o pico da abundância a cada 40 dias. Depois de limitar o alimento para adultos, no entanto, o ciclo populacional regular parou de ocorrer. Em vez disso, a abundância aumenta e, então, flutua em torno de um tamanho populacional mais ou menos estável. Esse padrão pode ser visto nos gráficos tanto de flutuações populacionais como de crescimento logístico (com flutuações).

Figura 11.13 Cerca de 100 pares de reprodutores seriam necessários para o risco de extinção cair para 5%.

Figura 11.19 A chance de colonização está entre 50 e 90%.

Figura 11.21 De 1952 a 1957, a abundância de peixes predadores aumentou, enquanto a quantidade de peixes planctívoros mostrou ligeiras alterações. Na década de 1970, a abundância de peixes predadores decresceu, a abundância de peixes planctívoros aumentou, a abundância do zooplâncton caiu e a do fitoplâncton aumentou. De modo geral, as relações da cadeia alimentar no Mar Negro na época de 1970 são mais parecidas com as do Alasca pré-1990 do que com as do Alasca no final da década de 1990. Nos dois casos, os organismos na base da cadeia alimentar (os produtores: o fitoplâncton no Mar Negro e as algas macroscópicas no Alasca) foram pouco controlados por seus consumidores (zooplâncton no Mar Negro, ouriços no Alasca), que por sua vez foram controlados ativamente por seus predadores (peixes planctívoros no Mar Negro e lontras no Alasca).

Peixes predadores
↓
Peixes planctívoros
↓
Zooplâncton
↓
Fitoplâncton

Respostas das questões de revisão

1. Existem muitos atrasos nas respostas das populações às mudanças na densidade. Por exemplo, o total de alimento disponível pode aumentar ou diminuir entre o tempo em que a geração parental se alimenta e a temporada em que os filhotes nascem. Nessa situação, o número de descendentes produzidos pode estar mais proximamente relacionado às condições prévias do que às condições no momento de seu nascimento. Como resultado desse atraso temporal, a população deve experimentar uma dependência da densidade atrasada, o que pode causar certa flutuação na abundância populacional ao longo do tempo.

2. Pequenas populações podem ser ameaçadas por eventos ao acaso, associados a fatores genéticos, estocasticidade demográfica, estocasticidade ambiental e catástrofes naturais. Fatores genéticos que aumentam o risco de extinção em populações pequenas incluem deriva genética e endogamia, dois fatores que podem aumentar a frequência de alelos prejudiciais. Estocasticidade demográfica resulta de eventos aleatórios relacionados à reprodução e à sobrevivência dos indivíduos; tais eventos podem diminuir as taxas de crescimento populacional, o que pode ocorrer se muito mais fêmeas do que machos morrerem em uma população pequena, deixando apenas algumas fêmeas aptas a produzir a nova geração de descendentes. Estocasticidade ambiental refere-se às variações imprevisíveis nas condições ambientais; essas variações podem causar drástica alteração na taxa de crescimento populacional ano após ano, aumentando a chance de extinção em populações pequenas. Finalmente, catástrofes naturais podem causar reduções súbitas no tamanho da população, sujeitando-a aos riscos provenientes de fatores genéticos, estocasticidade demográfica e estocasticidade ambiental.

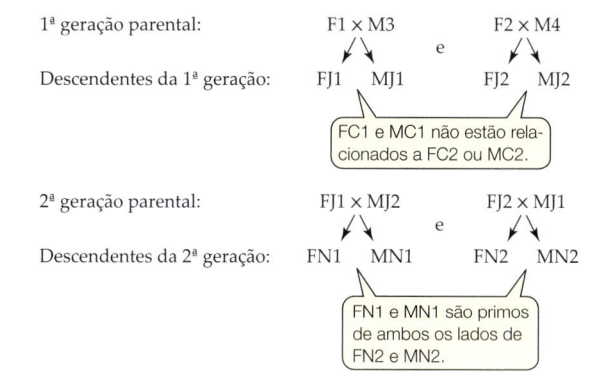

1ª geração parental: F1 × M3   F2 × M4
                           ↙↘   e   ↙↘
Descendentes da 1ª geração: FJ1 MJ1   FJ2 MJ2

> FC1 e MC1 não estão relacionados a FC2 ou MC2.

2ª geração parental: FJ1 × MJ2   FJ2 × MJ1
                           ↙↘   e   ↙↘
Descendentes da 2ª geração: FN1 MN1   FN2 MN2

> FN1 e MN1 são primos de ambos os lados de FN2 e MN2.

3. a. Sim, como ilustrado pelas duas gerações de progenitores e descendentes neste diagrama:
LEGENDA: FJ = fêmea juvenil; MJ = macho juvenil; FN = fêmea neta; MN = macho neto
   b. Não. Todos os indivíduos da segunda geração de descendentes são aparentados entre si. Como ilustrado nesse exemplo, é provável que a endogamia seja comum em populações pequenas.
4. a. À medida que a proporção de hábitat adequado à espécie decresce, a taxa de colonização deve decrescer (porque aumenta a distância entre as populações restantes) e a taxa de extinção pode aumentar (porque a perda de hábitat pode tornar as populações restantes menores e mais propensas à extinção). Assim que a taxa de extinção exceder a taxa de colonização, a metapopulação declinará rumo à extinção, porque as populações existentes se tornarão extintas mais rapidamente que o estabelecimento de novas populações.
   b. Em um grande fragmento de hábitat, é provável haver uma população maior do que em um fragmento de hábitat menor. Como resultado, as populações dos dois fragmentos grandes têm menos probabilidade de se extinguir do que as outras. Desse modo, os fragmentos grandes de hábitat podem servir como fonte de populações a partir das quais os indivíduos se dispersam para fragmentos pequenos, reduzindo, assim, a taxa de extinção das pequenas populações (o efeito de resgate). Posicionar os fragmentos grandes de hábitat distantes entre si e longe de qualquer um dos fragmentos menores tornaria menos provável a ação do efeito de resgate, aumentando a probabilidade de que a metapopulação não persista.

CAPÍTULO 12

Respostas das questões de legendas das figuras

Figura 12.2   Quando os jarros foram privados de presas (barras azuis), a taxa de crescimento relativa foi de cerca de –0,05, quando as plantas vizinhas foram deixadas intactas, e de 0,1, quando as plantas vizinhas foram reduzidas; portanto, a taxa de crescimento relativa aumentou cerca de 0,15, quando a competição foi reduzida. Quando os jarros tiveram acesso a presas (barras laranja), a taxa de crescimento relativa foi de cerca de –0,1, quando as plantas vizinhas foram deixadas intactas e de 0,4, quando as vizinhas foram reduzidas; portanto, a taxa de crescimento relativa aumentou cerca de 0,5, quando a competição foi reduzida. Esses resultados demonstram que, quando os jarros foram privados das presas, os efeitos da competição não aumentaram. Em vez disso, os efeitos da competição parecem ter diminuído – o oposto do que era esperado.

Figura 12.4   É provável que *A. formosa* conduzisse a terceira espécie de diatomácea à extinção. *A. formosa* reduz a concentração de sílica para cerca de 1 µmol/L, quando cultivada isoladamente (ver parte A desta Figura). Essa concentração é muito menor do que a concentração de sílica (5 µmol/L) encontrada quando a terceira espécie de diatomácea é cultivada sozinha – sugerindo que a terceira espécie de diatomácea não teria sílica suficiente e, portanto, não poderia sobreviver se fosse cultivada em competição com *A. formosa*.

Figura 12.7   Todas as interações mostradas devem ser circuladas, com exceção das duas nas extremidades (que representam amensalismo, não competição) e a do meio (na qual cada competidor tem um efeito equivalente sobre o outro).

Figura 12.11   *P. aurelia* alimenta-se principalmente de bactérias flutuantes, enquanto *P. bursaria* alimenta-se principalmente de células de levedura. Como dependem de diferentes fontes de alimento, é provável que ambas as espécies sobrevivessem se cultivadas em conjunto.

Figura 12.14   A densidade da espécie 2 diminuiria porque a abundância estaria acima de sua capacidade de suporte.

Figura 12.16   Dois anos. A curva de substituição observada indica que, se uma população inicia com 100 indivíduos (no "ano 0"), terá cerca de 22 indivíduos no ano seguinte (ano 1). Uma população que tiver 22 indivíduos no ano 1 terá menos de 10 indivíduos no ano 2.

Respostas das questões de revisão

1. A principal diferença é que um recurso pode ser esgotado, mas uma característica do ambiente, como a temperatura ou a salinidade, não.
2. Imediatamente após a aplicação do fertilizante, é provável que a intensidade da competição pelo nitrogênio diminua porque os níveis de nitrogênio no solo não serão limitantes. Entretanto, à medida que o nitrogênio adicionado é esgotado pelas plantas (e lixiviado do solo pela água da chuva), os níveis de nitrogênio no solo decrescerão, e a intensidade da competição pelo nitrogênio no solo aumentará.
3. Quatro características gerais da competição e um exemplo de cada: (1) a competição pode ser direta (como na alelopatia) ou indireta (como em plantas carnívoras e espécies do gênero *Galium*). (2) A competição com frequência é assimétrica (como nas diatomáceas de Tilman). (3) A competição pode ocorrer entre espécies de parentesco próximo (como nas espécies do gênero *Galium*) ou distante (como com formigas e roedores). (4) A competição pode determinar a distribuição e a abundância das espécies competidoras (como nos mexilhões de Connell ou nos esquilos *Tamias*).

4. a. Resultados de experimentos de laboratório, observações de campo e modelos matemáticos, sugerem que espécies competidoras são mais propensas a coexistir quando usam recursos de formas diferentes. Por exemplo, nos experimentos de Gause com *Paramecium*, *P. caudatum* coexiste com *P. bursaria*, provavelmente porque uma espécie se alimenta de bactérias e a outra de leveduras. Do mesmo modo, no caso de quatro espécies do lagarto *Anolis* que viviam juntas na Jamaica e comiam alimentos semelhantes, as observações de campo de Schoener indicaram que essas espécies usaram o espaço de modos diferentes (exemplo de partição de recursos). Finalmente, a análise gráfica do modelo de competição de Lotka-Volterra indica que espécies competidoras podem coexistir quando a desigualdade mostrada na Equação 11.2 é mantida. Essa desigualdade tem mais probabilidade de se manter quando espécies competidoras utilizam os recursos de maneiras muito diferentes (p. ex., quando α e β não estão próximos de 1).
   b. Como $\beta = 1,6$ e existem 140 indivíduos da espécie 1, seriam necessários 1,6 x 140 = 224 indivíduos da espécie 2 para reduzir sua taxa de crescimento na mesma proporção que os 140 indivíduos da espécie 1. Portanto, como há 230 indivíduos da espécie 2, ela está causando um efeito ligeiramente maior em sua própria taxa de crescimento do que a espécie 1.
   c. A afirmação não é correta. Por exemplo, se $\alpha = 0,5$ e $\beta = 1$, a Equação 12.4 prevê que ambas as espécies persistirão quando $0,5 < K_1/K_2 < 1$. Desse modo, por exemplo, se $K_1 = 100$ e $K_2 = 150$, ambas as espécies deveriam persistir quando $\alpha = 0,5$ e $\beta = 1$. (A afirmação pode ser dada como falsa de muitas outras maneiras; p. ex., na Figura 12.14B, os valores para α, β, K_1 e K_2 podem ser selecionados de tal modo que a espécie 2 sempre conduza a espécie 1 à extinção, embora $\alpha < \beta$.)
5. a. Possíveis razões pelas quais esses campos podem abrigar uma espécie ou outra de planta (ou ambas): (1) ambas as espécies podem persistir em todos os locais, mas uma (ou a outra) tem ainda alguns campos para se dispersar. (2) As condições físicas dos campos diferem de tal modo que, em alguns deles, a espécie 1 é favorecida, enquanto que, em outros, a espécie 2 é favorecida, e ainda em outros as espécies podem partilhar os recursos de modo que ambas persistam. (3) As abundâncias de herbívoros e patógenos que se alimentam da espécie 1 ou 2 podem variar entre os campos, fazendo o resultado da competição ser diferente entre eles. (4) As taxas de um distúrbio periódico, como a queimada, podem diferir entre os campos (se uma das espécies for um competidor inferior, mas for mais tolerante ao fogo). (5) A mudança evolutiva pode ter ocorrido em alguns campos, mas não em outros, causando uma gama de resultados possíveis, como uma reversão competitiva ou um deslocamento de caracteres.
   b. Experimentos de adição e remoção poderiam nos ajudar a avaliar estas explicações possíveis para as distribuições das espécies. Por exemplo, em campos onde apenas a espécie 1 foi encontrada, indivíduos da espécie 2 poderiam ser plantados próximo a alguns indivíduos da espécie 1, mas não próximo a outros. De modo similar, em campos em que ambas as espécies são encontradas, poderiam ser realizados experimentos de remoção, onde indivíduos da espécie 1 poderiam ser removidos da vizinhança de alguns indivíduos da espécie 2, mas não de outros (e vice-versa).

CAPÍTULO 13
Respostas das questões de legendas das figuras

Figura 13.2 O pico de abundância dos linces geralmente ocorre após o pico de abundância das lebres. Uma possível explicação para isso é que, enquanto a abundância das lebres aumenta, o aumento da disponibilidade de alimento permite aos linces produzir mais descendentes; no entanto, esses descendentes não nascem imediatamente, de modo que o aumento da abundância dos linces é atrasado em relação ao aumento da abundância das lebres.

Figura 13.7 Para responder a essa pergunta, devemos usar dados do gráfico para determinar o número total de espécies de moscas da família Agromyzidae e o número de espécies de moscas da família Agromyzidae que se alimentam de menos de cinco espécies de plantas hospedeiras. Podemos fazer isso usando a escala do eixo y, o qual indica que uma barra com 2,15 cm de altura representa 50 espécies de moscas. Medindo todas as 13 barras no gráfico, vemos que suas alturas somam 12,05 cm; isso indica que, no total, havia cerca de 280 espécies de moscas ($280 \approx \frac{12,05\text{cm}}{2,15\text{cm}} \times 50$). Do mesmo modo, as alturas das barras que representam quatro espécies de moscas que se alimentam de menos de cinco espécies de plantas hospedeiras somam 10,4 cm, indicando que cerca de 242 espécies de moscas se alimentam de menos de cinco espécies de plantas hospedeiras. Assim, cerca de 86% das espécies de moscas da família Agromyzidae alimentam-se de menos de cinco espécies de plantas hospedeiras.

Figura 13.10 Em média (com base na altura das barras do gráfico), as plantas-controle produziram cerca de 11 a 12 frutos por planta. Isso indica que uma planta que compensou totalmente a poda também produziria 11 a 12 frutos.

Figura 13.14 A densidade de outras plantas na comunidade provavelmente aumentaria, após a herbivoria por *Chrysolina quadrigemina* ter reduzido a densidade da erva-de-são-joão. Como a erva-de-são-joão era originalmente um membro dominante da comunidade, é provável que a comunidade se alterasse consideravelmente após a introdução do besouro.

Figura 13.18 Na ausência de caracóis, as áreas úmidas tinham concentrações de fósforo inferiores a 100 µg/L. Quando os caracóis estavam presentes, as concentrações de fósforo em geral foram muito maiores que 100 µg/L; por exemplo, nas sete áreas úmidas com densidades superiores a 10 caracóis por metro quadrado, a concentração média de fósforo chegou perto de 1.000 µg/L. Desse modo, a presença de caracóis está associada com o aumento da concentração de fósforo dessas áreas úmidas.

Respostas das questões de revisão

1. A maioria dos predadores tem uma dieta ampla, na qual se alimentam de uma grande diversidade de espécies de presas. Embora exista um número substancial de herbívoros capazes de comer muitas espécies vegetais diferentes, a maior parte deles é constituída por insetos, cuja maioria alimenta-se somente de uma ou poucas espécies vegetais.

2. Uma presa que não consegue escapar de um predador é morta e comida. Embora em geral não matem as plantas, os herbívoros exercem um poderoso efeito negativo sobre as plantas das quais se alimentam. Como resultado dessa forte pressão de seleção que predadores e herbívoros exercem sobre os organismos dos quais se alimentam, as presas e as plantas desenvolveram um amplo espectro de mecanismos de defesa que aumentam a chance de não serem comidas. Predadores e herbívoros precisam se alimentar para sobreviver, de modo que também há uma forte pressão de seleção sobre predadores e herbívoros para superar as defesas de seus organismos alimentares. Esses efeitos são generalizados porque todos os organismos necessitam de alimento – acionando os mecanismos descritos nas frases anteriores. Os efeitos são nítidos, pois há uma forte seleção tanto para mecanismos de defesa quanto para mecanismos de contradefesa.

3. a. As evidências descritas neste capítulo e nos anteriores indicam que interações exploratórias como predação e herbivoria podem ter um efeito poderoso sobre a abundância e a distribuição das populações de espécies em interação. As comunidades ecológicas são compostas por grupos de populações interativas. Assim, essa afirmação provavelmente é verdadeira, pois se a predação ou a herbivoria afetam as populações envolvidas nessas interações, então elas terão também um efeito sobre outras populações que interagem com aquelas.

   b. A evidência científica sustenta fortemente essa alegação. Neste capítulo, descrevemos diversos casos em que os efeitos da predação ou da herbivoria eram tão pronunciados que alteraram profundamente as comunidades ecológicas, em alguns casos causando a mudança de um tipo de comunidade para outro. Gansos-da-neve que se alimentam da vegetação do pântano, raposas-do-ártico que se alimentam de aves marinhas e caracóis aquáticos que se alimentam de plantas aquáticas são exemplos que causaram tais efeitos.

4. O tamanho da população de presas altera-se de acordo com a equação

$$\frac{dN}{dt} = rN - aNP$$

onde N é a densidade de presas e P é a densidade de predadores. A população de presas não muda de tamanho quando $dN/dt = 0$, ou neste caso, quando:

$$\frac{dN}{dt} = rN - aNP = 0$$

A partir disso, podemos calcular que a população de presas não muda em tamanho quando $rN = aNP$, ou $P = r/a$. Isso significa que, se há exatamente $P = r/a$ predadores na população, a população de presas não muda de tamanho. Dessa forma, podemos concluir que, se havia mais do que r/a predadores, a população de presas deveria diminuir de tamanho (e, se havia menos do que r/a predadores, a população de presas deveria aumentar de tamanho).

CAPÍTULO 14

Respostas das questões de legendas das figuras

Figura 14.4   A média entre os seis grupos é de cerca de 21 espécies de parasitas por hospedeiro. Essa média provavelmente não estaria próxima do número de espécies de parasitas encontrados em um hospedeiro anteriormente não estudado a partir de um dos seis grupos de organismos. A razão para isso é que, em cinco dos grupos (todos, exceto as árvores), a média de parasitas por hospedeiro é menor que 12, enquanto a média em árvores é 95. Assim, podemos esperar que 95 espécies de parasitas serão encontradas em outra árvore, 7 espécies de parasitas serão encontradas em outra vespa, etc. – mas não esperaríamos encontrar 21 espécies de parasitas em um hospedeiro de qualquer um dos seis grupos.

Figura 14.9   As células produtoras de gametas permitem ao parasita se dispersar do hospedeiro humano para um mosquito.

Figura 14.11   Não. Por exemplo, com uma taxa de infecção de 70%, os caracóis do Lago Wahapo são muito fracamente defendidos contra os parasitas de seu próprio lago, mas são razoavelmente resistentes contra os parasitas dos outros dois lagos. Do mesmo modo, os caracóis do Lago Paringa são fracamente defendidos contra os parasitas de seu próprio lago (taxa de infecção = 51%), mas são bem defendidos contra os parasitas do Lago Mapourika (taxa de infecção = 11%).

Figura 14.16   Se os ciclos cessassem completamente, não esperaríamos que o número das populações tratadas diminuísse em 1989 e novamente em 1993 – os mesmos anos em que foi prevista na população-controle uma queda de indivíduos, com base em informações do ciclo populacional dos lagópodes em longo prazo.

Figura 14.23   Os tratamentos WT e EGT+ representam dois tipos de controles. Os tratamentos WT são controles não manipulados; os resultados desses controles podem ser comparados com os resultados dos tratamentos experimentais EGT–. Os controles EGT+ podem ser utilizados para verificar se os procedimentos utilizados para remover (e inserir) o gene EGT tiveram efeitos inadvertidos. Por isso, nos controles EGT+, o gene é removido e, em seguida, reinserido – se esses procedimentos experimentais não tiverem efeitos inadvertidos, os resultados desses controles devem ser semelhantes aos resultados dos controles WT.

Respostas das questões de revisão

1. Os ectoparasitas vivem na superfície de seu hospedeiro, enquanto os endoparasitas vivem dentro do corpo do hospedeiro. Exemplos de ectoparasitas incluem plantas como cuscuta e fungos como ferrugens ou carvões; exemplos de endoparasitas incluem tênias e

patógenos bacterianos como *Mycobacterium tuberculosis*. Os ectoparasitas podem se dispersar mais facilmente até o próximo hospedeiro do que os endoparasitas; entretanto, os ectoparasitas estão mais sujeitos a inimigos naturais do que os endoparasitas.

2. Os parasitas podem reduzir bastante o crescimento, a sobrevivência ou a reprodução de indivíduos hospedeiros, diminuindo assim a taxa de crescimento das populações hospedeiras. Como consequência, esperaríamos que os parasitas também pudessem alterar tanto os resultados das interações das espécies quanto a composição das comunidades ecológicas. Por exemplo, se duas espécies vegetais competem por recursos e uma tipicamente supera a outra, um parasita que reduza o desempenho do competidor superior pode causar uma inversão competitiva na qual o competidor inferior se torna o superior. Essas mudanças nos resultados das interações de espécies causarão mudanças nas abundâncias relativas das espécies interativas, alterando, desse modo, a comunidade ecológica.

3. a. Determinada doença se estabelece e se propaga em uma população hospedeira apenas se a densidade de hospedeiros suscetíveis ultrapassar um limiar crítico de densidade (S_T). O conceito de limiar de densidade tem considerável importância médica e ecológica, porque indica que uma doença não se propaga se a densidade de hospedeiros suscetíveis estiver abaixo de um limiar de densidade.

  b. Uma doença pode se instalar e se propagar apenas se a densidade de indivíduos infectados (I) aumentar ao longo do tempo. Isso significa que uma doença se estabelece e se propaga apenas se a taxa de mudança na densidade de indivíduos infectados for maior do que zero, o que pode ser matematicamente escrito como $dI/dt > 0$. Com base na Equação 14.1, podemos, portanto, calcular que a doença se estabelecerá e se propagará se $dI/dt = \beta SI - mI > 0$. Essa equação implica que a doença se propagará se $\beta SI > mI$, que pode ser reescrito como $\beta S > m$ ou $S > m/\beta$. Assim, podemos concluir que a doença se estabelecerá e se propagará se a densidade de indivíduos suscetíveis (S) exceder m/β; por isso, $S_T = m/\beta$ é o limiar crítico de densidade.

4. a. Organismos hospedeiros têm uma vasta gama de mecanismos de defesa que abrangem cobertura externa protetora, sistema imune que mata ou limita a eficácia dos parasitas e condições bioquímicas internas ao corpo do hospedeiro que reduzem a capacidade dos parasitas de crescer ou se reproduzir.

  b. A afirmação poderia ser verdadeira se as populações vegetais na Austrália possuíssem características defensivas específicas que limitassem a capacidade dos parasitas de crescer ou se reproduzir, mas as populações da Europa não apresentam essas adaptações. Entre muitos outros exemplos possíveis, as plantas nas populações australianas poderiam possuir um alelo específico que lhes permitisse matar ou danificar os parasitas – suavizando, assim, os efeitos dos parasitas ali – enquanto as plantas nas populações europeias talvez não tenham esse alelo, tornando-as vulneráveis ao ataque de parasitas.

CAPÍTULO 15

Respostas das questões de legendas das figuras

Figura 15.3 As regiões coloridas em verde-claro são similares às regiões nas quais as florestas tropicais pluviais são encontradas. Assim, as plantas nessas associações micorrízicas são provavelmente árvores das florestas tropicais pluviais e outras plantas encontradas no bioma da floresta pluvial.

Figura 15.4 A ectomicorriza forma um manto no entorno da raiz, enquanto a micorriza arbuscular pode penetrar a parede da célula da raiz e formar um arbúsculo (uma rede ramificada de hifas).

Figura 15.8 Na ausência de *T. latifolia*, há pouca diferença entre o conteúdo dissolvido de solos que estão com 11°C a 12°C e solos que estão com 18°C a 20°C (compare a curva vermelha na parte A com a curva vermelha na parte B).

Figura 15.21 Esses resultados sugerem que, embora as formigas aumentem suas frequências de capina quando parasitas estão presentes, elas não discriminam entre os parasitas.

Respostas das questões de revisão

1. Comensalismo e mutualismo compartilham várias características: são ambos muito comuns, podem evoluir de muitas formas e podem deixar de ser benéficos se as condições mudarem de modo que os custos da interação excedam os benefícios. Além disso, algumas evidências indicam que as interações positivas podem ser particularmente comuns em ambientes agressivos. Interações positivas também podem diferir umas das outras, desde um espectro de relações espécie-específicas, obrigatórias e coevoluídas, até aquelas que não apresentam qualquer dessas três características.

2. Quando uma espécie em uma relação mutualística fornece um benefício ao parceiro, essa ação tem um custo a ela. Se as circunstâncias mudam de forma que os custos da interação são maiores do que os benefícios para uma das espécies, essa espécie pode cessar o provimento de benefícios a seu parceiro, ou penalizá-lo. O fato de que espécies mutualistas podem parar de fornecer benefícios a seus parceiros quando não for vantajoso a elas convenceu os pesquisadores de que essa não é uma interação altruística.

3. Inicialmente, poderíamos esperar um decréscimo no crescimento ou na reprodução das espécies de coral mais sensíveis a águas com altas temperaturas. Se as altas temperaturas continuam por tempo suficiente para causar repetido branqueamento, é provável que essas espécies mais sensíveis comecem a sofrer grande mortalidade. Como resultado da queda nas taxas de crescimento, reprodução e sobrevivência dessas espécies sensíveis, as espécies que compõem os recifes de coral mudariam: aquelas espécies de corais mais hábeis em tolerar águas com altas temperaturas constituiriam altas e crescentes porcentagens dos corais encontrados nos recifes. Tais mudanças na composição das espécies dos recifes de coral poderiam afetar também outras espécies; por exemplo, um peixe que dependesse de um coral cada vez mais raro para abrigo ou alimento

também declinaria em abundância. À medida que as temperaturas das águas continuassem a subir, outros corais menos sensíveis também experimentariam efeitos negativos. Por fim, se as temperaturas continuassem a subir, a abundância de todos os corais no recife declinaria, assim como a abundância de muitas espécies que dependem dos recifes.

4. (a) Plântulas do pinheiro escocês sobrevivem em taxas muito maiores quando crescem sob o arbusto *Salvia* do que quando crescem em áreas abertas; assim, a *Salvia* parece servir como uma planta-berçário (ver p. 343) das plântulas do pinheiro escocês. (b) Plântulas do pinheiro escocês crescendo sob o arbusto *Salvia* experimentam níveis de luz mais baixos, temperaturas do solo mais baixas e maior conteúdo de umidade do solo do que plântulas do pinheiro escocês crescendo em áreas abertas. Qualquer desses três fatores (correlacionados) poderia contribuir para aumentar a sobrevivência das plântulas de *Pinus* que crescem sob a *Salvia*; experimentos controlados seriam necessários para separar seus efeitos. (c) Conforme o pinheiro aumenta em tamanho, ela poderia começar a competir com (e, portanto, a prejudicar) o arbusto *Salvia* que uma vez lhe serviu como planta-berçário.

CAPÍTULO 16

Respostas das questões de legendas das figuras

Figura 16.2 Com base nas datas das aparições de *Caulerpa*, é provável que a alga marinha tenha se espalhado do oeste de Mônaco para a Espanha e do leste para a Sicília, Itália, mais ou menos ao mesmo tempo (1992, 1993). Ela ficou restrita a essas localidades por dois anos, mas então se deslocou para a costa leste da Itália, e de lá para a ilha Hvar (1995), da qual se espalhou para as ilhas do norte da Croácia (1996). Por fim, *Caulerpa* foi vista muito mais tarde na Tunísia (2000), apesar de a Tunísia estar mais próxima da Sicília que a Croácia. Isso pode ter ocorrido por haver menos tráfico de barcos para a Tunísia do que para a Croácia, diminuindo, assim, a chance de invasão, ou pode ter ocorrido devido à falta do reconhecimento de que a alga estava presente até 2000.

Figura 16.3 As comunidades de deserto e de fontes termais são definidas por atributos físicos de seu ambiente, enquanto as comunidades de floresta pluvial e recife de coral são definidas por atributos biológicos de seu ambiente, particularmente pela presença e importância de espécies abundantes.

Figura 16.11 A comunidade de bactérias de solo tropical requer muito mais amostragem, pois cada amostra contém novas espécies, produzindo assim uma curva linear de acumulação de espécies. A amostragem nas comunidades de plantas de floresta temperada e de aves tropicais foi suficiente para identificar a maioria das espécies dessas comunidades e, assim, amostragens adicionais não seriam necessárias. Isso fica claro pela estabilização da curva de acumulação de espécies quando todas as amostras foram analisadas. Por fim, embora as comunidades de bactérias orais humanas e de mariposas tropicais mostrem alguma estabilização de suas curvas de acumulação de espécies, novas espécies foram sendo encontradas à medida que novas amostras foram analisadas. Assim, também é preciso mais amostras para capturar adequadamente sua riqueza de espécies.

Figura 16.19 Castores atuam como engenheiros de ecossistemas por barrarem rios com árvores cortadas e restos de madeira. Esse comportamento cria uma área alagada, a qual acumula sedimentos e eventualmente se torna dominada por vegetação de banhado. Na escala da paisagem, por criar um mosaico de áreas úmidas dentro de uma comunidade florestal maior, a ação dos castores aumenta a diversidade regional de espécies. Assim, castores também podem ser classificados como uma espécie-chave, pois, em relação a sua abundância, eles têm um grande efeito sobre a diversidade.

Respostas das questões de revisão

1. Uma comunidade é um grupo de espécies que interagem e ocorrem juntas no mesmo lugar e ao mesmo tempo. Interações entre múltiplas espécies e seu ambiente físico dão às comunidades suas características e funções.

2. Riqueza de espécies é o número de espécies em uma comunidade, mas essa medida não nos diz nada sobre a abundância relativa dessas espécies. Se duas comunidades têm um número idêntico de espécies, mas grandes diferenças na equabilidade de espécies (como na Figura 16.6), a riqueza de espécies não refletiria essa diferença, mas índices de diversidade de espécies sim. Curvas de distribuição de abundâncias (como na Figura 16.8) permitem gerar hipóteses sobre como essas espécies estão interagindo na comunidade, com base em suas abundâncias.

3. Espécies dominantes têm um grande efeito sobre outras espécies devido à sua alta abundância e biomassa. Por exemplo, algas-pardas e árvores têm grande influência sobre a diversidade de espécies por fornecerem às suas comunidades hábitat, alimento e outros serviços que são diretamente associados a seu tamanho. Espécies-chave têm um grande efeito não por sua abundância ou biomassa, mas por causa do papel que desempenham em suas comunidades. Por exemplo, lontras-do-mar têm grandes efeitos sobre suas comunidades por predarem herbívoros (ouriços-do-mar), os quais, por sua vez, alimentam-se de produtores primários (algas-pardas). Essa interação indireta permite que produtores primários tenham elevada abundância. Por fim, engenheiros de ecossistemas são hábeis em criar, modificar ou manter condições físicas de hábitat para si mesmas e outras espécies. Árvores e algas-pardas são exemplos de engenheiros de ecossistemas que são espécies dominantes, e castores são um exemplo de uma espécie-chave que também é um engenheiro de ecossistemas.

4. a. Efeito direto 1: A remoção de gaivotas aumentará a abundância de cracas-pescoço-de-ganso devido ao decréscimo da predação pelas gaivotas.
   Efeito direto 2: A remoção de gaivotas aumentará a abundância de lapa *Lottia digitalis* devido ao decréscimo da predação pelas gaivotas.
   b. Efeito indireto 1: A remoção de gaivotas diminuirá ou não modificará a abundância de mexilhões devido ao aumento da competição com as cracas-pescoço-de-ganso.

Efeito indireto 2: A remoção de gaivotas diminuirá ou não modificará a abundância de lapa *Lottia strigatella* devido ao aumento da competição com lapa *Lottia digitalis*.

Efeito indireto 3: A remoção de gaivotas diminuirá ou não modificará a abundância de fitoplâncton devido ao aumento da predação por cracas-pescoço-de-ganso.

Efeito indireto 4: A remoção de gaivotas diminuirá ou não modificará a abundância de algas devido ao aumento da predação por lapa *Lottia digitalis*.

CAPÍTULO 17

Respostas das questões de legendas das figuras

Figura 17.2 A maior parte da destruição ocorreu imediatamente abaixo da montanha, onde uma enorme protrusão cheia de magma explodiu e lançou rocha e lama para o lado norte da montanha. Uma área que mais tarde ficou conhecida como Planície Pumice, formada pelas pedras-pomes quentes que lá caíram, sofreu a maior destruição. A massiva onda de escombros da explosão foi canalizada pelo Rio North Fork Toutle, removendo boa parte da vida pelo caminho. O Lago Spirit também foi completamente destruído por estar localizado no caminho da avalanche. Outras áreas, como o lado sul da montanha e os locais mais longe da explosão (zona do fluxo de lama e zona de árvores quebradas e amontoadas), sofreram eliminação de todas as árvores, mas um pouco de vida permaneceu, em especial no subsolo. Finalmente, a menor quantidade de destruição ocorreu na zona queimada, onde as árvores foram desfolhadas, mas mantiveram-se de pé.

Figura 17.4 Um distúrbio ser intenso ou frequente dependerá da suscetibilidade dos organismos envolvidos e de sua capacidade de responder ao distúrbio. A intensidade e a frequência de um distúrbio para uma população de insetos será quantitativamente diferente do que para uma população de elefantes. O mesmo distúrbio – digamos, uma árvore que cai em uma floresta – pode causar grande destruição para a população de insetos vivendo naquela árvore, ao passo que terá pouco efeito sobre a população de elefantes, mesmo que um elefante seja atingido pela árvore. Claro, a população de insetos se recuperaria muito mais rápido do que a população de elefantes.

Figura 17.9 As comunidades mais antigas estão localizadas nas áreas que foram expostas por mais tempo desde o recuo glacial, como a entrada da baía. Aqui, a sucessão pode prosseguir por mais de 200 anos e permitiu a formação de florestas maduras de espruce. À medida que o recuo das geleiras se torna mais recente, as comunidades tornam-se mais jovens, de modo que a comunidade mais jovem e pioneira está localizada mais próxima à geleira.

Figura 17.17 Os peixes preferiram comer o tunicado *Styela*, porque, quando os azulejos foram protegidos da predação dos peixes, essa foi a espécie que dominou. Quando foi permitida a predação por peixes, o briozoário *Schizoporella* dominou, sugerindo que eles não eram palatáveis para os peixes. Esse experimento sugere que o competidor dominante é *Styela*, e não *Schizoporella*, na ausência de predação.

Respostas das questões de revisão

1. Agentes bióticos e abióticos incluem aqueles listados na Tabela 17.1. Distúrbios intensos como furacões, tsunamis, queimadas e erupções vulcânicas podem causar danos enormes, mas são relativamente raros. Outros agentes de mudança, como o aumento do nível do mar, a competição, ou o parasitismo, podem não causar grandes danos inicialmente, mas podem ser frequentes ou constantes e ter efeitos dramáticos ao longo do tempo. Ainda outros, tais como a predação, podem ser relativamente frequentes, mas não muito intensos, formando, assim, fragmentos de recursos disponíveis.

2. Sucessão primária envolve a colonização de hábitats desprovidos de vida. Espécies colonizadoras desses hábitats têm de lidar com condições de estresse e transformar seus hábitats para criar solos, nutrientes e alimentos. Sucessão secundária envolve o restabelecimento de uma comunidade onde a maioria, mas não a totalidade, dos organismos foi destruída. Sob essas condições, espécies colonizadoras beneficiam-se do legado biológico das espécies preexistentes, mas é provável que enfrentem maior competição por recursos.

3. Uma comunidade hipotética poderia ser uma área recentemente limpa e desocupada em uma cidade qualquer. O modelo de facilitação seria sustentado se as primeiras espécies a chegar ao local fossem tolerantes ao estresse e tivessem a habilidade de modificar o ambiente de forma positiva. Nesse caso, as espécies iniciais facilitariam o crescimento de espécies tardias, que seriam melhor competidoras, mas menos tolerantes ao estresse. Ao longo do tempo, essas espécies tardias seriam dominantes sobre as primeiras. O modelo de tolerância assume que as espécies primárias ou pioneiras modificam o ambiente, mas de maneiras que não ajudam nem prejudicam as espécies secundárias ou tardias. Espécies tardias são meramente aquelas que vivem mais e toleram as condições de estresse por mais tempo do que as espécies primárias. Finalmente, o modelo de inibição seria confirmado se as espécies primárias criassem condições que beneficiassem a si próprias, mas que inibissem espécies secundárias ou tardias. Apenas por meio da remoção dessas espécies inibitórias pioneiras – por exemplo, via distúrbio ou estresse – as espécies secundárias seriam capazes de substituí-las.

4. É difícil saber se uma comunidade é estável porque a estabilidade depende da escala temporal e espacial na qual a comunidade é observada. Toda comunidade flutua e muda ao longo do tempo, mas quanto tempo devemos esperar para uma comunidade retornar a certo estado de origem antes de considerá-la estável? Não há uma única resposta. Embora Sutherland tenha mesmo observado a formação de comunidades alternativas em seus azulejos quando predadores foram manipulados, ele seguiu as comunidades por tempo

suficiente e em uma escala espacial suficientemente grande para mostrar sua estabilidade? Novamente, tudo depende de como definimos "estabilidade", o que nos leva a uma questão não respondida.

CAPÍTULO 18

Respostas das questões de legendas das figuras

Figura 18.2 O objetivo do estudo foi analisar o efeito da fragmentação sobre a diversidade de espécies nos fragmentos florestais remanescentes em vez de considerar os efeitos diretos do próprio desmatamento.

Figura 18.6 Não, nunca poderia haver mais espécies locais do que as contidas dentro de uma região, porque a escala espacial da região é maior do que a da comunidade local.

Figura 18.9 Holt e colaboradores (2013) usaram informações filogenéticas adquiridas a partir de análise de DNA e padrões de distribuição global de espécies mais recentes para testar se as regiões biogeográficas originais de Wallace eram sustentadas por coletas de dados modernas.

Figura 18.11 Seria esperado que a especiação aumentasse à medida que as massas de terra se separam porque as espécies ficariam reprodutivamente isoladas umas das outras, aumentando, assim, a chance de seguirem trajetórias evolutivas diferentes. A separação de espécies dessa maneira é conhecida como vicariância.

Figura 18.12 Casuares e emas vêm da Austrália, enquanto as moas viveram na Nova Zelândia. Com base na Figura 18.11B, Austrália e Nova Zelândia separaram-se há 80 milhões de anos, então a resposta correta é 80 milhões de anos.

Figura 18.17 A ideia de que os trópicos servem como um berço pretende sugerir que são um lugar onde as espécies surgem ou "nascem". A referência aos trópicos como um museu pretende sugerir que são um lugar em que as espécies são protegidas da extinção e, portanto, estão "em exposição" por um longo tempo.

Respostas das questões de revisão

1. A maior escala espacial é a escala global, que abrange o mundo inteiro, no qual existem importantes diferenças na diversidade e na composição das espécies de acordo com latitude e longitude. Esses padrões são controlados por especiação, extinção e dispersão. A próxima escala menor é a escala regional, definida por áreas de clima uniforme e por espécies que estão vinculadas por limitação de dispersão para a região. Dentro de uma região, a diversidade e a composição de espécies dependem das taxas de dispersão e extinção através da paisagem. O *pool* regional de espécies (também chamado de diversidade gama) tem uma importante influência sobre as espécies presentes na escala seguinte: a escala local (também chamada de diversidade alfa). A relação entre as riquezas de espécies regional e local pode nos ajudar a determinar a extensão na qual o *pool* regional de espécies ou os efeitos locais da interação entre as espécies e as condições físicas determinam a riqueza de espécies local.

2. Wallace identificou seis regiões biogeográficas terrestres, as quais representavam biotas distintas que variam em diversidade e composição de espécies. Wallace acreditava que essas regiões biogeográficas refletiam o isolamento evolutivo das espécies devido aos movimentos dos continentes. Assim, os ancestrais de muitas espécies modernas podem ter ocorrido juntos no passado evolutivo, mas desde que a Pangeia começou a se separar nos continentes que hoje conhecemos, eles evoluíram separadamente. Uma pesquisa recente sugere que as regiões biogeográficas são mais subdivididas, sugerindo maior isolamento do que simplesmente os movimentos dos continentes. Existem também impedimentos à dispersão entre os oceanos, tais como correntes, gradientes térmicos, diferenças na profundidade da água e os próprios continentes, por isso supõe-se que os oceanos poderiam ser divididos em regiões biogeográficas, mas essa iniciativa recebeu muito menos atenção.

3. O projeto 3 seria a melhor escolha, pois tem os maiores e mais próximos fragmentos do hábitat raro. A teoria do equilíbrio da biogeografia de ilhas prevê que os maiores fragmentos terão as mais baixas taxas de extinção, porque os tamanhos populacionais das espécies serão maiores do que em fragmentos menores. Além disso, a teoria prediz que as ilhas mais próximas às áreas fontes de espécies (p. ex., áreas continentais ou, nesse caso, outros e maiores fragmentos do hábitat raro) terão a maior diversidade de espécies porque as taxas de imigração serão maiores do que em ilhas mais distantes.

4. As três principais hipóteses focam em (1) taxa de diversificação das espécies, (2) tempo de diversificação das espécies e (3) produtividade. A primeira hipótese propõe que tanto a grande área geográfica terrestre quanto a estabilidade térmica dos trópicos poderiam promover taxas de especiação mais elevadas e taxas de extinção mais baixas, aumentando assim o tamanho populacional das espécies e os limites geográficos. Taxas de especiação devem aumentar uma vez que maiores escalas geográficas conduzem a um maior isolamento genético. As taxas de extinção devem diminuir porque dimensões maiores da população devem diminuir o risco de extinção devido a acontecimentos fortuitos, e o maior espectro de espécies deve espalhar os riscos em uma área maior.

A segunda hipótese sugere que os trópicos tiveram uma história evolutiva mais longa do que as zonas temperadas ou polares devido à grande estabilidade climática existente lá. Essa estabilidade pode ter permitido que mais espécies evoluíssem sem a interrupção das condições climáticas severas que teriam atrapalhado a especiação e aumentado as extinções nas zonas temperadas e polares.

A terceira hipótese sugere que a alta produtividade dos trópicos aumenta a diversidade de espécies ao promover tamanhos populacionais maiores, o que deve levar a taxas de extinção mais baixas e maior riqueza de espécies em geral.

CAPÍTULO 19

Respostas das questões de legendas das figuras

Figura 19.4 Não, não faz sentido que as espécies de peixes e rãs estejam presentes na comunidade local indicada na figura porque essa comunidade contém espécies terrestres. O filtro abiótico deveria ter excluído quaisquer espécies aquáticas dessa comunidade terrestre.

Figura 19.7 (B) mostra a maior partição de recursos (menos sobreposição no uso dos recursos). (A) e (C) mostram a menor partição de recursos (mais sobreposição na utilização dos recursos).

Figura 19.15 A menor riqueza de espécies ocorreu nos matacões pequenos (sua riqueza máxima foi de 4), que rolaram com mais frequência e, portanto, experimentaram mais distúrbio do que os outros seixos.

Respostas das questões de revisão

1. Sim. A estruturação da comunidade é dependente da dispersão, dos fatores abióticos e das interações biológicas. Considerando todas as introduções de espécies não nativas que têm ocorrido no mundo todo, está claro que "chegar lá" tem sido uma importante restrição na entrada de espécies nas comunidades. Nesse caso em particular, as sementes sob os sapatos dos ecólogos estão física e biologicamente adaptadas às comunidades de gramíneas das pradarias e são, dessa forma, candidatos principais para uma introdução bem-sucedida em comunidades de gramíneas da Nova Zelândia.

2. A partição de recursos é a ideia de que a coexistência entre as espécies é possível se as espécies em uma comunidade utilizarem esses recursos de formas ligeiramente diferentes. Outros modelos, como a hipótese do distúrbio intermediário, dependem de flutuações populacionais causadas por distúrbio, estresse ou predação como o mecanismo de coexistência. Esses modelos sugerem que, contanto que as populações de espécies nunca alcancem suas capacidades de suporte, a exclusão competitiva não ocorrerá e a coexistência será possível. O modelo de loteria assume que recursos disponibilizados por distúrbio, estresse ou predação são capturados aleatoriamente por recrutadores de um reservatório maior de colonizadores, em que todos têm a mesma chance de fazerem isso.

3. Modelos de loteria e neutro explicam melhor o conjunto de dados da floresta tropical. O modelo de loteria assume que os recursos disponibilizados pela mortalidade de indivíduos são capturados aleatoriamente por recrutas de um grande reservatório de colonizadores, de modo que nenhuma espécie tenha vantagem e assim a diversidade de espécies seja mantida.

4. As relações entre a diversidade de espécies e as funções da comunidade podem variar dependendo de duas variáveis: o grau de sobreposição nas funções ecológicas das espécies e a variação na força das funções ecológicas das espécies. O gráfico A é mais bem explicado pela hipótese da complementaridade, a qual propõe que à medida que a riqueza de espécies aumenta, haverá um aumento linear na função da comunidade. Essa relação linear ocorre porque cada espécie adicionada à comunidade tem um efeito único e igualmente progressivo sobre a função da comunidade. O gráfico B é mais bem explicado pela hipótese da redundância, na qual há um limite superior para o efeito da riqueza de espécies sobre a função da comunidade. Essa relação curvilínea ocorre porque contribuições funcionais únicas das espécies atingem um limiar, devido à sobreposição de funções. O gráfico C descreve a hipótese do condutor e do passageiro, a qual sugere que as forças dos efeitos das funções das espécies variam drasticamente. Espécies "condutoras" têm grande efeito na função da comunidade, enquanto espécies "passageiras" têm efeito mínimo. A adição de espécies condutoras ou passageiras em uma comunidade tem efeitos desiguais sobre as funções da comunidade, produzindo uma curva "em degraus". O gráfico D descreve melhor uma variação na hipótese do condutor e do passageiro, na qual a curva nivela com o aumento da riqueza de espécies, à medida que as funções das espécies se tornam redundantes.

CAPÍTULO 20

Respostas das questões de legendas das figuras

Figura 20.5 Uma maior alocação de PPL em tecidos subterrâneos pode ser uma adaptação a perturbações, como o fogo ou a herbivoria. A alocação de PPL para armazenar compostos permite uma recuperação mais rápida e taxas de sobrevivência mais elevadas após uma perturbação ou perda de tecidos por herbivoria.

Figura 20.9 Os cactos são plantas CAM (ver Capítulo 5), que abrem seus estômatos e captam CO_2 durante a noite quando as temperaturas do ar são menores e a umidade mais elevada. O padrão diário das concentrações atmosféricas de CO_2 seria o oposto do que é mostrado para a floresta boreal, ou seja, com concentrações mais baixas à noite e mais elevadas ao longo do dia.

Figura 20.10 Estuários têm alta PPL devido às entradas de nutrientes trazidos pelos rios. Esses aportes de nutrientes incluem matéria orgânica de ecossistemas terrestres e aquáticos, bem como o escoamento de áreas agrícolas.

Figura 20.13 A alocação proporcional para a PPL subterrânea seria maior na comunidade mais pobre em nutrientes, o campo seco. Maiores alocações nas raízes aumentam a absorção dos recursos que mais limitam a PPL, enquanto que a luz é o mais provável fator limitante nos campos úmidos, mais ricos em nutrientes. A alocação para a PPL subterrânea diminuiria em resposta à fertilização.

Respostas das questões de revisão

1. A produção primária é a fonte da energia que entra no ecossistema e, portanto, determina a quantidade de energia disponível para sustentar aquele ecossistema. Ela também resulta em trocas de carbono entre a atmosfera e a biosfera e, portanto, é importante para se determinar as concentrações atmosféricas de CO_2, um importante gás do efeito estufa. Finalmente, a produção primária é uma medida do funcionamento de um ecossistema e fornece um indicador biológico de resposta do ecossistema ao estresse.

2. Com o aumento da PPL em ecossistemas terrestres, o índice de área foliar deve aumentar junto com a biomassa total da planta. A quantidade de sombreamento aumentaria, assim como o índice de área foliar, e a luz se tornaria cada vez mais limitante ao crescimento. Para compensar, as plantas alocariam maior crescimento para os caules e menor para as raízes, de modo a aumentar sua altura e crescer acima de suas vizinhas mais altas para adquirir mais luz.
3. Os pesquisadores verificaram uma correlação entre PPL e temperatura do solo e assumiram que o elo causal ocorria pelo efeito da temperatura do solo sobre o crescimento das raízes. No entanto, eles falharam em mostrar o elo causal conclusivamente, o que necessitaria de experimentos mais cuidadosos, ou, pelo menos, medições mais completas dos efeitos da temperatura do solo sobre os fatores que podem influenciar o crescimento das plantas. Por exemplo, a temperatura do solo pode afetar a taxa de decomposição da matéria orgânica no solo, e então a disponibilidade de nutrientes, que podem influenciar as taxas de crescimento.
4. Técnicas de colheita são simples e não requerem equipamento de alta tecnologia. Entretanto, elas podem ser trabalhosas, podendo falhar na medida da produção que é perdida para herbívoros ou decomposição, e não são compatíveis com largas escalas. O sensoriamento remoto permite a estimativa da PPL em ambientes de grande escala espacial e pode ser usado em intervalos frequentes. Entretanto, a técnica de sensoriamento remoto é dispendiosa e requer a manipulação de quantidades maciças de dados. Uma vez que essa técnica se baseia na absorção da luz pela clorofila, o sensoriamento remoto potencialmente superestima a PPL se o dossel vegetal estiver fisiologicamente inativo.
5. A proporção de ^{15}N nos tecidos de um heterótrofo reflete quais as fontes de alimento que ele consome. Se uma população animal depende de uma única fonte de alimento, sua razão ^{15}N tenderia a variar pouco entre os indivíduos, particularmente se sua fonte de alimento consistisse em plantas. Um onívoro, por definição, consome tanto plantas quanto animais. Uma população de onívoros deve, portanto, mostrar maior variação entre os indivíduos quanto à composição de ^{15}N como um resultado de seus vários graus de dependência de animais e vegetais.

CAPÍTULO 21

Respostas das questões de legendas das figuras

Figura 21.7 Na Figura 21.4, a eficiência de consumo aumenta à medida que diminui a porcentagem da PPL que vira detrito e à medida que aumenta a porcentagem da PPL consumida por herbívoros. A Figura 21.6 mostra que a eficiência de consumo global nos ecossistemas aquáticos é maior que nos ecossistemas terrestres, uma vez que a linha que se refere ao ecossistema aquático está acima da linha do ecossistema terrestre, indicando que uma maior porcentagem da PPL está sendo consumida.

Figura 21.10 A truta-marrom pode preferencialmente se alimentar de predadores que são mais eficazes no controle de insetos herbívoros do que os que são consumidos pelo peixe nativo. Como resultado, o efeito da truta-marrom sobre a abundância de algas seria maior que o efeito do *Galaxis*.

Figura 21.16 Oito das 21 espécies ou grupos alimentares (38%) consomem tanto plantas quanto animais, e a maioria dos outros se alimenta em mais de um nível trófico, indicando que a onivoria é muito comum nesta teia alimentar de deserto.

Respostas das questões de revisão

1. A população B deve ter maior eficiência de assimilação devido à maior qualidade do alimento na dieta. O lixo e as plantas da dieta da população A são feitos de materiais que são de difícil digestão, e sua razão C:N também é menor que a da dieta de roedores da população B. Assim, a quantidade de alimento assimilado seria maior na população B.
2. As variações nas temperaturas sazonais e diurnas nos ambientes desses animais são diferentes e podem resultar em diferentes níveis de eficiência de produção. O ambiente marinho apresenta temperatura mais estável; desse modo, os mamíferos marinhos precisam investir menos energia para se proteger das mudanças na temperatura do que os mamíferos de ecossistemas terrestres. Como resultado, mamíferos marinhos devem ser capazes de investir mais energia em crescimento e reprodução.
3. A floresta teria uma quantidade total maior de energia fluindo através de seus níveis tróficos porque uma maior quantidade de energia entraria nesse ecossistema no primeiro nível trófico. Entretanto, uma proporção maior da energia que entra no ecossistema do lago passaria pelos níveis tróficos mais altos devido a sua maior eficiência de consumo e produção.
4. O efeito da cascata trófica sobre a produção primária (crescimento da planta) seria menor se o herbívoro fosse um especialista. Aumentos na abundância de um herbívoro especialista resultariam em maior consumo de uma ou de poucas espécies de plantas, reduzindo potencialmente os efeitos da competição para outras espécies de plantas, no caso de as espécies-alvo serem consumidas.

CAPÍTULO 22

Respostas das questões de legendas das figuras

Figura 22.4 A produção primária é baixa e as plantas são esparsas no ecossistema desértico, então a quantidade de matéria orgânica no solo também deve ser baixa. A oscilação de momentos de umidade seguidos de seca deve realçar o intemperismo mecânico dos solos, produzindo uma gama de tamanhos de partículas do solo. Entretanto, sem uma cobertura protetora, os ventos podem remover algumas das partículas finas, como descrito em Estudo de Caso Revisitado no Capítulo 22. A baixa quantidade de precipitação e crescimento da planta deve limitar o desenvolvimento e a profundidade dos diferentes horizontes do solo.

Figura 22.6 Os pesticidas aplicados às plantas podem se arrastar pelas camadas superficiais orgânicas dos solos, onde podem matar tanto animais herbívoros quando detritívoros. A perda desses animais efetivamente diminuiria a taxa de decomposição e, assim, diminuiria a fertilidade do solo.

Figura 22.12 O modelo simples de entradas e saídas representado na figura assume que os elementos entram no ecossistema primeiramente pela deposição e o deixam em água corrente. Como observado na Figura 22.13, outros modelos de entradas e saídas ocorrem, incluindo entradas via fixação de N_2, saídas em água subterrânea ou perdas gasosas (p. ex., desnitrificação).

Figura 22.19 O estudo da eutrofização no Lago Washington é bastante convincente, mas carece de um controle adequado. Portanto, é de correlação; ou seja, mostra a conexão quantitativa entre a profundidade de claridade e as entradas de fósforo, mas essa conexão não é necessariamente casual. Controles apropriados devem incluir outro lago que não tenha entradas de esgoto, ou um lago que tenha continuado a receber esgoto carregado de fósforo durante o tempo em que as entradas do esgoto no Lago Washington foram interrompidas. (Experimentos com controles apropriados têm exaurido qualquer dúvida de que os aportes de fósforo no esgoto lançado nos lagos causam de fato eutrofização.)

Respostas das questões de revisão

1. A transformação dos minerais nas rochas envolve tanto decomposição física (intemperismo mecânico) quanto alteração química (intemperismo químico) de minerais. O intemperismo mecânico ocorre por expansão e contração de materiais sólidos devido aos ciclos de congelamento/descongelamento ou seca/umidificação, forças gravitacionais como deslizamentos de terra, e a pressão exercida pelas raízes das plantas. Ele expõe as superfícies de partículas minerais ao intemperismo químico. Intemperismo é um processo de construção do solo, que leva ao desenvolvimento de partículas cada vez mais finas e à maior liberação de nutrientes nos minerais. A liberação de CO_2 e ácidos orgânicos para dentro do solo, provenientes de organismos e detritos, aumenta a taxa de intemperismo químico.

2. A fonte original de nitrogênio para as plantas é o gás dinitrogênio (N_2) na atmosfera, mas ele não pode ser utilizado sem ser convertido em outras formas pelo processo de fixação do nitrogênio. Apenas bactérias conseguem realizar a fixação de nitrogênio, processo energeticamente caro. Algumas plantas, como as leguminosas, apresentam simbiose com bactérias fixadoras de nitrogênio. À medida que os ecossistemas se desenvolvem, o nitrogênio acumula-se no reservatório de detritos e é convertido em formas solúveis orgânicas e inorgânicas por meio da decomposição. Parte do nitrogênio liberado pela decomposição é consumida pelos microrganismos, reduzindo a oferta disponível para as plantas.

3. Tanto a produção primária quanto a decomposição influenciam o acúmulo de matéria orgânica e de nutrientes associados no solo, porém a decomposição é mais sensível ao controle climático do que a produção primária. O tempo médio de permanência dos nutrientes é, portanto, mais fortemente controlado pela decomposição. Baixas temperaturas nos solos das florestas boreais resultam em tempos médios de permanência muito longos. Altas taxas de decomposição limitam a formação da matéria orgânica do solo em florestas tropicais, e os tempos médios de permanência de nutrientes como o nitrogênio e o fósforo são duas ordens de magnitude inferiores aos de florestas boreais.

4. As transferências de nutrientes entre os níveis tróficos são eficientes em lagos de zona tropical e temperada, mas a matéria orgânica é progressivamente perdida a partir das camadas superficiais em ambos os sistemas, decrescendo nos sedimentos da zona bentônica, onde as concentrações de oxigênio, e assim as taxas de decomposição, são baixas. Nas zonas temperadas, alguns desses sedimentos ricos em nutrientes são trazidos de volta às camadas superficiais durante a rotatividade sazonal da água, onde são decompostos, fornecendo nutrientes para sustentar a produção. A rotatividade está em grande parte ausente em lagos tropicais, os quais são, portanto, mais dependentes dos aportes de nutrientes dos riachos e dos ecossistemas terrestres.

CAPÍTULO 23

Respostas das questões de legendas das figuras

Figura 23.2 O gráfico de barras indica que havia 36 milhões de ha em 1500, 8 milhões de ha em 1935 e 1 milhão em 2004. A taxa anual de perda parece ser maior entre 1935 e 2004 (7 milhões de ha perdidos em 69 anos, ou aproximadamente 100.000 ha perdidos por ano) do que entre 1500 e 1935 (28 milhões de ha perdidos em 435 anos, ou aproximadamente 64.000 ha perdidos por ano.

Figura 23.5 Como discutido no Capítulo 15, as sementes de muitas espécies de plantas são dispersadas por animais que consomem seus frutos. Portanto, a extinção de muitos frugívoros pode ter reduzido a habilidade de tais plantas dispersarem suas sementes. De forma semelhante, como também discutido no Capítulo 15, muitas plantas são polinizadas por animais que visitam as flores para coletar néctar. Assim, a perda de espécies nectarívoras pode ter reduzido o sucesso reprodutivo de algumas espécies.

Figura 23.6 O tratamento "flor aberta" é o controle; os resultados desse tratamento indicam a porcentagem de flores que de fato podem produzir sementes tanto nas ilhas quanto no continente. Um dos tratamentos experimentais consistia em ensacar as flores; os resultados desse tratamento mostram a porcentagem de flores que produzem sementes na ausência de aves polinizadoras e qualquer outra forma de polinização com exceção da autopolinização. Um segundo tratamento experimental era a polinização manual das flores; os resultados mostram a porcentagem de flores que produzem sementes quando não há limitação na polinização (como deveria ser quando os polinizadores eram abundantes).

Figura 23.8 A diferença entre essa afirmação e os resultados da figura (que mostra que a introdução de espécies de plantas exóticas pode aumentar a diversidade regional de plantas) deve-se a uma diferença de escala: quando a introdução de espécies vegetais exóticas causa a extinção global de uma ou mais espécies vegetais, a diversidade vegetal global diminui mesmo que a diversidade regional de plantas aumente.

Figura 23.10 A perda de hábitat é o fator mais importante para os mamíferos marinhos; a sobrexploração é também um fator importante. Em contrapartida, morte acidental e poluição são as ameaças mais importantes para os mamíferos marinhos.

Figura 23.12 Respostas individuais podem variar de diversas formas, mas devem incluir algum argumento como o seguinte: apesar da variação anual na exploração do bacalhau, de forma geral a pesca aumentou de aproximadamente 100 mil toneladas em 1850 para aproximadamente 300 mil toneladas em 1950. Pelo fato da exploração ter se mantido nestes níveis por 100 anos, isso sugere que a exploração em torno de 200 mil toneladas poderia ter sido explorada de forma sustentável.

Respostas das questões de revisão

1. Esse é um exercício complicado e as respostas serão pessoais, mas devem levar em conta que os biólogos da conservação são cientistas motivados pelo entendimento pessoal de que a perda de biodiversidade é um problema – em parte um problema ético que a sociedade previsa solucionar. As respostas devem refletir que a ciência deve ser rigorosa e pode ser aplicada para resolver problemas de conservação, mesmo havendo valores por trás da ciência.

2. As principais ameaças à biodiversidade são a perda de hábitat, degradação e fragmentação de hábitat, propagação de espécies invasoras, sobre-exploração e as mudanças climáticas. Para algumas espécies, as doenças são uma ameaça e para outras, em especial para espécies aquáticas, a poluição é mais importante. Muitos exemplos são possíveis.

3. Perfil de DNA (ver Ferramentas Ecológicas 23.1) e outras análises genéticas são utilizadas para entender e manejar a diversidade genética de espécies raras. Abordagens genéticas são também utilizadas em estudos forenses de exploração ilegal de organismos. Os biólogos da conservação usam análises de viabilidade populacional para avaliar os riscos de extinção e planejar opções de manejo para espécies raras. Por fim, a conservação *ex situ* pode ser utilizada para salvar espécies da eminência da extinção, como ilustrado no exemplo do condor californiano.

4. O sistema de classificação instituído pelo Natural Heritage/NatureServe é um documento do estado de conservação de cada espécie, a partir de uma perspectiva biológica, enquanto a presença na lista do Ato para Espécies em Perigo dos Estados Unidos é uma designação jurídica. Enquanto espécies em perigo em escala federal, geralmente, são consideradas globalmente raras pelo Natural Heritage/NatureServe, o contrário não é necessariamente verdadeiro; muitas espécies raras extremamente ameaçadas não estão na lista das espécies em perigo em escala federal. O Ato para Espécies em Perigo (ESA) fornece proteção legal para as espécies listadas e requer a indicação de hábitats críticos e o desenvolvimento e a implantação de um plano de recuperação para aquelas espécies. Em contraste, o Natural Heritage/NatureServe pode apenas recomendar a proteção das espécies. No Brasil, as listas de espécies ameaçadas são publicadas e atualizadas pelo Ministério do Meio Ambiente.

5. Respostas a essa questão dependerão de onde os estudantes estejam e de quais espécies eles identificam. O objetivo desta questão é conscientizar os estudantes da importância da conservação das espécies, das ameaças à biodiversidade e dos esforços em andamento para proteger as espécies na sua região. Também os convida a identificar a necessidade de pesquisas e de meditar sobre as abordagens científicas para a conservação.

CAPÍTULO 24

Respostas das questões de legendas das figuras

Figura 24.3 Argila calcária encharcada.

Figura 24.4 Os organismos movem-se mais livremente através da matriz em (B). Podemos inferir isso porque ocorrem trocas entre fragmentos de hábitat separados pela matriz em (B), o que não ocorre em (A) (a menos que os fragmentos estejam ligados por um corredor).

Figura 24.6 É idêntico ao grão de todos os painéis da parte (B) – todos têm pixels correspondentes a 50 x 50 m.

Figura 24.17 *Tamanho da reserva*: uma reserva que abrange uma área pequena normalmente abriga populações pequenas, as quais têm maior risco do que populações grandes do ponto de vista genético (deriva genética e endocruzamento), aleatoriedade demográfica e ambiental, assim como de catástrofes naturais (ver Capítulo 11). Além disso, em uma reserva grande, uma proporção menor da área está exposta ao efeito de borda do que em uma reserva pequena; em uma pequena reserva, toda a área pode estar exposta aos efeitos de borda. *Número de reservas*: embora a área total protegida seja igual para ambos os projetos, na concepção da direita cada reserva é pequena em área e, portanto, está mais propensa aos riscos associados às pequenas populações. *Proximidade das reservas*: quando várias reservas estão próximas, os indivíduos podem se mover mais livremente entre elas. Esses movimentos ajudam a prevenir que as reservas tenham problemas associados a pequenas populações. *Conectividade das reservas*: corredores de hábitat permitem que organismos atravessem obstáculos ou elementos da paisagem que de outra forma poderiam isolar as reservas (expondo-as, assim, aos problemas de pequeno tamanho populacional). *Formato da reserva*: quando duas reservas de área igual são comparadas, a reserva com a forma mais compacta terá proporcionalmente menos área exposta ao efeito de borda (a melhor forma possível é um círculo).

Respostas das questões de revisão

1. As ilhas de hábitat lembram as ilhas verdadeiras no modo como as populações de algumas espécies estão espacialmente isoladas umas das outras, com consequências genéticas e demográficas potenciais. Elas diferem das ilhas, entretanto, no sentido de que a matriz entre os fragmentos de hábitat pode ser mais

ou menos permeável a algumas espécies, de modo que o movimento entre os fragmentos de hábitat pode ser dificultado, mas ainda assim pode ocorrer com alguma frequência. Como vimos no Capítulo 18, os princípios da biogeografia de ilhas são aplicáveis aos hábitats de ilhas no sentido de que há imigração para os fragmentos, extinção dentro dos fragmentos e algum nível de equilíbrio na diversidade de espécies. Maiores ilhas de hábitat podem sustentar maior diversidade de espécies do que fragmentos pequenos.

2. De certo modo, corredores são fragmentos de hábitat longos e estreitos. Animais podem nidificar neles, plantas ali germinarão se as condições permitirem, bem como haverá predação e competição. No entanto, é provável que sejam biologicamente menos ricos quando comparados a blocos de hábitat maiores, devido aos efeitos causados por sua dimensão estreita sobre suas propriedades bióticas e abióticas. É provável que se assemelhem às bordas de hábitat por receberem mais luz e terem ciclagem de nutrientes mais rápida e maior predação do que os grandes blocos. Eles podem ser mais vulneráveis às espécies invasoras e podem permitir o movimento de doenças entre os blocos de hábitat. Todavia, em geral são benéficos, pelo menos a algumas espécies, por permitirem o movimento de organismos através de uma paisagem fragmentada.

3. Florestas e Parques Nacionais possuem diferentes objetivos de manejo. A diferença dos usos da terra pode ser vista do espaço como uma linha que separa fragmentos bem destacados da Floresta Nacional de Targhee e as florestas primárias do Parque Nacional de Yellowstone. Florestas nacionais permitem a coleta de madeira, atividade geralmente não permitida nos parques nacionais. A coleta de madeira provoca o surgimento de uma floresta fragmentada, com manchas irregulares de árvores com diferentes idades, as quais podem sustentar um grupo diferente de espécies do que aquelas encontradas em um parque nacional e favorecer espécies de início sucessional sobre espécies associadas a crescimentos mais lentos. Ainda que ambos, parques nacionais e florestas nacionais, tenham um mandato para proteger a biodiversidade, os parques nacionais devem equilibrar esses objetivos e a necessidade do visitante, enquanto as florestas nacionais devem incluir a produção de madeira em sua missão. Sob uma abordagem de manejo do ecossistema, a ênfase seria regional, então as administrações das florestas e dos parques nacionais estariam trabalhando juntas para alcançar os objetivos da conservação por meio do consenso.

4. Respostas a essa pergunta serão específicas a cada local e dependerão de onde os estudantes estão. O objeto dessa questão é fazer os alunos avaliarem o tamanho, a conectividade e a efetividade das áreas protegidas na região. Eles também podem se perguntar sobre que tipo de terra serve como área protegida (i.e., terras estaduais e federais, áreas públicas, terrenos mantidos por acordos ou por organizações privadas de conservação, como a Sociedade Audubon ou The Nature Conservancy) e entender os desafios de se manter o controle local de todas essas terras. Eles devem considerar o papel que as terras privadas desempenham ao abrigar espécies, e devem considerar mudanças ao longo do tempo, como a troca de seus proprietários. Ao considerarem a conectividade entre áreas protegidas, eles devem avaliar o estado de proteção dos corredores e se esses corredores estão vulneráveis a futuras perturbações. Eles devem considerar as possibilidades de restauração de hábitat que podem melhorar o cenário em nível de paisagem.

5. Mais uma vez, a resposta aqui será específica a cada local. Esta questão convida os alunos a identificar e examinar os projetos de manejo de ecossistemas regionais. Eles podem escolher um projeto de proteção de bacias hidrográficas, um esforço regional para preservar uma floresta, ou um esforço coordenado para proteger o hábitat de uma espécie particular. O desafio será identificar partes interessadas variadas que se reúnam para abordar o uso da terra em uma região de uma maneira que sirva tanto às necessidades humanas como às necessidades da biodiversidade regional. Os estudantes são convidados a identificar os sucessos do programa e também podem identificar os compromissos e as ações sociais que atrasam o progresso na proteção das terras ou na solução de problemas que causam degradação de hábitats.

CAPÍTULO 25

Respostas das questões de legendas das figuras

Figura 25.3 O desmatamento reduziria imediatamente o fluxo de carbono da atmosfera para a superfície da Terra devido à fotossíntese, mas aumentaria o fluxo da superfície para a atmosfera devido à respiração. Em outras palavras, a superfície terrestre desmatada mudaria de um dreno para uma fonte de CO_2 atmosférico. Cortar as árvores remove os autótrofos mais importantes do sistema. Isso também fornece carbono (de raízes e restos de madeira) para os heterótrofos do solo e aumenta a temperatura do solo, ambos os quais aumentam as emissões respiratórias de C para a atmosfera.

Figura 25.7 O N reativo, como se infere do nome, é a forma química e biologicamente ativa de N. Como resultado, o reservatório de N reativo é uma fonte potencial de nutrientes para os organismos. Além disso, ele pode influenciar a química do solo e a saúde dos organismos, como veremos mais adiante no capítulo. O N_2, por outro lado, é quimicamente inerte e deve ser convertido a outras formas químicas pela fixação de nitrogênio para ser usado pelos organismos.

Figura 25.14 Nos Capítulos 3, 16 e 17 discutimos vários fatores que determinam a composição das assembleias vegetais. Esses fatores incluem tolerâncias fisiológicas, interações bióticas, como competição e herbivoria, e capacidade de dispersão. Após a retração das geleiras, combinações de temperatura e precipitação diferentes de qualquer uma encontrada atualmente ocorreram em partes da América do Norte, resultando em combinações exclusivas de plantas em relação àquelas que ocorrem nos dias atuais. Além disso, por consumir diferentemente determinadas espécies de plantas, algumas espécies de herbívoros podem ter um efeito sobre os tipos de vegetação. Como observado no Estudo de Caso no Capítulo 3 (p. 50), os animais que ocorreram nesse tempo eram bastante diferentes daqueles encontrados atualmente, incluindo preguiças, mastodontes e camelos. Por fim, as taxas nas quais as diferentes espécies se dispersaram para os substratos recentemente expostos teriam influenciado a composição da vegetação.

Respostas das questões de revisão

1. As duas maiores influências biológicas sobre o ciclo global do carbono são a fotossíntese, que capta CO_2 da atmosfera, e a respiração, a qual libera CO_2 de volta à atmosfera. Antes da Revolução Industrial, a captação pela fotossíntese e a liberação pela respiração eram aproximadamente iguais em escala global; assim, não havia fluxo líquido associado à biota da Terra. Entretanto, o aumento das taxas de crescimento da população humana resultou no aumento do desmatamento e no desenvolvimento da agricultura, que por sua vez resultaram em maior decomposição e respiração heterotrófica devido ao aquecimento da superfície do solo. Por esses motivos, houve um aumento nas concentrações atmosféricas de CO_2. O desmatamento foi a principal razão para o aumento da concentração de CO_2 até a primeira metade do século XX.

2. Ainda que animais possam responder à mudança climática migrando, seus hábitats não podem. Animais dependem das plantas para obter seu alimento (ou para alimentar suas presas). As mudanças climáticas serão tão rápidas que a resposta evolutiva não será possível para a maioria das espécies de plantas, e as taxas de dispersão da maioria das espécies são muito lentas para acompanhar as mudanças climáticas previstas. A dispersão pode ser inibida pela fragmentação de corredores ecológicos devido à alteração do uso do solo. Portanto, a perda de hábitat resultará em redução do crescimento populacional para alguns animais. Além disso, animais migradores podem responder à mudança climática mais lentamente do que espécies não migradoras. Em decorrência disso, as espécies-presa podem ser menos abundantes ou estar ausentes quando esses animais chegarem a seu destino.

3. Um dos componentes da precipitação ácida é o ácido nítrico (HNO_3), forma reativa do nitrogênio (ou seja, biologicamente disponível). A deposição de ácido e do nitrogênio pode causar acidificação dos solos e das águas superficiais, perda de nutrientes catiônicos e aumento de alumínio. A deposição do nitrogênio pode aumentar o crescimento da planta quando ocorre em taxas baixas. Durante longos períodos, ou sob altas taxas de deposição de N, ocorre a saturação de N, levando ao aumento da suscetibilidade ao estresse pela planta e, como supracitado, à acidificação do solo.

4. O efeito do ozônio atmosférico sobre os organismos depende de onde ele é encontrado na atmosfera. O ozônio na estratosfera age como um escudo contra a radiação ultravioleta-B de alta energia, a qual é prejudicial aos organismos. Em contraste, o ozônio na troposfera danifica organismos que tenham contato direto com ele. O ozônio na troposfera contribui para o efeito estufa e para a mudança climática global.

Glossário

Os números entre colchetes referem-se ao(s) capítulo(s) onde o termo é introduzido.

A

abiótico Do meio ambiente físico ou não vivo ou referente a ele. *Comparar com* biótico. [1]

abundância Número de indivíduos de uma espécie encontrados em determinada área; a abundância com frequência é mensurada pelo tamanho ou pela densidade da população. [9]

acidez Medida da habilidade de uma solução de se comportar como ácido, composto que libera prótons (H^+) na água na qual está dissolvido. *Comparar com* alcalinidade. [2]

aclimatização Ajustes sofridos pelos organismos em sua fisiologia, morfologia ou comportamento para diminuir os efeitos de mudanças ambientais, minimizando o estresse provocado por essas mudanças. [4]

adaptação (1) Atributo fisiológico, morfológico ou comportamental com base genética subjacente que aumenta as chances de sobrevivência e reprodução de seus portadores no ambiente. [1] (2) *Ver* evolução adaptativa.

aerossóis Partículas sólidas ou líquidas suspensas na atmosfera. [22]

albedo Total de radiação refletida por uma superfície, em geral expressa como porcentagem da incidência da radiação solar. [2]

alcalinidade Medida da habilidade de uma solução de comportar-se como base, composto que absorve prótons (H^+) ou libera íons de hidróxido (OH^-). *Comparar com* acidez. [2]

alelo Uma de duas ou mais formas de um gene que resulta na produção de diferentes versões da proteína por ele codificada. [6]

alelopatia Forma de interferência competitiva na qual indivíduos de uma espécie liberam toxinas que prejudicam diretamente indivíduos de outra espécie. [12]

alocação Quantidade relativa de energia ou recursos que um organismo dedica para diferentes funções. [7]

alóctone Entrada de energia e nutrientes vindos de fora do ecossistema. *Comparar com* autóctone. [21]

alometria Crescimento diferencial de partes do corpo que resulta em uma mudança na forma ou na proporção corporal. [7]

alteração no uso do solo Alteração da superfície terrestre, incluindo vegetação e geografia, pelas atividades humanas, como agricultura, silvicultura ou mineração. [3]

alternância de gerações Complexo ciclo de vida, encontrado em muitas algas e em todas as plantas, no qual há uma forma multicelular diploide, o esporófito, e uma forma multicelular haploide, o gametófito. [7]

amensalismo Interação entre duas espécies na qual os indivíduos de uma espécie são prejudicados, enquanto os da outra espécie não são beneficiados ou prejudicados (uma relação -/0). [12]

amplitude geográfica Toda a região geográfica sobre a qual uma espécie é encontrada. [9]

análise de viabilidade populacional (AVP) Projeção de um estado potencial futuro de uma população pelo uso de modelos demográficos; uma abordagem de AVP com frequência é utilizada para estimar a probabilidade de que uma população persista por um certo tempo em diferentes hábitats ou sob diferentes cenários. [23]

anisogamia Produção de dois tipos de gametas de diferentes tamanhos. *Comparar com* isogamia. [7]

antropogênico De, relativo ou causado por seres humanos ou suas atividades. [25]

aposematismo *Ver* coloração de advertência.

área-núcleo natural Uma porção de uma reserva natural onde a conservação e a integridade ecológica da biodiversidade estão acima de outros valores ou usos. *Comparar com* zona de amortecimento. [24]

areia Partículas grosseiras presentes no solo (0,05-2 mm). [22]

argila Partículas finas de solo (< 2 μm) que têm estrutura semicristalina e cargas negativamente fracas sobre sua superfície que pode prender cátions e intercambiá-los com a solução do solo. [22]

árvore filogenética Diagrama ramificado que representa a história evolutiva dos organismos. [6]

ascensão Aumento do calor, com ar menos denso na atmosfera devido ao aquecimento da superfície terrestre. *Comparar com* subsidência. [2]

autóctone Energia e nutrientes produzidos dentro do ecossistema. *Comparar com* alóctone. [21]

autótrofo Organismo que converte energia proveniente da luz solar ou de compostos químicos inorgânicos do ambiente em energia química, armazenada em ligações carbônicas nos corpos de compostos orgânicos. *Comparar com* heterótrofo. [5]

B

bacia hidrográfica Área em um ecossistema terrestre que é drenada por um único córrego; unidade de estudo comum em estudos sobre ecossistemas terrestres. [22]

bioacumulação Concentração progressiva de uma substância em um organismo ao longo de sua vida. [21]

biocombustível Combustível líquido ou gasoso feito a partir de material vegetal (biomassa). [19]

biodiversidade Diversidade de importantes entidades ecológicas que abrangem múltiplas escalas espaciais, de genes a espécies até comunidades. [16]

biogeografia Estudo da variação na composição das espécies e da diversidade entre as localizações geográficas. [18]

biogeografia de ilhas *Ver* teoria do equilíbrio da biogeografia de ilhas.

biogeoquímica Estudo dos fatores físicos, químicos e biológicos que influenciam os movimentos e as transformações dos elementos químicos. [22]

biologia da conservação Estudo científico dos fenômenos que afetam a manutenção, a perda e a restauração da biodiversidade. [23]

bioma Comunidade biológica terrestre em grande escala influenciada pelo clima regional, pelo solo e pelos padrões de distúrbios presentes onde as espécies se encontram, em geral classificado pela forma de crescimento das plantas dominantes. [3]

biomagnificação Aumento progressivo na concentração tecidual de uma substância em animais de níveis tróficos sucessivamente mais elevados que resulta da dieta consumida pelos animais em cada nível trófico subjacente ao consumir presas com maiores concentrações da substância devido à bioacumulação. [21]

biomassa A massa de organismos vivos, em geral expressa por unidade de área. [20]

biosfera Mais alto nível de organização biológica, consistindo em todos os organismos vivos sobre a Terra mais os ambientes em que vivem; localizada entre a litosfera e a troposfera. [1, 3]

biótico Dos componentes vivos de um ambiente ou referente a eles. *Comparar com* abiótico. [1]

buraco de ozônio Área na estratosfera com uma concentração de ozônio de menos de 220 unidades de Dobson (= $2,7 \times 10^{16}$ moléculas de ozônio) por centímetro quadrado; encontrado principalmente sobre a região da Antártica. [25]

C

camada limítrofe Zona próxima a uma superfície onde um fluxo de fluidos, em geral ar, encontra resistência e torna-se turbulento. [4]

capacidade de neutralização ácida Habilidade química de um ambiente de neutralizar a acidez, normalmente associada com concentrações de bases como Ca^{2+}, Mg^{2+} e K^+. [25]

capacidade de suporte Tamanho máximo de uma população que pode ser tolerado indefinidamente pelo ambiente, representado pelo termo K na equação logística. [10]

capacidade de troca catiônica Habilidade do solo de manter cátions de nutrientes, como Ca^{2+}, K^+ e Mg^{2+}, e trocá-los com as soluções do solo, determinada pela argila presente nele. [22]

capacidade térmica Quantidade de energia necessária para subir a temperatura de uma substância. [2]

carbono neutro De ou referente aos combustíveis que, quando queimados, produzem uma quantidade de CO_2 que é igual ou menor do que a quantidade absorvida pelas plantas a partir das quais eles provêm. [19]

carnívoro Heterótrofo que mata e consome animais vivos. [20]

cascata trófica Mudança na taxa de consumo de um nível trófico que resulta em uma série de mudanças na abundância e na composição das espécies de níveis tróficos mais baixos. [16, 21]

catástrofe natural Evento ambiental extremo como inundações, tempestades graves ou surto de doença que pode eliminar ou reduzir drasticamente o tamanho de populações. [11]

causa final Razão histórica ou evolutiva para um comportamento particular (ou outra característica de um organismo). *Comparar com* causa imediata. [8]

causa imediata Causa imediata subjacente que tem como base as características internas de um organismo e pode ser usada para explicar como um comportamento (ou outra característica do organismo) ocorre. *Comparar com* causa final. [8]

célula de Ferrel Em grande escala, é um padrão tridimensional de circulação atmosférica em cada hemisfério, localizado em latitudes médias entre as células polar e de Hadley. [2]

célula de Hadley Padrão tridimensional em larga escala de circulação atmosférica em cada hemisfério no qual o ar ascende no Equador e descende até cerca de $30°$ N e S. [2]

célula polar Padrão tridimensional de circulação atmosférica, de larga escala, no qual o ar desce nos polos e se move em direção ao Equador quando chega à superfície terrestre, sendo substituído pelo ar do alto da atmosfera vindo das baixas altitudes. [2]

ciclagem de nutrientes Movimento cíclico dos nutrientes entre os organismos e o ambiente físico. [1, 22]

ciclo de Calvin Rota metabólica usada por organismos fotossintetizantes e quimiossintetizantes para fixar carbono e sintetizar açúcares. [5]

ciclo de limite estável Padrão de flutuação populacional no qual os ciclos de abundância ocorrem indefinidamente. [11]

ciclo de vida complexo Ciclo de vida no qual há pelo menos dois estágios distintos que diferem em hábitat, fisiologia ou morfologia do organismo. [7]

ciclos de Milankovitch Ciclos de mudança regular ao longo de milhares de anos na forma da órbita terrestre, no ângulo de inclinação de seu eixo e em sua orientação em relação a outros corpos celestes que mudam a intensidade da radiação solar recebida pela Terra. [2]

ciclos populacionais Padrão de flutuação da população no qual períodos alternados de alta e baixa abundância ocorrem após intervalos de tempo quase constantes. [11]

ciência ambiental Campo de estudos interdisciplinares que incorpora conceitos de ciências naturais (incluindo ecologia) e de ciências sociais (p. ex., política, economia, ética), com foco em como as pessoas afetam o ambiente e como os problemas ambientais podem ser abordados. [1]

clima Descrição das condições meteorológicas ao longo do tempo, com base nas médias e nas variações mensuradas ao longo de décadas. *Comparar com* tempo. [2]

clima continental Clima típico de áreas terrestres no meio de grandes massas de terras continentais nas altas latitudes, caracterizado pela variação na temperatura sazonal. *Comparar com* clima marítimo. [2]

clima marítimo Clima típico de regiões terrestres costeiras que são influenciadas por zonas oceânicas adjacentes, caracterizadas por baixa variação sazonal e diária na temperatura. *Comparar com* clima continental. [2]

cline Padrão de mudança gradual na característica de um organismo em uma região geográfica. [6]

clone Cópia geneticamente idêntica de um indivíduo. [7]

coeficiente de competição Constante usada no modelo de competição de Lotka-Volterra para descrever em que extensão um indivíduo de uma espécie competidora diminui a taxa de crescimento *per capita* das outras espécies. [12]

coevolução Evolução de duas espécies que interagem, cada uma em resposta à pressão seletiva imposta pela outra. [14]

coloração de advertência Defesa contra predadores na qual as espécies-presa que contêm toxinas poderosas advertem essa toxina por meio de cores vibrantes; também chamada de coloração aposemática. [13]

comensalismo Interação entre duas espécies na qual os indivíduos de uma se beneficiam, enquanto os da outra não são beneficiados, mas também não são lesados (uma relação +/0). [15]

compensação (*compensation*) Crescimento adaptativo das plantas em resposta à herbivoria no qual a remoção de seus tecidos estimula a produção de novos tecidos. [13]

compensação (*trade-off*) Alocação da energia limitada de um organismo ou outro recurso para uma estrutura ou função à custa de outra. [6]

competição Interação entre duas espécies na qual os indivíduos de ambas são prejudicados por usarem o mesmo recurso, o que limita para seu crescimento, sobrevivência e reprodução (uma relação –/–). [12]

competição por exploração Interação na qual as espécies competem indiretamente por seus mútuos efeitos sobre a disponibilidade de um recurso partilhado. *Comparar com* competição por interferência. [12]

competição por interferência Interação na qual as espécies competem diretamente por ações antagônicas que interferem na habilidade de seus competidores em usar um recurso de necessidade de ambas, como alimento ou território. *Comparar com* competição por exploração. [12]

composição da paisagem Em ecologia da paisagem, os tipos de elementos da paisagem e o quanto cada elemento está presente. *Comparar com* estrutura da paisagem [24]

composição de espécies Identidade das espécies presentes na comunidade. [16]

compostos secundários Compostos químicos em plantas que não são utilizados diretamente em seu crescimento e com frequência são usados em funções como defesa contra herbívoros ou proteção contra radiação nociva. [13]

comunidade Grupo de espécies que interagem e ocorrem juntas em um mesmo local e tempo. [1, 16]

condução Transferência de calor sensível pela troca de energia cinética entre moléculas devido a um gradiente de temperatura. *Comparar com* convecção. [2]

consumidor Organismo que obtém sua energia ao se alimentar de outros organismos ou de seus restos. *Comparar com* produtor. [1]

controle de baixo para cima (*bottom-up*) Limitação da abundância de uma população pelo suprimento de nutrientes ou pela disponibilidade de alimentos. *Comparar com* controle de cima para baixo (*top-down*). [11]

controle de cima para baixo (*top-down*) Limitação da abundância de uma população pelos consumidores. *Comparar com* controle de baixo para cima (*bottom-up*). [11]

controle populacional Padrão de crescimento populacional no qual um ou mais fatores dependentes da densidade aumentam o tamanho populacional quando os números estão baixos e diminuem o tamanho populacional quando os números estão altos. [10]

convecção Transferência de calor sensível pela troca de moléculas de ar e água à medida que elas se movem de uma área para outra. *Comparar com* condução. [2]

convergência Evolução de formas similares de crescimento entre espécies distantemente relacionadas em resposta a pressões seletivas similares. [3]

corredor de hábitat Fragmento relativamente estreito de um ecossistema que conecta blocos de hábitats e frequentemente facilita o movimento das espécies entre esses blocos. [24]

crescimento exponencial Mudança no tamanho populacional de uma espécie com reprodução contínua por uma proporção constante a cada instante no tempo. *Comparar com* crescimento geométrico. [10]

crescimento geométrico Mudança no tamanho populacional de uma espécie com reprodução discreta por uma proporção constante de um período de tempo para o próximo. *Comparar com* crescimento exponencial. [10]

crescimento logístico Mudança no tamanho de uma população que é rápida no início, então decai à medida que a população se aproxima da capacidade de suporte de seu ambiente. [10]

cripsia Uma defesa contra predadores na qual a presa tem a forma ou a coloração que fornece camuflagem e permite evitar sua detecção. [13]

crosta biológica Crosta sob a superfície do solo composta por uma mistura de espécies de cianobactérias, líquens e musgos, também chamada de crosta criptobiótica ou criptogâmica. [22]

curva de acumulação de espécies Gráfico que mostra a riqueza de espécies como uma função do número total de indivíduos que têm acumulado com cada amostra adicional. [16]

curva de distribuição das abundância Gráfico que mostra a abundância proporcional de cada espécie em uma comunidade umas com relação às outras em ordem, da mais abundante para a menos abundante. [16]

curva de sobrevivência Gráfico com base em dados de sobrevivência (l_x) que mostra o número de indivíduos em uma coorte hipotética (em geral 1.000) que sobreviverá até atingir diferentes idades. [10]

curva de sobrevivência tipo I Curva de sobrevivência na qual recém-nascidos, juvenis e adultos jovens têm alta taxa de sobrevivência; a taxa de mortalidade só será elevada na velhice. [10]

curva de sobrevivência tipo II Curva de sobrevivência na qual os indivíduos experimentam uma chance de sobrevivência constante ao longo de suas vidas. [10]

curva de sobrevivência tipo III Curva de sobrevivência na qual indivíduos morrem em taxas muito altas quando são jovens, mas aqueles que chegam à idade adulta sobrevivem bem por mais tempo. [10]

D

decomposição Quebra física e química de detritos pelos detritívoros para captura de energia, levando à liberação de nutrientes mais simples, como compostos solúveis orgânicos e inorgânicos que podem ser absorvidos por outros organismos. [22]

defesa induzida Nas interações planta-herbívoro, ocorre como uma defesa à herbivoria, como a produção de um composto secundário, que é estimulada pelo ataque herbívoro. [13]

degradação de hábitat Alteração antropogênica que reduz a qualidade do hábitat para muitas espécies, mas não todas. [23]

densidade populacional Número de indivíduos por unidade de área. [9]

dependência da densidade atrasada Atrasos no efeito da densidade da população sobre o tamanho populacional que podem contribuir para a flutuação da população. [11]

dependente da densidade De ou referente a um fator que causa alterações nas taxas de natalidade, mortalidade ou dispersão à medida que ocorrem mudanças na densidade de uma população. *Comparar com* independente da densidade. [10]

deposição atmosférica Movimento da matéria particulada e dissolvida da atmosfera para dentro dos ecossistemas, por gravidade ou precipitação. [22]

deriva continental Movimento lento das placas tectônicas (secções da crosta terrestre) através da superfície do planeta. [18]

deriva genética Processo no qual eventos fortuítos determinam quais alelos são passados de uma geração para a próxima, fazendo as frequências alélicas flutuarem aleatoriamente ao longo do tempo; os efeitos dessa deriva genética são mais pronunciados em pequenas populações. [6, 11]

desenvolvimento direto Ciclo de vida simples que vai desde o óvulo fertilizado até o estado juvenil, sem passar pelo estágio de larva. [7]

desertificação Degradação de antigas áreas de produção em regiões áridas resultando na perda da cobertura vegetal e na aceleração da erosão do solo. [3, 24]

deslocamento competitivo Processo no qual o melhor competidor usa recursos limitantes de que o competidor mais fraco necessita, causando um declínio na população do mais fraco ao ponto de extinção. [19]

deslocamento de caracteres Processo no qual a competição provoca evolução nas espécies competidoras coexistentes em um mesmo ambiente, que se tornam mais diferentes entre si ao longo do tempo do que se vivessem separadas. [12]

desnitrificação Processo pelo qual certas bactérias convertem nitrato (NO_3^-) em gás nitrogênio (N_2) e óxido nitroso (N_2O) sob condições hipóxicas. [22]

detritívoro Heterótrofo que consome detritos. [20]

detrito Restos de organismo recém-morto ou parcialmente decomposto. [5, 9]

dispersão Movimento de organismos ou propágulos de seu local de nascimento. [7]

dispersão em saltos Evento de dispersão a longa distância no qual uma espécie coloniza uma nova região geográfica. [11]

dispersão limitada Situação na qual uma espécie com capacidade limitada de dispersão é impedida de chegar a áreas de hábitat adequado. [9]

distribuição Arranjo espacial de indivíduos dentro de uma população. [9]

distribuição agrupada Padrão de dispersão no qual os indivíduos estão proximamente agrupados. *Comparar com* distribuição aleatória, distribuição regular. [9]

distribuição aleatória Padrão de dispersão similar ao que deve ocorrer se indivíduos estiverem posicionados em localizações selecionadas ao acaso. *Comparar com* distribuição agrupada, distribuição regular. [9]

distribuição etária estável Estrutura etária de uma população que não muda de um ano para o próximo. [10]

distribuição regular Padrão de dispersão no qual indivíduos são espaçados de modo relativamente uniforme ao longo de seu hábitat. *Comparar com* distribuição agrupada, distribuição aleatória. [9]

distúrbio Evento abiótico que mata ou prejudica alguns organismos e, assim, cria oportunidades para outros organismos crescerem e se reproduzirem. [9, 17]

diversidade alfa Diversidade de espécies em escala local, ou de comunidades. *Comparar com* diversidade beta, diversidade gama. [18]

diversidade beta Mudança no número e na composição de espécies (renovação de espécies), de uma comunidade para outra. *Comparar com* diversidade alfa, diversidade gama. [18]

diversidade da espécie Medida que combina o número de espécies (riqueza de espécies) em uma comunidade e sua abundância relativa em comparação umas com as outras (equabilidade de espécies). [16]

diversidade gama Diversidade de espécies em escala regional; composição de espécies de uma região. *Comparar com* diversidade alfa, diversidade beta. [18]

dormência Estado no qual pouca ou nenhuma atividade metabólica ocorre. [4]

E

ecofisiologia Estudo das interações entre organismos e o meio ambiente físico que influenciam sua sobrevivência e persistência. [4]

ecologia Estudo científico das interações entre os organismos e seu ambiente. [1]

ecologia comportamental Estudo da ecologia e das bases evolutivas do comportamento animal. [8]

ecologia da paisagem Estudo dos padrões de paisagem e dos efeitos desses padrões sobre o processo ecológico. [24]

ecossistema Todos os organismos de uma dada área, bem como o meio

ambiente físico no qual eles vivem; um ecossistema pode incluir uma ou mais comunidades. [1, 20]

ecótipo População com adaptações às condições ambientais locais. [4]

ectomicorriza Micorriza na qual o associado fúngico cresce normalmente entre as células das raízes da planta e forma um manto em torno do exterior da raiz. *Comparar com* micorriza arbuscular. [15]

ectoparasita Parasita que vive sobre a superfície de outro organismo. *Comparar com* endoparasita. [14]

ectotérmico Animal que regula a temperatura corporal principalmente pela troca energética com o ambiente externo. *Comparar com* endotérmico. [4]

efeito Coriolis A influência da inércia associada ao movimento da Terra em seu eixo sobre a direção dos ventos e correntes oceânicas. [2]

efeito de Allee Decréscimo na taxa de crescimento da população (r ou λ), como resposta ao decréscimo de sua identidade. [11]

efeito de borda Mudanças bióticas e abióticas que estão associadas com um limite abrupto do hábitat tal como aquele criado pela fragmentação de hábitat. [24]

efeito de diluição Fenômeno no qual a chance de algum membro de um grupo em particular ser atacado pelo predador decresce na mesma proporção em que o número de indivíduos no grupo aumenta. [8]

efeito de resgate Tendência a altas taxas de imigração para proteger a população da extinção. [11]

efeito estufa Aquecimento da Terra por gases na atmosfera que absorvem e reirradiam a energia infravermelha emitida pela superfície do planeta. [2, 25]

efeito sombra de chuva Efeito que uma cadeia de montanhas tem sobre o clima local por forçar o movimento do ar para cima, causando um resfriamento e liberando precipitação nas encostas, resultando em baixo nível de precipitação e umidade do solo na área de declive. [2]

eficiência de assimilação Proporção de alimento ingerido assimilada por um organismo. [21]

eficiência de consumo Proporção de biomassa disponível em um nível trófico ingerido pelos consumidores no próximo nível trófico. [21]

eficiência de produção Proporção de alimento assimilado utilizada para produzir nova biomassa de consumidor. [21]

eficiência trófica Medida da transferência de energia entre os níveis tróficos, consistindo no total de energia em um nível trófico dividido pelo total de energia no nível trófico imediatamente abaixo dele. [21]

endêmico Que ocorre em uma localização geográfica em particular e em nenhum outro lugar na Terra. [18]

endogamia Acasalamento entre indivíduos aparentados. [11]

endoparasita Parasita que vive dentro do corpo do organismo hospedeiro. *Comparar com* ectoparasita. [14]

endotérmico Animal que regula a temperatura do corpo principalmente pela geração de calor por seu metabolismo interno. *Comparar com* ectotérmico. [4]

engenheiro de ecossistemas Espécie que influencia sua comunidade pela criação, modificação ou manutenção do hábitat físico para ela mesma ou outras espécies. [16]

epilímnio Camada superficial e aquecida em um lago, acima da termoclina que ocorre durante o verão em alguns lagos de regiões temperadas ou polares. *Comparar com* hipolímnio [2]

escala Dimensão espacial ou temporal na qual observações ecológicas são coletadas. [1, 24]

escala local Escala espacial que é essencialmente equivalente a uma comunidade. [18]

escala regional Escala espacial que detém uma área geográfica onde o clima é mais ou menos uniforme e as espécies ali contidas estão restritas àquela região devido a seu limite de dispersão. [18]

especiação Processo pelo qual uma espécie se separa em duas ou mais espécies. [6]

espécie-bandeira Espécie carismática que deve ser enfatizada nos esforços de conservação, pois isso ajuda a angariar apoio público para projetos de conservação. [23]

espécie-chave Interagente forte que tem um efeito sobre o fluxo energético e a estrutura da comunidade que é desproporcional a sua abundância ou biomassa. [16, 21]

espécie dominante Espécie que tem grande efeito sobre a comunidade em virtude de seu tamanho ou abundância, sua forte habilidade competitiva ou seu fornecimento de hábitat ou alimento para outras espécies, também chamada de espécie fundadora. [16]

espécie focal Uma espécie de um grupo de espécies selecionada como prioritária aos esforços de conservação, escolhida por seus requisitos ecológicos diferirem daqueles das outras espécies no grupo, contribuindo, assim, para garantir que muitas diferentes espécies possam receber proteção. [23]

espécie fugitiva Espécie que pode persistir em uma área somente se ocorrerem distúrbios regularmente, devendo, portanto, dispersar-se desse lugar para outro ambiente se as condições mudarem. [12]

espécie fundadora *Ver* espécie dominante.

espécie guarda-chuva Espécies representativas selecionadas com a suposição de que, se protegidas no hábitat, funcionarão como um guarda-chuva, trazendo proteção a muitas outras espécies; normalmente uma espécie com requerimentos de hábitat grandes ou especializados. [23]

espécie indicativa Espécie selecionada como uma prioridade para conservação com a ideia de que essa conservação servirá para proteger muitas outras espécies com sobreposição de requerimentos de hábitat. [23]

espécie redundante Aquela que tem a mesma função em uma comunidade que outras espécies na comunidade dentro de um grande grupo funcional. [16]

espécies invasoras Espécies que sobrevivem e se reproduzem em um novo ambiente, sustentam o crescimento populacional e têm amplos efeitos sobre a comunidade nativa. [23]

estabilidade Capacidade de uma comunidade manter ou retornar para sua estrutura e função originais após alguma perturbação. [17]

estados estáveis alternativos Composições alternativas de uma comunidade em um dado local. [17]

estágio pioneiro Primeiro estágio da sucessão primária. [17]

estocasticidade ambiental Mudanças aleatórias imprevisíveis no ambiente. [11]

estocasticidade demográfica Eventos aleatórios associados com reprodução ou sobrevivência individual. [11]

estômato Poro presente no tecido vegetal, normalmente de folhas, rodeado por células-guarda especializadas que controlam sua abertura e seu fechamento. [4]

estratégia da história de vida Padrão geral de tempo e de natureza dos eventos da história de vida na média de todos os indivíduos da mesma espécie. [7]

estratificação Estratificação da água em oceanos e lagos devido às diferenças de temperatura e densidade da água com a profundidade. [2]

estresse Fator abiótico que resulta em um decréscimo na taxa de um processo fisiológico importante, diminuindo assim o potencial de sobrevivência, crescimento ou reprodução de um organismo; condição causada por esse fator. [4, 17]

estrutura da comunidade Conjunto de características que moldam uma comunidade, incluindo o número, a composição e a abundância das espécies. [16]

estrutura da paisagem Em ecologia da paisagem, configuração física de diferentes elementos composicionais de uma paisagem. *Comparar com* composição da paisagem. [24]

estrutura etária As proporções de uma população em cada classe de idade. [10]

eutrófico Rico em nutrientes; caracterizado pela alta produção primária. *Comparar com* oligotrófico, mesotrófico. [22]

eutrofização Mudança no estado produtivo de um ecossistema pobre para um ecossistema rico em nutrientes; tais mudanças ocorrem naturalmente em alguns lagos durante a acumulação de sedimentos, mas podem ser causadas pela entrada de nutrientes resultante de atividades humanas. [22]

evapotranspiração Soma da água perdida pela evaporação e pela transpiração. [2]

evasão Uma resposta às condições de estresse ambiental que diminui seu efeito por algum comportamento ou atividade fisiológica que minimiza a exposição de um organismo exposto ao estresse. *Comparar com* tolerância. [4]

evolução (1) Mudança na frequência alélica de uma população ao longo do tempo. (2) Descendência com modificação; processo pelo qual os organismos acumulam gradualmente diferenças de seus ancestrais. [1, 6]

evolução adaptativa Processo de mudança evolutiva no qual as características adaptativas que conferem vantagens reprodutivas ou de sobrevivência tendem a aumentar em frequência na população ao longo do tempo. [6]

experimento controlado Abordagem científica padrão na qual um grupo experimental (que possui o fator a ser testado) é comparado com um grupo-controle (que não possui o fator ao ser testado). [1]

exploração Relação na qual indivíduos de uma espécie são beneficiados alimentando-se diretamente de membros de uma segunda espécie, prejudicando assim esses membros (uma relação +/−); exemplos de tais relações incluem predação, herbivoria e parasitismo. [13]

extensão Termo usado em ecologia da paisagem, é a área ou o período de tempo compreendido por um estudo; caracteriza a escala na qual a paisagem é estudada. *Comparar com* grão. [24]

extinção em massa Evento no qual uma grande proporção das espécies da Terra é levada à extinção global em um período relativamente curto de tempo. [6]

F

facilitação trófica Interação na qual um consumidor é indiretamente favorecido por uma interação positiva entre sua presa ou alimento vegetal e outras espécies. [16]

fecundidade Número médio de descendentes produzidos por uma fêmea em idade reprodutiva (x) (demonstrada por F_x na tabela de vida). [10]

fenótipo Características observáveis em um organismo. [6]

fitoplâncton Plâncton fotossintético. *Comparar com* zooplâncton. [3]

fixação (1) Fixação de gases de um composto, incluindo CO_2 na fotossíntese e N_2 na fixação de nitrogênio por organismos para uso em funções metabólicas. [5] (2) Diz respeito à composição genética de uma população, uma frequência alélica de 100%. [6]

fixação de nitrogênio Processo de captura de nitrogênio gasoso (N_2) e conversão dele em formas quimicamente disponíveis para os organismos. [22]

flutuação populacional Padrão de crescimento populacional mais comum, no qual o tamanho da população sobe e desce ao longo do tempo. [11]

fluxo de calor latente Transferência de calor associada à fase da água, como evaporação, sublimação ou condensação. [2]

fluxo de calor sensível Transferência de calor por meio da troca de energia por condução ou convecção. [2]

fluxo gênico Transferência de alelos de uma população para outra via movimento de indivíduos ou gametas. [6]

forrageio ótimo Teoria que propõe que os animais maximizarão o total de energia adquirida por unidade de tempo. [8]

fotorrespiração Reação química em organismos fotossintéticos na qual a enzima rubisco captura O_2, conduzindo a uma quebra de açúcares, liberação de CO_2 e perda líquida de energia. [5]

fotossíntese Processo que usa luz solar para prover energia necessária para captar CO_2 e sintetizar açúcares. [5]

fragmentação de hábitat Fracionamento de um hábitat contínuo dentro de uma matriz completa de manchas de hábitats espacialmente isoladas em meio a uma paisagem dominada pela influência humana. [11, 23]

G

gases do efeito estufa Gases atmosféricos que absorvem a reirradiação da radiação infravermelha emitida pela superfície da Terra, incluindo vapor de água (H$_2$O), dióxido de carbono (CO$_2$), metano (CH$_4$) e óxido nitroso (N$_2$O). [2, 25]

geneta Indivíduo genético resultante de um único evento de fertilização; em organismos que podem se reproduzir assexuadamente, um geneta deve consistir em partes múltiplas e geneticamente idênticas, cada uma com potencial para funcionar como uma unidade fisiológica independente. *Comparar com* rameta. [9]

genótipo Composição genética de um indivíduo. [6]

gradiente térmico Taxa na qual a temperatura atmosférica decresce com o aumento da distância do solo. [2]

grão Em ecologia da paisagem, é o tamanho da menor unidade homogênea de estudo (tal como um pixel em uma imagem digital), o qual determina a resolução na qual uma paisagem é observada; em conjunto com a extensão, o grão caracteriza a escala na qual uma paisagem é estudada. *Comparar com* extensão. [24]

grupo funcional Subgrupo de uma comunidade que inclui espécies que funcionam de maneira similar, mas não necessariamente usam os mesmos recursos. *Comparar com* guilda. [16]

guilda Um subgrupo de uma comunidade que inclui espécies que usam os mesmos recursos, estando ou não taxonomicamente relacionadas. *Comparar com* grupo funcional. [16]

H

herbívoro Heterótrofo que se alimenta dos tecidos ou dos fluidos interno de plantas vivas e algas. [13, 20]

hermafroditismo sequencial Uma ou mais mudanças no sexo de um organismo durante o curso de seu ciclo de vida. [7]

heterótrofo Organismo que obtém energia consumindo compostos orgânicos ricos em energia produzidos por outros organismos. *Comparar com* autótrofo. [5]

hibernação Torpor que dura várias semanas durante o inverno; uma estratégia possível somente a animais que têm acesso a alimento suficiente e que conseguem estocar reserva energética suficiente. [4]

hipolímnio Camada de água mais densa e fria em um lago, abaixo da camada termoclina. *Comparar com* epilímnio. [2]

hipótese Possível resposta para uma questão desenvolvida a partir de conhecimentos anteriores ou intuição. *Ver também* método científico. [1]

hipótese da complementaridade Hipótese segundo a qual, à medida que a riqueza de espécies de uma comunidade aumenta, há um aumento linear nos efeitos positivos daquelas espécies na função da comunidade. *Comparar com* hipótese da redundância. [19]

hipótese da proporção de recursos Hipótese que propõe que espécies podem existir em uma mesma comunidade por utilizarem os mesmos recursos, mas em proporções diferentes. [19]

hipótese da redundância Hipótese que assume um limite superior sobre o efeito positivo da riqueza de espécies na função da comunidade, pois assim que a riqueza alcança algum limiar, as funções das espécies na comunidade irão se sobrepor. *Comparar com* hipótese da complementaridade. [19]

hipótese do condutor e do passageiro Hipótese que propõe que a força dos efeitos das funções ecológicas das espécies sobre sua comunidade varia drasticamente, tanto que as espécies "condutoras" têm um grande efeito funcional na comunidade, enquanto as "passageiras" têm um efeito mínimo. [19]

hipótese do distúrbio intermediário Hipótese que propõe que a diversidade de espécies nas comunidades deva ser maior em níveis intermediários de perturbação (estresse ou predação), pois a exclusão competitiva em níveis baixos de mortalidade e perturbação reduz a diversidade de espécies. [19]

hipóxico De ou relacionado à condição de depressão de oxigênio, em geral abaixo do nível que pode manter a maioria dos animais. [2]

histerese Incapacidade de uma comunidade que tem sofrido mudanças de retornar ao tipo de comunidade original, mesmo quando as condições naturais tiverem sido restauradas. [17]

história de vida Principais eventos relacionados ao crescimento, ao desenvolvimento, à reprodução e à sobrevivência de um organismo; esses eventos incluem a idade e o tamanho da primeira reprodução, a quantidade e o tempo de reprodução e a longevidade. [7]

homogeneização taxonômica Redução da biodiversidade mundial resultando da dispersão de espécies exóticas e generalistas em conjunto com declínios na abundância e na distribuição de espécies nativas especialistas e endêmicas. [23]

horizontes Camadas de solo distinguíveis por sua cor, textura e permeabilidade. [22]

hospedeiro Organismo sobre o qual ou dentro do qual um parasita ou seres simbiontes podem viver. [14]

I

independente da densidade De ou referente a fatores que causam efeitos nas taxas de mortalidade, natalidade ou dispersão independentes da densidade populacional. *Comparar com* dependente da densidade. [10]

índice de área foliar (IAF) Área foliar por unidade de área de solo (é um número adimensional, uma vez que uma área é dividida por outra). [20]

índice de Shannon Índice mais comumente usado para descrever quantitativamente a diversidade de espécies. [16]

intemperismo Processo físico e químico pelo qual os minerais das rochas são quebrados, eventualmente liberando nutrientes solúveis e outros elementos. [22]

intemperismo mecânico Processo físico de quebra de rochas em partículas progressivamente menores sem um processo químico. *Comparar com* intemperismo químico. [22]

intemperismo químico Quebra química dos minerais no solo levando à liberação de formas solúveis de nutrientes e outros elementos. *Comparar com* intemperismo mecânico. [22]

intensidade da interação Medida do efeito de uma espécie (o interagente) sobre a abundância de outra (espécie-alvo). [16]

interação direta Interação entre duas espécies, incluindo relações tradicionais, como competição, predação e interações positivas. *Comparar com* interação indireta. [16]

interação gênica Resposta específica de defesa que faz os genótipos de plantas resistirem a determinados genótipos de parasitas. [14]

interação indireta Interação na qual a relação entre duas espécies é mediada por uma terceira (ou mais). *Comparar com* interação direta. [16]

interação positiva Interação entre duas espécies na qual uma ou ambas são beneficiadas e nenhuma é prejudicada. *Ver* mutualismo, ao mensalismo. [15]

interações horizontais Interações não tróficas, tais como competição e algumas interações positivas, que ocorrem em um dado nível trófico. [16]

isóclinas de crescimento populacional nulo Linhas derivadas do modelo de competição de Lotka-Volterra marcando as condições sob as quais uma população não aumenta nem diminui em tamanho. [12]

isogamia Produção de gametas de igual tamanho. *Comparar com* anisogamia. [7]

isolamento por distância Padrão de metapopulação no qual manchas de hábitat distantes de áreas ocupadas são menos preferidas para serem colonizadas do que aquelas próximas às áreas ocupadas. [11]

iteroparidade Habilidade de se reproduzir múltiplas vezes ao longo da vida. *Comparar com* semelparidade. [7]

K

K *Ver* capacidade de suporte.

K-estrategista No contínuo *r-K* usado para classificar estratégias de história de vida, é a pressão seletiva para taxas de crescimento lentas enfrentadas por organismos que vivem em ambientes onde as densidades populacionais são altas (na capacidade de suporte ou próximas a ela, *K*). *Comparar com r*-estrategista. [7]

L

lêntico Da água parada ou relativo a ela. *Comparar com* lótico. [3]

lignina Composto estrutural que reforça os tecidos das plantas. [22]

limiar de densidade Número mínimo de indivíduos suscetíveis a alguma doença que deve estar presente em uma população para que a doença se estabilize e se disperse. [14]

limite de taxa de crescimento *Ver* taxa de crescimento geométrico.

lixiviação Movimento vertical de matéria dissolvida e finas partículas minerais das camadas mais altas para as mais baixas do solo. [22]

loess Camadas espessas de sedimento depositado pelo vento. [22]

lótico Da água corrente ou relativo a ela. *Comparar com* lêntico. [3]

M

macrófita Planta vascular aquática enraizada ou flutuante. [3]

macroparasitas Espécies relativamente grandes de parasitas, como artrópodes e vermes. *Comparar com* microparasitas. [14]

manejo adaptativo Componentes do manejo de um ecossistema no qual ações de gestão são encaradas como experimentais e as futuras decisões são determinadas pelos resultados provenientes das decisões atuais. [24]

manejo de ecossistema Abordagem que serve à gestão de hábitats, na qual as políticas e práticas estão cientificamente baseadas para guiar decisões sobre como atender melhor à meta global de sustentar a estrutura e a função do ecossistema por longos períodos. [24]

marés Padrão de subida e descida da água oceânica gerado pela atração gravitacional entre a Terra, o Sol e a Lua. [3]

mesotrófico Estado nutritivo intermediário entre oligotrófico e eutrófico, normalmente utilizado em referência a lagos. *Comparar com* eutrófico, oligotrófico. [22]

metabolismo ácido das crassuláceas (CAM) Padrão fotossintético no qual o CO_2 é fixado e armazenado como ácido orgânico à noite e liberado no ciclo de Calvin durante o dia. *Comparar com* rota fotossintética C_3, rota fotossintética C_4. [5]

metamorfose Transição abrupta no ciclo de vida do estágio larval para o juvenil que pode ser acompanhada por uma mudança de hábitat. [7]

metapopulação Grupo de populações espacialmente isoladas unidas umas às outras por dispersão. [11]

método científico Processo iterativo e autocorretivo pelo qual cientistas aprendem sobre o mundo natural, consistindo em quatro passos: (1) observar a natureza e formular questões sobre as observações; (2) desenvolver possíveis respostas para as questões (hipóteses); (3) validar as hipóteses prováveis com experimentos, observações ou modelos quantitativos; (4) usar os resultados desses experimentos ou modelos para modificar as hipóteses, formular novos questionamentos ou elaborar conclusões. [1]

micorriza Associações simbióticas entre raízes de plantas e vários tipos de fungos que normalmente são mutualísticas. [15]

micorriza arbuscular Micorriza na qual o fungo associado cresce para dentro do solo, a alguma distância da raiz da planta, e também cresce entre algumas células da raiz, enquanto penetra outras. *Comparar com* ectomicorrizas. [15]

microparasitas Espécies de parasitas tão pequenos que não podem ser vistos a olho nu, como bactérias, protistas e fungos. *Comparar com* macroparasitas. [14]

mimetismo Defesa contra predadores na qual as espécies-presa imitam a aparência de organismos menos palatáveis ou componentes físicos do ambiente, enganando seus predadores potenciais ao confundi-las com algo menos desejável para comer. [13]

mineralização Conversão química da matéria orgânica em componentes inorgânicos. [22]

modelo de competição de Lotka-Volterra Forma modificada da equação logística usada como modelo de competição. [12]

modelo de loteria Hipótese que propõe que a diversidade de espécies nas comunidades é mantida por uma "loteria" na qual os recursos disponíveis devido aos efeitos de perturbação, estresse ou predação são capturados aleatoriamente por indivíduos de uma grande gama de colonizadores potenciais. [19]

modelo de nicho Ferramenta preditiva que modela o nicho ecológico ocupado por uma espécie com base nas condições já conhecidas das localidades por ela ocupadas. [9]

modelo do equilíbrio dinâmico Elaboração da hipótese do distúrbio intermediário que propõe que a diversidade de espécies é maximizada quando o nível do distúrbio e a taxa de deslocamento competitivo são mais ou menos equivalentes. [19]

modelo neutro *Ver* modelo de loteria. [19]

morfotipos Fenótipos descontínuos com poucas ou nenhuma forma intermediária. [7]

mosaico Composição ou padrão de feição heterogênea dos ambientes em uma paisagem. [24]

mudança climática Mudança direcional no clima ao longo de um período de três décadas ou mais. [1, 25]

mutação Mudança no DNA de um gene. [6]

mutualismo Interação mutuamente benéfica entre indivíduos de duas espécies (uma relação +/+). [15]

mutualismo de hábitat Mutualismo no qual um parceiro fornece ao outro abrigo, um lugar pra viver, ou hábitat favorável. [15]

mutualismo de serviço Mutualismo no qual um dos parceiros fornece um serviço ecológico ao outro. [15]

mutualismo trófico Tipo de mutualismo no qual um ou ambos os mutualistas recebem energia ou alimento de seu parceiro. [15]

N

nécton Organismos nadadores que superam as correntes marítimas. *Comparar com* plâncton. [3]

nicho ecológico Condições bióticas e abióticas de que as espécies necessitam para crescer, sobreviver e se reproduzir. [9]

nitrificação Processo pelo qual certas bactérias quimioautotróficas, conhecidas como bactérias nitrificantes, convertem amônia (NH_3) e amônio (NH_4^+) em nitrato (NO_3^-) sob condições aeróbicas. [22]

nível trófico Grupo de espécies que obtêm energia de forma similar, classificado pelo número de passos que o separam dos produtores primários, os quais pertencem ao primeiro nível trófico. [16, 21]

nutriente Elemento químico requerido por um organismo para seu metabolismo e crescimento. [22]

O

oclusão Processo pelo qual fósforo solúvel se combina com ferro, cálcio e alumínio para formar compostos insolúveis (minerais secundários) que são indisponíveis aos organismos como nutrientes. [22]

oligotrófico Pobre em nutrientes; caracterizado pela baixa produção primária. *Comparar com* eutrófico, mesotrófico. [22]

onívoro (1) Organismo que se alimenta tanto de plantas quanto de animais. [20] (2) Em estudos tróficos, organismo que se alimenta em mais de um nível trófico. [21]

Oscilação Decadal do Pacífico (ODP) Oscilação a longo prazo das temperaturas na superfície do oceano e na pressão atmosférica no norte do Oceano Pacífico que gera efeitos climáticos generalizados. [2]

Oscilação do Atlântico Norte Oscilação na pressão atmosférica e nas correntes oceânicas do oceano Atlântico Norte que afeta a variação climática da Europa, do norte da Ásia e do leste da costa da América do Norte. [2]

Oscilação Sul El Niño (OSEN) Oscilação nas células de pressão e na temperatura da superfície marinha no oceano Pacífico equatorial que causa grande variação climática e mudanças nas correntes de ressurgência. [2]

oscilações amortecidas Padrão de flutuações populacionais em que a extensão pela qual a população cresce e decresce em abundância gradualmente se torna menor ao longo do tempo. [11]

P

paisagem Área que é espacialmente heterogênea em uma ou mais feições de ambientes, como o número ou o arranjo de diferentes tipos de hábitat; uma paisagem em geral inclui múltiplos ecossistemas. [1,24]

parasita Organismo que vive dentro de um organismo hospedeiro ou sobre ele e se alimenta de seus tecidos ou fluidos corporais. [14]

parasitoide Inseto que deixa um ou alguns ovos no hospedeiro ou sobre ele (normalmente um inseto), o que resulta em uma larva que nele permanece, alimenta-se dele e quase sempre o mata. [13]

parcela Área amostral (ou volume) de qualquer tamanho ou forma. [9]

partição de recursos Uso de recursos limitados por diferentes espécies em uma comunidade de diferentes modos. [12, 19]

patógeno Parasita que causa doenças. [14]

pedomórfico Efeito que resulta em um atraso no desenvolvimento relativo à maturação sexual. [7]

pegada ecológica Área total de ecossistemas produtivos necessária para sustentar uma população. [10]

perda de hábitat Conversão definitiva de um ecossistema em outro devido a atividades humanas. [23]

permafrost Subsuperfície da camada de solo que permanece congelada por pelo menos três anos. [3]

pirâmide trófica Abordagem comum para conceituar as relações tróficas em um ecossistema no qual um conjunto de retângulos é construído, cada um representando o total de energia ou biomassa dentro de um nível trófico. [21]

plâncton Organismos pequenos frequentemente microscópicos que vivem suspensos na água; apesar de serem móveis em sua maioria, não conseguem nadar contra a corrente. *Comparar com* nécton. [3]

plantas competidoras No modelo triangular de Grime, plantas que são competidores superiores sob condições de baixo estresse e perturbação. *Comparar com* plantas ruderais, plantas tolerantes ao estresse. [7]

plantas ruderais No modelo triangular de Grime, plantas que são adaptadas a ambientes com alto nível de perturbação e baixo nível de estresse. *Comparar com* plantas competidoras, plantas tolerantes ao estresse. [7]

plantas tolerantes ao estresse No modelo triangular de Grime, plantas que são adaptadas a condições de alto estresse e baixa perturbação. *Comparar com* plantas competidoras, plantas ruderais. [7]

plasticidade fenotípica Habilidade de um único genótipo de produzir diferentes fenótipos sob diferentes condições ambientais. [7]

***pool* regional de espécies** Todas as espécies contidas dentro de uma região; às vezes chamado de diversidade gama. [18]

população Grupo de indivíduos da mesma espécie que vivem dentro de uma área particular e interagem uns com os outros. [1, 9]

potencial de pressão Energia associada ao esforço de pressão; tem um valor positivo se a pressão for exercida sobre o sistema e um valor negativo se o sistema estiver sob tensão. [4]

potencial gravitacional Energia associada com a gravidade. [4]

potencial hídrico Estado total de energia da água em um sistema; soma de potencial osmótico, potencial gravitacional, pressão de turgor e potencial mátrico. [4]

potencial mátrico Energia associada às forças atrativas na superfície de grandes moléculas dentro das células ou na superfície de partículas de solo. [4]

potencial osmótico Energia associada a solutos dissolvidos. [4]

predador Organismo que mata e come outro organismo, referido como sua presa. [13]

predador senta-e-espera Predador que caça permanecendo em um lugar e atacando a presa que entra no perímetro de ataque. [13]

presa Organismo que serve de alimento a outro. [13]

pressão atmosférica Pressão exercida sobre uma superfície devido à massa da atmosfera acima dela. [2]

pressão de turgor Pressão que se desenvolve nas células de plantas quando a água se desloca para dentro da célula, na sequência de um gradiente hídrico. [4]

princípio da exclusão competitiva Princípio segundo o qual duas espécies que usam um recurso limitante do mesmo modo não podem coexistir indefinidamente. [12]

produção ecossistêmica líquida Ver troca ecossistêmica líquida.

produção primária Taxa na qual a energia química em um ecossistema é gerada por autótrofos, derivada da fixação de carbono durante a fotossíntese e a quimiossíntese. *Comparar com* produção secundária. *Ver também* produção primária bruta, produção primária líquida. [20]

produção primária bruta (PPB) Quantidade de energia que os autótrofos capturam por fotossíntese e quimiossíntese por unidade de tempo. *Comparar com* produção primária líquida. [20]

produção primária líquida (PPL) Total de energia por unidade de tempo que os produtores capturam por fotossíntese e quimiossíntese, menos o total utilizado por eles na respiração celular. *Comparar com* produção primária bruta. [1, 20]

produção secundária Energia em um ecossistema que é derivada do consumo de compostos orgânicos produzidos por outros organismos. *Comparar com* produção primária. [20]

produção secundária líquida (PSL) Balanço entre o ganho energético pela ingestão e a perda energética por respiração celular e digestão de heterótrofos. [20]

produtor Organismo que pode produzir seu próprio alimento por fotossíntese ou quimiossíntese, também chamado de produtor primário ou autótrofo. *Comparar com* consumidor. [1]

pubescência Presença de pelos na superfície de um organismo. [4]

Q

quimiossíntese Uso de energia a partir de compostos químicos inorgânicos para a fixação de CO_2 e a produção de carboidratos usando o ciclo de Calvin; também conhecida como quimiolitotrofia. [5]

R

radiação adaptativa Evento no qual um grupo de organismos dá origem a muitas outras novas espécies que se expandem em novos hábitats ou nichos ecológicos em um tempo relativamente curto. [6]

rameta Membro potencial e fisiologicamente independente de um geneta que deve competir com outros membros por recursos. *Comparar com* geneta. [9]

recombinação Rearranjos de material genético durante a reprodução sexuada que resultam na produção de descendentes com recombinações de alelos que diferem daqueles de seus pais. [6]

recurso Característica de um ambiente necessária ao crescimento, à sobrevivência ou à reprodução e que pode ser consumida ou utilizada de outra forma até o ponto de esgotamento. [12]

rede de interação Conceito que descreve as interações tróficas (vertical) e não tróficas (horizontal) entre as espécies em uma teia alimentar tradicional. [16]

redes competitivas Conjunto de interações competitivas envolvendo múltiplas espécies no qual todas interagem negativamente umas com as outras, promovendo assim a coexistência entre as espécies. [16]

região biogeográfica Uma porção da Terra contendo uma biota distinta que difere marcadamente das biotas de outras regiões biogeográficas na composição das espécies e na diversidade. [18]

regulação osmótica Aclimatização responsável por mudanças na disponibilidade hídrica ou na salinidade em ambiente terrestre e aquático que envolve mudanças nas concentrações de solutos e assim no potencial osmótico da célula. [4]

relação espécie-área Relação entre a riqueza de espécies e a área amostrada. [18]

renovação (*turnover*) (1) Mistura de toda a coluna de água em um lago estratificado quando todas as camadas de água alcançam a mesma temperatura e densidade. [2] (2) A substituição das espécies no tempo ou no espaço. [18]

replicação Repetição de cada tratamento de um experimento controlado, incluindo o controle, mais de uma vez. [1]

reserva biológica Reserva natural, frequentemente pequena, estabelecida com o principal objetivo de conservação de uma única espécie ou comunidade ecológica. [24]

reservatório Quantidade total de um nutriente ou outro elemento encontrado dentro de um componente do ecossistema. [22]

resistência (1) Qualquer força que impeça o movimento de compostos como água ou gases, como dióxido de carbono, ao longo de um gradiente de energia ou concentração; seu inverso é a condutância. [4] (2) Habilidade de uma comunidade de resistir às mudanças por influências externas, como perturbação. [19]

resistência biótica Interação entre espécies nativas e exóticas em uma comunidade em que as nativas têm a capacidade de excluir ou prejudicar o crescimento das exóticas. [19]

ressurgência Subida das águas profundas do oceano até a superfície. [2]

r-estrategista No contínuo r-K usado para classificar estratégias de história de vida, é a pressão seletiva para taxas de crescimento altas enfrentadas por organismos que vivem em ambientes onde as densidades populacionais em geral são baixas. *Comparar com* K-estrategista. [7]

riqueza de espécies Número de espécies em uma comunidade. [16]

rocha-mãe Rocha ou mineral quebrado por lixiviação para formar partículas minerais no solo. [22]

rota fotossintética C_3 Rota bioquímica envolvendo a captação de CO_2 pela enzima ribulose-1,5-bifosfato-carboxilase/oxigenase (rubisco) e a síntese de açúcares pelo ciclo de Calvin. *Comparar com* rota fotossintética C_4, metabolismo ácido das crassuláceas. [5]

rota fotossintética C_4 Rota bioquímica envolvendo a captação diurna de CO_2 pela enzima fosfoenol-piruvato-carboxilase (PEPcase) nas células do mesófilo; o carbono é então transferido como um ácido com quatro carbonos para as células da bainha, onde o CO_2 é liberado para o ciclo de Calvin para a síntese de açúcares. *Comparar com* rota fotossintética C_3, metabolismo ácido das crassuláceas. [5]

S

salinidade Concentração de sais dissolvidos na água. [2]

salinização Processo pelo qual altas taxas de evapotranspiração em regiões áridas resultam em um acúmulo progressivo de sais na superfície do solo. [2]

savana Tipo de vegetação dominado por gramíneas intercaladas com árvores e arbustos. [3]

seleção direcional Seleção que favorece os indivíduos com atributo hereditário fenotípico extremo. *Comparar com* seleção disruptiva, seleção estabilizadora. [6]

seleção disruptiva Seleção que favorece indivíduos com fenótipo em um ou outro extremo sobre aqueles com fenótipo intermediário. *Comparar com* seleção direcional, seleção estabilizadora. [6]

seleção estabilizadora Seleção que favorece indivíduos com fenótipo intermediário. *Comparar com* seleção direcional, seleção disruptiva. [6]

seleção natural Processo pelo qual indivíduos com certas características hereditárias tendem a sobreviver e se reproduzir com mais sucesso do que indivíduos com outras características. [1, 6]

seleção sexual Processo no qual indivíduos com certas características têm vantagens sobre outros do mesmo sexo unicamente com relação ao sucesso de acasalamento. [8]

semelparidade Característica de organismos que se reproduzem apenas uma vez em toda a vida. *Comparar com* iteroparidade. [7]

sensoriamento remoto Técnica que mensura a reflexão da radiação solar de superfícies para estimar a densidade e a composição de objetos sobre a superfície e a atmosfera da Terra. [20]

serrapilheira (ou folhiço) Matéria orgânica fresca, mas em decomposição na superfície do solo. [22]

serviços ecossistêmicos Processos naturais que sustentam a vida humana e dos quais depende a integridade funcional das comunidades naturais e dos ecossistemas. [23]

silte Partículas de solo de tamanho intermediário frequentemente variando entre 0,05 e 0,002 mm. [22]

simbionte Organismo que vive dentro de um organismo de outra espécie ou sobre ele, referido como seu hospedeiro; um simbionte é o menor membro de uma simbiose. *Ver também* hospedeiro, simbiose. [14]

simbiose Relação na qual duas espécies vivem em estreito contato fisiológico uma com a outra. *Ver* hospedeiro, simbionte. [15]

sistema de acasalamento O número de parceiros sexuais que machos ou fêmeas têm e o padrão de cuidados parentais no qual estão engajados. [8]

sistema de informação geográfica (SIG) Sistema com base em computador que permite o armazenamento, a análise e a visualização de dados pertinentes a uma área geográfica específica. [24]

sobrevivência Proporção de indivíduos que sobrevive desde o nascimento (idade 0) até a idade x (denominado 1_x na tabela de vida). [10]

solo Mistura de partículas minerais, detritos, matéria orgânica dissolvida, água contendo minerais dissolvidos e gases (solução do solo) e organismos que se desenvolvem em ecossistemas terrestres. [22]

subsidência Movimento de afundamento (para baixo) do ar na atmosfera, normalmente sobre uma área ampla, levando ao desenvolvimento de uma célula de alta pressão. *Comparar com* elevação. [2]

sucessão Processo de mudança na composição de espécies de uma comunidade ao longo do tempo como um resultado da mudança de agentes bióticos e abióticos. [17]

sucessão primária Sucessão que envolve a colonização de hábitats desprovidos de vida. *Comparar com* sucessão secundária. [17]

sucessão secundária Sucessão que envolve o restabelecimento de uma comunidade após sua destruição parcial. *Comparar com* sucessão primária. [17]

surto Aumento extremo e rápido no número de indivíduos em uma população. [11]

T

tabela de vida Resumo de como as taxas de reprodução e sobrevivência em uma população variam com a idade dos indivíduos; em espécies para as quais a idade não é informativa ou é difícil de mensurar, a tabela de vida pode ter como base o tamanho ou o ciclo de vida dos indivíduos. [10]

tabela de vida de coorte Tabela de vida na qual o destino de um grupo de indivíduos nascidos durante o mesmo período (uma coorte) é seguido desde o nascimento até a morte. [10]

tabela de vida estática Tabela de vida que registra a sobrevivência e a reprodução de indivíduos de diferentes idades durante um único período de vida. [10]

tamanho absoluto da população Número real de indivíduos em uma população. *Comparar com* tamanho relativo da população. [9]

tamanho populacional Número de indivíduos em uma população. [9]

tamanho relativo da população Estimativa do tamanho populacional com base em dados relacionados de um modo desconhecido ao tamanho absoluto da população, mas que pode ser comparada de um período de tempo a outro ou de um lugar a outro. *Comparar com* tamanho absoluto da população. [9]

taxa de crescimento exponencial (r) Proporção constante pela qual uma população de uma espécie, com reprodução contínua, muda em tamanho a cada instante no tempo; também chamada de taxa intrínseca de crescimento. *Comparar com* taxa de crescimento geométrico. [10]

taxa de crescimento geométrico (λ) Proporção constante pela qual uma população de uma espécie com reprodução discreta muda em tamanho ao longo de um período discreto até o próximo; também chamada de taxa finita de crescimento. *Comparar com* taxa de crescimento exponencial. [10]

taxa de reprodução líquida (R_o) Número médio de descendentes produzido por um único indivíduo em uma população ao longo de toda sua vida. [10]

taxa de sobrevivência Proporção de indivíduos de idade x que sobrevive para ter idade $x + 1$ (denominado S_x na tabela de vida). [10]

taxa intrínseca de crescimento *Ver* taxa de crescimento exponencial.

teia alimentar Diagrama mostrando as conexões entre os organismos e os alimentos consumidos por eles. [16, 21]

temperatura crítica inferior Temperatura ambiente na qual a perda de calor endotérmico desencadeia um aumento na geração de calor metabólico. [4]

tempo Temperatura, umidade, precipitação, vento e cobertura por nuvens em um local e tempo particular. *Comparar com* clima. [2]

tempo de duplicação (t_d) Número de anos em que uma população dobra seu tamanho. [10]

tempo médio de permanência Tempo médio que uma molécula de um elemento gasta em um reservatório antes de deixá-lo. [22]

teorema do valor marginal Modelo conceitual de forrageio ótimo que propõe que um animal deve ficar em uma mancha de hábitat até que a taxa de energia ali obtida decline à taxa média para o hábitat, momento em que ele deve partir para outra mancha. [8]

teoria do equilíbrio da biogeografia de ilhas Teoria propondo que o número de espécies em uma ilha, ou em um hábitat como uma ilha, resulta de um balanço dinâmico entre as taxas de imigração e de extinção. [18]

termoclina Zona onde a temperatura muda rapidamente em um lago abaixo do epilímnio e sobre o hipolímnio. [2]

território Área que um animal defende contra invasores. [8]

till Camadas de sedimentos depositados pelas geleiras. [22]

tolerância Habilidade de sobreviver a condições ambientais estressantes. *Comparar com* evasão. [4]

torpor Estado de dormência no qual os endotérmicos têm reduzida sua temperatura crítica e sua taxa metabólica associada. [4]

trapaceiro No mutualismo, indivíduo que aumenta sua produção de descendentes por meio da sobre-exploração de seu parceiro mutualístico. [15]

troca ecossistêmica líquida (TEL) Os fluxos de CO_2 para dentro e para fora de um ecossistema, principalmente pela produção primária líquida e pela respiração heterotrófica e autotrófica. [20]

V

valor adaptativo (*fitness*) Contribuição genética dos descendentes de um organismo para futuras gerações. [7]

vicariância Separação evolutiva de espécies devido a uma barreira que resulta no isolamento geográfico de espécies que estiveram conectadas umas às outras. [18]

vórtice de extinção Padrão no qual uma pequena população que cai abaixo de determinado tamanho se torna ainda mais vulnerável aos problemas que a ameaçam, podendo diminuir ainda mais seu tamanho, levando a sua extinção. [23]

Z

zona bentônica O fundo de um corpo d'água, incluindo a superfície e as camadas de subsolo raso de sedimentos. [3]

zona de amortecimento Porção de uma reserva natural em torno de uma área-núcleo natural, onde o controle sobre o uso do solo é menos rigoroso do que na própria área-núcleo, mas as terras ainda são parcialmente capazes de oferecer muitos dos recursos necessários às espécies ali existentes. *Comparar com* área-núcleo natural. [24]

zona de convergência intertropical (ZCIT) Radiação solar máxima, elevação atmosférica e precipitação dentro da zona tropical. [2]

zona de depressão do ozônio no Ártico Área da estratosfera sobre a região do Ártico onde as concentrações de ozônio são baixas, mas não caem abaixo de 220 unidades de Dobson. [25]

zona fótica Camada superficial de um lago ou oceano onde a luz penetra o suficiente para permitir a fotossíntese. [3]

zona hiporreica Porção do substrato abaixo do fundo de um corpo de água e adjacente a ele onde o movimento da água ainda ocorre, a partir do fluxo ou da água subterrânea em movimento dentro do curso de água. [3]

zona litorânea Zona próxima à linha de maré de um lago onde a zona fótica chega ao fundo. [3]

zona pelágica Zona aberta da coluna de água em um lago ou oceano. [3]

zona polar A zona climática abaixo de 60° N e S. [2]

zona temperada A maior zona climática entre 30° e 60° N e S. [2]

zona termoneutra Faixa de temperaturas ambientais nas quais os endotérmicos mantêm uma taxa metabólica basal constante. [4]

zona tropical A maior zona climática entre 25° N e S, abrangendo o equador. [2]

zooplâncton Plâncton não fotossintético. *Comparar com* fitoplâncton. [3]

Créditos das fotos

As figuras a seguir usam elementos originalmente cedidos para Sadava et al., *Life: The Science of Biology* (Sinauer Associates e W.H. Freeman, 2011): Figuras 2.24, 5.13, 7.11, 14.3, 14.9 e 18.10.

As figuras a seguir usam elementos originalmente cedidos para Cain et al., *Discover Biology* (Sinauer Associates e W.W. Norton, 2002): Figuras 1.11, 9.9, 9.16, 12.9, 12.19 e 24.12.

Fotos das aberturas das partes

Parte 1 © Konrad Wothe/Minden Pictures.

Parte 2 © Thomas Marent/Minden Pictures.

Parte 3 © Richard Mittleman/Gon-2Foto/Alamy.

Parte 4 © WaterFrame/Alamy.

Parte 5 © Tim Fitzharris/Minden Pictures.

Parte 6 © FLPA/Paul Sawer/AGE Fotostock.

Parte 7 Cortesia de USGS EROS Data Center Satellite Systems Branch.

Capítulo 1 1.1: © Suzanne L. Collins/Science Source. 1.5: © Joseph M. Kiesecker. 1.6A: © BSIP SA/Alamy. 1.8 *organismo*: © Kanwarjit Singh Boparai/Shutterstock. 1.8 *população*: © David Davis/Shutterstock. 1.8 *comunidade*: © George H.H. Huey/Alamy. 1.8 *paisagem*: Cortesia de U.S. Geological Survey. 1.8 *biosfera*: imagem da NASA por Reto Stöckli, com base em dados da NASA e NOAA. 1.9A: © LMR Group/Alamy. 1.9B: © Pete Oxford/Minden Pictures/Corbis. 1.9C: © Jeremy Woodhouse/Photodisc Green/Getty. 1.9D: © Richard Carey/Alamy. 1.12A: Cortesia de Tim Cooper e Richard Lenski, Michigan State University. 1.12B: Cortesia de Simone DesRoches e Dolph Schluter. 1.12C: Cortesia de U.S. Forest Service. Quadro 1.1: Cortesia de Walter Carson.

Capítulo 2 2.1: © Christopher S. Miller/Alaska Stock LLC/Alamy. 2.3: Cortesia de Craig Allen. 2.5, 2.6, 2.8, 2.10, 2.11, 2.12: Segundo Ahrens, C. D., *Essentials of Meteorology* (Thomson Brooks/Cole, 2005). 2.13: Segundo IPCC, *Climate Change 2007* (Cambridge University Press, 2007). 2.14: © Robert A. Rohde/Global Warming Art. 2.15: Segundo Strahler e Strahler, *Physical Geography*, Third Edition (John Wiley & Sons, 2005). 2.16: Cortesia de Center for Sustainability and the Global Environment (SAGE) através do "Atlas of the Biosphere," www.sage.wisc.edu/atlas. 2.17: Dados de www.globalbioclimatics.org. 2.18B *oeste*: © Gary Crabbe/AGE Fotostock Spain S.L./Corbis. 2.18B *leste*: © Len Wilcox/Alamy. 2.18B *abaixo*: imagens da NASA por Reto Stöckli, com base em dados da NASA e NOAA. 2.20: Segundo Ahrens, C. D., *Essentials of Meteorology* (Thomson Brooks/Cole, 2005). 2.22: Segundo Dodson, S., *Introduction to Limnology* (McGraw Hill, 2004). 2.23: Dados da NOAA Tropical Atmosphere Ocean Project. 2.25: Cortesia de NOAA. 2.26: Segundo Lomolino et al., *Biogeography*, Third Edition (Sinauer Associates, 2006). 2.27: Cortesia de NOAA.

Capítulo 3 3.1: © Danita Delimont/Alamy. 3.2: © Mark Hallett Paleoart/Science Source. 3.3 *esclerófilo*: © KrystynaSzulecka/Alamy. 3.3 *decídua*: © Herbert Kehrer/imagebroker/Corbis. 3.3 *cacto*: © Dan Eckert/istock. 3.3 *acícula*: © David Robertson/Alamy. 3.3 *gramínea*: © Christa Knijff/Alamy. 3.3 *latifoliada*: © Kevin Schafer/Alamy. 3.3 *folhas largas*: Cortesia de William Bowman. 3.4: Segundo Whittaker, R. H., *Communities and Ecosystems* (Macmillan, 1975). *Tropical rainforest, left*: © Marc Anderson/Alamy. *Floresta tropical pluvial, à direita*: © Wolfgang Kaehler/Corbis. 3.6: Cortesia de NASA/Goddard Space Flight Center Scientific Visualization Studio. *Floresta tropical estacional, à esquerda*: Cortesia de Andrew Sinauer. *Floresta tropical estacional, à direita*: © Pete Oxford/Naturepl.com. *Deserto quente subtropical, à esquerda*: © Purestock/Alamy. *Deserto quente subtropical, à direita*: © Arterra Picture Library/Alamy. 3.7A: © Organica/Alamy. 3.7B: © Tim Gainey/Alamy. *Campo temperado, à esquerda*: © Tom Bean/Alamy. *Campo temperado, à direita*: © Pavel Filatov/Alamy. *Bosque arbustivo temperado, à esquerda*: © Sebastian Kennerknecht/Minden Pictures/Corbis. *Bosque arbustivo temperado, à direita*: © AfriPics.com/Alamy. *Floresta decídua temperada, à esquerda*: © Tim Fitzharris/Minden Pictures/Corbis. *Floresta decídua temperada, à direita*: © Digital Archive Japan/Alamy. 3.8: © Martin Willis/Minden Pictures/Corbis. *Floresta temperada perenifólia, à esquerda*: © José Enrique Molina/AGE Fotostock. *Floresta temperada perenifólia, à direita*: © Theo Allofs/Corbis. *Floresta boreal, à esquerda*: © Lphoto/Alamy. *Floresta boreal, à direita*: © Wild Wonders of Europe/Widstrand/Naturepl.com. 3.9: Cortesia de U.S. Forest Service Research. 3.10: Cortesia de Emma Pike, Wikipedia. *Tundra, à esquerda*: © Ashley Cooper/Corbis. *Tundra, à direita*: Cortesia de William Bowman. 3.11 *montana, alpina*: Cortesia de William Bowman. 3.11 *subalpina*: © mediacolor's/Alamy. 3.12: © Prisma Bildagentur AG/Alamy. 3.15: © Laguna Design/Science Source. 3.17: © Julian Love/JAI/Corbis. 3.18: © Thomas Bland/Alamy. 3.19: © Images & Stories/Alamy. 3.20: © Spring Images/Alamy. 3.22: © Jeff Mondragon/Alamy. 3.23: Cortesia de Earth Sciences and Image Analysis Laboratory, NASA Johnson Space Center. 3.24: © Mark Conlin/Alamy. 3.25: © D.P. Wilson/FLPA/Science Source. 3.26: © E. Widder/HBOI/Visuals Unlimited, Inc. 3.27: De Halpern et al. 2008. 3.28: © North Wind Picture Archives/Alamy. 3.30A: © Bryon Palmer/Shutterstock. 3.30B, C: Cortesia de Konza Prairie LTER.

Capítulo 4 4.1: Cortesia de J. M. Storey. 4.2 *R. sylvatica*: © Michelle Gilders/Alamy. 4.2 *P. maculata*: © Wayne Lynch/All Canada Photos/Corbis. 4.4 *álamos*: Cortesia de Jeff Mitton. 4.7: De Willmer et al., *Environmental Physiology* *of Animals* (Blackwell Publishing, 2005). 4.7 *fontes termais*: Cortesia de Jim Peaco, NPS photo. 4.7 *iceberg*: © Pauline S. Mills/istock. 4.8: After Nobel, P. S., *Biophysical Plant Physiology and Ecology* (W. H. Freeman, 1983). 4.9A: © Dr. David Phillips/Visuals Unlimited, Inc. 4.9B: Cortesia de G. H. Holroyd e A. M. Hetherington. 4.10: Cortesia de James Ehleringer. 4.12: Cortesia de Wayne Law, New York Botanical Garden. 4.13A: © Alastair MacEwen/Getty. 4.13B: © Takahashi, via Creative Commons. 4.15: Cortesia de William Bowman. 4.17: Segundo Armitage et al., 2003. *Comparative Biochemistry and Physiology* A 134:101. 4.17 *Detalhe*: © Tom Vezo/Minden Pictures/Corbis. 4.18: After Kramer, P. J., *Water Relations of Plants* (Academic Press, 1983). 4.21: Segundo Slatyer, R. D., *Plant-Water Relationships* (Academic Press, 1967). 4.23: Segundo Willmer et al., *Environmental Physiology of Animals* (Blackwell Publishing, 2005) e Edney, E. B., The components of water balance. In *Insect Biology in the Future*, M. Locke e D. A. Smith (Academic Press, 1980). 4.24, 4.25: Segundo Schmidt-Nelson, K., *Desert Animals* (Clarendon Press, 1997). 4.27A, B: David McIntyre. 4.27C, D: © Eye of Science/Science Source.

Capítulo 5 5.1: © Stan Osolinski/Getty. 5.2A: © Jean-Paul Ferrero/Minden Pictures. 5.2C: © Prisma Bildagentur AG/Alamy. 5.3A: David McIntyre. 5.3C: © Oleg Rubik/istock. 5.4: © Pete Oxford/Minden Pictures/Corbis. 5.5: © Klaus Lang/All Canada Photos/Corbis. 5.8: Cortesia de T. Vogelmann. 5.12A: © George Clerk/istock. 5.12B: © Nurlan Kalchinov/Alamy. 5.17A: David McIntyre. 5.17B: © Organica/Alamy. 5.17C: © DustyPixel/istock. 5.19: Cortesia de U.S. Senate Committee on Environment and Public Works. 5.20 *vespões*: © Picture Hooked/Malcolm Schuyl/Alamy. 5.20 *mariposa*: © The Natural History Museum/Alamy. 5.20 *mosquito*: © Wim van Egmond/Visuals Unlimited, Inc. 5.21 *bico-grosso-americano*: © Don Johnston/Alamy. 5.21 *beija-flor*: © Mark Thomas/Alamy. 5.21 *talha-mar*: © John Cornell/Visuals Unlimited, Inc. 5.22A: © Tim Zurowski/All Canada Photos/Corbis. 5.26: © Ron Toft. 5.27: © National Academy of Sciences, Janet Mann/AP Photo.

Capítulo 6 6.1: ©Tom & Pat Leeson/Mary Evans Picture Library/AGE Fotostock. 6.3A: Cortesia de Matthew P. Travis e Peter J. Park. 6.5: David McIntyre. 6.7: Segundo Futuyma, *Evolution* (Sinauer Associates, 2005). 6.8A *detalhe*: © Nathan Lovas/ Foto Natura/ Minden Pictures/Corbis. 6.10A: © Stephen Dalton/Minden Pictures/Corbis. 6.10B: © Jan Vermeer/ Foto Natura/ Minden Pictures/Corbis. 6.10C: © Kim Taylor/Naturepl.com. 6.17A: David McIntyre. 6.17B *à esquerda*: Cortesia de A. H. Knoll. 6.17B *à direita*: © Shuhai Xiao. 6.17C *à esquerda*: © Albert Copley/Visuals Unlimited, Inc. 6.17C *à direita*: © Chase Studio/Science Source. 6.17D: © John Cancalosi/Alamy. 6.17E: © Ted Daeschler/Academy of Natural Sciences/VIREO. 6.20 *vespa*: Cortesia de Andrew Forbes. 6.20 *mosca*: Cortesia de Joseph Berger, Bugwood.org. 6.20 *maçãs*: © Jules Kitano/istock. 6.21 *H. annuus*: © Noella Ballenger/Alamy. 6.21 *H. petiolaris*: Cortesia de Dave Powell, USDA Forest Service, Bugwood.org. 6.21 *H. anomalus*: © Jack Dykinga/Naturepl.com. 6.23 *detalhe*: © Gaertner/Alamy.

Capítulo 7 7.1: © Gerard Lacz/AGE Fotostock. 7.2: © Images&Stories/Alamy. 7.4B *detalhe*: © Morales/AGE Fotostock. 7.5: Cortesia de David Pfennig. 7.7A: © Dr. Peter Siver/Visuals Unlimited, Inc. 7.7B: © Dr. David Phillips/Visuals Unlimited, Inc. 7.9B *detalhe*: © MPG/epa/Corbis. 7.10A *larva*: © Patrick Lynch/Alamy. 7.10A *adulto*: © Richard Garvey-Williams/Alamy. 7.10B *larva*: Wim van Egmond/Visuals Unlimited, Inc. 7.10B *adulto*: © WaterFrame/Alamy. 7.11 *detalhe*: David McIntyre. 7.12: © Frans Lanting Studio/Alamy. 7.15: Foto cortesia de Käyttäjä:Thermos. 7.17 *detalhe*: © Jeff Banke/Shutterstock. 7.18B *detalhe*: David McIntyre. 7.19 *detalhe*: Cortesia de Dave Powell, USDA Forest Service/Bugwood.org. 7.20: Cortesia de Otorohanga Zoological Society. 7.22: © FLPA/Alamy. 7.23A: © Barry Mansell/Naturepl.com. 7.23B: © Michael Redmer/Visuals Unlimited, Inc. 7.24: David McIntyre.

Capítulo 8 8.1: © Laura Romin & Larry Dalton/Alamy. 8.2: © Roy Mangersnes/Naturepl.com. 8.4B *detalhe*: © Kitchin and Hurst/All Canada Photos/Corbis. 8.11: © sherwoodimagery/istock. 8.12: © Bill Beatty/Visuals Unlimited, Inc. 8.13A: © Andrew Darrington/Alamy. 8.13B: © Ingo Oeland/Alamy. 8.13C: © Steve Bloom Images/Alamy. 8.14: © Juan Carlos Muñoz/Naturepl.com. 8.15: © Rosanne Tackaberry/Alamy. 8.16: © Richard Du Toit/Minden Pictures/Corbis. 8.17A: Cortesia de Gerald S. Wilkinson. 8.19: © Wayne Lynch/All Canada Photos/Corbis. 8.21: © blickwinkel/Alamy.

Capítulo 9 9.1: © Aurora Photos/Alamy. 9.3 *besouro*: © Beatriz Moisset. 9.3 *erva lanceta*: © Nature Photographers Ltd/Alamy. 9.4 *detalhe*: © the red house image library/Alamy. 9.5: Cortesia de William W. Dunmire/National Park Service. 9.7 *arbusto*: Cortesia de Sue em AZ/Wikipedia. 9.7 *cacto*: © Zack Frank/Shutterstock. 9.8: Reproduzida com a permissão de Department of Natural Resources, Queensland, Austrália. 9.9: De Lomolino et al., *Biogeography*, Third Edition (Sinauer Associates, 2006). 9.9 *detalhe*: David McIntyre. 9.10 *detalhe*: © M & J Bloomfield/Alamy. 9.11 *à esquerda*: © BugsLife/Alamy. 9.11 *à direita*: © Geoff du Feu/Alamy. 9.12: © George H.H. Huey/Alamy. 9.12 *detalhe*: © blickwinkel/Alamy. 9.13 *detalhe*: © Richard Ellis/Alamy. 9.14: Cortesia de James C. Trager. 9.15 *detalhe*: © imagebroker/Alamy. 9.16A: © Saulius T. Kondrotas/Alamy. 9.16B: © Imagebroker RF. 9.19: © Thomas Marent/Minden Pictures/Corbis. 9.22B *detalhe*: Cortesia de Scott Ling. Quadro 9.1A: © WaterFrame/Alamy. Quadro 9.1B: © AfriPics.com/Alamy. Quadro 9.1C: © Visual&Written SL/Alamy.

Capítulo 10 10.1: Cortesia da NASA/GSFC/METI/ERSDAC/JAROS e do U.S./Japan ASTER Science Team. 10.3: © Fabio Colombini Medeiros/AGE Fotostock. 10.9: © Jason O. Watson/Alamy. 10.12: © Don Johnston/Alamy. Quadro 10.1B: Cortesia de NOAA Fisheries, Office of Protected Resources.

Capítulo 11 11.1: © WaterFrame/Alamy. 11.3: © Inge Schepers/istock. 11.4: © Author's Image Ltd/Alamy. 11.6 *detalhe*: Imagem criada para o Earth observatory da NASA por Jesse Allen e Robert Simmon, com dados cortesia do USGS. 11.7: © Chip Clark, Museum of Natural History, Smithsonian. 11.8: © Kinetic Imagery/Alamy. 11.14 *leão*: Cortesia de Andrew Sinauer. 11.14 *espermatozoide*: Cortesia de David Wildt. 11.15B: © Richard Herrmann/Visuals Unlimited, Inc. 11.15C: © Mark Carwardine/Getty. 11.15D: © Zena Elea/Alamy. 11.16: De Morris, W. F. e Doak, D. F., *Quantitative Conservation Biology* (Sinauer Associates, 2002). 11.17B:

Cortesia de DigitalGlobe. 11.18: © All Canada Photos/Alamy. 11.19 *detalhe*: © imagebroker/Alamy. 11.20: © David Wrobel/Visuals Unlimited, Inc.

Capítulo 12 12.1: © blickwinkel/Alamy. 12.3: © Amar and Isabelle Guillen - Guillen Photo LLC/Alamy. 12.6: Cortesia de Kerry Britton, USDA Forest Service/Bugwood.org. 12.10: Segundo Lomolino et al., *Biogeography*, Third Edition (Sinauer Associates, 2006). 12.16 *detalhe*: © Doug Sokell/Visuals Unlimited, Inc. 12.17: Cortesia de David Pimentel. 12.21 *detalhe*: © blickwinkel/Alamy.

Capítulo 13 13.1: © Tom Brakefield/Digital Vision. 13.3A: Cortesia de Andrew Sinauer. 13.3B: © Maximilian Weinzierl/Alamy. 13.3C: © Ross/Tom Stack Assoc./Alamy. 13.4: © Graphic Science/Alamy. 13.4 *detalhe*: © Peter J. Bryant/Biological Photo Service. 13.8A: © Nigel J. Dennis; Gallo Images/Corbis. 13.8B: © Photoshot Holdings Ltd/Alamy. 13.8C: © Mark Moffett/Minden Pictures/Corbis. 13.8D: © Mark Moffett/Minden Pictures. 13.9A: © Robert Thompson/Naturepl.com. 13.9B: © Philip Smith/Alamy. 13.12B: © Don Johnston/AGE Fotostock. 13.14: Cortesia de Judith Becerra e D. Lawrence Venable. 13.15A: Cortesia de USDA ARS, European Biological Control Laboratory/Bugwood.org. 13.16: Cortesia de Jonathan Losos. 13.17B: Cortesia de R. L. Jefferies (University of Toronto) membro do Hudson Bay Project parcialmente financiado pela NSERC, Canadá. 13.18 *detalhe*: © Kim Taylor/DK Limited/Corbis. 13.21A: De Huffaker, C. B., 1958. Experimental studies on predation. *Hilgardia* 27: 343. 13.23 *detalhe*: Cortesia de Takehito Yoshida e R. O. Wayne. 13.24A: Foto por Tim Karels cortesia de Charles Krebs.

Capítulo 14 14.1: © Pascal Goetgheluck/SPL/Science Source. 14.2 *detalhe*: © Nick Upton/Naturepl.com. 14.4: After Stiling, P. D. *Ecology*, Fourth Edition (Prentice-Hall, 2002). 14.5A: © Inga Spence/Alamy. 14.5B: © blickwinkel/Alamy. 14.6A, B: © SPL/Science Source. 14.6B: © SPL/Science Source. 14.6C: © Nigel Cattlin/Alamy. 14.10A: © Renee Morris/Alamy. 14.11: © Chris Pancewicz/Alamy. 14.13 *detalhe*: Cortesia de CSIRO. 14.15B: Cortesia de Forest History Society, Durham, NC. 14.18C, D: From Mouritsen et al. 1998. 14.21B *rato-da-madeira*: © Rick & Nora Bowers/Alamy. 14.21B *leishmaniose*: © Andy Crump, TDR, World Health Organization/Science Source. 14.22: De Eberhard, W. G., 2001. Under the influence. *Journal of Arachnology* 29: 354. Cortesia de William Eberhard. 14.23: Cortesia de Whitney Cranshaw, Colorado State University/Bugwood.org.

Capítulo 15 15.1: © Picture Press/Alamy. 15.2A: Segundo Wirth et al., *Herbivory of Leaf-Cutting Ants* (Springer, 2003). 15.2B: © Mark Moffett/Minden Pictures. 15.4A *detalhe*: © R. L. Peterson/Biological Photo Service. 15.5: Cortesia de Kevin Carpenter e Patrick Keeling. 15.5 *detalhe*: Cortesia de Patrick Keeling. 15.7 *detalhe*: © Les Howard/istock. 15.13: © Dr. Morley Read/Science Source. 15.14: De Kiers et al. 2011. 15.15: De Pellmyr, O., 2003. Yuccas, yucca moths and coevolution. *Annals of the Missouri Botanical Garden*, 90: 35. Cortesia de Olle Pellmyr. 15.17 *detalhes*: Cortesia de John Jaenike. 15.18A: © Alex Wild/Visuals Unlimited, Inc. 15.18B: © Mark Moffett/Minden Pictures. 15.18C: © Nicholas Smythe/Science Source. 15.19A: © WaterFrame/Alamy.

Capítulo 16 16.1: © Roberto Rinaldi/Naturepl.com. 16.3A: © Russ Bishop/Alamy. 16.3B: © catscandotcom/istock. 16.3C: © Matthias Breiter/Minden Pictures/Corbis. 16.3D: © Andre Seale/Alamy. 16.7: © John E Marriott/All Canada Photos/Corbis. 16.16: Cortesia de Robert S. Steneck. 16.19: © Pete Ryan/National Geographic Stock. 16.21: © Juan Carlos Calvin/AGE Fotostock. Quadro 16.1: Cortesia de Sally Hacker.

Capítulo 17 17.1: Cortesia de Jim Vallance/USGS. 17.2 *escombros*: Cortesia de U.S. Forest Service. 17.2 *zona de árvores quebradas e amontoadas*: Cortesia de Lyn Topinka/USGS. 17.2 *zona queimada*: Cortesia de Jerry Franklin. 17.2 *Pumice*: Cortesia de Tom Casadeval/USGS. 17.6A: © Brad Wieland/istock. 17.7A: Cortesia de Charles Elton. 17.7B: De Elton, C., *Animal Ecology* (Sidgwick and Jackson, 1927). 17.9: © Michael T. Sedam/Corbis. 17.13: Cortesia de Sally Hacker. 17.20 *à esquerda*: De Crisafulli et al. 2005, cortesia de Charlie M. Crisafulli. 17.20 *à direita*: © Wayne Lynch/All Canada Photos/Corbis. 17.21A: © Jonathan Titus, cortesia de John Bishop.

Capítulo 18 18.1: © David R. Frazier Photolibrary, Inc./Alamy. 18.2B: © R. O. Bierregaard. 18.3A: Cortesia de Andrew Sinauer. 18.3B: © Phil Schermeister/National Geographic Stock. 18.3C: © Inger Hogstrom/AGE Fotostock. 18.3D: © National Geographic Image Collection/Alamy. 18.4A *acima, abaixo*: Cortesia de Sally Hacker. 18.4A *no meio*: © Craig Lovell/Eagle Visions Photography/Alamy. 18.4B *acima*: © Charles O. Cecil/Alamy. 18.4B *abaixo*: Cortesia de Sally Hacker. 18.8B: © The Natural History Museum, London. 18.11: De Pielou, E. C., *Biogeography* (Wiley, 1979). 18.14B *torda*: © Jerome Whittingham/istock. 18.14B *pelicano*: © Irina Tischenko/Shutterstock. 18.14B *pinguin*: © Jacqueline Abromeit/Shutterstock. 18.22B: © Stocktrek Images, Inc./Alamy. 18.23A: Cortesia de DigitalGlobe. 18.23B, C: Cortesia de E. O. Wilson.

Capítulo 19 19.1: © Clint Farlinger/Alamy. 19.2: Cortesia de G. David Tilman. 19.3: © Robert Glusic/White. 19.5A: © Islandstock/Alamy. 19.5B: Cortesia de NOAA. 19.5B *detalhe*: © Wolfgang Pölzer/Alamy. 19.6: © Arco Images GmbH/Alamy. 19.7: Segundo Ricklefs, R. E., *The Economy of Nature*, Fifth Edition (W. H. Freeman, 2001). 19.13: © Wim van Egmond/Visuals Unlimited, Inc. 19.20: © Pete Niesen/Alamy.

Capítulo 20 20.1: © Emory Kristof and Alvin Chandler/National Geographic/Getty. 20.2: © Kenneth L. Smith, Jr./Getty. 20.4: © Juan Carlos Muñoz/AGE Fotostock. 20.6A: Cortesia de Stephen Ausmus/USDA ARS. 20.6B: Cortesia de Dylan Fischer. 20.9A: Cortesia de Sean Burns. 20.10: Image by Robert Simmon, NASA GSFC Earth Observatory, based on data provided by Watson Gregg, NASA GSFC. 20.13A: Cortesia de William Bowman. 20.15: Cortesia de Wayne Wurtsbaugh e da American Association of Limnology and Oceanography. 20.16: Cortesia de Fisheries and Oceans Canada, Experimental Lakes Area. Reproduzido com a permissão da Sua Majestade a Rainha de Direito do Canadá, 2007. 20.17B: © Ken Johnson/Monterey Bay Aquarium Research Institute. 20.21: De Shank et al., 1998. Temporal and spatial patterns of biological community development at nascent deep-sea hydrothermal vents. *Deep-Sea Research* II 45: 465. Quadro 20.1B: Cortesia de NASA.

Capítulo 21 21.1: © Lowell Georgia/Corbis. 21.2: © Lee Thomas/Alamy. 21.4A *à esquerda*: © FLPA/Alamy. 21.4A à direita: © National Geographic Image Collection/Alamy. 21.8: © Kelly Funk/All Canada Photos/Corbis. 21.22: © Mark Conlin/Alamy.

Capítulo 22 22.1: Cortesia de William Bowman. 22.2: Cortesia de Jayne Belnap/USGS. 22.4: Segundo Brady, N. C., e Weil, R. R., *The Nature and Property of Soils* (Prentice-Hall, 2001). 22.5A: © Nigel Cattlin/Alamy. 22.5B: © P&R Fotos/AGE Fotostock. 22.12: Cortesia de DigitalGlobe. 22.15: © T. C. Middleton/Getty. 22.19B: Segundo Dodson, S., *Introduction to Limnology* (McGraw Hill, 2004). 22.20: Cortesia de SeaWiFS Project, NASA/Goddard Space Flight Center e ORBIMAGE. 22.21: Cortesia de Jason C. Neff. 22.22: © Raymond Gehman/Corbis. 22.22 *detalhe*: Cortesia de Tom Heutte, USDA Forest Service, Bugwood.org. Quadro 22.1A: Cortesia de Mark Losleben. Quadro 22.1B: Cortesia de William Bowman.

Capítulo 23 23.1: © Rolf Nussbaumer Photography/Alamy. 23.2B: © Marvin Dembinsky Photo Associates/Alamy. 23.3: © North Wind Picture Archives/Alamy. 23.6: Cortesia de Phil Bendle, Taranaki Educational Resource: Research, Analysis and Information Network. 23.7B *mosca*: Cortesia de Scott Bauer/USDA ARS. 23.7B *tamarisco*: Cortesia de Steve Dewey, Utah State University/Bugwood.org. 23.12 *detalhe*: © Hinrich Bäsemann/dpa/Corbis. 23.16: © SuperStock/Alamy. 23.17A, B, C: Cortesia de U.S. Fish and Wildlife Service. 23.17D: Cortesia de Gary Kramer/U.S. Fish and Wildlife Service. 23.20: © Steve Bloom Images/Alamy. 23.21, 23.22: Cortesia de U.S. Fish and Wildlife Service. Quadro 23.1A, B: Cortesia de Center for Conservation Biology, University of Washington.

Capítulo 24 24.1: © Donald M. Jones/Minden Pictures/Corbis. 24.3A: Cortesia da NASA. 24.7: © imagebroker/Alamy. 24.8: Cortesia de Jim Peaco/NPS Photo. 24.9: Cortesia de Laure Laüt. 24.10: © Porky Pies Photography/Alamy. 24.12 *à direita*: © danilo donadoni/Marka/AGE Fotostock. 24.13: De McIntyre, S. e Hobbs, R., 1999. A framework for conceptualizing human effects on landscapes and its relevance to management and research models. *Conservation Biology* 13: 1282. Cortesia de Richard Hobbs. 24.16 *detalhe*: © Rainer Raffalski/Alamy. 24.18: © Joel Sartore/National Geographic Stock. 24.19A: Cortesia de DigitalGlobe. 24.19B *detalhe*: © Steven Russell Smith Photos/Shutterstock. 24.19C *detalhe*: © Niall McDiarmid/Alamy. 24.20: De Schulte et al., 2009. Unprecedented restoration of a native oyster metapopulation. *Science* 325: 1124. 24.25: © Kurt Repanshek/National Parks Traveler. Quadro 24.1A, B: Cortesia de USGS Gap Analysis Program da University of Idaho, 530 S. Asbury Street, Suite 1, Moscow, ID 83843. Quadro 24.1B *detalhe*: © All Canada Photos/Alamy.

Capítulo 25 25.1: Cortesia de NOAA George E. Marsh Album. 25.3: Segundo Chapin et al., *Principles of Terrestrial Ecosystem Ecology* (Springer, 2002). 25.4: Cortesia de Evan DeLucia. 25.7, 25.9, 25.10: Segundo Chapin et al., *Principles of Terrestrial Ecosystem Ecology* (Springer, 2002). 25.15: © Mervyn Rees/Alamy. 25.17: Cortesia de Julie Winchester/Cooperative Institute for Research in the Atmosphere. 25.18: © blickwinkel/Alamy. 25.19: Cortesia de National Atmospheric Deposition Program (NRSP-3). 25.23A: Segundo Jacobson, M. Z., *Atmospheric Pollution, History, Science, and Regulation* (Cambridge University Press, 2002). 25.23B: Cortesia da NASA. 25.24: Cortesia de NOAA. 25.25A: Cortesia de MODIS Rapid Response Team da NASA GSFC. 25.26A: Segundo *Eolian history of North America*, esp.cr.usgs.gov/info/eolian/. 25.26B: Segundo Haase et al., 2007. Loess in Europe. *Quaternary Science Review* 26: 1301. 25.27: Cortesia de Center for Snow and Avalanche Studies, Silverton, CO.

Referências

Os números entre colchetes referem-se ao(s) capítulo(s) no(s) qual(is) a referência foi citada.

A

Aber, J., W. and 9 others. 1998. Nitrogen saturation in temperate forest ecosystems: Hypotheses revisited. *BioScience* 48: 921–934. [25]

Adey, W. H. and R. S. Steneck. 2001. Thermogeography over time creates biogeographic regions: A temperature/space/time-integrated model and an abundance-weighted test for benthic marine algae. *Journal of Phycology* 37: 677–698. [18]

Agrawal, A. A. and M. Fishbein. 2006. Plant defense syndromes. *Ecology* 87: S132–S149. [13]

Aiba, S., A. E. Humphrey and N. F. Mills. 1973. *Biochemical Engineering*, 2nd ed. Academic Press, New York. [22]

Allan, B. F., F. Keesing and R. S. Ostfeld. 2003. Effect of forest fragmentation on Lyme disease risk. *Conservation Biology* 17: 267–272. [24]

Allan, B. F. and 15 others. 2009. Ecological correlates of risk and incidence of West Nile virus in the United States. *Oecologia* 158: 699–708. [1]

Allen, E. B., P. J. Temple, A. Bytnerowicz, M. J. Arbaugh, A. G. Sirulnik and L. E. Rao. 2007. Patterns of understory diversity in mixed coniferous forests of Southern California impacted by air pollution. *Scientific World Journal* 7: 247–263. [18]

Alliende, M. C. and J. L. Harper. 1989. Demographic studies of a dioecious tree. I. Colonization, sex, and age structure of a population of *Salix cinerea*. *Journal of Ecology* 77: 1029–1047. [10]

Allin, E. F. and J. A. Hopson. 1992. Evolution of the auditory system in Synapsida ("mammal-like reptiles" and primitive mammals) as seen in the fossil record. In *The Evolutionary Biology of Hearing*, D. B. Webster, R. R. Fay and A. N. Popper (eds.), 587–614. Springer, New York. [6]

Alpert, P. 2006. Constraints of tolerance: Why are desiccation tolerant organisms so small or rare? *Journal of Experimental Biology* 209: 1575–1584. [4]

Andersen, S. B. and 7 others. 2009. The life of a dead ant: The expression of an adaptive extended phenotype. *American Naturalist* 174: 424–433. [14]

Anderson, J. T., D. W. Inouye, A. M. McKinney, R. I. Colautti and T. Mitchell-Olds. 2012. Phenotypic plasticity and adaptive evolution contribute to advancing flowering phenology in response to climate change. *Proceedings of the Royal Society of London* B 279: 3843–3852. [6]

Anderson, S. H., D. Kelly, J. J. Ladley, S. Molloy and J. Terry. 2011. Cascading effects of bird functional extinction reduce pollination and plant density. *Science* 331: 1068–1071. [23]

Andersson, M. 1982. Female choice selects for extreme tail length in a widowbird. *Nature* 299: 818–820. [8]

Andrewartha, H. G. and L. C. Birch. 1954. *The Distribution and Abundance of Animals*. University of Chicago Press, Chicago. [23]

Arcese, P. and J. N. M Smith. 1988. Effects of population density and supplemental food on reproduction in song sparrows. *Journal of Animal Ecology* 57: 119–136. [10]

Arias, E., B. L. Rostron and B. Tejada-Vera. 2010. *United States Life Tables, 2005*. National Vital Statistics Reports, vol. 58, no. 10. National Center for Heath Statistics, Hyattsville, MD. http://www.cdc.gov/nchs/data/nvsr/nvsr58/nvsr58_10.pdf. [10]

Armitage, K. B., D. T. Blumstein and B. C. Woods. 2003. Energetics in hibernating yellow belly marmots (*Marmota flaviventris*). *Comparative Biochemistry and Physiology* A 134: 101–114. [4]

Asner, G. P., T. K. Rudel, T. M. Aide, R. Defries and R. Emerson. 2009. A contemporary assessment of change in humid tropical forests. *Conservation Biology* 6: 1386–1395. [3]

Austin, A. T. and C. L. Ballaré. 2010. Dual role of lignin in plant litter decomposition in terrestrial ecosystems. *Proceedings of the National Academy of Sciences USA* 107: 4618–4622.

Austin, A. T. and L. Vivanco. 2006. Plant litter decomposition in a semiarid ecosystem controlled by photodegradation. *Nature* 442: 555–558.

B

Baker, C. S., M. L. Dalebout, G. M. Lento and N. Funahashi. 2002. Gray whale products sold in commercial markets along the Pacific coast of Japan. *Marine Mammal Science* 18: 295–300. [23]

Balanyá, J., J. M. Oller, R. B. Huey, G. W. Gilchrist and L. Serra. 2006. Global genetic change tracks global climate warming in *Drosophila subobscura*. *Science* 313: 1773–1775. [6]

Balmford, A., R. E. Green and M. Jenkins. 2003. Measuring the changing state of nature. *Trends in Ecology and Evolution* 18: 326–330. [23]

Barbier, E. B., S. D. Hacker, C. Kennedy, E. W. Koch, A. C. Stier and B. R. Silliman. 2011. The value of estuarine and coastal ecosystem services. *Ecological Monographs* 81: 169–193. [3]

Barbour, M. A. and R. W. Clark. 2012. Ground squirrel tail-flag displays alter both predatory strike and ambush site selection behaviours of rattlesnakes. *Proceedings of the Royal Society of London* B 279: 3827–3833. [8]

Barbour, M. S. and J. A. Litvaitis. 1993. Niche dimensions of New England cottontails in relation to habitat patch size. *Oecologia* 95: 321–327. [24]

Barnosky, A. D., P. L. Koch, R. S. Feranec, S. L. Wing and A. B. Shabel. 2004. Assessing the causes of Late Pleistocene extinctions on the continents. *Science* 306: 70–75. [3]

Barringer, B. C., W. D. Koenig and J. M. H. Knops. 2013. Interrelationships among life-history traits in three California oaks. *Oecologia* 171: 129–139. [7]

Bartlein, P., J. C. Whitlock and S. L. Shafer. 1997. Future climate in the Yellowstone National Park region and its potential impact on vegetation. *Conservation Biology* 11: 782–792. [24]

Battin, J. 2004. When good animals love bad habitats: Ecological traps and the conservation of animal populations. *Conservation Biology* 18: 1482–1491. [24]

Beall, C. M. 2007. Two routes to functional adaptation: Tibetan and Andean high-altitude natives. *Proceedings of the National Academy of Sciences USA* 104: 8655–8660. [4]

Becerra, J. X. 2003. Synchronous coadaptation in an ancient case of herbivory. *Proceedings of the National Academy of Sciences USA* 100: 12804–12807. [13]

Becerra, J. X. 2007. The impact of herbivore–plant coevolution on plant community structure. *Proceedings of the National Academy of Sciences USA* 104: 7483–7488. [13]

Beck, B. B. 1980. *Animal Tool Behavior: The Use and Manufacture of Tools by Animals*. Garland STPM Press, New York. [5]

Begon, M., M. Mortimer and D. J. Thompson. 1996. *Population Ecology: A Unified Study of Animals and Plants*. 3rd ed., Blackwell Science Ltd., Oxford. [10]

Beisner, B. E., D. T. Haydon and K. Cuddington. 2003. Alternative stable states in ecology. *Frontiers in Ecology and the Environment* 1: 376–382. [17]

Beissinger, S. R. and M. I. Westphal. 1998. On the use of demographic models of population viability in endangered species management. *Journal of Wildlife Management* 62: 821–841. [23]

Bell, M. A., M. P. Travis and D. M. Blouw. 2006. Inferring natural selection in a fossil threespine stickleback. *Paleobiology* 32: 562–577. [6]

Bellows, T. S. Jr. 1981. The descriptive properties of some models for density dependence. *Journal of Animal Ecology* 50: 139–156. [10]

Belnap, J. 2003. The world at your feet: Desert biological crusts. *Frontiers in Ecology and Environment* 1: 181–189. [22]

Belnap, J. and D. Eldridge. 2001. Disturbance and recovery of biological soil crusts. In *Biological Soil Crusts: Structure, Function, and Management*, J. Belnap and O. L. Lange (eds.), 363–383. Berlin: Springer-Verlag. [22]

Belt, T. 1874. *The Naturalist in Nicaragua*. Murray, London. [15]

Belz, R. G. 2007. Allelopathy in crop/weed interactions—an update. *Pest Management Science* 63: 308–326. [12]

Benkman, C. W. 1993. Adaptation to single resources and the evolution of crossbill (*Loxia*) diversity. *Ecological Monographs* 63: 305–325. [5]

Benkman, C. W. 2003. Divergent selection drives the adaptive radiation of crossbills. *Evolution* 57: 1176–1181. [5]

Benton, M. J. and B. C. Emerson. 2007. How did life become so diverse? The dynamics of diversification according to the fossil record and molecular phylogenetics. *Palaeontology* 50: 23–40. [6]

Berendse, F., R. Aerts and R. Bobbink. 1993. Atmospheric nitrogen deposition and its impact on terrestrial ecosystems. In *Landscape Ecology of a Stressed Environment*, C. C. Vos and P. Opdam (eds.), 104–121. Chapman and Hall, London. [25]

Berglund, A. and G. Rosenqvist. 1993. Selective males and ardent females in pipefishes. *Behavioral Ecology and Sociobiology* 32: 331–336. [8]

Berlow, E. L. 1997. From canalization to contingency: Historical effects in a successional rocky intertidal. *Ecological Monographs* 67: 435–460. [17]

Berlow, E. L. 1999. Strong effects of weak interactions in ecological communities. *Nature* 398: 330–334. [21]

Berner, R. A. 1997. The rise of plants and their effect on weathering and atmospheric CO_2. *Science* 276: 544–546. [6]

Bernhardt, E. S. and 13 others. 2005. Can't see the forest for the stream? In-stream processing and terrestrial nitrogen exports. *BioScience* 55: 219–230. [22]

Bertness, M. D. 1989. Interspecific competition and facilitation in a northern acorn barnacle population. *Ecology* 70: 257–268. [15]

Bertness, M. D. and S. D. Hacker. 1994. Physical stress and positive associations among marsh plants. *American Naturalist* 144: 363–372. [19]

Bertness, M. D. and G. H. Leonard. 1997. The role of positive interactions in communities: Lessons from intertidal habitats. *Ecology* 78: 1976–1989. [15, 19]

Bertness, M. D. and S. W. Shumway. 1993. Competition and facilitation in marsh plants. *American Naturalist* 142: 718–724. [17]

Beschta, R. L. and W. J. Ripple. 2006. River channel dynamics following extirpation of wolves in northwestern Yellowstone National Park, USA. *Earth Surface Processes and Landforms* 31: 1525–1539. [24]

Bierregaard, R. O. Jr., C. Gascon, T. E. Lovejoy and R. C. G. Mesquita. 2001. *Lessons from Amazonia: The Ecology and Conservation of a Fragmented Forest*. Yale University Press, New Haven, CT. [18]

Bigler, C., D. G. Gavin, C. Gunning and T. T. Veblen. 2007. Drought induces lagged tree mortality in a subalpine forest in the Rocky Mountains. *Oikos* 116: 1983–1994. [10]

Binkley, D. and P. Högberg. 1997. Does atmospheric deposition of acidity and nitrogen threaten Swedish forests? *Forest Ecology and Management* 92: 119–152. [25]

Birkeland, C. 1997. Symbiosis, fisheries and economic development on coral reefs. *Trends in Ecology and Evolution* 12: 364–367. [3]

Bishop, J., W. F. Fagan, J. D. Schade and C. M. Crisafulli. 2005. Causes and consequences of herbivory on Prairie lupine (*Lupinus lepidus*) in early primary succession. In *Ecological Responses to the 1980 Eruption of Mount St. Helens*, V. H. Dale, F. J. Swanson and C. M. Crisafulli (eds.), 151–161. Springer, New York. [17]

Björkman, O. 1981. Responses to different quantum flux densities. In *Physiological Plant Ecology* I: *Encyclopedia of Plant Physiology*, O. L. Lange, P. S. Nobel, C. B. Osmond and H. Ziegler (eds.), 57–101. Springer-Verlag, Berlin. [5]

Blais, J. M., D. W. Schindler, D. C. G. Muir, L. E. Kimpe, D. B. Donald and B. Rosenberg. 1998. Accumulation of persistent organochlorine compounds in mountains of western Canada. *Nature* 395: 585–588. [21]

Blais, J. M., L. E. Kimpe, D. McMahon, B. E. Keatley, M. L. Mattory, M. S. V. Douglas and J. P. Smol. 2005. Arctic seabirds transport marine-derived contaminants. *Science* 309: 445–445. [21]

Blaustein, A. R. and P. T. J. Johnson. 2003. Explaining frog deformities. *Scientific American* 288: 60–65. [1]

Boonstra, R., D. Hik, G. R. Singleton and A. Tinnikov. 1998. The impact of predator-induced stress on the snowshoe hare cycle. *Ecological Monographs* 79: 371–394. [13]

Booth, M. G. and J. D. Hoeksema. 2010. Mycorrhizal networks counteract competitive effects of canopy trees on seedling survival. *Ecology* 91: 2294–2302. [15]

Borland, A. M., H. Griffiths, C. Maxwell, M. S. J. Broadmeadow, N. M. Griffiths and J. D. Barnes. 1992. On the ecophysiology of the Clusiaceae in Trinidad: Expression of CAM in *Clusia minor* L. during the transition from wet to dry season and characterization of three endemic species. *New Phytologist* 122: 349–357. [5]

Borries, C., K. Launhardt, C. Epplen, J. T. Epplen and P. Winkler. 1999. DNA analyses support the hypothesis that infanticide is adaptive in langur monkeys. *Proceedings of the Royal Society of London* B 266: 901–904. [8]

Bouzat, J. L., H. A. Lewin and K. N. Paige. 1998. The ghost of genetic diversity past: Historical DNA analysis of the greater prairie chicken. *American Naturalist* 152: 1–6. [6]

Bowman, W. D. and C. J. Bilbrough. 2001. Influence of a pulsed nitrogen supply on growth and nitrogen uptake in alpine graminoids. *Plant and Soil* 233: 283–290. [20]

Bowman, W. D. and T. R. Seastedt. 2001. *Structure and Function of an Alpine Ecosystem, Niwot Ridge, Colorado*. Oxford University Press, New York. [22]

Bowman, W. D., T. A. Theodose, J. C. Schardt and R. T. Conant. 1993. Constraints of nutrient availability on primary production in two alpine communities. *Ecology* 74: 2085–2098. [20]

Braby, M. F. 2002. Life history strategies and habitat templets of tropical butterflies in north-eastern Australia. *Evolutionary Ecology* 16: 399–413. [7]

Bradshaw, A. D. 1987. Restoration: An acid test for ecology. In *Restoration Ecology—a Synthetic Approach to Ecological Restoration*, W. R. Jordan, M. E. Gilpin and J. D. Aber (eds.), 23–30. Cambridge University Press, Cambridge. [24]

Bradshaw, C. J. A. and B. W. Brook. 2007. Ecological–economic models of sustainable harvest for an endangered but exotic megaherbivore in northern Australia. *Natural Resource Modeling* 20: 129–156. [23]

Bradshaw, W. E. and C. M. Holzapfel. 2001. Genetic shift in photoperiodic response correlated with global warming. *Proceedings of the National Academy of Sciences USA* 98: 14509–14511. [6]

Breshears, D. D. and 12 others. 2005. Regional vegetation die-off in response to global-change-type drought. *Proceedings of the National Academy of Sciences USA* 10: 15144–15148. [2]

Brewer, J. S. 2003. Why don't carnivorous pitcher plants compete with non-carnivorous plants for nutrients? *Ecology* 84: 451–462. [12]

Briggs, J. C. 2006. Proximate sources of marine biodiversity. *Journal of Biogeography* 33: 1–10. [18]

Britton, R. A. and V. B. Young. 2012. Interaction between the intestinal microbiota and host in *Clostridium difficile* colonization resistance. *Trends in Microbiology* 20: 313–319. [14]

Brommer, J. E., H. Pietiainen, K. Ahola, P. Karell, T. Karstinen and H. Kolunen. 2010. The return of the vole cycle in southern Finland refutes the generality of the loss of cycles through "climatic forcing." *Global Change Biology* 16: 577–586. [11]

Bronstein, J. L. 1992. Seed predators as mutualists: Ecology and evolution of the fig/pollinator interaction. In *Insect-Plant Interactions* (Vol. 4), E. A. Bernays (ed.), p. 1–44. CRC Press, Boca Raton, FL. [15]

Bronstein, J. L. 1994. Conditional outcomes in mutualistic interactions. *Trends in Ecology and Evolution* 9: 214–217. [15]

Brooks, T., J. Tobias and A. Balmford. 1999. Deforestation and bird extinctions in the Atlantic forest. *Animal Conservation* 2: 211–222. [23]

Brooks, T. M. and 9 others. 2002. Habitat loss and extinction in the hotspots of biodiversity. *Conservation Biology* 16: 909–923. [23]

Brower, L. P. 1996. Monarch butterfly orientation: Missing pieces of a magnificent puzzle. *Journal of Experimental Biology* 199: 93–103. [9]

Brown, J. H. and D. W. Davidson. 1977. Competition between seed-eating rodents and ants in desert ecosystems. *Science* 196: 880–882. [12]

Brown, J. H. and A. Kodric-Brown. 1977. Turnover rates in insular biogeography: Effect of immigration on extinction. *Ecology* 58: 445–449. [11]

Bruno, J. F., J. J. Stachowicz and M. D. Bertness. 2003. Inclusion of facilitation into ecological theory. *Trends in Ecology and Evolution* 18: 119–125. [19]

Bruno, J. F. and 7 others. 2007. Thermal stress and coral cover as drivers of coral disease outbreaks. *PLoS Biology* 5: 1220–1227. [14]

Bullock, S., H. Mooney and E. Medina, eds. 1995. *Seasonally Dry Tropical Forests*. Cambridge University Press, Cambridge. [3]

Bunn, R., Y. Lekberg and C. Zabinski. 2009. Arbuscular mycorrhizal fungi ameliorate temperature stress in thermophilic plants. *Ecology* 90: 1378–1388. [15]

Burgess, R. L. 1977. The Ecological Society of America: Historical data and preliminary analyses. In *History of American Ecology*, F. N. Egerton (ed.), 1–24. Arno Press, New York. [23]

Buss, L. W. and J. B. C. Jackson. 1979. Competitive networks: Nontransitive competitive relationships in cryptic coral reef environments. *American Naturalist* 113: 223–234. [16]

Buston, P. M. 2003a. Size and growth modification in clownfish. *Nature* 424: 145–146. [7]

Buston, P. M. 2003b. Forcible eviction and prevention of recruitment in the clown anemonefish. *Behavioral Ecology* 14: 576–582. [7]

Buston, P. M. 2004. Territory inheritance in clownfish. *Proceedings of the Royal Society of London* B (suppl.) 271: S252–S254. [7]

Butzer, K. W. 1992. The Americas before and after 1492: An introduction to current geographical research. *Annals of the Association of American Geographers* 82: 345–368. [24]

Bytnerowicz, A., M. J. Arbaugh and R. Alonso. 2003. *Ozone Pollution in the Sierra Nevada: Distribution and Effects on Forests*. Elsevier, Amsterdam. [25]

C

Cain, M. L., B. G. Milligan and A. E. Strand. 2000. Long-distance seed dispersal in plant populations. *American Journal of Botany* 87: 1217–1227. [9]

Calder, W. J. and S. B. St. Clair. 2012. Facilitation drives mortality patterns along successional gradients of aspen-conifer forest. *Ecosphere* 3: 1–11. [16]

Caldwell, M. M., L. O. Björn, J. F. Bornman, S. D. Flint, G. Kulandaivelu, A. H. Teramura and M. Tevini. 1998. Effects of increased solar ultraviolet radiation on terrestrial ecosystems. *Journal of Photochemistry and Photobiology* B: *Biology* 46: 40–52. [25]

Caleira, K. and M. E. Wickett. 2003. Anthropogenic carbon and ocean pH. *Nature* 425: 365. [25]

Callaway, R. M. and L. King. 1996. Temperature-driven variation in substrate oxygenation and the balance of competition and facilitation. *Ecology* 77: 1189–1195. [15]

Callaway, R. M., E. H. DeLucia and W. H. Schlesinger. 1994. Biomass allocation of montane and desert ponderosa pine: An analog for response to climate change. *Ecology* 75: 1474–1481. [7]

Callaway, R. M. and 12 others. 2002. Positive interactions among alpine plants increase with stress. *Nature* 417: 844–848. [15, 19]

Carlsson, J. O. L., C. Brönmark and L.-A. Hansson. 2004. Invading herbivory: The golden apple snail alters ecosystem functioning in Asian wetlands. *Ecology* 85: 1575–1580. [13]

Carlton, J. T. and J. B. Geller. 1993. Ecological roulette: The global transport and invasion of non-indigenous marine organisms. *Science* 261: 78–82. [19]

Carroll, S. P. and C. Boyd. 1992. Host race radiation in the soapberry bug: Natural history with the history. *Evolution* 46: 1052–1069. [6]

Carroll, S. P., H. Dingle and S. P. Klassen. 1997. Genetic differentiation of fitness-associated traits among rapidly evolving populations of the soapberry bug. *Evolution* 51: 1182–1188. [6]

Carson, R. 1962. *Silent Spring*. Houghton Mifflin, Boston. [21]

Carson, W. P. and R. B. Root. 2000. Herbivory and plant species coexistence: Community regulation by an outbreaking phytophagous insect. *Ecological Monographs* 70: 73–99. [1]

Cary, J. R and L. B. Keith. 1979. Reproductive change in the ten-year cycle of snowshoe hares. *Canadian Journal of Zoology* 57: 375–390. [13]

Castellón, T. D. and K. E. Sieving. 2006. An experimental test of matrix permeability and corridor use by an endemic understory bird. *Conservation Biology* 20: 135–145. [24]

Castro, J., R. Zamora, J. A. Hódar and J. M. Gómez. 2002. The use of shrubs as nurse plants: A successional-friendly technique for pine reforestation in Mediterranean mountains. *Restoration Ecology* 10: 297–305. [15]

Caswell, H. 2001. *Matrix Population Models: Construction, Analysis, and Interpretation*. 2nd ed. Sinauer Associates, Sunderland, MA. [10]

Caughley, G. 1994. Directions in conservation biology. *Journal of Animal Ecology* 63: 215–244. [23]

Caughley, G., N. Shepherd and J. Short. 1987. *Kangaroos: Their Ecology and Management in the Sheep Rangelands of Australia*. Cambridge University Press, Cambridge. [9]

Ceballos, G. and P. R. Ehrlich. 2002. Mammal population losses and the extinction crisis. *Science* 296: 904–907. [23]

Cebrian, J. and J. Lartigue. 2004. Patterns of herbivory and decomposition in aquatic and terrestrial ecosystems. *Ecological Monographs* 74: 237–259. [21]

Cerling, T. E., J. M. Harris, B. J. MacFadden, M. G. Leakey, J. Quade, V. Eisenmann and J. R. Ehleringer. 1997. Global vegetation change through the Miocene/Pliocene boundary. *Nature* 389: 153–158. [5]

Channell, R. and M. V. Lomolino. 2000. Trajectories to extinction: Spatial dynamics of the contraction of geographical ranges. *Journal of Biogeography* 27: 169–179. [23]

Chapin, F. S. III, L. Moilanen and K. Kielland. 1993. Preferential use of organic nitrogen for growth by a non-mycorrhizal Arctic sedge. *Nature* 361: 150–153. [22]

Chapin, F. S. III, L. R. Walker, C. L. Fastie and L. C. Sharman. 1994. Mechanisms of primary succession following deglaciation at Glacier Bay, Alaska. *Ecological Monographs* 64: 149–175. [17]

Chapin, F. S. III, P. A. Matson and H. A. Mooney. 2002. *Principles of Terrestrial Ecosystem Ecology*. Springer, New York. [20, 21, 25]

Chappelka, A. and L. Samuelson. 1998. Ambient ozone effects on forest trees of the eastern United States: A review. *New Phytologist* 139: 91–108. [25]

Charnov, E. L. 1976. Optimal foraging, the marginal value theorem. *Theoretical Population Biology* 9: 129–136. [8]

Charnov, E. L. 1993. *Life History Invariants*. Oxford University Press, Oxford. [7]

Charnov, E. L. and D. Berrigan. 1990. Dimensionless numbers and life history evolution: Age of maturity versus the adult lifespan. *Evolutionary Ecology* 4: 273–275. [7]

Chase, T. N., R. Pielke Sr., T. G. F. Kittel, J. S. Baron and T. J. Stohlgren. 1999. Impacts on Colorado Rocky Mountain weather due to land use changes on the adjacent Great Plains. *Journal of Geophysical Research—Atmospheres* 104: 16673–16690. [2]

Chen, J. Q., J. F. Franklin and T. A. Spies. 1995. Growing-season microclimatic gradients from clear-cut edges into old-growth douglas-fir forests. *Ecological Applications* 5: 74–86. [24]

Chen, J.-Y. and 10 others. 2009. Complex embryos displaying bilaterian characters from Precambrian Doushantuo phosphate deposits, Weng'an, Guizhou, China. *Proceedings of the National Academy of Sciences USA* 106: 19056–19060. [6]

Chen, M., M. Schliep, R. D. Willows, Z. Cai, B. A. Neilan and H. Scheer. 2010. A red-shifted chlorophyll. *Science* 329: 1318–1319. [5]

Chesson, P. L. and R. R. Warner. 1981. Environmental variability promotes coexistence in lottery competitive systems. *American Naturalist* 117: 923–943. [19]

Christensen, N. L. and 12 others. 1996. The report of the Ecological Society of America Committee on the Scientific Basis for Ecosystem Management. *Ecological Applications* 6: 665–691. [24]

Clements, F. E. 1916. *Plant Succession: An Analysis of the Development of Vegetation*. Publication 42. Carnegie Institution of Washington, Washington, DC. [17]

Cleveland, C. C. and 10 others. 1999. Global patterns of terrestrial biological nitrogen (N_2) fixation in natural ecosystems. *Global Biogeochemical Cycles* 13: 623–645. [25]

Clutton-Brock, T. H., F. E. Guinness and S. D. Albon. 1983. The costs of reproduction to red deer hinds. *Journal of Animal Ecology* 52: 367–383. [6]

Cohen, J. E. 1995. *How Many People Can the Earth Support?* W. W. Norton, New York. [10]

Coltman, D. W., P. O'Donoghue, J. T. Jorgenson, J. T. Hogg, C. Strobeck and M. Festa-Bianchet. 2003. Undesirable evolutionary consequences of trophy hunting. *Nature* 426: 655–658. [6, 8]

Connell, J. H. 1961a. The effects of competition, predation by *Thais lapillus*, and other factors on natural populations of the barnacle, *Balanus balanoides*. *Ecological Monographs* 31: 61–104. [12, 19]

Connell, J. H. 1961b. The influence of interspecific competition and other factors on the distribution of the barnacle *Chthamalus stellatus*. *Ecology* 42: 710–723. [12]

Connell, J. H. 1978. Diversity in tropical rain forests and coral reefs. *Science* 199: 1302–1310. [19]

Connell, J. H. 1983. On the prevalence and relative importance of interspecific competition: Evidence from field experiments. *American Naturalist* 122: 661–696. [12]

Connell, J. H. and R. O. Slatyer. 1977. Mechanisms of succession in natural communities and their role in community stability and organization. *American Naturalist* 111: 1119–1144. [17]

Connell, J. H. and W. P. Sousa. 1983. On the evidence needed to judge ecological stability or persistence. *American Naturalist* 121: 789–824. [17]

Cook, B. I., R. L. Miller and R. Seager. 2009. Amplification of the North American "Dust Bowl" drought through human-induced land degradation. *Proceedings of the National Academy of Sciences USA* 106: 4997–5001. [25]

Cook, L. M., B. S. Grant, I. J. Saccheri and J. Mallet. 2012. Selective bird predation on the peppered moth: the last experiment of Michael Majerus. *Biology Letters* 8: 609–612. [6]

Cooper, W. S. 1923a. The recent ecological history of Glacier Bay, Alaska: The interglacial forests of Glacier Bay. *Ecology* 4: 93–128. [17]

Cooper, W. S. 1923b. The recent ecological history of Glacier Bay, Alaska: Permanent quadrats at Glacier Bay: An initial report upon a long-period study. *Ecology* 4: 355–365. [17]

Copeyon, C. K., J. R. Walters and J. H. Carter III. 1991. Induction of red-cockaded woodpecker group formation by artificial cavity construction. *Journal of Wildlife Management* 55: 549–556. [23]

Cornulier, T. and 20 others. 2013. Europe-wide dampening of population cycles in keystone herbivores. *Science* 340: 63–66. [11]

Costanzo, J. P., R. E. Lee Jr., A. L. DeVries, T. Wang and J. R. Layne Jr. 1995. Survival mechanisms of vertebrate ectotherms at subfreezing temperatures: Applications in cryomedicine. *FASEB Journal* 9: 351–358. [4]

Cotton, P. A., S. D. Rundle and K. E. Smith. 2004. Trait compensation in marine gastropods: Shell shape, avoidance behavior, and susceptibility to predation. *Ecology* 85: 1581–1584. [13]

Courchamp, F., T. Clutton-Brock and B. Grenfell. 1999. Inverse density dependence and the Allee effect. *Trends in Ecology and Evolution* 14: 405–410. [11]

Cowie, R. H. 2001. Decline and homogenization of Pacific faunas: The land snails of American Samoa. *Biological Conservation* 99: 207–222. [23]

Cowie, R. J. 1977. Optimal foraging in great tits (*Parus major*). *Nature* 268: 137–139. [8]

Cowles, H. C. 1899. The ecological relations of the vegetation on the sand dunes of Lake Michigan. *Botanical Gazette* 27: 95–117, 167–202, 281–308, 361–391. [17]

Creel, S. and D. Christianson. 2009. Wolf presence and increased willow consumption by Yellowstone elk: Implications for trophic cascades. *Ecology* 90: 2454–2466. [24]

Creel, S. and N. M. Creel. 1995. Communal hunting and pack size in African wild dogs, *Lycaon pictus*. *Animal Behaviour* 50: 1325–1339. [8]

Creel, S., J. Winnie Jr., B. Maxwell, K. Hamlin and M. Creel. 2005. Elk alter habitat selection as an antipredator response to wolves. *Ecology* 86: 3387–3397. [8]

Crews, T. E., K. Kitayama, J. H. Fownes, D. A. Herbert, R. H. Riley, D. Mueller-Dombois and P. M. Vitousek. 1995. Changes in soil phosphorus fractions and ecosystem dynamics across a long chronosequence in Hawaii. *Ecology* 76: 1407–1424. [22]

Crisafulli, C. M., J. A. MacMahon and R. R. Parmenter. 2005. Small-mammal survival and colonization on the Mount St. Helens volcano: 1980–2005. In *Ecological Responses to the 1980 Eruption of Mount St. Helens*, V. H. Dale, F. J. Swanson and C. M. Crisafulli (eds.), 183–197. Springer, New York. [17]

Croll, D. A., J. L. Maron, J. A. Estes, E. M. Danner and G. V. Byrd. 2005. Introduced predators transform subarctic islands from grassland to tundra. *Science* 307: 1959–1961. [13]

Crouse, D. T., L. B. Crowder and H. Caswell. 1987. A stage-based population model for loggerhead sea turtles and implications for conservation. *Ecology* 68: 1412–1423. [10]

Crowder, L. B., D. T. Crouse, S. S. Heppell and T. H. Martin. 1994. Predicting the impact of Turtle Excluder Devices on loggerhead sea turtle populations. *Ecological Applications* 4: 437–445. [10]

Crutzen, P. J. and E. F. Stoermer. 2000. The "Anthropocene." *Global Change Newsletter* 41: 12–13. [25]

Currie, C. R. and A. E. Stuart. 2001. Weeding and grooming of pathogens in agriculture by ants. *Proceedings of the Royal Society of London B* 268: 1033–1039. [15]

Currie, C. R., U. G. Mueller and D. Malloch. 1999a. The agricultural pathology of ant fungus gardens. *Proceedings of the National Academy of Sciences USA* 96: 7998–8002. [15]

Currie, C. R., J. A. Scott, R. C. Summerbell and D. Malloch. 1999b. Fungus-growing ants use antibiotic-producing bacteria to control garden parasites. *Nature* 398: 701–704. [15]

Currie, C. R., M. Poulsen, J. Mendenhall, J. J. Boomsma and J. Billen. 2006. Coevolved crypts and exocrine glands support mutualistic bacteria in fungus-growing ants. *Science* 311: 81–83. [15]

D

Dahlgren, C. P. and D. B. Eggleston. 2000. Ecological processes underlying ontogenetic habitat shifts in a coral reef. *Ecology* 81: 2227–2240. [7]

Daily, G. C. and K. Ellison. 2002. *The New Economy of Nature: The Quest to Make Conservation Profitable*. Island Press, Washington, DC. [24]

Dale, V. H., F. J. Swanson and C. M. Crisafulli, eds. 2005. *Ecological Responses to the 1980 Eruption of Mount St. Helens*. Springer, New York. [17]

Dambrine, E., J. L. Dupouey, L. Laut, L. Humbert, M. Thinon, M. T. Beaufils and H. Richard. 2007. Present forest biodiversity patterns in France related to former Roman agriculture. *Ecology* 88: 1430–1439. [24]

Damman, H. and M. L. Cain. 1998. Population growth and viability analyses of the clonal woodland herb, *Asarum canadense*. *Journal of Ecology* 86: 13–26. [10]

Darimont, C. T., S. M. Carlson, M. T. Kinnison, P. C. Paquet, T. E. Reimchen and C. C. Wilmers. 2009. Human predators outpace other agents of trait change in the wild. *Proceedings of the National Academy of Sciences USA* 106: 952–954. [6]

Darwin, C. 1859. *On the Origin of Species*. J. Murray, London. [6, 8, 12, 13, 16, 18, 19, 21]

Darwin, C. 1871. *The Descent of Man and Selection in Relation to Sex*. London, John Murray. [8]

Darwin, C. 1875. *Insectivorous Plants*. Appleton and Company, New York. [12]

Daskalov, G. M., A. N. Grishin, S. Rodionov and V. Mihneva. 2007. Trophic cascades triggered by overfishing reveal possible mechanisms of ecosystem regime shifts. *Proceedings of the National Academy of Sciences USA* 104: 10518–10523. [11]

David, P., A. Hingle, D. Greig, A. Rutherford, A. Pomiankowski and K. Fowler. 1998. Male sexual ornament size but not asymmetry reflects condition in stalk-eyed flies. *Proceedings of the Royal Society of London* B 265: 2211–2216. [8]

Davidson, J. 1938. On the growth of the sheep population in Tasmania. *Transactions of the Royal Society of South Australia* 62: 342–346. [11]

Davidson, J. and H. G. Andrewartha. 1948. The influence of rainfall, evaporation and atmospheric temperature of fluctuations in the size of a natural population of *Thrips imaginis* (Thysanoptera). *Journal of Animal Ecology* 17: 200–222. [10]

Davies, N. B., J. R. Krebs and S. A. West. 2012. *An Introduction to Behavioural Ecology, 4th edition*. Wiley-Blackwell, Oxford. [8]

Davis, C. C. 1964. Evidence for the eutrophication of Lake Erie from phytoplankton records. *Limnology and Oceanography* 9: 275–283. [11]

Davis, M. B., J. Ford and R. E. Moeller. 1985. Paleolimnology. In *An Ecosystem Approach to Aquatic Ecology: Mirror Lake and Its Environment*, G. E. Likens (ed.), 345–366. Springer-Verlag, New York. [22]

Dawson, J. and R. Lucas. 2000. *Nature Guide to the New Zealand Forest*. A Godwit Book. Random House New Zealand, Auckland, NZ. [18]

Dayton, P. K. 1971. Competition, disturbance and community organization: The provision and subsequent utilization of space in a rocky intertidal community. *Ecological Monographs* 41: 351–389. [16]

De'ath, G., J. M. Lough and K. E. Fabricus. 2009. Declining coral calcification in the Great Barrier Reef. *Science* 323: 116–119. [25]

Deevey, E. S. 1947. Life tables for natural populations. *Quarterly Review of Biology* 22: 283–314. [10]

Delcourt, H. R. 2002. Creating landscape pattern. In *Learning Landscape Ecology*, S. E. Gergel and M. G. Turner (eds.), 62–82. Springer Verlag, New York. [24]

Delcourt, P. A., H. R. Delcourt, C. R. Ison, W. E. Sharp and K. J. Gremillion. 1998. Prehistoric human use of fire, the eastern agricultural complex, and Appalachian oak–chestnut forests: Paleoecology of Cliff Palace Pond, Kentucky. *American Antiquity* 63: 263–278. [3]

DellaSala, D. A. and J. E. Williams. 2006. The northwest forest plan: A global model of forest management in contentious times. *Conservation Biology* 20: 274–276. [24]

Del Moral, R., D. M. Wood and J. H. Titus. 2005. Proximity, microsites, and biotic interactions during early succession. In *Ecological Responses to the 1980 Eruption of Mount St. Helens*, V. H. Dale, F. J. Swanson and C. M. Crisafulli (eds.), 93–107. Springer, New York. [17]

DeLucia, E. H. and 10 others. 1999. Net primary production of a forest ecosystem under experimental CO_2 enrichment. *Science* 284: 1177–1179. [25]

DeMaster, D. P., A. W. Trites, P. Clapham, S. Mizroch, P. Wade, R. J. Small and J. Ver Hoef. 2006. The sequential megafaunal collapse hypothesis: Testing with existing data. *Progress in Oceanography* 68: 329–342. [9]

Denslow, J. S. 1987. Tropical rainforest gaps and tree species diversity. *Annual Review of Ecology and Systematics* 18: 431–451. [7]

Dewailly, E., P. Ayotte, S. Bruneau, C. Laliberte, D. C. G. Muir and R. J. Norstrom. 1993. Inuit exposure to organochlorines through the aquatic food-chain in Arctic Quebec. *Environmental Health Perspectives* 101: 618–620. [21]

Diamond, J. M. 1975. The island dilemma: Lessons of modern biogeographic studies for the design of natural reserves. *Biological Conservation* 7: 129–146. [24]

Diamond, J. M. 1997. *Guns, Germs, and Steel: The Fates of Human Societies*. W. W. Norton, New York. [14]

Dirzo, R. and P. H. Raven. 2003. Global state of biodiversity and loss. *Annual Review of Environment and Resources* 28: 137–167. [3]

Dixon, A. F. G. 1971. The role of aphids in wood formation. II. The effect of the lime aphid, *Eucallipterus tiliae* L. (Aphididae), on the growth of lime *Tilia* × *vulgaris* Hayne. *Journal of Applied Ecology* 8: 393–399. [13]

Dobson, A. and M. Meagher. 1996. The population dynamics of brucellosis in the Yellowstone National Park. *Ecology* 77: 1026–1036. [14]

Dodd, D. M. B. 1989. Reproductive isolation as a consequence of adaptive divergence in *Drosophila pseudoobscura*. *Evolution* 43: 1308–1311. [6]

Dodson, C. H. and A. H. Gentry. 1991. Biological extinction in Western Ecuador. *Annals of the Missouri Botanical Garden* 78: 273–295. [23]

Dugger, K. .M, R. G. Anthony and L. S. Andrews. 2011. Transient dynamics of invasive competition: Barred owls, spotted owls, habitat, and the demons of competition present. *Ecological Applications* 21: 2459–2468. [11]

Duggins, D. O. 1980. Kelp beds and sea otters: An experimental approach. *Ecology* 61: 447–453. [9]

Duggins, D. O., C. A. Simenstad and J. A. Estes. 1989. Magnification of secondary production by kelp detritus in coastal marine ecosystems. *Science* 245: 170–173. [9]

Dukes, J. S. and H. A. Mooney. 1999. Does global change increase the success of biological invaders? *Trends in Ecology and Evolution* 14: 135–139. [25]

Dybdahl, M. F. and C. M. Lively. 1998. Host–parasite coevolution: Evidence for rare advantage and time-lagged selection in a natural population. *Evolution* 52: 1057–1066. [14]

Dyer, L. A. and K. K. Letourneau. 1999a. Trophic cascades in a complex terrestrial community. *Proceedings of the National Academy of Sciences USA* 96: 5072–5076. [21]

Dyer, L. A. and K. K. Letourneau. 1999b. Relative strengths of top-down and bottom-up forces in a tropical forest community. *Oecologia* 119: 265–274. [21]

E

Eberhard, W. G. 2001. Under the influence: Webs and building behavior of *Plesiometa argyra* (Araneae, Tetragnathidae) when parasitized by *Hymenoepimecis argyraphaga* (Hymenoptera, Ichneumonidae). *Journal of Arachnology* 29: 354–366. [14]

Edmondson, W. T. and A. H. Litt. 1982. *Daphnia* in Lake Washington. *Limnology and Oceanography* 27: 272–293. [22]

Egan, T. 2006. *The Worst Hard Time: The Untold Story of Those Who Survived the Great American Dust Bowl*. Houghton Mifflin, Boston. [25]

Ehleringer, J. R. and C. S. Cook. 1990. Characteristics of *Encelia* species differing in leaf reflectance and transpiration rate under common garden conditions. *Oecologia* 82: 484–489. [4]

Ehleringer, J. R., T. E. Cerling and B. R. Helliker. 1997. C_4 photosynthesis, atmospheric CO_2, and climate. *Oecologia* 112: 285–299. [5]

Ehrlich, P. R. and E. O. Wilson. 1991. Biodiversity studies—Science and policy. *Science* 253: 758–762. [23]

Eis, S., E. H. Garman and L. F. Ebell. 1965. Relation between cone production and diameter increment of Douglas fir (*Pseudotsuga menziesii* (Mirb.) Franco), grand fir (*Abies grandis* (Dougl.) Lindl.), and western white pine (*Pinus monticola* Dougl.). *Canadian Journal of Botany* 43: 1553–1559. [7]

Elser, J. J. and 11 others. 2000. Nutritional constraints in terrestrial and freshwater food webs. *Nature* 408: 578–580. [21]

Elser, J. J. and 9 others. 2007. Global analysis of nitrogen and phosphorus limitation of primary producers in freshwater, marine and terrestrial ecosystems. *Ecology Letters* 10: 1135–1142. [20]

Elton, C. S. 1927. *Animal Ecology*. Sidgwick and Jackson, London. [17]

Elton, C. S. 1942. *Voles, Mice and Lemmings: Problems in Population Dynamics*. Oxford University Press, Oxford. [6]

Elton, C. S. 1958. *The Ecology of Invasions by Animals and Plants*. Chapman and Hall, London. [19, 21]

Emlen, S. T. and L. W. Oring. 1977. Ecology, sexual selection, and the evolution of mating systems. *Science* 197: 215–223. [8]

Endler, J. A. 1986. *Natural Selection in the Wild*. Princeton University Press, Princeton, NJ. [6]

Ensign, S. H. and M. W. Doyle. 2006. Nutrient spiraling in streams and river networks. *Journal of Geophysical Research* 111: G04009, doi:10.1029/2005JG000114. [22]

Epstein, E. and A. J. Bloom. 2005. *Mineral Nutrition of Plants: Principles and Perspectives*. 2nd ed. Sinauer Associates, Sunderland, MA. [22]

Epstein, P. R. 2000. Is global warming harmful to health? *Scientific American* 283: 50–57. [14]

Erickson, R. O. 1945. The *Clematis fremontii* var. *riehlii* population in the Ozarks. *Annals of the Missouri Botanical Garden* 32: 413–460. [9]

Estes, J. A. and D. O. Duggins. 1995. Sea otters and kelp forests in Alaska: Generality and variation in a community ecology paradigm. *Ecological Monographs* 65: 75–100. [9]

Estes, J. A., M. T. Tinker, T. M. Williams and D. F. Doak. 1998. Killer whale predation on sea otters linking oceanic and nearshore ecosystems. *Science* 282: 473–476. [9]

Evans, R. D., R. Rimer, L. Sperry and J. Belnap. 2001. Exotic plant invasion alters nitrogen dynamics in an arid grassland. *Ecological Applications* 11: 1301–1310. [22]

Ewing B., D. Moore, S. Goldfinger, A. Oursler, A. Reed, and M. Wackernagel. 2010. *The Ecological Footprint Atlas 2009*. Oakland: Global Footprint Network. [10]

F

Fagan, W. F., R. S. Cantrell and C. Cosner. 1999. How habitat edges change species interactions. *American Naturalist* 153: 165–182. [24]

Faithfull, I. 1997. *Etiella behrii* (Zeller) (Lepidoptera: Pyralidae) bred from pods of gorse, *Ulex europaeus* L. Fabaceae. *Victorian Entomology* 27: 34. [19]

FAO. Global Forest Resources Assessment 2005. Food and Agriculture Organization of the United Nations. www.fao.org/forestry/site/24690/en. [24]

Farrell, B. D. 1998. "Inordinate fondness" explained: Why are there so many beetles? *Science* 281: 555–559. [6]

Farrell, T. M. 1991. Models and mechanisms of succession: An example from a rocky intertidal community. *Ecological Monographs* 61: 95–113. [17]

Favreau, J. M., C. A. Drew, G. R. Hess, M. J. Rubino, F. H. Koch and K. A. Eschelbach. 2006. Recommendations for assessing the effectiveness of surrogate species approaches. *Biodiversity and Conservation* 15: 3949–3969. [23]

Feder, J. L. 1998. The apple maggot fly, *Rhagoletis pomonella*: Flies in the face of conventional wisdom about speciation? In *Endless Forms: Species and Speciation*, D. J. Howard and S. H. Berlocher (eds.), 130–144. Oxford University Press, Oxford. [6]

Fedonkin, M. A., A. Simonetta and A. Y. Ivantsov. 2007. New data on *Kimberella*, the Vendian mollusc-like organism (White Sea region, Russia): Palaeoecological and evolutionary implications. *Geological Society, London, Special Publications* 286: 157–179. [6]

Feely, R. A., C. L. Sabine, K. Lee, W. Berrelson, J. Kleypas, V. J. Fabry and F. J. Millero. 2004. Impact of anthropogenic CO_2 on the $CaCO_3$ system in the oceans. *Science* 305: 362–366. [25]

Fenner, F. and F. N. Ratcliffe. 1965. *Myxomatosis*. Cambridge University Press, Cambridge. [14]

Fernández-Marín, H., J. K. Zimmerman, D. R. Nash, J. J. Boomsma and W. T. Wcislo. 2009. Reduced biological control and enhanced chemical pest management in the evolution of fungus farming in ants. *Proceedings of the Royal Society of London B* 276: 2263–2269. [15]

Ferraz, G., G. J. Russell, P. C. Stouffer, R. O. Bierregaard Jr., S. L. Pimm and T. E. Lovejoy. 2003. Rates of species loss from Amazonian forest fragments. *Proceedings of the National Academy of Sciences USA* 100: 14069–14073. [18]

Field, C. B., M. J. Behrenfeld, J. T. Randerson and P. Falkowski. 1998. Primary productivity of the biosphere: Integrating terrestrial and oceanic components. *Science* 281: 237–240. [20]

Field, D. B., T. R. Baumgartner, C. D. Charles, V. Ferreira-Bartrina and M. D. Ohman. 2006. Planktonic foraminifera of the California current reflect 20th-century warming. *Science* 311: 63–66. [25]

Field, J. P. and 9 others. 2010. The ecology of dust. *Frontiers in Ecology and the Environment* 8: 423–430. [25]

Finkbeiner, E. M., B. P. Wallace, J. E. Moore, R. L. Lewison, L. B. Crowder and A. J. Read. 2011. Cumulative estimates of sea turtle bycatch and mortality in USA fisheries between 1990 and 2007. *Biological Conservation* 144: 2719–2727. [10]

Finkelstein, M. E. and 7 others. 2012. Lead poisoning and the deceptive recovery of the critically endangered California condor. *Proceedings of the National Academy of Sciences USA* 109: 11449–11454. [23]

Fiore, A. M., D. J. Jacob, J. A. Logan and J. H. Yin. 1998. Long-term trends in ground level ozone over the contiguous United States, 1980–1995. *Journal of Geophysical Research* 103 D1: 1471–1480. [25]

Fisher, S. G. and G. E. Likens. 1973. Energy budget in Bear Brook, New Hampshire: An integrative approach to stream ecosystem metabolism. *Ecological Monographs* 43: 421–439. [21]

Fitter, A. H. 2005. Darkness visible: Reflections on underground ecology. *Journal of Ecology* 93: 231–243. [15]

Flecker, A. S. and C. R. Townsend. 1994. Community-wide consequences of trout introduction in New Zealand streams. *Ecological Applications* 4: 798–807. [21]

Fleishman, E., D. D. Murphy and P. E. Brussard. 2000. A new method for selection of umbrella species for conservation planning. *Ecological Applications* 10: 569–579. [23]

Flessa, K. W. 1975. Area, continental drift and mammalian diversity. *Paleobiology* 1: 189–194. [18]

Foley, J. A., M. H. Costa, C. Delire, N. Ramankutty and P. Snyder. 2003. Green surprise? How terrestrial ecosystems could affect Earth's climate. *Frontiers in Ecology and Environment* 1: 38–44. [2]

Food and Agriculture Organization of the United Nations. *See* FAO.

Forbes, A. A., T. H. Q. Powell, L. L. Stelinski, J. J. Smith and J. L. Feder. 2009. Sequential sympatric speciation across trophic levels. *Science* 323: 776–779. [6]

Forman, R. T. T. 1995. Some general principles of landscape and regional ecology. *Landscape Ecology* 10: 133–142. [24]

Foster, W. A. and J. E. Treherne. 1981. Evidence for the dilution effect in the selfish herd from fish predation on a marine insect. *Nature* 293: 466–467.

Frank, P. W., C. D. Boll and R. W. Kelly. 1957. Vital statistics of laboratory cultures of *Daphnia pulex* De Geer as related to density. *Physiological Zoology* 30: 287–305. [10]

Franklin, J. F. 1996. Ecosystem management: An overview. In *Ecosystem Management: Applications for Sustainable Forest and Wildlife Resources*, M. S. Boyce and A. Haney (eds.), 21–53. Yale University Press, New Haven, CT. [24]

Franklin, J. F. and C. T. Dyrness. 1988. *Natural Vegetation of Oregon and Washington*. Oregon State University Press, Corvallis. [18]

Franks, S. J., S. Sim and A. E. Weis. 2007. Rapid evolution of flowering time by an annual plant in response to a climate fluctuation. *Proceedings of the National Academy of Sciences USA* 104: 1278–1282. [6]

Fry, B. 2007. *Stable Isotope Ecology*. Springer, New York. [5]

Funk, D. J., P. Nosil and W. J. Etges. 2006. Ecological divergence exhibits consistently positive associations with reproductive isolation across disparate taxa. *Proceedings of the National Academy of Sciences USA* 103: 3209–3213. [6]

G

Galetti, M. and 14 others. 2013. Functional extinction of birds drives rapid evolutionary changes in seed size. *Science* 340: 1086–1090. [23]

Galloway, J. N. and 14 others. 2004. Nitrogen cycles: Past, present, and future. *Biogeochemistry* 70: 153–226. [25]

Galloway, J. N. and 8 others. 2008. Transformation of the nitrogen cycle: recent trends, questions, and potential solutions. *Science* 320: 889–892.

Garrison, V. H. and 9 others. 2003. African and Asian dust: From desert soils to coral reefs. *BioScience* 53: 469–480. [25]

Gascon, C., G. B. Williamson and G. A. B. da Fonseca. 2000. Receding forest edges and vanishing reserves. *Science* 288: 1356–1358. [18]

Gasol, J. M., P. A. del Giorio and C. M. Duarte. 1997. Biomass distribution in marine planktonic communities. *Limnology and Oceanography* 42: 1353–1363. [21]

Gaston, K. J. 2003. *The Structure and Dynamics of Geographic Ranges*. Oxford University Press, Oxford. [9]

Gaston, K. J., P. H. Williams, P. Eggleton and C. J. Humphries. 1995. Large scale patterns of biodiversity: Spatial variation in family richness. *Proceedings of the Royal Society of London B* 260: 149–154. [18]

Gause, G. F. 1934a. Experimental analysis of Vito Volterra's mathematical theory of the struggle for existence. *Science* 79: 16–17. [12, 19]

Gause, G. F. 1934b. *The Struggle for Existence*. Williams & Wilkins, Baltimore, MD. [12]

Geffeney, S. L., E. Fujimoto, E. D. Brodie III, E. D. Brodie Jr. and P. C. Ruben. 2005. Evolutionary diversification of TTX-resistant sodium channels in a predator–prey interaction. *Nature* 434: 759–763. [13]

Gilg, O., I. Hanski and B. Sittler. 2003. Cyclic dynamics in a simple vertebrate predator–prey community. *Science* 302: 866–868. [11, 13]

Gilg, O., B. Sittler and I. Hanski. 2009. Climate change and cyclic predator–prey population dynamics in the high Arctic. *Global Change Biology* 15: 2634–2652. [11]

Gleason, H. A. 1917. The structure and development of the plant association. *Bulletin of the Torrey Botanical Club* 44: 463–481. [17]

Glück, E. 1987. Benefits and costs of social foraging and optimal flock size in goldfinches (*Carduelis carduelis*). *Ethology* 74: 65–79.

Godin, J. G. J. and S. E. Briggs. 1996. Female mate choice under predation risk in the guppy. *Animal Behaviour* 51: 117–130. [8]

González, C., O. Wang, S. E. Strutz, C. González-Salazar, V. Sánchez-Cordero and S. Sarkar. 2010. Climate change and risk of leishmaniasis in North America: Predictions from ecological niche models of vector and reservoir species. *PLoS Neglected Tropical Diseases* 4: 1–16. [14]

Gotelli, N. J. and A. M. Ellison. 2004. *A Primer of Ecological Statistics*. Sinauer Associates, Sunderland, MA. [1]

Gough, L., G. R. Shaver, J. Carroll, D. L. Royer and J. A. Laundre. 2000. Vascular plant species richness in Alaskan arctic tundra: The importance of soil pH. *Journal of Ecology* 88: 54–66. [22]

Goverde, M., K. Schweizer, B. Baur and A. Erhardt. 2002. Small-scale habitat fragmentation effects on pollinator behaviour: Experimental evidence from the bumblebee *Bombus veteranus* on calcareous grasslands. *Biological Conservation* 104: 293–299. [24]

Grabherr, G., M. Gottfried and H. Pauli. 1994. Climate effects on mountain plants. *Nature* 369: 448. [25]

Graham, I. M. and X. Lambin. 2002. The impact of weasel predation on cyclic field-vole survival: The specialist predator hypothesis contradicted. *Journal of Animal Ecology* 71: 946–956. [11]

Grant, B. R. and P. R. Grant. 2003. What Darwin's finches can teach us about the evolutionary origin and regulation of biodiversity. *BioScience* 53: 965–975. [6]

Grant, P. R. and B. R. Grant. 2006. Evolution of character displacement in Darwin's finches. *Science* 313: 224–226. [12]

Graven, H. D. and 13 others. 2013. Enhanced seasonal exchange of CO_2 by northern ecosystems since 1960. *Science* 341: 1085–1089. [25]

Grime, J. P. 1977. Evidence for the existence of three primary strategies in plants and its relevance to ecological and evolutionary theory. *American Naturalist* 111: 1169–1194. [7]

Grime, J. P. 1997. Biodiversity and ecosystem function: The debate deepens. *Science* 277: 1260–1261. [19]

Groom, M. J. and 7 others. 1999. Buffer zones: Benefits and dangers of compatible stewardship. In *Continental Conservation: Scientific Foundations of Regional Reserve Networks*, M. E. Soulé and J. Terborgh (eds.), 171–197. Island Press, Washington, DC. [24]

Grousset, F. E., P. Ginoux, A. Bory and P. E. Biscaye. 2003. Case study of a Chinese dust plume reaching the French Alps. *Geophysical Research Letters* 30: 1277, doi:10.1029/2002GL016833. [25]

Grutter, A. S., J. M. Murphy and J. H. Choat. 2003. Cleaner fish drives local fish diversity on coral reefs. *Current Biology* 13: 64–67. [15]

Gurevitch, J., L. L. Morrow, A. Wallace and J. S. Walsh. 1992. A meta-analysis of competition in field experiments. *American Naturalist* 140: 539–572. [12]

Gustafsson, L. and T. Pärt. 1990. Acceleration of senescence in the collared flycatcher *Ficedula albicollis* by reproductive costs. *Nature* 347: 279–281. [7]

H

Haase, D. and 7 others. 2007. Loess in Europe—its spatial distribution based on a European Loess Map, scale 1:2,500,000. *Quaternary Science Review*. 26: 1301–1312. [25]

Hacker, S. D. and M. D. Bertness. 1996. Trophic consequences of a positive plant interaction. *American Naturalist* 148: 559–575. [16]

Hacker, S. D. and M. D. Bertness. 1999. Experimental evidence for the factors maintaining plant species diversity in a New England salt marsh. *Ecology* 80: 2064–2073. [19]

Hacker, S. D. and S. D. Gaines. 1997. Some implications of direct positive interactions for community species diversity. *Ecology* 78: 1990–2003. [19]

Haddrath, O. and A. J. Baker. 2001. Complete mitochondrial DNA genome sequences of extinct birds: Ratite phylogenetics and the vicariance biogeography hypothesis. *Proceedings of the Royal Society of London* B 268: 939–945. [18]

Haines, B. L. 1978. Element and energy flows through colonies of the leaf-cutting ants, *Atta colombica*, in Panama. *Biotropica* 10: 270–277. [15]

Halpern, B. S. and 18 others. 2008. A global map of human impact on marine ecosystems. *Science* 319: 948–952. [3, 23]

Hansen, T. A. 1978. Larval dispersal and species longevity in lower Tertiary gastropods. *Science* 199: 885–887. [7]

Hanski, I. 1999. *Metapopulation Ecology*. Oxford University Press, New York. [11]

Harding, S. R. and J. R. Walters. 2002. Processes regulating the population dynamics of red-cockaded woodpecker cavities. *Journal of Wildlife Management* 66: 1083–1095. [23]

Hare, S. R. and R. C. Francis. 1994. Climate change and salmon production in the Northeast Pacific Ocean. In *Climate Change and Northern Fish Populations*, R. J. Beamish (ed.), 357–372. Canadian Special Publication of Fisheries and Aquatic Sciences, 121. [2]

Harrison, G. W. 1995. Comparing predator-prey models to Luckinbill's experiment with *Didinium* and *Paramecium*. *Ecology* 76: 357–374. [13]

Harrison, P. 1987. *A Field Guide to Seabirds of the World*. Stephen Greene Press, Lexington, MA. [18]

Harrison, P. and F. Pearce. 2001. *AAAS Atlas of Population and the Environment*. University of California Press, Berkeley. [3]

Harrison, R. G. 1980. Dispersal polymorphisms in insects. *Annual Review of Ecology and Systematics* 11: 95–118. [9]

Hart, M. W. and R. R. Strathmann. 1994. Functional consequences of phenotypic plasticity in echinoid larvae. *Biological Bulletin* 186: 291–299. [7]

Hartl, D. L. and A. G. Clark. 2007. *Principles of Population Genetics*. 4th ed. Sinauer Associates, Sunderland MA. [6]

Hartnett, D. C. and G. W. T. Wilson. 1999. Mycorrhizae influence plant community structure and diversity in tallgrass prairie. *Ecology* 80: 1187–1195. [15]

Harvell, C. D., C. E. Mitchell, J. R. Ward, S. Altizer, A. P. Dobson, R. S. Ostfeld and M. D. Samuel. 2002. Climate warming and disease risks for terrestrial and marine biota. *Science* 296: 2158–2162. [14]

Harvell, C. D., S. Altizer, I. M. Cattadori, L. Harrington and E. Weil. 2009. Climate change and wildlife diseases: When does the host matter the most? *Ecology* 90: 912–920. [14]

Hawkins, C. E. and 11 others. 2006. Emerging disease and population decline of an island endemic, the Tasmanian devil *Sarcophilus harrisii*. *Biological Conservation* 131: 307–324. [23]

Hawlena, D., M. S. Strickland, M. A. Bradford and O. J. Schmitz. 2012. Fear of predation slows plant-litter decomposition. *Science* 336: 1434–1438. [8]

Hays, J. D., J. Imbrie and N. J. Shackleton. 1976. Variations in Earths orbit—Pacemaker of ice ages. *Science* 194: 1121–1132. [2]

Hearne, S. 1911. *A Journey from Prince of Wales's Fort in Hudson's Bay to the Northern Ocean in the years 1769, 1770, 1771 and 1772*. The Champlain Society, Toronto. [4]

Hebblewhite, M. and 7 others. 2005. Human activity mediates a trophic cascade caused by wolves. *Ecology* 86: 2135–2144. [24]

Hegazy, A. K. 1990. Population ecology and implications for conservation of *Cleome droserifolia*: A threatened xerophyte. *Journal of Arid Environments* 19: 269–282. [10]

Hejda, M., P. Pysek and V. Jorosik. 2009. Impact of invasive plants on the species richness, diversity, and composition of invaded communities. *Journal of Ecology* 97: 393–403. [15]

Henderson, S., P. Hattersley, S. von Caemmerer and C. B. Osmond. 1995. Are C_4 pathway plants threatened by global climatic change? In *Ecophysiology of Photosynthesis*, E.-D. Schulze and M. M. Caldwell (eds.), 529–549. Springer, New York. [5]

Henry, M., J. M. Pons and J. F. Cosson. 2007. Foraging behaviour of a frugivorous bat helps bridge landscape connectivity and ecological processes in a fragmented rainforest. *Journal of Animal Ecology* 76: 801–813. [24]

Hersperger, A. M. 2006. Spatial adjacencies and interactions: Neighborhood mosaics for landscape ecological planning. *Landscape and Urban Planning* 77: 227–239. [24]

Hess, G. R. 1994. Conservation corridors and contagious disease—A cautionary note. *Conservation Biology* 8: 256–262. [24]

Hetrick, B. A. D., G. W. T. Wilson and D. C. Hartnett. 1989. Relationship between mycorrhizal dependence and competitive ability of two tallgrass prairie grasses. *Canadian Journal of Botany* 67: 2608–2615. [15]

Hickman, J. E., S. Wu, L. J. Mickley and M. T. Lerdau. 2010. Kudzu (*Pueraria montana*) invasion doubles emissions of nitric oxide and increases ozone pollution. *Proceedings of the National Academy of Sciences USA* 107: 10115–10119. [23]

Hik, D. S. and R. L. Jefferies. 1990. Increases in the net above-ground primary production of a salt-marsh forage grass: A test of the predictions of the herbivore-optimization model. *Journal of Ecology* 78: 180–195. [13]

Hilderbrand, G. V., S. D. Farley, C. T. Robbins, T. A. Hanley, K. Titus and C. Servheen. 1996. Use of stable isotopes to determine diets of living and extinct bears. *Canadian Journal of Zoology* 74: 2080–2088. [19]

Hiller, N. L., S. Bhattacharjee, C. van Ooij, K. Liolios, T. Harrison, C. Lopez-Estraño and K. Haldar. 2004. A host-targeting signal in virulence proteins reveals a secretome in malarial infection. *Science* 306: 1934–1937. [14]

Himmel, M. E., S.-Y. Ding, D. K. Johnson, W. S. Adney, M. R. Nimlos, J. W. Brady and T. D. Foust. 2007. Biomass recalcitrance: Engineering plants and enzymes for biofuels production. *Science* 315: 804–807. [19]

Hochochka, P. W. and G. N. Somero. 2002. *Biochemical Adaptation, Mechanism and Process in Physiological Evolution*. Oxford University Press, Oxford. [4]

Hof, C., I. Levinsky, M. B. Araujo and C. Rahbek. 2011. Rethinking species' ability to cope with rapid climate change. *Global Change Biology* 17: 2987–2990. [1]

Hof, C., M. B. Araújo, W. Jetz and C. Rahbek. 2011. Additive threats from pathogens, climate and land-use change for global amphibian diversity. *Nature* 480: 516–519. [1]

Hoffmann, M. and 173 others. 2010. The impact of conservation on the status of the world's vertebrates. *Science* 330: 1503–1509. [23]

Hollinger, D. Y. and 14 others. 1998. Forest–atmosphere carbon dioxide exchange in eastern Siberia. *Agricultural and Forest Meteorology* 90: 291–306. [20]

Holt, B. G., and 14 others. 2013. An update of Wallace's zoogeographic regions of the world. *Science* 339: 74–78. [17]

Hooper, R. G., W. E. Taylor and S. C. Loeb. 2004. Long-term efficacy of artificial cavities for red-cockaded woodpeckers: Lessons learned from Hurricane Hugo. In *Red-Cockaded Woodpecker: Road to Recovery*, R. Costa and S. J. Daniels (eds.), 430–438. Hancock House Publishers, Blaine, WA. [23]

Hoover, K., M. Grove, M. Gardner, D. P. Hughes, J. McNeil and J. Slavicek. 2011. A gene for an extended phenotype. *Science* 333: 1401. [14]

Houserová, P., V. Kubáň, S. Kráčmar and J. Sitko. 2007. Total mercury and mercury species in birds and fish in an aquatic ecosystem in the Czech Republic. *Environmental Pollution* 145: 185–194. [21]

Howarth, R. W. and 14 others. 1996. Regional nitrogen budgets and riverine N & P fluxes for the drainages to the North Atlantic Ocean: Natural and human influences. *Biogeochemistry* 35: 75–139. [22, 25]

Hu, J., D. J. P. Moore, S. P. Burns and R. K. Monson. 2010. Longer growing seasons lead to less carbon sequestration by a subalpine forest. *Global Change Biology* 16: 771–783. [25]

Hubbell, S. 2001. *The Unified Neutral Theory of Biodiversity and Biogeography*. Princeton University Press, Princeton, NJ. [19]

Hudson, P. J., A. P. Dobson and D. Newborn. 1998. Prevention of population cycles by parasite removal. *Science* 282: 2256–2258. [14]

Huffaker, C. B. 1958. Experimental studies on predation: Dispersion factors and predator–prey oscillations. *Hilgardia* 27: 343–383. [13]

Huffaker, C. B. and C. E. Kennett. 1957. A ten-year study of vegetational changes associated with biological control of Klamath weed. *Journal of Range Management* 12: 69–82. [13]

Huffman, M. A. 1997. Current evidence for self-medication in primates: A multidisciplinary perspective. *Yearbook of Physical Anthropology* 40: 171–200. [14]

Hughes, F., P. M. Vitousek and T. Tunison. 1991. Alien grass invasion and fire in the seasonal submontane zone of Hawai'i. *Ecology* 72: 743–746. [9]

Hughes, J. B., J. J. Hellman, T. H. Ricketts and B. J. M. Bohannan. 2001. Counting the uncountable: Statistical approaches to estimating microbial diversity. *Applied and Environmental Microbiology* 67: 4399–4406. [16]

Humphreys, W. F. 1979. Production and respiration in animal populations. *Journal of Animal Ecology* 48: 427–454. [21]

Hunt, G. R. 1996. Manufacture and use of hook-tools by New Caledonian crows. *Nature* 379: 249–251. [5]

Hunt, G. R. and R. D. Gray. 2003. Diversification and cumulative evolution in New Caledonian crow tool manufacture. *Proceedings of the Royal Society of London* B 270: 867–874. [5]

Hunziker, J. H., R. A. Palacios, A. G. de Valesi and L. Poggio. 1972. Species disjunctions in *Larrea*: Evidence from morphology, cytogenetics, phenolic compounds and seed albumins. *Annals of Missouri Botanical Garden* 59: 224–233. [9]

Huston, M. 1979. A general hypothesis of species diversity. *American Naturalist* 113: 81–101. [19]

Hutchinson, G. E. 1959. Homage to Santa Rosalia or why are there so many kinds of animals? *American Naturalist* 93: 145–159. [18]

Hutchinson, G. E. 1961. The paradox of the plankton. *American Naturalist* 95: 137–145. [19]

Hutchinson, G. E. 1965. *The Ecological Theater and the Evolutionary Play*. Yale University Press, New Haven, CT. [24]

I

Inouye, D. W. 2008. Effects of climate change on phenology, frost damage, and floral abundance of montane wildflowers. *Ecology* 89: 353–362. [25]

IPCC. 2007. *Climate Change 2007*. Cambridge University Press, Cambridge; also available at the IPCC Web site: http://www.ipcc.ch/. [19, 25]

IPCC. 2013. *Climate Change 2013: The Physical Science Basis*. Available at the IPPC Web site: http://www.ipcc.ch/report/ar5/wg1/. [25]

J

Jablonski, D. 1995. Extinctions in the fossil record. In *Extinction Rates*, J. H. Lawton and R. M. May (eds.), 25–44. Oxford University Press, Oxford. [6]

Jablonski, D., K. Roy and J. W. Valentine. 2006. Out of the tropics: Evolutionary dynamics of the latitudinal diversity gradient. *Science* 314: 102–106. [18]

Jablonski, N. G. 2004. The evolution of human skin and skin color. *Annual Review of Anthropology* 33: 585–623. [25]

Jablonski, N. G. 2006. *Skin: A Natural History*. University of California Press, Berkeley. [4]

Jacobson, M. Z. 2002. *Atmospheric Pollution, History, Science, and Regulation*. Cambridge University Press, Cambridge. [25]

Jaenike, J. and T. D. Brekke. 2011. Defensive endosymbionts: A cryptic trophic level in community ecology. *Ecology Letters* 14: 150–155. [14]

Jaenike, J., R. Unckless, S. N. Cockburn, L. M. Boelio and S. J. Perlman. 2010. Adaptation via symbiosis: Recent spread of a *Drosophila* defensive symbiont. *Science* 329: 212–215. [15]

Jaffe, D., I. McKendry, T. Anderson and H. Price. 2003. Six "new" episodes of trans-Pacific transport of air pollutants. *Atmospheric Environment* 37: 391–404. [25]

Janzen, D. H. 1966. Coevolution of mutualism between ants and acacias in Central America. *Evolution* 20: 249–275. [15]

Janzen, D. H. 1986. The future of tropical ecology. *Annual Review of Ecology and Systematics* 17: 305–324. [23]

Jefferies, R. L., R. F. Rockwell and K. F. Abraham. 2003. The embarrassment of riches: Agricultural food subsidies, high goose numbers, and loss of Arctic wetlands—a continuing saga. *Environmental Reviews* 11: 193–232. [13]

Jentsch, A., J. Kreyling and C. Beierkuhnlein. 2007. A new generation of climate change experiments: Events, not trends. *Frontiers in Ecology and the Environment* 5: 315–324. [2]

Jeon, K. W. 1972. Development of cellular dependence on infective organisms: Microsurgical studies in amoebas. *Science* 176: 1122–1123. [15]

Jeschke, J. M. 2007. When carnivores are "full and lazy." *Oecologia* 152: 357–364. [8]

Johnson, D. M. and 7 others. 2010. Climate change disrupts recurrent Alpine insect outbreaks. *Proceedings of the National Academy of Sciences USA* 107: 20576–20581. [11]

Johnson, M. T. J., M. Vellend and J. R. Stinchcombe. 2009. Evolution in plant populations as a driver of ecological changes in arthropod communities. *Philosophical Transactions of the Royal Society of London* B 364: 1593–1605. [6]

Johnson, P. T. J., K. B. Lunde, E. G. Ritchie and A. E. Launer. 1999. The effect of trematode infection on amphibian limb development and survivorship. *Science* 284: 802–804. [1]

Johnson, P. T. J. and 7 others. 2007. Aquatic eutrophication promotes pathogenic infection in amphibians. *Proceedings of the National Academy of Sciences USA* 104: 15781–15786. [1]

Johnson, R. G. and S. A. Temple. 1990. Nest predation and brood parasitism of tallgrass prairie birds. *Journal of Wildlife Management* 54: 106–111. [24]

Johnson, W. E. and 15 others. 2010. Genetic restoration of the Florida panther. *Science* 329: 1641–1645. [23]

Jones, C. G., J. H. Lawton and M. Shachak. 1994. Organisms as ecosystem engineers. *Oikos* 69: 373–386. [16]

Jones, C. G., J. H. Lawton and M. Shachak. 1997. Positive and negative effects of organisms as physical ecosystem engineers. *Ecology* 78: 1946–1957. [16]

Jones, H. L. and J. M. Diamond. 1976. Short-time-base studies of turnover in breeding bird populations on the California Channel Islands. *Condor* 78: 526–549. [11]

Jordan, M. J. and G. E. Likens. 1975. An organic carbon budget for an oligotrophic lake in New Hampshire. *Verhandlungen Internationale Vereinigung für Theoretische und Angewandte Limnologie* 19: 994–1003. [21]

Jousson, O. and 8 others. 2000. Invasive alga reaches California. *Nature* 408: 157–158. [16]

K

Kacsoh, B. Z., Z. R. Lynch, N. T. Mortimer and T. A. Schlenke. 2013. Fruit flies medicate offspring after seeing parasites. *Science* 339: 947–950. [8]

Karban, R. and G. English-Loeb. 1997. Tachinid parasitoids affect host plant choice by caterpillars to increase caterpillar survival. *Ecology* 78: 603–611. [14]

Kauffman, M. J., J. F. Brodie and E. S. Jules. 2010. Are wolves saving Yellowstone's aspen? A landscape-level test of a behaviorally mediated trophic cascade. *Ecology* 91: 2742–2755. [24]

Keever, K. 1953. Present composition of some stands of the former oak–chestnut forest in the southern Blue Ridge mountains. *Ecology* 34: 44–54. [14]

Keller, I. and C. R. Largiadèr. 2003. Recent habitat fragmentation caused by major roads leads to reduction of gene flow and loss of genetic variability in ground beetles. *Proceedings of the Royal Society of London* B 270: 417–423. [24]

Kenward, B., A. A. S. Weir, C. Rutz and A. Kacelnik. 2005. Tool manufacture by naive juvenile crows. *Nature* 433: 121. [5]

Kenward, R. E. 1978. Hawks and doves: Factors affecting success and selection in goshawk attacks on woodpigeons. *Journal of Animal Ecology* 47: 449–460. [8]

Kerr, P. J. and S. M. Best. 1998. Myxoma virus in rabbits. *Revue scientifique et technique – Office international des epizooties* 17: 256–268. [14]

Kessler, A. and I. T. Baldwin. 2001. Defensive function of herbivore-induced plant volatile emissions in nature. *Science* 291: 2141–2144. [13]

Kettlewell, H. B. D. 1955. Selection experiments on industrial melanism in the Lepidoptera. *Heredity* 9: 323–342. [6]

Kettlewell, H. B. D. 1956. Further selection experiments on industrial melanism in the Lepidoptera. *Heredity* 10: 287–301. [6]

Kideys, A. E. 2002. Fall and rise of the Black Sea ecosystem. *Science* 297: 1482–1484. [11]

Kiehl, J. T. and K. E. Trenberth. 1997. Earth's annual global mean energy budget. *Bulletin of the American Meteorological Society* 78: 197–208. [2]

Kiers, E. T. and 14 others. 2011. Reciprocal rewards stabilize cooperation in the mycorrhizal symbiosis. *Science* 333: 880–882. [15]

Kiesecker, J. M. 2002. Synergism between trematode infection and pesticide exposure: A link to amphibian limb deformities in nature? *Proceedings of the National Academy of Sciences USA* 99: 9900–9904. [1]

Kinchy, A. J. 2006. On the borders of post-war ecology: Struggles over the Ecological Society of America's preservation committee, 1917–1946. *Science as Culture* 15: 23–44. [23]

King, A. A. and W. M. Schaffer. 2001. The geometry of a population cycle: A mechanistic model of snowshoe hare demography. *Ecology* 82: 814–830. [13]

Kingsland, S. E. 1991. Defining ecology as a science. In *Foundations of Ecology: Classic Papers with Commentaries*, L. A. Real and J. H. Brown (eds.), 1–13. University of Chicago Press, Chicago. [17]

Kinnison, M. T. and A. P. Hendry. 2001. The pace of modern life II: From rates of contemporary evolution to pattern and process. *Genetica* 112–113: 145–164. [6]

Kinzig, A. P. and J. Harte. 2000. Implications of endemics–area relationships for estimates of species extinctions. *Ecology* 81: 3305–3311. [23]

Kitzes, J. and M. Wackernagel. 2009. Answers to common questions in Ecological Footprint accounting. *Ecological Indicators* 9: 812–817. [10]

Knapp, A. K. and 9 others. 2002. Rainfall variability, carbon cycling and plant species diversity in a mesic grassland. *Science* 298: 2202–2205. [3]

Kodric-Brown, A. and J. M. Brown. 1993. Highly structured fish communities in Australian desert springs. *Ecology* 74: 1847–1855. [18]

Kohler, S. L. and M. J. Wiley. 1997. Pathogen outbreaks reveal large-scale effects of competition in stream communities. *Ecology* 78: 2164–2176. [14]

Köhler, W. 1927. *The Mentality of Apes*. Routledge & Kegan Paul, London. [5]

Komdeur, J. 1992. Importance of habitat saturation and territory quality for evolution of cooperative breeding in the Seychelles warbler. *Nature* 358: 493–495. [9]

Kondoh, M. 2003. Foraging adaptation and the relationship between food-web complexity and stability. *Science* 299: 1388–1391. [21]

Korpimäki, E. and K. Norrdahl. 1998. Experimental reduction of predators reverses the crash phase of small-rodent cycles. *Ecology* 79: 2448–2455. [11]

Koskela, T., S. Puustinen, V. Salonen and P. Mutikainen. 2002. Resistance and tolerance in a host plant–holoparasitic plant interaction: Genetic variation and costs. *Evolution* 56: 899–908. [5]

Kozaki, A. and G. Takeba. 1996. Photorespiration protects C_3 plants from photooxidation. *Nature* 384: 557–580. [5]

Kraaijeveld, A. R., K. A. Hutcheson, E. C. Limentani and H. C. J. Godfray. 2001. Costs of counterdefenses to host resistance in a parasitoid of *Drosophila*. *Evolution* 55: 1815–1821. [14]

Krebs, C. J. 1999. *Ecological Methodology*. Addison Wesley, Menlo Park, CA. [9]

Krebs, C. J. and 7 others. 1995. Impact of food and predation on the snowshoe hare cycle. *Science* 269: 1112–1115. [13]

Krebs, J. B., J. T. Eriksen, M. T. Webber and E. L. Charnov. 1977. Optimal prey selection in the Great Tit (*Parus major*). *Animal Behavior* 25: 30–38. [8]

Kremen, C., V. Razafimahatratra, R. P. Guillery, J. Rakotomalala, A. Weiss and J. S. Ratsisompatrarivo. 1999. Designing the Masoala National Park in Madagascar based on biological and socioeconomic data. *Conservation Biology* 13: 1055–1068. [24]

Kricher, J. 1998. *A Field Guide to Eastern Forests*. Illustrated by G. Morrison. Houghton Mifflin, New York. [18]

Krümmel, E. M. and 7 others. 2003. Delivery of pollutants by spawning salmon. *Nature* 425: 255. [21]

Krützen, M., J. Mann, M. R. Heithaus, R. C. Connor, L. Bejder and W. B. Sherwin. 2005. Cultural transmission of tool use in bottlenose dolphins. *Proceedings of the National Academy of Sciences USA* 102: 8939–8943. [5]

Kuhnlein, H. V., O. Receveur, D. C. G. Muir, H. M. Chan and R. Soueida. 1995. Arctic indigenous women consume greater than acceptable levels of organochlorines. *Journal of Nutrition* 125: 2501–2510. [21]

Kurz, W. A. and 7 others. 2008. Mountain pine beetle and forest carbon feedback to climate change. *Nature* 452: 987–990. [11, 20]

L

Lack, D. 1947a. The significance of clutch size. *Ibis* 89: 302–352. [7]

Lack, D. 1947b. *Darwin's Finches*. Cambridge University Press, Cambridge. [12]

Lafferty, K. D. 2009. The ecology of climate change and infectious diseases. *Ecology* 90: 888–900. [14]

Lambers, H., F. S. Chapin III and T. L. Pons. 1998. *Plant Physiological Ecology*. Springer, New York. [4, 5]

Lande, R. 1988. Demographic models of the northern spotted owl (*Strix occidentalis caurina*). *Oecologia* 75: 601–607. [11]

Landesman, W. J., B. F. Allan, R. B. Langerhans, T. M. Knight and J. M. Chase. 2007. Inter-annual associations between precipitation and human incidence of West Nile virus in the United States. *Vector-Borne and Zoonotic Diseases* 7: 337–343. [1]

Langerhans, R. B., M. E. Gifford and E. O. Joseph. 2007. Ecological speciation in *Gambusia* fishes. *Evolution* 61: 2056–2074. [6]

Larcher, W. 1980. *Physiological Plant Ecology*. Springer-Verlag, Berlin. [20]

Lauenroth, W. K. and O. E. Sala. 1992. Long-term forage production of North American shortgrass steppe. *Ecological Applications* 2: 397–403. [20]

Laurance, W. F. 2001. The hyper-diverse flora of the Central Amazon. In *Lessons from Amazonia: The Ecology and Conservation of a Fragmented Forest*, R. O. Bierregaard Jr., C. Gascon, T. E. Lovejoy and R. C. G. Mesquita (eds.), 47–53. Yale University Press, New Haven, CT. [18]

Laurance, W. F. and 10 others. 2002. Ecosystem decay of Amazonian forest fragments: A 22-year investigation. *Conservation Biology* 16: 605–618. [18, 24]

Law, R. 1975. Colonization and the evolution of life histories in *Poa annua*. Unpublished PhD thesis, University of Liverpool. [10]

Law, R., A. D. Bradshaw and P. D. Putwain. 1977. Life-history variation in *Poa annua*. *Evolution* 31: 233–246. [7]

Lawler, S. P. 1993. Species richness, species composition and population dynamics of protists in experimental microcosms. *Journal of Animal Ecology* 62: 711–719. [21]

Lawton, J. H. 2000. *Community Ecology in a Changing World*. Excellence in Ecology, O. Kinne (ed.), no. 11. Ecology Institute, Luhe, Germany. [19]

Layne, J. R. and R. E. Lee. 1995. Adaptations of frogs to survive freezing. *Climate Research* 5: 53–59. [4]

Lennartsson, T., P. Nilsson and J. Tuomi. 1998. Induction of overcompensation in the field gentian, *Gentianella campestris*. *Ecology* 79: 1061–1072. [13]

Lenton, T. M., M. Crouch, M. Johnson, N. Pires and L. Dolan. 2012. First plants cooled the Ordovician. *Nature Geoscience* 5: 86–89. [6]

Levin, S. A. 1992. The problem of pattern and scale in ecology. *Ecology* 73: 1943–1967. [24]

Levins, R. 1969. Some demographic and genetic consequences of environmental heterogeneity for biological control. *Bulletin of the Entomological Society of America* 15: 237–240. [11]

Levins, R. 1970. Extinction. In *Some Mathematical Problems in Biology*, M. Gerstenhaber (ed.), 75–107. American Mathematical Society, Providence, RI. [11]

Lewison, R. L., L. B. Crowder, A. J. Read and S. A. Freeman. 2004. Understanding impacts of fisheries bycatch on marine megafauna. *Trends in Ecology and Evolution* 19: 598–604. [23]

Lewontin, R. C. 1969. The meaning of stability. In *Diversity and Stability in Ecological Systems*, 13–24. Brookhaven Symposia in Biology, no. 22. Brookhaven National Laboratories, Brookhaven, NY. [17]

Likens, G. E. and F. H. Bormann. 1995. *Biogeochemistry of a Forested Ecosystem*. Springer-Verlag, New York. [22]

Lima, S. L. 1998. Nonlethal effects in the ecology of predator–prey interactions. *Bioscience* 48: 25–34. [8]

Lindeman, R. L. 1942. The trophic–dynamic aspect of ecology. *Ecology* 23: 399–418. [20]

Lindenmayer, D. B. and M. A. McCarthy. 2006. Evaluation of PVA models of arboreal marsupials: Coupling models with long-term monitoring data. *Biodiversity and Conservation* 15: 4079–4096. [23]

Lindqvist, C. and 13 others. 2010. Complete mitochondrial genome of a Pleistocene jawbone unveils the origin of polar bear. *Proceedings of the National Academy of Sciences USA* 107: 5053–5057. [9]

Ling, S. D. 2008. Range expansion of a habitat-modifying species leads to loss of taxonomic diversity: A new and impoverished reef state. *Oecologia* 156: 883–894. [9]

Ling, S. D., C. R. Johnson, S. D. Frusher and K. R. Ridgway. 2009. Over-fishing reduces resilience of kelp beds to climate-driven catastrophic phase shift. *Proceedings of the National Academy of Sciences USA* 106: 22341–22345. [9]

Lippincott, C. L. 2000. Effects of *Imperata cylindrica* (L.) Beauv. (cogongrass) invasion on fire regime in Florida sandhill. *Natural Areas Journal* 20: 140–149. [23]

Little, D. P. and D. W. Stevenson. 2007. A comparison of algorithms for the identification of specimens using DNA barcodes: Examples from gymnosperms. *Cladistics* 23: 1–21. [23]

Liu, H., E. S. Menges and P. F. Quintana-Ascencio. 2005. Population viability analyses of *Chamaecrista keyensis*: Effects of fire season and frequency. *Ecological Applications* 15: 210–221. [23]

Livdahl, T. P. and M. S. Willey. 1991. Prospects for an invasion: Competition between *Aedes albopictus* and native *Aedes triseriatus*. *Science* 253: 189–191. [12]

Lively, C. M. 1989. Adaptation by a parasitic trematode to local populations of its snail host. *Evolution* 43: 1663–1671. [14]

Logan, J. A., and J. A. Powell. 2001. Ghost forest, global warming, and the mountain pine beetle (Coleoptera: Scolytidae). *American Entomologist* 47: 160–172. [24]

Lomolino, M. V., J. H. Brown and R. Davis. 1989. Island biogeography of montane forest mammals in the American Southwest. *Ecology* 70: 180–194. [18]

Loreau, M. and 11 others. 2001. Biodiversity and ecosystem functioning: Current knowledge and future challenges. *Science* 294: 804–808. [19]

Lotka, A. J. 1932. The growth of mixed populations: Two species competing for a common food supply. *Journal of the Washington Academy of Sciences* 22: 461–469. [12]

Louda, S. M., D. Kendall, J. Conner and D. Simberloff. 1997. Ecological effects of an insect introduced for the biological control of weeds. *Science* 277: 1088–1090. [9]

Lukas, D. and T. H. Clutton-Brock. 2013. The evolution of social monogamy in mammals. *Science* 341: 526–530. [8]

M

MacArthur, R. H. 1955. Fluctuations in animal populations and a measure of community stability. *Ecology* 36: 533–536. [19]

MacArthur, R. H. 1958. Population ecology of some warblers of Northeastern coniferous forests. *Ecology* 39: 599–619. [19]

MacArthur, R. H. and J. W. MacArthur. 1961. On bird species diversity. *Ecology* 42: 594–598. [19]

MacArthur, R. H. and E. O. Wilson. 1963. An equilibrium theory of insular zoogeography. *Evolution* 17: 373–387. [18]

MacArthur, R. H. and E. O. Wilson. 1967. *The Theory of Island Biogeography*. Princeton University Press, Princeton, NJ. [7, 18]

MacDonald, I. A. W., L. L. Loope, M. B. Usher and O. Hamann. 1989. Wildlife conservation and the invasion of nature reserves by introduced species: A global perspective. In *Biological Invasions: A Global Perspective*, J. A. Drake, H. A. Mooney, F. di Castri, R. H. Groves, F. J. Kruger, M. Rejmanek and M. Williamson (eds.), 215–256. SCOPE (Scientific Committee on Problems of the Environment), 37. John Wiley & Sons, Chichester. [23]

Mack, R. N. and J. N. Thompson. 1982. Evolution in steppe with few large, hooved mammals. *American Naturalist* 119: 757–773. [22]

Macnair, M. R. and P. Christie. 1983. Reproductive isolation as a pleiotropic effect of copper tolerance in *Mimulus guttatus*. *Heredity* 50: 295–302. [6]

MacPhee, R. D. E. and P. A. Marx. 1997. Humans, hyperdisease, and first-contact extinctions. In *Natural Change and Human Impact in Madagascar*, S. M. Goodman and B. D. Patterson (eds.), 169–217. Smithsonian Institution Press, Washington, DC. [3]

Madigan, M. T. and J. M. Martinko. 2005. *Brock Biology of Microorganisms*. Prentice Hall, Upper Saddle River, NJ. [5]

Madronich, S., R. L. McKenzie, L. O. Björn and M. M. Caldwell. 1998. Changes in biologically active ultraviolet radiation reaching the Earth's surface. *Journal of Photochemistry and Photobiology* B: *Biology* 46: 5–19. [25]

Mahowald, N. and 8 others. 2005. The atmospheric global dust cycle and iron inputs to the ocean. *Global Biogeochemical Cycles* 19: GB4025 10.1029/2004GB002402. [25]

Maitland, D. P. 1994. A parasitic fungus infecting yellow dungflies manipulates host perching behaviour. *Proceedings of the Royal Society of London* B 258: 187–193. [14]

Mantua, N. J. 2001. The Pacific Decadal Oscillation. In *The Encyclopedia of Global Environmental Change*, vol. 1, *The Earth System: Physical and Chemical Dimensions of Global Environmental Change*, M. C. McCracken and J. S. Perry (eds.), 592–594. Wiley, New York. [2]

Mantua, N. J. and S. R. Hare. 2002. The Pacific Decadal Oscillation. *Journal of Oceanography* 58: 35–44. [2]

Mantua, N. J., S. R. Hare, Y. Zhang, J. M. Wallace and R. C. Francis. 1997. A Pacific interdecadal climate oscillation with impacts on salmon production. *Bulletin of the American Meteorological Society* 78: 1069–1079. [2]

Margoluis, R. and N. Salafsky. 1998. *Measures of Success: Designing, Managing, and Monitoring Conservation and Development Projects*. Island Press, Washington, DC. [24]

Maron, J. L. and M. Vila. 2001. When do herbivores affect plant invasion? Evidence for the natural enemies and biotic resistance hypotheses. *Oikos* 95: 361–373. [19]

Marr, J. W. 1967. *Ecosystems of the East Slope of the Front Range of Colorado*. University of Colorado Studies, Series in Biology, no. 8. University of Colorado Press, Boulder. [3]

Marschner, H. 1995. *Mineral Nutrition of Higher Plants*. Academic Press, San Diego, CA. [22]

Marti, M., R. T. Good, M. Rug, E. Knuepfer and A. F. Cowman. 2004. Targeting malaria virulence and remodeling proteins to the host erythrocyte. *Science* 306: 1930–1933. [14]

Martin, J. A., B. E. Hamilton, P. D. Sutton, S. J. Ventura, F. Menacker, S. Kirmeyer and T. J. Mathews. 2009. Births: Final data for 2006. National Vital Statistics Reports, Vol. 57 no. 7. Hyattsville, Maryland: National Center for Heath Statistics. http://www.cdc.gov/nchs/data/nvsr/nvsr57/nvsr57_07.pdf. [10]

Martin, J. H. and 43 others. 1994. Testing the iron hypothesis in ecosystems of the equatorial Pacific Ocean. *Nature* 371: 123–129. [20]

Martin, J. K. and A. A. Martin. 2007. Resource distribution influences mating system in the bobuck (*Trichosurus cunninghami*: Marsupialia). *Oecologia* 154: 227–236. [8]

Martin, P. S. 1984. Prehistoric overkill: The global model. In *Quaternary Extinctions: A Prehistoric Revolution*, P. S. Martin and R. G. Klein (eds.), 354–403. University of Arizona Press, Tucson. [3]

Martin, P. S. 2005. *Twilight of the Mammoths: Ice Age Extinctions and the Rewilding of America*. University of California Press, Berkeley. [3]

Maslin, M. A. and E. Thomas. 2003. Balancing the deglacial global carbon budget: The hydrate factor. *Quaternary Science Reviews* 22: 1729–1736. [5]

Mattson, W. J. Jr. 1980. Herbivory in relation to plant nitrogen content. *Annual Review of Ecology and Systematics* 11: 119–161. [13]

Mauseth, J. D. 1988. *Plant Anatomy*. Benjamin/Cummings, Menlo Park, CA. [15]

May, R. M. 1973. *Stability and Complexity in Model Ecosystems*. Princeton University Press, Princeton, NJ. [21]

May, R. M. 1976. Models for single populations. In *Theoretical Ecology: Principles and Applications*, R. M. May (ed.), 4–25. W. B. Saunders, Philadelphia. [11]

May, R. M. 2006. Threats to tomorrow's world. *Notes and Records of the Royal Society* 60: 109–130. [23]

May, R. M. and R. M. Anderson. 1983. Parasite–host coevolution. In *Coevolution*, D. J. Futuyma and M. Slatkin (eds.), 186–206. Sinauer Associates, Sunderland, MA. [14]

May, R. M., J. H. Lawton and N. E. Stork. 1995. Assessing extinction rates. In *Extinction Rates*, J. H. Lawton and R. M. May (eds.), 1–24. Oxford University Press, Oxford. [23]

McCaig, A. E., L. A. Glover and J. I. Prosser. 1999. Molecular analysis of bacterial community structure and diversity in unimproved and improved upland grass pastures. *Applied and Environmental Microbiology* 65: 1721–1730. [16]

McKinney, S. T., C. E. Fiedler, and D. F. Tomback. 2009. Invasive pathogen threatens bird-pine mutualism: implications for sustaining a high-elevation ecosystem. *Ecological Applications* 19: 597–607. [24]

McCann, K., A. Hastings and G. R. Huxel. 1998. Weak trophic interactions and the balance of nature. *Nature* 395: 794–798. [21]

McClain, M. E. and 11 others. 2003. Biogeochemical hot spots and hot moments at the interface of terrestrial and aquatic ecosystems. *Ecosystems* 6: 301–312. [24]

McClenachan, L. 2009. Documenting the loss of large trophy fish from the Florida Keys with historical photographs. *Conservation Biology* 23: 636–643. [23]

McCracken, K. G. and 9 others. 2009. Parallel evolution in the major haemoglobin genes of eight species of Andean waterfowl. *Molecular Ecology* 18: 3992–4005. [6]

McEvoy, P., C. Cox and E. Coombs. 1991. Successful biological control of ragwort, *Senecio jacobaea*, by introduced insects in Oregon. *Ecological Applications* 1: 430–442. [12]

McGraw, W. S. 2005. Update on the search for Miss Waldron's red colobus monkey. *International Journal of Primatology* 26: 605–619. [23]

McKane, R. B. and 10 others. 2002. Resource-based niches provide a basis for plant species diversity and dominance in Arctic tundra. *Nature* 415: 68–71. [22]

McMahon, T. E. and J. C. Tash. 1988. Experimental analysis of the role of emigration in population regulation of desert pupfish. *Ecology* 69: 1871–1883. [9]

McNeill, W. H. 1976. *Plagues and Peoples*. Anchor Press/Doubleday, Garden City, New York. [14]

McNeilly, T. 1968. Evolution in closely adjacent plant populations. III. *Agrostis tenuis* on a small copper mine. *Heredity* 23: 99–108. [6]

Meine, C., M. Soulé and R. F. Noss. 2006. "A mission-driven discipline": The growth of conservation biology. *Conservation Biology* 20: 631–651. [23]

Meinesz, A. 2001. *Killer Algae*. University of Chicago Press, Chicago. [16]

Meire, P. M. and A. Ervynck. 1986. Are oystercatchers (*Haematopus ostralegus*) selecting the most profitable mussels (*Mytilus edulis*)? *Animal Behaviour* 34: 1427–1435. [8]

Melillo, J. M., J. D. Aber and J. F. Muratore. 1982. Nitrogen and lignin control of hardwood leaf litter decomposition dynamics. *Ecology* 63: 621–626. [22]

Mellars, P. 1989. Major issues in the emergence of modern humans. *Current Anthropology* 30: 349–385. [5]

Menge, B. A. 1995. Indirect effects in marine rocky intertidal interaction webs: Patterns and importance. *Ecological Monographs* 65: 21–74. [16]

Menge, B. A. and J. P. Sutherland. 1987. Community regulation: Variation in disturbance, competition, and predation in relation to environmental stress and recruitment. *American Naturalist* 130: 730–757. [19]

Menge, B. A., B. Daley and P. A. Wheeler. 1996. Control of interaction strength in marine benthic communities. In *Food Webs: Integration of Patterns and Dynamics*, G. A. Polis and K. O. Winemiller (eds.), 258–274. Chapman and Hall, New York. [16]

Merrick, R. L., T. R. Loughlin and D. G. Calkins. 1987. Decline in abundance of the northern sea lion, *Eumetopias jubatus*, in Alaska, 1956–86. *Fishery Bulletin* 85: 351–365. [21]

Millennium Ecosystem Assessment. 2005. *Ecosystems and Human Well-Being: Biodiversity Synthesis*. World Resources Institute, Washington, DC. [18, 19, 23]

Minorsky, P. V. 2002. Allelopathy and grain crop production. *Plant Physiology* 130: 1745–1746. [12]

Mittelbach, G. G. and 21 others. 2007. Evolution and the latitudinal diversity gradient: Speciation, extinction and biogeography. *Ecology Letters* 10: 315–331. [18]

Mokany, K., R. J. Raison and A. S. Prokushkin. 2006. Critical analysis of root:shoot ratios in terrestrial biomes. *Global Change Biology* 12: 84–96. [4]

Molina, M. J. and F. S. Rowland. 1974. Stratospheric sink for chlorofluoromethanes: Chlorine atom-catalysed destruction of ozone. *Nature* 249: 810–812. [25]

Moore, J. A. 1957. An embryologist's view of the species concept. In *The Species Problem*, E. Mayr (ed.), 325–388.

American Association for the Advancement of Science, Washington DC. [6]

Moore, S. E., T. J. Cole, E. M. E. Poskitt, B. J. Sonko, R. G. Whitehead, I. A. McGregor and A. M. Prentice. 1997. Season of birth predicts mortality in rural Gambia. *Nature* 388: 434. [10]

Morin, X., C. Augspurger and I. Chuine. 2007. Process-based modeling of species' distributions: What limits temperate tree species' range boundaries? *Ecology* 88: 2280–2291. [4]

Morran, L. T., O. G. Schmidt, I. A. Gelarden, R. C. Parrish II and C. M. Lively. 2011. Running with the Red Queen: host-parasite coevolution selects for biparental sex. *Science* 333: 216–218. [7]

Morris, W. F. and D. F. Doak. 2002. *Quantitative Conservation Biology: Theory and Practice of Population Viability*. Sinauer Associates, Sunderland, MA. [11, 23]

Mouritsen, K. N. and R. Poulin. 2002. Parasitism, community structure and biodiversity in intertidal ecosystems. *Parasitology* 124: S101–S117. [14]

Mouritsen, K. N., L. T. Mouritsen and K. T. Jensen. 1998. Changes of topography and sediment characteristics on an intertidal mud-flat following mass-mortality of the amphipod *Corophium volutator*. *Journal of the Marine Biological Association of the United Kingdom* 78: 1167–1180. [14]

Moutinho, P., C. D. Napstad and E. A. Davidson. 2003. Influence of leaf-cutting ant nests on secondary forest growth and soil properties in Amazonia. *Ecology* 84: 1265–1276. [15]

Muir, J. 1915. *Travels in Alaska*. Houghton Mifflin, Boston. [17]

Munger, J. 1984. Optimal foraging? Patch use by horned lizards (Iguanidae: *Phrynosoma*). *American Naturalist* 123: 654–680. [8]

Murdoch, W. W., S. Avery and M. E. B Smith. 1975. Switching in a predatory fish. *Ecology* 56: 1094–1105. [13]

Murphy, D. D. and C. M. Knopp. 2000. *Lake Tahoe Watershed Assessment*. Vol. 1. General Technical Report PSW-GTR-175. Pacific Southwest Research Station, Forest Service, U.S. Department of Agriculture, Albany, CA. [22]

Myers, J. H. and D. Bazely. 1991. Thorns, spines, prickles, and hairs: Are they stimulated by herbivory and do they deter herbivores? In *Phytochemical Induction by Herbivores*, D. W. Tallamy and M. J. Raupp (eds.), 325–344. Wiley, New York. [13]

Myers, R. A. and B. Worm. 2003. Rapid worldwide depletion of predatory fish communities. *Nature* 423: 280–283. [23]

N

Nabhan, G. P. and A. R. Holdsworth. 1998. *State of the Sonoran Desert Biome: Uniqueness, Biodiversity, Threats and the Adequacy of Protection in the Sonoran Bioregion*. The Wildlands Project, Tucson, AZ. [3]

Nager, R. G., P. Monaghan and D. Houston. 2000. Within-clutch trade-offs between the number and quality of eggs: Experimental manipulations in gulls. *Ecology* 81: 1339–1350. [7]

Naiman, R. J., C. A. Johnston and J. C. Kelley. 1988. Alterations of North American streams by beaver. *BioScience* 38: 753–762. [16]

National Research Council. 2002. Effects of trawling and dredging on seafloor habitat. Committee on Ecosystem Effects of Fishing: Phase I—Effects of Bottom Trawling on Seafloor Habitats, Ocean Studies Board, Division on Earth and Life Studies, National Research Council. National Academy of Sciences Press, Washington, DC. [23]

Naughton-Treves, L., J. L. Mena, A. Treves, N. Alvarez and V. C. Radeloff. 2003. Wildlife survival beyond park boundaries: The impact of slash-and-burn agriculture and hunting on mammals in Tambopata, Peru. *Conservation Biology* 17: 1106–1117. [24]

Nee, S., N. Colegrave, S. A. West and A. Grafen. 2005. The illusion of invariant quantities in life histories. *Nature* 309: 1236–1239. [7]

Neff, J. C., R. L. Reynolds, J. Belnap and P. Lamothe. 2005. Multi-decadal impacts of grazing on soil physical and biogeochemical properties in southeastern Utah. *Ecological Applications* 15: 87–95. [22]

Nemani, R. R. and 7 others. 2003. Climate-driven increases in global terrestrial net primary production from 1982 to 1999. *Science* 300: 1560–1563. [25]

Neutel, A.-M., J. A. P. Heesterbeek and P. C. de Ruiter. 2002. Stability in real food webs: Weak links in long loops. *Science* 296: 1120–1123. [21]

Newbold, J. D., J. W. Elwood, R. V. O'Neill and A. L. Sheldon. 1983. Phosphorus dynamics in a woodland stream ecosystem: A study of nutrient spiralling. *Ecology* 64: 1249–1265. [22]

Nicholson, A. J. 1957. The self-adjustment of populations to change. *Cold Spring Harbor Symposia on Quantitative Biology* 22: 153–173. [11]

Norby, R. J. and 13 others. 2005. Forest response to elevated CO_2 is conserved across a broad range of productivity. *Proceedings of the National Academy of Sciences USA* 102: 18052–18056. [25]

Noss, R., E. Dinerstein, B. Gilbert, M. Gilpin, B. J. Miller, J. Terborgh and S. Trombulak. 1999. Core areas: Where Nature reigns. In *Continental Conservation: Scientific Foundations of Regional Reserve Networks*, M. E. Soulé and J. Terborgh (eds.), 99–128. Island Press, Washington, DC. [24]

O

Oates, J. F., M. Abedi-Lartey, W. S. McGraw, T. T. Struhsaker; and G. H. Whitesides. 2000. Extinction of a West African red colobus monkey. *Conservation Biology* 14: 1526–1532. [23]

Odum, H. T. and C. F. Jordan. 1970. Metabolism and evapotranspiration of the lower forest in a giant plastic cylinder. In *A Tropical Rain Forest*, H. T. Odum and R. F. Pigeon (eds.), 165–189. Division of Technical Information, U.S. Atomic Energy Commission. [20]

Oechel, W. C., S. J. Hastings, G. Vourlitis, M. Jenkins, G. Riechers and N. Grulke. 1993. Recent change of Arctic tundra ecosystems from a net carbon dioxide sink to a source. *Nature* 361: 520–523. [25]

Oechel, W. C., G. L. Vourlitis, S. J. Hastings, R. C. Zulueta, L. Hinzman and D. Kane. 2000. Acclimation of ecosystem CO_2 exchange in the Alaskan Arctic in response to decadal climate warming. *Nature* 406: 978–981. [25]

Ogren, W. L. 1984. Photorespiration: Pathways, regulation, and modification. *Annual Review of Plant Physiology* 35: 415–442. [5]

Okin, G. S., N. Mahowald, O. A. Chadwick and P. Artaxo. 2004. Impact of desert dust on the biogeochemistry of phosphorus in terrestrial ecosystems. *Global Biogeochemical Cycles* 18: GB2005. [25]

Olden, J. D., N. L. Poff, M. R. Douglas, M. E. Douglas and K. D. Fausch. 2004. Ecological and evolutionary consequences of biotic homogenization. *Trends in Ecology and Evolution* 19: 18–24. [23]

Oliver, K. M., J. Campos, N. A. Moran and M. S. Hunter. 2008. Population dynamics of defensive symbionts in aphids. *Proceedings of the Royal Society of London* B 275: 293–299. [13]

Orr, J. C. and 26 others. 2005. Anthropogenic ocean acidification over the twenty-first century and its impact on calcifying organisms. *Nature* 437: 681–686. [2, 3, 25]

Osborn, S. 2007. Distribution of the cattle egret (*Bubulcus ibis*) in North America. In A. Poole (ed.), *The Birds of North America Online*. Ithaca, NY: Cornell Lab of Ornithology. [11]

Osmond, C. B., K. Winter and H. Ziegler. 1982. Functional significance of different pathways of photosynthesis. In *Physiological plant ecology*, vol. 2, O. L. Lange, P. S. Nobel, C. B. Osmond and H. Ziegler (eds.), 479–547. Encyclopedia of Plant Physiology, new series, vol. 12B. Springer Verlag, New York. [5]

Ostfeld, R. S. 2009. Climate change and the distribution and intensity of infectious diseases. *Ecology* 90: 903–905. [14]

Overpeck, J. T., R. S. Webb and T. Webb. 1992. Mapping Eastern North American vegetation change of the past 18,000 years: No-analogs and the future. *Geology* 20: 1071–1074. [25]

Owen-Smith, N. 1987. Pleistocene extinctions: The pivotal role of megaherbivores. *Paleobiology* 13: 351–362. [3]

P

Pace, M. L. and 8 others. 2004. Whole-lake carbon-13 additions reveal terrestrial support of aquatic food webs. *Nature* 427: 240–243. [21]

Packer, C., A. E. Pusey, H. Rowley, D. A. Gilbert, J. Martenson and S. J. O'Brien. 1991. Case study of a population bottleneck: Lions of the Ngorongoro Crater. *Conservation Biology* 5: 219–230. [11]

Paine, R. T. 1966. Food web complexity and species diversity. *American Naturalist* 100: 65–75. [19, 21]

Paine, R. T. 1974. Intertidal community structure: Experimental studies on the relations between a dominant competitor and its principal predator. *Oecologia* 15: 93–120. [13]

Paine, R. T. 1979. Disaster, catastrophe, and local persistence of the sea palm, *Postelsia palmaeformis*. *Science* 205: 685–687. [12]

Paine, R. T., J. C. Castillo and J. Cancino. 1985. Perturbation and recovery patterns of starfish-dominated intertidal assemblages in Chile, New Zealand, and Washington State. *American Naturalist* 125: 679–691. [21]

Palumbi, S. R. 2001. Humans as the world's greatest evolutionary force. *Science* 293: 1786–1790. [6]

Pardini, R. 2004. Effects of forest fragmentation on small mammals in an Atlantic Forest landscape. *Biodiversity and Conservation* 13: 2567–2586. [24]

Park, T. 1948. Experimental studies of interspecies competition. I. Competition between populations of the flour beetles, *Tribolium confusum* Duvall and *Tribolium castaneum* Herbst. *Ecological Monographs* 18: 267–307. [14]

Parmenter, A. W. and 8 others. 2003. Land use and land cover change in the Greater Yellowstone Ecosystem: 1975–1995. *Ecological Applications* 13: 687–703. [24]

Parmesan, C. 2006. Ecological and evolutionary responses to recent climate change. *Annual Review of Ecology, Evolution, and Systematics* 37: 637–669. [1, 6, 23, 25]

Parmesan, C. and G. Yohe. 2003. A globally coherent fingerprint of climate change impacts across natural systems. *Nature* 421: 37–42. [9, 25]

Parmesan, C. and 12 others. 1999. Poleward shifts in geographical ranges of butterfly species associated with regional warming. *Nature* 399: 579–583. [25]

Partridge, L. and M. Farquhar. 1981. Sexual activity reduces lifespan of male fruitflies. *Nature* 294: 580–582. [7]

Pastor, J., R. J. Naiman, B. Dewey and P. Mcinnes. 1988. Moose, microbes, and the boreal forest. *BioScience* 38: 770–777. [24]

Paton, P. W. C. 1994. The effect of edge on avian nest success: How strong is the evidence? *Conservation Biology* 8: 17–26. [24]

Patterson, B. D. 1980. Montane mammalian biogeography in New Mexico. *Southwestern Naturalist* 25: 33–40. [12]

Patterson, B. D. 1981. Morphological shifts of some isolated populations of *Eutamias* (Rodentia: Sciuridae) in different congeneric assemblages. *Evolution* 35: 53–66. [12]

Paul, E. A. and F. E. Clark. 1996. *Soil Microbiology and Biochemistry*. Academic Press, San Diego, CA. [22]

Paul, N. D. and D. Gwynn-Jones. 2003. Ecological roles of solar UV radiation: Towards an integrated approach. *Trends in Ecology and Evolution* 18: 48–55. [25]

Paulay, G. 1997. Diversity and distribution of reef organisms. In *Life and Death of Coral Reefs*, C. Birkeland (ed.), 298–353. Chapman & Hall, New York. [3]

Pearce, F. 1997. Why is the apparently pristine Arctic full of toxic chemicals that started off thousands of kilometres away? *New Scientist* 154: 24–27. [21]

Pearcy, R. W. 1977. Acclimation of photosynthetic and respiratory carbon dioxide exchange to growth temperature in *Atriplex lentiformis* (Torr) Wats. *Plant Physiology* 59: 795–799. [5]

Pearl, R. and L. J. Reed. 1920. On the rate of growth of the population of the United States since 1790 and its mathematical representation. *Proceedings of the National Academy of Sciences USA* 6: 275–288. [10]

Peek, A. S., R. A. Feldman, R. A. Lutz and R. C. Vrijenhoek. 1998. Cospeciation of chemoautotrophic bacteria and deep sea clams. *Proceedings of the National Academy of Sciences USA* 95: 9962–9966. [20]

Pellmyr, O. and C. J. Huth. 1994. Evolutionary stability of mutualism between yuccas and yucca moths. *Nature* 372: 257–260. [15]

Pellmyr, O., C. C. Labandeira and C. M. Herrera, eds. 2002. *Plant–Animal Interactions: An Evolutionary Approach*. Blackwell Science Publishing, Malden, MA. [13]

Perez, J. M., J. E. Granados, R. C. Soriguer, P. Fandos, F. J. Marquez and J. P. Crampe. 2002. Distribution, status and conservation problems of the Spanish Ibex, *Capra pyrenaica* (Mammalia: Artiodactyla). *Mammal Review* 32: 26–39. [23]

Peterson, A. T. 2009. Shifting suitability for malaria vectors across Africa with warming climates. *BMC Infectious Diseases* 9: 59. [14]

Peterson, B. J. and B. Fry. 1987. Stable isotopes in ecological studies. *Annual Review of Ecology and Systematics* 18: 293–320. [20]

Peterson, G., C. R. Allen and C. S. Holling. 1998. Ecological resilience, biodiversity, and scale. *Ecosystems* 1: 6–8. [19]

Pfennig, D. W. 1992. Proximate and functional causes of polyphenism in an anuran tadpole. *Functional Ecology* 6: 167–174. [7]

Pfennig, D. W., A. M. Rice and R. A. Martin. 2007. Field and experimental evidence for competition's role in phenotypic divergence. *Evolution* 61: 257–271. [12]

Pickett, S. T. A. 1989. Space-for-time substitution as an alternative to long-term studies. In *Long-term Studies in Ecology: Approaches and Alternatives*, G. E. Likens (ed.), 110–135. Springer-Verlag, New York. [17]

Pimentel, D., E. H. Feinberg, P. W. Wood and J. T. Hayes. 1965. Selection, spatial distribution, and the coexistence of competing fly species. *American Naturalist* 99: 97–109. [12]

Pimentel, D., L. Lach, R. Zuniga and D. Morrison. 2000. Environmental and economic costs of nonindigenous species in the United States. *BioScience* 50: 53–65. [16]

Pimm, S. L. 2002. *Food Webs*. University of Chicago Press, Chicago. [21]

Pimm, S. L. and J. H. Lawton. 1977. The number of trophic levels in ecological communities. *Nature* 275: 542–544. [21]

Pimm, S. L., H. L. Jones and J. Diamond. 1988. On the risk of extinction. *American Naturalist* 132: 757–785. [11]

Pinder, A. W., K. B. Storey and G. R. Ultsch. 1992. Estivation and hibernation. In *Environmental Physiology of the Amphibia*, M. E. Feder and W. W. Burggren (eds.), 250–274. University of Chicago Press, Chicago. [4]

Pinto-Tomás, A. A. and 7 others. 2009. Symbiotic nitrogen fixation in the fungus gardens of leaf-cutter ants. *Science* 326: 1120–1123. [15]

Poethke, H. J., W. W. Weisser and T. Hovestadt. 2010. Predator-induced dispersal and the evolution of conditional dispersal in correlated environments. *American Naturalist* 175: 577–586. [9]

Polis, G. A. 1991. Complex trophic interactions in deserts: An empirical critique of food web theory. *American Naturalist* 138: 123–155. [21]

Polis, G. A., M. E. Power and G. R. Huxel. 2004. *Food Webs at the Landscape Level*. University of Chicago Press, Chicago. [21]

Pollock, M. M., R. J. Naiman and T. A. Hanley. 1998. Plant species richness in riparian wetlands–a test of biodiversity theory. *Ecology* 79: 94–105. [19]

Post, D. M. 2002a. Using stable isotopes to estimate trophic position: Models, methods, and assumptions. *Ecology* 83: 703–718. [21]

Post, D. M. 2002b. The long and short of food-chain length. *Trends in Ecology and Evolution* 17: 269–277. [21]

Post, D. M. and G. Takimoto. 2007. Proximate structural mechanisms for variation in food-chain length. *Oikos* 116: 775–782. [21]

Powell, K. I., J. M. Chase, and T. M. Knight. 2013. Invasive plants have scale-dependent effects on diversity by altering species-area relationships. *Science* 339: 316–318. [17]

Power, M. E., M. S. Parker and J. T. Wootton. 1996a. Disturbance and food chain length in rivers. In *Food Webs: Integration of Patterns and Dynamics*, G. A. Polis and K. O. Winemiller (eds.), 286–297. Chapman and Hall, New York. [16]

Power, M. E. and 9 others. 1996b. Challenges in the quest for keystones. *BioScience* 46: 609–620. [16]

Power, M. E., M. S. Parker and W. E. Dietrich. 2008. Seasonal reassembly of a river food web: Floods, droughts, and impacts on fish. *Ecological Monographs* 78: 263–282. [16]

Pride, E. 2005. Optimal group size and seasonal stress in ring-tailed lemurs. *Behavioral Ecology* 16: 550–560. [8]

Primack, R. B. and S. L. Miao. 1992. Dispersal can limit local plant distribution. *Conservation Biology* 6: 513–519. [9]

Prugh, L. R., K. E. Hodges, A. R. E. Sinclair and J. S. Brashares. 2008. Effect of habitat area and isolation on fragmented animal populations. *Proceedings of the National Academy of Sciences USA* 105: 20770–20775. [24]

Pyke, G. H., H. R. Pulliam and E. L. Charnov. 1977. Optimal foraging: A selective review of theory and tests. *Quarterly Review of Biology* 52: 137–154. [5]

R

Raab, T. K., D. A. Lipson and R. K. Monson. 1996. Non-mycorrhizal uptake of amino acids by roots of the alpine sedge *Kobresia myosuroides*: Implications for the alpine nitrogen cycle. *Oecologia* 108: 488–494. [22]

Rabinowitz, D., S. Cairns and T. Dillon. 1986. Seven forms of rarity and their frequency in the flora of the British Isles. In *Conservation Biology: The Science of Scarcity and Diversity*, M. E. Soulé (ed.), 182–204. Sinauer Associates, Sunderland, MA. [23]

Rahel, F. J. 2000. Homogenization of fish faunas across the United States. *Science* 288: 854–856. [23]

Ralls, K. and J. D. Ballou. 2004. Genetic status and management of California Condors. *Condor* 106: 215–228. [23]

Ranta, P., T. Blom, J. Niemela, E. Joensuu and M. Siitonen. 1998. The fragmented Atlantic rain forest of Brazil: Size, shape and distribution of forest fragments. *Biodiversity and Conservation* 7: 385–403. [23]

Raxworthy, C. J., E. Martinez-Meyer, N. Horning, R. A. Nussbaum, G. E. Schneider, M. A. Ortega-Huerta and A. T. Peterson. 2003. Predicting distributions of known and unknown reptile species in Madagascar. *Nature* 426: 837–841. [9]

Raymond, M., C. Chevillon, T. Guillemaud, T. Lenormand and N. Pasteur. 1998. An overview of the evolution of overproduced esterases in the mosquito *Culex pipiens*. *Philosophical Transactions of the Royal Society of London* B 353: 1707–1711. [6]

Réale, D., A. G. McAdam, S. Boutin and D. Berteaux. 2003. Genetic and plastic responses of a northern mammal to climate change. *Proceedings of the Royal Society of London* B 270: 591–596. [6]

Redford, K. H. 1992. The empty forest. *BioScience* 42: 412–422. [23]

Redman, R. S., K. B. Sheehan, R. G. Stout, R. J. Rodriguez and J. M. Henson. 2002. Thermotolerance generated by plant/fungal symbiosis. *Science* 298: 1581. [15]

Rees, W. E. 1992. Ecological footprints and appropriated carrying capacity: What urban economics leaves out. *Environment and Urbanization* 4: 121–130. [10]

Reiners, W. A., I. A. Worley and D. B. Lawrence. 1971. Plant diversity in a chronosequence at Glacier Bay, Alaska. *Ecology* 52: 55–69. [17]

Reisen, W. K., Y. Fang and V. M. Martinez. 2006. Effects of temperature on the transmission of West Nile virus by *Culex tarsalis* (Diptera; Culicidae). *Journal of Medical Entomology* 43: 309–317. [1]

Relyea, R. A. 2003. Predator cues and pesticides: A double dose of danger for amphibians. *Ecological Applications* 13: 1515–1521. [1]

Ricklefs, R. E. 1977. On the evolution of reproductive strategies in birds: Reproductive effort. *The American Naturalist* 111: 453–478. [7]

Rieseberg, L. H. and 9 others. 2003. Major ecological transitions in wild sunflowers facilitated by hybridization. *Science* 301: 1211–1216. [6]

Ripple, W. J. and R. L. Beschta. 2004. Wolves and the ecology of fear: Can predation risk structure ecosystems? *BioScience* 54: 755–766. [24]

Ripple, W. J. and R. L. Beschta. 2007. Restoring Yellowstone's aspen with wolves. *Biological Conservation* 138: 514–519. [24]

Rizki, R. M. and T. M. Rizki. 1990. Parasitoid virus-like particles destroy *Drosophila* cellular immunity. *Proceedings of the National Academy of Sciences USA* 87: 8388–8392. [14]

Roberts, L. 2011. 9 billion? *Science* 333: 540–543. [10]

Robertson, G. P., M. A. Huston, F. C. Evans and J. M. Tiedje. 1988. Spatial variability in a successional plant community: Patterns of nitrogen availability. *Ecology* 69: 1517–1524. [19]

Rodriguez, R. J., J. F. White Jr., A. E. Arnold and R. S. Redman. 2009. Fungal endophytes: Diversity and functional roles. *New Phytologist* 182: 314–330. [15]

Rohde, K. 1978. Latitudinal gradients in species-diversity and their causes. I. A review of the hypotheses explaining the gradients. *Biologisches Zentralblatt* 97: 393–403. [18]

Rohr, J. R. and T. R. Raffel. 2010. Linking global climate and temperature variability to widespread amphibian declines putatively caused by disease. *Proceedings of the National Academy of Sciences USA* 107: 8269–8274. [1, 23]

Rohr, J. R. and 11 others. 2008. Agrochemicals increase trematode infections in a declining amphibian species. *Nature* 455: 1235–1239. [1]

Rojstaczer, S., S. M. Sterling and N. J. Moore. 2001. Human appropriation of photosynthesis products. *Science* 294: 2549–2552. [23]

Root, R. B. and N. Cappuccino. 1992. Patterns in population change and the organization of the insect community associated with goldenrod. *Ecological Monographs* 62: 393–420. [9]

Root, T. L., J. T. Price, K. R. Hall, S. H. Schneider, C. Rosenzweig and J. A. Pounds. 2003. Fingerprints of global warming on wild animals and plants. *Nature* 421: 57–60. [25]

Rosenzweig, M. L. 1992. Species diversity gradients: We know more and less than we thought. *Journal of Mammology* 73: 715–730. [18]

Ross, P. S. 2006. Fireproof killer whales (*Orcinus orca*): Flame-retardant chemicals and the conservation imperative in the charismatic icon of British Columbia, Canada. *Canadian Journal of Fisheries and Aquatic Sciences* 63: 224–234. [23]

Rovira, A. D., C. D. Bowen and R. C. Foster. 1983. The significance of rhizosphere microflora and mycorrhizas in plant nutrition. In *Inorganic Plant Nutrition (Encyclopedia of Plant Physiology*, new series, Vol. 15B), A. Läuchli and R. L. Bieleski (eds.), 61–93. Springer-Verlag, Berlin. [15]

Rutter, C. 1902. Natural history of the quinnat salmon. A report of investigations in the Sacramento River, 1896–1901. *Bulletin of the United States Fish Commission* 22: 65–141. [6]

Rutz, C. and 7 others. 2010. The ecological significance of tool use in New Caledonian crows. *Science* 329: 1523–1526. [5]

S

Sale, P. F. 1977. Maintenance of high diversity in coral reef fish communities. *American Naturalist* 111: 337–359. [19]

Sale, P. F. 1979. Recruitment, loss and coexistence in a guild of territorial coral reef fishes. *Oecologia* 42: 159–177. [19]

Salisbury, F. B. and C. Ross. 1992. *Plant Physiology*. 4th ed. Wadsworth, Belmont, CA. [22]

Sanderson, E. W., M. Jaiteh, M. A. Levy, K. H. Redford, A. V. Wannebo and G. Woolmer. 2002. The human footprint and the last of the wild. *BioScience* 52: 891–904. [3, 23]

Sandquist, D. R. and J. R. Ehleringer. 2003. Population- and family-level variation of brittlebush (*Encelia farinosa*, Asteraceae) pubescence: Its relation to drought and implications for selection in variable environments. *American Journal of Botany* 90: 1481–1486. [4]

Saugier, B., J. Roy and H. A. Mooney. 2001. Estimations of global terrestrial productivity: Converging toward a single number? In *Terrestrial Global Productivity*, J. Roy, B. Saugier and H. A. Mooney (eds.), 543–557. Academic Press, San Diego. [20]

Sax, D. F. and S. D. Gaines. 2003. Species diversity: From global decreases to local increases. *Trends in Ecology and Evolution* 18: 561–566. [23]

Scarborough, C. L., J. Ferrari and H. C. J. Godfray. 2005. Aphid protected from pathogen by endosymbiont. *Science* 310: 1781. [14]

Schall, J. J. 1992. Parasite-mediated competition in *Anolis* lizards. *Oecologia* 92: 58–64. [14]

Schimel, J. P. and J. Bennett. 2004. Nitrogen mineralization: Challenges of a changing paradigm. *Ecology* 85: 591–602. [22]

Schindler, D. W. 1974. Eutrophication and recovery in experimental lakes: Implications for lake management. *Science* 184: 897–899. [20]

Schipper, J. and 132 others. 2008. The status of the world's land and marine mammals: Diversity, threats, and knowledge. *Science* 322: 225–230. [23]

Schlaepfer, M. A., D. F. Sax and J. D. Olden. 2011. The potential conservation value of non-native species. *Conservation Biology* 25: 428–437. [23]

Schlesinger, W. H. 1997. *Biogeochemistry: An Analysis of Global Change*. 2nd ed. Academic Press, San Diego, CA. [22, 25]

Schluter, D. 1994. Experimental evidence that competition promotes divergence in adaptive radiation. *Science* 266: 798–801. [12]

Schluter, D. 1998. Ecological causes of speciation. In *Endless Forms: Species and Speciation*, D. J. Howard and S. H. Berlocher (eds.), 114–129. Oxford University Press, Oxford. [6]

Schluter, D., T. D. Price and P. R. Grant. 1985. Ecological character displacement in Darwin's finches. *Science* 227: 1056–1059. [12]

Schmidt-Nielsen, B. and K. Schmidt-Nielsen. 1951. A complete account of the water metabolism in kangaroo rats and an experimental verification. *Journal of Cellular and Comparative Physiology* 38: 165–182. [4]

Schmidt-Nielsen, K. 1964. *Desert Animals: Physiological Problems of Heat and Water*. Clarendon Press, Oxford. [4]

Schmidt-Nielsen, K. 1997. *Animal Physiology, Adaptation and Environment*. Cambridge University Press, Cambridge. [4]

Schnee, C., T. G. Kollner, M. Held, T. C. J. Turlings, J. Gershenzon and J. Degenhardt. 2006. The products of a single maize sesquiterpene synthase form a volatile defense signal that attracts natural enemies of maize herbivores. *Proceedings of the National Academy of Sciences USA* 103: 1129–1134. [13]

Schoener, T. W. 1971. Theory of feeding strategies. *Annual Review of Ecology and Systematics* 2: 370–404. [8]

Schoener, T. W. 1974. Resource partitioning in ecological communities. *Science* 185: 27–39. [12]

Schoener, T. W. 1983. Field experiments on interspecific competition. *American Naturalist* 122: 240–285. [12]

Schoener, T. W. and D. A. Spiller. 1996. Devastation of prey diversity by experimentally introduced predators in the field. *Nature* 381: 691–694. [13]

Scholander, P. F., V. Walters, R. Hock and L. Irving. 1950. Body insulation of some arctic and tropical mammals and birds. *Biological Bulletin* 99: 225–236. [4]

Schtickzelle, N. and M. Baguette. 2003. Behavioural responses to habitat patch boundaries restrict dispersal and generate emigration–patch area relationships in fragmented landscapes. *Journal of Animal Ecology* 72: 533–545. [24]

Schulte, D. M., R. P. Burke and R. N. Lipcius. 2009. Unprecedented restoration of a native oyster metapopulation. *Science* 325: 1124–1128. [24]

Schuur, E. A. G. 2003. Productivity and global climate revisited: The sensitivity of tropical forest growth to precipitation. *Ecology* 84: 1165–1170. [20]

Schwarz, C. J. and G. A. F. Seber. 1999. Estimating animal abundance: Review III. *Statistical Science* 14: 427–456. [9]

Seehausen, O., J. J. M. van Alphen and F. Witte. 1997. Cichlid fish diversity threatened by eutrophication that curbs sexual selection. *Science* 277: 1808–1811. [23]

Selosse, M.-A. and F. Le Tacon. 1998. The land flora: A phototroph–fungus partnership? *Trends in Ecology and Evolution* 13: 15–20. [15]

Sessions, S. K. and S. B. Ruth. 1990. Explanation for naturally occurring supernumary limbs in amphibians. *Journal of Experimental Zoology* 254: 38–47. [1]

Shaw, M. J. P. 1970. Effects of population density on alienicolae of *Aphis fabae* Scop. I. The effect of crowding on the production of alatae in the laboratory. *Annals of Applied Biology* 65: 191–196. [9]

Sheriff, M. J., C. J. Krebs and R. Boonstra. 2009. The sensitive hare: Sublethal effects of predator stress on reproduction in snowshoe hares. *Journal of Animal Ecology* 78: 1249–1258. [13]

Sheriff, M. J., C. J. Krebs and R. Boonstra. 2010. The ghosts of predators past: population cycles and the role of maternal programming under fluctuating predation risk. *Ecology* 91: 2983–2994. [13]

Shmida, A. and M. V. Wilson. 1985. Biological determinants of species diversity. *Journal of Biogeography* 12: 1–20. [18]

Shurin, J. B. 2001. Interactive effects of predation and dispersal of zooplankton communities. *Ecology* 82: 3404–3416. [18, 19]

Sidor, C. A. 2003. Evolutionary trends and the origin of the mammalian lower jaw. *Paleobiology* 29: 605–640. [6]

Sih, A. and B. Christensen. 2001. Optimal diet theory: When does it work, and when and why does it fail? *Animal Behavior* 61: 379–390. [8]

Silverman, J. and D. N. Bieman. 1993. Glucose aversion in the German cockroach, *Blattella germanica. Journal of Insect Physiology* 39: 925–933. [8]

Simberloff, D. 2003. Eradication: Preventing invasions at the outset. *Weed Science* 51: 247–253. [23]

Simberloff, D. and J. Cox. 1987. Consequences and costs of conservation corridors. *Conservation Biology* 1: 63–71. [24]

Simberloff, D. S. and E. O. Wilson. 1969. Experimental zoogeography of islands: The colonization of empty islands. *Ecology* 50: 278–296. [18]

Simenstad, C. A., J. A. Estes and K. W. Kenyon. 1978. Aleuts, sea otters, and alternative communities. *Science* 200: 403–411. [16]

Sinervo, B. 1990. The evolution of maternal investment in lizards: An experimental and comparative analysis of egg size and its effects on offspring performance. *Evolution* 44: 279–294. [7]

Sinervo, B. and 25 others. 2010. Erosion of lizard diversity by climate change and altered thermal niches. *Science* 328: 894–899. [23, 25]

Skerratt, L. F. and 7 others. 2007. Spread of chytridiomycosis has caused the rapid global decline and extinction of frogs. *EcoHealth* 4: 125–134. [1, 23]

Smith, F. D. M., R. M. May, R. Pellew, T. H. Johnson and K. R. Walter. 1993. How much do we know about the current extinction rate? *Trends in Ecology and Evolution* 8: 375–378. [23]

Smith, F. E. 1961. Density-dependence in the Australian thrips. *Ecology* 42: 403–407. [10]

Smith, K. F., M. Behrens, L. M. Schloegel, N. Marano, S. Burgiel and P. Daszak. 2009. Reducing the risks of the wildlife trade. *Science* 324: 594–595. [23]

Smith, S. E. and D. J. Read. 2008. *Mycorrhizal Symbiosis*. 3rd ed. Academic Press, San Diego, CA. [15]

Smith, T. B. 1993. Disruptive selection and the genetic basis of bill size polymorphism in the African finch *Pyrenestes*. *Nature* 363: 618–620. [6]

Snyder, N. F. R., S. R. Derrickson, S. R. Beissinger, J. W. Wiley, T. B. Smith, W. D. Toone and B. Miller. 1996. Limitations of captive breeding in endangered species recovery. *Conservation Biology* 10: 338–348. [23]

Sokal, R. R. and F. J. Rohlf. 1995. *Biometry*. 3rd ed. W. H. Freeman, New York. [1]

Solé, R. V. and J. Montoya. 2001. Complexity and fragility in ecological networks. *Proceedings of the Royal Society of London* B 268: 2039–2045. [23]

Soulé, M. E. 1985. What is conservation biology? *BioScience* 35: 727–734. [23]

Soulé, M. E. and M. A. Sanjayan. 1998. Conservation targets: Do they help? *Science* 279: 2060–2061. [24]

Soulé, M. E. and B. A. Wilcox, eds. 1980. *Conservation Biology: An Evolutionary–Ecological Perspective*. Sinauer Associates, Sunderland, MA. [23]

Sousa, W. P. 1979a. Disturbance in marine intertidal boulder fields: The non-equilibrium maintenance of species diversity. *Ecology* 60: 1225–1239. [19]

Sousa, W. P. 1979b. Experimental investigations of disturbance and ecological succession in a rocky intertidal algal community. *Ecological Monographs* 49: 227–254. [17, 19]

Sousa, W. P. 2001. Natural disturbance and the dynamics of marine benthic communities. In *Marine Community Ecology*, M. D. Bertness, S. D. Gaines and M. E. Hay (eds.), 85–130. Sinauer Associates, Sunderland, MA. [17]

Spencer, K. A. 1972. Handbooks for the identification of British insects, *Diptera, Agromyzidae* (Vol. X, Part 5 g). Royal Entomological Society, London. [13]

Springer, A. M. and 7 others. 2003. Sequential megafaunal collapse in the North Pacific Ocean: An ongoing legacy of industrial whaling? *Proceedings of the National Academy of Sciences USA* 100: 12223–12228. [9, 21]

Stachowicz, J. J. and M. E. Hay. 1999. Reducing predation through chemically mediated camouflage: Indirect effects of plant defenses on herbivores. *Ecology* 80: 495–509. [8]

Stachowicz, J. J., J. R. Terwin, R. B. Whitlatch and R. W. Osman. 2002. Linking climate change and biological invasions: Ocean warming facilitates nonindigenous species invasions. *Proceedings of the National Academy of Sciences USA* 99: 15497–15500. [19]

Steadman, D. W. 1995. Prehistoric extinctions of Pacific island birds—Biodiversity meets zooarchaeology. *Science* 267: 1123–1131. [23]

Stebbins, G. L. 1974. *Flowering Plants: Evolution Above The Species Level*. Belknap, Cambridge, MA. [18]

Stein, B. A., L. S. Kutner and J. S. Adams. 2000. *Precious Heritage*. Oxford University Press, Oxford. [23]

Steltzer, H., C. Landry, T. H. Painter, J. Anderson and E. Ayers. 2009. Biological consequences of earlier snowmelt from desert dust deposition in alpine landscapes. *Proceedings of the National Academy of Sciences USA* 106: 11629–11634. [25]

Steneck, R. S., S. D. Hacker and M. N. Dethier. 1991. Mechanisms of competitive dominance between crustose coralline algae: An herbivore-mediated competitive reversal. *Ecology* 72: 938–950. [12]

Stevens, C. J., N. B. Dise, J. O. Mountford and D. J. Gowling. 2004. Impact of nitrogen deposition on the species richness of grasslands. *Science* 303: 1876–1879. [25]

Stevens, O. A. 1932. The number and weight of seeds produced by weeds. *American Journal of Botany* 19: 784–794. [7]

Stinner, J. N. and V. H. Shoemaker. 1987. Cutaneous gas exchange and low evaporative water loss in the frogs *Phyllomedusa sauvagei* and *Chiromantis xerampelina*. *Journal of Comparative Physiology* 157: 423–427. [4]

Stomp, M. and 8 others. 2004. Adaptive divergence in pigment composition promotes phytoplankton biodiversity. *Nature* 432: 104–107. [12]

Stomp, M., J. Huisman, L. Vörös, F. R. Pick, M. Laamanen, T. Haverkamp and L. J. Stal. 2007. Colourful coexistence of red and green picocyanobacteria in lakes and seas. *Ecology Letters* 10: 290–298. [12]

Storey, K. B. 1990. Life in a frozen state: Adaptive strategies for natural freeze tolerance in amphibians and reptiles. *American Journal of Physiology* 258: R559–R568. [4]

Strayer, D. L. and H. M. Malcom. 2007. Effects of zebra mussels (*Dreissena polymorpha*) on native bivalves: The beginning of the end or the end of the beginning? *Journal of the North American Benthological Society* 26: 111–122. [23]

Strebel, P. M. and S. L. Cochi. 2001. Waving goodbye to measles. *Nature* 414: 695–696. [14]

Stuart, S. N., J. S. Chanson, N. A. Cox, B. E. Young, A. S. L. Rodrigues, D. L. Fischman and R. W. Waller. 2004. Status and trends of amphibian declines and extinctions worldwide. *Science* 306: 1783–1786. [1]

Suding, K. and 7 others. 2005. Functional and abundance-based mechanisms explain diversity loss due to nitrogen fertilization. *Proceedings of the National Academy of Sciences USA* 102: 4387–4392. [25]

Sutherland, J. P. 1974. Multiple stable points in natural communities. *American Naturalist* 108: 859–873. [17]

T

Takimoto, G., D. A. Spiller and D. M. Post. 2008. Ecosystem size, but not disturbance, determines food chain length on islands of the Bahamas. *Ecology* 89: 3001–3007. [21]

Tanabe, S. 2002. Contamination and toxic effects of persistent endocrine disrupters in marine mammals and birds. *Marine Pollution Bulletin* 45: 69–77. [23]

Tansley, A. G. 1917. On competition between *Galium saxatile* L. (*G. hercynicum* Weig.) and *Galium sylvestre* Poll. (*G. asperum* Schreb.) on different types of soil. *Journal of Ecology* 5: 173–179. [12]

Tansley, A. G. 1935. The use and abuse of vegetational concepts and terms. *Ecology* 16: 284–307. [20]

Tebbich, S., M. Taborsky, B. Fessl and D. Blomqvist. 2001. Do woodpecker finches acquire tool-use by social learning? *Proceedings of the Royal Society of London* B 268: 2189–2193. [5]

Tegen, I. and I. Fung. 1995. Contribution to the atmospheric mineral aerosol load from land surface modification. *Journal of Geophysical Research–Atmosphere* 100: 18707–18726. [25]

Terborgh, J. 1973. On the notion of favorableness in plant ecology. *American Naturalist* 107: 481–501. [18]

Terborgh, J., K. Feeley, M. Silman, P. Nunez and B. Balukjian. 2006. Vegetation dynamics of predator-free land-bridge islands. *Journal of Ecology* 94: 253–263. [24]

Tewksbury, J. J. and 9 others. 2002. Corridors affect plants, animals, and their interactions in fragmented landscapes. *Proceedings of the National Academy of Sciences USA* 99: 12923–12926. [24]

Thomas, C. D. and T. M. Jones. 1993. Partial recovery of a skipper butterfly (*Hesperia comma*) from population refuges: Lessons for conservation in a fragmented landscape. *Journal of Animal Ecology* 62: 472–481. [11]

Thomas, F., A. Schmidt-Rhaesa, G. Martin, C. Manu, P. Durand and F. Renaud. 2002. Do hairworms (Nematomorpha) manipulate the water seeking behaviour of their terrestrial hosts? *Journal of Evolutionary Biology* 15: 356–361. [14]

Thomas, F. and 7 others. 2003. Biochemical and histological changes in the brain of the cricket *Nemobius sylvestris* infected by the manipulative parasite *Paragordius tricuspidatus* (Nematomorpha). *International Journal for Parasitology* 33: 435–443. [14]

Thomas, R. Q., C. D. Canham, K. C. Weathers and C. L. Goodale. 2010. Increased tree carbon storage in response to nitrogen deposition in the U.S. *Nature Geoscience* 3: 13–17. [25]

Thompson, J. N. 1998. Rapid evolution as an ecological process. *Trends in Ecology and Evolution* 13: 329–332. [6]

Thrall, P. H. and J. J. Burdon. 2003. Evolution of virulence in a plant host–pathogen metapopulation. *Science* 299: 1735–1737. [14]

Tilman, D. 1977. Resource competition between plankton algae: An experimental and theoretical approach. *Ecology* 58: 338–348. [19]

Tilman, D. and J. A. Downing. 1994. Biodiversity and stability in grasslands. *Nature* 367: 363–365. [19]

Tilman, D., M. Mattson and S. Langer. 1981. Competition and nutrient kinetics along a temperature gradient: An experimental test of a mechanistic approach to niche theory. *Limnology and Oceanography* 26: 1020–1033. [12, 19]

Tilman, D., D. Wedin and J. Knops. 1996. Productivity and sustainability influenced by biodiversity in grassland ecosystems. *Nature* 379: 718–720. [19]

Tilman, D., J. Hill and C. Lehman. 2006. Carbon-negative biofuels from low-input high-diversity grassland biomass. *Science* 314: 1598. [19]

Tinker, D. B., W. H. Romme and D. G. Despain. 2003. Historic range of variability in landscape structure in subalpine forests of the Greater Yellowstone Area, USA. *Landscape Ecology* 18: 427–439. [24]

Tomback, D. F. 1982. Dispersal of whitebark pine seeds by Clark's nutcracker: A mutualism hypothesis. *Journal of Animal Ecology* 51: 451–467. [24]

Tomback, D. F. and P. Achuff. 2010. Blister rust and western forest biodiversity: Ecology, values and outlook for white pines. *Forest Pathology* 40: 186–225. [24]

Tracy, R. L. and G. E. Walsberg. 2002. Kangaroo rats revisited: Re-evaluating a classic case of desert survival. *Oecologia* 133: 449–457. [4]

Trites, A. W. and C. P. Donnelly. 2003. The decline of Steller sea lions *Eumetopias jubatus* in Alaska: A review of the nutritional stress hypothesis. *Mammal Review* 33: 3–28. [21]

Trivers, R. L. 1972. Parental investment and sexual selection. In *Sexual Selection and the Descent of Man 1871–1971*, B. Campbell (ed.), 136–179. Aldine, Chicago. [8]

Tsukaya, H., K. Fujikawa and S. Wu. 2002. Thermal insulation and accumulation of heat in the downy inflorescences of *Saussurea medusa* (Asteraceae) at high elevation in Yunnan, China. *Journal of Plant Research* 115: 263–268. [4]

Turchin, P. 2003. *Complex Population Dynamics: A Theoretical/Empirical Synthesis*. Princeton University Press, Princeton, NJ. [13]

Turner, M. G., R. H. Gardner and R. V. O'Neill. 2001. *Landscape Ecology in Theory and Practice: Pattern and Process*. Springer Verlag, New York. [24]

Turner, M. G., W. H. Romme and D. B. Tinker. 2003. Surprises and lessons from the 1988 Yellowstone fires. *Frontiers in Ecology and the Environment* 1: 351–358. [24]

Tyerman, J. G., M. Bertrand, C. C. Spencer and M. Doebeli. 2008. Experimental demonstration of ecological character displacement. *BMC Evolutionary Biology* 8: ARTN 34. [12]

U

Uddenberg, N., T. Fagerström and A. Jeffner. 1995. Kontakten med urkällan: Naturen, människan och religionen. In *Det Stora Sammanhanget*, N. Uddenberg (ed.), 141–186. Doxa, Nora, Sweden. [1]

Umina, P. A., A. R. Weeks, M. R. Kearney, S. W. McKechnie and A. A. Hoffmann. 2005. A rapid shift in a classic clinal pattern in *Drosophila* reflecting climate change. *Science* 308: 691–693. [6]

United Nations, Department of Economic and Social Affairs, Population Division. 2009. *World Population Prospects: The 2008 Revision, Highlights*. Working Paper No. ESA/P/WP.210. [10]

U.S. Congress, Office of Technology Assessment. 1993. *Harmful Non-Indigenous Species in the United States*. OTA-F-565. Washington, DC: U.S. Government Printing Office. [23]

U.S. Environmental Protection Agency. 2005. *Evaluating Ozone Control Programs in the Eastern United States: Focus on the NO_x Budget Trading Program, 2004*. EPA454-K-05-001. http://www.epa.gov/airtrends/2005/ozonenbp.pdf. [25]

U.S. Fish and Wildlife Service. 2003. Recovery plan for the red-cockaded woodpecker (*Picoides borealis*): Second revision. U.S. Fish and Wildlife Service, Atlanta, GA. [23]

U.S. Fish and Wildlife Service. 2008. Birds of conservation concern 2008. U.S. Fish and Wildlife Service, Division of Migratory Bird Management, Arlington, VA.

Uthicke, S., P. Momigliano and K. E. Fabricius. 2013. High risk of extinction of benthic foraminifera in this century due to ocean acidification. *Scientific Reports* 3: 1–5. [25]

V

Valverde, T. and J. Silvertown. 1997. A metapopulation model for *Primula vulgaris*, a temperate forest understorey herb. *Journal of Ecology* 85: 193–210. [11]

Van Breemen, N. and A. C. Finzi. 1998. Plant-soil interactions: Ecological aspects and evolutionary implications. *Biogeochemistry* 42: 1–19. [22]

Van den Bosch, F., R. Hengeveld and J. A. J. Metz. 1992. Analysing the velocity of animal range expansion. *Journal of Biogeography* 19: 135–150. [11]

Van der Heijden, M. G. A. and 7 others. 1998. Mycorrhizal fungal diversity determines plant biodiversity, ecosystem variability and productivity. *Nature* 396: 69–72. [15]

Van der Veken, S., J. Rogister, K. Verheyen, M. Hermy and R. Nathan. 2007. Over the (range) edge: A 45-year transplant experiment with the perennial forest herb *Hyacinthoides non-scripta*. *Journal of Ecology* 95: 343–351. [9]

Van Dover, C. L. 2000. *The Ecology of Deep-Sea Hydrothermal Vents*. Princeton University Press, Princeton, NJ. [20]

Van Lear, D. H., W. D. Carroll, P. R. Kapeluck and R. Johnson. 2005. History and restoration of the longleaf pine–grassland ecosystem: Implications for species at risk. *Forest Ecology and Management* 211: 150–165. [23]

Van Mantgem, P. J. and 10 others. 2009. Widespread increase of tree mortality rates in the western United States. *Science* 323: 521–524. [10]

Vannote, R. L., G. W. Minshall, K. W. Cummins, K. R. Sedell and C. E. Cushing. 1980. The River Continuum Concept. *Canadian Journal of Fisheries and Aquatic Sciences* 37: 130–137. [3]

Van Oers, K. and D. L. Sinn. 2013. Quantitative and molecular genetics of animal personality. In *Animal Personalities: Behavior, Physiology, and Evolution*, C. Carere and D. Maestripieri (eds.), pages 149–200. University of Chicago Press, Chicago. [8]

Van Tyne, J. and A. J. Berger. 1959. *Fundamentals of Ornithology*. Wiley, New York. [18]

Varley, N. and M. S. Boyce. 2006. Adaptive management for reintroductions: Updating a wolf recovery model for Yellowstone National Park. *Ecological Modelling* 193: 315–339. [24]

Veblen, T. T., T. Kitzberger and J. Donnegan. 2000. Climatic and human influences on fire regimes in ponderosa pine forests in the Colorado Front Range. *Ecological Applications* 10: 1178–1195. [2]

Vellend, M., J. A. Myers, S. Gardescu and P. L. Marks. 2003. Dispersal of *Trillium* seeds by deer: Implications for long-distance migration of forest herbs. *Ecology* 84: 1067–1072. [15]

Verdolin, J. L. 2006. Meta-analysis of foraging and predation risk trade-offs in terrestrial systems. *Behavioral Ecology and Sociobiology* 60: 457–464. [8]

Vié, J.-C., C. Hilton-Taylor and S. N. Stuart, eds. 2009. *Wildlife in a Changing World—An Analysis of the 2008 IUCN Red List of Threatened Species*. Gland, Switzerland: IUCN. [1, 23]

Vitousek, P. M. 1977. The regulation of element concentrations in mountain streams in the northeastern United States. *Ecological Monographs* 47: 65–87. [22]

Vitousek, P. M. and H. Farrington. 1997. Nutrient limitation and soil development: Experimental test of a biogeochemical theory. *Biogeochemistry* 37: 63–75. [22]

Volterra, V. 1926. Variazioni e fluttuazioni del numero d'individui in specie animali conviventi. *Memorie della R. Accademia dei Lincei* 2: 31–113. Reprinted 1931 as "Variations and fluctuations of the number of individuals in animal species living together," in R. N. Chapman, *Animal Ecology*, McGraw-Hill, New York. [12]

Vonlanthen, P. and 9 others. 2012. Eutrophication causes speciation reversal in whitefish adaptive radiations. *Nature* 482: 357–362. [6]

Vredenburg, V. T. 2004. Reversing introduced species effects: Experimental removal of introduced fish leads to rapid recovery of a declining frog. *Proceedings of the National Academy of Sciences USA* 101: 7646–7650. [1]

W

Wackernagel, M. and 7 others. 1999. National natural capital accounting with the ecological footprint concept. *Ecological Economics* 29: 375–390. [10]

Wada-Katsumata, A., J. Silverman and C. Schal. 2013. Changes in taste neurons support the emergence of an adaptive behavior in cockroaches. *Science* 340: 972–975. [8]

Wagner, W. L., M. M. Bruegmann, D. R. Herbst and J. Q. C. Lau. 1999. Hawaiian vascular plants at risk: 1999. *Bishop Museum Occasional Papers* 60: 1–58. [23]

Walker, T. W. and J. K. Syers. 1976. The fate of phosphorus during pedogenesis. *Geoderma* 15: 1–19. [22]

Wallace, A. R. 1855. On the law which has regulated the introduction of new species. *Annals and Magazine of Natural History* 16. [18]

Wallace, A. R. 1858. On the tendency of varieties to depart indefinitely from the original type. *Journal of the Proceedings of the Linnean Society, Zoology* 3: 53–62. [18]

Wallace, A. R. 1860. On the zoological geography of the Malay Archipelago. *Journal of the Linnean Society of London* 4: 172–184. [9]

Wallace, A. R. 1869. *The Malay Archipelago, The Land of The Orangutan And The Bird of Paradise: A Narrative of Travel With Studies of Man And Nature*. Macmillan, London. [18, 23]

Wallace, A. R. 1876. *The Geographic Distribution of Animals*. 2 vols. Harper and Brothers, New York. [18]

Wallace, A. R. 1878. *Tropical Nature and Other Essays*. Macmillan, London. [18]

Walter, H. and H. Lieth. 1967. *Klimadiagram-Weltatlas*. VEB Gustav Fischer Verlag, Jena. [3]

Walters, C. 1995. *Fish on the Line: The Future of Pacific Fisheries*. A report to the David Suzuki Foundation, Fisheries Project Phase I, 219–2211 West Fourth Avenue, Vancouver, BC, V6K 4S2, Canada. [2]

Walters, J. R., C. K. Copeyon and J. H. Carter. 1992. Test of the ecological basis of cooperative breeding in red-cockaded woodpeckers. *Auk* 109: 90–97. [23]

Walther, G. 2010. Community and ecosystem responses to recent climate change. *Philosophical Transactions of the Royal Society of London B* 365: 2019–2025. [25]

Wang, X., Z. Dong, J. Zhang and L. Liu. 2004. Modern dust storms in China: An overview. *Journal of Arid Environments* 58: 559–574. [25]

Ward, M. P., J. S. Milledge and J. B. West. 1995. *High Altitude Medicine and Physiology*. Chapman and Hall, London. [4]

Wasser, S. K., C. Mailand, R. Booth, B. Mutayoba, E. Kisamo, B. Clark and M. Stephens. 2007. Using DNA to track the origin of the largest ivory seizure since the 1989 trade ban. *Proceedings of the National Academy of Sciences USA* 104: 4228–4233. [23]

Weathers, K. C., M. L. Cadenasso and S. T. A. Pickett. 2001. Forest edges as nutrient and pollutant concentrators. *Conservation Biology* 15: 1506–1514. [24]

Webb, N. R. and L. E. Haskins. 1980. An ecological survey of heathlands in the Poole Basin, Dorset, England, in 1978. *Biological Conservation* 17: 281–296. [9]

Webberley, K. M. and 8 others. 2004. Host reproduction and a sexually transmitted disease: Causes and consequences of *Coccipolipus hippodamiae* distribution on coccinellid beetles. *Journal of Animal Ecology* 73: 1–10. [14]

Weber, J. N., B. K. Peterson and H. E. Hoekstra. 2013. Discrete genetic modules are responsible for complex burrow evolution in *Peromyscus* mice. *Nature* 493: 402–405. [8]

Weber, N. A. 1966. Fungus-growing ants. *Science* 153: 587–604. [15]

Weber, R. E. 2007. High-altitude adaptations in vertebrate hemoglobins. *Respiratory Physiology and Neurobiology* 158: 132–142. [6]

Weeks, A. R., M. Turelli, W. R. Harcombe, K. T. Reynolds and A. A. Hoffmann. 2007. From parasite to mutualist: Rapid evolution of *Wolbachia* in natural populations of *Drosophila*. *PLoS Biology* 5: 997–1005. [15]

Weir, A. A. S., J. Chappell and A. Kacelnik. 2002. Shaping of hooks in New Caledonian crows. *Science* 297: 981. [5]

Weis, A. E. and W. G. Abrahamson. 1986. Evolution of host-plant manipulation by gall makers: Ecology and genetic factors in the *Solidago–Eurosta* system. *American Naturalist* 127: 681–695. [6]

Weiss, R. A. and A. J. McMichael. 2004. Social and environmental risk factors in the emergence of infectious disease. *Nature Medicine* 10: S70–S76. [1]

Weldon, A. J. 2006. How corridors reduce Indigo Bunting nest success. *Conservation Biology* 20: 1300–1305. [24]

Werner, E. E. 1988. Size scaling and the evolution of complex life cycles. In *Size-Structured Populations*, B. Ebenman and L. Persson (eds.), 61–81. Springer-Verlag, Berlin. [7]

Werner, E. E., J. F. Gilliam, D. J. Hall, and G. G. Mittelbach. 1983. An experimental test of the effects of predation risk on habitat use in fish. *Ecology* 64: 1540–1548. [8]

Westemeier, R. L. and 8 others. 1998. Tracking the long-term decline and recovery of an isolated population. *Science* 282: 1695–1698. [6]

Westoby, M. 1997. What does "ecology" mean? *Trends in Ecology and Evolution* 12: 166. [1]

White, J., J. Wilson and K. Horskins. 1997. The role of adjacent habitats in rodent damage levels in Australian macadamia orchard systems. *Crop Protection* 16: 727–732. [24]

Whittaker, R. H., K. J. Willis and R. Field. 2001. Towards a general, hierarchical theory of species diversity. *Journal of Biogeography* 28: 453–470. [18]

Wilbur, H. M. 1997. Experimental ecology of food webs: Complex systems in temporary ponds. The Robert H. MacArthur Award Lecture. *Ecology* 78: 2279–2302. [21]

Wilkie, D. S. and J. F. Carpenter. 1999. Bushmeat hunting in the Congo Basin: An assessment of impacts and options for mitigation. *Biodiversity and Conservation* 8: 927–955. [23]

Wilkinson, G. S. and P. R. Reillo. 1994. Female choice response to artificial selection on an exaggerated male trait in a stalk-eyed fly. *Proceedings of the Royal Society of London B* 255: 1–6. [8]

Williams, B. K., J. D. Nichols and M. J. Conroy. 2002. *Analysis and Management of Animal Populations*. Academic Press, San Diego, CA. [9]

Williams, C. B. 1943. Area and number of species. *Nature* 152: 264–267. [18]

Williams, C. B. 1964. *Patterns in the Balance of Nature*. Academic Press, London. [18]

Williams, J. C., C. S. ReVelle and S. A. Levin. 2005. Spatial attributes and reserve design models: A review. *Environmental Modeling and Assessment* 10: 163–181. [24]

Willig, M. R., D. M. Kaufman and R. D. Stevens. 2003. Latitudinal gradients of biodiversity: Pattern, process, scale, and synthesis. *Annual Review of Ecology and Systematics* 34: 273–309. [18]

Willmer, P., G. Stone and I. Johnston. 2005. *Environmental Physiology of Animals*. Blackwell Publishing, Malden, MA. [4]

Wilson, E. O. 1994. *Naturalist*. Island Press, Washington, DC. [18]

Wilson, E. O. and D. S. Simberloff. 1969. Experimental zoogeography of islands: Defaunation and monitoring techniques. *Ecology* 50: 267–278. [18]

Wilson, S. D. and D. Tilman. 1993. Plant competition and resource availability in response to disturbance and fertilization. *Ecology* 74: 599–611. [12]

Windsor, D. A. 1998. Most of the species on Earth are parasites. *International Journal for Parasitology* 28: 1939–1941. [14]

Winterhalder, B. P. 1980. Canadian fur bearer cycles and Cree-Ojibwa hunting and trapping practices. *American Naturalist* 115: 870–879. [13]

Witman, J. D., R. J. Etter and F. Smith. 2004. The relationship between regional and local species diversity in marine benthic communities: A global perspective. *Proceedings of the National Academy of Sciences USA* 101: 15664–15669. [18]

Woodroffe, R. 1999. Managing disease threats to wild mammals. *Animal Conservation* 2: 185–193. [23]

Wright, S. J. 1981. Intra-archipelago vertebrate distributions: The slope of the species–area relation. *American Naturalist* 118: 726–748. [18]

Wright, S. J. 2005. Tropical forests in a changing environment. *Trends in Ecology and Evolution* 10: 553–560. [2, 3]

Y

Yates, T. L. and 15 others. 2002. The ecology and evolutionary history of an emergent disease: Hantavirus pulmonary syndrome. *BioScience* 52: 989–998. [9]

Yoda, J. A., T. Kira, H. Ogawa and K. Hozumi. 1963. Self-thinning in overcrowded pure stands under cultivated and natural conditions. *Journal of Biology, Osaka City University* 14: 107–120. [10]

Yoshida, T., L. E. Jones, S. P. Ellner, G. F. Fussmann and N. G. Hairston Jr. 2003. Rapid evolution drives ecological dynamics in a predator–prey system. *Nature* 424: 303–306. [13]

Z

Zanette, L. Y., A. F. White, M. C. Allen and M. Clinchy. 2011. Perceived predation risk reduces the number of offspring songbirds produce per year. *Science* 334: 1398–1401. [8]

Zar, J. H. 2006. *Biostatistical Analysis*. 5th ed. Prentice Hall, Upper Saddle River, NJ. [1]

Zhao, M. and S. W. Running. 2010. Drought-induced reduction in global terrestrial net primary production from 2000 through 2009. *Science* 329: 940–943. [25]

Zhao, M., S. W. Running and R. R. Nemani. 2006. Sensitivity of Moderate Resolution Imaging Spectroradiometer (MODIS) terrestrial primary production to the accuracy of meteorological reanalyses. *Journal of Geophysical Research–Biogeosciences* 111: G01002. [20]

Züst, T., C. Heichinger, U. Grossniklaus, R. Harrington, D. J. Kliebenstein and L. A. Turnbull. 2012. Natural enemies drive geographical variation in plant defenses. *Science* 338: 116–119. [13]

Índice

Números de páginas em *itálico* indicam que a informação será encontrada em uma ilustração. Números de página seguidos por "n" indicam que a informação será encontrada na nota de rodapé.

A

Abacaxi (*Ananas comosus*), 123
Abelha-japonesa (*Apis cerana*), 94
Abelhas, geração interna de calor como uma defesa, 94
Abeto-de-douglas (*Pseudotsuga menziesii*), 65, 66, 175
Abies lasiocarpa (abeto-subalpino), 394
Abies religiosa (abeto-de-oyamel), 214
Abióticos, condição/ambiente
  definição, 10
  efeitos na limitação dos membros da comunidade, 429-430
  efeitos na distribuição e abundância, 209-210, *211*
  efeitos no clima, 24
Abundância
  como tamanho ou densidade populacional, 205
  curvas de distribuição das abundâncias, 364-365
  definição, 205
  efeito da variação climática na abundância de salmão, 22-23, 46, *47*
  efeito de borda e, 557-558
  efeitos da exploração na, 303-304, *305*
  efeitos de interações positivas na, 350-351
  efeitos de distúrbios na, 210-211, *212*
  efeitos dos fatores ambientais bióticos e abióticos na, 209-210, *211*
  efeitos históricos e de limites de dispersão na, 211-213
  estimativa, 217-218, *219*
  intensidade de interação, 370, *371*
  mudanças ao longo do tempo e espaço, 206-207
  (*ver também* Dinâmica populacional)
  usando abundância para rastrear doenças, 218, 220
Abutre-do-egito (*Neophron percnopterus*), 131
Abyssobrotula galatheae, 51
Acácia-bullhorn (*Acacia cornigera*), 350-351
Acacia erioloba (espinho-de-camelo), *59*, 219
Ácaros, 308, 327
Ácaros-de-veludo, *318*
Achigã (*Micropterus salmoides*), 189
Acidez, 44-46
Acidificação dos oceanos
  dióxido de carbono atmosférico e, 45-46, 573-575
  efeito nas interações de espécies, 371
Ácido abscísico, 102
Ácido nítrico, 586
Ácido sulfúrico, 586
Ácidos, 44
Aclimatização
  definição, 86
  para altitudes elevadas, 86-87
  para consumir diferentes alimentos, 129-130
  por plantas a níveis de luz, 115, *116*
  compensações e, 88
Aconitum napellus (capuz-de-monge), 262
Açores, 197
Acrocephalus sechellensis (pássaro-canoro-das-seychelles), 216-217
Acromyrmex, 338
Actinomicetes, *399*
Acyrthrosiphon pisum (pulgão-da-ervilha), 320-321
Adalia decempunctata, 327
Adaptações
  definição, 12, 144
  exemplos, 144-145
  fluxo gênico pode limitar, 147
  restrições sobre, 147-148
  seleção natural e, 145-146
  variações ambientais, 87-88
Adelina tribolii, 329
Aedes albopictus, 285
Aedes triseriatus, 285
Aerênquima, 102
Aerossóis, 501, 581
África
  comércio de marfim e investigação forense na biologia da conservação, 537
  formação da, 411
Agathis australis (kauri), 404-405
Agave, 169
Agentes de mudança
  abióticos e bióticos, 381-382
  variabilidade e intensidade, frequência e extensão, 382-383
Agricultura
  cultivo para biocombustível, 426, 444, 445
  distribuição de recursos em campos de cultivo abandonados, 433, *434*
  efeito em campos temperados, 61-62
  produção primária líquida, *465*
Agrostis tenuis, 147
Água
  capacidade térmica, 28
  fluxo ao longo de gradientes de energia, 98-99
  fluxo de calor latente, 25
  importância biológica da, 98
  pH, 44-46
  salinidade, 44
Água de lastro, 428-429
Aguapé (*Eichhornia crassipes*), 306
Ailuropoda melanoleuca (panda-gigante), 541
Ajustamento osmótico, 100
Álamo-tremedor (*Populus tremuloides*)
  cascatas tróficas no Parque Nacional de Yellowstone, 565, 566
  clones, 208
  efeito da variação ambiental sobre alcance geográfico, *86*, 87
  interações e sucessão entre espécies em florestas montanhosas, 394
Alasca
  transporte biológico de poluentes, 492-493
  Ver também Ilhas Aleutas
Albedo, 36, 37
Alcalinidade, 44-46
Alce
  efeitos dos lobos sobre suas decisões de forrageio, 189, *190*
  reintrodução de lobos no Parque Nacional de Yellowstone e, 546, 547, 565, 566
Alce (*Alces alces*), 552
Alelopatia, 277
Alelos
  definição, 139
  fluxo gênico, 144
  formação por mutação, 140-141
Algas
  ciclos de vida complexos, 167
  espécies invasoras, 358-359, 376-377, 531
  evolução e resposta a predação de rotíferas, 309-310
  "florescimentos", 463
  mutualismo com corais, 341-347
  sucessão primária em comunidades rochosas de zonas entremarés, 391-392, *393*
  Ver também Florestas de algas
Algas macroscópicas
  sucessão primária em comunidades rochosas, 391-392, *393*
  Ver também Florestas de algas
Algas-marinhas, espécies invasoras, 2-3, 20-21

Algas-pardas, 78, 204-205
  Ver também Florestas de algas
Algas-verdes
  alga *Caulerpa* invasora, 358-359, 376-377
  reprodução sexual, 165
  sucessão primária em comunidades rochosas de zonas entremarés, 391-392, *393*
Algas-vermelhas, 391-392, *393*
Algoritmo genético para produção de conjuntos de regras (GARP), 221
Alimento
  análise isotópica de fontes de alimentos heterotróficos, 466-467
  competição por, 273-274
  competição por alimento em grupos, 198-199
  controle de baixo para cima e disponibilidade de alimento, 266
  diferenças na química e disponibilidade de fontes de alimentos, 123, 125
  métodos alimentares em heterótrofos, 125-128
  variação na digestão e assimilação, 128-130
  Ver também Dieta
Allan, Brian, 556
Alnus sinuata, 388
Alocação, 163
Alometria, 164
Alopex lagopus (raposa-do-ártico), 304-305
Alpes europeus, efeitos da mudança climática no alcance de plantas, 583
Alteração no uso do solo
  efeito em biomas terrestres, 53-54, *55*
  tempestade de poeira e, 570, 592-594
Alternância de gerações, 167-169
Altitude
  efeitos na temperatura, 33
  Ver também Altitudes elevadas
Altitudes elevadas
  aclimatização, 86-87
  adaptações humanas, 88
  "doença da altitude", 86
Alvin (embarcação submersível), 450

Ambiente
  atividades humanas e (*ver* Atividades humanas)
  comportamento animal e, 185
  químico, 44-46
  Ver também Abióticos, condição/ambiente; Bióticos/condição/ambiente; Ambiente físico
Ambiente físico
  ambiente químico, 44-46
  circulação atmosférica e oceânica, 26-31
  clima, 23-25
  definição, 23
  fatores influenciando o clima regional, 34-37
  padrões climáticos globais, 31-34
  variação climática ao longo do tempo, 38-44
Ambiente hiperosmótico, 98
Ambiente hiposmóticos, 98
Ambiente isosmóticos, 98
Ambiente químico
  acidez e alcalinidade, 44-46
  concentração de oxigênio, 46
  importância do, 44
  salinidade, 44
Ambystoma macrodactylum (salamandra-de-dedos-longos), 4, 5
Ambystoma talpoideum (salamandra-pintada), 178-179
Amensalismo, 277
América do Norte, formação e história biogeográfica, 411
América do Sul, formação e história biogeográfica, 411, 412
Amieiros, 388
Ammophila breviligulata (gramínea-de-praia-americana), 352, 384
Amoeba proteus, 342
Amônia (NH_3)
  nitrificação, 503
  no ciclo global de nitrogênio, 577
Amônio (NH_4)
  na quimiossíntese, *112*, 113
  nitrificação, 503
Amphiprion percula, 160-161, 180-181
Amplitude geográfica
  definição, 214

distribuição fragmentada, 214, 215
efeitos da mudança climática na, 583
efeitos da variação ambiental na, 86, *87*
fatores que afetam a, 213-214
variação de tamanho entre espécies, 214-215
Amplitudes, 308
Análise de QTL, 186
Análise de viabilidade populacional (AVP), 536
Análise isotópica
  da dieta do corvo-da-nova-caledônia, 130
  de fontes heterotróficas de alimentos, 466-467
  de vias fotossintéticas, 123
  descrição, 124
Análises estatísticas, 15
Análises genéticas, em conservação, 535-526
Ananas comosus (abacaxi), 123
Andersson, Malte, 193
Andropogon gerardii, 353
Anêmonas-do-mar, 160, *161*, 180
Anfíbios
  Batrachochytrium dendrobatidis e, 533
  em sucessão no Monte Santa Helena, 397-398
  manutenção do equilíbrio hídrico, 104
  número de espécies em perigo registradas, 522
  Ver também Rãs; Salamandras
Anfípodes, 326-327, 331
Angiospermas, espécies em perigo, 522
Animais
  equilíbrio hídrico, 102-105
  captação de nutrientes, 498
  clones, 208
  efeito sobre a sucessão, 385
  modificação do equilíbrio energético em resposta à variação de temperatura, 94-98
Animais anádromos, 22
Animais de água doce
  balanço de água e sal, 103-104

efeitos de espécies invasoras em mexilhões, 530
Animais marinhos
  balanço de água e sal, 103
  efeitos de contaminantes disruptores endócrinos em mamíferos, 533, *534*
Animais migratórios, efeitos da mudança climática sobre, 584
Animais terrestres, manutenção do equilíbrio hídrico, 104-106
Animal Ecology (Elton), 385
Anisogamia, 165
Anolis
  efeitos da predação em populações de aranhas, 303-304
  partição de recursos, 280
Anolis gingivinus, 329
Anolis sagrei, 303-304
Anolis wattsi, 329
Antártica
  formação, 411
  mudança climática ao longo do tempo, 42
Antidorcas marsupialis (gazela), *191*
Antílopes, comportamento saltador, 191
Aphidius colemani, 294
Aphis fabae (pulgão-do-feijão), 213
Apis cerana (abelha-japonesa), 94
Apomixia, *208*
Aposematismo, 298
Aprendizado, produção e uso de ferramentas, 131-132
Aptidão
  em histórias de vida, 162
  sistemas de acasalamento, 196-197
Arabidopsis thaliana
  evolução em resposta à herbivoria, 299-301
  fotorrespiração, 118
Aranhas
  efeitos populacionais da predação pelo lagarto *Anolis*, 303-304
  parasitas escravizadores, 334-335
Aranhas-tecelãs, parasitas escravizadores, 334-335
Araucaria, 66
Arbusto creosoto (*Larrea tridentata*), 63, 209-210, *216*
Arbustos esclerófilos, 52

Índice

Arbustos, forma de crescimento e ambiente, 52
Área de Conservação Guanacaste (ACG), 562
Áreas-núcleo naturais
  na concepção de reservas naturais, 559-560
  zonas de amortecimento, 560-561
Áreas úmidas
  efeitos da herbivoria por caracol-maçã-dourada na comunidade, 305-306
  efeitos da temperatura do solo nas interações *Typha-Myosotis*, 343-344
Areia, 498
Argusianus argus, 192 193
Arqueia
  captura de alimentos, 125
  quimiossíntese, 112-113
Arquipélago malaio, 409
Artemísia (*Artemesia tridentata*), 63
Artrópodes
  efeitos da diversidade de plantas no estabelecimento da comunidade, 490-491
  manutenção do equilíbrio hídrico, 105
Árvore-da-chuva-dourada (*Koelreuteria elegans*), 145-146
Árvores baobás, 58
Árvores com acículas perenes, 52
Árvores, como engenheiros de ecossistemas, 372
Árvores emergentes, 57
Árvores evolutivas, 150-151
Árvores latifoliadas perenifólias, 52
Asarum canadense (gengibre-selvagem), 239, 240
Ascenção, 26
Ascídias, 430
Asclepias, 214
Ascoglossa, 111-112
Ásia,
  formação, 411
  tempestade de areia, 570-571, 593-594
Asobara tabita, 323
Assinatura espectral, 456
Associações actinorrízicas, 500
Asterionella, 433
Asterionella formosa, 274-275

Atividades humanas
  aceleração nas taxas de perda de espécies e, 524-525
  ameaças à biodiversidade, 528-534
  doenças emergentes e, 7-8
  efeito em biomas terrestres, 53-54, 55
  efeito na crosta biológica, 495-496
  efeito na evolução, 156-157
  efeito no ciclo de carbono global, 572-575
  efeito no ciclo de nitrogênio global, 576-577
  eutrofização de lagos e, 512-514
  ozônio atmosférico, 589-592
  padrões de paisagem, 552-553
Atmosfera
  células de circulação, 26-28, 29
  como fonte de nutrientes, 500-501, 509
  concentração de oxigênio, 46
  efeitos da fotossíntese sobre a concentração de oxigênio, 114
  reirradiação de radiação infravermelha, 25
  reservatório de nitrogênio, 576
  umidade, 99
  ventos, 28, 29, 35
Ato das espécies ameaçadas de extinção (ESA), 539
Atriplex, 63
Atriplex lentiformis, 117
Atriplex triangularis, 114, 116
Atta, 338-339
Atta cephalotes, 338
Atta colombica, 354
Atta laevigata, 339
Attini, 338-339
Atum-rabilho (*Thunnus thynnus*), 262
Austin, Amy, 503
Austrália,
  coevolução do coelho europeu e o vírus mixoma, 323-324
  formação, 411
  prevalência de câncer de pele, 591

Austrocedrus, 66
Automóveis, 426
Autótrofos
  biomassa consumida em ecossistema terrestre e aquático, 476-477
  definição, 111
  níveis tróficos, 474
  PPL, 452-453
  produção primária bruta, 452, 453
  quimiossíntese, 112-113
  reação fotossintética, 113-117
  simbiose com heterotróficos, 111-112
  variação no padrão de fotossíntese, 117-123
  visão geral, 112
  Ver também Produtores
Aves/pássaros
  aclimatização para comer diferentes alimentos, 129-130
  adaptação morfológica em bicos, 127-128
  bordas de hábitat e, 557
  compensação entre reprodução atual e atrasada, 175
  criadores cooperativos, 542
  deslocamento de caracteres em bicos de tentilhões de Galápagos, 288
  efeitos da mudança climática sobre as espécies migratórias, 584
  efeitos da perda de hábitat sobre espécies da Floresta Amazônica, 529-530
  efeitos sobre o comportamento de predadores, 189-190, 200
  impactos evolutivos da predação sobre mariposas, 157
  investimento parental na prole, 176
  Lack e o tamanho da ninhada, 172-173
  manutenção do equilíbrio hídrico, 105
  número de espécies em perigo documentadas, 522
  padrão latitudinal da diversidade e aves marinhas, 413-414

  partilha de recursos e coexistência de espécies, 432, 433
  perda do voo, 412
  predação da raposa-do-ártico, 304-305
  risco de extinção de pequenas populações, 259-260
  taxa de extinção de fundo, 524-525
Aves canoras, 129-130, 432
Aves marinhas
  padrões latitudinais de diversidade, 413-414
  predação pela raposa-ártica, 304-305
Aves não voadoras, 412
Avestruzes, 412
Azevinho (*Ilex verticillata*), 562
Azolla, 500

B

Bacalhau, 136-137, 532
Bacias hidrográficas, 507-509
Bactéria
  bactérias intestinais, 129
  captação de nutrientes, 125
  elementos de composição da, 497
  fixação de nitrogênio, 398-399, 500
  fotossíntese, 115
  nitrificação, 503
  no registro fóssil, 151-152
  quimioautotrófica, 467-468
  quimiossíntese, 112-113
  resistência a antibióticos, 12, 13, 156
Bactéria do solo, ordenação de curvas de abundância, 365
Bactéria fixadora de nitrogênio, 500
  sucessão e, 398-399
Bactéria nitrificante, 112, 503
Baía Glacier (Alasca), 387-390
Bainha do feixe vascular, 119, 120
Balanço de energia líquida (NEB), 444
Balanus balanoides. *Ver* Cracas; *Semibalanus balanoides*
Balanus glandula, 392, 393, 487, 488-489
Baleias, 491

Ballard, Robert, 450
Ballaré, Carlos, 503
Bandas ciliadas, 177
Barata-alemã (*Blattella germanica*), 184, 185
Barata-da-madeira, *341*
Baratas, 184, 185
Baratas-d'água-gigantes, 199
Barbalanympha, *341*
Barragem, medição do fluxo de água e, 509
Barrigudinhos (*guppies*)
  dieta, 295
  fatores ecológicos afetando o comportamento de acasalamento, 195-196
Base militar de Fort Bragg, 520, 542
Bases, 44
Bases militares, 520, 542
Batrachochytrium dendrobatidis, *17*, 533
Beija-flor, *127*
Benkman, Craig, 127-128
Berlow, Eric, 488-489, 490
Beroe, 266-267
Bertness, Mark, 369, 390-391
Besouro-do-lírio (*Liloceris lilli*), *191*
Besouros
  besouros-da-farinha, 242, *262*, 329
  besouros-do-pinheiro-da--montanha, 253
  besouros herbívoros, 296, 303
  cascata trófica em terras baixas de floresta tropical, 482-483
Betônia-lenhosa (*Stachys officinalis*), 558
Betula verrucosa (vidoeiro--prateado), 67
Bico-grosso-americano, *127*
Bicos
  deslocamento de caracteres em tentilhões de Galápagos, 288
  morfologia e adaptação em pássaros, 127-128
Biddulphia sinensis, 79
Bifenilas policloradas (BPCs), 472, 492-493, 533, 534
Bioacumulação, 472-473, 491-492
Bioacumulação e biomagnificação de inseticidas, 491

Biocombustíveis,
  comunidades de pradaria e a produção sustentável de, 426-427, 444-445
  cultivo de biocombustíveis comerciais, 426, 444, 445, 446
  definição, 426
  efeitos no meio ambiente, 444-445
  etanol celulósico, 445
  neutralidade de carbono, 426
Biodiesel, 445
Biodiversidade
  ameaças a, 528-534
  importância da proteção, 522-523
  modelo de reserva natural e, 559-563
  restaurações ecológicas e, 562, 563
  significado de, 364
  Ver também Diversidade de espécies
Biogeografia
  definição, 403
  escala espacial e, 403-408
  global, 408-416
  Projeto Dinâmica Biológica de Fragmentos Florestais, 401-402, 422-424
  regional, 416-422
Biogeografia de ilhas. *Ver* Teoria do equilíbrio da biogeografia de ilhas
Biogeografia global
  Alfred Russel Wallace e, 408-409
  conceitos-chave de, 409
  origens de regiões biogeográficas, 409-412
  pesquisa recente em regiões biogeográficas, 412-413
  regiões biogeográficas marinhas, 413
Biogeografia regional
  curvas de espécie-área, 418, 419
  teoria do equilíbrio da biogeografia de ilhas, 418-422
Biologia da conservação
  ameaças à biodiversidade, 528-534
  análise genética como ferramenta, 535-536, 537
  como uma disciplina baseada no valor, 523-524

conservação *ex situ*, 536, 538-539
crise na biodiversidade contemporânea, 521, 524-528
definição, 522
forense, 536-537
importância da proteção da biodiversidade, 522-523
lista de espécies a serem protegidas, 539-542
medidas legais e políticas, 539
modelos demográficos para guiar as decisões de manejo, 536
número de espécies em perigo documentadas, 522
origens e desenvolvimento de, 523
pica-pau-de-topete-vermelho, 520-522, 542-543
queimadas controladas, 543-544
Biomagnificação, 472-473, 491-492
Biomas
  categorias de, 51
  definição, 51
  efeitos do clima e da variação da PPL, 465-466
  principais ameaças à biodiversidade, 534
Biomas de florestas, padrões de diversidade de espécies, 403-405
Biomas terrestres
  associação com padrões globais de precipitação e temperatura, 53
  bosques arbustivos temperados e bosques temperados, 62-64
  campos temperados, 60-62
  classificação, 52
  componentes animais, 52-53
  comunidades de montanhas, 69-71
  conceito de bioma, 51
  desertos, 59-60
  efeitos de atividades humanas nos, 53-54, 55
  fatores afetando a PPL em, 465, 466
  florestas boreais, 67-68
  florestas temperadas decíduas, 64-71

florestas temperadas perenifólias, 65-66
florestas tropicais pluviais, 56-57
florestas tropicais sazonais e savanas, 57-59
pressões de seleção ambientais e adaptações vegetais, 53
tundra, 68-69
variação nos, 52
Biomassa
  definição, 452
  PPL, 452-453
Biomassa de baixo insumo e alta diversidade (LIHD), 444-445
Bioquímica
  de captação, *507*
  estudo de, 496-497
Biorremediação, 125-126
Biosfera, 51
Bióticos, condições/ambiente
  definição, 10
  efeito na distribuição e abundância, 210, *211*
  efeitos de fatores bióticos sobre a PPL em diferentes biomas, 465-466
  homogeneização da biota, 527-528
Bipalium everreti, 297
Bisão, 81, 331-332
Biston betularia (mariposa--mosqueada), 157
Bivalves
  coevolução em comunidades de fontes hidrotermais, 469-470
  sucessão em comunidades de fontes hidrotermais, 468-469
  Ver também Mexilhões
Björkman, Olle, 115, 116
Blattella germanica (barata--alemã), 184, 185
Blepharida, 296
Blissus leucopterus (percevejo), 217
Boechera stricta, 147
Boi-almiscarado, *197*, 298
Bolhas de ferrugem do pinheiro-de-casca-branca, 567
"Bombas de calor", 31
Bonito (*Katsuwonis pelamis*), 95
Borboleta-saltadora (*Hesperia comma*), 265-266
Borboleta-junônia (*Junonia coenia*), 562

Borboleta-monarca (*Danaus plexippus*), 214, 215
Borboleta fritilaria-das-turfeiras (*Proclossiana eunomia*), 552
Borboletas
efeitos das mudanças climáticas sobre as bandas climáticas, 583
r-estrategista e *K*-estrategista, 170
Bormann, Herb, 508
Boro, *498*
Borrelia burgdorfei, 556
Bos javanicus (tembadau-selvagem), 533
Bosques arbustivos
produção primária líquida, *465*
tempos médios de permanência da matéria orgânica e nutrientes no solo, *506*
Ver também Bosques arbustivos temperados e bosques temperados
Bosques arbustivos temperados e bosques temperados
características dos, 62-63
efeitos das atividades humanas nos, 55, 63-64
Ver também Bosques arbustivos
Brotamento, 208
Bowman, William, 461-462
Boyce, Mark, 564
Brachionus calyciflorus, 309-310
Bradshow, Anthony, 563
Branqueamento de corais, 77
Brevicoryne brassicae, 300
Brewer, Stephen, 273, 289
Bromus tectorum ("cheatgrass"), 516
Brookesia stumpffi (camaleão-folha-achatada), *219*
Brucelose, 331-322
Bubulcus ibis ibis, 251
Bufas-de-lobo gigantes, 227
Bupalus piniarius (mariposa-da-borda-branca), 253
Buraco de ozônio, 590
Burdon, Jeremy, 326
Burroughs, John, 84
Bursera, 302
Buston Peter, 179-180

C

Caça de troféus, 136-137, 155-156

Cacaueiros, 321
Cactoblastis cactorum, 210
Cacto-vela-azul (*Myrtillocactus geometrizans*), *60*
Cactos, forma de crescimento e ambiente, 52
Cadeias meso-oceânicas, 410, 450
Caenorhabdties elegans, 166
Cães selvagens da Tanzânia, 199
Calamagrostis, 462
Calamospiza melanocoryus, 548
Calcário, 499
Cálcio,
na nutrição das plantas, *498*
nos elementos de composição dos organismos, *497*
tempo de permanência em florestas e áreas arbustivas, *506*
Califórnia, erradicação da alga *Caulerpa* invasora, 376-377
Callaway, Ragan, 343-344
Calvin, Melvin, 113
Calyptogena, 450
Camada limítrofe, 93
Camaleão-espinhoso (*Furcifer verrucosus*), *221*
Camaleão-folha-achatada (*Brookesia stumpffi*), *221*
Camaleão-pantera (*Furcifer pardalis*), *221*
Camaleões, 220-221
Camarão-pistola, 346
Camboja, 424
Camomila, *61*
Camponotus leonardi, 315
Campos
alterações climáticas globais e, 62
alterações na PPL durante desenvolvimento, 454
clima, 24
efeitos da deposição de nitrogênio em, 589
efeitos no clima sob PPL, 460-461
estimativas de PPL, 454-458
perda de áreas cultivadas e seus efeitos no clima regional, 37
Ver também Grandes planícies; Pradarias; Pradarias de gramíneas altas; Campos temperados

Campos de cultivo abandonados, distribuição de recursos em, 433, *434*
Campos temperados
características dos, 55, 60-62
mudança climática global e, 62
produção primária líquida, *465*
Camuflagem, 95, *297*
Camundongo-de-bolso-das-rochas (*Chaetodipus intermedius*), *139*
Camundongo-de-patas-brancas (*Peromyscus leucopus*), 556
Camundongo-doméstico (*Mus musculus*), 528
Camundongo-oldfield (*Peromyscus polionotus*), 185-186
Camundongo-veadeiro (*Peromyscus maniculatus*), 185-186, 218, 220
Camundongos
comportamento de construção de tocas, 185-186
declínio de espécies de lesmas terrestres nativas e, 528
doença de Lyme e, 556
síndrome pulmonar do hantavírus e, 218, 220
Cana-de-açúcar, *119*
Câncer de pele, 591
Canguru-vermelho (*Macropus rufus*), 215
Cangurus-cinzas-do-oeste, 239
Caniço-branco (*Imperata cylindrica*), 543
Canis lupus. Ver Lobo
Capacidade de neutralização ácida, 586
Capacidade de suporte
crescimento logístico em populações estáveis, 252
da população dos Estados Unidos, 243-244
da população humana, 245
definição de, 242
Capacidade de troca catiônica, 498
Capacidade térmica, 28
Capim-gordura (*Melinis minutiflora*), 212
Capim-rabo-de-burro (*Shizachyzarium condensatum*), 212

Cappuccino, Naomi, 206-207
Capra pyrenaica pyrenaica (íbex-dos-pirineus), 528
Captura acessória (*bycatch*), 532
Carabus violaceus, 558
Caracóis/caramujos
coevolução com trematódeos parasitas, 325
declínio de anfíbios e, 5, 7
predadores, 528
Caracol predador, 528
Caracol-maçã-dourada (*Pomacea canaliculata*), 296, 305-306
Características hereditárias, 140
Caranguejo-da-areia (*Corystes cassivelaunus*), *178*
Caranguejo-verde (*Carcinus maenas*), 298, 430
Carboidratos, como uma fonte de energia, 123
Carbonato
ciclo global do carbono, 572
efeitos da acidificação do oceano, 575
Carbono
alocação em plantas, 452-453
ciclo global, 571-575
fonte atmosférica, 500
isótopos estáveis, 124
na nutrição de plantas, *498*
na serrapilheira, 502-503
nos elementos de composição dos organismos, *497*
PPL e, 452
Carbono antropogênico, 572-575
fontes de, 572
Carbono:nitrogênio, razão, 497-502
Carbono:nutrientes, razão, 477
Carcinus maenas (caranguejo-verde), 430
Cardeal-azul (*Passerina cyanea*), 562
Cardiospermum corindum (trepadeira-balãozinho), 145
Carduelis carduelis (pintassilgo), 198
Caretta caretta (tartaruga-marinha-cabeçuda), 227-235
Carex rupestris, 462
Carex scopolorum, 462
Carlsson, Nils, 306

"Carne de caça", 532
Carnegiea gigantea (saguaro), 209, 210
Carneiros-selvagens (*Ovis canadensis*), 136, 155, 193
Carnívoros
　definição, 466
　nível trófico, 474
Carnívoros primários, 474
Carnívoros secundários, 474
Carotenoides, 114
Carrapatos, 556
Carson, Rachel, 491
Carvalho-gambel, 567
Carvão-do-milho (*Ustilago maydis*), 318
Cascatas tróficas
　definição, 480
　descrição, 368, 480-483
　fatores que determinam o número de níveis tróficos, 483-485
　reintrodução de lobos no Parque Nacional de Yellowstone e, 565-566
Cascavéis, 191
Castanea, 65
Castanheira-americana (*Castanea dentata*), 65, 327-328
Castellón, Traci, 557
Castores, 373, 547, 566
Casuares, 412
Catástrofes naturais, 263
Caulerpa taxifolia, 358-359, 376-377, 531
Caules
　horizontais, 208
　suculentos, 60
Caulophryne polynema ("sapo desengonçado com muitos filamentos"), 79
Causas finais (ou evolutivas), 184
Causas imediatas (ou próximas), 184
Cavalinhas, fóssil, 151
Cavalos, 81
Cavanillesia platanifolia (cuipo), 58
Cedro-chileno (*Austrocedrus*), 66
Cedro-vermelho-do-oeste, 567
Célula de Ferrell, 27
Célula de Hadley, 27
Célula polar, 27
Células de pressão atmosférica, 40-41
Células-guarda, 91, 92, 102

Centrostephanus rodgersii (ouriço-do-mar-de espinhos-longos), 224
Ceratitis capitata (mosca-da-fruta do Mediterrâneo), 527
Cervus canadensis, 546, 547, 565, 566
Cervus elaphus, 189, 190
Chaetodipus intermedius (camundongo-de-bolso-das-rochas), 139
Chamaecrista keyensis, 536
Chapela, Ignácio, 354
Chapim-real (*Parus major*), 187, 188
Chapin, F. Stuart, 388-389
Chapin, Terry, 504
Charneca em Dorset, 207
Charnov, Eric, 188
"Cheatgrass" (*Bromus tectorum*), 516
Chen caerulensens (ganso-da-neve), 304-305
Chimpanzés
　defesas químicas contra parasitas, 321
　fabricação de ferramentas, 109
China, tempestade de poeira, 570, 571
Chiromantis xerampelina (rã-ninho-de-espuma-do-sul), 104
Chlamydomonas reinhardtii, 165
Chloephaga melanoptera (ganso-andino), 142
Chlorella vulgaris, 309-310
Choupos, 388, 565
Chromis atripectoralis, 166
Chrysolyna quadrigemina, 303
Chthamalus, 437
　dalli, 392, 393
　stellatus, 276, 278-279
Chucao tapaculo (*Scelorchillus rubecula*), 557
Cianobactérias
　clorofila f, 115
　como um fixador de nitrogênio simbionte, 500
　crosta biológica e, 496
　partição de recursos, 281
Cicadáceas, 536
Ciclagem de nutrientes
　ciclo genérico, 505
　definição, 505
　definição de ciclos de nutrientes, 13

　efeitos da estrutura da paisagem na, 551-552
　efeitos da predação na comunidade, 304-305
　"espiralização" de nutrientes em rios e cursos d'água, 511-512
　estudos em bacias de drenagem sobre perdas de nutrientes, 507-509
　formigas-cortadeiras e, 354-355
　mudanças durante o desenvolvimento ecossistêmico, 510-511
　variabilidade nas taxas de ciclagem e tempos médios de permanência, 506
　Ver também Ciclos biogeoquímicos
Ciclo de Calvin
　em quimioautótrofos, 468
　ineficiência bioquímica no, 117
　na fotossíntese, 114-115
　na fotossíntese C_4, 119, 120
　na fotossíntese CAM, 121, 122
　na quimiossíntese, 113
Ciclo de limite estável, 255-256
Ciclo do nitrogênio
　ciclo global, 575-577
　efeitos de espécies invasoras na, 530-531
　em um ecossistema alpino, 505
　mudanças durante o desenvolvimento ecossistêmico, 510-511
　variabilidade nas taxas de reciclagem, 506
Ciclos biogeoquímicos
　carbono, 571-575
　efeitos sobre a estrutura da paisagem, 551-552
　enxofre, 578-579
　fósforo, 577-578
　nitrogênio, 575-577
　Ver também Ciclagem de nutrientes
Ciclos de Milankovitch, 43
Ciclos de população de lebres-americanas, 292-293
Ciclos de vida complexos, mudanças de nicho, 178-179
　descrição, 166-169
　função e adaptação larval, 177-178

Ciclos glaciais-interglaciais, 42-43
Ciclos populacionais
　descrição, 254
　efeitos de parasitas em, 328
　exploração e, 306-310
　na lebre-americana, 292-293, 310-312
Ciclos predador-presa
　ciclo lince-lebre, 292-293, 310-312
　efeitos da evolução na, 309-310
　em populações naturais, 308-309
　modelo, 307-308
　reprodução sob condições de laboratório, 308
Ciência ambiental, 8
Cinomose, 533
Ciperáceas, 52
Ciperáceas do Ártico, 504
Circulação do fósforo
　ciclo global, 577-578
　mudanças durante o desenvolvimento ecossistêmico, 510-511
　variabilidade na taxas de circulação, 506
Cladophora glomerata, 374
Clareiras, 214, 215
Clematis fremontii, 214, 215, 216
Clements, Frederick, 384-385
Cleome droserifolia, 230, 231
Clima
　balanço energético global, 25
　controle da PPL em ecossistemas terrestres, 459-462
　definição, 23
　efeito da PPL em diferentes biomas, 465-466
　efeitos da ressurgência sobre o clima local, 31
　efeitos sobre local e modo de vida de organismos, 24
　fatores influenciáveis no clima regional, 34-37
　impacto das plantas sobre, 155
　padrões globais, 31-34
Clima continental, 36
Clima do tipo mediterrâneo, 24, 62-63
Clima marítimo, 36

Clima regional
  efeitos da vegetação no, 36-37
  efeitos de montanhas no, 35-36
Climas frios
  adaptações em ectotérmicos, 96
  adaptações em endotérmicos, 97-98
Clines, 146-147
Clones, 208
Cloro
  na nutrição das plantas, *498*
  nos elementos de composição dos organismos, 497
Clorofila
  assinatura espectral, 456
  clorofila *f*, 115
  na fotossíntese, 113-114
  PPL estimada de concentrações de clorofila, 455, 456, 459
  reciclagem em plantas, 504
Clorofluorcarbonos (CFCs), 590, 591, *592*
Cloroplastos, 114
Closterium, 73
Clusia, 122
Cobalto, 497
Cobra-nariguda, 191
Cobre, *498*
Coccipolipus hippodamiae, 327
Coeficientes de competição, 282
Coelho-europeu (*Oryctolagus cuniculus*), 323-324
Coevolução
  em comunidades de fontes hidrotermais, 469-470
  nas interações parasita-hospedeiro, 3223-326, 342
  nas interações predador-presa, 153
Coexistência de espécies
  de competidores superiores e inferiores, 289-290
  mediação de recursos e, 434-442
  membros da comunidade e, 430
  modelos tipo loteria e neutros de, 440-442
  partição de recursos e, 280-281, 290, 431-433, *434*
Cogumelos, espécies ameaçadas, 522

Coiotes, 474
Cólera, 319
Coletores, 72
Colobus-vermelho-de-miss-waldron (*Procolobus badius waldroni*), 532
Colonização, metapopulações e, 264-265
Coloração de advertência, 298
Combustível fóssil
  biocombustíveis e, 426
  deposição de ácido e nitrogênio, 585-589
  dióxido de carbono atmosférico e, 426, 572
Comensalismo
  consequências ecológicas, 350-353
  definição, 339
  forma e frequência de, 340, 341-342
  Ver também Interações positivas entre espécies
Comércio de marfim, 537
Companhia Hudson's Bay, 292
Compensação (*compensation*), 298-299
  completa, 298
Compensações (*trade-offs*)
  como tolerância à dessecação, 106
  como uma limitação na evolução adaptativa, 148
  em organismos sem cuidado parental, 173-174
  em sistemas hospedeiro-parasita, 326
  entre número e tamanho da prole, 172-174
  entre reprodução e outras características da história de vida, 174-175
  na aclimatização e adaptação às variações ambientais, 88
Competição
  alterando o resultado da, 285-288
  coexistência de competidores inferiores e superiores, 289-290
  definição, 273
  efeito sobre a distribuição, 216
  exclusão competitiva, 279-285
  experimentos de Tansley, 273

interações com história de vida e territorialismo, 180
  modelos, 281-285
  plantas carnívoras, 272-273, 288-289
  por alimento em grupos, 198-199
  por exploração, 276
  por interferência, 276-277
  por recursos, 273-276
Competição interespecífica, 273
Competição intraespecífica, 273
Componentes inorgânicos, 111n
Componentes inorgânicos de nitrogênio, 588
Comportamento animal
  causas imediatas e finais, 183-184
  comportamento de acasalamento, 192-197
  comportamento forrageador, 186-192
  determinação por genes e por condições ambientais, 185-186
  efeitos ecológicos das respostas comportamentais a predadores, 200-201
  seleção natural e, 184-185
  vida em grupos, 197-199
  Ver também Comportamento ecológico
Comportamento de acasalamento
  criação cooperativa, 217, 542
  diferenças entre machos e fêmeas, 192
  efeitos de fatores ecológicos sobre, 195-197
  efeitos do tamanho dos gametas e do cuidado parental sobre, 195
  seleção sexual e, 192-194
Comportamento de aversão à glicose em baratas, 184, 185
Comportamento de prazer, 95
Comportamento ecológico
  abordagem evolutiva do comportamento, 183-186
  comportamento de acasalamento, 192-197
  comportamento de forrageio, 186-192
  definição, 183

efeitos ecológicos de resposta comportamental a predadores, 200-201
  vida em grupos, 197-199
  Ver também Comportamento animal
Comportamento de construção da toca dos camundongos, 185-186
Comportamento reprodutivo. *Ver* Comportamento de acasalamento
Comportamento saltador (*stotting behavior*), 191
Comportamento territorial
  efeito na dispersão populacional, 216-217
  em machos de viúva-rabilonga, 193
  interações com a história de vida e competição, 180
Comportamentos antipredadores, 190-192
Composição de espécies
  estrutura da comunidade e, 366
  mudanças durante a sucessão primária, 388-390
  padrões biogeográficos da (*ver* Biogeografia)
Composição da paisagem, 550
Compostos clorados, 590-591
Compostos orgânicos, 111n
Compostos orgânicos voláteis, 591, *592*
Compostos oxigenados de nitrogênio, 576
Compostos secundários, 299, 320, 503
Comunidades
  agentes de mudança, 381-383
  áreas-chave de pesquisa, 359-360
  definição, 10, 359
  degradação de hábitat por sobre-exploração, 531-533
  diversidade de espécies e função na comunidade, 442-444
  efeito positivos de interações de espécies na, 352-353
  efeitos da exploração na, 302-306
  efeitos das mudanças climáticas sobre a composição da comunidade, 584

efeitos de parasitas na, 328-330
estados alternativos estáveis, 393-397
exemplos, *11*
formas de planejar, 360-361
interações de múltiplas espécies, 367-375
membros da comunidade, 427-431
riqueza local de espécies, 407-408
usando subgrupos de espécies para definir, 361-362
Comunidades clímax, 383-385
Comunidades de fontes hidrotermais
características de, 450-451
evolução em, 469-470
fluxo energético e quimioautótrofos, 467-468
sucessão em, 468-469
Comunidades estáveis, 394-395
Comunidades marinhas incrustantes, 395-396
Conceito de rio contínuo, 72, 463
Conceito "substituição do tempo pelo espaço", 384
Concentração de oxigênio,
efeito na fotossíntese, 118
fatores afetando, 46
Condor-da-califórnia (*Gymnopys californianus*), 538
Condução, 25, 90
Condutância, 99n
Conexões na natureza, 3-8
ecologia e, 3-8
termos-chave para estudo, 12-13
Connell, Joseph, 278-279. 386, 436-437
Conservação *ex situ*, 536, 538-539
Consumidores
definição, 12-13
eficiências tróficas, 477-478
em teias alimentares, 361
Consumidores oportunistas, 474
Consumidores primários, 361
Consumidores secundários, 361

Consumidores terciários, 361
Contagem com base na área, 218, 219
Continentes
deriva continental, 42, 211, 410-412
efeito sobre os padrões de temperatura global, 33
Controle de baixo para cima do fluxo energético, 480
descrição, 266-267
Controle de cima para baixo do fluxo energético, 480
descrição, 266-267
Convecção, 25, 90
Convenção da Diversidade Biológica, 539
Convenção sobre o Comércio Internacional de Espécies em Perigo da Fauna e Flora Selvagens, 539
Convergência em plantas de deserto, 60
Cook, Craig, 91-93
Cooper, Williams S., 388
Coorte, 238
Coprofagia, 129
Corais
efeitos da acidificação nos oceanos, 575
efeitos do aquecimento do oceano em doenças de corais, 332
mutualismo com algas, 341, 347
reprodução assexuada, 164-165
Cordilheiras, 36
Corophium volutator, 326-327, 331, 526
Corpo de Beltian, 351
Corredeiras, 71-72
Corredores de hábitat, 561-562, 582
Corrente do Golfo, 31
Correntes oceânicas
efeito dos padrões globais de temperatura, 32
fatores que governam as, 28, 30-31
oscilações de células atmosféricas-correntes oceânicas, 40-41
"Corridas armamentistas", 326
Cortadores, 72
Cortisol, 312-313
Coruja-barrada (*Strix varia*), 265

Coruja-malhada-do-norte (*Strix occidentalis caurina*), 264-265, 563
Corvídeos, 109-110
Corvo-da-nova-caledônia (*Corvus moneduloides*), 109-110, 130-132
Corystes cassivelaunus (caranguejo-da-areia), *178*
Cowie, Richard, 188
Cowie, Robert, 528
Cowles, Henry Chandler, 384
Cracas
competição de interferência, 276
efeitos da competição sobre a distribuição local, 278-279
efeitos da temperatura e competição sobre a distribuição, 210, *211*
efeitos diretos e indiretos da predação sobre, 488-489
hipótese do distúrbio intermediário da diversidade de espécies, 436-437
interação na cadeia trófica entremarés, 487
sucessão primária em comunidades de rochas entremarés, 392, *393*
Cracas-pescoço-de-ganso, 487
Crassula, 123
Crepidula fornicata (lapa), *179*
Crescimento da população dependente da densidade, 240-243
Crescimento exponencial
crescimento geométrico, 236-237
crescimento populacional por multiplicação, 238-239
de populações, 237-238
limites para, 239
padrões de, 251, 252
tempos de duplicação e taxas líquidas reprodutivas, 238
Crescimento geométrico, 236-237
Crescimento logístico, 242-244, 252
Crescimento populacional
efeitos da densidade no, 240-242
estrutura etária e, 231

exponencial, 236-239
introdução ao, 227
limites para, 239
logística, 242-244
padrões de, 251-254
por multiplicação, 238-239
quando as taxas de natalidade e mortalidade específicas por idade são constantes ao longo do tempo, 233-234
tabelas de vida, 228-231
tendências no crescimento populacional humano, 226-227, 244-245
Criação cooperativa, 217, 542
Criação de gado
efeitos da crosta biológica, 495, 514-516
efeitos sobre as comunidades ecológicas, 305
espécies invasoras em pradarias, 516
Criônica, 84
Criptas, 354
Cripsia, 95, 297, 298
Crise de biodiversidade
ameaças à biodiversidade, 528-534
estado atual da, 521
homogeneização da biota na Terra, 527-528
importância da proteção à biodiversidade, 522-523
incremento biológico declínio e extinção, 525-527
número de espécies em perigo documentadas, 522
taxa de aceleração de extinções, 524-525
Cronatium ribicola, 567
Crosta biológica, 495- 496, 514-516
Crotaphytus bicinctores (lagarto-de-colar), *95*
Crustáceos, espécies em perigo, 522
Crutzen, Paul, 581
Cruza-bico, 127-128
Cruza-bicos-vermelhos, 127-128
Cryphonectria parasitica, 65, 327-328
Cryptocentrus, 364
Cryptocercus punctulatus, *341*
Cuidado parental
efeito no comportamento de acasalamento, 195
investimento na prole, 176

Cuipo (*Cavanillesia platanifolia*), 58
Culex pipiens, 144, 148
Cúpula da Terra, 539
Curva de resposta da luz, *114*, 115
Curva de sobrevivência tipo I, 230
Curva de sobrevivência tipo II, 230
Curva de sobrevivência tipo III, 230-231
Curvas de acumulação de espécies, 365-366
Curvas de distribuição das abundâncias, 364-365
Curvas de espécie-área, 418, 419
Curvas de sobrevivência, 230-231
Curvularia, 352
Curvularia protuberata, 347
Cuscuta, 111, 318
Cuscuta europaea, 111
Cyclops, 73
Cyclorana australis, 104
Cyclotella, 433
Cyprinodon diabolis (pupfish-do-poço-do-diabo), 214
Cyprinodon macularius (pupfish-do-deserto), 213
Cyrtodiopsis dalmanni (mosca-de-olhos-pedunculados), 194

D

Daimler, Gottlieb, 426
Dambrine, Etienne, 553
Danaus plexippus (borboleta-monarca), *214*, 215
Daphnia, 73
Daphoenositta chrysoptera, 131
Darwin, Charles
  sobre descendência com modificações, 139
  sobre efeitos em comunidades herbívoras, 305
  sobre interações indiretas de espécies, 368
  sobre interdependência de espécies, 485
  sobre distúrbios e diversificação de espécies, 435
  sobre plantas carnívoras, 272
  sobre seleção sexual, 192-193
DDT, 491, 492, 493
Decíduas, árvores, 52

Declínio de anfíbios
  estudos sobre as causas de, 2-3, 4-7, 15, 17-19
  mudança climática e, 534
Decomposição
  detritívoros e, 474
  efeitos da lignina sobre, 503
  em lagos, 512
  em reciclagem de nutrientes, 501-503
  em teias alimentares, 362
Defesa bioquímica, contra parasitas, 320
Defesa contra parasitas
  contra encapsulação, 322-323
  custos da, 325-326
  envolvendo genes, *322*, 323
Defesas induzidas, 299
Déficit hídrico climático, 234
Degradação de hábitat
  ameaças à biodiversidade e, 528-530
  definição, 529
  espécies invasoras, 530-531
  sobre-exploração, 531-533
DeLucia, Evan, 573
Dendrobates tinctorius (rã-flecha-venenosa), *140*
Dendroctonus ponderosae (besouro-do-pinheiro-da-montanha), 253, 458, 567
Dendroica, 129-130
Dendroica castanea (mariquita-de-peito-baio), 432
Dendroica coronata (mariquita-de-asa-amarela), 432
Dendroica fusca (mariquita-papo-de-fogo), 432
Dendroica pinus (mariquita-dos-pinhais), 129
Dendroica tigrina (mariquita-tigre), 432
Dendroica virens (mariquita-de-garganta-preta), 432
Densidade populacional
  definição, 205
  densidade do hospedeiro e propagação de doenças, 331-332
  dependência da densidade atrasada, 254-257
  dispersão e, 213
  efeito no tamanho e no crescimento populacional, 240-242

Dependência da densidade atrasada, 254-257
  efeito no tamanho e no crescimento populacional, 240-242
Deposição atmosférica, 501-509
Deposição seca, 509, 586
Deposição úmida, 509, 586
Deriva do Atlântico Norte, 31
Deriva genética
  descrição, 142-143
  especiação e, 150
  risco de extinção em pequenas populações e, 260
Derramamento de óleo no *Deepwater Horizon*, 125-126
Derramamentos de petróleo, biorremediação, 125-126
Descendência com modificação
  definição, 12, 137
  em peixes esgana-gata, *138*
Deschampsia, 462
Desenvolvimento direto, 167
Desertificação, 60
Deserto de Gobi, 593-594
Deserto de Sonora, *10*, 60
Deserto do Atacama, 34
Deserto do Saara-Sahel, 593-594
Desertos
  características dos, 59-60
  células de alta pressão e, 34
  células de circulação atmosférica e, 27
  crosta biológica, 495-496, 514-516
  efeitos das atividades humanas sobre, *55*, 60
  padrões de temperatura e precipitação, 53
  produção primária líquida, *465*
  teias alimentares, 485
  tempestade de poeira, 593-594
  tolerância à dessecação, 106-107
Deslocamento competitivo, 437
Deslocamento de caracteres, 287-288
Desmatamento
  efeito sobre o clima regional, 36-37

efeitos sobre o dióxido de carbono da atmosfera, 458
fragmentação de hábitat na floresta tropical Amazônica, 401-402, 422-424
impactos do desmatamento tropical, 424
Desnaturação, 90
Desnitrificação, 503, 576
Detritívoros
  decomposição e, 362, 474
  definição, 362, 466
  eficiência de assimilação, 478
  heterotrófica e, 111
  nível trófico, 474-475
Detrito
  consumo em rios e córregos, 72
  decomposição, 362, 501-503
  definição, 123, 362, 466
  em rios e córregos, 511, 512
  nível trófico baseado em detritos, 474-475
Dewailly, Eric, 472
Diabo-da-tasmânia (*Sarcophilus harrisii*), 533
Diagrama climático, 54
Dianella ensifolia, 419
Diatomáceas, 79
  divisão de recursos e coexistência de espécies, 432-433
  efeitos da competição na disponibilidade de recursos, 274, *275*
Dichanthelium, 352
Dichanthelium lanuginosum, 346-347
Dicrostomyx groenlandicus (lemingue-de-colar), 254
Dieta
  adaptações digestórias, 129
  análises isotópicas de recursos alimentares de heterotróficos, 466-467
  de herbívoros, 296
  de predadores, 295
  Ver também Alimento
Difenil-dicloroetileno (DDE), 473
Digestão/sistema digestório, 128-130
Dinâmica populacional
  de sistemas hospedeiro-patógeno, 331-332

definição, 250
dependência da densidade atrasada, 254-257
efeitos das eficiências tróficas na, 478-480
extinção, 257-263
fatores que afetam os mosaicos de hábitats, 552
metapopulações, 263-266
noz-do-mar no Mar Negro, 249-250, 253, 266-267
padrões de crescimento populacional, 251-254
visão geral, 250-251
Dinoflagelados, 78
Dióxido de carbono
ciclo global do carbono, 571, 572-575
como gás do efeito estufa, 25
em ecossistemas do Ártico, efeitos da mudança climática sobre, 585
na fotossíntese CAM, 120-122
PPL estimada a partir das concentrações de dióxido de carbono, 455, 457-458
pressão parcial, 70n
Dipodomys, 105
Disco de Secchi, 513
Disenteria amébica, 319
Dispersão
através da matriz, 549-550
conexão entre populações, 207
crescimento exponencial e, 251-252
de sementes, 343
densidade populacional e, 213
efeito sobre a distribuição, 216
em histórias de vida, 176-177
interação com predação e influência sobre a riqueza de espécies, 440
nas respostas dos organismos às mudanças climáticas, 528
Disponibilidade de água
conteúdo hídrico do solo, 99-100
efeito na fotossíntese, 115-116
efeito na PPL em ecossistemas terrestres, 459, 460-461

efeitos da mudança climática na, 583
efeitos da temperatura na, 90
respostas vegetais ao estresse hídrico, 102
variação na, 98-105
Disponibilidade de nutrientes,
efeito na PPL em ecossistemas aquáticos, 462-464
efeito na PPL em ecossistemas terrestres, 461-462
efeitos da acidez do solo na, 499
efeitos da mudança climática na, 583
efeitos de processos biogeoquímicos na, 496
papéis da decomposição e mineralização na, 502
Dispositivos de saída para tartarugas (TEDs), 235
Disruptores endócrinos (EDCs), 533, *534*
Distichlis spicata, 390-391
Distribuição, 216-217
Distribuição agrupada, 216
Distribuição aleatória, 216
Distribuição etária estável, 233-234
Distribuição fragmentada, *214*, 215
Distribuição geográfica
definição de padrões biogeográficos (*ver* Biogeografia), 205
efeitos climáticos sobre, 24
efeitos de ambientes bióticos e abióticos em, 209-210, *211*
efeitos da competição sobre, 278-279
efeitos da exploração sobre, 303-304, *305*
efeitos de interações positivas entre espécies sobre, 350, 352
efeitos de distúrbios sobre, 210-211, 212
efeitos de variação ambiental sobre, 86, *87*
efeitos do limite de dispersão e história sobre, 211-213
modelos de nichos, 220-221
Distribuição regular, 216

Distúrbio
definição, 170, 210-211, 382
efeitos climáticos no, 24
efeitos na competição, 285-286
efeitos na distribuição e abundância, 210-211, 212
efeitos no número de níveis tróficos em um ecossistema, 483-484
hipótese do distúrbio intermediário, 436-437
variabilidade na intensidade, frequência e extensão, 382-383
Diversidade alfa, 406
Diversidade de espécies
biomassa de pradarias e produção sustentável de biocombustíveis, 426-427, 444-445
como uma medida da estrutura da comunidade, 362-364
consequências da, 442-444
contribuições da riqueza de espécies e equabilidade para, 362, *363*
curvas de classificação das abundâncias, 364-365
definição, 362
efeitos da deposição de nitrogênio na, 589
efeitos de distúrbio na, 435
efeitos de espécies invasoras na, 375
efeitos do esforço amostral e a escala nas estimativas de diversidade, 365-366
função na comunidade e, 442-444
gradientes latitudinais na, 409, 413-416
hipótese do distúrbio intermediário, 436-437
índice de Shannon, 363
interconexão de padrões de diversidade em diferentes escalas espaciais, 406-407
medição de recursos e coexistência, 434-442
membros da comunidade, 427-431
modelo de Menge-Sutherland, 439-440
partição de recursos, 431-434

processos locais e regionais determinando, 407-408
variação longitudinal, 413
Diversidade gama, 406
"Doença da altitude", 86
Doença de Lyme, 556
Doenças
dinâmicas e propagação de, 330-333
efeito sobre a viabilidade de populações, 533
Doenças emergentes, 7-8
Doninha-pé-preto (*Mustela nigripes*), 533
Dormência
definição, 89
em histórias de vida, 177
Dossel, de florestas tropicais, *11*, 57
Dreissena polymorpha (mexilhão-zebra), 429, 530
Drenagem de ar frio, 36
Drenos populacionais, 561
Drosera intermedia, 145
Dróseras, 145
Drosophila
defesa contra encapsulação por parasitas, 323
troca com defesas contra parasitas, 326
Drosophila melanogaster
clines do gene da álcool-desidrogenase, 146-147
posição dos ovos em resposta à presença de vespas, 199-200
trocas entre reprodução e sobrevivência, 174-175
Drosophila neotestacea, 321, *350*
Drosophila pseudoobscura, 149
Drosophila simulans, 342
Drosophila subobscura, 147
Dryas drummondii, 388, *389*
Dunas, *11*
Dunas de areia, sucessão, 384
Dust Bowl, 570, 593
Dyer, Lee, 482-483

E

Eberhard, William, 334
Ecofisiologia
definição, 85
respostas à variação ambiental, 85-88
variação na temperatura, 88-98

Ecologia
  ciência ambiental e, 8
  conexões na natureza, 3-8
  definição, 8
  efeitos da escala em estudos e conhecimentos ecológicos, 9-10
  escopo e hierarquia de níveis em, 10-12
  estudos iniciais de sucessão, 384-385
  ideias profissionais e públicas sobre, 9
  interações ecológicas e evolutivas, 154-155
  máximas ecológicas, 9
  método científico, 17
  métodos de resposta para perguntas ecológicas, 14-17
  termos-chave para estudar conexões na natureza, 12-13
  variação climática e, 46-47
Ecologia da paisagem
  definição, 549
  efeitos em padrões de paisagem em processos ecológicos, 551-552
  escala e, 550-551
  heterogeneidade da paisagem, 549, 550
  interações de distúrbios e heterogeneidade de paisagem, 552-553
  paisagem como mosaico dinâmico para a interação de ecossistemas, 549-550
  sistemas de informação geográfica, 547, 548
  visão geral, 547
Ecological Responses to the 1980 Eruption of Mount St. Helens (Dale et. al), 397
Ecossistema do Ártico
  bioacumulação e biomagnificação de poluentes, 472-473, 491-492
  disponibilidade e captação de nitrogênio na tundra, 504
  efeitos da mudança climática sobre a troca líquida no ecossistema, 585
  efeitos do solo ácido sobre o estabelecimento de plantas, 499
  transporte biológico de poluentes, 492-493

Ecossistemas
  controles de cima para baixo e de baixo para cima, 266-267
  definição, 11-12, 451-452
  efeitos de espécies invasoras em propriedades ecossistêmicas, 530-531
  efeitos de interações positivas entre espécies, 353
  fluxo energético em (*ver* Fluxo energético do ecossistema)
  fatores que determinam o número de níveis tróficos, 483-485
  mudanças na ciclagem de nutrientes durante desenvolvimento, 510-511
Ecossistemas alpinos
  ciclo do nitrogênio, 505
  efeitos de nutrientes sobre a PPL, 461-462
  impacto ecológico da deposição de poeira, 594-595
Ecossistemas aquáticos
  biomassa autotrófica consumida em, 476-477
  cascatas tróficas, 481-482
  efeitos comunitários da herbivoria, 305-306
  efeitos da chuva ácida sobre, 586-587
  efeitos de deposição de nitrogênio sobre, 588
  efeitos de predadores sobre decisões de forrageio, 189
  efeitos sobre variação climática e biótica sobre a PPL, 465
  espécies invasoras através de água de lastro de navios, 428-429
  estimando a PPL, 458-459
  fluxo energético nos detritos, 475
  fotossíntese CAM em plantas, 122
  mudanças sazonais, 39, 40
  nutrientes e ciclagem de nutrientes, 511-514
  pirâmides de energia e biomassa, 476
  PPL oceânica em relação à PPL total planetária, 465
  rede de produção secundária, 467

  variabilidade na salinidade, 98
Ecossistemas de florestas
  alterações na PPL durante desenvolvimento, 454
  efeitos da chuva ácida em, 586
  estimativas de PPL, 454-458
  interações de espécies que levaram a sucessões em florestas de montanhas, 394
  perda e fragmentação de florestas primárias dos Estados Unidos, 555
  resposta a níveis elevados de dióxido de carbono, 573
  tempo médio de permanência de substrato orgânico e nutrientes, 506
  variabilidade na perda de nutrientes em sucessões florestais, 508
  Ver também tipos de florestas individuais
Ecossistemas entremarés rochosos
  características de, 76
  sucessão primária em, 391-392, 393
Ecossistemas lênticos, 73
Ecossistemas lóticos, 71-73
Ecossistemas marinhos
  ciclagem de nutrientes, 514
  efeitos da disponibilidade de nutrientes sobre a PPL, 463-464
  efeitos da mudança climática sobre a composição das comunidades, 584
Ecossistemas terrestres
  biomassa autótrofa consumida em, 476-477
  cascatas tróficas, 482-483
  ciclagem global de nitrogênio, 576
  fluxo energético baseado em detritos, 475
  pirâmides de biomassa e energia, 476
  reservatório de carbono, 572
  produção secundária líquida, 476
Ecótipos, 87
Ectomicorrizas, 340, *341*

Ectoparasitas
  características de, 317-318
  defesas do hospedeiro contra, 320
  vantagens e desvantagens, 319
Ectopistes migratorius (pombo-passageiro), *523*
Ectotérmicos
  definição, 94
  eficiência produtiva, 478
  regulação e tolerância à temperatura, 94-96
EDCs. *Ver* Disruptores endócrinos
Edmondson, W. T., 513
Efeito Allee, 261, *262*
  "antropogênico", 533
Efeito Coriolis, 28, 30
Efeito de diluição, 197, 198
Efeito estufa, 579-581
Efeito portfólio, 491
"Efeito relativo de vizinhança" (RNE, *relative neighbor effect*), 345-346
Efeito sombra de chuva, 35
Efeitos de borda
  efeitos em condições abióticas e abundância de espécies, 557-558
  em florestas tropicais fragmentadas, 423-424
Eficiência da produção, 477, 478
Eficiência de assimilação, 477-478
Eficiência de consumo, 477
Eficiência de energia
  definição, 477
  transferência de energia entre níveis tróficos, 477-478
Eficiência no uso de água, 120
Eficiência trófica
  descrição, 477-478
  efeito nas dinâmicas de populações, 478-480
Egt, gene, 335
Ehleringer, Jim, 91-93
Eichornia crassipes (aguapé), 306
Elefante-africano (*Loxodonta africana*), 137, 537
Elefantes-marinhos, *195*
Elton, Charles, 385, 442, 489
Elysia crispata (lesma-do-mar), *112*
Emas, 412

Emissão de dióxido de carbono atmosférico, 426-572-573
  acidificação oceânica, 45-46, 573-575
  aquecimento global e, 426
  combustível e, 445
  efeitos de, 573-575
  efeitos do desmatamento sobre, 458
  fontes de, 572
  fotorrespiração e, 118-119
  impacto de plantas sobre, 155
  mudanças através da história da Terra, 575
  padrão global de PPL e, 464-466
  sequestro de, pelos ecossistemas marinhos, 463-464
Empidomax traillii extimus (papa-moscas-do-salgueiro), 527
Empreendedores, 564
Emus, 412
Encelia californica, 92-93
Encelia farinosa, 91-93
Encelia frutescens, 91-93
Endocladia muricata, 392
Endófitos, 347
"Endomicorrizas", 340
Endoparasitas
  características de, 318-319
  vantagens e desvantagens, 319
Endosperma, 176
Endotérmicos
  definição, 94
  eficiência de assimilação, 478
  eficiência de produção, 478
  regulação de temperatura e tolerância, 96-98
Energia
  autótrofo, 112-117, 112-123, 124
  clima e o balanço energético global, 25
  entrada alóctone ou autóctone, 475
  fontes de, 110-112
  ganho de energia e otimização do comportamento de forrageio, 186-189
  heterótrofos, 123, 125-130
  os benefícios da energia da produção de ferramentas em corvos-da-nova-caledônia, 109-110, 130, *131*
  tipos de, 110
Energia alóctone, 475
Energia autóctone, 475
Energia cinética, 110
Energia potencial, 99
Energia química, 110
Energia radiante, 110
Engenheiros de ecossistemas
  descrição, 372, *373*
  efeitos de parasitas em, 329-330
Enhydra lutris. Ver Lontra-do-mar
Enriquecimento por dióxido de carbono ao ar livre (FACE), 573
Entamoeba histolytica, 319
Enteroctopus dofleini (polvo-gigante-do-pacífico), 169
Entomophora muscae, 316
Envelope climático, 86
Enxofre
  ciclo global, 578-579
  na composição química dos organismos, *497*
  na nutrição vegetal, *498*
  na quimiossíntese, *112*, 113
  precipitação ácida, 585-587
Enzimas, efeitos da temperatura sobre, 90
Eotetranychus exmaculatus (ácaro-de-seis-manchas), 308
Epífitos, *56*, 57, 122
Epilímnio, 39
Epinephelus striatus (garoupa-de-nassau), 178
Equabilidade de espécies
  contribuição para a diversidade de espécies, 362, *363*
  definição, 362
Equação logística
  definição, 243
  modelo de competição e, 281-285
Equador, *524*
Equilíbrio energético
  modificação por animais em resposta à variação de temperatura, 94-98
  modificação por plantas em resposta ao estresse de temperatura, 90-94
Equilíbrio hídrico
  equilíbrio iônico e, 98
  em animais, 102-105
  em microrganismos, 100
  em plantas, 100-102
Equilíbrio salino
  equilíbrio hídrico e, 98
  em animais de água-doce, 103-104
  em animais marinhos, 103
Equinodermos, especialização funcional em larvas, 177
Equisetum, 151
Erickson, Ralph, 215
Erva-de-gelo (*Mesembryanthemum crystallinum*), 122
Erva-de-são-joão (*Hypericum perforatum*), *303*
Erva-sal, 63
"Daninhas", plantas, 170
Erwinia carotovora, 318
ESA. Ver Ato das espécies ameaçadas de extinção
Escala
  definição, 550
  ecologia de paisagem e, 550-551
  efeito em estudos e conhecimentos ecológicos, 9-10
Escala global, 406
Escala local, de diversidade de espécies, 406, 407-408
Escala regional, de diversidade de espécies, 406, 407, *408*
Escalas espaciais
  biogeografia e, 403-408
  interconexão das escalas espaciais da diversidade de espécies, 406-407
Escherichia coli
  deslocamento de caracteres, 288
  taxa de crescimento, 239
Escoamento de nutrientes, "florescimento" de algas e "zonas mortas" em estuários, 463
Escólex, 318
Escovopsis, 354
Esgana-gata
  descendência com modificação, *138*
  deslocamento de caracteres, 288
Espaço, competição por, *274*
Especiação
  através de interação ecológicas, 153
  através de interações ecológicas e evolutivas, 154
  deriva genética e, 150
  divergência genética de populações, 149-150
  especiação e extinção nas árvores evolutivas, 150-151
  significância dos trópicos para a, 416
  taxa de diversificação de espécies e, 414-415
"Especiação reversa", 157
"Especialistas de florestas", 352
Espécie-alvo, 370, 371
Espécie-bandeira, 541
Espécie focal, 541-542
Espécie guarda-chuva, 541
Espécie indicativa, 541-542
Espécie interativa, 370, 371
Espécies
  classificação para proteção, 539-542
  curvas de distribuição das abundâncias, 364-365
  definição, 148n
  espécies indicativas e conservação, 541-542
  membro da comunidade, 427-431
  número documentado de espécies ameaçadas, 522
  utilizando subconjuntos de espécies para definir comunidades, 361-362
Espécies ameaçadas
  estimando taxas de crescimento populacional, 235
  Ver também Espécies raras
Espécies-chave
  como engenheiros de ecossistemas, 373
  conceito de, 372, 487-488
Espécies de estágios iniciais, 383
Espécies dominantes, 372
Espécies endêmicas
  definição, 404
  em florestas da Nova Zelândia, 404-405
  extinções modernas, 524
Espécies exóticas
  exclusão competitiva em mosquitos, 285
  gramíneas introduzidas e a ocorrência de queimadas em florestas secas no Havaí, 212
  homogeneização taxonômica da biota da Terra e, 527-528

pastejo bovino em pastagens e, 516
Ver também Espécies invasoras
Espécies fugitivas, 286
Espécies fundadoras, 372
Espécies invasoras
  alga *Caulerpa*, 358-359, 376-377
  noz-do-mar no Mar Negro, 249-250, 253, 266-267
  definição, 530
  efeito em espécies nativas e propriedades de ecossistemas, 530-531
  efeito na diversidade de espécies, 375
  efeito nas curvas de espécie-área, 419
  efeitos da deposição e dispersão de nitrogênio, 589
  em bordas de hábitat, 557
  erradicação, 376-377
  resistência biótica, 430
  Ver também Espécies exóticas; Invasões de espécies
Espécies iteróparas, 169
Espécies nativas, efeitos de espécies invasoras em, 530-531
Espécies "passageiras", *443*, 444
Espécies pioneiras, 383
Espécies raras
  estimando raridade, 540, *541*
  Ver também Espécies ameaçadas
Espécies redundantes, 373, 444
Espécies semélparas, 169
Espectro de absorção, *114*
Espeletia, *71*
Espinho-de-camelo (*Acacia erioloba*), 59
Esponjas, 132
Esporófitos, 167, *168*, 169
Esporozoíto, *322*, *323*
Espruce-siberiano (*Picea obovata*), 85
Espruce-sitka (*Picea sitchensis*), 388, 393
Esqueitista-dos-mares (*Halobates robustus*), 198
Esquilo-de-bolso-do-norte (*Thomomys talpoides*), 398
Esquilo-vermelho (*Tamiasciurus hudsonicus*), *97*
Esquilos, 279

Esquilos, comportamento de balançar o rabo, 191
Estabilidade da comunidade
  descrição, 394-395
  diversidade de espécies e, 442-444
  efeitos da diversidade de plantas, 490-491
Estados alternativos estáveis
  efeitos das atividades humanas sobre, 396-397
  interagentes fortes no controle de, 393-396
  visão geral, 393-395
Estados Unidos
  Ato das Espécies Ameaçadas de Extinção, 539
  capacidade de suporte populacional dos Estados Unidos, 243-244
  concentrações de ozônio troposférico, 592
  desenvolvimento da biologia da conservação, 523
  pegada ecológica por pessoa, 246
  perda e fragmentação de florestas antigas, 555
  tabelas de vida, 239-240
  tempestades de poeira, 570
Estágio de *Dryas*, 388, 389
Estágio pioneiro, 388
Estimativas de abundância por distância, 218, 219
Estimativa do crescimento populacional humano através do tempo, 238
  por multiplicação, 239
  tendências na, 226-227, 244-245
Estocasticidade ambiental, 262-263
Estocasticidade demográfica, 260-261, *262*
Estolões, 208
Estômatos
  funções dos, 91, *92*, 101
  na fotossíntese CAM, 121
  resposta ao estresse hídrico, 102
Estratégia de história de vida
  definição, 162
  diferenças ambientais, 162-164
  diferenças genéticas, 162
Estratégias alimentares, 125-128
  Ver também Forrageio

Estratificação, 39, *40*
Estratosfera, 26, 589
Estreito de Bering, 411, 412
Estrela do Norte, 43
Estrelas-do-mar
  interações da teia alimentar na zona entremarés, 487
  predação em mexilhões, 308-309, 371, 436
Estresse
  definição, 86, 382
  em interações predador-presa, 312-313
  hipótese do distúrbio intermediário, 436-437
Estresse crônico, 312-313
Estromatólitos, *151*
Estrutura da comunidade
  composição de espécies e, 366
  definição, 362
  diversidade de espécies como uma medida da, 362-364
  efeitos da mudança climática sobre, 581-582
  efeitos de parasitas sobre, 329-330
  efeitos do esforço amostral e escala sobre as estimativas de diversidade de espécies, 365-366
Estrutura da paisagem
  definição, 550
  efeito em processos ecológicos, 551-552
Estrutura etária
  efeitos das mudanças nas condições ambientais em, 234
  previsões a partir da tabela de vida, 231-233
  taxa de natalidade e mortalidade específica, 233-234
Estuários
  características de, 74-75
  ciclagem de nutrientes, 514
  efeitos da disponibilidade de nutrientes em PPL, 463
  "florescimento" de algas e "zonas mortas", 463
Estudos de marcação e recaptura, 218, 219
Estudos observacionais, 15
Esturjão-pálido (*Scaphirhynchus albus*), 533

Etanol, 445
Éteres difenílicos polibromados (PBDEs), 533
Etiella behrii (mariposa), 430
Eucallipterus tiliae (pulgão-do-limoeiro), 296
Euglandina rosea, 528
Eumetopias jubatus (leão-marinho-de-steller), 479-480
Euphorbia polycantha, 60
Euplectes progne (viúva-rabilonga), 193
Eupomacentrus apicalis, 441
Europa, formação, 411
Eurosta, 141
Eurosta solidaginis (mosca-da-galha-bola), 207
Eutamias, 279
Eutrofização
  de lagos, 512-513
  deposição de nitrogênio e, 588
  do Mar Negro, 249
  reverso de, 513-514
Evapotranspiração
  definição, 36
  efeito no clima regional, 36-37
  modificação por plantas na resposta ao estresse de temperatura, 91, *92*
Evolução
  de mutualismo e comensalismo, 342
  definição, 12, 137, 139
  descendência com modificação, 137, *138*, 139-140
  efeito no resultado de competição, 286-288
  efeitos da fragmentação do hábitat em processos evolutivos, 558
  efeitos em ciclos de presas e predadores, 309-310
  efeitos humanos na, 156-157
  em comunidades de fontes termais, 469-470
  em sistemas de parasitas hospedeiros-escravagistas, 335
  extinções em massa e adaptações à radiação, 151-154
  interações ecológicas e evolutivas, 154-155
  mecanismos de, 140-144
  mudança de frequência de alelos e, 137, 139

ocorrências em populações, 140
troféu de caça e evolução não intencional, 136-137, 155-156
Evolução adaptativa
  casos de evolução rápida, 146-147
  definição, 144
  exemplos, 144-145
  fluxo gênico e, 147
  no comportamento animal, 184-185
  restrições à, 147-148
  seleção natural e, 145-146
Exclusão competitiva, 435-436
Expansão do fundo oceânico, 410
Experimentos controlados, 5, 16
Experimentos de campo, sobre declínios de anfíbios, 5-7
Experimentos ecológicos
  experimentos controlados, 5, 16
  formato e análise de, 15-16
  método científico, 17
  visão geral, 14
"Experimentos naturais", 279
Exploração
  adaptações para, 297-302
  ciclos de populações e, 306-310
  definição, 293
  efeitos em comunidades, 302-306
Explosão populacional, 253
Extensão, 550, 551
Extinção
  aceleramento de taxas de extinção causada pelo homem, 524-525
  causada por mudanças climáticas, 583-584
  causada por parasitas, 326-328
  causada por predadores invasores, 530
  da megafauna da América do Norte, 50-51, 80-81
  declínio biológico crescente causado pelo homem e, 525-527
  especiação e extinção em árvores evolutivas, 150-151

eventos aleatórios que podem causar extinção em pequenas populações, 260-263
  metapopulações e, 264-265
  risco de extinção de pequenas populações, 258-260
  taxa de diversificação de espécies e, 414-415
  taxas e crescimento de flutuação em populações, 257-258
  teoria do equilíbrio da biogeografia de ilhas e, 418-422
  vórtice de extinção, 526
Extinção de populações
  causada por mudança climática, 583-584
  flutuações na taxa de crescimento populacional e, 257-258
  riscos para pequenas populações, 258-263
  visão geral, 257
Extinções em massa, 152-153, 410, 411

F

FACE. *Ver* Enriquecimento por dióxido de carbono ao ar livre
Facilitação
  definição, 339
  importância nos estágios iniciais de sucessão, 393
Facilitação trófica, 368-369
Faias-do-sul, 65
Faisão Argus (*Argusianos argus*), 192, 193
Falaropo-vermelho (*Phalaropus fulicarius*), 183, 195
Falhas, 410
Família da doninha, 150
Farrell, Terence, 392
Fecundidade
  definição, 238
  efeitos da taxa constante de fecundidade em estágios específicos no crescimento populacional, 233-234
  em populações humanas, 239
Fêmeas
  benefícios da seleção sexual em fêmeas seletivas, 193-194
  infanticídio, 199

investimento no desenvolvimento da prole, 195
  potencial reprodutivo, 195
Fêmeas seletivas
  benefícios da seleção sexual, 193-194
  investimento no desenvolvimento da prole, 195
Fenótipo, 140
Ferocactus, 123
Ferrell, William, 27
Ferro
  deposição de poeira, 594
  efeito na PPL no oceano aberto, 463-464
  em ecossistemas marinhos, 514
  em lagos, 512
  na nutrição de plantas, 498
  nos elementos de composição dos organismos, 497
Ferro ferroso, 112
Ferrobactérias, 112
Ferrugens, 326
Fertilizantes
  declínio de anfíbios e, 7
  estabilidade de nitrogênio industrial, 500-576
  "florescimento" de algas e "zonas mortas" em estuários, 463
Fertilizantes fosfatados, 578
Fibras, em alimentos, 123
Ficedula albicollis (papa-moscas-de-colarinho), 175
Ficus sycomorus, 342
Figueiras, 342-343
Fisiologia, temperatura no controle da, 89-90
Fissão binária, 164
Fitoplâncton
  em lagos, 73
  em mar aberto, 78, 79
  estimando a PPL a partir da biomassa, 458-459
  flutuações populacionais, 253
  mediação de recursos e coexistência de espécies, 435-436
  partição de recursos e coexistência de espécies, 432-433
  PPL em mar aberto e, 463
  razão carbono:nutrientes, 477
  ressurgência e, 31
Fixação de alelos, 142

Fixação de carbono
  na fotossíntese, 113
  na quimiossíntese, 113
Fixação de nitrogênio
  ciclagem global de nitrogênio, 576
  em jardins de fungos de formigas-cortadeiras, 354, 355
  industrial, 500, 576
  kudzu e, 530
  visão geral, 500
Flecker, Alexander, 481-482
Floresta Atlântica Brasileira. *Ver* Floresta tropical amazônica
Floresta com *Araucaria*, 66
Floresta Experimental de Hubbard Brook, 508
Floresta Nacional de Francis Marion, 542-543
Floresta tropical amazônica
  dossel da, 11
  efeito de borda, 558
  efeitos da perda de hábitat sobre, 529-530
  efeitos da sobre-exploração sobre, 532
  fragmentação de hábitat e o Projeto Dinâmica Biológica de Fragmentos Florestais, 401-402, 422-424
Florestas boreais
  características, 67-68
  efeitos das atividades humanas sobre, 55, 68
  produção primária líquida, 465
  tempo de permanência dos nutrientes, 506
Florestas de abeto-de-douglas, 557
Florestas de algas
  características das, 78
  efeito em ecossistemas próximos da costa, 223-224
  interações tróficas entre lontras-do-mar e ouriços, 368
  vazios de ouriços e, 204-205, 221-222, 223
Florestas de coníferas
  efeitos da mudança climática sobre as taxas de crescimento, 234
  florestas de abeto-de-douglas, 557
  florestas de espruce, 388-390

florestas de espruce e abetos, 508
florestas de pinheiros-lodgepole, 550
florestas temperadas perenifólias, *55*, 65-66
sucessão em florestas de coníferas, 385
Florestas de espruce, 388-390
Florestas de mangue, 75
Florestas de pinheiro-lodgepole, 550
sucessão em, 385
Florestas espinhosas, 58
Florestas maduras, perda e fragmentação de, *555*
Florestas temperadas decíduas
caracteristicas das, 64-65
efeitos das atividades humanas nas, *55*, 65
Florestas temperadas perenifólias
caracteristicas das, 65-66
efeitos das atividades humanas nas, *55*, 65
Florestas temperadas, produção primária líquida, *465*
Florestas tropicais
caracteristicas das, 56-57
efeitos da perda de hábitat em, 529-530
efeitos da sobre-exploração em, 532
efeitos das atividades humanas nas, 57
efeitos de espécies invasoras nas curvas de espécies-área, 419
efeitos de gramíneas invasoras em florestas tropicais secas, 530
produção primária líquida, *465*
tempos médios de permanência de nutrientes, 506
Ver também Florestas tropicais de planície; Florestas tropicais pluviais; Florestas tropicais estacionais
Florestas tropicais de planície
cascatas tróficas em, 482-483
disponibilidade de solos e nutrientes, 499-500
Florestas tropicais estacionais
caracteristicas das, 57-58

efeitos das atividades humanas nas, *55*, 58-59
Florestas tropicais pluviais desmatamento, 57
efeitos das atividades humanas na, *55*
efeitos do desmatamento no dióxido de carbono atmosférico, 458
efeitos do fósforo na PPL, 462
serviços ecossistêmicos, 424
Florestas tropicais secas, efeitos de gramas invasoras em, 530
Florestas tropicais úmidas, efeitos da perda de hábitats em, 529-530
Flutuações populacionais, 252-254
Fluxo de calor, 25, 27
Fluxo de calor latente, 25, 37
Fluxo de calor sensível, 25, 37
Fluxo energético do ecossistema
artigo de Raymond Linderman de 1942 sobre, 451
bioacumulação e biomagnificação de poluentes, 472-473, 491-492
cascatas tróficas, 480-485
controle de baixo para cima e de cima para baixo, 480
controles ambientais da PPL, 459-464
em comunidades de fontes hidrotermais, 450-451, 467-468
entre níveis tróficos, 475-480
interações tróficas, 473
padrões globais de PPL, 464-466
produção primária, 452-459
produção secundária, 466-467
relações alimentares, 473-475
teias alimentares, 485-491
visão geral, 12-13
Fluxo gênico
descrição, 144
efeitos em adaptações locais, 147
especiação e, 149-150

Focas, 150, *534*
Focas-de-baikal, 263
Folhas
bainha do feixe em plantas C_4, 119, 120
camada limítrofe, 93
efeitos dos níveis de luz sobre estrutura, *115*
especialização de herbívoros em pastoreio, 295-296
índice de área foliar, 452, *453*
modificações em resposta ao estresse à temperatura, 91-94
Folhas esclerófilas, 62, 404
Fontes limitadas
competição por, 273-274
definição, 273
Foraminíferos, 584
Forbs (ervas de folhas largas)
em florestas tropicais, 57
forma de crescimento e ambiente, *52*
Força líquida de interação, 488-489
Formas de crescimento, 52
Formigas
cascata trófica em terras baixas de florestas tropicais úmidas, 482-483
competição com roedores por sementes, 277-278
crescimento fúngico, 338-339, 346, 353-355
mutualismo entre plantas-formigas, 350-351
mutualismo facultativo, 347
Formigas-cortadeiras
efeito na ciclagem de nutrientes, 354, 355
jardins de fungos, 338-339, 346, 353-355
Forrageio
comportamentos antipredadores, 190-192
efeitos de predadores em decisões alimentares, 189-190
especialização em herbívoros, 295-296
estratégias de predadores, 295
teoria do forrageio ótimo, 186-189
Fosfito, na quimiossíntese, *112*
Fosfitobactérias, *112*

Fosfoenolpiruvato carboxilase (PEPcase), 119-120, 121
Fosfogliceraldeído (PGA), 115
Fósforo
efeito na PPL em ecossistemas terrestres, 461-462
efeito na PPL em lagos, 463
em ecossistemas marinhos, 514
na circulação de nutrientes em lagos e eutrofização, 512-514
na composição química de organismos, *497*
na nutrição vegetal, *498*
na reciclagem interna em plantas, 504
tempo médio de permanência em florestas e bosques arbustivos, *506*
Fótons, na fotossíntese, 114
Fotorrespiração, 118-119
Fotossíntese
autótrofos e, 111
definição, 112
fotorrespiração, 118-119
fotossíntese CAM, 120-123
limitações ambientais e soluções, 115-117
produção primária bruta, 452, *453*
reação líquida, 115
reações luminosas e reações de carboxilação, 113-115
resposta aos níveis elevados de dióxido de carbono, 573
rota fotossintética C_4, 119-120
técnicas isotópicas, 123, 124
visão geral, 113
Fotossíntese C_3
análise isotópica, 124
comparada à fotossíntese C_4, 118
definição, 118
fotossíntese CAM facultativa e, 122-123
Fotossíntese C_4
analise isotópica, 124
descrição de isótopos, 119-120
Fotossíntese CAM, 120-123, 124
Fotossíntese CAM facultativa, 122-123

Fragmentação do hábitat
consequências de, 553-555
definição, 529
efeito na dispersão causada pela alteração climática, 582
efeitos de borda, 423-424, 557-558
efeitos em processos evolutivos, 156, 558
empobrecimento biológico a partir de, 555-556
extinção de metapopulações e, 264-265
fatores em fragmentos de hábitat afetando a dinâmica populacional, 552
floresta tropical amazônica e, 401-402, 422-424
permeabilidade da matriz, 557
populações "desiguais", 207
processos de, 556
projeto de reservatório Lago Guri, 554
relações de espécie-área, 417
reversibilidade de, 555
"Fragmentos" de alimentos, 188-189
Francis, Robert, 22, 23, 46, 47
Frankia, 399, 500
Frente polar, 27
Frequência de alelos
deriva genética, 142-143
efeitos da seleção natural na, 141-142
evolução e, 137, 139
Fucus gardneri, 392
Fulmares-glaciais (*Fulmarus glacialis*), 493
"Fumaça preta" das fontes hidrotermais, 451
Função de detecção, 218, 219
Fungo tufo-de-enxofre (*Hypholoma fasciculare*), 475
Fungos
captação de alimento, 125
como "parasitas escravizadores", 315, *316*
como simbiontes defensivos, *320*, 321
crescimento populacional, 227
cultivo por formigas-cortadeiras, 338-339, 346, 353-355
endófitos, 347
micorrizas (*ver* Micorrizas)

Furacão Hugo, 521, 542
Furcifer pardalis (camaleão-pantera), *221*
Furcifer verrucosus (camaleão-espinhoso), *221*
Fynbos, *63*

G

Gafanhotos
consequências ecológicas de comportamento de resposta a predadores, 201
dieta, 296
Gaivota-de-asa-escura (*Larus fuscus*), 172-183
Galaxídeo (*Galaxias vulgaris*), 481-482
Galium, 273, 279, 290
Galium hercynicum, 273
Galium pumilum (*G. sylvestre*), 273
Gâmbia, 239-240
Gametas
efeitos do tamanho dos gametas no comportamento de acasalamento, 195
reprodução sexual, 165-166
Gametas, isogamia e anisogamia, 165
Gametófitos, 167-169
Gambá-de-cauda-de-escova (*Trichosurus cunninghami*), 196
Ganso-andino (*Chloephaga melanoptera*), 142
Ganso-da-neve (*Chen caerulescens*), 304, *305*
Garça-vaqueira, *251*
Garoupa-de-nassau (*Epinephelus striatus*), 178
GARP. *Ver* Algoritmo genético para produção de conjuntos de regras
Gases do efeito estufa
biocombustíveis e, 445
efeito estufa e alterações climáticas, 579-581
ozônio troposférico, 591-592
reirradiação de radiação infravermelha, 25
Gasterosteus, 288
Gasterosteus doryssus, *138*
Gause, G. F., 279-280
Gazela (*Antidorcas marsupialis*), *191*
Geleiras, 388

Genciana-do-campo (*gentianella campestris*), 298-299
Gene da álcool-desidrogenase (*Adh*), 146-147
Gene "escravizador", 335
Generalistas, 527-528
Genes
comportamento animal e, 185-186
definição, 139
contradefesas de parasitas, 322-323
mutações, 140-141
Geneta, 208
Gengibre-selvagem (*Asarum canadense*), 239, *240*
Genótipo, 139
Gentianella campestris (genciana-do-campo), 298-299
Gentry, Alwyn, 524
Geographic Distribution of Animals, The (Wallace), 409
Geospiza, 288
Ver também Tentilhões de Galápagos
Geospiza fortis, *141*, 288
Geospiza fuliginosa, 288
Geração metabólica de calor, 94
GEY. *Ver* Grande Ecossistema de Yellowstone
Gigartina canaliculata, 391-392, *393*, 437
Gimnospermas, espécies em perigo, 522
Girassóis, 154
Gleason, Henry, 384, 385
Glicólise, 123
Glicose, 115
Glomus Intaradices, 349
Glossosoma nigrior, 329
Glycine max. *Ver* Soja
Gobiões, 346
Golfinhos, comportamento adquirido, 132
Gomphotoria pugmax, 150
Gondwana, 410-411
Gonglídeas, 338
Goodall, Jane, 109
Gordura, 491
Gorduras
como fonte de energia, 123
como isolamento em endotérmicos, 97
Gorgulhos-do-arroz, 239
Gough, Laura, 499
Goverde, Marcel, 558
Grabherr, Georg, 583
Gradientes de energia, fluxo de água e, 98-99

Gradientes latitudinais em diversidade de espécies, 409, 413-416
Gradiente térmico, 33
Grama curvada, 147
Grama-jaraguá (*Hyparremia rufa*), 562
Gramínea-de-praia-americana (*Ammophila breviligulata*), 352, 384
Gramíneas
efeitos de gramíneas invasoras em florestas tropicais secas, 530
forma de crescimento e desenvolvimento, 52
micorriza, 353
Grande Bacia, 63
Grande Barreira de Recifes
efeitos na acidificação de oceanos, 575
modelos de loteria de coexistência de espécies em peixes de corais, 441
mutualismo de serviço em, 352-353
"Grande corrente transportadora do oceano", 31
Grande Ecossistema de Yellowstone (GEY), 546-547, 566-568
Grande Lago Salgado (*Great Salt Lake*), 44
Grandes planícies
Dust Bowl, 593
efeitos de longo prazo em alterações climáticas em, 50
extinção de megafauna, 50-51, 80-81
Grão, 550, *551*
Gray, Russell, 132
Grilo-da-madeira (*Nemobius sylvestris*), 315
Grilos, parasitas escravizadores e, 315, 334
Groenlândia, 412
Grupo-controle, 16
"Grupo de solteiros", 182
Grupo experimental, 16
Grupos funcionais, 361
Grupos sociais, 182
Grutter, Alexandra, 353
Guepardo, 50, 123, 301, 526
Guiana Francesa, 551
Guildas, 361
Gustafsson, Lars, 175
Gymnobelideus leadbeateri, 536
Gymnogyps californianus (condor-da-califórnia), 538

H

Hábitat da matriz
  definição, 417
  dispersão e, 549-550
  efeitos de borda, 423-424
  variação na permeabilidade, 557
Hábitats
  bordas e efeitos de borda, 557-558
  da matriz, 549-550
  proteção de espécies indicativas, 541-542
  teorema de valor marginal para forrageio, 188-189
Hábitats de mar aberto
  características de, 78-79
  produção primária líquida, 463-464, 465-466
Hábitats entremarés
  definição, 76
  efeitos de interações positivas em distribuições, 352
  hipótese do distúrbio intermediário da diversidade de espécies, 436, 437
Hábitats marinhos costeiros, 74-76
Hábitats marinhos rasos, 76-78
Hacker, Sally, 369
Haddad, Nick, 490-491, 561-562
Hadley, George, 27
Haematopus ostralegus (ostraceiro-europeu), 187-188
Haines, Bruce, 354
Hairston, Nelson, Jr., 309-310
Halaxon ammondendron, 119
Halobacterium, 100
Halobates robustus (esqueitista-dos-mares), 198
Hamiltonella defensa, 321
Hare, Steven, 22, 23, 46, 47
Hartnett, David, 353
Havaí
  efeitos da introdução de gramíneas queimadas em florestas secas, 212
  efeitos de gramíneas invasoras em florestas tropicais secas, 530
  limitação de nutrientes na produção primária durante o desenvolvimento do ecossistema, 510-511
Hearne, Samuel, 84
Hectares globais, 246

Heidjen, Marcel van der, 353
Helianthus annuus, 154
Helianthus anumalus, 154
Helianthus petiolaris, 154
Helisoma tenuis, 5
Hemigymnus melapterus, 353
Hemiparasitas, 111
Henry, Mikaël, 551
Hepialus californicus, 296
Herbivoria em *Arabdopsis thaliana*, 299-301
  facilitações tróficas, 369
  vulnerabilidade à predação, 319
Herbívoros
  adaptações às defesas de plantas, 302
  biomassa autotrófica consumida em ecossistemas terrestres e aquáticos, 476-477
  definição, 293, 466
  efeitos em comunidades ecológicas, 305-306
  efeitos na distribuição e abundância de alimentos e organismos, 304, 305
  eficiência de assimilação, 478
  especialização em alimentação, 295-296
  heterotróficos e, 111
  nível trófico, 474
  pressão de seleção em plantas, 297, 298-301
Hermafroditas, 166
Hermafroditismo sequencial, 179
Hesperia comma (borboleta-saltadora), 265-266
Hesperoleucus symmetricus, 373-374
Heteractis magnifica, 161
Heterogeneidade de paisagem
  descrição, 550
  distúrbio e, 552-553
  visão geral, 549
Heterótrofos
  análise isotópica de fontes de alimentos, 466-467
  categorias de, 466
  definição, 111
  diferenças na química e disponibilidade de fontes de alimento, 123, 125
  métodos de alimentação, 125-128
  produção secundária, 466-467

  simbiose com autotróficos, 111-112
  variação na digestão e assimilação, 128-130
  visão geral, 123
Hetrick, Barbara, 353
Hexaclorobenzeno (HCB), 473
Hibernação, 97-98
Hibridização
  ácido hidroclorídrico, 586
  especiação e, 149
  "especiação reversa", 157
  interações ecológicas e evolutivas, 154
Hidrogênio
  em quimiossíntese, 112
  hidrogênio-bactérias, 112
  na nutrição de plantas, 498
  nos elementos de composição dos organismos, 497
Hifas, 340, 431
Hilderbrand, G. V., 466-467
Himalaias, 411
Hipermastigoto, 341
Hipolímnio, 39
Hipótese da desvantagem, 193-194
Hipótese da produtividade, de gradientes latitudinais na diversidade de espécies, 416
Hipótese da proporção de recursos, 433
Hipótese da redundância, de diversidade de espécies e função na comunidade, 443, 444
Hipótese da "supermatança", 80
Hipótese de limitação pelo ferro, 464
Hipótese do condutor e passageiro, de diversidade de espécies e função da comunidade, 443, 444
Hipótese do distúrbio intermediário
  descrição, 436-437
  elaboração de, 437-439
Hipótese do filho *sexy* (atraente), 194
Hipóteses de complementaridade,
  de diversificação de espécies e função de comunidades, 443, 444
Hipóxia
  descrição, 46

  "doença da altitude" em humanos, 86
  em raízes de plantas, 102
  zonas mortas, 463, 588
História evolutiva
  como uma limitação na evolução adaptativa, 148
  da vida, 148-154
  efeito na distribuição e abundância, 211
História geológica, efeito na distribuição e abundância, 211
Histórias de vida
  análise adimensional, 171-172
  ciclos de vida complexos, 166-169, 177-179
  classificação de história de vida vegetal com base nas características do hábitat, 170-171
  cuidado parental, 176
  diferenças individuais em, 161-164
  dispersão e dormência, 176-177
  estratégias *r-K*, 170
  interações com territorialismo e competição, 180
  peixe-palhaço, 160-161
  Plasmodium, 322, 323
  reprodução de semélparas e iteróparas, 169
  tabelas de vida e, 239
  trocas entre reprodução e outros traços da história de vida, 174-175
Holoparasitas, 111
Homogeneização taxonômica,
"Honeydew", 347
Horizontes, 499
Hospedeiros
  coevolução de hospedeiros-parasitas, 323-326, 342
  contradefesa de parasitas, 322-323
  custos de defesas, 325-326
  defesas contra parasitas, 319-321
  definição, 316
  densidade de hospedeiros e da dispersão de doenças, 331-332
  efeitos de parasitas em, 317, 328
  parasitas escravizadores e, 315-316, 334-335

parasitas que podem levar à extinção, 326-328
Hot spots, de riquezas de espécies, 413
Howardula, 350
Howardula aoronymphium, 321
Hudson, Peter, 328
Huffaker, C. B., 308
Hughes, Jennifer, 366
Humanos
  bioacumulação e biomagnificação de poluentes em, 472-473, 491
  componente integral do manejo de ecossistemas, 565
  elementos de composição dos, *497*
  dependência nos serviços do ecossistema, 522-523
  efeitos da fragmentação do hábitat na saúde humana, 556
  potencial reprodutivo de machos e fêmeas, *195*
  radiação UVB e câncer de pele, 591
  tabelas de vida, 239-240
Humnoldt Current, 32
Hunt, Gavin, 109, 132
Huston, Michael, 437
Hutchinson, G. Evelyn, 416, 435-436, 451, 558
Huth, Chad, 349
Hyacinthoides non-scripta (jacinto-dos-campos), 211, 213
Hymenoepimecis argyraphaga, 334-335
Hyparremia rufa (grama-jaraguá), 562
Hypericum perforatum (erva-de-são-joão), *303*
Hypholoma fasciculare (tufo-de-enxofre), *475*
Hypselodoris bullockii, 297

I

IAF. *Ver* Índice de área foliar
Íbex-dos-pirineus (*Capra pyrenaica pyrenaica*), 528
Idade, tabela de vida e, 238-239
Ilex verticillata (azevinho), *562*
Ilha Mandarte, 241
Ilha Royale, 552
Ilhas
  relações de espécie-área, 417-418
  vulnerabilidade da biota a extinção e invasão, 528
Ilhas Aleutas
  efeitos da raposa-do-ártico sobre a ciclagem de nutrientes, 304-305
  florestas de algas e ouriço-do-mar, 204-205, 221-222, 223
"Ilhas de lama", 329
Ilhas de mangue, 422
Ilhas do Canal, 259, 418, 421
Ilhas do Pacífico, extinções causadas pelo ser humano, 525
Imigração, teoria do equilíbrio da biogeografia de ilhas e, 418-422
Impatiens capensis, 211, *212*
Imperata cylindrica (caniço-branco), 543
Incêndios florestais. *Ver* Queimadas
Independência de densidade, efeito no tamanho da população, 240
Índice de área foliar (IAF), 452, *453*
Índice de Shannon, 363, 375, 550
Índice de vegetação por diferença normalizada (IVDN), 456
Indivíduos
  aclimatização para variação ambiental, 86-87
  definição, 207-209
  diferenças em histórias de vida, 161-164
  efeitos no comportamento de indivíduos em dispersão entre populações, 216-217
Infanticídio, 182-183, 199
Insetívoros, 466
Insetos
  diversidade morfológica de partes da boca, 126-127
  especialização funcional em larvas, 177
  metamorfose, 167
  número de espécies em perigo documentada, *522*
Intemperismo mecânico, 498
Intemperismo químico, 498

Intensidade da interação
  descrição, 370
  efeitos diretos e indiretos para determinar força líquida de interação, 488-489
  em interações tróficas, 486-488
  medidas de, 371
Interações de coevolução de parasitas-hospedeiros, 323-326, 342
  evolução para o mutualismo, 342
Interações de espécies
  dependente do contexto, 373-375
  efeito nos membros da comunidade, 430-431
  efeitos da acidificação do oceano na, 371
  efeitos de parasitas na, 329
  governando a sucessão em florestas de montanha, 394
  interação indiretas, 367, 368-370
  interações diretas, 367
  variação na força e direção
  Ver também Interações positivas entre espécies
Interações diretas entre espécies, 367
Interações gene-para-gene, 324
Interações horizontais, 362
Interações indiretas entre espécies, 367, 368-370
Interações positivas entre espécies
  consequências ecológicas, 350-353
  definição, 339
  efeito na diversidade de espécies, 437-439
  em ambientes estressantes, 344-346
  evolução de, 342
  formigas cultivadoras de fungos, 338-339, 346, 353-355
  obrigatórias ou facultativas, 342-343
  onipresença do mutualismo e comensalismo, 340-342
  tipos de, 339-340
  variabilidade em consequências positivas ou negativas, 343-344
  Ver também Comensalismo; Mutualismo
Interações positivas facultativas, 343
Interações positivas obrigatórias, 342-343
Interações predador-presa coevolução, 153
  como agentes de mudança evolutiva, 154
Interações tróficas
  bioacumulação e biomagnificação de poluentes, 472-473, 491-492
  cascatas tróficas, 480-485
  efeitos diretos e indiretos de, 488-489
  fluxo energético e, 473
  força da interação, 486-488
  relações alimentares, 473-475
  teias alimentares, 485-491
Invasões de espécies
  efeito em curvas de espécie-área, 419
  efeitos da mudança climática global nas, 429-430
  transporte de organismos aquáticos na água de lastro, 428-429
  Ver também Espécies invasoras
Invertebrados
  espécies em perigo, 522
  Ver também Invertebrados marinhos
Invertebrados marinhos
  efeitos da mudança climática sobre espécies invasoras, 430
  especialização funcional em larvas, 177, *178*
  riqueza de espécies regional, 407, *408*
Investidores, 564
Investimento parental, 176
IPCC. *Ver* Painel Intergovernamental sobre Mudanças Climáticas
Irradiação adaptativa, 153, 530
Irrigação
  efeito em campos temperados, 61
  salinidade e, 44, *45*
IronEx I & II, 464
Isóclinas de crescimento populacional nulo, 282-283
Isoenzimas, 90
Isoetes, 122

Isogamia, 165
Isolamento por distância, 265-266
Isótopos estáveis, 124, 130
Istmo do Panamá, 411
Iúca (*Yucca filamentosa*), *348*, 349-350
IUCN. *Ver* União Internacional de Conservação da Natureza
Iva frutescens, 369, 438-439

J

Jaçanã (*Jacana jacana*), *199*
Jacinto-dos-campos (*Hyacinthoides non-scripta*), 211, 213
Jadera haematoloma (percevejo-do-saboeiro), 145-146
Janzen, Dan, 524, 562
Jeon, Kwang, 342
Johnson, Pieter, 4-5, 14, 16
Jones, Terésa, 265-266
Juhnlein, Harriet, 472
Junco, 343-344
Juncus gerardii (junco-preto), 369, 390-391, 438-439, 526
Junonia coenia (borboleta-junônia), *562*

K

K-estrategista, 170
Kakapo (*Strigops habroptilus*), *262*
Katsuwonis pelamis (bonito), *95*
Kauri (*Agathis australis*), 404-405
Keesing, Felicia, 556
Kelp. *Ver* Algas-pardas
Kenward, Ben, 131
Kiesecker, Joseph, 5-7, 14, 15
King, Leah, 343-344
Kiwis, 176, 412
Klebsiella, 335
Klironomos, John, 353
Kobresia, 462
Koeleria macrantha, 353
Koelreuteria elegans (árvore-da-chuva-dourada), 145-146
Köhler, Wolfgang, 109
Kozaki, Akiko, 118
Krakatau, 420, *421*
Krebs, Charles, 310-312
Krebs, John, 187
Kremen, Claire, 559-560, 561, 565
Krümmel, E. M., 492-493
Krützen, Michael, 132

Kudzu (*Pueraria montana*), *276*, 530-531

L

La Niña, 40, *41*
Laboratório Ecológico do Rio Savannah, 561-562
Labroides dimidiatus, 352-353
Lack, David, 172
Lagartixa, 191
Lagarto-de-cerca-do-oeste (*Sceloporus occidentalis*), 173-174
Lagarto-de-chifre, 189
Lagarto-de-colar (*Crotaphytus bicinctores*), *95*
Lagartos
  comportamentos antipredadores, 191
  efeitos de parasitas em interações de espécies, 329
  efeitos de predação em populações de aranhas, 303-304
  extinções causadas por mudanças climáticas, 583-584
  fontes de parcionamento, 280
  mudanças climáticas e extinção, 534
  compensação tamanho do ovo-número de ovos, 173-174
Lago Baikal, 73
Lago Mirror (NH), 475
Lago Tahoe, 513
Lago Victoria, 530
Lago Washington, 513-514
Lagopus lagopus (lagópodes), 328
Lagos
  características em comunidades biológicas, 73
  classificação por estado de nutriente, 512
  efeitos da chuva ácida em, 586
  efeitos da disponibilidade de nutrientes na PPL, 462-463
  eutrofização, 512-154
  profundidade de claridade, 513
Lagos eutróficos, 512
Lagos mesotróficos, 512
Lagos oligotróficos, 512
Lambadion bullinum, 301
Lamelócitos, 322-323
Laminaria, 204, 205

Lapa (*Crepidula fornicata*), *179*
Lapas, 392
Larrea tridentata (arbusto de creosoto), 63, 209-210, *216*
Larus fuscus (gaivota-de-asa-escura), 172-173
Larvas, especialização funcional, 177-178
Lasiurus cinereus (morcego-grisalho-do-havaí), 211
Lates niloticus (perca-do-nilo), 530
Lauenroth, William, 460-461
Laurásia, 410-411
Leão-marinho-australiano (*Neopphoca cinerea*), *191*
Leão-marinho-de-steller (*Eumetopias jubatus*), 479-480
Lebre-americana (*Lepus americanus*)
  predação por lince e ciclo populacional, 292-293
  predação por lince e estresse crônico, 312-313
Leg-hemoglobina, 399
Legados à paisagem, 553
Leguminosas, 500
Lei de Produção Sustentada de Múltiplo Uso (EUA), 564
Leishmania tropica, 317
Leishmaniose, 333
Leite materno, biomagnificação de toxinas no, 472, *473*
Leitos de *seagrass*
  características, 77-78
  efeitos de *Caulerpa* invasora em, 376
  PPL e, 463
Lemingue-da-noruega (*Lemmus lemmus*), 254
Lemingue-de-colar (*Dicrostonyx groenlandicus*), 254
Lemingues, 254
Lêmure-de-cauda-anelada, 199
Lêmure-de-tufos-vermelhos (*Varecia variegata rubra*), *559*
Leões
  endogamia e o risco de extinção, 260, *261*
  infanticídio, 182-183
Lepomis macrochirus (perca-sol-de-guelras-azuis), 189, 440
Leptopilina, 323
Leptopilina heterotoma, 199-200

Lepus americanos (lebre-americana), 292-293, 310-313
Lesma-do-mar (*Elysia crispata*), 112
Lesmas-do-mar predadoras
  efeitos diretos e indiretos de, 488-489
  interações na teia alimentar entremarés, 487
Lethocerus deyrollei, 199
Letourneau, Deborah, 482-483
Levins, Richard, 264
Lianas, 57
Libina dubia, 191
Lieth, Helmut, 54
Lignina, 502-503
LIHD. *Ver* Biomassa de baixos insumos e alta diversidade (LIHD)
Liloceris lilli (besouro-do-lírio), *191*
Limiar de densidade, 331, 332
Limite de dispersão, 211-213
Limnocurrais, 462
Lince-canadense (*Lyns canadensis*), 292-293
Lindeman, Raymond, 451
Linha de Wallace, 409, 413
Linum marginale, 326
Lipaphis erysimi, 300
Líquens, espécies em perigo, 522
Líquens, gene, 508
Litosfera, 51
Littorina littorea, 298
Lixiviação, 499
Lixo, decomposição do, 501-503
Lobo (*Canis lupus*)
  efeito nas decisões de forrageio de alce, 189, *190*
  efeitos da espessura da pelagem na atividade metabólica, 97
  reintrodução no Parque Nacional de Yellowstone, 546, 547, 564, 565-566
Lobo-cinzento (*Canis lupus*), *546*
Lobo-da-tasmânia (*Thylacinus cynocephalus*), 533
Locus genético, 186
Loess, 499
Lomatia tasmanica, 208
Lontra-do-mar (*Enhydra lutris*)
  como uma espécie-chave, 372

interações tróficas com algas-pardas e ouriços-do-mar, 368, 481
predação da orca em, 222, 223
predação em ouriços-do-mar, 221-222, 223
Lotka, A. J., 281-282
Lótus-da-neve (*Saussurea medusa*), 93-94
Lovejoy, Thomas, 401-402
Loxia curvirostra, 127-128
Loxodonta africana (elefante-africano), 137-537
LTER. *Ver* Pesquisa ecológica de longo prazo
Lucilia cuprina (mosca-varejeira-da-ovelha), 256-257
Lucilia sericata (mosca-varejeira), 286-287
"Lula vampiro do inferno" (*Vampyroteuthis infernalis*), 79
Lupinus lepidus (tremoço-anão), 398-399
Lutzomyia, 333
Luz
aclimatização por plantas de alto nível, 115, 116
fotossíntese e, 113-114
Ver também Radiação solar
Lymantria dispar (mariposa-cigana), 335
Lynx canadensis (lince-canadense), 292-293

M

"Macacos do mar", 177
MacArthur, John, 432, *433*
MacArthur, Robert, 170, 401-402, 418-420, 432, *433*, 442
Machos
infanticídio, 182-183, 199
potencial reprodutivo, *195*
Macrófitas, 72
Macroparasitas, 317
Macroporos, 498
Macropus robustus (wallaroo oriental), 557
Macropus rufus (canguru-vermelho), 215
Madagascar
modelo de distribuição de camaleões, 220-221
Parque Nacional de Masoala, 559-560, 561, 565
Madressilva Amur, 419
Magnésio
na nutrição de plantas, *498*
nos elementos de composição dos organismos, *497*
tempo médio de permanência em florestas e ecossistemas arbustivos, *506*
Majerus, Michael, 157
Malária, ciclo de vida do *Plasmodium*, 322, 323
Mamíferos
declínios e extinções de espécies, 526
espécies ameaçadas, 528, *529*
manutenção do equilíbrio hídrico, 104-105
número documentado de espécies em perigo, *522*
taxa de extinção "de fundo", 524-525
Manejo adaptativo, 564
Manganês, 497-498
Manis temmenicki (pangolim), 297
Mantua, Nathan, 22-23
Mapas de distribuição de recursos, 433, *434*
Mar Báltico, recursos compartilhados entre cianobactérias, 280-281
Mar de Aral, 593
Mar Mediterrâneo, alga *Caulerpa* invasora, 358-359, 376
Mar Morto, 44
Mar Negro
impacto da invasão da noz-do-mar no, 249-250, 253
recuperação após invasão da noz-do-mar, 266-267
Marés, efeito em hábitats costeiros, 74
"Mares" interiores, salinidade, 44
Mariposa-cigana (*Lymantria dispar*), 335
Mariposa-da-borda-branca (*Bupalus piniarius*), 253
Mariposa-da-iúca (*Tegeticula yuccasella*), 348, 349-350
Mariposa-esfinge (*Xanthopan morgani*), 126
Mariposa-mosqueada (*Biston betularia*), 157
Mariposa-tigre (*Platyprepia virginalis*), 320
Mariposas
efeito sobre a distribuição de plantas, 210
Etiella behrii, 430
Mariquita-de-garganta-preta (*Dendroica virens*), 432
Mariquita-de-asa-amarela (*Dendroica coronata*), 432
Mariquita-de-peito-baio (*Dendroica castanea*), 432
Mariquita-dos-pinhais (*Dendroica pinus*), 129
Mariquita-papo-de-fogo (*Dendroica fusca*), 432
Mariquita-tigre (*Dendroica tigrina*), 432
Marismas
características das, 75
ciclagem de nutrientes, 514
efeitos de interações positivas na diversidade de espécies, 438-439
efeitos na comunidade do pastejo por gansos-da-neve, 304, *305*
facilitações tróficas, 369
sucessão secundária, 390-391
Marismas da Nova Inglaterra
efeitos de interações positivas na diversidade de espécies, 438-439
sucessão secundária, 390-391
Marmota (*Marmota flaviventris*), 97
Martin, John, 463-464
Matéria orgânica no solo
decomposição, 501-503
tempo médio de permanência, 506
Material de origem, 499
Máximo glacial, 42-43
May, Robert, 255, 490
Maybach, Wilhelm, 426
McCaig, Allison, 365
McKane, Robert, 504
Média aritmética, 258
Média geométrica, 258
Medicago truncatula, 348, 349
Megafauna, 50-51, 80-81
Meinesz, Alexandre, 358-359, 376
Melampsora lini, 326
Melanocetus, 79
Melinis minutiflora (capim-gordura), 212
Melospiza melodia. *Ver* Pardal-canoro
Membranas, efeitos da temperatura sobre, 90
Membros da comunidade
interação entre as espécies e, 430-431
papel das condições abióticas em limitar os, 429-430
suprimento de espécies, 428-429
visão geral dos fatores controladores, 427-428
Mercúrio, *491*, 493
Merozoíto, 322, 323
Mesembryanthemum crystallinum (erva-de-gelo), 122
Mesofilo, 120
Mesopotâmia, 44
Metabolismo ácido das crassuláceas (CAM), 120-123, 124
Metabolismo do enxofre, 468
Metamorfose
adiada, 178-179
no ciclos de vida, 166-167
Metano
ciclo global do carbono, 571, 573
como um gás do efeito estufa, 25
Metapopulações
característica de repetidas extinções e colonizações, 264
definição, 263
fontes e drenos, 263-264
fragmentação de hábitat e extinção, 264-265
variabilidade nas taxas de extinção e colonização entre fragmentos, 265-266
Metilclorofórmio, 591, *592*
Método científico, 17
Metrosideros polymorpha (O'hia), *510*, 511
Mexilhão
coevolução em comunidades de fontes hidrotermais, 469-470
e sucessão em comunidades de fontes hidrotermais, 468-469
Mexilhão-zebra (*Dreissena polymorpha*), 429, 530
Mexilhões
efeitos da predação por estrelas-do-mar na riqueza de espécies, 436
efeitos da predação por estrelas-do-mar no ciclo populacional, 309

Índice   683

efeitos de distúrbio na competição, 286
efeitos diretos e indiretos da predação em, 488-489
força da interação da predação por estrelas-do-mar, 371
interações da teia alimentar na zona entremarés, 487
Micorriza arbuscular, 340, *341*
Micorrizas
  absorção de água pelas plantas e, 100-101
  como mutualistas, 340, *341*
  efeitos nas propriedades ecossistêmicas, 353
  recompensas de carboidratos, 347-348, 349
Microparasitas, 317
Microphallus, 324-325
Micropterus salmoides (achigã), 189
Microrganismos
  absorção dos nutrientes, 497-498
  equilíbrio hídrico, 100
  modificação da forma química dos nutrientes, 503-504
  na biorremediação, 125-126
Milankovitch, Milutin, 42
Milho (*Zea mays*), *497*
Millennium Ecosystem Assessment, 424, 442
Mimetismo, *297*, 298, 301
"Mineradores de folhas", 296
Minerais, 498-500
Mineralização, 502
  do nitrogênio, 503, 504
Mini, *338*
Minirrizotrons, *454*, 455
Mittelbach, Gary, 414
Mnemiopsis leidyi
  efeito sobre o ecossistema do Mar Negro, 249-250
  recuperação do ecossistema do Mar Negro após invasão por, 249-250
Modelo de competição de Lotka-Volterra, 281-285
Modelo de loteria de coexistência de espécies, 440-442
Modelo de Menge-Sutherland, 439-440

Modelo de presa-predador de Lotka-Volterra, 307-308
Modelo do equilíbrio dinâmico, 437
Modelo neutro de coexistência de espécies, 440-442
Modelos demográficos em biologia da conservação, 536
Modelos demográficos quantitativos, 536
Modelos ecológicos, 14-15
Modelos quantitativos, 15
Modelos de nicho, 220-221
Modelo de sucessão de facilitação, *386*
Modelo de sucessão de inibição, *386*, 387
  em comunidades entremarés rochosas, 391-392, *393*
Modelo de sucessão de tolerância, 386-387
Molibdênio, *498*
Molina, Mario, 590
Moluscos
  e sucessão em comunidades de fumarolas hidrotermais, 468-469
  especialização funcional em larvas, 177
  número de espécies em perigo documentadas, *522*
Monoculturas, 444
Monogamia, 196-197
Montanhas,
  efeito sobre o clima regional, 35-36
  gradientes climáticos, 69-70
  interações entre espécies governando a sucessão em florestas de montanhas, 394
  temperatura e, 33
  transecção altitudinal das comunidades biológicas, 70-71
Montanhas Jura, 558
Montanhas Rochosas
  efeito sobre o clima regional, 36
  efeitos da mudança climática nas, 581
  impacto ecológico da deposição de poeira, 594-595
  transecção altitudinal das comunidades biológicas, 70

Monte Santa Helena
  erupção do, 379-380, 382-383
  sucessão no, 380, 397-399
  sucessão primária e secundária no, 383-384
Morango, 208
Morcego-grisalho-do-havaí (*Lasiurus cinereus*), 211
Morfotipos, 163, 164
Mortalidade, dependente de densidade, 242
Morte súbita do carvalho, 319
Mosaicos, 549-550
Mosca-da-galha-bola (*Eurosta solidaginis*), 207
Mosca-da-larva-da-maçã (*Rhagoletis pomonella*), 153
Mosca-d'-água, 329
Mosca-das-frutas do Mediterrâneo (*Ceratitis capitata*), *527*
Mosca-de-olhos-pedunculados (*Cyrtodiopsis dalmanni*), 194
Mosca-doméstica (*Musca domestica*), 127, 286-287
Mosca-varejeira-da-ovelha (*Lucilia cuprina*), 256-257
Mosca-varejeira (*Lucilia sericata*), 286-287
Mosca-das-frutas. Ver *Drosophila*
Moscas da família Agromyzidae, 296
Moscas-do-esterco, *316*
Moscas picadoras, 126
Mosquito-palha, 333
Mosquitos
  desenvolvimento evolutivo de resistência à pesticida, 144, 148
  exclusão competitiva em, 285
  peças bucais, *126*, 127
Mudança climática
  abordagens ecológicas para a compreensão da, 15
  causas, 579-581
  consequências ecológicas futuras, 581-583
  definição, 15
  distinção da variação climática, 579
  efeito na viabilidade de populações, 533-534
  efeitos na incidência de doenças, 352-333

efeitos nas invasões de espécies, 429-430
efeitos nas taxas de crescimento populacional, 234
efeitos nas trocas líquidas em ecossistemas terrestres, 460
efeitos nos ciclos populacionais, 254
evidências da, 579-*580*
extensão de alcance do ouriço-do-mar-de-espinhos-longos na Tasmânia, 224
ozônio troposférico e, 591-592
padrões globais de PPL e, 464-466
rápida evolução adaptativa e, 146-147
respostas ecológicas atuais, 583-585
Mudanças climáticas globais
  abordagens ecológicas para a compreensão, 15
  biocombustíveis e, 445
  causas de, 579-581
  combustíveis fósseis e, 426
  consequências ecológicas futuras, 581-583
  dióxido de carbono atmosférico e, 426
  distinção da variação climática, 579
  efeito nas invasões de espécies, 429-430
  efeito premeditado no Parque Nacional de Yellowstone, 566-568
  evidências das, 579-*580*
  hipótese de limitação do ferro para aumentar o sequestro de carbono por ecossistemas marinhos, 463-464
  respostas ecológicas atuais, 583-585
  Ver também Mudança climática
Mudanças de nicho, 178
Mudanças de regime, 396-397
Mudanças de sexo, 161, 179
Muir, John, 388
Munger, James, 189
Mus musculus (camundongo-doméstico), 528
Musca domestica (mosca-doméstica), 127, 286-287

Musgos
  ciclo de vida complexo, 167, 169
  número de espécies em perigo documentadas, 522
Mustela nigripes (doninha-de-patas-pretas), 533
Mustelídeos, 150
Mutação do ácido desoxirribonucleico (DNA), 140-141
Mutações, 140-141
Mutagênicos, 140
Mutualismo
  características e frequência do, 340-341
  categorias de, 346-347
  definição, 339
  efeito na abundância, 350-351
  mecanismos para evitar a sobre-exploração, 348-350
  mutualismos de serviço, 352-353
  presença de benefícios para ambos os parceiros, 347-348, 349
  sucessão primária e, 398-399
  Ver também Interações positivas entre espécies
Mutualismo de hábitat, 346-347
Mutualismo facultativo, 347
Mutualismo na flora intestinal, *341*
Mutualismos de serviço, 347, 352-353
Mutualismos tróficos, 346
Mycalesis, 170
Mycobacterium tuberculosis, *318*, 319
Myosotis laxa (não-me-esqueça), 343-344
Myrtillocactus geometrizans (cacto-vela-azul), 60
Mytillus californianus
  efeitos do distúrbio na competição, 286
  interações na teia alimentar na zona entremarés, 487
Mytillus trossulus, 371, 488-489

N

Não-me-esqueça (*Myosotis laxa*), 343-344
National Marine Fisheries Service, 539
Nativos americanos, 81
Natural Heritage Program, 540
NatureServe, 540, *541*
Nécton, 78
Neff, Jason, 514-515
Nemani, Ramakrishna, 584-585
Nematódeos parasitas, 328
Nematódeos, reprodução sexuada, 166
Nemobius sylvestris (grilo-da-madeira), *315*
Neolamprologus pulcher, 199
Neophoca cinerea (leão-marinho australiano), *191*
Neophron percnopterus (abutre-do-egito), 131
Neotamias, 279
Neotoma, 333
Neotoma albigula, 333
Nereocystis, 204
Nereocystis luetkeana, 204
Neutro em carbono, 426
Nicho ecológico
  definição, 178, 220
  modelos de nichos e, 220
  mudança de nichos, 178
Nicholson, A. J., 256-257
Nicotiana, 118
Nicotiana attenuata, 299
Nicotinamida adenina dinucleotídeo fosfato (NADPH)
  na fotossíntese, 114
  na quimiossíntese, 113
Níquel, na nutrição vegetal, *498*
Nitrato
  liberado pela nitrificação, 503
  lixiviação, 588
Nitrificação, 503
Nitrito, na quimiossíntese, *112*, 113
Nitrogenase, 399, 500
Nitrogênio
  deposição de nitrogênio, 587-589
  disponibilidade para plantas, 504
  efeito na PPL em ecossistemas terrestres, 461-462
  efeito na PPL em lagos, 463
  efeito na PPL em mar aberto, 463
  em ecossistemas marinhos, 514
  fonte atmosférica, 500
  liberado pela desnitrificação, 503
  mineralização, 503, 504
  na ciclagem de nutrientes e eutrofização em lagos, 512-513
  na composição química dos organismos, *497*
  na nutrição vegetal, *498*
  reciclagem interna em plantas, 504
  tempo médio de permanência em florestas e bosques arbustivos, *506*
Nitrogênio orgânico, 504
Nitrogênio reativo, 576, 577, 587-589
Níveis tróficos
  cascatas tróficas, 480-485
  descrição, 361, 474
  fatores determinando o número de, 483-485
  fluxo energético entre, 475-480
Nódulos na raiz, 398, 399
Nothofagus, 66
Notonecta undulata (besouro-nadador), 440
Nova Guiné, 413
Nova Zelândia
  aves não voadoras, 412
  riqueza de espécies de biomas florestais, 404-405
Noz-do-mar
  dispersão por água de lastro, 429
  no ecossistema do Mar Negro, 249-250, 253, 266-267
Novas comunidades, 582
Nucella, 487, 488-489
Nucleopoliedrovírus *Lymantria dispar*, 335
Nudibrânquio, *297*
Nutrientes
  composição química dos organismos, *497*
  controles ambientais de baixo para cima e, 266
  de plantas, *498*
  declínio de anfíbios e, 7
  deposição de poeira, 594
  efeito do aporte de nutrientes na mudança evolutiva, 157
  efeito na fotossíntese, 116-117
  em ecossistemas aquáticos, 511-514
  estudos em bacias de drenagem, 507-509
  exigências dos organismos por, 497-498
  fontes atmosféricas, 500-501
  fontes minerais de, 498-500
  precipitação ácida e deficiências de nutrientes, 586
  reciclagem interna em plantas, 504-505
  transformações, 501-505

O

Observações de campo, 15
Oceanos
  acidificação (*ver* Acidificação dos oceanos)
  cadeias mesoceânicas, 410, 450
  efeito no clima regional, 34
  efeitos da sobre-exploração nos, 532, 533
  efeitos do aquecimento oceânico na incidência de doenças, 332
  hábitats oceânicos rasos, 76-78
  regiões biogeográficas, 413
  reservatório de carbono, 572
  salinidade, 44
Oclusão, 510
Ocupação aleatória, 180, 441
ODP. *Ver* Oscilação Decadal do Pacífico
Odum, Eugene, 489
Odum, Howard, 455
Oenothera biennis, 155
Oesophagostomum stephanostomum, 320
Ohi'a (*Metrosideros polymorpha*), 510, 511
Olneya tesota (pau-ferro-do-deserto), 343
Oncorhynchus mykiss, 18, 373-374
Oncorhynchus nerka (salmão-vermelho), 23, 462, 492-493
Onívoros
  adaptações digestórias, 129-130
  definição, 362, 466
  níveis tróficos, 474

Ophiocordyceps unilateralis, 315
Opistossoma, de vermes tubulares, *468*
Opuntia stricta, 210
Orca (*Orcinus orca*)
  efeitos na desregulação endócrina de contaminantes em, 533, *534*
  predação em leões-marinhos-de-steller, 480
  predação em lontras-do-mar, 222, *534*
Organismos hiperosmóticos, 103-104
Organismos hiposmóticos, 103
Organismos isosmóticos, 103
Organização Meteorológica Mundial, 580
Orictolagus cuniculus (coelho-europeu), 323-324
Origem da vida, 470
Origem das Espécies, A (Darwin), 305, 435, 485
Oscilação Decadal do Pacífico (ODP), 40, 46, 47
Oscilação Atlântico Norte, 40
Oscilação Sul El Niño (OSEN), 40, *41*
Oscilações amortecidas, 255
Ostfeld, Richard, 556
Ostraceiro-europeu (*Haematopus ostralegus*), 187-188
Ouriço-do-mar-de-espinhos-longos (*Centrostephanus rodgersii*), 224
Ouriços-do-mar
  especialização funcional em larvas, 177
  interações tróficas entre lontras-do-mar e algas-pardas, 368, 481
  predação por lontras-do-mar, 221-222, *223*
  vazios de ouriços e florestas de algas, 204-205, 221-222, *223*
Overpeck, Jonathan, 582
Ovis canadensis (carneiros-selvagens), 136, 155, 193
Ovos
  isogamia e anisogamia, 165
  compensação em tamanho de ovos de lagartos, 173-174
Oxidação, 112-113
Óxido nítrico, 531

Óxido nitroso, 25, 503, 577, 588
Oxigênio
  na composição química dos organismos, *497*
  na nutrição vegetal, *498*
  pressão parcial, 70n
  produção pela fotossíntese, 114
Ozônio, 589-592
Ozônio atmosférico, 589-592
Ozônio estratosférico, 589-591
Ozônio troposférico, 591-592

P

Padrões climáticos globais, 31-34
  Ver também Clima
Padrões evolutivos, 151-154
Padrões latitudinais de células de circulação atmosférica, 26-27
  ventos superficiais e, 28, *29*
Paine, Robert, 286, 436, 487
Painéis fotovoltaicos, 115
Painel Intergovernamental sobre Mudanças Climáticas (IPCC), 580-581
Paisagem
  definição, 406
  importância da escala, 550-551
  restaurações ecológicas e, 562-563
Palmeira-do-mar (*Postelsia palmaeformis*), 286, 290
Panda-gigante (*Ailuropoda melanoleuca*), 541
Pandanus, 109, *110*
Pandora neoaphidis, 320
Pangeia, 410-411
Pangolim (*Manis temmenicki*), 297
Pantera-da-flórida (*Puma concolor coryi*), 535-526
Papa-moscas-de-colarinho (*Ficedula albicollis*), 175
Papa-moscas-do-salgueiro (*Empidonax traillii extimus*), 527
"Paradoxo do Plâncton, O" (Hutchinson), 435-436
Paragordius tricuspidatus, 315
Paramecium aurelia, 280
Paramecium bursaria, 280
Paramecium caudatum, 280
Paramecium, exclusão competitiva, 279-280

Paranthias furcifer (peixe-santo), *294*
Parasitas
  adaptações às defesas do hospedeiro, 322-323
  características, 316-317
  ciclos de vida complexos, 167
  coevolução parasita-hospedeiro, 323-326, 342
  custos de contradefesa, 325-326
  de jardins de fungos de formigas-cortadeiras, 353-354
  declínio de anfíbios e, 4-7, 14
  defesas do hospedeiro contra, 319-321
  definição, 293, 316
  dinâmicas e propagação de doenças, 330-333
  efeitos ecológicos, 326-330
  efeitos em seus hospedeiros, 317
  endoparasitas e ectoparasitas, 317-319
  especialização em, 317
  heterotrofia e, 111
  parasitas escravizadores, 315-316, 319, 334-335
Parasitismo
  como uma relação simbiótica, 339-340
  evolução para mutualismo, 342
Parasitoides, 294, 303, 317
Pardal-canoro (*Melospiza melodia*)
  efeitos de predadores no comportamento, 189-190, 200
  reprodução dependente de densidade, 241
Parede celular, pressão de turgor em plantas, 100
Park, Thomas, 329
Parmesan, Camille, 583
Parque Nacional Banff, *561*
Parque Nacional de Masoala, 559-560, *561*, 565
Parque Nacional de Santa Rosa, 562
Parque Nacional de Yellowstone
  composição da paisagem, 550
  efeitos previstos do aquecimento global no, 566-568

  manejo adaptativo, 564
  queimadas florestais em 1988, 552, *553*
  reintrodução de lobos, 546, 547, 564, 565-566
Parque Nacional dos Cânions, 514-515
Parque Nacional Glacier, *428*
Parque Nacional dos Vulcões (Havaí), 212
Pärt, Tomas, 175
Partição de recursos, coexistência de espécies e, 280-281, 290, 431-433, *434*
Parus major (chapim-real), 187, 188
Pássaro-canoro-das-seychelles (*Acrocephalus sechellensis*), 216-217
Passerina cyanea (cardeal-azul), 562
Pastoreio/pastejo
  efeitos em campos temperados, 60, 61-62
  efeitos em comunidades ecológicas, 305
  efeitos na crosta biológica, 495, 514-51
  espécies invasoras em campos e, 516
Pasto-de-inverno (*Poa annua*), 162-238
Patógenos
  definição, 316
  dinâmicas e propagação de, 330-333
  transporte com poeira, 594
Patola-de-pés-azuis (*Sula nebouxii*), *192*
Pau-ferro-do-deserto (*Olneya tesota*), 343
Pé-de-atleta, 318
Peças bucais, de insetos, 126-127
Peças bucais "esponjosas", 126
Pedomorfose, 178-179
Pedúnculos oculares, 194
Peek, Andrew, 469-470
Pegada ecológica, 245-246
Peixe-arqueiro (*Toxotes chatareus*), 145
Peixe-cliente, 352-353
Peixe-donzela (*Chromis atripectoralis*), 166
"Peixe espantoso do príncipe Axel" (*Thaumatichthys axeli*), 78-79
Peixe limpador, 352-353

Peixe-palhaço, 160-161, 179-180
Peixe-santo (*Paranthias furcifer*), 294
Peixes
  custos da vida em grupo, 199
  efeitos dos predadores na decisão de forrageio, 189
  homogeneização taxonômica, 528
  interações de espécies dependentes de contexto, 373-374
  modelo de sucessão de loteria, 441
  número de espécies em perigo documentadas, 522
  pesca comercial e evolução inadvertida em peixes, 136-137
  serviço de mutualismo, 352-353
  sobre-exploração de peixes marinhos, 532, 533
  transporte biológico de poluentes, 492-493
  Ver também Barrigudinhos; Salmão; Esgana-gata
Peixes-cachimbo, 195
Peixes de interesse comercial
  evolução inadvertida em peixes e, 136-137
  sobre-exploração no oceano, 532-533
Peixes de recifes, modelo de loteria da coexistência de espécies, 441
Peixes pomacentrídeos, 441
Pelagem, como isolamento térmico, 97
Pellmyr, Olle, 349
Pelvetiopsis limitata, 392
Pendão-dourado (*Thermopsis montana*), 115
PEPcase, 119-120, 121
Pepinos-do-mar, 191-192
Perca-do-nilo (*Lates niloticus*), 530
Perca-sol-de-guelras-azuis (*Lepomis macrochirus*), 189, 440
Percevejo (*Blissus leucopterus*), 217
Percevejo-do-saboeiro (*Jadera haematoloma*), 145-146
Perda de calor por convecção, 93

Perda de calor por evaporação, 94
Perda de hábitat
  ameaças à biodiversidade e, 528-530
  consequências de, 554-555
  contra interação com reservas naturais, 559
  definição, 529
  processo de, 556
  projeto do reservatório Lago Guri, 554
Período Antropoceno, 581
Período latente, 331
Períodos de tempo distintos, 236
Períodos interglaciais, 42
Permafrost, 67
Peromyscus leucopus (camundongo-de-patas-brancas), 556
Peromyscus maniculatus (rato-veadeiro), 185-186, 218, 220
Peromyscus polionotus (camundongo-do-campo), 185-186
Peroxiacetil nitrato (PAN), 576
Pesca com explosivos, 382
Pesquisa ecológica de longo prazo (LTER), 81-82
Peste negra, 317, 319
Pesticidas, declínio de anfíbios e, 5-7, 14, 17, 19
pH
  dos oceanos (*ver* Acidificação do oceano)
  precipitação ácida, 501, 585-587
  variação ambiental, 44-46
Phaenicia sericata (mosca-varejeira), 286-287
Phalaropus fulicarius (falaropo-vermelho), 183, 195
Pheidole, 482-483
Phlebotomus, 333
Phoca vitulina, 534
Phrynosoma, 189
Phytophthora ramorum, 319
Pica-pau-de-topete-vermelho (*Picoides borealis*), 520-522, 542-543
Picea abies, 67
Picea obovata (espruce-siberiano), 85
Picoides borealis, 520-522, 542-543
Pinheiro-de-casca-branca, 567

Pinheiro-de-folhas-longas (*Pinus palustris*), 520-521
Pinheiro-escocês, 305
Pinheiro-piñon (*Pinus edulis*), 24
Pinheiro-ponderosa (*Pinus ponderosa*), 162-163, 164, 567
Pinheiros-lodgepole, 253, 550
Pinípedes, 150
Pintassilgo (*Carduelis carduelis*), 198
Pinus contorta, 253
Pinus contorta var. *latifolia*, 550
Pinus edulis (pinheiro-piñon), 24
Pinus palustris (pinheiro-de-folhas-longas), 520-521
Pinus ponderosa (pinheiro-ponderosa), 162-163, 164, 567
Pinus taeda, 573
Piper cenocladum, 482-483
Pirâmides de biomassa, 476
Pirâmides de energia, 475-476
Pirâmides tróficas, 476
Pisaster, 303, 436
Pisaster, como espécie-chave, 487
Pisaster ochraceus, 371, 487, 526
Placas tectônicas, 409-412
Planalto do Colorado, 495-496, 514-516, 594
Plâncton
  em lagos, 73
  Ver também Fitoplâncton, Zooplâncton
Planície do Serengeti, 50
Planta-jarro (*Sarracenia alata*), 273, 289, 290
Plantações de macadâmia, 550
Plantas
  absorção de nutrientes, 497-498
  aclimatização a níveis de luz, 115, 116
  adaptações ao ambiente terrestre, 53
  adaptações dos herbívoros às defesas vegetais, 302
  adaptações para escapar da herbivoria, 297, 298-301
  alelopatia, 277
  alocação da PPL, 452-453

  anuais, 169
  assembleias de plantas em sucessão, 384
  bactérias fixadoras de nitrogênio e sucessão, 398-399
  equilíbrio hídrico, 100-102
  carnívoras, 272-273, 288-289, 290
  ciclos de vida complexos, 167-169,
  classificação das histórias de vida com base em características de hábitat, 170-171
  classificação dos biomas terrestres e, 52
  clonais, 208
  compensação entre reprodução e crescimento, 175
  competição por interferência, 276-277
  composição química das, 497
  curva de resposta à luz, 114, 115
  defesas contra parasitas, 320
  dispersão e a ligação entre populações, 207
  dispersão em resposta à mudança climática, 582
  disponibilidade de nitrogênio e absorção, 504
  ectoparasitas de, 318, 319
  efeito no clima global, 155
  efeito no clima regional, 36-37
  efeitos da acidez do solo na disponibilidade de nutrientes, 499
  efeitos da deposição de nitrogênio em, 588-589
  efeitos da diversidade vegetal na estabilidade da teia alimentar, 490-491
  efeitos da mudança climática na distribuição geográfica, 583
  efeitos da precipitação ácida em, 586
  efeitos de invasoras na diversidade de espécies, 375
  efeitos do ozônio em, 591
  endoparasitas de, 319
  especialização de herbívoros ao pasteio, 295-296
  formas de crescimento e ambiente, 52

índice de área foliar, 452, *453*
investimento parental na prole, 176
micorrizas de (*ver* Micorrizas)
modificações do equilíbrio de energia em resposta ao estresse térmico, 90-94
mudanças na PPL durante o desenvolvimento ecossistêmico, 453-454
mudanças pretéritas em comunidades vegetais, *582*
mutualismos formigas-plantas, 3
número documentado de espécies ameaçadas, *522*
nutrientes e suas principais funções, *498*
parasitas, 111, 318
partição de recursos, 433
reciclagem interna de nutrientes, 504-505
resposta a níveis elevados de dióxido de carbono, 573
respostas ao estresse hídrico, 102
ripárias, 72, 565, 566
simbiontes defensivos, 321
Plantas-berçário, 343
Plantas carnívoras, 272-273, 288-289, 290
Plantas competidoras, 170
Plantas do sub-bosque, em florestas tropicais, 57
Plantas lactescentes, *214*
Plantas parasitas, 111, 318
Plantas tolerantes ao estresse, 170-171
Plasmodium, 322, 323
Plasmodium azurophilum, 329
Plasticidade fenotípica, 147, 162-164
Platyprepia virginalis (mariposa-tigre), 320
Plectroglyphidodon lacrymatus, 441
Plesiometa argyra, 334-335
Pletodontes, 167
Pluma, de vermes tubulares, *468*
Plumagem, como isolamento térmico, 97
Poa annua (pasto-de-inverno), 162, 238
Podridão-mole da batata, *318*

Poeira
impacto ecológico da remoção e deposição de poeira, 594-595
tempestades de poeira, 570-571, 592-594
Poeira eólica, 463
Poliandria, *196*
Poligamia, 196
Pollicipes, 487
Poluentes
bioacumulação e biomagnificação, 472-473, 491-492
efeito na viabilidade de populações, 533, *534*
transporte biológico, 492-493
Poluentes orgânicos persistentes (POPs), 472-473, 491-493
Poluição do ar
ácido e deposição de nitrogênio da, 585-589
Ver também Poluentes
Polvo-gigante-do-pacífico (*Enteroctopus dofleini*), 169
Polydesmus, 475
Polypodium vulgare, 168
Pomacea canaliculata (caracol-maçã-dourada), 296, 305-306
Pomacentrus wardi, 441
Pombo-passageiro (*Ectopistes migratorius*), *523*
Pombos, 197
Ponto de compensação da luz, *114*, 115
Ponto de saturação da luz, *114*, 115
Ponto de saturação, de riqueza de espécies, 407
Pool regional de espécies, 406, 407, 428
População humana
capacidade de suporte da população dos Estados Unidos, 243-244
pegada ecológica, 245-246
População tibetana, 88
Populações
adaptações às variações ambientais, 87-88
definição, 10, 205-206
definindo indivíduos, 207-209
distribuição e abundância, 209-213
distribuição em mosaico, *214*, 215

distribuição geográfica, 213-215
divergência genética e especiação, 149-150
efeitos da poluição, doenças, e mudança climática nas, 533-535
efeitos do comportamento individual na dispersão dentro da, 216-217
estrutura etária, 231-235
evolução e, 140
fluxo gênico, 144
influência da variação genética na viabilidade, 364
ligadas por dispersão, 207
mudanças na abundância ao longo do tempo e do espaço, 206-207
natureza dinâmica das, 205
Populações, como drenos, 264
Populações, como fontes, 263-264
Populações "fragmentadas", 207
Populações pequenas
análises genéticas e "resgate genético", 535-526
deriva genética e, 142-143
eventos ao acaso que podem levar à extinção, 260-263
risco de extinção, 258-260
Populus tremuloides. Ver Álamo-tremedor
Posidonia oceanica, 376
Postelsia palmaeformis (palmeira-do-mar), 286, 290
Potamopyrgus antipodarum, 325
Potássio
na composição química de organismos, *497*
na nutrição vegetal, *498*
tempo médio de permanência em florestas e bosques arbustivos, *506*
Potencial gravitacional, 99
Potencial hídrico, 99
Potencial mátrico, 99
Potencial osmótico
equilíbrio hídrico em microrganismos e, 100
definição, 99
Potencial reprodutivo, 195
Povo Inuíte, 472-473, 491
Povos andinos, 88
Powell, Kristin, 419

Power, Mary, 373-374
PPL planetária total, 465
PPL. *Ver* Produção primária líquida
Pradarias
gramíneas e micorrizas de pradaria, 353
produção sustentável de biocombustíveis e, 426-427, 444-445
relação diversidade-diversidade, 442-443, 490-491
Ver também Pradarias de gramíneas altas
Pradarias de gramíneas altas
impacto dos efeitos de borda em aves que fazem ninhos no solo, 557
mudanças na PPL durante o desenvolvimento, 454
Praias arenosas
características de, 76
efeitos de interações positivas de espécies na diversidade de espécies, 352
Precipitação
biomas terrestres e, 53
diagramas climáticos, 54
efeito na PPL em ecossistemas terrestres, 459, 460-461
efeitos da pressão atmosférica e topografia na, 33-34
efeitos de montanhas em, 35-36
mudança climática e, *580*
precipitação ácida, 501, 585-587
precipitação média anual terrestre, *33*
Precipitação ácida, 501, 585-587
Predação
benefícios da vida em grupo para as presas, 197, 198
hipótese do distúrbio intermediário, 436-437
interação com a dispersão para influenciar a riqueza de espécies, 440
modelo de Menge-Sutherland da diversidade de espécies, 439-440
Predadores
adaptações para captura de presas, 301-302

benefícios da vida em grupo, 197
controles de cima para baixo e, 266
declino de anfíbios e, 17-19
definição, 293
dietas de, 295
efeito das comunidades ecológicas, 304-305
efeito nas distribuições e abundâncias de organismos que servem de alimento, 303-304
efeito sobre as decisões de forrageio, 189-190
efeitos da fragmentação de hábitats em, 554, 556
efeitos diretos e indiretos nas presas, 488-489
efeitos ecológicos das respostas comportamentais para a, 200-201
espécies-chave, 487-488
estratégias de forrageio, *295*
estresse crônico em presas e, 312-313
heterotrofia e, 111
interações na teia alimentar entremarés, 487
predadores invasores e extinções, 530
pressão de seleção em presas, 297-298
Predadores especialistas, 295
Predadores senta-e-espera, 295
Presa
adaptações de predadores para captura de presas, 301-302
adaptações de presas para escapar da predação, 297-298
benefícios da vida em grupo, 197
comportamentos anti-predador, 190-192
definição, 293
efeitos de predadores nas decisões de forrageio, 189-190
efeitos diretos e indiretos de predadores em, 488-489
estresse crônico por predadores, 312-313
heterotrofia e, 111

Ver também Ciclos predador-presa; Interações predador-presa
Pressão atmosférica, 26
descrição, 26
efeito sobre a precipitação global, 33-34
pressão parcial, 70n
Pressão de turgor, 99, 100
Pressão, movimento de água e, 99
Pressões parciais, 70n
Primavera silenciosa (Carson), 491
Prímula (*Primula vulgaris*), 266
Princípio da exclusão competitiva, 435-436
descrição, 279-280
divisão de recursos e, 280-281
modelos, 281-285
Princípios de manejo de ecossistemas de, 563-565
reintrodução de lobos no Parque Nacional de Yellowstone, 546, 547, 564, 565-566
Processo de Haber-Bosch, 500, 576
Proclossiana eunomia (borboleta fritilaria-das-turfeiras), 552
Procolobus badius waldroni (colobus-vermelho-de-miss--waldron), 532
Produção
primária, 452-459
secundária, 466-467
Produção de ferramentas
benefícios energéticos, 130, *131*
chimpanzés, 109
como comportamento aprendido, 131-132
corvos-da-nova-caledônia, 109-110, 130, *131*
Produção ecossistêmica líquida, 457
Produção massiva de sementes, 298
Produção primária
definição, 452
efeitos da deposição de nitrogênio na, 588
limitação de nutrientes durante o desenvolvimento ecossistêmico, 510-511

produção primária bruta, 452, *453*
taxa de, 452
Produção primária bruta, 452, *453*
Produção primária líquida (PPL)
alocação em plantas, 452-453
controle de baixo para cima e de cima para baixo, 480
controles ambientais na, 459-464
definição, 13
efeito de formigas-cortadeiras na, 355
efeitos da mudança climática na, 583, 584-585
estimando em ecossistemas aquáticos, 458-459
estimando em ecossistemas terrestres, 454-458
mudanças durante o desenvolvimento ecossistêmico, 453-454
padrões globais, 464-466
produção secundária líquida e, 467
relação com o consumo de biomassa por herbívoros, 477
resposta de ecossistemas florestais a níveis elevados de dióxido de carbono, 573
Produção primária líquida oceânica
clima e variação biótica, 463-464, 465-466
efeitos de disponibilidade de nutrientes, 463-464
na PPL planetária total, 465
Produção primária líquida terrestre
controlada pelo clima, 459-462
efeitos do clima e da variação biótica na, 465, 466
estimando, 454-458
mudanças durante o desenvolvimento ecossistêmico, 454
na PPL planetária total, 465
variação na, *465*
Produção secundária, 466-467

Produção secundária líquida, 467
Produtores
definição, 12
em teias tróficas, 361
produção primária líquida da, 13
Produtores primários, 361, 474
Ver também Produtores
Produtos da indústria florestal, 424
Produtos químicos retardadores de chama, 533
platelmintos 297
Profundidade de claridade, 513
Programa das Nações Unidas para o Meio Ambiente, 580
Programa para análise de lacunas (GAP), 548
Programa "porto seguro", 543
Projeto Dinâmica Biológica de Fragmentos Florestais (PDBFF), 401-402, 422-424, 558
Projetos de restauração de ostras, *563*
Prole
investimento parental, 176
compensação entre o número e o tamanho da, 172-174
Promiscuidade, *196*
Progagação horizontal, *208*
Propágulos, 173
Protea, 63
Protistas
mutualistas intestinais, *341*
reprodução sexual, 165
Protocolo de Montreal, 591
Pseudacris maculata (rã-de--coro-boreal), 85
Pseudacris regilla, 4, 5
Pseudomyrmex ferruginea, 350-351
Pseudomyrmex spinicola, 351
Pseudotsuga menziesii (abeto--de-douglas)
Pubescência, 91-94
Pueraria montana (kudzu), 276, 530-531
Puijila darwini, 150
Pulgão-da-ervilha (*Acyrthosiphon pisum*), 320, 321
Pulgão-do-feijão (*Aphis fabae*), 213

Pulgão-do-limoeiro (*Eucallipterus tiliae*), 296
Pulgas d'água, *73*
Pulso ácido, 586
Puma concolor coryi (pantera-da-flórida), 535-536
Pupfish-do-poço-do-diabo (*Cyprinodon diabolis*), 214
Pupfish-do-deserto (*Cyprinodon macularis*), 213
Pyrenestes ostrinus (quebrador-de-sementes-africano), *141*

Q

Quadriciclos, 495-496
QTL (*locus* de características quantitativas), 186
Quebra-nozes, pássaro, 567
Quebrador-de-sementes-africano (*Pyrenestes ostrinus*), *141*
Queimadas
  efeitos em bosques arbustivos do tipo Mediterrâneo, 62-63
  efeitos em florestas boreais, 68
  efeitos em florestas sazonais tropicais e savanas, 57-58
  efeitos na distribuição e abundância, 211, 212
  efeitos na temperatura de pastagens, 60
  queimadas controladas, 543-544
  queimadas de 1988 no Parte Nacional de Yellowstone, 552, *553*
  savana de pinheiros-de-folhas-longas e, 520-521, 543
Quimioautótrofos,
  coevolução em comunidades de fontes hidrotermais, 469-470
  fluxo energético em comunidades de fontes hidrotermais e, 467-468
Quimiolitotrófico, 112
Quimiossíntese, 111, 112-113

R

r-estrategista, 170
Rã-de-coro-boreal (*Pseudacris maculata*), 85
Rã-de-garras-africana (*Xenopus laevis*), 4
Rã-de-pernas-amarelas (*Rana muscosa*), 18
Rã-dos-bosques (*Rana sylvatica*), *84*, 85, 106
Rã-flecha-venenosa (*Dendrobates tinctorius*), *140*
Rã-leopardo (*Rana pipiens*), 2
Rã-voadora-de-wallace (*Rhacophorus nigropalmatus*), *145*
Raab, Ted, 504
Radiação de onda longa, 25
Radiação infravermelha, 25
Radiação solar
  albedo, 36
  balanço energético global e, 25
  diferenças latitudinais e variação climática sazonal, 26
  sazonalidade e, 38-39
Radiação ultravioleta-B (UVB), 590, 591
Radiotelemetria, 547
Rails, 525
Raízes
  alocação de PPL para, 453
  estimando a alocação de PPL para, 454-455
  herbivoria abaixo do solo e, 296
Rameta, 208
Rana muscosa (rã-de-pernas-amarelas), 18
Rana pipiens (rã-leopardo), 2
Rana sylvatica (rã-dos-bosques), *84*, 85, 106
Raposa-do-ártico (*Alopex lagopus*), 304-305
Raposa-vermelha (*Vulpes fulva*), 155-156
Rã-ninho-de-espuma-do-sul (*Chiromantis xerampelina*), 104
Rãs
  declínio e deformidades (*ver* Declínio de anfíbios)
  manutenção do equilíbrio hídrico, 104
  tolerância ao congelamento, 84-85, 105-106
Rãs-arborícolas-do-pacífico (*Pseudacris regilla*), 4, 5
Ratos-canguru (*Dipodomys* spp.), 105
Ratos, "parasitas escravizadores" e, 316
Razão adimensional, 171
Razão área de superfície:volume, em ectotérmicos, 94-95
Reação carbônica na fotossíntese, 113, 114-115
Reação dirigidas por luz, de fotossínteses, 113-114
Reação em cadeia da polimerase (PCR, *polymerase chain reaction*), 537
Reações de oxidação-redução, 112n
Recifes de corais
  agentes de mudanças bióticos e abióticos, 381-382
  características de, 76-77
  efeitos da acidificação oceânica sobre, 575
  efeitos da atividades humanas em, 77
  efeitos do aquecimento do oceano em doenças de corais, 332
  exemplo, 11
Recombinação, 140
Recrutamento, no modelo de Menge-Sutherland de diversidade de espécies, 439-440
Recursos
  competição por, 273-276
  definição, 273
  efeito na dispersão, 216
  exclusão competitiva e, 279-285
  mediação de recursos e coexistência de espécies, 434-442
Redes competitivas, 369-370
Redford, Kent, 532
Redman, Regina, 346-347
Redução, 112n
Redução no tamanho da ninhada, 172-173
Rees, William, 246
Região biogeográfica Australásia, 409, *410*, 411-412
Região biogeográfica Etiópica, 409, *410*, 411-412
Região biogeográfica Neártica, 409, *410*, 412
Região biogeográfica Neotropical, 409, *410*, 411-412
Região biogeográfica Oriental, 409, *410*
Região biogeográfica Paleártica, 409, *410*, 412
Regiella insecticola, 321
Regiões biogeográficas
  definição, 409
  gradientes latitudinais em diversidade de espécies, 413-416
  marinha, 413
  origens de, 409-412
  pesquisa recente, 412-413
Regiões biogeográficas marinhas, 413
Regiões ecológicas, 564
Registo fóssil, 151-153
Regulação populacional, 241
Relações alimentares, 473-475
  Ver também Teias alimentares; Interações tróficas
Relações espécie-área
  descrição, 416-418
  estimando taxas de extinção de espécies a partir de, 525
Relyea, Rick, 17, 19
Renovação (*turnover*)
  de espécies, 406
  em lagos, 39, 512
Repetição, 15
Reprodução
  assexuada, 164-165
  contínuo *r-K*, 170
  dependente de densidade, 241
  semélpara e iterópara, 169
  sexuada, 165-166
  compensações entre reprodução e outras características da história de vida, 174-175
  Ver também Histórias de vida
Répteis
  manutenção do equilíbrio hídrico, 104
  número documentado de espécies ameaçadas
  Ver também Lagartos
Reserva do Lago Guri, 554
Reservas biológicas, 560
Reservas naturais, projetando, 559-563
Reservatórios
  de elementos, 506
  de riachos (remansos), 72
Resgates genéticos, 535-526
Resistência a antibióticos, 12, *13*, 156
Resistência a inseticidas, 144, 148
Resistência a organofosfatos, 144, 148
Resistência a pesticidas, 144, 148
Resistência, ao movimento de água, 99
Resistência biótica, 430

Resposta de "luta ou fuga", 312-313
Resposta de medo, 312-313
Ressurgência, 30-31
Restaurações ecológicas, 562-563
Restrições, em histórias de vida, 162
Reversão competitiva, 286-287
Rhabdothamnus solandri, 526
Rhagoletis pomonella (mosca-da-larva-da-maçã), 153
Rhinophylla pumilio, 551
Riachos de primeira ordem, 71
Ribeiroia, 167
Ribeiroia ondatrae, 4-7, 14
Ribulose 1,5 bisfosfato carboxilase/oxigenase (rubisco), 115, 118, 119, 124
Rieseberg, Loren, 154
Riftia, 450, 467-468, *469*
Rio Shag (Nova Zelândia), 481-482
Rios e cursos d'água
 características das comunidades biológicas, 72
 características físicas de, 71-72
 efeitos das atividades humanas nas, 72-73
 "espiralização" de nutrientes em, 511-512
 precipitação ácida, 586-587
Riqueza de espécies
 contribuição para a diversidade de espécies, 362, *363*
 curvas espécie-área, 418, 419
 definição, 362
 efeitos da deposição de nitrogênio na, 440
 efeitos do esforço de amostragem na, 366
 estabilidade da comunidade e, 442-444
 hot spots, 413
 local e regional, 407-408
 mudanças durante a sucessão primária, 388-390
 padrões biogeográficos de (Ver Biogeografia)
 partição de recursos e, 431
 ponto de saturação, 407
 relações espécies-área, 416-418, 525

teoria do equilíbrio da biogeografia de ilhas, 418-422
Rizóbios, 399, 500
Rochas
 minerais e, 498
 reservatório de carbono, 571-572
Rodriguez, Russell, 346-347
Roedores
 competição com formigas por sementes, 277-278
 mudança climática e a propagação da leishmaniose, 333
 "parasitas escravizadores" e ratos, 316
 Ver também Camundongos
Root, Richard B., 16, 206-207
Rosa-de-jericó, *107*
Rosenzweig, Michael, 414-415
Rostro, 132
Rotíferos, 309-310
Rowland, Sherwood, 590
Rubídio, *497*
Rubisco, 115, 118, 119, 124
Ruderais, 170
Rúmen, 129
Ruminação, 129
Ruth, Stephen, 4
Rutz, Christian, 130

S

Saccharum (cana-de-açúcar), 119
Saguaro (*Carnegiea gigantea*), 209, 210
Sais, 44
Sala, Osvaldo, 460-461
Salamandra-de-dedos-longos (*Ambystoma macrodactylum*), 4, 5
Salamandra-axolotle (*A. mexicanum*), 4
Salamandra-pintada (*Ambystoma talpoideum*), 178-179
Salamandras
 declínio e malformações, 2
 desenvolvimento direto, 167
 pedomorfose, 178-179
 (*Ver também* Declínio de anfíbios)
Sale, Peter, 441
Salgueiros, 388, 565, 566
Salinidade, 44, *45*, 98
Salinização
 descrição, 44, *45*

em campos temperados, 61
Salmão
 efeitos da variação climática na abundância, 22-23, 46, *47*
 transporte biológico de poluentes, 492-493
Salmão rosa, 23
Salmão-vermelho (*Oncorhynchus nerka*), 23, 462, 492-493
Salmo trutta (truta-marrom), 481-482
Salmonete (*Hesperoleucas symmetricus*), 373-374
Salto com as pernas rígidas (*pranking*), 191
Salto de dispersão, 251-252
Salvelinus fontinalis (truta-comum), 18
Samambaias (fetos)
 alternação de gerações, *168*
 número de espécies em perigo documentadas, *522*
Samoa Americana, 528
Sandhills, Carolina do Norte, 520-521, 543
Sandquist, Darren, 93
Sapo-cavador (*Spea multiplicata*), 163, 164
"Sapo desengonçado com muitos filamentos" (*Caulophryne polynema*), 79
Sapos, 2
 Ver também Declínio de anfíbios
Sarcophilus harrisii (diabo-da-tasmânia), 533
Sardinops sagax, 198
Sargaço, 390
Sargassum, 78, 463
Sarracenia alata (planta-jarro), 273, 289, 290
Saturação de nitrogênio, 588
Saussurea medusa (lótus-da-neve), 93-94
Savana de pinheiros, 520-521
Savana de pinheiros-de-folhas-longas, 520-521, 542-543
Savana tropical, produção primária líquida, *465*
Savanas
 características das, 57-58
 efeitos das atividades humanas nas, 58-59
 exemplo, 11

produção primária líquida na savana tropical, *465*
savana de pinheiros-de-folhas-longas, 520-521, 542-543
Sazonalidade, causas da, 38-39
Scaphirhynchus albus (esturjão-pálido), 533
Sceloporus, 534, 583-584
Sceloporus occidentalis (lagarto-de-cerca-do-oeste), 173-174
Scelorchilus rubecula (chucao tapaculo), 557
Schindler, David, 462-463
Schizachyrium condensatum (capim-rabo-de-burro), 212
Schizachyrium scoparium, 274-275
Schizoporella, 395-396
Schoener, Thomas, 280, 303-304
Secas, tempestades de areia e, 570-571, 593-594
Sedimentos
 ciclagem de nutrientes em lagos, 512, *513*
 ciclagem de nutrientes em oceanos, 514
 em estuários e marismas, 514
 no solo, 499
 reservatório global de carbono, 571-572
Selaginella lepidophylla, *107*
Seleção direcionada, 141
Seleção disruptiva, *141*, 142
Seleção estabilizadora, 141-142
Seleção natural
 adaptações e, 145-146
 definição, 12, *13*
 descendência com modificação e, 139-140
 efeito sobre a frequência de alelos, 141-142
 modelando o comportamento animal, 184-185
 tipos de, 141-142
Seleção sexual
 benefício na escolha de fêmeas, 193-194
 evidência de, 192-193
Selênio, 497
Sementes
 dispersão, 343
 dormência, 177
 endosperma, 176

produção massiva de sementes, 298
Semibalanus balanoides, 210, 211
Ver também Cracas
Senecio jacobaea (tasneira), 285
Sensibilidade ao frio, 116
Sensoriamento remoto, 455, 456, 459
Sequestro de carbono, 445
Sequoiadendron giganteum (sequoia-gigante), 66, 404
Serpente-de-garter (*Thamnophis sirtalis*), 301-302
Serpentes, adaptações para captura de presas, 301
Serviços ecossistêmicos
　de florestas tropicais, 424
　importância de, 522-523
Sessions, Stanley, 4,
Shumway, Scott, 390-391
Shurin, Jonathan, 440
Sieving, Kathryn, 557
Silica, 274, 514
Silício, *497*
Silte, 498
Simberloff, Daniel, 420-421
Simbiontes
　defensivos, *320*, 321
　definição, 316
　do corpo humano, *316*
　em teias alimentares, 362
　fixadores de nitrogênio, 500
　parasitas, 316-317 (*ver também* Parasitas)
Simbioses
　definição, 339
　entre autótrofos e heterótrofos, 111-112
　espectro de relações simbióticas, 339-340
　fixadores de nitrogênio, 398-399, 500
Síndrome pulmonar do hantavírus (SPH), 218, 220
Sinervo, Barry, 173-174
Sítio de LTER da Pradaria Konza, 82
Sistema de informação geográfica (SIG), 547-548
Sistema de posicionamento global (GPS), 547
Sistemas de acasalamento, 196-197
Sistemas imunes, 320
Repolho-de-gambá-oriental (*Symplocarpus foetidus*), 94
Slatyer, Ralph, 386

Sobre-exploração, 531-533
Sobrevivência
　definição, 238
　em populações humanas, 239-240
Sobrevivência, compensações entre reprodução e sobrevivência, 174-175
Sociedade Ecológica da América, 523, 564
"Sociedade Otago de Aclimatização", 481
Sociedade para Biologia da Conservação, 523
Sódio, *497*
Soja (*Glycine max*)
　mortalidade dependente de densidade, 242
　produção de biocombustível, 426, 444, 445, 446
Solidago altíssima (vara-de-ouro), 16, 206-207
Solos
　acidez, 46
　acidificação, 586
　alagado, 102
　conteúdo hídrico, 99-100
　da tundra, 68-69
　de florestas boreais, 67-68
　definição
　distribuição de recursos em campos abandonados, 433, *434*
　efeitos da deposição de nitrogênio nos, 588
　efeitos da precipitação ácida nos, 586
　efeitos da temperatura do solo na interação *Typha-Myosotis*, 343-344
　matéria orgânica, 501-503
　mudanças durante a sucessão primária, 389
　permafrost, 67
　propriedades e desenvolvimento do, 498-500
　queimadas no solo, 68
　salinização, 44, *45*
　superfície biológica, 495-496, 514-516
"Solução Geritol" para a mudança climática global, 436-464
Sousa, Wayne, 391, 437
Spartina alterniflora, 352
Spartina patens, 390-391
Spea multiplicata (sapo-cavador), 163, 164
Spiller, David, 303-304
Spiroplasma, 321, *350*

SPH. *Ver* Síndrome pulmonar do hantavírus
Stachys officinalis (betônia-lenhosa), 558
Staphylococcus aureus, 156
Stevens, Carly, 589
Strigops habroptilus (kakapo), 262
Strix occidentalis caurina (coruja-malhada-do-norte), 264-265, 563
Strix varia (coruja-barrada)
Strongylocentrotus, 368
Styela, 395-396
Subsidência, 27
Sucessão
　definição, 381, 383
　em comunidades de fontes hidrotermais, 468-469
　em comunidades entremarés rochosas, 391-392, *393*
　em florestas de montanhas, 394
　em uma marisma na Nova Inglaterra, 390-391
　estados estáveis alternativos, 393-397
　estudos ecológicos iniciais de, 384-385
　importância de interações facultativas nos estágios iniciais, 393
　modelos de, 385-387
　mudanças na ciclagem de nutrientes durante, 510-511
　na Baía Glacier, 387-390
　no Monte Santa Helena, 380, 397-399
　primária e secundária, 383-384
　variabilidade nas perdas de nutrientes durante a sucessão florestal, 508
　visão geral, 383
Sucessão primária
　definição
　em comunidades entremarés rochosas, 391-392, *393*
　mutualismo e, 398-399
　na Baía Glacier, 387-390
　no Monte Santa Helena, 383-384
Sucessão secundária
　definição, 384
　em uma marisma na Nova Inglaterra, 390-391

Suculência/suculentas, 52, 60, 122
Sula nebouxii (atobá-de-pés-azuis), *192*
Sulfato de hidrogênio, 113
"Superorganismos", 384-385
Sutherland, John, 395-396
Symplocarpus foetidus (repolho-de-gambá-oriental), 94
Synedra ulna, 274, 275
Syngnathus typhle, 195

T

Tabaco, 118, 299
Tabela de vida de coorte, 238
Tabela de vida estática, 238
Tabelas de vida
　curvas de sobrevivência, 230-231
　descrição, 228-229
　para humanos, 239-240
　predição de estrutura de idade e tamanho de população de, 231-233
Taenia taeniaeformis, *318*
Taiga, 66
Takeba, Go, 118
Takimoto, Gaku, 484
Talha-mares, *127*
Tamanho absoluto da população, 217-219
Tamanho corporal
　balanço entre o número e tamanho das ninhadas, 172-174
　tolerância à desidratação e, 106-107
Tamanho da ninhada, 172-173
Tamanho populacional
　definição, 205
　efeitos da densidade no, 240-241
　estimando, 217-218, 219
　mudanças no (*ver* Dinâmica populacional)
　prevendo a partir de tabelas de vida, 231-233
　processos afetando, 250
Tamanho relativo da população, 217-218
Tamarisco (*Tamarix*), 527
Tamias, 279
Tamiasciurus hudsonicus (esquilo-vermelho), 97
Tansley, A. G., 273, 451
Tappania, 151
Tardígrados, *73*, *107*

Taricha granulosa (tritão-de-pele-rugosa), 301-302
Tarsobaenus, 482-483
Tartaruga-marinha-cabeçuda (*Caretta caretta*), 227, 235
Tasneira (*Senecio jacobaea*), 285
Taxa de colonização, variabilidade entre padrões de metapopulações, 265-266
Taxa de crescimento exponencial, 237, 238, 239
Taxa de crescimento geométrico, 326, 237, 239
Taxa de diversificação de espécies, 414-415
Taxa de nascimento
  ciclos populacionais de lebre-americana, 292-293
  efeitos das taxas de natalidade específicas por idade sobre o crescimento da população, 233-234
  efeitos de mudanças das condições ambientais sobre, 234
Taxa de natalidade e mortalidade específica por idade, 233-234
Taxa de sobrevivência
  definição, 238
  efeitos de taxas de sobrevivências constantes específicas para idades no crescimento populacional, 233-234
Taxa finita de crescimento, 236
  Ver também Taxa de crescimento geométrico
Taxa finita de crescimento *per capita*, 236
  Ver também Taxa de crescimento geométrico
Taxa intrínseca de crescimento *per capita*
  Ver também Taxa de crescimento exponencial
Taxa intrínseca de crescimento, 237
  Ver também Taxa de crescimento exponencial
Taxa metabólica basal, 96
Taxa de reprodução líquida, 238
Taxas de crescimento geométrico da densidade em, 240-242
  como a variação pode afetar a taxa de crescimento populacional, 258

flutuações em, e o risco de extinção, 257-258
Taxas de crescimento populacional
  efeitos de condições ambientais variáveis nas, 234
  estimando em uma espécie ameaçada, 235
  flutuações em e o risco de extinções, 257-258
  variação na taxa de crescimento geométrico pode afetar, 258
Taxas de encontro, 187
Taxas de extinção
  aceleração das taxas de extinção causada por humanos, 524-525
  "de fundo", 524-525
  diversificação de espécies nos trópicos e, 416
  efeito do homem em, 157
  variabilidade entre trechos de metapopulações, 265-266
Taxas de mortalidade, 233-234
Técnica de amostragem em pontos, 219
Tegeticula yuccasella (mariposa-da-iúca), 348, 349-350
Teia-casulo, 334, 335
Teias alimentares
  características de, 361-362
  complexidade de, 485-486
  definição, 361, 485
  efeitos diretos e indiretos em interações tróficas, 488-489
  força de interação, 486-488
  perda de espécies e extinções secundárias, 526-527
  relação entre complexidade e estabilidade em, 489-491
Teias de interação
  cascatas tróficas, 368
  conceito de, 362
  redes competitivas, 369-370
Tembadau-selvagem (*Bos javanicus*), 533
Temperatura
  aquecimento global (*ver* Mudança climática; Mudanças climáticas globais)
  biomas terrestres e, 53
  controle da atividade fisiológica, 89-90
  diagramas climáticos

efeito na fotossíntese, 116, *117*
efeito na PPL em ecossistemas terrestres, 460
efeitos de montanhas na, 36
fatores afetando os padrões globais, 32-33
mudanças altitudinais em montanhas, 70
temperatura média anual global, 32
Temperatura crítica inferior, 97
Temperatura da água, mudanças sazonais em ambientes aquáticos, 39, 40
Tempestade de poeira em Beijing, 570, 571
Tempo
  definição, 23
  efeitos da mudança climática no, 579
  efeitos das montanhas no, 35-36
Tempo de desistência, 188
Tempo de diversificação de espécies, 415-416
Tempo de manipulação, 187
Tempo dobrado, 238, 244-245
Tempo médio de permanência, 506
Temporada de crescimento, 62
Tênias, 318
Tentilhão-pica-pau, 131
Tentilhões de Galápagos
  deslocamento de indivíduo, 288
  seleção natural em, *141*
Teorema do valor marginal, 188-189
Teoria da diversidade-estabilidade, 442-444
Teoria do equilíbrio da biogeografia de ilhas
  origem e conceito de, 418-420
  Projeto de Dinâmica Biológica de Fragmentos de Florestas e, 401-402
  teste da, 420-421
  validade para áreas continentais, 421-422
Teoria do forrageio ótimo
  críticas à, 189
  descrição, 186-187
  teorema do valor marginal, 188-189
  testes da, 187-188

Terborgh, John, 414, 554
Termoclina, 39
Terra
  eixo de inclinação e sazonalidade, 38-39
  trajeto orbital e variações climáticas em longos períodos, 42-44
Terras altas, temperatura e, 33
Tetracloreto de carbono, 590-591, *592*
Tetrápodes, evolução dos, *152, 153*
Tetraz-das-pradarias (*Tympanuchus cupido*), 143
Tetraz-das-pradarias (*Tympanuchus cupido cupido*), 263
Tetrodotoxina (TTX), 302
Tevnia, 469
Thalassiothrix, 79
Thamnophis sirtalis (serpente-de-garter), 301-302
Thaumatichthys axeli ("peixe espantoso do príncipe Axel"), 78-79
Theodose, Terry, 461-462
Thermopsis montana (pendão-dourado), *115*
Thomas, Chris, 265-266
Thomomys talpoides (esquilo-de-bolso-do-norte), 398
Thrall, Peter, 326
Thrips imaginis, 240
Thunnus thynnus (atum-rabilho), 262
Thylacinus cynocephalus (lobo-da-tasmânia), 533
Tiktaalik roseae, 151
Till, 499
Tilman, David, 274-275, 427, 432-433, 442-443, 444-445, *490*
Tiobactéria púrpura, *112*
Tiobactéria verde, *112*
Tiobactérias, *112, 113*
Tojo (*Ulex europaeus*), 430
Tolerância
  à variação ambiental, 85
  em ectotermos, 96
Tolerância à dessecação, 106-107
Tolerância ao congelamento
  em ectotérmicos, 96
  em rãs, 84-85, 105-106
Topografia, efeito nos padrões globais de temperatura, 33
Torpor, 97-98
Townsend, Colin, 481-482

Toxicidade por alumínio, 586
Toxinas
  bioacumulação e biomagnificação, 472-473, 491-492
  em defesas de presas contra predadores, 298
Toxotes chatareus (peixe-arqueiro), *145*
Trade-offs. Ver Compensações
Transecção linear, 218, 219
Transferência de calor latente, 90
Transferrina, 320
Transmissão de doenças, 331
Transmissão vertical, 331
Transpiração
  efeito refrigerador da, 36
  modificação pelas plantas em resposta ao estresse térmico, 91, *92*
  perda de água em plantas, 101-102
  Ver também Evapotranspiração
"Transportadores térmicos", 31
Trapaceiros, 348-350
Trematódeos
  parasitismo de *Corophium*, 326-327, 330
  parasitismo de caracóis da Nova Zelândia, 324-325
  declínio de anfíbios e, 4-7, 14
Trematódeos parasitas, 324-325, 330
Tremoço-anão (*Lupinus lepidus*), 398-399
Trepadeira-balãozinho (*Cardiospermum corindum*), 145
Trevo-vermelho (*Trifolium pratense*), *500*
Tribolium, 262
Tribolium castaneum, 329
Tribolium confusum, 242, 329
Trichoderma viride, 354
Trichophyton rubrum (pé-de-atleta), 318
Trichostrongylus tenuis, 328
Trichosurus cunninghami (gambá-de-cauda-de-escova), 196
Trifolium pratense (trevo-vermelho), *500*
Trifosfato de adenosina (ATP)
  na fotossíntese, 114

  na fotossíntese C_4, 120
  na quimiossíntese, 113
Trillium grandiflorum, *343*
Trirhabda virgata, *206*, *207*
Trisetum, 462
Tritão-de-pele-rugosa (*Taricha granulosa*), 301-302
Trivers, Robert, 195
Troca de calor, efeito na vegetação em climas regionais e, 37
Troca ecossistêmica líquida (TEL)
  definição, 457
  efeitos da mudança climática na, 460, 585
  estimando, 457-458
Trofossomas, 467-468
Trombidium, 318
Trópicos
  células de circulação atmosférica e, 26-27
  estimando a PPL, 454
  gradientes latitudinais na diversidade de espécies e, 413
  hipótese da produtividade em diversidade de espécies e, 413
  padrões de temperatura e precipitação, 53
  sazonalidade nos, 38-39
  taxa de diversificação de espécies, 414-415
  zona alpina nos, 70-71
Troposfera, 26, 51, 589
Truta-arco-íris (*Oncorhyncus mykiss*), 18
Truta-comum (*Salvelinus fontinalis*), 18
Truta Maori, 481-482
Truta-marrom (*Salmo trutta*), 481-482
Trutas, 373-374
Tuberculose, *318*, 319
Tubo digestório, 318
Tubularia, 395
Tundra
  características da, 68-69
  disponibilidade e absorção de nitrogênio, 504
  efeitos das atividades humanas na, 55, 69
  produção primária líquida, *465*
Turnover. Ver Renovação
Tympanuchus cupido (tetraz-das-pradarias), 143
Tympanuchus cupido cupido (tetraz-das-pradarias), 263
Typha latifolia, 343-344

Typhlodromus occidentalis, 308
Typophyllum, 297

U

Ulex europaeus (tojo), 430
Ulva, 437
Ulva lactuca, 391-392, *393*
Umidade, 99
União dos Ecólogos, 523
União Internacional de Conservação da Natureza (IUCN), 521
Urso-cinzento (*Ursus arctos horribilis*), 22, 262-263, 466-467
Urso-das-cavernas europeu (*Ursus spelaeus*), 466-467
Urso-pardo (*Ursus arctos*), 211
Urso polar (*Ursus maritimus*), 211
Urtiga (*Urtica dioica*), *111*
Urzais, 305, 589
U.S. Fish and Wildlife Service, 539
Ustilago maydis (carvão-do-milho), *318*
Utricularia, 272

V

Vacina contra sarampo, 331, 332
Vacinas, 331, *332*
Vale do Rio Caroni, 554
Van Dover, Cyndy Lee, 470
Vancouver, George, 387
Vanderhorstia, 346
Vapor d'água, 25
Vara-de-ouro (*Solidago altíssima*), 16, 206-207
Varecia variegata rubra (lêmure-de-tufos-vermelhos), *559*
Varejeiras, 256-257, 286-287
Variação ambiental
  aclimatização em indivíduos, 86-87
  adaptação em populações, 87-88
  efeitos sobre a distribuição de espécies, 86, *87*
  risco de extinção em pequenas populações e, 261-263
  tolerância ao congelamento em rãs, 84-85, 105-106
  tolerância e anulação de respostas, 85
  variação de temperatura, 88-89

  variação na disponibilidade hídrica, 98-105
Variação climática
  biomas terrestres e, 53
  causas da variação sazonal, 26
  células de pressão atmosférica, 40-41
  distinta da mudança climática, 579
  ecologia e, 46-47
  efeito sobre a abundância de salmão, 22-23, 46, *47*
  mudança a longo prazo e o padrão de órbita da Terra, 42-44
  sazonalidade, 38-39
  visão geral, 23-24
Variação genética
  como limitação na evolução adaptativa, 148
  influência na viabilidade, 364
  reprodução sexual e, 166
Variação longitudinal na diversidade de espécies, 413
Variação na temperatura
  dimensões da, 88-89
  efeito na sobrevivência e funcionamento dos organismos, 89
  modificações do equilíbrio energético nos organismos em resposta à, 90-98
Varley, Nathan, 564
Vazios de ouriços
  florestas de algas-pardas e, 204-205, 221-222, *223*
  na Tasmânia, 224
Veado-de-cauda-branca, *343*
Veado-vermelho, *148*, 195
Vegetação ripária, 72, 565, 566
Veículos off-road, 495-496
Venenos. Ver Poluentes, Toxinas
Ventos, 28, *29*, 35
Verhulst, P. F., 243
Vermes hirsutos, 315, 334
Vermes tubícolas, 467-468, 469
Vertebrados, número documentado de espécies ameaçadas, *522*
Vesicomyidae, 469-470
Vespa mandarina, *94*
Vespas
  efeito no comportamento de oviposição de moscas-das-frutas, 199-200
  parasitas, 153

Ver também Vespas parasitoides
vespas de figo, 342-343
Vespas de figo, 342-343
Vespas parasitas, 153
Vespas parasitoides
  como parasitas escravizadores, 334-335
  contradefesa contra encapsulamento, 323
  compensação com contradefesa contra hospedeiros, 326
Vespões, *126*
Vestimenta, *468*
Vetores, 332, 333
Viabilidade, influência da variação genética na, 364
Vibrio cholerae, 319
Vicariância, 412
Vida em grupo, 197-199
Vidoeiro-prateado (*Betula verrucosa*), 67
Viola odorata, 207
Vírus do mixoma, 323-324
Vírus do Nilo Ocidental, 8
Visco, *111*, 318
Visco-de-bagas-vermelhas (*Viscum cruciatum*), *111*
Vitousek, Peter, 508, 510-511
Viúva-rabilonga (*Euplectes progne*), 193

Volterra, Vito, 281-282
Volvox, 73
Vórtice de extinção, 526
Vórtices turbulentos (correlações de vórtices), 457-458
Vredenburg, Vance, 18
Vulpes fulva (raposa-vermelha), 155-156

W

Walaroo oriental (*Macropus robustus*), 557
Wallace, Alfred Russel, 211
Walter, Heinrich, 54
Walters, Jeff, 542
Wasser, Samuel, 537
Watson, H. C., 417
Weathers, Kathleen, 551-552
Wilson, Edward O., 170, 402, 418-421
Wilson, Gail, 353
Wilson, Scott, 274-275
Wiwaxia corrugata, 151
Wolbachia, 342

X

Xanthopan morgani (mariposa-esfinge), *126*
Xenopus laevis (rã-de-garras-africana), 4
Xilema, 102

Y

Yersinia pestis, 317, 319

Z

Zâmbia, 537
Zinco
  escala de tempo da ciclagem, 506
  na composição química dos organismos, *497*
  na nutrição vegetal, *498*
Zona alpina, 70-71
Zona bentônica
  ciclagem de nutrientes em ecossistemas marinhos, 514
  ciclagem de nutrientes em lagos, 512
  em oceanos, 79
  em rios e córregos, 72
Zona de Convergência Intertropical (ZCIT), 39
Zona fótica
  em lagos, 73
  em oceanos, 78
  ressurgência e, 31
Zona hiporreica, 72
Zona litoral, 73
Zona pelágica, 73, 78-79
Zona termoneutra, 96-97
Zona tropical, 27

Zonas biológicas de água doce, 73
  lagos, 73
  rios e córregos, 71-73
  visão geral, 71
Zonas biológicas marinhas
  efeitos das atividades humanas sobre, 79-80
  hábitats costeiros, 74-76
  hábitats de mar aberto e bentônico, 78-79
  oceanos rasos, 76-78
  visão geral, 74
Zonas de subsidência, 410
"Zonas mortas", 463, 588
Zonas polares, 27
Zonas-tampão, 560-561
Zonas temperadas, 27
Zoológico de Wilhelma, 359
Zoológicos, 538
Zooplâncton
  efeitos da predação e dispersão na diversidade de espécies, 440
  em lagos, 73
  no mar aberto, 78, 79
  ressurgências e, 31
Zostera, 463
Züst, Tobias, 300